BELGIAN CINEMA • LE CINÉMA BELGE • DE BELGISCHE FILM

BELGIAN CINEMA

LE CINÉMA BELGE

DE BELGISCHE FILM

WITH THE SUPPORT OF
PUBLIÉ AVEC LE SOUTIEN DU
UITGEGEVEN MET DE STEUN VAN

Het Ministerie van de Vlaamse Gemeenschap, Administratie
Cultuur – Ministère de la Communauté française, Service
général du patrimoine culturel et des arts plastiques

DESIGN / MISE EN PAGE / VORMGEVING Johnny Bekaert
TYPESETTING / COMPOSITION / ZETWERK Frida Leroy
INDEXES Heidi Verdonckt
PRINTING / IMPRESSION / DRUK Vanmelle, Gent
BINDING / RELIURE / BINDWERK Splichal, Turnhout

COVER ILLUSTRATION / COUVERTURE / COVERILLUSTRATIE
Monsieur Fantômas, by Ernst Moerman, 1937
FRONTISPIECE / FRONTISPICE La perle, by Henri d'Ursel, 1929

© 1999 The Royal Belgian Film Archive, Brussels
        La Cinémathèque Royale de Belgique, Bruxelles
        Het Koninklijk Belgisch Filmarchief, Brussel

© 1999 Ludion, Gent-Amsterdam

ISBN 90-5544-234-8

D/1999/6328/13

CONTENTS
TABLE DES MATIÈRES
INHOUDSTAFEL

Resarch and coordination – Recherche et coordination – Research en coördinatie

Marianne Thys

Contributors – Auteurs des textes – Auteurs van de teksten

René Michelems, Michel Apers, Jacqueline Aubenas, Geneviève Aubert, Guido Convents, Francine Dubreucq, Dirk Dufour, Peter Frans, Paul Geens, André Joassin, Luc Joris, Sabine Lenk, Anne-Françoise Lesuisse, Serge Meurant, Rik Stallaerts, Marianne Thys

Translators – Traducteurs – Vertalers

René Anema, Peter Bary, Ludo Bettens, Ailica Camm, Philippe Delvosalle, Sam Desmet, Jean-Paul Dorchain, Eric Dumont, Annick Evrard, Bruno Lecomte, Philippe Neyt, Christophe Stefanski, Ann Swalef, Tommy Thielemans, Patrick Thonart, Marianne Thys, Dick Tomasovic, Catherine Warnant, Rolland Westreich, Chris Wright

Photography credits – Crédits photographiques – Fotoverantwoording

All the Belgian directors, producers and distributors, as well as journalists and private individuals who have deposited their documents with us for preservation and specialised scientific research use.
Tous les réalisateurs, producteurs et distributeurs belges, ainsi que les journalistes et personnes privées qui nous ont confié leurs documents pour conservation et utilisation scientifique spécialisée.
Alle Belgische cineasten, producenten en verdelers, evenals de journalisten en privé-personen die ons hun documentatie hebben toevertrouwd voor bewaring en gespecialiseerde wetenschappelijke studie.

Royal Belgian Film Archive
Cinémathèque Royale de Belgique
Koninklijk Belgisch Filmarchief

Archief en Museum van de Socialistische Arbeidersbeweging (Gent), Archief en Museum voor het Vlaamse Cultuurleven (Antwerpen), Archives de la Ville de Bruxelles / Stadsarchief Brussel, Geneviève Aubert, BIFI (Paris), Henri Bousquet, André Chevailler (Cinémathèque Suisse), Cinémathèque Municipale de Luxembourg, Guido Convents, DOCIP (Brussel/Bruxelles), Geoffrey Donaldson, Gaumont (Paris), Paul Geens, Grand Angle (Mariembourg), Maurice Gianati, Le Soir (Bruxelles), Musée Royal de l'Afrique Centrale / Koninklijk Museum voor Midden-Afrika (Tervuren), Musée de la Vie Wallonne (Liège), Stadsarchief (Leuven), Rik Stallaerts, Universiteitsbibliotheek (Gent), Vivant Univers (Namur), Robert Vrielynck, Albert Warie, Yellow Now (Crisnée)

ACKNOWLEDGEMENTS
REMERCIEMENTS
DANKWOORD

The Royal Belgian Film Archive would like to thank the following institutions without whose financial help this work could not have been published:
La Cinémathèque Royale de Belgique remercie les institutions suivantes sans le soutien financier desquelles cet ouvrage n'aurait pu être publié:
Het Koninklijk Belgisch Filmarchief dankt de volgende instellingen voor hun financiële steun die onontbeerlijk was voor de publicatie van dit boek:

Ministère de la Culture et des Affaires Sociales, Direction Générale de la Culture et de la Communication, Direction de l'Audiovisuel
Ministerie van de Vlaamse Gemeenschap, Departement Welzijn, Gezondheid en Cultuur, Administratie Kunst, Betuur Media
Loterie Nationale/Nationale Loterij

The Royal Belgian Film Archive wishes to thank the following people and institutions for their help in the preparation of this volume:
La Cinémathèque Royale de Belgique tient à remercier les personnes et les institutions suivantes pour leur aide particulière:
Het Koninklijk Belgisch Filmarchief wenst de volgende personen en instellingen te danken voor hun bijzondere hulp:

The Belgian directors, producers, distributors and organisations who regularly displayed their trust by making available their films and documentation for purposes of preservation and specialised scientific use.
Les cinéastes, producteurs, distributeurs et organismes belges qui lui témoignent régulièrement leur confiance en lui déposant pour conservation et utilisation scientifique spécialisée leurs films et documents divers.
De Belgische cineasten, producenten, verdelers en organisaties die blijk gaven van hun erkenning door ons regelmatig hun films en documentatiemateriaal toe te vertrouwen voor bewaring en gespecialiseerde wetenschappelijke studie.

René Michelems, Paul Geens, Jean Brismée, Eric de Kuyper for their constant support and valuable advice.
René Michelems, Paul Geens, Jean Brismée, Eric de Kuyper pour leur profond investissement dans ce projet et leurs conseils précieux.
René Michelems, Paul Geens, Jean Brismée, Eric de Kuyper voor hun onmisbare inzet en hun kostbare raad.

as well as / ainsi que / evenals:

Geneviève Aubert, Bernard Bastide, Ivo Blom, Henri Bousquet, Paolo Cherchi Usai, Guido Convents, Roland Cosandey, Frédéric Delmeulle, Geoffrey Donaldson, Richard Keys, Sabine Lenk, Geoffrey Nowell-Smith, Marku Salmi, Paulette Smets, Raymond Van den Bergh, Sylvia Van Peteghem, Luc Vints, Albert Warie, Maurits Wynants

All the staff of the Royal Belgian Film Archive
L'équipe de la Cinémathèque Royale de Belgique dans son ensemble
De hele ploeg van het Koninklijk Belgisch Filmarchief

Afrika Bibliotheek (Brussel) / Bibliothèque Africaine (Bruxelles), Archives de la Ville de Bruxelles / Stadarchief Brussel, Belgisch Centrum van het Beeldverhaal (Brussel) / Centre Belge de la Bande Dessinée (Bruxelles), Bibliothèque Nationale (Paris), Fonds Henri Storck (Bruxelles), Gaumont (Paris), Kadoc (Leuven), Koninklijk Museum voor Midden-Afrika / Musée Royal de l'Afrique Centrale (Tervuren), Médiacentre Fribourgeois (Fribourg), Musée de la Vie Wallonne (Liège), National Film & Sound Archive (Canberra), Norbertijnenabdij (Tongerlo), Pères Blancs (Namur), Sabena-documentatiedienst (Brussel), Sportmuseum (Leuven), Stadsarchief (Antwerpen), Stadsarchief (Leuven), VRT Beeldarchief (Brussel)

The thread through the puzzle

Set against seven centuries of painting and music, let alone over two thousand years of literature, the one-hundred-year history of cinema seems much too slight to let us trace the essential forms of this art or discern its trajectory, from prehistory and glorious take-off to classical heights and final decline. Hence, judgements on the stature of individual film-makers and their work appear even more contentious, since they depend on finding ties to the artists of the past. What past could that be in the case of Dekeukeleire and Storck, for example, film-makers without forebears?

Half a century into cinema's history, already certain films were being given "classic" status. If, however, we follow T.S. Eliot, a classic work is one which, sustained by the efforts of its predecessors, attains levels of completeness and perfection inconceivable to previous creators. As such, the very provisional foundations to any judgement inevitably incline us toward caution.

The present catalogue, compiled by the Royal Belgian Film Archive, is intended as a response to this dilemma. Any attempt to discern forms and dynamics in one hundred years of Belgian cinema precludes a meticulously researched inventory of all film material identified, reconstructed or rescued by the Royal Film Archive. Loss, fire and the instability of nitrate have already robbed us of eighty percent of early cinema.

This inventory must be clearly presented and practical to use, which demands that certain choices be made. In the case of the silent era, all films - regardless of genre or length - are classified systematically. This includes those lost works we know of only through written documents. Texts offer us the sole remaining traces of some of Storck's short films, films touched by the hand of surrealism with highly evocative titles (**Pour vos beaux yeux, Suzanne au bain, La mort de Vénus**...). Another regrettable loss is the majority of Alfred Machin's works, the first signs of a mature fictional cinema in Belgium. Research for this catalogue also turned up completely new finds. Between 1905 and 1924, Arthur Van Gehuchten, a famous neurologist at the University of Louvain, shot several dozen of educational films in the courtyard of Saint Peter's Clinic. Among them were hallucinogenic depictions of forms of hysteria...

As of the 1930s, the advent of sound obliges us to choose a different strategy. Belgium, adoptive home of low-budget film-makers, soon saw a veritable explosion of short productions. For reasons of conciseness, in this volume we have elected to cover only the full-length productions. To each film we devote an entire page, identical in layout. An exception is made in the case of co-productions with only minimal or token Belgian participation, which are listed much more briefly. This volume focuses on films with a significant proportion of home-grown investment, preserving the author's autonomy and a specific Belgian character. This would explain why, leafing through the pages on this century's final two decades, Belgian national production seems to shrink to a trickle. It is as if the "Belgianness" of our films - with budgets spiralling beyond the reach of national financing - were gradually dissolving in the "Europeanness" which has already subsumed much of the country's economic and political life.

Two further thoughts seem worth mentioning in this respect. When trying to describe the contents of a film, a dry, neutral plot summary often fails either to engage the reader or to convey the substance of the film. Hence the style of writing chosen here, while avoiding any kind of emotiveness in its description of the works, does not necessarily shy away from a measure of guarded preference or reserve on behalf of the individual authors. The attentive reader can make of this what he or she will.

The second reflection is a more emotional plea. Children of the Film Archive, we had always drawn our inspiration as much from films themselves as from those illustrious accounts of film history fallen out of favour today. This book is not a film history. Yet readers will be surprised to discover, turning the pages on a whim or with the simple desire to revisit old flames and happen across new, that this weighty volume expands in unexpected directions. It becomes an endless puzzle in which loving study can discern, guided by the thread of our films, the living history of our century.

André Delvaux
Vice-president of the Royal Belgian Film Archive   May 1999

Le fil rouge dans l'inventaire

En regard de sept siècles de peinture et de musique, de deux millénaires de littérature, cent ans de cinéma n'est pas une durée significative pour déceler dans un art l'esprit de ses formes ni les lignes de force qui le mènent, de sa préhistoire, par son épanouissement vers un classicisme, à son éventuel déclin. Que dire alors, au plan individuel, de la valeur et de l'importance d'un cinéaste et de son œuvre, dont le sens ne se mesure que dans ses rapports aux artistes du passé? Où est d'ailleurs le passé pour les Dekeukeleire ou Storck, qui n'eurent pas de prédécesseurs?

Après un demi-siècle à peine, on désigna des "classiques". Mais si, selon T.S. Eliot, un classique est celui qui, soutenu par les efforts de ses prédécesseurs, porte son art à un degré d'achèvement et de plénitude que ceux-ci n'avaient pas pressenti, on imagine bien que la solidité toute provisoire de nos jugements incline plutôt à la prudence.

C'est ainsi que se situent l'ambition et le besoin de l'inventaire que tente la Cinémathèque Royale de Belgique. Toute intention de dégager sens et lignes de force de cent ans de cinéma en Belgique exige en effet, au préalable, un inventaire solide, soigneusement balisé, de la totalité du matériau filmique que notre Cinémathèque a réussi à identifier, à rassembler ou à sauver des désastres premiers - pertes, incendies, précarité du nitrate - où se sont engloutis quatre-vingt pour cent des débuts de notre cinéma.

Cet inventaire exige une présentation claire et aisément consultable, et oblige à certains choix. En effet, pour la période du muet jusqu'à 1930, tous les films, quels qu'en soient le genre ou la longueur, font l'objet d'un fichage systématique. Cela comprend aussi ceux qui, disparus, nous restent connus ou décrits dans d'autres documents. Ce sont les seules traces que nous ont laissées ainsi certains courts métrages de Storck, perdus ou détruits, touchés par l'aile du surréalisme, et dont les titres font rêver: **Pour vos beaux yeux, Suzanne au bain, La mort de Vénus**... On se prend à regretter la disparition de la plupart des films d'Alfred Machin, premières traces de fiction dans notre cinéma. D'autres films furent découverts tout récemment, au hasard des recherches d'inventaire: Arthur Van Gehuchten, neurologue célèbre à l'Université de Louvain, tourna entre 1905 et 1914, dans la cour de la clinique Saint-Pierre, à des fins pédagogiques, des dizaines de petits films dont certains, hallucinants, sur des formes d'hystérie...

Dès les années trente, l'avènement du sonore nous oblige à un autre choix. C'est que l'incroyable prolifération de courts métrages de tous ordres en Belgique, terre d'élection d'un cinéma pauvre en moyens, pousse à nous limiter, dans ce volume, aux longs métrages. C'est à chacun de ceux-ci que nous consacrons, selon un schéma toujours identique, une page entière. Encore ne s'agit-il que des films où une part généralement importante de production nationale permet d'y préserver la liberté de l'auteur et qui gardent donc un caractère belge spécifique. Les coproductions où la part de notre pays reste minoritaire ou purement symbolique ne font l'objet que d'une fiche signalétique. Cela explique pourquoi la consultation en survol des deux dernières décennies du siècle semble tout à coup réduire dans ce volume la production belge à une peau de chagrin, comme si la "belgicité" de nos films, par l'effet d'éclatement des budgets de production sur lesquels la part nationale ne parvient plus à s'aligner, se dissolvait d'année en année dans l'"européanité", notre cinéma suivant en cela l'inéluctable évolution économique et politique du pays.

Deux réflexions nous semblent par ailleurs dignes d'être soulignées à la lecture de cette somme. Quand on tente de décrire le contenu d'un film, il apparaît qu'un résumé neutre et sec du sujet n'offre ni intérêt ni point d'appui de style, et laisse échapper l'essentiel. C'est pourquoi l'écriture ici choisie, s'attachant à éviter toute hiérarchie et toute humeur dans la description des œuvres, n'entend toutefois pas interdire que le lecteur attentif décrypte entre les lignes les indices de préférence ou de réserve que s'est prudemment autorisée l'équipe à laquelle la Cinémathèque a fait confiance. A chacun de juger.

L'autre réflexion naît d'un coup de cœur. Enfants de la Cinémathèque, nous nous étions jadis nourris, autant que de films, de célèbres Histoires du Cinéma aujourd'hui démodées. Si ceci n'est pas une Histoire du Cinéma, on découvre néanmoins avec surprise que la consultation purement arbitraire, dans le désordre du hasard et sans intention autre que d'y cueillir avec plaisir des films inconnus ou jadis aimés, fait de ce gros volume un livre qu'on n'achèvera jamais, puzzle immense où un regard amoureux s'étonnera de déchiffrer, courant à travers nos films, le fil rouge qui est l'histoire vivante de notre siècle.

André Delvaux
Vice-président de la Cinémathèque Royale de Belgique

Mai 1999

De rode draad in de inventaris

Zeven eeuwen schilderkunst en muziek, twee millennia literatuur, en slechts honderd jaar cinematografie: een eeuw is wellicht een te weinig significante tijdspanne om in een kunst het wezen van een specifieke vormentaal aan het licht te brengen of de krachtlijnen bloot te leggen die van haar ontstaansgeschiedenis, over haar opgang naar een classicistische bloeiperiode, tot haar eventuele teloorgang leiden. Hoe dan individueel het belang en de waarde van een cineast en zijn œuvre taxeren, waarvan het gewicht zich slechts laat wegen door vergelijking met kunstenaars uit het verleden? Welk verleden geldt dan overigens als toetssteen voor het werk van een Dekeukeleire of een Storck, kunstenaars zonder voorgangers?

Amper een halve eeuw was verstreken of de eerste "klassieken" werden aangewezen. Indien we - met T.S. Eliot - hier die kunstenaars onder rekenen die, steunend op de verdiensten van hun voorgangers, hun kunst tot een graad van volmaaktheid brengen die laatstgenoemden nooit hadden kunnen bevroeden, dan hoeft het geen betoog dat de nog erg voorlopige onderbouw van onze zienswijzen en oordelen tot voorzichtigheid moet manen.

Van deze inventaris, waartoe het Koninklijk Belgisch Filmarchief het initiatief nam, moeten ambitie en noodzaak gezien worden in het licht van deze problematiek. Elke poging om betekenis en samenhang te verlenen aan honderd jaar film in België dient immers uit te gaan van een degelijke, zorgvuldig afgebakende inventaris van al het filmmateriaal dat het Filmarchief wist te identificeren, te verzamelen of te redden van de catastrofes (verlies, brand, chemisch onstabiel nitraat) die zo'n tachtig procent van de films uit de beginperiode onherroepelijk verwoestten.

Een dergelijke inventaris moet helder en gemakkelijk raadpleegbaar zijn en noopt tot een aantal keuzes. Voor de stille filmperiode werden alle films - ongeacht genre of lengte - stelselmatig opgenomen, inclusief vandaag verdwenen werken waarvan het bestaan ons slechts bekend is uit andere, niet-filmische documenten. Dit laatste geldt bijvoorbeeld voor een aantal korte films van Storck: verdwenen of tot stof herleide werken met surrealistische toets en tot de verbeelding sprekende titels als **Pour vos beaux yeux, Suzanne au bain, La mort de Vénus…** Grasduinend in het boek betreurt men de teloorgang van het merendeel van de films van Alfred Machin, de eerste sporen van de speelfilmproductie in ons land. Andere films dan weer kwamen pas heel recent boven water, toevallig ontdekt in het kader van dit inventarisatieonderzoek. Zo schenkt dit boek aandacht aan enkele tientallen filmpjes die Arthur Van Gehuchten, befaamd neuroloog aan de Leuvense Universiteit, tussen 1905 en 1914 op de binnenplaats van het Sint-Pietersziekenhuis draaide voor pedagogische doeleinden en waarvan een aantal op hallucinante wijze diverse vormen van hysterie in beeld brengen.

Vanaf de jaren 30 maakt de opkomst van de geluidsfilm een andere aanpak noodzakelijk. België, thuishaven van een armlastige cinematografie, kent een ongelooflijke productiviteit in de realisatie van korte films van uiteenlopende aard, zodat dit deel van het boek beperkt diende te worden tot films van lange duur. Elk van deze films krijgt, volgens een steeds identiek schema, een volle bladzijde toebedeeld. Het betreft hier echter uitsluitend films die, veelal vanwege een belangrijk nationaal aandeel in de productie, de vrijheid van de auteur wisten te vrijwaren en een specifiek Belgisch karakter behouden. Coproducties waarin het Belgische aandeel slechts minoritair zoniet louter symbolisch is, maken daarentegen gewoon het voorwerp uit van een specificatiekader en een foto. Dit verklaart meteen waarom een vluchtige blik op de laatste twee decennia van deze eeuw, zoals opgenomen in dit boek, al snel de indruk geeft dat de Belgische productie geleidelijk is weggekwijnd. Als zou het belgitude-gehalte van onze films - door de steeds hogere productiebudgets waarmee het nationale aandeel niet langer gelijke tred kan houden - van jaar tot jaar steeds meer oplossen in een Europese constructie: een ontwikkeling waarin de Belgische film de onvermijdelijke politieke en economische evolutie van het ganse land weerspiegelt.

Twee bedenkingen lijken ons bij het lezen van dit boek tot slot onderstreept te moeten worden. Wanneer men de inhoud van een film tracht te beschrijven, wordt het duidelijk dat een strikt neutraal resumé van het onderwerp weinig belang heeft, onvoldoende houvast biedt voor stijlontwikkeling en vaak de essentie laat ontglippen. Ofschoon erop gericht elke hiërarchie en persoonlijke dispositie in de filmbesprekingen te weren, verbiedt de schrijfstijl waarvoor in dit boek werd geopteerd de aandachtige lezer allerminst om tussen de regels aanwijzingen te bespeuren die duiden op enige voorkeur of reserve, voorzichtig te berde gebracht door de aangezochte auteurs. Ieder oordeelt hier zelf over.

De andere kanttekening komt uit het hart. Grootgebracht in het Filmarchief, koesterden wij vroeger, niet minder dan de films zelf, ook de beroemde "Histoires du Cinéma" die vandaag gedateerd zijn. Hoewel niet opgevat als een geschiedenisboek, vormt deze lijvige publicatie - die zich lukraak laat inkijken zonder andere bedoelingen dan het genoegen van de lectuur over onbekende of eertijds geliefde films - tot onze verbazing een boekwerk dat nooit uitgelezen zal raken: een onmetelijk grote legpuzzel waarin de verliefde blik met plezier ronddwaalt om verwonderd vast te stellen dat er zich, door al onze films heen, een rode draad ontrolt die de levende geschiedenis is van onze eeuw.

André Delvaux
Vice-voorzitter van het Koninklijk Belgisch Filmarchief

INTRODUCTION

In the years which have elapsed since the first public cinematographic projection in Belgium (on 1 March 1896) and the publication of the present volume, only some half a dozen reference works on our national cinema have seen the light of day. A number of specialist publications have made sporadic appearances and since 1958 - with a break between 1980 and 1989 - the Royal Film Archive's *Belgian Film Annual* has catalogued the output of the national film industry. Yet still a systematic and comprehensive filmography was lacking. Given that, after a century of cinema history, the sources of information are becoming increasingly inaccessible, this lack acquired an ever greater urgency. Our aim was to produce a catalogue of all films produced to date in Belgium (both Flanders and Wallonia). As a publicly funded institution charged with preserving the national cinema heritage, it is the Royal Film Archive's task to bring Belgian cinema to international attention and illustrate what is and has defined its nature. Hence the call for a serious reference volume which would serve as a basis for the work of journalists, students and academics as well as film restorers and archivists. Finally, in compiling this publication we also set ourselves the goal of opening a gateway, allowing the material filmed in our country to reach a wider audience not (yet) familiar with Belgian cinema and its history.

....

Many years ago, when the Royal Film Archive was still guided by the hand of Jacques Ledoux, the idea for this project was one on a long list of ventures left unrealized by the lack of finances. With the approach of cinema's centenary, the project was dusted off again. The risks in exploring uncharted territories under severe financial constraints were always going to be substantial. Yet it is only now, almost ten years after research began, that we can see the true extent of the venture, having uncovered most of our subject's secrets. Utterly unknown films; actors seemingly dead and buried for generations; major screenings apparently wiped from historical memory - little by little, the surviving traces, found typically between the yellowing pages of the contemporary press, took shape to form a picture of a highly diverse cinema past, as rich as it was unfamiliar.

As it finally goes to press, this book can only offer a "freeze frame" of one particular moment. It documents the state of our researches as they currently stand. Throughout the course of our work, hitherto unknown sources emerged to contradict or confirm the picture we had assembled up to that point. Historical research is infinite in scope - it can never claim to be definitive.

....

Before embarking on the research, it was important to define which works would be included in the filmography. The main two criteria are reflected in this volume's title, "Belgian Cinema". The meaning of these two terms is open to various interpretations.

For our purposes, we have decided to determine the nationality or origin of a film according to its financing. In other words, the production company or companies must be Belgian-based or backed by Belgian finance. Until independence, the Congo, Rwanda and Burundi were Belgian territories and as such, productions realized there are included in our survey.

By the term "cinema" we understand the standard celluloid formats (16mm, 35mm and in one case 70mm). Films in the amateur 8mm gauge, as well as those shot on film material but completed on video, are omitted. The absence of the final product - a print - is not a determining factor. The following is not a review of a concrete existing film collection. Rather it is a reconstruction of objects which once existed, which still exist and which can possibly be rediscovered.

The two dates given in the book's subtitle mark the beginning and end of a cinematographic century which opened in 1896, as the first cameramen embarked, equipment in hand, to capture on film the first moving images of life in our country, a matter of months after the very first film screening in Belgium.

In order to limit further the scope of works covered, we were obliged to establish other selection criteria. As such, only films of more than sixty minutes in length were considered. This international norm, which serves as a watershed for short and full-length films, was crucial in limiting the extent of our work, even when examining the output of a relatively small country. However, titles from the silent era are included in the first section of the book, regardless of their length. In addition, this volume does not discount the publication at a later date of a separate survey of Belgian shorts.

Fiction and documentary, animation, art and experimental film - all genres are represented here, with the exception of home movies, advertising and industrial films and works made exclusively for television.

Bearing these criteria in mind, it goes without saying that, when details are lacking, certain information has to be given the benefit of the doubt. This applies in particular to the nationality (claims to ownership being nothing new), length and occasionally the very existence of certain films. It is not unheard of for directors, producers and distributors to be carried away by their enthusiasm and announce the imminent release of a film of which no trace can now be found, for the simple reason that it was never completed. We also have to face the fact that many works - usually those from the early days of cinema - have vanished without trace, leaving behind neither physical nor indirect documentary evidence. The chapters on newsreels can serve as an example of this: the titles listed here represent only a fraction of those films made.

....

Strict criteria and clear guidelines are crucial when mounting so wide-ranging a research project. The next stage is to examine all possible avenues of information. The basis for our work was formed by the primary sources, that is, the films themselves. The Royal Film Archive's collection of Belgian films served as a starting point. The representative, yet incomplete corpus thus established was supplemented by objects housed in other collections, both public and private. Next, we turned to written sources: other reference works, cinema programmes, press-kits, periodicals and newspaper cuttings. Although these sources may be termed secondary, their importance should not be underestimated, especially given that only a small percentage of the works produced during the first decades of Belgian cinema - as everywhere in the world - have survived.

The characteristics of the films are more easily studied when the primary sources (or film prints) are physically available. However, when faced with secondary sources - texts or articles - other factors have to be taken into consideration, such as the author and conditions of writing. All these sources are then scrutinized as to their reliability and filtered until they take the shape of a virtual film or provide additional information on an existing film. The books, periodicals and newspapers consulted (insofar as the origin of the cuttings was identifiable) are listed at the rear of this volume in the bibliography.

....

The corpus which follows comprises 1647 titles, divided into two parts. The first section of the filmography examines the silent era in detail, whereas the second is devoted entirely to the sound film.

Given that the information to be found on the first three decades of cinema in Belgium is as surprising as it is scarce, we have chosen to take a closer look at film production during that era and cover every individual work, regardless of length. This was considered a necessary decision due to the severe lack of information available on the length of the films (be it because they have been lost or only partially preserved). What is more, this filmography seemed the perfect opportunity to shed more light on this hitherto obscure era of our cinema history. Furthermore this section includes genres such as advertising films, scientific films, amateur works and newsreels, which are not featured in the main body of the book. In the category of newsreels, we have gone so far as to include by way of illustration a series of films shot by foreign directors for foreign production companies such as Pathé and Gaumont, but which cover Belgian subjects for Belgian (among other) cinemas.

To bring clarity into this more nebulous period of history, we have divided the section on the silent era into three periods or chapters: the years preceding the first World War, war-time production and the period after 1918, up to the final silent film. The use of sound may have been a revolutionary moment in cinema history, but this did not prevent silent films being made after the first sound work (in Belgium, **The Klepkens Family**, dating from 1929) and into the thirties. Hence, the two main sections of the book partially overlap. The three chapters within the silent section have themselves been subdivided into a series of thematic - though not necessarily systematic - sections, where each film has its place.

The remainder of the book is devoted to the sound era. Here, all sound films of more than 60 minutes in length are listed in chronological order, year by year, film by film. Within each year, we have tried to mirror the chronology of the films by observing, whenever possible, the moment when the final touches in the production process were made.

The method used to describe each film is simple and reflects the aims of this volume, in particular by recording as exactly as possible the scientific, objective data for every film. Each is covered by a single page comprising a column of credit details / technical data, an illustration and a text in English, French and Dutch. This pattern is observed throughout the whole book.

It is varied in two cases, on the one hand when a series of films is covered, on the other when a film is a co-production with a minimal Belgian contribution.

By series of films (a phenomenon occurring almost exclusively within the section on silent cinema), we mean films grouped together either because too little information is available to accord each a separate page or, more typically, because they form a coherent ensemble. In such cases, a number of films are grouped according to a common criterion (in capitals), such as their genre or subject, director or production company. In the case of more obscure films we have linked these with another work by the same director.

Minority co-productions are accorded half a page comprising technical data and an illustration. The designation "Co-production" is given below the film's title. Here the contribution in percentage terms by Belgian production companies is less than that of foreign companies. Again, a slight margin of error is inevitable in the case of the very early - and rather rare - co-productions, where we have only limited information, and wherever uncertainties over national origin arise. In addition, we have made a conscious decision to examine in detail a number of films where the percentage of Belgian financing is less pronounced than the clearly Belgian character of the work.

MANUAL

Each of the films covered in this volume is represented by a column of technical data, a text in three languages and an illustration. Co-productions where Belgian financing is in the minority are not accompanied by texts. Where a series of films is covered, a list of technical data is given for each individual work. The texts, however, cover all the films in a more general fashion, and one or more illustrations are provided.

The **technical data** given for each film list the members of the team and cast as well as the technical characteristics of the film. For reasons of clarity, they are listed in English.

At the top, the original **title** of the film is given, that is, its title in the original version. If there is some uncertainty as to the film's title, it is given in square brackets. Then follow alternative titles and translation titles to the work, in alphabetical order and by language. These may be working titles, titles for versions of the film with soundtracks in other languages or distribution titles for Belgium and abroad. For reasons of consistency, each title has been translated into English. As far as the official translations of titles between French and Dutch are concerned, we have followed the traditions usually applied here. Flemish films usually have an official translation of their Dutch-language title into French, whereas French-language films (or, for that matter, films in any other languages) are rarely given an official title in Dutch. During the silent era, the translation of titles, however, was the norm and we have continued this practice accordingly. Those found are listed systematically, always retaining the contemporary spelling. Thus we have respected the old Dutch orthography as well as occasionally bizarre spellings of place names.

For each film, we have recorded the following **data**. If insufficient information was available for one of the categories, it was omitted. If data is open to question, it is given in square brackets. Square brackets around proper names are used in the following cases:

[Isidore Moray]   The name or function is not certain

Félix Bell [Gaston Schoukens]   The first is a pseudonym used for this film, followed by the person's real name in square brackets. If only a pseudonym is known, it is treated as the person's real name. A particular problem in this respect is posed by the pornographic films listed in the filmography. Pseudonyms and real names are sometimes indistinguishable. It may be that several people shared the same pseudonym or that someone else's real name (that of an outsider or collaborator on the film) was adopted as a pseudonym. What is more, one person often used several pseudonyms when carrying out several functions on the same film.

DIRECTOR

YEAR   Here the production year, or more precisely the year in which the standard cinema print was provided by the laboratory (where one could be identified). Where more than one year is given, with figures separated by a dash (-), these refer to productions completed over longer periods of time or to different versions of the same film.

COUNTRY   The production country of the film. Where more than one country is given, with names separated by a dash (-), these refer to countries co-producing the film. The country with the largest financial involvement in the film is listed first. The following abbreviations are used:

AE	Algeria	CG	Zaire
AT	Australia	CN	Canada
AU	Austria	CS	Czechoslovakia
BE	Belgium	CV	Cape Verde
BU	Bulgaria	CZ	Czech Republic
CA	Curaçao	FI	Finland

FR	France		NE	Netherlands
G	Germany before 1945 and since 1991		NG	New-Guinea
GE	East Germany		PE	Peru
GO	Georgia		PL	Poland
GR	Greece		PO	Portugal
GW	West Germany		PS	Palestine
HK	Hong Kong		RM	Rumania
HU	Hungary		RS	Russia
II	India		SA	South Africa
IO	Indonesia		SP	Spain
IS	Israel		SZ	Switzerland
IT	Italy		TI	Tunisia
LE	Lebanon		UA	Egypt
LH	Liechtenstein		UK	United Kingdom
LU	Luxembourg		US	United States
MR	Morocco		VE	Venezuela

SCREENPLAY

BASED ON   written by

DIALOGUE

ASST. DIR.   *Assistant Director*

DIR. PHOT.   *Director of Photography*

CAMERA

ANIMATION

EDITING

SOUND

MUSIC

ART DIRECTOR

COSTUMES

COMMENTS   For documentaries available with commentaries in various languages, the language in which the commentary was originally written is also given. N=Dutch; F=French; E=English.

PRODUCER

PROD.CO.   *Production Company*
The town where the production company is or was based is given in brackets. Where there is any doubt, only the country is listed as an abbreviation. Where neither a town nor a country is given, the production company could not be located.

PROD.SUPERV.   *Production Supervisor*

CO-PRODUCER

CO-PROD.CO.   *Co-Production Company*
See **PROD.CO.**

ASSOC.PROD.   *Associate Producer*

PROD.MGR.   *Production Manager*

EXEC.PROD.   *Executive Producer*

CAST   Each role is listed in brackets after the actor's name. Where the role is not represented by a character's name, a description is given in the language of the film in question. If a role is known but not the actor playing it (as in often the case with silent films), only the role is given in brackets. This is intended to aid the identification of unknown films or those only partially preserved.

VOICES   In the case of animated films, the actor's roles are given in brackets. Where the role is not represented by a character's name, a description is given in the language of the film in question. Where various different-language versions of a film are available, the language in which the actor reads the commentary is also given. E=English; F=French; N=Dutch.

LANGUAGE   The original language of the film. Where more than one language is given, separated by commas, then more than one language is spoken in the film or, in the case of a silent film, the intertitles of the (existing) print were written in the given languages. If languages are separated by a forward slash (/), this signifies that a film is available in various different-language versions. If a dash (-) and no language is given, then a film has neither commentary, dialogue nor intertitles.

GAUGE

SILENT/SOUND   Films where the dialogue was recorded on phonogram during the production are considered sound films.

B&W/COLOUR   In the case of silent films, three colouring processes may apply: tinted, toned and stencil-coloured.

METRES   This gives the original length in metres of a silent film. Where more than one figure is listed, they refer either to different versions of the same film or to different lengths mentio-

	ned in various equally plausible secondary sources. When a silent film has been lost and secondary sources give only a length in minutes, no length in metres is listed here. The length of early sound films projected with a parallel soundtrack from phonogram is also given in metres.
MINUTES	The original length of a sound film in minutes. Where more than one figure is given, these refer either to the lengths of different versions of the same film or to lengths mentioned in various equally plausible secondary sources.

....

The **texts** not only describe the contents of the film, but also consider the production history of the work, the career of the director or members of its cast and the reception of the film. They reflect the individual characteristics of the film and try to place it in its historical context. The texts as a whole thus give an overview of 100 years of Belgian cinema history. To aid the reader in consulting the texts, they are printed according to a fixed scheme, with the English text at the top of the page, followed by the French and Dutch versions. They were written by a range of authors, whose initials are given below the texts they compiled:

MA	Michel Apers	AJ	André Joassin
JA	Jacqueline Aubenas	LJ	Luc Joris
GA	Geneviève Aubert	SL	Sabine Lenk
GC	Guido Convents	AFL	Anne-Françoise Lesuisse
FD	Francine Dubreucq	SM	Serge Meurant
DD	Dirk Dufour	RM	René Michelems
PF	Peter Frans	RS	Rik Stallaerts
PG	Paul Geens	MT	Marianne Thys

....

The **illustration** for each film or series of films is either a production still, a reproduction of a poster or promotional pamphlet or the portrait of a collaborator on the film. In the latter case, or when confusion with other films is possible, the photograph is accompanied by a legend. The illustrations to most of the films in this corpus were taken from material provided by numerous film-makers, producers, distributors and private and public collectors. The Royal Film Archive would like to thank them for entrusting us with these items.

Marianne Thys

Au cours de la période qui sépare la première projection cinématographique publique dans notre pays (1er mars 1896) et la parution du présent document, seuls une demi-douzaine d'ouvrages de référence sur le cinéma belge ont vu le jour. Au fil des ans, quelques publications thématiques ont paru épisodiquement et, depuis 1958 (exception faite de la période allant de 1980 à 1989), la production cinématographique belge est reprise chaque année dans l'*Annuaire du film belge* publié par la Cinémathèque Royale. Cependant, jusqu'à présent on ne disposait malheureusement pas d'une filmographie belge systématique et exhaustive et le temps pressait: après un siècle d'histoire du cinéma, les sources documentaires nous sont de moins en moins accessibles. Il s'agissait d'urgence d'établir un catalogue de tous les films produits chez nous à ce jour (tant dans le nord que dans le sud du pays). En tant qu'institution nationale chargée de la conservation du patrimoine cinématographique, la Cinémathèque Royale de Belgique estime qu'il est de son devoir de montrer au monde extérieur en quoi consiste (ou a consisté) le cinéma belge, d'où l'idée de rédiger un ouvrage de référence qui pourrait servir de base à d'autres travaux, effectués par des journalistes, des étudiants, des chercheurs ou encore des restaurateurs de films ou des archivistes. Enfin, en réalisant cette publication, nous nous sommes également fixé comme objectif de veiller, voire de contribuer à ce que tout ce qui a été filmé dans notre pays puisse se frayer un chemin auprès d'un public plus large qui n'est pas (encore) familiarisé avec le cinéma belge et son histoire.

....

Il y a de nombreuses années, alors que la Cinémathèque Royale était encore placée sous la direction de Jacques Ledoux, l'idée de cet ouvrage faisait partie de la longue liste des projets qui, en raison d'un cruel manque de moyens, n'avaient pu être mis en chantier. A l'approche du centenaire du cinéma, le projet fut relancé. L'enjeu était énorme: le sujet restait jusqu'alors peu fouillé et les moyens étaient toujours insuffisants. Ce n'est qu'aujourd'hui, près de dix ans après le début des recherches, que nous prenons conscience de l'ampleur de ce projet, tout simplement parce que la matière a divulgué une grande partie de ses secrets. Des films que nul ne connaît, des acteurs qui semblent morts et enterrés depuis des siècles, des projections retentissantes dont plus personne n'a gardé le moindre souvenir: de fil en aiguille, tout le matériel existant, composé en majeure partie de coupures de presse défraîchies, semblait prendre vie et déployait sous nos yeux un passé cinématographique extrêmement diversifié, aussi riche que méconnu.

A l'heure où ce livre est mis sous presse, il n'est déjà plus qu'un arrêt sur image fugitif. Il présente l'état d'avancement de notre recherche à un moment donné. A chaque étape de notre travail, de nouvelles sources encore inexploitées se manifestent et viennent contredire ou compléter les éléments que nous avions trouvés auparavant. La recherche historique est sans fin, on ne peut jamais qu'en repousser les limites.

....

Avant d'entamer ces recherches, il était important de déterminer quelles œuvres seraient reprises dans cette filmographie. Le point de repère principal donna en même temps son titre à cet ouvrage : "Cinéma belge". Ces deux termes permettent plusieurs interprétations différentes.

Le terme "cinéma" renvoie à la pellicule ou celluloïde (et non pas vidéo) de format standard (16mm, 35mm, un seul exemplaire en 70mm). Les films de format amateur (8mm), de même que les productions filmées sur pellicule mais parachevées en vidéo, n'ont pas été répertoriés. L'absence de copie ne constitue en rien un critère d'exclusion: ce qui suit n'est pas un aperçu d'une collection de films bien déterminée et concrète, mais bien une reconstitution de ce qui a existé, de ce qui existe toujours et peut éventuellement encore être retrouvé.

Dans ce livre, nous avons pris le parti de déterminer le critère de nationalité ou d'origine d'un film suivant les moyens de production: la (ou les) société(s) de production doi(ven)t être établie(s) en Belgique ou avoir été financée(s) par des capitaux belges. Jusqu'à leur indépendance, le Congo, le Rwanda et le Burundi faisaient partie du territoire belge et, par conséquent, les productions qui y ont été réalisées sont incluses dans le présent corpus.

Les deux dates du sous-titre marquent le début et la fin d'un siècle de cinématographie qui démarra en 1896 lorsque, caméra à la main, les premiers opérateurs se mirent à capturer dans notre pays des images en mouvement sur pellicule, et ce quelques mois à peine après qu'ait eu lieu la toute première projection cinématographique en Belgique.

Afin de mieux délimiter le corpus, il nous fallait encore affiner les critères de sélection. Ainsi, seuls les films d'une durée de plus de soixante minutes ont été pris en considération. Cette norme internationale qui permet de faire la différence entre un court et un long métrage fut primordiale et contribua dans une première phase à limiter l'ampleur du travail, même s'il porte sur la production d'un petit pays. Exeption a été faite pour les courts métrages de l'époque muette qui sont tous repris dans le corpus. Par ailleurs, la parution de cet ouvrage n'exclut pas la publication ultérieure d'un livre spécialement consacré aux courts métrages belges sonores.

Fiction et documentaire, animation, film d'art et film expérimental, tous les genres sont représentés, à l'exception du cinéma amateur, des films publicitaires, des films d'entreprises et des films exclusivement destinés à la télévision.

Compte tenu de tous ces critères, il va de soi que, lorsque les informations font défaut, il faut parfois accorder à certaines informations le "bénéfice du doute". Cette remarque vaut pour le critère de nationalité (le phénomène de la récupération ne date pas d'aujourd'hui), la durée et même l'existence de certains films. Il n'est pas rare que, dans un élan d'enthousiasme, des réalisateurs, des producteurs voire des distributeurs annoncent la projection imminente d'un film dont on ne retrouvera plus de trace pour la simple raison qu'il n'a très vraisemblablement jamais été achevé. Nous sommes également conscients que certains films - essentiellement ceux datant des débuts du cinéma - n'ont laissé aucune trace, ni physiquement, ni par l'intermédiaire d'une source indirecte. Prenons en guise d'exemple les chapitres sur les films d'actualités: les titres qui y figurent ne représentent qu'une part minime de ce qui a effectivement été réalisé.

....

Des critères stricts et un encadrement clair sont primordiaux lorsque l'on mène une recherche inédite. Toutes les sources possibles et imaginables peuvent alors être exploitées. Nous avons pris pour point de départ les sources primaires, à savoir les films. La collection de films belges de la Cinémathèque Royale a servi de base. Le corpus, représentatif mais certes incomplet ainsi obtenu fut tout d'abord complété à l'aide des éléments fournis par d'autres collections, publiques et privées. Ensuite, nous nous sommes attaqués aux sources écrites: autres ouvrages de référence, programmes de cinéma, dossiers de presse, articles de revues et coupures de presse. Si ces sources sont ici qualifiées de secondaires, il ne faut cependant pas en sous-estimer l'importance surtout lorsque l'on sait que - comme partout ailleurs dans le monde - on n'a conservé qu'un faible pourcentage de la production des premières décennies du cinématographe en Belgique.

Il est plus aisé d'étudier les caractéristiques des sources primaires (ou copies de film), puisqu'elles sont physiquement disponibles. Par contre, lorsque l'on étudie les sources secondaires, textes ou articles, il faut tenir compte d'éléments supplémentaires, tels que l'auteur ou le contexte dans lequel ce dernier écrivait. Toutes ces sources sont ensuite confrontées, testées quant à leur véracité et filtrées jusqu'à ce qu'elles prennent la forme d'un film virtuel ou fournissent des informations complémentaires sur des films existants. Les livres, revues et journaux consultés (pour autant que l'origine des coupures était mentionnée) sont cités à la fin de cet ouvrage dans la bibliographie.

....

Le corpus que vous trouverez ci-après comprend 1647 titres qui ont été divisés en deux parties. La première partie traite dans le détail du cinéma muet, tandis que la deuxième partie est entièrement consacrée au cinéma sonore.

Vu que les informations relatives aux trois premières décennies de l'histoire du cinéma en Belgique sont aussi rares que surprenantes, il a été décidé de donner plus d'espace à la production cinématographique de cette époque en abordant tous les films, quelle que soit leur durée. Le manque manifeste d'informations sur la durée des films (soit que ceux-ci ne sont plus là pour nous renseigner soit qu'ils n'ont été conservés qu'en partie), aura été à cet égard un élément prépondérant. En outre, cela nous semblait être l'occasion rêvée d'approfondir cette période méconnue de l'histoire du cinéma belge. Dans le cas du cinéma muet, nous avons également fait la part belle à des genres plus particuliers comme les premiers films publicitaires, les films scientifiques, les films d'amateurs ou encore les actualités. Dans cette dernière catégorie, nous avons - en guise d'illustration - inclus une série de films tournés par des réalisateurs étrangers pour le compte de sociétés de production étrangères comme Pathé et Gaumont, mais ayant trait à notre pays et destinés (entre autres) à nos salles de cinéma.

Afin de mettre le lecteur au fait de cette période parfois obscure, la partie consacrée au cinéma muet a été divisée en trois périodes ou chapitres: les années précédant la Première Guerre mondiale, la production en période de guerre, et les années postérieures à 1918, et ce jusqu'au dernier film muet. L'utilisation du son fut un développement révolutionnaire dans l'histoire du cinéma, mais n'empêcha pas, après que le premier film sonore ait vu le jour (en Belgique ce fut le cas en 1929 avec **La famille Klepkens**), que nombre de films muets furent encore tournés jusque dans les années 30. Ainsi, les chronologies des deux parties de ce livre se chevauchent partiellement. Au sein de cette répartition chronologique en trois périodes, chaque film muet fait l'objet d'un classement thématique qui se veut indicatif et non restrictif.

Tout le reste de l'ouvrage concerne la période du cinéma sonore. Dans cette partie, tous les films sonores de plus de 60 minutes sont classés par ordre chronologique, année après année, film après film. Au sein d'une même année, afin de respecter la chronologie des films, nous avons, dans la mesure du possible, tenu compte du moment où la touche finale était apportée à la production.

La formule adoptée pour décrire chacun des films est simple et reflète l'objectif de l'ouvrage, notamment l'enregistrement aussi précis que possible de données scientifiques et objectives. Chaque film fait l'objet d'une page comportant un cadre de spécification (fiche technique), une photo et un texte en anglais, français et néerlandais: telle est la ligne de conduite suivie tout au long du livre.

Par ailleurs, deux autres canevas ont été élaborés pour l'ensemble du corpus: l'un pour les séries de films, l'autre pour les coproductions où la contribution belge est minime.

Par séries de films (qui, à quelques rares exceptions près, n'apparaissent que dans la partie du cinéma muet), nous entendons les cas où plusieurs films sont regroupés parce que les informations disponibles pour chacun des films sont trop limitées pour qu'une page entière puisse y être consacrée et aussi, surtout, parce qu'ils forment un ensemble cohérent. Dans ces cas, les films sont réunis sous un titre (en lettres capitales): un genre ou un thème, un réalisateur, une société de production. Dans d'autres cas certains films obscurs sont couplés à une œuvre du même réalisateur faisant l'objet d'une présentation plus complète.

Les coproductions minoritaires se sont vu attribuer une demi-page consistant en une fiche technique et une photo. Sous le titre du film se trouve alors la mention "Co-production" signifiant que la participation de la (ou des) société(s) de production belge(s) de ces films est proportionnellement moindre par rapport à celles des sociétés étrangères. A nouveau, il faut tenir compte d'une petite marge d'erreur d'une part pour les premières - et plutôt rares - coproductions sur lesquelles on ne dispose que de peu d'informations, et d'autre part pour les cas où il peut être question de récupération. Ainsi, nous avons sciemment choisi de traiter dans le détail un certain nombre de films où la participation belge exprimée est plutôt faible mais qui ont un caractère belge très prononcé et indéniable.

MODE D'EMPLOI

Chacun des films repris dans ce livre s'est vu attribuer un cadre de spécification, un texte rédigé en trois langues et une illustration. Les coproductions minoritaires ne sont pas accompagnées de textes. Les séries de films quant à elles bénéficient d'un cadre de spécification pour chacun des films. Cependant, elles ne sont décrites que par un texte général et illustrées par une ou plusieurs photos.

Les fiches techniques ou **cadres de spécification** reprennent les noms des membres de l'équipe et des interprètes ainsi que les caractéristiques techniques du film. Pour des raisons de facilité, elles ont été établies en anglais.

Le titre original du film apparaît en premier lieu, c'est-à-dire le **titre** de la version originale du film. Lorsqu'on ne connaissait pas avec certitude le titre du film, il a été placé entre crochets. Il est suivi des titres alternatifs et traductions qui en ont été donnés, classés par ordre alphabétique et par langue. Il s'agit ici des titres de travail, des titres des différentes versions du film et des titres sous lesquels le film a été distribué tant en Belgique qu'à l'étranger. Par souci d'exhaustivité, chaque titre original a été traduit en anglais. Pour ce qui est des traductions des titres francophones et néerlandophones, nous sommes restés fidèles à la tradition appliquée dans ce domaine: les films flamands disposent pour la plupart d'une traduction officielle de leur titre en français tandis que les films francophones (ou les films dont la langue est autre que le néerlandais) se voient rarement attribuer un titre officiel en néerlandais. A l'époque du muet, on n'hésitait pas à traduire les titres, reproduits ici de manière systématique. L'orthographe des titres originaux est toujours respectée. Cela vaut tant pour l'ancienne orthographe du néerlandais que pour l'orthographe parfois singulière utilisée notamment pour les noms de lieux géographiques.

Pour chacun des films, les **spécifications** décrites ci-après ont été enregistrées. Si nous manquons d'informations quant à l'une de ces spécifications, cette dernière n'est alors pas reprise. Lorsque nos renseignements sont incertains, ils sont placés entre crochets. En ce qui concerne les noms propres, les cas suivants peuvent se présenter:

[Isidore Moray]   incertitude quant au nom ou la fonction

Félix Bell [Gaston Schoukens]   pseudonyme, suivi du véritable nom entre crochets. Si l'on ne connaît que le pseudonyme d'une personne, on le considère comme étant son véritable nom. A cet égard, les films pornographiques repris dans cet ouvrage posent problème. Les pseudonymes et véritables noms sont parfois indissociables: il arrivait que plusieurs personnes utilisent le même pseudonyme ou que l'on choisisse comme pseudonyme le véritable nom d'une autre personne (un outsider ou un collaborateur à la réalisation du film). De plus, il arrivait que certaines personnes prennent un pseudonyme différent pour chacune des fonctions qu'elles remplissaient dans la réalisation d'un même film.

DIRECTOR   *Réalisateur*

YEAR   *Année*

     Il s'agit de l'année de production, plus précisément de l'année où la copie standard a été fournie par un laboratoire, pour autant qu'on ait pu la retrouver. Plusieurs années séparées par un trait horizontal (-) font référence à des productions qui ont été réalisées sur plusieurs années ou dont il existe différentes versions.

COUNTRY   *Pays*

     Il s'agit du pays de production. Plusieurs pays séparés par un trait horizontal (-) font référence aux pays qui ont coproduit le film; le pays dont la participation à la production est proportionnellement la plus importante est cité en premier lieu. Les abréviations utilisées sont les suivantes:

AE	Algérie		IS	Israël
AT	Australie		IT	Italie
AU	Autriche		LE	Liban
BE	Belgique		LH	Liechtenstein
BU	Bulgarie		LU	Luxembourg
CA	Curaçao		MR	Maroc
CG	Zaïre		NE	Pays-Bas
CN	Canada		NG	Nouvelle-Guinée
CS	Tchécoslovaquie		PE	Pérou
CV	Cap Vert		PL	Pologne
CZ	République tchèque		PO	Portugal
FI	Finlande		PS	Palestine
FR	France		RM	Roumanie
G	Allemagne avant 1945 et à partir de 1991		RS	Russie
GE	Allemagne de l'Est		SA	Afrique du Sud
GO	Géorgie		SP	Espagne
GR	Grèce		SZ	Suisse
GW	Allemagne de l'Ouest		TI	Tunisie
HK	Hong Kong		UA	Egypte
HU	Hongrie		UK	Royaume-Uni
II	Inde		US	Etats-Unis
IO	Indonésie		VE	Venezuela

SCREENPLAY	*Scénario*
BASED ON	*D'après un texte* written by, *écrit par*
DIALOGUE	*Dialogues*
ASST. DIR.	*Assistant director ou assistant de réalisation*
DIR. PHOT.	*Director of photography ou chef opérateur*
CAMERA	*Opérateur*
ANIMATION	*Animation*
EDITING	*Montage*
SOUND	*Son*
MUSIC	*Musique originale*
ART DIRECTOR	*Décors*
COSTUMES	*Costumes*
COMMENTS	*Commentaires*

Les documentaires qui existent en plusieurs langues sont annotés, entre parenthèses, de la langue originale dans laquelle l'auteur a rédigé le commentaire. F=Français; N=Néerlandais; E=Anglais.

PRODUCER	*Producteur*
PROD.CO.	*Production company ou société de production*

La ville où est établie la société de production est indiquée entre parenthèses. Lorsqu'un doute subsiste, seul le pays est mentionné sous forme d'abréviation. Lorsque ni ville ni pays ne sont mentionnés, cela signifie que la société de production n'a pas pu être localisée.

PROD.SUPERV.	*Production supervisor ou directeur de production*
CO-PRODUCER	*Coproducteur*
CO-PROD.CO.	*Co-production company ou société de coproduction*
	Particularités voir **PROD.CO.**
ASSOC.PROD.	*Associate producer ou producteur associé*
PROD.MGR.	*Production manager*
EXEC.PROD.	*Executive producer ou producteur exécutif*
CAST	*Interprètes*

Les rôles sont repris entre parenthèses après les noms des interprètes. Dans les cas où le rôle n'est pas représenté par le nom d'un personnage, il est suivi d'une description rédigée dans la langue de la version du film. Si on ne connaît que les rôles mais pas leurs interprètes (ce qui arrive fréquemment avec les films muets), seuls les rôles sont communiqués entre parenthèses. En agissant de la sorte, nous essayons de faciliter l'identification de films inconnus ou conservés en partie seulement.

VOICES	*Voix*

En ce qui concerne les films d'animation, les personnages auxquels les acteurs ont prêté leur voix sont indiqués entre parenthèses. Dans les cas où le rôle n'est pas représenté par le nom d'un personnage, il est suivi d'une description rédigée dans la langue de la version du film. Les films qui existent en plusieurs langues sont annotés, entre parenthèses, de la langue originale dans laquelle l'interprète lit le commentaire. F=Français; N=Néerlandais; E=Anglais.

LANGUAGE *Langue*
Il s'agit de la langue de la version originale du film. Lorsque plusieurs langues sont citées, séparées par une virgule, cela signifie que toutes ces langues sont parlées dans le film ou - pour les films muets - que les intertitres de la copie (encore existante) ont été rédigés dans ces langues. Si les langues sont séparées par un trait oblique (/), cela implique qu'il existe une version originale du film dans chacune de ces langues. L'emploi d'un trait horizontal unique (-) indique l'absence totale de commentaire parlé, de dialogues ou d'intertitres.

GAUGE *Format du film*

SILENT/SOUND *Muet / Sonore*
Les films dont les dialogues ont été enregistrés sur phonogrammes sont considérés comme étant des films sonores.

B&W/COLOUR *NB / couleur*
Plusieurs procédés de colorisation sont décrits pour les films muets:
Tinted ou teinté
Toned ou viré
Stencil-coloured ou colorié au pochoir

METRES *Métrage*
Cette spécification indique la longueur originale en mètres d'un film muet. Si plusieurs longueurs ont été enregistrées, il s'agit soit des métrages de différentes versions d'un même film soit des métrages mentionnés dans des sources secondaires diverses qui n'ont pas pu être départagées. Lorsqu'un film muet a disparu et que les sources écrites ne renseignent la longueur du film qu'en minutes, la préférence va au minutage. La longueur des premiers films sonores projetés avec diffusion simultanée du son enregistré sur phonogramme est également renseignée en mètres.

MINUTES *Minutage*
Cette spécification indique la longueur originale d'un film sonore en minutes. Si plusieurs longueurs sont mentionnées, il s'agit soit des minutages de différentes versions d'un même film soit des minutages mentionnés dans des sources secondaires diverses qui n'ont pas pu être départagées.

....

Les textes décrivent non seulement le contenu du film mais s'attardent aussi sur les conditions de production, la carrière du réalisateur ou des interprètes, le succès remporté par le film. Ils s'étendent sur les caractéristiques propres au film et tentent, dans la mesure du possible, de le situer dans son contexte historique. L'ensemble des textes donne une vue générale de 100 ans de cinéma belge. Afin de faciliter la consultation de cet ouvrage, les textes ont été organisés suivant une structure fixe: le texte anglais figure toujours au haut de la page, suivi des versions francophone et néerlandophone. Ces textes ont été rédigés par une série d'auteurs dont les initiales sont reprises à la fin de chacun de leurs textes:

MA	Michel Apers	AJ	André Joassin
JA	Jacqueline Aubenas	LJ	Luc Joris
GA	Geneviève Aubert	SL	Sabine Lenk
GC	Guido Convents	AFL	Anne-Françoise Lesuisse
FD	Francine Dubreucq	SM	Serge Meurant
DD	Dirk Dufour	RM	René Michelems
PF	Peter Frans	RS	Rik Stallaerts
PG	Paul Geens	MT	Marianne Thys

....

L'image qui illustre un film ou une série de films peut être une photo de plateau, la reproduction d'une affiche ou d'un feuillet promotionnel ou le portrait d'un des collaborateurs. Dans ce dernier cas, ou lorsque la confusion avec d'autres films est possible, la photographie est accompagnée d'une légende. La majeure partie des films décrits dans ce corpus a pu être illustrée grâce au matériel que de nombreux cinéastes, producteurs, distributeurs, collectionneurs publics et privés ont confié à la Cinémathèque Royale. Nous souhaitons les remercier de la confiance qu'ils ont placée en nous.

Marianne Thys

In de tijdspanne tussen de eerste publieke filmvoorstelling in ons land (1 maart 1896) en het ogenblik van dit schrijven, heeft slechts een half dozijn naslagwerken over Belgische film het daglicht gezien. In de loop der jaren verschenen hier en daar nog enkele thematische publicaties en sinds 1958 (met uitzondering van de periode tussen 1980 en 1989) wordt jaarlijks de Belgische filmproductie beschreven in het *Jaarboek van de Belgische film* uitgegeven door het Koninklijk Filmarchief. Maar een systematische, volledige, Belgische filmografie bleef pijnlijk ontbreken. En de tijd drong: na een eeuw filmgeschiedenis zijn de bronnen immers verder dan ooit van ons verwijderd. Het was zaak een catalogus samen te stellen van wat hier (zowel in het noorden als in het zuiden van het land) ooit aan films geproduceerd is. Als nationale instelling die zich ontfermt over het behoud van het eigen filmpatrimonium, voelt het Koninklijk Belgisch Filmarchief als geen ander de noodzaak de buitenwereld te tonen waaruit dat bestaat of bestaan heeft. Er was dus behoefte aan een naslagwerk dat de basis, het vertrekpunt zou worden van ander werk, of het nu door journalisten, studenten en researchers gebeurt, of door filmrestaurateurs en -archivarissen. Tenslotte stelden we ons ook tot doel met deze publicatie ervoor te zorgen, zoniet ertoe bij te dragen, dat wat in eigen land ooit gefilmd werd, zich beter een weg zou kunnen banen bij een breder publiek dat (nog) niet vertrouwd is met de Belgische film en zijn geschiedenis.

....

Gedurende vele jaren, toen het Koninklijk Filmarchief nog onder leiding stond van Jacques Ledoux, bleef dit werk op een lijst staan van ooit uit te voeren projecten, die vanwege een gebrek aan middelen dit stadium nooit ontgroeiden. Het nakende eeuwfeest van de film leek echter de gepaste aanleiding om van start te gaan. De opzet was groot, de stof weinig onderzocht, de middelen amper toereikend. Nu, bijna tien jaar na aanvang van het werk, beseffen we pas ten volle de omvang van de opzet, juist omdat de materie een groot deel van haar geheimen heeft prijsgegeven. Films die niemand nog kent, acteurs die voor eeuwig begraven leken, ophefmakende vertoningen waarvan geen mens nog weet heeft: stilaan leek er leven te komen in een voor een groot deel uit vergeelde persknipsels bestaande materie en ontvouwde zich voor onze ogen een zeer gevarieerde, eigen filmgeschiedenis die even rijk was als onbekend.

Wanneer het van de persen rolt, is dit boek als een *freeze frame*, een bepaald moment van het onderzoek in beeld gebracht, te boek gesteld. Tijdens elk stadium van het werk manifesteren zich nieuwe, nog onontgonnen bronnen, die strijdig kunnen zijn met eerder gevonden gegevens of ze kunnen aanvullen. Historisch onderzoek eindigt nooit, kan alleen meer afgebakend worden.

....

Alvorens van start te gaan met het onderzoek, moest bepaald worden wat wel en wat niet zou beschreven worden in deze filmografie. Het grootste baken werd meteen de titel: "Belgische film". De lading die deze twee woorden dekt, kan op verschillende manieren geïnterpreteerd worden.

Het criterium voor de nationaliteit of de herkomst van een film wordt in dit boek bepaald op basis van de productiegegevens: de productiemaatschappij(en) moet(en) gezeteld zijn in België of met Belgisch kapitaal gewerkt hebben. Tot hun onafhankelijkheid behoorden Kongo, Ruanda en Burundi tot het Belgische grondgebied, bijgevolg maken ook de daar tot stand gekomen producties deel uit van het hier beschreven corpus.

De term "film" staat voor pellicule of celluloid (geen video) van standaardformaat (16mm, 35mm, een enkele 70mm). Films van amateurformaat (8mm), evenals producties die gedraaid werden op pellicule maar afgewerkt op video, werden uitgesloten. De ontstentenis van het object in kwestie - de filmkopie - mocht geen criterium zijn: wat hierna volgt is geen overzicht van een bepaalde, tastbare collectie films, wel een reconstructie van wat nog bestaat en van wat mogelijk ooit bestaan heeft en misschien nog teruggevonden kan worden.

De twee jaartallen uit de ondertitel geven begin en einde aan van een eeuw cinematografie die aanvangt in 1896, wanneer de eerste filmoperateurs in ons land met camera en pellicule bewegende beelden schieten, slechts enkele maanden na de allereerste filmvertoning in België.

Een verfijning van de criteria drong zich op bij het verder afbakenen van het corpus. Enkel die films zouden aan bod komen waarvan de duur 60 minuten overschrijdt. Deze internationaal gebruikte norm en grens tussen een kortfilm en een lange film was ook van belang om de omvang van het werk in een eerste stadium in te dijken, zelfs al betreft het de productie van een klein land. Het sluit echter een latere, afzonderlijke publicatie over de Belgische kortfilm niet uit. Voor de stille films, ondergebracht in het eerste deel van het boek, werd dit onderscheid in lengte evenwel niet gemaakt: allemaal kregen zij een plaats in dit corpus.

Fictie en documentaire, animatie, experimentele film en kunstfilm, alle genres zijn vertegenwoordigd, met uitzondering van amateurfilms, publiciteits- en bedrijfsfilms en films uitsluitend bestemd voor televisie.

Al deze maatstaven in acht genomen, spreekt het vanzelf dat bij gebrek aan voldoende informatie over bepaalde periodes of films, er soms gewerkt moest worden met het voordeel van de twijfel. Dat geldt voor het criterium van de nationaliteit (recuperatie is van alle tijden), de duur van een film en zelfs het eindstadium waarin een bepaalde film ooit geraakt is, wanneer enthousiaste regisseurs, producenten of zelfs verdelers kond maken van een nakende vertoning, maar waarna elk spoor van de betreffende film ontbreekt omdat die wellicht nooit is afgewerkt. Ook zijn we ons ervan bewust dat bepaalde films - zeker wat de beginperiode betreft - überhaupt geen spoor hebben nagelaten, noch fysisch, noch onrechtstreeks via een andere bron. De hoofdstukken over de bioscoopjournaals bijvoorbeeld beschrijven slechts een fractie van wat in werkelijkheid ooit gemaakt werd.

....

Vaste criteria en een duidelijke omkadering zijn belangrijk voor het soort research dat uitmondt in een nooit eerder gepubliceerd naslagwerk. Van hieruit kan ieder mogelijk bronnenmateriaal ontsloten worden. Vertrekpunt waren de primaire bronnen, in casu de films. De collectie Belgische films van het Koninklijk Filmarchief diende als basis, van waaruit dit omvangrijke maar uiteraard onvolledige corpus in de eerste plaats aangevuld werd met wat andere, publieke en privé-collecties ons leren, om vervolgens de geschreven bronnen aan te snijden, meer bepaald andere naslagwerken, bioscoopprogramma's, persdossiers, tijdschriftartikels en krantenknipsels. Deze secundaire bronnen bleken ondanks hun benaming niet onbelangrijk te zijn, wetende dat - net zoals overal ter wereld - van de filmproductie van de eerste decennia slecht een klein percentage bewaard bleef.

Terwijl de primaire bronnen of filmkopieën door hun fysieke aanwezigheid hun eigenschappen makkelijker laten onderzoeken, dient men bij secundaire bronnen rekening te houden met een extra element, namelijk de auteur of de context van een artikel, een tekst. Al deze bronnen werden bijgevolg vergeleken, op hun waarheidsgehalte getest en gefilterd totdat ze de vorm aannamen van een virtuele film, hetzij bijkomende informatie verschaften over bestaande films. De geraadpleegde boeken, tijdschriften en kranten (voor zover de herkomst van sommige knipsels te achterhalen was) staan achteraan in het hoofdstuk bibliografie verzameld.

....

Het hiernavolgende corpus van 1647 filmtitels werd opgesplitst in twee delen. Het eerste deel behandelt uitvoerig de stille film, terwijl het tweede deel gewijd is aan de geluidsfilm.

Vermits de informatie over de eerste drie decennia uit onze filmgeschiedenis even karig als verrassend is, werd besloten de toenmalige filmproductie meer ruimte te geven en van deze periode àlle films te behandelen, ongeacht hun duur. Doorslaggevend hier was het duidelijke gebrek aan informatie over hun duur, wanneer films er niet meer zijn om uitsluitsel te geven, of slechts fragmentair bewaard werden. Bovendien leek het ons een unieke kans om dieper in te gaan op deze nauwelijks ontgonnen periode uit onze filmgeschiedenis. In tegenstelling tot het deel over de geluidsfilm werd daarenboven ook plaatsgemaakt voor andere, meer bijzondere filmgenres, zoals de eerste publiciteitsfilms, wetenschappelijke en amateurfilms en zelfs actualiteitsbeelden. Bij deze laatste werd - bij wijze van illustratie - ook een reeks films opgenomen, gedraaid door buitenlandse regisseurs voor rekening van buitenlandse productiemaatschappijen zoals Pathé en Gaumont, maar met betrekking tot ons land en bestemd voor (onder meer) onze bioscoopzalen.

Met de bedoeling de lezer wegwijs te maken in deze soms duistere beginperiode, werd dit deel over de stille film opgesplitst in drie periodes of hoofdstukken, namelijk de beginjaren vóór de eerste wereldoorlog, de productie tijdens de oorlogsjaren, en de decennia volgend op de oorlog, tot aan de laatste stille film. Het gebruik van klank was een revolutionaire ontwikkeling in de filmgeschiedenis, maar belette niet dat, nadat de eerste geluidsfilm het daglicht zag (in België was dat in 1929 met **La famille Klepkens**), er nog stille films gedraaid werden tot diep in de jaren 30. De twee delen van dit boek overlappen elkaar dus gedeeltelijk in hun chronologische volgorde. De drie periodes in het deel over de stille film werden nog eens onderverdeeld in een aantal meer thematische doch niet bindende hoofdstukken, waarbinnen elke film zijn plaats krijgt.

Anders is het voor de periode van de geluidsfilm. In dit deel staan alle geluidsfilms langer dan 60 minuten in chronologische volgorde gerangschikt, film per film, jaar per jaar. Binnen een zelfde jaar werd voor de volgorde der films zoveel mogelijk rekening gehouden met het moment waarop een productie finaal tot stand kwam.

De formule die bedacht werd om elke film in deze filmografie te beschrijven, was eenvoudig en weerspiegelt de opzet van het boek, namelijk het zo accuraat mogelijk registreren van wetenschappelijke gegevens, zonder enige predilectie. Eén film, één bladzijde, en per film een specificatiekader (technische fiche), een foto en een tekst in het Engels, Frans en Nederlands: dit werd het basisstramien voor heel het boek.

Daarnaast werden voor het hele corpus twee andere stramienen uitgewerkt, bestemd enerzijds voor de filmreeksen en anderzijds voor de coproducties waarin het Belgisch aandeel minoritair is.

Onder filmreeksen (die op enkele uitzonderingen na enkel in het deel van de stille film voorkomen) verstaan we items waarin meer dan één film aan bod komt, omdat de beschikbare informatie per film te gering is om er een hele bladzijde aan te wijden en vooral omdat ze een afzonderlijk geheel vormen. In dergelijke gevallen staan de films gebundeld onder een titel (in kapitaalletters) die hen bindt: een genre of thema, een regisseur, een productiemaatschappij. Ook kregen enkele meer obscure films een plaats door ze te laten aansluiten bij een andere uitgebreid besproken film van dezelfde regisseur.

De minoritaire coproducties kregen elk een halve bladzijde toebedeeld, telkens met technische fiche en foto. Onder de titel van de film staat de vermelding "Co-production". Het procentueel aandeel van de Belgische productiemaatschappij(en) is bij deze films kleiner dan dat van de buitenlandse. Weerom is hier een kleine foutenmarge van toepassing, enerzijds voor de vroegere - eerder schaarse - coproducties waarover weinig informatie is, anderzijds voor de gevallen waar sprake kan zijn van recuperatie. Zo hebben we bewust gekozen voor het uitgebreid behandelen van een aantal films waarvan het procentuele aandeel van België in de productie eerder gering is, maar die een uitgesproken, niet te miskennen Belgisch karakter hebben.

HANDLEIDING

Elke in dit boek opgenomen film kreeg een specificatiekader, een drietalige tekst en een illustratie. Minoritaire coproducties hebben geen tekst, terwijl filmreeksen een specificatiekader hebben per film maar beschreven worden in een gezamenlijke tekst en geïllustreerd met een of meerdere foto's.

De technische fiches of **specificatiekaders** met de namen van crew en cast en met de technische kenmerken van de film kregen gemakkelijkheidshalve als voertaal het Engels.

Bovenaan in deze kaders staat allereerst de oorspronkelijke **titel** van de film, de titel dus van de originele versie van de film. Wanneer er geen duidelijkheid is over deze titel, dan staat die tussen rechte haken. Daaronder komen alle alternatieve en vertaaltitels, alfabetisch en per taal gerangschikt. Het betreft hier werktitels, titels van verschillende versies van de film, verdeeltitels in binnen- en buitenland. Volledigheidshalve kreeg elke originele titel een Engelse vertaling. Voor de Nederlandse en Franse vertaaltitels hebben we rekening gehouden met de bestaande traditie hieromtrent: Vlaamse films beschikken in de meeste gevallen over een officiële Franse vertaaltitel, terwijl Franstalige (of anderstalige, Belgische) films slechts zelden een officiële Nederlandstalige vertaaltitel toegedicht kregen. In de periode van de stille film gebruikte men veel makkelijker vertaaltitels, hetgeen wij hier systematisch gevolgd hebben. De schrijfwijze van de oorspronkelijke titels werd steeds gerespecteerd. Dit geldt voor de oude spelling van het Nederlands evenals voor de soms zonderlinge spelling van aardrijkskundige namen of andere woorden.

Voor elke film werden de hieronder uiteengezette **specificaties** opgenomen. Ontbreekt elk gegeven om uitspraak te doen over de invulling van een specificatie, dan werd die niet vermeld. Is de invulling onzeker, dan werd die tussen rechte haken gezet. Wat de eigennamen betreft kunnen zich volgende gevallen voordoen:

[Isidore Moray] onduidelijkheid over de naam of functie
Félix Bell [Gaston Schoukens] pseudoniem waaronder aan betreffende film werd meegewerkt, gevolgd door de echte naam tussen rechte haken. Is enkel het pseudoniem van een persoon gekend, dan wordt die als echte naam beschouwd. De in dit boek opgenomen pornofilms stellen op dit punt een eigen problematiek. Pseudoniemen en echte namen zijn er niet altijd van elkaar te onderscheiden, pseudoniemen werden wel eens door verschillende personen gedeeld, of men koos de echte naam van een ander persoon (een buitenstaander of zelfs een medewerker van dezelfde film) als pseudoniem. Bovendien gebeurde het dat bepaalde personen telkens een ander pseudoniem aannamen voor iedere functie waarin ze aan een zelfde film meewerkten.

DIRECTOR *Regisseur*
YEAR *Jaar*
Dit is het jaar van productie, meer bepaald het jaar waarin de standaardkopie door een labo afgeleverd wordt, voor zover dit uiteraard te achterhalen was. Verschillende jaartallen gescheiden door een horizontale streep (-) wijzen op producties die over meerdere jaren lopen of waarbinnen verschillende versies van de film ontstonden.
COUNTRY *Land*
Dit is het land van productie. Verschillende landen gescheiden door een horizontale streep (-) wijzen op de landen die betreffende film geproduceerd hebben; het land dat procentueel het grootste aandeel heeft in de productie staat eerst vermeld. Gebruikte afkortingen:

AE	Algerije	CA	Curaçao
AT	Australië	CG	Zaïre
AU	Oostenrijk	CN	Canada
BE	België	CS	Tsjechoslowakije
BU	Bulgarije	CV	Kaapverdië

CZ	Tsjechische Republiek	MR	Marokko
FI	Finland	NE	Nederland
FR	Frankrijk	NG	Nieuw-Guinea
G	Duitsland vóór 1945 en vanaf 1991	PE	Peru
GE	Oost-Duitsland	PL	Polen
GO	Georgië	PO	Portugal
GR	Griekenland	PS	Palestina
GW	West-Duitsland	RM	Roemenië
HK	Hongkong	RS	Rusland
HU	Hongarije	SA	Zuid-Afrika
II	India	SP	Spanje
IO	Indonesië	SZ	Zwitserland
IS	Israël	TI	Tunesië
IT	Italië	UA	Egypte
LE	Libanon	UK	Verenigd Koninkrijk
LH	Liechtenstein	US	Verenigde Staten
LU	Luxemburg	VE	Venezuela

SCREENPLAY *Scenario*

BASED ON *Gebaseerd op een tekst* **written by**, *geschreven door*

DIALOGUE *Dialogen*

ASST. DIR. *Assistant director of regieassistent*

DIR. PHOT. *Director of photography of chef-cameraman*

CAMERA *Cameraman*

ANIMATION *Animatie*

EDITING *Montage*

SOUND *Geluid*

MUSIC *Originele muziek*

ART DIRECTOR *Decors*

COSTUMES *Kostuums*

COMMENTS *Commentaar*

Bij documentaires die in verschillende taalversies bestaan, staat tussen ronde haken de taal waarin de auteur het commentaar heeft geschreven. N=Nederlands; F=Frans; E=Engels.

PRODUCER *Producent*

PROD.CO. *Production company of productiemaatschappij*

Tussen ronde haken staat de stad waar de productiemaatschappij gevestigd is. Bij onduidelijkheid hierover werd het land onder vorm van een afkorting vermeld. Wordt er noch een stad, noch een land vermeld, dan is de lokalisatie van de productiemaatschappij niet te achterhalen.

PROD.SUPERV. *Production supervisor of productieleider*

CO-PRODUCER *Coproducent*

CO-PROD.CO. *Co-production company of coproductiemaatschappij*
Bijzonderheden zie **PROD.CO.**

ASSOC.PROD. *Associate producer of geassocieerd producent*

PROD.MGR. *Production manager*

EXEC.PROD. *Executive producer of uitvoerend producent*

CAST *Vertolkers*

De rollen staan tussen ronde haken vermeld achter de naam van de vertolkers. Indien de betreffende rol geen persoonsnaam is, dan volgt een omschrijving in de taal van de versie van de film. Zijn niet de vertolkers maar enkel de gespeelde rollen gekend (hetgeen niet zelden gebeurt bij stille films), dan werden enkel die rollen tussen ronde haken meegedeeld. Bedoeling is op deze wijze de identificatie van onbekende of fragmentarisch bewaarde films te vergemakkelijken.

VOICES *Stemmen*

Bij animatiefilms staan de rollen van de stemvertolkers tussen ronde haken. Indien de betreffende rol geen persoonsnaam is, dan volgt een omschrijving in de taal van de versie van de film. Bij films die in verschillende taalversies bestaan, wordt tussen ronde haken de taal vermeldt waarin de stemvertolker het commentaar levert. N=Nederlands;F=Frans; E=Engels.

LANGUAGE *Taal*

Het betreft hier de taal van de originele versie van de film. Wanneer verschillende talen vermeld staan, gescheiden door een komma, dan worden in de film al deze talen gesproken, of - voor stille films - zijn de tussentitels van betreffende (nog bestaande) filmkopie in deze talen. Worden de talen gescheiden door een schuine streep (/), dan verwijzen die elk naar een originele taalversie van de film. Een enkel horizontaal streepje (-) wijst op het ontbreken van gesproken commentaar, dialogen of tussentitels.

GAUGE	*Formaat van de film*
SILENT/SOUND	*Stille film / geluidsfilm*

Films waarvan de dialogen op fonoplaten werden opgenomen en samen met de film afgedraaid, werden beschouwd als geluidsfilms.

B&W/COLOUR	*ZW / kleur*

Voor de stille films werden ook volgende kleurprocédés beschreven:
Tinted of getint
Toned of getoned
Stencil-coloured of ingekleurd door middel van een sjabloon

METRES	*Meter*

Deze specificatie geeft de originele lengte van een stille film aan in meter. Indien meerdere lengtes werden opgenomen, dan betreft het de metrages van verschillende versies van de film, of de metrages vermeld in diverse secundaire bronnen maar waarover geen uitsluitsel kon gegeven worden. Is een stille film verdwenen en geven geschreven bronnen de lengte van de film uitsluitend in minuten aan, dan werd gekozen voor de minutering. Voor de eerste geluidsfilms die vertoond werden met het geluid opgenomen op fonoplaat, werd geopteerd voor een aanduiding in meter.

MINUTES	*Minuten*

Deze specificatie geeft de originele lengte van een geluidsfilm aan in minuten. Staan meerdere lengtes vermeld, dan betreft het de minutering van verschillende versies van de film, of de minutering die diverse secundaire bronnen opgeven en er door het ontbreken van een filmkopie geen uitsluitsel kon gegeven worden.

....

De **teksten** beschrijven niet alleen de inhoud van de film, ook de productieomstandigheden, de carrière van de regisseur of een van de vertolkers, de boxoffice. Ze weiden uit over de eigen kenmerken van de film en trachten deze zoveel mogelijk te situeren in zijn historische context. Het geheel van de teksten geeft een totaalbeeld van 100 jaar Belgische film. Met de bedoeling de raadpleging van dit boek te vergemakkelijken, werd gekozen voor een vaste volgorde in de teksten: bovenaan staat steeds de Engelse tekst, gevolgd door de Franstalige en de Nederlandstalige. Deze teksten werden geschreven door verschillende auteurs wier initialen vermeld staan aan het einde van hun eigen tekst:

MA	Michel Apers		AJ	André Joassin
JA	Jacqueline Aubenas		LJ	Luc Joris
GA	Geneviève Aubert		SL	Sabine Lenk
GC	Guido Convents		AFL	Anne-Françoise Lesuisse
FD	Francine Dubreucq		SM	Serge Meurant
DD	Dirk Dufour		RM	René Michelems
PF	Peter Frans		RS	Rik Stallaerts
PG	Paul Geens		MT	Marianne Thys

....

De **illustratie** die een film of filmreeks vergezelt, kan een setfoto zijn, de reproductie van een affiche of promotiefolder, of een portret van een van de medewerkers. In dit laatste geval, en wanneer verwarring met andere films mogelijk is, kreeg de foto een legende. Het overgrote deel van de in dit corpus beschreven films kon geïllustreerd worden met het fotomateriaal dat door cineasten, producenten, verdelers, publieke en privé-collecties toevertrouwd werd aan het Koninklijk Filmarchief, waarvoor onze dank.

Marianne Thys

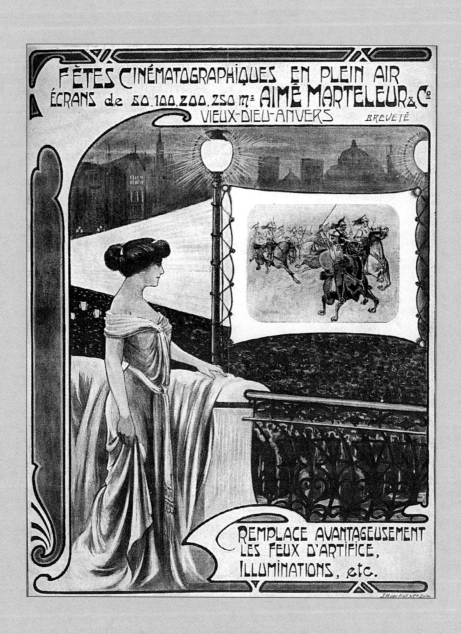

The Silent Era

Le muet

De stille film

The First Decades

Les débuts du cinéma

De beginperiode

THE FIRST SCREENINGS
LES PREMIÈRES PROJECTIONS
DE EERSTE FILMVOORSTELLINGEN

◆ "But soon the noise dies down and darkness descends. Tensely everyone awaits the first cinematograph screening. Suddenly there is an electric flash and the first film, **La sortie des ateliers Lumière à Lyon**, unfolds before the viewers' eyes. The movement and liveliness of the scene are startlingly authentic, and the audience breaks out into spontaneous applause. The results are more impressive than anyone could have expected..." These are the words used by the report of the General Assembly of the Association Belge de Photographie to describe the first cinematograph screening in Belgium. It was held on 10 November 1895 in the Ecole Supérieure de l'Industrie of Brussels and was graced by the presence of numerous notable personages, such as the bourgmestre Charles Buls, and a series of men who, within a few years, would take their place in the burgeoning Belgian film industry - Albert Edouard Drains ("Alexandre") and Charles Belot, for instance. Seven weeks before whole Paris was in uproar at the first public screenings, Belgium was privileged to witness - albeit in the form of a small invited circle - the very first foreign presentation by the Lumière brothers. Their representative at the screening was their head of technical services, Charles Moisson. In addition to the famous **La sortie...**, Moisson also enchanted the audience with **Saut à la couverture**, **Pêche aux poissons rouges**, **Forgerons**, **Discussion entre M. Janssen et M. Lagrange**, **Baignade en mer**, **Place des Cordeliers** and probably also **Arroseurs et arrosés**. Two days later, on 12 November 1895, the projector and films were transferred to the Waux-Hall in the parc de Bruxelles, where Charles Moisson gave the same presentation, this time at the invitation of the Cercle Artistique et Littéraire. Given the short duration of the event, Alexandre was requested to supplement the programme with the projection of his photographs. Here too the cinematograph had a glowing reception, and the very first film critics described the experience in panegyric terms. The following day it was the turn of the Leuven division of the Association Belge de Photographie to make the acquaintance of the Lumières' invention. The cinematograph then returned to France, but was in Belgium again for the press presentation on 29 February 1896 and, finally, for the first local public screening on 1 March 1896. The organization of these events was entrusted to the newspaper *La Chronique*, which made available its offices in the Brussels Galerie du Roi. For the period of the next few months, every day as of 10 a.m. the man in the street could let himself be charmed by the first moving images, all for the sum of 1 franc.

● "Mais bientôt le bruit s'apaise et l'obscurité se fait. Chacun attend avec émotion la première projection. L'étincelle électrique jaillit et la première pellicule, **La sortie des ateliers Lumière à Lyon**, se déroule devant les spectateurs. Cette sortie pleine de mouvement et d'animation est frappante de vérité, et l'assemblée éclate en applaudissements enthousiastes. Le résultat dépasse l'attente générale." C'est en ces termes que le rapport de l'Assemblée Générale de l'Association Belge de Photographie décrit la première séance de cinéma en Belgique. Elle eut lieu le 10 novembre 1895 à l'Ecole Supérieure de l'Industrie de la Ville de Bruxelles, en présence de nombreux notables dont le bourgmestre Charles Buls, ainsi que d'une série de personnes qui allaient faire carrière, quelques années plus tard, dans l'industrie cinématographique belge naissante, comme Albert Edouard Drains ("Alexandre") et Charles Belot. Sept semaines avant que le Tout-Paris ne se rue aux premières représentations cinématographiques, la petite Belgique eut droit à la primeur des envois étrangers des frères Lumière - fût-ce en cercle restreint. Les Lumière s'étaient fait représenter par le chef de leur service technique, Charles Moisson. En plus du fameux **La sortie...**, celui-ci régala son public avec **Saut à la couverture**, **Pêche aux poissons rouges**, **Forgerons**, **Discussion entre M. Janssen et M. Lagrange**, **Baignade en mer**, **Place des Cordeliers** et aussi, probablement, avec **Arroseurs et arrosés**. Deux jours plus tard, le 12 novembre 1895, projecteurs et pellicules déménagèrent au Waux-Hall dans le parc de Bruxelles, où Charles Moisson donna la même représentation, à l'intention, cette fois, du Cercle Artistique et Littéraire. Etant donné la brièveté de la séance, Alexandre fut chargé de l'allonger avec des projections de ses photos. Ici aussi, la nouvelle invention fut accueillie avec grand enthousiasme et les premiers journalistes du cinéma décrivirent leurs impressions en termes dithyrambiques. Le lendemain, ce fut au tour de la section louvaniste de l'Association Belge de Photographie de faire connaissance avec le cinématographe de Lumière. L'appareil retourna ensuite en France puis de nouveau en Belgique, où il fut présenté à la presse le 29 février 1896 et, finalement, au grand public le 1er mars 1896. L'honneur de l'organisation de ces représentations revint au journal *La Chronique*, qui mit à disposition ses locaux de la Galerie du Roi à Bruxelles. Pendant quelques mois, l'homme de la rue eut l'occasion de se laisser envoûter par le charme des premières images animées, à partir de 10h du matin et pour la somme de 1 franc.

► "Maar stilaan ebt het lawaai weg en wordt de ruimte verduisterd. Vol spanning wacht eenieder op de eerste vertoning. Er is plots een lichtflits en de eerste film, **La sortie des ateliers Lumière à Lyon**, ontrolt zich voor de ogen van de toeschouwers. De beweging en de levendigheid van de scène is zo treffend en echt dat de hele Vergadering in een spontaan en enthousiast applaus losbarst. Het resultaat tart ieders verwachting...". Met deze woorden beschrijft de Algemene Vergadering van de Association Belge de Photographie in haar rapport de allereerste filmvoorstelling in België. Die greep plaats op 10 november 1895 in de Industriële Hogeschool van de stad Brussel. Onder de genodigden vinden we naast de Brusselse burgemeester Charles Buls en andere hoogwaardigheidsbekleders, een aantal personen terug die enkele jaren later naam zouden maken in de prille Belgische filmindustrie, zoals Albert Edouard Drains ("Alexandre") en Charles Belot. Zeven weken voor "le tout Paris" stormliep voor de eerste publieke filmprojecties, genoot België de primeur om - in gesloten kring - de eerste buitenlandse zending van de gebroeders Lumière te mogen ontvangen. De Lumières lieten zich vertegenwoordigen door Charles Moisson, hoofd van hun technische dienst, die, naast bovengenoemde film, zijn publiek vergastte met **Saut à la couverture**, **Pêche aux poissons rouges**, **Forgerons**, **Discussion entre M. Janssen et M. Lagrange**, **Baignade en mer**, **Place des Cordeliers**, en wellicht ook **Arroseurs et arrosés**. Twee dagen later, op 12 november 1895, verhuisden projector en filmrollen naar de Waux-Hall in het Brusselse Warandepark, waar Charles Moisson dezelfde voorstelling gaf, ditmaal voor de Cercle Artistique et Littéraire. Vanwege de korte duur van het spektakel werd aan de eerder genoemde Alexandre gevraagd de voorstelling aan te vullen met lichtbeelden van eigen foto's. Ook hier was het enthousiasme voor de nieuwe uitvinding groot en schreven de eerste filmjournalisten met gevleugelde woorden hun ervaringen neer. De volgende dag mocht de Leuvense afdeling van de Association Belge de Photographie kennismaken met de Cinématographe Lumière, die daarna terug naar Frankrijk verhuisde om - weer in België - op 29 februari 1896 aan de pers en tenslotte op 1 maart 1896 aan het grote publiek voorgesteld te worden. De eer voor de organisatie van deze voorstellingen kwam toe aan het dagblad *La Chronique*, dat zijn lokalen in de Brusselse Koningsgalerij vrijmaakte om er elke dag, vanaf 10u 's morgens, voor 1 frank en gedurende enkele maanden, de gewone man te betoveren met de eerste bewegende beelden. (MT)

La Photographie animée
PAR LE

CINÉMATOGRAPHE

DE

MM. A. & L. LUMIÈRE

7, GALERIE DU ROI, 7

BRUXELLES

Le *Cinématographe* est le dernier perfectionnement apporté aux reproductions par la photographie; cet appareil, inventé par MM. Auguste et Louis Lumière, de Lyon, permet de recueillir, par des séries d'épreuves instantanées, tous les mouvements qui, pendant un temps donné, se sont succédés devant l'objectif, et de reproduire ensuite ces mouvements en projetant, grandeur naturelle, devant une salle entière, leurs images sur un écran.

Ce n'est pas une reproduction, c'est la scène elle-même dans ses moindres détails, avec son animation, sa vie, que le spectateur voit défiler devant lui.

AUJOURD'HUI

1. Le remouleur
2. Bébé s'amuse
3. Le photographe
4. Une partie d'écarté
5. L'arroseur
6. Le repas de bébé
7. La baignade en mer
8. La sortie des usines de MM. A. & L. LUMIÈRE

IMP. J.-E. GOOSSENS BRUXELLES

LUMIÈRE & ALEXANDRE PROMIO

◆ Immediately after the first private demonstrations of the cinematograph the Lumière brothers were inundated with requests to stage screenings and inquiries as to the availability for purchase of their invention. They thus decided to establish a network of franchises in France and abroad which would stock for potential clients a number of cinematographs along with a catalogue of films and projectionists for hire. After the first year of business, the rental policy was succeeded by a direct sales service. Demand was so large that the repertory of images for sale had to be expanded on, and Louis Lumière set about training a series of young men who had a taste for adventure. In mid-1896, a veritable diaspora of cameramen were dispatched to all four corners of the globe to collect footage ("vues" - "views") of all manner of cities, people and events.

Hence, in May 1897, Alexandre Promio (1868-1926) arrived in Belgium. "The man with the seven-league boots", as he was occasionally dubbed, was one of the team of permanent Lumière collaborators. He shot his first "views" in Spain, then moved on to England, Germany, Russia, Hungary, Italy and destinations further afield - America, Egypt, Turkey and Algeria. En route to Sweden, he stopped off in Belgium, where on 15 May 1897 he shot seven short films, five in Brussels and two in Antwerp. The seven views have been conserved; the most notable of the scenes is the **Panorama of the City Seen from a Boat**, which shows the port of Antwerp in a long tracking shot from a moving boat. Estimates place Promio's contribution at one third of the entire Lumière catalogue.

● Peu après les premières projections cinématographiques privées en France, les frères Lumière furent submergés de demandes relatives tant à l'organisation de projections qu'à l'achat de cinématographes. Ils décidèrent donc de constituer un réseau de concessionnaires en France et à l'étranger qui mettraient à la disposition de clients potentiels des cinématographes, un catalogue de films et quelques projectionnistes. Au bout d'un an, le système de location initial céda la place à une politique de vente de matériel. La demande était importante et l'offre en matière d'images dut être élargie en conséquence. Louis Lumière s'attacha donc à former une série de jeunes gens que n'effrayait pas l'aventure. Vers le milieu de 1896, une véritable diaspora de cameramen fut chargée de parcourir le monde pour tourner des images (appelées "vues") de villes, de personnes ou d'événements.

C'est ainsi qu'en mai 1897, Alexandre Promio (1868-1926) débarqua dans notre pays. L'"homme aux bottes de sept lieues" - comme on l'appelle parfois - appartenait à l'équipe fixe des collaborateurs Lumière. Il tourna ses premières vues en Espagne avant de se rendre en Angleterre, en Allemagne, en Russie, en Hongrie, en Italie et même aux Etats-Unis, en Egypte, en Turquie et en Algérie. En route pour la Suède, il fit halte en Belgique où (le 15 mai 1897) il tourna sept petits films: cinq à Bruxelles et deux à Anvers. Les sept "vues" ont été conservées; la plus remarquable est le **Panorama de la ville pris d'un bateau**, une vue du port d'Anvers filmée en un long "travelling" latéral. On estime la part de films tournés par Promio à un tiers de l'ensemble de la collection des vues Lumière.

► Korte tijd na de eerste privé-filmvoorstellingen in Frankrijk, stroomden bij de gebroeders Lumière de aanvragen binnen voor zowel de organisatie van voorstellingen, als de aankoop van een cinematograaf. Er werd beslist een netwerk van concessiehouders uit te bouwen in binnen- en buitenland die elk een aantal cinematografen, een voorraad filmmateriaal en enkele projectionisten ter beschikking stelden. Aanvankelijk werd gewerkt met een systeem van verhuring dat na een goed jaar echter plaatsmaakte voor de verkoop van het materiaal. De vraag was groot en het aanbod aan beeldmateriaal moest dus uitgebreid worden. Louis Lumière zette zich bijgevolg aan de vorming van een aantal jonge mensen die niet terugschrikten voor wat avontuur. En halverwege 1896 ontstond een ware diaspora van cameramannen die de wereld rondgestuurd werden om beelden ("vues") te draaien van steden, mensen, gebeurtenissen.

Zo kwam in mei 1897 Alexandre Promio (1868-1926) in ons land terecht. Deze "man met de zevenmijlslaarzen" zoals hij soms genoemd werd, behoorde tot de vaste ploeg Lumière-medewerkers en werd voor zijn eerste opnamen naar Spanje gestuurd. Daarna volgden Engeland, Duitsland, Rusland, Hongarije, Italië en zelfs de Verenigde Staten, Egypte, Turkije en Algerije. Op weg naar Zweden, hield hij halt in België. Zeven filmpjes draaide Promio bij ons (op 15 mei 1897), vijf in Brussel en twee in Antwerpen. De zeven "vues" zijn nog bewaard en de meest opmerkelijke is wel **Panorama de la ville pris d'un bateau**, een beeld van de Antwerpse haven in één zijwaartse "travelling", gefilmd vanop een varende boot. Men schat Promio's aandeel in de volledige collectie Lumière-beelden op één derde. (MT)

Place De Brouckère
De Brouckèreplein

DIRECTOR: Alexandre Promio
YEAR: 1897
COUNTRY: FR-BE
CAMERA: Alexandre Promio
PROD. CO.: Lumière (Lyon)
LANGUAGE: –
GAUGE: 35 mm
SILENT/SOUND: silent
B&W/COLOUR: B&W
METRES: 17,8m

Boulevard Anspach
Anspachlaan

DIRECTOR: Alexandre Promio
YEAR: 1897
COUNTRY: FR-BE
CAMERA: Alexandre Promio
PROD. CO.: Lumière (Lyon)
LANGUAGE: –
GAUGE: 35 mm
SILENT/SOUND: silent
B&W/COLOUR: B&W
METRES: 17,9m

Sainte-Gudule
Sinte-Goedele

DIRECTOR: Alexandre Promio
YEAR: 1897
COUNTRY: FR-BE
CAMERA: Alexandre Promio
PROD. CO.: Lumière (Lyon)
LANGUAGE: –
GAUGE: 35 mm
SILENT/SOUND: silent
B&W/COLOUR: B&W
METRES: 17,7m

Panorama de la ville pris d'un bateau
Panorama van de stad genomen vanop een boot
Panorama of the City Filmed from a Boat

DIRECTOR: Alexandre Promio
YEAR: 1897
COUNTRY: FR-BE
CAMERA: Alexandre Promio
PROD. CO.: Lumière (Lyon)
LANGUAGE: –
GAUGE: 35 mm
SILENT/SOUND: silent
B&W/COLOUR: B&W
METRES: 18,3m

Grand'Place
Grande Place
Grote Markt

DIRECTOR: Alexandre Promio
YEAR: 1897
COUNTRY: FR-BE
CAMERA: Alexandre Promio
PROD. CO.: Lumière (Lyon)
LANGUAGE: –
GAUGE: 35 mm
SILENT/SOUND: silent
B&W/COLOUR: B&W
METRES: 17,8m

La Bourse
De Beurs
The Stock Exchange

DIRECTOR: Alexandre Promio
YEAR: 1897
COUNTRY: FR-BE
CAMERA: Alexandre Promio
PROD. CO.: Lumière (Lyon)
LANGUAGE: –
GAUGE: 35 mm
SILENT/SOUND: silent
B&W/COLOUR: B&W
METRES: 17m

Arrivée en bateau
Anvers: arrivée en bateau
Aankomst per boot
Antwerpen: aankomst per boot
Arrival of a Boat in Antwerp

DIRECTOR: Alexandre Promio
YEAR: 1897
COUNTRY: FR-BE
CAMERA: Alexandre Promio
PROD. CO.: Lumière (Lyon)
LANGUAGE: –
GAUGE: 35 mm
SILENT/SOUND: silent
B&W/COLOUR: B&W
METRES: 17,2m

Grand'Place

OPTIQUE BELGE

◆ Optique Belge can without a doubt be regarded as the first ever Belgian film production company. It was established in Brussels in February 1897 and was financed by leading Belgian colonialists. One of the company's aims was to show films from the Independent State of the Congo at the Brussels World Fair of 1897, in a small pavilion in the capital itself and in the nearby commune of Tervueren. In spring 1897, Optique Belge sent an expedition team with a cameraman to Central Africa. A new piece of equipment was acquired to show the footage: the zoograph, a projector invented by the Frenchman Paul Gautier. The arrival of films from Africa was announced by the press at the end of July, but they were in fact never shown: it would appear that problems arose during developing. On the occasion of the World Fair, the Africa Museum was inaugurated in Tervueren. A village from the Independent Congo State was reconstructed on the lakeside at Tervueren and inhabitants were shipped over from Africa to be exhibited to the public. The Parisian photographer Alexandre (the pseudonym of Albert Edouard Drains, 1855-1925, collaborator of painter Fernand Khnopff), at the time a well-known figure in Belgium, shot footage of this model village for Optique Belge, as well as a large number of reportages and newsreels. Years after, these films still featured in the programmes of Belgian film distributors. From the close of the World Fair until 1898, zoograph showings were advertized in a number of Walloon and Flemish towns. Alexandre shot several dozens of short films of around 20m, mainly during the World Fair.

● L'Optique Belge peut certainement être considérée comme la première maison de production du cinéma belge. Elle fut érigée en février 1897 à Bruxelles, grâce au soutien financier d'éminents colons belges. Un de leurs objectifs majeurs était la projection d'images filmées de l'Etat Indépendant du Congo à l'Exposition Universelle de 1897 de Bruxelles, dans un petit pavillon, ainsi qu'à Tervueren. Au printemps 1897, l'Optique Belge envoya une expédition avec des opérateurs en Afrique centrale. Pour la circonstance, on fit l'acquisition d'un tout nouvel appareil de projection: le zoographe du Français Paul Gautier. La presse annonça la projection de ces vues d'Afrique dès la fin du mois de juillet, mais, suite à de vraisemblables problèmes de développement, elles ne furent jamais montrées. Cependant, à l'occasion de l'Exposition Universelle, on inaugura le Musée Africain de Tervueren et, près des étangs, un village typique de l'Etat Indépendant du Congo fut reconstitué avec importation d'indigènes pour les montrer in situ au public. L'Optique Belge demanda donc au très réputé photographe parisien Alexandre (1855-1925, pseudonyme d'Albert Edouard Drains, collaborateur du peintre Fernand Khnopff) de les fixer sur pellicule, une prestation à ajouter à ses autres reportages et images d'actualité. Durant de longues années, ces films seront programmés par des exploitants de salles belges. Après la clôture de l'Exposition, et jusqu'en 1898, ils seront encore signalés, avec le zoographe, dans bon nombre de villes wallonnes et flamandes. Alexandre aurait réalisé plusieurs dizaines de courts métrages, d'environ 20m, tournés principalement durant l'Exposition.

► De Optique Belge mag zonder twijfel worden beschouwd als het eerste Belgische filmproductiehuis. Deze firma werd in februari 1897 te Brussel opgericht; de financiers waren vooraanstaande Belgische kolonialen. Een van de doelstellingen van de onderneming was filmbeelden uit de Onafhankelijke Kongostaat te vertonen tijdens de Wereldtentoonstelling van 1897 in een paviljoentje in Brussel en in Tervuren. In het voorjaar van 1897 stuurde de Optique Belge een expeditie met cameraman naar Centraal-Afrika. Voor de projectie werd een nieuw toestel aangekocht, de zoögraaf, een uitvinding van de Fransman Paul Gautier. De filmbeelden uit Afrika werden eind juli door de pers aangekondigd, maar het materiaal is nooit vertoond; waarschijnlijk liep er iets mis bij de ontwikkeling ervan. Naar aanleiding van de Wereldtentoonstelling werd het Afrikamuseum van Tervuren ingehuldigd. Nabij de vijvers reconstrueerde men een dorp uit de Onafhankelijke Kongostaat, waarvoor een groep inboorlingen werden overgebracht die in deze omgeving werden tentoongesteld voor het publiek. De in België geroemde Parijse fotograaf Alexandre (pseudoniem van Albert Edouard Drains, 1855-1925, medewerker van schilder Fernand Khnopff) maakte voor de Optique Belge opnamen van de Afrikanen in Tervuren, alsook reportages en actualiteitsbeelden. Nog jaren nadien namen Belgische filmexploitanten de films op in hun programma. Nadat de Tentoonstelling de deuren gesloten had, werden de zoögraaf en de films nog tot in 1898 in een aantal Waalse en Vlaamse steden gesignaleerd. Alexandre heeft enkele tientallen filmpjes op zijn naam staan, elk om en bij de 20m lang, die voornamelijk tijdens de Wereldtentoonstelling werden gedraaid. *(GC)*

Le palais du zoographe

Défilé militaire au Bois de la Cambre
Défilé de l'artillerie au Bois de la Cambre
Militair défilé in het Terkamerenbos
Military Parade in the Bois de la Cambre

DIRECTOR: Alexandre [Albert Edouard Drains]
YEAR: 1897
COUNTRY: BE
PROD. CO.: Optique Belge (Bruxelles)
GAUGE: 35 mm
SILENT/SOUND: silent
METRES: 20m

....

Quelques passes d'armes présidées
par Octave Maus
Enkele woordenwisselingen voorgezeten
door Octave Maus
**A Few Heated Exchanges Moderated
by Octave Maus**

DIRECTOR: Alexandre [Albert Edouard Drains]
YEAR: 1897
COUNTRY: BE
PROD. CO.: Optique Belge (Bruxelles)
GAUGE: 35 mm
SILENT/SOUND: silent
METRES: 20m

....

Bicentenaire des maisons de la
Grand'place de Bruxelles
Tweehonderdjarig jubileum van de huizen
van de Grote Markt van Brussel
**The Bicentenary of the Houses on
the Grand'Place in Brussels**

DIRECTOR: Alexandre [Albert Edouard Drains]
YEAR: 1897
COUNTRY: BE
PROD. CO.: Optique Belge (Bruxelles)
GAUGE: 35 mm
SILENT/SOUND: silent
METRES: 20m

....

Les travaux de la Place Royale
De werken op het Koningsplein
Building Works on the Place Royale

DIRECTOR: Alexandre [Albert Edouard Drains]
YEAR: 1897
COUNTRY: BE
PROD. CO.: Optique Belge (Bruxelles)
GAUGE: 35 mm
SILENT/SOUND: silent
METRES: 20m

....

Dernier Longchamp fleuri
Le Longchamp fleuri en 1897
De laatste Longchamp in bloei
The Last Longchamp in Bloom

DIRECTOR: Alexandre [Albert Edouard Drains]
YEAR:: 1897
COUNTRY: BE
PROD. CO.: Optique Belge (Bruxelles)
CAST: Sarah Bernhardt
GAUGE: 35 mm
SILENT/SOUND: silent
METRES: 20m

....

Le boulevard Anspach
De Anspachlaan

DIRECTOR: Alexandre [Albert Edouard Drains]
YEAR: 1897
COUNTRY: BE
PROD. CO.: Optique Belge (Bruxelles)
GAUGE: 35 mm
SILENT/SOUND: silent
METRES: 20m

....

Le marché aux poissons
De vismarkt
The Fish Market

DIRECTOR: Alexandre [Albert Edouard Drains]
YEAR: 1897
COUNTRY: BE
PROD. CO.: Optique Belge (Bruxelles)
GAUGE: 35 mm
SILENT/SOUND: silent
METRES: 20m

....

Le bal villageois enfantin de
Bruxelles-Kermesse
Het volksbal voor kinderen tijdens
Brussel-Kermis
**The Traditional Children's Ball at
the Brussels Kermis**

DIRECTOR: Alexandre [Albert Edouard Drains]
YEAR: 1897
COUNTRY: BE
PROD. CO.: Optique Belge (Bruxelles)
GAUGE: 35 mm
SILENT/SOUND: silent
METRES: 20m

....

Inauguration de la statue Rogier,
Place de la Liberté
Inhuldiging van het standbeeld van
Rogier, Vrijheidsplein
**Inauguration of the Statue of Rogier,
Place de la Liberté**

DIRECTOR: Alexandre [Albert Edouard Drains]
YEAR: 1897
COUNTRY: BE
PROD. CO.: Optique Belge (Bruxelles)
GAUGE: 35 mm
SILENT/SOUND: silent
METRES: 20m

....

Le vélodrome de la Cambre
De velodroom van het
Terkamerenbos
The Bois de la Cambre Velodrome

DIRECTOR: Alexandre [Albert Edouard Drains]
YEAR: 1897
COUNTRY: BE
PROD. CO.: Optique Belge (Bruxelles)
GAUGE: 35 mm
SILENT/SOUND: silent
METRES: 20m

....

La procession de Sainte-Gudule
De processie van Sinte-Goedele
The Procession of Saint Gudule

DIRECTOR: Alexandre [Albert Edouard Drains]
YEAR: 1897
COUNTRY: BE
PROD. CO.: Optique Belge (Bruxelles)
GAUGE: 35 mm
SILENT/SOUND: silent
METRES: 20m

....

Le jardin zoologique d'Anvers
De Zoo van Antwerpen
Antwerp Zoo

DIRECTOR: Alexandre [Albert Edouard Drains]
YEAR: 1897
COUNTRY: BE
PROD. CO.: Optique Belge (Bruxelles)
GAUGE: 35 mm
SILENT/SOUND: silent
METRES: 20m

Concours hippique de Tervueren
Paardenwedstrijd in Tervuren
Horse Trials in Tervueren

DIRECTOR: Alexandre [Albert Edouard Drains]
YEAR: 1897
COUNTRY: BE
PROD. CO.: Optique Belge (Bruxelles)
GAUGE: 35 mm
SILENT/SOUND: silent
METRES: 20m

Fête de natation à Tervueren
Zwemfeest in Tervuren
Swimming Festival in Tervueren

DIRECTOR: Alexandre [Albert Edouard Drains]
YEAR: 1897
COUNTRY: BE
PROD. CO.: Optique Belge (Bruxelles)
GAUGE: 35 mm
SILENT/SOUND: silent
METRES: 20m

Les grandes manœuvres belges
De grote Belgische manœuvres
The Major Belgian Manœuvres

DIRECTOR: Alexandre [Albert Edouard Drains]
YEAR: 1897
COUNTRY: BE
PROD. CO.: Optique Belge (Bruxelles)
GAUGE: 35 mm
SILENT/SOUND: silent
METRES: 20m

Arrivée d'un train à Tervueren
Aankomst van een trein in Tervuren
Arrival of a Train in Tervueren

DIRECTOR: Alexandre [Albert Edouard Drains]
YEAR: 1897
COUNTRY: BE
PROD. CO.: Optique Belge (Bruxelles)
GAUGE: 35 mm
SILENT/SOUND: silent
METRES: 20m

Les plongeurs à Tervueren
De duikers in Tervuren
The Divers in Tervueren

DIRECTOR: Alexandre [Albert Edouard Drains]
YEAR: 1897
COUNTRY: BE
PROD. CO.: Optique Belge (Bruxelles)
GAUGE: 35 mm
SILENT/SOUND: silent
METRES: 20m

Fête de l'escadron des lanciers à Audenaerde
Feest van het lanciersescadron in Oudenaarde
Open Day of the Lancers' Squadron in Audenaarde

DIRECTOR: Alexandre [Albert Edouard Drains]
YEAR: 1897
COUNTRY: BE
PROD. CO.: Optique Belge (Bruxelles)
GAUGE: 35 mm
SILENT/SOUND: silent
METRES: 20m

Charge des Guides à la plaine d'Etterbeek
Bestorming van de Gidsen op het veld van Etterbeek
Charge of the Guides on the Etterbeek Plain

DIRECTOR: Alexandre [Albert Edouard Drains]
YEAR: 1897
COUNTRY: BE
PROD. CO.: Optique Belge (Bruxelles)
GAUGE: 35 mm
SILENT/SOUND: silent
METRES: 20m

Les Congolais à Tervueren
De Kongolezen in Tervuren
The Congo Natives in Tervueren

DIRECTOR: Alexandre [Albert Edouard Drains]
YEAR: 1897
COUNTRY: BE
PROD. CO.: Optique Belge (Bruxelles)
GAUGE: 35 mm
SILENT/SOUND: silent
METRES: 20m

Procession du T.S. Sacrement du Miracle
Processie van het Allerheiligste Sacrament
Procession of the Holy Sacrament of the Miracle

DIRECTOR: Alexandre [Albert Edouard Drains]
YEAR: 1897
COUNTRY: BE
PROD. CO.: Optique Belge (Bruxelles)
GAUGE: 35 mm
SILENT/SOUND: silent
METRES: 20m

Le duel Pini-Thomeguex
Het duel Pini-Thomeguex
The Pini-Thomeguex Duel

DIRECTOR: Alexandre [Albert Edouard Drains]
YEAR: 1897
COUNTRY: BE
PROD. CO.: Optique Belge (Bruxelles)
GAUGE: 35 mm
SILENT/SOUND: silent
METRES: 20m

THE FAIRGROUND
LA PÉRIODE FORAINE
DE KERMIS

THE FIRST EXHIBITORS
LES PREMIERS EXPLOITANTS
DE EERSTE EXPLOITANTEN

◆ Before 1908, films were produced and screened mainly by travelling showmen, since they possessed the necessary commercial experience to reach as large an audience as possible with only a limited supply of films. Belgian fairground showmen took their programmes beyond the border and foreign operators came to screen their films in Belgian cities. Before the turn of the century, the most important of these were Charles Schram, Etienne Thévenon and Henri Grünkorn. After 1900 their number expanded until they were to be found in even the smallest Belgian villages. Most of these operators presented a wide selection of films by Lumière, Pathé or Méliès, but since their projection equipment could just as well be used as a camera, many also tried their hand at making films of local events.

At this time, the fairground operators were showing a wide range of local footage in their programmes, and it was mainly these expensive extras that pulled the crowds, since many people were keen to see themselves on the big screen. A distinctive characteristic of this early "cinema under canvas" was the patter served up with the images, or, as one operator put it, "the compere uses his wit and brilliance to keep the audience under the exhilarating spell of the comic scenes."

Between 1904 and 1907, Belgian fairs were dominated by the large luxury travelling picture-palaces. Competition between these theatres grew to a crisis in 1907 and eventually led to the establishment of the first permanent cinemas. The first fiction films also originated at around this time. An overview of the most important operators is given below.

● Avant 1908, la production cinématographique nationale et son exploitation étaient principalement aux mains des forains ambulants. C'est qu'ils bénéficiaient du savoir-faire commercial indispensable à la présentation, à un public le plus large possible, d'une offre cinématographique finalement très limitée. Ces marchands forains se déplaçaient au-delà des frontières, encourageant des exploitants étrangers à visiter nos villes. A la fin du siècle dernier, Charles Schram, Etienne Thévenon et Henri Grünkorn étaient les plus renommés de la profession. Après 1900, leur nombre crût à tel point que le moindre petit village belge était desservi. La plupart programmaient un large éventail des films de Lumière, Pathé ou Méliès et puisque leur appareil de projection était réversible en caméra, ils n'hésitaient pas à y intégrer leurs propres prises de vues des événements locaux. Suppléments de programme qui, bien que coûtant plus cher, attiraient sous les tentes des foules de spectateurs, tous désireux de se voir sur grand écran. Une des caractéristiques de ce cinéma de tréteaux était le boniment que l'on abattait au fil des vues. Comme l'affirmait l'un d'entre eux: "le conférencier-bonimenteur tâchait avec humour et brio de tenir son audience sous la fascination angoissée des tableaux comiques".

Au cours des années 1904-1907, les grands théâtres itinérants mais luxueux dominaient les kermesses belges. La féroce concurrence entre forains qui s'ensuivit culmina en 1907 en une véritable crise qui vit apparaître les premières salles fixes mais aussi les premiers films de fiction. On trouvera ci-dessous un aperçu des principaux exploitants.

▶ Vóór 1908 was zowel de nationale filmexploitatie als -productie voornamelijk in handen van ambulante kermiskramers; zij beschikten immers over de nodige commerciële ervaring om met een beperkt filmaanbod een zo groot mogelijk publiek te bereiken. Belgische kermiskramers brachten voorstellingen tot over de grenzen heen en buitenlandse exploitanten deden onze steden aan. Vóór de eeuwwisseling waren Charles Schram, Etienne Thévenon en Henri Grünkorn de belangrijksten onder hen. Na 1900 breidde hun aantal zo uit dat ze tot in het kleinste Belgische dorpje terug te vinden waren. De meesten brachten een ruim aanbod van films van Lumière, Pathé of Méliès, maar vermits de projectie-apparatuur eveneens als camera gebruikt kon worden, waagden deze kermiskramers zich ook aan het eigenhandig filmen van lokale gebeurtenissen. Zo boden deze exploitanten rond die periode heel wat plaatselijke opnamen in hun programma aan, en het waren vooral deze duurdere extra's die het publiek naar de tenten lokten. Heel wat mensen wilden zichzelf wel eens op groot scherm zien. Kenmerkend voor deze barak-kinema was de toelichting die steevast bij de beelden gegeven werd. Zoals één van hen zei: "De conférencier zorgt er met humor en brio voor dat de aanwezigen onder de ijzingwekkende indruk der komische taferelen raken".

In de jaren 1904-1907 domineerden de grote luxeuze ambulante theaters de Belgische foren. De concurrentie tussen de foorkramers steeg en mondde in 1907 uit in een ware crisis, waarop de eerste vaste filmzalen zouden ontstaan. Ook de eerste fictiefilms zijn in deze jaren ontstaan. Hieronder een overzicht van de belangrijkste exploitanten. (GC)

EEN GESPREK OM ELF UREN EN HALF S'AVONDS
LANGS DE VLAANDERSTRAAT

JAN -- Wel! Wel! Van waar komt al dat volk ?
POL -- Zeker uit de zaal van het GRAND HOTEL op den hoek der Kuiperskaai, JA, JA, de Vertooning is gedaan van de welgekende

Volks Cinéma CH. BUSCH

JAN -- Hoe is het mogelijk dat er alle dagen zooveel volk naar het GRAND HOTEL zich begeeft?
POL -- Ha ! Ja maar het Gentsch publiek stelt belang in den CINÉMA CH. BUSCH, want er is altijd nieuws daarbij alle 3 dagen je het programma gansch veranderd en de tafereelen zijn zoo klaar als eene zon en er is 't hoegenaamd geen beving.
JAN -- Dat moet ik bekennen, ik heb verleden week naar eene avond vertooning geweest en ik heb er mij goed en deftig vermaakt met mijne Vrouw en kinderen.

Alle avonden om 8 1/2 ure stipt GROOTE VOORSTELLINGEN
3 uren Vertooning

ZONDAGS om 3, 4, 5, 6, en 7 ure Vertooligen aan verminderen prijzen

ALLE DONDERDAGEN VAN 3 TOT 5 UREN MATINÉE VAN FAMILIËN ALSOOK ALLE ZATERDAGEN OM 4 UREN NAMIDDAGS VOORSTELLING VOOR DE SCHOOLKINDEREN MET EEN NUTTIG PROGRAMMA AAN 0,10 CENTIMEN

ALLE VRIJDAGEN GALA VERTOONING

De zaal is goed verwarmd

Kaarten op voorhand te bekomen in het GRAND HOTEL zonder verhooging van prijs

Oscar Andersen

TITLE: -
YEAR: 1896-1908
COUNTRY: BE
PROD. CO.: Le Théâtre Cinéma International

Alex Benner

TITLE: -
YEAR: 1896-1908
COUNTRY: BE
PROD. CO.: Bioscope

Charles Busch, Albert Busch

TITLE: De ramp van Contich
La catastrophe de Contich
The Contich Disaster
YEAR: 1908
COUNTRY: BE
SILENT/SOUND: silent

TITLE: De begraving van Z.M. Leopold II
L'enterrement de S.M. Léopold II
The Funeral of H.M. Léopold II
YEAR: 1909
COUNTRY: BE
SILENT/SOUND: silent

TITLE: Troonbeklimming van Z.M. Albrecht I
L'accession au trône de S.M. Albert I
The Coronation of H.M. Albert I
YEAR: 1909
COUNTRY: BE
SILENT/SOUND: silent

Pol Claeys

TITLE: -
YEAR: 1896-1908
COUNTRY: BE
PROD. CO.: Le Grand Théâtre de Cinématographe
Grand Viographe

A. Dulaer

TITLE: -
YEAR: 1896-1908
COUNTRY: BE

Alexander Flaschenträger

TITLE: -
YEAR: 1896-1908
COUNTRY: BE
PROD. CO.: Electro Biographe Royal

Robert Geisler

TITLE: -
YEAR: 1896-1908
COUNTRY: BE
PROD. CO.: The Electro Bioscope

Ferdinand Gérardy-Xhaflaire

TITLE: -
YEAR: 1896-1908
COUNTRY: BE
PROD. CO.: Palais du Grammo Viographe et des
Projections Parlantes et Animées du Royal
American Bioscope

Fam. Grandsart

TITLE: -
YEAR: 1896-1908
COUNTRY: BE

Hendrickx

TITLE: -
YEAR: 1896-1908
COUNTRY: BE
PROD. CO.: Salon Cinématograph

August Heuterkes-Gerard

TITLE: -
YEAR: 1896-1908
COUNTRY: BE
PROD. CO.: Cinématographe Américain Bioscope

Vve Lemeur

TITLE: -
YEAR: 1896-1908
COUNTRY: BE
PROD. CO.: Original Cinema

François Lemeur

TITLE: Het sport te Gent
Le sport à Gand
Sports in Ghent
YEAR: 1896-1908
COUNTRY: BE
PROD. CO.: Cinéma Palace
SILENT/SOUND: silent

Aimé Marteleur

TITLE: -
YEAR: 1896-1908
COUNTRY: BE

Henry Opitz

TITLE: La terrible catastrophe de Remicourt
De vreselijke ramp van Remicourt
The Terrible Disaster at Remicourt
YEAR: 1896-1908
COUNTRY: BE
SILENT/SOUND: silent

J. Swinnen

TITLE: -
YEAR: 1896-1908
COUNTRY: BE
PROD. CO.: Palais des Cinématographes

Jean Wannyn

TITLE: -
YEAR: 1896-1908
COUNTRY: BE

Joseph Wautelet-Delforge

TITLE: -
YEAR: 1896-1908
COUNTRY: BE
PROD. CO.: Cinéma Géant Royal Bio

Joseph Wautelet

TITLE: -
YEAR: 1896-1908
COUNTRY: BE
PROD. CO.: Royal Bio Ciné

CHARLES SCHRAM

L'arrivée d'un train à Huy
De aankomst van een trein in Hoei
The Arrival of a Train in Huy

DIRECTOR: Charles Schram
YEAR: 1897
COUNTRY: BE
PROD. CO.: Le Cinématographe Géant
GAUGE: 35 mm
SILENT/SOUND: silent
METRES: 20m

Vapeur touriste Namur-Dinant
Toeristische stoomtrein Namen-Dinant
Tourist Steamer from Namur to Dinant

DIRECTOR: Charles Schram
YEAR: 1897
COUNTRY: BE
PROD. CO.: Le Cinématographe Géant
GAUGE: 35 mm
SILENT/SOUND: silent
METRES: 20m

◆ Soon after it was first invented, the Lumière brothers' cinematograph changed its status from being a purely scientific invention destined for elitist groups of intellectuals and artists, to become a popular attraction touted around at fairgrounds with great pomp and circumstance.

In October 1896, the public was invited to visit the Théâtre Sckramson at the autumn fair in Liège with its special attraction, the "Parisian cinematograph" or "the latest miracle in optical art". This theatre was owned by one Charles Schram (1851-1909), who was presumably Dutch though married to a Belgian. He was a well-known figure at fairgrounds and before 1890 had worked in Belgium and northern France as an organizer of light projection shows. In autumn 1896, he allegedly already owned a cinematograph (his so-called "cinématographe géant"), which he converted into a projector capable of accommodating all known gauges of film, which he could then project on an impressively large 16m^2 screen. Like most film pioneers, Schram not only showed films he had acquired from various production companies, but also material he himself had shot. The public was particularly fond of footage showing local notables or the inhabitants of a particular village or town in which he pitched his tent. From 1898 onwards, Schram moved his shows to northern France. It is unclear why he abandoned Belgian fairs; presumably competition had become too fierce, as evidenced by his decision to abandon the Ghent winter fair when the arrival of his competitor Henri Grünkorn with another travelling film show was announced.

● Il ne fallut pas longtemps au cinématographe des frères Lumière pour passer du statut d'invention scientifique destinée aux élites intellectuelles et artistiques à celui d'attraction populaire, glorifiée à grands flots de boniments aux kermesses ambulantes.

En octobre 1896, le Théâtre Sckramson se produisit à la foire d'automne de Liège. Son attraction, un "cinématographe parisien", fut présentée comme le "dernier miracle de l'art optique". Probablement Néerlandais, certainement marié à une Belge, le propriétaire de ce théâtre était Charles Schram (1851-1909), un homme connu du milieu forain. Il avait gagné sa vie, précédemment, en organisant des projections lumineuses en Belgique et dans le nord de la France. Dès l'automne 1896, il aurait disposé d'un cinématographe, qu'il appelait le "cinématographe géant". Il le transforma en projecteur capable de projeter tous les formats de film sur un écran de 16m^2. Comme la plupart des pionniers du cinéma, il ne se contentait pas de montrer des films achetés auprès de diverses maisons de production, mais projetait également ses propres œuvres. Des images de notables locaux, des habitants de la ville ou du village où il dressait sa tente, exerçaient une puissante attraction sur le public. A partir de 1898, Schram déplaça ses activités vers le nord de la France. Sans raisons explicites, il abandonna les kermesses belges. La concurrence était sans doute devenue trop vive: sa décision de ne pas participer à la foire d'hiver de Gand, après avoir appris que son concurrent Henri Grünkorn s'y présentait avec son attraction, pourrait en être l'indice.

▶ De cinematograaf van de gebroeders Lumière onderging kort na zijn uitvinding een statuutswijziging: van wetenschappelijke vondst voor de elitaire kringen van intellectuelen en kunstenaars tot een populaire attractie die met veel lawaai werd aangeprijsd op rondreizende kermissen.

In oktober 1896 was op de Luikse herfstfoor het Théâtre Sckramson te zien, met als attractie de "cinématographe parisien" of "het laatste wonder in de optische kunst". De eigenaar van het theater was Charles Schram (1851-1909), waarschijnlijk een Nederlander doch getrouwd met een Belgische. Hij was geen onbekende in het kermismilieu en reeds vóór 1890 verdiende hij in België en in het Noorden van Frankrijk zijn brood met de organisatie van lichtbeeldprojecties. In de herfst van 1896 zou hij al over een cinematograaf beschikt hebben, zijn zgn. "cinématographe géant". Hij bouwde deze om tot een projector waarmee hij alle mogelijke filmformaten kon vertonen, en wel op een doek van 16m^2. Net als de meeste filmpioniers programmeerde hij niet alleen films die bij diverse filmproducenten aangekocht werden, maar ook eigen materiaal: beelden van plaatselijke prominenten of van de inwoners van een dorp of stad waar Schram zijn tent opsloeg, hadden immers een bijzondere aantrekkingskracht. Vanaf 1898 verplaatste Schram zijn activiteiten naar het Noorden van Frankrijk. Waarom hij de Belgische kermissen verliet, is niet duidelijk. Waarschijnlijk werd de concurrentie te groot, zoals bleek uit zijn beslissing om de Gentse winterfoor niet aan te doen nadat zijn concurrent Henri Grünkorn met diens attractie daar aangekondigd werd. (GO)

HENRI GRÜNKORN & WILLEM FORTUIN

◆ Of the many itinerant film exhibitors in Belgium, perhaps the best known was Henri Grünkorn of Ghent, who was born in Germany in 1856. Between 1890 and 1896, Grünkorn was a popular figure at fairs abroad, together with the theatre he called "De Wereld in het Klein - Le Monde en Miniature" (The world in miniature). At the beginning of 1897, he converted this theatre into a travelling cinema of some 7 by 17 metres in size. During March 1897, he took it to the spring fair in Ghent. Grünkorn always prided himself on the programming of films by the Lumière brothers and on the fact that he worked with a genuine Lumière cinematograph, using electricity to power his theatre. But soon he began to shoot footage of local events himself as well, and this captured the public imagination. In 1902 he sold his business to the entrepreneur Willem (Frédéric) Krüger, while he busied himself with other fair activities, probably because he was now forbidden to travel with his cinematograph. Yet he nevertheless managed to carry on in the same business by using the name of his colleague Willem Fortuin. This native of Amsterdam, who had married a Belgian, travelled round Belgian and Dutch fairs with his Photo-Cinéma-Théâtre, which was renamed the Grand Cirque Cinématographe Américain in 1905 and the Cinéma Fortuin American Bio in 1908. In the same year, the business was taken over by one André Grünkorn, a nephew of Henri's, who just like his two predecessors made a habit of filming the area in which his film theatre pitched its tents.

● Parmi les dizaines d'exploitants de cinéma itinérant en Belgique, le Gantois Henri Grünkorn, né en Allemagne en 1856, était probablement le plus connu. Entre 1890 et 1896, il fut un des forains favoris des Néerlandais et des Belges, auxquels il présentait son théâtre intitulé "De Wereld in het Klein - Le Monde en Miniature". Début 1897, il transforma le théâtre en cinéma ambulant avec une superficie de 7 mètres sur 17. En mars de la même année, il participa à la foire printanière de Gand avec son cinéma. Grünkorn s'enorgueillissait: son programme se composait de films des frères Lumière et il opérait avec un véritable cinématographe Lumière en utilisant l'électricité. Bientôt, il filma lui-même des événements locaux. Cela lui valut un succès immédiat auprès du public. En 1902, il vendit son entreprise à l'homme d'affaires Willem (Frédéric) Krüger et se rabattit sur d'autres activités foraines, probablement parce qu'il lui était interdit de continuer ses tournées avec le cinématographe. Il le fit malgré tout, utilisant le nom de son collègue Willem Fortuin, un Amstellodamois marié à une Belge qui faisait la tournée des kermesses belges et néerlandaises avec son Photo-Cinéma-Théâtre, rebaptisé Grand Cirque Cinématographe Américain en 1905, puis, en 1908, Cinéma Fortuin American Bio. La même année, le dénommé André Grünkorn, neveu d'Henri, prit la direction des opérations. Il acquit rapidement la même habitude que Krüger et son oncle: fixer sur pellicule les endroits où le cinéma ambulant avait planté ses tentes.

▶ Van de tientallen rondreizende filmexploitanten in België is de in 1856 in Duitsland geboren Gentenaar Henri Grünkorn wel een van de meest bekende. Hij was tussen 1890 en 1896 in België en Nederland een graag geziene foorkramer, met zijn theater dat hij "De Wereld in het Klein - Le Monde en Miniature" noemde. Begin 1897 bouwde hij het om tot een ambulant filmtheater met een oppervlakte van 7 bij 17 meter, en in maart van datzelfde jaar stond hij ermee op de Gentse lentefoor.

Grünkorn ging er prat op dat hij films van de gebroeders Lumière op het programma had staan, dat hij met een echte Lumière-cinematograaf werkte en gebruik maakte van elektriciteit. Maar al snel begon hij ook zelf beelden te draaien van lokale gebeurtenissen, en dat sloeg onmiddellijk aan bij het publiek. In 1902 verkocht Grünkorn zijn onderneming aan de zakenman Willem (Frédéric) Krüger en ging hij zich aan andere kermisactiviteiten wijden, wellicht omdat het hem verboden was nog met een cinematograaf rond te trekken. Hij deed dat echter toch, evenwel onder de naam van zijn collega Willem Fortuin, een Amsterdammer getrouwd met een Belgische die de Belgische en Nederlandse kermissen aandeed met zijn Photo-Cinéma-Théâtre, in 1905 omgedoopt tot Grand Cirque Cinématographe Américain en in 1908 tot Cinéma Fortuin American Bio. In dat jaar werd de leiding ervan trouwens overgenomen door ene André Grünkorn, neef van Henri, die er net als zijn twee voorgangers een gewoonte van maakte de plaatsen waar het ambulante filmtheater zijn tenten opsloeg op pellicule vast te leggen. (GC)

**La sortie de la grand'messe de l'église
de la Cathédrale
Het uitgaan van de hoogmis in de
Kathedraal
Leaving the Cathedral after Mass**

DIRECTOR: Henri Grünkorn
YEAR: 1899
COUNTRY: BE
PROD. CO.: Le Cinématographe Grünkorn
SILENT/SOUND: silent

**La procession du Saint-Sang de Bruges
De Heilige Bloedprocessie van Brugge
The Procession of the Holy Blood in
Bruges**

DIRECTOR: Henri Grünkorn
YEAR: 1900
COUNTRY: BE
PROD. CO.: Le Cinématographe Grünkorn
SILENT/SOUND: silent
METRES: 500m

**La sortie de la messe de midi de l'église
Saint-Jacques
Het uitgaan van de hoogmis van de
Sint-Jacobskerk
Leaving the High Mass at the Church of
Saint James**

DIRECTOR: Henri Grünkorn
YEAR: [1900]
COUNTRY: BE
PROD. CO.: Le Cinématographe Grünkorn
SILENT/SOUND: silent

**La sortie des ouvriers de l'établissement
La Linière de Saint-Léonard
Het buitenkomen van de arbeiders uit de
La Linière-vestiging in Saint-Léonard
The End of a Shift at La Linière in Saint-
Léonard**

DIRECTOR: Henri Grünkorn
YEAR: [1900]
COUNTRY: BE
PROD. CO.: Le Cinématographe Grünkorn
SILENT/SOUND: silent

**L'enterrement de Mgr Doutreloux de
Liège
De begrafenis van Mgr. Doutreloux van
Luik
The Funeral of Monseigneur Doutreloux
of Liège**

DIRECTOR: Henri Grünkorn
YEAR: 1901
COUNTRY: BE
PROD. CO.: Le Cinématographe Grünkorn
SILENT/SOUND: silent

**De groote stoet ter vereering van
Graaf F. de Mérode
Le grand cortège en l'honneur du
Comte F. de Mérode
The Grand Procession in Honour of
Count F. de Mérode**

DIRECTOR: Willem Fortuin, André Grünkorn
YEAR: 1905
COUNTRY: BE
PROD. CO.: Le Cinématographe Grünkorn
SILENT/SOUND: silent

**Le défilé de la garde civique de Charleroi
De optocht van de burgerwacht in
Charleroi
The Parade of the Charleroi Civic Guard**

DIRECTOR: Willem Fortuin, André Grünkorn
YEAR: 1906
COUNTRY: BE
PROD. CO.: Le Cinématographe Grünkorn
SILENT/SOUND: silent

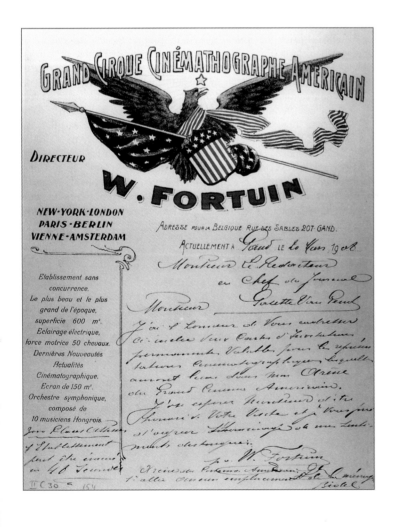

ETIENNE THÉVENON

Sortie de l'église Saint-Jacques
Het uitgaan van de Sint-Jacobskerk
Leaving the Church of Saint James

DIRECTOR: Etienne Thévenon
YEAR: 1899
COUNTRY: BE
SILENT/SOUND: silent

Sortie de l'usine Cockerill à Seraing
Het uitgaan van de Cockerill-fabriek in Seraing
End of a Shift at the Cockerill Factory in Seraing

DIRECTOR: Etienne Thévenon
YEAR: 1899
COUNTRY: BE
SILENT/SOUND: silent

Les grévistes verriers à Lodelinsart
De stakende glasblazers in Lodelinsart
The Striking Glassworkers of Lodelinsart

DIRECTOR: Etienne Thévenon
YEAR: 1900
COUNTRY: BE
SILENT/SOUND: silent

Les fêtes du carnaval
De carnavalsfeesten
The Carnival Festivities

DIRECTOR: Etienne Thévenon
YEAR: 1901
COUNTRY: BE
SILENT/SOUND: silent

L'attentat anarchiste de la rue Montagne Sainte-Walburge
De anarchistische aanslag in de rue Montagne Sainte-Walburge
The Anarchist Attack in the rue Montagne Sainte-Walburge

DIRECTOR: Etienne Thévenon
YEAR: 1904
COUNTRY: BE
SILENT/SOUND: silent

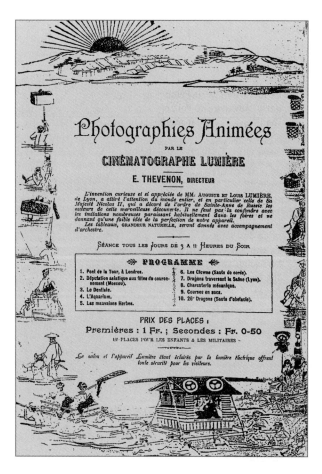

◆ Etienne Thévenon (1852-1912), a Frenchman originally from Lyon, worked for a time as a cameraman for the Lumière brothers, but from 1897 began taking his own travelling cinema, the Cinématographe Français, around the country. He attended the leading fairs in Paris, Amiens and Lille before finally arriving in Liège in October 1897. In his publicity posters, Thévenon emphasized that he used the authentic Lumière cinematograph with authentic Lumière films, all run on electricity and accompanied by orchestral music. Thévenon had considerable success in Belgium with his Cinématographe and three years after he arrived in Belgium he was running one of the country's largest travelling cinemas, which boasted a frontage of 26 metres and a depth of 10 metres. The cinema showed non-stop footage from 3-11 pm, with seat prices ranging from 50 centimes (second class) to 1 franc (first class).

Each year between 1897 and 1904, Thévenon presented his attraction at the Liège fair as well as at those in Bruges, Charleroi, Antwerp and Ghent. He also showed films during the 1905 World's Fair in Liège. In 1907 he sold his travelling cinema in order to establish himself as one of the first permanent cinema-owners in Liège. Although Thévenon's programme consisted almost entirely of Lumière productions, he himself sometimes also shot footage of local events or sights. The titles listed represent only a selection of the films made by Etienne Thévenon which were integrated into the theatre programme.

● Français originaire de Lyon, Etienne Thévenon (1852-1912) avait été un certain temps cameraman pour les frères Lumière avant de prendre la route, à partir de 1897, avec son propre théâtre ambulant, le Cinématographe Français. Il participa aux principales foires de Paris, Amiens et Lille pour se retrouver à Liège en 1897. Dans ses affiches publicitaires, Thévenon insistait sur le fait qu'il utilisait un authentique cinématographe Lumière, avec des films Lumière également authentiques, le tout actionné à l'électricité et accompagné de musique orchestrale. En Belgique, Thévenon et son Cinématographe rencontrèrent un franc succès. Trois ans après avoir mis le pied sur notre sol, il disposait d'un des plus grands théâtres ambulants, avec une façade de 26 mètres sur une profondeur de 10 mètres. Il proposait un programme permanent, de 15h à 23h, à des prix variant de 50 centimes en seconde classe à 1 franc en première.

De 1897 à 1904, Thévenon participa annuellement à la Foire de Liège ainsi qu'à celles de Bruges, Charleroi, Anvers et Gand. Il présenta des films à l'occasion de l'Exposition Internationale de Liège, en 1905, et, en 1907, il vendit son théâtre de cinéma ambulant pour s'établir à Liège comme un des premiers exploitants de salles de projection. Bien que Thévenon composât pratiquement tous ses programmes de productions Lumière, il se retrouvait régulièrement derrière la caméra pour filmer des reportages sur des événements ou des paysages locaux. Les titres cités ici ne sont qu'un échantillon de l'œuvre d'Etienne Thévenon.

▶ Etienne Thévenon (1852-1912), Fransman afkomstig uit Lyon, was gedurende enige tijd cameraman bij de gebroeders Lumière, alvorens, vanaf 1897, met zijn eigen ambulant filmtheater, de Cinématographe Français, rond te trekken. Hij deed de belangrijkste kermissen van Parijs, Amiens en Rijsel aan en verzeilde in oktober 1897 in Luik. Op zijn publiciteitsaffiches drukte Thévenon erop dat hij de authentieke Cinématographe Lumière gebruikte, met even authentiek Lumière-materiaal, en dit alles met elektriciteit als energiebron en orkestrale muziek als begeleiding. Thévenon kende in België veel succes met zijn Cinématographe en drie jaar nadat hij voet op onze bodem had gezet, kon hij prat gaan op een van de grootste rondreizende theaters, met een voorgevel van 26 meter en een diepte van 10 meter. Hij bood doorlopende programma's aan van 15u tot 23u, voor prijzen die varieerden van 50 centiem (tweede klas) tot 1 frank (eerste klas).

Tussen 1897 en 1904 was Thévenon jaarlijks aanwezig op de Luikse foor, maar ook op die van Brugge, Charleroi, Antwerpen en Gent. Hij vertoonde filmpjes tijdens de Wereldtentoonstelling van Luik in 1905. In 1907 verkocht hij zijn ambulant filmtheater om zich als een van de eersten in Luik te vestigen met een vaste bioscoopzaal. Hoewel Thévenon haast zijn hele programma samenstelde uit Lumière-producties, ging hij soms zelf ook achter de camera staan om reportages van lokale gebeurtenissen of om plaatselijke zichten te draaien. De hiernaast vermelde titels zijn slechts een greep uit wat Etienne Thévenon ooit draaide. *(GC)*

WILLEM KRÜGER

◆ In 1902, the German-born Willem (Frédéric) Krüger bought from Henri Grünkorn his travelling film theatre. Krüger was a businessman with considerable technical know-how. Like other travelling film exhibitors, he often shot footage of the Belgian towns and villages where he set up camp with his theatre. In September 1902 he was in Verviers where he made a film about the town's largest factory, probably allowing himself to be inspired by the similar film **La sortie des ateliers Lumière à Lyon**. He also filmed some of the town's major religious processions. In 1903 he renamed his travelling film theatre Imperial Bio and toured with it through France, Belgium and the Netherlands. Most of the films he showed came from abroad (Pathé, Lumière, etc).

Krüger began expanding his business and by 1907 he had built himself a veritable little empire, owning not only two travelling cinemas but also employing a large staff. Around this period he then turned his attention to permanent theatres and music halls where he could show more regular, continuous programmes. In May 1907 he was operating no less than nine screening teams spread throughout the country from his cinema headquarters on the Antwerp Keyserlei. This modern commercial policy meant that not only could Krüger purchase existing films at a more rapid rate; he could also greatly increase production of his own. The films which he himself made or commissioned were simple records of local places or events or in a few cases even short fiction films. Although we have sketchy information on a number of these works, not one of them has survived. At the end of 1908 Krüger's business empire collapsed, and there is no trace of him thereafter.

● En 1902, Willem (Frédéric) Krüger, originaire d'Allemagne, reconnu comme un homme d'affaires adroit et un technicien habile, rachète le théâtre de cinéma ambulant d'Henri Grünkorn. A l'instar de ses collègues exploitants de cinéma ambulant, Krüger tourne des images des villages et communes belges où il s'arrête. C'est ainsi que, de passage en 1902 à Verviers et probablement inspiré par **La sortie des ateliers Lumière à Lyon**, il réalise une œuvre similaire sur la plus grande usine de la ville. Il y filme également des processions religieuses importantes. En 1903, il rebaptise son cinéma ambulant "Imperial Bio" et parcourt avec celui-ci la Belgique, la France et les Pays-Bas. D'ailleurs, la majeure partie des films qu'il projette est d'origine étrangère (Pathé, Lumière, etc.).

Krüger réussit rapidement à bâtir un véritable empire: en 1907, il dispose de deux théâtres ambulants et emploie un nombre impressionnant de personnes. A cette époque, son intérêt se porte vers les théâtres à domicile fixe et vers les music-halls, où il peut offrir une programmation plus régulière, constante et continue. En mai 1907, il contrôle, depuis sa salle de cinéma de la Keyserlei à Anvers, pas moins de neuf équipes de projection, dispersées dans tout le pays. Grâce à cette politique d'exploitation moderne, il peut non seulement acquérir de nouveaux films à un rythme élevé, mais également en produire. Les œuvres que Krüger réalise ou fait produire se composent de tournages locaux et de quelques courts métrages de fiction. Certaines sont connues mais n'existent plus. Fin 1908, l'empire Krüger tombe en faillite. Dès lors, toute trace de son fondateur disparaît.

▶ De in Duitsland geboren Willem (Frédéric) Krüger kocht in 1902 het ambulante filmtheater van Henri Grünkorn. Hij was een zakenman met een grote technische vaardigheid en net als de andere rondreizende exploitanten filmde hij de Belgische dorpen en gemeenten waar hij met zijn filmtheater doortrok. In september 1902 was hij in Verviers, waar hij - waarschijnlijk geïnspireerd door **La sortie des ateliers Lumière à Lyon** - een gelijkaardige film draaide over de grootste fabriek van de stad. Hij volgde er met zijn camera ook de belangrijkste religieuze processies. In 1903 doopte Krüger zijn ambulant filmtheater om tot Imperial Bio, en reisde ermee door België, Frankrijk en Nederland. Het merendeel van de films die op het scherm van de Imperial Bio terechtkwamen, waren van buitenlandse oorsprong (Pathé, Lumière, enz.).

Krüger bouwde stilaan een waar imperium uit. In 1907 beschikte hij niet alleen over twee rondreizende theaters, maar had hij ook een heel aantal mensen in dienst. Krügers aandacht ging nu ook meer uit naar vaste theaters en music-halls waar hij een meer regelmatige, continue programmering kon verzorgen. In mei 1907 controleerde hij vanuit zijn filmzaal aan de Keyserlei te Antwerpen maar liefst negen projectieploegen die op hetzelfde ogenblik ergens in het land films vertoonden. Deze moderne exploitatiepolitiek betekende dat in een hoog tempo nieuwe films niet enkel aangekocht werden, maar ook geproduceerd. De films die Krüger zelf maakte of liet maken, waren plaatselijke opnamen en zelfs korte fictiefilms. Een aantal ervan zijn gekend maar niets is bewaard gebleven. Op het einde van 1908 ging Krügers zakenimperium failliet, en nadien ontbreekt elk spoor van hem. *(GC)*

ALBERTS FRÈRES

◆ During the first 15 years of Belgian film history, a number of foreign itinerant operators-exhibitors dominated the field. Arguably the best known were two Dutch brothers, Willy and Albert Alberts (also called Willy and Albert Mullens). They came from a family of fairground stallholders and had a workshop in the southern Dutch border town of Breda. During the 1890s they took their ambulant theatre round both the Dutch and Belgian fairs. Then, just before the turn of the century, they purchased film equipment which they brought to Belgium for the first time late in 1900. After sounding out the local market, they seem to have inexplicably disappeared from the scene until 1905. Over the next three years the Alberts brothers operated their "largest bioscopic cinema in the Kingdom of the Netherlands," using a strikingly professional and commercial approach. Their programmes were not merely confined to ordinary local footage: in the Netherlands they are famous for producing one of the first (if not the very first) Dutch fiction films, **Incident of a French Gentleman without Trousers at Zandvoort** (1905), a comic sketch featuring a large-scale hectic chase which achieved huge popularity. In Belgium, they were also among the earliest producers of similar types of films. One of these, **The Two Vagabonds of Namur**, was shot in Namur on June 15th 1907. The project, which tells of two tramps and their adventures in Namur, was really a pretext for filming as many locals from the town as possible. After 1910 the brothers remained active in film production in the Netherlands until the 1920s.

● Les quinze premières années de l'histoire du cinéma belge ont été marquées par le rôle prépondérant qu'ont joué les ambulants exploitants-producteurs étrangers. Parmi ceux-ci, citons, peut-être parce qu'ils ont laissé le plus de traces, les frères néerlandais Albert et Willy Alberts (appelés également Albert et Willy Mullens). Issus d'une famille de forains aux ateliers établis à Breda, ville frontalière, ils visitent avec leur théâtre ambulant, dès 1890, les kermesses néerlandaises et belges. Peu avant ce siècle, ils acquièrent du matériel de projection qu'ils inaugurent en Belgique durant l'automne 1900. Ils explorent le marché pendant un an encore, avant de disparaître de la circulation jusqu'en 1905, pour des raisons encore non élucidées. Les trois années suivantes, les frères Alberts exploiteront leur "Plus Grande Exploitation Cinématographique du Royaume des Pays-Bas" avec un professionnalisme et un sens commercial remarquables. Leurs programmes ne se limitent pas aux prises de vues locales et ils sont connus aux Pays-Bas pour avoir produit un des premiers films de fiction du pays: **Accident d'un petit-bourgeois français sans pantalon à Zandvoort** (1905), saynète comique avec poursuites de masses. En Belgique également, ils sont parmi les premiers à produire ce genre de films: on peut citer **Les deux vagabonds à Namur**, film-prétexte puisqu'il visait à filmer le plus grand nombre possible de citadins, tourné le 15 juin 1907 à Namur, et qui relate les péripéties de deux clochards dans cette ville. Après 1910, les frères Alberts s'occuperont encore de production cinématographique aux Pays-Bas jusque dans les années 20.

▶ Tijdens de eerste 15 jaar van de Belgische filmgeschiedenis speelden een aantal buitenlandse ambulante exploitanten-producenten een belangrijke rol. Onder hen hebben de Nederlandse broers Willy en Albert Alberts (of Willy en Albert Mullens) wellicht de meeste sporen nagelaten. Zij stamden uit een familie van kermiskramers en hadden in het Nederlandse grensstadje Breda hun ateliers. In de jaren 90 van vorige eeuw stonden de gebroeders met hun reizend theater op de Nederlandse en Belgische kermissen. Vlak voor de eeuwwisseling schaften ze zich filmapparatuur aan en in het najaar van 1900 kwamen ze hiermee voor het eerst naar België. Na een jaar de Belgische markt te hebben verkend, bleven ze tot 1905 om een onopgehelderde reden uit circulatie. In de drie volgende jaren baatten de broers Alberts hun "Grootste Bioscopische Exploitatie in 't Koninkrijk der Nederlanden" uit met een markante professionele en commerciële aanpak. Zij hielden het niet alleen bij gewone, lokale filmopnamen: in Nederland stonden ze bekend als de makers van een van de eerste - zoniet de eerste - fictiefilms, nl. **Ongeval van een Frans heertje zonder pantalon te Zandvoort** (1905), een komische sketch met o.a. een massale achtervolging. Ook in België behoorden zij tot de eerste producenten van soortgelijke films. Een van deze, **Les deux vagabonds à Namur**, werd op 15 juni 1907 te Namen gedraaid en handelt over de lotgevallen van twee vagebonden te Namen, maar de film was eerder een voorwendsel om zoveel mogelijk inwoners van de stad in beeld te brengen. Na 1910 bleven de gebroeders Alberts in Nederland nog tot in de jaren 20 actief in de filmproductie. *(GC)*

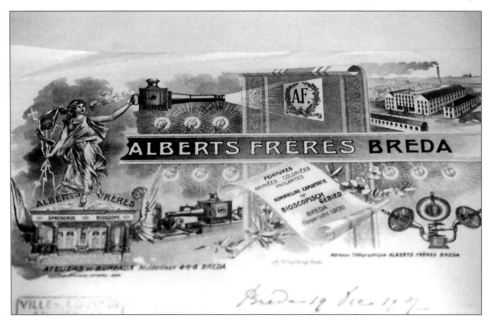

La procession du Saint-Sang
De Heilige Bloedprocessie
The Procession of the Holy Blood

DIRECTOR: Albert Alberts, Willy Alberts
YEAR: 1905
COUNTRY: BE
PROD. CO.: Alberts Frères
SILENT/SOUND: silent

Een Hollandsche boer en een Amerikaan
in den nachttrein Antwerpen-Oostende
Een Hollandsche boer en een Amerikaan
in den nachttrein Roosendael-Parijs
Un paysan hollandais et un Américain
dans le train de nuit Anvers-Ostende
Un paysan hollandais et un Américain
dans le train de nuit Roosendael-Paris
A Dutch Farmer and an American in the
Night-train Antwerp-Ostend
A Dutch Farmer and an American in the
Night-train Roosendael-Paris

DIRECTOR: Albert Alberts, Willy Alberts
YEAR: 1905
COUNTRY: BE
PROD. CO.: Alberts Frères
SILENT/SOUND: silent

Een plezierreis van een Leuvensche
familie van Leuven naar Brussel per spoor
Une famille de Louvain en voyage d'agré-
ment par train de Louvain à Bruxelles
A Pleasure Trip by a Louvain Family from
Louvain to Brussels by Railway

DIRECTOR: Albert Alberts, Willy Alberts
YEAR: 1905
COUNTRY: BE
PROD. CO.: Alberts Frères
SILENT/SOUND: silent

Een rendez-vous op het strand te Oostende
Rendez-vous sur la plage d'Ostende
A Rendez-vous on the Beach at Ostend

DIRECTOR: Albert Alberts, Willy Alberts
YEAR: 1905
COUNTRY: BE
PROD. CO.: Alberts Frères
SILENT/SOUND: silent

De overstromingen te Leuven
Inondations à Louvain
The Floods in Louvain

DIRECTOR: Albert Alberts, Willy Alberts
YEAR: 1906
COUNTRY: BE
PROD. CO.: Alberts Frères
SILENT/SOUND: silent

De nieuwe loopjongen uit Leuven
Le nouveau coursier de Louvain
New Errand-Boy from Louvain

DIRECTOR: Albert Alberts, Willy Alberts
YEAR: 1906
COUNTRY: BE
PROD. CO.: Alberts Frères
SILENT/SOUND: silent

Het huwelijk in een auto
Un mariage en automobile à Verviers
The Wedding in an Automobile
A Wedding by Automobile at Verviers

DIRECTOR: Albert Alberts, Willy Alberts
YEAR: 1906
COUNTRY: BE
PROD. CO.: Alberts Frères
SILENT/SOUND: silent
METRES: 120m

Strand te Blankenberghe
La plage à Blankenberghe
The Beach at Blankenberghe

DIRECTOR: Albert Alberts, Willy Alberts
YEAR: 1905-1906
COUNTRY: BE
PROD. CO.: Alberts Frères
SILENT/SOUND: silent

Un étudiant de Namur pour la première
fois sur la glace
Een student van Namen voor het eerst op
het ijs
A Student of Namur for the First Time on
the Ice

DIRECTOR: Albert Alberts, Willy Alberts
YEAR: 1907
COUNTRY: BE
PROD. CO.: Alberts Frères
SILENT/SOUND: silent

Les deux vagabonds de Namur
De twee vagebonden uit Namen
The Two Vagabonds of Namur

DIRECTOR: Albert Alberts, Willy Alberts
YEAR: 1907
COUNTRY: BE
PROD. CO.: Alberts Frères
SILENT/SOUND: silent

Les barques de pêcheurs en vue de
Blankenberghe
De visserssloepen in zicht vanuit
Blankenberghe
The Fishing Boats in Sight of
Blankenberghe

DIRECTOR: Albert Alberts, Willy Alberts
YEAR: 1907
COUNTRY: BE
PROD. CO.: Alberts Frères
SILENT/SOUND: silent

Sortie de la messe militaire
Het uitgaan van de militaire mis
Leaving the Military Mass

DIRECTOR: Albert Alberts, Willy Alberts
YEAR: 1907
COUNTRY: BE
PROD. CO.: Alberts Frères
SILENT/SOUND: silent

La Garde civique défilant sur la place
De optocht van de burgerwacht op het
plein
The Civic Guard Parading on the Square

DIRECTOR: Albert Alberts, Willy Alberts
YEAR: 1907
COUNTRY: BE
PROD. CO.: Alberts Frères
SILENT/SOUND: silent

TWO FORERUNNERS
DEUX PRÉCURSEURS
TWEE VOORLOPERS

CHARLES BELOT

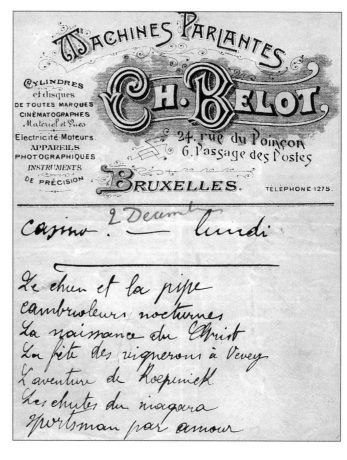

◆ Charles Belot is undoubtedly one of Belgium's most important film pioneers. He attended the first film presentation in Brussels, organized by the Association Belge de Photographie on November 10th 1895. At that time, Belot was an amateur photographer who, together with his brother Hubert, managed a shop in the rue du Poinçon in Brussels selling optical products. Between 1897 and 1899, besides photographic, phonographic and film equipment, he also counted bicycles and automobiles among his wares. At the turn of the century, Belot became increasingly involved in the organization of open-air film shows, until in 1904 he turned his attention to screenings held in halls across the country. His company was renamed The Modern Cinema, and Belot toured the whole of Belgium with his shows, supplementing them with local footage shot by Belot himself. In November 1904, he filmed a group of youths practising athletics in a local gym (the Waux-Hall) in the southern Belgian town of Mons. With his **Adventure on the Beach at Ostend**, Belot may very well have directed the first ever Belgian fiction film. The year 1909 saw the first appearance of dedicated cinemas, with theatres popping up almost everywhere, and Belot began to concentrate almost exclusively on distribution activities. In the same year, he also joined the small group of film professionals who were to establish the very first Syndicate of Film Distributors and Cinema Operators. Together with his brother Hubert, Charles remained active as a film distributor until his death in 1935.

● Charles Belot peut sans aucun doute être considéré comme un des plus importants pionniers belges du cinéma. Il assiste, le 10 novembre 1895, à la première séance de cinéma organisée par l'Association Belge de Photographie à Bruxelles. Photographe amateur, il tient à l'époque avec son frère Hubert un magasin d'optique rue du Poinçon à Bruxelles. De 1897 à 1899, il y vendra, outre du matériel photographique, phonographique et cinématographique, des vélos et des automobiles. Au tournant du siècle, Belot se spécialise de plus en plus dans l'organisation de représentations de cinéma en plein air avant d'essaimer, à partir de 1904, les projections en salle à travers tout le pays. L'occasion pour lui de rebaptiser son entreprise The Modern Cinema et de parcourir la Belgique avec ses programmes de films, complétés de prises de vues locales dont il manie lui-même la caméra. C'est ainsi qu'il filme, en novembre 1904, de jeunes Montois s'entraînant à l'athlétisme au Waux-Hall, la salle locale de délassement. Il n'est pas improbable que son **Aventure sur la plage d'Ostende** soit le premier film de fiction tourné dans notre pays. Après l'apparition et le considérable déploiement des salles de cinéma dès 1909, Belot se consacre quasi exclusivement à la distribution cinématographique. Il rejoint, la même année, le petit groupe de professionnels qui fondent le tout premier Syndicat des Distributeurs de Cinéma et Exploitants de Salles. Il poursuivra son métier de distributeur avec son frère Hubert jusqu'à sa mort en 1935.

► Charles Belot kan ongetwijfeld tot België's belangrijkste filmpioniers gerekend worden. Hij was aanwezig op de eerste filmvoorstelling, gehouden door de Association Belge de Photographie op 10 november 1895 te Brussel. Als amateur-fotograaf baatte hij op dat ogenblik in de Brusselse Priemstraat, samen met zijn broer Hubert Belot, een zaak uit waar men optische producten kon kopen. Van 1897 tot 1899 verkocht hij er behalve foto-, fono- en filmmateriaal ook rijwielen en auto's. Rond de eeuwwisseling specialiseerde Belot zich meer en meer in het organiseren van filmvoorstellingen in open lucht, tot hij in 1904 begon met zowat overal in het land vertoningen in zalen op touw te zetten. Voor die gelegenheid doopte hij zijn bedrijfje om tot The Modern Cinema; hij trok met zijn filmprogramma's door heel België en vulde ze aan met plaatselijke opnamen, waarvoor hij zelf de camera hanteerde. Zo filmde hij in november 1904 jongeren uit de stad Bergen die in de plaatselijke ontspanningszaal (de Waux-Hall) atletiek beoefenden. Het is niet ondenkbaar dat Belot met zijn **Aventure sur la plage d'Ostende** verantwoordelijk was voor de allereerste fictiefilm in ons land. Na de opkomst en de grote bloei van de bioscoopzalen in 1909 ging Belot zich haast uitsluitend aan de filmdistributie wijden; in datzelfde jaar sloot hij zich ook aan bij het groepje professionelen die het allereerste Syndikaat der Filmverdelers en Bioscoopexploitanten zouden oprichten. Tot aan zijn dood in 1935 bleef Charles Belot, samen met zijn broer Hubert, actief als filmverdeler. *(GC)*

Jeunes gens du Stade Montois s'entraînant
à la course ou au saut en vue de
championnats au Waux-Hall
Jongelingen in het Stadion van Bergen
doen loop- en springoefeningen ter voorbereiding van de kampioenschappen in
de Waux-Hall
Young People from the Montois Stadium
Running and Jumping in Training for
the Waux-Hall Championships

DIRECTOR: Charles Belot
YEAR: 1904
COUNTRY: BE
SILENT/SOUND: silent

Vues du Stade Montois
Zichten van het Stadion van Bergen
Views of the Montois Stadium

DIRECTOR: Charles Belot
YEAR: 1904
COUNTRY: BE
SILENT/SOUND: silent

Aventure sur la plage d'Ostende
Avontuur op het strand van Oostende
Adventure on the Beach at Ostend

DIRECTOR: Charles Belot
YEAR: 1904-1905
COUNTRY: BE
SILENT/SOUND: silent
METRES: 50m

Le tournoi au Parc du Cinquantenaire
Het toernooi in het Jubelpark
The Tournament in the Parc du
Cinquantenaire

DIRECTOR: Charles Belot
YEAR: 1905
COUNTRY: BE
SILENT/SOUND: silent
METRES: 20m

Le Longchamp fleuri
De Longchamp in bloei
Longchamp in Bloom

DIRECTOR: Charles Belot
YEAR: 1905
COUNTRY: BE
SILENT/SOUND: silent
METRES: 25m

L'inauguration du Palais Colonial de
Tervueren
De inhuldiging van het Koloniaal Paleis
van Tervuren
The Inauguration of the Palais Colonial
in Tervueren

DIRECTOR: Charles Belot
YEAR: 1905
COUNTRY: BE
SILENT/SOUND: silent
METRES: 15m

L'ouverture de l'Exposition de Liège
De opening van de Tentoonstelling van
Luik
The Opening of the Liège Exhibition

DIRECTOR: Charles Belot
YEAR: 1905
COUNTRY: BE
SILENT/SOUND: silent
METRES: 15m

Le départ du contingent belge pour la
Chine
Het vertrek van het Belgisch contingent
naar China
The Departure of the Belgian Contingent
for China

DIRECTOR: Charles Belot
YEAR: 1905
COUNTRY: BE
SILENT/SOUND: silent
METRES: 50m

Fête de la Place Poelaert
Feest op het Poelaertplein
Festival on the Place Poelaert

DIRECTOR: Charles Belot
YEAR: 1905
COUNTRY: BE
SILENT/SOUND: silent

Le carnaval de Mons
Het carnaval van Bergen
Mons Carnival

DIRECTOR: Charles Belot
YEAR: 1906
COUNTRY: BE
SILENT/SOUND: silent

Le cortège de la mi-carême
De halfvastenstoet
Lent Procession

DIRECTOR: Charles Belot
YEAR: 1906
COUNTRY: BE
SILENT/SOUND: silent

ISIDORE MORAY

◆ Isidore Moray's career marked a phase of transition in the history of the fledgling Belgian film industry. Before the arrival of Alfred Machin, film-makers and commercial operators showed their productions in cafés, music halls and genuine cinemas. In 1912, Brussels' 177 000 inhabitants had access to some 75 moving picture theatres. Isidore Moray himself owned two of them, but this was not the only string to his bow: he also showed "trailers" of upcoming film releases and was one of the first directors in Belgium to shoot fiction films. **The Van Petegem Family Goes to the Seaside** relates the adventures of the Van Petegems, played by Esther Deltenre and Gustave Libeau (making his first screen appearance). Libeau, who would later become a regular actor for Gaston Schoukens, appeared in another of Moray's fiction films that same year, **Zonneslag & Co.**. In 1913, Moray directed yet another film, **A Victim of "Le petit coureur"**. "Le petit coureur" was a popular game of chance and the film draws a link between "the heavy tax imposed on cinemas and the fiscal immunity of lotteries" (according to Francis Bolen). **A Victim of "Le petit coureur"** was produced by the Laboratoire Cinématographique Belge, established by Moray in 1913, which also made news footage (in imitation of the French Pathé-Journal). Moray shot his films himself and had a knack of getting the footage into the cinemas in record time. Thanks to his efforts, audiences were able to follow the daily events in the "Tour de Belgique Cycliste 1913", organized by the newspaper *La Dernière Heure*, on the silver screen. Moray would return to making fiction films in the twenties.

● La carrière d'Isidore Moray se situe dans une période de transition pour les jeunes années de l'histoire du cinéma belge. En attendant l'arrivée d'Alfred Machin sur la scène de notre pays, cinéastes et exploitants s'étaient installés dans divers cafés, music-halls et vrais cinémas. En 1912, Bruxelles comptait 75 salles pour 177.000 habitants. Isidore Moray ne se contentait pas d'exploiter deux de ces salles: il y projetait également des bandes-annonces de nouveaux films et, en 1912, il fut un des premiers Belges à se lancer dans le film de fiction. **La famille Van Petegem à la mer** raconte les aventures des Van Petegem, avec Esther Deltenre et, pour son premier passage à l'écran, Gustave Libeau, qui sera plus tard l'acteur préféré de Gaston Schoukens. La même année, Libeau jouera dans un autre film de Moray: **Zonneslag & Cie**. C'est en 1913 que le troisième film du réalisateur voit le jour: **Une victime du petit coureur**. "Le petit coureur" était un jeu de hasard très populaire à l'époque, et le film met en évidence la différence entre "un cinéma lourdement imposé et l'immunité fiscale de l'appareil à sous" (Francis Bolen). **Une victime du petit coureur** fut produit par le Laboratoire Cinématographique Belge, fondé en 1913 par Moray, qui, à l'instar du Pathé-Journal français, réalisait également des actualités filmées. Moray filmait lui-même, et ses images d'actualité passaient en un temps record du lieu de tournage aux salles de cinéma. C'est grâce à Isidore Moray que l'on put suivre jour après jour le Tour de Belgique Cycliste 1913, organisé par le quotidien *La Dernière Heure*. Moray reviendra à la fiction dans les années 20.

▶ Isidore Moray valt te situeren in een overgangsperiode binnen de kinderjaren van de Belgische filmgeschiedenis: in afwachting van de komst van Alfred Machin, hadden filmers en uitbaters vaste voet gekregen in cafés, music-halls en volwaardige bioscopen. In 1912 beschikte Brussel - met zijn 177.000 inwoners - over zo'n 75 zalen. Isidore Moray was uitbater van twee daarvan, maar dit was niet zijn enige verdienste: hij vertoonde ook "trailers" van komende producties en begon in 1912 - als een van de eersten in België - fictiefilms te draaien. **La famille Van Petegem à la mer** verhaalt het wedervaren van de Van Petegems, vertolkt door Esther Deltenre en Gustave Libeau, later de vaste acteur van Gaston Schoukens en hier voor het eerst te zien op het witte doek. Libeau speelde datzelfde jaar ook in een andere fictiefilm van Moray: **Zonneslag & Cie**. In 1913 zag een derde film van Moray het licht (althans volgens de geschreven bronnen, want er bleef niets van bewaard): **Une victime du petit coureur**. "Le petit coureur" was een populair kansspel en in de film wordt een verband gelegd tussen "de sterk getaxeerde filmzalen en de fiscale immuniteit van de kansspelen" (Francis Bolen). De producent was het in 1913 door Moray opgerichte Laboratoire Cinématographique Belge, dat - naar het voorbeeld van het Franse Pathé-Journal - ook actualiteitsbeelden maakte. Moray draaide zijn films zelf en slaagde er steeds in deze beelden in geen tijd van de plaats van opname naar de zalen te brengen. De door de krant *La Dernière Heure* georganiseerde Tour de Belgique Cycliste 1913 was dankzij Isidore Moray dan ook dagelijks op het filmscherm te volgen. Moray duikt in de jaren 20 terug op met een aantal fictiefilms. (MT)

La famille Van Petegem à la mer

La famille Van Petegem à la mer
La famille Van Petteghem à la mer
Van Pedeghem à la mer
Peter James à la mer
Familie Van Petegem aan zee
The Van Petegem Family Goes to the Seaside

DIRECTOR: Isidore Moray
YEAR: 1912
COUNTRY: BE
CAST: Esther Deltenre, Gustave Libeau
SILENT/SOUND: silent
B&W/COLOUR: colour

Zonneslag & Cie
Zonneslag & Co.

DIRECTOR: Isidore Moray
YEAR: 1912
COUNTRY: BE
CAST: Gustave Libeau
SILENT/SOUND: silent

Une victime du petit coureur
Een slachtoffer van de "petit coureur"
A Victim of "Le petit coureur"

DIRECTOR: Isidore Moray
YEAR: 1913
COUNTRY: BE
PROD. CO.: Laboratoire Cinématographique Belge (Bruxelles)
CAST: Fernand Crommelynck, Mme Rhena
SILENT/SOUND: silent

Le tour de Belgique 1913
De ronde van België 1913
The 1913 Tour of Belgium

DIRECTOR: Isidore Moray
YEAR: 1913
COUNTRY: BE
PROD. CO.: Laboratoire Cinématographique Belge (Bruxelles)
SILENT/SOUND: silent

Les championnats de Belgique des sports athlétiques
De atletiekkampioenschappen van België
The Belgian Athletics Championships

DIRECTOR: Isidore Moray
YEAR: 1913
COUNTRY: BE
PROD. CO.: Laboratoire Cinématographique Belge (Bruxelles)
SILENT/SOUND: silent

La visite officielle des souverains du Danemark
Het officieel bezoek van de vorsten van Denemarken
The Official Visit of the King and Queen of Denmark

DIRECTOR: Isidore Moray
YEAR: 1914
COUNTRY: BE
PROD. CO.: Laboratoire Cinématographique Belge (Bruxelles)
SILENT/SOUND: silent
METRES: 135m

Les inondations et la crue de la Meuse
De overstromingen en stijging van het waterpeil van de Maas
Flooding and the Meuse Rises

DIRECTOR: Isidore Moray
YEAR: 1914
COUNTRY: BE
PROD. CO.: Laboratoire Cinématographique Belge (Bruxelles)
SILENT/SOUND: silent

Funérailles de M. Delporte, à Dour
Begrafenis van Mr. Delporte in Dour
The Funeral of M. Delporte, in Dour

DIRECTOR: Isidore Moray
YEAR: 1914
COUNTRY: BE
PROD. CO.: Laboratoire Cinématographique Belge (Bruxelles)
SILENT/SOUND: silent
METRES: 125m

Garde civique
Burgerwacht
Civic Guard

DIRECTOR: Isidore Moray
YEAR: 1924
COUNTRY: BE
SILENT/SOUND: silent

Cortège de l'Ommegang
Stoet van de Ommegang
The Ommegang Procession

DIRECTOR: Isidore Moray
YEAR: 1930
COUNTRY: BE
PROD. CO.: Film Edition (Bruxelles)
SILENT/SOUND: silent

Défilé des combattants
Optocht van de strijders
Parade of the Combatants

DIRECTOR: Isidore Moray
YEAR: 1930
COUNTRY: BE
PROD. CO.: Film Edition (Bruxelles)
SILENT/SOUND: silent

Cérémonie patriotique au Cinquantenaire
Patriottische plechtigheid in het Jubelpark
Patriotic Ceremony in the Cinquantenaire

DIRECTOR: Isidore Moray
YEAR: 1930
COUNTRY: BE
PROD. CO.: Film Edition (Bruxelles)
SILENT/SOUND: silent

Cortèges historiques (Fastes belges)
Historische stoeten (Belgische annalen)
Historical Parades (Belgian Splendour)

DIRECTOR: Isidore Moray
YEAR: 1930
COUNTRY: BE
PROD. CO.: Film Edition (Bruxelles)
SILENT/SOUND: silent

PATHÉ

◆ Belgians were given their first taste of film by their neighbour France. It was France, too, which laid the foundations for a Belgian film industry. The imperialist strategy of the French production company Pathé meant that Belgium became one of the very first in the enormous chain of Pathé distribution and production centres. On February 14th 1908 Pathé established a distribution office on the boulevard Adolphe Max in Brussels under the name Belge Cinéma. The Frenchman Edmond Benoît-Lévy was entrusted with the management of the centre, which was to distribute films in both Belgium and the Netherlands. Four years later, the company expanded to include the production unit made famous by pioneer film-maker Alfred Machin.

In the beginning Pathé Frères, just like the Lumière brothers, sent cameramen out from France to film picturesque parts of Belgium, but also to capture topical events on celluloid, destined to be included in the newsreel "Pathé Faits Divers" that had begun on March 31st 1909. Within a brief span of time, audiences were able to witness recent events on the screen. The usual distribution policy in the early days of cinema was to sell the films for screening, but in 1907 Pathé led the way and instead began hiring out films to theatres. Other companies and countries then followed suit.

The names of these news-gathering cameramen are now lost, but Alfred Machin may have been among them. Apart from their appearances in the "vues en plein air" and "actualités", the Belgian towns and countryside also served as a backdrop to a series of semi-fictional films, such as the engaging travelogue **Toto and His Sister in Brussels**.

● C'est grâce à la France que les Belges eurent connaissance, il y a un siècle, des premières images filmées. La France posa, par ailleurs, les premiers jalons d'une véritable industrie cinématographique en Belgique: suite à la politique impérialiste de la maison de production parisienne Pathé, notre pays figura parmi les premiers maillons de son immense chaîne de distribution et de production. Le 14 février 1908, Pathé établit une société de distribution sur le boulevard Adolphe Max à Bruxelles: baptisée Belge Cinéma, elle était responsable de la distribution pour la Belgique et les Pays-Bas. La direction en fut confiée au Français Edmond Benoît-Lévy. Quatre ans plus tard, Pathé y adjoignit un département de production, où Alfred Machin allait déployer ses talents.

Avant d'en arriver à la fiction, Pathé avait imité Lumière et envoyé des cameramen depuis la France, afin de filmer les coins pittoresques de notre pays. Ils enregistraient aussi les événements importants, notamment pour la rubrique des actualités filmées Pathé Faits Divers lancée le 31 mars 1909: ces actualités apparaissaient sur les grands écrans dans un minimum de temps. Si, au début, la distribution se limitait à la vente des films, politique générale de l'époque, Pathé introduisit, en 1907, la distribution par location. Un peu plus tard, d'autres compagnies et pays devaient lui emboîter le pas.

Les noms des "chasseurs de nouvelles" ne sont pas connus, mais Alfred Machin figura probablement parmi eux. Outre les "vues en plein air" et les "actualités", nos villes et paysages servirent aussi de toile de fond à des films de semi-fiction, comme le travelogue nostalgique **Toto et sa sœur en bombe à Bruxelles**.

▶ Dankzij het buurland Frankrijk maakten de Belgen een eeuw geleden kennis met de eerste filmbeelden. Vanuit datzelfde Frankrijk werd de grondslag gelegd van een Belgische filmindustrie. De imperialistische politiek van de Parijse filmmaatschappij Pathé maakte dat ons land als een van de eerste werd opgenomen in haar enorme distributie- en productieketen. Op 14 februari 1908 vestigde de Franse maatschappij een verdeelhuis aan de Brusselse Adolphe Maxlaan, Belge Cinéma genaamd, dat verantwoordelijk was voor de distributie in België en Nederland. De leiding ervan werd toevertrouwd aan de Fransman Edmond Benoît-Lévy en vier jaar later richtte Pathé er de productieafdeling op waar Alfred Machin actief zou zijn.

In die beginperiode zond Pathé Frères, in navolging van de Lumières, haar cameramen uit om beelden te draaien van pittoreske plaatsen in ons land en actuele gebeurtenissen vast te leggen, o.m. bestemd voor de op 31 maart 1909 gestarte actualiteitenrubriek Pathé Faits Divers. In een mum van tijd kon de actualiteit vanaf dan op het bioscoopscherm worden gevolgd. De verdeling van deze beeldberichten verliep normaliter via de verkoop van de films, de algemene politiek in die tijd. Pathé opteerde echter al vanaf 1907 voor het verhuren van kopieën: een systeem dat later ook door andere maatschappijen in andere landen zou worden toegepast.

De namen van de nieuwsvergaarders zijn onbekend, maar Alfred Machin was wellicht een van hen. Onze steden en landschappen kwamen niet alleen voor in de "vues en plein air" en de "actualités", maar dienden ook als achtergrond voor semi-documentaire films, zoals de innemende travelogue **Toto et sa sœur en bombe à Bruxelles**. (MT)

Retour du Congo de S.A.R. le prince
Albert, fêtes à Anvers et à Bruxelles
Terugkomst uit den Congo van Z.K.H.
Prins Albert, feesten te Antwerpen en te
Brussel
H.R.H. Prince Albert's Return from the
Congo, Festivities in Antwerp and in
Brussels

DIRECTOR: anonymous
YEAR: 1909
COUNTRY: BE-FR
PROD. CO.: Pathé (Bruxelles)
SILENT/SOUND: silent

L'école nationale de cavalerie d'Ypres
Ecole de cavalerie à Ypres
L'école de cavalerie d'Ypres
Koninklijke rijschool te Ieperen
Nationale rijschool van Ieperen
De rijschool van Ieperen
The National Cavalry School at Ypres

DIRECTOR: anonymous
YEAR: 1909
COUNTRY: BE-FR
PROD. CO.: Pathé (Bruxelles)
SILENT/SOUND: silent
METRES: 170m

L'armée belge
Het Belgisch leger
The Belgian Army

DIRECTOR: anonymous
YEAR: 1909
COUNTRY: BE-FR
PROD. CO.: Pathé (Bruxelles)
SILENT/SOUND: silent
METRES: 150m

Melle Paz Ferrer, interviewée par un
rédacteur de Pathé Journal à Bruxelles
Mejuffer Paz Ferrer, door eenen opnemer
van Pathé Verscheidenheden te Brussel
onderhoord
Miss Paz Ferrer, Interviewed by a
Journalist from the Pathé Journal in
Brussels

DIRECTOR: anonymous
YEAR: 1909
COUNTRY: BE-FR
PROD. CO.: Pathé (Bruxelles)
SILENT/SOUND: silent

L'élevage des poules de luxe
Elevage de poules de race
Kweeking van prachtkiekens
Breeding Luxury Fowl

DIRECTOR: anonymous
YEAR: 1909
COUNTRY: BE-FR
PROD. CO.: Pathé (Bruxelles)
SILENT/SOUND: silent
METRES: 120m

Toto et sa sœur en bombe à Bruxelles

Toto et sa sœur en bombe à Bruxelles
Toto et sa sœur à Bruxelles
Toto en zijne zuster te Brussel
Toto and His Sister in Brussels

DIRECTOR: anonymous
YEAR: 1909
COUNTRY: BE-FR
PROD. CO.: Pathé (Bruxelles)
LANGUAGE: French
GAUGE: 35 mm
SILENT/SOUND: silent
B&W/COLOUR: B&W
METRES: 155m

Funérailles solennelles de S.M. le roi
Léopold II à Laeken et à Bruxelles
Funérailles du roi
Les funérailles du roi Léopold
Funérailles de S.M. Léopold II à Bruxelles,
le 23 décembre 1909
Lijkplechtigheden van Z.M. Leopold II
te Laeken en Brussel
Lijkplechtigheden des Konings
The Solemn Funeral of H.M. King Léopold II
in Laeken and in Brussels

DIRECTOR: anonymous
YEAR: 1909
COUNTRY: BE-FR
PROD. CO.: Pathé (Bruxelles)
SILENT/SOUND: silent
METRES: 150m

Joyeuse entrée du roi Albert à Bruxelles,
le 24 décembre 1909
Entrée de S.M. le roi Albert I à Bruxelles
Blijde intrede van koning Albert
The Joyful Entrance of King Albert into
Brussels on 24 December 1909

DIRECTOR: anonymous
YEAR: 1909
COUNTRY: BE-FR
PROD. CO.: Pathé (Bruxelles)
SILENT/SOUND: silent

Te Deum à l'église des SS. Michel et
Gudule, en l'honneur du roi Albert, le
25 décembre 1909
De Te Deum van St. Goedele Kerk
Te Deum in the Church of Saint Michael
and Saint Gudule in Honour of King
Albert on 25 December 1909

DIRECTOR: anonymous
YEAR: 1909
COUNTRY: BE-FR
PROD. CO.: Pathé (Bruxelles)
SILENT/SOUND: silent

Les carabiniers cyclistes belges
De Belgische karabiniers op de fiets
The Belgian Carabineers on Cycles

DIRECTOR: anonymous
YEAR: 1909
COUNTRY: BE-FR
PROD. CO.: Pathé (Bruxelles)
SILENT/SOUND: silent

[Schilderachtig Antwerpen]
[Anvers pittoresque]
[Picturesque Antwerp]

DIRECTOR: anonymous
YEAR: 1910
COUNTRY: BE-FR
PROD. CO.: Pathé (Bruxelles)
LANGUAGE: -
GAUGE: 35 mm
SILENT/SOUND: silent
B&W/COLOUR: B&W
METRES: 90m

Avènement d'Albert I
Blijde intrede van Albert I
The Accession of Albert I

DIRECTOR: anonymous
YEAR: 1910
COUNTRY: BE-FR
PROD. CO.: Pathé (Bruxelles)
SILENT/SOUND: silent

Manifestation de sympathie en l'honneur
de M. Max, bourgmestre de la ville de
Bruxelles, le 9 janvier 1910
Fête à Bruxelles en l'honneur
du bourgmestre M. Max
Feest te Brussel ter eere van
den heer Max, burgemeester
Demonstration of Affection in Honour
of M. Max, Bourgmestre of the City of
Brussels, on 9 January 1910

DIRECTOR: anonymous
YEAR: 1910
COUNTRY: BE-FR
PROD. CO.: Pathé (Bruxelles)
SILENT/SOUND: silent

L'Ibis
Ibis
"L'Ibis", école de pêche en Belgique
The Ibis

DIRECTOR: anonymous
YEAR: 1910
COUNTRY: BE-FR
PROD. CO.: Pathé (Bruxelles)
SILENT/SOUND: silent
METRES: 225m

Une visite au jardin zoologique d'Anvers
Een bezoek aan den dierentuin te
Antwerpen
Een bezoek aan den dierentuin van
Antwerpen
A Visit to Antwerp Zoo

DIRECTOR: anonymous
YEAR: 1910
COUNTRY: BE-FR
PROD. CO.: Pathé (Bruxelles)
SILENT/SOUND: silent
B&W/COLOUR: B&W + colour
METRES: 235m

Processie van het Heilig Bloed
Brugge - processie van het Heilig Bloed
Procession du Saint-Sang
Procession of the Holy Blood

DIRECTOR: anonymous
YEAR: 1910
COUNTRY: BE-FR
PROD. CO.: Pathé (Bruxelles)
SILENT/SOUND: silent

Villers les Gambon

DIRECTOR: anonymous
YEAR: 1910
COUNTRY: BE-FR
PROD. CO.: Pathé (Bruxelles)
SILENT/SOUND: silent

Inauguration de l'Exposition Internatio-
nale de Bruxelles, le 23 avril 1910
Inhuldiging van de Internationale
Tentoonstelling van Brussel op 23 april
1910
Inauguration of the International
Exposition in Brussels on 23 April 1910

DIRECTOR: anonymous
YEAR: 1910
COUNTRY: BE-FR
PROD. CO.: Pathé (Bruxelles)
SILENT/SOUND: silent

LL. Majestés le roi et la reine sont
saluées sur la Grand-Place par 3.000
enfants
Zijne Majesteiten de koning en de
koningin worden op de Grote Markt
begroet door 3.000 kinderen
Their Majesties the King and Queen Are
Greeted on the Grand'Place by 3 000
Children

DIRECTOR: anonymous
YEAR: 1910
COUNTRY: BE-FR
PROD. CO.: Pathé (Bruxelles)
SILENT/SOUND: silent

Bruges la Venise des Flandres
Bruges la morte
Zichten in Brugge
Bruges the Venice of Flanders

DIRECTOR: anonymous
YEAR: 1910
COUNTRY: BE-FR
PROD. CO.: Pathé (Bruxelles)
SILENT/SOUND: silent
METRES: 175m

Revue des écoles par M. le bourgmestre
Max, le 19 juin 1910. 8.000 enfants y
prennent part
Inspectie van de scholen door
Mr. de Burgemeester Max, op 19 juni
1910. 8.000 kinderen nemen deel
The Bourgmestre M. Max Reviews
the Schools of Brussels on 19 June 1910.
8 000 Children Take Part

DIRECTOR: anonymous
YEAR: 1910
COUNTRY: BE-FR
PROD. CO.: Pathé (Bruxelles)
SILENT/SOUND: silent

Bruxelles. Le roi et la reine partent
pour la France. 12 juillet 1910
Brussel. De koning en de koningin
vertrekken naar Frankrijk. 12 juli 1910
Brussels. The King and Queen Depart for
France on 12 July 1910

DIRECTOR: anonymous
YEAR: 1910
COUNTRY: BE-FR
PROD. CO.: Pathé (Bruxelles)
SILENT/SOUND: silent

Réception du lord-maire à la gare du Nord
à Bruxelles, le 23 juillet 1910
Ontvangst van de Lord Mayor in het
Noordstation te Brussel op 23 juli 1910
The Lord Mayor Is Welcomed at the
Brussels North Station on 23 July 1910

DIRECTOR: anonymous
YEAR: 1910
COUNTRY: BE-FR
PROD. CO.: Pathé (Bruxelles)
SILENT/SOUND: silent

La reine assiste au défilé du cortège de
la Rose à Bruxelles-Kermesse, le 31 juillet 1910
De koningin woont de Rozenstoet bij tijdens Brussel-Kermis op 31 juli 1910
The Queen Views the Rose Procession at
the Brussels Kermis on 31 July 1910

DIRECTOR: anonymous
YEAR: 1910
COUNTRY: BE-FR
PROD. CO.: Pathé (Bruxelles)
SILENT/SOUND: silent

Paris-Bruxelles en aéroplane.
Issy-les-Moulineaux
Parijs-Brussel per vliegtuig.
Issy-les-Moulineaux
Paris to Brussels by Aeroplane.
Issy-les-Moulineaux

DIRECTOR: anonymous
YEAR: 1910
COUNTRY: BE-FR
PROD. CO.: Pathé (Bruxelles)
SILENT/SOUND: silent

Remise des récompenses aux exposants
dans les halls du parc du Cinquantenaire,
le 18 octobre 1910
Uitdeling van de beloningen aan de
exposanten van de hallen van het
Jubelpark op 18 oktober 1910
Prizes Are Awarded to the Exhibitors
in the Halls of the Parc du Cinquantenaire
on 18 October 1910

DIRECTOR: anonymous
YEAR: 1910
COUNTRY: BE-FR
PROD. CO.: Pathé (Bruxelles)
SILENT/SOUND: silent

Visite de l'empereur Guillaume II à
Bruxelles. 25 octobre 1910
Bezoek van keizer Willem II aan Brussel.
25 oktober 1910
Emperor William II Visits Brussels
on 25 October 1910

DIRECTOR: anonymous
YEAR: 1910
COUNTRY: BE-FR
PROD. CO.: Pathé (Bruxelles)
SILENT/SOUND: silent

Ouverture solennelle des Chambres légis-
latives, le 8 novembre 1910. Les souverains y assistent
Plechtige opening van de wetgevende
Kamer op 8 november 1910 in aanwezigheid van de vorsten
Formal Opening of the Legislative Chambers on 8 November 1910. The King and
Queen Are Present

DIRECTOR: anonymous
YEAR: 1910
COUNTRY: BE-FR
PROD. CO.: Pathé (Bruxelles)
SILENT/SOUND: silent

[Service funèbre en l'honneur des mem-
bres de la famille royale]
[Lijkplechtigheid ter ere van de leden
van de koninklijke familie]
[Funeral Service in Honour of the
Members of the Royal Family]

DIRECTOR: anonymous
YEAR: 1910
COUNTRY: BE-FR
PROD. CO.: Pathé (Bruxelles)
SILENT/SOUND: silent

[Le peintre Laermans, bénéficiaire de la
Grande Médaille à l'Exposition Internatio-
nale de Bruxelles]
[Le peintre Laermans est fêté par les
compatriotes de Molenbeek-Saint-Jean]
[Schilder Laermans ontvangt de Grote
Medaille tijdens de Internationale
Tentoonstelling van Brussel]
[Painter Laermans is Awarded the Grand
Medal at the International Exposition in
Brussels]

DIRECTOR: anonymous
YEAR: 1910
COUNTRY: BE-FR
PROD. CO.: Pathé (Bruxelles)
SILENT/SOUND: silent

L'accident de la cale sèche
Het ongeval in het droogdok
Accident in the Dry Dock

DIRECTOR: anonymous
YEAR: 1911
COUNTRY: BE-FR
PROD. CO.: Pathé (Bruxelles)
SILENT/SOUND: silent

Voyage des édiles belges à Paris
Reis van de Belgische aediles naar Parijs
The Belgian Town Councillors Travel to
Paris

DIRECTOR: anonymous
YEAR: 1911
COUNTRY: BE-FR
PROD. CO.: Pathé (Bruxelles)
SILENT/SOUND: silent

Visite du président Fallières à Bruxelles.
Mai 1911
Bezoek van president Fallières aan
Brussel. Mei 1911
President Fallières Visits Brussels. May
1911

DIRECTOR: anonymous
YEAR: 1911
COUNTRY: BE-FR
PROD. CO.: Pathé (Bruxelles)
SILENT/SOUND: silent

[Départ du tour de Belgique cycliste]
[Vertrek van de ronde van België]
[The Cycle Tour of Belgium Sets Off]

DIRECTOR: anonymous
YEAR: 1911
COUNTRY: BE-FR
PROD. CO.: Pathé (Bruxelles)
SILENT/SOUND: silent

Visite de la reine de Hollande à
Bruxelles. Juin 1911
Bezoek van de koningin van Nederland
aan Brussel. Juni 1911
The Queen of Holland Visits Brussels.
June 1911

DIRECTOR: anonymous
YEAR: 1911
COUNTRY: BE-FR
PROD. CO.: Pathé (Bruxelles)
SILENT/SOUND: silent

[La 8ème coupe de la Meuse, organisée
par le journal "La Meuse", vient d'être
courue]
[De 8ste "Coupe de la Meuse", georganiseerd door de krant "La Meuse", werd
zonet gelopen]
[The 8th "Coupe de la Meuse", Organized
by the Newspaper "La Meuse", Has Just
Been Held]

DIRECTOR: anonymous
YEAR: 1911
COUNTRY: BE-FR
PROD. CO.: Pathé (Bruxelles)
SILENT/SOUND: silent

[Lancement du "s.s. Roi Albert" aux
chantiers de la The Antwerp Engineering
Co à Hoboken]
[Tewaterlating van "s.s. Roi Albert" op de
werf van The Antwerp Engineering Co in
Hoboken]
[Launching of the "s.s. Roi Albert" from
the Docks of the Antwerp Engineering Co.
in Hoboken]

DIRECTOR: anonymous
YEAR: 1911
COUNTRY: BE-FR
PROD. CO.: Pathé (Bruxelles)
SILENT/SOUND: silent

[Le Longchamp fleuri, favorisé par le
beau temps, a obtenu un gros succès]
[De Longchamp in bloei bij mooi weer
kende een groot succes]
[Longchamp in Bloom, Favoured by the
Good Weather, Was a Great Success]

DIRECTOR: anonymous
YEAR: 1911
COUNTRY: BE-FR
PROD. CO.: Pathé (Bruxelles)
SILENT/SOUND: silent

Cross country à cheval par la cavalerie
belge à l'Ecole Nationale d'Ypres
(Belgique)
Cross country à cheval
Cross country in de Belgische ruiterij
Cross country te paard door de Belgische
ruiterij in de Nationale School van
Yperen (België)
Cross country te paard
Cross-Country Horse Riding by the
Belgian Cavalry

DIRECTOR: anonymous
YEAR: 1911
COUNTRY: BE-FR
PROD. CO.: Pathé (Bruxelles)
SILENT/SOUND: silent
METRES: 90m

[La course cycliste "Paris-Bruxelles" a
été gagnée par Lapize, premier et Faber,
second]
[De wielerkoers "Parijs-Brussel" werd
gewonnen door Lapize, eerste, en Faber,
tweede]
[The "Paris-Brussels" Cycle Race Was Won
by Lapize, First, and Faber, Second]

DIRECTOR: anonymous
YEAR: 1911
COUNTRY: BE-FR
PROD. CO.: Pathé (Bruxelles)
SILENT/SOUND: silent

[On a retrouvé le dirigeable "Ville-de-
Bruxelles" qui était parti à la dérive]
[Het luchtschip "Ville-de-Bruxelles"
dat op drift was geslagen werd terug-
gevonden]
[The Airship "Ville-de-Bruxelles", Which
Had Gone Adrift, Has Been Relocated]

DIRECTOR: anonymous
YEAR: 1911
COUNTRY: BE-FR
PROD. CO.: Pathé (Bruxelles)
SILENT/SOUND: silent

[Au cours d'une fête populaire a eu lieu
la reconstitution légendaire de St-
Georges terrassant le dragon]
[Tijdens een volksfeest had de legendarische reconstructie plaats van het verslaan van de draak door Sint-Joris]
[In the Course of a Traditional Festival a
Reconstruction Was Staged of the Legend
of St Georges Fighting the Dragon]

DIRECTOR: anonymous
YEAR: 1911
COUNTRY: BE-FR
PROD. CO.: Pathé (Bruxelles)
SILENT/SOUND: silent

[Successivement ont atterri: Vidart,
Védrinnes et Beaumont]
[Achtereenvolgens landden: Vidart,
Védrinnes en Beaumont]
[In Order of Landing: Vidart, Védrinnes
and Beaumont]

DIRECTOR: anonymous
YEAR: 1911
COUNTRY: BE-FR
PROD. CO.: Pathé (Bruxelles)
SILENT/SOUND: silent

L'Ommeganck à Bruxelles, juillet 1912
De Ommeganck in Brussel, juli 1912
The Ommeganck in Brussels, July 1912

DIRECTOR: anonymous
YEAR: 1912
COUNTRY: BE-FR
PROD. CO.: Pathé (Bruxelles)
SILENT/SOUND: silent

Manifestation libérale du 15 août 1912
Liberale betoging van 15 augustus 1912
Liberal Demonstration of 15 August 1912

DIRECTOR: anonymous
YEAR: 1912
COUNTRY: BE-FR
PROD. CO.: Pathé (Bruxelles)
SILENT/SOUND: silent

Pèlerinage à la Place des Martyrs. Septembre
1912
Bedevaart op het Martelarenplein. September
1912
Pilgrimage to the Place des Martyrs, September
1912

DIRECTOR: anonymous
YEAR: 1912
COUNTRY: BE-FR
PROD. CO.: Pathé (Bruxelles)
SILENT/SOUND: silent

Funérailles de la comtesse de Flandre.
30 novembre 1912
Begrafenis van de gravin van Vlaanderen.
30 november 1912
Funeral of the Duchess of Flanders.
30 November 1912

DIRECTOR: anonymous
YEAR: 1912
COUNTRY: BE-FR
PROD. CO.: Pathé (Bruxelles)
SILENT/SOUND: silent

Blijde intrede van de koning en de
koningin
Joyeuse entrée du roi et de la reine
Accession of the King and Queen

DIRECTOR: anonymous
YEAR: 1912
COUNTRY: BE-FR
LANGUAGE: French
GAUGE: 35 mm
SILENT/SOUND: silent
B&W/COLOUR: B&W
METRES: 219m

Bezoek van de koning van Italië
Visite du roi d'Italie
Visit of the King of Italy

DIRECTOR: anonymous
YEAR: 191-
COUNTRY: BE-FR
PROD. CO.: Pathé (Bruxelles)
LANGUAGE: French
GAUGE: 35 mm
SILENT/SOUND: silent
B&W/COLOUR: B&W
METRES: 18m

Ouverture de la Kermesse de Bruxelles
Opening van Brussel-Kermis
Opening of the Brussels Kermis

DIRECTOR: anonymous
YEAR: [1913]
COUNTRY: BE-FR
PROD. CO.: Pathé (Bruxelles)
SILENT/SOUND: silent

Neuvième centenaire de Saint-Guidon
célébré à Anderlecht, le...
Negende eeuwfeest van Sint-Guido,
gevierd in Anderlecht, op...
Ninehundredth Anniversary of Saint
Guidon Celebrated in Anderlecht

DIRECTOR: anonymous
YEAR: [1913]
COUNTRY: BE-FR
PROD. CO.: Pathé (Bruxelles)
SILENT/SOUND: silent

Les reptiles
Reptielen
Reptiles

DIRECTOR: anonymous
YEAR: 1913
COUNTRY: BE-FR
PROD. CO.: Pathé (Bruxelles)
SILENT/SOUND: silent
METRES: 105m

Roi Albert Ier
Albert Ier
Albert I

DIRECTOR: anonymous
YEAR: 1913
COUNTRY: BE-FR
PROD. CO.: Pathé (Bruxelles)
LANGUAGE: French
GAUGE: 35 mm
SILENT/SOUND: silent
B&W/COLOUR: B&W
METRES: 373m

Translation des restes de Gabrielle Petit,
de Bodson & de Smekens (fusillés par les
Allemands). Le 1er juin 1919
Overbrenging van de stoffelijke resten van
Gabrielle Petit, Bodson en Smekens
(gefusilleerd door de Duitsers). 1 juni 1919
Transferral of the Remains of Gabrielle
Petit, Bodson and Smekens (Shot by the
Germans) on 1 June 1919

DIRECTOR: anonymous
YEAR: 1919
COUNTRY: BE-FR
PROD. CO.: Pathé (Bruxelles)
SILENT/SOUND: silent

La visite du président Wilson en
Belgique. Juin 1919
Het bezoek van president Wilson aan
België. Juni 1919
President Wilson's Visit to Belgium. June
1919

DIRECTOR: anonymous
YEAR: 1919
COUNTRY: BE-FR
PROD. CO.: Pathé (Bruxelles)
SILENT/SOUND: silent

Funérailles des 21 citoyens bruxellois
fusillés par les Allemands. 15.6.1919
Begrafenis van 21 Brusselse burgers
gefusilleerd door de Duitsers. 15.6.1919
Funeral of 21 Citizens of Brussels Shot by
the Germans. 15.6.1919

DIRECTOR: anonymous
YEAR: 1919
COUNTRY: BE-FR
PROD. CO.: Pathé (Bruxelles)
SILENT/SOUND: silent

Fête patriotique à Saint-Gilles. 6.7.1919.
En l'honneur des soldats, des mutilés et
des déportés de la commune
Patriottisch feest in Sint-Gillis. 6.7.1919.
Ter ere van de soldaten, de invaliden en
de gedeporteerden van de gemeente
Patriotic Festival in Saint-Gilles. 6.7.1919.
In Honour of the Soldiers, War Invalids
and P.O.W.s of the Commune

DIRECTOR: anonymous
YEAR: 1919
COUNTRY: BE-FR
PROD. CO.: Pathé (Bruxelles)
SILENT/SOUND: silent

Fêtes communales. 20.7.1919.
Ommegang
Gemeentefeesten. 20.7.1919. Ommegang
Local Festival. 20.7.1919. Ommegang

DIRECTOR: anonymous
YEAR: 1919
COUNTRY: BE-FR
PROD. CO.: Pathé (Bruxelles)
SILENT/SOUND: silent

Fêtes nationales. 1919. L'arrivée à
Bruxelles de la Garde Républicaine.
La visite du président Poincaré à
Bruxelles
Nationale feesten. 1919. Aankomst te
Brussel van de Republikeinse garde.
Het bezoek van President Poincaré aan
Brussel
National Festival. 1919. The Republican
Guard Arrives in Brussels. President
Poincaré's Visit to Brussels

DIRECTOR: anonymous
YEAR: 1919
COUNTRY: BE-FR
PROD. CO.: Pathé (Bruxelles)
SILENT/SOUND: silent

Brussel zeehaven
Bruxelles port maritime
The Port of Brussels

DIRECTOR: anonymous
YEAR: 19—
COUNTRY: BE-FR
PROD. CO.: Pathé (Bruxelles)
LANGUAGE: French
GAUGE: 35 mm
SILENT/SOUND: silent
B&W/COLOUR: B&W
METRES: 64m

Bruxelles, le 1er novembre 1919
Brussel, 1 november 1919
Brussels, November 1st 1919

DIRECTOR: anonymous
YEAR: 1919
COUNTRY: BE-FR
PROD. CO.: Pathé (Bruxelles)
SILENT/SOUND: silent

M. Poincaré dans les Flandres. Février 1920.
Remise de la Croix de guerre française aux
villes d'Ypres, Dixmude et Nieuport
Mr. Poincaré in Vlaanderen. Februari
1920. Overhandiging van het Franse
Oorlogskruis aan de steden Ieper,
Diksmuide en Nieuwpoort
M. Poincaré in Flanders. February 1920.
The French Croix de Guerre Is Awarded to
the Towns of Ypres, Dixmude and Nieuport

DIRECTOR: anonymous
YEAR: 1920
COUNTRY: BE-FR
PROD. CO.: Pathé (Bruxelles)
SILENT/SOUND: silent

Bezoek van de kroonprins van Italië
Visite du dauphin d'Italie
The Crown Prince of Italy in Belgium

DIRECTOR: anonymous
YEAR: 1922
COUNTRY: BE-FR
PROD. CO.: Pathé (Bruxelles)
LANGUAGE: -
GAUGE: 35 mm
SILENT/SOUND: silent
B&W/COLOUR: B&W
METRES: 19m

Wijding van het schip Belgenland door
Cardinaal Mercier
Baptême du bateau Belgenland par
le Cardinal Mercier
The Ship Belgenland Is Christened by
Cardinal Mercier

DIRECTOR: anonymous
YEAR: 1923
COUNTRY: BE-FR
PROD. CO.: Pathé (Bruxelles)
LANGUAGE: -
GAUGE: 35 mm
SILENT/SOUND: silent
B&W/COLOUR: B&W
METRES: 40m

L'Ommegang du Sablon
(reconstitution historique)
De Ommegang van de Zavel
(historische reconstructie)
The Sablon Ommegang
(Historical Reconstruction)

DIRECTOR: anonymous
YEAR: 1930
COUNTRY: BE-FR
PROD. CO.: Pathé (Bruxelles)
SILENT/SOUND: silent

GAUMONT, ÉCLAIR, ÉCLIPSE, LUX, LE LION

Les funérailles de Léopold II
De begrafenis van Leopold II
The Funeral of King Léopold II

DIRECTOR: Léon Dubigk
YEAR: 1909
COUNTRY: BE-FR
PROD. CO.: [Actualités Gaumont (Bruxelles)]
SILENT/SOUND: silent

Incendie de l'exposition de Bruxelles
L'incendie à l'exposition
Brand op de expositie van Brussel
Fire at the Brussels Exposition

DIRECTOR: Léon Dubigk
YEAR: 1910
COUNTRY: BE-FR
PROD. CO.: Actualités Gaumont (Bruxelles)
LANGUAGE: French
GAUGE: 35 mm
SILENT/SOUND: silent
B&W/COLOUR: B&W
METRES: 114m

La joyeuse entrée d'Albert 1er
De blijde intrede van Albert I
The Joyful Entrance of Albert I

DIRECTOR: Léon Dubigk
YEAR: 1910
COUNTRY: BE-FR
PROD. CO.: Actualités Gaumont (Bruxelles)
SILENT/SOUND: silent

◆ Léon Gaumont was closely involved in the birth of the film industry in France. On 10 August 1895 he started his own company specializing in the manufacture of photographic equipment, and in 1897 he established a film production unit. Business boomed and in 1910 he began opening a chain of picture palaces and distribution houses, both in France and throughout Europe. In around 1913 Gaumont established the Belgian company headquarters in Brussels. A national network of cinemas was opened along the lines of the Pathé company. Gaumont regularly advertized in the *Revue Belge du Cinéma*, and this publicity shows that he also distributed films by other production companies. Gaumont also made its own film newsreels, Actualités Gaumont, which according to books on the subject began in 1910, although in 1909 Léon Dubigk had apparently already filmed the funeral of Léopold II for Gaumont. The name of Dubigk is the only one of the Belgian Gaumont news-gatherers to have survived. Pathé and Gaumont were the largest film distributors (and presumably producers of newsreel footage) on the French-dominated pre-war Belgian film market. However, a series of smaller French production companies had also tried their luck in Belgium, among them Eclair, Eclipse, Lux and Le Lion. The Eclair-Journal and the Eclipse-Journal began showing footage in 1910. In 1947 the Eclair-Journal Belge was renamed to become Belgavox. The smaller production companies, like Essenay, Itala and Biograph did not have their own representatives in Belgium and so had their films distributed by a variety of independent distributors in the main cities.

● Léon Gaumont fut un des fondateurs de l'industrie cinématographique française. Le 10 août 1895, il créa son entreprise pour la fabrication de matériel photographique. En 1897, il y ajouta un département de production cinématographique. Les affaires prospérèrent et, à partir de 1910, Gaumont se lança dans la création d'une chaîne de cinémas et de maisons de distribution, tant en France que dans le reste de l'Europe. Vers 1913, il établit son siège social, pour la Belgique, à Bruxelles. Imitant l'exemple de Pathé, il créa une chaîne nationale de salles de cinéma. L'entreprise distribuait aussi, selon les annonces qu'elle publiait régulièrement dans la *Revue Belge du Cinéma*, des productions d'autres maisons. Enfin, Gaumont créa ses propres actualités filmées, Actualités Gaumont, en 1910. Certaines sources indiquent pourtant que Léon Dubigk, dont le nom est le seul de toute l'armée des chasseurs de nouvelles belges de Gaumont à nous être parvenu, aurait déjà filmé les funérailles de Léopold II en 1909 pour le compte de Gaumont. Pathé et Gaumont étaient les principaux distributeurs (et sans doute producteurs d'actualités) sur le marché belge d'avant-guerre, dominé par les Français. Des maisons de moindre importance, comme Eclair, Eclipse, Lux et Le Lion, tentèrent également leur chance sur notre territoire. En 1910, le paysage des actualités filmées s'enrichit d'un Eclair-Journal et d'un Eclipse-Journal. En 1947, Eclair-Journal Belge fut rebaptisé Belgavox. Les petites maisons (Essenay, Itala ou Biograph) ne disposaient pas d'un représentant belge et confiaient la distribution de leur production à des distributeurs indépendants.

▶ Léon Gaumont staat mee aan de wieg van de filmindustrie in Frankrijk wanneer hij op 10 augustus 1895 zijn eigen firma opricht, gespecialiseerd in fotografisch materiaal. In 1897 wordt er een filmproductieafdeling geopend. De zaken gaan steeds beter en vanaf 1910 bouwt hij een keten van bioscopen en verdeelhuizen uit, zowel in Frankrijk als in de rest van Europa. Rond 1913 vestigt Gaumont zijn maatschappelijke zetel voor België in Brussel. Er komt naar het Pathé-model een eigen netwerk van zalen in heel het land. Gaumont is vaste adverteerder in het vakblad *Revue Belge du Cinéma*, waaruit blijkt dat de firma ook films verdeelt van andere productiemaatschappijen. Gaumont pakt ook uit met een eigen filmjournaal: Actualités Gaumont, volgens de literatuur vanaf 1910, maar in 1909 zou Léon Dubigk de begrafenis van Leopold II al op film hebben vastgelegd voor Gaumont. De naam van Dubigk is trouwens de enige die gekend is in Gaumonts arsenaal van Belgische nieuwsvergaarders. Pathé en Gaumont waren de grootste filmverdelers (en waarschijnlijk ook de grootste producenten van actualiteitsbeelden) op de grotendeels door Fransen bezette vooroorlogse Belgische filmmarkt. Maar ook kleinere Franse productiemaatschappijen waagden hun kans op ons grondgebied, met name Eclair, Eclipse, Lux en Le Lion. Het Eclair-Journal en het Eclipse-Journal zien nog in 1910 het daglicht. In 1947 zal het Eclair-Journal Belge omgedoopt worden tot het welbekende Belgavox. De kleinere huizen, zoals Essenay, Itala of Biograph, hadden geen eigen vertegenwoordiger in België en lieten hun films verdelen door onafhankelijke verdelers in de belangrijkste steden. (MT)

Manifestation en faveur de la langue espéranto

Le raid Paris-Bruxelles en aéroplane
De raid Parijs-Brussel per vliegtuig
Paris-Brussels by Aeroplane

DIRECTOR: anonymous
YEAR: 1910
COUNTRY: BE-FR
PROD. CO.: Actualités Gaumont (Bruxelles)
SILENT/SOUND: silent

Arrivée de Legagneux dans la capitale belge
Aankomst van Legagneux in de Belgische
hoofdstad
Arrival of Legagneux in the Belgian Capital

DIRECTOR: anonymous
YEAR: 1910
COUNTRY: BE-FR
PROD. CO.: Actualités Gaumont (Bruxelles)
SILENT/SOUND: silent

[Anvers dans les années 10]
[Antwerpen in de jaren 10]
[Antwerp in the 1910s]

DIRECTOR: anonymous
YEAR: 191-
COUNTRY: BE-FR
PROD. CO.: Actualités Gaumont (Bruxelles)
GAUGE: 35 mm
SILENT/SOUND: silent
B&W/COLOUR: B&W
METRES: 60m

[Manifestation en faveur de la langue
espéranto]
[Optocht van voorstanders van het
Esperanto]
[Demonstration in Support of the
Esperanto Language]

DIRECTOR: anonymous
YEAR: 1911
COUNTRY: BE-FR
PROD. CO.: Actualités Gaumont (Bruxelles)
GAUGE: 35 mm
SILENT/SOUND: silent
B&W/COLOUR: B&W
METRES: 23m

[Le marché aux chiens de trait]
[De markt met trekhonden]
[Draught Dogs on the Market]

DIRECTOR: anonymous
YEAR: 1911
COUNTRY: BE-FR
PROD. CO.: Actualités Gaumont (Bruxelles)
GAUGE: 35 mm
SILENT/SOUND: silent
B&W/COLOUR: B&W
METRES: 7,5m

[Grand prix de ballons de l'Aéro-Club,
concours de distance]
[Grote prijs voor ballons van de Aéro-Club,
afstandswedstrijd]
[The Aéro-Club Balloon Grand-Prix, Long-
Distance Competition]

DIRECTOR: anonymous
YEAR: 1911
COUNTRY: BE-FR
PROD. CO.: Actualités Gaumont (Bruxelles)
GAUGE: 35 mm
SILENT/SOUND: silent
B&W/COLOUR: B&W
METRES: 11,2m

[Elégantes aux courses]
[Modieus geklede vrouwen tijdens de
wedstrijden]
[Fashionable Women at the Races]

DIRECTOR: anonymous
YEAR: 1911
COUNTRY: BE-FR
PROD. CO.: Actualités Gaumont (Bruxelles)
GAUGE: 35 mm
SILENT/SOUND: silent
B&W/COLOUR: B&W
METRES: 10,8m

[Un incendie détruit les docks]
[Een brand verwoest de dokken]
[A Fire Destroys the Docks]

DIRECTOR: anonymous
YEAR: 1911
COUNTRY: BE-FR
PROD. CO.: Actualités Gaumont (Bruxelles)
GAUGE: 35 mm
SILENT/SOUND: silent
B&W/COLOUR: B&W
METRES: 9,8m

Visite du président Fallières à Bruxelles.
Mai 1911
Bezoek van President Fallières aan
Brussel. Mei 1911
President Fallières Visits Brussels. May 1911

DIRECTOR: anonymous
YEAR: 1911
COUNTRY: BE-FR
PROD. CO.: Actualités Gaumont (Bruxelles)
SILENT/SOUND: silent

[Régate sur la Senne]
[Roeiwedstrijd op de Zenne]
[Regata on the Senne]

DIRECTOR: anonymous
YEAR: 1912
COUNTRY: BE-FR
PROD. CO.: Actualités Gaumont (Bruxelles)
GAUGE: 35 mm
SILENT/SOUND: silent
B&W/COLOUR: B&W
METRES: 9,8m

Anvers
Antwerpen
Antwerp

DIRECTOR: anonymous
YEAR: 1912
COUNTRY: BE-FR
PROD. CO.: Actualités Gaumont (Bruxelles)
GAUGE: 35 mm
SILENT/SOUND: silent
METRES: 120m

Le centenaire de Henri Conscience à
Anvers
Het eeuwfeest van Hendrik Conscience in
Antwerpen
The Centenary of Henri Conscience in
Antwerp

DIRECTOR: anonymous
YEAR: 1913
COUNTRY: BE-FR
PROD. CO.: Actualités Gaumont (Bruxelles)
SILENT/SOUND: silent

La joyeuse entrée des souverains belges
à Anvers
De blijde intrede van de Belgische
vorsten in Antwerpen
The Joyful Entrance of the King and
Queen into Antwerp

DIRECTOR: anonymous
YEAR: 1913
COUNTRY: BE-FR
PROD. CO.: Actualités Gaumont (Bruxelles)
SILENT/SOUND: silent

[Jean Vermelen remporte le cross international de Bruxelles: 16km en 55 minutes]
[Jean Vermelen wint de internationale
cross van Brussel: 16km in 55 minuten]
[Jean Vermelen Wins the Brussels
International Cross-Country Race: 16km
in 55 minutes]

DIRECTOR: anonymous
YEAR: 1914
COUNTRY: BE-FR
PROD. CO.: Actualités Gaumont (Bruxelles)
GAUGE: 35 mm
SILENT/SOUND: silent
B&W/COLOUR: B&W
METRES: 8,2m

[L'horticulteur Figuière fait distribuer
des plantes et des fleurs aux jeunes
Bruxelloises]
[Tuinkweker Figuière deelt planten en
bloemen uit aan jonge Brusselse vrouwen]
[Horticulturist Figuière Distributes Plants
and Flowers for the Young Women of
Brussels]

DIRECTOR: anonymous
YEAR: 1914
COUNTRY: BE-FR
PROD. CO.: Actualités Gaumont (Bruxelles)
GAUGE: 35 mm
SILENT/SOUND: silent
B&W/COLOUR: B&W
METRES: 9,2m

[Le premier okapi vivant débarque en
Europe du paquebot Anversville]
[De eerste levende okapi in Europa komt
aan met het schip de Anversville]
[The First Living Okapi Arrives in Europe
on the Steamer the Anversville]

DIRECTOR: anonymous
YEAR: 1919
COUNTRY: BE-FR
PROD. CO.: Actualités Gaumont (Bruxelles)
GAUGE: 35 mm
SILENT/SOUND: silent
B&W/COLOUR: B&W
METRES: 12,3m

[Cortège légendaire de l'Ommegang]
[De legendarische stoet van de
Ommegang]
[The Legendary Ommegang Procession]

DIRECTOR: anonymous
YEAR: 1920
COUNTRY: BE-FR
PROD. CO.: Actualités Gaumont (Bruxelles)
GAUGE: 35 mm
SILENT/SOUND: silent
B&W/COLOUR: B&W
METRES: 32m

[La princesse Marie-José inaugure
un parc qui portera son nom]
[Prinses Marie-José huldigt een park in
dat haar naam zal dragen]
[Princess Marie-José Inaugurates a Park
Bearing Her Name]

DIRECTOR: anonymous
YEAR: 1922
COUNTRY: BE-FR
PROD. CO.: Actualités Gaumont (Bruxelles)
GAUGE: 35 mm
SILENT/SOUND: silent
B&W/COLOUR: B&W
METRES: 14m

Visite du roi et de la reine d'Angleterre
Bezoek van de koning en de koningin
van Engeland
The Official Visit of the King and Queen
of England

DIRECTOR: anonymous
YEAR: 1922
COUNTRY: BE-FR
PROD. CO.: Actualités Gaumont (Bruxelles)
GAUGE: 35 mm
SILENT/SOUND: silent
B&W/COLOUR: B&W

["L'Oiseau Bleu". Train rapide reliant
Anvers à Paris]
["L'Oiseau Bleu". Sneltrein tussen
Antwerpen en Parijs]
["L'Oiseau Bleu". Express Train Linking
Antwerp and Paris]

DIRECTOR: anonymous
YEAR: 192-
COUNTRY: BE-FR
PROD. CO.: Actualités Gaumont (Bruxelles)
GAUGE: 35 mm
SILENT/SOUND: silent
B&W/COLOUR: B&W
METRES: 82m

[Le nouveau paquebot Belgenland
baptisé par le Cardinal Mercier]
[Het nieuw schip Belgenland wordt
gedoopt door Kardinaal Mercier]
[The New Steamer Belgenland Is
Christened by Cardinal Mercier]

DIRECTOR: anonymous
YEAR: 1923
COUNTRY: BE-FR
PROD. CO.: Actualités Gaumont (Bruxelles)
GAUGE: 35 mm
SILENT/SOUND: silent
B&W/COLOUR: B&W
METRES: 15,8m

[Cortège des bijoux. Le char des pierres
précieuses a été assuré 37 millions de
francs]
[Juwelenstoet. De kar met de kostbare
stenen werd verzekerd voor 37 miljoen
frank]
[Procession of Jewels. The Float of
Precious Stones Was Insured for 37
Million Francs]

DIRECTOR: anonymous
YEAR: 1923
COUNTRY: BE-FR
PROD. CO.: Actualités Gaumont (Bruxelles)
GAUGE: 35 mm
SILENT/SOUND: silent
B&W/COLOUR: B&W
METRES: 28,7m

[Funérailles du compositeur Puccini.
Portrait récent du maître]
[Begrafenis van componist Puccini.
Een recent portret van de meester]
[The Funeral of the Composer Puccini.
A Recent Portrait of the Master]

DIRECTOR: anonymous
YEAR: 1924
COUNTRY: BE-FR
PROD. CO.: Actualités Gaumont (Bruxelles)
GAUGE: 35 mm
SILENT/SOUND: silent
B&W/COLOUR: B&W
METRES: 47m

[Départ de la Coupe Gordon Benett]
[Vertrek van de Coupe Gordon Benett]
[Start of the Gordon Benett Cup]

DIRECTOR: anonymous
YEAR: 1926
COUNTRY: BE-FR
PROD. CO.: Actualités Gaumont (Bruxelles)
GAUGE: 35 mm
SILENT/SOUND: silent
B&W/COLOUR: B&W
METRES: 12,3m

[Réception à l'occasion du mariage
de la princesse Astrid et du prince
Léopold]
[Receptie ter gelegenheid van het
huwelijk van prinses Astrid en prins
Leopold]
[Reception to Mark the Marriage of
Princess Astrid and Prince Léopold]

DIRECTOR: anonymous
YEAR: 1926
COUNTRY: BE-FR
PROD. CO.: Actualités Gaumont (Bruxelles)
LANGUAGE: French
GAUGE: 35 mm
SILENT/SOUND: silent
B&W/COLOUR: B&W
METRES: 8,2m

[Arrivée de la princesse Astrid le 10
novembre, pour son mariage avec le
prince Léopold]
[Aankomst van prinses Astrid op 10
november voor haar huwelijk met prins
Leopold]
[Arrival of Princess Astrid on 10
November for Her Marriage to Prince
Léopold]

DIRECTOR: anonymous
YEAR: 1926
COUNTRY: BE-FR
PROD. CO.: Actualités Gaumont (Bruxelles)
GAUGE: 35 mm
SILENT/SOUND: silent
B&W/COLOUR: B&W
METRES: 24,6m

Antverpia
Antwerpen, de groote Belgische haven
en handelsstad
Anvers le grand port belge, la métropole
du commerce
Antwerp, the Great Belgian Port
and Trading City

DIRECTOR: anonymous
YEAR: 1927
COUNTRY: BE-FR
PROD. CO.: Actualités Gaumont (Bruxelles)
LANGUAGE: French, Dutch
GAUGE: 35 mm
SILENT/SOUND: silent
B&W/COLOUR: B&W + tinted
METRES: 247m

[Au jardin zoologique, un léopard
subit une intervention chirurgicale]
[In de dierentuin ondergaat een luipaard
een heelkundige ingreep]
[In the Zoo a Leopard Undergoes Surgery]

DIRECTOR: anonymous
YEAR: 1928
COUNTRY: BE-FR
PROD. CO.: Actualités Gaumont (Bruxelles)
GAUGE: 35 mm
SILENT/SOUND: silent
B&W/COLOUR: B&W
METRES: 12,9m

[La ville sous la neige]
[De stad onder de sneeuw]
[The City under Snow]

DIRECTOR: anonymous
YEAR: 1929
COUNTRY: BE-FR
PROD. CO.: Actualités Gaumont (Bruxelles)
LANGUAGE: French
GAUGE: 35 mm
SILENT/SOUND: silent
B&W/COLOUR: B&W
METRES: 9,6m

Bruges et ses canaux
Brugge en zijn kanalen
Bruges and Its Canals

DIRECTOR: anonymous
YEAR: 19—
COUNTRY: BE-FR
PROD. CO.: Eclair (Bruxelles)
LANGUAGE: French
GAUGE: 35 mm
SILENT/SOUND: silent
B&W/COLOUR: B&W
METRES: 120m

En Belgique
In België
In Belgium

DIRECTOR: anonymous
YEAR: 1909
COUNTRY: BE-FR
PROD. CO.: Eclipse (Bruxelles)
SILENT/SOUND: silent
METRES: 156m

Coins de Belgique
Hoekjes van België
Small Corners of Belgium

DIRECTOR: anonymous
YEAR: 1912
COUNTRY: BE-FR
PROD. CO.: Eclipse (Bruxelles)
SILENT/SOUND: silent
METRES: 121m

Anvers et son port
Antwerpen en zijn haven
Antwerp and Its Port

DIRECTOR: anonymous
YEAR: 1912
COUNTRY: BE-FR
PROD. CO.: Eclipse (Bruxelles)
SILENT/SOUND: silent
METRES: 103m

Nieuport
Nieuwpoort

DIRECTOR: anonymous
YEAR: 1916
COUNTRY: BE-FR
PROD. CO.: Eclipse (Bruxelles)
SILENT/SOUND: silent
METRES: 143m

Sur l'Yser
Op de IJzer
Along the Yser

DIRECTOR: anonymous
YEAR: 1916
COUNTRY: BE-FR
PROD. CO.: Eclipse (Bruxelles)
SILENT/SOUND: silent
METRES: 150m

Sur la rive gauche de la Meuse
Op de linkeroever van de Maas
On the Left Bank of the Meuse

DIRECTOR: anonymous
YEAR: 1916
COUNTRY: BE-FR
PROD. CO.: Eclipse (Bruxelles)
SILENT/SOUND: silent
METRES: 165m

Une usine métallurgique du Hainaut
Een metaalfabriek in Henegouwen
A Steel Factory in Hainaut

DIRECTOR: anonymous
YEAR: 1909
COUNTRY: BE-FR
PROD. CO.: Lux (Bruxelles)
SILENT/SOUND: silent
METRES: 244m

Carrières de pierres à Ecaussinnes
Steengroeven in Ecaussinnes
Stone Quarries in Ecaussinnes

DIRECTOR: anonymous
YEAR: 1911
COUNTRY: BE-FR
PROD. CO.: Lux (Bruxelles)
SILENT/SOUND: silent
METRES: 150m

Anvers et Ostende
Antwerpen en Oostende
Antwerp and Ostend

DIRECTOR: Samama
YEAR: 1909
COUNTRY: BE-FR
PROD. CO.: Le Lion (Bruxelles)
SILENT/SOUND: silent
METRES: 109m

Belgique
België
Belgium

DIRECTOR: anonymous
YEAR: 19—
COUNTRY: BE-FR
PROD. CO.: Le Lion (Bruxelles)
LANGUAGE: French
SILENT/SOUND: silent
METRES: 68m

Bruges et Bruxelles
Brugge en Brussel
Bruges and Brussels

DIRECTOR: Samama
YEAR: 19—
COUNTRY: BE-FR
PROD. CO.: Le Lion (Bruxelles)
LANGUAGE: French
SILENT/SOUND: silent
METRES: 247m

Chiens belges
Belgische honden
Belgian Dogs

DIRECTOR: anonymous
YEAR: 19—
COUNTRY: BE-FR
PROD. CO.: Le Lion (Bruxelles)
LANGUAGE: French
SILENT/SOUND: silent
METRES: 68m

HIPPOLYTE DE KEMPENEER

◆ Before 1920, Hippolyte De Kempeneer was one of the most active of national pioneers (alongside the Frenchman Alfred Machin in the fictional sphere). Born in Anderlecht in 1876, De Kempeneer had for many years been a wine merchant, then a dealer in beers, before making his first reportage in 1897 (**King Léopold II at the Tervueren Exhibition**).

An astute businessman, he quickly realized the potential of such typically Belgian news items and, with the help of three other cameramen (including Auguste Meuter) shooting in the Hainaut province and around Liège and Brussels, De Kempeneer launched the newsreel **La semaine animée**, screened each Friday between 1912 and 1914. He became more and more profuse, in 1913 founding the Ligue du Cinéma Moral, the year after opening the Cinéma des Familles, a small theatre reserved for documentaries with school matinees. During the war there came the Compagnie Belge des Films Instructifs (Belgian Instructional Film Company), created "in the service of youth". In the cellars of his cinema he put together a lab with facilities for developing, printing and titling films.

Of course, it is impossible to track down all the material shot by or for De Kempeneer, and the majority of these pieces have since been lost. Tirelessly cranking away in the 1910s, he shot dozens of mini-documentaries on events as they happened, recording Brussels life, a cattle exhibition, farm labour, state funerals; then, during the war, the provision of supplies and holiday camp scenes. 1919 would also see De Kempeneer move into patriotic fiction, when he produced Charles Tutelier's **The Martyrdom of Belgium**.

● Avant 1920, Hippolyte De Kempeneer fut (à côté du Français Alfred Machin, pour la fiction) le plus actif de nos pionniers. Né à Anderlecht en 1876, De Kempeneer avait été longtemps négociant en vins, puis en bières, lorsqu'il réalisa en 1897 son premier reportage (**Le roi Léopold II à l'Exposition de Tervueren**).

En commerçant avisé, il devine rapidement l'impact possible de telles actualités, typiquement belges. Avec le concours de trois autres opérateurs (dont Auguste Meuter), tournant dans le Hainaut, la région de Liège et Bruxelles, De Kempeneer lance **La semaine animée** dont un numéro est diffusé chaque vendredi, de 1912 à 1914. Son activité devient débordante: il fonde en 1913 la Ligue du Cinéma Moral, puis ouvre l'année suivante le Cinéma des Familles, une petite salle réservée aux seuls documentaires, avec matinées scolaires. Pendant la guerre, il crée une Compagnie Belge des Films Instructifs qu'il entend mettre "au service de la jeunesse". Dans les caves de son cinéma, il installe un laboratoire de développement, de tirage et d'impression de titres. Il est, bien sûr, impossible de répertorier la totalité des sujets tournés par (ou pour) De Kempeneer. De plus, la majorité de ces bandes sont aujourd'hui perdues. Pendant les années dix, cet infatigable tourneur de manivelle allait filmer des dizaines de documents sur le vif et sur tous les sujets: vie bruxelloise, exposition bovine, travaux de la ferme, funérailles officielles; puis, durant la guerre, des scènes de ravitaillement ou de colonies de vacances. Et dès 1919, De Kempeneer abordera la fiction patriotique, en produisant **La Belgique martyre**, de Charles Tutelier. (RM)

▶ Vóór 1920 was Hippolyte De Kempeneer een van onze actiefste pioniers (samen met de Franse filmer Alfred Machin voor de speelfilmproductie). Geboren te Anderlecht in 1876, handelde hij geruime tijd in wijn en bier, alvorens in 1897 een eerste reportage te draaien (**Le roi Léopold II à l'Exposition de Tervueren**).

Als gewiekst zakenman besefte hij al snel het potentieel van deze typisch Belgische actualiteitsbeelden. Bijgestaan door drie andere cameralui (o.m. Auguste Meuter) filmde hij in Henegouwen, Brussel en Luik en richtte het bioscoopjournaal **La semaine animée** op, dat van 1912 tot 1914 elke vrijdag verscheen. De Kempeneer ontwikkelde steeds meer activiteiten: in 1913 stichtte hij de Ligue du Cinéma Moral en het jaar daarop de Cinéma des Familles: een klein zaaltje voorbehouden voor documentaires, met regelmatig schoolvoorstellingen. Tijdens de oorlog stampte hij, "ten behoeve van de jeugd", de Compagnie Belge des Films Instructifs uit de grond. De kelders van zijn filmzaal vormde hij daarbij om tot een laboratorium waar films ontwikkeld, gekopieerd of van tussentitels voorzien konden worden. Een volledige lijst van de door (of voor) De Kempeneer gedraaide beelden opstellen, is onbegonnen werk; het meeste materiaal bestaat trouwens niet meer. Gedurende de jaren 10 maakte deze onvermoeibare filmer tientallen documenten over de meest uiteenlopende onderwerpen: het Brusselse volksleven, een veetentoonstelling, het werk op de boerderij, begrafenisplechtigheden of - tijdens de oorlog - beelden van de bevoorrading of van vakantiekolonies. Vanaf 1919 stortte De Kempeneer zich op de patriottische fictie, met de productie van **La Belgique martyre** van Charles Tutelier.

Le roi Léopold II à l'Exposition de Tervueren
Koning Leopold II op de Tentoonstelling in Tervuren
King Léopold II at the Tervueren Exhibition

DIRECTOR: Hippolyte De Kempeneer
YEAR: 1897
COUNTRY: BE
SILENT/SOUND: silent

Les funérailles du bourgmestre Demot
De begrafenis van burgemeester Demot
The Funeral of Bourgmestre Demot

DIRECTOR: Hippolyte De Kempeneer
YEAR: 1909
COUNTRY: BE
SILENT/SOUND: silent

Abbaye de la Cambre
Terkamerenabdij

DIRECTOR: Hippolyte De Kempeneer
YEAR: [1909]
COUNTRY: BE
SILENT/SOUND: silent

Le château de Gaesbeek
Het kasteel van Gaasbeek
Gaesbeek Castle

DIRECTOR: Hippolyte De Kempeneer
YEAR: [1909]
COUNTRY: BE
SILENT/SOUND: silent

Fête des fleurs de Jenny l'ouvrière, place de la Monnaie
Bloemenfeest van de arbeidster Jenny op het Muntplein
Flower Show Staged by Jenny the Worker on the Place de la Monnaie

DIRECTOR: Hippolyte De Kempeneer
YEAR: 1914
COUNTRY: BE
SILENT/SOUND: silent

Arrivée et séjour à Bruxelles des souverains danois
Aankomst en verblijf in Brussel van de Deense vorsten
The Danish King and Queen's Arrival and Stay in Brussels

DIRECTOR: Hippolyte De Kempeneer
YEAR: 1914
COUNTRY: BE
SILENT/SOUND: silent

Concours hippique au Cinquantenaire
Paardenkoers in het Jubelpark
Horse Trials in the Cinquantenaire

DIRECTOR: Hippolyte De Kempeneer
YEAR: 1914
COUNTRY: BE
SILENT/SOUND: silent

Remise du drapeau aux boy-scouts au Cinquantenaire
De afgifte van de vlag aan de scouts in het Jubelpark
The Flag is Handed over to Boy Scouts in the Cinquantenaire

DIRECTOR: Hippolyte De Kempeneer
YEAR: 1914
COUNTRY: BE
SILENT/SOUND: silent

Le ministre de l'Agriculture assiste à l'ouverture de l'exposition de la race bovine au Cinquantenaire
De Minister van landbouw woont de opening bij van de tentoonstelling van het runderras in het Jubelpark
The Minister for Agriculture at the Opening of the Cattle-Breeding Exhibition in the Cinquantenaire

DIRECTOR: Hippolyte De Kempeneer
YEAR: 1914
COUNTRY: BE
SILENT/SOUND: silent

Le roi visite l'exposition d'agriculture au Cinquantenaire
De koning bezoekt de landbouwtentoonstelling in het Jubelpark
The King Visits the Agriculture Exhibition in the Cinquantenaire

DIRECTOR: Hippolyte De Kempeneer
YEAR: 1914
COUNTRY: BE
SILENT/SOUND: silent

Transformation de Bruxelles: Jonction Nord-Midi, premier pont du chemin de fer jeté au-dessus de la capitale, rue de Terre-Neuve
Verbouwing van Brussel: Noord-Zuidverbinding, eerste spoorwegbrug over de hoofdstad, Nieuwlandstraat
Major Building Works in Brussels. The North and South Stations Are Joined, with the First Railway Bridge over the Capital in the Rue de Terre-Neuve

DIRECTOR: Hippolyte De Kempeneer
YEAR: 1914
COUNTRY: BE
SILENT/SOUND: silent

Funérailles du bourgmestre Buls
Begrafenis van burgemeester Buls
Funeral of Bourgmestre Buls

DIRECTOR: Hippolyte De Kempeneer
YEAR: 1914
COUNTRY: BE
SILENT/SOUND: silent

EXPEDITION FILMS
LE CINÉMA D'EXPLORATION
EXPEDITIEFILMS

HYACINTHE PIRMEZ

Chasse en Abyssinie
Abyssinie
Périple en Abyssinie
Périple africain
En Abyssinie
Jacht in Abessinië
Hunting in Abyssinia

DIRECTOR: Hyacinthe Pirmez, Dupain
YEAR: 1908-1909
COUNTRY: BE
LANGUAGE: French
GAUGE: 35 mm
SILENT/SOUND: silent
B&W/COLOUR: B&W
METRES: 933m

Premier tour d'Europe
Eerste reis door Europa
First Tour of Europe

DIRECTOR: Hyacinthe Pirmez
YEAR: 1911
COUNTRY: BE
LANGUAGE: French
GAUGE: 35 mm
SILENT/SOUND: silent
B&W/COLOUR: B&W

◆ In the 1910s, the French production company Pathé expanded its stock of images of Africa not only thanks to the expeditions mounted by people like Alfred Machin (shortly before he arrived in Belgium), but also by buying material shot by independent film-makers (as was common practice at the time). In November 1908, the Belgian explorer Hyacinthe Pirmez (1878-1924) organized a hunting safari in the company of the nobleman Ernest de Laminne, a lawyer from Liège. The two were joined in a personal capacity by Ernest Gourdinne, a Liège-based photographer, and the French film-maker known as Dupain, who was working for Pathé-Marconi. Dupain had signed a contract with Pirmez, aiming to shoot films of the expedition which the Parisian company would then market to its sole profit. For financial reasons, however, Dupain left the expedition during the voyage. Confronted with this breach of contract, Pirmez seized his film stock and photographic equipment. He received the two reels of positive material and the negatives to the photographs. These films include images shot from Cairo to the borders of Abyssinia, stretching over the north-eastern region of the Belgian Congo and the English border territories. The film of this expedition to the Blue Nile (Egypt and Sudan) has been restored and preserved by the Royal Belgian Film Archive under the title of **Chasse en Abyssinie** and contains footage of the photographer Ernest Gourdinne at work. A few years later Pirmez made another film on a tour through Europe.

● Dans les années 10, la maison de production française Pathé élargit son éventail de vues d'Afrique grâce, d'une part, aux images de l'expédition que le réalisateur Alfred Machin entreprit avant de débarquer en Belgique, et, d'autre part, en achetant des films de cinéastes indépendants (pratique courante à l'époque). En novembre 1908, l'explorateur belge Hyacinthe Pirmez (1878-1924) organisa un safari de chasse en compagnie du chevalier Ernest de Laminne, un avocat de Liège. S'y étaient joints, à titre personnel, Ernest Gourdinne, photographe à Liège, et un cinéaste français, nommé Dupain, qui travaillait pour Pathé-Marconi. Dupain avait signé un contrat avec Pirmez afin de réaliser, pour la société cinématographique parisienne, des films de l'expédition que celle-ci commercialiserait à son seul profit. Or, pour motifs financiers, le cinéaste abandonna l'expédition pendant le voyage. Le contrat rompu, Hyacinthe Pirmez réclama le matériel photographique et cinématographique de Dupain. Pirmez reçut les deux bobines de films positifs et les négatifs des photographies. Ces films comprennent des images du Caire aux frontières de l'Abyssinie, en passant par la région nord-est du Congo belge et les possessions anglaises limitrophes. Le film de cette expédition vers le Nil Bleu (Egypte et Soudan) a été restauré et est conservé par la Cinémathèque Royale de Belgique, sous le titre **Chasse en Abyssinie**, et contient des images du photographe Ernest Gourdinne au travail. Quelques années après cette aventure, Pirmez filma un voyage à travers l'Europe.

▶ In de jaren 10 vulde het Franse productiehuis Pathé zijn voorraad beelden van Afrika aan, enerzijds met het materiaal gedraaid op expedities van bijvoorbeeld cineast Alfred Machin (die daarna in België zou belanden) en anderzijds door het aankopen van films van onafhankelijke regisseurs, toen een gebruikelijke manier om het filmaanbod uit te breiden. In november 1908 ging de Belgische ontdekkingsreiziger Hyacinthe Pirmez (1878-1924) op safari met ridder Ernest de Laminne, een advocaat uit Luik. Ernest Gourdinne, een Luiks fotograaf, en Dupain, een Franse cineast werkzaam bij Pathé-Marconi, gingen mee op jacht. Dupain had met Pirmez een contract getekend om het verloop van de expeditie te filmen voor zijn Parijse filmmaatschappij, die alle rechten voor het commercialiseren van het materiaal ontving. Voor de reis goed en wel om was, liet de cineast het project echter om financiële redenen varen. Pirmez kon slechts met lede ogen deze contractbreuk vaststellen, maar hij eiste wel het foto- en filmmateriaal op: twee positieve filmbobijnen en een reeks fotonegatieven. Er was gefilmd van Caïro tot de grenzen van Abessinië, van het noordwestelijke deel van Belgisch Kongo tot de aangrenzende Engelse bezittingen. De film over deze expeditie naar de Blauwe Nijl (Egypte en Soedan) werd door het Koninklijk Filmarchief gerestaureerd en geconserveerd onder de titel **Chasse en Abyssinie**, en hij bevat o.m. beelden van Ernest Gourdinne aan het werk als fotograaf. Enkele jaren later zette Pirmez nog een reis doorheen Europa op film. *(GC)*

Chasse en Abyssinie

LE CINÉMATOGRAPHE DES COLONIES

◆ On 24 December 1908, a number of Belgian businessmen with strong colonial ties established a film company called Le Cinématographe des Colonies. This commercial venture's primary aim was to paint an overall picture of the "civilizing work" accomplished by the Belgians in the Congo through popular films. In Brussels, the company set up its own cinema in the converted Chapel of St Anna, the Congo Cinéma. In early 1909, the company's main shareholders, François Evenepoel and engineer-cameraman Léon Reinelt, travelled to the colony to shoot some footage. The first reels shot by this expedition reached Brussels on 15 April 1909. These films were systematically premiered at special gala nights in the presence of members of the Belgian high society. In this way, Belgians at home were given an idea of the urban centres in the Congo, the construction of ports and railways and the natural beauty of the region. Le Cinématographe des Colonies also captured on film the visits to the colony by the first Belgian Minister for the Colonies Jules Renkin, Prince Albert and the Count of Turin. All these efforts were undoubtedly intended to show not only the colonialists and investors but also the man in the street that Belgium's presence in Central Africa was a serious commitment.

The same footage was later also shown in other locations, including the Brussels Tour du Monde cinema and the Antwerp Scala music hall. Most of these films were shot in 1909 and met with reasonable commercial success. Some were even sold to foreign countries such as Germany and France.

● Le 24 décembre 1908, un certain nombre d'hommes d'affaires belges étant en contact étroit avec les colonies créèrent à Bruxelles la société anonyme Le Cinématographe des Colonies. L'objectif de cette entreprise commerciale était d'illustrer, par des images vulgarisatrices, le travail "civilisateur" des Belges au Congo. La maison de production disposait d'une salle à Bruxelles, le Congo Cinéma, située dans la chapelle Sainte-Anne transformée. Début 1909, François Evenepoel et l'ingénieur-cameraman Léon Reinelt, actionnaires principaux, partirent tourner dans la colonie. Leurs premières images filmées arrivèrent à Bruxelles le 15 avril 1909. Les membres de la haute société belge eurent régulièrement droit à la première des films fraîchement arrivés, qui leur étaient projetés lors de présentations de gala. C'est ainsi que notre peuple fit connaissance avec les centres urbains, la construction de ports et de chemins de fer, et la nature luxuriante du Congo. Ce fut par ailleurs le Cinématographe des Colonies qui fixa sur pellicule les visites de Jules Renkin, premier ministre belge des Colonies, du prince Albert et du comte de Turin. Le but était clairement de montrer aux coloniaux, aux investisseurs ainsi qu'à l'homme de la rue que la présence belge en Afrique centrale était une affaire sérieuse.

Par la suite, les films furent également projetés dans d'autres endroits, comme le cinéma bruxellois Tour du Monde et le music-hall anversois Scala. La plupart des prises de vue datent de 1909 et connurent un succès considérable. Certaines furent même vendues à l'étranger, notamment en France et en Allemagne.

▶ Op 24 december 1908 werd te Brussel door een aantal Belgische zakenlui met sterke koloniale banden de naamloze vennootschap Le Cinématographe des Colonies opgericht. Deze commerciële maatschappij wou onder meer het "beschavingswerk" van de Belgen in Kongo vulgariseren door middel van filmbeelden. In Brussel beschikte dit productiehuis over een eigen filmzaal in de omgebouwde Sint-Annakapel, de Congo Cinéma. Begin 1909 vertrokken de belangrijkste aandeelhouders, François Evenepoel en ingenieur-cameraman Léon Reinelt, naar de kolonie om er opnamen te maken; de eerste filmbeelden van de ploeg bereikten Brussel op 15 april van datzelfde jaar. De leden van de Belgische haute société kregen de zopas aangekomen films steevast als eersten te zien tijdens galavoorstellingen. Op deze wijze maakten de Belgen kennis met de stedelijke centra in Kongo, met de bouw van havens en de aanleg van spoorwegen, en met de rijke natuur. Ook de bezoeken van Jules Renkin - de eerste Belgische Minister van Koloniën -, van prins Albert en van de graaf van Turijn werden door de Cinématographe des Colonies op film vastgelegd. Het was duidelijk de bedoeling om zowel aan de kolonialen en de investeerders als aan de gewone man te tonen dat de Belgische aanwezigheid in Centraal-Afrika een ernstige zaak was.

De beelden werden later ook op andere plaatsen vertoond, zoals de Brusselse bioscoop Tour du Monde en de Antwerpse music-hall Scala. De meeste opnamen werden in de loop van 1909 gemaakt en kenden een zeker succes. Een aantal ervan werd zelfs in het buitenland verkocht, onder meer in Frankrijk en in Duitsland. *(GC)*

Le voyage d'Anvers au Congo
De reis van Antwerpen naar Kongo
The Journey from Antwerp to the Congo

DIRECTOR: François Evenepoel, Léon Reinelt
YEAR: 1909-1910
COUNTRY: BE
PROD. CO.: Le Cinématographe des Colonies (Bruxelles)
SILENT/SOUND: silent

....

L'estuaire du fleuve Congo
Het estuarium van de Kongostroom
The Estuary of the River Congo

DIRECTOR: François Evenepoel, Léon Reinelt
YEAR: 1909-1910
COUNTRY: BE
PROD. CO.: Le Cinématographe des Colonies (Bruxelles)
SILENT/SOUND: silent

....

Banana

DIRECTOR: François Evenepoel, Léon Reinelt
YEAR: 1909-1910
COUNTRY: BE
PROD. CO.: Le Cinématographe des Colonies (Bruxelles)
SILENT/SOUND: silent

....

Boma

DIRECTOR: François Evenepoel, Léon Reinelt
YEAR: 1909-1910
COUNTRY: BE
PROD. CO.: Le Cinématographe des Colonies (Bruxelles)
SILENT/SOUND: silent

....

Le marché de Boma
De markt van Boma
The Market in Boma

DIRECTOR: François Evenepoel, Léon Reinelt
YEAR: 1909-1910
COUNTRY: BE
PROD. CO.: Le Cinématographe des Colonies (Bruxelles)
SILENT/SOUND: silent

....

Le fort de Shinkakasa
Het fort van Shinkakasa
The Fort at Shinkakasa

DIRECTOR: François Evenepoel, Léon Reinelt
YEAR: 1909-1910
COUNTRY: BE
PROD. CO.: Le Cinématographe des Colonies (Bruxelles)
SILENT/SOUND: silent

....

Le défilé de la force publique
De optocht van de politie
The Police Parade

DIRECTOR: François Evenepoel, Léon Reinelt
YEAR: 1909-1910
COUNTRY: BE
PROD. CO.: Le Cinématographe des Colonies (Bruxelles)
SILENT/SOUND: silent

....

Matadi

DIRECTOR: François Evenepoel, Léon Reinelt
YEAR: 1909-1910
COUNTRY: BE
PROD. CO.: Le Cinématographe des Colonies (Bruxelles)
SILENT/SOUND: silent

....

Chemin de fer des cataractes
De spoorlijn van de watervallen
The Cataract Railway

DIRECTOR: François Evenepoel, Léon Reinelt
YEAR: 1909-1910
COUNTRY: BE
PROD. CO.: Le Cinématographe des Colonies (Bruxelles)
SILENT/SOUND: silent

....

Voyage dans le Mayumbe
Reis in Mayumbe
Journey into the Mayumbe

DIRECTOR: François Evenepoel, Léon Reinelt
YEAR: 1909-1910
COUNTRY: BE
PROD. CO.: Le Cinématographe des Colonies (Bruxelles)
SILENT/SOUND: silent

....

Au Kasaï
Kasai

DIRECTOR: François Evenepoel, Léon Reinelt
YEAR: 1909-1910
COUNTRY: BE
PROD. CO.: Le Cinématographe des Colonies (Bruxelles)
SILENT/SOUND: silent

....

Travaux forestiers au Congo
Boswerken in Kongo
Forestry Work in the Congo

DIRECTOR: François Evenepoel, Léon Reinelt
YEAR: 1909-1910
COUNTRY: BE
PROD. CO.: Le Cinématographe des Colonies (Bruxelles)
SILENT/SOUND: silent

....

L'arrivée du ministre des Colonies à Banana, Boma et Matadi
De aankomst van de Minister van Koloniën in Banana, Boma en Matadi
The Arrival of the Minister of Colonies in Banana, Boma and Matadi

DIRECTOR: François Evenepoel, Léon Reinelt
YEAR: 1909-1910
COUNTRY: BE
PROD. CO.: Le Cinématographe des Colonies (Bruxelles)
SILENT/SOUND: silent

....

Le voyage du prince Albert au Congo
De reis van prins Albert in Kongo
Prince Albert's Journey to the Congo

DIRECTOR: François Evenepoel, Léon Reinelt
YEAR: 1909-1910
COUNTRY: BE
PROD. CO.: Le Cinématographe des Colonies (Bruxelles)
SILENT/SOUND: silent

....

Le prince Albert au centre de l'Afrique
Prins Albert in het centrum van Afrika
Prince Albert in the Heart of Africa

DIRECTOR: François Evenepoel, Léon Reinelt
YEAR: 1909-1910
COUNTRY: BE
PROD. CO.: Le Cinématographe des Colonies (Bruxelles)
SILENT/SOUND: silent

....

Le comte de Turin au Congo
De graaf van Turijn in Kongo
The Count of Turin in the Congo

DIRECTOR: François Evenepoel, Léon Reinelt
YEAR: 1909-1910
COUNTRY: BE
PROD. CO.: Le Cinématographe des Colonies (Bruxelles)
SILENT/SOUND: silent

....

Le poste et la ferme de Duma
De post en de boerderij van Duma
The Station and the Farm in Duma

DIRECTOR: François Evenepoel, Léon Reinelt
YEAR: 1909-1910
COUNTRY: BE
PROD. CO.: Le Cinématographe des Colonies (Bruxelles)
SILENT/SOUND: silent

....

AVIATION AND CINEMA
AVIATION ET CINÉMA
LUCHTVAART EN FILM

◆ When cinema was still in its infancy and many a fair-goer regarded moving pictures with amazement, another of man's age-old dreams was also being realized. Like film, it had the power to sever the thread that linked him to the earth. In 1903, the Wright brothers built their first aeroplane and Icarus was, as it were, given a second chance. But unlike film in its early years, the fledgling aviation industry was an upper-class pursuit. Air meets like the one held in Spa in 1909 were restricted to the beau monde. Even so, keen camera-owners were determined to capture something of this new world, and every national film history can boast a series of film pioneers who shot footage from a plane. The experimental early years were followed by more serious activities, namely the development of a civil aviation industry. Sabena was formed as a company in 1923 and attracted passengers with the aid of publicity films, including the beautiful **Brussels: International Airport**. New air routes were established, always heralded by a "first", e.g. in the form of Blériot crossing the Channel, Lindbergh's flight across the Atlantic or Edmond Thieffry's flight to Léopoldville in the Princess Marie-José. Thieffry carried with him film material which had been given to him by Gaumont and with which he shot a good 90 minutes of footage. His second epic flight in the Princess Astrid in March 1928 was abandoned after an emergency landing. With Thieffry in the plane were the pilot J. Lang and co-pilot Philippe Quersin. In 1925, Lang had himself shot footage of a flight over Belgium, and Quersin was also no stranger to the film industry. As early pilots and cameramen, all were pioneers of a new technology which would shape the face of our 20th century.

● Alors que des spectateurs béats admiraient les images du cinéma balbutiant, un autre rêve de l'humanité devenait réalité: l'aviation, libérant l'homme de ses attaches terrestres. En 1903, les frères Wright rendirent à Icare ses ailes en construisant la première véritable machine volante. Contrairement au cinéma des débuts, l'aviation naissante était une affaire mondaine. Les meetings d'aviation, comme celui de Spa en 1909, étaient réservés au beau monde. Mais les cameramen futés saisirent l'aubaine des images volantes. Les histoires nationales du cinéma s'enorgueillissent d'une série de pionniers ayant tourné des images de ou dans ces oiseaux de métal. Après les années d'expérimentation vinrent celles du développement d'une aviation civile. Sabena (née en 1923) attira ses passagers à l'aide de films publicitaires, comme le très beau **Bruxelles: port aérien international**. De nouvelles lignes aériennes furent créées, précédées chaque fois d'une primeur: la traversée du Canal par Blériot, celle de l'Atlantique par Lindbergh et le vol de 75 heures d'Edmond Thieffry, avec son avion la Princesse Marie-José, pour rejoindre Léopoldville. A bord se trouvait du matériel de tournage, prêté par Gaumont, avec lequel Thieffry réalisa un film de 1h30. Le second raid de Thieffry, avec la Princesse Astrid, en mars 1928, fut annulé après un atterrissage forcé. Il était assisté par le pilote J. Lang et le copilote Philippe Quersin. Lang avait déjà des images d'un survol de la Belgique à son actif et le nom de Quersin n'était plus inconnu dans le monde du cinéma. Ainsi, avec leurs techniques typiques du XXe siècle, pilotes et cameramen ont joué un rôle historique important.

▶ Toen de filmkunst nog in haar kinderschoenen stond en menig kermisbezoeker met beate bewondering de eerste bewegende beelden aanschouwde, werd elders een oude droom verwezenlijkt die net als de film in staat was de navelstreng tussen de mens en zijn aardse bestaan door te knippen: de gebroeders Wright bouwden in 1903 het eerste vliegtuig; Icarus kreeg een nieuwe kans. In tegenstelling tot de eerste jaren van de cinematografie was de beginnende luchtvaart een mondaine aangelegenheid; vliegmeetings (zoals die in Spa in 1909) waren enkel voor de beau monde weggelegd. Camerabezitters wilden die nieuwe fascinerende wereld op film vastleggen: zo vermeldt elke nationale filmografie wel een aantal filmpioniers die beelden van en uit "ijzeren vogels" draaiden. Na de experimentele beginjaren kwam de burgerluchtvaart tot ontwikkeling. Sabena werd opgericht in 1923 en wierf passagiers met reclamefilmpjes, zoals het aandoenlijk mooie **Bruxelles: port aérien international**. Daarnaast werden nieuwe luchtlijnen uitgebouwd, telkens voorafgegaan door een primeur: Blériot vloog over het Kanaal, Lindbergh over de Oceaan en Edmond Thieffry bereikte met de Princesse Marie-José na 75 vlieguren Leopoldstad. Aan boord had hij het nodige, door Gaumont ter beschikking gestelde filmmateriaal om een anderhalf uur durend relaas te draaien. Thieffry's tweede raid met de Princesse Astrid, in maart 1928, werd afgeblazen na een noodlanding. Met hem vlogen piloot J. Lang en copiloot Philippe Quersin: Lang had in '25 al beelden gedraaid van een vlucht over België en Quersin was ook geen onbekende in de filmwereld. Als vliegeniers en cameramen belichaamden zij twee technieken die het gezicht bepaalden van onze 20ste eeuw. (MT)

Le circuit européen d'aviation

[Meeting d'aviation à Zellick]
[Vliegmeeting in Zellick]
[Aviation Meet at Zellick]

DIRECTOR: Hippolyte De Kempeneer
YEAR: 1908
COUNTRY: BE
SILENT/SOUND: silent

....

Le circuit européen d'aviation - étape
Liège-Spa-Liège
Het Europees vliegcircuit - etappe
Luik-Spa-Luik
The Aviation Tour of Europe - the Stage
Liège-Spa-Liège

DIRECTOR: anonymous
YEAR: 1909
COUNTRY: BE
LANGUAGE: French
GAUGE: 35 mm
SILENT/SOUND: silent
B&W/COLOUR: B&W
METRES: 224m

....

Bruxelles: port aérien international
Brussel: internationale luchthaven
Brussels: International Airport

DIRECTOR: anonymous
YEAR: 1924-1925
COUNTRY: BE
PROD. CO.: Sabena (Bruxelles)
LANGUAGE: French
GAUGE: 35 mm
SILENT/SOUND: silent
B&W/COLOUR: tinted
METRES: 165m

....

Voyage aérien au-dessus de la Belgique
Le tour de Belgique aérien
Voyage au-dessus de la Belgique
Vlucht boven België
Aerial Tour of Belgium

DIRECTOR: J. Lang, Verelst
YEAR: 1925
COUNTRY: BE
PROD. CO.: Secrétariat de Propagande Aéronautique (Bruxelles)
LANGUAGE: French, Dutch
GAUGE: 35 mm
B&W/COLOUR: B&W + tinted
SILENT/SOUND: silent

....

Bruxelles-Kinshasa
Première liaison entre Bruxelles et
Kinshasa en 1925 effectuée par le
Lieutenant Thieffry à bord de l'avion
Princesse Marie-José
Brussel-Kinshasa
Brussels-Kinshasa

DIRECTOR: Edmond Thieffry
YEAR: 1925
COUNTRY: BE
LANGUAGE: French
GAUGE: 35 mm
SILENT/SOUND: silent
B&W/COLOUR: B&W + tinted
METRES: 1320m

....

L'aviation au Congo belge
Sabena: l'aviation
De luchtvaart in Belgisch Kongo
Air Travel in the Belgian Congo

DIRECTOR: Ernest Genval [Ernest Thiers]
YEAR: 1926
COUNTRY: BE
LANGUAGE: French
GAUGE: 35 mm
SILENT/SOUND: silent
B&W/COLOUR: B&W
METRES: 296m

....

La Belgique à vol d'oiseau
België in vogelvlucht
A Bird's-Eye View of Belgium

DIRECTOR: Gaston Schoukens
YEAR: 1928
COUNTRY: BE
SILENT/SOUND: silent

....

Baptême de l'avion Princesse Astrid
par S.A.R. la princesse Astrid en présence
du prince Léopold
Doop van het vliegtuig Prinses Astrid
door H.K.H. prinses Astrid in aanwezig-
heid van prins Leopold
Christening of the Aeroplane Princess
Astrid by H.R.H. Princess Astrid in the
Presence of Prince Léopold

DIRECTOR: anonymous
YEAR: 1928
COUNTRY: BE
LANGUAGE: French
GAUGE: 35 mm
SILENT/SOUND: silent
B&W/COLOUR: B&W
METRES: 76m

....

Voyage aérien au-dessus de la Belgique

SCIENCE AND CINEMA
SCIENCE ET CINÉMA
WETENSCHAP EN FILM

DIRECTOR: Arthur Van Gehuchten
YEAR: 1905-1914
COUNTRY: BE
CAMERA: Arthur Van Gehuchten
EDITING: Arthur Van Gehuchten
LANGUAGE: French
GAUGE: 35 mm
SILENT/SOUND: silent
B&W/COLOUR: B&W

ARTHUR VAN GEHUCHTEN

◆ After the furore caused by the first cinematograph projections, many of the academics who had made up the audiences at these first screenings lost interest. More commercial minds relocated cinema to the fairgrounds with the aim of developing its potential as a popular attraction. Nevertheless, the new technology did not disappear completely from scientific circles, where film proved its worth as a valuable tool for research and teaching.

Arthur Van Gehuchten (1861-1914), an internationally renowned neuroanatomist and neurologist at the Catholic University of Louvain, was one such believer in the new medium. After having completed successive studies of anatomy and medicine, Van Gehuchten devoted himself exclusively to neurology, the study of nervous illnesses - a science by definition inseparable from the notion of movement. With the intention of observing illnesses and passing on his learning to his students, Van Gehuchten decided to acquire cinematographic equipment and began filming his patients in the courtyard of the Louvain Saint-Pierre hospital. His films were developed and edited in a laboratory designed by Van Gehuchten himself, who also made frequent use of the freeze-frame technique, with one image held immobile for a period of time allowing him to perform an in-depth analysis of specific symptoms and conditions during his lectures. Between 1905 and 1914 he made dozens of these films and a large number have survived to this day. Ninety years later, their effect is most hallucinatory, but to specialist eyes they are an important scientific record of both the medical practices of a leading mentor and maladies (such as different forms of hysteria) which have now completely or all but disappeared.

● Après l'engouement suscité par les premières projections cinématographiques, de nombreux scientifiques qui avaient constitué le premier public de la nouvelle invention s'en désintéressèrent. Des esprits plus commerciaux déplacèrent alors le cinéma vers les foires afin d'en faire une distraction populaire. La nouvelle technique ne disparut cependant pas totalement des cercles académiques où le film s'avéra être un instrument de recherche et d'enseignement précieux.

Arthur Van Gehuchten (1861-1914), neuroanatomiste et neurologue de renommée internationale à l'Université Catholique de Louvain, se laissa convaincre par les avantages de la nouvelle invention. Après avoir accompli successivement des études de biologie et de médecine, Van Gehuchten se consacra à l'étude des maladies nerveuses. Afin de les observer et de transmettre son enseignement à ses élèves, il décida d'acquérir du matériel cinématographique et de filmer ses patients dans la cour intérieure de la Clinique Saint-Pierre de Louvain. Il développa et monta ses films dans un laboratoire qu'il aménagea lui-même et n'hésita pas à utiliser la technique du "freeze frame" (une image maintenue immobile pendant un certain temps) pour pouvoir analyser plus en profondeur certains symptômes de maladies. De 1905 à 1914, il tourna des dizaines de ces films parmi lesquels de nombreux ont subsisté jusqu'à notre époque. Nonante ans plus tard, ils sont devenus hallucinants et contiennent pour les spécialistes de précieuses informations scientifiques sur la pratique médicale d'un grand maître ainsi que sur des maladies disparues ou fortement atténuées aujourd'hui (comme certaines formes d'hystérie).

▶ Na de furore van de eerste filmvoorstellingen haakten vele wetenschappers - die er als eersten bij waren - gauw af. Zij hadden het gezien, terwijl meer commerciële zielen de film naar de kermissen brachten tot goedkoop vermaak van het volk. In academische kringen bleef van de nieuwe techniek toch nog iets hangen, want film bleek een handig werkinstrument te zijn voor zowel onderzoek als onderwijs.

Arthur Van Gehuchten (1861-1914), internationaal gerenommeerd neuroanatomist en neuroloog aan de Katholieke Universiteit van Leuven, ontdekte het voordeel van deze nieuwe uitvinding. Van Gehuchten had achtereenvolgens de studies van biologie en geneeskunde volbracht, om zich vervolgens toe te leggen op het onderzoek van de zenuwziekten. Om deze te bestuderen en om zijn bevindingen aan zijn studenten door te geven, besloot Van Gehuchten zijn patiënten te filmen. Hiervoor had hij zich een camera aangeschaft en op de binnenkoer van o.a. de Sint-Pieterskliniek legde hij zijn patiënten vast op film. Hij ontwikkelde en monteerde de films in een zelf ingericht laboratorium en gebruikte zelfs de "freeze frame" techniek, eenzelfde beeld dat over een bepaalde lengte herhaald wordt, om zo dieper te kunnen ingaan op een bepaald aspect van een ziekte. Tussen 1905 en 1914 maakte Van Gehuchten tientallen films, waarvan nog een goed deel bewaard is gebleven. Negentig jaar later zijn de beelden niet enkel buitengewoon hallucinant, ze hebben ook een grote wetenschappelijke waarde omdat ze de medische technieken van een groot onderzoeker tonen evenals bepaalde ziekten (o.a. verschillende vormen van hysterie) die vandaag niet meer in dergelijke vergevorderde stadia bestaan, of kortweg verdwenen zijn. (MT)

ALFRED MACHIN

L'histoire de Minna Claessens
Alfred Machin

Alfred Machin & Mimir

L'histoire de Minna Claessens
La légende de Mina Claessens
La légende de Mimi Pinson
De legende van Minna Claessens
The Story of Minna Claessens

DIRECTOR: Alfred Machin
YEAR: 1912
COUNTRY: RF
SCREENPLAY: Alfred Machin
CAMERA: Jacques Bizeuil
ART DIRECTOR: Raoul Morand
PROD. CO.: Belge Cinéma Film (Bruxelles)
CAST: Emile Mylo (Le jeune sculpteur Noël Stoenens), Jean Liezer (Le vieux sculpteur Noël Stoenens), Willekins (Le cabaretier), Combes (Minna Claessens), Fernande Dépernay (Mme Henne Kens), Germaine Lécuyer (Mimi-Pinson), Mme Denège (Une danseuse), Mme Thérésa (Une danseuse)
LANGUAGE: French
SILENT/SOUND: silent
METRES: 460m
NOTES: According to Francis Lacassin, *Alfred Machin*, Fernand Crommelynck also plays in this film.

Obsèques solennelles de la comtesse de Flandres, mère du roi Albert I
Begrafenisplechtigheid van de gravin van Vlaanderen, moeder van koning Albert I
State Funeral of the Duchess of Flanders, Mother of King Albert I

DIRECTOR: Alfred Machin
YEAR: 1912
COUNTRY: BE
SCREENPLAY: Alfred Machin
CAMERA: Jacques Bizeuil
PROD. CO.: Belge Cinéma Film (Bruxelles)
SILENT/SOUND: silent

Le moulin maudit
De vervloekte molen
The Mill

DIRECTOR: Alfred Machin
YEAR: 1909
COUNTRY: FR-BE
CAMERA: Jacques Bizeuil
PROD. CO.: Pathé Frères (Paris)
CAST: Berryer, Pitje Ambreville, Mlle Saunières (Johanna)
LANGUAGE: French
GAUGE: 35 mm
SILENT/SOUND: silent
B&W/COLOUR: stencil-coloured
METRES: 190m

◆ At the age of 30, the French film-maker Alfred Machin became one of the army of directors which Pathé-Frères in Paris was recruiting in order to expand its activities. Pathé's aim was to remain as independent as possible and to maintain control over the entire film-making process, from camera equipment and film stock to distribution and commercial exploitation. In 1907, not long after he had been recruited, Machin was sent out to Africa to film the splendour of its fauna, and he made over 20 films there. Following a brief spell in Nice, he was then posted to the Netherlands to work for the newly-established Pathé subsidiary Hollandsche Film where he was to stimulate the development of the Dutch film industry proper. One year and 13 films later, Machin was moved to Belgium to work as artistic director for the Belgian Pathé subsidiary Belge Cinéma Film, established in August 1912. He had already been to Belgium (Evergem, near Ghent) once before, in 1909, to direct **The Mill**, a tragedy about infidelity, revenge and murder in a family of millers. A print of this film has survived and has been restored by the Royal Film Archive in its original colours. Of **The Story of Minna Claessens**, however, no print subsists, but the original script is kept in the Bibliothèque Nationale in Paris. It tells the sad story of an old artist, Noël Stoenens, who sits musing over the statue of Minna Claessens. When he was still young Minna was his beloved but she contracted tuberculosis and died an untimely death. Now they meet again in the village square where he immortalized her in a statue.

● A 30 ans, le Français Alfred Machin est enrôlé dans la petite armée des réalisateurs que la firme parisienne Pathé-Frères mettait sur pied en vue d'étendre ses activités. En effet, Pathé voulait opérer le plus indépendamment possible et contrôlait tous les niveaux du processus cinématographique, des caméras et pellicules à la distribution et l'exploitation. A peine engagé, Machin est envoyé en Afrique en 1907 pour y filmer les merveilles de la faune. Il y tournera plus de 20 films avant d'être envoyé aux Pays-Bas, après une courte escale à Nice. Objectif: créer une véritable industrie du cinéma locale à partir de la toute nouvelle filiale hollandaise de Pathé, Hollandsche Film. Un an et treize films plus tard, Machin est dépêché en Belgique en tant que directeur artistique de Belge Cinéma Film, la filiale belge de Pathé érigée en août 1912. Machin avait déjà séjourné en Belgique (à Evergem, près de Gand) en 1909 pour y tourner **Le moulin maudit**, un drame sur l'infidélité, la revanche et le meurtre dans le milieu des meuniers. Une copie du film a été retrouvée et restaurée dans ses couleurs originales par la Cinémathèque Royale. De **L'histoire de Minna Claessens**, il ne nous reste que le scénario original, conservé à la Bibliothèque Nationale de Paris. Ce drame raconte la vie de l'artiste vieillissant Noël Stoenens, rêvassant tristement devant la statue de Minna Claessens. Dans un passé lointain, Minna était sa bien-aimée mais, très jeune, elle succomba à la tuberculose. Les amants se retrouvent désormais sur la place du village, où Noël a immortalisé Minna dans une statue.

▶ Op 30-jarige leeftijd werd de Fransman Alfred Machin ingelijfd in het legertje regisseurs dat de Parijse firma Pathé-Frères aan het ronselen was met het oog op de uitbreiding van haar activiteiten. Pathé trachtte namelijk zo onafhankelijk mogelijk te werken en beheerde het volledige productieproces van haar films, van filmapparatuur en pellicule tot verdeling en uitbating. Pas aangeworven wordt Machin in 1907 naar Afrika gestuurd om er de dierenpracht te filmen. Hij draait er meer dan 20 films, en na een korte tussenstop in Nice wordt hij naar Nederland gestuurd om voor het nieuw opgerichte Pathé-filiaal - Hollandsche Film - de ontwikkeling van de film in Nederland een duwtje in de rug te geven. Eén jaar en 13 films later geeft Pathé Machin de opdracht in België als "directeur artistique" (regisseur) te werken voor het in augustus 1912 opgerichte Belgische Pathé-filiaal Belge Cinéma Film. Machin was al eerder (in 1909) in België (Evergem) om er **Le moulin maudit** te draaien, een kort drama over ontrouw, wraak en moord in het milieu der molenaars. Het Koninklijk Filmarchief beschikt over een gerestaureerde kopie van deze film, met de oorspronkelijke kleuren. Van **L'histoire de Minna Claessens** rest ons echter alleen het originele scenario, bewaard in de Parijse Bibliothèque Nationale, dat verhaalt van de oude kunstenaar Noël Stoenens die treurend zit te mijmeren bij het standbeeld van Minna Claessens. Minna was ooit zijn geliefde, maar door tuberculose stierf zij een voortijdige dood. Nu vinden ze elkaar terug op het dorpsplein, waar hij haar vereeuwigd heeft in een standbeeld. (MT)

Un épisode de Waterloo

Alfred Machin

Un épisode de Waterloo
La bataille de Waterloo
Un épisode de la bataille de Waterloo
Een episode van de slag van Waterloo
An Episode of the Battle of Waterloo

DIRECTOR: Alfred Machin
YEAR: 1913
COUNTRY: BE
SCREENPLAY: Alfred Machin
CAMERA: Jacques Bizeuil
ART DIRECTOR: Raoul Morand
PROD. CO.: Belge Cinéma Film (Bruxelles)
CAST: Fernand Crommelynck (Le Capitaine Stewart),
Jean Liezer (Vaneck), Harzé (Le sous-officier),
Cécile May (Miss Stewart), Fernande Dépernay
(La dame de compagnie), William Elie
LANGUAGE: French
SILENT/SOUND: silent
METRES: 490m
NOTES: According to Francis Lacassin, *Alfred Machin*,
Fernand Gravey also plays in this film.

◆ Belge Cinéma was originally established by Pathé as its branch charged with the distribution of Pathé productions in Belgium and the Netherlands. This distribution centre was opened in 1908 on the Boulevard Adolphe Max in Brussels. It was managed from Paris by Edmond Benoît-Lévy. When Belge Cinéma Film (which was to take charge of productions in Belgium) was established in 1912, Georges Cerf was appointed as managing director.

Alfred Machin's second film for Belge Cinéma Film is set partly in the Hougoumont Farm near Braine-l'Alleud at the time of the Battle of Waterloo. It is 1815, and the Allies are trying to forget the horrors of war at a ball on the eve of Waterloo, when suddenly there is word that Napoleon is on the move and advancing victoriously. Captain Stewart digs his men in at the Hougoumont Farm and, when it appears they are all lost, dispatches a letter of farewell to his daughter and a receipt for 200 000 francs - his entire estate - deposited at his bank. Naturally, the letter is intercepted and the thief, called Vaneck, blackmails Stewart's daughter. However, Stewart survives the battle and Vaneck is sentenced to death, but he is pardoned by Stewart's daughter.

The historical subject of this film was not really Machin's standard fare, as was the case with **Bonaparte**, also about Napoleon. Yet in **An Episode of the Battle of Waterloo**, Machin uses the battle itself as a background (Napoleon is merely referred to and never appears in the film itself) for a story of extortion and forgiveness.

● A l'origine, Belge Cinéma était une filiale de la firme Pathé, responsable de la distribution des productions de Pathé en Belgique et aux Pays-Bas. Ce centre de distribution, créé en 1908, était situé boulevard Adolphe Max, à Bruxelles. Edmond Benoît-Lévy le dirigeait depuis Paris. Lorsqu'en 1912 Belge Cinéma Film fut créé pour s'occuper de la production belge, Georges Cerf fut nommé à la tête de cette nouvelle filiale de Pathé.

Le deuxième film d'Alfred Machin pour Belge Cinéma Film se déroule en partie dans la ferme d'Hougoumont, près de Braine-l'Alleud, pendant la bataille de Waterloo de 1815. Au cours d'un bal, les alliés tentent d'oublier les péripéties guerrières par la danse, mais la rumeur se répand que Napoléon est en route et progresse victorieusement. Le capitaine Stewart se retranche dans la ferme d'Hougoumont mais, lorsque le danger se fait trop pressant, il envoie une lettre d'adieux à sa fille, accompagnée d'un reçu de 200 000 F représentant toute sa fortune déposée à la banque. Evidemment, la lettre est interceptée et le voleur Vaneck tente d'extorquer de l'argent à Miss Stewart. Finalement, Stewart survit à la bataille, Vaneck est condamné à mort mais la fille du capitaine lui accorde la grâce.

Le sujet historique de ce film se situe légèrement en dehors du registre de Machin, tout comme **Le baiser de l'empereur**, également sur Napoléon. Toutefois, dans **Un épisode de la bataille de Waterloo**, la bataille sert d'arrière-plan (Napoléon est cité sans apparaître dans le film) à une histoire d'extorsion et de pardon.

▶ Belge Cinéma was aanvankelijk een filiaal van de firma Pathé dat instond voor de verdeling van Pathé-producties in België en Nederland. Dit verdeelcentrum werd opgericht in 1908 en bevond zich aan de Brusselse Adolphe Maxlaan. De leiding - vanuit Parijs - was in handen van Edmond Benoît-Lévy. In 1912, bij de oprichting van Belge Cinéma Film (die de Belgische productie zou verzorgen), werd Georges Cerf aangesteld als directeur van deze dochtermaatschappij van Pathé.

Alfred Machins tweede film voor Belge Cinéma Film speelt zich gedeeltelijk af in de hoeve van Hougoumont nabij Braine-l'Alleud, tijdens de slag bij Waterloo in 1815. Wanneer de geallieerden tijdens een bal de oorlogsperikelen trachten weg te dansen, wordt het bericht verspreid dat Napoleon onderweg is en vooruitgang boekt in de strijd. Kapitein Stewart verschanst zich in de hoeve van Hougoumont, maar wanneer het gevaar te groot wordt, stuurt hij een afscheidsbrief naar zijn dochter en een reçu van 200.000 F: zijn hele bezit, dat op de bank staat. De brief wordt uiteraard onderschept en de dief Vaneck perst Stewarts dochter af. Uiteindelijk overleeft Stewart de strijd en wordt Vaneck ter dood veroordeeld, doch Stewarts dochter verleent hem gratie.

Het historisch onderwerp van deze film ligt ietwat buiten Machins register, net als **Le baiser de l'empereur**, ook over Napoleon. In **Un épisode de Waterloo** gebruikt hij de slag bij Waterloo eerder als achtergrond (Napoleon wordt enkel vernoemd en verschijnt niet in de film als personage) voor een verhaal over afpersing en vergeving. (MT)

Saïda a enlevé Manneken-Pis

Alfred Machin

Saïda a enlevé Manneken-Pis
Saïda a enlevé le Manneken-Pis
Saïda enlève Manneken-Pis
Saïda ontvoert Manneken Pis
Saïda Makes Off with the Manneken Pis

DIRECTOR:	Alfred Machin
YEAR:	1913
COUNTRY:	BE
SCREENPLAY:	Alfred Machin
CAMERA:	Jacques Bizeuil
ART DIRECTOR:	Raoul Morand
PROD. CO.:	Belge Cinéma Film (Bruxelles)
CAST:	Arthur Devère, Nicolas Ambreville, Fernand Mertens, Willy Maury, Balthus, Mimir (Saïda)
LANGUAGE:	French
GAUGE:	35 mm
SILENT/SOUND:	silent
B&W/COLOUR:	B&W
METRES:	145m

◆ Following his many years in Africa, where he had been sent by Pathé to film hunting scenes, Alfred Machin very quickly demonstrated his great adaptability to new and difficult circumstances. But he was first and foremost fascinated by the African fauna, a love affair that would continue throughout the rest of his life and career. In many of his films he used animals as co-performers alongside French or Belgian actors in typical middle-class surroundings, where their appearance caused great hilarity. His favourite beast, with which he would often pose for photographs, was the leopard Mimir, who conquered the hearts of audiences and remained Machin's favourite pet and actress until her death at the beginning of the First World War.

Mimir's first role in Belgium was as Saïda, a leopard who is presented to fair-goers as the trophy of the famous explorer Machinskoff. Saïda manages to escape and runs off into the centre of Brussels, where she lifts the statuette of Manneken Pis of its plinth and makes off with it. Topsy-turvy chase sequences follow with PC Meulemeester in hot pursuit, but of course all is eventually brought to a happy end.

Some historians see this film - one of many Machin productions featuring Mimir - as part of a new genre, namely that of the animal film. In **Saïda Makes Off with the Manneken Pis**, Machin cleverly managed to win over Brussels audiences, not just by making a film about a Brussels landmark, but also by liberally sprinkling the intertitles with a colourful Brussels dialect.

● Lors de son long séjour en Afrique, où Pathé l'avait envoyé pour filmer des scènes de chasse, Alfred Machin fit rapidement preuve d'une grande capacité d'adaptation à de nouvelles et difficiles circonstances. Par ailleurs, la faune africaine l'avait immédiatement passionné. Ce grand amour allait l'accompagner durant le reste de sa vie et de sa carrière. Dans de nombreux films, il fera apparaître des animaux sauvages, à côté d'acteurs français ou belges, dans des circonstances tout à fait bourgeoises, destinées à provoquer l'hilarité du public. Son fauve favori, avec lequel il aimait poser pour la postérité, était Mimir, léopard femelle de son état. Elle conquit de nombreux cœurs et resta, jusqu'à sa mort au début de la guerre, l'animal domestique et l'actrice chérie de Machin.

En Belgique, Mimir apparut d'abord dans le rôle de Saïda, lors de cette scène comique où elle est présentée aux visiteurs forains comme le trophée du célèbre explorateur Machinskoff. Saïda réussit à s'échapper et, arrivée au cœur de Bruxelles, kidnappe la statue de Manneken-Pis. Conséquence: des scènes de poursuites délirantes, avec l'agent Meulemeester en tête. Evidemment, tout est bien qui finit bien.

Considérée par certains historiens comme un nouveau genre cinématographique (le film animalier), cette œuvre fait partie d'une longue série de "Mimir" tournée par Machin. Le réalisateur sut s'attirer les grâces du public bruxellois en traitant d'un thème cher à leur cœur et en arrosant copieusement tous les intertitres du film avec le savoureux dialecte bruxellois.

▶ Tijdens zijn jarenlange verblijf in Afrika, waarheen hij door Pathé werd gestuurd om jachttaferelen te filmen, vertoonde Alfred Machin al snel een groot aanpassingsvermogen aan nieuwe en moeilijke omstandigheden. Maar in de eerste plaats raakte hij sterk geboeid door de Afrikaanse fauna, een grote liefde die hem de rest van zijn leven en carrière zou bijblijven. In ettelijke films voerde hij wilde dieren ten tonele, meestal als medevertolkers van Franse of Belgische acteurs in een burgerlijke omgeving, uiteraard met hilarische gevolgen. Machins lievelingsdier was de luipaard Mimir, waarmee hij wat graag op foto's poseerde. Zij veroverde vele harten en bleef Machins trouwe huisdier en actrice tot aan haar dood bij het begin van de oorlog.

Mimir mocht in België voor de eerste maal optreden als Saïda, in een komische scène waarin ze aan de kermisgangers wordt voorgesteld als trofee van de beroemde ontdekkingsreiziger Machinskoff. Saïda weet echter te ontsnappen en belandt in hartje Brussel, waar ze Manneken Pis van zijn sokkel haalt en ermee wegrent. Gevolg: al te gekke achtervolgingsscènes met Agent Meulemeester op kop, en natuurlijk een goede afloop.

Door sommige historici bestempeld als een nieuw genre - de dierenfilm - was deze film een van de vele in de Mimir-reeks die Machin draaide. Hij wist eveneens op een vernuftige manier het Brusselse publiek voor zich te winnen, door niet alleen een typisch Brussels thema te behandelen maar ook de hele film te overgieten met een sappig Brussels dialect. (MT)

L'hallali

Alfred Machin

L'hallali
Het hoorngeschal
The Kill

DIRECTOR: Alfred Machin
YEAR: 1913
COUNTRY: BE
SCREENPLAY: Alfred Machin
CAMERA: Jacques Bizeuil
ART DIRECTOR: Raoul Morand
PROD. CO.: Belge Cinéma Film (Bruxelles)
CAST: Cécile May (Comtesse de Cherneh),
Jean Liezer (Le charretier Larue)
LANGUAGE: French
SILENT/SOUND: silent
METRES: 400m

◆ When in 1912 the production unit of the Pathé company decided to open a branch in Belgium, its attentions focused on an estate (the Karreveld) in the Brussels suburb of Molenbeek-Saint-Jean. The estate's premises included a large hangar which was bought by Pathé for use as a studio. Alfred Machin, who had just arrived in Belgium, hired the young Belgian André Jacquemin to rebuild and equip the studio, which was then rather primitive and entirely exposed to the elements. The interior scenes in Machin's Belgian films, including **The Kill**, were all shot here.

In this "scène de la vie cruelle", as the Pathé catalogue described the film, Machin relates the story of a waggoner who is sacked by his employer, the Countess de Cherneh, when she catches him whipping his horse. Bereft of all income, the waggoner, his two little daughters and baby son are condemned to a life of great poverty. One day, however, the two girls save the countess when she is thrown by her bolting horse during a hunting party. The waggoner brings the wounded countess back to her castle, whereupon she regrets her cruelty to the man and restores happiness to the little family.

Alfred Machin was good at handling this kind of dramatic tale. He was also a socially committed director who tried to convey a message through his films. He was not afraid of arguing a particular view and did not hesitate to condemn social injustice. In the wake of his African adventure, this film clearly shows Machin's loathing for the phoney love of animals displayed by wealthy white hunters.

● Lorsque la section de production de la firme Pathé décida, en 1912, de s'implanter en Belgique, elle choisit le domaine du Karreveld dans la commune bruxelloise de Molenbeek-Saint-Jean. Il s'agissait, en fait, d'un terrain bâti d'un hangar plutôt vétuste et ouvert aux quatre vents. Alfred Machin, fraîchement débarqué en Belgique, engagea le jeune Belge André Jacquemin pour le réaménager en vue d'y tourner les scènes d'intérieur de ses films belges, dont celles de **L'hallali**.

Dans cette "scène de la vie cruelle" - dixit le catalogue Pathé -, Machin nous conte l'histoire d'un charretier renvoyé par sa patronne, la comtesse de Cherneh, horrifiée de l'avoir surpris à fouetter son canasson. Sans moyen de subsistance, le pauvre homme est condamné, avec ses deux filles et un nourrisson, à la plus grande indigence. Les filles parviennent à sauver la comtesse lorsque, au cours d'une fusillade, celle-ci tombe de son cheval emballé. Le père ramène la comtesse blessée à son château. Celle-ci regrette sa conduite cruelle envers le cocher et ramène le bonheur au sein de la petite famille.

Ce genre de récits dramatiques convenait très bien au cinéaste engagé qu'était Machin et qui cherchait, au travers de ses films, à transmettre un message. Il ne craignait d'ailleurs pas de prendre position et de condamner l'injustice sociale. Après ses expériences africaines, Machin voulut, avec **L'hallali**, affirmer son aversion pour le faux amour des animaux qu'il avait maintes fois observé chez de riches chasseurs blancs.

▶ Toen de productieafdeling van de firma Pathé in 1912 besloot voet aan wal te krijgen in België, viel haar oog op een domein (het Karreveld) in de Brusselse gemeente Sint-Jans-Molenbeek. Daar stond ook een grote loods, die Pathé aankocht als studio. De pas in België aangekomen Alfred Machin zocht de jonge Belg André Jacquemin aan om de studio, die aanvankelijk nog heel primitief was en waarin wind en regen vrij spel hadden, om te bouwen en in te richten. De binnenopnamen van Machins Belgische films werden hier gedraaid, ook die van **L'hallali**.

In deze "scène de la vie cruelle", zoals de Pathé-cataloog de film omschrijft, doet Machin het verhaal van een wagenmenner die door zijn werkgeefster - de gravin de Cherneh - ontslagen wordt als ze hem betrapt terwijl hij zijn paard de zweep geeft. Zonder inkomen is de man, samen met zijn twee dochtertjes en pasgeboren zoontje, gedoemd te leven in grote armoede. De meisjes redden echter de gravin als deze tijdens een jachtpartij van haar op hol geslagen paard valt, waarna de vader de gewonde dame terugbrengt naar haar kasteel. De gravin betreurt haar wrede optreden jegens de voerman en brengt weer geluk in het gezinnetje.

Dergelijke dramatische verhalen lagen Machin zeer goed. Hij was een geëngageerd regisseur die met zijn films een boodschap wilde vertolken. Hij nam zonder schroom positie in en schrok er niet voor terug sociale wantoestanden aan te klagen. Na zijn Afrikaanse avonturen geeft deze film duidelijk blijk van Machins afschuw voor de valse dierenliefde die de rijke blanke jagers in Afrika tentoonspreidden. (MT)

L'agent Rigolo et son chien policier

Alfred Machin

L'agent Rigolo et son chien policier
L'agent Rigolo et son chien
Agent Rigolo en zijn politiehond
PC Rigolo and His Trusty Hound

DIRECTOR: Alfred Machin
YEAR: 1913
COUNTRY: BE
SCREENPLAY: Alfred Machin
CAMERA: Jacques Bizeuil
ART DIRECTOR: Raoul Morand
PROD. CO.: Belge Cinéma Film (Bruxelles)
CAST: Arthur Devère, Fernand Crommelynck (Agent Rigolo), Willy Maury, Mimir
LANGUAGE: French
SILENT/SOUND: silent
METRES: 175m

◆ By 1910, the French production company Pathé had succeeded in acquiring a monopoly for itself throughout Europe and even far beyond. It did so by cleverly establishing subsidiaries all over the world with the purpose of developing local production. Machin's biographer Francis Lacassin describes this as "subtle colonization", in that control was always firmly in the hands of Pathé's central office in Vincennes. Moreover, Pathé sent out French directors to make films, involving (to some extent) their own technicians but essentially using local actors and developing local themes. The films were then exclusively shown in Pathé cinemas, the entire production process being controlled by Pathé-Frères and coming full circle.

In Belgium, Machin went on the look-out for local actors, recruiting Fernand Crommelynck (a namesake and uncle of the playwright who would later also have a brief film career) to play PC Rigolo. He and his colleagues are each asked to acquire a police dog, and the one who brings back the best hound will be entitled to a 500 F bonus. The dog-seller palms Rigolo off with a poodle. He returns to the pet shop and the dog is exchanged for nothing less than a leopard. The police station is up in arms when Rigolo returns with his new colleague, but when he uses the animal to catch a burglar he is rewarded with the promised bonus. The leopard Mimir, the lead actress in this short comedy, died in 1914. According to some sources, she was eaten by the owners of the velodrome at Molenbeek at the beginning of the war when food fell short, but a more likely version of the other story attributes her death to food poisoning as a result of eating rotten meat.

● Fin des années 10, la firme Pathé avait réussi à établir son monopole en Europe, et bien au-delà, grâce à une stratégie habile, créant de par le monde une série de filiales responsables du développement de la production locale. Francis Lacassin, le biographe d'Alfred Machin, qualifie cette stratégie de "colonisation subtile". La direction centrale de Vincennes supervisait l'ensemble. Pathé envoyait des metteurs en scène français pour tourner des films avec ses propres techniciens, mais surtout avec des artistes locaux et autour de thèmes locaux. Ces films furent projetés dans des salles Pathé: l'ensemble des aspects financiers du processus restait ainsi entre les mains de la firme.

En Belgique, Machin partit donc à la recherche d'acteurs locaux. Pour ce film, son choix se porta sur Fernand Crommelynck, homonyme et oncle de l'auteur dramatique qui allait connaître, lui aussi, une brève carrière cinématographique. Crommelynck interprète le rôle de l'agent Rigolo qui doit, ainsi que ses collègues, acquérir un chien policier. Le propriétaire du meilleur chien aura droit à une prime de 500 F. Le vendeur canin s'arrange pour fourguer un caniche à Rigolo. Retournant se plaindre au magasin, Rigolo en ressort avec une panthère. L'apparition du fauve met le poste de police sens dessus dessous, mais lorsque l'animal lui permet d'attraper un cambrioleur, Rigolo gagne la prime convoitée. Mimir la panthère, l'actrice principale, mourut en 1914. Selon certaines sources, les propriétaires du vélodrome de Molenbeek la mangèrent au début de la guerre lorsque la famine guettait. La version selon laquelle Mimir serait morte empoisonnée par de la viande avariée est plus vraisemblable.

► Begin jaren 10 is de Franse productiemaatschappij Pathé erin geslaagd haar monopolie te vestigen in Europa en zelfs ver daarbuiten. Dat doet ze op een handige manier, door zowat overal ter wereld filialen op te richten die instonden voor de ontwikkeling van de lokale productie. "Colonisation subtile" noemde Alfred Machins biograaf Francis Lacassin het, want alles bleef stevig onder de controle van de centrale directie in Vincennes. Franse regisseurs werden uitgestuurd voor het draaien van films met (voor een deel) eigen technici, maar vooral met lokale artiesten en rond lokale thema's. De films werden vervolgens enkel vertoond in de keten van Pathé-bioscopen, zodat de cirkel rond was en het hele proces in handen van Pathé-Frères bleef.

In België ging Machin dus ook op zoek naar plaatselijke acteurs, en voor deze film werd dat Fernand Crommelynck, naamgenoot en oom van de toneelschrijver die later zelf een korte filmcarrière zou kennen. Crommelynck vertolkt agent Rigolo, die zich net als zijn collega's een politiehond moet aanschaffen. De eigenaar van de beste hond krijgt een premie van 500 F. De hondenverkoper solfert Rigolo een poedel op, maar na protest laat deze het keffertje inruilen voor een panter. Het politiebureau staat op stelten, maar als Rigolo met het dier een inbreker weet in te rekenen wordt hij beloond met de beloofde premie. Hoofdvertolkster (en luipaard) Mimir stierf in 1914. Volgens sommige bronnen werd ze opgegeten door de eigenaars van de velodroom van Molenbeek toen er hongersnood dreigde bij het begin van de oorlog; meer waarschijnlijk is echter de versie die Mimirs dood wijt aan een voedselvergiftiging na het eten van rot vlees. (MT)

Le baiser de l'empereur

Alfred Machin

Le baiser de l'empereur
De kus van de keizer
Bonaparte

DIRECTOR: Alfred Machin
YEAR: 1913
COUNTRY: BE
SCREENPLAY: Alfred Machin
CAMERA: Jacques Bizeuil
ART DIRECTOR: Raoul Morand
PROD. CO.: Belge Cinéma Film (Bruxelles)
CAST: Fernand Crommelynck, Maximilien Charlier
(Napoléon I), Germaine Lécuyer, Cécile May,
Blanche Derval, Hébert, Durafour
LANGUAGE: French
SILENT/SOUND: silent
METRES: 335m

◆ Miller Deconynck and his daughter Suzanne live in their windmill near Waterloo. The year is 1815. Napoleon is on his way to fight the Allies, and as night falls he asks the miller for shelter. Deconynck feels honoured to offer hospitality to this imperial guest and asks Suzanne to prepare a hearty meal. While his soldiers are striking camp outside, Napoleon studies the plan of attack. He is tired, but the meal invigorates him. Before he retires to bed, he thanks the girl and plants a fatherly kiss on her forehead. Suzanne is overwhelmed by this tender gesture and, as she prepares to go to sleep, dreams of a life at court among ladies-in-waiting and luxury, with Napoleon by her side. As the emperor prepares to depart the next day, he finds Suzanne weeping by the hearth. Not realizing why she is crying, he tries to comfort her and gives her a "photograph" (according to the original screenplay) of himself. He and his men leave for battle, and in the distance Suzanne hears the roar of cannon. Napoleon is defeated. His wounded soldiers leave the battlefield, passing Deconynck's mill. In despair, Suzanne throws herself at the soldiers, begging them to tell her what has transpired, but she is pushed roughly aside. Finally, Napoleon appears on his horse at the end of the column, a broken man. He doesn't notice the girl. Suzanne is shaken and embittered. She approaches the turning sails of her father's mill and asks them (who had once carried her hopes so high) to take her now into the deepest depths. She flings herself onto the sails and dies in her father's arms. The original script and a few stills are all that is left of this film.

● Le meunier Deconynck et sa fille Suzanne vivent tranquillement dans leur moulin près de Waterloo. Nous sommes en 1815. Napoléon est en route pour livrer bataille aux alliés. La nuit tombe et il demande le gîte au meunier. Celui-ci s'honore de la requête impériale et demande à sa fille de préparer un repas. Tandis que les soldats bivouaquent à l'extérieur, Napoléon étudie les plans de l'attaque. Il est fatigué mais le repas de Suzanne le revigore. Avant de se coucher, il la remercie d'un baiser paternel sur le front. Enchantée par la tendre magie du geste, une fois au lit, Suzanne s'adonne à des rêves de vie à la cour, avec luxe, courtisanes, et Napoléon à ses côtés. Au départ, le lendemain, Napoléon trouve la demoiselle en pleurs à côté du foyer. Ignorant ce qui se trame dans la tête de la jeune fille, il tente de la consoler et (d'après le scénario original) lui donne sa "photo". Napoléon et ses soldats partent au combat et Suzanne entend le canon tonner au loin. Napoléon finit par mordre la poussière. Blessés, ses soldats quittent le champ de bataille et défilent devant le moulin du meunier. Affolée par le chagrin, Suzanne s'accroche aux soldats pour savoir ce qui s'est passé mais ils la repoussent brutalement. Napoléon, brisé, clôt la marche sur sa monture. Il ne s'aperçoit même pas de la présence de Suzanne. Amère et défaite, elle prie les ailes du moulin de son père - qui avaient permis à ses espoirs de prendre un tel envol - de l'abattre. Elle se jette devant les ailes et rend son dernier soupir, quelques instants plus tard, dans les bras de son père. Du film, il ne nous reste que le scénario original et quelques photos.

▶ Molenaar Deconynck en zijn dochter Suzanne wonen in hun molen nabij Waterloo. Het is 1815. Napoleon is op weg om slag te leveren tegen de geallieerden. Wanneer de nacht valt, vraagt hij onderdak aan de molenaar. Deze voelt zich vereerd met zijn keizerlijke gast en vraagt Suzanne een avondmaal te bereiden. Terwijl zijn soldaten buiten hun kampen opslaan, bestudeert Napoleon de aanvalsplannen. Hij is moe, maar Suzanne weet hem op te monteren met een heerlijk maal. Voor hij naar bed trekt, dankt hij haar en geeft haar een vaderlijke zoen op het voorhoofd. Betoverd door dit tedere gebaar, legt Suzanne zich te rusten en geeft zich over aan dromen over een leven aan het hof, met hofdames en luxe en Napoleon aan haar zijde. Wanneer deze de volgende dag vertrekt, vindt hij Suzanne huilend bij de haard. Zich niet bewust van wat er door haar hoofd tolt, tracht hij haar te troosten en geeft haar een "foto" (volgens het originele scenario) van zichzelf. Daarop trekt hij met zijn soldaten ten strijde en in de verte hoort Suzanne het kanongebulder. Napoleon moet het onderspit delven. Zijn gewonde soldaten verlaten het slagveld en trekken voorbij Deconyncks molen. Radeloos klampt Suzanne zich aan hen vast, smekend haar mee te delen wat er gebeurd is, doch ze wordt bruusk opzij geduwd. Een gebroken Napoleon te paard sluit de colonne af. Hij ziet het meisje niet staan. Suzanne is aangeslagen. Ze wendt zich tot de wieken van haar vaders molen en vraagt hen - zij die haar hoop zo hoog hadden gevoerd - haar nu neer te halen. Ze stort zich voor de wieken en sterft even later in de armen van haar vader. Van deze film is niets bewaard gebleven buiten enkele setfoto's en het scenario. *(MT)*

Les sabots de Madame Favart

Alfred Machin

Les sabots de Madame Favart
De muiltjes van Madame Favart
Madame Favart's Slippers

DIRECTOR: Alfred Machin
YEAR: 1913
COUNTRY: BE
SCREENPLAY: Alfred Machin
CAMERA: Jacques Bizeuil
ART DIRECTOR: Raoul Morand
PROD. CO.: Belge Cinéma Film (Bruxelles)
CAST: (Fanchette), (Gervais), (Madame Favart)
LANGUAGE: French
SILENT/SOUND: silent
B&W/COLOUR: B&W + colour
METRES: 235m
NOTES: 211m is in colour

Les bords de la Semoy (Ardennes belges)
Les bords de la Semois (Ardennes belges)
De oevers van de Semois (Belgische Ardennen)
Views on the River Semoy

DIRECTOR: Alfred Machin
YEAR: 1913
COUNTRY: BE
SCREENPLAY: Alfred Machin
CAMERA: Jacques Bizeuil
PROD. CO.: Belge Cinéma Film (Bruxelles)
LANGUAGE: French
SILENT/SOUND: silent
METRES: 70m

◆ On 16 May 1913 the Pathé cinema in Paris featured Alfred Machin's **Madame Favart's Slippers**, less than three weeks after showing **The Red Stain** (one of the films he made for the Dutch Pathé production company Hollandsche Film) and a month before releasing one of his Belgian films, **Views on the River Semoy**, a short documentary whose existence is revealed only by the Pathé programmes of the time. Although they had a general policy of releasing films approximately three months after filming, Pathé nevertheless had to take into account the popularity of certain themes, which sometimes did cause a slight delay before films reached the silver screen.

Again, no print of **Madame Favart's Slippers** has been discovered and not even the cast is known. However, the original screenplay has survived and the Pathé programmes contain some information on the plot, a romantic tale centering on the shepherdess Fanchette and her fiancé Gervais. They are making plans for their future but are short of money. Gervais decides to sign up with the army for five years to earn enough for them to live on, but Fanchette is unhappy with the idea of not seeing her beloved for so long. One day, while they are out walking, the couple come across the famous actress Madame Favart, who is accompanied by a young marquess. As she is crossing a small stream, Madame Favart loses her slippers in the fast-flowing water. For a while she is rather put out, but then comes across a weeping Fanchette, who tells the actress her story. Madame Favart asks Fanchette to give her her own shoes in exchange for a handful of gold - enough to buy Gervais out of the army. Although the lovers have nothing left to live on, they are happy together.

● Le 16 mai 1913, le cinéma Pathé parisien programme **Les sabots de Madame Favart** à peine trois semaines après un autre film d'Alfred Machin, **Une goutte de sang** (produit par la Hollandsche Film), et un mois avant que ne passe un autre de ses films belges, **Les bords de la Semoy (Ardennes belges)**, un bref documentaire dont l'existence n'est attestée que par les programmes Pathé de l'époque. La politique de Pathé de mise en circulation des productions quelque trois mois après leur tournage subissait parfois des entorses en raison de la popularité de certains thèmes, causant des retards dans l'exploitation des sorties suivantes.

Des **Sabots de Madame Favart**, aucune copie non plus ne fut retrouvée; nous ignorons même quels en furent les interprètes. Le scénario original a toutefois été conservé et les programmes de Pathé donnent une idée du sujet traité. Il s'agit de l'histoire romantique de la petite bergère Fanchette et de son fiancé Gervais. Ils tissent des projets mais n'ont pas d'argent pour les réaliser. Gervais signe un engagement de cinq ans dans l'armée pour réunir le pécule désiré, mais Fanchette est malheureuse à l'idée de devoir se séparer de son amoureux. Un jour, le jeune couple rencontre, lors d'une promenade, la célèbre actrice Madame Favart en compagnie d'un jeune marquis. En traversant une rivière, Madame perd ses mules dans le courant. Boudeuse, elle rencontre un peu plus loin Fanchette qui lui raconte ses malheurs en pleurant à chaudes larmes. Madame Favart lui achète ses chaussures pour une poignée de pièces d'or, un montant suffisant pour racheter le service militaire de Gervais. Bien qu'il ne leur reste plus un sou vaillant, ils connaissent le bonheur ensemble.

► Op 16 mei 1913 - nog geen drie weken na de vertoning van **Een droppel bloed** (een van Alfred Machins producties voor Hollandsche Films) en een maand vóór de première van een andere Belgische film van Machin, **Les bords de la Semoy (Ardennes belges)**, een korte documentaire waarvan het bestaan enkel bekend is dankzij de toenmalige Pathé-programma's, programmeert de Parijse Pathé-bioscoop **Les sabots de Madame Favart**. Pathé moest in haar politiek om producties een drietal maanden na de opnamen in circulatie te brengen soms ook rekening houden met de populariteit van een bepaald thema, waardoor sommige films toch laattijdig werden uitgebracht.

Ook van **Les sabots de Madame Favart** is nergens een kopie teruggevonden, we kennen zelfs de rolverdeling niet. Wel zijn het oorspronkelijke scenario en de Pathé-programma's bewaard gebleven, waardoor we een idee krijgen van de inhoud van de film. Het betreft een romantisch verhaaltje over het herderinnetje Fanchette en haar verloofde Gervais. Ze maken plannen voor de toekomst, maar het geld ontbreekt hen. Om dit te verhelpen tekent Gervais voor vijf jaar dienst bij het leger, tot groot verdriet van Fanchette. Tijdens een wandeling ontmoeten ze echter de beroemde actrice Madame Favart in het gezelschap van een jonge markies. Bij het oversteken van een riviertje verliest Madame Favart haar muiltjes in het stromende water. De jonge vrouw pruilt, maar even later treft ze de huilende Fanchette, die haar de situatie uiteenzet. Madame Favart vraagt Fanchette's schoentjes, en geeft haar in ruil een handvol goud, genoeg om Gervais uit het leger te kopen. Ze hebben niets meer om van te leven, maar zijn gelukkig samen. (MT)

Les sabots de Madame Favart

La ronde infernale

Alfred Machin

La ronde infernale
De helse ronde
The Infernal Tour

DIRECTOR: Alfred Machin
YEAR: 1913
COUNTRY: BE
SCREENPLAY: Alfred Machin
CAMERA: Jacques Bizeuil
ART DIRECTOR: Raoul Morand
PROD. CO.: Belge Cinéma Film (Bruxelles)
CAST: Fernand Crommelynck, Deleu, Robert Stol, Van Hauwaert
LANGUAGE: French
SILENT/SOUND: silent
METRES: 390m

◆ The Karreveld was a huge estate situated on the chaussée de Gand in Molenbeek-Saint-Jean, Brussels. It consisted of a castle, a theatre, a velodrome, a hangar and a large stretch of parkland. The hangar which Alfred Machin used as a studio had been vacated shortly before by the previous owners, who had been unable to endure the noise of the velodrome (located directly overhead) and had therefore sold out to Pathé. The presence of the velodrome probably inspired Machin to film this dramatic tale.

The young cyclist Ruther is in love with Kate, but doesn't dare to tell her. He therefore asks his friend Stolli to act as a go-between. Unfortunately Stolli is not as loyal as Ruther thinks, and he seizes the opportunity to try to seduce Kate. Yet Kate, who loves Ruther, rejects Stolli, who avenges himself by sabotaging Ruther's bike just before the Great Cycle Race. Ruther has a bad fall and succumbs to his injuries. After Ruther's death, Stolli continues to pursue Kate, but when she sees her little sister playing with the stolen component from Ruther's bike, Stolli is forced to admit his terrible deed and to live a life of eternal remorse.

Like three-quarters of the 150 or so films Machin directed, **The Infernal Tour** has not survived. However, the screenplay (together with many others) still exists, thanks to French law, which required scripts to be deposited at the Bibliothèque Nationale in Paris. These scripts, together with the Pathé catalogues which give a brief account of the plots, have been used to identify and restore a significant number of Machin's films.

● Le Karreveld, vaste domaine avec château, théâtre, vélodrome, hangar et beaucoup de verdure, se trouvait chaussée de Gand, à Molenbeek-Saint-Jean. Le hangar, utilisé par Machin comme studio, venait d'être vendu à Pathé par des propriétaires qui ne supportaient plus le bruit du vélodrome situé juste au-dessus. C'est probablement la présence de ce vélodrome qui inspira à Machin l'idée de tourner cette intrigue dramatique.

Le jeune coureur cycliste Ruther est amoureux de Kate, mais il n'ose le lui avouer. Il prie donc son ami Stolli de jouer l'entremetteur. Toutefois, l'amitié de Stolli pour Ruther est moins grande que ce dernier ne l'imagine: Stolli profite de l'occasion pour tenter de séduire Kate. Mais le cœur de la belle est déjà acquis à Ruther et elle repousse Stolli. Celui-ci se venge en sabotant le vélo de Ruther, juste avant la Grande Course cycliste. Ruther fait une chute et succombe à ses blessures. Stolli continue à lutter pour conquérir le cœur de Kate jusqu'au jour où celle-ci voit sa petite sœur jouer avec la pièce dérobée au vélo de Ruther. Elle oblige alors Stolli à avouer son ignoble forfait et à vivre sous le joug de son remords éternel.

Ce film n'a pas été préservé, triste sort qu'il partage avec, grosso modo, les trois quarts de la production de Machin (un total de 150 films). Le scénario a toutefois été conservé, la loi française obligeant leur dépôt à la Bibliothèque Nationale de Paris. Grâce à ces scénarios et aux catalogues Pathé, qui contiennent de brefs résumés de chaque film, il a été possible d'identifier et de restaurer une partie importante de l'œuvre de Machin.

▶ Het Karreveld was een groot domein met kasteel, theater, velodroom, een loods en heel wat groen, gelegen aan de Gentse Steenweg in Sint-Jans-Molenbeek. De loods die Machin als studio gebruikte, was net voor zijn komst door de eigenaars verkocht aan Pathé, omdat de lawaaioverlast van de velodroom (die er net boven lag) ondraaglijk werd. Het is wellicht de aanwezigheid van de velodroom die Machin op het idee bracht deze dramatische geschiedenis in beeld te brengen.

De jonge wielrenner Ruther is verliefd op Kate, maar durft het haar niet te zeggen. Daarom vraagt hij zijn vriend Stolli bemiddelaar te zijn. Doch Stolli's vriendschap voor Ruther is minder groot dan laatstgenoemde denkt, want Stolli maakt van de gelegenheid gebruik om Kate te verleiden. Kate, wier hart voor Ruther spreekt, verstoot Stolli, waarop deze wraak neemt door Ruthers fiets net voor de Grote Wielerkoers te saboteren. Ruther valt en bezwijkt aan zijn verwondingen. Stolli volhardt in zijn strijd voor Kate's liefde, maar wanneer deze haar zusje ziet spelen met het gestolen onderdeel van Ruthers fiets, moet Stolli zijn vreselijke daad bekennen en verder leven onder het juk van de eeuwige wroeging.

Drie vierde van de meer dan 150 films die Machin draaide ging verloren, waaronder deze. Het scenario bleef echter wel bewaard, aangezien het volgens de Franse wet gedeponeerd diende te worden in de Bibliothèque Nationale te Parijs. Van deze scenario's, alsook van de Pathé-catalogen waarin elke film van een korte inhoud werd voorzien, kon dankbaar gebruik worden gemaakt om toch een heel groot deel van Machins films te identificeren en te restaureren. (MT)

Le blanc-seing

Alfred Machin

Le blanc-seing
Het blanket
The Blank Cheque

DIRECTOR: Alfred Machin
YEAR: 1913
COUNTRY: BE
SCREENPLAY: Alfred Machin
CAMERA: Jacques Bizeuil
ART DIRECTOR: Raoul Morand
PROD. CO.: Belge Cinéma Film (Bruxelles)
CAST: Maurice Mathieu (Le clerc La Bodinière),
(Chloris), (Léa)
LANGUAGE: French
SILENT/SOUND: silent
METRES: 270m

◆ In accordance with the wishes of their employers, the directors who worked for the Pathé company were always surrounded by a regular team of technicians and cameramen. Machin's regular cameraman for his Belgian films was Jacques Bizeuil. When Machin was working for Hollandsche Film, his camerawork was provided by the Belgian Paul Sablon, who also took a small role in Machin's **Arson at Sea** when he stood in for one of the actors and had to jump into the water after being set on fire. Shortly after this performance, with which he regaled the press at some length, Sablon left for the United States, where he later shot animal films under the pseudonyms Paul Bourgeois and Paul DeMille. For all Machin's subsequent Dutch productions and all his Belgian films, Sablon was replaced by Jacques Bizeuil. Raoul Morand continued to act as Machin's regular set designer and Maurice Mathieu continued to form part of his team of regular actors. As to the cast of this lost film, only Mathieu's name has survived. He plays La Bodinière, a young clerk in love with the actress Chloris, who does not return his feelings. One day, he sends her a blank cheque in exchange for a kiss, but still she is unmoved. Many years later, La Bodinière becomes a rich and successful banker, while Chloris and her little daughter Léa are living in the depths of deprivation. As Léa watches by her sick mother's bedside, she discovers the blank cheque. Meanwhile La Bodinière is hosting a party, at which Léa arrives in disguise. She reveals herself to La Bodinière, who recalls sweet memories of Chloris. He then goes to Chloris' sickbed, restoring happiness to the household.

● Conformément aux souhaits de leur employeur, les metteurs en scène travaillant pour Pathé étaient entourés d'une équipe de collaborateurs fixes. Jacques Bizeuil était le cameraman attitré des films belges de Machin. A l'époque où Machin travailla pour la Hollandsche Film, c'était le Belge Paul Sablon qui actionna la manivelle. Il joua un petit bout de doublure dans un des films de Machin, **L'or qui brûle**, remplaçant un des acteurs qui devait sauter à l'eau transformé en torche vivante. Peu de temps après cet exploit, Sablon quitta le continent européen pour aller tourner des films animaliers aux Etats-Unis sous les pseudonymes de Paul Bourgeois et Paul DeMille. Pour ses films hollandais suivants et pour tous ses films belges, Sablon fut remplacé par Jacques Bizeuil. Raoul Morand demeura le décorateur attitré de Machin et Maurice Mathieu fit partie de l'équipe fixe des acteurs. Son nom est d'ailleurs le seul que nous livrent les sources écrites pour ce film perdu. Mathieu joue le rôle du jeune clerc La Bodinière, amoureux de l'actrice Chloris pour laquelle il n'existe pas. Il lui envoie un chèque en blanc en échange d'un baiser. Peine perdue. Bien des années plus tard, La Bodinière est devenu un riche banquier alors que Chloris et sa petite fille Léa ont sombré dans la plus abjecte misère. Lorsque Léa veille au chevet de sa mère malade, elle découvre le chèque en blanc. Elle se rend sous un déguisement à la grande fête donnée par La Bodinière. Léa révèle son identité au banquier, ce qui réveille en lui le souvenir d'anciennes douceurs. Il se rend au chevet de la malade et ramène la joie dans sa maison.

▶ Regisseurs werkzaam voor de firma Pathé werden - volgens de wens van hun werkgever - steeds omringd door een ploeg vaste medewerkers. Jacques Bizeuil was Machins vaste cameraman voor zijn Belgische films. Toen Machin nog voor Hollandsche Film werkte, werd het camerawerk verzorgd door de Belg Paul Sablon, die in een van Machins films (**Het vervloekte geld**) ook een kleine rol had gespeeld als stand-in voor een acteur die als brandende toorts het water in moest duiken. Kort na deze prestatie, waar hij in de pers meermaals prat op ging, verliet Sablon het Europese continent om in de Verenigde Staten dierenfilms te gaan draaien onder het pseudoniem van Paul Bourgeois of Paul DeMille. Voor de daaropvolgende Nederlandse producties en alle Belgische films van Machin werd Sablon vervangen door Jacques Bizeuil. Raoul Morand bleef Machins vaste decorontwerper en Maurice Mathieu maakte deel uit van de vaste acteursploeg. Wat de rolverdeling van deze verloren gegane film betreft, is alleen zijn naam gekend. Hij speelt de rol van de jonge klerk La Bodinière, verliefd op de actrice Chloris die hem echter niet ziet staan. Hij stuurt haar een blanco cheque in ruil voor een kus. Maar nog wil ze niet van hem weten. Vele jaren later is La Bodinière een rijke bankier geworden, terwijl Chloris samen met haar dochtertje Léa in de grootste armoede leeft. Wanneer Léa bij het bed van haar zieke moeder waakt, ontdekt ze de blanco cheque. Vermomd dringt Léa de zaal binnen waar La Bodinière een feest geeft. Ze maakt zich bekend bij de bankier, wiens zoete herinneringen boven komen; daarop begeeft hij zich naar de zieke Chloris om weer vreugde in het huis te brengen. (MT)

Au ravissement des dames

Alfred Machin

Au ravissement des dames
Au bonheur des dames

DIRECTOR: Alfred Machin
YEAR: 1913
COUNTRY: BE
SCREENPLAY: Georges Benoît-Lévy
BASED ON: Au bonheur des dames, written by Emile Zola
CAMERA: Jacques Bizeuil
ART DIRECTOR: Raoul Morand
PROD. CO.: Belge Cinéma Film (Bruxelles)
CAST: Fernande Dépernay
LANGUAGE: French
SILENT/SOUND: silent
METRES: 265m

◆ For the first time in his career (and for his 72nd film), Alfred Machin decided to tackle a great literary work, Emile Zola's *Au bonheur des dames*. The leading role went to one of Machin's favourite actresses, Fernande Dépernay of the Théâtre des Galeries. In real life Dépernay was married to Georges Mertens, another of Machin's regular actors. Their son Fernand Mertens, born in 1905, made his acting début in **Saïda Makes Off with the Manneken Pis** and in 1914 played the role of little Jef in **A Tragedy in the Clouds**, alongside his parents. Much later, under the pseudonym Fernand Gravey, he went on to become one of France's most renowned actors.

Like many of Machin's films, **Au ravissement des dames** has not survived, although the plot is known and the original screenplay, which was reworked by Georges Benoît-Lévy, even mentions Machin's name as the director. Under serial number 6012 and the "code word Sacoche", the original Pathé catalogue summarizes the film's plot in a few lines. In a small attic standing in for a workshop, impoverished young girls are sewing items of clothing for the large department store "Au ravissement des dames". They are forced to work long hours, are underpaid and live in grinding poverty. Yet this desperate kind of fate will not be theirs alone: the clothes which the wealthy women buy at a low price are infested with tuberculosis germs, a disease which mows its path through the upper-class society they frequent.

● Pour la première fois de sa carrière et pour son septante-deuxième film, Alfred Machin se risque à porter à l'écran une grande œuvre littéraire: *Au bonheur des dames* d'Emile Zola. Pour interpréter le rôle principal du film, Machin choisit une de ses actrices préférées, Fernande Dépernay, du Théâtre des Galeries. A la ville, elle est mariée à Georges Mertens, autre acteur attitré de Machin. Leur fils, Fernand Mertens, né en 1905, jouera son tout premier rôle dans **Saïda a enlevé Manneken Pis**, puis tiendra, en 1914, le rôle du petit Jef dans **La fille de Delft**, au côté de ses parents. Il deviendra, par la suite, un des plus grands acteurs français sous le pseudonyme de Fernand Gravey.

Au ravissement des dames n'a pas non plus survécu au grignotement du temps, mais le récit en est connu et le scénario original, retravaillé par Georges Benoît-Lévy, porte même le nom d'Alfred Machin comme metteur en scène. Le catalogue Pathé résume en quelques lignes la trame dramatique de cette œuvre, sous la référence 6012 et le "mot de code Sacoche". Dans une petite mansarde transformée en atelier, quelques jeunes pauvresses cousent des vêtements pour le grand magasin "Au ravissement des dames". Elles doivent travailler de longues heures, sont sous-payées et vivent dans la plus grande misère. Mais leur sort prend sa revanche: les vêtements que les riches dames achètent à bas prix sont contaminés par les germes de la tuberculose. La maladie se fraiera une voie à travers leur vie d'aisance.

▶ Voor de eerste maal in zijn carrière - en voor zijn 72ste film op rij - waagt Alfred Machin zich aan de verfilming van een groot literair werk: *Au bonheur des dames* van Emile Zola. Als hoofdrolspeelster koos Machin een van zijn vaste actrices, Fernande Dépernay van het Théâtre des Galeries. In het echte leven was zij getrouwd met Georges Mertens, ook een van Machins vaste vertolkers. Hun zoontje Fernand Mertens, geboren in 1905, maakte zijn debuut als acteur in **Saïda a enlevé Manneken Pis** en vertolkte in 1914 de rol van de kleine Jef in **La fille de Delft**, waarin ook zijn beide ouders acteren. Veel later zal hij, onder het pseudoniem van Fernand Gravey, een van Frankrijks grootste acteurs worden.

Ook **Au ravissement des dames** heeft de tand des tijds niet overleefd, maar het verhaal is bekend en het oorspronkelijke scenario, herwerkt door Georges Benoît-Lévy, vermeldt zelfs Machin als regisseur. Onder volgnummer 6012 en het "mot de code Sacoche" omschrijft de Pathé-cataloog in enkele lijnen het dramatische verhaal van deze film. In een kleine mansardekamer, die een atelier moet voorstellen, naaien arme meisjes kledingstukken voor een grote winkel. Ze kloppen lange uren, worden onderbetaald en leven in armoedige omstandigheden. Maar een dergelijk droevig lot zal niet alleen hen beschoren zijn: de kleren die de rijke dames kopen aan veel te lage prijzen zijn besmet met de ziektekiemen van de tuberculose, die de meisjes en hun familie dragen, om zich vervolgens een weg te banen doorheen de rijke middens. (MT)

Le diamant noir

Alfred Machin

Le diamant noir
La pie noire
De zwarte diamant
The Black Diamond

DIRECTOR: Alfred Machin
YEAR: 1913
COUNTRY: BE
SCREENPLAY: Alfred Machin
CAMERA: Jacques Bizeuil
ART DIRECTOR: Raoul Morand
PROD. CO.: Belge Cinéma Film (Bruxelles)
CAST: Fernand Crommelynck (L'explorateur Santher), Albert Dieudonné (Son sauveteur, Luc Ogier), Blanche Derval (Linke, la fiancée de Luc), Richard, Hébert, Cécile May, Delaunay, Fernande Dépernay, Hélène Lefèbvre, Mimir
LANGUAGE: French
GAUGE: 35 mm
SILENT/SOUND: silent
B&W/COLOUR: B&W + colour
METRES: 915m
NOTES: Photography by Georges Bizet according to Henri Bousquet. 840m is in Pathé-colour.

◆ On 27 September 1913 the Hamburg Pathé cinema featured **The Black Diamond**, more than two months before the film hit the Paris screens. There seems to be no obvious reason for this. Together with **A Tragedy in the Clouds** and **War Is Hell**, **The Black Diamond** is certainly one of the better and more mature films Alfred Machin directed in Belgium, and perhaps even in his entire career; his post-war French productions indeed lapsed into workmanlike whimsy, typified by his animal comedies, a genre which knew brief popularity but could not compete with the rise of the American film industry.

The Black Diamond tells the story of Luc Ogier, secretary to Baron Van der Malen and engaged to his daughter Linke. During a walk, the lovers find a magpie which they decide to keep as a pet in the castle. One day, Linke discovers that a ring set with a black diamond has been stolen, and all the evidence seems to point to Luc. Despite Linke's belief in him, an embittered Luc flees the castle and the village to join the explorer Santher on a trip to the Congo. There, he manages to save Santher from a panther. This news reaches the castle where in the meantime the real thief - the magpie - has been apprehended. Ogier is now free to return to the castle and his beloved as a hero and with a clear conscience.

This film contains some exceptionally beautiful shots of the Antwerp docks and the Steen; the African scenes were filmed in the woods around the Rouge-Cloître near Brussels. The highly studied shots and carefully thought-out direction give the film a strikingly modern appearance and signal the high point in Machin's career.

● Le 27 septembre 1913, sans raison apparente, le cinéma Pathé de Hambourg programme **Le diamant noir** plus de deux mois avant sa sortie parisienne. Avec **La fille de Delft** et **Maudite soit la guerre**, ce film fait partie des meilleures réalisations de Machin. Il s'agit d'une des œuvres les plus mûres de sa filmographie belge, peut-être même de l'ensemble de sa carrière. En effet, ses productions françaises postérieures à la guerre dépasseront rarement le niveau artisanal, même ses divers films animaliers, genre qui connaîtra un bref succès mais qui ne sera pas de taille à se mesurer au cinéma américain montant.

Le diamant noir raconte l'histoire de Luc Ogier, secrétaire du baron Van der Malen et fiancé de sa fille Linke. Au cours d'une promenade, ils découvrent une pie qu'ils adoptent comme animal domestique. Un jour, Linke se rend compte du vol d'une bague sertie d'un diamant noir. Les soupçons se portent sur Luc Ogier. Malgré l'appui de sa fiancée, le jeune homme amer fuit le château et le village, et s'embarque avec l'explorateur Santher pour le Congo. Il réussit à y sauver Santher des griffes d'une panthère. La nouvelle parvient au château où l'on a, entre-temps, mis la main sur le véritable voleur du diamant: la pie. Luc Ogier peut retourner au château, en héros à la conscience pure.

Ce film contient des images d'une rare beauté du port d'Anvers et du Steen. Les scènes de la jungle africaine ont été filmées dans les bois autour du Rouge-Cloître, près de Bruxelles. Des prises de vues très étudiées et une mise en scène extrêmement soignée confèrent à cette œuvre un caractère étonnamment moderne. Machin est au sommet de sa carrière.

▶ Op 27 september 1913 programmeert de Hamburgse Pathé-bioscoop **Le diamant noir**, ruim twee maanden voor de film in Parijs op de affiche staat. Een aanwijsbare verklaring hiervoor is er niet. Deze film behoort, samen met **La fille de Delft** en **Maudite soit la guerre**, tot Machins betere en rijpere werk uit zijn Belgische periode en misschien zelfs zijn hele carrière; zijn naoorlogse Franse producties getuigen immers van een vooral artisanale kunst, zoals zijn dierenfilms, een genre dat een kort succes kende maar de strijd met de opkomende Amerikaanse filmindustrie niet aankon.

Le diamant noir doet het verhaal van Luc Ogier, secretaris van baron Van der Malen en verloofde van diens dochter Linke. Tijdens een wandeling ontdekken ze een ekster, die ze als huisdier in het kasteel opnemen. Op een dag merkt Linke de verdwijning van een ring met een zwarte diamant; alle verdenkingen wijzen naar Luc Ogier. Ondanks de steun van zijn geliefde, ontvlucht de verbitterde jongeman het kasteel en het dorp om samen met ontdekkingsreiziger Santher naar Kongo te vertrekken. Daar weet hij Santher te redden van een aanvallende panter. Het nieuws bereikt het kasteel, waar ondertussen de echte dief van de diamant gevat is: de ekster. Luc Ogier kan als held met een gerust geweten terugkeren naar het kasteel en zijn geliefde.

De film bevat uitzonderlijk mooie beelden van de Antwerpse haven en het Steen; de Afrikaanse scènes werden gefilmd in de bossen rond het Rood Klooster nabij Brussel. De duidelijk bestudeerde opnamen en uiterst verzorgde enscenering geven de film een opvallend modern karakter en kondigen het hoogtepunt in Machins carrière aan. (MT)

M. Beulemeester, garde civique

Alfred Machin

M. Beulemeester, garde civique
Monsieur Beulemeester, garde civique
Monsieur Beulemeester van de burgerwacht
Monsieur Beulemeester of the Civil Guard

DIRECTOR: Alfred Machin
YEAR: 1913
COUNTRY: BE
SCREENPLAY: Alfred Machin
CAMERA: Jacques Bizeuil
ART DIRECTOR: Raoul Morand
PROD. CO.: Belge Cinéma Film (Bruxelles)
CAST: Nicolas Ambreville (M. Beulemeester),
Fernand Mertens (Le petit Paul), (Isabelle),
(Georges)
LANGUAGE: French
GAUGE: 35 mm
SILENT/SOUND: silent
B&W/COLOUR: B&W
METRES: 290m

Les grandes manœuvres de l'armée belge
Grote manœuvres van het Belgisch leger
The Belgian Army on Manœuvres

DIRECTOR: Alfred Machin
YEAR: 1913
COUNTRY: BE
SCREENPLAY: Alfred Machin
CAMERA: Jacques Bizeuil
PROD. CO.: Belge Cinéma Film (Bruxelles)
LANGUAGE: French
SILENT/SOUND: silent

◆ **Monsieur Beulemeester of the Civil Guard** was the last film Alfred Machin made in 1913, together with **The Belgian Army on Manœuvres**, a newsreel attributed to Machin and distributed by Pathé's news department Pathé Journal. Not a single print of the latter film survived.

Monsieur Beulemeester of the Civil Guard did survive, however, along with the screenplay bearing Machin's name. Nicolas Ambreville plays the lead role, with Fernand Gravey (still known as Fernand Mertens at the time) playing Beulemeester's little son Paul. Gravey had already featured with Ambreville in an earlier Machin film, **Saïda Makes Off with the Manneken Pis**.

Monsieur Beulemeester departs on manœuvres, leaving his son Paul and daughter Isabelle at home with the necessary instructions. No sooner has he left than Isabelle invites round her boyfriend Georges. Unfortunately, Beulemeester returns earlier than expected and surprizes the lovers. Georges escapes but catches his trousers on a fence. Beulemeester curses him roundly in the appropriate Brussels accent before cutting off his trousers, forcing Georges to return home in a humiliating state. He then decides to turn in, but as he is sleeping his false teeth fall out and are picked up by his son Paul's pet monkey. The brother and sister tell their father he has swallowed his teeth. A doctor is called, but it is Georges who turns up and produces the false teeth. Out of gratitude, Monsieur Beulemeester offers him his daughter's hand in marriage.

Once again but for the last time in his Belgian career, Machin introduced his personal menagerie into a film.

● **M. Beulemeester, garde civique** est le dernier film que Machin réalise en 1913, avec **Les grandes manœuvres de l'armée belge**, un film d'actualités qui lui est attribué, distribué par Pathé Journal, et dont aucune copie n'a été conservée.

M. Beulemeester, garde civique a été sauvegardé, tout comme le scénario original où figure le nom de Machin. Nicolas Ambreville joue le rôle principal, tandis que le rôle du fils de Beulemeester, Paul, est tenu par Fernand Mertens, avant qu'il ne devienne Fernand Gravey. Il était déjà apparu aux côtés d'Ambreville dans **Saïda a enlevé Manneken Pis**. M. Beulemeester part en manœuvres, non sans avoir laissé les instructions nécessaires à ses enfants Paul et Isabelle. Mais à peine papa a-t-il le dos tourné qu'Isabelle fait venir son petit ami Georges. Le père Beulemeester rentre à l'improviste et surprend les tourtereaux en flagrant délit. Georges s'enfuit et accroche son pantalon à une clôture. M. Beulemeester en profite pour le lui couper... Il renvoie alors le garçon vers ses pénates dans l'état lamentable où il se trouve, accompagné d'un bon chapelet d'injures bruxelloises. Satisfait, le patriarche se met au lit. Mais il perd son dentier pendant son sommeil. Le singe de Paul découvre l'appareil. Frère et sœur racontent à leur père qu'il a avalé ses dents et appellent un médecin, Georges en l'occurrence, qui fait réapparaître le dentier. Par pure gratitude, le père Beulemeester lui donne la main de sa fille.

Une fois de plus - et ce sera la dernière fois dans sa carrière belge - Machin n'a pas pu s'empêcher de faire appel à un des animaux de sa ménagerie personnelle.

▶ **M. Beulemeester, garde civique** is Machins laatste film uit 1913, samen met **Les grandes manœuvres de l'armée belge**, een newsreel toegeschreven aan Machin en verdeeld door Pathé's actualiteitenafdeling Pathé Journal. Geen spoor werd er van deze film teruggevonden.

M. Beulemeester, garde civique bleef wel bewaard, net als het oorspronkelijke scenario, dat Machins naam draagt. De hoofdrol wordt vertolkt door Nicolas Ambreville, terwijl de rol van Beulemeesters zoontje Paul toegewezen werd aan Fernand Gravey, toen nog Fernand Mertens. Deze laatste was eerder al te zien - ook met Ambreville - in **Saïda a enlevé Manneken Pis**.

M. Beulemeester vertrekt op manœuvre en laat zoon en dochter met de nodige instructies thuis achter. Hij is nog niet goed en wel vertrokken of dochter Isabelle nodigt haar liefje Georges uit. Vader Beulemeester komt echter vroeger thuis en betrapt de twee tortelduifjes. Georges vlucht weg, maar blijft met z'n broek aan een hek hangen. M. Beulemeester vindt er niets beter op dan - na een gezonde Brusselse vloek - Georges' broek af te snijden en hem in deze hachelijke toestand huiswaarts te sturen. Voldaan legt Beulemeester zich te rusten, maar tijdens zijn slaap valt z'n vals gebit uit, dat ontdekt wordt door Pauls aapje. Broer en zus laten hun vader geloven dat hij zijn gebit ingeslikt heeft en er wordt een dokter bijgeroepen. Georges speelt deze rol met brio en haalt het gebit weer te voorschijn. Uit dank schenkt Beulemeester hem de hand van zijn dochter.

In deze film voert Machin voor de laatste keer in zijn Belgische carrière dieren uit zijn privé-zoo ten tonele. (MT)

M. Beulemeester, garde civique

Je vais me faire raser

Alfred Machin

Je vais me faire raser
La vengeance du coiffeur
De wraak van de kapper
The Barber's Revenge

DIRECTOR: **Alfred Machin**
YEAR: **1914**
COUNTRY: **BE**
SCREENPLAY: **Alfred Machin**
CAMERA: **Jacques Bizeuil**
ART DIRECTOR: **Raoul Morand**
PROD. CO.: **Belge Cinéma Film (Bruxelles)**
CAST: **Darman (Zoot-Koop), (Linka), (Fred Beulemans)**
LANGUAGE: **French**
GAUGE: **35 mm**
SILENT/SOUND: **silent**
B&W/COLOUR: **B&W**
METRES: **220m**

◆ Alfred Machin's last Belgian comedy was this short but very typically "Bruxellois" tableau. It is remarkable to observe just how successfully Machin, a Frenchman, managed to identify with Belgian and, above all, Brussels culture. In fact, the fearless reporter Machin and his faithful "pet" Mimir the leopard are highly reminiscent of the Belgian cartoon hero Tintin and his dog Bobby. Sometimes it almost seems as if cartoonist Hergé based his character on Machin; even the comic aspects of Machin's Belgian films are astoundingly close to Hergé's work, manifesting a buffoonery very similar to the tales of his mischievous cartoon duo Quick and Flupke, and again typically Bruxellois. **The Barber's Revenge** could have come straight out of one of their albums. Like many of Machin's films, it contains a somewhat moralizing note: pranksters will be punished and generosity rewarded. Another common ground between Machin's films and these strip cartoons is the abundant use of the untranslatable Brussels dialect.

The actor Darman plays the young student Zoot-Koop, who, like the barber's apprentice Fred Beulemans, is in love with the barber's daughter Linka. Linka's leanings are towards Zoot-Koop, but Beulemans is jealous and tells Linka's father about their rendezvous. The barber traps Zoot-Koop in his daughter's room and takes revenge by tying the student to a chair and meticulously shaving his head, including his eyebrows and moustache. On his return home, Zoot-Koop shows his mother his shiny bald pate and explains that his undersized hat now fits him like a glove. Hergé himself could not have done better.

● Cette scène typiquement bruxelloise est le dernier film comique tourné par Alfred Machin en Belgique. Il reste d'ailleurs très surprenant que le Français Machin ait si bien réussi à s'identifier à la culture belge et surtout bruxelloise. Le reporter Machin et sa fidèle panthère Mimir évoquent irrésistiblement Tintin et Milou, au point qu'on a parfois l'impression qu'Hergé en a tiré son inspiration. Les films belges de Machin et l'œuvre d'Hergé présentent également une similitude de traits comiques, ils regorgent de farces de la même veine que ceux de Quick et Flupke et reproduisent la quintessence de l'humour bruxellois. **Je vais me faire raser** a l'air de sortir tout droit d'un album des deux garnements et se veut tout aussi moralisateur: les mauvais tours sont punis, les bonnes actions récompensées. Et le dialecte bruxellois qui foisonne dans les œuvres des deux hommes ne fait que renforcer la comparaison. Preuve par l'intertitre: "Belle adorée, Oh! maske, je t'aime et serai demain au rendez-vous, sais-tu."

L'acteur Darman interprète le rôle de l'étudiant "Zoot-Koop" qui est amoureux de Linka, la fille du coiffeur, tout comme l'apprenti coiffeur Fred Beulemans. Mais la fille préfère les charmes de Zoot-Koop et la jalousie pousse Beulemans à révéler un rendez-vous de l'étudiant avec sa belle au père de celle-ci. Le coiffeur, surprenant Zoot-Koop dans la chambre de sa fille, se venge en le ligotant et en lui rasant la tête: cheveux, sourcils et moustache. Rentré à la maison, le jeune homme explique son crâne luisant à sa mère ahurie: il pourra ainsi enfin porter son chapeau étriqué. Hergé n'aurait pas trouvé mieux.

▶ De laatste komische film die Alfred Machin in België draaide, was dit korte maar heel typisch Brusselse tafereel. Dat de Fransman Machin zich zo sterk kon inleven in de Belgische en vooral Brusselse cultuur blijft zeer verwonderlijk. De figuur van de avonturier-reporter Machin en zijn trouwe "huisdier" Mimir doen onvermijdelijk denken aan Kuifje en Bobbie; soms lijkt het wel alsof Hergé zich door Machin heeft laten inspireren. Maar ook het komische aspect van Machins Belgische films sluit nauw aan bij het werk van Hergé, en niet zelden steekt een typisch Brusselse fratsenhumor de kop op die sterk aan Quick en Flupke herinnert. **Je vais me faire raser** had zo uit een van de albums van dit duo kunnen komen en heeft ook een ietwat moraliserende toon: deugnieterijen worden gestraft, weldaden beloond. Het Brusselse dialect, dat zowel in Machins films als in de stripalbums alomtegenwoordig is, bevestigt deze vergelijking: "Belle adorée, Oh! maske je t'aime et serai demain au rendez-vous, sais-tu", zo klinkt één van de sappige tussentitels.

De acteur Darman vertolkt de rol van student "Zoot-Koop" en is, net als kappersgast Fred Beulemans, verliefd op kappersdochter Linka. Deze laatste verkiest echter de charmes van de jonge Zoot-Koop. Beulemans is jaloers en brengt Linka's vader op de hoogte van haar afspraak met de student. De kapper neemt wraak en betrapt Zoot-Koop in zijn dochters kamer, waarop hij hem vastbindt en zijn hele hoofd kaalscheert: haar, wenkbrauwen en snor. Thuisgekomen bij zijn moeder, ontdekt deze het glimmende hoofd van haar zoon, die haar verklaart dat zijn te kleine hoed hem nu past als gegoten. Hergé had het niet beter kunnen bedenken. (MT)

La fille de Delft

Alfred Machin

La fille de Delft
La tulipe d'or
Het meisje uit Delft
A Tragedy in the Clouds

DIRECTOR: Alfred Machin
YEAR: 1914
COUNTRY: BE
SCREENPLAY: Alfred Machin
CAMERA: Jacques Bizeuil
ART DIRECTOR: Raoul Morand
PROD. CO.: Belge Cinéma Film (Bruxelles)
CAST: Blanche Montel (La petite Kate
Schoonejans), Fernand Mertens (Le jeune
Jef), Germaine Kaisen (La ballerine Kate à
l'âge adulte), Blanche Derval (Ballerine),
Paule Bréval (Une religieuse), Fernande
Dépernay, Henri Goidsen (Aéronaute Piet
Voorens), Harzé (Le meunier), Richard
(Directeur de théâtre Léopold Boolmans),
Max Péral (Un fêtard), Jean-François
Martial, Yolande Maurel, Georges Mertens,
M. Scott, Flore Aldile, Duvivier, William Elie
LANGUAGE: French
GAUGE: 35 mm
SILENT/SOUND: silent
B&W/COLOUR: B&W + colour
METRES: 1360m
NOTES: 1220m is in Pathé-colour

◆ Together with **War Is Hell**, **A Tragedy in the Clouds** is one of Alfred Machin's masterpieces. Like **War Is Hell**, it links a series of human tragedies topped off with a moralizing note of "love overcomes all". **A Tragedy in the Clouds** is a very polished production and can easily compete with contemporary foreign counterparts. Moreover, it features a number of Machin's pet themes: windmills and hot-air balloons, preferably in a burning or exploding state.

The story centres on Kate, who after the tragic death of her father, a miller, is sent to the city to live with her aunt. Kate has to part with her friend, the shepherd boy Jef, and at first they miss each other terribly. But Kate eventually enters the world of the theatre to become a famous ballerina, surrounded by many admirers. Her new glamorous life gradually supplants her friendship with Jef, whom she now considers beneath her. One day, however, an outing in a hot-air balloon with one of her lovers ends disastrously, and Kate is left blinded. Her new friends are no longer interested in her and she ends up all alone. Miserably, she returns to her village, where Jef is still waiting for her and welcomes her back with open arms.

A Tragedy in the Clouds was hugely successful, and documents testify to its worldwide distribution in Pathé cinemas abroad, even as far away as Japan. Certain scenes, with their subdued and highly artistic approach reminiscent even of the art of painting, unmistakably herald the work of Dekeukeleire and Storck.

● Avec **Maudite soit la guerre**, ce long métrage est un des chefs-d'œuvre d'Alfred Machin. Il s'agit aussi d'un drame composé d'un enchaînement de tragédies humaines qui se termine, malgré tout, par un épilogue moralisateur du genre "l'amour est plus fort que tout". Le film est extrêmement soigné et peut faire concurrence, sans honte, aux productions étrangères similaires. On y retrouve une série de thèmes chers à Machin: les moulins et les montgolfières, de préférence en flammes ou en pleine explosion.

Kate, personnage central de l'histoire, est envoyée en ville après la mort tragique de son père le meunier, pour aller vivre chez sa tante. La séparation avec son ami Jef, le berger, est difficile. Les deux êtres s'affectionnent. Mais Kate, adoptée par le monde du théâtre, devient une ballerine célèbre entourée d'une foule d'admirateurs. Sa nouvelle vie mondaine jette alors une ombre sur son amitié avec Jef, pour lequel elle se sent devenue trop bien. Peu après, une excursion en montgolfière avec un amant connaît une issue fatale: la jeune femme est aveugle pour la vie. Ses nouveaux amis ne veulent plus d'elle et, malheureuse, elle retourne dans son village où Jef l'attend toujours et l'accueille avec toute la puissance de son amour.

Le film connut un immense succès et des documents attestent de sa distribution mondiale dans la plupart des salles de Pathé, jusqu'au Japon. Dans certaines scènes, le style artistique retenu, inspiré de la peinture, annonce incontestablement le travail de Dekeukeleire et Storck.

▶ Samen met **Maudite soit la guerre** behoort deze langspeelfilm tot Alfred Machins meesterwerken; het is eveneens een drama dat een aaneenschakeling bevat van menselijke tragedies en eindigt met een moraliserende noot van "de liefde overwint alles". De film is uiterst verzorgd en kan probleemloos concurreren met gelijkaardige buitenlandse producties. Bovendien bevat hij een aantal thema's die zeer typisch zijn voor Machin: molens en luchtballons, brandend of ontploffend.

Het centrale personage is Kate, die na de tragische dood van haar vader, een molenaar, naar de stad wordt gestuurd om bij haar tante te gaan wonen. De scheiding van haar vriendje Jef de herder valt beiden echter zwaar. Maar Kate wordt al snel opgenomen in de theaterwereld en groeit uit tot een beroemde ballerina, omringd door vele bewonderaars. Door haar nieuwe mondaine leven raakt haar vriendschap met Jef, voor wie ze zich nu te goed voelt, meer en meer op de achtergrond. Een uitstap in een luchtballon met een van haar geliefden loopt echter fataal af en Kate verliest het gezichtsvermogen. Haar nieuwe vrienden kijken niet meer naar haar om en verbitterd keert ze terug naar het dorp, waar Jef nog steeds op haar wacht en haar liefdevol opvangt.

De film kende een enorm succes: documenten getuigen van zijn verspreiding in Pathé-bioscopen over de gehele wereld, tot in Japan toe. Uit bepaalde beelden spreekt een ingetogen, zeer artistieke en zelfs aan de schilderkunst ontleende stijl die ontegensprekelijk het werk aankondigt van Dekeukeleire en Storck (MT).

Maudite soit la guerre

Alfred Machin

Maudite soit la guerre
Mourir pour la patrie
Vervloekt zij den oorlog
War Is Hell

DIRECTOR: Alfred Machin
YEAR: 1914
COUNTRY: BE
SCREENPLAY: Alfred Machin
CAMERA: Jacques Bizeuil, Paul Flon
PROD. CO.: Belge Cinéma Film (Bruxelles)
CAST: Suzanne Berni (Lidia Modzel), Baert (L'aviateur étranger Hardeff), Albert Hendrickx (Sigismond Modzel), Fernand Crommelynck (Le père Modzel), Nadia d'Angely (La mère Modzel), Henri Goidsen (Lieutenant Maxim), Zizi Festerat, Bailly, Lucion Mussière, Maurice Auzat, Réginald, Jane Tony, Georges Etienne
LANGUAGE: French
GAUGE: 35 mm
SILENT/SOUND: silent
B&W/COLOUR: B&W + stencil-coloured
METRES: 1050m

La traction canine dans l'armée belge
De hondentrekkracht in het Belgisch leger
Canine Haulage in the Belgian Army

DIRECTOR: Alfred Machin
YEAR: 1914
COUNTRY: BE
SCREENPLAY: Alfred Machin
CAMERA: Jacques Bizeuil
PROD. CO.: Belge Cinéma Film (Bruxelles)
LANGUAGE: French
SILENT/SOUND: silent
METRES: 154m

◆ **War Is Hell** is undoubtedly the high point in Alfred Machin's career and a masterpiece in every respect. It has a strong storyline, a studied and occasionally intimate cinematic style, a sensitive use of colour and a strongly argued message. This war drama tells the story of Lidia Modzel, sister of Sigismond and the fiancée of his friend Adolphe Hardeff, a native of a neighbouring country. Both men are fulfilling their national service when their countries declare war on each other, making them official enemies. Both are killed in the war. When Lieutenant Maxim imparts these dreary tidings to Lidia, she is crushed by the double loss. But Maxim comforts her and they eventually fall in love. Later Lidia discovers that the two men actually killed each other during heavy fighting. She is deeply distraught and finds peace only upon retiring to a convent.

War Is Hell is a clear indictment of armed violence and it almost seems as if Machin, himself a pacifist, sensed the coming of the Great War: the film was released in June 1914, barely two months before the outbreak of World War I. The film was shown worldwide while Machin was recalled to France for conscription. Together with colleagues from other production companies, he was fortunate to spend the war practising his profession by shooting news footage. After the war, Machin again settled in Nice where he made another 14 or so films, none of which ever attained the standard reached by his Dutch and Belgian productions. He died in 1929 at the age of 54, leaving a legacy of more than 150 films. More important still, he had by then laid the foundations for the future development of Europe's film culture.

● **Maudite soit la guerre** constitue indubitablement le sommet de la carrière d'Alfred Machin et est un chef-d'œuvre à tous les points de vue: l'histoire est solide, le style étudié et parfois intimiste, les couleurs touchantes, le message explicitement présent. Ce drame de la guerre raconte l'histoire de Lidia Modzel, sœur de Sigismond et fiancée de son ami Adolphe Hardeff, originaire d'un pays voisin. Les deux hommes accomplissent leur service militaire mais la guerre éclate et ils se retrouvent officiellement ennemis. Tous deux vont périr. Lorsque le lieutenant Maxim annonce leur mort, Lidia est brisée par la double perte. Mais Maxim la soutient et réussit à se faire aimer d'elle. La découverte que son frère et son fiancé se sont entre-tués lors d'une terrible bataille lui fait presque perdre raison. Seul le couvent lui apportera une maigre consolation.

Ce film est un acte d'accusation indéniable contre la guerre, comme si le pacifiste Machin avait senti l'imminence de la Grande Guerre: il sortit en juin 1914, à peine deux mois avant le début des hostilités. L'œuvre fut distribuée mondialement pendant que la France rappelait Machin sous les drapeaux. Avec des collègues d'autres sociétés de production, il continua à exercer son métier de cinéaste tout au long de la guerre, en tournant des actualités. A la fin des hostilités, il s'établit à Nice où il tourna encore quelque 14 films, dont aucun n'atteindra plus le niveau de ses réalisations hollandaises et belges. Alfred Machin mourut en 1929 à l'âge de 54 ans et laissa un héritage d'environ 150 films. Plus important: il était à la base d'une partie essentielle de la culture cinématographique européenne.

▶ **Maudite soit la guerre** is ongetwijfeld hét hoogtepunt in Machins carrière en in alle opzichten een meesterwerk: het verhaal is sterk, de stijl is bestudeerd en bij wijlen intimistisch, de kleuren aandoenlijk, de boodschap uitdrukkelijk aanwezig. Dit oorlogsdrama doet het relaas van Lidia Modzel, zus van Sigismond en verloofd met Adolphe Hardeff, diens vriend uit een naburig land. Beide mannen doen hun legerdienst, tot de oorlog uitbreekt en ze officieel vijanden worden. Beiden sneuvelen. Wanneer Luitenant Maxim hun overlijden komt melden, is Lidia gebroken door het dubbele verlies. Maar Maxim vangt haar op en weet haar liefde voor zich te winnen. Ze ontdekt echter dat haar broer en haar verloofde elkaar in een hevige strijd hebben gedood. Lidia raakt buiten haar zinnen en vindt enkel nog troost in het klooster.

Deze film is een onmiskenbare aanklacht tegen het wapengeweld, en het lijkt wel of pacifist Machin de Grote Oorlog voelde aankomen: **Maudite soit la guerre** kwam uit in juni 1914, amper twee maanden voor W.O.I losbarstte. Terwijl de film wereldwijd werd verdeeld, moest Machin naar Frankrijk terugkeren om te dienen in het leger. Samen met collega's van andere productiemaatschappijen kon hij de hele oorlog lang zijn beroep blijven uitoefenen door het draaien van actualiteitsbeelden. Na de oorlog vestigde hij zich opnieuw in Nice, waar hij nog een 14-tal films draaide, die echter nooit meer het niveau van zijn Nederlandse en Belgische producties haalden. Alfred Machin stierf op 54-jarige leeftijd, in 1929. Hij liet een erfenis van zo'n 150 films na en heeft bovenal een stevige basis gelegd voor de latere bloei van de Europese filmcultuur. (MT)

Maudite soit la guerre

Suprême sacrifice

Alfred Machin

Suprême sacrifice
Uiterste opoffering
Supreme Sacrifice

DIRECTOR: Alfred Machin, Armand Du Plessy
YEAR: 1919
COUNTRY: BE
SCREENPLAY: Alfred Machin
CAMERA: Jacques Bizeuil
PROD. CO.: Belge Cinéma Film (Bruxelles)
CAST: (Ginette), (Jacques Hébert)
LANGUAGE: French
SILENT/SOUND: silent
METRES: 1400m/1700m

◆ Concluding our dealings with Alfred Machin, we come to his final Belgian production, **Supreme Sacrifice**. This film's history is shrouded in mystery. It does not appear in the Pathé catalogues of the time, no trace of the script exists and no print has ever been discovered. The only contemporary proof of its existence (and of Alfred Machin being the director) can be found in an article dating from 1919 in the Dutch magazine *De Film-Wereld*. It is mentioned again in subsequent publications, but the Belgian film historian Francis Bolen is the only one who really appears to be familiar with its obscure history. According to Bolen, Machin had started shooting the film, but at the outbreak of the war he had to leave the Karreveld film studios and Belgium. After the war, Armand Du Plessy is alleged to have rediscovered the negative, added a number of extra shots and edited the whole.

The only clue to the plot of this feature film - "a film drama in five chapters" - is the aforementioned article. The story tells of a mineworker, Jacques Hébert, who becomes unemployed after an explosion which injures his new-born daughter Ginette. He and his family emigrate to Canada. During the voyage, fire breaks out on board and Jacques watches powerlessly as his wife and child are swept overboard by the huge waves. On arrival in Canada, a demoralized Jacques joins a group of trappers. Years pass. Jacques is unaware that little Ginette was saved from the sea and brought up by a foster family. Now a young woman, she is one day involved in a car accident and taken to the hospital where Jacques works. He recognizes the wound Ginette sustained as a baby, but decides not to reveal his identity so that she can carry on with her life unconcerned.

● Pour clore le chapitre sur Alfred Machin, il convient de mentionner sa dernière production belge: **Suprême sacrifice**. Ce film a connu une histoire obscure. Il ne figure pas au catalogue Pathé de l'époque, aucune trace du scénario ne subsiste et aucune copie n'a jamais été retrouvée. La seule preuve d'époque de l'existence du film, qui l'attribue à Alfred Machin, est un article daté de 1919 de la revue néerlandaise *De Film-Wereld*. Quelques textes ultérieurs le mentionnent également, mais l'historien du cinéma belge Francis Bolen semble être le seul à connaître le sombre passé de cette œuvre. Machin en aurait commencé le tournage mais, lorsque éclate la guerre, il est obligé de quitter le Karreveld et la Belgique. Armand Du Plessy aurait retrouvé le négatif après la guerre et y aurait ajouté quelques prises de vues supplémentaires avant de monter le tout.

Le sujet de ce long métrage - "un drame filmé en cinq parties" - n'est également connu que grâce à l'article cité ci-dessus. Il raconte l'histoire de Jacques Hébert, un mineur réduit au chômage par une explosion qui a blessé sa fille nouveau-née Ginette. Suite à l'accident, il décide d'émigrer au Canada avec sa famille. Mais un incendie éclate sur le navire et Jacques, impuissant, voit femme et enfant englouties par les vagues. Arrivé au Canada, abattu, notre homme se joint à un groupe de chasseurs de fourrures. Les années passent. Jacques ignore, toutefois, que Ginette a survécu au naufrage et a été recueillie par des parents d'adoption. Le hasard fait qu'un accident de voiture amène la jeune femme à l'hôpital où son père travaille alors. Il reconnaît la blessure que, bébé, l'explosion infligea à la jeune femme, mais décide de ne pas lui révéler son identité pour qu'elle puisse reprendre sa vie heureuse après sa guérison.

▶ Alvorens het hoofdstuk Alfred Machin volledig af te sluiten, dienen we nog zijn laatste Belgische productie te vermelden: **Suprême sacrifice**. Deze film kent een obscure geschiedenis. Hij komt niet voor in de catalogi die Pathé uitgaf, er bestaat geen spoor van een origineel scenario en nergens werd een kopie teruggevonden. Het enige bewijs voor het bestaan ervan - dat de film ook toeschrijft aan Alfred Machin - is een uit 1919 daterend artikel uit het Nederlandse tijdschrift *De Film-Wereld*. Later wordt hij nog in enkele andere teksten vermeld, maar de Belgische filmhistoricus Francis Bolen is de enige die meer lijkt te weten over zijn duistere verleden. Machin zou met de opnamen zijn begonnen, maar bij het uitbreken van de oorlog moest hij het Karreveld en België verlaten. Na de oorlog zou het negatief teruggevonden zijn door Armand Du Plessy, die er enkele bijkomende opnamen aan zou hebben toegevoegd alvorens het geheel te monteren.

De inhoud van deze langspeelfilm - "een film-drama in vijf afdeelingen" - is ook enkel bekend van bovengenoemd artikel. Het verhaal gaat over een mijnwerker, Jacques Hébert, die na een ontploffing waarbij zijn pas geboren dochtertje Ginette gewond raakt, werkloos wordt en met vrouw en kind naar Canada emigreert. Tijdens de reis breekt brand uit op de boot en Jacques ziet hoe zijn vrouw en dochtertje meegevoerd worden door metershoge golven. In Canada voegt de verslagen Jacques zich bij een groep pelsjagers, en de jaren verstrijken. Hij weet echter niet dat Ginette gered werd en opgenomen door een pleeggezin. Na een auto-ongeluk belandt ze - nu een jonge vrouw - in het ziekenhuis waar Jacques op dat ogenblik werkt. Hij herkent de wonde die het meisje als baby opliep, maar besluit zich niet kenbaar te maken zodat ze na haar herstel haar rustige leventje verder kan zetten. (MT)

The First World War

La Grande Guerre

De Eerste Wereldoorlog

HIPPOLYTE DE KEMPENEER

◆ On 3 August 1914 German troops invaded Belgium. Seventeen days later they marched into the capital, marking the beginning of four years of occupation, harassment and censorship. A decree dated 13 October 1914 subjected to official approval all theatrical, song and spoken-word performances alongside "cinematographic projections". Little by little cinemas re-opened to the public, but no new productions were mounted as the studios themselves remained closed during the occupation.

Throughout these years, Hippolyte De Kempeneer maintained his Cinéma des Familles showing documentaries and newsreels (a batch of which he sold to the City of Brussels in October 1918). The newsreels he shot himself conform to the boundaries imposed by the censor and are wholly devoid of subversive intent, yet they have the virtue of capturing authentic moments of this painful period. We see supplies being brought in, colonies for sickly children, a soup kitchen and scenes with refugees and the unemployed. De Kempeneer also organized matinee screenings for schoolchildren in his Cinéma des Familles and during the war also set up his Compagnie belge des films instructifs targeting young audiences.

The cellars of his cinema were where he set up a laboratory for processing and printing as well as a small studio for production of patriotic films to be shown following liberation (or so De Kempeneer claimed after the war). The first nationalistic drama of the post-war period was the **The Martyrdom of Belgium** in 1919, directed by Charles Tutelier and produced by De Kempeneer.

● Le 3 août 1914, les troupes allemandes envahissent la Belgique. Elles investissent la capitale dix-sept jours plus tard, ouvrant quatre années d'occupation, de brimade et de censure: une ordonnance datée du 13 octobre 1914 instaure un contrôle officiel sur les représentations théâtrales, les récitations chantées ou parlées, ainsi que sur les "projections lumineuses cinématographiques". Les salles rouvrent peu à peu leurs portes, mais aucune production nouvelle n'est mise en chantier car les studios restent fermés durant les hostilités.

Durant cette période, Hippolyte De Kempeneer continue à exploiter son Cinéma des Familles, programmant des documentaires et des sujets d'actualités (un lot de ces films sera vendu par De Kempeneer à la Ville de Bruxelles en octobre 1918). Les actualités qu'il a lui-même réalisées respectent les normes de la censure et ne se veulent en rien subversives, mais elles ont le mérite de visualiser quelques moments de ces années pénibles, pris sur le vif: scènes de ravitaillement, colonies pour adolescentes chétives, chômeurs ou réfugiés, soupe populaire.

De Kempeneer organise par ailleurs des matinées scolaires dans son Cinéma des Familles et fonde durant la guerre la Compagnie belge des films instructifs à l'intention de la jeunesse.

Dans une cave de son cinéma, il a installé un laboratoire de développement et de tirage, ainsi qu'un petit studio (du moins le prétendra-t-il après la guerre) pour y préparer des films patriotiques destinés à être montrés à la Libération. Le premier drame cocardier de l'après-guerre sera, en 1919, **La Belgique martyre** réalisé par Charles Tutelier et produit par De Kempeneer. (RM)

► Op 3 augustus 1914 rukken Duitse troepen België binnen. Zeventien dagen later belegeren ze Brussel, waarop vier lange jaren volgden van bezetting, kwelling en censuur: een ordonnantie van 13 oktober 1914 stelt een officiële controle in op theatervoorstellingen, voordrachten en liederen, evenals op "cinematografische lichtprojecties". Stilaan openen de bioscopen weer hun deuren, maar nieuwe producties komen er niet: de studio's blijven gesloten gedurende de bezetting.

Ondertussen gaat Hippolyte De Kempeneer onverdroten voort met zijn activiteiten in de Cinéma des Familles waar hij documentaires en actualiteitsbeelden programmeert (in oktober 1918 zou hij een lot van deze films aan de Stad Brussel verkopen). Voor de actualiteitsfilms die hij zelf draaide, hield hij zich in ieder geval aan de regels van de censuur en vermeed hij elke vorm van subversiviteit. Wel brengen ze enkele momenten in beeld uit deze moeilijke jaren, naar het leven gedraaid, scènes van de bevoorrading, kolonies voor zieke kinderen, werklozen, vluchtelingen, de bedeling van soep. De Kempeneer organiseerde overigens schoolmatinées in zijn Cinéma des Familles en had nog tijdens de oorlog de Compagnie belge des films instructifs opgericht, bestemd voor de jeugd.

In de kelder van zijn bioscoop richt hij een laboratorium in om er films te ontwikkelen en - naar hij althans beweerde na de oorlog - een kleine studio waar hij de patriottische films voorbereidde die hij zou uitbrengen na de bevrijding. Het eerste naoorlogse drama in deze reeks is **La Belgique martyre** (1919) van Charles Tutelier, geproduceerd door De Kempeneer.

Les Restaurants Bruxellois

Ravitaillement de la ville, distribution
de beurre et moules aux Halles Centrales
Bevoorrading van de stad, uitdeling van
boter en mosselen in de Centrale Hallen
Fresh Supplies for the City: Distribution
of Butter and Mussels in the Halles
Centrales

DIRECTOR: Hippolyte De Kempeneer
YEAR: 1918
COUNTRY: BE
SILENT/SOUND: silent

Hangars du Comité National au Bassin
Vergote. Arrivée de bateaux. Décharge-
ment de graisses et de lard
Opslagplaatsen van het Comité National
in het Vergotedok. Aankomst van boten.
Lossen van vet en spek
Comité National Warehouses in the
Bassin Vergote. Arrival of Ships. Unloading
of Fats and Lard

DIRECTOR: Hippolyte De Kempeneer
YEAR: 1918
COUNTRY: BE
SILENT/SOUND: silent

Fabrication de couques scolaires
à la Maison du Peuple
Bereiding van schoolkoeken in het
Volkshuis
Making Cakes in the Maison du Peuple

DIRECTOR: Hippolyte De Kempeneer
YEAR: 1918
COUNTRY: BE
SILENT/SOUND: silent

Magasins communaux. Porcherie à Luna-
Park et ferme d'élevage
Gemeentemagazijnen. Varkensstal in
Luna-Park en kwekerij
Communal Shops. Pigsty in Luna-Park and
Pig-Breeding on the Farm

DIRECTOR: Hippolyte De Kempeneer
YEAR: 1918
COUNTRY: BE
SILENT/SOUND: silent

La soupe communale à Bruxelles
Gemeentesoep in Brussel
The Brussels Soup Kitchen

DIRECTOR: Hippolyte De Kempeneer
YEAR: 1918
COUNTRY: BE
SILENT/SOUND: silent

Buanderie communale au Palais du Midi
Gemeenschappelijke wasplaats in het
Zuidpaleis
Communal Wash House in the Palais du
Midi

DIRECTOR: Hippolyte De Kempeneer
YEAR: 1918
COUNTRY: BE
SILENT/SOUND: silent

Cure d'air pour nourrissons à Boitsfort
Cure d'air de Boitsfort (nourrissons)
Gezondheidskuur voor zuigelingen in
Bosvoorde
Infants Take the Air at Boitsfort

DIRECTOR: Hippolyte De Kempeneer
YEAR: 1918
COUNTRY: BE
SILENT/SOUND: silent

Colonie de jeunes filles chétives à Zellick
Kolonie voor zwakke meisjes in Zellik
Spa for Sickly Girls in Zellick

DIRECTOR: Hippolyte De Kempeneer
YEAR: 1918
COUNTRY: BE
SILENT/SOUND: silent

Laiteries du Comité National
Melkfabrieken van het Comité National
Comité National Dairies

DIRECTOR: Hippolyte De Kempeneer
YEAR: 1918
COUNTRY: BE
SILENT/SOUND: silent

A la meunerie bruxelloise
In de Brusselse maalderij
In the Brussels Flour Mill

DIRECTOR: Hippolyte De Kempeneer
YEAR: 1918
COUNTRY: BE
SILENT/SOUND: silent

Distribution de farine, Rue du Frontispice
Uitdeling van bloem in de Frontispiesstraat
Distribution of Flour. Rue du Frontispice

DIRECTOR: Hippolyte De Kempeneer
YEAR: 1918
COUNTRY: BE
SILENT/SOUND: silent

Bruxelles pendant l'occupation
Bruxelles sous l'occupation
Brussel tijdens de bezetting
Brussels During the Occupation

DIRECTOR: Hippolyte De Kempeneer
YEAR: 1918
COUNTRY: BE
SILENT/SOUND: silent

Vente de la Fleur de l'Orphelin
Verkoop van bloemen voor de wees-
kinderen
Selling Flowers for the Orphans

DIRECTOR: Hippolyte De Kempeneer
YEAR: 1918
COUNTRY: BE
SILENT/SOUND: silent

Les réfugiés français à Bruxelles
De Franse vluchtelingen in Brussel
The French Refugees in Brussels

DIRECTOR: Hippolyte De Kempeneer
YEAR: 1918
COUNTRY: BE
SILENT/SOUND: silent

Distribution des fonds de chômage
Uitdeling van de werkloosheidsfondsen
Distribution of Unemployment Funds

DIRECTOR: Hippolyte De Kempeneer
YEAR: 1918
COUNTRY: BE
SILENT/SOUND: silent

Ravitaillement de la ville, arrivée des
légumes
Bevoorrading van de stad, aankomst van
groenten
Fresh Supplies for the City, the Arrival of
Vegetables

DIRECTOR: Hippolyte De Kempeneer
YEAR: 1918
COUNTRY: BE
SILENT/SOUND: silent

Consultations de nourrissons et cantine
maternelle, impasse des Allemands
Consultaties van zuigelingen en kantine
voor de moeders, impasse van de Duitsers
Check-Up for Infants and Cantine for
the Mothers, Impasse of the Germans

DIRECTOR: Hippolyte De Kempeneer
YEAR: 1918
COUNTRY: BE
SILENT/SOUND: silent

Les Restaurants Bruxellois
De Brusselsche Spijshuizen
R.B. Locaux, personnel, matériel et dis-
tribution des repas

DIRECTOR: [Hippolyte De Kempeneer]
YEAR: 1919
COUNTRY: BE
LANGUAGE: French
GAUGE: 35 mm
SILENT/SOUND: silent
B&W/COLOUR: B&W
METRES: 752m

La fête organisée par la Ville de
Bruxelles en l'honneur des combattants
bruxellois
Feest georganiseerd door de Stad Brussel
ter ere van de Brusselse strijders
Celebrations Organized by the City of
Brussels in Honour of the Combatants
from Brussels

DIRECTOR: Hippolyte De Kempeneer
YEAR: 1919
COUNTRY: BE
SILENT/SOUND: silent

Rentrée de la famille royale à Gand après
l'armistice
Intrede van de Koninklijke Familie in
Gent na de wapenstilstand
The Royal Family Arrives in Ghent after
the Armistice

DIRECTOR: Hippolyte De Kempeneer
YEAR: 1919
COUNTRY: BE
SILENT/SOUND: silent

Arrivée du prince du Japon Hiro Hito
Aankomst van de Japanse prins Hiro Hito
Arrival of the Japanese Prince Hiro Hito

DIRECTOR: Hippolyte De Kempeneer
YEAR: 1921
COUNTRY: BE
SILENT/SOUND: silent

SERVICE CINÉMATOGRAPHIQUE DE L'ARMÉE BELGE SCAB

Memorial Day à Audenaerde
Memorial Day in Oudenaarde
Memorial Day in Audenaerde

DIRECTOR: anonymous
YEAR: 1914-1918
COUNTRY: BE
PROD. CO.: Service Cinématographique de l'Armée Belge SCAB
SILENT/SOUND: silent
METRES: 40m

Funérailles des héros civils à Anvers
Begrafenis van de burgerlijke helden in Antwerpen
Funeral of the Civilian Heroes of Antwerp

DIRECTOR: anonymous
YEAR: 1914-1918
COUNTRY: BE
PROD. CO.: Service Cinématographique de l'Armée Belge SCAB
SILENT/SOUND: silent
METRES: 60m

Les sorties d'Anvers
De vlucht uit Antwerpen
Sorties in Antwerp

DIRECTOR: anonymous
YEAR: 1914-1918
COUNTRY: BE
PROD. CO.: Service Cinématographique de l'Armée Belge SCAB
SILENT/SOUND: silent
METRES: 187m

◆ Although the Belgian army had made films before the First World War (Pathé cameramen filmed the 1913 autumn manœuvres in the Ardennes; images of the newly-formed Belgian air force were shot in 1913 on the military airfield at Brasschaat for the film **War Is Hell**), it did not possess its own film unit until the outbreak of war. Very soon (in autumn 1914), footage of the German invasion of Belgium was to become increasingly popular, both among the Allies and in neutral countries. But it was not until 1915 that efforts were made to implement a more co-ordinated film policy in the army. The Service Cinématographique de l'Armée Belge SCAB was established in De Panne along the lines of a similar initiative in France. The aim of the SCAB was to capture the fighting spirit of the Belgian army and also to follow the activities of the Royal Family, especially King Albert. The unit was headed by Lieutenant Horlait, and counted among its ranks the film-makers Léon-Josse Dassonville, Léon Drapier, Jean Hobeck, Emile Thirion and Louis Rolland. Behind the front the service ran its own laboratory, headed by Isidore Moray and Emile Lemaître. The SCAB produced its own films fairly regularly and towards the end of the war issued a series of newsreels under the title **Yser Journal**, each made up of around 10 smaller reportages. These newsreels were still being shown in Belgian cinemas some time after the liberation. Later the footage was used in countless documentaries and even fiction films, among them **With Our Troops on the Yser** by Clemens De Landtsheer. The SCAB is still active today and has an extensive film archive.

● Bien que l'armée belge ait tourné des films avant la Grande Guerre (en 1913, les opérateurs de Pathé filmèrent les manœuvres ardennaises d'automne, et, pour **Maudite soit la guerre**, des prises de vues de la jeune Force Aérienne sur l'aérodrome militaire de Brasschaat furent effectuées), il fallut attendre l'éclatement des hostilités pour qu'elle dispose de son propre service cinématographique. Très vite (automne 1914), les images de l'invasion allemande en Belgique déferlent sur les pays alliés et neutres. Dans le courant de l'année 1915, l'armée entreprend d'améliorer la coordination de ses activités cinématographiques. Dans la foulée d'un développement similaire en France, elle crée un Service Cinématographique de l'Armée Belge. Le SCAB s'établit à La Panne. Son objectif: filmer l'engagement de l'armée et accompagner la famille royale, le roi Albert en tête. Dirigé par le lieutenant Horlait, regroupant les cinéastes Léon-Josse Dassonville, Léon Drapier, Jean Hobeck, Emile Thirion et Louis Rolland, il dispose d'un laboratoire à l'arrière du front sous la conduite d'Isidore Moray et Emile Lemaître. Vers la fin de la guerre, le SCAB sortira des séries d'actualités regroupant une dizaine de courts reportages sous le titre **Yser Journal**. Ces journaux filmés seront encore projetés un certain temps dans les salles belges après la Libération. Par la suite, ces matériaux seront recyclés dans un grand nombre de documentaires et de films de fiction, dont **Avec nos gars à l'Yser** de Clemens De Landtsheer. Le SCAB, conservateur des riches archives de ses films, est aujourd'hui encore actif.

▶ Hoewel het Belgisch leger al voor W.O.I kennis maakte met het filmmedium (cameramen van Pathé filmden de herfstmanœuvres van 1913 in de Ardennen en er werden voor **Maudite soit la guerre** beelden van de jonge Belgische luchtmacht gedraaid in 1913 op het militair vliegveld te Brasschaat), beschikte het tot het uitbreken van de oorlog niet over een eigen filmdienst. Maar al snel (herfst 1914) circuleerden beelden van de Duitse inval in België, zowel bij de geallieerden als in de neutrale landen. Pas in de loop van 1915 werd er werk gemaakt van een meer gecoördineerd filmbeleid in het leger: de Service Cinématographique de l'Armée Belge SCAB kwam tot stand in De Panne, in navolging van een soortgelijk initiatief in Frankrijk. Doel van de SCAB was de strijdlustige inzet van het Belgisch leger te filmen, maar ook verslag uit te brengen van het leven van de koninklijke familie - met koning Albert voorop. De SCAB werd geleid door luitenant Horlait en had diverse cineasten in dienst, zoals Léon-Josse Dassonville, Léon Drapier, Jean Hobeck, Emile Thirion en Louis Rolland. Achter het front bevond zich het laboratorium o.l.v. Isidore Moray en Emile Lemaître. De SCAB produceerde zijn films met een zekere regelmaat en bracht rond het einde van de oorlog een filmjournaal uit, met telkens een tiental korte reportages: het **IJzer-Journaal**. Deze journaals waren na de bevrijding een tijdlang in de Belgische bioscopen te zien. Later werd het materiaal in tal van documentaires en zelfs fictiefilms gebruikt, o.a. in **Met onze jongens aan den IJzer** van Clemens De Landtsheer. De SCAB is nog steeds actief en bezit een uitgebreid filmarchief. *(GC)*

Yser Journal n° 7

Les soldats belges sur le Rhin
De Belgische soldaten aan de Rijn
The Belgian Soldiers on the Rhine

DIRECTOR: anonymous
YEAR: 1914-1918
COUNTRY: BE
PROD. CO.: Service Cinématographique de l'Armée Belge
SCAB
SILENT/SOUND: silent
METRES: 107m

L'entrée du général Michel à Eupen
De intrede van Generaal Michel te Eupen
The Entrance of General Michel into Eupen

DIRECTOR: anonymous
YEAR: 1914-1918
COUNTRY: BE
PROD. CO.: Service Cinématographique de l'Armée Belge
SCAB
SILENT/SOUND: silent
METRES: 72m

L'entrée des Belges à Eupen
De intrede van de Belgen te Eupen
The Belgians Enter Eupen

DIRECTOR: anonymous
YEAR: 1914-1918
COUNTRY: BE
PROD. CO.: Service Cinématographique de l'Armée Belge
SCAB
SILENT/SOUND: silent
METRES: 39m

La rééducation de nos blessés
De revalidatie van onze gewonden
Our Wounded Are Brought Back to Health

DIRECTOR: anonymous
YEAR: 1914-1918
COUNTRY: BE
PROD. CO.: Service Cinématographique de l'Armée Belge
SCAB
SILENT/SOUND: silent
METRES: 141m

Les funérailles des fusillés civils
Begrafenis van gefusilleerde burgers
The Funeral of Executed Civilians

DIRECTOR: anonymous
YEAR: 1914-1918
COUNTRY: BE
PROD. CO.: Service Cinématographique de l'Armée Belge
SCAB
SILENT/SOUND: silent
METRES: 95m

Le roi Albert recevant la Croix de Guerre
Koning Albert krijgt het Oorlogskruis
King Albert Receives the Croix de Guerre

DIRECTOR: anonymous
YEAR: 1914-1918
COUNTRY: BE
PROD. CO.: Service Cinématographique de l'Armée Belge
SCAB
SILENT/SOUND: silent
METRES: 97m

Les mortiers de tranchée
De mortiers van de loopgrachten
The Mortars in the Trenches

DIRECTOR: anonymous
YEAR: 1914-1918
COUNTRY: BE
PROD. CO.: Service Cinématographique de l'Armée Belge
SCAB
SILENT/SOUND: silent
METRES: 158m

Les aérostatiers
De luchtschippers
The Balloonists

DIRECTOR: anonymous
YEAR: 1914-1918
COUNTRY: BE
PROD. CO.: Service Cinématographique de l'Armée Belge
SCAB
SILENT/SOUND: silent
METRES: 137m

La bataille de Merckem
De slag van Merckem
The Battle of Merckem

DIRECTOR: anonymous
YEAR: 1914-1918
COUNTRY: BE
PROD. CO.: Service Cinématographique de l'Armée Belge
SCAB
SILENT/SOUND: silent
METRES: 193m

Anniversaires tragiques et glorieux
Haelen, 12 août 1914
La bataille de Haelen
Tragische en glorievolle verjaaringen
Haelen, 12 oogst 1914
The Tragic and Glorious Anniversaries of
Haelen, 12 August 1914

DIRECTOR: anonymous
YEAR: 1914-1918
COUNTRY: BE
PROD. CO.: Service Cinématographique de l'Armée Belge
SCAB
LANGUAGE: French
GAUGE: 35 mm
SILENT/SOUND: silent
B&W/COLOUR: B&W
METRES: 156m

Le panorama de l'Yser - œuvre du peintre
Bastien
Panorama van de IJzer - het werk van
schilder Bastien
Panoramic of the Battle of the Yser

DIRECTOR: anonymous
YEAR: 1914-1918
COUNTRY: BE
PROD. CO.: Service Cinématographique de l'Armée Belge
SCAB
LANGUAGE: French, Dutch
GAUGE: 35 mm
SILENT/SOUND: silent
B&W/COLOUR: B&W
METRES: 80m

Le maréchal Foch visitant les armées
d'occupation
Maarschalk Foch bezoekt het
bezettingsleger
Marshal Foch Visiting the Occupying
Armies

DIRECTOR: anonymous
YEAR: 1914-1918
COUNTRY: BE
PROD. CO.: Service Cinématographique de l'Armée Belge
SCAB
SILENT/SOUND: silent
METRES: 85m

Les funérailles d'Edith Cavell
Begrafenis van Edith Cavell
The Funeral of Edith Cavell

DIRECTOR: anonymous
YEAR: 1915
COUNTRY: BE
PROD. CO.: Service Cinématographique de l'Armée Belge
SCAB
SILENT/SOUND: silent
METRES: 115m

Les funérailles de Gabrielle Petit
Begrafenis van Gabrielle Petit
The Funeral of Gabrielle Petit

DIRECTOR: anonymous
YEAR: 1916
COUNTRY: BE
PROD. CO.: Service Cinématographique de l'Armée Belge
SCAB
SILENT/SOUND: silent
METRES: 93m

Nos souverains font leur rentrée
à la tête de la glorieuse armée
Albert et Elisabeth - 1918
Albert en Elisabeth - 1918
Albert and Elisabeth - 1918

DIRECTOR: anonymous
YEAR: 1918
COUNTRY: BE
PROD. CO.: Service Cinématographique de l'Armée Belge
SCAB
LANGUAGE: French
GAUGE: 35 mm
SILENT/SOUND: silent
B&W/COLOUR: B&W
METRES: 137m

Fêtes de la victoire de Belgique
Belgische overwinningsfeesten
Belgian Victory Celebrations

DIRECTOR: anonymous
YEAR: 1918-1919
COUNTRY: BE
PROD. CO.: Service Cinématographique de l'Armée Belge
SCAB
LANGUAGE: -
GAUGE: 35 mm
SILENT/SOUND: silent
B&W/COLOUR: B&W
METRES: 164m

Fête des combattants
Feest van de strijders
Combatants' Celebration

DIRECTOR: anonymous
YEAR: 1919
COUNTRY: BE
PROD. CO.: Service Cinématographique de l'Armée Belge
SCAB
LANGUAGE: French
GAUGE: 35 mm
SILENT/SOUND: silent
B&W/COLOUR: B&W
METRES: 139m

Visite en Belgique de M. Poincaré,
président de la République Française
La réception de M. Poincaré en Belgique
Bezoek aan België van Mr. Poincaré,
president van de Franse Republiek
Official Visit of Mr Poincaré,
President of the French Republic

DIRECTOR: anonymous
YEAR: 1919
COUNTRY: BE
PROD. CO.: Service Cinématographique de l'Armée Belge
SCAB
LANGUAGE: French
GAUGE: 35 mm
SILENT/SOUND: silent
B&W/COLOUR: B&W
METRES: 357m

La bataille de l'Yser
De slag bij de IJzer
The Battle of the Yser

DIRECTOR: anonymous
YEAR: 1919
COUNTRY: BE
PROD. CO.: Service Cinématographique de l'Armée Belge
SCAB
LANGUAGE: French
GAUGE: 35 mm
SILENT/SOUND: silent
B&W/COLOUR: B&W
METRES: 440m

Funérailles du capitaine Fryatt
Capitaine Fryatt
Begrafenis van Kapitein Fryatt
The Funeral of Captain Fryatt

DIRECTOR: anonymous
YEAR: 1919
COUNTRY: BE
PROD. CO.: Service Cinématographique de l'Armée Belge
SCAB
LANGUAGE: French
GAUGE: 35 mm
SILENT/SOUND: silent
B&W/COLOUR: B&W
METRES: 103m

Cérémonie patriotique à Bruxelles 21 juillet
1919
Patriottische plechtigheid in Brussel
op 21 juli 1919
Patriotic Ceremony in Brussels 21 July 1919

DIRECTOR: anonymous
YEAR: 1919
COUNTRY: BE
PROD. CO.: Service Cinématographique de l'Armée Belge
SCAB
LANGUAGE: French, Dutch
GAUGE: 35 mm
SILENT/SOUND: silent
B&W/COLOUR: B&W
METRES: 44m

Nos souverains au Brésil
Onze vorsten in Brazilië
Our King and Queen in Brasil

DIRECTOR: anonymous
YEAR: 192-
COUNTRY: BE
PROD. CO.: Service Cinématographique de l'Armée Belge
SCAB
LANGUAGE: French
GAUGE: 35 mm
SILENT/SOUND: silent
B&W/COLOUR: B&W
METRES: 120m

Exposition de matériel au fort de Merksem
Tentoonstelling van materiaal in het fort
van Merksem
Exhibition of Equipment in the Fort of
Merksem

DIRECTOR: anonymous
YEAR: 192-
COUNTRY: BE
PROD. CO.: Service Cinématographique de l'Armée Belge
SCAB
LANGUAGE: French
GAUGE: 35 mm
SILENT/SOUND: silent
B&W/COLOUR: B&W
METRES: 108m

De haven
Le port
The Harbour

DIRECTOR: anonymous
YEAR: 192-
COUNTRY: BE
PROD. CO.: Service Cinématographique de l'Armée Belge
SCAB
LANGUAGE: Dutch, French
GAUGE: 35 mm
SILENT/SOUND: silent
B&W/COLOUR: B&W
METRES: 114m

Belgique pittoresque
Schilderachtig België
Picturesque Belgium

DIRECTOR: anonymous
YEAR: [1921]
COUNTRY: BE
PROD. CO.: Service Cinématographique de l'Armée Belge
SCAB
LANGUAGE: French
GAUGE: 35 mm
SILENT/SOUND: silent
B&W/COLOUR: tinted
METRES: 702m
NOTES: This film contains 3 parts:
1. Le littoral belge / De Belgische kust /
The Belgian Coast / 2. Le barrage de La
Gileppe / De Gileppe / The Gileppe /
3. Le champ de bataille de Waterloo /
Het slagveld bij Waterloo / The Waterloo
Battlefield

A la gloire du troupier belge
Ter eere van den Belgischen soldaat
To the Glory of the Belgian Soldier

DIRECTOR: anonymous
YEAR: 1922
COUNTRY: BE
PROD. CO.: Service Cinématographique de l'Armée Belge
SCAB
LANGUAGE: French, Dutch
GAUGE: 35 mm
SILENT/SOUND: silent
B&W/COLOUR: B&W
METRES: 1054m
NOTES: Series of 5 parts
(part 1: 191m; part 2: 210m; part 3: 181m;
part 4: 293m; part 5: 179m) consisting of
Belgian official film taken between 1914
and 1918, joined to staged or faked materi-
al, and used with little regard to geographi-
cal or chronological accuracy to present
a series of images rather than a coherent
account of the war (in: Roger Smither,
Imperial War Museum Film Catalogue,
The First World War Archive, p.368).

La Belgique et la Coupe Gordon Bennett
België en de Coupe Gordon Bennett
Belgium and the Gordon Bennett Cup

DIRECTOR: anonymous
YEAR: 1923
COUNTRY: BE
PROD. CO.: Service Cinématographique de l'Armée Belge
SCAB
LANGUAGE: French
GAUGE: 35 mm
SILENT/SOUND: silent
B&W/COLOUR: B&W
METRES: 467m

Hommage au soldat inconnu
Hulde aan den onbekenden soldaat
Homage to the Unknown Soldier

DIRECTOR: anonymous
YEAR: 1924
COUNTRY: BE
PROD. CO.: Service Cinématographique de l'Armée Belge
SCAB
LANGUAGE: French
GAUGE: 35 mm
SILENT/SOUND: silent
B&W/COLOUR: B&W + tinted
METRES: 368m

ERNEST GOURDINNE

◆ In October 1916, the Belgian Colonial Ministry - at the time located in Le Havre, France - created the Service de Documentation et de Vulgarisation. The Service's goal was to publicize the contribution of Belgians in the Congo to the war effort, alongside advertising Belgium's success in spreading "civilization". One year later, Commander A. Cayen, director of the Service, sent Ernest Gourdinne to the Congo with over 39 000ft of film. For a period of two years, Gourdinne and his team travelled throughout the province of Katanga, the Maniema district with its cotton plantations, the Lomami, the diamond mines of the Kasai, the Kwango with its palms and the installations of the Lower Congo. In December 1919, the team was back in Belgium. Over the next months, Cayen showed the films all over the country and integrated them into the colonial propaganda campaigns, for example in showings at the Union Coloniale Belge in Brussels on 17 January 1920 and a few months later at the Colonial Exhibition in Antwerp. Gourdinne's images were most called upon by those branches of Belgian industry engaged in the commercial exploitation of the Congo, united in the Association des Intérêts Coloniaux Belges. A number of films were grouped together under the title **Le Congo économique (The Economic Congo)**. The colonial spirit of the time, supported by pressure groups which had interests in the colonies, no doubt explains the fact that in 1920 more than 1 120 showings of the films took place across Belgium!

● En octobre 1916, le Ministère des Colonies, alors installé au Havre, en France, créa le Service de Documentation et de Vulgarisation. Ce Service avait pour mission de faire connaître les efforts des Belges du Congo pendant la guerre, de montrer qu'ils répandaient avec succès la "civilisation". Un an plus tard, le commandant A. Cayen, directeur de ce Service, envoyait Ernest Gourdinne (avec plus de 12.000 mètres de pellicule) au Congo. Pendant deux ans, la mission Gourdinne parcourut la province du Katanga, le district de Maniema avec ses plantations de coton, le Lomami, les mines de diamant du Kasaï, le Kwango avec ses palmiers et les installations du Bas-Congo. En décembre 1919, la mission Gourdinne était de retour. Au cours des mois suivants, Cayen présenta partout en Belgique les films tournés au Congo belge et les intégra dans des campagnes de propagande coloniale. Ainsi, ils furent projetés, entre autres, à Bruxelles le 17 janvier 1920 à l'Union Coloniale Belge, et quelques mois après à Anvers, lors de l'Exposition Coloniale. Ce sont surtout les branches de l'industrie belge, actives dans l'exploitation coloniale et réunies dans l'Association des Intérêts Coloniaux Belges, qui utilisaient les images cinématographiques de Gourdinne. Plusieurs de ses films furent regroupés et programmés sous le titre **Le Congo économique**. L'intérêt pour les colonies et l'esprit colonial qui régnait à cette époque expliquent sans doute qu'en 1920 plus de 1120 projections de ces films ont été organisées en Belgique! *(GC)*

▶ In oktober 1916 richtte het Belgisch Ministerie van Koloniën - toen gevestigd te Frankrijk, in Le Havre - de Service de Documentation et de Vulgarisation op, met als doel de verdiensten van de Belgen die tijdens de oorlog in Kongo verbleven, bekend te maken, alsook aan te tonen dat de Belgische "beschavingsmissie" vruchten afwierp. Een jaar later zond A. Cayen, directeur van deze Dienst, Ernest Gourdinne naar Kongo, met meer dan 12.000 meter film. Twee jaar lang trok de Gourdinne-missie door de provincie Katanga, het district Maniema met zijn katoenplantages, de Lomamistreek, langs de diamantmijnen van Kasai, de palmen te Kwango en de installaties in Beneden-Kongo. In december 1919 keerde de expeditie naar huis terug. In de maanden die volgden, organiseerde Cayen over heel België vertoningen van de in Kongo gedraaide films en stelde ze ten dienste van de koloniale propagandamachine. In Brussel werden ze o.a. vertoond bij de Union Coloniale Belge, op 17 januari 1920, en enkele maanden later op de Koloniale Expositie te Antwerpen. Vooral de Belgische industrie, die vertakkingen had in de kolonies en verenigd was in de Association des Intérêts Coloniaux Belges, maakte dankbaar gebruik van het cinematografisch werk van Gourdinne; enkele van zijn films werden zelfs gegroepeerd en vertoond onder de titel **Le Congo économique**. De koloniale geest van die tijd, ondersteund door de drukkingsgroepen die belangen hadden in de kolonies, verklaart ongetwijfeld waarom deze films in het jaar 1920 meer dan 1120 vertoningen hadden gekend!

La culture du coton
De katoenteelt
Cotton Farming

DIRECTOR: Ernest Gourdinne
YEAR: 1917-1919
COUNTRY: BE
SILENT/SOUND: silent
METRES: 200m

D'Albertville à Kabalo: les mines de charbon de la Lukuga
Van Albertstad naar Kabalo: de steenkoolmijnen van Lukuga
From Albertville to Kabalo: the Coal Mines of Lukuga

DIRECTOR: Ernest Gourdinne
YEAR: 1917-1919
COUNTRY: BE
SILENT/SOUND: silent
METRES: 200m

De Kabalo à Kindu
Van Kabolo naar Kindu
From Kabolo to Kindu

DIRECTOR: Ernest Gourdinne
YEAR: 1917-1919
COUNTRY: BE
SILENT/SOUND: silent
METRES: 300m

D'Elisabethville au Tanganyika
Van Elisabethstad naar Tanganyika
From Elisabethville to Tanganyika

DIRECTOR: Ernest Gourdinne
YEAR: 1919
COUNTRY: BE
SILENT/SOUND: silent
METRES: 400m

Les Grands Lacs: Tanganyika et Kivu
De Grote Meren: Tanganyika en Kivu
The Great Lakes: Tanganyika and Kivu

DIRECTOR: Ernest Gourdinne
YEAR: 1917-1919
COUNTRY: BE
SILENT/SOUND: silent
METRES: 250m

L'industrie de l'huile de palme
Des tableaux donnant l'histoire de l'industrie de l'huile de palme
De palmolie-industrie
The Palm Oil Industry

DIRECTOR: Ernest Gourdinne
YEAR: 1917-1919
COUNTRY: BE
SILENT/SOUND: silent
METRES: 600m

L'industrie du cuivre au Katanga
Le minerai de cuivre au Katanga
De koperindustrie in Katanga
The Copper Industry in Katanga

DIRECTOR: Ernest Gourdinne
YEAR: 1917-1919
COUNTRY: BE
SILENT/SOUND: silent
METRES: 900m

L'industrie du diamant au Kasaï
De diamantindustrie in Kasai
The Diamond Industry in Kasai

DIRECTOR: Ernest Gourdinne
YEAR: 1917-1919
COUNTRY: BE
SILENT/SOUND: silent
METRES: 600m

Ruanda et Urundi
Ruanda en Urundi
Ruanda and Urundi

DIRECTOR: Ernest Gourdinne
YEAR: 1917-1919
COUNTRY: BE
SILENT/SOUND: silent
METRES: 2000m

Plantations cacaoyères du Mayumbe
Cacaoplantages in Mayumbe
Cocoa Plantations in Mayumbe

DIRECTOR: Ernest Gourdinne
YEAR: 1917-1919
COUNTRY: BE
SILENT/SOUND: silent

De Kasongo à Kabinda: Lusambo, Luebo, Lomami, Kasaï, Kinshasa, Matadi, Boma
Van Kasongo naar Kabinda: Lusambo, Luebo, Lomami, Kasai, Kinshasa, Matadi, Boma
From Kasongo to Kabinda: Lusambo, Luebo, Lomami, Kasai, Kinshasa, Matadi, Boma

DIRECTOR: Ernest Gourdinne
YEAR: 1917-1919
COUNTRY: BE
SILENT/SOUND: silent
METRES: 1000m

Congo pittoresque dans un voyage de Kabinda à Lusambo
Pittoresk Kongo tijdens een reis van Kabinda naar Lusambo
The Picturesque Congo as Seen in a Voyage from Kabinda to Lusambo

DIRECTOR: Ernest Gourdinne
YEAR: 1917-1919
COUNTRY: BE
SILENT/SOUND: silent

Le grand centre de Lusambo et son industrie
Het grote centrum van Lusambo en zijn industrie
The Large Centre of Lusambo and Its Industry

DIRECTOR: Ernest Gourdinne
YEAR: 1917-1919
COUNTRY: BE
SILENT/SOUND: silent

L'installation d'un colon dans le Kasaï
De vestiging van een koloniaal in Kasai
A Colonist Settles in Kasai

DIRECTOR: Ernest Gourdinne
YEAR: 1917-1919
COUNTRY: BE
SILENT/SOUND: silent

La vie au Katanga
Het leven in Katanga
Life in Katanga

DIRECTOR: Ernest Gourdinne
YEAR: 1917-1919
COUNTRY: BE
SILENT/SOUND: silent
METRES: 450m

Les tracés du chemin de fer établis pendant la guerre
De ontwerpen van de spoorlijn gemaakt tijdens de oorlog
The Plans for the Railway Made During the War

DIRECTOR: Ernest Gourdinne
YEAR: 1917-1919
COUNTRY: BE
SILENT/SOUND: silent

La conquête belge de l'Afrique
De Belgische verovering van Afrika
The Belgian Conquest of Africa

DIRECTOR: Ernest Gourdinne
YEAR: 1919
COUNTRY: BE
SILENT/SOUND: silent
METRES: 600m

Le Congo économique
Economisch Kongo
The Economic Congo

DIRECTOR: Ernest Gourdinne
YEAR: 1919
COUNTRY: BE
SILENT/SOUND: silent
NOTES: Feature-length film. Compilation of Gourdinne's short documentaries.

The Post-War Years

L'après-guerre

Na de oorlog

La Belgique martyre

Charles Tutelier

La Belgique martyre
Drame patriotique belge de la Grande
Guerre 1914-1918
Het gemartelde België
The Martyrdom of Belgium

DIRECTOR: Charles Tutelier
YEAR: 1919
COUNTRY: BE
SCREENPLAY: Charles Tutelier
CAMERA: François Rents
PRODUCER: Hippolyte De Kempeneer
PROD. CO.: Compagnie Belge des Films
Cinématographiques CBFC (Bruxelles)
CAST: Emile Mylo (Pierre Segers), Nadia d'Angely
(La mère), Charles Tutelier (Robert, leur
fils), Fernand Liesse (Le vieux grand-père),
Plangère (Le curé), Abel Sovet (Lieutenant
Carl Von Freiherr), Rose Deny (Cadette)
LANGUAGE: French
GAUGE: 35 mm
SILENT/SOUND: silent
B&W/COLOUR: tinted + toned
METRES: 1650m

Petits Belges
Kleine Belgen
Little Belgians

DIRECTOR: Charles Tutelier
YEAR: 1919
COUNTRY: BE
PRODUCER: Hippolyte De Kempeneer
PROD. CO.: Compagnie Belge des Films
Cinématographiques CBFC (Bruxelles)
SILENT/SOUND: silent

Flup chasseur
Jager Flup
Flup the Hunter

DIRECTOR: Charles Tutelier
YEAR: 1920
COUNTRY: BE
PRODUCER: Hippolyte De Kempeneer
PROD. CO.: Compagnie Belge des Films
Cinématographiques CBFC (Bruxelles)
CAST: Arthur Devère, Roussely
LANGUAGE: French
SILENT/SOUND: silent
METRES: 750m

◆ Belgian newsreel pioneer, dynamic businessman, promoter of the Ligue du Cinéma Moral, Hippolyte De Kempeneer first moves from documentaries into the realm of fiction in 1919. He sets up a small studio which he christens the Compagnie Belge des Films Cinématographiques, intent on playing the cards of righteous sentimentality, upstanding Belgian values and the country's patriotism under the German occupation. With his habitual flair, he turns out a long series of jingoistic films, interspersed with adaptations of popular novels and melodramas featuring well-known actors from the Brussels stage.

His first production is **The Martyrdom of Belgium**, announced as "a patriotic drama in five parts, directed by and starring Charles Tutelier." Scriptwriter and stage actor Tutelier would later direct another two films - **Little Belgians** and **Flup the Hunter**, both now lost - before abandoning film making for good.

Here he plays a young Flemish farmer who is entrusted by his father with the family holding when the latter is called up. The bloodthirsty Germans murder his mother, deport his grandfather and set fire to their village. Young Robert succeeds in rejoining his father in the trenches and he kills the German who ordered the shooting of his mother. With the signing of the Armistice, he marries his fiancée and rebuilds the ruined farm. Following an intertitle to the glory of martyred Belgium ("You will rise again from your ashes, for you have progressed to the forefront of the civilized world"), a crowd of extras form the word "Pax" in human letters, a device seen also in the title sequence to Abel Gance's **I Accuse**.

● Pionnier belge des actualités filmées, commerçant dynamique, promoteur d'une Ligue du Cinéma Moral, Hippolyte De Kempeneer passe du document à la fiction en 1919. Il fait aménager un petit studio de prises de vues, qu'il baptise la Compagnie Belge des Films Cinématographiques, bien décidé à jouer les cartes du bon sentiment, de l'exaltation des valeurs belges et du patriotisme sous l'occupation allemande. Avec son flair habituel, il va produire ainsi une longue série de films cocardiers, qu'il fera alterner avec des adaptations de romans populaires ou des mélodrames dans lesquels se produiront des comédiens connus des scènes bruxelloises.

Sa première production en date sera **La Belgique martyre**, annoncée comme un "drame patriotique en cinq parties, de et avec Charles Tutelier". Auteur du scénario et acteur de théâtre, Tutelier réaliserait ensuite deux films (aujourd'hui perdus): **Petits Belges** et **Flup chasseur**, avant d'abandonner le cinéma.

Il interprète ici le rôle d'un jeune paysan des Flandres, à qui son père confie la ferme familiale lors de la mobilisation. Les Allemands sanguinaires vont fusiller la mère, déporter le grand-père et incendier le village. Le courageux Robert parvient à rejoindre son père dans les tranchées de l'Yser. Là, il tuera l'Allemand qui a fait fusiller sa mère, puis, dès l'Armistice, épousera sa promise et rebâtira la ferme en ruine. Après un carton glorifiant la Belgique martyre ("Tu renaîtras de tes cendres, car tu t'es placée au premier plan du monde civilisé"), une foule de figurants va former le mot "Pax" en lettres humaines, à la façon d'Abel Gance dans son générique de **J'accuse**. *(RM)*

▶ Hippolyte De Kempeneer - Belgisch pionier van het bioscoopjournaal, dynamisch commercant en promotor van de Ligue du Cinéma Moral - maakte in 1919 de overstap van documentaire naar fictie. Vastbesloten munt te slaan uit goedkoop sentiment, de verheerlijking van Belgische waarden en het patriottisme tijdens de Duitse bezetting, richtte hij een kleine filmstudio op, de Compagnie Belge des Films Cinématographiques. Met een natuurlijke flair zou hij een lange reeks chauvinistische films draaien, afgewisseld met bewerkingen van populaire romans en melodrama's, waarvoor hij Brusselse podiumartiesten aanzocht.

Zijn eerste productie, **La Belgique martyre**, werd aangekondigd als "een patriottisch drama in vijf delen, van en met Charles Tutelier". Tutelier, een theateracteur, schreef het scenario en zou later nog twee (nu verloren) films draaien: **Petits Belges** en **Flup chasseur**.

Hier speelt hij een jonge Vlaamse boer die de hoede over het familiebedrijf krijgt wanneer zijn vader opgeroepen wordt. De bloeddorstige Duitsers fusilleren zijn moeder, deporteren zijn grootvader en steken het dorp in brand. De jonge Robert slaagt erin zich bij zijn vader in de loopgraven aan de IJzer te voegen. Daar zal hij de "mof" die zijn moeder liet fusilleren, vermoorden, om na de bevrijding met zijn verloofde te trouwen en de ruïne van zijn boerderij te herbouwen. Na een tussentitel ter meerdere eer en glorie van het Belgische martelaarschap ("En gij, België, sta op uit uw asch. Uw plaats is aan de spits der natiën") zien we hoe een massa figuranten het woord "Pax" vormt, net zoals in de generiek van **J'accuse** van Abel Gance.

ARMAND DU PLESSY'S FIRST FILMS
LES PREMIERS FILMS D'ARMAND DU PLESSY
DE EERSTE FILMS VAN ARMAND DU PLESSY

Armand Du Plessy

◆ The success of **The Martyrdom of Belgium** in 1919 encouraged producer Hippolyte De Kempeneer to continue in this patriotic vein. He called on the services of a former Brussels stage director, Armand Du Plessy (his real name was Armand De Prins), who during the war had lived in London and France. A scriptwriter for Musidora and Mistinguett, he had also directed a handful of films himself in Paris. Returning to Brussels, Du Plessy became De Kempeneer's "artistic collaborator" and turned out several works up to 1921, all guided by his producer's noble principles of "national and moral character".

Three of these jingoistic works have been restored, but another six appear to have been lost for good. Two of these were shot in 1919 for Celtic Films (**The Riviera Rose** and **Three Torches of Death**), another four for De Kempeneer - **Fred and His Maid** in 1919 followed by a series of full-length features, **The Lacemaker of Bruges**, **The Little Girl and the Old Clock** and **The Little Street Singer**. Then there are his adaptations of two popular Flemish classics, both novels written in 1850 by Hendrik Conscience: **The Penniless Gentleman**, with Jules Raucourt, and **The Conscript**. Fifty years before Roland Verhavert's **Conscript**, Du Plessy brought to the screen the tribulations of a poor farmer who is enrolled into an army whose language he cannot understand and where he is bullied until he loses his sight. The lead was played by Willy Maury, a stage actor who had already appeared in films by Alfred Machin and whose success extended over fifty years, first in theatre, then radio.

● Le succès de **La Belgique martyre**, en 1919, encouragea le producteur Hippolyte De Kempeneer à persévérer dans cette voie patriotique. Il fit appel à un ex-directeur de théâtre bruxellois, Armand Du Plessy (de son vrai nom Armand De Prins), qui avait vécu à Londres, puis en France, durant la guerre. Scénariste de Musidora et Mistinguett, il avait également signé quelques longs métrages à Paris. Dès son retour à Bruxelles, Du Plessy va devenir "collaborateur artistique" de De Kempeneer et réaliser plusieurs films jusqu'en 1921, se pliant aux nobles principes de "caractère national et moral" exigés par son producteur.

Trois drames cocardiers du réalisateur ont été restaurés; mais six ouvrages semblent perdus à jamais: deux films tournés en 1919 pour Celtic Films (**La rose de la Riviera** et **Les trois flambeaux de la mort**); puis pour De Kempeneer: **Fred en a une bien bonne** en 1919, et une série de longs métrages: **La dentellière de Bruges**, **La petite fille et la vieille horloge** et **La petite chanteuse des rues**. Sans oublier les adaptations de deux romans populaires du patrimoine flamand, écrits en 1850 par l'Anversois Henri Conscience: **Le gentilhomme pauvre** (avec Jules Raucourt) et **Le conscrit**. Cinquante ans avant la version de Roland Verhavert (**De loteling**), Du Plessy portait à l'écran les tribulations d'un pauvre fermier, enrôlé dans une armée dont il ne comprend pas la langue et brimé jusqu'à la cécité. Le rôle était joué par Willy Maury, un comédien de théâtre déjà employé par Alfred Machin, et qui connut le succès durant un demi-siècle, au théâtre puis à la radio. (RM)

▶ Het succes van **La Belgique martyre** in 1919 zette producent Hippolyte De Kempeneer ertoe aan het ingeslagen pad van het patriottisme verder te bewandelen. Hij deed een beroep op Armand Du Plessy (zijn echte naam was Armand De Prins), een ex-theaterdirecteur in het Brusselse die tijdens de oorlog in Londen en in Parijs had verbleven. Als scenarist voor Musidora en Mistinguett had hij er ook enkele langspeelfilms geregisseerd. Terug in Brussel werd Du Plessy "artistiek medewerker" van De Kempeneer en tot in 1921 zou hij ettelijke films regisseren met "een nationaal en moreel karakter", conform met de nobele principes van zijn opdrachtgever.

Drie patriottische drama's van Du Plessy werden gerestaureerd, maar zes andere werken lijken voorgoed verloren: twee films die hij in 1919 draaide voor Celtic Films (**La rose de la Riviera** en **Les trois flambeaux de la mort**) en vier films gedraaid voor De Kempeneer: **Fred en a une bien bonne** eveneens uit 1919, en een reeks langspeelfilms: **La dentellière de Bruges, La petite fille et la vieille horloge** en **La petite chanteuse des rues**. Er waren tenslotte ook bewerkingen van twee populaire Vlaamse romans, allebei geschreven in 1850 door Hendrik Conscience: **Le gentilhomme pauvre** (met Jules Raucourt) en **Le conscrit**. Vijftig jaar voor **De loteling** van Roland Verhavert verfilmde Du Plessy zijn versie van de lotgevallen van een arme boer die terechtkomt in een leger dat zijn taal niet spreekt en waar hij gepest wordt en zelfs het gezichtsvermogen verliest. Deze rol wordt vertolkt door Willy Maury, een theateracteur die eerder al voor Alfred Machin had gewerkt en een halve eeuw lang succes boekte op het podium en de radio.

La dentellière de Bruges

La rose de la Riviera
La rose des Flandres
De roos van de Riviera
The Riviera Rose

DIRECTOR: Armand Du Plessy
YEAR: 1919
COUNTRY: BE
PROD. CO.: Celtic Films (Bruxelles)
CAST: Térési Maeten
SILENT/SOUND: silent

Les trois flambeaux de la mort
De drie toortsen van de dood
The Three Torches of Death

DIRECTOR: Armand Du Plessy
YEAR: 1919
COUNTRY: BE
PROD. CO.: Celtic Films (Bruxelles)
CAST: Jane Delmée
SILENT/SOUND: silent

Le conscrit
De loteling
The Conscript

DIRECTOR: Armand Du Plessy
YEAR: 1919
COUNTRY: BE
BASED ON: De loteling, written by Hendrik Conscience
CAMERA: Emile Repelin
PRODUCER: Hippolyte De Kempeneer
PROD. CO.: Compagnie Belge des Films
Cinématographiques CBFC (Bruxelles)
CAST: Willy Maury, William Elie
LANGUAGE: French
GAUGE: 35 mm
SILENT/SOUND: silent
METRES: 1700m

Fred en a une bien bonne
Fred et sa bonne
Fred en zijn meid
Fred and His Maid

DIRECTOR: Armand Du Plessy
YEAR: 1919
COUNTRY: BE
PRODUCER: Hippolyte De Kempeneer, Barbieri
PROD. CO.: Compagnie Belge des Films
Cinématographiques CBFC (Bruxelles)
CAST: Fred Curtis, Zizi Festerat
SILENT/SOUND: silent
METRES: 900m

La dentellière de Bruges
De kantwerkster van Brugge
The Lacemaker of Bruges

DIRECTOR: Armand Du Plessy
YEAR: 1921
COUNTRY: BE
CAMERA: Charles Lengnich
PRODUCER: Hippolyte De Kempeneer
PROD. CO.: Compagnie Belge des Films
Cinématographiques CBFC (Bruxelles)
CAST: Jimmy O'Kelly, Abel Sovet
SILENT/SOUND: silent

La petite fille et la vieille horloge
Het kleine meisje en de oude klok
The Little Girl and the Old Clock

DIRECTOR: [Armand Du Plessy]
YEAR: [1921]
COUNTRY: BE
PRODUCER: Hippolyte De Kempeneer
PROD. CO.: Compagnie Belge des Films
Cinématographiques CBFC (Bruxelles)
SILENT/SOUND: silent

La petite chanteuse des rues
Het straatzangeresje
The Little Street Singer

DIRECTOR: Armand Du Plessy
YEAR: 1921
COUNTRY: BE
CAMERA: François Rents
PRODUCER: Hippolyte De Kempeneer
PROD. CO.: Compagnie Belge des Films
Cinématographiques CBFC (Bruxelles)
CAST: L. Glazeau (Père Hanssens), Nadia d'Angely
(Mère Hanssens), René Vermandèle
(René d'Evrard), Reine Christian (Sa femme),
Charles Leclerc (Baron Norbert d'Evrard),
Lilian O'Maddy (Sa femme), Fernande Van
Reck (Cécile d'Evrard)
SILENT/SOUND: silent
METRES: 1500m

Le gentilhomme pauvre
De arme edelman
The Penniless Gentleman

DIRECTOR: Armand Du Plessy
YEAR: 1921
COUNTRY: BE
BASED ON: De arme edelman, written by Hendrik Conscience
PRODUCER: Hippolyte De Kempeneer
PROD. CO.: Compagnie Belge des Films
Cinématographiques CBFC (Bruxelles)
CAST: Jules Raucourt
SILENT/SOUND: silent

La Libre Belgique

Armand Du Plessy

La Libre Belgique
La Libre Belgique et l'héroïne Gabrielle Petit
L'héroïne Gabrielle Petit
The Heroic Gabrielle Petit

DIRECTOR: Armand Du Plessy
YEAR: 1921
COUNTRY: BE
CAMERA: Emile Repelin, Léon De Boeck
PRODUCER: Hippolyte De Kempeneer
PROD. CO.: Compagnie Belge des Films Cinématographiques CBFC (Bruxelles)
CAST: Henri Goidsen, Harzé, Fernand Liesse, Raphaël Gilbert, Léopold, Marcel Roels, Coursière, Francqui, Andrée Berty, Baufre, de Prémery, Darlot, Roy-Fleury
LANGUAGE: French
GAUGE: 35 mm
SILENT/SOUND: silent
B&W/COLOUR: tinted
METRES: 1988m

◆ The earliest of Armand Du Plessy's jingoistic films was a reconstruction of a handful of entertaining and dramatic episodes from the German occupation of Belgium. Although several actors familiar from the Brussels theatre scene are clearly recognizable on screen, the credits insist that "the cast of this film is made up solely of the editors and distributors of the newspaper." For *La Libre Belgique* ("Free Belgium") is in fact the title of a clandestine publication which all through the war poked fun at the "boches". The first half of the film deals with its inception, printing in an underground garage, distribution by the shrewdest of methods and furious reception by the military governor Von Bissing (who regularly finds a copy on his desk), then the unrelenting efforts of the Germans to track down the network - efforts sometimes ridiculed, but unfortunately sometimes also successful. The film then branches off to the case of young Gabrielle Petit, active in *La Libre Belgique* and the patriotic Resistance before being put to the firing squad at the age of 23.

Amongst the long series of heroic World War I films from the early twenties, with their Manichaean characters and overt chauvinism, **The Heroic Gabrielle Petit** is something of an exception. The usually simplistic script is here replaced by a brief episodic format, with sardonic titles (far removed from the usual hyperbolic bombast), intelligently deployed inserts of authentic newsreel footage (featuring items such as Von Bissing's funeral and the victory parade past King Albert), the odd amusing caricature and even one of Von Bissing's nightmarish dreams as he is besieged in his bed by a shower of copies of *La Libre Belgique*.

● Le premier en date des films cocardiers d'Armand Du Plessy fut une reconstitution de quelques épisodes, savoureux ou dramatiques, de l'occupation de la Belgique par les Allemands. Bien que plusieurs acteurs des théâtres de Bruxelles soient reconnaissables dans la distribution, le générique proclame que le film "est uniquement interprété par les rédacteurs et propagateurs du journal". Car *La Libre Belgique* est le titre d'une feuille clandestine qui nargua les "boches" durant toute la guerre. La première moitié du scénario raconte sa création, son impression dans une cave de garage, sa diffusion par les moyens les plus astucieux, la fureur du chef militaire Von Bissing (qui reçoit régulièrement le journal au bureau), et aussi la traque acharnée de la police allemande, parfois ridicule, parfois efficace, hélas! Le film bifurque alors vers le cas de la jeune Gabrielle Petit, qui participa à l'épopée de *La Libre Belgique* et à la Résistance Patriotique, avant d'être fusillée au Tir National en 1916, à l'âge de 23 ans.

Dans la longue série des films héroïques consacrés à la guerre 14-18 au début des années 20, avec leurs personnages manichéens et leur chauvinisme outré, **La Libre Belgique** fait exception: les scénarios habituellement simplistes cèdent ici la place à un découpage en brefs épisodes, avec des titres au style narquois (loin des ronflantes envolées habituelles), d'habiles inserts d'actualités authentiques (dont l'enterrement de Von Bissing ou le défilé de la victoire devant le roi Albert), des caricatures amusantes ponctuant certains moments, et même un rêve cauchemardesque de Von Bissing assiégé dans son lit par une pluie de *Libre Belgique*. (RM)

▶ Deze eerste chauvinistische productie van Armand Du Plessy was een reconstructie van onderhoudende en dramatische voorvallen uit de tijd van de Duitse bezetting van België. Hoewel men in de rolverdeling verschillende Brusselse theateracteurs ontdekt, beweert de generiek dat de film "uitsluitend vertolkt wordt door de redacteurs en verspreiders van de krant". De *Libre Belgique* uit de titel was immers een clandestien blad dat de hele oorlog lang de "moffen" op de korrel nam. Het eerste deel van de film verhaalt de ontstaansgeschiedenis van de krant, hoe ze in de kelder van een garage werd gedrukt en op uiterst listige wijze verspreid, hoe ze de toorn van commandant Von Bissing opwekte (die ze regelmatig op kantoor toegestuurd kreeg), alsook de verbeten klopjachten - soms lachwekkend, soms helaas succesvol - opgezet door de Duitse politie. Daarna spitst de film zich toe op het verhaal van de jonge Gabrielle Petit, medewerkster van *La Libre Belgique* en lid van het verzet, die in 1916 op 23-jarige leeftijd werd gefusilleerd.

In de lange reeks heroïsche films over 14-18 uit het begin van de jaren 20, gekenmerkt door manicheïstische personages en rabiaat chauvinisme, is **La Libre Belgique** een buitenbeentje. In plaats van het gebruikelijke, simplistische scenario krijgen we een montage van korte episoden met ironische titels (anders dan de traditionele, hoogdravende stijl), handig tussengevoegde actualiteitsbeelden (waaronder de begrafenis van Von Bissing en de triomftocht voor koning Albert), sporadisch enkele leuke karikaturen en zelfs een nachtmerrieachtige droomscène, waarin Von Bissing zich bedolven ziet onder een regen van exemplaren van *La Libre Belgique*.

Ame belge

Armand Du Plessy

Ame belge
Le caporal Trésignies
Belgische zielen
Belgian Spirit

DIRECTOR: Armand Du Plessy
YEAR: 1921
COUNTRY: BE
PRODUCER: Hippolyte De Kempeneer
PROD. CO.: Compagnie Belge des Films Cinématographiques CBFC (Bruxelles)
CAST: Henri Goidsen (Otto Kreuzebaum), Reine Christian (Rose Magnier), Marie-Louise Philippe (Renée), Jean Noël (Herr Litman), Raphaël Gilbert (Capitaine Magnier), Jimmy O'Kelly (Pierre Magnier), Francis Martin (Jean Magnier), Coursière (Général Montens), Marcel Roels (Chef de section/Mystérieux Anonyme), René Vermandèle (Verdier), Balthus (Wurtselchen/Barsac), Ernest Monret (Heineke), Harzé (Herr Hartenstein), William Elie
LANGUAGE: French
GAUGE: 35 mm
SILENT/SOUND: silent
B&W/COLOUR: tinted
METRES: 2000m

◆ Armand Du Plessy - in Belgium as later in France - proved an uneven director, capable of both good and bad work. On the positive side, we have a finely controlled film such as **La Libre Belgique**; on the other, a "grand patriotic and dramatic film" (dixit the title sequence, dated April 1921) such as **Belgian Spirit**, whose script rolled a series of clichés into one hysterically jingoistic tirade. Witness the opening title: "Patriotism, deadened by 80 years of prosperous peace, reawakened in our veins, and with a new blood, every one of us felt stirring in the innermost depths of his soul this new and wondrous thing: Belgian spirit." The heroine, Rose Magnier, has married a naturalized German, Otto. He remains in Brussels once war has broken out, whilst Rose's three brothers are mobilized. Very quickly, "the natural Boche outs" and Otto, monocle and cynicism at the ready, collaborates with the occupier. Once Rose discovers his activities she becomes a double agent for both her husband's henchmen and the Belgian Resistance (including Marcel Roels, as the head of secret services). This leads to a misunderstanding - the noble patriot is kidnapped by Belgian soldiers and sentenced to death. After a heart-stopping race to the scene, one of her brothers manages to save her and she is decorated before the firing squad.

Alongside the grandiose intertitles and some contemporary news footage, the film includes a short sequence relating the sacrifice made by corporal Trésignies - a volunteer gunned down by the enemy whilst raising a mobile bridge - and ends on an allegorical tableau vivant: three women in white supporting a soldier against the backdrop of the Belgian flag.

● Armand Du Plessy fut, en Belgique comme plus tard en France, un metteur en scène inégal, capable du meilleur comme du pire: du côté positif, un film alertement mené comme **La Libre Belgique**; de l'autre, un "grand film patriotique et dramatique" (dixit le générique, daté d'avril 1921) comme **Ame belge**, dont le scénario charrie les poncifs du genre sur un mode cocardier délirant. Témoin, le titre qui ouvre l'histoire: "Le patriotisme, engourdi par 80 années de paix prospère, se réveilla dans nos veines, et avec un sang nouveau, chacun sentit frémir au tréfonds de soi-même cette chose nouvelle et merveilleuse: l'Ame belge." L'héroïne, Rose Magnier, a épousé un Allemand naturalisé, Otto, qui reste à Bruxelles une fois la guerre déclarée, alors que les trois frères de Rose sont mobilisés. Très vite, "le naturel boche reprend le dessus" (selon un carton explicite), et Otto, monoclé et cynique, collabore avec l'occupant. Lorsque Rose découvre ses immondes activités, elle va jouer un double jeu entre les résistants belges (dont Marcel Roels, en chef des services secrets) et les sbires de son mari. D'où un horrible malentendu: la noble patriote est enlevée par des soldats belges et condamnée à être fusillée. Un de ses frères la sauvera à l'ultime moment, après une course à suspense, et Rose sera décorée devant le poteau d'exécution.

Outre ces cartons ronflants et quelques actualités de l'époque, une courte séquence retrace le sacrifice du caporal Trésignies, un volontaire abattu par l'ennemi en relevant un pont mobile. Le film s'achève sur un tableau vivant: trois dames en blanc soutenant allégoriquement un soldat, sur fond de drapeau belge. (RM)

▶ Armand Du Plessy toonde zich, in België en later in Frankrijk, een wisselvallig regisseur die zowel kwaliteit als minder geslaagde films kon afleveren: enerzijds was er het goed opgebouwde **La Libre Belgique**; eerder negatief was **Ame belge**, "een grote dramatische en patriottische film" (dixit de generiek, uit april 1921) met een scenario vol clichés en badend in een delirant chauvinisme. Getuige de tekst waarmee het verhaal opent: "Het patriottisme, ingesluimerd na 80 jaar vrede en welvaart, ontwaakte in onze aderen, en met hernieuwd bloed voelde iedereen in de diepte van zijn wezen deze nieuwe en wonderbaarlijke kracht zinderen: de Belgische ziel". Rose Magnier, de heldin, is getrouwd met Otto, een genaturaliseerde Duitser die, na het uitbreken van de oorlog, in Brussel blijft terwijl de drie broers van Rose gemobiliseerd worden. Al snel echter "komt de ware natuur van de mof boven" (aldus een expliciete tussentitel) en begint de cynische Otto met de Bezetter te collaboreren. Rose ontdekt dit en wordt dubbelspion voor het Belgische verzet (met Marcel Roels als hoofd van de geheime dienst) en de trawanten van haar man. Dit leidt tot een misverstand: de nobele patriote wordt door Belgische soldaten voor het vuurpeloton gebracht. Een van haar broers komt echter op het kritieke ogenblik tussenbeide en voor de executiepaal ontvangt ze een decoratie.

De film herdenkt ook het martelaarschap van ene korporaal Trésignies, een vrijwilliger die door de vijand werd neergeschoten terwijl hij een brug ophaalde. De film eindigt met een tableau vivant: drie in het wit gehulde dames ondersteunen op allegorische wijze een soldaat, met op de achtergrond de Belgische driekleur.

La jeune Belgique

Armand Du Plessy

La jeune Belgique
Het jong België
De Belgische jeugd
Jeugdig België
Young Belgium

DIRECTOR: Armand Du Plessy
YEAR: 1922
COUNTRY: BE
PRODUCER: Hippolyte De Kempeneer
PROD. CO.: Compagnie Belge des Films
Cinématographiques CBFC (Bruxelles)
CAST: Lily Charlier (Madeleine), Gobert (Jacques
Vieslet), Darenne (Fritz Schwartzfeld),
Josane Djenany (Maria Devlieger), (Charles
Vieslet), (Yvonne Vieslet)
LANGUAGE: French
GAUGE: 35 mm
SILENT/SOUND: silent
B&W/COLOUR: tinted
METRES: 2000m

◆ In January 1922, a new film produced by Hippolyte De Kempeneer arrives on Belgian screens, once again directed by Armand Du Plessy and dedicated to the glory of heroic patriotism during the German occupation. Far removed from the moments of sarcastic humour of **La Libre Belgique**, here the predominant tone of the script is gravity. The plot passes from a fictional spy story to a real-life drama from during the war - the death of a little girl of ten, Yvonne Vieslet, gunned down by a brutal soldier whilst throwing her bread to starving French prisoners. This tragedy, which unfolded in the mining village of Marchienne, was later brought to the screen by Francis Martin.

The principal setting for the film is an inn in the Borinage, opened by the collaborating Maria Devlieger. A resourceful young orphan girl serves drinks and keeps the clientèle amused with her dancing and tricks; yet in reality, Madeleine's ingenuousness is merely a front so that she can spy on the "boches". Thus she discovers the existence of a secret plan to launch an offensive with toxic gas and she passes the news on to the Resistance by carrier pigeon, even managing to steal a model of the protective gas mask used by the Germans. Since one of the regulars at the inn is Monsieur Vieslet, Yvonne's father, reality and fiction intertwine following his mobilization and we arrive at the inevitable episode of the child's martyrdom (later avenged by Madeleine's fiancé, who kills the vile Teuton). Whether playing the fool, dancing or disguising herself as a man in order to meet up with the Resistance, Lily Charlier dominates the film as the crafty, pretty patriot. After 1922, Armand Du Plessy returned to France, where he made another six films (among them **La garçonne** and **Virgins in Name Only**, co-produced by Belgium). He died two years later.

● En janvier 1922, un nouveau film produit par Hippolyte De Kempeneer va être projeté dans les salles belges, toujours à la gloire du patriotisme héroïque pendant l'occupation allemande, et à nouveau réalisé par Armand Du Plessy. Loin des traits d'humour sarcastiques qui donnaient souvent à **La Libre Belgique** des allures d'épopée bon enfant, c'est la gravité qui domine ici le scénario, passant d'une intrigue d'espionnage imaginaire à un drame réel de la guerre: la mort d'une gamine de dix ans, Yvonne Vieslet, abattue par un soudard alors qu'elle lançait sa brioche vers des prisonniers français affamés. Cette tragédie qui s'était déroulée à Marchienne, en pays minier, sera par la suite portée à l'écran par Francis Martin.

Le décor principal du film est celui d'une auberge boraine, tenue par une aubergiste au service des occupants, Maria Devlieger. Une jeune orpheline délurée sert les boissons et amuse les clients par ses danses et ses facéties; mais en fait, Madeleine feint d'être un peu simplette pour espionner les "boches" sans méfiance. Elle découvrira ainsi l'existence du plan secret d'une offensive par les gaz asphyxiants, qu'elle communiquera aux résistants par pigeon voyageur, et arrivera même à voler un modèle du masque à gaz protecteur des Allemands. L'un des habitués de l'auberge étant Monsieur Vieslet, le père de la petite Yvonne, réalité et fiction se rejoignent après sa mobilisation, avec l'épisode attendu du martyre de la fillette (que vengera le fiancé de Madeleine, en tuant l'immonde Teuton). Jouant les idiotes, dansant ou se déguisant en homme, Lily Charlier domine l'histoire, en jolie patriote futée. Après 1922, Armand Du Plessy regagna la France pour réaliser six films (dont **La garçonne** et **Les demi-vierges**, minoritairement coproduits par la Belgique) avant sa mort deux ans plus tard. (RM)

▶ In januari 1922 kwam een nieuwe productie van Hippolyte De Kempeneer uit in de Belgische filmzalen, weerom een verheerlijking van het heldhaftige patriottisme tijdens de Duitse bezetting en weerom een regie van Armand Du Plessy. Dit keer valt er niets te bespeuren van de sarcastische humor die het onschuldige, vrolijke **La Libre Belgique** kenmerkte. Het bloeddorstige scenario begint met een fictieve spionage-intrige die overloopt in het waar gebeurd oorlogsdrama van Yvonne Vieslet, een 10-jarig meisje dat door een gewetenloze schurk werd neergeschoten toen ze haar brioche naar een groep uitgehongerde Franse krijgsgevangenen toegooide. Deze tragedie, die zich afspeelde te Marchienne in de mijnstreek, zou later verfilmd worden door Francis Martin.

De film speelt zich voornamelijk af in een herberg in de Borinage, uitgebaat door de collaborerende Maria Devlieger. Het jonge weesmeisje Madeleine bedient en amuseert de klanten maar eigenlijk houdt ze zich van den domme om de "moffen" te kunnen bespioneren. Zo ontdekt ze het bestaan van een geheim Duits plan om een offensief met stikgas te lanceren. Ze brengt het verzet op de hoogte en slaagt er zelfs in een model van het beschermende gasmasker te bemachtigen. Een der vaste klanten van de herberg is Mr. Vieslet, de vader van de kleine Yvonne. Na zijn mobilisatie komen fictie en realiteit gaandeweg samen om uit te monden in het onvermijdelijke martelaarschap van het meisje (ze wordt gewroken door de verloofde van Madeleine, die de wrede Teutoon vermoordt). Lily Charlier, in de rol van een knappe en gewiekste patriotte, domineert de film, of het nu als zangeres is dan wel als idiote of verkleed als man. Na 1922 vertrok Du Plessy weer naar Frankrijk waar hij nog zes films draaide (waaronder **La garçonne** en **Les demi-vierges**, in coproductie met België). Hij stierf twee jaar later.

La garçonne

Armand Du Plessy

Co-production

La garçonne

DIRECTOR: Armand Du Plessy
YEAR: 1923
COUNTRY: FR-BE
BASED ON: La garçonne, written by Victor Marguerite
CAMERA: Emile Repelin
ART DIRECTOR: Georges Dumesnil
PRODUCER: Armand Du Plessy
CO-PROD. CO.: Biava (Bruxelles)
LANGUAGE: French
SILENT/SOUND: silent
B&W/COLOUR: B&W
METRES: 2400m

CAST: France Dhélia (Monique Sorbier, la garçonne), Renée Carl (Mme Ambrat), Suzanne Balco (Michelle), Maryse Dorval (Ginette), Maggy Derval (Mme Sorbier), Ninon Balzan (Hélène Suze), Meyan (Mme Bardinot), Suzanne Murane (Cléo), Espérance (Claire), Johanna Sutter (Anika Gobroni), Line Baldin, Jean Toulout (Régis Boisselot), Gaston Jacquet (Lucien Vignert), Van Duren (Peer Rys), Georges Deneubourg (M. Lerbier), Sylvain Derville (L'inconnu), Jules Raucourt (Max de Laume), Geo Leclercq, José Davert (Baron de Plombineau)

Les demi-vierges

Armand Du Plessy

Co-production

Les demi-vierges
De half-maagden
Virgins in Name Only

DIRECTOR: Armand Du Plessy
YEAR: 1924
COUNTRY: FR-BE
BASED ON: Les demi-vierges, written by Marcel Prévost
CAMERA: Emile Repelin
PROD. CO.: First Film (FR)
CO-PROD. CO.: Biava (Bruxelles)
CAST: Germaine Fontanes (Maud de Rouvres), Gabriel De Gravone (Julien de Suberceaux), Gaston Jacquet (Maxime de Chantel), Lucienne Bouron (Jacqueline), Julio De Romero (Aaron), Henri Myrial (de Chantel)
LANGUAGE: French
SILENT/SOUND: silent
METRES: 2000m

La revanche belge

Théo Bergerat

La revanche belge
Sang belge
Belgische wraak
Belgian Revenge

DIRECTOR: Théo Bergerat
YEAR: 1922-1923
COUNTRY: BE
PRODUCER: Hippolyte De Kempeneer
PROD. CO.: Belga Films (Machelen)
CAST: Fernand Crommelynck (René Forgeois), Bella Darms (Hélène Forestier), Coursière (Ingénieur Forestier), Jimmy O'Kelly (Paul Forgeois), Varenne (Fritz Bauer)
LANGUAGE: French
GAUGE: 35 mm
SILENT/SOUND: silent
B&W/COLOUR: tinted
METRES: 1700m

Le juge
De rechter
The Judge

DIRECTOR: Théo Bergerat
YEAR: 1921
COUNTRY: BE
SCREENPLAY: Michel Lévy [Jacques Monteil]
PRODUCER: Hippolyte De Kempeneer
PROD. CO.: Compagnie Belge des Films Cinématographiques CBFC (Bruxelles)
CAST: Fernand Crommelynck (Le juge), Auffrey (Mme Orlac), (Suzanne Orlac), Bella Darms (Régine Orlac), Coursière (Maître Tabellion), Mallé (Lerminier), Valdo (Son valet de chambre), Léopold, Anna Gody, Jimmy O'Kelly
LANGUAGE: French
SILENT/SOUND: silent
METRES: 1800m

Rempart du Brabant
Rempart de Brabant
De omwalling van Brabant
The Ramparts of Brabant

DIRECTOR: Théo Bergerat
YEAR: 1921
COUNTRY: BE
SCREENPLAY: Michel Lévy [Jacques Monteil]
PRODUCER: Hippolyte De Kempeneer
PROD. CO.: Compagnie Belge des Films Cinématographiques CBFC (Bruxelles)
LANGUAGE: French
SILENT/SOUND: silent

Un drame à la ferme
Een drama op de hoeve
A Farmyard Drama

DIRECTOR: Théo Bergerat
YEAR: 1921
COUNTRY: BE
SCREENPLAY: Michel Lévy [Jacques Monteil]
PRODUCER: Hippolyte De Kempeneer
PROD. CO.: Compagnie Belge des Films Cinématographiques CBFC (Bruxelles)
CAST: Léopold, Plangère, Aimé Maider, Jimmy O'Kelly
LANGUAGE: French
SILENT/SOUND: silent

La revanche belge

◆ Upon the return of Armand Du Plessy to France, producer Hippolyte De Kempeneer replaced him with Théo Bergerat, already an established name in Paris. A novelist, scriptwriter and director, Bergerat was the grandson of Théophile Gautier, the author of *Le Capitaine Fracasse*. His first film, **Eight Million Dot**, dated back to 1918; in Belgium he was to make several full-length works now lost, except for **Belgian Revenge**, which opened in early 1923 with Fernand Crommelynck in the lead role (whose identically-named nephew hit the big time in 1920 with his *Cocu magnifique* ("Magnificent Cuckold").

Before the war, the engineer Forestier has completed work on an aircraft stabilizer. Fritz Bauer - a German living in Belgium who is in love with Forestier's daughter Hélène - steals the plans. After his accession to a high office under the occupation, Fritz convinces Hélène that her fiancé has died at the front and asks her to marry him. "Anything but the wife of a German!" proclaims an intertitle, and Hélène is deported to the same camp as Forgeois, a barrister and father of her fiancé. Fritz, who now occupies the post of camp commandant, pursues his scheme of blackmail and kidnaps Hélène when the tide turns for the Germans. Hoping to rescue his father, the "deceased" beloved appears and gives chase, kills Fritz and marries his heroic girlfriend. All in all, a Manichaean script, overwrought acting and a non-existent mise en scène plague Bergerat's final Belgian film (his next and last offering was to be **Mimi Pinson**, made in France 10 years before his death in 1934).

● Après le retour d'Armand Du Plessy en France, le producteur Hippolyte De Kempeneer remplaça le transfuge par un réalisateur déjà connu à Paris. Ecrivain et scénariste, Théo Bergerat était le petit-fils de Théophile Gautier, le romancier du *Capitaine Fracasse*. Son premier film, **Huit millions de dot**, remontait à 1918. Il allait signer en Belgique plusieurs longs métrages, dont aucune trace ne subsiste, sauf de cette **Revanche belge**, présentée début 1923. Parmi les acteurs, on retrouve Fernand Crommelynck, dont le neveu et homonyme triomphait depuis 1920 avec son *Cocu magnifique*.

L'ingénieur Forestier a mis au point un stabilisateur pour avions, peu avant la guerre. Un Allemand installé en Belgique, Fritz Bauer, par ailleurs amoureux d'Hélène, la fille de Forestier, vole une partie de ses plans. Devenu haut responsable durant l'Occupation, Fritz fait croire à Hélène que son fiancé est mort au front et lui offre de l'épouser. "Tout plutôt que femme d'Allemand!", proclame un carton, et Hélène est déportée dans le même camp que le bâtonnier Forgeois, le père de son fiancé. Fritz se fait nommer commandant de ce camp, poursuit son odieux chantage, puis enlève Hélène lors de la débâcle allemande. Venu délivrer son père, le faux mort se lancera à leur poursuite, tuera Fritz et épousera enfin son héroïque promise. Au total, un script manichéen, des acteurs au jeu poussé et une mise en scène discrète, la dernière de Bergerat en Belgique (il tournera encore un **Mimi Pinson** en France, avant de mourir en 1934). *(RM)*

▶ Producent Hippolyte De Kempeneer verving Armand Du Plessy na diens terugkeer naar Frankrijk door een regisseur die in Parijs al naam had gemaakt: schrijver-scenarist Théo Bergerat, de kleinzoon van de romancier Théophile Gautier (*Le Capitaine Fracasse*). Zijn eerste film, **Huit millions de dot**, dateerde uit 1918. Bergerat zou in België meerdere films draaien, waarvan ons vandaag helaas geen materiaal rest, behalve van deze **Revanche belge**, een film met Fernand Crommelynck, wiens neef en naamgenoot sinds 1920 succes oogstte met *Le cocu magnifique*.

Kort voor de oorlog ontwikkelt ingenieur Forestier een stabilisator voor vliegtuigen. Fritz Bauer, een in België gevestigde Duitser, is verliefd op Hélène, Forestiers dochter, en steelt de plannen. Tijdens de bezetting houdt Fritz, nu een hoge piet, Hélène voor dat haar verloofde gesneuveld is en vraagt haar ten huwelijk. "Alles behalve trouwen met den Duits!", luidt het in een tussentitel, waarop Hélène gedeporteerd wordt naar het kamp waar ook de stafhouder Forgeois zit, de vader van haar verloofde. Fritz benoemt zichzelf tot kampcommandant en zet zijn chantage voort; wanneer de Duitsers de aftocht blazen, ontvoert hij de vrouw. De dood gewaande verloofde, die zijn vader kwam verlossen, zet het op een achtervolging, ruimt Fritz uit de weg en huwt zijn dappere meisje. Einde van een manicheïstisch verhaal - met krampachtige acteurs en geen spoor van "regie" - dat tevens het laatste Belgische project betekende voor Bergerat, die in Frankrijk nog een **Mimi Pinson** draaide, 10 jaar voor zijn dood in 1934.

Le carillon de minuit

Jacques de Baroncelli

Le carillon de minuit
La tour du silence
De beiaard van middernacht
The Chimes of Midnight

DIRECTOR: Jacques de Baroncelli
YEAR: 1922
COUNTRY: BE
SCREENPLAY: Jean-Michel Levy
ASST. DIR.: René Clair, Henri Chomette
CAMERA: Henri Barreyre
ART DIRECTOR: Arthur Navez
PRODUCER: Hippolyte De Kempeneer
PROD. CO.: Belga Films (Machelen)
CAST: Maggy Théry (Yanna Beyart), Loïs Sturt (Laura), Eric Barclay (Neel), Abel Sovet (Fred Beyart), Fernand Crommelynck (Yan Beyart), Hubert Daix (Van Hauten)
LANGUAGE: French
GAUGE: 35 mm
SILENT/SOUND: silent
METRES: 1700m

◆ Stimulated by the success of his patriotic films and adaptations of Henri Conscience, the dynamic Hippolyte De Kempeneer raised the funds necessary to found the company Belga Films in 1921 and, most importantly, to purchase the Belval estate, a large château near Vilvorde set in 13 hectares of grounds which he was to convert into the largest studio complex in Belgium: the Machelen studio. Intending to inaugurate the complex in style he brought in Jacques de Baroncelli, a French director responsible for almost 30 films since 1915. A member of the Camargue aristocracy (and future marquis), fresh from the recent glorious successes of **Ramuntcho**, **The Rose** and **The Dream**, he killed the time until the completion of the studio by shooting a medium-length film (**Love**). Then, after initial disagreements with the scriptwriter Jean-Michel Levy, he successfully completed **The Chimes of Midnight**, working with his two assistants Henri Chomette and René Clair, Chomette's brother.

The film is based on the bitter rivalry of two pigeon racers, Fred, the bell-ringer of Bruges, and Neel, the fiancé of Fred's partially sighted sister. Following a major tournament, won by Neel's bird, Fred's resentment drives him to mount an attack upon his rival so ferocious that he believes he has killed him. Seized by remorse, he intends to throw himself from the belfry, but his disabled sister risks her own life to mount the tower and try to save him. The production stills give a taste of the excellent work done by de Baroncelli: a spectacular rescue sequence one hundred metres up, images of old streets and canals carried over into the studio and fluid, refined lighting which transcends the melodrama.

● Stimulé par le succès de ses films patriotiques et de ses adaptations de l'œuvre d'Henri Conscience, le dynamique Hippolyte De Kempeneer réunit les capitaux nécessaires pour créer la compagnie Belga Films, fin 1921, et surtout pour acquérir le domaine de Belval, près de Vilvorde: un grand château, entouré de treize hectares de terrains, dont il allait faire le plus vaste studio de l'époque en Belgique, celui de Machelen. Pour l'inaugurer avec éclat, il engagea un metteur en scène français qui avait signé près de 30 films depuis 1915: Jacques de Baroncelli. Aristocrate de Camargue, auréolé du succès récent de **Ramuntcho**, **La rose** et **Le rêve**, le futur marquis de Baroncelli attendit l'achèvement du studio en tournant un moyen métrage (**Amour**); puis après quelques tensions avec le scénariste Jean-Michel Levy, il mena finalement à bien son drame populaire autour de la colombophilie, **Le carillon de minuit**, avec, pour assistants, Henri Chomette et son frère René Clair.

Le film est basé sur la rivalité acharnée entre deux passionnés des concours de pigeons: Fred, le carillonneur de Bruges, et Neel, le fiancé de la sœur - quasi aveugle - de Fred. Lors d'un tournoi capital, dont le pigeon vainqueur est celui de Neel, la rancune de Fred le conduit à agresser férocement son rival, qu'il croit avoir tué. Pris de remords, il veut se jeter du haut du beffroi, mais sa sœur infirme l'y rejoint pour tenter de le sauver, au péril de sa propre vie. Les photos du tournage permettent d'apprécier le travail de de Baroncelli: sauvetage spectaculaire à cent mètres de hauteur, images de vieilles rues et de canaux se prolongeant en décors de studio, éclairages fluides et raffinés transcendant le mélodrame. (RM)

▶ Na het succes van zijn patriottische producties en zijn films naar Hendrik Conscience vergaart de dynamische Hippolyte De Kempeneer in 1921 het nodige kapitaal om Belga Films op te richten en het domein van Belval, nabij Vilvoorde, aan te kopen. Dit kasteel, omringd door 13ha grond, zou hij uitbouwen tot de grootste studio van België: die van Machelen. Om de studio met de nodige allure in te huldigen, liet hij uit Frankrijk Jacques de Baroncelli overkomen, die sinds 1915 een dertigtal films op zijn naam had staan. Deze aristocraat uit de Camargue (en toekomstig markies) verkeerde nog in de roes van het succes van zijn **Ramuntcho**, **La rose** en **Le rêve**. In afwachting van de bouw van de studio draaide hij een middellange film (**Amour**) en bracht - na spanningen met scenarist Jean-Michel Levy - de opnamen van **Le carillon de minuit** tot een goed einde. Voor dit populaire drama rond de duivensport werd hij geassisteerd door Henri Chomette en diens broer René Clair.

De film verhaalt de hardnekkige rivaliteit tussen twee duivensportfanaten: Fred, de beiaardier van Brugge, en Neel, verloofd met de halfblinde zus van Fred. Na een belangrijke wedstrijd waar Neels duif de overwinning behaalt, is Fred zo jaloers dat hij zijn rivaal als een bezeten aanvalt en hem voor dood achterlaat. Door wroeging geplaagd wil hij zelfmoord plegen door zich van het belfort te storten, maar zijn invalide zus klimt, op gevaar van eigen leven, naar hem toe om hem te redden. De setfoto's van de film geven een idee van het niveau van de Baroncelli als cineast: een adembenemende reddingsoperatie op 100m hoogte, beelden van oude straten en kanalen die overlopen in studiodecors en een vlotte, verfijnde belichting die het melodrama overstijgt.

Amour

Jacques de Baroncelli

Amour
La femme inconnue
[La légende de Geneviève de Brabant]
Liefde
Love

DIRECTOR: Jacques de Baroncelli
SCREENPLAY: Jacques de Baroncelli
YEAR: 1922
COUNTRY: BE
CAMERA: Henri Barreyre
PRODUCER: Hippolyte De Kempeneer
PROD. CO.: Belga Films (Machelen)
CAST: Eric Barclay (Eric), Abel Sovet (Albert),
Duvivier (Mme Desbaux, leur tante), Maggy
Théry (L'inconnue), Loïs Sturt
LANGUAGE: French
GAUGE: 35 mm
SILENT/SOUND: silent
B&W/COLOUR: B&W
METRES: 800m

◆ The producer Hippolyte De Kempeneer was still in the final stages of fitting out his new studio at Machelen-lez-Vilvorde (on the large estate of the château de Belval, which he had just acquired for Belga Films) when Jacques de Baroncelli arrived in Belgium to direct **The Chimes of Midnight**. Whilst waiting for the installation to be completed the French director left for Bruges to shoot the location scenes. Construction of the sets fell slightly behind schedule, and in a typically astute move De Kempeneer asked his director in the meantime to run off a medium-length film which could be shown as a companion piece to **The Chimes of Midnight** following its theatrical release. De Baroncelli enlisted the three leading actors and director of photography of his main feature.

The film was for a long time considered lost, and certain historians oddly refer to it as a mediaeval tale based on the story of Geneviève of Brabant (doubtless confusing it with another film, an aborted René Clair project due to be supervised by de Baroncelli for Belga Films). In fact, **Love** is the remake of a film scripted and directed by de Baroncelli in 1917 (**The Stranger**), a "gay and graceful" comedy - according to contemporary advertising - which exists in a print at the Cinémathèque Française. Two young romantic boys are holidaying with a female relative when they discover in a drawer the photograph of an exquisite young lady. Each tries to better the other and win her by correspondence, before they finally discover that the girl in the photo is none other than their hostess, fifty years before.

● Le producteur Hippolyte De Kempeneer terminait l'aménagement de son nouveau studio de Machelen-lez-Vilvorde sur le grand domaine du château de Belval qu'il venait d'acquérir pour Belga Films. En attendant que l'installation soit achevée, le réalisateur français Jacques de Baroncelli, qui était venu en Belgique pour tourner **Le carillon de minuit**, partit pour Bruges où il filma les extérieurs du film. La construction des décors ayant pris un peu de retard, l'avisé De Kempeneer demanda à son metteur en scène de tourner entre-temps un moyen métrage, qu'il comptait programmer avec **Le carillon de minuit** lors de sa sortie en salles et qui fut interprété par les trois comédiens principaux du drame brugeois et photographié par le même opérateur.

Le film fut longtemps considéré comme perdu, et certains historiens en parlèrent bizarrement comme d'un conte médiéval sur Geneviève de Brabant (par confusion, sans doute, avec un projet avorté de René Clair, que de Baroncelli devait superviser pour Belga Films). En fait **Amour** est le remake d'un film écrit et tourné par de Baroncelli en 1917 (**L'inconnue**), une comédie de 40 minutes "gaie et gracieuse", selon la publicité de l'époque, et dont une copie subsiste à la Cinémathèque Française. Deux jeunes garçons romanesques, en vacances chez une vieille parente, découvrent dans un tiroir la photo d'une exquise demoiselle. Ils vont rivaliser pour la conquérir par correspondance, avant d'apprendre finalement que la photo est celle de leur hôtesse, cinquante ans auparavant. (RM)

▶ Producent Hippolyte De Kempeneer was druk in de weer met de inrichting van zijn nieuwe studio in Machelen-lez-Vilvorde, op het grote domein van het kasteel van Belval dat hij zopas voor Belga Films had aangekocht. Ondertussen was de Franse regisseur Jacques de Baroncelli naar België gekomen om er de film **Le carillon de minuit** te draaien, maar de studio was nog niet operationeel en dus reisde hij door naar Brugge, waar hij alvast met de buitenopnamen begon. Daar er enige vertraging was ontstaan met de bouw van de decors, stelde de handige De Kempeneer aan zijn regisseur voor om een kortfilm te draaien, die later als voorfilm van **Le carillon de minuit** zou dienen. Dit bescheiden filmpje werd gedraaid met dezelfde cameraman en drie hoofdrolspelers uit het Brugse drama.

Lange tijd waande men deze film verloren en sommige historici maakten gewag van een middeleeuws sprookje over Geneviève de Brabant (zonder twijfel verwarden zij deze productie met een andere film, een nooit uitgevoerd project van René Clair waarop de Baroncelli - in opdracht van Belga Films - moest toezien). In werkelijkheid is **Amour** de remake van een film geschreven en gedraaid door de Baroncelli in 1917 (**L'inconnue**), een veertig minuten lange "leuke en vlotte komedie", waarvan in de Cinémathèque Française nog een kopie werd teruggevonden. Twee jonge, dromerige knapen zijn op vakantie bij een bejaard familielid en ontdekken daar in een lade een foto van het meisje uit hun dromen. Ze willen elk per brief de vrouw voor zich winnen tot ze uiteindelijk vernemen dat de persoon op de foto niemand minder is dan hun gastvrouw, vijftig jaar tevoren.

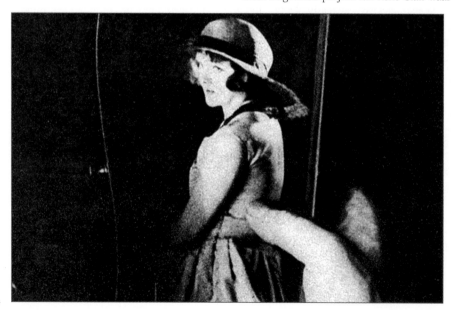

Gigi ou la folle poupée

Fernand Wicheler

Gigi ou la folle poupée
Les aventures d'un chien
Soc-Soc et Gigi
Gigi of de gekke pop
Gigi or the Crazy Doll

DIRECTOR: Fernand Wicheler
YEAR: 1922
COUNTRY: BE
PRODUCER: Hippolyte De Kempeneer
PROD. CO.: Belga Films (Machelen)
CAST: Gilberte Legrand, Willy Maury
LANGUAGE: French
GAUGE: 35 mm
SILENT/SOUND: silent
B&W/COLOUR: tinted
METRES: 360m

◆ The journalist Fernand Wicheler (1874-1935) had already written a number of merry local revues when Jean-François Fonson, a theatre director with an empty program, suggested they might write together, in the space of a few weeks, a little comedy. This became the legendary *Mariage de Mademoiselle Beulemans*, which went on to enjoy momentous success as of its opening in the Brussels Olympia on 18 March 1910, then sweeping Paris and the entire world. The two accomplices could hardly leave it at that: there followed the operetta *Beulemans marie sa fille* (1912) and even *Beulemans à Marseille* (1918). Independently, Fernand Wicheler staged *Meulemeester s'apprivoise* (1917) at the Olympia and, a year after Fonson's death, *Beulemans réfléchit* (1925). Such a fertile imagination could not bypass cinema: for the producer Hippolyte De Kempeneer he directed his first short in 1922, featuring the whimsical Gilberte Legrand, his wife. A copy of this hastily-made comedy, **Gigi or the Crazy Doll**, has been preserved. The real star of this brief work (as its alternative title **Soc-Soc et Gigi** suggests) is in fact Gilberte Legrand's dog. The beginning of the story shows the minor conjugal upsets caused by the young socialite's overbearing affection for her Soc-Soc. Then the mutt is stolen by a travelling salesman who takes the animal to the countryside and mistreats it. Thanks to a kind-hearted neighbour, the good doggie manages to escape and is finally taken in by a tramp. This tale is shot with little invention, and the roughshod editing hardly does justice to Soc-Soc's canine exploits.

● Le journaliste Fernand Wicheler (1874-1935) était déjà l'auteur de joyeuses revues locales, lorsque Jean-François Fonson, un directeur de théâtre en panne de programme, lui proposa d'écrire à deux, en quelques semaines, une petite comédie de remplacement. Ce fut le légendaire *Mariage de Mademoiselle Beulemans*, dont le succès fut foudroyant, dès le 18 mars 1910 à l'Olympia de Bruxelles, puis à Paris et dans le monde entier. Les deux compères n'en restèrent donc pas là: on eut droit à l'opérette *Beulemans marie sa fille* (1912) et même à un *Beulemans à Marseille* (1918). Fernand Wicheler, seul, fit jouer à l'Olympia un *Meulemeester s'apprivoise* (1917) et, un an après la mort de Fonson, *Beulemans réfléchit* (1925). Un amuseur aussi fécond ne pouvait ignorer le cinéma: pour le producteur Hippolyte De Kempeneer, il signa un premier court métrage en 1922, qu'il fit interpréter par la fantaisiste Gilberte Legrand, son épouse. Une copie de cette pochade, **Gigi ou la folle poupée**, est préservée. La vraie vedette de ce petit film (comme le suggère d'ailleurs son autre titre: **Soc-Soc et Gigi**) est en fait le chien de Gilberte Legrand. Le début de l'histoire raconte les petites perturbations conjugales qu'entraîne la trop grande affection de la jeune élégante pour son Soc-Soc. Puis le cabot est volé par un marchand ambulant, qui emmène l'animal à la campagne, où il le traite méchamment. Grâce à un voisin bienveillant, le brave toutou parvient à s'enfuir et est finalement recueilli par un clochard. Ce canevas est filmé simplement, sans grande invention, et un montage fort approximatif ne valorise guère les exploits canins de Soc-Soc. (RM)

▶ De journalist Fernand Wicheler (1874-1935) werkte als auteur voor enkele olijke lokale cabarets toen Jean-François Fonson, een theaterdirecteur zonder programma, hem opzocht om samen, op enkele weken tijd, een kleine komedie te plegen. Zo ontstond de legendarische *Mariage de Mademoiselle Beulemans*, die een overweldigend succes kende op 18 maart 1910 toen het stuk in première ging in de Brusselse Olympia, en later in Parijs en over de gehele wereld. De twee partners besloten het hier niet bij te laten: ze creëerden voorts de operette *Beulemans marie sa fille* (1912) en zelfs *Beulemans à Marseille* (1918). Op eigen houtje bracht Wicheler in de Olympia nog *Meulemeester s'apprivoise* (1917) en, een jaar na de dood van Fonson, *Beulemans réfléchit* (1925). Zo'n veelzijdige entertainer kon de film niet blijven negeren: met Hippolyte De Kempeneer als producent draaide hij in 1922 een eerste kortfilm, met in de hoofdrol zijn excentrieke echtgenote Gilberte Legrand. Van deze **Gigi ou la folle poupée** bleef een kopie bewaard. De ware ster van dit filmpje (zie de alternatieve titel **Soc-Soc et Gigi**) was echter de hond van Gilberte. In het begin zien we hoe de buitensporige affectie van de elegante jongedame voor haar Soc-Soc tot huishoudelijke turbulenties leidt. Vervolgens wordt het mormel ontvreemd door een leurder, die het meetroont naar het platteland en het beest mishandelt. Met wat hulp van een welwillende buurman kan de lieveling echter ontsnappen, waarna een clochard zich over hem ontfermt. Dit vertelsel wordt nogal inspiratieloos gefilmd, en ook de ruwe montage slaagt er niet in de hondsdagen van Soc-Soc in hun volle glorie te onthullen.

L'ermite effroyable

Fernand Wicheler

L'ermite effroyable
L'effroyable ermite
De verschrikkelijke kluizenaar
The Terrible Hermit

DIRECTOR: Fernand Wicheler
YEAR: 1922
COUNTRY: BE
SCREENPLAY: Fernand Wicheler
CAST: Fernand Wicheler (Ardouin), Irène De Zalewska (Mme de Raillières), Willy Maury (Le magistrat)
LANGUAGE: French
SILENT/SOUND: silent

Le coup de Gilberte
Gilberte's slag
Gilberte Strikes

DIRECTOR: Fernand Wicheler
YEAR: 1922
COUNTRY: BE
PRODUCER: Hippolyte De Kempeneer
PROD. CO.: Belga Films (Machelen)
CAST: Gilberte Legrand, Willy Maury, Caroline Van de Wiele, Maurice Chomé
LANGUAGE: French
SILENT/SOUND: silent

La cure de l'abbé Javel
De kuur van Abbé Javel
Abbé Javel's Cure

DIRECTOR: Fernand Wicheler
YEAR: 1922
COUNTRY: BE
BASED ON: La cure de l'abbé Javel, written by Fernand Wicheler
PRODUCER: Hippolyte De Kempeneer
PROD. CO.: Belga Films (Machelen)
LANGUAGE: French
SILENT/SOUND: silent

La parole est à Monsieur Beulemans
Het woord is aan Monsieur Beulemans
Monsieur Beulemans Has the Floor

DIRECTOR: Fernand Wicheler
YEAR: 1923
COUNTRY: BE
PRODUCER: Hippolyte De Kempeneer
PROD. CO.: Belga Films (Machelen)
CAST: Willy Maury, Gilberte Legrand
LANGUAGE: French
SILENT/SOUND: silent

La maison dans la dune
Het huis in de duinen
The House in the Dunes

DIRECTOR: Fernand Wicheler, Isidore Moray
YEAR: 1925
COUNTRY: BE
CAST: Gilberte Legrand, Willy Maury
LANGUAGE: French
SILENT/SOUND: silent

Willy Maury in La parole est à Monsieur Beulemans

◆ After having tried his hand at the short film (**Gigi or the Crazy Doll**), Fernand Wicheler, co-author of *Le Mariage de Mademoiselle Beulemans*, went on to direct a number of features about which we know very little. These included comedies for the producer Hippolyte De Kempeneer (**Gilberte Strikes**, **Abbé Javel's Cure**, based on one of his plays, and **Monsieur Beulemans Has the Floor**). He also seems to have collaborated with Isidore Moray on two occasions, for **What the Lady Wants** and for **The House in the Dunes** (which has nothing to do with the eponymous novel by Maxence Van der Meersch, written in 1932). More complete information is available regarding **The Terrible Hermit**, shot on the Belgian coast in 1922 with Wicheler as scriptwriter, director and star. This sober intrigue was hardly what audiences had come to expect from him: Wicheler plays an elderly fisherman whose grandson was killed by a hit-and-run driver. The guilty party is an influential magistrate (played by Willy Maury) well out of the reach of such a poor wretch. The old man shuts himself away in a deserted military barracks close to the boy's grave. One day, however, one of the magistrate's young daughters wanders into the dunes and befriends the misanthrope. Nonetheless, the terrible hermit refuses to come to the aid of his enemy's wife, who seeks out his help for their second daughter, struck down by a poison which the fisherman can cure. But the influence of his young friend finally puts an end to his unassuageable thirst for revenge. The contemporary press praised the syrupy plot of this melodrama as well as the (most unexpected) dramatic forcefulness of its star.

● Après s'être fait la main sur un court métrage (**Gigi ou la folle poupée**), Fernand Wicheler, le coauteur du *Mariage de Mademoiselle Beulemans*, allait encore réaliser quelques films dont on sait peu de choses: des comédies pour le producteur Hippolyte De Kempeneer comme **Le coup de Gilberte**, **La cure de l'abbé Javel**, d'après une de ses pièces, ou encore **La parole est à Monsieur Beulemans**. Il semble avoir collaboré avec Isidore Moray pour **Ce que femme veut** et pour **La maison dans la dune** (sans rapport avec le roman de Maxence Van der Meersch, écrit sept ans plus tard, en 1932). Des informations moins lacunaires subsistent sur **L'ermite effroyable**, tourné sur la côte belge en 1922, et dont il fut à la fois le scénariste, le réalisateur et la vedette. On n'attendait guère de lui cette sombre intrigue: Wicheler incarne ici un vieux pêcheur, dont le petit-fils a été écrasé par un chauffard. Le coupable est un magistrat influent (joué par Willy Maury) et inattaquable par un pauvre hère. Le vieillard se cloître donc dans un abri militaire abandonné, près de la tombe du gamin. Un jour pourtant, l'une des deux fillettes du magistrat s'aventure dans les dunes et se lie avec le misanthrope. Néanmoins, l'effroyable ermite refusera de venir en aide à l'épouse de son ennemi, venue le supplier de guérir sa seconde fille, victime d'un poison dont le pêcheur connaît l'antidote. On a déjà compris que l'intercession de sa jeune amie aura finalement raison de sa soif farouche de vengeance. La presse de l'époque loua l'intrigue pathétique de ce mélodrame et la puissance dramatique (fort inattendue) de son interprète. (RM)

▶ Na een eerste kortfilm (**Gigi ou la folle poupée**) zou Fernand Wicheler, co-auteur van *Le mariage de Mademoiselle Beulemans*, nog enkele films regisseren waarvan we weinig weten: komedies voor producent Hippolyte De Kempeneer (**Le coup de Gilberte**, **La cure de l'abbé Javel**, naar een eigen toneelstuk, of **La parole est à Monsieur Beulemans**). Hij zou ook samengewerkt hebben met Isidore Moray aan **Ce que femme veut** en aan **La maison dans la dune** (niet te verwarren met de roman van Maxence Van der Meersch, die pas in 1932 werd gepubliceerd). Over **L'ermite effroyable**, gedraaid aan de Belgische kust in 1922, rest ons minder fragmentarische informatie. Wicheler was hier zowel scenarist en regisseur als hoofdrolspeler. Een zo sombere intrige waren we van hem echter niet gewend: hij vertolkt een oude visser wiens kleinzoon door een wegpiraat overreden werd. De schuldige is een invloedrijk en onaantastbaar magistraat (Willy Maury). De arme oude man trekt zich terug in een verlaten schuilplaats van het leger, dicht bij het graf van zijn kind. Op een goede dag loopt een van de dochters van de magistraat de misantroop tegen het lijf en raakt met hem bevriend. Toch zal de "afschrikwekkende kluizenaar" weigeren de echtgenote van zijn vijand te helpen, wanneer die hem komt smeken haar tweede dochter, door vergiftiging geveld, het antidotum te geven waarvan hij het geheim kent. Maar natuurlijk wint de overredingskracht van zijn jonge vriendin het uiteindelijk van zijn wraakzucht. De pers van toen was vol lof over de pathetische intrige van dit melodrama en de (totaal onverwachte) dramatische intensiteit van de hoofdrolspeler.

Le mouton noir

Chalux [Roger De Chateleux]

Le mouton noir
Le bélier noir
La brebis noire
Het zwart schaap
The Black Sheep

DIRECTOR: Chalux [Roger De Chateleux]
YEAR: 1922
COUNTRY: BE
BASED ON: Het zwart schaap, written by Jef Haugen
CAMERA: François Rents
PRODUCER: Hippolyte De Kempeneer
PROD. CO.: Belga Films (Machelen)
CAST: Fernand Crommelynck (Albert Bartelens),
Ellen Dosset (Mme Albert Bartelens), Marcel
Roels (Alexis Bartelens), Jimmy O'Kelly
(Henri Bartelens), Simone Vaudry (Jeanne
Bartelens), Doriane (Huguette), Alys Georges
(Suzanne), Laura Madden (Diane Huygom),
Coursière (M. Huygom), Léopold (Alain
Huygom), M. De Soete (Vicomte de Nivert)
LANGUAGE: French
SILENT/SOUND: silent

Le masque du génie
Het masker van de genie
The Genius' Mask

DIRECTOR: Chalux [Roger De Chateleux]
YEAR: 1923
COUNTRY: BE
CAMERA: François Rents
PRODUCER: Hippolyte De Kempeneer
PROD. CO.: Belga Films (Machelen)
CAST: Marcel Roels
LANGUAGE: French
SILENT/SOUND: silent

◆ Most fans of Belgian cinema remember Marcel Roels only as the colourful, broad working-class figure behind Coppenolle or Tore Bloemkuul. That is just one side of the story, however - this actor of great calibre graduated from the Brussels Conservatory in 1912 with a first prize in tragedy and in the silent era tackled almost exclusively roles of a more dramatic nature, from **Belgian Spirit** to **A Clown on the Street**. Another of these films is **The Black Sheep**, where Roels plays the misunderstood son of a cobbler, shunned by his father for refusing to follow in the footsteps of his three siblings and become either a doctor, lawyer or pianist. The ambitious head of the family cannot understand why his youngest son wishes to become a specialist in the shoe trade and throws him out of the house following a misunderstanding. Naturally, it is the black sheep of the family who years later rescues his parents from poverty and finds happiness in marriage, unlike his sister and two brothers. For this moral tale, De Kempeneer called on the services of a nobleman, the Marquis de Chateleux, a journalist well-known for his regular articles on the Congo under the pseudonym "Chalux". Chalux would again take on Marcel Roels for the part of the hunchbacked bell-ringer in **The Genius' Mask**, lost when the negative went up in flames with part of the Machelen studio in February 1923. Distraught, the Marquis de Chateleux abandoned fictional film-making, although he did continue to shoot documentaries on voyages to Africa and Japan which were used to illustrate articles and conferences. His plan to adapt his own colonial play *Mvoula* fell through in 1937.

● La plupart des fervents du cinéma belge n'ont conservé de Marcel Roels que le souvenir du truculent interprète à l'accent des Marolles, qui fut à l'écran Coppenolle ou Tore Bloemkuul. C'est ignorer que ce comédien de grande classe était sorti du Conservatoire de Bruxelles avec un premier prix de tragédie, en 1912; et qu'il n'interpréta guère, à l'époque du Muet, que des films à coloration dramatique, d'**Ame belge** au **Clown dans la rue**. C'est le cas pour **Le mouton noir**, où il interprète un fils, rejeté par son père cordonnier parce qu'il refuse, contrairement aux trois autres enfants, d'être médecin, avocat ou pianiste. L'ambitieux chef de famille ne peut comprendre que son cadet préfère devenir un spécialiste de la chaussure et le chasse à la suite d'un malentendu. C'est pourtant "le mouton noir" qui, bien des années plus tard, sauvera ses parents de la misère et connaîtra le bonheur conjugal, à l'inverse de sa sœur et de ses frères. De Kempeneer fit appel, pour tourner ce script moralisateur, au marquis de Chateleux, un journaliste connu pour ses reportages au Congo signés "Chalux". Marcel Roels fut engagé à nouveau par Chalux pour interpréter un sonneur de cloches bossu dans **Le masque du génie**, dont le négatif allait brûler en février 1923 pendant le montage, dans l'incendie du studio de Machelen. Dépité, le marquis de Chateleux abandonna le cinéma de fiction, mais réalisa des documentaires de voyage en Afrique et au Japon pour illustrer articles et conférences. En 1937, il eut le projet d'adapter sa pièce coloniale *Mvoula* mais ne put le mener à bien. *(RM)*

▶ In de herinnering van liefhebbers van de Belgische film staat Marcel Roels geboekstaafd als de kleurrijke acteur met de Marolse tongval die Coppenolle en Tore Bloemkuul tot leven bracht. Weinigen weten echter dat deze grote artiest ooit de eerste prijs voor tragedie kreeg, toen hij afstudeerde aan het Conservatorium van Brussel in 1912 en dat hij rollen in stille dramatische films vertolkte (o.a. **Ame belge** en **Un clown dans la rue**). Dit geldt ook voor **Le mouton noir**, waar hij de onbegrepen zoon speelt van een schoenmaker die hem verstoot omdat hij - in tegenstelling tot 's mans drie andere kinderen - geen dokter, advocaat of pianist wil worden. Het ambitieuze gezinshoofd kan er niet bij dat zijn jongste zoon liever schoenen zou lappen, en na een misverstand jaagt hij hem het huis uit. Nochtans zal het "zwarte schaap" jaren later zijn ouders uit de miserie redden en een gelukkig huwelijk aangaan, wat van zijn broers en zus niet kan gezegd worden. Om dit moraliserende scenario te verfilmen deed De Kempeneer een beroep op een getitelde medewerker: markies de Chateleux, een journalist bekend van zijn reportages over Kongo, die hij ondertekende als "Chalux". Chalux zou Roels later weer vragen als vertolker van de gebochelde beiaardier in **Le masque du génie**, waarvan het negatief in februari 1923 in vlammen opging tijdens de brand in de Machelse studio. Ontmoedigd zei de markies de fictiefilm vaarwel en maakte reisdocumentaires over Afrika en Japan, ter illustratie van artikels of conferenties. In 1937 wou hij nog een eigen koloniaal toneelstuk, *Mvoula*, verfilmen, maar dat project kwam niet van de grond.

Le mouton noir

Cœurs belges

Aimée Navarra

Cœurs belges
La châtelaine
Belgische harten
Belgian Hearts

DIRECTOR: Aimée Navarra
YEAR: 1923
COUNTRY: BE
SCREENPLAY: Aimée Navarra, Abbé De Moor
PRODUCER: Hippolyte De Kempeneer
PROD. CO.: Belga Films (Machelen)
CAST: Manette Simonet (Berthe de Brabant),
Jean Saint-Marc (Comte de Chavannes),
M. Faucon (Benoît), Géo Schally (Firmin),
Corona (Annette), Viviane Dhollain
(Madame Benoît), Raymonde Navarra
(Enfant de Benoît), Marcelle Navarra
(Enfant de Benoît), Abbé De Moor (Le curé)
LANGUAGE: French
GAUGE: 35 mm
SILENT/SOUND: silent
B&W/COLOUR: tinted + toned
METRES: 1689m

◆ In the immediate aftermath of the Armistice, we have seen the most dynamic of the post-war producers, Hippolyte De Kempeneer, launch himself into patriotic fiction, at the time a highly profitable genre. In his little studio on the Boulevard Barthélémy, two directors prove themselves experts in the field - first Charles Tutelier and then, more importantly, Armand Du Plessy. Yet there are other artists mining this rich seam, including Paul Flon, Francis Martin and, a little later, Théo Bergerat. One particularly sweet little project was **Belgian Hearts**, announced in 1920 under the title **La châtelaine (Lady of the Manor)** and not finished until two years later in De Kempeneer's studios in Machelen. The young Marchioness Berthe de Brabant has only recently married a handsome French gentleman when the war breaks out. Her husband, wounded in a raid against the Germans, hands Berthe's bridal bouquet to a Teutonic officer just before his death but does not reveal his name. Himself wounded and taken prisoner, the German is taken to the hospital where Berthe is working for the Red Cross. He confides in her, suspecting nothing: will Berthe avenge her husband or remain true to her duties as a nurse?

The film's script was attributed to Father De Moor (who plays a patriotic priest who distributes clandestine newspapers). A drama teacher, Aimée Navarra (the first known Belgian female film-maker), casted pupils from her class and the final result opened in March 1923 under the patronage of the Red Cross. The Royal Film Archive still has a print of this melodrama, which boasts every last cliché in the book.

● Au lendemain de l'Armistice, le plus dynamique des producteurs de l'après-guerre, Hippolyte De Kempeneer, s'était lancé, comme on l'a vu, dans la fiction patriotique, fort rentable à cette époque. Dans son petit studio du boulevard Barthélémy, deux réalisateurs vont s'avérer des spécialistes du genre: Charles Tutelier, puis, surtout, Armand Du Plessy. Mais d'autres auteurs exploitent ce précieux filon, dont Paul Flon, Francis Martin et, plus tard, Théo Bergerat. Un produit croquignolet entre tous semble avoir été ce **Cœurs belges**. Annoncé dès 1920 sous le titre **La châtelaine**, il fut seulement terminé dans les studios De Kempeneer à Machelen, deux ans plus tard. La jeune marquise Berthe de Brabant vient d'épouser un beau gentilhomme français, lorsque éclate la guerre. Son mari, blessé dans un raid contre les Allemands, remet à un officier teuton le bouquet de mariée de Berthe, avant de mourir sans révéler son nom. Blessé à son tour et fait prisonnier, l'Allemand est transporté dans l'hôpital où Berthe travaille pour la Croix-Rouge. Il lui confie l'histoire, sans se douter de rien: Berthe va-t-elle se venger ou accomplir son devoir d'infirmière?

Ce scénario serait dû à l'Abbé De Moor (qui joue dans le film un curé patriote, diffusant des journaux clandestins). Un professeur d'art dramatique, Aimée Navarra (la première réalisatrice féminine belge connue), fit interpréter le film **Cœurs belges** par des élèves de son cours, et l'ouvrage fut présenté en mars 1923, sous le patronage de la Croix-Rouge. Une copie de ce mélodrame, où pas un poncif ne manque, existe encore à la Cinémathèque Royale. (RM)

► Kort na de wapenstilstand besluit Hippolyte De Kempeneer, de meest dynamische van de naoorlogse producenten, zich te lanceren in de toen bloeiende markt van de vaderlandslievende fictiefilm. In zijn kleine studio aan de boulevard Barthélémy zullen twee regisseurs zich opwerpen tot meesters in dit genre: Charles Tutelier en vooral Armand Du Plessy. Maar ook andere auteurs zouden uit deze goudmijn putten, zoals Paul Flon, Francis Martin en later ook Théo Bergerat. Een allerschattigst exemplaar uit deze lade is **Cœurs belges**, in 1920 aangekondigd onder de titel **La châtelaine** maar pas twee jaar later in de Machelse studio afgewerkt. De jonge markiezin Berthe de Brabant is pas getrouwd met een Franse edelman als de oorlog uitbreekt. Haar echtgenoot, zwaar gewond in een aanval op de Duitsers, overhandigt het bruidsboeket van Berthe aan een Duits officier, alvorens de geest te geven zonder zijn naam te onthullen. Op zijn beurt raakt de Duitser gewond en hij wordt naar het hospitaal gebracht waar Berthe voor het Rode Kruis werkt. Nietsvermoedend doet hij haar zijn verhaal. Zal Berthe zich wreken, of zal ze haar plicht als verpleegster vervullen?

Het scenario zou van Abbé De Moor zijn, die in de film de rol van een vaderlandslievende pastoor vertolkt die clandestiene kranten ronddraagt. Aimée Navarra, de vroegst bekende vrouwelijke regisseur in ons land, was een docent in de dramatische kunsten en liet haar leerlingen de film vertolken. **Cœurs belges** werd in maart 1923 voorgesteld onder bescherming van het Rode Kruis. Het Koninklijk Filmarchief bezit nog een kopie van dit melodrama waarin alle clichés op het appèl zijn.

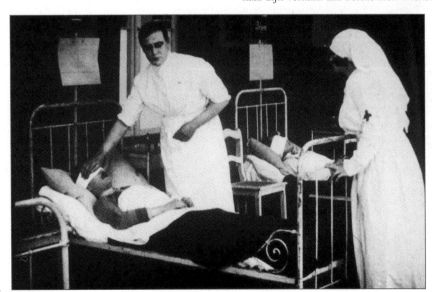

La nuit rouge

Maurice De Marsan, Maurice Gleize

La nuit rouge
Roode nacht
The Red Night

DIRECTOR: Maurice De Marsan, Maurice Gleize
YEAR: 1924
COUNTRY: BE
BASES ON: La nuit rouge, written by Lewis Rienner
CAMERA: Léon De Boeck
PRODUCER: [Hippolyte De Kempeneer]
PROD. CO.: Belga Films (Machelen)
CAST: Gina Manès (Ginette Lesparre), Henri Deneyrieu (Robert), Hugues Mitchell, Sylviane De Castillo (La mère de Ginette), Mme De Sweet, Léon Bousquet (Le rustre), Franki (Le fils), William Elie (Le chauffeur), Fernand Liesse
LANGUAGE: French
SILENT/SOUND: silent
METRES: 1850m

William Elie

Gina Manès

◆ The fire that consumed part of the Machelen studio in early 1923 halted shooting for only a short while: the same year Maurice Gleize directed two films there (**The Red Night** and **The Hand That Has Killed**), together with Maurice De Marsan, a long-forgotten twenties director. However, with the exception of William Elie (from the Brussels suburb of Ixelles) in a minor role as the chauffeur, both films featured uniquely French actors - indeed the selfsame cast (Gina Manès, Henri Deneyrieu, Sylviane De Castillo and Hugues Mitchell), which has misled some historians to the conclusion that they are one and the same film under two different titles. (Raymond Chirat for the same reason went so far as to class them as "French" silents, without mentioning De Kempeneer's studio.) The first to be shot was **The Red Night**, which was set within the space of a few hours and in two locations - the rich Madame Lesparre's old castle (where celebrations are underway to mark the marriage of her daughter Ginette to the handsome Robert) and the sinister mill "Moulin-Maudit". The young couple leave for their honeymoon, driven by a mysterious chauffeur. Following a breakdown in open country they are forced to seek refuge in the mill, where untold horrors await: blood oozing from the ceiling, a body wrapped in a tarpaulin, a menacing dumb figure and an old woman, etc. Over the course of a terrifying night they discover that these people are merely harmless poachers, that the corpse was only an illicitly hunted deer and that their precious jewels were never in danger. The bogus horror film ends with the high spirits of the new morning, lightly plagiarizing David Wark Griffith's **One Exciting Night**, made in 1922 and dealing with a similar theme.

● L'incendie d'une partie du studio de Machelen, au début de 1923, n'interrompt pas longtemps les tournages. La même année, Maurice Gleize y réalise deux œuvres dramatiques (**La nuit rouge** et **La main qui a tué**) qu'il cosigne avec Maurice De Marsan, metteur en scène oublié des années 20. A l'exception de l'Ixellois William Elie, qui joue le petit rôle du chauffeur dans **La nuit rouge**, la distribution des deux films est française et identique (Gina Manès, Henri Deneyrieu, Sylviane De Castillo et Hugues Mitchell), ce qui a parfois conduit certains historiens à n'y voir qu'un seul film comportant deux titres différents (et amené Raymond Chirat à les classer parmi les "films français" muets, sans mentionner le studio De Kempeneer). Tourné en premier lieu, **La nuit rouge** se déroule en quelques heures et en deux décors: le vieux castel de la riche Madame Lesparre (où l'on fête le mariage de sa fille, Ginette, et du beau Robert) et le sinistre "Moulin-Maudit". Le jeune couple part en voyage de noces, conduit par un chauffeur mystérieux. Une panne en rase campagne les oblige à chercher refuge dans ce moulin, où les attendent les pires angoisses: sang suintant du plafond, cadavre dans une bâche, vieille et muet patibulaires, etc. Au terme d'une nuit cauchemardesque, ils découvrent que ces gens ne sont que des braconniers inoffensifs, que le cadavre n'est qu'un chevreuil abattu clandestinement, et que leurs précieux bijoux n'ont jamais été menacés. Et le faux film d'épouvante s'achève dans la bonne humeur du matin, se démarquant ainsi allègrement de **La nuit mystérieuse** de David Wark Griffith, tourné en 1922 sur un thème similaire. *(RM)*

▶ De brand die de Machelse studio begin 1923 gedeeltelijk verwoestte, legde de productie slechts korte tijd stil: Maurice Gleize zou er hetzelfde jaar twee dramatische films inblikken (**La nuit rouge** en **La main qui a tué**) samen met Maurice De Marsan, een in de vergetelheid geraakte regisseur uit de jaren 20. De vertolking van deze twee films is geheel voor rekening van dezelfde Fransen (behalve de Elsenaar William Elie, te zien in een bijrol als chauffeur in **La nuit rouge**): Gina Manès, Henri Deneyrieu, Sylviane De Castillo en Hugues Mitchell. Vandaar dat sommige historici beide films beschouwden als één werk met verschillende titels (en dat Raymond Chirat ze klasseerde als stille "Franse films", zonder de studio van De Kempeneer te vermelden). **La nuit rouge** was de eerste en speelt zich af binnen enkele uren en binnen twee decors: het oude kasteel van de rijke Madame Lesparre (waar het huwelijksfeest van haar dochter Ginette en de knappe Robert gevierd wordt) en de onheilspellende "vervloekte molen". Het jonge koppel trekt op huwelijksreis met een geheimzinnige chauffeur. Te midden van nergens krijgen ze autopech en zoeken ze hun toevlucht in de bewuste molen waar hen de ergste verschrikkingen wachten: van het plafond druipend bloed, een in zeildoek gewikkeld lijk, een ongure doofstomme met een oude vrouw, enz. Na een helse nacht ontdekken ze dat deze mensen slechts ongevaarlijke stropers waren en het lijk een clandestien geschoten ree; kortom, hun kostbaarheden waren nooit echt in gevaar. Deze nep-horrorfilm eindigt met een goedgeluimde ochtendstond, een knipoog naar **One Exciting Night** van David Wark Griffith, gedraaid in 1922 rond een gelijkaardig thema.

La main qui a tué

Maurice De Marsan, Maurice Gleize

La main qui a tué
Enigme
De hand die doodde
The Hand That Has Killed

DIRECTOR: Maurice De Marsan, Maurice Gleize
YEAR: 1924
COUNTRY: BE
SCREENPLAY: Maurice De Marsan
BASED ON: La main qui a tué, written by Paul Hervieu
CAMERA: Léon De Boeck
PRODUCER: Maurice De Marsan, [Hippolyte De Kempeneer]
PROD. CO.: Belga Films (Machelen)
CAST: Gina Manès (Huberte de Pontault), Henri Deneyrieu (Jacques de Chancé), Sylviane De Castillo (Comtesse de Chancé), Jean D'Yd (Inspecteur Bréchet), Hugues Mitchell (Fauvaître), Cléo Dailly (Irène Doré), Niel (Hawkins), Paul Gerbault (Le juge), Léopold (Le procureur)
LANGUAGE: French
SILENT/SOUND: silent

◆ Hardly had they completed **The Red Night** when the team De Marsan-Gleize began work on their second film in De Kempeneer's studio using the same principals, the same cameraman and, it would appear, the same château set. This time it is inhabited by the Comtesse de Chancé, her son Jacques and her ward Huberte, a poor young orphan who harbours an undeclared love for Jacques. A sinister adventurer has in his possession a letter which testifies that the widow was once the mistress of a Marquis, in fact Jacques' real father. In a bid to acquire land belonging to the Lady, the master blackmailer threatens to reveal the truth to the young man - but is found mysteriously murdered. A kind-hearted policeman discovers that the killer is in fact the beautiful Huberte, who was driven to defend her protector and beloved. The detective passes a verdict of suicide and destroys the letter, allowing the couple to live in happiness.

The Hand That Has Killed was clearly a full-fledged melodrama, with every cliché of the genre. The film's success was less a result of this plot than of the performance by Gina Manès, recently the star of **The Red Night** and already revealed as a stunning beauty by Jean Epstein (in **The Red Inn** and **The Faithful Heart**). Manès was to become one of the most captivating stars of the silent era, going on to work with Abel Gance, Germaine Dulac, Marcel L'Herbier and above all Jacques Feyder, for his **Thérèse Raquin**. A great circus fan, she was seriously injured by a wild animal and until 1965 was reduced to only minor roles (including an appearance in a third Maurice Gleize film, **The Barrier Reef**, with Jean Gabin).

● A peine terminé **La nuit rouge**, l'équipe De Marsan-Gleize commença son second film dans le studio de De Kempeneer, avec les mêmes acteurs principaux, le même opérateur et, semble-t-il, le même château comme décor important. Il est habité cette fois par la comtesse de Chancé, son fils Jacques et sa pupille Huberte, une jeune pauvre orpheline qui aime le beau Jacques en silence. Un sinistre aventurier possède une lettre attestant que la veuve fut jadis la maîtresse d'un marquis, dont Jacques est, en réalité, le fils. Pour s'emparer des terres appartenant à la vieille dame, le maître chanteur menace de révéler la vérité au jeune homme, mais il est mystérieusement tué. Un policier au grand cœur découvre que c'est la belle Huberte qui a fait le coup pour défendre sa bienfaitrice et le fils aimé. Il conclut au suicide et détruit la lettre, permettant le bonheur final du couple.

La main qui a tué apparaît donc comme un mélodrame intégral, charriant tous les poncifs du genre. Le succès du film fut moins dû à cette intrigue qu'à l'interprétation de Gina Manès, déjà vedette de **La nuit rouge**, et dont Jean Epstein (dans **L'auberge rouge** et **Cœur fidèle**) avait révélé la beauté frémissante. Gina Manès allait devenir l'une des stars les plus attachantes du muet, tournant ensuite avec Abel Gance, Germaine Dulac, Marcel L'Herbier et surtout Jacques Feyder, pour **Thérèse Raquin**. Passionnée de cirque, elle fut gravement blessée par un fauve et réduite à des rôles mineurs jusqu'en 1965 (dont une apparition dans un troisième film réalisé par Maurice Gleize, **Le récif de corail**, avec Jean Gabin). (RM)

▶ **La nuit rouge** was amper afgewerkt wanneer het team De Marsan-Gleize aan een tweede film begon in de studio van De Kempeneer, met dezelfde hoofdrolspelers, dezelfde cameraman en blijkbaar hetzelfde kasteel als decor. Ditmaal wordt het slot bewoond door de gravin de Chancé, haar zoon Jacques en haar pupil Huberte, een arm weesmeisje dat heimelijk verliefd is op de knappe Jacques. Een sinistere vrijbuiter is in het bezit van een brief waarin staat dat de adellijke weduwe ooit de maîtresse was van een markies; Jacques zou de zoon van deze laatste zijn. De schurk ontpopt zich als chanteur en dreigt alles te onthullen als de gravin haar gronden niet aan hem schenkt, maar hij wordt in mysterieuze omstandigheden vermoord. Een goedhartig politieman ontdekt dat de knappe Huberte de dader is. Omdat zij slechts haar weldoenster en haar geliefde wou beschermen, klasseert de man het voorval als een zelfmoord en verzekert zo het geluk van het koppel.

La main qui a tué is op het eerste gezicht een melodrama met de geijkte clichés. Hoofdreden voor het succes van de film was - veeleer dan de intrige - de vertolking van Gina Manès (ook te zien in **La nuit rouge**), wier verblindende schoonheid eerder al onthuld werd door Jean Epstein (in **L'auberge rouge** en **Cœur fidèle**). Als een der geliefkoosde sterren van de stille film werkte zij met Abel Gance, Germaine Dulac, Marcel L'Herbier en vooral met Jacques Feyder voor **Thérèse Raquin**. Het circus was haar passie, maar een wild dier bracht haar zulke verwondingen toe dat ze tot in 1965 nog slechts bijrollen vertolkte (o.a. in **Le récif de corail**, de derde film van Gleize, met Jean Gabin).

L'œuvre immortelle

Julien Duvivier

L'œuvre immortelle
L'horrible expérience
Wat eeuwig blijft
The Immortal Work
What Remains For Ever

DIRECTOR: Julien Duvivier
YEAR: 1924
COUNTRY: BE-NE
SCREENPLAY: Maurice Widy, Julien Duvivier
ASST. DIR.: Maurice Widy
CAMERA: Henri Barreyre
EDITING: Maurice Widy
PRODUCER: Hippolyte De Kempeneer, Jacques Van Hoven
PROD. CO.: Belga Films (Machelen), Het Van Hoven Consortium (Amsterdam)
CAST: Suzanne Christy (Lucienne Derval), Jacques Van Hoven (Charles Bosquet), Jimmy O'Kelly (Stéphane Manin), Rika Hopper (La mère de Lucienne), Mary O'Kelly (La sœur de Stéphane), Maurice Widy (Coudret), Remi Rasquin, Louis Delville, Yvonne Willy, Madame Bourdois
LANGUAGE: French
SILENT/SOUND: silent

◆ From 1922, a succession of French directors passed through the Machelen studios at the invitation of producer Hippolyte De Kempeneer, among them Jacques de Baroncelli, who made two pictures for Belga Films. In September 1924 it was the turn of the experienced French director Julien Duvivier (with eight films to his credit since 1919) to come to Machelen to shoot a script by the journalist Maurice Widy (who also appears in the cast). The result, **The Immortal Work**, was not to be released until a year later when Duvivier burst upon the scene with two box-office successes, **Father Constantin** and **Poil de carotte**. The Dutch actor Jacques Van Hoven here plays an illustrious scientist whose research into tuberculosis is about to bear fruit. He falls in love with a young orphan girl whose mother had also once been the object of his passion, unaware that his favourite disciple also harbours plans to marry her. Torn between her two suitors the young woman learns that the professor is afflicted by cancer and has only a short time left to live. She thus intends to marry him and thereby allow his research to proceed as smoothly as possible; but the professor learns the truth and, by a supreme effort, discovers the serum before his death. There seems to be no surviving copy of this drama photographed by Henri Barreyre, the same cameraman who had worked on the two Belgian films directed by Jacques de Baroncelli. **The Immortal Work** was to be the final film with De Kempeneer as producer. He was relieved of his duties and succeeded by Paul Dallemagne. Under the latter's direction, Belga Films went on to co-produce a number of films and rent out its studio to external productions, the best known of which were the films of Harry Southwell.

● Dans les studios de Machelen se succédèrent, à partir de 1922, plusieurs réalisateurs venus de France à l'invitation du producteur Hippolyte De Kempeneer dont Jacques de Baroncelli qui signa deux œuvres pour Belga Films. En septembre 1924, Julien Duvivier, un cinéaste français déjà confirmé (il a réalisé huit films depuis 1919), vient tourner à Machelen un scénario du journaliste Maurice Widy (qui figure également dans la distribution du film). **L'œuvre immortelle** ne sortira en salle que l'année suivante, alors que Duvivier s'impose avec deux succès commerciaux: **L'abbé Constantin** et **Poil de carotte**. L'acteur hollandais Jacques Van Hoven incarne ici un illustre savant, dont les recherches sur la tuberculose sont sur le point d'aboutir. Il tombe amoureux d'une jeune orpheline dont il a aimé jadis la mère, sans savoir que son disciple préféré songe également à l'épouser. Déchirée entre ses deux prétendants, la demoiselle apprend que le professeur, atteint d'un cancer, n'a plus que peu de temps à vivre. Elle envisage donc de le choisir pour ne pas perturber ses recherches; mais le savant apprend la vérité, et, en un effort suprême, découvre le sérum avant de mourir. Plus aucune copie ne semble exister de ce drame photographié par l'opérateur Henri Barreyre, déjà cameraman pour les deux réalisations belges de Jacques de Baroncelli. **L'œuvre immortelle** sera le dernier film produit par De Kempeneer qui sera ensuite écarté et remplacé par Paul Dallemagne. Belga Films assurera encore, sous la direction de ce dernier, la coproduction de quelques films ou louera les studios à des tiers dont le plus connu fut Harry Southwell. (RM)

▶ Vanaf 1922 kwamen, op uitnodiging van producent Hippolyte De Kempeneer, regelmatig Franse cineasten naar de studio in Machelen, o.a. Jacques de Baroncelli, die voor Belga Films twee films regisseerde. In september 1924 komt de bekende Franse cineast Julien Duvivier (die sinds 1919 reeds acht films had gedraaid) naar Machelen om er een scenario te verfilmen van journalist Maurice Widy (ook te zien in een bijrol). **L'œuvre immortelle** kwam pas een jaar later in de zalen, toen Duvivier naam had gemaakt met twee commerciële successen: **L'abbé Constantin** en **Poil de carotte**. De Nederlandse acteur Jacques Van Hoven vertolkt een geleerde die op het punt staat een doorbraak te forceren in zijn onderzoek naar tuberculose. Ondertussen wordt hij verliefd op een weesmeisje, wier moeder vroeger nog zijn maîtresse was. Hij weet echter niet dat zijn favoriete leerling hetzelfde meisje wil huwen. De jongedame voelt zich verscheurd door dit dilemma en verneemt bovendien dat de professor aan kanker lijdt en niet lang meer te leven heeft. Ze overweegt om voor de geleerde te kiezen maar deze komt al snel achter de waarheid. Hij beweegt hemel en aarde en slaagt er alsnog in een serum te ontwikkelen alvorens te sterven. Geen enkele kopie is bewaard gebleven van dit drama, waarvoor Henri Barreyre, eerder al twee maal cameraman onder de Baroncelli, de fotografie verzorgde. Het zou de laatste film worden geproduceerd door De Kempeneer, die opzij gezet werd en vervangen door Paul Dallemagne. Onder zijn leiding zal Belga Films enkel nog films coproduceren of zijn studio's verhuren aan derden, onder wie Harry Southwell, de meest bekende.

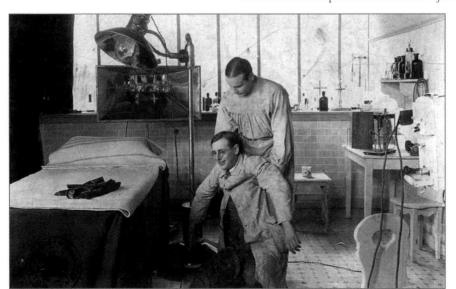

Mooi Juultje van Volendam

Alex Benno

Mooi Juultje van Volendam
Het schoone meisje van Volendam
La belle de Volendam
La belle Juliette de Volendam
The Beautiful Julie of Volendam
The Beautiful Girl of Volendam
The Beauty of Volendam

DIRECTOR: Alex Benno
YEAR: 1924
COUNTRY: BE-NE
SCREENPLAY: Alex Benno
BASED ON: Mooi Juultje van Volendam, written by
Johan Lemaire
ASST. DIR.: Paul Flon, Remi Rasquin
CAMERA: H.W. Metman
ART DIRECTOR: Piet Mossinkoff, Christiaan Lund
PRODUCER: Paul Dallemagne, Alex Benno
PROD. CO.: Belga Films (Machelen), Actueel Film (Haarlem)
CAST: Annie Bos (Juultje/Juliette), Jan Kiveron
(Sander/Alex), August Van den Hoeck
(Barendse), Remi Rasquin (Meesen), Pierre
Balledux (Piet/Pierre), Frans Bogaert
(Rekveld), Marie Verstraete (Trees Barendse,
Juultje's moeder), Willem Van der Veer
(Willem Nijland), Johan Elsensohn (Toon),
Arthur Sprenger (Dokter), Piet Fuchs
(Meesens boekhouder), Jetje Cabanier, Mad.
Gheys, Annie Metman-Slinger, Mr. Janssens
LANGUAGE: Dutch
GAUGE: 35 mm
SILENT/SOUND: silent
B&W/COLOUR: B&W
METRES: 2000m

Annie Bos & Alex Benno

◆ The Dutchman Alex Benno - his true name was Benjamin Bonefang - began his career as a showman with a travelling film theatre. He had a wide variety of jobs at the company Filmfabriek Hollandia and thus became acquainted with the film industry proper. He appeared as an actor in a number of Dutch films before trying his hand at directing in 1919. He would go on to a total of 14 entries in his filmography. Many of the interiors in this film were shot in the Belga Films studios in Machelen, which were by this time no longer headed by their founder Hippolyte De Kempeneer but by Paul Dallemagne. It is unclear whether Belga Films produced the film together with Actueel Film (based in Haarlem, the Netherlands) or whether they merely hired out the studio and crew. A year before shooting began, the studio, which had been partially destroyed by fire, was sold off. Whatever the exact production details, the number of Belgians involved in the film and the tale itself undeniably lend the work a strongly Belgo-Dutch character. Juultje, a youthful beauty, tires of her village and makes off to seek her fortune in the big city. After a brief love affair with a self-conceited artist and a flirtation with fashionable Brussels, she ends up all alone in a seedy Amsterdam bar. When she learns that her mother is dying, she returns to Volendam, where she willingly agrees to marry Piet, the farm hand she had once spurned. Whether the film version of **Beautiful Julie of Volendam** was as popular as the play of the same name by Lemaire is not known, but Dutch director Alex Benno was certainly renowned for his commercial aptitude.

● Le Hollandais Alex Benno (pseudonyme de Benjamin Bonefang) débuta comme bonimenteur forain et posséda même son propre cinéma ambulant. Après divers métiers pour la société Filmfabriek Hollandia, il devint comédien dans plusieurs films locaux, puis metteur en scène dès 1919. Sa filmographie comporte quatorze réalisations, dont **La belle de Volendam**. De nombreux intérieurs de cette production furent tournés dans le studio de Belga Films à Machelen, qui n'était plus dirigé alors par son fondateur Hippolyte De Kempeneer, mais par Paul Dallemagne. On ignore s'il s'agit d'une coproduction entre Belga Films et Actueel Film (Haarlem, Pays-Bas) ou s'il y eut uniquement location du studio et du personnel. Par ailleurs, un an avant le tournage, on avait revendu le bâtiment, après son incendie. Quoi qu'il en soit, la participation non négligeable de la Belgique, notamment pour la trame du récit, confère au film un indéniable caractère belgo-hollandais. La jeune et jolie Juliette est lasse de son village et part chercher fortune à Bruxelles. Après une brève idylle avec un prétentieux artiste peintre, et quelques minauderies mondaines, la jeune fille, finalement esseulée, échoue dans un bar de mauvaise réputation à Amsterdam. Lorsqu'elle apprend que sa mère va mourir, elle retourne à Volendam, où elle accepte la demande en mariage de Piet, un domestique qu'elle avait autrefois dédaigné. Le réalisateur Alex Benno était connu pour son sens des affaires, mais on ignore si son film eut un succès aussi retentissant que la pièce du même nom, dont il était tiré.

▶ De Nederlander Alex Benno - zijn echte naam was Benjamin Bonefang - begon zijn carrière als foorkramer en bezat een eigen ambulant filmtheater. Via Filmfabriek Hollandia, waar hij allerlei baantjes had, kwam hij in de echte filmwereld terecht; hij vertolkte een aantal rollen in Nederlandse films alvorens in 1919 zelf achter de camera post te vatten. Benno's filmografie beslaat zo'n 14 films. Een groot deel van de binnenopnamen in deze productie werden gedraaid in de studio van Belga Films te Machelen, die dan niet langer geleid werd door de stichter, Hippolyte De Kempeneer, maar door Paul Dallemagne. Het is niet duidelijk of Belga Films dit werk samen met Actueel Film (Haarlem, Nederland) produceerde; het is mogelijk dat enkel de studio en het personeel werden verhuurd. Een jaar voor de opnamen werd het gedeeltelijk door brand verwoeste gebouw overigens van de hand gedaan. Het aanzienlijke Belgische aandeel in deze productie, evenals het verhaal zelf, verleende de film hoe dan ook een onmiskenbaar Belgisch-Nederlands karakter. Juultje, een jeugdige schoonheid, is haar dorp moe en zoekt haar heil in de grote stad. Na een korte idylle met een verwaande kunstschilder en wat gekoketteer in het mondaine Brussel, belandt ze vereenzaamd in een Amsterdamse bar van bedenkelijk allooi. Wanneer ze verneemt dat haar moeder op sterven ligt, keert ze terug naar Volendam, waar ze haar jawoord geeft aan Piet, de knecht op wie ze voordien had neergekeken. Of de prent de populariteit van het gelijknamige toneelstuk van Lemaire evenaarde, is niet bekend; regisseur Benno had alleszins de naam commercieel ingesteld te zijn. *(PF)*

David

Harry Southwell

David
The Seventh Commandment
Le septième commandement
Le temple de David

DIRECTOR: Harry Southwell
YEAR: 1924
COUNTRY: BE-UK-AT
SCREENPLAY: Harry Southwell
CAMERA: Henri Barreyre, Charles Lengnich, L.G. Egrot
ART DIRECTOR: Armand Lund
PRODUCER: Paul Dallemagne
PROD. CO.: Belga Films (Machelen)
CO-PROD. CO.: Anglo-Australian Films
CAST: Harry Southwell (David), Georgette de Nove [Georgette Desmond] (Bath-sheba), Madeleine Southwell (Bath-sheba's maid), Albert Price (Nathan), Peggy Ford (Dancer), Jimmy O'Kelly (Uriah), M. Devil (Officer)
LANGUAGE: English
GAUGE: 35 mm
SILENT/SOUND: silent
B&W/COLOUR: B&W
METRES: 769m

The set for David

◆ As of 1922, the Machelen studio had been made available for several directors from Holland and France (de Baroncelli, Duvivier, Maurice Gleize). Then, straight from Australia came the flamboyant Harry Southwell. Although he spoke only English, Southwell was to mount two co-productions with Belga Films, each time casting himself in the lead role for **David** and **The Bells**. Born in Wales, Southwell began his career as an actor before emigrating to the United States, where his activity included the adaptation of a series of short stories by O'Henry in 1917-18. He then left for Australia, his wife's original home, built a studio in Sydney with a koala as its emblem and in 1920 shot a Hollywood-style movie, **The Kelly Gang**. After two other features, he began working on a Biblical film of immense proportions and centred on King David which he came to finish in Belgium with his Anglo-Australian cast. The film was to be a spectacular historical drama, with location work in Palestine and sumptuous sets - including an enormous oriental palace - commissioned for Machelen from the painter Armand Lund. Southwell played the saviour of Israel, the conqueror of Jerusalem, madly in love with Bath-sheba, the wife of Uriah. Harry Southwell had signed a deal with a group of British producers and back in Australia he set up a production studio to make Australian films for the British market. **David** (which for the British release received the more religious title **The Seventh Commandment**) was a first sample of this series.

● Depuis 1922, le studio de Machelen avait déjà accueilli plusieurs metteurs en scène venus de Hollande ou de France (de Baroncelli, Duvivier, Maurice Gleize), lorsque s'y installa, arrivant tout droit d'Australie, le flamboyant Harry Southwell. Bien que ne parlant que l'anglais, il allait diriger deux coproductions avec Belga Films, tout en y interprétant le rôle principal: **David** et **Le juif polonais**. Né au pays de Galles, Southwell avait été acteur, avant de s'expatrier aux Etats-Unis où il avait notamment adapté pour le cinéma une série de contes d'O'Henry, en 1917-18. Il était ensuite parti en Australie, patrie de son épouse; avait construit un studio à Sydney, avec un koala comme emblème; puis avait tourné, en 1920, un film à l'américaine: **La bande Kelly**. Après deux autres longs métrages, il mit en chantier un gigantesque film biblique, centré sur le roi David, qu'il vint terminer en Belgique, avec ses acteurs anglais et australiens. L'œuvre se voulait un drame historique à grand spectacle, dont Southwell avait tourné les extérieurs en Palestine, avant de faire construire à Machelen de somptueux décors par le peintre Armand Lund, dont un palais oriental géant. Il jouait le personnage du héros d'Israël, le conquérant de Jérusalem, amoureux fou de la belle Bethsabée, la femme d'Uriah. Southwell avait signé un accord avec un groupe de producteurs anglais et, de retour en Australie, il réalisa des films australiens pour le marché anglais. **David** (sorti en Angleterre sous un titre plus religieux: **Le septième commandement**) fut le premier film de cette série. *(RM)*

▶ Vanaf 1922 ontving de studio te Machelen regelmatig regisseurs uit Nederland of Frankrijk (de Baroncelli, Duvivier, Gleize) en zelfs de flamboyante Harry Southwell, rechtstreeks uit Australië. Hoewel deze laatste alleen het Engels machtig was, zou hij twee coproducties met Belga Films verzorgen, waarin hij meteen ook de hoofdrol vertolkte: **David** en **Le juif polonais**. Southwell werd geboren in Wales, was eerst actief als acteur en emigreerde vervolgens naar de VS, waar hij o.a. een aantal verhalen van O'Henry verfilmde (in 1917-1918). Daarna vertrok hij naar Australië, het geboorteland van zijn echtgenote. In Sydney richtte hij een studio op, met als embleem een koala, waar hij een film draaide in ware Hollywoodstijl: **The Kelly Gang** (1920). Na nog twee langspeelfilms startte hij met een nieuw project, een grootschalige bijbelfilm over koning David, die hij, samen met alle Engelse en Australische acteurs, in België kwam afwerken. De film werd als een spectaculair historisch drama aangekondigd. Southwell was eerst naar Palestina gereisd om er de buitenopnamen te draaien, waarna hij in Machelen indrukwekkende decors liet bouwen door de schilder Armand Lund, o.a. een kolossaal oosters paleis. Hijzelf vertolkt de held van Israël en veroveraar van Jeruzalem, die dolverliefd is op de mooie Bath-sheba, de vrouw van Uriah. Southwell had een akkoord ondertekend met een groep Engelse producenten; terug in Australië draaide hij Australische films bestemd voor de Britse markt. **David** (die in Engeland uitkwam onder de meer religieuze titel **The Seventh Commandment**) was de eerste film in die reeks.

Bet trekt de 100.000

Adriënne Solser, Piet Hulsman

Co-production

Bet trekt de 100.000
Betty trekt 100.000 Gulden
Bet gagne les 100.000
Bet Wins the 100 000
Betty Wins 100 000 Guilders

DIRECTOR: Adriënne Solser, Piet Hulsman
YEAR: 1925
COUNTRY: NE-BE
SCREENPLAY: André Boesnach
CAMERA: Henk Alsem
PRODUCER: André Boesnach
PROD. CO.: Hollando-Belgica Film Mij. "Eureka" (Rotterdam)
CAST: Adriënne Solser (Bet Mager), André Boesnach (Piet), Henk Livermore (Cobus Langoor), Charles Braakensiek (Algerijn), Mary Smit, Henry Bernard, Betsy van Es
LANGUAGE: Dutch
GAUGE: 35 mm
SILENT/SOUND: silent
B&W/COLOUR: B&W
METRES: 2000m
NOTES: Interiors were made in the studios of Belga Films in Machelen (in: Geoffrey Donaldson, *Of Joy and Sorrow*, p. 458)

Adriënne Solser

The studio of Belga Films in Machelen

Le juif polonais

Harry Southwell

Le juif polonais
De Poolse Jood
The Bells

DIRECTOR: Harry Southwell
YEAR: 1925
COUNTRY: BE-AT-UK
BASED ON: Le juif polonais, written by Erckmann-Chatrian
DIALOGUE: Fernand Crommelynck
CAMERA: Henri Barreyre, Charles Lengnich
ART DIRECTOR: Armand Lund
PRODUCER: Paul Dallemagne
PROD. CO.: Belga Films (Machelen)
CO-PROD. CO.: Mespah Film (Sydney)
CAST: Harry Southwell (Mathias the innkeeper), Myra Bertsini, Berthe Charmal, Micky Damrémont, Charles Schauten, Fernand Crommelynck
LANGUAGE: English
SILENT/SOUND: silent
METRES: 1859m

◆ After completing **David** in the Machelen studio, Harry Southwell brought together the same crew (including cameraman Henri Barreyre and set designer Armand Lund) for a new film, this time based on a classic of French popular theatre. His actors too were drawn from the Belgian stage, among them Berthe Charmal and Fernand Crommelynck, and making her début appearance was the young Micky Damrémont, who five years later would star in **A Clown on the Street**. Harry Southwell himself also stood before the camera as the innkeeper Mathias. Location shooting for the film took place in the Alsace, setting for the original novel by Erckmann and Chatrian published in 1869. Fifteen years before the action takes place, an innkeeper and village mayor killed and robbed a Polish Jew. The day of his daughter's marriage, a dreadful nightmare returns - Mathias sees himself apprehended by the authorities, dragged to the assizes and put under hypnosis to make him confess his crime. Shattered by his dream, he dies of fright and his daughter, innocent, forever remains unaware of the source of her father's fortune. The film apparently was a great box-office success, with audiences particularly taken with the visual hallucinogenics of the lenghty delirium sequences.

The Bells was the final film to be shot in the Belga Films studios, marking the end of an era in Belgian cinema history. On 27 August 1926, a notice appeared in the press announcing the end ol the "Belgian Hollywood". The empire built up by Hippolyte De Kempeneer had now become nothing more than a "mechanical sawmill".

● Après avoir terminé **David** dans le studio de Machelen, Harry Southwell réunit la même équipe technique (dont Henri Barreyre à la caméra et Armand Lund comme décorateur) pour filmer un scénario inspiré, cette fois, d'un classique du théâtre populaire français. Il fit appel, de plus, à des acteurs de scènes belges, dont Berthe Charmal et Fernand Crommelynck. Il engagea également une jeune débutante, Micky Damrémont, qui sera, cinq ans plus tard, la vedette du film **Un clown dans la rue**. Harry Southwell livra lui-même une composition dans le rôle de l'aubergiste Mathias. Les extérieurs furent tournés en Alsace, où se déroule le roman d'Erckmann et Chatrian, publié en 1869: un aubergiste et maire de village a tué, quinze ans auparavant, un juif polonais pour le voler. Le jour du mariage de sa fille, un cauchemar épouvantable survient: Mathias se voit appréhendé par la justice, traîné aux assises et hypnotisé pour avouer son crime. Bouleversé par ce rêve, il meurt d'effroi et sa fille, innocente, ignorera toujours l'origine de la fortune de son père. Le film semble avoir remporté un vif succès auprès du grand public, impressioné par les délires visuels dans les longues séquences d'hallucinations.

Le juif polonais fut le dernier film tourné dans les studios de Belga Films, ce qui marqua ainsi la fin d'un chapitre dans l'histoire du cinéma belge. Le 27 août 1926 parut dans la presse une notice annonçant la fin définitive du "Hollywood belge". L'empire créé jadis par Hippolyte De Kempeneer était devenu "une scierie mécanique". *(RM)*

▶ Na **David** te hebben afgewerkt in de studio te Machelen bracht Harry Southwell dezelfde technische ploeg samen (o.a. cameraman Henri Barreyre en decorontwerper Armand Lund) om een ander scenario te verfilmen, ditmaal geïnspireerd op een klassieker uit het Franse volkstheater. Als acteurs zocht hij Belgische theatervedetten als Berthe Charmal en Fernand Crommelynck aan, alsook een jonge beginnelinge, een zekere Micky Damrémont, vijf jaar later de ster van **Un clown dans la rue**. Zelf nam Southwell de hoofdrol voor zijn rekening, die van Mathias de herbergier. De buitenopnamen werden gedraaid in de Elzas alwaar de roman van Erckmann en Chatrian (gepubliceerd in 1869) gesitueerd is. Mathias heeft de dood van een Poolse jood op zijn geweten, die hij vijftien jaar eerder beroofde en ombracht. Op de trouwdag van zijn dochter krijgt Mathias een vreselijke nachtmerrie: hij wordt gearresteerd en voor het Assisenhof gebracht, waar men hem onder hypnose zijn misdaad doet bekennen. Deze droom boezemt hem zoveel angst in dat hij eraan bezwijkt, terwijl zijn argeloze dochter geen flauw vermoeden heeft van de herkomst van het familiefortuin. De film werd enthousiast onthaald door het grote publiek dat onder de indruk was van de visuele impact van de hallucinatiescènes.

Le juif polonais was de laatste film opgenomen in de studio's van Belga Films, wat meteen het einde betekende van een hoofdstuk in de geschiedenis van de Belgische film. Op 27 augustus 1926 verscheen in de pers een klein berichtje dat het definitieve einde aankondigde van het "Belgische Hollywood". Het imperium dat Hippolyte De Kempeneer ooit had opgebouwd, werd nu een "mechanische zagerij".

Le portrait de l'amiral

Maurice Le Forestier

Le portrait de l'amiral
Het portret van den admiraal
The Admiral's Portrait

DIRECTOR: Maurice Le Forestier
YEAR: 1919
COUNTRY: BE
SCREENPLAY: Maurice Le Forestier
BASED ON: Le portrait de l'amiral,
    written by Gauthier Finck
PRODUCER: André Jacquemin
PROD. CO.: Le Film Cinématographique Belge (Bruxelles)
CAST: M. Duquesne (Noirval), M. Delhez (Raoul
    Dupré), M. Tordeur (Paul Favières), Paule
    Claude (Maud Noirval), Fernande Dépernay
    (Nounou)
LANGUAGE: French
GAUGE: 35 mm
SILENT/SOUND: silent
B&W/COLOUR: B&W
METRES: 1300m

◆ A French citizen, Alfred Machin was forced to return to his country of birth when war broke out, abandoning the Karreveld studio where he had shot most of his Belgian films. During these heroic years, Machin's collaborator on many projects had been the dynamic André Jacquemin, who was to acquire the studio after it had lain empty throughout the war years. On this site, he founded the production company Le Film Cinématographique Belge in 1919, which commissioned the French director Maurice Le Forestier to make **The Admiral's Portrait**. This adventure-drama proved highly popular both in Belgium and abroad. Le Forestier also provided the film's script, which was based loosely on an existing detective novella.

A picture restorer discovers an old portrait hidden beneath the canvas of a more recent painting, depicting an 18th century admiral. In place of the artist's signature is a sort of rebus which, according to the museum's curator, will lead to the sailor's hidden treasure, untraceable since his death. After many dramatic turns of events, the trail ends in a smugglers' hideout. Following a police raid on the evildoers' lair, the shrewd restorer locates the famous treasure and promptly goes on to marry his beloved, a bankrupt young aristocrat.

Paule Claude, as the landed mistress, dominates the rest of the cast (which also features Karreveld regular Fernande Dépernay - Fernand Gravey's mother - in the role of a nursemaid) with her acting talent and youthful vigour. The qualities of this enjoyable and good-natured work are evident in the surviving print kept at the Royal Film Archive.

● Citoyen français, Alfred Machin avait dû regagner son pays lors de la déclaration de guerre, abandonnant le studio du Karreveld où il avait tourné la majorité de ses films belges. Durant ces années héroïques, Machin avait eu comme collaborateur le dynamique André Jacquemin, qui allait reprendre le studio abandonné durant les hostilités. En 1919, il y fonde une maison de production, Le Film Cinématographique Belge, pour laquelle le metteur en scène français Maurice Le Forestier réalisa **Le portrait de l'amiral**. Ce drame d'aventures fut présenté avec succès en Belgique comme à l'étranger. S'inspirant d'une nouvelle policière, Le Forestier signa également le scénario du film.

Un restaurateur de vieux tableaux découvre un portrait ancien dissimulé sous une toile plus récente: celui d'un amiral du XVIIIᵉ siècle. La signature est remplacée par une sorte de rébus qui, selon le conservateur du musée, doit conduire à un trésor caché par le marin et dont personne n'a su retrouver la trace. Après moult péripéties, la piste aboutit dans un repaire de contrebandiers. Au terme d'un assaut donné par la police, le restaurateur sagace y découvrira le fameux trésor et épousera sa bien-aimée, une jeune châtelaine ruinée.

L'interprète de ce personnage, Paule Claude, domine de très loin, par son jeu et sa fraîcheur juvénile, le reste de la distribution (où l'on retrouve aussi, dans un rôle de nourrice, une habituée des films du Karreveld, Fernande Dépernay, la mère de Fernand Gravey). Gentiment réalisé, le film se laisse voir avec plaisir dans la copie que possède la Cinémathèque Royale de Belgique. *(RM)*

▶ Toen de oorlog uitbrak werd de Fransman Alfred Machin terug naar zijn land geroepen en moest hij de Karreveld-studio, waar het merendeel van zijn Belgische films werd opgenomen, achterlaten. In die heldhaftige jaren werkte Machin samen met de dynamische André Jacquemin, die de leiding van de studio op zich nam eens het strijdgewoel geluwd was. In 1919 richtte hij er een productiemaatschappij op: Le Film Cinématographique Belge, waarvoor de Franse regisseur Maurice Le Forestier **Le portrait de l'amiral** draaide, een avonturendrama dat aansloeg in binnen- en buitenland. Le Forestier schreef eveneens het scenario, losjes gebaseerd op een misdaadnovelle.

Een restaurateur van schilderijen ontdekt, onder een doek van recentere datum, een oud 18de-eeuws portret van een admiraal. In plaats van de handtekening van de schilder treft men echter een rebus aan; volgens de conservator van het museum zou die naar een door de zeeman verborgen schat voeren die tot op heden spoorloos is gebleven. Na vele wederwaardigheden leidt het spoor naar een smokkelaarshol, alwaar de pientere restaurateur, na een bestorming door de politie, de legendarische schat opgraaft en gelijk in het huwelijk treedt met zijn teerbeminde minnares, een jonge doch geruïneerde edelvrouw.

Het spel en de jeugdige frisheid van Paule Claude als de adellijke minnares stijgen ver uit boven de acteerprestaties van de rest van de cast (met Fernande Dépernay - de moeder van Fernand Gravey en een vaste waarde in de films van de Karreveld-studio - in de rol van een voedster). Deze goedaardige film, waarvan een kopie bewaard bleef in het Koninklijk Filmarchief, laat zich met plezier bekijken.

Drogekunst broeders

Georges De Jeunel

Drogekunst broeders
Artistes purotins
The Artist Brothers

DIRECTOR: Georges De Jeunel
YEAR: 192-
COUNTRY: BE
PROD. CO.: SAPFA (Antwerpen)
CAST: (Sardini), (Herringo), (Rolmopski)
LANGUAGE: Dutch
GAUGE: 35 mm
SILENT/SOUND: silent
B&W/COLOUR: B&W
METRES: 647m

◆ In the post-war euphoria of the twenties, the popularity of film rose to new heights. Many young people were attracted to the medium and its modernity and harboured hopes of a career as film-makers and/or screen actors. Many budding film-makers hence took the plunge and financed their first short films with their own money. The vast majority of these were so amateurishly conceived and executed, however, that they were never given a general release. Inevitably, very few traces of these early attempts have survived, either in the press of the time or in reference works on the subject, and all but a few of these films have sunk into oblivion. One exception is the film **The Artist Brothers**, a "farce" in two parts discovered by a collector in a flea market during the fifties. This comedy, made by one Georges De Jeunel, is clearly constructed after the model of Danish productions featuring the comic duo Long and Short. De Jeunel's film tells of the misadventures of three Antwerp artists, the subtly-monikered Sardini, Herringo and Rolmopski. One day they find themselves in the unenviable position of not being able to pay their rent. They therefore decide to take their "art" onto the street and peddle it to passers-by, and after all kinds of more or less amusing mishaps they finally succeed in gathering together the money they need to remain in their old digs. The film as a whole is extremely slow-moving and the jokes lack timing. Nevertheless, it has an almost unique status as one of the few surviving attempts to make a silent farce in Belgium.

● L'art cinématographique jouit d'une immense popularité au cours des années vingt. De nombreux jeunes gens se sentirent attirés par le nouveau média et voulurent soudainement construire une carrière de réalisateur et/ou d'acteur de cinéma. De nombreux appelés se lancèrent dans la réalisation d'un court métrage produit et financé par leurs propres moyens. Le résultat n'étonne guère: la confection de la plupart d'entre eux fleurait si bon l'amateurisme qu'ils ne furent jamais projetés en salle. Inutile de préciser qu'il ne reste que peu de traces de ces tentatives. Autant la presse de l'époque que les ouvrages de référence se révèlent incapables de nous apporter des renseignements sur ces œuvres très vite oubliées.

Artistes purotins est l'exception qui confirme la règle. Il s'agit d'une "grosse rigolade" en deux parties, découverte dans les années cinquante par un collectionneur sur un marché aux puces. Cette comédie, d'un certain Georges De Jeunel, s'est clairement inspirée des productions danoises avec Doublepatte et Patachon. Dans cette œuvre miraculeusement retrouvée, De Jeunel raconte les aventures de trois artistes anversois - subtilement nommés Sardini, Herringo et Rolmopski - qui ne peuvent pas payer leur loyer. Ils décident donc de vendre leur "art" en rue et réussissent, au bout de toute une série de tribulations, à réunir l'argent nécessaire leur permettant de retourner, satisfaits, dans leurs lits familiers. Le rythme est extrêmement lent et le timing des farces laisse à désirer. Il s'agit, toutefois, d'une des rares tentatives belges de produire une comédie muette.

► In de naoorlogse euforie van de jaren twintig kende de zevende kunst een nooit eerder geziene populariteit. Veel jongeren voelden zich aangetrokken tot de uitgesproken moderniteit van het nieuwe medium en ambieerden een carrière als filmregisseur en/of -acteur. Zo hebben talrijke gegadigden meer dan eens gepoogd om met eigen middelen een korte speelfilm te vervaardigen. Deze films waren echter meestal zo amateuristisch van opzet en makelij dat ze nooit het bioscoopscherm haalden. Van die probeersels zijn weinig sporen teruggevonden: noch in de pers van die tijd, noch in naslagwerken.

Een uitzondering hierop vormt echter **Artistes purotins** of **Drogekunst broeders**: een "lachtpartij" (sic) in twee delen, door een verzamelaar in de jaren vijftig ontdekt op een rommelmarkt. Deze klucht was van de hand van een zekere Georges De Jeunel, die zich duidelijk geïnspireerd wist door de Deense producties met Watt en Half Watt. Zijn humoristisch bedoelde film verhaalt de wederwaardigheden van drie Antwerpse kunstenaars, die respectievelijk door het leven gaan onder de naam Sardini, Herringo en Rolmopski. Als ze op een dag hun huur niet meer kunnen betalen, besluiten ze maar hun "kunst" op straat aan de man te brengen. Na allerlei min of meer lachwekkende gebeurtenissen slagen zij er uiteindelijk in het nodige geld bijeen te schrapen, zodat zij moe maar tevreden hun vertrouwde bedden kunnen opzoeken. De film verloopt in zijn geheel zeer traag en de grappen zijn slecht getimed. Maar het moet gezegd dat het een van de weinige vandaag nog resterende pogingen is om in de periode van de stille film een Belgische klucht te draaien. (PG)

500.000 Francs

Georges Ketterer, Marcel Ketterer

500.000 Francs
Cinq cent mille Francs

DIRECTOR: Georges Ketterer, Marcel Ketterer
YEAR: 1920
COUNTRY: BE
CAMERA: Henri Grignon
PROD. CO.: Semet-Ketterer Artistic Productions SKAP (Bruxelles)
CAST: Gustave Libeau, Marguerite Larose [Maryse Larose], Leroy, Dubard, Lou Dero, Lisa Dero, Marise Hansen, Jouyou Mars, Léonne Vandamme, Jan Myers, Franck Linell, Richard Vernon, Sylvain Delville, Dermance, Georg. Brayton, F. Zepp
LANGUAGE: French
SILENT/SOUND: silent

◆ By 1920, Belgium had gradually recovered from the horrors of war. Apart from the many war dramas released by Isidore Moray, Paul Flon and Armand Du Plessy, an attempt was slowly made to inject a note of light-heartedness into the early Belgian cinema through a series of comic productions. The brothers Georges and Marcel Ketterer had recently succeeded in establishing a new and dynamic production company (they were Swiss and therefore less concerned with the war). They immediately proceeded to announce three brand new productions: **500.000 Francs**, **The Bequest** and **Arthur Makes a Film**. All three exploited the popularity of the leading Belgian stars of the day. The first two productions also marked the film début of Léonne Vandamme, a young stage actress who had been discovered in the Brussels Théâtre des Galeries Saint-Hubert.

500.000 Francs is an unassuming comedy centring on the theft of a valuable necklace. Taking advantage of his father's absence, the young son of a wealthy family throws a party in the parental château. The revellers eat, sing and dance. One of the young dancers is allowed to wear a necklace, a priceless family heirloom. Once the merrymaking is over, however, the necklace has mysteriously disappeared without a trace. A series of exciting and amusing adventures worthy of Nick Winter or Sherlock Holmes finally ends in the recovery of the gems: they had been hidden by the jealous and peevish girl next door in a fit of pique against the young man.

Throughout their publicity campaign, the brothers Ketterer emphasized that their **500.000 Francs** was a lively, unconstrained and amusing little tale intended merely to entertain.

● En 1920, la Belgique s'est progressivement remise des malheurs de la guerre. Aux nombreux drames guerriers réalisés par les Isidore Moray, Paul Flon ou Armand Du Plessy, commencent à succéder des tentatives d'égaiement du tout jeune paysage cinématographique belge par des productions plus légères et plus comiques. Les frères Georges et Marcel Ketterer, d'origine suisse et donc moins impliqués dans nos histoires de guerre, venaient de créer une maison de production très dynamique qui annonça d'emblée trois nouvelles productions: **500.000 Francs**, **L'héritier** et **Arthur fait du film**. Elles reposaient toutes trois sur le jeu des plus grands acteurs belges de l'époque. Dans les deux premiers films, la jeune actrice Léonne Vandamme, découverte au Théâtre des Galeries Saint-Hubert bruxellois, fit son apparition à l'écran.

500.000 Francs est une comédie sans prétention sur un collier précieux. Un jeune fils de riches profite de l'absence de son père pour organiser une petite sauterie dans le château familial. On y mange, on y chante, on y boit... et on accroche au cou d'une jeune ballerine un collier appartenant au trésor de famille. Les brumes de la fête dissipées, le collier a disparu. Suivent une série de scènes passionnantes et comiques, dignes d'un Nick Winter ou d'un Sherlock Holmes, qui mèneront finalement à la récupération du joyau: une voisine jalouse et réprobatrice avait voulu effrayer le jeune homme en s'appropriant temporairement le bijou.

Au cours de leur campagne promotionnelle, les frères Ketterer insistèrent sur le caractère divertissant, naturel et vivant de ce film, ainsi que sur son absence de prétention intellectuelle.

▶ In 1920 was België stilaan de oorlogsellende ontgroeid en - naast de vele oorlogsdrama's van regisseurs als Isidore Moray, Paul Flon of Armand Du Plessy - werd er stilaan getracht het nog jonge filmlandschap wat op te fleuren met frisse, komische producties. De gebroeders Georges en Marcel Ketterer - van Zwitserse afkomst en dus minder betrokken bij ons oorlogsverleden - hadden zopas een dynamisch productiehuis opgericht en kondigden meteen drie gloednieuwe producties aan: **500.000 Francs**, **L'héritier** en **Arthur fait du film**, stuk voor stuk films die steunden op de aanwezigheid van Belgische sterren van toen. In de eerste twee bemerken we de kersverse verschijning van Léonne Vandamme, een jonge toneelactrice die ontdekt werd in het Brusselse Théâtre des Galeries Saint-Hubert.

500.000 Francs is een pretentieloze komedie rond een halssnoer van die waarde. Een jonge rijkeluiszoon neemt de afwezigheid van zijn vader te baat om een feestje te bouwen in het ouderlijk kasteel. Er wordt gegeten, gezongen en gedanst. Een van de jonge ballerina's wordt opgesmukt met een peperduur halssnoer uit de familiebezittingen. Na de festiviteiten is het halssnoer echter spoorloos verdwenen. Dan volgen een reeks spannende en vrolijke scènes een Nick Winter of een Sherlock Holmes waardig, die uiteindelijk leiden tot de herontdekking van het juweel: een jaloers en knorrig buurmeisje wou de jongeman enkel de stuipen op het lijf jagen door het halssnoer tijdelijk te ontvreemden.

Tijdens hun reclamecampagne benadrukten de gebroeders Ketterer dat **500.000 Francs** een ontspannend, natuurlijk en levendig stukje film was dat geenszins een intellectuele pretentie ambieerde. (MT)

Storm des levens

Karel Van Rijn

Storm des levens
De storm in het leven
La tempête dans la vie
Ouragan des jours
The Storm of life

DIRECTOR: Karel Van Rijn
YEAR: 1920
COUNTRY: BE
SCREENPLAY: Jan De Schuyter
CAMERA: Louis Van den Broeck
PRODUCER: Alfred Van Deuren, Jan De Schuyter
PROD. CO.: Scaldis-Film (Antwerpen)
CAST: Piet Janssens (Rik Wouters), Marie Verstraete (Triene Wouters), Gustaaf Cauwenberg (Piet Vranks), Helene Bertrijn-De Dapper (Marie Paals), Julia Lauwers (Kaatje Lemmens), Staf Briers (Bedelaar), Louis Bertrijn (Passagier), Alfred Van Deuren (Passagier), Marguerite Bertrijn (Genodigde huwelijksfeest), Willem Cauwenberg (Genodigde huwelijksfeest), Marcel Cauwenberg (Genodigde huwelijksfeest, rivierschuimer, nougatleurder), Frans Van Gool (Kelner)
LANGUAGE: Dutch
GAUGE: 35 mm
SILENT/SOUND: silent
B&W/COLOUR: B&W
METRES: 1800m

◆ At the end of 1917, Alfred Van Deuren, the publisher of the weekly *Kunstleven*, called on anyone who was interested in setting up a Flemish film company to meet him in an Antwerp café. Some 50 people answered his plea, but most of these were only interested in a career in film. A year later, Van Deuren and his partner Jan De Schuyter had learned a little more about running a film company and duly established Scaldis-Film. De Schuyter afterwards wrote the screenplay to **The Storm of Life** in only a few days, as he himself admitted.

The 50-year-old Rik, who lives with his mother, operates the ferry across the River Scheldt. The beautiful Kaatje is in love with Rik, but he has eyes only for Marie, a girl of easy virtue who works in a café. Marie marries Rik for his money, and he is afterwards murdered by her former lover, a docker called Piet.

The theatre director Karel Van Rijn directed the actors, most of whom (like himself) were attached to the Koninklijke Nederlandse Schouwburg. The film was premièred in January 1920 in the cinema of the Antwerp Zoo, and subsequently ran for only a few weeks in the Cinéma du Parc and in some of the less prestigious picture-houses. Discouraged by the lack of interest shown by local cinema operators in what was the first film made in their native city of Antwerp, Van Deuren and De Schuyter wound up their business. Later, however, Jan De Schuyter was involved in setting up the Antwerp-based Black Diamond Film Company, for him a company of dubious appeal which nevertheless scored a success with **Lost Souls**.

● Fin 1917. Alfred Van Deuren, éditeur de la revue hebdomadaire *Kunstleven,* invite toutes les personnes intéressées par la création d'une société flamande de cinéma à se réunir dans un café anversois. Son appel est entendu par une cinquantaine de personnes, la plupart d'entre elles espérant faire carrière dans le cinéma. Un an plus tard, Van Deuren et Jan De Schuyter en connaissent un peu plus sur l'industrie cinématographique. Le duo fonde Scaldis-Film, et De Schuyter écrit, en quelques jours selon ses dires, le scénario de **La tempête dans la vie**.

Rik, quinquagénaire, vit chez sa mère et assure le service de bac sur l'Escaut. La belle Kaatje est amoureuse de lui, mais Rik n'a d'yeux que pour Marie, une fille de mœurs légères qui travaille dans une auberge. Celle-ci, intéressée par son argent, accepte de l'épouser. Mais Rik est alors assassiné par Piet, docker et ex-amant de sa femme.

Le metteur en scène de théâtre Karel Van Rijn dirigea les acteurs dont la plupart, tout comme lui, étaient attachés au Koninklijke Nederlandse Schouwburg. En janvier 1920, le film fut projeté dans la salle du Zoo d'Anvers, et ne resta ensuite que quelques semaines à l'affiche du Cinéma du Parc et de quelques salles de second ordre. Devant le peu d'intérêt manifesté par les exploitants face à cette production anversoise, Scaldis-Film décida de mettre un terme à ses activités. Par après, Jan De Schuyter fit partie de la fondation de la Black Diamond Film Company, une maison de production anversoise à son avis douteuse, qui mit pourtant sur pied un film: **Ames égarées**.

▶ Alfred Van Deuren, de uitgever van het weekblad *Kunstleven*, deed eind 1917 een oproep aan ieder die geïnteresseerd was in het oprichten van een Vlaamse filmmaatschappij om samen te komen in een Antwerps café. Een vijftigtal personen gaf er gehoor aan, maar de meesten waren gekomen met het oog op een filmcarrière. Een jaar later waren de initiatiefnemer en Jan De Schuyter meer te weten gekomen over het filmbedrijf. Het duo richtte Scaldis-Film op en laatstgenoemde schreef, naar eigen zeggen in enkele dagen tijd, het scenario van **Storm des levens**.

De vijftigjarige Rik, die bij zijn moeder woont, verzorgt de veerdienst over de Schelde. Het mooie Kaatje is verliefd op Rik, maar die heeft enkel oog voor Marie, een meisje van lichte zeden dat in een herberg werkt. Als Marie hem voor zijn geld huwt, wordt Rik door haar vorige minnaar, de dokwerker Piet, vermoord.

De toneelregisseur Karel Van Rijn regisseerde de acteurs, waarvan de meeste, zoals hijzelf, verbonden waren aan de Koninklijke Nederlandse Schouwburg. In januari 1920 kwam de film uit in de zaal van de Antwerpse Zoo, waarna hij slechts een paar weken zou lopen in Cinéma du Parc en in tweederangszalen. Ontmoedigd door de beperkte belangstelling van de bioscoopuitbaters voor een product van eigen bodem, sloot Scaldis-Film de boeken. Later werd Jan De Schuyter nog betrokken bij de oprichting van de Antwerpse Black Diamond Film Company, voor hem een vereniging van bedenkelijk allooi, die toch wist uit te pakken met een eigen productie, **Verdwaalde zielen**. (PF)

Gerfaut

Paul Flon, F. Desportes

Co-production

Gerfaut
Un homme a passé
Un homme a passé par là
Giervalk
Gyrfalcon

DIRECTOR: Paul Flon, F. Desportes
YEAR: 1920
COUNTRY: FR-BE
BASED ON: Gerfaut, written by Charles de Brabant
CAMERA: Jules Krüger
PROD. CO.: Films Paul Flon
LANGUAGE: French
SILENT/SOUND: silent

CAST: Elena Tarzia (Clémence de Bergenheim), Marcelle Richmond, Louis Monfils, Henri Myrial, Fleutet, Norval

Belgique

Paul Flon

Belgique
Belgique meurtrie
België
Belgium

DIRECTOR: Paul Flon
YEAR: 1920
COUNTRY: BE
SCREENPLAY: Pierre Faure
CAMERA: Freddy Smekens, Rader
CAST: Francis Martin (Robert), Emile Mylo, Maryse Talbot, Jimmy O'Kelly, Muguette Wills, Rico Bert
LANGUAGE: French
SILENT/SOUND: silent
METRES: 2000m

◆ Characterized by modesty and down-to-earth craftsmanship, Paul Flon's career encompasses fifty years of Belgian cinema. It begins in 1914 as a cameraman for Alfred Machin's **War Is Hell**. In late 1918, when King Albert returns to Brussels at the head of his troops, Paul Flon is now a cinema projectionist in Brussels and again steps behind the camera to film the Victory parade with a borrowed Gaumont device. He becomes a gifted and efficient technician: in 1920, after his national service, he is working in Nice on the bourgeois drama **Gyrfalcon** as producer and cameraman (Belgian partners had a stake in the film) when he is called upon to take over the role of director. Jules Krüger handles the remainder of the shooting, before his rise to fame in the wake of Gance's **Napoléon**. Fate having made him a director, Paul Flon then returns to Belgium for his second work, one of the numerous patriotic films which were at the time all the rage.

Belgium, "a national propaganda film under the official protection of the Belgian government", was shot in Alfred Machin's former Karreveld studio with the assistance of the army for the battlefield sequences. Working from a script which differs only slightly from the multitudinous other jingoistic films of the day (with their contrast between a happy, peaceful country and the infamies of German aggression), Flon glorified the heroic exploits still fresh in the public's memory. The advertising for the film refers to "two hundred artists", among them Maryse Talbot and the young Francis Martin (who would make his own directorial début four years later with **An Unknown Soldier**).

● Modeste et artisanale, la carrière de Paul Flon traverse 50 ans de cinéma belge. Elle débute en 1914 lorsqu'il devient le cameraman d'Alfred Machin pour **Maudite soit la guerre**. Fin 1918, lorsque le roi Albert rentre à Bruxelles à la tête de ses troupes, Paul Flon, jusqu'alors projectionniste dans un cinéma de Bruxelles, filme le défilé de la Victoire, armé d'un appareil Gaumont emprunté. Dès lors, il devient un technicien habile et efficace. En 1920, après son service militaire, on le retrouve à Nice pour **Gerfaut** (ou **Un homme a passé**), un drame bourgeois dont il assure au départ la production et la photographie (des capitaux belges sont engagés sur le film). Il en reprend la mise en scène en cours de route, l'opérateur suppléant étant Jules Krüger, que le **Napoléon** de Gance allait rendre célèbre. Le hasard l'ayant ainsi propulsé vers la réalisation, Paul Flon rentre en Belgique pour y signer son deuxième ouvrage: un de ces films patriotiques qui faisaient fureur à cette époque.

Belgique, "film de propagande nationale sous la haute protection du gouvernement belge", fut tourné dans l'ancien studio d'Alfred Machin, au Karreveld. L'armée prêta son concours pour les séquences guerrières. Sur un scénario similaire aux nombreux scripts cocardiers d'alors (le contraste entre un pays heureux et pacifique et les infamies de l'agression allemande), Paul Flon glorifia les combats héroïques encore présents dans toutes les mémoires. La publicité parle de "deux cents artistes", parmi lesquels Maryse Talbot et le jeune premier Francis Martin (qui réalisera, quatre ans plus tard, **Un soldat inconnu**). *(RM)*

▶ De bescheiden, ambachtelijke carrière van Paul Flon beslaat 50 jaar Belgische filmgeschiedenis. Hij begon in 1914 als cameraman voor Alfred Machins **Maudite soit la guerre**. Vier jaar later - Flon was toen projectionist in een Brusselse filmzaal - filmde hij bij de terugkeer naar Brussel van koning Albert, de overwinningsparade, met een geleende Gaumont-camera. Hij zou zich ontplooien tot een handig en begaafd technicus. Na zijn legerdienst vinden we hem in 1920 terug te Nice, waar hij **Gerfaut** draait (of **Un homme a passé**), een bourgeois-drama waarvoor hij oorspronkelijk de productie en de fotografie verzorgde (er stak wat Belgisch kapitaal in de film) en uiteindelijk ook de afwerking van de regie op zich nam; als vervanger voor de fotografie werd Jules Krüger aangezocht, die met **Napoléon** van Abel Gance grote faam zou verwerven. Door het toeval tot de regie gebracht, keerde Paul Flon terug naar België voor een tweede werk. Het zou een van de vele toen populaire patriottische films worden.

Belgique, "een nationale propagandafilm onder de hoge bescherming van de Belgische regering", werd opgenomen in de oude studio van Alfred Machin in het Karreveld, met de medewerking van het leger voor de gevechtsscènes. Paul Flon verheerlijkte de heroïsche strijd die nog vers in ieders geheugen lag, volgens een scenario dat de toen gebruikelijke chauvinistische stijl volgde (het contrast tussen een land van peis en vree en de schaamteloze Duitse agressie). De publiciteit van toen maakt gewag van "200 artiesten", onder wie Maryse Talbot en de jonge premier Francis Martin, die vier jaar later als regisseur zou debuteren met **Un soldat inconnu**.

Le mystère de La Libre Belgique ou les exploits des 4 as

Isidore Moray

Le mystère de La Libre Belgique ou les exploits des 4 as
La Libre Belgique of de heldendaden van 4 as
The Mystery of La Libre Belgique or the Exploits of the Four Aces

DIRECTOR: Isidore Moray
YEAR: 1920
COUNTRY: BE
CAST: (M. Van Dooren), (Henri Beyns), (Lieutenant Marcel), (Lieutenant Van Cothem), (Comtesse Françoise de Grémicourt), (Albert de Fronville), (Capitaine Von Müller), (Goldsmith), (Mayer), (Pinkhof), (Marcel), (Becquaert), (M. Jourdain), (Von Bissing), (André Vésale)
LANGUAGE: French
SILENT/SOUND: silent
METRES: 1900m

L'armée belge en campagne (1914-1918)
Het Belgisch leger ten strijde (1914-1918)
The Belgian Army on Campaign (1914-1918)

DIRECTOR: Joseph Moray
YEAR: 1919
COUNTRY: BE
SILENT/SOUND: silent
METRES: 3500m

◆ Isidore Moray had already established a reputation for himself before the war with what may well have been the first Belgian fiction films. During the war, he was appointed head of the Service Cinématographique de l'Armée Belge SCAB. The conflict continued to be a topic of interest, however, and in 1919, Isidore's brother Joseph organized a "spectacle" in the Brussels Théâtre du Trocadéro entitled **The Belgian Army on Campaign (1914-1918)**, which ran for four months and notably featured a sequence of footage (11 500ft!) shot at the front.

In November 1920 various film magazines announced the release of a major patriotic film: **The Mystery of La Libre Belgique or the Exploits of the Four Aces**, premièred on 11 November. The press hailed it as an "authentic film commissioned by the Ministry of Defence", distributed and directed by Isidore Moray. There is little doubt that the film was produced by the SCAB. The actors were supposedly leading music-hall artists, but we can only guess at their names. The film's title refers to the newspaper *La Libre Belgique*, and the four "aces" are Van Dooren, the paper's founder; Henri Beyns, a smuggler; Lieutenant Marcel, a secret agent and Van Cothem, "Olympic champion of aerial combat". The film's six chapters tell of the clandestine printing and distribution of the newspaper and the Germans' acts of revenge. A great deal of original footage was used, including shots of Kaiser Wilhelm II. A Berlin-based group offered money for the film not to be shown, claiming it would stir up bad feelings, but Moray merely saw the letter as good publicity and had it printed on his posters without hesitation.

● Isidore Moray réalisa ce que furent probablement les premiers films belges de fiction avant la guerre. Durant celle-ci, il dirigea le Service Cinématographique de l'Armée Belge SCAB. Le conflit continuant à occuper les esprits, le frère d'Isidore, Joseph Moray, organisa, en 1919, au Théâtre du Trocadéro de Bruxelles, un "spectacle" (qui resta quatre mois à l'affiche) intitulé **L'armée belge en campagne (1914-1918)**, avec une partie filmée qui comportait toute une série d'images du front (3500m!).

Novembre 1920. Diverses revues annoncent un grand film patriotique: **Le mystère de La Libre Belgique ou les exploits des 4 as**. La première se déroulera le 11 novembre. La presse parle d'un "film réel tourné par le Ministère de la Défense", distribué et réalisé par Isidore Moray et sans doute produit par le SCAB. Les acteurs étaient de grands artistes de music-hall, mais leurs noms restent une énigme. Le titre fait référence au quotidien *La Libre Belgique*; les quatre héros sont Van Dooren, fondateur du journal, Henri Beyns, passeur, le lieutenant Marcel, agent secret, et Van Cothem, "champion olympique des combats d'aviation". Les six parties du film nous montrent l'impression et la distribution clandestines du quotidien, ainsi que les représailles des Allemands. Moray utilisa un grand nombre d'images d'actualités pour son film, dont celles de l'empereur Guillaume II. Un organisme berlinois offrit une certaine somme pour que le film ne soit pas projeté, car celui-ci aurait risqué de troubler inutilement les esprits. Moray ne manqua pas l'occasion et fit imprimer la lettre sur les prospectus publicitaires de son film.

▶ Isidore Moray had voor de oorlog al zijn sporen verdiend met wat wellicht de eerste Belgische fictiefilms waren. Tijdens W.O.I had hij de leiding over de Service Cinématographique de l'Armée Belge SCAB. De oorlog bleef echter nog lang nazinderen, en Moray's broer Joseph organiseerde in 1919 in het Brusselse Théâtre du Trocadéro het "spektakel" **L'armée belge en campagne (1914-1918)**, dat o.a. een reeks filmbeelden bevatte (3500m!) gedraaid aan het front, en dat gedurende vier maanden op de affiche stond.

In november 1920 kondigden verschillende filmbladen een grote patriottische film aan: **Le mystère de La Libre Belgique ou les exploits des 4 as**. De première vond plaats op 11 november. De pers had het over een "waarachtige film gedraaid door het Ministerie van Landsverdediging", verdeeld en geregisseerd door Isidore Moray. Het lijdt weinig twijfel dat de film geproduceerd werd door de SCAB. De acteurs zouden tot de grootste music-hall artiesten hebben behoord, maar naar hun namen hebben we slechts het raden. De titel van de film verwijst naar het dagblad *La Libre Belgique*. De vier helden zijn Van Dooren, stichter van de krant; Henri Beyns, smokkelaar; Luitenant Marcel, geheim agent; en Van Cothem, "Olympisch kampioen in luchtgevechten". In zes delen belicht de film het clandestiene drukken en verspreiden van de krant en de wraakacties van de Duitsers. Er werd een groot aantal actualiteitsbeelden in verwerkt, o.a. van Keizer Willem II. Een Berlijnse groepering bood een bedrag aan om de film niet te vertonen, want hij zou nodeloos de gemoederen verstoren. Moray zag echter alleen maar brood in dit verzoek en drukte de brief af op zijn aankondigingen. (MT)

HENRY-ALEXANDRE PARYS

Henry-Alexandre Parys on-set at the Karreveld studio during the shooting of Miss Sporting

Miss Sporting

DIRECTOR: Henry-Alexandre Parys
YEAR: 1921
COUNTRY: BE
SCREENPLAY: Henry-Alexandre Parys
PROD. CO.: Sun Picture General Industry
CAST: Zizi Festerat
LANGUAGE: French
SILENT/SOUND: silent

Nourmahal

DIRECTOR: Henry-Alexandre Parys
YEAR: 1921
COUNTRY: BE•FR
PROD. CO.: Sun Picture General Industry
CAST: Aimée Abrahmova, Géral Hovian
SILENT/SOUND: silent

Ostende, reine des plages
Oostende, koningin van de badsteden
Ostend, Queen of Beaches

DIRECTOR: Henry-Alexandre Parys
YEAR: 1921
COUNTRY: BE
PROD. CO.: Sun Picture General Industry
SILENT/SOUND: silent

Un lendemain
De volgende dag
The Day After

DIRECTOR: Henry-Alexandre Parys
YEAR: 1921
COUNTRY: BE
PROD. CO.: Sun Picture General Industry
CAST: Zizi Festerat, Gaston Norin, Claire Lipawsky, Peggy Smile
LANGUAGE: French
SILENT/SOUND: silent

Bob adore le flirt
Bob houdt van flirten
Bob Loves Flirting

DIRECTOR: Henry-Alexandre Parys
YEAR: 1921
COUNTRY: BE
SCREENPLAY: Marcel Rival [Maurice Widy]
PROD. CO.: Sun Picture General Industry
LANGUAGE: French
SILENT/SOUND: silent

◆ Often there is a lack of proper documentation on Belgian film-makers of the 1920s. The occasional print has been preserved, but many of their films have been lost (including works by directors such as Du Plessy, Flon and Martin), with traces remaining only in the shape of posters, remarks in the press or contemporary photos. For example, what of Henry-Alexandre Parys? He is said to have been present on the set of Alfred Machin's films before the war, then he is head of the weekly paper *L'Echo Cinématographique*, later christened *Le Cinéma International*, from 1919 to 1935 (also, according to Francis Bolen, heading a technical film journal which appeared sporadically between 1922 and 1937). In 1921, after an apprenticeship in the French and German studios, he turns up as director of production at the Sun Picture General Industry, for whom he allegedly directed numerous pictures, all of them now lost (from the short **Bob Loves Flirting** to the mysterious Oriental film **Nourmahal**).

Other works from 1921 are a little less nebulous, thanks to the accounts of a popular theatre actor of the day, the comic Zizi Festerat. In an interview, Festerat tells of his modest screen beginnings in films by Alfred Machin, then De Kempeneer; his great delight, however, are his first starring roles under Parys. There was a comedy short, **The Day After**, but above all "a sentimental comedy in four parts", shot in Brussels and Ostend - **Miss Sporting**. The director is also said to have used his stay on the Belgian coast to shoot a documentary, **Ostend, Queen of Beaches**. All that remains of these films are their titles.

● Une documentation suffisante fait parfois défaut sur nos cinéastes des années 20. Des copies ont pu être préservées, mais beaucoup de films sont perdus (y compris pour des réalisateurs comme Du Plessy, Flon ou Martin). Seuls subsistent alors des placards publicitaires, des allusions dans la presse ou des photos d'époque, comme c'est le cas pour Henry-Alexandre Parys. Il aurait pris part à des tournages d'Alfred Machin avant la guerre, puis aurait dirigé, de 1919 à 1935, l'hebdomadaire *L'Echo Cinématographique*, devenu *Le Cinéma International*, ainsi que, selon Francis Bolen, un magazine technique de cinéma, paru sporadiquement de 1922 à 1937. En 1921, après un stage dans les studios français et allemands, il est directeur de production de la Sun Picture General Industry, pour laquelle il réalise, selon ses dires, plusieurs films, tous disparus (comme le court métrage **Bob adore le flirt** ou **Nourmahal**, un mystérieux scénario oriental).

D'autres ouvrages de 1921 sont un peu moins nébuleux, grâce aux confidences d'un acteur de théâtre populaire: le comique Zizi Festerat. Dans un entretien, le futur interprète de Gaston Schoukens raconte ses modestes débuts au cinéma dans les films d'Alfred Machin, puis de De Kempeneer. Mais il se réjouit de ses premiers rôles en vedette sous la direction de Parys: un court métrage comique, **Un lendemain**, et surtout une "comédie sentimentale en quatre parties", tournée à Bruxelles et Ostend, **Miss Sporting**. Le réalisateur aurait aussi profité de son séjour sur la côte belge pour y tourner un documentaire: **Ostende, reine des plages**. De tous ces films, il ne reste plus que les titres. *(RM)*

▶ De documentatie omtrent onze cineasten uit de jaren 20 laat vaak te wensen over. Enkele kopieën konden gered worden, maar vele films gingen verloren (zelfs van regisseurs als Du Plessy, Flon of Martin) en zijn nu nog slechts bekend dankzij publiciteitsaffiches, persartikels of foto's uit die tijd. Wat valt er te zeggen over, bijvoorbeeld, Henry-Alexandre Parys? Hij zou voor de oorlog aan opnamen van Alfred Machin hebben deelgenomen en leidde vervolgens (van 1919 tot 1935) het weekblad *L'Echo Cinématographique* (later *Le Cinéma International* genaamd). Volgens Francis Bolen leidde Parys ook een technisch filmmagazine dat sporadisch verscheen tussen 1922 en 1937. In 1921, na stages in Franse en Duitse studio's, werd hij directeur van de Sun Picture General Industry, waarvoor hij naar eigen zeggen meerdere (verdwenen) films draaide, van de kortfilm **Bob adore le flirt** tot het oosterse **Nourmahal**.

Ander werk uit 1921 is beter bekend, en dit dankzij de getuigenis van een acteur uit het volkstheater, de komiek Zizi Festerat. In een interview vertelde deze toekomstige steracteur van Gaston Schoukens over zijn bescheiden debuut in de eerste films van Alfred Machin en later in die van De Kempeneer; maar hij was vooral vol lof over zijn eerste hoofdrollen in films geregisseerd door Parys: de korte klucht **Un lendemain** en vooral **Miss Sporting**, een "sentimentele komedie in vier delen", gedraaid te Brussel en Oostende. De cineast zou van zijn verblijf aan de Belgische kust ook gebruik hebben gemaakt om snel de documentaire **Ostende, reine des plages** in te blikken. Allemaal films waarvan alleen de titels ons nog resten.

La force des vingt ans

Isidore Moray

La force des vingt ans
De kracht van twintig jaren
In the Prime of Their Twenties

DIRECTOR: Isidore Moray
YEAR: 1921
COUNTRY: BE
CAST: (M. Beauvirain), (Berthe Beauvirain),
(Yolande Beauvirain), (M. Leverd), (Jacques
de Mézieux)
LANGUAGE: French
SILENT/SOUND: silent
B&W/COLOUR: tinted

◆ In 1921, Isidore Moray returned with a new feature film. This time, the story was set in a variety of locations, including Brussels, the vicinity of the waterfalls of Coo, the Amblève Valley, Spa, Bruges, Furnes and Ostend. Mr Beauvirain, a rich industrialist, his wife Berthe and their daughter Yolande divide their time between their houses in Brussels, Spa and Ostend. While Mr Beauvirain lies in bed with an attack of paralysis, his wife is subject to the unwanted attentions of his business partner Leverd. But when the family doctor Jacques de Mézieux and his brother start to visit the house more and more regularly, both mother and daughter rapidly fall for their charms. A jealous Leverd betrays Mrs. Beauvirain's amorous indiscretions to her husband. The shock of this disclosure kills Mr Beauvirain. Berthe and Yolande then retreat to their house in Ostend, where Berthe nurses her sick daughter. Doctor de Mézieux advises Yolande to travel (and to get married quickly!) in order to recover her strength. While Yolande and the doctor's brother fall in love, Leverd jealously threatens to betray Berthe's relationship with the doctor to her daughter. They come to blows and both are killed.

For once, Moray decided not to open the old war wounds (an unusual choice for the time). Instead, he used his tale as a pretext for a touristic excursion illustrating the beauty of the Flemish landscape, the Belgian towns and the Ardennes. It is difficult to gauge the success of this combination, since no print has survived. The advertising for the film modestly admitted that while not an "international superproduction", it could well lay claim to the title of "Belgian superproduction".

● En 1921, Isidore Moray réalisa un nouveau long métrage. L'action se déroule près des chutes de Coo, dans la vallée de l'Amblève, à Bruxelles, Spa, Bruges, Furnes, Ostende, etc. M. Beauvirain, riche industriel, sa femme Berthe et leur fille Yolande partagent leur temps entre les résidences de Bruxelles, Spa et Ostende. Tandis que M. Beauvirain, paralysé, se voit forcé de garder le lit, son épouse doit subir les avances intempestives de Leverd, l'associé de Beauvirain. Mais lorsque le médecin de famille Jacques de Mézieux, toujours accompagné de son frère, accentue la fréquence de ses visites chez les Beauvirain, mère et fille ne tardent pas à succomber au charme des deux hommes. Leverd, jaloux, révèle les tribulations sentimentales de Madame à son époux. Ce dernier ne survit pas au choc. Berthe et Yolande se retirent à Ostende, où Berthe va se consacrer à sa fille souffrante. Le docteur conseille à Yolande de partir en villégiature (et de se marier au plus vite!) pour se rétablir. Tandis que Yolande et le frère du docteur se sont enfin trouvés, Leverd menace Berthe de dévoiler à sa fille sa relation avec de Mézieux. S'ensuit alors une rixe où tous deux trouvent la mort.

Fait exceptionnel à l'époque: Moray n'a pas voulu raviver les meurtrissures de la guerre. Il s'agit plutôt ici d'un film quasi touristique où le récit permet de mettre en images les beautés du paysage flamand, de l'Ardenne et des villes belges. Nous ne sommes pas en pouvoir de juger de la réussite de cette composition car le film n'existe plus. En toute modestie, les annonces du film reconnaissent qu'il n'est pas question ici d'une "superproduction mondiale", mais bien d'une "superproduction belge".

▶ In 1921 treedt Isidore Moray wederom op de voorgrond met een nieuwe langspeelfilm, een verhaal gesitueerd in diverse locaties: te Brussel, nabij de watervallen van Coo, in de Amblève-vallei, Spa, Brugge, Veurne, Oostende enz. M. Beauvirain, een rijke industrieel, zijn vrouw Berthe en hun dochter Yolande vertoeven afwisselend in hun huizen te Brussel, Spa en Oostende. Terwijl M. Beauvirain door een verlamming aan het bed is gekluisterd, wordt zijn vrouw het doelwit van de ongewenste avances van zijn vennoot Leverd. Wanneer huisdokter Jacques de Mézieux en zijn broer regelmatig huisbezoeken beginnen af te leggen, bezwijken zowel moeder als dochter voor de charmes van beide broers. Leverd is jaloers en verraadt de amoureuze perikelen van Mevrouw aan haar echtgenoot. Deze overleeft de schok niet. Berthe en Yolande verhuizen daarop naar

Oostende, waar Berthe zich ontfermt over haar zieke dochter. De dokter raadt Yolande aan op reis te gaan (en snel te trouwen!) om weer gezond te worden. Terwijl Yolande en de broer van de dokter elkaar gevonden lijken te hebben, dreigt de jaloerse Leverd Berthe's verhouding met de dokter aan haar dochter te onthullen. Het komt tot een schermutseling en beiden vinden de dood.

Moray vermeed voor een keer het oorlogsleed weer op te rakelen (een uitzondering in die periode); wel heeft hij het verhaal benut om de schoonheid van het Vlaamse landschap, de steden en de Ardennen weer te geven. Of dit een geslaagde combinatie opleverde, kunnen we niet meer nagaan, want de film bestaat niet meer. In al hun bescheidenheid geven de aankondigingen toe dat het niet om een "superproduction mondiale" ging, wel om een "superproduction belge". (MT)

L'héritier

Georges Ketterer, Marcel Ketterer

L'héritier
De erfenis
The Bequest

DIRECTOR: Georges Ketterer, Marcel Ketterer
YEAR: 1921
COUNTRY: BE
SCREENPLAY: Henri Grignon
CAMERA: Henri Grignon
PRODUCER: Georges Ketterer, Marcel Ketterer, C. Semet
PROD. CO.: Semet-Ketterer Artistic Productions SKAP (Bruxelles)
CAST: Arthur Devère (Meunier), Zizi Festerat (Garçon meunier), Marchal (Snob), Léonne Vandamme (Sœur du meunier), Marise Gerlach (Amie du meunier)
LANGUAGE: French
SILENT/SOUND: silent

Arthur fait du film
Arthur speelt cinema
Arthur Makes a Film

DIRECTOR: Georges Ketterer, Marcel Ketterer
YEAR: 1921
COUNTRY: BE
SCREENPLAY: Henri Grignon
CAMERA: Henri Grignon
PROD. CO.: Semet-Ketterer Artistic Productions SKAP (Bruxelles)
CAST: Arthur Devère, Nicolas Ambreville, Marchal
LANGUAGE: French
SILENT/SOUND: silent

◆ In June 1921, Marcel Ketterer and his brother Georges - the latter of which reportedly worked in 1919 on two French Pathé films by René Plaisetty, **Chignole** and **A Film Star** - founded the Ciné-Club de Belgique, one of the first of its kind in Belgium. The company was chaired by Paul Flon, with Georges Ketterer as vice-chairman.

The three films directed by the two brothers featured no less than Belgium's best-known actors: Gustave Libeau, who first appeared in **The Van Petegem Family Goes to the Seaside** and would later become Gaston Schoukens' favourite actor, as well as Zizi Festerat, Arthur Devère and Nicolas Ambreville, all of whom made their débuts under Alfred Machin. Incidentally, Machin and Georges Ketterer had both worked for Pathé around the same period.

Arthur Devère played Arthur in **Arthur Makes a Film**, a short comic film in two parts, which about sums up all that is known about this production. Like the Ketterer brothers' two other films, it has not survived the ravages of time. **The Bequest**, however, received a little more attention from the press. The story itself is worthy of Alfred Machin, not in the least because it features a young miller (a stock Machin device) who inherits a large sum of money, the role played by Arthur Devère. A wholly new world opens up for him as he discovers the sophistication of city life. He is shown the ropes by an old schoolfriend who teaches him how a "nouveau riche" should behave. But the young man becomes homesick for his village and the surrounding fields. Fortunately, the girl he has fallen in love with is willing to share his old life with him.

● Marcel Ketterer et son frère Georges - qui, lui, aurait collaboré à deux films tournés par René Plaisetty pour Pathé en France en 1919 (**Chignole** et **Une étoile de cinéma**) - furent, en juin 1921, à l'origine de la création du Ciné-Club de Belgique, un des premiers du genre sur notre sol. Paul Flon en était le président, Georges Ketterer le vice-président.

Pour leurs trois films, les frères réalisateurs purent d'emblée faire appel à la crème des acteurs belges de l'époque: Gustave Libeau, apparu pour la première fois à l'écran dans **La famille Van Petegem à la mer** et qui deviendra l'acteur fétiche de Gaston Schoukens; Zizi Festerat, Arthur Devère et Nicolas Ambreville qui avaient tous trois débuté sous la direction d'Alfred Machin. Georges Ketterer et Alfred Machin travaillaient d'ailleurs tous deux pour Pathé à l'époque.

Arthur Devère est Arthur dans **Arthur fait du film**, court métrage comique en deux parties, ce qui résume tout ce qu'on sait de ce film. Comme les deux autres réalisations des frères Ketterer, celle-ci n'a pas survécu, non plus, à la morsure du temps.

L'héritier, par contre, eut droit à une plus grande attention de la presse. L'intrigue est digne d'Alfred Machin, certainement par son côté "moulin". Arthur Devère est un jeune meunier qu'un héritage a rendu extrêmement riche. Le monde s'ouvre à lui: par l'entremise d'un ancien camarade de classe qui lui enseigne tous les trucs du métier de "nouveau riche", il découvre les mondanités de la ville. Toutefois, le meunier se languit de son village et de ses verts pâturages. Le sort lui sourira car sa nouvelle amie se dira prête à partager sa vie de meunier.

▶ Marcel Ketterer en zijn broer Georges - die in 1919 in Frankrijk voor Pathé meegewerkt zou hebben aan twee films van René Plaisetty (**Chignole** en **Une étoile de cinéma**) - richtten in juni 1921 de Ciné-Club de Belgique op, een van de eerste filmclubs op onze bodem. Paul Flon werd voorzitter, Georges Ketterer ondervoorzitter.

Voor de drie films die de broers draaiden, konden ze al meteen een beroep doen op Belgiës beste acteurs van toen: Gustave Libeau - voor het eerst te zien in **La famille Van Petegem à la mer** en later de fetisj-acteur van Gaston Schoukens -, Zizi Festerat, Arthur Devère en Nicolas Ambreville, die alle drie debuteerden onder Alfred Machin. Georges Ketterer en Machin werkten trouwens beiden voor Pathé rond dezelfde periode.

Arthur Devère vertolkt Arthur in **Arthur fait du film**, een kort komisch filmpje in twee delen. Veel meer is er echter niet over geweten; net als de twee andere films van de gebroeders Ketterer heeft ook deze de tand des tijds niet doorstaan. **L'héritier** kreeg wel wat meer aandacht in de pers. Het verhaal is een Alfred Machin waardig, niet het minst omwille van het hoofdpersonage: een jonge molenaar die door een erfenis steenrijk is geworden, een rol vertolkt door Arthur Devère. Een nieuwe wereld gaat terstond voor hem open en hij ontdekt het mondaine leven van de stad; daar gaat hij in de leer bij een oude schoolkameraad die hem inwijdt in de geheimen van het leven van de "nouveaux riches". Uiteindelijk krijgt de jongeman echter heimwee naar zijn dorp en de velden; het lot is hem gelukkig gunstig gezind, want zijn nieuwe liefje wil met hem het molenaarsleven delen. (MT)

Arthur fait du film

Ce que femme veut

[Isidore Moray], [Fernand Wicheler]

Ce que femme veut
Wat de vrouw wil
What the Lady Wants

DIRECTOR: [Isidore Moray], [Fernand Wicheler]
YEAR: 1921
COUNTRY: BE
CAST: Gustave Libeau (Moreau), Mlle Alençon (Nelly Dumon), M. Libeau (Madame Dumon), M. Serau (M. Dumon), Léon Rosy (Baron De Brion), Gerbeau (Alphonse)
LANGUAGE: French
SILENT/SOUND: silent

◆ By the end of 1921, various magazines announced the upcoming release of a new "Belgian superproduction", **What the Lady Wants**. According to some sources, the film was made by Isidore Moray, while others include it in Fernand Wicheler's filmography; like **The House in the Dunes** (1925), it might also have been directed by both men.

No print of this film has survived, but fortunately the press was in the habit of explaining the entire plot, and in this case they even included a cast list. **What the Lady Wants** is a comedy in five parts recounting the adventures of Nelly Dumon, a nurse caring for war invalids. Nelly's father has a sound liking for gambling and squanders most of his money in the process, but he is fortunately given financial support by a Mr Moreau. The latter is really after Nelly's hand, but she is more interested in her charity work. When she leaves for America in search of funds, she meets a certain Baron De Brion on the voyage, who takes her to be a poor girl. Upon arrival they become engaged, but Mr Dumon soon sends for his daughter, telling her she needn't marry Mr Moreau and is free to choose her own husband. Baron De Brion entrusts his fiancée with a sizeable part of his fortune, urging her to invest it wisely in her home country for their future benefit. Instead, Nelly spends it all on the races and manages to win a vast sum. De Brion then decides to withdraw his offer of marriage, fearing his dependency on her. Following a series of events which are not quite clear from the screenplay, Nelly eventually marries Moreau.

● Fin 1921, plusieurs quotidiens annoncèrent le tournage d'une "superproduction belge", mettant en vedette Gustave Libeau et généralement attribuée à Isidore Moray. Toutefois on retrouve cette même œuvre dans certaines filmographies de Fernand Wicheler: il se peut que les deux hommes aient coréalisé le film (et peut-être aussi **La maison dans la dune**, quatre ans plus tard.

Le film n'a pu être conservé. Fort heureusement, la presse de l'époque avait coutume de publier l'entièreté du scénario, et nous connaissons aussi la distribution des rôles. **Ce que femme veut** est une comédie en cinq parties qui nous conte les aventures de Nelly Dumon, infirmière auprès des invalides de guerre. Son père, M. Dumon, gaspille son argent aux jeux de hasard mais bénéficie du soutien financier d'un certain Moreau, prétendant de Nelly. La jeune fille, quant à elle, semble plus intéressée par ses activités caritatives que par le mariage. Elle part en Amérique afin de réunir des fonds, et rencontre en chemin le baron De Brion, qui la prend pour quelque personne désargentée. Ils décident de se fiancer, mais M. Dumon rappelle alors sa fille en lui annonçant qu'elle n'est plus obligée d'épouser Moreau. De plus, il lui donne la permission de se choisir elle-même un mari. Le baron De Brion confie une partie de sa fortune à la jeune fille et lui demande de l'investir judicieusement dans son pays afin d'assurer leur avenir. Toutefois, Nelly engage l'argent dans des courses de chevaux et gagne une somme importante. De Brion rompt sa promesse de mariage, car il craint de trop dépendre de Nelly. Après quelques événements mal expliqués dans le scénario, Nelly finira par épouser Moreau.

Ce que femme veut

▶ Eind 1921 kondigden verschillende tijdschriften een nieuwe "Belgische superproductie" aan: **Ce que femme veut**. Volgens sommige bronnen werd de film geregisseerd door Isidore Moray, terwijl andere het werk opnemen in de filmografie van Fernand Wicheler. Net als **La maison dans la dune** (1925) kan hij ook door beide mannen zijn geregisseerd.

De film is niet bewaard gebleven, maar gelukkig had de pers de gewoonte om het hele scenario uit de doeken te doen; voor deze film krijgen we er ook nog de rolverdeling bij. **Ce que femme veut** is een komedie in vijf delen over het wedervaren van Nelly Dumon, verpleegster van oorlogsinvaliden en dochter van M. Dumon. Deze laatste verspeelt zijn geld maar al te graag bij het gokken, maar wordt gelukkig financieel gesteund door ene Moreau. Deze dingt tevens naar Nelly's hand, maar zij is meer geïnteresseerd in caritatief werk. Wanneer ze naar Amerika vertrekt om fondsen te werven, ontmoet ze onderweg ene baron De Brion, die haar voor een arm meisje neemt. Ter bestemming aangekomen verloven ze zich, doch vader Dumon roept zijn dochter terug, haar meldend dat ze Moreau niet hoeft te trouwen en vrij is om zelf een echtgenoot te kiezen. Baron De Brion vertrouwt het meisje een deel van zijn fortuin toe om het in haar vaderland goed te beleggen, met het oog op hun toekomst. Nelly zet het geld echter in op de paardenrennen, en ze wint er nog een enorm kapitaal mee ook. De Brion trekt zijn trouwbelofte in, uit vrees te zeer van het meisje afhankelijk te worden. Na enkele in het scenario onduidelijk verhaalde gebeurtenissen, zal Nelly uiteindelijk toch Moreau huwen. (MT)

Dans Bruges-la-morte

Paul Flon

Dans Bruges-la-morte
Bruges
Dans Bruges la Venise du Nord
Dans la ville morte
In het doode Brugge
In dood Brugge
Dood-Brugge

DIRECTOR: Paul Flon
YEAR: 1922-1924
COUNTRY: BE
SCREENPLAY: Paul Flon
CAMERA: Paul Nicolas, Rader
ART DIRECTOR: André Jacquemin
PROD. CO.: Union-Cinéma Consortium (Bruxelles)
CAST: Suzanne Christy (Anne Doorik), Francis Martin (Jean le Bossu), Georges Tellier (Pierre Pascal), Sonia Milakowska (Flore De Montpré), William Elie (Georges Bernier), Georges Gersan (Le père Doorik), Françoise Wyk (La mère Doorik), Alex de Valeriola
LANGUAGE: French
SILENT/SOUND: silent

◆ Despite its title, Paul Flon's third film bears little relation to Georges Rodenbach's famous novel. Only the setting is the same: the historic city of Bruges, with its muted melancholy, chimes and canals and ancient houses at the foot of the bell-tower. The script, by Flon himself, integrates the action seamlessly into the hallucinatory, sadly beautiful locations.

Hence the plot is hardly optimistic: a young orphan girl, Anne Doorik, comes to Bruges seeking shelter with relatives; during the Procession of the Holy Blood she meets the pitiful hunchback Jean, who falls in love with her. The cripple's only friend, Pierre, himself is overcome with passion for Anne, until a cunning soul steals her away behind their backs. Anne's happiness with her painter proves short-lived as a former mistress returns to supplant her. Driven out by her family, Anne throws herself into the waters; but she is saved by Jean, who carries her to the convent. When Pierre and Jean attempt to see her again, Anne, now a nun, is consumed by heartache.

Begun in 1922, the film arrived on screens two years later, when it was given a glowing reception by the critics of the day. They were impressed by the images of Bruges, but also by the luminous photography of the interior scenes (this was the last film to be shot in the Karreveld studios). A completely Belgian cast (including Francis Martin as the poor hunchback) was another cause for celebration, but above all praise was reserved for the film's revelation: Suzanne Christy, an ingénue blonde newcomer, who was to become the most famous of all leading ladies in Belgian silent cinema (and Charles Spaak's wife, in 1928). Her charisma was such that in 1930 Buñuel was to cast her as the female lead in **L'âge d'or**.

● Le troisième film de Paul Flon n'a aucun rapport, en dépit de son titre, avec le célèbre roman de Georges Rodenbach. Seul le décor est le même: les vieux quartiers de Bruges, avec leur mélancolie feutrée, leurs carillons et leurs canaux, leurs maisons anciennes au pied du beffroi. La majeure partie du scénario, écrit par Paul Flon lui-même, s'intègre dans tous ces lieux chargés d'onirisme et de beauté triste.

L'histoire n'a évidemment rien d'optimiste: une jeune orpheline, Anne Doorik, est venue à Bruges demander asile à des parents. Elle rencontre, durant la procession du Saint-Sang, le pitoyable Jean le Bossu qui s'éprend d'elle. Mais l'unique ami de l'infirme, Pierre, tombe à son tour amoureux d'Anne, jusqu'à ce qu'un troisième larron arrive enfin à la conquérir. Avec ce peintre, Anne connaît un bonheur fort court, car une ancienne maîtresse parvient à la supplanter. Chassée par sa famille, Anne se jette à l'eau. Jean la sauve, et la porte au couvent Notre-Dame. Lorsque Pierre et Jean tenteront de la revoir, Anne, devenue nonne, se laissera mourir de chagrin.

Commencé en 1922, le film ne fut présenté que deux ans plus tard au public. La critique prit la parole de manière unanime: on vanta les images brugeoises, mais aussi la photographie lumineuse des scènes d'intérieur (ce fut le dernier film tourné dans les studios du Karreveld); on se réjouit devant une distribution cent pour cent belge (dont Francis Martin, jouant le pauvre bossu); et surtout on salua une révélation: Suzanne Christy. La blonde ingénue débutante allait devenir la jeune première la plus connue du cinéma belge muet (et l'épouse de Charles Spaak, en 1928). Son charisme faillit même lui valoir en 1930 le principal rôle féminin de **L'âge d'or** de Buñuel. (RM)

▶ Ondanks de titel heeft deze derde film van Paul Flon niets met de beroemde roman van Georges Rodenbach gemeen. Alleen het decor is identiek: de oude straten van Brugge, met hun fluwelen melancholie, de beiaards, de kanalen en de antieke huizen aan de voet van het belfort. Het scenario, geschreven door Flon zelf, gaat een symbiose aan met al deze plaatsen barstend van droomsfeer en trieste schoonheid.

Optimistisch is het verhaal dus niet: een jong weesmeisje, Anne Doorik, is naar Brugge gekomen om haar familie onderdak te vragen. Tijdens de Heilig-Bloedprocessie ontmoet ze de meelijwekkende Jean "de Bultenaar", die verliefd wordt op haar. Pierre, zijn enige vriend, voelt ook wel iets voor Anne, maar uiteindelijk gaat een derde man met haar aan de haal. Met deze laatste, een schilder, kent Anne een kortstondig geluk, tot een vroegere maîtresse haar plaats inneemt. Verstoten door haar familie stort Anne zich in het water, maar Jean redt haar en brengt haar naar het Onze-Lieve-Vrouweklooster. Ze wordt non en, terwijl Pierre en Jean tevergeefs proberen haar terug te zien, sterft ze langzaam van verdriet.

De film werd begonnen in 1922 maar kwam pas twee jaar later uit. Hij werd door de critici enthousiast onthaald: men prees de beelden van Brugge, maar ook de heldere binnenopnamen (het was trouwens de allerlaatste film gedraaid in de Karreveld-studio's). Met plezier aanschouwen we de volledig Belgische rolverdeling (met Francis Martin als de arme bultenaar), en vooral de nieuwste revelatie: Suzanne Christy, een blonde debuterende ingénue die zich snel zou ontpoppen als de jeune première van de Belgische stille film. In 1928 trouwde ze met Charles Spaak en twee jaar later was ze een van de kandidaten voor de vrouwelijke hoofdrol in **L'âge d'or** van Buñuel.

HENRI & PHILIPPE QUERSIN

Le bain troublé
[Gestoord tijdens het baden]
[Disturbed at Bath-Time]

DIRECTOR: Henri Quersin
YEAR: 1907-1908
COUNTRY: BE
CAMERA: Philippe Quersin
CAST: Kufferath, Houben
SILENT/SOUND: silent

Le vol des oiseaux et des insectes
De vlucht van vogels en insecten
The Flight of Birds and Insects

DIRECTOR: Philippe Quersin, [Lucien Backman]
YEAR: 1922-1930
COUNTRY: BE
SILENT/SOUND: silent

Histoire d'un billet combiné d'Anvers à Anvers
Het verhaal van een gecombineerd ticket van Antwerpen naar Antwerpen
Story of a Combined Ticket from Antwerp to Antwerp

DIRECTOR: Philippe Quersin
YEAR: 1930
COUNTRY: BE
CAMERA: Réverard
PROD. CO.: Agence Maritime Internationale (BE)
SILENT/SOUND: silent

◆ The name Philippe Quersin might have been overlooked in a Belgian filmography had not the Belgian film historian Francis Bolen mentioned him in a few isolated notes. Philippe was not the first member of his family to be involved in cinema. Bolen describes Quersin's father, Henri, as the first Belgian amateur film-maker. In 1907-08, Henri Quersin made a short film entitled **Disturbed at Bath-Time**. Not much else is known about the film except that Quersin's son Philippe was operating the Lumière camera and that the director of the Brussels Théâtre de la Monnaie, Mr Kufferath, appeared in it, as did his daughters and the painter Houben.

In 1928-29, aviator and journalist Philippe Quersin went to Africa to make a film about the long-distance cruises between Antwerp and the Congo for the Agence Maritime Internationale. The result was **Story of a Combined Ticket from Antwerp to Antwerp** which was shown at the Antwerp World Fair in 1930 and which related the - according to Bolen - idiotic antics of passengers interspersed with shots of African animals. In Nairobi Quersin met W.S. Van Dyke, who was shooting scenes for the film **Trader Horn**. Quersin sold Van Dyke 120 metres of film, some of which he apparently used.

Between 1922 and 1930, Quersin was to make another short, **The Flight of Birds and Insects**. During the Second World War, the negative of this film was confiscated by the Germans. Its aim was to illustrate the theory of Maurice Boël, who, like Marey, wanted to explore the true nature of bird flight. As such, the film was shot in slow motion. Philippe Quersin was to reappear later only once more, as an actor in Rigo Arnould's **The Turbulent Mine**.

● Philippe Quersin aurait pu passer inaperçu dans une filmographie belge si Francis Bolen, historien du cinéma belge, ne lui avait accordé son attention dans quelques notes éparses. Mais avant Philippe, il y eut son père, Henri Quersin, que Bolen qualifie de premier cinéaste amateur de l'histoire du cinéma belge. En 1907-08, il tourna un petit film intitulé **Le bain troublé** dont on ne sait rien sinon que son fils Philippe opérait derrière la caméra Lumière et que le directeur du Théâtre de la Monnaie, Kufferath, ses filles et le peintre Houben y jouaient un rôle.

En 1928-29, pour le compte de l'Agence Maritime Internationale, l'aviateur-journaliste Philippe Quersin se rendit en Afrique afin d'y tourner un film sur les grandes croisières entre Anvers et Congo: **Histoire d'un billet combiné d'Anvers à Anvers**. Présenté à l'exposition internationale d'Anvers de 1930, le film - au scénario idiot d'après Bolen - alternait récits des aventures des passagers et images de la faune africaine. A Nairobi, Quersin rencontra W.S. Van Dyke. Il y tournait, avec des moyens hollywoodiens, des scènes de **Trader Horn**. Quersin lui vendit 120m de pellicule: une partie sera effectivement utilisée dans le film de Van Dyke.

Entre 1922 et 1930, Quersin réalisa un autre film: **Le vol des oiseaux et des insectes**. Les Allemands en confisquèrent le négatif pendant l'Occupation. Le film, tourné au ralenti, avait pour but d'illustrer la théorie de Maurice Boël, qui voulait, à la suite de Marey, étudier les mécanismes précis du vol des oiseaux. On retrouvera Philippe Quersin, une dernière fois, comme acteur dans **La fosse ardente** de Rigo Arnould.

▶ Philippe Quersin zou in een Belgische filmografie makkelijk vergeten worden, indien de Belgische filmhistoricus Francis Bolen hem niet vermeld had in enkele losse nota's. Maar vóór Philippe was er zijn vader Henri Quersin, die Bolen graag de eerste amateur-cineast uit de Belgische filmgeschiedenis noemde. In 1907-08 draaide die een korte film, **Le bain troublé**. Veel is er niet over geweten, tenzij dat zoon Philippe de Lumière-camera hanteerde en dat de directeur van de Muntschouwburg, Kufferath, erin meespeelde, evenals diens dochtertjes en de schilder Houben.

In 1928-29 trekt vliegenier-journalist Philippe Quersin naar Afrika om er in opdracht van het Agence Maritime Internationale een film te draaien over de grote cruises tussen Antwerpen en Kongo. Resultaat was **Histoire d'un billet combiné d'Anvers à Anvers,** dat getoond werd op de wereldtentoonstelling van Antwerpen in 1930. De film bevatte volgens Bolen een idioot scenario over het wedervaren van de passagiers, afgewisseld met beelden van de Afrikaanse fauna. In Nairobi ontmoet Quersin W.S. Van Dyke die er met hollywoodiaanse middelen scènes voor **Trader Horn** aan het draaien was. Quersin verkoopt hem 120m film waarvan een deel in Van Dyke's film gebruikt werd.

Ergens tussen 1922 en 1930 maakt Quersin nog een korte film: **Le vol des oiseaux et des insectes**. Het negatief is later tijdens de bezetting door de Duitsers in beslag genomen. Doel van de film was de theorie te illustreren van Maurice Boël die, in navolging van Marey, de vlucht van de vogels wou onderzoeken. De film werd in slow motion opgenomen. Philippe Quersin duikt nog een laatste maal op als acteur in Rigo Arnoulds **La fosse ardente**. (MT)

Le vol des oiseaux et des insectes

Verdwaalde zielen

Victor Beng, Antoine Laureys

Verdwaalde zielen
Ames égarées
Lost Souls

DIRECTOR: Victor Beng, Antoine Laureys
YEAR: 1923
COUNTRY: BE
SCREENPLAY: Mevr. Dubrulle, Mevr. Claes, Victor Beng
CAMERA: Antoine Laureys, Jakobus Vogel
EDITING: Victor Beng
PRODUCER: Victor Beng
PROD. CO.: Mevr. Dubrulle, Mevr. Claes, Antoine Laureys, Jakobus Vogel, Black Diamond Film Company (Antwerpen)
CAST: Mevr. Dubrulle (Maria), Antoine Laureys (Maria's vader), Leontientje Beng (Maria's dochter), Jack Bird [Jacobus Vogel] (Versierder), Mevr. Claes (Buurvrouw)
LANGUAGE: Dutch
GAUGE: 35 mm
SILENT/SOUND: silent
B&W/COLOUR: B&W
MINUTES: [40']

◆ Jan De Schuyter, the co-producer and scriptwriter of **The Storm of Life**, was scornful of the Black Diamond Film Company. He dismissed it as not being serious about film and maintained that nothing had ever come of its project **Lost Souls**. However, during the search for copies of the film **Leentje of the Sea**, three-quarters of **Lost Souls** was rediscovered in the possession of Leontine De Coster, who had appeared in the film as a nine year-old. Her father, Victor Beng, was the cameraman and uncredited co-director of both films. Beng's film theatre Liberté in Berchem served as a studio and was also the only auditorium ever to screen the completed film. One of the founders of Black Diamond Film, Jakobus Vogel (alias Jack Bird), hoped to continue working in the film industry and subsequently established Antwerp Film, which progressed no further than offering expensive screen tests to the many hopefuls dreaming of a film career.

The storyline of **Lost Souls** was one common to many productions of the time: a simple farmer's daughter dreams of a life in the city, a desire which inevitably ends in tragedy. Maria, the girl in question, leaves the countryside with a sinister man and ends up in Antwerp docks. After a brief affair, she is abandoned by the man, who turns out to be a criminal, and returns to her father's farm. On his release following a prison term, the thief again goes out looking for booty, and during a hold-up kills his father-in-law and his own daughter. When he discovers the identity of his victims, he commits suicide.

● Jan De Schuyter, coproducteur et scénariste de **La tempête dans la vie**, brocarda la société de production Black Diamond Film Company, traitant de futiles les projets filmiques de l'entreprise et déclarant que son projet **Ames égarées** n'avait abouti à rien. En cherchant d'éventuelles copies de **La petite Hélène de la mer** chez Leontine De Coster, on retrouva les trois quarts du film **Ames égarées**. Leontine De Coster qui, à l'âge de neuf ans, y avait tenu un rôle et dont son père, Victor Beng, avait été le cameraman et coréalisateur méconnu des deux films. Son cinéma Liberté, situé à Berchem, lui servait de studio et fut la seule salle à jamais projeter le film. Jakobus Vogel, alias Jack Bird, l'un des fondateurs de la Black Diamond Film, espérant rester actif dans le domaine de l'industrie cinématographique, créa par la suite l'Antwerp Film, qui se contenta de proposer des séances de casting particulièrement onéreuses à une multitude de personnes attirées par une carrière dans le cinéma.

Comme dans de multiples autres productions de l'époque, ce film relate comment l'aspiration d'une simple jeune paysanne à vivre en ville la mène à un tragique dénouement. Maria quitte la campagne avec un rude citadin et échoue à Anvers, dans le quartier du port. Ils ont une brève liaison, mais l'homme, qui s'avère être un criminel, l'abandonne et elle s'en retourne à la ferme de son père. Après avoir purgé une peine de prison, le bandit repart en maraude et, lors d'un hold-up, abat son beau-père et sa propre fille. Lorsqu'il apprend l'identité de ses victimes, il se suicide.

▶ Jan De Schuyter, de coproducent en scenarist van **Storm des levens**, liet zich schamper uit over het productiehuis Black Diamond Film Company, noemde de filmplannen van de maatschappij weinig serieus en meende dat er van haar project **Verdwaalde zielen** nooit iets terecht was gekomen. Tijdens de speurtocht naar kopieën van **Leentje van de zee** werd echter driekwart van de film herontdekt bij Leontine De Coster, die er als negenjarige nog in had geacteerd. Haar vader, Victor Beng, was de cameraman en de niet erkende coregisseur van beide films. Zijn bioscoop Liberté te Berchem deed dienst als opnamestudio en was de enige zaal waarin de film uiteindelijk werd vertoond. Een van de stichters van Black Diamond Film, Jakobus Vogel (alias Jack Bird), hoopte in de filmnijverheid actief te blijven en richtte nadien Antwerp Film op, dat niet verder kwam dan het aanbieden van dure "screentests" aan de talloze geïnteresseerden in een filmcarrière.

Net als vele andere producties uit die tijd, toont deze film hoe het verlangen van een eenvoudig boerenmeisje naar een leven in de stad tot tragische ontwikkelingen leidt. Maria gaat met een ongure stedeling mee naar de Antwerpse havenbuurt en begint een verhouding. Later wordt ze in de steek gelaten door de man, die een crimineel blijkt te zijn, en keert ze terug naar de boerderij van haar vader. Na een gevangenisstraf gaat de boef weer op rooftocht. Bij een overval brengt hij zijn schoonvader en zijn bloedeigen dochter om het leven; als hij verneemt wie zijn slachtoffers waren, pleegt hij zelfmoord. (PF)

La roche du diable

Emile-Georges De Meyst

La roche du diable
De duivelse rots
Devil's Rock

DIRECTOR: Emile-Georges De Meyst
YEAR: 1923
COUNTRY: BE
SCREENPLAY: Emile-Georges De Meyst
CAMERA: Emile-Georges De Meyst
PRODUCER: Emile-Georges De Meyst
CAST: Raymond Desonay
LANGUAGE: French
GAUGE: 35 mm
SILENT/SOUND: silent
B&W/COLOUR: B&W
METRES: 1800m

La tante à héritage
De suikertante
The Rich Aunt

DIRECTOR: Emile-Georges De Meyst
YEAR: 1923
COUNTRY: BE
SCREENPLAY: Emile-Georges De Meyst
CAMERA: Emile-Georges De Meyst
PRODUCER: Emile-Georges De Meyst
CAST: Raymond Desonay
LANGUAGE: French
SILENT/SOUND: silent

◆ Until the dawn of the 1920s, French directors were responsible for most of the full-length films made in Belgium (Alfred Machin, Armand Du Plessy or Jacques de Baroncelli). In 1923, however, Gaston Schoukens and the less famous Emile-Georges De Meyst - two commercial artisans and the two most prolific of Belgium's popular directors - both began their careers, which were also to end roughly contemporaneously around 1960. Born in Brussels in 1902, De Meyst (who died in 1989, unjustly forgotten) was studying Romance Philology in Liège when he made his first film, together with some local amateur actors. He had been mad about cinema from a very early age, eventually borrowing BF 40 000 from his mother to improvise his way through the writing, producing, photographing and direction of **Devil's Rock**, a melodrama recounting the evil deeds of an adventurer who worms his way into a rich family with the intention of marrying the beautiful heiress. She, however, is in love with a young painter whom the double-dealing rogue attempts to throw into a ravine, only to fall to his death himself. According to De Meyst, the film - of which there are no surviving prints - "was shown once or twice in Liège". Meanwhile, the director had moved on to the production of a comic short, **The Rich Aunt**, shot in Spa with the acrobat Raymond Desonay, who also performed the stunts in **Devil's Rock**. In 1924 De Meyst left for Paris, where he worked with Abel Gance on the optical effects for **Napoléon**. He developed a construction of mirrors that served to increase tenfold the apparent number of extras, a process reputedly used by Fritz Lang in his **Metropolis**.

● Jusqu'au début des années 20, la majorité des longs métrages produits en Belgique avaient été mis en scène par des réalisateurs français (Alfred Machin, Armand Du Plessy, Jacques de Baroncelli). En 1923 apparaissent les deux plus prolifiques de nos réalisateurs populaires, deux artisans commerciaux dont les carrières s'achèveront en même temps vers 1960: Gaston Schoukens et le moins célèbre Emile-Georges De Meyst. Né en 1902 à Bruxelles (et mort, injustement oublié, en 1989), De Meyst avait commencé des études en philologie romane à Liège lorsqu'il tourna son premier film avec un groupe de comédiens amateurs de la région. Fou de cinéma depuis son enfance, De Meyst emprunta 40.000 FB à sa mère et s'improvisa scénariste, producteur, cameraman et réalisateur de **La roche du diable**. Ce mélodrame relate les méfaits d'un aventurier qui s'introduit sournoisement dans une riche famille et entreprend d'épouser la belle héritière, elle-même amoureuse d'un jeune peintre que le fourbe intrigant tentera de précipiter dans un ravin où il périra. Le film, aujourd'hui disparu, fut, selon De Meyst, présenté une ou deux fois à Liège. Entre-temps, l'auteur avait mis en chantier un court métrage comique, **La tante à héritage**, tourné à Spa avec l'acrobate Raymond Desonay, le cascadeur de **La roche du diable**. On retrouvera De Meyst à Paris en 1924, travaillant avec Abel Gance aux trucages optiques de **Napoléon**. Il mettra au point un système complexe de jeux de miroir permettant de décupler le nombre apparent des figurants dans une foule. Fritz Lang se serait également servi de ce procédé pour **Metropolis**. (RM)

▶ Tot aan het begin van de jaren 20 werden de meeste langspeelfilms in België door Fransen geregisseerd (Alfred Machin, Armand Du Plessy, Jacques de Baroncelli). In 1923 begonnen echter twee van onze meest vruchtbare en populaire regisseurs hun carrière, twee commercieel ingestelde ambachtslieden die ook beiden rond 1960 het werk neerlegden: Gaston Schoukens en de minder bekende Emile-Georges De Meyst. De Meyst werd geboren in 1902 en stierf in 1989 (onterecht als een onbekende). Toen hij zijn eerste film draaide met enkele amateur-acteurs uit de streek, studeerde hij nog Romaanse filologie aan de Luikse Universiteit. Al in zijn jeugd was hij gek op film, en met de 40.000 BF die hij van zijn moeder leende, ontpopte hij zich als scenarist, producent, cameraman en regisseur van **La roche du diable**. Dit melodrama verhaalt de wandaden van een avonturier, die heimelijk infiltreert in een rijke familie om de knappe erfgename te huwen, terwijl deze eigenlijk verliefd is op een jonge schilder. De schurk tracht de man in een ravijn te duwen, maar komt zelf om het leven. Deze (verloren gegane) film werd volgens De Meyst "één of twee maal in Luik vertoond"; ondertussen was de regisseur al begonnen aan een komische kortfilm: **La tante à héritage**, in Spa opgenomen met de acrobaat Raymond Desonay, die ook het stuntwerk voor **La roche du diable** had verzorgd. In 1924 trok De Meyst naar Parijs om er met Abel Gance de optische trucages voor **Napoléon** te verzorgen. Hij ontwikkelde een spiegelconstructie waarmee het aantal figuranten in een menigte schijnbaar vertienvoudigd kon worden, een procédé dat Fritz Lang later in **Metropolis** gebruikt zou hebben.

Les opprimés

Henry Roussel

Les opprimés
Les Flandres sous Philippe II
De verdrukten
Vlaanderen onder de regering van Filips II
The Oppressed
Flanders Under Philip II

DIRECTOR: Henry Roussel
YEAR: 1923
COUNTRY: BE-FR
SCREENPLAY: Henry Roussel
ASST. DIR.: Gualbert-Samson
CAMERA: Jules Krüger, Georges Asselin
ART DIRECTOR: Dumesnil Frères
COSTUMES: M. Souplet
PRODUCER: William Elliot
PROD. CO.: Paramount (Bruxelles)
CAST: Raquel Meller (Concepción de la Playa Serra), André Roanne (Philippe de Hornes), Mme Vois (Pepita), Marcel Vibert (Don Luis de Zuniga y Requesens), Albert Bras (Don Ruys de la Playa Serra), Maurice Schutz (Ferdinand Alvarez de Tolède, duc d'Albe), André Marnay (Baron de Hornebecke), Pierre Delmonde
LANGUAGE: French
SILENT/SOUND: silent
METRES: 3100m

◆ To mark the inauguration of his new Machelen studios in 1922, Hippolyte De Kempeneer struck upon the idea of a spectacular historical fresco evoking Flanders under the Spanish occupation, to be directed by the Frenchman Henry Roussel. In the end, the project was mounted without De Kempeneer by the American Paramount company, which had substantial holdings in Belgium and Paris. Henry Roussel shot the major outdoor scenes in Ghent and Furnes with an all-star cast: André Roanne (the Duke of Hornes), much sought-after since Jacques Feyder's **L'Atlantide**, featured alongside the elder Maurice Schutz (as the Duke of Alba) - whose career would take in Carl Theodor Dreyer, Henri-Georges Clouzot and Jacques Becker - and most importantly the Spanish leading lady Raquel Meller. Singer, dancer and actress, she was to work with Henry Roussel on two further occasions in his two versions of **Violettes impériales** (and, three years later, star in Jacques Feyder's **Carmen**), charging the handsome fee of 25 000 francs a week!

She played here the noble Concepción, an Andalusian in love with the Flemish gentleman whom the Duke of Alba intends to see hanged. With its sumptuous re-creation of the people's uprisings against the troops of Philip II, **The Oppressed** became one of the most expensive films of its day: the ranks of extras, costumes based on authentic designs from 16th-century paintings, period furniture, dances and executions are all shown off to great effect by the lavish camerawork of Jules Krüger, Abel Gance's future collaborator on **Napoléon**. Not until **Heroic Fair** was such a scrupulous reconstruction attempted of Flanders under the Inquisition.

● Pour inaugurer, en 1922, ses nouveaux studios de Machelen, Hippolyte De Kempeneer avait lancé l'idée d'une fresque historique à grand spectacle, qui évoquerait les Flandres sous l'occupation espagnole et serait dirigée par le Français Henry Roussel. L'affaire fut finalement montée sans lui par une firme américaine, la Paramount, qui disposait d'importants capitaux en Belgique et à Paris. Henry Roussel tourna les importants extérieurs à Gand et à Furnes, avec une distribution fastueuse: André Roanne (le duc de Hornes), promu vedette depuis **L'Atlantide** de Jacques Feyder; le vieux Maurice Schutz (en duc d'Albe), que sa carrière devait mener de Carl Theodor Dreyer à Henri-Georges Clouzot et Jacques Becker; et surtout l'Espagnole Raquel Meller, chanteuse, danseuse et comédienne, que le même Henry Roussel allait diriger dans ses deux versions de **Violettes impériales**, et qui serait, trois ans plus tard, la Carmen de Feyder: son cachet était alors de 25.000 francs par semaine!

Elle jouait ici la noble Concepción, une Andalouse amoureuse du gentilhomme flamand que le duc d'Albe veut envoyer à l'échafaud. L'évocation imposante des rébellions populaires contre les troupes de Philippe II fit des **Opprimés** l'un des films les plus coûteux de l'époque: figuration, costumes copiés sur les tableaux du XVIᵉ siècle, mobiliers historiques, danses et exécutions sont mis en valeur avec somptuosité par Jules Krüger, le futur opérateur d'Abel Gance pour **Napoléon**. Il faudra attendre **La kermesse héroïque** pour retrouver au cinéma une reconstitution aussi scrupuleuse des Flandres sous l'Inquisition. (RM)

▶Ter inhuldiging van zijn nieuwe studio te Machelen opperde Hippolyte De Kempeneer het idee een spectaculair historisch fresco te draaien rond de Spaanse bezetting van Vlaanderen, dat geregisseerd zou worden door de Fransman Henry Roussel. Het hele plan werd uiteindelijk zonder hem verwezenlijkt door de Amerikaanse firma Paramount, die in België en Parijs over aanzienlijk kapitaal beschikte. Henry Roussel filmde de belangrijkste buitenopnamen in Gent en Veurne, met een indrukwekkend acteursbestand: André Roanne (als hertog van Hoorne), die de vedettestatus genoot sinds **L'Atlantide** van Jacques Feyder; de oude Maurice Schutz (als hertog van Alva), die later nog met Carl Theodor Dreyer, Henri-Georges Clouzot en Jacques Becker zou werken; en vooral de Spaanse Raquel Meller, een zangeres-danseres-actrice die ook zou schitteren in Henry Roussels twee versies van **Violettes impériales** en drie jaar later in Feyders **Carmen**. Toen was haar prijskaartje 25.000 frank per week!

Ze vertolkt hier de edele Concepción uit Andalusië, verliefd op een Vlaamse edelman die door de hertog van Alva tot het schavot werd veroordeeld. De grootschalige scènes van de volksopstanden tegen de troepen van Filips II maakten van **Les opprimés** een van de duurste films van zijn tijd: massa's figuranten, kostuums geïnspireerd op 16de-eeuwse schilderijen, historisch meubilair, dansen en executies, dit alles luisterrijk in beeld gebracht door Jules Krüger, de toekomstige cameraman voor Abel Gance's **Napoléon**. Tot het verschijnen van **La kermesse héroïque** bleef dit de meest gedetailleerde cinematografische reconstructie van Vlaanderen onder de inquisitie.

GASTON SCHOUKENS' FIRST FILMS
PREMIERS FILMS DE GASTON SCHOUKENS
GASTON SCHOUKENS' EERSTE FILMS

Gaston Schoukens

◆ Gaston Schoukens was born in 1901 in the heart of old Brussels, working from an early age as a projectionist in the cinema run by his father, Pierre Schoukens. For three decades he was to be our figurehead of popular film, a mini-Pagnol of the Marolles, master of the improvised and the makeshift, toiling over many years to create a great body of work. Yet before beginning his career as an entertainer in 1926 Schoukens started as a documentary film-maker. Each Sunday, using a camera he bought at the close of the war (which, legend has it, had once belonged to Méliès), he films the football matches and cycling trials, and his accounts of the sporting news are shown on local screens as early as the following day. There follow short films on pottery and the wonders of the Grand'Place (which he would remake in a longer version in 1940), on the marriage of the future King Léopold to Princess Astrid and the funeral of Cardinal Mercier, and also short art films (the first examples of the genre, including **Our Painters**, on artists from the Flemish Primitives to Rubens). At the age of 25 Schoukens founds his own production and distribution company, Lux Film, as his little films prove highly profitable in this age of the supporting programme. All of his feature films will be made under the aegis of Lux Film, but nevertheless Schoukens will not abandon the documentary form. In 1928 **A Bird's-Eye View of Belgium** (see p. 68) is shot from the basket of a balloon piloted by an aeronaut, an experience Schoukens will repeat for **Five Hours in a Balloon**.

● Né à Bruxelles en 1901 au cœur de la vieille ville, projectionniste dès son jeune âge dans le cinéma exploité par son père Pierre Schoukens, Gaston Schoukens sera, durant trois décennies, notre figure de proue du cinéma populaire, un mini-Pagnol des Marolles, artisan des bouts de ficelle et des bricolages à la petite semaine, le Facteur Cheval du cinoche belge. Mais avant d'entamer en 1926 sa carrière d'amuseur, Schoukens fut d'abord un documentariste. Avec une caméra rachetée à la fin de la guerre (l'appareil, selon la légende, avait appartenu à Méliès), il filmait chaque dimanche les matches de football et les épreuves cyclistes; ses actualités sportives passaient dès le lendemain sur les écrans locaux. Puis ce furent des courts métrages sur la poterie ou les merveilles de la Grand-Place (il en tournera une version plus longue en 1940), le mariage du futur roi Léopold et de la princesse Astrid, l'enterrement du cardinal Mercier, quelques films d'art (les premiers du genre, dont **Nos peintres**: une évocation générale, des Primitifs flamands à Rubens). A 25 ans, Schoukens fonda sa propre maison de production et de distribution, la Lux Film, car ses petites bandes s'avérèrent facilement rentables à cette époque de copieux avant-programmes. C'est sous l'égide de la Lux Film qu'il réalisera la plupart de ses films de fiction. Il n'abandonnera cependant pas le documentaire pour autant: en 1928, **La Belgique à vol d'oiseau** (voir p. 68) est filmée depuis la nacelle d'un ballon piloté par un aéronaute. Il réitérera cette expérience avec **Cinq heures en ballon**. *(RM)*

► Gaston Schoukens, geboren in het oude centrum van Brussel in 1901, werkte al op jonge leeftijd als operateur in de bioscoop van zijn vader, Pierre Schoukens. Zo'n 30 jaar lang was hij het boegbeeld van de volksfilm, deze Pagnol uit de Marollen, de "facteur Cheval" van de Belgische cinema, die haastig en handig ingeblikte werkjes afleverde. Alvorens zich vanaf 1926 als entertainer te profileren, was Schoukens echter actief als documentarist. Met een camera die hij na de oorlog op de kop wist te tikken (en die, aldus de legende, nog aan Méliès had toebehoord) trok hij er elke zondag op uit om een voetbalmatch of wielerkoers te filmen. Deze sportverslagen waren de dag daarop al in de plaatselijke bioscoop te zien. Vervolgens draaide hij kortfilms over pottenbakkerij, de Grote Markt (in 1940 gevolgd door een langere versie), het huwelijk van de toekomstige koning Leopold met prinses Astrid en de begrafenis van kardinaal Mercier. Ook realiseerde hij enkele kunstfilms, de eerste in het genre, waaronder **Nos peintres**: een overzicht van de Vlaamse Primitieven tot Rubens. Op 25-jarige leeftijd stichtte hij zijn eigen productie- en distributiehuis Lux Film: zijn filmpjes brachten immers makkelijk geld op dankzij de toen in zwang zijnde uitgebreide voorprogramma's. De meeste van zijn speelfilms werden later eveneens door Lux Film uitgebracht, wat echter niet betekende dat Schoukens de documentaire vaarwel zei. In 1928 draaide hij nog **La Belgique à vol d'oiseau** (zie p. 68), gefilmd vanuit een luchtballon, een stunt die hij nog eens zou overdoen in **Cinq heures en ballon**.

Pierre Schoukens and his sons

La prestidigitation
De goochelkunst
The Art of Conjuring

DIRECTOR: Gaston Schoukens
YEAR: 1921
COUNTRY: BE
PROD. CO.: Lux Film (Bruxelles)
SILENT/SOUND: silent

Le football belge
Belgisch voetbal
Belgian Football

DIRECTOR: Gaston Schoukens
YEAR: 1922
COUNTRY: BE
PROD. CO.: Lux Film (Bruxelles)
SILENT/SOUND: silent

L'art de la poterie
Pottenbakkerskunst
Ceramics

DIRECTOR: Gaston Schoukens
YEAR: 1923
COUNTRY: BE
PROD. CO.: Lux Film (Bruxelles)
SILENT/SOUND: silent

Avec tambours et trompettes
Met trommels en trompetten
With Drums and Trumpets

DIRECTOR: Gaston Schoukens
YEAR: 1923
COUNTRY: BE
PROD. CO.: Lux Film (Bruxelles)
SILENT/SOUND: silent

La Semois
De Semois
The River Semois

DIRECTOR: Gaston Schoukens
YEAR: 1923
COUNTRY: BE
PROD. CO.: Lux Film (Bruxelles)
SILENT/SOUND: silent

La Grand'Place de Bruxelles
De Grote Markt van Brussel
The Grand'Place of Brussels

DIRECTOR: Gaston Schoukens
YEAR: 1924
COUNTRY: BE
PRODUCER: Gaston Schoukens
PROD. CO.: Lux Film (Bruxelles)
LANGUAGE: French
GAUGE: 35 mm
SILENT/SOUND: silent
B&W/COLOUR: B&W
METRES: 456m

Florence
Firenze

DIRECTOR: Gaston Schoukens
YEAR: 1925
COUNTRY: BE
PROD. CO.: Lux Film (Bruxelles)
SILENT/SOUND: silent

Le mariage princier
Het prinselijk huwelijk
The Royal Wedding

DIRECTOR: Gaston Schoukens
YEAR: 1926
COUNTRY: BE
PROD. CO.: Lux Film (Bruxelles)
SILENT/SOUND: silent

Les funérailles du Cardinal Mercier
Le Cardinal Mercier
De begrafenis van Kardinaal Mercier
The Funeral of Cardinal Mercier

DIRECTOR: Gaston Schoukens
YEAR: 1926
COUNTRY: BE
PROD. CO.: Lux Film (Bruxelles)
SILENT/SOUND: silent

Nos peintres
Onze schilders
Our Painters

DIRECTOR: Gaston Schoukens
YEAR: 1926
COUNTRY: BE
CAMERA: Paul Flon
PRODUCER: Gaston Schoukens
PROD. CO.: Lux Film (Bruxelles)
SILENT/SOUND: silent
METRES: 300m

Pédagogie
Opvoeding
Education

DIRECTOR: Gaston Schoukens
YEAR: 1928
COUNTRY: BE
PROD. CO.: Lux Film (Bruxelles)
SILENT/SOUND: silent

Carrières
Steengroeven
Quarries

DIRECTOR: Gaston Schoukens
YEAR: 1928
COUNTRY: BE
PROD. CO.: Lux Film (Bruxelles)
SILENT/SOUND: silent

Cinq heures en ballon
Vijf uur in een ballon
Five Hours in a Balloon

DIRECTOR: Gaston Schoukens
YEAR: 1929
COUNTRY: BE
PROD. CO.: Lux Film (Bruxelles)
SILENT/SOUND: silent

Breughel

DIRECTOR: Gaston Schoukens
YEAR: 1929
COUNTRY: BE
PROD. CO.: Lux Film (Bruxelles)
SILENT/SOUND: silent

Inhuld van Z.M. Leopold III te Brussel
Joyeuse entrée de S.M. Léopold III
à Bruxelles
The Grand Entrance of H.M. Léopold III
into Brussels

DIRECTOR: [Gaston Schoukens]
YEAR: 1934
COUNTRY: BE
PROD. CO.: Lux Film (Bruxelles)
LANGUAGE: Dutch
GAUGE: 35 mm
SILENT/SOUND: silent
B&W/COLOUR: B&W
METRES: 94m
NOTES: Schoukens filmed the scene of the "Rue de la Régence"

Un soldat inconnu

Francis Martin

Un soldat inconnu
Een onbekende soldaat
An Unknown Soldier

DIRECTOR: Francis Martin
YEAR: 1924
COUNTRY: BE
PRODUCER: Francis Martin
CAST: Mme Xavier (Maman Toinette), Suzanne Christy (Suzanne), Francis Martin (Robert), William Elie (L'officier allemand), Georges Gersan, Fernand Liesse
LANGUAGE: French
SILENT/SOUND: silent

◆ One of the most oft-mentioned names in the Belgian cinema of the twenties - as both actor and director - is that of Francis Martin. Unfortunately the existing written sources give hardly any information: no dates of birth or death and just very few details on the few still existing productions he made, which remain almost completely unknown to us. We come across him first in the former Karreveld studio of Alfred Machin, where he starred in **Belgium** by Paul Flon (1920), and later in Hippolyte De Kempeneer's little studio, playing in **Belgian Spirit** for Armand Du Plessy (1921). One year later director Paul Flon would ask him to play the role of Jean le Bossu in his production **Bruges**. However, the young lead has other ambitions: he strikes out into the world of producing and directing, for his initial effort capitalizing on the continuing success of the patriotic film. His first film **An Unknown Soldier** was made shortly after the burial of the Unknown Soldier at the foot of the Colonne du Congrès in Brussels on 11 November 1922. In the film, a mother whose son died at the front and husband was slaughtered by the "boches" relives in her memory the horrors of war. Francis Martin plays the valiant martyr, rejoining his partner from **Bruges**, the young Suzanne Christy. She is his touching fiancée, who in the end marries his best friend from the trenches. The film reached cinemas in 1924, equipped with French or Flemish intertitles as each region demanded, and proved a great success.

● L'un des noms les plus souvent cités dans le cinéma belge des années 20 est celui de Francis Martin, aussi bien comme comédien que comme réalisateur. Malheureusement, les sources écrites ne sont pas assez généreuses en ce qui le concerne. Sa date de naissance et de décès, ainsi que des renseignements précis sur ses réalisations - dont presque rien ne nous reste - nous sont inconnus. On le croise une première fois dans l'ancien studio d'Alfred Machin, au Karreveld, interprétant **Belgique** (1920) pour Paul Flon, puis, au petit studio d'Hippolyte De Kempeneer, jouant pour Armand Du Plessy dans **Ame belge** (1921). Un an plus tard, Paul Flon le convoquera à nouveau pour interpréter le rôle de Jean le Bossu dans **Dans Bruges-la-morte**. Mais le jeune premier a déjà d'autres ambitions: il se lance dans la production et la mise en scène, exploitant d'abord la veine commerciale du film patriotique. Son premier film, **Un soldat inconnu**, fut tourné peu après l'inhumation du Soldat Inconnu, le 11 novembre 1922, au pied de la Colonne du Congrès à Bruxelles. Une mère, dont le fils est mort au front et le mari a été massacré par les "Boches", revit en pensée les horreurs de la guerre. Francis Martin interprétait le vaillant militaire aux côtés de sa partenaire de **Dans Bruges-la-morte**, la jeune Suzanne Christy en émouvante fiancée (qui épousera par la suite son meilleur copain de tranchées). Le film fut projeté en 1924, avec intertitres en français ou en flamand selon les régions, et remporta un vif succès. (RM)

► Francis Martin was, als acteur en regisseur, een van de meest prominente figuren in de Belgische filmwereld van de jaren 20. De geschreven bronnen zijn uiterst zuinig in het geven van informatie over de man: geen gegevens over geboorte- of sterfdatum, laat staan gedetailleerde informatie over zijn films, waarvan er weinig zijn overgebleven. Zijn naam duikt voor het eerst op in de vroegere studio van Alfred Machin in het Karreveld, waar hij voor Paul Flon een rol vertolkt in **Belgique** (1920). We komen hem een tweede keer tegen in de studio van Hippolyte De Kempeneer, als acteur voor **Ame belge** (1921) van Armand Du Plessy. Een jaar later tenslotte vraagt Paul Flon hem de rol te vertolken van Jean le Bossu in **Dans Bruges-la-morte**. Maar de jonge ster had andere ambities: hij stortte zich op de regie en de productie, met om te beginnen het goed-in-de-markt-liggende genre van de patriottische film. Zijn eerste film, **Un soldat inconnu**, werd gedraaid kort na de teraardebestelling van de Onbekende Soldaat op 11 november 1922, aan de Congreskolom in Brussel. Een moeder, wier zoon aan het front sneuvelde en wier man door de Duitsers werd afgeslacht, herbeleeft in gedachten de oorlogsgruwel. Francis Martin vertolkt de onversaagde soldaat, bijgestaan door Suzanne Christy - zijn partner uit **Dans Bruges-la-morte** - in de aandoenlijke rol van zijn verloofde (die uiteindelijk zijn strijdmakker zal huwen). De film werd in 1924 vertoond, met Franse of Nederlandse tussentitels afhankelijk van de regio, en oogstte behoorlijk wat succes.

La forêt qui tue

René Le Somptier

La forêt qui tue
Het dodelijke woud
The Deadly Forest

DIRECTOR: René Le Somptier
YEAR: 1925
COUNTRY: BE
SCREENPLAY: Jean Vélu
CAMERA: François Rents, Henri Barreyre
PRODUCER: Jean Vélu
PROD. CO.: Lumina-Film (Bruxelles)
CAST: Georges Melchior (François Boran), Suzanne
Christy (Marie Boran), Robert Bogaert
(Pierre Cardon), Emile Saint-Ober (Hubert
l'idiot), Lucien Richez (Le bourgmestre),
Mona Simonix (Sa fille), Jimmy O'Kelly
(Comte de Rohan)
LANGUAGE: French
GAUGE: 35 mm
SILENT/SOUND: silent
B&W/COLOUR: tinted

◆ Journalist, playwright and script-writer Jean Vélu was one of the partners in the 1925 launch of a new film production company, Lumina-Film. To stack the cards in his favour right away, he took on two prestigious names in French cinema, the director René Le Somptier (who had just completed the six very successful episodes of **The Lady of Montsoreau**) and the renowned young lead Georges Melchior, shot to fame by Jacques Feyder's **Missing Husbands**. They were joined by one of the best-known (albeit rare) Belgian stars of the era, the luminous Suzanne Christy, and Vélu chose as the setting for his own script the natural landscapes of the Ardennes near Florenville, the court-yard of the Palais des Princes-Evêques in Liège and the château of Grand-Bigard. Under his charge, everything was put in place to guarantee the success of what he dubbed, for the advertising, "the first great Belgian film". The only fragment to have survived (the first 20 minutes) is the historical prologue to **The Deadly Forest**, the legend of an Ardennes nobleman who incited a revolt against the Spanish around 1625. The victim of a betrayal, he was killed at the foot of an oak, where his ghost appeared across the ages to announce great misfortune. The rest of the action took place three centuries later: the wife of a local woodcutter is coveted by a brutal innkeeper, who is found murdered shortly afterwards. The villagers attempt to lynch the innocent husband but fortunately the real killer, a simpleton, owns up to his crime. The contemporary critics gave the film a warm reception, praising its use of location, the plot and performances.

● Journaliste, auteur dramatique et scénariste, Jean Vélu participa en 1925 au lancement d'une nouvelle société de cinéma: Lumina-Film. Pour mettre tous les atouts de son côté, il engagea deux noms prestigieux des studios français: le réalisateur René Le Somptier (qui venait de tourner les six épisodes à succès de **La Dame de Montsoreau**) et un jeune premier de renom: Georges Melchior, révélé par **L'Atlantide** de Jacques Feyder. Il leur adjoignit la plus connue des rares vedettes belges d'alors, la lumineuse Suzanne Christy, et décida que le script, dont il était l'auteur, serait tourné dans les décors naturels de l'Ardenne, près de Florenville, dans la cour du Palais des Princes-Evêques de Liège et au château de Grand-Bigard. Tout était ainsi mis en œuvre par Vélu pour réussir ce qu'il appelait publicitairement "le premier grand film belge". Le seul fragment qui subsiste du film (les vingt premières minutes) constituait le prologue historique de **La forêt qui tue**: la légende d'un seigneur ardennais poussant ses gens à la révolte contre les Espagnols, vers 1625. Victime d'une trahison, il fut tué au pied d'un chêne où son fantôme apparaît à certaines époques pour annoncer les pires malheurs. Le reste du scénario se déroulait trois siècles plus tard: la femme d'un bûcheron de l'endroit était convoitée par un brutal cabaretier dont le cadavre serait retrouvé peu après, incitant les villageois à lyncher l'innocent mari. Le vrai meurtrier, un simple d'esprit, s'accusait finalement du crime. La critique de l'époque fut très favorable au film, vantant ses décors, son intrigue et ses interprètes. (RM)

▶ Journalist, toneelschrijver en scenarist Jean Vélu lag in 1925 mee aan de basis van een nieuwe filmmaatschappij, Lumina-Film. Azend op succes nam hij twee grote namen uit de Franse studio's in dienst: René Le Somptier, de cineast achter de zesdelige succesreeks **La Dame de Montsoreau**, en Georges Melchior, een jeune

premier bekend uit Jacques Feyders **L'Atlantide**. Bij dit illustere duo vervoegde zich de montere Suzanne Christy, de bekendste onder de - weliswaar dun gezaaide - Belgische filmsterren van toen. Vélu wees zelf aan waar zijn eigen scenario het best kon worden verfilmd: op locatie in de Ardennen, nabij Florenville, alsook op de binnenplaats van het prinsbisschoppelijk paleis van Luik en in het kasteel van Groot-Bijgaarden. Zodoende bereidde Vélu zich voor om van de "eerste grote Belgische film", zoals hij die publiciteitshalve noemde, een succes te maken. Het enige fragment dat ons nog rest van **La forêt qui tue** (de eerste 20 minuten), is de historische proloog: de legende van een Ardeense landheer die zijn volk omtrent 1625 aanzet tot een opstand tegen de Spanjaarden. Na verraad wordt hij echter gedood aan de voet van een eik, waar zijn geest zal blijven rondwaren om kond te doen van de ergste op til zijnde calamiteiten. De rest van het scenario speelt begin deze eeuw: een houthakkersvrouw uit de buurt wordt het hof gemaakt door een brutale kroeghouder, die wat later dood wordt teruggevonden. De woedende dorpelingen maken zich op om de onschuldige houthakker te lynchen, tot de echte moordenaar - een simpele van geest - zijn misdaad opbiecht. De critici spraken destijds erg lovend over deze film en zijn settings, de plot en de cast.

Un gamin de Bruxelles

Francis Martin

Un gamin de Bruxelles
Cœur de gosse
Le ketje de Bruxelles
Het ketje van Brussel
Kinderhart
Een Brusselsche straatjongen
A Child of Brussels

DIRECTOR: Francis Martin
YEAR: 1925
COUNTRY: BE
SCREENPLAY: Francis Martin
ASST. DIR.: F. Desportes
CAMERA: Paul Nicolas
PRODUCER: Francis Martin
CAST: Léo Adel (Flup), Francis Martin (L'instituteur Robert), William Elie (Le tuteur), Max Petit (Le banquier Vierset), Jenny Tumanoff (Jenny), Debrey, Gersou, V. de Viegarte, Françoise Wyk
LANGUAGE: French
SILENT/SOUND: silent
METRES: 2000m
NOTES: **Cœur de gosse** was the first title of the film. The following actors were originally supposed to play in it: Rico Bert, Suzanne Christy, Zizi Festerat, Harzé, M. Duquesne, Jane Tony, Yvonne Willy. The cameraman would have been Léon De Boeck.

◆ The box-office returns for **An Unknown Soldier** must have convinced Francis Martin that he was onto a winning formula: a subject with wide popular appeal, a young leading man dear to the public's heart (himself, as it happened), a carefully orchestrated publicity campaign. Even if the charming Suzanne Christy was unable to participate this time (as were some other actors like Zizi Festerat, Rico Bert and Harzé), as announced in the cast list, at least another actor was to guarantee the success of **A Child of Brussels** - the young Léo Adel, a cheeky little rascal ("ketje") who became the commercial linchpin of the film. This child prodigy of ten ("the Gavroche of the banks of the Senne", as one contemporary critic would have it) is practically never absent from the screen, so much does Francis Martin's script intend to insinuate him into the audience's sympathies. Here he plays a smart, streetwise war orphan who is taken in by a banker and his daughter after being run down by their car. Alas, the good man perishes in a shipwreck and the treacherous guardian appointed in his will evicts the heiress and the little Flup from the estate. Coming to the aid of the dispossessed lady, the "ketje" tries his hand at a string of odd jobs in the picturesque setting of the Brussels Marolles. Not only does he awaken her from her grief-stricken despair, he is instrumental in bringing her together with the handsome teacher who loves her. With the fortune in its rightful hands again, the film ends with the happy couple adopting the courageous Flup. From the funfairs to the market via Manneken Pis, the only thing missing from this pre-Schoukens film was the accent.

● Les recettes nationales du **Soldat inconnu** durent persuader Francis Martin que sa formule n'était pas mauvaise: un sujet largement populaire, un jeune premier apprécié du public (lui-même, en l'occurrence) et une publicité bien orchestrée. Ici, même si la jolie Suzanne Christy, annoncée dans la distribution, ne put malheureusement participer à l'aventure (ainsi d'ailleurs que plusieurs autres acteurs tels que Zizi Festerat, Rico Bert et Harzé), un autre interprète allait garantir le succès public de l'entreprise. Le jeune Léo Adel, un "ketje" effronté, allait devenir l'épicentre commercial du **Gamin de Bruxelles**. Ce petit prodige de dix ans, "le Gavroche des bords de la Senne" selon un critique de l'époque, ne quitte pratiquement jamais l'écran, tant le scénario de Francis Martin veut lui assurer la sympathie des spectateurs. Léo Adel est un orphelin de guerre, déluré et débrouillard, qu'un banquier et sa fille recueillent, après l'avoir accidentellement renversé en voiture. Hélas! le brave homme périt dans un naufrage et l'infâme tuteur désigné par son testament expulse l'héritière et le petit Flup du beau domaine. Pour aider la jeune châtelaine, le "Ketje" va s'essayer à tous les nombreux petits métiers, dans le Bruxelles pittoresque des Marolles. Non seulement il guérira la demoiselle, minée par le chagrin, mais il sera l'artisan de ses retrouvailles avec un bel instituteur amoureux d'elle. Une fois sa fortune restituée, le film s'achèvera sur leur couple heureux, adoptant le courageux Flup. Des kermesses au Vieux Marché, en passant par Manneken-Pis, rien ne manque (sauf l'accent) à ce film pré-Schoukens. (RM)

▶ De opbrengst van **Un soldat inconnu** moet bij Francis Martin de laatste twijfels over zijn succesformule hebben weggeveegd: een populair onderwerp, een "jeune premier" geliefd bij het publiek (hijzelf, in dit geval) en een goed georchestreerde publiciteitscampagne. Voor deze film werd de knappe Suzanne Christy eerst aangekondigd als actrice, maar uiteindelijk bleek ze niet beschikbaar (evenmin als de acteurs Zizi Festerat, Rico Bert en Harzé). Een andere vertolker zou echter het succes van de film verzekeren: de jonge Léo Adel, een brutaal gebekt "ketje". Francis Martin schreef zijn scenario op het lijf van dit tienjarige wonderkind ("de Gavroche van de oevers van de Zenne", aldus een journalist van toen), dat hij tot lieveling van het publiek wou maken. Het joch is dan ook de hele film door niet van het scherm weg te slaan. Flup is een oorlogswees, gehaaid en vindingrijk, die per ongeluk door een bankier en zijn dochter omvergereden wordt en zo in hun gezin belandt. Helaas verdrinkt de goede man wat later in een schipbreuk en de onverlaat die in zijn testament als voogd wordt aangesteld, zet Flup en de rechtmatige erfgename uit het domein. Om de jonge kasteelvrouwe te helpen, zal het "ketje" ettelijke baantjes uitproberen in de pittoreske Brusselse Marollen. Niet alleen geneest hij haar van haar verdriet, maar hij bewerkstelligt bovendien een weerzien met de koene leraar die op haar verliefd is. Eens hun fortuin teruggewonnen, leeft het koppel nog lang en gelukkig en adopteren ze de onvervaarde Flup. Alle ingrediënten van een Schoukens-film zijn aanwezig, van de kermis tot de Oude Markt en Manneken Pis, maar dit uiteraard zonder het sappige accent.

Le rapt d'Hélène

André Jacquemin

Le rapt d'Hélène
De schaking van Helena
The Abduction of Helen

DIRECTOR: André Jacquemin
YEAR: 1925
COUNTRY: BE
CAMERA: André Jacquemin
PRODUCER: S.H. Buckenholz
PROD. CO.: Les Films Tricolores (Antwerpen)
CAST: Francesca d'Aler (Hélène), Yvon Debelva (Le fiancé d'Hélène), José Beeckman (Le prince), Sonia Korty (La danseuse), Floda (Le bouffon), Béguin (George Valnoy)
LANGUAGE: French
SILENT/SOUND: silent
METRES: 1200m

Nageur par amour
Zwemmer uit liefde
Swimmer from Passion

DIRECTOR: Jean Séloignes
YEAR: 1925
COUNTRY: BE
PRODUCER: S.H. Buckenholz
PROD. CO.: Les Films Tricolores (Antwerpen)
CAST: Van den Bosch, Josbé, Delrey, Marthe Franck
LANGUAGE: French
SILENT/SOUND: silent

◆ In the early 1910s, the theatre manager (and former actor) André Jacquemin (1891-1980) enters into the service of film-maker Alfred Machin at the Karreveld studio, where he works as stage manager and assistant director, in the meantime looking after Machin's small menagerie. After the war, Jacquemin reopens the Karreveld site for a number of years, until 1922, producing the full-length film **The Admiral's Portrait**, directed by Maurice Le Forestier. In that same period, he shoots a documentary called **The Valley of the Lesse** and, in 1925, **The Abduction of Helen** in Antwerp, which he also directs. The film's producer, S.H. Buckenholz, was a painter, poet and cinema-lover whose great ambition it was to turn Antwerp into the Belgian capital of the "septième art" (the expression dates from this period). According to Buckenholz, **The Abduction of Helen** was to be a first attempt "to attain the universal by means of a modern form of cinema". To illustrate these noble words, Jacquemin was to direct a film from what was a highly conventional script. The heroine, Hélène, has been kidnapped by an oriental prince whilst visiting a fashionable dance hall. Her fiancé leaves for Constantinople to pluck her from the villain's grasp, the cue for a second section played out among stylized exotic sets. Actors from Flanders and Liège played side by side, and the film's extremely limited success put paid to Buckenholz's company Les Films Tricolores (the latter also produced in Antwerp, in 1925, a "comedy in five parts" by Jean Séloignes, of which only the title subsists: **Swimmer from Passion**).

● Au début des années 10, l'administrateur de théâtre (et ex-acteur) André Jacquemin (1891-1980) entre au service d'Alfred Machin, au studio du Karreveld. Il devient le régisseur et l'assistant du metteur en scène, tout en s'occupant de sa petite ménagerie. Après la guerre, Jacquemin rouvre durant quelques années, jusqu'en 1922, les locaux du Karreveld. Il y produit notamment le long métrage de Maurice Le Forestier: **Le portrait de l'amiral**. A la même époque, il photographie un documentaire sur **La vallée préhistorique belge** (la vallée de la Lesse); puis en 1925, à Anvers, **Le rapt d'Hélène**, dont il signe également la réalisation. Le producteur de ce film, S.H. Buckenholz, poète, peintre, et passionné de cinéma, avait pour ambition de faire d'Anvers la capitale belge du "septième art" (le terme date d'ailleurs de cette époque). Selon Buckenholz, **Le rapt d'Hélène** devait être une première tentative "d'atteindre l'universel par un cinéma moderne". Pour illustrer ces nobles paroles, Jacquemin fut chargé de mettre en images un scénario fort conventionnel, dont l'héroïne, Hélène, était enlevée par un prince oriental dans un dancing mondain. Son fiancé partait vers Constantinople pour l'arracher aux bras de son ravisseur, d'où cette seconde partie située dans des décors exotiquement stylisés. Des acteurs flamands et liégeois se côtoyaient dans cette comédie, dont le succès très relatif sonna le glas des Films Tricolores de Buckenholz. La société produisit aussi en 1925, toujours à Anvers, une "comédie en cinq parties", tournée par Jean Séloignes, dont il ne subsiste que le titre: **Nageur par amour**. *(RM)*

▶ Begin jaren 10 trad theaterbeheerder (en ex-acteur) André Jacquemin (1891-1980) in dienst bij Alfred Machin in de Karreveld-studio. Hij was er actief als opnameleider en regieassistent, terwijl hij zich ook bezighield met het onderhoud van Machins kleine dierentuin. Na de oorlog heropende Jacquemin het Karreveld gedurende enkele jaren, tot in 1922, om er o.a. de langspeelfilm van Maurice Le Forestier te produceren, **Le portrait de l'amiral**. In diezelfde periode verzorgde hij ook de fotografie voor de documentaire **La vallée préhistorique belge**, over de vallei van de Lesse, en voor **Le rapt d'Hélène**, een film gedraaid te Antwerpen in 1925, die hij tevens zelf regisseerde. De producent, S.H. Buckenholz, was een dichter en schilder met een passie voor film, die de ambitie koesterde Antwerpen om te vormen tot de Belgische hoofdstad van de "7de kunst", een term die toen opgang maakte. Volgens Buckenholz was **Le rapt d'Hélène** een eerste poging tot "het streven naar universaliteit door een moderne filmkunst". Jacquemin mocht deze edele woorden in de praktijk brengen door een heel conventioneel scenario te verfilmen, waarin de heldin, Hélène, in een mondaine dancing geschaakt wordt door een oosterse prins. Haar verloofde trekt naar Constantinopel om haar te bevrijden, vanwaar een tweede deel te midden van gestileerd-exotische decors. Vlaamse en Luikse acteurs staan hier zij aan zij, maar het zeer bescheiden succes dat zij oogstten, gaf de doodsteek aan Les Films Tricolores van Buckenholz (die in 1925 te Antwerpen nog een "komedie in vijf delen" produceerde voor cineast Jean Séloignes: het verloren gegane en onbekende **Nageur par amour**).

Le rapt d'Hélène

Monsieur mon chauffeur

Gaston Schoukens

Monsieur mon chauffeur
Mijnheer mijn chauffeur
My Dear Chauffeur

DIRECTOR: Gaston Schoukens
YEAR: 1926
COUNTRY: BE
SCREENPLAY: Gaston Schoukens
CAMERA: Gaston Schoukens
PRODUCER: Gaston Schoukens
PROD. CO.: Lux Film (Bruxelles)
CAST: Esther Deltenre (Tante Esther), Andrée
Meunier, Georges Hamlin, Georges Gersan
LANGUAGE: French
SILENT/SOUND: silent

◆ Before Gaston Schoukens started making feature films there already existed a tradition of the vernacular film, in which the public could enjoy popular actors such as Gustave Libeau, Nicolas Ambreville and Esther Deltenre playing **The Van Petegem Family Goes to the Seaside** or **Monsieur Beulemeester of the Civil Guard**. Yet it was Schoukens who would truly make the genre his own, devoting the main body of his work to slapstick and humbug and, with the advent of sound, to the vividness of the Bruxellois dialect. His first opus in the field is titled **My Dear Chauffeur**, and as this extract from a contemporary newspaper makes clear, "Monsieur Schoukens did everything himself: he was scriptwriter, cameraman, set designer and director". It is the story of a young football fanatic who also stands to inherit a tidy fortune, but on one condition, that he marry. To approach the woman of his dreams he enters into her service as a chauffeur, saves her from drowning in the sea and leads to victory the national football team the Red Devils. In the absence of a studio most of the film was shot on location, from the Bois de la Cambre woods around Brussels to the beaches of Ostend. Nevertheless, the film's real strong point, one which also guaranteed its immediate success, was Esther Deltenre, a vaudeville actress who triumphed all her life on the Brussels stage. The rotund music-hall busybody here takes the role of Aunt Esther, whose comic gesticulations and acrobatics atop a little donkey delighted the public.

● Avant que Gaston Schoukens ne débute dans le cinéma de fiction, il existait déjà une tradition du film de terroir, où le public retrouvait des acteurs populaires, comme Gustave Libeau, Nicolas Ambreville ou Esther Deltenre, interprétant **La famille Van Petegem à la mer** ou **M. Beulemeester, garde civique**. C'est toutefois l'incontournable Schoukens qui allait se révéler le maître incontesté du genre, consacrant la majeure partie de sa filmographie à la "zwanze" et, dès le parlant, au pittoresque de l'accent bruxellois. Son premier opus en la matière s'intitule **Monsieur mon chauffeur** et, comme le souligne un entrefilet de l'époque: "Monsieur Schoukens a tout fait lui-même: scénariste, opérateur, décorateur et metteur en scène." L'histoire est celle d'un jeune passionné de football qui ne pourra hériter d'une fortune rondelette qu'à condition de se marier. Pour approcher la dame de ses rêves, il se fait engager par elle comme chauffeur, la sauve d'une noyade en mer et mène à la victoire l'équipe nationale des Diables Rouges. Faute de studio, la majeure partie du film fut tournée en extérieurs, du Bois de la Cambre aux plages d'Ostende. Mais l'atout principal du film, celui qui assura sa rentabilité immédiate, fut bien Esther Deltenre, une actrice de vaudeville qui triompha toute sa vie sur les scènes bruxelloises. La rondouillarde commère de revue incarne ici la truculente Tante Esther, dont les mimiques cocasses et les acrobaties désopilantes sur un petit âne firent la joie du public. (RM)

▶ Nog voor Gaston Schoukens debuteerde als regisseur van speelfilms, bestond er al een traditie van streekfilms, waarin het publiek populaire acteurs als Gustave Libeau, Nicolas Ambreville en Esther Deltenre aan het werk kon zien (**La famille Van Petegem à la mer**, **M. Beulemeester, garde civique**). Maar Schoukens zou zich al gauw opwerpen als de onbetwiste meester van het genre. Zijn filmografie is inderdaad grotendeels gewijd aan de lokale kunst van het "gezwans" en, sinds de geluidsfilm, aan het pittoreske Brusselse dialect. Zijn eerste opus in het genre was **Monsieur mon chauffeur**, een film waarvan een krantenberichtje destijds rapporteerde: "Meneer Schoukens heeft alles zelf gedaan: hij was scenarist, cameraman, decorateur en regisseur". Het verhaal volgt een jonge voetbalfanaat die zijn erfenis, een comfortabel fortuintje, slechts kan opstrijken op voorwaarde dat hij trouwt. Om de dame uit zijn dromen te kunnen benaderen, wordt hij haar chauffeur, redt haar van een gewisse verdrinkingsdood en voert daarna de Rode Duivels, de nationale voetbalploeg, naar de overwinning. Bij gebrek aan een studio werden vooral buitenopnamen gemaakt, in het Terkamerenbos en op het strand van Oostende. De grootste troef van de film is echter Esther Deltenre, een vaudeville-actrice die haar hele leven succes had op de Brusselse podia. Deze rondborstige roddeltante uit het cabaret, hier in de rol van de flamboyante Tante Esther, kon met haar vrolijke bekkentrekkerij en haar acrobatieën op de rug van een ezeltje altijd wel het publiek bekoren.

Kermesse sanglante

Francis Martin

Kermesse sanglante
Bloedige kermis
A Bloody Fair

DIRECTOR: Francis Martin
YEAR: 1926
COUNTRY: BE
SCREENPLAY: Francis Martin
BASED ON: a novella written by Philippe Meert
CAMERA: Hermans
ART DIRECTOR: Armand Lund
PROD. CO.: Belgian Film Office (Bruxelles)
CAST: Aimé Bourgeois (Henri Lemmens), Lucienne Masset (Suzette), Sarah Clèves (La mère d'Henri), Andrée Meunier (Mme de Belfonds), Gilberte Mormont (Gilberte), René Vermandèle (Le comte de Belfonds), Marchal (Le cantonnier), Edouard Bróville (Julot), Max Petit (Le père de Suzette), Zizi Festerat
LANGUAGE: French
SILENT/SOUND: silent

Lucienne Massel

◆ Following his recent commercial successes **An Unknown Soldier** and **A Child of Brussels**, the indefatigable Francis Martin once more had the public in his sights, this time with a sombre melodrama he had scripted from a novella by Philippe Meert. Leaving the lead role to Aimé Bourgeois, Martin for once did not appear in the film and instead confined himself to directing it in a manner allegedly inspired (according to the contemporary advertising) by the paintings of Teniers, an ambitious feat indeed. Hence a Flemish village - with its fair, lord of the manor and rugged peasants - was the setting for this "grand drama in six parts". An avaricious peasant refuses to give his daughter, Suzette, to Henri, a young villager she is in love with. Suzette becomes his mistress, despite the fact that he is the son of a condemned man. During a Bacchanal fair, Henri surprises the local nobleman paying court to Suzette a little too intensely and, overcome by jealousy, wounds him with his knife. This act costs him several years in prison and then, on his return to the village, he learns that Suzette died giving birth to his daughter. The lord of the manor and his wife have taken in the child, which Henri comes to reclaim. Plagued by his conscience, he sets out alone, unwilling to inflict on an innocent the double scourge of his name, and gives way to madness. With a script of this nature, piling on the clichés of the good old-fashioned popular melodrama, it would have been unreasonable to expect any miracles - witness the hieratic stills published in the programme, the only record of the film to have survived to this day.

● Après ses succès commerciaux des précédentes années (**Un soldat inconnu** et **Un gamin de Bruxelles**), l'infatigable Francis Martin fut à nouveau à l'affiche, cette fois avec un sombre mélodrame dont le scénario lui fut inspiré par une nouvelle de Philippe Meert. Cédant ici le rôle principal à Aimé Bourgeois, il ne parut pas à l'écran comme interprète, se limitant à une mise en scène qui, fort ambitieusement, et selon la publicité de l'époque, voulait tirer son inspiration des tableaux peints par Teniers. Un village des Flandres, avec kermesse populaire, noble châtelain et paysans rugueux, servit ainsi de décor à ce "grand drame en six parties". Un paysan avare refuse sa fille, Suzette, à un jeune villageois, Henri, qu'elle aime et dont elle devient la maîtresse, bien qu'il soit le fils d'un condamné. Lors d'une kermesse fortement arrosée, Henri surprend le châtelain local faisant une cour serrée à Suzette et, par jalousie, le blesse d'un coup de couteau. Son acte lui vaudra plusieurs années de prison. Par la suite, à son retour au village, il apprendra que Suzette est morte en accouchant d'une fille dont il est le père. Le châtelain et son épouse ont recueilli l'enfant, mais Henri vient la leur réclamer. Au terme d'un débat de conscience, il s'en ira seul pour ne pas infliger à une innocente la double tare de son nom, et sombrera dans la folie. Avec un tel scénario, charriant allègrement tous les poncifs des bons vieux mélos populaires, on ne pouvait guère s'attendre à des merveilles: témoin les photos hiératiques qui illustrent le programme, seul document accessible aujourd'hui. (RM)

▶ Na zijn commerciële voltreffers van de voorbije jaren (**Un soldat inconnu** en **Un gamin de Bruxelles**) bleek de onvermoeibare Francis Martin niet meer uit het filmlandschap weg te slaan. Zijn volgende film werd een somber melodrama, geïnspireerd op een novelle van Philippe Meert. De hoofdrol was voor Aimé Bourgeois; Martin speelde voor een keer niet mee en beperkte zich tot de mise-en-scène. In de toenmalige publiciteit werd trouwens vermeld dat hij zich hiervoor inspireerde op de schilderijen van Teniers. Een Vlaams dorpje met een volkskermis, een edele kasteelheer en ruige dorpelingen vormen de ingrediënten van dit "groot drama in zes delen". Een krenterige boer weigert zijn dochter Suzette uit te huwelijken aan een jonge dorpeling, Henri. Zij houdt echter van de jongen en wordt zijn maîtresse, ook al is hij de zoon van een veroordeelde. Tijdens een kermis met bacchanale allures betrapt Henri de plaatselijke kasteelheer terwijl deze Suzette het hof maakt. Uit jaloezie dient hij hem een messteek toe, wat hem een celstraf van enkele jaren oplevert. Wanneer hij vrijkomt, verneemt hij dat Suzette overleden is tijdens de bevalling van zijn kind. De kasteelheer en zijn vrouw hebben de jonggeborene geadopteerd, maar Henri wil het kind terug. Na veel gewetenswroeging besluit hij toch alleen te blijven, om zo het onschuldige kind niet op te zadelen met zijn dubbel vervloekte naam. Langzaam zinkt hij weg in de waanzin. Van zo'n scenario, bol van clichés uit het populaire en ouderwetse melodrama, moet men geen wonderen verwachten, getuige de houterige publiciteitsfoto's van de film, het enige wat er trouwens nog van rest.

A la manière de Zorro

Paul Flon

A la manière de Zorro
Op Zorro's wijze
In the Way of Zorro

DIRECTOR: Paul Flon
YEAR: 1926
COUNTRY: BE
SCREENPLAY: Paul Flon
BASED ON: In the Way of Zorro, written by Lewis Scott
CAMERA: Deviller, Freddy Smekens
PRODUCER: Paul Flon
PROD. CO.: Associated Actors Corporation (Bruxelles)
CAST: Suzanne Christy, William Elie (Zorro), Georges Gersan, Jacques Manuel
LANGUAGE: French
SILENT/SOUND: silent

Les lettres de Werther
Werther

DIRECTOR: Paul Flon
YEAR: 1923
COUNTRY: BE
CAMERA: Léon De Boeck
CAST: William Elie, Yvonne Storga
LANGUAGE: French
SILENT/SOUND: silent

◆ After finishing **Bruges** and two documentaries on the Lesse and the Amblève (certain sources also speaking of an attempted adaptation of **Werther** with William Elie), Paul Flon leaves Belgium for the French studios, taking with him his fresh discovery Suzanne Christy. In Alfred Machin's Nice studios he shoots **A Home Without a Mother**, starring Christy and Constant Bruna. Sometimes wrongly cited as a Belgian film as a consequence of its director and leading lady, the film casts Suzanne Christy as the maidservant of a widower farmer who brings up his children and eventually marries him, in spite of the meddlings of a devious woman. Next, Flon headed for Paris, where he remained as a cameraman for two years before returning to settle in Brussels. In the meantime, Suzanne Christy had become the most sought-after actress in Belgium, shooting films with Francis Martin, René Le Somptier and Julien Duvivier. She teamed up with her original director (as well as her two partners in **Bruges**, William Elie and Georges Gersan) for a cheerful Douglas Fairbanks parody shot entirely on location, most notably in the Soignes forest and the Cambre woods near the capital. Francis Bolen writes that Flon, producer-director of **In the Way of Zorro**, went so far as to work pastiche even into the titles, where audiences read "Associated Actors Corporation presents...", a homage to United Artists, Fairbanks' company. Suzanne Christy was the innocent young damsel in need of rescue by the masked avenger. This film preceded the long collaboration between Flon and Schoukens, which began in 1928.

● Après **Dans Bruges-la-morte** et deux documentaires sur la Lesse et l'Amblève (selon plusieurs sources, il a aussi réalisé un **Werther**, avec William Elie), Paul Flon va quitter à nouveau la Belgique pour les studios français, emmenant avec lui sa jeune révélation: Suzanne Christy. Avec elle, il tourne dans les studios niçois d'Alfred Machin **Un foyer sans maman**, un drame également joué par Constant Bruna. Ce film, parfois répertorié comme belge par le biais de son réalisateur et de sa vedette féminine, fait de Suzanne Christy la servante d'un fermier veuf, dont elle élève les enfants et qui finira par l'épouser, malgré les manigances d'une intrigante. Par la suite, Flon travaille durant deux années à Paris comme opérateur, avant son retour définitif à Bruxelles. Entre-temps, Suzanne Christy est devenue la vedette féminine la plus demandée en Belgique, tournant avec Francis Martin, René Le Somptier ou Julien Duvivier. Dans **A la manière de Zorro**, elle retrouvera son premier metteur en scène (et aussi deux de ses partenaires de **Dans Bruges-la-morte**, William Elie et Georges Gersan) pour une joyeuse parodie des films de Douglas Fairbanks, entièrement tournée en extérieurs, notamment dans la Forêt de Soignes et au Bois de la Cambre. Francis Bolen signale que Paul Flon, producteur-réalisateur de cette pochade, avait poussé le pastiche jusque dans le générique où on lisait: "Associated Actors Corporation presents..." en hommage à United Artists, la firme de Fairbanks. Suzanne Christy était l'ingénue protégée par le justicier masqué, dans cette œuvre qui préluda à la longue collaboration entre Flon et Schoukens, dès 1928. (RM)

▶ Na **Dans Bruges-la-morte** en twee documentaires over de Lesse en de Amblève (volgens sommige bronnen zou hij zich ook nog gewaagd hebben aan een eigen **Werther**-versie met William Elie) trekt Paul Flon opnieuw van België naar de Franse studio's, samen met zijn nieuwste ontdekking: Suzanne Christy. Met haar draait hij te Nice, in de studio van Alfred Machin, het drama **Un foyer sans maman**, met o.a. Constant Bruna. In deze film, soms als Belgisch beschouwd vanwege de regisseur en de vrouwelijke vedette, vertolkt Christy de dienster van een boer en weduwnaar; ze zorgt voor zijn kinderen en eindigt als zijn vrouw, ondanks de snode streken van een mededingster. Vervolgens werkt Paul Flon nog twee jaar als cameraman in Parijs, alvorens voorgoed naar Brussel terug te keren. Intussen is Suzanne Christy uitgegroeid tot de meest gevraagde vrouwelijke vedette van België en draait ze films met Francis Martin, René Le Somptier of Julien Duvivier. Al snel komt ze weer bij haar eerste opdrachtgever terecht (en bij haar twee collega's van **Dans Bruges-la-morte**, William Elie en Georges Gersan) om een olijke parodie op de films van Douglas Fairbanks te maken: **A la manière de Zorro**. De film bestaat uitsluitend uit buitenopnamen, gedraaid in het Zoniënwoud en het Terkamerenbos. Francis Bolen merkt op dat Paul Flon, de regisseur-producent van deze klucht, de pastiche tot in de generiek had doorgevoerd, waar de boodschap "Associated Actors Corporation presents..." prijkt in hommage aan Fairbanks' firma United Artists. Christy vertolkt de onschuldige protégée van de gemaskerde wreker in een film die de lange samenwerking tussen Flon en Schoukens vanaf 1928 voorafging.

A la manière de Zorro

On tourne

Francis Martin

◆ In discussions of Francis Martin, the concept of style is rather out of place: from the patriotic film (**An Unknown Soldier**) to the accomplished melodrama (**A Bloody Fair**) by way of the misadventures of **A Child of Brussels** against a backdrop of folklore, the overriding ambition of this young actor-turned-director is to reach as wide a public as possible. The sheer scope of his boundless activity during the last years of the silent era (as well as the lack of serious information on him) means that researchers are well advised to show caution. Little is known of **The Craftsmen of Film in Belgium** which Martin started work on immediately after **A Bloody Fair**. All that has survived are a few brief references to its production, a poster (loosely based on Marcel L'Herbier's **L'inhumaine**) and a handful of stills. This "cinegraphic fantasy" was part documentary, part revue set behind the scenes in a film studio and with location work on the land of a former Cabinet minister near Liège. The prolific actor-screenwriter-director was joined by three actors from the cast of his previous film (**A Bloody Fair**), all of which would reappear, one year later, in a fictionalized documentary comedy set in the Marolles. Only the title of this work, **This Is Brussels**, has survived. Yet another ghost-film was the patriotic drama **The Marchienne Tragedy** (1929), remade as a sound film by Martin himself in 1937.

● On ne peut guère parler de style à propos de Francis Martin: du film patriotique (**Un soldat inconnu**) au mélodrame accompli (**Kermesse sanglante**), en passant par les mésaventures d'**Un gamin de Bruxelles** sur fond de folklore, l'ambition première de ce jeune acteur devenu réalisateur est de plaire au plus vaste public possible. Son activité débordante pendant les dernières années du Muet et les informations sérieuses lacunaires à son sujet forcent l'enquêteur à la prudence. On connaît peu de détails sur **On tourne**, mise en chantier par Martin tout de suite après **Kermesse sanglante**: juste quelques échos de tournage, une affiche (lointainement inspirée par **L'inhumaine** de Marcel L'Herbier) et quelques photos de plateau. Cette "fantaisie cinégraphique", d'abord titrée **Les artisans du cinéma en Belgique**, était un document-revue sur les coulisses d'un studio de cinéma avec des extérieurs filmés dans la propriété d'un ex-ministre, près de Liège. Entourant le prolifique acteur-scénariste-réalisateur, on retrouvait trois des comédiens de son film précédent (**Kermesse sanglante**), qui allaient figurer à nouveau, un an plus tard, au générique d'une comédie des Marolles: **Ça c'est Bruxelles**, un documentaire romancé dont ne subsiste que le titre. Encore un film-fantôme, de même qu'un drame patriotique, **La tragédie de Marchienne** dont Martin lui-même tournera une version parlante en 1937. (RM)

▶ Op Francis Martin kunnen we moeilijk een bepaald stijletiket kleven. Van de patriottische film (**Un soldat inconnu**), over de exploten van een "ketje" in folkloristisch Brussel (**Un gamin de Bruxelles**) naar het onvervalste melodrama (**Kermesse sanglante**): de voornaamste ambitie van deze acteur-regisseur was duidelijk het bereiken van een massapubliek. We moeten echter voorzichtig zijn met gegevens. Er bestaat immers bitter weinig informatie over deze man die in de laatste jaren van de stille film enorm actief was. Van **On tourne**, een film die Martin onmiddellijk na **Kermesse sanglante** begon, resten weinig sporen behalve enkele berichtjes over de opnamen, een affiche (vaagweg geïnspireerd op **L'inhumaine** van Marcel L'Herbier) en een handvol setfoto's. Deze "fantaisie cinégraphique", die aanvankelijk de titel **Les artisans du cinéma en Belgique** droeg, was een soort revue over de coulissen van een filmstudio, met ook buitenopnamen gedraaid op het domein van een gewezen minister, nabij Luik. Onder de vertolkers vinden we - behalve de actieve Francis Martin zelf - drie acteurs uit zijn vorige film (**Kermesse sanglante**), die een jaar later weer door Martin gevraagd werden voor een geromanceerde documentaire gesitueerd in de Marollen, en waarvan enkel de titel ons rest: **Ça c'est Bruxelles**. Nog minder is bekend van een patriottisch drama, **La tragédie de Marchienne** uit 1929, waarvan Martin zelf een remake draaide in 1937.

Leentje van de zee

Anna Frijters, François Frijters

Leentje van de zee
La petite Hélène de la mer
Leentje of the Sea
Peggy of the Sea

DIRECTOR: Anna Frijters, François Frijters
YEAR: 1928
COUNTRY: BE
SCREENPLAY: Anna Frijters
CAMERA: Victor Beng
EDITING: François Frijters
PRODUCER: Anna Frijters
PROD. CO.: Little Roland Studio (Antwerpen)
CAST: Ive Bramé [Yvonne Breemans] (Leentje), Freddy Wells [Freddy Winkeleer] (Jaak Rens), Pietro Rollando [Henri Roeland] (Onnozele strandloper), Joe Francky (Harry Smits), José Hermina (Marie Smits), Carola Lody (Jaaks moeder), Tom Mitchie [John Smits] (John Janssens), Léo Harreaux [Leon De Clerck] (Armand Harmstrong), Mil Bréma [Emile Breemans] (Pastoor), Joe Frijters [François Frijters] (Rechter), Jean Roose [Jan Roosmans] (Advocaat), Eric Louky [Ernest Van Look] (Openbaar Ministerie), Maria Van Gestel (Leentje als kind), Frans Schluter (Veldwachter), Roland Frijters (Kleine Jaak Rens), John Lauwaert (Kleine John Janssens)
LANGUAGE: Dutch
GAUGE: 35 mm
SILENT/SOUND: silent
B&W/COLOUR: B&W
METRES: 1700m

◆ The Antwerp diamond cutters Anna and François Frijters were eager to make a film of their own after having met Ruth Roland, the star of a series of adventure films, in America. At Roland's suggestion, Anna submitted a screenplay to a competition organized by the American publisher Brewster Publications. The script, entitled *Peggy of the Sea*, won her a second prize. It tells of a girl who survives a shipwreck as a baby and is rescued and brought up by fishermen. One day, a visitor from the city tries to make a pass at her and is subsequently murdered. The judge who tries the case eventually turns out to be her father.

Some offers from the United States to film the screenplay followed, but Anna and François had only embarked on this adventure in the hope of making their own films. To this end, they established the Little Roland Studio in Antwerp with only very meagre resources at their disposal. Yet this did not seem to affect the final result. Shooting was repeatedly interrupted, first by a storm which severely damaged the building, then several times through a lack of capital and finally by the pregnancy of the lead actress. Due to these often lengthy interruptions, filming lasted almost a year, yet this is barely noticeable in the continuity of the scenes. Victor Beng, who had worked on **Lost Souls** in 1923, stood behind the camera. Like **The Storm of Life**, Frijters and Co's film did not get much further than a première in the cinema of the Antwerp zoo. Its lukewarm reception was presumably due to the fact that it coincided with the arrival of the American talkies. After having shot some newsreels in 1930, the couple followed up with one more film, **The Fiancé from Canada** (1934).

● Après avoir fait la connaissance de Ruth Roland (star de feuilletons d'aventure) en Amérique, Anna et François Frijters, diamantaires anversois, éprouvent l'envie de réaliser un film. Sur le conseil de Ruth, Anna écrit un scénario intitulé *Peggy of the Sea*: elle obtiendra la deuxième place lors d'un concours organisé par la maison d'édition américaine Brewster Publications. L'histoire est celle d'une jeune fille qui, après avoir survécu à un naufrage alors qu'elle était bébé, fut recueillie et élevée par des pêcheurs. Un jour arrive de la ville un touriste qui tente de la séduire. Il se fait assassiner. Le juge qui présidera le procès se révélera finalement être le père de la jeune fille.

S'ensuivent les offres de studios américains pour porter le scénario à l'écran, mais Anna et François sont bien décidés à tourner le film eux-mêmes. Ils fondent le Little Roland Studio à Anvers avec de maigres moyens, ce que ne trahit toutefois pas le résultat final. Le tournage dut s'interrompre plusieurs fois: une tempête dévasta le bâtiment, les fonds de caisse baissaient à vue d'œil et l'actrice principale tomba enceinte. De par ces pauses souvent prolongées, le tournage s'étira sur un an, ce qui dérangea à peine la continuité. Victor Beng, qui avait tourné **Ames égarées** en 1923, était derrière la caméra. Tout comme **La tempête dans la vie**, le film des Frijters n'ira pas beaucoup plus loin que la salle de projection du zoo d'Anvers. Le faible succès qu'il rencontra serait principalement dû à l'arrivée des films parlants américains. En 1934, le couple réalisera encore **Le fiancé du Canada**, après avoir tourné quelques actualités en 1930 à Anvers et à Bruges.

▶ De Antwerpse diamantslijpers Anna en François Frijters kregen zin om zelf een film te maken na in Amerika Ruth Roland te hebben ontmoet, een ster uit een reeks avonturenfilms. Op haar aanraden schreef Anna voor een wedstrijd van de Amerikaanse uitgeverij Brewster Publications een scenario getiteld *Peggy of the Sea*, dat haar de tweede prijs opleverde. Het handelde over een meisje dat als baby een schipbreuk overleeft en door vissers wordt gered en grootgebracht. Een toerist uit de stad tracht haar te verleiden, maar wordt vervolgens vermoord. De rechter die het proces leidt, blijkt uiteindelijk haar vader te zijn.

Er kwamen enkele aanbiedingen uit Amerika om het scenario te verfilmen, maar het was er Anna en François juist om te doen zelf films te maken, en ze richtten dan ook te Antwerpen de Little Roland Studio

op, met weinig middelen (wat het resultaat evenwel niet laat vermoeden). De opnamen moesten meermaals worden stilgelegd: een storm bracht zware schade toe aan het gebouw, het kapitaal werd alsmaar schaarser en de hoofdactrice raakte ook nog zwanger. Door de vaak lange onderbrekingen duurden de opnamen bijna een jaar, wat de continuïteit echter nauwelijks aantastte. Victor Beng, die in 1923 de fotografie voor **Verdwaalde zielen** had verzorgd, stond achter de camera. Net als **Storm des levens** kwam de film van Frijters en Co. niet veel verder dan een vertoning in de bioscoop van de Antwerpse zoo. De lauwe ontvangst zou vooral te wijten zijn aan de gelijktijdige opkomst van de Amerikaanse talkies. Na een aantal actualiteitsbeelden te hebben gedraaid te Antwerpen en Brugge in 1930, maakte het echtpaar in 1934 nog **De verloofde uit Canada**. (PF)

Femme belge Gabrielle Petit

Francis Martin

Femme belge Gabrielle Petit
Femme belge
Belgische vrouw
Gabrielle Petit

DIRECTOR: Francis Martin
YEAR: 1928
COUNTRY: BE
SCREENPLAY: Edouard Ehling
CAMERA: Charles Lengnich
PROD. CO.: Les Productions Cinématographiques Belges (Bruxelles)
CAST: Renée Liégeois (Gabrielle Petit), Francis Martin, Roy-Fleury, Astier, Edouard Bréville, Letemple, Capman, Munie, René Vermandèle, Meele-Lomes, Ramy, Duval, Buffière, Harzé, Santerre, Rouget, Olga Dècè, Joë Miller, Messiane, Emile Deluc, Fernande Dumont, Jules Counard, Bascoup, Puissant, Arthur Sprenger
LANGUAGE: French
GAUGE: 35 mm
SILENT/SOUND: silent
B&W/COLOUR: B&W
METRES: 1764m

Beauraing
Les apparitions de Beauraing

DIRECTOR: Francis Martin
YEAR: 1933
COUNTRY: BE
LANGUAGE: French
SILENT/SOUND: silent
METRES: 500m

Femme belge Gabrielle Petit

◆ Ten years after the Armistice, the genre of the patriotic film proved just as popular as in the heroic days of Hippolyte De Kempeneer's jingoistic post-war productions. To mark this anniversary, Gaston Schoukens had recently shot **The Crosses of the Yser** with the co-operation of the Belgian army. For Francis Martin there was naturally no question of equalling such a spectacular effort, but nonetheless this was an opportunity worth exploiting. With a pitiful budget he started work on his "anniversary film", intended to glorify a martyr of the Great War, the employee Gabrielle Petit. Executed by the Germans in 1916, this courageous patriot, one of the archetypes of the Belgian Resistance movement, had already been featured in Armand Du Plessy's **La Libre Belgique** (1921). This time, however, the script is centred very firmly on her character, from the clandestine acts of resistance to her denunciation by a traitor and trial at the hands of the occupier. Refusing to give away details of the network, she is sentenced to death. The role of the trusty heroine was taken by Renée Liégeois, an actress from the Théâtre du Parc, with a supporting cast drawn from various Brussels companies (and also featuring the inevitable Francis Martin, "the young Belgian cinema artist", as the poster would have it). In 1933, Francis Martin made one more silent film, **Beauraing**, on the destination of many a pilgrimage. The film was also distributed in a shorter sound version of 350m.

● Dix ans après l'Armistice, les films patriotiques connaissaient toujours le même succès populaire qu'aux temps héroïques des productions cocardières d'Hippolyte De Kempeneer, au lendemain du conflit. Pour commémorer ce dixième anniversaire, Gaston Schoukens tourna **Les croix de l'Yser**, avec le concours de l'armée belge. Pas question pour Francis Martin de se mesurer à une œuvre aussi spectaculaire, mais le filon méritait d'être creusé. Avec un budget misérable, il va donc réaliser à son tour un "film anniversaire", à la gloire d'une martyre de la Grande Guerre: l'employée Gabrielle Petit. Fusillée par les Allemands en 1916, cette courageuse patriote, devenue un des archétypes de la Résistance nationale, était déjà apparue dans **La Libre Belgique**, d'Armand Du Plessy (1921). Ici, le scénario est totalement centré sur elle, de ses actes clandestins au procès final par les occupants, après la délation d'un traître. Son refus de dénoncer son réseau lui vaudra d'être condamnée à mort. Une actrice du Théâtre du Parc, Renée Liégeois, jouait la fière héroïne, entourée par d'autres comédiens des scènes bruxelloises (et, bien sûr, par Francis Martin, "le jeune artiste belge de cinéma", selon l'affiche). En 1933, Francis Martin réalisa encore un dernier film muet, **Beauraing**, sur le lieu de pèlerinage, dont il exploita également une version sonore plus courte (350m). (RM)

▶ Tien jaar na de wapenstilstand was de patriottische film nog steeds even populair als in de heroïsche hoogdagen van de naoorlogse Hippolyte De Kempeneer. Om deze tiende verjaardag op passende wijze te vieren, had Schoukens, met medewerking van het Belgisch leger, **Les croix de l'Yser** ingeblikt. Francis Martin kon slechts dromen van zo'n ambitieus project, maar het genre lag alvast goed in de markt. Met een minuscuul budget begon hij aan zijn eigen "verjaardagsfilm": de verheerlijking van een martelares uit de Grote Oorlog, de bediende Gabrielle Petit. Deze heldhaftige patriotte, door de Duitsers gefusilleerd in 1916 en sindsdien uitgegroeid tot symbool van het verzet, was reeds kort te zien in **La Libre Belgique** van Armand Du Plessy (1921). Deze keer draait het scenario volledig rond haar persoon, van haar clandestiene activiteiten tot het verraad en haar veroordeling door de Bezetter. Haar resolute weigering om haar netwerk te verklikken, leverde haar de doodstraf op. Een actrice van het Théâtre du Parc, Renée Liégeois, vertolkt de dappere heldin. Ze werd bijgestaan door andere Brusselse artiesten en natuurlijk door Francis Martin, volgens de affiche "de jonge filmkunstenaar uit België". In 1933 draaide Francis Martin nog een laatste stille film, **Beauraing**, een reportage over het pelgrimsoord, waarvan hij ook een kortere klankversie (350m) in roulatie bracht.

Yser

Rigo Arnould

Yser
L'armée belge en sabots en 1914
La grande parade belge
Het Belgisch leger op blokken in 1914
IJzer

DIRECTOR: Rigo Arnould
YEAR: 1928
COUNTRY: BE
SCREENPLAY: Maurice des Ombiaux, Rigo Arnould
ASST. DIR.: Georges De Veylder
CAMERA: André Castille
PROD. CO.: Syndicat du Film National de Propagande Belge
CAST: Purnode (La maman), Gaby Dalmah (Suzanne, sa fille), Raymonde Demay (La réfugiée), Georges De Veylder (Le commandant de compagnie), Emile Collard (Le Wallon Nicolet), Frans Cappoen (Le Flamand Jan), Léo Adel (Lambert, dit le Gamin), Henry Delannoy (Le fiancé R. Ferrier), Axel Delafont (Caporal Trésignies), adjudant Aeke (Von Richthoffen), Robert Leboutte (Guynemer)
LANGUAGE: French
SILENT/SOUND: silent
METRES: 3000m

◆ A veteran of cinema (before the war he had already made the comic **Rigobert** series in France), Rigo Arnould had lived through the horrors of war and returned badly wounded. Despite the innumerable films which had already dealt with the war tragedy, he felt that Belgian directors had not yet done sufficient justice to the valiance of Belgian soldiers. Inspired by the success of **The Big Parade** (and following an internship in the Hollywood studios), Arnould asked the national defence authorities to put at his disposal the materials and men required to stage, in his own words, "the epic tale of the Belgian army at war, in a traditional and populist manner". The writer Maurice des Ombiaux collaborated on the script and the aviator Philippe Quersin agreed to re-create the dogfight between Guynemer and Von Richthoffen. Two comics, Emile Collard from Liège and the Flemish comedian Frans Cappoen, were to illustrate the solidarity between the two Belgian communities in the face of the "Boche", framed between two sequences of heroics. Nothing was missing from this jingoistic anthology - the mobilization, the invasion of Flanders, Christmas under shellfire, poison gas and the "trench of death", spectacular offensives and artillery battles, the soldiers' penfriends and civilian martyrs, right through to the victory parade. Also included were the full complement of emblematic figures, from Corporal Trésignies to Guynemer. King Albert was present at the grand première of the film, to the tune of choirs, sound effects and military marches. The press gave a warm reception to this Belgian **Big Parade**, which preceded Gaston Schoukens' **The Crosses of the Yser**.

● Vétéran du cinéma (il avait déjà tourné, avant la guerre en France, la série comique des **Rigobert**), Rigo Arnould avait connu les horreurs d'un conflit, dont il était revenu mutilé. En dépit des innombrables films sur la tragédie de 14-18, il estimait que nos metteurs en scène n'avaient pas assez rendu justice à la vaillance de nos soldats. Stimulé par le succès de **La grande parade** (et après un stage dans les studios hollywoodiens), Arnould demanda aux responsables de la Défense Nationale de mettre à sa disposition le matériel et les hommes nécessaires pour entreprendre, selon ses propres termes, "l'épopée de l'armée belge en guerre, à la façon des images d'Epinal". L'écrivain Maurice des Ombiaux cosigna le scénario et l'aviateur Philippe Quersin accepta de reconstituer le combat aérien entre Guynemer et Von Richthoffen. Deux comiques locaux, le Wallon Emile Collard et le Flamand Frans Cappoen, furent chargés d'illustrer entre deux séquences héroïques la solidarité militaire de nos deux communautés face aux "Boches". Rien ne fait défaut dans cette anthologie cocardière: mobilisation, Flandre inondée, nuit de Noël sous les obus, gaz de combat et "boyaux de la Mort", offensives spectaculaires et duels d'artillerie, marraines de guerre et martyrs civils, défilé de la victoire. Tous les personnages emblématiques sont ici au rendez-vous, du Caporal Trésignies à Guynemer. La grande première du film eut lieu en présence du roi Albert Ier, accompagnée de chœurs, de bruitages et de musiques militaires. La presse fit bon accueil à cette **Grande parade** belge qui préséda le film de Gaston Schoukens: **Les croix de l'Yser**. (RM)

▶ Filmveteraan Rigo Arnould (voor de oorlog had hij in Frankrijk de komische serie **Rigobert** gedraaid) had de oorlog van nabij meegemaakt en kwam er zelf verminkt van terug. Hij vond dat de ontelbare films over de tragedie van 14-18 de moed van onze soldaten niet genoeg in de verf zetten en, gesterkt door het succes van **The Big Parade** (en een stage in Hollywood), vroeg Arnould de bevoegde instanties van Defensie om materiaal en manschappen te zijner beschikking te stellen voor, zoals hij het zelf stelde, "het epos van het Belgische leger op oorlogspad, gepresenteerd zoals een prentje uit Epinal". De schrijver Maurice des Ombiaux was coscenarist en de piloot Philippe Quersin werd bereid gevonden om het luchtgevecht tussen Guynemer en Von Richthoffen te reconstrueren. Twee plaatselijke komieken, de Luikenaar Emile Collard en de Vlaming Frans Cappoen, moesten, tussen twee heroïsche scènes door, de militaire solidariteit benadrukken die onze twee gemeenschappen verenigde tegen de Duitsers. Niets ontbreekt in deze anthologie van chauvinisme: de mobilisatie, het overstroomde Vlaanderen, de kerstnacht onder de obussen, het gifgas en de "dodengang", spectaculaire offensieven en artillerieduels, de soldatenmoeders, de martelaars onder de burgers, de triomftocht. Alle emblematische personages zijn op het appèl, van korporaal Trésignies tot Guynemer. Koning Albert was te gast op de galapremière, compleet met koorzangers, marsmuziek en andere geluidseffecten. Deze Belgische **Big Parade** kwam uit voor Gaston Schoukens' **Les croix de l'Yser** en kreeg een warm onthaal bij de pers.

Les croix de l'Yser

Gaston Schoukens, Paul Flon

Les croix de l'Yser
La plus belle histoire des poilus de France
De kruisen van den IJzer
Westfront 1914-1918
The Crosses of the Yser

DIRECTOR: Gaston Schoukens, Paul Flon
YEAR: 1928
COUNTRY: BE
SCREENPLAY: Edouard Ehling
CAMERA: Félix Bell [Gaston Schoukens], Paul Nicolas
PRODUCER: Gaston Schoukens
PROD. CO.: Lux Film (Bruxelles)
CAST: Roy-Fleury (Vieille maman), Renée Liégeois (Femme), Georges Gersan (Vieux papa), René Vermandèle (Fils aîné), Jean Norey (Fils cadet), Solange (Fillette)
LANGUAGE: French
GAUGE: 35 mm
SILENT/SOUND: silent
B&W/COLOUR: B&W + tinted
METRES: 1335m

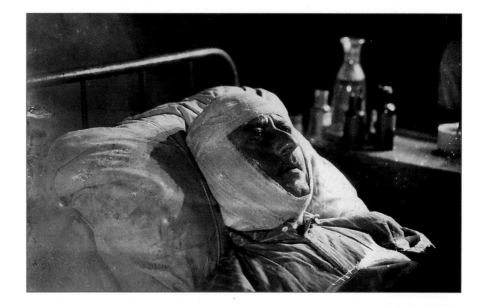

◆ After the enormous success of **My Dear Chauffeur** (Lux Film sold prints in eight countries!), Gaston Schoukens headed for Paris, where he spent almost a year in the studios and became involved in the production of a since-forgotten melodrama, **You'll Never Know**. Upon his return, demonstrating typical nerve, the 27 year-old produces and directs a full-length patriotic spectacular to commemorate the tenth anniversary of the Armistice, a film co-directed with Paul Flon, who would become his assistant and cameraman after 1930. **The Crosses of the Yser** tells the moving story of two brothers fighting in the trenches of Flanders. The younger lays down his own life to spare that of his brother, and dies in the arms of his aged mother after she has rushed to the field hospital at the front. In the role of the mater dolorosa Schoukens directed Madame Roy-Fleury, an actress in her eighties from the Théâtre du Parc whose furrowed visage and white hair symbolize all the sufferings of war. Gaston Schoukens, ever cunning, managed to sell his film to a Parisian distributor. Hence it was re-christened "the most beautiful story told about the soldiers of France" and was released in our cinemas with an advertising campaign referring to "a great French film about war", a move which assured a much wider success. The box-office takings from his pacifist melodrama finally enabled Schoukens to equip a small studio of his own, where he would shoot **The Klepkens Family**, which with its gramophone soundtrack became Belgium's first sound film.

● Après l'énorme succès de **Monsieur mon chauffeur** (la Lux Film en vendit des copies dans huit pays différents!), Gaston Schoukens mit le cap sur Paris. Il y passa près d'un an dans les studios et participa à un mélo oublié: **Tu ne sauras jamais**. De retour en Belgique, âgé de 27 ans, il produit et réalise, avec son culot habituel, un long métrage patriotique à grand spectacle pour commémorer le dixième anniversaire de l'Armistice, cosigné avec Paul Flon. Ce dernier deviendra, dès le parlant, son assistant et opérateur. **Les croix de l'Yser** raconte l'histoire pathétique de deux frères combattant dans les tranchées des Flandres, dont l'un se sacrifie pour épargner la vie de son aîné, avant de mourir dans les bras de sa vieille mère accourue dans un hôpital du front. Dans le rôle de la mater dolorosa, Schoukens dirigea une actrice octogénaire du Théâtre du Parc: Madame Roy-Fleury, dont le visage raviné et les cheveux blancs symbolisaient toute la souffrance des guerres. L'astucieux Gaston Schoukens parvint à vendre son film à un distributeur parisien; il fut rebaptisé **La plus belle histoire des poilus de France** et sortit sur nos écrans avec une publicité parlant d'un "grand film français sur la guerre". Cette promotion assura un succès encore plus vaste. C'est grâce aux recettes de son mélo pacifiste que Schoukens put enfin équiper un petit studio, où il allait tourner **La famille Klepkens**. Ce film, de par sa synchronisation sur disque, marquera la transition entre le muet et le parlant. (RM)

▶ Na het gigantische succes van **Monsieur mon chauffeur** (Lux Film verkocht kopieën in wel acht landen!) zette Gaston Schoukens koers naar Parijs, waar hij bijna een jaar in de filmstudio's doorbracht en tevens meewerkte aan een inmiddels vergeten melodrama, **Tu ne sauras jamais**. Bij zijn terugkeer produceerde en realiseerde hij, op 27-jarige leeftijd en met zijn gebruikelijke dosis lef, een patriottische spektakelfilm n.a.v. de tiende verjaardag van de wapenstilstand van 1918. Coregisseur was Paul Flon, die vanaf de opkomst van de klankfilm zijn vaste assistent en cameraman werd. **Les croix de l'Yser** vertelt het aandoenlijke verhaal van twee broers die zij aan zij vechten in de Vlaamse loopgraven. Een van hen geeft zijn leven om zijn oudere broer te redden, waarop hij sterft in de armen van zijn bejaarde moeder, in allerijl naar het veldhospitaal overgekomen. Voor de rol van de mater dolorosa koos Schoukens een tachtigjarige actrice van het Théâtre du Parc, Madame Roy-Fleury, wier diepgegroefde gezicht en witte haren symbool stonden voor al het oorlogsleed. Altijd even gewiekst, slaagde Schoukens erin zijn film aan een Parijse verdeler te slijten. De titel veranderde in **La plus belle histoire des poilus de France** en de productie werd bij ons voorgesteld als "een grote Franse film over de oorlog". Kortom: succes verzekerd. Met de opbrengst van dit pacifistische melodrama kon Schoukens eindelijk zelf een kleine studio inrichten, waar hij **La famille Klepkens** zou draaien, de eerste Belgische klankfilm (weliswaar met fonoplaten).

Ame de gosse, cœur de chien

Yvan Chelmy

Ame de gosse, cœur de chien
Kinderziel, hondenhart
Dog and Child, Heart and Soul

DIRECTOR: Yvan Chelmy
YEAR: 1929
COUNTRY: BE
SCREENPLAY: Yvan Chelmy
CAMERA: Maurice Lameire
PRODUCER: Yvan Chelmy
CAST: Chelmy fils (Riquet), Suzanne Naytour (Suzanne Courtois), Mme Chelmy (Sylviane de Granval), M. Moriaux (Bouffetout), Yvan Chelmy (Otto Rugher), Walter Ruffax (Robert Courtois), Guy Delman (Baron de Granval), Derfla (Le communiste), Monts Auret (Le jardinier), Valéry Dubois (Le docteur)
LANGUAGE: French
SILENT/SOUND: silent

◆ Yvan Chelmy, a native of Tournai, was a stranger to the film world, and after **Dog and Child, Heart and Soul** does not reappear in the annals of Belgian film. However, he was certainly an all-rounder and took charge of the screenplay, direction and production as well as doing a bit of acting. The film even became a family affair when Chelmy's wife and son were also given roles.

The action turns on a chalkpit in Tournai owned by one Baron de Granval and operated by an engineer, Robert Courtois, who marries the baron's daughter Sylviane. They have a daughter, Suzanne, and are happy and prosperous. Their good fortune changes following the appearance of fortune-hunter Otto Rugher, who wants to get his hands on the manufacturing secrets of the business, assisted by the vagrant Bouffetout. But thanks to the brave intervention of Bouffetout's little son Riquet, the little girl Suzanne and above all Riquet's dog Fino (and following a series of complex rivalries, machinations and even murders), the villains are arrested and the virtuous rewarded. In addition to a comprehensive summary of the plot, the programme booklet also devotes two pages to a description of Djanos, the dog who plays Fino, including an account of his tricks and various medals. However, all this publicity was to no avail, and the press remained unconvinced. They pronounced the camerawork well crafted but found the story too sentimental, the intertitles too copious and too many scenes redundant. Yet the film's promoters claimed that "takings for this film are far above those of the leading films shown by the 'Pathé Nouveautés' cinema in Verviers".

● Yvan Chelmy, d'origine tournaisienne, nouveau dans le métier, ne réapparaîtra plus sur un écran après **Ame de gosse, cœur de chien**. Polyvalent, il signe ici le scénario, la mise en scène, la production, tout en interprétant un des personnages. Le film se révèle par ailleurs être une affaire de famille puisque fils et femme s'y voient également attribuer un rôle.

Au centre de l'histoire, une carrière à chaux tournaisienne, propriété du baron de Granval et exploitée par l'ingénieur Robert Courtois qui se marie à Sylviane, d'ascendance noble. Ils ont une petite fille, Suzanne, et vivent riches et heureux. Bonheur qui ne peut évidemment pas durer, car l'aventurier Otto Rugher, soutenu par Bouffetout le vagabond, tente de s'emparer des secrets de fabrication de la carrière. Mais le comportement intrépide du petit Riquet, fiston de Bouffetout, de la fillette Suzanne et surtout de Fino, le petit chien de Riquet, mèneront à l'arrestation des méchants et à la récompense des bons, non sans rivalités inextricables, intrigues et même meurtres. Outre un scénario détaillé, le programme contient deux pleines pages de publicité pour Djanos, le chien jouant Fino, avec mention de ses tours savants et énumération de ses médailles. Peine perdue car rien ne réussit à amadouer la presse: si le travail de la caméra était soigné, le scénario apparaissait trop sentimental, les intertitres trop abondants et de nombreuses scènes furent jugées superflues. Les promoteurs prétendirent toutefois que "les recettes du film dépassaient de loin celles des principaux films du cinéma 'Pathé Nouveautés' de Verviers".

▶ Yvan Chelmy, van Doornikse afkomst, was een onbekende in de filmwereld. Na **Ame de gosse, cœur de chien** dook hij nooit meer op aan het Belgische filmfront. Niettemin was hij een echte all-round man die zowel regie, productie als scenario voor zijn rekening nam en enig acteerwerk niet schuwde. Het werd zelfs een ware familie-aangelegenheid, want zoon en vrouw kregen ook een rol toebedeeld.

Centraal staat een Doornikse kalkgroeve, eigendom van baron de Granval en uitgebaat door ingenieur Robert Courtois, die de adellijke dochter Sylviane huwt. Samen met hun dochtertje Suzanne leven ze gelukkig en welvarend. Uiteraard wordt er roet in het eten gegooid wanneer gelukzoeker Otto Rugher de fabrikatiegeheimen van de groeve wil bemachtigen. Hij wordt gesteund door de zwerver Bouffetout. Maar het dappere optreden van Bouffetouts zoontje Riquet, het peutertje Suzanne en vooral Riquets hondje Fino, leidt na onoverzichtelijke rivaliteiten, intriges en zelfs moorden, tot de arrestatie van de slechten en beloning van de goeden. Het toenmalige programmaboekje wijdt niet alleen veel aandacht aan het scenario maar bevat ook twee bladzijden reclame voor Djanos, de hond die Fino vertolkt, met vermelding van al z'n kunstjes en opsomming van z'n medailles. Maar het mocht niet baten, want de pers was bikkelhard: het camerawerk was goed verzorgd, maar het scenario sentimenteel, de tussentitels te overvloedig en vele scènes totaal overbodig. Nochtans beweerden de promotoren dat "de ontvangsten voor de film ver boven die lagen van de belangrijkste films van bioscoop 'Pathé Nouveautés' van Verviers". (MT)

Ombres et lumière

Théo Dubuisson

Ombres et lumière
Ombres et lumières
Schaduw en licht
Darkness and Light

DIRECTOR: Théo Dubuisson
YEAR: 1929
COUNTRY: BE
SCREENPLAY: Théo Dubuisson
CAMERA: Maurice De Witte, Charles Lengnich
PRODUCER: Théo Dubuisson
CAST: Suzanne Christy (Cécile), Francis Martin (Jean-Claude Langlois), Roy-Fleury (La grand-mère), Bianca Conta-Boine (Marie Buron), Yvonne Ghesquière (La comtesse), Jules Counard (André Buron), Degobert (Le pere Langlois), Théo Dubuisson (L'ivrogne), Mme Gazeau (Cousine Marthe), François Hoton (L'oculiste), Léon Buidin (Le docteur), Valentine Grimiaux, Irène Dubruile, Yvonne Courtin, Marthe Clincaert, Marie-Louise Godisiabois, Louis Buidin, Joseph Thibaut
LANGUAGE: French
SILENT/SOUND: silent

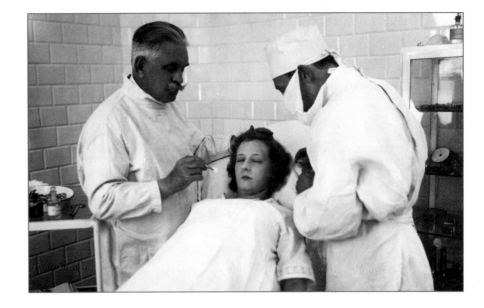

◆ Towards the end of the silent era, numerous feature-film directors tried their luck in Belgium, amongst them Gaston Schoukens, who was to become the most prolific film-maker of the thirties. Others, however, appeared only for the space of a single film before returning to oblivion. Such was the fate of Théo Dubuisson, a native of Lessines, who in his home town concocted this edifying melodrama which he produced, wrote and directed (even casting himself in a minor role!). The film was shot on the premises of a local association, as well as in the retreat of Notre-Dame-à-la-Rose. The blonde Suzanne Christy, who from 1922 onwards starred in numerous popular films, played a blind young village girl, the beloved of a rich farmer's son. The evil father wishes to separate the couple and sends his sibling away to a distant conservatory, intercepting his correspondence and hiding from him the news that the poor sick girl has lost her parents. She can take refuge only with a brutal drunken uncle, who eventually perishes in the throes of a delirium tremens. Whilst begging one winter evening, the unfortunate soul ends up in a hospital, where her prayers to the Virgin are answered with the restoration of her sight. When the young man returns home he meets up with his love again, finding her beautiful, charitable and cured. Whilst such a script didn't bode well, Théo Dubuisson managed to complete his film, presenting it in Lessines and elsewhere (preceded by a little lecture on "How to Make a Film"); in the interests of publicity, he baptized himself "the only Catholic director in the country". No prints of **Darkness and Light** seem to have survived, we are sorry to report.

● Vers la fin du cinéma muet, plusieurs réalisateurs de fiction tentèrent leur chance en Belgique, dont Gaston Schoukens qui allait devenir le cinéaste le plus prolifique des années 30. A côté de lui, d'autres n'apparurent que le temps d'un seul film, avant de rentrer à jamais dans l'ombre. Tel est le cas de Théo Dubuisson, originaire de Lessines, qui tourna dans sa ville natale un mélodrame édifiant dont il était à la fois le producteur, le scénariste et le metteur en scène (allant même jusqu'à y jouer un petit rôle!). Le film fut, en partie, réalisé dans les salles du patronage local, ainsi qu'à l'ermitage de Notre-Dame-à-la-Rose. La blonde Suzanne, déjà tête d'affiche depuis 1922 dans plusieurs œuvres populaires, incarnait une jeune villageoise aveugle, aimée par le fils d'un riche cultivateur. Le méchant père veut séparer les deux amoureux: il envoie donc son rejeton dans un conservatoire lointain, intercepte sa correspondance et lui cache que la pauvre infirme a perdu ses parents, ne trouvant refuge que chez un oncle ivrogne et brutal qui meurt de delirium tremens. Alors qu'elle mendie par un soir d'hiver, la malheureuse est recueillie dans un hôpital, où ses prières à la Vierge lui rendent la vue. Quand le jeune homme reviendra au pays, il la retrouvera, belle, charitable et guérie. Avec un scénario pareil, il y avait de quoi paniquer, mais Théo Dubuisson termina son œuvre, la présenta à Lessines et ailleurs (précédée d'une causerie: "Comment on réalise un film") et se baptisa publicitairement "le seul metteur en scène catholique du pays". A ce jour, toutes les copies d'**Ombres et lumière** semblent avoir disparu, hélas! (RM)

▶ Rond het einde van de stille-filmperiode waagde menig speelfilmmaker zijn kans in België. Onder hen Gaston Schoukens, de meest productieve cineast van de jaren 30. Anderen maakten slechts een enkele film en verdwenen nadien in de anonimiteit, zoals Théo Dubuisson, die in zijn geboortestad Lessines een zielsverheffend melodrama draaide met hemzelf als producent, scenarist, regisseur en zelfs acteur in een bijrol. Zijn film werd deels in plaatselijke verenigingslokalen opgenomen, deels in de hermitage van Notre-Dame-à-la-Rose. De blonde Suzanne Christy, al sinds 1922 de ster van populaire films, vertolkt hier een jong, blind dorpsmeisje. De zoon van een rijke landbouwer heeft haar lief, maar zijn snode vader wil de twee scheiden: hij stuurt zoonlief naar een ver conservatorium, onderschept zijn briefwisseling en verzwijgt hem dat het arme meisje haar ouders heeft verloren en moest intrekken bij een brutale oom, een dronkaard die later zal bezwijken aan een delirium tremens. Wanneer zij op een winteravond al bedelend rondzwerft, vindt de ongelukkige onderdak in een ziekenhuis, waar zij het gezichtsvermogen herwint dankzij haar gebeden tot de Heilige Maagd. Als de jongeman weerkeert naar huis, vindt hij zijn geliefde mooi, barmhartig en genezen terug. Een dergelijk scenario liet het ergste vermoeden. Toch wist Théo Dubuisson zijn werk te voltooien en het zelfs te vertonen in Lessines en elders (voorafgegaan door een voordracht "Comment on réalise un film"). Niet zonder zin voor reclame riep hij zichzelf daarbij uit tot "'s lands enige katholieke regisseur". Vandaag rest ons (helaas!) geen enkele kopie van deze **Ombres et lumière**.

Baas Ganzendonck

Germain Baert

Baas Ganzendonck

DIRECTOR: Germain Baert
YEAR: 1929
COUNTRY: BE
BASED ON: Baas Gansendonck, written by Hendrik Conscience
CAMERA: Germain Baert
EDITING: Germain Baert
ART DIRECTOR: Armand Van Reck
PRODUCER: Germain Baert
PROD. CO.: Vlaamsche Stille Kunst-Studio (Pittem)
CAST: Edmond Laverge (Baas Ganzendonck), Daniel Claeys (Kobe), Elise d'Ormont (Liza), Germain Baert (Karel), Jef Verplancke (Zoon van de baron)
LANGUAGE: Dutch
SILENT/SOUND: silent
METERS: [1300m]

◆ Germain Baert was a photographer in the coastal resort of Blankenberge. He hoped to learn the art of film-making and went to work for Rex Ingram in Nice for two years. Ingram, the director of **The Four Horsemen of the Apocalypse**, was offended when Louis B. Mayer did not allow him to direct **Ben Hur**, so in 1924 he opened his own studio in Nice. Upon Baert's return to Flanders, he and a group of friends established the Vlaamsche Stille Kunst-Studio. For their first project (which was to prove their last) they chose to film a novel by Hendrik Conscience, impressed by its folkloric tone and regular alternation between love scenes and rural rudeness. The cast comprised members of various drama societies; the lead role, for example, went to Edmond Laverge, head of the Courtrai group De Vlaamsche Zonen. Many of the scenes in the film were shot in rural West Flanders; painter Armand Van Reck designed the sets. It was probably a short-handed team which resulted in Baert himself taking charge of the direction, production and editing, even playing the part of Karel. Unfortunately, the film did not strike a chord with the public and critics found the direction of the actors, the make-up, wigs and costumes rather theatrical and inappropriate. Baert himself acknowledged the shortcomings of his first film, and for his second (and final) feature (**The Depths**) he enlisted a larger crew. The popular story of an arrogant farmer who enthuses over a language and culture he doesn't understand was doubtless too dialogue-based for adaptation to a silent film. In 1945 Gaston Ariën made a sound version based on the same book.

● Germain Baert, un photographe de Blankenberge, souhaitait devenir metteur en scène. Il partit donc à Nice pour suivre un stage de 2 ans auprès du réalisateur des **Quatre cavaliers de l'Apocalypse**, l'Américain Rex Ingram (ce dernier, vexé lorsque Louis B. Mayer refusa de lui confier la réalisation de **Ben Hur**, avait fondé son propre studio à Nice en 1924). De retour en Flandre, Baert crée avec quelques amis le Vlaamsche Stille Kunst-Studio. Pour leur premier (et dernier) projet, ils choisirent le roman de Henri Conscience, en raison de sa richesse folklorique et de l'alternance entre les scènes d'amour et les tableaux réalistes de la Flandre rurale. Les rôles furent répartis entre des membres d'associations théâtrales. Edmond Laverge, qui jouait le personnage principal, dirigeait la troupe courtraisienne De Vlaamsche Zonen. Plusieurs scènes furent tournées dans les campagnes de Flandre-Occidentale et c'est le peintre Armand Van Reck qui conçut les décors des intérieurs. Baert endossa à la fois les rôles de réalisateur, producteur, monteur et acteur, sans doute parce que certains collaborateurs lui faisaient défaut. Le film ne retint pas l'attention du public et les critiques trouvèrent mise en scène, maquillage, perruques et costumes trop lourdement théâtraux. Le cinéaste reconnut les faiblesses de sa première œuvre et pour son deuxième et dernier long métrage (**Profondeurs**), il prit soin d'étoffer son équipe. Cette histoire d'un paysan orgueilleux qui se passionne pour une langue et une culture qui lui sont étrangères dépendait probablement trop des dialogues pour se prêter à un film muet. Une version parlante fut tournée en 1945 par Gaston Ariën.

▶ Germain Baert was een fotograaf uit Blankenberge die, om zich in het regisseursvak te bekwamen, gedurende twee jaar stage liep bij de Amerikaan Rex Ingram te Nice (gekrenkt omdat hij van Louis B. Mayer **Ben Hur** niet mocht regisseren, had de regisseur van **The Four Horsemen of the Apocalypse** er in 1924 zijn eigen studio opgericht). Terug in Vlaanderen stichtte Baert met enkele vrienden de Vlaamsche Stille Kunst-Studio. Voor hun eerste (en tevens laatste) project kozen ze dit verhaal van Hendrik Conscience, om de folkloristische sfeer en de afwisseling van liefdesscènes en "boertige tonelen". De rollen werden verdeeld onder leden van toneelverenigingen; hoofdrolspeler Edmond Laverge was bijvoorbeeld de leider van het Kortrijkse gezelschap "De Vlaamsche Zonen". Vele scènes werden op het West-Vlaamse platteland gedraaid; kunstschilder Armand Van Reck ontwierp de decors voor de binnenopnamen. Mogelijk wegens een gebrek aan medewerkers nam Baert zowel de regie, de productie, de montage als de rol van Karel op zich. De publieke belangstelling bleef echter uit en de critici bestempelden niet alleen de acteursregie, maar ook de grime, pruiken en kostuums als toneelmatig en ongepast voor een film. De cineast gaf de tekortkomingen van zijn debuut zelf toe; bij het draaien van zijn tweede en laatste langspeelfilm (**Diepten**) zou hij dan ook meer taken aan anderen overlaten. Het verhaal van de hoogmoedige boer die dweept met een taal en een cultuur die hij niet begrijpt, steunde wellicht te zeer op dialogen om zich te lenen voor een stille film. Een klankversie van *Baas Gansendonck* kwam er in 1945, onder regie van Gaston Ariën. *(PF)*

Ruines

Edouard Ehling

Ruines
Puinen
Ruins

DIRECTOR: Edouard Ehling
YEAR: 1929-1930
COUNTRY: BE
SCREENPLAY: Edouard Ehling
CAMERA: Henri Barreyre
PRODUCER: A. Bouchez, Ed. Breuning
CAST: Louise Lagrange (Mme Servais), Zizi Festerat (Le banquier Ismaël), Rodolphe Verlez (Le mercanti Vermal), Micky Damrémont, Tony d'Algy, Suzanne Naytour (Suzette), Paule Bréval, Jeanne Max (La dactylo), Guillaume Lambrette (Le soldat), Annie Straub (La soubrette)
LANGUAGE: French
SILENT/SOUND: silent
B&W/COLOUR: colour

◆ After the successful filming of two of his screenplays (**The Crosses of the Yser** and **Gabrielle Petit**), Edouard Ehling decided to try his hand at directing a film. Before the First World War, he is said to have gained some experience as a cameraman and editor on a film about the 75th anniversary of the Belgian revolution. His background and the heaven-sent co-operation of French actress Louise Lagrange raised high hopes. This melodrama plays against the background of the war. Mme Servais lives in great poverty with her little daughter Suzette, while her brother Vermal has made a fortune through dishonest practices. Mme Servais' husband is lying mortally wounded in a field hospital, but she goes off in search of him across the desolate battlefield. After days of wandering she has a heart attack brought on by despair, and then subsequently is shocked half to death at the sight of a body. Finally, as if all this were not enough, she is seriously wounded by a dud shell. She is taken to the hospital and placed in a bed next to her dying husband, who is so moved at the sight of her that he succumbs to his wounds. Vermal is subsequently arrested, leaving his poverty-stricken wife and children with his sister, who is equally destitute. Ehling's decision to rake up the misery of war more than 10 years after the events, together with the implausible heaping of misery upon misery, led both the press and the public to slate this "ruinous" film. Ehling even had to wait two years for it to be released.

● La réussite de l'adaptation de ses scénarios (**Les croix de l'Yser** et **Femme belge Gabrielle Petit**) incita Edouard Ehling à réaliser lui-même un film. Avant la guerre, il aurait acquis quelque expérience en tant que cameraman et monteur pour un film sur le 75ᵉ anniversaire de la Révolution belge. Ce passé ainsi que le cadeau du ciel qu'était la collaboration de l'actrice française Louise Lagrange permettaient d'augurer le meilleur. **Ruines** se déroule pendant la guerre. Mme Servais et sa petite fille Suzette vivent dans la plus grande pauvreté, alors que des pratiques malhonnêtes ont permis à son frère, Vermal, de s'enrichir. Tandis que son mari gît au lazaret, mortellement blessé, Mme Servais part à sa recherche sur le champ de bataille désolé. Après des journées de vaine errance, elle a une crise cardiaque de détresse, s'effraie ensuite mortellement à la vue d'un cadavre et, deux malheurs ne venant jamais seuls, est gravement blessée par un obus perdu. Transportée à l'hôpital, elle se retrouve dans le lit voisin de son mari agonisant, qui succombe à l'émotion des retrouvailles. Comme si la misère était encore insuffisante, Vermal est arrêté, laissant femme et enfants, pauvres comme Job, aux bons soins de sa sœur également démunie. Le rappel de la misère de la guerre plus de dix ans après les faits, l'accumulation improbable de toutes ces formes de malheurs, poussèrent le public et la presse à passer ce film "ruineux" au rouleau compresseur. A tel point qu'Ehling dut attendre deux ans avant sa sortie.

▶ Na de succesvolle verfilming van twee van zijn scenario's (**Les croix de l'Yser** en **Femme belge Gabrielle Petit**), besloot Edouard Ehling zelf een film te draaien. Voor de oorlog zou hij al enige ervaring opgedaan hebben als cameraman en monteur voor een film over de 75ste verjaardag van de Belgische revolutie. Deze achtergrond en de medewerking van de Franse actrice Louise Lagrange, een waar geschenk uit de hemel, beloofden iets moois. **Ruines** speelt zich af tijdens de oorlog. Mme Servais leeft samen met haar dochtertje Suzette in grote armoede, terwijl haar broer Vermal zich verrijkt door middel van oneerlijke praktijken. Mme Servais' echtgenoot ligt dodelijk gewond in het lazaret terwijl zij naar hem op zoek gaat op het verlaten slagveld. Na dagen rondzwerven krijgt ze van ellende een hartaanval, schrikt zich vervolgens te pletter bij het zien van een lijk en wordt tot overmaat van ramp ernstig gewond door een verdwaalde obus. In het ziekenhuis komt ze in een bed terecht naast dat van haar stervende man, die aan de emotie van het weerzien bezwijkt. Alsof dit nog niet genoeg ellende was, wordt Vermal aangehouden en laat hij zijn doodarme vrouw en kinderen achter bij zijn al even berooide zuster. Het oprakelen van de oorlogsellende meer dan 10 jaar na de feiten en de onwaarschijnlijke openstapeling van alle mogelijke vormen van rampspoed maakten dat deze "ruïneuze" film door zowel de pers als het publiek werd verguisd. Ehling moest zelfs twee jaar geduld oefenen voor de prent werd uitgebracht. (MT)

Goed gelapt, Lowieke

Maurice Van Gijsel

Goed gelapt, Lowieke
Bien tapé, Lowieke
Lowieke Pulls It Off

DIRECTOR: Maurice Van Gijsel
YEAR: 1930
COUNTRY: BE
SCREENPLAY: Flor Martin
PRODUCER: Maurice Van Gijsel
CAST: Louis Thiel (Kuipersgast Lowieke), Toontje Lauwers (Kappersgast), Victor Torfs (Mr. Schraepmans), Odilon De Rybel (Jan Dop), Albert Van Craen (Jef Van Vaten), Frans Peeters (Politieagent), Peer Aertsens (Kappersbaas)
LANGUAGE: Dutch
GAUGE: 35 mm
SILENT/SOUND: silent
B&W/COLOUR: B&W
METRES: 1500m

◆ The Malines-born Maurice Van Gijsel's childhood dream had always been to buy a cinema. He managed to achieve part of this ambition when he completed his studies in electrical engineering and started installing projection booths in local parish halls in Malines and the surrounding villages. Yet Van Gijsel also wanted to do his own filming. He shot news footage (of the funeral of Queen Astrid) and started making short documentaries (**Captage d'eau in Huizingen**, **Hofstade Beach**). Then, inspired by the theatre revues which were playing in the city of Malines, he made his only feature-length fiction film **Lowieke Pulls It Off**. The main character, Lowieke, is the clever assistant to barrel-maker Jef Van Vaten, who is being pursued by Schraepmans "the Jew" to repay a (falsified) debt. Lowieke manages to help his boss by - together with his friend Jan Dop - dressing up as a woman, tricking Schraepmans and extracting from him a sum of money which is handed over to the innocent Van Vaten, who is then able to repay his debt.

The comic situation, the gags and the intertitles in popular Flemish dialect were ideal ingredients for a truly regional popular comedy. The character of the Jewish usurer reflects the anti-Semitic feeling at the time.

The production enjoyed the financial support of the local brewery, whose name appeared both in the film and on the programmes. Unfortunately the film was only locally successful, partly due to an incomprehensible rating which banned children from seeing it. This dissuaded Maurice Van Gijsel from making any more forays into full-length feature films.

● Le rêve de jeunesse du Malinois Maurice Van Gijsel était d'acheter un cinéma. Il put réaliser partiellement son rêve en faisant des études d'ingénieur-électricien, ce qui lui permit d'installer des cabines de projection dans les salles paroissiales de Malines et des villages avoisinants. Il décida ensuite de passer à la réalisation. Il tourna des reportages (entre autres sur l'enterrement de la reine Astrid) et des courts documentaires (**Captage d'eau d'Huizingen**, **Hofstade plage**) et, s'inspirant des revues montées dans les salles de spectacle malinoises, il réalisa **Bien tapé, Lowieke**. Lowieke est l'homme de main du tonnelier Jef Van Vaten. Ce dernier est poursuivi par "le Juif" Schraepmans pour une (fausse) dette qu'il n'a pas encore remboursée. Lowieke, l'esprit vif et malin, décide de venir en aide à son patron. Avec son complice, Jan Dop, il monte un spectacle et, jouant un travesti, mystifie Schraepmans et lui dérobant une somme d'argent qu'il remet à son maître. Celui-ci, ne se doutant de rien, se hâte d'aller acquitter sa dette auprès de son créancier.

Le caractère loufoque de la comédie, les gags et les intertitres en dialecte flamand sont autant d'ingrédients de ce film populaire et local. Le personnage de l'usurier juif témoigne évidemment de certains préjugés anti-sémites assez répandus à l'époque.

Financé par la brasserie locale (dont le nom apparaît tant dans le film que sur les programmes), le film ne connut pas le succès escompté et fut encore déforcé par l'étiquette "Enfants Non Admis". Déçu par ce revers, Maurice Van Gijsel ne jugea pas opportun de persévérer dans la réalisation de longs métrages.

▶ Mechelaar Maurice Van Gijsels jongensdroom om ooit "een cinema te kopen" kon op latere leeftijd gedeeltelijk gerealiseerd worden. Van Gijsel slaagde er immers in zich op te werken tot ingenieur-electricien en, zowel in Mechelen als in de omliggende dorpen, installeerde hij projectiecabines in plaatselijke parochiezalen. Maar hij wilde ook zelf filmen. Hij begon met het draaien van reportages (de begrafenis van koningin Astrid) en korte documentaires (**Captage d'eau van Huizingen**, **Hofstade plage**). Geïnspireerd door de revues die in de Mechelse zalen opgevoerd werden, maakte Van Gijsel **Goed gelapt, Lowieke**, zijn enige langspeelfilm. Lowieke is de snuggere handlanger van tonnenmaker Jef Van Vaten, die door "de Jood" Schraepmans achtervolgd wordt met een nog niet vereffende (vervalste) schuld. Lowieke kan zijn baas helpen door samen met Jan Dop een travestitoneeltje op te voeren, Schraepmans te misleiden en hem een som geld af te luizen die overhandigd wordt aan de nietsvermoedende Van Vaten, die zo zijn schuld bij Schraepmans kan vereffenen.

De koldersituatie, de gags en de tussentitels in Vlaams dialect zijn de ideale ingrediënten voor een lokaal en volks stukje film. Het personage van de joodse woekeraar getuigt uiteraard van de niet te miskennen antisemitische vooroordelen die in die tijd leefden.

De film en zelfs de programma-aankondigingen mochten - toen al - rekenen op steun van de plaatselijke brouwerij. **Goed gelapt, Lowieke** kende helaas slechts een lokaal succes mede wegens een onbegrijpelijke KNT-notatie. Ontgoocheld hield Van Gijsel het bij deze ene langspeelfilm. (MT)

Brugge onder het Gulden Vlies

H.J.J. Buyse, G. Frank De Craeke

Brugge onder het Gulden Vlies
Bruges sous la Toison d'Or
Bruges under the Golden Fleece

DIRECTOR: H.J.J. Buyse, G. Frank De Craeke
YEAR: 1930
COUNTRY: BE
CAMERA: Juan Buyse
LANGUAGE: Dutch
SILENT/SOUND: silent

◆ A less well-known product of the career of H.J.J. Buyse, also known as Jos Buyse, is this film, which was released in the same year as his sound film **The Depths**. This time, his co-director was not Germain Baert but the painter G. Frank De Craeke. Buyse was born in 1885 in the West Flemish village of Meulebeke. He studied German philology at the University of Louvain and was active as leader of the Flemish student movement. After the First World War he settled in Brussels where he took part in the Flemish activist movement. As editor of the weekly VOS (Vlaamsche Oudstrijdersbond - Flemish War Veterans League), he conducted a long-running campaign against the Franco-Belgian military accord. He became a journalist for the newspaper *Het Laatste Nieuws*, and his literary career encompassed novels *Faust in Vlaanderen* ("Faust in Flanders"), studies and plays. After the failure of **The Depths**, in which he had invested all his money, Buyse made a second attempt at feature film directing with **Bruges under the Golden Fleece**. Apart from one or two articles, no further trace of the film remains. Despite very limited resources, according to the press the two directors nevertheless managed to recruit an attractive cast ranging from the highest Bruges nobility to the lowest classes. An appearance was even made by the famous boxing champion Etienne. As for the content of the film, there we can only guess. Presumably - as with many films of the day - audiences were shown a tourist scrapbook in which the attractive scenes were loosely linked by a tale of sorts interpreted by a few actors.

● Cette œuvre moins connue de la filmographie de H.J.J. Buyse, alias Jos Buyse, sortit la même année que son film sonore **Profondeurs**, mais avec l'artiste peintre G. Frank De Craeke comme coréalisateur, au lieu de Germain Baert. Buyse était né en 1885 à Meulebeke, en Flandre-Occidentale. Il étudia la philologie germanique à Louvain, où il milita comme dirigeant du mouvement estudiantin flamand. Après la Première Guerre mondiale, Buyse s'établit à Bruxelles, où il participa au mouvement activiste flamand. A la tête de l'hebdomadaire VOS (Vlaamsche Oudstrijdersbond - Ligue des anciens combattants flamands), il combattit pendant des années l'accord militaire franco-belge. Il fut ensuite journaliste à *Het Laatste Nieuws*. Son héritage littéraire comprend des romans, dont *Faust in Vlaanderen* ("Faust en Flandres"), des études et des pièces de théâtre. L'échec de **Profondeurs**, sur lequel il avait misé tout son argent, ne l'empêcha pas d'entreprendre une seconde tentative intitulée **Bruges sous la Toison d'Or**. Quelques articles épars constituent aujourd'hui la seule trace laissée par cette œuvre. Malgré des moyens extrêmement rudimentaires, la presse de l'époque rapporte que les deux réalisateurs purent aligner une distribution prestigieuse allant de membres de la haute aristocratie brugeoise aux classes populaires, en passant par Etienne, champion de boxe réputé. Quant au contenu du film, nous en sommes réduits aux supputations. Les spectateurs virent probablement un film touristique où de belles images s'enfilaient sur le fil ténu d'une histoire ténue, interprétée par une poignée d'acteurs.

▶ In hetzelfde jaar als de klankfilm **Diepten** realiseerde H.J.J. Buyse, alias Jos Buyse, het minder bekende **Brugge onder het Gulden Vlies**. Ditmaal was niet Germain Baert coregisseur maar wel schilder G. Frank De Craeke. Buyse werd in 1885 geboren in het West-Vlaamse Meulebeke, studeerde Germaanse filologie in Leuven en was actief als leider van de Vlaamse studentenbeweging. Na W.O.I vestigde Buyse zich in Brussel waar hij deelnam aan de Vlaamse activistische beweging. Als hoofd van het weekblad VOS (Vlaamsche Oudstrijdersbond) voerde hij gedurende jaren strijd tegen het Frans-Belgisch militair akkoord. Hij werd journalist bij *Het Laatste Nieuws* en liet als letterkundige ook romans (*Faust in Vlaanderen*), studies en toneelstukken na. Na de mislukking van **Diepten**, waarvoor hij al zijn persoonlijk kapitaal had aangesproken, waagde Buyse zich opnieuw aan een langspeelfilm. Op een sporadisch artikel na is van **Brugge onder het Gulden Vlies** echter niets overgebleven. Ondanks de beperkte middelen moeten beide regisseurs er niettemin in geslaagd zijn een kwalitatief interessant werk af te leveren. De technische middelen mochten dan wel uiterst rudimentair zijn, zij konden, aldus de pers, rekenen op een interessante cast, gaande van de hoogste Brugse aristocratie tot de laagste klassen, met zelfs een gastoptreden van de beroemde bokskampioen Etienne. Naar het eigenlijke verhaal hebben we het raden. Wellicht - zoals dat toen gebruikelijk was - kregen de toeschouwers een toeristische film te zien, waarbij de mooie plaatjes aaneengeregen werden in een los verhaal, vertolkt door enkele acteurs. (MT)

Un clown dans la rue

René Leclère

Un clown dans la rue
Een clown in de straat
A Clown in the Street

DIRECTOR: René Leclère
YEAR: 1930
COUNTRY: BE
SCREENPLAY: René Leclère
ASST. DIR.: Henri Debroudère
CAMERA: Henri Barreyre, Camy Cluytens
ART DIRECTOR: Charles Gooris
PRODUCER: Gaston Vernaillen
CAST: Marcel Roels (Le clown), Micky Damrémont (La ballerine), Tony d'Algy (L'amant), Rodolphe Verlez (Le directeur du cirque)
LANGUAGE: French
SILENT/SOUND: silent

◆ From the patriotic melodramas of Hippolyte De Kempeneer to the dialect comedies of Gaston Schoukens and Emile-Georges De Meyst, the popular Marcel Roels was one of the stalwart figures of Belgian cinema before 1960, as well as treading the boards for over half a century of every stage in Brussels, from Vaudeville to Théâtre National. Hence the sense of loss at the disappearance (to this day, at least) of one of his finest screen performances, as the hero of **A Clown in the Street**, lauded by critics at the time for its "tragic sobriety", "pathetic sensibility" and the "astounding performance of the fairground clown in pursuit of a spectre".

René Leclère, from Luxembourg, had begun as a cinema critic in the late twenties, stockpiling the unused scripts he rapidly wrote. **A Clown in the Street** was his sole fiction film; after its completion he moved to Paris, then returned to Luxembourg, where he made a handful of travel documentaries and educational films. Two of them also featured the sweet gamine Micky Damrémont, here Roels' opposite number alongside the young lead Tony d'Algy. He was a Portuguese actor confined to bit-parts in Hollywood and Paris who had recently completed **Chimes and Lace**.

A Clown in the Street revolves around an entertainer who is left by a dancer for a handsome seducer. She perishes before her husband's very eyes in a car accident. Henceforth the clown, mentally disturbed, wanders the streets in his costume and make-up in search of a ghost. Rapidly eclipsed by the arrival of talking pictures, the film was to disappear from cinemas after an exclusive four-week run in Brussels.

● Des mélos patriotiques d'Hippolyte De Kempeneer aux comédies à accent de Schoukens ou De Meyst, Marcel Roels fut l'une des figures populaires du cinéma belge d'avant 1960, tout en triomphant durant plus d'un demi-siècle sur toutes les scènes bruxelloises, du Vaudeville au Théâtre National. D'où les regrets que l'on ressent devant la perte (du moins jusqu'à ce jour) des copies de l'un de ses meilleurs rôles à l'écran: le héros d'**Un clown dans la rue**. Toutes les critiques de l'époque ont salué "la sobriété tragique", "la sensibilité pathétique" et "l'étonnante performance du clown forain à la poursuite d'une chimère".

Le Luxembourgeois René Leclère avait été critique de cinéma à la fin des années 20, accumulant les scénarios non tournés. **Un clown dans la rue** fut son unique film de fiction, avant son départ pour Paris, puis son retour au Luxembourg, où il réalisa quelques documentaires touristiques et didactiques. On retrouve d'ailleurs dans deux d'entre eux la mignonne Micky Damrémont, la vedette féminine de son film. Quant au jeune premier Tony d'Algy, un Portugais confiné dans des minirôles à Hollywood puis à Paris, il venait de terminer **Carillons et dentelles, chansons de rivières**.

Le thème d'**Un clown dans la rue** est celui du Paillasse qu'une danseuse a quitté pour un beau séducteur, avant de mourir sous les yeux de son mari dans un accident d'auto. Dès lors, le clown, perturbé mentalement, erre dans les rues à la recherche d'un fantôme, avec son costume et son maquillage de pitre. Vite éclipsé par l'arrivée du parlant, l'ouvrage allait disparaître des écrans après quatre semaines d'exclusivité à Bruxelles. (RM)

▶ Marcel Roels is een der populairste figuren uit de Belgische film van vóór 1960, van de patriottische melodrama's van Hippolyte De Kempeneer tot de dialectkomedies van Gaston Schoukens of Emile-Georges De Meyst; ook oogstte hij gedurende meer dan een halve eeuw steevast succes op de Brusselse planken, van Vaudeville tot Théâtre National. Het is dan ook jammer dat er geen kopie meer bestaat van de film waarin hij een van zijn beste rollen neerzette: de held uit **Un clown dans la rue**, toen door alle critici gelauwerd vanwege "de tragische eenvoud", "de pathetische gevoeligheid" en "de verbazingwekkende vertolking van deze clown die een hersenschim najaagt".

De Luxemburger René Leclère was op het einde van de jaren 20 actief als filmcriticus en schreef het ene (onverfilmde) scenario na het andere. **Un clown dans la rue** is zijn enige fictiefilm. Na een verblijf te Parijs keerde hij naar Luxemburg terug, waar hij toeristische en didactische documentaires draaide. In twee daarvan is de schattige Micky Damrémont te zien, de vrouwelijke vedette uit zijn film. Haar mannelijke tegenspeler, Tony d'Algy, was een Portugees die eerst als figurant in Hollywood en Parijs werkte en vervolgens in **Carillons et dentelles, chansons de rivières** terechtkwam.

De film verhaalt hoe een arme pias zijn vrouw - een danseres - kwijtraakt aan een knappe charmeur; wat later sterft ze voor zijn ogen in een verkeersongeval. De zwaar getraumatiseerde clown begint, in clownspak en geheel opgesmukt, doelloos door de straten te zwerven op zoek naar haar geest. Door de komst van de geluidsfilm raakte dit werk al te snel in vergetelheid, na vier weken exclusiviteit in de Brusselse bioscopen.

De verloofde uit Canada

François Frijters, Anna Frijters

De verloofde uit Canada
Le fiancé du Canada
The Fiancé from Canada

DIRECTOR: François Frijters, Anna Frijters
YEAR: 1934
COUNTRY: BE
SCREENPLAY: Anna Frijters
CAMERA: François Frijters
EDITING: François Frijters
PRODUCER: Anna Frijters
PROD. CO.: Little Roland Film Productions Lirofip (Antwerpen)
CAST: Louis Staal (Antwerpse volksjongen), John Van Hemelrijck (Sus), Georges Van Bergen (Pachter), Betty Van Hemelrijck (Betty)
LANGUAGE: Dutch
GAUGE: 35 mm
SILENT/SOUND: silent
B&W/COLOUR: B&W
MINUTES: 45'

◆ After the failure of their 1928 film **Leentje of the Sea**, the Antwerp diamond cutters Anna and François Frijters nevertheless decided to re-open their old film studio. Their former collaborators were not that eager to risk another gamble, however, and declined the offer to collaborate. Anna Frijters (born Anna Velders) wrote a short comedy script for the Antwerp theatre comedian Louis ("Lowieke") Staal, who plays a working-class Antwerp lad returning home from Canada a rich man. Upon his arrival, he discovers that his fiancée Betty has transferred her affections to Sus, whom she marries in spite of her father's pleas.

Due to the success of its test screening, it was decided to proceed with the scoring of this silent film. However, seven years after a storm had severely damaged the studio during the filming of **Leentje of the Sea**, it fell prey to a fire, which destroyed all the sound recording equipment. The score by J. Antoon Zwijsen and the lyrics of Rik Senten's songs survived, but Anna and François Frijters' ambitions were shattered -which was a pity, since this comedy proves what the ingenious flashbacks in their first film already led one to believe, namely that they were approaching the medium in a creative way. **The Fiancé from Canada** almost appears to be one extended experiment. The overlay of an animated image and an ordinary shot, for example, shows Sus being winked at by the devil. Later that year, John Van Hemelrijck, who played the role of Sus, co-produced the first Flemish sound film, **Free Spirits**.

● Malgré l'échec de **La petite Hélène de la mer** en 1928, les diamantaires anversois Anna et François Frijters rouvrent leur ancien studio. Cependant, les collaborateurs de la première époque ne souhaitent plus se risquer dans l'entreprise. Anna Frijters (née Anna Velders) écrit un bref scénario burlesque pour l'Anversois Louis ("Lowieke") Staal, petit acteur comique de théâtre. Staal tient le rôle d'un jeune prolétaire anversois qui, après avoir fait fortune au Canada, revient dans sa ville natale. Toutefois, le cœur de sa fiancée semble à présent appartenir à Sus. Malgré l'insistance de son père, elle épouse son nouvel amour.

Vu l'énorme succès de la projection d'essai, on décida de sonoriser ce film muet. Sept ans après la tempête qui avait fortement endommagé le studio durant le tournage de leur premier film, un incendie détruisit tout le matériel de son (seules les partitions de J. Antoon Zwijsen et les paroles des chansons de Rik Senten ont pu être sauvegardées). Ainsi, les ambitions du couple Frijters furent étouffées dans l'œuf, ce qui est regrettable, car, comme le laissaient présager notamment les flash-back ingénieux de leur premier film, cette nouvelle loufoquerie démontre la nature particulièrement créative de leur esprit. **Le fiancé du Canada** semble être une longue expérimentation; le montage d'une image animée avec une prise normale nous montre par exemple le diable faisant un clin d'œil à Sus. Ce dernier était interprété par John Van Hemelrijck, qui coproduira peu après le premier film parlant flamand, **Jeunes filles en liberté**.

▶ De Antwerpse diamantslijpers Anna en François Frijters namen, ondanks het floppen van hun film **Leentje van de zee** uit 1928, hun oude opnamestudio opnieuw in gebruik. De medewerkers aan die vorige film wilden echter geen tweede keer risico's nemen en bedankten voor de eer. Anna Frijters (geboren Anna Velders) schreef speciaal voor de Antwerpse theaterkomiek Louis ("Lowieke") Staal een kort komisch scenario, waarin Staal een Antwerpse volksjongen vertolkt die als een rijk man vanuit Canada terugkeert naar de Scheldestad. Zijn verloofde Betty heeft inmiddels echter haar hart verpand aan ene Sus. Ondanks het pleidooi van haar vader huwt ze deze nieuwe liefde.

Naar aanleiding van de succesvolle proefvertoning werd besloten de stille film te sonoriseren. Zeven jaar na de storm die tijdens de opnamen van **Leentje van de zee** de studio zwaar beschadigde, brak er een brand uit die al het geluidsmateriaal vernietigde. De partituren van J. Antoon Zwijsen en de liedjesteksten van Rik Senten konden nog worden gered, maar de ambitie van het echtpaar Frijters werd in de kiem gesmoord. Jammer, want zoals de ingenieuze flashbacks in hun debuutfilm al lieten vermoeden, bewijst deze kolder dat ze het medium wel degelijk creatief benaderden. **De verloofde uit Canada** lijkt haast één lang experiment. Zo toont een montage van een animatiebeeld en een gewone opname hoe Sus een knipoog krijgt van de duivel. John Van Hemelrijck, die de rol van Sus vertolkte, coproduceerde kort nadien de eerste Vlaamse geluidsfilm **Meisjes in vrijheid**. *(PF)*

Combat de boxe

Charles Dekeukeleire

Combat de boxe
Bokskamp
Boksmatch
Bokswedstrijd

DIRECTOR: Charles Dekeukeleire
YEAR: 1927
COUNTRY: BE
BASED ON: Combat de boxe (poème), written by Paul Werrie
CAMERA: Antoine Castille
PRODUCER: Charles Dekeukeleire
CAST: Henri Dupont, Jean Demey, Pierre Bourgeois, André Germain
LANGUAGE: French
GAUGE: 35 mm
SILENT/SOUND: silent
B&W/COLOUR: B&W
METRES: 154m
NOTES: Intertitles designed by Pierre Flouquet

◆ When Charles Dekeukeleire makes **Combat de boxe**, he is 22 years old and obsessed with cinema. He immediately aligns himself with the defenders of pure cinema, Germaine Dulac, Jean Epstein, Marcel L'Herbier, Louis Delluc. He also admires Vertov and his conception of the "camera-eye". Paul Werrie, whose poem served as the basis for this film and who participated in the shooting, has described the precarious and improvised conditions of production. "A painter's workshop was used as a studio... a few of us stretched out the bed-sheets which served as a ring. But the boxers were real boxers. They boxed on the sheets in front of a rope that two of us held up. Then, using an optical effect during editing, the film-maker combined the ring with authentic shots. They were just a blur of action. As for the crowd the fighters passed through, that was filmed in a school playground from the back of a milk float. Twelve of us were playing the crowd, standing in a line. When the camera had gone past, we left the back and ran around to the front, each time changing our hat and adopting a new pose, all of which created a very natural movement." This short, magnificent film is based on a high-speed montage, close-ups, superimpositions, the successive use of the negative and positive image and the principle of rhythm. The violence of the fight, the presence of the audience, the tension between the crowd and the ring are swept up in a dazzling choreographic montage, this succession itself transcended by the perfectly concrete shots which record less the abstract than the very meaning and the signs of the fight, the very concept of boxing.

● Quand Charles Dekeukeleire réalise **Combat de boxe**, il a vingt-deux ans et il est fou de cinéma. Il se situe d'emblée aux côtés de ceux qui défendent le cinéma pur: Germaine Dulac, Jean Epstein, Marcel L'Herbier, Louis Delluc. Dekeukeleire est également enthousiasmé par Vertov et sa conception du "cinéma œil". Paul Werrie, dont un des poèmes a servi d'argument à ce film, a raconté les conditions précaires et bricolées de la réalisation: "Un atelier de peintre tenait lieu de studio... nous étions quelques-uns à tendre les draps de lit qui allaient servir de ring. Mais les boxeurs étaient de vrais boxeurs. Ils boxaient sur les draps devant une corde que deux d'entre nous tendaient. Puis, par un truc de montage, l'auteur mêla le ring à des vues authentiques. On n'y vit que du feu. Quant à la foule que les pugilistes traversaient, elle fut filmée dans une cour d'école en haut d'une charrette de laitier. Nous étions bien douze, je crois, à figurer cette foule. Douze à la file. Quand l'appareil était passé, on quittait l'arrière et l'on courait se mettre à l'avant, tout en changeant de chapeau et d'attitude, ce qui donnait un mouvement très naturel." Ce film court et magnifique fonctionne sur des gros plans, des effets de surimpression, l'utilisation alternée de négatif et de positif, un travail lié au rythme. La violence du combat, la présence du public, la tension entre la foule et le ring, sont portés par un montage fulgurant et chorégraphique, où la succession des plans parfaitement concrets le dépasse pour capter moins l'abstrait que le sens même du combat, ses signes, le concept même de la boxe. (JA)

▶ Wanneer Charles Dekeukeleire **Combat de boxe** draait, is hij tweeëntwintig en gek van film. Hij schaart zich meteen achter degenen die de zuivere filmkunst aanhangen, zoals Germaine Dulac, Jean Epstein, Marcel L'Herbier of Louis Delluc. Hij bewondert Vertov en diens concept van de filmcamera als oog. Paul Werrie schreef het gedicht dat het uitgangspunt voor deze film vormde en was zelf ook aanwezig bij de opnamen. Hij vertelt over de moeilijke productie: "Een schildersatelier deed dienst als studio. Met een paar man moesten we de lakens strak houden die als boksring dienden, maar de boksers waren echt. Ze boksten op de lakens voor een touw dat twee van ons vasthielden. Vervolgens vermengde de filmmaker met een montage-trucje de ring met echte opnamen. Het was heel verwarrend. De menigte die de boksers moesten doorkruisen, werd vanop een melkkarretje gefilmd op de binnenplaats van een school. We waren met z'n twaalven om die menigte te spelen. Twaalf op een rij. Als de camera voorbijgegaan was, renden we weer naar voren terwijl we verwisselden van hoed en van houding zodat er een heel natuurlijke beweging ontstond." Deze korte maar prachtige film werd opgebouwd met een heel ritmische montage van close-ups, dubbeldrukken, afwisselend positieve en negatieve beelden. Het geweld van het gevecht, de aanwezigheid van het publiek, de spanning tussen de menigte en de ring, werden samengebracht in een flitsende montage, maar die opeenvolging van volkomen concrete shots stijgt uit boven de montage zelf, om niet zozeer het abstracte dan wel de betekenis zelf van het gevecht te vangen, de tekens, het wezenlijke concept van het boksen.

Reflets

Gussy Lauwson

Reflets
Weerspiegelingen
Reflections

DIRECTOR: Gussy Lauwson
YEAR: 1928
COUNTRY: BE
SILENT/SOUND: silent

◆ The so-called "Art et Essai" programmes begin in Brussels in 1921 with the Ciné-Club de Belgique, its committee made up of three film directors (Paul Flon, Georges Ketterer and Francis Martin). Throughout the 20s, other film clubs (often short-lived) spring up in the capital, in Liège, Ghent and Ostend (the latter founded by Henri Storck and the painter Félix Labisse). They provide a forum for showings and the discussion of marginal or unreleased films from abroad which stimulate the budding film-makers. The Belgian avant-garde surfaces as of 1927, working to miserable budgets, with three films by Charles Dekeukeleire (**Combat de boxe**, **Impatience**, **Detective Story**) and the surrealist-like works by Henri d'Ursel (**The Pearl**) and Storck (**For Your Wonderful Eyes**). The majority of these experimental film-makers had meteoric careers, such as d'Ursel, Lucien Backman, Pierre Charbonnier and the present Gussy Lauwson, who seems to have produced only this one work. **Reflections** was premièred in November 1928 by the Club du Cinéma in Ostend, preceded by a talk given by its maker. In his words, "the sole film worthy of cinema is that which is self-sufficient and translates a thought or feeling by means of images". So it is with **Reflections**, which illustrates the idea that "life is just a succession of illusions" with symbols dismissed by the critics of the day as disparate and rudimentary - waves, pendulums, flames, wooden horses and flowers, whose repetitive movements, ephemerality or blossoming suggest the futility of the renewal of time and objects.

● Les séances dites d'Art et d'Essai s'ouvrent à Bruxelles dès 1921, avec le Ciné-Club de Belgique, qui comprenait trois réalisateurs dans son comité: Paul Flon, Georges Ketterer et Francis Martin. Durant les années 20, d'autres ciné-clubs, souvent éphémères, se multiplient, tant dans la capitale qu'à Liège, Gand ou Ostende (ce dernier fondé par Henri Storck et le peintre Félix Labisse). On y projette et on y commente des films marginaux ou inédits, venus de l'étranger, qui stimulent les cinéastes en puissance. Avec des budgets misérables, l'avant-garde belge apparaît en 1927. Trois films signés par Charles Dekeukeleire (**Combat de boxe**, **Impatience**, **Histoire de détective**) ainsi que des œuvres surréalisantes d'Henri d'Ursel (**La perle**) et de Storck (**Pour vos beaux yeux**) ouvrent la marche. La majorité de ces metteurs en scène expérimentaux connurent une carrière météorique: ainsi, d'Ursel, Lucien Backman, Pierre Charbonnier et ce Gussy Lauwson, dont on ne connaît qu'un seul ouvrage, **Reflets**. Le film fut présenté en novembre 1928 par le Club du Cinéma d'Ostende, précédé d'une causerie par son réalisateur. Selon lui, "seul est digne du cinéma le film qui se suffit à lui-même et traduit une pensée ou un sentiment par les images". C'est le cas de **Reflets**, illustrant l'idée que "la vie n'est qu'une succession d'illusions" à partir de symboles que la critique d'alors jugea disparates et rudimentaires: vagues, balancier, flammes, fleurs ou chevaux de bois, dont le mouvement répétitif, l'éclosion ou l'aspect éphémère veulent traduire le vain renouvellement du temps et des choses. *(RM)*

▶ De zogenaamde "Art et Essai"-voorstellingen vonden in Brussel plaats vanaf 1921, in de Ciné-Club de Belgique, waarvan het comité drie regisseurs telde (Paul Flon, Georges Ketterer en Francis Martin). In de jaren 20 ontstonden andere filmclubs in Brussel, Luik, Gent of Oostende (deze laatste met Henri Storck en de schilder Félix Labisse), die vaak even snel weer verdwenen; marginale of onuitgebrachte buitenlandse films werden er vertoond en becommentarieerd, hetgeen een stimulans betekende voor opkomende cineasten. Met de weinige middelen die ze had, deed vanaf 1927 de Belgische avant-garde haar intrede, met drie films van Charles Dekeukeleire (**Combat de boxe**, **Impatience**, **Histoire de détective**) en het surrealistisch geïnspireerde œuvre van Henri d'Ursel (**La perle**) of Henri Storck (**Pour vos beaux yeux**). Het merendeel van deze experimentele regisseurs kende slechts een korte carrière, zoals d'Ursel, Lucien Backman, Pierre Charbonnier en deze Gussy Lauwson, van wie slechts één film bekend is. **Reflets** werd in november 1928 vertoond in de Oostendse Club du Cinéma en als volgt ingeleid door de regisseur: "alleen een film die op zichzelf staat en die een gedachte of gevoel in beelden vertaalt, is de cinema waardig". Dit mag blijken uit **Reflets**, een film die de idee illustreert dat "het leven slechts een aaneenrijging van illusies is", aan de hand van symbolen die de toenmalige critici verward en rudimentair vonden: golven, een slinger, vlammen, houten paarden of bloemen, waarvan de repetitieve bewegingen, het ontluiken of de voorbijgaande aard de vergeefse cyclus van de tijd en de dingen willen evoceren.

Impatience

Charles Dekeukeleire

Impatience
Le ballet de la moto
Ongeduld
Ongedurigheid

DIRECTOR: Charles Dekeukeleire
YEAR: 1928
COUNTRY: BE
CAST: Yonnie Selma (La femme)
LANGUAGE: -
GAUGE: 35 mm
SILENT/SOUND: silent
B&W/COLOUR: B&W
METRES: 757m

◆ Made one year after **Combat de boxe**, this film dates from its author's experimental period. Charles Dekeukeleire is familiar with the work and theories of Epstein and Delluc as well as with the research into form, rhythm and movement conducted by plastic artists such as Man Ray, Fernand Léger and Marcel Duchamp. He is also involved with the constructivist group and journal 7 *Arts*, made up of architects, painters, musicians and poets. He immediately voices his support for the principles of "cinéma pur", rejecting the literary in favour of the poetic and shunning narrative for an emotion drawn from the unique play of cinematic language. An introductory title informs the spectator that the film will be composed of four series of images, "the motorbike, the woman, the mountain and abstract blocks", elements which serve as the starting point for Dekeukeleire to construct his film according to very precise parameters. The rhythm is given by a mathematical fragmentation of the film's running time, divided up into temporal segments where the four repertories of images succeed each other in every possible combination with no respect for either melodic line or dramatic tension. This investigation into the positioning of shots proceeds in conjunction with a study of the scale of shots and the content of the images: **Impatience** is based on the close-up and the fragmentation of the image, a fragmentation which lifts the shown object out of reality and gives it a function close to abstraction. This film counts amongst those which, resisting all emotional seduction or aesthetic fascination, have gone furthest in the demand for pure and fundamental experimentation.

● Réalisé un an après **Combat de boxe**, ce film appartient à la période expérimentale de Charles Dekeukeleire. Cinéphile d'avant-garde, celui-ci est familier des films et des théories d'Epstein ou de Delluc. Il connaît aussi les recherches sur les formes, le rythme et le mouvement portées par des plasticiens tels que Man Ray, Fernand Léger ou Marcel Duchamp. Faisant partie du groupe et de la revue 7 *Arts*, où architectes, peintres, musiciens et poètes s'inscrivent dans le courant du constructivisme, il adhère d'emblée aux prises de position du "cinéma pur", qui rejette le littéraire au profit du poétique et le narratif au bénéfice d'une émotion puisée dans les seuls jeux du langage cinématographique. Un carton introductif informe le spectateur que le film sera composé de quatre séries d'images: "La moto, la femme, la montagne et des blocs abstraits", éléments à partir desquels Dekeukeleire va construire son film selon des paramètres très précis. Le rythme du film est donné par une fragmentation mathématique en segments temporels. Les quatre jeux d'images vont se succéder dans toutes les combinatoires possibles, sans que jamais soit prise en compte une ligne mélodique ou une montée dramatique. A cette recherche sur la succession des plans se joint un travail sur l'échelle des plans et le contenu de l'image: **Impatience** se fonde sur le gros plan et la fragmentation de l'image, fragmentation qui déréalise le montré pour lui donner une fonction proche de l'abstraction. Ce film est l'un de ceux qui, refusant toute séduction émotionnelle ou fascination esthétique, a été le plus loin dans l'exigence d'une recherche pure et fondamentale. (JA)

▶ Deze film werd een jaar na **Combat de boxe** gemaakt en is een exponent van Charles Dekeukeleire's experimentele periode. Dekeukeleire kende de films en theorieën van o.m. Epstein en Delluc, en was vertrouwd met het onderzoek naar vorm, ritme en beweging van beeldend kunstenaars als Man Ray, Fernand Léger en Marcel Duchamp. Als lid van de kunstkring en het blad 7 *Arts* - waar architecten, schilders, musici en dichters aansluiting zochten bij het constructivisme - schaarde hij zich van meet af aan achter het idee van de "cinema pur", die het literaire verwerpt ten behoeve van het poëtische en het narratieve inwisselt tegen emoties die enkel door de filmtaal kunnen worden verwoord. De film bestaat, luidens een inleidende titelkaart, uit vier beeldenreeksen: de motorfiets, de vrouw, de bergen en abstracte blokken. Uitgaande van deze bouwstenen heeft Dekeukeleire zijn film geconstrueerd volgens zeer strikte parameters. Het ritme wordt aangegeven door een mathematische verdeling van de speeltijd in temporele segmenten waarin de vier elementen elkaar opvolgen in iedere mogelijke combinatie, zonder dat hier een melodische lijn of dramatische opbouw aan ten grondslag ligt. Behalve een onderzoek naar de opeenvolging van beelden in de tijd is de film ook een studie m.b.t. beeldgrootte en inhoud van beelden: centraal in **Impatience** staan close-ups en gefragmenteerde beelden, die het getoonde van zijn werkelijkheidsgehalte beroven en het een meer abstracte functie verlenen. Dit werk is dan ook een van de films die, wars van iedere emotionele of esthetische verleidingskracht, het puur fundamentele onderzoek het verst tegemoet is gekomen.

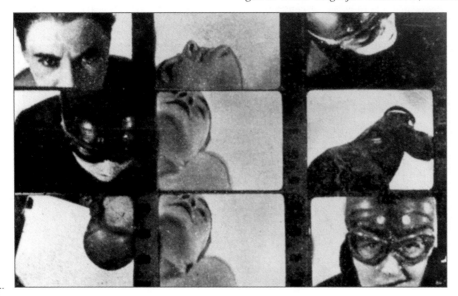

La perle

Henri d'Ursel

La perle
De parel
The Pearl

DIRECTOR: Henri d'Ursel
YEAR: 1929
COUNTRY: BE
SCREENPLAY: Georges Hugnet
CAMERA: Marc Bujard
PROD. CO.: ARC (Bruxelles)
CAST: Kissa Kouprine (La voleuse), Georges Hugnet (Le jeune homme), Mary Stutz (La fiancée), Renée Savoy (La somnambule)

LANGUAGE: -
GAUGE: 35 mm
SILENT/SOUND: silent
B&W/COLOUR: B&W
METRES: 689m

◆ The count Henri d'Ursel was a singular character: born in Brussels in 1900, he lives in Paris during the 20s, a regular at the homes of the first surrealists and avant-garde film-makers, and shoots **The Pearl** under the pseudonym of Henri d'Arche "in the flush of inexperience", as he put it. Returning to Belgium, eternally nostalgic for silent cinema ("the only films whose horizon was the dream"), in 1937 he founds the Prix de l'Image, the precursor of the experimental film festivals; then, in the aftermath of the war, the Séminaire des Arts, which for 22 years was to remain the most prestigious of Belgian ciné-clubs. A flower in his buttonhole, utterly deadpan, he showed the great classics, with his inadvertent clumsiness creating widespread enthusiasm, especially when he regularly vented his spleen about the silent era. A friend of Henri Storck and Charles Dekeukeleire, the count was also vice-president of the Royal Film Archive for 25 years and died in 1974. As with the other Belgian surrealist film-makers (Ernst Moerman, Pierre Charbonnier and Marcel Mariën), d'Ursel shot only one film, based on a screenplay by the poet Georges Hugnet. In a Paris straight out of the serials of Louis Feuillade, the hero goes in search of a pearl which constantly disappears in a string of bizarre encounters - sneak thieves in a hotel wearing body stockings à la Musidora, a beautiful fiancée on a bicycle and a somnambulist walking the rooftops in a night-shirt, amorous fantasies in the undergrowth. Hugnet himself played this waking dreamer, haunted by an unending eroticism reflected in the images. The film had a 3-week run at the Ursulines Studio in Paris arousing neither enthusiasm nor scandal.

● Singulier personnage que le comte Henri d'Ursel: né à Bruxelles en 1900, il vit à Paris durant les années 20, fréquente les premiers surréalistes et les cinéastes d'avant-garde, et réalise **La perle** sous le pseudonyme d'Henri d'Arche dans, selon lui, "l'enthousiasme de l'inexpérience". De retour en Belgique, nostalgique à jamais du cinéma muet ("le seul, celui dont l'horizon ouvrait sur le rêve"), il crée en 1937 le Prix de l'Image, précurseur des futurs festivals expérimentaux, puis, après la guerre, le Séminaire des Arts qui allait devenir durant 22 ans le plus prestigieux ciné-club de Belgique. Fleur à la boutonnière, il y présentait les grands classiques sur le mode pince-sans-rire, avec une gaucherie désinvolte qui suscitait l'enthousiasme, surtout lorsqu'il exprimait à chaque occasion son spleen du Muet. Ami d'Henri Storck et Charles Dekeukeleire, ce comte fut aussi vice-président de la Cinémathèque durant 25 ans et mourut en 1974. A l'instar des autres cinéastes belges du surréalisme (Ernst Moerman, Pierre Charbonnier ou Marcel Mariën), d'Ursel ne tourna qu'un seul film sur un scénario du poète Georges Hugnet. Dans un Paris calqué sur les feuilletons de Louis Feuillade, le héros se lançait à la poursuite d'une perle, sans cesse perdue et retrouvée, au fil des rencontres les plus insolites: souris d'hôtel gainées de collants à la Musidora, belle fiancée à bicyclette ou somnambule des toits en chemise de nuit, fantasmes amoureux dans les sous-bois. Hugnet jouait lui-même ce rêveur éveillé, hanté par un érotisme sans cesse présent dans les images. Le film fut projeté durant trois semaines aux studios des Ursulines à Paris, sans susciter d'enthousiasme ni de scandale. *(RM)*

▶ Graaf Henri d'Ursel was een zonderling personage: geboren te Brussel in 1900, bracht hij de jaren 20 door te Parijs, waar hij bevriend raakte met de eerste surrealisten en avant-gardistische filmmakers. Naar eigen zeggen "in de roes van onervarenheid" draaide hij **La perle**, onder het pseudoniem Henri d'Arche. Terug in België werd hij geplaagd door nostalgie naar de stille film ("de enige echte waarvan de horizon leidt tot de droom") en creëerde hij in 1937 de Prix de l'Image - een voorloper van de experimentele festivals - en, in de prille naoorlogse dagen, het Séminaire des Arts, dat 22 jaar lang de meest prestigieuze filmclub van België zou blijven. Met een bloem in het knoopsgat leidde hij er de grote klassiekers in. Zijn typische droge humor en nonchalante onhandigheid wekten eenieders enthousiasme op, vooral wanneer hij zijn heimwee naar de stille film uitsprak. Als vriend van Henri Storck en Charles Dekeukeleire was deze graaf ook 25 jaar lang ondervoorzitter van het Filmarchief. Hij stierf in 1974. Net als andere Belgische surrealistische cineasten (Ernst Moerman, Pierre Charbonnier of Marcel Mariën) draaide d'Ursel slechts één film, naar een scenario van de dichter

Georges Hugnet. In een Parijs uit de serials van Feuillade is de held op zoek naar een parel die hij alsmaar weer verliest tijdens uiterst bevreemdende ontmoetingen: jonge hoteldievegges gehuld in collants à la Musidora, een knappe verloofde op een fiets, een slaapwandelaar in nachthemd op het dak of amoureuze wensdromen in het kreupelhout. Hugnet speelt zelf de wakende dromer, geobsedeerd door een steeds aanwezige erotiek. De film draaide drie weken in de Ursulines-studio te Parijs en wekte er enthousiasme noch afkeer op.

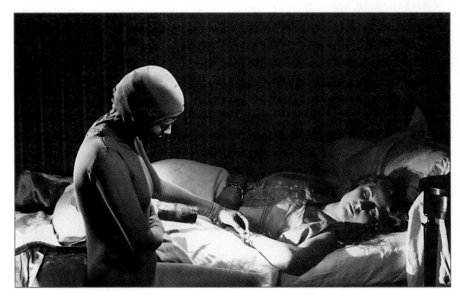

LUCIEN BACKMAN

Midi
Middag
Noon

DIRECTOR: Lucien Backman
YEAR: 1929
COUNTRY: BE
LANGUAGE: French
SILENT/SOUND: silent

La vie à l'envers
Leven in de omgekeerde zin
Life in Reverse

DIRECTOR: Lucien Backman
YEAR: 1930
COUNTRY: BE
SILENT/SOUND: silent

◆ The cameraman Lucien Backman, in the early 30s one of the heads of the Union Belge des Cinéastes Amateurs (alongside André Cauvin), made three short films towards the end of the silent era, all of which are now lost. For the first, an experimental study of a developing lab, with its ribbons of film and drying machines transformed into almost threatening objects, we do not even have a title. The second, **Noon**, now exists only as an intricate title and a number of photos: in the style of Walter Ruttmann and his **Berlin, Symphony of a Big City**, Backman films urban life as the clocks strike noon. The doors are opened on the flood of office workers, the trams are packed full, work stops on the building-sites, restaurants fill with diners whilst the navvies dig into their bread and butter or take a siesta. The ironical montage orchestrates all the details typical of a city in the midday hour. This description is culled from the press of the day, which praised the reportage for its originality. In 1930, Lucien Backman showed a third piece, **Life in Reverse**, which played with the comic effect of backward movements - a nail jumping out of a piece of wood to leap towards the hammer, a sandwich getting bigger instead of smaller in the mouth, liquid leaving the glass to fill up the bottle. It marks the sum total of Backman's work as a director; he has sunk back into obscurity due to a lack of preserved copies, although he was to crop up again in the credits to **Dance of the Giants** in 1932, for which he acted as cameraman.

● L'opérateur Lucien Backman, qui fut au début des années 30 l'un des moniteurs (avec André Cauvin) de l'Union Belge des Cinéastes Amateurs, a signé trois petits films à la fin du muet, aujourd'hui disparus. On ignore même le titre du premier, qui décrivait, sur le mode expérimental, un laboratoire de développement, avec ses rubans de pellicules et ses machines à sécher devenant des objets presque inquiétants. Du deuxième, **Midi**, ne subsiste qu'un carton calligraphié et quelques photos: à la façon de Walter Ruttmann dans son **Berlin, symphonie d'une grande ville**, Backman filme la vie urbaine, quand les horloges marquent midi. Les portes s'ouvrent sur le flot des employés, les tramways sont bondés, le travail s'arrête sur les chantiers, les restaurants se remplissent de dîneurs, tandis que des terrassiers cassent la croûte sur un banc ou font la sieste. Le montage narquois orchestre tous ces détails typiques d'une ville à l'heure méridienne. Nous empruntons ces bribes d'information à la presse de l'époque, qui loue l'originalité du reportage. En 1930, Lucien Backman présentait un troisième essai, **La vie à l'envers**, jouant sur la drôlerie des mouvements inversés: un clou qui sort de la planche pour bondir vers le marteau, le sandwich grandissant dans la bouche d'un mangeur au lieu de diminuer, le liquide sortant du verre pour remplir la bouteille. C'est là toute l'œuvre connue de cet artisan, redevenu anonyme faute de copies préservées, et qu'on allait retrouver, en 1932, au générique de **La danse des géants**, en tant que cameraman. *(RM)*

▶ Cameraman Lucien Backman, begin jaren 30 samen met André Cauvin actief in de Union Belge des Cinéastes Amateurs, leverde vóór de opkomst van de klankfilm reeds drie (verloren gegane) filmpjes af. Van het eerste, een experimentele benadering van een ontwikkelingslabo waar stroken pellicule en droogtrommels haast beangstigende vormen aannemen, kennen we zelfs de titel niet meer. Van het tweede, **Midi**, rest ons slechts een gekalligrafieerde tussentitel en enkele foto's: Backman filmde het stadsleven klokslag twaalf uur, in de stijl van Walter Ruttmanns **Berlin, die Symphonie einer Großstadt**. Poorten zwaaien open, werknemers stromen in dichte drommen naar buiten, trams zitten overvol, het werk valt stil op de werf, restaurants lopen vol terwijl grondwerkers schaften op een bankje of even indommelen. De montage geeft op ironische wijze alle typische details weer van een stad op het middaguur. Deze stukjes informatie putten we uit de toenmalige pers, die vol lof was over de originaliteit van de reportage. In 1930 leverde Backman een derde werkstukje af, **La vie à l'envers**, waarin hij het komische effect uitspeelt van achterwaarts afgespeelde beelden: een spijker onttrekt zich aan de plank en springt naar de hamer, een sandwich groeit in de mond van een etende man, een drankje kruipt uit het glas om de fles weer te vullen. Dat is zowat alles wat we weten van deze ambachtsman, die in de vergetelheid raakte omdat de kopieën van zijn films verloren zijn gegaan. We vinden zijn naam evenwel terug in 1932, in de generiek van **La danse des géants**, waarvoor hij het camerawerk verzorgde.

Midi

CARLO QUEECKERS

Kermesse flamande
Bruxelles kermesse
Vlaamse Kermis
Traditional Flemish Fair

DIRECTOR: Carlo Queeckers
YEAR: 1929
COUNTRY: BE
CAMERA: Camy Cluytens, Paul Flon
SILENT/SOUND: silent
METRES: 250m

Mélodie bruxelloise
Brusselse melodie
Brussels Melody

DIRECTOR: Carlo Queeckers
YEAR: 1929
COUNTRY: BE
CAMERA: Camy Cluytens, Paul Flon
SILENT/SOUND: silent

De abdij van Tongerloo
Tongerloo
Clôture entrée interdite
The Abbey of Tongerloo

DIRECTOR: Carlo Queeckers
YEAR: 1930
COUNTRY: BE
CAMERA: Auger
LANGUAGE: Dutch
SILENT/SOUND: silent
B&W/COLOUR: B&W

◆ Painter Carlo Queeckers switched to film-making when he was only 30. It was not that much of a big step, however, since he had always been a convinced film buff with a penchant for American films. In his opinion, Russian film had ended with the making of **Battleship Potemkin** and was no longer a part of "cinema". Queeckers felt uncomfortable doing studio work and had a strong desire for independence, so he began filming out of doors. He made his first film, **Traditional Flemish Fair**, in 1929. To his mind this endeavour was merely a first attempt, but the critics welcomed it as a promising piece of non-conformist avant-garde, which depicted the Marolles area in Brussels in an original way. Now truly committed to the medium, Queeckers made a similar documentary that same year, entitled **Brussels Melody**. As far as we know neither of these films appears to have survived, unlike Queeckers' most important work, **The Abbey of Tongerloo**, which is still kept in the abbey itself. This film was conceived as a semi-documentary about the fire which had left the abbey premises largely destroyed. Faced with quite a few problems during the shooting and post-production phases, Queeckers was anything but dissuaded from carrying on in the film business. He went to the Azores in Portugal to shoot footage for **Impressions of the Azores**, an attempt to reveal traces of Flemish roots in the local life. During the 30s, again in Portugal, Queeckers filmed a drama entitled **The Paganess**, as well as **Icarus' Farm**, a series of rural impressions illustrating a piece of music by Paul Gilson.

● Carlo Queeckers passa de la peinture au cinéma avant l'âge de 30 ans; la mue est moins essentielle qu'il n'y paraît, car Queeckers était un cinéphile-né avec une prédilection pour le cinéma américain. D'après lui, **Cuirassé Potemkine** avait été le dernier mot du septième art russe qui, depuis, ne faisait plus de vrai "cinéma". Queeckers n'était pas fait pour le travail en studio. Son grand besoin d'indépendance le poussa à parcourir le pays, caméra en bandoulière, pour filmer des documentaires en plein air. Il considéra son premier film, **Kermesse flamande** (tourné en 1929), comme un exercice de style, alors que la critique y vit un bel exemple de représentation avant-gardiste et non conformiste de la physionomie des Marolles bruxelloises, filmées de façon originale. Piqué par la mouche, Queeckers réalisa la même année un documentaire similaire intitulé **Mélodie bruxelloise**. Il ne reste vraisemblablement rien de ces deux films, toutefois son œuvre principale, **L'abbaye de Tongerloo**, est toujours conservée à l'abbaye même. Il s'agit d'un semi-documentaire sur l'incendie qui avait détruit la majeure partie de l'abbaye. Le tournage et la finition ne se déroulèrent pas sans difficultés, cela n'empêcha pas Queeckers de poursuivre sa carrière cinématographique. Il partit dans l'archipel portugais filmer **Synthèse des Açores**, une tentative de retrouver des racines flamandes dans la vie locale. Il réalisa encore un autre drame intitulé **La païenne**, également au Portugal pendant les années trente, ainsi que **Le mas d'Icare**, une illustration rurale d'un morceau musical de Paul Gilson.

► Carlo Queeckers maakte de stap van schilderkunst naar film toen hij nog geen 30 jaar oud was. Geen grote stap, want Queeckers was een geboren cinefiel met een voorliefde voor de Amerikaanse film; de Russische film had volgens hem afgedaan na **Pantserkruiser Potemkin** en maakte geen deel meer uit van de "cinema". Studiowerk lag Queeckers' niet echt; hij had een sterke drang naar onafhankelijkheid en ging dan ook met zijn camera de deur uit om documentaires te draaien. In 1929 maakte hij zijn eerste film: **Kermesse flamande**, voor hem louter een vingeroefening, voor de critici een mooi staaltje van non-conformistische avant-garde, dat op originele wijze de fysionomie van de Brusselse Marollen in beeld bracht. Gebeten door de microbe, maakte Queeckers nog datzelfde jaar een gelijkaardige documentaire: **Mélodie bruxelloise**. Van deze twee filmpjes is voor zover bekend niets bewaard gebleven, in tegenstelling tot Queeckers' belangrijkste werk **De abdij van Tongerloo**, dat nog steeds in de abdij zelf wordt bewaard. De bedoeling was een docudrama te draaien over de brand die de abdij grotendeels verwoest had. De opnamen en afwerking van de film verliepen niet zonder moeilijkheden, maar dat kon Carlo Queeckers geenszins afschrikken. Hij trok vervolgens naar de Azoren om er beelden te draaien voor zijn **Synthèse des Açores**, een poging om Vlaamse roots terug te vinden in het dagelijkse leven aldaar. In diezelfde jaren 30 - nog steeds in Portugal - draaide hij nog een drama met de titel **La païenne**, evenals **Le mas d'Icare**, een illustratie van een muziekstuk van Paul Gilson met landelijke taferelen. (MT)

De abdij van Tongerloo

Histoire de détective

Charles Dekeukeleire

Histoire de détective
Detectievengeschiedenis
Detective Story

DIRECTOR: Charles Dekeukeleire
YEAR: 1929
COUNTRY: BE
SCREENPLAY: Maurice Casteels
CAST: Pierre Bourgeois (M. Jonathan)
LANGUAGE: French
GAUGE: 35 mm
SILENT/SOUND: silent
B&W/COLOUR: B&W
METRES: 1016m

◆ A woman, concerned about the continual absences of her husband, commissions a detective to follow him and report back to her. At first glance this appears to be a classic fictional device, all the more so since Charles Dekeukeleire segments his film with titles informing us of the latest developments of the story. Yet this framework serves only to set up a narrative pretext for disrupting narrative itself in favour of pure cinema. For the detective uses photographic equipment as an instrument of investigation: thus, the camera becomes the principal character and its subjectivity the principal subject of the film. The melancholy of Monsieur Jonathan and his eventual reunion with his wife rapidly become the least of both our and the director's worries. The film is preoccupied with something very different: the camera-eye (Dziga Vertov's film dates from 1928), a voyeuristic instrument which records fragments of the real to organize a reality which would be truth. The investigation thus becomes the history of a film, with the hazards of shooting, its hidden (and hindered) camera style, the editing and projection. The fictional happy ending leaves unresolved the fundamental issue: how does cinema relate to reality? The photography and camerawork exploit the imperfections of the reportage or stake-out, such as focusing errors, double exposures, fragmentary and ambiguous information and the ordering of shots into impressions rather than information. Providing counterpoint and harmony, the titles designed by painter Victor Servranckx similarly play with their narrative function, only to quickly distance themselves from it, preferring pure visual experimentation.

● Une femme inquiète du comportement de son mari, trop souvent absent, demande à un détective de le suivre et de lui faire un rapport. Argument classique de fiction, semble-t-il, d'autant plus que Charles Dekeukeleire découpe son film par des cartons qui nous informent des rebondissements de l'histoire. Cependant, cette trame ne sert qu'à mettre en avant un prétexte pour mieux désarticuler le récit au profit du seul cinéma. En effet, le détective va employer un appareil de prise de vues comme instrument d'investigation. La caméra devient ainsi le personnage principal et sa subjectivité va être le sujet essentiel du film. Le vague à l'âme de Monsieur Jonathan ou ses éventuelles retrouvailles avec sa femme deviennent très rapidement le cadet des soucis du réalisateur et du spectateur, préoccupés par bien autre chose, c'est-à-dire par la caméra-œil (le film-manifeste de Dziga Vertov date de 1928), instrument voyeur qui capte des fragments de réel pour organiser une réalité qui serait une vérité. L'enquête devient donc l'histoire d'un film, avec ses aléas de tournage, style caméra cachée ou empêchée, son montage et sa projection. Le "happy end" laisse entière l'interrogation fondamentale : quel rapport le cinéma entretient-il avec la réalité ? L'image et le cadre calquent les imperfections d'un film de reportage-traque : flou, surimpressions, information parcellaire et ambiguë, succession de plans plus proches de l'impression que de l'information. En contrepoint et en sympathie, les cartons dessinés par le peintre Victor Servranckx jouent eux aussi sur une fonction narrative pour bien vite s'en éloigner au profit d'une pure recherche visuelle. (JA)

▶ Verontrust over het gedrag van haar man die al te vaak afwezig is, huurt een vrouw een detective in om hem te volgen en verslag uit te brengen. Een klassieke basis voor een verhaal, zo lijkt het, vooral omdat Charles Dekeukeleire zijn film doorspekt met tussentitels die ons informeren over nieuwe wendingen. Maar dit raamwerk dient slechts om een verhaal op te bouwen, dat daarna des te doeltreffender kan worden afgebroken ten behoeve van de pure filmkunst. Want de detective gebruikt zijn lens als onderzoeksinstrument: zo gaat de camera een hoofdrol spelen en wordt haar subjectiviteit het hoofdthema. De melancholie van Monsieur Jonathan en zijn eventuele terugkeer naar zijn vrouw interesseren de regisseur en de kijker al snel niet meer; zij worden volledig in beslag genomen door het camera-oog (het film-manifest van Dziga Vertov dateert van 1928): een voyeuristisch instrument dat stukjes realiteit opvangt en ze omvormt tot een nieuwe werkelijkheid die waarheid zou zijn. Het onderzoek wordt dus het verhaal van een film - van de perikelen met de verborgen (of verhinderde) camera, de montage en de vertoning. Het happy end laat de fundamentele vraag naar de manier waarop film en realiteit zich tot elkaar verhouden volledig open. De beelden en de kadrering weerspiegelen daarbij de chaotische reportage-klopjacht: vage, dubbel belichte beelden, onvolledige en dubbelzinnige informatie, een reeks fragmenten die eerder indrukken geven dan informatie. Bij wijze van tegenwicht en neventhema hebben ook de titelkaarten van de hand van schilder Victor Servranckx een verhalende functie, maar ze maken zich daar snel van los om ruimte te bieden aan de puur visuele stijloefening.

Images d'Ostende

Henri Storck

Images d'Ostende
Beelden van Oostende
Scenes of Ostend

DIRECTOR: Henri Storck
YEAR: 1929-1930
COUNTRY: BE
CAMERA: Henri Storck
LANGUAGE: French
GAUGE: 35 mm
SILENT/SOUND: silent
B&W/COLOUR: B&W
METRES: 420m

[Films d'amateur sur Ostende]
[Amateurfilms over Oostende]
[Amateur Films on Ostend]

DIRECTOR: Henri Storck
YEAR: 1927-1928
COUNTRY: BE
CAMERA: Henri Storck
GAUGE: 9,5 mm
SILENT/SOUND: silent
B&W/COLOUR: B&W

Images d'Ostende

◆ Born in Ostend in 1907, at the age of 20 Henri Storck founded a film club in the bathing resort, home more to painters and beach belles than to young enthusiasts of risky artistic projects. Yet when he came by a camera, this enterprising and "visionary" young man was transformed into a film-maker. His first efforts were impressionistic images, now lost, of Ostend itself; then followed an 8-minute experimental piece in the surrealist vein from an idea by Félix Labisse, **For Your Wonderful Eyes** (1929), also lost. The earliest of Storck's works to be preserved is **Scenes of Ostend**. It is organized in visual chapters: the port, the anchors, the wind, the meerschaum, the dunes, the North Sea... a series of images which are completely freed of anecdote and illustration. Each shot is developed in the closest sense of the word, and it could be said that this is the first conceptual experimental film. Shot after shot - and there are a great many of them - Storck offers views of fragments and specific aspects which locate precisely their multiple constituent elements. They relate to their cinematic equivalents - to light, framing, the scale of the shots, movement and rhythm. Water, sand and waves become an integral part of the filmic vocabulary. This is, as Germaine Dulac and her friends would have put it, "pure cinema" - a poetic, kinetic shock with neither plot nor sound which manages to unshackle cinema from narrative and return it to the world of sensations, a world which cinema alone can evoke. An instant masterpiece, the origin of Storck's visual style.

● Né à Ostende en 1907, Henri Storck fonde à vingt ans un ciné-club dans cette station balnéaire davantage livrée aux peintres et aux belles personnes qu'aux jeunes gens exaltés par des activités artistiques à hauts risques. Une caméra offerte à ce jeune homme entreprenant et "voyant" va le transformer en cinéaste. Il filme d'abord sa ville, Ostende, images impressionnistes disparues; puis réalise un essai de 8 minutes, sur un sujet de Félix Labisse, dans l'esprit surréaliste: il s'agit de **Pour vos beaux yeux** (1929), film également perdu. La première œuvre préservée sera **Images d'Ostende**. Le film est organisé en chapitres visuels: le port, les ancres, le vent, l'écume, les dunes, la mer du Nord - une série d'images qui n'ont rien à voir avec l'anecdote ou l'illustration. Chaque plan est au cœur même de la définition du mot développé et l'on peut alors dire que c'est le premier film d'expérimentation conceptuelle. Plan après plan - et le film est très découpé - Storck propose un regard sur un fragment, un aspect qui met en place ses éléments constituants et multiples. Ils font appel à leurs équivalents cinématographiques: la lumière, le cadre, l'échelle des plans, le mouvement, le rythme. L'eau, le sable, les vagues entrent directement dans un vocabulaire filmique. C'est du "cinéma pur", auraient dit Germaine Dulac et ses amis. Un choc poétique et cinétique, sans fiction ni son, qui dégage le cinéma de son obligation narrative pour le rendre au monde des sensations que lui seul peut porter. Un chef-d'œuvre immédiat, fondateur du regard d'Henri Storck. (JA)

► Henri Storck, geboren te Oostende in 1907, stichtte op 20-jarige leeftijd een filmclub in deze badstad, toen eerder het terrein van schilders en kokette badgasten dan van jonge mensen met riskante artistieke projecten. Maar eens deze ondernemende, "helderziende" jongeman in het bezit kwam van een camera, was een nieuwe cineast geboren. Eerst filmde hij impressionistische beelden van Oostende; dan volgde een surrealistisch essay van 8', **Pour vos beaux yeux** (1929), naar een idee van Félix Labisse. Beide films gingen verloren. Als Opus I rest dus slechts deze **Images d'Ostende**, een film uit de beginjaren, opgedeeld in visuele hoofdstukken: de haven, de ankers, de wind, de schuimende golven, de duinen, de Noordzee. Een reeks beelden die niets met anekdotiek of illustratie te maken hebben. Elk beeld stoot rechtstreeks door tot de ziel van het gefilmde, en dit werk kan dan ook als de eerste conceptuele experimentele film worden beschouwd. Opname na opname geeft Storck ons in een intensieve montage zijn kijk op een fragment, een aspect dat samen met de rest een samenhangend en gediversifieerd geheel vormt. Ze verwijzen naar hun cinematografische tegenhangers: de lichtinval, het kader, de beeldstructuur, de beweging, het ritme. Water, zand en golven worden zuiver filmische elementen. Germaine Dulac c.s. zouden dit "cinéma pur" genoemd hebben: een poëtische en filmische schok, zonder klank noch fictie. De cinematografie wordt uit haar louter verhalende functie ontheven en ontsluit een wereld van affecten waartoe alleen de film toegang kan verlenen. Een onmiddellijk chef d'œuvre en de grondslag van het idioom van Storck.

Pour vos beaux yeux

Henri Storck

Pour vos beaux yeux
Voor je mooie ogen
For Your Wonderful Eyes

DIRECTOR: Henri Storck
YEAR: 1929-1930
COUNTRY: BE
SCREENPLAY: Félix Labisse
CAMERA: Henri Storck
CAST: Henry Van Vyve, Félix Labisse, Ninette Labisse, Alfred Courmes
GAUGE: 35 mm
SILENT/SOUND: silent
B&W/COLOUR: B&W
MINUTES: 8'

◆ As a great art-lover and himself an amateur painter, Henri Storck in Ostend forms a bond with the almost seventy-year-old James Ensor and frequents the studios of Constant Permeke and Leon Spilliaert. Alongside these kindly elders, he also becomes a close friend of the young Frenchman Félix Labisse, recently arrived from Douai with his sister, a sculptor. The two men become inseparable: together they work for an artistic journal that they founded with a number of friends, and when Storck opens a film club in the town with Ensor's support, Labisse occupies the post of joint secretary. Then they step behind the camera together: "Félix and I decided to move into film-making. I had shot **Scenes of Ostend** in 1929, but the ideas for the next film, **For Your Wonderful Eyes**, came from Félix." In eight minutes and 75 shots, the film tells the story of a young man who finds a glass eye in a park, becomes obsessed with the object and attempts to get rid of it by sending it through the post; at the close, "the eye is crushed by a foot". With Henry Van Vyve in the main role (Labisse and his sister Ninette made an appearance only in the first third of the script), the film was a clear surrealist statement, one year after **Un chien andalou** and its razorcut eye. The sole surviving copy was entrusted to Henri Langlois, co-founder of the Cinémathèque Française, in May 1967. It was sent for restoration to a laboratory in the South of France, where it disappeared. This is a tragic loss, since the second of Storck and Labisse's surrealist works (**The Death of Venus**) has similarly vanished with the disintegration of the negative.

● Grand amateur de peinture, s'y essayant lui-même modestement, Henri Storck s'est lié à Ostende avec un James Ensor presque septuagénaire et fréquente les ateliers de Constant Permeke ou de Leon Spilliaert. Mais à côté de ces aînés bienveillants, il devient l'intime d'un jeune Français de Douai, installé depuis peu à Ostende avec une sœur sculpteur: Félix Labisse. Les deux hommes sont désormais inséparables. Ils participent ensemble à une revue artistique qu'ils ont créée avec quelques amis. Storck lance un ciné-club ostendais, avec l'appui d'Ensor, et Labisse en sera le secrétaire adjoint. Enfin, les compères passent à l'étape décisive. "Félix et moi, nous décidâmes que nous ferions du cinéma. J'avais tourné **Images d'Ostende** en 1929, mais le film suivant, **Pour vos beaux yeux**, c'est lui qui en imagina le scénario." En huit minutes et 75 plans, il racontait l'histoire d'un jeune homme qui trouve un œil de verre dans un parc, devient obsédé par sa trouvaille, et tente de s'en débarrasser en l'expédiant par la poste. Au final, "un pied écrase l'œil". Interprétée par Henry Van Vyve (Labisse et sa sœur Ninette n'apparaissent que dans le premier tiers du script), l'œuvre se voulait dans la mouvance surréaliste, un an après **Un chien andalou** et son œil tranché. L'unique copie rescapée fut remise à Henri Langlois, cofondateur de la Cinémathèque Française, en mai 1967, pour être restaurée dans un laboratoire du midi de la France, où elle s'égara. La perte est d'importance, puisqu'elle s'ajoute à celle du second film surréalisant de Storck et Labisse (**La mort de Vénus**), dont le négatif s'est désagrégé. (RM)

▶ Als groot kunstliefhebber die zelf ook al eens het penseel ter hand durft nemen, voelt Henri Storck zich in Oostende verbonden met de bijna 70-jarige James Ensor en zoekt hij de ateliers op van Constant Permeke of Leon Spilliaert. Behalve met deze oudere leermeesters raakt hij ook bevriend met een jonge Fransman uit Douai die zich samen met zijn zus, een beeldhouwster, in Oostende had gevestigd: Félix Labisse. De twee worden onafscheidelijk: ze werken samen aan een artistiek tijdschrift dat ze met enkele vrienden hadden opgericht, en wanneer Storck - met steun van Ensor - een filmclub opent, wordt Labisse adjunct-secretaris. Maar dan waagt het duo de grote sprong: "Félix en ik namen het besluit een film te maken. **Images d'Ostende** had ik in 1929 eigenhandig gedraaid, maar voor de volgende film, **Pour vos beaux yeux**, zou hij het scenario schrijven". In 8 minuten en 75 shots zien we hoe een jongeman in een park een glazen oog vindt, door zijn vondst geobsedeerd raakt en zich er vervolgens van wil ontdoen door het oog met de post te verzenden; uiteindelijk "vertrapt een voet het oog". Dit werk uit de surrealistische doos, met Henry Van Vyve in de hoofdrol (Labisse en diens zuster Ninette zijn slechts in het begin te zien), verscheen een jaar na **Un chien andalou**, met het doorgesneden oog. De enige overblijvende kopie werd in mei '67 toevertrouwd aan Henri Langlois (medeoprichter van de Cinémathèque Française) voor restauratie in een Zuid-Frans laboratorium, waar ze spoorloos verdween. Een zwaar verlies want ook van **La mort de Vénus**, de tweede surreële film van Storck en Labisse, is het negatief ontbonden.

Witte vlam

Charles Dekeukeleire

Witte vlam
Flamme blanche
White Flame

DIRECTOR: Charles Dekeukeleire
YEAR: 1930
COUNTRY: BE
SCREENPLAY: Willem Rombauts
ASST. DIR.: René Jauniaux
PROD. CO.: PDK (Bruxelles)
CAST: Willem Rombauts
LANGUAGE: Dutch
GAUGE: 35 mm
SILENT/SOUND: silent
B&W/COLOUR: B&W
METRES: 217m

◆ At the age of 25 Charles Dekeukeleire already has three short films to his name, all characterized by formal and narrative experimentation. **White Flame**, written by and starring the Flemish poet Willem Rombauts, marks his transition from these impertinent beginnings to a cinema anchored more firmly in reality, the style which would preoccupy the film-maker for the remainder of his career.

White Flame is a strange film. The original screenplay told the story of a young man from the country with a city education: a boorish, violent character filled with a desperate, purely urban unease. Dekeukeleire transformed him into a butcher who during a political demonstration at the foot of the Yser Tower commits an act of rebellion that is brutally suppressed by the authorities. He escapes but, confronted with everyday objects (a solid block of ice, a slab of meat, his sharpened knives and cleaver), the young man's militant rage drifts towards sterile, bizarre acts (caressing and breaking objects), "as if to parallel the dynamic of a group of individuals buoyed by an idea with the inconsistency of a socially apathetic man who seeks release through laughable diversions" (Jacques Polet). **White Flame** secretes a drifting air of unreality straight out of Buñuel, born out of "carnal" close-ups and a montage which owes a great deal to Soviet films of the period. The close-ups are not only the sign of a shoestring budget - their composition bears witness to the realistic formalism which was henceforth to remain a constant of Dekeukeleire's work.

● A 25 ans, Charles Dekeukeleire a déjà à son actif trois courts métrages, tous marqués du sceau de l'expérimentation formelle et narrative. **Flamme blanche**, interprété par le poète flamand Willem Rombauts, également auteur du scénario, opère la transition entre ce cycle de tentatives impertinentes et un cinéma plus ancré dans la réalité qui deviendra la préoccupation majeure du cinéaste pour le restant de sa carrière.

Flamme blanche est un film étrange. L'argument de départ était l'histoire d'un jeune paysan ayant reçu une éducation urbaine, c'est-à-dire d'un caractère rustre, violent, mais empli d'une fiévreuse inquiétude toute citadine. Dekeukeleire fit de lui un boucher qui, lors d'une manifestation politique aux alentours de la tour de l'Yser, pose un acte de révolte que les autorités vont brutalement réprimer. Après la fuite, la rage du jeune homme, confrontée aux objets quotidiens (bloc de glace brute, morceau de viande, couteaux et haches affûtés), s'égare vers des actes stériles et étranges (objets caressés ou brisés), "comme pour mettre en parallèle la dynamique d'un ensemble d'individus soutenus par une idée et l'inconsistance d'un homme non engagé, se libérant dans des exutoires dérisoires" (Jacques Polet). **Flamme blanche** sécrète une irréalité flottante, toute buñuelienne, qui naît de gros plans "charnels" et d'un montage qui n'est pas sans rappeler le cinéma soviétique de la même époque. Ces plans rapprochés - signes ici d'un film fauché - composent un style tout à la fois formaliste et réaliste, propre à Dekeukeleire. *(AFL)*

▶ Op 25-jarige leeftijd had Charles Dekeukeleire al drie kortfilms op zijn naam staan, stuk voor stuk experimenten rond vorm en verhaaltechniek. **Witte vlam**, vertolkt door de Vlaamse dichter Willem Rombauts, die tevens het scenario schreef, vormt een overgang van deze serie vrijpostige oefeningen naar een meer in de realiteit verankerde filmkunst, waarop de cineast zich gedurende de rest van zijn carrière vooral zou toeleggen.

Witte vlam is een vreemde film. Het scenario handelde oorspronkelijk over een boerenjongen die een stadse educatie heeft genoten: een gewelddadige, lompe figuur vervuld van de koortsige onrust eigen aan de stad. Dekeukeleire maakte van de man een slager die, tijdens een politieke manifestatie bij de IJzertoren, een opstandige daad stelt die de autoriteiten brutaal afstraffen. Hij weet te ontkomen, maar wanneer hij wordt geconfronteerd met dagdagelijkse objecten (een blok ijs, een homp vlees, geslepen messen en een bijl) verandert zijn razernij in steriele, vreemde handelingen (hij streelt voorwerpen, of breekt ze), "als om de dynamiek van een groep individuen die zich achter een idee scharen tegenover de inconsistentie te plaatsen van een niet-geëngageerde man die lachwekkende uitwegen zoekt voor zijn verlossing" (Jacques Polet). **Witte vlam** ademt een Buñueliaanse sfeer van onwezenlijkheid die ontstaat door de "vleselijke" close-ups en de montage die doet denken aan de Russische films uit die tijd. Die close-ups - een teken van het berooide budget - creëren de zowel formalistische als realistische stijl eigen aan Dekeukeleire.

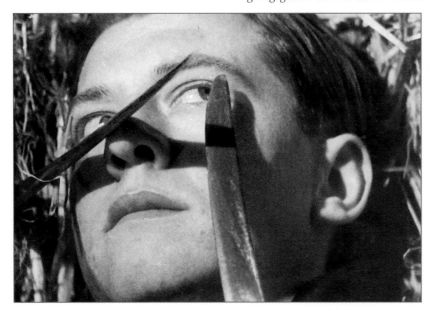

Une pêche au hareng

Henri Storck

Une pêche au hareng
Une pêche aux harengs
Ter haring-visscherij
Herring Fishers

DIRECTOR: Henri Storck
YEAR: 1930
COUNTRY: BE
CAMERA: Henri Storck
LANGUAGE: French, Dutch
GAUGE: 35 mm
SILENT/SOUND: silent
B&W/COLOUR: B&W
METRES: 373m

◆ After **Scenes of Ostend**, **Herring Fishers** is the second key film in the cinema of Henri Storck. The first opened the door to the avant-garde and to a lyrical and abstract treatment of a subject established via rigorous, sensitive and poetic - in the strictest sense of the term - photography and editing. In the second film the North Sea is also present, this time however seen with Storck's documentary eye, the other form to which the film-maker would consistently return. His recurring themes in these films were to be the observation of men at work, capturing their gestures and the rhythm of the production cycle, the documentation of their tools and machines and the creation of an anthropology of manual labour. **Herring Fishers** is a silent film, with explanatory titles preceding each of the actions and situations documented. A fishing boat leaves Ostend and lays its nets, but the vessel strays into French territorial waters and is stopped by the Coast Guard. This mini naval battle did not result in any serious consequences for Storck. The images and the shots are all extremely tight; close-ups of fishermen's faces, the ropes, the sea, of the sparkling fish and the baskets laden with the fruits of the catch. To quote Jean Queval: "The particular merit of **Herring Fishers** lies in its status as a historic film, a short comparable to the film by John Grierson, the guru, prophet and driving force behind the British documentary movement. His **Drifters** was made roughly contemporaneously and about an identical subject."

● Après **Images d'Ostende**, **Une pêche au hareng** est le deuxième film fondateur du cinéma d'Henri Storck. Le premier ouvrait la voie de l'avant-garde et du rapport à la fois lyrique et abstrait à un sujet mis en place par une image et un montage immédiatement rigoureux et sensibles: on pourrait dire poétiques si ce terme est pris dans son acception la plus stricte. Dans le deuxième, la mer du Nord est toujours là, mais le point de vue est documentaire. C'est l'autre direction que va emprunter le regard du cinéaste. Voir des hommes au travail, capter leurs gestes, entrer dans le cycle de la production, montrer les machines et les outils, faire une anthropologie du travail manuel seront des thèmes des films d'Henri Storck. Film muet, **Une pêche au hareng** est entre-coupé de cartons informatifs qui précèdent et expliquent les actions et les situations. Un navire quitte le port d'Ostende, il lance ses filets, mais, entré dans les eaux territoriales françaises, il est arraisonné par les garde-côtes. Cette petite bataille navale se terminera sans mal pour le cinéaste. Les images et les plans jouent la proximité, serrent les visages des pêcheurs, les cordages, la mer, le scintillement des poissons, les paniers pleins du butin marin... Pour citer Jean Queval: "La particularité d'**Une pêche au hareng** est d'avoir acquis un caractère somme toute historique, puisqu'on peut comparer ce court métrage au film de John Grierson - l'idéologue ou prophète ou homme moteur du mouvement documentaire en Grande-Bretagne - **Drifters**, réalisé à peu près en même temps et sur un sujet identique." *(JA)*

▶ **Une pêche au hareng** was, na **Images d'Ostende**, de tweede sleutelfilm in het œuvre van Henri Storck. De eerste ging de avant-gardistische weg op, met een lyrisch-abstracte benadering van een onderwerp dat zorgvuldig in beeld gebracht werd en gevoelig gemonteerd, op een haast poëtische wijze, in de meest strikte betekenis van het woord. De Noordzee staat weerom centraal, maar nu kijkt de cineast met een documentaristische blik, de andere invalshoek die Storck zich eigen zal maken. Het gadeslaan van mensen aan het werk en hun gebaren, in de productieketen binnendringen om machines en werktuigen te tonen, handenarbeid op antropologische wijze bestuderen: het zijn thema's die het werk van Storck kenmerken. **Une pêche au hareng** is een stille film, met informatieve tussentitels die elke scène voorafgaan en de inhoud ervan duiden. Een schip verlaat de haven van Oostende en gooit zijn netten uit, maar zodra het de Franse territoriale wateren binnenvaart, wordt het door de kustwacht gepraaid. Gelukkig raakt de cineast zonder kleerscheuren uit deze mini-zeeslag. Alle beelden ademen een grote directheid en vatten in strakke close-ups de gelaatstrekken der vissers, het touwwerk, de zee, de glinsterende vissen en de overvolle manden. Citeren we Jean Queval: "Het bijzondere aan **Une pêche au hareng** is dat het uiteindelijk toch een historisch werk is geworden, een kortfilm die te vergelijken is met **Drifters**, de film van John Grierson - de ideoloog, profeet en stuwende kracht achter de documentaire beweging in Groot-Brittannië -, die ongeveer op hetzelfde ogenblik gemaakt werd over hetzelfde onderwerp."

La mort de Vénus

Henri Storck

La mort de Vénus
Venus' dood
The Death of Venus

DIRECTOR: Henri Storck
YEAR: 1930
COUNTRY: BE
SCREENPLAY: Félix Labisse, Henri Storck
CAMERA: Henri Storck
CAST: Félix Labisse, Gwen Norman
GAUGE: 35 mm
SILENT/SOUND: silent
B&W/COLOUR: B&W
MINUTES: 10'

◆ Dating back to the Ostend of the late 20s, the friendship between Henri Storck and the painter Félix Labisse (1904-1982) was to last a lifetime. In addition to the two avant-garde shorts the couple made together in 1929-30, in 1962 Henri Storck was to devote a pair of films to the work of his constant companion, two brief colour montages set to texts by Pierre Seghers. The first of these, **The Happiness of Being Loved**, focuses on woman as depicted in Labisse's paintings - an enchantress, rich and fertile, ever-changing. The second, **The Miseries of War**, is "a tour of his metaphorical, bellicose pieces: intricate, fascinating images, science-fiction warriors, Moloch-like robots, murdered and murderous women" (Jean Queval).

Returning to the earlier silent films, **For Your Wonderful Eyes** was followed a few months later by **The Death of Venus**, which has also been lost, surviving only in the shape of a handful of stills. There are two characters - one played by Labisse himself, the other by the young Gwen Norman, the future protagonist of **Romance on the Beach** (1931, sound film), which Storck was also to shoot in Ostend with the artist's help. The young couple plunge into the sea, then emerge after exchanging bathing costumes, thus symbolizing their "maritime erotic activity", in the words of Storck. "They talk to each other, desire each other, play with the moist sand, erect a phallic construction on the man's body; finally, the woman disappears among the waves: the pleasure embodied in her presence was so great that her absence becomes the dreamlike consequence." All the more frustrating that the negative reverted to dust.

● Née à Ostende à la fin des années 20, l'amitié entre Henri Storck et le peintre Félix Labisse (1904-1982) se poursuivra tout au long d'une vie. Au cinéma, outre les deux courts métrages d'avant-garde qu'ils tourneront ensemble en 1929-30, Storck consacrera un diptyque à l'œuvre de son compagnon de toujours: deux brefs montages en couleurs, sur des textes de Pierre Seghers, en 1962. Le premier de ces films, **Le bonheur d'être aimée**, s'intéresse à la femme dans les tableaux de Labisse, sorcière, végétale, métamorphosée. Le second, **Les malheurs de la guerre**, est "une promenade dans ces toiles métaphoriquement belliqueuses: images d'épervier, guerriers de science-fiction, robots-Moloch, femmes tuées ou tueuses" (Jean Queval).

Pour en revenir au muet, **Pour vos beaux yeux** est suivi, quelques mois plus tard, par **La mort de Vénus**, autre film disparu et dont ne subsistent que quelques photogrammes. Deux personnages: l'un interprété par Labisse, l'autre par la jeune Gwen Norman, future protagoniste d'**Une idylle à la plage** (1931, sonore) que Storck tournera également à Ostende, assisté par le peintre. Le jeune couple plonge, puis ressort de la mer après y avoir échangé ses costumes de bain, symbolisant ainsi "leur activité maritime érotique", selon Storck. "Ils se parlent et se désirent; jouent avec le sable mouillé, érigent une construction phallique sur le corps de l'homme; enfin, la femme disparaît dans les flots: le plaisir qu'a donné sa présence est si fort que son absence en devient la conséquence onirique." Faut-il ajouter que ces propos du réalisateur rendent d'autant plus frustrant le retour du négatif à la poussière? (RM)

▶ Henri Storck en schilder Félix Labisse (1904-1982) werden eind jaren 20 te Oostende vrienden voor het leven. Afgezien van de twee avant-gardistische kortfilms die ze samen draaiden in 1929-30, wijdde Storck in 1962 nog een tweeluik aan het œuvre van zijn kompaan: twee korte montages (in kleur), begeleid door teksten van Pierre Seghers. De eerste, **Le bonheur d'être aimée**, belicht de vrouw in het werk van Labisse: magisch, aards, gemetamorfoseerd. Het tweede deel, **Les malheurs de la guerre**, is "een wandeling door doeken van een metaforische oorlogszucht: beelden van sperwers, science-fiction krijgers, Moloch-robots, vermoorde of moordzuchtige vrouwen" (Jean Queval).

Terug in de periode van de stille film, kwam enkele maanden na **Pour vos beaux yeux**, **La mort de Vénus** uit, nog een verloren gegane film waar ons slechts enkele fotogrammen van resten. Hoofdpersonages waren Labisse en de jonge Gwen Norman, de toekomstige protagoniste van **Une idylle à la plage** (1931, klankfilm), eveneens door Storck opgenomen te Oostende met de schilder als assistent. Het jonge koppel duikt in zee en wisselt er van badpak om dan weer uit het water te kruipen, volgens Storck een symbool van "hun erotische maritieme activiteit". "Ze spreken met en verlangen naar elkaar; spelen met het natte zand; bouwen een fallische constructie op het lichaam van de man; uiteindelijk gaat de vrouw op in de golven: het genot van haar aanwezigheid was zo hevig dat haar afwezigheid er het oneirische gevolg van wordt". Met deze woorden van de regisseur in het achterhoofd, wordt onze frustratie over het verlies van het negatief des te pijnlijker.

Trains de plaisir

Henri Storck

Trains de plaisir
Pleziertrein
Day-trippers

DIRECTOR: Henri Storck
YEAR: 1930
COUNTRY: BE
CAMERA: Henri Storck
LANGUAGE: French
GAUGE: 35 mm
SILENT/SOUND: silent
B&W/COLOUR: B&W
METRES: 158m

Les fêtes du centenaire
Eeuwfeesten
Centenary Celebrations

DIRECTOR: Henri Storck
YEAR: 1930
COUNTRY: BE
CAMERA: Henri Storck
LANGUAGE: -
GAUGE: 35 mm
SILENT/SOUND: silent
B&W/COLOUR: B&W
METRES: 102m

Le service de sauvetage à la côte belge
Le sauvetage à la côte belge
Reddingsdienst aan de Belgische kust
Rescue Services at the Belgian Coast

DIRECTOR: Henri Storck
YEAR: 1930
COUNTRY: BE
CAMERA: Henri Storck
PROD. CO.: Administration de la Marine - Beheer van het Zeewezen
LANGUAGE: French, Dutch
GAUGE: 35 mm
SILENT/SOUND: silent
B&W/COLOUR: B&W
METRES: 658m

Trains de plaisir

◆ Of the two key films Henri Storck devoted to the town of his birth, if **Scenes of Ostend** represented a plunge into the maritime world, then **Day-trippers** is the contemplation of the human world - the beach and the bathers, attitudes and gestures. It is all a matter of the camera's gaze: just what is it exactly that happens down on the sands? The film's technique is one of sketches and portraits, of delicate pointilliste touches which gradually merge to form a warm and cheerful picture of a summer Sunday by the sea. There are verticals - the bathers flinging themselves into the waves - and horizontals - those dozing on the shore, there are adults and children, bathing costumes and suits and hats, bare feet and shoes, beach belles and people-watchers. "Oh! Grandmas and Granddads, Belgian beached whales, gossips, gout and strongmen. Storck has immortalized you in a heavenly film" (Michel de Ghelderode).

In the summer of 1930 Storck was also to shoot **Centenary Celebrations**, a reportage made in his capacity as the "official town cinematographist" of Ostend. The film was to serve as a precursor of Storck's later work **High Days and Holidays in Belgium**, with his love for Belgian festive traditions. The film-maker was also to devote two sound films to the town, **Ostend, Queen of Seaside Resorts** (1931), a montage of footage from his 1930 reportages, and the medium-length **Romance on the Beach**, with Raymond Rouleau and Gwen Norman. **Rescue Services at the Belgian Coast**, a didactic documentary from 1930, completes the cycle of Ostend films.

● Dans le diptyque fondateur qu'Henri Storck a consacré à sa ville natale, alors qu'**Images d'Ostende** était une immersion dans les éléments marins, **Trains de plaisir** s'attache à l'élément humain. La plage et les baigneurs, attitudes et gestes. Tout est une question de regard. Qu'est-ce qui se passe sur le sable? On peut parler, pour ce film, de croquis et de portraits, de petites touches pointillistes qui s'organisent dans la description amusée et chaleureuse d'un dimanche d'été aux "bains de mer". Il y a les verticaux (les baigneurs qui se ruent dans les flots) et les horizontaux (les dormeurs), les adultes et les enfants, ceux qui sont en maillot et ceux qui sont en costume-chapeau, ceux qui ont les pieds nus et ceux qui restent en souliers, celles qui se baignent et ceux qui regardent. "Oh! pépères, mémères, cachalots belges, pipelets, podagres et boufres. Storck vous immortalisa dans un film solaire" (Michel de Ghelderode).

C'est également au cours de l'été 1930 que Storck tourna à Ostende **Les fêtes du centenaire**, un reportage réalisé en sa qualité de "cinégraphiste officiel de la ville", le modèle et la matrice de ce qui sera développé dans **Fêtes de Belgique**: le goût du folklore festif. Deux films sonores seront encore consacrés à Ostende par Storck: **Ostende reine des plages** (1931), montage tiré de ses reportages de 1930, et son moyen métrage: **Une idylle à la plage** (1931), avec Raymond Rouleau et Gwen Norman. A titre documentaire, on citera aussi **Le service de sauvetage à la côte belge** (1930), un film didactique qui complète ce cycle d'Ostende. (JA)

▶ In het stichtende tweeluik dat Henri Storck aan zijn geboortestad wijdde, concentreerde **Trains de plaisir** zich vooral op het menselijke aspect, daar waar **Images d'Ostende** een meer maritiem karakter uitstraalt. Het strand en de baders, gedragingen en gebaren. Alles hangt af van hoe je het bekijkt. Wat gebeurt er zoal in het zand? Deze film bestaat uit schetsen en portretten, kleine pointillistische trekjes die samen een vrolijke en warme evocatie vormen van een zomerse zondag aan zee. Je vindt er een bont publiek: sommigen verticaal (de baders in de golven), anderen horizontaal (de slapers op het strand), volwassenen en kinderen, mensen in badpak en anderen in kostuum met hoed, zij die blootvoets lopen en de geschoeiden, mooie baadsters en kijklustigen. "O! peetjes en meetjes, Belgische potvissen, roddeltantes, jichtvoetigen en binken. Storck vereeuwigde jullie in een hemelse film" (Michel de Ghelderode).

In diezelfde zomer van 1930 draaide Storck te Oostende **Les fêtes du centenaire**, een reportage die hij maakte in de hoedanigheid van "officiële cineast van de stad" en het model voor wat hij later verder zou uitwerken in **Fêtes de Belgique**: zijn passie voor feestelijke folklore. Voorts zou hij nog twee klankfilms aan Oostende wijden: **Ostende reine des plages** (1931), een montage van beelden uit zijn reportages van 1930, en de middellange film **Une idylle à la plage** (1931), met Raymond Rouleau en Gwen Norman. Om de Oostendse cyclus te vervolledigen, kunnen we ook nog **Le service de sauvetage à la côte belge** vermelden, een didactische documentaire uit 1930.

Le service de sauvetage à la côte belge

Ce soir à huit heures

Pierre Charbonnier

Ce soir à huit heures
Vanavond om acht uur
Tonight at Eight O'clock

DIRECTOR: Pierre Charbonnier
YEAR: 1930
COUNTRY: BE
CAMERA: Henri Storck
CAST: Lucienne Lemarchand, Lucien Charbonnier, Raymond Rouleau, Mathieu Corman
LANGUAGE: French
SILENT/SOUND: silent
B&W/COLOUR: B&W

◆ Before leaving Brussels for good and heading for Paris in 1931, the local actor Raymond Rouleau had directed numerous avant-garde plays for the stage and appeared on the screen in the lead role of Henri Storck's **Romance on the Beach**. He also played in an eccentric, neo-surrealist short directed in 1930 by Pierre Charbonnier, "a most charming, extremely talented Jack-of-all-trades who didn't make it in cinema," according to the actor. If Francis Bolen is to be believed, the painter Félix Labisse and Baron Mollet - formerly Guillaume Apollinaire's secretary - followed and influenced the course of shooting, which also involved Henri Storck as director of photography. The central character - Rouleau - is a young man chasing an amour fou. The woman of his obsession leaves a trail marking her passage (orange peel or a crossed pair of gloves), whilst a tousled individual follows their budding love affair by collecting the shells of hard-boiled eggs throughout the course of the story. The film ends with the entwined couple setting out by boat on a river covered with floating gloves. The narrative is punctuated by similarly bizarre images - slaughtered sheep in an abattoir, the hero also cropping up as a black policeman, piles of oranges drenched by a closed umbrella full of water etc. "The shooting took place in Ghent and I remember that during a series of decidedly surrealist peripeteia I had to leap fully clothed from a railway bridge into a canal, an open umbrella in my hand and with my face blacked up," writes Rouleau (in a letter to Francis Bolen in 1954). An experimental silent (which would never progress beyond the editing phase), in the same vein as **The Pearl** and **Monsieur Fantômas**.

● Avant son départ définitif pour Paris en 1931, l'acteur bruxellois Raymond Rouleau avait mis en scène de nombreuses pièces d'avant-garde et interprété, pour Henri Storck, **Une idylle à la plage**. Il joua également dans un court métrage farfelu et surréaliste, réalisé en 1930 par Pierre Charbonnier, "un touche-à-tout sympathique, extrêmement doué, et qui n'a pas fait de carrière au cinéma", selon le comédien. En fait, si l'on en croit Francis Bolen, le peintre Félix Labisse et le baron Mollet, qui fut secrétaire de Guillaume Apollinaire, suivirent et influencèrent tout le tournage, dont la photographie était assurée par Henri Storck. Le personnage central, joué par Rouleau, est un jeune homme à la poursuite d'un amour fou: la femme de sa vie sème des traces de son passage (pelures d'oranges ou gants croisés), tandis qu'un individu hirsute suit leur idylle naissante en accumulant des coquilles d'œufs durs tout au long de l'histoire, qui s'achève par le départ en barque du couple enlacé sur une rivière couverte de gants flottants. Chemin faisant, d'autres images tout aussi insolites jalonnent le récit: moutons exécutés dans un abattoir, dédoublement du héros en policier noir, tas d'oranges arrosées par un parapluie fermé rempli d'eau, etc. "Les prises de vues eurent lieu à Gand et je me rappelle qu'au cours de péripéties nettement surréalistes, je devais sauter tout habillé d'un pont de chemin de fer dans un canal, tenant à la main un parapluie ouvert et le visage passé au cirage noir", raconte Rouleau dans une lettre à Francis Bolen, en 1954. Un essai muet (qui ne dépassa jamais le stade du montage), dans la lignée de **La perle** et de **Monsieur Fantômas**. (RM)

▶ Vóór zijn definitief vertrek naar Parijs in 1931 had de Brusselse acteur Raymond Rouleau al ettelijke avant-gardistische stukken geregisseerd en een rol vertolkt in **Une idylle à la plage** van Henri Storck. Hij was ook te zien in een zonderlinge, surrealistische kortfilm uit 1930 van Pierre Charbonnier, "een sympathieke, uiterst getalenteerde allround artiest die in de filmwereld niet van de grond raakte", aldus de acteur. Als we Francis Bolen mogen geloven, droegen zowel de schilder Félix Labisse als baron Mollet (ooit nog secretaris van Guillaume Apollinaire) hun steentje bij tot de film; Henri Storck verzorgde de fotografie. Rouleau vertolkt de hoofdrol, een jongeman die een onmogelijke liefde najaagt: de vrouw van zijn dromen laat overal sporen achter (sinaasappelschillen of gekruiste handschoenen), terwijl een ruig individu, dat de hele tijd dopjes van hardgekookte eieren verzamelt, hun bloeiende idylle op de voet volgt; op het einde vaart het koppel, in innige omhelzing, weg in een bootje op een rivier van drijvende handschoenen. De beelden zijn al even vreemd als het verhaal: geslachte schapen in het abattoir, de held die verandert in een zwarte politieagent, een berg sinaasappelen besproeid met water uit een gesloten paraplu, enz. "De buitenopnamen werden te Gent gedraaid en ik herinner me enkele surrealistische momenten, waar ik bv. geheel gekleed van een spoorwegbrug het kanaal in moest duiken met een open paraplu in de hand en mijn gezicht besmeurd met zwarte boenwas", vertelde Rouleau in een brief aan Francis Bolen in 1954. Een essay, maar helaas nooit gemonteerd, uit de stille periode, uit dezelfde doos als **La perle** of **Monsieur Fantômas**.

Suzanne au bain

Henri Storck

Suzanne au bain
Suzanne's bad
Suzanne in the Bath

DIRECTOR: Henri Storck
YEAR: 1930
COUNTRY: BE
GAUGE: 35 mm
SILENT/SOUND: silent
B&W/COLOUR: B&W
MINUTES: 10'

[Films abstraits dessinés sur pellicule]
[Abstracte films getekend op pellicule]
[Abstract Films Drawn on Celluloid]

DIRECTOR: Henri Storck
YEAR: 1930
COUNTRY: BE
GAUGE: 35 mm
SILENT/SOUND: silent

◆ At the very end of the silent era, Henri Storck was continuing to experiment with the various facets of the film medium, moving from the documentary and surrealist shorts to stop-motion animation. Inspired by the techniques perfected by the Russian Wladislaw Starewitch, he decided to illustrate the biblical tale of the chaste Suzanne, spied on in her bath by two libidinous old men. "He bought puppets and toys in the junk shops of Ostend, all of them quite vulgar objects. The figurines were naked and had a sensual, erotic feel about them" (Jacqueline Aubenas). No print of the film has survived and unfortunately the negative too has reverted to dust.

Also in 1930, Storck launched himself into another form of avant-garde cinema, experimenting with animated forms drawn directly onto the film itself, "simple forms, exercises looking at the relationship between rhythm and movement, visual expressions of musical values. I wanted to go to the heart of cinema, investigate cinema's intrinsic elements. I was influenced by the efforts of Hans Richter, Viking Eggeling and Walter Ruttmann." A few years before the breakthrough in this field of one Norman McLaren, Storck studies on paper the relations of forms and volumes in movement, graphical abstractions, before transposing the images directly to film, without recourse to a camera. In 1940, the film-maker discovered only "pulp and dust" in the can which had once contained the results of these experiments. All that remain are four preparatory studies, scribbled over vast sheets of paper, reproduced in Jean Queval's 1976 biography *Henri Storck, ou la traversée du cinéma*.

● A la toute fin du cinéma muet, Henri Storck additionna les expériences, passant du documentaire et des essais surréalistes au film d'animation tourné image par image. S'inspirant des techniques mises au point par le Russe Wladislaw Starewitch, il décida d'illustrer l'histoire biblique de la chaste Suzanne, épiée dans son bain par deux vieillards libidineux. "Il avait acheté des poupées et des jouets dans les bazars ostendais, des objets assez vulgaires. Les figurines étaient nues et tout cela avait un côté sensuel et érotique" (Jacqueline Aubenas). Aucune copie n'a été préservée et le négatif est malheureusement tombé en poussière.

La même année 1930, Storck se lança dans une autre voie du cinéma d'avant-garde: les formes directement dessinées et animées sur pellicule - "des formes simples, des exercices montrant le rapport rythme/mouvement, des valeurs musicales visuelles. Je voulais aller au fond du cinéma, interroger le côté intrinsèque du cinéma. J'étais impressionné par les recherches de Hans Richter, de Viking Eggeling et de Walter Ruttmann". Quelques années avant les réussites majeures de Norman McLaren dans ce domaine, Storck combine sur papier des rapports de formes et de volumes en mouvement, des courses et rythmes de lignes dans l'espace, des abstractions graphiques, avant de transposer sur la pellicule ces images, directement fixées sans recours à une caméra. Le cinéaste n'a retrouvé en 1940 "que bouillie et poussière" dans la boîte qui contenait les éléments de sa tentative. Ne subsistent que quatre documents préparatoires, griffonnés sur de vastes feuilles de papier reproduites par Jean Queval dans son livre *Henri Storck, ou la traversée du cinéma*, publié en 1976. (RM)

▶ In de nadagen van de stille film gaf Henri Storck zijn experimenteerzucht de vrije loop en schakelde van documentaires en surrealistische essays over op beeld-voor-beeldanimatie. Geïnspireerd door het werk van de Rus Wladislaw Starewitch, besloot hij het bijbelverhaal te illustreren over de kuise Suzanna die in haar bad wordt gadegeslagen door twee oude priapen. "Hij kocht poppen en stukken speelgoed in Oostendse winkeltjes, nogal vulgaire spullen allemaal. De figuurtjes waren naakt en er ging iets sensueels en erotisch van uit" (Jacqueline Aubenas). Helaas bleef van de film geen enkele kopie bewaard en is het negatief tot stof vergaan.

In datzelfde jaar 1930 hanteerde Storck nog een andere avant-gardistische techniek: het rechtstreeks op celluloid aanbrengen en animeren van figuren - "eenvoudige figuren, oefeningen die het verband tussen ritme en beweging blootleggen, visuele muziek. Ik wilde tot de essentie van de film doordringen, het intrinsiek filmische onderzoeken. Ik was onder de indruk van de experimenten van Hans Richter, Viking Eggeling en Walter Ruttmann". Enkele jaren voor de belangrijke verwezenlijkingen van Norman McLaren zette Storck de verhoudingen op papier tussen vormen en voorwerpen in beweging en gaf de loop en het ritme aan van lijnen in de ruimte, alvorens zijn grafische abstracties rechtstreeks, zonder camera, vast te leggen op de gevoelige plaat. De cineast vond in 1940 "slechts moes en stof" in de doos die het resultaat van zijn experiment bevatte. Wat overblijft, zijn de vier op grote vellen geschetste voorstudies die Jean Queval opnam in zijn boek *Henri Storck, ou la traversée du cinéma* uit 1976.

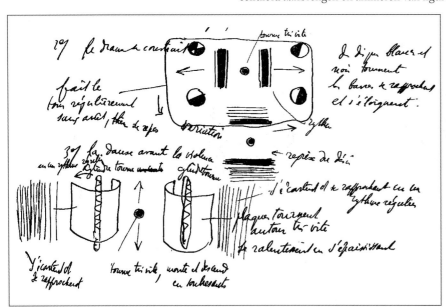

Preparatory studies for animated films

Visions de Lourdes

Charles Dekeukeleire

Visions de Lourdes
Lourdes
Vizioenen uit Lourdes
Lourdes in beeld

DIRECTOR: Charles Dekeukeleire
YEAR: 1932
COUNTRY: BE
SCREENPLAY: Charles Dekeukeleire
CAMERA: Charles Dekeukeleire
PROD. CO.: PDK (Bruxelles)
LANGUAGE: -
GAUGE: 35 mm
SILENT/SOUND: silent
B&W/COLOUR: B&W
METRES: [500m]

◆ Charles Dekeukeleire, a questioning Catholic, is spurred into making this documentary by a pilgrimage undertaken by the Catholic Young Workers' Movement. A propagandist use of the footage, as expected by his financial partners, was rendered highly problematic by the director's approach, one of critical reflection - emotional and fervent, often acerbic - on the site of the most crystal-clear credulities and beliefs of all. Labelled as subversive by some, lauded by others as an example of "retained independence", **Lourdes** is today still shrouded in an aura of fundamental honesty, which testifies not just to the film-maker's lucidity but also to his faith. Processions of pilgrims brush past artful bigots and candle sellers; water pours down in all its forms like the strings of rosary beads sold at the display stands; the sick, patiently awaiting the miracle, are cut against images of the gifts to the Holy Virgin (hieratic crutches suspended in their hundreds inside the Sacred Grotto, letters imprisoned by the thousand in metal grilles open to our view and the incredible sight of a floor strewn with leather corsets and wooden legs). Dekeukeleire composes a veritable cinematic essay on multiplicity, repetition and the multiple in a setting usually associated rather with the Unique. And the effect of this essay very quickly becomes suffocating; religious merchandise, display windows, limping figures, torrents of holy water on tap, torches lighting up the night... all conspire to form a fascinating snare, depicted with a clear, cynical objectivity.

● Charles Dekeukeleire, catholique questionnant, réalise ce documentaire lors du pèlerinage des Jeunesses Ouvrières Catholiques. L'utilisation propagandiste du matériel filmé, telle que voulue par les milieux commanditaires, fut rendue bien difficile par ce qu'en avait fait le cinéaste: une réflexion critique, acerbe parfois, émue et fervente aussi, sur le lieu de toutes les crédulités et des croyances les plus cristallines. Taxé de subversif par certains, loué par d'autres comme un exemple "d'indépendance conservée", **Visions de Lourdes** charrie encore une auréole d'honnêteté foncière où se retrouvent la lucidité du cinéaste mais aussi l'expression de sa propre foi. Des cortèges de pèlerins illuminés côtoient des bigotes roublardes, vendeuses de cierges; l'eau sous toutes ses formes ruisselle, comme les chapelets vendus aux devantures marchandes; les malades, patients dans l'attente du miracle, alternent avec les dons à la Sainte Vierge (hiératiques béquilles suspendues par centaines dans la Grotte Sacrée, hallucinants corsets de cuir et jambes de bois jonchant le sol, lettres par milliers emprisonnées dans des grillages offerts aux regards). Charles Dekeukeleire effectue ici un véritable travail cinématographique sur la multiplicité, la répétition, le multiple, dans un lieu où l'Unique serait plutôt attendu. Et l'effet d'asphyxie ne se fait pas attendre: marchandises, vitrines, éclopés, robinets d'eau bénite coulant à flot, flambeaux dans la nuit, ... dessinent un fascinant miroir aux alouettes, scintillant d'objectivité cynique. *(AFL)*

▶ Charles Dekeukeleire, zelf kritisch katholiek, maakte deze documentaire tijdens een pelgrimstocht van de Katholieke Arbeidersjeugd. Het gebruik van de film voor propagandadoeleinden, zoals de geldschieters hadden gewild, werd bemoeilijkt door de benadering van de cineast: zijn film is een kritische bespiegeling, soms scherp, soms bewogen en vroom, over de plaats waar alle goedgelovigheid en het zuiverste geloof samenkomen. Door sommigen bestempeld als opruiend, door anderen geprezen als voorbeeld van "behouden onafhankelijkheid", draagt **Visions de Lourdes** nog steeds een aureool van fundamentele eerlijkheid, waarin we de heldere blik van de cineast herkennen, maar ook de uitdrukking van zijn eigen geloof. Stoeten pelgrims trekken langs gewiekste kwezels die kaarsen verkopen; het water ritselt als de rozenkransen die te koop liggen in de kraampjes. Beelden van zieken, in geduldige afwachting van het wonder, alterneren met beelden van giften aan de Heilige Maagd (honderden krukken hangen aan het plafond van de Grotte Sacrée, de vloer is bedekt met vreemde leren korsetten en houten benen, duizenden brieven liggen ter lezing uitgestald achter traliewerk). Dekeukeleire benadert op een echt cinematografische wijze de herhaling en de veelvuldigheid, en dat op een plaats waar je eerder het Enige zou verwachten. Daardoor ontstaat al gauw een effect van beklemming. De koopwaar, de uitstalramen, de kreupelen, het overvloedig stromende wijwater en het licht van de fakkels bij nacht - samen vormen ze een betoverende spiegeling, fonkelend van cynische objectiviteit.

Histoire du soldat inconnu

Henri Storck

Histoire du soldat inconnu
Geschiedenis van de onbekende soldaat
Story of the Unknown Soldier

DIRECTOR: Henri Storck
YEAR: 1932
COUNTRY: BE
EDITING: Henri Storck
LANGUAGE: -
GAUGE: 35 mm
SILENT/SOUND: silent
B&W/COLOUR: B&W
METRES: 316m
NOTES: Sound was added in 1959

Sur les bords de la caméra
Op de boorden van de kamera
Pictures on the Sideline

DIRECTOR: Henri Storck
YEAR: 1932
COUNTRY: BE
EDITING: Henri Storck
LANGUAGE: -
GAUGE: 35 mm
SILENT/SOUND: silent
B&W/COLOUR: B&W
METRES: 197m

◆ Two separate streams run side-by-side through Henri Storck's silent films - on the one hand, the "Ostend cycle", on the town of his birth (which could also be extended to include **Romance on the Beach**, a medium-length fiction film with sound and featuring Raymond Rouleau); on the other, a series of more directly surrealist pieces (the painter Félix Labisse initially scripted two lost shorts, **For Your Wonderful Eyes** and **The Death of Venus**), or with surrealist subversion of the image by means of a virulent, caustic collage technique. For **Story of the Unknown Soldier** Storck watched newsreels for the whole of 1928, the year when 60 nations signed a pact outlawing war, and juxtaposed this heartwarming utopia with the signs of a forthcoming conflict (this was in 1932) - burgeoning nationalism, police brutality, excessive colonialism, bellicose politics. Ferocious editing sarcastically juxtaposes these good intentions with the political farce of speeches and parades, all to the tune of factory chimneys collapsing in slow motion and the exhumed body of an "unknown soldier". In 1959 the Royal Film Archive re-released the film with a score incorporating military airs which further emphasize the merciless rhythm of this all too prophetic diatribe, banned in France for "offensiveness to the army".

In the same year as this iconoclastic collage, close to the anti-fascist photomontages of John Heartfield, the film-maker finished a pendant, another small-scale silent short, this time in a more ironic, burlesque vein. In the words of Jean Queval, **Pictures on the Sideline** was "an exquisite casket of images, disorganizing the world with a jubilant sense of craziness".

● Deux courants coexistent dans la filmographie muette d'Henri Storck: d'une part, le "cycle d'Ostende" autour de sa ville natale (on peut y ajouter un moyen métrage de fiction parlant: **Une idylle à la plage**, avec Raymond Rouleau); d'autre part, une série d'œuvres relevant de l'imaginaire surréaliste (le peintre Félix Labisse signant l'argument de deux essais perdus: **Pour vos beaux yeux** et **La mort de Vénus**) ou de la subversion surréaliste des images par un collage caustique. Ainsi, pour **Histoire du soldat inconnu**, Storck visionna une année d'actualités de 1928, où 60 nations avaient signé un pacte mettant la guerre hors la loi, et opposa cette généreuse utopie aux signes avant-coureurs d'un futur conflit (on était en 1932): exaltation des nationalismes, matraquages policiers, colonialisme à outrance, dirigeants bellicistes. Un montage féroce fait alterner sarcastiquement les bonnes intentions théoriques et le guignol politique des discours et des défilés, sur métaphores de cheminées d'usine s'effondrant au ralenti ou du cadavre exhumé d'un "soldat inconnu". Une partition d'airs martiaux accentua encore le rythme vengeur de ce pamphlet tristement prophétique (interdit en France pour "outrage à l'armée") lors de sa réédition sonorisée en 1959 par la Cinémathèque Royale.

A côté de ce collage iconoclaste, proche des photomontages antinazis de John Heartfield, le cinéaste présenta, toujours en 1932, un second petit film muet de détournement, mais cette fois sur le mode ironico-burlesque: **Sur les bords de la caméra**, "un cadavre exquis d'images, désorganisant le monde avec une loufoquerie jubilatoire" (Jean Queval). *(RM)*

▶ In de stille films van Henri Storck zijn twee stromingen te onderscheiden: de "Oostendse cyclus", gewijd aan zijn geboortestad (de korte klankfilm **Une idylle à la plage**, met Raymond Rouleau, hoort hier ook bij), en de films die zich onderscheiden door hun surrealistische verbeelding (o.a. twee verloren essays gemaakt samen met schilder Félix Labisse, **Pour vos beaux yeux** en **La mort de Vénus**) of door hun surreële impuls die de beelden perverteert in een bijtende collage. Zo ontstond deze **Histoire du soldat inconnu**: een jaar lang onderzocht Storck de beeldjournaals van 1928, toen 60 landen een overeenkomst tekenden waarin oorlog buiten de wet gesteld werd. Hij confronteerde deze utopie vervolgens met de voortekenen van een nieuwe oorlog (we schrijven 1932): opbloei van het nationalisme, repressieve politie, ongebreideld kolonialisme, oorlogszuchtige leiders. Een agressieve montage confronteert deze mooie theorie op sarcastische wijze met beelden van de huichelachtige politiek van redevoeringen en parades, met metaforen als een in slowmotion instortende fabrieksschoorsteen of het opgedolven lijk van een "onbekende soldaat". Marsmuziek benadrukt de wraaklustige toon van dit helaas profetische pamflet (in Frankrijk verboden wegens "smaad aan het leger"), dat in 1959 door het Koninklijk Filmarchief werd gesonoriseerd.

Deze iconoclastische collage, verwant aan de anti-nazistische fotomontages van John Heartfield, werd nog in 1932 gevolgd door een tweede gelijkaardige stille film, maar met een meer burlesk-ironische toon: **Sur les bords de la caméra**, "een 'cadavre exquis' van beelden die met een uitgelaten waanzin de wereld ontwrichten" (Jean Queval).

Histoire du soldat inconnu

Monsieur Fantômas

Ernst Moerman

Monsieur Fantômas
M. Fantômas
Fantômas

DIRECTOR: Ernst Moerman
YEAR: 1937
COUNTRY: BE
CAMERA: Roger Van Peperstraete, Norbert Van Peperstraete
ART DIRECTOR: E. Van Tonderen
PROD. CO.: Films Hagen-Tronje
CAST: Trudi Van Tonderen (Elvire), Jean Michel (M. Fantômas), Françoise Bert, Jacqueline Arpé, Suzon Samuel, Mary, E. Miecret, Léa Dumont, Ginette Samuel, A. Hubner, L. Wilden, R. Donkers, E. Van Tonderen, L. Deyroole, Ernst Moerman
LANGUAGE: French
GAUGE: 35 mm
SILENT/SOUND: silent
B&W/COLOUR: B&W
METRES: 494m

◆ "Ernst Moerman, the unforgettable unknown, the extraordinary tightrope walker" (Carlos de Radzitzky), divided his time between the Bar, affairs, jazz and poetry. A friend of Paul Eluard, director of one film, "handsome as a young god, shaping his whole life like an exuberant poetic fantasy" (Robert Goffin), he finished up living in a caravan he had chosen for his home. He led a brief life, from 1897 to 1944, and let his work be guided by whatever took his fancy, from a production of *Tristan et Isolde* to a *Vie imaginaire de Jésus-Christ* ("Imaginary Life of Jesus Christ") and the sardonic verse of *Fantômas 33*. An ardent fan of Souvestre and Allain's character Fantômas, whom he dubbed "the demoralizing gentleman", he made him the emblematic hero of his medium-length silent film, **Monsieur Fantômas**, a "280 000th instalment" in the story shown with a score by Robert Ledent at its première in the Brussels Palais des Beaux-Arts on 12 October 1937, on the same bill as **Un chien andalou**.

Shot on a shoestring budget on a beach and in an old cloister, the style of this scathing surrealist satire is immediately recognizable as that of the Feuillade serials. In top hat and tails, the Master of Crime (played by the future father of Johnny Hallyday!) tours the world in pursuit of the beautiful Elvire, punctuating his travels with mischief and acts to offend proper decency. The film encompasses amour fou, the meanders of dreams, fanatical anti-clericalism and a plea for subversion and adventure in "a world where nothing is impossible, where the miracle is the shortest route from our uncertainty to mystery" (E. Moerman).

● "Ernst Moerman, l'inoubliable méconnu, l'extraordinaire funambule" (Carlos de Radzitzky) partageait son temps entre le barreau, les liaisons, le jazz et la poésie. Ami de Paul Eluard, cinéaste d'un seul film, "beau comme un jeune dieu, axant toute sa vie sur une fantaisie poétique débordante" (Robert Goffin), il termina sa vie dans une roulotte qu'il avait choisi d'habiter. Une trajectoire trop brève, de 1897 à 1944, et une œuvre éparpillée au gré de ses envies, d'un *Tristan et Yseult* théâtral à une *Vie imaginaire de Jésus-Christ* en passant par les vers narquois de *Fantômas 33*. Amateur passionné des exploits du personnage de Souvestre et Allain, Fantômas, qu'il surnommait "le gentleman démoralisateur", Moerman en fit le héros emblématique de son moyen métrage muet: **Monsieur Fantômas**, un "280.000e chapitre", présenté sur une musique de Robert Ledent lors de sa première projection au Palais des Beaux-Arts de Bruxelles le 12 octobre 1937, en même temps qu'**Un chien andalou**.

Tourné à petits frais sur une plage du littoral et dans un vieux cloître, ce brûlot surréaliste se place d'emblée sous le signe des ciné-feuilletons de Feuillade. En smoking et chapeau claque, le Maître du Crime (incarné par le père du futur Johnny Hallyday!) parcourt le monde à la poursuite de la belle Elvire, jalonnant son itinéraire de méfaits et d'outrages aux bonnes mœurs. On retrouve ici l'amour fou, les méandres du rêve, l'anticléricalisme forcené, l'appel à la subversion et à l'aventure dans "un monde où rien n'est impossible, où le miracle est le plus court chemin de notre inquiétude au mystère" (E. Moerman). *(RM)*

▶ "Ernst Moerman, de onvergetelijke onderschatte, de ongeëvenaarde koorddanser" (Carlos de Radzitzky) bracht zijn dagen door tussen balie, liaisons, jazz en poëzie. "Mooi als een jonge god, plaatste hij zijn hele leven in het teken van een overweldigende poëtische verbeelding" (Robert Goffin). Deze vriend van Paul Eluard en eenmalig cineast eindigde zijn leven in een woonwagen. In zijn korte leven (1897-1944) stelde hij toch een œuvre samen even wispelturig als hemzelf: van een *Tristan et Yseult* voor theater tot een *Vie imaginaire de Jésus-Christ* of de spottende verzen van *Fantômas 33*. Moerman was een vurig liefhebber van het personage van Souvestre en Allain, Fantômas, die hij de bijnaam "de demoraliserende gentleman" meegaf en tot emblematisch hoofdfiguur van zijn middellange film maakte. **Monsieur Fantômas**, een "280.000ste hoofdstuk", ging, onder muzikale begeleiding van Robert Ledent, in première in het Brusselse Paleis voor Schone Kunsten op 12 oktober 1937, samen met **Un chien andalou**.

Dit surrealistische vuurwerk, gedraaid met gebrekkige middelen op een strand en in een oud klooster, is rechtstreeks verwant met de serials van Feuillade. Met zijn smoking en klakhoed doorkruist de Meester van de Misdaad (vertolkt door de vader van de toekomstige Johnny Hallyday!) de hele wereld in zijn zoektocht naar de knappe Elvira. Onderweg pleegt hij misdrijven en aanslagen op de goede zeden. Ingrediënten zijn de radeloze verliefdheid, het labyrint der dromen, een ziedend antiklerikalisme en een oproep tot subversiviteit en avontuur in "een wereld waar niets onmogelijk is en waar het mirakel de kortste weg vormt van de onzekerheid naar het mysterie" (E. Moerman).

MISCELLANEA

◆ Tourist films, travelogues and documentaries about towns or countries are as old as cinema itself and to some extent constitute its original essence - offering the viewer moving images of other, sometimes distant places. After their first successful film shows, the Lumière brothers dispatched cameramen to the farthest corners of the earth to shoot footage of foreign cities and peoples. Their example was followed by Pathé, by Thomas A. Edison, David Wark Griffith, Robert Flaherty and many others. Those films that have survived the ravages of time are now of inestimable historical value. The same applies to the few remaining tourist films made on Belgian soil; shot in one place to be shown in another, they were even taken far beyond the Belgian borders and thus gave the local tourist industry a considerable boost. A number of prints with English titles are further proof of this export activity. Herman Burton, later to become the director of the Ecole Belge de Photographie et de Cinématographie, made films for the Belgo-Luxembourg Office of Tourism. Together with the Association des Villes Belges et Luxembourgeoises pour Attirer les Touristes Etrangers, this institution launched a film campaign designed to increase the appeal of Belgian towns.

Many Belgians also made travelogues in faraway countries to document their trips for when they returned home. Among them were such names as the famous Marquis Robert de Wavrin, but also less famous protagonists like Louis-Abel Lagrange and Maurice Bekaert, known for his travel reports in the periodical called *Bulletin du Royal Automobile Club de Belgique*.

● Les films touristiques, travelogues ou documentaires sur les villes et pays sont aussi anciens que le cinéma et constituent en quelque sorte son essence originelle: offrir au spectateur les images mouvantes d'autres lieux, parfois lointains. C'est le succès de leurs premières projections qui incita les frères Lumière à envoyer des opérateurs aux quatre coins du monde pour en ramener des images de cités et de peuples étrangers. Leur exemple fut suivi par les cameramen de Pathé, par Thomas A. Edison, David Wark Griffith, Robert Flaherty et de bien d'autres encore. Ces documents, tout comme les quelques films touristiques belges survivants, s'ils ont pu résister aux assauts du temps, sont d'une valeur historique inestimable. Tournés à un endroit déterminé pour être projetés à d'autres, parfois bien au-delà des frontières, ces petits films donnèrent un sérieux coup de pouce à l'industrie touristique. Des copies sous-titrées en anglais témoignent d'ailleurs de leur exportation. Herman Burton, qui dirigera plus tard l'Ecole Belge de Photographie et de Cinématographie, réalisa à la fin des années 20 des films pour l'Office Belgo-Luxembourgeois de Tourisme. Cet organisme, avec l'Association des Villes Belges et Luxembourgeoises pour Attirer les Touristes Etrangers, lança une campagne de cinéma en vue d'accroître l'attrait touristique de nos cités.

A l'inverse, plusieurs de nos compatriotes tournèrent des travelogues en des contrées lointaines afin de mieux rendre compte de leurs pérégrinations. Parmi ceux-ci, citons Robert de Wavrin, mais aussi les moins célèbres Louis-Abel Lagrange ou Maurice Bekaert. Ce dernier était connu pour ses récits de voyage publiés dans le *Bulletin du Royal Automobile Club de Belgique*.

► Toeristische films, travelogues en documentaires over steden of landen zijn zo oud als de film zelf en vormen er in zekere zin de essentie van: de toeschouwer voorzien van bewegende beelden van andere, soms verre oorden. Na hun eerste succesvolle vertoningen zonden de gebroeders Lumière hun cameramen uit naar de uithoeken van de aarde om er beelden te draaien van vreemde steden en volkeren. Hun voorbeeld werd gevolgd door de filmers van Pathé, door Thomas A. Edison, David Wark Griffith, Robert Flaherty en vele anderen. Deze documenten zijn nu, als ze tenminste de tand des tijds hebben doorstaan, van onschatbare historische waarde, en dat geldt ook voor de enkele overblijvende toeristische films gemaakt op Belgische bodem. Deze werkjes werden gedraaid op een bepaalde plaats om elders te worden vertoond, tot ver over de grenzen heen: de toeristische industrie kreeg zo een duwtje in de rug. Enkele kopieën met Engelstalige tussentitels getuigen nog van de export van zulke films. Aparte vermelding verdient Herman Burton, de latere directeur van de Ecole Belge de Photographie et de Cinématographie, die eind jaren 20 films maakte voor de Belgisch-Luxemburgschen Dienst voor Toerisme. Samen met de Association des Villes Belges et Luxembourgeoises pour Attirer les Touristes Etrangers, startte deze dienst een filmcampagne om volk naar onze steden te lokken.

Omgekeerd realiseerden vele landgenoten travelogues in verre contreien om daarna op eigen bodem verslag uit te brengen van hun reis. Onder hen uiteraard bekende avonturiers als de markies Robert de Wavrin, maar ook minder notoire reizigers als Louis-Abel Lagrange en Maurice Bekaert, die enige bekendheid genoot om zijn reisverslagen in het *Bulletin du Royal Automobile Club de Belgique*. (MT)

Belgique - le charme de l'Ardenne

In den dierentuin van Antwerpen
Dierentuin van Antwerpen
Zoo van Antwerpen
Zoo d'Anvers
Antwerp Zoo

DIRECTOR: anonymous
YEAR: [1910]
COUNTRY: BE
LANGUAGE: Dutch
GAUGE: 35 mm
SILENT/SOUND: silent
B&W/COLOUR: B&W + stencil-coloured
METRES: 160m

Le Babylone des Ténèbres
Au pays où les pierres grandissent
Het Babylonië van de duisternis
The Mystical Babylon

DIRECTOR: Armand Varlez
YEAR: 1922
COUNTRY: BE
ASST. DIR.: Henri Debroudère
SILENT/SOUND: silent

La Lesse
De Lesse
The River Lesse

DIRECTOR: Paul Flon
YEAR: 1922
COUNTRY: BE
SILENT/SOUND: silent

L'Amblève
De Amblève
The River Amblève

DIRECTOR: Paul Flon
YEAR: 1923
COUNTRY: BE
SILENT/SOUND: silent

Shanghai

DIRECTOR: Louis-Abel Lagrange
YEAR: 1922-1923
COUNTRY: BE
SILENT/SOUND: silent

Le Fleuve Bleu
De Blauwe Rivier
The Blue River

DIRECTOR: Louis-Abel Lagrange
YEAR: 1922-1923
COUNTRY: BE
SILENT/SOUND: silent

Le baptême du Belgenland par
S.E. le Cardinal Mercier
Belgenland

DIRECTOR: Willy Druyts
YEAR: 1923
COUNTRY: BE
PROD. CO.: Le Rapide Film Belge
LANGUAGE: French
GAUGE: 35 mm
SILENT/SOUND: silent
B&W/COLOUR: tinted
METRES: 87m

Croquis polonais
Poolse schets
Polish Sketch

DIRECTOR: Maurice Bekaert
YEAR: 192-
COUNTRY: BE
LANGUAGE: French
GAUGE: 35 mm
SILENT/SOUND: silent
B&W/COLOUR: B&W + tinted
METRES: 995m

Croisière du Léopoldville Norvège-
Spitzberg-Islande
Cruise van de Léopoldville Noorwegen-
Spitzberg-IJsland
The Léopoldville Cruising Norway-
Spitzberg-Iceland

DIRECTOR: Maurice Bekaert
YEAR: 192-
COUNTRY: BE
LANGUAGE: French
GAUGE: 35 mm
SILENT/SOUND: silent
B&W/COLOUR: B&W
METRES: 314m

Belgique - le charme de l'Ardenne
Le charme de l'Ardenne
België - de betovering van de Ardennen
Belgium - the Charm of the Ardennes

DIRECTOR: Herman Burton
YEAR: 192-
COUNTRY: BE-LU
PROD. CO.: Office Belgo-Luxembourgeois de Tourisme
LANGUAGE: French
GAUGE: 35 mm
SILENT/SOUND: silent
B&W/COLOUR: B&W
METRES: 289m

L'Ardenne belge - la descente de la Lesse
La descente de la Lesse
De Belgische Ardennen - de afvaart van de Lesse
The Ardennes - Down the Lesse

DIRECTOR: Herman Burton
YEAR: 192-
COUNTRY: BE-LU
PROD. CO.: Office Belgo-Luxembourgeois de Tourisme
LANGUAGE: French
GAUGE: 35 mm
SILENT/SOUND: silent
B&W/COLOUR: B&W
METRES: 200m

Wandeltochten - Wandeling door
Antwerpen
Promenades à travers Anvers
Promenades through Antwerp

DIRECTOR: anonymous
YEAR: 192-
COUNTRY: BE
PROD. CO.: Antwerpens Stedelijk Kinema Dienst (Antwerpen)
LANGUAGE: Dutch
GAUGE: 35 mm
SILENT/SOUND: silent
B&W/COLOUR: B&W
METRES: 100m

Chasse au gibier dans le Bas-Escaut
Jacht op wild in de beneden Schelde
Hunting along the Lower Scheldt

DIRECTOR: anonymous
YEAR: 192-
COUNTRY: BE
LANGUAGE: French
GAUGE: 35 mm
SILENT/SOUND: silent
B&W/COLOUR: B&W + tinted
METRES: 385m

Flanders
Visiting the Towns of Bruges-Ghent-
Audenaerde-Ypres-Zeebruges-Ostend
Vlaanderen
Bezoek aan de steden Brugge-Gent-
Oudenaarde-Ieper-Zeebrugge-Oostende
Les Flandres
Visite des villes de Bruges-Gand-
Audenarde-Ypres-Zeebruges-Ostende

DIRECTOR: anonymous
YEAR: 192-
COUNTRY: [BE]
PROD. CO.: Consulat Général de Belgique
LANGUAGE: English
GAUGE: 35 mm
SILENT/SOUND: silent
B&W/COLOUR: B&W + tinted
METRES: 265m

Antwerp, Belgium
Anvers
Antwerpen

DIRECTOR: anonymous
YEAR: 192-
COUNTRY: [BE]
PROD. CO.: Consulat Général de Belgique
LANGUAGE: -
GAUGE: 35 mm
SILENT/SOUND: silent
B&W/COLOUR: tinted
METRES: 302m

Anvers
Antwerpen
Antwerp

DIRECTOR: anonymous
YEAR: 192-
COUNTRY: BE
LANGUAGE: French
GAUGE: 35 mm
SILENT/SOUND: silent
B&W/COLOUR: B&W + tinted
METRES: 193m

**Compagnie Maritime Belge Lloyd Royal
S.A. - Trait d'union entre la Belgique et
sa colonie
Compagnie Maritime Belge Lloyd Royal
S.A. - Het verbindingsteeken tusschen België
en de kolonie
Compagnie Maritime Belge Lloyd Royal
S.A. - The Link Between Belgium and the
Colonies**

DIRECTOR: anonymous
YEAR: 192-
COUNTRY: BE
PROD. CO.: Gaumont-Franco Film-Aubert
LANGUAGE: French
GAUGE: 35 mm
SILENT/SOUND: silent
B&W/COLOUR: B&W + tinted
METRES: 1229m

**Gand pittoresque
Pittoresk Gent
Picturesque Ghent**

DIRECTOR: anonymous
YEAR: 1925
COUNTRY: BE
PROD. CO.: Films SB (Antwerpen)
SILENT/SOUND: silent

**The Zoo
Le zoo
Dierentuin**

DIRECTOR: anonymous
YEAR: 1925
COUNTRY: BE
LANGUAGE: English
GAUGE: 35 mm
SILENT/SOUND: silent
B&W/COLOUR: B&W + tinted
METRES: 228m

**Gand et son port
Gent en zijn haven
Ghent and its Port**

DIRECTOR: anonymous
YEAR: 1925
COUNTRY: BE
PROD. CO.: Films SB (Antwerpen)
SILENT/SOUND: silent

**Antwerpen kunststad
Anvers ville d'art
Antwerp City of Art**

DIRECTOR: anonymous
YEAR: 1925-1927
COUNTRY: BE
LANGUAGE: Dutch
GAUGE: 35 mm
SILENT/SOUND: silent
B&W/COLOUR: B&W + tinted
METRES: 798m

**La Belgique
België
Belgium**

DIRECTOR: Alphonse Ooms
YEAR: 1927
COUNTRY: BE
SILENT/SOUND: silent
METRES: 2500m

**Belgique et Grand Duché de Luxembourg
La Belgique et le Grand Duché de
Luxembourg
België en het Groothertogdom Luxemburg
Belgium and the Grand Duchy of
Luxemburg**

DIRECTOR: Pierre De Cuvier
YEAR: 1929
COUNTRY: BE
CAMERA: Amédée Morrin, Henri Barreyre, Maurice
De Witte
ART DIRECTOR: Pierre De Cuvier
PROD. CO.: Publi-Ciné (Bruxelles)
LANGUAGE: French
GAUGE: 35 mm
SILENT/SOUND: silent
B&W/COLOUR: B&W
METRES: 498m
NOTES: This film is the shortened documentary
version of **Carillons et dentelles, chansons
de rivières**

**Notre Limbourg
Ons Limburg
Our Limburg**

DIRECTOR: anonymous
YEAR: 1929
COUNTRY: BE
SILENT/SOUND: silent
METRES: 900m

**Anvers, le port
Anvers - 1930 - le port
Antwerpen, de haven
Antwerp, the Docks**

DIRECTOR: anonymous
YEAR: 1930
COUNTRY: BE
LANGUAGE: French
GAUGE: 35 mm
SILENT/SOUND: silent
B&W/COLOUR: B&W + tinted
METRES: 188m

**Le tour de Belgique
De ronde van België
The Tour of Belgium**

DIRECTOR: Gaston De Witte
YEAR: 1932
COUNTRY: BE
SILENT/SOUND: silent

**Bruges
Brugge**

DIRECTOR: Gaston De Witte
YEAR: 1932
COUNTRY: BE
SILENT/SOUND: silent

**Images de Liège
Liège
Beelden van Luik
Images of Liège**

DIRECTOR: Ernest Genval [Ernest Thiers]
YEAR: 1933
COUNTRY: BE
PROD. CO.: Office Belgo-Luxembourgeois de Tourisme
LANGUAGE: French
GAUGE: 35 mm
SILENT/SOUND: silent
B&W/COLOUR: B&W
METRES: 352m

**Ronse
Renaix**

DIRECTOR: anonymous
YEAR: 19—
COUNTRY: BE
LANGUAGE: French
GAUGE: 35 mm
SILENT/SOUND: silent
B&W/COLOUR: B&W
METRES: 546m

Résidence Palace

DIRECTOR: anonymous
YEAR: 19—
COUNTRY: BE
LANGUAGE: French
GAUGE: 35 mm
SILENT/SOUND: silent
B&W/COLOUR: B&W
METRES: 1532m

**De Scheldestroom Antwerpen
L'Escaut à Anvers
The River Scheldt in Antwerp**

DIRECTOR: anonymous
YEAR: 19—
COUNTRY: BE
PROD. CO.: Smalfilm Hoelen (Kapellen)
LANGUAGE: Dutch
GAUGE: 35 mm
SILENT/SOUND: silent
B&W/COLOUR: B&W
METRES: 92m

Carillons et dentelles, chansons de rivières

Pierre De Cuvier

Carillons et dentelles, chansons de rivières
La chanson des carillons et des rivières
Chanson d'une princesse merveilleuse:
la Belgique
Het lied der beiaarden en rivieren
Lied eener wonderschoone prinses: België
Chimes and Lace

DIRECTOR: Pierre De Cuvier
YEAR: 1929
COUNTRY: BE
CAMERA: Amédée Morrin, Henri Barreyre, Maurice De Witte
ART DIRECTOR: Pierre De Cuvier
COMMENTS: J. Faivre
PROD. CO: Publi-Ciné (Bruxelles)
CAST: Gustave Libeau (Pierre Brabant), Suzanne Christy (Marie-Louise Brabant), Anna Lefeuvrier (Julie), René Bernard (James Bourdieu), Tony d'Algy (Harry Brennan)
LANGUAGE: French
GAUGE: 35 mm
SILENT/SOUND: silent
B&W/COLOUR: B&W
METRES: 1973m

◆ From the silent era onwards, the short tourist film was an opportunity for future directors of narrative features to gain experience, often with the help of regional funding. **Chimes and Lace** was a hybrid of the two genres - in the space of a highly linear comedy plot, the film set out to show the typical sights of our towns and villages. The starting point for the plot is a case of mistaken identity: the young Marie-Louise thinks that her father will marry her off to a gentleman of advanced years, whereas in reality the two men are planning to make her the wife of the latter's nephew. She flees to Ostend with her buxom nanny, by chance meets the nephew Harry (who came to buy a car for his uncle) and to put off her return to Brussels agrees to go on a jaunt across Belgium as a threesome. Of course, she falls in love with the handsome stranger (and he with her), the couple remaining stricken with both joy and grief until the unravelling of the imbroglio and the inevitable happy ending, with their wedding to the sound of the chimes. Under the pretext of this tale, the film leads the trio on a journey from the coast (not one beach is omitted) to Bruges, Ypres and Mons (at the precise moment of the traditional festivities). Whilst the youngsters pursue their idyll in Wallonia, the father of Marie-Louise and his friend make a parallel visit to Ghent and Louvain. Each place visited is enumerated in half-a-dozen shots (showing monuments, sites or curiosities) and punctuated by Harry's journal. Gustave Libeau's talents go unused in his role as the debonair father of Suzanne Christy (later to play his daughter twice more in successful sound films by Gaston Schoukens). A shortened version (**Belgium and the Grand Duchy of Luxemburg**) reuses the documentary images without the fictional framework.

● Le court métrage touristique, dès l'époque du muet, permit à de futurs réalisateurs de fiction de se "faire la main", tout en bénéficiant parfois de subventions locales, toujours les bienvenues. **Carillons et dentelles** mélangea habilement deux genres bien distincts: sur une intrigue de comédie, fort linéaire, le film entendait montrer au maximum les lieux typiques de nos villes et bourgades. Le scénario repose sur un quiproquo: la jeune Marie-Louise croit que son père veut l'unir à un monsieur d'âge mûr, alors que c'est à son neveu que les deux hommes envisagent de la marier. Elle fuit vers Ostende avec sa plantureuse nourrice, rencontre par hasard le neveu Harry (qui doit acheter une voiture pour son oncle) et accepte une escapade à trois à travers la Belgique pour retarder son retour à Bruxelles. Bien entendu, elle tombera amoureuse du bel inconnu (et réciproquement); tous deux seront à la fois heureux et désespérés jusqu'au happy end attendu, une fois l'imbroglio dénoué, avec leur mariage au son des carillons. Sur ce canevas-prétexte, le film va promener le trio en voiture, de la côte belge (pas une plage n'est omise) à Bruges, Ypres ou Mons (juste au moment de manifestations folkloriques). Parallèlement, le père de Marie-Louise et son ami visitent Gand et Louvain, tandis que les jeunes gens poursuivent leur idylle en Wallonie. Chaque lieu traversé se résume à une demi-douzaine de plans (monuments, sites ou curiosités), en une longue énumération ponctuée par le carnet de route d'Harry. Gustave Libeau est sous-employé dans le rôle du papa débonnaire de Suzanne Christy (qui sera à nouveau sa fille dans deux films parlants à succès de Schoukens). Une version raccourcie (**La Belgique et le Grand Duché de Luxembourg**) reprend les images touristiques sans la fiction. (RM)

▶ Vanaf de stille film was de toeristische kortfilm de gelegenheid bij uitstek voor regisseurs in spe om de "stiel" te leren, vaak met de steun van lokale subsidies. **Carillons et dentelles** is een soort hybride, waar een eenvoudige, komische intrige de toeschouwer langs zoveel mogelijk pittoreske steden en dorpen voert. Het scenario draait om een quiproquo: de jonge Marie-Louise denkt dat haar vader haar wil uithuwelijken aan een oudere man, terwijl hij eigenlijk een huwelijk tussen het meisje en 's mans neef bespreekt. Samen met haar kinderjuf vlucht ze naar Oostende, waar ze toevallig Harry - de neef in kwestie - ontmoet (die een auto kwam kopen voor zijn oom) en al snel trekken ze met hun drieën door België, om zo de terugkeer naar Brussel uit te stellen. Natuurlijk wordt ze verliefd op de schone onbekende en vice versa; beiden zijn nu eens gelukkig dan weer wanhopig tot aan het verwachte happy end met - zodra alle misverstanden uit de weg geruimd - het klokkengelui van hun huwelijk. Via dit stramien brengt de film ons trio per auto van de Belgische kust (niet één strand ontbreekt) naar Brugge, Ieper en Bergen (waar net een folkloristische stoet voorbijtrekt). Terwijl de jongelui hun idylle voortzetten in Wallonië, bezoekt de vader van Marie-Louise met zijn vriend Gent en Leuven. Elke bezochte plaats leidt tot zowat een half dozijn opnamen van monumenten, sites of bijzonderheden, telkens beschreven met passages uit Harry's notitieboekje. Gustave Libeau's capaciteiten blijven onderbenut in de rol van de goedige vader van Suzanne Christy, die later opnieuw zijn dochter zal zijn in twee succesvolle klankfilms van Schoukens. Er bestaat ook een ingekorte versie van de film die de titel kreeg **La Belgique et le Grand Duché de Luxembourg** en waaruit het fictieve aspect van het verhaal werd weggelaten.

Idylle dans la Venise du Nord

Philippe Vloeberghs

Idylle dans la Venise du Nord
Idylle à Bruges
Sur le beau lac d'amour
Idyll in the Venice of the North

DIRECTOR: Philippe Vloeberghs
YEAR: 1932-1933
COUNTRY: BE
SCREENPLAY: Philippe Vloeberghs
ASST. DIR.: Georges Moussiaux, Emile Etienne
CAMERA: Maurice De Witte
MUSIC: Arthur Van Oest
CAST: Géo Roy, Paul Vernert
SILENT/SOUND: silent

Beelden van Brugge
Images de Bruges
Images of Bruges

DIRECTOR: Philippe Vloeberghs
YEAR: [1930]
COUNTRY: BE-LU
PROD. CO.: Belgisch-Luxemburgschen Dienst voor Toerisme
LANGUAGE: Dutch
GAUGE: 35 mm
SILENT/SOUND: silent
B&W/COLOUR: B&W + tinted
METRES: 459m

Idylle dans la Venise du Nord

◆ Philippe Vloeberghs (b. 1901) entered film-making through his work as a journalist. He wrote a number of articles about film in *Ciné Vie*, after which he joined the Union Belge des Cinéastes Amateurs (the Belgian Amateur Film-Makers' Union). However, as soon as he found out that amateur film-makers had little sense of solidarity, he decided to leave the association with the intention of making films on his own. His first accomplishment was the short documentary **Images of Bruges** (1930?), a film commissioned by the Belgian-Luxembourg Tourist Office. In addition to shots of Bruges, the film also contains sights of other Flemish towns. Vloeberghs was spellbound by the beauty of Bruges, and in 1932 he again decided to use the town as a setting for his short feature film **Idyll in the Venice of the North**, a romanticized documentary which seeks to synthesize the essence of the city through the story of a young painter who forgets his lover. When she finally goes off to look for him, they once more spend an idyllic time together in Bruges. Because by this time silent films had virtually no chances of being screened, Vloeberghs intended to add sound to his brainchild. Whether he effectively did so is not known, as the only source of information we have are some press articles referring to "a badly played idyll". Vloeberghs had more plans to film romanticized documentaries in order to highlight the picturesque landscapes of Flanders, the Campine region, Hesbaye and the Ardennes, but nothing appears to have come of those. There is no longer any trace of Vloeberghs after 1933.

● Né au début de ce siècle, en 1901, Philippe Vloeberghs s'initie au septième art via la presse. Après avoir signé de sa plume quelques articles dans *Ciné Vie*, il s'affilie à l'Union Belge des Cinéastes Amateurs, qu'il quitte rapidement, ayant constaté le peu de solidarité qui y règne. Il décide alors de se lancer seul dans l'aventure de la réalisation, sans l'appui d'autres cinéastes. Il débute par un bref documentaire, intitulé **Images de Bruges** (1930?), pour le compte du Service du Tourisme Belgo-Luxembourgeois. Outre des images de Bruges, ce film contient de nombreuses vues sur diverses autres villes flamandes. Obsédé par la beauté de la capitale des Flandres occidentales, Vloeberghs décide, en 1932, d'y tourner un petit court métrage: **Idylle dans la Venise du Nord**. Ce documentaire romancé avait pour ambition de réaliser une synthèse de l'âme brugeoise. L'histoire est celle d'un jeune peintre qui oublie sa fiancée. Heureusement, celle-ci vient le retrouver et le couple vit une seconde idylle dans la Venise du Nord. Vu l'avènement du parlant, Vloeberghs choisit de sonoriser sa création. Toutefois, seuls quelques articles évoquant cette "idylle mal interprétée" nous étant parvenus, nous ignorons si le cinéaste passa de l'intention à la pratique. Vloeberghs avait encore bien d'autres projets: mettre en valeur, à leur tour, les paysages des Flandres, de la Campine, de Hesbaye et des Ardennes, par des documentaires romancés. Cependant, il ne fut probablement pas en mesure de les réaliser: en effet, sa trace est totalement perdue après 1933.

▶ Philippe Vloeberghs (°1901) kwam via de pers in aanraking met de zevende kunst; enkele artikels van zijn hand zijn te vinden in het tijdschrift *Ciné Vie*. Vervolgens sloot hij zich aan bij de Union Belge des Cinéastes Amateurs, maar toen hij begreep dat er onder amateurcineasten weinig solidariteit bestond, stapte hij prompt op. Hij besloot dan maar op eigen houtje en zonder ruggensteun van andere cineasten films te maken. Zijn eerste wapenfeit was de korte documentaire **Beelden van Brugge** (1930?), een opdrachtfilm voor de Belgisch-Luxemburgse Dienst voor Toerisme. Naast beelden van Brugge bevat deze film ook zichten van verscheidene Vlaamse steden. Mateloos gefascineerd door de schoonheid van de West-Vlaamse hoofdstad, besloot Vloeberghs om er in 1932 een korte speelfilm op te nemen: **Idylle dans la Venise du Nord**. Deze geromantiseerde documentaire is opgevat als een synthese van de Brugse ziel en handelt over een jonge schilder die zijn verloofde vergeet. Wanneer zij hem komt opzoeken, beleven ze samen een nieuwe idylle in het Venetië van het noorden. Omdat stille films niet meer voor vertoning in aanmerking kwamen, besloot Vloeberghs zijn geesteskind te sonoriseren. Of dit daadwerkelijk is gebeurd, valt echter niet meer te achterhalen; er resten ons slechts enkele artikels waarin sprake is van "een slecht vertolkte idylle". Maar Vloeberghs koesterde nog andere plannen - namelijk de landschappen van Vlaanderen, de Kempen, Haspengouw en de Ardennen in de verf zetten d.m.v. geromantiseerde documentaires. Deze plannen kon hij hoogstwaarschijnlijk niet meer verwezenlijken. Na 1933 ontbreekt elk spoor van Vloeberghs. *(PG)*

L'étrangère du Mont-Picard

André Evrard

L'étrangère du Mont-Picard
De geheimzinnige vrouw van Mont-Picard
The Mysterious Woman of Mont-Picard

DIRECTOR: André Evrard
YEAR: 1933
COUNTRY: BE
SCREENPLAY: Charles Lebrun
CAMERA: Antoine Castille
PROD. CO.: Gazette de Huy (Huy)
CAST: Suzanne Danton (Nadia Protoff), Rina Milo (Gaby Morichar), Henriette Grégoire (La bonne), André Puvrex (Georges Barenton), André Evrard (Dornières), Louis Lantoine (L'étranger), Rapha (Le chauffeur)
LANGUAGE: French
GAUGE: 35 mm
SILENT/SOUND: silent
B&W/COLOUR: D&W
METRES: 1184m

◆ From the 1920s onwards, the Musée de la Vie Wallonne in Liège commissioned numerous non-commercial mini-films (such as those listed hereafter), films which recorded characters, traditions and places typical of the period in a bid to preserve on film authentic elements often threatened by the wind of change. The cameraman Antoine Castille, who shot the majority of these pieces, was then hired by a fervent advocate of the tourist spots of the Meuse valley, Charles Lebrun, from Huy. His commission was to bring to the screen a script glorifying the town of Lebrun's birth, on the one hand preserving the memory of locations and monuments menaced by the march of time or by man, on the other still keeping one eye on the contemporary tourist market. To stimulate further future visitors (or so he thought), Lebrun concocted a plot as a pretext for the purely documentary views. This revolved around a young novelist commissioned to write a book on Huy and its charms who is manipulated by a mysterious female Russian spy in search of secret plans hidden in the region.

With a first-time director (André Evrard) and an amateur cast, the idiotic script was to scupper the enterprise rather than to rescue it. It would have been better to stick to Castille's lovely shots, which show the local attractions, archaeological gems and poetic landscapes around Huy. This romantic promenade omits not one of the region's sites: the beautiful Nadia and her suitor visit the churches and fortress, vineyards and priory, the wooded ridges and peaceful river Meuse, displaying an indefatigable ardour which, we can only hope, opened many a tourist's eyes to the charms of the Wallonian countryside.

● Durant les années 20 et par la suite, le Musée liégeois de la Vie Wallonne réalisa toute une série de courts métrages non commerciaux (voir ci-après) dans l'intention de fixer témoignages, traditions et lieux typiques de l'époque, des éléments authentiques souvent menacés de changements ou de disparition. L'opérateur Antoine Castille, qui filma la plupart de ces documents, fut engagé ensuite par un fervent défenseur des sites de la vallée de la Meuse, le Hutois Charles Lebrun, pour mettre en images un scénario à la gloire de sa ville natale. La volonté était, là aussi, de conserver le souvenir des endroits et des monuments menacés par le temps ou les hommes, mais tout en ajoutant à l'entreprise un but touristique immédiat. Pour passionner davantage les futurs visiteurs (du moins, le croyait-il), Lebrun imagina une histoire-prétexte pour y intégrer les vues purement documentaires: celle d'un jeune romancier, chargé d'écrire un livre sur Huy et ses beautés, qui va être manipulé par une mystérieuse espionne russe à la recherche de plans secrets, cachés dans la région. Réalisé par un débutant (André Evrard), joué par des amateurs, un script aussi débile allait gâcher l'entreprise plutôt que la servir. Il eût mieux valu s'en tenir aux belles images tournées par Castille, qui restituent les attraits locaux, les joyaux archéologiques et la poésie des paysages hutois en une déambulation romanesque qui ne rate aucun site. La belle Nadia et son chevalier servant visitent églises et forteresses, vignobles et prieurés, crêtes boisées et Meuse paisible, avec une ardeur infatigable qui, on voudrait l'espérer, convertit maints touristes aux charmes du pays wallon. (RM)

▶ Gedurende de jaren 20 en nog lang daarna maakte het Luikse Musée de la Vie Wallonne een hele reeks niet-commerciële filmpjes (zie verder), met de bedoeling getuigenissen, tradities en typische hoekjes van toen vast te leggen en de met uitsterven bedreigde authenticiteit op pellicule te bewaren. Cameraman Antoine Castille, die het merendeel van deze documenten verzorgde, werd later door een fervent beschermer van de sites in de Maasvallei, Charles Lebrun uit Hoei, aangezocht om een scenario te verfilmen waarin zijn geboortestad de hoofdrol speelde. Het doel was - weerom - de herinnering te bewaren aan plaatsen en monumenten die door mensenhand of de tand des tijds werden bedreigd, maar eveneens om het toerisme aldaar een duwtje in de rug te geven. Om de toekomstige bezoeker meer aan te trekken (althans naar zijn mening), schreef Lebrun een verhaaltje als alibi om zoveel mogelijk documentaire vista's in de film te verwerken: een jonge romanschrijver moet een boek maken over Hoei en zijn bezienswaardigheden, en wordt daarbij gemanipuleerd door een Russische spionne op zoek naar geheime plannen die in de regio verstopt zouden zijn.

De debuterende regisseur (André Evrard), de amateur-acteurs en het debiele script kelderden de onderneming. Men had het beter gelaten bij de mooie beelden van Castille, die de charme, de archeologische waarde en de poëtische landschappen van de streek rond Hoei evoceren in een romantische rondreis die geen plaats onberoerd laat. De knappe Nadia bezoekt, samen met haar ridder, kerken en kastelen, wijngaarden en kloosters, beboste bergkammen en de vredige Maas met een onvermoeibaar enthousiasme dat, hopelijk, het Waalse toerisme bevorderde.

ETHNOLOGICAL AND COLONIAL FILMS
FILMS ETHNOLOGIQUES ET COLONIAUX
ETNOLOGISCHE EN KOLONIALE FILMS

MUSÉE DE LA VIE WALLONNE

◆ Alongside the commercial fiction and documentary cinema shown before the main feature to open programmes, there exists a more marginal sphere of film-making reserved primarily for specialists and researchers. Such are the films of cameraman Antoine Castille, who in the twenties shot numerous shorts for Doctor Ovide Decroly. In the same period, Castille also crops up as a director for the Liège Museum of Walloon Life. The main goal of this organization, founded in 1912 by Joseph-Maurice Remouchamps, was to collect together as many documents and objects as possible relating to the ethnography, folklore, arts and crafts and all other aspects of popular life in Wallonia, from Malmédy in the East to Tournai in the West, Mons in the South to Binche in the North. Painstaking research has to this day, over 80 years after the museum was established, resulted in a collection of around 250 000 relics of the Walloon past. Cinema was soon recognized by the museum's founder (and later by his son Edouard Remouchamps) as an essential tool: thanks to film, it was now possible to capture places, craftsmen, local specificities and typical market scenes for preservation in the moving image. It was in this light that Antoine Castille and his colleague André Simon set about compiling these precious records of a popular history in the process of extinction. Scenes of work and play, costumes and traditions now lost are captured in their authentic state, a modest forerunner of more elaborate works such as Henri Storck's **High Days and Holidays in Belgium**.

● A côté du cinéma commercial de fiction ou du documentaire de première partie de programme, il existe un secteur plus marginal du cinéma, réservé davantage aux spécialistes et aux chercheurs. Ainsi les films de l'opérateur Antoine Castille qui tourna dans les années 20 plusieurs courts métrages pour le Docteur Ovide Decroly. On le retrouve, à la même époque, au service du Musée liégeois de la Vie Wallonne. Le but de cet organisme, fondé en 1912 par Joseph-Maurice Remouchamps, était de rassembler un maximum de documents et d'objets relatifs à l'ethnographie, au folklore, aux arts et métiers, et à tous les aspects de la vie populaire en Wallonie, de Malmédy à Tournai, de Mons à Binche. Ce patient travail de recherches et d'enquêtes permet de réunir à ce jour, après plus de 80 ans d'existence, une collection riche d'environ 250.000 reliques du passé wallon. L'apport du cinéma apparut vite primordial au fondateur du Musée (et plus tard à son fils, Edouard Remouchamps): grâce au film, il devenait possible d'enregistrer des lieux, des artisans, des manifestations locales, des marchés typiques, afin d'en préserver le souvenir par l'image animée. Dans cette perspective, Antoine Castille et son collègue André Simon se mirent à traquer ces précieux témoignages d'une histoire populaire en voie de disparition. Scènes de travail et de fêtes, costumes et traditions aujourd'hui perdues, seront ainsi fixés dans leur authenticité, sur le vif, ouvrant modestement la voie à des œuvres plus élaborées, comme les **Fêtes de Belgique** d'Henri Storck. (RM)

▶ Naast commerciële fictiefilms of de documentaires die destijds als voorprogramma in de zalen kwamen, bestond er ook een veel marginalere filmsector, voorbehouden aan specialisten en onderzoekers. In deze categorie plaatst men de films van cameraman Antoine Castille, die in de jaren 20 meerdere kortfilms draaide voor dokter Ovide Decroly. Castille was, in dezelfde periode, ook actief bij het Luikse Musée de la Vie Wallonne. Deze instelling, opgericht in 1912 door Joseph-Maurice Remouchamps, stelde zich voornamelijk ten doel het verzamelen van alle documenten en voorwerpen met betrekking tot de etnografie, de folklore, kunsten en ambachten en alle andere facetten van het Waalse volksleven, van Malmédy tot Doornik en van Bergen tot Binche. Tachtig jaar geduldig opzoekingswerk resulteerden in een rijke collectie van zo'n 250.000 relikwieën uit het Waalse verleden. De oprichter van het Museum (en later ook zijn zoon Edouard Remouchamps) besefte al snel wat voor een waardevolle bijdrage de camera tot dit werk kon leveren: het werd mogelijk om plaatsen, ambachtslieden, plaatselijke optochten en markten op film vast te leggen en zo hun herinnering te bewaren. Met dit doel voor ogen filmden Antoine Castille en collega André Simon de getuigenissen van een met uitsterven bedreigde volksgeschiedenis. Beelden van arbeid en feesten, kostuums of vervlogen tradities bleven zo in hun volle authenticiteit bewaard: bescheiden voorlopers van later, meer uitgebreid werk als **Fêtes de Belgique** van Henri Storck.

Marche de la Madeleine à Jumet

Botteresses liégeoises
Les botteresses
De Luikse "botteresses"
The "botteresses" from Liège

DIRECTOR: E. Pirlot
YEAR: 1920
COUNTRY: BE
PROD. CO.: Musée de la Vie Wallonne (Liège)
LANGUAGE: French
GAUGE: 35 mm
SILENT/SOUND: silent
B&W/COLOUR: B&W
METRES: 125m

Marche de la Madeleine à Jumet
De Madeleine-stoet in Jumet
The Magdalen Procession in Jumet

DIRECTOR: anonymous
YEAR: 192-
COUNTRY: BE
PROD. CO.: Musée de la Vie Wallonne (Liège)
LANGUAGE: French
GAUGE: 35 mm
SILENT/SOUND: silent
B&W/COLOUR: B&W
METRES: 71m

Le tressage de la paille dans la vallée du Geer
Strovlechten in de vallei van de Geer
Wickerwork in the Geer Valley

DIRECTOR: André Simon
YEAR: 1922
COUNTRY: BE
PROD. CO.: Musée de la Vie Wallonne (Liège)
LANGUAGE: French
GAUGE: 35 mm
SILENT/SOUND: silent
B&W/COLOUR: B&W
METRES: 294m

Les arquebusiers de Visé
Anciennes compagnies militaires de Visé
De haakschutters van Visé
The Arquebusiers of Visé

DIRECTOR: André Simon
YEAR: 1923-1924
COUNTRY: BE
PROD. CO.: Musée de la Vie Wallonne (Liège)
LANGUAGE: French
GAUGE: 35 mm
SILENT/SOUND: silent
B&W/COLOUR: tinted
METRES: 370m

Le grand marché aux légumes
De grote groentenmarkt
The Vegetable Market

DIRECTOR: Antoine Castille
YEAR: 1924
COUNTRY: BE
PROD. CO.: Musée de la Vie Wallonne (Liège)
LANGUAGE: -
GAUGE: 35 mm
SILENT/SOUND: silent
B&W/COLOUR: B&W + tinted
METRES: 342m

Goûter matrimonial d'Ecaussinnes-Lalaing
Huwelijksmaaltijd in Ecaussinnes-Lalaing
Wedding Reception in Ecaussinnes-Lalaing

DIRECTOR: Antoine Castille
YEAR: 1924
COUNTRY: BE
PROD. CO.: Musée de la Vie Wallonne (Liège)
LANGUAGE: French
GAUGE: 35 mm
SILENT/SOUND: silent
B&W/COLOUR: tinted + toned
METRES: 235m

Exploitation d'une carrière
Uitbating van een steengroeve
Quarrying for Stone

DIRECTOR: André Simon
YEAR: 1924
COUNTRY: BE
PROD. CO.: Musée de la Vie Wallonne (Liège)
LANGUAGE: -
GAUGE: 35 mm
SILENT/SOUND: silent
B&W/COLOUR: tinted
METRES: [252m]

La décapitation de l'oie
De onthoofding van een gans
Beheading a Goose

DIRECTOR: André Simon
YEAR: 1924
COUNTRY: BE
PROD. CO.: Musée de la Vie Wallonne (Liège)
LANGUAGE: -
GAUGE: 35 mm
SILENT/SOUND: silent
B&W/COLOUR: tinted
METRES: 128m

Vignobles hutois
Wijngaarden van Hoei
The Vineyards of Huy

DIRECTOR: Antoine Castille, Lameire
YEAR: 1924-1932
COUNTRY: BE
PROD. CO.: Musée de la Vie Wallonne (Liège)
LANGUAGE: French
GAUGE: 35 mm
SILENT/SOUND: silent
B&W/COLOUR: tinted
METRES: 142m

Travail du chandelon
Le travail à la baguette
Le travail au moule
De productie van kaarsen
Candle-Making

DIRECTOR: Antoine Castille
YEAR: 1925
COUNTRY: BE
PROD. CO.: Musée de la Vie Wallonne (Liège)
LANGUAGE: French
GAUGE: 35 mm
SILENT/SOUND: silent
B&W/COLOUR: B&W
METRES: 303m

Jeu du drapeau en Brabant Wallon
Vlaggenspel in Waals Brabant
Hoisting of the Flag in Brabant

DIRECTOR: Antoine Castille
YEAR: 1925
COUNTRY: BE
PROD. CO.: Musée de la Vie Wallonne (Liège)
LANGUAGE: French
GAUGE: 35 mm
SILENT/SOUND: silent
B&W/COLOUR: tinted
METRES: [67m]

Travail du chandelon

Les canons damas à Nessonvaux
Les canons damas
Le dernier fabricant de canons damas
La fabrication des canons damas
De gedamasceerde kanonnen van Nessonvaux
The Production of Damascus Steel Guns in Nessonvaux

DIRECTOR: Antoine Castille, André Simon
YEAR: 1925
COUNTRY: BE
PROD. CO.: Musée de la Vie Wallonne (Liège)
LANGUAGE: French
GAUGE: 35 mm
SILENT/SOUND: silent
B&W/COLOUR: B&W + tinted
METRES: 416m

[Inondations]
[Overstromingen]
[Floods]

DIRECTOR: anonymous
YEAR: 1925-1926
COUNTRY: BE
PROD. CO.: Musée de la Vie Wallonne (Liège)
LANGUAGE: French
GAUGE: 35 mm
SILENT/SOUND: silent
B&W/COLOUR: B&W
METRES: 132m

La procession de la Pucelette
De processie van de "Pucelette"
The Procession of the "Pucelette"

DIRECTOR: Antoine Castille
YEAR: 1926
COUNTRY: BE
PROD. CO.: Musée de la Vie Wallonne (Liège)
LANGUAGE: French
GAUGE: 35 mm
SILENT/SOUND: silent
B&W/COLOUR: B&W
METRES: 123m (not edited)

[Géants d'Ath]
[De reuzen van Ath]
[The Giants of Ath]

DIRECTOR: anonymous
YEAR: 1926
COUNTRY: BE
PROD. CO.: Musée de la Vie Wallonne (Liège)
LANGUAGE: -
GAUGE: 35 mm
SILENT/SOUND: silent
B&W/COLOUR: B&W + tinted
METRES: [146m]

La ducasse de Mons
De kermis van Mons
The Fair in Mons

DIRECTOR: Antoine Castille, A. d'Armentières
YEAR: 1926
COUNTRY: BE
PROD. CO.: Musée de la Vie Wallonne (Liège)
LANGUAGE: French
GAUGE: 35 mm
SILENT/SOUND: silent
B&W/COLOUR: B&W
METRES: 306m

Travail du bûcheron
Het houthakkerswerk
The Woodcutter at Work

DIRECTOR: Antoine Castille
YEAR: 1927
COUNTRY: BE
PROD. CO.: Musée de la Vie Wallonne (Liège)
LANGUAGE: French
GAUGE: 35 mm
SILENT/SOUND: silent
B&W/COLOUR: tinted
METRES: 273m

Travail du bois
Houtbewerking
Woodwork

DIRECTOR: Antoine Castille
YEAR: 1927
COUNTRY: BE
PROD. CO.: Musée de la Vie Wallonne (Liège)
LANGUAGE: -
GAUGE: 35 mm
SILENT/SOUND: silent
B&W/COLOUR: B&W + tinted
METRES: [78m]

[Marche de la Saint-Feuillen]
[Stoet van Saint-Feuillen]
[The Saint Feuillen Procession]

DIRECTOR: Antoine Castille
YEAR: 1928
COUNTRY: BE
PROD. CO.: Musée de la Vie Wallonne (Liège)
LANGUAGE: -
GAUGE: 35 mm
SILENT/SOUND: silent
B&W/COLOUR: B&W
METRES: 171m (not edited)

Procession de la Sarte
De Sarte-processie
The Sarte Procession

DIRECTOR: Antoine Castille
YEAR: 1928
COUNTRY: BE
PROD. CO.: Musée de la Vie Wallonne (Liège)
LANGUAGE: -
GAUGE: 35 mm
SILENT/SOUND: silent
B&W/COLOUR: B&W
METRES: [238m]

[Carnaval de Malmédy]
[Carnaval van Malmédy]
[Carnival in Malmédy]

DIRECTOR: Antoine Castille
YEAR: 1928
COUNTRY: BE
PROD. CO.: Musée de la Vie Wallonne (Liège)
LANGUAGE: -
GAUGE: 35 mm
SILENT/SOUND: silent
B&W/COLOUR: B&W
METRES: 380m (not edited)

Tissage à la main de la toile
Linnenweven met de hand
Canvas-Weaving by Hand

DIRECTOR: Antoine Castille
YEAR: 1929
COUNTRY: BE
PROD. CO.: Musée de la Vie Wallonne (Liège)
LANGUAGE: -
GAUGE: 35 mm
SILENT/SOUND: silent
B&W/COLOUR: B&W
METRES: 321m

Dernier boulanger de la région liégeoise pétrissant à la main
Travail du boulanger
De laatste bakker uit het Luikse die met de hand kneedt
The Last Baker in Liège Kneading Dough by Hand

DIRECTOR: Antoine Castille
YEAR: 1929
COUNTRY: BE
PROD. CO.: Musée de la Vie Wallonne (Liège)
LANGUAGE: French
GAUGE: 35 mm
SILENT/SOUND: silent
B&W/COLOUR: B&W
METRES: 185m

Fabrication des tubes et pose des tubes sur chantiers
Productie van buizen en plaatsing van buizen op de werven
Manufacture of Pipes and their Installation on the Building Site

DIRECTOR: Antoine Castille
YEAR: 1930
COUNTRY: BE
PROD. CO.: Musée de la Vie Wallonne (Liège)
SILENT/SOUND: silent

Les stations de compression de Tertre-Monceau, au Marly
De drukstations van Tertre-Monceau in Marly
The Pumping Stations of Tertre-Monceau in Marly

DIRECTOR: Antoine Castille
YEAR: 1930
COUNTRY: BE
PROD. CO.: Musée de la Vie Wallonne (Liège)
SILENT/SOUND: silent

Les derniers cloutiers
Les cloutiers de Bohan
Derniers cloutiers de Xhendelesse
Fabrication des clous forgés à la main
De laatste spijkersmeden
The Last Nail-Makers of Bohan

DIRECTOR: Antoine Castille
YEAR: 1930-1933
COUNTRY: BE
PROD. CO.: Musée de la Vie Wallonne (Liège)
LANGUAGE: French
GAUGE: 35 mm
SILENT/SOUND: silent
B&W/COLOUR: B&W
METRES: 276m

Carnaval de Binche
Carnaval van Binche
Binche Carnival

DIRECTOR: Antoine Castille, Joseph-Maurice Remouchamps
YEAR: 1930
COUNTRY: BE
PROD. CO.: Musée de la Vie Wallonne (Liège)
LANGUAGE: -
GAUGE: 35 mm
SILENT/SOUND: silent
B&W/COLOUR: B&W
METRES: 337m

Travail du verre
Glaswerk
Glassmaking

DIRECTOR: Antoine Castille
YEAR: 1930
COUNTRY: BE
PROD. CO.: Musée de la Vie Wallonne (Liège)
LANGUAGE: French
GAUGE: 35 mm
SILENT/SOUND: silent
B&W/COLOUR: B&W
METRES: [723m]

Travaux agricoles
Landbouwwerken
Agricultural Work

DIRECTOR: Antoine Castille
YEAR: 1931
COUNTRY: BE
PROD. CO.: Musée de la Vie Wallonne (Liège)
LANGUAGE: -
GAUGE: 35 mm
SILENT/SOUND: silent
B&W/COLOUR: B&W
METRES: [248m]

Potier d'argile
Pottenbakker
Pottery

DIRECTOR: Joseph-Maurice Remouchamps
YEAR: 1931
COUNTRY: BE
PROD. CO.: Musée de la Vie Wallonne (Liège)
SILENT/SOUND: silent

Forge à "Maka" de Chaudfontaine
Forge à martinet ou "Maka"
"Maka"-smederij in Chaudfontaine
"Maka" Forge in Chaudfontaine

DIRECTOR: Antoine Castille
YEAR: 1931
COUNTRY: BE
PROD. CO.: Musée de la Vie Wallonne (Liège)
LANGUAGE: French
GAUGE: 35 mm
SILENT/SOUND: silent
B&W/COLOUR: B&W + tinted
METRES: 108m

Inauguration de la Fontaine de la Tradition
Inwijding van de Fontaine de la Tradition
Inauguration of the Fountain of Tradition

DIRECTOR: Antoine Castille
YEAR: 1931
COUNTRY: BE
PROD. CO.: Musée de la Vie Wallonne (Liège)
LANGUAGE: -
GAUGE: 35 mm
SILENT/SOUND: silent
B&W/COLOUR: B&W
METRES: [117m]

Chargeuses et chargeurs de bateau
Laders en laadsters van boten
Loading Boats

DIRECTOR: Antoine Castille
YEAR: 1933
COUNTRY: BE
PROD. CO.: Musée de la Vie Wallonne (Liège)
LANGUAGE: French
GAUGE: 35 mm
SILENT/SOUND: silent
B&W/COLOUR: B&W
METRES: 89m

Les cerfs-volants
Lancement de cerfs-volants
Vliegers
Kites

DIRECTOR: Antoine Castille
YEAR: 1933
COUNTRY: BE
PROD. CO.: Musée de la Vie Wallonne (Liège)
LANGUAGE: -
GAUGE: 35 mm
SILENT/SOUND: silent
B&W/COLOUR: B&W
METRES: 63m

Travail du passementier
Passementwerk
Making Furniture Trimmings

DIRECTOR: Antoine Castille, Joseph-Maurice Remouchamps
YEAR: 1934
COUNTRY: BE
PROD. CO.: Musée de la Vie Wallonne (Liège)
LANGUAGE: -
GAUGE: 35 mm
SILENT/SOUND: silent
B&W/COLOUR: B&W
METRES: 219m

La journée d'un cavalier au 1er lanciers à Spa, avant la motorisation
De dag van een ruiter van de 1ste lansiers van Spa, voor de motorisering
A Day in the Life of a Cavalryman of the 1st Lancers in Spa, Before Motorization

DIRECTOR: Antoine Castille
YEAR: 1937
COUNTRY: BE
PROD. CO.: Musée de la Vie Wallonne (Liège)
LANGUAGE: -
GAUGE: 35 mm
SILENT/SOUND: silent
B&W/COLOUR: B&W
METRES: 950m

La saboterie à la main
Manuele klompenmakerij
Clog-Making by Hand

DIRECTOR: Antoine Castille
YEAR: 1937
COUNTRY: BE
PROD. CO.: Musée de la Vie Wallonne (Liège)
LANGUAGE: French
GAUGE: 35 mm
SILENT/SOUND: silent
B&W/COLOUR: B&W
METRES: 846m

Fabrication de la dentelle
Dentellerie de Cerfontaine
Kantwerk van Cerfontaine
Lace-Making in Cerfontaine

DIRECTOR: Antoine Castille
YEAR: 1937
COUNTRY: BE
PROD. CO.: Musée de la Vie Wallonne (Liège)
LANGUAGE: French
GAUGE: 35 mm
SILENT/SOUND: silent
B&W/COLOUR: B&W
METRES: 232m

La saboterie mécanique
Mechanische klompenmakerij
Mechanical Clog-Making

DIRECTOR: Joseph-Maurice Remouchamps
YEAR: 1938
COUNTRY: BE
PROD. CO.: Musée de la Vie Wallonne (Liège)
SILENT/SOUND: silent

Concours hippique à Spa
Paardenkoers te Spa
Horse Trials in Spa

DIRECTOR: Antoine Castille
YEAR: 1938
COUNTRY: BE
PROD. CO.: Musée de la Vie Wallonne (Liège)
LANGUAGE: French
GAUGE: 35 mm
SILENT/SOUND: silent
B&W/COLOUR: B&W
METRES: 80m

Travail du bûcheron

Grand feu à Parfondruy
Het grote vuur te Parfondruy
Bonfire Celebrations in Parfondruy

DIRECTOR: Antoine Castille, Joseph-Maurice Remouchamps
YEAR: 1937
COUNTRY: BE
PROD. CO.: Musée de la Vie Wallonne (Liège)
LANGUAGE: -
GAUGE: 35 mm
SILENT/SOUND: silent
B&W/COLOUR: B&W
METRES: 74m

Le premier lancier motorisé
Le 1er lancier motorisé
De eerste gemotoriseerde lansier
The First Motorized Lancer

DIRECTOR: Antoine Castille
YEAR: 1938
COUNTRY: BE
PROD. CO.: Musée de la Vie Wallonne (Liège)
LANGUAGE: French
GAUGE: 35 mm
SILENT/SOUND: silent
B&W/COLOUR: B&W
METRES: 582m

Charbonniers
Travail des charbonniers
Steenkolenbranders
Burning Charcoal

DIRECTOR: Antoine Castille
YEAR: 1938
COUNTRY: BE
PROD. CO.: Musée de la Vie Wallonne (Liège)
LANGUAGE: French
GAUGE: 35 mm
SILENT/SOUND: silent
B&W/COLOUR: B&W + tinted
METRES: 797m

Concours de chants de pinsons à Verviers
Vinkenzangwedstrijd in Verviers
Birdsong Competition in Verviers

DIRECTOR: Antoine Castille
YEAR: 1938
COUNTRY: BE
PROD. CO.: Musée de la Vie Wallonne (Liège)
LANGUAGE: -
GAUGE: 35 mm
SILENT/SOUND: silent
B&W/COLOUR: B&W
METRES: 110m

Revue des troupes après les grandes manœuvres
Revue des troupes à Spa
Troepeninspectie te Spa
Inspection of the Troops in Spa

DIRECTOR: Antoine Castille
YEAR: 1938
COUNTRY: BE
PROD. CO.: Musée de la Vie Wallonne (Liège)
LANGUAGE: -
GAUGE: 35 mm
SILENT/SOUND: silent
B&W/COLOUR: B&W
METRES: 114m

Flottage du bois sur la Semois
Drijvend hout op de Semois
Floating Logs on the Semois

DIRECTOR: Antoine Castille
YEAR: 1938
COUNTRY: BE
PROD. CO.: Musée de la Vie Wallonne (Liège)
LANGUAGE: French
GAUGE: 35 mm
SILENT/SOUND: silent
B&W/COLOUR: B&W
METRES: 713m

Un voyage au Congo

Baron Lambert

Un voyage au Congo
Een reis naar Kongo
A Voyage to the Congo

DIRECTOR: Baron Lambert
YEAR: 1924
COUNTRY: BE
LANGUAGE: French
GAUGE: 35 mm
SILENT/SOUND: silent
B&W/COLOUR: B&W + tinted
METRES: 1510m

◆ Little is known of the life of Baron Lambert other than his six-month trip to the Congo (leaving in July 1924), an escapade financed by the magnate Lord Leverhulme, whose ventures included a plantation in Central Africa and a soap factory in Brussels. Setting sail from Antwerp, Lambert reached Boma via Casablanca and Dakar, then boarded the train through the jungle to Matadi and Léopoldville. On board the Berwin, he travelled up the River Congo and the Kasaï before continuing on to Charlesville and Matamba by road. There he partook of the regulation hunting expedition on horseback through the hills and valleys of the Lomami region. After visiting the town of Bukama and the plateaux of Biano, the Baron began the return journey - from Lake Tanganika via Dar-Es-Salaam, Aden and the Suez Canal - back to Europe.

A Voyage to the Congo is very obviously the travel diary of an amateur, composed as it is almost entirely of long shots of the places Lambert explored and the rivers he navigated, all strung together with no discernible didactic motive. We learn nothing of the indigenous peoples (except that they carried him during the hunt) and see only a fraction of the activities of the colonial rulers (such as the laying of a railway in Katanga and cattle-farming on the Biano plateau). However, when it comes to the film-maker's meetings with important personages (such as the governor of Katanga), Lambert unfortunately takes exhaustiveness to new heights. The film represents an indisputably personal view of the Congo of the twenties through the eyes of a Belgian nobleman, and its value is precisely as a historical record.

● La vie du baron Lambert est peu connue, à part ce voyage de six mois au Congo (à partir de juillet 1924), un périple financé par Lord Leverhulme, propriétaire d'une plantation en Afrique centrale et directeur d'une fabrique de savon bruxelloise. Parti d'Anvers, avec escales à Casablanca et Dakar, il atteint Boma, d'où un train l'emmène à travers la jungle vers Matadi et Léopoldville. Sur le Berwin, il remonte le fleuve Congo et le Kasaï, avant de poursuivre en automobile sa route de Charlesville à Matamba, non sans s'être plié à l'obligatoire expédition de chasse à cheval, par monts et par vaux, de la région de Lomami. Le point ultime du voyage comporte une visite de la ville de Bukama et des hauts plateaux du Biano, avant d'amorcer le chemin du retour: lac Tanganyika, Dar es-Salaam, Aden, et le canal de Suez avec pour destination finale l'Europe.

Compte rendu filmique des pérégrinations d'un amateur, le film déroule presque exclusivement des longs plans de lieux explorés et de rivières remontées par Lambert sans que l'on ne puisse y déceler une quelconque considération didactique. Rien ne nous est appris des indigènes (hormis le fait qu'ils le portèrent durant la chasse) et quant aux maîtres coloniaux, seul un petit coin de leurs activités est levé (notamment la pose d'une voie ferrée au Katanga ou un élevage de bétail sur le plateau du Biano). Par contre, de ses rencontres avec des personnalités - le gouverneur du Katanga, par exemple -, rien ne nous est épargné. Document sur le Congo des années vingt tel qu'il a été vu par un Belge de noble extraction, témoignage à valeur historique, le film tire par là même sa raison d'être.

▶ Over het leven van baron Lambert is voorlopig weinig bekend. We weten wel dat hij in juli 1924 een reis van zes maanden door Kongo begon, gefinancierd door Lord Leverhulme, die een plantage bezat in Centraal-Afrika en een zeepfabriek uitbaatte in Brussel. Vanuit Antwerpen, via Casablanca en Dakar bereikte Lambert per schip Boma. Dan ging het verder per trein door de jungle, naar Matadi en Leopoldstad. Aan boord van de Berwin voer hij de rivieren Kongo en Kasai af, alvorens met de auto van Charlesstad naar Matamba te rijden, van waaruit hij te paard de obligate jachtexpeditie ondernam in de heuvels en dalen van de Lomami-streek. Het laatste deel van de reis omvatte een bezoek aan de stad Bukama en de Biano-hoogvlakte, waarna de baron aan zijn terugreis begon: van het Tanganjikameer over Dar Es Salam, Aden en het Suezkanaal naar eindbestemming Europa.

Un voyage au Congo is duidelijk het reisverslag van een amateur. De film bestaat bijna uitsluitend uit totaalopnamen van de door Lambert bezochte oorden en de door hem bevaren stromen, zonder dat daar enige

didactische overweging bij te pas komt. We vernemen niets over de inboorlingen (behalve dat ze hem dragen tijdens de jacht) en vangen slechts een glimp op van de activiteiten van de koloniale heersers (o.a. de aanleg van een spoorweglijn in Katanga en een rundveefokkerij op het Biano-plateau). Zijn ontmoetingen met hoogwaardigheidsbekleders - o.a. de gouverneur van Katanga - zet hij dan weer extra in de verf. **Un voyage au Congo** toont het Kongo van de jaren 20 gezien door de bril van een adellijke Belg, en is in dat opzicht dan ook een waardevol tijdsdocument. (SL)

ROBERT DE WAVRIN'S FIRST FILMS
PREMIERS FILMS DE ROBERT DE WAVRIN
ROBERT DE WAVRINS EERSTE FILMS

Au cœur de l'Amérique du Sud
Au centre de l'Amérique du Sud inconnue
In het hart van Zuid-Amerika
In the Heart of South America

DIRECTOR: Robert de Wavrin
YEAR: 1924
COUNTRY: BE
LANGUAGE: French
SILENT/SOUND: silent
METRES: 975m

Les chutes de l'Iguaçu
De watervallen van Iguaçu
The Iguaçu Falls

DIRECTOR: Robert de Wavrin
YEAR: 1925
COUNTRY: BE
SILENT/SOUND: silent

Le Paraguay
Paraguay

DIRECTOR: Robert de Wavrin
YEAR: 1925
COUNTRY: BE
SILENT/SOUND: silent

Les Indiens du Gran-Chaco
De Indianen van Gran-Chaco
The Indians of Gran-Chaco

DIRECTOR: Robert de Wavrin
YEAR: 1925
COUNTRY: BE
SILENT/SOUND: silent

Les sucreries du Nord-Ouest de l'Argentine
De suikerfabrieken in het Noord-Westen van Argentinië
The Sugar Plantations of North-West Argentina

DIRECTOR: Robert de Wavrin
YEAR: 1925
COUNTRY: BE
SILENT/SOUND: silent

◆ As of 1913, the Marquis Robert de Wavrin (1888-1971) was to spend many years exploring what were then the least-known areas of South America. He would spend 25 years of his life returning there on a regular basis and at his own expense, hoping to record on film with the camera he always carried regions, cultures and traditions whose primitive innocence would little by little be destroyed by the inexorable advance of civilization and lucre. For it was the Walloon aristocrat's wish, like Robert Flaherty's before him, to immerse himself in these free and independent lands and peoples, blessed by an intact state of original innocence seen by de Wavrin, as by Rousseau, as the last sign of an unspoilt world which is condemned to disappear. "My friends, the savages. When I leave civilized shores, I set off alone. The Indians have confidence in my loyalty (...). I have never been able to remain in Europe for any great length of time: from 1913 to 1916, from 1919 to 1922 and 1926 to 1930 I travelled throughout South America (...), documenting the legends, the traditions, observing the customs, noting down many of the idioms. To get there, endless rivers must be navigated in dugouts or on rafts, impenetrable virgin forest crossed on foot, marching day after day (...). All my collections have found their way into the ethnographic museums of Paris and Brussels" (extracts from a 1931 interview). This gives an idea of the interest of these five short films (and the feature sound film **In the Scalp Country** from 1931), first-hand records of primitive tribes which have in many cases since been decimated.

● A partir de 1913, le marquis Robert de Wavrin (1888-1971) va se lancer, durant de longues années, dans l'exploration des régions les plus mal connues, à l'époque, de l'Amérique du Sud. Il passe 25 années de sa vie à y retourner régulièrement, à ses frais, emportant avec lui une caméra afin de fixer sur la pellicule des régions, des mœurs, et des traditions que les inexorables avancées de la civilisation et du lucre allaient peu à peu arracher à une innocence primitive. Car, dans la lignée de Robert Flaherty, le gentilhomme wallon veut s'immerger dans ces contrées et ces peuplades libres, indépendantes, et dont l'innocence originelle, encore préservée, lui apparaît, comme à Rousseau, constituer le dernier témoignage d'un monde pur, appelé à disparaître. "Mes amis, les sauvages. Quand je quitte les territoires civilisés, je pars seul. Les Indiens ont confiance en ma loyauté (...). Je n'ai jamais pu rester longtemps en Europe: de 1913 à 1916, de 1919 à 1922, de 1926 à 1930, j'ai parcouru l'Amérique du Sud (...), j'ai recueilli les légendes, les traditions, observé les coutumes, pris en note beaucoup d'idiomes. Pour y arriver, il faut naviguer en pirogues ou en radeaux sur d'interminables fleuves, il faut marcher des jours et des jours dans la forêt vierge impénétrable (...). Toutes mes collections ont pris le chemin des musées ethnographiques de Paris et de Bruxelles" (extraits d'un entretien, daté de 1931). C'est dire l'intérêt de ces cinq courts métrages (et du long métrage sonore **Au pays du scalp**, réalisé en 1931), témoignages directs sur des tribus primitives, aujourd'hui souvent décimées. (RM)

▶ Vanaf 1913 zou markies Robert de Wavrin (1888-1971) zich gedurende ettelijke jaren toeleggen op de verkenning van wat toen de meest onbekende regionen van Zuid-Amerika heetten. Gedurende 25 levensjaren zou hij er herhaaldelijk en op eigen kosten terugkeren, gewapend met een camera. Hij zou er het landschap, de zeden en tradities, die door het onverbiddelijke oprukken van beschaving en winstbejag langzaam maar zeker uit hun primitieve onschuld gesleurd werden, op film vastleggen. Want deze Waalse edelman wou zich, in navolging van Robert Flaherty, verdiepen in dit land waar volkeren vrij en onafhankelijk leefden in een nog onbesmeurde onschuld, die hem, net als Rousseau, voorkwam als een laatste getuigenis van een wereld van zuiverheid die gedoemd is te verdwijnen. "Mijn vrienden, de wilden. Wanneer ik de beschaafde territoria verlaat, ga ik alleen. De Indianen hebben vertrouwen in mijn loyaliteit (...). Ik heb nooit lang in Europa kunnen blijven: tussen 1913 en 1916, 1919 en 1922, 1926 en 1930 zwierf ik door Zuid-Amerika (...), ik heb legenden en tradities verzameld, gebruiken bestudeerd en menig idioom opgetekend. Om daar te geraken moet men ontelbare rivieren bevaren, in een sloep of op een vlot, dagenlang lopen door het ondoordringbare, ongerepte oerwoud (...). Wat ik verzameld heb, is verspreid over etnografische musea in Parijs en Brussel" (fragment uit een interview uit 1931). Hierin schuilt de verdienste van deze vijf kortfilms (en van zijn lange klankfilm **Au pays du scalp** uit 1931), als rechtstreekse getuigenissen van primitieve stammen, waarvan er nu al veel verdwenen zijn.

ERNEST GENVAL

La ferme Becasse
De Becasse-hoeve
The Becasse Farm

DIRECTOR: Ernest Genval
YEAR: 1924
COUNTRY: BE
CAMERA: Victor Morin
CAST: (Joseph Becasse), (Jean Becasse), Gaby Dalmah (Jeanne Becasse), (Nicolas Badoux), (Robert Arnoult)
LANGUAGE: French
SILENT/SOUND: silent
METRES: 2400m

Les eaux de Spa
Het water van Spa
The Spring Waters of Spa

DIRECTOR: Ernest Genval
YEAR: 1925
COUNTRY: BE
SILENT/SOUND: silent

Le tabac de la Semois
De tabak van de Semois
Semois Tobacco

DIRECTOR: Ernest Genval
YEAR: 1925
COUNTRY: BE
SILENT/SOUND: silent

◆ During the First World War, Ernest Genval (a pseudonym for Ernest Thiers, 1884-1945) became a singer in the Belgian army, and after the conflict he went on a successful cabaret tour of the Belgian Congo. Upon his return to Belgium in 1924, he tried to earn a living by producing advertising films. He also shot a (lost) feature film about life in rural Belgium, **The Becasse Farm**, on which he collaborated with Victor Morin, an experienced cameraman who had previously worked with Jacques Feyder.

In the meantime he discovered that Belgians were as avid for information about the Belgian Congo and the mandated territories in Central Africa as they were ignorant about the real situation. He therefore decided to make good use of his experience and contacts and return to the colony with his cameraman and equipment. Touring the country by car, Genval succeeded in making dozens of short films commissioned by, or dealing with, colonial enterprises. In 1927 he made the long documentary **The Congo Awakens**, which was premièred in Brussels in May of that same year before being officially released by the major international distributor Gaumont-Metro-Goldwyn in the autumn. The film was a paean to Belgium's civilizing, techno-industrial and medical achievements in the colony. After this (financial) success, Genval returned to Africa several times to make industrial and propaganda films and ethnographical documentaries. In Belgium, he continued to direct a number of advertising films. In 1945, however, he was arrested by the Gestapo on the charge of collaborating with the underground press and deported to Dachau, where he eventually succumbed to typhoid fever.

● Ernest Genval, pseudonyme d'Ernest Thiers (1884-1945), devient chansonnier dans l'armée belge pendant la Première Guerre mondiale. Après les hostilités, il part en tournée comme cabaretier au Congo belge et y connaît le succès. De retour en Belgique, en 1924, il produit des films publicitaires et tourne une fiction, aujourd'hui perdue, sur la vie rurale en Belgique, **La ferme Becasse**, pour laquelle il fait appel à Victor Morin, un cameraman expérimenté qui avait collaboré avec Jacques Feyder.

Entre-temps, il constate que la Belgique manifeste un immense intérêt pour sa colonie et les territoires d'Afrique centrale sous mandat, intérêt qui n'a d'égal que l'ignorance à ce sujet. Il décide d'exploiter son expérience et ses contacts et revient dans la colonie avec cameraman et matériel. Ils traversent le pays de part en part en voiture. Genval réussit à tourner des dizaines de courts métrages pour le compte d'entreprises coloniales et à leur sujet. En 1927, il tourne un long documentaire, **Le Congo qui s'éveille**, dont la première a lieu à Bruxelles la même année, en mai. Le grand distributeur Gaumont-Metro-Goldwyn met le film en circulation officielle à l'automne. **Le Congo qui s'éveille** est un hymne aux réalisations civilisatrices, technico-industrielles et médicales de la Belgique dans la colonie. Suite à cette réussite (financière), Genval retourne à diverses reprises en Afrique où il réalise des films de propagande industrielle et coloniale et des documentaires ethnographiques. En Belgique, il continue à diriger des films publicitaires. Arrêté en 1945 par la Gestapo pour avoir participé à des journaux clandestins, il serait mort à Dachau d'une fièvre typhoïde.

▶ Tijdens W.O.I wordt Ernest Genval (pseudoniem van Ernest Thiers, 1884-1945) chansonnier in het Belgische leger. Na de oorlog vertrekt hij naar Belgisch Kongo, waar hij veel succes oogst met zijn tournee als cabaretier. In 1924 keert hij terug naar België en tracht hij zijn brood te verdienen met de productie van publiciteitsfilms; hij draait ook een (verloren gegane) langspeelfilm over het Belgische plattelandsleven: **La ferme Becasse**. Hiervoor doet hij een beroep op Victor Morin, een ervaren cameraman die al voor Jacques Feyder had gewerkt.

Wat de kolonie en de mandaatgebieden in Centraal-Afrika betreft, stelt Genval al snel vast dat daaromtrent in het moederland evenveel belangstelling als onwetendheid bestaat. Hij besluit zijn ervaring en contacten te benutten en keert met cameraman en materiaal terug naar de kolonie. Per auto trekken ze door het land, wat Genval in staat stelt tientallen kortfilms te draaien voor en over koloniale ondernemingen. In 1927 filmt hij een lange documentaire, **Le Congo qui s'éveille**, die in mei van datzelfde jaar in Brussel in première gaat en in het najaar door het grote internationale verdeelhuis Gaumont-Metro-Goldwyn officieel wordt uitgebracht. Deze prent bejubelt het beschavingswerk en de technisch-industriële of medische verwezenlijkingen in de kolonie. Na dit (financiële) succes keert Genval meermaals terug naar Afrika om industriële en koloniale propagandafilms of etnografische documentaires te draaien. Wanneer hij in België vertoeft, wijdt hij zich aan publiciteitsfilms. In 1945 wordt hij echter door de Gestapo naar Dachau gestuurd wegens zijn samenwerking met de clandestiene pers. Daar zal hij tenslotte aan tyfus bezwijken. *(GC)*

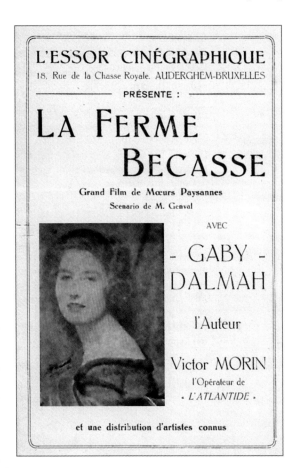

L'ESSOR CINÉGRAPHIQUE
18, Rue de la Chasse Royale. AUDERGHEM-BRUXELLES

PRÉSENTE :

LA FERME BECASSE

Grand Film de Mœurs Paysannes
Scenario de M. Genval

AVEC

- GABY -
DALMAH

l'Auteur

Victor MORIN
l'Opérateur de
· L'ATLANTIDE ·

et une distribution d'artistes connus

L'ABC: un grand hôtel congolais
Un grand hôtel congolais
Het ABC: een groot Kongolees hotel
ABC: A Major Congo Hotel

DIRECTOR: Ernest Genval
YEAR: 1925-1926
COUNTRY: BE
SILENT/SOUND: silent

Une grande banque au Congo Belge
La banque du Congo Belge
Een grote bank in Belgisch Kongo
A Major Bank in the Belgian Congo

DIRECTOR: Ernest Genval
YEAR: 1925-1926
COUNTRY: BE
SILENT/SOUND: silent

La Forminière à Nioki
Forminière in Nioki

DIRECTOR: Ernest Genval
YEAR: 1925-1926
COUNTRY: BE
SILENT/SOUND: silent

La Belgika à Stanleyville et dans l'Ile Bertha
Plantations et installations en Afrique de la Compagnie Belgika
De Belgika in Stanleystad en op het eiland Bertha
The Belgika Company in Stanleyville and on the Isle of Bertha

DIRECTOR: Ernest Genval
YEAR: 1925-1926
COUNTRY: BE
LANGUAGE: French
GAUGE: 35 mm
SILENT/SOUND: silent
B&W/COLOUR: tinted
METRES: 212m

La Compagnie Minière Congolaise

DIRECTOR: Ernest Genval
YEAR: 1925-1926
COUNTRY: BE
SILENT/SOUND: silent

La Manucongo
Manucongo

DIRECTOR: Ernest Genval
YEAR: 1925-1926
COUNTRY: BE
SILENT/SOUND: silent

De Boma à Tshela par la voie du Mayumbe
Le chemin de fer du Mayumbe
De Boma à Tshela par la ligne de chemin de fer du Mayumbe
Van Boma naar Tshela langs het Mayumbe-spoor
From Boma to Tshela on the Mayumbe Railway

DIRECTOR: Ernest Genval
YEAR: 1926
COUNTRY: BE
CAMERA: Victor Morin
PROD. CO.: La Mission Cinématographique Genval
LANGUAGE: French
GAUGE: 35 mm
SILENT/SOUND: silent
B&W/COLOUR: tinted
METRES: 581m

Fonctionnement d'une bourse de travail "La BTK"
La Bourse du Travail du Kasaï
La BTK
De werking van de arbeidsbeurs van Kasai

DIRECTOR: Ernest Genval
YEAR: 1926
COUNTRY: BE
CAMERA: Victor Morin
LANGUAGE: French
GAUGE: 35 mm
SILENT/SOUND: silent
B&W/COLOUR: tinted
METRES: 98m

Le port de Matadi
De haven van Matadi
The Port of Matadi

DIRECTOR: Ernest Genval
YEAR: 1926
COUNTRY: BE
SILENT/SOUND: silent

La culture du coton dans l'Ouele
De katoenteelt in Ouele
Cotton Farming in Ouele

DIRECTOR: Ernest Genval
YEAR: 1926
COUNTRY: BE
SILENT/SOUND: silent

De Stanleyville à Bukama, par la voie des Grands Lacs
Les chemins de fer des Grands Lacs: de Stanleyville à Bukama, par la voie des Grands Lacs
La liaison de Stanleyville à Bukama
Van Stanleystad naar Bukama langs het spoor van de Grote Meren
From Stanleyville to Bukama on the Great Lakes Railway

DIRECTOR: Ernest Genval
YEAR: 1926
COUNTRY: BE
PROD. CO.: La Mission Cinématographique Genval
LANGUAGE: French
GAUGE: 35 mm
SILENT/SOUND: silent
B&W/COLOUR: B&W
METRES: 933m

La Compagnie du Kasaï
Plantations et installations en Afrique de la Compagnie du Kasaï

DIRECTOR: Ernest Genval
YEAR: 1926
COUNTRY: BE
SILENT/SOUND: silent

La Combelga
Plantations et installations en Afrique de la Compagnie Combelga

DIRECTOR: Ernest Genval
YEAR: 1926
COUNTRY: BE
SILENT/SOUND: silent

La Socca
Plantations et installations en Afrique de la Compagnie Socca

DIRECTOR: Ernest Genval
YEAR: 1926
COUNTRY: BE
SILENT/SOUND: silent

Plantations et installations en Afrique de la Compagnie Sucrerie Congolaise
Afrikaanse plantages en installaties van de Compagnie Sucrerie Congolaise
The African Plantations and Holdings of the Congo Sugar Company

DIRECTOR: Ernest Genval
YEAR: 1926
COUNTRY: BE
SILENT/SOUND: silent

[Agriculture au Katanga]

Société des Ciments du Katanga
Plantations et installations en Afrique de
la Compagnie Ciments du Congo

DIRECTOR: Ernest Genval
YEAR: 1926
COUNTRY: BE
SILENT/SOUND: silent

Le grand élevage au Congo belge
Grand élevage et le service vétérinaire:
une station de grand élevage au Congo
De dierenkweek in Kongo
Kijkjes op een moderne veefokkerij in
den Belgischen Congo
Cattle-Rearing in the Belgian Congo

DIRECTOR: Ernest Genval
YEAR: 1926
COUNTRY: BE
LANGUAGE: French
GAUGE: 35 mm
SILENT/SOUND: silent
B&W/COLOUR: B&W
METRES: 281m
NOTES: Distributed by the Université Cinégraphique
Belge UCB

Le Congo qui s'éveille
De ontwakende Congo
The Congo Awakens

DIRECTOR: Ernest Genval
YEAR: 1927
COUNTRY: BE
SCREENPLAY: Ernest Genval
CAMERA: Victor Morin
PROD. CO.: Essor Cinégraphique Genval (Bruxelles)
LANGUAGE: French
SILENT/SOUND: silent
METRES: 2400m

La Société de Colonisation Agricole au
Mayumbe

DIRECTOR: Ernest Genval
YEAR: 1928
COUNTRY: BE
SILENT/SOUND: silent

La Géomines
Plantations et installations en Afrique de
la Compagnie Géomines

DIRECTOR: Ernest Genval
YEAR: 1928
COUNTRY: BE
SILENT/SOUND: silent

La brasserie de Léopoldville
De brouwerij van Leopoldstad
The Brasserie in Léopoldville

DIRECTOR: Ernest Genval
YEAR: 1928
COUNTRY: BE
SILENT/SOUND: silent

La BCK

DIRECTOR: Ernest Genval
YEAR: 1928
COUNTRY: BE
SILENT/SOUND: silent

Les brasseries du Katanga
De brouwerijen van Katanga
The Brasseries of Katanga

DIRECTOR: Ernest Genval
YEAR: 1928
COUNTRY: BE
SILENT/SOUND: silent

La chambre de commerce de Léopoldville
De kamer van koophandel van
Leopoldstad
The Léopoldville Chamber of Commerce

DIRECTOR: Ernest Genval
YEAR: 1928
COUNTRY: BE
SILENT/SOUND: silent

Les chemins de fer du Bas-Congo
De spoorlijnen in Beneden-Kongo
The Railways of the Lower Congo

DIRECTOR: Ernest Genval
YEAR: 1928
COUNTRY: BE
SILENT/SOUND: silent

Compagnie des Chemins de Fer du Congo
Supérieur aux Grands Lacs Africains (CFL)

DIRECTOR: Ernest Genval
YEAR: 1928
COUNTRY: BE
SILENT/SOUND: silent

Croix Rouge du Congo au Népoko
L'activité de la Croix Rouge du Congo au
Népoko
Croix Rouge au Congo
Bedrijvigheid van het Roode Kruis van
Congo in Népoko
The Red Cross in the Congo

DIRECTOR: Ernest Genval
YEAR: 1928
COUNTRY: BE
LANGUAGE: French
GAUGE: 35 mm
SILENT/SOUND: silent
B&W/COLOUR: B&W
METRES: 428m

Le CSK
Le Comité Spécial du Katanga

DIRECTOR: Ernest Genval
YEAR: 1928
COUNTRY: BE
SILENT/SOUND: silent

Exploitations forestières de l'Agrifor
Bosontginningen door Agrifor
Agrifor's Forestry Sites

DIRECTOR: Ernest Genval
YEAR: 1928
COUNTRY: BE
SILENT/SOUND: silent

La Fonico

DIRECTOR: Ernest Genval
YEAR: 1928
COUNTRY: BE
SILENT/SOUND: silent

La Forescom
Société Forestière et Commerciale du
Congo

DIRECTOR: Ernest Genval
YEAR: 1928
COUNTRY: BE
LANGUAGE: French
GAUGE: 35 mm
SILENT/SOUND: silent
B&W/COLOUR: B&W
METRES: 840m

Les messageries automobiles au Congo
Besteldiensten per auto in Kongo
Automobile Courier Services in the Belgian
Congo

DIRECTOR: Ernest Genval
YEAR: 1928
COUNTRY: BE
SILENT/SOUND: silent

Les produits du Congo de l'Agrifor
De Kongolese producten van Agrifor
Agrifor's Congo Products

DIRECTOR: Ernest Genval
YEAR: 1928
COUNTRY: BE
SILENT/SOUND: silent

Les mines d'or de Kilo-Moto
De goudmijnen van Kilo-Moto
The Kilo-Moto Gold Mines

DIRECTOR: Ernest Genval
YEAR: 1928
COUNTRY: BE
SILENT/SOUND: silent

La Forminière
La Société Internationale Forestière et Minière du Congo

DIRECTOR: Ernest Genval
YEAR: 1928
COUNTRY: BE
LANGUAGE: French
GAUGE: 35 mm
SILENT/SOUND: silent
B&W/COLOUR: B&W
METRES: 840m
NOTES: See also **La Forminière à Nioki** by Ernest Genval. This may be the same film.

La mission et le jardin botanique de Kisantu
De missiepost en de botanische tuin van Kisantu
The Kisantu Mission and Botanic Gardens

DIRECTOR: Ernest Genval
YEAR: 1928
COUNTRY: BE
SILENT/SOUND: silent

Une pêche à la baleine
Walvisvangst
Whaling

DIRECTOR: Ernest Genval
YEAR: 1928
COUNTRY: BE
SILENT/SOUND: silent

Les produits de la Société Agricole de l'Inkisi
De producten van de Société Agricole van Inkisi
A Survey of the Products of the Inkisi Agricultural Company

DIRECTOR: Ernest Genval
YEAR: 1928
COUNTRY: BE
SILENT/SOUND: silent

La Socoma

DIRECTOR: Ernest Genval
YEAR: 1928
COUNTRY: BE
SILENT/SOUND: silent

La Synkyn

DIRECTOR: Ernest Genval
YEAR: 1928
COUNTRY: BE
SILENT/SOUND: silent

La Sogefor
La Société Générale des Forces Hydro-électriques du Katanga

DIRECTOR: Ernest Genval
YEAR: 1928
COUNTRY: BE
SILENT/SOUND: silent

L'Union Minière du Haut-Katanga

DIRECTOR: Ernest Genval
YEAR: 1928
COUNTRY: BE
SILENT/SOUND: silent

L'action civilisatrice de la Belgique au Congo
België's beschavingswerk in Kongo
Belgium's Civilizing Efforts in the Congo

DIRECTOR: Ernest Genval
YEAR: 1929-1930
COUNTRY: BE
PROD. CO.: Ministère des Colonies
SILENT/SOUND: silent
METRES: 2000m

Congo, cœur d'Afrique
Kongo, het hart van Afrika
Congo, Heart of Africa

DIRECTOR: Ernest Genval
YEAR: 1930
COUNTRY: BE
GAUGE: 35 mm
SILENT/SOUND: silent
B&W/COLOUR: B&W
METRES: [526m]

Cheval de trait
Het Belgisch trekpaard
Belgian Horse

DIRECTOR: Ernest Genval
YEAR: 1931-1932
COUNTRY: BE
GAUGE: 35 mm
SILENT/SOUND: silent
B&W/COLOUR: B&W + tinted
METRES: 1289m

FN: Grand prix des 24 heures du RACB 1932
24 heures du RACB 1932
Francorchamps
FN: de 24 uren van de RACB 1932
The 1932 RACB 24-Hour Motor Race

DIRECTOR: Ernest Genval
YEAR: 1932
COUNTRY: BE
PROD. CO.: Essor Cinégraphique Genval (Bruxelles)
LANGUAGE: French
GAUGE: 35 mm
SILENT/SOUND: silent
B&W/COLOUR: B&W
METRES: 129m

Usines de Couillet
De fabrieken van Couillet
The Factories of Couillet

DIRECTOR: Ernest Genval
YEAR: 1933
COUNTRY: BE
SILENT/SOUND: silent

FN: Fabrication du fusil mitrailleur Browning
Fabrication du fusil mitrailleur Browning
Mitrailleur Browning
FN: de fabricatie van de Browning-mitrailleur
Manufacturing the Browning Machine Gun

DIRECTOR: Ernest Genval
YEAR: 193-
COUNTRY: BE
LANGUAGE: French
GAUGE: 35 mm
SILENT/SOUND: silent
B&W/COLOUR: B&W
METRES: [94m]

FN: Fabrique d'obus
FN: Obussenfabriek
FN: Munitions Factory

DIRECTOR: Ernest Genval
YEAR: 193-
COUNTRY: BE
LANGUAGE: French
GAUGE: 35 mm
SILENT/SOUND: silent
B&W/COLOUR: B&W
METRES: 164m

FN: Première traversée du Sahara en moto
Première traversée du Sahara en moto
Retour du raid saharien à moto
Traversée du Sahara en moto
FN: Eerste doortocht van de Sahara per moto
The First Motorcycle to Cross the Sahara

DIRECTOR: Ernest Genval
YEAR: 193-
COUNTRY: BE
LANGUAGE: French
GAUGE: 35 mm
SILENT/SOUND: silent
B&W/COLOUR: B&W
METRES: 115m

[Agriculture au Katanga]
[Une leçon d'agriculture au Katanga]
[Landbouw in Katanga]
[Agriculture in Katanga]

DIRECTOR: Ernest Genval
YEAR: 1933
COUNTRY: BE
LANGUAGE: French
GAUGE: 35 mm
SILENT/SOUND: silent
B&W/COLOUR: B&W + tinted
METRES: 218m

Avec les hommes de l'eau
Congo, vue sur le fleuve et la vie des habitants
Langs het water
The Life of the Watermen

DIRECTOR: Ernest Genval
YEAR: 1936-1938
COUNTRY: BE
LANGUAGE: French
GAUGE: 35 mm
SILENT/SOUND: silent
B&W/COLOUR: B&W + tinted
METRES: 254m

RAPHAËL ALGOET

◆ Throughout Belgian film history, Raphaël Algoet has tended to be overshadowed by other ethnographic film-makers such as Robert de Wavrin or Ernest Genval. However, it would be wrong to ignore him, even though little is known of his filmography and he rarely filmed in Belgium. Algoet was born in Courtrai in 1902. At the age of 23, he travelled to India as a cameraman for the Université Cinégraphique Belge UCB. A few years later he went freelance and in 1928 made a series of educational films in India, including **Manufacture of Soap,** and films about the Himalayas, its mountain inhabitants and the production of tea. The Indian Railway Board and the Scientific and Educational Film Society of Bombay commissioned him to make a further series of films about ethnic groups, and these documentaries gained worldwide recognition. Algoet became an established name as a specialist in the new field of ethnographic films and in 1929 he was given a new commission, this time by the government of the highly industrialized province of Mysore in southern India. This resulted in dozens of films about the steel and timber industry, silkworm farming and agriculture. Algoet crops up again in 1942, when he filmed the exiled Belgian government in England. He closely followed the development of the war, filmed the Battle of Normandy and was one of the very first to return to Belgium with the Piron brigade. In his later career, he remained active as a film-maker for the Office Belge d'Information et de Documentation INBEL and was also employed by the news production company Monde Libre.

● Dans l'histoire du cinéma belge, Raphaël Algoet a dû se résigner à une petite place à l'ombre d'autres cinéastes ethnographiques plus réputés comme Robert de Wavrin ou Ernest Genval. Il serait toutefois injuste de ne pas le citer ici, bien que, de sa filmographie, nous sachions peu de choses et qu'il ne tournât que rarement sur le sol belge. Algoet naît en 1902 à Courtrai. A 23 ans, il part aux Indes comme cameraman pour l'Université Cinégraphique Belge UCB. Au bout de quelques années, il prend les rênes et y réalise des films éducatifs, comme, en 1928, la **Fabrication du savon**, ainsi que des documentaires sur l'Himalaya, la vie des montagnards ou la production du thé. Suite à quoi l'Indian Railway Board et la Scientific and Educational Film Society de Bombay lui passent commande de documentaires sur les groupes ethniques, travaux qui acquerront par la suite une notoriété internationale. Le nom d'Algoet est dorénavant indissociable de ce nouveau champ filmique et, en 1929, le gouvernement de Mysore, en Inde méridionale, lui confie la réalisation de reportages sur cette région fortement industrialisée. En résulteront une dizaine de documents sur l'industrie sidérurgique et du bois, sur la culture du ver à soie et l'agriculture. Algoet refait surface en 1942, en Angleterre, où il filme le gouvernement belge en exil. Il suit la guerre à la trace et sera, caméra au poing, au débarquement en Normandie. Avec la Brigade Piron il est parmi les premiers à rentrer en Belgique, où il poursuivra plus tard sa carrière comme cinéaste appointé de l'Office Belge d'Information et de Documentation INBEL et du producteur d'actualités Monde Libre.

▶ Raphaël Algoet heeft het in de loop van onze filmgeschiedenis moeten doen met een plaatsje in de schaduw van andere etnografische filmers als Robert de Wavrin of Ernest Genval. Hem hier geen aandacht schenken zou onterecht zijn, hoewel we slechts weinig weten over zijn filmografie en hij zelden op Belgische bodem de camera ter hand nam. Algoet werd in 1902 geboren te Kortrijk. Op 23-jarige leeftijd vertrekt hij naar Indië als cameraman voor de Université Cinégraphique Belge UCB. Na enkele jaren neemt hij zelf het roer in handen en in 1928 draait hij er educatieve films als **Fabrication du savon** en documentaires over de Himalaya, het leven van de bergbewoners of de productie van thee. Vervolgens gelasten de Indian Railway Board en de Scientific and Educational Film Society van Bombay hem met de opdracht beelden te maken van etnische bevolkingsgroepen, documentaires die later een wereldwijde bekendheid genoten. Algoet heeft nu zijn naam gevestigd op dit nieuwe terrein en krijgt in 1929 een volgende opdracht, ditmaal van de regering van Mysore in Zuid-Indië, een sterk geïndustrialiseerde streek die hij in beeld moet brengen. Resultaat: tientallen films over de staal- en houtindustrie, maar ook over de teelt van de zijderups en de landbouw. Algoet duikt weer op in 1942, wanneer hij in Engeland de Belgische regering in ballingschap filmt. Hij volgt de oorlog op de voet en filmt de invasie van Normandië. Met de brigade Piron keert hij als een van de eersten terug naar België. In zijn latere carrière blijft hij actief als cineast van de Office Belge d'Information et de Documentation INBEL en van de actualiteitenproducent Monde Libre. (MT)

Fabrication du savon
Vervaardiging van zeep
Manufacture of Soap

DIRECTOR: Raphaël Algoet
YEAR: 1928
COUNTRY: BE
SILENT/SOUND: silent

....

Amélioration des cultures
Verbetering van de gewassen
Betterment of Cultures

DIRECTOR: Raphaël Algoet
YEAR: 1928
COUNTRY: BE
SILENT/SOUND: silent

....

Missionnaires italiens aux Indes
Italiaanse missionarissen in Indië
Italian Missionaries in the Indies

DIRECTOR: Raphaël Algoet
YEAR: 1932
COUNTRY: BE
GAUGE: 16 mm
SILENT/SOUND: silent

....

Canal de Suez
Suezkanaal
Suez Canal

DIRECTOR: Raphaël Algoet
YEAR: 1933
COUNTRY: BE
GAUGE: 16 mm
SILENT/SOUND: silent

....

Route vers l'Est
Weg naar het Oosten
The Road East

DIRECTOR: Raphaël Algoet
YEAR: 1933
COUNTRY: BE
GAUGE: 16 mm
SILENT/SOUND: silent

....

Indian Fishermen
Pêcheurs indiens
Indische vissers

DIRECTOR: Raphaël Algoet
YEAR: 1935
COUNTRY: BE-II
PROD. CO.: Indian Railway Board (Bombay), Scientific and Educational Film Society (Bombay)
LANGUAGE: English
GAUGE: 16 mm
SILENT/SOUND: silent

....

Charcoal Iron and Steel
Fer et acier au charbon de bois
Houtskoolijzer en staal

DIRECTOR: Raphaël Algoet
YEAR: 1935-1936
COUNTRY: BE-II
PROD. CO.: Indian Railway Board (Bombay), Scientific and Educational Film Society (Bombay)
GAUGE: 16 mm
SILENT/SOUND: silent

....

River Hoogli
Rivière Hoogli
Hooglirivier

DIRECTOR: Raphaël Algoet
YEAR: 1936
COUNTRY: BE
GAUGE: 16 mm
SILENT/SOUND: silent

....

Silkworms
Vers à soie
Zijdewormen

DIRECTOR: Raphaël Algoet
YEAR: 1936
COUNTRY: BE-II
PROD. CO.: Indian Railway Board (Bombay), Scientific and Educational Film Society (Bombay)
GAUGE: 16 mm
SILENT/SOUND: silent

....

Milk
Lait
Melk

DIRECTOR: Raphaël Algoet
YEAR: 1936
COUNTRY: BE-II
PROD. CO.: Indian Railway Board (Bombay), Scientific and Educational Film Society (Bombay)
GAUGE: 16 mm
SILENT/SOUND: silent

....

Indian Northern Frontier
Frontière nord de l'Inde
Noordergrens van Indië

DIRECTOR: Raphaël Algoet
YEAR: 1937
COUNTRY: BE-II
PROD. CO.: Indian Railway Board (Bombay), Scientific and Educational Film Society (Bombay)
GAUGE: 16 mm
SILENT/SOUND: silent

....

The Monsoon
La mousson
De moesson

DIRECTOR: Raphaël Algoet
YEAR: 1937-1938
COUNTRY: BE-II
PROD. CO.: Indian Railway Board (Bombay), Scientific and Educational Film Society (Bombay)
GAUGE: 16 mm
SILENT/SOUND: silent

....

Mountains People
Habitants des montagnes
Bergvolkeren

DIRECTOR: Raphaël Algoet
YEAR: 1938
COUNTRY: BE-II
PROD. CO.: Indian Railway Board (Bombay), Scientific and Educational Film Society (Bombay)
LANGUAGE: English
GAUGE: 16 mm
SILENT/SOUND: silent

....

Sind Desert People
Habitants du désert Sind
Bewoners van de Sindwoestijn

DIRECTOR: Raphaël Algoet
YEAR: 1938
COUNTRY: BE-II
PROD. CO.: Indian Railway Board (Bombay), Scientific and Educational Film Society (Bombay)
LANGUAGE: English
GAUGE: 16 mm
SILENT/SOUND: silent

....

Highlands People
Habitants des hauts plateaux
Volkeren van het hoogland

DIRECTOR: Raphaël Algoet
YEAR: 1938
COUNTRY: BE-II
PROD. CO.: Indian Railway Board (Bombay), Scientific and Educational Film Society (Bombay)
LANGUAGE: English
GAUGE: 16 mm
SILENT/SOUND: silent

....

Lowlands People
Habitants des plaines basses
Volkeren van het laagland

DIRECTOR: Raphaël Algoet
YEAR: 1938-1939
COUNTRY: BE-II
PROD. CO.: Indian Railway Board (Bombay), Scientific and Educational Film Society (Bombay)
LANGUAGE: English
GAUGE: 16 mm
SILENT/SOUND: silent

....

Samba

W.A. Grote

Samba

DIRECTOR: W.A. Grote
YEAR: 1928
COUNTRY: BE
PRODUCER: W.A. Grote
CAST: (Samba), (Fatu), (Sebulou)
LANGUAGE: French
GAUGE: 35 mm
SILENT/SOUND: silent
B&W/COLOUR: B&W
METRES: 1500m

◆ It did not take long for cinema to discover as one of its staple themes exotic images of faraway places. As early as 1896, numerous expeditions were mounted to collect views of the landscapes and peoples of Africa. The miles of footage they shipped back were cut together in documentaries and reportages unveiling to western eyes the marvels of the dark continent. **Samba**, shot in the Sudan and Gambia, departs from this traditional model by interweaving fiction and documentary, supplementing its ethnological observations with a romantic drama. Interspersed with scenes showing rituals, dances and warriors with their poisoned arrows, the film tells the story of Samba, a young man who loves the beautiful Fatu and is forced to confront a formidable rival. A tribal war is unleashed, but soon the young hero defeats his enemy, weds his lady-love and sure enough becomes head of his tribe.

Above and beyond its stylistic accomplishments (in the combination of genres), **Samba** represents a watershed in colonial films. The product of a more modern era (the late twenties), it was made by a director resident in Africa (W.A. Grote, a Belgian industrialist working there) with an all-Black cast who at long last were allowed some qualities. "**Samba** has the attraction of being performed by a cast of Negroes, and their gestures are so soberly expressive that they could well give us a few acting lessons," as one revealing press review from 1928 so succinctly put it.

● Très vite, le cinéma trouva dans la recherche d'images exotiques l'une de ses vocations. Dès 1896, plusieurs expéditions sont constituées afin de ramener des vues du continent africain. Des kilomètres de pellicule ainsi exposée sont montés en documentaires ou reportages, dévoilant aux yeux occidentaux les merveilles des terres brûlées. **Samba**, tourné au Soudan et en Gambie, se démarque de ce type de production: introduisant la fiction dans le documentaire, le film enrichit sa description ethnologique d'une trame romanesque. Entrecoupée de scènes de rites, de danses et de poursuites à coup de flèches empoisonnées, l'histoire est celle de Samba, un jeune homme amoureux de la belle Fatu, qui doit affronter un terrible rival. Une guerre tribale se déclenche mais bientôt le héros défait son ennemi, épouse sa dulcinée et devient, inévitablement, le chef de la tribu.

Au-delà de la prouesse stylistique (le mélange des genres), **Samba** marque un tournant décisif dans la réalisation des films coloniaux. Reflet d'une époque (la fin des années 20), ce long métrage est tourné par un cinéaste habitant le continent (W.A. Grote, un industriel belge travaillant en Afrique) et est entièrement interprété par des Noirs, à qui l'on reconnaît enfin, quoique modérément, certaines qualités. "**Samba** a l'intérêt réel d'être joué par des nègres, et leur mimique est si sobrement expressive qu'ils seraient bien capables de nous donner des leçons d'interprétation." Issu de la presse de l'époque, ce commentaire, daté de 1928, est révélateur. *(DT)*

► Reeds zeer vroeg kon de film zijn gading vinden in het vergaren van beelden uit exotische oorden. Vanaf 1896 werden verschillende expedities op touw gezet die tot doel hadden filmopnamen te maken op het Afrikaanse continent. Zo zijn in de loop der jaren kilometers belichte pellicule gemonteerd tot documentaires en reportages die de westerlingen kennis lieten maken met de wonderen van het zwarte continent. Een merkwaardige uitzondering in dit genre is **Samba**, een film gedraaid in Soedan en in Gambia, die fictie en documentaire vermengt door een etnologische schets te verweven met een romantisch verhaaltje. Scènes over rituele handelingen, dansen en achtervolgingen met pijl en boog worden gebed in een verhaal over Samba, een jongeman die verliefd is op de mooie Fatu maar te maken krijgt met een gruwelijke rivaal. Dat heeft een stammenoorlog tot gevolg, maar Samba kan zijn vijand verslaan, trouwt met zijn beminde en wordt - uiteraard - stamhoofd.

Samba is - behalve voor zijn genrevermenging - een belangrijke film binnen de reeks koloniale films uit die periode: hij werd gedraaid door een regisseur die in Afrika woonde (W.A. Grote was een Belgisch industrieel werkzaam in Afrika) en volledig vertolkt door zwarten aan wie men zekere - zij het bescheiden - kwaliteiten toekende. "**Samba** is een belangrijke film omdat hij door negers wordt gespeeld wier uitdrukking tegelijk zo eenvoudig en expressief is, dat ze zelfs in staat zouden zijn ons lessen in acteren te geven". Deze commentaar uit de toenmalige pers spreekt boekdelen.

La danse des géants

Maurice Dambrain

La danse des géants
Les géants d'Ath
La kermesse d'Ath
De reuzendans
Dance of the Giants

DIRECTOR: Maurice Dambrain
YEAR: 1932
COUNTRY: BE
CAMERA: Lucien Backman
SILENT/SOUND: silent
B&W/COLOUR: B&W

◆ The twirling, lumbering carnival giants lend their immense weight to this regional documentary, shot during the celebrations of the carnival procession in the Wallonian Ath. Sporting such names as "Mr and Mrs Goliath", "Nine Provinces" and "Miss Victory", they dance together, split up, step out and jig around to the crazy rhythm of the carnival tunes. Maurice Dambrain: "The idea for this film first came to me three years ago, when I saw the giant 'Miss Victory' dance the Charleston. Seeing this heavy mass throb peculiarly, I felt that here was something dynamic and essentially cinematic." The energy of these gigantic puppets is translated into rapid montage and unexpected camera angles, but also one sequence of "cinéma pur" in the style of the French and German avant-garde of the 1920s. Dambrain presents us with a visual essay composed of various abstract geometric forms and kinetic shocks, which attempts to create in sharply defined black and white a style appropriate to the jerky movements of these traditional grotesques of Belgian folklore. With Lucien Backman behind the camera, the director also presents us with a wider view of the festival and its sacral dimension: the way fathers hand down to their sons the right to carry a giant on their shoulders, the crowd, the preparations, the rituals which punctuate the actual course of the "Ducasse". **Dance of the Giants** goes beyond the painted sets and amidst the boisterousness of the cavalcade and popular enthusiasm attempts to pin down the very essence of Ath folklore.

● La raideur immense et virevoltante des géants de carnaval ponctue ce documentaire folklorique, réalisé lors de la ducasse d'Ath. Les grandes figures figées, qu'elles s'appellent "Monsieur et Madame Goliath", "Neuf Provinces" ou encore 'Mam'zelle Victoire', se marient, se défont, se promènent, se trémoussent au rythme endiablé des délires de kermesse. Ecoutons Maurice Dambrain: "J'eus l'inspiration de ce film il y a trois ans, quand je vis la géante "Mlle Victoire" danser le charleston. A voir cette lourde masse trépider de façon bizarre, je sentis qu'il y avait là quelque chose de dynamique propre au cinéma." L'énergie de ces gigantesques marionnettes est transmise par un montage rapide et des angles de vue inattendus, mais aussi par une séquence de "cinéma pur" à la façon des essais d'avant-garde des années 20, en France et en Allemagne. Dambrain se livre à une fête visuelle, composée de géométries abstraites, de jeux de forme divers, de chocs cinétiques. C'est une tentative insolite de stylisation, en strict noir et blanc, des danses saccadées de ces monstres traditionnels du folklore belge. Avec Lucien Backman à la photographie, le réalisateur nous offre aussi une vue plus large de la fête et de sa dimension sacrée: la transmission de père en fils de l'honneur de porter un géant sur ses épaules, la foule, les préparatifs, les rituels qui ponctuent la physionomie de la ducasse... Pour mieux capter l'âme du folklore athois, **La danse des géants** traverse les carapaces peintes, via les traces mouvementées de la cavalcade et de l'enthousiasme populaire. (AFL)

▶ De houterige figuren van de ronddraaiende carnavalsreuzen zijn het centraal gegeven van deze folkloristische documentaire over het volksfeest van Ath. De starre reuzen - genaamd "Meneer en Mevrouw Goliath", "Negen Provincies" of "Mam'zel Victorie" - komen samen en gaan weer uiteen, marcheren en wiebelen op het bezeten ritme van de kermis. "Drie jaar geleden kreeg ik het idee voor deze film, toen ik de reuzin 'Mam'zel Victorie' de charleston zag dansen. Toen ik dat gevaarte zo raar heen en weer zag schudden, voelde ik dat daar een filmische dynamiek in schuilde", aldus Maurice Dambrain. De energie van deze kolossale marionetten komt goed tot uiting in de snelle montage en de onverwachte cameraopstelling, evenals in een "cinéma pur"-scène in de lijn van de Franse of Duitse avant-garde uit de jaren 20. Dambrain bouwt zijn eigen visuele feestje, met beelden van een abstract-geometrische opbouw, steeds wisselend vormgegeven in een aaneenschakeling van kinetische schokken: een ongewone poging tot stilering, in streng zwart-wit, van de hortende dansen van deze traditionele monsters uit de Belgische folklore. Geruggensteund door cameraman Lucien Backman, geeft de cineast tevens een bredere kijk op het feest en de sacrale dimensie hiervan: de grote eer om zo'n gigant op de schouders te torsen, het massagevoel, de voorbereidingen en de rituelen doorgegeven van vader op zoon. **La danse des géants** kijkt daarbij verder dan de beschilderde maskers en legt, in het feestgedruis van de ommegang en het volkse enthousiasme, de ware ziel van de folklore van Ath bloot.

NEWSREELS
LE FILM D'ACTUALITÉS
BIOSCOOPJOURNAALS

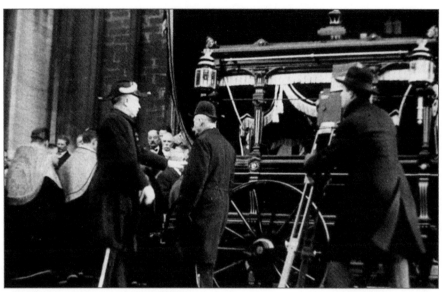

Les funérailles de Son Eminence le Cardinal Mercier

◆ Since the First World War, the biggest source of topical footage in Belgium was the Belgian army's Service Cinématographique de l'Armée Belge SCAB. However, this did not stop ambitious local projectionists, cameramen and amateurs from filming local events for screening in their village cinema. The number of these independently made films must have run into the thousands, given that in, for example, 1922 Belgium boasted some 878 picture-palaces. Yet precisely because they were made by private individuals, these reels often ended up in damp cellars or even, in the worst of cases, on the bonfire. Only a few managed to survive the ravages of time, and these now provide documentary records of great historical value. In the following pages we shall focus on "independently produced" newsreels - most of them anonymous - to be found in the Royal Film Archive's collections (with the exception of a handful of significant titles we know of only from written sources). We also refer to specific newsreels shot by the pioneers in the field, by the major production houses (SCAB, Pathé, Gaumont etc.) and directors such as De Kempeneer and Schoukens.

● Le Service Cinématographique de l'Armée Belge SCAB était, depuis la Grande Guerre, le plus grand fournisseur d'actualités du pays. Toutefois, quelques projectionnistes ambitieux, cameramen locaux ou simples amateurs n'hésitaient pas à se saisir de la caméra pour pourvoir le cinéma de leur village ou de leur quartier en actualités locales. Sachant qu'aux alentours de 1922 la Belgique comptait 878 salles, ce type de réalisations individuelles a dû se compter par milliers. Mais cette indépendance eut un revers: la plupart de ces films finirent dans des caves humides, ou périrent dans les flammes. Les œuvres qui survécurent constituent aujourd'hui une documentation historique inestimable. Les pages qui suivent présentent des films d'actualités "indépendants" et anonymes pour la plupart, appartenant aux collections de la Cinémathèque Royale (à l'exception de quelques titres significatifs figurant uniquement dans les sources écrites). Nous renvoyons également plus particulièrement à d'autres films d'actualités tournés par les pionniers, par les grandes sociétés de production (SCAB, Pathé, Gaumont...) et par des réalisateurs comme notamment De Kempeneer, Schoukens.

▶ De Service Cinématographique de l'Armée Belge SCAB was sinds W.O.I de grootste leverancier van nieuwsberichten in heel België. Maar ambitieuze operateurs, plaatselijke cameramannen en amateurs deinsden er niet voor terug om zelf de camera ter hand te nemen en de plaatselijke bioscoop te voorzien van lokaal nieuws. Van deze onafhankelijk gedraaide films moeten er duizenden hebben bestaan, als men bedenkt dat België in 1922 bijvoorbeeld 878 zalen telde. Maar juist door de onafhankelijkheid van hun makers kwamen deze films dikwijls in vochtige kelders terecht of, in het slechtste geval, op de brandstapel. Slechts enkele weerstonden de tand des tijds en zijn nu meer dan ooit documenten van groot historisch belang. De hierna volgende bladzijden geven een overzicht van de "onafhankelijke" en veelal anonieme actualiteitsfilms die deel uitmaken van de collecties van het Koninklijk Filmarchief (met uitzondering van enkele - relevante - titels die enkel in geschreven bronnen werden teruggevonden). Wij verwijzen uiteraard ook naar de andere actualiteitsfilms gedraaid door de grote productiemaatschappijen (SCAB, Pathé, Gaumont...), door regisseurs als De Kempeneer, Schoukens e.a. (MT)

[Enterrement du roi Léopold II]
[Begrafenis van koning Leopold II]
[Funeral of King Léopold II]

DIRECTOR: anonymous
YEAR: 1909
COUNTRY: BE
LANGUAGE: French
GAUGE: 35 mm
SILENT/SOUND: silent
B&W/COLOUR: B&W
METRES: 86m

De Juwelenstoet te Antwerpen
Le cortège aux joyaux à Anvers
The Antwerp Jewel Procession

DIRECTOR: anonymous
YEAR: 1910
COUNTRY: BE
SILENT/SOUND: silent

Bezoek van de Lord Major van Londen
Visite du Lord Major de Londres
The Visit of the Lord Mayor of London

DIRECTOR: anonymous
YEAR: 1910
COUNTRY: BE
LANGUAGE: -
GAUGE: 35 mm
SILENT/SOUND: silent
B&W/COLOUR: B&W
METRES: 40m

Vrijmaking van de Schelde - Herdenkings-
stoet
Cortège commémoratif à l'occasion du
cinquantenaire de la libération de l'Escaut
Procession Commemorating the Liberation
of the River Scheldt

DIRECTOR: anonymous
YEAR: 1913
COUNTRY: BE
LANGUAGE: -
GAUGE: 35 mm
SILENT/SOUND: silent
B&W/COLOUR: B&W
METRES: 93m

8 avril 1914. Revue des troupes de la
garnison de Bruxelles par le général de
Bonhomme
8 april 1914. Generaal de Bonhomme
inspecteert het Brussels garnizoen
8 April 1914. Inspection of the Troops
from the Brussels Barracks by General de
Bonhomme

DIRECTOR: anonymous
YEAR: 1914
COUNTRY: BE
PROD. CO.: Instructifilms Company (Bruxelles)
SILENT/SOUND: silent

Bezoek van de Deense vorsten aan
Brussel
Visite des souverains danois à Bruxelles
The King and Queen of Denmark Visit
Brussels

DIRECTOR: anonymous
YEAR: 1914
COUNTRY: BE
LANGUAGE: French
GAUGE: 35 mm
SILENT/SOUND: silent
B&W/COLOUR: B&W
METRES: 71m

Bezoek van de koning van Denemarken
Visite du roi du Danemark
Official Visit of the King of Denmark

DIRECTOR: anonymous
YEAR: 1914
COUNTRY: BE
LANGUAGE: -
GAUGE: 35 mm
SILENT/SOUND: silent
B&W/COLOUR: B&W

Bezoek van de Deense vorsten in Antwerpen
Visite des souverains danois à Anvers
The Danish King and Queen Visit Antwerp

DIRECTOR: anonymous
YEAR: 1914
COUNTRY: BE
LANGUAGE: -
GAUGE: 35 mm
SILENT/SOUND: silent
B&W/COLOUR: B&W
METRES: 134m

Nos héros civils
Onze burgerhelden
Our Civilian Heroes

DIRECTOR: anonymous
YEAR: 191-
COUNTRY: BE
LANGUAGE: French
GAUGE: 35 mm
SILENT/SOUND: silent
B&W/COLOUR: B&W
METRES: 58m

Ontvangst van Franse oorlogsinvaliden
Accueil des invalides de guerre français
Reception in Honour of the French War
Wounded

DIRECTOR: anonymous
YEAR: 191-
COUNTRY: BE
LANGUAGE: -
GAUGE: 35 mm
SILENT/SOUND: silent
B&W/COLOUR: B&W
METRES: 26m

Nos troupes occupent Aix-la-Chapelle
Onze troepen bezetten Aken
Our Troops Occupy Aachen

DIRECTOR: Louis Van Goitsenhoven
YEAR: 1919
COUNTRY: BE
PROD. CO.: Films Belgica (Bruxelles)
SILENT/SOUND: silent

Antwerpen, de eerste na-oorlogsche
nationale feestdag
Eerste nationale feestdag
Anvers, première fête nationale d'après-
guerre
Première fête nationale à Anvers
Antwerp: the First Post-War National
Celebrations

DIRECTOR: anonymous
YEAR: 1919
COUNTRY: BE
LANGUAGE: -
GAUGE: 35 mm
SILENT/SOUND: silent
B&W/COLOUR: B&W + colour
METRES: 231m

Le départ des derniers Allemands
Het vertrek van de laatste Duitsers
The Last Germans Leave

DIRECTOR: Louis Van Goitsenhoven
YEAR: 1919
COUNTRY: BE
PROD. CO.: Films Belgica (Bruxelles)
SILENT/SOUND: silent

Entrée des chasseurs alpins à Bruxelles
Intrede van de alpenjagers in Brussel
Alpine Chasseurs Arrive in Brussels

DIRECTOR: Louis Van Goitsenhoven
YEAR: 1919
COUNTRY: BE
PROD. CO.: Films Belgica (Bruxelles)
SILENT/SOUND: silent

La revue de l'armée anglaise par le roi
Albert
De inspectie van het Engels leger door
koning Albert
The Inspection of the English Army by
King Albert

DIRECTOR: Louis Van Goitsenhoven
YEAR: 1919
COUNTRY: BE
PROD. CO.: Films Belgica (Bruxelles)
SILENT/SOUND: silent

La "Grosse Bertha" de passage à
Bruxelles
"Dikke Bertha" op doortocht in Brussel
"Big Bertha" Comes to Brussels

DIRECTOR: Louis Van Goitsenhoven
YEAR: 1919
COUNTRY: BE
PROD. CO.: Films Belgica (Bruxelles)
SILENT/SOUND: silent

Le champ de bataille de l'Yser
Het slagveld bij de IJzer
The Battlefield of the Yser

DIRECTOR: Louis Van Goitsenhoven
YEAR: 1919
COUNTRY: BE
PROD. CO.: Films Belgica (Bruxelles)
SILENT/SOUND: silent

Ommegang van Antwerpen 9 augustus 1920
Procession d'Anvers le 9 août 1920
Procession in Antwerp on 9 August 1920

DIRECTOR: Willy Druyts
YEAR: 1920
COUNTRY: BE
CAMERA: Willy Druyts
PROD. CO.: Kinematografischen Dienst van de Family
Cinema
LANGUAGE: -
GAUGE: 35 mm
SILENT/SOUND: silent
B&W/COLOUR: B&W
METRES: 74m

Tentoonstelling "Onze helden kunstenaars"
Exposition "Nos héros artistes"
The Exhibition "Our Civilian Heroes"

DIRECTOR: anonymous
YEAR: 1920
COUNTRY: BE
LANGUAGE: French, Dutch
GAUGE: 35 mm
SILENT/SOUND: silent
B&W/COLOUR: tinted
METRES: 94m

Troepenparade (1920)
Parade des troupes (1920)
Parade of Troops (1920)

DIRECTOR: anonymous
YEAR: 1920
COUNTRY: BE
LANGUAGE: -
GAUGE: 35 mm
SILENT/SOUND: silent
B&W/COLOUR: B&W
METRES: 107m

Schooloptocht (1920)
Défilé scolaire (1920)
Parade of Schoolchildren (1920)

DIRECTOR: anonymous
YEAR: 1920
COUNTRY: BE
LANGUAGE: -
GAUGE: 35 mm
SILENT/SOUND: silent
METRES: 73m

Nationale feestdag
Fête nationale
National Celebrations

DIRECTOR: anonymous
YEAR: 1920
COUNTRY: BE
LANGUAGE: -
GAUGE: 35 mm
SILENT/SOUND: silent
B&W/COLOUR: B&W
METRES: 106m

Optocht (1921)
Défilé (1921)
Parade (1921)

DIRECTOR: anonymous
YEAR: 1921
COUNTRY: BE
LANGUAGE: -
GAUGE: 35 mm
SILENT/SOUND: silent
B&W/COLOUR: B&W
METRES: 78m

Concours de voitures à neige
Wedstrijd met sneeuwwagens
Snowmobile Trials

DIRECTOR: [François Rents]
YEAR: 19—
COUNTRY: BE
PROD. CO.: Cinéproduction Hélios (Bruxelles)
LANGUAGE: French
GAUGE: 35 mm
SILENT/SOUND: silent
B&W/COLOUR: B&W
METRES: 55m

Voyage du Cardinal Van Roy
Reis van Kardinaal Van Roy
Journey of Cardinal Van Roy

DIRECTOR: anonymous
YEAR: 19—
COUNTRY: BE
LANGUAGE: French
GAUGE: 35 mm
SILENT/SOUND: silent
B&W/COLOUR: B&W
METRES: 138m

Hydroglisseur
Glijboot
Jetfoil

DIRECTOR: anonymous
YEAR: 19—
COUNTRY: BE
LANGUAGE: French
GAUGE: 35 mm
SILENT/SOUND: silent
B&W/COLOUR: B&W
METRES: 73m

Revue des troupes par S.M. le roi Albert
Troepeninspectie door Z.M. koning Albert
Inspection of the Troops by H.M. King Albert

DIRECTOR: anonymous
YEAR: 19—
COUNTRY: BE
LANGUAGE: -
GAUGE: 35 mm
SILENT/SOUND: silent
B&W/COLOUR: B&W
METRES: 157m

Militaire plechtigheid Schoonselhof
Cérémonie militaire au Schoonselhof
Military Ceremony at Schoonselhof

DIRECTOR: anonymous
YEAR: 19—
COUNTRY: BE
LANGUAGE: -
GAUGE: 35 mm
SILENT/SOUND: silent
B&W/COLOUR: B&W
METRES: 112m

Oorlogsschip Ferruccis
Navire de guerre Ferruccis
The Warship Ferruccis

DIRECTOR: anonymous
YEAR: 19—
COUNTRY: BE
GAUGE: 35 mm
SILENT/SOUND: silent
B&W/COLOUR: B&W
METRES: 70m

Havenbeelden
Images du port
Images of the Docks

DIRECTOR: anonymous
YEAR: 19—
COUNTRY: BE
LANGUAGE: -
GAUGE: 35 mm
SILENT/SOUND: silent
B&W/COLOUR: B&W
METRES: 72m

Bezoek van koningin Elisabeth aan het Schoolschip L'Avenir
Visite de la reine Elisabeth au bateau-école L'Avenir
Queen Elisabeth Visits the Training Ship L'Avenir

DIRECTOR: anonymous
YEAR: 192-
COUNTRY: BE
LANGUAGE: -
GAUGE: 35 mm
SILENT/SOUND: silent
B&W/COLOUR: B&W + tinted
METRES: 44m

Chasse aux animaux au Congo Belge
Dierenjacht in Belgisch Kongo
Hunting Game in the Belgian Congo

DIRECTOR: anonymous
YEAR: 19—
COUNTRY: [BE]
LANGUAGE: French
GAUGE: 35 mm
SILENT/SOUND: silent
B&W/COLOUR: B&W + tinted
METRES: 240m

Kruisschanssluis
L'écluse du Kruisschans
The Kruisschans Locks

DIRECTOR: anonymous
YEAR: 192-
COUNTRY: BE
LANGUAGE: -
GAUGE: 35 mm
SILENT/SOUND: silent
B&W/COLOUR: B&W
METRES: 92m

Le Cardinal Mercier
Kardinaal Mercier
Cardinal Mercier

DIRECTOR: Antoine Castille
YEAR: 1921
COUNTRY: BE
SILENT/SOUND: silent

Ommegang 1921

DIRECTOR: anonymous
YEAR: 1921
COUNTRY: BE
LANGUAGE: -
GAUGE: 35 mm
SILENT/SOUND: silent
B&W/COLOUR: B&W
METRES: 78m

Nationale feestdag
Fête nationale
National Celebrations

DIRECTOR: anonymous
YEAR: 1921
COUNTRY: BE
LANGUAGE: -
GAUGE: 35 mm
SILENT/SOUND: silent
B&W/COLOUR: B&W
METRES: 125m

Visite en Belgique de la grande-duchesse
Charlotte
Bezoek aan België van groothertogin
Charlotte
Grand Duchess Charlotte Visits Belgium

DIRECTOR: anonymous
YEAR: 1922
COUNTRY: BE-LU
PROD. CO.: Office du Film Scolaire Luxembourgeois
LANGUAGE: French
GAUGE: 35 mm
SILENT/SOUND: silent
B&W/COLOUR: B&W
METRES: 182m

De match Holland-België
Holland-België
Le match hollando-belge
Hollande-Belgique
Holland-Belgium

DIRECTOR: anonymous
YEAR: 1922
COUNTRY: BE
LANGUAGE: Dutch
GAUGE: 35 mm
SILENT/SOUND: silent
B&W/COLOUR: B&W
METRES: 132m

Japanse dag te Antwerpen
Journée japonaise à Anvers
Japanese Day in Antwerp

DIRECTOR: anonymous
YEAR: 1923
COUNTRY: BE
LANGUAGE: -
GAUGE: 35 mm
SILENT/SOUND: silent
B&W/COLOUR: B&W
METRES: 51m

Cyclisme - le tour de Belgique -
Professionnels 1923
Wielersport - de ronde van België -
Beroepsrenners 1923
Professional Cycling - the 1923
Tour of Belgium

DIRECTOR: anonymous
YEAR: 1923
COUNTRY: BE
LANGUAGE: French
GAUGE: 35 mm
SILENT/SOUND: silent
B&W/COLOUR: B&W
METRES: 52m

Juwelenstoet 1923
Cortège des bijoux 1923
Procession of Precious Stones 1923

DIRECTOR: anonymous
YEAR: 1923
COUNTRY: BE
LANGUAGE: French
GAUGE: 35 mm
SILENT/SOUND: silent
B&W/COLOUR: B&W
METRES: 96m

Juwelenstoet 1923
Cortège des bijoux 1923
Procession of Precious Stones 1923

DIRECTOR: anonymous
YEAR: 1923
COUNTRY: BE
LANGUAGE: -
GAUGE: 35 mm
SILENT/SOUND: silent
B&W/COLOUR: B&W
METRES: 178m

[Stoeten en feestelijkheden]
[Défilés et fêtes]
[Parades and Festivities]

DIRECTOR: anonymous
YEAR: 1924
COUNTRY: BE
LANGUAGE: French, Dutch
GAUGE: 35 mm
SILENT/SOUND: silent
B&W/COLOUR: tinted
METRES: 184m

Vertrek van prins Leopold naar Kongo
Anversville
Départ du prince Léopold au Congo
Prince Léopold Departs for the Congo

DIRECTOR: anonymous
YEAR: 1925
COUNTRY: BE
LANGUAGE: -
GAUGE: 35 mm
SILENT/SOUND: silent
B&W/COLOUR: B&W
METRES: 155m

Processie van O.L.V.
Procession de la Vierge
Procession of the Virgin

DIRECTOR: anonymous
YEAR: 1925
COUNTRY: BE
LANGUAGE: -
GAUGE: 35 mm
SILENT/SOUND: silent
B&W/COLOUR: B&W
METRES: 99m

Brandspuiten
Bateaux-pompes
Fire Engines

DIRECTOR: anonymous
YEAR: 1926
COUNTRY: BE
LANGUAGE: -
GAUGE: 35 mm
SILENT/SOUND: silent
B&W/COLOUR: B&W
METRES: 25m

Alost le 8 août 1926
Aalst den 8 augustus 1926
Alost the 8th of August 1926

DIRECTOR: anonymous
YEAR: 1926
COUNTRY: BE
LANGUAGE: French, Dutch
GAUGE: 35 mm
SILENT/SOUND: silent
B&W/COLOUR: B&W
METRES: 80,5m

Mariage de Léopold et Astrid
Het huwelijk van Leopold en Astrid
The Marriage of Léopold and Astrid

DIRECTOR: anonymous
YEAR: 1926
COUNTRY: BE
LANGUAGE: French
GAUGE: 35 mm
SILENT/SOUND: silent
B&W/COLOUR: B&W
METRES: 230m

**Le mariage du prince Léopold avec
la princesse Astrid
Het huwelijk van prins Leopold met prinses
Astrid
The Marriage of Prince Léopold and Princess
Astrid**

DIRECTOR: anonymous
YEAR: 1926
COUNTRY: BE
LANGUAGE: French
GAUGE: 35 mm
SILENT/SOUND: silent
B&W/COLOUR: B&W
METRES: 262m

**Kardinaal Mercier
Le cardinal Mercier
Cardinal Mercier**

DIRECTOR: anonymous
YEAR: 1926
COUNTRY: BE
LANGUAGE: French
GAUGE: 35 mm
SILENT/SOUND: silent
B&W/COLOUR: B&W
METRES: 191m

**Funérailles de Son Eminence le Cardinal
Mercier
Cardinal Mercier
Begrafenis van Zijne Excellentie Kardinaal
Mercier
The Funeral of His Eminence Cardinal
Mercier**

DIRECTOR: anonymous
YEAR: 1926
COUNTRY: BE
LANGUAGE: French
GAUGE: 35 mm
SILENT/SOUND: silent
B&W/COLOUR: B&W
METRES: 235m

**Fêtes du Parc Josaphat
Feesten in het Josaphat-park
Festivities in the Parc Josaphat**

DIRECTOR: anonymous
YEAR: 1926
COUNTRY: BE
LANGUAGE: French
GAUGE: 35 mm
SILENT/SOUND: silent
B&W/COLOUR: B&W

**Fête de gymnastique
Turnfeest
Gymnastics Display**

DIRECTOR: anonymous
YEAR: 1926
COUNTRY: BE
PROD. CO.: Hermes-Ciné-Consortium (Bruxelles)
LANGUAGE: French
GAUGE: 35 mm
SILENT/SOUND: silent
B&W/COLOUR: tinted
METRES: 207m

**Ontvangst van prins Leopold
Accueil du prince Léopold
Reception of Prince Léopold**

DIRECTOR: anonymous
YEAR: 1926
COUNTRY: BE
LANGUAGE: -
GAUGE: 35 mm
SILENT/SOUND: silent
B&W/COLOUR: B&W
METRES: 38m

**School Keistraat
Ecole Keistraat**

DIRECTOR: anonymous
YEAR: 1926
COUNTRY: BE
GAUGE: 35 mm
SILENT/SOUND: silent
B&W/COLOUR: B&W
METRES: 166m

**Kaartuitbreiding van de stad 1811-1926
Extension sur carte de la ville 1811-1926
The Expansion of the City on the Map
1811-1926**

DIRECTOR: anonymous
YEAR: 1926
COUNTRY: BE
LANGUAGE: -
GAUGE: 35 mm
SILENT/SOUND: silent
B&W/COLOUR: B&W
METRES: 50m

**Congrès mondial de la JOC
100.000 Bientôt 100.000
Rerum Novarum**

DIRECTOR: anonymous
YEAR: 1927
COUNTRY: BE
LANGUAGE: French
GAUGE: 35 mm
SILENT/SOUND: silent
B&W/COLOUR: B&W
METRES: 280m

**Stadsbeelden
Vues de la ville
Views of the City**

DIRECTOR: anonymous
YEAR: 1927
COUNTRY: BE
LANGUAGE: -
GAUGE: 35 mm
SILENT/SOUND: silent
B&W/COLOUR: B&W

**Voyage au Congo Belge
Retour des souverains
Reis naar Belgisch Kongo
Terugkeer van de vorsten
Journey to the Belgian Congo
Our Sovereigns Return**

DIRECTOR: anonymous
YEAR: 1928
COUNTRY: BE
LANGUAGE: French
GAUGE: 35 mm
SILENT/SOUND: silent
B&W/COLOUR: B&W
METRES: 127m

**Pavillon belge à l'exposition de Barcelone
Inauguration du pavillon belge à l'exposition de Barcelone
Het Belgisch paviljoen op de tentoonstelling van Barcelona
Inauguration of the Belgian Pavillion at
the Barcelona World's Fair**

DIRECTOR: anonymous
YEAR: 1929
COUNTRY: BE
LANGUAGE: French
GAUGE: 35 mm
SILENT/SOUND: silent
B&W/COLOUR: B&W
METRES: 107m
NOTES: Second part of the film is called:
L'Espagne à l'exposition de Liège.

**L'Ommegang. 15 juillet 1930
Ommegang. 15 juli 1930
The Ommegang. 15 July 1930**

DIRECTOR: Maurice Lameire
YEAR: 1930
COUNTRY: BE
SILENT/SOUND: silent

**L'Ommegang. 1930. 1e sortie
Ommegang. 1930. Eerste sortie
The Ommegang 1930. First Day**

DIRECTOR: Antoine Pée
YEAR: 1930
COUNTRY: BE
SILENT/SOUND: silent

**Défilé des combattants Place des Palais,
le 20 juillet 1930
Optocht van de strijders op het
Paleizenplein, 20 juli 1930
Parade of Combatants on the Place des
Palais, 20 July 1930**

DIRECTOR: Maurice Lameire
YEAR: 1930
COUNTRY: BE
SILENT/SOUND: silent

**Défilé des combattants. 20 juillet 1930
Optocht van de strijders. 20 juli 1930
Parade of Combatants. 20 July 1930**

DIRECTOR: Antoine Pée
YEAR: 1930
COUNTRY: BE
SILENT/SOUND: silent

**Cérémonie patriotique au Cinquantenaire
le 21 juillet 1930
Patriottische plechtigheid in het
Jubelpark op 21 juli 1930
Patriotic Ceremony in the Cinquantenaire
Park on 21 July 1930**

DIRECTOR: Maurice Lameire
YEAR: 1930
COUNTRY: BE
SILENT/SOUND: silent

**Cortège historique. 1e sortie. 3 août 1930
Historische stoet. Eerste sortie.
3 augustus 1930
Historical Procession. First Day. 3 August
1930**

DIRECTOR: Antoine Pée
YEAR: 1930
COUNTRY: BE
SILENT/SOUND: silent

**Le cortège historique. 4 août 1930
De historische stoet. 4 augustus 1930
Historical Procession. 4 August 1930**

DIRECTOR: Maurice Lameire
YEAR: 1930
COUNTRY: BE
SILENT/SOUND: silent

**Le cortège historique. 3 août 1930
Historische stoet. 3 augustus 1930
Historical Procession. 3 August 1930**

DIRECTOR: [Francis Martin]
YEAR: 1930
COUNTRY: BE
SILENT/SOUND: silent

**Onthulling van de gedenksteen der
gesneuvelden
Inauguration de la statue aux morts
Unveiling of the Memorial to the War Dead**

DIRECTOR: François Frijters
YEAR: 1930
COUNTRY: BE
SILENT/SOUND: silent

**Opening van de Internationale Tentoon-
stelling van Antwerpen
Inauguration de l'Exposition Internationale d'Anvers
Opening of the Antwerp International Fair**

DIRECTOR: François Frijters
YEAR: 1930
COUNTRY: BE
SILENT/SOUND: silent

**Van Dam Diamant
Le diamant Van Dam**

DIRECTOR: François Frijters
YEAR: 1930
COUNTRY: BE
SILENT/SOUND: silent

12de groote prijs Brasschaet 1932

**Inhuldiging van het standbeeld van
Guido Gezelle
Inauguration de la statue de Guido
Gezelle
Inauguration of the Statue of Guido
Gezelle**

DIRECTOR: François Frijters
YEAR: 1930
COUNTRY: BE
SILENT/SOUND: silent

**Groote geschiedkundige optocht -
Antwerpen door de eeuwen heen
Antwerpen door de eeuwen heen
Grand cortège historique - Anvers à
travers les âges
Grand Historical Procession - Antwerp
Through the Ages**

DIRECTOR: Lambert de Braz
YEAR: 1930
COUNTRY: BE
PROD. CO.: Les Films Lambert de Braz (Liège)
LANGUAGE: French, Dutch
GAUGE: 35 mm
SILENT/SOUND: silent
B&W/COLOUR: B&W
METRES: 168m

**Werken aan en inhuldiging van de eerste
Scheldetunnel
Le tunnel sous l'Escaut
The Tunnel Under the River Scheldt**

DIRECTOR: anonymous
YEAR: 1931-1933
COUNTRY: BE
LANGUAGE: -
GAUGE: 35 mm
SILENT/SOUND: silent
B&W/COLOUR: B&W
METRES: 274m

**12de groote prijs Brasschaet 1932
12ème grand prix Brasschaet 1932
The 12th Brasschaet Grand Prix 1932**

DIRECTOR: Jules Van Volxem
YEAR: 1932
COUNTRY: BE
LANGUAGE: French, Dutch
GAUGE: 35 mm
SILENT/SOUND: silent
B&W/COLOUR: B&W + colour
METRES: 304m

**Belgique en deuil
België in rouw
Belgium in Mourning**

DIRECTOR: anonymous
YEAR: 1934
COUNTRY: BE-LU
PROD. CO.: Les Films Jean Majerus
LANGUAGE: French, Dutch
GAUGE: 35 mm
SILENT/SOUND: silent
B&W/COLOUR: B&W
METRES: 208m

**Les funérailles du roi Albert
De plechtige begrafenis van Zijne
Majesteit Koning Albert
The State Funeral of King Albert**

DIRECTOR: anonymous
YEAR: 1934
COUNTRY: BE
LANGUAGE: French
GAUGE: 35 mm
SILENT/SOUND: silent
B&W/COLOUR: B&W
METRES: 188m

**Avènement de S.M. Léopold III
De troonsbestijging van Z.M. Leopold III
The Coronation of H.M. Léopold III**

DIRECTOR: anonymous
YEAR: 1934
COUNTRY: BE
LANGUAGE: French, Dutch
GAUGE: 35 mm
SILENT/SOUND: silent
B&W/COLOUR: B&W
METRES: 199m

**IJzerbedevaart 1936
Pèlerinage de l'Yser 1936
Yser Pilgrimage 1936**

DIRECTOR: anonymous
YEAR: 1936
COUNTRY: BE
LANGUAGE: French
GAUGE: 35 mm
SILENT/SOUND: silent
B&W/COLOUR: B&W
METRES: 399m

SCIENTIFIC FILMS
FILMS SCIENTIFIQUES
WETENSCHAPPELIJKE FILMS

MISCELLANEA

Comportement "in vitro" des amibocytes de l'anodonte
In vitro gedrag van de amibocyten van de anodonte
In Vitro Behaviour of Anodonte's Amibocytes

DIRECTOR: anonymous
YEAR: 19—
COUNTRY: BE
LANGUAGE: French
GAUGE: 35 mm
SILENT/SOUND: silent
B&W/COLOUR: B&W
METRES: 193m

Porpostoma notatum (Mobius)
Infusoire holotriche de la famille des philasteridea
Holotrische infusoria van de familie van de philasteridea
Holotric Infusorius of Philasteridea Family

DIRECTOR: anonymous
YEAR: 19—
COUNTRY: BE
LANGUAGE: French
GAUGE: 35 mm
SILENT/SOUND: silent
B&W/COLOUR: B&W
METRES: 313m

Caractéristiques des mouvements
Eigenschappen van de bewegingen
Characteristics of Movements

DIRECTOR: anonymous
YEAR: 19—
COUNTRY: BE
LANGUAGE: French
GAUGE: 16 mm
SILENT/SOUND: silent
B&W/COLOUR: B&W
METRES: 182m

◆ Belgium has a history as a producer of high-quality scientific films thanks to the work of leading medical personalities such as Arthur Van Gehuchten, Ovide Decroly and Léon Laruelle. This should come as no surprise, given that cinema itself was in the beginning a scientific invention. For Etienne-Jules Marey, physician and physiologist, it constituted a perfect method of movement analysis in his research on locomotion. With Edison's Kinetoscope and Lumière's Cinématographe, cinema became a source of popular entertainment but simultaneously medical applications were being developed. In 1898, Eugène-Louis Doyen, a surgeon in Paris, had himself filmed whilst operating. The screening of these films in non-medical circles and at fairgrounds brought cinema into disrepute in official French medical society. Medical film-making then developed far from this whiff of Parisian scandal. Gheorghe Marinesco, a Romanian neurologist, was the first to use this technology, in Bucharest, to study patients with various gait disorders. In 1905, Van Gehuchten began to film patients in Louvain, and he underlined the pedagogic and documentary interest in the medium. He employed it extensively, up to his death in 1914. Among the many subjects which he illustrated in his films was the examination of the neurological patient, the pinpointing of clinical signs of various muscular disorders, evolution of symptoms after surgical treatment. In 1907 in Brussels, Decroly inaugurated the use of cinema in psychogenetics; he used this technique throughout his career. In the thirties, Laruelle followed his tradition at the Institut Neurologique Belge where he made, with Antoine Castille, many films of patients with nervous system disorders.

● La Belgique a conservé une production cinématographique scientifique de qualité qu'elle doit à des personnalités médicales de premier plan: Arthur Van Gehuchten, Ovide Decroly et Léon Laruelle. Faut-il s'en étonner? A l'origine, le cinéma est scientifique. Il constitue pour Etienne-Jules Marey, médecin et physiologiste, une méthode d'analyse du mouvement dans ses recherches sur la locomotion. Avec le kinétoscope d'Edison et le cinématographe Lumière, le cinéma trouve simultanément les voies du divertissement populaire et des applications médicales. Ainsi, dès 1898, Eugène-Louis Doyen, chirurgien à Paris, se fait filmer durant ses interventions chirurgicales; mais la diffusion de ces films dans les milieux non médicaux et sur les champs de foire discréditera le cinéma aux yeux du monde médical français officiel. C'est loin de ce parfum de scandale parisien que se développe la cinématographie médicale. Gheorghe Marinesco, un neurologue roumain, utilise le premier cette technique, à Bucarest, pour étudier des patients atteints de divers troubles de la marche. Dès 1905, Van Gehuchten filme des malades à Louvain, souligne l'intérêt pédagogique et documentaire de la technique, et y recourt jusqu'à sa mort en 1914. Examen du patient neurologique, mise en évidence des signes cliniques de diverses maladies musculaires et évolution des symptômes après traitement chirurgical sont autant de sujets qu'il illustre dans ses films. En 1907, à Bruxelles, Decroly inaugure l'application de la cinématographie en psychogénétique. Enfin, dans les années 30, Laruelle poursuit dans cette voie à l'Institut Neurologique Belge en filmant, avec Antoine Castille, nombre de cas pathologiques. *(GA)*

▶ België heeft zijn zeer kwaliteitsvolle wetenschappelijke-filmproductie te danken aan prominente figuren uit de medische wereld: Arthur Van Gehuchten, Ovide Decroly en Léon Laruelle. Dat is niet te verwonderen. Film was in oorsprong immers een wetenschappelijke uitvinding. Voor Etienne-Jules Marey, medicus en fysioloog, was film een uitstekend middel om de beweging te analyseren. Dankzij de kinetoscoop van Edison en de cinematograaf van Lumière had de film zijn weg gevonden naar de wereld van de volkse ontspanning maar had hij tegelijk een wetenschappelijke functie gekregen. Zo liet de Parijse chirurg Eugène-Louis Doyen zich in 1898 filmen tijdens zijn heelkundige ingrepen, maar de verspreiding van deze films in niet-medische milieus en op de kermis schond het vertrouwen van de officiële Parijse medici in de film. Maar ver verwijderd van deze Parijse schandalen ontwikkelt zich de medische film. De Roemeense neuroloog Gheorghe Marinesco gebruikt in Boekarest als eerste deze techniek om patiënten met problemen bij het lopen te analyseren. Vanaf 1905 en tot aan zijn dood in 1914 filmt Arthur Van Gehuchten patiënten in Leuven, waarbij hij het pedagogische en documentaire belang van deze techniek onderlijnt. Via zijn films onderzoekt hij de neurologische patiënt, vestigt hij de aandacht op de klinische tekenen van diverse spieraandoeningen en de evolutie van de symptomen na een chirurgische ingreep. In 1907 past Ovide Decroly in Brussel voor het eerst de film toe in de psychogenetica. Tenslotte zal Léon Laruelle deze weg voortzetten door in het Belgisch Neurologisch Instituut samen met Antoine Castille een heel aantal pathologische gevallen te filmen.

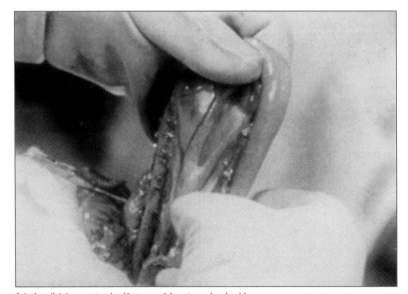

Création d'ulcères gastro duodénaux expérimentaux chez le chien

Histoire naturelle de la connaissance chez le macaque
Le macaque
L'intelligence d'un macaque
Natuurgeschiedenis van de kennis bij de macaque
Macaque's Knowledge Natural History

DIRECTOR: Verlaine
YEAR: 1933
COUNTRY: BE
LANGUAGE: French
GAUGE: 35 mm
SILENT/SOUND: silent
B&W/COLOUR: B&W
METRES: 1211m

Création d'ulcères gastro duodénaux expérimentaux chez le chien
Création d'ulcères artificiels chez le chien
Productie van gastroduodenale ulcers bij de hond
Production of Gastroduodenal Ulcers in the Dog

DIRECTOR: Henri Storck
YEAR: 1934
COUNTRY: BE
CAMERA: John Fernhout
PROD. CO.: Laboratoire Roche
LANGUAGE: French
GAUGE: 16 mm
SILENT/SOUND: silent
B&W/COLOUR: B&W
METRES: 58m

Poliomyélite
Poliomyelitis

DIRECTOR: Antoine Castille, Léon Laruelle
YEAR: 1932-1939
COUNTRY: BE
SILENT/SOUND: silent

Encéphalo-myélite subaiguë
Subacute Encephalomyelitis

DIRECTOR: Antoine Castille, Léon Laruelle
YEAR: 1932-1939
COUNTRY: BE
SILENT/SOUND: silent

Paraplégies
Paraplegie
Paraplegy

DIRECTOR: Antoine Castille, Léon Laruelle
YEAR: 1932-1939
COUNTRY: BE
SILENT/SOUND: silent

Sclérose combinée
Gecombineerde sclerose
Combined Sclerosis

DIRECTOR: Antoine Castille, Léon Laruelle
YEAR: 1932-1939
COUNTRY: BE
SILENT/SOUND: silent

Syringomyélie
Syringomyelie
Syringomyelia

DIRECTOR: Antoine Castille, Léon Laruelle
YEAR: 1932-1939
COUNTRY: BE
SILENT/SOUND: silent

Polynévrite
Polyneutitis
Polyneuritis

DIRECTOR: Antoine Castille, Léon Laruelle
YEAR: 1932-1939
COUNTRY: BE
SILENT/SOUND: silent

Séméiologie
Semiologie
Semiology

DIRECTOR: Antoine Castille, Léon Laruelle
YEAR: 1932-1939
COUNTRY: BE
SILENT/SOUND: silent

Tabes

DIRECTOR: Antoine Castille, Léon Laruelle
YEAR: 1932-1939
COUNTRY: BE
SILENT/SOUND: silent

Troubles cérébelleux
Cerebellaire aandoeningen
Cerebellar Disorders

DIRECTOR: Antoine Castille, Léon Laruelle
YEAR: 1932-1939
COUNTRY: BE
SILENT/SOUND: silent

Encéphalite
Encephalitis

DIRECTOR: Antoine Castille, Léon Laruelle
YEAR: 1932-1939
COUNTRY: BE
SILENT/SOUND: silent

Parkinson post-encéphalitique
Postencephalitisch parkinsonisme
Postencephalitic Parkinsonism

DIRECTOR: Antoine Castille, Léon Laruelle
YEAR: 1932-1939
COUNTRY: BE
SILENT/SOUND: silent

Affections extra-pyramidales
Extrapyramidale aandoeningen
Extrapyramidal Conditions

DIRECTOR: Antoine Castille, Léon Laruelle
YEAR: 1932-1939
COUNTRY: BE
SILENT/SOUND: silent

Sclérose cérébrale
Cerebrale sclerose
Cerebral Sclerosis

DIRECTOR: Antoine Castille, Léon Laruelle
YEAR: 1932-1939
COUNTRY: BE
SILENT/SOUND: silent

Encéphalopathie infantile
Kinderencephalopathie
Infantile Encephalopathy

DIRECTOR: Antoine Castille, Léon Laruelle
YEAR: 1932-1939
COUNTRY: BE
SILENT/SOUND: silent

Hémorragie cérébrale
Cerebrale bloeding
Cerebral Haemorrhage

DIRECTOR: Antoine Castille, Léon Laruelle
YEAR: 1932-1939
COUNTRY: BE
SILENT/SOUND: silent

Tumeurs cérébrales
Cerebrale gezwellen
Cerebral Tumours

DIRECTOR: Antoine Castille, Léon Laruelle
YEAR: 1932-1939
COUNTRY: BE
SILENT/SOUND: silent

Déglutition
Slikken
Swallowing

DIRECTOR: Antoine Castille, Léon Laruelle
YEAR: 1932-1939
COUNTRY: BE
SILENT/SOUND: silent

Procédés de sensibilisation du système nerveux
Sensibilisatieprocedures van het zenuwstelsel
Nervous System Sensibilization Procedures

DIRECTOR: Antoine Castille, Léon Laruelle
YEAR: 1932-1939
COUNTRY: BE
SILENT/SOUND: silent

Troubles psycho-moteurs
Psychomotore aandoeningen
Psychomotor Disorders

DIRECTOR: Antoine Castille, Léon Laruelle
YEAR: 1932-1939
COUNTRY: BE
SILENT/SOUND: silent

OVIDE DECROLY

[Réactions de Suzanne]
[Reacties van Suzanne]
[Suzanne's Reactions]

DIRECTOR: Ovide Decroly
YEAR: 1906
COUNTRY: BE
CAMERA: Ovide Decroly
SILENT/SOUND: silent

Les anormaux
Abnormalen
The Abnormal

DIRECTOR: Ovide Decroly
YEAR: 1923-1931
COUNTRY: BE
CAMERA: Antoine Castille
SILENT/SOUND: silent

Quelques types de réactions sociales chez le jeune enfant
Sociale reacties van het jonge kind
Different Social Responses of the Young Child

DIRECTOR: Ovide Decroly
YEAR: 1923-1931
COUNTRY: BE
CAMERA: Antoine Castille
LANGUAGE: -
GAUGE: 35 mm
SILENT/SOUND: silent
B&W/COLOUR: B&W
METRES: 578m

Evolution des coordinations pour la station debout et le transport du corps
Ontwikkeling van de coördinatie in recht-opstaande houding en de verplaatsing van het lichaam
Development of Co-Ordination for the Upright Posture and Transport of the Body

DIRECTOR: Ovide Decroly
YEAR: 1923-1931
COUNTRY: BE
CAMERA: Antoine Castille
LANGUAGE: French
GAUGE: 35 mm
SILENT/SOUND: silent
B&W/COLOUR: B&W + tinted
METRES: 605m

◆ Ovide Decroly (1871-1932) studied medicine at the University of Ghent, where he conducted his first research into the anatomy of the brain. He then specialized in neuro-psychiatry in Berlin and Paris. As a paediatrics consultant for "speech defects" in Brussels, he became increasingly interested in educational psychology for children who had not been through the school system. He developed new educational techniques for them in his converted family home, the Institut d'Enseignement Spécial (1901), and from 1907 in the Ermitage school. The city of Brussels placed various pedagogic medical services in his hands, and he paved the way for compulsory education with a radical reform of the classical school system, which by way of selection and book-bound learning inhibited children from working-class backgrounds. His own methodology was focused on the child's curiosity, interests, spontaneous dynamism, personal creativity and activity and initiative, with great emphasis placed on individualization. Decroly based his theoretical considerations on the systematic observation of children in the family, in the laboratory and at school, and published a large quantity of articles. Few people, however, are aware that he also recorded his observations on film. Many hundreds of metres of film show him, his assistants and a group of children (from new-born babies to toddlers) in a series of model situations. The child is always central, often seen in a garden, and the camera follows whatever it does, how it responds and how it handles objects. Particularly striking is Decroly's discovery that it was possible to follow a child by means of film over a period of years, allowing conclusions to be drawn from a comparison of the different footage.

● Ovide Decroly (1871-1932) entreprit des recherches sur l'anatomie du cerveau dès sa formation médicale à l'Université de Gand, avant de se spécialiser en neuropsychiatrie à Berlin et à Paris. Chargé d'une consultation pédiatrique pour "troubles de la parole" à Bruxelles, il s'orienta progressivement vers la psycho-pédagogie des enfants irréguliers, non scolarisés en général, pour lesquels il expérimenta des procédés éducatifs nouveaux dans sa maison familiale, convertie en Institut d'Enseignement Spécial (1901), puis à l'école de l'Ermitage (1907). La ville de Bruxelles lui confia la direction de plusieurs services de médico-pédagogie; il prépara l'obligation scolaire par la transformation radicale de l'école classique, dont les méthodes sélectives et livresques condamnaient les enfants issus de milieux populaires. Sa méthodologie exploite la curiosité et l'intérêt, le dynamisme spontané et la créativité, l'activité personnelle et l'initiative, avec un haut degré d'individualisation. Decroly tire ses conceptions théoriques de l'observation systématique d'enfants, en milieu familial, en laboratoire, à l'école. Il publia un grand nombre d'articles, et, ce qui est moins connu, il observa également ses sujets sous l'œil de la caméra. Des centaines de mètres de pellicule le montrent dans des situations typiques, avec ses assistants et des enfants de tout âge, entre le berceau et la maternelle. L'enfant se trouve au centre de l'attention, souvent dans un jardin, et la caméra enregistre ses actions, ses réactions, la façon dont il manipule des objets. Decroly fit la remarquable découverte que le film permettait de suivre un enfant au fil des ans et d'élaborer des conclusions à partir de l'étude comparative de ces enregistrements. *(FD)*

▶ Nog tijdens zijn medische opleiding aan de Gentse Universiteit deed Ovide Decroly (1871-1932) onderzoek naar de hersenanatomie, waarna hij zich specialiseerde in neuropsychiatrie in Berlijn en Parijs. In Brussel werd hij belast met de pediatrische consultatie voor "spraakproblemen" en richtte zich zo stilaan op de psycho-pedagogie van onregelmatige kinderen die niet schoolgaand waren en op wie hij nieuwe opvoedingstechnieken uitprobeerde, eerst - rond 1901 - in zijn eigen huis (omgebouwd tot Instituut voor Bijzonder Onderwijs), later in de Ecole de l'Ermitage (1907). De Stad Brussel gaf hem de leiding over enkele medisch-pedagogische diensten; hij bereidde de schoolplicht voor door de radicale omvorming van de klassieke school met haar selectieve en theoretische methodes die destructief waren voor kinderen uit volkse milieus. Zijn methodologie trachtte alles te halen uit de nieuwsgierigheid van kinderen, hun spontaan dynamisme en creativiteit, hun persoonlijke initiatieven, met de nadruk op individualisering. Decroly baseerde zijn theorieën op de systematische observatie van kinderen in hun familiale omgeving, tijdens tests en op school. Hij publiceerde heel wat artikels, maar weinigen weten dat hij ook observaties deed met behulp van een camera. Vele honderden meters film tonen hem, zijn assistenten en de kinderen - van zuigelingen tot kleuters - in typische situaties. Het kind staat centraal, dikwijls in een tuin, en de camera registreert, volgt wat elk van de kinderen doet, hoe het reageert, hoe het voorwerpen hanteert. Opmerkelijk is vooral Decroly's ontdekking dat het met de camera mogelijk is een kind jarenlang te volgen en conclusies te trekken uit een vergelijkende studie van wat op pellicule is vastgelegd. *(MT)*

Evolution des coordinations pour la station debout et le transport du corps

Quelques aspects de l'imitation chez les jeunes enfants
Enkele vormen van imitatie bij jonge kinderen
Examples of Imitation in Young Children

DIRECTOR: Ovide Decroly
YEAR: 1923-1931
COUNTRY: BE
CAMERA: Antoine Castille
LANGUAGE: French
GAUGE: 35 mm
SILENT/SOUND: silent
B&W/COLOUR: B&W + tinted
METRES: 581m

Réaction de l'enfant selon les différences individuelles et particularités
Reactie van het kind volgens de individuele verschillen en eigenheden
The Child's Reaction According to Individual Differences and Characteristics

DIRECTOR: Ovide Decroly
YEAR: 1923-1931
COUNTRY: BE
CAMERA: Antoine Castille
SILENT/SOUND: silent

Réactions d'une enfant de neuf jours
Reacties van een kind van negen dagen
Reactions of a Nine-Day-Old Child

DIRECTOR: Ovide Decroly
YEAR: 1923-1931
COUNTRY: BE
CAMERA: Antoine Castille
SILENT/SOUND: silent

[Crèche]
[Kribbe]

DIRECTOR: Ovide Decroly
YEAR: 1923-1931
COUNTRY: BE
LANGUAGE: -
GAUGE: 35 mm
SILENT/SOUND: silent
B&W/COLOUR: B&W
METRES: [181m]

Quelques étapes du développement mental chez l'enfant
Enkele stadia in de geestelijke ontwikkeling van het kind
Several Stages in the Mental Development of the Child

DIRECTOR: Ovide Decroly
YEAR: 1923-1931
COUNTRY: BE
CAMERA: Antoine Castille
LANGUAGE: French
GAUGE: 35 mm
SILENT/SOUND: silent
B&W/COLOUR: B&W
METRES: 132m

Réactions d'un enfant masculin de 33 jours
Reacties van een jongetje van 33 dagen
Reactions of a Male Child of 33 Days

DIRECTOR: Ovide Decroly
YEAR: 1923-1931
COUNTRY: BE
CAMERA: Antoine Castille
SILENT/SOUND: silent

Quelques étapes mentales
Enkele stadia in de mentale ontwikkeling
Several Stages of Mental Development

DIRECTOR: Ovide Decroly
YEAR: 1923-1931
COUNTRY: BE
LANGUAGE: French
GAUGE: 35 mm
SILENT/SOUND: silent
B&W/COLOUR: B&W
METRES: 1555m

L'enfant de 3 ans, 4 ans
Het kind van 3 en 4 jaar
The Child of 3 Years, 4 Years

DIRECTOR: Ovide Decroly
YEAR: 1923-1931
COUNTRY: BE
CAMERA: Antoine Castille
LANGUAGE: French
GAUGE: 35 mm
SILENT/SOUND: silent
B&W/COLOUR: B&W + tinted
METRES: 245m

Réactions d'une enfant de deux ans 2 mois (26 mois) atteinte d'un retard dans l'évolution du mouvement
Réactions d'un enfant de 26 mois
Enfant de 26 mois: retard dans l'évolution
Reacties van een kind van 26 maand lijdend aan een achterstand in de evolutie van de beweging
Reactions of a Child of 26 Months Affected by a Disturbance in the Development of its Movements

DIRECTOR: Ovide Decroly
YEAR: 1923-1931
COUNTRY: BE
CAMERA: Antoine Castille
LANGUAGE: French
GAUGE: 35 mm
SILENT/SOUND: silent
B&W/COLOUR: B&W + tinted
METRES: 231m

Quelques réactions d'un enfant arriéré de 3 1/2 ans
Enkele reacties van een achterlijk kind van 3 1/2 jaar
Reactions of a Backward Child of 3 1/2 Years

DIRECTOR: Ovide Decroly
YEAR: 1923-1931
COUNTRY: BE
LANGUAGE: French
GAUGE: 35 mm
SILENT/SOUND: silent
B&W/COLOUR: B&W + tinted
METRES: 221m

Groupe d'anormaux
Groep abnormale kinderen
Group of Abnormal Children

DIRECTOR: Ovide Decroly
YEAR: 1923-1931
COUNTRY: BE
CAMERA: Antoine Castille
LANGUAGE: French
GAUGE: 35 mm
SILENT/SOUND: silent
B&W/COLOUR: B&W
METRES: 750m

Evolution
Evolutie

DIRECTOR: Ovide Decroly
YEAR: 1923-1931
COUNTRY: BE
LANGUAGE: French
GAUGE: 35 mm
SILENT/SOUND: silent
B&W/COLOUR: B&W
METRES: 464m

Les différences que l'enfant présente
De verschillen bij het kind
The Differences Presented by the Child

DIRECTOR: Ovide Decroly
YEAR: 1923-1931
COUNTRY: BE
LANGUAGE: -
GAUGE: 35 mm
SILENT/SOUND: silent
B&W/COLOUR: B&W
METRES: 293m

Nanette réaction
Réaction de Nanette
Reactie van Nanette
Nanette's Reactions

DIRECTOR: Ovide Decroly
YEAR: 1923-1931
COUNTRY: BE
LANGUAGE: -
GAUGE: 35 mm
SILENT/SOUND: silent
B&W/COLOUR: B&W
METRES: 249m

[Claude réaction]
[Réaction de Claude]
[Reactie van Claude]
[Claude's Reactions]

DIRECTOR: Ovide Decroly
YEAR: 1923-1931
COUNTRY: BE
LANGUAGE: -
GAUGE: 35 mm
SILENT/SOUND: silent
B&W/COLOUR: B&W
METRES: [104m]

Quelques aspects de l'imitation
Enkele kenmerken van de imitatie
Aspects of Imitation

DIRECTOR: Ovide Decroly
YEAR: 1923-1931
COUNTRY: BE
LANGUAGE: -
GAUGE: 35 mm
SILENT/SOUND: silent
B&W/COLOUR: B&W
METRES: 418m

Ecole Decroly - l'Ermitage
L'Ermitage
Decroly School

DIRECTOR: anonymous
YEAR: 1937
COUNTRY: BE
LANGUAGE: French
GAUGE: 16 mm
SILENT/SOUND: silent
B&W/COLOUR: B&W
METRES: 410m

EDUCATIONAL FILMS
FILMS ÉDUCATIFS
EDUCATIEVE FILMS

Un voyage à travers la Belgique
Een reis doorheen België
A Journey Across Belgium

DIRECTOR: anonymous
YEAR: 1916
COUNTRY: BE
SILENT/SOUND: silent

Assistance sociale en Belgique
Welzijnszorg in België
Social Security in Belgium

DIRECTOR: anonymous
YEAR: 1916
COUNTRY: BE
SILENT/SOUND: silent

La fabrication du chocolat
De bereiding van chocolade
The Manufacture of Chocolate

DIRECTOR: anonymous
YEAR: 192-
COUNTRY: BE
LANGUAGE: French
GAUGE: 35 mm
SILENT/SOUND: silent
B&W/COLOUR: B&W
METRES: 254m

MISCELLANEA

◆ On 23 December 1908, the first school film show was held in the teacher training college in Brussels. The equipment and a projectionist were hired and the actual lesson was given by the bourgmestre Charles Buls and Professor Arndt. The event was a huge success and brought home the importance of films in education. This of course assumed the availability of a location in which to show the films, the correct equipment and a film collection, since what regular distributors were offering was not always suitable for schools. Arndt went on to organize screenings in the Cinéma des Intellectuels Le Tour du Monde in the rue Neuve in Brussels, up to the outbreak of war. After the war Hippolyte De Kempeneer had plans to start a national school library for educational films, but nothing actually happened. In November 1919, Alexis Sluys, the director of the Brussels teacher training college, was asked by the city councillor for public education, Emile Jacqmain, to devise a method for the use of film in classrooms. Public opinion was strongly in favour of film in education, with many letters and articles on the subject appearing in the press, but in reality little was being done. It was not until June 1923 that the Union des Villes et des Communes made resources and equipment available, and it was only in March 1926 that the organization Les Amis du Cinéma Educatif et Instructif was established with the task of developing a Cinémathèque Nationale d'Enseignement et de Vulgarisation for renting out films and equipment. Only a few of these educational films have survived, but it is striking that many appear to have been produced by the Belgian Red Cross and the Ministry of Agriculture.

● Le 23 décembre 1908 eut lieu à l'Ecole Normale de Bruxelles la première représentation de film scolaire: on loua appareils et projectionniste, et la leçon cinématographique du bourgmestre Charles Buls et du professeur Arndt connut un succès retentissant. Cela provoqua la réflexion sur l'importance du film dans l'enseignement. Une infrastructure était nécessaire: des appareils mais aussi une cinémathèque, car l'offre des distributeurs classiques n'était pas adaptée à l'usage scolaire. Arndt continua à organiser des projections au Cinéma des Intellectuels Le Tour du Monde, rue Neuve à Bruxelles, jusqu'au début de la guerre. La paix revenue, Hippolyte De Kempeneer fourbit des plans de création d'une Bibliothèque Nationale Scolaire du Film Instructif, mais le stade du projet ne fut jamais dépassé. En novembre 1919, Emile Jacqmain, échevin de l'Instruction publique, demanda au directeur de l'Ecole Normale, Alexis Sluys, de réfléchir à une méthode d'enseignement par le cinéma. Le besoin devenait pressant: la presse regorgeait de lettres, de prises de position et d'articles sur l'utilité et la nécessité du cinéma dans l'enseignement. En réalité, peu de choses bougeaient. Ce n'est qu'en juin 1923 que des fonds et des moyens furent libérés, et, à l'initiative de l'Union des Villes et des Communes, qu'en mars 1926 que fut créée l'association Les Amis du Cinéma Educatif et Instructif pour ériger une Cinémathèque Nationale d'Enseignement et de Vulgarisation louant films et appareils. Seule une poignée de ces films instructifs fut conservée: on est frappé par la très forte proportion de productions de la Croix-Rouge de Belgique et du Ministère de l'Agriculture.

► Op 23 december 1908 heeft in de Brusselse Normaalschool de eerste school-filmvoorstelling plaats. Apparatuur en projectionist worden ingehuurd en de filmles wordt gegeven door burgemeester Charles Buls en professor Arndt. Het succes is overweldigend en er wordt gedacht aan het gebruik van film in het onderwijs. Dit veronderstelt infrastructuur, apparatuur en een filmcollectie, want wat gewone filmverdelers aanbieden, is niet meteen geschikt voor schoolvoorstellingen. Arndt gaat ondertussen door met het organiseren van filmprojecties in de Cinéma des Intellectuels Le Tour du Monde in de Brusselse Nieuwstraat, tot het uitbreken van de oorlog. Hippolyte De Kempeneer loopt na de oorlog met plannen rond voor de uitbouw van een Nationale Schoolbibliotheek van de Didactische Film, maar het blijven plannen. In november 1919 wordt Alexis Sluys, directeur van de Normaalschool, aangezocht door schepen van Openbaar Onderwijs Emile Jacqmain om een onderwijsmethode met film te bedenken. De nood was hoog: de pers staat bol van brieven, betogen en artikels over nut en noodzaak van de film in het onderwijs, maar in werkelijkheid gebeurt er weinig. Pas in juni 1923 worden op initiatief van de Vereniging van Steden en Gemeenten geld en middelen vrijgemaakt en slechts in maart 1926 wordt de vereniging Les Amis du Cinéma Educatif et Instructif opgericht, die tot taak heeft een Cinémathèque Nationale d'Enseignement et de Vulgarisation uit te bouwen waar naast filmbeelden ook apparatuur gehuurd kan worden. Van die didactische films is slechts een handvol bewaard gebleven. Wat al zeker opvalt, is de sterke aanwezigheid van producties van het Belgische Rode Kruis en van het Ministerie van Landbouw. (MT)

La fabrication du chocolat

Prévoyance sociale Croix-Rouge Bruxelles
Sociale voorzorg Rode Kruis Brussel
Red Cross Health Insurance Brussels

DIRECTOR: anonymous
YEAR: 1916
COUNTRY: BE
SILENT/SOUND: silent

L'Œuvre Nationale de l'Enfance -
Colonie de Knocke
L'O.N.E. - Colonie de Knocke
Colonie de Knocke
Nationaal Werk voor Kinderwelzijn -
Kolonie te Knokke
The O.N.E. Children's Camp in Knocke

DIRECTOR: François Rents
YEAR: [1919]
COUNTRY: BE
PROD. CO.: Cinéproduction Hélios (Bruxelles)
LANGUAGE: Dutch
GAUGE: 35 mm
SILENT/SOUND: silent
B&W/COLOUR: B&W
METRES: 381m

L'Œuvre Nationale de l'Enfance - Institut
Sainte-Elisabeth
L'O.N.E. - Institut Sainte-Elisabeth
L'Institut Sainte-Elisabeth
Nationaal Werk voor Kinderwelzijn -
Instituut Sint-Elisabeth
The O.N.E. Saint-Elisabeth Children's Clinic

DIRECTOR: anonymous
YEAR: 192-
COUNTRY: BE
LANGUAGE: -
GAUGE: 35 mm
SILENT/SOUND: silent
B&W/COLOUR: tinted
METRES: [141m]

Circulation du sang
Bloedsomloop
Circulation of the Blood

DIRECTOR: anonymous
YEAR: 192-
COUNTRY: BE
PROD. CO.: Croix-Rouge de Belgique (Bruxelles)
LANGUAGE: French, Dutch
GAUGE: 35 mm
SILENT/SOUND: silent
B&W/COLOUR: B&W
METRES: 201m

La respiration artificielle
De kunstmatige ademhaling
Artificial Respiration

DIRECTOR: anonymous
YEAR: 192-
COUNTRY: BE
SCREENPLAY: Capitaine Schepens
PROD. CO.: Croix-Rouge de Belgique (Bruxelles)
LANGUAGE: French, Dutch
GAUGE: 35 mm
SILENT/SOUND: silent
B&W/COLOUR: tinted
METRES: 332m

Horizons élargis
Ruimer horizon
Enlarged Horizons

DIRECTOR: anonymous
YEAR: 192-
COUNTRY: BE
PROD. CO.: Croix-Rouge de Belgique (Bruxelles)
LANGUAGE: French, Dutch
GAUGE: 35 mm
SILENT/SOUND: silent
B&W/COLOUR: B&W + tinted
METRES: 1027m

Le fromage
De kaas
Cheese

DIRECTOR: [François Rents]
YEAR: 192-
COUNTRY: BE
PROD. CO.: Cinéproduction Hélios (Bruxelles)
LANGUAGE: French, Dutch
GAUGE: 35 mm
SILENT/SOUND: silent
B&W/COLOUR: B&W + tinted
METRES: 185m

Fabrication des pavés en porphyre
Productie van porfieren tegels
The Manufacture of Paving Stones in
Porphyry

DIRECTOR: anonymous
YEAR: 192-
COUNTRY: BE
LANGUAGE: French
GAUGE: 35 mm
SILENT/SOUND: silent
B&W/COLOUR: B&W
METRES: 166m

Le pain
Het brood
Bread

DIRECTOR: [François Rents]
YEAR: 192-
COUNTRY: BE
PROD. CO.: Cinéproduction Hélios (Bruxelles)
LANGUAGE: French, Dutch
GAUGE: 35 mm
SILENT/SOUND: silent
B&W/COLOUR: B&W + tinted
METRES: 231m

L'industrie du ciment
De cementindustrie
The Cement Industry

DIRECTOR: anonymous
YEAR: 19—
COUNTRY: BE
LANGUAGE: French
GAUGE: 35 mm
SILENT/SOUND: silent
B&W/COLOUR: tinted
METRES: 209m

Fabrication des vis
Productie van schroeven
The Manufacture of Screws

DIRECTOR: anonymous
YEAR: 192-
COUNTRY: BE
LANGUAGE: French
GAUGE: 35 mm
SILENT/SOUND: silent
B&W/COLOUR: B&W
METRES: 128m

L'industrie des marbres
De marmerindustrie
The Marble Industry

DIRECTOR: anonymous
YEAR: 19—
COUNTRY: BE
LANGUAGE: French
GAUGE: 35 mm
SILENT/SOUND: silent
B&W/COLOUR: B&W + tinted
METRES: 159m

L'industrie du sucre
De suikerindustrie
The Sugar Industry

DIRECTOR: anonymous
YEAR: 19—
COUNTRY: BE
LANGUAGE: French
GAUGE: 35 mm
SILENT/SOUND: silent
B&W/COLOUR: tinted
METRES: 355m

L'histoire de la dentelle belge
De geschiedenis van de Belgische kant
The History of Belgian Lace-Making

DIRECTOR: Auguste Leclercq
YEAR: 1925
COUNTRY: BE
SILENT/SOUND: silent

Via Vita
La route c'est la vie

DIRECTOR: Maurice Lameire
YEAR: 1933
COUNTRY: BE
CAMERA: Maurice Lameire
PROD. CO.: Film Edition (Bruxelles)
LANGUAGE: French, Dutch
GAUGE: 35 mm
SILENT/SOUND: silent
B&W/COLOUR: B&W
METRES: 285m

SOCIÉTÉ NATIONALE DE PROPAGANDE ET DE CINÉMATOGRAPHIE SNPC

◆ At the end of 1922, the Société Nationale de Propagande et de Cinématographie SNPC was established in Brussels with the aim of increasing public awareness of scientific and industrial activities through documentary films which would be shown in cinemas as weekly newsreels under the name Radioma. To achieve this goal, the organization called on the assistance of the industrial sector and scientific institutes, and on directors André Villers and Edouard De Tallenay. As a cameraman, Villers had been part of the personal retinue of prince-regent ras Tafari of Ethiopia during the latter's visit to Europe. He then made a few educational films for the SNPC, but the press was mainly interested in the shooting of a semi-fictional film at the Institut Pasteur about the development of the diphtheria vaccine. Suzanne Christy and a certain Piérard were cast for the film, but whether it was ever shown remains uncertain. Another SNPC production which did succeed was the travelogue **The Valley of the Lesse**, directed by Edouard De Tallenay (assisted by none other than André Jacquemin), who made good use of his position as a staff reporter on the daily *La Nation Belge* to spend several months proclaiming his film the best documentary ever made on Belgium. The film, which still survives, charts the course of the River Lesse from a small boat and a caterpillar-track vehicle. Beautifully filmed scenes evoke the wildlife of the Ardennes, its rich past and daily rural life. Despite these productions, however, the SNPC never really got off the ground. A few years later, a similar initiative, the Université Cinégraphique Belge UCB, did somewhat better and continued operating for over 20 years.

● La Société Nationale de Propagande et de Cinématographie (SNPC) fut créée à Bruxelles fin 1922. Elle avait pour objectif d'accroître la notoriété des activités scientifiques et industrielles par des documentaires diffusés dans les salles sous forme de magazines hebdomadaires intitulés Radioma. Pour réaliser cet objectif, l'association fit appel à la collaboration du secteur industriel, d'instituts scientifiques et de réalisateurs comme André Villers et Edouard De Tallenay. Villers avait fait partie en tant que cameraman de la suite personnelle du prince-régent ras Tafari d'Ethiopie, lors de son périple européen. Il réalisa quelques films éducatifs pour la SNPC, mais la presse suivit surtout son tournage, à l'Institut Pasteur, d'un film de semi-fiction sur la préparation du sérum antidiphtérique. Suzanne Christy et un certain Piérard devaient figurer au générique mais on ignore si le film fut finalement montré. Une autre production à succès de la SNPC fut le "travelogue" **La vallée préhistorique belge** d'Edouard De Tallenay, assisté par André Jacquemin en personne. Il profita de sa position de journaliste officiel à *La Nation Belge* pour présenter son film pendant des mois comme le nec plus ultra des documentaires sur la Belgique. Ce film a survécu. On y effectue une descente de la Lesse à bord d'un canot et d'un authentique véhicule à chenilles. Nature ardennaise, vie quotidienne et vestiges du passé sont magnifiquement évoqués. Ces quelques productions ne permirent toutefois pas à la SNPC de s'imposer véritablement. Ce n'est que quelques années plus tard qu'une initiative similaire y parviendra durant plus de 20 ans: l'Université Cinégraphique Belge UCB.

▶ Eind 1922 werd in Brussel de Société Nationale de Propagande et de Cinématographie SNPC opgericht. Bedoeling van de vereniging was wetenschappelijke en industriële activiteiten meer bekendheid te geven d.m.v. documentaire films, die als wekelijkse magazines onder de naam Radioma in de zalen zouden komen. Om dit doel te bereiken deed de vereniging een beroep op de medewerking van de industriële sector en van wetenschappelijke instituten, en op regisseurs als André Villers en Edouard De Tallenay. Villers maakte ooit als cameraman deel uit van het persoonlijke gevolg van prins-regent ras Tafari van Ethiopië, toen die door Europa trok. Voor de SNPC draaide hij enkele instructieve films, maar de pers had vooral aandacht voor de opnamen in het Institut Pasteur van een semi-fictionele film over de bereiding van het difterieserum. Suzanne Christy en ene Piérard werden voor de film gecast, maar of deze ooit het scherm haalde, blijft onzeker. Een andere SNPC-productie die het wel goed deed, was de travelogue **La vallée préhistorique belge** van Edouard De Tallenay (geassisteerd door niemand minder dan André Jacquemin), die zijn functie als vaste journalist bij het dagblad *La Nation Belge* benutte om de film maandenlang als beste documentaire over België aan te kondigen. In de film - die nog bestaat - volgen we de Lesse aan boord van een bootje of met een heuse rupswagen. Mooie beelden evoceren de Ardense natuur, het dagelijks leven en het rijke verleden. Ondanks deze producties kon men de SNPC nooit echt van de grond krijgen. Enkele jaren later lukte dat wel met een gelijkaardig initiatief, de Belgische Cinegrafische Universiteit BCU, die meer dan 20 jaar standhield. (MT)

La vallée préhistorique belge

La vallée préhistorique belge
La vallée de la Lesse
De vallei van de Lesse
The Valley of the Lesse

DIRECTOR: Edouard De Tallenay, André Jacquemin
YEAR: 1922
COUNTRY: BE
PROD. CO.: Société Nationale de Propagande et de Cinématographie SNPC (Bruxelles)
LANGUAGE: French
GAUGE: 35 mm
SILENT/SOUND: silent
B&W/COLOUR: tinted
METRES: 800m

....

Un maître imprimeur de jadis
Een meesterdrukker van vroeger
A Master Printer of Yesteryear

DIRECTOR: André Villers
YEAR: 1922
COUNTRY: BE
PROD. CO.: Société Nationale de Propagande et de Cinématographie SNPC (Bruxelles)
SILENT/SOUND: silent

....

La préparation du sérum antidiphtérique à l'Institut Pasteur à Bruxelles
De bereiding van een anti-difterieserum aan het Pasteur-Instituut in Brussel
The Preparation of Diphtheria Vaccine in the Institut Pasteur in Brussels

DIRECTOR: André Villers
YEAR: 1922
COUNTRY: BE
PRODUCER: Henri Liekendael
PROD. CO.: Société Nationale de Propagande et de Cinématographie SNPC (Bruxelles)
SILENT/SOUND: silent

....

La péniche abandonnée
De verlaten schuit
The Abandoned Barge

DIRECTOR: André Villers
YEAR: 1923
COUNTRY: BE
PROD. CO.: Société Nationale de Propagande et de Cinématographie SNPC (Bruxelles)
SILENT/SOUND: silent

....

Introduction à la vie rurale
Inleiding tot het plattelandsleven
Introduction to Rural Life

DIRECTOR: André Villers
YEAR: 1923
COUNTRY: BE
PRODUCER: Henri Liekendael
PROD. CO.: Société Nationale de Propagande et de Cinématographie SNPC (Bruxelles)
LANGUAGE: French
GAUGE: 35 mm
SILENT/SOUND: silent
B&W/COLOUR: tinted
METRES: 178m

....

Museum Plantijn Moretus
Le Musée Plantijn Moretus

DIRECTOR: anonymous
YEAR: 1923
COUNTRY: BE
PROD. CO.: Société Nationale de Propagande et de Cinématographie SNPC (Bruxelles)
LANGUAGE: French
GAUGE: 35 mm
SILENT/SOUND: silent
B&W/COLOUR: tinted
METRES: 141m

....

La construction d'une cité moderne
Cité moderne
De bouw van een moderne stad
The Construction of a Modern Housing Development

DIRECTOR: André Villers
YEAR: 1923
COUNTRY: BE
PRODUCER: Henri Liekendael
PROD. CO.: Société Nationale de Propagande et de Cinématographie SNPC (Bruxelles)
SILENT/SOUND: silent

....

Les pompiers de Bruxelles
De pompiers van Brussel
The Brussels Fire Brigade

DIRECTOR: André Villers
YEAR: 1923
COUNTRY: BE
PRODUCER: Henri Liekendael
PROD. CO.: Société Nationale de Propagande et de Cinématographie SNPC (Bruxelles)
SILENT/SOUND: silent

....

Agriculture belge
Quelques aspects de l'agriculture belge
Belgische landbouw
Belgian Agriculture

DIRECTOR: anonymous
YEAR: 1925
COUNTRY: BE
PROD. CO.: [Société Nationale de Propagande et de Cinématographie SNPC (Bruxelles)]
LANGUAGE: French
GAUGE: 35 mm
SILENT/SOUND: silent
B&W/COLOUR: B&W
METRES: 551m

....

La coupe de la vaillante fermière
Beker der heldhaftige boerin
The Valiant Farmer's Wife Cup

DIRECTOR: anonymous
YEAR: 1930
COUNTRY: BE
PROD. CO.: Société Nationale de Propagande et de Cinématographie SNPC (Bruxelles)
LANGUAGE: French, Dutch
GAUGE: 35 mm
SILENT/SOUND: silent
B&W/COLOUR: tinted
METRES: 357m

....

Fêtes du centenaire de la Belgique
Fêtes folkloriques rustiques organisées à Laeken et à Liège à l'occasion du centenaire de la Belgique
Eeuwfeest van België
Folkloristische, landelijke feesten ingericht te Laeken en Luik ter gelegenheid van het Belgisch eeuwfeest
Celebrations Marking the Belgian Centenary
Traditional Rustic Celebrations in Laeken and Liège Marking the Belgian Centenary

DIRECTOR: anonymous
YEAR: 1930
COUNTRY: BE
PROD. CO.: Société Nationale de Propagande et de Cinématographie SNPC (Bruxelles)
LANGUAGE: Dutch
GAUGE: 35 mm
SILENT/SOUND: silent
B&W/COLOUR: B&W
METRES: 229m

....

L'UNIVERSITÉ CINÉGRAPHIQUE BELGE UCB
DE BELGISCHE CINEGRAFISCHE UNIVERSITEIT BCU

◆ The Université Cinégraphique Belge UCB was founded 8 years after Hippolyte De Kempeneer in 1918 had established his Compagnie Belge des Films Instructifs. The latter had been set up to use film as an educational device, but cinema audiences were unfortunately not yet ready for this. In 1926, De Kempeneer was eventually given support by Georges Landoy, the editor-in-chief of Antwerp's *Le Matin* newspaper, who had been working on similar plans. Together they founded the UCB, which was enthusiastically headed by Landoy until his death in 1929. They searched assiduously throughout Belgium for members and in November 1926 they showed their first films in Verviers. This was soon followed by screenings in dozens of other Flemish and Walloon cities until they had a total of some 50 000 members who regularly attended an afternoon's showing of short documentaries. The local organizers of these screenings were given a wide choice of subjects, including geography, industry, science, history, travelogues and ethnography. The several hundred films offered by the UCB were largely purchased abroad. These films were re-edited by the UCB, received bilingual intertitles and UCB-credits and were distributed throughout the country as Belgian productions. Landoy urged greater international co-operation in collecting new films. The company also sent out its own film-makers (François Rents, Ernest Genval) to shoot footage of the Belgian landscape, towns and industry. The UCB managed to survive the Second World War but was forced to close down shortly thereafter, after more than 20 years of activity.

● L'Université Cinégraphique Belge UCB est née 8 ans après la création, en 1918, par Hippolyte De Kempeneer de la Compagnie Belge des Films Instructifs. Ce dernier voulait utiliser le film comme moyen éducatif, mais le jeune public du cinéma n'était pas encore prêt. En 1926, il rencontra un écho favorable auprès de Georges Landoy, rédacteur en chef du journal anversois *Le Matin*, qui avait des projets similaires. Ensemble, ils lancèrent l'UCB, que Landoy dirigea avec enthousiasme jusqu'à sa mort en 1929. Ils commencèrent à recruter avec ferveur des membres dans tout le pays. Verviers, première ville à tenir une projection (en novembre 1926), fut bientôt imitée par des dizaines d'autres villes flamandes et wallonnes. 50.000 membres pouvaient assister à des matinées entièrement composées de brefs documentaires. Les organisateurs locaux disposaient d'un vaste choix de programmes fixes traitant de divers sujets: géographie, ethnographie, récits de voyage, industrie, science et histoire. En général, l'UCB acquérait à l'étranger les centaines de films qui composaient son offre. Ces films, remontés et complétés par des intertitres bilingues et un générique UCB, faisaient le tour du pays sous le label de productions belges. Landoy plaidait, d'ailleurs, pour un accroissement de la collaboration internationale à cet égard. En outre, l'association disposait de ses propres cinéastes (François Rents, Ernest Genval) qu'elle envoyait dans les campagnes, les villes et les industries belges récolter des images. L'UCB survécut à la Seconde Guerre mondiale mais dut déposer son bilan après vingt années d'existence.

Pêcheurs belges en Islande

▶ De oprichting van de Belgische Cinegrafische Universiteit BCU gebeurde acht jaar nadat Hippolyte De Kempeneer in 1918 zijn Compagnie Belge des Films Instructifs gesticht had. Bedoeling van deze laatste was film als educatief middel te gebruiken, maar daar was het jonge bioscooppubliek nog niet klaar voor. In 1926 vond De Kempeneer steun bij Georges Landoy, hoofdredacteur van de Antwerpse krant *Le Matin*, die met gelijkaardige plannen rondliep. Samen richtten ze de BCU op die Landoy tot aan zijn dood in 1929 geestdriftig zou leiden. In het hele land werd druk gezocht naar leden en in november 1926 had de eerste vertoning plaats in Verviers. Weldra volgden tientallen andere Waalse en Vlaamse steden waar 50.000 leden een namiddagvullend programma van korte documentaires konden bekijken. De plaatselijke organisatoren van de vertoningen hadden een ruime keuze uit vaste programma's die telkens verschillende onderwerpen behandelden, van geografie over industrie, wetenschap en geschiedenis tot reisverslagen en etnografie. De honderden films die de BCU aanbood, kocht ze meestal in het buitenland aan. Deze kregen een nieuwe montage, tweetalige tussentitels en een BCU-generiek en gingen als Belgische producties het land rond. Landoy pleitte trouwens voor een grotere internationale samenwerking op dat vlak. Maar de vereniging stuurde ook eigen mensen uit (François Rents, Ernest Genval) om beelden te draaien van de Belgische landschappen, steden of industrie. De BCU overleefde de Tweede Wereldoorlog, maar moest kort nadien, na een bestaan van meer dan 20 jaar, de boeken sluiten. (MT)

La Meuse
La Meuse, de la frontière à Namur
De Maas
The River Meuse

DIRECTOR: François Rents
YEAR: 1926
COUNTRY: BE
PROD. CO.: Université Cinégraphique Belge UCB (Bruxelles)
LANGUAGE: French
SILENT/SOUND: silent

L'Escaut
De Schelde
The River Scheldt

DIRECTOR: François Rents
YEAR: 1926
COUNTRY: BE
PROD. CO.: Université Cinégraphique Belge UCB (Bruxelles)
LANGUAGE: French, Dutch
GAUGE: 35 mm
SILENT/SOUND: silent
B&W/COLOUR: tinted + toned
METRES: 382m

Beffrois de Belgique
Nos beffrois
Histoire de Belgique par ses monuments
Onze belforten
Belgian Belfries

DIRECTOR: François Rents
YEAR: 1927
COUNTRY: BE
SCREENPLAY: Georges Landoy
PROD. CO.: Université Cinégraphique Belge UCB (Bruxelles)
LANGUAGE: French, Dutch
GAUGE: 35 mm
SILENT/SOUND: silent
B&W/COLOUR: tinted
METRES: 560m

Une industrie belgo-congolaise: la savonnerie
La savonnerie
Een Belgisch-Kongoleesche nijverheid: de zeepfabricatie
De zeepfabricatie
Industry in the Belgian Congo: the Soap Factory
Soap Factory

DIRECTOR: anonymous
YEAR: [1927]
COUNTRY: BE
PROD. CO.: Université Cinégraphique Belge UCB (Bruxelles)
LANGUAGE: French
SILENT/SOUND: silent

Les communications aériennes au Congo
De verbindingen in de lucht in Kongo
Air Transport in the Congo

DIRECTOR: anonymous
YEAR: [1927]
COUNTRY: BE
PROD. CO.: Université Cinégraphique Belge UCB (Bruxelles)
LANGUAGE: French
SILENT/SOUND: silent

L'outillage financier de notre Colonie
La banque du Congo belge
De finantieele bedrijvigheid in Kongo
Banking in the Belgian Congo

DIRECTOR: anonymous
YEAR: [1927]
COUNTRY: BE
PROD. CO.: Université Cinégraphique Belge UCB (Bruxelles)
LANGUAGE: French
SILENT/SOUND: silent

Les moines blancs de Cîteaux et de la Trappe au XXe siècle
Cisterciënzers en Trappisten in de 20ste eeuw
Cistercians and Trappists in the 20th Century

DIRECTOR: anonymous
YEAR: 1928
COUNTRY: BE
PROD. CO.: Université Cinégraphique Belge UCB (Bruxelles)
LANGUAGE: French
SILENT/SOUND: silent

Le lin
Vlas
Flax

DIRECTOR: François Rents
YEAR: 1928
COUNTRY: BE
PROD. CO.: Université Cinégraphique Belge UCB (Bruxelles)
LANGUAGE: French
SILENT/SOUND: silent

La laine
Wol
Wool

DIRECTOR: François Rents
YEAR: 1929
COUNTRY: BE
PROD. CO.: Université Cinégraphique Belge UCB (Bruxelles)
LANGUAGE: French
SILENT/SOUND: silent

Fabrication de gaz
De productie van gas
Manufacture of Gas

DIRECTOR: anonymous
YEAR: [1929]
COUNTRY: BE
PROD. CO.: Université Cinégraphique Belge UCB (Bruxelles)
LANGUAGE: French
GAUGE: 35 mm
SILENT/SOUND: silent
B&W/COLOUR: tinted
METRES: 634m

Le sucre
Suiker
Sugar

DIRECTOR: François Rents
YEAR: 1930
COUNTRY: BE
PROD. CO.: Université Cinégraphique Belge UCB (Bruxelles)
LANGUAGE: French
SILENT/SOUND: silent

Les industries belges
De Belgische industrie
Belgian Industry

DIRECTOR: François Rents
YEAR: 1930
COUNTRY: BE
PROD. CO.: Université Cinégraphique Belge UCB (Bruxelles)
LANGUAGE: French
SILENT/SOUND: silent

Pêcheurs belges en Islande
L'Islande s'éveille
Oostendse visschers in IJsland
Belgian Fishermen in Iceland

DIRECTOR: Fernand Rigot
YEAR: 1932
COUNTRY: BE
CAMERA: Herman Burton
PROD. CO.: Université Cinégraphique Belge UCB (Bruxelles)
LANGUAGE: French
SILENT/SOUND: silent
METRES: 600m
NOTES: Re-edited with added sound in 1937 by Fernand Guerdon

Islande, escale entre deux mondes
IJsland, aanlegplaats tussen twee werelden
Iceland, Bridge Between Two Worlds

DIRECTOR: Fernand Rigot
YEAR: 1932
COUNTRY: BE
CAMERA: Herman Burton
PROD. CO.: Université Cinégraphique Belge UCB (Bruxelles)
SILENT/SOUND: silent
NOTES: Re-edited with added sound in 1936 by Fernand Guerdon. This film was originally the second part of **Pêcheurs belges en Islande.**

POLITICAL FILMS
FILMS POLITIQUES
POLITIEKE FILMS

SOCIALIST FILM-MAKING
CINÉMA ET SOCIALISME
SOCIALISTISCHE FILM

◆ In the 1910s, the socialist movement began to be increasingly interested in film. Projection equipment was installed in the "maisons du peuple" - of which there were dozens across the country - by the Belgian Workers' Party, although the films they showed were criticized at the time by socialist Hendrik de Man. "These programmes have nothing to do with socialist propaganda (...) and differ in no way whatsoever from the films shown in bourgeois cinemas," wrote the future party leader, who brought up the matter again after the war. In 1921, a socialist film bureau was set up with the aim of distributing, even producing "educational" films; then in May 1930 there followed a Socialist Central Office for Film, which at regular intervals organized evening screenings (of newsreels and shorts) for the militant faithful, held in its own co-operative cinemas across Belgium. Otherwise their regular programmes still comprised the commercial films of the day. Only very few prints still survive as testimonies to this socialist film-making, and their technical quality often leaves much to be desired. The oldest discovered print, **Socialist Demonstration in Charleroi** (for universal suffrage), dates from 1913. We also have fragments of the Third Congress of the Socialist Internationale in Brussels (1928), the funeral of the leader Jozef Wauters (1929), the Brussels demonstrations on alcohol legislation (1932), as well as short electoral films shot in Malines and Antwerp. Later in this book we will also turn to the more sophisticated films about various institutions (co-operatives, mutual insurance groups) which were made between 1929 and the war.

● Dès les années 10, le mouvement socialiste s'intéressa au cinéma. Dans les "maisons du peuple", qui se comptaient alors par dizaines dans le pays, des équipements de projection furent mis en place par le Parti Ouvrier Belge. Cependant, la programmation de ces salles fut dénoncée à l'époque par le socialiste Hendrik de Man. "Ces représentations n'ont rien à voir avec une propagande socialiste (...) et ne se distinguent en rien des films qui sont projetés dans les cinémas bourgeois", écrit le futur leader du parti, qui relança le débat au lendemain de la guerre. En 1921, un bureau socialiste du cinéma fut mis en place, qui envisageait de distribuer, et même de produire, des films "éducatifs". Puis, en mai 1930, apparut une Centrale Socialiste du Cinéma qui organisa des soirées ponctuelles de propagande pour les militants (actualités et courts métrages) dans les cinémas coopératifs qu'elle gérait en Belgique, la programmation courante restant celle de films commerciaux ordinaires. Très peu de copies subsistent de cette activité prolétarienne, et leur valeur technique est souvent approximative. Le plus ancien document retrouvé, **Manifestation socialiste de Charleroi** (pour le droit de vote universel), date de 1913. Quelques vestiges encore: le troisième Congrès de l'Internationale Socialiste à Bruxelles (1928), les funérailles du dirigeant Jozef Wauters (1929), les manifestations à Bruxelles autour de la loi sur l'alcool (1932), ou encore des courts métrages électoraux à Malines ou Anvers. On verra par la suite des films plus élaborés sur diverses institutions (coopératives, mutuelles), tournés entre 1929 et le début de la guerre.

► Vanaf de jaren 10 begon de socialistische beweging interesse te vertonen voor film. De tientallen "volkshuizen" die het land destijds rijk was, werden door de Belgische Werklieden Partij van filmprojectieapparatuur voorzien, maar de programmatie van deze zalen werd op de korrel genomen door de socialist Hendrik de Man: "Deze voorstellingen hebben geen uitstaans met socialistische propaganda (...) en onderscheiden zich in niets van de filmvertoningen in burgerlijke cinema's", aldus de toekomstige partijleider, die dit debat in de actualiteit bracht. In 1921 werd een socialistisch "cinemabureel" opgericht om "educatieve" films te verdelen en zelfs te produceren; in mei 1930 volgde een Socialistische Cinema Centrale, die op gezette tijden propaganda-avonden hield voor de militanten (met actualiteiten en kortfilms) in de coöperatieve filmzalen die zij beheerde. De doordeweekse programmatie bestond evenwel nog steeds uit de gebruikelijke commerciële films. Nog maar weinig kopieën getuigen van deze proletarische activiteit, en hun technische kwaliteit is bovendien twijfelachtig. Het oudste teruggevonden document is **Socialistische manifestatie te Charleroi** (voor het algemeen stemrecht) uit 1913. Voorts bestaan er nog beelden van het derde Congres van de Socialistische Internationale te Brussel (1928), de begrafenisplechtigheid van kopstuk Jozef Wauters (1929), de Brusselse betogingen n.a.v. de wet op het alcoholgebruik (1932), alsook korte electorale filmpjes voor de verkiezingen te Mechelen of Antwerpen. Verder in dit boek behandelen we de meer uitvoerige films over diverse instellingen (coöperatieven, ziekenfondsen), gedraaid tussen 1929 en het uitbreken van de oorlog. (RS)

Betoging ten gevolge van het derde Congres van de Socialistische Internationale 1928

Manifestation socialiste de Charleroi
Socialistische manifestatie te Charleroi
Socialist Demonstration in Charleroi

DIRECTOR: anonymous
YEAR: 1913
COUNTRY: BE
LANGUAGE: French
GAUGE: 35 mm
SILENT/SOUND: silent
B&W/COLOUR: B&W
MINUTES: 15'

Betoging ten gevolge van het derde Congres van de Socialistische Internationale 1928
Manifestation suite au Congrès des travailleurs socialistes à Bruxelles
Demonstration Following the International Socialist Congress in Brussels

DIRECTOR: anonymous
YEAR: 1928
COUNTRY: BE
LANGUAGE: French, Dutch
GAUGE: 35 mm
SILENT/SOUND: silent
B&W/COLOUR: tinted
METRES: 320m

Sta op
Relève-toi
Upwards

DIRECTOR: anonymous
YEAR: 1929
COUNTRY: BE
SILENT/SOUND: silent

Begrafenisplechtigheid Jozef Wauters
Les cérémonies d'enterrement de Jozef Wauters
The Funeral of Jozef Wauters

DIRECTOR: anonymous
YEAR: 1929
COUNTRY: BE
SILENT/SOUND: silent

Recht op gezondheid
Ons recht op gezondheid
Droit à la santé
The Right to Health

DIRECTOR: René Jauniaux
YEAR: 1929
COUNTRY: BE
PROD. CO.: Nationaal Verbond van Socialistische Mutualiteiten
SILENT/SOUND: silent
MINUTES: 60'

Inhuldiging kasteel-rusthuis Edward Anseele te Astene
Inauguration château-hospice Edward Anseele à Astene
Inauguration of the Edward Anseele Hospice in the Château of Astene

DIRECTOR: anonymous
YEAR: 1929
COUNTRY: BE
PROD. CO.: Socialistische Cinema Centrale
SILENT/SOUND: silent

Travailleurs! Ouvrez les yeux!
Arbeiders! Open de ogen!
Workers! Open Your Eyes!

DIRECTOR: René Jauniaux
YEAR: 1931
COUNTRY: BE
PROD. CO.: Centrale Socialiste du Cinéma
SILENT/SOUND: silent
MINUTES: 60'

Vacances de nos enfants
De vakantie van onze kinderen
Our Children on Holiday

DIRECTOR: anonymous
YEAR: 1932
COUNTRY: BE
PROD. CO.: Socialistische Cinema Centrale
SILENT/SOUND: silent

[Verkiezingsfilm]
[Film électoral]
[Election Campaign Film]

DIRECTOR: anonymous
YEAR: 1932
COUNTRY: BE
PROD. CO.: Socialistische Cinema Centrale
SILENT/SOUND: silent

Anti-alcohol

DIRECTOR: anonymous
YEAR: 1932
COUNTRY: BE
PROD. CO.: Socialistische Cinema Centrale
SILENT/SOUND: silent

La foi socialiste

Merlan-Jonlet

La foi socialiste
Het socialistisch geloof
De loting
The Socialist Faith

DIRECTOR: Merlan-Jonlet
YEAR: 1929
COUNTRY: BE
LANGUAGE: French, Dutch
GAUGE: 35 mm
SILENT/SOUND: silent
B&W/COLOUR: tinted
METRES: 590m

◆ The archives of the political parties often hold some interesting discoveries, such as the films made by the Centrale Socialiste du Cinéma. This medium-length work dated April 1929 was shot in the region of Liège for the Socialist Party. Scenes of proletarian life, played out by actors, are interspersed with didactic titles (in both French and Dutch) which retrace the evolution of the movement in Belgium. Without explicitly naming a director, the titles refer to a "propaganda film after a text by Louis Lekeu, author in Seraing, executed by the Merlan-Jonlet troupe from Liège". The actors give highly theatrical performances of stereotyped characters: the old working-class couple, reduced to hunger and poverty, are helped by their daughter-in-law and try to kill themselves so as to no longer be a burden on her (inserts set up a counterpoint with a gorged bourgeois family stuffing their dog with good meat). Then in 1886, "the working classes stir under the guidance of Alfred Defuisseaux" - newsreel footage, reconstructions of meetings brutally dispersed by mounted police, leaders losing their jobs. The intertitles faithfully list the decisive breakthroughs - suffrage, left-wing members of parliament, the development of proper pensions (from 18 centimes per day to 4 francs in 1927). "If you want to receive 10 francs, vote for the socialists," concludes the last title.

● Les archives des partis politiques permettent souvent d'intéressantes découvertes comme cela a été le cas pour les films réalisés pour la Centrale Socialiste du Cinéma. Ainsi ce moyen métrage daté d'avril 1929, réalisé dans la région de Liège pour le parti socialiste: il fait alterner des séquences de la vie prolétarienne, jouées par des comédiens, avec des textes didactiques (sur cartons bilingues) retraçant l'évolution du mouvement ouvrier en Belgique. Sans citer explicitement un réalisateur, le générique parle d'un "film de propagande, d'après le livret de Louis Lekeu, auteur à Seraing, exécuté par la troupe Merlan-Jonlet de Liège". Les comédiens campent théâtralement des personnages stéréotypés, comme ce vieux couple d'ouvriers. Réduits à la faim et à la misère, aidés par leur belle-fille, ils voudront se tuer pour ne plus lui être à charge. Des inserts les opposent, en contrepoint, avec une famille de bourgeois repus, gavant leur chien de bonne viande. Le film raconte ensuite comment, dès 1886, "la classe ouvrière s'éveille sous l'impulsion d'Alfred Defuisseaux": images d'actualités, reconstitution de meetings dispersés brutalement par les gendarmes à cheval, meneurs congédiés. Les cartons retracent fièrement les étapes décisives: droit de vote, députés de gauche, évolution de la pension (de 18 centimes par jour aux 4 francs de 1927). "Si vous voulez obtenir 10 francs, votez pour les socialistes", conclut le dernier titre. (RM)

▶ De archieven van politieke partijen bevatten dikwijls boeiende verrassingen, zoals de films gemaakt door de Socialistische Cinema Centrale. Deze middellange film uit april 1929 werd gedraaid te Luik voor de socialistische partij: scènes uit het proletariërsleven - vertolkt door acteurs - wisselen af met didactische teksten (in tweetalige tussentitels) over de evolutie van de Belgische arbeidersbeweging. Zonder expliciet een regisseur te vermelden, heeft de generiek het over "een propagandafilm naar het pamflet van Louis Lekeu, de schrijver uit Seraing, gemaakt door de troep Merlan-Jonlet uit Luik". De acteurs vertolken hun stereotiepe personages met veel theatraliteit. Een oud arbeiderskoppel, gedoemd tot honger en ellende, krijgt hulp van hun schoondochter; ze willen echter zelfmoord plegen om haar niet langer tot last te zijn. Ingelaste opnamen tonen - in schril contrast - een verzadigde bourgeoisfamilie die hun hond volproppen met eersteklasvlees. Dan, vanaf 1886, "ontwaakt de arbeidersklasse onder impuls van Alfred Defuisseaux": actualiteitsbeelden, reconstructies van meetings die door de bereden rijkswacht brutaal werden neergeslagen, het ontslag van stakingsleiders. De tussentitels sommen fier de beslissende etappes op: het algemeen stemrecht, linkse afgevaardigden, verhoging van het pensioen (van 18 centiemen naar 4 frank per dag in 1927). "Als u 10 frank wil ontvangen, stem dan voor de socialisten", besluit de film.

Met onze jongens aan den IJzer

Clemens De Landtsheer

Met onze jongens aan den IJzer
Onze jongens aan den IJzer
Avec nos gars à l'Yser
With Our Troops on the Yser

DIRECTOR: Clemens De Landtsheer
YEAR: 1928-1929
COUNTRY: BE
CAMERA: Germain Baert
PRODUCER: Clemens De Landtsheer
PROD. CO.: Flandria Film (Diksmuide)
LANGUAGE: Dutch
GAUGE: 35 mm
SILENT/SOUND: silent
B&W/COLOUR: B&W + tinted + toned
METRES: 1870m

◆ The Flemish film-maker Clemens De Landtsheer made a major contribution to the evolution of the patriotic Flemish movement in the 20th century. He succeeded in working his way up from the rank of private at the front (during World War I) to secretary of the Yser Pilgrimage Committee. In film in 1927 the Gevaert company made a documentary about the eighth Yser Pilgrimage and asked him to distribute it. However, the film proved of rather poor quality and consequently unpopular. Aiming to make a better and more marketable product, De Landtsheer turned to the Army Archive in Brussels, where fragments of war footage were sold. He used these excerpts to assemble a new film about the Flemish soldiers on the Yser front during the First World War. Afterwards he purchased some more footage from the French Army Archive in Paris, and thus emerged **With Our Troops on the Yser**, a montage which evolved into a moving charge against war. To round up the whole, De Landtsheer and his friend, the film-maker Germain Baert, filmed a prologue (where a soldier leaves for the front) and an epilogue (where his relatives visit his grave). These are the only fictionalized elements in a film which otherwise consists exclusively of authentic archive material. **With Our Troops on the Yser** was immensely successful; between 1930 and 1941, De Landtsheer organized 400 showings within Flemish circles, accompanied by the reciter Juliaan Platteau, who provided a commentary to the silent action. De Landtsheer had definitely acquired a taste for film-making, and in 1929 he decided to set up his own film company Flandria Film.

● Clemens De Landtsheer était un flamingant qui marqua l'évolution du mouvement flamand entre les deux guerres d'une empreinte indélébile. De soldat sur le front pendant la Grande Guerre, il s'éleva au rang de secrétaire du Comité du Pèlerinage de l'Yser. En 1927 la société Gevaert avait tourné un reportage sur le huitième Pèlerinage de l'Yser, en lui demandant d'en assurer la location. Le film, de qualité relative, ne se loua pas facilement. De Landtsheer se rendit alors aux archives militaires à Bruxelles, où on vendait des séquences d'actualités de guerre, afin de réaliser un film qui retiendrait davantage l'attention. Avec les extraits qu'il se procura, il composa un nouveau film sur la vie des soldats flamands sur l'Yser, pendant la Grande Guerre. Il acheta, par après, d'autres extraits aux Archives militaires françaises à Paris. C'est ainsi que naquit **Avec nos gars à l'Yser**, un film de montage devenu un réquisitoire émouvant contre la guerre. Pour en faire une œuvre à part entière, De Landtsheer y ajouta un prologue (où un soldat part au front) et un épilogue (où les proches visitent la tombe du soldat), à l'aide de son ami et cinéaste Germain Baert. Ce sont les seules scènes de fiction de ce film, monté entièrement à partir d'images authentiques. **Avec nos gars à l'Yser** connut un succès retentissant. De 1930 à 1941, De Landtsheer assura près de 400 représentations dans les cercles flamands, assisté par le déclamateur Juliaan Platteau qui commentait les images muettes. De Landtsheer avait définitivement pris goût à la caméra et décida, en 1929, de créer sa propre entreprise de cinéma: Flandria Film.

▶ Clemens De Landtsheer was een flamingant die zijn stempel drukte op de evolutie van de Vlaamse beweging in de 20ste eeuw. Hij slaagde erin zich op te werken van frontsoldaat (tijdens W.O.I) tot secretaris van het IJzerbedevaartcomité. In 1927 had de firma Gevaert net een reportage gedraaid over de achtste IJzerbedevaart en verzocht hem deze te verhuren. De prent bleek echter van bedenkelijke kwaliteit en kon amper aan de man worden gebracht. Met de bedoeling een film te maken die wel de belangstelling zou wekken, trok de Landtsheer naar het Legerarchief te Brussel, waar oorlogsbeelden werden verkocht. Aan de hand van deze fragmenten stelde hij een nieuwe film samen over de Vlaamse soldaten aan de IJzer tijdens de Eerste Wereldoorlog. Nadien kocht hij nog enkele beeldenreeksen van het Franse Legerarchief te Parijs, en zo ontstond **Met onze jongens aan den IJzer**: een montagefilm die uitgroeide tot een aangrijpende aanklacht tegen de oorlog. Om de film af te ronden, draaide hij met de bevriende cineast Germain Baert een proloog (waarin een soldaat naar het front vertrekt) en een epiloog (waarin de nabestaanden het graf van de man bezoeken). Dit zijn de enige fictieve elementen in een montagefilm die geheel bestaat uit authentieke beelden. **Met onze jongens aan den IJzer** kende een overweldigend succes, en tussen 1930 en 1941 zou De Landtsheer een 400-tal voorstellingen geven in Vlaamse kringen, samen met de voordrachtskunstenaar Juliaan Platteau, die de stille beelden van commentaar voorzag. De Landtsheer had de smaak definitief te pakken en besloot in 1929 tot de oprichting van een eigen filmmaatschappij: Flandria Film. *(PG)*

FLANDRIA FILM

◆ Clemens De Landtsheer intended to distribute his filmed records of events in Flanders and to establish his own film archive of Flemish artists and scientists. He therefore set about making a film on every distinguished Flemish character, in the form of either a portrait (**Cyriel Verschaeve**, **Pol De Mont**) or an In Memoriam (e.g. **Hendrik Conscience** or **Guido Gezelle**, a four-part documentary about the poet's life and work). For the benefit of future generations, De Landtsheer thus recorded countless significant events in Flanders, which hardly received any coverage from the producers of topical footage in Brussels. For this reason, his company Flandria Film (founded in 1929) occupied a unique position in national film-making during the 1930s. De Landtsheer was also a pioneer in recording sporting events; it was this activity that really confirmed the success of his company, at the same time providing for the necessary financial resources. Yet whereas his earlier reportages had mainly been confined to Flemish circles, the reports on football matches and particularly cycling races, later also his newsreels (**Vlaamsche Cine-Gazet**), readily found their way to the major film theatres. However, on 29 May 1940 De Landtsheer's house was set on fire by English troops and much of his film collection went up in smoke. During the war, he made one or two newsreels, but eventually film stock became so scarce he was forced to give up. In 1946, he was found guilty of collaboration. After his release from prison in 1948, he left the film business for good and dedicated himself to his work as secretary of the Yser Pilgrimage Committee.

● Clemens De Landtsheer avait l'intention de distribuer ses reportages sur les événements flamands importants et de créer des archives cinématographiques sur les artistes et scientifiques du nord du pays. Sur tous les grands noms des Flandres, il réalisa soit un portrait filmé (**Cyriel Verschaeve**, **Pol De Mont**) soit un "in memoriam" (**Henri Conscience** ou **Guido Gezelle**, un documentaire en 4 parties, datant de 1930, sur la vie et l'œuvre du poète). Il fixa ainsi sur pellicule d'innombrables événements flamands, que passaient généralement sous silence les producteurs bruxellois d'actualités, ce qui conféra à sa maison de production, Flandria Film (créée en 1929), une place unique dans le cinéma national des années 30. De Landtsheer fut aussi un pionnier du tournage d'événements sportifs, ce qui allait former l'essentiel du succès de Flandria Film et lui rapporter de l'argent. Alors que la projection des autres reportages demeurait limitée aux cercles flamands, les reportages filmés de matches de football et surtout des championnats cyclistes trouvèrent sans peine la voie des écrans des grandes salles. Lentement, les actualités flamandes (**Vlaamsche Cine-Gazet**) allaient pénétrer les principales salles de cinéma. Le 29 mai 1940, des soldats anglais mirent le feu à la maison de De Landtsheer, détruisant une grande partie de sa collection d'archives (près de 280.000m de pellicule). Après quelques rares reportages pendant la guerre, il ne filma plus. Condamné pour collaboration en 1946, libéré deux ans après, Clemens De Landtsheer se consacra désormais à son travail de secrétaire du Comité du pèlerinage de l'Yser.

▶ Het was de bedoeling van Clemens De Landtsheer om de door hem gedraaide reportages over Vlaamse gebeurtenissen te verdelen en een eigen filmarchief van Vlaamse kunstenaars en wetenschappers aan te leggen. Van elke "Vlaamsche kop" van betekenis maakte hij een gefilmd portret (**Cyriel Verschaeve**, **Pol De Mont**) of stelde hij een in memoriam samen (**Hendrik Conscience**, of ook **Guido Gezelle**, een documentaire in vier delen uit 1930 over het leven en werk van de dichter). Talrijke opmerkelijke Vlaamse gebeurtenissen, die bij de Brusselse producenten van actualiteiten niet of nauwelijks aan bod kwamen, werden door hem vastgelegd en voor het nageslacht bewaard. Zijn maatschappij Flandria Film (opgericht in 1929) nam zo een aparte plaats in in de nationale filmproductie van de jaren 30. De Landtsheer was ook een pionier wat betreft het filmen van sportevenementen. Dat verzekerde zelfs het succes van Flandria Film en bracht tegelijk geld in 't laatje. Terwijl de overige reportages hoofdzakelijk in Vlaamse kringen werden vertoond, vonden de filmverslagen van voetbalwedstrijden en vooral wielerkampioenschappen - en stilaan ook de actualiteiten (**Vlaamsche Cine-Gazet**) - gemakkelijk hun weg naar de grote bioscopen. Op 29 mei 1940 staken Engelse troepen het huis van De Landtsheer in brand en ging een groot deel van zijn filmcollectie (280.000m film) in rook op. Tijdens de oorlog maakte hij nog enkele reportages, maar pellicule werd almaar schaarser en hij moest zijn camera uiteindelijk opbergen. In 1946 werd hij veroordeeld voor collaboratie. Na zijn vrijlating in 1948 stopte hij met filmen om zich te wijden aan zijn taak als secretaris van het IJzerbedevaartcomité. *(PG)*

Prins Karnaval te Aalst

IJzerfront 1914-1918
Le front de l'Yser 1914-1918
The Front at the Yser 1914-1918

DIRECTOR: Clemens De Landtsheer
YEAR: [1920]
COUNTRY: BE
PRODUCER: Clemens De Landtsheer
LANGUAGE: Dutch
GAUGE: 35 mm
SILENT/SOUND: silent
B&W/COLOUR: B&W
METRES: 300m

Koning Albert en koningin Elisabeth te Temse
Vlaamsche Gebeurtenissen: koning Albert en koningin Elisabeth te Temse
Le roi Albert et la reine Elisabeth à Tamise
King Albert and Queen Elisabeth in Tamise

DIRECTOR: Clemens De Landtsheer
YEAR: 1926
COUNTRY: BE
PRODUCER: Clemens De Landtsheer
LANGUAGE: Dutch
GAUGE: 35 mm
SILENT/SOUND: silent
B&W/COLOUR: B&W
METRES: 50m

Aankomst in 1926 van prinses Astrid met Fylgia
Arrivée de la princesse Astrid en 1926 avec le Fylgia
Princess Astrid Arrives in 1926 with the Fylgia

DIRECTOR: Clemens De Landtsheer
YEAR: 1926
COUNTRY: BE
PRODUCER: Clemens De Landtsheer
LANGUAGE: Dutch
GAUGE: 35 mm
SILENT/SOUND: silent
B&W/COLOUR: B&W
METRES: 250m

IXe IJzerbedevaart
IXème pèlerinage de l'Yser
IXth Yser Pilgrimage

DIRECTOR: Clemens De Landtsheer
YEAR: 1928
COUNTRY: BE
PRODUCER: Clemens De Landtsheer
LANGUAGE: Dutch
GAUGE: 35 mm
SILENT/SOUND: silent
B&W/COLOUR: B&W
METRES: 50m

Als de dijken breken
Vlaamsche Gebeurtenissen: Als de dijken breken
Quand les digues s'effondrent
When the Dikes Break

DIRECTOR: Clemens De Landtsheer
YEAR: 1928
COUNTRY: BE
PRODUCER: Clemens De Landtsheer
LANGUAGE: Dutch
GAUGE: 35 mm
SILENT/SOUND: silent
B&W/COLOUR: B&W
METRES: 800m/400m

Moerzeke overstromingen
Moerzeke inondé
Flooding in Moerzeke

DIRECTOR: Clemens De Landtsheer
YEAR: 1928
COUNTRY: BE
PRODUCER: Clemens De Landtsheer
LANGUAGE: Dutch
GAUGE: 35 mm
SILENT/SOUND: silent
B&W/COLOUR: B&W
METRES: 80m

Overstromingen in 1929
Inondations de 1929
The Floods of 1929

DIRECTOR: Clemens De Landtsheer
YEAR: 1929
COUNTRY: BE
PRODUCER: Clemens De Landtsheer
PROD. CO.: Flandria Film (Diksmuide)
LANGUAGE: Dutch
GAUGE: 35 mm
SILENT/SOUND: silent
B&W/COLOUR: B&W
METRES: 130m

Xe IJzerbedevaart Kaaskerke
Xème pèlerinage de l'Yser à Kaaskerke
Xth Yser Pilgrimage in Kaaskerke

DIRECTOR: Clemens De Landtsheer
YEAR: 1929
COUNTRY: BE
PRODUCER: Clemens De Landtsheer
PROD. CO.: Flandria Film (Diksmuide)
LANGUAGE: Dutch
GAUGE: 35 mm
SILENT/SOUND: silent
B&W/COLOUR: B&W
METRES: 240m

De H. Bloedprocessie
De Heilige Bloedprocessie
Vlaamsche Gebeurtenissen: De Heilige Bloedprocessie
La procession du Saint Sang
The Procession of the Holy Blood

DIRECTOR: Clemens De Landtsheer
YEAR: 1929
COUNTRY: BE
PRODUCER: Clemens De Landtsheer
PROD. CO.: Flandria Film (Diksmuide)
LANGUAGE: Dutch
GAUGE: 35 mm
SILENT/SOUND: silent
B&W/COLOUR: B&W
METRES: 300m

Cyriel Buyssehulde
Hommage à Cyriel Buysse
Homage to Cyriel Buysse

DIRECTOR: Clemens De Landtsheer
YEAR: 1929
COUNTRY: BE
PRODUCER: Clemens De Landtsheer
PROD. CO.: Flandria Film (Diksmuide)
LANGUAGE: Dutch
GAUGE: 35 mm
SILENT/SOUND: silent
B&W/COLOUR: B&W
METRES: 100m

IJzerbedevaart 1929
Vlaamsche Gebeurtenissen: IJzerbedevaart 1929
Xe IJzerbedevaart
Pèlerinage de l'Yser 1929
Yser Pilgrimage 1929

DIRECTOR: Clemens De Landtsheer
YEAR: 1929
COUNTRY: BE
PRODUCER: Clemens De Landtsheer
PROD. CO.: Flandria Film (Diksmuide)
LANGUAGE: Dutch
GAUGE: 35 mm
SILENT/SOUND: silent
B&W/COLOUR: B&W
METRES: 210m

Vlaamsche koppen
Vlaamsche Gebeurtenissen: Vlaamsche koppen
Têtes flamandes
Flemish Faces

DIRECTOR: Clemens De Landtsheer
YEAR: 193-
COUNTRY: BE
PRODUCER: Clemens De Landtsheer
PROD. CO.: Flandria Film (Diksmuide)
LANGUAGE: Dutch
GAUGE: 35 mm
SILENT/SOUND: silent
B&W/COLOUR: B&W
METRES: 600m

Peter Benoit
Vlaamsche Gebeurtenissen: Peter Benoit

DIRECTOR: Clemens De Landtsheer
YEAR: 193-
COUNTRY: BE
PRODUCER: Clemens De Landtsheer
PROD. CO.: Flandria Film (Diksmuide)
LANGUAGE: Dutch
GAUGE: 35 mm
SILENT/SOUND: silent
B&W/COLOUR: B&W
METRES: 400m

Hendrik Conscience
Vlaamsche Gebeurtenissen: Hendrik Conscience

DIRECTOR: Clemens De Landtsheer
YEAR: 193-
COUNTRY: BE
PRODUCER: Clemens De Landtsheer
PROD. CO.: Flandria Film (Diksmuide)
LANGUAGE: Dutch
GAUGE: 35 mm
SILENT/SOUND: silent
B&W/COLOUR: B&W
METRES: 350m

Albrecht Rodenbach
Vlaamsche Gebeurtenissen: Albrecht Rodenbach

DIRECTOR: Clemens De Landtsheer
YEAR: 193-
COUNTRY: BE
PRODUCER: Clemens De Landtsheer
PROD. CO.: Flandria Film (Diksmuide)
LANGUAGE: Dutch
GAUGE: 35 mm
SILENT/SOUND: silent
B&W/COLOUR: B&W
METRES: 1000m

Guido Gezelle
Vlaamsche Gebeurtenissen: Guido Gezelle

DIRECTOR: Clemens De Landtsheer
YEAR: 193-
COUNTRY: BE
PRODUCER: Clemens De Landtsheer
PROD. CO.: Flandria Film (Diksmuide)
LANGUAGE: Dutch
GAUGE: 35 mm
SILENT/SOUND: silent
B&W/COLOUR: B&W
METRES: 1300m

De Vlaamsche Hoogeschool
Vlaamsche Gebeurtenissen: De Vlaamsche Hoogeschool

DIRECTOR: Clemens De Landtsheer
YEAR: 193-
COUNTRY: BE
PRODUCER: Clemens De Landtsheer
PROD. CO.: Flandria Film (Diksmuide)
LANGUAGE: Dutch
GAUGE: 35 mm
SILENT/SOUND: silent
B&W/COLOUR: B&W
METRES: 340m

Herman Van den Reeck
Vlaamsche Gebeurtenissen: Herman Van den Reeck

DIRECTOR: Clemens De Landtsheer
YEAR: 193-
COUNTRY: BE
PRODUCER: Clemens De Landtsheer
PROD. CO.: Flandria Film (Diksmuide)
LANGUAGE: Dutch
GAUGE: 35 mm
SILENT/SOUND: silent
B&W/COLOUR: B&W
METRES: 300m-700m

11 november, wapenstilstand!
Vlaamsche Gebeurtenissen: 11 november, wapenstilstand!
11 novembre, armistice!
Armistice on 11 November!

DIRECTOR: Clemens De Landtsheer
YEAR: 193-
COUNTRY: BE
PRODUCER: Clemens De Landtsheer
PROD. CO.: Flandria Film (Diksmuide)
LANGUAGE: Dutch
GAUGE: 35 mm
SILENT/SOUND: silent
B&W/COLOUR: B&W
METRES: 140m

Lode Van Boeckel
Vlaamsche Gebeurtenissen: Lode Van Boeckel

DIRECTOR: Clemens De Landtsheer
YEAR: 193-
COUNTRY: BE
PRODUCER: Clemens De Landtsheer
PROD. CO.: Flandria Film (Diksmuide)
LANGUAGE: Dutch
GAUGE: 35 mm
SILENT/SOUND: silent
B&W/COLOUR: B&W
METRES: 300m

Een aloude legende
Vlaamsche Gebeurtenissen: Een aloude legende
Ommeganck van O.L.V. van Deinsbeke, Zottegem
Une vieille légende
Ommeganck de la Sainte Vierge à Deinsbeke, Zottegem
An Ancient Legend

DIRECTOR: Clemens De Landtsheer
YEAR: 193-
COUNTRY: BE
PRODUCER: Clemens De Landtsheer
PROD. CO.: Flandria Film (Diksmuide)
LANGUAGE: Dutch
GAUGE: 35 mm
SILENT/SOUND: silent
B&W/COLOUR: B&W
METRES: 200m

De rondrit van Vlaanderen voor onafhankelijken
Le tour de Flandre pour amateurs
The Tour of Flanders for Amateurs

DIRECTOR: Clemens De Landtsheer
YEAR: 1930
COUNTRY: BE
PRODUCER: Clemens De Landtsheer
PROD. CO.: Flandria Film (Diksmuide)
LANGUAGE: Dutch
GAUGE: 35 mm
SILENT/SOUND: silent
B&W/COLOUR: B&W
METRES: 200m

De rondrit van Vlaanderen voor beroeps-renners
Le tour de Flandre pour professionnels
The Tour of Flanders for Professionals

DIRECTOR: Clemens De Landtsheer
YEAR: 1930
COUNTRY: BE
PRODUCER: Clemens De Landtsheer
PROD. CO.: Flandria Film (Diksmuide)
LANGUAGE: Dutch
GAUGE: 35 mm
SILENT/SOUND: silent
B&W/COLOUR: B&W
METRES: 280m

De landdag van Wemmel 1930
Vlaamsche Gebeurtenissen: De landdag van Wemmel 1930
L'assemblée générale annuelle de Wemmel de 1930
The 1930 Wemmel Regional Assembly

DIRECTOR: Clemens De Landtsheer
YEAR: 1930
COUNTRY: BE
PRODUCER: Clemens De Landtsheer
PROD. CO.: Flandria Film (Diksmuide)
LANGUAGE: Dutch
GAUGE: 35 mm
SILENT/SOUND: silent
B&W/COLOUR: B&W
METRES: 250m

De Gentse Hoogeschool

DIRECTOR: Clemens De Landtsheer
YEAR: 1930
COUNTRY: BE
PRODUCER: Clemens De Landtsheer
PROD. CO.: Flandria Film (Diksmuide)
LANGUAGE: Dutch
GAUGE: 35 mm
SILENT/SOUND: silent
B&W/COLOUR: B&W
METRES: 120m

Inhuldiging van den IJzertoren (XIe IJzerbedevaart)
Vlaamsche Gebeurtenissen: Inhuldiging van den IJzertoren (XIe IJzerbedevaart)
XIe IJzerbedevaart (Induldiging van den IJzertoren)
Inauguration de la tour de l'Yser (XIème pèlerinage de l'Yser)
Inauguration of the Yser Tower (XIth Yser Pilgrimage)

DIRECTOR: Clemens De Landtsheer
YEAR: 1930
COUNTRY: BE
PRODUCER: Clemens De Landtsheer
PROD. CO.: Flandria Film (Diksmuide)
LANGUAGE: Dutch
GAUGE: 35 mm
SILENT/SOUND: silent
B&W/COLOUR: B&W
METRES: 300m

De furie van Diksmuide (XIe IJzerbedevaart)
Vlaamsche Gebeurtenissen: De furie van Diksmuide (XIe IJzerbedevaart)
XIe IJzerbedevaart (De furie van Diksmuide)
La furie de Dixmude (XIème pèlerinage de l'Yser)
The Fury of Dixmude (XIth Yser Pilgrimage)

DIRECTOR: Clemens De Landtsheer
YEAR: 1930
COUNTRY: BE
PRODUCER: Clemens De Landtsheer
PROD. CO.: Flandria Film (Diksmuide)
LANGUAGE: Dutch
GAUGE: 35 mm
SILENT/SOUND: silent
B&W/COLOUR: B&W
METRES: 280m

De Renaat De Rudderhulde (XIIe IJzerbedevaart)
Vlaamsche Gebeurtenissen: De Renaat De Rudderhulde (XIIe IJzerbedevaart)
XIIe IJzerbedevaart (Renaat De Rudderhulde)
L'hommage à Renaat De Rudder (XIIème pèlerinage de l'Yser)
Homage to Renaat De Rudder (XIIth Yser Pilgrimage)

DIRECTOR: Clemens De Landtsheer
YEAR: 1931
COUNTRY: BE
PRODUCER: Clemens De Landtsheer
PROD. CO.: Flandria Film (Diksmuide)
LANGUAGE: Dutch
GAUGE: 35 mm
SILENT/SOUND: silent
B&W/COLOUR: B&W
METRES: 340m

Kampioenschap van Vlaanderen
Championnat de Flandre
Flemish Championships

DIRECTOR: Clemens De Landtsheer
YEAR: 1931
COUNTRY: BE
PRODUCER: Clemens De Landtsheer
PROD. CO.: Flandria Film (Diksmuide)
LANGUAGE: Dutch
GAUGE: 35 mm
SILENT/SOUND: silent
B&W/COLOUR: B&W
METRES: 300m

De koers Cinzano Temsche
La course Cinzano de Tamise
The Cinzano Tamise Race

DIRECTOR: Clemens De Landtsheer
YEAR: 1931
COUNTRY: BE
PRODUCER: Clemens De Landtsheer
PROD. CO.: Flandria Film (Diksmuide)
LANGUAGE: Dutch
GAUGE: 35 mm
SILENT/SOUND: silent
B&W/COLOUR: B&W
METRES: 220m

De omloop der Vlaamsche gewesten
Le circuit de la région flamande
The Cycle Race of Flemish Provinces

DIRECTOR: Clemens De Landtsheer
YEAR: 1931
COUNTRY: BE
PRODUCER: Clemens De Landtsheer
PROD. CO.: Flandria Film (Diksmuide)
LANGUAGE: Dutch
GAUGE: 35 mm
SILENT/SOUND: silent
B&W/COLOUR: B&W
METRES: 300m

De Vlaamsche Nationale landdag van Wemmel 1931
Vlaamsche Gebeurtenissen: de Vl. N. landdag van Wemmel 1931
De Vl. N. landdag van Wemmel 1931
L'assemblée nationale annuelle flamande à Wemmel de 1931
The 1931 Flemish Regional Assembly in Wemmel

DIRECTOR: Clemens De Landtsheer
YEAR: 1931
COUNTRY: BE
PRODUCER: Clemens De Landtsheer
PROD. CO.: Flandria Film (Diksmuide)
LANGUAGE: Dutch
GAUGE: 35 mm
SILENT/SOUND: silent
B&W/COLOUR: B&W
METRES: 240m

Werken aan 1° tunnel - Antwerpen
Travaux du premier tunnel - Anvers
Building Works on the First Antwerp Tunnel

DIRECTOR: Clemens De Landtsheer
YEAR: 1931
COUNTRY: BE
PRODUCER: Clemens De Landtsheer
PROD. CO.: Flandria Film (Diksmuide)
LANGUAGE: Dutch
GAUGE: 35 mm
SILENT/SOUND: silent
B&W/COLOUR: B&W
METRES: 120m

H. Bloedprocessie Brugge
Heilige Bloedprocessie Brugge
Procession du Saint Sang à Bruges
The Bruges Procession of the Holy Blood

DIRECTOR: Clemens De Landtsheer
YEAR: 1931
COUNTRY: BE
PRODUCER: Clemens De Landtsheer
PROD. CO.: Flandria Film (Diksmuide)
LANGUAGE: Dutch
GAUGE: 35 mm
SILENT/SOUND: silent
B&W/COLOUR: B&W
METRES: 50m

Loopkoers te Antwerpen Sint-Andries april 1932
Course à pied à Anvers Sint-Andries en avril 1932
Running Race in Antwerp Sint-Andries in April 1932

DIRECTOR: Clemens De Landtsheer
YEAR: 1932
COUNTRY: BE
PRODUCER: Clemens De Landtsheer
PROD. CO.: Flandria Film (Diksmuide)
LANGUAGE: Dutch
GAUGE: 35 mm
SILENT/SOUND: silent
B&W/COLOUR: B&W
METRES: 100m

Edward Poppefeesten te Moerzeke, de heilige priester
Vlaamsche Gebeurtenissen: Edward Poppefeesten te Moerzeke, de heilige priester
Inhuldiging grafmonument Priester Poppe
La fête d'Edward Poppe à Moerzeke, le prêtre saint
Celebrations in Moerzeke in Honour of Edward Poppe, the Holy Priest

DIRECTOR: Clemens De Landtsheer
YEAR: 1932
COUNTRY: BE
PRODUCER: Clemens De Landtsheer
PROD. CO.: Flandria Film (Diksmuide)
LANGUAGE: Dutch
GAUGE: 35 mm
SILENT/SOUND: silent
B&W/COLOUR: B&W
METRES: 150m

Betooging der "Fraternelles" te Antwerpen
Vlaamsche Gebeurtenissen: betooging der "Fraternelles" te Antwerpen
Manifestation des "Fraternelles" à Anvers
"Fraternelle" Demonstration in Antwerp

DIRECTOR: Clemens De Landtsheer
YEAR: 1932
COUNTRY: BE
PRODUCER: Clemens De Landtsheer
PROD. CO.: Flandria Film (Diksmuide)
LANGUAGE: Dutch
GAUGE: 35 mm
SILENT/SOUND: silent
B&W/COLOUR: B&W
METRES: 220m

De omloop der Vlaamsche gewesten
Le circuit de la région flamande
The Cycle Race of Flemish Provinces

DIRECTOR: Clemens De Landtsheer
YEAR: 1933
COUNTRY: BE
PRODUCER: Clemens De Landtsheer
PROD. CO.: Flandria Film (Diksmuide)
LANGUAGE: Dutch
GAUGE: 35 mm
SILENT/SOUND: silent
B&W/COLOUR: B&W
METRES: 380m

De Universiteit te Gent "officieel" geopend
Vlaamsche Gebeurtenissen: De Universiteit te Gent "officieel" geopend
Inauguration "officielle" de l'Université de Gand
The "Official" Opening of the University of Ghent

DIRECTOR: Clemens De Landtsheer
YEAR: 1933
COUNTRY: BE
PRODUCER: Clemens De Landtsheer
PROD. CO.: Flandria Film (Diksmuide)
LANGUAGE: Dutch
GAUGE: 35 mm
SILENT/SOUND: silent
B&W/COLOUR: B&W
METRES: 220m

Gebroeders Van Raemdonckhulde (XIVe
IJzerbedevaart)
Vlaamsche Gebeurtenissen: Gebroeders
Van Raemdonckhulde (XIVe
IJzerbedevaart)
XIVe IJzerbedevaart (Gebroeders Van
Raemdonckhulde)
Hommage aux frères Van Raemdonck
(XIVème pèlerinage de l'Yser)
Homage to the Van Raemdonck Brothers
(XIVth Yser Pilgrimage)

DIRECTOR: Clemens De Landtsheer
YEAR: 1933
COUNTRY: BE
PRODUCER: Clemens De Landtsheer
PROD. CO.: Flandria Film (Diksmuide)
LANGUAGE: Dutch
GAUGE: 35 mm
SILENT/SOUND: silent
B&W/COLOUR: B&W
METRES: 350m

Prins Karnaval te Aalst
Vlaamsche Gebeurtenissen: Prins Karnaval
te Aalst
Carnaval d'Alost
Carnival in Alost

DIRECTOR: Clemens De Landtsheer
YEAR: 1933
COUNTRY: BE
PRODUCER: Clemens De Landtsheer
PROD. CO.: Flandria Film (Diksmuide)
LANGUAGE: Dutch
GAUGE: 35 mm
SILENT/SOUND: silent
B&W/COLOUR: B&W
METRES: 320m

XVe IJzerbedevaart (Hulde L. De Boninge
en Fr. Van der Linden)
Vlaamsche Gebeurtenissen: XVe
IJzerbedevaart (Hulde L. De Boninge en
Fr. Van der Linden)
XVème pèlerinage de l'Yser (Hommage
L. De Boninge et Fr. Van der Linden)
XVth Yser Pilgrimage (Homage to
L. De Boninge and Fr. Van der Linden)

DIRECTOR: Clemens De Landtsheer
YEAR: 1934
COUNTRY: BE
PRODUCER: Clemens De Landtsheer
PROD. CO.: Flandria Film (Diksmuide)
LANGUAGE: Dutch
GAUGE: 35 mm
SILENT/SOUND: silent
B&W/COLOUR: B&W
METRES: 400m

Peter Benoit hulde te Antwerpen en te
Harelbeke
Vlaamsche Gebeurtenissen: Peter Benoit
hulde te Antwerpen en te Harelbeke
Hommage à Peter Benoit à Anvers et à
Harelbeke
Homage to Peter Benoit in Antwerp and
in Harelbeke

DIRECTOR: Clemens De Landtsheer
YEAR: 1934
COUNTRY: BE
PRODUCER: Clemens De Landtsheer
PROD. CO.: Flandria Film (Diksmuide)
LANGUAGE: -
GAUGE: 35 mm
SILENT/SOUND: silent
B&W/COLOUR: B&W
METRES: 240m

Brasschaet
14e grand prix de Brasschaet
14e groote prijs van Brasschaet
Het Wereldomnium van Brasschaet
L'omnium mondial de Brasschaet
The 14th Brasschaet Grand Prix

DIRECTOR: Clemens De Landtsheer
YEAR: 1934
COUNTRY: BE
PRODUCER: Clemens De Landtsheer
PROD. CO.: Flandria Film (Diksmuide)
LANGUAGE: Dutch
GAUGE: 35 mm
SILENT/SOUND: silent
B&W/COLOUR: B&W
METRES: 400m

XVIe IJzerbedevaart (hulde aan het
driemanschap van de IJzer)
Vlaamsche Gebeurtenissen: XVIe
IJzerbedevaart (hulde aan het drieman-
schap van de IJzer)
XVIème pèlerinage de l'Yser (hommage
au triumvirat de l'Yser)
XVIth Yser Pilgrimage (Paying of
Respects to the Yser Triumvirate)

DIRECTOR: Clemens De Landtsheer
YEAR: 1935
COUNTRY: BE
PRODUCER: Clemens De Landtsheer
PROD. CO.: Flandria Film (Diksmuide)
LANGUAGE: Dutch
GAUGE: 35 mm
SILENT/SOUND: silent
B&W/COLOUR: B&W
METRES: 300m

Een groot Vlaming is ons ontvallen:
Lieven Gevaert
Lieven Gevaert
Un grand homme flamand nous a quittés:
Lieven Gevaert
We Have Lost a Flemish Great: Lieven
Gevaert

DIRECTOR: Clemens De Landtsheer
YEAR: 1935
COUNTRY: BE
PRODUCER: Clemens De Landtsheer
PROD. CO.: Flandria Film (Diksmuide)
LANGUAGE: Dutch
GAUGE: 35 mm
SILENT/SOUND: silent
B&W/COLOUR: B&W
METRES: 242m

Pater Damiaan terug
Vlaamsche Gebeurtenissen: Pater
Damiaan terug
Le retour du Père Damien
Father Damian Returns

DIRECTOR: Clemens De Landtsheer
YEAR: 1936
COUNTRY: BE
PRODUCER: Clemens De Landtsheer
PROD. CO.: Flandria Film (Diksmuide)
LANGUAGE: Dutch
GAUGE: 35 mm
SILENT/SOUND: silent
B&W/COLOUR: B&W
METRES: 50m

XVIIe IJzerbedevaart (hulde aan de
Heldenhuldezerkjes)
Vlaamsche Gebeurtenissen: XVIIe
IJzerbedevaart (hulde aan de
Heldenhuldezerkjes)
XVIIème pèlerinage de l'Yser (hommage
aux héros tombés à la guerre)
XVIIth Yser Pilgrimage (Paying of
Respects to the Memorial Stones of the
Dead)

DIRECTOR: Clemens De Landtsheer
YEAR: 1936
COUNTRY: BE
PRODUCER: Clemens De Landtsheer
PROD. CO.: Flandria Film (Diksmuide)
LANGUAGE: Dutch
GAUGE: 35 mm
SILENT/SOUND: silent
B&W/COLOUR: B&W
METRES: 380m

Kampioenschap van St. Kruis
Championnat de St. Kruis
The St. Kruis Championships

DIRECTOR: Clemens De Landtsheer
YEAR: 1937
COUNTRY: BE
PRODUCER: Clemens De Landtsheer
PROD. CO.: Flandria Film (Diksmuide)
LANGUAGE: Dutch
GAUGE: 35 mm
SILENT/SOUND: silent
B&W/COLOUR: B&W
METRES: 300m

De boetprocessie te Veurne
Vlaamsche Gebeurtenissen: De boet-
processie te Veurne
La procession de la pénitence à Furnes
The Procession of Penitents in Furnes

DIRECTOR: Clemens De Landtsheer
YEAR: 1937
COUNTRY: BE
PRODUCER: Clemens De Landtsheer
PROD. CO.: Flandria Film (Diksmuide)
LANGUAGE: Dutch
GAUGE: 35 mm
SILENT/SOUND: silent
B&W/COLOUR: B&W
METRES: 340m

Misère au Borinage

Joris Ivens, Henri Storck

Misère au Borinage
Borinage
Ellende in de Borinage
Misery in the Borinage

DIRECTOR: Joris Ivens, Henri Storck
YEAR: 1933
COUNTRY: BE
BASED ON: On crève au levant de Mons, written by Paul Hennebert
CAMERA: Joris Ivens, François Rents, Henri Storck
PROD. CO.: Education par l'Image (Le Club de l'Ecran de Bruxelles) (Bruxelles)
LANGUAGE: French
GAUGE: 35 mm
SILENT/SOUND: silent
B&W/COLOUR: B&W
METRES: 890m
NOTES: Advisors: Jean Fonteyne, Paul Hennebert. Sound was added in 1963 (voice: André Thirifays); music by André Asriel was added in 1983.

◆ "Crisis in the capitalist world. Factories are shut down, abandoned. Millions of proletarians are hungry!" These polemical, revolutionary lines mark the opening of one of the key films of Belgian cinema, a benchmark of documentary film-making. In 1932 a major strike paralysed the collieries of Wallonia; both the colliery owners and the police reacted without pity and the Belgian public at large remained ill-informed and indifferent. André Thirifays, Pierre Vermeylen and the young members of the Club de l'Ecran de Bruxelles were incensed and decided to document this "black misery", with the camera as their weapon.

Storck and Ivens' operations resembled those of the maquisards of World War II: they worked with the aid of a doctor and a lawyer, with very limited finances and in constant fear of the police but with the population on their side. Shooting took place under arduous but inspiring conditions. This film is difficult, magnificent. It has retained all its power, its ability to arouse indignation and compassion. It has given the working class the strongest images of its history and its struggles: evictions, overcrowded children in the slums and their emaciated, lifeless faces, the procession with the portrait of Karl Marx, the dawn forays to collect bad coal from the slag heaps, the begging miner... Then there is the shock of juxtaposition: the empty houses and the homeless miners sleeping without a roof over their heads, the state of virtual famine without vital aid and the large sums being spent on the construction of a new church...

● "Crise dans le monde capitaliste. Des usines sont fermées, abandonnées. Des millions de prolétaires ont faim!" C'est sur ces mots de manifeste et de révolte que s'ouvre ce film fondateur du cinéma belge et une des références les plus importantes du film documentaire. En 1932, une grande grève avait paralysé les charbonnages de Wallonie et la réponse patronale et policière avait été sans pitié, le tout dans la sous-information et l'indifférence de la majorité du pays. André Thirifays, Pierre Vermeylen et tous les jeunes gens du Club de l'Ecran de Bruxelles, indignés, décidèrent de témoigner de cette "misère noire", avec l'arme de la caméra.

Aidés par un médecin et un avocat, avec très peu d'argent, devant se cacher de la police, mais soutenus par toute la population, Storck et Ivens agirent comme des maquisards. Le tournage se passa dans des conditions difficiles et exaltantes. Ce film est dur, magnifique. Il a gardé toute sa force, son impact émotionnel d'indignation et de compassion. Il a donné à la classe ouvrière les images les plus fortes de son histoire et de ses luttes. Parmi elles: les expulsions, l'entassement des enfants dans les maisons-taudis, leurs visages émaciés et absents, la procession avec le portrait de Karl Marx, le ramassage du mauvais charbon sur les terrils à l'aube, le mineur mendiant, etc. Sans oublier le choc du raccord des plans: les maisons vides alors que des mineurs sans-abri dorment dehors, une quasi-famine et aucune aide tandis que des sommes importantes sont dépensées pour la construction d'une église... (JA)

▶ "Crisis in de kapitalistische wereld. Fabrieken worden gesloten en verlaten. Miljoenen proletariërs lijden honger!". Met deze onverholen revolutionaire woorden opent een der sleutelwerken van de Belgische film en een van de meest toonaangevende documentaires. In 1932 werden de koolmijnen van Wallonië door een massale staking lamgelegd; patronaat en politie reageerden meedogenloos, terwijl het grootste deel van het land gedesinformeerd en onverschillig bleef. André Thirifays, Pierre Vermeylen en alle verontwaardigde jongeren van de Club de l'Ecran de Bruxelles besloten van deze "zwarte miserie" te getuigen, met de camera als wapen.

Met heel weinig geld, bijgestaan door een dokter en een advocaat, met de politie op de hielen, doch gesteund door de hele bevolking, gingen Storck en Ivens te werk als echte maquisards. De opnamen gebeurden in moeilijke maar inspirerende omstandigheden. Deze film is hard, indrukwekkend. Na al die tijd heeft hij niets aan kracht ingeboet en roept nog steeds verontwaardiging en empathie op. Hij heeft de arbeidersklasse de sterkste beelden uit haar geschiedenis en haar strijd geschonken: de onteigeningen, de opeengehoopte kinderen in bouwvallige krotten, hun uitgemergelde en afwezige gezichten, de optochten met het portret van Karl Marx, de afgekeurde steenkool die 's ochtends op de slakkenbergen verzameld wordt, de bedelende mijnwerker, enz. Zonder de schokkende montage te vergeten: lege huizen naast dakloze mijnwerkers die buiten slapen, een hongersnood waar niemand om maalt terwijl een aanzienlijk kapitaal besteed wordt aan de bouw van een nieuwe kerk...

Autour du Borinage

Jean Fonteyne

Autour du Borinage
Borinage

DIRECTOR: Jean Fonteyne
YEAR: 1933-1936
COUNTRY: BE
LANGUAGE: -
GAUGE: 35 mm
SILENT/SOUND: silent
B&W/COLOUR: B&W
METRES: 376m

Journée Tayenne - 9 juillet 1933
Manifestation Tayenne
Tayenne dag - 9 juli 1933
Tayenne Day - 9 July 1933

DIRECTOR: Jean Fonteyne, Albert Van Ommeslaghe
YEAR: 1933
COUNTRY: BE
PROD. CO.: Secours Rouge International
LANGUAGE: French
GAUGE: 16 mm
SILENT/SOUND: silent
B&W/COLOUR: B&W
METRES: 130m

Autour du Borinage

◆ A film about a film, images shot parallel to those of Henri Storck's **Misery in the Borinage**. Fragments of lives pasted together, to be filed in the archives of the working-class struggle. These are raw documents, delivered in bulk, and this non-organization reinforces the brutality of the images - their meaning is contained wholly in what we see and not in what we are going to be told. This is the fourth world of coal mining, as recorded by an ethnologist's camera. We are left with the workers' meetings and gatherings, with the violence of their bodies and closed faces, the men in flat caps, the women in shawls. There is also the crushing sense of space, in front of the slag heaps, behind the shoddy cottages and converted railway carriages, above them the trucks of the mine. We see the barricades of paving stones and planks erected during the Quaregnon strikes in 1936. Then there are the slums and the clusters of children, bunches of little faces smiling at the camera, the rags, the dirt, young bodies deformed, weakened and gnawed away by anaemia or tuberculosis. Beds which sleep eight, tables turned over to make cots... Images whose impact was immediate. André Gide visited the sites of the film one year later. "For our film, we were aided in our work by a Brussels lawyer, Jean Fonteyne, who defended the workers" (Henri Storck). Fonteyne had already directed a twelve-minute short, **Tayenne Day - 9 July 1933**, newsreel images on the commemoration, in Marchienne-au-Pont, of the death of the young militant Louis Tayenne, killed in 1932 by police officers during a demonstration.

● Un film sur un film, et des images tournées parallèlement à celles de **Misère au Borinage** d'Henri Storck. Bout à bout, des morceaux de vie à mettre dans les archives de la condition ouvrière. Ce sont des documents bruts, livrés en vrac, et cette inorganisation renforce la brutalité des images: leur sens est laissé simplement à ce que l'on voit et non à ce que l'on veut nous dire. C'est le quart-monde du charbonnage face à une caméra ethnologue. A retenir: les meetings et les rassemblements d'ouvriers avec la violence des corps et des visages fermés, les hommes en casquette et les femmes en châle. Il y a aussi l'espace écrasant. Devant, les terrils; derrière, les masures et les wagons d'habitation; au-dessus, les bennes. Les images se suivent. Barricades de pavés et de planches lors des grèves de Quaregnon en 1936. Enfin, et surtout, les taudis et les grappes d'enfants, accumulations de petits visages qui sourient à la caméra, les haillons, la saleté, les corps déjà déformés, anémiés ou rongés par la tuberculose. Les lits pour huit, les tables retournées qui deviennent berceaux... L'impact fut immédiat. André Gide, qui avait vu le film, est venu l'année suivante visiter les lieux du tournage. "Pour notre film, nous étions aidés dans notre travail par un avocat de Bruxelles, Jean Fonteyne, qui défendait les ouvriers" déclarait Henri Storck. Fonteyne avait déjà signé un film muet de douze minutes: **Journée Tayenne - 9 juillet 1933**, des images d'actualités sur la commémoration, à Marchienne-au-Pont, de la mort du jeune militant Louis Tayenne, tué en 1932 par les gendarmes, lors d'une manifestation. (JA)

Journée Tayenne

▶ Een film over een film, beelden die gelijktijdig met **Misère au Borinage** van Henri Storck werden gedraaid. Een collage van uit-het-leven-gegrepen fragmenten die thuishoren in de archieven van de arbeidersstrijd. Het zijn ruwe documenten die ons in bulk worden voorgeschoteld, maar deze wanorde versterkt de brutaliteit van het getoonde; wat we zien is belangrijk, en niet wat men ons wil laten verstaan: de vierde wereld van de steenkoolmijnen gezien door een etnologische camera. Wat bijblijft: de meetings en bijeenkomsten van arbeiders, het geweld van hun lichamen, gesloten gezichten, mannen met petten, vrouwen met sjaals. De hele omgeving is beklijvend, met vooraan de slakkenbergen, achteraan de krotwoningen en woonwagens, daarboven de kolenkarren. Barricades van stenen en planken, opgeworpen tijdens de staking te Quaregnon in 1936. En vooral, de bouwvallige hutten krioelend van de kinderen - een opeenhoping van gezichtjes die naar de camera lachen -, de lompen, de groezeligheid, de al te vroeg misvormde lichamen, aangevreten door bloedarmoede of tuberculose. Bedden voor acht, omgekeerde tafels die dienstdoen als wiegjes... Beelden die inslaan als een bom. Vandaar dat André Gide een jaar nadat hij de film zag, de plaats van opname bezocht. "Voor het werk aan onze film kregen we hulp van een Brusselse advocaat, Jean Fonteyne, die opkwam voor de arbeiders" (H. Storck). Fonteyne zelf had reeds een stille film van 12' ingeblikt: **Journée Tayenne - 9 juillet 1933**, actualiteitsbeelden over de herdenking, te Marchienne-au-Pont, van de dood van de jonge militant Louis Tayenne, die in 1932 tijdens een staking doodgeschoten werd door de rijkswacht.

ADVERTISING FILMS
FILMS PUBLICITAIRES
PUBLICITEITSFILMS

◆ The oldest surviving commercial on film was made by Arthur Welbourne-Cooper for the UK matchmaker Bryant & May. In 1904 the Lumière brothers were similarly persuaded to make an advertisement for Moët & Chandon. Shortly after the First World War, the Publiciné company was established in France to make commercials. Very soon it founded a subsidiary in Belgium which remained active until 1970, when it merged with Belgique Ciné Publicité and Ecran Publicité to form Cinéma Publicitaire Belge. Although Publiciné may have been the biggest production and distribution company in existence at the time, the few advertising films that survive denote that a wider variety of producers and often government institutions were also involved in film-making. Gaumont, for example, made a feature-length promotional film entitled **Compagnie Maritime Belge Lloyd Royal S.A. - The Link Between Belgium and the Colonies** (*see p. 178*), while Sabena sought to attract new customers with **Brussels: International Airport** (*p. 68*). Praesens Film and Cinéproduction Hélios advertized in the film press during the twenties and Filmicité produced **Réveil Tam-Tam**, the oldest surviving Belgian animation film. Animation was frequently used in early commercials: this particular genre was pioneered by the German Julius Pinschewer, who led the German market in 1920. His dominant position was then taken over by the UFA studios, which produced a feature-length promotional film for Persil, made by Johannes Guter in different versions destined for various countries and using home-grown actors. The Belgian version, made in 1933, featured Germaine Loosveldt, Jeanne Cammans-Jans, Remy Angenot, Jan Cammans and Jenny Ooms.

● Le plus ancien film publicitaire connu fut tourné en 1899 par l'Anglais Arthur Welbourne-Cooper pour les allumettes Bryant & May. En 1904, les Lumière se laissèrent convaincre de tourner un "spot" publicitaire pour Moët & Chandon. Peu après la Grande Guerre, une maison de production, Publiciné, apparut en France. Elle établit rapidement une filiale belge, qui resta active jusqu'en 1970, date de sa fusion avec Belgique Ciné Publicité et Ecran Publicité pour former ensemble le Cinéma Publicitaire Belge. Si Publiciné fut la plus importante maison de production et de distribution, les rares films publicitaires survivants portent également le label d'autres producteurs ou d'instances officielles. C'est ainsi que Gaumont réalisa le long métrage publicitaire **Compagnie Maritime Belge Lloyd Royal S.A. - Trait d'union entre la Belgique et la colonie** (*voir p. 178*), et que Sabena produisit **Bruxelles: port aérien international** (*p. 68*). Au cours des années 20, Praesens Film et Cinéproduction Hélios publièrent des annonces dans la presse cinématographique belge et Filmicité réalisa **Réveil Tam-Tam**, le plus ancien dessin animé belge connu. Les premiers films publicitaires faisaient souvent appel au dessin animé. L'Allemand Julius Pinschewer fut un pionnier du genre, au point de dominer le marché allemand en 1920. Un monopole que lui ravit l'UFA, qui réalisa notamment un curieux long métrage publicitaire pour Persil, tourné par Johannes Guter en plusieurs versions, avec différentes distributions d'acteurs locaux selon les pays. La version belge de 1933 est interprétée par Germaine Loosveldt, Jeanne Cammans-Jans, Remy Angenot, Jan Cammans et Jenny Ooms.

▶ De cinematografie sloot al korte tijd na haar ontstaan een verstandshuwelijk met de reclame. De oudst bekende "spot" werd in 1899 door de Brit Arthur Welbourne-Cooper gedraaid voor luciferfabrikant Bryant & May, en ook de gebroeders Lumière realiseerden (in 1904) een filmpje i.o.v. Moët & Chandon. Kort na de Eerste Wereldoorlog zag in Frankrijk de eerste filmmaatschappij het licht die zich toelegde op reclame: Publiciné. Er kwam al snel een filiaal in België, dat actief bleef tot het in 1970 met Belgique Ciné Publicité en Ecran Publicité opging in Cinéma Publicitaire Belge. De schaarse nog resterende reclamefilms duiden ook op andere - min of meer bekende - producenten en publieke opdrachtgevers. Zo maakte Gaumont een avondvullende promotiefilm (**Compagnie Maritime Belge Lloyd Royal S.A. - Het verbindingsteeken tusschen België en de kolonie**, *zie p. 178*) en lokte Sabena klanten met **Bruxelles: port aérien international** (*p.68*). Praesens Film en Cinéproduction Hélios prezen hun spots aan in de filmpers van de jaren 20, terwijl Filmicité in dezelfde periode met **Réveil Tam-Tam** de oudst bekende Belgische tekenfilm afleverde. Animatie was een vaak gehanteerde techniek in de vroege reclamefilms. Pionier was de Duitser Julius Pinschewer, anno 1920 de marktleider in eigen land. Die positie werd later overgenomen door de UFA, die overigens door Johannes Guter een merkwaardige reclamefilm liet draaien i.o.v. Persil. De film, een hoogtepunt in het genre, ging uit in verschillende versies, met vertolkingen door acteurs uit het land van bestemming. In 1933 kwam ook een Belgische versie in de bioscoop, met Germaine Loosveldt, Jeanne Cammans-Jans, Remy Angenot, Jan Cammans en Jenny Ooms. (MT)

Réveil Tam-Tam
Publicité réveil Tam-Tam
Wekker Tam-Tam
Alarm Tam-Tam

DIRECTOR: anonymous
YEAR: 192-
COUNTRY: BE
PROD. CO.: Filmicité (Bruxelles)
LANGUAGE: French, Dutch
GAUGE: 35 mm
SILENT/SOUND: silent
B&W/COLOUR: B&W
METRES: 45m

Brabo Films stelt voor eenige zijner artiesten en het bestuur
Brabo Films présente quelques artistes et la direction
Brabo Films Introduces a Selection of its Artists and its Management

DIRECTOR: anonymous
YEAR: 1927
COUNTRY: BE
PROD. CO.: Brabo Films (Antwerpen)
LANGUAGE: French
GAUGE: 35 mm
SILENT/SOUND: silent
B&W/COLOUR: tinted
METRES: 97m
NOTES: Brabo Films was an Antwerp firm which set out to produce animated films. Their only project proved to be **Het Verdronken Land van Saaftinge** (or **Saaftinge**), which was never completed.

Kinderkribbe Marie-Henriëtte - Verschansingstraat
Crèche pour enfants Marie-Henriëtte - Verschansingstraat
Marie-Henriette Day Nursery - Verschansingstraat

DIRECTOR: anonymous
YEAR: [1930]
COUNTRY: BE
LANGUAGE: Dutch
GAUGE: 35 mm
SILENT/SOUND: silent
B&W/COLOUR: B&W
METRES: 170m

FN: Tout en un
Tout en un
FN 8
FN: All in One

DIRECTOR: [Ernest Genval]
YEAR: 193-
COUNTRY: BE
PROD. CO.: Praesens Film (Bruxelles)
LANGUAGE: French
GAUGE: 35 mm
SILENT/SOUND: silent
B&W/COLOUR: B&W
METRES: 119m

FN: Trolleybus FN
Trolleybus FN

DIRECTOR: Ernest Genval [Ernest Thiers]
YEAR: 193-
COUNTRY: BE
PROD. CO.: Essor Cinégraphique Genval (Bruxelles)
LANGUAGE: French
GAUGE: 35 mm
SILENT/SOUND: silent
B&W/COLOUR: B&W
METRES: [206m]

FN: Tout en un

FILMS IN THE HOME
CINÉMA À DOMICILE
FAMILIEFILMS

◆ Under the title "films in the home" we have gathered together various films of different types. Essentially they have one point in common, that is that they were projected and/or shot within the family environment. On the one hand we have the films shot by ordinary people; on the other, films distributed by the major firms for home projection. In 1912, Charles Pathé set his sights on the democratization of film as a whole new potential market. He brought out the Pathé Kok, an elegant projector with simple handling for the head of the family and which for the first time used an inflammable film. But the unusual 28mm gauge (little different, after all, from standard 35mm) was in all likelihood the reason for the Pathé Kok's relative commercial failure. After some serious market research, in time for Christmas 1922 Pathé Frères released a smaller, highly practical projector with a 9.5mm format, the Pathé-Baby. In 1924, Pathé launched an equally compact 9.5mm camera using reversal film, pushing the price down even further. Amateur film really took off, thanks also to a new invention which swept in from the United States, the 16mm camera Ciné Kodak and its accompanying Kodascope projector. A very attractive feature in the Pathé-Baby range was the Filmathèque, a collection of films which as early as 1923 boasted over a hundred titles. Alongside the typical Pathé documentaries (including these images of Belgium), the collection included animated cartoons, newsreels and the great French classics of the day.

● Sous le titre "cinéma à domicile" sont réunis des films de différentes natures. Ils ont toutefois en commun le fait d'avoir été tournés et/ou projetés dans le cercle restreint de la famille. Il s'agit soit de films réalisés par l'homme ordinaire, soit de films distribués par des firmes de production dans le but de projections à domicile. En 1912, Charles Pathé vit dans la démocratisation du film une manne de possibilités. Il introduisit sur le marché le Pathé Kok, un projecteur élégant, de manipulation aisée par le chef de famille et employant pour la première fois une pellicule ininflammable. Mais son format inhabituel de 28mm (trop semblable au 35mm) fut vraisemblablement la raison du peu de succès qu'il rencontra. Après une sérieuse étude de marché, la Pathé Frères sortit juste avant Noël 1922 un projecteur plus petit, très pratique et d'un format de 9,5mm: la Pathé-Baby. En 1924, la Pathé lança une caméra 9,5mm tout aussi compacte, de moindre coût grâce à la réversibilité du film. Le cinéma d'amateur connut ainsi un bond spectaculaire, également favorisé par un vent de nouveauté soufflant des Etats-Unis avec la caméra 16mm Ciné Kodak et son projecteur, le Kodascope. Enfin, la gamme Pathé-Baby comportait un élément très attractif: la Filmathèque. Cette collection de films comptait, dès 1923, une bonne centaine de titres. On y trouvait aussi bien les documentaires typiques de la Pathé (parmi lesquels ces images de Belgique) que des dessins animés, des actualités et les grands classiques français de l'époque.

► Onder de noemer "familiefilms" hebben we hier enkele films gebundeld van verschillende aard. In wezen hebben ze één kenmerk gemeen, nl. dat ze in een beperkte kring van familie of vrienden gedraaid en/of vertoond werden. Het gaat dus enerzijds om films gemaakt door de gewone man, en anderzijds om een aantal films door grote productiemaatschappijen verspreid maar bestemd voor vertoning in de huiskamer. In 1912 had Charles Pathé in de democratisering van de film nieuw brood gezien. Hij bracht de Pathé Kok op de markt, een elegante projector die makkelijk door een huisvader bediend kon worden en die bovendien veilig was, want voor het eerst werd een onontvlambare pellicule gebruikt. Maar het ongewone filmformaat van 28mm was wellicht de reden (te weinig verschillend van 35mm) waarom Pathé Kok geen succes kende. Na een grondige marktstudie kwam Pathé Frères net voor Kerstmis 1922 naar buiten met een kleine, uiterst handige projector voor 9,5mm-films, de Pathé-Baby. In 1924 lanceerde Pathé een even compacte 9,5mm-camera met omkeerfilm, waardoor de kosten nog lager werden. De amateurcinema kende daarop een ware boom, ook dankzij de vernieuwende wind die overwaaide vanuit de VS, met de 16mm-camera Ciné Kodak en bijbehorende projector Kodascope. Zeer succesvol in het Pathé-Baby-gamma was de Filmathèque, een collectie films die begin 1923 al zo'n 100 titels telde. Daartoe behoorden zowel typische Pathé-documentaires (waaronder de hiernaast vermelde Belgische beelden) als tekenfilms, actualiteiten en de grote Franse klassiekers van toen. (MT)

De verkiezing van Baby Antwerpen

De verkiezing van Baby Antwerpen

De verkiezing van Baby Antwerpen
L'élection de Bébé Anvers
The Election of Baby Antwerp

DIRECTOR: [Pype]
YEAR: 1935
COUNTRY: BE
LANGUAGE: -
GAUGE: 9,5 mm
SILENT/SOUND: silent
B&W/COLOUR: B&W

Radio Antwerpen 4ED
Radio Anvers 4ED
Radio Antwerp 4ED

DIRECTOR: [Pype]
YEAR: 193-
COUNTRY: BE
LANGUAGE: -
GAUGE: 9,5 mm
SILENT/SOUND: silent
B&W/COLOUR: B&W

Hommage au poilu inconnu belge
Hulde aan de Belgische onbekende soldaat
Homage to Belgium's Unknown Soldier

DIRECTOR: anonymous
YEAR: 193-
COUNTRY: FR-BE
PROD. CO.: Pathé-Baby
LANGUAGE: French
GAUGE: 9,5 mm
SILENT/SOUND: silent
B&W/COLOUR: B&W

Bruxelles
Brussel
Brussels

DIRECTOR: anonymous
YEAR: 193-
COUNTRY: FR-BE
PROD. CO.: Pathé-Baby
LANGUAGE: French
GAUGE: 9,5 mm
SILENT/SOUND: silent
B&W/COLOUR: B&W

Bruges-la-morte. Ses canaux
Brugge-die-Stille. Zijn kanalen
Bruges-la-Morte. Its Canals

DIRECTOR: anonymous
YEAR: 193-
COUNTRY: FR-BE
PROD. CO.: Pathé-Baby
LANGUAGE: French
GAUGE: 9,5 mm
SILENT/SOUND: silent
B&W/COLOUR: B&W

Bruges-la-morte. Ses monuments
Brugge-die-Stille. Zijn monumenten
Bruges-la-Morte. Its Monuments

DIRECTOR: anonymous
YEAR: 193-
COUNTRY: FR-BE
PROD. CO.: Pathé-Baby
LANGUAGE: French
GAUGE: 9,5 mm
SILENT/SOUND: silent
B&W/COLOUR: B&W

The Sound Film

Le sonore

De geluidsfilm

La famille Klepkens

Gaston Schoukens

La famille Klepkens
De familie Klepkens
The Klepkens Family

DIRECTOR: Gaston Schoukens
YEAR: 1929
COUNTRY: BE
BASED ON: La famille Klepkens, written by August Hendrickx
CAMERA: Nicolas Bell, Charles Lengnich
PRODUCER: Gaston Schoukens
PROD. CO.: Lux Film (Bruxelles)
CAST: Toontje Janssens (Baptiste Klepkens), Zizi Festerat (Bernard), Francis Martin (François), Rodolphe Verlez (Goossens), Edwards (Le camelot), Jean-Jean (Jefke), Georges Rémy (Gérard), Julia Vander Hoeven (Rosalie Klepkens), Florence Nicoll (Octavie), Andrée Meunier (Sonia), Lucienne Masset (La petite femme du dancing), Nelly (Loulou)
LANGUAGE: French
GAUGE: 35 mm
SILENT/SOUND: silent
METRES: 2100m
NOTES: Silent film accompanied by a soundtrack recorded on phonographic discs.

◆ In early 1929, Gaston Schoukens invited the press to visit his brand-new studio equipped with modern lighting, a scenery workshop and 3120 square feet of shooting space. According to Francis Bolen, the electrics had been bought from the liquidators of Hippolyte De Kempeneer's Machelen Studio. He took this opportunity to announce the release of his latest film, based on a popular Flemish-language play by August Hendrickx. It was a comedy set in the Marolles which recounts the tribulations of a tailor and his family on a visit of discovery to Paris. It turns out to be a disappointing and disastrous adventure, steeped in the nostalgia of gueuze-lambic beer and snail vendors, until good fortune in the shape of a winning lottery ticket provides all the makings of a happy ending.

Initially **The Klepkens Family** was intended to be a silent film, but the arrival of the American "talkies" upset Schoukens' plans. With his habitual opportunism he recorded the dialogue and songs on record (in both French and Flemish dialect versions), with the actors miming to a rather approximate playback. Christened the "first Belgian talking picture" and beginning with a short reportage on Brussels, **The Klepkens Family** made the most of local colour, incorporating the Mich Fair, and featured, for the first time on film, the broad Marolles dialect. The film was premièred exclusively in Brussels for six weeks before being distributed throughout the entire country. Projectionists showed it to the accompaniment of a series of 78s played alternately on a pair of turntables with varying degrees of synchronization, though this was not entirely devoid of charm. In 1936 Schoukens re-released a version with a normal soundtrack.

● Début 1929, Gaston Schoukens reçut la presse pour lui présenter son studio tout neuf, équipé de projecteurs modernes, d'un magasin de décors et d'un plateau de 290m². L'équipement électrique avait été, selon Francis Bolen, racheté aux liquidateurs du studio Hippolyte De Kempeneer, à Machelen. Schoukens en profita pour annoncer son nouveau film, tiré d'une comédie populaire écrite en flamand bruxellois par August Hendrickx. Cette farce des Marolles raconte les tribulations d'un tailleur et de sa famille partis à la découverte de Paris: une escapade décevante et ruineuse, dans la nostalgie de la gueuze lambic et des marchands d'escargots, que la chance providentielle d'un billet de loterie leur permettra de retrouver, pour conclure joyeusement l'équipée.

La famille Klepkens devait être un film muet; mais l'arrivée des "talkies" américains bouleversa les plans de Schoukens. Avec son opportunisme habituel, il enregistra sur disques les dialogues et les chansons (en deux versions, flamande et française), les comédiens mimant un play-back très approximatif. Baptisé "premier film sonore belge" et débutant par un mini-reportage sur Bruxelles, la comédie ne manqua pas d'accumuler un maximum de folklore local: Foire du Midi, kermesses et surtout, pour la première fois au cinéma, l'accent juteux des Marolles. Le film connut six semaines d'exclusivité à Bruxelles à partir de janvier 1930, puis fut distribué dans tout le pays: les exploitants le projetaient en alternant des 78 tours sur un pick-up à double plateau, d'où un synchronisme souvent relatif, mais attractif. En 1936, une version sonore normale fut établie par Schoukens pour une nouvelle sortie. *(RM)*

▶ Gaston Schoukens ontving begin 1929 de pers om zijn nieuwe studio voor te stellen, die hij had uitgerust met moderne projectoren, een decoratelier en een set van 290m². Volgens Francis Bolen was de elektrische installatie gekocht van de vereffenaars van de studio van Hippolyte De Kempeneer in Machelen. Schoukens zou tegelijk zijn nieuwe film aankondigen, naar een volkse komedie in het Brussels geschreven door August Hendrickx: een klucht rond de wederwaardigheden van een kleermaker en zijn familie, die de Marollen inruilen voor Parijs. Het wordt echter een ontgoochelend en desastreus avontuur, vol heimwee naar gueuze lambic en escargot-kraampjes, tot een loterijbiljet een gelukkig einde maakt aan hun escapade en de Klepkens huiswaarts kunnen keren.

La famille Klepkens was bedoeld als stille film, maar door de opkomst van de Amerikaanse "talkies" besloot de opportunistische Schoukens dialogen en liedjes op plaat op te nemen (in twee versies: een Vlaamse en een Franstalige, met accent), terwijl de acteurs een soort play-back ten beste gaven. **La famille Klepkens** - bestempeld als de "eerste Belgische klankfilm" en ingeleid door een korte reportage over Brussel - werd gekruid met een overvloed aan lokale folklore: Brusselse foor, kermissen en vooral, voor 't eerst te horen in de zaal, het sappige taaltje uit de Marollen. Vanaf januari 1930 draaide de film zes weken lang uitsluitend in Brussel, waarop hij verdeeld werd over het hele land. De bioscoopexploitanten speelden een stapeltje 78-toerenplaten af op een dubbele pick-up, met als resultaat een soms twijfelachtige, doch aantrekkelijke synchronisatie. In 1936 maakte Schoukens een normale klankversie van de film voor een nieuwe release.

Diepten

H.J.J. Buyse, Germain Baert

Diepten
De bruid der zee
Diepten van de zee
Profondeurs
Les profondeurs de la mer
The Depths

DIRECTOR: H.J.J. Buyse, Germain Baert
YEAR: 1930
COUNTRY: BE
SCREENPLAY: H.J.J. Buyse
CAMERA: Germain Baert
EDITING: Germain Baert
MUSIC: Marcel Poot
PRODUCER: Germain Baert, H.J.J. Buyse
PROD. CO.: Buba-Film (Brussel)
CAST: Gust Maes (Walter), Peter Van Hecke (Wan), Elza Junck [Elza Young] (Rika), Arthur Sprenger (De reder), Lode Sonck (Visser), Jef Van Outryve (Visser), Van der Lee (Visser), Germain Baert (Visser), H.J.J. Buyse (Visser), Hermine de Cerano (Moedertje)
LANGUAGE: Dutch, French
GAUGE: 35 mm
SILENT/SOUND: silent
B&W/COLOUR: B&W
MINUTES: 90'
NOTES: Silent film accompanied by a soundtrack recorded on phonographic discs.

◆ When Germain Baert's Vlaamsche Stille Kunst-Studio died a quiet death together with his first film, **Baas Gansendonck**, he decided to mount a second attempt at film-making. Under the name Buba-Film, he produced **The Depths** together with H.J.J. Buyse. Buyse wrote the original screenplay and also co-directed the film. As with **The Klepkens Family**, the images were accompanied by a soundtrack recorded in both French and Dutch on phonographic discs. Unfortunately, this second Belgian "sound film" was a complete flop. The decision by Baert and Buyse to film the interior sequences on location was unwise, since inadequate power supplies meant that the scenes were underlit and the film underexposed. After this exasperating experience, Buyse tried his luck one last time with **Bruges under the Golden Fleece** and subsequently concentrated on making documentaries and journalistic newsreels.

Like **Baas Gansendonck**, **The Depths** presents the working classes as natural and upstanding, as opposed to the artifice and falsity of the bourgeoisie. In **The Depths**, the conflict takes place between Wan, a rough fisherman, and Walter, the son of a shipowner. Walter haughtily refuses to participate in a motorboat race and arranges for his father's motorboat to be driven by Wan, who duly wins. When Wan catches his fiancée Rika with Walter, he drives out into a stormy sea. Shortly after being plucked from the waves he is murdered. Rika is distraught, but eventually turns her affections to Walter after he narrowly escapes death by drowning.

● Le Vlaamsche Stille Kunst-Studio de Germain Baert et son premier film **Baas Gansendonck** avaient sombré de concert dans l'oubli. Mais le cinéaste s'accorda une deuxième chance. Sous le nom de Buba-Film, il produisit **Profondeurs** aux côtés de H.J.J. Buyse. Ce dernier participa à la réalisation; il était en outre l'auteur du scénario original. Tout comme pour **La famille Klepkens**, les images du film furent sonorisées au moyen de disques en français et en néerlandais. Mais le second film belge "sonore" fut un échec total. Baert et Buyse avaient pris le risque de tourner les intérieurs en dehors du studio. Ce fut fatal au résultat: en raison d'installations électriques insuffisantes, les images étaient sous-exposées. Après cette fâcheuse expérience, Buyse tenta sa chance une dernière fois avec **Bruges sous la Toison d'Or**, puis il se consacra principalement à la réalisation de films documentaires et journalistiques.

Comme **Baas Gansendonck**, **Profondeurs** nous présente une classe ouvrière honnête et spontanée, opposée à une bourgeoisie fourbe et artificielle. Le conflit oppose cette fois Wan, fruste pêcheur, à Walter, fils d'armateur. Walter refuse de s'abaisser à prendre part à une course de bateaux à moteur, et confie alors celui de son père à Wan. Le pêcheur remporte promptement la victoire. Lorsque Wan surprend sa fiancée Rika en compagnie de Walter, il fuit sur la mer houleuse. Peu de temps après avoir été sauvé des flots, il est assassiné. Rika, tout d'abord folle de désespoir, finit par répondre à l'amour de Walter, ce dernier échappant de justesse à une noyade.

▶ De Vlaamsche Stille Kunst-Studio van Germain Baert was samen met zijn debuutfilm **Baas Gansendonck** een stille dood gestorven. Maar de cineast probeerde het nog een keer. Onder de naam Buba-Film produceerde hij samen met H.J.J. Buyse **Diepten**. Laatstgenoemde schreef tevens het oorspronkelijke draaiboek en voerde mee de regie. Zoals bij **La famille Klepkens** werden de beelden tijdens de vertoning gesonoriseerd door middel van zowel Nederlandstalige als Franstalige fonoplaten. Maar de tweede Belgische "film met geluid" werd een flop. De keuze van Baert en Buyse om ook de binnenopnamen op locatie te draaien, kende een nefaste afloop: ten gevolge van de ontoereikende elektriciteitstoevoer bleken de scènes onderbelicht. De West-Vlaming Buyse deed nog een laatste poging met de speelfilm **Brugge onder het Gulden Vlies**, waarna hij zich voornamelijk toelegde op het maken van documentaires en reportages.

Zoals in **Baas Gansendonck** werd de arbeidende klasse in **Diepten** voorgesteld als natuurlijk en oprecht, en de bezittende klasse als gekunsteld en vals. Het conflict speelde ditmaal tussen Wan, een ruwe visser, en Walter, de zoon van een reder. Walter haalt zijn neus op voor een wedstrijd met motorboten en laat de boot van zijn vader door Wan besturen, die er prompt de overwinning mee behaalt. Als Wan zijn verloofde Rika met Walter betrapt, vaart hij de woelige zee in. Kort na zijn redding wordt hij vermoord. Rika is waanzinnig van verdriet maar geeft uiteindelijk toe aan de liefde van Walter, nadat die op het nippertje aan de verdrinkingsdood is ontsnapt. *(PF)*

La fosse ardente

Rigo Arnould

La fosse ardente
De vurige mijn
De woelige mijn
The Turbulent Mine

DIRECTOR: Rigo Arnould
YEAR: 1930
COUNTRY: BE
SCREENPLAY: Rigo Arnould
DIR. PHOT.: Charles Lengnich
CAMERA: Charles Lengnich, Emile Berna
PROD. CO.: Praesens Film (Bruxelles)
CAST: Marie-Thérèse Oria (Thérèse), Lucien François (Georges Dumont), Jean Loup [Philippe Quersin] (Robert Sandriaux), Simone Mirat (Simone Vidal), Georges Gersan (Pierre Vidal), Raymonde Demay (La cabaretière), René Vitou (Schuflot), Jim Cardan (Adolphe, le porion)
LANGUAGE: French
SILENT/SOUND: silent
NOTES: Silent film accompanied by a soundtrack on phonographic discs.

◆ Two years after his **Yser**, Rigo Arnould began work on a second film, a mining drama elaborated with romantic intrigues. These revolve round a seductive engineer who arrives to oversee the construction of a new gallery and falls in love with a young lady from the village. She returns his love, which arouses the morbid jealousy of a miner she has rebuffed. By way of revenge, he provokes a cave-in on the coal face which costs dozens of lives. The evil saboteur then accuses the engineer, who is forced to leave the colliery in disgrace. But the sister of the grieving fiancée outs the truth by getting the murderer's accomplice drunk during the Saint Barbara festivities, and the inevitable rehabilitation and marriage ensue.

The aviator and journalist Philippe Quersin, who had already collaborated on **Yser**, was cast in the role of the engineer, his first appearance as an actor (under the pseudonym Jean Loup). The Swiss Emile Berna, who had just made a documentary on abortion with Edouard Tissé and Serguei M. Eisenstein, assisted the director of photography Charles Lengnich, mainly on the colliery scenes in Binche (some of which were shot at a depth of 1 800 ft). Arnould was interested not just in recording the pathos of the mining tragedies, but also the everyday life of those who work there - card games, pigeon racing, the Saint Barbara procession and popular ballads. To reach a wider audience, **The Turbulent Mine**, which was shot as a silent film, was given a soundtrack on record. According to Philippe Quersin, the film was later cut down to become a straightforward documentary. Arnould would later shoot only a handful of shorts (**The Crafts of Malmédy**) before his death.

● Deux ans après **Yser**, Rigo Arnould mit en chantier son second film, consacré cette fois à un drame minier dont il imagina les péripéties romanesques. Son histoire est celle d'un séduisant ingénieur, venu aménager une nouvelle galerie et qui s'éprend d'une demoiselle du coron. Celle-ci partage son amour, déclenchant la jalousie morbide d'un mineur qu'elle a repoussé. Pour se venger de son rival, il provoque un éboulement dans la fosse, où périssent des dizaines d'ouvriers. Le méchant saboteur accuse alors l'ingénieur qui doit quitter la mine sous l'opprobre. Mais la sœur de la malheureuse fiancée fait éclater la vérité, en soûlant le complice du coupable, lors de la Sainte-Barbe, d'où la réhabilitation et le mariage attendus.

L'aviateur-journaliste Philippe Quersin, qui avait déjà collaboré à **Yser**, se vit confier le rôle de l'ingénieur pour ses débuts de comédien (sous le pseudonyme de Jean Loup). Le Suisse Emile Berna, qui venait de tourner un documentaire sur l'avortement avec Edouard Tissé et Serguei M. Eisenstein, assista l'opérateur principal, Charles Lengnich, notamment pour les scènes de charbonnage près de Binche, certaines à 548 mètres de fond. Rigo Arnould évoqua à la fois les tragédies pathétiques de la mine et la vie quotidienne des ouvriers: jeux de cartes, lâcher de pigeons, procession de la Sainte-Barbe ou romances populaires. Car **La fosse ardente**, filmé en muet, fut sonorisé sur disques pour toucher un plus vaste public. Selon Philippe Quersin, l'œuvre fut raccourcie par la suite, pour devenir un simple documentaire. Quant à Arnould, il ne tourna plus, jusqu'à sa mort, que quelques courts métrages (dont **L'artisanat malmédien**). (RM)

▶ Twee jaar na **Yser** begon Rigo Arnould aan een tweede film, een mijndrama waar hij allerlei romaneske verwikkelingen in verwerkte. Het verhaal handelt over een charmante ingenieur die een nieuwe schacht komt bouwen en verliefd wordt op een meisje uit de buurt. Zij voelt ook veel voor hem en ontketent zo de jaloezie van een mijnwerker die ze afgewezen had. Om zich te wreken op zijn rivaal, veroorzaakt deze laatste de instorting van de schacht, waarbij tientallen arbeiders het leven laten. De saboteur beschuldigt echter de ingenieur, die de mijn in schande moet verlaten. De zuster van zijn ongelukkige verloofde zal de ware toedracht van de zaak onthullen door de medeplichtige van de dader dronken te voeren tijdens het feest van Sint-Barbara. En zo valt alles weer in de plooi en kan het huwelijk alsnog plaatsvinden.

De rol van de ingenieur wordt vertolkt door Philippe Quersin, een vliegenier en journalist die ook aan **Yser** mee had gewerkt en hier debuteert als acteur onder het pseudoniem van Jean Loup. Emile Berna, een Zwitser die juist een documentaire rond abortus had gedraaid met Edouard Tissé en Serguei M. Eisenstein, assisteerde Charles Lengnich (de chef-cameraman) bij scènes zoals die in de kolenmijn te Binche, gedraaid op 548m diepte. Arnould evoceert zowel de mijntragedies als het dagelijkse leven van de arbeiders, met zijn kaartspel, zijn duivensport, de processie van Sint-Barbara en de volkse liefdesliedjes. Om een breder publiek te bereiken werd de film van klank voorzien, opgenomen op platen. Volgens Quersin werd de prent later ingekort tot een eenvoudige documentaire. Arnould zou tot aan zijn dood uitsluitend nog enkele kortfilms draaien (o.a. **L'artisanat malmédien**).

La flamme du souvenir

Paul Flon

La flamme du souvenir
De eeuwige vlam
The Perpetual Flame

DIRECTOR: Paul Flon
YEAR: 1930
COUNTRY: BE
ASST. DIR.: Edouard Bréville, Jules Counard
CAMERA: Paul Nicolas, Charles Lengnich
PRODUCER: Paul Flon
CAST: Suzanne Christy (Hélène), Francis Martin (Jean), Jean Norey (Robert), Jean Horward
LANGUAGE: French
GAUGE: 35 mm
SILENT/SOUND: silent
B&W/COLOUR: B&W
NOTES: Silent film accompanied by a soundtrack on phonographic discs.

◆ Paul Flon, always highly adaptable, reacts quickly to the advent of the talking picture. Together with his collaborator and friend Gaston Schoukens he goes to Paris to organize a sound version of **The Klepkens Family** on a series of records. For his next project he decides - as Emile-Georges De Meyst would do one year later with **La Brabançonne** - to make a historical fresco to mark the centenary year of Belgian independence. With the stars of his silent films, Francis Martin and Suzanne Christy, he directs **The Perpetual Flame**, which capitalized on synchronized disc recording to woo a wider audience with sound and music. The promotional campaign was enthusiastic: "You will see, you will hear *La Madelon* sung by soldiers, bells sounding the alarm, thundering cannons, the drone of the aeroplanes, the music of the grenadiers with drums and bugles". All of which made up for the lack of an inventive script, after ten years of patriotic genre films.

The story begins in 1930, when a former French soldier, now married to a Belgian, takes his wife and son on a pilgrimage to the tomb of the Unknown Soldier. The mother then tells the child the story of her soldier fiancé who during the war befriends a French infantryman and of the latter's return to her, after the fiancé's glorious death. In accordance with the hero's wishes, Jean takes care of the young woman and in the end they get married. The plot highly resembles that of the first film by Francis Martin (the 1924 **An Unknown Soldier**, which featured the same two stars) and certain images seem to have been borrowed from this and from **Belgium**. Only one reel of this chauvinist melodrama has been located to this day.

● Paul Flon, toujours débrouillard, envisagea sans appréhension l'avènement du parlant. Avec Gaston Schoukens, dont il était devenu le collaborateur et l'ami, il fait un saut vers Paris pour y enregistrer sur disques la version sonore de **La famille Klepkens**; puis, comme Emile-Georges De Meyst le fera un ans plus tard avec sa **Brabançonne**, décide de réaliser une fresque historique, en cette année du centenaire de l'indépendance belge. Il va diriger ses deux vedettes du muet, Francis Martin et Suzanne Christy, dans **La flamme du souvenir**, où sons et musiques sont synchronisés sur disques pour atteindre un plus large public. La publicité se fait enthousiaste: "Vous verrez, vous entendrez *La Madelon* chantée par les soldats, les cloches sonnant le tocsin, la grosse voix du canon, le bourdonnement des avions, la musique des grenadiers avec tambours et clairons." De quoi compenser un scénario guère inventif, après dix ans de films patriotiques.

L'histoire commence en 1930, lorsqu'un ancien combattant français, Jean, marié à une Belge, emmène sa femme et son gosse en pèlerinage devant le Soldat Inconnu. La mère va évoquer alors pour l'enfant un fiancé soldat, devenu pendant la guerre l'ami d'un militaire français, et le retour de ce dernier chez elle, après la mort glorieuse du fiancé. Pour respecter la volonté du héros, Jean s'occupe de la jeune femme, et l'amour finit par les rapprocher. Le sujet rappelle fort celui du premier film tourné par Francis Martin, **Un soldat inconnu**, joué par les deux mêmes vedettes, en 1924, et certaines images semblent empruntées à ce film et à **Belgique**. Une seule bobine de ce mélo cocardier a été retrouvée. (RM)

▶ Vol vertrouwen zag opportunist Paul Flon de komst van de klankfilm tegemoet. Met Gaston Schoukens, zijn vriend en medewerker, ging hij naar Parijs om het geluid voor **La famille Klepkens** op plaat vast te leggen. In het jaar van het eeuwfeest van de onafhankelijkheid besloot Flon, zoals Emile-Georges De Meyst een jaar later deed met zijn **Brabançonne**, een historisch fresco te draaien. Met twee sterren uit de stille film, Francis Martin en Suzanne Christy, creëert hij **La flamme du souvenir**; geluid en muziek worden op plaat opgenomen om een zo breed mogelijk publiek te trekken. De reclame van toen was enthousiast: "Soldaten die *La Madelon* zingen, het luiden van de alarmklok, bulderende kanonnen, ronkende vliegtuigen, trommels en het klaroengeschal der grenadiers, dit alles zult u zien en horen". Genoeg om na 10 jaar patriottische films een weinig origineel scenario te stofferen.

Het verhaal begint in 1930, wanneer Jean, een Franse oudstrijder, getrouwd met een Belgische, zijn vrouw en kind meeneemt op bedevaart naar de Onbekende Soldaat. Daar vertelt de moeder het kind over haar verloofde, die soldaat was en tijdens de oorlog bevriend raakte met een Franse militair. Na de eervolle dood van haar verloofde en uit respect voor de wil van de overledene, ontfermde de Fransman zich over de jonge vrouw, wat uitliep op een huwelijk. Dit onderwerp heeft veel gemeen met de eerste film van Francis Martin - **Un soldat inconnu**, uit 1924, met de twee zelfde hoofdrolspelers - en sommige beelden lijken rechtstreeks hieruit of uit **Belgique meurtrie** te zijn overgenomen. Slechts één bobijn van dit chauvinistische melodrama werd teruggevonden.

La sérénade

Charles Kert

La sérénade
De serenade
The Serenade

DIRECTOR: Charles Kert
YEAR: 1931
COUNTRY: BE-IT
SCREENPLAY: Charles Kert
ASST. DIR.: Willy Mallebranche
CAMERA: Jimmy Long, Armand Merkoff
MUSIC: Luc Rosetti
PRODUCER: Charles Kert
PROD. CO.: Elios Films (Bruxelles/Trieste)
CAST: Myranda Horan (Lucienne Morane), Liane de Chambord (Marguerite Morane), Roland Hansen (Serge Bakowsky), Marguerite Alhaiza, Marguerite Foncette (Marie Bakowsky), Renitza Delattre, Georgette Martell, Harry Mackay (Stanislas Bakowsky), Jean Papette, Maurice Pettenlaire
LANGUAGE: French
GAUGE: 35 mm
SILENT/SOUND: silent
B&W/COLOUR: B&W
METRES: 2500m
NOTES: Silent film accompanied by a soundtrack recorded on phonographic discs.

◆ In the very earliest days of the talking pictures, several Belgian films were shown with a soundtrack played from records. This was true of **The Klepkens Family**, as well as patriotic productions such as **The Perpetual Flame**. According to various sources, another such film was **The Serenade**, a melodrama shot in 1931 by a certain Charles Kert. Originally from Trieste and a self-proclaimed political refugee, Kert managed to put together international financing after winning a "renowned Italian star" (as the writer-director put it), Roland Hansen. Naturally enough, his Italian star is assigned the role of a Russian musician. Serge is in love with a young woman from Brussels (played logically enough by a Dutch actress). War separates the fiancés - Serge leaves to rejoin his regiment whilst Lucienne flees to England. After the Armistice, her mother learns that Serge has returned from the front blinded and to prevent an unhappy marriage tells her daughter that he is dead. Now a street musician, Serge plays over and over the serenade he once wrote for his beautiful fiancée. During a brief visit to Brussels, Lucienne hears an unfamiliar violinist playing her romance and recognizes him to be the man she never stopped loving. According to the rare articles which have kept alive the memory of this touching tale, the crew even moved to London for that extra authenticity and an original serenade was composed for the film by Luc Rosetti. Among the other players, all as obscure as the two stars, the press mentions Liane de Chambord (playing Lucienne's mother) and a Belgian comic going by the gentle name of Maurice Pettenlaire.

● A la charnière du muet et du parlant, plusieurs films belges furent projetés en salle avec une synchronisation par disques: ainsi **La famille Klepkens**, mais aussi des productions patriotiques comme **La flamme du souvenir**. Selon plusieurs sources, ce fut aussi le cas de **La sérénade**, un mélodrame tourné en 1931 par un certain Charles Kert. Originaire de Trieste et se disant réfugié politique, Kert parvint à mettre sur pied un financement international autour de "la vedette italienne bien connue" (selon le scénariste-réalisateur) Roland Hansen. Très logiquement, l'histoire lui attribue le rôle d'un musicien russe. Serge est amoureux d'une jeune Bruxelloise (jouée tout aussi logiquement par une actrice néerlandaise). La guerre sépare les fiancés: Serge va rejoindre son régiment, tandis que Lucienne s'exile en Angleterre. Après l'Armistice, la mère de la demoiselle apprend que Serge est revenu aveugle des combats: pour éviter un mariage malheureux, elle affirme à sa fille qu'il est mort. Devenu musicien de rues, Serge joue sans cesse la sérénade qu'il a écrite jadis pour sa belle fiancée. Lors d'un bref séjour à Bruxelles, Lucienne entend un violoniste inconnu interpréter sa romance et reconnaît en lui l'homme qu'elle n'a jamais cessé d'aimer. Selon les rares articles qui ont préservé le souvenir de cette pathétique histoire, l'équipe se déplaça à Londres par souci d'authenticité et une sérénade originale fut composée pour le film par Luc Rosetti. Parmi les autres interprètes, tout aussi inconnus que les deux vedettes, on cite encore Liane de Chambord (la mère de Lucienne) et un comique belge répondant au doux nom de Maurice Pettenlaire. (RM)

▶ In de beginjaren van de geluidsfilm werden een aantal Belgische films in de bioscoop vertoond met gesynchroniseerd geluid op platen: dat gebeurde o.a. met **La famille Klepkens** maar ook met patriottische films als **La flamme du souvenir**. Volgens meerdere bronnen gold dit ook voor **La sérénade**, een melodrama uit 1931 van een zekere Charles Kert. Afkomstig uit Triëst en naar eigen zeggen een politiek vluchteling, slaagde deze erin een internationaal kapitaal te vergaren voor een film rond de "alombekende Italiaanse vedette" Roland Hansen (dixit de regisseur-scenarist). Deze vertolkt hier een Russisch muzikant, Serge, die verliefd is op een jonge Brusselse (vertolkt door een Hollandse actrice!). Maar de oorlog scheidt de geliefden: Serge vervoegt zich bij zijn regiment terwijl Lucienne uitwijkt naar Engeland. Na de Wapenstilstand verneemt haar moeder dat Serge in de strijd zijn gezichtsvermogen verloor; beducht voor een ongelukkig huwelijk, houdt zij haar dochter voor dat hij dood is. Serge eindigt als straatmuzikant en speelt onaflatend de serenade die hij destijds aan zijn jonge verloofde opdroeg. Tijdens een uitstapje naar Brussel hoort Lucienne een onbekende violist haar liefdeslied spelen; ze herkent in hem de man die ze nog steeds liefheeft. Volgens de weinige artikels die van deze pathetische geschiedenis gewag maken, trok de ploeg naar Londen uit zorg voor de "authenticiteit" en werd een originele serenade voor de film gecomponeerd door Luc Rosetti. Onder de overige acteurs, al even onbekend als de hoofdrolspelers, citeren we nog Liane de Chambord (als moeder van Lucienne) en een Belgische komiek met de mooie naam Maurice Pettenlaire.

Le plus joli rêve

Gaston Schoukens

Le plus joli rêve
De schoonste droom
The Most Beautiful of Dreams

DIRECTOR: Gaston Schoukens
YEAR: 1931
COUNTRY: BE
SCREENPLAY: Jean Valmont
DIALOGUE: Jean Valmont
CAMERA: Charles Lengnich
SOUND: Jean Valmont
PRODUCER: Gaston Schoukens
PROD. CO.: Lux Film (Bruxelles)
CAST: Georges Hamlin (Jean), Yvonne Courtex
(Yvonne), Roy-Fleury, Zizi Festerat (Yves),
Edouard Bréville (François), Jean Schouten,
Lucien Charbonnier
LANGUAGE: French
GAUGE: 35 mm
SILENT/SOUND: sound

◆ The astonishing success of **The Klepkens Family** gives Gaston Schoukens a new lease of life. He takes on the Belgian distribution not just of his own film but also of several French talkies, installing sound equipment in 40 cinemas across the country; under the pseudonym of Félix Bell he then shoots 6 Flemish short films (or 10, according to the sources) all in 1930, among them **Mother**, **Long Live the Class!**, **On the Beach** and **Mieke**. Finally, in 1931, he starts work in his studio in Ostend on a feature named after a highly popular melody of the day, the saccharine *Le plus joli rêve* by Pierre Chapelle. The words to this sentimental song obviously provided Jean Valmont, the scriptwriter but also the sound specialist, with most of the basic thread of the story. A handsome naval officer one evening hears a fisherman's daughter singing of "ce rêve d'amour, que l'on fait sur la grève, à l'heure où meurt le jour" and promptly fakes a car accident in order to meet her. A romance gradually takes shape, and the seducer talks the ingénue into a night-time rendezvous in his château. Surprised by the girl's aged father, he sees nothing of her until a year later when she is about to take the veil, and he begs her forgiveness. This tearful melodrama (with comic interludes from Zizi Festerat, who had already featured in **The Klepkens Family**) accommodated every tried and tested romantic cliché. A remarkable feature of **The Most Beautiful of Dreams** is its status as the first Belgian full-length film with optical sound. The doyenne of Belgian actresses Roy-Fleury - who had played the mater dolorosa of **The Crosses of the Yser** - crops up in the role of a nun.

● L'étourdissant succès de **La famille Klepkens** va donner des ailes à Gaston Schoukens. Il distribue non seulement son film dans toute la Belgique, mais aussi plusieurs films français sonores, équipant pour le parlant quarante salles du pays. Puis, en 1930, sous le pseudonyme de Félix Bell, il tourne six courts métrages en flamand (dix, selon d'autres sources) dont **Moeder**, **Leve de klas!**, **Op het strand** ou **Mieke**. Enfin, en 1931, il met en chantier, dans son studio à Ostende, un film qui reprend le titre d'une mélodie sirupeuse de Pierre Chapelle, fort populaire à l'époque, *Le plus joli rêve*. Ce sont évidemment les paroles de cette romance qui vont inspirer à Jean Valmont, scénariste et spécialiste du son, le fil conducteur du récit. Un bel officier de marine entend, un soir, la fille d'un pêcheur chanter: "ce rêve d'amour, que l'on fait sur la grève, à l'heure où meurt le jour". Il simule un accident d'auto pour faire sa connaissance. Une idylle s'ébauche, et le séducteur obtient de l'ingénue un rendez-vous nocturne dans son château. Surpris par le vieux père de la demoiselle, il ne la reverra qu'un an plus tard, sur le point de prendre le voile, et se fera pardonner. Ce mélodrame larmoyant (avec quelques intermèdes comiques par Zizi Festerat, déjà présent dans **La famille Klepkens**) jouait sur les stéréotypes efficaces du feuilleton pour midinettes. Par ailleurs, **Le plus joli rêve** fut le premier long métrage belge utilisant le son optique. On y retrouvait, dans le rôle d'une religieuse, la doyenne des comédiennes du pays, Madame Roy-Fleury, qui avait été la mater dolorosa des **Croix de l'Yser**. (RM)

▶ Na het overweldigende succes van **La famille Klepkens** haalde Gaston Schoukens het zeil in top: hij verdeelde zijn eigen film in heel België, maar bracht ook ettelijke Franse geluidsfilms in roulatie - een onderneming waarvoor hij 40 bioscoopzalen met een klankinstallatie uitrustte. Onder het pseudoniem Félix Bell draaide hij in 1930 zes Vlaamse kortfilms (tien, volgens andere bronnen), waaronder **Moeder**, **Leve de klas!**, **Op het strand** en Mieke. In 1931 startte hij in zijn Oostendse studio nog een project op, genoemd naar een toen bijzonder populair stroperig deuntje van Pierre Chapelle: *Le plus joli rêve*. Deze gezongen romance gaf Jean Valmont, scenarist en tevens geluidsspecialist, de rode draad van de film in. Een knappe marineofficier hoort op een mooie avond hoe een vissersdochter een lied zingt - "ce rêve d'amour, que l'on fait sur la grève, à l'heure où meurt le jour" - en lokt een auto-ongeval uit om haar te ontmoeten. Een idylle bloeit open en de verleider slaagt erin een afspraakje met de ingénue te versieren, 's nachts in zijn kasteel. Hij wordt echter ontdekt door haar bejaarde vader en ziet haar pas na een jaar terug, als zij op het punt staat in het klooster te treden. Zij vergeeft hem alles. Dit stroperige melodrama (met enkele komische intermezzo's van Zizi Festerat, die ook

al aantrad in **La famille Klepkens**) bevat alle beproefde clichés uit een stationsromannetje. Anderzijds valt te vermelden dat dit de allereerste Belgische film met optische klank was. Voorts vinden we in de rolverdeling Madame Roy-Fleury terug, de doyenne der vaderlandse actrices en de mater dolorosa uit **Les croix de l'Yser**, hier als non.

Le carillon de la liberté

Gaston Roudès

Le carillon de la liberté
De beiaard der vrijheid
The Liberty Chimes

DIRECTOR: Gaston Roudès
YEAR: 1931
COUNTRY: BE
BASED ON: Le carillon de la liberté, written by Armand Wullus-Rudiger
CAMERA: S. Hugo
SOUND: M. Gérardot
MUSIC: Arthur Prévost
ART DIRECTOR: Claude Bouxin, A. Galli
PROD. CO: Sybil-Film (Bruxelles)
CAST: Andrée Lafayette (Nora Sigrid), Jacques Maury (Jacques Vleminx), Madeleine Bréville (Louise Liégeois), N. Dolne (Grimmir), Charley Sov (Pierre Van Brussel)
LANGUAGE: French
GAUGE: 35 mm
SILENT/SOUND: sound
B&W/COLOUR: B&W
MINUTES: 66'

◆ Armand Wullus-Rudiger, a Belgian man of letters, enlisted the services of the French director Gaston Roudès to shoot his own script marking the centenary of Belgium. For inspiration he had looked to no less than Goethe's *Faust*, with the marriage between the protagonist and Helen of Troy embodying the fusion of the Germanic and Graeco-Roman cultures. Clearly, transposed to a secular Belgian context, the tale illustrated perfectly the happy rewards of the alliance of Flanders and Wallonia.

The World War is over, and the Antwerp painter Jacques Vleminx is due to inaugurate the new chimes in Brussels. Vleminx is married to the Walloon Louise Liégeois. The Valkyrie Nora Sigrid, however, has not forgotten her past with Jacques and interrupts their conjugal happiness. Vleminx allows himself to be kidnapped by the Icelandic beauty and is taken to her castle, but he escapes and in the nick of time arrives to sound the chimes and be forgiven by his wife.

Roudès shot in Ghent, Antwerp, Brussels, Liège and in the castle at Haar (on the mouth of the Rhine). The ballet dancers of the Théâtre de la Monnaie, composer Arthur Prévost and the French stars Andrée Lafayette, Jacques Maury and Madeleine Bréville all lent their services to what was billed as the biggest Belgian sound film. **The Liberty Chimes** was premièred in Brussels in the presence of King Albert I and then disappeared after a week in the cinemas. The omnipresent symbolism proved too weighty and this ideal form of solidarity wrapped up in metaphor apparently held little interest for Belgian audiences. Yet the film is certainly of its time - the Belgian centenary amidst the endless repercussions of the Great War gave rise to countless patriotic epics.

● Armand Wullus-Rudiger, homme de lettres belge, contacta le cinéaste français Gaston Roudès pour qu'il réalise son scénario écrit à l'occasion du centenaire de la Belgique. Il avait tout simplement puisé son inspiration chez Goethe, dans le récit des noces de Faust avec Hélène de Troie. La symbolique sous-jacente de l'union des cultures germanique et gréco-romaine se transformait en une alliance entre Flamands et Wallons qui ne pouvait déboucher que sur un avenir fécond.

La Grande Guerre est finie: le peintre anversois Jacques Vleminx doit inaugurer le nouveau carillon bruxellois. Il a épousé une Wallonne, Louise Liégeois. La walkyrie Nora Sigrid n'a cependant pas oublié son passé avec Vleminx et perturbe leur bonheur conjugal. Vleminx se laisse entraîner par la belle Islandaise jusque dans son château. Mais il s'en échappe à temps pour sonner le carillon où l'attend son épouse clémente.

Roudès tourna à Gand, Anvers, Bruxelles, Liège et dans le château de Haar (à l'embouchure du Rhin). Le corps de ballet du Théâtre de la Monnaie, le compositeur Arthur Prévost ainsi que les comédiens français Andrée Lafayette, Jacques Maury et Madeleine Bréville furent mis à contribution pour ce qui devait être le plus grand film sonore belge. La première eut lieu à Bruxelles, en la présence du roi Albert Iᵉʳ, mais le film ne tint qu'une semaine à l'affiche. La symbolique, trop chargée, vit s'abîmer le film, les spectateurs belges semblant peu sensibles à cet idéal d'une solidarité très métaphoriquement sollicitée. Mais le film est conforme à son contexte historique. Le centenaire et les séquelles interminables de la Grande Guerre inspirèrent des dizaines de films patriotiques.

▶ Armand Wullus-Rudiger, Belgisch literator, zocht de Franse regisseur Gaston Roudès aan voor de verfilming van zijn scenario ter verheerlijking van België n.a.v. het eeuwfeest. Niets minder dan het œuvre van Goethe over het huwelijk tussen Faust en Helena van Troje met zijn onderliggende symboliek rond de binding tussen de Germaanse en de Grieks-Latijnse cultuur, had de scenarist naar het Belgisch grondgebied overgeheveld. Het mythische huwelijk tussen Vlamingen en Walen zou leiden tot een vruchtbare toekomst.

Na de Eerste Wereldoorlog mag de Antwerpse schilder Jacques Vleminx de nieuwe Brusselse beiaard inhuldigen. Vleminx is getrouwd met de Waalse Louise Liégeois. De walkure Nora Sigrid is haar verleden met Vleminx echter niet vergeten en verstoort het huiselijke geluk van het koppel. Vleminx laat zich door de IJslandse schone meeslepen naar haar kasteel. Nog net op tijd zal hij ontsnappen en de klokkentoren bereiken waar zijn vergevende vrouw hem opwacht.

Er werd gedraaid in Gent, Antwerpen, Brussel, Luik en in het kasteel van Haar (bij de monding van de Rijn). Het ballet van de Muntschouwburg, componist Arthur Prévost, de Franse acteurs Andrée Lafayette, Jacques Maury en Madeleine Bréville hielpen mee aan wat de grootste Belgische klankfilm zou worden. **Le carillon de la liberté** ging in première in Brussel in aanwezigheid van koning Albert I en bleef slechts één week op de affiche. De alom aanwezige symboliek leek de film te versmachten en het Belgische volk had geen boodschap meer aan dergelijke symbolisch opgelegde samenhorigheid. Maar de film past in zijn historische context: het eeuwfeest en de eindeloze naweeën van de Eerste Wereldoorlog waaruit tientallen patriottische films voortsproten. (MT)

Au pays du scalp

Robert de Wavrin

Au pays du scalp
In het land van de scalp
In the Scalp Country

DIRECTOR: Robert de Wavrin
YEAR: 1931
COUNTRY: BE
SCREENPLAY: Robert de Wavrin
CAMERA: Robert de Wavrin
EDITING: Alberto Cavalcanti, Paul Raibaud
SOUND: Alberto Cavalcanti, Paul Raibaud
MUSIC: Maurice Jaubert
PROD. CO.: Compagnie Universelle Cinématographique
CUC (Bruxelles)
LANGUAGE: French
GAUGE: 35 mm
SILENT/SOUND: sound
B&W/COLOUR: B&W
MINUTES: 75'

◆ In the silent days, Robert de Wavrin numbered amongst the pioneers of filmed ethnography who travelled to distant regions, still unexplored or shrouded in too many legends, to bring back startling images which have now become the sole records of primitive tribes since wiped from the face of the earth. A long journey from May 1926 to June 1930, his third across South America, provided the film-maker with 20 000 metres of rushes, of which Alberto Cavalcanti retained a tenth in putting together **In the Scalp Country**. A score by Maurice Jaubert further enriched the film, drawing upon Indian and Brazilian themes collected on location by the explorer. It is also worth mentioning that between 1932 and 1938 Robert de Wavrin was responsible for another five documentaries on the continent which held such a fascination for him. Unlike Flaherty or Murnau (whose **Tabu** dates from the same year) no creative mastermind, the Walloon ethnologist understood himself rather as the dutiful witness to these allegedly savage peoples, whose confidence he was quick to gain. For the first time he returned with invaluable documents of the fauna, flora and cultures he encountered; from the Galapagos Isles to the Andes cordillera, on the banks of the Amazon or the heights of Machu Picchu, by raft or by mule, we hurtle from one alien landscape to another, discovering an unexplored world. The high point of the film, which also gives it its name, is the long sequence devoted to the Jivaros, who in ritual processes scrupulously documented by the camera shrink the heads of their enemies to the size of a fist - fabulous images which hang in the mind.

● Au temps du muet, Robert de Wavrin avait fait partie de ces pionniers de l'ethnographie filmée qui rapportèrent de leurs expéditions vers des régions lointaines, encore inconnues ou entourées de trop de légendes, de saisissantes images devenues, depuis lors, d'ultimes témoignages sur certaines tribus primitives, aujourd'hui décimées. Un long périple (son troisième) à travers l'Amérique du Sud, de mai 1926 à juin 1930, permit au cinéaste de ramener 20.000 mètres de pellicule, dont Alberto Cavalcanti conserva un dixième pour monter **Au pays du scalp**. Le film fut enrichi d'une partition conçue par Maurice Jaubert qui s'inspirait de thèmes indiens et brésiliens recueillis sur place par l'explorateur. Ajoutons, pour être complet, que Robert de Wavrin signa, de 1932 à 1938, cinq autres documentaires sur ce continent qui le fascinait. Sans être un créateur inspiré, comme Flaherty ou Murnau (dont le **Tabou** date de la même année), l'ethnologue wallon se voulait avant tout le témoin intègre de ces peuplades dites sauvages, dont il avait su gagner la confiance. Il ramena, pour la toute première fois, des documents inestimables sur la faune, la flore et les mœurs. Des îles Galapagos à la cordillère des Andes, au fil de l'Amazone ou sur les hauteurs de Machu Picchu, en radeau ou à dos de mulet, c'est le dépaysement absolu, la découverte d'un monde inexploré. Le sommet du film, qui lui donne son titre, c'est la longue séquence où l'on voit les Jivaros réduire la tête de leurs ennemis à la grosseur du poing par des procédés rituels rigoureusement filmés. Des images fabuleuses, qui restent longtemps en mémoire. (RM)

▶ In de periode van de stille film was Robert de Wavrin een van de pioniers die vanuit verafgelegen en onontdekte gebieden, nog gehuld in een waas van legenden, terugkeerden met adembenemende beelden, die nu een soort testament geworden zijn van lang geleden uitgeroeide primitieve stammen. Na een uitgebreide expeditie doorheen Zuid-Amerika (zijn derde), van mei 1926 tot juni 1930, had de cineast 20.000 meter pellicule, waarvan Alberto Cavalcanti een tiende monteerde tot **Au pays du scalp**. De film werd verrijkt met een compositie van Maurice Jaubert, geïnspireerd op Indiaanse en Braziliaanse thema's die de ontdekkingsreiziger ter plaatse had opgetekend. Tussen 1932 en 1938 draaide Robert de Wavrin nog vijf andere documentaires over dit voor hem zo fascinerende continent. Zonder een geïnspireerd kunstenaar te zijn zoals Flaherty of Murnau (wier **Tabu** uit hetzelfde jaar dateert), zag de Waalse etnoloog zich vooral als een betrouwbare en eerlijke getuige van deze zogeheten wilden, wier vertrouwen hij had gewonnen. Hij bracht als eerste onschatbare informatie mee over fauna, flora en zeden; van de Galapagos-eilanden tot de Cordillera van de Andes, langsheen de Amazone of bovenop de Machu Picchu, drijvend op een vlot of gezeten op een muildier, is dit dé absolute sprong in het onbekende, de ontdekking van een nooit eerder aanschouwde wereld. Het hoogtepunt van de film, tevens de aanleiding voor de titel, is de lange episode bij de Jivaro's, die de afgehouwen hoofden van hun vijanden tot vuistgrootte reduceren door een reeks, zorgvuldig gefilmde, rituele behandelingen; fabelachtige beelden, die nog lang blijven nazinderen.

La Brabançonne

Emile-Georges De Meyst

La Brabançonne

DIRECTOR: Emile-Georges De Meyst
YEAR: 1931
COUNTRY: BE
SCREENPLAY: Emile-Georges De Meyst
BASED ON: La Brabançonne (poem), written by Georges Vaxelaire
ASST. DIR.: Georges Moussiaux, Jean Valmont, André Bonte, Henry De Poirier
CAMERA: Maurice De Witte, Beynoyendra Seyne
SOUND: Bernard Dardaine
MUSIC: Robert Pottier
ART DIRECTOR: Ph. Mornard
COSTUMES: Paul Pouleur
PRODUCER: Emile-Georges De Meyst, Georges Moussiaux
CAST: Lucienne Masset (Suzanne Van der Mersch), Roy-Fleury (La douairière Van der Mersch), Georges Moussiaux (Lieutenant Van der Heiden), Jean Valmont (Ministre Van Maanen), Jean Schouten (Gérard De Lermier), Rita Monty (Marguerite d'Andolfi), Mila Roska (La Baronne de Roosekerke), Henry Dewaide (Baron Van der Mersch), F. Demorange (Docteur Dubreux), Ray De Verly (Maurice Van der Mersch), Henry Georges (Capitaine Streyck), Bysantz (Van Campenhout), Julien Gohir (Jenneval), Bolain (Félix de Mérode), Eugène Verdier (Frédéric de Mérode), Sarrois (La Feuillade), Emile-Georges De Meyst (Le baron d'Hoogvorst)
LANGUAGE: French
GAUGE: 35 mm
SILENT/SOUND: sound
B&W/COLOUR: B&W
MINUTES: 77′

◆ Between 1924 and 1929 Emile-Georges De Meyst abandoned directing and devoted himself to special effects (models and optical effects), working in France for Abel Gance and Marcel L'Herbier (**L'argent**), in England and in Germany (for Fritz Lang). The advent of sound cut short his career as a visual effects technician, reorienting films as it did around dialogue. With a range of experience increased considerably by his work with the great directors, he returned to Brussels and called on private investors in order to mark the centenary of the Belgian Revolution, the State contenting itself with the pledge of a group of soldiers and cavalrymen to act as extras. **La Brabançonne** was, despite a modest budget of BF 300 000, intended to be a great spectacular in the spirit of popular prints. The script was based upon a militaristic poem by Baron Vaxelaire, owner of a department store and the film's first patron. Using the framework of a romantic triangle (a young aristocrat falling for two enthusiastic patriots in turn) the film is essentially a vibrant re-creation of the great days of 1830, from the defending of the Parc de Bruxelles to the impassioned performance of the popular opera *La muette de Portici* ("The Mute Girl of Portici") at the Théâtre de la Monnaie. Begun as a silent in Gaston Schoukens' tiny studio, the production of **La Brabançonne** was constantly interrupted because of financial problems and the question of sound. The film was eventually premièred in January 1932 but failed to score the slightest success. De Meyst, disheartened by this failure, headed back to Paris.

● Entre 1924 et 1929, Emile-Georges De Meyst abandonnait la mise en scène pour se consacrer aux effets spéciaux (maquettes et trucages optiques), travaillant en France avec Abel Gance et Marcel L'Herbier (**L'argent**), ainsi qu'en Angleterre et en Allemagne pour Fritz Lang. L'arrivée du parlant, essentiellement des films à dialogues, interrompit sa carrière de technicien du trucage. Avec une expérience raffermie auprès de grands réalisateurs, De Meyst revint à Bruxelles où il fit appel au capital privé pour évoquer le centenaire de la Révolution belge, l'Etat se contentant de lui fournir une figuration de militaires et de cavaliers. **La Brabançonne** se voulait un film à grand spectacle, dans l'esprit des estampes populaires, malgré un budget modeste de 300.000 francs. Le scénario s'inspirait d'un poème cocardier du baron Vaxelaire, propriétaire de grand magasin et premier mécène du film: à travers un argument romantique (une jeune aristocrate s'éprend successivement de deux patriotes au grand cœur), une reconstitution vibrante des grandes journées de 1830, de la défense du Parc de Bruxelles à la représentation exaltée de *La muette de Portici* au Théâtre de la Monnaie, est offerte au public. Commencée en muet fin 1930 dans le petit studio de Gaston Schoukens, sans cesse interrompue pour des questions d'argent ou de sonorisation (plusieurs scènes dialoguées durent être entièrement refilmées pour le parlant), **La Brabançonne** fut finalement montrée au public en janvier 1932, sans le moindre succès. Emile-Georges De Meyst, découragé par cet échec, reprit le chemin de Paris. *(RM)*

▶ Tussen 1924 en 1929 had Emile-Georges De Meyst het regiewerk opgegeven om zich te bekwamen in speciale effecten (maquettes en optische trucage); zo werkte hij in Frankrijk voor Abel Gance en Marcel L'Herbier (**L'argent**), maar ook in Engeland of in Duitsland (voor Fritz Lang). De opkomst van de klankfilm kelderde echter zijn carrière als trucagetechnicus, aangezien dialogen nu centraal stonden in veel films. Rijk aan de ervaring die hij had opgedaan bij de grote regisseurs, keerde De Meyst terug naar Brussel, waar hij een beroep deed op privékapitaal om het eeuwfeest van de Belgische Revolutie in beeld te brengen, terwijl de Staat zich beperkte tot het leveren van een figuratie van militairen en ruiters. **La Brabançonne** moest een grootse spektakelfilm worden in de stijl van de populaire prenten, ondanks het bescheiden budget van 300.000 BF. Het scenario was geïnspireerd op een militaristisch gedicht van baron Vaxelaire, eigenaar van een groot warenhuis en de eerste mecenas van de film: een romantisch verhaaltje over een jonge aristocrate die verliefd wordt op twee enthousiaste patriotten, dient als leidraad van deze vibrerende reconstructie van de hoogtepunten van 1830, van de verdediging van het Park van Brussel tot de geestdriftige creatie van *De stomme van Portici* in de Muntschouwburg. De opnamen van deze - aanvankelijk stille - film gingen eind 1930 van start in de kleine studio van Gaston Schoukens, maar moesten meermaals worden stilgelegd wegens geld- en sonorisatieproblemen. De uiteindelijke première in januari 1932 kende niet het minste succes. Ontgoocheld door deze mislukking, trok De Meyst weer naar Parijs.

Le mariage de Mademoiselle Beulemans

Jean Choux

Le mariage de Mademoiselle Beulemans
Het huwelijk van Mejuffrouw Beulemans
The Marriage of Mademoiselle Beulemans

DIRECTOR: Jean Choux
YEAR: 1932
COUNTRY: BE-FR
BASED ON: Le mariage de Mademoiselle Beulemans, written by Jean-François Fonson, Fernand Wicheler
CAMERA: Robert Batton, René Guychard, Charles Lengnich, Lucien François
EDITING: Marthe Poncin
MUSIC: Philippe Parès
ART DIRECTOR: René Moulaert
PRODUCER: Reingold-Lafitte
CAST: Lily Bourget (Suzanne Beulemans), Berthe Charmal (Mme Beulemans), Claire Gérard (Isabelle), Arthur Devère (Isidore), Pierre Dux (Albert Delpierre), Pierre Juvenet (Delpierre Père), Solange Moret (Anna), Pierre Alcover (M. Meulemeester), Charles Mahieu (M. Beulemans), André Gobert (Séraphin Meulemeester), Zizi Festerat (Mostynck), Rittche (Léopold), Ghita Moulaert, Charles Nossent, René Vitou
LANGUAGE: French
GAUGE: 35 mm
SILENT/SOUND: sound
B&W/COLOUR: B&W
MINUTES: 105'

◆ The most famous play in Belgian theatre history is without contest *Le Mariage de Mademoiselle Beulemans* by Fonson and Wicheler, first performed in Brussels in March 1910. The regular reprises of this comedy of mores have reinforced perceptions of the mythical "Belgian accent" and national stupidity, notably in France, where the good-natured childlike imagery gave birth to a provincial exoticism later picked up by Marcel Pagnol in his Marseilles trilogy. A perfectly paced laughter machine, the play had undergone its first screen adaptation in 1927 at the hands of Julien Duvivier. It seems paradoxical to have made a silent version of a comedy whose very appeal stems from the "sound" of Brussels street language, especially so when the role of Monsieur Beulemans went to none other than the illustrious Gustave Libeau, future star of the films of Gaston Schoukens, who was forced to leave to the intertitles the task of ridiculing his character's accent...

Five years later it is the Swiss director Jean Choux, fresh from the success of his **Jean de la Lune**, who shoots the first sound version of the work in Paris (with location work in the Belgian capital). Renowned stage actor Charles Mahieu takes the portrayal of the grave, beer-bellied brewer into the realm of caricature. By way of local colour audiences were treated to the open-air dancing of the Bois de la Cambre, the inevitable Manneken Pis and the Marolles duo Rittche and Festerat, two popular clowns of the day who reappear in the work of Schoukens.

● La pièce la plus célèbre du théâtre belge, depuis sa création en mars 1910 à Bruxelles, reste sans conteste *Le mariage de Mademoiselle Beulemans* de Fonson et Wicheler. Les reprises régulières de cette comédie de mœurs ont conforté le mythe de "l'accent belge" et de la balourdise de nos concitoyens notamment en France, où cette imagerie bon enfant donna naissance à un exotisme provincial, dont Marcel Pagnol allait prendre le relais avec sa trilogie marseillaise. Machine à rire parfaitement rodée, l'œuvre avait connu, fort bizarrement, une première adaptation à l'écran en 1927, par Julien Duvivier: tourner une version muette d'une comédie qui tire toute sa saveur du "parler" bruxellois relevait du paradoxe, d'autant que c'est l'illustre Gustave Libeau, futur interprète des films de Gaston Schoukens, qui interprétait Monsieur Beulemans, laissant aux intertitres le soin de ridiculiser l'accent du personnage...

Cinq ans plus tard, c'est un réalisateur d'origine suisse, Jean Choux, qui tourna à Paris (avec extérieurs dans la capitale belge) la première version parlante de l'ouvrage, au lendemain de son triomphal **Jean de la Lune**. Un acteur de théâtre renommé, Charles Mahieu, caricatura, selon la tradition, le solennel brasseur bedonnant. Pour la couleur locale, on eut droit aux guinguettes du Bois de la Cambre, à l'incontournable Manneken-Pis et au duo des Marolliens Rittche et Festerat, deux populaires bouffons de l'époque qu'on retrouvera chez Schoukens. (RM)

▶ Het beroemdste werk uit het Belgische theater is zonder twijfel *Le mariage de Mademoiselle Beulemans* van Fonson en Wicheler. Het werd gecreëerd in Brussel in maart 1910 en werd sindsdien talloze keren hernomen, wat - vooral in Frankrijk - de mythe van het "Belgisch accent" en de boersheid van ons volk in het leven riep. Dit brave, goedlachse verhaal lag ook aan de basis van het exotisch provincialisme dat later opgang maakte in de Franse film en waar Marcel Pagnol op voortborduurde met zijn Marseillaanse trilogie. Deze goed geoliede lachmachine was al een keer verfilmd door Julien Duvivier in 1927: een stille film dus naar een theaterstuk met als voornaamste troef het sappige Brusselse dialect, en de tongval van Gustave Libeau - de toekomstige acteur van Gaston Schoukens, hier in de rol van Beulemans - moest dan ook via de tussentitels in het belachelijke worden getrokken.

Vijf jaar later zou de Zwitserse regisseur Jean Choux, na zijn triomfantelijke **Jean de la Lune**, een tweede poging ondernemen om dit werk te verfilmen, met klank ditmaal. De buitenopnamen werden in Brussel gedraaid, de rest in een Parijse studio. Charles Mahieu, een gerenommeerd theateracteur, mocht het hoogdravende, rondborstige feestvarken traditiegetrouw ridiculiseren. Verder is er nog wat plaatselijke folklore, zoals de uitspanningen in het Terkamerenbos, het obligate Manneken Pis en de populaire Marolse lolbroeken Rittche en Festerat, later terug te zien in de films van Schoukens.

Le cadavre n°5

Gaston Schoukens

Le cadavre n°5
Le cadavre numéro 5
Het lijk n°5
Body No.5

DIRECTOR: Gaston Schoukens
YEAR: 1932
COUNTRY: BE
BASED ON: Le cadavre n°5, written by Georges Duvigneaud
ASST. DIR.: Jean Valmont
CAMERA: Charles Lengnich
PRODUCER: Gaston Schoukens
PROD. CO.: Lux Film (Bruxelles)
CAST: Gladys Warland (Boubou), Renée [Yvonne?] Courtex (Jeanne), Marguerite Daulboys (Mme Pruneau), Julia Vander Hoeven (La concierge), Lucien Mussière (Sidoine Loriot), Rittche (Le gardien de la morgue), Zizi Festerat (Le directeur de la morgue), Fernand Crommelynck (Le commissaire), Teraets (L'oncle), Jean Schouten (Gropsky), Edouard Bréville (Pruneau)
LANGUAGE: French
SILENT/SOUND: sound
B&W/COLOUR: B&W
MINUTES: 80'

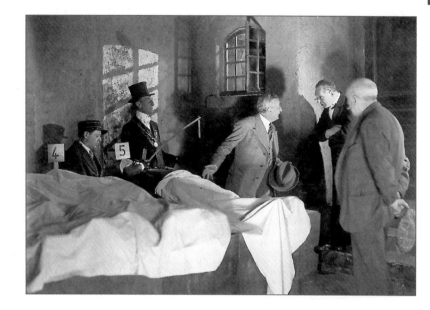

◆ In the early thirties, despite the attractive profits made by **The Klepkens Family**, Gaston Schoukens is apparently still searching for a direction: moving from melodrama to comedy, he keeps his eye first and foremost on the simple tastes of his public. "I don't aim to create Art," he will later say, "I simply want to entertain and I'm like a little kid when I manage it. No accomplished tracking shots, no interesting camera angles for me. No! Homegrown scenes, with homegrown people, and gags. You could accuse me of pillaging second-rate joke books, but what do I care?" His triumphal meeting with Gustave Libeau still ahead of him, he makes a number of minor films which are enjoyable and completely unpretentious. Witness **Body No.5**. Barrister and journalist Georges Duvigneaud had had a comfortable success with sales of this macabre comic novel laced with black humour. The principal sequences of the book (and of the film) are set in a mortuary, where following an imbroglio a husband and wife both believe their spouse to have committed suicide. This is the starting point for a chain of misunderstandings linking a real faked death, a rich uncle who has come to identify the body and a real widow who believes her husband to have been resuscitated. Schoukens took on two Brussels music-hall comics, Rittche and Festerat, as the morgue's bewildered caretaker and director respectively. The principal role of the dead man who is really very alive was taken by Lucien Mussière, a wild comic actor from the operetta, whilst Fernand Crommelynck - uncle of the notorious author of *The Magnificent Cuckold* - crops up in the guise of a police superintendent.

● Au début des années 30, malgré les bénéfices alléchants de sa **Famille Klepkens**, Gaston Schoukens semble encore chercher sa voie: alternant mélodrames et comédies, il est d'abord à l'affût des goûts simples de son public. "Je ne vise pas l'art", dira-t-il plus tard, "mais simplement je veux divertir et je suis comme un gosse quand j'y parviens. Pour moi, pas de travellings savants, ni d'angles spéciaux. Non! Des scènes de chez nous, campant des gens de chez nous, et de la blague. On peut m'accuser de piller l'almanach Vermot: je m'en moque!" En attendant sa rencontre triomphale avec Gustave Libeau, il accumule ainsi des petits films, sans aucune prétention, mais qui peuvent plaire, comme, par exemple, **Le cadavre n°5**. Avocat et journaliste, Georges Duvigneaud avait obtenu un confortable succès de librairie avec ce roman comico-macabre, jouant sur l'humour noir. Les séquences principales du livre (et du film) se déroulent dans une morgue, où, à la suite d'un imbroglio, un mari et sa femme croient chacun au suicide du conjoint; d'où un chassé-croisé de malentendus, réunissant un vrai-faux défunt, un oncle à héritage venu l'identifier et une veuve réelle, croyant son époux ressuscité. Pour incarner ces fantoches, Schoukens engagea deux comiques bruxellois de revues: Rittche et Festerat, jouant respectivement le gardien ahuri et le directeur de la morgue. Le rôle principal du mort bien vivant était tenu par un comique d'opérette échevelé, Lucien Mussière, tandis qu'on retrouvait, dans une silhouette de commissaire, le patriarche Fernand Crommelynck, oncle du fameux dramaturge du *Cocu magnifique*. (RM)

▶ In de vroege jaren 30 lijkt het of Gaston Schoukens, ondanks de niet onaardige recettes van **La famille Klepkens**, zijn weg nog niet heeft gevonden. Hij schakelt van melodrama over op komedies en speelt vooral in op de ongecompliceerde smaak van zijn publiek. "Het is niet mijn bedoeling kunst te maken", zei hij later. "Ik wil enkel het publiek vermaken en ben als een kind zo blij als ik daarin slaag. Hoogstaande travellings of speciale camerastandpunten hoeven niet voor mij. Nee! Scènes van bij ons, met mensen van bij ons, en grappen. Men kan mij verwijten dat ik mijn inspiratie zoek in kalendermopjes, maar wat kan mij dat schelen?" In afwachting van zijn ontmoeting met Gustave Libeau levert hij het ene na het andere filmpje af: pretentieloos amusement, zoals in deze **Le cadavre n°5**. Georges Duvigneaud, advocaat en journalist, had met zijn komisch-macabere roman behoorlijk wat succes gehad. De belangrijkste scènes van het boek (en van de film) spelen zich af in een mortuarium waar een man en zijn vrouw, na een imbroglio, geloven dat de ander zelfmoord heeft gepleegd. Er volgt een serie persoonsverwisselingen rond een levende dode, een erfoom die het lijk komt identificeren en een weduwe die gelooft dat haar man uit de dood is opgestaan. Om deze potsenmakers neer te zetten, koos Schoukens twee artiesten uit het Brusselse variété: Rittche als verdwaasde bewaker en Festerat als directeur van het mortuarium. In de hoofdrol van de levende dode vinden we een uitbundige komiek uit de operette, Lucien Mussière, terwijl Fernand Crommelynck, oom van de beroemde schrijver van *Le cocu magnifique*, in de huid van een politiecommissaris kruipt.

L'amour en six jours

Emile-Georges De Meyst, Georges Moussiaux

L'amour en six jours
Liefde in zes dagen
Love in Six Days

DIRECTOR: Emile-Georges De Meyst, Georges Moussiaux
YEAR: 1933
COUNTRY: BE
SCREENPLAY: Georges de Bioul
CAMERA: J.A. Lucas Villerbue, Maurice De Witte
SOUND: M. Reitberger
MUSIC: Géo Falcq, Georges Hannau
CAST: Eliane de Creus (Ginette), José Sergy (Maurice), Duvaleix (Lucien), Anthony Gildès, Loulou Girardo, Anita Chenal, Nokey May, Ferny, Féraldy, Simone Revyl, Léa Anselme, Dangelys, Farineau, A. Joubert, Arnael, Fageol
LANGUAGE: French
GAUGE: 35 mm
SILENT/SOUND: sound
B&W/COLOUR: B&W
MINUTES: 82'

◆ After the fiasco of his ambitious **Brabançonne**, Emile-Georges De Meyst once again retreated into exile in Paris. There he was able to use cheap sets from other productions to cobble together four short films (**Swiftness and Discretion**, **Beloved Lanouille**, **The Life of a Star** and **Jacqueline Makes a Film**) for inclusion in supporting programmes, featuring such popular stars as Jeanne Boitel and Raymond Cordy. The same lack of ambition lay behind his decision to shoot an operetta by the composer Géo Falcq - also responsible for the screenplay under a pseudonym - in the studios at Neuilly, a Belgian production.

Love in Six Days tells the tale of a merry bon viveur who bets with a friend that within six days he will be able to seduce a young girl just as well-off as he is. Once sober he sets about ridding himself of his burdensome mistress and tracking down the rich ingénue who will carry the bet in his favour. A charming young lady in love with the man-about-town goes to great lengths to conquer him; various disguises and music-hall gags, complete with good-natured songs, all play a part in this process. We are undoubtedly dealing here with a traditional French musical comedy from the early age of the talkies.

Love in Six Days starred two operetta performers full of gusto (seconded by French actors such as Duvaleix and Gildès), but will hardly go down as a landmark in film history. Yet the success of the film did enable De Meyst to make another four feature films between 1935 and 1937, both in Belgium and in France, as many as Gaston Schoukens over this same period.

● Après le fiasco de son ambitieux **Brabançonne**, Emile-Georges De Meyst s'exile à nouveau vers Paris. Il y réalise quatre courts métrages comiques (**Célérité et discrétion**, **Bienaimé Lanouille**, **Etre vedette** et **Jacqueline fait du cinéma**) en utilisant les décors à bon marché d'autres films pour bricoler ces compléments de programme, par ailleurs joués par des vedettes populaires comme Jeanne Boitel ou Raymond Cordy. La même absence d'ambition lui fera tourner, dans les studios de Neuilly (mais produit par la Belgique), une opérette du compositeur Géo Falcq qui signa le scénario sous un pseudonyme.

L'amour en six jours met en scène un joyeux noceur qui, après une soirée bien arrosée, parie avec un ami qu'il séduira en six jours une jeune fille aussi fortunée que lui. Une fois son ivresse dissipée, il s'agira pour lui de se débarrasser d'une maîtresse encombrante et de trouver la riche ingénue qui lui fera gagner son pari. Une gentille demoiselle, amoureuse du noceur, va tout mettre en œuvre pour le conquérir à travers déguisements et gags boulevardiers assortis de chansons bon enfant. On est ici dans la tradition de la comédie musicale à la française des débuts du parlant.

Joué par deux artistes d'opérette pleins de bonne volonté (et encadrés par des comiques de boulevard comme Duvaleix ou Gildès), **L'amour en six jours** n'a guère laissé de traces dans l'histoire du cinéma. Toutefois le succès du film allait permettre à De Meyst de réaliser quatre autres longs métrages, en Belgique et en France, de 1935 à 1937, soit autant que Gaston Schoukens durant les mêmes années. (RM)

▶ Na het fiasco van zijn ambitieuze **Brabançonne** wijkt Emile-Georges De Meyst weer uit naar Parijs, waar hij vier komische kortfilms - bestemd als voorprogramma - draait (**Célérité et discrétion**, **Bienaimé Lanouille**, **Etre vedette** en **Jacqueline fait du cinéma**), gebruik makend van goedkope decors uit andere films en met populaire vedetten als Jeanne Boitel of Raymond Cordy. Met eenzelfde gebrek aan ambitie besluit hij in de Neuilly-studio's een (evenwel door België geproduceerde) operette te verfilmen van de componist Géo Falcq, die het scenario schreef onder een pseudoniem.

L'amour en six jours gaat over een jonge bon-vivant die, na een flinke braspartij, een weddenschap sluit met een vriend: binnen de zes dagen zal hij een meisje even fortuinlijk als hijzelf verleiden. Zodra hij weer nuchter is, dient hij zich zo snel mogelijk te ontdoen van zijn lastige maîtresse, zodat hij op zoek kan gaan naar een rijk, naïef meisje en zijn weddenschap winnen. Een lieve juffrouw wordt verliefd op de losbol en stelt alles in het werk om hem voor zich te winnen, wat aanleiding geeft tot verkleedpartijen, vaudeville-gags en goedhartige liedjes. Deze film is dan ook duidelijk een toonbeeld van de Franse muzikale komedie uit het begin van de jaren 30.

L'amour en six jours werd vertolkt door twee welwillende operette-artiesten (omringd door Franse acteurs als Duvaleix en Gildès) en liet nauwelijks sporen achter in de filmgeschiedenis. Maar het succes van de film stelde De Meyst wel in staat vier andere langspeelfilms te draaien in België en Frankrijk, tussen 1935 en 1937, evenveel als Gaston Schoukens in dezelfde tijdsspanne.

Si tu vois mon oncle

Félix Bell [Gaston Schoukens]

Si tu vois mon oncle
Ne vole pas mon oncle
Als gij mijn oompje ziet
Hebt ge mijn oom niet gezien?
If You See My Uncle

DIRECTOR: Félix Bell [Gaston Schoukens]
YEAR: 1933
COUNTRY: BE
SCREENPLAY: Félix Bell
DIALOGUE: Jean Valmont
CAMERA: Charles Lengnich, François Rents
SOUND: José Lebrun
MUSIC: René Demaret
ART DIRECTOR: Suzanne Varlet
PRODUCER: Gaston Schoukens
PROD. CO.: Lux Film (Bruxelles)
CAST: Colette Darfeuil (Clémentine), Alice Tissot
(Mme Ledroux), Marguerite Daulboys
(Catherine), Géno Andral (Mlle Beguin),
Gaston Jacquet (Docteur Ledroux), Victor
Pujol (Moureaux), Gladys Warland (Mitsy),
Jean Norey (L'abbé Moll), Jules Lempereur
(Edouard), Lucien Prad (Le colonel),
Rittche (Jean)
LANGUAGE: French
GAUGE: 35 mm
SILENT/SOUND: sound
B&W/COLOUR: B&W
MINUTES: 87'

◆ Shrewd as ever, Gaston Schoukens could not but pick up on the success enjoyed by musical comedies and military vaudevilles from France during the first few years of the talkies, especially when the films featured minor stars popular with the public. Bringing together all three of these elements, under the pseudonym of Félix Bell (which he had already adopted for his short films in Flemish), he concocted the story of four soldiers billeted in the house of a village priest. The priest's ward, his mischievous orphaned niece, falls in love with one of the soldiers despite already being engaged to marry. Composer René Demaret spiced up the action with four catchy songs, from *Clémentine, donne-moi ta bouche* ("Clémentine, Give Me Your Lips") to *Un petit baiser, c'est tout autre chose* ("A Little Kiss Is Something Quite Different"). The part of the tuneful little ingénue was taken by the sprightly Gladys Warland, who had mounted the American show *No No Nanette* in Brussels and also appeared in **Body No.5**. The comic Rittche played to perfection a stupid infantryman, spouting nonsense in Flemish and suffering the affections of an old maid. Much of the supporting cast was French - which ensured a happy tinkling at the box-office - including Colette Darfeuil as a seductive maidservant, all bared legs, Alice Tissot as a majestic bigot, and veteran of silent cinema Gaston Jacquet, who had switched to the operetta after **The Road to Paradise**. This was the sure recipe for a resounding success, and indeed Schoukens was not disappointed, using his pseudonym as an extra precaution to give the impression, in the local cinemas, of a genuine French production: the film premièred in Brussels for a period of 14 weeks.

● Avisé comme de coutume, Gaston Schoukens n'avait pu que remarquer le succès des comédies musicales et des vaudevilles militaires, venus de France en ces premières années du parlant, surtout lorsque ces films comptaient quelques vedettes populaires de second plan dans leur distribution. Unissant ces trois éléments, il imagina donc, sous le pseudonyme de Félix Bell (qu'il avait déjà utilisé pour ses courts métrages en flamand), l'histoire de quatre soldats logés chez un brave curé de village, tuteur d'une nièce espiègle et orpheline qui tombe amoureuse de l'un des militaires, alors qu'elle est déjà fiancée. Le compositeur René Demaret pimenta l'action de quatre chansons entraînantes, de *Clémentine, donne-moi ta bouche* à *Un petit baiser, c'est tout autre chose*. La pétillante Gladys Warland, créatrice bruxelloise de l'opérette *No No Nanette*, déjà présente dans **Le cadavre n°5**, incarna la petite ingénue à couplets; le comique Rittche joua un fantassin stupide à souhait, bafouillant le flamand et choyé par une vieille fille. Restaient les seconds rôles français, essentiels pour faire tinter joyeusement le tiroir-caisse: on eut droit à Colette Darfeuil, toutes jambes dehors, en soubrette aguichante; Alice Tissot, en majestueuse bigote; et au vétéran du muet Gaston Jacquet, recyclé dans l'opérette depuis **Le chemin du paradis**. De plus, Schoukens avait eu la précaution de signer le film de son pseudonyme pour laisser croire dans les salles de quartier qu'il s'agissait bien d'un film français. Tout était donc en place pour un éclatant succès. Ce fut le cas: quatorze semaines d'exclusivité à Bruxelles. (RM)

▶ Gaston Schoukens, uitgeslapen als altijd, had natuurlijk al snel in de gaten dat vooral de muzikale komedies en militaire vaudevilles uit Frankrijk het uitstekend deden in de beginjaren van de geluidsfilm, zeker wanneer men er een aantal populaire tweederangs acteurs in aantrof. Onder het pseudoniem van Félix Bell (dat hij ook bezigde voor zijn Vlaamse kortfilms) smolt hij al deze succesingrediënten samen tot een verhaal over vier soldaten, gelogeerd bij een keurig dorpspastoortje. Deze laatste is de voogd van zijn guitige nicht, een weeskind, die verliefd wordt op een van de soldaten hoewel ze reeds verloofd is. Componist René Demaret bracht het geheel op smaak met vier meeslepende liedjes, waaronder *Clémentine, donne-moi ta bouche* en *Un petit baiser, c'est tout autre chose*. De pittige Gladys Warland, die in Brussel de operette *No No Nanette* monteerde en voordien al aantrad in **Le cadavre n°5**, vertolkt het onschuldige muzikale meisje, terwijl de komiek Rittche een oerstomme infanteriesoldaat neerzet, die een soort Vlaams brabbelt en zich de attenties van een oude vrijster moet laten welgevallen. Dan zijn er nog de obligate Franse bijrollen die de kassa's moesten doen rinkelen: Colette Darfeuil als kortgerokte hupse dienstmeid, Alice Tissot als deftige kwezel en Gaston Jacquet, een veteraan van de stomme film die sinds **Le chemin du paradis** actief was in de operette. Schoukens was bovendien zo pienter geweest zijn film onder een pseudoniem uit te brengen om de indruk te wekken dat het hier een Franse productie betrof. Het succes was dan ook verzekerd: de film draaide 14 weken exclusief in de Brusselse bioscopen.

Meisjes in vrijheid

Fritz Kramp

Meisjes in vrijheid
Jeunes filles en liberté
Free Spirits

DIRECTOR: Fritz Kramp
YEAR: 1934
COUNTRY: BE
SCREENPLAY: Rolf Hertog
CAMERA: Walter Robert Lach, Willy Gerlach
EDITING: Marte Luce
MUSIC: Marcel De Ridder
ART DIRECTOR: Robert Scharfenberg
PRODUCER: John Van Hemelrijck, Sam Polyatchek
PROD. CO.: Productions Cinématographiques Belges (Antwerpen)
PROD. SUPERV.: Robert Scharfenberg
CAST: *Dutch version:* Nora Michielsen (Viviane), Sarina Beeckmans (Yvonne), Karel De Poorter (René Martin), Willem Benoy (Laurent), Caro Denver (Suzanne), Willy Van Hemelrijck (Toerist), Maurice Detiège (Hofmeester), Sylvain Poons
French version: Suzanne Christy (Viviane), Simone Alex (Yvonne), Georges Charlia (René Martin), Carlo Denver (Laurent), Claude Ahro (Suzanne), Willy Van Hemelrijck (Touriste), Maurice Detiège (Majordome), Arthur Devère
LANGUAGE: Dutch/French
GAUGE: 35 mm
SILENT/SOUND: sound
B&W/COLOUR: B&W
MINUTES: 75'

◆ The rise to power of the Nazis triggered the emigration of numerous film-makers, the more obscure as well as the more famous. Among them was Rolf Hertog, a German of Dutch birth who had directed many commercial pictures of the day. Two Antwerp producers - the former actor John Van Hemelrijck and Sam Polyatchek - took him on as scriptwriter and artistic adviser on what was to become the first Belgian film shot in Flemish, **Meisjes in vrijheid**. In parallel, they also planned a second version of this comedy for the French-language market. Hertog was joined by other film-makers from over the Rhine: a certain Fritz Kramp, as director; cameraman Walter Robert Lach; and a former UFA set designer, Robert Scharfenberg, as production supervisor. The location scenes were shot in the Ardennes (in Rochefort) in autumn 1933, and the brand-new Amsterdam studios were hired for the remainder of the shoot.

Two young women, one a student, the other an assistant in a department store, win a holiday in the Ardennes. Unbeknown to them, a reporter from the magazine which organized the competition has been commissioned to follow them incognito. He disguises himself as a chauffeur and is taken on by the two women, who become cunning rivals in the bid to win his favours. Each scene was shot twice, but only the leading actors were exchanged for the two languages, which triggered tirades in the French-language press against the Flemish accents of the supporting cast. Hence the failure of the French-language version, despite the presence of Suzanne Christy and **Miss Europe** star Georges Charlia - a failure repeated in Flanders, where the film was overshadowed by the triumph of **Whitey**.

● L'arrivée des nazis au pouvoir déclencha l'émigration de réalisateurs renommés, mais aussi d'hommes de cinéma beaucoup moins connus. Ainsi Rolf Hertog, un Allemand d'origine hollandaise, dont le nom avait figuré au générique de films commerciaux de l'époque. Deux producteurs anversois, l'ex-comédien John Van Hemelrijck et Sam Polyatchek, l'engagèrent comme scénariste et conseiller artistique de ce qui devait être "le premier film belge en flamand": **Meisjes in vrijheid**. Le tournage simultané d'une version française de cette comédie était toutefois prévu. D'autres cinéastes venus d'outre-Rhin furent de la partie: un certain Fritz Kramp, pour la mise en scène, le cameraman Walter Robert Lach et un ex-décorateur de la UFA, Robert Scharfenberg, comme responsable de production. Les extérieurs furent tournés durant l'automne 1933 dans les Ardennes (à Rochefort, notamment), tandis que de tout nouveaux studios d'Amsterdam furent loués pour les autres scènes.

Deux jeunes filles, une étudiante et une employée de grand magasin, ont gagné un concours, dont le prix est un séjour en Ardenne. Elles ignorent qu'un reporter du journal organisateur doit les suivre incognito. Déguisé en chauffeur, il est engagé par les deux demoiselles qui vont évidemment rivaliser d'astuces pour obtenir ses faveurs. Chaque scène fut tournée en deux langues, mais seulement pour les acteurs principaux, d'où les railleries de la presse francophone envers l'accent flamand des seconds rôles. Le film fut un double échec, malgré Suzanne Christy et la vedette de **Prix de beauté**, Georges Charlia, côté français, et, en Flandre, à cause du triomphe de **Filasse**. (RM)

▶ De opkomst van het nazisme bracht een ware exodus op gang van meer of minder bekende mensen uit de filmwereld. Onder hen Rolf Hertog, een Duitser van Nederlandse afkomst die meegewerkt had aan ettelijke commerciële films. Twee Antwerpse producenten, de ex-acteur John Van Hemelrijck en Sam Polyatchek, namen hem aan als scenarist en artistiek raadgever voor wat "de eerste Vlaamstalige Belgische film" moest worden: **Meisjes in vrijheid** (tegelijkertijd werd een Franstalige versie gedraaid). Ze zochten tevens een aantal andere Duitse medewerkers aan: een zekere Fritz Kramp als regisseur, cameraman Walter Robert Lach, en een ex-decorateur van de UFA als productieverantwoordelijke: Robert Scharfenberg. De buitenopnamen vonden plaats in de Ardennen (o.a. te Rochefort) tijdens de herfst van 1933, terwijl voor de andere scènes een gloednieuwe filmstudio van Amsterdam werd afgehuurd.

Twee jonge meisjes - een studente en een bediende in een warenhuis - winnen een reisje naar de Ardennen. Ze weten echter niet dat een verslaggever van de krant die de wedstrijd uitschreef hen incognito moet vergezellen. Vermomd als chauffeur wordt de man ingehuurd door de jongedames, die waarlijk alles in het werk stellen om hem rond hun vinger te winden. Elke scène werd in de twee landstalen opgenomen, maar enkel de hoofdpersonages werden vervangen (de Franstalige pers laakte het Vlaamse accent van de acteurs in de nevenrollen). De film werd dan ook een dubbele flop - ondanks de aanwezigheid van Suzanne Christy en Georges Charlia (de ster uit **Prix de beauté**) in de Franse versie -, mede vanwege de triomf van **De Witte** in Vlaanderen.

Nora Michielsen & Sarina Beeckmans in Meisjes in vrijheid

Suzanne Christy & Simone Alex in Jeunes filles en liberté

Les quatre mousquetaires

Gaston Schoukens

Les quatre mousquetaires
Les droits mousquetaires
Le roi n'aimait pas ça
De vier musketiers
The Four Musketeers

DIRECTOR: Gaston Schoukens
YEAR: 1934
COUNTRY: BE
BASED ON: Les trois mousquetaires, written by Alexandre Dumas
CAMERA: François Rents
SOUND: José Lebrun
PRODUCER: Gaston Schoukens
PROD. CO.: Lux Film (Bruxelles)
CAST: Esther Deltenre (La Reine), Rittche (d'Artagnan), Lucien Mussière (Le Duc de Buckingham), Max Moreau (Le Roi), Mona Sem (Mme Bonacieux), Réginald (Le cardinal), Billy Pitt
LANGUAGE: French
SILENT/SOUND: sound

◆ There have been innumerable versions worldwide of Alexandre Dumas' swashbuckler, with its valiant men of steel, swords in hand, battling tirelessly for justice and for the Queen. This flamboyant saga of cloak and dagger was sufficiently well known to permit parody, itself a tradition going as far back as the silent days and Max Linder's unsparing **The Three Must-get-there**, a forerunner of the 1939 version with the Ritz Brothers and Don Ameche as a singing d'Artagnan. A successful four-hour epic by Henri Diamant-Berger having recently returned Dumas' heroes to the attention of the film-going public, Schoukens seized the moment to conceive a one-hundred per cent Belgian version of the tale in the form of a Brussels revue, with Esther Deltenre (a chubby Queen of France), the clownish Rittche (d'Artagnan) and Lucien Mussière (Buckingham). Schoukens thus managed to assemble a trio of hardened stars from the realm of riotous tomfoolery, including the voluminous Esther, star of the director's first feature **My Dear Chauffeur**. The piquant Mona Sem provided the necessary charm and tantalized the musketeers with her laboured sex appeal. The dialogue was written in tacky verse, and the musical score featured *Nuit de Chine* ("China Night") and had Anne of Austria singing *Mon homme* ("My Man")... The best way to describe the film is to reproduce a contemporary local review: "This film reaches the depths of stupidity and the heights of the grotesque. Watching it, one can't help but lose faith in the human mind." If we could only lay hands on a copy of this delirious madness, long since disappeared from our film collections!

● Les versions caracolantes du célèbre roman d'Alexandre Dumas, tournées dans le monde entier, avec ses vaillants bretteurs à panache ferraillant sans relâche pour la justice et pour la reine, ne sont plus comptées. Cette flamboyante saga de cape et d'épée était suffisamment connue de tous pour autoriser la parodie, et déjà au temps du muet, Max Linder en avait réalisé une, fort savoureuse: **L'étroit mousquetaire** (en attendant les Ritz Brothers, en 1939, avec Don Ameche en d'Artagnan chantant). Un film à succès de quatre heures, réalisé par Henri Diamant-Berger, venait de faire revivre tout récemment les héros de Dumas, et le moment parut bien choisi à Gaston Schoukens pour imaginer une version cent pour cent belge, sous forme de revue bruxelloise, avec Esther Deltenre (en reine de France rebondie), le bouffonnant Rittche (d'Artagnan) et Lucien Mussière (Buckingham). Schoukens réunissait ainsi un trio de choc, où l'on retrouvait trois vedettes rompues à la pitrerie (dont la volumineuse Esther, qui avait été la première interprète du réalisateur dans **Monsieur mon chauffeur**). Côté charme, la piquante Mona Sem se chargeait d'affoler les mousquetaires par son sex-appeal appuyé. Les dialogues étaient rédigés en vers de mirliton; la partition intégrait *Nuit de Chine* et faisait chanter *Mon homme* à Anne d'Autriche... Une critique locale de l'époque décrit l'œuvre: "Nous touchons ici le fond de la bêtise et le sommet du grotesque. Quand on regarde ce film, on se prend à douter de l'esprit humain." On donnerait gros pour retrouver une copie de cette délirante loufoquerie, malheureusement disparue de nos cinémathèques. (RM)

► Er bestaan wereldwijd ontelbare verfilmingen van de beroemde roman van Alexandre Dumas over de onvervaarde vechtjassen die onaflatend de degens kruisen voor koningin en gerechtigheid. De flamboyante mantel- en degensaga was genoegzaam bekend om te parodiëren, wat Max Linder trouwens al deed in de tijd van de stille film, met zijn verrukkelijke **The Three Must-get-there** (in afwachting van de versie uit 1939, met de Ritz Brothers en Don Ameche als zingende d'Artagnan). Dumas' helden herleefden kort tevoren nog in een vier uur durende succesfilm van Henri Diamant-Berger, zodat Gaston Schoukens de tijd rijp achtte om een 100% Belgische versie op de markt te brengen. Zijn film is opgebouwd als een Brussels cabaretprogramma met Esther Deltenre (in de rol van de mollige koningin van Frankrijk), de clowneske Rittche (d'Artagnan) en Lucien Mussière (Buckingham). Schoukens bracht daarmee een trio geduchte lolbroeken voor de camera, onder wie dus de kloeke Esther, ooit nog de protagoniste van zijn eerste fictiefilm **Monsieur mon chauffeur**. De pikante Mona Sem zorgt voor de nodige charme en hitst de musketiers op met haar onverbloemde sex-appeal. De dialogen bestaan volledig uit ulevellenrijmpjes en liedjes als *Nuit de Chine* en *Mon homme* - hier ten beste gegeven door Anna van Oostenrijk... We zouden het niet beter kunnen uitdrukken dan een plaatselijke criticus van toen: "Het dieptepunt van idiotie en het toppunt van het groteske zijn hiermee bereikt. Bij het bekijken van deze film begint men ernstig te twijfelen aan de menselijke geest." Men zou er veel voor over hebben om een kopie te herontdekken van dit dwaze onding, dat helaas uit onze filmarchieven is verdwenen.

De Witte

Jan Vanderheyden, Willem Benoy

De Witte
Filasse
Whitey
Towhead

DIRECTOR: Jan Vanderheyden, Willem Benoy
YEAR: 1934
COUNTRY: BE
SCREENPLAY: Edith Kiel
BASED ON: De Witte, written by Ernest Claes
CAMERA: Ewald Daub
EDITING: Walter Van Bonhorst
SOUND: Fritz Seeger, Hans Rutten
MUSIC: Rudolf Perak, Renaat Veremans
ART DIRECTOR: Frans Schroedter
PRODUCER: Jan Vanderheyden
PROD. CO.: Jan Vanderheyden-Film (Antwerpen)
CAST: Jef Bruninckx (De Witte), Magda Janssens (Moeder), Jef Van Leemput sr. (Vader), Gaston Smet (Niske), Nora Oosterwijk (Treske), Nand Buyl (Turke), Wim De Gruyter (Kloon), Ida Wasserman (Lieske), Willem Benoy (Hoofdonderwijzer), Willem Cauwenberg (Onderwijzer), Betty Van Roey (Marie-Louise), Remy Angenot (Mijnheer Boon), Frieda Gonissen (Marieke), Jef Sterkens (Tenor), Jef Van Leemput jr. (Mulder), Germaine Loosveldt (Vrouw van Mulder), Jef Stryckers (Krol), Willy Eekelers (Dabbe), Rik Saelens (Tjeef), Fideel Verbruggen (Stomp), Hendrik Verschueren (Herbergier, vader van Krol), Nora Marlot (Fientje), Jules Dirickx (Boer)
LANGUAGE: Dutch
GAUGE: 35 mm
SILENT/SOUND: sound
B&W/COLOUR: B&W
MINUTES: 105'

◆ The advent of talking pictures led to an increasing demand for home-grown movies. The Antwerp distributor Jan Vanderheyden, who also post-synchronized German films into Dutch, felt he had the right material to satisfy this calling in the popular picaresque novel *De Witte* ("Whitey") by the Flemish author Ernest Claes. He asked the Berlin-born Edith Kiel to provide the adaptation. Later they married and they continued to work closely together until Vanderheyden's death. The "election" of Whitey and his classmates was premièred in Antwerp's Majestic Cinema, an event attended by leading cultural figures, as one hoped the film's success would lay the foundations for a Flemish film industry. The interior sequences were filmed in the Berlin Johannestal studio, one of the most technically advanced studios of the time.

The book as well as the film relate the mischiefs of the charismatic youngster Whitey, played by Jef Bruyninckx, who would become one of Vanderheyden's most important actors and who himself later directed several films. The original tale's loose, episodic structure was pulled together by Kiel by the interweaving of a parallel love story, a trick which was much appreciated by Ernest Claes himself. Later Kiel would claim that she herself had directed **Whitey** and all of Vanderheyden's other films, and that neither Vanderheyden nor his co-director Willem Benoy (the then head of the Antwerp Royal Theatre, who also played the teacher in the film) were up to the task. Whatever the case may be, the film marked the launch of the highly productive film company headed by Vanderheyden and Kiel.

● En raison de l'avènement du parlant, la demande de films nationaux s'accrut. Le distributeur anversois Jan Vanderheyden, qui postsynchronisait également des films allemands et néerlandais, décida de répondre à cette demande avec l'adaptation à l'écran du roman picaresque d'Ernest Claes, *De Witte* ("Filasse"). Il mit alors les rênes entre les mains de la Berlinoise Edith Kiel, qu'il épousera plus tard et qui restera sa collaboratrice jusqu'à sa mort. Filasse et ses camarades de classe furent choisis lors d'une "élection" qui se déroula au cinéma Majestic d'Anvers et qui se fit en présence des notoriétés culturelles locales. On espérait en effet que le succès remporté par l'œuvre donnerait naissance à une industrie cinématographique flamande. Les intérieurs furent tournés à Berlin, au studio Johannestal, l'un des plus perfectionnés de l'époque.

Le livre et le film racontent les espiègleries d'un gaillard charismatique, Filasse, interprété par Jef Bruyninckx, futur acteur fétiche de Vanderheyden et qui, plus tard, sera le réalisateur d'un certain nombre de films. Edith Kiel remédia au manque de structure de l'histoire en y ajoutant une histoire d'amour, une idée fortement appréciée par Ernest Claes. Elle fera remarquer par après qu'elle fut la réalisatrice effective de **Filasse**, ainsi que de tous les autres films de Vanderheyden. Ni le coréalisateur Willem Benoy, à l'époque directeur du Théâtre anversois et également interprète du rôle de l'instituteur, ni Vanderheyden n'étaient, selon elle, à la hauteur de la tâche. C'est ici, en tout cas, le début de l'association extrêmement productive de Vanderheyden et Kiel.

▶ Door de opkomst van de "talkies" groeide de vraag naar films van eigen bodem. De Antwerpse filmdistributeur Jan Vanderheyden, die ook de nasynchronisatie van Duitse films verzorgde, besloot aan deze vraag tegemoet te komen met de verfilming van Ernest Claes' schelmenroman *De Witte*. Hij gaf hierbij de Berlijnse Edith Kiel de teugels in handen. Later zou hij met haar huwen en tot aan Vanderheydens dood bleven ze nauw met elkaar samenwerken. De "verkiezing" van de vertolkers van de Witte en zijn klasgenootjes, die plaatsvond in de Antwerpse bioscoop Majestic, werd bijgewoond door heel wat culturele prominenten. Men hoopte immers dat het succes van deze film de basis zou leggen voor een echte Vlaamse filmnijverheid. Voor de binnenopnamen ging men naar de Berlijnse Johannestalstudio, een van de meest geavanceerde studio's van toen.

Het boek en de film verhalen de guitenstreken van de charismatische knaap de Witte, vertolkt door Jef Bruyninckx, die later de steracteur zou worden van heel wat films van Vanderheyden en tenslotte zelf op de regisseursstoel zou plaatsnemen. Aan de losse, episodische structuur van het boek paste scenariste Edith Kiel een mouw door de toevoeging van een liefdesgeschiedenis, door Ernest Claes zeer geapprecieerd. Later merkte Kiel op dat zijzelf de feitelijke regisseur was van **De Witte** en alle andere films van Vanderheyden. Noch Willem Benoy, de toenmalige directeur van de Antwerpse KNS (die ook de onderwijzer speelt), noch Vanderheyden waren volgens haar opgewassen tegen de taak. Maar het was alleszins het begin van het erg productieve filmbedrijf van Vanderheyden en Kiel. *(PF)*

Un gosse pour 100.000 francs

Gaston Schoukens

Un gosse pour 100.000 francs
Een baby voor 100.000 frank
The 100.000 Franc Kid

DIRECTOR: Gaston Schoukens
YEAR: 1934
COUNTRY: BE
PRODUCER: Gaston Schoukens
PROD. CO.: Lux Film (Bruxelles)
CAST: Rittche (Prosper), Jim Gerald (César), Florencie (Achille), L. Alibert (Marcel), René Lefeuvre (Concierge), Dolly Davis (Micheline), G. Reuver (La nourrice), Wendler (Anna)
LANGUAGE: French
GAUGE: 35 mm
SILENT/SOUND: sound
B&W/COLOUR: B&W
MINUTES: 66'

◆ In the same year as **The Four Musketeers** the indefatigable Gaston Schoukens turned out a few shorts for supporting programmes, including a military farce-cum-marriage comedy **My Suspenders**. It featured his favourite French star, the vivacious Colette Darfeuil, who appeared in three of Schoukens' films. However, given impetus by **If You See My Uncle**, he also made another feature with French stars and aimed at a large audience. He cast the corpulent Jim Gerald, a Swiss living in Paris specializing in rotund comic characters, and pretty star of the silents Dolly Davis, who had moved on to minor roles in talkies.

Dolly Davis here plays an unmarried young mother too poor to raise her child. She abandons it with a lottery ticket in a linen basket and two confirmed bachelors adopt the infant, cue for the predictable series of gags featuring a nanny goat in the flat to suckle the child and a living version of the Manneken Pis. With the aim of tracing the mother the two adoptive fathers circulate a rumour that the lottery ticket has won a small fortune, leading to an avalanche of greedy false claimants before the predictable reunions and the real mother's marriage to an understanding young man.

To fill out this story of two men and a baby Schoukens created the burlesque role of a night-watchman for the inevitable Rittche, whose turns include a grammatical contest with a Flemish peasant. Like most films featuring cute children, **The 100.000 Franc Kid** enjoyed a healthy success based on the childlike complicity of the audience in having their heartstrings tugged.

● La même année que **Les quatre mousquetaires**, l'infatigable Gaston Schoukens mit en boîte quelques sketches de complément, dont une farce militaro-conjugale finement titrée **Mes bretelles**, avec sa vedette française favorite (elle tourna dans trois de ses films): la sémillante Colette Darfeuil. Du côté des longs métrages, il réalisa, sur la lancée de **Si tu vois mon oncle**, un autre film à vedettes françaises pour grand public. Il engagea donc le bedonnant Jim Gerald, Suisse de Paris spécialisé dans les rondeurs comiques, et la gentille vedette du muet Dolly Davis, reconvertie aux petits rôles dans le parlant.

Dolly Davis est ici une fille mère trop pauvre pour élever son enfant. Elle l'abandonne, avec un billet de loterie, dans un panier à linge. Deux célibataires endurcis vont adopter le bambin: une cascade de gags est déclenchée, avec chèvre nourricière dans l'appartement et gosse jouant au Manneken-Pis. Les deux pères d'occasion souhaitant retrouver la maman, ils font courir le bruit que le billet a gagné une somme rondelette lors du tirage. Une avalanche de fausses mères cupides précède, évidemment, les retrouvailles attendues, ainsi qu'un mariage avec un jeune homme compréhensif.

Pour étoffer cette intrigue autour de deux hommes et un couffin, Schoukens écrivit un rôle burlesque de veilleur de nuit pour l'inévitable Rittche, s'illustrant notamment par ses joutes grammaticales avec un paysan flamand et autres gaudrioles du même cru. A l'instar de la plupart des films à lardons, **Un gosse pour 100.000 francs** remporta un vif succès d'attendrissement auprès d'un public bon enfant. *(RM)*

▶ Nog in hetzelfde jaar als **Les quatre mousquetaires** blikte de onvermoeibare Gaston Schoukens enkele voorfilmpjes in, waaronder een militaire klucht plus huwelijkskomedie (onder de sierlijke titel **Mes bretelles**) met de bruisende Colette Darfeuil, zijn favoriete Franse vedette die in drie van zijn films speelde. In het zog van **Si tu vois mon oncle** realiseerde hij hiernaast opnieuw een voor het brede publiek bestemde film met Franse vedetten in de cast. Zo engageerde hij Jim Gerald, een welgedane Zwitser uit Parijs gespecialiseerd in ongedwongen humor, en Dolly Davis, de lieftallige ster van de stille film die sinds de opkomst van geluidsfilms vooral in bijrolletjes te zien was.

Zij vertolkt hier een kindmoedertje dat, uit armoede, haar baby achterlaat in een mandje, samen met een lottobiljet. Twee gezworen vrijgezellen adopteren de vondeling, wat leidt tot een reeks voorspelbare gags, met o.a. een geit als voedster en de dreumes als Manneken Pis. De twee gelegenheidsvaders willen echter de moeder terugvinden en sturen het bericht de wereld in dat het lottobiljet een flinke som opleverde. Het gevolg laat zich raden: een stormloop van hebzuchtige kandidaat-moeders, de obligate hereniging en een huwelijk met een begripvolle jongeman. Om deze intrige rond "twee mannen en een baby" wat meer corpus te geven, zocht Schoukens zijn vaste waarde Rittche aan, die een burleske rol vertolkt als nachtwaker en o.a. een spraakkundig steekspel opvoert met een Vlaamse boer. Zoals de meeste films waarin peuters rondkruipen, raakte **Un gosse pour 100.000 francs** de gevoelige snaar van een weinig kritisch publiek en boekte veel succes.

Terres brûlées

Charles Dekeukeleire

Terres brûlées
Vers le Congo belge
Verbrande gronden
Verschroeide aarde
Verzengde gronden
Burnt Earth

DIRECTOR: Charles Dekeukeleire
YEAR: 1934
COUNTRY: BE
CAMERA: François Rents
SOUND: Philippe Couessin
MUSIC: M. Oberfeld, Louis Wins
COMMENTS: Paul Werrie
PROD. CO.: PDK (Bruxelles)
LANGUAGE: French
GAUGE: 35 mm
SILENT/SOUND: sound
B&W/COLOUR: B&W
MINUTES: 60'

◆ In 1934, Charles Dekeukeleire was known to only a handful of cinéphiles for his three avant-garde shorts **(Combat de boxe, Impatience** and **Detective Story)** and two short reportages (**White Flame** and **Lourdes**). The film-maker was to continue in this documentary vein until 1962, usually working to commission, producing over 60 titles on the most disparate of themes (two exceptions: the fiction films **The Evil Eye** and **The Atomic Cloud**). Dekeukeleire's first sound film, **Burnt Earth**, marked the director's only foray into the genre of colonial cinema. It is a visual travel diary charting the course of the expedition mounted in 1934 by Captain Brondeel, the first successful attempt to travel from Belgium to the Congo by lorry, a journey covering 16 500 miles in 112 days. At the end of each stage, Dekeukeleire and his tiny crew went on to record the natives of Nigeria, the Congo and Ruanda going about their daily business, staging nothing and omitting paternalistic cavils. As an objective ethnologist, besides the beauties of the region and the village customs he also captured the ravages of sickness and alcohol. The viewer can feel how this relatively unknown continent conquers the heart of the film-maker as he tries to get across his fascination for the dark bodies, ritual gestures, tribal dances and primitive authenticity of these warm peoples. If we can abstract from the pompous commentary, the rigorous, descriptive, yet also lyrical editing, truly a rendering of the "elemental Africa" promised in the titles, cannot fail to enthral. In 1940 Dekeukeleire published a book further elaborating on his enthusiastic musings.

● En 1934, Charles Dekeukeleire est connu d'une poignée de cinéphiles pour trois essais d'avant-garde (**Combat de boxe, Impatience** et **Histoire de détective)** et deux courts reportages (**Flamme blanche** et **Visions de Lourdes**). Désormais, c'est à cette veine documentaire que le cinéaste va se consacrer jusqu'en 1962, le plus souvent sur commande, avec plus de 60 titres sur les thèmes les plus disparates - deux exceptions au registre: les œuvres de fiction **Le mauvais œil** (1937) et **Un nuage atomique** (1954). Le premier film sonore de Dekeukeleire, **Terres brûlées** sera aussi son unique incursion dans le domaine du cinéma colonial. Le film est un journal de voyage en images: celui de l'expédition du capitaine Brondeel qui, en 1934, réussit une liaison automobile entre la Belgique et le Congo par poids lourds, couvrant 26.500 kilomètres en 112 jours. Au terme de chaque étape, Dekeukeleire et sa petite équipe tentent de saisir sur le vif les indigènes du Nigeria, du Congo ou du Ruanda dans leur vie quotidienne, sans mise en scène ni complaisance paternaliste. En ethnologue objectif, il montre aussi bien les beautés des régions ou des coutumes villageoises que les ravages de la maladie ou de l'alcool. On sent que le cinéaste est conquis par ce continent mal connu et qu'il tente de faire partager sa fascination pour les corps noirs, les gestes rituels, les danses tribales et l'authenticité de ces peuplades. Si l'on fait abstraction d'un commentaire compassé, on ne peut qu'admirer le montage rigoureux, descriptif et lyrique à la fois, valorisant cette "Afrique à l'état brut" annoncée dès le générique. Un livre de Dekeukeleire prolongera, en 1940, sa réflexion et ses enthousiasmes. *(RM)*

▶ In 1934 genoot Charles Dekeukeleire bekendheid bij slechts een handvol cinefielen dankzij zijn drie avantgardistische essays (**Combat de boxe, Impatience** en **Histoire de détective)** en twee korte reportages (**Witte vlam** en **Visions de Lourdes**). Tot in 1962 zou de cineast zich dan, meestal in opdracht, voluit aan de documentaire wijden, met zo'n 60 titels over de meest uiteenlopende onderwerpen (twee uitzonderingen: de fictiefilms **Het kwade oog** uit 1937 en **Un nuage atomique** uit 1954). **Terres brûlées** is de eerste geluidsfilm van Dekeukeleire en zijn enige koloniale werk. Het is het visuele dagboek van de expeditie die kapitein Brondeel in 1934 op touw zette, de eerste poging om vanuit België per vrachtwagen Kongo te bereiken, een reis van 26.500 kilometer in 112 dagen. Aan het einde van elke etappe ging Dekeukeleire met zijn ploeg op pad om de inheemse bevolking van Nigeria, Kongo of Ruanda in hun natuurlijke omgeving vast te leggen, zonder enige mise-enscène of paternalistische betutteling. Als objectieve etnoloog toont hij zowel de schoonheid van de regio en de plaatselijke gebruiken als de verwoestende gevolgen van ziekten of alcohol. Men voelt duidelijk aan hoe het nog onbekende continent het hart van de cineast veroverde; hoe hij zijn fascinatie voor de zwarte lichamen, de rituele handelingen, de tribale dansen en de authenticiteit van dit warme volk met de toeschouwer wilde delen. De plechtstatige commentaar daargelaten, kunnen we slechts bewondering voelen voor de strakke, illustratieve en lyrische montage die toont wat de begingeneriek had beloofd: "Afrika in ongerepte staat". In 1940 werkte Dekeukeleire zijn enthousiaste bezinningen verder uit in een boek.

En avant la musique

Gaston Schoukens

En avant la musique
Le roi des pommes de terre frites
De koning van de patates frites
On with the Music

DIRECTOR: Gaston Schoukens
YEAR: 1935
COUNTRY: BE
SCREENPLAY: Noël Barcy, Gaston Schoukens
DIALOGUE: Noël Barcy
CAMERA: Paul Flon
SOUND: José Lebrun
MUSIC: Ludo Langlois, Pierre Leemans, V.O. Ursmar
ART DIRECTOR: Suzanne Varlet
PRODUCER: Gaston Schoukens
PROD. CO.: Les Productions Gaston Schoukens (Bruxelles)
CAST: Gustave Libeau (Louis Bollinckx), Georgette Méry (Pauline), Hélène Dussart (Jeanne), Lucien Mussière (Edward Boxwell), Sabine André (Maria Bollinckx), Jean-Jean (Jean-Jean), Lulu (Lulu), Max Moreau (L'opérateur), Zizi Festerat (Charles Kumps), Adolphe Denis (Philibert), Guillaume Lambrette (Garçon & Bourgmestre), Van der Auwera (Cuisinier), Edouard Bréville (Musicien), F. Demorange (James Boxwell), Betty Love (Gloria Green), Max Péral (Général Alonzo), V.O. Ursmar
LANGUAGE: French
GAUGE: 35 mm
SILENT/SOUND: sound
B&W/COLOUR: B&W
MINUTES: 70'/100'

◆ 1935-1938 will be the golden years of Gaston Schoukens: five films, all with Gustave Libeau in starring roles (a sort of Belgian Raimu, kindly and comically fat), all big successes and all regularly treated to re-releases with the same warm welcome. During these years Schoukens sets out his little universe: the familiar types of popular Brussels, the simple, ready local humour and the mythology of the "Belgian accent" he was so often reproached for. These modest little works contain a vitality which will endear him to the general public, and **On with the Music** will take box-offices by storm throughout Brussels and Wallonia.

The film initially benefited from a spectacular free set, the Universal Exhibition. In the ephemeral locations of the Heysel, with its teeming crowds, its pavilions and cabarets, its attractions and its pommes frites stands, Gustave Libeau calls the shots as "the King of Potato Fries", surrounded by a solid troupe of hardened entertainers including the ribald Georgette Méry, who would star alongside him in four of these hit films. Bon viveur, lover of a good drink and a good song should the occasion arise, the jovial Monsieur Bollinckx must choose between two suitors for his beloved daughter, one the ungainly son of a boyhoodfriend, the other a handsome English millionaire. This is the cue for vintage stand-offs and incessant base humour against the background of the Expo, "Vieux Bruxelles" folklore and bursts of wet Belgian weather. And, a rare occurrence, the critics proved to be less hostile than usual towards Schoukens, even cautiously evoking the name of Marcel Pagnol.

● Les années 1935-1938 seront un âge d'or pour Gaston Schoukens: cinq films, tous joués par Gustave Libeau (une sorte de Raimu belge, à la rondeur cocasse et bon enfant), tous des succès, tous régulièrement repris par la suite avec la même sympathie. Durant ces années fastes, Schoukens impose son petit univers: ces types du Bruxelles populaire, cet humour facile du terroir, cette mythologie de "l'accent belge" qu'on lui reprochera souvent. Il y a dans ces œuvrettes sans prétention une vitalité et une sève authentique qui emportèrent l'adhésion enthousiaste du grand public. Ainsi, **En avant la musique** pulvérisa les recettes sur les écrans de Bruxelles et de Wallonie.

L'entreprise bénéficiait, au départ, d'un fabuleux décor gratuit: l'Exposition Universelle. Dans les sites éphémères du plateau du Heysel, avec sa foule grouillante, ses pavillons, ses cabarets, ses attractions et ses fritures, Gustave Libeau mène le jeu, en "roi des pommes de terre frites", entouré d'une solide troupe d'amuseurs patentés (dont la gaillarde Georgette Méry, qui sera à ses côtés dans quatre de ses films à succès). Bon vivant, buveur d'élite, chanteur à l'occasion, le jovial Monsieur Bollinckx doit choisir entre deux prétendants pour sa fille bien-aimée: le fils dadais d'un copain de jeunesse ou le bel Anglais, riche à millions. Affrontements savoureux et incessante bonne humeur au ras des pâquerettes se déroulent sur fond d'Exposition, de folklore du "Vieux Bruxelles" et de "drache" nationale. Chose rare et remarquable, la critique se montra moins féroce que d'habitude envers Schoukens, évoquant même prudemment le nom de Marcel Pagnol. (RM)

▶ De jaren 1935-38 waren een gouden tijd voor Gaston Schoukens: hij maakte vijf films, telkens met Gustave Libeau (zowat de Belgische Raimu: een rondborstige, goeiige lolbroek), en telkens kassuccessen die regelmatig hernomen werden voor een enthousiast publiek. In deze vette jaren ontwikkelde Schoukens zijn persoonlijke universum, bevolkt door Brusselse typetjes en gekruid met makkelijke streekhumor, en schiep hij de mythe van het "Belgische dialect", wat hem niet altijd in dank werd afgenomen. In deze bescheiden werkjes school echter een authentieke, pittige vitaliteit die het brede publiek aansprak. **En avant la musique** werd dan ook een verpletterend succes, zowel in Brussel als in Wallonië.

Schoukens kon gratis gebruik maken van een droomdecor: de Wereldtentoonstelling. Als "Koning van de patates frites" brengt Gustave Libeau er de poppen aan het dansen te midden van de volksmassa en de vele attracties, paviljoenen, cabarets en frietkoten die tijdelijk de Heizel opfleuren. Hij wordt bijgestaan door een troep gepatenteerde volksvermakers (o.a. de goedlachse Georgette Méry, die in vier succesvolle films aan zijn zijde zou staan). De olijke meneer Bollinckx, bon-vivant, eersteklas drinkebroer en gelegenheidszanger, moet kiezen tussen twee vrijgezellen die elk naar de hand van zijn dochter dingen: de sullige zoon van een jeugdvriend en een knappe Engelse miljonair. Dit alles geeft aanleiding tot sappige confrontaties en goedgeluimd jolijt, met op de achtergrond de Expo, de folklore van het "Vieux Bruxelles" en af en toe een nationale plensbui. De critici waren trouwens uitzonderlijk mild voor deze film en verwezen zelfs voorzichtig naar Marcel Pagnol.

Alleen voor u

Jan Vanderheyden

Alleen voor u
Voor u alleen
Pour vous seule
Rien que pour toi
Only for You

DIRECTOR: Jan Vanderheyden
YEAR: 1935
COUNTRY: BE
SCREENPLAY: Edith Kiel
DIALOGUE: August Monet
CAMERA: Ewald Daub
EDITING: Munni Obal
SOUND: Fritz Seeger
MUSIC: Rudolf Perak, Renaat Veremans
ART DIRECTOR: W.A. Herrmann
PRODUCER: Jan Vanderheyden
PROD. CO.: Jan Vanderheyden-Film (Antwerpen)
CAST: Pola Cortez (Jenny), Germaine Loosveldt (Gouvernante), Frits Vaerewijck (Frits Smet), Rosa Coolen (Moeder), Jef Bruyninckx (Willy), Nand Buyl (Rik), Willem Benoy (Mr. Cock, chocoladefabrikant), Emiel Verbeeck (Amandus, zoon van Mr. Cock), Jef Van Leemput sr. (Mr. Van Riel, vader van Jenny), Jef Van Leemput jr. (Hotelbediende Frans), Elsa Monet (Pianiste), Stella Blanckaert (Secretaresse), Hendrik Verschueren (Hotelportier)
LANGUAGE: Dutch
GAUGE: 35 mm
SILENT/SOUND: sound
B&W/COLOUR: B&W
MINUTES: 90'

◆ After the huge success of **Whitey**, based on Ernest Claes' novel, Jan Vanderheyden wanted to prove he was not going to restrict himself to making rural comedies. In answer to his critics, he now made **Only for You**, a film in the style of the German romantic musicals. The mainly German technical crew who had worked on **Whitey** were largely retained and filming again took place in the Johannestal studio in Berlin. Some of the actors who had featured in Vanderheyden's first film, such as Jef Bruyninckx, also reappeared in this next film. **Only for You** is set in Antwerp, to which the heroine Jenny returns after attending boarding school in London. She has come back to be introduced to the unknown man already arranged as her future husband. However, at the hairdresser's she falls in love with Frits, whose vocation is certainly not trimming locks but who wins her heart with a song. Eventually, everybody realizes that Frits and Jenny are meant for each other.

Edith Kiel's screenplay was embellished with dialogue by August Monet, and the popular songs were penned by the Viennese composer Rudolf Perak (who worked for Robert Stolz and John Gilbert) in conjunction with Flemish composer Renaat Veremans. Perak and Veremans would subsequently become Vanderheyden's regular in-house composers. The lead roles in the film went to the Antwerp operetta star Pola Cortez and the Antwerp revue star Frits Vaerewijck. Although audiences did not flock to **Only for You** as they did to **Whitey**, nevertheless the film turned in a highly respectable performance at the box-office.

● Jan Vanderheyden voulut prouver qu'il n'avait pas l'intention, après l'écrasant succès de **Filasse** (d'après Ernest Claes), de s'en tenir aux farces pastorales. Pour que les faits donnent tort aux critiques, il décide de réaliser **Pour vous seule**, une comédie musicale mondaine calquée sur le modèle allemand. Les principaux collaborateurs techniques allemands de **Filasse** sont réengagés, et le tournage se déroule à nouveau au studio Johannestal à Berlin. Divers acteurs des débuts de Vanderheyden, notamment Jef Bruyninckx, sont également de la partie. L'action se déroule à Anvers, où Jenny revient après un séjour dans un pensionnat londonien. Elle est présentée à un inconnu qu'elle se voit forcée d'épouser. Cependant, dans un salon de coiffure, elle fait la connaissance de Frits, un garçon coiffeur pas très doué, mais dont une ritournelle suffit à dérober le cœur de la jeune fille. Bien vite, il apparaît que Frits et Jenny forment le couple idéal.

Le scénario d'Edith Kiel se voit pourvu des dialogues d'August Monet, et le compositeur viennois Rudolf Perak, collaborateur de Robert Stolz et John Gilbert, ainsi que le musicien flamand Renaat Veremans sont les auteurs de la musique populaire du film. Perak et Veremans deviendront d'ailleurs les compositeurs attitrés de Vanderheyden. Les Anversois Pola Cortez, star d'opérette, et Frits Vaerewijck, vedette de revue, tiennent les rôles principaux. **Pour vous seule** n'obtint pas le succès de foule remporté par **Filasse**; le film connut néanmoins son heure de gloire.

▶ Jan Vanderheyden wilde bewijzen dat hij niet van plan was om zich, na het overweldigende succes van **De Witte** (naar Ernest Claes), te beperken tot het draaien van pastorale kluchten. Om zijn critici in het ongelijk te stellen, besloot hij **Alleen voor u** te draaien, een mondaine musical naar Duits model. De meerderheid van de overwegend Duitse technische ploeg van **De Witte** bleef in dienst en de opnamen gebeurden weer in de Johannestalstudio te Berlijn. Ook verscheidene acteurs uit Vanderheydens debuut, waaronder Jef Bruyninckx, waren van de partij. De plaats van handeling is Antwerpen, waarheen Jenny terugkeert na een verblijf in een Londense kostschool. Ze wordt door haar omgeving gedwongen kennis te maken met een onbekende, aan wie ze wordt uitgehuwelijkt. In een kapsalon valt ze evenwel voor Frits, die niet in de wieg is gelegd voor het haarkappen, maar die met een liedje haar hart steelt. Uiteindelijk ziet men in dat Frits en Jenny het ideale koppel vormen.

Het scenario van Edith Kiel werd door August Monet van dialogen voorzien en de Weense componist Rudolf Perak, een medewerker van Robert Stolz en John Gilbert, componeerde samen met de Vlaamse musicus Renaat Veremans de schlagermuziek. Perak en Veremans werden de huiscomponisten van Vanderheyden. De hoofdrollen gingen naar de Antwerpse operettester Pola Cortez en de Antwerpse revuester Frits Vaerewijck. Een echte stormloop zoals dat voor **De Witte** het geval was, bleef uit, maar de film kende toch een behoorlijk succes. *(PF)*

Les Peperbol à l'Exposition

Emile-Georges De Meyst

Les Peperbol à l'Exposition
Familie Peperbol op de
Wereldtentoonstelling
The Peperbols at the World's Fair

DIRECTOR: Emile-Georges De Meyst
YEAR: 1935
COUNTRY: BE
SCREENPLAY: Joris d'Hanswyck, Léo Berryer
CAMERA: Charles Lengnich
SOUND: Gustave J. Evrard, Jean Persoons
MUSIC: Géo Falcq
CAST: Berthe Charmal (Mme Peperbol), Hélène Dussart, Joë Miller (Peperbol), Francis Dupret, Reyet, Alberty
LANGUAGE: French
SILENT/SOUND: sound
B&W/COLOUR: B&W

◆ In 1935 the Brussels World's Fair constituted an ideal setting for the most active Belgian film-makers of the day. Whilst Gaston Schoukens shot the legendary **On with the Music** with Gustave Libeau, making use of the picturesque reconstruction of Old Brussels on the grounds of the Heysel, Emile-Georges De Meyst was to direct an even more ambitious project: the creation of a show fusing theatre and cinema in the Alberteum pavilion at the Exposition, aiming to involve in the action real people as well as filmed characters. Thus, the actors were to be present alternately on the stage and on the silver screen.

The work De Meyst chose to adapt was hardly a masterpiece: written by Joris d'Hanswyck and Léo Berryer, it related (as the title suggests) the comical misadventures of the Peperbol family, led by the popular and zealous Berthe Charmal, as they explore the many pavilions of the World's Fair. Naturally Brussels accents abound in the calamitous tradition of Beulemans, a move which was sure to tickle the mocking visitors from outside Brussels. Concretely, the actors started playing their roles on the stage whilst standing in front of a white screen, on which their filmed exploits throughout the attractions of the Fair could be projected whenever this was called for.

If one contemporary visitor to the spectacle is to be believed, Francis Bolen, "it prefigured by 23 years - albeit with primitive technology and a mediocre source of inspiration - the wonderful Czech 'Laterna Magica' of the 1958 Exposition". De Meyst is said to have completed work on the filmed sections to create a feature in its own right, which however was rejected and never shown. Nothing remains of the material today.

● En 1935, la Grande Exposition Internationale de Bruxelles va offrir un décor idéal aux deux cinéastes belges les plus actifs de l'époque. Tandis que Gaston Schoukens tourne, avec Gustave Libeau, le légendaire **En avant la musique** dans le site du Vieux Bruxelles reconstitué folkloriquement au Heysel, Emile-Georges De Meyst se voit confier un projet plus ambitieux encore: un spectacle théâtralo-cinématographique. Celui-ci, donné au pavillon Alberteum de l'Exposition, a pour ambition de mélanger personnages vivants et personnages filmés, permettant ainsi aux acteurs d'évoluer alternativement sur la scène et à l'écran.

La pièce choisie n'avait rien d'un chef-d'œuvre: due à la plume de Joris d'Hanswyck et de Léo Berryer, elle racontait, comme le titre l'indique, les mésaventures comiques de la famille Peperbol emmenée tambour battant par la populaire Berthe Charmal à la découverte des pavillons multiples de la "World's Fair". Le tout avec accent bruxellois à foison dans la calamiteuse tradition Beulemans, gage assuré de succès auprès des étrangers narquois. Concrètement, les acteurs commençaient à jouer l'histoire sur une scène devant un décor blanc sur lequel étaient projetées, quand l'action l'exigeait, les déambulations de la famille filmées à l'Exposition. Si l'on en croit Francis Bolen, qui assista au spectacle, cela préfigurait "avec des moyens primitifs et une inspiration médiocre, mais avec 23 ans d'avance, la merveilleuse 'Laterna Magica' tchèque de l'Exposition 1958". De Meyst aurait complété la partie filmée pour aboutir à un long métrage, mais le résultat fut jugé insuffisant et ne fut jamais projeté. Rien n'en subsiste aujourd'hui. (RM)

▶ In 1935 vormt de Grote Wereldtentoonstelling te Brussel een ideaal decor voor de twee toen meest actieve Belgische cineasten. Terwijl Gaston Schoukens samen met Gustave Libeau het legendarische **En avant la musique** draaide op het terrein van het folkloristisch gereconstrueerde Vieux Bruxelles op de Heizel, kreeg Emile-Georges De Meyst een nog ambitieuzere opdracht: het opzetten van een theater-en-filmspektakel in het Alberteum-paviljoen van de Expositie, waar zowel levende als gefilmde personages in voorkwamen en de acteurs dus afwisselend op de scène en op het scherm speelden.

Het gekozen stuk had niets van een meesterwerk: het was geschreven door Joris d'Hanswyck en Léo Berryer, en verhaalde - zoals de titel laat vermoeden - de kluchtige belevenissen van de familie Peperbol (aangevoerd door de stormachtige doch populaire Berthe Charmal) die de vele paviljoenen van de "World's Fair" ontdekt. Het geheel werd uiteraard opgevoerd in een Brussels dialect uit de rampspoedige Beulemans-traditie: succes verzekerd, dus, bij alle spottende niet-Brusselse toeschouwers. In de praktijk vertolkten de acteurs rollen op het podium, met achter hen een wit scherm waarop op gezette tijden hun gefilmde omzwervingen doorheen de Expositie werden geprojecteerd.

Volgens Francis Bolen, die het hele spektakel aanschouwde, was dit "een voorloper - met primitieve middelen en zonder veel verbeeldingskracht, maar wel 23 jaar eerder gemaakt - van de prachtige Tsjechische 'Laterna Magica' van de Expositie van 1958". De Meyst zou het gefilmde gedeelte aangevuld hebben tot een langspeelfilm, maar het resultaat was zo slecht dat de film (ondertussen verloren) nooit vertoond werd.

Uilenspiegel leeft nog!

Jan Vanderheyden

Uilenspiegel leeft nog!
Tyl l'Espiègle vit encore!
Tyl l'Espiègle vit toujours!
Uylenspiegel vit encore!
Uylenspiegel vit toujours!
Uilenspiegel Lives!

DIRECTOR: Jan Vanderheyden
YEAR: 1935
COUNTRY: BE
SCREENPLAY: Edith Kiel, Ernest Claes
CAMERA: Walter Robert Lach, A. Croiset
SOUND: E. Weiss
MUSIC: Renaat Veremans, Max Tak
ART DIRECTOR: A.H. Wegerif
PRODUCER: Jan Vanderheyden
PROD. CO.: Jan Vanderheyden-Film (Antwerpen)
CAST: Frits Vaerewijck (Jan Laenen), Serre Van Eeckhoudt (Peer Laenen), Nand Buyl (Sepke Laenen), Frieda Gonissen (Anneke Laenen), Pola Cortez (Lowiske), Josy De Vreese (Palmyrke), Jef Bruyninckx (Guske), Germaine Loosveldt (Treze Buedts), Willem Benoy (Apotheker Daveloose), Sarina Beeckmans (Dochter apotheker), Jef Van Leemput sr. (Herbergier), Jet Naessens (Cafémeisje Jeanette), Jef Van Leemput jr. (Boer), Rosa Coolen (Moeder), Hendrik Verschueren (Dore Simpelaere), Gustaaf Vercamer (Staf), Jules Dirickx (Veearts), Dore Vandenberghe (Veldwachter)
LANGUAGE: Dutch
GAUGE: 35 mm
SILENT/SOUND: sound
B&W/COLOUR: B&W
MINUTES: 94'

◆ For his third film in only a year, Jan Vanderheyden added the musical romanticism of **Only for You** to the winning formula of his successful first film, the good-natured rural comedy **Whitey**. The result was a comedy about the colourful inhabitants of a picturesque village - this time Damme in West Flanders - in a tale full of declarations of love set to music. The plot was devised by Edith Kiel, Ernest Claes and Vanderheyden himself, and was inspired by one of Claes' books. The story centres on the friendship between Jan, who works as an assistant in a pharmacist's shop and spends his spare time conducting the local brass band, and Guske, a little drummer. Jan has written a march with which the band can win a competition, but after an argument with the unco-operative musicians and with the pharmacist (who is also chairman of the band), he decides to keep the composition to himself.

The film's interior scenes were filmed (unusually) at the Cinetone studio in Amsterdam. The Antwerp stars who had featured in Vanderheyden's two previous films were brought together again, with Jef Bruyninckx playing the little cherub who gets up to all kinds of mischief and the couple who had starred in **Only for You**, Pola Cortez and Frits Vaerewijck, again playing the lovers. The use of Antwerp dialect in a West Flanders village did not do much for the local colour theme, and the lovers' story develops separately from the rest of the tale. Nevertheless, **Uilenspiegel Lives!** can certainly be dubbed a popular family film with something for everyone, whether young or old.

● **Tyl l'Espiègle vit encore!** est le troisième film réalisé par Jan Vanderheyden en l'espace d'un an. Cette fois, il va combiner le côté musical romantique de **Pour vous seule** avec la formule à succès de la comédie campagnarde et bon enfant de **Filasse**. Le résultat est une loufoquerie sur les habitants du village pittoresque de Damme, truffée de déclarations d'amour chantées. L'intrigue est née des conversations entre Kiel, Vanderheyden et Ernest Claes, qui s'inspirèrent par ailleurs d'un roman de ce dernier. L'histoire est axée sur l'amitié entre Guske, petit tambour, et Jan, assistant pharmacien et maître de musique de la fanfare à ses heures. Jan compose une marche avec laquelle la fanfare pourrait remporter un concours, mais après s'être querellé avec les musiciens tapageurs et le pharmacien, qui est également le président de la fanfare, il décide de garder son œuvre secrète.

Les intérieurs sont cette fois tournés au studio Cinetone d'Amsterdam, et les vedettes anversoises des deux films précédents se voient réunies. Jef Bruyninckx incarne à nouveau un cupidon farceur, et les tourtereaux de **Pour vous seule**, Pola Cortez et Frits Vaerewijck, se retrouvent dans les bras l'un de l'autre. Le dialecte anversois que parlent les habitants de ce village de Flandre-Occidentale nuit à la crédibilité de la couleur locale, et le fil conducteur des intrigues amoureuses évolue souvent sans tenir compte du restant de l'histoire. Le résultat n'en reste pas moins une agréable comédie familiale, où chaque génération trouve son compte.

► Voor zijn derde film in niet minder dan één jaar tijd voegde Jan Vanderheyden de muzikale romantiek van **Alleen voor u** toe aan de succesformule van zijn eerste film, de gemoedelijke, landelijke komedie **De Witte**. Het resultaat is kolder over de kleurrijke bewoners van een pittoresk dorpje, ditmaal het West-Vlaamse Damme, doorweven met gezongen liefdesbetuigingen. Het verhaal voor de film was tot stand gekomen tijdens gesprekken tussen Edith Kiel, Jan Vanderheyden en Ernest Claes, wiens boek *Fanfare: de Sint-Jans-vrienden* als inspiratiebron diende. Centraal staat de vriendschap tussen Jan, een apothekersassistent die in zijn vrije uren de muziekmeester van de plaatselijke fanfare is, en Guske, een kleine trommelaar. Jan heeft een mars geschreven waarmee de fanfare een wedstrijd kan winnen, maar na zijn ruzie met de rumoerige muzikanten en met de apotheker, die tevens de voorzitter is van de fanfare, besluit hij zijn compositie voor zich te houden.

De binnenopnamen werden voor de verandering gedraaid in de Amsterdamse Cinetonestudio. De Antwerpse sterren uit de twee vorige films werden hier weer samengebracht. Jef Bruyninckx is alweer de cupido die kattenkwaad uithaalt en het koppel uit **Alleen voor u**, Pola Cortez en Frits Vaerewijck, speelt opnieuw de geliefden. De Antwerpse tongval in het West-Vlaamse dorpje zet de couleur locale echter op losse schroeven en de verhaallijn over de verliefde partjes evolueert vaak los van de rest. Niettemin mag deze prent gelden als een knusse familiefilm met iets voor elke leeftijd. *(PF)*

C'était le bon temps

Gaston Schoukens

C'était le bon temps
Garde-civique et vieilles ficelles
De goede oude tijd
Those Were the Days

DIRECTOR: Gaston Schoukens
YEAR: 1936
COUNTRY: BE
SCREENPLAY: Noël Barcy
DIALOGUE: Noël Barcy
CAMERA: Paul Flon
SOUND: José Lebrun
MUSIC: V.O. Ursmar
ART DIRECTOR: Suzanne Varlet
COSTUMES: Fred Cammans
PRODUCER: Gaston Schoukens
PROD. CO.: Les Productions Gaston Schoukens
(Bruxelles)
CAST: Gustave Libeau (Jean-Baptiste Appelmans),
Georgette Méry (Hortense Appelmans),
Suzanne Christy (Mariette), Zizi Festerat,
Dinah Valence, Betty Love, Walter Ruffax,
Denise, Paul Varlet, Mony Doll, Adolphe
Denis, Robert Klaes, Mary Rambert, Irène
France, Guillaume Lambrette, Stan Devuyst,
F. Demorange, Raymond Vazelli, Landaz, Joë
Miller, Saint Pré, Myriam Dorion, Jean
Schouten
LANGUAGE: French
GAUGE: 35 mm
SILENT/SOUND: sound
B&W/COLOUR: B&W
MINUTES: 88'/120'

◆ The response to **On with the Music** further stimulated Gaston Schoukens. Since 1934 he had been working in a new studio with a regular and proven team (Paul Flon behind the camera, the humorist Noël Barcy as scriptwriter and Suzanne Varlet, Madame Schoukens, as production designer), and now he had a star whose charisma was beyond question, Gustave Libeau, the perfect archetypal Bruxellois of lore. This joyful band next launched itself determinedly into a period musical.

The film contained all the flavours of a Belle Epoque strongly coloured by memory, the happy days when "Brussels brusselled": the era of the horse-drawn cab, of the gramophone complete with horn, of open-air dancing in the Bois de la Cambre and of café-concerts with entertainers in sequined gowns. Libeau, playing a boastful captain of the Civic Guard, cheerfully invests in the fraudulent Katanga Petroleum Company between two beers and a medley of turn-of-the-century airs. At his side, playing his daughter, is Suzanne Christy, the top female star of the silent days and still a welcome sight. What is more, all this is orchestrated with a vivacity unusual for Schoukens, as though he were buoyed up by the light music and the vanished Belgium of his childhood.

Four years before another war, Schoukens had struck the right note in going for the nostalgia of days gone by: **Those Were the Days** was the film with the highest Belgian box-office takings in the thirties, second only to **Snow White**! Re-released many times to similar success (and, 16 years later, with scenes not used in the 1936 original and entitled now **Garde-civique et vieilles ficelles**), it is a landmark of our popular cinema.

● L'accueil fait à **En avant la musique** galvanisa Gaston Schoukens: il disposait depuis 1934 d'un nouveau studio, d'une équipe homogène au dévouement éprouvé (Paul Flon à la caméra, l'humoriste Noël Barcy pour les scénarios et dialogues, et Suzanne Varlet, Madame Schoukens, comme décoratrice), et désormais d'une vedette au charisme indubitable: Gustave Libeau, l'archétype parfait du Bruxellois folklorique. Toute cette joyeuse bande se lança donc avec conviction dans un film en costumes et chansons.

On y retrouvait toutes les saveurs d'une Belle Epoque fort magnifiée par la mémoire, l'heureux temps où "Bruxelles brusselait": l'époque des fiacres, du phonographe à pavillon, des guinguettes du Bois de la Cambre et des cafés-concerts à diseuses en robes pailletées. En matamoresque capitaine de la Garde Civique, un Libeau réjoui se laissait embarquer dans l'escroquerie des "Pétroles du Katanga", entre deux gueuzes et un pot-pourri d'airs du début du siècle. On retrouvait, jouant sa fille, la vedette féminine numéro un du muet, la toujours avenante Suzanne Christy. Tout cela orchestré avec un brio peu commun chez Schoukens, comme euphorisé par ces musiques légères et cette Belgique désuète de son enfance.

A quatre ans d'une autre guerre, Schoukens avait visé juste en misant sur la nostalgie des jours révolus: **C'était le bon temps** fut le film qui rapporta les plus grosses recettes en Belgique dans les années 30, tout de suite après **Blanche-Neige**! Maintes fois repris avec le même succès (et même enrichi 16 ans plus tard de rushes inemployés en 1936, sous le titre **Garde-civique et vieilles ficelles**), il marque une date dans notre cinéma populaire. *(RM)*

► Het enthousiaste onthaal dat **En avant la musique** te beurt viel, betekende een nieuwe stimulans voor Gaston Schoukens. Vanaf 1934 kon hij beschikken over een nieuwe studio, een toegewijde en ervaren ploeg (Paul Flon achter de camera, de humorist Noël Barcy als scenarist-dialoogschrijver en Suzanne Varlet - Madame Schoukens - als decoratrice) en een charismatische vedette: Gustave Libeau, hét archetype van de pittoreske Brusselaar. Met overtuiging leverden zij een nieuwe film af, vol liedjes en kostuums.

De sfeer van de belle époque, "toen Brussel nog bruiste", wordt hier onder sterk geïdealiseerde vorm geëvoceerd. Het was de tijd van de paardenkoets, de grammofoon, de uitspanningen in het Terkamerenbos en de café-chantants opgeluisterd door vrouwen in glitterjurk. Libeau is de grootsprakerige kapitein van de burgerwacht die, tussen twee glazen geuze door en onder begeleiding van deuntjes uit de jaren 1900, betrokken raakt in de malafide praktijken van het bedrijf "Pétroles du Katanga". De vrouwelijke topvedette van de stille film, de altijd even innemende Suzanne Christy, vertolkt de rol van zijn dochter. Schoukens regisseert met ongebruikelijk brio, als in vervoering gebracht door de lichte muziek en het verloren België van zijn jeugd.

Vier jaar voor het uitbreken van een nieuwe oorlog bleek het een slimme zet om in te spelen op de nostalgie naar vervlogen tijden: **C'était le bon temps** werd het grootste Belgische kassucces uit de jaren 30, slechts geklopt door **Sneeuwwitje**! Deze mijlpaal in onze volkse cinema werd meerdere malen hernomen (en zelfs 16 jaar later aangevuld met ongebruikte rushes uit 1936 onder de titel **Garde-civique et vieilles ficelles**), steeds met evenveel succes.

De wonderdoktoor

Jan Vanderheyden

De wonderdoktoor
Docteur miracle
The Quack

DIRECTOR: Jan Vanderheyden
YEAR: 1936
COUNTRY: BE
SCREENPLAY: Edith Kiel
BASED ON: De wonderdoktoor, written by Jos Janssen
CAMERA: Charles Vass
EDITING: Gustaf Heidenheim
MUSIC: Renaat Veremans
PRODUCER: Jan Vanderheyden
PROD. CO.: Jan Vanderheyden-Film (Antwerpen)
CAST: Robert Maes (Steven Martens), Jan
Cammans (Mante Boone), Jet Naessens
(Thea Boone), Serre Van Eeckhoudt
(Wiesten), Oscar Ferket (Peter), Theo Op de
Beeck (Dokus Geeraert), Jef Van Leemput jr.
(Sander), Jef Van Leemput sr.
(Burgemeester), Jetje Cabanier (Elodie),
Yvonne Bentheim (Margrietje)
LANGUAGE: Dutch
GAUGE: 35 mm
SILENT/SOUND: sound
B&W/COLOUR: B&W
MINUTES: 105'

◆ In the immediate wake of the enormous success of **Uilenspiegel Lives!**, Jan Vanderheyden continued unabated with his self-appointed mission to bring the Flemish people what they truly desired - a national cinema. For his fourth production he drew on the successful stage play *De wonderdoktoor* ("The Quack") by the Antwerp playwright Jos Janssen, hiring the Hungarian Charles Vass as his cameraman.

The Antwerp stage star Jan Cammans plays Mante Boone, a crafty farmer who starts a rumour in his village that his cousin, Steven Martens, a newly qualified doctor, has miraculous healing powers. The mayor wants young Martens to marry his daughter, but Steven is in love with Thea Boone, Mante's daughter. Offended by Steven's refusal, the mayor accuses him of being an impostor. The fact that he can prove that he is properly qualified does not bring his patients back. Steven therefore leaves the village, but a friend eventually puts everything right.

Jan Vanderheyden had been motivated in his decision to adapt the play by the belief that the film would match the play's success. And although he gave an interview explaining precisely how a film should differ from a piece of theatre, the critics found the film too stagey. One of the major problems in this respect was the fact that Vanderheyden used actors from the KNS Theatre, who merely repeated their stage roles in front of the camera. Their overacting and the visually unsatisfying screenplay make for a weak film. During the same season, Vanderheyden filmed **Music in the Harbour**, which met with a more enthusiastic response.

● Après le succès mitigé de **Tyl l'Espiègle vit encore!**, Jan Vanderheyden poursuit avec énergie le but de sa vie: offrir au peuple belge un véritable cinéma national. Pour son quatrième film, il adapte la pièce à succès *De wonderdoktoor* ("Le docteur miracle") de l'Anversois Jos Janssen et engage le cameraman hongrois Charles Vass.

Jan Cammans, anversois, vedette de théâtre, incarne Mante Boone, un paysan rusé. Boone répand à travers le village la rumeur que son cousin, Steven Martens, médecin novice, possède un pouvoir hors du commun. Les patients affluent rapidement. Le bourgmestre veut marier sa fille au jeune médecin, mais celui-ci est épris de Thea Boone, la fille de Mante. Vexé par le refus du praticien, le bourgmestre l'accuse d'escroquerie. Il s'avère aussitôt que le jeune homme dispose bien d'un diplôme. Hélas! cela ne suffit pas à faire revenir la clientèle. Le médecin quitte alors le village, mais un ami parvient finalement à tout arranger.

Jan Vanderheyden décida de porter à l'écran cette pièce dans l'espoir que le film égalerait le succès du vaudeville. Bien que le cinéaste ait précisément expliqué lors d'une interview quelles étaient les divergences entre une pièce de théâtre et un film, les critiques n'en trouvèrent pas moins son adaptation trop théâtrale. Le problème provenait vraisemblablement de la distribution: les acteurs du théâtre KNS voulurent, devant les caméras, réitérer le succès remporté sur les planches. Leur démesure, associée à un scénario insatisfaisant, produisit un maigre résultat. Au cours de la même saison, Vanderheyden entamera **Musique de port**, qui recevra un meilleur accueil.

▶ Kort na het matige succes van **Uilenspiegel leeft nog!** bleef Jan Vanderheyden onverdroten verder werken aan het levensdoel dat hij zichzelf gesteld had: het volk schenken wat het verlangt, namelijk de nationale film. Voor zijn vierde productie greep hij terug naar het succesvolle toneelstuk *De wonderdoktoor* van de Antwerpenaar Jos Janssen en zocht hij de Hongaar Charles Vass aan voor de camera.

De Antwerpse toneelvedette Jan Cammans speelt Mante Boone, een sluwe boer. Hij verspreidt in het dorp het gerucht dat zijn neef Steven Martens, een beginnend arts, bijzondere krachten heeft. De patiënten stromen toe. De burgemeester wil hem aan zijn dochter koppelen, maar de arts is verliefd op Thea Boone, de dochter van Mante. Gekrenkt door de afwijzing klaagt de dorpsvader hem aan voor oplichting. De vaststelling dat hij wel degelijk gediplomeerd is, doet de cliëntèle niet terugkomen. De arts verlaat het dorp, maar een vriend slaagt erin alles weer goed te maken.

Jan Vanderheyden verfilmde het toneelstuk in de verwachting dat de film het succes van de theaterklucht zou evenaren. Hoewel de Antwerpenaar in een interview zorgvuldig uiteenzette in welk opzicht een film van een toneelstuk hoort te verschillen, werd zijn verfilming door de critici als theatraal ervaren. Veel lag echter aan de casting van de KNS-acteurs, die hun succes op de planken nog eens overdeden voor de camera. Hun overacting en het visueel onbevredigende scenario leveren een mager resultaat op. Nog hetzelfde seizoen startte Vanderheyden de opnamen voor **Havenmuziek**, dat een warmere ontvangst te beurt viel. (PF)

Ça viendra

Emile-Georges De Meyst

Ça viendra
Ma tante et ses millions
Het zal komen
Mijn tante en haar millioenen
It'll Turn Out in the End

DIRECTOR: Emile-Georges De Meyst
YEAR: 1936
COUNTRY: BE
SCREENPLAY: Berthier, Jacques De Meyst
CAMERA: Charles Lengnich
SOUND: Gustave J. Evrard, Jean Persoons
MUSIC: Géo Falcq
CAST: Germaine Duclos (Monique Barnett), Léa
Laurel, Robert Maufras, Berthe Charmal,
Marcelle Dambremont, Joë Miller, René
Herdé, Mary Rambert, Eva Reyzal (Diane
Whitelook), Blanche Duchers, Alberty,
Francis Dupret, André Beyer, Frank Mills
LANGUAGE: French
GAUGE: 35 mm
SILENT/SOUND: sound
B&W/COLOUR: B&W

◆ The 1930s proved a prosperous decade for Belgian comedy. The cumbersome transitory period between the silent era and the advent of sound finally belonged to the past, thanks to the pioneering work of Schoukens, who was followed by Og Calster, Lambert de Braz and Jan Vanderheyden. After his film-cum-theatre experiment **The Peperbols at the World's Fair**, Emile-Georges De Meyst returned to the music-hall comedy, working from a script as banal as that of **Love in Six Days** and again with the same song-writer, Géo Falcq. Several names from the contemporary Brussels scene figure amongst the cast, described in the publicity campaign as "100% Belgian": the elegant Germaine Duclos, Marcelle Dambremont (as a tender ingénue) and the exuberant Léa Laurel (as a bright little maid), as well as Joë Miller, the cabaret dancer Frank Mills, and most notably René Herdé, star of **The Corpse** that same year and of most of De Meyst's post-war films.

The story centres upon a rich American woman who, in true vaudeville spirit, passes herself off as her own chambermaid. The arrival of the Antwerp train thus triggers a chain of misunderstandings, confronting the fake millionaire aunt with a group of rich bourgeois and their daughters ripe for marriage. The action takes place against a backdrop of sets copied straight from Hollywood comedies, and is punctuated by a leitmotiv - the song *Ça viendra!* ("It'll Turn Out in the End"), which gave the film its title.

These images are now essentially of a documentary interest, reviving locations which have since been heavily remodelled: the Forêt de Soignes, the Lac de Genval and the old Gare du Nord. In general, though, this commercial flop contains very little of note.

● Le cinéma comique à la belge se porte bien dans ces années 30. La transition est désormais terminée entre l'époque muette et le démarrage tardif du parlant: Gaston Schoukens a largement ouvert la voie, avant Og Calster, Lambert de Braz ou Jan Vanderheyden. De son côté, Emile-Georges De Meyst, après l'expérience théâtre-cinéma des **Peperbol à l'Exposition**, revient à la comédie boulevardière, sur un script aussi falot que celui de **L'amour en six jours**, et avec le même collaborateur musical à couplets: Géo Falcq. Dans une distribution qualifiée de "100 % belge" par la publicité, on retrouvait plusieurs noms de la scène bruxelloise d'alors: l'élégante Germaine Duclos, Marcelle Dambremont en tendre ingénue, la pétulante Léa Laurel en petite bonne dégourdie, et, côté hommes, Joë Miller, le danseur fantaisiste Frank Mills, et surtout René Herdé, que De Meyst emploiera en vedette la même année dans **Le mort**, puis dans la plupart de ses films d'après-guerre.

L'histoire est celle d'une riche Américaine qui, pour des motivations relevant du vaudeville, se fait passer pour sa propre femme de chambre; d'où les quiproquos dès l'arrivée du train d'Anvers, confrontant la fausse tante millionnaire à de riches bourgeois, nantis d'une fille à marier. Tout cela est tourné dans des décors calqués sur les comédies hollywoodiennes et utilise, comme un leitmotiv, la chanson *Ça viendra!* qui donne son titre au film.

L'intérêt documentaire de cette entreprise est de restituer quelques extérieurs, souvent transformés depuis: la forêt de Soignes, le lac de Genval ou l'ancienne gare du Nord. Au total, peu de choses à retenir d'un film qui n'eut aucun succès. *(RM)*

► Het gaat goed met de Belgische komedie in de jaren 30. De overgang van stille naar geluidsfilms kwam slechts moeizaam op gang, maar werd een feit dankzij het baanbrekende werk van Gaston Schoukens, in wiens kielzog Og Calster, Lambert de Braz en Jan Vanderheyden volgden. Na het theater-en-filmexperiment **Les Peperbol à l'Exposition** wijdde De Meyst zich weer aan de boulevardkomedie, met een even banaal script als dat van **L'amour en six jours** en met dezelfde coupletten-componist, Géo Falcq. Een greep uit de in de reclamefolders als "100% Belgisch" omschreven acteurs, waaronder vele namen uit het Brusselse theater van toen: de elegante Germaine Duclos, Marcelle Dambremont als naïef meisje en de sprankelende Léa Laurel als een pientere meid; wat de mannen betreft waren Joë Miller, de danser Frank Mills en vooral René Herdé op het appèl, die datzelfde jaar nog als vedette zou optreden in **Le mort** en - later - in de meeste naoorlogse films van De Meyst.

De film gaat over een rijke Amerikaanse die, om redenen alleen denkbaar in een vaudeville, zich voordoet als haar eigen kamermeisje. Wanneer de trein uit Antwerpen aankomt en de valse steenrijke tante geconfronteerd wordt met een stel gegoede burgers en hun huwbare dochter, geeft dit terstond aanleiding tot een resem misverstanden. Het geheel werd gedraaid in decors geënt op de Hollywood-komedies; het liedje *Ça viendra!*, ook de titel van de film, dient als leidmotief.

Deze beelden hebben nu vooral een documentaire waarde, daar ze locaties tonen die er destijds heel anders uitzagen: het Zoniënwoud, het Meer van Genval en het oude Noordstation. Verder valt er over deze geflopte film weinig te onthouden.

J'ai gagné un million

Og Calster [Auguste Van Calster]

J'ai gagné un million
Ik heb een millioen gewonnen
I've Won a Million

DIRECTOR: Og Calster [Auguste Van Calster]
YEAR: 1936
COUNTRY: BE
SCREENPLAY: E. Bodart, Og Calster
DIALOGUE: E. Bodart
ASST. DIR.: Sylvain De Win
CAMERA: Paul Flon, Thierry Goede
EDITING: Marguerite Beaugé
SOUND: José Lebrun
MUSIC: Henri Wyn
ART DIRECTOR: Og Calster
PROD. CO.: Bruxelles-Films (Bruxelles)
CAST: Jean Schouten (Oscar Fluch), Simone Max (Honorine Fluch), Jane Marceau (Yvonne Fluch), Lucien Prad (Marquis), Walter Ruffax (Pierre), Raymonde Sartène (Marchande de journaux), Lolita Econga (Entraîneuse), Blanche Duckers (Dame du vestiaire), Jeanne Max (Directrice), Mauville (Chef de bureau), V. Nandrin (Couturier), Charlier (Employé), Lem (Employé), A. Fabian (Barman), Dernouville (Chauffeur), Paulette Schouten (Petite femme), Clemy (Jeune fille), Jeanne Garin (Vendeuse), Marjorie King (Marjorie), Cocky (Receveur des contributions), Little Harry (Animateur), Dolys (Garçon), Tonniet (Barbu), John Aster (Client), Sancre (Client), Thouroude (Client), Marcel Savières (Client), Ohio (Maître d'hôtel), John Welty (Rentier), Michaux (Portier), Marvel (Directeur), Marcel Roels (Jeune homme), Alex Mondose (Anatole Puiseur)
LANGUAGE: French
GAUGE: 35 mm
SILENT/SOUND: sound
B&W/COLOUR: B&W
MINUTES: 70'

Les nouveaux riches

DIRECTOR: Og Calster [Auguste Van Calster]
YEAR: 1923
COUNTRY: BE
CAST: Gustave Libeau, Lévy, Léon Rosy, Jacqmin
LANGUAGE: French
SILENT/SOUND: silent

Une usine au travail
Een fabriek in werking
A Factory at Work

DIRECTOR: Og Calster [Auguste Van Calster]
YEAR: 1926
COUNTRY: BE
SILENT/SOUND: silent

◆ In 1975, after more than 50 years "in the service of cinema; from the failures to the successes, from the comfort brought to me by the public to the hatred, ingratitude and cheating rife in certain areas of production", Auguste ("Og") Calster published a small pamphlet in praise of himself enumerating the list of his complete works since 1918: patriotic documentaries, a silent comedy with Gustave Libeau (**Les nouveaux riches**, 1923), a mass of popular Brussels celebrations, beauty competitions, and above all an innovative new way of teaching languages by means of talking pictures; several diplomas and film periodicals, the founding of a film school in 1947 and - his crowning glory - **I've Won a Million**, a feature-length work of fiction shot in Gaston Schoukens' studios.

It would be unfair to pass judgement on this colourful megalomaniac merely on the basis of this title, for rarely has a more atrocious film reached our screens. To quote a contemporary review: "It would seem that the adventures of Fluch, a civil servant and happy winner of the National Lottery, are considered amusing. They display by any token a sordid banality, an idiotic and irritating paucity of inspiration. Words do not suffice to describe it!" Sure enough, the truncated prints which have survived bring to mind an interminably drawn-out Beulemans sketch. The theme of the nouveau riche who squanders his fortune within a matter of days on luxury goods and wild spending sprees gives rise to laboured exchanges between the dialect-speaking actors. "Old age has blessed me with serenity, in the profound satisfaction of having remained true to my ideal," Og Calster concluded in 1975.

● En 1975, après plus de cinquante ans "au service du cinéma; des réussites aux échecs, du réconfort apporté par le public aux haines, à l'ingratitude et à l'escroquerie qui règnent dans certaines sphères de la production", Auguste (dit Og) Calster publia un petit opuscule à sa propre gloire, énumérant la longue liste de ses œuvres depuis 1918: des documentaires patriotiques, une comédie muette avec Gustave Libeau (**Les nouveaux riches**, en 1923), une avalanche de fêtes folkloriques à Bruxelles, des élections de Miss, et, surtout, une pédagogie novatrice des langues par l'image parlante. Sans oublier brevets et revues filmiques, le lancement d'une école de cinéma en 1947 et, enfin, le fleuron: **J'ai gagné un million**, un long métrage de fiction tourné dans les studios Gaston Schoukens.

Juger ce savoureux mégalomane à partir de ce seul ouvrage serait injuste, car rarement un film projeté sur nos écrans fut à ce point décrié. Pour reprendre une critique de l'époque: "Il paraît que les aventures de Fluch, employé de ministère et heureux gagnant à la Loterie Nationale, sont drôles. Elles sont, en tout cas, d'une banalité sordide, d'une imbécile et navrante pauvreté d'inspiration. Il n'y a pas de mots pour décrire ça!" De fait, les copies tronquées qui subsistent font penser à un sketch à la Beulemans interminablement étiré. Le thème du nouveau riche, dilapidant sa fortune imprévue en quelques jours d'achats luxueux et de bringue effrénée, donne lieu à de pénibles numéros d'acteurs à accent. "L'âge m'a pénétré de sérénité, dans la profonde satisfaction d'avoir été fidèle à mon idéal", conclut Og Calster en 1975. (RM)

▶ In 1975, na meer dan 50 jaar "in dienst van de film te hebben gestaan, met succes en mislukking, met de steun die je krijgt van het publiek maar ook met de haat, ondankbaarheid en oplichterij die heersen in bepaalde kringen van het filmbedrijf", publiceerde Auguste ("Og") Van Calster een boekje tot meerdere glorie van zichzelf met een opsomming van zijn werk vanaf 1918: patriottische documentaires, een stille komedie met Gustave Libeau (**Les nouveaux riches**, 1923), talrijke Brusselse folkloristische feesten, Miss-verkiezingen en, vooral, vernieuwend taalonderwijs via audiovisuele methoden. Verder nog enkele brevetten en filmtijdschriften, een filmschool in 1947 en als kroon op het werk **J'ai gagné un million**, een langspeelfilm gedraaid in de studio van Gaston Schoukens.

Het zou onbillijk zijn deze megalomane figuur te beoordelen aan de hand van dit ene werk, want zelden werd een film zo neergehaald. Of om het met een criticus van toen te zeggen: "De avonturen van ambtenaar Fluch, winnaar van de Nationale Loterij, heten grappig te zijn. Zeker is dat ze getuigen van een schaamteloze banaliteit en van een nijpend gebrek aan verbeelding, op het imbeciele af. Er zijn geen woorden voor!" En inderdaad, de (onvolledige) kopieën die ons vandaag resten, doen denken aan een eindeloze Beulemanssketch. Het thema van de nouveau riche die zijn fortuin in enkele dagen verspilt aan luxeartikelen en uitspattingen leidt tot een aantal armzalige nummertjes, opgevoerd door dialect sprekende acteurs. "Met de jaren kwam de sereniteit, samen met de bevredigende gedachte trouw te zijn gebleven aan mijn ideaal", besloot Og Calster in 1975.

Prince d'une nuit

Lambert de Braz

Prince d'une nuit
Le fakir de chez Maxim's
Prins van een nacht
Prince for One Night

DIRECTOR: Lambert de Braz
YEAR: 1936
COUNTRY: BE
SCREENPLAY: Marcel Roels
CAMERA: François Rents
SOUND: Edouard Weckx
MUSIC: Sleo-Cobb
PRODUCER: Jean Lemaître
PROD. CO.: Sobelfilm (Bruxelles)
CAST: Sim Viva (Simone Dastières), Germaine
Broka (Betty Bell), Edith Guarini (La
bonne), Gaby Haubien (Belle-maman),
Marcel Roels (Jean Dastières), Robert Goupil
(Oscar), Max Péral (Le valet de chambre),
Géo Bury (Cazignol), Jean Darwels (Le
fakir), Julien Lebeau (Un agent), Roger
Pressel (Le chanteur des rues), Lucien Prad
(Le président du tribunal)
LANGUAGE: French
GAUGE: 35 mm
SILENT/SOUND: sound
B&W/COLOUR: B&W
MINUTES: 80'

◆ Alongside such prolific entertainers as Gaston Schoukens and Jan Vanderheyden, the 1930s saw the rise of several directors who tried to please popular audiences for the duration of their one and only film by enlisting stars of the Brussels scene. One such case is that of Lambert de Braz from Liège, rumoured to have cut his teeth in the French studios, who was to sink back into obscurity after his **Prince for One Night** (apart from one presumably thrilling documentary on **The History of Belgian Trams**).

The real man behind this pleasant little vaudeville seems rather to have been Marcel Roels: before his triumph two years later in **Bossemans and Coppenolle** this truculent operetta and revue performer featured in around a dozen lightweight comedies. His script reads like a patchwork of the harmless, good-natured music-hall style he pioneered. Flanking the Parisian singer Robert Goupil, Roels plays an inconstant lawyer smitten with a music-hall chanteuse who is in turn married to a Hindu fakir. The two comrades thus become entangled in a crazy imbroglio featuring the revenge of Roels' wife, drunken gags and a triple disguise as a fakir! The style is rough and ready in the manner of the Brussels Alhambra theatre.

Shot in a new studio set up in Etterbeek, **Prince for One Night** was slated by the critics but proved a winner with the audiences of the day, who welcomed the chance to see its female stars, singer Germaine Broka and the charming Sim Viva, still basking in the glory of her recent Hollywood appearance in **Folies-bergère** with Maurice Chevalier.

● Parallèlement aux amuseurs prolifiques comme Gaston Schoukens ou Jan Vanderheyden, on voit surgir, au long des années 30, quelques réalisateurs qui tentent, l'espace d'un film, de plaire au public populaire, à coups de vedettes bruxelloises. Ainsi le Liégeois Lambert de Braz. Avant de retomber dans l'anonymat à la suite de **Prince d'une nuit**, il aurait fait ses premières armes dans les studios français et réalisé un documentaire dont le titre laisse présager un suspense haletant: **L'histoire des tramways en Belgique**.

Mais le vrai responsable de ce vaudeville gentillet est sans doute Marcel Roels. Avant de triompher deux ans plus tard dans **Bossemans et Coppenolle**, ce truculent acteur d'opérettes et de revues joua dans des dizaines de comédies faciles. Son scénario apparaît comme un patchwork de ce théâtre de boulevard bon enfant qu'il menait au succès. Aux côtés du chansonnier parisien Robert Goupil, Roels incarne un avocat volage, épris d'une chanteuse de music-hall, elle-même mariée à un fakir hindou. Les deux compères vont s'empêtrer, dès lors, dans un imbroglio dément, avec vengeance de l'épouse de Roels, ivresses à gags et triple déguisement en fakir! Tout cela à gros traits, à la façon des sketches bruxellois de l'Alhambra.

Tourné dans un nouveau studio aménagé à Etterbeek, **Prince d'une nuit** fut mitraillé par la critique. Le film amusa cependant le public de l'époque, content de retrouver la chanteuse Germaine Broka et la charmante Sim Viva, auréolée par sa prestation récente et hollywoodienne dans **Folies-bergère**, avec Maurice Chevalier. (RM)

▶ Naast entertainers als Gaston Schoukens of Jan Vanderheyden, doken er in de jaren 30 ook cineasten op die het grote publiek een uurtje trachtten te bekoren met een hele rist Brusselse vedetten. Zo ook de Luikenaar Lambert de Braz, die zijn eerste sporen verdiende in de Franse filmstudio's om dan, na zijn **Prince d'une nuit** (en een zonder twijfel interessante documentaire: **L'histoire des tramways en Belgique**), in vergetelheid te geraken.

Het ware gezicht achter deze niet onaardige komedie is echter Marcel Roels. Vóór zijn triomf in **Bossemans et Coppenolle**, twee jaar later, was deze kleurrijke acteur uit operette en cabaret reeds een vaste waarde in tientallen lichte komedies. Zijn scenario is een collage van het soort boulevardtheater dat hij tot succes-story verhief. Bijgestaan door de Parijse chansonnier Robert Goupil, geeft Roels gestalte aan een overspelige advocaat verliefd op een cabaretzangeresje, dat helaas getrouwd is met een Hindoe fakir. De twee kameraden raken al snel verwikkeld in een knotsgekke intrige: een wraakactie van Roels' echtgenote, hilarische dronkenschappen en een driedubbele fakirverkleedpartij! Dit alles wordt in nogal grove lijnen geschetst, in de traditie van het Brusselse Alhambra.

Prince d'une nuit, opgenomen in een nieuwe studio te Etterbeek, werd genadeloos afgebroken door de critici maar kreeg veel bijval van het publiek, dat met plezier de chanteuse Germaine Broka terugzag naast de charmante Sim Viva, nog nagenietend van haar recente Hollywoodiaanse avontuur in **Folies-bergère** met Maurice Chevalier.

Le champion de ces dames

René Jayet

Le champion de ces dames
L'avant de ces dames
Le roi du ballon
De kampioen dezer dames
The Ladies' Champion

DIRECTOR: René Jayet
YEAR: 1936
COUNTRY: BE-FR
SCREENPLAY: Noël Renard
BASED ON: L'avant de ces dames, written by Pierre
Veber, André Heuzé
DIR. PHOT.: Georges Asselin, Maurice Delattre
EDITING: René Jayet
MUSIC: Jeanne Boss
ART DIRECTOR: F. Delattre
PRODUCER: Michel Monaco
PROD. CO.: Agence Centrale Cinématographique
(Bruxelles), Les Exclusivités Artistiques (Paris)
PROD. SUPERV.: Hubert Daix
CAST: Darman (Namour), Roger Tréville (Ferdinand
Poulard), Hubert Daix (Patterson), Jean
Dumontier (Candol), Marchal (Baron),
Guillaume Lambrette (Tricoux), Max Péral
(Journaliste), Duval (Coiffeur), Léon Rosy
(Commissaire), Cello (Directeur), Simone
Cerdan (Henriette Poulard), Simone Heliard
(Youyoute), Alice Tissot (Mme Patterson),
Laura Hayward (Mabel), Betty Love (Dot),
Berthe Charmal (Mme Agreste), Lise
Chamleux (L'amie)
LANGUAGE: French
GAUGE: 35 mm
SILENT/SOUND: sound
B&W/COLOUR: B&W
MINUTES: 82'/95'

◆ The huge success of the early Schoukens-Libeau offerings was to push several other producers in the direction of mass-appeal comedies. One example was the Corsican Michel Monaco, who at the time ran a distribution company and circulated the **Eclair-Journal** in Belgium. He signed up the illustrious Darman, for whom he made two unpretentious star vehicles, each time bringing in a French director (**The Ladies' Champion** by René Jayet and **Precious Fools** by René Le Henaff). Darman, who had made his screen début under Alfred Machin, selected from his repertoire a play which he knew inside out, *L'avant de ces dames* ("These Ladies' Striker") by Pierre Veber and André Heuzé.

Darman was, alongside Gustave Libeau, one of the national comedy stars of the time, although their styles differed significantly: Libeau's main strengths were his bonhomie and large waistline, whereas Darman's technique was high-spirited and hectic, pure untamed vaudeville. With his ping-pong ball eyes, bald head and ponderous movements he was perfectly suited to variety plays and their chains of burlesque misunderstandings. For this adaptation (renamed **Le champion de ces dames**) he dons a wig to play a long-haired poet, in love with the wife of a goalkeeper of international renown. Naturally he has to take the place of his rival in the goal for a decisive match, resulting in a string of gags and happy blunders as the reluctant keeper saves the day despite himself. Darman's exploits and jibes are interrupted by a few dreadful ditties set - for the occasion - against a backdrop of Belgian football stars and some Parisian actors (including Alice Tissot as an Australian millionaire).

● L'immense succès populaire des premiers Schoukens-Libeau allait pousser certains producteurs à mettre en chantier d'autres comédies pour le "grand public". Ainsi le Corse Michel Monaco, qui dirigeait alors une maison de distribution et diffusait l'**Eclair-Journal** en Belgique, engagea l'illustre Darman et en fit la vedette de deux films sans prétention, mis en scène par un réalisateur venu de France (**Le champion de ces dames** de René Jayet et **Les chevaliers de la cloche** de René Le Henaff). Darman, qui avait fait ses débuts à l'écran sous la direction d'Alfred Machin, choisit une pièce de son propre répertoire: *L'avant de ces dames* de Pierre Veber et André Heuzé, dont il connaissait parfaitement les ficelles et les rouages.

Darman était alors, avec Gustave Libeau, l'une des stars nationales du comique, mais dans un style totalement différent. Tandis que Libeau jouait sur la bonhomie et la rondeur, Darman misait sur l'entrain, le trépidant, le vaudeville déchaîné: yeux en boules de loto, crâne chauve, mimiques appuyées, il était parfaitement à son aise dans les pièces de boulevard et leurs quiproquos burlesques. Dans cette adaptation cinématographique (rebaptisée **Le champion de ces dames**), on le découvre perruqué, en poète chevelu amoureux de l'épouse d'un keeper international de football, dont il devra évidemment prendre la place lors d'un match décisif, accumulant gags et joyeuses maladresses en gardien de but vainqueur malgré lui. Quelques couplets débiles viennent ponctuer les exploits et les facéties de Darman, entouré, pour la circonstance, des vedettes du football belge et de quelques comédiens de Paris, dont Alice Tissot en millionnaire australienne. (RM)

▶ Het enorme succes van de eerste Schoukens/Libeau-producties wekte ook de belangstelling van andere producenten voor komedies voor het massapubliek. De Corsicaan Michel Monaco, die toen de leiding had van een distributiemaatschappij en verantwoordelijk was voor het **Eclair-Journal** in België, huurde de vermaarde Darman in en maakte hem tot de ster van twee pretentieloze films, beide onder Franse regie (**Le champion de ces dames** de René Jayet en **Les chevaliers de la cloche** door René Le Henaff). Darman, die zijn filmcarrière was begonnen onder Alfred Machin, koos een stuk uit zijn eigen repertoire, dat hij kende als zijn broekzak: *L'avant de ces dames* van Pierre Veber en André Heuzé.

Samen met Gustave Libeau was Darman destijds een van onze nationale filmkomieken, maar hij had een volledig andere stijl: waar Libeau de rondborstige goedzak speelde, trad Darman met koortsachtige vaart op in onstuimige vaudeville-stijl; met zijn ogen als pingpongballen, zijn kale schedel en zijn nadrukkelijke mimiek voelde hij zich uitstekend thuis in de burleske verwikkelingen van het boulevardtoneel. In deze filmbewerking (omgedoopt tot **Le champion de ces dames**) zien we hem met een pruik, als langharige dichter die verliefd wordt op de vrouw van een keeper van internationaal niveau, wiens plaats hij dan natuurlijk moet innemen tijdens een beslissende wedstrijd. Een serie komische grappen en stommiteiten volgen, maar ondanks zichzelf weet hij de zege toch veilig te stellen. Een paar onnozele liedjes begeleiden de heldendaden en grollen van Darman, die voor de gelegenheid wordt omringd door Belgische voetbalhelden en enkele Parijse acteurs (o.a. Alice Tissot, als steenrijke Australische).

Le mort

Emile-Georges De Meyst

Le mort
De dode
De dood
The Corpse

DIRECTOR: Emile-Georges De Meyst
YEAR: 1936
COUNTRY: BE
SCREENPLAY: Emile-Georges De Meyst
BASED ON: Le mort, written by Camille Lemonnier
ASST. DIR.: Gaston Urecht
CAMERA: Charles Lengnich, Marius Mahieu
SOUND: Robert Gourdon, Edouard Weckx
MUSIC: Robert Pottier
ART DIRECTOR: Louis E. Saeys
PROD. CO.: Procibel (Bruxelles)
CAST: Gina Manès (La Tonia), Constant Remy
(Balthazar Baraque), René Herdé (Bastian
Baraque), Emile-Georges De Meyst (Nol
Baraque), René Darmor (Henrick Zacht),
Henry De Nevry (Langendries), André Gevrey
(Dan Pervyse), Robert Maufras (Kas Piers),
Lucien Prad (Le curé), Maurice De Groote (Le
chanteur), Marcelle Dambremont (Kaatje
Langendries), Eliane Dany (Griet Langendries)
LANGUAGE: French
GAUGE: 35 mm
SILENT/SOUND: sound
B&W/COLOUR: B&W
MINUTES: 67'

◆ Inspired by a powerful novel by Camille Lemonnier, the leading figure of Belgian Naturalism, **The Corpse** represented, along with **The Magnificent Cuckold** of 1946, Emile-Georges De Meyst's most ambitious literary enterprise. To guarantee its success he took on Constant Remy, a high-profile star of the day, and a former star of the silents, Gina Manès (Jacques Feyder's Thérèse Raquin). He surrounded these French leading lights with René Herdé, Marcelle Dambremont and Robert Maufras (who had all featured in **It'll Turn Out in the End**), keeping the role of the mongoloid brother made-up à la Lon Chaney for himself.

Set in the Campine region in 1867, **The Corpse** tells the sordid tale of three brothers, odious and blind money-grabbers who murdered a young peasant for the tidy sum he had won in the lottery. An ageing whore discovers their secret and treacherously sets up between the two murderers a rivalry for her affections. They finish up each killing the other, whilst the idiot brother scatters to the four winds their ill-gotten gains.

The Corpse was shot in a studio in four weeks thanks to the offer of BF 350 000 by an Antwerp tobacco merchant and film buff (almost a third of this sum went to Constant Remy). The film ran for just two weeks in Brussels, many of the critics giving it a rather cool reception. They complained of the poor sound quality, the stilted nature of the peasants' dialogue and above all of the distressing lack of any location work, De Meyst having replaced the harsh Campine countryside with studio-bound painted backdrops and plaster sets.

● Inspiré d'un puissant roman de Camille Lemonnier, le chef de file du Naturalisme belge, **Le mort** fut (avec **Le cocu magnifique**, en 1946) l'entreprise littéraire la plus ambitieuse d'Emile-Georges De Meyst. Pour en assurer le succès, il engagea une vedette fameuse de l'époque, Constant Remy, et une ex-star du muet, Gina Manès (la Thérèse Raquin de Jacques Feyder). Autour de ces deux têtes d'affiche françaises, De Meyst fit appel à René Herdé, Marcelle Dambremont et Robert Maufras (trois artistes de **Ça viendra**), tout en se réservant le rôle du frère débile mental, dans un maquillage à la Lon Chaney.

Située dans la Campine de 1867, **Le mort** est l'histoire sordide de trois frères, des primaires odieux et cupides qui ont assassiné un jeune paysan, riche d'un copieux magot gagné à la loterie. Une putain sur le retour découvre leur secret et déclenche perfidement une rivalité sentimentale entre les deux meurtriers, qui finissent par s'entre-tuer, tandis que l'idiot éparpille au vent l'argent du crime.

Tourné en quatre semaines de studio grâce au don d'un négociant en tabac anversois cinéphile (une somme de 350.000 francs dont presque un tiers revenait à Constant Remy), **Le mort** tint l'affiche des salles bruxelloises durant quinze jours seulement et fut fraîchement accueilli par beaucoup de critiques. Ils dénoncèrent la médiocrité du son, le ton factice des dialogues paysans et surtout le manque navrant d'extérieurs, De Meyst ayant remplacé l'âpre nature campinoise par des toiles peintes ou des décors en stuc. (RM)

▶ Geïnspireerd op de krachtige roman van Camille Lemonnier - de bezieler van het Belgisch Naturalisme - werd **Le mort** (samen met **Le cocu magnifique** uit 1946) de meest ambitieuze literaire bewerking van Emile-Georges De Meyst. Als publiekstrekkers koos hij de beroemde vedette Constant Remy en Gina Manès, een ster uit de stille film (de Thérèse Raquin van Jacques Feyder). Naast deze twee Franse steracteurs deed hij een beroep op René Herdé, Marcelle Dambremont en Robert Maufras (die ook in **Ça viendra** te zien waren), terwijl hij zelf de rol van de debiele broer met make-up à la Lon Chaney vertolkte.

Le mort, gesitueerd in de Kempen in 1867, verhaalt de schandelijke geschiedenis van drie broers, hatelijke en hebzuchtige kerels die een jonge boer vermoordden voor een kleine som geld die hij met de loterij gewonnen had. Wanneer een afgeleefde hoer hun geheim ontdekt, ontketent deze verraadster een sentimentele rivaliteit tussen de twee moordenaars; uiteindelijk brengen ze elkaar om het leven, terwijl de derde broer - de idioot - het gestolen geld aan de wind schenkt.

De film werd op vier weken tijd in de studio ingeblikt met behulp van 350.000 BF geschonken door een Antwerpse cinefiel en tabakshandelaar (bijna een derde daarvan was voor Constant Remy). **Le mort** draaide slechts twee weken in Brussel en werd door de critici koeltjes ontvangen. Ze laakten de gebrekkige klankband, de stroeve dialogen en vooral het schrijnende gebrek aan buitenopnamen: De Meyst had de grimmige natuur van de Kempen immers vervangen door beschilderde doeken en decors in stucwerk.

De roem van het regiment
Siegfried Arno

De roem van het regiment
De roem van 't regiment
De nachtmerrie van Beverloo
Le cauchemar de Beverloo
La gloire du régiment
La terreur de Beverloo
The Glory of the Regiment

DIRECTOR: Siegfried Arno
YEAR: 1937
COUNTRY: BE
SCREENPLAY: Hendrik Caspeele, Robert Scharfenberg
DIALOGUE: Hendrik Caspeele
DIR. PHOT.: Charles Lengnich
CAMERA: Charles Lengnich, Marius Mahieu
EDITING: G.R. Dubois
SOUND: Joe Nassy
MUSIC: Karl M. May
ART DIRECTOR: F. Delattre, Landau
PRODUCER: Henry Goulden, Hendrik Caspeele
PROD. CO.: Sabac Film (Antwerpen)
CAST: Chelly Da Costa (Paula, een sportswoman), René Bertal (Karel Maes, wielrenner), Hélène Dussart (Violetta), Robert Marcel (Stafke), Betty Love (Loulou), Lucien Mussière (Pierre), Peggy Truly (Nelly), Tony Early (Georges), Esther Deltenre (De tante), Octave Van Aerschot (Hans Drogelever, voetbalsupporter), Mevr. Polus (Katrien, de keukenmeid), De Vuyst (Bing), Nora Gevers (De dame des huizes), Sus Van Aerschot (De kantinehouder), Paulette Schouten (Jenny), Liverdan (Ziekenverpleger), Maria Urbain (De dochter van de kantinehouder), Miller (Ziekenverpleger), Tania Labbé (Een jong meisje), Tasnier (Een bokser), Polus (Donder), Marcel Chevalier (Een dwerg)
LANGUAGE: Dutch/French
GAUGE: 35 mm
SILENT/SOUND: sound
B&W/COLOUR: B&W
MINUTES: 89'
NOTES: The Dutch and French versions are slightly different.

◆ The German actor Siegfried Arno appeared in many German films under the name Arno Sig, including **Pandora's Box** and **Diary of a Lost Girl**. In 1935 he sang in an operetta in Antwerp, where the recently established production company Sabac Film hired him to direct its first film.

The screenplay was based on the true story of a cyclist who escapes with a group of friends from the barracks where he has been drafted in order to take part in an important cycle race. They are given a lift by a Dutchman and pick up a girl whose car has broken down. The cyclist falls in love with her and, later that evening, celebrates his victory with her while his friends go on a crawl round the fairgrounds and nightclubs.

Following the example of **Free Spirits**, **The Glory of the Regiment** was recorded in both a French and a Dutch-language version. The plot is more varied and less predictable than, for example, the average Jan Vanderheyden film. In the musical scenes, Siegfried exploits his stock-in-trade as an international musical star. But the film's lukewarm reception was to be a great disappointment to him. (The bad reputation it acquired may have something to do with the scenes in Madame Bouboule's nightclub, nicknamed "the university of love" by one of the scantily clad waitresses.) Fearing the rise of the Nazis, Arno subsequently left Europe and settled in Hollywood, where he resumed his acting career. He subsequently appeared in several films, including **The Great Dictator** and **The Palm Beach Story**. The Sabac Film production company, however, would never make another film.

● Sous le pseudonyme d'Arno Sig, l'acteur allemand Siegfried Arno a joué dans divers films allemands dont **Lulu** et **Journal d'une fille perdue**. En 1935, il apparaît dans une opérette à Anvers. Repéré par une société de production nouvellement fondée, la Sabac Film, il est aussitôt engagé pour la réalisation de leur premier film.

Le scénario s'inspire de l'histoire vraie d'un coureur cycliste qui, appelé sous les drapeaux, s'évade avec quelques copains de régiment pour participer à une importante compétition. En chemin, un Hollandais les prend en stop, ainsi qu'une jeune fille en panne de voiture. Notre sportif s'en amourache, et fête, le soir même, la victoire en sa charmante compagnie. Pendant ce temps, ses amis s'égaillent dans les foires et boîtes de nuit.

Tout comme **Jeunes filles en liberté**, **La gloire du régiment** est tourné en deux versions, néerlandaise et française. Les rebondissements de l'intrigue en font un film moins prévisible que, par exemple, un film de Jan Vanderheyden. Les scènes musicales bénéficient très nettement de l'expérience du cinéaste, alors vedette internationale de music-hall. Cependant, l'accueil sceptique de son film l'ébranle fortement (les scènes du night-club de Madame Bouboule, "Université de l'amour" selon l'une de ses serveuses peu vêtues, sont sans doute à l'origine de la mauvaise réputation du film). Fuyant les nazis, le réalisateur quitte l'Europe et s'établit à Hollywood, où il reprend sa carrière d'acteur. On le verra encore dans **Le dictateur** de Chaplin et **Madame et ses flirts** de Preston Sturges. Quant à la société de production Sabac Film, elle ne survivra pas à cette tentative isolée.

▶ Onder de naam Arno Sig speelde de Duitser Siegfried Arno in verschillende Duitse films, waaronder **Die Büchse der Pandora** en **Das Tagebuch einer Verlorenen**. In 1935 trad hij in Antwerpen op in een operette. De daar pas opgerichte productiemaatschappij Sabac Film engageerde hem om haar eerste film te regisseren.

Het draaiboek was gebaseerd op de waar gebeurde ervaringen van een wielrenner die zijn tijd bij het leger uitdient en met enkele vrienden uit de kazerne ontsnapt om te kunnen deelnemen aan een belangrijke wedstrijd. Zij krijgen een lift aangeboden door een Nederlander en nemen een meisje met autopech mee. De wielrenner wordt verliefd en viert later op de avond zijn overwinning met haar, terwijl zijn vrienden kermissen en nachtclubs afdweilen.

In navolging van **Meisjes in vrijheid** werd van **De roem van het regiment** zowel een Franse als een Nederlandse versie opgenomen. De plot is gevarieerder en minder voorspelbaar dan in, bijvoorbeeld, een doorsnee film van Jan Vanderheyden. In de muzikale scènes benutte Arno zijn bagage als internationale musical-ster. De lauwe ontvangst van de film, die mogelijk een slechte reputatie genoot vanwege de scènes in de nachtclub van Madame Bouboule (door een van de schaars geklede diensters "de universiteit van de liefde" genoemd), stelde hem diep teleur. De cineast verliet Europa uit angst voor de nazi's en vestigde zich in Hollywood, waar hij zijn acteursloopbaan weer opnam. Hij was onder meer nog te zien in **The Great Dictator** en **The Palm Beach Story**. De productiemaatschappij Sabac Film deed na deze ene film de boeken dicht. (PF)

Het kwade oog

Charles Dekeukeleire

Het kwade oog
Le mauvais œil
The Evil Eye

DIRECTOR: Charles Dekeukeleire
YEAR: 1937
COUNTRY: BE
SCREENPLAY: Herman Teirlinck
BASED ON: De vertraagde film, written by Herman Teirlinck
DIALOGUE: Herman Teirlinck
CAMERA: François Rents
EDITING: Charles Dekeukeleire
SOUND: R.H. Eliot, Willem Rombauts
MUSIC: Marcel Poot
PRODUCER: Charles Dekeukeleire
PROD. CO.: PDK (Brussel)
LANGUAGE: Dutch
GAUGE: 35 mm
SILENT/SOUND: sound
B&W/COLOUR: B&W
MINUTES: 74'
NOTES: Special effects: Jean Painlevé, C.G. Mol.

◆ With a purely commercial popular cinema developing in both Brussels and the Flemish region, Charles Dekeukeleire chose to plunge into fiction films in 1937 with a decidedly ambitious screenplay by the novelist Herman Teirlinck. The film was shot in Flanders with non-professional actors from the country and using funds collected together by Henri d'Ursel from a number of rich patrons. Teirlinck's plot, drawn from one of his plays and centred upon an experimental treatment of time, is a piece of rural fantasy: a vagabond spreads panic throughout a village community, triggering a series of mysterious events which give him a reputation as a sorcerer and evil spirit. Flashbacks explain his dark secret - he tried to drown himself with the woman he loved and their illegitimate child, but he alone survived, half insane. Feeling that Maria too is still alive, he wanders in search of her and dies in peace when she grants him her pardon.

In telling this story, Dekeukeleire mixes realism, in the shape of the Flemish countryside with its crops and fields, with a purely formal experimentation in the tradition of his silent films. This is best seen in the dream-like drowning sequence, with subjective mental images and sound effects (Jean Painlevé supervised the scene), its double-exposures and slow-motion shots, the fluid blurring of time which corresponds to Teirlinck's intentions. The result is a singular work combining folklore and the fantastic, bucolic lyricism and the refinement of the experimental, a film on the cusp between the silents and the talkies which confused audiences, of course, marking the end of Dekeukeleire's brief association with fiction films.

● Tandis qu'un cinéma populaire, purement commercial, se développe tant à Bruxelles qu'en région flamande, Charles Dekeukeleire se lance dans l'aventure du long métrage en 1937, sur un scénario ambitieux du romancier Herman Teirlinck. Le cinéaste va le réaliser en Flandre avec des acteurs non professionnels, originaires de la campagne, et avec des fonds réunis par Henri d'Ursel auprès de riches mécènes. L'argument imaginé par Teirlinck, issu de l'une de ses pièces et basé sur une approche expérimentale du Temps, relève du fantastique rural: un vagabond jette la panique dans une communauté villageoise en déclenchant une série d'événements insolites qui le font craindre comme sorcier, comme esprit malfaisant. Des projections vers le passé viennent expliquer son secret maudit: il a tenté de se noyer avec une femme aimée et leur enfant illégitime, mais il a survécu. Atteint de la folie et pressentant que Marie est toujours en vie elle aussi, il erre à sa recherche et mourra apaisé lorsqu'elle lui accordera son pardon.

Pour raconter cette histoire, Dekeukeleire va mêler le réalisme (le terroir flamand des moissons et des champs) avec une recherche purement formelle, à la façon de ses films muets. Ainsi ces surimpressions, ces plans au ralenti, ce mélange des temps voulu par Teirlinck, et surtout cette séquence onirique de la noyade (supervisée par Jean Painlevé) avec images mentales et effets sonores. Une œuvre rare brassant le folklore et le fantastique, le lyrisme bucolique et le raffinement expérimental, aux confins du muet et du parlant, qui dérouta, bien sûr, le public, marquant du même coup les adieux de Dekeukeleire au cinéma de fiction. (RM)

▶ Terwijl de - zuiver commerciële - volksfilm tot ontwikkeling kwam in Brussel en Vlaanderen, waagde Charles Dekeukeleire zich in 1937 aan zijn eerste langspeelfilm, naar een ambitieus scenario van de schrijver Herman Teirlinck. De opnamen gebeurden in Vlaanderen, met uitsluitend niet-professionele acteurs van het platteland en met middelen die Henri d'Ursel wist bijeen te sprokkelen bij rijke mecenassen. Teirlinck baseerde zijn intrige op een eigen toneelstuk (een experiment rond de Tijd), in een sfeer van rurale fantastiek: zijn verhaal handelt over een zwerver die paniek zaait in een dorpsgemeenschap door een reeks ongewone gebeurtenissen te ontketenen waardoor de mensen hem voor een boze geest aanzien. Flashbacks onthullen het vervloekte geheim uit zijn verleden: samen met zijn geliefde en hun onwettig kind wilde hij zich verdrinken, maar hij overleefde het - zij het half waanzinnig. Hij heeft een voorgevoel dat ook Maria nog leeft en zoekt haar in zijn omzwervingen; als ze elkaar vinden en zij hem vergeeft, sterft hij in vrede.

Dekeukeleire vermengt in zijn verhaal een realistische benadering - de akkers en oogsten van het Vlaamse land - met een zuiver formele studie, verwant aan zijn stille films. De scène van de verdrinking (een regie van Jean Painlevé) lijkt wel een droom, met mentale beelden en geluidseffecten, dubbeldruk en slow motion, waarin de tijd wordt ontwricht zoals Teirlinck het zag. Het resultaat is een uitzonderlijk werk van fantastische folklore en bucolisch lyrisme, een fijnzinnig experiment op de grens tussen geluids- en stille film, maar verwarrend voor het publiek, wat meteen het einde betekende van Dekeukeleire's carrière als maker van speelfilms.

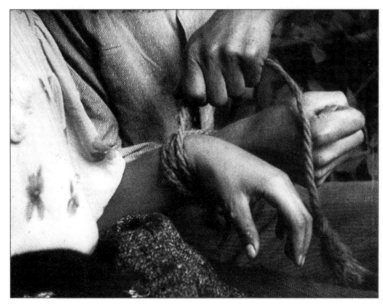

Les gangsters de l'Expo

Emile-Georges De Meyst

Les gangsters de l'Expo
Les gangsters de l'Exposition
De gangsters van de Expositie
Exposition Gangsters

DIRECTOR: Emile-Georges De Meyst
YEAR: 1937
COUNTRY: BE-FR
SCREENPLAY: Reno Barcker
CAMERA: Géo Clerc, Colleoni, J. Seraillon
EDITING: Raymonde Delor
SOUND: H. Dubuis
MUSIC: Géo Falcq
ART DIRECTOR: Louis E. Saeys
PROD. CO.: Francia-Belgica Films (Bruxelles)
PROD. SUPERV.: Emile Buhot
CO-PRODUCER: Emile Buhot
CO-PROD. CO.: Les Films E. Buhot (Paris)
CAST: Christiane Delyne (Gaby), René Herdé,
Georges Keppens (M. Meulemans), Georgette
Méry (Mme Meulemans), Milly Mathis
(Angèle Barbaroux), Charblay (Olive
Barbaroux), Anthony Gildès, Francis Dupret
(Arthur Meulemans), Lily Carmita, Jane
Clement, Loulou Girardo, Mary Annaix, René
Alie, Robert Rips, Louis Marie, Betty Hoop,
Georges Bever
LANGUAGE: French
GAUGE: 35 mm
SILENT/SOUND: sound
B&W/COLOUR: B&W
MINUTES: 72'

◆ Emile-Georges De Meyst reacted bitterly to the relative failure (or rather the succès d'estime) of **The Corpse**. He was planning a film version of *Tyll Owleglass*, but investors were reluctant to take on such a large-scale project and he was forced to reconsider more commercial propositions. Highly popular with the general public were films inspired by Marseillaise operettas (not to mention Marcel Pagnol's colourful melodramas), and he hoped to double the effect by bringing together in one story ordinary Brussels folk à la Beulemans and a delightfully conventional family from the Provence region, headed by the pithy Milly Mathis.

Loosely based on his **Peperbols at the World's Fair**, the director's script stages the encounter - this time at the Paris Exposition - between two staunchly regional families, the Meulemans and the Barbaroux, the former accompanied by their young son and the latter by their eligible daughter. However, this roily ensemble visiting the pavilions and attractions of the World's Fair didn't in itself make for a story, so De Meyst plunged his naïve and comical figures into a detective-like intrigue: a group of sharks attempt to rob both families of their savings, but are stopped thanks to the double game of a police informer in their midst.

After this engaging little piece of facetiousness the name of De Meyst disappeared from the public eye for a period of six years. A shoot in the Belgian Congo was interrupted by the war, during which he had to content himself with work in set design and dubbing - until 1944, the year which saw his fantastic escapade **Soldiers without Uniform**.

● L'échec relatif (ou le succès d'estime) du **Mort** fut reçu avec amertume par Emile-Georges De Meyst qui songeait alors à une mise en images de *Till l'Espiègle*. Les financiers restant de glace devant ce projet trop onéreux, il lui fallut revenir à des ambitions plus commerciales. Les films inspirés par des opérettes marseillaises ainsi que les mélos à la Marcel Pagnol plaisaient beaucoup au public populaire, et De Meyst pensa doubler cet impact en réunissant, dans une même histoire, des Bruxellois à la Beulemans et des Provençaux savoureusement conventionnels menés par la truculente Milly Mathis.

S'inspirant lointainement de son **Peperbol à l'Exposition**, le scénariste-réalisateur imagina la rencontre, cette fois à l'Exposition de Paris, de deux familles à l'accent: les Meulemans et les Barbaroux, les premiers accompagnés de leur fils, les seconds de leur ravissante fille à marier. Toute cette joyeuse bande visite les différents pavillons et attractions de l'Exposition. En guise de scénario, De Meyst plonge ces personnages naïfs et cocasses à souhait dans une intrigue semi-policière: des aigrefins peu scrupuleux tentent de voler les économies des deux familles. Leur plan échouera grâce au double jeu d'une indicatrice de police, mêlée à la bande.

Après cette facétie gentillette, le nom d'E.G. De Meyst allait disparaître des affiches pendant six ans. Un tournage au Congo belge est interrompu par la guerre durant laquelle il doit se cantonner à des travaux de décors et de doublages jusqu'à la rocambolesque équipée, en 1944, des **Soldats sans uniforme**. *(RM)*

▶ De relatieve mislukking (of het beperkte succes) van **Le mort** stemde Emile-Georges De Meyst tot bitterheid. Hij plande een film rond *Tijl Uilenspiegel*, maar de financiers reageerden terughoudend op dit grootschalige project en hij zag zich verplicht commerciëlere ambities na te streven. Films geïnspireerd op Marseillaanse operettes (om maar te zwijgen van de kleurrijke Marcel Pagnol-melodrama's) lagen goed in de markt en De Meyst wilde deze troef dubbel uitspelen door in eenzelfde verhaal Brusselaars à la Beulemans en een heerlijk conventionele familie uit de Provence (aangevoerd door de pittige Milly Mathis) te betrekken.

De scenarist-regisseur inspireerde zich losweg op **Les Peperbol à l'Exposition** toen hij de ontmoeting - deze keer op de Expositie van Parijs - tussen twee accentrijke families op touw zette: de Meulemansen vergezeld van hun zoon en de Barbaroux met hun trouwrijpe dochter. Deze olijke bende bezoekt de vele paviljoenen en attracties van de Expositie, maar dat vormde als dusdanig nog geen verhaal; dus zorgde De Meyst ervoor dat zijn komische en naïeve personages in een detectiveachtige intrige verwikkeld raakten: weinig scrupuleuze oplichters proberen beide families te beroven, maar het dubbelspel van een informante die de bende had geïnfiltreerd, steekt hier een stokje voor.

Na dit brave stukje kolder verdween de naam De Meyst gedurende zes jaar uit de publieke belangstelling: opnamen in Belgisch Kongo werden stilgelegd wegens de oorlog en hij moest de kost verdienen met decorontwerp en dubbing, tot hij in 1944 van start kon gaan met zijn fantastische onderneming **Soldats sans uniforme**.

Mon père et mon papa

Gaston Schoukens

Mon père et mon papa
Un drôle de père
Marie-Rose
Mijn vader en mijn papa
My Father and My Daddy

DIRECTOR: Gaston Schoukens
YEAR: 1937
COUNTRY: BE
SCREENPLAY: Loïc Le Gouriadec
BASED ON: Marie-Rose, written by Fernand Wicheler,
Loïc Le Gouriadec
CAMERA: Paul Flon
SOUND: José Lebrun
MUSIC: V.O. Ursmar, Paul Gury
ART DIRECTOR: Suzanne Varlet
PRODUCER: Gaston Schoukens
PROD. CO.: Les Productions Gaston Schoukens (Bruxelles)
CAST: Gustave Libeau (Papa Vandervrook), Jules
Berry (Levaillant), Blanche Montel (Mme
Levaillant), Christel Or (Marie-Rose), Alice
Tissot (Mme Martineau), Paul Varlet (Lucien,
le chauffeur), Jacques Philippet (Gontran),
Paul Gury (Le colonial), Stan Devuyst
(Bink), Guillaume Lambrette (Arthur),
Marguerite Daulboys (La bonne), Réginald
LANGUAGE: French
GAUGE: 35 mm
SILENT/SOUND: sound
B&W/COLOUR: B&W
MINUTES: 80'

◆ After his evocation of the turn of the century and a satirical look at the German occupation, Gaston Schoukens decided to adopt a different tone and develop a more nuanced side of Gustave Libeau's acting. He thus entrusted him with a much subtler role combining drollery and emotion in an adaptation of the play *Marie-Rose* by Fernand Wicheler (the co-author of *Le Mariage de Mademoiselle Beulemans*) and Loïc Le Gouriadec. This comedy had just played in Brussels and Schoukens bought the rights to it, including the provision to change its title.

My Father and My Daddy opens on the banks of the Meuse, where a kind-hearted gardener has lovingly raised the natural daughter of a Parisian banker. 17 years later the banker decides to reclaim the young girl, who deeply loves her adoptive father. She agrees to move to France on the one condition that her dear Monsieur Vandervrook come too. The rest is straight out of traditional variety theatre: the two fathers clash, the sharp-witted Marie-Rose uncovers the various schemes brewing in the Parisian household, and "mon père et mon papa" are finally reconciled.

All this is very engaging, nicely filmed with attractive river exteriors - a long way indeed from coarse folklore - and Libeau is able to display a new sensitivity in the company of well-known French actors, Blanche Montel, Alice Tissot, and above all the sprightly Jules Berry, the perfect opposite number of the placid Bruxellois. His voluble confrontations with the wily yet good-natured Libeau give the plot increasing momentum, and the clash between these two contrasting, equally talented natures gives rise to a comedy of the best kind.

● Après les évocations du début du siècle et les persiflages sur l'occupation allemande, Gaston Schoukens décida de changer de registre et de mettre en valeur un aspect plus nuancé du talent de Gustave Libeau. Il lui confia donc un rôle en demi-teinte, unissant drôlerie et émotion, dans une adaptation de la pièce de Fernand Wicheler (l'illustre coauteur du *Mariage de Mademoiselle Beulemans*) et Loïc Le Gouriadec: *Marie-Rose*. Cette comédie venait d'être représentée à Bruxelles et Schoukens en acheta les droits, y compris celui de rebaptiser l'histoire.

Mon père et mon papa commence sur les bords de la Meuse, où un brave horticulteur a élevé avec amour la fille naturelle d'un banquier parisien. Ce dernier décide, 17 ans plus tard, de reprendre la jeune demoiselle. Folle de son papa d'adoption, elle consent à venir en France mais à la seule condition que le cher Monsieur Vandervrook l'accompagne. Le reste relève du boulevard traditionnel: conflit entre les deux pères, magouilles dans le ménage parisien dévoilées par la futée Marie-Rose, réconciliation finale de "mon père et mon papa".

Tout cela est gentillet, proprement filmé, avec de jolis extérieurs mosans, loin du folklore à gros traits. Libeau peut enfin déployer toute une finesse souvent galvaudée en d'autres occasions, autour de comédiens français connus comme Blanche Montel, Alice Tissot, et surtout le pétillant Jules Berry, antithèse rêvée du placide Bruxellois. Ses confrontations volubiles avec un Libeau matois et bon enfant dynamisent l'histoire au maximum: à de tels moments, le choc entre ces deux tempéraments contrastés et talentueux fait jaillir un comique du meilleur aloi. (RM)

▶ Na zijn evocaties van de jaren 1900 en zijn persiflages op de Bezetting besloot Gaston Schoukens van koers te veranderen en een subtieler facet van Gustave Libeau's acteertalent tot uitdrukking te brengen. Hij vertrouwde hem een meer genuanceerde rol toe, met zowel humor als emotie, in een verfilming van een stuk van Fernand Wicheler (de illustere coauteur van *Le mariage de Mademoiselle Beulemans*) en Loïc Le Gouriadec: *Marie-Rose*. Schoukens verwierf de rechten op deze komedie, die juist in Brussel had gelopen, inclusief het recht om het verhaal van een andere titel te voorzien.

Mon père et mon papa opent aan de oevers van de Maas, waar een tuinier liefdevol de natuurlijke dochter van een Parijse bankier heeft grootgebracht. Na 17 jaar wil deze laatste haar laten overkomen naar Frankrijk, maar het meisje is zozeer op haar adoptievader gesteld dat ze niet zonder hem wil vertrekken. De rest van het verhaal is boulevardtoneel, met de obligate wrijvingen tussen de twee vaders, onfrisse praktijken in het Parijse huishouden en een uiteindelijke verzoening tussen "de vader en de papa".

Het verhaal is gemoedelijk van toonzetting en degelijk verfilmd, met fraaie buitenopnamen aan de Maas, zonder in platvloerse folklore te verzanden. Libeau legt hier een ongekende subtiliteit aan de dag. Aan zijn zijde treffen we bekende Franse acteurs als Blanche Montel, Alice Tissot en vooral de pittige Jules Berry, de perfecte antithese van de onverstoorbare Brusselaar. De snedige confrontaties tussen hem en Libeau als gewiekste lobbes galvaniseren het verhaal en uit de schok tussen hun tegengestelde, talentvolle temperamenten ontstaat een humor van de beste soort.

La tragédie de Marchienne

Francis Martin

La tragédie de Marchienne
Le drame de Marchienne
Le martyre de la petite Yvonne Vieslet
La petite martyre belge
De tragedie van Marchienne
De kleine Belgische martelares
Het treurspel van Marchienne
The Tragedy of Marchienne

DIRECTOR: Francis Martin
YEAR: 1937
COUNTRY: BE
SCREENPLAY: Edouard Ehling, Eugène Maréchal
DIALOGUE: Edouard Ehling
CAMERA: Maurice Le Blanc
EDITING: Charles Kurlandsky
PRODUCER: Francis Martin
LANGUAGE: French
GAUGE: 35 mm
SILENT/SOUND: sound
B&W/COLOUR: B&W
MINUTES: 60'

Ceux de 1830
Vers l'avenir
Deze van 1830
Those of 1830

DIRECTOR: Francis Martin
YEAR: 1930
COUNTRY: BE
CAST: Bianca Xhignesse, Francis Martin, William Elie
LANGUAGE: French
SILENT/SOUND: sound

◆ We left Francis Martin during the transition to the sound film, a period when he contents himself with appearances in short and full-length films by Gaston Schoukens, Paul Flon and Isidore Moray. He also plans to take centre stage in his own feature marking the centenary of the heroes of the 1830 independence struggles. According to Francis Bolen, the board of classification took offence at the script's more daring moments ("a wife abandoning her hearth to follow a band of agitators") and refused to pass the film for universal consumption, forcing Martin to jettison all the fictional elements and transform his film into a cultural documentary.

His most ambitious project, however, was the remake of his own silent film **The Tragedy of Marchienne**. Shooting takes place in the winter of 1937 with a deliberately obscure cast (inhabitants of the Borinage region where the original story unfolded), completed by Francis Martin himself. Four years on from the Armistice, Hippolyte De Kempeneer's studio had already devoted a feature film (**Young Belgium**) to the tragedy of the little Belgian martyr (**La petite martyre belge** is an alternative title of Francis Martin's film). The heroine was a little girl of ten, Yvonne Vieslet, who was gunned down before the horrified eyes of the inhabitants of Marchienne by a roughneck German soldier for offering her morsel of bread to a French prisoner. Her act of courage is here told to a group of children by an old shepherd, who evokes the horrors of the conflict and the long agony of Yvonne Vieslet leading up to her last communion. Patriotic, pathetic and edifying, the film was shown regularly to the delight of the usual crowd, at least until the next war (which saw the final retirement of Francis Martin after twenty years' service in artisanal film-making).

● Nous avons laissé Francis Martin à l'orée du parlant. Il se contente alors de jouer films ou courts métrages de Gaston Schoukens, Paul Flon et Isidore Moray. C'est aussi comme interprète que Martin allait apparaître, au tout début du parlant, dans son propre film de fiction commémorant le centenaire de "ceux de 1830". Selon Francis Bolen, la Commission de Contrôle refusa le précieux visa "enfants admis" devant certaines audaces du script ("une femme délaissant son foyer pour suivre une bande d'agitateurs"), obligeant Martin à jeter toute partie romanesque de son film pour le transformer en documentaire culturel.

Mais son projet le plus ambitieux est de tourner un remake de son film muet **La tragédie de Marchienne**. Ce sera chose faite pendant l'hiver 1937, avec une distribution volontairement anonyme (des Borins de la région où s'était déroulée l'histoire), à laquelle se joignit Francis Martin lui-même. Quatre ans après l'Armistice, le studio de Hippolyte De Kempeneer avait déjà consacré un long métrage (**La jeune Belgique**) à la tragédie de "La petite martyre belge" (c'est un autre titre du film de Francis Martin). L'héroïne en était une gamine de dix ans, Yvonne Vieslet, qui avait été abattue par un soudard allemand, sous les yeux horrifiés des habitants de Marchienne, alors qu'elle offrait sa brioche à un prisonnier français. Son acte de courage est ici raconté par un vieux berger à un groupe d'enfants, évoquant les horreurs du conflit et la longue agonie d'Yvonne Vieslet, avant sa dernière communion. Patriotique, pathétique et édifiant, l'ouvrage fut joué régulièrement pour le public qu'on imagine, du moins jusqu'à la guerre suivante (qui vit la retraite définitive de Francis Martin, après vingt années au service du cinéma artisanal). *(RM)*

▶ We volgden Francis Martin tot aan het begin van het tijdperk van de geluidsfilm. In deze periode beperkte hij zich vooral tot het acteren in lange films of kortfilms van Gaston Schoukens, Paul Flon en Isidore Moray. Zijn eerste geluidsfilm - waarin hij ook acteerde - was een fictiefilm ter ere van het eeuwfeest van de Belgische revolutie. Volgens Francis Bolen weigerde de Controlecommissie de film een "kinderen toegelaten"-notatie omwille van enkele gewaagde scènes in het scenario (een vrouw laat haar huishouden achter om een bende oproerkraaiers te volgen). Martin zag zich bijgevolg verplicht het fictiegedeelte van zijn film om te vormen tot een culturele documentaire.

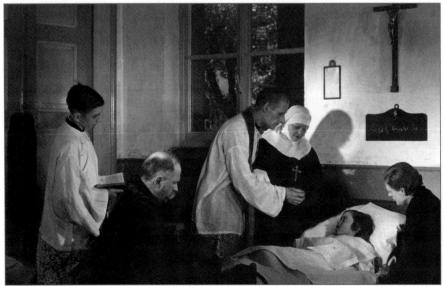

La tragédie de Marchienne

Maar Martins meest ambitieuze project was het draaien van een remake van zijn stille film **La tragédie de Marchienne**, hetgeen hij uiteindelijk kon verwezenlijken in de winter van 1937. Alle acteurs - met uitzondering van Francis Martin - bleven opzettelijk anoniem; het waren immers mensen uit de streek waar de tragedie zich had afgespeeld. Vier jaar na de Wapenstilstand was er in de studio van Hippolyte De Kempeneer al een langspeelfilm (**La jeune Belgique**) gemaakt over de tragedie van een jonge Belgische martelares. De heldin, Yvonne Vieslet, werd op tienjarige leeftijd, voor de ogen van de inwoners van Marchienne, doodgeschoten door een eerloze "mof" omdat ze haar brioche aan een Franse krijgsgevangene wou toestoppen. Haar heldendaad wordt hier aan een groepje kinderen verteld door een oude herder, die het gruwelijke conflict en de lange doodstrijd van Yvonne Vieslet vóór haar laatste communie evoceert. Hoe patriottisch, pathetisch en stichtelijk de film ook was, hij vond toch gretig afname bij een bepaald publiek. Althans tot het uitbreken van de volgende oorlog (die trouwens het definitieve vaarwel van Francis Martin aan de filmwereld zou inluiden, na 20 jaar ambachtelijk filmwerk).

Les chevaliers de la cloche

René Le Henaff

Les chevaliers de la cloche
Le chevalier de la cloche
Ridders en clochards
Precious Fools

DIRECTOR: René Le Henaff
YEAR: 1937
COUNTRY: BE-FR
SCREENPLAY: André Heuzé, Etienne Arnaud
ASST. DIR.: R. Nazarene, D. Petit
DIR. PHOT.: Georges Asselin
CAMERA: Maurice Delattre, Chacun, Marius Mahieu, Thierry Goede
SOUND: Havadier, Menot
MUSIC: Henri Verdun
ART DIRECTOR: Georges Wakhewitch, Colasson
COSTUMES: Fred Cammans, Paul Pouleur
PRODUCER: Michel Monaco
PROD. CO.: Agence Centrale Cinématographique (Bruxelles)
PROD. SUPERV.: Lucien Rigaux
CO-PROD. CO.: Les Exclusivités Artistiques (Paris)
CAST: Darman (La cloche), Julien Carette (Picolard), Simone Cerdan (Irène De Cernay), Alice Tissot (La marchande d'huîtres), Marchal (Le docteur Van Zout), Maurice Maillot (Le peintre Gilbert), Andrée Berty (Le modèle Minouche), Lise Chamleux (Maryse), Max Péral (L'ambassadeur), France Ellys (La princesse bohémienne), Guillaume Lambrette (Le commissaire), Réginald (Le prince d'Alcala), Marie-Louise Derval (Madame Sainval), Ruffax (L'habilleuse), Jean Darwels (Le secrétaire de l'ambassadeur), Dumontier (Le valet du peintre Gilbert), Jeanne Garin (La nurse), Jean Schouten (Le directeur du Casino du Lapin Bleu)
LANGUAGE: French
GAUGE: 35 mm
SILENT/SOUND: sound
B&W/COLOUR: B&W
MINUTES: 81'

◆ A few months after **The Ladies' Champion**, the same producer brought together the same three stars: Darman as a sandwich man, backed up by the charm of Simone Cerdan and the comedy value of Alice Tissot (as an oyster seller in love with a tramp) to shoot a script culled from another André Heuzé play. To team up with the Belgian comedian Darman (and to increase the film's selling potential in France) another actor with a high box-office profile was called in, namely Julien Carette, straight from **Grand Illusion**, with the sharp tongue of a cheeky Parisian urchin.

The film tells the story of two Brussels tramps who manage to gain entry into a fancy-dress ball thanks to the wretched state of their cast-off clothing. In pure genre style, Darman is mistaken for a respected doctor and is henceforth called upon to bestow his care on an Oriental prince, a music-hall diva and a whole troupe of showgirls, which he is supposed to vaccinate. Soon enough, he too is disguised as a dancing girl. The action unfolds at a frenetic pace in the Casino "Le Lapin Bleu". In passing, it should be mentioned that one of the film's chief pleasures is to be found in its beautiful sets, created by Georges Wakhewitch, between 1930 and 1970 one of the most eminent French specialists. The unwonted presence of such a major name seems to be down to the film's director René Le Henaff, who had edited the films of René Clair and was to direct several of Fernandel's offerings. He attempted to avoid theatrical dialogue and base his film on visual gags at a frenetic pace, creating some truly funny moments which unfortunately alternate with the direst of tomfoolery.

● Quelques mois après **Le champion de ces dames**, le même producteur réunit le même trio, toujours à partir d'un scénario tiré d'un vaudeville d'André Heuzé: Darman, en homme-sandwich, entouré de Simone Cerdan pour le charme et d'Alice Tissot, pour le rire, en écaillère d'huîtres amoureuse d'un clochard. Pour faire équipe avec notre comique national (et vendre le film en France), on fit appel à un autre comédien rompu aux recettes du genre: Julien Carette, arrivant tout droit de **La grande illusion** avec son bagou de titi parisien.

Le film met en scène deux clochards à Bruxelles qui réussissent à s'introduire dans un bal costumé grâce, évidemment, à leurs pouilleuses défroques. Dans la pure tradition du genre, Darman est pris pour un honorable médecin. Il est dès lors appelé, par un prince oriental, à donner des soins à une diva de music-hall ainsi qu'à toute une troupe de girls qu'il va devoir vacciner, avant de se travestir lui-même en danseuse. L'action se dénouera, dans une frénésie burlesque, au casino du Lapin Bleu. Signalons au passage que l'un des atouts du film réside dans les forts beaux décors, signés par un des plus éminents spécialistes français entre 1930 et 1970: Georges Wakhewitch. La présence insolite d'un tel nom semble due au réalisateur des **Chevaliers de la cloche**: René Le Henaff. Ex-monteur de René Clair et futur auteur de plusieurs **Fernandel**, Le Henaff tenta d'infuser à son film un tempo trépidant, davantage basé sur le visuel que sur des dialogues théâtraux. D'où quelques moments réellement savoureux, alternant malheureusement avec les plus affligeantes pitreries. (RM)

▶ Enkele maanden na **Le champion de ces dames** verzamelde dezelfde producent hetzelfde trio voor een nieuwe film, weerom gebaseerd op een vaudeville van André Heuzé: Darman, als sandwichman, omringd door de verleidelijke Simone Cerdan en de komische Alice Tissot als een oesterverkoopster die verliefd is op een clochard. Als tegenspeler van onze komiek Darman (en om de film in Frankrijk te kunnen verkopen) werd een beroep gedaan op een andere succesvolle acteur, met de typische grote bek van een Parijse straatjongen: Julien Carette, die rechtstreeks uit **La grande illusion** kwam.

De film gaat over twee Brusselse clochards die met hun luizige, voddige kleren ongemerkt op een gekostumeerd bal binnensluipen. Een van hen wordt voor een gerenommeerd arts gehouden en wordt ettelijke keren geroepen om bijstand te verlenen aan o.a. een prins, een diva uit de variétéwereld en een troep meisjes die nodig gevaccineerd dienen te worden, alvorens hij zichzelf in een danseres verkleedt. Dit alles speelt zich, in een burleske waanzin, af in het Casino Le Lapin Bleu. Vermeldenswaard zijn ook de prachtige decors, een belangrijke troef van de film, gebouwd door een van de meest eminente Franse specialisten op dit gebied tussen 1930 en 1970: Georges Wakhewitch. Zijn onverwachte aanwezigheid was te danken aan de regisseur van **Les chevaliers de la cloche**, René Le Henaff, die vroeger monteur voor René Clair was en later verschillende films met Fernandel zou draaien. Le Henaff trachtte in zijn film een hilarisch ritme te brengen dat meer uitging van visuele gags dan van theatrale dialogen. Uiterst amusante momenten dus, maar ook even pijnlijke grollen.

Gardons notre sourire

Gaston Schoukens

Gardons notre sourire
Ersatz et Kommandantur
Les joies de l'Occupation
De genoegens van de bezetting
Houdt er de moed maar in
Let's Keep Smiling

DIRECTOR: Gaston Schoukens
YEAR: 1937
COUNTRY: BE
SCREENPLAY: Julien Flament, Gaston Schoukens
DIR. PHOT.: Paul Flon
CAMERA: Paul Flon
SOUND: José Lebrun
MUSIC: V.O. Ursmar
ART DIRECTOR: Suzanne Varlet
PRODUCER: Gaston Schoukens
PROD. CO.: Les Productions Gaston Schoukens (Bruxelles)
CAST: Georges Keppens (Le curé), Gustave Libeau (Lafontaine), Pauline Carton (Florence), Georgette Méry (Pauline, patronne de café), Suzanne Christy (La fille de Lafontaine), Zizi Festerat (Demol), Marguerite Daulboys, Paul Mérin, Stan Devuyst, Théo Parlon, Mary Rembert, Mona Sem, Léon Rosy, Jacques Philippet, Joë Miller, Emile Telry, Josyane, Jean-Jean, Fred Colin
LANGUAGE: French
GAUGE: 35 mm
SILENT/SOUND: sound
B&W/COLOUR: B&W
MINUTES: 90'

◆ Important in the unprecedented success of **Those Were the Days** was its fond, good-humoured re-creation of the early years of this century, and the ever-cunning Gaston Schoukens decided once again to revive the Brussels of days gone by. He chose 1918, the final year of the German occupation of Belgium, which he had himself lived through as an adolescent. Schoukens retained only amusing anecdotes and memorable pranks played on the "boche" and ended his film with the Armistice parade, elaborating on a lightweight script centred upon ordinary Belgians as they strive to keep up morale in a period of harassment and limited freedom.

With typical mocking bonhomie Gustave Libeau plays a good-hearted greengrocer who is also a member of the Resistance. Throughout the film, disguised by turns as a sacristan and a leader of an orchestra, as a priest and as a German officer, Libeau calls all the shots and spreads his mischief between Brussels and Liège. Everything crops up in the film, from the black market to occultation, from potato smugglers to the practical jokes of local children parodying the occupying forces. We are not spared the inevitable burlesque couple, the Flemish and the Walloon, and even Kommandantur interrogations are lampooned. Pauline Carton features in a less farcical role than usual. As the official advertising explains, "This film is not a page out of history but an encyclopaedia of gags." Schoukens was to re-release the film after the war under the title **Ersatz et Kommandantur**. Ironically enough, the scriptwriter Julien Flament (one of the first Belgian film critics in the twenties) had just been sentenced to a prison term for collaboration.

● La reconstitution joviale et attendrie des années 10 avait contribué au triomphe sans précédent de **C'était le bon temps**. Le toujours très astucieux Gaston Schoukens décida donc de faire revivre à nouveau le Bruxelles d'autrefois. Il choisit 1918, la dernière année de l'occupation allemande en Belgique, qu'il avait vécue lui-même dans son adolescence. Ne retenant que les anecdotes plaisantes et les farces mémorables au détriment des "fridolins", et achevant son film par le défilé de l'Armistice, Schoukens broda un scénario léger autour de Belges ordinaires s'efforçant de garder le moral dans une période de vexations et de contraintes.

Avec sa bonhomie narquoise, Gustave Libeau incarne ici un brave épicier frondeur. Tour à tour déguisé, au fil de l'intrigue, en sacristain ou en chef d'orchestre, en curé ou en officier allemand, Libeau mène le jeu et promène sa malice entre Bruxelles et Liège. Tout y passe, du marché noir à l'occultation, des fraudeurs de pommes de terre aux zwanzes des gosses de Bruxelles parodiant l'occupant. On n'échappe pas à l'inévitable coup burlesque du Flamand et du Wallon, on brocarde même les interrogatoires de la Kommandantur, enfin, on croise Pauline Carton dans un rôle moins bouffon que d'habitude. Pour citer le dépliant publicitaire: "Ce film n'est pas une page d'histoire, mais un volume de rigolade." Schoukens ressortira le film après la guerre, sous un autre titre: **Ersatz et Kommandantur**. Détail des plus piquants: le scénariste du film, Julien Flament (qui fut, dans les années 20, l'un des premiers critiques belges de cinéma), venait d'être condamné à la prison pour collaboration. (RM)

▶ Gaston Schoukens' vrolijke en liefdevolle evocatie van de jaren 10 lag mee aan de basis van het weergaloze succes van **C'était le bon temps**. Altijd bij de pinken, besloot de regisseur het Brussel van weleer dan ook te doen herrijzen in een nieuwe film. Ditmaal koos hij voor 1918, het laatste jaar van de Bezetting van België, een tijd die hij zelf nog had meegemaakt tijdens zijn jeugd. Het lichtvoetige scenario volgt enkele modale Belgen die het moreel op peil willen houden in barre tijden: reden waarom Schoukens slechts de leuke anekdotes en de grappen ten koste van de "moffen" overhoudt en zijn verhaal besluit met de optocht van de Wapenstilstand.

Met de schalkse bonhomie hem eigen vertolkt Gustave Libeau een kruidenier: een brave borst maar lid van het verzet. Gaandeweg het verhaal brengt Libeau de poppen aan het dansen, beurtelings vermomd als koster, orkestleider, priester en Duits officier. Alle ingrediënten zijn aanwezig: van de zwarte markt tot de verduistering, van de aardappelsmokkelaars tot de Brusselse straatkinderen die al "zieverend" de Bezetter belachelijk maken. Voorts zijn er natuurlijk de obligate grapjes van de Waal versus de Vlaming en zijn we getuige van een persiflage op een verhoor van de Kommandantur. Pauline Carton is te zien in een minder clowneske rol dan gewoonlijk. Zoals de reclamefolder het stelde: "Deze film is geen bladzijde geschiedenis, maar een boekdeel plezier". Na de oorlog bracht Schoukens de film opnieuw uit onder een andere titel: **Ersatz et Kommandantur**. Pikant detail: scenarist Julien Flament, in de jaren 20 een van de eerste Belgische filmcritici, was toen net veroordeeld tot een gevangenisstraf wegens collaboratie.

Havenmuziek

Jan Vanderheyden

Havenmuziek
Musique de port
Music in the Harbour

DIRECTOR: Jan Vanderheyden
YEAR: 1937
COUNTRY: BE
SCREENPLAY: Edith Kiel
DIR. PHOT.: Ewald Sudrow
CAMERA: Ewald Sudrow
MUSIC: Rudolf Perak
PRODUCER: Jan Vanderheyden
PROD. CO.: Jan Vanderheyden-Film (Antwerpen)
CAST: Frits Vaerewijck (Frits, steward), Jef Bruyninckx (Jefke, scheepsmaat), Pol Polus (Sus), Rezy Venus (Moeder Clem), Oscar Ferket (Mr. X), Maria Vinck (Marieke), Nand Buyl (Nandje), Serre Van Eeckhoudt (Dree), Jef Van Leemput sr. (De Wakke), Helena Haak (Serafien)
LANGUAGE: Dutch
GAUGE: 35 mm
SILENT/SOUND: sound
B&W/COLOUR: B&W
MINUTES: 84'

◆ Some months after making **The Quack**, director Jan Vanderheyden set to work on **Music in the Harbour**, which was originally intended as a short film but which ended up by winning the City of Brussels Prize at the 1937 National Film Festival. There are few surprises in the casting. Jef Bruyninckx plays an older version of the roles he performed in **Whitey** and **Uilenspiegel Lives!** and Nand Buyl again plays a singing street urchin. Scriptwriter Edith Kiel in any case made no secret of the fact that she had created the characters with the actors and their particular qualities in mind. The line between the actors and their characters is further blurred by the fact that the key figures have the same first name as the people who play them.

Three sailors come ashore in Antwerp, the town of their birth. (The extras include real dock workers, some of whom are even given minor roles.) A drugs runner has hidden his contraband in Frits' (Vaerewijck) luggage. When Frits realizes this, he informs the police and goes off after the criminal. Yet he's loath to leave his girl-friend Marieke, the sister of his shipmate Jefke (Bruyninckx). Unfortunately, his detective work arouses the suspicions of his future mother-in-law, and his chances of marriage begin to dwindle.

The music, by regular in-house composer Rudolf Perak - who had written the score for **Whitey** together with Renaat Veremans - dominates the soundtrack and accentuates the slapstick nature of the scenes. The film also contains many shots of Antwerp's historic sites.

● Quelques mois après **Docteur miracle**, Jan Vanderheyden tourne **Musique de port**. Censé être, à l'origine, un petit film d'avant-programme, l'ouvrage remporta le Prix de la Ville de Bruxelles au Festival National du Film de 1937. La distribution est sans surprises: Jef Bruyninckx incarne une version plus âgée de ses person-nages de **Filasse** et **Tyl l'Espiègle vit encore!**, et Nand Buyl est à nouveau un gamin de rue qui pousse la chan-sonnette. D'ailleurs, Edith Kiel n'a jamais caché qu'elle créait les personnages en fonction des personnalités des acteurs et de leurs aptitudes. Le fait que les personnages portent le même prénom que les comédiens rend encore plus difficile la dissociation entre réalité et fiction.

Trois marins débarquent à Anvers, leur ville natale (on trouve parmi les figurants de véritables dockers, et certains d'entre eux obtinrent même des petits rôles). Un passeur de drogue a dissimulé sa contrebande dans les bagages de Frits (Vaerewijck). Lorsque ce dernier s'en rend compte, il avertit aussitôt la police et part à la recherche du malfaiteur tout en veillant à ne pas négliger sa fiancée Marieke, sœur de son ami Jefke (Bruyninckx). Toutefois, ses investigations secrètes attisent la méfiance de sa future belle-mère et mettent en danger les perspectives du mariage.

La musique du compositeur Rudolf Perak - qui avait déjà écrit avec Renaat Veremans la musique pour **Filasse** - prédomine et accentue encore le côté burlesque des scènes. Par ailleurs, le film abonde en présenta-tions des curiosités de la ville d'Anvers.

▶ Enkele maanden na **De wonderdoktoor** draaide Jan Vanderheyden **Havenmuziek**, die aanvankelijk als een korte bijfilm bedoeld was en die op het Nationaal Filmfestival van 1937 de Prijs der Stad Brussel behaalde. De rolverdeling zorgde voor weinig verrassingen. Jef Bruyninckx speelt een oudere versie van zijn rollen in **De Witte** en **Uilenspiegel leeft nog!** en Nand Buyl is alweer een zingende straatjongen. Edith Kiel maakte er overigens geen geheim van dat ze de personages creëerde in functie van de persoonlijkheden van de acteurs en van hun mogelijkheden. Dat de sleutelpersonages dezelfde voornaam hadden als de acteurs deed de grens tussen beide nog verder vervagen.

Drie zeelui komen aan wal in hun geboortestad Antwerpen. (Onder de figuranten bevinden zich echte havenarbeiders. Sommigen hebben zelfs kleine bijrollen.) Een drugskoerier heeft zijn smokkelwaar in de baga-ge van Frits (Vaerewijck) verstopt. Wanneer laatstgenoemde dit vaststelt, licht hij de politie in en gaat hij op zoek naar de dader. Hij wil echter zijn geliefde Marieke, de zuster van zijn scheepsmaat Jefke (Bruyninckx), niet verwaarlozen. Maar zijn geheimzinnig speurwerk doet het wantrouwen van zijn toekomstige schoon-moeder toenemen en de kansen op een huwelijk slinken.

De muziek van huiscomponist Rudolf Perak - die eerder al de muziekscore voor **De Witte** had verzorgd, samen met die andere huiscomponist Renaat Veremans - domineert de klankband en accentueert het slap-stickachtige van de taferelen. Verder is er overvloedige aandacht voor Antwerpse bezienswaardigheden. (PF)

C'est lui que je veux

André Royet

C'est lui que je veux
Celui que j'aime
C'est lui que j'aime
Mosterpot, père et fils
Hij is het die ik wil
He's the One for Me

DIRECTOR: André Royet
YEAR: 1937
COUNTRY: BE
SCREENPLAY: Henry Harment
ASST. DIR.: Georges Mony
CAMERA: Charles Lengnich, A. De Buck
EDITING: Jules Goossens
SOUND: Alfredo Selva, Georges Mony
MUSIC: Marc Berthomieu
PRODUCER: Jean Lemaître
PROD. CO.: Sobelfilm (Bruxelles)
CAST: Henry Harment (Commandant Henrard), Berthe Charmal (Tante Betty), Rachel Artus (Simone Gilbert), Robert Maufras (Simon Mosterpot), Louis Baltus (M. Mosterpot), Marguerite de Ter (Mme Gilbert), Yvonne Damis (Mme Bollin), Parau Berger (Philomène), Mme Pol (La manucure), M. Meirnem (Auguste), M. Marvel (Joseph), M. Charlier (Le barman), André Guise (Jacques), M. Pangratio (Le chanteur), M. Pol (Le coiffeur)
LANGUAGE: French
GAUGE: 35 mm
SILENT/SOUND: sound
B&W/COLOUR: B&W
MINUTES: 69'

◆ Bringing to a close the discussion of the popular comedies which proliferate after 1935 alongside the efforts of Gaston Schoukens and Jan Vanderheyden (the likes of **Prince for One Night**, **It'll Turn Out in the End** and **The Ladies' Champion**), the spotlight falls on this peculiar film, shot in a Schaerbeek studio by the actor André Royet and described by a contemporary brochure as "a film of Belgian family manners, which all audiences will enjoy". The Film Archive has preserved a copy of **He's the One for Me**, which reveals the Belgian Ed Wood.

The widower Monsieur Mosterpot, a tubby greengrocer, intends to marry his son Simon to an upstanding shopkeeper and forbids the young man from seeing his new flame, a certain Simone. At the instigation of her godfather, an old soldier, and the owner of the shop, Aunt Betty, Simone disguises herself as a man, is taken on as an assistant by Mosterpot and thus manages to see her lover. In turn, the rotund grocer tries his luck with Aunt Betty, gymnastics and motorcycling and, thanks to his courageous assistant, escapes from a fake robbery cooked up by the cunning godfather. The film closes with a double wedding.

The author of this œuvrette, the Frenchman Henry Harment, gives an amateurish performance as the godfather. The rest of the cast unfortunately follow suit: the young leading lady makes as bland a beloved as a shop assistant, but she is outdone by vaudeville entertainer Berthe Charmal, who plays Aunt Betty. Dialogue, gags and lyrics outdo each other for sheer stupidity and the sets display a rare ugliness. Which all makes for an eminently watchable film!

● Pour en terminer avec les diverses comédies populaires qui surgirent après 1935, parallèlement aux films de Gaston Schoukens ou de Jan Vanderheyden (du genre **Prince d'une nuit**, **Ça viendra** ou **Le champion de ces dames**), il reste à évoquer une chose curieuse, commise dans un studio de Schaerbeek par le comédien André Royet. Un dépliant de l'époque décrit l'affaire comme "un film de mœurs familiales belges, qui plaira à tous les publics". La Cinémathèque a préservé une copie de **C'est lui que je veux**, dont la vision fait découvrir, sans concurrence possible, l'Ed Wood de notre cinéma national.

Monsieur Mosterpot est un épicier veuf et rondouillard, à l'accent Beulemans, qui exige que son fils Simon épouse une bonne commerçante, et non cette Simone dont le jeune homme vient de s'éprendre. A l'instigation de son parrain, un vieux militaire, et de sa tante Betty, la propriétaire du magasin, Simone va se déguiser en homme, être engagée comme commis par Mosterpot et voir à sa guise son amoureux. De son côté, le gros épicier va courtiser tante Betty, faire de la gymnastique et de la moto, échapper (grâce à son courageux commis) à une fausse agression imaginée par l'astucieux parrain: tout finira par un double mariage.

L'auteur de cette œuvrette, le Français Henry Harment, joue le parrain comme dans un théâtre de patronage. Les autres interprètes suivent la cadence: la jeune première est aussi quelconque en femme qu'en commis, sans parler d'une amuseuse connue de vaudeville, Berthe Charmal en tante Betty. Dialogues, gags et "lyrics" rivalisent de sottise, dans des décors d'une rare laideur. A voir! (RM)

▶ Om het hoofdstuk "populaire komedie na 1935" af te sluiten, dienen we - naast het werk van Gaston Schoukens en Jan Vanderheyden, in het genre van **Prince d'une nuit**, **Ça viendra** of **Le champion de ces dames** - nog één merkwaardige film te vermelden, die gefabriceerd werd in een Schaarbeekse studio door de acteur André Royet. Een folder van toen maakte gewag van "een film over de Belgische familiale zeden, bestemd voor elk publiek". Het Filmarchief bezit nog een kopie van **C'est lui que je veux**, een creatie van de Ed Wood van de Belgische cinema, zo blijkt.

Meneer Mosterpot is een weldoorvoede kruidenier-weduwnaar met Beulemans-accent die zijn zoon Simon wil zien huwen met een goede winkelierster, en zeker niet met die Simone waar hij sinds kort stapel op is. Op aanraden van haar peetoom, een oude militair, en haar tante Betty, de eigenares van hun winkel, verkleedt Simone zich als man en wordt ze het hulpje van Mosterpot, zodat ze haar hartendief naar believen kan zien.

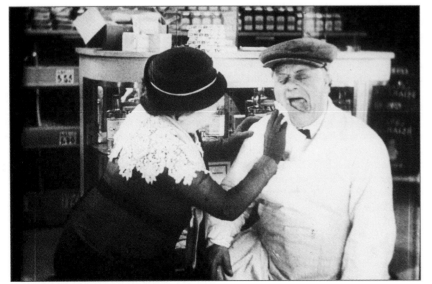

De dikke kruidenier begint echter tante Betty het hof te maken, aan gymnastiek te doen en op een motor te rijden; ook ontsnapt hij (dankzij zijn dappere hulpje) aan een vermeende aanslag opgezet door de listige peetoom. De film eindigt met een dubbel huwelijk.

Henry Harment, de Franse auteur van dit werkje, vertolkt de peetoom met de verve van een ambtenaar. De rest van de cast volgt: de hoofdactrice blijft even banaal als vrouw of als hulpje, om nog te zwijgen van Berthe Charmal, vaudeville-entertainer, hier te zien als tante Betty. Dialogen, grollen en liedjes steken elkaar qua onnozelheid naar de kroon, in decors van een zeldzame lelijkheid. De moeite om te bekijken!

Passeurs d'hommes

René Jayet

Passeurs d'hommes
Mannen overvoerders
Human Freight

DIRECTOR: René Jayet
YEAR: 1937
COUNTRY: BE-FR
SCREENPLAY: Jean-Louis Bouquet
BASED ON: Passeurs d'hommes, written by Martial Lekeux
DIALOGUE: Jean-Louis Bouquet
DIR. PHOT.: Georges Asselin
CAMERA: Marius Roger, Marius Mahieu
EDITING: René Peters
SOUND: Louis Kieffer
ART DIRECTOR: Claude Bouxin
PROD. CO.: Sobelfilm (Bruxelles)
PROD. SUPERV.: Aimé Frapin
CO-PROD. CO.: Ciné Sélection (Paris)
CAST: Constant Remy (Nelissen), Jean Galland (Le capitaine Rose), Paul Azaïs (Arsène), Junie Astor (Elisabeth Nelissen), Hubert Daix, Rita Francis, Myno Burney (Greta Worms), Pierre Labry (Goliath), Dora Casati, Jane de Carol, Maurice Auzat, M. Gillain, Ceel, Guillaume Lambrette, André Bernier, Charles André, André Guise, Edgar Willy, Jean Ramon, J. Croisier, A. Joubert, Lucien Prad, Varrès, Robert Dalban, Albert Malbert, Edouard Bréville
LANGUAGE: French
GAUGE: 35 mm
SILENT/SOUND: sound
B&W/COLOUR: B&W
MINUTES: 92'

◆ One year after having shot a vaudeville film in Belgium with Darman, the French director René Jayet (who would go on to make **Bichon, My Aunt from Honfleur** and **Wedding Night**) was entrusted, rather surprisingly, with the direction of a prestigious patriotic epic based on the heroic tale of the tugboat Atlas V. In January 1917, carrying a secret cargo of around a hundred volunteers eager to join the Allied forces, the vessel had braved the barrage of German machine-gun fire to charge through the barricades at full steam and speed across the border into Holland.

This glorious episode from the Great War was re-created in the extended final sequence of the film, which closed with the commanding profile of King Albert I (and in some prints with a Belgian flag coloured by stencil) to the strains of the national anthem. Otherwise the script linked several fictional Resistance episodes, featuring sabotage, a double agent and undercover members, related with a sobriety and a dramatic rigour which proved the success of the film in Belgium as well as in France. It is worth mentioning that the five main parts were taken by Parisian actors, ranging from the robust Constant Remy - also the star of Emile-Georges De Meyst's 1936 **The Corpse** - to the action film specialist Jean Galland and fashionable young lead Junie Astor. Paul Azaïs and Pierre Labry, two supporting actors quite popular at the time, played chauvinistic, sarcastic heroes, surrounded by Belgians clearly relegated to the bottom of the cast list.

● Après avoir déjà tourné en Belgique un vaudeville avec Darman, le réalisateur français René Jayet (futur auteur de **Bichon, Ma tante d'Honfleur** et **Nuit de noces**) se vit curieusement confier, l'année suivante, un grand film patriotique de prestige, inspiré par l'épopée héroïque du remorqueur Atlas V. En janvier 1917, ce bateau, chargé clandestinement d'une centaine de volontaires avides de rejoindre les troupes alliées, avait franchi à toute vapeur les barrages et la frontière menant vers la Hollande, sous les rafales des mitrailleuses allemandes.

Cet épisode glorieux de la guerre 14-18 constituait la longue séquence finale du film, qui s'achevait, aux accents de la *Brabançonne*, sur le profil énergique du roi Albert (et, dans certaines copies, sur un drapeau belge coloré au pochoir). Auparavant, le scénario romançait quelques épisodes de la Résistance, avec sabotages, agents doubles et combattants de l'ombre; mais la sobriété et la rigueur dramatique du film en firent un succès tant en Belgique qu'en France. Il faut dire que les cinq acteurs principaux venaient de Paris, du robuste Constant Remy (déjà vedette du **Mort**, d'Emile-Georges De Meyst, en 1936) au spécialiste des films d'action Jean Galland en passant par la jeune première en vogue Junie Astor. Enfin, deux "seconds rôles" aussi populaires à l'époque que Paul Azaïs et Pierre Labry jouaient des héros cocardiers et goguenards, entourés de comédiens belges très nettement infériorisés dans la distribution. *(RM)*

► Na in België reeds een vaudeville-klucht met Darman te hebben ingeblikt, werd de Franse regisseur René Jayet (die later nog **Bichon, Ma tante d'Honfleur** en **Nuit de noces** zou draaien) een jaar later verrassend genoeg een prestigieuze patriottische film toevertrouwd, geïnspireerd op de odyssee van de sleepboot Atlas V. In januari 1917 brak deze boot, met in het geheim een honderdtal vrijwilligers aan boord die zich bij de geallieerde troepen wilden voegen, met volle kracht door de barricaden om onder spervuur van Duitse machinegeweren de Nederlandse grens over te steken.

Deze roemrijke episode uit de oorlog van 14-18 vormde de lange slotscène in de film, die eindigde op de tonen van de *Brabançonne* en het wilskrachtige profiel van koning Albert (op enkele kopieën werd d.m.v. een sjabloon een Belgische vlag ingekleurd). Dit werd voorafgegaan door enkele geromantiseerde episoden uit het verzet (met sabotage, een dubbelspion en ondergrondse strijders), in beeld gebracht met een dramatische soberheid en nauwgezetheid die de film zowel in België als in Frankrijk van succes verzekerden. De vijf hoofdrollen werden vertolkt door Parijse acteurs, van de robuuste Constant Remy (in 1936 al de ster van **Le mort** van De Meyst) tot een specialist van de actiefilm als Jean Galland of de rijzende ster Junie Astor. Twee populaire namen van toen, Paul Azaïs en Pierre Labry, waren te zien in bijrollen als chauvinistische en spotlustige helden, terwijl de Belgische acteurs er bij de rolverdeling nogal bekaaid van afkwamen.

Passeurs d'hommes

Le mystère du 421

Léopold Simons

Co-production

Le mystère du 421
Het geheim van 421
The Secret of 421

DIRECTOR: Léopold Simons
YEAR: 1937
COUNTRY: FR-BE
SCREENPLAY: Léopold Simons
BASED ON: Le mystère du 421, written by Léopold Simons
DIALOGUE: Léopold Simons
DIR. PHOT.: Paul Flon
CAMERA: Paul Flon
SOUND: José Lebrun
MUSIC: V. Marceau
PRODUCER: Bruitte, Delemar
PROD. CO.: Bruitte et Delemar (Lille), Lux Film (Bruxelles)
LANGUAGE: French
GAUGE: 35 mm
SILENT/SOUND: sound
B&W/COLOUR: B&W
MINUTES: 75'

CAST: Léopold Simons (Alphonse), Line Dariel (Zulma), Suzanne Christy (Elise), Ludy Sambi (Olga Mersmann), Hélène Ourgel (Sidonie), André Duhamel (Johnny Brown), Walter Ruffax (Huberto Cavelcanti), Raymond Vazelli (Hégésippe Navet), Pradelle (Désiré), Paul Robert (L'homme au foulard blanc), Zizi Festerat (L'agent), Guy Favières (Le patron-Commissaire central), Edouard Bréville (Louis le Bruxellois), Jean Darwels (Le Sidi)

Bossemans et Coppenolle

Gaston Schoukens

Bossemans et Coppenolle
Les joyeuses aventures de Bossemans
et Coppenolle
Monsieur Bossemans
Bossemans en Coppenolle
Bossemans and Coppenolle

DIRECTOR: Gaston Schoukens
YEAR: 1938
COUNTRY: BE
SCREENPLAY: Félix Bell [Gaston Schoukens]
BASED ON: Bossemans et Coppenolle, written by Joris
d'Hanswyck, Paul Van Stalle
DIR. PHOT.: Paul Flon
SOUND: José Lebrun
MUSIC: V.O. Ursmar
ART DIRECTOR: Suzanne Varlet
PRODUCER: Gaston Schoukens
PROD. CO.: Les Productions Gaston Schoukens
(Bruxelles)
CAST: Gustave Libeau (Bossemans), Marcel Roels
(Coppenolle), Georgette Méry (Mme
Coppenolle), Colette Darfeuil (Violette),
Billy Pitt (Madame Chapeau), Adolphe Denis
(Le vendeur), Léon Carny (Le fils
Bossemans), Charlotte Duchesne (La fille
Coppenolle), Mony Doll (La serveuse),
Sinoël (L'ami de Violette), Aimos
(L'entraîneur du Daring), Dorian, Dumanoir
LANGUAGE: French
GAUGE: 35 mm
SILENT/SOUND: sound
B&W/COLOUR: B&W
MINUTES: 84'

◆ In early 1938, the Brussels play *Bossemans et Coppenolle* was a smash hit at the Théâtre du Vaudeville before being taken for a four-month run in Paris with the original cast, including Gustave Libeau and Marcel Roels. "This vaudeville is comparable to Labiche at his best," wrote the French critic Lucien Descaves. It goes without saying that the shrewd Schoukens hastened to produce a filmed version, as usual adapting certain roles to fit popular French actors such as Colette Darfeuil, Sinoël and the Parisian Aimos (playing a football coach).

The story, however, was pure Brussels, transposing the Shakespearian rivalry of the Capulets and the Montagues onto the epic verbal clashes between two fathers, supporters of two rival local football teams. Cue the inevitable troubled romance between Libeau's son and the daughter of Marcel Roels.

Colette Darfeuil teamed up again with the director of **If You See My Uncle**, cast in her usual role of the smouldering coquette. And supporting the two mythical Brussels stars we find Georgette Méry, the habitual screen partner of Libeau, as Madame Coppenolle, not forgetting the comic Billy Pitt in drag as Madame Chapeau, a character soon to become herself a legendary figure of Marolles folklore. Success was guaranteed for Gaston Schoukens, who ended his film with the notorious derby between Daring and Union Saint-Gilloise, revisiting the theme of his very first films devoted to the joys of the game. Under the motto of "new 1950 cut", the film enjoyed a reissue after the Liberation, now bearing the title of **Les joyeuses aventures de Bossemans et Coppenolle**.

● Début 1938, une pièce bruxelloise avait fait fureur au Théâtre du Vaudeville, avant d'être jouée quatre mois à Paris par ses créateurs, dont Gustave Libeau et Marcel Roels: *Bossemans et Coppenolle*. "Ce vaudeville est comparable aux meilleurs de Labiche", écrivait le critique français Lucien Descaves. Inutile de dire que l'avisé Gaston Schoukens s'empressa d'en tourner une version filmée, remaniant certains rôles pour les confier, selon son habitude, à quelques acteurs français populaires: Colette Darfeuil, Sinoël et, en entraîneur de football, le Parigot Aimos.

L'histoire, typiquement bruxelloise, transposait la rivalité shakespearienne des Capulet et des Montaigu en affrontements verbaux homériques entre pères supporters de deux équipes locales adverses; l'idylle entre le fils de Libeau et la fille de Marcel Roels en sera bien entendu contrariée.

Colette Darfeuil retrouvait son metteur en scène de **Si tu vois mon oncle**, dans son personnage habituel de froufroutante cocotte. Entourant les deux vedettes mythiques de Bruxelles, on retrouvait l'habituelle partenaire de Libeau au cinéma, Georgette Méry, en Madame Coppenolle; sans oublier le comique Billy Pitt, travesti en Madame Chapeau, qui allait devenir un personnage à part entière du folklore marollien. Renouant avec ses premiers films de jeunesse consacrés aux joies du football, Schoukens termina son film par le fameux derby entre le Daring et l'Union Saint-Gilloise. Le succès ne pouvait qu'être au rendez-vous. Avec la mention "nouveau montage 1950", le film reparut après la Libération, sous un titre modifié: **Les joyeuses aventures de Bossemans et Coppenolle**. *(RM)*

▶ Begin 1938 maakte het Brusselse toneelstuk *Bossemans et Coppenolle* furore in het Théâtre du Vaudeville, waarna het oorspronkelijke gezelschap - met Gustave Libeau en Marcel Roels - het vier maanden lang opvoerde in Parijs. "Deze vaudeville is te vergelijken met het beste werk van Labiche", schreef de Franse criticus Lucien Descaves. Gaston Schoukens was er dan ook als de kippen bij om het stuk te verfilmen, waarbij hij gewoontegetrouw een aantal rollen omwerkte voor populaire Franse acteurs: Colette Darfeuil, Sinoël en de Parijzenaar Aimos (als voetbaltrainer).

Het verhaal geeft de nodige couleur locale aan een Shakespeariaans gegeven (de rivaliteit tussen de Capulets en de Montagues), met homerische verbale confrontaties tussen twee vaders die ieder voor een andere lokale voetbalploeg supporteren, en die de idylle tegenwerken tussen hun respectieve zoon en dochter.

Colette Darfeuil, die al eerder met Schoukens **Si tu vois mon oncle** draaide, is getypeerd als een zwierige coquette. Aan de zijde van de twee legendarische Brusselaars vinden we verder Libeau's vaste gezellin op het witte doek, Georgette Méry, in de rol van Madame Coppenolle. Ook treedt de komiek Billy Pitt aan, verkleed als Madame Chapeau, een figuur die een volwaardige plaats zou krijgen in de folklore van de Marollen. Het succes was wederom verzekerd voor Schoukens, die zijn film eindigde met beelden van de befaamde derby tussen Daring en Union Saint-Gilloise en hiermee aanknoopte met zijn vroegste filmpjes, reportages over de geneugten van het voetbal. De film werd heruitgebracht na de bevrijding onder de titel **Les joyeuses aventures de Bossemans et Coppenolle** met de vermelding "nieuwe montage 1950".

40 jaar Textielarbeiderscentrale van België

40 jaar Textielarbeiderscentrale van België
Le 40ème anniversaire de la Centrale des Ouvriers du Textile de Belgique
40th Anniversary of the Belgian Central Office of Textile Unions

DIRECTOR: anonymous
YEAR: 1938
COUNTRY: BE
PROD. CO.: Textielarbeiderscentrale van België (Gent)
LANGUAGE: Dutch/French
GAUGE: 35 mm
SILENT/SOUND: sound
B&W/COLOUR: B&W
MINUTES: 60'

◆ The production of socialist propaganda films for the cinemas run by the "maisons du peuple" was really to take off with the arrival of the sound film. Nevertheless, we know of (now vanished) silent shorts lauding the work of the workers' co-operatives (**Upwards**, 1929) and mutual insurance organizations (**The Right to Health**, 1929). On the same theme, the film critic René Jauniaux directed the docu-drama **Workers! Open Your Eyes!** in 1931. The film was produced by the Centrale Socialiste du Cinéma, which had been founded in May 1930 and continued its activities until the war. Among others, it was responsible for films such as Emile Langui's **Workers' Militia** (1932) and **Power to the Plan** (René Jauniaux, 1935), not to mention newsreels on demonstrations, 1 May celebrations and electoral meetings.

In September 1938, the Central Office of Textile Unions commemorated its 40th anniversary in its home town of Ghent. Again under the aegis of the Centrale Socialiste du Cinéma, a 60-minute film recorded the sumptuous festivities, including a parade of floats celebrating the spinning and weaving industries, a Walloon delegation from Verviers, speeches by Hendrik de Man and Paul-Henri Spaak and theatrical scenes relating the history of the union.

To list a few other films in the same vein, the more left-wing advocate of critical documentaries Henri Storck made his **Misery in the Borinage** (1933) and **Houses of Poverty** (1937). Then, at the request of a friend from the Belgian Workers' Party, he filmed the funeral of Emile Vandervelde (**The Boss Is Dead**, 1938) and a commemoration of the Golden Spurs (**Struggle for Freedom and Rights in Courtrai**, 1939).

● Avec l'arrivée du parlant, c'est toute une production de films de propagande socialiste, destinés aux cinémas gérés par les "maisons du peuple", qui prit son essor. Toutefois, un certain nombre de courts métrages muets, aujourd'hui disparus, s'étaient déjà consacrés à l'exaltation du fonctionnement des coopératives ouvrières (**Relève-toi**, 1929) ou des mutualités (**Droit à la santé**, 1929). Sur ce dernier thème, le critique de cinéma René Jauniaux signa un documentaire teinté de fiction: **Travailleurs! Ouvrez les yeux!** (1931). Le film était une production de la Centrale Socialiste du Cinéma, fondée en mai 1930 et dont l'activité dura jusqu'à la guerre. On lui doit notamment **Milice ouvrière** (Emile Langui, 1932), **Le Plan au pouvoir** (René Jauniaux, 1935), ainsi qu'une série d'actualités sur les manifestations, les réunions électorales et les cortèges du 1er mai.

En septembre 1938, la Centrale des Ouvriers du Textile commémora son 40ème anniversaire à Gand, où l'organisation avait son siège. Toujours sous l'égide de la Centrale Socialiste du Cinéma, un long métrage de 60 minutes fixa les somptueuses festivités: cortège de chars à la gloire de la filature et du tissage, délégation wallonne de Verviers, discours d'Hendrik de Man et de Paul-Henri Spaak, jeux scéniques sur l'histoire du syndicat.

Par ailleurs, plus à gauche et en franc-tireur du documentaire engagé, Henri Storck tourna **Misère au Borinage** (1933) et **Les maisons de la misère** (1937). A la demande d'un ami du Parti Ouvrier Belge, il filma encore les funérailles d'Emile Vandervelde (**Le Patron est mort**, 1938) et une commémoration des Eperons d'Or (**Pour le droit et la liberté à Courtrai**, 1939). *(RM)*

► De productie van socialistische propagandafilms, bestemd voor de bioscopen beheerd door de "volkshuizen", kwam tot ontwikkeling in het kielzog van de geluidsfilm. Dit belet evenwel niet dat er ook (verloren gegane) stille kortfilms in dit genre bestonden, die de lof zongen van de arbeiderscoöperatieven (**Sta op**, 1929) of de ziekenfondsen (**Recht op gezondheid**, 1929). Filmcriticus René Jauniaux maakte een kort docudrama rond dit thema: **Arbeiders! Open de ogen!** (1931), geproduceerd door de in mei 1930 opgerichte Socialistische Cinema Centrale, die tot de oorlog actief zou blijven. Deze instelling liet ons o.a. **Arbeidersmilitie** (Emile Langui, 1932) en **Het Plan aan de macht** (René Jauniaux, 1935) na, evenals actualiteiten over betogingen, een-mei-optochten en verkiezingsmeetings. In september 1938 vierde de Textielarbeiderscentrale haar 40ste verjaardag te Gent, waar de organisatie haar zetel had; ze liet deze grootse feestelijkheden vastleggen in een film van een uur (waarvan ons een Nederlandse en een Franse versie resten), met stoeten van praalwagens ter ere van het spinnen en weven, met een Waalse delegatie uit Verviers, toespraken van Hendrik de Man en Paul-Henri Spaak of toneelopvoeringen rond de geschiedenis van de vakbond.

Volledigheidshalve vermelden we ook Henri Storck, partizaan van de geëngageerde documentaire, die ons **Misère au Borinage** (1933) en **Les maisons de la misère** (1937) schonk en vervolgens, op vraag van een vriend uit de Belgische Werklieden Partij, de begrafenisplechtigheid van Emile Vandervelde (**De Patroon is dood**, 1938) en een herdenking van de Guldensporenslag (**Voor recht en vrijheid te Kortrijk**, 1939) filmde.

Magie africaine

Armand Denis

Magie africaine
Magie noire
Afrikaansche toover
Afrikaanse tovering
Dark Rapture

DIRECTOR: Armand Denis
YEAR: 1938
COUNTRY: BE-US
SCREENPLAY: Armand Denis, Leila Roosevelt
DIR. PHOT.: Leroy G. Phelps
CAMERA: Leroy G. Phelps
EDITING: Leroy G. Phelps, Günther Von Fritsch
SOUND: Edward Craig
MUSIC: John Rochetti
COMMENTS: Charles de Grandcourt
PRODUCER: Armand Denis, Leila Roosevelt
PROD. CO.: Liste Civile (Bruxelles), Fonds National de Recherche Scientifique (Bruxelles), Fonds pour l'Etude des Parcs Nationaux (Bruxelles), Armand Denis Productions (US)
VOICES: Jean Toscan
LANGUAGE: French
GAUGE: 35 mm
SILENT/SOUND: sound
B&W/COLOUR: B&W
MINUTES: 81'

◆ Placed under the patronage of King Léopold III and the Institut des Parcs Nationaux, **Dark Rapture** follows the expedition mounted by the engineer Armand Denis and his wife Leila Roosevelt. For a period of eighteen months, their convoy of three cars criss-crossed the Belgian Congo, returning with a total of 131 000 feet of footage instead of the planned 59 000 feet. **Dark Rapture** thus represents only a fraction of the material shot during the trip, with the rest incorporated (according to the press of the day) into two other films, one of them an ethnological, musicological study commissioned by Queen Elisabeth. As befits its target market - commercial distributors - the film includes the most spectacular subjects: a sandstorm; the construction by a pygmy tribe of a suspension bridge across a raging torrent; the hunting, capture and taming of elephants; shots of an active volcano; the encounter with unknown peoples. Rounded off with the grand finale of a gigantic bush fire (which cost the expedition the best part of its material), the film was edited by Hollywood technicians. **Dark Rapture** is certainly a colonial documentary in every sense of the term (right down to the dubious puns of the commentary), but nonetheless it holds much of particular interest (even if certain scenes, such as the ritual circumcision, are openly staged for the benefit of the camera) given that it was shot in regions still untouched by European presence and influence. The sensational, revelatory vision of Africa proved a great success and took the work as far as America, where it enjoyed a run of several weeks on Broadway.

● Placé sous le patronage du roi Léopold III et de l'Institut des Parc Nationaux, **Magie africaine** relate l'expédition montée par l'ingénieur Armand Denis et son épouse Leila Roosevelt. La caravane de trois voitures sillonna le Congo belge durant dix-huit mois et au lieu des 18.000 mètres de pellicule prévus, les explorateurs en impressionnèrent 40.000. **Magie africaine** ne présente donc qu'une sélection du matériel tourné, le reste étant inclus, d'après ce que l'on peut lire dans la presse de 1938, dans deux autres films dont un document ethnomusicologique commandé par la reine Elisabeth. Destiné à l'exploitation commerciale, **Magie africaine** réunit les sujets les plus spectaculaires: une tempête de sable, la périlleuse construction, par une tribu pygmée, d'un pont suspendu au-dessus d'une rivière impétueuse, la chasse, la capture et le dressage des éléphants, les vues de volcans en activité, la rencontre avec des peuples alors inconnus. Un gigantesque incendie de brousse qui coûta d'ailleurs à l'expédition le plus clair de son matériel sert d'apothéose à ce reportage monté par des techniciens hollywoodiens. Documentaire colonial au plein sens du terme (y compris les calembours douteux du commentaire), **Magie africaine** n'en offre pas moins le précieux intérêt (même si certaines séquences - dont celle de la circoncision rituelle - sont des reconstitutions avouées) d'avoir été tourné dans des régions encore vierges de toute présence et de toute influence européennes. Présentant de l'Afrique un visage sensationnel et inédit, le film connut un vif succès jusqu'en Amérique où il fut exploité à Broadway durant plusieurs semaines. (AJ)

▶ **Magie africaine**, gemaakt onder het patronaat van koning Leopold III en het Institut des Parcs Nationaux, verhaalt de expeditie van ingenieur Armand Denis en zijn echtgenote Leila Roosevelt. Gedurende 18 maanden trok hun karavaan van drie auto's door Belgisch Kongo; oorspronkelijk dachten de ontdekkingsreizigers hier zo'n 18.000 meter pellicule aan over te houden, maar het totaal liep uiteindelijk op tot 40.000! **Magie africaine** is dus slechts een selectie uit dit materiaal, waarvan de rest, volgens persknipsels uit 1938, gebruikt werd in twee andere films, waaronder een etno-musicologisch document gemaakt in opdracht van koningin Elisabeth. De film was een commerciële onderneming en dus werden vooral de meest spectaculaire beelden weerhouden: een zandstorm, de gevaarlijke bouw van een hangbrug over een woeste rivier door een Pygmeeënstam, het jagen, vangen en temmen van olifanten, actieve vulkanen en ontmoetingen met tot dusver onbekende volkeren. Een enorme bosbrand, die de expeditie tevens haar beste materiaal kostte, vormt de apotheose van deze door Hollywoodiaanse technici gemonteerde reportage. Hoewel het om een rasechte koloniale documentaire gaat (getuige sommige onfrisse woordspelingen in de commentaar), is **Magie africaine** daarom niet minder waardevol als document over ongerepte gebieden waar de Europese invloed nog geen vaste voet had gekregen, al geven de makers toe dat scènes als de rituele besnijdenis reconstructies waren. Deze sensationele, nooit eerder geziene evocatie van Afrika kende een stevig succes tot in Amerika toe, waar de film meerdere weken op de affiches van Broadway prijkte.

⑤

Drie flinke kerels

Jan Vanderheyden

Drie flinke kerels
De vliegende reporter
Trois solides gaillards
Trois gais lurons
Three Good Fellows

DIRECTOR: Jan Vanderheyden
YEAR: 1938
COUNTRY: BE
SCREENPLAY: Edith Kiel
CAMERA: Raymond De Souter, Ernst Mühlrad
EDITING: Edith Kiel
MUSIC: Rudolf Perak
PRODUCER: Jan Vanderheyden
PROD. CO.: Jan Vanderheyden-Film (Antwerpen)
CAST: Frits Vaerewijck (Tobi Storm), Pol Polus (Fons Knips), Nand Buyl (Rik), Oscar Ferket (Pittewit), Louisa Lausanne (Weduwe Mersi), Serre Van Eeckhoudt (Sonnyboy), Helena Haak (Juffrouw Blinddoek), Pola Cortez (Tinneke), Rezy Venus (Moeder van Tinneke), Jef Van Leemput sr. (Petrus Pardoenk)
LANGUAGE: Dutch
GAUGE: 35 mm
SILENT/SOUND: sound
B&W/COLOUR: B&W
MINUTES: 99'

◆ Fons Knips, Tobi Storm and Rik work as, respectively, reporter, sports journalist and errand boy for the newspaper *De Avondgazet*. Their editor-in-chief, Mr Pittewit, is an old-fashioned, humourless individual. Mr Pardoenk, the paper's poet and literary editor, is equally as dry as dust. The two editors have no time for the playfulness of the threesome and sack the men when one of their pranks is reported by the other newspapers in town. Yet Tobi warns his former employer when he discovers that a swindler is trying to get his teeth into the *Avondgazet*. As a reward for his loyalty, the three are given their jobs back. Moreover, Tobi is also given free rein to give the paper a complete overhaul.

With **Music in the Harbour** Jan Vanderheyden had decided to make the city of Antwerp the permanent backdrop to his next films. **Three Good Fellows** is set in the Scheldt port town but was filmed on location in Ostend and Brussels, with the interiors shot in Etterbeek. J. Weckx had bought and converted two adjoining studios into the single Sacal-British Studios, with advanced sound-recording facilities provided by British Acoustic. Raymond De Souter, a director who made documentaries for 20th Century Fox, was in charge of the camerawork, with Ernst Mühlrad acting as his assistant. The rest of Vanderheyden's regular team remained unchanged: Edith Kiel wrote the screenplay, Rudolf Perak composed the music and the actors included such habitués as Frits Vaerewijck, Nand Buyl and Pola Cortez.

● Fons Knips, Tobi Storm et Rik travaillent respectivement comme reporter, journaliste sportif et garçon de courses pour le journal *De Avondgazet*. Pittewit, leur directeur, est un personnage foncièrement vieux jeu, dénué d'humour et tout aussi fastidieux que Pardoenk, poète et littérateur attitré du journal. Ils ne peuvent tolérer la frivolité des trois jeunes gens, et lorsque d'autres quotidiens publient le récit de leurs facéties, le trio est mis à la porte sur-le-champ. Néanmoins, lorsque Tobi découvre qu'un escroc a l'intention de mettre la main sur *De Avondgazet*, il en avertit aussitôt son ancien employeur. En récompense de cet acte de loyauté, les trois héros sont réengagés, et, de plus, Tobi reçoit le champ libre pour rajeunir le journal.

Musique de port était le premier d'une série de films dans lesquels la ville d'Anvers tient le rôle principal. Pour **Trois solides gaillards**, Vanderheyden filma à Anvers, mais aussi à Ostende et Bruxelles (notamment pour les intérieurs) où J. Weckx racheta deux studios attenants situés à Etterbeek et les réunit pour créer le nouveau studio Sacal-British, pourvu par la British-Acoustic d'appareils de prise de son à la pointe du progrès. Raymond De Souter, réalisateur de documentaires pour la 20th Century Fox, se vit confier la caméra, aux côtés d'Ernst Mühlrad. Pour le reste, pas de modifications dans l'équipe de Vanderheyden: Edith Kiel écrivit le scénario, Rudolf Perak composa la bande originale et les acteurs habituels tels que Frits Vaerewijck, Nand Buyl et Pola Cortez figuraient au générique.

▶ Fons Knips, Tobi Storm en Rik werken respectievelijk als reporter, sportjournalist en loopjongen voor *De Avondgazet*. Hun directeur, Pittewit, is ouderwets en heeft weinig gevoel voor humor. Ook Pardoenk, de dichter en literator van de krant, is een droogstoppel. Ze kunnen geen begrip opbrengen voor de dartelheid van het drietal en sturen hen genadeloos de laan uit wanneer andere kranten berichten over een van hun kwinkslagen. Niettemin licht Tobi zijn voormalige baas in als hij ontdekt dat een zwendelaar *De Avondgazet* in zijn klauwen tracht te krijgen. Als beloning voor zijn loyauteit wordt het drietal weer aangenomen. Bovendien krijgt Tobi de opdracht om het blad naar eigen goeddunken een verjongingskuur te geven.

Sinds **Havenmuziek** had Jan Vanderheyden besloten Antwerpen te kiezen als achtergrond voor zijn volgende films. In **Drie flinke kerels** speelt het verhaal zich af in de Scheldestad, maar werd er op locatie gefilmd in Oostende en Brussel, waar tevens de binnenopnamen gebeurden. Twee aanpalende studio's in Etterbeek werden door de nieuwe eigenaar J. Weckx samengevoegd tot de nieuwe Sacal-British studio, waarvan de geavanceerde faciliteiten voor geluidsopname geleverd werden door British-Acoustic. Raymond De Souter, een regisseur die voor 20th Century Fox documentaires maakte, stond in voor de beeldregie en werd bijgestaan door Ernst Mühlrad. Voorts bleef het team van Vanderheyden ongewijzigd: Edith Kiel schreef het scenario, Rudolf Perak componeerde de soundtrack en bij de acteurs vinden we habitués als Frits Vaerewijck, Nand Buyl en Pola Cortez terug. *(PF)*

ANDRÉ CORNIL'S FIRST FILMS
PREMIERS FILMS D'ANDRÉ CORNIL
ANDRÉ CORNILS EERSTE FILMS

Cambriolage au Château de Froidcour
Inbraak in het kasteel van Froidcour
Break-in at the Château de Froidcour

DIRECTOR: André Cornil
YEAR: 1939-1942
COUNTRY: BE
CAMERA: André Cornil
PROD. CO.: Apostolat par le Septième Art A7A (Bruxelles)
LANGUAGE: French
GAUGE: 16 mm
SILENT/SOUND: silent
B&W/COLOUR: B&W
MINUTES: 100'

Sous le manteau de la Vierge des Pauvres
Onder de hoede van de Maagd der Armen
Watched Over by the Virgin of the Poor

DIRECTOR: André Cornil
YEAR: 194-
COUNTRY: BE
CAMERA: André Cornil
PROD. CO.: Apostolat par le Septième Art A7A (Bruxelles)
LANGUAGE: French
GAUGE: 16 mm
SILENT/SOUND: silent
B&W/COLOUR: B&W
MINUTES: 120'

L'enfant aux yeux éteints
Doode oogen
Unseeing Eyes

DIRECTOR: André Cornil
YEAR: 1942
COUNTRY: BE
PROD. CO.: Apostolat par le Septième Art A7A (Bruxelles)
LANGUAGE: French
GAUGE: 16 mm
SILENT/SOUND: silent
B&W/COLOUR: B&W
MINUTES: 65'

◆ For the sake of completeness, we should also salute a little-known body of cinematographic work, never shown in cinemas but piously preserved in parish archives: the church-sponsored religious film. To protect young souls from the poisonous output of Hollywood, a Catholic organization, the A7A (Apostolat par le Septième Art) headed by the priest André Cornil, shot a series of edifying small-scale films dedicated largely to the catechism of children. These (short and full-length) films were free of sound so as to enhance the concentration of the young viewers. A7A was to distribute its work throughout Belgium, France, Switzerland and the Congo, small wonders brimming with Christian faith, divine grace and miraculous conversions. Parallel to these films the indefatigable Cornil (who was later to direct over 75 fiction and documentary films in the Congo from 1950 onwards) also supervised the publication of photo-story booklets illustrated with stills from the films.

Unseeing Eyes, for example, was intended to spread the "message of the Virgin of the Poor at Banneux", a village near Liège where the pious little Mariette Beco witnessed eight apparitions of Our Lady in 1933, triggering an invasion by pilgrims and tie-in merchandise which lasts to this day. The script, by the film-buff Father himself, centres on two children, a little girl and her blind brother, who set off for Banneux in the hope that the Virgin will return to them their father, a prisoner of war. Needless to say, following countless novenas and prayers, the father miraculously appears in the holy chapel, set down by the hand of the Virgin, who restores the sight of the little boy to boot.

● Puisqu'il s'agit de ne rien négliger, saluons donc une cinématographie méconnue, jamais projetée dans les grandes salles, mais pieusement conservée dans quelques archives paroissiales: le film de patronage. Pour préserver les jeunes âmes du poison hollywoodien, une organisation catholique, dite A7A (Apostolat par le Septième Art), dirigée par l'Abbé André Cornil, tourna une série d'œuvrettes édifiantes, destinée aux enfants à catéchiser. Ces films (courts et longs) étaient privés de son afin de permettre une concentration plus intense des jeunes spectateurs. A7A allait diffuser en Belgique, en France, en Suisse et au Congo ces merveilles empreintes de foi chrétienne, de grâce divine et de conversions miraculeuses. Parallèlement, des brochures de "romans-ciné", illustrés par des photos du film, paraissaient entre 1939 et 1942, toujours sous la houlette de l'infatigable Abbé Cornil (qui allait, par la suite, signer plus de 75 fictions ou documentaires au Congo belge, après 1950!).

Ainsi, **L'enfant aux yeux éteints** voulait exalter "le message de la Vierge des Pauvres, à Banneux", un village proche de Liège où une pieuse fillette, Mariette Beco, vit apparaître huit fois Notre-Dame en 1933, déclenchant jusqu'à nos jours pèlerinages et commerces juteux. Le scénario de l'abbé cinéphile met en scène deux enfants, une gamine et son petit frère aveugle, qui partent vers Banneux pour implorer la Madone de leur rendre un père prisonnier de guerre. Inutile d'ajouter qu'à force de neuvaines et de prières, le père surgira dans la chapelle sacrée, guidé par la Vierge, laquelle, par la même occasion, rendra la vue au jeune aveugle. (RM)

▶ Met de bedoeling niets over het hoofd te zien, vermelden we hier ook een weinig bekend filmgenre dat nooit de grote filmzalen haalde, maar wel zorgvuldig bewaard bleef in diverse parochie-archieven: de kerkelijke, opvoedende film. Om jonge zieltjes te behoeden voor het Hollywoodiaanse verderf, draaide een katholieke organisatie, de A7A (Apostolat par le Septième Art), o.l.v. Abbé André Cornil, een serie stichtelijke werkjes voor de te bekeren kindertjes. Deze lange en korte films (die verspreid werden in België, Frankrijk, Zwitserland en Kongo) waren niet voorzien van een klankband: men was er immers van overtuigd dat kinderen moeite hadden met de simultane perceptie van beeld en klank. Vol vuur verkondigden deze drie kortfilms de wonderen van een christelijke geloofsovertuiging, van de gratie Gods en van miraculeuze bekeringen. Tegelijkertijd verschenen er ook brochures in "ciné-roman"-stijl, geïllustreerd met foto's uit de films: een zoveelste project van de onvermoeibare Cornil (die na 1950 nog zo'n 75 films in Belgisch Kongo zou inblikken!).

Doode oogen bijvoorbeeld verheerlijkt "de boodschap van de Maagd der Armen te Banneux", een gehucht bij Luik waar een vroom meisje, Mariette Beco, in 1933 Onze-Lieve-Vrouw acht keer zag verschijnen, wat tot op heden een stroom van pelgrims - en gewiekste handelaars - naar het dorpje lokt. De cinefiele geestelijke bedacht een scenario waarin twee kinderen, een meisje en haar blinde broertje, naar Banneux trekken om de Madonna te smeken hun krijgsgevangen vader terug te brengen. Na een resem novenen en smeekbeden verschijnt de man natuurlijk in de heilige kapel, begeleid door de Maagd die, in één moeite, ook het blinde kind zijn gezichtsvermogen terugschenkt.

Cambriolage au Château de Froidcour

Een engel van een man

Jan Vanderheyden

Een engel van een man
'n Slippertje naar Antwerpen
Cet homme est un ange
Un homme angélique
The Man's an Angel

DIRECTOR: Jan Vanderheyden
YEAR: 1939
COUNTRY: BE
SCREENPLAY: Edith Kiel, Felix Timmermans
BASED ON: De zachte keel (Pijp en tabak), written by Felix Timmermans
CAMERA: Ernst Mühlrad
EDITING: Edith Kiel
SOUND: José Lebrun
MUSIC: Renaat Veremans, Rudolf Perak
PRODUCER: Jan Vanderheyden
PROD. CO.: Jan Vanderheyden-Film (Antwerpen)
CAST: Willem Benoy (Prosper De Leeuw), Charles Janssens (Bonifacius), Germaine Loosveldt (Rosalie), Jef Bruyninckx (Monneke), Greta Lens (Nini), Louisa Colpijn (Stella), Fred Engelen (Dirigent), Marcel Cauwenberg (Gommair), Jef Van Leemput sr. (Dokter Kasterman), Louisa Lausanne (Tante Emma), Maria Rigouts (Anneke)
LANGUAGE: Dutch
GAUGE: 35 mm
SILENT/SOUND: sound
B&W/COLOUR: B&W
MINUTES: 96'

◆ On 6 May 1939 the Jan Vanderheyden Studio was opened in Antwerp. During its first year, it turned out no less than three films, beginning with **The Man's an Angel**. Antwerp-born director and producer Jan Vanderheyden was determined to attract mass audiences and therefore decided he would no longer try to alter the successful formula he had developed with his earlier productions. However, he did add a few new faces to his team of actors, and these newcomers would make their names in his subsequent films. They included several Antwerp stage actors who wanted to switch to the silver screen, such as the tall Fred Engelen, who often gave his characters more depth than they at first appeared to have; the sensuous Louisa Colpijn, who played the part of an ingénue in four films; and Charles Janssens, who was subsequently to be seen in most Flemish popular films and television farces until well into the sixties.

Edith Kiel adapted a screenplay from a short story set in Antwerp and Lierre by popular author Felix Timmermans. The weak intrigue was little more than a device to link together the various farcical scenes. Willem Benoy was given the lead role, that of a good-natured greengrocer from Lierre who is also a member of a local singing group. The choir is competing for the first prize at a singing competition in Antwerp. After the performance, they go on a pub-crawl. The greengrocer secretly visits a bar of ill-repute where he knocks over a vase. He then ties himself in knots trying to prevent his family from finding out about his innocent escapade.

● C'est le 6 mai 1939 qu'on inaugura le Studio Jan Vanderheyden à Anvers. Lors de sa première année d'existence, pas moins de trois films y virent le jour, à commencer par **Cet homme est un ange**. Vanderheyden était bien décidé à satisfaire le grand public et, pour ce faire, il estima ne plus devoir modifier la formule à succès de ses œuvres précédentes. Il ajouta néanmoins quelques nouveaux visages à son équipe d'acteurs, qui ne feront vraiment leurs preuves que dans les productions suivantes. Parmi eux figuraient quelques acteurs de théâtre anversois qui tentèrent leur chance à l'écran: le longiligne Fred Engelen, qui donna souvent à ses personnages plus de profondeur qu'ils ne semblaient en avoir au départ; la sensuelle Louisa Colpijn, qui se vit attribuer des rôles d'ingénue dans quatre films; et enfin Charles Janssens, qui, jusque dans les années soixante, resta indissociable du cinéma populaire flamand et des séries télévisées.

Edith Kiel broda un scénario autour d'une nouvelle de l'auteur populaire flamand Felix Timmermans, qui se déroulait à Anvers et Lierre. La maigre intrigue n'était qu'un fil conducteur entre les scènes burlesques. Willem Benoy tient le rôle d'un honorable épicier de Lierre, membre de la chorale locale. Celle-ci brigue le premier prix d'un concours de chant à Anvers. Après leur prestation, les membres de la chorale partent faire la tournée des cafés, et l'épicier se rend alors subrepticement dans un bar léger, où il brise par mégarde un vase précieux. Il se démènera ensuite comme un diable pour empêcher que sa famille n'ait vent de son innocente escapade.

▶ Op 6 mei 1939 werd te Antwerpen de Jan Vanderheyden Studio ingehuldigd. In het eerste jaar werden er maar liefst drie films opgenomen, te beginnen met **Een engel van een man**. De Antwerpse regisseur-producent Vanderheyden was vastbesloten het grote publiek te behagen en meende daarom niet meer te moeten sleutelen aan de succesformule van zijn vorige producties. Aan zijn "acteursstal" voegde hij evenwel enkele nieuwe gezichten toe, die vooral in zijn volgende producties hun sporen zouden verdienen. Onder hen enkele Antwerpse toneelspelers die de overstap naar het witte doek waagden: de rijzige Fred Engelen, die zijn personages vaak meer diepgang gaf dan ze in eerste instantie bleken te hebben; de sensuele Louisa Colpijn, die in een viertal films de ingénue-rollen toegewezen kreeg; en Charles Janssens, die tot in de jaren 60 niet meer van de Vlaamse volksfilms en televisiekluchten was weg te branden.

Edith Kiel borduurde een scenario rond een kortverhaal van de volksauteur Felix Timmermans dat zich afspeelde in Antwerpen en Lier. De dunne intrige was niet meer dan een leidraad tussen de kolderieke taferelen. Willem Benoy heeft de rol van een goedaardige Lierse kruidenier die lid is van de zangvereniging Het Ruisende Riet. Dat koor dingt naar de eerste prijs van een zangwedstrijd in Antwerpen. Na het optreden gaan de leden op kroegentocht. De kruidenier brengt stiekem een bezoek aan een frivole bar, waar hij een kostbare vaas omstoot. Hij wringt zich in hachelijke bochten om te vermijden dat zijn familie iets te weten komt over zijn onschuldige escapade. *(PF)*

Ceux qui veillent

Gaston Schoukens

Ceux qui veillent
Ons leger waakt
Zij die waken
They Who Watch Over Us

DIRECTOR: Gaston Schoukens
YEAR: 1939
COUNTRY: BE
CAMERA: Paul Flon, Charles Lengnich, G. Defrise, P. Duval, Albert Putteman
SOUND: José Lebrun
COMMENTS: Général Tasnier
PRODUCER: Gaston Schoukens
PROD. CO.: Les Productions Gaston Schoukens (Bruxelles)
VOICES: Pierre Vandendries
LANGUAGE: French/Dutch
GAUGE: 35 mm
SILENT/SOUND: sound
B&W/COLOUR: B&W
MINUTES: 71'

◆ Just before **Bossemans et Coppenolle**, Gaston Schoukens returned to the documentary with two shorts, **Faces of France** and **The Poisoner** (about a sensational criminal trial in Liège). Nor is he to continue immediately with comedies after the intervening hit. The international situation becomes tragically alarming in 1939, the year in which Hitler is to invade Poland soon after the annexation of Austria. Although Belgium proclaims herself neutral, she proves ready to defend her borders against any aggression, the total strength of the national army reaching almost 600 000 men in September. For Schoukens, director eleven years earlier of **The Crosses of the Yser**, this is the time not for more jokes but for patriotism spread by means of cinema. Under the patronage of the Ministry of Defence he thus takes on the production of a full-length propaganda documentary designed to reassure the minds of the public and give it confidence in our military forces.

Shot in a few weeks with the assistance of cameraman Paul Flon (in both Flemish and French versions), Schoukens' film sets out to demonstrate just how well protected Belgium is, with forts, infantry, Air Force and artillery an effective and impressive mechanism of defence. With these elite officers, with these means at their disposal for the repulsion of any potential aggression, the message is clear: the Belgian military apparatus is prepared and we can have the fullest confidence in its abilities.

With time nothing ages like propaganda, and History does render such a film quite ridiculous; but it did have a great impact upon its contemporaries and that was the film's object. As for Schoukens, he was made a Knight of the Order of King Léopold in April 1940.

● Peu avant **Bossemans et Coppenolle**, Gaston Schoukens était revenu au documentaire pour deux courts métrages: **Visages de France** et, autour d'un procès à sensation en Cour d'Assises de Liège, **L'empoisonneuse**. Il n'eut pas envie de poursuivre immédiatement sa carrière d'amuseur: la situation internationale devenait tragiquement alarmante en cette année 1939. Hitler, après l'annexion de l'Autriche, s'apprêtait à envahir la Pologne. Dans une Belgique qui se proclamait neutre, mais préparée à défendre ses frontières en cas d'agression, les effectifs de l'armée nationale atteignaient près de 600.000 hommes en septembre. Pour Schoukens, qui avait réalisé **Les croix de l'Yser** onze ans plus tôt, l'heure n'était plus à la gaudriole, mais au patriotisme par le cinéma. Sous le patronage de la Défense Nationale, il entreprit donc un long documentaire de propagande, propre à rassurer l'opinion publique en lui donnant confiance en nos forces militaires.

Tourné en quelques semaines avec le concours de son cameraman Paul Flon (en deux versions, française et flamande), le film de Schoukens voulait démontrer l'efficacité des moyens de défense belges: forts, infanterie, aviation, artillerie constituaient un système de protection impressionnant. Avec de tels officiers d'élite, de tels moyens de riposte à une éventuelle agression, la conclusion était claire et rassurante: l'appareil militaire belge est prêt, gardons confiance.

Avec le temps, rien ne vieillit autant que la propagande. L'Histoire a rendu un tel film bien dérisoire. Toutefois son impact fut grand à l'époque et c'était là son but. Schoukens fut nommé Chevalier de l'Ordre de Léopold en avril 1940. (RM)

► Net vóór **Bossemans et Coppenolle** draaide Gaston Schoukens twee korte documentaires: **Visages de France** en **L'empoisonneuse** (rond een sensationeel proces in het Luikse Hof van Assisen). Hij wil niet meteen opnieuw aan de slag gaan als entertainer, want in 1939 wordt de internationale situatie immers steeds onrustwekkender, nu Hitler zich na de annexatie van Oostenrijk opmaakt om Polen binnen te vallen. België stelt zich neutraal op, maar bereidt zich voor om zijn grenzen te verdedigen tegen eventuele agressie (de mankracht van het leger bedraagt in september zo'n 600.000 soldaten). Voor Schoukens, elf jaar voordien de auteur van **Les croix de l'Yser**, is de tijd van grappen en grollen voorbij: hij wil via de film een vaderlandslievende boodschap uitdragen. Met de steun van Landsverdediging begint hij aan een lange propagandadocumentaire, die de bevolking een gerust gemoed en vertrouwen in onze strijdkrachten moet inboezemen.

De film werd in enkele weken tijd ingeblikt (en wel in twee versies, een Nederlandse en een Franse) door cameraman Paul Flon. De beelden tonen aan hoe goed België wel verdedigd wordt: de forten, de infanterie, de luchtmacht en de artillerie vormen een indrukwekkend en machtig verdedigingsschild. Met zulke eliteofficieren en afweermiddelen tegen agressie is de conclusie geruststellend, klaar en duidelijk: het Belgische militaire apparaat staat klaar om in te grijpen, er valt niets te vrezen. Niets veroudert echter zo snel als propaganda en de geschiedenis heeft dit alles natuurlijk nogal lachwekkend gemaakt, maar in zijn tijd bereikte de film wel degelijk zijn doel. Schoukens hield er in elk geval een benoeming tot Ridder in de Leopoldsorde aan over, in april 1940.

Met den helm geboren

Jan Vanderheyden

Met den helm geboren
Né coiffé
Né sous une bonne étoile
Born under a Friendly Star

DIRECTOR: Jan Vanderheyden
YEAR: 1939
COUNTRY: BE
SCREENPLAY: Edith Kiel, Jan Vanderheyden
DIR. PHOT.: Ernst Mühlrad
CAMERA: Ernst Mühlrad
EDITING: Edith Kiel
SOUND: José Lebrun
MUSIC: Renaat Veremans, Rudolf Perak, Gerard Horens
PRODUCER: Jan Vanderheyden
PROD. CO.: Jan Vanderheyden-Film (Antwerpen)
CAST: Jef Bruyninckx (Jan), Nand Buyl (Stoefke), Tilly Janssens (Moeder van Jan), Germaine Loosveldt (Moeder van Stoefke), Fred Engelen (Raphael), Willem Benoy (Zeerob), Remy Angenot (Luie Charel), Charles Janssens (Mijnheer Dingemans), Louisa Lausanne (Mevrouw Dingemans), Jef Van Leemput sr. (Pastoor), Serre Van Eeckhoudt (Herbergier), Helena Haak (Pelagie), Maria Rigouts (Anne-Marie), Frans Courtel (Politie-inspecteur)
LANGUAGE: Dutch
GAUGE: 35 mm
SILENT/SOUND: sound
B&W/COLOUR: B&W
MINUTES: 90'

◆ **Born under a Friendly Star**, the second of three films which Antwerp director Jan Vanderheyden turned out in 1939-40, was hugely well received by the press. This comic melodrama centres on the struggle by a couple of feisty adolescents to avoid being pushed to the fringes of society. The film was far from being a social critique, however. For the cinematic world of the couple Jan Vanderheyden and Edith Kiel, workers, land-owners and priests could be the best of friends and injustice was merely the fault of a handful of unsound individuals.

Jan (again Jef Bruyninckx in a leading role) has lost his father and in order to allow his mother, small brother and sister to continue living on their farm in Boschheide, becomes a dockworker in Antwerp. But he comes to blows with a tramp, Stoefke (played by Nand Buyl), who continually steals his provisions. Although the fight costs him his job, he soon befriends the thief. Jan finds temporary shelter with Stoefke's sick mother and lazy stepfather and briefly gets a job as a waiter. Thanks to the intervention of the village priest, his prospects improve. Actor Fred Engelen gives an outstanding performance as what is probably the most memorable character in all Vanderheyden's films, the endearing village idiot Raphael who has followed Jan from his farm and gets under everyone's feet in Antwerp. The character of Mr Dingemans, who was played by Charles Janssens, was used as the basis for a series of short films by Vanderheyden in 1944.

● **Né coiffé**, le deuxième des trois films réalisés par Jan Vanderheyden en 1939-40, fut accueilli par la presse avec un enthousiasme débordant. Cette comédie mélodramatique traitait de la lutte menée par quelques adolescents courageux pour éviter de se retrouver en marge de la société. On ne peut parler ici de critique sociale: dans l'univers de Kiel et Vanderheyden, travailleurs, châtelains et prêtres s'entendent à merveille, et seuls quelques individus malfaisants sont à l'origine des iniquités.

Jan (encore un rôle principal créé pour Jef Bruyninckx) a perdu son père, et afin que sa mère, son frère et sa sœur puissent rester dans leur ferme de Boschheide, il part à Anvers s'engager comme docker. Il en vient aux mains avec le mendiant Stoefke (Nand Buyl) lorsque celui-ci lui dérobe ses provisions de bouche pour la énième fois. Bien que la bagarre lui coûte son emploi, Jan se lie rapidement d'amitié avec le voleur. Celui-ci l'installe provisoirement chez sa mère valétudinaire et son beau-père fainéant. Notre héros travaille un temps comme serveur, mais grâce à l'intervention du curé du village, ses perspectives d'avenir prennent bonne tournure. Fred Engelen donne brillamment corps à ce qui est sans doute le personnage le plus marquant de toute l'œuvre de Vanderheyden: Raphael, idiot du village touchant, qui suit Jan à Anvers et s'accroche à quiconque croise son chemin. En 1944, le personnage de M. Dingemans, incarné par Charles Janssens, deviendra le héros d'une série de courts métrages réalisés par Vanderheyden.

▶ **Met den helm geboren**, de tweede van drie films die Jan Vanderheyden in 1939 en 1940 draaide, werd door de pers laaiend enthousiast onthaald. Het komische melodrama handelt over de strijd die enkele dappere adolescenten voeren om niet aan de zelfkant van de maatschappij te belanden. Sociale kritiek was echter veraf. In de wereld van het echtpaar Vanderheyden-Kiel waren de arbeider, de kasteelheer en de priester opperbeste vrienden en was het onrecht te wijten aan enkele boosaardige individuen.

Jan (opnieuw een hoofdrol voor Jef Bruyninckx) heeft zijn vader verloren en opdat zijn moeder, broertje en zusje in de boerderij in Boschheide zouden kunnen blijven wonen, gaat hij in Antwerpen als dokwerker aan de slag. Hij raakt slaags met een schooier, Stoefke (een rol van Nand Buyl), die voor de zoveelste keer zijn mondvoorraad steelt. Hoewel de vechtpartij hem zelfs zijn baan kost, sluit hij al snel vriendschap met de dief. Hij vindt een tijdelijk onderkomen bij diens zieke moeder en vadsige stiefvader en werkt kortstondig als kelner. Dankzij de tussenkomst van de dorpspriester worden zijn vooruitzichten gunstiger. Fred Engelen geeft uitmuntend gestalte aan wat misschien wel het meest memorabele personage zou worden uit het hele œuvre van Vanderheyden: de aandoenlijke dorpsidioot Raphael, die Jan achterna is gereisd en iedereen in Antwerpen voor de voeten loopt. Aan het personage Mijnheer Dingemans, vertolkt door Charles Janssens, wijdt Vanderheyden in 1944 een serie korte films. *(PF)*

Zig-zag
Gaston Schoukens

Zig-zag
La gifle
Le gifleur
On demande un pianiste
Le pianiste
Qui rit avec nous?
Le rendez-vous
Wie lacht er mee?

DIRECTOR: Gaston Schoukens
YEAR: 1939
COUNTRY: BE
SCREENPLAY: J. Orban, Marcel Roels
CAMERA: Paul Flon
SOUND: José Lebrun
MUSIC: Félix Bell [Gaston Schoukens], Bob Jacqmain
ART DIRECTOR: Suzanne De Greef, Peter Varlet
CAST: Marcel Roels, Germaine Broka, Esther Deltenre, Frits Vaerewijck, Marcel Etienne, Georgette Méry, Léon Carny, Rittche, Zizi Festerat, Lucien Mussière, Hubert Daix, Christian Houzeau, Jean Bascour, Emmy Van Es, Guillaume Lambrette, Berthe Charmal, Michèle Orly, Karel Immers, Mariette Orban, Simone Max, Jef Miller, Jeanne Winterberg, Jean Clerx, Roger Beaulieu, Liverdan, Gaston Houssa, Bob Jacqmain, Mesta
LANGUAGE: French/Dutch
GAUGE: 35 mm
SILENT/SOUND: sound
B&W/COLOUR: B&W
MINUTES: 92'

Laat me dat eens zien
Une revue flamande
Show Me

DIRECTOR: Gaston Schoukens
YEAR: 1935
COUNTRY: BE
LANGUAGE: Dutch
SILENT/SOUND: sound
B&W/COLOUR: B&W
MINUTES: 88'

Leve de vrouwtjes!
Leve de vrouwen
Vivent les femmes
Long Live the Women

DIRECTOR: Gaston Schoukens
YEAR: 1947
COUNTRY: BE
CAST: Frits Vaerewijck, Jacques De Vocht, Betty Andrée, Karel Immers, Jeanne Winterberg, Esther Deltenre, Jan Clerckx, Emmy Van Es
LANGUAGE: Dutch/French
SILENT/SOUND: sound
B&W/COLOUR: B&W

Zig-zag

◆ Almost the whole of Gaston Schoukens' cinematic œuvre comprises two very distinct types of film, his full-length feature films and the shorter works (documentaries or mini-comedies) shown in the supporting programme, as was the tradition at the time. The exception is one lone documentary, **They Who Watch Over Us**, a 71-minute propaganda film shown across Belgium in 1939.

Nevertheless, on three occasions Schoukens proceeded slightly differently, bringing together a series of cabaret or music-hall numbers shot back to back and without any storyline interlinking them. The best-known of these motley works was **Zig-zag**, which grouped together in eighteen tableaux sketches and songs performed throughout 1939 by the most fashionable Brussels performers from the Alhambra, the Gaieté, Mon Village and other venues which have since closed down. This studio film thus gives us the chance to put our hands together for cabaret turns by Marcel Roels, Germaine Broka, Simone Max, Esther Deltenre, Rittche and Festerat, Lucien Mussière etc... A Flemish version foregrounded more Dutch-speaking artists in a different cut destined for audiences in Flanders. The war delayed the release of **Zig-zag** until March 1941.

For the record, the two other revue films made by Schoukens were **Show Me** (1935) - featuring exclusively Flemish singers and comics - and **Long Live the Women** (1947), mixing music-hall artists from Brussels and Flanders, from Esther Deltenre to Frits Vaerewijck, and again produced in two versions.

● La quasi-totalité de l'œuvre de Gaston Schoukens comprend deux types de films bien distincts: ses longs métrages de fiction et des ouvrages plus courts (documentaires ou mini-comédies) donnés en compléments de programme, comme c'était la tradition à l'époque. Une seule exception: le documentaire **Ceux qui veillent**, film de propagande de 71 minutes présenté dans toute la Belgique en octobre 1939.

Toutefois, à trois reprises, Schoukens réunit en un film une série de numéros relevant du cabaret ou du music-hall, donnés en vrac et sans intrigue. Le plus connu de ces patchworks est **Zig-zag**, qui regroupe en dix-huit tableaux des sketches ou des chansons, interprétés en 1939 par les amuseurs bruxellois les plus en vogue de l'Alhambra, la Gaieté, Mon Village et d'autres salles disparues depuis. On peut "applaudir" dans ce film tourné en studio: Marcel Roels, Germaine Broka, Simone Max, Esther Deltenre, Rittche et Festerat, Lucien Mussière, etc. Une version flamande donnait plus d'importance aux artistes néerlandophones, par un montage destiné au public des Flandres. La guerre retardant sa sortie, **Zig-zag** ne fut présenté qu'en mars 1941.

Pour mémoire, citons les deux autres films-revues ainsi mis en boîte par Schoukens: **Une revue flamande** (1935), uniquement interprété par des chanteurs et comédiens flamands; et **Vivent les femmes** (1947), mêlant des artistes de music-hall bruxellois et flamands, d'Esther Deltenre à Frits Vaerewijck, et dont il existe, à l'instar de **Zig-zag**, deux versions différentes. *(RM)*

▶ Het œuvre van Gaston Schoukens omvat twee duidelijk onderscheiden categorieën: lange speelfilms en kortere werkjes (documentaires of humoresken die, zoals toen gebruikelijk was, als voorfilm werden vertoond). Eén documentaire vormt een uitzondering op de regel, nl. **Ceux qui veillent**, een 71 minuten lange propagandafilm die in oktober 1939 in heel België te zien was.

Af en toe, drie keer om precies te zijn, maakte Schoukens ook films die louter een aaneenschakeling waren van cabaret- of variéténummers, zonder de minste intrige. De bekendste hiervan was **Zig-zag**, een film uit 18 scènes, met sketches en liedjes zoals die in 1939 door Brusselse entertainers ten beste werden gebracht in het Alhambra, de Gaieté, Mon Village en andere lang verdwenen zalen. In deze studiofilm kunnen we nogmaals applaudisseren voor sterren als Marcel Roels, Germaine Broka, Simone Max, Esther Deltenre, Rittche en Festerat, Lucien Mussière, en andere. Er werd ook een versie gemonteerd voor het Vlaamse publiek, met meer aandacht voor Nederlandstalige artiesten. Door de oorlog kwam **Zig-zag** pas in maart 1941 uit.

Citeren we, volledigheidshalve, nog de twee andere cabaretfilms van Schoukens: **Laat me dat eens zien** (1935), met uitsluitend Vlaamse zangers en acteurs, en **Vivent les femmes** (1947), waar Brusselse en Vlaamse variété-artiesten zij aan zij staan, van Esther Deltenre tot Frits Vaerewijck. Net als **Zig-zag** werden ook van deze film twee verschillende versies gerealiseerd.

Janssens tegen Peeters

Jan Vanderheyden

Janssens tegen Peeters
Janssens contre Peeters
Janssens versus Peeters

DIRECTOR: Jan Vanderheyden
YEAR: 1940
COUNTRY: BE
SCREENPLAY: Edith Kiel, Jan Vanderheyden, Hendrik Caspeele
DIALOGUE: Hendrik Caspeele
CAMERA: Ernst Mühlrad
EDITING: Edith Kiel
SOUND: José Lebrun
MUSIC: Gerard Horens, J. Antoon Zwijsen
ART DIRECTOR: J. Van Bladel
PRODUCER: Jan Vanderheyden
PROD. CO.: Jan Vanderheyden-Film (Antwerpen)
CAST: Toontje Janssens (Grootvader Peeters), Charles Janssens (Tist Peeters), Louisa Lausanne (Melanie Peeters), Jef Bruyninckx (Tony Peeters), Louisa Colpijn (Wieske Peeters), Pol Polus (Stan Janssens), Nini De Boël (Juliette Janssens), Martha Dua (Simonne Janssens), Gaston Smet (Fred Janssens), Serre Van Eeckhoudt (Oom Frans), Helena Haak (Tante Net), Fred Engelen (Zangleraar Cooquiste), Nand Buyl (Polleke), Mitje Peenen (Marie, meid van Janssens), Lily Vernon (Kinderjuffrouw Anna)
LANGUAGE: Dutch
GAUGE: 35 mm
SILENT/SOUND: sound
B&W/COLOUR: B&W
MINUTES: 101'

◆ According to newspaper reports of the time, Jan Vanderheyden's ninth film was his most popular yet, and would be the most lucrative Flemish production of that time. Vanderheyden cited the Andy Hardy films with Mickey Rooney as the source of inspiration for his film. The story is a series of scenes relating the feud between two neighbouring families, the Janssens and the Peeters, whose son and daughter are engaged to one another. Peeters, a baker, and his neighbour Janssens, a café-owner, continually argue with each other, claiming that their children are too good for each other. While they are bickering, the two lovers secretly get married. The Janssens' maid surreptitiously carries on buying bread from the Peeters, but is discovered when scraps of paper bearing venomous messages are found among the rolls.

The musical subplot centres on Cooquiste, the director of a stage play in which Stan Janssens and his friend Polleke are involved. Cooquiste also gives singing lessons to Mrs Janssens and pays court to her, much to her husband's annoyance.

In Vanderheyden's films, the city of Antwerp either served as a decorative background (**Only for You**) or else took on a central role of its own (**Music in the Harbour**). **Janssens versus Peeters** was the first in a series of films shot almost entirely in the studio and which concentrated on the citizens of Antwerp instead of their city. It was followed a year later by a sequel, **Janssens and Peeters Reconciled**.

● Selon la presse d'alors, le neuvième film de Jan Vanderheyden serait son film le plus populaire, et peut-être même le film le plus lucratif de tous les films flamands de l'époque. Selon ses dires, Vanderheyden s'inspira des films d'Andy Hardy avec Mickey Rooney. **Janssens contre Peeters** est un enchaînement de scènes axées sur la querelle de voisinage entre les familles Janssens et Peeters, dont le fils de l'une est fiancé à la fille de l'autre. Il ne se passe pas un jour sans que l'aubergiste Janssens et le boulanger Peeters n'insinuent que leur progéniture est un trop bon parti pour celle du voisin. Pendant ce temps, les deux enfants se marient à l'insu de leurs pères. La bonne de la famille Janssens continue discrètement à acheter son pain chez les Peeters, mais le pot aux roses est découvert lorsqu'on retrouve de petits messages venimeux cachés dans la mie.

L'intrigue secondaire, musicale, est axée sur le personnage de Cooquiste, metteur en scène d'une pièce dans laquelle jouent Stan Janssens et son ami Polleke. Ce même Cooquiste donne également des cours de chant à Mme Janssens et en profite pour lui faire la cour, au grand mécontentement de son mari.

Dans les films de Vanderheyden, Anvers servait de décor (**Pour vous seule**), voire même de sujet principal (**Musique de port**). **Janssens contre Peeters** marqua le début d'une série de films intégralement tournés en studio, et où l'Anversois prend le pas sur sa ville. Un an après, une suite intitulée **Janssens et Peeters réconciliés** vit le jour.

► Volgens persberichten uit die tijd was de negende film van Jan Vanderheyden zijn populairste en zou het zelfs de meest lucratieve Vlaamse film van toen geweest zijn. Vanderheyden noemde de Andy Hardy-films waarin Mickey Rooney speelde, zijn inspiratiebron. De film is een aaneenrijging van tafereeltjes uit de burentwist tussen de families Janssens en Peeters waarvan de respectieve zoon Fred en de dochter Wieske elkaars verloofden zijn. Bakker Peeters en kastelein Janssens vinden het nodig om elkaar regelmatig in te peperen dat hun kind te goed is voor de ander. Ondertussen gaat de trouwplechtigheid van de twee kinderen buiten medeweten van de vaders toch door. De meid van de familie Janssens blijft in het geniep brood kopen bij buur Peeters, wat aan het licht komt als men in de broodjes papiertjes aantreft met venijnige zinnen op.

De muzikale subplot van de film draait om Cooquiste, de regisseur van een toneelstuk waarin Stan Janssens en zijn vriend Polleke meespelen. Diezelfde Cooquiste geeft zanglessen aan mevrouw Janssens en maakt haar het hof, tot ongenoegen van haar man.

Antwerpen had in de films van Vanderheyden een decorfunctie (**Alleen voor u**) of trad zelf als onderwerp naar voren (**Havenmuziek**). **Janssens tegen Peeters** is de eerste in een reeks die vrijwel volledig in de studio werd gedraaid, waardoor de bewoners van de stad Antwerpen meer aandacht kregen dan de stad zelf. Een jaar later kwam het vervolg: **Janssens en Peeters, dikke vrienden**. (PF)

Wit is troef

Jan Vanderheyden

Wit is troef
Blanc est favori
Blanc est atout
White Is Trump

DIRECTOR: Jan Vanderheyden
YEAR: 1940
COUNTRY: BE
SCREENPLAY: John Langenus, Herman Dumont, Raoul A. Dumont, Edith Kiel
DIR. PHOT.: Raymond De Souter
CAMERA: Ernst Mühlrad
EDITING: Edith Kiel, Jef Bruyninckx
SOUND: José Lebrun
MUSIC: Antoon J. Zwijsen, Gerard Horens
ART DIRECTOR: J. Van Bladel
PRODUCER: Jan Vanderheyden
PROD. CO.: Jan Vanderheyden-Film (Antwerpen)
CAST: Renaat Grassin ('t Ketje), Raymond Braine (Raymond Smet), Toontje Janssens (Antoon), Willy Vervoort (Willy Boemers), Frans Courtel (Jef Springer), Nini De Boël (Zijn vrouw), Martha Dua (Zijn dochter Liliane), Louisa Lausanne (Tante van Raymond), Louisa Colpijn (Netty), Helena Haak (Meid bij Springer), Serre Van Eeckhoudt (Huisbaas), Yvonne Verbeeck (Suzanne), Loeky Claes (Loeky)
LANGUAGE: Dutch
GAUGE: 35 mm
SILENT/SOUND: sound
B&W/COLOUR: B&W
MINUTES: 80'

◆ Anyone expecting a chronicle of the football world, which is how director Jan Vanderheyden described his film to the press, would have been disappointed by this film. Apart from cobbling together a few scenes of the high points of a real football match, the film has little or nothing to do with the sport. Like **Janssens versus Peeters**, the local colour in this situation comedy is provided by the city of Antwerp and stock characters such as the humourless fanatic, the indolent old man, the deaf aunt, and many more. However, the best of the comedy is provided by the Ketje, a football trainer and a caricature of the typical Brussels character, played by Renaat Grassin. The theme of Vanderheyden's previous film was repeated: a girl wants to marry a man who is on the opposite team. Her father, Mr Springer, an office manager, is a fanatical supporter of the White football team, and rails against anybody who supports their rivals, the Greens. His daughter is engaged to Raymond, the Green team's star player.

Actor Jef Bruyninckx assisted Edith Kiel for the first time with the editing. Bruyninckx, who made his début as leading actor in **Whitey** and was afterwards used in almost every subsequent Vanderheyden production, learned various aspects of the film business in Vanderheyden's studios, and would later direct films himself.

Neither Vanderheyden's output nor the content of his films gave the slightest hint that the Second World War had begun. During the German occupation he became chairman of the Chambre Syndicale Belge de la Cinématographie, which would lead to his arrest after the war.

● Toute personne qui s'attend à une chronique sur l'univers du football sera déçue. Pourtant, c'est ainsi que Vanderheyden avait lui-même présenté son film à la presse. A part un montage particulièrement sommaire de quelques grands moments d'un véritable match, les scènes sont peu liées au sport. A l'instar de **Janssens contre Peeters**, la couleur locale anversoise est de mise tout au long de cette comédie de situation où les personnages typiques foisonnent: fanatique sans humour, petit vieux traînard, tante dure d'oreille. La plupart des scènes comiques sont axées sur le Ketje (Renaat Grassin), entraîneur de football mais avant tout caricature vivante du Bruxellois. Le thème du film est celui, recyclé, du précédent: une jeune fille désire épouser un homme qui appartient au camp adverse. M. Springer, chef de bureau, est supporter de l'équipe des Blancs et ne manque pas de fulminer contre quiconque soutient les Verts. Mais sa fille est fiancée à Raymond, joueur vedette de l'équipe maudite.

Pour la première fois, Jef Bruyninckx, qui avait débuté dans le rôle principal de **Filasse** avant de collaborer à la quasi-totalité des films de Vanderheyden, assista Edith Kiel au montage. Il apprit à connaître les diverses facettes de l'industrie cinématographique, ce qui lui permit, par après, de passer derrière la caméra.

Ni la productivité de Vanderheyden, ni le contenu de ses films ne laissent supposer que la guerre a éclaté. Durant l'Occupation, Vanderheyden fut le président de la Chambre Syndicale Belge de la Cinématographie, ce qui aura pour conséquence son arrestation après la guerre.

▶ Wie een kroniek van de voetbalwereld verwachtte, zoals Vanderheyden deze film in de pers had aangekondigd, kwam bedrogen uit. Op een uiterst summiere montage van enkele hoogtepunten uit een echte voetbalwedstrijd na, hebben de scènes weinig of niets van doen met de sport. Net als **Janssens tegen Peeters** is dit zuivere sitcom, met een overheersende Antwerpse couleur locale en met herkenbare personages zoals de humorloze fanaat, het gezapige oudje, de hardhorige tante enz. Het merendeel van de lachscènes draait echter om Het Ketje: een voetbaltrainer, maar bovenal een vleesgeworden spotprent van de Brusselaar, vertolkt door Renaat Grassin. Het thema van de vorige film wordt gerecycleerd: een meisje wil een man huwen die tot de tegenpartij behoort. Vader Springer, bureauchef, is een voetbalsupporter van de Witten en schiet uit tegen iedereen die de Groenen verkiest. Zijn dochter is bovendien verloofd met Raymond, de sterspeler van de andere ploeg.

Jef Bruyninckx assisteerde Edith Kiel voor het eerst bij de montage. De acteur, die zijn debuut maakte in **De Witte** en die sindsdien bij vrijwel elke productie van Vanderheyden betrokken was, leerde in de Vanderheyden-studio's de verschillende facetten van het filmbedrijf kennen, om later zelf te kunnen regisseren.

Noch de productiviteit van Vanderheyden, noch de inhoud van zijn films verraadden dat de oorlog inmiddels begonnen was. De man was tijdens de Duitse bezetting bovendien voorzitter van de Belgische Syndikale Kamer van de Kinematografie, wat aanleiding gaf tot zijn arrestatie na de oorlog. *(PF)*

Janssens en Peeters, dikke vrienden

Jan Vanderheyden

Janssens en Peeters, dikke vrienden
Janssens et Peeters réconciliés
Janssens and Peeters Reconciled

DIRECTOR: Jan Vanderheyden
YEAR: 1940
COUNTRY: BE
SCREENPLAY: Edith Kiel
CAMERA: Maurice De Witte
EDITING: Edith Kiel, Jef Bruyninckx
SOUND: José Lebrun
MUSIC: Gerard Horens, J. Antoon Zwijsen
PRODUCER: Jan Vanderheyden
PROD. CO.: Jan Vanderheyden-Film (Antwerpen)
CAST: Toontje Janssens (Grootvader Peeters), Charles Janssens (Tist Peeters), Louisa Lausanne (Melanie Peeters), Jef Bruyninckx (Tony Peeters), Louisa Colpijn (Wieske Peeters), Pol Polus (Stan Janssens), Nini De Boël (Juliette Janssens), Martha Dua (Simonne Janssens), Gaston Smet (Fred Janssens), Serre Van Eeckhoudt (Oom Frans), Helena Haak (Tante Net), Fred Engelen (Zangleraar Cooquiste), Nand Buyl (Polleke), Mitje Peenen (Marie, meid van Janssens), Lily Vernon (Kinderjuffrouw Anna), Jan Massink (Mijnheer Williams)
LANGUAGE: Dutch
GAUGE: 35 mm
SILENT/SOUND: sound
B&W/COLOUR: B&W
MINUTES: 90'

◆ The immense success of **Janssens versus Peeters** made a sequel almost inevitable. In order to prevent the new film from appearing to be a simple rehash of the first, screenwriter Edith Kiel altered the characters' situations.

Due to the imminent birth of a common heir, the feuding Janssens and Peeters decide to bury the hatchet, even moving to the same house in Mariaburg to live together. But the villa soon becomes a new breeding-ground for a whole series of new conflicts: both grandmothers want to spend the most time with their new grandchild; the Janssens' maid won't be ordered about by Mrs Peeters and there are suspicions of infidelity. The squabbles are only finally settled when real trouble hits the families: the authorities close down the Peeters bakery.

The use of Antwerp dialect gives spontaneity to the dialogue, which sometimes helps the viewer forget the somewhat forced nature of the tale. Kiel and Vanderheyden managed to bring the tradition of Antwerp folk theatre to the silver screen. Yet here precisely lies one of the weaknesses of these films, in that they merely commit the actors' performances to film and convey very little by visual means. Vanderheyden's plans to continue the series suffered from the lack of film stock during the war. Half a century later, Ruud De Ridder, the director of an Antwerp theatre company, would bring this popular theatre to the television screen, where its minimalist sets and recognizable stock characters fitted in perfectly with the format of the TV sitcom.

● L'écrasant succès de **Janssens contre Peeters** rendait une suite presque inévitable. Afin que ce film ne soit pas une simple copie du précédent, Edith Kiel modifia la situation des personnages.

En raison de la naissance imminente d'un héritier commun, les familles Janssens et Peeters enterrent la hache de guerre et vont même jusqu'à s'installer ensemble dans une confortable villa à Mariaburg. Mais celle-ci ne tardera pas à devenir un véritable incubateur pour toutes sortes de nouveaux conflits: les deux grands-mères se disputent le nouveau-né, la bonne des Janssens refuse d'écouter Mme Peeters, et en outre surgit une foule de soupçons d'infidélité. Les différends s'aplanissent néanmoins lorsque survient un réel danger: le tribunal appose des scellés sur la boulangerie Peeters.

Le dialecte anversois donne aux dialogues une spontanéité qui permet parfois de faire oublier le côté artificiel du récit. Kiel et Vanderheyden ont introduit au cinéma la tradition du théâtre populaire comique anversois, ce qui n'est pas sans inconvénients: ces films, simples enregistrements du jeu des acteurs, présentent peu d'intérêt sur le plan visuel. Les projets de Vanderheyden de continuer la série furent entravés par la pénurie de pellicule durant la guerre. Un demi-siècle plus tard, Ruud De Ridder, directeur d'une troupe anversoise, implantera ce même théâtre sur nos petits écrans où, grâce à ses décors minimalistes et ses personnages caractéristiques, il s'adaptera parfaitement à la formule des séries télévisées.

▶ Het overweldigende succes van **Janssens tegen Peeters** maakte een vervolg vrijwel onvermijdelijk. Opdat deze film niet te zeer een doorslag zou lijken van de vorige, wijzigde scenariste Edith Kiel de situatie van de personages.

Omwille van de nakende geboorte van een gemeenschappelijke erfgenaam begraven de families Janssens en Peeters de strijdbijl. Ze nemen zelfs samen hun intrek in een riante villa te Mariaburg. De weelderige woonst wordt al snel een broeinest voor allerlei nieuwe conflicten: de grootmoeders willen elk de meeste tijd met hun kleinkind doorbrengen; de meid van de familie Janssens laat zich niet bevelen door mevrouw Peeters en voorts zijn er allerlei verdenkingen van ontrouw. De geschillen worden echter gauw beslecht als er reëel onheil opdoemt, namelijk wanneer het gerecht bakkerij Peeters verzegelt.

Het Antwerpse dialect verleent de dialogen een spontaneïteit die het geforceerde verhaaltje soms wat opkrikt. De traditie van Antwerps komisch volkstheater werd door het koppel Kiel-Vanderheyden naar de bioscoop overgeheveld. Een gevolg daarvan is dat deze films louter registraties zijn van het spel van de acteurs en visueel weinig voorstellen. Vanderheydens plannen om de reeks verder te zetten werden echter gedwarsboomd door de pelliculeschaarste tijdens de oorlog. Een halve eeuw later bracht Ruud De Ridder, de leider van het Echt Antwerps Theater, dit volkstoneel naar de televisie, waar het met zijn minimale decors en herkenbare personages perfect pastte in het formaat van de sitcomserie. *(PF)*

Een aardig geval

Edith Kiel

Een aardig geval
Un drôle de cas
Un curieux hasard
A Happy Coincidence

DIRECTOR: Edith Kiel
YEAR: 1941
COUNTRY: BE
SCREENPLAY: Edith Kiel
DIR. PHOT.: Raymond De Souter
CAMERA: Raymond De Souter
EDITING: Jef Bruyninckx
MUSIC: Hans Flower
PRODUCER: Jan Vanderheyden
PROD. CO.: Jan Vanderheyden-Film (Antwerpen)
CAST: Arthur Van Thillo (Alois Zavel), Jan Cammans (Jef Pinke), Nini De Boël (Mevrouw Pinke), Nand Buyl (Monneke), Lucie Polus (Meid van Pinke), Manon Latour (Juffrouw Meyers), Helena Haak, Serre Van Eeckhoudt
LANGUAGE: Dutch
GAUGE: 35 mm
SILENT/SOUND: sound
B&W/COLOUR: B&W
MINUTES: 90'

◆ The Occupation, difficult economic circumstances, restrictive measures imposed by the Germans (including a ban on screening English and American films) and a shortage of film stock from 1943 onwards all brought the fledgling Flemish film industry to its knees. And although Jan Vanderheyden's studio - newly opened at number 32 Pyckestraat in Antwerp - saw the production of three full-length feature films the year war broke out, gradually the energies of even this Flemish film pioneer began to waver. It was then that Edith Kiel took over. She was born in Berlin as Edith Regelien in 1904. She started writing articles and short stories at an early age, and also supervised the dialogue of a number of films produced in the UFA studios. Soon after she met Jan Vanderheyden, becoming his assistant, tutor and then spouse. Officially, **A Happy Coincidence** was Kiel's first film. Nobody made any secret of the fact that Kiel, who had learned her craft in Berlin's UFA studio, was the real force behind Vanderheyden's pre-war films. This, the thirteenth in her series of popular regional comedies, centres on a young adopted lad (Nand Buyl) from a rural backwater who overturns the peaceful lives of an elderly, childless middle-class couple. Beset by the muggy theatricality, overacting, the innumerable tea and coffee scenes and insurmountable misunderstandings and squabbling that make up every Kiel film, nevertheless there is often a single brief scene of inestimable nostalgic value, such as the waltz and fox-trot lesson to the strains of the schmaltzy Flemish tune *Wie fijn kan zoenen* ("Who Kisses Nice").

● L'Occupation, les rudes conditions économiques, les restrictions allemandes (dont l'interdiction de tourner des films anglophones) ainsi que la pénurie de pellicule dès 1943 suffirent à ruiner l'industrie cinématographique flamande. Et les trois longs métrages réalisés par Jan Vanderheyden dans son tout nouveau studio au 32 Pyckestraat à Anvers, inauguré en mai 1939 ne suffirent pas à empêcher l'essoufflement de ce cinéaste pionnier. Edith Kiel reprit le flambeau. Née à Berlin en 1904, Edith Regelien - son vrai nom - commença très tôt à écrire des articles et des nouvelles. Elle supervisa aussi les dialogues de certains films tournés aux studios UFA et fit alors la connaissance de Jan Vanderheyden dont elle deviendra l'assistante, la tutrice et l'épouse. Officiellement, **Un drôle de cas** est considéré comme le premier film de Kiel. Ce n'était toutefois un secret pour personne que Kiel, qui avait appris le métier aux studios berlinois UFA, avait été le véritable moteur des films de Vanderheyden. Treizième de la série des comédies populaires, ce film raconte l'histoire du fils adoptif d'un couple bourgeois sans enfants, un garnement de la campagne joué par Nand Buyl, qui bouleverse leur tranquillité parentale. Si l'on fait abstraction de la théâtralité et du jeu grotesque des acteurs, des innombrables bavardages ainsi que des malentendus et des disputes insurmontables, chaque film de Kiel recèle quelque part une scène à forte charge nostalgique, à l'instar de ce cours de valse et de fox-trot sur l'air de la ritournelle flamande *Wie fijn kan zoenen* ("Qui embrasse divinement").

► De Bezetting, de barre economische omstandigheden, restrictieve maatregelen van de Duitsers (o.m. verbod op het vertonen van Amerikaanse en Engelse films) en de schaarste aan pellicule vanaf 1943 brachten de primitieve Vlaamse filmindustrie aan de grond. En alhoewel Jan Vanderheyden in het jaar dat de oorlog uitbrak nog drie langspeelfilms draaide in zijn nieuwe, in mei 1939 geopende studio in de Pyckestraat 32 te Antwerpen, begon ook de motor van de volkse Vlaamse filmpionier te sputteren. Edith Kiel nam de fakkel over. Haar echte naam was Edith Regelien en ze werd in 1904 geboren te Berlijn. Op jonge leeftijd begon ze met het schrijven van artikels en verhalen en superviseerde ze zelfs de dialogen van films die in de UFA-studio's gedraaid werden. Ze maakte kennis met Jan Vanderheyden en werd zijn assistente, mentor en echtgenote. Officieel is **Een aardig geval** Kiels eerste film. Niemand maakte er een geheim van dat de werkelijke kracht achter de vooroorlogse films van Vanderheyden Kiel was, die de stiel in de Berlijnse UFA-studio had geleerd. De dertiende uit de reeks populaire regionale komedies handelt over een jonge vlegel van het platteland (Nand Buyl) die, door een kinderloos burgerkoppel geadopteerd, de ouderlijke rust komt verstoren. Afgezien van de theatrale tekst, het groteske acteren, de vele thee- en koffietafelscènes of de onoverkomelijke misverstanden en kibbelpartijen, vind je in elke Kiel-film wel een korte scène met hoge nostalgische waarde, zoals bv. de wals- en foxtrotcursus op de deunen van de Vlaamse schlager *Wie fijn kan zoenen*. (LJ)

Belgique toujours

Hippolyte De Kempeneer

Belgique toujours
Le roi, la loi, la liberté
Nous le jurons tous... tu vivras
Immer België
Forever Belgium

DIRECTOR: Hippolyte De Kempeneer
YEAR: 1941-1944
COUNTRY: BE
CAMERA: Charles Lengnich, Hubert Duval, François Rents
COMMENTS: Général Van Overstraeten
LANGUAGE: French
GAUGE: 35 mm
SILENT/SOUND: sound
B&W/COLOUR: B&W
MINUTES: 75'
NOTES: The original length was 75'. Later the film was cut into several short films. The film originally contained two parts: 1) **Un historique de la dynastie belge**; 2) **La narration de la bataille des dix-huit jours** (or **La campagne des dix-huit jours**).

◆ A brief flashback to the heroic days of the Belgian silents, when as of 1897 Hippolyte De Kempeneer pioneered first the newsreel, then after the war the fiction film. It was De Kempeneer who set up the country's first large studio complex in Machelen, where Belgian, French, Dutch, even Australian directors shot. After the closure of his production company Belga Films in August 1926, he retained his laboratory with facilities for developing, printing and subtitling until World War II, when it was sequestrated by the Germans. Producer of the first patriotic features in 1919, he decided once again - this time in secret - to make a film celebrating the glory of the Belgian army which would set the record straight as to the events of 1940 and counter the charges of capitulation and treachery made by many foreign powers.

De Kempeneer intended to relate the history of the kingdom since 1830, drawing on documents loaned from the Army Museum and news footage of the day. A detailed account of the so-called eighteen-day campaign was elaborated with the help of animated graphics and a commentary by General Van Overstraeten, aide-de-camp to King Léopold III, showing that the King had only done his duty and ought to have his honour reinstated.

Despite the seizure of the negative by the German police in 1943, De Kempeneer's sons managed to reconstruct the film from original records and grant it a theatrical release in September 1944, one month after their father's death. It proved a considerable success, and shortened or re-edited versions (addressing the ensuing "Royal Question" of Léopold's abdication) were also later circulated.

● Petit flash-back vers l'époque héroïque du muet en Belgique: Hippolyte De Kempeneer fut, à partir de 1897, le pionnier des actualités filmées, avant de devenir celui du cinéma de fiction après la guerre. C'est lui qui fit aménager notre premier grand studio, à Machelen, où tournèrent des réalisateurs belges, français, hollandais et même australiens. Après la dissolution de sa société de production, Belga Films, en août 1926, De Kempeneer conserva jusqu'à la guerre son laboratoire de développement, tirage et sous-titrage qui fut placé sous séquestre par les Allemands. Le vieux cinéaste, qui avait produit les premiers longs métrages patriotiques dès 1919, décida de tourner à nouveau, cette fois clandestinement, un film à la gloire de l'armée belge de 1940, accusée de capitulation et de traîtrise par plusieurs puissances étrangères.

Son but était de raconter l'histoire dynastique de la Belgique depuis 1830, en s'appuyant sur des documents empruntés au Musée de l'Armée et sur les actualités filmées. Un exposé détaillé de la campagne dite "des dix-huit jours" était alors fourni sur la base de graphiques animés et de commentaires du général Van Overstraeten, aide de camp de Léopold III, qui voulait démontrer que le roi n'avait accompli que son devoir et méritait d'être réhabilité dans son honneur.

Malgré la saisie, en 1943, du négatif par la police allemande, les fils de De Kempeneer purent reconstituer le film à partir des documents primitifs et le présenter en salle dès septembre 1944, un mois après la mort de leur père. Le succès fut considérable, et des versions abrégées ou remaniées (lors de la "question royale") furent également mises en circulation. (RM)

▶ Een flashback naar de heroïsche dagen van de stille film in België, een periode waarin de pionier Hippolyte De Kempeneer, vanaf 1897, eerst het bioscoopjournaal en later, na de oorlog, de fictiefilm introduceerde. Als eerste bouwde hij bij ons een grote studio, gelegen te Machelen, waar Belgische, Franse, Nederlandse en zelfs Australische regisseurs filmopnames maakten. Na de ontbinding van de maatschappij Belga Films in augustus 1926 bleef De Kempeneer nog tot de oorlog gebruik maken van zijn laboratorium voor het ontwikkelen, kopiëren en ondertitelen van films. De Duitsers legden echter beslag op het gebouw, en de man die al in 1919 de eerste patriottische langspeelfilms van eigen bodem realiseerde, besloot dan maar clandestien een film te draaien ter verheerlijking van het Belgische leger van 1940, dat door meerdere buitenlandse mogendheden werd beschuldigd van capitulatie en verraad.

De cineast wou de geschiedenis van de Belgische dynastie vanaf 1830 uit de doeken doen met documenten uit het Legermuseum en actualiteitsbeelden. Een detailverslag van de "Achttiendaagse Veldtocht", uitgewerkt met behulp van grafieken en animatie, werd becommentarieerd door generaal Van Overstraeten, adjudant van Leopold III, die vond dat de koning zijn plicht had gedaan en eerherstel verdiende.

Ondanks de inbeslagname van het negatief door de Duitse politie in 1943, konden de zonen De Kempeneer de film reconstrueren aan de hand van de bestaande documenten en hem in september 1944 ook vertonen, een maand na de dood van hun vader. De film werd een aanzienlijk succes en er kwamen eveneens enkele ingekorte of gewijzigde versies (n.a.v. de koningskwestie) in omloop.

Boerensymfonie

Henri Storck, Maurice Delattre

Boerensymfonie
Symphonie paysanne
Peasant Symphony

DIRECTOR: Henri Storck, Maurice Delattre
YEAR: 1942-1944
COUNTRY: BE
SCREENPLAY: Henri Storck, Jacques De Schryver
ASST. DIR.: Lucien Parlongue, Jacques Wijseur
CAMERA: François Rents, Maurice Delattre, Henri Storck, Charles Abel
EDITING: Henri Storck
SOUND: José Lebrun
MUSIC: Pierre Moulaert
COMMENTS: Paul Rock (N), Marie Gevers (F)
PRODUCER: Henri Storck
PROD. CO.: Cinéma-Edition-Production CEP (Bruxelles)
PROD. SUPERV.: Joseph Van Bladel
VOICES: Gaston Vandermeulen (N), Frans Robberechts (N), Marcel Josz (F)
LANGUAGE: Dutch/French
GAUGE: 35 mm
SILENT/SOUND: sound
B&W/COLOUR: B&W
MINUTES: 115'
NOTES: Documentary in 5 parts: 1) **De lente/ Le printemps/Spring** (31'); 2) **De zomer/ L'été/Summer** (23'); 3) **Boerenbruiloft/ Noces paysannes/Peasant Wedding** (19'); 4) **De herfst/L'automne/Autumn** (20'); 5) **De winter/L'hiver/Winter** (22'). The comments in the French and the Flemish versions are different.

◆ During the thirties, Henri Storck shot around 20 short and medium-length films - mountain films (**Three Lives and a Rope**) and tourist views (**Glimpses of Belgium in Olden Times**) interspersed with social reportages (**Houses of Poverty**). But in 1936, he conceived of an extended fresco showing "the hard labour of the farm workers, as I showed that of the miners of the Borinage and the fishermen of Ostend". Under the Occupation the Corporation for Agriculture finally gave him carte blanche, doubtless seeing the idea as a useful propaganda tool. However it may be, the scarcity of film material forced the director to divide his project into five distinct parts spread out over three years of shooting (the four seasons with an "interlude" showing a country wedding). Only the first segment (**Spring**) was shown at the time as a complement to a main feature. The final cut of the entire film did not meet with Storck's approval until after the war.

Long before Georges Rouquier's 1946 **Farrebique**, this is a Virgilian paean to the earth and the elements, exploring the seasonal labours, rites and celebrations in superb images. "All the shots in this film are in a state of grace - the earth and the sky, the lines of trees, the animals. (...) A harmony reigns over it all, but there is nothing idyllic about the affair as the images of the unjust struggle against the elements are very present" (Jacqueline Aubenas). The joy, pain and individual dramas of the uncultivated peasantry move beyond simple ethnological observation to attain a universal quality, the intense vibration of the world.

● Pendant les années 30, Henri Storck tourna une vingtaine de courts et moyens métrages: films de montagne (**Trois vies et une corde**) ou de tourisme (**Regards sur la Belgique ancienne**) alternent avec des reportages "engagés" (**Les maisons de la misère**). Mais dès 1936, il envisage une fresque plus longue qui montrerait "le rude travail des paysans, comme j'ai montré celui des mineurs du Borinage ou celui des pêcheurs d'Ostende". C'est sous l'Occupation que la Corporation de l'Agriculture lui donna carte blanche, voyant sans doute dans cette idée un bon instrument de propagande. Toutefois, la rareté de la pellicule obligea le cinéaste à morceler son projet en cinq parties distinctes, étalées sur trois ans de tournage (un polyptyque des quatre saisons, et un "intermède" sur les noces paysannes). Seul le premier chant (**Le printemps**) fut projeté à l'époque, en complément de programme. Le montage complet ne fut jugé satisfaisant par Storck qu'après la guerre.

Bien avant le **Farrebique** de Georges Rouquier (1946), c'est un hymne virgilien à la terre et aux éléments, magnifiant les travaux saisonniers, les rites et les fêtes sur des images superbes: "Tous les plans de ce film sont en état de grâce: la terre et le ciel, les lignées d'arbres, les animaux (...). Sur tout plane une harmonie, mais sans rien d'idyllique, car les images de lutte injuste avec les éléments sont très présentes" (Jacqueline Aubenas). Les joies, les peines et les drames de ces paysans frustes dépassent ainsi la simple observation ethnologique pour atteindre l'universel, la vibration intense du monde. (RM)

▶ In de jaren 30 draaide Henri Storck zo'n 20 korte en middellange films: films over bergen (**Trois vies et une corde**) en toeristische onderwerpen (**Regards sur la Belgique ancienne**) wisselde hij af met "geëngageerde" reportages (**Les maisons de la misère**). Al in 1936 kreeg hij echter het idee voor een meer uitgebreid fresco rond "het harde werk op het land, net zoals ik het labeur van de mijnwerkers uit de Borinage of de Oostendse vissers heb getoond". Tijdens de Bezetting kreeg Storck carte blanche voor dit project van de Corporatie voor de Landbouw, die hier een mooi propagandamiddel in zag. Door de schaarste aan pellicule zag de cineast zich echter verplicht de film in vijf delen op te splitsen, gedraaid over een periode van drie jaar (een vierluik rond de seizoenen en een intermezzo over een boerenbruiloft). Alleen de eerste "zang" in deze symfonie (**De lente**) werd destijds vertoond als voorfilm. Pas na de oorlog kon Storck vrede nemen met de volledige montage.

Lang voor **Farrebique** van Georges Rouquier (1946), is dit een Vergiliaanse hymne aan de aarde en de elementen, waarin het seizoensgebonden werk, de riten en de feesten in hun volle glorie worden getoond: "Alle beelden in deze film zijn in een staat van genade: de aarde en de hemel, de rijen bomen, de dieren (...). Over alles hangt een waas van harmonie, die echter niets idyllisch heeft want de ongelijke strijd met de elementen is altijd sterk aanwezig" (Jacqueline Aubenas). Vreugde, lijden en dramatiek van deze ruwe boeren overstijgen de louter etnologische observatie en bereiken het universele, de hartslag van de wereld.

Veel geluk, Monika!

Jan Vanderheyden

Veel geluk, Monika!
Bonne chance, Monique!
Bien du bonheur, Monique!
Good Luck, Monique!

DIRECTOR: Jan Vanderheyden
YEAR: 1942
COUNTRY: BE
SCREENPLAY: Edith Kiel
CAMERA: Raymond De Souter
EDITING: Jef Bruyninckx
SOUND: José Lebrun
MUSIC: J. Antoon Zwijsen, Hans Flower
PRODUCER: Jan Vanderheyden
PROD. CO.: Jan Vanderheyden-Film (Antwerpen)
CAST: Louisa Colpijn (Monika), Martha Dua (Sonny), Vera Bosmans (Lena), Marina Candael (Marina), Toontje Janssens (Nonkel Victor), Helena Haak (Tante Helena), Nand Buyl (Stafke), Jaak De Voght (Peter), Johan Stuyck (Toni), Manon Latour (Juffrouw Sonatin)
LANGUAGE: Dutch
GAUGE: 35 mm
SILENT/SOUND: sound
B&W/COLOUR: B&W
MINUTES: 88'

◆ In Jan Vanderheyden's **Good Luck, Monique!** the photogenic Louisa Colpijn plays Monique, a sensuous young woman with hopes of becoming a stage actress. She moves into an apartment with three other hopefuls: her sister Sonny, who is studying at the Art Academy, Lena, who wants to become a great singer, and Marina, who is looking for a job as a dancer. The four girls try to hide their hard-won but uncertain independence from Monique's uncle and aunt, who turn up unannounced to stay with them for a week. The girls realize it is now or never, and one by one capture their long hoped-for assignments. However, Monique is not happy; she doesn't love her wealthy fiancé but a simple garage mechanic.

The choice of theme for this film shows that Jan Vanderheyden was turning to a younger, more modern section of the population than he had been able to reach so far. The mildly emancipated world frequented by the four girls and the scenes in the garage are a far cry from the lower middle-class environment of most of Vanderheyden's popular Antwerp farces, and they are equally far removed from the rural Flanders glorified by his nostalgic films. Unfortunately, however, this penultimate film by Jan Vanderheyden is not very convincing as an excursion into the world of the fashionable, with the exception of the musical numbers in the garage. Another oddity comes about 15 minutes into the film, when the characters suddenly stop speaking standard Dutch and switch to a broad Antwerp dialect.

● Dans ce film, la très photogénique Louisa Colpijn joue le rôle de Monique, une jeune femme sensuelle qui ambitionne la carrière d'actrice. Elle partage ses goûts artistiques et un appartement avec trois autres filles: sa sœur Sonny, qui étudie à l'Académie, Lena, qui espère percer comme chanteuse, et Marina, à la recherche d'un emploi de danseuse. Les amies essaient de cacher leur mode de vie libéré mais incertain à l'oncle et la tante de Monique, qui viennent passer une semaine chez elles sans s'être annoncés. Par ailleurs, les filles se rendent compte que, pour elles, c'est maintenant ou jamais, et décrochent, tour à tour, les boulots tant désirés. Toutefois, Monique est loin d'être heureuse. Elle n'aime pas son riche fiancé mais bien un simple garagiste.

Le choix du thème indique qu'avec ce mélodrame musical, Jan Vanderheyden souhaitait toucher un public plus jeune et plus moderne qu'auparavant. Le monde relativement émancipé des jeunes femmes ainsi que les scènes dans le garage forment un contraste saisissant avec les milieux petits-bourgeois où Vanderheyden avait situé ses comédies populaires. Cet aspect est tout aussi inconciliable avec la Flandre pastorale que ses films nostalgiques avaient idéalisée. Cependant, à l'exception de quelques scènes (comme celles chantées dans le garage), ce film n'est pas très convaincant dans ses habits de phénomène à la mode. Il est d'ailleurs des plus déconcertants qu'au bout d'un quart d'heure, les acteurs abandonnent leur beau néerlandais pour le plus pur dialecte anversois.

▶ In **Veel geluk, Monika!** speelt de cinegenieke Louisa Colpijn Monika, een sensuele jonge vrouw die een carrière als toneelactrice ambieert. Ze woont samen met drie andere artistiek gestemde meisjes: haar zus Sonny, die aan de kunstacademie studeert, Lena, die hoopt door te breken als zangeres en Marina, die een betrekking als danseres zoekt. De vier vriendinnen trachten hun vrijgevochten maar onzekere levenswandel te verbergen voor Monika's oom en tante, die onaangekondigd een week bij hen komen logeren. De meisjes beseffen dat het nu of nooit is en slepen bijgevolg een voor een hun langverhoopte wensen in de wacht. Monika is echter verre van gelukkig. Ze houdt immers niet van haar rijke verloofde, maar wel van een simpele garagehouder.

De themakeuze toont aan dat Jan Vanderheyden met dit muzikale melodrama een jeugdiger, moderner segment van het publiek wilde bereiken dan hij tot dusver had gedaan. De vrij geëmancipeerde wereld van de jongedames en de scènes in de garage staan in schril contrast met de kleinburgerlijke milieus waarin Vanderheyden zijn Antwerpse volkskluchten situeerde, en ze zijn al even onverzoenbaar met het pastorale Vlaanderen dat zijn nostalgische films verheerlijken. Op enkele momenten na, de gezongen scènes in de garage bijvoorbeeld, overtuigt deze voorlaatste film van Jan Vanderheyden echter niet volledig als modieus buitenbeentje. Het komt zelfs zeer grappig over dat de personages hun Algemeen Nederlands na een kwartier laten varen voor onverbloemd Antwerps. (PF)

Antoon, de flierefluiter

Jan Vanderheyden

Antoon, de flierefluiter
Antoine, le coq du village
Antoine, le bourreau des cœurs
Antoine, l'écornifleur
Anton, the Village Casanova

DIRECTOR: Jan Vanderheyden
YEAR: 1942
COUNTRY: BE
SCREENPLAY: Edith Kiel, Felix Timmermans
DIALOGUE: Felix Timmermans
DIR. PHOT.: Raymond De Souter
CAMERA: Raymond De Souter
EDITING: Jef Bruyninckx
MUSIC: Renaat Veremans, Rudolf Perak
PRODUCER: Jan Vanderheyden
PROD. CO.: Jan Vanderheyden-Film (Antwerpen)
CAST: René Bertal (Antoon), Jos Gevers (Wannes Coppens), Gaston Vandermeulen (Hoofdonderwijzer), Charles Janssens (Brouwer), Fred Engelen (Gemeentesecretaris), Toontje Janssens (Grootvader), Adriaan Van Roey (Burgemeester), Louisa Lausanne (Vrouw van de burgemeester), Nora Oosterwijk (Rosalie), Nand Buyl, Jet Naessens, Jan Massink
LANGUAGE: Dutch
GAUGE: 35 mm
SILENT/SOUND: sound
B&W/COLOUR: B&W
MINUTES: 90'

◆ In 1942, because film was scarce during the Nazi Occupation, various ideas for feature-length films were converted by Edith Kiel and Jan Vanderheyden into a series of short films about the adventures of the family of a Mr Dingemans - a character personified by comic actor Charles Janssens, and who first appeared in the film **Born under a Friendly Star**. Later on that year, Vanderheyden would produce a full-length feature film after all - the last he would himself direct, since after the war he was sentenced to a brief term in prison for collaboration. Following that (and until his death) he produced Edith Kiel's films. **Anton, the Village Casanova** was also the last film to be shot in the Vanderheyden Studios. After the war, all the contents of the studio in the Pyckestraat would be sold at open auction following a disputed but irrevocable legal decision.

The popular Flemish writer Felix Timmermans, whose works had already been used as a basis for the film **The Man's an Angel**, again wrote a rough synopsis which was expanded by Edith Kiel into a screenplay. Timmermans (from Lierre south of Antwerp) did not set his tale in Antwerp but in the fictional village of Winkelbroek. (The mish-mash of dialects in the film is nevertheless dominated by that of Antwerp.) Anton, a miller's son, is a teacher, conductor of the village band, an artist and the biggest Casanova in the village. He marries the daughter of the local brewer, by which his father hopes to regain possession of a certain meadow. But rumours that Anton is the father of a new-born child put the marriage - and the business transaction - on the rocks.

● La pénurie de pellicule, sous l'Occupation, poussa Edith Kiel et Jan Vanderheyden à transformer en 1942 quelques idées pour longs métrages en une série de courts métrages sur les aventures de la famille de Monsieur Dingemans, un personnage interprété par Charles Janssens, qui apparut pour la première fois dans **Né coiffé**. La même année, Vanderheyden réussit malgré tout à sortir un long métrage, qui sera aussi le dernier dont il assura la réalisation. En effet, après la guerre, il purgea une brève peine de prison pour collaboration. Il s'occupera par la suite de la production des films d'Edith Kiel, jusqu'à sa mort. **Antoine, le coq du village** fut, par ailleurs, le dernier long métrage tourné dans les studios Vanderheyden: le mobilier du studio fut vendu aux enchères publiques, après la guerre, conformément à une décision judiciaire aussi contestée qu'irrévocable.

L'écrivain populaire flamand Felix Timmermans, qui avait déjà fourni le sujet de **Cet homme est un ange**, rédigea à nouveau un bref synopsis, monté en scénario par Edith Kiel. Le Lierrois n'avait pas situé son histoire dans la ville scaldienne, mais dans le petit village fictif de Winkelbroek (où on parle un méli-mélo de dialectes à prédominance anversoise). Antoine, le fils du meunier, est instituteur, dirigeant de la fanfare, artiste-peintre et le plus fieffé séducteur de la région. Il épouse la fille du brasseur, ce qui permet à son père d'espérer récupérer un lopin de pâturage. La rumeur qui accuse Antoine d'être le père d'un nouveau-né menace, toutefois, de faire échouer transaction amoureuse et foncière.

▶ Omdat pellicule schaars is tijdens de Duitse bezetting, worden in 1942 enkele ideeën voor lange speelfilms door Edith Kiel en Jan Vanderheyden omgevormd tot een serie kortfilms over de lotgevallen van het gezin van Meneer Dingemans - een personage, vertolkt door Charles Janssens, dat voor het eerst opduikt in **Met den helm geboren**. In datzelfde jaar komt er toch nog een lange speelfilm uit de bus, de laatste waarvoor Jan Vanderheyden zelf de regie tekent. Na de oorlog zit hij immers een korte gevangenisstraf uit wegens collaboratie, waarna hij, tot aan zijn dood, de films van zijn vrouw Edith Kiel produceert. **Antoon, de flierefluiter** is tevens de laatste speelfilm die in de Vanderheyden-studio's wordt opgenomen. Na de oorlog wordt de inboedel van de studio aan de Pyckestraat volgens een betwiste maar onherroepelijke gerechtelijke beslissing in het openbaar verkocht.

De Vlaamse volksschrijver Felix Timmermans, die reeds voor **Een engel van een man** het gegeven had geleverd, schrijft opnieuw een synopsis, die door Edith Kiel wordt uitgewerkt tot een scenario. De Lierenaar situeert zijn verhaal niet in de Scheldestad maar in het fictieve dorp Winkelbroek. (Het allegaartje van dialecten wordt er wel gedomineerd door het Antwerps). Antoon, de zoon van een molenaar, is onderwijzer, dirigent van de fanfare, kunstschilder en de grootste vrouwenversierder van Winkelbroek. Hij huwt de dochter van de brouwer, waardoor zijn vader terug in het bezit hoopt te komen van een weiland. Maar geruchten dat Antoon de vader zou zijn van een pasgeboren kind, zetten het huwelijk en de transactie op de helling. (PF)

Soldats sans uniforme

Emile-Georges De Meyst

Soldats sans uniforme
Soldaten zonder uniform
Soldiers without Uniform

DIRECTOR: Emile-Georges De Meyst
YEAR: 1944
COUNTRY: BE
SCREENPLAY: Emile-Georges De Meyst, Georges Lust, René Herdé
DIALOGUE: René Herdé
DIR. PHOT.: Maurice Delattre
CAMERA: Paul De Fru, Charles Abel
EDITING: Jef Bruyninckx
SOUND: André Notte, René Poublon
MUSIC: Robert Pottier
ART DIRECTOR: Albert Pilate
PROD. CO.: Probeldis (Bruxelles)
PROD. SUPERV.: Edouard Fairon, Marcel Groulus
CAST: René Herdé (Walter Izard), André Gevrey (Lieutenant Stéphane), Simone Poncin (Evelyne Watson), Hubert Daix (Rexiste), Jos Gevers (Inspecteur Schuller), Marcel Berteau (Gérard), Maurice Auzat (Le comte), Robert Lussac (Le colonel), Jules Ghaye, Georges Cox (Adolphe), Ray Hiernaux (Le banquier Farrar), Lyta Thévenet (Claire), Germaine Lacroix (La soubrette), Viviane Chantel (Le modèle), Jet Naessens (Nicaise), Adolphe Tamines (La femme), Marguerite Daulboys (L'infirmière), Emile Deluc (Le docteur), Lucien Charbonnier (L'imprimeur), Edgar Willy (Le chauffeur), Jean Stéphane (Le télégraphiste), Maurice Tamines (Le publiciste), Harry Dupray (Le domestique), Tonniet, Van Houte, Bouchat, Jean Jeannelin, Bienvenu, Sales, Léon Rosy, A. Joubert, Paul Saussus, Jean Ramon
LANGUAGE: French
GAUGE: 35 mm
SILENT/SOUND: sound
B&W/COLOUR: B&W
MINUTES: 102'

◆ During the German Occupation Emile-Georges De Meyst wrote for the underground press, and in July 1944 he came up with the idea of shooting in secret a fiction film about the Resistance. By pretending to make cultural documentaries he built up a stockpile of film, and he and René Herdé (who was to play the leader of the network) then concocted a fake script on the evil deeds of drug traffickers. Caution was indeed called for, since the sound engineer turned out to be an infamous collaborator. Shooting began during the final weeks of the Occupation with most of the actors believing they were playing in a crime movie. The Liberation of Brussels afforded the opportunity to shoot the uniformed sequences and De Meyst rapidly completed what was to be the first feature film on the Resistance. The première took place as early as the 14th October, and the film's success was equivalent to the risks involved: it recouped four times its production costs in Belgium alone and according to De Meyst was sold to 20 countries. Yet **Soldiers without Uniform** showed the telltale signs of the tour de force that had been its creation, with technical errors, dark photography, bombastic dialogue and clichés by the truckload. The naïve depiction of the Resistance was further glorified by excessive caricaturing of the Germans. But given the context, the shock was immediate for a public only recently liberated from the Nazi scourge. The film's success was guaranteed by such ingredients as Gestapo officers, SS torturers, a saboteur network (led by a valiant lord) and the final catharsis, the collapse of German power.

● Pendant l'occupation allemande, Emile-Georges De Meyst avait écrit plusieurs articles pour la presse clandestine et l'idée lui vint, en juillet 1944, de tourner en secret un film de fiction sur la Résistance. Feignant de réaliser des documentaires culturels, il avait pu stocker de la pellicule. Il rédigea ensuite avec René Herdé (le comédien qui allait jouer le chef du réseau) un faux scénario sur les crimes de trafiquants de drogue. La méfiance était de rigueur, l'ingénieur du son étant un collaborateur notoire. Le tournage commença durant les ultimes semaines de l'Occupation. La majorité des comédiens croyait jouer dans un polar. Dès la Libération de Bruxelles, De Meyst réalisa les séquences en uniformes, achevant à la hâte ce qui allait devenir la première fiction sur la Résistance. La première projection eut lieu le 14 octobre déjà, et le succès fut à la mesure des risques courus: le film rapporta quatre fois son coût rien qu'en Belgique et fut vendu, selon De Meyst, dans vingt pays. **Soldats sans uniforme** souffrait, bien entendu, du tour de force qu'avait constitué sa réalisation: maladresses techniques, photo charbonneuse, dialogues ampoulés et poncifs à la pelle caricaturant les Allemands pour mieux exalter une Résistance décrite fort naïvement. Cependant, pour un public délivré depuis peu du fléau nazi, l'effet de choc fut immédiat. Gestapo et S.S. tortionnaires, réseau de saboteurs (dirigé par un vaillant châtelain), espionne perfide tentant de démasquer les maquisards et catharsis finale à la vue de la débâcle hitlérienne assurèrent le triomphe du film. (RM)

▶ Tijdens de Duitse bezetting hield Emile-Georges De Meyst zich onledig met het schrijven van artikels voor de clandestiene pers, tot hij in juli 1944 het idee opperde in het geheim een fictiefilm te draaien over het Verzet. Hij veinsde culturele documentaires te filmen en kon zo een voorraad pellicule aanleggen. Samen met René Herdé (die de leider van het netwerk zou vertolken) schreef hij een nepscenario over een stel drughandelaars. Enig wantrouwen was geboden, want de geluidsman bleek een notoir collaborateur te zijn. De opnamen startten tijdens de laatste weken van de Bezetting en de meeste acteurs dachten dat het een misdaadfilm betrof. Zodra Brussel bevrijd was, draaide De Meyst zo snel mogelijk de scènes in uniform, om zo de allereerste fictiefilm over het Verzet af te leveren. De première vond reeds plaats op 14 oktober, en het succes was even groot als de genomen risico's: de film bracht alleen al in België viermaal zijn kostprijs op en werd volgens De Meyst aan zo'n 20 andere landen verkocht. Maar de helse krachttoer die tot het ontstaan van dit werk had geleid, liet zo zijn sporen na: technische foutjes, een donkere fotografie, bombastische dialogen en een film boordevol clichés, waarin de Duitsers werden gekarikaturiseerd om het - hier erg naïef voorgestelde - Verzet des te meer op te hemelen. Maar bij een publiek dat de Nazi-gesel nog vers in het geheugen had, was de impact natuurlijk enorm. Gestapo, S.S.-beulen, een netwerk van saboteurs (o.l.v. een dappere kasteelheer) en de finale catharsis van het Hitleriaanse debacle verzekerden de triomf van deze film.

Les invités de 8 heures

Gaston Schoukens

Les invités de 8 heures
De genodigden van 8 uur
The 8 O'Clock Guests

DIRECTOR: Gaston Schoukens
YEAR: 1945
COUNTRY: BE
SCREENPLAY: Thomas Owen
BASED ON: Les invités de 8 heures, written by Thomas Owen
DIALOGUE: Thomas Owen
CAMERA: Paul Nicolas, Albert Putteman
SOUND: René Lebrun, André Guise
MUSIC: V.O. Ursmar
ART DIRECTOR: Suzanne Varlet
PRODUCER: Gaston Schoukens
PROD. CO.: Les Productions Gaston Schoukens (Bruxelles)
CAST: Charles Gontier (L'inspecteur Allain), André Gevrey (Edouard), André Berger (Simon), Liliane Simonet (Popy), Germaine Lacroix, Robert Murat (Bob Mouton), Christian Houzeau, Paul Saussus, Eve Rayzal, Michèle Orly, Marguerite Daulboys, Blanche Duckers, René Damor, Marcel Savières, Léon Rosy
LANGUAGE: French
GAUGE: 35 mm
SILENT/SOUND: sound
B&W/COLOUR: B&W
MINUTES: 88'

Naissance d'une cité
Het ontstaan eener stad
The Birth of a City

DIRECTOR: Gaston Schoukens
YEAR: 1944
COUNTRY: BE
CAMERA: Paul Flon
LANGUAGE: French
SILENT/SOUND: sound

◆ Following ten uninterrupted years of feature films, under the German Occupation Gaston Schoukens returned to the documentary. Whilst his Flemish counterpart Jan Vanderheyden continued working unflinchingly in collaboration with the Germans, Schoukens confined himself to short cultural films, recalling his work in the silent days. He shot pieces on Brussels, Ghent and Malines, and even a medium-length film on the evolution of the capital from the tenth century, **The Birth of a City** (1944).

Yet Schoukens was tormented by the desire to shoot something different. Refused a licence by Vanderheyden, who had become president of the National Union of Film-makers, he pretended to work only on documentaries, saved on official film, added to his stock via the black market and finally made in secret a full-length detective feature, **The 8 O'Clock Guests**, culled from a short novel by Thomas Owen. Although the author would later turn to the fantastic genre, this story is quite traditional, set in an isolated house with mysterious guests and featuring murder and the substitution of a body. It is a far cry from **Soldiers without Uniform**, begun at around the same time, a veiled story about the Resistance.

The film was not released until May 1946, without Schoukens' name and to a poor response - it ran for only eight days. An all-Belgian cast of theatre actors did not interest a public eager for stars and flashier American films. The period of marginalization thus continued for Schoukens.

● Durant l'occupation allemande, après dix années de fiction ininterrompus, Gaston Schoukens revient au documentaire. Tandis que son homologue flamand Jan Vanderheyden travaille sans arrêt (il sera condamné pour collaboration après la guerre), Schoukens se confine dans le court métrage culturel. Comme au temps du muet, il tourne des sujets sur Bruxelles, Gand ou Malines; ainsi qu'un moyen métrage sur l'évolution de la capitale, du Xe siècle à nos jours: **Naissance d'une cité** (1944).

Cependant, l'envie de filmer autre chose taraude Schoukens. Puisque Vanderheyden, devenu Président de la Chambre Syndicale, lui refuse une licence de tournage, il feint de se cantonner au documentaire, épargne sur la pellicule officielle, complète son stock grâce au marché noir, et met en scène clandestinement un long métrage policier, **Les invités de 8 heures**, tiré d'un bref roman de Thomas Owen, le futur auteur de récits fantastiques. Cette histoire traditionnelle (une maison solitaire est envahie par des invités mystérieux, d'où crime et substitution de cadavre) n'a rien à voir avec **Soldats sans uniforme**, commencé à la même époque et dissimulant sous le polar une histoire de Résistance.

Le film ne fut présenté en salle qu'en mai 1946, non signé et sans succès (huit jours d'exclusivité). Une distribution uniquement belge d'acteurs de théâtre n'intéressait pas un public avide de vedettes ou de films américains techniquement mieux ficelés. La traversée du désert n'était donc pas finie pour Schoukens. *(RM)*

▶ Na tien jaar lang uitsluitend fictie te hebben gemaakt, wijdde Gaston Schoukens zich tijdens de Bezetting opnieuw aan documentaires. Terwijl zijn Vlaamse tegenhanger Jan Vanderheyden onafgebroken doorwerkte (hij werd na de oorlog van collaboratie beschuldigd), beperkte Schoukens zich, zoals in de tijd van de stille film, tot culturele kortfilms over Brussel, Gent en Mechelen. Ook realiseerde hij een middellange film over de evolutie van de hoofdstad vanaf de tiende eeuw: **Naissance d'une cité** (1944).

Maar Schoukens wilde ook eens wat anders. Toen Vanderheyden, inmiddels voorzitter van de Syndikale Kamer, hem een vergunning weigerde, veinsde Schoukens uitsluitend nog documentaires te draaien, bespaarde op de officiële pellicule en vulde die verder aan via de zwarte markt om in het geniep een politiefilm te draaien, **Les invités de 8 heures**, naar een novelle van Thomas Owen, de toekomstige auteur van fantastische verhalen. Het werd een klassiek plot, met een misdaad en een verwisseling van lijken, dat zich afspeelt in een afgelegen woning waar enkele geheimzinnige genodigden opduiken. Geen verband dus met **Soldats sans uniforme**, waar het detectivegegeven een dekmantel was voor een verhaal over het Verzet.

De film kwam pas in mei '46 anoniem in de bioscoop en draaide slechts acht dagen. De rolverdeling met exclusief Belgische theateracteurs kon het publiek, verlangend naar grote sterren of technisch hoogstaander Amerikaanse producties, niet bekoren. Schoukens had nog een lange weg voor de boeg.

Adversaires invisibles

Jean Gatti [Jean Henvaux]

Adversaires invisibles
Terroristes
De onzichtbare tegenstrevers
Terrorists

DIRECTOR: Jean Gatti [Jean Henvaux]
YEAR: 1945
COUNTRY: BE
SCREENPLAY: Louis Martens
DIALOGUE: Thibaut De Maizieres, J. Malo
CAMERA: Antoine Pée
SOUND: Studios Cibelson
PROD. CO.: Association du 7ème Art A7A (Bruxelles)
CAST: Marcel Josz (Hermann Holbert), André
Daufel (Jean Lecomte), Germaine Lacroix
(Claire), Louis Daneau (Bidon), Jules Ghaye
(Le Commandant Steiner), Georges Pourbaix
(Bras-de-Fer), Fernand Lemaire (Le cafetier),
Pierre Herry (Le meunier), E. Dardenne (La
meunière), Léon Rosy (Le curé), Denise
Amyenne (Françoise), Louis De Ridder
(Hans), René Merlot (M. Perrin), Jean
Lejeune (Paul Grangier)
LANGUAGE: French
GAUGE: 35 mm
SILENT/SOUND: sound
B&W/COLOUR: B&W
MINUTES: 101'

◆ The enormous impact on Belgian audiences of Emile-Georges De Meyst's **Soldiers without Uniform** gave a group of former Resistance fighters the idea of shooting their own film during the summer of 1945, also intended to celebrate the underground fight against Hitler. They formed a production company, A7A, whose aim was "to glorify the Ardennes maquisards, and not to conduct a commercial operation". A script was put together based on official Resistance documents and the Belgian and American armed forces provided military equipment and extras. Several talented actors were called in from Brussels theatre companies, including Marcel Josz and André Daufel: the former played a traitor charged by the Gestapo with the pinpointing of the rebel hideout, the latter one of the obscure heroes, an ex-student who was to unmask the treacherous schoolteacher and save the network.

The film was directed by Jean Henvaux, a former opera singer who during the war had made a documentary on Grétry. When the completed film (originally entitled **Terroristes**) was put before the military commission to be vetted, it emerged that Henvaux had been arrested at the time of the Liberation for collaboration, as had the director of photography, Antoine Pée. Permission for distribution of the film was withdrawn in January 1946, sparking a long controversy. The allegation that Henvaux had collaborated with the Germans at an artistic level whilst head of the Verviers Opera was contested on the grounds that his case had been dismissed due to lack of evidence; nevertheless, his name was removed from the credits for the final release of the film.

● L'énorme impact auprès du public belge de **Soldats sans uniforme** (Emile-Georges De Meyst) donna l'idée à un groupe d'anciens résistants de tourner, durant l'été 1945, un autre film à la gloire de la clandestinité anti-hitlérienne. Ils constituèrent une maison de production, l'A7A, dont le but était "de glorifier les maquisards ardennais, et non de faire une opération commerciale". Un scénario fut donc établi à partir de documents officiels de la Résistance et les armées belges et américaines fournirent matériel militaire et figuration. Quelques comédiens de talent, issus des théâtres bruxellois, furent engagés, dont Marcel Josz et André Daufel. Le premier incarnait un traître, chargé par la Gestapo de repérer le refuge des réfractaires; le second interprétait un de ces héros obscurs, un ex-étudiant qui allait démasquer l'instituteur félon et sauver le réseau menacé.

Le film était réalisé par Jean Henvaux, un ancien ténor d'opéra, auteur pendant la guerre d'un documentaire sur Grétry. Lors de la présentation de **Terroristes** (c'était le premier titre de l'ouvrage) à la Commission de Contrôle Militaire, il s'avéra que Henvaux avait été arrêté à la Libération comme incivique, ainsi que l'opérateur du film, Antoine Pée. L'autorisation de projection fut bloquée en janvier 1946, déclenchant une longue controverse. Le reproche fait à Henvaux d'avoir collaboré avec les Allemands sur un plan artistique alors qu'il était directeur de l'Opéra de Verviers fut contesté, vu un non-lieu obtenu après son incarcération. On fit néanmoins disparaître son nom du générique lors de la sortie finale du film. *(RM)*

▶ **Soldats sans uniforme** van Emile-Georges De Meyst sloeg enorm aan bij het Belgische publiek, wat een groep ex-verzetslieden tijdens de zomer van 1945 op het idee bracht ook een film als hulde aan de anti-hitleriaanse ondergrondse te draaien. Ze richtten een productiehuis op, A7A, met als doel "de verheerlijking van de Ardense verzetsstrijders en niet het uitbouwen van een commercieel project". Het scenario was gebaseerd op officiële verslagen van het verzet, het Belgische en Amerikaanse leger zorgden voor militair materiaal en figuranten. Enkele talentvolle acteurs uit het Brusselse theater werden ingeschakeld, o.a. Marcel Josz - als verrader die door de Gestapo werd belast met het opsporen van de verzetsbasis - en André Daufel als typisch geheimzinnige held, een ex-student die zijn trouweloze leraar ontmaskert en het bedreigde netwerk alsnog redt.

De regie gebeurde door Jean Henvaux, vroeger operatenor en tijdens de oorlog regisseur van een documentaire over Grétry. Tijdens de voorstelling van **Terroristes** (zoals de film eerst gedoopt werd) aan de Militaire Controlecommissie kwam aan het licht dat Henvaux, evenals cameraman Antoine Pée, bij de bevrijding gearresteerd werden op grond van collaboratie. De toelating tot vertoning werd in januari 1946 ingetrokken, met een uitgebreide controverse tot gevolg. Het verwijt aan het adres van Henvaux, als zou hij als directeur van de opera te Verviers op artistiek vlak met de Duitsers hebben gecollaboreerd, werd sterk betwist, getuige het ontslag van rechtsvervolging na zijn initiële opsluiting. Zijn naam werd niettemin uit de generiek geschrapt toen de film uiteindelijk toch uitkwam.

Baraque 1

Emile-Georges De Meyst

Baraque 1
Barak 1
Barrack 1

DIRECTOR: Emile-Georges De Meyst
YEAR: 1945
COUNTRY: BE
SCREENPLAY: Robert Lussac
ASST. DIR.: Georges Lust
DIR. PHOT.: Maurice Delattre
CAMERA: Paul De Fru, Jacques Wyseur
EDITING: Jef Bruyninckx
SOUND: René Aubinet
MUSIC: Robert Pottier
ART DIRECTOR: Achille Maertens
PRODUCER: Robert Lussac
PROD. CO.: Probeldis (Bruxelles)
PROD. SUPERV.: Edouard Fairon, Marcel Groulus
CAST: Robert Lussac [Bob Storm] (Robert Bourdin),
Simone Poncin (Janine)/Jet Naessens
(Janine), Frida Houbert (Marthe), Marcel
Josz (Le médecin), Jos Gevers (Fraudeur),
Werner Degan (L'avocat), René Herdé, Jules
De Neumostier, André Gevrey (Verstraeten),
Germaine Lacroix, Marguerite Daulboys
(Mme Lambotte), Viviane Chantel, Jean
Nergal (Le fils de Mme Lambotte), Réginald
Tonniet (Bouboule), Robert Murat, Marcel
Berteau, Emile Deluc (Le prêtre), Van den
Branden, Jules Ghaye, Edouard Bréville,
André Guise, Paul Leleu, Lucien
Charbonnier, Henry Wauters, Billy Pitt,
Bréval, Pierre Motte, Jean Jeannelin
LANGUAGE: French/Dutch
GAUGE: 35 mm
SILENT/SOUND: sound
B&W/COLOUR: B&W
MINUTES: 92'
NOTES: There are two original versions of this film,
one in Flemish (with Jet Naessens as
Janine), and one in French (with Simone
Poncin as Janine). Robert Lussac's real
name was Robert Timmermans, but in the
Flemish version he played the role of Robert
Bourdin under the pseudonym of Bob
Storm.

◆ The immense success of **Soldiers without Uniform** was to make Emile-Georges De Meyst the most prolific commercial Belgian film-maker of the years 1944-50. As early as October 1944 he put into production a second film on the Occupation, whilst the war itself raged on. The theme, largely autobiographical, had been suggested to him by Robert Lussac - the Gestapo head in **Soldiers without Uniform** - who had been incarcerated by the Nazis in the prison of Saint-Gilles. Lussac was also a well-known actor in Antwerp and hence supervised a Flemish version under the pseudonym of Bob Storm.

The critics emphasized the technical quality of the film, produced in much less hazardous circumstances than its predecessor. Most of the story is set in the "Barrack 1" of Saint-Gilles, where a painter and Resistance member, denounced by a jealous woman, comes into contact with other political prisoners. Following the Normandy landings they are all to be transferred to Germany, but the sabotage of their train by railway employees allows the group of heroes to cheer the advance of the Allied tanks towards Brussels, while the traitors are punished accordingly.

If **Barrack 1** this time paints a more nuanced picture of the Resistance activists - played by prestigious stage actors of the day such as Marcel Josz, André Gevrey, Werner Degan, Robert Lussac and Simone Poncin - the success of the film was less assured. The war was over by the time it reached cinema screens in September 1945, and already the audience was inundated by too many French films in a similar vein.

● L'immense succès populaire de **Soldats sans uniforme** allait faire d'Emile-Georges De Meyst, entre 1944 et 1950, le cinéaste commercial le plus fécond de Belgique. Dès novembre 1944, il mit en chantier un deuxième film sur l'Occupation alors que la guerre continuait à faire rage. Le sujet, largement autobiographique, lui avait été fourni par Robert Lussac (l'interprète du chef de la Gestapo dans **Soldats sans uniforme**) qui avait été incarcéré à la prison de Saint-Gilles par les nazis. Par ailleurs, étant aussi un comédien connu à Anvers, Lussac dirigea une version flamande du film sous le pseudonyme de Bob Storm.

La presse ne manqua pas de souligner la qualité technique de l'œuvre, entreprise dans des conditions moins hasardeuses que la précédente. La majeure partie du film se déroulait dans la "Baraque 1" de Saint-Gilles où un peintre-résistant, dénoncé par une femme jalouse, va côtoyer d'autres détenus politiques avant d'être transféré vers l'Allemagne, après le débarquement en Normandie. Toutefois, le sabotage du train par les cheminots permettra à tous ces héros d'acclamer l'entrée des tanks alliés à Bruxelles, les traîtres étant châtiés.

Si **Baraque 1** décrit, cette fois avec plus de nuances, les activités des résistants (joués par de prestigieux acteurs du théâtre de l'époque: Marcel Josz, André Gevrey, Werner Degan, Robert Lussac ou Simone Poncin), le succès fut moins évident: la guerre était terminée lors de sa sortie en septembre 1945 et déjà trop de films français du genre sollicitaient le grand public. (RM)

▶ Dankzij het onmetelijke succes van **Soldats sans uniforme** werd Emile-Georges De Meyst tussen 1944 en 1950 onze meest productieve regisseur. Reeds in november 1944, toen de oorlog nog volop woedde, startte hij met de opnamen voor een tweede film over de Bezetting. Het sterk autobiografische onderwerp werd geleverd door Robert Lussac - te zien als leider van de Gestapo in **Soldats sans uniforme** -, die door toedoen van de Nazi's in de gevangenis van Sint-Gillis was beland. Lussac was een bekend acteur in Antwerpen en superviseerde ook de Vlaamse versie van de film onder het pseudoniem Bob Storm.

De pers benadrukte de technische kwaliteit van deze film, in minder hachelijke omstandigheden gedraaid dan de vorige. Het verhaal speelt zich grotendeels af in "Barak nr 1" van Sint-Gillis, waar een kunstschilder en verzetsstrijder, die verraden werd door een jaloerse vrouw, optrekt met andere politieke gevangenen alvorens met hen naar Duitsland te worden gestuurd, net na de landing in Normandië. Spoorwerkers saboteren echter de trein en de helden kunnen zo de naar Brussel oprukkende tanks van de geallieerden toewuiven terwijl de verraders hun verdiende loon krijgen.

Al schetst **Barak 1** ditmaal een veel genuanceerder beeld van de activiteiten van de verzetslui (vertolkt door vermaarde toneelacteurs van toen: Marcel Josz, André Gevrey, Werner Degan, Robert Lussac of Simone Poncin), toch was het succes minder evident: de oorlog was voorbij en in september 1945, wanneer de film uitkwam, mikten reeds te veel gelijkaardige Franse films op het massapubliek.

Baas Gansendonck

Gaston Ariën

Baas Gansendonck
Illusions du bonheur

DIRECTOR: Gaston Ariën
YEAR: 1945
COUNTRY: BE
SCREENPLAY: Gaston Ariën, Hendrik Gonissen
BASED ON: Baas Gansendonck, written by Hendrik Conscience
DIR. PHOT.: Raymond De Souter
CAMERA: Bob Sentroul, Eddy Souris
EDITING: Marcel Verwest, Eddy Souris
SOUND: Gustave J. Evrard
MUSIC: J. Antoon Zwijsen
ART DIRECTOR: Leon Van Damme, J. Van Bladel
COSTUMES: Robert Remacle
PRODUCER: Gaston Ariën
PROD. CO.: Compagnie Internationale du Film (Bruxelles)
CAST: Robert Marcel (Baas Gansendonck), Carry Fontijn (Lisa), Luc Philips (Kobe), François Bernard (Karel), Werner Degan (Baron Victor), Gella Allaert (Meid Katrien), Madeleine Barrès (Madame de Beaumarton), Christine Nols (Moeder van Karel), Frans Van den Brande (Poplimont), Charles Mahieu (Majoor Van Burckel), Jean Nergal (Pierre), Paul Rouma (Adolf), Antoon Queeckers (Dokter), Jos Van de Putte (Notaris), Toontje Janssens (Sjampetter), Hortence Peeters (Douanière), Franz Joubert (Lakei Vincent), Cis Van Dongen (Smid Marus), M. Van den Broucke (Smidsknecht Sus)
LANGUAGE: Dutch
GAUGE: 35 mm
SILENT/SOUND: sound
B&W/COLOUR: B&W
MINUTES: 93'

◆ This faithful adaptation (except for the happy ending) of the popular novel by Hendrik Conscience (1812-1883) centres on the pride and arrogance of a simple café-owner in a Campine village whose sole aim in life is to enter the ranks of nobility. This tale, steeped in folklore and tradition, had already been filmed in 1929 by Germain Baert, the Ostend photographer who had worked for the American director Rex Ingram in Nice. This remake marks the film début of Antwerp-born Gaston Ariën, an impresario (mainly for German guest performances) and director of operettas before the war.

Liberally sprinkled with picturesque scenes, his film is remarkably professional and carefully executed in comparison with earlier Flemish productions. The screenplay, by Ariën and journalist Hendrik Gonissen, was submitted to Terra Film, the German production company which had previously released **The Flaxfield** (after a novel by Stijn Streuvels). Ariën eventually decided to produce the film himself, through his own production and distribution company Compagnie Internationale du Film. The exteriors were filmed near Antwerp in June 1945; for the indoor shots the crew moved to the Sonart studio in Brussels, used by the Allies as a storage depot during the war. The cast, featuring the newly discovered Luc Philips, consisted mainly of actors from the Antwerp Royal Theatre, the Royal Theatre in Ghent and the Théâtre des Galeries in Brussels. **Baas Gansendonck** was premièred in November 1945, but in the end proved an unprofitable enterprise. A dubbed French version was supervised by Abel Gance.

● Fidèle adaptation - à l'exception de son happy end - d'un roman populaire d'Henri Conscience (1812-1883), ce récit, fortement ancré dans le folklore et les traditions, décrit l'obsession nobiliaire d'un arrogant et prétentieux patron de café d'un petit village de la Campine. Le livre avait déjà été porté à l'écran en 1929 par Germain Baert, un photographe ostendais ayant travaillé avec Rex Ingram à Nice. Cette nouvelle version marque les débuts cinématographiques de l'Anversois Gaston Ariën, imprésario de spectacles allemands invités et metteur en scène d'opérettes avant la guerre.

Le film, richement agrémenté de scènes pittoresques, témoigne d'un travail professionnel et extrêmement soigné, comparativement aux productions flamandes antérieures. Ariën et le journaliste Hendrik Gonissen en signèrent le scénario. Refusé par la Terra Film, une firme allemande qui avait déjà produit une adaptation allemande d'un roman de Stijn Streuvels, Le champ de lin, le film sera finalement produit par Ariën lui-même, via sa firme de production et de distribution: la Compagnie Internationale du Film. Les extérieurs furent tournés en 1945, à Kontich, et les prises intérieures, dans les studios Sonart à Bruxelles; studios qui servirent d'entrepôts aux Alliés pendant la guerre. Les acteurs, dont la révélation Luc Philips, provenaient du KNS d'Anvers, du Koninklijk Theater de Gand et du Théâtre des Galeries de Bruxelles. En novembre 1945 eut lieu la première d'**Illusions du bonheur**. Le film décevra par sa piètre rentabilité. La version doublée en français fut supervisée par Abel Gance.

▶ Baas Gansendonck is een erg trouwe verfilming - op het happy end na - van de populaire volksroman van Hendrik Conscience (1812-1883). Dit in folklore en traditie gewortelde verhaal, over een hoogmoedige en verwaande cafébaas uit een dorpje in de Kempen die tot de adelstand wil opklimmen, werd in 1929 al eens verfilmd door Germain Baert, de Oostendse fotograaf die in Nice nog voor Rex Ingram had gewerkt. Voor Antwerpenaar Gaston Ariën, die vóór de oorlog actief was als impresario (vooral van Duitse gastvoorstellingen) en regisseur van operettes, betekende dit het filmdebuut.

De film, rijkelijk gekruid met pittoreske taferelen, was opmerkelijk professioneel en erg verzorgd in vergelijking met eerder Vlaams werk. Ariën schreef samen met journalist Hendrik Gonissen het scenario. Ze trokken met deze bewerking naar Terra Film, de Duitse productiefirma van een Duitse verfilming van De vlaschaard (van Stijn Streuvels), maar uiteindelijk besloot Ariën de film zelf te produceren via zijn eigen productie- en distributiefirma Compagnie Internationale du Film. De buitenopnamen vonden in juni 1945 te Kontich plaats; voor de binnenopnamen werd er uitgeweken naar de Sonart-studio in Brussel, die tijdens de oorlog dienst deed als depot van de geallieerden. De cast, met Luc Philips als dé revelatie, bestond voornamelijk uit acteurs van de Antwerpse Koninklijke Nationale Schouwburg, het Koninklijk Theater van Gent en het Brusselse Théâtre des Galeries. **Baas Gansendonck** ging in november 1945 in première maar zou nooit winstgevend blijken. Er bestond ook een in het Frans gedubde versie, gerealiseerd onder supervisie van Abel Gance. *(LJ)*

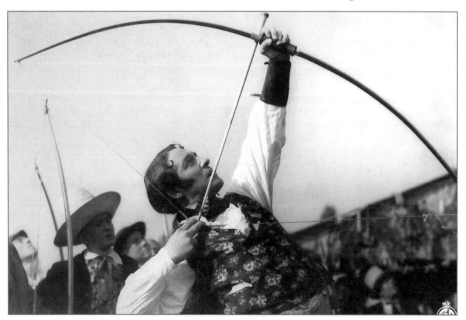

Forçats d'honneur

Emile-Georges De Meyst, Georges Lust

Forçats d'honneur
Le chemin de Buchenwald
Eeregaleiboeven
De weg naar Buchenwald
Prisoners of Honour

DIRECTOR: Emile-Georges De Meyst, Georges Lust
YEAR: 1945
COUNTRY: BE
SCREENPLAY: Herman Closson
DIALOGUE: Herman Closson, René Herdé
DIR. PHOT.: Maurice Delattre
CAMERA: Paul De Fru, Jacques Wyseur
EDITING: Jef Bruyninckx
SOUND: René Aubinet
MUSIC: Robert Pottier
ART DIRECTOR: Achille Maertens
PRODUCER: Georges Kritchevsky
PROD. CO.: Belnapro (Bruxelles)
CAST: René Herdé (Le professeur Evrard), Marcel Josz (L'instituteur Van Riel), André Gevrey (Fernand), Maurice Auzat (Janin), Werner Degan (Jean-Pierre), Claude Etienne (L'abbé Drumont), Hubert Daix (Le collaborateur Jolly), Jos Gevers (Le sacristain Jules), Anne-Marie Ferrières (La fermière), Sylviane Ramboux (Jacqueline), Myriam De Coune (Yvette), Nelly Corbusier, Raymonde Sartène, Jean-Pierre Rey, Jules Ghaye, Victor Guyau, Paul Saussus, Georges Genicot, Gaston Derblay, José Jolet, Henri Billen, Jean Ramon, André Bernier
LANGUAGE: French
GAUGE: 35 mm
SILENT/SOUND: sound
B&W/COLOUR: B&W
MINUTES: 106'

◆ In the immediate aftermath of the war, the already shocked general public was horrified once more by terrifying newsreel footage and photos revealing the existence of Nazi extermination camps. The moment seemed propitious for Emile-Georges De Meyst finally to complete his Resistance trilogy: he was able to work with a much bigger budget and with one of the great Belgian playwrights, Herman Closson, who scripted the film using eyewitness accounts of survivors. The barracks at Buchenwald were scrupulously reconstructed, watchtowers, incinerators and Goethe's oak included. De Meyst brought together the cream of Belgian stage acting - faces which had already appeared in his previous two films - while newsreels were skilfully inserted into the action and authentic Sherman tanks participated in the final sequence of the liberation of Buchenwald.

Despite these pluses and the discretion shown in the representation of the most horrific moments, Belgian critics reacted negatively to the film, accusing De Meyst of over-simplification, banality and opportunism. The nightmarish visions of the newsreels contrasted sharply with the healthy complexions of the actors' faces, and Herman Closson's dialogue was dismissed as bombastic and hotchpotch. In short, De Meyst's film was savaged, suffering further from comparisons to its contemporaries **Battle of the Rails** by René Clément, Donskoj's **Rainbow** and **The Last Chance** by Leopold Lindtberg. However, a dubbed version of the film did run for a period of several weeks in New York, and it was even modestly successful in Brussels.

● Au lendemain de la guerre, la révélation des camps nazis d'extermination bouleversa l'opinion publique, à travers actualités filmées et photos terrifiantes. Le moment parut propice à Emile-Georges De Meyst pour parachever sa trilogie sur la Résistance. Des moyens financiers accrus furent mis à sa disposition et un grand écrivain belge de théâtre, Herman Closson, se chargea du scénario et des dialogues, en se basant sur des témoignages vécus par les rescapés. Les baraquements de Buchenwald furent scrupuleusement reconstitués, avec miradors, crématoires et chêne de Goethe. Les meilleurs comédiens belges de théâtre, déjà présents dans ses deux films antérieurs, furent réunis par De Meyst; de nombreux documents d'actualité furent habilement insérés et d'authentiques tanks Sherman participèrent à l'épisode final de la libération du camp.

Malgré tous ces atouts, et en dépit de la discrétion choisie pour évoquer les moments les plus horribles, le film déplut à la critique belge: on accusa De Meyst de simplisme, de lieux communs, d'opportunisme. Aux visions cauchemardesques des actualités, on opposa les visages trop bien nourris des acteurs. Les dialogues d'Herman Closson furent dénoncés comme grandiloquents ou mal ficelés. Bref, ce fut la curée et on eut beau jeu d'opposer au film de De Meyst **La bataille du rail** de René Clément, **L'arc-en-ciel** de Donskoj ou **La dernière chance** de Léopold Lindtberg, apparus à la même époque sur nos écrans. Cela dit, l'œuvre, doublée en anglais, fut jouée plusieurs semaines à New York et remporta malgré tout un certain succès en Belgique. (RM)

► De oorlog was nog maar net voorbij of de publieke opinie werd alweer hevig geschokt door de ontdekking van de nazikampen, te zien op nieuwsbeelden en gruwelijke foto's. Voor Emile-Georges De Meyst leek dit het geschikte ogenblik om zijn trilogie over het Verzet af te werken: hij kon nu beschikken over grotere financiële middelen, terwijl een befaamde Belgische toneelschrijver, Herman Closson, zich aan het scenario en de dialogen zette, gebruik makend van getuigenissen van overlevenden. De barakken van Buchenwald werden nauwlettend nagebouwd, inclusief wachttorens, verbrandingsovens en eik van Goethe. De Meyst trommelde opnieuw België's meest getalenteerde theateracteurs op, oude bekenden uit zijn twee vorige films. Authentieke Sherman-tanks werden ingezet voor de finale scène van de bevrijding van Buchenwald en talrijke actualiteitsbeelden werden handig ingelast.

Ondanks al deze troeven en spijts de discretie waarmee de gruwelijkste momenten werden weergegeven, pakte de Belgische pers de film hard aan: men beschuldigde De Meyst van simplisme, banaliteit en opportunisme. De huiveringwekkende actualiteitsbeelden stonden in schril contrast met de gezichten van de weldoorvoede acteurs, de dialogen van Herman Closson werden afgedaan als hoogdravend of rommelig. Kortom, men maakte er brandhout van en De Meysts film moest bovendien de vergelijking doorstaan met René Cléments **La bataille du rail**, **Radouga** van Donskoj of **Die letzte Chance** van Leopold Lindtberg, die op dat ogenblik op onze schermen te zien waren. Toch liep de film - gedubd in het Engels - meerdere weken in New York en kende hij zelfs enig succes in België.

En êtes-vous bien sûr?

Jacques Houssin

En êtes-vous bien sûr?
Folies sans lendemain
Zijt gij er wel zeker van?
Are You Quite Sure?

DIRECTOR: Jacques Houssin
YEAR: 1946
COUNTRY: BE
SCREENPLAY: Jacques Houssin, Jean Féline
DIALOGUE: Michel Duran
DIR. PHOT.: Willy
CAMERA: Jean-Marie Maillols
EDITING: Marcel Verwest, Eddy Souris
SOUND: Gustave J. Evrard, André Notte
MUSIC: Paul Misraki
ART DIRECTOR: Jean Douarinou
PRODUCER: Georges L. Chevalier
PROD. CO.: Ostende Films (Bruxelles)
PROD. SUPERV.: Gustave Nellens
CAST: Coco Aslan (Coco), Martine Carol (Caroline), Robert Dhéry, Colette Brosset, Félicien Tramel, Marcel Josz, Max Péral, Armand Crabbé, Georges Jamin, Edgar Willy, Victor Guyau, Gaston Dupray, Sylviane Rambaux, Nicole Tiriard, Raymonde Sartène, Olec Briansky, Charles Mahieu, Charles Nossent
LANGUAGE: French
GAUGE: 35 mm
SILENT/SOUND: sound
B&W/COLOUR: B&W
MINUTES: 90'

◆ The French director Jacques Houssin hardly made a great mark upon the history of cinema: a modest artisan, he usually put his talents at the service of Georges Milton or Ray Ventura, making a single detour to Belgium for this popular production financed by the agent of the Knokke Casino, Gustave Nellens. The crew of the film - cast as well as technicians - came mostly from Paris (supplies being more plentiful in Belgium during the post-war months!), with a few minor parts for well-known Brussels actors. The star of the show was the amusing Coco Aslan, former singer with the Ray Ventura orchestra (which executed the music to the film, penned by its usual composer Paul Misraki). The young leading lady Martine Carol was then still an unknown, four years ahead of her triumph as the sensual **Dear Caroline** (Richard Pottier). She also shares the bill with the future comic couple from **Crazy Show**, Robert Dhéry and Colette Brosset.

What else are we to expect other than quickfire Saturday evening entertainment, this time centred upon a machine which transforms people's characters? The timid Coco, egged on by his beautiful fiancée, submits to a first transformation and emerges as a disastrous smoothie crooner. A second attempt has more ambitious results, turning him into an opera singer with the Théâtre de la Monnaie under his spell. The film as a whole is nicely strung together, with plenty of situation gags and vocal parodies Aslan then excelled at (before re-orienting his career towards Joseph Losey, Jules Dassin and Orson Welles!).

● Le réalisateur français Jacques Houssin n'a guère laissé de traces dans l'histoire du cinéma. Artisan modeste, mettant son savoir-faire au service de Georges Milton ou de Ray Ventura, il fait une incursion sans lendemain en Belgique pour ce film populaire financé par le concessionnaire du Casino de Knokke, Gustave Nellens. L'équipe du film, comédiens et techniciens, était majoritairement venue de Paris (le ravitaillement de ces mois d'après-guerre était meilleur chez nous!), avec quelques rôles de second plan pour des acteurs bruxellois connus. En vedette, l'amusant Coco Aslan, ex-chanteur de l'orchestre Ray Ventura (qui enregistra la musique du film, signée par son compositeur habituel Paul Misraki). La jeune première Martine Carol, encore peu connue quatre ans avant son triomphe en sensuelle **Caroline chérie** (Richard Pottier), côtoie ici le futur couple burlesque de **Branquignol**: Robert Dhéry et Colette Brosset.

Il est donc inutile d'attendre autre chose de ce film qu'une joyeuse pochade du samedi soir, basée sur une machine à transformer les caractères. Le timide Coco, poussé par sa belle fiancée, se soumet à une première expérience qui fera de lui un calamiteux chanteur de charme. Une seconde tentative s'avérera plus ambitieuse: le voici chanteur d'opéra à la conquête du Théâtre de la Monnaie. Le tout est gentiment ficelé, avec des situations à gags et des parodies vocales où excellait alors Aslan, avant d'orienter sa carrière vers Joseph Losey, Jules Dassin ou Orson Welles! (RM)

▶ De Franse regisseur Jacques Houssin liet nagenoeg geen sporen na in de filmgeschiedenis. Deze bescheiden vakman stelde zijn talent in dienst van Georges Milton of Ray Ventura en maakte ook een eenmalig uitstapje naar België om er een populaire film te draaien, gefinancierd door Gustave Nellens, de concessiehouder van het Casino van Knokke. Zowel acteurs als technici kwamen hoofdzakelijk uit Parijs (in deze naoorlogse maanden verliep de bevoorrading bij ons veel vlotter!); enkele bekende Brusselse acteurs kregen een bijrol. De hoofdrol wordt vertolkt door de komische Coco Aslan, ex-zanger van het Ray Ventura-orkest, dat ook instond voor de uitvoering van de soundtrack, geschreven door huiscomponist Paul Misraki. Zijn tegenspeelster, Martine Carol, was toen nog relatief onbekend, vier jaar voor haar triomf als de sensuele **Caroline chérie** (Richard Pottier). Ze staat hier aan de zijde van het toekomstige burleske duo uit **Branquignol**: Robert Dhéry en Colette Brosset.

De film was duidelijk opgevat als een stukje avondvullende ontspanning, met als onderwerp een machine die de persoonlijkheid kan wijzigen. De verlegen Coco wordt door zijn knappe verloofde overtuigd om als eerste het experiment te ondergaan en verandert prompt in een ongelukkige charmezanger. Een tweede, meer succesvolle poging maakt van hem een operazanger, vastbesloten de Muntschouwburg te veroveren. Dit alles wordt handig aaneengebreid met komische situaties en vocale parodieën waarin Aslan toen uitblonk (voor hij het pad kruiste van Joseph Losey, Jules Dassin of Orson Welles!).

Le cocu magnifique

Emile-Georges De Meyst

Le cocu magnifique
The Magnificent Cuckold

DIRECTOR: Emile-Georges De Meyst
YEAR: 1946
COUNTRY: BE-FR
SCREENPLAY: Georges Lust
BASED ON: Le cocu magnifique, written by Fernand Crommelynck
DIALOGUE: Fernand Crommelynck
ASST. DIR.: Georges Lust
DIR. PHOT.: Maurice Delattre
CAMERA: François Rents
EDITING: Raymond Louveau, Jef Bruyninckx
SOUND: Gustave J. Evrard
MUSIC: Robert Pottier
ART DIRECTOR: René Salme
PROD. CO.: Belnapro (Bruxelles)
PROD. SUPERV.: Georges Kritchevsky
CAST: Jean-Louis Barrault (Bruno), Maria Mauban (Stella), Werner Degan (Petrus), Marcel Josz (Estrugo), Jos Gevers (Saturnin), Viviane Chantel (Cornélie), Hubert Daix (Le Bourgmestre), Berthe Charmal (Mémé), Sylviane Rambaux (Florence), Paul Fabo (Bamba), Jules Ghaye (Ludovic), Lucien Charbonnier (Julien), André Daufel (Christophe), Fernande Claude (Azélie)
LANGUAGE: French
GAUGE: 35 mm
SILENT/SOUND: sound
B&W/COLOUR: B&W
MINUTES: 88'

◆ Changing register after his three Resistance films, Emile-Georges De Meyst set about producing a filmed version of *Le cocu magnifique* ("The Magnificent Cuckold"), a classic of the Belgian theatre. Fernand Crommelynck's play first opened in 1920 in Paris and since then had played all over the world. Its hero, a poet and public letter writer in a Flanders village, worships the beauty of his young wife to such an extent that he is seized by an unhealthy jealousy which pushes him to the brink of madness. It is a superb text, colourful, rich and sensual, moving from lyricism to the protagonist's obsession, and one which only an actor of international standing could carry off.

Jean-Louis Barrault, still basking in the glory of the triumphant **Children of Paradise**, was able to set up a co-production with France, the budget coming to the Belgian record sum of BF 3 500 000. The ravishing Maria Mauban agreed to bare one of her breasts in the film's most daring scene, and the cast also featured two renowned Belgian actors, Marcel Josz and Werner Degan. The outdoor sequences (with a village wedding worthy of the great illustrators of that time) were mainly shot on a 16th-century farm near the city of Alost. The surrounding countryside also enabled the director to broaden the setting beyond that of a theatrical chamber piece.

Although Crommelynck had adapted his play himself and paid regular visits to the set, the enterprise proved too much for a simple craftsman like De Meyst. He was unable to curb his star's tendency to overact (Barrault having played the role on the stage), and despite a juicy script and scenes straight out of Brueghel the resultant film was merely sober and polite.

● Changeant de registre après ses trois films sur la Résistance, Emile-Georges De Meyst entreprit le tournage d'un classique du patrimoine théâtral belge: *Le cocu magnifique*. Créée en 1920 à Paris, la pièce de Fernand Crommelynck avait été jouée dans le monde entier. Son héros, poète et écrivain public dans un village des Flandres, vénère à tel point la beauté de sa jeune épouse qu'il est saisi par une jalousie maladive qui va le posséder jusqu'à la frénésie. Un texte superbe, haut en couleur, savoureux et sensuel, passant du lyrisme aux outrances de l'idée fixe, et que seul un comédien de niveau international pouvait imposer.

Jean-Louis Barrault, tout auréolé du triomphe récent des **Enfants du paradis**, permit de mettre sur pied une coproduction avec la France, sur un devis, jamais atteint jusqu'alors en Belgique, de 3.500.000 francs de l'époque. Une ravissante comédienne, Maria Mauban, accepta de dévoiler son sein dans la scène la plus osée de la pièce. Deux acteurs belges de qualité, Marcel Josz et Werner Degan, complétèrent la distribution. La plupart des extérieurs furent filmés dans une vieille ferme du XVIe siècle, près d'Alost, notamment une noce villageoise à la façon des grands imagiers du temps. De même, la campagne environnante permit au réalisateur d'échapper à un trop constant huis clos théâtral.

Bien que Crommelynck ait lui-même adapté son œuvre (et qu'il en ait suivi régulièrement le tournage), une telle entreprise désorienta le brave artisan qu'était De Meyst. Il ne put maîtriser le cabotinage de sa vedette (qui avait joué le rôle au théâtre) et malgré un texte juteux et des scènes breugheliennes, il ne put aboutir qu'à un film honnête et sans délire. (RM)

▶ Na drie films over het verzet speelde Emile-Georges De Meyst in een ander register en begon hij met de verfilming van een Belgische theaterklassieker: *Le cocu magnifique*. Dit stuk van Fernand Crommelynck werd in 1920 gecreëerd te Parijs en ging vervolgens de wereld rond. De held, een dichter en openbaar schrijver in een Vlaams dorpje, aanbidt zodanig de schoonheid van zijn vrouw dat hij overvallen wordt door een ziekelijke jaloezie die hem tot waanzin zal drijven. Een meesterlijk, kleurrijk, sappig en gevoelig schrijven, gaande van lyrisme tot een blik op de buitensporige fixatie van de protagonist, die alleen door een acteur van internationaal niveau vertolkt kon worden.

Jean-Louis Barrault, nog nazinderend van het triomfantelijke **Les enfants du paradis**, kon een coproductie met Frankrijk op touw zetten, vanwaar het in België nooit geziene budget van 3.500.000 BF. De schitterende actrice Maria Mauban stemde toe een borst te ontbloten in de meest gedurfde scène van de film. Twee vermaarde Belgische acteurs, Marcel Josz en Werner Degan, waren ook op het appèl. De meeste buitenopnamen - o.a. een dorpshuwelijk de grote illustratoren van toen waardig - werden ingeblikt in een 16de-eeuwse boerderij nabij Aalst. De omringende velden werden ook benut, om het verhaal een ruimere dimensie te geven dan in het theater.

Hoewel Crommelynck zelf deze bewerking had verzorgd (en ook de opnamen op de voet volgde), verloor de brave ambachtsman De Meyst er totaal het noorden bij. Hij kon het overacteren van zijn steracteur (die de rol ook op de planken had gespeeld) maar niet beteugelen, en ondanks de vele sappige en Breugeliaanse scènes werd dit niet meer dan een eerlijke en sobere film.

Thanasse et Casimir

René Picolo [René Licoppe]

Thanasse et Casimir

DIRECTOR: René Picolo [René Licoppe]
YEAR: 1946
COUNTRY: BE
SCREENPLAY: René Picolo
BASED ON: Thanasse et Casimir, written by Arthur Masson
DIR. PHOT.: Antoine Pée
CAMERA: Paul De Fru, Jacques Wyseur
EDITING: Jef Bruyninckx, Gaston Urecht
SOUND: René Aubinet, Jan De Coninck
MUSIC: Gaston Detaille
ART DIRECTOR: Achille Maertens
PRODUCER: Marcel Groulus
PROD. CO.: Les Films MG (Bruxelles)
CAST: Jules De Neumostier (Thanasse), Edgar Willy (Casimir), René Valenduc (Badillon), Emile Deluc (Curé), Marcel Josz (Président), Jean Coene (Peau d'Homard), Robert Murat (Zante), Raymonde Sartène (Charlotte), Flore Fina (Lisa), Nelly Corbusier (Palmyre), Marguerite Daulboys (Tante), Georges Hasaert (Petit crollé), Moreau (Le père Gerebenne), Pol Simon (Joseph), Berthe Rethy (Mme Pepita), Janine Bailly (Maman du Petit crollé), Janie Claire (Benjamine), Max Jane, Alberty (Un villageois), Jacqmain (Le lampiste), Raymondi (La tenancière), Danis Walter (Le consommateur), Wasseur (Le prêtre français), André (Le père de Benjamine), Carlier (Le frère de Benjamine), Beaufre (La mère de Benjamine)
LANGUAGE: French
GAUGE: 35 mm
SILENT/SOUND: sound
B&W/COLOUR: B&W
MINUTES: 114'

◆ In the enthusiastic atmosphere of the immediate post-war period Marcel Groulus - co-producer of the Resistance films of Emile-Georges De Meyst - had announced two projects for 1946, the first a film about the life of Rubens, with the leading role for Victor Francen (a film which never got off the ground), the second an adaptation of *Thanasse et Casimir*, a respected Walloon novel by Arthur Masson, an author known for his use of dialect. According to Groulus, the intent was to promote a local cinema in the Pagnol mould set on the banks of the Meuse with popular stars, broad local accents and real Belgian folklore. The cast was to be headed by the Walloon comic Jules De Neumostier as the guard of a small Ardennes station and Edgar Willy as a bearded farmhand and former war-hero. Our two friends would become embroiled in a series of local misadventures, colourful farces, hard-drinking sessions of the local "peket" and beer-tent circuits at a fairground. This would all be accompanied by a few emotional cross-purposes, tasty one-liners and a trial arbitrated by Marcel Josz; in short, it was to be a Walloon equivalent of Gaston Schoukens' best efforts.

Unfortunately the result did not quite manage to live up to all these expectations. The project was hampered by a first-time director - the Liège chansonnier René Picolo, who improvised his way through the shooting - and a rather clumsy screenplay by the same hand which transformed Arthur Masson's book into a series of sketches close to the worst dialect revues of Jules De Neumostier. The pure amateurism of the film made it irredeemable. Regional cinema was off to a bad start, despite the film's undeniable success in Wallonia.

● Dans l'enthousiasme de l'après-guerre, Marcel Groulus, coproducteur des films sur la Résistance d'Emile-Georges De Meyst, avait annoncé deux œuvres importantes pour 1946: une vie de Rubens (joué par Victor Francen), qui ne fut jamais tournée, et l'adaptation d'un roman réputé de Wallonie, dû à l'écrivain semi-patoisant Arthur Masson, *Thanasse et Casimir*. Selon lui, tout allait être mis en œuvre pour promouvoir, dans la lignée des films de Pagnol, un cinéma mosan à vedettes populaires, accents du terroir et folklore bien de chez nous. En tête de distribution: le comique wallon Jules De Neumostier, en garde-salle d'une petite gare ardennaise, et Edgar Willy, en valet de ferme barbu, ex-héros de guerre. Nos deux compères allaient s'ébrouer dans une série de mésaventures locales, de farces truculentes, de beuveries au peket ou de virées sur champ de foire. Il y aurait quelques quiproquos sentimentaux, un procès arbitré par Marcel Josz, des répliques savoureuses, bref l'équivalent wallon des réussites de Schoukens.

Malheureusement, le résultat final ne répondit pas à ces attentes. Au bilan, un réalisateur débutant - et qui le resta (le chansonnier René Picolo s'improvisa héroïquement metteur en scène); un scénario de lui, transposant tant bien que mal le savoureux bouquin d'Arthur Masson; et les pitreries forcées, proches des pires revues patoisantes, de Jules De Neumostier. **Thanasse et Casimir** relevait de l'amateurisme et ce petit monde pittoresque ne pouvait que s'effondrer, faute d'un vrai cinéaste. La production régionale de fiction prenait un faux départ, malgré le succès indéniable du film dans les salles populaires de Wallonie. (RM)

▶ In de naoorlogse euforische roes kondigde Marcel Groulus, coproducent van de de verzetsfilms van Emile-Georges De Meyst, twee grote producties aan voor 1946: het levensverhaal van Rubens, met Victor Francen in de hoofdrol (dat nooit van de grond kwam) en een bewerking van de vermaarde Waalse roman *Thanasse et Casimir*, van streekschrijver Arthur Masson. Groulus zou alles in het werk stellen om een volkscinema te doen ontstaan aan de oevers van de Maas, met eigen vedetten, folklore en dialect, naar het voorbeeld van Pagnol. Deze onderneming werd geleid door Jules De Neumostier, een Waalse komiek, hier in de rol van suppoost van een klein Ardens station. Edgar Willy, als baardige boerenknecht, was ook van de partij. De twee kompanen zouden verstrikt raken in een serie lokale perikelen, pittoreske grappen, braspartijen met de plaatselijke "peket" en uitstapjes naar de kermis. Kleurrijke dialogen, amoureuze misverstanden en een proces met Marcel Josz als bemiddelaar, werden ons ook beloofd. Kortom, het Waalse antwoord op Gaston Schoukens!

Het eindresultaat beantwoordde helaas niet aan de verwachtingen: een beginnend regisseur, die dat ook zou blijven (chansonnier René Picolo, die op heroïsche wijze de regie improviseert); een scenario van laatstgenoemde, dat wanhopig probeert een bewerking te zijn van het sappige boek van Arthur Masson; de geforceerde lolbroekerij van De Neumostier, verwant aan de ergste revues in plaatselijk dialect. Kortom, echt amateurisme, en het pittoreske wereldje kon niet anders dan ten onder gaan aan deze dilettant. Een valse start voor de regionale fictiefilm, ondanks het onweerlegbare succes dat de film oogstte in de Waalse volkszalen.

God schiep de mens

Jan Van Roy

God schiep de mens
Et Dieu créa l'homme
And God Created Mankind

DIRECTOR: Jan Van Roy
YEAR: 1946
COUNTRY: BE
SCREENPLAY: Jan Van Roy
CAMERA: Raoul De Wael
EDITING: Jan Van Roy
PRODUCER: Jan Van Roy
PROD. CO.: Productiegroep Jan Van Roy (Wemmel)
CAST: Jozef Smets (Jef), Celine Thomassen (Maria), Germaine De Smedt (Germaine), Romain Van Derlee (Louis)
LANGUAGE: Dutch
GAUGE: 35 mm
SILENT/SOUND: sound
B&W/COLOUR: B&W
MINUTES: 90'

◆ The Italian film industry, which was controlled by the Fascists during the early forties, gave birth to neo-realism, one of the most important post-war movements in cinema. Brussels-born Jan Van Roy was heavily influenced by this style of film, and **And God Created Mankind**, which was filmed entirely under his own management, was an early Flemish attempt at neo-realism. The self-taught Jan Van Roy, who completed only one year of his course at film school (NARAFI), went to the Limbourg town of Eisden to film this social love story, where he recruited a cast of amateurs from the local population. The storyline, which was told in extended sequence shots interspersed with meditative moments of black film, was accompanied by a gushing voice-over by Van Roy himself spoken in Limbourg dialect.

And God Created Mankind recounts the amorous involvements and eventual downfall of a simple cross-border smuggler. This well-made realistic drama of fate - described by Van Roy himself as a drama of good and evil - was destroyed by the Brussels critics. Twenty years later, Van Roy, who would not make his second feature-length film until 1966 (**The Great Loneliness**, which through lack of money he never could finish), would remove the sections of black between scenes. All that now remains of **And God Created Mankind** is an incomplete 35-minute version or some 60 shots. Yet even this desecrated copy still gives an excellent idea of the richly poetic and visual strength of this forgotten Flemish work.

● Au début des années quarante, au sein de l'industrie cinématographique italienne contrôlée par les fascistes, se développa ce qui allait devenir un des plus importants courants cinématographiques de l'après-guerre: le néoréalisme. Fort impressionné par ces films, le Bruxellois Jan Van Roy réalisa (et finança entièrement) **Et Dieu créa l'homme**, première tentative flamande dans cette voie. Van Roy, un autodidacte qui n'avait suivi qu'une année à l'école de cinéma (NARAFI), tourna cette histoire d'amour à dimension sociale à Eisden, dans le Limbourg. La distribution était composée d'acteurs amateurs recrutés parmi la population locale. Le film, constitué de longs plans-séquences et de longs fondus au noir, dépeint, avec la voix off de Van Roy déclamant en dialecte limbourgeois, les péripéties amoureuses et la ruine d'un simple contrebandier.

Ce film naturaliste, au sujet fataliste, considéré par Van Roy lui-même comme un drame sur le bien et le mal, subit les affres destructrices de la critique lors d'une vision de presse à Bruxelles et finit dans la cave du réalisateur. Ce n'est que 20 ans plus tard, en 1966, lorsqu'il se lança dans le tournage d'un second long métrage (**La grande solitude**, un film jamais terminé), que le cinéaste décida de remonter son premier ouvrage, sans les scènes de fondu au noir. Aujourd'hui, il ne reste de **Et Dieu créa l'homme** qu'une version incomplète de 35 minutes (60 plans). Cette copie amputée parvient cependant à donner une idée de la richesse poétique et de la force visuelle de cette œuvre flamande perdue.

▶ Uit de door de fascisten gecontroleerde Italiaanse filmindustrie bloeide begin jaren 40 het neorealisme op, dat een van de belangrijkste naoorlogse filmstromingen zou worden. Brusselaar Jan Van Roy was sterk onder de indruk van dit genre en het volledig in eigen beheer gedraaide **God schiep de mens** werd een eerste Vlaamse poging in die richting. Autodidact Van Roy, die slechts één jaar filmschool (NARAFI) had gevolgd, trok voor zijn sociaal liefdesdrama naar het Limburgse Eisden, waar hij een amateurcast rekruteerde uit de plaatselijke bevolking. Het verhaal, dat opgebouwd is uit lange sequentie-opnamen en mediterende stroken zwart, wordt begeleid door een dwepende voice-off van Van Roy in het Limburgs dialect.

God schiep de mens schetst de amoureuze verwikkelingen en de uiteindelijke ondergang van een eenvoudige grenssmokkelaar. Dit mooi naturalistisch noodlotsdrama, door Van Roy zelf bestempeld als een drama over goed en kwaad, verdween in zijn kelder na een vernietigende persvisie te Brussel. Van Roy draaide pas in 1966 een tweede langspeelfilm (**De grote eenzaamheid**; Van Roy ontbrak echter het geld om deze film af te werken) en maakte van de gelegenheid gebruik om zijn eerste film te hermonteren en de stroken zwart te verwijderen. Wat van **God schiep de mens** vandaag nog rest, is een vrij onvolledige versie van 35' of een zestigtal plans. Toch geeft deze verminkte kopie nog een uitstekend beeld van de rijke poëtische en visuele kracht van dit vergeten Vlaamse filmwerk. (LJ)

Le pèlerin de l'enfer

Henri Schneider

Le pèlerin de l'enfer
Le Père Damien
La vie du Père Damien
De pelgrim der verdoemden
De pelgrim der hel
Pater Damiaan
Pilgrimage to Hell

DIRECTOR: Henri Schneider
YEAR: 1946
COUNTRY: BE
SCREENPLAY: Robert Lussac, Henri Storck, Henri Schneider
DIALOGUE: Robert Lussac, Henri Storck, Henri Schneider
ASST. DIR.: Henri Storck
DIR. PHOT.: Raymond Clunie
CAMERA: Raymond Picon-Borel
EDITING: Monique Lacombe
SOUND: Gustave J. Evrard
MUSIC: Pierre Moulaert
ART DIRECTOR: Jacques Gut
PRODUCER: Robert Lussac
PROD. CO.: Etendard Film (Antwerpen)
CAST: Robert Lussac (Père Damien), Dounia Sadow
(Lawila), Robert Maufras (Kahili), Gaston
Bréval (Williamson), Max Péral (Le président
de la Commission d'hygiène), Cara Van
Wersch (La princesse), Charles Mahieu
(Pasteur), Werner Degan (Pasteur)
LANGUAGE: French
GAUGE: 35 mm
SILENT/SOUND: sound
B&W/COLOUR: B&W
MINUTES: 90'

◆ Once the vogue for Resistance films had passed, Belgian cinema moved on to pastures new. Witness this biography of Father Damien (1840-1889), whose life could have been the stuff of quality cinema. The seventh son of a Flemish farmer, Jozef De Veuster worked as a farmhand on his father's holdings in Tremelo before joining the Order of the Sacred Hearts where he received the name Damien. At the age of 24 he left for Honolulu, remaining there as a priest until 1873, but he was to end his days on the remote Pacific island of Molokai, where he devoted 16 years of his life to the lepers who wallowed in the most terrible of conditions. Damien stood by them until he died, fighting bureaucratic inertia, building a leper-house and bringing their plight to international attention. Himself infected, he assisted the natives without respite, "a missionary to the kingdom of the dead", as a biographer put it.

The film is of a far lesser stature than the figure who inspired it. It was shot using vaguely Hawaiian sets (and some of the actors are made up and choreographed in a manner verging on parody!) by Henri Schneider, a director brought in from France, albeit with the assistance of Henri Storck, the creator of the more successful but short passages evoking the protagonist's rural youth. Robert Lussac (Damien), familiar to contemporary audiences from the Belgian theatre circuit, also co-wrote the screenplay. The pariahs of Molokai deserved better than this wooden dialogue and complete absence of spirituality: the viewer searches in vain for any glimpse, however fleeting, of a cinematic Grace which could have transcended this leaden sanctity. More than half a century later, another biopic of Father Damien was to emerge, this time a Belgian co-production with the Australian Paul Cox in the director's chair.

● Une fois passée la vogue des films sur la Résistance, le cinéma belge s'orienta vers d'autres voies. Nous en avons pour témoin cette biographie du Père Damien (1840-1889), dont la vie aurait pu donner naissance à une fresque de qualité. Septième fils d'un cultivateur flamand, Jozef De Veuster fut valet à la ferme paternelle de Tremelo, avant d'entrer à la Congrégation des Sacrés-Cœurs où il reçut le nom de Damien. Parti à 24 ans vers Honolulu, où il fut curé jusqu'en 1873, il finit sa vie sur un îlot perdu du Pacifique, Molokai, où, durant seize ans, il se dévoua aux lépreux qui croupissaient dans les pires conditions. Damien les aida jusqu'à l'épuisement, combattit les inerties administratives, édifia une léproserie, plaida leur cause auprès de l'opinion internationale. Contaminé lui-même, il assista les indigènes sans relâche, "en missionnaire au royaume des morts" selon le mot d'un de ses biographes.

Le film est loin d'être à la mesure d'un tel personnage. Il a été tourné dans des décors approximativement hawaiiens (et que dire de certains acteurs, maquillés ou dirigés quasi parodiquement!) par un réalisateur venu de France, Henri Schneider, assisté pourtant par Henri Storck, auteur de la brève évocation, plus réussie, de la jeunesse campagnarde du héros. Robert Lussac (Damien), une figure connue du théâtre belge d'alors, est aussi le coauteur du scénario. Les parias de Molokai méritaient mieux que ces dialogues empesés et cette absence totale de spiritualité: on guette en vain un souffle, même furtif, de grâce filmique qui aurait pu transcender un peu cette imagerie de sainteté de patronage. Plus d'un demi-siècle plus tard, une coproduction belge propose une nouvelle biographie filmée du Père Damien, réalisée cette fois par l'Australien Paul Cox. (RM)

▶ Na de golf van verzetsfilms zocht de Belgische cinema naar andere horizonten. Getuige hiervan dit portret van Pater Damiaan (1840-1889), wiens leven aanleiding had kunnen geven tot een groots fresco. Jozef De Veuster, zevende zoon van een Vlaamse boer, werkte eerst als knecht op de ouderlijke boerderij in Tremelo, voor hij toetrad tot de Congregatie van de Heilige Harten, waar hij de naam Damiaan kreeg. Met 24 jaar trok hij naar Honolulu en was er priester tot in 1873. Daarna ging hij naar Molokai, een verloren eilandje in de Stille Oceaan, waar hij bleef tot zijn dood. Hier ontfermde hij zich 16 jaar lang over de melaatsen die in de grootste ellende leefden. Damiaan stond hen tot de laatste zucht bij, hij bestreed de administratieve laksheid, richtte een lazaret op en bepleitte hun zaak in de internationale opinie. Zelf besmet, ging hij onvermoeibaar door de inboorlingen te helpen, als "missionaris in het rijk der doden", zoals een biograaf het stelde.

De film schiet echter tekort in de benadering van zo'n man. Voor de regie werd de Fransman Henri Schneider aangezocht. De decors waren slechts bij benadering Hawaiiaans, en sommige acteurs waren opgesmukt en geregisseerd als ging het om een parodie! Nochtans werd Schneider bijgestaan door Henri Storck, auteur van de (meer geslaagde) evocatie van Damiaans landelijke jeugd. Robert Lussac (Damiaan), een toen bekend Belgisch toneelacteur, schreef mee aan het scenario. De verstotenen van Molokai verdienen echter beter dan deze loodzware dialogen en dit gebrek aan spiritualiteit; tevergeefs wacht men op een minimum aan cinematografische Gratie om deze weinig kunstzinnige hagiografie enigszins te verheffen. Meer dan een halve eeuw later zou de Australiër Paul Cox de verfilming van het leven van Pater Damiaan nog eens overdoen in een Belgische coproductie.

L'amour autour de la maison

Pierre de Hérain

Co-production

L'amour autour de la maison
De liefde rond het huis
Love Around the House

DIRECTOR: Pierre de Hérain
YEAR: 1946
COUNTRY: FR-BE
SCREENPLAY: Roger Leenhardt
BASED ON: L'amour autour de la maison, written by Albert t'Serstevens
DIALOGUE: Roger Leenhardt, Simon Gantillon
CAMERA: Maurice Pecqueux
EDITING: Henriette Wurtzer
SOUND: William-Robert Sivel
MUSIC: Joseph Kosma
ART DIRECTOR: Alexandre Arnstam
PRODUCER: Jacques Cohen, Robert Lussac
PROD. CO.: PIC (Paris), Etendard Film (Antwerpen)
PROD. SUPERV.: Albert Loisel
LANGUAGE: French
GAUGE: 35 mm
SILENT/SOUND: sound
B&W/COLOUR: B&W
MINUTES: 100'

CAST: Pierre Brasseur (Douze Apôtres), Maria Casarès (Thérèse), Claude Larue (Nicole), Julien Carette (Le père Jus), Jeanne Marken (Mme Jobic), Micheline Gilbert (Paulette), Serge Andréguy (Bernard), Robert Lussac (Docteur Coulon), Denyse Réal (Rachel), Paul Faivre (Albert)

Le mannequin assassiné

Pierre de Hérain

Co-production

Le mannequin assassiné
De vermoorde mannequin
The Murdered Model

DIRECTOR: Pierre de Hérain
YEAR: 1947
COUNTRY: FR-BE
SCREENPLAY: Georges Chaperot
BASED ON: Le mannequin assassiné, written by Stanislas-André Steeman
DIALOGUE: Pierre Lestringuez
ASST. DIR.: Pierre Hirsch
DIR. PHOT.: Marcel Grignon
CAMERA: Billy Vilerbue
EDITING: Henriette Wurtzer
SOUND: René Louge
MUSIC: Jean Hubeau
ART DIRECTOR: Lucien Agguettand
PRODUCER: Hervé Missir, Robert Lussac
PROD. CO.: Hervé Missir (Paris), Etendard Film (Antwerpen)
PROD. SUPERV.: Albert Loisel
LANGUAGE: French
GAUGE: 35 mm
SILENT/SOUND: sound
B&W/COLOUR: B&W
MINUTES: 82'

CAST: Blanchette Brunoy (Laure), Anne Vernon (Irène), Germaine Dermoz (Irma), Mathilde Casadesus (Mme Malaise), Geneviève Callix (Rose), Gilbert Gil (Armand), Danie Gélin (Léopold), Robert Lussac (Malaise), Julien Carette (Léonisse), André Gabriello (Charles), Jean-Roger Caussimon (Jérôme), Albert Dinan (Didier), Jacques Castelot (Emile), Pierre Magnier (Le notaire), Robert Balpo (Le chef de train), Jacques Sevrannes (Gilbert), Sylvain (Le clerc de notaire), Albert Broquin (Un consommateur), Stanislas-André Steeman (Le docteur)

Les atouts de Monsieur Wens

Emile-Georges De Meyst

Les atouts de Monsieur Wens
Les cinq atouts de M. Wens
De troeven van Mr. Wens
Mr Wens Plays His Trumps

DIRECTOR: Emile-Georges De Meyst
YEAR: 1947
COUNTRY: BE-FR
SCREENPLAY: Jacques Companeez
BASED ON: Les atouts de Monsieur Wens, written by Stanislas-André Steeman
DIALOGUE: Norbert Carbonnaux
ASST. DIR.: Georges Lust
DIR. PHOT.: Maurice Delattre
CAMERA: François Rents, Charles Abel
EDITING: Jef Bruyninckx
SOUND: Gustave J. Evrard
MUSIC: Robert Pottier
ART DIRECTOR: René Salme
PROD. CO.: Belnapro (Bruxelles)
PROD. SUPERV.: Georges Kritchevsky
CAST: Louis Salou (Lucien Dolo/Freddy Dolo), Marie Déa (Isabelle), Claudine Dupuis (Jeannette), Werner Degan (Wens), Marcel Josz (Le juge), Georges Jamin (Jeff), Jos Gevers (Flup), René Herdé (Bouchardon), Omer Ducarme (Hans), Hélène Lefèvre, Denise Volny (Suzanne), Viviane Chantel (Lily)
LANGUAGE: French
GAUGE: 35 mm
SILENT/SOUND: sound
B&W/COLOUR: B&W
MINUTES: 95'

◆ Following his adaptation of **The Magnificent Cuckold**, it was a matter of days before Emile-Georges De Meyst - a workaholic and the very embodiment of Belgian cinema between 1944 and 1950 - launched himself into a new project, **Mr Wens Plays His Trumps**. At the instigation of his French distributor he agreed to collaborate with the commercial scriptwriter Jacques Companeez on this adaptation of a thriller by Stanislas-André Steeman, some of whose detective novels had been filmed successfully during the war. This resulted in a budget of BF 5 million and the presence of several French rising stars - Louis Salou, Marie Déa and Claudine Dupuis, in her first film. The emblematic title role of the famous Commissioner Wens was taken by a Belgian, the laid-back purebred actor Werner Degan, at the time a very popular stage performer in Brussels.

Based very loosely on the plot of Steeman's novel (Henri-Georges Clouzot was to take even more liberties with his **Quai des Orfèvres** the following year), the film tells the story of a rich Antwerp man, his political ambitions thrown into disarray by the sudden return of his felonious twin brother, who had vanished in mysterious circumstances. Louis Salou plays this double role, in reality one and the same - the crook had in fact murdered his twin and was passing himself off as the brother; when his sadistic tendencies resurfaced, he needed a scapegoat and "resurrected" his dead sibling. All in all, this is a good stock police thriller that did well at the box-office - all De Meyst needed to continue with another film.

● Travailleur opiniâtre et représentant à lui seul le cinéma belge de la période 1944-1950, Emile-Georges De Meyst se lance dans la réalisation des **Atouts de Monsieur Wens** quelques jours à peine après son adaptation du **Cocu magnifique**. Sur l'instigation de son distributeur français, il accepte la collaboration d'un scénariste commercial de l'époque, Jacques Companeez, pour porter à l'écran un polar de Stanislas-André Steeman dont plusieurs romans policiers avaient déjà été portés à l'écran, avec succès, durant la guerre. D'où, cette fois, un budget confortable de 5 millions de francs et plusieurs comédiens français en plein essor: Louis Salou, Marie Déa et la débutante Claudine Dupuis. Le rôle emblématique du fameux Commissaire Wens reviendra à un comédien belge désinvolte et racé: Werner Degan, qui triomphait alors sur les scènes bruxelloises.

Fort librement inspirée de l'intrigue du roman (Henri-Georges Clouzot allait faire bien pire l'année suivante avec **Quai des Orfèvres**), l'histoire met en scène un riche Anversois perturbé dans ses ambitions politiques par le retour d'un frère jumeau dévoyé, mystérieusement disparu dix ans plus tôt. Louis Salou jouait le double rôle, ou plutôt le rôle unique puisqu'en réalité le malfrat a jadis tué son jumeau et se fait passer pour lui. Ses instincts sadiques ayant resurgi, l'homme du monde a dû "ressusciter" son frère pour pouvoir lui imputer ses crimes. En fin de compte, un bon policier de série qui fit recette comme on l'espérait. C'est tout ce que souhaitait De Meyst pour enchaîner un autre film. (RM)

▶ Emile-Georges De Meyst, de noeste werker die in de periode 1940-1950 zowaar de Belgische cinema wás, stortte zich, luttele dagen na de realisatie van **Le cocu magnifique**, op de regie van **Les atouts de Monsieur Wens**. Op aanraden van zijn Franse verdeler aanvaardde De Meyst een commerciële scenarist van toen, Jacques Companeez, als medewerker om deze thriller van Stanislas-André Steeman in beeld te brengen, van wie tijdens de oorlog al een aantal politieromans met succes werden verfilmd. Hij kreeg een comfortabel budget van 5 miljoen BF en enkele Franse acteurs in topvorm te zijner beschikking: Louis Salou, Marie Déa en debutante Claudine Dupuis. De emblematische rol van de beroemde Commissaris Wens ging naar de ongedwongen Belgische rasacteur Werner Degan, die toen furore maakte op de Brusselse podia.

De film is een heel vrije bewerking van de roman (Henri-Georges Clouzot zou een jaar later nog verder gaan met zijn **Quai des Orfèvres**) en handelt over een rijke Antwerpenaar wiens politieke ambities worden gedwarsboomd door de terugkeer van zijn misdadige tweelingbroer, die tien jaar eerder in raadselachtige omstandigheden verdween. Louis Salou speelt deze dubbelrol - of liever deze enkele rol, want in feite vermoordde de misdadiger zijn tweelingbroer om diens identiteit aan te nemen; toen zijn sadistische drang weer opkwam, wou hij zijn broer weer "in het leven roepen" om zijn eigen wandaden op hem af te schuiven. Kortom, een gezonde politiethriller die het verhoopte geld in het laatje bracht: alles wat De Meyst nodig had om aan een nieuwe film te beginnen.

Met jou is de wereld veel mooier

Arnold Frank, Jean Van Elsen

Met jou is de wereld veel mooier
Avec toi, le monde est plus beau
The World Looks Lovelier with You

DIRECTOR: Arnold Frank, Jean Van Elsen
YEAR: 1947
COUNTRY: BE
SCREENPLAY: Arnold Frank
CAMERA: Charles Lengnich
EDITING: Rigo Arnould
MUSIC: Arnold Frank, Jean Evans, Wim Kreuer, Gerd Zonnenberg, Hans Flower, Harry Bart
PRODUCER: Arnold Frank
PROD. CO.: Arnold Frank Film (Antwerpen)
CAST: Arnold Frank (Eddy Frankel), Betty Bellina (Leny Frankel), Rudy Martin (Rudy Frankel), Racky Berger (Arlette Landry), George Wouwers (George Wenders), Jean Evans (Jean Evans), Helena Haak (Rosette), Sunny Flemish (Slumpie)
LANGUAGE: Dutch
GAUGE: 35 mm
SILENT/SOUND: sound
B&W/COLOUR: B&W
MINUTES: 90'

◆ Composer-publisher of popular Flemish tunes Arnold Frank (a pseudonym of August Hermans) once described his musical as an "entertaining film with a moral message". **The World Looks Lovelier with You** was based on his popular song of the same name and became a wooden and stagey adaptation set in the environment with which Frank was most familiar: the Antwerp world of schmaltzy songs. Frank, who had previously written the lyrics to a number of songs in Jan Vanderheyden's popular films, reserved the lead part in the film for himself. As Eddy Frankel, a music publisher and film producer, he plays a man on the lookout for a popular tune to include in his new film. During his search he is constantly buttonholed by an arrogant young woman who is desperate to secure a film role. Frankel's little son Rudy misunderstands her motives, and in an attempt to restore family ties he nearly has a serious accident. Gathered round his sickbed, friends and family happily sing away all suspicion.

The World Looks Lovelier with You, a comic tear-jerker shored up by the inclusion of a number of Flemish popular songs, ended up a financial disaster. In 1948, Frank made another attempt at directing a full-length feature film, but production was eventually halted for unknown reasons. Frank, who regarded film principally as a new source of income, recruited Jean Van Elsen as his technical director, a young film-maker who would later collaborate on Henri Storck and Paul Haesaerts' documentary portrait **Rubens**.

● Le compositeur et éditeur de tubes flamands Arnold Frank (il s'agit en fait du pseudonyme d'August Hermans) qualifiait cette comédie musicale de "film de divertissement avec une dimension morale". **Avec toi, le monde est plus beau**, basé sur la chanson populaire homonyme, est une œuvre cinématographique maladroite et très scénique, située dans le milieu que Frank connaissait le mieux: celui de la chanson à succès, à Anvers. Arnold Frank, qui avait notamment écrit les textes des chansons de quelques films populaires de Jan Vanderheyden, joue lui-même le rôle principal. Il incarne Eddy Frankel, un éditeur musical et producteur de films à la recherche d'un tube pour son nouveau film. L'homme est sans cesse abordé par une jeune femme arrogante qui cherche à obtenir un rôle dans cette production. Rudy, le fils de Frankel, comprend ces avances de travers. Dans une tentative de rétablir les liens familiaux, il échappe de peu à un grave accident. Rassemblés à son chevet, famille et amis chantent joyeusement et les soupçons s'estompent.

Ce mélo comique, parsemé de tubes flamands, fut une débâcle financière. En 1948, Arnold Frank se lança encore dans un nouveau long métrage (**Vive la jeunesse**), mais la production fut arrêtée. Ici, Frank, pour qui le cinéma représentait surtout une nouvelle source de revenus, fit appel pour la partie technique à Jean Van Elsen, un jeune cinéaste qui allait par la suite collaborer au documentaire et portrait d'artiste **Rubens** de Henri Storck et Paul Haesaerts.

► Componist-uitgever van Vlaamse schlagers Arnold Frank (de schuilnaam van August Hermans) bestempelde deze musical als een "amusementsfilm met morele strekking". **Met jou is de wereld veel mooier**, gebaseerd op het gelijknamige succeslied van Frank, is een houterige en erg toneelmatige adaptatie gesitueerd in een milieu dat hij kende als zijn broekzak: de Antwerpse schlagerscène. Frank, die voordien al de liedjesteksten voor enkele volkse films van Jan Vanderheyden had geschreven, nam zelf ook de hoofdrol voor zijn rekening. Als Eddy Frankel, een muziekuitgever en filmproducent, gaat hij op zoek naar een schlager voor zijn nieuwe film. Ondertussen wordt hij voortdurend aangeklampt door een hooghartige jonge vrouw die een rolletje in de productie wil versieren. Maar Frankels zoontje Rudy begrijpt die toenadering verkeerd. In een poging om de familiebanden te herstellen, ontkomt hij maar net aan een ernstig ongeval. Vrienden en familie verzamelen rond zijn ziekbed en zingen samen vrolijk alle achterdocht weg.

Deze met Vlaamse schlagers ondersutte komische smartlap werd een financieel debacle. In 1948 begon Arnold Frank nog aan een nieuwe langspeelfilm (**Leve de jeugd**), maar om een niet nader gespecificeerde reden werd de productie stopgezet. Frank, die film vooral als een nieuwe bron van inkomsten zag, deed voor de technische kant van zaken een beroep op Jean Van Elsen, een jonge cineast die later zou meewerken aan het documentaire kunstenaarsportret **Rubens** van Henri Storck en Paul Haesaerts. *(LJ)*

Jongens die een vlag kunnen dragen

Jos Jacobs, Leo Uten

Jongens die een vlag kunnen dragen
Garçons qui peuvent porter un drapeau
Our Standard-Bearers

DIRECTOR: Jos Jacobs, Leo Uten
YEAR: 1947
COUNTRY: BE
SCREENPLAY: Jos Jacobs
BASED ON: Jongens die een vlag kunnen dragen,
written by Pater Van de Maele
CAMERA: Fons Vantomme
EDITING: Jos Jacobs
PRODUCER: Jos Jacobs
PROD. CO.: Katholieke Studenten Aktie KSA
(Borgerhout)
LANGUAGE: Dutch
GAUGE: 16 mm
SILENT/SOUND: sound
B&W/COLOUR: B&W
MINUTES: 90'

◆ This youth film was the first in a series of Catholic and Flemish nationalist propaganda films produced just after the Second World War, when film stock was still very scarce in Flanders. **Our Standard-Bearers**, the title of which was taken from a boys' novel of the same name by the Jesuit Father Van de Maele, was commissioned by the Xaverius College division of the Catholic students' organization KSA, located in the Antwerp suburb of Borgerhout. It is hardly a professional effort, being a 16mm film intended for internal showing within the KSA. Through the Catholic Flemish youth movements, Flemish youngsters were given a high ideal to strive for: faithfulness to God and to the Catholic scouting movement.

This film was to some extent based on real events: the plot focuses on the theft and recapture of the Scouts flag during an eventful KSA camp. The film was shot in the heathland of the Campine region and in the streets of Herentals, during the summer of 1946. Jos Jacobs, who had previously worked as a film critic, shared the directing with Father Leo Uten, with Jacobs concentrating mainly on the technical aspects. He later specialized in industrial films and documentaries, producing his best work for Flemish television. In 1973 he began directing **The Gods Must Have Their Number**, a film which was completed in 1979 by the Dutch director Jef Van der Heyden under the title **Kasper in the Underworld**.

● Ce film pour la jeunesse est le premier d'une série de films de propagande catholique et nationaliste flamande qui virent le jour en Flandre après la Seconde Guerre mondiale, une période toujours marquée par la pénurie de pellicule. **Garçons qui peuvent porter un drapeau**, d'après le livre pour garçons du père jésuite Van de Maele, fut tourné à la suite d'une commande de la Katholieke Studenten Aktie, une section du Collège Xaverius de Borgerhout. Il ne s'agit pas d'une production cinématographique professionnelle mais d'un film tourné en 16mm, destiné à un usage interne au sein de la KSA. A travers les mouvements de jeunesse catholiques flamands, on voulait donner à la jeunesse flamande un idéal élevé: fidélité au scoutisme et à Dieu.

Le film, qui s'inspire vaguement de faits réels (tout tourne autour du vol et de la reconquête du drapeau des scouts au cours d'un camp KSA mouvementé), fut tourné durant les mois d'été de 1946, dans la lande campinoise et dans les rues de Herentals. Jos Jacobs, qui s'était également illustré comme critique de cinéma, partageait la réalisation avec le père Leo Uten; Jacobs était surtout responsable des aspects techniques. Il se spécialisa ensuite dans les films industriels et les documentaires. Il réalisa ses meilleures œuvres pour la télévision flamande. En 1973, Jacobs entama la production des **Dieux doivent avoir leur nombre**, un film qui fut achevé en 1979 par le Néerlandais Jef Van der Heyden sous le titre **Kasper ou la descente aux enfers**.

▶ Deze jeugdfilm is de eerste uit een reeks van katholieke en Vlaams-nationalistische propagandafilms die net na de Tweede Wereldoorlog het licht zagen in Vlaanderen, dat toen nog steeds te lijden had onder een schaarste aan filmpellicule. **Jongens die een vlag kunnen dragen**, naar het gelijknamige jongensboek van pater jezuïet Van de Maele, werd gedraaid in opdracht van de Katholieke Studenten Aktie, afdeling Xaverius-College te Borgerhout. Het is geenszins een professionele filmproductie, maar een op 16mm gedraaide film bestemd voor intern gebruik binnen de KSA. Via de Katholieke Vlaamse jeugdbewegingen wilde men de Vlaamse jeugd een hoogstaand ideaal inprenten: trouw aan de chirobeweging en aan God.

Deze film is losjes geïnspireerd op waar gebeurde feiten en draait rond de diefstal en de herovering van de chirovlag tijdens een bewogen KSA-kamp. De opnamen vonden plaats tijdens de zomer van 1946, op de Kempense heide en in de straten van Herentals. Jos Jacobs, die ook actief was geweest als filmcriticus, deelde de regie met pater Leo Uten; Jacobs stond vooral in voor de technische vormgeving van de film. Later zou hij zich specialiseren in industriële films en documentaires. Zijn beste werk realiseerde hij voor de BRT. In 1973 begon Jos Jacobs dan met de productie van **De goden moeten hun getal hebben**, een film die in 1979 door de Nederlander Jef Van der Heyden werd afgewerkt onder de titel **Kasper in de onderwereld**. *(LJ)*

Le crabe aux pinces d'or

Claude Misonne

Le crabe aux pinces d'or
De krab met de gulden scharen
The Crab with the Golden Claws

DIRECTOR: Claude Misonne
YEAR: 1947
COUNTRY: BE
BASED ON: Le crabe aux pinces d'or, written by Hergé
DIR. PHOT.: B. Michel, A. Dunil, E. Bernstein
ANIMATION: João Michiels
EDITING: A. Leduc
MUSIC: G. Bethune, A. Ducat
ART DIRECTOR: A. Berry, A. Vizal, V. Geraldy
COSTUMES: O. Frison
PROD. CO.: Wilfried Bouchery et Cie (Bruxelles)
VOICES: A. Charles, R. Chrus, R. Darvère, E. David, S. Denolly, S. Etienne, P. Maroy, R. Muray, J. Prim, R. Rency, L. Revelard
LANGUAGE: French
GAUGE: 35 mm
SILENT/SOUND: sound
B&W/COLOUR: B&W
MINUTES: 60'

◆ In the immediate post-war period, the *Adventures of Tintin* reached the height of their success: a dozen albums had been published since 1930, a weekly magazine was started in September 1946 (which proved overwhelmingly popular), and finally a first feature film was devoted to Hergé's hero in 1947. The director, Claude Misonne, was no newcomer to animated films, having made numerous advertisements and also a handful of short fairytales based on her own modelled characters, small dolls with smooth, rounded heads (which she later mixed with live-action figures), animated by her husband João Michiels.

Le crabe aux pinces d'or was the ninth episode devised by Hergé: serialized from October 1940 and published as an album in the following year (which appeared in colour as of 1943), it led Tintin and Snowy in chase of opium smugglers from the Mediterranean to the Sahara, flanked by Thomson and Thompson and above all the colourful Captain Haddock (here making his début). The invectives and torrential cursing of this disreputable drunkard were henceforth to become a feature of every episode.

Sure enough, the film (in black and white) suffered from the impossibility of transposing a comic strip - which deals in static images fixing only intense moments of the action - into animation, with its clumsy mechanical movements and real spoken dialogue (in this case uttered by chubby stylized puppet faces). But the young audiences were delighted by the sight of familiar characters (and by a number of oriental scenes set against ravishing backgrounds), but this was to be Claude Misonne's only venture into feature films.

● Au lendemain de la guerre, la saga des *Aventures de Tintin* est en plein essor: une douzaine d'albums parus depuis 1930, puis un magazine hebdomadaire dès septembre 1946 (dont le succès est foudroyant) préludent au premier film de long métrage consacré au héros d'Hergé en 1947. La réalisatrice, Claude Misonne, n'est pas une inconnue dans le domaine du cinéma d'animation: elle a signé de nombreux clips publicitaires, mais aussi de courts contes de fées, dont les personnages, façonnés par elle, sont des petites poupées aux têtes rondes et lisses (qu'elle mêlera plus tard à des personnages vivants), animées par son mari João Michiels.

Le crabe aux pinces d'or était le neuvième épisode conçu par Hergé: publié en feuilleton dès octobre 1940, puis paru en album l'année suivante (et en couleurs dans sa version 1943), il conduisait Tintin et Milou à la poursuite de trafiquants d'opium, en Méditerranée puis au Sahara, flanqués des deux Dupon(d)t et surtout du truculent Capitaine Haddock (qui fait ici son apparition), l'infréquentable ivrogne dont les invectives et les bordées de jurons réapparaîtront dans chaque épisode.

Le film (en noir et blanc) souffrait, bien sûr, de l'impossible transposition d'une bande dessinée, aux images fixes figeant un temps fort, vers une animation en mouvement gauche, mécanique, dialoguée en voix humaines (et ici à partir de visages poupins hiératisés). Mais le public enfantin s'amusa en retrouvant ses personnages familiers (et aussi quelques scènes orientales, aux décors ravissants), mais ce fut la seule incursion de Claude Misonne dans l'aventure du long métrage. *(RM)*

▶ Na de oorlog nam de sage van de *Avonturen van Kuifje* een hoge vlucht: sinds 1930 waren een twaalftal albums verschenen, vanaf september 1946 werd ook een weekblad uitgegeven (dat een waanzinnig succes kende) en een jaar later kwam de eerste langspeelfilm uit gewijd aan de held van Hergé. De realisatrice, Claude Misonne, was geen onbekende op het gebied van de tekenfilm: ze had reeds talrijke reclamespots en korte sprookjes op haar actief, met als personages kleine poppen met ronde en gladde hoofdjes (die ze later samen met levende acteurs zou ensceneren), geanimeerd door haar man João Michiels.

Le crabe aux pinces d'or, de negende door Hergé getekende episode, verscheen in afleveringen vanaf oktober 1940 en als album in 1941 (vanaf 1943 in kleurendruk). Kuifje en Bobbie zitten opiumhandelaars op de hielen - van de Middellandse Zee tot de Sahara - en worden daarin bijgestaan door Jansen en Janssen, maar vooral door de stormachtige kapitein Haddock (hier voor het eerst te zien), een onverbeterlijke dronkaard wiens scheldproza en krachttermen steevast van de partij zouden zijn in volgende afleveringen.

De film (in zwart-wit) lijdt uiteraard onder de onmogelijke transponering van een stripverhaal, waar statische beelden de sleutelmomenten weergeven, in een tekenfilm, met onhandige, gekunstelde bewegingen en menselijke stemmen (die toebehoren aan stijve poppengezichten). De jonge toeschouwers waren echter volkomen gefascineerd door hun vertrouwde helden (alsook door enkele Oosterse scènes te midden van schitterende decors), maar Claude Misonne waagde zich alvast geen tweede maal aan een langspeelfilm.

Jeugdstorm

Gust Geens, Jozef Jacobs

Jeugdstorm
Les orages de la jeunesse
Youth Storm

DIRECTOR: Gust Geens, Jozef Jacobs
YEAR: 1947
COUNTRY: BE
SCREENPLAY: Jozef Jacobs, Frans Somers
BASED ON: Het lied van de Donau, written by Franz Weiser
CAMERA: Gust Geens
EDITING: Gust Geens
PRODUCER: Gust Geens
PROD. CO.: Argos-Films (Boechout)
CAST: Jos Lemmens (Bert Vandamme), Hendrik Van Broeckhoven (Vader Vandamme), Celest Bellekens (Marc Dejonghe), Ward Bellekens (Ward Dejonghe), Jozef Jacobs (Vader Dejonghe), Emma Ceuls (Moeder Dejonghe)
LANGUAGE: Dutch
GAUGE: 16 mm
SILENT/SOUND: silent
B&W/COLOUR: B&W
MINUTES: 80'

◆ **Youth Storm** is, just like **Our Standard-Bearers** (made by Jos Jacobs and Leo Uten that same year), a propaganda film proceeding from the Catholic scouting movement. The inspiration behind this amateur 16mm film project was Gust Geens, a scouts leader and film-maker for the Boechout film club Argos-Films. A moralizing work, extolling the virtues of family values and the ideal of the Catholic youth movement, it was a collaboration between the members of the amateur film club and the local scouting group. **Youth Storm** is an adventurous youth film based on the popular boys' book *The Song of the Danube* by the Jesuit father Franz Weiser. It follows the conflict and the eventual reconciliation between two scouts from different social backgrounds.

Youth Storm was jointly directed by Gust Geens and school head Jozef Jacobs, but was never intended for general release. However, the film proved extremely popular with audiences and was shown in more than 300 parishes throughout Flanders. There existed no original film score, so it was screened to suitably atmospheric music from a 78 LP, while the directors substituted intertitles for the dialogue. This decision was hardly inspired by any artistic motives, but a lack of financial means left them no other choice (the war had ended barely two years ago). The success of **Youth Storm** led Geens to follow up with **Light of the Mountains** a few years later, a film in precisely the same mould, this time made in a directing partnership with Hugo Van den Hoegaerde.

● A l'instar de **Garçons qui peuvent porter un drapeau** (réalisé par Jos Jacobs et Leo Uten la même année), **Les orages de la jeunesse** est un document de propagande du milieu catholique scout. La cheville ouvrière de ce projet amateur, tourné en 16mm, fut Gust Geens, chef scout et cinéaste au ciné-club Argos-Films de Boechout. Ce film moralisateur, qui vante les vertus familiales et l'idéal du mouvement de jeunesse catholique, est le résultat d'une collaboration entre les membres du ciné-club amateur et le groupe de scouts local. Ce film pour les jeunes, calqué sur le modèle du film d'aventure et réalisé d'après le célèbre ouvrage du père jésuite Franz Weiser *La chanson du Danube*, raconte le conflit, puis la réconciliation, de deux scouts issus de milieux sociaux différents.

Les orages de la jeunesse, une coréalisation de Gust Geens et du directeur d'école Jozef Jacobs, n'était pas du tout destiné à une sortie commerciale. Il connut pourtant un formidable succès. Le film fut projeté dans plus de 300 paroisses flamandes. Une bande son originale n'existant pas, la projection s'accompagnait d'une musique d'ambiance sur 78 tours et les dialogues étaient remplacés par des intertitres. L'option n'avait pas de prétentions artistiques: les réalisateurs ont choisi cette solution pour des raisons financières (la guerre n'était terminée que depuis deux ans). Le succès poussa Geens à tourner, quelques années plus tard, **La lumière des montagnes**, un film tout à fait dans le même esprit, en collaboration, cette fois, avec Hugo Van den Hoegaerde.

▶ **Jeugdstorm** is, net als **Jongens die een vlag kunnen dragen** (van Jos Jacobs en Leo Uten uit hetzelfde jaar), een propagandadocument uit het katholieke chiromilieu. De bezieler van dit amateurproject op 16mm was Gust Geens, chiroleider en cineast van de Boechoutse filmclub Argos-Films. Een samenwerking tussen de leden van de amateurfilmclub en de plaatselijke chirogroep lag aan de basis van dit moraliserende werk, een lofzang op de familiale waarden en het ideaal van de katholieke jeugdbeweging. Deze op avontuurlijke leest geschoeide jeugdfilm naar het populaire jongensboek *Het lied van de Donau* van pater jezuïet Franz Weiser, volgt het conflict en de uiteindelijke verzoening tussen twee chiroknapen van verschillende sociale afkomst.

Jeugdstorm werd gecoregisseerd door Gust Geens en schoolhoofd Jozef Jacobs en mikte helemaal niet op een commerciële release, maar de prent kende desalniettemin een enorm succes. De film werd in meer dan 300 Vlaamse parochies vertoond. Er bestond geen originele klankband, maar de projectie werd begeleid door sfeerscheppende muziek afkomstig van 78-toeren grammofoonplaten en de dialogen werden vervangen door tussentitels. De regisseurs kozen geenszins voor deze oplossing uit artistieke overwegingen, maar wel wegens een gebrek aan financiële middelen (de oorlog was immers pas twee jaar eerder geëindigd). Het onverwachte succes inspireerde Geens enkele jaren later - ditmaal in samenwerking met Hugo Van den Hoegaerde - tot het draaien van **Het licht der bergen**, een film volledig in de geest van **Jeugdstorm**. (LJ)

Feu de brousse

Roger De Vloo

Feu de brousse
Brand in de rimboe
Bush Fire

DIRECTOR: Roger De Vloo
YEAR: 1947
COUNTRY: BE
PROD. CO.: Africa-Films (Costermansville/Bukavu)
LANGUAGE: French
GAUGE: 16 mm
SILENT/SOUND: sound
B&W/COLOUR: B&W
MINUTES: 68'

◆ Missionary work in the Belgian Congo was mainly the preserve of the White Fathers, who were active in the eastern part of the colony and in the mandated territories of Ruanda and Urundi. Roger De Vloo entered the order in 1934. Ten years later he was sent to the Belgian Congo, where he took charge of the film production company which the order had established in the colony. De Vloo had no experience with film, but just before he left he bought a camera and some books on film-making. Between 1947 and 1967 he produced some 70 films. **Bush Fire** was the first film De Vloo shot for the White Fathers' fledgling company, called Africa-Films. It is a documentary destined for both the indigenous population and the Belgian home-front, charting the daily lives of a group of missionaries in the colony and recording the quick spread of the Catholic faith throughout Central Africa. De Vloo explored a roughly similar theme in a short film he directed one year later in Urundi: **Safari**, about a missionary who travels around by motorcycle to spread the faith. Africa-Films was not the only Catholic production company established in the Congo. The Order of the Immaculate Heart established its own parallel enterprise, called Luluafilm. This firm, based at Luluabourg (now Kananga), was led by Father Albert Van Haelst, who had been making films in the colony since 1935. Edisco-Films in Léopoldville and the Centre Congolais d'Action Catholique Cinématographique CCACC (under the direction of Father Alexandre Van den Heuvel) also devoted themselves to spreading the True Word of Christ, even embodied as animated films.

● L'évangélisation catholique du Congo belge était surtout l'affaire des Pères Blancs. Ils opéraient dans la partie orientale de la colonie et dans les territoires sous mandat du Ruanda et de l'Urundi (le Burundi actuel). Roger De Vloo entra dans l'ordre des Pères Blancs en 1934. Dix ans plus tard, il partit pour le Congo belge où il prit en charge la production cinématographique que les Pères Blancs souhaitaient lancer dans la colonie. De Vloo n'avait aucune expérience du septième art. Peu avant son départ, il se procura une caméra et quelques livres sur la technique cinématographique. Entre 1947 et 1967, il produisit près de septante films, pour la plupart destinés au public africain. **Feu de brousse** est son premier film en 16mm réalisé pour la maison de production des Pères Blancs, Africa-Films. Il s'agit d'un documentaire, destiné aussi bien aux Africains qu'au public belge. De Vloo suit la vie quotidienne de quelques missionnaires de la colonie et montre que la foi catholique se propage à grande vitesse en Afrique centrale. Il aborde un thème identique dans un court métrage tourné un an plus tard en Urundi, **Safari**, sur un missionnaire prêchant la foi catholique à moto. Africa-Films n'était pas la seule maison de production opérant au Congo. Les Pères scheutistes avaient leur propre entreprise, Luluafilm, située à Luluabourg (actuellement Kananga), dont la figure de proue, Albert Van Haelst, tournait des films dans la colonie depuis 1935. Edisco-Films à Léopoldville et le Centre Congolais d'Action Catholique Cinématographique CCACC, avec le père Van den Heuvel, se consacraient également à la propagation de la bonne nouvelle, parfois même sous forme de dessins animés.

▶ De katholieke evangelisatie in Belgisch Kongo was voornamelijk in handen van de Witte Paters. Ze waren actief in het oostelijk deel van de kolonie en in de mandaatgebieden Ruanda en Urundi. Roger De Vloo trad in 1934 toe tot deze orde; tien jaar later vertrok hij naar Belgisch Kongo, waar hij verantwoordelijk was voor de filmproductiemaatschappij die de Witte Paters in de kolonie hadden opgestart. De Vloo had geen ervaring met film; vlak voor zijn vertrek schafte hij zich nog een camera aan en enkele boeken over filmtechniek. Tussen 1947 en 1967 produceerde hij zo'n 70 films. **Feu de brousse** was De Vloo's eerste film voor het productiehuis van de Witte Paters, Africa-Films. Het is een documentaire die zowel bestemd was voor de Afrikanen zelf als voor het Belgische thuisfront. De Vloo volgt er het dagelijks leven van een aantal missionarissen in de kolonie en toont aan hoe snel het katholieke geloof zich in Centraal-Afrika verspreidt. Een gelijkaardig thema kwam aan bod in een kortfilm die De Vloo een jaar later in Urundi draaide (**Safari**), over een missionaris die zich per motor verplaatst om het katholieke geloof te verkondigen. Africa-Films was niet het enige katholieke productiehuis in Kongo. Ook de scheutisten hadden hun eigen maatschappij: Luluafilm, gevestigd te Luluabourg (nu Kananga), met als boegbeeld Pater Albert Van Haelst, die al sinds 1935 films draaide in de kolonie. Ook Edisco-Films te Leopoldstad en het Centre Congolais d'Action Catholique Cinématographique CCACC (o.l.v. Alexandre Van den Heuvel) legden zich toe op de verspreiding van het Woord, zelfs in de vorm van animatiefilms. *(GO)*

Wilskracht

René Van de Weerdt

Wilskracht
L'effort
The Effort

DIRECTOR: René Van de Weerdt
YEAR: 1947
COUNTRY: BE
PROD. CO.: Nationaal Verbond van Socialistische Mutualiteiten
LANGUAGE: Dutch/French
GAUGE: 16 mm
SILENT/SOUND: sound
B&W/COLOUR: B&W
MINUTES: 60'

◆ Alongside a few great names in the documentary field, Belgian film history has seen innumerable workaday film-makers turn out their efforts in the form, supported by official subsidies and commissions. In the fifties, subsidies were dealt out - often grudgingly - by civil servants employed in the departments for tourism, public instruction and agriculture, occasionally also by the political parties and state-owned industries. "In other words, the film-maker was not given an entirely free rein in conception or execution. The result was by nature a hybrid film, occasionally of aesthetic merit" (Francis Bolen).

The Liège-born René Van de Weerdt was just one such conscientious labourer, delivering 60 films over the space of 10 years on a typically wide variety of subjects - the education of blind and deaf-mute children, safety precautions at the workplace, the glorification of the helicopter and the evils of alcoholism. To him we owe tourist reportages, documentaries on miners and pilots, films with one-word titles: **Production**, **Vote**, **Women**, **Rhythms**, **Tulips**.

His opus 7, from 1947, is an hour-long commission for the Socialist Mutual Insurance Organization entitled **The Effort**. We are treated to an exhaustive description of this institution's many facets, its pioneers and personnel, its clinics and holiday camps, its co-operatives and laboratories. A spirit of pure propaganda pervades the reportages, voice-overs and scenes acted out for the benefit of the camera. A detailed brochure "featuring striking images from the film" was issued to accompany this didactic work.

● A côté de quelques grands cinéastes du documentaire, le cinéma belge a connu d'innombrables artisans du genre, tournant tant bien que mal, sollicitant des subventions ou des commandes officielles. Dans les années 50, les fonds étaient accordés, souvent avec parcimonie, par des fonctionnaires du Tourisme, de l'Instruction Publique, de l'Agriculture, et parfois par des partis politiques ou des entreprises d'Etat. "C'est dire que le cinéaste ne jouissait pas d'une entière liberté de conception et d'exécution. Le résultat était nécessairement hybride, encore que parfois valable sur le plan esthétique" (Francis Bolen).

Le Liégeois René Van de Weerdt fit partie de ces honnêtes réalisateurs, signant 60 films en dix ans sur les thèmes de commande les plus divers: éducation des aveugles et des sourds-muets, sécurité sur les lieux de travail, glorification de l'hélicoptère ou méfaits de l'alcoolisme. On lui doit des reportages de tourisme, des documentaires sur les mineurs ou les pilotes, ainsi qu'une série de titres en un mot: **Produire**, **Vote**, **Femmes**, **Rythmes**, **Tulipes**.

En 1947, son opus 7, **L'effort**, un long métrage d'une heure, est une commande des mutualités socialistes. Un tour d'horizon exhaustif du fonctionnement de cette institution, avec ses pionniers et son personnel, ses cliniques et ses camps de vacances, ses coopératives et ses laboratoires. Tout est chanté sur le mode de la propagande, à travers reportages, commentaires et scènes jouées. Une brochure détaillée "reprenant des images frappantes du film" accompagne cette œuvre didactique. (RM)

▶ Naast enkele grote documentaristen kende de Belgische film vooral talloze ambachtelijke filmers die zo goed of zo kwaad mogelijk hun werk deden, steeds azend op subsidies of officiële opdrachten. Tijdens de jaren 50 werden dergelijke fondsen - vaak mondjesmaat - toegekend door de ambtenaren van Toerisme, Publieke Voorlichting en Landbouw, en soms ook door politieke partijen of staatsbedrijven. "Onnodig te zeggen dat de cineast niet echt vrij was in de keuze van onderwerp of stijl. Het resultaat was dan ook nogal heterogeen, alhoewel esthetisch gezien dikwijls de moeite waard" (Francis Bolen).

René Van de Weerdt uit Luik was zo'n rechtschapen ambachtsman; op tien jaar tijd blikte hij wel 60 opdrachtfilms in, over de meest uiteenlopende onderwerpen: de opvoeding van blinden en doofstommen, de veiligheid op het werk, een lofzang op de helikopter of een aanklacht tegen het alcoholisme. Hij schonk ons voorts toeristische reportages, documentaires over mijnwerkers en piloten en ettelijke eenwoordige titels: **Produire**, **Vote**, **Femmes**, **Rythmes**, **Tulipes**.

In 1947 volgde zijn opus 7, een film van een uur lang gemaakt in opdracht van de socialistische ziekenfondsen: **Wilskracht**. Deze film belicht uitvoerig alle facetten van dit instituut, zijn grondleggers en personeel, zijn ziekenhuizen en vakantiekampen, coöperatieven en laboratoria. Reportages, commentaren en geacteerde scènes wisselen elkaar af, steeds voorzien van een propagandistische ondertoon. Een gedetailleerde brochure met "de meest pakkende beelden uit de film" vergezelde dit didactisch werk.

L'équateur aux cent visages

André Cauvin

L'équateur aux cent visages
De beeldrijke evenaar
De evenaar met 100 gezichten
Black Shadows

DIRECTOR: André Cauvin
YEAR: 1948
COUNTRY: BE
CAMERA: André Cauvin, Charles Lengnich
MUSIC: Pierre Moulaert
COMMENTS: Louis-Philippe Kammans
PRODUCER: André Cauvin
CAST: Iris Jasinski, Jacques Nanteuil (Figurants)
LANGUAGE: French
GAUGE: 35 mm
SILENT/SOUND: sound
B&W/COLOUR: B&W
MINUTES: 68'

◆ Brussels lawyer André Cauvin turns his back on the bar, first for cinema journalism, then the director's chair. In 1933 he embarks on a career as a documentary film-maker (which also encompasses two brilliant essays on **Memling** and **The Mystic Lamb by Van Eyck** just before the war): all in all, he amasses over forty titles by 1959, including three full-length works shot in the Belgian Congo, the land which becomes the subject of his extensive propaganda. Utterly overwhelmed by the African territory, Cauvin devotes himself to increasing awareness of our former colony by token of his numerous visits.

The first of these features (already preceded by three short propaganda reportages, one made during the war for American audiences, **Congo**) is entitled **Black Shadows**. Cauvin's conscious aim was to discover intact within this territory primitive, untamed Africa, an echo of pre-colonial times, and to capture customs and everyday routines never before seen on film. In the heart of the equatorial forest, between Stanleyville and Lake Kivu, the director lived amongst the indigenous peoples, recording reality as it happened around him and persuading his hosts to restage certain ritual ceremonies for the benefit of the camera. In the land of the mythical leopard-men he was able to film the cruel initiation of younger generations, the wedding of a local king, the dances of Batutsi warriors, an exorcism and the application of tattoos, a gorilla-hunt, herds of elephants and an archery contest. So many rare ethnological documents which survive the addition of an overly invasive commentary.

● Avocat au barreau de Bruxelles, André Cauvin néglige le prétoire pour le journalisme cinématographique, puis pour la caméra. Dès 1933, il entame une carrière de documentariste (avec aussi deux brillants essais sur **Memling** et **L'agneau mystique**, à la veille de la guerre). Au total, plus de quarante titres jusqu'en 1959. Parmi eux, trois longs métrages seront consacrés au Congo belge, dont il va devenir le grand propagandiste. Amoureux fou de la terre africaine, Cauvin va s'employer à la magnifier et à la faire connaître à travers ses multiples séjours dans la colonie.

Le premier de ces longs métrages (qui avait déjà été précédé de trois courts reportages de propagande, dont un pendant la guerre destiné au public américain: **Congo**) s'intitule **L'équateur aux cent visages**. Le but avoué de Cauvin était de découvrir intacte l'Afrique primitive et sauvage, antérieure au colon, et de filmer la vie quotidienne et les coutumes jamais encore captées par le cinéma. Au cœur de la forêt équatoriale, dans la région entre Stanleyville et le lac Kivu, le réalisateur vécut parmi les indigènes, enregistrant la réalité sur le vif ou amenant les Noirs à reconstituer pour lui certaines cérémonies rituelles. Dans la région des mythiques hommes-léopards, il put filmer l'initiation cruelle des jeunes gens, le mariage d'un roi local, les danses des guerriers de la tribu Batutsi, une séance d'exorcisme ou de tatouage, une chasse au gorille, les troupeaux d'éléphants, un tournoi de tir à l'arc. Autant de documents ethnologiques rares que n'arrive pas à gâcher un commentaire trop envahissant. *(RM)*

▶ André Cauvin, advocaat aan de Brusselse balie, laat de rechtszaal voor wat ze is om zich eerst te wijden aan filmjournalistiek en nadien zelf post te vatten achter de camera. In 1933 begint hij zijn carrière als documentarist (met o.a. aan de vooravond van de oorlog twee briljante essays: **Memling** en **L'agneau mystique**). In 1959 heeft hij in totaal zo'n 40 titels op zijn palmares staan, waaronder drie lange films gedraaid in Belgisch Kongo, een land waarvan hij de grootste propagandist zou worden. Cauvin had zijn hart verloren aan het Afrikaanse continent en wilde het door zijn vele reizen naar de kolonie alom bekendheid geven.

De eerste van deze films kreeg de titel **L'équateur aux cent visages** en volgde na drie eerdere propagandafilmpjes (waaronder **Congo**, gemaakt tijdens de oorlog en bestemd voor het Amerikaanse publiek). Het was er Cauvin uitdrukkelijk om te doen het primitieve en wilde, prekoloniale Afrika te ontdekken; hij wou als allereerste het ongerepte dagelijkse leven met zijn zeden en gebruiken op film vastleggen. In het hart van het Evenaarswoud, de streek tussen Stanleystad en het Kivumeer, leefde de regisseur bij de inboorlingen, die hij ertoe wist te brengen om voor hem sommige van hun rituele ceremonies op te voeren. Bij de mythische luipaardmannen kon hij de wrede initiatie van de jongeren filmen, het huwelijk van een plaatselijke vorst, dansen van de Batutsi-krijgers, exorcisme en tatoeëring, een gorillajacht, kudden olifanten of een wedstrijd boogschieten. Kortom, evenzoveel zeldzame etnologische documenten, die beklijven ondanks een soms opdringerige commentaar.

Passeurs d'or

Emile-Georges De Meyst

Passeurs d'or
Goudsmokkelaars
Gold Smugglers

DIRECTOR: Emile-Georges De Meyst
YEAR: 1948
COUNTRY: BE-FR
SCREENPLAY: Marcel Roy, Pierre Gaspard-Huit
DIALOGUE: Pierre Gaspard-Huit
ASST. DIR.: Georges Lust
DIR. PHOT.: Maurice Delattre
CAMERA: Albert Putteman, René Dumont, Eddy Souris
EDITING: Jef Bruyninckx
SOUND: Gustave J. Evrard
MUSIC: Robert Pottier
ART DIRECTOR: Achille Maertens
PRODUCER: Emile-Georges De Meyst
PROD. CO.: Centre Belge de Production CBP (Bruxelles)
PROD. SUPERV.: Marcel L. Jauniaux
CO-PROD. CO.: Société Nouvelle Pathé-Cinéma (Paris)
CAST: Ginette Leclerc (Josée), Alfred Adam (Gueule en or), Pierre Larquey (Père Maes), André Le Gall (Jean Mareuil), Georges Jamin (Garcia), Francine Vendel (Francine), Jos Gevers (Grand Duc), Charles Nossent (Le vieux Jeff), Berthe Charmal (Mère Rougeau), Mia Mendelson (Nele), Hubert Daix (Bouddha), René Herdé (Légionnaire), Guillaume Lambrette (Pauwels), Paul Nuyttens (Petit Louis), Jean Ramon (Noguarro), Edgar Willy (Kroll), Charles Gontier (Santucci), Raymond Cordy (Roussel), André Mile (Mathias), André Guise (Thyl), Réginald (Claes), Paul Rouma (Officier des douanes), M. D'haese (Remy), Victor Guyau (Douanier), Pierre Fransen (Accordéoniste), Henrard (Chauffeur)
LANGUAGE: French
GAUGE: 35 mm
SILENT/SOUND: sound
B&W/COLOUR: B&W
MINUTES: 87'

◆ The success in France of his post-war films enabled Emile-Georges De Meyst to join forces with the highly influential production firm Pathé-Cinéma. A second collaboration with Fernand Crommelynck did not materialize and thus the director turned to a contemporary issue, the smuggling of gold across the Franco-Belgian border, where several gangs operated at the time. The film tells the story of two rival clans, the one consisting of small-time smugglers and the other of crooks specializing in gold and precious stones. Following the treachery of a femme fatale, the contrabandists unite with customs officers to bring about the fall of the black sheep.

This clichéd script was tackled by a mainly French cast featuring the top names of commercial cinema, with Ginette Leclerc as the odious vamp, Pierre Larquey as a malicious cabaret performer, Raymond Cordy as an idiot customs officer and Alfred Adam playing a good smuggler. A few Belgian actors had to make do with what was left, including the doyen of the Brussels theatre scene Charles Nossent (as an aged smuggler) and Francine Vendel, making her début at 16.

Despite its banal theme and a structure, mise en scène and performances reminiscent of the "Saturday night movies" popular before the war, **Gold Smugglers** became a smash hit: the film was Pathé's biggest French box-office success in 1948, way ahead of René Clair's **Man About Town**. The production company even went so far as to present this work at the Venice Film Festival, where it was inevitably overshadowed by **The Treasure of the Sierra Madre** and Laurence Olivier's **Hamlet**.

● Le succès de ses films d'après-guerre en France allait permettre à De Meyst de s'associer à une puissante firme de production: Pathé-Cinéma. Une deuxième collaboration avec Fernand Crommelynck ne put se concrétiser, et c'est alors vers un thème d'actualité que se tourna le réalisateur: les trafiquants d'or. En effet, à l'époque, plusieurs bandes opéraient à la frontière belgo-française. L'histoire opposait deux clans rivaux: des modestes contrebandiers et des malfrats spécialistes en or et pierres précieuses. Après la trahison d'une femme fatale, les contrebandiers s'uniront aux douaniers pour éliminer les brebis galeuses.

Sur un tel script à poncifs, une distribution, composée en majorité de comédiens français, réunissait tous les chevronnés du cinéma commercial: Ginette Leclerc en vamp odieuse, Pierre Larquey en cabaretier malicieux, Raymond Cordy en douanier stupide, et Alfred Adam en brave contrebandier. Parmi les acteurs belges, qui se contentaient des restes, on retrouvait le doyen de nos scènes bruxelloises: Charles Nossent, en fraudeur octogénaire, et une débutante de 16 ans: Francine Vendel.

Pourtant, en dépit de la banalité du thème, la carrière de **Passeurs d'or** - dont la structure, la mise en scène et l'interprétation relevaient de ce qu'on nommait avant-guerre "le cinéma du samedi soir" - allait être fulgurante. Le film rapporta à Pathé ses meilleures recettes en France pour l'année 1948, bien loin devant **Le silence est d'or**. Cette œuvrette fut même présentée par ses producteurs à la Biennale de Venise où elle passa, bien sûr, inaperçue face au **Trésor de la Sierra Madre** et au **Hamlet** de Laurence Olivier. (RM)

▶ Dankzij het succes van zijn naoorlogse films in Frankrijk kon Emile-Georges De Meyst zijn naam verbinden aan een machtige productiemaatschappij: Pathé-Cinéma. Een tweede samenwerking met Fernand Crommelynck kwam niet van de grond en De Meyst richtte zich dan maar op een actueel thema: de verschillende benden van goudsmokkelaars die toen aan de Frans-Belgische grens actief waren. Twee rivaliserende clans gaan in deze film met elkaar in de clinch: een groepje bescheiden smokkelaars en een aantal gespecialiseerde boosdoeners die handelen in goud en edelstenen. Na het verraad van een femme fatale gaan de smokkelaars en de douane samen de schurftige schapen te lijf.

Dit clichématige script werd aangepakt door een hoofdzakelijk Franse cast, waaronder vele oude rotten afkomstig uit de commerciële cinema: Ginette Leclerc (als gemene vamp), Pierre Larquey (als misdadige cabaretier), Raymond Cordy (als onnozele douanier) en Alfred Adam (als goedhartige smokkelaar). De Belgische acteurs moesten zich met de overige rollen tevreden stellen; onder hen de nestor van het Brusselse theater, Charles Nossent (als hoogbejaarde fraudeur), en een debutante van amper zestien, Francine Vendel.

Ondanks het banale thema was deze **Passeurs d'or** - met een structuur, een mise-en-scène en een vertolking die doen denken aan de vooroorlogse "zaterdagavondfilms" - een rijke carrière beschoren: de prent werd het grootste kassucces van Pathé in 1948 en liet **Le silence est d'or** ver achter zich. De producent vertoonde dit werk zelfs op de Biënnale van Venetië, waar de film helaas overschaduwd werd door **The Treasure of the Sierra Madre**, en **Hamlet** van Laurence Olivier.

Images d'Ethiopie

Paul Pichonnier, Jean Pichonnier

Images d'Ethiopie
Beelden van Ethiopië
Images of Ethiopia

DIRECTOR: Paul Pichonnier, Jean Pichonnier
YEAR: 1948
COUNTRY: BE
CAMERA: Paul Pichonnier
EDITING: Paul Pichonnier
SOUND: Paul Pichonnier
COMMENTS: Georges Farineau
VOICES: Robert Lefèvre
LANGUAGE: French
GAUGE: 35 mm
SILENT/SOUND: sound
B&W/COLOUR: B&W
MINUTES: 65'

◆ Frenchmen by birth, the Pichonnier brothers were to spend their entire career in Belgium. First photographers, then film-makers, from 1933 they turned out an impressive series of "supporting films" (those shown before the main feature, without a mention on the bill), jumping from one subject to the next, from **Spa, Belgian City of Water** to **Erasmus**, from **Polish Dolls** to **Telegraphy in Belgium**. In-between tourist documentaries, an essay on conjuring tricks and a short about tuberculosis they sandwiched what was to be their only excursion into the "big feature" - the film reached the 1949 Cannes Film Festival - **Images of Ethiopia**.

This project occupied them fully for over a year, 3 months of which were spent shooting and 6 editing. Emperor Haile Selassie, or the Negus, for the first time permitted filming in his empire (and even in his own office), allowing the Pichonniers to record the most contrasting aspects of an ancient country: from a religious service with Coptic rites to a leper-house, from popular customs to military manœuvres, from the colourful spectacle of the street to an execution by electric chair (filmed up close right to the end). Via the picturesque Djibuti railway we travel on to the Harrar, with its archaeological remains and charred landscapes as described by Rimbaud. Images and moments of everyday life, sometimes marred by the commentary's officious fawning to the Negus. And after this magical visit to the land of the Queen of Saba, the Pichonniers returned to their supporting films, from **The Cloud Dancer** to a portrait of Queen Elisabeth.

● Français d'origine, les deux frères Pichonnier allaient faire toute leur carrière en Belgique. Photographes, puis, dès 1933, réalisateurs d'une impressionnante série de ce qu'on nommait alors les "films de complément" (ceux qui passaient avant le long métrage, souvent sans être annoncés à l'affiche), ils sautent d'un sujet à l'autre: **Spa, ville d'eau belge**, **Erasme**, **Poupées polonaises** ou encore **Le télégraphe en Belgique**. Entre documentaires de propagande touristique, essai sur la prestidigitation et court métrage sur la tuberculose, ils atteindront une seule fois le domaine du "grand film", celui qui ira jusqu'au Festival de Cannes 1949: **Images d'Ethiopie**.

Ce long métrage les monopolisera plus d'un an, dont trois mois de prises de vues et six de montage. L'empereur Hailé Sélassié, dit le négus, accepta pour la première fois un tournage dans son empire (et jusque dans son bureau) et laissa les frères Pichonnier filmer les aspects les plus contrastés d'un pays millénaire. On passe d'un cérémonial religieux en rite copte à une léproserie, des coutumes populaires aux manœuvres militaires, du spectacle bigarré de la rue à une exécution capitale sur la chaise électrique (filmée de près jusqu'au bout). Par le pittoresque chemin de fer de Djibouti, on accède au Harrar, avec ses vestiges archéologiques et ses paysages calcinés qu'avait connus Rimbaud. Des images et des tranches de vie, parfois gâchées par la flagornerie officielle du commentaire envers le négus. Après cette incursion magique au pays de la reine de Saba, les frères Pichonnier revinrent au film de complément, du **Danseur des nuages** à un portrait de la reine Elisabeth. (RM)

▶ De Franse gebroeders Pichonnier maakten carrière in België, eerst als fotografen en later als regisseurs van onder meer een indrukwekkende reeks "voorfilms" (vertoond vóór de langspeelfilm zonder evenwel op de affiche te prijken), die ze vanaf 1933 over een hele rits onderwerpen draaiden, gaande van **Spa, ville d'eau belge** tot **Erasme** en van **Poupées polonaises** tot **Le télégraphe en Belgique**. Tussen toeristische documentaires, essays over de goochelkunst en kortfilms rond tuberculose door maakten ze ook een "grote film", **Images d'Ethiopie**, die het Festival van Cannes van 1949 haalde.

Deze langspeelfilm nam hen meer dan een jaar in beslag, waarvan drie maanden voor de opnamen en zes voor de montage. Keizer Haile Selassië, ook negus genoemd, gaf voor de eerste keer zijn toestemming om te filmen in zijn keizerrijk (en zelfs in zijn werkkamer) en hij liet de gebroeders de meest contrasterende aspecten van zijn duizendjarige rijk vastleggen, van een religieuze ceremonie uit een Koptische eredienst tot een leprozerie, van volkse gebruiken tot militaire manœuvres, van een kleurrijk straatspektakel tot een voltrekking van de doodstraf op de elektrische stoel (van dichtbij gefilmd tot het bittere einde). De pittoreske spoorlijn naar Djibouti voert ons langs Harrar, met de archeologische overblijfselen en het verschroeide landschap dat Rimbaud ooit aanschouwde. Beelden uit het leven gegrepen, soms wat bedorven door de commentaar vol officiële vleierij ter ere van de negus. Na deze magische excursie naar het land van de koningin van Seba wijdden de gebroeders Pichonnier zich weer aan de voorfilm, van **Le danseur des nuages** tot een portret van koningin Elisabeth.

Rubens

Henri Storck, Paul Haesaerts

Rubens

DIRECTOR: Henri Storck, Paul Haesaerts
YEAR: 1948
COUNTRY: BE
SCREENPLAY: Paul Haesaerts, Henri Storck
ASST. DIR.: Luc Zangrie [Luc de Heusch], Jean Van Elsen
CAMERA: Robert Gudin, Pierre Gudin, Jacques Brunet, D. Sarrade, H. Sarrade, Maurice Delattre, Charles Abel
EDITING: Henri Storck
MUSIC: Raymond Chevreuille
COMMENTS: Paul Haesaerts
PRODUCER: Henri Storck
PROD. CO.: Cinéma-Edition-Production CEP (Bruxelles)
VOICES: Stéphane Cordier (F), A. J. J. Delen (N)
LANGUAGE: French/Dutch/German/American/Spanish/Russian
GAUGE: 35 mm
SILENT/SOUND: sound
B&W/COLOUR: B&W
MINUTES: 65'

◆ This film represents the meeting of art criticism and cinema, "the complete Rubens" expressed in sound and movement. Art historian Paul Haesaerts showed no qualms in celebrating blatant didacticism and expository high culture. As an instructional, inventorial work this film covers all important aspects of its subject: the definition of the baroque as diametrically opposed to the Middle Ages; the composition of paintings; the life of Rubens, his wives, his children, his house and his workshop; the thematic analysis of his works, his career, the evolution of his art, his influence etc... The content of the film is very much in line with the demands André Bazin wished to be placed on audiences in emphasizing the educational role of cinema. The form is also both innovatory and inventive, using animation to expose the lines and circles incorporated within the structure of the paintings and thus visualizing their composition. Split-screen techniques are deployed for comparative studies of different styles and paintings.

Yet in addition to these text-book examples of virtuosity Storck develops his famous method of entering into the dramaturgy of a painting by means of camera movements such as panning, sweeping shots of the canvas, the dwelling on a particular detail and close-ups of figures and faces. The first section of the film is more analytical and biographical, whereas the second takes us on a lyrical journey to the heart of the painting and the world of Rubens, connecting the artist's fullness, generosity and luxuriance. "Henri Storck and Paul Haesaerts are honest. They take their respect for Rubens' sensuality as far as it is possible to go" (Pierre Bourgeois).

● Cette œuvre est la rencontre de la critique d'art et du cinéma, ou "le tout Rubens" mis en son et en mouvement. L'historien de la peinture Paul Haesaerts s'est livré à l'exaltation du didactisme démonstratif et de la culture explicative intelligente. La leçon/catalogue est complète: la définition du baroque opposé au Moyen Age, la composition des tableaux, la vie de Rubens, ses femmes, ses enfants, sa maison et son atelier, l'analyse thématique de son œuvre, sa carrière, l'évolution de son art, l'influence qu'il a exercée, etc. Le contenu est tout à fait dans la ligne exigeante que prônait André Bazin quand il soulignait le rôle éducatif du cinéma. La forme est innovatrice et inventive. Elle utilise l'animation pour souligner les lignes et les cercles de la structure des tableaux. La composition est ainsi visualisée. Elle fait jouer la fragmentation de l'écran pour faire l'étude comparative de tableaux ou de styles différents.

Mais face à ces virtuosités de manuel scolaire, Henri Storck développe sa fameuse méthode, celle de l'entrée dans la dramaturgie d'un tableau par des mouvements de caméra: travellings latéraux, balayage de la toile, arrêt sur un détail, proximité des personnages et des visages. La première partie du film est plus analytique et biographique, la seconde nous fait pénétrer avec lyrisme dans la peinture et le monde de Rubens, et rejoint le foisonnement, la générosité, la luxuriance du peintre. "Henri Storck et Paul Haesaerts sont honnêtes. Ils vont aussi loin que possible dans le respect de la sensualité rubénienne" (Pierre Bourgeois). (JA)

▶ Een ontmoeting tussen kunstkritiek en film, ofwel "de complete Rubens", met geluid en beweging. Kunsthistoricus Paul Haesaerts was een uitgesproken pleitbezorger van de aanschouwelijke didactiek en de cultuur van het intelligente betoog. Deze les/catalogus is volledig: de definitie van de barok tegenover de middeleeuwen, de structuur van de schilderijen, het leven van Rubens, zijn vrouwen, zijn kinderen, zijn huis en atelier, een thematische analyse van zijn œuvre, zijn carrière, zijn artistieke evolutie, zijn invloed enz. De inhoud ligt in de veeleisende lijn van André Bazin, die de opvoedende rol van de cinema benadrukte. De vormgeving is vernieuwend en fantasierijk. Om lijnen en cirkels aan te geven in de structuur van een bepaald werk, wordt gebruik gemaakt van animatietechnieken: een manier om de compositie te visualiseren. Het onderverdeeld beeld laat een vergelijkende studie van schilderijen of stijlen toe.

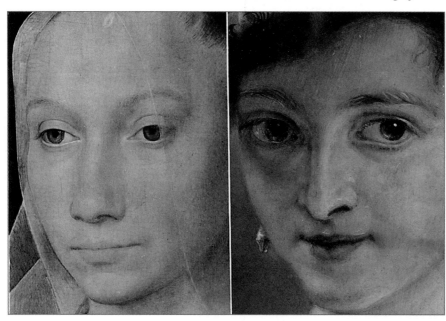

Tegenover deze virtuositeit "uit het boekje" plaatste Storck zijn befaamde methode om rechtstreeks in het verhaal van een schilderij binnen te dringen door middel van camerabewegingen: zijwaartse travellings, het glijden over het doek, inzoomen op details, close-ups van personages of gelaatstrekken. Het eerste deel van de film is vooral analytisch en biografisch; het tweede is lyrischer van toonzetting en dompelt de kijker onder in de wereld van de schilderkunst en van Rubens, één met de inspiratie, vrijgevigheid en rijkdom van deze schilder. "Storck en Haesaerts zijn eerlijk. Ze drijven hun eerbied voor de Rubensiaanse sensualiteit zo ver mogelijk" (Pierre Bourgeois).

Nieuwenhove

Pierre Wauters

Nieuwenhove

DIRECTOR: Pierre Wauters
YEAR: 1948
COUNTRY: BE
SCREENPLAY: Frank Leiman [René Defrancq]
BASED ON: Nieuwenhove, written by Jef Crombez
CAMERA: Jo Vasberg [Jo Van Waesberghe]
EDITING: Jo Vasberg [Jo Van Waesberghe], Peter Watts [Pierre Wauters]
PRODUCER: Francis Caro [Francis Haelman]
PROD. CO.: Pro Adolescent Film PAF (Gent)
CAST: Leon Lateur, Esther Van de Putte, Lucien de Lombaerde, Agnes Verschueren, Valère Lateur, Gustave Van de Putte, Nero Plateau, Albert Van de Putte, Maurice Van de Marliere, Jules De Walle
LANGUAGE: Dutch
GAUGE: 16 mm
SILENT/SOUND: sound
B&W/COLOUR: B&W
MINUTES: 94'

◆ During the war, a group of Franciscan fathers set up a semi-clandestine film school in Ghent. Under the tutelage of François Haelman, the students were taught the art of film and even made one or two of their own documentaries. A group of these students later got together to form the Pro Adolescent Film PAF with the aim of making films which would "free the public from the dangerous and oppressive atmosphere which emanated from so many films. Film's task is to educate and entertain; it should neither offend our morals nor attack everything that is dear to us."

At about this time, the Flemish author Jef Crombez had written the novel *Nieuwenhove*, about the Jonckheere family who run a farm. Father Jonckheere has two sons, Fons and Walter. Fons leaves the farm and gets into bad ways while Walter stays at home and builds up the business. Eventually, Fons also realizes that his place is on the land. He returns to the farm and is welcomed back by his brother with open arms.

The chaplain of the Young Farmers' Association of Ghent felt that a film adaptation of this novel could have a favourable influence on young farmers. He communicated his ideas to the PAF and their director Pierre Wauters, who selected a handful of amateur theatre players and farmers to interpret Crombez' characters according to the neo-realist style. Since these actors were only free on Sundays, shooting lasted from 1946 to 1948. **Nieuwenhove** was released throughout Western Flanders by the Young Farmers' Association with considerable success, although the PAF still did not manage to break even and was forced to put an end to any thoughts of another feature.

● Pendant la guerre, quelques pères franciscains créèrent une école de cinéma semi-clandestine à Gand, où les élèves purent s'initier au septième art. Sous la direction de François Haelman, ils eurent des cours théoriques et réalisèrent des documentaires. Un petit groupe d'adolescents forma ensuite le Pro Adolescent Film (PAF). But proclamé: faire des longs métrages qui "arracheraient le public à l'atmosphère dangereuse et déprimante charriée par d'innombrables pellicules. Les films doivent être éducatifs et récréatifs, et ne pas briser le moral des spectateurs en offensant ce qu'ils ont de plus cher."

Entre-temps, Jef Crombez avait écrit *Nieuwenhove*, un roman sur une famille paysanne du nom de Jonckheere. Un père a deux fils, Fons et Walter. Fons quitte la ferme paternelle et sort du droit chemin. Walter continue l'exploitation. Finalement, Fons comprend que sa vocation est de cultiver la terre et revient à la ferme où son frère l'accueille à bras ouverts.

Le prévôt de la section gantoise de la Ligue de la Jeunesse Paysanne se dit qu'une adaptation filmée du roman aurait une influence bénéfique sur les fils de paysans: il fit part de son idée au PAF et à leur réalisateur Pierre Wauters. Pour incarner les personnages de Crombez dans le style néoréaliste, celui-ci choisit des acteurs amateurs et des agriculteurs. La distribution n'étant disponible que le dimanche, les prises de vues s'étalèrent de 1946 à 1948. Les projections du film organisées par la Ligue de la Jeunesse Paysanne en Flandre-Occidentale remportèrent un certain succès. Pourtant, le PAF connut à la suite de cette production de graves problèmes financiers qui mirent fin à son aventure.

▶ Tijdens de oorlog stichtten enkele Paters Franciscanen een semi-clandestiene filmschool in Gent. Onder de leiding van François Haelman werden de leerlingen ingewijd in de zevende kunst. Men liet het niet bij de theorie want er werden zelfs enkele documentaires gedraaid. Enkele filmstudenten richtten de Pro Adolescent Film (PAF) op en wilden echte speelfilms realiseren "om het publiek los te rukken uit de gevaarlijke en neerdrukkende sfeer die van ontelbare filmbanden uitgaat. De film moet opvoedend en ontspannend zijn, niet krenkend voor de moraal noch beledigend voor alles wat ons dierbaar is".

Ondertussen had de Vlaamse auteur Jef Crombez de roman *Nieuwenhove* geschreven over het boerengezin

Jonckheere. Vader heeft twee zonen: Fons en Walter. Fons verlaat de hoeve en komt op het slechte pad terecht. Walter baat de boerderij verder uit. Uiteindelijk beseft ook Fons dat zijn roeping op het land ligt. Hij keert terug naar de hoeve en wordt door zijn broer met open armen ontvangen.

De proost van de Gentse Boeren Jeugd Bond BJB meende dat de verfilming van deze roman een gunstige invloed zou hebben op de jeugd en hij speelde de opdracht door aan de PAF en hun regisseur Pierre Wauters. Deze selecteerde enkele amateurtoneelspelers en boeren die, in navolging van het neorealisme, gestalte gaven aan de personages van Crombez. Aangezien deze mensen enkel op zondag vrij waren, duurden de opnamen van 1946 tot 1948. In West-Vlaanderen werd de film door de BJB met succes vertoond, maar de PAF-medewerkers bleven toch achter met een financiële kater, zodat het voor hen bij dit ene filmavontuur is gebleven. *(PG)*

La maudite

Norbert Benoît [Norbert Van Peperstraete], Marcel L. Jauniaux, Emile-Georges De Meyst

La maudite
Des amants sur l'herbe
La belle de nulle part
De verdoemde
The Damned

DIRECTOR: Norbert Benoît [Norbert Van Peperstraete],
Marcel L. Jauniaux, Emile-Georges De Meyst
YEAR: 1949
COUNTRY: BE
SCREENPLAY: Norbert Benoît, Marcel Roy
DIALOGUE: Marcel Roy
ASST. DIR.: Jean-Louis Colmant
DIR. PHOT.: André Dantan
CAMERA: Albert Putteman
EDITING: Jef Bruyninckx, Jean Notte
SOUND: André Notte
MUSIC: Robert Pottier
PRODUCER: Marcel L. Jauniaux
PROD. CO.: Centre Belge de Production CBP (Bruxelles)
PROD. SUPERV.: Emile-Georges De Meyst
CAST: Claudine Dupuis (Laura), Jos Gevers (Le
rebouteux), Marcel Roels (Le vannier), Omer
Ducarme (Pierre), Charles Nossent (Le
joueur d'orgue), René Herdé (Le père de
Madeleine), Francine Vendel (Madeleine),
Rita Francis (La cabaretière), Marguerite
Dehousse (La mère de Madeleine),
Guillaume Lambrette (Le photographe),
Jean Lemuy (Louis), Paul Saussus
(Fernand), Harry Dupray (Le docteur), Léon
Rosy (Méresse), Roger Simmons (Victor)
LANGUAGE: French
GAUGE: 35 mm
SILENT/SOUND: sound
B&W/COLOUR: B&W
MINUTES: 76'

◆ Despite overdue payments and bickering with Pathé (there existed no statutory regulations for co-productions in Belgium at the time), the Centre Belge de Production CBP, which Emile-Georges De Meyst co-founded in 1947, reaped the benefits of its first commercial triumph, **Gold Smugglers**. Strengthened by this success, 1949 saw it put into production two films simultaneously, one to be directed by De Meyst (**Angels Are Amongst Us**), the other, **The Damned**, to be taken on by the scriptwriter Norbert Benoît for his directing début. But Benoît's incompetence soon proved overwhelming, and in the end the dogged De Meyst took on most of the shooting.

Benoît's script was a variation on the tried and tested theme of the beautiful and mysterious femme fatale who arrives out of the blue in a small village, spreading conflict and discontent throughout the community until the inhabitants harass her and provoke her tragic death. To play the vamp with the dark past the producers called upon Claudine Dupuis, co-star of **Mr Wens Plays His Trumps** two years earlier. She is seconded by a group of familiar faces including René Herdé, Francine Vendel, Charles Nossent, Jos Gevers and, more unexpectedly, Marcel Roels in the dramatic role of a basket-maker.

The critical response to the film was rather mixed, with some reviewers railing against the film's clichés and naïveté whilst others (such as Francis Bolen) spoke of "a strange atmosphere which is not unappealing, reminiscent of those timeless local legends told after dark", even referring to the Scandinavian cinema of the 1920s. Perhaps the time has come for a reappraisal of this film.

● Malgré quelques retards de paiements et des tiraillements avec Pathé (à l'époque, les coproductions étaient encore mal protégées par la législation belge), le Centre Belge de Production CBP, qui comptait Emile-Georges De Meyst parmi ses fondateurs en 1947, venait de remporter un premier triomphe commercial avec **Passeurs d'or**. Fort de ce succès, le Centre allait mettre en chantier deux films à la fois en 1949: l'un devait être dirigé par De Meyst (**Les anges sont parmi nous**), l'autre (**La maudite**) par le scénariste Norbert Benoît, pour ses débuts dans la mise en scène. Son incompétence s'avérant flagrante, c'est finalement l'infatigable De Meyst qui prit en main la majeure partie des prises de vues.

Le script de Norbert Benoît se présentait comme une variation sur un thème rebattu: une belle et mystérieuse femme fatale, venue on ne sait d'où, apporte drames et conflits dans un village qui la harcèlera jusqu'à sa mort tragique. Pour incarner la vamp au passé maudit, les producteurs firent appel à Claudine Dupuis, covedette des **Atouts de Monsieur Wens**, deux années plus tôt. De vieilles connaissances, comme René Herdé, Francine Vendel, Charles Nossent, Jos Gevers et, plus inattendu, Marcel Roels, dans un rôle dramatique de vannier, vinrent entourer l'actrice.

Le film fut diversement reçu par les critiques, les uns dénonçant les clichés et les naïvetés avec virulence, les autres, à l'instar de Francis Bolen, parlant d'un "climat étrange qui n'est pas sans séduction, comme ces légendes du terroir, situées hors du temps, qu'on se raconte à la veillée", et évoquant le cinéma nordique des années 20. Peut-être une œuvre à reconsidérer? *(RM)*

► Ondanks enkele achterstallige betalingen en wat financieel getouwtrek met Pathé (een wetgeving omtrent coproducties was in België toen nog onbestaande), kon het Centre Belge de Production CBP - waarvan Emile-Georges De Meyst medeoprichter was in 1947 - de vruchten plukken van zijn eerste commerciële triomf: **Passeurs d'or**. Gesterkt door dit succes, produceerde de maatschappij in 1949 maar liefst twee films tegelijk: de eerste (**Les anges sont parmi nous**) zou geregisseerd worden door De Meyst, de tweede (**La maudite**) door de scenarist en debuterende regisseur Norbert Benoît. Benoît bleek echter al snel hopeloos onbekwaam, en de onvermoeibare De Meyst nam dan maar het merendeel van de opnamen op zich.

Het script van Benoît was een variant op een uitgemolken thema: een mooie en mysterieuze femme fatale duikt plots op in een dorpje en geeft daar aanleiding tot conflicten en drama's; de dorpelingen sarren haar tot ze een tragische dood sterft. Als vamp-met-het-duistere-verleden kozen de producenten Claudine Dupuis, twee jaar eerder al de co-vedette van **Les atouts de Monsieur Wens**. Zij werd bijgestaan door oude bekenden als René Herdé, Francine Vendel, Charles Nossent, Jos Gevers en - eerder onverwacht - Marcel Roels, in de dramatische rol van een mandenvlechter.

De critici reageerden uiteenlopend op deze film: de enen laakten de clichés en naïviteit, de anderen (zoals Francis Bolen) maakten gewag van "een vreemde, eerder verleidelijke sfeer, zoals in die tijdloze plaatselijke legenden die men bij valavond vertelt", herinnerend aan de Scandinavische cinema van de jaren 20. Een werk dat opnieuw geëvalueerd dient te worden?

Les anges sont parmi nous

William Magnin, Emile-Georges De Meyst

Les anges sont parmi nous
Je n'ai que toi au monde
De engelen zijn onder ons
Angels Are Amongst Us

DIRECTOR: Emile-Georges De Meyst, William Magnin
YEAR: 1949
COUNTRY: BE
SCREENPLAY: Matthias Colbert [Marcel-Georges Collet]
DIALOGUE: Jacques Kupissonof
ASST. DIR.: Maurice Jungers
DIR. PHOT.: André Dantan
CAMERA: Albert Putteman, Maurice Delille, Eddy Souris
EDITING: Jef Bruyninckx, Jacques Collet
SOUND: André Notte
MUSIC: Robert Pottier
ART DIRECTOR: Achille Maertens
PRODUCER: Marcel L. Jauniaux
PROD. CO.: Centre Belge de Production CBP (Bruxelles)
PROD. SUPERV.: Marcel-Georges Collet
CAST: Albert Préjean (Dr. Rougel), Anne Fabrice (Nadine), Francette Vernillat (Michèle), Jean Vinci, Serge Bérault, Sylviane Ramboux, Charles Nossent, René Herdé, Guillaume Lambrette, Bette Van Es
LANGUAGE: French
GAUGE: 35 mm
SILENT/SOUND: sound
B&W/COLOUR: B&W
MINUTES: 85'

◆ Given the parsimony of the Belgian government where support of the national film industry was concerned, it can be considered a minor miracle that one director - Emile-Georges De Meyst in this case - should finish no less than 7 films within the first 5 years following the end of the war. And the happy man kept up the pace: immediately after completing work on **The Damned**, he went on to direct an altogether different film, this time a mundane feel-good melodrama. The inclusion of a co-director in the credits (William Magnin) remains a mystery to this day.

The saccharine title **Angels Are Amongst Us** is in keeping with the actual story itself, that of a doctor so absorbed in his work that he neglects his wife, who is subjected to the advances of an admirer. A series of unfortunate events leads the doctor to doubt the fidelity of his wife, and he shamelessly throws her out. It goes without saying that their little daughter, sick from despair, will bring the couple back together after an unexpected revelation. With such a plot, the success of the film was assured. The lead role was taken by the Frenchman Albert Préjean, at the time past the height of his popularity in the films of René Clair and the wartime Maigret series. His dynamic, assured performance, the charm of the young Francette Vernillat (as touching as she was in **Monsieur Vincent**) and the camerawork of **Farrebique** cinematographer André Dantan are the relative highlights of this work, which the distributors rechristened **Je n'ai que toi au monde** ("You're All I Have in the World").

● Quand on envisage l'incroyable carence des gouvernants belges de l'époque face au cinéma, on reste sidéré de voir un réalisateur, en l'occurrence Emile-Georges De Meyst, réaliser sept films en cinq ans depuis la fin de la guerre. Et le gaillard reste sur la brèche: à peine terminée la supervision de **La maudite**, le cinéaste met en chantier un ouvrage tout différent, jouant cette fois sur le mélo mondain et les bons sentiments. Nul ne sait pourquoi un coréalisateur, William Magnin, lui est associé au générique des **Anges sont parmi nous**.

Sous un titre sirupeusement populaire se dissimule une histoire à l'avenant: celle d'un médecin qui, trop absorbé par son travail, néglige sa femme, laquelle est tentée de céder aux avances d'un admirateur. Une série de hasards malheureux conduisent le docteur à douter de la fidélité de son épouse, qu'il chasse honteusement. Il va de soi que leur petite fille, tombée malade de désespoir, réunira les deux personnages au prix d'une révélation inattendue. Une telle intrigue assura le succès du film, interprété par une vedette française alors en perte de vitesse après ses prestations pour René Clair et ses Maigret de guerre: Albert Préjean. Son jeu dynamique et convaincu, le charme de la petite Francette Vernillat (déjà attendrissante dans **Monsieur Vincent**) et la présence, insolite dans ce film belge, de l'opérateur de **Farrebique**, André Dantan, sont les trois maigres atouts d'un film également baptisé **Je n'ai que toi au monde** par les distributeurs. *(RM)*

▶ Als men bedenkt hoe karig de Belgische overheid wel omsprong met haar steun aan de Belgische filmsector, dan mag het een klein wonder heten dat een regisseur - in casu Emile-Georges De Meyst - er net na de oorlog in slaagde maar liefst zeven films te draaien op vijf jaar tijd. En de man ging vrolijk door: eens de regie van **La maudite** afgerond, begon hij terstond aan een heel andere film, ditmaal een gezond en mondain melodrama. Het blijft een raadsel waarom de generiek naast De Meysts naam ook die van een coregisseur, William Magnin, vermeldt.

Achter de nogal stroperige titel **Les anges sont parmi nous** gaat een gelijkaardig verhaal schuil: een dokter, opgeslorpt door zijn werk, verwaarloost zijn vrouw, die zich het hof laat maken door een bewonderaar. Door ongelukkig toeval begint de dokter de trouw van zijn eega in twijfel te trekken en zet hij haar schaamteloos aan de deur. Uiteraard zal hun kleine dochtertje, ziek van wanhoop, erin slagen beide ouders te herenigen dankzij een onverwachte openbaring. Een dergelijke intrige verzekerde het succes van deze film, vertolkt door de Franse topacteur Albert Préjean, die na zijn schitterende prestaties voor René Clair en in de Maigret-films uit de oorlogsjaren op zijn retour was. De dynamische en overtuigende vertolking van Préjean, de charme van de kleine Francette Vernillat (even vertederend als in **Monsieur Vincent**) en de medewerking van André Dantan, de cameraman van **Farrebique**, vormen de belangrijkste troeven van deze film, door de verdelers omgedoopt tot **Je n'ai que toi au monde**.

Le mariage de Mademoiselle Beulemans

André Cerf

Le mariage de Mademoiselle Beulemans
Fientje Beulemans
The Marriage of Mademoiselle Beulemans

DIRECTOR: André Cerf
YEAR: 1950
COUNTRY: BE-FR
SCREENPLAY: André Cerf
BASED ON: Le mariage de Mlle Beulemans, written by Lucien Fonson, Fernand Wicheler
DIALOGUE: André Cerf
ASST. DIR.: Jean Leduc, Claude Sautet
DIR. PHOT.: Marc Fossard
CAMERA: Duculot, René Schneider, Clovis Théry
EDITING: Isabelle Elman
SOUND: Jean Bertrand
MUSIC: Richard Cornu
ART DIRECTOR: René Moulaert, Lucien Fonson
PRODUCER: Jean-François Fonson, Michel Koustoff
PROD. CO.: Théâtre de la Galerie (Bruxelles), Les Films Tellus (Paris)
PROD. SUPERV.: Franz Bukofzer
CAST: Hubert Daix (M. Beulemans), Francine Vandel (Mlle Beulemans), Christian Alers (Albert Delpierre), Maurice Gillain (Séraphin Meulemeester), Elise Bernard (Mme Beulemans), Pierre Larquey (Le Doyen), Saturnin Fabre (M. Delpierre), Suzy Andremont (Isabelle), Jean-Pierre Ray (Isidore), Jean François (Mostinckx), Raoul Leclerc (Meulemeester)
LANGUAGE: French
GAUGE: 35 mm
SILENT/SOUND: sound
B&W/COLOUR: B&W
MINUTES: 90'

◆ An inexhaustible source of productions on the stage, the big and soon the small screens, *Le Mariage de Mademoiselle Beulemans* has become a classic of Belgian dialect comedy, for better or for worse. On the one hand, it is a charming, well-crafted piece of national theatre, with exaggerated yet comical characters and a real feel for the atmosphere and humour of the Marolles. On the other, it panders to the folkloric image of the locals, with their grotesque "street talk" and conceited, simplistic backwardness - a mythology that was to be perpetuated by Coluche and the others - set against a backdrop of French fries and Manneken Pis. Twice already the French had come to Belgium for screen adaptations of Fonson and Wicheler's colourful text: Julien Duvivier in 1927 and Jean Choux in 1932. On this occasion André Cerf took charge of the matter, bringing in the troupe of the Brussels Galeries theatre (its artistic director was Fonson's son, guardian of the Beulemans tradition). Two stalwarts of French popular cinema, Saturnin Fabre and Pierre Larquey, completed the cast.

It is to the director's credit that he chose belle époque costumes (the play dates from 1910) for the story of the corpulent and linguistically inventive brewer, here played by Hubert Daix. Cerf also transposed several scenes to the Ostend of King Léopold II, complete with contemporary bathers. Otherwise the highly efficient comic machinery motors on without rest. And since Marcel Pagnol declared that without **Beulemans** he would neither have written **Marius** nor produced so many masterpieces, why should we throw a spanner in the works?

● Filon intarissable au théâtre comme à l'écran (et bientôt à la télévision), *Le mariage de Mademoiselle Beulemans* est devenu un classique de la comédie belge à accent, pour le meilleur comme pour le pire. Le meilleur, c'est une gentille pièce nationale bien ficelée, aux personnages caricaturaux, mais cocasses, fleurant bon le terroir et l'humour bon enfant des Marolles. Le pire, c'est l'image folklorique du Bruxellois au "parler" grotesque et à la balourdise suffisante ou simpliste, dont Coluche et les autres allaient perpétuer la mythologie, sur fond de fritures et de Manneken-Pis. Deux fois déjà, les Français étaient venus tourner chez nous le texte truculent de Fonson et Wicheler: Julien Duvivier en 1927 et Jean Choux en 1932. Cette fois, c'est André Cerf qui se chargea de la besogne, s'appuyant sur la troupe bruxelloise des Galeries (que dirigeait alors le fils Fonson, dépositaire de la tradition Beulemans). Deux valeurs sûres du cinéma populaire français, Saturnin Fabre et Pierre Larquey, complétaient la distribution.

Le mérite du réalisateur fut de tourner en costumes de la Belle Epoque (la pièce datait de 1910) l'histoire du rondouillard brasseur à pataquès, joué ici par Hubert Daix. Une autre innovation du film fut de déplacer quelques scènes dans l'Ostende de Léopold II, avec baigneuses garanties d'époque. A part cela, la mécanique efficace de la comédie fonctionne sans temps morts. Et puisque Marcel Pagnol pousse la reconnaissance jusqu'à déclarer que sans **Beulemans** il n'aurait jamais écrit **Marius** ni tourné tant de chefs-d'œuvre, pourquoi bouder son plaisir? (RM)

▶ *Le mariage de Mademoiselle Beulemans* bleek zowel op het podium als in de bioscoop (en later op televisie) een onuitputtelijke bron van inspiratie en werd een ware klassieker onder de Belgische "dialectkluchten", ten goede en ten kwade. Het is een goedlachs en vlot stuk, stevig geworteld in onze nationale traities, met karikaturale maar geestige personages en een stevige dosis onschuldige Marollen-humor. Daartegenover staat dat het stuk een erg folkloristisch beeld ophangt van de Brusselaar met zijn groteske tongval en simplistisch lompe gedragingen, te midden van frietkoten en Manneken Pis, een mythologie die later zou worden voortgezet door Coluche en anderen. Twee keer al was een Fransman overgekomen om de sappige tekst van Fonson en Wicheler te verfilmen, Julien Duvivier in 1927 en Jean Choux in 1932. Nu was het de beurt aan André Cerf, bijgestaan door het Brusselse theatergezelschap van de Galeries (toen eigendom van Fonsons zoon, de erfgenaam van de Beulemans-traditie). De rolverdeling werd aangevuld met twee vaste waarden uit de Franse film, Saturnin Fabre en Pierre Larquey.

De verdienste van Cerf was dat hij het verhaal van de rondborstige, in het koeterwaals brabbelende brouwer, hier vertolkt door Hubert Daix, verfilmde met authentieke kostuums uit de Belle Epoque (het stuk dateert van 1910). Een andere vondst was het overhevelen van enkele scènes naar het Oostende van Leopold II, met de obligate baadsters van toen. Afgezien daarvan werkt het mechanisme van deze komedie naar behoren. Als Marcel Pagnol daarbovenop nog eens toegeeft dat hij zonder **Beulemans** nooit zijn **Marius** had geschreven, noch zoveel meesterwerken had gedraaid, wat kunnen we daar dan nog tegen inbrengen?

Ah! Qu'il fait bon chez nous

Jacques Loar, Emile-Georges De Meyst

Ah! Qu'il fait bon chez nous
Ah! 't Is zo fijn in België te leven
Oh! It's so Good to Be Home

DIRECTOR: Jacques Loar, Emile-Georges De Meyst
YEAR: 1950
COUNTRY: BE
SCREENPLAY: Jacques Loar, Marcel Roy
DIALOGUE: Jacques Loar, Marcel Roy
DIR. PHOT.: Henri Barreyre, Roger Hunin
EDITING: Jef Bruyninckx
SOUND: José Lebrun
MUSIC: Johnny Steggerda
COSTUMES: Adam
PROD. CO.: Atlantic Films (Bruxelles)
CAST: Jacques Loar (Gus Vermeulen), Jules De Neumostier (Jules), Lou Darley (Viviane), Germaine Broka (Loulou), May Dale (Mady), Christiane Marlier (Francine), Odette Guillaume (La dactylo), Irène Irka (Virginie), Jean Marchal (Mironval), Francis Tilmont (Jean-Pierre), Jean-Louis Colmant (Marcel), André Guise (Le docteur), Harry Dupray (L'oncle), Liverdan (Le bourgmestre), Réginald (L'huissier), Gaston Houssa (Gaston), Bobbejaan Schoepen
LANGUAGE: French/Dutch
GAUGE: 35 mm
SILENT/SOUND: sound
B&W/COLOUR: B&W
MINUTES: 104'

◆ As we have seen, Emile-Georges De Meyst was one of those chameleonic film-makers who could pass easily from one genre to another, be it drama, the war film, thriller or melodrama, the vaudeville or literary adaptation. Yet one element was missing from this list: De Meyst had never tackled the coarse wit of the revue. This was rectified by **Oh! It's so Good to Be Home**, of which one critic commented: "this hare-brained concoction beats all records for stupidity and incompetence; by comparison the films of Schoukens seem like genuine screen classics".

From the pen of chansonnier Jacques Loar, the script relates the misadventures of two wholesale cheese merchants; one has a son who works as a big-band leader, the other considers himself a great spiritualist. When a poltergeist manifests itself in the course of a seance, the film spirals off into insanity; a series of picturesque jaunts and musical escapades throughout Belgium ensues. Our two bumbling heroes show up in Wallonia and even in a lion cage at Antwerp zoo, and the film closes with a celebration in front of Manneken Pis. For extra spice the action is interrupted by several songs including *Ça, c'est l'amour* ("This Is Love") and *Je suis Bouddha* ("I Am Buddha").

This masterpiece brought together most of the cabaret and music-hall comics of Brussels (Jacques Loar and Lou Darley), Wallonia (Jules De Neumostier and Germaine Broka) and even of Flanders (the ineffable Bobbejaan Schoepen) - a Flemish-language version of this disastrous film was also specially made. And the poster promised "a laughing cure!"

● Dans sa productivité effrénée, Emile-Georges De Meyst, on l'a vu, est l'un de ces cinéastes-caméléons qui passent allègrement d'un genre à l'autre: du drame au film de guerre, du polar au mélo, du vaudeville au littéraire. Il manquait, à son palmarès, l'humour gros sel des revues. Ce fut chose faite avec **Ah! Qu'il fait bon chez nous** où, pour citer un critique, "tous les records de sottise et d'incapacité sont nettement battus par cette élucubration, à côté de laquelle les films de Schoukens pourraient prétendre au titre de classiques de l'écran".

Dû au chansonnier Jacques Loar, le scénario contait les mésaventures de deux marchands de fromage en gros, dont l'un avait un fils chef d'orchestre de jazz et dont l'autre se prenait pour un grand spirite. Après la manifestation d'un esprit frappeur lors d'une séance, l'histoire versait dans le délire absolu sur fond de virées folklorico-touristiques et d'envolées musicales à travers la Belgique. On retrouvait nos deux lascars en Wallonie et même dans une cage à lions du zoo d'Anvers, le film se terminant par une fête devant Manneken-Pis. Le tout était pimenté de chansons comme *Ça, c'est l'amour* ou *Je suis Bouddha*.

Ce chef-d'œuvre réunissait la plupart des comiques de cabaret ou de music-hall de Bruxelles (Jacques Loar et Lou Darley), de Wallonie (Jules De Neumostier et Germaine Broka) et même de Flandres (l'ineffable Bobbejaan Schoepen). Une version flamande de ce film calamiteux fut spécialement tournée dans cette langue. L'affiche promettait "Une cure de rire"! (RM)

▶ De cineast Emile-Georges De Meyst ging als een kameleon onbezorgd van het ene genre op het andere over; van drama, oorlogsfilm, politiefilm of melodrama tot vaudeville en literaire bewerking. Op zijn palmares ontbrak slechts de platvloerse humor van het cabaret. Dit werd al gauw verholpen door **Ah! 't Is zo fijn in België te leven**, door een criticus als volgt omschreven: "dit gewrocht breekt glansrijk alle records inzake idiotie en gestuntel, in vergelijking hiermee kunnen de films van Schoukens probleemloos tot klassiekers uitgeroepen worden".

Het scenario, ontsproten aan het brein van chansonnier Jacques Loar, verhaalt de perikelen van twee groothandelaars in kaas; de ene heeft een zoon - de orkestleider van een jazzcombo - en de andere waant zich een groot spiritist. Wanneer een klopgeest zich manifesteert tijdens een seance, komt het verhaal in een spiraal van waanzin terecht; folkloristische en toeristische uitstapjes en muzikale escapades doorheen België volgen. De twee rekels belanden in Wallonië en zelfs in een leeuwenkooi in de zoo van Antwerpen, en de film eindigt met een feest bij Manneken Pis. Dit alles wordt opgefleurd met liedjes als *Ça, c'est l'amour* en *Je suis Bouddha*.

De rolverdeling van dit onvervalste meesterwerk telt ettelijke komieken uit de cabaret- en variétéwereld van Brussel (Jacques Loar en Lou Darley), Wallonië (Jules De Neumostier en Germaine Broka) en zelfs Vlaanderen (de onbeschrijfelijke Bobbejaan Schoepen), want van deze rampzalige film werd ook een Nederlandse versie gedraaid. "Een lachkuur", beloofde de affiche!

Noche de tormenta

Jaime De Mayora, Marcel L. Jauniaux

Co-production

Noche de tormenta
Annette
Nuit d'orage

DIRECTOR: Jaime De Mayora, Marcel L. Jauniaux
YEAR: 1951
COUNTRY: SP-BE
SCREENPLAY: A. Fanarraga, André Huguet, André Legrand
CAMERA: Henri Barreyre
EDITING: Francisco Jaumandreu, Juan Pisón
MUSIC: Manuel Parada
PRODUCER: José Enriquez Giròn, Marcel L. Jauniaux
PROD. CO.: Cordoba Films (Madrid), Centre Belge de Production CBP (Bruxelles)
LANGUAGE: Spanish/French
GAUGE: 35 mm
SILENT/SOUND: sound
B&W/COLOUR: B&W
MINUTES: 87'
NOTES: Two versions were made of this film: a French version (**Nuit d'orage**) by *Marcel L. Jauniaux* and a Spanish version (**Noche de tormenta** or **Annette**) by **Jaime De Mayora**

CAST: Anouk Aimée (Annette), Mario Cabre (Garcia), Mario Berriatua (Jean), Margo Lion (La mère d'Annette)

Le banquet des fraudeurs

Le banquet des fraudeurs

Henri Storck

Le banquet des fraudeurs
Het banket der smokkelaars
Het feestmaal der smokkelaars
Het smokkelaarsbanket
Bankett der Schmuggler
The Smugglers' Banquet
A Continental Story - the Smugglers' Banquet

DIRECTOR: Henri Storck
YEAR: 1951
COUNTRY: BE-GW
SCREENPLAY: Charles Spaak
DIALOGUE: Charles Spaak
ASST. DIR.: Georges Lust, Paul Leleu, Jo Kaserer
DIR. PHOT.: Eugène Schuftan
CAMERA: Raymond Picon-Borel, Mic D'Ines, Denis D'Ines
EDITING: Georges Freedland, Hilde Grabow, Georges Lust
SOUND: Rudolf Epstein
MUSIC: André Souris
ART DIRECTOR: Alfred Butow
PRODUCER: Franz Van Dorpe
PROD. CO.: Tevefilm (Bruxelles)
PROD. SUPERV.: Léon Canel, Fritz Aeckerle, Paul Leleu
CO-PRODUCER: Fritz Aeckerle
CO-PROD. CO.: Efilm (Frankfurt am Main)
ASSOC. PROD.: Georges Freedland
CAST: Françoise Rosay (Mme Demeuse), Paul Frankeur (Auguste Demeuse), Raymond Pellegrin (Michel Demeuse), Jean-Pierre Kerien (Pierre), Karl John (Hans), Robert Lussac (Fernand), Yves Deniaud (Le brigadier Achille), Christiane Lénier (Siska Van Mol), André Valmy (Le douanier Louis), Fred Engelen (Lieutenant de la douane), Daniel Ivernel (Jef), Edgar Willy (Ouvrier), Arthur Devère (Concierge de l'usine Gus), Eva Ingeborg Scholz (Elsa), Kathe Haack (La mère d'Elsa), Sylvain Poons (Camionneur hollandais), Charles Mahieu (Lieutenant de la gendarmerie), Kurt Groskurth (Le gros Charles), Ludzer Fringa (Le bourgmestre hollandais), Maryse Paillet (Kobi), Gert Günther Hoffman, Marguerite Daulboys, Mia Mendelson, Martha Dua
LANGUAGE: French/Dutch
GAUGE: 35 mm
SILENT/SOUND: sound
B&W/COLOUR: B&W
MINUTES: 90'

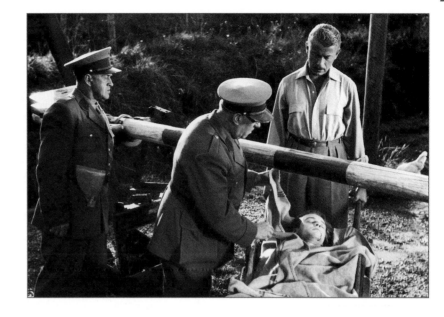

◆ "It was the cinema division of the authorities behind the Marshall Plan which suggested making a film on the creation of Benelux (...) Charles Spaak and I abandoned the idea of a documentary in the belief that a drama would stand more chance of winning an audience and its interest in such an unusual issue" (Henri Storck). The setting is a village straddling three borders - between Germany, Holland and Belgium - and inhabited by three different worlds, those of the ordinary workers, the customs officers and the smugglers. Charles Spaak weaves a plot binding together these various standpoints, creating characters and situations which allow him to tackle issues and get across a "message". The customs officer's daughter falls in love with a smuggler and later with a unionist; the employer's son, the smugglers and the workers plot together to save the factory; the smugglers and customs officers are united in wanting to keep the borders in force; in short, the film deals with History with a capital H. The creation of the Benelux accord, the projects for a European Union, the trauma of the Second World War, economic and social questions, the survival of industry and the struggles of the working class all come to the fore in stories of love, suspense and social conflict, told with an occasionally leaden humour and dialogues. The film (beautifully shot by Eugène Schuftan) occupies an important place in the history of Belgian cinema: Henri Storck's first full-length fiction work, the first international post-war co-production and the first film with a truly European spirit.

● "Ce sont les responsables cinématographiques du Plan Marshall qui me proposèrent de tourner un film documentaire sur la naissance du Benelux (...) Charles Spaak et moi avons abandonné l'idée du documentaire, pensant qu'une fiction aurait plus de chance de captiver le public et de l'intéresser à un problème inhabituel" (Henri Storck). Un village traversé par trois frontières, l'Allemagne, les Pays-Bas, la Belgique, et habité par trois mondes, celui des travailleurs, celui des douaniers et celui des fraudeurs... Charles Spaak va tisser entre tous ces points une intrigue qui les rassemble, imaginer des personnages et des situations qui permettront d'aborder les problèmes et de transmettre le "message": la fille du douanier aimera un contrebandier et s'éprendra d'un syndicaliste; le fils du patron, les fraudeurs et les ouvriers comploteront ensemble pour sauver l'usine; les contrebandiers et les douaniers tomberont d'accord sur l'intérêt de maintenir les frontières. Bref, l'Histoire avec un grand H (la création du Benelux, les projets d'Union européenne, le traumatisme de la Seconde Guerre mondiale, les questions économiques et sociales, la survie des entreprises et les luttes ouvrières) s'incarne ici dans des histoires de cœur, un suspense, un conflit social, avec un humour et des dialogues parfois trop appuyés. Le film, superbement éclairé par Eugène Schuftan, a une place importante dans l'histoire du cinéma belge: premier long métrage de fiction d'Henri Storck, première coproduction largement internationale d'après-guerre et premier film d'esprit européen. (JA)

▶ "Het zijn de filmautoriteiten van het Marshallplan die me het voorstel deden een documentaire te draaien over het ontstaan van de Benelux (...) Charles Spaak en ik lieten het idee van een documentaire varen vermits we dachten dat een speelfilm er beter zou in slagen het publiek te interesseren voor een ongewoon probleem" (Henri Storck). We bevinden ons in een dorpje doorkruist door drie grenzen - die van Duitsland, Nederland en België - en bewoond door drie werelden - die van de arbeiders, de douaniers en de smokkelaars... Charles Spaak bracht al deze gegevens samen in één intrige, schiep personages en situaties die hem in staat stelden de problemen aan te kaarten en een "boodschap" over te brengen. De dochter van de douanebeambte wordt verliefd op een smokkelaar, later op een vakbondsman; de zoon van de baas, de arbeiders en de smokkelaars spannen samen om de fabriek te redden en de douaniers en de smokkelaars gooien het op een akkoordje om de grenzen te behouden. Kortom, geschiedenis met een hoofdletter (de oprichting van de Benelux, de blauwdruk van de Europese Unie, het trauma van de Tweede Wereldoorlog, de economische en sociale vraagstukken, het voortbestaan van de bedrijven en de strijd van de arbeiders) in een verhaal over liefde en sociale strijd, vol suspense, humor en - soms overnadrukkelijke - dialogen. Deze film (prachtig in beeld gebracht door Eugène Schuftan) bekleedt een belangrijke positie in de Belgische filmgeschiedenis als eerste lange fictiefilm van de hand van Storck, eerste grotendeels internationale naoorlogse coproductie en eerste film in een ware Europese geest.

Bizimana

Roger De Vloo, Piet Verstegen

Bizimana
La flèche enflammée
De vlammende pijl

DIRECTOR: Roger De Vloo, Piet Verstegen
YEAR: 1950-1951
COUNTRY: BE
SCREENPLAY: A. Delacaux, Piet Verstegen
CAMERA: Roger De Vloo
SOUND: A. Van Overschelde
PROD. CO.: Africa-Films (Costermansville/Bukavu)
CAST: Doliri (Sorcier)
LANGUAGE: French/Dutch
GAUGE: 16 mm
SILENT/SOUND: sound
B&W/COLOUR: B&W
MINUTES: 88'

◆ One of the rare missionary films to enjoy runs in both colonial and Belgian cinemas was **Bizimana**. Indeed, the film was a great success, with 25 prints distributed in both French and Dutch-language versions. White Father Roger De Vloo tells the story of a group of missionaries who decide to settle on the eastern shore of Lake Kivu, showering the local Tutsi chief with gifts and eventually managing to convert him and his family. Along the way they encounter a heathen magician who, summoning up his demonic supernatural powers, injures young Bizimana with a poisoned arrow before falling to his death down a ravine.

In more than one sense, **Bizimana** is a classic piece of colonial cinema: the subtle indoctrination practised by later films is here present in a more rudimentary form, as is clearly demonstrated on many occasions. Here, a whole group of missionaries wish to settle on the village outskirts, whereas later works preferred the image of a solitary brother living within the community itself; the gifts offered to the Tutsi chief are also the gifts of the colonizer, from ruler-protector to the subordinate population. On another level, however, the film observes the ethnic structures within the African community - the chief is a Tutsi, his bearers and servants Hutus. Yet the film's didactic intent remains unchanged, and the chief's conversion is portrayed as something quite straightforward and natural. In opposition to this are the evil powers of the magician, likened to devil-worship, with his plunge into the ravine a banishment to hell.

● **Bizimana**, un des rares films évangélisateurs à avoir été porté à la fois sur les écrans coloniaux et belges, connut un grand succès et fut tiré à 25 copies, versions francophones et néerlandophones confondues. Le Père Blanc Roger De Vloo y raconte comment des missionnaires décident de s'implanter sur la côte orientale du lac Kivu, couvrent de présents le chef tutsi local et finissent par le convertir lui et sa famille. Les choses se compliquent lorsqu'un sorcier païen, invoquant ses pouvoirs démoniaques et surnaturels, blesse le jeune Bizimana avec une flèche empoisonnée. Le sorcier finira toutefois par trouver la mort dans un précipice.

A plus d'un titre, **Bizimana** est un film colonial des plus classiques, mais l'endoctrinement habile que l'on retrouvera dans la production ultérieure en est encore à son niveau rudimentaire. On le remarque à différents moments du film. Tout un groupe de missionnaires veut s'établir à la lisière du village, alors que dans les films plus tardifs, on donnera plutôt l'image d'un seul missionnaire habitant à l'intérieur de la communauté villageoise. Les cadeaux offerts au chef tutsi sont bien ceux du colonisateur, du maître protecteur à une population soumise. A un autre niveau, cependant, la structure ethnique de la communauté africaine est respectée: le chef du village est tutsi et ses porteurs et domestiques, hutus. Enfin, le propos didactique du film n'est pas perdu de vue: la conversion du chef tutsi est décrite comme un événement très simple et naturel. Les pouvoirs maléfiques du sorcier sont comparés à ceux du démon et sa chute dans le ravin à sa descente aux Enfers.

► Een van de weinige missiefilms die zowel de koloniale als de Belgische schermen gehaald heeft, is **Bizimana**. De film kende een enorm succes en kwam op zo'n 25 kopieën uit, in zowel Franstalige als Nederlandstalige versies. Witte Pater Roger De Vloo vertelt hoe een groep missionarissen zich in een dorp aan de oostelijke oever van het Kivumeer wil vestigen, hoe zij de Tutsi-chef met geschenken overladen en hem en zijn familie bekeren, hoe een heidense tovenaar er zijn bovennatuurlijke krachten en duivelse machten uitoefent en de jonge Bizimana verwondt met een giftige pijl, en hoe tenslotte de tovenaar de dood vindt in een ravijn.

Bizimana is in meer dan één opzicht een klassieke koloniale film: de subtiele indoctrinatie die in latere films is terug te vinden, heeft hier nog een primitief niveau, en dat vertaalt zich op verschillende momenten in de film. Een hele groep missionarissen wil zich vestigen aan de rand van het dorp, daar waar latere films een enkele missionaris in beeld brengen die binnen de dorpsgemeenschap woont; de geschenken aan de Tutsi-chef zijn die van een kolonisator, van een beschermer-heerser aan een onderworpen bevolking. Tegelijk wordt op een ander niveau de etnische structuur binnen de Afrikaanse gemeenschap gerespecteerd: het dorpshoofd is een Tutsi en zijn dragers en dienaars zijn Hutu's. Tenslotte wordt de educatieve opzet van de film niet uit het oog verloren: de kerstening van de Tutsi-chef wordt als een zeer eenvoudige, natuurlijke gebeurtenis in beeld gebracht, de boze machten van de tovenaar worden vergeleken met die van de duivel en zijn val in de ravijn is zijn verwijzing naar de hel. (MT)

Roger De Vloo

Uit hetzelfde nest

Edith Kiel

Uit hetzelfde nest
Issus d'un même nid
Nestmates

DIRECTOR: Edith Kiel
YEAR: 1952
COUNTRY: BE
SCREENPLAY: Edith Kiel
DIALOGUE: Jos Gevers
CAMERA: Herbert Körner, Paul De Fru, Thaddeus Kornowics
EDITING: Jef Bruyninckx
MUSIC: Jos Van der Smissen, Leo Panta
ART DIRECTOR: Mathias Matthies, Ellen Schmidt
PRODUCER: Edith Kiel
PROD. CO.: Antwerpse Filmonderneming AFO (Antwerpen)
CAST: Jos Gevers (Jef & Frans), Charles Janssens (Hicketick), Jaak De Voght (Kunstenaar), Gella Allaert (Mevrouw Nachtegaal), Jan De Vel (Bert Nachtegaal), Jenny Van Santvoort (Lucie Dyckman), Co Flower (Josephine), Oscar Ferket, Mariette Francis, Lena Sanders, Monique Andersen, Moni Mertens, Jaak Germain, Lucien De Schrijver
LANGUAGE: Dutch
GAUGE: 35 mm
SILENT/SOUND: sound
B&W/COLOUR: B&W
MINUTES: 80'

◆ After **Whitey** (1934), Flemish film production (which hardly qualified for the title of a film industry) consisted largely of the popular comedies, mostly in Flemish dialect, made by Jan Vanderheyden and his wife Edith Kiel. The couple turned out 14 films between 1934 and 1942. In 1949, Vanderheyden was sent to prison for collaboration. After his release in 1951, he immediately set up a production company, the Antwerpse Filmonderneming AFO, and carried on producing a string of locally based popular comedies, all essentially very similar. As Vanderheyden was barred from exercising a public function after his sentence, Kiel was now credited as the director of these films. **Nestmates**, made in the space of only 11 days, was shot almost entirely in the studios at Göttingen with one or two exteriors of Antwerp. **Nestmates** is a simple, one-dimensional tale about a crusty, debt-ridden shopkeeper (overacted by Jos Gevers) who decides to cash in on his life insurance policy by switching places with a dead man, assisted by his twin brother. By the end of the film he is brought to regret his actions. Cinematically, the film is unremarkable and remains little more than filmed theatre. Yet its roguish humour, schmaltzy popular songs and recognizable stereotypes with their comical tics (such as the short-sighted clerk played by Charles Janssens) made Antwerp audiences flock to the cinemas, which were otherwise showing mainly American films. **Nestmates** was the first Flemish film to be awarded a subsidy (via an entertainments tax) under the 1952 Royal Decree which allocated the very first public grants to the Belgian film industry.

● Depuis **Filasse** (1934), la production cinématographique flamande - on parlait à peine d'industrie - se limitait principalement à des farces populaires tournées en dialecte anversois par le duo Vanderheyden-Kiel. Le couple réalise 14 films entre 1934 et 1942. En 1949, Vanderheyden est condamné pour collaboration. Acquitté en 1951, il fonde immédiatement l'Antwerpse Filmonderneming AFO et continue la production de films populaires locaux très peu différents les uns des autres. Et puisque, suite à sa condamnation, Vanderheyden ne peut plus exercer de fonction publique, Kiel se verra propulsée à l'avant-plan en tant que réalisatrice. **Issus d'un même nid**, monté en 11 jours, a été, à l'exception de quelques plans d'Anvers, entièrement tourné dans les studios de Göttingen. Le film est un spectacle simple, unidimensionnel, qui raconte l'histoire d'un commerçant bourru et empêtré dans les dettes (Jos Gevers, un peu trop théâtral), et qui, en prenant l'identité d'un mort et avec l'aide de son frère jumeau, veut toucher la prime de son assurance-vie. Il se repentira finalement de ses actes. Le film ne présente pas un grand intérêt cinématographique: cela reste du théâtre filmé. Néanmoins, l'humour au premier degré, les chansons populaires et les personnages stéréotypés reconnaissables à leurs tics comiques (surtout Charles Janssens et employé myope) ont attiré le public anversois dans les cinémas alors submergés par les films américains. **Issus d'un même nid** est le premier film flamand qui bénéficia de l'A.R. de 1952, qui accordait (par le biais d'une taxe sur les spectacles) la première aide financière à l'industrie cinématographique belge.

▶ Sinds **De Witte** (1934) bestond de Vlaamse filmproductie (van een industrie was er toen nauwelijks sprake) vooral uit volkse en grotendeels in het Antwerps dialect opgenomen kluchten van Jan Vanderheyden en zijn vrouw Edith Kiel. Tussen 1934 en 1942 realiseerden ze veertien films. In 1949 werd Vanderheyden wegens collaboratie veroordeeld. Na zijn vrijspraak in 1951 richtte hij onmiddellijk de Antwerpse Filmonderneming AFO op en ging hij verder met het produceren van lokale, onderling weinig van elkaar verschillende volksfilms. Kiel werd nu als regisseur naar voren geschoven, omdat Vanderheyden krachtens zijn veroordeling geen openbare functie meer mocht uitoefenen. **Uit hetzelfde nest**, in elf dagen gemonteerd, werd op enkele Antwerpse sfeerbeelden na volledig in de studio's te Göttingen opgenomen. Het is een eenvoudig, eendimensionaal schouwspel rond een norse en in de schulden verstikkende winkelier (de ietwat theatrale Jos Gevers) die via een persoonsverwisseling met een dode en met de hulp van zijn tweelingbroer zijn levensverzekering wil opstrijken. Uiteindelijk zal hij tot inkeer komen. Op cinematografisch vlak stelt de film niet veel voor; het blijft verfilmd toneel. Maar de plat-schalkse humor, de schlagers en de herkenbare typetjes met komische tics (vooral Charles Janssens als myope bediende) lokten het Antwerpse publiek naar de veelal door Amerikaanse films overspoelde bioscopen. **Uit hetzelfde nest** werd de eerste Vlaamse film die kon genieten van het Koninklijk Besluit van 1952, de eerste steunmaatregel (in de vorm van een vermakelijkheidsbelasting) ten gunste van de Belgische filmnijverheid. *(LJ)*

Bongolo

André Cauvin

Bongolo
Bongolo et la princesse noire
Un conte d'aujourd'hui dans le
Congo d'autrefois
Bongolo en de negerprinses
Bongolo and the Negro Princess

DIRECTOR: André Cauvin
YEAR: 1952
COUNTRY: BE
SCREENPLAY: André Cauvin
CAMERA: Roger Fellous
EDITING: Max Brenner
SOUND: Ernest Salu
MUSIC: Pierre Moulaert
COMMENTS: Peter Baylis
PRODUCER: André Cauvin
CAST: Joseph Lifela (Bongolo), Petronelle
Abapataki (Doka)
VOICES: Yves Furet, Sonar Senghor
LANGUAGE: French
GAUGE: 35 mm
SILENT/SOUND: sound
B&W/COLOUR: colour
MINUTES: 85'

◆ With three documentaries and one prize-winning full-length film (**Black Shadows**, in Venice), André Cauvin had become an undeniable specialist in Black Africa. Setting off once more for the colony, he shoots the first colour film about the Congo, capitalizing on the Belgian Gevacolor process in an evocation of the dazzling magic of the country's landscape and customs. Whilst retaining his predilection for the documentary, Cauvin combines fictional and authentic material to address the problem of the Black "évolués" and the struggle between tradition and new ideas. He selects two non-professionals for the lead roles in his story, the tale of a young African who is a medical junior in a remote clinic in the bush. He strikes up a relationship with the daughter of the local King and their love grows, the young man persuading the woman to reject the prejudices and rites of her ancestors. The traditionalists set fire to the clinic, but the Princess flees the village, returns to her companion and, in the big city, discovers a life devoid of both magic and fetishistic superstition. Recaptured and forced into an arranged marriage, she escapes once again to live and work with the one she loves.

The film thus throws together two themes: on the one hand, the past, with its painful initiation ceremonies and white-faced zombies, its straw-masked witch doctors and the Law of the Ancestors; on the other, the advancement of "civilized" morality under white control. The Princess, shaped by the primitive customs and rhythms, is the very incarnation of this unending battle between the Africas of yesterday and tomorrow.

● Trois documentaires et un long métrage couronné au Festival de Venise (**L'équateur aux cent visages**) avaient fait d'André Cauvin un spécialiste incontesté de l'Afrique noire. Le cinéaste décide de repartir, une fois de plus, vers cette terre qui le fascine tant, afin d'y tourner le premier film en couleurs consacré au Congo, utilisant le procédé belge Gevacolor pour mieux capter toute la magie éblouissante des paysages et des coutumes. Sans vraiment abandonner son goût du reportage, Cauvin va mêler la fiction au documentaire pour mieux aborder le problème des Noirs "évolués" et du combat entre tradition et idées neuves. S'appuyant sur deux acteurs non professionnels, il imagine l'histoire d'un jeune Congolais, devenu assistant médical dans un dispensaire en pleine brousse, qui sympathise avec la fille du roi local. Leur amour grandit, tandis que le jeune homme la persuade de rejeter préjugés et rites ancestraux. Les Anciens mettent alors le feu au dispensaire, mais la princesse fuit le village, rejoint son compagnon et découvre, dans la grande ville, une vie sans magie, ni superstitions fétichistes. Rattrapée et mariée de force à un autre, elle fuira à nouveau pour vivre et travailler avec l'élu de son cœur.

Ainsi, deux thèmes se croisent dans le film: d'une part le passé, avec ses cérémonies d'initiation à la douleur, ses zombis blanchis, ses sorciers à masques de paille et la Loi des Ancêtres; de l'autre, l'évolution des mœurs à l'école des Blancs. La princesse, imprégnée par les coutumes et les rythmes primitifs, incarne à elle seule ce combat incessant entre l'Afrique d'hier et de demain. (RM)

▶ Na drie documentaires en de in Venetië bekroonde film **L'équateur aux cent visages**, gold André Cauvin als de onbetwiste kenner van zwart Afrika. Eens te meer reisde hij naar de kolonie om er de eerste kleurenfilm over Kongo te draaien, met het Belgische Gevacolor-procédé dat de betoverende magie van landschappen en gebruiken in al haar glorie zou weergeven. Zonder evenwel helemaal te verzaken aan zijn voorliefde voor de documentaire, vermengde Cauvin fictie en werkelijkheid om zo het probleem van de "évolués" en de strijd tussen traditie en moderniteit beter te belichten. Met in de hoofdrollen twee amateur-acteurs vertelt de film het verhaal van een jonge Kongolees die assistent wordt in een dispensarium in de brousse en die het goed kan vinden met de dochter van de plaatselijke koning. Hun liefde groeit en de jongeman kan haar overhalen afstand te nemen van haar vooroordelen en ancestrale riten. De ouderen van het dorp steken het dispensarium in brand, maar de prinses kan ontkomen en trekt samen met haar geliefde naar de grote stad, naar een leven zonder magie of bijgelovig fetisjisme. Ze wordt echter teruggehaald en gedwongen te trouwen met een ander, waarna ze opnieuw op de vlucht slaat om samen met haar geliefde verder te leven en te werken.

Twee thema's zijn in de film met elkaar verweven: enerzijds het verleden met zijn verouderde zeden, pijnlijke initiatieceremonies, witgekalkte zombies, tovenaars met strooien maskers en de Wet der Voorouders; anderzijds de evolutie van de waarden in de blanke scholen. Doordrongen van oude gebruiken en primitieve ritmes, belichaamt de prinses de strijd tussen het Afrika van vroeger en dat van morgen.

De moedige bruidegom

Edith Kiel

De moedige bruidegom
Le courageux jeune marié
The Courageous Bridegroom

DIRECTOR: Edith Kiel
YEAR: 1952
COUNTRY: BE
SCREENPLAY: Edith Kiel
CAMERA: Paul De Fru
EDITING: Edith Kiel
MUSIC: Johnny Verstraeten, Jean Evans
PRODUCER: Edith Kiel
PROD. CO.: Antwerpse Filmonderneming AFO (Antwerpen)
CAST: Charles Janssens (Thomas Borneman), Co Flower (Tinneke), Jos Gevers (Grootvader Borneman), Jaak Germain (Justus), Jeannine Schevernels (Marina), Jaak De Voght (Vibo), Moni Mertens (Camilla), Suzy Marleen (Christine, een verkoopster), Oscar Ferket (Mijnheer Pinceau), Piet Asselbergs (De notaris), Christine Mols (Mejuffer Weegemoed), Hilda 't Seyen (Moeder van Tinneke), Wim Blommaert (De bokser)
LANGUAGE: Dutch
GAUGE: 35 mm
SILENT/SOUND: sound
B&W/COLOUR: B&W
MINUTES: 80'

◆ Like all Edith Kiel's later films, the comedy **The Courageous Bridegroom** was shot in a converted function room in Deurne, Antwerp which at weekends doubled as a dance hall. The Antwerp-based couple Edith Kiel-Jan Vanderheyden was highly productive, often turning out up to three films a year. These were small-scale routine productions featuring an established group of core actors (local theatre stars) and largely the same technical crew (among them Kiel's regular cameraman Paul De Fru). In purely cinematic terms, these stiffly filmed revue sketches are not particularly noteworthy. The camerawork was highly static and the editing shoddy, especially the pace of the transitions between scenes. In **The Courageous Bridegroom**, whose key themes appear to be artless sentiment and female stubbornness, a cheerful bachelor (Charles Janssens) is reunited with his former love (Co Flower) through an orphan girl. He is still as enamoured of her as ever and intends to propose once more, but he very quickly realizes that she is just as adamant on this point. However, his brother's last will and testament, which provides security for the orphan, ensures that in spite of everything, the hero gets the girl in the end. With its stereotypical popular characters, simple plot and Antwerp dialect, the film never aspires to anything more than light regional entertainment; Kiel herself described it as a dreadful effort. That said, it was to prove relatively popular among Antwerp film-goers.

● Comme tous les films qu'Edith Kiel réalisa par la suite, cette comédie légère fut tournée dans un local situé à Deurne servant de salle de danse le week-end. Le couple de réalisateurs anversois était très productif: il leur arrivait souvent de réaliser 3 films par an. Il s'agissait de productions de routine à petit budget, tournées avec un même noyau d'acteurs (les vedettes du théâtre local) et de collaborateurs techniques (dont Paul De Fru, le cameraman permanent de Kiel). D'un point de vue purement cinématographique, ces revues maladroitement filmées ne sont pas très intéressantes. La caméra est statique et le montage, surtout les transitions rythmiques entre les scènes, est bâclé. **Le courageux jeune marié**, dans lequel spontanéité des sentiments et entêtement féminin tissent le fil rouge de la narration, met en scène un célibataire jovial (Charles Janssens) qui retrouve, par l'intermédiaire d'une orpheline, son ancienne fiancée (Co Flower). Il en est toujours amoureux et espère encore l'épouser, mais il constate rapidement que son amie d'enfance n'a pas du tout changé. L'union pourra finalement être scellée in extremis grâce au testament de son frère, qui décide du sort de l'orpheline. De par son caractère populaire stéréotypé et la simplicité de l'intrigue, **Le courageux jeune marié**, tourné en dialecte anversois, ne dépasse pas le niveau du film de divertissement local. Kiel elle-même qualifia le film de "camelote". Toutefois, le public anversois réserva un accueil relativement enthousiaste à cette pièce populaire.

▶ Het blijspel **De moedige bruidegom** werd net zoals alle volgende films van Edith Kiel in een geïmproviseerde studio in Antwerpen opgenomen. Eigenlijk ging het om een gedurende het weekend als danszaal gebruikt lokaal in Deurne. Het Antwerpse filmkoppel was meer dan productief. Vaak realiseerden ze tot drie films per jaar. Het waren kleinschalige routineproducties, gedraaid met een vaste kern van acteurs (lokale theatervedetten) en technische medewerkers (o.a. Kiels vaste cameraman Paul De Fru). Puur filmisch stelden deze houterig verfilmde revuestukken niet veel voor. Het camerawerk was bijzonder statisch en de montage, vooral de ritmische overgangen tussen de scènes onderling, werd verwaarloosd. In **De moedige bruidegom**, een film waarin ongekunsteld sentiment en vrouwelijke koppigheid de rode draad vormen, komt een lustige vrijgezel (Charles Janssens) dankzij een weesmeisje opnieuw in contact met zijn oude liefde (Co Flower). Hij is nog altijd even verliefd, wil haar opnieuw ten huwelijk vragen, maar al vlug blijkt dat zijn jeugdvriendin geen zier is veranderd. Het testament van zijn broer, dat beslist over het lot van het weeskind, zal er in extremis voor zorgen dat het huwelijk toch bezegeld wordt. Door de sterk getypeerde volksaard en de simpele plot steeg het in de Antwerpse streektaal opgenomen **De moedige bruidegom** niet boven het niveau van de lokale amusementsfilm uit. Kiel zelf vond het een "snertfilm". Toch kon dit volkse toneel het publiek van de Scheldestad bekoren, zij het minder dan gewoonlijk. *(LJ)*

Les nouvelles aventures de Sikitu

André Cornil

Les nouvelles aventures de Sikitu
De nieuwe avonturen van Sikitu
Sikitu's New Adventures

DIRECTOR: André Cornil
YEAR: 1952
COUNTRY: BE
CAMERA: André Cornil
PROD. CO.: Centre d'Information et de Documentation CID
LANGUAGE: French
GAUGE: 16 mm
SILENT/SOUND: sound
B&W/COLOUR: colour
MINUTES: 75'

◆ Around 1935, the parish priest André Cornil (1907-1993) developed a strong interest in film. He filmed the day trips taken by his pupils at the Collège Saint-Pierre in the Brussels suburb of Uccle and just before the war established a non-profit-making distribution and production company called the A7A or Apostolat par le Septième Art. In 1941, Cardinal Van Roey seconded him to the production of educational films. After the war, the Colonial Minister asked him to direct similar films in the Belgian Congo for African audiences as part of the Centre d'Information et de Documentation CID. To prepare for this task and to gather the necessary funding, Cornil contacted the major colonial companies and various religious orders, such as the White Fathers and the Order of the Immaculate Heart, who had already produced films for the African population. In 1950, armed with equipment acquired in the USA, Cornil arrived in Matadi. During his stay on a farm in Elisabethville, he befriended a young African servant named Sikitu. Cornil made two feature films about (and starring) Sikitu: **Sikitu, Pure of Heart** (1951, 44') and **Sikitu's New Adventures**. Both films were a huge success with African audiences. In **Sikitu's New Adventures** Sikitu plays himself, a servant who is faithful to his white employer and who takes every precaution to prevent burglary while his boss is away. The film is characterized by farcical situations, action and tension, yet carefully avoids undermining colonial principles. Sikitu's role of the hero entirely depends upon his subservience and loyalty to his white masters.

● L'abbé André Cornil (1907-1993) se prit d'une passion pour le cinéma dès 1935. Il filma, entre autres, les excursions de ses élèves du Collège Saint-Pierre d'Uccle. Avant la guerre, il créa une maison de distribution et de production non commerciale dénommée A7A - Apostolat par le Septième Art. En 1941, le cardinal Van Roey détacha Cornil à la production cinématographique éducative. Après la guerre, il fut contacté par le Ministère des Colonies pour réaliser de tels films pour les Africains au Congo belge, pour le compte du Centre d'Information et de Documentation CID. Pour préparer sa mission et pour la financer, il se mit en relation avec les grandes entreprises coloniales et avec divers ordres religieux, comme les pères blancs et les scheutistes, qui avaient déjà produit des films pour les Africains. En 1950, Cornil débarqua à Matadi, équipé d'un matériel acheté aux Etats-Unis. Au cours de son séjour dans une entreprise agricole à Elisabethville, il fera la connaissance d'un jeune domestique africain, Sikitu. Il réalisera deux films ayant le jeune homme pour sujet et acteur principal: **Sikitu, le boy au cœur pur** (1951, 44') et **Les nouvelles aventures de Sikitu**, qui remporteront le succès auprès du public africain. Dans **Les nouvelles aventures de Sikitu**, Sikitu incarne son propre personnage d'employé modèle fidèle à son patron blanc. En l'absence du patron, Sikitu défend ses biens bec et ongles contre les cambrioleurs. Ce film se caractérise par des situations comiques, par l'action et le suspense, sans jamais pêcher contre les principes coloniaux: l'héroïsme de Sikitu se situe précisément dans sa soumission et sa serviabilité à ses maîtres blancs.

▶ Pastoor André Cornil (1907-1993) ontwikkelt rond 1935 een ware passie voor film. Hij filmt o.m. de uitstapjes van de leerlingen van het Sint-Pieterscollege te Ukkel, waar hij les geeft. Nog voor de oorlog richt hij een niet-commercieel verdeel- en productiehuis op, de A7A of Apostolat par le Septième Art. In 1941 wordt hij door Kardinaal Van Roey gedetacheerd om zich aan de productie van educatieve films te wijden. Na de oorlog stuurt het ministerie van Koloniën hem naar Belgisch Kongo om daar voor het Centre d'Information et de Documentation CID gelijkaardige films te maken voor de Afrikanen. Om zijn missie voor te bereiden en te financieren, neemt Cornil contact op met grote koloniale ondernemingen en diverse kloosterorden - zoals de Witte Paters of de Scheutisten - die eerder al films voor de Afrikanen hadden geproduceerd. Met in de VS aangekocht filmmateriaal gaat hij in 1950 te Matadi aan wal. Tijdens zijn verblijf op een landbouwonderneming te Elisabethstad leert Cornil de jonge Afrikaanse bediende Sikitu kennen. Met en over hem maakt hij twee speelfilms: **Sikitu, le boy au cœur pur** (1951, 44') en **Les nouvelles aventures de Sikitu**. Beide films kennen een enorm succes bij het Afrikaanse publiek. In **Les nouvelles aventures de Sikitu** speelt Sikitu zichzelf: de bediende die trouw is aan zijn blanke "patron" en alles doet om have en goed van deze laatste tegen inbrekers te beschermen. De film kenmerkt zich door dolkomische situaties, actie en spanning, zonder evenwel te zondigen tegen de koloniale grondbeginselen: de heldenrol van Sikitu steunt precies op zijn onderworpenheid en dienstbaarheid aan de blanke meesters. *(GC)*

André Cornil and his crew

Het schipperskwartier

Edith Kiel

Het schipperskwartier
Quartier des pêcheurs
Quartier de bateliers
The Bargee District

DIRECTOR: Edith Kiel
YEAR: 1953
COUNTRY: BE
SCREENPLAY: Paul De Fru
DIR. PHOT.: Paul De Fru
CAMERA: Paul De Fru
EDITING: Jef Bruyninckx
MUSIC: Al Van Dam, Jean Evans
ART DIRECTOR: J. & G. Van Mol
COMMENTS: Joris Collet
PRODUCER: Edith Kiel
PROD. CO.: Antwerpse Filmonderneming AFO (Antwerpen)
CAST: Charles Janssens (Jef Scheldemans), René Bertal (Rik Rampelbergh), Co Flower (Jefs vrouw), Louisa Lausanne (Schoonmoeder), Betty Daems (Ronny, Jefs dochter), Ann De Laet (Schoonzuster Anneke), Nini De Boël (Vrouw 1, Chouke), Lisette Goderé (Vrouw 2, Carlintje), Marcel Hendrickx (Kapper Gaston), Piet Bergers (Huisjesmelker), Paul 's Jongers (Zeeman Fred), Bruno Schevernels (Kind), Jeannine Schevernels (Kind), Rita Schevernels (Kind), Oscar Ferket (Onderwijzer Karel Lemmens), Jos Buyl (Leurder Blink), Jan De Jonge (Zijn zoon Anatol)
LANGUAGE: Dutch
GAUGE: 35 mm
SILENT/SOUND: sound
B&W/COLOUR: B&W
MINUTES: 102'

◆ By 1953 the Flemish film market was dominated by the Antwerp couple Edith Kiel and Jan Vanderheyden. From their amateur studio in Deurne, where shooting was continually interrupted by technical problems, they flooded Flanders and more especially the city of Antwerp with cheap, formulaic films with a strong popular flavour. **The Bargee District** was an enormous success. This simple populist farce ran for fourteen weeks in its home town and broke all box-office records. A decisive factor in its reception was the presence of a string of local stars, who at premières were accorded a treatment usually reserved for the American names.

This popular vaudeville, stripped of all buffoonery but as usual driven by the vicissitudes and misunderstandings of love, recounts the story of a widower who has three difficult children. When a well-meaning friend seeks to find him a new wife his life is thrown even deeper into confusion. Of course this tale, just like all of Kiel's other films, ends happily.

Edith Kiel and Jan Vanderheyden gave many actors and technicians their first break. Paul 's Jongers (who was to appear in **The Man Who Had His Hair Cut Short** and **Hellhole**) made his début in **The Bargee District**. Whilst there is admittedly no such thing as a Kiel school, the phenomenal success of **The Bargee District** did encourage some businessmen to take their first steps into the film industry by producing Flemish films in the same key.

● En 1953, la production flamande est dominée par Edith Kiel et Jan Vanderheyden. Depuis leur studio amateur de Deurne, où les enregistrements sont sans cesse interrompus par des problèmes techniques, ils inondent la Flandre, et en particulier Anvers, de films peu coûteux, stéréotypés, au caractère populaire très prononcé. **Quartier des pêcheurs** est un énorme succès. Cette farce populaire reste à l'affiche pendant 14 semaines à Anvers, et pulvérise tous les records d'entrée. Ce succès tient surtout à la présence de vedettes locales, qui, lors des premières, reçoivent un accueil comparable aux honneurs réservés aux stars américaines.

Ce vaudeville populaire, dénué de toute raillerie mais construit de manière stéréotypée autour des tribulations sentimentales et des malentendus, a pour protagonistes un veuf et ses trois enfants difficiles. La bonne volonté d'un ami (qui l'aide à chercher une nouvelle épouse) provoque encore plus de désordre dans sa vie. **Quartier des pêcheurs** ne fait pas exception à la règle: comme tous les autres films de Kiel, il se termine par un happy end.

Kiel et Vanderheyden ont donné leur première chance à de nombreux acteurs et techniciens, comme Paul 's Jongers (**L'homme au crâne rasé**, **Hellegat**) qui fit ses débuts dans **Quartier des pêcheurs**. Il n'existe pas de véritable école Kiel, mais le succès phénoménal de **Quartier des pêcheurs** incita quelques hommes d'affaires à se lancer dans le cinéma et à produire des films flamands de ce type.

► Anno 1953 werden de Vlaamse bioscopen gedomineerd door Edith Kiel en Jan Vanderheyden. Vanuit hun amateursstudio in Deurne, waar de opnamen voortdurend werden onderbroken door technische mankementen, overspoelden zij Vlaanderen en vooral Antwerpen met goedkope films, gemaakt volgens een geijkte formule en steeds met een sterk volks karakter. In tegenstelling tot een aantal minder geslaagde films in het œuvre van Kiel, kende **Het schipperskwartier** een enorm succes. De simpele volksklucht bleef in thuisbasis Antwerpen veertien weken op de affiche en brak er alle records aan de kassa. Vooral de plaatselijke beroemdheden, die een Amerikaanse sterrenbehandeling te beurt viel bij de première, droegen bij tot dat succes.

Deze vaudeville, vrij van spot maar zoals steeds clichématig opgebouwd rond liefdesperikelen en misverstanden, zoomt in op een weduwnaar met drie moeilijke kinderen. Een goedbedoelde vriendendienst (het zoeken van een nieuwe vrouw) gooit zijn leven nog wat meer in de war. Maar ook deze volkse revue eindigt, zoals alle Kiel-producten, met een happy end.

Kiel en Vanderheyden gaven talrijke acteurs en technici hun eerste kans. Zo debuteerde acteur Paul 's Jongers (**De man die zijn haar kort liet knippen**, **Hellegat**) in deze film uit 1953. En alhoewel er geen sprake was van een echte Edith Kiel-stijl, besloten sommige zakenlui, door het fenomenale succes van **Het schipperskwartier**, hun eerste stap te zetten om in dezelfde trant Vlaamse films te gaan produceren. *(LJ)*

Katutu, l'aveugle de l'île

Roger De Vloo, Piet Verstegen

Katutu, l'aveugle de l'île
Katutu, de blinde van het eiland
Katutu the Blind

DIRECTOR: Roger De Vloo, Piet Verstegen
YEAR: 1953
COUNTRY: BE
PROD. CO.: Africa-Films (Costermansville/Bukavu),
Pères Blancs (Bruxelles)
CAST: Rik Verhelst
LANGUAGE: French
GAUGE: 16 mm
SILENT/SOUND: sound
B&W/COLOUR: B&W
MINUTES: 80'

◆ On the banks of Lake Kivu, White Father Roger De Vloo shot his third feature film for Africa-Films, which to some extent represented a turning point in the conception of missionary work in the Belgian Congo. In this film, the white missionary is relegated to the background; he no longer even lives within a community of friars, but all by himself. His role as the main protagonist is taken over by an African nun, who is better acquainted with the locals than the white man and will eventually influence the behaviour of the missionary as well.

At first sight it would appear as though all the rules of white evangelism are being broken here. The African nun, who is entirely devoted to the villagers, is injured during her work. Despite all the medicines administered, she finally dies in the white men's hospital. As the nun lies on her deathbed, the story takes a sharp (missionary) turn. She expresses her desire to see the old, blind and uncompromisingly heathen Katutu one last time, who is persuaded to leave his island to come and visit the nun in hospital. Her last wish is to see Katutu embrace Christianity, which he does. The film thus conveys the impression that the Catholic African nun has sacrificed her life to convert a heathen.

Katutu the Blind contains rare footage of the war dances of the Bashi tribe, and together with the shorts **In the Embrace of the Spirits** and **Vendetta** and the feature film **Bizimana** constitutes a body of films painting a highly accurate picture of how the mechanism of colonization and missionary work evolved. De Vloo's last film, **Hearts Adrift** (1960), remained unfinished in the turmoils ensuing from the declaration of independence.

● Le Père Blanc Roger De Vloo réalisa son troisième long métrage pour Africa-Films sur les bords du lac Kivu. Ce film marque un tournant dans les conceptions relatives à l'évangélisation: le missionnaire blanc est relégué à l'arrière-plan. Il ne vit d'ailleurs plus dans la communauté des missionnaires, mais isolément. Le rôle principal est maintenant assumé par une religieuse africaine. Elle connaît la communauté locale mieux que les Blancs et orientera les actions du missionnaire en conséquence.

Ceci contredit apparemment toutes les règles de l'évangélisation blanche. La bonne sœur africaine, totalement dévouée aux villageois, est blessée pendant son travail et succombera à l'hôpital des Blancs, malgré les médicaments. L'agonie de la religieuse constitue dans cette histoire le moment du tournant (évangélisateur). Elle souhaite voir une dernière fois Katutu, vieillard aveugle et païen irréductible. Ce dernier se laisse convaincre de quitter son île pour rendre visite à la religieuse mourante. La bonne sœur exprime sa dernière volonté: que Katutu se convertisse au christianisme, ce qu'il accepte. Le film réussit ainsi à créer l'impression que la religieuse catholique africaine sacrifie sa vie pour un païen.

Cette œuvre contient des prises de vues rares de danses guerrières exécutées par les Bashi. **Katutu, l'aveugle de l'île** fait partie d'un ensemble comprenant trois autres films: les courts métrages **Sous l'emprise des esprits** et **Vendetta** et le long métrage **Bizimana**, films qui retracent l'évolution du mécanisme d'évangélisation et de colonisation. Le dernier film de De Vloo, **Cœurs à la dérive** (1960), n'a jamais pu être achevé, étant donné la situation chaotique au moment de l'Indépendance.

▶ Aan de oevers van het Kivumeer draait Witte Pater Roger De Vloo zijn derde langspeelfilm voor Africa-Films, die in zekere zin getuigt van een keerpunt in de visie op evangelisatie in de kolonie. De blanke missionaris wordt in deze film naar de achtergrond verdrongen. Hij woont zelfs niet meer in een gemeenschap van missionarissen, maar alleen. Zijn plaats als hoofdpersonage wordt hier ingenomen door een Afrikaanse non. Zij kent de lokale gemeenschap beter dan de blanke en geeft richting aan het handelen van de missionaris.

Ogenschijnlijk wordt hier gezondigd tegen alle regels van de blanke evangelisatie. De Afrikaanse zuster, die volledig ten dienste staat van de dorpelingen, raakt tijdens haar werk gewond; in het ziekenhuis van de blanke zal ze - ondanks alle medicatie - overlijden. Het verhaal krijgt een (evangeliserende) wending wanneer de zuster op haar sterfbed ligt. Ze wil de onverzettelijke oude en blinde heiden Katutu nog één keer zien. Deze kan ertoe bewogen worden zijn eilandje te verlaten om de stervende zuster te komen opzoeken. Haar laatste wens is dat Katutu zich tot het christendom bekeert, wat hij dan ook doet. Op die wijze geeft de film de indruk dat de katholieke Afrikaanse zuster haar leven opoffert voor een heiden.

De film bevat zeldzame opnamen van oorlogsdansen, opgevoerd door leden van de Bashi-stam. Met de kortfilms **Sous l'emprise des esprits** en **Vendetta** en de langspeelfilm **Bizimana** vormt **Katutu, l'aveugle de l'île** een samenhangend geheel van films die treffend de evolutie weergeven van het mechanisme van missionering en kolonisatie. De Vloo's laatste film, **Cœurs à la dérive** (1960), kon door de woelige toestand bij de onafhankelijkheid nooit worden afgewerkt. (GC)

Een Gulden Eeuw - de kunst der Vlaamse Primitieven

Paul Haesaerts

Een Gulden Eeuw - de kunst der Vlaamse Primitieven
Un Siècle d'Or - l'art des Primitifs flamands
L'art primitif des Flamands
De kunst der Vlaamse Primitieven
The Golden Age of Flemish Painting
A Golden Age
Das goldene Zeitalter

DIRECTOR: Paul Haesaerts
YEAR: 1953
COUNTRY: BE
SCREENPLAY: Paul Haesaerts
CAMERA: Antonio Harispe
EDITING: Marcelle Saysset
MUSIC: Dom Joseph Kreps
PRODUCER: Paul Haesaerts
PROD. CO.: Kunst en Kino/Art et Cinéma (Brussel)
PROD. SUPERV.: Jan van Raemdonck
VOICES: Jozef Kadijk (N), Johan Gemmeke (N), Jean Davy (F), Jean Piat (F)
LANGUAGE: Dutch/French/English/Spanish/German
GAUGE: 35 mm
SILENT/SOUND: sound
B&W/COLOUR: colour
MINUTES: 63'

◆ In 1948 the eminent art critic Paul Haesaerts made **Rubens** together with Henri Storck. His academic **The Golden Age of Flemish Painting** represents a continuation of the art historian's investigation into the relationship between film, a dynamic form of expression, and the static art of painting. In eight portraits of fifteenth- and sixteenth-century masters (Jan Van Eyck, Rogier Van der Weyden, Dierick Bouts, Hugo Van der Goes, Hans Memling, Hieronymus Bosch, Quinten Metsys and Pieter Bruegel the Elder) Haesaerts sings the praises of the pinnacle of Flemish painting in a highly didactic manner. Calm, sober camerawork is used to show the canvases in detail. To highlight differences in style or explain composition he makes use of a graphic process exposing the geometric structure of the artworks. **The Golden Age of Flemish Painting** was also one of the first post-war Belgian films in colour, shot using the new Gevacolor process, which resulted in a highly contrasted palette sharply criticized in some quarters.

This meticulous cinematic overview, winner of numerous awards and set to a soundtrack of music by Flemish polyphonists such as Ciconia and Binchois, was released in the major Belgian towns. In keeping with its tone and content, showings mainly took place in such prestigious locations as castles, convents, citadels and belfries. The film opens with a short overview of the still extant buildings in Belgium dating from the height of the Burgundy period. This art film with a spiritual dimension was produced in Dutch, French, German, Spanish and English versions.

● En 1948, l'éminent critique d'art Paul Haesaerts tournait avec Henri Storck **Rubens**. Dans **Un Siècle d'Or**, film académique sur la peinture, Haesaerts continue tout seul à explorer le rapport entre cinéma et peinture, entre dynamique et statique. A travers huit portraits de grands maîtres des XVe et XVIe siècles (Jan Van Eyck, Rogier Van der Weyden, Dierick Bouts, Hugo Van der Goes, Hans Memling, Hieronymus Bosch, Quinten Metsys et Pieter Bruegel l'Ancien), Haesaerts célèbre, sur un mode rigoureusement didactique, la période faste de la peinture flamande. Grâce à une caméra sobre et posée, il montre les toiles dans leurs détails. Pour comparer les différents styles ou mettre davantage en lumière les compositions, il utilise un procédé graphique de schémas composés de lignes blanches. Le film, un des premiers en couleurs de l'après-guerre, était tourné avec le nouveau procédé Gevacolor, qui donnait une palette de couleurs fortement accentuées que certains ont vivement critiquée.

Cette synthèse cinématographique minutieuse, souvent couronnée de lauriers, accompagnée d'une bande son composée d'œuvres de polyphonistes flamands comme Ciconia et Binchois, sortit sur les écrans des principales villes du pays. On lui réserva surtout des cadres prestigieux - châteaux, couvents, citadelles et beffrois - en harmonie avec l'atmosphère et le contenu du document. L'œuvre s'ouvre d'ailleurs sur un bref aperçu des bâtiments datant de la riche période bourguignonne encore présents en Belgique. Ce film d'art spirituel existe en néerlandais, français, allemand, espagnol et anglais.

▶ In 1948 draaide de eminente kunstcriticus Paul Haesaerts samen met Henri Storck **Rubens**. Met de academische kunstfilm **Een Gulden Eeuw** zette Haesaerts zijn onderzoek naar de verhouding tussen film (dynamisch) en schilderkunst (statisch) op zijn eentje verder. Aan de hand van acht portretten van 15de- en 16de-eeuwse grootmeesters (Jan Van Eyck, Rogier Van der Weyden, Dirk Bouts, Hugo Van der Goes, Hans Memling, Hiëronymus Bosch, Quinten Metsys en Pieter Bruegel de Oude) brengt hij deze streng-didactische ode aan dé bloeiperiode van de Vlaamse schilderkunst. Sober en rustig camerawerk toont de doeken in detail, terwijl een grafische weergave van de geometrische structuur dient om de verschillende stijlen te vergelijken of composities toe te lichten. Haesaerts maakte ook gebruik van een nieuw Gevacolor-procédé - **Een Gulden Eeuw** was een van de eerste naoorlogse Belgische kleurenfilms -, wat resulteerde in een sterk geaccentueerd kleurenpalet, dat door sommigen evenwel fel werd bekritiseerd.

Deze minutieuze, vaak gelauwerde synthesefilm, voorzien van een klankband waarop werk van Vlaamse polyfonisten zoals Ciconia en Binchois te horen is, werd in de voornaamste steden van het land uitgebracht en werd vooral vertoond in prestigieuze kaders zoals kastelen, kloosters, citadellen en belforten, plaatsen die uitstekend harmonieerden met de sfeer en inhoud van dit document. De film opent trouwens met een korte sfeertekening van de nog in België bestaande gebouwen uit die rijke Bourgondische bloeiperiode. Er werd zowel een Nederlandse, Franse, Duitse, Spaanse als Engelse versie van deze spirituele kunstfilm gerealiseerd. (LJ)

Sinjorenbloed

Edith Kiel

Sinjorenbloed
Sang d'Anversois
Antwerp Through and Through

DIRECTOR: Edith Kiel
YEAR: 1953
COUNTRY: BE
SCREENPLAY: Edith Kiel
CAMERA: Paul De Fru
EDITING: Jef Bruyninckx
MUSIC: Hans Flower
PRODUCER: Edith Kiel
PROD. CO.: Antwerpse Filmonderneming AFO (Antwerpen)
CAST: Charles Janssens (Pol Knol), Piet Bergers (Leo Knol), Paul 's Jongers (Martin Knol), Louisa Lausanne (Tante Ida), Marcel Hendrickx (Valentijn), Co Flower (Lisa), Ivonne Lex (Godelieve), Oscar Ferket (Mierik), Joris Collet (Advocaat), Jaak Germain (Misdadiger), Betty Daems (Dochter Tony), Mariette Francis (Wiske), Jan De Jonge (Neef Jaak), Lona Bermans (Meid Frida), Jos Buyl (Boekhouder Janssens)
LANGUAGE: Dutch
GAUGE: 35 mm
SILENT/SOUND: sound
B&W/COLOUR: B&W
MINUTES: 105'

◆ In the same year that **The Bargee District** had its incredibly successful run (at least according to the local standards), a second film **Antwerp Through and Through** rolled off the Edith Kiel production lines. Kiel wrote all the screenplays and scripts for her own films. In a bid to minimize costs, everything was kept as simple as possible: only one camera was used, with the result that different set-ups were time-consuming as well as costly. Sumptuous sets were not a characteristic of Edith Kiel's films; some items of scenery reappear in every one of her features. Her cheap entertainment films, grass-roots sketches in a cabaret style, were mainly aimed at the Antwerp public. With **Antwerp Through and Through**, Kiel focuses on the adventures of two brothers who fall into the hands of a gang of smugglers to recall the plucky reputation acquired by the citizens of Antwerp during the Spanish occupation of their city. Popular comedian Charles Janssens ensured that the crowds flocked in droves to local cinemas, while the schmaltzy songs of Hans Flower found favour with the masses.

Antwerp Through and Through spelled the end of the strong partnership between Edith Kiel and Jef Bruyninckx. The talented cutter went to work for Joris Diels and at the initiative of the Belgian government accompanied Emile-Georges De Meyst and Charles Dekeukeleire on a fact-finding mission to Hollywood. Three years later Bruyninckx directed his first film **The Tale of the Good Murderer**.

● L'année du succès phénoménal, selon les normes locales, de **Quartier des pêcheurs** voit également la sortie d'une deuxième réalisation de l'équipe très productive d'Edith Kiel. Kiel écrit elle-même les scénarios et scripts de tous ses films. Afin de limiter les frais, tout est réduit à sa plus simple expression. L'équipe ne travaille qu'avec une seule caméra, mais la mise au point des différentes prises de vues demande dès lors beaucoup de temps et coûte beaucoup d'argent. Les films de Kiel n'ont pas de décors somptueux. On retrouve en outre les mêmes éléments de décor dans plusieurs films. Ces films de divertissement, de savoureux sketches populaires dans le plus pur style cabaret, sont surtout destinés au public anversois. Avec **Sang d'Anversois**, Kiel joue, à travers les aventures de deux frères tombant aux mains d'une bande de trafiquants, sur la solide réputation, bâtie au cours de l'occupation espagnole, des Anversois. La présence à l'affiche de Charles Janssens, bouffon populaire, assurera une nouvelle fois l'affluence en masse du public dans les cinémas locaux tandis que les mélodies populaires de Hans Flower feront également le délice des spectateurs.

Sang d'Anversois marque la fin de la collaboration entre Kiel et Jef Bruyninckx. Le talentueux monteur rejoindra l'équipe de Joris Diels et entreprendra, à l'initiative du gouvernement belge, un voyage d'étude à Hollywood avec Emile-Georges De Meyst et Charles Dekeukeleire. Trois ans plus tard, il réalisera son premier film: **La farce du gentil assassin**.

▶ In hetzelfde jaar van het, naar lokale normen, overweldigende succes van **Het schipperskwartier** rolde er met **Sinjorenbloed** nog een tweede productie van de goed draaiende Edith Kiel-band. Kiel schreef al de scenario's en draaiboeken van haar films zelf. Om de kosten te drukken werd alles zo eenvoudig mogelijk gehouden (omdat er met één camera werd gewerkt, kostte het instellen van de verschillende shots echter veel tijd en bijgevolg veel geld). Somptueuze decors moest je voorts bij Kiel niet verwachten: sommige decorstukken kwamen in elke film terug. Haar goedkope ontspanningsfilms, sappige volkse sketches in cabaretstijl, waren voornamelijk afgestemd op het Antwerpse publiek. Met **Sinjorenbloed**, een film over de belevenissen van twee broers die in de handen van een smokkelaarsbende vallen, speelde Kiel uitdrukkelijk in op de kranige reputatie van de inwoners van de Scheldestad: een reputatie die al dateert uit de tijd van de Spaanse bezetting ("sinjoor" is een bijnaam afgeleid uit het Spaans). De volksnar Charles Janssens zorgde opnieuw voor een drummende massa aan de lokale kassa's, en ook de populaire schlagerdeuntjes van Hans Flower sloegen aan.

Met **Sinjorenbloed** kwam er een einde aan de samenwerking tussen Kiel en Jef Bruyninckx. De getalenteerde cutter ging voor Joris Diels werken en samen met Emile-Georges De Meyst en Charles Dekeukeleire ondernam hij op initiatief van de Belgische overheid een studiereis naar Hollywood. Drie jaar later zou hij zijn eerste film regisseren, **De klucht van de brave moordenaar**. (LJ)

La marche glorieuse

William Magnin, Pierre Gaspard-Huit

Co-production

La marche glorieuse
De Lattre, Maréchal de France
The March to Glory

DIRECTOR: William Magnin, Pierre Gaspard-Huit
YEAR: 1953
COUNTRY: FR-BE
EDITING: Yvonne Martin
MUSIC: Henri Verdun
COMMENTS: Alexandre Arnoux
PRODUCER: Anne-Marie Boucher (Paris), Marcel-Georges Collet (Bruxelles)
PROD. SUPERV.: André Deroual
VOICES: Jean Davy
LANGUAGE: French
GAUGE: 35 mm
SILENT/SOUND: sound
B&W/COLOUR: B&W
MINUTES: 85'

André Cornil

Au bord de l'abîme

André Cornil

Au bord de l'abîme
Aan de rand van de afgrond
The Edge of the Precipice

DIRECTOR: André Cornil
YEAR: 1954
COUNTRY: BE
CAMERA: André Cornil
PROD. CO.: Centre d'Information et de Documentation
CID
LANGUAGE: French
GAUGE: 16 mm
SILENT/SOUND: sound
B&W/COLOUR: colour
MINUTES: 85'

◆ In 1954 André Cornil made **The Edge of the Precipice** in the Congolese port town of Matadi. The film tells the story of a young man and woman who find themselves cut off from the traditional marriage customs upheld by the family clan. The young man is an office clerk, and thus belongs to the civilized class of the "évolués". His family has selected a wife for him and has to pay the dowry. Eventually, after many intrigues, the young couple marry in the cathedral of Matadi as converted indigenous Catholics.

As so often in films made in the Belgian Congo during the mid-1950s, the denial of traditional mores is a key theme of **The Edge of the Precipice**. On this level, the colonial interests of the Belgian administration coincided happily with the missionaries' conversion programme. Colonial policy required a stock of just such young people who no longer felt bound by traditional obligations. As occidentalized or "cultured" people they were very important since, partly due to their different way of life, they could help consolidate colonial administration and power. They were also attractive to the Church, since they constituted easy targets for conversion once they had been estranged from their traditions and cultural background.

Another striking aspect of the film is its insistence at every turn that anything of foreign origin, i.e. not western or indigenous to the Belgian Congo, is bad or a cause for trouble. The entire film irrefutably allies itself with western cultural superiority.

● En 1954, André Cornil tourna **Au bord de l'abîme** dans la ville portuaire congolaise de Matadi. Il s'agit de l'histoire de deux jeunes arrachés aux traditions matrimoniales du clan familial. La famille a cherché une épouse pour le jeune homme, un employé (faisant donc partie de la classe des "évolués"), et doit payer la dot. Après diverses tribulations, le jeune couple finit par se marier dans la cathédrale de Matadi, comme il sied à des indigènes convertis au catholicisme.

A l'instar de bon nombre de films tournés au milieu des années cinquante au Congo belge, le refus des traditions est aussi la thèse principale de celui-ci. Dans cette optique, les intérêts coloniaux généraux de l'administration belge concordent évidemment avec la volonté évangélisatrice des missionnaires. La politique coloniale a justement grand besoin de jeunes qui ne soient plus enracinés dans les obligations traditionnelles. Ces autochtones occidentalisés ou "civilisés" jouent un rôle essentiel, dans la mesure où leur adaptation renforce l'administration et les pouvoirs coloniaux. Ils sont également indispensables pour l'Eglise, parce qu'aussitôt détachés de leurs traditions et de leurs racines culturelles, ils constituent une proie potentielle facile pour l'évangélisation.

Autre élément remarquable du film: son insistance à montrer que tout ce qui est étranger, c'est-à-dire ni occidental ni originaire du Congo belge, est dangereux ou porteur de difficultés. Ici, Cornil adopte le point de vue de la supériorité incontestable de la culture occidentale.

▶ In 1954 draait André Cornil in de Kongolese havenstad Matadi **Au bord de l'abîme**. De film verhaalt hoe twee jonge mensen losgerukt worden uit de traditionele huwelijksgebruiken van de familiale clan. De familie heeft voor de jongeman, een kantoorbediende (die bijgevolg tot de klasse der "évolués" behoort), een vrouw gezocht voor wie een bruidsschat betaald dient te worden. Na allerlei verwikkelingen zal het jonge koppel trouwen in de kathedraal van Matadi, als bekeerde katholieke inlanders.

Net als in een aantal andere films die midden de jaren vijftig in Belgisch Kongo gemaakt werden, staat het afwijzen van de traditionele gebruiken ook hier centraal. In deze optiek staan de algemene koloniale belangen van de Belgische administratie immers op één lijn met de evangelisatiedrang van de missionarissen. In de koloniale politiek is er precies nood aan jongeren die niet meer gebonden zijn aan de traditionele verplichtingen. Zulke verwesterde of "beschaafde" inlanders zijn erg belangrijk omdat zij, deels door hun andere levenswijze, de koloniale administratie en macht konden versterken. Ook voor de Kerk waren zij onmisbaar omdat zij, eenmaal afgesneden van hun tradities en culturele achtergrond, gemakkelijk het voorwerp van evangelisatie konden worden.

Eveneens opvallend is dat de film laat aanvoelen dat al wat vreemd is - d.w.z. noch westers, noch afkomstig uit Belgisch Kongo - slecht is of moeilijkheden met zich brengt. Alles wordt ontegensprekelijk bekeken vanuit het westerse standpunt van culturele superioriteit. *(GC)*

Un nuage atomique

Charles Dekeukeleire, Antoine Allard, Armand Bachelier

Un nuage atomique
L'amour atomique
La chasse au nuage
Le petit nuage
Jacht op de wolken
The Atomic Cloud

DIRECTOR: Charles Dekeukeleire, Antoine Allard, Armand Bachelier
YEAR: 1954
COUNTRY: BE
SCREENPLAY: Antoine Allard, Joseph Bertrand, Armand Bachelier
DIALOGUE: Joseph Bertrand, Armand Bachelier
ASST. DIR.: Charles Godefroid
CAMERA: José Dutillieu
EDITING: Charles Dekeukeleire
SOUND: Sonobel
MUSIC: Marcel Druart
PRODUCER: Antoine Allard
PROD. CO.: Les Films Stop War (Bruxelles)
CAST: Claude Nadine (Eva), Marcel Berteau (Jean), Georgette Maxane (Mère de Jean), Raymonde Sartène (Mère d'Eva), Paul Frankeur (Réalisateur), Pierre Trabaud (Journaliste), Guy Lou (Journaliste), Robert Lussac (Curé), Paul Delmiche (Professeur den Droomer), Hubert Daix (Drygold), Gaston Dupray (Combino), Marcel Cornelis (M. Dupont), Billy Fassbender (Jeune directeur), Maurice Vaneau (Ouvrier), Marguerite Daulboys (Cliente), Monique Defru (Vendeuse), Jean Gérardy (Directeur F.A.O.), M. Mahillon (Chauffeur)
LANGUAGE: French
GAUGE: 35 mm
SILENT/SOUND: sound
B&W/COLOUR: B&W
MINUTES: 82'

◆ In 1950 Charles Dekeukeleire invested in a large estate in Waterloo, creating studios and laboratories set in two hectares of forest. This infrastructure, the only one of its kind in Belgium, allowed the director to start production of a feature film scripted and funded by Antoine Allard ("the red baron") about the latest discovery, atomic power.

Originally the film was to take the form of a satirical warning, describing an atomic test gone wrong but which instead of the expected catastrophes unleashes an immense wave of fraternity. However, Dekeukeleire was unhappy with his narrative structure, finding it too difficult to create a satisfying flow from each scene to the next, and the film remained incomplete. To cut losses a change of tack was decided upon: the film would now relate the visit to the Waterloo studios of two offhand, slightly caustic journalists who have come to view the rushes of a film about the atom. The clumsy director, played by the French actor Paul Frankeur, seizes the opportunity to show the two fellows the various stages of production, as well as expounding his thoughts on cinema.

The Atomic Cloud, a good example of the "film within a film", offers us a vision of a heterogeneous cinema (the director's ironic self-criticism and images of the studio alternating with the original fiction) haunted by the shadow of Dekeukeleire the utopian documentary film-maker, himself trapped between the difficult imperatives of fiction and a rather stubborn pedagogic intent.

● En 1950, Charles Dekeukeleire investit dans un très large domaine à Waterloo: studios, labos, le tout entouré de deux hectares de forêt. Cette infrastructure, unique en Belgique, donne la possibilité au cinéaste de réaliser, à partir d'un scénario et des capitaux d'Antoine Allard ("le baron rouge"), un film de fiction sur l'énergie atomique.

Au départ, le film devait prendre la forme d'une satire à but préventif et traiter d'un essai atomique qui tourne mal mais qui, au lieu des catastrophes escomptées, déclenche une immense vague de fraternité. Charles Dekeukeleire, cependant, mécontent de sa construction narrative, n'arrivait pas à articuler ses séquences et le film demeurait inachevé. Pour limiter les pertes, on décida de le modifier et d'y raconter la visite aux studios de Waterloo de deux journalistes désinvoltes et un brin moqueurs, venus prendre connaissance des rushes d'un film sur l'atome. Le réalisateur maladroit, interprété par l'acteur français Paul Frankeur, en profite pour montrer aux deux compères les étapes de la réalisation d'un film, et exposer ses idées sur le cinéma.

Un nuage atomique, bel exemple de "film dans le film", nous donne à voir un cinéma hétérogène (l'auto-critique ironique du réalisateur et les images du studio alternent avec la fiction initiale) et hanté par l'ombre de Charles Dekeukeleire en documentariste utopiste, pris entre les difficiles impératifs de la fiction et une volonté pédagogique un brin entêtée. (AFL)

▶ In 1950 besloot Charles Dekeukeleire te investeren in een groot domein te Waterloo met studio's en laboratoria, te midden van twee hectaren bos. Deze infrastructuur, uniek in België, stelde de cineast in staat om, door Antoine Allard ("de rode baron") voorzien van kapitaal en een scenario, een speelfilm te draaien rond kernenergie.

Oorspronkelijk was het de bedoeling een soort waarschuwende satire te maken over een uit de hand gelopen atoomproef die, in plaats van de verwachte catastrofe, een golf van broederliefde ontketent. Ontevreden over de opbouw van zijn verhaal, slaagde Dekeukeleire er echter niet in de scènes leven in te blazen en de film bleef onvoltooid. Om de schade te beperken werd besloten het roer om te gooien en een verhaal te vertellen over twee nonchalante journalisten die in de studio's van Waterloo een blik komen werpen op de rushes van een film over het atoom. De stuntelige regisseur, een rol van de Franse acteur Paul Frankeur, neemt deze gelegenheid te baat om de twee in te wijden in de verschillende fasen van de filmregie, alsook in zijn persoonlijke opvattingen over film.

Un nuage atomique, een mooi voorbeeld van een "film in de film", is een heterogeen werk (de ironische zelfkritiek van de regisseur en beelden van de studio alterneren met het oorspronkelijke fictieve gegeven), waarin Dekeukeleire, als utopistische documentarist, klem loopt tussen de verplichtingen van een onderhoudend verhaal en de pedagogische bedoelingen die hij, wat eigenwijs, wil doordrijven.

't Is wreed in de wereld!

Joris Diels

't Is wreed in de wereld!
Le monde est terrible!
It's a Cruel World!

DIRECTOR: Joris Diels
YEAR: 1954
COUNTRY: BE
SCREENPLAY: Joris Diels, Robert Lussac [Bob Storm]
BASED ON: 't Is wreed in de wereld, written by Gustaaf
De Lattin
DIALOGUE: Joris Diels
ASST. DIR.: Jef Bruyninckx
DIR. PHOT.: Maurice Delattre
CAMERA: Bob Sentroul, Paulo Van den Hove
EDITING: Jef Bruyninckx
SOUND: André Notte
MUSIC: Frank Stevens
ART DIRECTOR: Charles Godefroid
COSTUMES: Yvonne Bergmans
PRODUCER: Joris Diels
PROD. CO.: Brabo Film (Antwerpen)
PROD. SUPERV.: Robert Lussac [Bob Storm]
CAST: Robert Lussac [Bob Storm] (Van Peborgh),
Jos Gevers (Nonkel Sander), Jaak Verdyck
(Henri), René Bertal (Antoine), Jeanne De
Coen (Beth), Nora Oosterwijk (Mathielde),
Lizzy Gouverneur (Hortense), Ketty Van de
Poel (Wieske), Carl Wider (Louis), Marc
Lunde (Frans), Leo Martin (Jimmy), Hilde
Lunde (Marie), Alma Blanca (Jonge moe-
der), Fee Derickx (Vader van Hortense),
Berna Lizy, Rezy Norbert, Christian Mols,
Alfons Smeyers, Edouard Bréville, Alex
Willequet, Moni Mertens, Ferre Karsman,
Rosalia Morre, Jan Morre, Jo Bolland, Lea
De Leeuw
LANGUAGE: Dutch
GAUGE: 35 mm
SILENT/SOUND: sound
B&W/COLOUR: B&W
MINUTES: 84'

◆ The surprising success of Edith Kiel's populist Flemish films persuaded other commercial operators to recognize the potential of Flemish feature films as a profitable investment. Hence, actor-producer Bob Storm (otherwise known as Robert Timmermans and as Robert Lussac), respected theatre director Joris Diels and diamond dealers Louis Goovaerts and Nusin Szternfeld, who had already invested in Antwerpse Filmonderneming AFO, established their own production company, Brabo Film. The purpose of the company was to make stylish, cultivated Dutch-language entertainment films. However, the team wanted first to establish a safe commercial base with risk-free ventures. They therefore decided to film a popular stage play by Gustaaf De Lattin, a revue centred on the amorous adventures of middle-class Antwerp bourgeois around the turn of the century. Apart from a few atmospheric shots, this mild-mannered portrait of middle-class mores was filmed entirely in Charles Dekeukeleire's studio in Waterloo. It contains many similarities to **The Marriage of Mademoiselle Beulemans** (the versions by Jean Choux and André Cerf). The central scene in the film is a lively engagement party which gets completely out of hand when the affronted maid storms out. With the character of the drunken waiter Antoine (played by René Bertal at his best) in particular, Diels reveals his talent for subtle, biting observation. Unfortunately, screenwriter Joris Diels failed to conceal his theatrical roots; consequently, the performances are often exaggerated (Jos Gevers) or hark back to the mimetic tragedy of silent film (Bob Storm as the father). The Brabo company decided to distribute their own film.

● Suite au surprenant succès des films populaires flamands d'Edith Kiel, d'autres hommes d'affaires commençaient à considérer le cinéma flamand comme une vache à lait. C'est ainsi que l'acteur-producteur Bob Storm (un pseudonyme de Robert Timmermans alias Robert Lussac), l'éminent metteur en scène de théâtre Joris Diels et les diamantaires Louis Goovaerts et Nusin Szternfeld, qui avaient déjà investi dans l'Antwerpse Filmonderneming AFO, fondèrent leur propre compagnie: Brabo Film. Leur but était de produire, dans leur propre langue, des films de divertissement ambitieux et soignés. Cependant, il fallait d'abord constituer une assise commerciale stable grâce à des productions sans risques. C'est pourquoi la pièce populaire de Gustaaf De Lattin, une revue autour des aventures amoureuses de la bourgeoisie anversoise au tournant du siècle, fut choisie. Ce portrait de bourgeois opulents, tourné, à l'exception de quelques prises en extérieur, dans le studio de Charles Dekeukeleire à Waterloo, présente une forte ressemblance avec **Le mariage de Mademoiselle Beulemans** (dans les versions de Jean Choux et d'André Cerf). Au cœur du film, nous assistons à une pétillante fête de fiançailles qui dégénère au moment où la bonne outragée quitte les lieux. C'est surtout dans le personnage d'Antoine, le serveur ivre (René Bertal au mieux de sa forme), que Diels montre son talent pour l'observation mordante et sensible. Diels n'est cependant pas parvenu à faire oublier son origine dramatique: le jeu des acteurs est souvent théâtral (Jos Gevers) ou rappelle les mimiques tragiques des films muets (Bob Storm dans le rôle du père). La compagnie Brabo distribuait son propre film.

► Door het overrompelend succes van de Vlaamse volksfilms van Edith Kiel begonnen ook andere zakenlui brood te zien in de Vlaamse speelfilm. Zo richtten acteur-producent Bob Storm (pseudoniem voor Robert Timmermans, alias Robert Lussac), de gerespecteerde theaterregisseur Joris Diels en de diamantairs Louis Goovaerts en Nusin Szternfeld, die al in de Antwerpse Filmonderneming AFO hadden geïnvesteerd, hun eigen firma Brabo Film op. Bedoeling was stijlvolle, beschaafde ontspanningsfilms in de Nederlandse taal te brengen. Maar eerst wilde men met risicoloze producties zorgen voor een veilige commerciële basis. Daarom werd er als eerste project gekozen voor de verfilming van het populaire toneelstuk van Gustaaf De Lattin, een revue rond de amoureuze lotgevallen van de Antwerpse burgerij omstreeks de eeuwwisseling. Dit milde bourgeoisportret, op enkele sfeershots na volledig in de studio van Charles Dekeukeleire te Waterloo opgenomen, vertoont veel overeenkomsten met **Le mariage de Mademoiselle Beulemans** (de versies van Jean Choux en André Cerf). Centraal in de film staat een bruisend verlovingsfeest dat totaal uit de hand loopt wanneer de gekrenkte meid verontwaardigd het gebeuren verlaat. Vooral in de figuur van de dronken ober Antoine (René Bertal op zijn best) komt het talent van de regisseur voor subtiele, bijtende observatie tot uiting. Helaas slaagde Diels er niet in zijn theaterverleden te verbergen. De vertolkingen zijn vaak overdreven theatraal (Jos Gevers) of herinneren al te sterk aan de mimische tragiek van de stomme film (Bob Storm als vader). Brabo Film zorgde zelf voor de verdeling van de film. *(LJ)*

De hemel op aarde

Edith Kiel

De hemel op aarde
Le ciel sur terre
Heaven on Earth

DIRECTOR: Edith Kiel
YEAR: 1954
COUNTRY: BE
SCREENPLAY: Edith Kiel
CAMERA: Paul De Fru
EDITING: Edith Kiel
SOUND: René Lebrun
MUSIC: Jos Van der Smissen, Hugo Michielsens
ART DIRECTOR: Louis Seerden
PRODUCER: Edith Kiel
PROD. CO.: Antwerpse Filmonderneming AFO (Antwerpen)
CAST: Charles Janssens (Charles), Ivonne Lex (Nina), Louisa Lausanne (Bonneke), Co Flower (Germain), Nini De Boël (Marthje), Jaak Germain (Stan Biermans), Oscar Ferket (Ricardino), Jan De Vel (Alex), Irène Beval (Yvonne), Magda Sielens (Irène), Bob Löwenstein, Jeannine Van Audenaeken
VOICES: Anton Peters
LANGUAGE: Dutch
GAUGE: 35 mm
SILENT/SOUND: sound
B&W/COLOUR: B&W
MINUTES: 105'

◆ Edith Kiel always worked with the same group of popular theatre actors, all accustomed to playing together. This speeded up filming but also made for wooden, stereotypical performances. Nevertheless, **Heaven on Earth** was one of Edith Kiel's more fluid film productions. The transitions between scenes are less abrupt, with links previously established by means of the dialogue. For once, the camerawork also shows a little inventiveness: for example, when Charles (the often underrated Charles Janssens) and his son Alex (Jan De Vel) exchange news in a rapid telegrammatic style to prevent the curious grandmother (in a vitriolic performance by Louisa Lausanne) from understanding what they are saying, the camera switches furiously from one to the other in ping-pong style. **Heaven on Earth** is made up of a series of flashbacks, which initially creates a dramatic interest, although this is to some extent undermined by the exaggeratedly didactic voice-over by Anton Peters. That said, the film very quickly manages to recapture the smooth rhythm of a comedy. For her plot line, Kiel again tapped her usual source: matrimonial mayhem and misunderstandings. **Heaven on Earth** was enlivened by two musical interludes (one by Lina Cora), but unlike Kiel's other films the impression is not explicitly one of filmed cabaret. The stereotypes become real flesh-and-blood characters; in particular, the physically remarkable Nini De Boël and Jaak Germain are perfect. Apart from a few exteriors filmed in Cologne, **Heaven on Earth** was shot entirely in the AFO studios in Deurne, near Antwerp.

● Edith Kiel tourne toujours avec les mêmes acteurs de théâtre populaire. Cela lui permet de travailler plus rapidement, mais les automatismes entre les acteurs renforcent le caractère stéréotypé et mécanique de ses films. Toutefois, **Le ciel sur terre**, plus fluide sur le plan cinématographique, est un des meilleurs films de Kiel. Les transitions entre les différentes scènes y sont moins brutales, notamment grâce aux dialogues qui assurent déjà la liaison. Même la caméra est utilisée de manière créative. Lors de la conversation entre Charles, le père (Charles Janssens, souvent sous-estimé), et Alex, le fils (Jan De Vel), qui parlent dans un style télégraphique accéléré afin que la grand-mère (la vipère de Louisa Lausanne) ne puisse les comprendre, la caméra suit les répliques des deux interlocuteurs au rythme d'une balle de ping-pong. **Le ciel sur terre** est construit sur plusieurs flash-back. Ceux-ci suscitent d'abord une tension dramatique, quelque peu minée par la voix off trop didactique d'Anton Peters, mais bien vite le film retrouve l'humour facile d'une comédie légère. Sur le plan du contenu, Kiel ne change pas de registre: les malentendus et les problèmes conjugaux. **Le ciel sur terre**, aéré par deux intermèdes musicaux (dont un de Lina Cora), ne relève plus aussi explicitement du cabaret filmé. Les acteurs y campent de véritables personnages en chair et en os. Les performances de Nini De Boël et Jaak Germain, acteurs au physique plus marqué, sont excellentes. A l'exception de quelques extérieurs tournés à Cologne, le film fut entièrement tourné dans le studio anversois.

▶ Edith Kiel werkte altijd met een vast gezelschap van populaire, op elkaar ingespeelde theateracteurs. Daardoor kon er sneller worden gefilmd, maar de automatismen leidden dikwijls ook tot stereotiepe, mechanische producties. Toch behoort het filmisch meer fluïde **De hemel op aarde** tot het betere werk van Kiel. Zo zijn de overgangen tussen verschillende scènes een stuk minder brutaal, omdat reeds in de dialogen een link wordt gelegd. Zelfs van de camera wordt voor een keer creatief gebruik gemaakt. Wanneer vader Charles (de vaak onderschatte Charles Janssens) en zoon Alex (Jan De Vel) in versnelde telegramstijl nieuws uitwisselen opdat de nieuwsgierige grootmoe (een venijnige Louisa Lausanne) niets zou kunnen verstaan, danst de camera mee op het ritme van de pingpong-repliek. **De hemel op aarde** is opgebouwd uit verschillende flashbacks. Aanvankelijk zorgt dit voor een dramatische spanning, die ietwat ondergraven wordt door de overdidactische commentaarstem van Anton Peters, maar al vlug herwint de film het vlotte, komische elan van een blijspel. Inhoudelijk tapt Kiel weer uit hetzelfde vaatje: rode draad zijn nog altijd misverstanden en huwelijksellende. Vergeleken met de rest van het œuvre van Kiel, is **De hemel op aarde**, met zijn twee muzikale intermezzo's (waaronder een van Lina Cora), minder cabaretesk omdat er echte mensen van vlees en bloed worden neergezet. Vooral de fysisch meer getekende Nini De Boël en Jaak Germain zijn perfect. Op enkele buitenopnamen in Keulen na werd de klucht volledig in de AFO-studio te Deurne opgenomen. *(LJ)*

Atcha
Rik Kuypers

Atcha

DIRECTOR: Rik Kuypers
YEAR: 1954
COUNTRY: BE
SCREENPLAY: Rik Kuypers
CAMERA: Rik Kuypers
EDITING: Rik Kuypers
PRODUCER: Paters Karmelieten (Gent)
CAST: Rafaël Demeyere (Missionaris)
VOICES: Senne Rouffaer
LANGUAGE: Dutch
GAUGE: 16 mm
SILENT/SOUND: sound
B&W/COLOUR: B&W
MINUTES: 60'

◆ **Our Standard-Bearers** and **Youth Storm** (both made in 1947) were the first Flemish Catholic propaganda films. **Atcha** comes under this category, except that it was filmed in India, this time for the Carmelite Friars in Ghent. Yet this fictionalized documentary goes beyond pure propaganda due to the fact that it is also an indictment of the Indian caste system. Moreover, director Rik Kuypers (who in 1955 would co-direct the artistically acclaimed **Seagulls Die in the Harbour**) also took the opportunity to explore the ethnological identity of the Travancore mission through the filming of funeral rituals and dance. This sensitizing work (shot in 16mm), which was recorded in the local Malayalam dialect and in Dutch (with a commentary by Senne Rouffaer), nevertheless remains in the first instance a Christian tract, a eulogy to the conversions and charitable works of the missionary brothers. The Carmelite Friars wanted the film to give a balanced portrayal of their work, but it was also used as an opportunity to give the outside world a better idea of the daily life of a missionary. The screenplay was written in conjunction with the Friars themselves, but Kuypers also based much of the film on what he found locally. **Atcha** centres on a native couple whose marriage collapses, causing the wife to die of grief. Her grave is adorned by a cross: symbol of eternal hope. Kuypers, who trained at the Brussels film school NARAFI, managed to make another two short documentaries during his stay in India (despite the lack of time and money): **The Cross of Travancore** and **Travancore, South Indian Paradise**.

● **Garçons qui peuvent porter un drapeau** et **Les orages de la jeunesse** (1947) sont les premiers films de propagande catholique en Flandre. **Atcha**, tourné en Inde à la demande des Pères Carmélites de Gand, appartient à cette catégorie. Néanmoins, ce film, au-delà d'un simple documentaire romancé, dépasse la propagande pour constituer un pamphlet contre le système des castes. En utilisant des scènes de rituels, cérémonies funéraires et danses, le réalisateur Rik Kuypers (qui, en 1955, connaîtra un succès artistique en codirigeant **Les mouettes meurent au port**) explora l'identité ethnologique de la mission de Travancore. Tourné en néerlandais (commentaire dit par Senne Rouffaer) et en malayalam, ce film 16mm était destiné à sensibiliser le grand public par un témoignage chrétien, un éloge du travail d'évangélisation des missionnaires et de leur amour du prochain. Il était d'ailleurs dans l'intention des Pères Carmélites d'obtenir par le biais de ce film un bilan de l'œuvre d'évangélisation. **Atcha** était aussi l'occasion de montrer au grand public une image plus précise des activités missionnaires. Le scénario de Kuypers, rédigé en collaboration avec les Pères, s'inspirait également de la réalité du terrain. Le récit d'**Atcha** suit les amours et les souffrances d'un couple d'indigènes. Face à l'échec de son mariage, l'épouse meurt de chagrin. Sa tombe sera garnie d'une croix: symbole de l'espoir éternel. Diplômé de l'école de cinéma NARAFI de Bruxelles, Kuypers, malgré le manque de temps et d'argent, tourna encore deux courts documentaires pendant son séjour sur les lieux: **La croix de Travancore** et **Travancore, paradis de l'Inde du Sud**.

Rik Kuypers

▶ **Jongens die een vlag kunnen dragen** en **Jeugdstorm** (beide uit 1947) waren de eerste katholieke Vlaamse propagandafilms. **Atcha**, opgenomen in India in opdracht van de Gentse Paters Karmelieten, hoort eveneens thuis in die categorie. Toch overstijgt **Atcha** het etiket van pure propaganda omdat deze gefictionaliseerde documentaire tegelijk een aanklacht is tegen het kastenstelsel. Bovendien heeft cineast Rik Kuypers (in 1955 zou hij mee het artistieke succes **Meeuwen sterven in de haven** regisseren) de kans aangegrepen om via begrafenisrituelen en dans ook de etnologische identiteit van de missiepost Travancore te exploreren. Deze 16mm sensibiliseringsfilm in het plaatselijke Malayalam en in het Nederlands gesproken (met commentaar van Senne Rouffaer), blijft in de eerste plaats een christelijke oorkonde, een lofzang op het bekeringswerk en de naastenliefde van de missionarissen. De Paters Karmelieten wilden immers een verfilmde balans van het geleverde werk. Tegelijkertijd was het een kans om de buitenwereld een beter idee te geven van de dagelijkse werkzaamheden van de missionarissen. Het draaiboek werd samen met de paters opgesteld maar Kuypers liet zich vooral inspireren door de lokale werkelijkheid. **Atcha** volgt het lief en leed van een Indisch koppel. Wanneer hun huwelijk op de klippen loopt, sterft de vrouw van verdriet. Een kruis siert haar rustplaats: symbool van eeuwige hoop. Kuypers, aan de Brusselse filmschool NARAFI afgestudeerd, draaide tijdens zijn verblijf in India, ondanks geld- en tijdgebrek, nog twee korte documentaires, **Het kruis van Travancore** en **Travancore, Zuid-Indisch paradijs**. *(LJ)*

De roof van Hop-Marianneke

Joris Diels

De roof van Hop-Marianneke
Le rapt de la poupée
Le rapt de Hop-Marianneke
The Theft of Hop-Marianneke
Hop-Marianneke

DIRECTOR: Joris Diels
YEAR: 1954
COUNTRY: BE
SCREENPLAY: Joris Diels
DIALOGUE: Joris Diels
ASST. DIR.: Jef Bruyninckx
DIR. PHOT.: Henri Barreyre
CAMERA: Bob Sentroul, J.M. Mertens
EDITING: Jef Bruyninckx
SOUND: André Notte
MUSIC: Jeff Derwey, Frank Stevens
ART DIRECTOR: Emile-Georges De Meyst
PRODUCER: Joris Diels, Robert Lussac [Bob Storm]
PROD. CO.: Brabo Film (Antwerpen)
CAST: Paul Cammermans (Jan Vranckx), Alma Blanca (Fanny Coens), Jeanne De Coen (Mevrouw Vermaenen), Marcel Cauwenberg (Rechter), Frans Van den Brande (Onderzoeksrechter), Willy Vandermeulen (Lode Rombouts), Lode Van Beek (Schepen Gerstmans), Denise De Weerdt (Mia), Joris Collet (Advocaat), Lizzy Gouverneur (Lizzy), Carl Wider (Bert), Jef Ceulemans (Luc), Alex Willequet (Miel), Jaak Van Hombeek (Secretaris), Fee Derickx (Stadhuisbode), Mia Van der Meirsch (De waardin), Jan Cammans (Burgemeester van Reuzegom), Tony Bell (Burgemeester van Blussingen), Jaak Hainaut (Secretaris)
LANGUAGE: Dutch
GAUGE: 35 mm
SILENT/SOUND: sound
B&W/COLOUR: B&W
MINUTES: 90'

◆ No sooner had **It's a Cruel World!** been completed than director Joris Diels began work on his next film. Now that he had made a commercially safe film, Diels, ever faithful to the Brabo philosophy, set course for a better, more cultivated Flemish film (he dreamed of making a film of *Tyll Owleglass*). **The Theft of Hop-Marianneke** was originally conceived as a short and is based on a historical event: the theft by a group of students of "Op-sinjoorke", a wooden statuette dating from 1648 and a symbol of the feud between the cities of Antwerp and Malines. This enjoyable farce, spoken in a refined and natural-sounding Dutch, is a well-made satirical reconstruction of the robbery and its consequences. The tale of the theft is pieced together by means of seven incisive flashbacks with a series of court witnesses. Diels replaced Malines and Antwerp with fictional towns and transformed the 80-centimetre high sculpture into the statue of a young woman.

The Theft of Hop-Marianneke was hailed by the press as the best Flemish film since **Whitey** (1934). In cinematic terms, the film contains a number of remarkably realistic night scenes, flickering car chases and an inventive double montage of rolling newspaper presses overlaid with the laughing reactions of various personalities (Ernest Claes, Rik Coppens). Unfortunately, the film itself, which was shot in Antwerp and in the studio in Waterloo over a 29-day period, was ineptly distributed by New Star Film and did not do well. A disillusioned Diels subsequently stopped directing films. In 1975, he would be seen in an acting role in Roland Verhavert's **Pallieter**.

● **Le monde est terrible!** était à peine mis en boîte que Joris Diels se trouvait déjà sur le plateau de son prochain film. Fidèle à la politique de Brabo, Diels s'orientait, après sa première production sans risque sur le plan commercial, vers un cinéma flamand ambitieux et de meilleure qualité (son rêve était d'adapter à l'écran *Till l'Espiègle*). **Le rapt de la poupée**, initialement conçu comme un court métrage, est basé sur un événement historique, à savoir le vol par des étudiants d'une statuette en bois datant de 1648 ("Op-sinjoorke"), symbole de l'inimitié entre Anvers et Malines. Cette farce amusante, en néerlandais standard et aux accents naturels, est une reconstruction entraînante et satirique de ce vol et de ses conséquences. Sous forme de flash-back, le vol est dévoilé par le truchement de sept témoignages judiciaires poignants. Diels a remplacé Malines et Anvers par des villes imaginaires et a remplacé la sculpture de 80cm de haut par celle d'une jeune femme.

Le rapt de la poupée, tourné en 29 jours à Anvers et dans le studio de Waterloo, fut acclamé par la presse comme le meilleur film flamand depuis **Filasse** (1934). Sur le plan cinématographique, il représentait un progrès significatif par ses scènes nocturnes réalistes, ses poursuites fulgurantes en voiture et un double montage inventif de rotatives de presse avec les réactions amusées de personnalités (Ernest Claes, Rik Coppens). Cependant, New Star Film ne sortit pas l'œuvre dans de bonnes conditions et elle ne rencontra pas de succès. Déçu, Diels cessa de réaliser des films. En 1975, il tenait encore un rôle dans **Pallieter** de Roland Verhavert.

► **'t Is wreed in de wereld!** was nauwelijks ingeblikt of Joris Diels liep al rond op de set van zijn volgende film. Trouw aan de Brabo-politiek zette Diels na zijn eerste, commercieel veilige productie de koers verder naar de betere, beschaafdere Vlaamse film (zijn droom was *Tijl Uilenspiegel* ooit te verfilmen). **De roof van Hop-Marianneke**, oorspronkelijk opgevat als een korte film, is gebaseerd op een historische gebeurtenis: de roof door studenten van een houten beeldje uit 1648 ("Op-sinjoorke") dat de vete tussen Antwerpen en Mechelen symboliseert. Deze plezierige klucht, in beschaafd en natuurlijk klinkend Nederlands, is een vlotte, satirische reconstructie van die roof en de gevolgen ervan. Via een zevental snedige en in flashbacks gegoten rechtsgetuigenissen wordt de diefstal uit de doeken gedaan. Diels verving Mechelen en Antwerpen door fictieve steden en ruilde de 80cm hoge sculptuur in voor het beeld van een jonge vrouw.

De roof van Hop-Marianneke werd door de pers uitgeroepen tot de beste Vlaamse film sinds **De Witte** (1934). Filmisch had men opmerkelijke vooruitgang geboekt met realistische, nachtelijke scènes, flitsende auto-achtervolgingen en een inventieve dubbelmontage van rollende krantenpersen met de lachende reacties van personaliteiten (Ernest Claes, Rik Coppens). Maar de film, opgenomen in Antwerpen en in de studio te Waterloo in 29 dagen, werd door verdeler New Star Film niet verstandig uitgebracht en het succes bleef uit. Een ontgoochelde Diels stopte met het regisseren van films. In 1975 zou hij nog een rol vertolken in Roland Verhaverts **Pallieter**. *(LJ)*

Waar de hemel zong

Eric Weymeersch

Waar de hemel zong
Heilig Land
Terre Sainte
Wo der Himmel sang
Holy Land

DIRECTOR: Eric Weymeersch
YEAR: 1954
COUNTRY: BE
ASST. DIR.: Edouard Lowyck
CAMERA: Eric Weymeersch
EDITING: Eric Weymeersch, Vincent De Decker
MUSIC: Eric Weymeersch
PROD. CO.: Pères Blancs d'Afrique (Bruxelles)
CAST: Pierre Laroche
LANGUAGE: French
GAUGE: 35 mm
SILENT/SOUND: sound
B&W/COLOUR: colour
MINUTES: 81′

◆ At the end of the 19th century, the Vatican sent the first White Fathers to Africa to spread the word of the gospel throughout the vast region of the Great Lakes. By 1954, the missionaries had a sixth of the continent and 34 ecclesiastical districts under their control.

Cinema also played a part in the undertaking. Eric Weymeersch - a priest educated at the Varsenare noviciate in West Flanders - had already participated in the shooting of the MGM super-production **King Solomon's Mines**, directed in 1949 by Compton Bennett with the assistance of the Watutsi. So it was that five years later the father-film-maker saw himself entrusted with a full-length religious propaganda film, **Holy Land**. The aim of the film was to record for posterity the still unchanged Biblical sites in Palestine before they were altered or vanished for good. Seeking to reconstruct the routes taken by Jesus, Weymeersch criss-crossed the Holy Land, from Jerusalem to Jordan, from the grotto in Bethlehem to Syria. On Palestinian soil, in a country rocked by the creation of the state of Israel, the director is forced to bargain in a to-and-fro between the two rival communities, faces suspicions and threats. He also films Jewish dancers, the first kibbutz and the historic sites of Galilee, already menaced by the massive influx of colonists. The Biblical remnants are rapidly committed to film "as a testimony to this privileged corner of the earth where Jesus brought his message of love" (Weymeersch). By means of cinema, a religious reportage thus takes on the character of a historical document.

● Dès la fin du XIXᵉ siècle, le Vatican envoie les Pères Blancs en Afrique pour évangéliser les vastes régions des Grands Lacs. En 1954, un sixième du continent noir est desservi par les missionnaires, qui ont la charge de 34 circonscriptions ecclésiastiques.

Le cinéma n'est bien entendu pas absent de l'aventure. Eric Weymeersch, un prêtre formé au noviciat de Varsenare (en Flandre-Occidentale), avait déjà participé au tournage d'une superproduction de la MGM: **Les mines du roi Salomon**, réalisée par Compton Bennett en 1949, notamment chez les Watutsi. Le Père-cinéaste se verra donc confier cinq ans plus tard un long métrage de propagande religieuse: **Terre Sainte**. L'ambition du film est de fixer, avant qu'ils ne se transforment ou disparaissent, les lieux bibliques de Palestine encore préservés. Suivant à la trace les itinéraires de l'Evangile, Eric Weymeersch déambulera à travers la Terre Sainte, de Jérusalem à la Jordanie, de la grotte de Bethléem à la Syrie. Dans un territoire palestinien que la création de l'Etat d'Israël vient de bouleverser, le réalisateur doit parlementer, louvoyer entre les communautés rivales, et répondre aux suspicions et aux menaces. Il filme aussi les danseurs juifs, les premiers kibboutzim, les sites galiléens que l'arrivée massive des colons commence déjà à réduire ou à détruire. Les vestiges du cadre évangélique sont captés dans l'urgence par sa caméra "pour porter témoignage sur ce coin de terre privilégié où Jésus apporta son message d'amour" (E. Weymeersch). Le reportage religieux devient ici, grâce au cinéma, un document d'histoire. *(RM)*

Eric Weymeersch

▶ Vanaf het einde van de 19de eeuw stuurde het Vatikaan de Witte Paters naar Afrika om er het evangelie te verkondigen in de uitgestrekte contreien van de Grote Meren. Anno 1954 werd het altaar reeds bediend in een zesde van het zwarte continent, door missionarissen die de leiding hadden over 34 kerkdistricten.

In dit hele avontuur was ook voor de film een rol weggelegd. Eric Weymeersch, priester uit het noviciaat van Varsenare in West-Vlaanderen, had al enige filmervaring door zijn medewerking aan de superproductie van MGM **King Solomon's Mines** (Compton Bennett), die in 1949 bij de Watutsi's werd gedraaid. Vijf jaar later werd de pater-cineast belast met de regie van een lange religieuze propagandafilm: **Waar de hemel zong**. Bedoeling was de nog bewaarde bijbelse sites in Palestina op film vast te leggen, voor ze voorgoed zouden verdwijnen. Als een soort bijbelse spoorzoeker zwierf Weymeersch door het Heilige Land - van Jeruzalem tot Jordanië, van de grot van Betlehem tot Syrië. Op Palestijns territorium, volop in beroering na de oprichting van de staat Israël, moest de regisseur in onderhandeling treden en schipperen tussen twee vijandige gemeenschappen in een klimaat van achterdocht en dreigementen. Hij filmde ook de joodse dansers, de eerste kibboetsen, de historische plaatsen van Galilea die reeds in het gedrang kwamen door de grote toeloop van kolonisten. Wat overbleef werd dus - met spoed - op film gezet "om getuigenis af te leggen van dit bevoorrecht deel van de aarde, waar Jezus zijn boodschap van liefde bracht" (E. Weymeersch). Een religieuze reportage wordt hier, dankzij de film, een historisch document.

De spotvogel

Edith Kiel

De spotvogel
Le railleur
L'oiseau moqueur
The Mocker

DIRECTOR: Edith Kiel
YEAR: 1954
COUNTRY: BE
SCREENPLAY: Edith Kiel
CAMERA: Paul De Fru
EDITING: Edith Kiel, Rudi Reusens, Jos Buyl
SOUND: René Lebrun
MUSIC: Jos Van der Smissen, Tony Vess
ART DIRECTOR: Louis Seerden
PRODUCER: Edith Kiel
PROD. CO.: Antwerpse Filmonderneming AFO (Antwerpen)
CAST: Charles Janssens (Felix Peeters & Louis Appel), Co Flower (Tilly), Irène Beval (Loni), Magda Lausanne (Anna), Louisa Lausanne (Rosa), Lizy Berna (Liza), Jaak De Voght (Constello), Ivonne Lex (Rita), Jaak Germain (Oscar Triller), Jan De Vel (Jan), Stan Van den Eynde (Lindemans), Rezy Norbert (Vrouw vestiaire), Nini De Boël (Eigenares modesalon), Oscar Ferket (Rudolf), Bob Löwenstein (Vriend van Loni), Jef De Meester (Vriend van Loni), Jan De Jonge (Vrijer van Anna)
LANGUAGE: Dutch
GAUGE: 35 mm
SILENT/SOUND: sound
B&W/COLOUR: B&W
MINUTES: 98'

◆ The Antwerp film couple Kiel-Vanderheyden consistently topped the Flemish box-office both before and after the war. Their popular, sketch-like farces in local dialect were sure-fire hits on the regional cinema circuit. As far as form and content were concerned, the films differed very little one from the other. **The Mocker** - the title refers to the cabaret inherited by the main protagonist which puts his marriage at risk - is business as usual, only this time in a more or less standard Dutch. Not that this represents a significant improvement: the dialogue sounds too artificial and the plot, a simple rewrite of **Heaven on Earth**, uses the same tried and tested ingredients from other films (double identity, physical disabilities - poor eyesight, hearing difficulties - deployed for comic effect, misunderstandings surrounding a cheated husband, popular songs, etc.). From a technical point of view, the film is simply sloppy. The shots of the Antwerp market are clumsy and the editing roughshod. The artistic possibilities of film did not really interest Kiel and Vanderheyden. They saw the medium's purpose in the entertainment of the masses and on the strength of German comedies believed there was a market in Flanders for this type of home-grown entertainment. After their buoyant success they reeled off routine theatrical productions with an often uninspired cast. The audience, however, occasionally refused to swallow one of their efforts, tired of being spoon-fed with the same gags by the same actors.

● Avant comme après la guerre, le couple Edith Kiel-Jan Vanderheyden domine le box-office flamand. Leurs farces populaires, inspirées de sketches et tournées en dialecte local, remportent un énorme succès dans les cinémas locaux. Tant en ce qui concerne leur contenu que leur forme, les films de Kiel ne sont pas très variés. **Le railleur** (ou De spotvogel, le nom d'un cabaret dont le personnage principal hérite et qui sème le trouble dans sa vie conjugale) quitte le dialecte pour un néerlandais un peu plus pur. Mais le film n'en est pas meilleur pour autant. Les dialogues semblent trop alambiqués et le scénario, copié sur celui du **Ciel sur terre**, reprend les ingrédients des films précédents (le double rôle, les personnages malentendants ou malvoyants utilisés pour produire un effet comique, le malentendu autour d'un mari trompé, les chansons populaires, etc.). Sur le plan technique, le film est peu soigné: les prises de vues du marché d'Anvers sont insérées maladroitement et le montage est grossier. Kiel et Vanderheyden n'étaient pas vraiment intéressés par l'aspect artistique du film. Pour eux, un film devait divertir le grand public et ils étaient convaincus qu'il existait un marché flamand potentiel pour ces films faits maison, comme en Allemagne. A cause du succès déferlant de leurs films, leur production se limitera à des films-clichés rapidement tournés et mettant en scène des acteurs inégaux. Tous leurs films n'enflammeront pas le public, qui finira par se lasser de voir toujours les mêmes pitreries et les mêmes acteurs.

► Het Antwerpse filmechtpaar Kiel-Vanderheyden stond, net zoals vóór de oorlog, ook na 1945 aan de top van de Vlaamse box office. Hun populaire, op sketches geïnspireerde en in het plaatselijk dialect gedebiteerde kluchten, konden op een enorme belangstelling rekenen in de regionale bioscopen. Onderling waren de films, zowel qua inhoud als qua vorm, weinig verschillend. Met **De spotvogel** (de titel verwijst naar het cabaret dat het hoofdpersonage erft en waardoor zijn huwelijksleven onder druk komt te staan) zet de trend naar een zuiverder Nederlands zich verder. Het maakt de film er echter niet beter op. De dialogen klinken te gekunsteld en het scenario, een doorslag van **De hemel op aarde**, valt terug op beproefde ingrediënten uit vorige films (dubbelrollen, fysische handicaps (slechtziend- en -horendheid) als bron van gags, quiproquo's rond een bedrogen echtgenoot, schlagers enz.). Technisch is de film onverzorgd: de marktopnamen van Antwerpen zijn stuntelig ingelast en de montage is ruw. Kiel en Vanderheyden waren niet echt geïnteresseerd in het kunstzinnige aspect van film. Film moest de massa kunnen ontspannen en ze geloofden, naar het voorbeeld van de Duitse amusementsfilm, dat er een Vlaamse afzetmarkt voor dat soort films van eigen bodem bestond. Hun succesgolf leverde een reeks toneelmatige en snel gedraaide routineproducten op met een niet altijd even geïnspireerde cast. Sloeg de vonk niet over naar het publiek, dan kwam dat niet het minst omdat men uitgekeken raakte op steeds dezelfde capriolen van steeds dezelfde acteurs. *(LJ)*

Fête de quartier

Paul Flon

Fête de quartier
Le petit café du coin
't Is kermis bij ons
Street Festival

DIRECTOR: Paul Flon
YEAR: 1954
COUNTRY: BE
SCREENPLAY: Jeanne Lefèbvre, Georges Michel
CAMERA: José Dutillieu, Jules Everaert, François Roekens
EDITING: Raymonde Baudoux, Maguy Cousin
SOUND: Robert Serckx, André Notte, Guy Tasignon
MUSIC: Germain Ducarne, Willy Maury, Theo Lecomte, Beval
ART DIRECTOR: Charles Godefroid, Emile Haubourdain, Charles De Groote
COSTUMES: Costhea, Maghet
PROD. CO.: Tanagra (Bruxelles)
CAST: Willy Maury (Poeske), Alice Tissot (Son épouse Antoinette), Jean Tissier (L'industriel), Jean-Pierre Loriot (Bernard), Michèle Moulin (Jeanne), Marcel Roels (Le croque-mort Sosthène), Victor Guyau (Bollinck), Paul Delmiche (Le contrôleur des contributions Eric), Berthe Carine (Mlle Renaud), Line Dariel (Marchande d'escargots), Gaston Dupray (Barman), Marcel Etienne (Garçon de restaurant), Jean Gérardy (Directeur de l'agence de voyage), Christiane Marlier (Secrétaire), Yvette Merlin (Dactylo), Jacques Philippet (Commentateur)
LANGUAGE: French
GAUGE: 35 mm
SILENT/SOUND: sound
B&W/COLOUR: B&W
MINUTES: 82'

◆ By 1954, the name Paul Flon had regularly graced Belgian screens for more than 40 years. Director of features in the twenties, documentary film-maker and assistant to Gaston Schoukens, he had always been conscious of his own limitations - "a talented improviser, highly skilled cameraman, routine editor and prudent administrator", as Francis Bolen described him. During the following 20 years another 20 short works would be added to his filmography, from **Constantin Meunier** to **Famous Processions**, from **An Air on the Accordion** to **Putting in at Antwerp**. Then in 1954 came one last feature à la Schoukens, **Street Festival**.

The plot of this traditional comedy unfolds in a popular Brussels café. Among the staff and regulars are Poeske, the owner, and his jealous wife; an undertaker and a snail seller; the bashful lover of the good landlord's adoptive daughter; a pharmacist and a tax man. From the outset it is clear that the two lovebirds will be reunited happily, despite the odd minor hiccup, and hence the main point of interest are the scenes of Brussels life interspersed throughout the story: brash dialogues between cabaret stars, the mass feasting of the local street festival, the planting of the Meyboom, musical turns by the group "Les Voix du Rythme". Despite the presence of Belgian stars (Marcel Roels and Victor Guyau) and a number of French entertainers (Jean Tissier, Alice Tissot), the whole affair is rather laborious. It remains only for Willy Maury - a veteran of Belgian theatre, the films by Alfred Machin and the Karreveld and Machelen studios - to pull off the occasional moment of Raimu-like emotion.

● Au milieu des années 50, il y avait déjà plus de quarante ans que le nom de Paul Flon apparaissait au générique d'innombrables films belges. Metteur en scène de fiction dans les années 20, documentariste, assistant de Gaston Schoukens, ce probe technicien n'avait jamais visé au-delà de ses limites: "habile bricoleur, cameraman émérite, monteur routiné, gestionnaire prudent", comme le définit Francis Bolen. Jusque dans les années 70, sa filmographie allait s'enrichir d'une vingtaine d'autres courts métrages, de **Constantin Meunier** aux **Processions célèbres**, d'**Un p'tit air d'accordéon** à **Escale à Anvers**. Un ultime long métrage à la Schoukens, en 1954: **Fête de quartier**.

L'intrigue de cette comédie folklorique se déroule dans un café populaire de Bruxelles: il y a là Poeske, le patron, et sa femme jalouse; un croque-mort et une marchande d'escargots; l'amoureux transi de la fille adoptive du brave cafetier; un pharmacien et un employé des contributions. Comme on sait dès le départ que les deux tourtereaux seront heureux au dénouement malgré quelques complications mineures, l'intérêt se porte sur les scènes de la vie bruxelloise qui jalonnent le récit: dialogues truculents des piliers de cabaret, ripailles de la fête de quartier, plantation du Meyboom, ritournelles par "Les Voix du Rythme". Malgré la présence de vedettes à accent (Marcel Roels ou Victor Guyau) et de quelques amuseurs français (Jean Tissier ou Alice Tissot), tout cela reste maladroit, laborieux. Restent quelques moments d'une émotion à la Raimu, grâce au vétéran du théâtre belge et des films muets d'Alfred Machin, du Karreveld et de Machelen: Willy Maury. *(RM)*

▶ Midden de jaren 50 was Paul Flon al meer dan 40 jaar een vaste waarde in de Belgische film. In de jaren 20 was hij actief als regisseur van fictiewerk, documentarist en assistent van Gaston Schoukens, zonder ooit te hoog te grijpen: "een handig knutselaar, een verdienstelijk cameraman, een bekwaam monteur, een voorzichtig beheerder", zoals Francis Bolen het stelde. Tot in de jaren 70 voegde hij nog zo'n 20 kortfilms aan zijn filmografie toe, o.a. **Constantin Meunier**, **Processions célèbres**, **Un p'tit air d'accordéon** en **Escale à Anvers**. In 1954 volgde een laatste langspeelfilm à la Schoukens, **Fête de quartier**.

Deze folkloristische komedie speelt zich af in een Brussels volkscafé, waar Poeske (de cafébaas) en zijn jaloerse vrouw samenzitten met een lijkdrager, een verkoopster van escargots, de bedremmelde aanbidder van de adoptiefdochter van de uitbater, een apotheker en een belastingambtenaar. Daar het reeds vanaf het begin overduidelijk is dat de twee tortelduifjes, ondanks enkele complicaties, samen het geluk zullen vinden, draait de film rond de evocatie van het dagelijkse leven in Brussel: sappige dialogen tussen vedetten uit het cabaret, braspartijen op de buurtkermis, het planten van de meiboom en deuntjes van "Les Voix du Rythme". Ondanks de aanwezigheid van vedetten met pittoresk accent (Marcel Roels of Victor Guyau) en enkele Franse succesnummers (Jean Tissier en Alice Tissot), voelt alles geforceerd, onhandig aan. Wat overeind blijft zijn enkele emotionele momenten à la Raimu, gebracht door een veteraan uit de Belgische theaterwereld en uit de stille films van Alfred Machin, het Karreveld en Machelen: Willy Maury.

Un "Soir" de joie

Gaston Schoukens

Un "Soir" de joie
L'histoire vraie du faux Soir
De zaak van de valse Soir
A "Soir" Full of Joy

DIRECTOR: Gaston Schoukens
YEAR: 1954
COUNTRY: BE
SCREENPLAY: E. Olin
DIALOGUE: E. Olin, Cl. Yvon
CAMERA: José Dutillieu, André Laroche, Charles Lengnich, Paul De Fru
SOUND: Guy Tassignon
MUSIC: José Fontaine, Félix Bell [Gaston Schoukens]
ART DIRECTOR: Suzanne Varlet
COSTUMES: F. Créteur
PROD. CO.: Coro Film (Bruxelles), Cinex (Bruxelles)
CAST: Marcel Roels (Arthur, dit le Fou), Roger Dutoit (Raymond), Jean-Pierre Loriot (Robert), Jacques Philippet (L'officier Karl), Victor Guyau (Claes), Gaston Derblay (L'imprimeur), Paul Delmiche (Eric), Francine Vendel (Louise), Madeleine Rivière (Gilberte), Germaine Broka (Maria), Arlette Schreiber (Lulu), Paul Rouma, Gaston Dupray, Raoul Louard, Paul Leclerc, Léon Carny, Denise Sente, Pierre Motte, Van Outryve, Jean Jeannelin, Mertens, Francis Dupret, Lise Chamleux, Jean Tange, Mary Rambert, Roger Ducarme, Lise Bernarde, José Nicaise, Andrée Brun, Eric Grossenger, Jeanne Brissac, Max Leblanc, Marcelle de Beaulieu, Patrick Dumon, Eric Dumon
LANGUAGE: French
GAUGE: 35 mm
SILENT/SOUND: sound
B&W/COLOUR: B&W
MINUTES: 112'

◆ Since the end of the war Gaston Schoukens had contented himself with his activities as a distributor, re-releasing his past successes either in their original form (**On with the Music**) or under a new title (**Gardons notre sourire (Let's Keep Smiling)** became **Ersatz et Kommandantur**; with a few alterations **C'était le bon temps (Those Were the Days)** became **Garde-civique et vieilles ficelles** and **Les joyeuses aventures de Bossemans et Coppenolle** enjoyed a re-run). And in January 1955 Schoukens saw his supreme triumph: the release of **A "Soir" Full of Joy**, which was to prove his ultimate commercial coup.

The plot was based on a true story from November 1943: the Resistance managed to publish a fake edition of the pro-German newspaper Le Soir, put on sale by surprise in the newsstands and stuffed full of parodic articles pouring ridicule upon the occupying forces. The film faithfully traced the course of this humorous and enterprising attempt to wake up the populace, filling out the basic plot with irreverent patriotic gags after the fashion of **Let's Keep Smiling**. As Gustave Libeau had in the meantime retired, the hilarious Marcel Roels took centre stage alongside actors from all the theatres of Brussels. By deciding to represent, instead of suffering, laughter and mockery as the means of political resistance, Schoukens hit the jackpot. The public, bombarded for the last ten years with purely heroic films, came in droves to laugh at the spectacle of Nazis driven round the bend à la Tyll Owleglass.

● Depuis la fin de la guerre, Gaston Schoukens se contentait d'exercer son métier de distributeur, relançant ses succès d'autrefois, soit dans leur version première (c'est le cas d'**En avant la musique**), soit sous un nouveau titre et dans des versions quelque peu remaniées (comme **Ersatz et Kommandantur**, ex-**Gardons notre sourire**; ou, plus tard, **Garde-civique et vieilles ficelles**, ex-**C'était le bon temps**; ou encore **Les joyeuses aventures de Bossemans et Coppenolle**). En janvier 1955, le brave Schoukens connaît son ultime triomphe: **Un "Soir" de joie** sort sur les écrans et sera son dernier raz-de-marée commercial.

Le scénario s'inspire d'un épisode authentique de la Résistance. En novembre 1943, un faux numéro du journal pro-allemand Le Soir, bourré d'informations parodiques tournant en dérision l'occupant, est publié et mis en vente par surprise dans les kiosques. Une jolie entreprise d'humour et de désintoxication, que le film retrace fidèlement, tout en étoffant ce fil conducteur de gags frondeurs et patriotiques, à la façon de **Gardons notre sourire**. Gustave Libeau étant à la retraite, c'est le désopilant Marcel Roels qui mène le jeu, aux côtés d'acteurs venus de tous les théâtres bruxellois.

Le parti pris étant de ne pas raconter les souffrances, mais la Résistance par le rire et le persiflage, Schoukens atteignit son but: un public, saturé depuis dix ans par des films uniquement héroïques, vint en foule s'amuser des nazis tournés en bourriques, à la façon d'Uylenspiegel. (RM)

► Na de oorlog stelde Gaston Schoukens zich tevreden met zijn beroep als verdeler en bracht hij opnieuw zijn successen van weleer uit, in hun oorspronkelijke versie (**En avant la musique**) of onder een nieuwe titel (**Ersatz et Kommandantur**, vroeger **Gardons notre sourire**; **Garde-civique et vieilles ficelles**, vroeger **C'était le bon temps**; of nog **Les joyeuses aventures de Bossemans et Coppenolle**). In januari 1955 volgde de ultieme triomf voor de onvervaarde Schoukens, toen **Un "Soir" de joie** werd uitgebracht, zijn laatste monstersucces.

Het scenario is gebaseerd op ware feiten, daterend van november 1943. Toen publiceerde het verzet totaal onverwachts een vervalst nummer van de pro-Duitse krant Le Soir, vol parodistische informatie die de Bezetter in zijn hemd zette. Dit fraaie staaltje van bevrijdende humor wordt in de film waarheidsgetrouw naverteld, met toevoeging weliswaar van de nodige vaderlandslievende grollen in de stijl van **Gardons notre sourire**. Gustave Libeau was al met pensioen en dus viel de hilarische Marcel Roels de eer te beurt om, samen met acteurs uit alle Brusselse theaters, de onderneming te bezielen.

Schoukens omzeilde bewust al het oorlogsleed om over de verzetsbeweging te vertellen op een grappige en parodiërende manier. Hij slaagde in zijn opzet: het publiek, dat al tien jaar lang overspoeld werd met heldenepen, stroomde massaal toe om zich te verkneukelen bij het schouwspel van nazi's met wie, in de traditie van Uilenspiegel, duchtig de gek wordt geschoren.

Pêcheur de mer

André Cornil

Pêcheur de mer
Visser
The Fisherman

DIRECTOR: André Cornil
YEAR: 1955
COUNTRY: BE
CAMERA: André Cornil
PROD. CO.: Centre d'Information et de Documentation CID
LANGUAGE: French
GAUGE: 16 mm
SILENT/SOUND: sound
B&W/COLOUR: colour
MINUTES: 100'

◆ **The Fisherman** was the second film which André Cornil, a priest working as a film-maker for the information and documentation service of the Belgian Colonial Ministry, made in the port of Matadi on the estuary of the River Congo. Here he found all the requirements of a perfect location: good light, a varied landscape and the hustle and bustle of a port town. The film aims at promoting Catholic marriage amongst the locals. Both the missionaries and the authorities rejected the traditional practice of dowries as reprehensible, as tantamount to buying a human life. This rejection is expressed in **The Fisherman**. A fisherman is given permission to marry the girl he loves. Yet instead of paying the dowry before the marriage, it is agreed that he can pay it off in instalments after the wedding. An unusual choice, but even more unusual are the young couple's plans for their future together: they will live not according to traditional Congolese values, but as a typical middle-class Belgian family. With this film, centring around the ambiguous attitude of the indigenous population towards money, André Cornil continues resolutely in the vein of other Belgian colonial productions, most of which were directed by missionaries. The colonial administrators wanted to propagate the belief that the natives were unable to deal with money. This notion was skilfully incorporated into the story, showing how a girl prefers a poor, young fisherman to a rich gentleman waving a wad of bank notes. Moralism abounds in this film, and it is therefore no surprise that the thief who steals some money is duly punished in the end.

● **Pêcheur de mer** est le second film qu'André Cornil, prêtre travaillant comme cinéaste au Centre d'Information et de Documentation CID du Ministère des Colonies, tourna dans la ville portuaire de Matadi, sur l'estuaire du fleuve Congo. Tous les composants nécessaires à la réalisation de prises de vue de qualité y étaient réunis: lumière, paysage varié et ambiance portuaire. Le but du film était de rendre attrayant le mariage catholique pour les indigènes. Tant les missionnaires que l'autorité coloniale rejetaient la tradition de la dot, pratique condamnable équivalente pour eux à l'achat d'un être humain. Le film **Pêcheur de mer** exprime cette réprobation. Un pêcheur peut épouser la jeune fille de son choix. Plutôt que de remettre la dot à l'avance, il conclut un accord de paiement par tranches a posteriori. Cette pratique inhabituelle annonce déjà l'avenir occidental auquel rêvent les jeunes promis: loin d'envisager de vivre selon les normes locales congolaises traditionnelles, le couple se pense comme le classique ménage bourgeois belge. Avec ce film, André Cornil se situe dans la droite ligne d'autres productions coloniales belges, tournées surtout par des missionnaires, quand il expose une attitude assez ambiguë de l'indigène envers l'argent. Le colonisateur tient beaucoup, en effet, à propager l'idée que l'indigène est incapable de gérer son argent. On retrouve cette idée dans le film quand la jeune femme préfère son brave pêcheur à un homme riche qui l'indiffère. Il s'agit vraiment d'une production au moralisme triomphant, où le voleur qui a dérobé quelques deniers n'échappe pas à sa punition méritée.

▶ **Pêcheur de mer** is de tweede film die André Cornil - de priester werkzaam als cineast voor de informatie- en documentatiedienst van het Belgisch ministerie van Koloniën - draaide in de havenstad Matadi, gelegen in het estuarium van de Kongostroom. Hier vond hij alle ingrediënten om kwalitatief hoogstaande opnamen te maken: licht, een gevarieerd landschap en een drukke havenstad. De doelstelling van de film is het katholieke huwelijk aantrekkelijk te maken voor de inboorling. Zowel de missionarissen als de koloniale overheid verwierpen de traditionele bruidsschat als een verderfelijke praktijk, die neerkomt op het kopen van een persoon. Deze afkeuring staat centraal in **Pêcheur de mer**. Een visser mag het meisje van zijn keuze trouwen. In plaats van de bruidsschat vooraf te geven, wordt echter overeengekomen deze na het huwelijk geleidelijk - in schijven - af te betalen. Een ongewone praktijk, maar even ongewoon zijn de toekomstdromen die het jonge, nog ongetrouwde stel koesteren: niet een leven naar plaatselijke Kongolese normen, maar dat van een Belgisch burgerlijk gezinnetje. Door de ambigue houding van de inlander ten opzichte van geld in beeld te brengen, trekt André Cornil één lijn met de rest van de - voornamelijk door missionarissen gedraaide - Belgische koloniale films. De kolonisator wil namelijk het idee verspreiden dat deze autochtoon niet kan omgaan met geld. Dit idee werd handig in het verhaal verwerkt: het meisje kiest niet voor de man die met bankbriefjes zwaait, maar voor de jonge en brave visser. Moralisme is troef in deze productie, en de dief die wat geld steelt, zal zijn gerechte straf dan ook niet kunnen ontlopen. (GC)

Het licht der bergen

Gust Geens, Hugo Van den Hoegaerde

Het licht der bergen
La lumière des montagnes
Light of the Mountains

DIRECTOR: Gust Geens, Hugo Van den Hoegaerde
YEAR: 1955
COUNTRY: BE
SCREENPLAY: Hugo Van den Hoegaerde
BASED ON: Das Licht der Berge, written by Franz Weiser
ASST. DIR.: Guido Janssens
CAMERA: Gust Geens
EDITING: Gust Geens
COMMENTS: Frans Somers
PRODUCER: Gust Geens
PROD. CO.: Argos-Films (Boechout)
CAST: Leo Schuermans (Herman Kruger), Jan Van
Brussel (Bert Vermeiren), André Tops (Luc
Vermeiren), Jos Schoeters (Leo Deckers),
Godelieve Van Brussel (Hilde Deckers),
Herman Liesse (Toon Storms)
LANGUAGE: Dutch
GAUGE: 16 mm
SILENT/SOUND: sound
B&W/COLOUR: B&W
MINUTES: 90'

◆ The amateur Boechout film-maker Gust Geens was no longer a novice when he directed **Light of the Mountains**. During the summer of 1947, he had made **Youth Storm** - a hymn in praise of the ideals of the Catholic scouting movement Chiro - with a few friends. This 16mm youth film, based on a popular boys' book by Franz Weiser, enjoyed huge success within the national scouting movement. Encouraged by this positive reception, Geens decided to film another book by the Austrian Jesuit priest. The pious **Light of the Mountains** is a paean to the courage and sacrifice of Herman Kruger, an orphan from the Alps who is taken in by a Flemish foster family. Overcome by homesickness, he later returns to his native land as a scouting leader to answer his calling to the priesthood.

Geens, both director and cameraman, and his amateur film club Argos enlisted Hugo Van den Hoegaerde (a pseudonym for Ward Bruyninckx, a member of the board of the national Chiro league and lyricist to a number of scout songs) to assist them with the general direction and the screenplay. During the summer months, the team filmed in Tirol and other locations, with the help of both the scouts' division from Boechout and the Innsbruck-based Jungschar group. The boys' choir of Edegem and the double male voice quartet Harbalorifa from Lierre provided the musical background. Following its première at the Royal Artists' Federation in Antwerp, **Light of the Mountains**, a moderately romantic, demure and moralizing film, again met with huge approbation within the circuit of Flemish youth movements.

● Gust Geens, cinéaste amateur, originaire de Boechout près d'Anvers, n'en était pas à son coup d'essai avec **La lumière des montagnes**. Pendant l'été 1947, il avait mis en boîte, avec quelques amis, **Les orages de la jeunesse**, une ode aux idéaux du scoutisme. Au sein des mouvements nationaux scouts, ce film pour la jeunesse, tourné en 16mm d'après un célèbre livre pour garçons de Franz Weiser, connut beaucoup de succès. Conforté par ces réactions positives, Geens commença une nouvelle adaptation d'une œuvre du père jésuite autrichien. **La lumière des montagnes** est un film dévot qui célèbre le courage et l'abnégation de Herman Kruger, un orphelin originaire des Alpes accueilli par une famille adoptive flamande. Souffrant du mal du pays, il y retournera en tant que chef scout pour répondre à sa vocation de prêtre.

Pour la réalisation d'ensemble et le scénario, Geens, cinéaste et cameraman, et l'Argos, son club de cinéastes amateurs, firent appel à Hugo Van den Hoegaerde (un pseudonyme de Ward Bruyninckx), membre du bureau national de la fédération des scouts et parolier de quelques chansons scoutes. On tourna pendant les vacances, notamment au Tyrol. Les troupes de scouts de Boechout et d'Innsbruck participèrent au film. Le chœur d'enfants d'Edegem et le double quatuor masculin lierrois Harbalorifa assurèrent l'arrière-plan musical. Après la première dans la salle du Koninklijk Kunstverbond d'Anvers, **La lumière des montagnes**, un film pudibond, moralisateur et légèrement teinté de romantisme, fut encore projeté et acclamé dans le circuit des mouvements de jeunesse flamands.

▶ De Boechoutse amateurcineast Gust Geens was geen volslagen leek meer toen hij **Het licht der bergen** regisseerde. Tijdens de zomer van 1947 had hij immers samen met enkele vrienden **Jeugdstorm** ingeblikt, een ode aan de Chiro-idealen. Binnen de nationale Chirobeweging kende deze op 16mm gedraaide jeugdfilm, naar het populaire jongensboek van Franz Weiser, veel succes. Geruggensteund door die positieve respons begon Geens opnieuw aan een romanverfilming naar de Oostenrijkse pater jezuïet. Het vrome **Licht der bergen** bezingt de moed en opofferingsgezindheid van Herman Kruger, een uit de Alpen afkomstig weeskind dat door een Vlaams pleeggezin wordt opgevangen. Geplaagd door heimwee keert hij later - in de hoedanigheid van Chiroleider - terug om zijn roeping van priester te volgen.

Voor de algemene regie en het scenario riepen cineast-cameraman Geens en zijn amateurfilmclub Argos de hulp in van Hugo Van den Hoegaerde (een pseudoniem van Ward Bruyninckx, lid van de Landsbondleiding van de Chiro en tekstdichter van enkele Chiroliederen). Tijdens de vakantiemaanden werd er onder meer in Tirol gedraaid, met de medewerking van de Chirogroep uit Boechout en de Jungschar van Innsbruck. Het knapenkoor uit Edegem en het mannelijk dubbelkwartet Harbalorifa uit Lier zorgden voor de muzikale omlijsting. Na de première in de zaal van het Koninklijk Kunstverbond te Antwerpen werd het licht romantische, preutse en moraliserende **Het licht der bergen** opnieuw met enorme bijval in omloop gebracht binnen het circuit van de Vlaamse jeugdbewegingen. (LJ)

Fête chez les Hamba

Luc de Heusch

Fête chez les Hamba
Feest bij de Hamba's
The Feast of the Hambas

DIRECTOR: Luc de Heusch
YEAR: 1955
COUNTRY: BE
CAMERA: Luc de Heusch
PROD. CO.: Institut pour la Recherche Scientifique en Afrique Centrale (Bruxelles)
VOICES: Marcel Berteau
LANGUAGE: French
GAUGE: 16 mm
SILENT/SOUND: sound
B&W/COLOUR: B&W
MINUTES: 75'

◆ Laden with diplomas and university honours, a renowned specialist in ethnology and social sciences, an anthropological expert on Africa, professor and writer, the indefatigable Luc de Heusch was also interested in painting (he was one of the founders of the Cobra movement) and an active film-maker (first as assistant to Henri Storck, then in 1951 as the author of an experimental film **Perséphone** under the pseudonym of Luc Zangrie). He also directed - this time using his real name - documentaries on Michel de Ghelderode, Magritte, Dotremont and Alechinsky, as well as medium-length ethnological studies of Belgian life (**Mealtime Gestures** from 1958; the 1961 **The Friends of Pleasure**, about an amateur theatre company in a Wallonian village), and last but not least a fictional feature film, **Sing a Song of Sixpence**.

An associate of the Institute for Scientific Research in Central Africa between 1952 and 1954, De Heusch returned from the Congo with two documentaries whose rigour recalls Flaherty, both 16mm films shot under adverse conditions. **Ruanda, Images of a Pastoral Feudalism** was a medium-length work shot in colour, **The Feast of the Hambas** a longer black-and-white piece focusing on the rituals and everyday life of a Bantu tribe in Northern Kasai. The film-maker prepared for shooting this second film by being introduced into the tribe's circle (a practice similar to Jean Rouch's around the same time), where he was initiated according to their rites and then allowed to film another secret initiation. With such intimate footage, this record of an ancient society five years before decolonization holds great documentary interest.

● Bardé de diplômes et de distinctions universitaires, spécialiste renommé en ethnologie et en sciences sociales, anthropologue en Afrique noire, professeur et écrivain, l'infatigable Luc de Heusch s'est aussi passionné pour la peinture (il figure parmi les créateurs du mouvement Cobra) et le cinéma (d'abord en tant qu'assistant d'Henri Storck, puis comme auteur, en 1951, d'un essai expérimental: **Perséphone**, sous le pseudonyme de Luc Zangrie). Il signera également, cette fois de son vrai nom, des documentaires sur Michel de Ghelderode, Magritte, Dotremont ou Alechinsky; des moyens métrages ethnographiques sur la Belgique (**Les gestes du repas**, en 1958, ou **Les amis du plaisir**, un théâtre amateur dans une bourgade wallonne, en 1961), sans oublier **Jeudi, on chantera comme dimanche**, un long métrage de fiction.

Attaché à l'Institut pour la Recherche Scientifique en Afrique Centrale (entre 1952 et 1954), De Heusch a rapporté du Congo belge deux documentaires d'une rigueur à la Flaherty, tournés dans des conditions peu commodes et en 16mm: un moyen métrage en couleurs (**Ruanda, tableaux d'une féodalité pastorale**) et un film plus long, en noir et blanc, consacré à la vie rituelle et ordinaire d'une tribu bantoue du Kasaï du nord. Pour réaliser cette **Fête chez les Hamba**, le cinéaste s'est d'abord fait admettre parmi les Noirs (comme Jean Rouch, vers la même époque), puis a été initié selon les rites, et admis à filmer ensuite une autre initiation secrète au sein de la tribu. C'est dire l'intérêt prodigieux d'un tel témoignage, captant sur le vif une société ancestrale, cinq ans à peine avant la décolonisation. (RM)

▶ Als geroemd specialist in de etnologie en de sociale wetenschappen, antropoloog in zwart Afrika en hoogleraar en schrijver beladen met diploma's en academische onderscheidingen, had Luc de Heusch ook nog veel belangstelling voor schilderkunst (hij was een van de oprichters van de Cobra-beweging) en film (hij was assistent van Henri Storck en regisseerde in 1951 onder het pseudoniem Luc Zangrie het experimentele essay **Perséphone**). Voorts maakte hij, onder zijn echte naam, documentaires over o.m. Michel de Ghelderode, Magritte, Dotremont of Alechinsky en realiseerde hij middellange etnografische films over België - **Les gestes du repas** (1958) of **Les amis du plaisir** (1961), over amateurtheater in een Waals gehucht - en, niet te vergeten, één langspeelfilm met acteurs: **Jeudi, on chantera comme dimanche**.

Als medewerker van het Instituut voor Wetenschappelijk Onderzoek in Centraal Afrika (tussen 1952 en 1954) draaide De Heusch in precaire omstandigheden twee documentaires op 16mm in Belgisch Kongo, die getuigen van een nauwgezetheid vergelijkbaar met Flaherty: **Ruanda, tableaux d'une féodalité pastorale**, een middellange film in kleur, en een langere zwart-witfilm over het leven en de riten van een Bantoestam uit het noorden van Kasai: **Fête chez les Hamba**. De cineast zag er eerst op toe te worden opgenomen door de stam (net als Jean Rouch deed omstreeks dezelfde tijd) om zich vervolgens in te laten wijden volgens de traditie, waarna hij zelf een geheime initiatie mocht filmen. Dit document - een getuigenis uit de eerste hand van een voorouderlijke samenleving, amper vijf jaar voor de dekolonisatie - is dan ook van onschatbare waarde.

Meeuwen sterven in de haven

Rik Kuypers, Ivo Michiels, Roland Verhavert

Meeuwen sterven in de haven
Les mouettes meurent au port
Seagulls Die in the Harbour

DIRECTOR: Rik Kuypers, Ivo Michiels, Roland Verhavert
YEAR: 1955
COUNTRY: BE
SCREENPLAY: Rik Kuypers, Ivo Michiels, Roland Verhavert
DIR. PHOT.: Johan Blansjaar
CAMERA: Bob Sentroul, I. Mertens
EDITING: Raymonde Beaudoux
SOUND: André Notte
MUSIC: Max Damasse, Jack Sels, Jos Van der Smissen, A. Casarès
ART DIRECTOR: Jaak Van Luyth, Emile-Georges De Meyst
PRODUCER: Bruno De Winter
PROD. CO.: Metropool Films (Antwerpen)
CAST: Julien Schoenaerts (Vreemdeling), Tine Balder (Schippersvrouw), Piet Frison (Schipper), Dora Van der Groen (Prostituée), Tone Brulin (Pooier), Gigi (Weesmeisje), Paul 's Jongers, Miriam Verbeeck, Alice De Graef, Bob Kaesen, Panchita Van de Perre, Jenny Deheyder, Albert Van der Sanden, Genevieve Wayenbergh, Marcel Philippe, Désiré Kaesen, Eric Peter
LANGUAGE: Dutch
GAUGE: 35 mm
SILENT/SOUND: sound
B&W/COLOUR: B&W
MINUTES: 94'

◆ With **Seagulls Die in the Harbour**, the trio of Rik Kuypers (amateur film-maker), Roland Verhavert (film critic) and Ivo Michiels (writer) achieved a sudden artistic breakthrough. The film, a tragedy of destiny, introduced aesthetics into Flemish film and heralded the beginning of a serious, fully-formed cinema.

This pessimistic urban drama, with a musical score by Jack Sels and Max Damasse, charts in strongly expressionistically lit black-and-white images the wanderings of a tormented man (played by Julien Schoenaerts) through the cosmopolitan port city of Antwerp. The only people to show him understanding are an orphan and two disillusioned women. Despite the overly literary dialogue and the flimsy screenplay, which owes a great deal to the poetic realism of pre-war French cinema, this combination of sultry drama and thriller emanates its own expressive strength. The intelligent use of symbols is shown in the images of desolate industrial sites, abandoned docks, grimy poor quarters and impersonally large modern buildings.

Seagulls Die in the Harbour, which is at times reminiscent of cinema classics such as **The Third Man**, **Forbidden Games** and **On the Waterfront**, was produced by Metropool Films under Bruno De Winter, founder and editor-in-chief of the satirical journal 't Pallieterke. Filming (which lasted six weeks) began at the beginning of May 1955 with one eye on the timing of the Venice Festival. The completed film was both critically acclaimed and popular at the box-office, and was selected for the 1956 Cannes Film Festival.

● Le triumvirat Kuypers (cinéaste amateur), Verhavert (critique de cinéma) et Michiels (écrivain) a soudainement atteint, avec **Les mouettes meurent au port**, un sommet de qualité artistique. Ce drame introduisait style et esthétique dans le cinéma flamand. Pour la première fois, une forme cinématographique se révélait sérieuse et mûre.

Ce cri pessimiste de détresse urbaine, soutenu musicalement par la partition de Jack Sels et Max Damasse, dépeint, dans un noir et blanc très expressionniste, les errances d'un homme tourmenté (Julien Schoenaerts) dans la ville portuaire et cosmopolite d'Anvers. Il ne rencontre de compréhension qu'auprès d'un orphelin et de deux femmes sans illusions. Malgré les dialogues trop littéraires et la faiblesse du scénario, héritages du réalisme poétique du cinéma français d'avant-guerre, il émane de ce mélange de drame étouffant et de thriller une force expressive singulière. Les images de terrains industriels déserts, de docks abandonnés, de quartiers blafards et miséreux et de grands bâtiments modernes et impersonnels sont symboliquement bien utilisées.

Les mouettes meurent au port, qui rappelle des classiques comme **Le troisième homme**, **Jeux interdits** et **Sur les quais**, est une production de Metropool Films, avec à la barre Bruno De Winter, fondateur et rédacteur en chef de l'hebdomadaire satirique 't Pallieterke. Le tournage (de six semaines) commença début mai '55 dans l'espoir d'une présentation au Festival de Venise. Finalement, le film, acclamé par le public et la presse, fut sélectionné pour Cannes 1956.

▶ Het triumviraat Kuypers (amateurcineast), Verhavert (filmcriticus) en Michiels (schrijver) zorgde met **Meeuwen sterven in de haven** voor een plotse artistieke doorbraak. Met dit noodlotsdrama werd de esthetiek in de Vlaamse film geïntroduceerd. Voor het eerst is er sprake van een ernstige, volwassen filmvorm.

Deze pessimistische grootstadskreet, muzikaal ondersteund door de score van Jack Sels en Max Damasse, tekent in sterk expressionistisch belichte zwart-witbeelden de dooltocht van een getormenteerde man (Julien Schoenaerts) in de kosmopolitische havenstad Antwerpen. Alleen bij een weeskind en twee gedesillusioneerde vrouwen kan hij rekenen op begrip. Ondanks de te literaire dialogen en het wankele scenario, schatplichtig aan het poëtisch realisme van de vooroorlogse Franse cinema, straalt dit samenspel van broeierig drama en thriller een eigen expressieve kracht uit. Het intelligente gebruik van symbolen komt tot uiting in de beelden van de desolate industrieterreinen, verlaten dokken, groezelige arme buurten en onpersoonlijke, grote, moderne gebouwen.

Meeuwen sterven in de haven, met verwijzingen naar klassiekers als **The Third Man**, **Jeux interdits** en **On the Waterfront**, werd geproduceerd door Metropool Films, met Bruno De Winter, stichter-hoofdredacteur van het satirische weekblad 't Pallieterke, als drijvende kracht. De opnamen (zes weken) startten begin mei 1955 met als streefdoel het Festival van Venetië. Uiteindelijk werd de film, een succes bij pers en publiek, geselecteerd voor Cannes 1956. *(LJ)*

Terre d'espoir

André Cornil

Terre d'espoir
Land van hoop
Land of Hope

DIRECTOR: André Cornil
YEAR: 1955
COUNTRY: BE
CAMERA: André Cornil
PROD. CO.: Centre d'Information et de Documentation
CID
LANGUAGE: French
GAUGE: 16 mm
SILENT/SOUND: sound
B&W/COLOUR: colour
MINUTES: 95'

◆ On June 23rd 1956, **Land of Hope** was premièred in Léopoldville, in the presence of the Roman Catholic clergy. The film centres upon a young Congolese who enters a seminary in the hope of becoming a priest. His clan opposes this decision and wants him to return to his village, but he refuses.

The idealization and propagation of priesthood amongst the indigenous population of the Belgian Congo was a key aspect of colonial policy in the 1950s. In 1950, there were only 240 or so Catholic Congolese priests, compared with some 600 black Protestant clergymen. The colonial government felt that if more indigenous priests could be recruited, the Catholic conversion of this vast country would be achieved much more rapidly. **Land of Hope** even emphatically states that, in the near future, African youth will take over the work of Christianization from the European missionaries. By virtue of their training, these black priests were regarded - more so even than black civil servants - as "évolué" ("evolved" or westernized). At the time of shooting, more and more Catholic priests were being appointed to important and influential posts, which simultaneously curbed the influence of the Protestant clergy. On November 18th 1956, a few months after the film's première, the Congolese priest Pierre Kimbondo became the first black assistant bishop. Like the young man's successful career in the film, Kimbondo's elevation clearly demonstrates how the priesthood offered greater opportunities for social advancement than either the army or the colonial administration.

● Le 23 juin 1956 eut lieu à Léopoldville la première du film **Terre d'espoir**, en présence de la haute hiérarchie catholique. Le film raconte l'histoire d'un jeune Congolais partant au séminaire pour devenir prêtre. Sa décision n'enchante pas son clan familial et celui-ci le presse de revenir au village, mais le jeune homme, par vocation, refuse de changer d'avis.

La propagation et l'idéalisation du sacerdoce au Congo belge étaient au centre de la politique coloniale pendant les années cinquante. En effet, en 1950, on ne compte qu'environ 240 prêtres catholiques congolais contre 600 pasteurs protestants noirs. Les autorités avaient constaté que l'évangélisation catholique de cet immense pays s'effectuait plus rapidement en y employant des Noirs. **Terre d'espoir** énonce d'ailleurs explicitement qu'à l'avenir, la jeunesse africaine reprendra le flambeau de la christianisation des mains des missionnaires européens. Bien plus encore que les fonctionnaires noirs, ces prêtres sont considérés, en raison de leur éducation, comme des "évolués". Au moment du tournage du film, de plus en plus d'ecclésiastiques catholiques sont nommés, à un rythme accéléré, à de hautes et importantes responsabilités, ce qui endigue, du même coup, le pouvoir du clergé protestant. Le 18 novembre 1956 - quelques mois après la première du film -, le prêtre congolais Pierre Kimbondo est sacré premier évêque auxiliaire indigène. Un événement qui fait écho à l'ascension du jeune homme du film et montre comment le sacerdoce crée l'espoir d'une promotion sociale plus élevée qu'à l'armée ou au sein de l'administration coloniale.

▶ Op 23 juni 1956 gaat **Terre d'espoir** in première te Leopoldstad, in aanwezigheid van de hoge katholieke geestelijkheid. Deze film verhaalt hoe een jonge Kongolees naar het seminarie gaat om priester te worden. Zijn clan is echter niet zo opgezet met deze beslissing en wil dat hij terugkeert naar het dorp, maar dat weigert de jongeman.

Het propageren en idealiseren van het priesterschap voor inlanders in Belgisch Kongo stond gedurende de jaren 50 centraal in de koloniale politiek. In 1950 waren er immers slechts zo'n 240 katholieke Kongolese priesters, tegenover 600 zwarte protestantse dominees. De overheid stelde vast dat de katholieke evangelisatie van het onmetelijk grote land sneller verliep wanneer hierbij inlandse priesters werden ingeschakeld. In **Terre d'espoir** wordt ook expliciet vermeld dat de Afrikaanse jeugd in de toekomst de kerstening zal overnemen van de Europese missionarissen. Deze inlandse priesters worden door hun opleiding, meer nog dan de zwarte ambtenaren, als "évolués" beschouwd. Toen de film gedraaid werd, begonnen in versneld tempo steeds meer katholieke geestelijken belangrijke en verantwoordelijke posten te bekleden; zo werd tegelijkertijd de macht van de protestantse dominees ingedijkt. Op 18 november 1956 - enkele maanden na de première van de film - werd de Kongolese priester Pierre Kimbondo tot eerste inlandse hulpbisschop gewijd. Analoog met de opgang van de jongeman in de film, toont deze gebeurtenis aan dat het priesterschap betere kansen biedt op sociale promotie dan een betrekking bij het leger of binnen de koloniale administratie. (GC)

Min of meer

Edith Kiel

Min of meer
Plus ou moins
More or Less

DIRECTOR: Edith Kiel
YEAR: 1955
COUNTRY: BE
SCREENPLAY: Edith Kiel
CAMERA: Paul De Fru
EDITING: Edith Kiel, Rudi Reusens
SOUND: Paul Coppens, François Delcorps
MUSIC: Jos Van der Smissen, Rudolf Perak
ART DIRECTOR: Louis Seerden
PRODUCER: Edith Kiel
PROD. CO.: Antwerpse Filmonderneming AFO
(Antwerpen)
CAST: Charles Janssens (Frans Nagel), Jaak
Germain (Burgemeester), Bruno Schevernels
(Jongen), Jan Cammans (Pastoor), Louisa
Lausanne (Huishoudster), Co Flower (Zuster
van de burgemeester), Ivonne Lex
(Waardin), Edward Verdisk (Veldwachter),
Theo Van den Bosch (Gast), Simone
Fraipont (Annie), Jan Denel (Fred), Magda
Lausanne (Rosa), Hélène Van Herck (Magda
Goedhart), Jeanne De Coen (Overste
moederhuis), Oscar Ferket (Veearts)
LANGUAGE: Dutch
GAUGE: 35 mm
SILENT/SOUND: sound
B&W/COLOUR: B&W
MINUTES: 100'

◆ Until now, most of the popular urban farces of Edith Kiel and Jan Vanderheyden had been situated in the city of Antwerp. **More or Less** was one of the few films to abandon this urban backdrop. Yet despite its setting in the fictional village of Kontraregem, this Flemish take on the Don Camillo series remains a typical studio film. It was shot in the Antwerp atelier, with the film's rural atmosphere left to a few outdoor scenes in the countryside.

More or Less did not even approach the international popularity of the Fernandel films. Without much ado, Edith Kiel simply transposed her usual formula to this new context, continuing in the vein of her popular entertainment features. As a result, the tenor is identical to that of her other films. Despite their rural setting, her characters speak and behave as though in a sketch in an urban theatre. In other words, Edith Kiel remains faithful to her previous work, and fails to raise her stock characters above their theatrical origins. Fortunately, Charles Janssens is cast as a shoemaker beset by problems of love. The popular comic actor is caught in the middle of the moral war waging between the priest (played by Jan Cammans) and the local mayor (Jaak Germain). **More or Less** was the last film on which Edith Kiel and Charles Janssens worked together. Shortly afterwards, the temperamental and famously besuited Janssens left for a rival production company, Brabo Film. His departure was the opportune moment for Edith Kiel to enlist the comic duo the Woodpeckers for her next film.

● Jusqu'ici, les farces populaires d'Edith Kiel et Jan Vanderheyden étaient surtout situées dans l'environnement citadin populaire d'Anvers. **Plus ou moins** sort de ce cadre. Le film se déroule dans le petit village imaginaire de Kontraregem. Cependant, **Plus ou moins**, une variante flamande de la série des Don Camillo, reste un film de studio typique. Les prises de vues ont été réalisées dans le studio anversois tandis que l'atmosphère champêtre est évoquée par des scènes tournées à la campagne.

Kiel n'a en rien atteint la reconnaissance internationale des films de Fernandel. Fidèle à sa marque de fabrique populaire et artisanale, Edith Kiel a transposé sans grande originalité leur recette à succès à ses films et composé une véritable production de série. En dépit de leurs origines campagnardes, les personnages s'expriment et se comportent comme s'ils étaient montés sur les planches d'un théâtre municipal. Kiel reste fidèle à elle-même et ne réussit pas à débarrasser les personnages stéréotypés de leur carapace théâtrale. Heureusement, le populaire Charles Janssens est à l'affiche. Dans le rôle d'un cordonnier tourmenté par des problèmes sentimentaux, il risque de devenir la victime du duel de mœurs que se livrent le curé (Jan Cammans) et le bourgmestre (Jaak Germain). Ce film marque la dernière collaboration entre Kiel et Janssens. L'acteur, célèbre pour son sens de la repartie et son élégance, rejoindra la société de production concurrente Brabo Film: l'occasion pour Kiel de miser dans son prochain film sur le duo de comiques les Woodpeckers.

▶ Tot nog toe waren de populaire wijkkluchten van Edith Kiel en Jan Vanderheyden vooral in het volkse Antwerpse stadsmilieu gesitueerd. **Min of meer** maakt geen gebruik van dat stadskader. De film speelt zich af in het fictieve dorpje Kontraregem. Toch bleef **Min of meer**, een Vlaamse variante op de Don Camillo-reeks, een typische studiofilm. De opnamen vonden plaats in de vertrouwde studio te Deurne terwijl de landelijke sfeer werd geëvoceerd met enkele op het platteland gedraaide scènes.

Maar het niveau van de internationale succesfilms met Fernandel werd niet gehaald. Kiel transponeerde de formule alert maar gemakzuchtig, trouw aan haar label van volkse ontspanningsfilms. De teneur is dan ook identiek aan die van haar andere seriefilms. Ondanks hun rurale afkomst gedragen en uiten de personages zich alsof ze een sketch op de planken van het stadstheater staan te spelen. De cineaste slaagt er m.a.w. niet in om de gekarikaturiseerde en erg herkenbare personages van hun toneelharnas te ontdoen. Gelukkig is er de populaire Charles Janssens. In de rol van een met liefdesproblemen geplaagde schoenmaker dreigt hij het slachtoffer te worden van de morele tweestrijd tussen de pastoor (Jan Cammans) en de burgemeester (Jaak Germain). **Min of meer** was de laatste samenwerking tussen Kiel en Janssens. De goed van de tongriem gesneden, altijd in maatpak gestoken acteur stapte namelijk naar de concurrerende productiemaatschappij Brabo Film over. Voor Kiel de gelegenheid om in een volgende film met het komische duo De Woodpeckers uit te pakken. *(LJ)*

Enfants, heureux enfants

Luc Haesaerts

Enfants, heureux enfants
L'école pour la vie, par la vie
Jardin d'enfants - école primaire Decroly
Kinderen, gelukkige kinderen
Children, Happy Children

DIRECTOR: Luc Haesaerts
YEAR: 1955
COUNTRY: BE
SCREENPLAY: Amélie Hamaide
ASST. DIR.: Ninette Milo
DIR. PHOT.: Paul Bytebier
CAMERA: Emile Christiaens, Jacques Jauniaux
COMMENTS: Fernand Dubois, Antoinette Scali
PROD. CO.: Institut National de Cinématographie
Scientifique INCS (Bruxelles)
VOICES: Roger Dutoit
LANGUAGE: French
GAUGE: 16 mm
SILENT/SOUND: sound
B&W/COLOUR: B&W
MINUTES: 65'

◆ In 1947 Luc Haesaerts - elder brother of the art critic Paul Haesaerts - founded the Institut National de Cinématographie Scientifique INCS. In association with other European pioneers such as Jean Painlevé and John Maddison, the INCS aimed to distribute and produce films of impeccable scientific accuracy; whether of Belgian or foreign origin, the films it promoted should be addressed equally to the general public, schools and universities. Showings were organized at the Brussels Palais des Beaux-Arts (the home of the INCS) and throughout Belgium, packaging for general consumption all manner of themes from medicine to pedagogics and ethnography to industrial research.

Art historian, lawyer, philosopher and professor, Luc Haesaerts devoted 15 years of his life to the INCS before his death in 1962, travelling the globe, collecting together the best examples of the genre and organizing promotional tours on a shoestring budget (the Belgian government granted him his first subsidies as late as 1958). He also directed a number of short films on painting and the new schools founded on the methodology of Ovide Decroly. An advocate of so-called "life-skills" pedagogics oriented on the child's centres of direct interest and his or her natural and social environment, Doctor Decroly preached "global" (and non-analytical) teaching methods. Haesaerts' only full length film, **Children, Happy Children** is a reportage on a Decroly school following the various stages of education offered there from infancy through to puberty. Along the way, we see children's faces, hear the principles of the school explained and see them carried into practice, to the enthusiasm and personal profit of the pupils.

● Frère aîné du critique d'art Paul Haesaerts, Luc Haesaerts fonda en 1947 l'Institut National de Cinématographie Scientifique INCS. En association avec d'autres pionniers en Europe, dont Jean Painlevé et John Maddison, l'INCS envisageait la diffusion ainsi que la production de films de grande rigueur scientifique. D'origine belge ou étrangère, ces films concernaient à la fois le grand public, les écoles et les universités. Au Palais des Beaux-Arts de Bruxelles (siège de l'INCS), comme dans toute la Belgique, des projections furent organisées, vulgarisant par le cinéma des domaines comme la médecine, la pédagogie, l'ethnographie ou la recherche industrielle.

Historien de l'art, avocat, philosophe, enseignant, Luc Haesaerts se dévoua durant quinze ans (il mourut en 1962) à l'INCS. Il voyagea dans le monde entier, réunit les meilleurs documentaires, organisa des cycles de promotion, tout cela avec des moyens dérisoires (l'Etat belge ne lui accorda ses premiers subsides qu'en 1958). Il signa aussi plusieurs courts métrages sur la peinture et les "écoles nouvelles" inspirées par les méthodes d'Ovide Decroly. Partisan d'une pédagogie dite "de la vie", s'appuyant sur les centres d'intérêts directs de l'enfant et sur son milieu naturel et social, le Docteur Decroly prônait des méthodes "globales" (et non analytiques) dans l'enseignement. Le seul long métrage de Haesaerts, **Enfants, heureux enfants**, est un reportage sur une école Decroly, qui suit les étapes d'une telle éducation depuis la petite enfance jusqu'à la puberté. Visages de gosses, exposé des principes, application des méthodes et épanouissements scolaires ponctuent cet itinéraire enthousiaste. *(RM)*

▶ Luc Haesaerts, oudere broer van kunstcriticus Paul Haesaerts, richtte in 1947 het Nationaal Instituut voor de Wetenschappelijke Film NIWF op. Samen met andere Europese pioniers zoals Jean Painlevé en John Maddison, beoogde het NIWF de verspreiding en productie van films van een onbetwistbare wetenschappelijke accuratesse. Deze films - van buitenlandse of Belgische oorsprong - waren bestemd voor zowel het massapubliek als scholen en universiteiten. In het Brusselse Paleis voor Schone Kunsten - de zetel van het NIWF - en in heel België vonden vertoningen plaats, een soort filmische vulgarisatie van uiteenlopende disciplines: van geneeskunde tot pedagogie en van etnografie tot industrieel onderzoek.

Kunsthistoricus, advocaat, filosoof en docent Luc Haesaerts wijdde zich 15 jaar lang aan het NIWF (hij stierf in 1962); hij reisde de wereld rond, verzamelde de beste documentaires in het genre en ondernam promotionele acties, dit alles met een minimum aan middelen (een eerste staatssubsidie kwam er pas in 1958).

Hij draaide ook enkele kortfilms over de schilderkunst en de "nieuwe scholen" die de methoden van Ovide Decroly volgden. Als voorstander van een "levenspedagogie" rechtstreeks geënt op de interessesfeer van het kind en diens natuurlijke en sociale omgeving, hing Dokter Decroly "globale" (m.a.w. niet-analytische) onderwijsmethoden aan. Haesaerts' enige lange film, **Enfants, heureux enfants**, is een reportage over zo'n school die de verschillende fasen van deze opvoeding volgt van de kindertijd tot de puberteit. Dit traject leidt ons langs kindergezichtjes en uiteenzettingen van de principes en hun praktische toepassingen, in een enthousiaste sfeer van schoolse ontwikkeling.

De bruid zonder bed

Edith Kiel

De bruid zonder bed
La fiancée sans lit
Bride without a Bed

DIRECTOR: Edith Kiel
YEAR: 1955
COUNTRY: BE
SCREENPLAY: Edith Kiel
CAMERA: Paul De Fru, M. De Vos
EDITING: Edith Kiel
SOUND: Paul Coppens, François Delcorps
MUSIC: Rudolf Perak, Jos Van der Smissen
ART DIRECTOR: Louis Seerden
PRODUCER: Edith Kiel
PROD. CO.: Antwerpse Filmonderneming AFO
(Antwerpen)
PROD. SUPERV.: René Jacobs
CAST: Jef Cassiers (Jef), Cois Cassiers (Sooi),
Denise De Weerdt (Katharina Tapmans-
Hazeke), Paul 's Jongers (Paul Conti), Jaak
Germain (Vader Tapmans), Jan Cammans
(Willem Conti), Nini De Boël (Mama Conti),
Louisa Lausanne (Huisbazin), Theo Van den
Bosch (Bediende), Magda Lausanne
(Juffrouw Plank), Suzy Marleen (Mary)
LANGUAGE: Dutch
GAUGE: 35 mm
SILENT/SOUND: sound
B&W/COLOUR: B&W
MINUTES: 103'

◆ During the ten-year period when cinema audiences fell from 130 to 109 million, Edith Kiel went on doggedly turning out her popular film-farces. Despite initial steps by the government to provide financial support to the Belgian film industry, these cheap regionally based films were still the only profitable form of national film production around. The directorial duo Kiel and Vanderheyden thus continued to supply the local market (the province of Antwerp then numbered 230 cinemas) with vaudeville-type dialect comedies, issued through their own distribution and production office AFO. Kiel, who wrote her own screenplays, made little progress as a director, with her habitual rudimentary cinematic technique functioning only as an undercarriage to the simplistic story. In **Bride without a Bed**, a young bride (Denise De Weerdt) is reconciled with her husband (Paul 's Jongers) thanks to the intervention of two bohemian characters. The film marked Kiel's final break with popular comedian Charles Janssens, a recurrent figure in the stock role of the simple, jovial character who accidentally walks into all kinds of trouble; Janssens had, in fact, hooked up with Jef Bruyninckx, the actor-editor who was to make his directorial debut with **The Tale of the Good Murderer**. Kiel found new talent in the shape of ingénue vamp Denise De Weerdt (following her appearance in **The Theft of Hop-Marianneke**) - who even crops up briefly in a bathing suit - and in the Woodpeckers Jef and Cois Cassiers, a Marx Brothers-style cabaret duo who would give a comic lift to Kiel's subsequent films.

● Alors que la fréquentation des salles avait chuté en 10 ans de 130 à 109 millions de spectateurs, Edith Kiel continue à produire ses farces populaires. En dépit du premier pas franchi par les pouvoirs publics vers une subvention cinématographique, ces films provinciaux bon marché sont à l'époque la seule forme lucrative de production nationale. Via leur société de production et de distribution AFO, le duo Kiel-Vanderheyden continue à approvisionner le marché local (la province d'Anvers comptait à l'époque 230 salles de cinéma) en comédies parodiques tournées en dialecte. Kiel, qui écrit toujours ses scénarios elle-même, fait peu de progrès en tant que réalisatrice. La forme de ses films, extrêmement rudimentaire, est subordonnée à la simplicité de leur histoire populaire. **La fiancée sans lit** - une jeune mariée (Denise De Weerdt) se réconcilie avec son époux (Paul 's Jongers) grâce à l'intervention de deux Bohémiens - marque la fin de la collaboration entre Kiel et Charles Janssens. Ce comique populaire, campant toujours des personnages stéréotypés simples, joviaux et reconnaissables, rejoindra l'acteur-monteur Jef Bruyninckx, qui fera ses débuts en tant que réalisateur avec **La farce du gentil assassin** (1956). Kiel se ressourcera en les comédiens Denise De Weerdt (découverte dans **Le rapt de la poupée**), la sympathique nymphette que l'on aura le plaisir d'apprécier en maillot de bain, et le tandem des Woodpeckers (Jef et Cois Cassiers): un duo de comiques s'inspirant des Marx Brothers, et qui feront les beaux jours des films à venir de Kiel.

▶ Terwijl het bioscoopbezoek in België in tien jaar tijd van 130 naar 109 miljoen toeschouwers was teruggelopen, ging Edith Kiel verbeten verder met de productie van populaire kluchten. Ondanks de eerste overheidssteun voor de filmindustrie waren goedkope provinciale films nog altijd de enige bron van winst binnen de nationale speelfilmproductie. Via hun distributie- en productiekantoor AFO bleef het tweespan Kiel-Vanderheyden de provincie Antwerpen, met haar 230 bioscoopzalen, van vaudeville-achtige en in dialect gesproken komedies voorzien. Kiel, die altijd zelf de scenario's schreef, boekte als cineaste weinig vooruitgang. De vorm, uiterst primitief, was ondergeschikt aan het simpele volkse verhaal. Met **De bruid zonder bed** - het relaas van een jonge bruid (Denise De Weerdt) die dankzij de tussenkomst van twee bohémiens weer vrede sluit met haar echtgenoot (Paul 's Jongers) - zegde Kiel haar samenwerking op met acteur Charles Janssens. De populaire komiek, getypecast als een eenvoudig, goedlachs en herkenbaar volks personage dat zich steevast door een misverstand in de problemen werkt, was overgestapt naar Jef Bruyninckx, de acteur-monteur die met **De klucht van de brave moordenaar** (1956) als regisseur zou debuteren. Kiel haalde nieuw talent in huis, waaronder de argeloze - en even in badpak paraderende - vamp Denise De Weerdt (opgemerkt in **De roof van Hop-Marianneke**) en De Woodpeckers: een cabaretduo (Jef en Cois Cassiers) à la Marx Brothers, dat in enkele volgende films van Kiel nog het mooie weer zou maken. *(LJ)*

Bwana Kitoko

André Cauvin

Bwana Kitoko
Bwana Kitoko, le gentil seigneur
Bwana Kitoko, le noble seigneur
Le voyage royal
De koninklijke reis
Bwana Kitoko, the Noble Lord

DIRECTOR: André Cauvin
YEAR: 1955
COUNTRY: BE
CAMERA: Frédéric Geilfus, Jacques Lang
EDITING: René Peeters
SOUND: Ernest Salu
MUSIC: Jean Absil
COMMENTS: Albert Savarus
PRODUCER: André Cauvin
PROD. CO.: Century Pictures (Bruxelles)
VOICES: Jean Davy
LANGUAGE: French
GAUGE: 35 mm
SILENT/SOUND: sound
B&W/COLOUR: colour
MINUTES: 80'

◆ After his two features on the Congo, André Cauvin returned to documentaries on more local subjects, from **Guide Dogs for the Blind** to **Falconry** and **The Belgian Draught Horse**. However, one last opportunity to film the colony in spectacular style came his way in 1955 when King Baudouin toured the principal towns of the Congo and Ruanda-Urundi. For the entire course of his 6 500-mile journey the Sovereign was given a rapturous welcome by the indigenous peoples, and the tumult to come five years later as the country gained its independence was unimaginable. Granted the patronage of the Ministry of Colonial Affairs, André Cauvin was able to follow the young King throughout his historic visit, shooting eight hours of footage on colour stock (including some impressive aerial shots). **Bwana Kitoko** (or "Noble Lord", as the Blacks dubbed their illustrious visitor) was not intended as an exhaustive record of the official ceremonies and speeches, an aspect given sufficient coverage by the news programmes of the day. Of course, Cauvin retained images of the euphoria which greeted the royal visit, but he interspersed them with long refrains extolling the charms of the Congo - Batutsi dances and song, okapi-hunting, tribal welcoming ceremonies, regattas on Lake Tanganyika, wild animals in the Parc Albert reserve, the grace and nobility of the young black girls. A happy compromise between a documentary for the paymaster and an inflected homage to a period now long gone, the note today sounded by André Cauvin's film is that of cinema's last farewell to a colony condemned.

● Après ses deux longs métrages sur le Congo, André Cauvin était revenu à ses documentaires locaux, de **Chiens d'aveugles** à **La chasse au faucon** ou **Le cheval de trait belge**. Une dernière occasion de filmer spectaculairement notre colonie allait pourtant lui échoir en 1955, lors du périple du roi Baudouin à travers les villes principales du Congo et du Ruanda-Urundi. Durant plus de 10.000 kilomètres, le Souverain connut un accueil triomphal des populations indigènes, et peu de gens auraient pu imaginer l'accession tumultueuse, cinq ans plus tard, du pays à l'indépendance. C'est sous le patronage du Ministère des Colonies qu'André Cauvin suivit le jeune roi tout au long de son voyage historique, tournant huit heures de rushes en couleurs (dont d'étonnantes vues aériennes). **Bwana Kitoko** (ou "Noble Seigneur", le surnom donné par les Noirs à leur illustre visiteur) ne voulut pas donner une image exhaustive des cérémonies et discours officiels, que les films d'actualités répercutèrent au fil des étapes. Tout en gardant, bien sûr, les témoignages de l'enthousiasme euphorique devant la visite royale, Cauvin les entrecoupa de longues parenthèses exaltant les charmes du Congo: danses et chants de la tribu Batutsi, chasse à l'okapi, cérémonies tribales de réception, régates sur le lac Tanganyika, animaux sauvages du Parc Albert, grâce et noblesse des jeunes filles noires. Compromis heureux entre le documentaire de commande et un hommage coloré à une époque bien révolue, le film d'André Cauvin résonne aujourd'hui comme un ultime salut du cinéma à une colonie condamnée. (RM)

▶ Na twee langspeelfilms over Kongo wijdde André Cauvin zich opnieuw aan lokale documentaires als **Chiens d'aveugles**, **La chasse au faucon** of **Le cheval de trait belge**. In 1955 echter kreeg hij een laatste gelegenheid om spectaculaire beelden van onze kolonie te draaien: de tocht van koning Boudewijn door de belangrijkste steden van Kongo en Ruanda-Urundi. Tijdens zijn reis van meer dan 10.000 kilometer viel de vorst een triomfantelijk onthaal te beurt vanwege de lokale bevolking; niemand had kunnen denken dat het land vijf jaar later, na veel tumult, de onafhankelijkheid zou verwerven. Onder de hoede van het ministerie van Koloniën volgde André Cauvin de jonge koning op de voet tijdens deze historische reis, met acht uren rushes in kleur als resultaat (inclusief indrukwekkende beelden vanuit de lucht). **Bwana Kitoko** (of "Nobele Heer", de bijnaam die de autochtonen hun vermaarde bezoeker gaven) wou geen gedetailleerde opsomming geven van officiële toespraken en ceremonies; dat werd al etappegewijs verzorgd door de bioscoopjournaals. Tussen de obligate beelden van de laaiend enthousiaste reactie op het vorstelijk bezoek door, voegde Cauvin lange sequenties in als lofzang op de charmes van Kongo: gezang en dansen van de Batutsi, een jacht op de okapi, tribale welkomstceremonies, regatta's op het Tanganyikameer, wilde dieren in het Albertpark, de gracieuze waardigheid van de jonge zwarte meisjes. De film, een aardig compromis tussen een documentaire-opdracht en een kleurrijke ode aan een vervlogen tijdperk, lijkt vandaag vooral een laatste cinematografische groet aan een verloren kolonie.

Le toubib, médecin du gang

Yvan Govar

Le toubib, médecin du gang
Le toubib
De gangsterdokter
The Doc
Männer die sich Verkaufen

DIRECTOR: Yvan Govar
YEAR: 1955
COUNTRY: BE
SCREENPLAY: Yvan Govar, Marlène Gray, Herbert Schick
DIALOGUE: Yvan Govar
ASST. DIR.: Jean-Marie Houdoux
DIR. PHOT.: Claude Beaugé
CAMERA: Claude Beaugé, Paul-Louis Soulier
EDITING: Marguerite Beaugé, Geneviève Falaschi
SOUND: Robert Gourdon
MUSIC: André Cazenabe
PRODUCER: Yvan Govar
PROD. CO.: Belgian Films (Bruxelles)
CAST: Raoul De Manez (Louis Krantz), Georges Randax (Jean Verly), Anne-Marie Mersen (Sonia), Roger Dutoit (Inspecteur Martin), Jacques Prévôt (Willy Hermann), Pierre Comte (Paul Hermann), Gérard Viller (Eric Mertens), Suzanne Gohy (Nicole), Lucienne Colbrant (Anna), Yvan Govar (René Minelli), Jean Gérardy (Inspecteur Walters), Gaston Derblay (Professeur Lowart), Marcel Loma (Raymond), Liliane Vincent (Maggy), Gérard Dournel (Pierrot), Barbara (La danseuse), Adelin Hamel (Michel Jamart), Gaby Saint Maux (Suzy), Léon Garny (Inspecteur Janssens), Martial Préal (Le prêtre), Eva Bovy (La première voisine), Christine Luca (Malou), Patrick Domain (Jacky)
LANGUAGE: French
GAUGE: 35 mm
SILENT/SOUND: sound
B&W/COLOUR: B&W
MINUTES: 100'

◆ Between 1955 and 1964, one Belgian director was to turn out a total of seven full-length feature films (shot both at home and in France) before quitting the director's chair for good. He was the surprising Yvan Govar: born in Brussels in 1935, the son of an artist, he made his stage début at a tender age with the Renaud-Barrault Company, spending three years acting in Paris and throughout the world, then returning to Belgium to satisfy his passion for the cinema (his "sickness", as he himself put it). Physically, he recalls Orson Welles: a cinematic adventurer, over sixteen stones in weight and highly colourful. Govar proclaims himself the youngest director in Europe when work starts on his first major film in 1955, having just turned twenty.

The Doc was intended as a 100% Belgian film: the entire cast was culled from the most prestigious Brussels theatres, from Raoul De Manez to Georges Randax and Roger Dutoit. They join Yvan Govar, his role as a gangster adding to his directorial and scriptwriting credits on the film. Unfortunately, there is nothing very original about the plot, a thriller centred on a doctor stripped of his credentials who now works as "doc" to a criminal gang and is hunted down by a tough cop. This is the cue for the usual hotchpotch of shoot-outs, vengeance, car chases and a factory hold-up. A high-risk operation on a wounded gangster, a treacherous vamp and a dash of striptease were thrown in for good measure - few of which breathed a spark of life into this work of a muddled but enthusiastic débutant, who immediately threw himself wholeheartedly into another project.

● Entre 1955 et 1964, un seul réalisateur belge allait signer un total de sept longs métrages de fiction, dans notre pays et en France, avant d'abandonner définitivement la mise en scène: le surprenant Yvan Govar. Né à Bruxelles en 1935, fils de peintre, il débute tout jeune dans la Compagnie Renaud-Barrault. Il joue pendant trois ans à Paris et dans le monde, puis revient en Belgique pour assouvir sa passion du cinéma, ce qu'il appelle lui-même "sa maladie". Ce personnage évoque, physiquement, Orson Welles: personnage haut en couleur, d'un poids supérieur à cent kilos, cet aventurier de la pellicule se proclame le plus jeune réalisateur d'Europe. Il a en effet tout juste vingt ans lorsqu'il entame son premier grand film en 1955.

Le toubib se veut un film belge à cent pour cent: tous les comédiens proviennent des scènes bruxelloises les plus prestigieuses, de Raoul De Manez à Georges Randax en passant par Roger Dutoit. Ils entourent Yvan Govar lui-même, qui joue un rôle de gangster, dans ce film dont il a écrit le scénario et les dialogues. Le sujet n'a malheureusement rien de très original. Il s'agit d'un polar centré sur un médecin déchu, devenu "toubib" d'un gang de truands et traqué par un policier coriace. D'où le hochepot habituel de fusillades, règlements de comptes, poursuites en auto et hold-up dans une usine. On aura également droit à une opération délicate sur un bandit blessé, une vamp délatrice et une pincée de strip-tease. Cependant, rien de tout cela n'infuse le moindre dynamisme au film de ce débutant brouillon et enthousiaste, qui se lança, d'ailleurs, tout de suite dans un nouveau tournage. *(RM)*

▶ Tussen 1955 en 1964 slaagt één enkele Belgische regisseur erin een totaal van 7 langspeelfilms te draaien (zowel in eigen land als in Frankrijk) alvorens de film voorgoed te laten varen: de verrassende Yvan Govar. Geboren in 1935 te Brussel als zoon van een schilder, debuteert hij op jonge leeftijd bij het gezelschap Renaud-Barrault. Gedurende 3 jaar speelt hij in Parijs en elders in de wereld, waarna hij naar België terugkeert om er zijn passie ("zijn ziekte" naar eigen zeggen) voor de film te bevredigen. Fysisch herinnert hij aan Orson Welles: een kleurrijke filmheld van meer dan 100 kilo. Wanneer Govar in 1955, amper 20 jaar oud, zijn eerste grote film uitbrengt, verkondigt hij Europa's jongste regisseur te zijn.

Le toubib geldt als een 100% Belgische film. Alle spelers komen uit de meest prestigieuze Brusselse gezelschappen, van Raoul De Manez tot Georges Randax of Roger Dutoit. Zij omgeven Yvan Govar, die een gangsterrol vertolkt, in een film waarvoor hij zelf het scenario en de dialogen heeft geschreven. Helaas is het onderwerp weinig origineel: een politiefilm over een aan lager wal geraakte geneesheer, "dokter" geworden van een bende schooiers en opgejaagd door een koppige ordehandhaver. Resultaat van deze plot is de voorspelbare wirwar van vuurgevechten, afrekeningen, achtervolgingen en een overval op een fabriek. Verder wordt de kijker vergast op een riskante ingreep op een gewonde bandiet, een vamp-verklikster en een snuifje strip-tease, maar dit alles brengt weinig dynamisme in de film, gemaakt door een verwarde maar bezielde beginneling die zich onmiddellijk aan een nieuwe prent waagde.

L'amour est quelque part

Gaston Schoukens

L'amour est quelque part
De liefde ergens in België
Love Is Somewhere

DIRECTOR: Gaston Schoukens
YEAR: 1955
COUNTRY: BE
SCREENPLAY: E. Olin
DIALOGUE: Max Moreau, Marcel Roels
DIR. PHOT.: Paul Flon
CAMERA: José Dutillieu, André Laroche, Edy Galland
EDITING: Félix Bell [Gaston Schoukens]
MUSIC: José Fontaine
ART DIRECTOR: Suzanne Varlet
PROD. CO.: Coro Film (Bruxelles)
CAST: Victor Guyau (Le curé), Jean-Pierre Loriot (Le lieutenant), Claire Maurier (Lili), Betty Line (La servante du curé), Marcel Roels (Le docteur), Georgette Maxane (La femme du docteur), Gaston Derblay, Pierre Motte, Roger Midrolet, Fernand Guiot, Nand Buyl, Jean Frosel, Raoul Louard, Cyriel Van Gent
LANGUAGE: French
GAUGE: 35 mm
SILENT/SOUND: sound
B&W/COLOUR: B&W
MINUTES: 68'

◆ Despite some morose critics who saw no laughing matter in Hitler's thugs, the press proved favourably disposed towards **A "Soir" Full of Joy**. This allowed them to really let themselves go in savaging Schoukens' next film, dismissing it as a "cold shower" and "a return to the worst aberrations of Belgian film".

Gaston Schoukens had had the best intentions in setting his story during the sinister "phoney war", the winter of 1939-40, no doubt hoping to repeat the miraculous success of **A "Soir" Full of Joy** by evoking once again the lighter moments of the period and turning to the same cast, headed by Marcel Roels. Yet in taking up the same dated plot lines (the conflict between the Flemish and the Walloons, a ruddy clergyman and his comely niece, the foolish son and his rival the handsome lieutenant) Schoukens gave the impression of having regressed twenty years, back to the time of **If You See My Uncle**, of which the newer film seems a rather belated remake. The stream of soldiers' japes, which disrupt a peaceful village until the general reconciliation during a Saint's day festival, disappointed even a public usually very indulgent with Schoukens.

One young face from France, Claire Maurier, brought a little charm to this sorry affair. She would soon reappear, playing the mother of Jean-Pierre Léaud in Truffaut's **Les 400 coups**. Such a film a few months away from the Nouvelle Vague appeared by all accounts utterly obsolete.

● Malgré quelques critiques chagrins n'admettant pas qu'on puisse plaisanter avec les sbires de Hitler, la presse fut dans son ensemble favorable à **Un "Soir" de joie**. Mais ce n'était que pour mieux se déchaîner contre le film suivant de Schoukens, parlant ouvertement de "douche froide" et le qualifiant de "retour aux pires errements du film belge".

Le cinéaste avait pourtant cru bien faire en situant son histoire durant la "drôle de guerre", l'hiver 1939-1940 de sinistre mémoire. Il imaginait sans doute renouveler le miracle de son film précédent, **Un "Soir" de joie**, en évoquant les moments récréatifs de cette période et en recourant aux mêmes acteurs, Marcel Roels en tête de la distribution. Reprenant des ficelles périmées (la confrontation de Flamands et de Wallons, un curé rubicond et son accorte nièce, le fils niais et rival d'un beau lieutenant), Schoukens semblait revenir vingt ans en arrière, à l'époque de **Si tu vois mon oncle**, dont le film semble un lointain remake. Des gaudrioles de soldats mobilisés perturbant un paisible village, jusqu'à la réconciliation générale au cours d'une fête de patronage, tout allait décevoir le public pourtant indulgent de Schoukens.

Une jeune première, venue de France, apportait un peu de charme à cette pauvre entreprise: Claire Maurier. On allait la retrouver très prochainement sous les traits de la mère de Jean-Pierre Léaud dans **Les 400 coups**. A quelques mois de la Nouvelle Vague, un tel film apparaissait, en fait, totalement obsolète. (RM)

▶ Buiten enkele knorrige critici die het onoorbaar vonden dat men zich vrolijk maakte over Hitlers trawanten, was de pers uiterst enthousiast over **Un "Soir" de joie**. Dit om daarna des te harder te fulmineren tegen zijn volgende film, bestempeld als "een koude douche" of "een terugkeer naar de ergste dwalingen uit de Belgische film".

Gaston Schoukens vond het nochtans een goede zet zijn verhaal te situeren in de onzalige winter van de schemeroorlog (1939-1940). Wellicht had hij een mirakel in de stijl van **Un "Soir" de joie** voor ogen, door nogmaals de geinige situaties van deze periode op te voeren met dezelfde acteurs, Marcel Roels op kop. Hij hernam afgezaagde thema's zoals de confrontatie tussen Vlamingen en Walen, de welgedane pastoor met zijn hupse nichtje, de domme zoon als rivaal van een knappe luitenant. Alsof hij een sprong van 20 jaar terug maakte, naar de tijd van **Si tu vois mon oncle**, waar deze film vaagweg een remake van lijkt. Noch de gemobiliseerde soldaten die keet maken in een vredig dorpje, noch de uiteindelijke verzoening op het patroonsfeest konden het - nochtans niet veeleisende - publiek van Schoukens bekoren.

Een jonge Franse steractrice, Claire Maurier, wist deze armzalige onderneming wat charme in te blazen. Zij was trouwens kort nadien opnieuw te zien als de moeder van Jean-Pierre Léaud in **Les 400 coups**. Slechts luttele maanden voor de Nouvelle Vague uitgebracht, was de film niets minder dan een anachronisme.

Et que ça saute

Marc Maillaraky

Et que ça saute
Et qu'ça saute
And Be Quick About It

DIRECTOR: Marc Maillaraky
YEAR: 1955
COUNTRY: BE
SCREENPLAY: Marc Maillaraky
DIALOGUE: René Rongé
DIR. PHOT.: Henri Barreyre
CAMERA: Henri Barreyre
MUSIC: John Hartley
PRODUCER: Marc Maillaraky
PROD. CO.: Néméa Films (Liège)
CAST: René Rongé, Janine Robiane, Ralph Bernier,
Michette Robert, Paul Sullon, Maryse
Mathée, Claudie Serval, Roger Darton,
Jacques Stassart
LANGUAGE: French
GAUGE: 35 mm
SILENT/SOUND: sound
B&W/COLOUR: B&W
MINUTES: 70'

A vos ordres Ernestine
Un monsieur très distingué
Les tribulations de Monsieur de Biche
Tot uw orders Ernestine
At Your Orders Ernestine

DIRECTOR: Marc Maillaraky
YEAR: 1953
COUNTRY: BE
SCREENPLAY: Marc Maillaraky
PRODUCER: Marcel Gathy, Marc Maillaraky
PROD. CO.: Néméa Films (Liège)
CAST: Arthur Philippe, Henriette Brenu, Marcel
Deglume, Irène Muret, René Rongé, Luce
Jolet, Arlette Doris, Janine Renson, Janine
Pireau, Marguerite Thiernesse, Jean Parlon,
Paul Sullon, Simone Max
LANGUAGE: French
GAUGE: 35 mm
SILENT/SOUND: sound
B&W/COLOUR: B&W
MINUTES: 85'

◆ Despite their obvious flaws, the films of Gaston Schoukens and Emile-Georges De Meyst at least had the air of an honest job about them, shot by a craftsman with a sound knowledge of the tools of his trade. That cannot be said of certain other productions, cobbled together by drudges, acted by a local cast and edited in the most slapdash fashion. Both Flanders and Wallonia turned out such "entertainment" as **Fire, Love and Vitamins**, **Thanasse et Casimir**, **At the Drop of a Head** and **And Be Quick About It**.

The action of the latter film was set in a music-hall whose owner has death threats hanging over him if he refuses to cancel his show. The three knocks are given and the performance starts amidst an atmosphere of comical anxiety. Besides the performers themselves, the plot revolves around the fickle boss and his shrewish mother-in-law, his faithful wife and two wild detectives. According to a Liège report of the shooting in October 1955, the intention was to create "a hilarious and unpretentious comedy", featuring three artists from the local Théâtre du Gymnase (including René Rongé, who penned the film's dialogue). The director was a Greek-born Belgian who in 1952 had announced the filming of one of his own screenplays, **At Your Orders Ernestine**, about the adventures of a Walloon farmer and his family. The film featured, apart from René Rongé, two stars of Liège music-hall, Henriette Brenu and Arthur Philippe. It is unclear whether this film was ever finished (although some sources say it played briefly in Liège), but **And Be Quick About It** did enjoy a furtive run in one local cinema.

● En dépit de leurs imperfections évidentes, les films de Gaston Schoukens ou d'Emile-Georges De Meyst apparaissaient comme des travaux honnêtes, tournés par des artisans connaissant leur outil. On ne peut en dire autant de certaines autres productions, bricolées par des amateurs, jouées par des comédiens locaux, et montées au petit bonheur. Ces niaiseries, qui voulaient divertir autant le Nord que le côté francophone, s'intitulaient **Du feu, de l'amour et des vitamines**, **Thanasse et Casimir**, **L'ordonnance**, ou encore **Et que ça saute**.

L'action de ce dernier film se situait dans un music-hall, dont le propriétaire est menacé de mort s'il n'annule pas son spectacle. Les trois coups sont frappés, et la représentation commence dans un climat d'angoisse cocasse. Sont présents dans l'intrigue, outre les acteurs, le patron volage et sa belle-mère acariâtre, son épouse fidèle et deux détectives extravagants. L'œuvre, selon un journal liégeois relatant le tournage en octobre 1955, se voulait "une comédie hilarante et sans prétention", jouée par trois artistes du théâtre local du Gymnase (dont René Rongé, auteur des dialogues). Le réalisateur, un Grec installé en Belgique, avait déjà annoncé le tournage d'un de ses scénarios en 1952: **A vos ordres Ernestine** (ou **Un monsieur très distingué**), les aventures d'un fermier wallon et de sa famille, avec René Rongé entouré d'Henriette Brenu et d'Arthur Philippe, deux gloires du music-hall liégeois. On ignore si ce film a réellement été terminé (il serait sorti à la sauvette à Liège), mais **Et que ça saute** fut bien présenté, fugitivement, dans une salle locale. *(RM)*

▶ Ondanks duidelijke onvolmaaktheden, slaagden Gaston Schoukens of Emile-Georges De Meyst er toch in degelijke, vakkundige films te maken. Dit kon echter niet gezegd worden van sommige andere amateurs, die in dezelfde periode enkele middelmatige producties draaiden met plaatselijke acteurs. Zwakke films als **Vuur, liefde en vitaminen**, **Thanasse et Casimir** of **Café zonder bier** wilden ontspannend zijn, en dat was ook de bedoeling van **Et que ça saute**.

Het verhaal speelt zich af in een music-hall, waarvan de uitbater met de dood bedreigd wordt indien hij weigert het komende spektakel af te gelasten. Wanneer de voorstelling dan toch doorgaat, heerst er een grappig gespannen sfeer. Behalve de acteurs zijn ook de wispelturige uitbater, zijn trouwe echtgenote en zijn knorrige schoonmoeder in de intrige betrokken, net als twee extravagante detectives. Deze film was - volgens een Luikse krant die de opnamen in oktober 1955 volgde - bedoeld als "een hilarische, pretentieloze komedie", met in de hoofdrol drie artiesten uit het plaatselijke Théâtre du Gymnase (o.a. René Rongé). De regisseur was een in België gevestigde Griek, die al in 1952 de verfilming van een eigen scenario had aangekondigd: **A vos ordres Ernestine** (of **Un monsieur très distingué**) toonde de lotgevallen van een Waalse boer en zijn familie. Rongé speelde ook in deze film mee en werd bijgestaan door Henriette Brenu en Arthur Philippe, twee sterren uit de Luikse cabaretwereld. Of die film ooit werd afgewerkt, blijft een raadsel (volgens sommigen werd hij inderhaast in Luik uitgebracht), maar **Et que ça saute** draaide in ieder geval korte tijd in een plaatselijk zaaltje.

Et Kazadi devint sergent

André Cornil

Et Kazadi devint sergent
En Kazadi werd sergeant
And Kazadi Became Sergeant

DIRECTOR: André Cornil
YEAR: 1956
COUNTRY: BE
SCREENPLAY: Major Henniquiau
CAMERA: André Cornil, Paulo Van den Hove
COMMENTS: Major Henniquiau
PROD. CO.: Centre d'Information et de Documentation CID
LANGUAGE: French
GAUGE: 16 mm
SILENT/SOUND: sound
B&W/COLOUR: B&W
MINUTES: 75'

◆ At the beginning of the First World War (and later as well, just before the outbreak of the Second World War) the Force Publique or colonial army in the Belgian Congo was significantly expanded, giving it a certain (international) prestige. After 1914 it even grew into one of the pillars of colonial power; order, discipline and subordination to the white officers were of crucial importance. This African army was also used to quell the uprisings which regularly broke out in the Belgian colony. Westernization was a top priority in the colonial armed forces; in fact, the army itself was a western institution. Traditional African values were of no importance in this army and had to be replaced by standardized behaviour, individual responsibility and team spirit. The army thus had a very poor reputation among the Congolese. In 1955, General E. Janssens, the commander-in-chief of the colonial army, asked priest André Cornil to make a film presenting the military force in a favourable light. Cornil subsequently admitted to a certain reluctance in accepting the commission, but by 1956 he had completed **And Kazadi Became Sergeant**, a comedy idealizing the soldier's life and following the day-to-day experiences of the Congolese army. Individual ambition and acceptance of western values are presented as guarantees for a bright future. To underline these ideas and to make them convincing to African audiences, the film deliberately relegates the white characters (officers, in this case) to the background.

● Au début de la Première Guerre mondiale - et aussi avant la Seconde -, la Force Publique ou armée coloniale du Congo belge fut sérieusement renforcée, acquérant ainsi un plus grand prestige international. Après 1914, elle devint même un des piliers de la puissance coloniale: ordre, discipline et soumission aux officiers blancs figuraient à l'avant-plan. Cette armée africaine fut aussi utilisée pour réprimer les révoltes qui éclataient régulièrement dans la colonie belge. Dans les forces armées coloniales, l'occidentalisation constituait une priorité. En fait, l'armée elle-même était une institution occidentale: les valeurs traditionnelles africaines n'y avaient pas cours et étaient remplacées par le comportement uniforme, la responsabilité individuelle et l'esprit de corps. Elle jouissait donc d'une mauvaise réputation auprès des Congolais. C'est la raison pour laquelle le général E. Janssens, commandant en chef de l'armée coloniale, demanda à André Cornil de réaliser un film sur l'armée pour la montrer sous un jour plus favorable. Bien que Cornil avouera, par après, avoir accepté cette mission à contrecœur, **Et Kazadi devint sergent** fut achevé en 1956. Il s'agit d'un film comique qui idéalise la vie militaire et décrit la vie quotidienne des soldats congolais. L'ambition individuelle et l'adoption de valeurs occidentales y sont présentées comme des garanties pour l'avenir. Pour donner plus de poids à ces idées et mieux convaincre les spectateurs africains, les Blancs (ici des officiers) figurent constamment à l'arrière-plan.

▶ De Force Publique, het koloniale leger in Belgisch Kongo, werd bij het uitbreken van de Eerste Wereldoorlog - en ook later, net voor de Tweede Wereldoorlog - sterk uitgebouwd en kreeg zo een zeker (internationaal) prestige. Na 1914 groeide het zelfs uit tot een van de pijlers van de koloniale macht: orde, tucht en onderworpenheid aan de blanke officieren staan op het voorplan. Dit Afrikaanse leger werd ook ingezet bij het onderdrukken van de opstanden die de Belgische kolonie regelmatig teisterden. Voor het koloniaal leger gold het verwesteren als een topprioriteit. Het leger zelf was trouwens een Westerse instelling; de traditionele Afrikaanse waarden waren er van geen tel en werden vervangen door uniform gedrag, individuele verantwoordelijkheid en de korpsgeest. In de ogen van de Kongolezen had het bijgevolg een slechte naam. Daarom vroeg Generaal E. Janssens, opperbevelhebber van het koloniaal leger, in 1955 aan André Cornil een film over de troepenmacht te maken teneinde deze in een beter daglicht te stellen. Hoewel Cornil achteraf bekende dat hij de opdracht maar met tegenzin had aanvaard, was **Et Kazadi devint sergent** in 1956 klaar. Het werd een komische film die het soldatenleven verheerlijkt en het dagelijkse doen en laten van de Kongolese troepen volgt. De individuele ambitie en het overnemen van Westerse waarden worden er voorgesteld als garanties voor de toekomst. Om deze ideeën kracht bij te zetten en de Afrikaanse kijker te overtuigen, staan ook in deze film de blanken (hier de officieren) eerder op de achtergrond. *(GC)*

Le week-end du désir

Félix Honinckx

Le week-end du désir
Het week-einde der begeerte
Weekend of Desire

DIRECTOR: Félix Honinckx
YEAR: 1956
COUNTRY: BE
SCREENPLAY: Léa De Gamond
PRODUCER: Félix Honinckx
PROD. CO.: Inter-Télé Ciné (Bruxelles)
CAST: Michèle Jallet (Michèle), Félix Honinckx
(Philippe), Monique Yolande (Loulette),
Marcel Van (Fabre), René Wnenk (Robert),
Irène Irka (Sylvie), Henri Senec (Hector),
Robert Peysens (Le fiancé), Marc-Camille de
Saye (Le souteneur)
LANGUAGE: French
GAUGE: 35 mm
SILENT/SOUND: sound
B&W/COLOUR: B&W
MINUTES: 90'

◆ It never occurred to Michèle to change her life until her fiancé is murdered before her very eyes on the evening of the carnival. In the aftermath, she leaves behind the province of her birth and moves to Brussels, hoping that the lights and rush of the big city will wipe the terrible event from her memory. But with her fundamental honesty and naïvety she soon suffers the most bitter disappointments. After a fruitless search for a lodging she finally ends up living with Loulette, a kind-hearted hostess in a bar who takes her under her wing. Michèle finds work in a couture house - yet that is not the end of her troubles. Her innocence is the source of much jibing amongst her colleagues and arouses the assiduous attentions of her boss. One day, during a fashion show, she meets a wealthy industrialist, Robert de la Roche, who becomes quite attached to her and proposes. Michèle hesitates since Robert is the father of three children and the youngest, Philippe, was once her lover. He is most delighted to have this second opportunity dropped in his lap and wishes to take up the relationship where they left off. Michèle tries to resist him. But inexorably she returns to her former beloved...

Legend has it that Michèle Jallet, in the leading role, and her (completely unknown) director and co-star Félix Honinckx as Philippe were hard-pressed to give a convincing performance in the final scene, a long kiss on a beach at the height of summer. Supposed to bear witness to a burning passion, the aforementioned effusion actually took place in Cannes in the depths of a particularly icy month of December. Otherwise, this is melodrama strictly by the genre rule book.

● Un soir de carnaval, Michèle voit son fiancé trucidé sous ses yeux. Sans ce drame, elle n'aurait jamais songé à changer de vie. Mais poussée par le chagrin, elle quitte sa province natale pour Bruxelles, espérant que les lumières et le tumulte de la grande ville effaceront l'horrible souvenir. Son honnêteté foncière et sa naïveté l'exposent cependant aux pires déconvenues. Après avoir vainement cherché un logement, elle atterrit finalement chez Loulette, une entraîneuse de bar au cœur d'or qui la prend sous sa protection. Michèle trouve du travail dans une maison de couture. Ses problèmes ne sont pas résolus pour autant. Son innocence fait ricaner ses collègues et le patron la poursuit de ses assiduités. Un jour, au cours d'un défilé de mode, elle rencontre un riche industriel, Robert de la Roche, qui lui témoigne une réelle affection, et il lui propose de l'épouser. Michèle hésite car Robert est le père de trois enfants, dont le cadet, Philippe, est un ancien flirt de la jeune femme. Ravi de ces retrouvailles inopinées, Philippe veut reprendre la relation là où ils l'avaient laissée. Michèle tente de lui résister. Mais inexorablement, elle retourne vers son ancien amour...

Michèle Jallet dans le rôle principal et Félix Honinckx, réalisateur (par ailleurs totalement inconnu) et interprète de l'amoureux retrouvé, eurent, dit-on, fort à faire pour se montrer convaincants dans la scène finale: un long baiser sur la plage par un bel été. Car, censée témoigner d'une passion brûlante, ladite effusion fut en fait tournée à Cannes par un mois de décembre particulièrement glacial. Les ingrédients dramatiques de ce mélodrame relèvent, on l'aura noté, de la plus pure tradition du genre. *(AJ)*

► Michèle's rustige leventje wordt bruusk verstoord wanneer haar verloofde op carnavalsavond voor haar ogen vermoord wordt. Verscheurd door verdriet verlaat ze haar geboortestreek en trekt naar Brussel, in de hoop dat het neonlicht en de drukte van de grootstad de traumatische herinnering zullen uitwissen. Door haar eerlijkheid en onschuld ondervindt ze aanvankelijk heel wat moeilijkheden. Na lange tijd tevergeefs onderdak te hebben gezocht, belandt ze uiteindelijk bij Loulette, een animeermeisje in een bar met het hart op de juiste plaats, die haar in bescherming neemt. Michèle vindt werk in een modehuis, maar de zaken worden er daarom niet rooskleuriger op; haar collega's spotten met haar naïviteit terwijl haar baas zijn handen niet kan thuishouden. Dan komt ze op een modeshow de rijke industrieel Robert de la Roche tegen, die veel voor haar voelt en haar zelfs een huwelijksaanzoek doet. Michèle twijfelt echter, want Robert is vader van drie kinderen, waarvan de jongste, Philippe, ooit haar minnaar was. Philippe, behoorlijk opgetogen over dit weerzien, wil de draad van hun relatie weer opnemen. Michèle tracht zich te verzetten, maar geeft zich uiteindelijk onverbiddelijk over aan haar oude liefde...

Michèle Jallet, de hoofdrolspeelster, en Félix Honinckx, de (verder onbekende) regisseur die tevens de rol van Philippe vertolkt, hadden het niet makkelijk om de slotscène, een lange kus op een zonnig strand, enigszins geloofwaardig te maken. Deze scène, die een vurige passie moest uitdrukken, werd opgenomen te Cannes tijdens een ijskoude decembermaand. In ieder geval putten alle ingrediënten van deze film rechtstreeks uit de traditie van het zuivere melodrama.

Le bonheur est sous mon toit

André Cornil

Le bonheur est sous mon toit
Het geluk ligt thuis
A Happy Home

DIRECTOR: André Cornil
YEAR: 1956
COUNTRY: BE
CAMERA: André Cornil
PROD. CO.: Centre d'Information et de Documentation CID
LANGUAGE: French
GAUGE: 16 mm
SILENT/SOUND: sound
B&W/COLOUR: colour
MINUTES: 62'

◆ Between 1950 and 1960, André Cornil, a priest working for the Belgian Colonial Ministry, made around 100 films. Most were short newsreels and documentaries, but included in the figure were some 15 feature films. These were primarily intended for the African audiences in the Belgian Congo, reflecting the belief that the indigenous population should most properly be served by specially made productions. Cornil's works are the issue of rigid colonial values and all-present western civilization as the highest goal to be striven for. The implication is thus the dismantling of African culture and beliefs.

A Happy Home extols the virtues not of the traditional extended African family, but of the typical western European model. It tells the story of a couple and their two children. They all live together in a modest house and are cared for by the hard-working head of the family. They are befriended with a neighbouring family and instruct them how to model their lives according to the western ideal, as incarnated by the middle-class Belgian family: order, neatness, diligence and stereotypical role models are the order of the day. The husband is the breadwinner while the wife is busied with the household chores, etc.; in short, an exemplary life, just what it takes for an African to become an "évolué" (a "civilized" man) fit for the lower echelons of colonial administration. **A Happy Home** was extremely popular, with tens of thousands of eager Congolese flocking to cinemas in Léopoldville alone when the film was released in February 1957.

● Entre 1950 et 1960, l'abbé André Cornil produisit une centaine de films pour le Ministère des Colonies: en grande majorité des brefs reportages d'actualité et des documentaires, avec seulement une quinzaine de longs métrages. Cornil les réalisait essentiellement pour la population africaine du Congo belge, conformément à l'idée qu'une programmation cinématographique spécifique lui convenait le mieux. Ces films constituaient une propagande sans fard en faveur des valeurs coloniales, élevant la civilisation occidentale au niveau de bien suprême, ce qui implique le démantèlement de la culture et de la société africaines.

Dans **Le bonheur est sous mon toit**, ce n'est pas la grande famille traditionnelle africaine qui est donnée en exemple, mais sa variante typique d'Europe occidentale. Le film raconte l'histoire d'un couple et ses deux enfants. Ils habitent une maison modeste et le mari se démène de toutes ses forces pour élever sa petite famille. Ils sont amis avec une autre famille voisine qui leur montre comment vivre une vie à l'occidentale, suivant le modèle d'une famille de braves bourgeois belges: ordre, netteté, application et répartition stéréotypée des rôles: l'époux trime pour sa famille, la femme accomplit les tâches ménagères... Bref, une vie exemplaire qui élèvera l'Africain au niveau d'"évolué" et lui permettra d'accéder aux échelons inférieurs de l'administration coloniale. **Le bonheur est sous mon toit** connut un succès sans précédent. A sa sortie en février 1957 à Léopoldville, on dénombrait des dizaines de milliers de spectateurs congolais.

▶ Tussen 1950 en 1960 draait André Cornil, de priester werkzaam voor het Belgische ministerie van Koloniën, een honderdtal films. Het overgrote deel zijn korte reportages en documentaires; slechts een vijftiental zijn speelfilms. Cornil maakt deze in de eerste plaats voor de Afrikaanse bevolking van Belgisch Kongo. Hij komt hiermee tegemoet aan de idee van een eigen, aangepaste filmprogrammatie voor de Afrikanen in de kolonie. Zijn films zijn zonder meer een uitvloeisel van de koloniale waarden, die de Westerse beschaving als hoogste menselijk goed aanprijzen. Dit impliceert echter een ontmanteling van de Afrikaanse cultuur en leefwereld.

In **Le bonheur est sous mon toit** staat niet de traditionele grote Afrikaanse familie op de voorgrond, maar wel de typische West-Europese variant daarvan. De film handelt over een echtpaar en hun twee kinderen; ze wonen in een klein huisje en de man is constant druk in de weer voor zijn kleine gezinnetje. Iets verderop woont een bevriend gezin. Het ene "beschaafde" gezin toont het andere hoe zijn leven op Westerse wijze te organiseren, naar het model van een keurig Belgisch burgerlijk gezin - orde, netheid, vlijt en stereotiepe rolpatronen inclus. De echtgenoot werkt voor zijn gezin, de vrouw doet de huishoudelijke taken, enz.; kortom, een voorbeeldig leven dat van de Afrikaan een "évolué" maakt en hem toegang verschaft tot de lagere administratie van de kolonie. **Le bonheur est sous mon toit** kende een ongezien succes. Alleen al bij het uitbrengen van de film in Leopoldstad, in februari 1957, werden tienduizenden Kongolese kijkers geteld. (GC)

De klucht van de brave moordenaar

Jef Bruyninckx

De klucht van de brave moordenaar
La farce du gentil assassin
The Tale of the Good Murderer

DIRECTOR: Jef Bruyninckx
YEAR: 1956
COUNTRY: BE
SCREENPLAY: Jef Bruyninckx, Joz. Van Liempt
BASED ON: De klucht van de brave moordenaar, written by Jos Janssen
DIALOGUE: Jos Janssen
DIR. PHOT.: Henri Barreyre
CAMERA: Bob Sentroul, Jo Van Bug
EDITING: Jef Bruyninckx
SOUND: André Notte, Raymond Legros
MUSIC: Hans Flower
ART DIRECTOR: Emile-Georges De Meyst
PRODUCER: Martin Pardon
PROD. CO.: Neptunus Films (Brussel)
PROD. SUPERV.: Pierre Levie, René Pardon
CAST: Charles Janssens (Cipier), Paul Cammermans (Max), Romain Deconinck (Schallier), Ketty Van de Poel (Anneke), Co Flower (Juffrouw Van Arkelen), Luc Philips (Bakker Verlent), Gaston Vandermeulen (Dr. Faes), Renaat Grassin (Braem), Bob Storm (Bril), Cyriel Van Gent (Floor), Joris Collet (Meester Lootens), Adolphe Denis (Meester de St. Hubert), Irma De Veirman (Doka), Kris Betz (Baert), Jan Massink (Procureur-Generaal), Han Verne (David), Jan Van den Broeck (Directeur), Gust Ven (Onderzoeksrechter), Julien De Locht (Commissaris), Wim Tocquet (Brigadier), Louis Barret (Gendarm), Yvonne Delcour (Sofie Verlent), Angele Van Sundert (Mme Schallier), Staf De Clercq (Gust Ysebaert), Frits Willems (Griffier)
LANGUAGE: Dutch
GAUGE: 35 mm
SILENT/SOUND: sound
B&W/COLOUR: B&W
MINUTES: 90'

◆ As early as 1949, Jef Bruyninckx, who enjoyed a solid reputation as an editor for directors such as Kiel, De Meyst or Diels, had pondered the idea of adapting Jos Janssen's popular stage play *De klucht van de brave moordenaar* ("The Tale of the Good Murderer") for the screen. Janssen himself was no stranger to the film world: in 1936, Jan Vanderheyden had already filmed his play *De wonderdoktoor* ("The Quack"). Bruyninckx had asked the film critic Joz. Van Liempt to write the screenplay, but this scheme came to a dead end. Some years later, however, distributor Martin Pardon established Neptunus Films and resurrected the project. His fledgling production company aimed at promoting the commercial film sector in Flanders through the manufacture of popular low-budget films liable to make a profit. The then king of the Flemish box office Charles Janssens was enrolled as lead actor, while Bruyninckx was entrusted the filming of his own script, with a budget of BF 900 000 at his disposal and under the supervision of Emile-Georges De Meyst. **The Tale of the Good Murderer** is a jailhouse comedy rooted in village folklore, which centres on the relationship between a mothering jailer and his only prisoner in a prison marked for closure if ever this convict should depart. Shooting began in October of 1955. The exteriors were filmed in Furnes, Machelen and at Beaulieu Castle; André Notte's Brussels studios were used for the indoor sequences. The first Neptunus production was a success throughout Flanders, and the Bruyninckx-Janssens team was to reunite no less than four times over the next two years.

● Dès 1949, Jef Bruyninckx - qui jouissait d'une solide réputation comme monteur des films de Kiel, De Meyst et Diels - avait caressé l'idée d'adapter au cinéma la célèbre pièce de Jos Janssen, *De klucht van de brave moordenaar* ("La farce du gentil assassin"). Janssen n'était pas un inconnu dans le milieu du cinéma: Jan Vanderheyden s'était déjà lancé en 1936 dans une adaptation de sa pièce *De wonderdoktoor* ("Le docteur miracle"). Pour le scénario, Bruyninckx avait fait appel au critique de cinéma Joz. Van Liempt, mais le projet resta sans suite. Quelques années plus tard, la création de Neptunus Films par le distributeur Martin Pardon allait relancer l'idée. Cette nouvelle firme de production voulait renforcer le commerce du film flamand en mettant en chantier des œuvrettes populaires à petit budget et rentables. Charles Janssens, alors champion du box-office en pays flamand, fut engagé en vedette et Bruyninckx se vit charger de la mise en images de son scénario, sous la supervision d'Emile-Georges De Meyst, pour un budget de 900.000 francs. **La farce du gentil assassin** est une comédie relevant des légendes villageoises, axée sur la relation entre un gardien très mère poule et son unique détenu dans une prison menacée de fermeture en cas de départ de ce prisonnier. Le tournage commença en octobre 1955. Les extérieurs furent tournés à Machelen, Furnes et au château de Beaulieu; pour les scènes d'intérieur, on utilisa le studio bruxellois d'André Notte. La première production Neptunus remporta le succès dans toute la Flandre, et l'équipe Bruyninckx-Janssens allait se reformer encore quatre fois en deux ans.

▶ Al in 1949 speelde Jef Bruyninckx, die een stevige reputatie genoot als monteur van films van Kiel, De Meyst en Diels, met het idee om het populaire toneelstuk van Jos Janssen, *De klucht van de brave moordenaar,* te verfilmen. Janssen was ook geen onbekende in het filmmilieu: Jan Vanderheyden had in 1936 al een bewerking van zijn stuk *De wonderdoktoor* verzorgd. Voor het scenario deed Bruyninckx een beroep op filmcriticus Joz. Van Liempt, maar het project raakte in het slop. De draad werd enkele jaren later weer opgenomen toen verdeler Martin Pardon Neptunus Films oprichtte. Deze nieuwe productiemaatschappij wou de Vlaamse commerciële filmsector steunen door het realiseren van betaalbare, populaire en rendabele werkjes. Charles Janssens, de toenmalige kampioen van het Vlaamse kassucces, werd aangezocht als hoofdrolspeler, terwijl Bruyninckx de opdracht kreeg zijn eigen scenario te verfilmen, onder het toeziend oog van Emile-Georges De Meyst en met een budget van 900.000 BF. **De klucht van de brave moordenaar** is een tot het rijk der dorpslegendes behorende komedie, die zich toespitst op de relatie tussen een bemoederende cipier en diens enige gevangene; als deze laatste zou vertrekken, zou de gevangenis haar deuren namelijk moeten sluiten. De opnamen gingen in oktober 1955 van start. De buitenopnamen vonden plaats te Veurne, Machelen en in het kasteel van Beaulieu; de binnenscènes in de Brusselse studio van André Notte. De eerste Neptunus-productie werd een succes over heel Vlaanderen, en de tandem Bruyninckx-Janssens zou op twee jaar tijd liefst nog viermaal herenigd worden. (LJ)

La belote de Ture Bloemkuul

Emile-Georges De Meyst, Jean-Louis Colmant

La belote de Ture Bloemkuul
La belote de Tore Bloemkool
Ture Bloemkuul's Pinocle

DIRECTOR: Emile-Georges De Meyst, Jean-Louis Colmant
YEAR: 1956
COUNTRY: BE
SCREENPLAY: Noël Barcy, Emile-Georges De Meyst
BASED ON: Virgile in *Pourquoi pas?*
CAMERA: Bob Sentroul
CAST: Marcel Roels (Arthur Bloemkuul), Alex Mondose, Roger Verbor, Clémy Temple, Yetta Ferra, Mony Doll, Lily Vernon, J. Antoine
LANGUAGE: French
GAUGE: 35 mm
SILENT/SOUND: sound
B&W/COLOUR: B&W
MINUTES: 75'

◆ After having made 9 films in 7 years - still a record for a Belgian director - Emile-Georges De Meyst entered the 1950s, which marked his inglorious decline. He cropped up as a set designer (**Seagulls Die in the Harbour**), a technical adviser (**The Tale of the Good Murderer**) and as the author of short documentaries, some of which even were racy in tone (such as the 1955 **The Pin-up Over the Centuries**). He taught "cinematic technique" in a short-lived acting school - several of his pupils had the honour of playing minor parts in his ineffable **Oh! It's so Good to Be Home** by way of practical training. And after six years, he finally reappeared as co-director of a full-length film, **Ture Bloemkuul's Pinocle**.

The original project consisted of a feature film starring the most famous Brussels comedians. Money was short, however, and a less ambitious ploy had to be adopted: four sketches linked by a common theme. This would allow for the material to be presented both as a feature-length film or as four separate supporting programmes. The latter option prevailed until 1974, when the film was for the first time released in its entirety to mark the death of Marcel Roels. Over a healthy beer several colourful Brussels locals describe the misadventures of their families in the ambrosial language of the Marolles. From the unemployed man to the tram conductor and from the photographer to the nagging wife, various popular types are presented in a mise en scène centred on the simple recording of their talk. The action is guided by the legendary star Marcel Roels, still as enjoyable as ever in both the interludes and his irresistible sketch on the "unemployed man on strike".

● Emile-Georges De Meyst, après une période faste (neuf films en sept ans, record absolu chez un cinéaste belge), allait connaître dans les années 50 le déclin. On le retrouve comme décorateur (**Les mouettes meurent au port**), conseiller technique (**La farce du gentil assassin**), auteur de courts métrages documentaires et même coquins (dont **La pin-up à travers les siècles**, en 1955). Il enseigne "la technique du cinéma" dans une fugitive école pour futurs acteurs. Plusieurs de ses élèves auront d'ailleurs, à titre d'exercices pratiques, l'honneur de jouer des petits rôles dans son ineffable **Ah! Qu'il fait bon chez nous**. En 1956, son nom réapparaît enfin comme coréalisateur de **La belote de Ture Bloemkuul**.

Au départ, le long métrage devait réunir les comiques bruxellois les plus réputés. L'argent faisant défaut, on en vint à une solution moins ambitieuse: seuls quatre sketches, réunis par un fil conducteur, composent l'œuvre. Ainsi, on pouvait présenter soit le film dans son ensemble, soit chacune des histoires comme petit complément de programme. Cette seconde possibilité l'emporta jusqu'en 1974: la mort récente de Marcel Roels déclencha la sortie intégrale de l'ouvrage. Autour d'une bonne gueuze, quelques truculents Bruxellois évoquent leurs mésaventures familiales, en un langage fleurant bon les Marolles. Du chômeur au receveur de tram, du photographe à l'épouse acariâtre, divers types populaires vont ainsi défiler, la mise en scène se réduisant à enregistrer leurs propos. En vedette, le légendaire Marcel Roels mène le jeu, avec une saveur restée intacte, dans les scènes de transition comme dans son irrésistible sketch du "chômeur gréviste". *(RM)*

▶ Na negen films te hebben gemaakt in zeven jaar - een waar record voor een Belgische cineast - begon Emile-Georges De Meyst in de jaren 50 aan zijn minder glorieuze achteruitgang. Zijn naam dook nog op als decorateur (**Meeuwen sterven in de haven**), technisch raadgever (**De klucht van de brave moordenaar**) of auteur van korte documentaires (met soms zelfs een schelmse ondertoon, getuige zijn **La pin-up à travers les siècles** uit 1955). Hij onderwees "filmtechniek" in een obscure acteursschool: meerdere van zijn leerlingen hadden de eer praktijkervaring op te doen door een rolletje te vertolken in het onuitsprekelijke **Ah! Qu'il fait bon chez nous**. Na zes jaar vinden we De Meyst dan terug als coregisseur van een langspeelfilm, **La belote de Ture Bloemkuul**.

Eerst bestond het project erin een film te draaien met de meest vermaarde Brusselse komieken. Wegens geldgebrek koos men echter voor een minder ambitieuze oplossing: vier sketches met eenzelfde leidmotief. Zo kon zowel de hele film vertoond worden als elk verhaaltje afzonderlijk, als voorprogramma. Laatstgenoemde optie haalde het tot in 1974, toen het hele werk voor het eerst uitkwam n.a.v. het overlijden van Marcel Roels. Bij een goed glas geuze verhalen een stel kleurrijke Brusselaars hun familiale perikelen in het sappige taaltje van de Marollen. Van de werkloze tot de tramconducteur, van de fotograaf tot de knorrige echtgenote, passeren verscheidene volkse typetjes de revue, terwijl de regie zich beperkt tot het registreren van de gesprekken. De legendarische ster Marcel Roels is de motor van deze onderneming; zowel in de overgangsscènes als in zijn onweerstaanbare sketch rond de "stakende werkloze" blijft het genieten van zijn pittige spel.

Etonnante Afrique

Gérard De Boe

Etonnante Afrique
Wonder Afrika
Astonishing Africa

DIRECTOR: Gérard De Boe
YEAR: 1956
COUNTRY: BE
SCREENPLAY: Gérard De Boe, Guido Eeckels, Auguste Verbeken
CAMERA: François Rents, Pierre Levent, Fernand Tack
EDITING: Georges Lust
SOUND: Aldo Ferri, Charles Janssens
MUSIC: Jacques Say
COMMENTS: Guido Eeckels, Auguste Verbeken
PRODUCER: Gérard De Boe
PROD. CO.: Production Gérard De Boe (Bruxelles), Union Minière du Haut-Katanga, Forminière, Compagnie du Chemin de Fer du Bas-Congo au Katanga BCK
PROD. SUPERV.: Paul Leleu
VOICES: Georges Vandéric, Etienne Samson
LANGUAGE: French/Dutch
GAUGE: 35 mm
SILENT/SOUND: sound
B&W/COLOUR: colour
MINUTES: 73'

◆ The top Belgian documentary-makers, who included André Cauvin and Gérard De Boe, were regularly sent by the Belgian government to film the colonies. Belgian companies were also important patrons. **Astonishing Africa** was commissioned by Union Minière du Haut-Katanga, Forminière and BCK as a documentary to mark their 50th anniversary. It recounts the transformation of Katanga and Kasai through the presence of industrial mining (Katanga's supply of raw materials helped to contribute to the Allied victory during the Second World War).

De Boe's documentary begins with a geographical and geological description of the region, with a generous sideways look at the rich cultural life of its native inhabitants. This is followed by a brief account of the origin and development of copper and diamond mining. The second part of the film explores Katanga during the 1950s. Using the device of an idyllic and naïvely presented romance between two natives, we are shown round the mining village with its workshops, schools, hospitals, sports grounds and other amenities. De Boe's attractive, colourful and objective account, which never descends into industrial or colonial propaganda, was particularly well received by the press. The production was preceded by an entire expedition - one of the most important ever to leave for the Belgian Congo - with over three tonnes of equipment. Belgian-born De Boe was himself an African expert and had had 25 years' experience on the African continent as a medical assistant. He had already made about 30 short documentary films on Africa before the war.

● Les meilleurs documentaristes belges, parmi lesquels André Cauvin et Gérard De Boe, furent régulièrement envoyés au Congo par le gouvernement. Les entreprises locales étaient également d'importants commanditaires. Ainsi naquit **Etonnante Afrique**, tourné pour le compte de l'Union Minière du Haut-Katanga, la Forminière et la BCK, à l'occasion de leur 50ᵉ anniversaire. Le documentaire expose comment la présence d'une industrie minière a entraîné la transformation du Katanga et du Kasaï. En fournissant des matières premières, le Katanga a notamment contribué à la victoire des Alliés lors de la Seconde Guerre mondiale.

Le document de De Boe commence par une description géographique et géologique de la région en s'attardant sur la riche culture des populations indigènes primitives. Suit une rapide description de l'origine et de l'évolution de l'exploitation du cuivre et du diamant. Dans la deuxième partie, nous sommes plongés dans le Katanga des années 50. Une romance idyllique entre deux indigènes, présentée de façon naïve, sert de prétexte à une visite guidée du centre minier et de ses ateliers, écoles ou hôpitaux, terrains de sport. Ce beau témoignage, objectif et très coloré, qui ne tombe jamais dans la propagande industrielle ou coloniale, attira l'attention de la presse. La production fut précédée par une des plus importantes expéditions jamais envoyées au Congo belge. On embarqua plus de trois tonnes de matériel. De Boe, connaisseur de l'Afrique et assistant médical bénéficiant d'une expérience de 25 ans sur le continent noir, y avait déjà tourné une trentaine de courts métrages documentaires depuis 1937.

▶ Het kruim van de Belgische documentaristen, waaronder André Cauvin en Gérard De Boe, werd regelmatig door de regering naar de Kongo-kolonie uitgezonden. Andere belangrijke opdrachtgevers waren de plaatselijke bedrijven. **Wonder Afrika** is dan ook een documentaire gefinancierd door Union Minière du Haut-Katanga, Forminière en BCK gedraaid ter gelegenheid van hun 50-jarig bestaan. De film zoomt in op de transformatie van Katanga en Kasai als gevolg van de aanwezigheid van de mijnindustrie. Door het leveren van grondstoffen droeg Katanga onrechtstreeks bij tot de overwinning van de geallieerden tijdens W.O.II.

De Boe's document begint met een geografische en geologische beschrijving van de regio met aandacht voor de rijke cultuur van de primitieve inboorlingen. Daarna volgt een beknopte beschrijving van de oorsprong en de evolutie van de koper- en diamantexploitatie. In het tweede deel duiken we in het Katanga van de jaren 50. Aan de hand van een zeer idyllisch en naïef voorgestelde romance van twee inboorlingen worden we door het mijncentrum geleid met zijn ateliers, scholen, hospitalen, sportterreinen, enz. De Boe's mooie, kleurrijke en objectieve getuigenis, die nooit uitgroeit tot industriële of koloniale propaganda, kreeg bijzondere aandacht in de pers. Een hele expeditie ging de productie vooraf, een van de belangrijkste die ooit naar Belgisch Kongo gezonden werd. Meer dan drie ton filmmateriaal werd ingescheept. De Boe, Kongo-kenner en medisch assistent met 25 jaar ervaring op het zwarte continent, had er vóór de oorlog al een dertigtal korte documentaires gedraaid. (LJ)

Boevenprinses

Edith Kiel

Boevenprinses
Princesse des truands
Princess of Thieves

DIRECTOR: Edith Kiel
YEAR: 1956
COUNTRY: BE
SCREENPLAY: Edith Kiel
DIR. PHOT.: Paul De Fru
CAMERA: Paul De Fru, M. De Vos
EDITING: Walter Von Bonhorst
SOUND: Paul Coppens, François Delcorps
MUSIC: Rudolf Perak, Jos Van der Smissen
ART DIRECTOR: Louis Seerden
PRODUCER: Edith Kiel
PROD. CO.: Antwerpse Filmonderneming AFO (Antwerpen)
PROD. SUPERV.: René Jacobs
CAST: Denise De Weerdt (Jo Markus), Jef Cassiers (Piet), Cois Cassiers (Pierre), Jos Gevers (Professor Markus), Alex Willequet (Wim Markus), Jeanne De Coen (Tante Adelina), Paul 's Jongers (Jan), Theo Van den Bosch (Bankbediende Rudi Houtregel), Magda Lausanne (Betty), Jaak Germain (Schipper), Dries Wieme (Kareltje), Betty Pattyn (Zijn dochter Mietje), Oscar Ferket (Boef)
LANGUAGE: Dutch
GAUGE: 35 mm
SILENT/SOUND: sound
B&W/COLOUR: B&W
MINUTES: 100'

◆ Kiel often based her films on foreign successes, but without any real creative cross-pollination. **Princess of Thieves** is a potpourri of elements from typical American genre films. The strikingly fluid opening shots of the emergency services answering a call bring to mind film noir, whereas the character played by Denise De Weerdt seems lifted from hack dramas along the lines of Billy Wilder's **Front Page**. **Princess of Thieves** reworks a straightforward detective story in a more dramatic take on Kiel's previous film **Bride without a Bed**, played out in a mixture of dialect and standard Dutch. The antipathy between the self-assured press photographer Jo (Flemish vamp De Weerdt) and detective Jan (the sturdy Paul 's Jongers) develops into a romance, while the bungling comic duo the Woodpeckers provide light relief. The film's highlights are two musical interludes set in the nightclub central to the plot. In the first De Weerdt sings à la Marlene Dietrich, in the second the Woodpeckers give a rendition of *In Hawaii*. Their dance routine, complete with wig, tropical grass skirt and floral garland, is pure vaudeville kitsch. Jef Cassiers goes all out with a collection of the most unlikely grimaces. Kiel was forced to make the film with limited resources, and the sound quality suffers accordingly. However, **Princess of Thieves** contains one noteworthy gag in a scene with Cassiers. For the first time in a Kiel film, the audience hears the distorted voice of his interlocutor during a telephone conversation, exploited for humorous effect. Given Cassiers' rather more refined comic talent, this may well have been one of his own ideas.

● Edith Kiel s'inspire souvent des succès étrangers, mais sans véritable interaction créative. **Princesse des truands** est un pot-pourri d'éléments caractéristiques des films de genre américains. L'ouverture particulièrement souple sur la sortie en fanfare des services de secours rappelle les films noirs et le personnage de Denise De Weerdt semble inspiré des films comme **Edition spéciale** de Billy Wilder. **Princesse des truands**, bâti sur une intrigue criminelle simple, propose un mariage de dialecte et de néerlandais standard. C'est également un remake plus dramatique du film précédent de Kiel, **La fiancée sans lit**. L'antipathie entre Jo, photographe de presse sûre d'elle (la vamp flamande Denise De Weerdt), et le détective Jan (l'héroïque Paul 's Jongers) se termine en romance, les burlesques Woodpeckers se chargeant de dérider l'action. Les meilleurs moments du film sont deux intermèdes musicaux situés dans le cabaret, lieu central de l'intrigue: le premier quand De Weerdt chante à la manière d'une Dietrich de cabaret, et le second lorsque les Woodpeckers interprètent *In Hawaï*. Leur numéro de danse, en perruque, pagne exotique et couronne de fleurs est un régal de ce kitsch typique des vaudevilles. Jef Cassiers se défoule dans les grimaces les plus incroyables. Kiel a dû boucler le film avec peu de moyens, d'ailleurs au détriment du son. Cependant, on assiste à une remarquable scène auditive avec Cassiers. Lorsqu'il téléphone, on peut entendre - pour la première fois dans un film de Kiel - la voix de l'interlocuteur déformée par le cornet et utilisée à des fins comiques. Une idée de Cassiers? Son humour plus raffiné le laisse supposer.

▶ Edith Kiel inspireerde zich regelmatig op buitenlandse hits. Van een echte creatieve kruisbestuiving was er echter geen sprake. **Boevenprinses** is een potpourri van elementen uit typische Amerikaanse genrefilms. Zo herinnert de opmerkelijk soepele opening met de uitrukkende hulpdiensten aan de film noir en lijkt de rol van Denise De Weerdt gemodelleerd naar personages in krantenfilms zoals **The Front Page** van Billy Wilder. Het met een eenvoudige misdaadintrige doorweven **Boevenprinses**, met zijn dialogen die weifelen tussen Algemeen Nederlands en dialect, is tevens een meer dramatisch geladen herwerking van Kiels vorige film, **De bruid zonder bed**. De aanvankelijke antipathie tussen de zelfzekere persfotografe Jo (de Vlaamse vamp De Weerdt) en de speurder Jan (de kloeke Paul 's Jongers) groeit gaandeweg uit tot een romance, terwijl de stuntelende Woodpeckers voor de komische noot zorgen. Hoogtepunten zijn twee muzikale intermezzo's in het kelderetablissement, de centrale plaats van handeling: De Weerdt als een Marlène Dietrich-achtige nachtclubzangeres en de *In Hawaï*-vertolking van De Woodpeckers. Hun dansnummer, met pruik, tropische strorok en bloemenkrans, is pure vaudeville-kitsch. Vooral Jef Cassiers leeft zich uit in het maken van de onwaarschijnlijkste grimassen. Kiel moest het stellen met beperkte technische en financiële middelen. Het geluid leed daar onder, maar toch is er een opmerkelijke auditieve scène met Cassiers. Aan de telefoon hoor je - voor het eerst in een film van Kiel - de door de hoorn vervormde en komisch gebruikte stem van de andere spreker. Een idee van Cassiers? Het meer verfijnde komische talent dat "Het manneke" later zou etaleren, laat het vermoeden. *(LJ)*

Waar het groeide

Wim Telders

Waar het groeide
Terre prodigue
Where It Grew

DIRECTOR: Wim Telders
YEAR: 1956
COUNTRY: BE
SCREENPLAY: Wim Telders, René Verbeeck, Ernest Claes
DIR. PHOT.: Wim Telders
CAMERA: Wim Telders
EDITING: Wim Telders
MUSIC: Jan Blockx, Renaat Veremans
COMMENTS: Ernest Claes, René Verbeeck
PRODUCER: Wim Telders
PROD. CO.: Wim Telders Films (Borgerhout)
CAST: Guido Daans (Jonge Ernest Claes), Ernest Claes, Stephanie Claes-Vetter, René Verbeeck
LANGUAGE: Dutch
GAUGE: 16 mm
SILENT/SOUND: sound
B&W/COLOUR: B&W
MINUTES: 64'

◆ This film is a fictionalized biography based on the life and more especially the youth of Ernest Claes, the Flemish author of regional tales filled with local colour. His famous picaresque novel *De Witte* ("Whitey") was the subject of a 1934 adaptation by Jan Vanderheyden. **Where It Grew**, one of the first literary documentaries to be made in Flanders, was meant as a tribute to the Sichem man of letters on his 70th birthday. The film opens with a conversation between the poet René Verbeeck, Claes and his wife Stephanie Claes-Vetter in their Uccle home. While Claes muses about his youth in Sichem, the viewer is introduced into his universe through reconstructed scenes in which the young Claes (played by Guido Daans) performs various acts of mischief, fishes, wanders around and reads. This modest portrait finally grows into a didactic, rather formal stroll through the writer's birthplace. The camera casts an interested eye on all the places which inspired Claes, the child of a simple farming family, to produce his books, loving testimonies to his background and origin - Averbode, Sichem and Herentals. Linked to each one of these places are anecdotes recorded in stories such as *Wannes Raps*, *Onze smid* and *Pastoor Campens*.

Where It Grew enjoyed a brief popularity among all manner of cultural organizations. Amateur filmmaker Telders, who made his début with 8mm features, would go on to make several minor poetic documentaries and films for younger audiences.

● Cette biographie romancée de l'auteur flamand Ernest Claes, célèbre pour ses récits de terroir, retrace principalement sa jeunesse. Son célèbre roman picaresque *De Witte* ("Filasse") avait été adapté au cinéma en 1934 par Jan Vanderheyden. **Terre prodigue**, un des premiers documents cinématographiques littéraires flamands, a été réalisé à l'occasion du septantième anniversaire de l'homme de lettres originaire de Sichem. Le poète René Verbeeck s'entretient avec Claes et son épouse, Stephanie Claes-Vetter, dans leur maison d'Uccle. Alors que Claes médite sur sa jeunesse à Sichem, nous nous familiarisons avec l'univers du conteur populaire à travers des scènes reconstituées, où nous voyons le jeune Claes (joué par Guido Daans) faire les quatre cents coups, pêcher, flâner ou lire. Finalement, ce modeste portrait devient un vagabondage éducatif un peu guindé à travers la région où est né l'écrivain. La caméra se fixe sur les lieux où Claes, cet enfant issu d'une simple famille d'agriculteurs, a puisé l'inspiration de ses livres, écrits dans l'amour de son terroir et de son origine: Averbode, Sichem et Herentals. Une anecdote est liée à chacun de ces lieux, transcrite dans des récits comme *Wannes Raps*, *Onze smid* et *Pastoor Campens*.

Terre prodigue connut une brève carrière grâce à des projections dans diverses associations culturelles. Le cinéaste amateur Telders, qui débuta par des longs métrages en super-8, allait encore tourner par la suite quelques films pour la jeunesse et des documentaires poétiques.

▶ Deze film is een gefictionaliseerde biografie van Ernest Claes, die zich vooral toespitst op de jeugd van deze Vlaamse schrijver van heimatverhalen. Zijn beroemde schelmenroman *De Witte* werd in 1934 door Jan Vanderheyden verfilmd. **Waar het groeide**, een van de eerste literaire filmdocumenten in Vlaanderen, kwam er naar aanleiding van de 70ste verjaardag van de Zichemse letterkundige. De film opent met een gesprek tussen de dichter René Verbeeck, Ernest Claes en diens vrouw Stephanie Claes-Vetter in hun huis te Ukkel. Terwijl Claes vertelt over zijn jeugd te Zichem, illustreren geënsceneerde flashbacks het universum van de jonge knaap (gespeeld door Guido Daans) die kattenkwaad uithaalt, vist, kuiert of leest. Uiteindelijk groeit dit bescheiden portret uit tot een educatieve, ietwat stijve rondreis doorheen de geboortestreek van de schrijver. De camera houdt geïnteresseerd halt bij die plaatsen waar Claes, als kind uit een eenvoudig landbouwersgezin, inspiratie vond voor zijn boeken, die hij schreef met veel liefde voor zijn geboortestreek en zijn achtergrond. Averbode, Zichem en Herentals: aan elke plek is een anekdote verbonden, opgetekend in verhalen zoals *Wannes Raps*, *Onze smid* en *Pastoor Campens*.

Waar het groeide werd slechts enkele malen vertoond, en enkel in een aantal culturele verenigingen. Amateurcineast Wim Telders, die debuteerde met 8mm-langspeelfilms, zou later nog enkele onopgemerkte poëtische jeugdfilms en documentaires maken. *(LJ)*

Mijn man doet dat niet
Edith Kiel

Mijn man doet dat niet
Mon mari ne fait pas cela
My Husband Doesn't Do That

DIRECTOR: Edith Kiel
YEAR: 1956
COUNTRY: BE
SCREENPLAY: Edith Kiel
DIR. PHOT.: Paul De Fru
CAMERA: Paul De Fru, M. De Vos
EDITING: Edith Kiel, Gisela Werner
SOUND: Paul Coppens, Aldo Ferri, François Delcorps
MUSIC: Rudolf Perak
COSTUMES: Georgette Verschueren
PRODUCER: Edith Kiel
PROD. CO.: Antwerpse Filmonderneming AFO (Antwerpen)
PROD. SUPERV.: René Jacobs
CAST: Nand Buyl (Jef Peeters), Lia Lee (Annie), Louisa Lausanne (Schoonmoeder), Robert Marcel (Mijnheer Breughelmans), Gella Allaert (Mevrouw Breughelmans), René Bertal (Smetje), Magda Lausanne (Olga Denneboom), Eduard Verdijck (Haar man), Theo Van den Bosch (Theophiel Mees), Frieda Linzi (Zijn vrouw), Ivonne Lex (Susanne Lang), Paul 's Jongers (George Breughelmans), Betty Pattyn (Dactylo Maria)
LANGUAGE: Dutch
GAUGE: 35 mm
SILENT/SOUND: sound
B&W/COLOUR: B&W
MINUTES: 100'

◆ Edith Kiel, who specialized in burlesque films set in Antwerp, often imitated her own commercial successes. **My Husband Doesn't Do That** is a remake of **Heaven on Earth** (1954). A married man's reputation takes a beating when, to oblige a friend, he agrees to spend some time in the company of a woman on a visit to Belgium (played by Ivonne Lex, again in a German-speaking role). Like Kiel's other films, **My Husband Doesn't Do That** has a great deal in common with popular sitcom. The stock characters are placed in a number of settings - including an apartment in the coastal resort of Blankenberge where everyone congregates for the obligatory happy ending - and they repartee throughout. On a technical level, Kiel was by this point improving. The post-synchronized exteriors (as in the excursion to the seaside) were inserted into the rest of the film much less abruptly. **My Husband Doesn't Do That** owed its success to the comeback of stage actor Nand Buyl, who faced the daunting task of filling the shoes of his popular predecessor Charles Janssens. The two counted among the most talented of all Flemish film actors. The rest of the cast here reprise their characteristic roles, often linked to their physiognomy: Louisa Lausanne is the contrary mother-in-law, Magda Lausanne the domineering matron, Paul 's Jongers the unshakeable philanderer, Theo Van den Bosch the naïve employee and René Bertal the boozy message-boy. The character of Hilaire Baconfoy in the TV series *De collega's* ("The Colleagues"), which was later made into a film, seems to have been based on this last character.

● La réalisatrice Edith Kiel, spécialiste des farces anversoises, copie souvent ses propres succès commerciaux. **Mon mari ne fait pas cela** est un remake du **Ciel sur terre** (1954). La réputation d'un homme marié prend un sacré coup lorsque, pour aider un ami, il passe un moment en compagnie d'une femme en visite en Belgique (Ivonne Lex, que l'on retrouve à nouveau dans un rôle en allemand). Tout comme les autres films de Kiel, **Mon mari ne fait pas cela** n'est pas loin des sitcoms populaires. Les personnages stéréotypés sont mis en scène dans quelques intérieurs, parmi lesquels un appartement de Blankenberge où ils se retrouvent tous pour le happy end, et se donnent la réplique sur un ton jovial qui ne manque jamais sa cible. D'un point de vue technique, les films de Kiel progressent. Les scènes d'extérieur postsynchronisées, comme ici l'excursion à la mer, sont insérées de plus en plus harmonieusement. Le succès de cette comédie tient surtout au retour de Nand Buyl, un acteur de théâtre, qui doit faire oublier son prédécesseur, le populaire Charles Janssens. Janssens et Buyl comptent parmi les acteurs de cinéma flamands les plus talentueux. Tous les autres interprètes endossent à nouveau leur rôle caractéristique, souvent lié à leur physionomie: Louisa Lausanne la belle-mère curieuse, Magda Lausanne la matrone, Paul 's Jongers l'impassible séducteur, Theo Van den Bosch l'employé naïf et René Bertal le coursier ivrogne. Ce dernier semble d'ailleurs avoir servi d'inspiration au personnage d'Hilaire Baconfoy, le coursier dans la série télévisée populaire *De collega's* ("Les collègues"), adaptée par la suite au cinéma.

▶ Edith Kiel, cineaste gespecialiseerd in Antwerpse wijkfarcen, kopieerde vaak haar eigen commerciële successen. **Mijn man doet dat niet** is een remake van **De hemel op aarde** (1954). De reputatie van een gehuwd man krijgt een flinke deuk wanneer hij, om een vriend te helpen, een tijdlang in het gezelschap verkeert van een vrouw op bezoek in België (Ivonne Lex, opnieuw in een Duitssprekende rol). Net zoals de andere films van Kiel heeft **Mijn man doet dat niet** veel weg van een volkse sitcom. De gekarikaturiseerde personages worden opgevoerd in een aantal interieurs, zoals het Blankenbergs appartement waarin we iedereen terugvinden voor het verbroederend happy end, en het wordt algauw een vrolijke praatbarak. Technisch gingen de films van Kiel, hoewel routineklussen, erop vooruit. De nagesynchroniseerde buitenopnamen, zoals hier die van de uitstap naar zee, werden steeds naadlozer ingelast. Het succes van deze komedie teerde vooral op de comeback van Nand Buyl, die zijn populaire voorganger Charles Janssens moest doen vergeten. Samen met Janssens behoorde Buyl, een theaterman, tot de talentrijkste Vlaamse filmacteurs. Al de andere acteurs hadden vaste, karakteristieke, vaak door hun fysionomie bepaalde rollen: Louisa Lausanne als de eigenwijze, nieuwsgierige schoonmoeder, Magda Lausanne als de bazige trien, Paul 's Jongers als de solide, moeilijk uit zijn evenwicht te brengen versierder, Theo Van den Bosch als de naïeve bediende en René Bertal als de pimpelende kantoorbediende. Het personage van de gangbode Hilaire Baconfoy uit de populaire en later tot film omgewerkte tv-serie *De collega's* lijkt hier trouwens erg op geïnspireerd. (LJ)

Katanga pays du cuivre

Gérard De Boe

Katanga pays du cuivre
Au pays du cuivre
Koper in Katanga
Katanga, Land of Copper

DIRECTOR: Gérard De Boe
YEAR: 1956
COUNTRY: BE
SCREENPLAY: Gérard De Boe, Francis Bolen
CAMERA: François Rents, Pierre Levent, Fernand Tack
EDITING: Georges Lust
SOUND: Aldo Ferri, Charles Janssens
MUSIC: David Van de Woestyne
COMMENTS: Francis Bolen
PRODUCER: Gérard De Boe
PROD. CO.: Production Gérard De Boe (Bruxelles), Union Minière du Haut-Katanga
PROD. SUPERV.: Paul Leleu
VOICES: Etienne Samson
LANGUAGE: French/Dutch
GAUGE: 35 mm
SILENT/SOUND: sound
B&W/COLOUR: colour
MINUTES: 96'

◆ Unlike Gérard De Boe's first full-length documentary, **Astonishing Africa**, **Katanga, Land of Copper** was a purely scientific but vulgarizing venture. The film was shot in the mines of Kipushi and Musonoï as well as in the factories at Elisabethville, and covers the entire copper production process from extraction to the final processing of copper and cobalt. **Katanga, Land of Copper** is one of a series of industrial films which the self-taught De Boe was commissioned to make in the Belgian Congo by a number of leading Belgian companies, including the giant Union Minière du Haut-Katanga. This informative film opens with a historically accurate reconstruction of the development of the mining industry. This is followed by a restrained, highly rational account of mining and the state-of-the-art technology used, up to and including the final processing of the ores. In the much shorter final section, Gérard De Boe examines the social developments brought about by the multinational's presence in Africa: the construction of housing, schools, hospitals, training centres and so on for the workers. In technical terms, the film was a remarkable achievement. By making use of artificial lighting, De Boe succeeded in capturing on film the magnificent range of colours to be found in Africa. **Katanga, Land of Copper** (produced in both Dutch and French-language versions) was strictly intended for internal consumption, whereas De Boe retained the commercial rights to **Astonishing Africa**.

● Contrairement au premier long documentaire de Gérard De Boe, **Etonnante Afrique**, **Katanga pays du cuivre** fut conçu dans un but scientifique et vulgarisateur à la fois. Le film, tourné dans les mines de Kipushi et Musonoï ainsi que dans les usines d'Elisabethville, parcourt toute la chaîne de production depuis l'exploitation jusqu'au traitement final de matières premières comme le cuivre et le cobalt. **Katanga pays du cuivre** faisait partie d'une série de films d'entreprise que l'autodidacte De Boe tourna au Congo belge pour le compte d'importantes sociétés, parmi lesquelles un géant industriel, l'Union Minière du Haut-Katanga. Ce document didactique commence par une reconstruction historique précise de l'évolution de l'exploitation. Suit alors un exposé sobre et rationnel allant de l'extraction par les techniques les plus modernes jusqu'à l'ultime finition des minerais. Après avoir brossé cette évolution, De Boe porte son regard, dans une dernière partie plus courte, sur les développements sociaux de cette entreprise polyvalente: la construction d'habitations, d'écoles, d'hôpitaux, de centres d'instruction, etc. pour les travailleurs. Le film était techniquement remarquable: en utilisant l'éclairage artificiel, le cinéaste est parvenu à fixer sur pellicule la splendide palette des couleurs de l'Afrique. **Katanga pays du cuivre** (qui existe en version néerlandaise et française) était destiné à un usage interne, alors que De Boe avait conservé les droits commerciaux d'**Etonnante Afrique**.

▶ In tegenstelling tot Gérard De Boe's eerste lange documentaire **Wonder Afrika** is deze **Koper in Katanga** puur wetenschappelijk maar vulgariserend van opzet. De film, opgenomen in de mijnen van Kipushi en Musonoï en onder meer in de fabrieken van Elisabethstad, doorloopt het hele productieproces, van de ontginning tot de uiteindelijke bewerking van de grondstoffen koper en kobalt. **Koper in Katanga** maakte deel uit van een serie bedrijfsfilms die autodidact De Boe in Belgisch Kongo in opdracht van een aantal belangrijke maatschappijen draaide, waaronder de industriële reus Union Minière du Haut-Katanga. Het didactisch document vangt aan met een historisch nauwgezette reconstructie van de evolutie van de exploitatie. Daarna volgt een sobere, erg rationele uiteenzetting, van het opdelven met de modernste technieken tot de ultieme verwerking van de ertsen. Na die evolutieschets bekijkt Gérard De Boe in het veel kortere laatste deel van de film de sociaal-maatschappelijke ontwikkelingen van het polyvalente bedrijf: de bouw van woonplaatsen, scholen, hospitalen, opleidingscentra enz. voor de werknemers. Technisch was de film opmerkelijk. Door gebruik te maken van kunstmatige verlichting, is de cineast erin geslaagd het schitterende kleurenpalet van Afrika op pellicule vast te leggen. **Koper in Katanga** (die zowel in een Nederlandstalige als in een Franstalige versie bestaat) was strikt voor intern gebruik bestemd, terwijl De Boe voor **Wonder Afrika** zelf de commerciële rechten behield. (LJ)

Vuur, liefde en vitaminen

Jef Bruyninckx

Vuur, liefde en vitaminen
Du feu, de l'amour et des vitamines
Feu, amour et vitamines
Fire, Love and Vitamins

DIRECTOR: Jef Bruyninckx
YEAR: 1956
COUNTRY: BE
SCREENPLAY: Jeroom Verten
DIALOGUE: Jeroom Verten
ASST. DIR.: J.M. François
DIR. PHOT.: Bob Sentroul
CAMERA: Jo Van Bug
EDITING: Jef Bruyninckx
SOUND: André Notte, Raymond Legros
MUSIC: Hans Flower
ART DIRECTOR: Emile-Georges De Meyst
PRODUCER: Martin Pardon
PROD. CO.: Neptunus Films (Brussel)
PROD. SUPERV.: René Pardon
CAST: Charles Janssens (Sergeant Sestig), Pim Lambeau (Martje), Julien Schoenaerts (Jan), Romain Deconinck (Valère), Gaston Vandermeulen (Mr. Labroche), Co Flower (Blanche Labroche), Dora Van der Groen (Jessy Labroche), Nora Aurousseau (Pim Labroche), Renaat Grassin (Nelson), Jos Van den Broeck, Han Verne
LANGUAGE: Dutch
GAUGE: 35 mm
SILENT/SOUND: sound
B&W/COLOUR: B&W
MINUTES: 89'

◆ During the mid-1950s, Jan Vanderheyden and Edith Kiel's AFO production company was faced with stiff competition from the fledgling Neptunus Films, established by Martin Pardon and partners. In only three years, Neptunus would produce no less than five comedies, all directed by Jef Bruyninckx. Although these films did not break with the image of the archetypical Flemish comedy, they nevertheless contained evidence of a more filmic inventiveness and imagination. Bruyninckx adapted **Fire, Love and Vitamins** from an original script by the Antwerp revue writer Jeroom Verten, immediately after completing **The Tale of the Good Murderer**. The plot was written specially for the leading comedy star Charles Janssens and lines up a series of sketches, comic situations and gags revolving around this central character. Here, Janssens plays an Antwerp fireman who falls foul of a highly colourful family headed by a strange health guru. Janssens' burlesque and lovelorn adventures are given a fresh slant by a series of clever filmic devices that would almost make one forget the invasive voice-over, such as a parody of Beethoven, a pastiche of the silent Keystone comedies in the form of a dream, a visual interpretation of a crossword puzzle and an imaginary poker game played on an audile level. **Fire, Love and Vitamins** was filmed largely in Antwerp, Brasschaat and Woluwe. To shoot the indoor scenes, the crew moved to Andre Notte's Brussels studio. The film was released in both Antwerp and Brussels, where it achieved a more than healthy success.

● La maison de production AFO de Jan Vanderheyden et Edith Kiel se trouva, au milieu des années 50, face à un redoutable concurrent, Neptunus Films, fondé par Martin Pardon et ses associés. En moins de trois ans, ils allaient produire cinq comédies, toutes réalisées par Jef Bruyninckx et interprétées par Charles Janssens. Ces films ne s'éloignaient en rien de la comédie flamande traditionnelle mais témoignaient d'une inventivité et d'une imagination plus cinématographiques. Bruyninckx tourna **Du feu, de l'amour et des vitamines** d'après un scénario original du revuiste Jeroom Verten, tout de suite après **La farce du gentil assassin**. Le film, fait sur mesure pour la vedette Charles Janssens, n'est qu'un enchaînement de sketches, de situations bouffonnes et de gags construits autour de l'acteur comique. Il joue ici le rôle d'un pompier anversois qui côtoie une famille haute en couleur, menée par un fana de la santé. Malgré une voix off envahissante, les aventures burlesques et amoureuses de Janssens sont agrémentées d'habiles trouvailles cinématographiques: une parodie beethovenienne, un persiflage sur les films muets de la Keystone présenté comme un rêve, une grille de mots croisés remplie visuellement ou une partie de poker qui se déroule sur un mode imaginaire et auditif. Les extérieurs pour **Du feu, de l'amour et des vitamines** furent tournés à Anvers, Brasschaat et Woluwe, et tous les intérieurs dans les studios d'André Notte à Bruxelles. Le film triompha à Anvers et rencontra à Bruxelles un succès plus qu'honorable.

▶ Het productiehuis AFO van Jan Vanderheyden en Edith Kiel kreeg er medio jaren 50 met het door Martin Pardon en vennoten opgerichte Neptunus Films een geduchte concurrent bij. In nauwelijks drie jaar tijd zouden ze vijf komedies produceren, alle geregisseerd door Jef Bruyninckx en met Charles Janssens in de hoofdrol. Deze braken zeker niet met het imago van de typische Vlaamse komedie, maar ze getuigden niettemin van meer filmische inventiviteit en verbeeldingskracht. Bruyninckx draaide **Vuur, liefde en vitaminen**, naar een origineel scenario van de Antwerpse revueschrijver Jeroom Verten, onmiddellijk na **De klucht van de brave moordenaar**. De komedie werd speciaal voor sterkomiek Charles Janssens geschreven en brengt een aaneenschakeling van sketches en gags, opgebouwd rond zijn centrale personage. Hij speelt de rol van een Antwerps brandweerman die in de handen valt van een bonte familie, geleid door een bizarre gezondheidsfreak. Janssens' burleske en amoureuze lotgevallen worden opgefrist met cinematografisch knappe vondsten die de storende voice-off even doen vergeten: een leuke parodie op Beethoven, een persiflage op de Keystone-films in de vorm van een droom, een visueel ingevuld kruiswoordraadsel en een imaginaire, auditief uitgewerkte scène rond een pokerspel. **Vuur, liefde en vitaminen** werd grotendeels in Antwerpen, Brasschaat en Woluwe opgenomen terwijl er voor de binnenopnamen werd uitgeweken naar de studio van André Notte te Brussel. De film kwam zowel in Antwerpen als in Brussel uit, waar hij met meer dan gewone bijval rouleerde in de bioscopen. (LJ)

Marie lépreuse

André Cornil

Marie lépreuse
Marie heeft lepra
Leprous Mary

DIRECTOR: André Cornil
YEAR: 1956
COUNTRY: BE
SCREENPLAY: André Cornil
CAMERA: André Cornil
PROD. CO.: Centre d'Information et de Documentation CID
CAST: Nicole Laruelle, Maria Bongale, Jean Bolumbe, Marie Eanga
LANGUAGE: French
GAUGE: 16 mm
SILENT/SOUND: sound
B&W/COLOUR: colour
MINUTES: 118'

◆ Romantic films made by priests are without any doubt a rarity. Yet in the mid-1950s, the priest André Cornil made **Leprous Mary** in the Belgian Congo, a two-hour film telling of the romantic relationship between a young African couple. At first glance, the film appears to be simply an entertaining love story in which the protagonists happen to be Congolese. In reality, however, it is a true colonial product made for the indigenous population with an ideological purpose.

The film develops two themes - marriage and medicine - skilfully deployed by the colonial authorities to propagate their ideas. The marriage system prevalent in the Belgian Congo was based on the political affiliations of the family clan. The colonialists tried to dismantle this form of political influence by replacing a collective with an individual consciousness. This meant a decline in centuries-old African values and beliefs and a rise of new western values. In **Leprous Mary**, the traditional custom of paying for a bride with a dowry is presented in a negative light. But there existed other ways of foisting western models of society on the Congolese, through Occidental health care and medicine, for example. Mary, the young heroine of the film, contracts leprosy and seeks to be cured by a magical medicine-man. She is cured by a western doctor whose power over life and death wins the Africans' respect. He then uses his newly acquired influence to condemn traditional practices and to introduce the people of the village to a model of western society that he presents as the road to salvation.

● Les films romantiques réalisés par des curés constituent, à tout le moins, une curiosité. Au milieu des années cinquante, l'abbé André Cornil tourna au Congo belge **Marie lépreuse**, un film de près de deux heures où l'histoire sentimentale entre un garçon et une fille indigènes occupe le devant de la scène. A première vue, il s'agit d'un scénario de simple divertissement dont les protagonistes sont congolais. A l'examen se révèle, en fait, une œuvre colonialiste réalisée pour des Africains colonisés à partir de considérations idéologiques.

Deux thèmes y sont développés: le mariage et la médecine, utilisés avec habileté par les colonisateurs pour répandre leurs idées. Chez la plupart des peuplades du Congo belge, le système matrimonial était fondé sur les convictions politiques du clan familial. La stratégie coloniale consistait à démanteler ce type de motivations, en plaçant l'individu au-dessus du groupe. Cela implique que les us et coutumes séculaires africains doivent laisser place nette pour les nouvelles valeurs occidentales. C'est ainsi que dans **Marie lépreuse**, le paiement traditionnel de la dot chez les indigènes est représenté de façon négative. La médecine occidentale constitue un autre moyen habile d'imposer le modèle de civilisation européen aux Africains. Marie, la jeune fille du film, contracte la lèpre et part consulter un guérisseur. Un médecin occidental réussit à la guérir. Son pouvoir de vie et de mort impose le respect aux Africains. L'autorité acquise lui sert à condamner les usages traditionnels et à présenter le modèle de société occidental comme le seul salvateur.

▶ Romantische films gemaakt door priesters zijn ongetwijfeld een zeldzaamheid. Priester André Cornil draait midden de jaren 50 in Belgisch Kongo **Marie lépreuse**, een bijna twee uur durende film waarin de liefde tussen een jong inlands koppel centraal staat. Ogenschijnlijk is het een vrijblijvend, ontspannend verhaal met Kongolezen als protagonisten. Maar het gaat wel degelijk om een koloniale film, gemaakt voor de gekoloniseerde Afrikanen uit ideologische overwegingen.

Twee thema's worden behandeld, namelijk het huwelijk en de geneeskunde, door de kolonisatoren handig gebruikt om hun ideeën te verspreiden. Het huwelijkssysteem is bij de meeste volkeren in Belgisch Kongo gebaseerd op de politieke banden van de familieclan. De koloniale strategie bestond erin deze vorm van politieke invloed te ontzenuwen door het individuele boven het collectieve te stellen. Dit hield in dat de eeuwenoude Afrikaanse gewoonten en gebruiken plaats moesten ruimen voor nieuwe Westerse waarden. Zo wordt in **Marie lépreuse** het traditionele gebruik van het betalen van een bruidsschat negatief voorgesteld. Maar ook de Westerse geneeskunde vormde een handig middel om het Europese samenlevingsmodel aan de Afrikanen op te dringen. Marie, het jonge meisje in de film, krijgt lepra en gaat naar een tovenaar. Een Westerse dokter kan haar echter genezen. Dankzij zijn macht over leven en dood dwingt de dokter respect af van de Afrikanen. De invloed die hij zo verwerft, gebruikt hij om de traditionele gewoonten te veroordelen en het heilbrengende Westerse samenlevingsmodel voorop te stellen. *(GC)*

Le circuit de minuit

Yvan Govar

Le circuit de minuit
De omloop van middernacht
The Midnight Circuit

DIRECTOR: Yvan Govar
YEAR: 1956
COUNTRY: BE
SCREENPLAY: Aimé Declercq, Yvan Govar, Claude Beaugé
BASED ON: Le circuit de minuit, written by Aimé Declercq
DIALOGUE: Aimé Declercq, Yvan Govar, Claude Beaugé
ASST. DIR.: Lucie Lichtig, Jean-Louis Colmant
DIR. PHOT.: Claude Beaugé
CAMERA: José Dutillieu, Jean Roch, Freddy Zamoire
EDITING: Marguerite Beaugé, Geneviève Falaschi
SOUND: Paul Coppens
MUSIC: Norman Maine
ART DIRECTION: Paul Jamolle, Henri Hollat, Joseph Severijns
PROD. CO.: Belgian Films (Bruxelles)
PROD. SUPERV.: Herbert Schick
CAST: Blanchette Brunoy (Louise Descamp), Yves Vincent (Jean Gaillard), Raoul De Manez (Collin), Albert Préjean (Victor), Georges Randax (Pasquier), Micheline Bourdet (Claude), Luc Varenne (Luc Varenne), Arthur Devère (Godelet), Jacques Philippet, Pierre Laroche, Paul Saussus, Marcel Loma, Georges Désir, Lou Aubel, Marcel Absil, Lucien Froidebise, Eliane Lacroix, Léon De Groeve
LANGUAGE: French
GAUGE: 35 mm
SILENT/SOUND: sound
B&W/COLOUR: B&W
MINUTES: 85'

◆ The flaws and weaknesses of **The Doc** (notably its unoriginal plot and often shoddy technique) persuaded Yvan Govar to draw for his next project on an outside script with a Belgian setting, more precisely the region around the Francorchamps motor racing circuit. The basis for his film was a thirties stage play by Aimé Declercq, the story of a French automobile constructor on the brink of financial ruin who builds a prototype in Belgium. The car is entered in a prestigious race and its victory gives a new boost to his business. Govar grafted onto this existing plot an emotional rivalry between the constructor's selfish wife and his devoted young secretary, who in the end prevails when the car sails to victory. Clearly, the originality of this film is rather a moot point, and its suspense was generated basically by the thrilling race sequences shot using eight cameras, full of dramatic incidents and given a commentary by Luc Varenne.

To lend his film extra box-office weight, Govar called in three popular stars who would guarantee him distribution in France, namely Yves Vincent, Blanchette Brunoy and veteran Albert Préjean as the Parisian mechanic. The two leads from **The Doc** (Randax and De Manez) cropped up in supporting parts, as did even our fellow countryman Arthur Devère, one-time regular in the films of Alfred Machin and the Belgian directors of the silent era. An attractive cast which, coupled with the exploits of the driving aces, clinched the commercial success of **The Midnight Circuit**.

● Les défauts et les maladresses de **Toubib** (notamment son sujet peu original et sa technique souvent approximative) persuadèrent Yvan Govar de s'appuyer, cette fois, sur un thème dont il ne serait pas l'auteur et qui se situerait en Belgique, plus précisément dans la région du circuit de Francorchamps. Il s'inspira d'une pièce de théâtre écrite dans les années 30 par Aimé Declercq: l'histoire d'un constructeur d'autos français au bord de la ruine, qui met au point en Belgique un prototype qui participera à une course de prestige, une victoire pouvant renflouer ses affaires. Sur ce point de départ vient se greffer une rivalité sentimentale entre l'épouse égoïste du constructeur et la jeune secrétaire, dévouée et finalement choisie après la victoire de son patron. Comme on le voit, l'originalité restait ici très relative, et le suspense du film se concentra, en fait, sur les palpitantes séquences de course automobile, tournées à huit caméras, riches en incidents dramatiques, et commentées par Luc Varenne.

Pour donner à son film un impact commercial, Govar fit appel à trois vedettes populaires, propres à assurer une distribution en France: Yves Vincent, Blanchette Brunoy et le vétéran Albert Préjean, en mécanicien parigot. On retrouvait les deux têtes d'affiche de **Toubib** (Randax et De Manez) dans des rôles moins importants, ainsi que notre compatriote Arthur Devère, jadis comédien pour Alfred Machin et les cinéastes belges du Muet. Une jolie affiche qui, s'ajoutant aux exploits des as du volant, assura le succès du **Circuit de minuit**. (RM)

▶ De gebreken en onhandigheden van **Le toubib** (vooral het weinig originele onderwerp en de vaak onaangepaste techniek) overtuigden Yvan Govar ervan ditmaal een thema te kiezen dat niet van hem kwam en dat zich in België zou afspelen, en wel in de buurt van het circuit van Francorchamps. Als inspiratiebron koos hij een toneelstuk uit de jaren 30 van Aimé Declercq: het verhaal van een Franse autoconstructeur aan de rand van het bankroet die in België een prototype op punt stelt dat aan een prestigieuze wedstrijd zal deelnemen. Een overwinning zou de zaken er weer bovenop helpen. Bijkomende verhaallijn is het emotionele conflict tussen de egoïstische vrouw van de constructeur en zijn jonge, toegewijde secretaresse, die na de zege de voorkeur zal krijgen boven de echtgenote. De originaliteit van het thema blijft duidelijk beperkt en de spanning richt zich in hoofdzaak op de adembenemende autorace, opgenomen met acht camera's, rijk aan dramatische incidenten en becommentarieerd door Luc Varenne.

Om van zijn film een commercieel succes te maken, deed Govar een beroep op drie vedetten die voor de verspreiding in Frankrijk borg stonden: Yves Vincent, Blanchette Brunoy en de veteraan Albert Préjean, als Parijs technicus. Men vindt twee hoofdrolspelers van **Le toubib** (Randax en De Manez) in bijrollen terug, en zelfs onze landgenoot Arthur Devère, eertijds acteur voor Alfred Machin en de Belgische cineasten uit de periode van de stille film. Een leuke affiche die, samen met de lotgevallen van de snelheidsduivels, het succes van **Le circuit de minuit** zou verzekeren.

Moeder, wat zijn we rijk

Hein Beniest

Moeder, wat zijn we rijk
Mère, que nous sommes riches
Mother, How Rich We Are

DIRECTOR: Hein Beniest
YEAR: 1957
COUNTRY: BE
SCREENPLAY: Hein Beniest, Jef Van Riet, Tom Pigmans
CAMERA: Bert Van Ussel
EDITING: Hein Beniest
SOUND: René Metzemaekers
MUSIC: Emiel Hullebroeck, Willem De Meyer
PRODUCER: Hein Beniest
PROD. CO.: ABN-Centrale (Antwerpen)
CAST: Tom Pigmans (Vader), Elza Van Cant (Moeder), Rudi Mattens (Marino), Helene Overlaet (Hilde), Willy Blomme (Hein), Christiane Berte (Tinneke), Lucien Driesen (Nonkel Fonne), Emiel Hullebroeck (Toondichter), Willem De Meyer (Vlaamse bard), Renaat Grassin (Ketje), Hein Beniest (Directeur)
LANGUAGE: Dutch
GAUGE: 16 mm
SILENT/SOUND: sound
B&W/COLOUR: B&W
MINUTES: 80'

◆ By the time **Mother, How Rich We Are** was made, the ABN-Centrale, a lobby group for the promotion of standard Dutch (or ABN), already had one film as a weapon in the fight against dialect: the 55-minute youth film **Boys Like Us** (1956), directed by Mark Liebrecht. In an attempt similarly to raise the consciousness of Flemish mothers, the ABN-Centrale turned its attention to the Catholic women's organizations.

Hein Beniest's ambition was to create a type of neo-realist pseudo-documentary after the manner of Jan Van Roy's **And God Created Mankind**. He always maintained: "ABN is not just a matter of speaking correctly. It encompasses much more than that. It is about acquiring a lifestyle that should permeate our entire Flemish nature." The result is a patriotic and naïve attempt at edification that glorifies the central role of the mother in the family. She takes her man and four children under her wing and stands like a tower of strength - when the family is beset by financial problems, when her dear son is forced to abandon his studies and earn a living, thus confronted with the necessity of speaking the Queen's Dutch, or when the entire household is confiscated by the bailiff. After all imaginable hardships, mother is left as the only true family treasure. Director Hein Beniest spent eight months working on this film. In addition to a cast of amateurs he used some 1 500 extras. **Mother, How Rich We Are** was shown to numerous Catholic youth groups, schools and various associations throughout the whole of Flanders.

● L'ABN-Centrale, un comité d'action pour la promotion de l'ABN, ou néerlandais standard, avait déjà à son actif un film qui luttait contre l'emploi du dialecte: **Des garçons comme nous** (1956), un film pour jeunes (55 minutes) réalisé par Mark Liebrecht. Pour stimuler la prise de conscience des mères flamandes, le comité visait à présent les organisations de femmes catholiques.

Beniest ambitionnait de tourner, dans la foulée de Jan Van Roy et de son **Et Dieu créa l'homme**, une sorte de film néoréaliste à portée documentaire. Son credo était: "L'ABN n'est pas seulement un parler cultivé. Il contient bien davantage. C'est l'acquisition d'un style de vie qui doit imprégner notre nature flamande." Cet idéal inspira un film éducatif, patriotique et naïf, qui glorifie le rôle central de la mère au sein de la famille. L'héroïne de l'histoire va prendre son mari et ses quatre enfants sous son aile protectrice. Elle apparaîtra inébranlable de courage et de fermeté lorsque le clan familial sera confronté à des problèmes d'argent et qu'un huissier voudra saisir la maison. Et quand son fils abandonnera ses études pour gagner sa vie, il comprendra vite la nécessité de parler un néerlandais correct pour obtenir un bon métier. Après avoir surmonté les pires avanies, la mère deviendra ainsi le plus précieux des trésors. Beniest travailla 8 mois sur le film. En plus des comédiens amateurs, il fit appel à 1.500 figurants. **Mère, que nous sommes riches** parcourut toute la Flandre grâce à des projections dans de nombreux patronages, écoles et associations diverses.

▶ De ABN-Centrale, een actiecomité ter bevordering van het algemeen beschaafd Nederlands, had met de door Mark Liebrecht geregisseerde jeugdfilm van 55 minuten **Jongens zoals wij** (1956) al een film op haar actief die ten strijde trok tegen het dialect. Om het bewustwordingsproces van de Vlaamse moeders te stimuleren, werden de katholieke vrouwenorganisaties gekozen als volgende doelwit.

Beniest had de ambitie om, in navolging van Jan Van Roy en diens **God schiep de mens**, een soort neorealistische film met documentaire inslag te draaien. Zijn credo luidde: "ABN is niet alleen een beschaafd spreken. Het bevat heel wat meer. Het is het verwerven van een levensstijl die heel ons Vlaamse wezen moet doordringen". Het resultaat is een patriottische en naïeve vormingsfilm ter verheerlijking van de centrale rol van de moeder in het gezin. Zij neemt haar man en vier kinderen onder de vleugels en staat als een rots in de branding wanneer het gezin geteisterd wordt door financiële problemen, wanneer zoonlief zijn studies moet opgeven om te gaan werken en geconfronteerd wordt met vereisten inzake correct taalgebruik, of wanneer tenslotte hun hele inboedel door de gerechtsdeurwaarder aangeslagen wordt. Na alle mogelijke tegenslagen blijft moeder de enige rijkdom van het gezin. Beniest werkte acht maanden aan deze film. De cast bestond volledig uit amateurs en daarnaast deed hij een beroep op maar liefst 1.500 figuranten. **Moeder, wat zijn we rijk** reisde via vertoningen in talrijke patronaten, scholen en verenigingen heel Vlaanderen rond. (LJ)

Le sergent-major avait une fille

André Cornil

Le sergent-major avait une fille
Le premier sergent-major avait une fille
De sergeant-majoor had een dochter
The Sergeant-Major's Daughter

DIRECTOR: André Cornil
YEAR: 1957
COUNTRY: BE
SCREENPLAY: André Cornil, Paulo Van den Hove, Adjudant Merchiers
CAMERA: André Cornil, Paulo Van den Hove, Adjudant Merchiers
EDITING: Marcel Verwest
PROD. CO.: Centre d'Information et de Documentation CID
CAST: Bernard Lbusu, Christine Kukosa, Pierre Kabemba, Antoine Bumba
VOICES: Étienne Samson
LANGUAGE: French
GAUGE: 16 mm
SILENT/SOUND: sound
B&W/COLOUR: B&W
MINUTES: 103'

◆ André Cornil's eighth feature film shot in the Belgian Congo is yet another colonial workpiece which combines two themes in its efforts to propagate the aims of the colonial government.

One of these aims was to convert the complex familial interrelationships of the indigenous population to more manageable so-called nuclear units comparable to western models. This would allow traditional influences on economic, religious, cultural and political developments to be identified and weeded out. A second aim was to develop one of the pillars of colonial power, the colonial army or "Force Publique". This army, modelled on European lines, attempted to turn Congolese soldiers into uniform western-style troops through discipline, order and drill. Military values are presented in the film as ideals; the highest ambition of a soldier at that time was naturally to be admitted into the hardened and infallible Congolese paracommandos, a new form of family clan.

The Sergeant-Major's Daughter tells the story of an "évolué", a westernized Congolese non-commissioned officer who nevertheless still feels tied to the traditions of his clan. Acquiescing to the wishes of his tribe, he agrees to marry off his daughter, but meets with resistance from both his wife and daughter. The NCO soon realizes he has been on the wrong track and that such practices are not compatible with the lifestyle of an "évolué". In the end, he decides to ignore the demands put on him by his clan and to comply with the wishes of his own (nuclear) family.

● Ce huitième long métrage de fiction tourné par André Cornil au Congo belge est à nouveau une œuvre colonialiste destinée à soutenir les objectifs du colonisateur en combinant deux thèmes.

Le premier objectif consistait à réduire l'écheveau inextricable des relations familiales au système occidental de la famille nucléaire. Ce qui permettait au colonisateur de faire face aux influences traditionalistes sur les développements économiques, religieux, culturels et politiques et, par conséquent, de les éliminer. Le second objectif était la constitution d'une armée coloniale, la Force Publique, un des piliers de la puissance colonisatrice. Cette armée, conçue sur le modèle occidental, s'efforcera de couler le soldat congolais dans un moule occidental, à force de discipline, d'ordre et d'exercice. Le film élève les valeurs militaires au niveau d'idéaux. Le but ultime d'une carrière militaire n'était-il pas l'admission chez les paras congolais, un corps endurci à la perfection et ressemblant étrangement à un nouveau type de clan familial?

Le sergent-major avait une fille raconte l'histoire d'un "évolué", un sous-officier congolais occidentalisé, qui se sent encore lié à certaines traditions de son clan familial: il se conforme aux désirs du clan pour marier sa fille. Il se heurte, toutefois, à la résistance de sa femme et de sa fille. Notre sous-officier se rend vite compte qu'il fait fausse route et que de telles pratiques sont incompatibles avec son statut d'"évolué". Il rejettera finalement les exigences de son clan et répondra sagement aux vœux de sa propre petite famille.

▶ De achtste langspeelfilm die André Cornil in Belgisch Kongo draait, wordt wederom een kolonialistische prent die, door het combineren van twee thema's, de doelstellingen van de kolonisator moet steunen.

Een daarvan is het omvormen van de onoverzichtelijke familieverhoudingen van de Kongolese volkeren op basis van het Westerse kerngezin-model. Op die wijze kunnen de traditionele invloeden op economische, religieuze, culturele en politieke ontwikkelingen gemakkelijker door de kolonisator worden aangepakt en uitgeschakeld. Een ander doel is het uitbouwen van een van de pijlers der koloniale macht: het koloniaal leger of Force Publique. Dit leger, geschoeid op Westerse leest, tracht met tucht, orde en dril de Kongolese soldaat in een Westers keurslijf te wringen. De militaire waarden worden in de film voorgesteld als idealen. Het streefdoel van ieder die een militaire carrière begint, is immers toegelaten te worden tot de onfeilbare en geharde Kongolese paracommando's, een nieuwe vorm van familiale clan.

Le sergent-major avait une fille gaat over een "évolué" - een verwesterde Kongolese onderofficier - die zich toch nog met de traditties van zijn familieclan verbonden voelt en zijn dochter uithuwelijkt zoals de stam dat wil. Hij stuit daarbij echter op verzet van zijn eigen dochter en vrouw. De onderofficier beseft al snel dat hij op het verkeerde pad is en dat dergelijke praktijken niet gepast zijn voor een "évolué". Uiteindelijk legt hij de eisen van zijn clan dan toch naast zich neer en voegt hij zich naar de wensen van zijn eigen - kleine - gezin. (GC)

Rendez-vous in het paradijs

Edith Kiel

Rendez-vous in het paradijs
Rendez-vous au paradis
Rendezvous in Paradise

DIRECTOR: Edith Kiel
YEAR: 1957
COUNTRY: BE
SCREENPLAY: Edith Kiel
ASST. DIR.: Liesje D'Hollander
CAMERA: Paul De Fru, M. De Vos
EDITING: Edith Kiel, Gisela Werner
SOUND: Aldo Ferri, François Delcorps
MUSIC: Jos Van der Smissen, Rudolf Perak
ART DIRECTOR: Theo Van der Eecken
COSTUMES: Irma Van den Plas
PRODUCER: Edith Kiel
PROD. CO.: Antwerpse Filmonderneming AFO (Antwerpen)
PROD. SUPERV.: René Jacobs
CAST: Nand Buyl (Alex Alexander), Magda Lausanne (Weduwe Fien Appel), Frieda Linzi (Frie), Paula Geerts (Paula), René Bertal (Juleke), Louisa Lausanne (Grootmoeder), Theo Van den Bosch (Camille Buys), Suzy Marleen (Nini), Robert Marcel (Mijnheer Cordell), Ivonne Lex (Eva Cordell), Oscar Ferket (Dr. Hicketick)
LANGUAGE: Dutch
GAUGE: 35 mm
SILENT/SOUND: sound
B&W/COLOUR: B&W
MINUTES: 94'

◆ After the departure of Charles Janssens and Co Flower, regular Edith Kiel actors such as Theo Van den Bosch and Magda Lausanne were given more prominent roles. Yet neither had the charisma or the talent to carry a lead part. **Rendezvous in Paradise** was to be their last film appearance. This routine farce, featuring the same cast as one of her previous films, is a typical Kiel product. Everything in the film is explained down to the last detail, making for long drawn-out scenes which head off at a tangent from the one, all-encompassing misunderstanding at the heart of the plot. In these unpretentious neighbourhood burlesques laced with repetitive gags, certain characters form a permanent fixture, among them the widow or widower in search of a suitable new spouse. In **Rendezvous in Paradise**, we follow the stock caricatures of Fien and Camille, respectively the owner of a pie shop and a café proprietor and the two of them lonely neighbours. When Fien's two daughters (who have dreams of artistic careers) secretly visit a bar one evening, the fur begins to fly. The two errant daughters, played by Frieda Linzi and Paula Geerts, occasionally manage to liven up the film, as in the clownish duo with baker's boy René Bertal. They also provide Kiel with an opportunity to play her sentimentality card. Like other Kiel films, **Rendezvous in Paradise** was shot in the technically limited AFO studio in Deurne near Antwerp. Shooting ended in April 1957 and a month later the film was playing in regional cinemas.

● Après les départs de Charles Janssens et de Co Flower, des acteurs fidèles à Edith Kiel comme Theo Van den Bosch et Magda Lausanne occuperont davantage l'avant-scène. Toutefois, ni l'un ni l'autre ne possèdent le charisme et les capacités suffisantes pour tenir un rôle principal. **Rendez-vous au paradis** sera leur dernier rôle à l'écran. Cette farce-cliché, reprenant le générique de l'un de ses films précédents, est une production typique de Kiel. Tout est expliqué dans les moindres détails, ce qui nous vaut des scènes tirées en longueur. Le malentendu est encore le point central de l'intrigue mettant le feu aux poudres. Un personnage revient toujours dans ces farces de quartier sans prétention et truffées de gags répétitifs: celui de la veuve ou du veuf à la recherche du nouveau partenaire idéal. Dans ce film, nous suivons les populaires Fien Appel et Camille Buys, respectivement exploitante d'une pâtisserie et gérant de café, mais aussi voisins solitaires. Lorsque les deux filles de Fien, qui rêvent d'une carrière artistique, se rendent en cachette à un bar, les problèmes commencent. Dans les rôles des filles ambitieuses, Frieda Linzi et Paula Geerts ragaillardissent le film: tant dans le duo fantaisiste avec le mitron René Bertal que lorsqu'elles donnent à Kiel l'occasion de faire dans le sentimental. Les prises de vues, effectuées une fois de plus dans un studio pauvre et moyens techniques, sont terminées en avril 1957. Un mois plus tard, le film est déjà à l'affiche à Anvers.

▶ Vaste Edith Kiel-acteurs zoals Theo Van den Bosch en Magda Lausanne traden na het vertrek van Charles Janssens en Co Flower meer op het voorplan. Geen van hen had echter de uitstraling noch de capaciteiten om een hoofdrol te kunnen dragen. **Rendez-vous in het paradijs** werd hun laatste filmrol. Deze routineklucht, met dezelfde bezetting als een van de vorige films, is een typisch Kiel-product. Alles wordt tot in de puntjes uitgelegd, wat zorgt voor lang uitgesponnen scènes, derivaten van dat éne, alles op gang brengende misverstand. Een personage dat steeds terugkomt in de pretentieloze, met repetitieve gags geïnjecteerde wijkkluchten van Kiel, is dat van de weduwe of weduwnaar op zoek naar een geschikte nieuwe partner. Hier volgen we de volkse karikaturen Fien Appel en Camille Buys - respectievelijk uitbaatster van een pasteibakkerij en caféhouder - in hun eenzaam burenbestaan. Wanneer de twee dochters van Fien, die dromen van een artistieke carrière, op een avond stiekem een bezoek brengen aan een bar, gaan de poppen aan het dansen. Vooral Frieda Linzi en Paula Geerts, als de ambitieuze dochters, geven bij momenten de film enige zwier, zoals in het speelse duet met de bakkersknecht (René Bertal), of gunnen Kiel de kans om de ronduit sentimentele toer op te gaan. De opnamen, die opnieuw plaatsvonden in de technisch beperkte AFO-studio te Deurne, werden beëindigd in april 1957. Een maand later liep de film al in de regionale zalen. (LJ)

Bonheur aux champs

André Cornil

Bonheur aux champs
Geluk in de velden
Happiness in the Fields

DIRECTOR: André Cornil
YEAR: 1957
COUNTRY: BE
SCREENPLAY: André Cornil
CAMERA: André Cornil
PROD. CO.: Apostolat par le Septième Art A7A (Bruxelles)
LANGUAGE: French
GAUGE: 16 mm
SILENT/SOUND: sound
B&W/COLOUR: colour
MINUTES: 76'

◆ In 1957, priest André Cornil was commissioned by the Colonial Ministry of Belgium to make a series of films in the Gemana region of Belgian Congo. One of these was **Happiness in the Fields**. A black teacher arrives in a village, many of whose skilled workers have left to look for better professional opportunities. Only one, a graduate in agricultural studies, remains to farm the land, much against the wishes of his traditionalist father. Yet the son wins the respect of the village when he is able to demonstrate his knowledge of new agricultural techniques, thereby raising him to the level of the new class of "évolués".

This theme was very topical during the 1950s. High taxes, the rise of the large mining companies and the exclusively export-oriented plantations all conspired to disrupt domestic agricultural production. The colonial government took steps to stop this migration of the population, even encouraging the development of a separate class of Congolese farmers. This was a clever move, not only since it allowed agriculture to be regulated by the (colonial) authorities, but also because it introduced western techniques and products and thus helped to occidentalize the population through its very domestic consumption. In 1949 the government had masterminded a 10-year plan to introduce a separate farming class, modelled on Belgian lines. Partly due to promotional methods such as this film, the plan proved relatively fruitful. However, all these apparent results fell flat once independence was declared.

● En 1957, le Ministère des Colonies confie à André Cornil la mission de tourner un certain nombre de films dans la région de Gemana, au Congo belge, dont **Bonheur aux champs**. Un instituteur noir arrive dans un village déserté par un grand nombre de travailleurs dynamiques. Ceux-ci se sont éloignés pour trouver de meilleures opportunités professionnelles. Une exception: un jeune homme qui possède un diplôme d'expert agricole et exerce son métier, malgré l'opposition de son père traditionaliste. Le fils réussira à gagner le respect de son entourage en démontrant sa maîtrise des nouvelles techniques agricoles. Il pourra dès lors accéder à la nouvelle classe des "évolués".

On trouve ici un des thèmes typiques des années 50. La production agricole pour la consommation interne était fortement perturbée par les impôts élevés, par la montée en puissance des grandes entreprises minières et par les plantations orientées à l'exportation. Le régime colonial tenta d'empêcher l'exode rural et de développer une classe agricole autochtone. Ces opérations permirent aux autorités d'organiser l'agriculture par le haut, d'importer des techniques et des produits occidentaux et de déboucher sur l'occidentalisation de la population à travers sa consommation journalière. En 1949, un plan décennal fut mis en œuvre pour développer une classe paysanne individualisée selon le modèle belge. Cette initiative porta quelques fruits, notamment grâce à l'utilisation de moyens promotionnels comme ce film. Ils fondront, toutefois, comme neige au soleil dès l'indépendance de la colonie.

▶ In 1957 kreeg André Cornil de opdracht om voor het ministerie van Koloniën een aantal films te draaien in de streek van Gemana in Belgisch Kongo. Een van die films was **Bonheur aux champs**. Een zwarte onderwijzer komt in een dorp aan waar het merendeel van de dynamische krachten om beroepsredenen weggetrokken zijn; één man echter met een diploma van landbouwdeskundige op zak, oefent zijn beroep nog steeds uit, zeer tegen de zin van zijn traditionalistische vader. Maar de zoon wint het respect van zijn omgeving door blijk te geven van kennis van de nieuwe landbouwtechnieken, waardoor hij zich tevens tot de nieuwe klasse van de "évolués" mag rekenen.

Dit is een van de thema's die in de jaren 50 juist heel actueel waren. De landbouwproductie bestemd voor de binnenlandse consumptie werd zwaar verstoord door de hoge belastingen, de opkomende grote mijnondernemingen en de zuiver exportgerichte plantages. Het koloniale bewind ging de plattelandsvlucht tegen en begon zelfs met het vestigen van een Kongolese boerenstand. Een handige zet, want zo werd de landbouw van hogerhand geregeld en konden Westerse technieken, evenals Westerse producten, ingevoerd worden, met als resultaat dat de bevolking ook door haar dagelijkse consumptie zou verwesteren. In 1949 was een tienjarenplan opgestart om een dergelijke geïndividualiseerde boerenstand naar Belgisch model uit te bouwen. Mede dankzij promotiemiddelen als deze film wierp het plan hier en daar vruchten af, die echter verdwenen als sneeuw voor de zon eens de kolonie onafhankelijk werd. (GC)

Wat doen we met de liefde

Jef Bruyninckx

Wat doen we met de liefde
Que faire de l'amour
What Do We Do About Love

DIRECTOR: Jef Bruyninckx
YEAR: 1957
COUNTRY: BE
SCREENPLAY: Jeroom Verten
BASED ON: Ulysse, wat doen we met de liefde?, written by Jeroom Verten
DIALOGUE: Jeroom Verten
DIR. PHOT.: Bob Sentroul
CAMERA: Jo Van Bug
EDITING: Jef Bruyninckx
SOUND: André Notte, Raymond Legros
MUSIC: Hans Flower
ART DIRECTOR: Emile-Georges De Meyst
PRODUCER: Martin Pardon
PROD. CO.: Neptunus Films (Brussel)
PROD. SUPERV.: René Pardon
CAST: Charles Janssens (Christoffel), Paul Cammermans (Fil), Marcel Hendrickx (Eric), Ward De Ravet (Wim), Wies Andersen (Jack), Anny Andersen (Polly), Co Flower (Madame Stoop), Dora Van der Groen (Lottie), Romain Deconinck (Romain), De Woodpeckers (Sultans), Gaston Vandermeulen (Burggraaf), Jean Sneyers (Kid Spanky), Nora Aurousseau (Dorothy), Jan Massink (Kapitein), Hector De Wandel, Mutsaert
LANGUAGE: Dutch
GAUGE: 35 mm
SILENT/SOUND: sound
B&W/COLOUR: B&W
MINUTES: 93'

◆ In addition to the many American films which flooded Belgian cinemas, Belgian audiences also had to contend with competition between the Brussels tradition of folklore (typified by the films of Schoukens) and Antwerp farce (exemplified by Kiel and Vanderheyden). **What Do We Do About Love** is an attempt to move slowly away from this national folklore. With this adaptation of the Jeroom Verten novel *Ulysse, wat doen we met de liefde* ("Ulysse, What Do We Do About Love"), Bruyninckx, whose ability as a film-maker improved with every outing, introduced an exotic flourish into Flemish cinema. His musical comedy is set on board a luxury liner owned by the Compagnie Maritime Belge and is ostensibly a love story. During a cruise between Antwerp and North Africa, the entire complement of a jazz orchestra falls in love with their vocalist Polly (played by Anny Andersen).

The film was shot between April and 15 June 1957, with some of the location work even shot in Casablanca. Compared with other Flemish films, it enjoyed a considerably larger budget. Charles Janssens had originally been given a smaller role, but his part was expanded to increase the film's chances of commercial success. Other well-known stars, such as Ward De Ravet, Wies Andersen and the Woodpeckers (as swinging sultans) all performed their own numbers. Through shrewd casting, mixing popular actors from Antwerp (Janssens), Brussels (Paul Cammermans and Jean Sneyers) and Ghent (Romain Deconinck), Bruyninckx cleverly ensured that the film would appeal to audiences throughout Flanders. The film, which was shot largely in André Notte's relatively small Brussels studio, was a great success.

● En plus de l'abondance de films américains, nos salles de cinéma ont également connu la concurrence entre le folklore bruxellois (style Schoukens) et la farce anversoise (style Kiel/Vanderheyden). **Que faire de l'amour** est une tentative de se détacher peu à peu du folklore national. Avec cette adaptation du roman de Jeroom Verten *Ulysse, wat doen we met de liefde* ("Ulysse, que faire de l'amour"), Bruyninckx, un cinéaste qui s'améliorait de film en film, a donné au cinéma flamand une couleur exotique. Cette comédie musicale se situe en effet à bord d'un luxueux paquebot de la Compagnie Maritime Belge. L'accent est mis sur une aventure amoureuse. Au cours d'une croisière, partie d'Anvers pour l'Afrique du Nord, tous les membres d'un orchestre de jazz tombent amoureux de Polly (Anny Andersen), la chanteuse du groupe.

Le tournage s'est déroulé du mois d'avril au 15 juillet 1957. Le projet ne cachait pas ses ambitions. Certaines scènes d'extérieur furent même tournées à Casablanca. Le budget, comparé à d'autres films flamands, était nettement plus élevé. Au départ, Charles Janssens tenait un petit rôle. Mais, bien vite, on développa la prestation pour augmenter les chances de réussite commerciale du film. D'autres vedettes célèbres, comme Ward De Ravet, Wies Andersen ou les Woodpeckers en sultans du swing, faisaient aussi leur numéro. En distribuant judicieusement les rôles à des acteurs populaires anversois (Janssens), bruxellois (Paul Cammermans et Jean Sneyers) et gantois (Romain Deconinck), c'est le public flamand dans son ensemble qui était visé. Le film, tourné dans le studio bruxellois plutôt modeste d'André Notte, fut un gros succès.

▶ De programmatie van de Belgische bioscopen in de jaren 50 werd gekenmerkt door een overvloed van Amerikaanse producties, met daarnaast films van eigen bodem, behorende tot de Brusselse folklore (genre Schoukens) of de Antwerpse farce (genre Kiel/Vanderheyden). **Wat doen we met de liefde** is een poging om de nationale folklore langzaam los te laten. Met de adaptatie van de roman van Jeroom Verten *Ulysse, wat doen we met de liefde* gaf Jef Bruyninckx, die er als cineast bij elke film op vooruitging, een exotisch tintje aan de Vlaamse cinema. Zijn muzikale komedie is gesitueerd aan boord van een luxueuze pakketboot van de Compagnie Maritime Belge. Alles draait om een liefdesavontuurtje: tijdens een cruise van Antwerpen naar Noord-Afrika raken de leden van een jazz-orkest allemaal verliefd op Polly, de zangeres (Anny Andersen).

De opnamen vonden plaats van april tot 15 juli 1957. De opzet was ambitieus te noemen: er werd op locatie in Casablanca gedraaid en het budget lag opmerkelijk hoger dan dat van de meeste Vlaamse films. Aanvankelijk vertolkte Charles Janssens een kleinere rol, maar zijn aandeel werd uitgebreid om de commerciële kansen van de film te vergroten. Ook andere bekende vedetten zoals Ward De Ravet, Wies Andersen of de Woodpeckers (als swingende sultans) voerden hun nummertje op. Door de verstandige casting van populaire acteurs uit Antwerpen (Janssens), Brussel (Paul Cammermans en Jean Sneyers) en Gent (Romain Deconinck) hoopte men in heel Vlaanderen succes te boeken. Die hoop bleek gefundeerd: de film, die voor het grootste deel tot stand kwam in de betrekkelijk kleine Brusselse studio van André Notte, deed het uitstekend aan de kassa. (LJ)

Wat doen we met de liefde

Fumée blonde

Robert Vernay, André Montoisy

Co-production

Fumée blonde
Fumée blanche
Sophie detectieve
White Smoke

DIRECTOR: Robert Vernay, André Montoisy
YEAR: 1957
COUNTRY: FR-BE
SCREENPLAY: Solange Térac, Robert Vernay
DIALOGUE: Solange Térac
ASST. DIR.: Jacques Bourdon
DIR. PHOT.: Robert Dormoy
CAMERA: Jacques Duculot
EDITING: Jeanette Berton
MUSIC: Michel Emer
ART DIRECTOR: Robert Hubert
PRODUCER: Jean Lefait, Roger Logaert, Luc Hemelaer
PROD. CO.: Socipex (Paris), Belga Films (Bruxelles), SNC (Paris), Sonofilm (Paris)
PROD. SUPERV: Raymond Logaert
LANGUAGE: French
GAUGE: 35 mm
SILENT/SOUND: sound
B&W/COLOUR: B&W
MINUTES: 85'

CAST: Sophie Desmarets (Sophie Mallet), Darry Cowl (Emile Gachit), Paul Guers (David Backer), Victor Guyau (Le garagiste), Nelly Béguin (Marguerite), Armand Bernard (Grand Jacoby, l'illusionniste), Bernard Dheran (Bernard Hartman), Suzanne Dehelly (Tante Esther), Suzet Maïs (Baronne Bergenstein), Thomy Bourdelle (Antoine)

Expo en avant!

Félix Bell [Gaston Schoukens]

Expo en avant!
Onwards Expo!

DIRECTOR: Félix Bell [Gaston Schoukens]
YEAR: 1958
COUNTRY: BE
SCREENPLAY: Noël Barcy, Félix Bell [Gaston Schoukens]
DIALOGUE: Noël Barcy, Félix Bell [Gaston Schoukens]
CAMERA: José Dutillieu, André Laroche
MUSIC: Ludo Langlois, Alphonse De Boeck
PROD. CO.: Coro Film (Bruxelles)
CAST: Marcel Roels (L'homme au marteau), Guillaume Lambrette (Le patron de la cantine), Dominique Roland (Sa fille), Paule Roland (Bonne), Mony Doll (Bonne), Jacques Mayar (Le jeune Américain), Maurice Geraldy (L'autre Américain), Max Moreau (Le cinéaste), Victor Guyau (Le commanditaire), Roger Midrolet (Le scénariste), Lucien Mussière (L'Anglais), Hélène Dussart (Mme Boxwell), Adolphe Denis (Le bégayeur), Elie Boulastel, Raoul Louard, Georges Etienne, Michel Grifite
LANGUAGE: French
GAUGE: 35 mm
SILENT/SOUND: sound
B&W/COLOUR: B&W
MINUTES: 113'

◆ The arrival of the 1958 World Exposition in Brussels gave Gaston Schoukens new impetus. He began by making several short films on the excavations gradually turning over sections of the city in preparation for this giant undertaking (**Brussels, How Pretty You Are!**, **The Building Works in Brussels**, **Laeken City of Exhibitions**, **I Saw the Atomium Being Built**,...). He then proceeded to start production of a full-length film before the Expo had even opened. **Onwards Expo!** was in the cinemas as early as January 1958.

Headed by Marcel Roels, the film is set among the building sites of the Exposition and relates various humorous incidents which unfold there: the eventful erection of the pavilions; the shooting of a film with the brass band of the Civic Guard; inaugural cocktail parties; the love affair between a young American architect and a future Fair Hostess, and a barbecue for the site's workers. Any talk of a plot would be ridiculous, as Schoukens - writing under his old pseudonym Félix Bell - simply jumps from one comic situation to the next, giving free reign to Roels' delirious ravings and above all demonstrating his considerable skill in using leftovers. In several places comparisons are drawn with the 1935 Exposition, and this provides Schoukens with the opportunity to re-use large sections of **On with the Music**. We see a revived and cheery Gustave Libeau (who had died in 1957) sparkling as the King of Potato Fries, grow melancholy at the now-defunct gags of pre-war "Vieux Bruxelles" and even rediscover several artists from the earlier film, 23 years older.

● L'arrivée de l'Exposition de 1958 à Bruxelles enthousiasma Gaston Schoukens et lui redonna des ailes. Il commença par tourner plusieurs courts métrages sur les travaux d'éventration de la ville, préludes à la gigantesque entreprise. On eut ainsi droit à **Bruxelles, que tu es jolie!**, **Les travaux de Bruxelles**, **Laeken, cité des expositions**, **J'ai vu construire l'Atomium**, et bien d'autres encore. Ensuite, sans plus attendre l'inauguration, il mit en chantier un premier long métrage qui sortit en salle dès janvier 1958: **Expo en avant!**

Mené par Marcel Roels, le film a pour décor les chantiers de l'Exposition et relate divers incidents drôles qui s'y déroulent: montage mouvementé des pavillons, tournage d'un film avec la Fanfare de la Garde Civique, cocktails d'inauguration, amourette d'un jeune architecte américain et d'une future "Fair Hostess", kermesse aux boudins pour les ouvriers. Parler d'un scénario serait une plaisanterie: sous son ancien pseudonyme (Félix Bell), l'ami Schoukens saute d'une saynète à l'autre, laisse délirer Marcel Roels, et surtout démontre son art accompli d'utiliser les restes. A maintes reprises, une comparaison s'ébauche avec l'Exposition de 1935, et c'est l'occasion pour Schoukens de reprendre de larges fragments de son **En avant la musique**: on ressuscite le joyeux Gustave Libeau (mort en 1957), en pétillant roi de la Frite; on s'attendrit aux gags désuets du "Vieux Bruxelles" d'avant-guerre; et on retrouve même, dans les épisodes nouveaux, certains des artistes d'autrefois, vieillis de vingt-trois ans. *(RM)*

▶ De Wereldtentoonstelling van Brussel in 1958 betekende voor Gaston Schoukens een nieuwe start. Eerst draaide hij enkele kortfilms over de voorbereidingswerken die de stad ondersteboven keerden (**Bruxelles, que tu es jolie!**, **Les travaux de Bruxelles**, **Laeken, cité des expositions**, **J'ai vu construire l'Atomium**, enz...) en nog voor de officiële opening begon hij aan een eerste langspeelfilm, die al in januari 1958 werd uitgebracht: **Expo en avant!**.

De film, met Marcel Roels in de hoofdrol, is gesitueerd op de bouwterreinen van de Tentoonstelling, waar zich ettelijke grappige voorvallen voordoen: de verre van rimpelloos verlopende opstelling van de paviljoenen, filmopnamen met de fanfare van de Burgerwacht, feestelijke openingsrecepties, een flirt tussen een jonge Amerikaanse architect en een toekomstige Fair Hostess, een pensenkermis voor de werklieden. Van een scenario is hier geen sprake: onder het eerder gebruikte pseudoniem Félix Bell switcht Schoukens van de ene komische scène naar de andere: hij laat Marcel Roels de vrije teugel en toont zichzelf vooral een meester in het aaneenknutselen van de restjes. Meer dan eens dringt zich een vergelijking op met de Expo van 1935, een gelegenheid voor Schoukens om enkele lange fragmenten uit **En avant la musique** in te lassen. Zo is de olijke Gustave Libeau (gestorven in 1957) opnieuw te zien als frivole Frietenkoning en kijken we vertederd terug op de verouderde gags in het vooroorlogse "Vieux Bruxelles". In de nieuw gedraaide opnamen herkennen we zelfs enkele artiesten van toen, nu 23 jaar ouder.

Prelude tot de dageraad

Paul Berkenman, Raymond Cogen, Marcel De Backer

Prelude tot de dageraad
Losgeslagen jeugd
Prélude à l'aube
Jeunesse déchaînée
Prelude to Daybreak
Rebellious Youth

DIRECTOR: Paul Berkenman, Raymond Cogen, Marcel De Backer
YEAR: 1958
COUNTRY: BE
SCREENPLAY: Paul Berkenman, Raymond Cogen
DIR. PHOT.: Marcel De Backer
CAMERA: Paul Berkenman, Raymond Cogen, Marcel De Backer
EDITING: Joseph Dassy
MUSIC: Claude Rabitsky
ART DIRECTOR: Jean De Schamphelaere
PRODUCER: Paul Berkenman, Raymond Cogen, Marcel De Backer
PROD. CO.: Vlaams Belgische Filmonderneming '58 (Gent)
CAST: Edgard De Pont (Harold Van Kalmpthout), Nicole Narkos (Katja Van Kalmpthout), Jef Demedts (Chris De Ryck), Ronnie Cambien (Jossy Van Kalmpthout), Dré Poppe (Alex), Jacques Morel (Oswald Van Kalmpthout), Albert Hanssens (Butler Jean), Lea Heynderickx (Lily), Lili Reeman (Loulou), Willy van Heesvelde (Michel), Jaak Vermeulen (Philippe Carlier), Elfi Mestdagh (Annie), Rosa Corthals (Couturière), Lucienne Premer (Meisje), Pierre Merchie (Boksmanager), Mies Van den Brande (Volksvrouw), Peter Cogen (Blinde), Thurr Bouchez (Baron Von Dusseldorf), Libert Bricourt (Genodigde), Staf Knop (Ongure kerel), Michel Leblanc (Ongure kerel)
LANGUAGE: Dutch
GAUGE: 35 mm
SILENT/SOUND: sound
B&W/COLOUR: B&W
MINUTES: 85'

◆ The poetic-realist film **Prelude to Daybreak** was the first full-length feature made in Ghent and, following **Seagulls Die in the Harbour**, a new, albeit tentative artistic attempt to break with the tradition of Flemish film comedy. Inspired by the British angry young men and by nihilistic French and American portrayals of youth such as **The Cheaters** (**Les tricheurs**), **The Blackboard Jungle** and **The Wild One**, the three directors of **Prelude to Daybreak** focus on the rebellion of two lonely young people to paint a somewhat mannered but convincing picture of the stifling world of middle-class Ghent. With the boys' nocturnal wanderings and the wonderful images of the awakening city (shot by Marcel De Backer), the suggestive jazz score by Claude Rabitsky, the accurate observations of existentialist café life (complete with bebop and Coca-Cola), a few clever symbolic sequences (fireworks as an allegory of love) and the notable performances of Jef Demedts and Nicole Narkos, **Prelude to Daybreak** offers a well-judged observation of manners and sound psychological insight. Less successful aspects of the film are its stagy dialogue, its depiction of the bourgeois milieu and grotesque conclusion.

This first production by the Vlaams Belgische Filmonderneming '58 was shot largely in Ghent, Knokke, Ostend and in a studio in Mariakerke. Berkenman, Cogen and De Backer needed 72 days to shoot the film, assisted by 12 technicians, 38 actors and 260 extras. Following its gala première in Cinema Select in Ghent, it was shown in theatres in Antwerp and Brussels. In the Netherlands the film was released under the title **Losgeslagen jeugd** (**Rebellious Youth**).

● Ce film poético-réaliste est le premier long métrage gantois et, à la suite de **Les mouettes meurent au port**, un essai d'artiste, mais plus timoré, en rupture avec la tradition de la comédie flamande. Dans le sillage des britanniques "angry young men", et sur le modèle des jeunes nihilistes dépeints dans **Les tricheurs** en France ou aux Etats-Unis dans **Graine de violence** et **L'équipée sauvage**, les trois cinéastes brossent, à travers la révolte de deux jeunes solitaires, le tableau éprouvé du milieu étouffant de la bourgeoisie gantoise. L'errance nocturne et les superbes images de la ville qui s'éveille (photographie de Marcel De Backer), le jazz suggestif de Claude Rabitsky, la fine observation de la vie dans les bistrots existentialistes (be-bop et Coca-Cola), quelques belles séquences symboliques (le feu d'artifice comme allégorie de l'amour) et les interprétations remarquables de Jef Demedts et Nicole Narkos font de **Prélude à l'aube** une peinture morale d'une grande perspicacité psychologique. Moins réussis sont la théâtralité forcée des dialogues, la description du milieu bourgeois et le dénouement grotesque.

Cette première production de la Vlaams Belgische Filmonderneming '58 a été tournée à Gand, Knokke, Ostende et dans un studio de Mariakerke. Berkenman, Cogen et De Backer ont eu besoin de 72 jours de tournage, l'assistance de 12 techniciens, la composition de 38 acteurs et la présence de 260 figurants. Après une première de gala au Cinéma Select de Gand, le film passera à Anvers et à Bruxelles ainsi qu'aux Pays-Bas, mais sous le titre alternatif de **Losgeslagen jeugd** (**Jeunesse déchaînée**).

▶ Het poëtisch-realistische **Prelude tot de dageraad**, de eerste Gentse langspeelfilm, was na **Meeuwen sterven in de haven** opnieuw een artistieke doch schuchtere poging om te breken met de traditie van de Vlaamse filmkomedie. Naar het voorbeeld van de Britse "angry young men" en Franse en Amerikaanse nihilistische jeugdportretten als **Les tricheurs**, **The Blackboard Jungle** en **The Wild One**, schetst het trio cineasten aan de hand van de revolte van twee eenzame jongeren een wat gekunsteld maar doorleefd beeld van het verstikkende milieu van de Gentse burgerij. De nachtelijke dwaaltocht en de mooie beelden van de ontwakende stad (fotografie van Marcel De Backer), de bijzonder suggestieve jazzscore van Claude Rabitsky, de rake observatie van het existentialistische kroegleven (met bebop en Coca-Cola), enkele knappe symbolische sequenties (vuurwerk als allegorie voor de liefde) en de opmerkelijke vertolkingen van Jef Demedts en Nicole Narkos maken van **Prelude tot de dageraad** een interessante zedenschets die getuigt van psychologisch doorzicht. Minder geslaagd zijn de toneelmatige dialogen, de portrettering van het bourgeoismilieu en het groteske slot.

Deze eerste productie van de Vlaams Belgische Filmonderneming '58 werd grotendeels opgenomen te Gent, Knokke, Oostende en in een studio te Mariakerke. Berkenman, Cogen en De Backer - bijgestaan door 12 technici, 38 vertolkers en 260 figuranten - hadden 72 draaidagen nodig om de prent in te blikken. Na een gala-première in Cinema Select te Gent kwam de film in de Antwerpse en Brusselse bioscopen terecht. In Nederland werd hij uitgebracht onder de titel **Losgeslagen jeugd**. *(LJ)*

Les seigneurs de la forêt

Heinz Sielmann, Henry Brandt

Les seigneurs de la forêt
Vrijheren van het woud
Lords of the Forest
Masters of the Forest
Masters of the Congo Jungle
I signori della foresta
Herrscher des Urwalds

DIRECTOR: Heinz Sielmann, Henry Brandt
YEAR: 1958
COUNTRY: BE
SCREENPLAY: Heinz Sielmann, Henry Brandt, Daniel Biebuyck, Ernest Schaefer
CAMERA: Paul Grupp, Kurt Neubert, Georg Schimanski, Fernand Tack, Anders Lembcke
EDITING: Lewis Linzee
SOUND: Georges Bey, Bernard Clarens, Claus Philipp, Lucien Velu, Albert Deguelle
MUSIC: Richard Cornu
COMMENTS: Max-Pol Fouchet
PRODUCER: Henri Storck
PROD. CO.: Fondation Internationale Scientifique FIS (Bruxelles), Wetenschappelijke Internationale Stichting WIS (Brussel)
PROD. SUPERV.: José Dutillieu, Jean De Landsheere
VOICES: Jean Desailly, Georges Aminel
LANGUAGE: French
GAUGE: 35 mm
SILENT/SOUND: sound
B&W/COLOUR: colour
MINUTES: 90'
NOTES: Apart from the original French version, there are versions in 22 different languages.

◆ This first major Belgian production in cinemascope was distributed in 22 different languages. The initial impulse came from King Léopold III, who wished to see a film which would capture the natural splendours of the Congo, celebrate the harmonic alliance of man and his environment and record certain customs before they fell victim to change.

Masters of the Forest was shot in the eastern Congo around the great volcanic fault which splits Central Africa in two. The lyricism of the film invites the spectator to plunge into the vastness of a continent. There is a solid structure to the whole. First comes the savannah, from dawn to dusk, with its swimming, flying, galloping fauna. We see the hunts of the great predators, the search for a waterhole, the balance between species, each animal feeding and being fed upon. Then there is the forest, a very different animal world and for the first time a human presence, hunters from a pygmy tribe.

Although **Masters of the Forest** was not primarily intended as a work of ethnology, it offers us a view of extremely interesting rites and ceremonies. Max-Pol Fouchet's commentary is both literary and rich in information. Typically, Fouchet is guilty of the "sin" of anthropomorphism and the vaguely paternalistic tone typical of the fifties, but his text is intelligent throughout. The photography is beautiful and some of the more difficult sequences put the cameramen through their paces. The film deservedly enjoyed an immense success on its release and has since acquired great archive value: as these regions of contemporary Rwanda and Burundi would never again be quite the same.

● Cette première grande production du cinéma belge en cinémascope sera diffusée en vingt-deux versions différentes. L'idée de départ vient du désir du roi Léopold III de voir un film qui capte les beautés naturelles du Congo, célèbre l'alliance et l'harmonie de l'homme et de son environnement, et archive certaines coutumes avant qu'elles ne changent.

Le film fut tourné à l'est du Congo, autour de la grande faille volcanique qui partage l'Afrique centrale. Une structure lyrique plonge le spectateur dans l'immensité d'un continent. D'abord la savane, de l'aube à la nuit, avec ses animaux qui nagent, volent ou galopent. Ce sont des séquences sur les chasses des grands prédateurs, la recherche des points d'eau, l'équilibre entre les espèces où chacun est à la fois dévoré et dévorant. Puis la forêt, avec la découverte d'un autre monde animal et où apparaissent les chasseurs, les hommes enfin, ceux d'une tribu pygmée.

Bien que **Les seigneurs de la forêt** n'ait pas une vocation première d'ethnologie, il nous donne à découvrir des rites et des cérémonies. Le commentaire, dû à Max-Pol Fouchet, est littéraire et abondant. Il tombe, comme souvent dans ce genre de films, dans l'anthropomorphisme. Son ton un peu paternaliste était celui pratiqué dans les années cinquante, mais le texte reste efficace. Les images sont belles et certaines séquences difficiles à tourner ont exigé des prouesses de la part des cameraman. Ce film a eu un immense succès, mérité, à sa sortie et depuis il a gagné une valeur d'archive, car il a capté le "jamais plus" des régions paradisiaques des Rwanda et Burundi actuels. (JA)

▶ Deze eerste grote Belgische productie in cinemascope kwam in 22 verschillende versies in omloop. Aanleiding was het idee van Leopold III om een film te maken over de natuurlijke schoonheid van Kongo, het harmonieuze verbond tussen mens en omgeving, en nog bestaande gebruiken.

De film werd gedraaid in het oosten van Kongo, in de buurt van de grote vulkanische breuk die Midden-Afrika in tweeën splitst. De lyrische structuur van de film dompelt de kijker onder in de onmetelijkheid van het continent. Eerst is er de savanne, van dageraad tot nacht, met zijn zwemmende, vliegende of galopperende dieren. We krijgen enkele jachttaferelen op groot wild te zien, een zoektocht naar water en een evocatie van het evenwicht tussen de soorten, waarin elk op zijn beurt jager of prooi wordt. Dan volgt het woud met een heel andere dierenwereld waar ook mensen opduiken, de jagers van een pygmeeënstam.

Hoewel **Vrijheren van het woud** niet als etnologische documentaire bedoeld was, toont de film toch interessante riten en ceremonies. De commentaarstem van Max-Pol Fouchet spreekt ons op literaire doch informatieve wijze toe en vervalt, zoals vaak in soortgelijke films, in een zeker antropomorfisme. De lichtjes paternalistische toon was gebruikelijk in de jaren 50, maar de tekst blijft van niveau. De beelden zijn prachtig, hoewel moeilijk te verfilmen scènes het uiterste van de cameralui vergden. Toen hij uitkwam, kende de film een enorm succes, en hij heeft sindsdien alleen aan waarde gewonnen, als archiefdocument dat zachtjes "nooit meer" fluistert, want deze paradijselijke streek is het huidige Rwanda en Burundi.

Het geluk komt morgen

Jef Bruyninckx

Het geluk komt morgen
Le bonheur est pour demain
Happiness Comes Tomorrow

DIRECTOR: Jef Bruyninckx
YEAR: 1958
COUNTRY: BE
SCREENPLAY: Jeroom Verten
DIALOGUE: Jeroom Verten
DIR. PHOT.: Bob Sentroul, Jo Van Bug
CAMERA: Bob Sentroul
EDITING: Jef Bruyninckx, Anne-Marie Dierckx
SOUND: André Notte, Raymond Legros, Jean Notte
MUSIC: Hans Flower
ART DIRECTOR: Emile-Georges De Meyst
COSTUMES: Anny Andersen, Frank Cre
PRODUCER: Martin Pardon
PROD. CO.: Argus Films (Brussel)
PROD. SUPERV.: René Pardon
CAST: Charles Janssens (Thomas Professor), Paul Cammermans (Sylvester), Gaston Vandermeulen (Champy), Anny Andersen (Mady Champy), Romain Deconinck (Spanky), Co Flower (Laura), Dora Van der Groen (Olga), Hector Camerlynck (Krasinsky), De Woodpeckers (Anatole en Olivier), Jetje Cabanier, Mary Brouillard, Lode Van Beek, Cyriel Van Gent, Marieke Vervaecke, Hilde Heughebaert, Al Baker
LANGUAGE: Dutch
GAUGE: 35 mm
SILENT/SOUND: sound
B&W/COLOUR: B&W
MINUTES: 90'

◆ The year 1958 saw the establishment of the company Argus Films. One of the driving forces behind Argus was Jeroom Verten, who had co-financed **Seagulls Die in the Harbour** and was a popular writer of sketches. Together with Verten, Bruyninckx decided to make a film set against the backdrop of the 1958 Brussels World Exposition. Jef Bruyninckx had been discovered in 1934, when Jan Vanderheyden cast him in the lead role of the film **Whitey**. As an adult, he had proven himself a capable editor, working for Edith Kiel or E.G. De Meyst before going on to direct three popular films with Charles Janssens, for the company Neptunus. He recruited as many Flemish stars of screen, stage and television as he could muster for **Happiness Comes Tomorrow**, the title of a hit song by Anny Andersen. Alongside the Woodpeckers (who perform a comic pie-throwing number), Dora Van der Groen and Paul Cammermans, it was again Charles Janssens who walked away with most of the honours. Janssens plays Thomas Professor, a man pursued throughout the Expo by a group of obscure militiamen who are after his wonder cure for tired feet.

Bruyninckx cleverly exploited the Expo setting, but in spite of the original idea and pithy dialogue, this parody of a spy film finally lacks momentum and leaves a static and stagy impression. Moreover, Bruyninckx and his scriptwriter Verten, who died just after the filming, misjudged the topicality of their comedy: by the time the film was released, blanket news coverage of the Expo had obliterated public interest. **Happiness Comes Tomorrow** thus went on to a box-office career that proved less profitable than Bruyninckx' previous films.

● En 1958 fut fondée la firme Argus Films. Jeroom Verten, qui avait coproduit **Les mouettes meurent au port** et écrit des sketches populaires comme *Slissen et Cesar*, était l'un des éléments dynamiques d'Argus. Bruyninckx décida de faire un film avec sa collaboration, à l'occasion de l'Exposition universelle de Bruxelles 1958. Découvert en 1934 par Jan Vanderheyden pour jouer le rôle-titre dans **Filasse**, Jef Bruyninckx était devenu, adulte, un monteur efficace pour Edith Kiel ou E.G. De Meyst, avant de réaliser trois films populaires pour Neptunus, avec Charles Janssens. De nombreuses vedettes flamandes célèbres, venant du cinéma, de la chanson et de la télévision, participèrent au **Bonheur est pour demain**, titre d'une chanson à succès d'Anny Andersen. En plus des Woodpeckers (dans un numéro comique de combat de tartes), de Dora Van der Groen et de Paul Cammermans, c'est à nouveau Charles Janssens qui s'attira tous les bravos. Dans le rôle de Thomas Professor, il est poursuivi à travers l'Exposition universelle par une bande de militaires louches, qui convoitent son produit miracle contre les pieds fatigués.

Bruyninckx a bien utilisé le décor de l'Expo, mais malgré ce cadre original et des dialogues qui font mouche, cette parodie des films d'espionnage manque de rythme, et l'ensemble reste statique et théâtral. Bruyninckx et son scénariste Verten, qui mourut peu après le tournage, avaient peut-être eu tort d'ancrer leur comédie dans l'actualité, car les trop nombreux reportages télévisés sur l'Expo avaient fini par lasser. **Le bonheur est pour demain** connut dès lors une carrière cinématographique moins rentable que les précédents Bruyninckx.

▶ In 1958 werd Argus Films opgericht; een van de drijvende krachten achter Argus was Jeroom Verten, cofinancier van **Meeuwen sterven in de haven** en schrijver van populaire sketches zoals *Slissen en Cesar*. Samen met Verten besloot Jef Bruyninckx een film te maken in het kader van de Brusselse Wereldtentoonstelling van 1958. Jef Bruyninckx werd in 1934 door Jan Vanderheyden opgevist om de hoofdrol te vertolken in diens **De Witte**. Als volwassene werd hij een bekwaam monteur voor Edith Kiel en E.G. De Meyst, alvorens zelf drie succesvolle films voor Neptunus te draaien met Charles Janssens. Voor **Het geluk komt morgen**, de titel van een succeslied van Anny Andersen, bracht hij een cast op de been met zoveel mogelijk bekende Vlaamse film-, zang- en tv-vedetten. Behalve sterren als De Woodpeckers (in een komisch nummertje met veel gooi-en-smijt-werk), Dora Van der Groen en Paul Cammermans, ging Charles Janssens opnieuw met de eer strijken. Als Thomas Professor wordt hij op de Wereldtentoonstelling op de hielen gezeten door een bende obscure militairen, die het gemunt hebben op zijn wonderproduct tegen vermoeide voeten.

Bruyninckx maakte knap gebruik van het Expo-decor, maar ondanks het originele gegeven en de rake dialogen, mist deze parodie op de spionagefilm de nodige vaart: het geheel is nogal statisch en toneelmatig. Bruyninckx en scenarist Verten, die vlak na de opnamen stierf, vergisten zich bovendien in de actualiteitswaarde van hun komedie. Door de uitgebreide verslaggeving op tv was iedereen een beetje uitgekeken op de Expo. **Het geluk komt morgen** kende bijgevolg een minder rendabele bioscoopcarrière dan het vorige werk van Bruyninckx. *(LJ)*

Quelqu'un frappe à la porte

Alexandre Szombati

Quelqu'un frappe à la porte
Iemand klopt aan de deur
Someone Knocks at the Door
Jemand klopft an die Tür

DIRECTOR: Alexandre Szombati
YEAR: 1958
COUNTRY: BE-GW
SCREENPLAY: Alexandre Szombati, Jean Francis
DIALOGUE: Alexandre Szombati
CAMERA: Jean Delire
EDITING: Jacques Mavel, Josée Vos
SOUND: André Notte, Paul Leponce
MUSIC: Hans-Peter Haller
ART DIRECTOR: Albert Bockstael, Emile-Georges De Meyst
PRODUCER: Alexandre Szombati
PROD. CO.: Institut National des Films du Travail (Bruxelles)
CO-PROD. CO.: Ilfi Produktion (GW)
CAST: Siegfried Wald (Georges), Georges Randax (Martin), Tibor Molnar (Alexandre), Madeleine Rivière (Marthe), Françoise Vatel (Elisabeth), Georges Jamin (Le directeur), Marcel Josz (Le juge), Eugène Pataky (Louis), Edgar Willy (Secrétaire régional)
LANGUAGE: French
GAUGE: 35 mm
SILENT/SOUND: sound
B&W/COLOUR: B&W
MINUTES: 100'

◆ One criticism often levelled at Belgian reviewers, especially after 1945, is that they react to all national productions with an exaggerated ferocity. Whilst not wishing to generalize, the fact remains that numerous of our own film-makers have seen themselves delivered a mortal blow by a handful of petty-minded writers more eager to demonstrate their range of expletives than to pick out the positive aspects of a film, turning their derision on local efforts rather than imported trash. (André Delvaux himself was savaged in Belgium upon the release of **The Man Who Had His Hair Cut Short**, that is until foreign critics heaped praise on his film!)

Having said that, it has to be admitted that some of the films put out by our studios resist even the most sincere attempts at tolerance and that their absence of merit is indefensible, lending weight as it does to the prejudice condemned above. Witness maybe this completely unknown film entitled **Someone Knocks at the Door** directed by Alexandre Szombati in 1958. The script tells of the misadventures of a Hungarian refugee amongst the weavers of Flanders, drawn against his will into a savage strike and under suspicion of being a communist agitator. An old trade unionist, whose granddaughter is in love with the handsome foreigner, shatters the protest movement begun by his own son. Of the film's director, one Alexandre Szombati, nothing further is known other than that he made two industrial documentaries, **Like a Reed** and **Working under Open Skies**.

● Un reproche fréquemment adressé à la critique belge, surtout après 1945, est d'être d'une férocité sans aucune indulgence envers le cinéma national. Il ne faudrait bien sûr pas généraliser, mais il est avéré que de nombreux cinéastes de chez nous furent assommés, parfois mortellement, par quelques noircisseurs de papier plus avides d'exercer leur raillerie que de relever les points positifs d'une œuvre, se gaussant injustement davantage des productions locales que des navets venus d'ailleurs (rappelons qu'André Delvaux lui-même fut éreinté en Belgique lors de la sortie de **L'homme au crâne rasé**, jusqu'à ce que l'étranger mette son œuvre au pinacle!).

Cela dit, il faut reconnaître que certains films sortis de nos studios découragent quelque peu l'indulgence et que leur absence de mérites a la triste conséquence de renforcer le préjugé dénoncé plus haut. C'est d'ailleurs peut-être le cas de ce sombre **Quelqu'un frappe à la porte**. Le scénario conte les mésaventures d'un réfugié hongrois parmi les tisserands des Flandres. Mêlé malgré lui à une grève sauvage, il est rapidement soupçonné d'être un meneur venu des pays communistes. Un vieux syndicaliste, dont la petite-fille aime le bel étranger, brisera le mouvement de revendication, par ailleurs déclenché par son propre fils. Très peu d'informations sont recueillies au sujet du réalisateur de ce film, un certain Alexandre Szombati. On sait toutefois qu'il tourna par la suite deux documentaires industriels: **Tel un roseau** et **Travail à ciel ouvert**. (RM)

▶ Wat de Belgische filmcritici het vaakst verweten werd, en dit vooral na 1945, was de ongenadige manier waarop ze, zonder de minste toegeeflijkheid, de nationale productie aanpakten. We mogen dit natuurlijk niet veralgemenen, maar de carrière van menig Belgisch cineast werd gekelderd door enkele kladschrijvers die meer op zoek waren naar een uitlaatklep voor hun geschreeuw dan naar positieve elementen in een film, en die bovendien liever de lokale productie verguisden dan buitenlandse rommel (André Delvaux, bijvoorbeeld, werd in België gehekeld voor **De man die zijn haar kort liet knippen**, tot zijn film in het buitenland opgehemeld werd!).

Hoe het ook zij, verscheidene films uit onze studio's bevorderen niet echt het leveren van positieve commentaar. Een niet goed te praten afwezigheid van enige verdienste bevestigt zo de gangbare vooroordelen, getuige hiervan misschien wel deze onbekende **Quelqu'un frappe à la porte**, gedraaid in 1958 door Alexandre Szombati. De film verhaalt de perikelen van een Hongaars vluchteling onder Vlaamse wevers, die per ongeluk in een harde staking belandt en ervan verdacht wordt een communistisch agitator te zijn. Een oude vakbondsman, wiens kleindochter verliefd is op de knappe vreemdeling, zal de protestactie kelderen, ook al was het een idee van zijn eigen zoon. Over de regisseur van deze film, Alexandre Szombati, is verder niets gekend, behalve dan dat hij nog twee industriële documentaires heeft gedraaid, **Tel un roseau** en **Travail à ciel ouvert**.

Vrijgezel met 40 kinderen

Jef Bruyninckx

Vrijgezel met 40 kinderen
Célibataire avec 40 enfants
Bachelor with 40 Children

DIRECTOR: Jef Bruyninckx
YEAR: 1958
COUNTRY: BE
SCREENPLAY: Ke Riema
DIALOGUE: Ke Riema
DIR. PHOT.: Bob Sentroul
CAMERA: Bob Sentroul, Jo Van Bug
EDITING: Jef Bruyninckx, Anne-Marie Dierckx
SOUND: André Notte, Raymond Legros
MUSIC: Hans Flower
ART DIRECTOR: Emile-Georges De Meyst
PRODUCER: Martin Pardon
PROD. CO.: Neptunus Films (Brussel)
PROD. SUPERV.: René Pardon
CAST: Charles Janssens (Isidoor Van Dam), Sabrina Hey (Monique), Irma De Veirman (Marie), Co Flower (Juliette Akkermans), Willy Vandermeulen (Bert Akkermans), Gaston Vandermeulen (Notaris Desmet), Alma Blanca (Suzanne), Rita Poelvoorde (Jacqueline), Romain Deconinck (Jaak Vandervoort), Jean Notte (Jaak junior), Bob Davidse (Nonkel Bob), Mary Brouillard (Mme Krans), Flory Jamin, Mady Winters
LANGUAGE: Dutch
GAUGE: 35 mm
SILENT/SOUND: sound
B&W/COLOUR: B&W
MINUTES: 84'

◆ Jef Bruyninckx, who as a boy starred in Jan Vanderheyden's classic film **Whitey** (1934) and went on to establish his name as a director, ended his cinema career with **Bachelor with 40 Children**, a mediocre comedy about the ups and downs of a bachelor (played by Charles Janssens) who inherits an orphanage with 40 children. Bruyninckx had long pondered over the offer by producer Martin Pardon to make a new film, what with the Belgian film industry already suffering strong competition from television. Moreover, Bruyninckx wanted to move on to more prestigious, higher-quality films, whereas Pardon preferred to play safe with popular productions. **Bachelor with 40 Children**, budgeted at BF 1.5 million, alas ended up as a naïve, uninspiringly shot tragicomedy. This was undoubtedly largely due to the death of Bruyninckx' regular scriptwriter and creative mentor Jeroom Verten. The dialogue supplied by his replacement Ke Riema, a specialist in popular songs and revue sketches, never rises above the level of a typical variety piece. Notable new faces included the Flemish stage actors Alma Blanca and Willy Vandermeulen, but the film's greatest surprise was the appearance of the Ghent cabaret performer Romain Deconinck. **Bachelor with 40 Children** was filmed in Antwerp and Ghent and premièred in the Ciné Forum in Assebroek. It managed to recover its costs but never made a profit. Bruyninckx went on to make one or two shorts for Pardon and was later to become director-in-residence in the light entertainment department of Flemish television.

● Jef Bruyninckx, l'enfant chéri du cinéma flamand (il avait débuté dans **Filasse** de Jan Vanderheyden (1934), avant de s'imposer comme réalisateur), clôtura sa filmographie par ce **Célibataire avec 40 enfants**, une comédie très moyenne sur les mésaventures d'un célibataire qui hérite d'un orphelinat et de ses quarante enfants. Bruyninckx avait longuement ruminé la proposition du producteur Martin Pardon de tourner un nouveau film. L'industrie cinématographique belge devait alors faire face à la rude concurrence de la télévision. Par ailleurs, Bruyninckx voulait réaliser des films plus prestigieux et de meilleure qualité, alors que Pardon préférait miser sur la gaudriole pour grand public. **Célibataire avec 40 enfants**, dont le budget atteignait 1,5 million de FB, demeura au stade d'une comédie douce-amère manquant cruellement d'inspiration. La mort de Jeroom Verten, scénariste attitré et mentor créatif de Bruyninckx, joua un rôle déterminant dans ce déclin. Ainsi, les dialogues de Ke Riema, spécialiste des chansonnettes à succès et des sketches de revue, ne s'éloignent jamais de cette ambiance facile. Les visages d'Alma Blanca et Willy Vandermeulen, acteurs au KNS, se font remarquer mais la grande surprise du film est la présence du cabaretier gantois Romain Deconinck. **Célibataire avec 40 enfants**, tourné à Anvers et Gand, passa en première au Ciné Forum d'Assebroek. Si la production put rentrer dans ses frais, il ne fut pas question de bénéfices. Jef Bruyninckx tourna encore quelques courts métrages pour Pardon, avant de devenir réalisateur à la télévision flamande, au service des variétés.

▶ Jef Bruyninckx, die als jonge knaap de hoofdrol in Jan Vanderheydens **De Witte** (1934) vertolkte en later zijn sporen verdiende als regisseur, draaide in 1958 zijn laatste langspeelfilm: **Vrijgezel met 40 kinderen**, een middelmatige komedie rond de lotgevallen van een vrijgezel (Charles Janssens) die op een dag een weeshuis met 40 kinderen erft. Bruyninckx had lang getobd over het aanbod van producent Martin Pardon om nog een nieuwe film te maken: de Belgische filmindustrie kreeg in die tijd af te rekenen met stevige concurrentie van de televisie en bovendien wilde Bruyninckx meer prestigieuze kwaliteitsfilms maken, terwijl Pardon liever op veilig speelde met populaire producties. Het op 1,5 miljoen BF gebudgetteerde **Vrijgezel met 40 kinderen** werd helaas niet meer dan een naïeve en zoutloos verfilmde tragikomedie. Dat Bruyninckx aan creativiteit moest inboeten, vindt deels verklaring in de dood van zijn vaste scenarist en mentor Jeroom Verten. Zo zien we hoe de dialogen van zijn opvolgster Ke Riema, tekstschrijfster voor schlagers en revuesketches, nooit loskomen uit de sfeer van het variété. Onder de nieuwe gezichten vinden we de KNS-acteurs Alma Blanca en Willy Vandermeulen. De grote verrassing echter was de Gentse cabaretier Romain Deconinck. De film **Vrijgezel met 40 kinderen**, opgenomen in het Antwerpse en in Gent, ging in première in Ciné Forum te Assebroek. Men kwam nog wel uit de kosten, maar van winst was er geen sprake meer. Jef Bruyninckx draaide nog enkele korte films voor Pardon om vervolgens huisregisseur te worden bij de BRT, dienst amusement. *(LJ)*

Vraiment sœurs

Père Dierckx

Vraiment sœurs
Echte zusters
True Sisters

DIRECTOR: Père Dierckx
YEAR: 1958
COUNTRY: BE
LANGUAGE: French
GAUGE: 16 mm
SILENT/SOUND: sound
B&W/COLOUR: colour

Père Dierckx

◆ By the end of the forties, the Congo boasted its own impressive, highly developed film industry. The main missionary orders had their own production firms (Scheut-Films and Luluafilm in the case of the Scheutistes, with Africa-Films in the hands of the White Fathers) and secular film-makers such as André Cornil were also very active. Yet colonial film also lived very much from more modest efforts, and as such the work of White Father Dierckx (born 1904) is also worthy of mention here. Between 1952 and 1958 he shot numerous short films in the vicinity of Albertville and Baudouinville. He began with a series of shorts centred on Kitoko, an intelligent, well-bred boy intended to serve as an exemplary figure for the indigenous peoples, along the lines of Abbé Cornil's Sikitu. Another short, **The Vengeance of Daniel**, focused on Christian charity, the most overtly Christian of the messages conveyed in missionary films. This work even went so far as to bear out the refusal by one believer to punish his foe. **True Sisters**, his first and final full-length feature, continues this theme of the categorical rejection by Christians of violence. He who does not abide by this principle is severely punished. A drunkard believes he has killed a man during a bar-room brawl and as a result is forced to flee and live his entire life in hiding. His two young daughters suffer greatly under these conditions, and the punishment inflicted on the father seems all the more harsh for the fact that his victim had not perished after all.

● A la fin des années 40, le Congo disposait d'une impressionnante industrie de production solidement implantée. Les principales congrégations de missionnaires avaient leur propre société de production (Scheut-Films et Luluafilm pour les Scheutistes et Africa-Films pour les Pères Blancs) et les séculiers comme André Cornil étaient très actifs. Mais le film colonial vivait aussi d'initiatives plus modestes et, de ce point de vue, le travail du Père Blanc Dierckx (°1904) mérite une attention particulière. Entre 1952 et 1958, il tourna des courts métrages dans les alentours d'Albertville et Baudouinville. Il démarra avec une série de feuilletons autour du personnage de Kitoko, un garçon intelligent et bien élevé qui, à l'instar du Sikitu des films de l'abbé Cornil, avait une fonction d'exemplarité. Dans un autre court métrage, **La vengeance de Daniel**, c'est la charité chrétienne qui est centrale, un des aspects les plus chrétiens parmi les messages portés par les films missionnaires. Sera même portée ici en triomphe l'attitude du croyant qui se refuse à châtier son ennemi. Dans **Vraiment sœurs** - son seul et unique long métrage -, le père Dierckx persévère dans cette voie thématique du refus absolu des chrétiens de l'emploi de la violence. Celui qui enfreint cette loi est sévèrement puni. Un ivrogne craint d'avoir tué un homme au cours d'une rixe dans un bar. Il se voit contraint de fuir et de vivre caché toute sa vie. Ses deux fillettes en seront très fortement marquées, et le châtiment qu'encourt le bonhomme semble d'autant plus cruel que sa victime n'a pas succombé à ses blessures.

► Tegen het einde van de jaren 40 beschikte Kongo over een sterk uitgebouwde, imposante filmproductiesector. De belangrijkste missie-ordes hadden hun eigen productiemaatschappijen (Scheut-Films en Luluafilm van de Scheutisten en Africa-Films van de Witte Paters) en seculieren zoals André Cornil waren zeer actief. Maar de koloniale film leefde ook van kleinere, meer bescheiden initiatieven en in dit opzicht verdient het werk van Witte Pater Dierckx (°1904) toch enige aandacht. Tussen 1952 en 1958 draaide hij in de streek rond Albertstad en Boudewijnstad een aantal kortfilms. Hij begon met een soort feuilleton van kortfilms rond de figuur van Kitoko, een goed opgevoede en intelligente jongen die, net als Sikitu uit de films van priester André Cornil, een voorbeeldfunctie had. In een andere kortfilm, **La vengeance de Daniel**, staat de naastenliefde centraal, het meest christelijke aspect van de boodschap uitgedragen door de missiefilm. Hier wordt zelfs de triomferende houding getoond van de christene die zijn vijand weigert te bestraffen. In **Vraiment sœurs** - zijn enige langspeelfilm en meteen ook zijn laatste - bouwt Pater Dierckx verder op dit thema rond de volledige weigering door de christene van het gebruik van geweld. Degene die deze wet overtreedt, wordt zeer streng gestraft. Een dronkaard vermoedt een man vermoord te hebben tijdens een relletje in een bar. Hij ziet zich verplicht te vluchten en voor altijd ondergedoken te leven. Zijn twee dochtertjes zijn hierdoor erg ongelukkig, en de straf die de man ondergaat is nog wreder wanneer blijkt dat zijn slachtoffer niet dood was. (MT)

Het meisje en de madonna

Edith Kiel

Het meisje en de madonna
La jeune fille et la madone
The Girl and the Madonna

DIRECTOR: Edith Kiel
YEAR: 1958
COUNTRY: BE
SCREENPLAY: Edith Kiel
DIR. PHOT.: Herbert Körner
CAMERA: Herbert Körner, Paul De Fru
EDITING: Edith Kiel, Gisela Werner
SOUND: Aldo Ferri, François Delcorps, R. Cauwerts, Willem De Meyer
MUSIC: Jos Van der Smissen, Rudolf Perak
ART DIRECTOR: Theo Van der Eecken
PRODUCER: Edith Kiel
PROD. CO.: Antwerpse Filmonderneming AFO (Antwerpen)
PROD. SUPERV.: René Jacobs
CAST: Denise De Weerdt (Martine), Odette Moni (Monique), Jaak Germain (Boer Lauwers), Louisa Lausanne (Moeder Lauwers), Jan Cammans (Kapitein Andersen), Gaston Vandermeulen (Pastoor), Jan Moonen (Jozef), François Bernard (Dr. Frank Van Bergen), Martha De Wachter (Madame Mariette), Alice Toen (Mia), Paula Sleyp (Suzy), Martin Van Zundert (George), Marcel Cauwenberg (Vader Claessen)
LANGUAGE: Dutch
GAUGE: 35 mm
SILENT/SOUND: sound
B&W/COLOUR: B&W
MINUTES: 105'

◆ Film-maker Edith Kiel, whose stock-in-trade was popular neighbourhood farces set in Antwerp, only once attempted a dramatic film spoken in standard Dutch. Unfortunately, the work did nothing to improve the reputation of a director already much-criticized by the press. **The Girl and the Madonna** develops from a naïve rural drama into a melodramatic odyssey. During the war (evoked by archive footage of aerial bombardments), the orphans Martine and Monique find themselves living with the impoverished and miserly farmer Lauwers (played by Jaak Germain). When he falls ill, the two girls escape to the big city to look for their mother. There, thanks to a musical box she has left behind, they are reunited with their family. Monique (played by a pathetic Odette Moni), who has since become blind, has her eyesight restored in a successful operation.

Despite the staginess of **The Girl and the Madonna**, Denise De Weerdt gives an energetic performance as Martine. As usual, the post-synchronization of the rare exteriors was problematic. The German Herbert Körner took the place of Paul De Fru as Edith Kiel's cameraman for the film and was subsequently awarded the prize for best photography at the third National Festival of Belgian Film in Antwerp. Made at the request of the Ministry of Culture, the film had a lukewarm reception during the 1958 World Fair, running for only two weeks. Edith Kiel attributed its commercial failure to the lack of audience interest in dramatic subjects and "problem" films.

● Edith Kiel, spécialiste des sketches de quartier anversois, ne s'essaiera qu'une seule fois à un film dramatique tourné en néerlandais standard. La mauvaise réputation de Kiel dans la presse ne s'estompe cependant pas. **La jeune fille et la madone** démarre avec un drame paysan à l'intrigue simpliste, et se termine en odyssée mélodramatique. Martine et Monique, toutes deux orphelines, aboutissent pendant la guerre de 1940 - évoquée par des images d'archives de bombardements aériens - chez Lauwers, un fermier pauvre et avare (Jaak Germain). Lorsque celui-ci tombe malade, les filles s'enfuient en ville à la recherche de leur mère. Grâce à une boîte à musique que celle-ci leur a laissée, elles parviendront à retrouver leur famille. Monique (la pathétique Odette Moni), devenue aveugle, subira une opération chirurgicale avec succès.

Malgré le ton théâtral de **La jeune fille et la madone**, De Weerdt donne une interprétation énergique du rôle de Martine. Le doublage des extérieurs reste, lui, toujours problématique. Exceptionnellement, c'est l'Allemand Herbert Körner qui tient la caméra en lieu et place de Paul De Fru. Il recevra d'ailleurs pour ce film le prix de la meilleure photographie au troisième Festival du Film Belge d'Anvers. Le film, tourné à la demande expresse du Ministère de la Culture, sera présenté avec un succès mitigé lors de l'Exposition Universelle de 1958. Il restera seulement deux semaines à l'affiche. Kiel expliquera la cause de cet échec par le désintérêt du public pour les sujets dramatiques et les films à problèmes.

▶ Slechts één keer waagde Edith Kiel, de specialiste van volkse wijksketches uit Antwerpen, zich aan een dramatische en in algemeen Nederlands gesproken film. Maar de productie kon haar slechte reputatie bij recensenten niet redden. **Het meisje en de madonna** ontwikkelt zich van een primitief boerendrama tot een drakerige odyssee. De weesjes Martine en Monique komen tijdens de oorlog van 1940 - geëvoceerd door archiefbeelden van luchtbombardementen - bij de berooide en gierige boer Lauwers (Jaak Germain) terecht. Wanneer de boer ziek wordt, vluchten de meisjes naar de stad en gaan ze op zoek naar hun moeder. Ze vinden een door hun moeder achtergelaten muziekdoos en komen zo terug in contact met de familie. De inmiddels blind geworden Monique (een pathetische Odette Moni) zal met succes worden geopereerd.

Ondanks het toneelmatige karakter van de film springt de energieke vertolking van Denise De Weerdt als Martine onmiddellijk in het oog. Opvallend is ook dat de nasynchronisatie van de schaarse buitenopnamen voor problemen bleef zorgen en dat niet Paul De Fru, maar de Duitser Herbert Körner de camera bediende. Hij kreeg de prijs voor de beste fotografie op de derde jaargang van het Nationaal Festival van de Belgische Film te Antwerpen. De film, die er kwam op aandringen van het ministerie van Cultuur, werd met matig succes voorgesteld tijdens de Wereldtentoonstelling van 1958 en bleef slechts twee weken op de affiche. Volgens Kiel lag de oorzaak van de mislukking bij de algemene desinteresse voor dramatische onderwerpen en probleemfilms. (LJ)

Tokèndé

Gérard De Boe

Tokèndé

DIRECTOR: Gérard De Boe
YEAR: 1958
COUNTRY: BE
SCREENPLAY: Gérard De Boe, Marie-Joseph Lory
CAMERA: François Rents, Robert Carmet, Freddy Rents
EDITING: Georges Lust
SOUND: Aldo Ferri, Charles Janssens
MUSIC: Jacques Say
COMMENTS: Marie-Joseph Lory
PRODUCER: Gérard De Boe
PROD. CO.: Production Gérard De Boe (Bruxelles)
PROD. SUPERV.: Paul Leleu
VOICES: Jacques Berthiér, Etienne Samson
LANGUAGE: French
GAUGE: 35 mm
SILENT/SOUND: sound
B&W/COLOUR: colour
MINUTES: 90'

◆ Like Rik Kuypers' **Atcha** (1954), **Tokèndé** was a propaganda film commissioned as a tribute to the achievements of Catholic missionaries. A lyrical documentary in Cinemascope, it was commissioned by the Catholic Missions of the Belgian Congo. The film's director, former medical assistant Gérard De Boe, had in the space of only a few years gained a reputation as one of the country's leading African specialists with his **Katanga, Land of Copper** and **Astonishing Africa**. Although De Boe had originally begun filming out of a personal commitment to cinema, his later work developed an official, historical edge. **Tokèndé** is a serene, harmonious and technically perfectly balanced account of 50 years of missionary work in the Congo. Visits to workshops for the disabled, schools and a leper hospital are interspersed with picturesque and charming scenes of landscapes and a theatrical sketch performed by a black and a white pupil.

Tokèndé was De Boe's last and most lauded philanthropic documentary. Yet it was also criticized for its sanitized and unrealistic portrayal of the Congo: De Boe was censured for never once adopting a critical position on the questions of racism, poverty or exploitation. This semi-documentary film was first shown in the mission pavilion during the 1958 World Fair in Brussels, after which it went on a limited general release. De Boe afterwards concentrated exclusively on preparations for his first fictional film. Unfortunately, however, he died in 1960 just after the completion of the screenplay to Felix Timmermans' *Boerenpsalm* ("Peasant Psalm"), the filming of which had been his life's ambition.

● Tout comme **Atcha** de Rik Kuypers (1954), **Tokèndé** est un film de commande: une œuvre de propagande en hommage au travail des missionnaires catholiques. Ce document lyrique en cinémascope fut subsidié par les Missions Catholiques au Congo belge. L'ancien assistant médical Gérard De Boe était devenu en quelques années, grâce à **Etonnante Afrique** et **Katanga pays du cuivre**, un des plus éminents spécialistes du continent noir. Si De Boe s'était au départ servi d'une caméra pour exprimer un enthousiasme personnel, le reste de son œuvre relève d'un ton plus officiel, plus historique. **Tokèndé** est un bilan serein, harmonieux et techniquement réussi de cinquante ans de missions au Congo. Des visites d'ateliers pour handicapés, d'écoles ou de léproseries alternent avec des épisodes pittoresques et charmants, des paysages naturels ou une pièce jouée par deux écoliers, un noir et un blanc.

Tokèndé fut le dernier documentaire de l'humaniste De Boe, celui aussi qui fut le plus couronné de lauriers. Et pourtant on critiqua ce témoignage: le cinéaste aurait donné du Congo une vision trop orientée et peu conforme à la réalité. On reprochait à De Boe de n'avoir à aucun moment adopté une position critique envers le racisme, la pauvreté et l'exploitation. Le film fut projeté pour la première fois au pavillon des missions pendant l'Exposition universelle de Bruxelles, en 1958, puis connut une distribution commerciale restreinte. De Boe se concentra ensuite sur la préparation de son premier film de fiction, mais mourut en 1960 après avoir écrit l'adaptation du *Boerenpsalm* ("Psaume paysan") de Felix Timmermans, le rêve de sa vie.

▶ Net zoals **Atcha** van Rik Kuypers (1954) is **Tokèndé** een in opdracht gedraaide propagandafilm als hulde aan het katholieke missiewerk. Dit lyrische cinemascope-document kwam er op bestelling van de Katholieke Missies van Belgisch-Kongo. Gewezen medisch assistent Gérard De Boe had zich met **Wonder Afrika** en **Koper in Katanga** in enkele jaren tijd opgewerkt tot een van de belangrijkste Afrika-specialisten. Alhoewel De Boe oorspronkelijk uit persoonlijk engagement naar de camera had gegrepen, kreeg zijn latere filmwerk een veeleer officiële, historische toon. **Tokèndé** is een sereen-harmonieuze en technisch perfecte balans van 50 jaar missiewerk in Kongo. Bezoeken aan sociale werkplaatsen, scholen of een leprahospitaal worden afgewisseld met pittoreske en charmante episodes zoals natuurlandschappen of een toneelstukje opgevoerd door een blanke en zwarte scholier.

Tokèndé was De Boe's laatste en tevens meest gelauwerde, humane documentaire. Toch werd het Afrika-document bekritiseerd omdat de cineast een te opgepoetst en weinig waarheidsgetrouw beeld van Kongo op het scherm zou hebben getoverd. Men verweet De Boe op geen enkel moment een kritische kanttekening i.v.m. racisme, armoede en uitbuiting te hebben geplaatst. De semi-documentaire ging in première op het missiepaviljoen tijdens de Wereldtentoonstelling van 1958 te Brussel en kreeg daarna een beperkte commerciële release. Daarna concentreerde De Boe zich enkel nog op de voorbereiding van zijn eerste fictiefilm. Hij overleed echter in 1960 net na het schrijven van het draaiboek van Felix Timmermans' *Boerenpsalm*, zijn levensdroom. *(LJ)*

Onschuldig verlangen

Wim Telders

Onschuldig verlangen
Désir innocent
Innocent Desires

DIRECTOR: Wim Telders
YEAR: 1958
COUNTRY: BE
SCREENPLAY: Wim Telders
DIR. PHOT.: Wim Telders
CAMERA: Wim Telders
EDITING: Wim Telders
MUSIC: Anton Vandermeeren
PRODUCER: Wim Telders
PROD. CO.: Wim Telders Films (Borgerhout)
CAST: Guido Daans (Jan), Erna Verbruggen (Grietje), Maria Verreth (Tante), Ivo Pauwels (Louis), René Hendrickx (Karel), Anna Knyen (Marie), Joris Van Lierde (Pastoor), Mark Verduyn
LANGUAGE: Dutch
GAUGE: 16 mm
SILENT/SOUND: sound
B&W/COLOUR: B&W
MINUTES: 63'

◆ Amateur film-maker Wim Telders' portrait of Ernest Claes, **Where It Grew**, left him in serious difficulties due to the fact that he had to hand over more than 50 per cent of the royalties to the popular Flemish author Claes. With **Innocent Desires**, he switched direction entirely by working with children. This poetic film aimed at a younger audience and set deep in the heart of the Campine countryside follows the adventures of a seven-year-old orphan, Grietje, who has come to live on a farm run by a widow and her two sons. The little girl is eventually adopted by the elder son.

Innocent Desires was a kind of Flemish remake of René Clément's poetic and classic anti-war film **Forbidden Games** (1951), based on the novel by François Boyer. Telders even went so far as to cast Erna Verbruggen, a young actress strikingly similar in appearance to Brigitte Fossey, in the part of Grietje. For the role of her older playmate, Telders again chose Guido Daans, the young actor who had played the youthful Ernest Claes in **Where It Grew**. The other young actors, such as Mark Verduyn and Joris Van Lierde, were recruited from the Vlaams Schouwtoneel and from the Streven theatre company.

Like many Flemish films, **Innocent Desires** also suffered from an inadequate post-synchronization. Accompanied by guitar music played by Anton Vandermeeren, the film was released throughout Flanders, where Telders would regularly accompany it to give lectures about his film language.

● Wim Telders, cinéaste amateur de films de format réduit, n'avait pas gardé de très bons souvenirs de son portrait d'Ernest Claes, **Terre prodigue**, notamment parce qu'il avait dû céder plus de 50% des droits d'auteur à l'écrivain populaire flamand. Avec **Désir innocent**, il prenait une direction tout à fait différente en travaillant avec des enfants. Ce film poétique pour la jeunesse, situé au cœur de la Campine, suit les pas de Grietje, une petite orpheline de sept ans, qui se retrouve dans une ferme exploitée par une veuve et ses deux fils. La jeune fille sera finalement adoptée par l'aîné des fils.

Désir innocent est un peu le remake flamand de **Jeux interdits** de René Clément (1951), un drame classique et poétique contre la guerre d'après le roman de François Boyer. Telders confia le rôle de Grietje à Erna Verbruggen, une jeune actrice qui ressemblait de façon saisissante à Brigitte Fossey. Pour le rôle de son compagnon plus âgé, Telders fit de nouveau appel à Guido Daans, le garçon qui avait incarné le jeune Ernest Claes dans **Terre prodigue**. Les autres jeunes acteurs, comme Mark Verduyn et Joris Van Lierde, provenaient du Vlaams Schouwtoneel ou de la troupe de théâtre Streven.

Comme de nombreux films flamands, **Désir innocent** souffrit d'une mauvaise postsynchronisation. Le film, accompagné de musique pour guitare d'Anton Vandermeeren, sortit dans tout le pays flamand. Telders, souvent présent aux séances, y commentait son langage cinématographique.

▶ Smalfilm-cineast Wim Telders hield een flinke kater over aan zijn Ernest Claes-portret **Waar het groeide**, o.a. omdat hij meer dan 50% van de royalties aan de Vlaamse volksschrijver had moeten afstaan. Met **Onschuldig verlangen** gooide hij het volledig over een andere boeg door een poëtische jeugdfilm te draaien, gesitueerd in het hartje van de Kempen. De film volgt de belevenissen van het zevenjarige weesje Grietje dat terecht is gekomen op een hoeve uitgebaat door een weduwe met twee zonen. Uiteindelijk zal het meisje door de oudste zoon worden geadopteerd.

Onschuldig verlangen was een soort Vlaamse remake van René Cléments poëtisch en klassiek anti-oorlogsdrama **Jeux interdits** (1951), naar de roman van François Boyer. Telders zou zelfs voor de rol van Grietje Erna Verbruggen casten, een jonge actrice die opvallend veel gelijkenis met Brigitte Fossey vertoonde. Voor de rol van haar ouder vriendje deed Telders opnieuw een beroep op Guido Daans, de knaap die in **Waar het groeide** de jeugdige Ernest Claes had gespeeld. De andere jonge acteurs zoals Mark Verduyn en Joris Van Lierde werden gerecruteerd uit het Vlaams Schouwtoneel of uit de de toneelgroep Streven.

Zoals zovele Vlaamse films had ook **Onschuldig verlangen** af te rekenen met een slechte nasynchronisatie. De film, begeleid met gitaarmuziek van Anton Vandermeeren, zou uitkomen over het hele Vlaamse land. Deze vertoningen werden regelmatig door Telders zelf ingeleid met de bedoeling zijn filmtaal nader toe te lichten. *(LJ)*

Yam'bo Katanga

Jacques Kupissonoff

Yam'bo Katanga

DIRECTOR: Jacques Kupissonoff
YEAR: 1958
COUNTRY: BE
SCREENPLAY: Jacques Kupissonoff
CAMERA: Jacques Fogel
MUSIC: Bernard Van Eeckhoudt, J.N. Maquet
COMMENTS: Jacques Kupissonoff
PRODUCER: Jacques Kupissonoff
PROD. CO.: Sotragi (Bruxelles)
LANGUAGE: French
GAUGE: 35 mm
SILENT/SOUND: sound
B&W/COLOUR: colour
MINUTES: 80'

◆ After André Cauvin's African trilogy, **Yam'bo Katanga** is the fourth and final documentary film shot during the years after the Second World War in the former Belgian Congo. Made two years before independence, it is also the least well-known: given a clandestine screening at the 1958 Expo, it achieved neither the notoriety nor the large-scale distribution of **Black Shadows** or **Bwana Kitoko**. Its director, Jacques Kupissonoff, was a straightforward craftsman of the documentary form (he was for three years assistant to Charles Dekeukeleire), turning out a long series on a plethora of subjects from **Lautréamont** and **Zénobe Gramme** to didactic contributions to sexual education. His Katangan reportage, as so often made in response to a commission, is merely one entry in this rather disparate filmography and conveys none of Cauvin's urgent fascination with the dark continent.

A final flush of official propaganda in favour of the Belgian colonization, the film is faithful to its backers. Praise is duly heaped on the government of Katanga and its zealous administrators, with the paternalist apology of social achievements and the strenuous efforts to benefit the local population by bringing them civilization. Yet laying aside these ideological worries, **Yam'bo Katanga** is nonetheless a captivating record of the everyday life of the ethnic peoples, seen through the eyes of the narrator Edmond, a young Black man who leaves Elisabethville to rejoin his distant relatives on the banks of the Tanganyika. The images of fishermen, markets and dances are further intensified by the use of colour, and would bring a tear to the eye of former colonists.

● Avec la trilogie africaine d'André Cauvin, **Yam'bo Katanga** est le quatrième (et dernier) long métrage documentaire tourné dans les années d'après-guerre au Congo belge. Réalisé deux ans avant l'indépendance, c'est aussi le moins connu: présenté à la sauvette pendant l'Exposition de 1958, il ne connut jamais la notoriété ni la diffusion de **L'équateur aux cent visages** ou de **Bwana Kitoko**. Honnête artisan du documentaire (il fut durant trois ans l'assistant de Charles Dekeukeleire), Jacques Kupissonoff en signa une longue série aux sujets multiformes, de **Lautréamont** ou **Zénobe Gramme** aux bandes didactiques sur l'éducation sexuelle. Son reportage katangais, né comme souvent d'une commande, n'est qu'un chaînon dans cette filmographie plutôt disparate, et on n'y découvre pas la passion communicative d'un Cauvin pour le continent noir.

Ultime fleuron de la propagande officielle en faveur de la colonisation belge en Afrique centrale, le film ne triche jamais avec ses commanditaires. On y trouve, par l'image, l'éloge attendu du gouvernement du Katanga et de ses zélés fonctionnaires, avec apologie paternaliste des réalisations sociales et de l'action civilisatrice au service des indigènes. Mais une fois admises ces contraintes idéologiques, **Yam'bo Katanga** demeure un document captivant sur la vie quotidienne des ethnies locales, vue à travers les commentaires d'un jeune noir, Edmond, qui part d'Elisabethville pour rejoindre des parents lointains sur les bords du Tanganyika. D'où des séquences de pêche, de marché ou de danses magnifiées par la couleur, qui rendront nostalgiques à souhait les colons blancs d'autrefois. (RM)

▶ **Yam'bo Katanga** is, na de Afrikaanse trilogie van André Cauvin, de vierde (en laatste) naoorlogse lange documentaire gedraaid in Belgisch Kongo. Zo'n kleine twee jaar voor de onafhankelijkheid gedraaid, is het ook de minst bekende. De film werd in allerijl vertoond op de Wereldtentoonstelling van '58 en genoot nooit eenzelfde populariteit als **L'équateur aux cent visages** of **Bwana Kitoko**. Jacques Kupissonoff, een eerlijk en vakbekwaam documentarist (voordien drie jaar assistent van Charles Dekeukeleire), draaide een hele reeks films over de meest uiteenlopende onderwerpen, van **Lautréamont** of **Zénobe Gramme** tot didactische films over seksuele opvoeding. Deze reportage uit Katanga, in opdracht gemaakt (zoals toen gebruikelijk), is slechts één werk uit een gediversifieerde filmografie en mist de aanstekelijke passie die iemand als Cauvin aan de dag legde voor het zwarte continent.

Als laatste stuiptrekking van de pro-koloniale propaganda blijft de film zijn opdrachtgevers trouw: de bestuurders van Katanga, alsook hun gedreven ambtenarencorps, worden opgehemeld in deze beelden, die een paternalistische apologie van de sociale verwezenlijkingen en de "beschavingsmissie" onder de zwarten willen zijn. Het ideologische keurslijf daargelaten, blijft **Yam'bo Katanga** een boeiend document rond leven en gebruiken der inboorlingen, begeleid door commentaar van Edmond, een jonge zwarte die van Elisabethstad naar de oevers van het Tanganyikameer trekt om verre verwanten op te zoeken: genoeg beelden - in volle, kleurrijke glorie - van markten, dansen of visvangst om elke blanke ex-koloniaal van nostalgie te vervullen.

Kinderen in Gods hand

Hein Beniest

Kinderen in Gods hand
Enfants dans les mains du Seigneur
Children in God's Hands

DIRECTOR: Hein Beniest
YEAR: 1958
COUNTRY: BE
SCREENPLAY: Hein Beniest
ASST. DIR.: Jef Van Riet, Bert Van Eekert
CAMERA: Philippe Collette
EDITING: Hein Beniest
SOUND: René Metzemaekers
PRODUCER: Hein Beniest
PROD. CO.: ABN-Centrale (Antwerpen)
CAST: Helene Overlaet (Ylonka), Rudi Mattens (Ferenc), Elza Van Cant (Directrice), Herman Van der Eecken (Monsieur Fedor), Aloïs Overlaet (Pater Koenraad), De Woodpeckers (Paters)
LANGUAGE: Dutch
GAUGE: 16 mm
SILENT/SOUND: sound
B&W/COLOUR: B&W
MINUTES: 80'

◆ During the mid-1950s, Flemish film-makers developed a marked interest in orphans. No less than four of the six feature films shot in Flanders in 1958 revolved around this theme: **The Girl and the Madonna**, **Bachelor with 40 Children**, **Innocent Desires** and finally **Children in God's Hands**, in which two Hungarian orphans, hunted by the Germans during the war, are searching for a home and affection. When, after many adventures and setbacks, they finally find refuge with a Flemish foster family, they are forcibly repatriated after the war because they have no legal right to live in Belgium.

Like the two previous films directed by Hein Beniest, a fervent apologist of standard Dutch, **Children in God's Hands**, which included a guest appearance by the Woodpeckers as two Friars Minor, is a work of propaganda in defence of a more attractive, polished language and a Flemish way of life inspired by Christian values. Once again, the exaltation of standard Dutch appears heavily contrived. In spite of the clumsy screenplay with its improbable plot, technically Hein Beniest had progressed in comparison with his earlier work. Even so, **Children in God's Hands** again failed to rise above the amateur level. Its fragmentary development results in a spasmodic narrative in which Beniest shows little ability to film his actors - among them the expressive Rudi Mattens - in a natural way. **Children in God's Hands**, based on a true story, was aimed at Catholic Flemish audiences and was only screened in schools or in social and cultural groups.

● Le cinéma flamand manifesta, dans les années 50, un intérêt marqué pour les orphelins. Pas moins de quatre sur les six longs métrages tournés en 1958 en Flandre offraient des variations sur ce thème: **La jeune fille et la madone**, **Célibataire avec 40 enfants**, **Désir innocent** et enfin **Enfants dans les mains du Seigneur**. Dans ce film, deux orphelins hongrois, traqués par les Allemands pendant la guerre, cherchent un foyer et de l'affection. Après de multiples aventures et obstacles, ils trouvent refuge auprès d'une famille adoptive flamande. Malheureusement, n'étant pas en règle avec la loi, ils seront rapatriés après la guerre.

Tout comme **Mère, que nous sommes riches** de Beniest, fervent défenseur du néerlandais standard, **Enfants dans les mains du Seigneur** (avec les Woodpeckers dans le rôle de frères mineurs) est un film à message pour la défense d'une langue plus belle et plus soignée et en faveur du mode de vie chrétien flamand. Le thème du néerlandais standard a été une fois de plus lourdement imposé. Malgré un scénario faiblard et plein d'invraisemblances, Beniest a fait des progrès sur le plan technique, mais son film ne dépasse toujours pas le niveau de l'amateurisme. Le développement trop fragmentaire débouche sur un rythme saccadé et inégal et Beniest fait preuve de peu de talent pour filmer avec naturel ses acteurs habituels, parmi lesquels l'expressif Rudi Mattens. **Enfants dans les mains du Seigneur**, destiné à la Flandre catholique et inspiré d'un récit authentique, ne fut projeté que dans les écoles et les associations sociales et culturelles.

▶ De Vlaamse film gaf in het midden van de jaren 50 blijk van een opvallend grote belangstelling voor weeskinderen. Liefst vier van de zes in 1958 in Vlaanderen gedraaide langspeelfilms borduurden op dit thema voort: **Het meisje en de madonna**, **Vrijgezel met 40 kinderen**, **Onschuldig verlangen** en tenslotte ook **Kinderen in Gods hand**. Twee Hongaarse weeskinderen worden tijdens de Tweede Wereldoorlog opgejaagd door de Duitsers en zijn wanhopig op zoek naar onderdak en genegenheid. Na talrijke avonturen en verwikkelingen vinden ze uiteindelijk een onderkomen bij een Vlaams pleeggezin; na de oorlog worden ze echter gerepatrieerd omdat ze wettelijk niet in orde zijn.

Net als **Moeder, wat zijn we rijk** is **Kinderen in Gods hand**, van de hand van ABN-bezieler Beniest en met een gastoptreden van De Woodpeckers als Minderbroeders, een film met een boodschap, die een mooiere, verzorgde taal en een Vlaams-christelijke levenswijze verkondigt. De promotie van het algemeen beschaafd Nederlands doet ook hier weer erg geforceerd aan. Toch ging Beniest er technisch gezien op vooruit, ondanks het stuntelige scenario met heel wat onwaarschijnlijkheden. De film steeg echter opnieuw niet boven de amateurklasse uit. De te fragmentarische uitwerking zorgt voor een hortend en stotend ritme, terwijl Beniest weinig talent aan de dag legt voor het geloofwaardig in beeld brengen van zijn vaste groep acteurs, waaronder de expressieve Rudi Mattens. Het voor katholiek Vlaanderen bestemde **Kinderen in Gods hand**, naar een waar gebeurd verhaal, werd enkel in scholen of socio-culturele kringen vertoond. (LJ)

Jeunes filles d'aujourd'hui

André Cornil

Jeunes filles d'aujourd'hui
Hedendaagse meisjes
Modern Girls

DIRECTOR: André Cornil
YEAR: 1959
COUNTRY: BE
SCREENPLAY: André Cornil
ASST. DIR.: Antoine Bumba
CAMERA: André Cornil
PROD. CO.: Centrexaf (Léopoldville)
CAST: Sophie Nkolo, Marie Balangi
LANGUAGE: French
GAUGE: 16 mm
SILENT/SOUND: sound
B&W/COLOUR: colour
MINUTES: 96'

◆ One of the main characteristics of colonial films was their function in setting a shining example. This is also apparent in André Cornil's **Modern Girls**. A young man, Désiré, works as a mechanic, a profession that entered Africa with the Europeans. Through acquiring western knowledge, hard work and attending evening classes, the young man succeeds in starting his own garage business, where he is his own master. This ascension to a level that commands recognition and respect from westerners as well as constituting a safe and secure basis for a western-style marriage is portrayed as the apogee of social promotion. However, the exercise of a profession should not be treated as a mere means to amass personal wealth, since this would only lead to arrogant showiness: it must allow a man to establish a family on a healthy basis. In **Modern Girls**, too, the rejection of the traditional choice of a marriage partner by the family clan plays a major role. The film is given an extra didactic dimension by the addition of a voice-over.

Modern Girls clearly reflects the spirit of the late 1950s. The protagonists are all Congolese, the only Europeans in the film being merely incidental. On the one hand the film demonstrates the opportunities open to a hard-working (westernized) "évolué", but on the other it also presents us with images of a metropolis like Léopoldville, where in 1958-59 the poverty and uprooting of the lower classes of Congolese society would attain alarming proportions.

● Montrer des exemples édifiants constitue une des caractéristiques des films coloniaux. Ce fut le cas pour **Jeunes filles d'aujourd'hui**. Un jeune homme, Désiré, exerce une profession apparue en Afrique en même temps que les Européens: celle de mécanicien. En s'appropriant le savoir occidental, en travaillant dur et en prenant des cours du soir, il réussit à acquérir un garage et à devenir son propre maître. Un statut qui représente le summum de la promotion sociale (version coloniale): atteindre un niveau qui force le respect et la reconnaissance de l'Européen et qui sert, en même temps, de base solide pour contracter un mariage selon le modèle occidental. Exercer une profession ne signifie pas accumuler les profits pour se pavaner prétentieusement: cette activité doit permettre la création d'une famille sur des bases saines. Dans **Jeunes filles d'aujourd'hui**, le refus de l'usage selon lequel le clan familial choisit le partenaire joue un rôle important. L'utilisation d'un commentaire off accentue le caractère didactique du film.

Cette œuvre reflète l'état d'esprit de la fin des années 50. Tous les protagonistes sont congolais et les quelques Européens qui apparaissent restent des figurants. Le film montre, d'une part, les possibilités d'un "évolué" travailleur et occidentalisé, mais, d'autre part, dévoile une métropole comme Léopoldville, où la paupérisation et le déracinement des classes inférieures de la société congolaise produiront des ravages dès ces années 1958-59.

► Een van de kenmerken van de koloniale film is de "voorbeeldfunctie". Dat blijkt ook duidelijk uit deze **Jeunes filles d'aujourd'hui**. Een jonge man, Désiré, oefent een beroep uit dat samen met de Europeanen naar Afrika kwam: mechanicus. Door zich de Westerse kennis toe te eigenen, hard te werken en avondonderwijs te volgen, slaagt hij erin zich een garage aan te schaffen en zijn eigen baas te worden. Dit bereiken van een niveau dat erkenning en respect van de Westerling afdwingt en tegelijk een veilige en zekere basis vormt voor een huwelijk naar Westers model, is het summum van (koloniale) sociale promotie. Het uitoefenen van een beroep mag niet neerkomen op het najagen van geldelijk fortuin waarmee men op verwaande wijze kan pronken, het moet dienen om op gezonde basis een gezin te stichten. Ook in **Jeunes filles d'aujourd'hui** staat de afwijzing van de traditie om de clan een huwelijkspartner te laten uitkiezen centraal. Het gebruik van een commentaarstem geeft de film een extra didactische dimensie.

Het verhaal weerspiegelt ook duidelijk de tijdgeest van het einde van de jaren 50. De protagonisten zijn allen Kongolezen, de enkele Europeanen die hier te bespeuren vallen zijn louter figuranten. De film toont enerzijds de mogelijkheden van een hardwerkende (verwesterde) "évolué", maar bevat anderzijds ook beelden van een metropool als Leopoldstad, waar in 1958-59 de verpaupering en ontworteling van de lagere klassen van de Kongolese maatschappij zich meer en meer lieten gevoelen. *(GC)*

Zwervers in het land der dromen

Hein Beniest

Zwervers in het land der dromen
Des vagabonds au pays des rêves
Wanderers in the Land of Dreams

DIRECTOR: Hein Beniest
YEAR: 1959
COUNTRY: BE
SCREENPLAY: Hein Beniest
CAMERA: Jef Van Nooten
EDITING: Hein Beniest
MUSIC: René Metzemaekers
PRODUCER: Hein Beniest
PROD. CO.: ABN-Centrale (Antwerpen)
CAST: Rudi Mattens (Woutertje), Aloïs Overlaet (Tijl), Helene Overlaet (Prinses Lentelust), Julienne De Bruyn (Prinses Doornroosje), De Woodpeckers (Waarden), Renaat Grassin (Kamerheer), Bert Van Eeckert (Koning Hermelijn/Perpetuomo)
LANGUAGE: Dutch
GAUGE: 16 mm
SILENT/SOUND: sound
B&W/COLOUR: B&W
MINUTES: 65'

◆ The Dutch language lobby group, the ABN-Centrale, saw film as the ideal way of advancing the cause of standard Dutch. The edifying fairy-tale **Wanderers in the Land of Dreams** was aimed at children and youngsters up to the age of 14. This film, which consists in fact of one extensive dream sequence, sings the praises of family values. The hero, Woutertje (played by Rudi Mattens, dubbed by a female voice), is visited by the legendary figure Tyll Owleglass. Together, they embark on a journey through time and end up in the fourteenth century at the castle of King Hermelijn. Henceforth, Beniest's film develops into a meticulous but very slow-moving version of a moral fable straight out of the Brothers Grimm and drenched in mediaeval atmosphere. Beniest's lesson in linguistic purity is cleverly, albeit rather heavy-handedly, incorporated into the personalities of the two princesses in the story: Princess Doornroosje ("Sleeping Beauty", played by Julienne De Bruyn, later to appear in the film **Hellhole**) is haughty and cold-hearted and speaks in dialect, while Princess Lentelust (played by Beniest stalwart Helene Overlaet) is encouraged in her use of neat educated Dutch, presented as a sure recipe for long-lasting happiness. The Woodpeckers also have a small cameo role as kitchen hands who have the honour of shaving a severed pig's head.

This 16mm opus, originally conceived as a colour film, was shown mainly in schools. Although the film incurred severe losses for the energetic amateur Beniest, it did not prevent him from making another two feature films.

● L'ABN-Centrale, ou comité pour la défense de la langue, vit d'abord dans le cinéma un moyen de promotion de la langue néerlandaise. Dans **Des vagabonds au pays des rêves**, un édifiant conte de fées destiné au jeune public de moins de 14 ans et qui prône les valeurs familiales - en fait une fiction à encadrement onirique -, Woutertje (Rudi Mattens, doublé d'une voix féminine) reçoit la visite de Till l'Espiègle. Ils entreprennent un voyage à travers le temps et atterrissent au beau milieu du XIVe siècle dans le château du roi Hermelijn. Peut alors se développer pleinement ce film pour enfants, minutieux et fidèle à la façon, cependant très lente, d'une fable morale médiévale à la Grimm. La thèse de Beniest sur l'usage de la langue néerlandaise s'intègre de manière habile mais par trop évidente dans la caractérisation des deux princesses: "La Belle au Bois Dormant" (jouée par Julienne De Bruyn, que l'on retrouvera dans **Hellegat**) se montre arrogante et sans cœur et parle en dialecte, tandis que la gentille princesse Lentelust (l'actrice attitrée de Beniest, Helene Overlaet) s'exprime en un néerlandais parfait, un bel effort dont on ne manquera pas de louer la persévérance, la récompense comme il se doit ne se faisant pas attendre. Les Woodpeckers sont aussi de la partie dans un bref numéro loufoque de marmitons s'acharnant à tondre une hure de cochon.

Ce film 16mm, conçu au départ comme un film en couleurs, fut surtout projeté dans le monde de l'enseignement. Et bien que ce fervent amateur qu'était Beniest devait y laisser des plumes, cela ne l'empêcha pas de tourner encore deux longs métrages.

▶ Het actiecomité van de ABN-Centrale zag in film het middel bij uitstek ter ondersteuning en verspreiding van de Nederlandse standaardtaal. De demonstratieve sprookjesfilm **Zwervers in het land der dromen** mikte op een publiek van kinderen en jongeren tot 14 jaar. In deze familiale waarden propagerende film - in feite één grote droomsequentie - krijgt Woutertje (Rudi Mattens, gedubd door een vrouwenstem) Tijl Uilenspiegel op bezoek. Samen ondernemen ze een reis door de tijd en belanden ze ergens in de 14de eeuw, op het kasteel van koning Hermelijn. En dan ontwikkelt de jeugdfilm van Beniest zich tot een minutieuze en natuurgetrouwe, in een middeleeuwse sfeer badende doch zeer trage verfilming van een morele fabel à la Grimm. Het taalgegeven werd door de regisseur handig maar overduidelijk verwerkt in zijn typering van de twee prinsessen die het sprookje bevolken: Prinses Doornroosje (Julienne De Bruyn, later ook te zien in de film **Hellegat**) is hoogmoedig, heeft een hart van steen en spreekt dialect, terwijl de goedhartige prinses Lentelust (Helene Overlaet, de vaste actrice van Beniest) mooi Nederlands spreekt en aangemoedigd wordt om dat verder te blijven doen; het geluk zal dan ook niet op zich laten wachten. Ook de Woodpeckers zijn op het appèl in een kleine cameo-act, en wel als culinaire pages die een afgehakte varkenskop mogen scheren.

Deze 16mm-prent, die oorspronkelijk een kleurenfilm moest worden, werd voornamelijk vertoond in het onderwijs. Onze nijvere amateur Beniest scheurde er wel zijn broek aan, maar dat zou hem niet beletten om nog twee langspeelfilms te draaien. *(LJ)*

La nuit des traqués
Bernard Roland

Co-production

La nuit des traqués
De nacht der opgejaagden
De nacht van de opgejaagden
The Night of the Hunted
Men without Morals

DIRECTOR: Bernard Roland
YEAR: 1959
COUNTRY: FR-BE
SCREENPLAY: José André Lacour, B. Essenovsky
BASED ON: La nuit des traqués, written by Benoit Becker
DIALOGUE: José André Lacour
ASST. DIR.: Michel Autin, Roland Verhavert, John Sleghers
DIR. PHOT.: Pierre Petit
CAMERA: Noël Martin, Guy Maria, Maurice Kaminsky
EDITING: Jacques Mavel
SOUND: Jacques Lebreton, Jacques Carrere
MUSIC: Jean Leccia
ART DIRECTOR: Robert Dumesnil
PRODUCER: Luc Hemelaer
PROD. CO.: Paris-Elysées-Production (Paris), Galliera Films (Paris), Sofradis (Paris), Belga Films (Bruxelles)
PROD. SUPERV.: André Deroual
LANGUAGE: French
GAUGE: 35 mm
SILENT/SOUND: sound
B&W/COLOUR: B&W
MINUTES: 85'

CAST: Philippe Clay (Taretta), Juliette Mayniel (Josette), Samy Frey (Son frère Vicky), Claude Titre (Michel, fiancé de Josette), Folco Lulli (L'Italien), Georgette Anys (La patronne du café), Michel Dumoulin (L'ami), Patricia Karim (La fille du bar), André Weber, Luc Olivier, Jacques Chabassol, Moustache, Claude Mercutio, Claude Figus, Gabriel Gobin, André Guise, Michèle Bardollet, Albert Augier, Adriane Dubreuil, Jean Roy, Josette Roland

Marche ou crève
Georges Lautner

Co-production

Marche ou crève
Du pèze à la pelle
L'otage
Otages
Vecht of sterf
Walk... or Die

DIRECTOR: Georges Lautner
YEAR: 1959
COUNTRY: FR-BE
SCREENPLAY: Pierre Laroche, Georges Lautner
BASED ON: Otages, written by Jack Murray
DIALOGUE: Pierre Laroche
ASST. DIR.: Claude Vytal, John Sleghers
DIR. PHOT.: Roger Fellous
CAMERA: Willy Kurant, Loulou Pastier
EDITING: Michel David
SOUND: Pierre-Henry Goumy
MUSIC: Georges Delerue
ART DIRECTOR: Louis Le Barbenchon
COSTUMES: Simone Perrier
PRODUCER: Luc Hemelaer
PROD. CO.: Inter-Productions (Paris), Compagnie Lyonnaise de Film (Lyon), Films A. de la Bourdennaye (Paris), Belga Films (Bruxelles)
PROD. SUPERV.: Maurice Juven
LANGUAGE: French
GAUGE: 35 mm
SILENT/SOUND: sound
B&W/COLOUR: B&W
MINUTES: 99'

CAST: Bernard Blier (Lenzi), Juliette Mayniel (Edith), Jacques Chabassol (Emile), Jacques Riberolles (Stéphan Borba), Henri Cogan (Kaspar), Gisèle Sandré (Mme Borba), Daniel Sorano (Milan), Marcel Berteau (Commissaire Denain), Roger Dutoit (Ansaldo), Monique Delannoy (Claire), Guy Dakar, Nicolas Vogel, Michel Nastorg (M. Meyer), Jacques Philippet, Paul Roland, Maurice Sévenant, Jacques Peira, Jean-Daniel Ehrmann

La vie est belle à Medje

André Cornil

La vie est belle à Medje
Het leven is mooi in Medje
Life is Beautiful in Medje

DIRECTOR: André Cornil
YEAR: 1959
COUNTRY: BE
CAMERA: André Cornil
LANGUAGE: French
GAUGE: 16 mm
SILENT/SOUND: sound
B&W/COLOUR: colour
MINUTES: 70′

◆ The town of Medje was a regional capital in the north-east of the Belgian Congo. In 1959 it served as a trading centre with a Catholic mission post located between Paulus (Isoro) and Wamba. A few years earlier, the Catholic missionary Coche had successfully introduced the scouting movement to the local population. It was here - in the Uele region - that André Cornil made **Life is Beautiful in Medje** in 1959. The film has a strongly romantic atmosphere and follows a group of young Black scouts in their activities and their spiritual life. It is firmly imbued with ideological colonial discourse. The African youth movement, modelled on western values, was intended to free young people from the grip of the traditional family clan. Moreover, it constituted an ideal method of controlling them and introducing them to the (Christian) values of the scouting movement. Crucial to these values, revolving around honesty and service, was an unfaltering obedience of authority figures. A youth movement such as scouting was an additional way of preparing young Blacks for the lower orders of the colonial power structure, as aspiring "évolués".

Despite its didactic tone, apparent in all of André Cornil's films, **Life is Beautiful in Medje** undoubtedly represents an exception; for the first time, the importance of an institution is described not in terms of the advantages it can offer a given individual, but according to the possibilities it creates for admittance into another body of a higher order. This only goes to show to what extent the colonial ideology tried to dissimulate its main purpose: replacing the tribe and the family with new European institutions.

● La ville de Medje était un chef-lieu régional au nord-est du Congo belge. En 1959, elle faisait office de centre commercial pour la mission catholique située entre Paulus (Isoro) et Wamba. Le missionnaire Coche y avait introduit avec succès, quelques années plus tôt, le mouvement scout. C'est dans la région d'Uele que l'abbé André Cornil tourna en 1959 **La vie est belle à Medje**, un film d'inspiration romantique centré totalement sur les jeunes scouts indigènes, leurs activités et leur vie sentimentale. Le film est complètement au service du discours idéologique colonialiste. Le mouvement de jeunesse calqué sur le modèle occidental était une des institutions pour libérer les jeunes de l'emprise du clan familial. C'était, en outre, un moyen de les contrôler et de leur inculquer les valeurs chrétiennes du mouvement scout. Ces valeurs, qui mettaient en avant l'honnêteté et la serviabilité, incluaient d'office l'obéissance servile aux autorités. Le rôle dévolu au mouvement scout visait l'intégration des jeunes indigènes dans les structures inférieures du pouvoir colonial, en tant qu'"évolués" potentiels.

Au-delà de la volonté didactique des autres films de Cornil, **La vie est belle à Medje** apparaît comme une propagande plus avancée. En effet, pour la première fois, l'importance d'une institution colonialiste n'est pas jugée seulement en termes d'avantages moraux pour l'indigène, mais vise à insérer l'individu dans une structure sociale lui assurant un statut supérieur. Toutefois, replacée dans le contexte de 1959, on peut y voir une ruse pour cacher le but réel du scoutisme au Congo: remplacer la famille tribale par des institutions typiquement occidentales.

▶ Het stadje Medje was een gewestelijke hoofdplaats in het noordoosten van Belgisch Kongo. In 1959 fungeerde het als handelscentrum met een katholieke missiepost gelegen tussen Paulus (Isoro) en Wamba. Enkele jaren voordien had de katholieke missionaris Coche er met succes de scoutsbeweging geïntroduceerd. Hier - in de Uele-streek - draaide priester André Cornil in 1959 **La vie est belle à Medje**, een film met een sterk romantische inslag rond de jonge inlandse scouts, hun activiteiten en hun gevoelsleven. De film is diep doordrongen van het koloniale ideologische discours. De jeugdbeweging, geschoeid op westerse leest, was een van die instellingen bedoeld om de jongeren uit de greep van de familieclan te halen. Bovendien vormde het een gedroomd middel om de jongeren te controleren en hen met de (christelijke) waarden van de scoutsbeweging vertrouwd te maken. Deze waarden, waarbij eerlijkheid en dienstbaarheid voorop stonden, steunden sterk op een dociele gehoorzaamheid aan de gezagsdragers. Een jeugdbeweging als de scouts was synoniem met het inpassen van de jonge inlanders in de koloniale (lagere) machtsstructuren, als "évolués" in spe.

Ondanks de duidelijk didactische toon van **La vie est belle à Medje**, die ook de andere films van André Cornil kenmerkt, vormt dit werk toch een uitzondering: voor de eerste maal wordt namelijk het belang van een instelling niet geschetst naar gelang van de voordelen voor het individu zelf, maar met het oog op het eventuele toetreden tot een andere, hogere orde. Dit toont aan in hoeverre het kolonialisme zijn hoofddoel trachtte te verhullen: het vervangen van de stam en de familie door nieuwe, westerse structuren. *(GC)*

Een zonde waard

Edith Kiel

Een zonde waard
Cela vaut un péché
Worth Sinning For

DIRECTOR: Edith Kiel
YEAR: 1959
COUNTRY: BE
SCREENPLAY: Edith Kiel
DIR. PHOT.: Paul De Fru
CAMERA: Paul De Fru
EDITING: Gisela Werner
SOUND: René Lebrun
MUSIC: Jeff Derwey
ART DIRECTOR: Jos De Buck, Jef Beyens
PRODUCER: Edith Kiel
PROD. CO.: Antwerpse Filmonderneming AFO
(Antwerpen)
CAST: Gaston Berghmans (Tony Dertien), Nini De
Boël (Tante Bert), Louisa Lausanne (Tante
Fien), Jef Cassiers (Jef), Cois Cassiers (Rik),
Tony Bell (Nonkel Leopold), Frieda Linzi
(Tinneke Pauwels), Jos Gevers (Apotheker
Pauwels), Jaak De Voght (Handelsreiziger),
Lizy Van der Straeten, Gene Bertels,
Mariette Francis
LANGUAGE: Dutch
GAUGE: 35 mm
SILENT/SOUND: sound
B&W/COLOUR: B&W
MINUTES: 106'

◆ Edith Kiel, the queen of the Antwerp farces, filmed all her work in the AFO studio in Deurne. It would be euphemistic to call her films theatrical farces shot on the cheap, especially those made in the early years under often difficult conditions. Because Kiel rarely filmed outside the confines of her studio, the actors often made their entrances and exits by one door, a handicap which even the most dazzling American studio films of the fifties had to contend with. Yet hampered by the weak screenplay, bad acting and rudimentary dialogue, Kiel was incapable of hiding this disturbing repetition. Another shortcoming was the dubbing of the rare scenes shot on location. Several days or even weeks after shooting, the actors had to redo their dialogues in the studio; hence the soundtrack, devoid of any other background noise, was of extremely poor quality.

Worth Sinning For is an uninspired sketch which will go down in the history of Flemish film as the screen début of the popular cabaret artist Gaston Berghmans. Here he tries to solve the financial problems of his two nephews who are desperately trying to keep their petrol station going, all the while ensuring that his aunts are kept in the dark. Another moment which went down in the annals of Flemish film history is the long kiss in close-up exchanged at the end of the film between Berghmans and Frieda Linzi. Apart from the burlesque Woodpeckers and Tony Bell as a lingerie salesman, there is the chance to savour an impressive Nini De Boël in her last Kiel role.

● Edith Kiel, la reine des farces anversoises, tourne tous ses films dans le même studio. Ce serait encore un euphémisme que de décrire ses films, qui, à ses débuts surtout, sont souvent réalisés dans des conditions difficiles, comme des loufoqueries théâtrales filmées à bon compte. Kiel ne tournant presque jamais en dehors de son studio, les acteurs sont souvent contraints de faire leur entrée ou de quitter la scène par une porte, handicap dont souffrent également les films de studio américains les plus étourdissants des années 50. Mais, à cause de son faible scénario, du jeu insipide des acteurs et de la syntaxe rudimentaire du film, Kiel ne parvient pas à masquer cet effet de répétition gênant. Un autre point faible est le doublage des rares scènes extérieures. Les acteurs revenaient au studio quelques jours ou quelques semaines après le tournage pour y rejouer leurs dialogues. La bande sonore, dépourvue de tout bruitage d'ambiance, est dès lors très pauvre.

Cela vaut un péché, sketch peu inspiré, est le premier film de l'artiste de cabaret populaire Gaston Berghmans. Dans cette histoire, il doit, à l'insu de ses tantes, résoudre les problèmes d'argent de ses deux cousins qui ont toutes les peines du monde à garder ouverte leur station-service. Le long baiser final en gros plan échangé entre Berghmans et l'actrice Frieda Linzi restera également dans les annales du cinéma flamand. Outre les burlesques Woodpeckers et Tony Bell en vendeur de lingerie, Nini De Boël nous livre une très bonne prestation dans son dernier rôle pour Kiel.

▶ Edith Kiel, de koningin van de Antwerpse kluchten, nam al haar films in de AFO-studio te Deurne op. Het zou een eufemisme zijn haar films, die zeker in de beginperiode vaak onder moeilijke omstandigheden tot stand kwamen, als goedkoop verfilmde toneelkolder te omschrijven. Doordat Kiel bijna niet buiten de muren van haar studio filmde, maakten de acteurs dikwijls hun entree of verlieten ze de scène via een deur: een handicap waar zelfs de wervelendste Amerikaanse studiofilms uit de jaren 50 onder gebukt gingen. Maar Kiel wist dat storende herhalingseffect, als gevolg van het zwakke scenario, het flauwe acteerspel en de rudimentaire filmtaal, niet weg te moffelen. Een ander euvel was de nasynchronisatie van de schaarse buitenscènes. Enkele dagen of weken na de opnamen moesten de acteurs hun dialogen in de studio nog eens komen overdoen. De klankband, zonder achtergrond- of detailgeluid, was daardoor erg arm.

Een zonde waard is een weinig geïnspireerde sketch die de Vlaamse filmgeschiedenis zal ingaan als het filmdebuut van de populaire cabaretier Gaston Berghmans. Hier moet hij, achter de rug van zijn tantes, de geldproblemen van zijn twee neven oplossen die al de moeite van de wereld hebben om hun pompstation open te houden. Memorabel voor de Vlaamse film is de lange zoen in close-up die Berghmans op het einde met actrice Frieda Linzi mag uitwisselen. Behalve De Woodpeckers als sfeermakers en Tony Bell als lingerie-verkoper is ook Nini De Boël, in haar laatste rol onder regie van Edith Kiel, weer sterk. (LJ)

Fils d'Imana

Eric Weymeersch

Fils d'Imana
Zoon van Imana
Imana's Son

DIRECTOR: Eric Weymeersch
YEAR: 1959
COUNTRY: BE
SCREENPLAY: Alexis Kagame
CAMERA: Eric Weymeersch
PROD. CO.: Africa-Films (Costermansville/Bukavu-
Antwerpen)
LANGUAGE: French
GAUGE: 35 mm
SILENT/SOUND: sound
B&W/COLOUR: colour
MINUTES: 90'

◆ Five years after his religious propaganda film on Palestine, **Holy Land**, the White Father Eric Weymeersch left for Ruanda (now Rwanda) to shoot **Imana's Son**. Also an evangelist film, it set out to spotlight the similarities between the Christian religion and that of the Batwa, Hutu and Tutsi peoples. Both religions are monotheistic (the Ruandan tribes worship the omnipotent Imana) and also share a similar account of the origin of life. The christianization of these peoples was thus supposed to occur quite "naturally".

Weymeersch incorporates these ideas into a film on the history of pre-colonial Ruanda. This is told by the Ruandan historian Alexis Kagame, who explains how the land was born of fire and how plants, animals and human beings were created. Then follows the story of the great Tutsi migration in search of the Land of the Thousand Hills, where they finally settled and their homes were erected by the Hutu at their command. Ruanda is a great nation of firm foundations as it is born of one god, Imana.

Whereas previous films were more concerned with illustrating the divide between the "African barbarian" and the "good white man", here Weymeersch distils the positive elements from the history of Ruanda and succeeds in interweaving subtly the native religions with Christianity. The historical thread of the film nevertheless very much betrays the colonial Belgian bias towards the Tutsi. A few months after its release, Ruanda gained its independence and the Hutu seized power. **Imana's Son** was withdrawn from the cinemas.

● Cinq années après son film de propagande religieuse sur la Palestine, **Terre Sainte**, le Père Blanc Eric Weymeersch part au Ruanda (l'actuel Rwanda) pour y tourner **Fils d'Imana**. Ce film engagé veut mettre en lumière les similarités entre la religion chrétienne et celle des Batwas, Hutus et Tutsis. Elles sont toutes deux monothéistes (les tribus ruandaises croient au dieu tout-puissant Imana) et leurs récits de l'origine de la vie sont similaires. La christianisation de ces peuplades pourrait donc se faire, croyait-on, de façon très "naturelle".

Weymeersch développe ces idées dans un film sur l'histoire précoloniale du Ruanda. Il donne la parole à l'historien ruandais Alexis Kagame, qui explique comment le Ruanda fut créé à partir du feu, et qui raconte l'origine des plantes, des animaux et des êtres humains, ainsi que la grande migration des Tutsis à la recherche du Pays des Mille Collines où ils finiront par s'établir et où ils feront construire leurs habitations par les Hutus. Le Ruanda constitue une grande nation solide car chacun y est issu d'un même dieu, Imana.

Si les films précédents s'attachaient plus à mettre en scène les oppositions entre "l'Africain barbare" et "le bon Blanc", Weymeersch distille ici les éléments positifs de l'histoire du Ruanda et réussit à intégrer de manière très subtile la religion des peuplades ruandaises dans la chrétienté. Toutefois, la prédilection raciale du colonial belge en faveur des Tutsis s'exprime à travers l'évocation historique. Quelques mois après la sortie du film, le Ruanda accéda à l'indépendance et les Hutus prirent le pouvoir. **Fils d'Imana** fut retiré de la circulation.

▶ Vijf jaar na zijn religieuze propagandafilm over Palestina, **Waar de hemel zong**, gaat Witte Pater Eric Weymeersch bij de Batwa-pygmeeën in Ruanda (het huidige Rwanda) **Fils d'Imana** draaien. Deze evangeliserende film wil de gelijkenissen aantonen tussen het christendom en de godsdienst van de Batwa's, Hutu's en Tutsi's: beide godsdiensten zijn monotheïstisch (de Ruandese stammen geloven in de oppermachtige god Imana) en beide kennen ook gelijkaardige verhalen over het ontstaan van het leven. De kerstening van deze volkeren kan dus, meende men, op een zeer natuurlijke wijze gebeuren.

Weymeersch werkt deze ideeën uit in een film over de prekoloniale geschiedenis van Ruanda. Hij laat de Ruandese historicus Alexis Kagame vertellen over hoe Ruanda uit het vuur ontstond, over de geboorte van planten, dieren en mensen, over de grote migratie van de Tutsi's op zoek naar het Land van de Duizend Heuvels, waar ze zich tenslotte zullen vestigen en hun huizen laten bouwen door de Hutu's. Ruanda is een grote en solide natie want iedereen is een kind van God, van Imana.

Weymeersch distilleert de positieve elementen uit de geschiedenis van Ruanda, terwijl vroegere films zich meer toespitsten op de tegenstellingen tussen de "barbaarse Afrikaan" en de "goede blanke". Op een zeer subtiele manier laat Weymeersch dus het christendom en de godsdienst van de Ruandese volkeren in elkaar vloeien. Maar op een ander niveau schuilt in zijn film de raspredilectie van de Belgische koloniaal. Enkele maanden na het uitkomen van de film werd Ruanda onafhankelijk en grepen de Hutu's de macht. **Fils d'Imana** werd van de schermen gehaald. (MT)

Un week-end fantastique

Gaston Schoukens

Un week-end fantastique
Fantastisch week-end
A Fantastic Weekend

DIRECTOR: Gaston Schoukens
YEAR: 1959
COUNTRY: BE
SCREENPLAY: Gaston Schoukens
CAMERA: André Laroche
COMMENTS: Gaston Schoukens
PROD. CO.: Coro Film (Bruxelles)
VOICES: Jacques Mayar (Speaker), Georges Aubrey (M. Martin), Yolande Valois (Mme Martin)
LANGUAGE: French
GAUGE: 35 mm
SILENT/SOUND: sound
B&W/COLOUR: B&W
MINUTES: 72'

Scandale à La Belgique Joyeuse
Schandaal in La Belgique Joyeuse
Scandal in La Belgique Joyeuse

DIRECTOR: Gaston Schoukens
YEAR: 1959
COUNTRY: BE
SCREENPLAY: Noël Barcy, Félix Bell [Gaston Schoukens]
DIALOGUE: Noël Barcy, Félix Bell [Gaston Schoukens]
CAMERA: Paul Flon, André Laroche
ART DIRECTOR: Suzanne Varlet
PROD. CO.: Coro Film (Bruxelles)
CAST: Betty Love, Paul Varlet, Jean-Marie de Ronchêne
LANGUAGE: French
GAUGE: 35 mm
SILENT/SOUND: sound
B&W/COLOUR: B&W
MINUTES: 108'

◆ Almost a year after the close of the 1958 Exposition, Gaston Schoukens combined news footage he shot during the six memorable months of the World's Fair with extracts from his previous films to create two separate works. He explained: "I believe that the time has now come for nostalgia and that people will enjoy seeing once again the sights, now disappeared, that they visited last year."

The shorter of the two films, **A Fantastic Weekend**, takes an ironic look at the motley crowd that invaded the pavilions and attractions, collapsing on the brink of exhaustion on staircases and lawns, the course of their visit commentated on by two down-to-earth Belgians (played by Georges Aubrey and Yolande Valois). **Scandal in La Belgique Joyeuse** limits itself to the folklore section of the Exposition (La Belgique Joyeuse was a traditional village rebuilt on the site) presided over by the coarse chansonnier Jean-Marie. Here we also find the vivacious Betty Love, over thirty years on from **On With the Music** and **Those Were the Days**, with this dated effort feeling like an uninspired rehash of the earlier films.

These two works are piecemeal, and today their value is primarily documentary. They are a long way indeed from their director's legendary pre-war hits. Ever dynamic, Schoukens was considering a remake of **Body No.5** when he fell victim to a heart attack in April 1961, closing the curtain on the heroic era of popular Belgian cinema. In this same year Emile-Georges De Meyst made his last film and Jan Vanderheyden died in Antwerp, as if the trio were bidding a final farewell to the bygone age of the craftsmen of popular film.

● Près d'un an après la fermeture de l'Exposition de 1958, Gaston Schoukens va utiliser, à la fois, des actualités qu'il a tournées au long des six mois mémorables de la gigantesque World's Fair, et des extraits de ses films antérieurs, pour en tirer deux œuvres différentes. "Je pense", déclare-t-il alors, "que le temps de la nostalgie est maintenant venu et que le public aimera revoir les lieux disparus où il s'est rendu l'an dernier."

Le plus court de ces deux films, **Un week-end fantastique**, suit avec ironie la faune bigarrée qui envahit pavillons et attractions et s'affale au bord de l'épuisement sur les escaliers ou les pelouses, le tout commenté par deux bons Belges moyens (joués par Georges Aubrey et Yolande Valois). **Scandale à La Belgique Joyeuse** se cantonne à la section folklorique de l'Exposition, avec son savoureux bourgmestre, le chansonnier Jean-Marie. On y retrouvait la pétulante Betty Love, plus de trente ans après **En avant la musique** et **C'était le bon temps**. Mais le souvenir de ces films ne fait que mettre en évidence le caractère démodé et déjà hors du temps de cette nouvelle œuvrette.

Ces deux films affirment un côté "bricolage" et sont très éloignés des fictions légendaires d'avant-guerre. Aujourd'hui, leur valeur est surtout documentaire. Schoukens, toujours dynamique, songeait à un remake du **Cadavre n°5**, lorsqu'il succomba à un infarctus, en avril 1961, tirant le rideau sur l'époque héroïque du cinéma belge. La même année, Emile-Georges De Meyst tournait son dernier film et Jan Vanderheyden mourait à Anvers, comme si le trio disait adieu à cette époque bien révolue des artisans du film populaire. (RM)

▶ Ongeveer een jaar na de Expositie van 1958 maakte Gaston Schoukens een compilatie van de actualiteitsbeelden die hij van de gigantische, zes maanden durende World's Fair had gedraaid. Hij voegde hier wat scènes uit vroegere films aan toe en had zo voldoende stof voor twee nieuwe producties. "Ik denk", verklaarde hij, "dat de tijd van nostalgie is aangebroken en dat het publiek graag de plaatsen zal herontdekken waar het vorig jaar naartoe trok."

De kortste van deze films, **Un week-end fantastique**, volgt met ironie het bonte allegaartje dat de paviljoenen overspoelt om vervolgens bekaf op de grasvelden en trappen neer te strijken, begeleid door het commentaar van twee rechtgeaarde Belgen (vertolkt door Georges Aubrey en Yolande Valois). **Scandale à La Belgique Joyeuse** beperkt zich tot het folkloristische deel van de Expo, met zijn sappige burgemeester-chansonnier Jean-Marie. Ook de bruisende Betty Love vinden we hier terug, 30 jaar na **En avant la musique** en **C'était le bon temps**. Maar de herinnering aan deze films bevestigt alleen maar het anachronistische aspect van dit werkje.

Beide titels hebben nu vooral documentaire waarde en blijven ver verwijderd van de legendarische speelfilms van voor de oorlog. Nog altijd even dynamisch, plande Schoukens een remake van **Le cadavre n°5** maar een hartaanval kostte hem het leven in april 1961. Hiermee viel het doek over een heroïsche episode uit de Belgische filmgeschiedenis. In datzelfde jaar regisseerde Emile-Georges De Meyst zijn laatste film en overleed Jan Vanderheyden in Antwerpen, alsof het trio in koor vaarwel zei aan de vervlogen hoogdagen van de ambachtelijke volksfilm.

Un week-end fantastique

Ma femme et moi

André Cornil

Ma femme et moi
Mijn vrouw en ik
My Wife and I

DIRECTOR: André Cornil
YEAR: 1959
COUNTRY: BE
CAMERA: André Cornil
LANGUAGE: French
GAUGE: 16 mm
SILENT/SOUND: sound
B&W/COLOUR: colour
MINUTES: 90'

◆ A year before the Congolese declaration of independence, the priest André Cornil made **My Wife and I**, shot near Kivu in the east of the colony. Cornil's spirit was still resolutely colonial, launching with this film an all-out attack on the traditional practice in which the family chooses a marriage partner, possibly with payment of a dowry. The film explores the failings of a traditionally arranged marriage by focusing on one unhappy couple. Despite the problems, the elders responsible for this pairing still command the same respect in the eyes of the community. Cornil shows the indigenous population that marriage is a personal and not a family matter.

The protagonists of **My Wife and I** are "évolués", in other words intellectual Congolese. Stéphane, a veterinary student, does not get along too well with his wife until, through a pure coincidence, she learns to read; she gradually becomes just as learned as her husband and starts leading a much more active life.

Just like **Modern Girls**, this feature film has a definite documentary feel to it and uses a voice-over. It presents us with an evaluation of the various aspects of colonial administration and the different agricultural techniques introduced into Central Africa by the Europeans. Noteworthy is also the film's title, very typical of a missionary film, seeming to address the Africans directly as if the speaker were one of them. This contrasts sharply with the condescending tone adopted by the government in its relations with the black population, apparent in the titles of educational films such as **Use Your Spectacles**, made by Inforcongo in the same period.

● L'abbé André Cornil tourna **Ma femme et moi** un an avant l'indépendance congolaise, aux environs de Kivu, près de la frontière orientale de la colonie. Tout imprégné encore de l'ambiance coloniale, Cornil va très loin dans sa déconstruction des usages matrimoniaux selon lesquels c'est le clan familial qui choisit le partenaire, avec ou sans dot. Il met en scène l'histoire d'un couple marié selon la tradition et dont le mariage a sombré. Cela n'empêche nullement les anciens ayant pris la décision de continuer à jouir de la considération générale. Cornil montre ainsi aux indigènes que le mariage est affaire individuelle et non familiale.

Les protagonistes de **Ma femme et moi** sont des "évolués" (en d'autres mots des Congolais intellectuels). Stéphane, étudiant en médecine vétérinaire, ne s'entend pas très bien avec sa femme jusqu'à ce que, suite à une coïncidence, elle apprenne à lire. Elle devient alors aussi instruite que son mari et commence à mener une vie beaucoup plus active.

Tout comme dans **Jeunes filles d'aujourd'hui**, Cornil utilise une voix de commentaire et réalise une œuvre très documentaire, s'arrêtant aux réalisations de l'administration coloniale et aux diverses formes d'exploitation agricole introduites par les Européens en Afrique centrale. Le titre du film est typique des films missionnaires, il semble s'adresser directement aux Africains, comme s'il était formulé par l'un d'eux. Ce procédé diffère radicalement du ton condescendant utilisé par le gouvernement dans ses relations avec la population noire. Les titres des films éducationnels, comme **Utilisez vos lunettes**, réalisés à la même période par Inforcongo en sont les témoins.

▶ Een jaar voor de Kongolese onafhankelijkheid draait priester André Cornil **Ma femme et moi** in de streek rond Kivu, aan de oostelijke grens van de kolonie. Cornil, nog steeds in een sterk kolonialistische stemming, gaat heel ver in zijn pogingen tot ontmanteling van de traditionele huwelijksgebruiken, waarbij de familieclan de huwelijkspartner kiest en waar al dan niet een bruidsschat aan te pas komt. In deze film zijn we getuige van de mislukte relatie van een echtpaar dat op traditionele wijze in het huwelijksbootje is gestapt. De ouderen die destijds de beslissing namen, verliezen hun aanzien echter niet. Cornil toont de inlanders dat het huwelijk een individuele zaak en geen familiezaak is.

De protagonisten van **Ma femme et moi** zijn "évolués", intellectuele Kongolezen. Stéphane, een leerling-veearts, kan het niet zo goed vinden met zijn vrouw, tot zij - louter toevallig - leert lezen, om zich tenslotte op te werken tot het niveau van haar man en een actief leven te gaan leiden.

Net zoals **Jeunes filles d'aujourd'hui** heeft deze speelfilm veel weg van een documentaire; ook hier gebruikt Cornil een commentaarstem. Er wordt stilgestaan bij de verwezenlijkingen van de koloniale administratie en de diverse landbouwmethoden die door de Europeanen in Centraal-Afrika werden geïntroduceerd. Ook opvallend is de voor een missionarisfilm zo typische titel, die de Afrikanen rechtstreeks lijkt aan te spreken als was de missionaris een van hen. Daartegenover staan de educatieve films gedraaid door de overheid - die de zwarten eerder betuttelend en neerbuigend behandelt -, met titels als **Utilisez vos lunettes**, gerealiseerd door Inforcongo rond dezelfde periode. *(GC)*

Ce soir on tue

Yvan Govar

Ce soir on tue
Y en a marre
Le gars d'Anvers
Deze nacht wordt er gedood
Tonight We Kill

DIRECTOR: Yvan Govar
YEAR: 1959
COUNTRY: BE-FR
SCREENPLAY: M.C. Moreau, François Germain
BASED ON: a novel by Jean-Michel Sorel
DIALOGUE: M.C. Moreau, François Germain
ASST. DIR.: Jean-Claude Dumoutier
DIR. PHOT.: Pierre Petit
CAMERA: Noël Martin
SOUND: Norbert Gernolle
MUSIC: Alain Romans
ART DIRECTOR: Norbert Bouladoux
PRODUCER: Yvan Govar, Jacques Boris
PROD. CO.: Belgodiex (Bruxelles), Yak Films (Paris)
PROD. SUPERV.: André Deroual
CAST: Pierre Trabaud (Larry Lane), Jess Hahn (Son copain Dave), Danièle Godet (Colette), Barbara Laage (Nelly), Dominique Wilms (La chanteuse Mireille), René Dary (Franz), Christian Mery (Paulo le Corse), Yves Vincent (Le commissaire), Marcel Portier
LANGUAGE: French
GAUGE: 35 mm
SILENT/SOUND: sound
B&W/COLOUR: B&W
MINUTES: 88'

◆ **The Doc** and **The Midnight Circuit** have already given us cause to touch on the character of Yvan Govar, an anomaly in the Belgian film-making scene of the period - with two feature films and a successful acting career in France behind him at the age of 22, an addiction to cinema drove him to turn out films at any price but without ever attaining a particularly high quality. He was an artisan who could be classed alongside Emile-Georges De Meyst and Gaston Schoukens (both of whom were by this point reaching the end of their careers) but, unlike the new wave of Belgian directors who were to emerge around 1960, no innovator. Witness, once again, his third film, completed only after a string of difficulties, interruptions and financial problems which stretched out over a period of two years. Govar agreed to shoot this umpteenth reworking of the "Série noire" in Paris after several months of unemployment. In the end, much of the action was filmed in Antwerp as part of a co-production.

The plot - infinitely familiar - is an episode from Interpol's war against drug traffickers. All the mythic genre elements are present and correct, with shoot-outs and punch-ups, an investigative journalist in the Rouletabille mould (Gaston Leroux' hero), the cynical gang boss (René Dary, yet again playing the heavy), the nightclub and seedy underbelly of Antwerp. We even come across the former star of **Gun Moll** - our compatriot Dominique Wilms, ever typecast as the femme fatale - as well as an impressive team of acrobatic stuntmen who indulge in the inevitable spot of fisticuffs each time the interest wanes (i.e. frequently).

● Nous avons déjà évoqué, à propos de **Toubib** et de **Circuit de minuit**, le personnage assez insolite dans notre paysage cinématographique qu'était Yvan Govar. Deux longs métrages à 22 ans, une belle carrière théâtrale en France, et une boulimie du cinéma le poussant à tourner à tout prix ne lui ont pourtant jamais permis d'atteindre une qualité transcendante. Govar est un artisan, qu'on peut situer aux côtés d'Emile-Georges De Meyst ou de Gaston Schoukens (qui achèvent leur carrière à cette époque), mais pas un novateur comme ceux qui vont surgir vers 1960 en Belgique. Témoin, à nouveau, son troisième film qu'il n'achèvera qu'après beaucoup de difficultés, arrêts et pannes d'argent, au terme de deux années. Il s'agit d'un centième échantillon de la Série noire, qu'il accepte de commencer à Paris après plusieurs mois de chômage et dont le titre, **Y en a marre**, est déjà tout un programme. Une grande partie de l'histoire sera finalement réalisée à Anvers, en coproduction.

L'histoire, mille fois contée, est un épisode de la lutte des policiers d'Interpol contre les trafiquants de drogue. Toute la mythologie du genre est au rendez-vous: fusillades, coups de poing, détective-journaliste à la Rouletabille, cynique chef de gang (René Dary joue une fois de plus les durs), boîte de nuit et bas-fonds anversois. On y croise l'ex-**Môme vert de gris**, notre compatriote Dominique Wilms, dans son stéréotype bien rodé de femme fatale, ainsi qu'une impressionnante figuration de cascadeurs et de catcheurs, chargés de déclencher les bagarres attendues chaque fois (donc, souvent) que l'intérêt commence à fléchir. (RM)

▶ Over Yvan Govar is al gesproken naar aanleiding van **Le toubib** en **Le circuit de minuit**. Hij was een buitenbeentje in de Belgische filmwereld, met twee langspeelfilms op 22-jarige leeftijd, een mooie toneelloopbaan in Frankrijk, en een filmfanaat, wat hem ertoe dreef tot elke prijs zelf te filmen, zonder ooit een uitzonderlijk niveau te bereiken. Een vakman die men kan plaatsen naast een Emile-Georges De Meyst of Gaston Schoukens (die omstreeks dezelfde tijd hun loopbaan beëindigen), maar geen vernieuwer zoals degenen die rond 1960 in België op de voorgrond treden. Getuige, nogmaals, zijn derde film, die hij pas na twee jaar zou afwerken na talloze moeilijkheden, oponthoud en geldgebrek. Het is een zoveelste "Série noire"-staaltje met een veelzeggende titel **Y en a marre**. Govar zegt toe om in Parijs te beginnen, na meerdere maanden werkloosheid, maar een goed deel van het verhaal zal uiteindelijk in Antwerpen gedraaid worden, in coproductie.

Het al eerde gehoorde verhaal omvat een aflevering uit de strijd tussen Interpol-agenten en drughandelaars. Heel de mythologie van het genre is aanwezig, met vuurgevechten en vechtpartijen, detective-journalist à la Rouletabille (de held van Gaston Leroux) en cynische bendeleider (nogmaals speelt René Dary de rol van heethoofd), nachtkroeg en Antwerpse onderwereld. We zien de vroegere **Môme vert de gris** aan het werk, onze landgenote Dominique Wilms (goed ingewerkt in haar stereotiepe rol van femme fatale) en een indrukwekkend gezelschap van stuntman-catchers belast met het uitlokken van de voorspelbare vechtpartijen telkens wanneer de aandacht begint te verslappen (dus nogal vaak).

Hoe zotter, hoe liever

Edith Kiel

Hoe zotter, hoe liever
Au plus fou, au mieux
The Dafter the Better

DIRECTOR: Edith Kiel
YEAR: 1960
COUNTRY: BE
SCREENPLAY: Edith Kiel
DIR. PHOT.: Paul De Fru
CAMERA: Paul De Fru
EDITING: Edith Kiel, Gisela Werner
SOUND: René Lebrun
MUSIC: Jeff Derwey
PRODUCER: Edith Kiel
PROD. CO.: Antwerpse Filmonderneming AFO (Antwerpen)
CAST: Jef Cassiers (Juleke), Cois Cassiers (Frans), Gaston Berghmans (Mil), Frieda Linzi (Caroline), Denise De Weerdt (Yvonne), Perry Cotta, Paula Sleyp, Staf Permentier, Diane Van der Vreken, Staf De Clercq, Stan Van den Eynde, Gene Bertels, Tony Bell, Jan Moonen, Willy Van Heesvelde, Ernest Moeyersons, Jenny Tanghe, Robert Van der Veken, Mariette Arkels, Lizy Berna
LANGUAGE: Dutch
GAUGE: 35 mm
SILENT/SOUND: sound
B&W/COLOUR: B&W
MINUTES: 100′

◆ During the early 1950s, the comic duo Jef and Cois Cassiers attained great popularity as the Woodpeckers in the flourishing world of Antwerp cabaret. As of 1955, they appeared in the films of Edith Kiel and with the rise of television soon became a comic institution throughout Flanders. With the exception of one or two riotous guest appearances and secondary roles, the two brothers were always cast as clumsy but likeable idlers, simple, well-disposed buffoons who, after a string of topsy-turvy adventures, manage to put right the damage they have caused. Jef Cassiers was particularly good at raising laughs with his wild cartoon grimaces. His previous career as an animation artist stood him in good stead and would culminate in his own full-length animation film, **Jan the Fearless** (1984). Together with Gaston Berghmans, another well-known Antwerp comic, this vaudeville trio were the showpieces of Kiel's simple - and numerous - popular comedies between 1959 and 1961. **The Dafter the Better** - the title speaks volumes - was their fourth collaboration. As so often in Kiel's films, the screenplay is stereotypically constructed around a suspicion of marital infidelity, with the innocent Juleke (played by Jef Cassiers) at risk of becoming the victim of the affair. Juleke is a poor, simple postman who has been pursuing Yvonne (played by Denise De Weerdt) for years. The predictable and rather unimaginative plot again shows just how difficult it was for Kiel to change register.

● Au début des années 50, le duo comique des Woodpeckers, formé par Jef et Cois Cassiers, faisait fureur dans le monde florissant du cabaret anversois. A partir de 1955, Edith Kiel engagea le célèbre tandem pour jouer dans ses films, et les deux hommes devinrent des vedettes, notamment grâce à l'avènement de la télévision. Abstraction faite de quelques rôles secondaires turbulents, les deux frères jouaient toujours les paumés maladroits mais sympathiques, des gars simples avec un bon fond qui, après avoir vécu mille et une aventures, réussissaient finalement à réparer les pots cassés. Jef Cassiers surtout savait déclencher les rires avec ses incroyables grimaces de personnage de dessin animé. Son passé d'animateur était incontournable - un amour qui allait d'ailleurs se manifester avec la réalisation d'un long métrage d'animation, **Jean Sans Peur** (1984). Avec Gaston Berghmans, autre comique anversois réputé, ces clowns de vaudeville furent entre 1959 et 1961 le principal atout de Kiel. **Au plus fou, au mieux** fut le quatrième travail de collaboration de ce trio. Le scénario, comme souvent chez Kiel, est construit de manière stéréotypée sur le thème d'une prétendue infidélité conjugale. L'innocent Juleke (Jef Cassiers), un pauvre facteur simplet qui brigue la main d'Yvonne (Denise De Weerdt), risque de devenir le dindon de la farce. L'intrigue, prévisible et dépourvue de toute ingéniosité, démontre une fois de plus combien Kiel éprouve des difficultés à changer de registre.

▶ Het komisch duo Jef en Cois Cassiers maakten begin jaren vijftig furore als De Woodpeckers in het bloeiende Antwerpse cabaret. Edith Kiel schakelde de populaire tandem vanaf 1955 in haar films in en, mede dankzij de opkomst van de televisie, groeiden ze uit tot een begrip in Vlaanderen. Enkele turbulente bij- of gastrollen niet te na gesproken, werden de broers altijd gecast als onhandige maar sympathieke leeglopers, simpele types met een goede inborst die na wilde avonturen er toch in slaagden de brokken te lijmen. Vooral Jef Cassiers, met zijn wilde grimassen van een tekenfilmfiguur, had de lachers aan zijn kant. Zijn verleden als animatietekenaar - een liefde die later zou leiden tot de realisatie van een lange animatiefilm, getiteld **Jan Zonder Vrees** (1984) - was onmiskenbaar. Samen met Gaston Berghmans, een andere bekende Antwerpse komiek, waren de vaudeville-clowns van 1959 tot 1961 het paradepaardje van Edith Kiel, die aan de lopende band simpele volkskluchten produceerde. **Hoe zotter, hoe liever** - de titel spreekt boekdelen - was de vierde film die groeide uit de samenwerking van het trio. Zoals vaak bij Kiel is het scenario stereotiep opgebouwd rond vermeende huwelijksontrouw. De dupe van de hele historie dreigt Juleke (rol van Jef Cassiers) te worden: een arme, eenvoudige postbode die al jaren naar de hand van Yvonne (Denise De Weerdt) dingt. Het weinig ingenieuze plot bewijst nog maar eens hoe moeilijk Kiel van register kon veranderen en bleef steken in voorspelbare volkse humor. (LJ)

Antarbel

Ludo Dillen

Antarbel

DIRECTOR: Ludo Dillen
YEAR: 1960
COUNTRY: BE
CAMERA: Ludo Dillen
EDITING: Rose Tuytschaver
SOUND: Walter De Neyer
MUSIC: Arsène Souffriau
COMMENTS: Frank Bastin
PROD. CO.: Soprofilm (Bruxelles)
VOICES: Paul Anrieu
LANGUAGE: French
GAUGE: 16 mm
SILENT/SOUND: sound
B&W/COLOUR: colour
MINUTES: 61'

◆ In 1957 two icebreakers left the port of Antwerp bound for the South Pole. On board was a Belgian scientific expedition led by Gaston de Gerlache de Gomery, as well as a film crew from the Ministry of National Education. Film-maker Raymond Carels made two scientific documentaries about this journey. **Belgian Presence in the Antarctic** (1960, 56'), a chronological account of the expedition from 1957 to 1958, and **Due South** (1960, 59'), which places greater emphasis on the scientific work carried out and on the search for four members who suddenly go missing. Given their educational nature, both films were originally intended to be shown only in schools, but distributor Ciné Vog Films was so impressed by the second production that it decided to give it a general release, as had been the case earlier for the similar documentary **Masters of the Forest**. It was even selected for the 1961 Cannes festival.

Between 1959 and 1960, another expedition was sent to the South Pole, led by Frank Bastin and accompanied by film-maker Ludo Dillen, who had a new film crew from the Ministry of National Education at his disposal. This second expedition continued the work of the first. Dillen's film **Antarbel** provides a chronological account of this enterprise and its scientific experimentation: the transfer of all the equipment to the King Baudouin base, meteorological observations, the study of snow or ice-crystals, the measuring of the magnetic field, etc. However, **Antarbel** was not put on general release and remained confined to schools.

● En 1957, deux brise-glaces quittèrent le port d'Anvers à destination du pôle Sud. A bord de ces navires se trouvait une expédition scientifique belge sous la direction de Gaston de Gerlache de Gomery ainsi qu'une équipe de cinéma du Ministère de l'Education Nationale.

Le cinéaste Raymond Carels réalisa deux films sur ce voyage. **Présence belge dans l'Antarctique** (1960, 56') est le récit chronologique de l'expédition, de 1957 à 1958. **Plein sud** (1960, 59') met davantage l'accent sur le travail scientifique et sur la recherche de quatre membres de l'équipe qui, à un moment donné, s'étaient évanouis dans la nature. Le caractère didactique des deux films les destinait surtout aux écoles. Le distributeur Ciné Vog Films fut toutefois impressionné par le second et décida de le présenter en salle, à l'instar du documentaire du même ordre **Les seigneurs de la forêt**. La production fut même sélectionnée pour le festival de Cannes de 1961.

De 1959 à 1961, une seconde expédition séjourna en Antarctique, dirigée par Frank Bastin et accompagnée d'une nouvelle équipe du Ministère de l'Education Nationale dont le cinéaste Ludo Dillen. Les chercheurs continuèrent les tâches entreprises par leurs prédécesseurs. Le film de Dillen, **Antarbel**, donne un aperçu chronologique de l'expédition et de ses expériences scientifiques: débarquement du matériel à la base Roi Baudouin, observations météorologiques, étude des cristaux de neige et de glace, mesurage du champ magnétique, etc. Cependant, **Antarbel** n'atteindra jamais les salles de cinéma et ne sera diffusé que dans les écoles.

▶ In 1957 verlieten twee ijsbrekers de haven van Antwerpen met als bestemming de Zuidpool. Aan boord bevond zich een Belgische wetenschappelijke expeditie onder leiding van Gaston de Gerlache de Gomery en een filmploeg van het ministerie van Nationale Opvoeding.

Over deze tocht maakte cineast Raymond Carels twee wetenschappelijke films: **De Belgen aan de Zuidpool** (1960, 56'), een chronologisch verslag van de expeditie tussen 1957 en 1958, en **Plein sud** (1960, 59'), dat eerder de nadruk legt op het wetenschappelijk werk en de zoektocht naar vier bemanningsleden die opeens spoorloos verdwenen waren. Beide films zijn, gezien hun didactische karakter, vooral bestemd voor schoolvertoningen. Maar distributeur Ciné Vog Films kwam onder de indruk van de tweede film en besloot hem uit te brengen in de zalen, in navolging van de gelijkaardige documentaire **Vrijheren van het woud**. De productie werd zelfs geselecteerd voor het Festival van Cannes in 1961.

Van 1959 tot 1960 vertoefde een nieuwe expeditie aan de Zuidpool, geleid door Frank Bastin en vergezeld van de cineast Ludo Dillen en een nieuwe filmploeg van het ministerie van Nationale Opvoeding. Deze tweede expeditie zette de taken van de vorige verder. De film van Dillen, **Antarbel**, brengt een chronologisch verslag van de onderneming en de wetenschappelijke proefnemingen: het overbrengen van het materiaal naar de Koning Boudewijn-basis, meteorologische waarnemingen, de studie van sneeuw- en ijskristallen, de meting van het magnetisch veld enz. **Antarbel** haalde de bioscoopschermen echter niet en werd enkel in scholen vertoond. *(PG)*

Wadimbisa

André Cornil

Wadimbisa

DIRECTOR: André Cornil
YEAR: 1960
COUNTRY: BE
SCREENPLAY: André Cornil
CAMERA: André Cornil
PROD. CO.: Centrexaf (Léopoldville)
CAST: Jean Nebengbo, Philippe Kalundero, Maria Ngumbe, Elisabeth Mutendola, Lucia Agbaka, Boniface Bekiomani, Michel Mbunza, Jean Bagbayi, Corneille Bamombi, Jean-Marie Besingidimi, Raphaël Bondayi, Grégoire Gboya
LANGUAGE: French
GAUGE: 16 mm
SILENT/SOUND: silent
B&W/COLOUR: colour
MINUTES: 80'

◆ At the end of the 1950s, more and more of the African population in the Belgian colony were given the opportunity to work for themselves. Obviously, however, this meant adapting to the western model of the free market, which placed individual welfare above that of the collective and prevented people from giving free professional services to (distant) family members. The importance of these new rules is explored in **Wadimbisa**. A young man graduates from technical college and wishes to establish himself as a carpenter in his native village. When he finds it impossible to earn any money there, he emigrates to the city, where an uncle gives him sound advice on setting up his own business as a cabinetmaker. His uncle teaches him that despite his qualifications, he must think pragmatically and stay in touch with reality. He must make serviceable, well-made products such as furniture and not get it into his head to produce arty knick-knacks that nobody will ever buy. Time and care, order and maintenance are of the utmost importance. Once the young man achieves financial stability through the practice of his trade, he marries the daughter of a progressive, westernized chief.

Wadimbisa was never shown, due to the fact that the film was not completed until after June 1960, when the Congo gained its independence. It was to be André Cornil's last work of fiction; the priest went on to cover the festivities held in honour of independence before abandoning his film camera for good and returning to Belgium, where he died in 1993.

● A la fin des années cinquante, un nombre croissant d'habitants africains de la colonie belge eurent l'occasion de s'établir comme indépendants. Il est bien entendu que cela supposait de leur part une adaptation au modèle du marché occidental: priorité au bien-être individuel et fin des services professionnels gratuits aux parents (éloignés). La signification et la mise en pratique de ces nouvelles règles constituent le thème de **Wadimbisa**. Un jeune homme quitte l'école technique et veut s'établir comme menuisier dans son village. Il ne réussit toutefois pas à y gagner sa vie. Il part en ville, où un oncle lui prodigue le sage et utile conseil de lancer sa propre menuiserie. Il lui enseigne que, malgré son diplôme, il doit rester pragmatique et, surtout, réaliste. Il s'agit de fabriquer des produits artisanaux comme des meubles, et non pas de se lancer dans la création de fantaisies artistiques et invendables. Temps, précision, ordre et entretien: voilà les valeurs qui comptent. Lorsque le jeune menuisier aura réussi, grâce à son travail, à atteindre une certaine stabilité économique, il épousera la fille d'un chef progressiste et occidentalisé.

Wadimbisa ne fut jamais montré, le film n'étant pas achevé avant le mois de juin 1960, c'est-à-dire au moment de l'indépendance du Congo. Il s'agissait là de la dernière œuvre de fiction d'André Cornil. Le prêtre assura encore le reportage des festivités de l'indépendance avant d'abandonner définitivement sa caméra et de retourner en Belgique, où il mourut en 1993.

► Aan het einde van de jaren 50 krijgen meer en meer Afrikaanse inwoners van de Belgische kolonie de mogelijkheid om zich als zelfstandige te vestigen. Uiteraard veronderstelde dit een aanpassing aan het Westerse marktmodel: het individuele welzijn staat nu boven het gemeenschappelijk belang, en het gratis verlenen van professionele diensten aan (verre) familieleden kan niet meer. De impact van deze nieuwe regels is het thema van **Wadimbisa**. Een jongeman verlaat de technische school en wil zich als timmerman in zijn dorp vestigen, maar hij kan er onmogelijk geld verdienen. Hij trekt naar de stad, waar een oom hem wijze en nuttige raad geeft om een eigen schrijnwerkerij te beginnen. De oom leert de jongen dat hij ondanks zijn diploma praktisch moet denken en vooral realistisch blijven: hij moet ambachtelijke producten zoals meubels fabriceren en het niet in zijn hoofd halen kunstzinnige, onverkoopbare fantasietjes te gaan vervaardigen. Tijd en nauwkeurigheid, orde en onderhoud zijn van het allergrootste belang. Nadat de jonge schrijnwerker door het uitoefenen van zijn beroep een zekere economische stabiliteit heeft weten te verwerven, huwt hij de dochter van een progressieve, verwesterde chef.

Wadimbisa werd nooit vertoond; de productie raakte immers pas afgerond na juni 1960, toen Kongo onafhankelijk werd. Het zou meteen de laatste fictiefilm van André Cornil worden, die nog een reportage over het feest van de onafhankelijkheid draaide alvorens de camera definitief aan de wilgen te hangen en naar België terug te keren, waar hij stierf in 1993. *(GC)*

De duivel te slim

Edith Kiel

De duivel te slim
Plus malin que le diable
Too Clever for Words

DIRECTOR: Edith Kiel
YEAR: 1960
COUNTRY: BE
SCREENPLAY: Edith Kiel
DIR. PHOT.: Paul De Fru
CAMERA: Paul De Fru
EDITING: Edith Kiel, Gisela Werner
SOUND: René Lebrun
MUSIC: Jeff Derwey, Rudolf Perak
ART DIRECTOR: Jef Beyens, Jos De Buck
PRODUCER: Edith Kiel
PROD. CO.: Antwerpse Filmonderneming AFO (Antwerpen)
CAST: Jef Cassiers (Pierre), Cois Cassiers (Tibor), Gaston Berghmans (Pol), Jaak Germain, Staf Permentier, Jeannine Schevernels, Paula Sleyp, Jan Moonen, Betty Pattyn, Jenny Danella, Lizy Van der Straeten, Wim Tocquet, Jan Monen, Lizy Berna, Gene Bertels, Pierre De Deken, Stan Van den Eynde, Eduard Rega, Diana Van de Vreken
LANGUAGE: Dutch
GAUGE: 35 mm
SILENT/SOUND: sound
B&W/COLOUR: B&W
MINUTES: 95'

◆ The period of social upheaval (marked by the independence of the Belgian Congo and the mass strikes against the Economic Expansion Bill) made no impression on the studio where Edith Kiel and her partner Jan Vanderheyden carried on making popular, hastily written routine farces. **Too Clever for Words** is a mixture of plot lines from Kiel's earlier films **Antwerp Through and Through** and **Princess of Thieves**, also cannibalizing Billy Wilder's **Some Like It Hot**. In the famous comedy, Tony Curtis and Jack Lemmon play musicians who dress up as women to escape gangsters when they inadvertently witness a murder. In **Too Clever for Words**, Gaston Berghmans and Jef Cassiers don the drag, thereby providing the long-awaited hilarious apogee of this ersatz gangster movie. This time, Kiel provides greater scope for outdoor and atmospheric shots with increased camera movement, a welcome break from the theatrical studio sequences. Some scenes (as when Berghmans has to dispose of a body) even acquire real dramatic power due to Jeff Derwey's effective, Hollywood-inspired musical score. During the first half of the film the comedy is thin on the ground (being restricted for the most part to sign language with a deaf man and a musical interlude between Berghmans and Jef Cassiers), but the second half, when the men are dressed up as women, provides opportunities for some amusing situations. Both Berghmans and Cassiers (who at one point is pursued by a Casanova-like hunk with a leather eye-patch) are extremely convincing. Kiel here appeared to be moving with the times: apart from open kissing, she also included a fight scene with gunshots!

● La période des turbulences (les grèves importantes contre la Loi unique, l'indépendance du Congo) n'a pas de prise sur le studio d'Anvers, où Edith Kiel et son partenaire Jan Vanderheyden continuent à filmer leurs farces populaires stéréotypées et écrites à la hâte. **Plus malin que le diable** est un amalgame d'éléments des intrigues de deux films précédents de Kiel, **Sang d'Anversois** et **Princesse des truands**, mais aussi de **Certains l'aiment chaud** de Billy Wilder. Dans cette comédie américaine de 1959, Tony Curtis et Jack Lemmon interprètent le rôle de deux musiciens qui, témoins d'un crime, se déguisent en femmes pour échapper à une bande de gangsters. Dans **Plus malin que le diable**, Gaston Berghmans et Jef Cassiers reprennent ces rôles de travestis, attraction comique longtemps attendue de cette comédie légère inspirée des films de gangsters. Kiel laisse plus de place aux extérieurs et aux vues d'ambiance à caméra mobile, rompant ainsi le rythme théâtral du studio. De plus, la musique efficace de Jeff Derwey, inspirée des musiques de film hollywoodiennes, donne à certaines scènes - comme celle de Berghmans en transporteur de cadavre - une grande puissance dramatique. La première partie du film développe peu de moments drôles (le langage gestuel avec un sourd ou un intermède musical entre Berghmans et Jef Cassiers), mais la deuxième partie, avec les travestissements, nous vaut quelques folles situations, tant Berghmans et Cassiers, accostés par un robuste Casanova au bandeau de cuir, sont convaincants. Kiel aussi évolue avec son temps et nous montre dans son film de longs baisers ainsi qu'une scène de bagarre avec de vrais coups de fusils!

► De roerige tijden (grote sociale stakingen n.a.v. de Eenheidswet, onafhankelijkheid van Kongo) hadden geen vat op de Antwerpse studio AFO, waar Edith Kiel en haar partner Jan Vanderheyden onverdroten verder gingen met het op pellicule vastleggen van populaire, haastig geschreven routinekluchten. **De duivel te slim** is een amalgama van elementen uit Kiels vorige films **Sinjorenbloed** en **Boevenprinses** en Billy Wilders **Some Like It Hot**. In die Amerikaanse komedie uit 1959 vertolken Tony Curtis en Jack Lemmon twee muzikanten die getuige zijn van een moord en zich als vrouwen verkleden om aan enkele gangsters te ontsnappen. In **De duivel te slim** kruipen Gaston Berghmans en Jef Cassiers in diezelfde travestierol, waarmee dit op de gangsterfilm geënte blijspel meteen zijn hilarische hoogtepunt bereikt. Kiel last meer bewegende buitenopnamen en sfeershots in, zodat het theatrale studioritme wordt doorbroken. Sommige scènes, zoals die waar Gaston Berghmans per wagen een lijk moet transporteren, krijgen bovendien, door de efficiënt gebruikte, op typische Hollywoodmuziek geïnspireerde score van Jeff Derwey, een grote dramatische kracht. Op de gebarentaal met een dove of een muzikaal intermezzo met Berghmans en Cassiers na, zijn de komische momenten in het eerste deel van de film schaars. Het tweede deel, met de verkleedpartij, leidt echter tot enkele dolle situaties. Zowel Berghmans als Cassiers, die o.m. worden aangeklampt door een bonkige casanova met lederen ooglap, zijn erg overtuigend. Kiel evolueerde zelfs mee met de tijd want behalve het openlijke zoenen is er zowaar een vechtscène met geweerschoten! (LJ)

Le cercle Romain

Raymond Haine

Le cercle Romain
The Romain Circle

DIRECTOR: Raymond Haine
YEAR: 1960
COUNTRY: BE
SCREENPLAY: Raymond Haine
DIALOGUE: Raymond Haine
DIR. PHOT.: Frédéric Geilfus, François Rents
CAMERA: Bernard Taquet, Jacques Moniquet, Jules Bechoff
EDITING: James Cuenet, Anne-Marie Datin, Jean Delire
SOUND: Paul Leponce, Jean Galli
MUSIC: Emile Sullon
PRODUCER: Raymond Haine
CAST: Pierre Serval (Morrill), Christine Darnay (Françoise), Paul Libens (Powels), George Arnold (Alexandre Romain)
LANGUAGE: French
GAUGE: 35 mm
SILENT/SOUND: sound
B&W/COLOUR: B&W
MINUTES: 103'

◆ Raymond Haine, a cinema critic and journalist from Liège armed with a small budget and a few friends, launched into the shooting of a film d'auteur devoid of commercial compromise. In opposition to continuing mass-market productions in the style of **Thanasse et Casimir**, Haine intended to give impetus to a quality Walloon cinema. He was to be the complete auteur of a full-length feature film, handling screenplay, dialogue and direction in the manner of the French Nouvelle Vague, which was then gaining its full momentum. The plot was centred upon a love triangle, involving the young unhappily-married wife, her playwright husband Alexandre Romain (whence the film's title) and a guest who becomes her lover. The three characters play out power games and lay emotional snares in the isolation of the husband's estate.

Jean Cocteau enjoyed the film very much and wrote a text for its launch following a screening at the Paris Cinémathèque: "The drama of our era is none other than populous solitude. This film tells the story of a solitude shared by three people and caused by an 'intellectual', who has fallen victim to one of the contagious forms of egotism." Over and above Cocteau's habitual indulgence of young authors, the work itself, which disappeared very quickly from our screens, left a very mixed impression: relationships which are subtle but excessively literary; polished dialogue, playing too much upon the simplicity of the banal, and débutant actors who are often rather affected. This was Haine's only foray into directing.

● Critique de cinéma et journaliste, le Liégeois Raymond Haine entreprit, avec très peu d'argent et quelques amis, le tournage d'un film d'auteur, sans compromissions commerciales, qui devait enfin propulser le cinéma wallon loin des réalisations patoisantes à la **Thanasse et Casimir**. A la base du projet, la volonté d'être l'auteur complet (scénario, dialogues et mise en scène) d'un long métrage de fiction, à la manière des cinéastes de la Nouvelle Vague, alors en pleine expansion. L'histoire était centrée sur un triangle sentimental: l'auteur dramatique Alexandre Romain (d'où le titre du film), sa jeune femme mal mariée, et un invité de passage, qui va devenir l'amant de l'épouse en crise. Jeux de pouvoir et pièges de la passion se déclenchent alors entre les trois personnages réunis en vase clos dans la propriété du mari.

Le film plut beaucoup à Jean Cocteau, qui écrivit un texte pour son lancement, après une projection à la Cinémathèque de Paris: "Le drame de notre époque n'est autre que la solitude peuplée. Ce film raconte l'histoire d'une solitude à trois par la faute d'un 'intellectuel', c'est-à-dire de la victime d'une des formes contagieuses de l'égoïsme." Au-delà de l'indulgence habituelle de Cocteau envers les jeunes auteurs, on garde de ce film, vite disparu des écrans, un souvenir mitigé: des rapports subtils, mais exagérément littéraires; un dialogue peaufiné jouant trop sur la simplicité du banal; des acteurs débutants, souvent appliqués. Ce fut l'unique essai de Raymond Haine dans la réalisation. (RM)

▶ Raymond Haine, Luiks filmcriticus en journalist, besloot een auteursfilm te draaien met enkele vrienden, weinig geld en zonder commerciële toegevingen. In tegenstelling tot een aantal volkse producties in de stijl van **Thanasse et Casimir** wilde Haine met zijn film een impuls geven aan een Waalse kwaliteitscinema. Haine zou zelf scenario, dialogen en regie van deze langspeelfilm verzorgen, naar het voorbeeld van de Franse nouvelle vague die toen volop bloeide. Het scenario draait rond een driehoeksverhouding: een jonge vrouw, ongelukkig in haar huwelijk met een toneelschrijver (Alexandre Romain, vandaar de titel), begint een verhouding met hun logé. Dit leidt tot een spel van wisselende machtsverhoudingen en passionele valstrikken binnen het afgezonderde domein van de echtgenoot.

De film werd bejubeld door Jean Cocteau, die er een publiciteitstekst voor schreef na een voorstelling in de Parijse Cinémathèque: "Het drama van onze eeuw is dat van de bevolkte eenzaamheid. Deze film verhaalt hoe drie mensen samen eenzaam zijn, en wel door de schuld van een 'intellectueel', een slachtoffer van een besmettelijke verschijningsvorm van het egoïsme". Ondanks de gebruikelijke sympathie van Cocteau jegens jonge auteurs, laat deze film, die slechts even op de schermen te zien was, ons met gemengde gevoelens achter: een kluwen van subtiele doch overdreven literaire verhoudingen; gladgepolijste dialogen die te veel inspelen op de eenvoud van het banale, en vaak wat geforceerde beginnende acteurs. Haine stapte na deze poging definitief uit de regisseursstoel.

Déjà s'envole la fleur maigre

Paul Meyer

Déjà s'envole la fleur maigre
Les enfants du Borinage
Daar vliegt reeds de magere bloem
De kinderen van de Borinage
The Frail Flowers Are Disappearing
From the Branches Drops the Withered Blossom
The Lank Flower Has Already Flown

DIRECTOR: Paul Meyer
YEAR: 1960
COUNTRY: BE
SCREENPLAY: Paul Meyer
DIALOGUE: Paul Meyer
ASST. DIR.: Maurice Beerblock
DIR. PHOT.: Freddy Rents
CAMERA: Freddy Rents, Jules Bechoff, Philippe Cape, Claude Gabriels
EDITING: Paul Meyer, Rose Tuytschaver, Roland De Salency
SOUND: André Goeffers
MUSIC: Arsène Souffriau
PRODUCER: Paul Meyer, Maurice Taszman
CAST: Domenico Mescolini, Valentino Gentili, Luigi Favotto, Giuseppe Cerqua, Louis Vander Spieghel
LANGUAGE: French, Italian
GAUGE: 35 mm
SILENT/SOUND: sound
B&W/COLOUR: B&W
MINUTES: 85'

◆ Formerly a committed organizer of working-class theatre, Paul Meyer had already directed a superb short drama in 1956 (**Klinkaart**, about institutionalized sexual harassment in a turn-of-the-century brickyard) when the Ministry of Education commissioned him to make a small-scale propaganda film on the integration of immigrants' children in the Borinage. But Meyer quickly established that the official line had little to do with reality: in 1960, the decisions taken by the European Community had just condemned to death what were then still active coal mines and the immigrant kids' future looked bleak. Meyer's revised project was rejected, now far from the desired optimism, and he had to return his advance payments. But Meyer's convictions were firm and he took out debts, shot a full-length film and spent the rest of his life working in television to pay back the loans. Despite a flood of prizes on the festival circuit, the Belgian release of **The Frail Flowers Are Disappearing** lasted a matter of days. Meyer's revenge came in 1994, when a Parisian distributor relaunched the film to unanimous applause.

The consignment to over 30 years of obscurity of a major film in Belgian cinema is one of the greatest injustices of its entire history. This space is insufficient to celebrate so many sequences: the arrival of an Italian family on the same day as the return of an aged immigrant; the initiation of an apprentice to the ways of the mine; the local celebrations, a hubbub of different languages. And the whole, a poignant, beautiful neo-realism set against the backdrop of the coal tips and eroded landscapes of a suffocating Borinage.

● Ancien animateur dans le théâtre prolétarien, Paul Meyer avait déjà signé, en 1956, un superbe court métrage de fiction (**Klinkaart**, sur le droit de cuissage dans une briqueterie, vers 1900) lorsque le Ministère de l'Education Nationale lui commanda un petit film de propagande sur l'insertion des enfants de travailleurs immigrés du Borinage. Sur place, Meyer constata vite que la réalité ne correspondait en rien au schéma officiel: en 1960, les décisions de la Communauté Européenne venaient de condamner à mort les charbonnages encore en activité et l'avenir des gosses immigrés se posait en termes déchirants. Meyer se vit refuser un projet ainsi remanié, loin de l'optimisme souhaité. On le somma de rendre les avances reçues. Ferme dans ses convictions, le cinéaste s'endetta, tourna un long métrage, et passa le reste de sa vie à rembourser créances, subsides et intérêts, en travaillant à la télévision. Malgré une avalanche de prix, **Déjà s'envole la fleur maigre** sortit juste quelques jours en Belgique. La revanche n'allait venir qu'en 1994, lorsqu'un distributeur parisien relança le film, sous les bravos unanimes.

L'occultation inique, durant plus de 30 ans, d'une œuvre majeure du cinéma belge est l'une des pires injustices de son histoire. La place manque pour célébrer tant de séquences d'une rare intensité humaine: l'arrivée d'une famille italienne, le jour où un vieil émigré va repartir au pays; l'initiation d'un apprenti à la mine; la fête populaire, dans le mélange des langues. Un néoréalisme poignant et beau, sur fond de terrils et de paysages corrodés d'un Borinage à bout de souffle. *(RM)*

► Paul Meyer, vroeger animator in het volkstheater, had in 1956 al een prachtige kortfilm geregisseerd (**Klinkaart**, over seksueel wangedrag in een steenbakkerij rond 1900) toen hij in opdracht van het ministerie van Nationale Opvoeding aan een propagandafilmpje over de integratie van migrantenkinderen in de Borinage begon. Ter plekke stelde Meyer vast dat de realiteit niet strookte met de officiële versie: in 1960 had de Europese Gemeenschap de toen nog actieve kolenmijnen afgeschreven en zo de toekomst van de kinderen zwaar gehypothekeerd. De overheid was niet opgezet met Meyers pessimistische visie, schorste het project op en vorderde haar voorschot terug. De cineast was echter vastbesloten en voltooide zijn langspeelfilm met eigen middelen. Hij stak zichzelf in de schulden en besteedde vervolgens de rest van zijn leven aan televisiewerk om leningen terug te betalen. **Déjà s'envole la fleur maigre** werd op festivals onder een lawine van prijzen bedolven, maar de film was in België slechts enkele dagen te zien. In 1994 echter bracht een Parijse verdeler, onder luid applaus, de film opnieuw uit.

Het onrechtvaardige doodzwijgen, gedurende 30 jaar, van dit meesterwerk is een grote smet op de Belgische filmgeschiedenis. De diepmenselijke hoogtepunten zijn te frequent om te vermelden: de aankomst van een Italiaanse familie, terwijl een bejaarde immigrant op het punt staat naar zijn land terug te keren; de inwijding van een beginneling in het mijnwerkersberoep; het volksfeest dat zich voltrekt in een ware mengelmoes van talen. Aangrijpend en mooi neorealisme, met op de achtergrond slakkenbergen en het geteisterde landschap van een wegkwijnende Borinage.

L'impasse

Eric Weymeersch

L'impasse
Een geslagen man
The End of the Line

DIRECTOR: Eric Weymeersch
YEAR: 1960
COUNTRY: BE
SCREENPLAY: Walter Aelvoet, André Sosson
CAMERA: Eric Weymeersch, Roger De Vloo
MUSIC: Eric Weymeersch
COMMENTS: André Sosson
PROD. CO.: Africa-Films (Costermansville/Bukavu-Antwerpen)
CAST: André Sosson
LANGUAGE: French
GAUGE: 16 mm
SILENT/SOUND: sound
B&W/COLOUR: colour
MINUTES: 75'

◆ **The End of the Line** was the last film directed by the White Father Eric Weymeersch and, by the same count, the film which marked the end of Belgian colonial cinema. At the time of shooting, the Congo had already gained its independence. In their history of the colonial cinema of Zaïre, Ruanda and Burundi, Francis Ramirez and Christian Rolot give a striking summary of the signification of this film: "**The End of the Line** is the tale of the bitter return of a White Father whose mission has been burned to the ground by a gang of rioters. The key note is no longer one of communion or solidarity with the Blacks; this has been replaced by an overwhelming suspicion and even doubts as to the overall legitimacy of evangelism. 'Beneath the white clothing we have given them, their soul has escaped us,' laments the priest. 'Perhaps the Blacks adopted our religion because the Whites were their masters, to acquire status? And the Whites helped us with their money so the Blacks would behave well! The success of the missions is simply a matter of finance...' The reappraisal of the period is so fundamental, the disillusionment so complete that **The End of the Line** could be said to draw the curtain on an era of Belgian Congo film-making characterized so resolutely by a colonial euphoria."

After completing his film, Eric Weymeersch left the newly-independent Congo - just as his main character before him. Profoundly disillusioned, he also left his missionary order. After 1960 he was to be found working for East German television.

● **L'impasse** est la dernière réalisation du Père Blanc Eric Weymeersch et, par la même occasion, le dernier film de notre histoire coloniale. Il fut tourné peu de temps après l'indépendance du Congo. Dans leur livre sur l'histoire du film colonial au Zaïre, au Rwanda et au Burundi, Francis Ramirez et Christian Rolot définissent de manière très frappante la signification de ce film: "**L'impasse** raconte le retour amer d'un Père Blanc dont la mission congolaise a été brûlée par des émeutiers et qui médite sur son échec. Il n'est alors plus question de communion, d'entente avec les Noirs, mais de suspicion généralisée et même de remise en cause de l'évangélisation. 'Sous le costume blanc que nous leur avons donné, leur âme nous a échappé', se lamente le prêtre. 'Peut-être les Noirs embrassaient-ils notre religion uniquement parce que les Blancs étaient maîtres, pour être bien vus? Et les Blancs nous aidaient de leur argent pour que les Noirs restent bien sages! La réussite des missions: une affaire de banque...' La remise en question est dans ce cas si poussée, fait état d'une désillusion si complète que l'on peut considérer que **L'impasse** met symboliquement un point final à une production belgo-congolaise largement placée sous le signe de l'euphorie coloniale."

Après avoir achevé son film, Eric Weymeersch quitta le Congo indépendant - à l'instar du personnage principal de son film. Profondément déçu, il quitta également l'ordre des Pères Blancs. Après 1960, il travailla pour la télévision est-allemande.

▶ **L'impasse** is de laatste film van Witte Pater Eric Weymeersch en meteen ook de laatste film uit onze koloniale geschiedenis. Hij werd gedraaid kort na de onafhankelijkheid van Kongo. In hun boek over de geschiedenis van de koloniale film in Zaïre, Rwanda en Burundi konden auteurs Francis Ramirez en Christian Rolot de betekenis van deze film niet treffender weergeven: "**L'impasse** vertelt over de bittere terugkeer van een Witte Pater wiens missiepost door oproerlingen in brand gestoken werd en die nu nadenkt over zijn mislukking. Er is geen sprake meer van eensgezindheid, van samenhorigheid met de Zwarten, wel van een veralgemeende argwaan en zelfs van een algemene twijfel over de evangelisatie. 'Wij gaven hen een wit pak, maar hun ziel is ons ontsnapt', mijmert de pater. 'Misschien namen zij onze godsdienst over enkel omdat de Blanke meester was, om aanzien te hebben. En de Blanken hielpen ons door geld te geven, opdat de Zwarten braaf zouden zijn! Het slagen van de missies is gewoon een kwestie van geld...' De twijfel is hier zo sterk en de ontgoocheling zo groot dat we kunnen stellen dat **L'impasse** op symbolische wijze een punt zet achter de Belgisch-Kongolese filmproductie die in het teken stond van de koloniale euforie".

Na het afwerken van zijn film verliet Eric Weymeersch - net als het hoofdpersonage uit zijn film - het onafhankelijke Kongo. Diep ontgoocheld trad hij uit de orde van de Witte Paters. Na 1960 was hij werkzaam bij de Oost-Duitse televisie. *(MT)*

Si le vent te fait peur

Emile Degelin

Si le vent te fait peur
Als je de wind vreest
If the Wind Frightens You

DIRECTOR: Emile Degelin
YEAR: 1960
COUNTRY: BE
SCREENPLAY: Emile Degelin, Jacqueline Harpman
DIALOGUE: Emile Degelin, Jacqueline Harpman
ASST. DIR.: Jules Bechoff
DIR. PHOT.: Frédéric Geilfus
CAMERA: Bernard Taquet, Jules Declercq, Fernand Vileyn
EDITING: Emile Degelin
SOUND: Pierre-Henry Goumy, Aldo Ferri
MUSIC: Martial Solal
COMMENTS: Jacqueline Harpman
PRODUCER: Hervé Thys
PROD. CO.: Spiralfilm (Bruxelles)
PROD. SUPERV.: André Thomas
CAST: Elisabeth Dulac (Claude), Guy Lesire (Pierre), Henri Billen (Play-boy), Anne-Marie La Fère (Bernadette), Paul Roland (Un jeune homme), Bobette Jouret (Elizabeth), Gaston Desmedt, André Dandois, M. Martin, S. Deldicque, Antinea, M. Thomas
LANGUAGE: French
GAUGE: 35 mm
SILENT/SOUND: sound
B&W/COLOUR: B&W
MINUTES: 83'

◆ With the turn of the decade 1959-60 three directors - Raymond Haine, Paul Meyer and Emile Degelin - made their first fiction feature films. The latter was anything but a newcomer, having already made documentaries and experimental shorts dating back to 1952, most of which had received festival awards. He wrote the script of **If the Wind Frightens You** (borrowing the title from a poem by Alfred de Musset) together with his wife, the novelist Jacqueline Harpman, and proceeded with shooting amongst the dunes of the Belgian coast and in Bruges. National stage actors shared the billing with 17-year-old débutante Elisabeth Dulac. The subject matter is delicate, verging on the shocking: the incestuous impulses aroused between a brother and sister during their seaside holiday. However, Degelin avoided the scandalous approach, preferring to analyse, by means of subtle observation, the gradual swelling of desire within two people. His film is restrained, steering clear of the smutty or the provocative.

The slow pace, literary voice-over, the often affected style of acting and the mediocre Bruges sequence (where the sister seeks solace in the arms of a dandy) were most often criticized by reviewers, who otherwise pointed out the tactful modesty of the screenplay and the successful integration of the maritime landscapes. They compared this ambitious film and its taboo subject with the work of the French Nouvelle Vague (the film was scored by Martial Solal, also responsible for Godard's **Breathless**). Crowned with a "mention d'honneur" at Cannes, Degelin's film nevertheless enjoyed only a limited run; it did, however, mark the dawn of a new type of Belgian cinema.

● Au tournant des années 59-60, un trio de metteurs en scène va se lancer dans l'aventure du long métrage: Raymond Haine, Paul Meyer et Emile Degelin. Ce dernier est loin d'être un inconnu: il a signé une longue série de documentaires et d'essais expérimentaux depuis 1952, la plupart couronnés à divers festivals. Il écrit le scénario de **Si le vent te fait peur** (le titre est emprunté au poème d'Alfred de Musset) avec son épouse, la romancière Jacqueline Harpman, et tourne à petit budget dans les dunes du littoral ou à Bruges. Des acteurs du théâtre belge y côtoient une débutante de 17 ans: Elisabeth Dulac. Le sujet est délicat, à la limite du scabreux: l'impulsion incestueuse entre un frère et une sœur, pendant leurs vacances à la mer. Degelin se défend de chercher le scandale et, de fait, son film est d'une grande tenue, sans rien de graveleux ni de provocant. L'important, à ses yeux, est d'analyser, par notations délicates, la double montée du désir.

Le tempo lent du film, l'artifice littéraire du commentaire "off", le jeu souvent maladroit des comédiens, la piètre séquence à Bruges (la sœur cherchant à fuir son trouble dans les bras d'un bellâtre) furent les reproches majeurs faits par la presse de l'époque, qui souligna, par ailleurs, la pudeur sensible du récit et l'intégration heureuse des paysages marins au drame. On rapprocha ce film ambitieux et son sujet tabou de la Nouvelle Vague française (le musicien du film, Martial Solal, était celui d'**A bout de souffle** de Godard). Ayant reçu une mention d'honneur au Festival de Cannes, l'œuvre de Degelin n'eut cependant qu'une carrière limitée: elle annonçait pourtant l'éclosion d'un nouveau cinéma belge. (RM)

▶ Drie regisseurs lanceerden zich in de jaren 59-60 in de langspeelfilm: Raymond Haine, Paul Meyer en Emile Degelin. Deze laatste was geen onbekende: sinds 1952 maakte hij documentaires en experimentele essays, die op diverse festivals in de prijzen vielen. Samen met zijn vrouw, de romancière Jacqueline Harpman, schreef hij het script van **Si le vent te fait peur** (titel ontleend aan een gedicht van Alfred de Musset). Met een klein budget begon hij te filmen langs de kust en in Brugge, waarbij een cast van Belgische toneelspelers acteerde aan de zijde van een 17-jarige debutante, Elisabeth Dulac. Het onderwerp is delicaat, zo al niet schokkend, en handelt over de incestueuze verlangens van een broer en een zus tijdens hun vakantie aan zee. Degelin meed evenwel het schandaal en analyseerde het wederzijds ontluikende verlangen in ingehouden schetsen. Zijn film heeft een hoogstaande teneur en wordt nergens onkies of provocerend.

Het trage ritme, de literaire voice-off, het vaak gekunstelde acteerspel en de bedenkelijke Brugse episode (waar de zus vergetelheid zoekt in de armen van de eerste de beste mooie jongen) waren de belangrijkste verwijten van de critici, die echter ook oog hadden voor de gevoelige, kuise benadering van het onderwerp en het kundige gebruik van maritieme vergezichten. Deze ambitieuze film rond een taboe-onderwerp werd wel eens in verband gebracht met de Franse nouvelle vague (Martial Solal schreef overigens ook de muziek bij Godards **A bout de souffle**). De bioscoopcarrière van **Si le vent te fait peur** bleef ondanks een eervolle vermelding in Cannes echter ondermaats, al kondigde dit werk het begin aan van een nieuwe Belgische cinema.

La tricheuse

Emile-Georges De Meyst

La tricheuse
De oplichtster
Love for Sale

DIRECTOR: Emile-Georges De Meyst
YEAR: 1960
COUNTRY: BE
SCREENPLAY: Emile-Georges De Meyst, Marcel Roy
DIALOGUE: Marcel Roy, Emile-Georges De Meyst
ASST. DIR.: Jean Notte
DIR. PHOT.: Jo Van Bug
CAMERA: Jacques De Meyst
EDITING: Jean Notte
SOUND: André Notte, Raymond Legros
MUSIC: Marcel Mortier
ART DIRECTOR: A. Coopmans
PRODUCER: Emile-Georges De Meyst, René Pardon
PROD. CO.: Procibel (Bruxelles), Pardon Films
(Bruxelles)
PROD. SUPERV.: René Pardon
CAST: Françoise Deldick (Lily), Jacques Dumesnil
(Armand Merville), Gil Vidal (Martial),
Jacques Careuil (Armand), René Herdé
(Gobseck), Robert Lussac (Le peintre),
Francine Charlier (Paulette), Jacques Faber
(Roger), Franz Moriau, Jules Ghaye, Michel
Daniel, Catherine Roland
LANGUAGE: French
GAUGE: 35 mm
SILENT/SOUND: sound
B&W/COLOUR: B&W
MINUTES: 78′

◆ During the 1950s Emile-Georges De Meyst had put his name to only one full-length feature (or rather, to four sketches grouped together in one film), **Ture Bloemkuul's Pinocle**. In his defence, it has to be said that the decade remains to this day the poorest in the history of the French-language Belgian fiction film: excepting Storck's **The Smugglers' Banquet**, Schoukens' **A "Soir" Full of Joy** and the intimist **If the Wind Frightens You** by Degelin, the only quality Belgian productions of the period were confined to the documentary field (in anticipation of the overwhelming **The Frail Flowers Are Disappearing** of 1960).

At that time, the Nouvelle Vague raged in France, and De Meyst let himself be inspired after his own fashion for **Love for Sale**. The original title (**La tricheuse**) refers to Marcel Carné's successful film, which prefigured the movement with its casting of young unknowns. De Meyst's film also deals with lost youth, with delinquents pushing an adolescent into a shady affair involving drug trafficking. It also featured an actress who seemed destined for great things (in fact Françoise Deldick was never to star in a film again). The cast included Jacques Dumesnil, lending his noble presence to the film in the shape of a life-saving surgeon. As a salute to his past De Meyst also cast the two leading actors of his Resistance trilogy, René Herdé and Robert Lussac. *Les Cahiers du Cinéma* devoted a mere two lines to **Love for Sale**, describing it as "a film which proves the non-existence of Belgian cinema".

● Durant les années 50, Emile-Georges De Meyst n'avait signé qu'un seul long métrage (ou plus exactement quatre sketches groupés en un film): **La belote de Ture Bloemkuul**. Il faut admettre, à sa décharge, que cette décennie reste, à ce jour, la plus pauvre dans l'histoire du film de fiction francophone. Si l'on excepte **Le banquet des fraudeurs** de Storck, **Un "Soir" de joie** de Schoukens et le confidentiel **Si le vent te fait peur** de Degelin, la production belge la plus qualitative se confine dans le documentaire en attendant, en 1960, le coup d'éclat de **Déjà s'envole la fleur maigre** de Paul Meyer.

Pendant ce temps, en France, triomphait la Nouvelle Vague. De Meyst s'en inspira à sa façon dans **La tricheuse** dont le titre n'est pas sans évoquer le film de Marcel Carné qui préluda à ce mouvement par sa distribution de jeunes comédiens inconnus à l'époque. Ici aussi, il s'agit d'un sujet axé sur la jeunesse paumée: de jeunes dévoyés entraînent un adolescent dans une aventure louche de trafic de drogue. On trouvait au générique une comédienne promise, croyait-on, au plus bel avenir, Françoise Deldick, qui, pourtant, ne tourna plus d'autre film en vedette. Jacques Dumesnil, mettant sa noble prestance au service d'un rôle de chirurgien salvateur, faisait également partie de la distribution. Enfin, pour saluer son passé, De Meyst engagea les deux acteurs de sa trilogie sur la Résistance: René Herdé et Robert Lussac. *Les Cahiers du Cinéma* consacrèrent deux lignes à **La tricheuse**: "Un film qui prouve l'inexistence du cinéma belge." (RM)

▶ In de jaren 50 had Emile-Georges De Meyst slechts één langspeelfilm gedraaid (of beter vier sketches die samen één film vormden): **La belote de Ture Bloemkuul**. Toegegeven, dit decennium wordt ook vandaag nog beschouwd als het minst vruchtbare uit de geschiedenis van de Franstalige fictiefilm in België: **Le banquet des fraudeurs** van Storck, **Un "Soir" de joie** van Schoukens en het intimistische **Si le vent te fait peur** van Degelin uitgezonderd, haalden alleen de Belgische documentaires toen een degelijk niveau van kwaliteit (in afwachting van **Déjà s'envole la fleur maigre** van Paul Meyer, dat in 1960 insloeg als een bom).

Ondertussen was Frankrijk in de ban van de nouvelle vague, waarop De Meyst zich eigenzinnig inspireerde voor **La tricheuse**. De titel refereert duidelijk aan de film van Marcel Carné, die als voorloper van de beweging kan worden gezien omdat hij toen al met jonge en onbekende acteurs werkte. Deze prent gaat nog maar eens over de verlopen jeugd: jonge delinquenten betrekken een andere jongere in een duistere drugssmokkel. De actrice leek eveneens een beloftevolle toekomst beschoren (Françoise Deldick zou echter nooit meer een hoofdrol spelen). Ook op het appèl is Jacques Dumesnil, wiens nobele trekken zich uitstekend leenden tot de rol van de reddende chirurg. Met een knipoog naar het verleden zocht De Meyst ook twee acteurs uit zijn trilogie rond het verzet aan: René Herdé en Robert Lussac. *Les Cahiers du Cinéma* wijdde amper twee regels aan **La tricheuse**: "Een film die bewijst dat de Belgische cinema onbestaande is".

Vive le duc!

Jean-Marc Landier, Michel Romanoff

Vive le duc!
Leve de hertog!
Long Live the Duke!

DIRECTOR: Jean-Marc Landier, Michel Romanoff
YEAR: 1960
COUNTRY: BE-FR
SCREENPLAY: Pierre Levie
DIALOGUE: Ph, de Cherisey, Jean-Marc Landier, Michel Romanoff
ASST. DIR.: Jean Notte, Claude Pividal
DIR. PHOT.: René Julliard
CAMERA: André Domage, Paul De Fru, Jo Van Bug
EDITING: Ginette Boudet
SOUND: André Notte
MUSIC: Bernard Van Eeckhoudt
ART DIRECTOR: Emile-Georges De Meyst
COSTUMES: Marguerite Goulin
PRODUCER: Pierre Levie
PROD. CO.: Productions Pierre Levie (Bruxelles), Helga Films (Paris)
CAST: Francis Blanche (Le bourgmestre), Charles Janssens (Le trésorier communal), Marie-José Nat (Cécile), Amédée Véronique (Le metteur en scène), Victor Guyau (Le cabaretier)
LANGUAGE: French
GAUGE: 35 mm
SILENT/SOUND: sound
B&W/COLOUR: B&W
MINUTES: 80'

◆ In the late fifties and early sixties, whilst young and ambitious Belgian directors (Degelin, Meyer, Haine or Cavens) are risking life and limb in the perilous world of feature films, overtly commercial co-productions featuring French stars continue to be made on the Belgian side of the border. Some are the work of Parisian directors (Vernay or Lautner, for example), others see the short-lived rise of a true Belgian drudge, consigned to obscurity as quickly as he appeared. One such film is **Long Live the Duke!**, which Jean-Marc Landier had the dubious honour of co-directing with a certain Michel Romanoff, an arrival from France who soon returned there for good.

Landier was not a complete unknown - his name had featured in the credits for a documentary on a song-and-dance performance in the Congo (**Changwe Yetu**). With Francis Blanche and Marie-José Nat heading the cast, he set about filming a script written by his producer, Pierre Levie, an ex-alderman of the Brussels municipality of Woluwe-Saint-Lambert who had drawn on his experiences there. **Long Live the Duke!** recounts the tribulations of a village which periodically falls victim to flooding pending the government's decision finally to build an effective drainage system. To stir up public opinion, the good inhabitants mount a very apposite play - the life of their patron saint. This is the cue for all the predictable comic turns of events, led by Francis Blanche as the irascible burgomaster backed up by a handful of local slapstick specialists (amongst which the larger-than-life Victor Guyau).

● Au tournant des années 50-60, tandis que de jeunes et ambitieux réalisateurs belges osent se lancer à leurs risques et périls dans l'aventure du long métrage (Degelin, Meyer, Haine ou Cavens), les coproductions ouvertement commerciales, à vedettes françaises, continuent à se tourner sur notre territoire national. Les unes sont signées par des metteurs en scène parisiens (Vernay ou Lautner), les autres voient surgir, le temps d'un film, un cinéaste bien de chez nous, aussi vite oublié qu'apparu. Ainsi ce **Vive le duc!**, que Jean-Marc Landier eut le discutable honneur de cosigner avec un certain Michel Romanoff, venu de France avant d'y repartir à jamais.

Landier n'était pas vraiment un inconnu et son nom avait figuré au générique d'un documentaire sur un spectacle de chants et danses au Congo (**Changwe Yetu**). Il mit donc en images, avec les comédiens Francis Blanche et Marie-José Nat en tête d'affiche, un scénario de son producteur, Pierre Levie. Ce dernier avait été échevin de la commune de Woluwe-Saint-Lambert et en avait tiré une histoire inspirée par son expérience. **Vive le duc!** contait les tribulations d'un village périodiquement victime d'inondations et attendant que le Ministère fasse enfin construire un égout. Pour éveiller l'opinion publique, les braves habitants vont monter un spectacle retentissant: la vie de la sainte patronne du village. D'où les péripéties burlesques que l'on imagine, menées par Francis Blanche, en bourgmestre irascible, entouré de quelques spécialistes locaux de la pantalonnade (dont le truculent Victor Guyau). (RM)

▶ Terwijl rond 1960 jonge en ambitieuze Belgische filmers zich op eigen risico aan hun eerste langspeelfilm waagden (Degelin, Meyer, Haine, Cavens), bleef ons land het toneel voor onomwonden commerciële coproducties met Franse vedetten. Nu eens waren die het werk van Parisiens als Vernay of Lautner, dan weer van op en top Belgische eendagsvliegen die even snel werden vergeten als ze waren opgedoken. Iets wat ook gold voor deze **Vive le duc!**, een film die Jean-Marc Landier te zijner mindere glorie mocht regisseren in samenwerking met ene Michel Romanoff, die uit Frankrijk was overgekomen om er even later (voorgoed) naar terug te keren.

Landier was niet echt een onbekende: zijn naam stond o.m. vermeld op de generiek van een documentaire over een zang- en dansspektakel in de Kongo (**Changwe Yetu**). Hij kreeg de opdracht een scenario van producent Pierre Levie te verfilmen, starring Francis Blanche en Marie-José Nat. Scenarist-producent Levie was een tijdlang schepen van de gemeente Sint-Lambrechts-Woluwe geweest en putte uit deze ervaring de inspiratie voor zijn verhaal. **Vive le duc!** vertelt de wederwaardigheden van een dorp dat geregeld wordt overstroomd en wacht op het initiatief van het ministerie om een riolering aan te leggen. Om de publieke opinie te sensibiliseren, zetten de brave burgers een spektakel op touw over het leven van de beschermheilige van hun dorp. Met alle groteske verwikkelingen vandien, waarbij Francis Blanche, als heetgebakerde burgervader, de spits afbijt, bijgestaan door een aantal lokale gepatenteerde fratsenmakers, onder wie de kleurrijke Victor Guyau.

Université Catholique de Louvain

Pierre Levie

Université Catholique de Louvain
Katholieke Universiteit te Leuven
The Catholic University of Louvain

DIRECTOR: Pierre Levie
YEAR: 1960
COUNTRY: BE
SCREENPLAY: Pierre Levie
CAMERA: Paul De Fru, Gérard Perrin
SOUND: André Notte
MUSIC: Bernard Van Eeckhoudt
COMMENTS: Georges Sion
PRODUCER: Pierre Levie
PROD. CO.: Les Productions Pierre Levie (Bruxelles),
Amis de l'Université de Louvain (Louvain),
Vlaamse Leergangen te Leuven (Leuven)
LANGUAGE: French/Dutch/English
GAUGE: 35 IIIIII
SILENT/SOUND: sound
B&W/COLOUR: B&W
MINUTES: 75'

◆ The name Pierre Levie first began appearing in the credits of Belgian films during the fifties, as production manager on **The Tale of the Good Murderer** and co-producer on the Franco-Belgian co-production **Long Live the Duke!**, which he also scripted, according to Francis Bolen "inspired by his experience of small-town local politics in Brabant". Then followed documentaries, one on a circus tour of the Belgian Congo, another on the sites of Xenophon's *Anabasis*. In the same genre he also produced, wrote and directed this feature-length work on the Catholic University of Louvain, made in 1960 in response to a commission.

Given the film's subject matter, it was difficult to avoid the pitfall of didacticism. The viewer is taken through the history of the Alma Mater since its founding in 1425, meeting along the way the great men (from Erasmus to Juste Lipse) who have graced its corridors over the centuries and witnessing a solemn ceremony to mark the beginning of the academic year. The film becomes livelier when it takes a look at student life, visiting the popular student clubs, bars and restaurants, the various faculties, research centres and seminar rooms. The venerable old buildings are stocked with the most modern of equipment, and student sports contrast sharply with the austere theological institutes. In short, the film is a meticulous portrait whose most important merit is archival: it was made five years before Flemish politics led to the university's linguistic division into the two separate institutions of Leuven and Louvain-la-Neuve.

● C'est dans les années 50 que le nom de Pierre Levie commence à s'inscrire sur les génériques belges. Directeur de production pour **La farce du gentil assassin**, il coproduit ensuite un film franco-belge (**Vive le duc!**) dont il signe également le scénario, "inspiré par son expérience de la politique communale dans une bourgade brabançonne" selon Francis Bolen. Puis viennent les documentaires: l'un sur la tournée d'un cirque au Congo belge, l'autre sur les sites grecs de *L'Anabase* de Xénophon. C'est dans ce créneau qu'il faut situer un long métrage de commande qu'il produit, écrit et réalise en 1960 sur l'Université Catholique de Louvain.

Face à un tel sujet, il était difficile d'échapper au didactisme. Ainsi, le spectateur aura droit à l'histoire de l'Alma Mater depuis ses origines en 1425, saluera au passage les grands hommes qui l'ont illustrée (d'Erasme à Juste Lipse) et assistera à une séance académique de rentrée, d'une solennité empesée. Le documentaire devient plus vivant pour aborder la vie étudiante, montrant les clubs, les bars et les restaurants fréquentés par les étudiants, les différentes facultés, les lieux de recherche et de cours. Dans les bâtiments d'autrefois, les équipements les plus modernes ont désormais pris place, et les jeux sportifs contrastent avec l'austérité des instituts de théologie. Bref, une exploration méticuleuse dont le plus grand intérêt relève aujourd'hui des archives: en effet, le film fut réalisé cinq ans avant que ne s'amorce la scission entre Leuven et Louvain-la-Neuve au nom des revendications territoriales flamandes. (RM)

► In de jaren 50 begon de naam Pierre Levie op te duiken in de aftiteling van Belgische films. Zo was hij productieleider voor **De klucht van de brave moordenaar** en coproducent van **Vive le duc!**, een Belgisch-Franse film waarvoor hij ook het scenario schreef (volgens Francis Bolen "gebaseerd op zijn ervaring in de gemeentepolitiek van een Brabants dorpje"). Later waren er de documentaires van zijn hand: één over een circustournee in Belgisch Kongo, een andere over de Griekse sites uit de *Anabasis* van Xenophon. Van documentaire strekking is ook de lange opdrachtfilm die hij in 1960 produceerde, schreef en regisseerde over de Katholieke Universiteit van Leuven.

Het was, gelet op het onderwerp, moeilijk géén belerende toon aan te slaan. De toeschouwer wordt onthaald op de ontstaansgeschiedenis van de Alma Mater vanaf 1425, begroet onderwijl de historische figuren wier illustere namen in haar annalen staan geboekstaafd (van Erasmus tot Justus Lipsius) en mag een stijfdeftige zitting bijwonen bij de opening van een academiejaar. De documentaire wint aan levendigheid als het studentenleven in beeld wordt gebracht, met de typische cafés en eetgelegenheden, de verschillende faculteiten, de onderzoekscentra en leslokalen. De gebouwen van weleer zijn er uitgerust met de modernste voorzieningen; de sportterreinen contrasteren met de strenge instituten voor theologie. Kortom, een methodisch beeldverslag dat vandaag een grote waarde heeft als archiefstuk: noteren we inderdaad dat de film tot stand kwam vijf jaar voor de in naam van de Vlaamse zaak doorgevoerde boedelscheiding tussen Leuven en Louvain-la-Neuve.

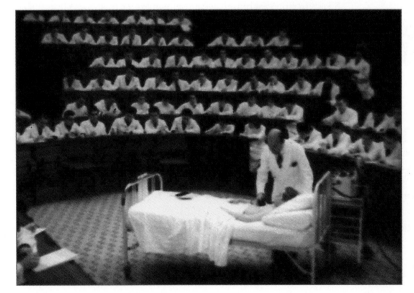

Want allen hebben gezondigd

Paul Berkenman, Antoon Carette, Raymond Cogen

Want allen hebben gezondigd
Car tous ont péché
For We Have All Sinned

DIRECTOR: Paul Berkenman, Antoon Carette, Raymond Cogen
YEAR: 1961
COUNTRY: BE
SCREENPLAY: Paul Berkenman
DIALOGUE: Paul Berkenman
ASST. DIR.: Frans Sierens
DIR. PHOT.: Philippe Collette
CAMERA: Philippe Collette
EDITING: Antoon Carette
MUSIC: Emmanuel Van Weerst
ART DIRECTOR: Pim De Rudder
COMMENTS: Paul Berkenman
PRODUCER: Paul Berkenman, Raymond Cogen
PROD. CO.: Cinébel (Gent)
CAST: Robert Van Cauwenberghe (Heinz Von Lehndorff), Michel Leblanc (Karl Wirtmann), Suzanne Juchtmans (Joods meisje), Rudi Van Vlaenderen (Notaris), Hilde Uytterlinden (Eline), Will Ferdy (Duitse soldaat), Roger De Wilde, Raf Reymen, Jenny Tanghe, Albert Hanssens, Willy Verbreyt, Jaak Vermeulen, Jan De Welde, Hugo Smith, Serge Pauwels, Elza De Welde, Etienne Cogen, Maurice Vervaet
LANGUAGE: Dutch
GAUGE: 35 mm
SILENT/SOUND: sound
B&W/COLOUR: B&W
MINUTES: 75'

◆ Until 1960, Brussels and especially Antwerp were the epicentres of Flemish film production. With the establishment of the Vlaams Belgische Filmonderneming '58, under the commercial management of Barend Teeuw, Ghent also acquired a production company. **For We Have All Sinned** followed **Prelude to Daybreak** as Berkenman and Cogen's second feature film.

Following the withdrawal of their cameraman and co-investor Marcel De Backer, they set up a new production company, Cinébel, with Antoon Carette as their partner. The cinematic ambitions of both Berkenman (a poet and founder of the review *Ciné-Gent*) and Cogen (a playwright) grew out of a long-standing love of film.

For We Have All Sinned is a worthy attempt to illustrate the futility of war, and of racism in particular. The action of the drama, slightly too literary in its conception, is set in the house of a Dutch notary where German soldiers come to interrogate Jewish fugitives they have arrested. However, Berkenman and Cogen were not the figures to usher in the long-awaited breakthrough in Flemish cinema. Technically they became more and more accomplished with every new film, but **For We Have All Sinned** still suffers from the same teething troubles as so many other national productions: a leaden pace and watery dialogue which sits uneasily in the mouths of rather wooden characters. Nor was the premise of placing aggressor and victim on the same moral footing properly developed. The film nevertheless contains a notable début by Hilde Uytterlinden as the notary's daughter.

● Jusqu'en 1960, Bruxelles et, surtout, Anvers étaient les épicentres de la production cinématographique flamande. Mais, suite à la fondation du Vlaams Belgische Filmonderneming '58, avec Barend Teeuw aux commandes, Gand eut également sa maison de production.

Car tous ont péché est, après **Prélude à l'aube**, le deuxième long métrage réalisé conjointement par Berkenman et Cogen. Après le départ du cameraman co-investisseur Marcel De Backer, une nouvelle société de production, avec Antoon Carette comme associé, fut créée: il s'agit de Cinébel. Berkenman, poète et fondateur de la revue *Ciné-Gent*, et le dramaturge Cogen, tous deux cinéphiles convaincus, s'en nourriront pour concrétiser leurs ambitions filmiques futures. **Car tous ont péché** est une tentative louable de dénonciation de l'absurdité de la guerre, et surtout du racisme. Ce drame, conçu de manière quelque peu trop littéraire, se déroule dans la maison d'un notaire néerlandais, où quelques soldats allemands procèdent à l'interrogatoire de fugitifs juifs. Même si, d'un point de vue technique, les cinéastes n'ont cessé de progresser à chacun de leurs films, Berkenman et Cogen ont déçu avec cette œuvre: le rythme est lourd et les dialogues, aux reparties insuffisantes, accentuent la théâtralité des personnages. Enfin, l'idée de placer sur un même pied d'égalité la culpabilité des agresseurs et celle des victimes est mal développée. Heureusement, il reste un début à l'écran remarqué: celui de Hilde Uytterlinden, dans le rôle de la fille du notaire.

▶ Tot in 1960 waren Brussel en vooral Antwerpen het zenuwcentrum van de Vlaamse filmproductie, maar met de oprichting van de Vlaams Belgische Filmonderneming '58, met als zakelijk leider Barend Teeuw, kreeg ook Gent zijn productiemaatschappij. **Want allen hebben gezondigd** werd de tweede langspeelfilm van het collectief Berkenman en Cogen, na **Prelude tot de dageraad**. Omdat cameraman en co-investeerder Marcel De Backer zich terugtrok, werd het productiehuis Cinébel opgericht, met Antoon Carette als nieuwe partner. Berkenman (dichter en stichter van de revue *Ciné-Gent*) en Cogen (dramaturg) hadden beiden een verleden als cinefiel, de voedingsbodem voor hun latere filmambities.

Want allen hebben gezondigd is een erg verdienstelijke poging om de onzin van de oorlog en - vooral - het racisme aan te klagen. Het iets te literair uitgewerkte drama speelt zich af ten huize van een Nederlandse notaris, waar enkele Duitse soldaten hun intrek hebben genomen om de door hen gearresteerde joodse vluchtelingen te ondervragen. Berkenman en Cogen brachten echter niet de verhoopte vernieuwing in de Vlaamse film. Technisch gezien gingen ze er met elke nieuwe film op vooruit, maar **Want allen hebben gezondigd** was in hetzelfde bedje ziek als zovele andere nationale producties: een soms loodzwaar ritme en te weinig gevatte dialogen waardoor de personages nogal toneelmatig overkomen. De premisse om agressor en slachtoffer op hetzelfde niveau van schuld te plaatsen, werd bovendien niet goed uitgewerkt. Opmerkelijk is hier wel het debuut van Hilde Uytterlinden als notarisdochter. *(LJ)*

De stille genieter

Edith Kiel

De stille genieter
Een stille genieter
Le jouisseur tranquille
The Silent Hedonist

DIRECTOR: Edith Kiel
YEAR: 1961
COUNTRY: BE
SCREENPLAY: Edith Kiel
DIALOGUE: Edith Kiel
DIR. PHOT.: Paul De Fru
CAMERA: Paul De Fru
EDITING: Edith Kiel
SOUND: Raymond Legros
MUSIC: Rudolf Perak, Jeff Derwey
ART DIRECTOR: Edith Kiel
PRODUCER: Edith Kiel
PROD. CO.: Antwerpse Filmonderneming AFO
(Antwerpen)
CAST: Jef Cassiers (Jef), Cois Cassiers (Charles),
Gaston Berghmans (Gaston), Kalinka, Paula
Geerts, Louisa Lausanne, Robert Marcel,
Joris Collet, Oscar Ferket, Frieda Decock,
Lucienne Steiner, Françoise Van Dievoet,
Aline Tuyaerts, Monique Dumont, Annie
Augusteyns, Marina Fancken, Mariette Van
Arkkels, Stan Van den Eynde, Gene Bertels
LANGUAGE: Dutch
GAUGE: 35 mm
SILENT/SOUND: sound
B&W/COLOUR: B&W
MINUTES: 90'

◆ Based on Billy Wilder's **The Apartment**, **The Silent Hedonist** tells the story of Gaston, an apparently decent citizen suspected of engaging in shady activities in his cosy home, and was to be Edith Kiel's last film. The German director had, together with her husband Jan Vanderheyden (who had died that year), become the great specialist in the field of Flemish popular comedies - the only genre financially viable in Flanders at the time. With their production company AFO the couple produced around thirty films between 1934 and 1961 in their ramshackle Deurne studio, a record unequalled in the history of Belgian film. They in effect founded the first Flemish film school, since their popular farces - usually based on successful foreign films - served as a training ground for a good number of fresh-faced actors and technicians who were beginning professional careers. Kiel's decision to end her own career was motivated by the decline in public interest. Where once showings of her formulaic films - the first Flemish soap operas, shot in a rudimentary fashion often in less than three weeks - had packed the cinemas of Antwerp and the regions, they had bowed before the rise of television and soaps such as *Schipper naast Mathilde* ("Captain under Mathilde"). This spelled the end of the popular Flemish film. With the demise of the AFO, continuity too disappeared from the scene. Yet this moment also marked an important turning point. From 1964 onwards, film production gradually increased again with the financial assistance of the Ministry of Dutch Culture, bringing with it substantial improvements in the quality of Flemish cinema.

● Proche de **La garçonnière** de Billy Wilder, l'intrigue du **Jouisseur tranquille** met en scène le personnage de Gaston, qui mène une vie apparemment bien rangée mais dont on soupçonne une utilisation de son domicile peu avouable. **Le jouisseur tranquille** est la dernière réalisation d'Edith Kiel, la cinéaste allemande qui, avec son époux Jan Vanderheyden, décédé en 1961, était devenue la spécialiste du film populaire humoristique, le seul genre financièrement viable en Flandre jusqu'alors. Par le biais de la maison de production AFO, le couple produisit entre 1934 et 1961 une trentaine de films dans le studio délabré de Deurne: du jamais-vu dans l'histoire du cinéma belge. Kiel et Vanderheyden créèrent sans le savoir la première école de cinéma flamand puisque leurs farces populaires, qui s'inspiraient souvent de succès étrangers, servirent de tremplin à nombre d'acteurs et de techniciens débutants. Kiel mit un terme à sa carrière en raison du déclin de l'intérêt du public. Ses films de série stéréotypés (en fait les premiers "sitcoms" flamands), tournés souvent en trois semaines avec des moyens rudimentaires, avaient autrefois rempli les grandes et les petites salles d'Anvers, mais l'avènement de la télévision, qui programmait des séries comme *Schipper naast Mathilde* ("Maître après Mathilde"), sonna le glas du film populaire flamand. Avec la fin d'AFO, c'était aussi la continuité qui disparaissait. A partir de 1964, la production reprit peu à peu avec le soutien financier officiel du Ministère de la Culture Néerlandaise, et la qualité artistique du cinéma flamand s'améliora nettement.

▶ **De stille genieter**, een film geïnspireerd op Billy Wilders **The Apartment**, handelt over Gaston: een keurige burger van wie men vermoedt dat hij stiekem zijn woning voor andere doeleinden gebruikt. De film betekende het einde van de carrière van Edith Kiel, de Duitse cineaste die samen met echtgenoot Jan Vanderheyden - die dat jaar overleed - uitgroeide tot een autoriteit op het gebied van de Vlaamse humoristische volksfilm: het enige financieel leefbare filmgenre in Vlaanderen tot dan toe. Met hun productiemaatschappij AFO realiseerde het filmkoppel tussen 1934 en 1961, in hun bouwvallige studio van Deurne, zo'n 30 films: een unicum in de geschiedenis van de Belgische film. Zij legden in zekere zin de basis van de eerste school van de Vlaamse film. Hun populaire kluchten, vaak naar buitenlandse successen, waren immers een leerschool voor debuterende acteurs en technici die er al doende het vak leerden. Kiel zette een punt achter haar carrière wegens de tanende publieke belangstelling. Waar eens de Antwerpse centrum- en buurtzalen volstroomden voor haar met schrale middelen gedraaide, stereotiepe seriefilms (in feite de eerste Vlaamse sitcoms), heerste nu de wet van de televisie, waarop series zoals *Schipper naast Mathilde* liepen. Meteen werd het einde ingeluid van de Vlaamse volksfilm. Met het opdoeken van AFO verdween ook de continuïteit. Van 1964 af werd de productie geleidelijk nieuw leven ingeblazen door de expliciete financiële steun van het ministerie van Nederlandse Cultuur en ging de artistieke kwaliteit van de Vlaamse film er duidelijk op vooruit. (LJ)

Filles de fraudeurs
Emile-Georges De Meyst

Filles de fraudeurs
Smokkelaarsmeiden
Smugglers' Daughters

DIRECTOR: Emile-Georges De Meyst
YEAR: 1961
COUNTRY: BE
SCREENPLAY: Marcel Roy, Emile-Georges De Meyst
DIALOGUE: Marcel Roy, Emile-Georges De Meyst
ASST. DIR.: Michel Desrois
DIR. PHOT.: Henri Barreyre
CAMERA: Jacques De Meyst, Raymond Legros, Louis Oppitz
EDITING: Jean Notte
SOUND: André Notte, Raymond Legros
MUSIC: Marcel Mortier
ART DIRECTOR: Alfons Daemen, Gilbert Deligny
PROD. CO.: Procibel (Bruxelles)
CAST: Paul Cambo (René), Betty Beckers (Josée), Jean Houbé (Mareuil), Nelly Charbotel (Francine), Maurice Lecocq (Mazier), Gisel Berteau (Rougeou), René Herdé (Bazin), Charles Martigue, Edgar Willy, Francine Charlier, Franz Moriau, Raymond Lescot, Michel Daniel, Marie J. Delcourt, René Melchior
LANGUAGE: French
GAUGE: 35 mm
SILENT/SOUND: sound
B&W/COLOUR: B&W
MINUTES: 90'

◆ A year after **Love for Sale**, Emile-Georges De Meyst again collaborated with scriptwriter Marcel Roy on what was to be his last feature film after 40 years in cinema. In an ideal world he would have had a more glorious farewell than this mediocre remake of his commercial triumph **Gold Smugglers**. Once again the story centres on a depraved girl who betrays a gang of swindlers and tragically pays for her deceit with her life. The role of the femme fatale was taken by an unknown, Betty Beckers, who gave a conventional performance not in the least reminiscent of the on-screen aura of a Ginette Leclerc. With a modest budget of barely one million francs, De Meyst was unable to take on famous stars and the role of the mysterious and handsome hero (a member of the customs unit disguised as a smuggler) went to a former juvenile lead of the 1930s, Paul Cambo.

De Meyst abandoned film-making in 1961, the year of Gaston Schoukens' death. The two artisans had become obsolete on the eve of a period which would see cinematic norms revolutionized by new criteria such as government funding, film schools and the rise of television. A page was turned. Twenty-five years later, De Meyst bitterly stated: "During the sixties, young film-makers made unsuccessful artistic films subsidized by the Ministry of Culture. But one always has to take into account the commercial impact of a film, always!" De Meyst did turn his hand to the occasional set design for Belgian TV and, at the age of 64, to a short fantastic film inspired by Jean Ray, **The House of Storks**. Then he sank into complete obscurity for a quarter of a century, until his death in December 1989.

● Un an après **La tricheuse**, Emile-Georges De Meyst retrouva le même scénariste, Marcel Roy, pour ce qui allait devenir, après 40 ans de cinéma, son ultime long métrage. On aurait souhaité au cinéaste une sortie plus glorieuse que cette resucée de son triomphe commercial: **Passeurs d'or**. A nouveau, une fille perverse trahissait des fraudeurs et payait sa fourberie par une mort tragique. La modicité du budget, un million à peine, ne permettait pas à De Meyst de s'offrir des vedettes connues. Le rôle de la femme fatale était tenu de manière conventionnelle par une inconnue, Betty Beckers, qui était fort loin de l'aura d'une Ginette Leclerc. Un ex-jeune premier des années 30, Paul Cambo, interprétait le beau ténébreux de l'histoire, un héros du Deuxième Bureau déguisé en contrebandier.

De Meyst abandonna le cinéma en 1961, année de la mort de Gaston Schoukens. Les deux artisans étaient devenus archaïques au seuil d'une période où de nouveaux critères allaient bouleverser les données: aide gouvernementale, écoles de cinéma, montée de la télévision. Une page venait d'être tournée. De Meyst se confia amèrement, à ce sujet, 25 ans plus tard: "Dans les années 60, les jeunes cinéastes ont reçu des subsides du Ministère de la Culture et ont fait des films artistiques qui n'ont eu aucun succès. Or, il faut toujours avoir à l'œil l'impact commercial d'un film, obligatoirement!" De Meyst signa encore quelques décors pour la télévision belge et, à 64 ans, un court métrage fantastique inspiré de Jean Ray: **La maison des cigognes**. Puis ce fut l'oubli total, pendant un quart de siècle, jusqu'à sa mort, en décembre 1989. *(RM)*

▶ Een jaar na **La tricheuse** deed Emile-Georges De Meyst een beroep op dezelfde scenarist voor wat, na een carrière van 40 jaar, zijn laatste langspeelfilm zou worden. Hij had echter een meer glorieus einde verdiend dan deze middelmatige remake van zijn commerciële triomf **Passeurs d'or**. Opnieuw draait het verhaal rond een perverse jonge vrouw die enkele fraudeurs verraadt en haar bedrog met een tragische dood moet bekopen. De rol van de femme fatale werd heel conventioneel vertolkt door een onbekende, Betty Beckers, die niets had van de uitstraling van een Ginette Leclerc. Met zijn bescheiden budget - amper een miljoen - kon De Meyst zich geen bekende sterren veroorloven, en de rol van de knappe en mysterieuze held (een douanier vermomd als smokkelaar) werd dan ook vertolkt door een (ex-)jeune premier uit de jaren 30, Paul Cambo.

De Meyst beëindigde zijn filmcarrière in 1961, en in datzelfde jaar gaf Gaston Schoukens de geest: twee achterhaalde ambachtslieden aan de vooravond van een nieuw tijdperk, met nieuwe criteria die alle normen ondersteboven zouden keren (regeringssteun, filmscholen en de opkomst van de televisie). Een bladzijde was omgeslagen. Vijfentwintig jaar later stelde hij bitter: "In de jaren 60 kregen jonge cineasten subsidies van het ministerie van Cultuur om kunstzinnige films te maken die niet het minste succes hadden. Maar men moet altijd oog hebben voor de commerciële impact van een film, altijd!". De Meyst verzorgde nog enkele decors voor de Belgische televisie en draaide, op 64-jarige leeftijd, een fantastische kortfilm naar Jean Ray: **La maison des cigognes**. Dan verdween hij voor een kwarteeuw in de anonimiteit, tot aan zijn dood in december 1989.

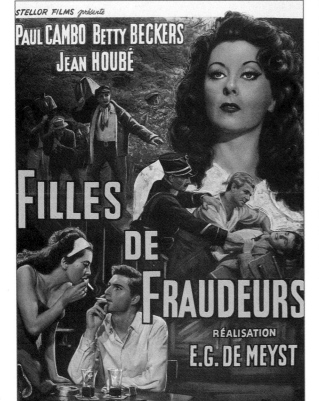

Brigands voor outer en heerd

Hein Beniest

Brigands voor outer en heerd
Brigands pour Dieu et la patrie
For Hearth and Home

DIRECTOR: Hein Beniest
YEAR: 1961
COUNTRY: BE
SCREENPLAY: Hein Beniest, Jan Verachtert
DIALOGUE: Hein Beniest, Jan Verachtert
DIR. PHOT.: Jef Van Nooten
CAMERA: Jef Van Nooten, Frans Van Nooten
EDITING: Hein Beniest
MUSIC: René Metzemaekers
PRODUCER: Hein Beniest
PROD. CO.: ABN-Centrale (Antwerpen)
CAST: Karel Redant (Jan), Helene Overlaet (Hilde),
Ann Petersen (Moeder), Theo Op de Beeck
(Vader), Paul Loys (Pastoor Huveneers),
Cyriel Van Gent (Franse Commandant), Paul-
Emile Van Royen (Luitenant Ducroix),
Robert Borremans (Jefke)
LANGUAGE: Dutch
GAUGE: 16 mm
SILENT/SOUND: sound
B&W/COLOUR: B&W
MINUTES: 85'

◆ This historical drama recounts the revolt of the Flemish farmers against the armies of the French Republic between 1798 and 1799. The entire story is told from the point of view of a farming family in the Campine region unwittingly drawn into the uprising when their son is executed for having rendered assistance to a fugitive priest. After an ambush on a French commander, Jan, the son-in-law, dons the man's uniform in the hope of obtaining a blueprint of an ammunition depot in Wallonia, which he plans to destroy. This ploy succeeds, albeit with the necessary complications, but Jan pays for his deed with his life.

Hein Beniest, the founder and driving force of the ABN-Centrale (an organization for the promotion of the use of Standard Dutch), saw film as an excellent propaganda tool to disseminate the ideals of the patriotic Flemish movement. Initially, Beniest had considered a film on Father Daens, but he abandoned the idea due to the animosity that prevailed at the time between Belgium's two language communities. He eventually settled for the farmers' revolt, a much less controversial subject. Beniest shunned large-scale historical reconstructions with mass crowd scenes in favour of more intimate, anecdotal and symbolic sequences. **For Hearth and Home** was made exclusively with amateurs and volunteers and the paucity of the budget takes its toll on the final product. Like many of the films made during this period with the best of intentions, it suffered a poor post-synchronization. **For Hearth and Home** finished up on the ABN circuit, serving as a disseminator of Flemish ideals.

● Ce film historique raconte la révolte des paysans flamands contre les armées de la République française, en 1798-99. L'histoire est centrée sur une famille campinoise, dont le fils a été exécuté pour avoir secouru un prêtre fugitif. Le beau-fils, Jan, se déguise en officier français grâce aux habits d'un commandant ennemi capturé dans une embuscade et réussit à s'emparer des plans d'un dépôt de munitions en Wallonie, qu'il veut faire sauter. Sa mission réussira, après les complications qu'on imagine, mais Jan y perdra la vie.

Hein Beniest, créateur et force motrice de l'ABN-Centrale (un organisme de promotion du Algemeen Beschaafd Nederlands, le néerlandais officiel), considérait le cinéma comme un moyen de propagande idéal pour familiariser le grand public avec les idéologies flamandes. A l'origine, Beniest avait pensé à un film sur le curé progressiste Daens, mais les tensions accrues entre les deux communautés belges le firent changer d'avis. Finalement, il porta son choix sur un sujet moins brûlant: la Guerre des paysans. Au lieu de reconstituer des scènes grandioses, Beniest s'orienta vers la mise en scène de situations anecdotiques et symboliques. Tournée exclusivement avec des amateurs et des volontaires, cette œuvre souffrit à l'évidence d'un manque de moyens. A l'instar de nombreux autres films de l'époque réalisés avec beaucoup de bonne volonté, la postsynchronisation de **Brigands pour Dieu et la patrie** laisse à désirer. Le film se retrouva dans le circuit ABN comme porte-parole des idéaux défendus par cet organisme.

▶ Dit historisch drama verhaalt de opstand van de Vlaamse boeren tegen de legers van de Franse republiek in 1798-1799. Het verhaal wordt verteld vanuit het standpunt van een Kempens boerengezin dat tegen wil en dank in de Boerenkrijg betrokken raakt, wanneer de zoon van het gezin terechtgesteld wordt omdat hij een ondergedoken priester had geholpen. Na een overval op een Franse commandant trekt Jan, de schoonzoon, diens uniform aan om de plannen van een munitiedepot in Wallonië te kunnen bemachtigen en het hele gebouw te laten ontploffen. Met veel moeite bereikt hij zijn doel, maar hij zal dat met zijn leven bekopen.

Hein Beniest, oprichter van en drijvende kracht achter de ABN-Centrale (een organisme ter bevordering van het Algemeen Beschaafd Nederlands) zag in film het propagandamiddel bij uitstek om de ideeën van de Vlaamse Beweging tot bij een ruimer publiek te brengen. Oorspronkelijk dacht Beniest aan een film over priester Daens, maar wegens de roerige communautaire tijden zag hij daarvan af. Uiteindelijk opteerde hij voor een minder heet hangijzer als de Boerenkrijg. In plaats van een grootse historische reconstructie met massascènes, verkoos Beniest kleine anekdotische of symbolische taferelen. Zijn uitsluitend met amateurs en vrijwilligers gedraaide film had natuurlijk te lijden onder de beperkte financiële middelen. Zoals talrijke films uit die periode, vaak met veel goede wil gemaakt, werd **Brigands voor outer en heerd** verder ook geplaagd door een gebrekkige nasynchronisatie. De film kwam later opnieuw in het ABN-circuit terecht, waar hij dienst deed als vehikel der Vlaamse idealen. (LJ)

La croix des vivants

Yvan Govar

Co-production

La croix des vivants
Het kruis der levenden
The Cross of the Living

DIRECTOR: Yvan Govar
YEAR: 1962
COUNTRY: FR-BE
SCREENPLAY: Maurice Clavel, Alain Cavalier, Jean-Claude Dumoutier, Yvan Govar
DIALOGUE: Maurice Clavel
ASST. DIR.: Jo Drimal, Serge Piollet, Gaston Malherbes, Jean-Erick Linneman
DIR. PHOT.: André Bac
CAMERA: Jean-Marie Maillols, Jean Castagnier, Jacques De St. Girons
EDITING: Paul Cayette, Nicole Cayette, Françoise Diot, Françoise Wuillermoz
SOUND: Antoine Archimbaud, Georges Girard, Henri Richard
MUSIC: Serge Nigg
ART DIRECTOR: Léon Barsacq, André Bakst
PRODUCER: Yvan Govar, Jean-Claude Dumoutier
PROD. CO.: Christina Films (Paris)
PROD. SUPERV.: Stany Cordier
LANGUAGE: French
GAUGE: 35 mm
SILENT/SOUND: sound
B&W/COLOUR: B&W
MINUTES: 90'

CAST: Pascale Petit (Maria), Karl Böhm (Gus), Giani Esposito (Yan), Marie Dubois (Nell), Gabrielle Ferzetti (Abbe), Madeleine Robinson (Van Dorneck), Alain Cuny (Count), Christine Darvel, Roger Dumas, Jacques Richard, Max de Rieux, Marika Green, Jack Blanchot, Michel Risbourg, Tony Buller, Marc Robert, Guy-Louis Duboucheron, Daniel Royan, Marcel Gassouk, Michel Servet, André Lucas, Claude Sauvejot

Il y a un train toutes les heures

Il y a un train toutes les heures

André Cavens

Il y a un train toutes les heures
Alle uren is er een trein
A Train Every Hour
A Train Leaves in Every Hour

DIRECTOR: André Cavens
YEAR: 1962
COUNTRY: BE
SCREENPLAY: Théodore Louis
DIALOGUE: Georges Lecomte
ASST. DIR.: Marc Lobet, Gérald Frydman
DIR. PHOT.: Albert Le Berrurier
CAMERA: Albert Le Berrurier, Philippe Collette
SOUND: André Notte, Raymond Legros
MUSIC: Nelly Le Berrurier
PRODUCER: Pierre Levie, André Cavens
PROD. CO.: SODEP (Bruxelles)
PROD. SUPERV.: Jean-Pierre Nelis
CAST: Evelyne Axell (Isabelle), Stig Gerson (Eric), Irena Fensie, Nicole Denise, Magda Stevens, Gaston Joostens, Cécile Brandt, Pierro Vitali, Henri De Bruder
LANGUAGE: French
GAUGE: 35 mm
SILENT/SOUND: sound
B&W/COLOUR: B&W
MINUTES: 110'

◆ After a sporadic programme of studies and a series of makeshift jobs taken on to survive, in 1945 André Cavens, from Brussels, moved into cinema criticism. Self-taught and with a voracious appetite for knowledge, impassioned, his dream was to direct his own films, and ten years later he began with a series of five shorts, four of them works of fiction. Then in 1961 came the adventure of **A Train Every Hour**, shot by Cavens in Knokke-Le Zoute from a script by another renowned critic Théodore Louis. Set in a seaside resort during the quiet season, it is the tale of the brief encounter between a young bourgeoise taking stock of her failed marriage and a handsome stranger, deceptively off-hand, whose charm and sensitivity she gradually discovers. Throughout their wanderings and exchanges their love will remain unconsummated and she returns to the security of her former life.

Given this Antonioni-like subject matter, steeped in heartbreak and ennui and played out through the tropism of language and the affections, one could expect a work centred on interiority, rich in allusive nuances. Its showing at the Berlin Festival divided the critics: despite the Spartan images and the director's tact, his film essentially suffered from literary, stilted and pseudo-banal dialogue, hampering two skilled actors who also had to deal with the often clumsy direction. These failings were not merely the result of an obviously limited budget. Despite the multiple cuts made by Cavens in the wake of the festival (where the film was shown in a 129' version), in Belgium it met with appalling indifference amongst the distributors.

● Après des études éparses et une série de jobs expédients pour survivre, le Bruxellois André Cavens débute dans la critique cinématographique en 1945. C'est un autodidacte fougueux, passionné, dont le rêve est la mise en scène. Dix ans plus tard, il se lance dans la réalisation avec une série de cinq courts métrages, dont quatre de fiction. Puis vient, en 1961, l'aventure de **Il y a un train toutes les heures**, qu'André Cavens tourne à Knokke-Le Zoute, sur le scénario d'un autre critique renommé: Théodore Louis. Dans le décor d'une station balnéaire en morte-saison, c'est le récit d'une brève rencontre entre une jeune bourgeoise, qui veut faire le point sur son échec conjugal, et un bel étranger, faussement désinvolte, dont elle va découvrir le charme et la sensibilité. Au terme de leurs errances et de leurs échanges, leur amour restera inaccompli et la dame retournera à sa vie sécurisante.

Sur ce thème à l'Antonioni, baigné de déchirements et d'ennui, jouant sur les tropismes du langage et du cœur, on pouvait s'attendre à une œuvre intérieure, riche en nuances allusives. La présentation, au Festival de Berlin, divisa la critique: malgré les images dépouillées et la pudeur sensible de Cavens, son film souffrait essentiellement d'un dialogue littéraire, guindé et faussement banal, qui handicapait deux bons comédiens souvent dirigés avec maladresse. L'évidence de moyens financiers trop réduits n'arrangeait rien. En dépit de multiples coupures faites par le réalisateur après Berlin (le film durait alors 129 minutes), il se heurta en Belgique à l'indifférence navrante des distributeurs. (RM)

► Na uiteenlopende studies en wat scharrelen om de kost te verdienen, maakte de Brusselaar André Cavens in 1945 zijn debuut als filmcriticus. Hij was een verwoed en hartstochtelijk autodidact die ervan droomde ooit een film te draaien. Tien jaar later draaide hij vijf kortfilms, waaronder vier speelfilms. In 1961 begon tenslotte het avontuur van **Il y a un train toutes les heures**, opgenomen in Het Zoute naar een scenario van een ander gerenommeerd filmcriticus, Théodore Louis. Het verhaal speelt zich af in een verlaten badplaats, waar een jonge bourgeoise, die de balans van haar mislukte huwelijk opgemaaakt heeft, een knappe vreemdeling tegen het lijf loopt. Deze toont zich schijnbaar nonchalant en ongedwongen, een façade waarachter de vrouw stilaan een charmant en gevoelig man ontdekt. Hun relatie komt echter niet van de grond en hun liefde wordt nooit geconsumeerd. Ten slotte keert de vrouw terug naar haar veilige leventje.

Dit aan Antonioni verwante thema (verveling, verscheuring en de tropismen van taal en liefde) had een diepzinnige film kunnen opleveren, vol subtiele toespelingen. Bij de voorstelling op het Festival van Berlijn waren de critici verdeeld: ondanks de sobere beelden en de ingetogen benadering van het onderwerp, lijdt de film onder de literaire, houterige en quasi banale dialogen, die de twee uitstekende acteurs al evenzeer afremmen als de soms onhandige regie. Het gebrek aan financiële middelen bleek geen geldig excuus. Cavens hermonteerde zijn film na Berlijn (toen duurde hij 129'), maar stootte desalniettemin op een muur van onverschilligheid bij de Belgische verdelers.

Vechten voor onze rechten

Frans Buyens

Vechten voor onze rechten
Combattre pour nos droits
Fighting for Our Rights
Wir kampfen für unsere Rechten

DIRECTOR: Frans Buyens
YEAR: 1962
COUNTRY: BE
SCREENPLAY: Frans Buyens
EDITING: Lucien Vivier
MUSIC: Arsène Souffriau
COMMENTS: Frans Buyens
PRODUCER: Frans Buyens
PROD. CO.: Iris Films Dacapo (Brussel)
VOICES: Dom De Gruyter (N), Cara Van Wersch (N),
Paule Herreman (F), René Bastien (F)
LANGUAGE: Dutch/French
GAUGE: 16 mm
SILENT/SOUND: sound
B&W/COLOUR: B&W
MINUTES: 60'

◆ **Fighting for Our Rights** is an excellent found-footage film on the great social strikes which shook Belgium during the winter of 1960-61. This documentary describes the mass strike against the anti-social measures in the Economic Expansion Bill proposed by Prime Minister Gaston Eyskens' Christian Democrat-Liberal coalition. Structured like a tragedy, the film follows from a multitude of angles the chronological development of what became known as "the strike of the century". Film-maker Frans Buyens himself played an active militant role as an intermediary between trade unions. Buyens (from Temse, south-west of Antwerp) had originally intended to make a 10-minute film based on photographs. What eventually emerged was a startling and unique compilation of footage from international press agencies and television stations. **Fighting for Our Rights** was heralded as a unique example of found-footage montage and met with great international acclaim. In Belgium, however, it created controversy, with accusations that the role played by Flemish strikers had been overemphasized to the detriment of their Wallonian counterparts. The Communists (the film had relied on technical support from the GDR) also believed their role had been underplayed. Other political and trade union groupings asked Buyens to modify the film, and it was later regularly altered without his knowledge. Foreign Minister Paul-Henri Spaak had the film boycotted abroad and it was banned from the Antwerp Film Festival. Nevertheless, 22 copies were released in Belgium alone. The Belgian première was held in the auditorium of Antwerp Zoo; when it ended, the audience broke spontaneously into the "Internationale".

● Le cinéaste Frans Buyens évoque, à travers ce documentaire, la massive grève générale de l'hiver 1960-1961 qui s'opposait aux mesures antisociales de la Loi unique proposée par le gouvernement de coalition catholique-libérale du Premier ministre Gaston Eyskens. Cette chronique, structurée comme une tragédie, suit l'évolution de la "grève du siècle" sous tous ses angles (Buyens a d'ailleurs lui-même milité activement comme agent de liaison entre différentes centrales syndicales). A partir d'un projet filmique d'une dizaine de minutes sur base de photos, le réalisateur aboutit à un long métrage original de compilation d'images d'agences de presse et de chaînes de télévision internationales. Film de montage très apprécié à l'étranger, **Combattre pour nos droits** fut considéré comme unique en son genre. Par contre, en Belgique, le film a été vivement critiqué: le rôle des Flamands y aurait été trop souligné au détriment de celui des Wallons. Les communistes (le film avait pu être réalisé grâce à l'assistance technique de la RDA) auraient également souhaité un traitement plus conséquent de leur rôle, tandis que d'autres partis politiques et organisations syndicales approchèrent Buyens pour qu'il revoie sa copie. A maintes reprises, le film fut modifié contre la volonté du réalisateur. **Combattre pour nos droits**, boycotté par le ministre Paul-Henri Spaak à l'étranger, fut même interdit au Festival du Film d'Anvers. Cependant, rien que pour la seule distribution en Belgique, on n'en tira pas moins de 22 copies. La première belge se déroula dans la salle du zoo d'Anvers et, après la représentation, le public entonna spontanément l'Internationale.

▶ **Vechten voor onze rechten** is een uitstekende montagefilm over de grote sociale onrust die ons land teisterde in de winter van 1960-61. Deze documentaire behandelt de massale stakingsgolf tegen de antisociale maatregelen van de zogenaamde Eenheidswet van de rooms-blauwe regering-Eyskens. De als een tragedie opgebouwde kroniek belicht de evolutie van deze "staking van de eeuw" uit verschillende invalshoeken. Cineast Buyens speelde zelf een actieve militantenrol als verbindingsman tussen de verschillende vakbondsafdelingen. Oorspronkelijk wilde de Temsenaar een kortfilm van 10 minuten maken op basis van foto's. Uiteindelijk werd het een onthutsende en unieke compilatiefilm, samengesteld uit beeldmateriaal van internationale persagentschappen en tv-stations. **Vechten voor onze rechten** gold in het genre van de montagefilm als unicum en oogstte dan ook veel internationale waardering. In eigen land werd het werk fel betwist omdat de rol van de Vlamingen te veel benadrukt zou zijn ten opzichte van die van de Walen. Ook de communisten (de film kon worden gerealiseerd dankzij de technische steun van de DDR) hadden hun røl graag wat meer aangedikt gezien, terwijl nog andere politieke partijen en vakbonden Buyens benaderden met de vraag zijn document te herzien. Voorts werd de film meermaals gewijzigd buiten Buyens' weten om. **Vechten voor onze rechten** werd door minister Paul-Henri Spaak geboycot in het buitenland en mocht ook niet worden vertoond op het Filmfestival van Antwerpen. Toch kwamen er alleen al in België zo'n 22 kopieën in omloop. De Belgische première vond plaats in de zaal van de Antwerpse dierentuin; na de vertoning begon het publiek spontaan de Internationale te zingen. *(LJ)*

La Vénus d'Ille

Michel Babut du Marès

La Vénus d'Ille

La Vénus d'Ille

DIRECTOR: Michel Babut du Marès
YEAR: 1962
COUNTRY: BE
SCREENPLAY: Michel Babut du Marès
BASED ON: La Vénus d'Ille, written by Prosper Mérimée
DIALOGUE: Bernard de Ragnies
CAMERA: Alain Spaak
PRODUCER: Michel Babut du Marès
PROD. CO.: Aprofilms (Bruxelles)
PROD. SUPERV.: Michel Baron
CAST: Nadine Forster, Michel Baron, Jacques Seram, D. Laurence, Sophie Neal, V. Logne, Jacques Sticque
LANGUAGE: French
GAUGE: 35 mm
SILENT/SOUND: sound
B&W/COLOUR: B&W
MINUTES: 90'

Laura

DIRECTOR: Michel Babut du Marès
YEAR: 1965
COUNTRY: BE
SCREENPLAY: Michel Babut du Marès
DIALOGUE: Michel Babut du Marès
CAMERA: André Wilmart
PRODUCER: Michel Babut du Marès
PROD. CO.: Les Films Renaissance (Bruxelles)
CAST: Suzanne Mikirtitcheff, Marcel Dumontier, Nathalie
LANGUAGE: French
GAUGE: 16 mm
SILENT/SOUND: sound
B&W/COLOUR: B&W
MINUTES: 75'

◆ On the fringes of professional production, Belgium as other countries has its amateur film-makers, shooting out of a love for the medium and producing films which, although occasionally intriguing, never reach commercial screens (except in one-off festivals and amateur competitions). Michel Babut du Marès counts among the best of these non-professionals. This young barrister made around 30 shorts, experimental and fiction films often on fantastical themes (such as **Les noces**, a Thomas Owen adaptation). In 1962 he tried his hand at a full-length feature of the novella by Prosper Mérimée, with its morbid eroticism and evil goddess transposed to the contemporary setting of the château at Linkebeek. The cast of amateurs featured assorted members of the Belgian nobility. **La Vénus d'Ille** is the name of an antique brass statue unearthed by an archaeologist. On the day of his marriage, as a jest the young man places his wedding ring around the statue's finger - that night, he is visited by the goddess, who smothers him with a metallic kiss and drives his bride insane. Shooting for the first time on 35mm, Babut du Marès succeeds in creating a work of finely wrought detail which nevertheless seldom chills the blood. Three years later he was to write and direct another feature, **Laura**, on a less outlandish theme (a man of too few years loses the woman he loves, only to return to her later after experiencing more of life). Although this was shown just as rarely as its predecessor, Babut du Marès was undeterred and in 1972 also made the medium-length **Quartet for an Absent Friend**.

● En marge des cinéastes de métier, il existe, en Belgique comme ailleurs, des réalisateurs du dimanche, tournant pour le plaisir des œuvrettes parfois passionnantes qu'aucun écran commercial ne diffusera jamais ou rarement (à l'occasion de festivals sans lendemain ou de compétitions pour amateurs). On peut intégrer Michel Babut du Marès parmi les meilleurs de ces non-professionnels. Jeune avocat, il signa une trentaine de courts sujets de fiction ou d'essai, dont beaucoup relevaient du fantastique (ainsi **Les noces**, d'après Thomas Owen). Il allait s'essayer au long métrage en 1962 en adaptant un classique du genre: la nouvelle de Prosper Mérimée. Avec son érotisme du morbide et sa déesse maléfique, cette transposition moderne, tournée au château de Linkebeek, prend pour comédiens des amateurs, dont plusieurs membres de la noblesse belge. **La Vénus d'Ille** est le nom d'une statue antique de cuivre, découverte par un archéologue. Par jeu, il lui passe au doigt un anneau de mariage. La Vénus rejoindra alors le jeune homme la nuit de ses noces pour l'étouffer d'un baiser d'acier et rendre folle sa fiancée.

Utilisant le 35mm pour la première fois, Babut du Marès aboutit à une œuvre ciselée dans le détail, mais d'où ne s'élève que rarement le grand souffle de la Peur. Trois ans plus tard, il écrira et réalisera un autre long métrage, **Laura**, sur un thème plus quotidien (un homme trop jeune perdant la femme aimée, puis revenant à elle, mûri par la vie), et aussi peu diffusé que le précédent; puis, en 1972, un moyen métrage: **Quatuor pour un absent**. *(RM)*

Laura

▶ Naast de beroepscineasten bestaat er, zowel in België als elders, een klasse van "zondagsregisseurs", die voor het plezier soms heel boeiende werkjes afleveren die nooit of zelden (op eenmalige festivals of amateurcompetities) het commerciële filmscherm halen. Michel Babut du Marès behoort zeker tot de besten onder deze amateurs. Als jonge advocaat leverde hij zo'n 30 korte fictiefilms of essays af, vaak rond fantastische thema's (bv. **Les noces**, naar Thomas Owen). In 1962 volgde dan een langspeelfilm, naar een novelle van Prosper Mérimée - een klassieker in het genre - over een kwaadaardige godin en doorspekt met morbide erotiek. Dit verhaal werd in een moderne context geplaatst en verfilmd in het kasteel van Linkebeek met amateuracteurs, waarvan enkele behoorden tot de Belgische adel. **La Vénus d'Ille** is een antiek koperen standbeeld opgedolven door een archeoloog; op een dag doet deze laatste, bij wijze van spel, een trouwring om de vinger van het beeld. De Venus komt hem echter opzoeken tijdens zijn huwelijksnacht en versmacht hem met een stalen kus, wat zijn verloofde tot waanzin drijft.

Babut du Marès werkte hier voor het eerst met 35mm, wat een heldere beeldkwaliteit oplevert, maar de film is slechts zelden echt bloedstollend. Drie jaar later schreef en draaide de man een tweede, al even weinig vertoonde langspeelfilm, **Laura**, over een meer alledaags thema (een al te jonge man verliest zijn geliefde om later, met meer levenservaring, naar haar terug te keren). In 1972 volgde nog de middellange film **Quatuor pour un absent**.

De ordonnans

Charles Frank

De ordonnans
Café zonder bier
L'ordonnance
Café sans export
At the Drop of a Head
The Orderly of Napoleon

DIRECTOR: Charles Frank
YEAR: 1962
COUNTRY: BE
SCREENPLAY: Charles Frank, Trevor Peacock
DIALOGUE: Charles Frank, Trevor Peacock
DIR. PHOT.: Bert Mason
CAMERA: Bert Mason
EDITING: Charles Frank, Jef Bruyninckx
MUSIC: Reg Owen
ART DIRECTOR: J. Godon, M. Godon
PRODUCER: Jaak Verdyck
PROD. CO.: United Continents Film Productions-Unico Film (Kapellen)
CAST: Bobbejaan Schoepen (Bobbejaan), Denise De Weerdt (Francine), Eve Eden (Colette), Ivonne Lex (Bella/Arabella), Roger Coorens (Fred), Charles Janssens (Uitbater vlooienspel), Nand Buyl (Uitbater vlooienspel), Dries Wieme (Professor-Nederlandse versie), Charles Frank (Professor-Engelse versie), Nini De Boël (Dame), Louisa Lausanne (Dame), Ann Petersen (Secretaresse), Co Flower (Cafébazin), Jos Van der Smissen (Circusdirecteur), Marcel Hendrickx (Circusomroeper), Tony Bell (Theaterdirecteur), Willy Van Heesvelde (Napoleon), Bob Löwenstein (Korporaal), Jan Matterne (Officier), Paul Vandeveldo (Politieagent), Louis Barret (Raadsheer), Les Cousins (Kandidaten), Huib Van Hellem (Badmeester), Jaak De Voght (Impressario)
LANGUAGE: Dutch/English
GAUGE: 35 mm
SILENT/SOUND: sound
B&W/COLOUR: B&W
MINUTES: 90'
NOTES: The film was re-released in 1999 with a live soundtrack by the Belgian rock group Dead Man Ray.

◆ The first large-scale Hollywood-type Flemish film production was **At the Drop of a Head**, produced with a budget of BF 2.5 million - an enormous sum at the time. One of the main backers of this ambitious cocktail of operetta, vaudeville, adventure and science fiction parody was the popular singer Bobbejaan Schoepen, who would himself take the lead role, supported by a wide number of well-known Flemish actors. This musical farce revolves around the familiar theme of time travel. Schoepen, a singing saloon cowboy, is flashed back to 1801 by a time machine, becoming Napoleon's orderly in the process.

The film's backers (Schoepen, Jaak Verdyck and Jaak Kluger) had a spectacular project in mind and hoped it would become an international export product. They therefore signed a contract with the American director Bill Edwards, the British actress Eve Eden and a professional British crew of technicians. Arrangements were also made to dub the film into English, to provide access to the international market. However, the film encountered many problems, not the least of them being the lack of money, and after two full years it was eventually left to the British film-maker Charles Frank to finish the project. New scenes were filmed while others were discarded. The film was finally completed in Germany after Jef Bruyninckx had tried to make some sense of the chaos. **At the Drop of a Head** - originally entitled **Café zonder bier** (**Bar without Beer**) - eventually ran in Antwerp for three days, and it was to be the last Flemish film comedy made without official government backing.

● **L'ordonnance**, une production de 2,5 millions de FB, somme gigantesque pour l'époque, fut le premier produit cinématographique flamand mégalomane et légèrement hollywoodien. Le chanteur populaire Bobbejaan Schoepen était l'un des principaux financiers à soutenir ce cocktail ambitieux d'opérette, de vaudeville, de récit d'aventures et de parodie de science-fiction. Schoepen tenait lui-même le rôle principal, entouré d'une vaste troupe d'acteurs flamands bien connus. Cette farce musicale jonglait avec le thème très répandu du retour dans le temps. Schoepen, dans le rôle d'un cow-boy qui chante dans un saloon, est renvoyé par une machine à remonter le temps en 1801, où il devient l'ordonnance de Napoléon.

Les financiers Schoepen, Jaak Verdyck et Jaak Kluger avaient vu grand en concevant le film comme un produit d'exportation internationale. C'est pourquoi des contrats furent signés avec le réalisateur américain Bill Edwards, l'actrice anglaise Eve Eden et un groupe de techniciens professionnels anglais. Un doublage en anglais devait en outre garantir un visa de sortie vers l'étranger. Mais les problèmes s'éternisèrent: l'argent vint à manquer et le travail se prolongea pendant deux ans. Finalement, on fit appel au cinéaste britannique Charles Frank pour sauver la mise. De nouvelles scènes furent tournées alors que d'autres furent jetées au panier. Au bout du compte, le film fut terminé en Allemagne, quand Jef Bruyninckx tenta de mettre un peu d'ordre dans ce chaos. **L'ordonnance** est resté trois jours à l'affiche à Anvers, et fut la dernière comédie flamande à voir le jour sans l'apport de subsides gouvernementaux.

▶ Het eerste megalomane, lichtjes Hollywoodiaanse Vlaamse filmproject was **De ordonnans**, gemaakt met een naar de toen heersende normen enorm budget van 2,5 miljoen BF. Een van de voornaamste financiers van deze ambitieuze cocktail van een operette, een vaudeville, een avonturenfilm en een sf-parodie was de populaire schlagerzanger Bobbejaan Schoepen, die zelf ook de hoofdrol voor zijn rekening nam en werd bijgestaan door een schare bekende Vlaamse acteurs. Deze muzikale klucht speelt in op het klassieke thema van de terugreis in de tijd: de zingende salooncowboy Schoepen wordt door een teletijdmachine naar 1801 geflasht, waar hij als ordonnans van Napoleon optreedt.

Financiers Schoepen, Jaak Verdyck en Jaak Kluger zagen de zaken groots en beoogden een internationaal exportproduct. Daarom tekenden ze een contract met de Amerikaanse regisseur Bill Edwards, de Engelse actrice Eve Eden en een professionele crew van Britse technici. Een Engelse dubbing moest bovendien garant staan voor een kans op distributie in het buitenland. De problemen en het werk sleepten echter aan, mede door geldgebrek, en na twee volle jaren werd uiteindelijk een beroep gedaan op de Britse cineast Charles Frank om de zaak te redden. Er werden enkele nieuwe scènes ingeblikt, terwijl andere in de vuilnisbak belandden. De film werd tenslotte in Duitsland afgewerkt, nadat Jef Bruyninckx nog enige orde in de chaos had proberen te scheppen. **De ordonnans** - de oorspronkelijke titel luidde **Café zonder bier** - draaide drie dagen in de Antwerpse bioscopen en was de laatste Vlaamse filmkomedie die zonder overheidssubsidies tot stand kwam. *(LJ)*

Escalades au soleil de minuit

Jean Harlez

Escalades au soleil de minuit
Beklimming bij middernachtzon
Bergbeklimming bij middernachtzon
Mountains of the Midnight Sun

DIRECTOR: Jean Harlez
YEAR: 1962
COUNTRY: BE
SCREENPLAY: Jean Harlez
CAMERA: Jean Harlez
COMMENTS: Marcelle Dumont
PRODUCER: Jean Harlez
VOICES: Bernard Detti (F), Bert Brauns (N)
LANGUAGE: French/Dutch
GAUGE: 16 mm
SILENT/SOUND: sound
B&W/COLOUR: colour
MINUTES: 15'

◆ The abrupt halt brought to the dubbing of **The Children's Building Site** (finished in 1970) by the lack of financial resources was to lead Jean Harlez into the unlikely career of film-makerexplorer. In June 1961, a Belgian expedition was put together by the Alpine Club of Brussels to tackle a dangerous and at the time uncharted territory: the outcrop of Akuliaruseq, a peninsula located in the Arctic Circle on the west coast of Greenland. A team of nine (including one woman, Nadine Simandl) undertook this odyssey, among them one film-maker charged with documenting the adventure, Jean Harlez (who according to contemporary newspaper reports had never climbed a mountain in his life!). The expedition was to meet with a tragic end: four climbers, including the young woman, were caught by an avalanche whilst attempting one of the peaks, an 8 200-foot giant.

The reportage, in 16mm Ektachrome, follows the expedition from its arrival in Greenland, showing their first contact with the Eskimos, the sea journey along the coast and the icebergs, life under canvas before the assault on the unexplored peaks and finally the fruitless search after the accident. Harlez often had to work at temperatures more than ten below zero, which accounts for the scarcity of climbing footage shot on the highest summits. Harlez steps into the role of an eyewitness, steering well clear of the romanticism of Luis Trenker or Leni Riefenstahl and opting for sobriety, authenticity and the anti-heroic angle. Entranced by Greenland, he shot several other documentaries there, including **Igartalik**, **Tupilak** and **Ilulissat** (and, in 1968, **The Faeroe Islands**).

● L'interruption forcée, faute de moyens, de la sonorisation du **Chantier des gosses** (terminé en 1970) allait amener Jean Harlez vers une carrière inattendue de cinéaste d'exploration. En juin 1961, une expédition belge fut organisée par le Club Alpin de Bruxelles vers un territoire dangereux et jusqu'alors inconnu: la presqu'île d'Akuliaruseq, située dans le cercle polaire sur la côte ouest du Groenland. Une équipe de neuf personnes, dont une femme, Nadine Simandl, et un réalisateur chargé de filmer l'aventure, Jean Harlez (qui n'avait, selon les journaux de l'époque, jamais fait d'escalade auparavant!), entreprit cette odyssée. L'expédition allait s'achever d'une manière tragique: quatre alpinistes, dont la jeune femme, furent engloutis par une avalanche lors de l'escalade d'un des sommets, haut de 2.500 mètres.

Le reportage, tourné en 16mm Ektachrome, est entamé dès l'arrivée de l'expédition au Groenland, et suit les premiers contacts avec les Esquimaux, le voyage maritime le long des côtes et des icebergs, la vie sous la tente avant l'assaut vers les cimes inexplorées, ainsi que les recherches vaines après l'accident. Jean Harlez dut souvent opérer par moins de dix degrés sous zéro: de telles conditions de travail excusent, notamment, la rareté des images d'ascension en haut sommet. Harlez se veut un témoin et s'interdit le romantisme des films de montagne à la Luis Trenker ou à la Leni Riefenstahl; il choisit la sobriété, l'authenticité, l'aspect antihéroïque. Conquis par le Groenland, il y tourna plusieurs autres reportages, dont **Igartalik**, **Tupilak** et **Ilulissat** (puis **Les Iles Féroé**, en 1968). (RM)

▶ Nadat Jean Harlez wegens geldgebrek voorlopig moest afzien van de sonorisatie van **Le chantier des gosses** (afgewerkt in 1970), nam zijn carrière een onverwachte wending: hij ontpopte zich als expeditiefilmer. We schrijven juni 1961, wanneer door de Club Alpin de Bruxelles een expeditie op touw wordt gezet naar een gevaarlijk en tot dan onbekend gebied: het schiereiland Akuliaruseq, gelegen binnen de poolcirkel voor de westkust van Groenland. Het zou een veelbewogen odyssee worden voor het negenkoppige team, onder wie één vrouw (Nadine Simandl) en één filmer (Jean Harlez, die, volgens de kranten van toen, nooit eerder een berg had beklommen). De onderneming kende een tragische afloop: vier alpinisten - onder wie de jonge vrouw - lieten het leven in een lawine, bij de beklimming van een 2.500 meter hoge bergtop.

De reportage, gefilmd op 16mm Ektachrome, volgt de expeditie vanaf de aankomst op Groenland: het leggen van de eerste contacten met de eskimo's, de reis over zee langs kusten en ijsbergen, het tentleven in afwachting van de klim naar onbetreden toppen, de vergeefse zoekoperatie na het ongeluk. Jean Harlez werkte in extreme omstandigheden, bij temperaturen onder -10°, wat genoegzaam verklaart waarom er weinig beelden van klimpartijen in het hooggebergte zijn. Harlez filmt als getuige; wars van de romantiek in bergfilms à la Luis Trenker of Leni Riefenstahl, opteert hij voor het onopgesmukte, voor het authentieke, voor het anti-heldhaftige. De cineast verloor zijn hart aan Groenland en keerde er meermaals terug om andere reportages te draaien: **Igartalik**, **Tupilak** en **Ilulissat** (en, in 1968, **Far-Öer Eilander**).

Amours d'automne

Paul Berkenman, Raymond Cogen

Amours d'automne
Jeux d'automne
Le vent sauvage de novembre
Novemberspelen
Autumn Love

DIRECTOR: Paul Berkenman, Raymond Cogen
YEAR: 1962
COUNTRY: BE
SCREENPLAY: Paul Berkenman, Raymond Cogen
BASED ON: De witte weg, written by André de Splenter
DIR. PHOT.: Emile Sera
CAMERA: Jean-Pierre Nelis
EDITING: Jean-Pierre Moulavé, Paul Berkenman
MUSIC: Marco Henrico
PRODUCER: Paul Berkenman, Raymond Cogen
PROD. CO.: Cinébel (Gent)
CAST: Raf Reymen (Stéphane), Dominique Vaneck (Adèle Valeron), Yves Robin (Alex), Anne-Marie François (Cécile Valeron), Albert Hanssens (Anselme)
LANGUAGE: French
GAUGE: 35 mm
SILENT/SOUND: sound
B&W/COLOUR: B&W
MINUTES: 75'

◆ The films of Paul Berkenman and Raymond Cogen, including **Prelude to Daybreak**, directed in conjunction with Marcel De Backer, enjoyed a modest box-office success. With the Flemish market too restricted to allow them to take further financial risks, Berkenman and Cogen decided to make a film with French dialogue, despite the fact that it was to be an adaptation of the prize-winning Flemish novel *De witte weg* ("The White Road") by André de Splenter. Compared with the two previous films that had emerged from the Ghent studio, **Autumn Love** was artistically far less ambitious. The directors declared they had simply wanted to make "a good and well-constructed film". In spite of its powerful nature imagery and finely observed portrayal of a milieu, this drama of sensual passion and crime within the stifling world of the bourgeoisie is bogged down by an overly static direction. Nevertheless, the film went on to perform relatively well. It first opened in all the major Belgian cities, finally reaching Ghent. Audiences everywhere believed the film to be a French production, yet with the exception of the Basque Jean-Pierre Moulavé (a regular collaborator of Roger Vadim, whom Cogen greatly admired), everybody who worked on the film was Belgian, and mostly of Flemish origin. Actors Raf Reymen, Albert Hanssens and Yves Robin, for example, were all recruited from the Antigone Theatre in Courtrai. However, the complete post-synchronization of the film (which changed titles twice, from **Le vent sauvage de novembre** to **Jeux d'automne** to **Amours d'automne**) followed in Paris with French actors.

● Les premiers films de Berkenman et Cogen, parmi lesquels **Prélude à l'aube** réalisé conjointement avec Marcel De Backer, avaient connu un relatif succès public, mais l'étroitesse du marché flamand freinait tout autre projet à haut risque financier. Aussi les deux réalisateurs se décidèrent-ils à produire un film en français. Le choix d'une intrigue triangulaire amoureuse fut cependant porté sur l'adaptation d'un roman flamand célèbre, *De witte weg* ("Le chemin blanc") d'André de Splenter.

Sur le plan artistique, **Amours d'automne** était beaucoup moins ambitieux que les réalisations précédentes des deux Gantois: leur but premier, selon eux, était de réussir une œuvre "solide et bien construite". Malgré de superbes images de la nature et la fine observation des comportements, ce drame sensuel d'une passion criminelle dans l'univers répressif de la bourgeoisie se fige pourtant dans le statisme d'une mise en scène au rythme apathique. Le film, distribué d'abord dans les grandes villes du pays avant d'atterrir à Gand, fera pourtant une carrière honorable dans les salles, tout le monde étant persuadé qu'il s'agissait là d'une production française. Or, à l'exception du conseiller technique Jean-Pierre Moulavé, un Basque qui travaillait d'habitude pour Roger Vadim, le grand maître à penser de Cogen, toute l'équipe était belge, et se composait essentiellement de Flamands. Les acteurs Raf Reymen, Albert Hanssens et Yves Robin étaient issus du Théâtre Antigone de Courtrai. La postsynchronisation du film, qui changea deux fois de titre - **Le vent sauvage de novembre** et **Jeux d'automne** -, se fit néanmoins à Paris avec des comédiens français.

▶ De films van Paul Berkenman en Raymond Cogen, waaronder het samen met Marcel De Backer geregisseerde **Prelude tot de dageraad**, hadden het commercieel nog redelijk goed gedaan. De Vlaamse markt bleek echter te beperkt om nog verdere financiële risico's te nemen. Daarom besloot het duo om een Frans gesproken film te maken. Nochtans is het verhaal - met driehoeksverhoudingen als thema - gebaseerd op de bekroonde Vlaamse roman *De witte weg* van André de Splenter.

Novemberspelen was in vergelijking met de twee vorige films van de Gentenaars veel minder ambitieus op artistiek vlak. Hun enige bedoeling was, verklaarden ze zelf, een "goede en stevig opgebouwde film af te leveren". Ondanks de indrukwekkende beelden van de natuur en de raak geobserveerde milieuschildering bleef dit drama rond sensuele passie en misdaad, gesitueerd in de verstikkende wereld van de bourgeoisie, steken in een te statische, weinig vinnige regie. Toch deed de film het helemaal niet slecht. Alvorens in Gent te belanden, kwam hij eerst in alle andere grote steden van het land uit; iedereen was ervan overtuigd dat het om een Franse productie ging. Op Jean-Pierre Moulavé na, een Bask en vast medewerker van Cogens grote voorbeeld Roger Vadim, bestond de ploeg uitsluitend uit Belgen, voor het merendeel Vlamingen. Acteurs Raf Reymen, Albert Hanssens en Yves Robin waren bijvoorbeeld verbonden aan het Kortrijkse Theater Antigone. De volledige postsynchronisatie van de film, die liefst twee keer van titel veranderde (van **Le vent sauvage de novembre** over **Jeux d'automne** tot **Amours d'automne**), werd wel verzorgd door Franse artiesten te Parijs. (LJ)

Zomercapriolen

Hein Beniest

Zomercapriolen
Cabrioles d'été
Summer Antics

DIRECTOR: Hein Beniest
YEAR: 1962
COUNTRY: BE
SCREENPLAY: René Metzemaekers
DIALOGUE: René Metzemaekers
DIR. PHOT.: Jef Van Nooten
CAMERA: Jef Van Nooten
EDITING: Hein Beniest
MUSIC: René Metzemaekers
COMMENTS: René Metzemaekers
PRODUCER: Hein Beniest
PROD. CO.: ABN-Centrale (Antwerpen)
CAST: Robert Borremans (Student), Jos Van den Broeck (Student), Erwin Van Snick (Student), Helene Overlaet (Teenager), De Woodpeckers (Pensiongasten), Marleen Beniest (Meisje)
LANGUAGE: Dutch
GAUGE: 16 mm
SILENT/SOUND: sound
B&W/COLOUR: B&W
MINUTES: 75'

◆ In 1962, two new film schools were opened in Belgium - the INSAS for the French and the RITCS for the Flemish community. Notwithstanding one or two exceptions, the Flemish fiction film was plodding along heavily, while amateur film-maker Hein Beniest made his fifth film, **Summer Antics**, a spoof of Jacques Tati's **Monsieur Hulot's Holiday**. The film comprises a mixture of burlesque comedy and espionage and centres on the adventures of three friends who take their temperamental old banger on a tourist trip through Flanders (and its rich variety of dialects). The jokes are mostly banal, but occasionally a sharply observed witticism hits home. The most effective scene comes during the second half of the film, set in the Casino of Middelkerke. In particular, it is the slanging match between a neurotic Walloon and a hyperactive Flemish bore (both played by the Woodpeckers) which wins the most laughs. Like Tati, Beniest also wanted to explore the individual expressive potential of sound effects in his film. The result is an obtrusive soundtrack with over-emphatic noises.

Mainly due to the primitive infrastructure and insubstantial script, **Summer Antics** turned into a financial nightmare and spelled the end of its production company, the ABN-Centrale (a multicellular organization for the advancement of standard Dutch). Beniest, a fervent Flemish patriot, proudly claimed that his films had contributed to the revival of the Flemish movement during the 1960s.

● En 1962, la Belgique est dotée de deux nouvelles écoles de cinéma: l'INSAS pour la Communauté française et le RITCS, son homologue flamand. C'est une époque de production difficile pour la Flandre, à quelques exceptions artistiques près. Hein Beniest était un des pionniers amateurs. **Cabrioles d'été**, sa cinquième réalisation, est une imitation parodique et lointaine de **Les vacances de Monsieur Hulot** de Jacques Tati. Mélange de cinéma burlesque et de film d'espionnage, elle relate les aventures de trois copains qui, à bord de leur voiture déglinguée, sillonnent les routes de Flandre riches en dialectes divers. Les gags, souvent triviaux, font rarement mouche, hormis quelques trouvailles originales comme cette scène paroxystique, dans la deuxième partie du film, du Casino de Middelkerke, sorte d'affrontement communautaire entre un névrosé wallon et un énergique casse-pieds flamand (interprétations des Woodpeckers). A l'instar de Tati, Beniest a voulu rendre au bruitage sa pleine autonomie expressive mais sa tentative échoua, sans doute à cause d'une bande son aux effets trop appuyés.

Véritable cauchemar financier dû à une infrastructure primaire et aux faiblesses du scénario, ce film obligea l'ABN-Centrale, organisme pour la défense du néerlandais standard et producteur du film, à fermer boutique, réduisant au silence ce fervent cinéaste militant qui se targuait d'avoir contribué, grâce à ses films, à la résurrection du mouvement flamand dans les années soixante.

► Anno 1962 wordt België twee filmscholen rijker: het INSAS voor de Franstalige Gemeenschap en het RITCS langs Vlaamse zijde. De Vlaamse fictiefilm beleefde op dat moment, op enkele artistieke uitzonderingen na, weinig hoogtepunten. Hein Beniest hoorde eerder tot de amateuristische wegbereiders. **Zomercapriolen**, zijn

vijfde werk, is een vage parodie op Jacques Tati's **Les vacances de Monsieur Hulot**. De film bestaat uit een mengeling van kolder en spionage. Centraal staan de avonturen van drie kameraden die met hun gammele wagen een uitstap maken door Vlaams België, rijk aan verschillende lokale dialecten. De grappen zijn meestal banaal, met af en toe een raak geobserveerde vondst. Het hoogtepunt van de film komt in het tweede deel, dat zich afspeelt in het Casino van Middelkerke. Vooral het communautaire steekspel tussen een zenuwzieke Waal en een energieke Vlaamse lastpost (rollen van De Woodpeckers) is bij momenten gevat. Net als Tati wou Beniest ook van het geluid een expressief en apart gegeven maken. Het resultaat is een klankband boordevol geluiden die veel te nadrukkelijk op de voorgrond treden.

Door de primitieve infrastructuur en het zwakke scenario werd **Zomercapriolen** een financiële nachtmerrie en de producent, de ABN-Centrale, een meercellig orgaan ter verdediging van het Algemeen Beschaafd Nederlands, mocht het bijltje er dan ook bij neerleggen. Beniest, een fervent Vlaming, ging er prat op dat hij dankzij zijn films mee aan de basis lag van de heropstanding van de Vlaamse Beweging in de zestiger jaren. *(LJ)*

Ricochets

Claude Ache

Ricochets
Opstuiten
Rebounds

DIRECTOR: Claude Ache
YEAR: 1963
COUNTRY: BE
SCREENPLAY: Claude Ache
DIALOGUE: Claude Ache
CAMERA: Roger Deschesne
SOUND: Mike Bulger
MUSIC: John Van Rymenant
PRODUCER: Robert Malengreau
PROD. CO.: Procino (Bruxelles)
CAST: Michel Doriac (Raphaël Bastiani), Claude
Koener (Georges Mautoisy), Jean-Claude
Herman (Firmin Gridouillet), Florent
Descamps (Commissaire Tavernier), Christine
Duchiron (Christine Berthelot), Emile Drye
(L'adjoint Jacquet), Josy Dubie (Bernard
Nolet), Alex Biot (Michel Thibault), Viviane
Moreau (Cassandre)
LANGUAGE: French
GAUGE: 16 mm
SILENT/SOUND: sound
B&W/COLOUR: B&W
MINUTES: 100'

◆ An industrialist's son organizes a party in the family château. The terrible predictions of a medium soon put a damper on the atmosphere, and Georges sends his guests home. Two of them return, however, and the three surprise a burglar who had seized upon the celebrations to break in. Georges is killed in the ensuing struggle. Associates in crime, the intruder and the partygoers conspire to make it appear an accident...

The genre film is still frowned upon in Belgian cinema. Given the lack of an established tradition and successful precedents, producers rarely put their trust in young directors. Film-makers are forced either to give in or to struggle along as handy-men. **Man Bites Dog**, which enjoyed international distribution despite a shoestring budget, is the most fortunate example of this kind of film.

Thirty years earlier, **Rebounds** was similarly a product of this drive to make a film despite the most restrictive material conditions. It was thus shot in 16mm on weekends between September 1962 and October 1963, with the sound effects and dialogue recorded in a makeshift studio rigged up in an attic - and only at night, so as to eliminate extraneous noise. All in all, 180 volunteers lent a hand in the enterprise. The total cost was BF 150 000, all-inclusive. Despite their reservations as to the qualities of a product realized under such poor conditions, the critics nonetheless welcomed the spontaneous energy of a director who showed little regard for the academic principles of film. Claude Ache (then aged 26) already had several short works and an 8mm feature to his name.

● Le fils d'un industriel organise une soirée dans le château familial. L'ambiance est vite refroidie par un médium qui prédit de terribles événements. Georges congédie ses invités, mais deux d'entre eux reviennent. A trois, ils surprennent un cambrioleur qui s'était introduit dans la place à la faveur de la fête. Georges est tué dans la lutte qui s'ensuit. Complices, l'intrus et les invités maquillent le crime en accident...

Le film de genre reste un parent pauvre du cinéma belge. Faute d'une tradition régulière ou de précédents couronnés de succès, les producteurs accordent rarement leur confiance aux jeunes cinéastes, désirant se lancer dans cette voie. Ces derniers en sont donc réduits, dans le meilleur des cas, aux bricolages du système "D". **C'est arrivé près de chez vous**, qui connut une diffusion internationale malgré son budget diaphane, est l'exemple le plus réussi du phénomène.

Trente ans plus tôt, **Ricochets** est né de ce même besoin de filmer malgré des conditions matérielles très précaires. Il fut tourné en 16mm durant les week-ends, de septembre 1962 à octobre 1963. Le bruitage et les dialogues furent enregistrés de nuit, pour limiter les sons indésirables, dans un grenier aménagé en studio de fortune. Au total, 180 bénévoles mirent la main à la pâte. Coût de l'opération: 150.000 FB tout compris. Emettant une réserve quant aux qualités du produit fini, résultat de telles conditions de production, la critique salua néanmoins l'énergie spontanée d'un réalisateur indifférent aux principes académiques du 7e art. Claude Ache, 26 ans à l'époque, avait signé avant cela plusieurs courts sujets et un long métrage en 8mm. *(AJ)*

▶ De zoon van een industrieel geeft een feestje in het familiekasteel. Wanneer een medium verschrikkelijk onheil voorspelt, raakt de sfeer echter gauw bekoeld. Georges stuurt zijn gasten huiswaarts, maar twee van hen keren terug. Het drietal stuit vervolgens op een inbreker die te midden van het feestgejoel kon binnensluipen. Georges komt om in het gevecht dat daarop volgt, maar de twee genodigden en de inbreker zijn medeplichtigen en ze zorgen ervoor dat niets kwaad opzet laat vermoeden...

De genrefilm is altijd het zwakkere broertje van de Belgische film geweest. Bij gebrek aan een gevestigde traditie of succesvolle precedenten staan producenten meestal argwanend tegenover jonge cineasten, die hier ofwel in berusten ofwel overgaan tot vindingrijk knutselwerk. **C'est arrivé près de chez vous**, dat ondanks zijn minibudget de hele wereld zag, is het best geslaagde voorbeeld hiervan.

Ricochets ontstond 30 jaar eerder uit eenzelfde drang om te filmen ondanks buitensporig weinig middelen. De film werd van september 1962 tot oktober 1963 tijdens de weekends gedraaid. Het geluid en de dialogen werden opgenomen in een provisorische zolderstudio - 's nachts, om ongewenst lawaai te vermijden. In totaal sloegen 180 vrijwilligers de handen in elkaar. Prijskaartje van de onderneming: 150.000 BF, alles inbegrepen. Hoewel de critici koeltjes reageerden op een film gerealiseerd in dergelijke omstandigheden, lauwerden ze de spontane energie van deze regisseur die de academische principes van de 7de kunst liet voor wat ze waren. Claude Ache, toen 26 jaar, had voordien al enkele kortfilms afgeleverd, alsook een langspeelfilm op 8mm.

Une demoiselle sans bagages

Paul Berkenman, Raymond Cogen

Une demoiselle sans bagages
Foei... mademoiselle
Travelling Light

DIRECTOR: Paul Berkenman, Raymond Cogen
YEAR: 1963
COUNTRY: BE
SCREENPLAY: Jean-Louis Calvet, Georges Montax, Paul Berkenman
ASST. DIR.: Jean-Pierre Moulavé
DIR. PHOT.: Emile Sera
CAMERA: Fernand Jabon
EDITING: Paul Berkenman
MUSIC: N. Roland, Marco Henrico, Johnny Belmondo
ART DIRECTOR: Roland Bracke
PRODUCER: Paul Berkenman, Raymond Cogen
PROD. CO.: Cinébel (Gent)
PROD. SUPERV.: Pierre Merchie
CAST: Anne Dister (Anne), Georges Montax (Monsieur Georges), Jean-Louis Calvet (Jean), Yves Robin (Bob), Louis Massis (Duf), Albert Hanssens (Hôtelier), Marco Henrico (Ecossais), Johnny Belmondo (Ecossais), Hector Vanhouwe (Notaire), Pierre Merchie (Curé), Jacqueline Higgins (Demoiselle), Sophie (Danseuse)
LANGUAGE: French
GAUGE: 35 mm
SILENT/SOUND: sound
B&W/COLOUR: B&W
MINUTES: 75'

◆ After the relative success of their light-hearted comedy **Autumn Love**, film-makers Paul Berkenman and Raymond Cogen from Ghent decided to continue in the same vein, setting out to make what was to be their last film. Despite the switch to the French language in an effort to reach Brussels audiences, the duo could not amass sufficient funds to continue producing films.

Travelling Light is a very predictable comic road movie divided into several episodes, each of which is set in a different country (Switzerland, Luxembourg, Belgium, the Netherlands) and briefly reveals how the plot will develop. The film evolves from a picturesque travel comedy to popular light farce (including a chaotic wedding reception complete with drunken priest) and finally to prudish voyeuristic eroticism. The ostensible thread of the film is the tale of a manipulative young woman trying to flee the grasp of a lascivious fat man. Fortunately, she is assisted by a young Dutchman with a certain resemblance to Tintin, which in turn leads to misunderstandings with her future husband.

This naïve situation comedy, which continually falls back on cross-cutting, is forced to rely on a string of gags and clichés served up without much imagination - for example, a couple of Scotsmen in kilts whose car has broken down reappear constantly throughout the film. **Travelling Light** was given a very limited release and was shown only occasionally on the smaller cinema circuit accustomed to more sexually explicit films.

● Après le succès relatif de la comédie légère **Amours d'automne**, les cinéastes gantois Berkenman et Cogen continuèrent d'exploiter la même veine. Leur nouvelle réalisation allait pourtant être leur dernier film. Bien qu'étant passés au français afin de conquérir le marché bruxellois, les deux compères ne réussirent pas à rassembler les fonds nécessaires pour poursuivre leurs activités.

La demoiselle sans bagages est un road movie au comique plat et tout à fait prévisible, divisé en cinq volets décrivant chacun un lieu géographique (Suisse, Luxembourg, Belgique, Hollande) avant d'annoncer brièvement ce qui va se passer à l'épisode suivant. De prospectus touristique loufoque, le film tourne à la farce populaire gentille (via une noce qui dégénère à cause d'un prêtre ivrogne) pour tomber ensuite dans un érotisme voyeuriste pudibond. Tout commence avec l'histoire d'une jeune fiancée manipulatrice qui fuit un gros lard aux manières plutôt cavalières. Elle peut heureusement compter sur l'aide d'un gentleman hollandais aux allures de Tintin, ce qui lui vaut quelques quiproquos avec son futur époux. Cette simple comédie de situation, toujours montée en parallèle, n'est qu'une suite de gags et de clichés servis sans beaucoup d'imagination (citons par exemple les nombreuses apparitions des deux Ecossais en kilt avec leur voiture perpétuellement en panne). **La demoiselle sans bagages** n'eut guère l'occasion de sortir sur les écrans et fut seulement projeté sporadiquement dans le petit circuit des cinémas à programmation plus osée.

▶ De Gentse cineasten Berkenman en Cogen bewandelden na het relatieve succes van de lichtvoetige komedie **Novemberspelen** verder de platgetreden paden, op weg naar wat hun laatste film zou worden. Ondanks de overschakeling naar het Frans - met het oog op de verovering van de Brusselse markt - kreeg het duo de middelen niet meer bij elkaar om films te blijven produceren.

Foei... mademoiselle is een bijzonder voorspelbare komische road movie, onderverdeeld in een aantal hoofdstukjes met telkens een aparte geografische situering (Zwitserland, Luxemburg, België, Nederland), die tevens kort aanstippen wat er in de volgende episode komen zal. De film evolueert van een opeenstapeling van pittoreske kolder over populaire en milde spot (bv. een uit de hand gelopen huwelijksfeest met een dronken priester) tot preutse voyeuristische erotiek. Als kapstok gebruiken ze het verhaal van een manipulatieve jonge vrouw op de vlucht voor een vrijpostige dikkerd. Gelukkig kan ze rekenen op de hulp van een Hollandse gentleman met Kuifje-allures, maar dat zorgt dan weer voor de nodige misverstanden met haar toekomstige echtgenoot.

Deze eenvoudige, parallel gemonteerde situatiekomedie moet het hebben van enkele zonder veel verbeelding opgediende gags en clichés, zoals het duo in kilt gehulde Schotten met autopech die als een rode draad steeds weer in de film opduiken. **Foei... mademoiselle** kwam nauwelijks in aanmerking voor vertoning en was slechts sporadisch te zien in het kleinere bioscoopcircuit waar de meer seksueel gewaagde producties gedijden. (LJ)

Que personne ne sorte!

Yvan Govar

Que personne ne sorte!
La dernière enquête de Wens
Six hommes à tuer
Het laatste onderzoek
Bring Them Out Dead

DIRECTOR: Yvan Govar
YEAR: 1963
COUNTRY: BE-FR
SCREENPLAY: Stanislas-André Steeman, André Tabet,
Jacques Séverac, Yvan Govar
BASED ON: Six hommes à tuer, written by Stanislas-
André Steeman
DIALOGUE: André Tabet
ASST. DIR.: Daniel Szuster, Pierre Taylou
DIR. PHOT.: Pierre Levent
CAMERA: Jean-Marie Maillols
EDITING: Bob Wade
SOUND: Robert Philippe, Pierre Vuillemin
MUSIC: Louiguy
ART DIRECTOR: Claude Bouxin
COSTUMES: Lili Caudrelier
PRODUCER: Yvan Govar, Jean-Claude Bergey, André
Allard
PROD. CO.: Belgodiex (Bruxelles), Films Artistiques
Français (Paris), Japa Film (Paris)
PROD. SUPERV.: Paul De Saint-André
CAST: Philippe Nicaud (Wens), Jacqueline Maillan
(Adelia), Marie Daems (Karine), Jean-Pierre
Marielle (Jo Adams), Jess Hahn (Buggsy
Weis), Jacques Dumesnil (Directeur de la
police), Maria Pacôme (Pauline), Max de
Rieux (Professeur Schwartz), Stéphane
Steeman, Jean Bouchaud (Peter Panto),
Joëlle Gozzi (Paméla), André Dumas,
Jacques Bedos, Mireille Colman, Roger
Dutoit (Charlie Ross), Noël Roquevert
(Révérend Murdoch)
LANGUAGE: French
GAUGE: 35 mm
SILENT/SOUND: sound
B&W/COLOUR: B&W
MINUTES: 90'

◆ The early sixties proved a hard time for Yvan Govar: hardly had he come through the worst difficulties to finish **Tonight We Kill** when his suicide attempt was splashed across the papers (he had just married a former Miss France and suspected her of adultery). Yet suddenly he was off again, preparing his biggest project to date: an international production on a grand scale, bringing together Pascale Petit and Karl Böhm, Madeleine Robinson and Gabrielle Ferzetti, Marie Dubois and Alain Cuny. **The Cross of the Living**, a naturalist melodrama set in a Flemish village (but made with only a minimal Belgian financial contribution), was panned by the French critics amidst accusations of aestheticism and over-literary dialogues. This was a severe blow for Yvan Govar who, in his own words, was "completely demoralized and ready to give up film-making". Happily, he received an offer from a Belgian company and once again made his way back to his native land.

The offer concerned a detective thriller, humorous in tone, which was to be adapted from Stanislas-André Steeman's 1956 thriller *Six hommes à tuer* ("Six Men to Kill"). To avoid confusion with another best-seller by the same author (*Six hommes morts* ("Six Dead Men"), already shot under the Occupation by Henri-Georges Clouzot), the film was released under the title **Que personne ne sorte!**. Set between Christmas and New Year, it told the story of six criminals who kidnap an ambassador's daughter and await the ransom; enter Monsieur Wens, who infiltrates their hideout using various comic disguises, bumps them off one by one and rescues the little girl. In total, this makes for a minor and unpretentious film, the screen début of the writer's son Stéphane Steeman.

● Le début des années 60 ne fut guère favorable au moral d'Yvan Govar: alors qu'au prix des pires difficultés il vient d'achever son **Ce soir on tue**, la presse annonce sa tentative de suicide (il venait d'épouser une ex-Miss France dont il soupçonnait l'infidélité). Cependant, peu après, il se lance dans la préparation de son plus important projet à ce jour: une superproduction internationale (mais avec de minuscules subsides belges) réunissant Pascale Petit et Karl Böhm, Madeleine Robinson et Gabrielle Ferzetti, Marie Dubois et Alain Cuny. **La croix des vivants**, un mélo naturaliste dans un village des Flandres, fut démoli par la critique française, l'accusant d'esthétisme et de dialogues trop littéraires. Le coup fut dur pour Govar qui, selon ses dires, fut "abattu moralement et prêt à renoncer au cinéma". Heureusement, une proposition allait lui parvenir de Belgique et le ramener une nouvelle fois dans son pays d'origine.

Il s'agissait de réaliser un film policier, teinté d'humour, qui serait tiré d'un polar de Stanislas-André Steeman, *Six hommes à tuer*, paru en 1956. Pour éviter la confusion avec un autre livre à succès du même auteur, *Six hommes morts* (déjà tourné sous l'Occupation dans une adaptation de Henri-Georges Clouzot), le film s'appela finalement: **Que personne ne sorte!** Situé entre les deux réveillons, il racontait l'histoire de six bandits enlevant la fille d'un ambassadeur et attendant une rançon. Il s'agira pour Monsieur Wens de s'introduire dans leur repaire sous divers déguisements à gags pour les tuer un à un et sauver la fillette. Au bout du compte, un petit film sans prétention, où débuta le fils de l'auteur: Stéphane Steeman. *(RM)*

▶ Het begin van de jaren 60 was zwaar voor Yvan Govar: nauwelijks was het hem gelukt zijn **Ce soir on tue** af te werken, of de pers maakte zijn zelfmoordpoging bekend (hij was gehuwd met een ex-Miss France, die hij ervan verdacht hem te bedriegen). Doch kort daarop begon hij met de voorbereiding van zijn tot dan toe belangrijkste opdracht: een internationale superproductie (maar met geringe Belgische overheidssteun) met Pascale Petit en Karl Böhm, Madeleine Robinson en Gabrielle Ferzetti, Marie Dubois en Alain Cuny. **La croix des vivants**, een naturalistisch melodrama gesitueerd in een Vlaams dorpje, werd door de Franse kritiek echter de grond ingeboord wegens esthetisme en te literaire dialogen. Dit was een hele teleurstelling voor Govar, naar eigen zeggen "moreel aangeslagen en bereid de filmwereld vaarwel te zeggen".

Gelukkig kwam er vanuit België een voorstel en dat bracht hem opnieuw in zijn geboorteland. Het ging erom een licht humoristische politiefilm te realiseren, op basis van een roman van Stanislas-André Steeman, *Six hommes à tuer*, verschenen in 1956. Om verwarring met een andere bestseller van dezelfde auteur te vermijden (*Six hommes morts*, al verfilmd tijdens de Bezetting door Henri-Georges Clouzot), wordt geopteerd voor **Que personne ne sorte!** als filmtitel. Het verhaal: zes criminelen ontvoeren tussen kerst- en oudejaarsavond de dochter van een ambassadeur en wachten op losgeld. Het is aan Monsieur Wens om, in de meest lachwekkende vermommingen, hun schuilplaats binnen te dringen, een na een de ontvoerders te doden en het meisje te bevrijden. Al bij al een kleine film zonder grote aanspraken, waarin de zoon van de auteur, Stéphane Steeman, debuteert.

Leven en dood op het land (De boer die sterft & In het water)

Emile Degelin

**Leven en dood op het land
(De boer die sterft & In het water)
Vie et mort en Flandre
(Le paysan qui meurt & Dans l'eau)
Life and Death in Flanders
(The Dying Farmer & In the Water)**

DIRECTOR: Emile Degelin
YEAR: 1963-1964
COUNTRY: BE
SCREENPLAY: Emile Degelin
BASED ON: De boer die sterft, written by Karel Van de Woestijne; In 't water, written by Stijn Streuvels
DIR. PHOT.: Paul De Fru
CAMERA: Paul De Fru
EDITING: Emile Degelin
SOUND: Aldo Ferri
MUSIC: Jos Mertens
COMMENTS: Emile Degelin
PRODUCER: Emile Degelin, Jos Op de Beeck, Paul Louyet
PROD. CO.: Ministerie van Nationale Opvoeding en Cultuur (Brussel), BRT (Brussel)
PROD. SUPERV.: L.R. Boogaerts
CAST: Dolf Tilleman (Nand), Alice De Groeve (Moeder), Mathilde Van Mol (Wanne), Veerle Van Laere (Jonge Wanne), Elisabeth Dulac (Ogen), Simone De Wit (Smaak), Maurits De Roeck (Jan Boele), Denise Wouters (Tale Siepers)
LANGUAGE: Dutch
GAUGE: 35 mm
SILENT/SOUND: sound
B&W/COLOUR: B&W
MINUTES: 82'

◆ In 1960, film-maker Emile Degelin had won international acclaim for his feature-length début **If the Wind Frightens You**, a discreet tale of incest. With **Life and Death in Flanders** Degelin continued his quest to make prestigious films for an international audience, even though the subject was anchored in Flanders. **Life and Death in Flanders** consists in fact of two medium-length films which together form a single story - a kind of synthesis of Flanders and its people, of death and life, and of water and earth. Both films are based on works by well-known Flemish writers. The modest but lyrical film **The Dying Farmer**, which was subsidized by the Ministry of National Education and Culture, is an adaptation of a short story written in 1915 by Karel Van de Woestijne, while the poetic and melancholic **In the Water** was adapted from a novella by Stijn Streuvels and financed by Flemish television. Using a purely neo-realist style and local people from the town of Doel in the Antwerp Polders, Degelin contrasted the traditional countryside of farmers and labourers with modern industrial Flanders, while retaining something of the characteristics of the landscape and its inhabitants. The desperate suicide in the second story (about the impossible relationship between a crane operator and a wealthy farmer's daughter) contrasts sharply with the peaceful death in the first (a symbolic evocation through the five senses of the memories of a dying farmer). **Life and Death in Flanders** was selected for the 13th Berlin Film Festival and also went on release in the Netherlands.

● Le réalisateur Emile Degelin avait déjà atteint un sommet international avec son premier long métrage, **Si le vent te fait peur** (1960), un récit discret sur le thème de l'inceste. Avec **Vie et mort en Flandre**, Degelin poursuivait sa route sur les traces d'un cinéma de prestige pour un public international, même si le sujet était davantage ancré dans la réalité flamande. **Vie et mort en Flandre**, composé, en fait, de deux moyens métrages qui forment un tout, est une sorte de synthèse de la Flandre et de son peuple, de la vie et de la mort, de la terre et de l'eau. Les deux films sont basés sur des œuvres d'auteurs flamands célèbres. **Le paysan qui meurt**, film modeste mais lyrique, qui fut tourné avec le soutien financier du Ministère de l'Education Nationale et de la Culture, est l'adaptation d'un bref récit, écrit en 1915 par Karel Van de Woestijne. Le poétique et mélancolique **Dans l'eau**, financé par la télévision flamande, est l'adaptation d'une nouvelle de Stijn Streuvels. Dans le plus pur style néoréaliste, mettant en scène des gens originaires de Doel, dans les polders anversois, Degelin oppose, à travers les deux récits, la Flandre artisanale traditionnelle à la Flandre moderne et industrielle, tout en préservant les traits caractéristiques des paysages et des habitants. Le suicide désespéré du second récit (l'amour impossible entre un grutier et une paysanne) contraste fortement avec la mort sereine du paysan du premier récit (une évocation symbolique, à travers les cinq sens, des souvenirs d'un paysan mourant). **Vie et mort en Flandre** fut sélectionné pour le treizième Festival de Berlin et sortit également aux Pays-Bas.

▶ Emile Degelin kwam in 1960 internationaal in de kijker te staan met zijn langspeelfilmdebuut **Si le vent te fait peur** (1960), een discreet incestverhaal. Met **Leven en dood op het land** zette Degelin de ingeslagen weg verder: het is een prestigieuze productie voor een internationaal publiek, al is het verhaalgegeven meer verankerd in de Vlaamse realiteit. **Leven en dood op het land**, in feite twee middellange films die samen één geheel vormen, geldt als een soort synthese van Vlaanderen en zijn volk, van dood en leven, van water en aarde. Beide films zijn gebaseerd op werken van bekende Vlaamse schrijvers: het ingetogen maar toch lyrische **De boer die sterft**, gerealiseerd met de steun van het ministerie van Nationale Opvoeding en Cultuur, is een bewerking van een kortverhaal uit 1915 van Karel Van de Woestijne; het poëtisch-melancholische **In 't water**, gefinancierd door de Vlaamse televisie, de adapatatie van een novelle van Stijn Streuvels. In puur neorealistische stijl, met vertolkingen van mensen uit de streek van Doel in de Antwerpse polders, plaatst Degelin in deze twee verhalen het traditioneel-ambachtelijke tegenover het moderne, industriële Vlaanderen, zonder afbreuk te doen aan de eigenheid van landschap en bewoners. De wanhopige zelfmoord uit het tweede verhaal (de onmogelijke liefde van een kraanmachinist en een rijke boerendochter) contrasteert daarbij sterk met de serene dood van de landbouwer uit het eerste verhaal (een symbolische evocatie, via de vijf zintuigen, van de herinneringen van de zieltogende boer). **Leven en dood op het land** werd geselecteerd voor het 13de Filmfestival van Berlijn en kwam ook in Nederland in roulatie. *(LJ)*

Coplan prend des risques
Maurice Labro

Co-production

Coplan prend des risques
Coplan Agent 005
Agente Coplan: missione spionaggio
The Spy I Love

DIRECTOR: Maurice Labro
YEAR: 1964
COUNTRY: FR-IT-BE
SCREENPLAY: François Chavanne, Jean-Louis Roncoroni, Jean Marsan
BASED ON: Coplan prend des risques, written by Paul Kenny
DIALOGUE: Pascal Jardin
ASST. DIR.: Jean Mandaroux
CAMERA: Pierre Petit
EDITING: Geneviève Lamy
SOUND: René Forget
MUSIC: Georges Van Parys
PRODUCER: François Chavanne
PROD. CO.: Cinéphonic (Paris), DaMa Films (Roma), Cibélux (Bruxelles)
PROD. SUPERV.: Hubert Mérial
PROD. MGR.: Hubert Mérial
LANGUAGE: French
GAUGE: 35 mm
SILENT/SOUND: sound
B&W/COLOUR: B&W
MINUTES: 98'/110'

CAST: Dominique Paturel (Coplan), Virna Lisi (Ingrid), Jacques Balutin (Fondane), Roger Dutoit (Bianco), Antoine Weber (Legay), Margo Lion (Mme Slasinka), Jacques Monod (Le vieux), André Valmy (Pelletier), Henri Lambert (Scarpelli), Guy Kerner (Rochon), Tommy Duggan (Stratton), Yvonne Clech (Mme Rochon)

Un soir... par hasard
Yvan Govar

Co-production

Un soir... par hasard
Het gebeurde op een avond...
One Night... by Accident
Agent of Doom

DIRECTOR: Yvan Govar
YEAR: 1964
COUNTRY: FR-BE
SCREENPLAY: Robert Collard, André Allard, Jean-Claude Bergey, Yvan Govar
BASED ON: L'aventure commence ce soir, written by Robert Collard
DIALOGUE: Pierre Sabatier
ASST. DIR.: Pierre Taylou
DIR. PHOT.: Pierre Levent
CAMERA: Paul Souvestre
EDITING: Alix Paturel
SOUND: René Breteau
MUSIC: Louiguy
ART DIRECTOR: Jean Govaerts
PRODUCER: Jean-Claude Bergey, Yvan Govar
PROD. CO.: GRK Films (Paris), Japa Film (Paris), Prodibel (Bruxelles)
PROD. SUPERV.: Maurice Urbain
LANGUAGE: French
GAUGE: 35 mm
SILENT/SOUND: sound
B&W/COLOUR: B&W
MINUTES: 84'

CAST: Annette Stroyberg (Florence), Michel Le Royer (André Ségonne), Jean Servais (Piort), Pierre Brasseur (Charlèz), Gilles Delamare (Le policier)

Deutschland - Terminus Ost

Frans Buyens

Deutschland - Terminus Ost
Deutschland - Endstation Ost
Allemagne - terminus Est
Duitsland - terminus oost
Germany - Terminus East

DIRECTOR: Frans Buyens
YEAR: 1964
COUNTRY: BE-GE
SCREENPLAY: Frans Buyens
DIR. PHOT.: Hans Leupold
CAMERA: Hans Leupold
EDITING: Lucien Vivier
MUSIC: Wolfgang Lesser
COMMENTS: Frans Buyens
PRODUCER: Frans Buyens
PROD. CO.: Iris Films Dacapo (Brussel)
CO-PROD. CO.: DEFA (Berlin-Ost)
LANGUAGE: German/French
GAUGE: 16 mm
SILENT/SOUND: sound
B&W/COLOUR: B&W
MINUTES: 88'

◆ In 1962, Dutch film-maker Joris Ivens had turned down an invitation by Frans Buyens to direct his socially committed found-footage montage **Fighting for Our Rights**, believing that Buyens should direct this film himself. Ivens was later to be highly impressed by Buyens' documentary. **Germany - Terminus East**, a portrait of the GDR, was originally to be directed by Joris Ivens but, when he found he was otherwise engaged, he asked Buyens to replace him.

Thus originated this record commissioned by the East German DEFA. As a militant communist, Buyens was one of the few foreigners ever to be granted permission to make a film on the other side of the Iron Curtain. The film-maker was given a totally free hand, yet was not interested in painting an objective picture of life in the GDR. He strove instead to offer his own subjective view of the negative and positive effects of a political system. **Germany - Terminus East** consists largely of a series of interviews with people describing daily life on the other side of the Wall. Over a period of several months, Buyens travelled in Berlin and throughout rural East Germany, where he interviewed farmers, factory workers, working women and students about the socialization of their country, equality of rights, material needs, bureaucracy, racism, solidarity and various other topics. This revealing cinéma vérité documentary, in effect a moving plea for peace, was rarely shown and reached very few audiences in either Eastern or Western Europe. With the recent demise of the Communist regime, the footage was given an entirely new meaning.

● En 1962, le cinéaste néerlandais Joris Ivens avait décliné la proposition de Buyens de réaliser **Combattre pour nos droits**. Il estimait en effet que Buyens devait tourner lui-même ce film. Ivens fut très impressionné par ce long documentaire. **Allemagne - terminus Est**, un portrait de la RDA, était au départ un projet de Joris Ivens, mais, faute de temps, il demanda à Buyens de le remplacer. Ce dernier accepta, d'où ce film d'inspiration politique, tourné pour le compte de la firme est-allemande DEFA. Militant communiste, Buyens fut l'un des rares étrangers à recevoir la permission de tourner un film de l'autre côté du mur. Le cinéaste bénéficiait d'une totale liberté, mais il refusait de donner une image objective de la vie en RDA. Le réalisateur voulait exposer de façon subjective les conséquences positives et négatives d'un système politique. Le film se compose donc principalement d'une série d'entretiens avec des gens qui témoignent de la vie quotidienne de l'autre côté du mur. Pendant plusieurs mois, Buyens a parcouru Berlin et la campagne est-allemande, où il a donné la parole à des paysans, des travailleurs d'usine, des femmes au travail, et des étudiants. Ils s'expriment sur la socialisation du pays, l'égalité des droits, les besoins matériels, la bureaucratie, le racisme, la solidarité, etc. Ce film révélateur, tourné dans le style du cinéma-vérité, et dans lequel on perçoit un vibrant appel à la paix, ne fut pas (ou fort peu) montré, que ce soit en Europe de l'Est ou de l'Ouest. Aujourd'hui, après l'effondrement du régime communiste, ce documentaire prend une tout autre signification.

▶ In 1962 had de Nederlandse regisseur Joris Ivens het voorstel van Frans Buyens om de sociale montagefilm **Vechten voor onze rechten** te regisseren, afgewimpeld. Hij vond dat Buyens de film zelf moest draaien en was nadien sterk onder de indruk van die documentaire. **Deutschland - Terminus Ost**, een portret van de DDR, was oorspronkelijk dan weer een project van Ivens, maar toen deze geen tijd bleek te hebben, vroeg hij Buyens hem te vervangen.

Het resultaat is dit sterk politiek geïnspireerde document, gedraaid voor rekening van de Oost-Duitse DEFA. Buyens, een communistisch militant, was een van de weinige buitenlanders die mochten filmen aan de andere kant van de muur. De cineast kreeg daarbij de absolute vrijheid, maar het interesseerde hem niet om een objectief beeld te geven van het leven in de DDR. Hij probeerde daarentegen een subjectieve uiteenzetting te geven van de negatieve en positieve gevolgen van een politiek systeem. De film is vooral opgebouwd rond een serie interviews met mensen die getuigen over de situatie van het leven achter de muur. Gedurende enkele maanden trok Buyens rond in Berlijn en op het Oost-Duitse platteland en liet hij boeren, fabrieksarbeiders, werkende vrouwen en studenten aan het woord over de socialisering van het land, de gelijkheid van de rechten, de materiële behoeften, de bureaucratie, het racisme, de solidariteit enz. Deze in cinéma vérité-stijl gedraaide documentaire, waarin sterk de roep naar vrede weerklinkt, werd zowel in Oost- als West-Europa niet of nauwelijks vertoond. Na de ineenstorting van het communistisch regime kreeg dit werk echter een totaal andere betekenis. (LJ)

Tim Frazer jagt den geheimnisvollen Mister X
Ernst Hofbauer

Co-production
**Tim Frazer jagt den geheimnisvollen
Mister X
Tim Frazer à la poursuite du mystérieux
Monsieur X
Tim Frazer poursuit le mystérieux
Monsieur X
Tim Frazer in Search of the Mysterious
Mr X**

DIRECTOR: Ernst Hofbauer
YEAR: 1964
COUNTRY: AU-BE
SCREENPLAY: Anton Van Casteren, Ernst Hofbauer
DIR. PHOT.: Raimund Herold
CAMERA: Raimund Herold
EDITING: E. Heinz
MUSIC: Heinz Neubrand
ART DIRECTOR: Hans Zehefner
PRODUCER: Josef Eckert
PROD. CO.: Melba Film (Wien-Antwerpen)
PROD. SUPERV.: Kurt Miksch
LANGUAGE: German
GAUGE: 35 mm
SILENT/SOUND: sound
B&W/COLOUR: B&W
MINUTES: 87'

CAST: Adrian Hoven (Tim Frazer), Corny Collins (Janine), Paul Löwinger (Inspektor Stoffels), Mady Rahl (Rosalie), Hector Camerlynck (Jeroom), Ellen Schwiers (Farida), Marcel Hendrickx (Konsul von Anatolien), Ady Berber (Lode Van Dijk), Terry Van Ginderen (Katrien), Jean Balthasar (Mister X), Paul 's Jongers, Martin Van Zundert, Lut Tomsin, Marc Janssens, Jos Simons, Mariette Van Aeckels, J. Poison

L'homme de Mykonos
René Gainville

Co-production
**L'homme de Mykonos
De man van Mykonos
The Man from Mykonos**

DIRECTOR: René Gainville
YEAR: 1965
COUNTRY: FR-IT-BE
SCREENPLAY: René Gainville, Georges Sonnier
BASED ON: Un soleil de plomb, written by Michel Lebrun
DIALOGUE: Georges Sonnier
ASST. DIR.: Jacques Karnas, Jannis Niarchos
DIR. PHOT.: Gérard Brissaud
CAMERA: François Franchi, Max Le Chevallier, André Soupart
EDITING: René Guérin, Hélène Rismondo
SOUND: Gérard Brissaud
MUSIC: Jacques Lacome
ART DIRECTOR: Jacques Mawart
PRODUCER: Robert De Nesle, Luc Hemelaer
PROD. CO.: Comptoir Français du Film Production (Paris), Cine Italia (Roma), Belga Films (Bruxelles)
PROD. SUPERV.: Jean Lefait
LANGUAGE: French
GAUGE: 35 mm
SILENT/SOUND: sound
B&W/COLOUR: colour
MINUTES: 90'

CAST: Anne Vernon (Dorothée), Véronique Vendell (Pascale), Marcel Josz (Rey), Gabriele Tinti (Silvio Donati), Armando Francioli (Kyriados), Marie-Ange Anies (Le guide), Henri Lambert (Le commissaire)

De man die zijn haar kort liet knippen

André Delvaux

De man die zijn haar kort liet knippen
L'homme au crâne rasé
The Man Who Had His Hair Cut Short
The Man with a Shaven Head

DIRECTOR: André Delvaux
YEAR: 1965
COUNTRY: BE
SCREENPLAY: Anna de Pagter, André Delvaux
BASED ON: De man die zijn haar kort liet knippen, written by Johan Daisne
DIALOGUE: Johan Daisne, André Delvaux
ASST. DIR.: François Beukelaers, Pierre Grunstein
CAMERA: Ghislain Cloquet, Roland Delcour
EDITING: Suzanne Baron
SOUND: Antoine Bonfanti, Jo De Voghel
MUSIC: Frédéric Devreese
ART DIRECTOR: Jean-Claude Maes
COSTUMES: Jean-Claude Maes
PRODUCER: Jos Op de Beeck, Paul Louyet
PROD. CO.: BRT (Brussel), Ministerie van Nationale Opvoeding en Cultuur (Brussel)
PROD. SUPERV.: Denise Delvaux
CAST: Senne Rouffaer (Govert Miereveld), Beata Tyszkiewicz (Fran), Hector Camerlynck (Prof. Mato), Paul 's Jongers (Zijn assistent), Luc Philips (Wethouder), François Bernard (Rechter Brantink), Maurits Goossens (Schoolhoofd), Hilde Uytterlinden (Beps), Hilda Van Roose (Juffrouw Freken), Annemarie Van Dijck (Corra), Vic Moeremans (Directeur), François Beukelaers (Patiënt), Arlette Emery
LANGUAGE: Dutch
GAUGE: 35 mm
SILENT/SOUND: sound
B&W/COLOUR: B&W
MINUTES: 98'

◆ The first full-length work by André Delvaux and a key film in the history of modern Belgian cinema, **The Man Who Had His Hair Cut Short** was greeted with bafflement, hostility even, by a national body of critics slow to perceive its dazzling strangeness. The script was adapted from the novel by Flemish writer Johan Daisne. Delvaux summarizes its contents as follows: "How Govert Miereveld, a barrister and teacher in a Flemish town, conceives a secret love for his young pupil Fran, an inaccessible beauty who will soon disappear. How the imperceptible process of Govert's mental disturbance is later accentuated by the shock of an autopsy he is forced to attend. How he recognizes Fran - or believes he recognizes her and what ensues. How we will never know whether he really killed her." The profound nature of the subject matter, the immediate mastery of mise en scène established Delvaux's position at the forefront of magic realism.

The film describes in its first section the awards ceremony of an academic gathering. Everything is perfectly "normal". And yet there is a steadily growing sense of insidious malaise, of pernicious discrepancy. We move beyond appearances. Delvaux plays with the foregrounding of micro-events dilated by a mode of perception which effects a tiny magnification, obscuring reality. The concrete and the reading, the objective and the subjective run into each other and blend subtly. The famous autopsy sequence provides the most concise demonstration of this double perception: firstly there is the surgical reality, where a corpse is a neutral object to be clinically dissected; then there is an intolerable catalyst for rot and the disturbance of identity.

● Premier long métrage d'André Delvaux, film fondateur du cinéma belge moderne, **L'homme au crâne rasé** fut pourtant accueilli avec incompréhension, voire hostilité, par une critique nationale qui n'avait pas perçu immédiatement la fulgurance de son étrangeté.

Le scénario est une adaptation du roman de l'écrivain flamand Johan Daisne. Delvaux résume ainsi son sujet: "Comment Govert Miereveld, avocat et professeur dans une ville flamande, conçoit un amour secret pour sa jeune élève Fran, beauté inaccessible et bientôt disparue. Comment, plus tard, l'imperceptible déréglement mental de Govert s'accentue sous le choc d'une autopsie à laquelle il est contraint d'assister. Comment il retrouve - ou croit retrouver - Fran et ce qui s'ensuit. Comment on ne saura jamais s'il l'a vraiment tuée." L'originalité troublante des thèmes et la maîtrise immédiate de la mise en scène vont situer André Delvaux en tant que chef de file du réalisme magique. Le film commence par une séance académique de distribution des prix. Tout est parfaitement "normal". Or s'installe un insidieux malaise, un décalage pernicieux. Les apparences sont traversées. Delvaux joue avec la mise en avant de micro-événements, qui sont dilatés par une perception qui provoque un imperceptible grossissement, un gauchissement du réel. Le concret et l'interprété, le subjectif et l'objectif se chevauchent et opèrent un subtil mélange. C'est la séquence de l'autopsie qui résume le mieux cette double perception: celle d'une réalité chirurgicale où un cadavre est un objet neutre, cliniquement dissécable, et celle d'un intolérable qui renvoie à la pourriture, au trouble identitaire. (JA)

▶ **De man die zijn haar kort liet knippen** is de eerste langspeelfilm van André Delvaux en een sleutelmoment in de moderne Belgische film, die in eigen land echter onthaald werd op onbegrip door critici die niet onmiddellijk de schokkende bevreemding van het werk inzagen.

Het scenario is gebaseerd op de roman van de Vlaamse auteur Johan Daisne. Delvaux geeft het onderwerp als volgt weer: "Hoe Govert Miereveld, advocaat en leraar in een Vlaamse stad, een geheime liefde koestert voor zijn leerling Fran, een ontoegankelijke schoonheid die weldra uit zijn leven verdwijnt. Hoe het ondoorgrondelijke proces van Goverts geestelijke aftakeling zich verscherpt door de schok van het bijwonen van een autopsie. Hoe hij Fran terugvindt - of denkt terug te vinden - en wat hieruit volgt. Hoe we nooit echt zullen weten of hij haar daadwerkelijk vermoord heeft."

Het verwarrende aspect van het originele onderwerp en Delvaux' meesterlijke hand in de regie maken hem tot voortrekker van het magisch realisme. De film begint met een academische zitting en een prijsuitdeling. Alles lijkt perfect "normaal" maar toch hangt er een verraderlijke malaise, een schemerzone van verderf. Een schijnwereld wordt doorprikt. Delvaux plaatst microgebeurtenissen in een verruimd perspectief, waardoor de realiteit op een haast onmerkbare wijze wordt uitvergroot en vervormd. Het concrete en de interpretatie, het objectieve en het subjectieve gaan in elkaar over, worden op subtiele wijze vermengd. De autopsiescène geeft uitstekend deze dubbele perceptie weer: die van een heelkundige realiteit waar een lijk een neutraal, klinisch te ontleden voorwerp is, en die van een ondraaglijke realiteit, die verwijst naar verrotting, naar identiteitscrisis.

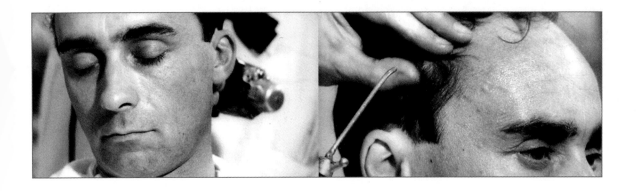

Les chrysalides

Michel d'Hoop

Les chrysalides
De cocons
The Chrysalids

DIRECTOR: Michel d'Hoop
YEAR: 1963-1965
COUNTRY: BE ·
SCREENPLAY: Michel d'Hoop
CAMERA: Jean Crochelet, Michel d'Hoop, Paulo Van den Hove, Bernard Watelet
EDITING: Michel d'Hoop, Roger Meulenbergs, Serge Schelfout, Paulo Van den Hove
SOUND: Michel d'Hoop, Jean-Marie Pierre
MUSIC: Godelieve Beirens, Michel De Munter, Véronique Ryelandt, Paul Van den Abbeele
PRODUCER: Michel d'Hoop, Charles De Moor, Jean-Pierre Lepla, Baudouin Marichal
PROD. CO.: Cédoc Film (Bruxelles)
CAST: Thierry Beer (Thierry De Berlaer), Claude de Pierpont (Nathalie de Pierpont), Monique Debeys (Anne De Berlaer), José Rondeau (François Van Stekene), Charles Stassin (Charles Vanderstuyft), Robert Nieuwenhuys (Comte Hugues de Sallanches), Isabelle d'Hoop (Comtesse de Sallanches), Jean Damas (Monsieur De Berlaer), Mme Vigis (Madame De Berlaer)
LANGUAGE: French
GAUGE: 16 mm
SILENT/SOUND: sound
B&W/COLOUR: B&W
MINUTES: 90'/100'

◆ Michel d'Hoop defined **The Chrysalids** as follows: "a script without a scriptwriter, a production without a producer, a performance without a performer, a shoot without a crew". And what of the reality behind these lyrical paradoxes? In 1963, d'Hoop is the organizer of a Brussels film club for young people and has a point of departure wholly new to 16mm, namely to create "a film showing young people as they really are, with their ambitions and their difficulties as they feel them, live them". He announces this film, and 80 volunteers step forward, replying to his questionnaires, suggesting storylines and laying bare their existential problems. Several months and countless defections later, d'Hoop is left with the most determined of their number, amalgamating ideas to write a script which combines the best elements of the given material. He recruits the crew and future cast from amongst his adolescents; they shoot in a cinéma-vérité style, with dialogue semi-improvised on the spot, location takes for both sound and image and various interruptions due to lack of funds (overcome with the help of parental sponsoring). Begun in July 1963, the film was shown in late 1965.

How are we to judge the result when no prints seem available? According to the files of contemporary film clubs, the plot thrust together two young couples from different social backgrounds who are discovering the very serious side to love ("what are the limits to flirting? the ideal length of an engagement? our parents' attitudes? the dangers of sex? the meaning of true love?" etc). Doubtless it proved a memorable experience, for those involved at least.

● Michel d'Hoop définissait ainsi ses **Chrysalides**: "un scénario sans scénariste, une production sans producteur, une interprétation sans interprète, un tournage sans technicien". Ramenons ces paradoxes lyriques à la réalité. En 1963, d'Hoop s'occupe d'un ciné-club pour jeunes de Bruxelles et part du postulat qu'il n'existe pas en 16mm "un film montrant les jeunes tels qu'ils sont réellement, avec leurs ambitions et leurs difficultés telles qu'ils les ressentent et les vivent". Il se déclare prêt à tourner un tel film et 80 volontaires se présentent, répondant à ses enquêtes, proposant des synopsis, exposant leurs problèmes existentiels. Après quelques mois et beaucoup de défections, d'Hoop retient les plus acharnés, amalgame les idées reçues et en tire un scénario combinant les meilleures trouvailles. Il recrute une équipe technique et les futurs interprètes parmi ces adolescents, puis commence le tournage en cinéma-vérité: un dialogue semi-improvisé sur canevas, des prises de vues et de son en lieux réels, des arrêts dus au manque d'argent (avec sponsors parentaux relançant l'expérience). Commencé en juillet 1963, le film fut seulement projeté fin 1965.

Comment juger du résultat, alors que les copies semblent actuellement perdues? Selon les fiches de ciné-clubs de l'époque, l'histoire confrontait deux couples de jeunes, issus de milieux sociaux différents et découvrant les graves problèmes de l'amour ("Quelles sont les limites du flirt? la durée idéale des fiançailles? l'attitude des parents? les dangers du sexe? le sens du vrai amour?", etc.). Nul doute que l'expérience fut mémorable, du moins pour ses participants. *(RM)*

▶ Michel d'Hoop definieerde **Les chrysalides** als volgt: "een scenario zonder scenarist, een productie zonder producent, een vertolking zonder vertolkers, opnamen zonder technicus". Wat is er waar van deze lyrische paradoxen? In 1963 heeft d'Hoop een filmclub voor de Brusselse jeugd en verklaart dat er op 16mm "geen enkele film bestaat die de jongeren toont zoals ze echt zijn, met hun ambities en moeilijkheden zoals zij die aanvoelen en beleven". Hij is bereid zo'n film te draaien; 80 vrijwilligers dagen op, beantwoorden zijn vragen, stellen ideeën voor en belichten hun eigen existentiële moeilijkheden. Na enkele maanden laten velen verstek gaan, maar d'Hoop behoudt de meest gedrevenen en een amalgaam van geopperde ideeën; uit de beste distilleert hij een scenario. Onder de jongeren recruteert hij een ploeg technici en acteurs-in-spe en begint dan te draaien, in cinéma vérité-stijl: de dialogen worden half geïmproviseerd, met shots en geluidsopnamen op locatie, als het project al niet stillig wegens geldgebrek (uiteindelijk opgelost door wat ouderlijke sponsoring). De film, in juli 1963 begonnen, wordt pas eind 1965 vertoond.

Daar ons geen kopie meer rest, valt het resultaat moeilijk te beoordelen. Volgens de fiches van toenmalige filmclubs confronteert de film twee koppels jongeren van verschillende sociale afkomst die de problemen van de liefde ontdekken (Waar eindigt een flirt? Hoelang moet een verloving duren? De houding van de ouders, de gevaren van seksuele betrekkingen, de zin van de ware liefde, enz.). Ongetwijfeld was het een, althans voor de betrokkenen, gedenkwaardige ervaring.

Les aventures des Schtroumpfs

Eddy Ryssack, Maurice Rossy

Les aventures des Schtroumpfs
De avonturen van de Smurfen
The Adventures of the Smurfs

DIRECTOR: Eddy Ryssack, Maurice Rossy
YEAR: 1965
COUNTRY: BE
SCREENPLAY: Yvan Delporte, Peyo
BASED ON: Les Schtroumpfs, written by Peyo
DIALOGUE: André Franquin, Peyo
ASST. DIR.: Jean Delire
DIR. PHOT.: Raoul Cauvin, Norbert Declercq
CAMERA: Raoul Cauvin
ANIMATION: Eddy Ryssack, Vivian Miessen, Charles Degatte, F. Bertrand, J. Matalon
EDITING: Jean Delire
SOUND: Paul Leponce
MUSIC: Roland Renotte
ART DIRECTOR: Michel Matagne, Sophie Du Bois, Emy De Vaert
PRODUCER: Charles Dupuis
PROD. CO.: TVA Dupuis (Bruxelles)
VOICES: Jacques Courtois, Marion, Nelly Béguin, Richard Muller, Jeannine Cherel, Paul Roland
LANGUAGE: French
GAUGE: 35 mm
SILENT/SOUND: sound
B&W/COLOUR: B&W
MINUTES: 90'
NOTES: Animated film in 5 parts: 1. **Le voleur de Schtroumpfs** / 2. **L'œuf et les Schtroumpfs** / 3. **Les Schtroumpfs noirs** / 4. **Le Schtroumpf et son dragon** / 5. **Le Schtroumpf volant**

◆ 1958 saw the first appearance in the *Spirou* children's magazine of the Smurfs, a mischievous and fraternal little people of blue dwarfs dressed in white hats and trousers. Their language consists only of the term "smurf" and its derivatives, and it was this cheerful satire on language which assured the success of the comic strip. The characters created by the artist Peyo progressed from the weekly magazine to colour albums, themselves followed (under the aegis of the publisher Dupuis) by eight short films in black and white and a further two in colour.

For younger audiences, who were thrilled to see their favourite heroes moving and talking, Charles Dupuis supervised the compilation of a full-length feature. The film brought together five Smurf stories and was structured as a series of sketches, each animating an adventure already familiar to the children: the capture of a careless Smurf by the sorcerer Gargamel; the magic egg discovered by the little band; the village under threat by a collective sickness; the friendly dragon and the Smurf who attempts to fly like a bird. Collaborators on the enterprise were Eddy Ryssack, the artist Pierre Culliford (better known as Peyo) and the scriptwriter André Franquin, all masters of a charming humour without violence or causticity perfectly suited to the short-trousered target audience. Featuring the voices of popular actors then working for radio (from Marion to Jacques Courtois), this makes for unassuming entertainment, overshadowed ten years later by the Belvision film **The Smurfs and the Magic Flute**.

● C'est en 1958 que la joyeuse troupe des Schtroumpfs fit son apparition dans le journal *Spirou*: une peuplade espiègle et fraternelle de nains bleus, à bonnets et culottes blanc. Leur langage n'est composé que du terme "schtroumpf" et de ses dérivés. Cette joyeuse dérision fit le succès de la bande dessinée. De l'hebdomadaire, les personnages imaginés par le dessinateur Peyo se retrouvèrent dans des albums en couleurs, eux-mêmes suivis (sous l'égide des éditions Dupuis) par huit courts métrages en noir et blanc et deux en couleurs.

Pour un public enfantin, ravi de voir s'animer et parler ses héros favoris, Charles Dupuis fit rassembler en un long métrage une compilation de cinq exploits des Schtroumpfs. Le film se présente donc comme une suite de sketches, racontant en dessins animés quelques aventures bien connues des jeunes spectateurs: la capture d'un Schtroumpf imprudent par le sorcier Gargamel; l'œuf magique trouvé par les Schtroumpfs; le village menacé par une maladie collective; le dragon apprivoisé; ou encore le Schtroumpf tentant de voler comme un oiseau. Le générique unit le cartooniste Eddy Ryssack, le dessinateur Pierre Culliford (dit Peyo) et le dialoguiste André Franquin, tous adeptes d'un humour plein de charme, sans violence ni causticité, juste à la portée du public en culottes courtes auquel le film s'adressait en priorité. Doublé par des comédiens populaires alors en radio (de Marion à Jacques Courtois), c'est un divertissement sans prétention, que fera oublier, dix ans plus tard, la version des studios Belvision (**La flûte à six schtroumpfs**). *(RM)*

▶ De vrolijke bende van de Smurfen verscheen voor het eerst in 1958, in het weekblad *Robbedoes*. Het was een guitig en broederlijk volkje van blauwe dwergen met witte mutsjes en broekjes aan, in wier taal elk woord van het paradigma "smurf" afgeleid was, wat aanleiding gaf tot hilarische taalspelletjes die dan ook het succes van de serie verzekerden. Na het weekblad kwamen de geesteskinderen van tekenaar Peyo in stripalbums in kleur terecht, en vervolgens in acht kortfilms in zwart-wit en twee in kleur, gemaakt onder begeleiding van de uitgeverij Dupuis.

Voor het jonge publiek, dat gefascineerd toekeek hoe hun favoriete helden op het scherm tot leven kwamen, bundelde Charles Dupuis vijf tekenfilmpjes van de Smurfen samen tot een langspeelfilm. Eigenlijk is de film dus een compilatie van afzonderlijke sketches, avonturen die jonge kijkers bekend in de oren klinken: een onvoorzichtige Smurf wordt door tovenaar Gargamel gevangen; de Smurfen vinden een magisch ei; een besmettelijke ziekte teistert het Smurfendorp; de getemde draak, en de Smurf die wou vliegen. De film ontstond uit een samenwerking tussen animator Eddy Ryssack, tekenaar Pierre Culliford (alias Peyo) en dialoogschrijver André Franquin, allen meesters in geweldloze, onschuldige doch aanstekelijke humor voor een kinderpubliek, de voornaamste doelgroep van de film. De stemmen werden ingesproken door populaire acteurs die toen voor de radio werkten, zoals Marion en Jacques Courtois. Pretentieloos amusement, in de vergetelheid geraakt sinds het opduiken, tien jaar later, van de versie uit de Belvision-studio's: **La flûte à six schtroumpfs**.

Un jour

André Sandrie [André Andries]

Un jour
One Day
A Day

DIRECTOR: André Sandrie [André Andries]
YEAR: 1965
COUNTRY: BE
SCREENPLAY: André Sandrie
DIALOGUE: André Sandrie, Monique Sandrie
CAMERA: André Sandrie
EDITING: André Sandrie
SOUND: André Sandrie
PRODUCER: André Sandrie
VOICES: André Sandrie, Monique Sandrie
LANGUAGE: French
GAUGE: 16 mm
SILENT/SOUND: sound
B&W/COLOUR: B&W
MINUTES: 85'

◆ On the margins of cinema production, parallel to the blockbusters, every country has a respectable network of amateur clubs, a forum for the short and full-length works lovingly crafted by film fanatics which will never pass beyond the independent circuit, vanishing after a handful of showings at festivals or before friends and family. Many great directors emerged from this scene, although they are the exception rather than the rule in an area where mediocrity abounds. It is thus highly regrettable that the genuine achievements within the sphere are not accorded a wider distribution. One such case is perhaps **One Day** by the Verviers amateur André Sandrie, credited in this 16mm avant-garde feature with the "screenplay, direction, script, sound and camera".

The basic plot is very simple: a judge, holidaying in the woods of south-west France, has a strange dream which preoccupies him on the day of his return home. Hence the deployment of the cinematic devices of subjectivity, the camera adopting the character's point of view and allowing the spectator to share his dream and the ruminations which ensue (on justice, the couple, society and the meaning of life). In the words of the review published in *Image et Son*, "this experimental film endeavours to unite a subjective aesthetic construction and the monologue of a diarist (...) A film d'auteur with anonymous actors, **One Day** is the work of a director obsessed with the possibilities of visual language." The film has since sunk into obscurity, giving us little opportunity to test the truth of the praise it won.

● En marge du cinéma des grandes salles et de la promotion à dose massive, il existe dans chaque pays de respectables clubs pour cinéphiles amateurs. Des mordus de la caméra y réalisent et y peaufinent avec amour des petits ou des longs films, qui ne sortiront jamais des circuits indépendants et disparaîtront après quelques projections festivalières ou familiales. De grands réalisateurs ont commencé par des essais de ce genre, mais bien peu s'imposent dans ce domaine où la médiocrité foisonne. Et il est finalement regrettable qu'une meilleure diffusion ne valorise pas mieux les réussites dont, peut-être, **Un jour**. Le Verviétois André Sandrie se présente au générique comme "auteur, réalisateur, scénariste, preneur de son et cameraman" de ce long métrage d'avant-garde en 16mm.

Le sujet est simple: un juge, qui passe ses vacances dans la forêt landaise, va faire un rêve étrange qui l'obsède durant la journée de son retour. D'où le recours au cinéma subjectif, la caméra devenant le personnage pour que le spectateur voie comme lui le rêve et les réflexions qui l'entraînent (sur la justice, le couple, la société, le sens de la vie). Pour reprendre la critique de la revue *Image et Son*: "Un film expérimental qui s'efforce de faire coïncider une construction esthétique subjective avec le monologue du journal intime. (...) Film d'auteur à l'interprétation anonyme, **Un jour** révèle un metteur en scène obsédé par les ressources du langage visuel." On eut fort peu l'occasion de vérifier les éloges obtenus par ce film retombé dans l'oubli. (RM)

▶ In de marge van het grootschalige filmgebeuren koestert elk land enkele verenigingen van en voor filmamateurs, waar cinefielen liefdevol korte of lange films in elkaar knutselen die nooit het onafhankelijke circuit verlaten en na amper enkele voorstellingen op festivals of in familiekring weer verdwijnen. Grote regisseurs zijn zo begonnen, maar slechts enkelen kunnen zich laten gelden in dit domein waar het krioelt van de middelmatigheid; het is dan ook teleurstellend dat een betere verdeling de geslaagde pogingen niet weet op te waarderen. Zo verging het ook **Un jour** van André Sandrie uit Verviers, volgens de generiek "auteur, regisseur, scenarist, klanktechnicus en cameraman" van deze 16mm avant-garde langspeelfilm.

Het onderwerp is de eenvoud zelf: een rechter, die zijn vakantie in de bossen van de Landes doorbrengt, heeft een vreemde droom die hem de dag van zijn terugreis blijft achtervolgen. De regisseur kiest bijgevolg voor een subjectieve blik, waarbij de camera het personage wordt, zodat de toeschouwer - net als de hoofdpersoon - zicht krijgt op de droom en de bedenkingen die deze losweekt (over het gerecht, het huwelijk, de maatschappij en de zin van het leven). Het tijdschrift *Image et Son* beschreef de film als: "Een experimentele film die een subjectieve esthetische constructie tracht te doen samenvallen met de monoloog uit een dagboek (...) Als auteursfilm met een anonieme cast toont **Un jour** een regisseur die bezeten lijkt door de rijkdom van de beeldtaal". Of deze woorden van lof terecht waren, blijft gissen, aangezien de film al snel in de vergetelheid verzonk.

Pinocchio in Outer Space

Ray Goossens

Pinocchio in Outer Space
Pinocchio dans l'espace
Pinocchio in de ruimte

DIRECTOR: Ray Goossens
YEAR: 1965
COUNTRY: BE-US
SCREENPLAY: Fred Laderman
DIALOGUE: Fred Laderman
CAMERA: François Léonard, Roger Dobbelaere, Etienne Schurmann
ANIMATION: Ray Goossens, Vivian Miessen, Willy Lateste, Bob Zicot, Nic Broca
EDITING: José Dutillieu, Pablo Zavala, A. Pelled
SOUND: Dick Olmstead, George A. Brown, Martin Garcia, Dick Vorisek
MUSIC: Don Hart
ART DIRECTOR: E. Ploegaerts, Sedelsachs, Claude Lambert
PRODUCER: Raymond Leblanc, Norman Prescott, Fred Laderman
PROD. CO.: Belvision (Bruxelles), Swallow (Boston)
PROD. SUPERV.: Norman Prescott, Fred Laderman
VOICES: Arnold Stang, Peter Lazer, Minerva Pious, Conrad Jameson, Norman Rose, Jess Cain, Cliff Owens, Kevin Kennedy, Bret Morrison
LANGUAGE: English/French
GAUGE: 35 mm
SILENT/SOUND: sound
B&W/COLOUR: colour
MINUTES: 71'

◆ **Pinocchio in Outer Space** marks the beginning of the Belvision saga, the studio which was for two decades to transform Brussels into the capital of European animation. At the head of this firm was an outstanding figure, Raymond Leblanc. Founder of the weekly magazine *Tintin* in 1946, this dynamic Belgian creates a vast cartoon studio in 1955 with the primary intention of adapting the adventures of Tintin for television. Leblanc sets off for Hollywood, visits the centres of animation production and recruits an American specialist to collaborate with the young Belvision team, under the artistic supervision of Ray Goossens: the Brussels workforce increases from 10 to 80 and launches onto the market 104 five-minute films based on the Tintin albums. With the television triumph of these shorts, the Americans quickly realize the profit potential of a co-production with Leblanc, this time for cinema, given the low level of European wages. They propose that he start work on what was to become the first Belgian full-length animated feature, **Pinocchio in Outer Space**.

Initial efforts proved disappointing, but the US partners recommended using different materials and a more detailed technique, this time with success. The film, which transposed Carlo Collodi's little character (who had already inspired Walt Disney in 1940) into the realm of science fiction, sent Pinocchio on a voyage to other galaxies with his favourite tortoise. Their rocket lands on Mars, which is populated by ferocious beasts including a flying whale.

A run of 650 prints, notably for America and Japan, proved the commercial viability of such an enterprise.

● Avec **Pinocchio dans l'espace** commence la saga de Belvision, qui allait faire de Bruxelles, durant deux décennies, la capitale du dessin animé européen. A la tête de cette firme, un personnage hors du commun: Raymond Leblanc. Fondateur du journal *Tintin* en 1946, ce Belge dynamique crée en 1955 un vaste studio pour cartoons, dont le but premier est d'adapter les exploits de Tintin pour la télévision. Leblanc part pour Hollywood, visite les lieux d'animation, et recrute un spécialiste américain qui collaborera avec la jeune équipe de Belvision, sous la direction artistique de Ray Goossens. De 10 personnes, l'effectif bruxellois passe à 80, et lance sur le marché 104 films de cinq minutes, d'après les albums de Tintin. Devant le triomphe de ces courts métrages à la télévision, les Américains comprirent vite qu'une coproduction avec Leblanc, cette fois pour le cinéma, leur serait profitable, vu la modicité des salaires européens. Ils lui proposèrent de mettre en chantier ce qui allait devenir le premier dessin animé de long métrage en Belgique: **Pinocchio dans l'espace**.

Les premiers essais furent décevants, mais les commanditaires d'outre-Atlantique conseillèrent, cette fois avec succès, d'autres matériels et une technique plus pointue. Le film, transposant dans la science-fiction le petit personnage de Carlo Collodi (qui avait déjà inspiré Walt Disney en 1940), envoyait Pinocchio, avec sa tortue favorite, vers d'autres galaxies. La fusée abordait la planète Mars, peuplée de bêtes féroces dont une baleine volante.

Un tirage de 650 copies, pour les Etats-Unis et le Japon notamment, confirma la rentabilité d'une telle entreprise. *(RM)*

▶ Met **Pinocchio in de ruimte** begint het verhaal van Belvision, een onderneming die van Brussel twee decennia lang de hoofdstad van de Europese tekenfilm zou maken. Aan het hoofd stond een bijzonder man, Raymond Leblanc, die in 1946 het weekblad *Kuifje* oprichtte en in 1955 een grote studio voor tekenfilms uit de grond stampte om er Kuifje's heldendaden te bewerken voor televisie. Leblanc bezocht de animatie-ateliers van Hollywood en trok een Amerikaanse specialist aan om zijn nog jonge Belvision-team te coachen, dat onder de artistieke leiding stond van Ray Goossens. De Brusselse personeelsformatie breidde zich uit van 10 tot 80 personen en bracht 104 vijf-minuten-filmpjes naar de albums van Kuifje op de markt. Het succes van deze kortfilms deed de Amerikanen al snel inzien dat een samenwerking met Leblanc, ditmaal voor de bioscoop, winst zou opleveren, zeker gezien de bescheiden Europese lonen. Op hun voorstel begon hij dan ook aan wat de eerste Belgische lange tekenfilm zou worden: **Pinocchio in de ruimte**.

De eerste pogingen waren teleurstellend, maar de transatlantische opdrachtgevers wilden het opnieuw proberen met ander materiaal en een meer geavanceerde techniek, en deze keer met succes. De film verplaatst het kleine mannetje van Carlo Collodi (dat in 1940 Walt Disney al had geïnspireerd) naar de wereld van de science-fiction. Met zijn geliefkoosde schildpad reist Pinocchio naar andere sterrenstelsels. Zijn raket bereikt de planeet Mars, die bevolkt wordt door wilde dieren, waaronder een vliegende walvis.

Een rendabele onderneming, zo bleek, want de film werd in 650 kopieën in roulatie gebracht, met name in de Verenigde Staten en Japan.

De obool

Rik Kuypers

De obool
L'obole
The Obolus

DIRECTOR: Rik Kuypers
YEAR: 1966
COUNTRY: BE
SCREENPLAY: Rik Kuypers
DIALOGUE: Roger Van der Velden
DIR. PHOT.: Rik Kuypers
CAMERA: Rik Kuypers
EDITING: Gust Verschueren
SOUND: Willy Stroobandts, Jan Bruyndonckx,
Emiel Schrynemakers
MUSIC: Walter Heynen, Jan Bruyndonckx
PRODUCER: Rik Kuypers
CAST: Leo Van Herwegen (Arno/Len), Roger Van
der Velden (Gilles), Marcel Leemans (Ker),
Pol Remes (Pol), Arnold Willems
(Toneelspeler), Jan Van Hertbruggen
(Charon), Hilde Sacré (Nicole), Camiel De
Bruyne (Blauwe Vlinder), Jaak Van Luyth
(Handlanger)
VOICES: Jef Ceulemans, Leo De Vos, Frits Willems,
Georges Van Lierde
LANGUAGE: Dutch
GAUGE: 35 mm
SILENT/SOUND: sound
B&W/COLOUR: B&W
MINUTES: 90'

◆ In 1955, Rik Kuypers, together with Ivo Michiels and Roland Verhavert, made the first artistic Flemish feature film, **Seagulls Die in the Harbour**. Afterwards, while Michiels concentrated on his writing career and Verhavert went solo with the film **The Farewells** (1966), Kuypers applied himself to short films with the talented Herman Wuyts. **The Obolus**, a highly symbolic and poetic film based on a dream and with dialogue by poet-playwright Roger Van der Velden, was a first step in the direction of a full-length experimental feature film. **The Obolus** was filmed largely in Morocco and on board a merchant ship, and represents a sombre reflection on themes that return repeatedly in Kuypers' films: the confrontation with death, the struggle of the soul, human loneliness, obsessions, fear and fatalism. Against the timeless backdrop of the African Sahara, Arno, a schizophrenic, is haunted by the image of an old man in white whom he sees wandering round a ruin. He will eventually only find release in death.

The main source of inspiration for Kuypers' intellectual and metaphorical exercise was Greek mythology. The title of the film is taken from an ancient Greek coin which the ferryman Charon would demand from the souls of the dead before carrying them across the River Styx to the Underworld. Kuypers worked on this film for over three years, but in the end it was never shown (apart from one or two rare occasions). During his stay in Morocco, Kuypers made a short sequel to **The Obolus** entitled **Jillali**.

● En 1955, Rik Kuypers réalisa, avec Ivo Michiels et Roland Verhavert, le premier film artistique flamand, **Les mouettes meurent au port**. Tandis que Michiels allait se concentrer sur l'écriture et que Verhavert se lançait dans une carrière solo avec **Les adieux** (1966), Kuypers s'essaya au court métrage avec le talentueux Herman Wuyts. **L'obole**, œuvre fortement symbolique et poétique (les dialogues sont du poète et dramaturge Roger Van der Velden) basée sur un rêve, est une première incursion dans le domaine du long métrage expérimental. Principalement tourné au Maroc et à bord d'un navire marchand, **L'obole** est une âpre réflexion sur les thèmes favoris de Kuypers: la confrontation avec la mort, les conflits intérieurs, la solitude humaine, l'obsession, la peur et la fatalité. Dans le décor intemporel du Sahara africain, Arno, un homme schizophrénique, est tourmenté par l'image d'un vieillard vêtu de blanc qui erre dans une ruine. Arno ne trouvera la délivrance que dans la mort.

Kuypers s'est surtout inspiré de la mythologie grecque pour créer son exercice intellectuel et métaphorique. Le titre du film fait allusion à l'ancienne monnaie grecque que le passeur Charon réclamait aux âmes des défunts pour leur faire traverser le Styx et leur permettre ainsi de rejoindre le royaume des ombres. Kuypers travailla au film pendant plus de trois ans. **L'obole** ne fut en fin de compte jamais projeté, à quelques rares exceptions près. Pendant son séjour au Maroc, Kuypers tourna une sorte de suite, un court métrage, **Jillali**.

▶ Rik Kuypers realiseerde in 1955 in samenwerking met Ivo Michiels en Roland Verhavert de eerste artistieke Vlaamse speelfilm: **Meeuwen sterven in de haven**. Terwijl Michiels zich op zijn schrijverschap ging concentreren en Verhavert met **Het afscheid** (1966) solo ging, legde Kuypers zich samen met talent Herman Wuyts toe op de kortfilm. **De obool**, een sterk symbolische en poëtische film, gebaseerd op een droom en met dialogen van dichter-dramaturg Roger Van der Velden, werd een eerste uitstap in de experimentele langspeelfilm. Deze grotendeels in Marokko en aan boord van een koopvaardijschip opgenomen film is een sombere reflectie op thema's die in de films van Kuypers herhaaldelijk terugkomen: de confrontatie met de dood, het zielsconflict, de menselijke eenzaamheid, obsessie, angst en fataliteit. In het tijdloze decor van de Afrikaanse Sahara zien we hoe de schizofrene Arno wordt gekweld door het beeld van een oude in het wit gehulde man die hij in de ruïnes van een paleis ziet ronddwalen. Arno zal pas in de dood verlossing vinden.

Kuypers putte zijn inspiratie voor deze intellectuele en metaforische oefening vooral uit de Griekse mythologie. De filmtitel verwijst naar de Oud-Griekse pasmunt die de veerman Charon aan de schimmen van de gestorvenen vroeg in ruil voor de overtocht over de Styx naar het schimmenrijk. Kuypers werkte meer dan drie jaar aan de film. Uiteindelijk zou **De obool**, op enkele zeldzame uitzonderingen na, onvertoond blijven. Tijdens zijn verblijf in Marokko draaide hij nog een soort vervolg, namelijk de kortfilm **Jillali**. (LJ)

Deux heures à tuer

Yvan Govar

Deux heures à tuer
Un sadique dans la nuit
Een sadist in de nacht
Two Hours to Kill

DIRECTOR: Yvan Govar
YEAR: 1966
COUNTRY: BE-FR
SCREENPLAY: Bernard Dimey
BASED ON: La farce, written by Vahé Katcha
DIALOGUE: Bernard Dimey
ASST. DIR.: Jacques Karnas, Henri Pierre Vincent
DIR. PHOT.: Pierre Levant
CAMERA: Jean-Marie Maillols
EDITING: Alix Paturel
SOUND: Raymond Gauguier
MUSIC: André Popp
ART DIRECTOR: Claude Dlosseville
PRODUCER: Jean-Claude Bergey
PROD. CO.: Prodibel (Bruxelles), GRK Films (Paris)
PROD. SUPERV.: Maurice Urbain
CAST: Pierre Brasseur (Laurent), Michel Simon (L'employé de consigne), Raymond Rouleau (De Rock), Jean-Roger Caussimon (Gabriel Damerville), Marcel Péres (Le chef de gare), Paul Gay (Lucien), Catherine Sauvage (Diane Damerville), Julie Fontaine (Livia)
LANGUAGE: French
GAUGE: 35 mm
SILENT/SOUND: sound
B&W/COLOUR: B&W
MINUTES: 83'

◆ Despite five films in eight years, it must be said that Yvan Govar had hardly commanded the attention of lovers of quality cinema. His two last efforts were not much better. The first, **One Night... by Accident**, shot entirely in France, was a fantasy story with a sting in the tail (an atomic scientist is unhinged by a series of paranormal events which turn out to be part of a plot to make him reveal a major discovery). The cast was headed by Annette Stroyberg and above all Pierre Brasseur, who became friends with the director to the extent of acting again with Govar in what was to be his final film, **Two Hours to Kill**. The action was confined to one location, the waiting room and platform of a small provincial railway station, and centred on a trio of public favourites - Brasseur, the Belgian Raymond Rouleau and Michel Simon as an ambiguous member of the station staff. A dangerous individual is being hunted down by the police and may have taken refuge amongst the waiting passengers. Surely enough, suspicion falls on each of the protagonists of this patchy attempt at mysterious claustrophobia. The film was given a lukewarm reception, and Yvan Govar started working on his next script together with the stuntman Gilles Delamare when his collaborator accidentally killed himself.

That was it: struck down by depression, Govar was taken off the job during shooting and returned to Belgium for good. He later opened an art gallery in Ostend which went bankrupt. In 1983, after a long absence, he took to the stage again in Brussels, five years before his death at the age of 53.

● Malgré cinq longs métrages en huit ans, Yvan Govar n'avait guère retenu l'attention des cinéphiles et, il faut bien l'admettre, ses deux ultimes ouvrages ne valent pas mieux. Le premier, **Un soir... par hasard**, totalement tourné en France, est un film faussement fantastique: un savant atomiste est déstabilisé par une série d'événements paranormaux qui sont, en fait, une machination destinée à lui soutirer une découverte capitale. En tête d'affiche, Annette Stroyberg, mais surtout Pierre Brasseur qui se lia d'amitié avec le réalisateur et joua également dans ce qui sera le dernier film de Govar: **Deux heures à tuer**. Dans un décor unique, la salle d'attente et le quai d'une petite gare de province, Govar dirigea un trio de monstres sacrés: Brasseur, notre compatriote Raymond Rouleau et Michel Simon en employé de gare ambigu. Un satyre dangereux est recherché par la police et s'est peut-être réfugié parmi les voyageurs en attente. Les soupçons vont peser, on s'en doute, sur chacun des protagonistes de ce huis clos policier, ficelé tant bien que mal.

Le film fut tièdement accueilli, et Yvan Govar préparait son prochain scénario avec le cascadeur Gilles Delamare lorsque ce dernier se tua accidentellement. C'était fini: en pleine dépression, Govar fut remplacé lors du tournage et reprit le chemin de la Belgique, définitivement. Par la suite, il ouvrit une galerie de tableaux à Ostende, qui fit faillite. A partir de 1983, après une longue absence, on le revit comme acteur sur quelques scènes bruxelloises, cinq ans avant sa mort, à l'âge de 53 ans. *(RM)*

▶ Het valt niet te ontkennen dat Yvan Govar, ondanks vijf langspeelfilms in acht jaar tijd, nauwelijks de aandacht van de filmliefhebbers heeft weten te trekken. Zijn twee laatste films doen het niet beter. De eerste, volledig in Frankrijk gedraaide **Un soir... par hasard**, is een quasi fantastische film over een atoomgeleerde die geconfronteerd wordt met een reeks paranormale gebeurtenissen. Later blijkt het te gaan om een complot waarbij geprobeerd wordt hem een belangrijke ontdekking afhandig te maken. In de hoofdrollen vinden we Annette Stroyberg, maar vooral Pierre Brasseur terug, een ondertussen goede vriend van de regisseur die ook zal acteren in diens laatste film **Deux heures à tuer**. De plaats van handeling is beperkt tot de wachtzaal en het perron van een klein station in de provincie, waar Govar drie vedetten opvoert: Brasseur, onze landgenoot Raymond Rouleau en Michel Simon als louche stationsbeambte. Een gevaarlijk individu wordt door de politie gezocht en bevindt zich misschien onder de wachtende reizigers. Uiteraard wegen er verdenkingen op elk van de protagonisten in deze huis clos.

De film werd slechts lauw onthaald en Govar bereidde zijn volgende scenario voor, met stuntman Gilles Delamare, die echter bij een ongeval om het leven komt. Dit was het einde: Govar zinkt weg in een depressie en zal nog tijdens de opnamen vervangen worden. Hij keert voorgoed naar België terug. Later opent hij nog een galerij in Oostende, die echter over kop gaat. Van 1983 af, na een lange afwezigheid, werd hij nog als toneelacteur opgemerkt in Brussel, vijf jaar voor zijn dood, op 53-jarige leeftijd.

Het afscheid

Roland Verhavert

Het afscheid
Les adieux
The Farewells

DIRECTOR: Roland Verhavert
YEAR: 1966
COUNTRY: BE
SCREENPLAY: Roland Verhavert, Ivo Michiels
BASED ON: Het afscheid, written by Ivo Michiels
DIALOGUE: Roland Verhavert, Ivo Michiels
DIR. PHOT.: Joop Derweduwen
CAMERA: Herman Wuyts
EDITING: Herman Wuyts
SOUND: Adrien Keyaerts, Aldo Ferri
MUSIC: Hans-Martin Majewski
COSTUMES: Peter Jongmans
PRODUCER: Roland Verhavert
PROD. CO.: Visie Filmproduktie (Brussel)
PROD. SUPERV.: Camiel De Bruyne
CAST: Petra Laseur (Laure), Julien Schoenaerts (Pierre Wesselmans), Senne Rouffaer (Jessen), Kris Betz (Conducteur), Edward Deleu (Frenkel), Marlene Edeling (Meisje), Bert Struys (Kapitein), Pros Verbruggen (Consul), Jack Sels (Man in café)
LANGUAGE: Dutch
GAUGE: 35 mm
SILENT/SOUND: sound
B&W/COLOUR: B&W
MINUTES: 86'

◆ Like Verhavert's highly praised **Seagulls Die in the Harbour** (co-directed with Rik Kuypers and Ivo Michiels), **The Farewells** is set against the background of the Antwerp docks. The film is a psychological drama, based on a symbolist novel by Ivo Michiels, and follows the crises in the lives of a couple who are persecuted by obsessive uncertainty, loneliness, inner emptiness and fear. Using a series of geometrically constructed wide-angled shots and three central explanatory flashbacks, Verhavert successfully reflects the malaise of Pierre Wesselmans (Julien Schoenaerts), a radio telegrapher on a ship who has a secret government mission. Each day he is asked to report for a possible departure and each day he bids farewell to his wife (Dutch actress Petra Laseur) and children. The constantly postponed departure eats into his good spirits and he begins to feel there is no more point to his life.

In thematic terms, Verhavert's oppressive observation of a state of mind is very close to that of innovative films such as those of Michelangelo Antonioni. **The Farewells** unfolds in a climate of emptiness and stillness to a contemplative, melancholy rhythm. The press was extremely enthusiastic about this artistic success story, and the film won a Special Prize at the Venice Film Festival. However, audiences were more critical and **The Farewells**, which was made with a BF 3 000 000 grant, only had a short run. In Brussels the film opened at an obscure cinema after a reasonably successful run in Antwerp. The gifted cameraman Herman Wuyts was responsible for the refined, pictorial photography.

● Tout comme **Les mouettes meurent au port**, le premier film tant applaudi de Roland Verhavert (qu'il réalisa avec Rik Kuypers et Ivo Michiels), **Les adieux** prend pour décor le port d'Anvers. Ce drame psychologique, d'après le roman à connotation symbolique d'Ivo Michiels, raconte les moments de crise que traverse un couple poursuivi par l'incertitude obsessionnelle, la solitude, le vide intérieur et la crainte. En partant de gros plans construits géométriquement et de trois flash-back centraux explicitant certains motifs, Verhavert campe le malaise de Pierre Wesselmans (Julien Schoenaerts), radio sur un navire et chargé d'une mission secrète. Chaque jour, il doit se présenter pour un départ éventuel, et, chaque jour, il refait ses adieux à ses enfants et à sa femme Laure (la Néerlandaise Petra Laseur). Ce départ sans cesse différé devient une véritable torture, et Pierre n'arrive plus à donner un sens à sa vie.

En sondant ainsi l'âme de son héros, Verhavert se rapproche thématiquement d'un cinéaste novateur comme Michelangelo Antonioni. **Les adieux** se déroule sur un rythme contemplatif et mélancolique, dans un climat de vide et de silence finement évoqué. La presse réagit de manière extrêmement positive devant cette brillante réussite artistique qui eut droit à un Prix Spécial au Festival de Venise. Mais le public se montra plus critique. **Les adieux**, qui avait reçu 3.000.000 de FB de subside, ne fit qu'une brève carrière sur les écrans. A Bruxelles, le film fut projeté dans un obscur cinéma, après une sortie pourtant réussie à Anvers. Le talentueux Herman Wuyts était chargé de la photographie, à la fois brillante et très picturale.

▶ Net zoals Roland Verhaverts geprezen debuut **Meeuwen sterven in de haven** (gecoregisseerd door Rik Kuypers en Ivo Michiels) is **Het afscheid** gesitueerd tegen de achtergrond van de Antwerpse haven. Dit psychologisch drama, naar de symbolisch geladen roman van Ivo Michiels, volgt de crisismomenten in het leven van een koppel dat achtervolgd wordt door obsessionele onzekerheid, eenzaamheid, innerlijke leegte en angst. Aan de hand van geometrisch opgebouwde grootopnamen en drie centrale, verklarende flashbacks, brengt Verhavert de malaise in beeld van Pierre Wesselmans (Julien Schoenaerts), radiotelegrafist op een schip en belast met een geheime regeringsopdracht. Elke dag moet hij zich aanmelden voor een eventueel vertrek en elke dag opnieuw neemt hij afscheid van zijn kinderen en zijn vrouw Laure (de Nederlandse Petra Laseur). Het steeds uitgestelde vertrek vreet aan zijn gemoed en Pierre slaagt er niet meer in zijn leven zin te geven.

Thematisch sloot Verhaverts beklemmende observatie nauw aan bij vernieuwende films zoals die van Michelangelo Antonioni. **Het afscheid** ontwikkelt zich in een klimaat van leegte en stilte op een contemplatief, melancholisch ritme. De pers reageerde uiterst positief op deze artistieke voltreffer en op het Filmfestival van Venetië kreeg de film een Speciale Prijs. Het publiek stelde zich echter kritischer op. **Het afscheid**, goed voor 3.000.000 BF subsidie, kende een beperkte bioscoopcarrière. Hij kwam in Brussel in een obscuur zaaltje uit, na een nochtans relatief succesrijke release in Antwerpen. De begiftigde Herman Wuyts stond in voor de schitterende picturale fotografie. *(LJ)*

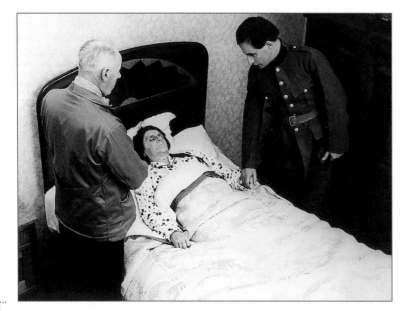

¿Y mañana?

Emile Degelin

¿Y mañana?
Et demain?
En morgen?
And Tomorrow?

DIRECTOR: Emile Degelin
YEAR: 1966
COUNTRY: BE
SCREENPLAY: Emile Degelin
DIALOGUE: Emile Degelin
ASST. DIR.: Jan Rock
CAMERA: André Goeffers, Paul De Fru, Bernard Taquet, D. Roelofs, G. Geets
EDITING: Emile Degelin
SOUND: Guy Roche
MUSIC: Jos Mertens
ART DIRECTOR: L. Carlens
COMMENTS: Emile Degelin
PRODUCER: Angela Degelin
PROD. CO.: Deltacité (Perk)
PROD. SUPERV.: L.R. Boogaerts
CAST: Jacques Dufilho (Jeroom), Claudia Bremer (Mooi meisje), Janine Bischops (Hostess), Ketty Van de Poel (Caféhoudster), Jan Reusens (Boef), Arnold Willems
LANGUAGE: Spanish, French, Dutch, English
GAUGE: 35 mm
SILENT/SOUND: sound
B&W/COLOUR: B&W
MINUTES: 86'/78'

◆ After the controversial **If the Wind Frightens You** (described by some as pretentious) and the more traditional **Life and Death in Flanders**, the intellectual film-maker Emile Degelin changed direction completely with **¿Y mañana?**. Here he plays the comedy card with a poetic burlesque satirizing the slavishness and mindlessness of work and the modern consumer society. Using the convention of a silent film parody, the film tells of the transformation of a respectable Antwerp policeman - a charming, Chaplinesque character on holiday on the Spanish coast - who gradually rediscovers the values of freedom and an untrammelled life in which time and money have no place. Degelin borrows from Jacques Tati and Pierre Etaix, and the influences of absurdism and dadaism are also noticeable, whereas the surrealist observations suggest comparisons with Magritte and Delvaux.

¿Y mañana? is a highly expressive film with extended gags, not all of which come off. The film's comic sparks are provided by the French actor Jacques Dufilho, whose performance resembles an ode to mime and pantomime. Degelin gave his nonchalant vagabond-style improvisation an original slant by offering audiences a chance for interaction (the film had three different endings).

The press were divided on the film and **¿Y mañana?** ran in Brussels for only one week. It was the first film to be awarded a subsidy (BF 3 025 000) through the advisory body to the selection committee for Dutch-language film, which was established in 1964. After its less than successful release, the film was re-edited and cut down to 78 minutes.

● Après **Si le vent te fait peur**, film controversé que certains ont qualifié de pompeux, et **Vie et Mort en Flandre**, le cinéaste intellectuel Degelin changea totalement de cap avec **¿Y mañana?**, une comédie poético-burlesque, satire du travail abrutissant dans la société de consommation moderne. Sous la forme d'une parodie de film muet, **¿Y mañana?** dépeint la métamorphose d'un brave agent anversois, un personnage charmant et chaplinesque, en vacances à la côte espagnole. Petit à petit, celui-ci redécouvre les valeurs de la liberté, de la vie insouciante où le temps et l'argent sont sans importance. Degelin prend exemple sur Jacques Tati et Pierre Etaix. On remarque également l'influence de l'absurde et du dadaïsme. Enfin, sa façon surréaliste d'observer fait aussi penser à Magritte et Delvaux.

¿Y mañana? est un film très plastique, composé de gags fortement étirés et de qualité inégale. L'acteur français Jacques Dufilho s'est occupé du feu d'artifice comique. Son interprétation est comme une ode à la mimique et à la pantomime. Degelin introduisit néanmoins une cassure originale à son improvisation littéraire, racontée sur un ton nonchalant, en offrant aux spectateurs une sorte d'épilogue interactif. En effet, trois fins différentes ont été imaginées dans le film.

La presse se montra divisée et le film ne survécut guère plus d'une semaine à Bruxelles. **¿Y mañana?** fut le premier film à obtenir des subventions (3.025.000 FB) par l'intermédiaire de la Commission Flamande de Sélection de Films, créée en 1964. Après une sortie décevante, le film fut remonté et limité à une durée d'un peu plus d'une heure.

▶ Na het controversiële **Si le vent te fait peur**, door sommigen bestempeld als pompeus, en het traditioneel-literaire **Leven en dood op het land**, gooide de intellectuele filmer Emile Degelin het met **¿Y mañana?** over een andere boeg. De film is een poëtisch-burleske satire op het afstompende arbeidsproces van de moderne consumptiemaatschappij. Verpakt als een stille filmkomedie, schetst **¿Y mañana?** de metamorfose van een brave Antwerpse agent, een charmant en chaplinesk personage, met vakantie aan de Spaanse kust. Gaandeweg herontdekt hij de waarden van de vrijheid en het onbekommerd leven waarin tijd en geld geen rol spelen. Degelin spiegelt zich aan Jacques Tati en Pierre Etaix, en ook de invloed van het absurdisme en het dadaïsme is merkbaar. De surrealistische manier van observeren roept vergelijkingen met Magritte en Delvaux op.

¿Y mañana? is een heel plastische film met lang uitgerokken, niet altijd even geslaagde gags. Voor het komische vuurwerk moest de Franse acteur Jacques Dufilho zorgen, wiens vertolking een ode is aan de mimiek en de pantomime van de stille film. Degelin gaf wel een originele wending aan zijn nonchalant vertelde improvisatie door de kijkers een soort interactieve eindsequentie voor te schotelen, met drie verschillende slotscènes.

De pers reageerde verdeeld en de film liep nauwelijks een week in het Brusselse. **¿Y mañana?** was de eerste film die subsidies ontving (t.b.v. 3.025.000 BF) van de in 1964 opgerichte Selectiecommissie voor Nederlandstalige Kulturele Films. Na de ongelukkige release werd de film opnieuw gemonteerd en ingekort tot een speelduur van iets meer dan één uur. *(LJ)*

Aline

François Weyergans

Aline

DIRECTOR: François Weyergans
YEAR: 1967
COUNTRY: BE-FR-SZ-CN
BASED ON: Aline, written by Charles-Ferdinand Ramuz
ASST. DIR.: Mylène Weyergans
DIR. PHOT.: Georges Lendi
CAMERA: Jean-Claude Bois, André Soupart
EDITING: Pascalle Laverriere, Emmanuelle Castro
SOUND: Bernard Ortion, Mylène Weyergans
ART DIRECTOR: Mylène De Colchies
PROD. CO.: Ciné Vog Films (Bruxelles), BRT (Brussel), RTB (Bruxelles), ORTF (Paris), SSR (Bern), Radio Canada (CN)
PROD. SUPERV.: Costia De Renesse
CAST: Chantal Marrès (Aline), Nicolas Lambert, Louis-René des Forêts, Georgette de Broux-Melin, Pierre Klossowski, Paule Thévenin, Emmanuelle Curnier, Robert La Roche, Adrien Durt, Guillaume des Forêts
LANGUAGE: French
GAUGE: 35 mm
SILENT/SOUND: sound
B&W/COLOUR: B&W
MINUTES: 75'

◆ The son of a novelist and cinema critic, François Weyergans was to follow his father into both these spheres, adding to them a third, film directing. It is whilst working on the *Cahiers du Cinéma* (from 1960 to '67, at the height of the Nouvelle Vague) that he shows his first short films to Jacques Ledoux (curator of the Belgian Film Archive), who supports him. Following brilliant essays on Maurice Béjart and Robert Bresson (who accords Weyergans his first long interview on film), he decides to try his hand at fiction, bringing to the genre all the rigour and perfectionism displayed by his documentaries of the period (also including **Hieronymus Bosch** and **Baudelaire**).

Drawn from an austere regional novel by Ramuz, **Aline** is the tragic story of a young 16-year-old girl living with her mother in a Swiss village, abandoned by the boy she loves when she becomes pregnant. She finishes by killing the sick child before taking her own life.

The choice of novelist is not at all arbitrary: crucial in Ramuz is less the subject than the style, naked and stripped to the bone, rejecting both lyricism and dramatic impetus and centred firmly on the interior life of its characters which emerges from between the lines. The result is a film clearly inspired by Dreyer and above all by Bresson, with short, allusive sequences, the unvarying tone of non-professional actors, a deliberate opaque symbolism, the obsessive presence of objects and recurring close-ups of faces. At the time Jean-Luc Godard defended **Aline** fervently.

● Fils d'un romancier et critique de cinéma, François Weyergans allait imiter son père dans ces deux domaines, tout en y ajoutant la réalisation. Tandis qu'il collabore aux *Cahiers du Cinéma* (de 1960 à 1967, en pleine Nouvelle Vague), il présente ses premiers courts métrages à Jacques Ledoux (conservateur de la Cinémathèque royale), qui soutient le jeune cinéaste. Après de brillants essais sur Maurice Béjart et Robert Bresson (qui consent à donner, pour lui, son premier long entretien filmé), Weyergans décide d'aborder la fiction, avec toute la rigueur et l'exigence dont témoignent ses documentaires de l'époque (auxquels il ne faut pas oublier d'ajouter un **Hieronymus Bosch** et un **Baudelaire**). Basé sur un austère roman paysan de Ramuz, **Aline** est l'histoire tragique d'une jeune fille de seize ans qui vit avec sa mère dans un village suisse. Abandonnée par le garçon qu'elle aime lorsqu'elle se découvre enceinte, elle finira par tuer son enfant malade, avant de se suicider.

Le choix du romancier n'est pas innocent: l'essentiel, pour Ramuz, est moins le sujet que le style, nu et décharné, sans lyrisme ni élan dramatique, axé totalement sur la vie intérieure qui émerge comme en filigrane. D'où un film s'inspirant ouvertement de Dreyer et, surtout, de Bresson, avec des séquences brèves et allusives, le ton monocorde des acteurs non professionnels, un hiératisme délibéré, la présence obsédante des objets et des gros plans de visages. Il est à noter que Jean-Luc Godard fut, à l'époque, un fervent défenseur d'**Aline**. *(RM)*

▶ Als zoon van een romanschrijver en filmcriticus, volgde François Weyergans zijn vader op deze twee terreinen en voegde daar de filmregie aan toe. Terwijl hij meewerkt aan de *Cahiers du Cinéma* (van 1960 tot 1967, middenin de nouvelle vague), krijgt de jonge cineast steun van Jacques Ledoux (conservator van het Koninklijk Filmarchief) aan wie hij zijn eerste kortfilms toont. Na een aantal schitterende essays over Maurice Béjart en Robert Bresson (die hem zijn eerste lange gefilmde interview toestaat) besluit Weyergans de fictie in te stappen. Daarbij blijft hij even veeleisend en perfectionistisch als bij zijn eerste documentaires (waaronder **Hieronymus Bosch** en **Baudelaire**).

Zich inspirerend op een bittere streekroman van Ramuz, zet hij met **Aline** het tragische verhaal neer van een 16-jarig meisje dat met haar moeder in een Zwitsers dorp leeft. Wanneer ze ontdekt dat ze zwanger is, wordt ze verlaten door de jongen van wie ze houdt. Ze doodt haar zieke kind en slaat daarna de hand aan zichzelf.

De keuze van de auteur is niet toevallig: voor Ramuz is de stijl belangrijker dan het onderwerp. Die stijl is naakt, zonder lyrische of dramatische bezieling, en volledig geconcentreerd op het ontluikende innerlijke leven. Het resultaat is een film die duidelijk de stempel draagt van Dreyer en vooral van Bresson: korte, allusieve scènes, het monotone stemgeluid van niet-professionele acteurs, doelbewuste soberheid, een nadrukkelijke aanwezigheid van voorwerpen en vele close-ups van gezichten. **Aline** werd overigens door Jean-Luc Godard indertijd vurig verdedigd.

Astérix le Gaulois

Belvision, Raymond Leblanc

Astérix le Gaulois
Asterix de Galliër
Asterix en de helden
Asterix the Gaul

DIRECTOR: Belvision, Raymond Leblanc
YEAR: 1967
COUNTRY: BE-FR
SCREENPLAY: René Goscinny, Albert Uderzo
BASED ON: Astérix le Gaulois, written by René Goscinny & Albert Uderzo
DIALOGUE: René Goscinny
CAMERA: François Léonard, Georges Lapeyronne, Etienne Schurmann
ANIMATION: Willy Lateste, Nic Broca, Eddy Lateste, C. Segers, M. Knop
EDITING: François Ceppi, Jacques Marchal, Laszlo Molnar
SOUND: Aldo Ferri
MUSIC: Gérard Calvi
ART DIRECTOR: Claude Lambert, Michou Wiggers
PRODUCER: Raymond Leblanc
PROD. CO.: Belvision (Bruxelles)
CO-PRODUCER: Georges Dargaud
CO-PROD. CO.: Dargaud Films (Paris)
VOICES: Roger Carel, Jacques Morel, Pierre Trabaud, Robert Vattier, Lucien Raimbourg, Michel Puterflam, Bernard Lavalette, Maurice Chevit, Pierre Tornade, Georges Carmier
LANGUAGE: French
GAUGE: 35 mm
SILENT/SOUND: sound
B&W/COLOUR: colour
MINUTES: 67'
NOTES: Storyboard: Eddy Lateste, Jos Marissen, Laszlo Molnar

◆ The enormous success of **Pinocchio in Outer Space** inspired Raymond Leblanc and his Belvision studios to even greater heights. Their first feature film had been conceived primarily for the United States, made with two-thirds American financing and English dialogue (which was dubbed for the home release!); nevertheless it persuaded Leblanc that an undertaking of this scale would be manageable (and potentially profitable) with comic figures closer to the hearts of contemporary audiences, especially in Francophone countries. Since 1959, the teenager's weekly *Pilote* had been publishing the exploits of Asterix and his companions, created by writer René Goscinny and cartoonist Albert Uderzo. The collected albums of their adventures were immensely popular right across Europe, spawning a range of tie-in toys and gadgets. The moment was ripe for a cinema spin-off, resulting in a co-production between Leblanc and Asterix editor Georges Dargaud, a happy man indeed. Goscinny and Uderzo supervised the work of the 120 animators then employed by Belvision, and the merry Gaul reached the screens in time for Christmas 1967.

So it was that Asterix and his oversize companion Obelix, together with the bard Cacofonix, the druid Getafix and all the heroic Gauls doped-up on magic potion, came to give the evil Romans a bit of what forix when they tried in vain to make off with the precious recipe for the brew. Lapped up as much by adults as by their children, the gags and anachronisms, little characters and dapper colours and jaunty score by Gérard Calvi made box-office tills jingle merrily everywhere.

● L'énorme succès de **Pinocchio dans l'espace** rendit plus ambitieux encore Raymond Leblanc et ses studios Belvision. Ce premier long métrage avait été conçu au départ pour l'Amérique, qui l'avait coproduit majoritairement (les dialogues étaient en anglais et furent doublés pour nos écrans!), mais sa réussite persuada Leblanc qu'une telle entreprise était désormais envisageable (et rentable) également dans les pays francophones, avec des personnages de bande dessinée plus proches du public de l'époque. Depuis 1959, l'hebdomadaire pour jeunes *Pilote* publiait les exploits mirifiques d'Astérix et de ses compagnons, dus au scénariste René Goscinny et au dessinateur Albert Uderzo. Les albums réunissant ces aventures triomphaient dans l'Europe entière, convoyant avec eux jouets et gadgets inspirés par les héros de la BD. Le moment était propice à une transposition au cinéma, d'où une coproduction entre Leblanc et l'heureux éditeur d'Astérix, Georges Dargaud. Goscinny et Uderzo vinrent superviser le travail des 120 animateurs employés alors par Belvision, et le joyeux Gaulois put apparaître sur les écrans pour la Noël 1967.

C'est ainsi qu'Astérix et son gros compagnon Obélix, le barde Assurancetourix, le druide Panoramix, et tous les héroïques Gaulois dopés par la potion magique, combattirent à bras raccourcix les méchants Romains qui tentaient en vain de leur ravir la précieuse recette du breuvage. Appréciés autant par les adultes que par leurs enfants, les gags et les anachronismes, les cocasses personnages, les couleurs pimpantes et l'allègre musique de Gérard Calvi allaient faire joyeusement tinter les tiroirs-caisses. *(RM)*

▶ Door het overweldigende succes van **Pinocchio in de ruimte** groeiden de ambities van Raymond Leblanc en zijn Belvision-studio's. Zijn eerste tekenfilm van lange duur mocht dan aanvankelijk zijn ontworpen voor de Verenigde Staten (de film werd voor twee derden geproduceerd met Amerikaans geld en de Engelse dialogen moesten nadien voor onze schermen worden gedubd), hij overtuigde Leblanc ervan dat zo'n onderneming van dan af mogelijk en zelfs winstgevend zou worden met stripfiguren die het contemporaine, met name Franstalige publiek meer aanspraken. Van 1959 af publiceerde het jongerenweekblad *Pilote* de wonderbaarlijke heldendaden van Asterix en zijn metgezellen, uitgedacht door scenarist René Goscinny en striptekenaar Albert Uderzo. Hun albums kenden in gans Europa veel succes en Asterix & Co werden een dankbare bron van merchandising. Het ogenblik leek dus gunstig voor een overstap naar de bioscoop. Zo ontstond een coproductie tussen Leblanc en de fortuinlijke uitgever van Asterix, Georges Dargaud. Goscinny en Uderzo kwamen toezicht houden op het werk van de 120 Belvision-tekenaars; de vrolijke Galliër kon tegen Kerstmis 1967 op het witte doek verschijnen.

Met vereende krachten en opgepept door een toverdrankje, bestrijden Asterix en zijn dikke vriend Obelix, samen met de bard Assurancetourix, de druïde Panoramix en alle andere Gallische helden, de gemene Romeinen die hen tevergeefs het recept van het brouwsel trachten te ontfutselen. De kwinkslagen en de anachronismen, de kleine ventjes, de kokette kleuren en de levendige muziek van Gérard Calvi vielen in de smaak bij jong en oud en deden de kassa's vrolijk rinkelen.

Le départ

Jerzy Skolimowski

Le départ
De startlijn
Het vertrek
The Start
The Departure

DIRECTOR: Jerzy Skolimowski
YEAR: 1967
COUNTRY: BE
SCREENPLAY: Jerzy Skolimowski, Andrzej Kostenko
ASST. DIR.: Jean-Emile Caudron
DIR. PHOT.: Willy Kurant
CAMERA: Jacques Assuerus, Michel Baudour
EDITING: Bob Wade
SOUND: Philippe Cape
MUSIC: Krzysztof Komeda
PRODUCER: Bronka Ricquier
PROD. CO.: Elisabeth Films (Bruxelles)
PROD. SUPERV.: Maurice Urbain
CAST: Jean-Pierre Léaud (Marc), Cathérine Duport (Michèle), Jacqueline Bir (La dame), Paul Roland (Le patron), Léon Dony (Le vendeur), Marthe Dugard (L'hôtelière), Jacques Courtois (Le barman), Lucien Charbonnier (Le marchand de saucisses), Georges Aubrey (Le brocanteur), John Dobrynine (Le maharadja), Bernard Graczyk (Le copain), Maxane (La concierge)
LANGUAGE: French
GAUGE: 35 mm
SILENT/SOUND: sound
B&W/COLOUR: B&W
MINUTES: 91'

◆ The genesis of **The Start** is in itself unusual: a rich Bruxelloise of Polish birth, Bronka Ricquier, brings over a young director from her native country, Jerzy Skolimowski, whose fourth film **Hands Up!** has just been banned by the Polish censor (the beginning for him of an international career, notably in England). The film's star has been one of the leading faces of the Nouvelle Vague since **Les 400 coups** and his films with Godard. The director of photography is Willy Kurant, from Liège, already considered one of the greatest of his generation. And in July 1967, the film receives an unprecedented accolade for a Belgian fiction film, taking both the Golden Bear and the International Critics' Prize at the Berlin Festival. Two years later, Ricquier sets up a co-production with Czechoslovakia for Vera Chytilová's **We'll Eat the Fruit of Paradise**. Jean-Pierre Léaud, then 19 years old, plays a hairdresser who dreams of driving his boss's Porsche in a rally. His hopes are dashed, however, and he has only two days to gather the money to hire a different car. Various contrivances ensue, packed full of fluid poetic gags, at the end of which he finds that being madly in love is preferable to messing around with cars. The film offers insolence, jokes, serious undertones and bursts of absurdity, minus the esoterica and symbolism of **Rysopis** and **Bariera**. Skolimowski creates a portrait of an adolescent at once pure and incensed, bizarre and sensitive, set in an unfamiliar Brussels captured in direct-cinema style - and thereby enriches our cinema with a work whose startling originality was beyond all proportion to the limited success it obtained in Belgium.

● La genèse du **Départ** apparaît comme peu banale: une riche Bruxelloise d'origine polonaise, Bronka Ricquier, fait venir chez nous un jeune réalisateur de son pays, Jerzy Skolimowski, dont la censure vient tout juste d'interdire le quatrième film, **Haut les mains!** (et pour qui s'ouvre ainsi une carrière internationale, notamment en Angleterre). En vedette, Jean-Pierre Léaud, personnage emblématique de la Nouvelle Vague depuis **Les 400 coups** et ses films avec Godard. A l'image, le Liégeois Willy Kurant, déjà considéré comme l'un des grands chefs opérateurs de sa génération. Le résultat, en juillet 1967, est un triomphe jamais remporté par un film belge de fiction: l'Ours d'Or et le Prix de la Critique Internationale au Festival de Berlin. Deux ans plus tard, Bronka Ricquier produira avec la Tchécoslovaquie un film de Vera Chytilová: **Le fruit du paradis**. Léaud, âgé de 19 ans à l'époque, incarne un garçon coiffeur dont le rêve est de participer à un rallye avec la Porsche de son patron. Son espoir échoue, et il doit, en deux jours, réunir l'argent nécessaire à la location d'une autre voiture. D'où une série d'expédients, bourrés de gags désinvoltes ou poétiques, qui lui feront préférer l'amour fou à sa passion automobile. Insolence, drôlerie, gravité secrète, échappées vers l'absurde sont ici au rendez-vous, sans l'ésotérisme ou les symboles de **Rysopis** ou **Bariera**. Skolimowski crée un portrait d'adolescent pur et rageur, farfelu et sensible, dans un Bruxelles insolite, photographié en caméra-vérité, et enrichit notre cinéma d'une œuvre dont le succès, en Belgique, ne fut pas à la mesure de sa virevoltante originalité. (RM)

► Le départ kwam op verrassende wijze tot stand: een rijke Brusselse van Poolse origine, Bronka Ricquier, laat uit haar geboorteland een jonge regisseur overkomen, Jerzy Skolimowski, wiens vierde film **Hands Up!** daar zopas door de censuur was verboden (wat voor hem tot een internationale carrière leidde, o.a. in Engeland). Jean-Pierre Léaud was sinds **Les 400 coups** en zijn films met Godard uitgegroeid tot een kopstuk van de nouvelle vague. De fotografie werd verzorgd door de Luikenaar Willy Kurant, toen reeds een van de grootste cameramannen van zijn generatie. In juli 1967 kwam de grote verrassing: de Gouden Beer en de Prijs van de Internationale Filmkritiek te Berlijn, een primeur voor een Belgische fictiefilm. Twee jaar later coproduceerde Ricquier met Tsjechoslowakije een film van Vera Chytilová: **Le fruit du paradis**. Léaud, toen 19 jaar, vertolkt een leerling-kapper die ervan droomt een rally te rijden met de Porsche van zijn baas. Dit lukt echter niet zo vlot en plots resten hem nog twee dagen om het nodige kapitaal te vergaren en een auto te huren. Na veel hectische perikelen, doorspekt met ongedwongen en poëtische grappen, verkiest hij een passionele liefde boven de auto. Onbeschaamde humor, onderhuidse zwaarmoedigheid en escapades in het absurde zijn op het appèl, zonder het esoterisme of de symboliek uit **Rysopis** of **Bariera**. De cineast schetst het portret van een oprechte, opvliegende, zonderlinge en gevoelige jongeman in een bevreemdend Brussel (gefilmd in caméra vérité-stijl) en verrijkt onze nationale cinema met een werk dat, in België althans, niet het succes kende dat het door zijn wervelende originaliteit meer dan verdiende.

Le départ

Des garçons et des filles

Etienne Perier

Co-production

Des garçons et des filles
Van jongens en meisjes
Boys and Girls

DIRECTOR: Etienne Perier
YEAR: 1967
COUNTRY: FR-BE
SCREENPLAY: Dominique Fabre
DIALOGUE: Dominique Fabre
ASST. DIR.: Louis Pitzele
DIR. PHOT.: Henri Raichi
CAMERA: Jean Charvein
EDITING: Sophie Coussein, Corinne Lazarre
SOUND: André Hervée
MUSIC: Errol Parker, Jean-Michel Jarre
ART DIRECTOR: Jean-Jacques Caziot, Françoise Hardy
COSTUMES: Danielle Forveille
PRODUCER: Louis De Masure, Adolphe Viezzi, Hervé Thys
PROD. CO.: Planfilm (Paris), Spiralfilm (Bruxelles)
PROD. SUPERV.: André Thomas
LANGUAGE: French
GAUGE: 35 mm
SILENT/SOUND: sound
B&W/COLOUR: colour
MINUTES: 98'

CAST: Ludmilla Mikaël (Françoise), Roger Van Hool (Jean-Claude), Jean-Christophe Maucorps (Henri), Marc Porel (Pierre), Nicole Garcia (Coco), Martine Kelly (Gill), Bénédicte Lacoste (Solange), François Leccia (Guy), François Duval (Jean), David McNeil (Kurt), Mary Marquet (Tante Berthe), Jacques Portet (Le beatnik), Rosine Cadoret (Juliette), Christian Melsen (Disbach), Jean-Pierre Honoré (Hervé), Martine De Breteuil (La dame de l'agence)

Monsieur Hawarden

Harry Kümel

Monsieur Hawarden

DIRECTOR: Harry Kümel
YEAR: 1968
COUNTRY: BE-NE
SCREENPLAY: Jan Blokker
BASED ON: Monsieur Hawarden, written by Filip de Pillecyn
DIALOGUE: Jan Blokker
ASST. DIR.: Jan Gruyaert
DIR. PHOT.: Eddy Van der Enden
CAMERA: Eddy Van der Enden, Albert Vanderwildt, Ernie Damen
EDITING: Suzanne Baron, Harry Kümel, Gérard Vercruysse
SOUND: Lucien Velu
MUSIC: Pierre Bartholomée
ART DIRECTOR: Tom Payot, Stefania Unwin
COSTUMES: Tom Payot, Stefania Unwin
PRODUCER: André Thomas, Rob du Mée
PROD. CO.: Sofidoc (Bruxelles), Parkfilm (Amsterdam)
CAST: Ellen Vogel (Monsieur Hawarden), Hilde Uytterlinden (Victorine), Xander Fischer (Axel), Joan Remmelts (Rentmeester), Dora Van der Groen (Zijn vrouw), John Lanting (Walter), Carola Gijsbers van Wijk (Corien), Marielle Fiolet (Mooie meid), Jan Blokker (Man met de toverlantaarn), Senne Rouffaer (Officier), Beppie Blokker, Ernie Damen, Gerard Vander Boom, Jean-Pierre Bras, Theo Moens, Ivo Nelissen, Valeer Theeuwissen, Ulli Ulrich
LANGUAGE: Dutch
GAUGE: 35 mm
SILENT/SOUND: sound
B&W/COLOUR: B&W
MINUTES: 107'

◆ Self-taught film-maker Harry Kümel started his career as scriptwriter for Rik Kuypers and Herman Wuyts. He soon set out shooting films himself, short experimental films (**Anna la bonne**, after Jean Cocteau), fiction shorts (**All the Perfumes of Arabia**) and documentaries (**Glass and Steel**). This striking feature début by the 28-year-old Kümel is an excellent adaptation of the Flemish short story by Filip de Pillecyn and Henri Pierre Faffin's novel, which were both inspired by an actual event that occurred in Malmédy in 1870. Jan Blokker's screenplay is a romantic adaptation of this mystery of a young Parisian noblewoman who goes on the run after committing a crime of passion and lives a life of exile in a remote village, disguised as a man. This masterfully atmospheric film, with its carefully studied detail and delicate symbolism, focuses on the relationship between the mysterious and intriguing Hawarden (played by Dutch actress Ellen Vogel) and her maid Victorine (newcomer Hilde Uytterlinden). Kümel's elegant and highly suggestive psychological character study, which is full of ambiguous sexual implications, contains many reminders of Resnais, Dreyer, Bergman or Bresson. This Freudian drama also excels through its magnificent landscape photography and its use of chiaroscuro. Kümel would have preferred to shoot the film in colour, but his budget (BF 7 million, including a BF 2 480 000 grant) did not stretch far enough. This Belgo-Dutch co-production dedicated to Josef von Sternberg was filmed in the area around Tongres, Spa and Malmédy. Due to difficulties with the distribution, the film was only released one year after completion.

● Autodidacte, Harry Kümel débute comme scénariste pour Rik Kuypers et Herman Wuyts. Mais, très vite, il s'attaque à la réalisation. Il tourne quelques courts métrages remarquables: des films expérimentaux (**Anna la bonne**, d'après Jean Cocteau), de fiction (**Tous les parfums de l'Arabie**) ou des documentaires (**Verre, acier et aluminium**). Le premier long métrage remarqué de Kümel, alors jeune réalisateur de 28 ans, est une adaptation saisissante de la nouvelle flamande de Filip de Pillecyn et du roman d'Henri Pierre Faffin, tous deux inspirés d'un fait divers qui s'est déroulé à Malmédy vers 1870. Le scénario de Jan Blokker est une adaptation romantique de ce mystère: une jeune aristocrate parisienne, à la suite d'un crime passionnel, s'exile dans un petit village retiré et s'y fait passer pour un homme. Ce film d'ambiance, réalisé de main de maître avec un grand souci du détail et une grande finesse de la symbolique, est centré sur la relation entre le personnage énigmatique de Hawarden (la Néerlandaise Ellen Vogel) et sa bonne (Hilde Uytterlinden, une révélation). Portrait psychologique élégant et très suggestif des personnages, aux implications sexuelles ambiguës, bourré de références à Resnais, Dreyer, Bergman et Bresson, ce drame freudien se distingue aussi par la qualité de la photographie du paysage et par son clair-obscur. Kümel voulait pourtant tourner en couleurs. Le budget (7 millions de FB, dont 2.480.000 de subside) ne le permit pas. La coproduction belgo-néerlandaise, dédiée à Josef von Sternberg, fut tournée dans la région de Tongres, Spa et Malmédy. Des ennuis de production mirent un an le film au placard.

▶ Autodidact Harry Kümel begon zijn filmcarrière als scenarist voor Rik Kuypers en Herman Wuyts, maar ging al snel zelf achter de camera staan. Hij draaide enkele opvallende kortfilms, experimentele films (**Anna la bonne** naar Jean Cocteau), ficties (**Tous les parfums de l'Arabie**) of documentaires (**Uit glas en staal**). Het opmerkelijke langspeelfilmdebuut van de 28-jarige Kümel is een schitterende adaptatie van de Vlaamse novelle van Filip de Pillecyn en de roman van Henri Pierre Faffin. Beiden inspireerden zich op een fait divers dat zich rond 1870 in Malmédy afspeelde. Jan Blokker maakte een romantische bewerking van dit mysterie over een jonge Parijse aristocrate die na een passionele moord op de vlucht slaat om als man in ballingschap te gaan leven in een afgelegen dorp. Deze magistrale sfeerfilm, met minutieuze details en delicate symboliek, spitst zich toe op de relatie tussen de raadselachtige, intrigerende Hawarden (de Nederlandse Ellen Vogel) en haar meid Victorine (nieuwkomer Hilde Uytterlinden). De elegante en suggestieve psychologische karakterstudie, vol ambigue seksuele implicaties, verwijst meer dan eens naar Resnais, Dreyer, Bergman of Bresson. Dit freudiaanse drama munt ook uit door de prachtige landschapsfotografie en het gebruik van clair-obscur. Kümel had nochtans graag in kleuren gedraaid, maar het budget (7 miljoen BF, waarvan 2.480.000 BF subsidie) maakte dat uiteindelijk niet mogelijk. Deze Belgisch-Nederlandse coproductie, opgedragen aan Josef von Sternberg, werd opgenomen in de buurt van Tongeren, Spa en Malmédy. Wegens distributieperikelen bleef de film wel een jaar in de kast liggen. (LJ)

Psychédélissimo
Francis Truffart [Christian Mesnil]

Psychédélissimo
Amours délicieuses
Amours et délices
Zoete minnespelen
The Sweet Feeling
Rhythm of Love

DIRECTOR: Francis Truffart [Christian Mesnil]
YEAR: 1968
COUNTRY: BE-FR
SCREENPLAY: Christian Mesnil
DIALOGUE: Christian Mesnil
ASST. DIR.: Jean-Pierre Berckmans
CAMERA: Manu Bonmariage
EDITING: Jean-Claude Serny
SOUND: Jean-Baptiste Dulac
MUSIC: The Rowdies, The Sweet Feeling
ART DIRECTOR: Marianne Mesnil
PROD. CO.: Crysal Films (Bruxelles), Maya Films (Paris)
CAST: Béatrice Costantini (Lise), Wendy Wensley (Christine), Nato (Le peintre), Louis Willems (Le photographe), André Lenaerts (Hotson)
LANGUAGE: French
GAUGE: 35 mm
SILENT/SOUND: sound
B&W/COLOUR: colour
MINUTES: 94'

◆ The very first graduates emerge from the Brussels film schools - the INSAS (Michel Huisman), the IAD (Christian Mesnil) and the Flemish RITCS (Pierre Drouot) - at the end of the sixties. The possible outlets for this new talent are still limited, and most follow the usual path of assistantships, short films and work for television. The great goal of all these new directors, however, remains the full-length feature. With the main concern how to make the best of a very tight budget, a number of these débutants first decide to try their hand at the erotic feature, albeit under the cover of various pseudonyms (as did Boris Szulzinger, Henri Xhonneux) and often at the price of disowning these unrewarding efforts later in their careers.

Christian Mesnil first acquires his skills with the shorts **Long Live Punishment** (1965), about the marginal children of the suburban housing estates, and **The Guardians** (1967), a fantastical tale based on the Jean Ray story of a cemetery besieged by a woman vampire. In 1968 he passes on to features, four years before his first film proper (**The Lover**). Under the pseudonym of Francis Truffart, he scripts and directs **The Sweet Feeling**, which features amongst its crew such future names as Manu Bonmariage and Jean-Pierre Berckmans. The heroine, Lise, is a young office worker who has recently broken off an affair with her boss. A girlfriend introduces her to a group of alternative psychedelic artists, and she begins a journey to new sensual realms. It seems best to adopt the policy of the work's creator and pass over **Rhythm of Love** (as its English distribution title ran) in silence.

● Les tout premiers diplômés des écoles bruxelloises de cinéma vont tenter leur chance à la fin des années 60, qu'ils sortent de l'INSAS (Michel Huisman), de l'IAD (Christian Mesnil) ou du RITCS flamand (Pierre Drouot). Les itinéraires sont encore limités: l'assistanat, le court métrage, la télévision sont souvent les passages obligés; mais le but de ces jeunes réalisateurs, c'est la grande aventure du film de fiction. Et comme il s'agit de rentabiliser un argent péniblement grappillé, certains de ces débutants vont d'abord s'essayer au long métrage érotique, quitte à se cacher derrière un faux nom, comme Boris Szulzinger ou Henri Xhonneux. Quitte aussi à renier plus tard ces travaux peu gratifiants.

Ainsi, Christian Mesnil s'est d'abord fait la main avec **Vivent les pénitences** (1965), autour de gosses marginaux des banlieues, et **Les gardiens** (1967), un conte fantastique d'après Jean Ray, dans un cimetière investi par une femme-vampire. Puis c'est, en 1968, le passage au grand film, quatre ans avant son "premier long métrage d'auteur" revendiqué: **L'amoureuse**.

Sous le pseudonyme de Francis Truffart, il met en scène ce **Psychédélissimo**, dont il a écrit le scénario et où l'on découvre comme techniciens de futurs cinéastes comme Manu Bonmariage ou Jean-Pierre Berckmans. L'héroïne du script, Lise, est une jeune employée qui vient de rompre une liaison avec son patron. Une amie l'introduit alors parmi un groupe de peintres psychédéliques et marginaux, où elle va découvrir d'autres horizons sensuels. On peut, comme son auteur, passer sous silence cet ouvrage mineur, sorti en Angleterre sous le titre évocateur de **Rhythm of Love**. *(RM)*

▶ De eerste lading afgestudeerden aan de Brusselse filmscholen - het INSAS (Michel Huisman), het IAD (Christian Mesnil) of het Nederlandstalige RITCS (Pierre Drouot) - zou zijn kans wagen begin jaren 60. Noodgedwongen houden velen van deze regisseurs-in-spe zich eerst een poosje bezig met assistentie, kortfilms of werk voor de televisie, maar dit is slechts een aanloop naar dat éne doel: een fictiefilm. Daar het met veel moeite bijeengesprokkelde geld eerst en vooral moet renderen, kiezen enkelen (o.a. Boris Szulzinger en Henri Xhonneux) ervoor om, onder een pseudoniem, te debuteren met een erotische film. Later aarzelden ze echter niet om deze probeersels zelf te verloochenen.

Christian Mesnil leerde de knepen van het vak met **Vivent les pénitences** (1965), een film over kansarme

jongeren in de randstad, en **Les gardiens** (1967), een fantastisch sprookje naar Jean Ray, dat zich afspeelt op een kerkhof behekst door een vrouwelijke vampier. In 1968, vier jaar vóór **L'amoureuse** (de film die hij als zijn eerste volwaardige auteursfilm beschouwt), regisseert hij onder het pseudoniem van Francis Truffart een eerste langspeelfilm, naar een eigen scenario: **Psychédélissimo**. Onder de technici vinden we toekomstige cineasten als Manu Bonmariage en Jean-Pierre Berckmans. Lise, de heldin van het verhaal, is een jonge bediende die juist een punt heeft gezet achter haar verhouding met de baas. Een vriendin loodst haar binnen in het wereldje van psychedelische en marginale schilders, alwaar zij nieuwe sensuele horizonten ontdekt. Over dit werkje, dat in Engeland de suggestieve titel **Rhythm of Love** meekreeg, kunnen we - in navolging van de auteur - nog het best zwijgen.

Il pleut dans ma maison

Pierre Laroche

Il pleut dans ma maison
Het regent in mijn huis
It's Raining in My House

DIRECTOR: Pierre Laroche
YEAR: 1969
COUNTRY: BE-FR
SCREENPLAY: Paul Willems, Pierre Levie, Pierre Laroche, Benoît Lamy
BASED ON: Il pleut dans ma maison, written by Paul Willems
DIALOGUE: Paul Willems
ASST. DIR.: Benoît Lamy, Alain Daniel
DIR. PHOT.: Frédéric Geilfus
CAMERA: Manu Bonmariage, Michel Baudour
EDITING: Claude Cohen
SOUND: Marc Lobet, Patrick Ledoux, Nicole Berckmans, Alain Guillaume
MUSIC: Nino Ferrer
ART DIRECTOR: Robert Luchaire, Françoise Hardy
COSTUMES: Blanche Durrels, Marie Graczyk
PRODUCER: Pierre Levie
PROD. CO.: Productions Pierre Levie (Bruxelles), Alcinter (Paris)
PROD. SUPERV.: Jacqueline Pierreux
CAST: Marcella Saint-Amant (Madeleine), Hélène Dieudonné (Germaine), Joëlle Levie (Toune), Frédéric Latin (Hermann), Evald Chikovsky (Georges), Lucien Charbonnier (Bulle), Pierre Guéant (Thomas), Armand Delcampe (Nélus)
LANGUAGE: French
GAUGE: 35 mm
SILENT/SOUND: sound
B&W/COLOUR: colour
MINUTES: 80'

◆ Son of the novelist Marie Gevers, long-time head of the Palais des Beaux-Arts, in the '50s Paul Willems was to lay claim to the title of one of Belgium's most charming playwrights with titles from *La ville à voile* ("City at Sea") through to *Miroirs d'Ostende* ("Mirrors of Ostend"), sparkling, gentle, bitter plays whose whimsicality and elements of fantasy often conceal a benign melancholy. His biggest stage success, *It's Raining in My House*, enjoyed a large number of translations and revivals after its opening in 1962. It is the peculiar tale of an old residence inherited by a young businesswoman who decides to convert it into an inn. The elderly caretakers of the estate have not touched it in 50 years and Madeleine discovers the extravagant outfits of her benefactress. A handsome suitor had been driven to suicide by his affection for her relative, and attracted by Madeleine's resemblance to the love of his life he re-emerges from the past as a ghost. The story begins again in the rain-flooded house, Madeleine unaware of the timeless nature of his passion.

It is a play à la Giraudoux, subtle and delicious on stage, with a hare-brained romantic side whose poetry the cinema proved unable quite to capture, although Pierre Laroche had an in-depth knowledge of Paul Willems' world (having directed most of his works for the stage) and the cast - made up of most of the actors of the Rideau de Bruxelles - was brilliantly headed by the Canadian actress Marcella Saint-Amant. Yet the charm comes across as artificial, transferring badly, and in the film's weaker moments the prettiness of the images verges on the artificial.

● Fils de la romancière Marie Gevers et longtemps responsable du Palais des Beaux-Arts, Paul Willems allait devenir, dès les années 50, l'un de nos plus attachants auteurs de théâtre. De *La ville à voile* aux *Miroirs d'Ostende*, ses pièces miroitantes, douces et amères cachent souvent sous leur fantaisie une mélancolie souriante. Son plus grand succès à la scène, *Il pleut dans ma maison*, fut maintes fois traduit et repris depuis sa création en 1962. C'est l'histoire insolite d'une vieille demeure, héritée par une jeune femme d'affaires qui décide de la transformer en auberge. Laissée telle quelle par les vieux gardiens du domaine depuis 50 ans, Madeleine retrouve dans cette maison les toilettes romantiques de sa parente, pour qui un beau prétendant s'était tué par amour. Son fantôme va surgir du passé, attiré par la ressemblance de Madeleine avec la femme de sa vie, et tout recommencera dans la maison envahie par la pluie, sans que la jeune femme sache qu'il s'agit d'une passion intemporelle.

Un sujet à la Giraudoux, subtil et délicieux à la scène, avec un aspect romanesque et farfelu que le cinéma va se montrer incapable de restituer dans toute sa poésie. Pourtant, Pierre Laroche connaît bien le monde de Paul Willems (il a mis en scène la plupart de ses pièces au théâtre) et la distribution est brillamment menée par une actrice canadienne, Marcella Saint-Amant, entourée par la plupart des créateurs au Rideau de Bruxelles. Mais le charme fonctionne mal, artificiellement, et la joliesse des images côtoie la mièvrerie dans les moins bons moments du film. (RM)

▶ Paul Willems, zoon van de schrijfster Marie Gevers en lang hoofd van het Paleis voor Schone Kunsten, was in de jaren 50 een van onze meest innemende toneelauteurs, met een palmares gaande van *La ville à voile* tot *Miroirs d'Ostende*: sprankelende, bitterzoete stukken, waarvan de fantasie meestal een melancholie verhult die nergens zwaarwichtig wordt. Zijn grootste podiumsucces werd *Il pleut dans ma maison*, in 1962 geschreven en sindsdien meermaals vertaald en hernomen. Het is het ongewone verhaal van een jonge zakenvrouw die een oude woning erft, waarvan ze een herberg wil maken. De hoeders van het domein hebben het 50 jaar lang onaangeroerd gelaten: Madeleine ontdekt er de romantische gewaden van haar bloedverwante, een vrouw voor wie ooit een knappe bewonderaar zelfmoord pleegde. Zijn spook zal uit het verleden herrijzen, aangetrokken door de gelijkenis van Madeleine met de vrouw van zijn leven, waarop alles zich herhaalt in het door de regen geteisterde huis, zonder dat de jonge vrouw beseft dat hier een tijdloze passie in het spel is.

Dit onderwerp, een stuk van Giraudoux waardig, werd smaakvol en subtiel op het toneel gebracht, maar de cinema bleek niet in staat deze vreemdsoortige romantiek in al haar poëzie weer te geven. Nochtans kende Pierre Laroche de wereld van Paul Willems heel goed (hij had de meeste van zijn theaterstukken geregisseerd) en werd de hoofdrol met brio vertolkt door de Canadese Marcella Saint-Amant, bijgestaan door het merendeel van de grote namen van de Rideau de Bruxelles. Maar de charme werkt maar half en de mooie beelden durven op een zwak moment wel eens een te gekunstelde indruk maken.

Bruno, l'enfant du dimanche

Louis Grospierre

Co-production

Bruno, l'enfant du dimanche
Bruno ou les enfants du dimanche
Bruno
Les enfants du dimanche
Bruno of de zondagsvader
Zondagsvader
Bruno - Sunday's Child

DIRECTOR:	Louis Grospierre
YEAR:	1969
COUNTRY:	FR-BE
SCREENPLAY:	Louis Grospierre, Alain Quercy
DIALOGUE:	Alain Quercy, Louis Grospierre
ASST. DIR.:	Jean Delire
DIR. PHOT.:	Quinto Albicocco
CAMERA:	Freddy Rents
EDITING:	Léonide Azar, Jean-Bernard Bonis
SOUND:	Séverin Frankiel, Jean-Marie Buchet
MUSIC:	Jean-Pierre Bourtayre
COSTUMES:	Claire Bande
PRODUCER:	Christine Gouze-Rénal, Henri Weis
PROD. CO.:	Progéfi (Paris), Studios Arthur Mathonet (Bruxelles), Ciné Vog Films (Bruxelles)
PROD. SUPERV.:	Louis-Emile Caley, Paul Leleu
LANGUAGE:	French
GAUGE:	35 mm
SILENT/SOUND:	sound
B&W/COLOUR:	colour
MINUTES:	90'

CAST: Roger Hanin (Michel), Pascale Roberts (Simone), Mary Marquet (La mère de Michel), Christian Mesnier (Bruno), Francine Bergé (La femme de chambre), Marika Green (Denise), Lyne Chardonnet (Valérie), Jacques Lippe (Le père de Valérie), Monique Delannoy, Lucien Charbonnier, Marie-Sygne Ledoux, Léna Skerla, Pierre Doris (Chef de publicité), Roger Dumas, Etienne Samson, Edouard Caillau, Anne-Marie Ferrières, Simone Durieu

---

Paris Top Secret

Pierre Roustang

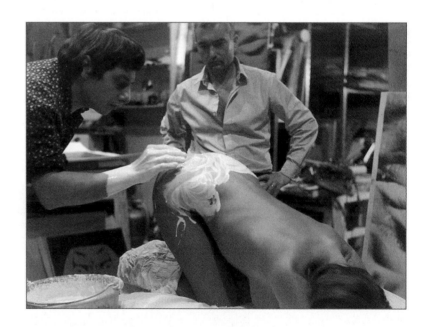

Co-production

Paris Top Secret
Parijs top secret

DIRECTOR:	Pierre Roustang
YEAR:	1969
COUNTRY:	FR-BE
SCREENPLAY:	Pierre Roustang
ASST. DIR.:	Claude Vernick, Alain Lartigue, Albert Deguelle, Jean-Emile Caudron
DIR. PHOT.:	Roland Pontoizeau, Jean-Marc Ripert, Pierre Willemin, Dimitri Swetchine, Gérard De Battista
CAMERA:	André Dubreuil, Paul De Fru, Jean Roch
EDITING:	Jacques Doillon, Noelle Boisson, Laurent Quaglio, Mad Durouchoux
SOUND:	Raymond Saint-Martin, Jean-Pierre Ruh, Philippe Cape
MUSIC:	Even de Tissot
PRODUCER:	Luc Hemelaer
PROD. CO.:	Ulysse Productions (Paris), CICC Films Borderie (Paris), Belga Films (Bruxelles)
PROD. SUPERV.:	René Marjac
VOICES:	Philippe Bouvard
LANGUAGE:	French
GAUGE:	35 mm
SILENT/SOUND:	sound
B&W/COLOUR:	colour
MINUTES:	65'/80'

La Grande Barrière de Corail

Pierre Levie, Pierre Dubuisson, Michel de Mévius

La Grande Barrière de Corail
Het Groot Barrièrerif
The Great Barrier Reef

DIRECTOR: Pierre Levie, Pierre Dubuisson,
Michel de Mévius
YEAR: 1969
COUNTRY: BE
CAMERA: Ron Taylor, Pierre Dubuisson, Marcel
Thonnon, Michel de Mévius
EDITING: Gérard Corbiau
MUSIC: Patrick Ledoux
PRODUCER: Pierre Levie
PROD. CO.: Université de Liège (Liège), Ministère de
l'Education Nationale (Bruxelles)
PROD. SUPERV: Pierre Dubuisson
VOICES: Lorette Charlier, Marcel Berteau
LANGUAGE: French/English/Dutch/Spanish
GAUGE: 16 mm/35 mm
SILENT/SOUND: sound
B&W/COLOUR: colour
MINUTES: 95'

Le Récif de Corail
Het Koraalrif
The Coral Reef

DIRECTOR: Pierre Levie
YEAR: 1973
COUNTRY: BE
SCREENPLAY: Claude Monty
CAMERA: Ron Taylor, Pierre Dubuisson, Marcel
Thonnon, Michel de Mévius
EDITING: Pierre Levie, Françoise Levie
MUSIC: Patrick Ledoux
COMMENTS: Claude Monty
PRODUCER: Pierre Levie
PROD. CO.: Productions Pierre Levie (Bruxelles),
Université de Liège (Liège)
LANGUAGE: French/English
GAUGE: 35 mm
SILENT/SOUND: sound
B&W/COLOUR: colour
MINUTES: 65'

◆ **The Great Barrier Reef** is an undersea exploration film, a scientific documentary shot during a 1967 Belgian expedition to Australia at the instigation of the University of Liège. The Great Barrier Reef is a gigantic underwater rampart 1 300 miles in length. It lies off the east coast of Australia and consists of various smaller reefs which together extend over an area of some 75 000 square miles. Thanks to its relatively inaccessible location, at the time the reef was still a largely unexplored haven for a vast range of marine life.

The documentary takes stock of the exceptional scientific bounty reaped by the expedition, which all in all finally amounted to one of the world's richest coral collections. Classical, didactic in construction, the film's beauty and fascination lie in the poetry of the undersea movements, where the multicoloured forests of coral stretch on into infinity and the Coral Sea's rarest species of flora and fauna flourish. The critics of the day drew comparisons with Cousteau's **The Silent World,** for the raw beauty of the images and the Pascalian meditations they trigger in the viewer.

The Coral Reef followed four years later in 1973 and essentially amounts to a slightly shorter second version of the documentary. Using the original footage shot for **The Great Barrier Reef,** this version was edited by Pierre and Françoise Levie. It was also co-produced by the University of Liège and a geology professor from the university staff, Claude Monty, handled the commentary. The film's aim is scientific - to show how the complex coral reefs are formed, how they develop and then die.

● **La Grande Barrière de Corail** est un film d'exploration sous-marine, un documentaire scientifique réalisé au cours d'une expédition belge en Australie en 1967, à l'initiative de l'Université de Liège. La Grande Barrière constitue un gigantesque rempart sous-marin, long de 2.000km. Elle est formée au large de la côte est de l'Australie par des récifs dispersés sur une superficie de 200.000km². Grâce à son accès difficile, elle constituait alors une prodigieuse réserve naturelle, fort peu explorée. Le document rend compte de l'exceptionnelle moisson scientifique qui fut récoltée au cours de l'expédition, permettant ainsi de constituer une des plus riches collections de coraux.

De facture classique, didactique, le film tire sa beauté et sa fascination d'une balade sous-marine où le corail étale à l'infini ses forêts multicolores, où foisonnent les espèces les plus rares de la faune et de la flore de la Mer de Corail. La critique de l'époque compara le film au **Monde du silence** de Cousteau pour la beauté brute de ses images et la rêverie pascalienne où elles entraînent le spectateur.

Le Récif de Corail, réalisé quatre ans plus tard, en 1973, propose une seconde version du documentaire, légèrement plus courte et montée par Françoise et Pierre Levie à partir du même stock d'images que **La Grande Barrière de Corail.** Ce film est également coproduit par l'Université de Liège et c'est un professeur en géologie de la même université, Claude Monty, qui en assure le commentaire. Le sujet de ce document scientifique est de montrer comment se constituent les complexes récifaux, la manière dont ils se développent avant de disparaître. (SM)

▶ **Het Groot Barrièrerif** is een film over diepzeeonderzoek, een wetenschappelijke documentaire gedraaid tijdens een Belgische expeditie naar Australië in 1967, een initiatief van de Luikse Universiteit. Het Groot Barrièrerif vormt een gigantische onderwatermuur van zo'n 2.000km lang, die zich uitstrekt langs de Australische oostkust en bestaat uit verschillende riffen die verspreid liggen over een oppervlakte van 200.000km². Daar de plaats zo moeilijk toegankelijk is, vormt ze een buitengewoon en weinig bezocht natuurreservaat. Dit document toont de schat aan materiaal die de wetenschappers op deze expeditie vergaarden, een der grootste collecties koraal ter wereld.

De film kent een klassieke, didactische structuur; de schoonheid ervan schuilt in de fascinerende onderwateropnamen van het tot de einder reikende, veelkleurige woud van koraal, waar de zeldzaamste flora en fauna uit de Koraalzee welig tieren. Toen hij uitkwam, werd de film door de critici vergeleken met **Le monde du silence** van Cousteau, wegens de ongerepte schoonheid van de beelden die de toeschouwer onderdompelen in een onwezenlijke droomwereld.

In 1973, vier jaar later, volgde **Le Récif de Corail,** een lichtjes ingekorte tweede versie van dezelfde documentaire, gemonteerd door Françoise en Pierre Levie uit de voorraad opnamen van **Het Groot Barrièrerif** en eveneens gecoproduceerd door de Luikse Universiteit en met commentaar van Claude Monty, een professor in de geologie verbonden aan de Universiteit. De opzet van dit wetenschappelijke document was een overzicht te bieden van de wijze waarop de structuur van een rif zich ontwikkelt en uitbreidt alvorens te verdwijnen.

La Grande Barrière de Corail

Pandore

Guy J. Nys

Pandore
L'amour aux bougies
Pandora
Die Liebeskerze

DIRECTOR: Guy J. Nys
YEAR: 1969
COUNTRY: BE
SCREENPLAY: Jeannine De Coster
DIALOGUE: Henri Zeller
ASST. DIR.: Henri Zeller
DIR. PHOT.: John De Coster
CAMERA: Guy J. Nys
EDITING: Jeannine De Coster, Maurice De Kempeneer
SOUND: André Notte
MUSIC: De Wolfe
COSTUMES: Cécile Smits
PRODUCER: Guy J. Nys, Jeannine De Coster
PROD. CO.: Sandy-Films (Antwerpen)
PROD. SUPERV.: Guy J. Nys, Jeannine De Coster
CAST: Robert Renaud (Eric), Diane Dee (Peggy), Rik Van Steenbergen (Dimitri), Nin D.C. [Jeannine De Coster] (La fille grecque), Henri Zeller
LANGUAGE: French
GAUGE: 35 mm
SILENT/SOUND: sound
B&W/COLOUR: B&W
MINUTES: 90'

◆ At the end of the 1960s, the sex film was a flourishing genre in cinemas throughout Europe. The first real attempt at a sex film in Belgium was made by the Malines-born photographer and cameraman Guido Nijs. He had already tried his luck with a series of short geographical documentaries and spy films and by 1969 he took the pseudonym of Guy J. Nys and made his feature-film début with **Pandora**, produced by his own production company. He based his story on the marital vicissitudes of an illustrious count who at the same time co-financed the film.

The film follows the squabblings of a wealthy industrialist and his beautiful wife who make life difficult for each other and seek fruitless gratification in extra-marital relationships. In an attempt to save their marriage, they leave on holiday for Greece. But the wife (Diane Dee) starts an affair with a Greek fisherman (played by former cycling champion Rik Van Steenbergen). This eventually leads to the husband's breakdown and suicide.

Nys shot most of the film on the picturesque Greek island of Thássos with a 12-man crew. His wife, Jeannine De Coster (alias Nin D.C.), provided the script and also played one of the roles. **Pandora** was sold all over the world and Nys eventually managed to cover his costs. Nevertheless, the film fell prey to the censor, and in Belgium all of the erotic scenes were cut out. Eventually three different versions of **Pandora** circulated, differing in length by roughly 20 minutes.

● A la fin des années 60, les films érotiques faisaient fureur dans les cinémas. En Belgique, un des premiers essais dans ce sens fut tenté par le photographe-cameraman malinois Guido Nijs. Il avait déjà réalisé une série de courts métrages (des documentaires géographiques et des courts films d'espionnage) quand il se lança dans le long métrage en réalisant, en 1969, **Pandore**, sous le pseudonyme de Guy J. Nys et avec ses propres moyens financiers.

Il s'inspira des déboires conjugaux d'un illustre comte qui était en même temps le bailleur de fonds du film. Un riche industriel et sa séduisante épouse se rendent mutuellement la vie impossible et cherchent en vain le salut dans des relations extraconjugales. Ils font une dernière tentative pour sauver leur mariage en partant en voyage pour la Grèce. L'épouse (Diane Dee) a une aventure avec un pêcheur grec (interprété par l'ancien champion cycliste Rik Van Steenbergen). Son mari, complètement désaxé, se suicide.

Nys tourna principalement en Grèce, sur l'île pittoresque de Thássos, s'assurant la collaboration d'une équipe cinématographique d'une dizaine de personnes. Sa femme, Jeannine De Coster (alias Nin D.C.), se chargea du script et de l'interprétation de l'un des rôles du film. **Pandore** fut distribué dans le monde entier et Nys réussit à couvrir ses frais. Mais la censure intervint. En Belgique par exemple, toutes les scènes érotiques durent être coupées. Il y eut finalement trois versions différentes de **Pandore**, avec une durée qui pouvait varier de vingt minutes.

▶ Eind jaren 60 kende de seksfilm in verschillende landen een ware bloei. Een van de eerste wezenlijke pogingen in die richting in ons land kwam van de Mechelse fotograaf-cameraman Guido Nijs. Die had al enkele kortfilms op zijn actief - geografische documentaires maar ook spionageverhalen - toen hij in 1969, in eigen beheer en onder het pseudoniem Guy J. Nys, zijn langspeelfilmdebuut maakte met **Pandore**. Voor het verhaal liet hij zich inspireren op de huwelijksperikelen van een illustere graaf die tegelijk geldschieter was voor de film.

Een rijk industrieel en zijn knappe vrouw maken elkaar het leven zuur en zoeken vruchteloos heil in buitenechtelijke relaties. Een gezamenlijke reis naar Griekenland is de laatste reddingspoging voor hun scheefgelopen huwelijk. Maar de vrouw (Diane Dee) begint er een verhouding met een Griekse visser, rol vertolkt door ex-wielerkampioen Rik Van Steenbergen. Haar man raakt geestelijk ontwricht en pleegt zelfmoord.

Nys filmde grotendeels in Griekenland, op het schilderachtige eiland Thássos en schaarde een filmploeg van twaalf man rond zich. Zijn vrouw Jeannine De Coster, alias Nin D.C., verzorgde het script terwijl ze ook een van de rollen voor haar rekening nam. **Pandore** werd over heel de wereld verkocht en Nys geraakte alsnog uit de kosten. Maar de censuur liet wel van zich horen. In België moesten bijvoorbeeld al de seksscènes eruit. Uiteindelijk bestonden er drie verschillende versies van **Pandore**, die onderling tot twintig minuten van elkaar konden verschillen. *(LJ)*

Bhakti

Maurice Béjart

Bhakti
Bhagti

DIRECTOR: Maurice Béjart
YEAR: 1969
COUNTRY: BE
SCREENPLAY: Maurice Béjart
DIALOGUE: Maurice Béjart
ASST. DIR.: Philippe Marouani
DIR. PHOT.: Willy Kurant
CAMERA: Jean Orjolet, Patrice Wyers, Michel Baudour, René Fruchter, Fernand Tack, Philippe Marouani
EDITING: Marc Lobet, Marie-France Delobel
SOUND: Leo Van Hoorenbeek, Jacques Eippers, Anton Stoelinga, Jean Neny
ART DIRECTOR: Jean Marlier, Axel Gohr
COSTUMES: Germinal Casado
COMMENTS: Maurice Béjart
PROD. CO.: Artium Summa (Bruxelles)
PROD. SUPERV.: Costia De Renesse
CAST: Paolo Bortoluzzi (Rama), Hitomi Asakawa (Sita), Jorge Donn (Krishna), Tania Bari (Radha), Germinal Casado (Shiva), Maïna Gielgud (Shakti), Cécile Barra, Françoise Dubois, Béatrice Dufrasne, Anne Golea, Catherine Verneuil
LANGUAGE: French
GAUGE: 35 mm
SILENT/SOUND: sound
B&W/COLOUR: colour
MINUTES: 84'

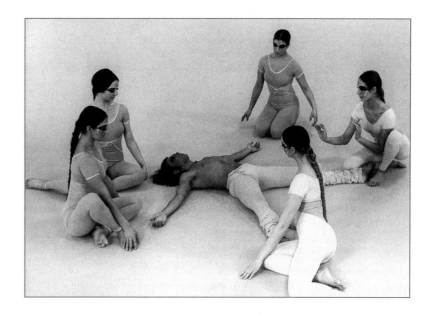

◆ Initially a dancer, then the choreographer of the Ballet du XXème Siècle, Maurice Béjart prides himself on being an informed film buff (he was often seen at the Film Museum following rehearsals) and had already directed two short films on his art (**The Rite of Spring** and **The Dancer**) by the time he decided to make a screen version of one of his stage successes, **Bhakti**. Premièred at the Avignon Festival in 1968, the ballet was inspired by Hindu mythology, where the **Bhakti** - or Love - is one of the paths which can lead to spirituality. The show devised by Béjart is divided into three sections, each exploring one of the three aspects of Love in traditional India - pure surges of emotion towards the divine, transcendent eroticism and human sensuality. This scheme also forms the basic structure of the film, to which Béjart added extra depth by incorporating some sequences shot in Benares on the banks of the Ganges together with shots of Brussels and his dancers as they go about their everyday lives. His avowed intent was to juxtapose the intense wisdom of Indian thought with the materialist chaos of our Western urban civilization.

Inspired by Godard, Béjart advocated a constant mixture of dance and shocking images, of banal reality and choreographic movements, insistent sitar music and everyday noises. This cocktail seemed overly simplistic to many critics; the dance sequences (which have become an invaluable record of the prodigious performers) stuck in their minds and by contrast highlighted the inadequacies of the prosaic images and didactic quotations, which reviewers felt disrupted the intense charm of the ballet.

● Danseur, puis chorégraphe inspiré du Ballet du XXᵉ Siècle, Maurice Béjart se targue d'être un cinéphile averti (on le vit souvent au Musée du Cinéma, après une répétition). Il avait déjà réalisé deux courts métrages sur son art, **Le sacre du printemps** et **Le danseur**, lorsqu'il décida de porter à l'écran l'une de ses réussites à la scène: **Bhakti**. Créé au Festival d'Avignon en 1968, c'était un ballet inspiré par la mythologie hindoue, où la "Bhakti" (l'Amour) est l'une des voies qui peuvent mener à la spiritualité. Le spectacle conçu par Béjart est divisé en trois parties, chacune explorant l'un des trois aspects de l'Amour dans l'Inde traditionnelle: élan pur vers le divin, érotisme transcendé, sensualité humaine. C'est aussi le canevas du film. Béjart a voulu enrichir son propos par quelques séquences tournées à Bénarès, sur les bords du Gange, et surtout par des plans-reportages sur Bruxelles ou sur ses interprètes, dans leur vie ordinaire: le but avoué est d'opposer la sagesse intense de la pensée indienne au tumulte matérialiste de notre civilisation urbaine en Occident.

Se revendiquant de Godard, le cinéaste prônait un collage constant de danse et d'images-chocs, de réel banal ou vulgaire et de mouvements chorégraphiques, de musiques lancinantes au sitar et de vacarmes quotidiens. De nombreux critiques trouvèrent ce patchwork simpliste: ils saluèrent la partie dansée (devenue, depuis, un document inestimable sur ses prodigieux interprètes) pour mieux accabler les images prosaïques ou le didactisme des citations, qui rompaient, selon eux, le charme intense du ballet. (RM)

▶ Maurice Béjart, de balletdanser en de geïnspireerde choreograaf van het Ballet van de XXste Eeuw, ging er prat op een cinefiel van het eerste uur te zijn (na een repetitie werd hij vaak gesignaleerd in het Filmmuseum). Ook had hij al twee kortfilms gedraaid, beide over dans (**Le sacre du printemps** en **Le danseur**), toen hij besloot een van zijn podiumsuccessen te verfilmen: **Bhakti**, een ballet ontworpen voor het Festival van Avignon in 1968 en geïnspireerd op de Hindoemythologie ("Bhakti" betekent "Liefde": een sleutel tot de spiritualiteit). Het spektakel van Béjart bestond uit drie delen en belichtte telkens een aspect van de traditionele Indische Liefde: het zuivere streven naar het goddelijke, het transcendente erotisme en de menselijke sensualiteit. Béjart behield deze structuur in de film en vulde haar aan met enkele opnamen van Benares, aan de Ganges, en vooral met reportagebeelden over Brussel en het dagelijkse leven van de dansers. Zaak was de diepe wijsheid van het Indische denken tegenover de materialistische chaos van onze westerse verstedelijkte samenleving te plaatsen.

Zich beroepend op Godard, beoogde de cineast een wisselwerking tussen dans en documentaire, tussen alledaagse banaliteit en choreografie, tussen obsederende sitarmuziek en stadslawaai. Dit patchwork werd door veel critici simplistisch bevonden: de dansscènes werden gespaard (ze zijn een unieke documentaire over de talentvolle dansers van het ensemble), maar des te heftiger gaf men af op de prozaïsche beelden en de didactische citaten die de intense betovering van het ballet zouden hebben verbroken.

Princess

Herman Wuyts

Princess

DIRECTOR: Herman Wuyts
YEAR: 1969
COUNTRY: BE
SCREENPLAY: Herman Wuyts, Harry Kümel, Lieven Paemen
DIALOGUE: Herman Wuyts, Harry Kümel, Lieven Paemen
ASST. DIR.: Peter Simons, Jean-Pierre Bras
DIR. PHOT.: Ralf Boumans
CAMERA: Ralf Boumans
EDITING: Herman Wuyts
SOUND: Joos Suetens
MUSIC: Bert Page
ART DIRECTOR: Paul Ibou
PRODUCER: Roland Verhavert
PROD. CO.: Visie Filmproduktie (Brussel)
PROD. SUPERV.: Paul Adriaanse
CAST: Herman Van Veen (Mark), Virginia Mailer (Margie/Princess), Frans Marijnen (Walter), Bob Van der Veken (President Sextra), Fanny Winkeler (Conciërge)
LANGUAGE: Dutch
GAUGE: 35 mm
SILENT/SOUND: sound
B&W/COLOUR: B&W
MINUTES: 87'

◆ The most ambitious amateur film club in Belgian film history was the Mortsel-based Filmgroep '58 founded by Rik Kuypers and which counted among its members Harry Kümel and Herman Wuyts. Wuyts already had a substantial reputation as a cameraman (thanks to **The Farewells** and **The Enemies**) and experimental film-maker (e.g. **The Opposite Side**) before he embarked on feature films. However, his career was not to last long: devastating criticism of **Princess** persuaded a disillusioned Wuyts to abandon his ambitions.

Princess was an attempt to make an entertainment film in the American mould. A freelance photographer decides to shoot a photo-roman with his girlfriend as the main character. With its insistence on sex and violence the book becomes such a great success that the photographer risks losing his girlfriend, who feels more and more used.

This poetic and stylish satire on the culture of sex and violence in the communications media - complete with allusions ranging from **Blow Up** to the James Bond films - suffered from an excessively weak script. The cleverly edited kitschy sequences of images from the photo-roman itself created a sort of film within a film. Yet the press failed to see Wuyts' intended message as **Princess** adopted the stylistics of the genre it set out to attack. This first Belgian pulp film, which was shot in Venice, London and Belgium, was initially released in the provinces, then in Antwerp and Brussels, where it consistently flopped.

● Wuyts, qui fit partie du ciné-club amateur le plus ambitieux que la Belgique ait jamais connu (le Filmgroep '58 de Mortsel, créé par Rik Kuypers et qui comptait également parmi ses membres Harry Kümel), jouissait d'une solide réputation. Cameraman de, notamment, **Les adieux** et **Les ennemis**, et réalisateur de courts métrages expérimentaux (dont **De l'autre côté**), il se lança dans le long métrage. Mais il n'allait y faire qu'une très brève carrière. Après **Princess**, complètement descendu par la critique, Wuyts perdit toutes ses illusions et mit un terme à ses projets cinématographiques. **Princess** se voulait un divertissement commercial sur le modèle américain. Un photographe free-lance décide de faire un photo-roman dont le personnage principal est son amie. Le roman, axé sur le sexe et la violence, connaît un tel succès que le photographe risque de perdre son amie quand celle-ci commence à se sentir utilisée.

Cette satire poétique sur le culte du sexe et de la violence dans les médias, multipliant les références à des films aussi différents que **Blow Up** et James Bond, souffrait de la faiblesse de son scénario. Par ailleurs, **Princess** comportait des séquences kitsch brillamment montées à partir d'images de roman-photo, séquences qui formaient une sorte de film dans le film. Mais la presse fustigea les intentions confuses du réalisateur: **Princess** attaquait un genre tout en l'utilisant. Le premier "pulp film" belge, tourné à Venise, à Londres et en Belgique, sortit en province, puis à Bruxelles et à Anvers, mais ne connut aucun succès.

▶ De meest ambitieuze amateurfilmclub die België ooit kende, was de door Rik Kuypers gestichte Mortselse Filmgroep '58 waar ook Harry Kümel en Herman Wuyts lid van waren. Wuyts had al een stevige reputatie opgebouwd als cameraman (o.m. **Het afscheid** en **De vijanden**) en experimentele kortfilmmaker (o.m. **De overkant**) alvorens hij de stap naar de langspeelfilm zette. De carrière van Wuyts zou maar een kort leven beschoren zijn. De vernietigende kritiek op **Princess** bracht een gedesillusioneerde Wuyts ertoe een punt te zetten achter zijn filmplannen.

Princess was een poging tot het maken van een commerciële, op Amerikaanse leest geschoeide amusementsfilm. Een freelance fotograaf maakt een fotoroman waarin hij zijn vriendin de hoofdrol laat spelen. Door het enorme succes van deze rond seks en geweld draaiende roman, dreigt hij echter zijn vriendin te verliezen die zich meer en meer gebruikt voelt.

Deze poëtische en modieuze satire op de seks- en geweldcultus in de media, met knipogen naar zowel **Blow Up** als de James Bond-films, leed echter onder een al te zwak scenario. Anderzijds vormden de bijzonder vlot gemonteerde kitscherige sequenties van de eigenlijke opnamen van de beeldroman een soort film in de film. Maar de pers was blind voor de boodschap die Wuyts in **Princess** wilde leggen: de film begon aardig te lijken op het genre dat Wuyts juist wilde hekelen. De eerste Belgische pulpfilm, opgenomen in Venetië, Londen en België, liep in de provincie en daarna in Brussel en Antwerpen, waar hij echter keer op keer flopte. *(LJ)*

Palaver

Emile Degelin

Palaver
Palabre

DIRECTOR: Emile Degelin
YEAR: 1969
COUNTRY: BE
SCREENPLAY: Emile Degelin
DIALOGUE: Emile Degelin
ASST. DIR.: Marc Sannen
DIR. PHOT.: Anton Van Munster
CAMERA: Anton Van Munster, Paul Verhoeven
EDITING: Emile Degelin
SOUND: André Notte, Magda Reypens
MUSIC: Patrick Ledoux
ART DIRECTOR: Johan Bruggeman
PRODUCER: Emile Degelin
PROD. CO.: Deltacité (Keerbergen)
PROD. SUPERV.: Antoon Carette
CAST: Grégoire Mulimbi (Afrikaanse hoogstudent), Jacques Mulongo (Afrikaanse hoogstudent), Jean Kabuta (Afrikaanse hoogstudent), Umberto Bettencourt (Zwarte in sportwagen), Arlette La Haye (Blank meisje), Marion Hänsel (Dorpsmeisje), Christie Dermine
LANGUAGE: Dutch
GAUGE: 35 mm
SILENT/SOUND: sound
B&W/COLOUR: colour
MINUTES: 78'

◆ Only nine years after the Belgian Congo gained independence, Emile Degelin was the first to make a fictional feature film focusing on a theme that was still very delicate at that time: the racial integration and the cultural differences between blacks and whites. **Palaver** is an imaginative, occasionally absurdist and warped poetic experiment in which Degelin tries to view white society through the eyes of a group of blacks. This ethnographic essay, inspired by the work of Jean Rouch, takes the form of an extended conversation between three Zaïrean students who embark on a weekend trip to Bruges and the Belgian coast. The sight of a black man driving a sports car with a white woman by his side gives rise to a reflection on our moral values, habits and folklore. The main strength of this social satire (which often points an accusing finger at the Church) resides precisely in its sharp observations of our morals and prejudices. Degelin, who was also a painter, structured his surrealist-influenced film in a series of tableaux. The editing, dialogue, music and symbolic mixture of colour and monochrome shots constantly disrupt the film's continuity. This was a deliberate choice of style, reminiscent of the non-linear progression of the conversation. **Palaver**, which was almost entirely shot in Swahili, was briefly released in Louvain and Liège in 1969 and only reached Brussels in October 1970. Nevertheless, the film managed to win a selection for the Quinzaine des Réalisateurs at the Cannes Film Festival.

● C'est Emile Degelin qui, neuf ans après l'indépendance du Congo belge, osa aborder, pour la première fois dans un long métrage de fiction, le thème encore délicat pour l'époque de l'intégration et des différences culturelles entre Blancs et Noirs. **Palabre** est une expérience poétique pleine d'invention, touchant par moments à l'absurde et à l'irréalité, dans laquelle Degelin nous montre notre société blanche vue à travers le regard de quelques Noirs. L'essai ethnographique, qui s'inspire de Jean Rouch, prend la forme d'une longue palabre entre trois étudiants zaïrois, en week-end à Bruges et sur la côte. La vue d'un homme noir en compagnie d'une femme blonde dans une voiture de sport leur sert de point de départ à un débat philosophique sur nos valeurs morales, nos coutumes et notre folklore. C'est précisément dans la finesse de l'observation de nos mœurs et de nos préjugés que réside la force de cette satire sociale, où l'Eglise est souvent malmenée. Le peintre Degelin a construit sa vision imprégnée de surréalisme comme une suite de tableaux. Le montage et les dialogues, la musique et le mélange symbolique des couleurs et de la monochromie veulent conférer délibérément au film une impression de morcellement, très proche du déroulement alors linéaire d'une palabre. Le film, presque totalement tourné en swahili, fit une brève sortie fin 1969 à Louvain et à Liège, et ne fut à l'affiche à Bruxelles qu'en octobre 1970. Il fut cependant sélectionné pour la Quinzaine des Réalisateurs au Festival de Cannes.

► Pas negen jaar na de onafhankelijkheid van Belgisch Kongo was Emile Degelin de eerste om in een langspeelfilm stil te staan bij het voor die tijd hachelijke thema van het rassenvraagstuk en de cultuurverschillen tussen blank en zwart. **Palaver** is een vindingrijk, bij momenten absurd-irreëel en poëtisch experiment waarin Degelin onze blanke samenleving probeert te bekijken door de bril van enkele Afrikanen. Het etnografische, op Jean Rouch geïnspireerde essay gaat uit van een lange conversatie - een palaver - tussen drie Zaïrese studenten die een weekendtrip ondernemen naar Brugge en vandaar verder trekken naar de kust. Het zien van een zwarte man die in het gezelschap van een blanke vrouw een sportwagen bestuurt, geeft hen aanleiding tot allerlei beschouwingen over onze morele waarden, onze gewoonten en onze folklore. Juist in die scherpe observatie van onze westerse zeden en vooroordelen schuilt de kracht van deze sociale satire, die vaak hekelend uithaalt naar de Kerk. Emile Degelin, die ook kunstschilder was, structureerde zijn van surrealisme doortrokken film in een reeks taferelen. Zowel de montage als de dialogen, de muziek en de symbolische mengeling van poly- en monochromie werken fragmenterend: een bewuste stijlkeuze, want nauw verwant met het weinig rechtlijnige verloop van het "gepalaver". De film, die bijna geheel in het Swahili werd opgenomen, kwam eind 1969 kortstondig in Leuven en Luik uit en was in Brussel pas te zien in oktober 1970. **Palaver** werd geselecteerd voor de Quinzaine des Réalisateurs op het Filmfestival van Cannes. *(LJ)*

Le Temple du Soleil

Belvision, Raymond Leblanc

Le Temple du Soleil
Tintin et le Temple du Soleil
Kuifje en de Zonnetempel
De Zonnetempel
Prisoners of the Sun

DIRECTOR: Belvision, Raymond Leblanc
YEAR: 1969
COUNTRY: BE-FR
SCREENPLAY: Michel Greg
BASED ON: Tintin et le Temple du Soleil & Les sept boules de cristal, written by Hergé
DIALOGUE: Michel Greg
CAMERA: François Léonard, Georges Lapeyronne, Jean Midre, Jean-Marie Urbain
ANIMATION: Nic Broca, Marcel Colbrant, Vivian Miessen, Claude Monfort
EDITING: Laszlo Molnar, Roger Cacheux, Jean-Pierre Cereghetti
SOUND: Claude Ermelin, Jean Neny
MUSIC: François Rauber, Jacques Brel
ART DIRECTOR: Bob De Moor, Roger Flament, Jean Torton, Michou Wiggers, Claude Lambert
PRODUCER: Raymond Leblanc
PROD. CO.: Belvision (Bruxelles)
PROD. SUPERV.: José Dutillieu
CO-PRODUCER: Georges Dargaud
CO-PROD. CO.: Dargaud Films (Paris)
VOICES: Philippe Ogouz (Tintin), Claude Bertrand (Haddock), Lucie Dolene (Zorrino), Georges Atlas, Albert Augier, Geneviève Beau, Jacques Balutin, Bachis Touré, J.M. Chambois, Henri Djanick, Jacques Jouanneau, J.L. Jemma, Gérard Hernandez, Serge Lhorca, Linette Lemercier, Jacques Marin, Roland Menard, Bernard Musson, Jean Michaud, Serge Nanaud, Guy Pierrauld, Fred Pasquali, Paul Rieger, Jacques Ruisseau, Jacques Sablon, André Valmy, Henri Virlogeux
LANGUAGE: French
GAUGE: 35 mm
SILENT/SOUND: sound
B&W/COLOUR: colour
MINUTES: 85'
NOTES: Storyboard: Eddie Lateste, Jos Marissen, Laszlo Molnar, Hergé

◆ In September 1946, with Hergé's permission, editor Raymond Leblanc launched a children's weekly in Brussels, *Tintin*, which was to prove an overwhelming success. Nine years later, Leblanc opened an animation studio, Belvision; from 1957 he made a series of black-and-white cartoons of Tintin, and from 1960 onwards the studio turned out a series of 104 five-minute films for television. Hergé had very little to do with these adaptations, abandoning them to his comic-strip collaborator Michel Greg. In the sixties a French producer also drew on Hergé's characters for two live-action films, **Tintin and the Golden Fleece** and **Tintin and the Blue Oranges**. Finally, the indefatigable Raymond Leblanc started work on a full-length animated Tintin feature, over twenty years after Claude Misonne's puppet film (**The Crab with the Golden Claws**).

Once again, Hergé followed the progress of the enterprise from a distance, leaving the transposition of his story in the hands of Greg. In fact, the plot reworks two consecutive albums published in 1948-49, *The Seven Crystal Balls* and *Prisoners of the Sun*. The first shows Tintin and Snowy, the Thom(p)sons and Captain Haddock, in search of Professor Calculus, who has been kidnapped in Peru for violating the secrets of an Inca temple. This leads to an eventful expedition into a Spielbergian universe, through jungles and across mountains to the Temple of the Sun, the secret hideaway of the last pre-Columbians. With an extra character (a gentle, ravishing Inca princess) and songs by Jacques Brel, the film was a fun-filled Christmas present for youngsters of all ages.

● En septembre 1946, avec l'accord d'Hergé, l'éditeur Raymond Leblanc lance à Bruxelles un hebdomadaire pour les jeunes (*Tintin*), dont le succès est rapidement foudroyant. Neuf ans plus tard, Leblanc ouvre un studio de dessins animés: Belvision. On y crée, dès 1957, quelques cartoons en noir et blanc avec Tintin, commentés par Jean Nohain; puis, dès 1960, une série de 104 films de cinq minutes pour les télévisions. Hergé s'occupe fort peu de ces adaptations qu'il abandonne à son collaborateur bédéiste Michel Greg. Pour mémoire, au cours de la même décennie, un producteur français s'inspire des personnages d'Hergé pour deux films à acteurs (**Tintin et le mystère de la Toison d'Or** et **Tintin et les oranges bleues**). Enfin, l'infatigable Raymond Leblanc met en chantier un long métrage animé avec Tintin, plus de vingt ans après le film de poupées conçu par Claude Misonne (**Le crabe aux pinces d'or**).

Une fois de plus, Hergé suit de loin l'entreprise et laisse Greg transposer son histoire. En fait, le récit joue sur deux albums consécutifs: *Les sept boules de cristal* et *Le Temple du Soleil*, publiés en 1948-49; le premier conduisant Tintin et Milou, sans oublier les Dupon(d)t et le Capitaine Haddock, à la recherche du Professeur Tournesol, enlevé au Pérou pour avoir violé les secrets d'un temple inca. D'où une expédition mouvementée dans un univers à la Spielberg, à travers jungle et montagnes, jusqu'au **Temple du Soleil**, repaire secret des derniers Pré-Colombiens. Avec un personnage inédit (une douce et ravissante princesse inca) et des chansons de Jacques Brel, ce fut un joli cadeau de Noël pour les jeunes de 7 à 77 ans. *(RM)*

▶ In september 1946 lanceert de uitgever Raymond Leblanc in Brussel, met het akkoord van Hergé, een weekblad voor jongeren dat een waanzinnig succes zal kennen: Kuifje. Negen jaar later opent Leblanc de animatiefilmstudio Belvision, die een aantal zwart-wit-tekenfilms van Kuifje realiseert en vanaf 1960 een reeks van 104 korte filmpjes van vijf minuten voor de televisie maakt. Hergé laat zich nauwelijks in met deze bewerkingen, die hij overlaat aan zijn stripcollega Michel Greg. Nog in de jaren 60 doet een Frans producent een beroep op de stripfiguren van Hergé voor twee speelfilms met levende acteurs (**Kuifje en het geheim van het Gulden Vlies** en **Kuifje en de blauwe appelsienen**). Tenslotte geeft de onvermoeibare Leblanc de aanzet tot een lange tekenfilm met Kuifje, meer dan 20 jaar na de poppenfilm **De krab met de gulden scharen** van Claude Misonne.

Opnieuw volgt Hergé de onderneming van op een afstand en laat hij Greg zijn verhaal bewerken. In feite is de film gebaseerd op twee opeenvolgende albums, *De zeven kristallen bollen* en *Kuifje en de Zonnetempel* (uitgegeven in 1948-49). In het eerste album gaan Kuifje en Bobbie, zonder Jansen en Janssen en kapitein Haddock te vergeten, op zoek naar Professor Zonnebloem, die in Peru werd ontvoerd na de schending van een Inkatempel. Volgt een bewogen zoektocht in een Spielbergiaanse wereld, door oerwouden en over bergen, tot aan de zonnetempel, de geheime schuilplaats van de laatste pre-Columbianen. Met een toegevoegd personage (een allercharmantste Inkaprinses) en liedjes van Jacques Brel vormt **Kuifje en de Zonnetempel** een leuk kerstgeschenk voor jongeren van 7 tot 77 jaar.

Nathalie après l'amour

Michaël B. Sanders [Boris Szulzinger]

Nathalie après l'amour
Nathalie After Love
Nathalie dopo l'amore

DIRECTOR: Michaël B. Sanders [Boris Szulzinger]
YEAR: 1969
COUNTRY: BE-IT-FR
SCREENPLAY: Michaël B. Sanders [Boris Szulzinger],
Fernand Vidal, Charles Lecocq, Bob Sirens
BASED ON: a novel written by Bob Sirens
ASST. DIR.: Jacques Michel, Philippe Graff
DIR. PHOT.: Gian Galli
CAMERA: Jean-Pierre Etienne
EDITING: Panos Papakyriakopoulos, Michel Lewin,
Jacques Michel
SOUND: Jean-Claude Moulin
MUSIC: Augusto Martelli
PRODUCER: Charles Lecocq, Marius Lesœur
PROD. CO.: Compagnie Européenne de Télévision et de
Cinéma (Bruxelles), Boston Cinematografica
(Roma), Marius Lesœur (Paris)
CAST: Nathalie Nesle (Nathalie), William Hawk
(Stéphan), Peter Doren, Guy Souquet, Alain
Nancey (Médecin), Karin Springs, Gigi
Smond, Christina Kouritas, Tory Eloy
LANGUAGE: French
GAUGE: 35 mm
SILENT/SOUND: sound
B&W/COLOUR: colour
MINUTES: 90'

◆ Before making **Lonely Killers** in 1972 Boris Szulzinger enjoys a somewhat roundabout career: he was one of the very first pupils of the Brussels INSAS film school, served an apprenticeship with Jean-Pierre Melville, directed a large number of commercials, became a reporter in the United States and later went on to make several short films (including the charming fantasy **The Saxhorn**). In 1969 a trend towards the erotic film led him to direct a feature which could be sold for export, after dubbing, to the English-speaking world. The result was **Nathalie After Love**, shot wholly with non-professional actors (including the attractive Nathalie Nesle in the title role). For the screenplay and directing credits Szulzinger chose the very non-Belgian sounding pseudonym of Michaël B. Sanders, and he was never to include this minor work in his filmography.

At a surprise party, Nathalie, a respectable girl from a middle-class family, meets and is seduced by a painter who subsequently makes her pose naked for him and infects her with a venereal disease. Discovering her condition, the young student undergoes a long course of treatment complete with lectures on gonorrhoea prevention. She emerges completely cured, breaks up with the dastardly artist and rediscovers her love for her ex-fiancé.

With the ambiguity proper to the genre, **Nathalie After Love** thus passes itself off as a respectable propaganda film and cautionary tale, albeit with lashings of seductions and nudity. This is a classic procedure, the air of serious didacticism serving as a cover for the film's real intent.

● Avant de réaliser **Les tueurs fous** en 1972, Boris Szulzinger a connu un parcours fort varié: élève à l'INSAS dès sa création, stagiaire pour Jean-Pierre Melville, auteur de multiples films publicitaires, reporter aux Etats-Unis, il va signer également plusieurs courts métrages (dont un joli conte fantastique: **Le bombardon**). Un courant favorable aux films érotiques va le porter, début 1969, à tourner une fiction exportable, après doublage, dans les pays anglo-saxons: c'est **Nathalie après l'amour**, interprété par des non-professionnels (dont la jolie Nathalie Nesle, dans le rôle-titre). Szulzinger choisit, pour le scénario et la mise en scène, le pseudonyme fort peu belge de Michaël B. Sanders, et, par la suite, il n'intégrera jamais cette œuvrette dans sa filmographie.

Nathalie, une respectable fille de famille bourgeoise, rêve d'échapper à son milieu, trop conventionnel à ses yeux. Lors d'une surprise-partie, où elle tente d'oublier un échec sentimental qui l'a fragilisée, elle rencontre un peintre qui la séduit, la fait poser nue et lui transmet une maladie vénérienne. Se découvrant contaminée, la jeune étudiante entreprend un long traitement, assorti de conférences anti-blennorragiques. Elle en sortira sauvée, rompra avec le peintre scélérat et retrouvera l'amour de son ex-fiancé.

Avec l'ambiguïté propre au genre, **Nathalie après l'amour** se présente comme un respectable film de propagande et de mise en garde; mais à grands coups de scènes de séduction ou de nudités. Un procédé classique, où le prétendu sérieux du didactique sert d'alibi au but réel du film. (RM)

▶ Voor hij in 1972 **Les tueurs fous** regisseerde, kende Boris Szulzinger een zeer gevarieerde loopbaan: hij was een van de eerste studenten aan het INSAS, stagiair bij Jean-Pierre Melville, verslaggever in de VS, auteur van reclamespots en enkele kortfilms (waaronder **Le bombardon**, een mooi fantastisch sprookje). Erotica lag toen goed in de markt, wat hem begin 1969 inspireerde tot een exportgerichte film, nagesynchroniseerd voor de Engelstalige markt: **Nathalie après l'amour**. De film werd bevolkt door niet-professionele acteurs, waaronder de knappe Nathalie Nesle in de hoofdrol. Regie en scenario werden verzorgd door Szulzinger zelf, onder het weinig Belgisch klinkende pseudoniem van Michaël B. Sanders. Later rekende hij dit werk echter nooit tot zijn filmografie. Nathalie, een respectabel meisje uit een bourgeoisfamilie, droomt ervan uit haar conventionele milieu te ontsnappen. Op een surprise-party, waar ze een moeilijk te verwerken sentimentele opdoffer tracht te vergeten, wordt ze verleid door een schilder die haar naakt laat poseren en haar besmet met een geslachtsziekte. Na de ontdekking van haar ziekte ondergaat ze een langdurige behandeling, compleet met conferenties rond gonorroe. Uiteindelijk geneest ze en zegt ze de infame schilder vaarwel om naar haar ex-verloofde terug te keren.

Met de dubbelzinnigheid eigen aan het genre, dient **Nathalie après l'amour** zich aan als een respectabele propagandafilm, maar dan wel met een groot aantal verleidings- en naaktscènes. Een beproefde truc, die erin bestaat een didactisch voorwendsel te vinden voor waar het feitelijk in de film om te doen is.

Solo
Jean-Pierre Mocky

Co-production

Solo
Moral Love
To Run

DIRECTOR: Jean-Pierre Mocky
YEAR: 1969
COUNTRY: FR-BE
SCREENPLAY: Alain Moury
DIALOGUE: Alain Moury
ASST. DIR.: Pierre Drouot, Luc Andrieux, Jacques de Chavigny
DIR. PHOT.: Marcel Weiss
CAMERA: Paul Rodier, Christian Dupré, Monique Zimmer, Daniel Locus
EDITING: Marguerite Renoir
SOUND: Lucien Yvonnet, Séverin Frankiel
MUSIC: Georges Moustaki
ART DIRECTOR: Françoise Hardy, Jacques Flamand
PRODUCER: Jérôme Goulven, Henri Weis, André Weis
PROD. CO.: Balzac Films (Paris), Eclair (Paris), Ciné Vog Films (Bruxelles), Showking Films (Bruxelles)
PROD. SUPERV.: Alain Guilleaume, Gilbert Marion
LANGUAGE: French
GAUGE: 35 mm
SILENT/SOUND: sound
B&W/COLOUR: colour
MINUTES: 87'

CAST: Jean-Pierre Mocky (Vincent), Henri Poirier (Verdier), Christian Duvaleix (Larrighi), Denis Le Guillou (Virgile), Sylvie Bréal (Micheline), Anne Deleuze (Annabel), R.J. Chauffard (Le rouquin), Eric Burnelli (Marc), Alain Fourez (Eric), Marcel Péres (Maître d'hôtel), Rudy Lenoir (Maître d'hôtel russe)

Ovoce stromu rajskych jíme
Vera Chytilová

Co-production

Ovoce stromu rajskych jíme
Le fruit du paradis
De vruchten van het paradijs
The Fruit of Paradise
The Fruit of the Trees of Paradise
We Eat the Fruit of the Trees of Paradise
We'll Eat the Fruit of Paradise
Früchte paradiesischer Baüme

DIRECTOR: Vera Chytilová
YEAR: 1969
COUNTRY: CS-BE
SCREENPLAY: Ester Krumbachová, Vera Chytilová
DIALOGUE: Ester Krumbachová, Vera Chytilová
ASST. DIR.: Vera Zenisková
CAMERA: Jaroslav Kucera
EDITING: Miloslav Hajek
SOUND: Ladislav Hausdorf
MUSIC: Zdenek Liska
ART DIRECTOR: Vladimir Labsky
COSTUMES: Ester Krumbachová, Bohumila Marsalková
PRODUCER: P. Jurácek, Jaroslav Kucera, Bronka Ricquier
PROD. CO.: Studio Barrandov (Praha), Elisabeth Films (Bruxelles)
PROD. SUPERV.: Frantisek Milic
LANGUAGE: Czech
GAUGE: 35 mm
SILENT/SOUND: sound
B&W/COLOUR: colour
MINUTES: 99'

CAST: Jitka Novákova (Eva), Jan Schmid (Robert), Karel Novák (Josef)

Plus jamais seuls

Jean Delire

Plus jamais seuls
Nooit meer alleen
Never Again Alone

DIRECTOR: Jean Delire
YEAR: 1969
COUNTRY: BE
SCREENPLAY: Alain Quercy, Louis Grospierre, Jean Delire
DIALOGUE: Alain Quercy
ASST. DIR.: Charles Palouzie, Gérard Sanas
DIR. PHOT.: André Goeffers, Manu Bonmariage
CAMERA: Michel Houssiau, Charles Vandamme, Bernard Jengler
EDITING: Jacqueline Louis, Michel Huisman
SOUND: Jacques Urbain, Albert Rupf
MUSIC: Jean-Pierre Lang
ART DIRECTOR: Monique Dubois, Brigitte Dumont de Chassart
COSTUMES: Daniel Sandrard
PRODUCER: Liliane Weinstadt
PROD. CO.: Gallia International Film & Television Productions GIFT (Bruxelles), RTB (Bruxelles)
CAST: Danielle Denie (Danielle), Guy Heyron (Jean-Pierre), Roger Hanin (Stéphane), Daniel Sandrard (Nathalie), Claude Volter (Jérôme), Nadia Gary (Nicole), Henri Billen (Acteur), Denise Berger (Actrice), Etienne Samson (Acteur), Margriet (Natacha), Caroline Dumont (Sophie), Pierre Brecourt (Acteur), Fernand Abel (Acteur), Monique Toussaint (Journaliste), Jean Cassefiere (Photographe), Marie-Blanche Vergne (Marie-Blanche), Yvonne Garden
LANGUAGE: French
GAUGE: 16 mm
SILENT/SOUND: sound
B&W/COLOUR: colour
MINUTES: 90'

◆ A die-hard cinephile, Jean Delire makes his first short at the age of 18 before entering the staff of the Belgian military's film-making body and then in 1953 of the newly founded Belgian television service. Whether as lighting cameraman or director, his name features in the credits of an impressive series of documentaries and dramas (from **Big Bill Blues** to **Chalet 1**). Yet this solid and highly motivated technician has only one thing on his mind: making feature films. His chance finally comes in 1969 when, working from a script written together with the Frenchman Louis Grospierre (on whose **Bruno - Sunday's Child** he had just served as assistant director), he draws on a recent event in his own life: the actress Danielle Denie, his wife, was entering the final stages of a pregnancy, and the film discusses the implications for a woman (a stage actress to boot) and her companion of a future together as a threesome. Should she abandon the theatre and be first and foremost a mother, or is it for her egocentric husband to accept the concessions he is so unwilling to make?

The writers' treatment of this intimist subject matter held few surprises, and apart from the young woman's escapade in Paris (where she kindly rebuffs the seducer Roger Hanin) all the action is focused on the couple. It is Danielle Denie, marvellously evoking the confusion and anxiety of a character she knows from personal experience, who is largely responsible for the charm and emotion often generated by the film. Having found no distributor for his work, Jean Delire was led to open a film club (Gift-y-one) in the Sablon area of Brussels, with **Never Again Alone** as the opening attraction.

● Cinéphile acharné, Jean Delire tournait à 18 ans un premier court métrage avant d'entrer au Service Cinématographique de l'Armée Belge SCAB, puis, en 1953, à la naissante télévision belge. En tant que chef-opérateur ou réalisateur, son nom figure au générique d'une impressionnante série de documentaires ou de fictions dramatiques (de **Big Bill Blues** à **Chalet 1**). Néanmoins, ce solide technicien n'a qu'une envie en tête: aborder le long métrage. Ce sera chose faite en 1969, où, sur un scénario cosigné par le Français Louis Grospierre (dont il vient d'être l'assistant pour **Bruno, l'enfant du dimanche**), il prend comme point de départ un élément récent de sa vie: son épouse, la comédienne Danielle Denie, attend une naissance prochaine. Le film racontera tout ce qu'entraîne pour une femme (et de surcroît une actrice de théâtre), ainsi que pour son compagnon, la perspective d'une future existence à trois. Faut-il abandonner la scène et être avant tout une mère, ou est-ce à son mari égocentrique d'accepter des concessions dont il n'a guère envie?

Sur ce thème intimiste, les auteurs n'ont greffé aucune variation inattendue; et à part une escapade de la jeune femme à Paris (où elle remet gentiment à sa place un Roger Hanin séducteur), toute l'action se focalise sur le couple. Danielle Denie, traduisant à merveille les émois et les inquiétudes d'un personnage qu'elle a vécus de l'intérieur, est en grande partie responsable du charme et de l'émotion qui se dégagent souvent du film. Enfin, aucun distributeur ne voulant diffuser le film, Jean Delire fut amené à ouvrir, deux ans plus tard, un ciné-club (Gift-y-one) au Sablon pour y présenter **Plus jamais seuls** comme spectacle d'ouverture. *(RM)*

▶ Op 18-jarige leeftijd draaide Jean Delire zijn eerste kortfilm, alvorens in dienst te treden bij de Filmdienst van het leger en later (in 1953) bij de recent opgerichte Belgische televisie. Zijn naam was te zien op de generiek van een indrukwekkende reeks drama's en documentaires (van **Big Bill Blues** tot **Chalet 1**), waaraan hij meewerkte als chef-cameraman of regisseur. Maar deze toegewijde vakman had slechts één doel voor ogen: het maken van een langspeelfilm. En die kwam er in 1969. Delire schreef een scenario samen met de Fransman Louis Grospierre, die hij zelf had geassisteerd bij de regie van **Bruno, l'enfant du dimanche**. Centraal stond een recent voorval uit zijn eigen leven: zijn vrouw, de toneelactrice Danielle Denie, verwachtte een kind, en de film gaat na wat het vooruitzicht van een gezinsleven met drie betekent voor een vrouw (en actrice) en haar levensgezel. Moet zij het theater opgeven en in de eerste plaats haar moederrol waarnemen of moet haar egocentrische echtgenoot tegen zijn zin toegevingen doen? De auteurs brengen rond dit intimistische thema geen enkele onverwachte variatie, en behalve een avontuurtje van de jonge vrouw in Parijs (waar zij de verleider Roger Hanin op zijn plaats zet) richt heel het verloop zich op het koppel.

Schitterend vertolkt Danielle Denie de ontroering en de onzekerheid van haar personage: emoties die ze zelf van binnenuit beleefd heeft. De bekoorlijkheid en de gevoelsmatigheid die de film vaak uitstraalt, is dan ook grotendeels haar verdienste. Omdat geen enkele verdeler de prent in roulatie wou brengen, opende Jean Delire twee jaar later, aan de Zavel, een filmclub (Gift-y-one), waar **Plus jamais seuls** te zien was als openingsvertoning.

JEAN-LOUIS VAN BELLE

Paris interdit
Un jour, une nuit
Paris interdit, la nuit
Forbidden Paris

DIRECTOR: Jean-Louis Van Belle
YEAR: 1969
COUNTRY: BE
SCREENPLAY: Jean-Louis Van Belle
DIR. PHOT.: Jacques Grévin
CAMERA: Jean-Yves Coïc
EDITING: Bertrand Van Buytens, Laurent Quaglio, Françoise Anjubault
SOUND: Claude Van Belle
MUSIC: Gil Dayvis
PRODUCER: Charles Van der Haeghen, Marcel L. Jauniaux
PROD. CO.: Cinévision (Bruxelles), Productions Jauniaux (Bruxelles)
CAST: Maelle Pentuzzo, Albert Simono, Charles Buhr, Jacques Lacourie, Jean-Louis Van Belle
LANGUAGE: French
GAUGE: 35 mm
SILENT/SOUND: sound
B&W/COLOUR: colour
MINUTES: 90'/80'

Le sadique aux dents rouges
Les dents rouges
The Red-Toothed Sadist

DIRECTOR: Jean-Louis Van Belle
YEAR: 1970
COUNTRY: BE
SCREENPLAY: Jean-Louis Van Belle
CAMERA: Jacques Grévin
MUSIC: Raymond Legrand
PRODUCER: Charles Van der Haeghen, Marcel L. Jauniaux
PROD. CO.: Cinévision (Bruxelles), Productions Jauniaux (Bruxelles)
CAST: Jane Clayton, Albert Simono, Daniel Moosman
LANGUAGE: French
GAUGE: 35 mm
SILENT/SOUND: sound
B&W/COLOUR: colour
MINUTES: 80'

◆ The same year as Pierre Roustang's **Paris Top Secret** and in much the same vein, another, even worse example of this genre was to tarnish the screens of specialist establishments: **Forbidden Paris**. The guiding principle behind these piecemeal efforts, after the model of the Italian Gualtiero Jacopetti's **Mondo Cane**, was to group together a series of sequences meditating on the most outlandish manifestations of the repugnant. Joyfully they pandered to the baser instincts of the audience with (often staged) reportages and vulgarity (usually centred on the vilest aspects of sexuality). Peep-show interludes added that extra spice between two scenes of perversion or sadism. Jean-Louis Van Belle's film was content to follow this recipe, for example cutting from the dissection of a dog to the sight of a gentleman inserting needles into all parts of his body.

Perhaps we should move swiftly on to Van Belle's other Belgian productions: **Perverse and Docile** (1970), from his own script, which focused on the rape of a young girl by five macho guys and the sister's efforts to wreak vengeance through sex; **The Red-Toothed Sadist** (1970), about an erotical vampire; an investigation in a wicked hospital, **Pervertissima** (1971), which like the previous three films starred one Albert Simono; and finally a detective story, **Monkeys Pulling Faces**. The career of this figure was to continue in France throughout the seventies, moving from **A Killer, a Cop, Thy Will Be Done** to **Special Discharges**.

● Dans la lignée du **Paris Top Secret** de Pierre Roustang, un autre film du genre (pire!) allait souiller la même année les écrans des salles spécialisées: **Paris interdit**. Pour rappel, le principe de ces patchworks, issus du **Mondo Cane** de l'Italien Gualtiero Jacopetti, est de réunir une suite de séquences spéculant sur l'inattendu le plus répugnant, où reportages (souvent truqués) et vulgarité (la plupart du temps axée sur les aspects les plus déplaisants du sexe) flattaient avec allégresse les bas instincts du public. Des numéros de music-hall pour peep-shows pimentaient le tout, entre deux scènes de perversion ou de sadisme. Le film de Jean-Louis Van Belle appliquait complaisamment cette recette, alternant par exemple la dissection d'un chien avec le spectacle d'un monsieur s'enfonçant des aiguilles dans toutes les parties de son corps.

Mieux vaut passer sans trop insister sur les quatre autres ouvrages de Van Belle en Belgique: **Perverse et docile** (1970), où le scénario racontait le viol d'une jeune fille par cinq machos, que sa sœur cadette va venger par le sexe; **Le sadique aux dents rouges** (1970), l'histoire d'un vampire érotique; **Pervertissima** (1971), l'enquête d'un journaliste dans une clinique très spéciale, interprété - comme les trois films précédents - par un certain Albert Simono; et, enfin, on cite de lui un polar intitulé **Les singes font la grimace**. La carrière de ce personnage allait se poursuivre en France tout au long des années 70, allant d'**Un tueur, un flic, ainsi soit-il** à **Projections spéciales**. *(RM)*

▶ In het kielzog van **Paris Top Secret** van Pierre Roustang volgde een andere film (**Paris interdit**), zo mogelijk nóg slechter, die in hetzelfde jaar de "gespecialiseerde" zalen teisterde. Even het recept van deze "collage-films" herhalen: naar het voorbeeld van **Mondo Cane** van de Italiaan Gualtiero Jacopetti, bestonden ze in principe uit een aantal zo walgelijk en schokkend mogelijke scènes, meestal (nep)reportages of vulgariteiten allerhande (gebaseerd op de meest onsmakelijke seksuele praktijken), vrolijk inspelend op de allerlaagste instincten van het publiek. Tussen wat sadisme en andere perversiteiten door zorgt peepshowmuziek voor wat sfeer. Jean-Louis Van Belle toonde zich een meester in het genre, door ons bijvoorbeeld na de dissectie van een hond een scène voor te schotelen waarin een heer alle denkbare delen van zijn lichaam met naalden bewerkt.

We zullen ons voor deze gelegenheid beperken tot het vermelden van de rest van Van Belle's Belgische œuvre: **Perverse et docile** (1970) over een meisje dat door vijf stoere binken verkracht wordt en vervolgens gewroken (met seksuele wapens, natuurlijk) door haar zusje; **Le sadique aux dents rouges** (1970) over een erotische vampier; een enquête in een wel zeer bijzonder ziekenhuis: **Pervertissima** (1971), met in de hoofdrol - net als in de drie vorige films - een zekere Albert Simono; en tenslotte de polar **Les singes font la grimace**. De carrière van dit personage zou zich in de jaren 70 verder ontplooien in Frankrijk, in films als **Un tueur, un flic, ainsi soit-il** of **Projections spéciales**.

Paris interdit

Perverse et docile
Une femme tue
Pervers en volgzaam
Perverse and Docile

DIRECTOR: Jean-Louis Van Belle
YEAR: 1970
COUNTRY: BE
SCREENPLAY: Jean-Louis Van Belle
DIALOGUE: Jean-Louis Van Belle
ASST. DIR.: Bertrand Van Effenterre, Edmond Caprasse
DIR. PHOT.: Jacques Grévin
CAMERA: Jean-Yves Coïc
EDITING: Jean-Louis Van Belle
SOUND: Claude Van Belle
MUSIC: Gil Dayvis
PRODUCER: Charles Van der Haeghen, Marcel L. Jauniaux
PROD. CO.: Cinévision (Bruxelles), Productions Jauniaux (Bruxelles)
CAST: Albert Simono, Carole Lebel, Paul Descombes, Christian Duc, Katia Kenno, Claude Beautheac
LANGUAGE: French
GAUGE: 35 mm
SILENT/SOUND: sound
B&W/COLOUR: colour
MINUTES: 90'

Pervertissima
Une femme

DIRECTOR: Jean-Louis Van Belle
YEAR: 1971
COUNTRY: BE
CAMERA: Jacques Lacourie
SOUND: Claude Van Belle
MUSIC: Guy Bonnet
PRODUCER: Marcel L. Jauniaux
PROD. CO.: Cinévision (Bruxelles)
CAST: Albert Simono, Maelle Pertuzzo, Charles Buhr, Jacques Lacourie, Jean-Louis Van Belle
LANGUAGE: French
GAUGE: 35 mm
SILENT/SOUND: sound
B&W/COLOUR: colour
MINUTES: 88'

Les singes font la grimace
Tendre papa
Monkeys Pulling Faces

DIRECTOR: Jean-Louis Van Belle
YEAR: 1972
COUNTRY: BE
SCREENPLAY: Jean-Louis Van Belle
DIALOGUE: Jean-Louis Van Belle
DIR. PHOT.: Jean-Yves Coïc
CAMERA: Gilbert Loreaux
EDITING: Jean-Louis Van Belle
MUSIC: Raymond Legrand
PRODUCER: Charles Van der Haeghen, Marcel L. Jauniaux
PROD. CO.: Cinévision (Bruxelles), Productions Jauniaux (Bruxelles)
CAST: Russ Norman, Michèle Delacroix, Gérard Chevalier, Ray Ventura, Jacques Angelvin, Dominique Frulin
LANGUAGE: French
GAUGE: 35 mm
SILENT/SOUND: sound
B&W/COLOUR: colour
MINUTES: 83'

Le témoin

Anne Walter

Co-production

Le témoin
De getuige
The Witness
A Change of Heart

DIRECTOR: Anne Walter
YEAR: 1969
COUNTRY: FR-BE
SCREENPLAY: Anne Walter
DIALOGUE: Anne Walter
ASST. DIR.: Pierre Lambert
DIR. PHOT.: Roger Duculot
CAMERA: Roger Duculot
EDITING: Colette Cueille
MUSIC: François De Roubaix
PRODUCER: René Thévenet, Pierre Levie
PROD. CO.: Euro-Images (Paris), OCF (Paris), 16/35 Films (Paris), Ciné Vog Films (Bruxelles)
PROD. SUPERV: Louis Duchesne
LANGUAGE: French
GAUGE: 35 mm
SILENT/SOUND: sound
B&W/COLOUR: colour

CAST: Gérard Barray (Van Britten), Claude Jade (Cécile), Jean-Claude Dauphin (Thomas), Claude Vernier (Hermann), Jeanne Perez (Mme Hanka), Bernard Fremaux (Commissaire Haas), Philippe Graff (François), Claude Van Hoffstadt (Suzanne)

J'étais une jeune Targuia nomade

Michel d'Hoop

J'étais une jeune Targuia nomade
Ik was een jonge Toeareg nomade
I Was a Young Targuia Nomad

DIRECTOR: Michel d'Hoop
YEAR: 1970
COUNTRY: BE
SCREENPLAY: Michel d'Hoop, Dimo
DIALOGUE: Michel d'Hoop, Dimo
ASST. DIR.: Rissa
CAMERA: Michel d'Hoop, Michel Baudour
EDITING: Michel d'Hoop, Marie-Claudine Pourtois-Benichou
SOUND: Michel d'Hoop, Jacques Clisse
MUSIC: J.J. Vickey
COMMENTS: Michel d'Hoop
PRODUCER: Michel d'Hoop
LANGUAGE: French
GAUGE: 16 mm
SILENT/SOUND: sound
B&W/COLOUR: B&W
MINUTES: 95'/60'

◆ Michel d'Hoop had hardly attracted a large critical following before turning out this surprise success: his previous outings were a short film in 1957 glorifying the Scout Movement and then a cinéma-vérité experiment with a group of teenagers (**The Chrysalids**) to which only a very limited audience was exposed. From there he left the country for the Niger, where he remained for several years as part of a Unesco team fine-tuning a teaching method designed to combat illiteracy. It was during this long stay in the Sahara that he met Dimo, a young Targuia of 17 (Targui, in the feminine Targuia, is the singular of Tuareg, the desert Berbers). With no outside material help, d'Hoop started work with her on this astonishing ethnographic film whose total cost came to less than a million francs!

The daughter of a Tuareg marabout, Dimo had the chance to go to secondary school, where she came into contact with a different conception of life. As a result she is left a déracinée, intent on breaking away from those ancestral traditions which bind her (at birth she was sold, as the customs demand, to an old man), requisitioned by the government to teach against her will and envious of the Europeans she writes to. Day after day, d'Hoop recorded her arguments, had her listen to them and refine them, then committed these intimate confessions to film. The end product is fascinating, innovative, a film in the tradition of Rouch or Ivens. Its furtive distribution and failure to reach a wider audience can only be described as regrettable.

● Michel d'Hoop n'avait guère attiré l'attention des cinéphiles avant cette réussite inattendue: un court métrage en 1957, à la gloire du Mouvement Scout, puis une expérience de cinéma-vérité avec une équipe d'adolescents (**Les chrysalides**), que peu de spectateurs avaient pu apprécier. Il s'était ensuite expatrié au Niger durant plusieurs années comme expert de l'Unesco, pour mettre au point une méthode d'alphabétisation. C'est à l'occasion de ce long séjour en Afrique saharienne qu'il allait rencontrer Dimo, une jeune Targuia de 17 ans (Targui, au féminin Targuia, est le singulier de Touareg, les nomades du désert). Sans aide matérielle extérieure, d'Hoop entreprit avec elle cet étonnant film ethnographique qui lui coûta moins d'un million!

Fille d'un marabout targui, Dimo a eu la chance d'entreprendre des études secondaires qui l'ont mise en contact avec une conception différente de la vie. Elle se découvre ainsi déracinée, avide d'échapper à certaines traditions ancestrales qu'elle subit (elle a été vendue, selon la coutume, et dès sa naissance, à un vieil homme), réquisitionnée par le gouvernement pour enseigner sans aimer ce métier, en correspondance avec des Européennes qu'elle envie. Jour après jour, d'Hoop a enregistré son discours, le lui a fait réentendre et nuancer, a filmé ces confessions intimes. Le résultat est fascinant, révélateur, dans la lignée des films de Rouch ou d'Ivens. On ne peut que regretter sa diffusion confidentielle et son insuccès auprès du grand public. (RM)

▶ Voor hij de aandacht trok met dit onverwachte succes, was Michel d'Hoop een volslagen onbekende in het cinefiele milieu: in 1957 een kortfilm over de scoutsbeweging, dan een cinéma vérité-project met een groep adolescenten (**Les chrysalides**), dat slechts weinigen waardeerden. Vervolgens trok hij voor meerdere jaren naar Niger, om er als deskundige voor de Unesco een alfabetiseringsmethode te ontwikkelen. Tijdens dit verblijf in de Saharawoestijn ontmoette hij Dimo, een 17-jarige Targuia (Targui - Targuia in het vrouwelijk - is het enkelvoud van Toeareg, woestijnnomaden). Zonder materiële steun van buitenaf begon d'Hoop samen met haar aan een etnografische film die hem minder dan één miljoen zou kosten!

Als dochter van een Targui medicijnman kreeg Dimo de kans secundair onderwijs te volgen, waar ze geconfronteerd werd met andere levensopvattingen. Ze begon zich ontheemd te voelen en wilde ontsnappen aan sommige voorouderlijke gebruiken waaronder ze gebukt ging (ze werd, volgens de traditie, bij haar geboorte verkocht aan een oude man). Later werd ze door de regering aangesteld als onderwijzeres, een job waar ze maar weinig voor voelt. Ondertussen correspondeert ze met Europeanen, die ze benijdt. Dag na dag registreerde d'Hoop haar verhaal, liet het haar beluisteren en nuanceren, en legde deze intieme bekentenissen op film vast. Het resultaat is een fascinerende, onthullende film in de traditie van Rouch of Ivens. De beperkte verdeling ervan en het gebrek aan publieke belangstelling zijn te betreuren.

Overdrive

John Milcans [David McNeil]

Overdrive
Exodus Sex
Odd Love
Die Sexuelen und die Kriminelen

DIRECTOR: John Milcans [David McNeil]
YEAR: 1970
COUNTRY: BE
SCREENPLAY: Winifred Melsen
DIALOGUE: Winifred Melsen
CAMERA: Michel Baudour
SOUND: Michel Van Damme
MUSIC: David McNeil
ART DIRECTOR: Gilles Brenta
PROD. CO.: Luna Film (Bruxelles)
CAST: Lucien Salkin, Lucien Charbonnier, Gilbert Breemans, Eddy Van Ackelyn, André Burton, Brigitte Kowalchich, Marie Laurence, Louis Saint-Georges, Raymond Avenière, Noël Godin
LANGUAGE: French
GAUGE: 35 mm
SILENT/SOUND: sound
B&W/COLOUR: B&W
MINUTES: 73'

◆ Born in New York in 1946, the son of Marc Chagall and Virginia McNeil (the future Virginia Leirens, who then went on to become the companion of Henri Storck), David McNeil's background predisposed him to an artistic career. He collaborated with Belgian film-makers, composed successful songs and then embarked on a short film for the 1967 Knokke Experimental Film Festival - **Week-End**, a jungle film shot in the Bois de la Cambre near Brussels using stock footage of wild animals. Two years later came **What Happened to Eva Braun?**, a parody of spy stories in the James Bond mould; then in 1974, he let Quasimodo, Dracula, Superman and Tarzan invade **The Adventures of Bernadette Soubirous**. These spirited homages to merciless subversion - more of a hoax than true attempts at savagery - were intended only to raise a smile with cinema audiences, which they certainly did. On the other hand, David McNeil's only full-length feature, the 1970 **Overdrive**, never hit the screens.

A German producer financed the enterprise, hoping to land a successful commercial skinflick, an upcoming genre which proved a crowd-puller in Belgium. The result, however, proved disquieting, at least to its backer. The director, with predictable offhandedness, "threw in masses of gags each outdoing the next for blatant idiocy - the film's star turn was Noël Godin's very extended drunken flirt in a bathtub with a woman's dead body" (Jean-Pierre Bouyxou). Hence this commercially inviable satire remained unseen by the masses, despite several "spicy" scenes respectfully worked in by the irreverent swindler.

● Né à New York, en 1946, fils de Marc Chagall et de Virginia McNeil (future Virginia Leirens, puis compagne d'Henri Storck), l'hérédité de David le prédisposait à une carrière artistique. Il collabore avec des cinéastes belges, compose des chansons à succès, et se lance dans le court métrage pour le Festival Expérimental de Knokke 1967: c'est **Week-End**, un film de jungle tourné au bois de la Cambre, utilisant des stock-shots d'animaux sauvages. Deux ans plus tard, **What Happened to Eva Braun?** parodie les scénarios d'espionnage à la James Bond. Puis, en 1974, il fait intervenir Quasimodo, Dracula, Superman et Tarzan dans **Les aventures de Bernadette Soubirous**. Ces joyeux hommages à la subversion carabinée, sur le mode du canular plus que de la vraie révolte, n'ambitionnaient que de faire rigoler, et atteignirent leur but. En revanche, on ne vit jamais sur les écrans le seul long métrage de David McNeil, **Overdrive**, tourné en 1970.

Un producteur allemand avait financé l'entreprise, en réclamant un "porno" bien commercial, comme on commençait à en tourner chez nous. Le résultat, du moins aux yeux du commanditaire, s'avéra consternant. Le réalisateur, avec une désinvolture prévisible, truffa **Overdrive**, selon Jean-Pierre Bouyxou, "de gags plus énormes et navrants les uns que les autres: le clou foldingue du film était le flirt très poussé, dans une baignoire, d'un ivrogne - joué par Noël Godin - avec un cadavre de femme". Cette pochade non exploitable resta donc invisible, malgré quelques scènes "chaudes" respectueusement intégrées par l'irrévérencieux flibustier du sexe. *(RM)*

▶ Als zoon van Marc Chagall en Virginia McNeil (die later Virginia Leirens werd, en vervolgens de levensgezellin van Henri Storck) was de in 1946 te New York geboren David McNeil duidelijk voorbestemd voor het artiestenbestaan. Hij werkte met Belgische cineasten, componeerde succesvolle songs en draaide een kortfilm voor het Festival van de experimentele film te Knokke: **Week-End**, een junglefilm opgenomen in het Ter Kamerenbos, met stock shots van wilde dieren. Twee jaar later volgde **What Happened to Eva Braun?**, een parodie op spionageverhalen à la James Bond; vervolgens, in 1974, voerde hij Quasimodo, Dracula, Superman en Tarzan ten tonele in **Les aventures de Bernadette Soubirous**. Deze goedlachse hommages aan wilde subversiviteit, meer als grap bedoeld dan als gedreven revolte, beoogden niets meer dan het publiek te doen lachen, een doel dat bereikt werd. De enige langspeelfilm van McNeil, het in 1970 gedraaide **Overdrive**, haalde daarentegen nooit de bioscopen.

Een Duitse producent financierde de onderneming en bestelde een commerciële "pornofilm", een genre dat bij ons aan zijn opmars begon. De man keek echter nogal sip toen hij het resultaat onder ogen kreeg: de regisseur had, met een te verwachten nonchalance, "zijn film volgestouwd met gags, de ene al grotesker en onbeschaamder dan de andere. De geschifte apotheose van de film was een - zeer verregaande - flirt in een bad tussen een zatlap (Noël Godin) en het lijk van een vrouw" (Jean-Pierre Bouyxou). Deze niet zo rendabele klucht verzonk dus in de vergetelheid, dit ondanks enkele "hete" scènes die de onbeschaamde seksuele vrijbuiter er plichtsbewust had ingelast.

Les cauchemars naissent la nuit

Jess Franco

Co-production

Les cauchemars naissent la nuit
Les cauchemars viennent la nuit
Les yeux de la nuit
Eyes of Night
Eyes of the Night
Nightmares
Los ojos de la noche

DIRECTOR: Jess Franco
YEAR: 1970
COUNTRY: LH-BE
SCREENPLAY: Jess Franco
CAMERA: José Climent
MUSIC: Bruno Nicolai
PROD. CO.: Prodif Ets. (Vaduz)
LANGUAGE: English
GAUGE: 35 mm
SILENT/SOUND: sound
B&W/COLOUR: colour
MINUTES: 78'

CAST: Diana Lorys, Jack Taylor, Colette Jack, Paul Muller, Susann Korda [Soledad Miranda], Maria Rohm

La rupture

Claude Chabrol

Co-production

La rupture
Le jour des parques
De scheiding
The Breakup
Hallucination
All'ombra del delitto

DIRECTOR: Claude Chabrol
YEAR: 1970
COUNTRY: FR-BE-IT
SCREENPLAY: Claude Chabrol
BASED ON: Le jour des parques, written by Charlotte Armstrong
DIALOGUE: Claude Chabrol
ASST. DIR.: Pierre Gauchet, Michel Dupuy, Paul Collet
DIR. PHOT.: Jean Rabier
CAMERA: Alain Douarinou, Alex Tomatis, Paul Cot, Ralf Boumans
EDITING: Jacques Gaillard, Gilles Miroudout
SOUND: Guy Chichignoud, Gérard Dacquay, Jacques Eippers
MUSIC: Pierre Jansen
ART DIRECTOR: Guy Littaye, Françoise Hardy
PRODUCER: André Genovès, Henri Weis, Alain Guilleaume
PROD. CO.: Films La Boétie (Paris), Ciné Vog Films (Bruxelles), Euro International (Roma)
PROD. SUPERV.: Fred Surin
LANGUAGE: French
GAUGE: 35 mm
SILENT/SOUND: sound
B&W/COLOUR: colour
MINUTES: 124'

CAST: Stéphane Audran (Hélène Régnier), Jean-Pierre Cassel (Paul Thomas), Michel Bouquet (Ludovic Régnier), Marguerite Cassan (Emilie Régnier), Jean-Claude Drouot (Charles Régnier), Annie Cordy (Mme Pinelli), Jean Carmet (M. Pinelli), Michel Duchaussoy (Maître Jourdan), Catherine Rouvel (Sonia), Mario David (Gérard Mostel), Katia Romanoff (Elise Pinelli), Margo Lion (Parque I), Louise Chevalier (Parque II), Maria Michi (Parque III), Angelo Infanti (Dr. Blanchard), Dominique Zardi (Marchand de ballons), Laurent Brunschwick (Michel)

Claudia
Armand Wauters

Claudia

DIRECTOR: Armand Wauters
YEAR: 1970
COUNTRY: BE
SCREENPLAY: Armand Wauters
DIR. PHOT.: Armand Wauters
CAMERA: Armand Wauters
EDITING: Armand Wauters
MUSIC: Armand Wauters
COSTUMES: Hélène Serpieter
PRODUCER: Armand Wauters
CAST: Hélène Serpieter (Claudia), Jean Sels, Constant Van den Bruele, Gilbert Daout, Madame de Bongnie, Monique Duquesne, Robert Bernaerd
LANGUAGE: French
GAUGE: 16 mm
SILENT/SOUND: sound
B&W/COLOUR: B&W
MINUTES: 60'/90'

**Si le diable t'aimait
Als de duivel van je hield
If the Devil Loved You**

DIRECTOR: Claude Drieghe
YEAR: 1967
COUNTRY: BE
SCREENPLAY: Claude Drieghe
CAMERA: Armand Wauters
MUSIC: Roger Laurent
ART DIRECTOR: Claude Drieghe
COMMENTS: Claude Drieghe
PRODUCER: Claude Drieghe
CAST: Jean Sels, Claude Drieghe
LANGUAGE: French
GAUGE: 16 mm
SILENT/SOUND: sound
B&W/COLOUR: B&W
MINUTES: 87'

◆ Armand Wauters was a Brussels optician who in his free time sold 16mm projectors and was also chairman of a film club. He decided he wanted to go into film-making himself, and in 1967 began working as a cameraman on **If the Devil Loved You**, a 16mm fiction film directed by Claude Drieghe. Drieghe, a journalist and film buff, was largely responsible for the whole project as screenwriter, director, actor and commentator. The theme of the film was failure. It tells the story of two friends, a careerist and a poet, who decide to collaborate on a project which will eventually turn their friendship into hatred. The main players were Drieghe himself and Jean Sels, who reappears in **Claudia**, directed this time by Armand Wauters (he was also responsible for the screenplay, music, photography and editing). Wauters based the film on the life of his own mother-in-law (played by Wauters' wife Hélène Serpieter). In the film, Claudia, an old woman, wanders through Brussels musing on her past. She lives alone and decides to give her life some meaning by organizing a series of activities for senior citizens. The 1968 version of the film ends at this point. In 1970 Wauters added a number of scenes in which we see Claudia engaged in some of these activities.

Also in 1968, Wauters helped some schoolchildren to make **Ma Bohème**, a 55-minute film which evokes the poetry of Rimbaud. Claude Drieghe reappeared in 1980 as the driving force behind an ambitious project entitled **Procyon Minus Five**, a science-fiction tale about 15 children who are mistakenly locked in a spaceship. He later emigrated to Thailand.

● Armand Wauters était un opticien bruxellois, commerçant en projecteurs 16mm et président d'un ciné-club. Il décida de se lancer à son tour dans le cinéma et fit ses premiers pas en 1967, comme cameraman de **Si le diable t'aimait**, un film de fiction en 16mm de Claude Drieghe. Ce dernier, journaliste et cinéphile, fut l'homme-orchestre de cet ouvrage: il figure au générique comme scénariste, réalisateur, acteur et commentateur. Le script raconte l'histoire d'un échec: deux amis, un arriviste et un poète, veulent collaborer à une œuvre commune, mais leur amitié se transforme en haine. L'œuvre était jouée par Drieghe et Jean Sels, qu'on retrouvera dans **Claudia**, mis en scène par Armand Wauters (qui se chargera, en plus, du scénario, de la musique, de la photo et du montage). Dans **Claudia**, l'auteur partait de la vie de sa belle-mère (l'épouse de Wauters, Hélène Serpieter, interprète son rôle), une dame d'un âge certain, qui erre dans Bruxelles et se remémorant le passé. Comme elle est seule, elle décide de donner un sens à sa vie en organisant des activités pour personnes âgées. Là s'arrête la version de 1968. En 1970, Wauters rajouta quelques scènes, présentant Claudia dans cette nouvelle phase de sa vie.

Toujours en 1968, Wauters aida les élèves d'une école à réaliser **Ma Bohème**, un film de 55' qui fait revivre les poèmes de Rimbaud. Quant à Claude Drieghe, on retrouve son nom en 1980, lorsqu'il lance un ambitieux projet de téléfilm en vidéo, **Procyon moins cinq**, une œuvre de science-fiction (au sujet d'un vaisseau spatial dans lequel quinze enfants sont accidentellement retenus prisonniers), avant d'émigrer en Thaïlande.

▶ Armand Wauters was een Brusselse opticien die in zijn vrije tijd 16mm-projectoren verkocht en voorzitter was van een filmclub. Zelf wou hij ook wel eens een film draaien en in 1967 begon hij alvast met het camerawerk voor **Si le diable t'aimait**, een 16mm-fictiefilm van Claude Drieghe. Deze laatste, een journalist en cinefiel, was de allround auteur van de film; op de generiek staat hij vermeld als o.a. scenarist, regisseur, acteur en commentator. Het thema was de mislukking: twee vrienden, een arrivist en een dichter, besluiten samen een werk te realiseren, maar hun vriendschap zal hierdoor omslaan in haat. Hoofdrolspelers waren Drieghe en Jean Sels, die we terugvinden in **Claudia**, een film van Armand Wauters (die ook het scenario, de muziek, de fotografie en de montage op zich nam).

De auteur baseerde **Claudia** op het leven van zijn schoonmoeder (Hélène Serpieter, zijn echtgenote, vertolkt deze rol). Claudia is een dame op leeftijd die door Brussel zwerft terwijl ze mijmert over het verleden. Omdat ze alleen is, besluit ze haar leven zin te geven door activiteiten voor senioren te organiseren. Daar stopt de versie uit 1968. In 1970 voegde Wauters er enkele scènes aan toe, waarin we Claudia zien tijdens deze nieuwe fase in haar leven.

In 1968 hielp Wauters ook de leerlingen van een school met het draaien van **Ma Bohème**, een film van 55' die de gedichten van Rimbaud evoceert. Drieghe zien we terug in 1980 wanneer hij met een ambitieus project start: een videofilm voor televisie, **Procyon moins cinq** (een sciencefictionverhaal over een ruimteschip waar 15 kinderen toevallig in opgesloten raken). Hierna emigreerde de man naar Thailand. (PG)

Claudia

In Love with Death

Guy J. Nys

In Love with Death
Villa Porno

DIRECTOR: Guy J. Nys
YEAR: 1970
COUNTRY: BE-GW
SCREENPLAY: Nin D.C. [Jeannine De Coster]
DIALOGUE: Nin D.C. [Jeannine De Coster]
ASST. DIR.: Jeannine De Coster
DIR. PHOT.: John De Coster
CAMERA: Guy J. Nys, Jan Kiekens
EDITING: Nin D.C. [Jeannine De Coster], Maurice De Kempeneer
SOUND: André Notte
MUSIC: De Wolfe
ART DIRECTOR: Victor Nys
PRODUCER: Guy J. Nys, Holger Nöcke
PROD. CO.: Sandy-Films (Antwerpen), Fortuna Gesellschaft (München)
PROD. SUPERV.: Guy J. Nys, Jeannine De Coster
CAST: Diane Dee (Genvais), Anne Wanty (Lilly), Ona Hils (Vraie sœur/Judith 1), Guy Bonny (Médecin), Robert Flahaut (Peintre), Bernard Caremans (Notaire), Leslie McNeil (Judith 2), Paulette Ben Said
LANGUAGE: French
GAUGE: 35 mm
SILENT/SOUND: sound
B&W/COLOUR: B&W
MINUTES: 90'

◆ As a result of his previous film, **Pandora**, the obscure sex-film director Guy J. Nys came into contact with a Munich-based company which expressed a willingness to produce his next film. **In Love With Death** - which was also released as **Villa Porno** - is, in spite of its racy title, an only moderately erotic thriller. The murder-mystery plot centres on a conspiracy to kill Genvais, a young woman who longs for immortality. Because she is the heiress to a large fortune, a group of crooks, including two fictional sisters and a doctor who prescribes sedatives, decide to murder her. Her real sister, who wanders about the mountain villa like a wraith, will eventually exact her revenge on everyone.

The screenplay, the camerawork, the psychological characterization and the plot line are very basic, while the "sex" scenes (a woman taking a bath or posing naked as an artist's model) now come across as extraordinarily innocent. Three dream sequences (when Genvais goes into a delirium) are relatively well handled and brief scenes with the ghostly sister manage to create a chilling atmosphere.

This ultra-low budget production was dubbed into both French and German. The German version was sprinkled with a few extra sex scenes (not made by Nys), while in Belgium what little sex there was was censored. Nys subsequently went to work for the German co-producer Holger Nöcke, for whom he made sex films such as **Pornography Report** under the name Robert Lee Frost. He then pursued his career in southern Africa.

● Grâce à son film précédent, **Pandore**, l'obscur cinéaste porno Guy J. Nys entra en contact avec une firme munichoise désireuse de produire sa nouvelle réalisation. Ce fut **In Love With Death**, également baptisé **Villa Porno**, un titre scabreux pour un thriller gentillet à peine teinté d'une pointe d'érotisme. Ce film raconte l'histoire d'un complot ourdi contre une jeune femme, Genvais, qui aspire à l'immortalité. La fortune dont elle a hérité attire quelques escrocs, parmi lesquels deux prétendues sœurs et un médecin qui prescrit des narcotiques. Ceux-ci décident de la tuer. Sa véritable sœur, qui hante à la manière d'un fantôme sa villa, se vengera de tout le monde.

Le scénario, les mouvements de caméra, le portrait psychologique des personnages et l'intrigue sont très simples, tandis que les quelques scènes érotiques (une femme prenant son bain ou posant nue pour un peintre) semblent aujourd'hui désuètes. Trois séquences oniriques (les délires de Genvais) sont assez réussies et de courtes scènes d'horreur avec la sœur fantôme rendent le film parfois assez sinistre.

Cette production à tout petit budget existe dans une version allemande et une version française. La version allemande fut agrémentée de scènes érotiques supplémentaires réalisées sans la collaboration de Nys. En Belgique, le film fut censuré. Après **In Love With Death**, Nys entra au service du coproducteur allemand Holger Nöcke, tournant des films pornographiques comme **Pornography Report** sous le pseudonyme de Robert Lee Frost. Il poursuivit sa carrière dans le sud de l'Afrique.

▶ Via zijn vorige film **Pandore** kwam de obscure seksfilmer Guy J. Nys in contact met een Münchense firma die zijn volgende film wilde produceren. Het werd **In Love With Death**, ook uitgebracht als **Villa Porno**, een scabreuze filmtitel voor een doodbrave en nauwelijks erotische thriller. Centraal in de film staat het complot rond Genvais, een jonge vrouw die naar onsterfelijkheid hunkert. Omwille van een grote erfenis hebben enkele oplichters, onder wie twee fictieve zussen en een verdovende middelen voorschrijvende lijfarts, het op haar leven gemunt. De echte zus, die als een geest door haar villa rondwaart, zal zich op iedereen wreken.

Het scenario, het camerawerk, de psychologische karakterisering en de plotontwikkeling zijn uiterst simpel en de enkele seksscènes (een vrouw die een bad neemt of als model naakt poseert voor een schilder) komen zovele jaren later als bijzonder onschuldig over. Een drietal oneirische sequenties (de deliriums van Genvais) zijn echter goed geslaagd en de korte scènes met de spookzus roepen bijwijlen een akelige sfeer op.

Er bestaat zowel een Duitse als een Franse versie van deze super lowbudgetproductie. Buiten Nys om kreeg de Duitse versie extra seksscènes toegevoegd terwijl er in België werd gecensureerd. Na de afwerking van **In Love With Death** ging Guy J. Nys bij de Duitse coproducent Holger Nöcke in loondienst en draaide hij onder de schuilnaam Robert Lee Frost seksfilms zoals **Pornography Report**, waarna hij zijn carrière zou verderzetten in zuidelijk Afrika. *(LJ)*

Le chantier des gosses

Jean Harlez

Le chantier des gosses
De kinderwerf
The Children's Building Site

DIRECTOR: Jean Harlez
YEAR: 1956-1970
COUNTRY: BE
DIALOGUE: Marcelle Dumont
CAMERA: Jean Harlez, Claude Gabriels
EDITING: Jean Harlez
SOUND: Suzanne Leroy
MUSIC: Ronald Lecourt, Dirk Elsevier, Kris Shannon, Nelly Le Berrurier, Claude Flagel
PRODUCER: Jean Harlez
CAST: Armand Cwi, Guy Didion, Willy Peers, Mimi de Caritas, Suzanne Cognioul, Guy Donnée, Yvette Delvallez, Gilberte David, Pierre Massin, Fernand Piette, Jacqueline Piette, Freddy Piette, Michel Fontaine, Marcel Dessart, Paul Kuneben, Raymond Coumans
VOICES: Quentin Milo, Marie-Jeanne Remy, Jean Frosel, Lucien Froidebise, Pierre Dumaine, Nicole Jacquemin, Suzy Falk, A. Marenzo, André Lenormand, A. Dister, Colette Forton, L. Becker, Carine Sombreuil, L. Dewaels
LANGUAGE: French
GAUGE: 35 mm
SILENT/SOUND: sound
B&W/COLOUR: B&W
MINUTES: 76'

◆ Jean Harlez was a curious and endearing character - son of a blacksmith, for three years assistant to Charles Dekeukeleire, set designer for a proletarian theatre company and self-taught film-maker, he started out by shooting a short film in Wallonia about a farmers' co-operative (using a camera he built himself!) before embarking in 1956 on a neo-realist film. Over several months, he filmed in the old Marolles district of Brussels with a bunch of street urchins and a couple of adults, transporting his makeshift equipment in a wheelbarrow, urging the kids to improvise, clambering about on roofs with electric cables and investing all his savings. The theme of his film was the children's view on the destruction of a working-class area - the loss, for them, of the dilapidated alleyways and waste ground where they met up and played. Their anger, their futile revolt against the demolition workers only serve to confirm their powerlessness and status as social outcasts.

Harlez edited the film in his tiny cellar-kitchen, running out of money before he could complete the sound-track. In the '60s, he made a series of documentaries on Greenland and the Faeroe Islands. Then, in 1969, he was awarded funds by the Belgian Department of Education to record the track and commentary to three short films reworking images from **The Children's Building Site**, intended to illustrate classes in ethics. He seized this opportunity to complete his original film, officially premièred and shown on rare occasions in 1970. Despite all its inadequacies, it would be most welcome to see again this valuable record of the now-vanished face of the Marolles.

● Curieux et attachant personnage que Jean Harlez, fils de forgeron, assistant de Charles Dekeukeleire pendant trois ans, décorateur de théâtre prolétarien et autodidacte du cinéma. Avec une caméra qu'il avait fabriquée lui-même, il tourna en Wallonie un court métrage sur une coopérative agricole avant de se lancer, en 1956, dans un film néoréaliste. Pendant plusieurs mois, dans le vieux quartier bruxellois des Marolles, Harlez réalisa **Le chantier des gosses** avec une bande de galopins et quelques adultes, transportant son matériel de fortune sur des charrettes à bras, poussant les gosses à improviser, grimpant sur les toits pour amener des câbles électriques, et mettant toutes ses économies dans l'entreprise. Le thème? La destruction d'un îlot populaire, vue par les enfants: la perte, pour eux, des ruelles délabrées et du terrain vague qui leur servaient de lieux de réunion ou de jeux. Leur rage, leur révolte vaine contre les démolisseurs n'aboutira, bien sûr, qu'à confirmer leur impuissance et leur rejet social.

Dans sa minuscule cuisine-cave, Harlez monta le film sans pouvoir le sonoriser, faute d'argent. Dans les années 60, il tourna une série de documentaires sur le Groenland et les îles Féroé; puis en 1969, l'Education Nationale lui accorda de quoi enregistrer son et commentaire pour trois courts métrages qui reprendraient les images du **Chantier des gosses** afin d'illustrer des cours de morale. Harlez en profita pour terminer son film, qui fit l'objet d'un gala et de quelques rares projections en 1970. On voudrait revoir, au-delà de ses maladresses, ce film-témoignage sur les Marolles aujourd'hui décimées. (RM)

▶ Jean Harlez was een merkwaardige en aantrekkelijke figuur: zoon van een smid, drie jaar lang assistent van Charles Dekeukeleire, decorbouwer in het arbeiderstheater en autodidactisch filmer. Met een zelfgemaakte camera draaide hij in Wallonië zijn eerste kortfilm over een landbouwcoöperatie, alvorens in 1956 een neo-realistische film te realiseren. Daarvoor trok Harlez zich maandenlang terug in de oude Brusselse volkswijk van de Marollen, waar hij met een groepje straatjongens en een handvol volwassenen **Le chantier des gosses** opnam. Hij vervoerde zijn bij elkaar gesprokkelde materiaal op een karretje, vroeg zijn jonge acteurs te improviseren, klom zelf de daken op om elektrische kabels te leggen en stak al zijn spaarcenten in het project. Het thema is de verwoesting van een volksbuurt, gezien door de ogen van kinderen: de teloorgang van hun vervallen steegjes en het braakliggende terrein waar zij samen speelden. Maar hun boosheid en verzet tegen de slopers levert uiteindelijk niets meer op dan een nog groter gevoel van frustratie.

Harlez monteerde deze film in zijn kelderkeukentje, zij het zonder klank vanwege geldgebrek. In de jaren 60 draaide hij nog een documentaire reeks over Groenland en de Far-Öer Eilanden, maar pas in '69 kon hij met geld van Nationale Opvoeding klank en commentaar opnemen voor drie kortfilms, waarin hij beelden uit **Le chantier des gosses** verwerkte ter illustratie van lessen zedenleer. Harlez kon zo eindelijk zijn film afronden, die in 1970 in première ging tijdens een gala-avond en voorts sporadisch werd vertoond. Ondanks alle schoonheidsfoutjes zou het mooi zijn deze getuigenis over de nu zwaar toegetakelde volksbuurt van de Marollen terug te zien.

Et ma sœur ne pense qu'à ça

Joseph W. Rental [Henri Xhonneux]

Et ma sœur ne pense qu'à ça
Débauche de majeures
Mijn zuster denkt alleen daaraan
Take Me, I'm Old Enough
Take Me or Rape Me
Die Porno Schwestern

DIRECTOR: Joseph W. Rental [Henri Xhonneux]
YEAR: 1970
COUNTRY: BE
SCREENPLAY: François-Xavier Morel
BASED ON: Short Story written by Charlotte Morellie & Julie Morellie
ASST. DIR.: R. Warren
DIR. PHOT.: John Bourgeois
CAMERA: E. Beurensky, Yves Tabouret
EDITING: Joseph Dassy
SOUND: André Notte
MUSIC: De Wolfe
ART DIRECTOR: Marc Duard
PRODUCER: James Alexander [Jacques Vercruyssen]
PROD. CO.: ODEC (Bruxelles)
PROD. SUPERV: Michael Alexander [Robert Vercruyssen]
CAST: Diane Dee (Jeanette), Nathalie Vernier (Eve), Numa, P. De Brunet, Vanina Cranfield, Jacqueline De Meester, Christian Maillet
LANGUAGE: English
GAUGE: 35 mm
SILENT/SOUND: sound
B&W/COLOUR: B&W
MINUTES: 76'

◆ The sixties saw the appearance in Brussels of numerous specialist theatres offering their clients a range of (in the early days often watered-down) American skinflicks, mediocre films with tight budgets and crude plots whose main attraction lay in the exposure during certain scenes of bare flesh. Gradually these blue movies were complemented by productions imported from France and, as of 1968, by Belgian films. In a bid to fool potential viewers, their directors - like those of the spaghetti westerns - adopted American-sounding pseudonyms such as Michaël B. Sanders, William Russel and John Cannon.

It was along these lines that director Henri Xhonneux (rechristened Joseph W. Rental), scriptwriter François-Xavier Morel (who retained his own name) and producer Jacques Vercruyssen (who adopted the moniker James Alexander, while Robert Vercruyssen changed his name into Michael Alexander) pooled their talents in 1970 for two separate films: **Take Me, I'm Old Enough** and **Anti-Sex Brigade**. The stars of the first were two "Porno Schwestern" ("Porno Sisters", as they were presented to German audiences) who spent the majority of the film in an obliging state of undress - Diane Dee and above all Nathalie Vernier, the young Antwerp actress who had found fame two years earlier with **The Embrace**. She played a dumb girl, confined to a wheelchair and dominated by her sister, who rediscovers the powers of speech and movement after she is raped in their country home. Her sexuality is unleashed by this unorthodox medicine and she flees to the Riviera with her seducer. It only remains for the sister to join her in discovering the joys of a libertarian lifestyle with a farmer from the village, a latter-day Lady Chatterley.

● C'est durant les années 60 que plusieurs salles spécialisées firent leur apparition à Bruxelles, proposant au public (au début dans des versions souvent atténuées) les "nudies" venus d'outre-Atlantique: des films aux budgets réduits, aux scénarios approximatifs, dont le piment résidait dans les séquences déshabillées. Ces "blue movies" allaient peu à peu alterner avec des productions venues de France, puis, dès 1968, tournées dans notre pays. A la façon des westerns italiens, les réalisateurs adoptèrent des pseudonymes à consonance américaine pour duper les spectateurs potentiels: Michaël B. Sanders, William Russel ou John Cannon.

C'est ainsi qu'en 1970, trois cinéastes tournèrent deux ouvrages (**Et ma sœur ne pense qu'à ça** et **Brigade Anti-Sex**) selon ces critères: le réalisateur Henri Xhonneux (dit Joseph W. Rental), le scénariste François-Xavier Morel (qui conserve son patronyme) et le producteur Jacques Vercruyssen (rebaptisé James Alexander; Michael Alexander étant Robert Vercruyssen). Le premier mettait en vedettes - en "Porno Schwestern" dans la version allemande (Les sœurs pornos) - deux demoiselles complaisamment dévêtues tout au long du film: Diane Dee et, surtout, Nathalie Vernier. Cette jeune Anversoise, révélée par **L'étreinte** deux années auparavant, interprète ici une muette paralytique, confinée dans sa chaise roulante, martyrisée par sa sœur. Elle retrouve mouvements et parole après un viol dans leur maison de campagne. Sa sexualité débridée par cette médecine inattendue, elle fuit vers la Riviera avec son séducteur. Il ne reste plus à la sœur qu'à découvrir, comme elle, les joies du libertinage avec un paysan du village, à la façon de Lady Chatterley. (RM)

▶ In de jaren 60 verrezen te Brussel de eerste "gespecialiseerde" filmzalen die het publiek vergastten op naaktfilms overgewaaid uit de VS (in het begin vaak verknipt tot "zachtere" versies): banale lowbudgetfilms met scenario's die letterlijk heel weinig om het lijf hadden. Deze "blue movies" zouden al snel concurrentie krijgen van Frankrijk en, vanaf 1968, ook van ons land. Zoals reeds in de spaghettiwestern gebruikelijk was, namen de regisseurs vaak een Amerikaans klinkend pseudoniem aan om potentiële kijkers op het verkeerde been te zetten: Michaël B. Sanders, William Russel of John Cannon bijvoorbeeld.

In 1970 begonnen drie cineasten aan twee films in dit genre (**Et ma sœur ne pense qu'à ça** en **Brigade Anti-Sex**): regisseur Henri Xhonneux (hier Joseph W. Rental), scenarist François-Xavier Morel (die zijn echte naam behield) en producent Jacques Vercruyssen (alias James Alexander; Michael Alexander staat voor Robert Vercruyssen). De eerste film had als hoofdactrices - of "Porno Schwestern", zoals de Duitse versie het stelt - twee jongedames die de hele film door welwillend schaars gekleed gaan: Diane Dee en vooral de jonge Nathalie Vernier uit Antwerpen, die twee jaar voordien debuteerde in **L'étreinte**. Zij vertolkt een doofstomme en verlamde vrouw die, aan haar rolstoel gekluisterd, de kwellingen van haar zuster ondergaat. Nadat ze in hun landhuis verkracht wordt, hervindt ze echter haar mobiliteit en spraakvermogen, en dit wondermedicijn stuurt haar libido meteen naar ongekende hoogten. Samen met haar redder vlucht ze naar de Riviera. Er rest haar zuster niets anders dan zich ook maar over te geven aan de geneugten van het libertinisme met een boer uit het dorp, in navolging van Lady Chatterley.

La mort trouble

Claude D'Anna

Co-production

La mort trouble
De onrustige dood
The Unquiet Death

DIRECTOR: Claude D'Anna
YEAR: 1970
COUNTRY: FR-BE-TI
SCREENPLAY: Claude D'Anna, Ferid Boughedir
DIR. PHOT.: Jean-Jacques Renon
CAMERA: Abdelaziz Frikha, Touami Kochbati
EDITING: Jean-Pierre De Wulf, Pierre Drouot, Sadok Ben Aïcha
SOUND: Jean-Roger Bertrand, Moncef Fercy
MUSIC: Arsène Souffriau
PRODUCER: Henry Lange
PROD. CO.: Maya Films (Paris), Showking Films (Bruxelles), Cotudic (Tunis)
PROD. SUPERV.: Claude Heyman
LANGUAGE: French
GAUGE: 35 mm
SILENT/SOUND: sound
B&W/COLOUR: colour
MINUTES: 76'

CAST: Aly Ben Ayed (L'homme), Ursule Pauly (Irène), Sophie Vaillant (Juliette), Abdallah Chahed (Le mort)

Marchands de femmes

John Marin

Co-production

Marchands de femmes
Handelaars in vrouwen
Women for Sale

DIRECTOR: John Marin
YEAR: 1970
COUNTRY: SP-FR-BE
MUSIC: Daniel J. White
PRODUCER: Marius Lescœur, Pierre Querut
PROD. CO.: Eurociné (Paris), Brux International Pictures BIP (Bruxelles)
LANGUAGE: French
GAUGE: 35 mm
SILENT/SOUND: sound
B&W/COLOUR: B&W
MINUTES: 80'

CAST: Clint Douglas, Dominique Delpierre, Jean Barrez, Nathalie Link, Dany Doulle, Joe Becket, Frank William

Bande de cons!

Roland Lethem

Bande de cons!
Bunch of Assholes!

DIRECTOR: Roland Lethem
YEAR: 1970
COUNTRY: BE
SCREENPLAY: Roland Lethem
DIALOGUE: Roland Lethem
ASST. DIR.: Gerda Diddens, Cyrus Kube
DIR. PHOT.: Maurice Raymakers, Jean-Pierre Etienne
CAMERA: Maurice Raymakers, Jean-Pierre Etienne
EDITING: Roland Lethem
SOUND: Jean-Marie Buchet
COMMENTS: Roland Lethem
PRODUCER: Natacha Schinski, Roland Lethem
CAST: Jean-Pierre Delamour, To Katinaki, Paul Lambert
LANGUAGE: French
GAUGE: 16 mm
SILENT/SOUND: sound
B&W/COLOUR: B&W
MINUTES: 82'

◆ Roland Lethem was a rather verbose film-maker in the (Brussels-based) PAF, the so-called Paysage "A"nderground Fumiste. **Bunch of Assholes!**, his first full-length work, is a particularly apt contribution to the effort, given the film's avowed intent to dish out beatings (paf!).

The bunch of assholes in question means us, the audience as a whole. The commentary never ceases to make this crystal-clear: we are all petits bourgeois (naturally), each one more spineless than the next. The aggression unleashed by the film is a way of stirring us from our torpor, as "our arses are glued to our armchairs and our heads up our arses". As for the film itself, it consists of four types of sequences alternating with clockwork regularity: an angular orator (Lethem in person) spluttering insults into our faces and offering a few top-notch l(o/e)fty demonstrations; against a backdrop of screaming sirens, one miserable wretch gets his head kicked in by sinister policemen in a shady urban setting; the victim-cum-perpetrator is dragged off to the police station and asked to prove his innocence; finally, in close-up (and for a quarter of an hour at a time), an index finger performs penetrating gestures with a consenting, moaning left nostril. As a work of anarchic clandestine corruption, this film is a success. As an example of audience participation likewise, since Lethem systematically (and aggressively) asks us why the hell we haven't stormed out of the cinema yet, why we don't just demolish the thing (good question...). Bunch of assholes unite, sound and image join the fight!

● Roland Lethem fut un cinéaste assez prolixe dans le Paysage "A"nderground Fumiste (et belgo-bruxellois), le bien nommé PAF. **Bande de cons!**, son premier long métrage, s'y insère particulièrement souplement, le but avoué du film étant de donner des coups (paf!).

La bande de cons en question, c'est nous, l'ensemble des spectateurs. Le commentaire nous l'assène sans relâche: nous sommes des petits-bourgeois (cela va sans dire), tous plus mous les uns que les autres. L'agression perpétrée par le film est là pour nous remuer, nous qui avons "le cul dans les fauteuils, la tête dans le cul". Parlons-en du film. Il est composé d'une alternance métronomique de quatre types de séquences: un orateur anguleux (Lethem en personne) nous postillonne des insultes au visage ainsi que quelques démonstrations "de derrière les fa-gauchistes"; sur fond de sirènes hurlantes, un pauvre hère se fait tabasser par des flics patibulaires dans de glauques espaces urbains; on emmène la victime-coupable dans le bureau du commissaire qui lui demande de prouver son innocence; enfin, en gros plan (et pendant une quinzaine de minutes chaque fois), un index opère des gestes obscènes avec une narine gauche consentante et gémissante. Dans le genre "anarcho-clandestino-interlope", ce film est une réussite. Dans le genre interactif aussi, puisque systématiquement (et agressivement) Lethem nous demande ce qu'on fout encore dans la salle et pourquoi on ne la démolit pas (c'est une question pertinente...). Bande de cons, bande image, bande son, même combat! (AFL)

▶ Roland Lethem was een breedsprakerig cineast actief in het (Brusselse) PAF, of Paysage "A"nderground Fumiste. Zijn eerste langspeelfilm, **Bande de cons!**, past daar goed in: de film is namelijk bedoeld om klappen uit te delen (paf!).

Het stelletje idioten in kwestie, dat zijn wij: de toeschouwers. Het commentaar wrijft ons dat voortdurend onder de neus: wij zijn kleinburgerlijk (dat spreekt voor zich), de een nog een grotere slappeling dan de ander. De voortdurende aanval in de film moet ons in beweging krijgen, wij die "met ons gat in onze zetel zitten en met onze kop in ons gat". Maar nu over naar de film zelf; deze is opgebouwd uit vier soorten scènes die metrisch afwisselen: een venijnige verteller (Lethem in eigen persoon) spuugt ons beledigingen in het gezicht en geeft enkele demonstraties van de bovenste plank (van links, welteverstaan); op de achtergrond horen we loeiende sirenes, een arme stakker wordt afgeranseld door een paar ongure smerissen in een rauwe stadsbuurt; de verdachte, oftewel het slachtoffer, wordt meegenomen naar het commissariaat, waar hem gevraagd wordt zijn onschuld te bewijzen; tenslotte krijgen we in close-ups van telkens ongeveer 15 minuten te zien hoe een wijsvinger een bereidwillig kreunend linkerneusgat poogt te penetreren. In het genre "anarchistisch-subversief-illegaal" mag de film een succes genoemd worden. In het genre "interactief" ook, want Lethem vraagt ons herhaaldelijk en met aandrang waarom we niet oprotten uit de zaal, waarom we de boel niet kort en klein slaan (een pertinente vraag...).

Cold Sweat
Terence Young

Co-production

Cold Sweat
The Night Visitors
Visitors of the Night
De la part des copains
L'uomo dalle due ombre
I visitatori delle notte
De indringers
De vrienden laten groeten

DIRECTOR: Terence Young
YEAR: 1970
COUNTRY: FR-IT-BE
SCREENPLAY: Shimon Wincelberg, Albert Simonin, Gerald Devries, Jo Eisinger
BASED ON: Ride the Nightmare, written by Richard Matheson
DIALOGUE: Terence Young
ASST. DIR.: Daniel Wronecki
CAMERA: Jean Rabier, Claudi Ragona
EDITING: John Dwyrre
SOUND: William-Robert Sivel
MUSIC: Michel Magne
ART DIRECTOR: Tony Roman
PRODUCER: Robert Dorfman
PROD. CO.: Corona Films (Paris), Fair-Film (Roma), Belgique Ciné (Bruxelles)
ASSOC. PROD.: Maurice Jacquin
EXEC. PROD.: Serge Lebeau
LANGUAGE: English
GAUGE: 35 mm
SILENT/SOUND: sound
B&W/COLOUR: colour
MINUTES: 95'

CAST: Charles Bronson (Joe Martin), Liv Ullmann (Fabienne Martin), James Mason (Ross), Jill Ireland (Moira), Michael Constantine (Whitey Vernon), Jean Topart (Katanga), Luigi Pistilli (Fausto), Yannick Delulle (Michèle Martin), Nathalie Varallo (Violette), Sabine Sun (The nurse), Paul Bonifas (The doctor), Bob Ingarao (A fisherman), Dominique Crosland, Gabrielle Ferzetti, Yannick Deheth, Roger Maille, Remo Masconi

Mont-Dragon
Jean Valère

Co-production

Mont-Dragon

DIRECTOR: Jean Valère
YEAR: 1970
COUNTRY: FR-BE
SCREENPLAY: Pierre Pelegri, Philippe Dumarcay, Jean Valère, Jacques Ralf
BASED ON: Mont-Dragon, written by Robert Margerit
DIALOGUE: Philippe Dumarcay, Pierre Pelegri
ASST. DIR.: Philippe Pouzenc
DIR. PHOT.: Alain Levent
CAMERA: Armand Marco, Christian Garnier
EDITING: Paul Cayette
SOUND: Jacques Carrere, André Notte
MUSIC: Jack Arel
PRODUCER: André Coton, Rita Laffargue, Pierre Levie
PROD. CO.: Alcinter (Paris), Société d'Expansion du Spectacle SES (Paris), Films Jacques Leitienne (Paris), SODEP (Bruxelles)
PROD. SUPERV.: Paul Laffargue, Pierre Levie
LANGUAGE: French
GAUGE: 35 mm
SILENT/SOUND: sound
B&W/COLOUR: colour
MINUTES: 91'

CAST: Jacques Brel (Georges Dormond), Carole André (Mathilde), Françoise Prévost (Germaine), Catherine Rouvel (Pierrette), Maria Michi (Hortense), Pascal Mazzotti (Dubois), Paul Le Person (Gaston), Gérard Bernard (Michel)

Open dialoog

Frans Buyens

Open dialoog
Dialogue ouvert
Open Dialogue

DIRECTOR: Frans Buyens
YEAR: 1970-1971
COUNTRY: BE
SCREENPLAY: Frans Buyens
ASST. DIR.: Dirk Van den Eynden, Nicole Berckmans
CAMERA: Paul De Fru, Osi Fischler, André Goeffers, Claude Michiels, Patrick Raeymaekers, Fernand Tack, Jos Van Schoor
EDITING: Eliane du Bois
SOUND: Philippe Cape, Roger Defays, Jean Muller, Jacques Urbain, Lucien Crabbé, Maurice Rademakers
PRODUCER: Frans Buyens
PROD. CO.: Iris Films Dacapo (Brussel)
PROD. SUPERV.: Dirk Van den Eynden
LANGUAGE: Dutch
GAUGE: 16 mm
SILENT/SOUND: sound
B&W/COLOUR: B&W
MINUTES: 82'

◆ On May 23rd 1970, the Ministry of National Education organized a visit to the camp at Breendonk near Malines to mark the 25th anniversary of the liberation of the concentration camps. By organizing question-and-answer sessions between camp survivors and schoolchildren, the Ministry hoped to make the younger generation aware of the horrors perpetrated by the Nazis. The original commission given to Frans Buyens to make a short educational film in memory of those who died grew into an idea for a full-length documentary. Because the Ministry had only set aside a limited budget, Buyens decided to make the film at his own risk. In barely the space of a week, he had organized the shoots, with seven camera and sound teams (a total of over 14 crew) at his disposition and some 120 hours of film shot. Taking its lead from a number of discussions, the film outlines the political and ideological awareness of the young people. What follows is an often disconcerting dialogue in which a link is constantly established between the horrors of the past and present-day humiliations and injustice. **Open Dialogue** is one of the most remarkable social documentaries on this subject ever made in Belgium and was particularly well received by schools and other institutions. Buyens used the remaining material to compile a number of short "discussion films", again for educational purposes. This important testimony was awarded the First Prize for documentary film at the ninth National Festival of Belgian Film in Knokke.

● Le 23 mai 1970, le Ministère de l'Education Nationale organisa, à l'occasion du 25ᵉ anniversaire de la libération des camps de concentration, une visite au camp de Breendonk. L'objectif du Ministère était de sensibiliser la jeune génération à l'horreur de la machine de guerre nazie. Des rencontres entre des survivants du camp et des centaines d'étudiants furent organisées. Chargé au départ de réaliser une brève évocation didactique de cette confrontation historique, l'ancien résistant Frans Buyens décida de faire de cet événement un long métrage. Ne disposant que d'un maigre budget du Ministère, il assuma lui-même les risques financiers du tournage. Il organisa les prises de vues en une semaine à peine: sept équipes techniques (image et son), soit un total de 14 collaborateurs, enregistrèrent plus de 120 heures de film. Par le jeu des discussions, le film donne un aperçu des idées et de la conscience politique et idéologique des jeunes. S'ensuit un dialogue, souvent déconcertant, où un parallèle est sans cesse établi entre les horreurs d'alors et les humiliations et l'injustice d'aujourd'hui. **Dialogue ouvert**, l'un des plus remarquables documents sociaux jamais réalisés dans notre pays, fut accueilli avec enthousiasme, surtout dans les écoles et les institutions. Avec le matériel restant, Buyens monta encore quelques films-débats plus courts, destinés également à l'enseignement. Ce témoignage essentiel remporta le Grand Prix du film documentaire à la neuvième édition du Festival National du Film Belge, à Knokke.

▶ Op 23 mei 1970 organiseerde het ministerie van Nationale Opvoeding, naar aanleiding van de 25ste verjaardag van de bevrijding van de concentratiekampen, een bezoek aan het kamp van Breendonk. Via colloquia bijgewoond door overlevenden van het kamp en duizenden scholieren wilde het ministerie de jongere generatie bewust maken van de nazistische oorlogsgruwel. Frans Buyens, gewezen verzetsman, kreeg aanvankelijk de opdracht hierover een didactisch in memoriam te realiseren, maar al snel groeide de idee het onderwerp te belichten in een lange documentaire. Omdat het ministerie maar een beperkt budget ter beschikking stelde, maakte Buyens de film op eigen risico. Op nauwelijks een week tijd organiseerde hij de opnamen: zeven camera- en geluidsploegen - in totaal 14 medewerkers - werden ingeschakeld, wat ongeveer 120 uur film opleverde. Aan de hand van een reeks discussies schetst de film een beeld van het politieke en ideologische ideeëngoed en bewustzijn van de jongeren. Het resultaat is een vaak onthutsende dialoog waarbij voortdurend een verband wordt gelegd tussen de gruwelijkheden van toen en de vernederingen en het onrecht van vandaag de dag. **Open dialoog**, een van de meest opmerkelijke sociale documenten over dit onderwerp ooit in ons land gemaakt, vond vooral in scholen en instellingen een dankbare afnemer. Uit het resterende materiaal monteerde Buyens nog enkele kortere "debatfilms", eveneens voor het onderwijs bestemd. Deze belangrijke getuigenis won de Grote Prijs van de documentaire film op het negende Nationaal Festival van de Belgische Film te Knokke. (LJ)

Fêtes de Belgique

Henri Storck

Fêtes de Belgique
Feesten in België
High Days and Holidays in Belgium

DIRECTOR: Henri Storck
YEAR: 1970-1971
COUNTRY: BE
SCREENPLAY: Henri Storck, Jean Cleinge
ASST. DIR.: David McNeil, Jean Cleinge
CAMERA: Claude Ache, Peter Anger, Michel Baudour, Manu Bonmariage, Paul De Fru, Renier Doutrelepont, Jean Roch, Michaël Sander
EDITING: Alain Marchal, Boris Lehman, Jean McNeil
SOUND: Marcel Bertiaux, Philippe Cape, Henri Morelle, Albert Rupf, Robert Jacobs
MUSIC: David McNeil
PRODUCER: Henri Storck
PROD. CO.: Films Henri Storck (Bruxelles)
PROD. SUPERV.: Baudouin Mussche
LANGUAGE: -
GAUGE: 35 mm
SILENT/SOUND: sound
B&W/COLOUR: colour
MINUTES: 142'
NOTES: Film in 10 parts:
1. Le carnaval d'Ostende/Karnaval van Oostende/The Carnival of Ostend
2. Le Mardi gras à Alost/Vastenavond te Aalst/Mardi Gras in Alost
3. Le carnaval de Malmédy/Karnaval van Malmédy/The Carnival of Malmédy
4. Le théâtre des rues à Malmédy/Stratentoneel te Malmédy/The Street Theater in Malmédy
5. Les Gilles de Binche/De Gilles van Binche/The Gilles of Binche
6. La plantation du Meyboom et le théâtre de Toone à Bruxelles/Meyboomplanting en passiespel door de marionetten van Toone te Brussel/The Plantation of the May Tree in Brussels and the Marionette Theater of Toone
7. La procession du Saint-Sang à Bruges et les pénitents de Furnes/Heilige Bloedprocessie te Brugge en Boeteprocessie te Veurne/The Procession of the Holy Blood in Bruges and the Penitents of Veurne
8. Les Blancs Moussîs de Stavelot et la ducasse de Mons/De Witte Moussîs van Stavelot en de kermis van Bergen/The White Moussîs of Stavelot and the Ducasse of Mons
9. La passion du Christ à Lessines et à Ligny, les fêtes d'Outremeuse à Liège/Passiespel te Lessen en te Ligny, Halfoogstfeesten in Outremeuse te Luik/The Passion Play in Lessines and Ligny and the Festival of Outre-Meuse in Liège
10. Les Chinels de Fosses, les Grands-Mès de La Louvière, le tir de Campes à Liège/De Chinels van Fosses, de grootjes van La Louvière, het ontploffen van kruitpotten te Luik/The Chinels of Fosse, the Grand'mas of La Louvière and the Firing of Gun Powder in Liège

Texts of the intertitles by Jean Goffin

◆ After the excursion that was **The Smugglers' Banquet**, Henri Storck returned to documentaries, evoking the world of the deaf (**Silent Gestures**), composing a hymn to the iron and steel industry (**Gods of Fire**), turning his hand to the portrait of a Flemish writer (**Herman Teirlinck**) and the exploration of paintings (studies on Félix Labisse and Paul Delvaux). His first films on Belgian folklore - reportages on Ostend - dated back 40 years, and in 1970-71 he resumed the idea with an ensemble of ten short chapters on Belgian festivals (in Wallonia, Flanders and Brussels). "There is great pleasure for a film-maker in surprising the signs of delirium, excess; in fishing out, like pearls, these inventive gestures, for festivals are often uninterrupted creation, fantastic improvisation. The imagination starts to shine through" (Storck). A furious montage cut to the rhythm of the music and shouts, evokes the quintessence of popular pleasures for each of the towns. From Binche and its Gilles and Ostend carnival to the Mardi Gras in Alost, from the planting of the Brussels Meyboom to the procession of the Holy Blood in Bruges, 15 August in Liège to Toone's Breughel-like puppets, from the Blancs Moussîs of Stavelot to the Chinels in Fosses, Storck and his crew omit nothing, filming the jubilation and commotion, the lewd paganism and religious overtones, the rigid masks and glowing faces. These ten episodes (dedicated to James Ensor and Michel de Ghelderode) cover the extent of Belgium, an entire country from Flanders to the Fagnes organized in coded annual rituals which are revived by each of the towns, every decade, with still the same involvement and excitement.

● Après l'expérience du **Banquet des fraudeurs**, Henri Storck était revenu au documentaire, décrivant le monde des sourds (**Les gestes du silence**), passant d'un hymne à la sidérurgie (**Les dieux du feu**) ou de l'approche d'un écrivain flamand (**Herman Teirlinck**) à des explorations de tableaux par la caméra (chez Félix Labisse ou Paul Delvaux). Dans la lignée de ses films sur le folklore belge, ouverte quarante ans auparavant par ses reportages à Ostende, il allait réaliser en 1970-71 un ensemble de dix courts chapitres sur les **Fêtes de Belgique**, tant wallonnes que flamandes ou bruxelloises. "Il y a plaisir de cinéaste à surprendre les traces du délire, de l'excessif; à pêcher, comme des perles, ces gestes inventifs, car la fête est souvent création ininterrompue, improvisation mirobolante" (H. Storck). Un montage endiablé, au rythme des musiques et des cris, évoque pour chaque ville la quintessence de ces bonheurs populaires. Gilles de Binche, Carnaval d'Ostende ou Mardi gras d'Alost; plantation du Meyboom à Bruxelles ou procession du Saint-Sang à Bruges; fêtes du 15 août liégeois ou marionnettes breugheliennes de Toone; Blancs Moussîs de Stavelot ou Chinels de Fosses, rien n'est oublié par Storck et son équipe, captant les liesses et les fanfares, le paganisme paillard et les manifestations religieuses, les masques figés et les visages réjouis. A travers ces dix épisodes (dédiés à James Ensor et Michel de Ghelderode), c'est la Belgique entière, des Flandres aux Fagnes, qui s'organise en rituels attendus, codés, annuels, que chacune des villes, jamais rassasiée ni blasée, ressuscite depuis des décennies. (RM)

▶ Na zijn ervaring met **Le banquet des fraudeurs** wijdde Henri Storck zich opnieuw aan de documentaire: met **Les gestes du silence** verkende hij de wereld van de doven en in **Les dieux du feu** bracht hij hulde aan de metaalbewerking; of hij richtte zijn blik op een Vlaamse schrijver (**Herman Teirlinck**) of liet zijn camera de schilderijen bestuderen van Félix Labisse en Paul Delvaux. Zijn reportages over Oostende waren de eerste in het register van de Belgische folklore; 40 jaar later, in 1970-71, kwam daar een tiendelige reeks bij (**Feesten in België**), gedraaid in zowel Wallonië als Vlaanderen en Brussel. "Een cineast schept er genoegen in de sporen van feestgejoel en uitzinnigheid onverhoeds te vatten, om de fantasierijke uitingen op te vissen als parels uit de zee, want een feest betekent vaak ononderbroken creativiteit en buitengewone improvisatie" (H. Storck). De hectische montage, op het ritme van de muziek en het feestgedruis, evoceert voor elke stad de essentie van haar volkse vermaak. De Gilles van Binche, Carnaval te Oostende of vastenavond te Aalst; het planten van de meiboom te Brussel of de Heilige Bloedprocessie te Brugge; de viering van 15 augustus te Luik of de Breugheliaanse marionetten van poppentheater Toone; de Witte Moussîs uit Stavelot of de Chinels van Fosses, niets ontgaat Storck en zijn ploeg, die vreugde en fanfares, religieuze taferelen en wellustig paganisme, starre maskers en blijde gezichten vastleggen. In tien episoden, opgedragen aan James Ensor en Michel de Ghelderode, spreekt heel België, van Vlaanderen tot de Hoge Venen, de taal van haar jaarlijkse rituelen die onze steden al decennia lang onverzadigbaar en met fierheid in ere houden.

Généralités de base
Daniel Jouanisson

Généralités de base
Algemeenheden
Basic Points

DIRECTOR: Daniel Jouanisson
YEAR: 1971
COUNTRY: BE
SCREENPLAY: Daniel Jouanisson
CAMERA: Daniel Jouanisson, Jacques Fondaire
EDITING: Clarisse Gabus
SOUND: Patrick Frederich
COMMENTS: Daniel Jouanisson
PRODUCER: Daniel Jouanisson
CAST: Daniel Charlot, Dorothée Blank, Viviane
Outmizguine, Martine Garrel, Monique
Sauvadet
VOICES: Josiane Stoléru, Eric Van Dieren
LANGUAGE: French
GAUGE: 16 mm
SILENT/SOUND: sound
B&W/COLOUR: B&W + colour
MINUTES: 120'

◆ The very least that could be said of Daniel Jouanisson is that he made virtually no mark on Belgian cinema history. Coming to Brussels from Switzerland to take André Delvaux' classes at the INSAS film school, he graduated from the directing course in 1972. We know that he shot two short films in the '70s, **The Avatars of Recession** (with Jean-Luc Bideau and John Dobrynine as two working-class rebels against the system) and **Again** (an afternoon in the life of a pregnant woman who ends by killing her husband). These were both self-scripted and edited by his compatriot Clarisse Gabus, who in 1979 directed **Melancholy Baby** (with Jane Birkin), which she also wrote together with Jouanisson. Then there is the mysterious **Basic Points**, a two-hour work also edited by Clarisse Gabus and dating from 1971, before Jouanisson left the INSAS.

The only way to discuss an invisible, no doubt vanished film would seem to be to refer to the only surviving record of the work, a long declaration of principle written at the time by the director. Here he describes it as an attempt at reorientation via "an organized loss of meaning in the images and two commentaries", creating "a higher meaning which extends beyond the film itself to encompass the whole of everyday life". The first commentary is made up of situationist political texts; the second comprises extracts from Senancour's novel *Oberman* spoken by Josiane Stoléru over colour images. In the meantime, "images perceived as ambiguous and deceptive unfold on the screen". That we would obviously like to see...

● Daniel Jouanisson n'a guère laissé de traces dans le cinéma belge. Venu de Suisse pour suivre les cours d'André Delvaux à l'INSAS, il remporte son diplôme de réalisateur en 1972. On connaît de lui deux courts métrages, réalisés dans les années 70: **Les avatars de la récession** (où Jean-Luc Bideau et John Dobrynine sont deux ouvriers licenciés en révolte contre le système) et **Encore** (l'après-midi d'une femme enceinte, qui finit par tuer son mari). Les deux scénarios sont de lui, et le montage, à chaque fois, de sa compatriote Clarisse Gabus. Cette dernière réalisa, en 1979, un **Melancholy Baby** (avec Jane Birkin), dont elle cosigna le script avec Daniel Jouanisson. Et puis, il y a ce mystérieux **Généralités de base**, un film de deux heures, toujours monté par Clarisse Gabus, et qui date de 1971, soit d'un an avant sa sortie de l'INSAS.

Comment parler d'une œuvre invisible et sans doute disparue, sinon en se référant au seul document qui subsiste: une longue déclaration de principe, rédigée à l'époque par le réalisateur. Il y est question d'une volonté de détournement, reposant sur "une perte de sens organisée des images et des deux commentaires" qui devrait mener à "un sens supérieur qui déborde le spectacle pour s'étendre à la vie quotidienne". Le premier commentaire comporte des textes politiques situationnistes; le second, dit par Josiane Stoléru, est constitué d'extraits du roman *Oberman* de Senancour, dit sur des images en couleurs. Tout cela tandis que "se déroulent sur l'écran des images perçues comme ambiguës et mensongères". On demande à voir, évidemment. (RM)

▶ Daniel Jouanisson liet op zijn zachtst gezegd weing sporen na in de Belgische filmgeschiedenis. Deze man kwam speciaal uit Zwitserland de lessen van André Delvaux volgen aan het INSAS en behaalde er zijn diploma van regisseur in 1972. Wat wel is geweten, is dat hij twee kortfilms draaide in de jaren 70: **Les avatars de la récession** (met Jean-Luc Bideau en John Dobrynine als twee ontslagen arbeiders die in opstand komen tegen het systeem) en **Encore** (een namiddag uit het leven van een zwangere vrouw, die uiteindelijk haar man vermoordt). Hij schreef zelf de scenario's, terwijl zijn landgenote Clarisse Gabus - die in 1979 **Melancholy Baby** met Jane Birkin draaide, naar een scenario van haar en Jouanisson - de montage verzorgde. En dan is er nog dit raadselachtige **Généralités de base** uit 1971 (vóór hij het INSAS verliet, dus).

Maar wat te zeggen over een ongrijpbaar, hoogstwaarschijnlijk verloren gegaan werk? We kunnen slechts citeren uit het enige document dat erover bewaard is gebleven: een lange intentieverklaring, destijds opgesteld door de regisseur. Er is sprake van een streven naar ontregeling via "een georganiseerd verlies van betekenis in de beelden en de twee begeleidende commentaren", dat zou moeten leiden tot "een hogere betekenis die het spektakel overstijgt en het hele dagelijkse leven omvat". De commentaren brengen eerst situationistische politieke teksten, en vervolgens uittreksels uit *Oberman* van Senancour (ingesproken door Josiane Stoléru), met op de achtergrond kleurenbeelden. Ondertussen "spelen zich op het scherm scènes af die dubbelzinnig en leugenachtig overkomen". Kregen we dit maar eens te zien...

Les lèvres rouges

Harry Kümel

Les lèvres rouges
Le rouge aux lèvres
Met jouw bloed op mijn lippen
Dorst naar bloed
Daughters of Darkness
Red Lips
Blut an den Lippen

DIRECTOR: Harry Kümel
YEAR: 1971
COUNTRY: BE-FR-GW-IT
SCREENPLAY: Pierre Drouot, Jean Ferry, Harry Kümel
DIALOGUE: Pierre Drouot, Jean Ferry, Harry Kümel
ASST. DIR.: Paul Arias, Jean-Marc Turine
DIR. PHOT.: Eddy Van der Enden
CAMERA: Eddy Van der Enden, Peter Anger, Jacques Fondaire
EDITING: Gust Verschueren, Denis Bonan, Daniel De Valck, Edith Shumann
SOUND: Jacques Eippers, Henri Morelle
MUSIC: François De Roubaix
ART DIRECTOR: Françoise Hardy
COSTUMES: Marie-Paule Petignot
PRODUCER: Paul Collet, Henry Lange
PROD. CO.: Showking Films (Bruxelles), Maya Films (Paris)
PROD. SUPERV.: Erwin Gitt, Jean-Marie Bertrand
CO-PRODUCER: Pierre Drouot, Alain Guillaume, Henri Weis, André Weis
CO-PROD. CO.: Ciné Vog Films (Bruxelles), Roxy Film (München), Produzione Cinematografica Mediterranea (Roma)
CAST: Delphine Seyrig (Comtesse Bathory), Andrea Rau (Ilona), Danièle Ouimet (Valerie), John Karlen (Stephan), Georges Jamin (L'inspecteur), Paul Esser (Le portier de l'hôtel), Fons Rademakers (La mère), Joris Collet (Le valet)
LANGUAGE: French/English
GAUGE: 35 mm
SILENT/SOUND: sound
B&W/COLOUR: colour
MINUTES: 100'

◆ In the rich tradition of vampirism Elisabeth Bathory, "the bloody Countess", has a place of honour: this venomous Hungarian, immured alive in her castle by order of the courts in 1610, is said to have been responsible for the deaths of over 600 young girls, draining their blood in order to prolong her own beauty. Her castle in the Carpathian mountains has ever since provided horror authors with the perfect demonic setting for her transformation into the prototype of the female vamp. Turning his back on this over-used cliché, Harry Kümel wanted to transpose the story of one of her descendants to the beaches of Ostend and a luxurious disused Belle Epoque hotel. Delphine Seyrig - refined, disturbing and with a sophisticated elegance à la Sternberg - is superb as this fascinating baroque figure, who disrupts the honeymoon of a young married couple and drags them into her world of morbidity and lesbianism.

The film's weak point is precisely the drabness of the two American stars, further emphasized after appalling dubbing by the musical voice of Delphine Seyrig. On the other hand, Harry Kümel demonstrates great mastery in his handling of Ostend's thermal baths and the charms of his Diva, creating an atmosphere of silent dread in which the moments of blood and violence achieve a level of horrifying poetry far beyond that of the gothic excesses of the genre. "Dracula in Marienbad", christened it one weekly. The film went on to enjoy an enormous success, in Paris as much as in Britain and the States, and led its author to make another classy tale of fantasy, **The Legend of Doom House** or **Malpertuis**.

● Dans la riche tradition du vampirisme, Elisabeth Bathory, "la comtesse sanglante", occupe une place de choix: cette vénéneuse Hongroise, emmurée vivante dans son château par décision de justice en 1610, aurait fait périr plus de 600 jeunes filles pour prolonger sa beauté par leur sang. Son château des Carpates a fourni depuis lors aux auteurs fantastiques un décor maléfique à souhait pour faire d'elle le prototype de la femme-vampire. Refusant ce poncif trop usé, Harry Kümel a voulu transposer l'histoire d'une descendante de la comtesse au bord des plages d'Ostende, dans un hôtel de la Belle Epoque, luxueux et désuet. Delphine Seyrig, raffinée, inquiétante, et d'une élégance sophistiquée à la Sternberg, est prodigieuse dans ce personnage baroque et fascinant, qui va perturber le voyage de noces d'un couple de jeunes mariés et les entraîner dans un univers lesbiano-morbide.

Le point faible du film réside précisément dans la fadeur des deux vedettes américaines (de surcroît affreusement doublées, face à la voix musicale de Delphine Seyrig). En revanche, Harry Kümel s'est servi des Thermes d'Ostende et des sortilèges de sa Diva avec maestria, créant une ambiance feutrée où les moments de sang et de violence atteignent une poésie de l'horrible beaucoup plus efficace que les outrances gothiques du genre: "C'est Dracula à Marienbad", comme le titrait un hebdomadaire. Le film allait connaître un succès énorme, tant à Paris que dans les pays anglo-saxons, et conduire son auteur à tourner une autre œuvre fantastique brillante: **Malpertuis**. (RM)

▶ Elisabeth Bathory, de "bloedige gravin", bekleedt in de rijke traditie van het vampirisme een ereplaats. Deze Hongaarse bloedzuigster was verantwoordelijk voor de dood van meer dan 600 jonge meisjes wier bloed ze gebruikte om haar eigen schoonheid te vrijwaren. Door een vonnis werd ze in 1610 veroordeeld en levend ingemetseld in haar kasteel in de Karpaten, dat sindsdien voor menig auteur het ideale decor biedt voor fantastische verhalen rond dit prototype van de vrouwelijke vampier. Harry Kümel voelde weinig voor dit uitgemolken cliché en bouwde een verhaal op rond een afstammelinge van de gravin, dat zich afspeelt in een oud en luxueus hotel uit de belle époque, gelegen aan de Oostendse kust. Een geraffineerde en storende Delphine Seyrig met een verfijnde Sternberg-elegantie incarneert schitterend dit barokke en fascinerende personage dat de huwelijksreis van een jong koppel gaat verstoren en hen meesleurt in een lesbisch-morbiede wereld.

Zwak punt van de film is de fletse vertolking van het koppel door twee Amerikaanse acteurs (hun schabouwelijk gedubde stemmen staken bovendien schril af tegen het muzikale stemgeluid van Delphine Seyrig). Maar Harry Kümel heeft meesterlijk gebruik gemaakt van het decor van de Oostendse thermen en van de betovering van zijn diva. Hij wist een fluwelen sfeer te scheppen waarin momenten van bloed en geweld een soort poëtische horror worden, die bovendien beter werkt dan de gotische uitlatingen van het genre. "Dit is Dracula in Marienbad", zoals een filmblad titelde. De film had een ongekend succes zowel in Parijs als in de Angelsaksische landen en bracht Kümel ertoe een ander fantastisch werk te draaien: **Malpertuis**.

Mira of de teleurgang van de Waterhoek

Fons Rademakers

Mira of de teleurgang van de Waterhoek
De teleurgang van de Waterhoek
Mira

DIRECTOR: Fons Rademakers
YEAR: 1971
COUNTRY: BE-NE
SCREENPLAY: Hugo Claus
BASED ON: De teleurgang van de Waterhoek, written by Stijn Streuvels
DIALOGUE: Hugo Claus
ASST. DIR.: Lili Rademakers, Peter Simons
DIR. PHOT.: Eddy Van der Enden
CAMERA: Eddy Van der Enden, Peter Anger, Walther Vanden Ende
EDITING: Jan Dop, Kees Linthorst, Hetty Konink
SOUND: Peter Vink
MUSIC: Georges Delerue
ART DIRECTOR: Massimo Götz, Dick Schillemans
COSTUMES: Elly Claus
PRODUCER: Jan van Raemdonck
PROD. CO.: Kunst en Kino/Art et Cinéma (Brussel)
PROD. SUPERV.: Gérard Vercruysse
CO-PRODUCER: Fons Rademakers
CO-PROD. CO.: Fons Rademakers Productie (Amsterdam)
CAST: Willeke Van Ammelrooy (Mira), Carlos Van Lanckere (Broeke), Jan Decleir (Lander), Luc Ponette (Maurice), Roger Bolders (Sieper), Mart Gevers (Manse), Freek De Jonge (Treute), Charles Janssens (Snoek), Fons Rademakers (Notaris), Romain Deconinck (Landmeter), Ann Petersen (Hospita), Ward De Ravet (Rijkswachter)
LANGUAGE: Dutch
GAUGE: 35 mm
SILENT/SOUND: sound
B&W/COLOUR: colour
MINUTES: 95'

◆ The one-hundredth birthday of Stijn Streuvels saw the Dutch director Fons Rademakers and the Belgian writer Hugo Claus commissioned to adapt one of his books for the screen. The duo had already collaborated on **Doctor in the Village** (1958) and **The Knife** (1961). This time they settled on the 1927 novel *De teleurgang van de Waterhoek* ("The decline of the Waterhoek"), which with its sexual undertones had scandalized the clergy on publication and had never received the acclaim it deserved. Streuvels himself was able to see the first draft of the script before his death in 1969 at the age of 98.

Waterhoek is a small village on the river Scheldt. Its tranquillity is shattered when the authorities announce plans to bridge the river in the village. The majority of the residents are up in arms, whereas others see a new source of revenue in this encroach of modernization. Hedging her bets is Mira (in a memorable performance from Willeke Van Ammelrooy), who chases everything in trousers, including her own uncle (the son of the leader of the bridge's opponents), and eventually marries the engineer in charge of the construction.

Two themes are entwined in the book and the film: on the one hand the march of progress, sowing discord among a blinkered village community; on the other the theme of sexuality, with permissiveness (Mira) and Catholic conservatism (the engineer Maurice) clashing and coexisting. It was this gauntlet which the film ran - the advertising campaign zoomed in on the film's racier scenes, spurred on by the mood of the times (the beginning of the seventies) and its penchant for anything advocating free love and non-conformity.

● A l'occasion du centenaire de Stijn Streuvels, le réalisateur néerlandais Fons Rademakers et l'écrivain Hugo Claus reçurent une commande d'adaptation filmique d'une de ses œuvres. Tous deux avaient déjà travaillé ensemble sur **Village au bord de la rivière** (1958) et **Le couteau** (1961). Ils choisirent *De teleurgang de Waterhoek* ("Le déclin du Waterhoek"), un roman de 1927 qui avait heurté la Belgique cléricale d'alors par ses connotations sexuelles, et qui ne fut jamais apprécié à sa juste valeur. Ils présentèrent une première ébauche du film à Streuvels, peu avant son décès et en août 1969 à l'âge de 98 ans.

Waterhoek est un hameau sur l'Escaut dont la quiétude est bouleversée suite à la décision des autorités de bâtir un pont sur le fleuve. La plupart des villageois s'y opposent, tandis que certains voient dans cette modernisation une source de revenus. Entre les deux camps louvoie Mira (une mémorable Willeke Van Ammelrooy), qui s'entiche de tous ceux qui portent la culotte, parmi lesquels son propre oncle (le fils du meneur des opposants à la construction du pont), et qui épousera finalement l'ingénieur en charge des travaux.

Deux sujets sont entrelacés: d'une part le progrès et la modernisation semant la discorde dans une communauté villageoise à l'esprit borné, et d'autre part la thématique de la sexualité qui oppose - avant de faire cohabiter - la permissivité (Mira) et le conservatisme catholique (l'ingénieur Maurice). Thématique à laquelle le film souscrit: la campagne de promotion insista davantage sur les scènes piquantes de **Mira**, l'air du temps (le début des années 70) étant très friand de sujets prêchant l'amour libre et le non-conformisme.

▶ Om de 100ste verjaardag te vieren van Stijn Streuvels, kregen de Nederlandse regisseur Fons Rademakers en auteur Hugo Claus de opdracht een werk van Streuvels te verfilmen. Rademakers en Claus hadden al eerder samengewerkt voor **Dorp aan de rivier** (1958) en **Het mes** (1961). Hun keuze viel op *De teleurgang van de Waterhoek*, een roman uit 1927 die klerikaal België tegen de borst had gestoten wegens zijn seksuele ondertoon, en die nooit zijn verdiende waardering kreeg. Een eerste ontwerp voor de film kreeg Streuvels nog te zien, maar in augustus 1969 overleed hij op 98-jarige leeftijd.

De Waterhoek is een gehucht aan de Schelde dat zijn rust dreigt te verliezen wanneer van hogerhand wordt besloten een brug over de rivier te bouwen. De meeste dorpelingen verzetten zich, terwijl sommigen brood zien in deze modernisering. Tussen beide kampen schippert de sensuele Mira (een gedenkwaardige Willeke Van Ammelrooy), die aanhoudt met alles wat een broek draagt, onder wie haar eigen oom, zoon van de leider van het verzet tegen de bruggenbouw. Uiteindelijk trouwt ze met de ingenieur-bouwer van de brug.

Twee thema's zitten in boek en film in elkaar verweven: enerzijds de vooruitgang en de modernisering die een wig drijven in een bekrompen dorpsgemeenschap, anderzijds het seksuele thema dat permissiviteit (Mira) en katholiek conservatisme (ingenieur Maurice) tegenover elkaar plaatst en tenslotte vermengt. En het is wellicht om dit laatste thema dat de film stormliep: de promotiecampagne zoomde in op de meer pikante scènes van **Mira**, aangezien door de tijdsgeest (begin jaren 70) die smeekte om onderwerpen die vrije liefde en non-conformisme predikten. (MT)

L'hiver

Marcel Hanoun

L'hiver
Winter

DIRECTOR: Marcel Hanoun
YEAR: 1971
COUNTRY: BE-FR
SCREENPLAY: Marcel Hanoun, Maurice Cury
DIR. PHOT.: Marcel Hanoun
CAMERA: Babette Mangolte
EDITING: Marcel Hanoun
SOUND: Studio Cité
MUSIC: Bernard Pinon
PRODUCER: Pierre Levie, Marcel Hanoun
PROD. CO.: Productions Pierre Levie (Bruxelles)
CAST: Tiziana Siffi (Sophie), Michael Lonsdale (Julien & Marc), Christian Barbier (Le producteur), Frédéric Latin
LANGUAGE: French
GAUGE: 35 mm
SILENT/SOUND: sound
B&W/COLOUR: colour
MINUTES: 82'

◆ A demanding and solitary director, unknown to the public at large, the French-Tunisian Marcel Hanoun for two decades tirelessly worked away at films seen only by a few hundred ardent admirers. His deliberate preference for the experimental, the esoterical even, often put off critics and audiences alike. Complete auteur of his own films, handling screenplay and photography, one of his key themes is a cinema in the process of its own making, of its own definition at the editing stage, of feeling its way between dialogue and interior monologue. Like Straub before him (yet without adapting literary masterpieces so as to reach an audience of intellectuals), Hanoun cultivated his own absolute intransigence in the face of market forces. Between 1968 and 1972 he made four films, each bearing the name of a season. Due to the lack of financial grants in France it was the Belgian Ministry of Culture which supported the shooting of the second instalment **Winter** in Bruges, where Hanoun directed at the same time a brief poetic tourist documentary on the town. **Winter** is precisely the story of a director who accepts a commission to make a short film about Bruges and its art whilst dreaming of putting his actress wife in a feature film with the selfsame setting. To complicate this first stage of distanciation, each one of the characters also has a double: the film-maker falls in love with a woman who resembles his wife, whilst the latter becomes enamoured of her husband's doppelgänger. Needless to say, the film - starring Hanoun's regular Michael Lonsdale - was presented only a few times on the art-house festival circuit.

● Cinéaste exigeant, solitaire et inconnu du grand public, le Franco-Tunisien Marcel Hanoun s'entêta sans relâche, durant une vingtaine d'années, à élaborer son œuvre pour quelques centaines d'inconditionnels. Son choix délibéré de l'expérimental, voire de l'ésotérisme, dérouta souvent critiques et spectateurs. Auteur complet, scénariste et opérateur de ses films, l'un de ses thèmes-clés est de montrer un cinéma en train de se faire, de se définir au montage, de tâtonner entre paroles et monologues intérieurs. Dans la lignée d'un Straub (mais sans passer comme lui par l'adaptation de grandes œuvres littéraires, sorte de caution pour les intellectuels), Hanoun se voulait d'une intransigeance absolue face aux lois du marché. Entre 1968 et 1972, il réalisa quatre films dont chacun porte le nom d'une saison. Faute de subventions en France, c'est avec l'aide du Ministère de la Culture belge qu'il tourna à Bruges le deuxième volet, **L'hiver**, en même temps qu'un bref documentaire touristico-poétique sur la ville. Or, **L'hiver** est justement l'histoire d'un metteur en scène qui entreprend un court métrage de commande sur Bruges et ses œuvres d'art, alors qu'il rêve de faire interpréter une fiction à son épouse comédienne, dans le même décor. Pour compliquer cette première mise en abyme, chacun des personnages va subir un dédoublement: le réalisateur tombe amoureux d'une femme qui ressemble à la sienne, tandis que cette dernière s'éprend d'un sosie de son mari. Il n'est peut-être pas nécessaire d'ajouter que le film, joué par l'un des fidèles d'Hanoun, Michael Lonsdale, ne fut présenté que dans les festivals d'art et d'essai. (RM)

▶ De Frans-Tunesische cineast Marcel Hanoun werkte gedurende een 20-tal jaren onvermoeibaar aan zijn œuvre. Hij was veeleisend, solitair, slechts bekend bij zo'n 100 fans, en zijn bewuste keuze voor het experimentele, zelfs het esoterische, bracht meer dan eens publiek en critici op een dwaalspoor. Een allround auteur die zowel scenario als camerawerk voor zijn rekening nam. Belangrijk thema bij Hanoun is het tonen van de film als een work-in-progress, tijdens de montage zoeken naar vaste vorm, aarzelend tussen dialoog en innerlijke monoloog. Naar het voorbeeld van Straub (zonder zich zoals hij met bewerkingen van klassiekers uit de literatuur tot de intelligentsia te richten), weigerde Hanoun elk compromis tegenover het commerciële filmcircuit. Tussen 1968 en 1972 regisseerde hij vier films, elk genoemd naar een seizoen. In Frankrijk kreeg hij geen subsidies voor het tweede deel en zo kwam hij in Brugge terecht, waar hij aan de opnamen kon beginnen met de steun van het Belgische ministerie van Cultuur. Tegelijk draaide hij een korte toeristisch-poëtische documentaire over deze stad. Precies hierover gaat **L'hiver**: een regisseur werkt aan een documentaire over Brugge, terwijl hij er eigenlijk van droomt in dat decor een langspeelfilm te draaien met zijn echtgenote-actrice in de hoofdrol. Naast deze film in de film krijgt ook elk personage zijn dubbel: de regisseur wordt verliefd op een vrouw die sterk op de zijne lijkt, terwijl deze laatste zelf een dubbelganger van hem aan de haak slaat. Helaas werd deze film, met in de hoofdrol Hanouns vaste acteur Michael Lonsdale, nauwelijks vertoond buiten het alternatieve festivalcircuit.

General Massacre
Burr Jerger

General Massacre
Generaal Massacre

DIRECTOR: Burr Jerger
YEAR: 1971
COUNTRY: BE
SCREENPLAY: Burr Jerger, Herman Wuyts, Tia Jerger
BASED ON: The Saga of April 6th & General Massacre, written by Burr Jerger
DIALOGUE: Burr Jerger
ASST. DIR.: Herman Wuyts
DIR. PHOT.: Herman Wuyts
CAMERA: Herman Wuyts
EDITING: Herman Wuyts
SOUND: Aldo Ferri
PRODUCER: Burr Jerger (Brasschaat)
CAST: Burr Jerger (General Massacre), Christine Gish [Christine Dheere] (Kate Massacre), Gus Williams (General as a young man), Tiffany Tate [Danielle Daxhelet] (Mrs Massacre), Adolph Tsai (Corporal Tsai), Tia Jerger (Mabel Gump), Al Grundy (Military investigator)
LANGUAGE: English
GAUGE: 35 mm
SILENT/SOUND: sound
B&W/COLOUR: B&W + colour
MINUTES: 88'

◆ A US general undergoes a series of interrogations to prepare for his court martial on a charge of deliberately opening fire on Vietnamese civilians (echoes of the My Lai massacre). Defiantly and remorselessly he defends a fascistic, anti-democratic, militaristic ideology with racist undertones in front of a black lieutenant. These black-and-white scenes, filmed in shot-reverse shot sequences, alternate with a Freudian psychological drama revealing the man's underlying erotic macho obsessions. The general is staying in a villa in Brasschaat (to the north of Antwerp) with his daughter, the result of a liaison with a "Nazi whore" during the Liberation. In the course of his stay, he indulges in grotesque war games with his Vietnamese corporal, all the while trying to smother the painful memory of the woman he murdered by carrying on an incestuous love-hate relationship with her daughter.

US immigrant Burr Jerger tried to launch an international film industry in Belgium with this English-language film, which in its day was provocative enough to be censored (it was only rediscovered in 1995). A revealing fact: the all too real filmed execution of a cow caused more outrage at the time than the now emblematic documentary footage of the summary military execution of a Vietcong fighter. But the film's supposed experimental artistic style largely boils down to a clumsy attempt at combining fashionable zooms, freeze-frames and jump cuts with the cheap exploitation of nudity and violence to underpin a genuinely felt but over-insistent and programmatically argued anti-militarism.

● Un général américain subit une série d'interrogatoires préparatoires à sa comparution devant un tribunal militaire. Au Viêt Nam, il avait sciemment ouvert le feu sur des civils (le film fait écho au massacre de My Lai). Provocateur et sans remords, il défend, face à un lieutenant noir, une idéologie fasciste, antidémocratique et belliqueuse aux accents racistes. Les séquences en noir et blanc, en plan-contreplan, alternent avec un psychodrame freudien, dévoilant les obsessions macho-érotiques de l'homme. Il séjourne dans une villa à Brasschaat chez sa fille, conçue à la Libération avec une "pute à nazis". Il y joue des simulations guerrières grotesques avec son caporal vietnamien et tente d'étouffer le souvenir torturant de la femme qu'il assassina et se lançant à corps perdu dans une liaison incestueuse d'amour-haine avec la fille de la morte.

Le réalisateur américain immigré Burr Jerger tenta, avec ce film en langue anglaise, de lancer une industrie cinématographique internationale en Belgique. Considéré à l'époque comme provocant et donc censuré, ce film ne put être redécouvert qu'en 1995. Fait significatif: l'exécution sommaire mais réelle d'une vache provoqua plus d'émoi que les images documentaires, devenues emblématiques, d'une exécution militaire officielle d'un combattant viêt-cong. Le prétendu style artistique et expérimental du film se réduit à une combinaison maladroite de zooms à la mode, d'arrêts sur image et d'ellipses. Le tout est couplé à une exploitation facile de la nudité et de la violence, et arrosé d'antimilitarisme aussi sincère qu'insistant et rigide.

▶ Een Amerikaanse generaal ondergaat een reeks ondervragingen ter voorbereiding van zijn verschijning voor de krijgsraad; in Vietnam had hij bewust burgers onder vuur genomen (een echo van My Lai). Uitdagend en zonder enig berouw verdedigt hij tegenover een zwarte luitenant zijn fascistoïde, antidemocratische, oorlogszuchtige ideologie met racistische ondertonen. Deze zwart-witsequenties in shot-countershot worden afgewisseld met een Freudiaans psychodrama dat de onderliggende erotische macho-obsessies van de man onthult. Hij verblijft in een Brasschaatse villa bij de dochter die hij verwekte bij een "nazi-hoer" tijdens de bevrijding. Hij speelt er groteske "war games" met zijn Vietnamese korporaal en poogt de kwellende herinnering aan de vrouw die hij vermoordde te smoren in een incestueuze haat-liefdeverhouding met haar dochter.

De Amerikaanse inwijkeling Burr Jerger koesterde de hoop in België een internationale filmindustrie op te starten met deze Engelstalige film, die indertijd voldoende provocerend werd bevonden om te censureren (en pas weer werd opgevist in 1995). De maar al te echte executie van een koe lokte daarbij, tekenend genoeg, meer verontwaardiging uit dan de emblematisch geworden documentaire beelden van de standrechtelijke executie van een Vietcongstrijder. Maar de zogenaamd artistiek-experimentele stijl komt helaas vooral neer op een stuntelige combinatie van modieuze zooms, freeze-frames en jump-cuts. Dit wordt gekoppeld aan een goedkope exploitatie van naakt en geweld, onder invloed van een overtuigd maar drammerig en programmatisch antimilitarisme. (DD)

Ieder van ons

Frans Buyens

Ieder van ons
Chacun de nous
Each of Us

DIRECTOR: Frans Buyens
YEAR: 1971
COUNTRY: BE
SCREENPLAY: Frans Buyens
DIALOGUE: Frans Buyens
ASST. DIR.: Guido Henderickx
DIR. PHOT.: Fernand Tack
CAMERA: Fernand Tack, Claude Michiels, Jean-Claude Neckelbrouck
EDITING: Eliane du Bois
SOUND: Jean Muller
MUSIC: Arsène Souffriau
ART DIRECTION: Tone Pauwels
COMMENTS: Frans Buyens
PRODUCER: Frans Buyens
PROD. CO.: Iris Films Dacapo (Brussel)
PROD. SUPERV.: Dirk Van den Eynden
CAST: Dom De Gruyter (Politicus), Cox Habbema (Cox), Eva Kant (Eva)
LANGUAGE: Dutch
GAUGE: 16 mm
SILENT/SOUND: sound
B&W/COLOUR: B&W
MINUTES: 83'

◆ The socially committed documentary-maker Frans Buyens had always wanted to try his hand at making a fiction film, and the experimental **Each of Us** was a first step in that direction. More specifically, it was a ciné-ma-vérité investigation of reality and illusion in social consciousness. Buyens' intention was to appeal to the viewer's conscience and rouse him or her to the necessary acknowledgement of social reality and to appropriate action. The "Flemish Joris Ivens" used fictional plot lines and documentary excerpts to structure his film. Some of the scenes are dramatized, telling of the increasing social awareness of an unscrupulous political figure, while in others Buyens himself appears before the camera to introduce the actors, the characters they play and the situations to be portrayed. Over the course of the film, the inconsistencies in the behaviour and arguments of all protagonists become apparent. Buyens uses this fact to demonstrate that each of us is rift by internal conflicts papered over with fallacious arguments, which we invoke in our attempts to justify ourselves. This is made particularly clear in one scene showing a meeting between the actor-characters and some Belgian and foreign friends. The camera records the ensuing discussion of world reform, revolution, pacifism and society on the spot. This engaging and well-argued manifesto - a philosophical battle of words which deals mercilessly with modern consumer society - was premièred in the auditorium of the state university centre in Antwerp a few days after Buyens' previous film **Open Dialogue**.

● Frans Buyens, documentariste social très engagé, rêvait depuis longtemps de s'essayer à la fiction. Son film expérimental **Chacun de nous** fut une première tentative dans ce sens, un essai de film-enquête en forme de cinéma-vérité sur les apparences et la réalité de l'engagement social. Avec cette œuvre qui veut troubler le spectateur, l'agitateur Buyens cherche à le conscientiser en dévoilant l'évidence pour inciter à mieux la combattre. Pour ce faire, le "Joris Ivens flamand" fait usage d'une intrigue fictive mêlée de fragments documentaires. On voit, d'une part, des scènes jouées autour du thème de la prise de conscience d'un personnage politique peu scrupuleux, et, d'autre part, des séquences où Buyens apparaît lui-même devant la caméra pour introduire acteurs, personnages et situations. Au cours du film, les inconséquences des comportements et des raisonnements transparaissent peu à peu, autant d'occasions pour Buyens de révéler les contradictions qui habitent chacun de nous et les faux raisonnements dont nous usons pour nous justifier. Ceci est particulièrement frappant lors de la rencontre, filmée telle quelle, entre les acteurs-personnages et des amis belges et étrangers débattant des réformes du monde, de la révolution, du pacifisme, de la société, etc. Manifeste intéressant et cohérent, **Chacun de nous** est un acte verbal de belligérance philosophique qui prend la société de consommation pour cible. Le film fut projeté en avant-première à l'Auditorium du Centre Universitaire d'Anvers quelques jours après la sortie de l'œuvre précédente de Buyens, **Dialogue ouvert**.

► De erg sociaal geëngageerde documentarist Frans Buyens droomde er al lang van de stap naar de fictiefilm te wagen. Het experimentele **Ieder van ons** was een eerste poging in die richting. Eigenlijk ging het om een in cinéma vérité-stijl gedraaide enquêtefilm over schijn en werkelijkheid in het sociale engagement. Met **Ieder van ons** wilde agitator Buyens de toeschouwer een geweten schoppen en hem duiden op de plicht om de waarheid onder ogen te zien en daar ook naar te handelen. De "Vlaamse Joris Ivens" maakte hierbij gebruik van een fictieve intrige en documentaire scènes. Enerzijds bevat de film geacteerde opnamen over de bewustwording van een gewetenloze politieke figuur, en anderzijds treedt Buyens zelf voor de camera om enkele acteurs, hun personages en de situaties waarin ze terecht gaan komen, voor te stellen. In de loop van de film beginnen de inconsequenties van hun gedragingen en redeneringen door te schemeren, waarmee Buyens wil aantonen dat ieder van ons vol tegenstrijdigheden zit en zich met behulp van valse redeneringen tracht te verdedigen. Dit wordt overduidelijk wanneer tijdens een ontmoeting van de acteurs-personages met enkele Belgische en buitenlandse vrienden een discussie ontstaat over de wereldhervormingen, revolutie, pacifisme, de samenleving enz., een debat dat door de cineast rechtstreeks op pellicule werd vastgelegd. Dit interessante en consequente manifest, een levensbeschouwelijke woordenstrijd die de moderne consumptiemaatschappij op de korrel neemt, ging enkele dagen na Buyens' vorige film **Open dialoog** in première in het Auditorium van het Rijksuniversitair Centrum te Antwerpen. *(LJ)*

Chine

Gérard Valet, Henri Roanne

Chine
China

DIRECTOR: Gérard Valet, Henri Roanne
YEAR: 1971
COUNTRY: BE
SCREENPLAY: Gérard Valet, Henri Roanne
CAMERA: André Goeffers
EDITING: Paul Leleu
SOUND: Henri Roanne
COMMENTS: Gérard Valet, Henri Roanne
PRODUCER: Gérard Valet, Henri Roanne
VOICES: Gérard Valet
LANGUAGE: French
GAUGE: 16 mm
SILENT/SOUND: sound
B&W/COLOUR: colour
MINUTES: 83'

◆ Throughout the sixties, the radio production team of Henri Roanne and the Frenchman Gérard Valet garnered much praise and numerous awards for their documentary and cultural programmes. Tempted by the small screen, they turned to reportages on Canada, Japan and Iran before embarking on a piece for television stations worldwide (and later for the cinema), the first film by Western journalists devoted to the everyday life of the Chinese since the Cultural Revolution. China's recent entry into the United Nations and the scarcity of images from the People's Republic would explain the success of the film, which fascinated by virtue of its subject matter rather than its lacklustre editing and photography.

The film-makers' gaze intends to be candid and politically distanced, expressing neither support nor condemnation. In one month they covered 4 500 miles observing post-1966 China, with its cities (including Beijing and Shanghai) and districts, shops and museums, its spectacles and universities. The film records daily routines, investigates the notions of the family and school in Mao's China, calculates the impact of recent troubles on the young and on workers, explores the bustling port of Shanghai and the imperial marvels of the Forbidden City. From the "little red book" and its biblical status to operations by acupuncture, a multifaceted, humanist picture of China emerges, albeit often merely glimpsed between the lines of the official truths. As such the viewer enjoys a tourist's view, impressionistic and apolitical, which allows space for a personal judgement or conclusion.

● Tout au long des années 60, l'équipe radiophonique formée par Henri Roanne et le Français Gérard Valet avait additionné les récompenses et les éloges pour ses émissions documentaires et d'animation sur antenne. Tentés par le petit écran, les journalistes signèrent ensuite des reportages sur le Canada, le Japon ou l'Iran, avant de réaliser pour les télévisions mondiales (puis les salles de cinéma) le premier long métrage consacré à la vie quotidienne des Chinois depuis la Révolution Culturelle par des reporters occidentaux. La récente entrée de la Chine aux Nations unies et le peu d'images en provenance de la République Populaire expliquèrent le succès d'un film fort terne sur le plan du montage et des prises de vues, mais passionnant par son sujet.

Le regard des auteurs se veut candide, sans engagement politique, sans éloge ni condamnation. Ils firent 7000 kilomètres en un mois pour observer la Chine d'après 1966, avec ses grandes villes (dont Pékin et Shanghai) et ses communes populaires, ses magasins et ses musées, ses spectacles et ses universités. On filme la vie de tous les jours, on s'interroge sur la notion de famille ou d'école dans la Chine de Mao, on suppute l'impact des troubles récents sur les jeunes ou sur les ouvriers, on découvre le port animé de Shanghai ou la Cité Interdite aux merveilles ancestrales. Du "petit livre rouge" comme bible, aux opérations par l'acuponcture, une Chine multiforme et humaine se dessine, à lire souvent en filigrane, au-delà des vérités officielles. Une sorte de tourisme impressionniste et apolitique, qui laisse à chaque spectateur le soin de juger ou de conclure. (RM)

▶ Tijdens de jaren 60 vormden Henri Roanne en de Fransman Gérard Valet een radioduo, alom gelauwerd en bekroond voor hun animatieprogramma's en documentaires. Na een overstap naar de televisie draaiden ze reportages over Canada, Japan of Iran, alvorens aan een langspeelfilm te beginnen, bestemd voor de buitenlandse zenders (en later ook de bioscoop): het allereerste document gemaakt door westerse journalisten over het dagelijkse leven van de Chinees na de Culturele Revolutie. Het recente toetreden van China tot de VN en de schaarste aan beeldmateriaal over de Volksrepubliek verklaarden het succes van deze nogal doffe film (vooral wat de fotografie en de montage betreft), over een weliswaar boeiend onderwerp.

De auteurs gaan bescheiden te werk en vermijden elk politiek engagement, elke lofrede of veroordeling. Ze maken, in een maand tijd, een reis van 7000 kilometer door het China van na 1966, met zijn grootsteden (o.a. Peking en Shanghai) en zijn volkscommunes, zijn winkels en musea, spektakels en universiteiten. Ze filmen het dagelijkse leven, stellen zich vragen over familiebanden en het schoolleven in het China van Mao, peilen naar de invloed van recente onrusten op jongeren en arbeiders en ontdekken de bruisende haven van Shanghai of de Verboden Stad met haar oude schatten. Van het "kleine rode boekje" (hun Bijbel) tot operaties met acupunctuur wordt een veelzijdig en menselijk beeld geschetst van een China dat vooral onderhuids begrepen moet worden, voorbij de officiële waarheden. Een impressionistisch, apolitiek toerisme, dat elkeen de vrijheid laat eigen besluiten te trekken en een eigen oordeel te vormen.

L'explosion

Marc Simenon

Co-production

L'explosion
L'échappée fabuleuse
Sex Explosion

DIRECTOR: Marc Simenon
YEAR: 1971
COUNTRY: FR-BE-IT-CN
SCREENPLAY: Alphonse Boudard
DIALOGUE: Alphonse Boudard
CAMERA: Raoul Coutard
EDITING: Michel Pecas
SOUND: Studio Cité
MUSIC: Henri Salvador
PRODUCER: Paul Laffargue
PROD. CO.: Kangourou Films (Paris)
CO-PRODUCER: Pierre David, Pierre Levie
CO-PROD. CO.: SODEP (Bruxelles), Société d'Expansion du
Spectacle SES (Paris), Films Mutuels
(Montréal), NC Cinematografica (Roma)
LANGUAGE: French
GAUGE: 35 mm
SILENT/SOUND: sound
B&W/COLOUR: colour
MINUTES: 91'

CAST: Fernand Gravey (Labrize), Frédéric de Pasquale (Paolo), Michèle Richard (Nico), Mylène Demongeot (Katia), Mario David (Riton), Françoise Prévost (Charlotte), Dominique Delpierre (Sophie), Richard Harrison (Max), Paul Préboist (Inspecteur), Pierre Tornade (Léopold), Philippe Monnet (Patrick), Pierre Repp (Dubois), Silvano Tranquilli (Aubrey), Eleonora Vivaldi (Mrs Betty Clark)

Pink Floyd à Pompéi

Adrian Maben

Co-production

Pink Floyd à Pompéi
Pink Floyd live à Pompéi
Pink Floyd in Pompeii
Pink Floyd

DIRECTOR: Adrian Maben
YEAR: 1971
COUNTRY: FR-BE-GW
SCREENPLAY: Adrian Maben
CAMERA: Gabor Pogany, Willy Kurant
EDITING: Adrian Maben
SOUND: Peter Watts, Charles Rauchet
ART DIRECTOR: José Pinheiro
PRODUCER: Michèle Arnaud
PROD. CO.: ORTF (Paris), Artium Summa (Bruxelles),
RTBF (Bruxelles), Bayerischer Rundfunk
(München)
PROD. MGR.: Marc L'Aurore, Hans Thorner, Leonardo
Pescarolo
LANGUAGE: -
GAUGE: 35 mm
SILENT/SOUND: sound
B&W/COLOUR: colour
MINUTES: 85'

Lucky Luke

Belvision, Morris, René Goscinny

Lucky Luke
Lucky Luke in Daisy Town
Daisy Town

DIRECTOR: Belvision, Morris, René Goscinny
YEAR: 1971
COUNTRY: BE-FR
SCREENPLAY: Morris, Pierre Tchernia, René Goscinny
BASED ON: Lucky Luke, written by Morris
DIALOGUE: Morris, René Goscinny, Pierre Tchernia
CAMERA: François Léonard, Jean Midre
ANIMATION: Nic Broca, Marcel Colbrant, Louis-Michel Carpentier, André Gahide
EDITING: Jean-Pierre Cereghetti, Roger Cacheux
SOUND: Henri Gruel
MUSIC: Claude Bolling
ART DIRECTOR: Morris, Paulette Smets-Melloul
PRODUCER: René Goscinny, Raymond Leblanc
PROD. CO.: Belvision (Bruxelles)
PROD. SUPERV.: José Dutillieu
CO-PRODUCER: Georges Dargaud
CO-PROD. CO.: Dargaud Films (Paris), Artistes Associés (Paris)
VOICES: Marcel Bozzufi (Lucky Luke), Jean Berger (Jolly Jumper), Pierre Trabaud (Joe Dalton), Jacques Balutin (William Dalton), Jacques Jouanneau (Jack Dalton), Pierre Tornade (Averell Dalton), Jacques Fabbri (Le maire), Claude Dasset (Chef indien), Roger Carel (Le croque-mort/Le vautour), Nicole Croisille (Chanteuse Lulu Carabine), Gérard Dinal (Aboyeur du quadrille), Pat Woods (Chanteur de ballade)
LANGUAGE: French
GAUGE: 35 mm
SILENT/SOUND: sound
B&W/COLOUR: colour
MINUTES: 78'
NOTES: Storyboard: Eddy Lateste, Jos Marissen
Set designers: Claude Lambert, Philippe Wallet

◆ The overwhelming box-office success of the two feature-length Asterix cartoons persuaded publisher Georges Dargaud to mount another collaboration with the Belvision studios. With the vogue for spaghetti westerns then at its height, the colleagues decided to bring to the big screen the exploits of an illustrious comic-strip cowboy, the phlegmatic Lucky Luke. The character was created in 1946 for the magazine *Spirou* by Belgian cartoonist Maurice De Bevere - better known as Morris - and with 18 million albums sold in a dozen countries by 1970, there could be little doubt as to his popularity with young readers. During his six-year stay in the States, Morris collected material on the Wild West heroes, and whilst in New York he met the future father of Asterix, René Goscinny, who became his storywriter. This was the crack team behind the legendary figures of Lucky Luke - foe to all bad guys, righter of wrongs and crusader of the West, "the man who shoots faster than his shadow" - Jolly Jumper, his crafty quibbler of a steed, and the terrible Dalton Brothers, a cretinous quartet of outlaws who amidst the saloons, Redskins and epic gunfights rain terror on Daisy Town.

This is the cast of "the world's first cartoon western", which also reunited the writers of the comic-books with Pierre Tchernia, their collaborator on **Asterix and Cleopatra**. The clichés of the genre were gently parodied in an animation brimming with inventiveness and set to a perky pastiche score by Claude Bolling. This ensured that even adult film-buffs would find something to tickle their connoisseur's fancy in the shape of these cheery references to the myths of the West.

● Le raz de marée triomphal des deux longs métrages dessinés illustrant les aventures d'Astérix persuada l'éditeur Georges Dargaud de collaborer à nouveau avec les studios Belvision. La vogue des "westerns spaghetti" battant alors son plein, les deux compères décidèrent de porter au cinéma les exploits d'un illustre cow-boy de BD: le flegmatique Lucky Luke. Le personnage avait été créé en 1946 par un cartooniste belge, Maurice De Bevere, dit Morris, pour le magazine *Spirou* et les 18 millions d'albums vendus jusqu'en 1970 dans une dizaine de pays prouvaient assez son impact auprès des jeunes lecteurs. Morris était parti durant six ans aux Etats-Unis pour se documenter soigneusement sur les héros de l'Ouest; il avait aussi rencontré à New York le futur père d'Astérix, René Goscinny, qui était devenu son scénariste. C'est ce duo de choc qui avait imaginé les légendaires bonshommes dessinés: Lucky Luke, redresseur de torts, cauchemar des méchants et paladin du Far West, "l'homme qui tire plus vite que son ombre"; son cheval Jolly Jumper, futé et raisonneur; et aussi les affreux Frères Dalton, un quatuor de crétins des plaines faisant régner la terreur à Daisy Town, sur fond de saloons, de Peaux-Rouges et de "gunfights" épiques.

On retrouve toute cette troupe dans le "premier western mondial en dessin animé", où Pierre Tchernia se joignit à nouveau (après **Astérix et Cléopâtre**) aux scénaristes des albums: les poncifs du genre furent allègrement parodiés, en une animation pleine d'inventivité, sur une musique-pastiche guillerette de Claude Bolling. Ainsi, même les cinéphiles adultes purent savourer en connaisseurs ces références joyeuses aux mythes de l'Ouest. (RM)

▶ De triomfmars van de twee Asterix-tekenfilms bracht uitgever Georges Dargaud ertoe opnieuw met de Belvision-studio's in zee te gaan. Spaghettiwesterns waren in en de twee partners besloten dan ook de avonturen te verfilmen van een welbekende stripcowboy: de onverstoorbare Lucky Luke, een geesteskind van de Belgische cartoonist Maurice De Bevere - beter bekend als Morris - die zijn cowboyfiguur in 1946 creëerde voor het tijdschrift *Robbedoes*. In 1970 waren al 18 miljoen albums over de toonbank gegaan in zo'n tien verschillende landen, een duidelijk bewijs dat het personage aansloeg bij de jeugd. Morris bracht zes jaar in de VS door om zich uitgebreid te documenteren over de helden van het wilde westen. In New York liep hij de toekomstige auteur van Asterix, René Goscinny, tegen het lijf, die zijn scenarist werd. Het duo werd het brein achter legendarische striphelden: Lucky Luke, gesel der slechteriken, ridder van de Far-West, "de man die sneller schiet dan zijn schaduw"; zijn paard Jolly Jumper, vitterig en gewiekst; en natuurlijk ook de verschrikkelijke gebroeders Dalton, een viertal prairieschurken die terreur zaaien in Daisy Town, te midden van saloons, roodhuiden en epische revolverduels.

In deze "eerste animatiewestern ter wereld", waarvoor Pierre Tchernia opnieuw (na **Asterix en Cleopatra**) samenwerkte met de scenaristen van de strips, vinden we heel de olijke bende terug. Alle clichés van het genre worden vrolijk geparodieerd in de fantasierijke animatie, op een vogelvrij wijsje van Claude Bolling. Zelfs voor de volwassen filmliefhebber is het dus genieten van de vele knipoogjes naar de wild-westmythen.

Rendez-vous à Bray

André Delvaux

Rendez-vous à Bray
Afspraak te Bray
Rendezvous at Bray

DIRECTOR: André Delvaux
YEAR: 1971
COUNTRY: BE-FR-GW
SCREENPLAY: André Delvaux
BASED ON: Le roi Cophétua, written by Julien Gracq
DIALOGUE: André Delvaux
ASST. DIR.: Charlotte Fraisse, Michel Rey
CAMERA: Ghislain Cloquet, Michel Baudour, Charlie Van Damme
EDITING: Nicole Berckmans, Christiane Gratton, Lydie Michon
SOUND: André Hervée
MUSIC: Frédéric Devreese
ART DIRECTOR: Claude Pignot, Albert Volper
COSTUMES: Geneviève Tonnelier
PRODUCER: Arthur Mathonet, Henri Weis, André Weis, Paul Collet, Pierre Drouot, Alain Guilleaume, Mag Bodard
PROD. CO.: Studios Arthur Mathonet (Bruxelles), Ciné Vog Films (Bruxelles), Showking Films (Bruxelles), Parc Film (Paris), Taurus Film (München)
PROD. SUPERV.: Pierre Gout
CAST: Mathieu Carrière (Julien Eschenbach), Anna Karina (Jeune femme), Bulle Ogier (Odile), Roger Van Hool (Jacques Nueil), Pierre Vernier (Monsieur Haussman), Martine Sarcey (Madame Haussman), Jean Bouise (Rédacteur en chef), Boby Lapointe (Aubergiste), Luce Garcia-Ville (Mère de Jacques), Nella Bielski, Pierre Lampe, Jean Aron, Léonce Corne
LANGUAGE: French
GAUGE: 35 mm
SILENT/SOUND: sound
B&W/COLOUR: colour
MINUTES: 89'

◆ André Delvaux's adaptation of the novella *Le roi Cophétua* by Julien Gracq displays a great freedom with its original text, for in Delvaux's words what counts in the transposition is "neither the atmosphere nor the characters, but the language". The action is set in France during the 1914-18 war. Julien, a young pianist from Luxembourg, receives an invitation to meet his friend Jacques, also a musician and composer, at the latter's country house during his leave from the army. Julien waits in vain. Jacques does not keep their rendezvous in Bray, leaving his friend for a day and a night in the silent, loving hands of a beautiful and mysterious servant girl.

The time of the film is Julien's waiting, remembering. In the confines of this ample house set in a large estate, everything becomes a trigger of memories, of the carefree life the two lived, a sort of modest Jules et Jim, happy at the side of Odile. A musical score, a painting, a meal, a woman - the five senses, in other words - plunge Julien back into the history of their friendship, taking on the role of Proust's "madeleines". We are left guessing as to why Jacques is absent and whether this day and this woman are the farewell gifts of a friend who knew he would die at the front. André Delvaux teases at the possibilities of a narrative situated in the poetic field of magical realism. The film plays expertly with different levels of perception and allows its characters to retain their mysterious opacity. It was awarded the Louis Delluc Prize for 1972.

● André Delvaux s'est ici permis de s'inspirer librement d'une nouvelle de Julien Gracq, *Le roi Cophétua*, car, dit-il, "ce qui compte dans la transposition d'un texte littéraire, ce n'est ni le climat ni les personnages, mais le langage". L'action se situe en France, pendant la guerre de 14-18. Jacques, musicien et compositeur, profite d'une permission pour inviter dans sa propriété de campagne son ami Julien. Ce dernier, pianiste luxembourgeois, l'attendra en vain, car Jacques ne viendra pas au rendez-vous de Bray, laissant son ami pendant un jour et une nuit entre les mains silencieuses et amoureuses d'une belle et mystérieuse servante.

Le temps du film est celui de l'attente et du souvenir. Dans cette très confortable maison perdue dans un grand parc, tout devient un déclencheur de mémoire, de la vie insouciante d'avant, quand les deux amis, sortes de Jules et Jim pudiques, étaient heureux auprès de la gentille Odile. Une partition de musique, un tableau, un repas, une femme, c'est-à-dire les cinq sens, vont replonger Julien dans l'histoire de leur amitié et joueront le rôle de la "madeleine" proustienne. On ne saura jamais clairement le pourquoi de l'absence de Jacques; et si cette journée et cette femme étaient les ultimes dons d'un ami sachant que la mort l'attendait au front? André Delvaux tisse là les subtils possibles d'un récit qui se situe dans le territoire poétique du réalisme magique. Ce film, qui maîtrise les glissements de la perception et laisse aux êtres toute leur mystérieuse opacité, a été récompensé par le Prix Louis Delluc 1972. (JA)

▶ Deze film van André Delvaux is vrij geïnspireerd op de novelle van Julien Gracq *Le roi Cophétua*. Voor een verfilming van een literair werk zijn volgens de auteur immers niet de sfeer of de personages van belang, maar de taal. Het verhaal speelt in Frankrijk tijdens de Eerste Wereldoorlog. Julien, een Luxemburgs pianist, wordt uitgenodigd op het landgoed van een bevriend muzikant, Jacques, die gemobiliseerd is maar verlof kreeg. Jacques verschijnt echter niet op de afspraak te Bray, en de vergeefs wachtende Julien brengt de dag en de nacht door in de stilzwijgende en liefdevolle handen van een mooie, geheimzinnige huishoudster.

Het wachten en het ophalen van herinneringen bepalen het tijdsverloop van de film. In het riante huis doet alles denken aan het onbezorgde leven van vroeger, toen de twee vrienden, als een soort "Jules et Jim", het geluk kenden bij de lieve Odile. Een partituur, een schilderij, een maaltijd, een vrouw - de vijf zintuigen - dompelen Julien onder in de geschiedenis van hun vriendschap, zoals de "madeleine"-koekjes van Proust. Het waarom van Jacques' afwezigheid wordt nooit helemaal duidelijk: misschien wilde hij zijn vriend gewoon deze dag en deze vrouw aanbieden als een afscheidsgeschenk, wetende dat hij aan het front zou sterven? Zo doorweeft André Delvaux zijn film met de subtiele suggesties van een verhaal dat zich situeert op het poëtische terrein van het magisch realisme. De film is een meesterlijke weergave van verschuivingen in het bewustzijn en geeft nergens de ondoordringbare geheimzinnigheid van zijn personages prijs. Hij werd bekroond met de Louis Delluc-Prijs in 1972.

S/J Fossiléa

Jean Mulders

S/J Fossiléa

DIRECTOR: Jean Mulders
YEAR: 1971
COUNTRY: BE
SCREENPLAY: Jean Mulders
CAMERA: Gérard Collet, Alessandro Usai, J.-L. Delbreuve
EDITING: Monique Boffa, Annette Wauthoz
SOUND: Roger Cambier
MUSIC: J.-L. Manderlier, Stéphane Lizin
PRODUCER: Michel Hayoit, Jean Mulders
PROD. CO.: Institut des Arts de Diffusion IAD (Louvain-la-Neuve)
VOICES: Nadine Preiser, Christian Coppin (Saint-Just), Christine Jans (Juliette), Luc Vreux (Sade), Luc Jabon (Maldoror), Monique Boffa, Valdemar Lopes dos Santos
LANGUAGE: French
GAUGE: 16 mm
SILENT/SOUND: sound
B&W/COLOUR: B&W
MINUTES: 92'

◆ The Institut des Arts de Diffusion IAD was the first film school in Belgium. Founded in Brussels in September 1959 at the initiative of Catholic groups, the school taught radio, television and film technique. Three years later followed a secular equivalent (the INSAS) and a similar Flemish-language institute (the RITCS). The young pupils were brimming with energy, eager to establish themselves a reputation with their very first efforts. In December 1971 a Festival was staged in Waterloo devoted to the work of former students, with one of the most notable contributions coming from an assiduous IAD graduate, the 26-year-old Jean Mulders, creator of two shorts during his student days (**Hate and Poetry** in 1968 and **Adam in Anti-Wonderland** the following year). These two experimental literary shorts were demanding, not to say esoteric. **S/J Fossiléa** is a similarly opaque work, described by Boris Lehman as "the most disturbing full-length film at the Festival". He added: "Eschewing traditional narrative and spatio-temporal conventions, attempting to create a new space-time by the repetition and variation of concept-shots and stock, referential characters, Mulders stumbles across something new and incredibly exciting." A fossilized place of sand, rock, trees and wire netting, traversed by bizarre zooms and tracking shots, is the imaginary home to writers and their creations, with their texts chanted by alternating voices - Saint-Just (the S/J of the title, doubled as both a man and a woman), Sade (with Juliette and Justine), Maldoror... A film to rediscover. Mulders himself committed suicide in 1979.

● Au seuil des années 60, l'Institut des Arts de Diffusion IAD fut, en Belgique, la première école de cinéma. Fondé à Bruxelles en septembre 1959, à l'initiative des milieux catholiques, cet établissement enseignait les techniques du film, de la télévision et de la radio. Trois ans plus tard apparaissait un institut laïque (l'INSAS) et un homologue flamand (le RITCS): on imagine l'effervescence et l'enthousiasme des jeunes élèves, avides de s'imposer au plus vite, dès leurs premiers travaux. Un festival réservé aux œuvres des diplômés d'écoles de cinéma se déroula en décembre 1971 à Waterloo, révélant notamment un fort en thème de l'IAD: Jean Mulders, 26 ans, déjà auteur de deux courts métrages pendant ses études (**La haine et la poésie** en 1968 et **Adam au pays des anti-merveilles**, l'année suivante). Ces essais se référaient à une littérature exigeante, voire ésotérique. La même difficulté de décodage concerne **S/J Fossiléa**, le long métrage "le plus dérangeant du Festival" selon Boris Lehman, qui ajoute: "Refusant les supports narratifs et spatio-temporels, tentant de créer un nouvel espace-temps par la répétition et la permutation de plans-concepts et de personnages-citations, Mulders balbutie quelque chose de neuf et d'infiniment passionnant." Un lieu fossilisé fait de sable, de rochers, d'arbres et de grillages, balayé par zooms et travellings insolites, sert d'univers imaginaire à des écrivains et des créatures littéraires, sur des textes dits en chants alternés: Saint-Just (le S/J du titre, dédoublé en homme et femme), Sade (avec Juliette et Justine), Maldoror... Un film-météore à revoir, dont l'auteur s'est suicidé en 1979. (RM)

▶ Aan de vooravond van de jaren 60 was het Institut des Arts de Diffusion IAD de eerste filmschool in België. Opgericht te Brussel in september 1959 op initiatief van katholieke kringen, onderwees deze instelling film-, televisie- en radiotechnieken. Drie jaar later kwam er ook een openbare (het INSAS) en een Vlaamse tegenhanger (het RITCS): men kan zich makkelijk inleven in het enthousiasme van de jonge leerlingen, brandend van verlangen om zich al met hun eerste werk te bevestigen. In december 1971 vond te Waterloo een festival plaats specifiek gewijd aan het werk van gediplomeerde filmstudenten, waar het IAD meteen toonde wat het in zijn mars had: Jean Mulders, 26 jaar en reeds auteur van twee tijdens zijn studies gerealiseerde kortfilms (**La haine et la poésie**, 1968 en **Adam au pays des anti-merveilles**, 1969). Beide essays putten uit een ontoegankelijke, ja zelfs esoterische literatuur. **S/J Fossiléa** was al even hermetisch en de "meest storende langspeelfilm van het Festival", volgens Boris Lehman: "Door elk narratief of tijd-ruimtelijk kader te vermijden en te trachten een nieuwe ruimte-tijd te creëren via herhaling en de permutatie van conceptuele shots en personages-citaten, brouwt Mulders iets nieuws en eindeloos boeiends". Een gefossiliseerde ruimte bestaande uit zand, rotsen, bomen en traliewerk, verkend door opmerkelijke zooms en travellings, fungeert als verbeeldingswereld voor schrijvers en hun scheppingen, begeleid door gesproken en gezongen teksten: Saint-Just (de S/J uit de titel, ontdubbeld als man en vrouw), Sade (met Juliette en Justine), Maldoror... De auteur van deze te herontdekken film-komeet pleegde zelfmoord in 1979.

Franz
Jacques Brel

Franz

DIRECTOR: Jacques Brel
YEAR: 1971
COUNTRY: BE-FR
SCREENPLAY: Jacques Brel, Paul Andreota
DIALOGUE: Jacques Brel, Paul Andreota
DIR. PHOT.: Alain Levent
CAMERA: Armand Marco, Christian Garnier
EDITING: Jacqueline Thiédot, Marie-Thérèse Pernet, Denise Vindevogel
SOUND: René Longuet, Maurice Dagonneau
MUSIC: François Rauber, Jacques Brel
ART DIRECTOR: Jean Marlier
COSTUMES: Odette Bossard
PRODUCER: Michel Ardan
PROD. CO.: Elan Film (Bruxelles), Ciné Vog Films (Bruxelles), Belles Rives (Paris)
CAST: Jacques Brel (Léon), Barbara (Léonie), Danièle Evenou (Catherine), Fernand Fabre (Antoine), Serge Sauvion (Serge), François Cadet (Jules), Louis Navarre (Armand), Jacques Provins (M. Grosjean), Ceel (Pascal), Luc Poret (Henri), Catherine Bady (Mme Grosjean), Edouard Caillau (Maître d'hôtel), Roger Darton (L'amant de la mère), Simone Max (La mère de Léon), André Gevrey (Le cocher), Hilda Van Roose
LANGUAGE: French
GAUGE: 35 mm
SILENT/SOUND: sound
B&W/COLOUR: colour
MINUTES: 91'

◆ In May 1967 Jacques Brel turned his back on the world of concerts: henceforth it was the cinema which would absorb all his energies (apart from one foray into the musical with *L'homme de la Mancha* ("The Man of La Mancha")). He starred in ten films before '73, two of which he himself directed. As early as '56 Brel had shot with a group of friends a 10' comedy in a Brussels brasserie (**Monsieur Clément's Greatest Fear**). This time, however, the result is a full-length feature, written, directed and starred in by Brel in a region he knows well: the Flemish "plat pays" along the immense North Sea beaches. Not one song features in the film - despite the presence of Brel and Barbara heading the cast - save that sung in Dutch by Liesbeth List over the title sequence, a helicopter shot following the coastal tram line along the dunes. Instead we have a plot and characters straight out of the director's musical universe.

In a hotel for minor public officials, Brel plays a shy, tortured soul who seeks solace in his lies (Katanga, with his friend Franz), his naïve daydreams and awkward love for a rather ugly Bovary. He is plagued by a group of imbecilic old codgers whose constant stream of tittle-tattle threatens this vague chance of happiness. Their insipid commonplaces and dull-wittedness alternate with moments of the purest escape - a bicycle ride for two by the canal, lessons in sand-yachting and the poetry of the waves under vast Flemish skies. Yet in the end, the sniggering of the outsiders gets the better of him (as does his monstrous mother Simone Max), the dream is smashed by the efforts of the idiots and the full flood of Brel's pessimism bursts forth. As such, this cry of outrage is surely underrated.

● En mai 1967, Jacques Brel abandonne à jamais le tour de chant. C'est désormais le cinéma (à part une incursion dans la comédie musicale avec *L'homme de la Mancha*) qui le passionne: dix films en tant qu'acteur jusqu'en 1973, dont deux qu'il réalise. Déjà en 1956, Brel s'était amusé à tourner entre copains une pochade de dix minutes dans une brasserie de la Grand-Place de Bruxelles (**La grande peur de Monsieur Clément**); mais cette fois, c'est l'aventure du long métrage, qu'il écrit, met en scène et interprète dans une région qu'il connaît bien: la côte belge, le "plat pays", les plages immenses de la mer du Nord. Aucune chanson dans le film, malgré Brel et Barbara en tête d'affiche, excepté celle chantée en néerlandais par Liesbeth List pendant le travelling aérien du générique, qui suit le tramway côtier le long des dunes - mais une intrigue et des personnages, sortis tout droit de l'univers musical du réalisateur.

Dans un hôtel pour petits fonctionnaires, Brel interprète un timide, un écorché vif, qui se réfugie dans ses mensonges (le Katanga, avec son ami Franz), ses rêvasseries naïves, son amour maladroit pour une Bovary un peu moche, face à un groupe de ringards imbéciles qui multiplient ragots et tours pendables pour briser cette ébauche de bonheur. Leurs lieux communs insipides, leur lourdeur belgicaine alternent avec de purs moments d'évasion: bicyclette à deux près du canal, courses de chars à voile, poésie des vagues sous les grands ciels flamands. Mais le ricanement l'emporte (ainsi l'hénaurme Simone Max, en mère monstrueuse), le rêve est fracassé par les corniauds, et tout le pessimisme de Brel se donne libre cours, dans ce film-cri trop mésestimé. (RM)

► In mei 1967 zegt Jacques Brel de scène vaarwel (buiten nog een optreden in de musical *L'homme de la Mancha*). Voortaan heet zijn passie cinema: niet alleen als acteur (tien films) maar ook als regisseur (twee films). In 1956 al draaide Brel met enkele vrienden een tien minuten lange sketch in een brasserie op de Brusselse Grote Markt (**La grande peur de Monsieur Clément**). Ditmaal echter waagt hij zich aan een langspeelfilm, die hij zelf schrijft, regisseert en vertolkt in een streek die hij goed kent: het "plat pays" en de onmetelijke stranden van de Noordzee. Ondanks de aanwezigheid van Brel en Barbara valt er in deze film geen liedje te bespeuren, buiten één Nederlandstalig nummer van Liesbeth List, dat de generiek begeleidt terwijl een travelling vanuit de lucht de kusttram langs de duinen volgt. Maar plot en personages komen wel regelrecht uit het muzikale universum van de regisseur.

Brel is een teruggetrokken, gepijnigde man die in een pension voor kleine ambtenaren verblijft en de werkelijkheid ontvlucht in leugens ("Katanga, met zijn vriend Franz"), naïeve dromerij en een stuntelige verliefdheid op een weinig aantrekkelijke Madame Bovary, terwijl het geroddel en de gemene streken van een stel imbeciele sukkels hun prille geluk bedreigen. Hun smakeloze banaliteit, hun typisch Belgische lompheid wisselen af met momenten van bevrijding: met twee op de fiets langs het kanaal, zeilwagenraces, de poëtisch golvende zee onder de ruime Vlaamse hemel. Maar het hoongelach (met Simone Max als monsterlijke moederfiguur) haalt het uiteindelijk, de droom wordt aan stukken gereten door kleinzieligheid en Brels pessimisme krijgt de vrije loop in deze onderschatte, expressieve film.

L'amoureuse

Christian Mesnil

L'amoureuse
De verliefde
Verliefd
The Lover
Woman in Love

DIRECTOR: Christian Mesnil
YEAR: 1971-1972
COUNTRY: BE
SCREENPLAY: Christian Mesnil, Marianne Mesnil
DIALOGUE: Jean Colette, Christian Mesnil, Annie Thonon
ASST. DIR.: Gérard Corbiau, Jacques De Pauw
DIR. PHOT.: Michel Baudour
CAMERA: Michel Mernier, François Segura, Jacques Fondaire
EDITING: Martin Frognier
SOUND: Jacques Urbain, Michel Vanesse
MUSIC: Arsène Souffriau
ART DIRECTOR: Marianne Mesnil
PRODUCER: Christian Mesnil, Marie de Brouwer
PROD. CO.: New International Pictures NIP (Bruxelles), Les Films Christian Mesnil (Bruxelles)
PROD. SUPERV.: Baudouin Mussche
CAST: Adriana Bogdan (Anne Blanc), Marcel Berteau (Docteur Jonquet), Arlette Biernaux (Madame Blanc), Christine Carell (Sophie), Suzy Monal, André Lenaerts, Pierre Lampe, Arthur Bergeron, Jean Musin, Monica Swinn, Alice Verhees, Nine Herman, Greta Gray, Liliane Sampieri, Josée De Bauw, Michèle Roose, Suzanne Dehan
VOICES: Martine Willequet
LANGUAGE: French
GAUGE: 35 mm
SILENT/SOUND: sound
B&W/COLOUR: colour
MINUTES: 90'

◆ At the close of his *Cinéma de Belgique* Paul Davay cites amongst the figures of the upcoming generation the name of Christian Mesnil. The director's career had taken in many facets of the film business - film clubs, the Festival du Jeune Cinéma and production - and after two short films he tried his hand at the full-length feature with **The Lover** in 1971 (3 years after his first effort with **The Sweet Feeling**). At its heart is a Buñuelian story of fantasies and frustrations against a backdrop of forbidden sexuality. A young girl (the stunning Adriana Bogdan) takes care of her mother, an austere, difficult bourgeoise with a heart condition. For the two women, life is lived under the unbending rule of the proprieties, with a privileged position accorded to one man - the doctor. The daughter transforms reality by imagining what nowadays would be dubbed a sexual harassment. The arrival on the scene of her younger sister, sharper and less inhibited than her sibling, causes yet greater disarray. Jealousy and accusations take over until a final swordstroke puts an end to the film and the life of the doctor.

We are plunged into a hell of turbid, troubled consciences, transposed to a Brussels setting. It is precisely this "local" side to the film which is the most convincing: in the attempt to visualize the increasingly unhinged subjectivity of the girl, Mesnil has no qualms about the heavy use of distorting lenses which exaggerate the features of the object of her desires. As Paul Davay remarked of the director, "his productions fall short of his ambitions".

● Paul Davay, en terminant son *Cinéma de Belgique*, cite dans la génération montante quelques noms de réalisateurs dont celui de Christian Mesnil, lequel s'est intéressé à de nombreux secteurs de l'activité cinématographique: les ciné-clubs, le Festival du Jeune Cinéma, la production. Après deux courts métrages, il aborde le long métrage de fiction avec **L'amoureuse** en 1971 (3 ans après son tâtonnant **Psychédélissimo**). L'histoire est buñuelienne, faite de fantasmes et de frustrations sur fond de sexualité interdite. Une jeune fille (la très belle Adriana Bogdan) garde sa mère, une bourgeoise austère, désagréable et qui, de plus, est cardiaque. C'est l'enfermement dans les convenances. Un homme occupe une place privilégiée dans la vie de ces deux femmes: le médecin. La fille transforme la réalité en imaginant ce qu'aujourd'hui on appellerait un harcèlement sexuel. La venue de sa jeune sœur, plus délurée et libre qu'elle, ne va pas arranger ses pulsions. Elle sombre dans la jalousie, la délation. Un coup d'épée mettra fin au film et à la vie du médecin.

C'est l'enfer des consciences troubles et troublées, transposé à Bruxelles. C'est justement ce côté "local" qui est le plus convaincant, car, pour décrire la subjectivité de plus en plus délirante de la jeune fille, le réalisateur n'hésite pas à suremployer des objectifs déformants qui donnent à l'homme de tous ses désirs un faciès grimaçant. Comme le notait déjà Paul Davay à propos de Christian Mesnil, "ses productions demeurent chaque fois en deçà de ses ambitions". *(JA)*

▶ Ter afsluiting van zijn *Cinéma de Belgique* citeert Paul Davay enkele opkomende namen, waaronder die van Christian Mesnil, die zich toen al met meerdere facetten van de cinematografische activiteit inliet: filmclubs, het Festival du Jeune Cinéma, productie. Na enkele kortfilms beproefde hij in 1971 zijn geluk met een langspeelfilm, **L'amoureuse** (drie jaar na zijn aarzelend **Psychédélissimo**). Het verhaal is buñueliaans, een constructie van fantasma's en frustraties badend in verboden seksualiteit. Een jong meisje (de knappe Adriana Bogdan) zorgt voor haar moeder, een kreng van een bourgeoise met een zwak hart. De vrouwen leven volgens de wetten van de welvoeglijkheid. Eén man bekleedt een belangrijke plaats in hun leven: de dokter. Het meisje begint de werkelijkheid te verdraaien en verbeeldt zich iets wat we vandaag ongewenste intimiteiten zouden noemen. De komst van haar jongere zusje, vrijer en ongedwongener dan zij, verergert alleen maar haar driften; verraad en jaloezie nemen de bovenhand. Een dolkstoot zal de film - en het leven van de dokter - beëindigen.

De hel van deze mistige en mistroostige geest wordt te Brussel gesitueerd en juist dat "lokale" aspect komt het best van de grond. Immers, om de subtiele evolutie van het delirium van het meisje weer te geven, aarzelt de regisseur niet om overmatig gebruik te maken van een vervormende lens, die het gelaat van de felbegeerde man omvormt tot een groteske grimas. Zoals Paul Davay over Mesnil opmerkte, "zijn producties lopen in de pas met zijn ambities".

Ontbijt voor twee

Rob Van Eyck

Ontbijt voor twee
Déjeuner pour deux
Breakfast for Two

DIRECTOR: Rob Van Eyck
YEAR: 1972
COUNTRY: BE
SCREENPLAY: Piet Reynders
DIALOGUE: Piet Reynders
ASST. DIR.: John Van Huffelen
DIR. PHOT.: Piet Reynders
CAMERA: Piet Reynders
EDITING: Piet Reynders, Jean Thiery
SOUND: Jean-Marie Blanckaert, Jules Wouters
MUSIC: Clem Ectors
ART DIRECTOR: Frans van Dueren
PRODUCER: Rob Van Eyck
PROD. CO.: Flemish Film Productions (Zichem)
CAST: Numa Van de Kieboom (Kris), Diane Dee
(Lily), Francine Van Looy (Sandra), Johnny
Thys (Djobke), Norbert Mues (Berke), Lia
Lee (Zulma), Johnny Voners (Benny), Frans
De Boeck (Herbergier), Herman Courtjens
(Dubois), Michel Vanattenhoven
LANGUAGE: Dutch
GAUGE: 35 mm
SILENT/SOUND: sound
B&W/COLOUR: colour
MINUTES: 84'

◆ **Breakfast for Two** is the first film by Rob Van Eyck, the film-maker from Sichem who would later become the enfant terrible of Belgian cinema. Van Eyck was originally in the building trade and first came into contact with film when a television series was shot in his village. **Breakfast for Two** was made with the help of friends from the local amateur film club and is a shining example of what can be achieved by the stubborn reckless-ness of a group of film enthusiasts. From April to October, Van Eyck spent every weekend shooting with friends and acquaintances using home-made dollies and wholly improvised props and equipment. The final cost of the film amounted to a meagre BF 3 million francs. The Ministry of Dutch Culture even awarded the group an incentive grant of BF 350 000.

The film sets out to portray the break-up of two friends from Sichem who fall out over a woman (played by Diane Dee, a Guy J. Nys discovery). Both men subsequently go their own ways, until one, in a desperate attempt to help his friend, dies in an accident. **Breakfast for Two** was never released nationally and managed only a two-week run in one cinema in Diest and one week playing in Aarschot. The critics wasted no time in lambasting the film, which elevated the energetic and equally controversial director Van Eyck to notoriety, not least because he publicly burned a copy of **Breakfast for Two** during the Cannes Film Festival. In a later inter-view he attributed the film to Piet Reynders.

● Rob Van Eyck, avant de devenir le cinéaste de Sichem, l'enfant terrible du cinéma belge, travaillait dans la construction. Ses premiers contacts avec le cinéma eurent lieu à l'occasion du tournage d'une série télévisée dans son village. Son premier long métrage, **Déjeuner pour deux**, fut réalisé avec le concours de quelques amis du ciné-club amateur local, un exemple de bravade de la part de quelques mordus du septième art. D'avril à octobre, tous les week-ends se transformèrent en jours de tournage, avec des installations de travelling et du matériel bricolés par des amis et des connaissances. Le prix de revient du film s'éleva finalement à 3.000.000 de FB et le Ministère de la Culture Néerlandaise lui octroya une prime d'encouragement de 350.000 FB.

Le film est une sorte de description de la rupture entre deux amis de Sichem à cause d'une femme (Diane Dee, la découverte de Guy J. Nys). Tous deux prennent ensuite des chemins différents, jusqu'à ce que l'un d'eux, dans une ultime tentative pour aider son ami, soit victime d'un accident. **Déjeuner pour deux** n'a jamais connu de sortie nationale. Il resta toutefois deux semaines à l'affiche à Diest et une semaine à Aarschot. La presse se montra sans aucune pitié à l'égard du film et fit de Van Eyck, metteur en scène aussi contesté que dynamique, un personnage atypique, notamment parce qu'il brûla en public une copie de son film pendant le Festival de Cannes. Plus tard, dans une interview, Van Eyck attribua la paternité du film à Piet Reynders.

▶ **Ontbijt voor twee** is de eerste film van Rob Van Eyck, de Zichemse cineast die zou uitgroeien tot het enfant terrible van de Belgische film. Van Eyck, die in de bouwsector werkzaam was en naar aanleiding van televisieopnamen in zijn dorp in aanraking kwam met het medium film, begon aan de realisatie van zijn debuut **Ontbijt voor twee** in samenwerking met enkele vrienden van de lokale amateurfilmclub. De film zou uitgroeien tot een toonbeeld van koppige, door filmmicrobe gebeten overmoed. Van april tot oktober werd er elk weekend gedraaid met door vrienden en kennissen in elkaar geknutselde travelling-installaties en ander materieel. De uiteindelijke kostprijs bedroeg 3 miljoen BF. Het ministerie van Nederlandse Cultuur trok er zelfs een aanmoedigingspremie van 350.000 BF voor uit.

De film vertelt over de breuk tussen twee Zichemse vrienden wegens een vrouw (vertolkt door de Guy J. Nys-ontdekking Diane Dee). Beiden gaan daarna hun eigen weg tot er een, in een ultieme poging om zijn vriend te helpen, verongelukt. **Ontbijt voor twee** kreeg nooit een nationale release en liep slechts twee weken in een zaal in Diest en een week in Aarschot. De pers draaide de film tot schroot, maar dit maakte van de even omstreden als energieke Van Eyck een atypisch personage, ook al omdat hij tijdens het Festival van Cannes een kopie van **Ontbijt voor twee** publiekelijk verbrandde. Later schreef Rob Van Eyck in een interview de film aan Piet Reynders toe. *(LJ)*

Rolande met de bles

Roland Verhavert

Rolande met de bles
Chronique d'une passion
Rolande ou la chronique d'une passion
Chronicle of a Passion
Rolande

DIRECTOR: Roland Verhavert
YEAR: 1972
COUNTRY: BE
SCREENPLAY: Roland Verhavert
BASED ON: Rolande met de bles, written by Herman Teirlinck
DIALOGUE: Yannick Bruynoghe, Raphaël Cluzel
ASST. DIR.: Peter Simons, Lode Cafmeyer
DIR. PHOT.: Ralf Boumans
CAMERA: Herman Wuyts, Fernand De Nijs, Guy Cops
EDITING: Peter Simons, Andrée Wentzel-Blondeel
SOUND: Fred De Waele
MUSIC: Hans-Martin Majewski
ART DIRECTOR: Ludo Bex, Jan Eyskens, François Marechal
COSTUMES: Elly Claus, Yan Tax, Michèle Beeckman
PRODUCER: Roland Verhavert
PROD. CO.: Visie Filmproduktie (Brussel)
PROD. SUPERV.: Patrick D'Hooghe
CAST: Jan Decleir (Renier Joskin de Lamarache), Elisabeth Teissier (Rolande), Liliane Vincent (Diane Clarence), Raoul De Manez (Maître Clarence), Dora Van der Groen (Coleta Van Bierk), Robert Marcel (Hardwin Van Bierk), Rudi Van Vlaenderen (Dr. Ferguson), Hilde Uytterlinden (Emily de Warmont-Cocambre), Ivan Cornette (Ogier de Lamarache), Luc Philips (Notaris Moorjan), Veerle Wijffels (Simone Moorjan), Véronique Steeno (Raf Tastenoy), Guido Claus (Tastenoy), Ann Christy (Chansonnière), Sandra Gail Collins (Sky Pink)
LANGUAGE: Dutch, French
GAUGE: 35 mm
SILENT/SOUND: sound
B&W/COLOUR: colour
MINUTES: 126'

◆ During the early seventies, Belgian cinema underwent a boom period with a number of fin-de-siècle dramas, mostly based on national classics. **Chronicle of a Passion** is the film adaptation of an epistolatory novel by Herman Teirlinck (1879-1967). Verhavert's adaptation lasts over two hours - rather unusual in Flemish cinema. This romantic family chronicle spans the divide between two forms of society: the traditional and ordered lives of the Flemish landed gentry and the artificial world of Parisian decadence. Verhavert carried this dichotomy over into the way the film is shot: gentle precision for the scenes set in rural Brabant and baroque flamboyance for those set in Paris. This naturalistic melodrama follows the internal conflict of Renier Joskin de Lamarache (Jan Decleir), a widower anchored in family tradition with an estate in the Brabançon village of Horlebecq. His unrestrained passion for the Parisienne Rolande (Elisabeth Teissier) leads to his downfall.

Verhavert's third film after **Seagulls Die in the Harbour** and **The Farewells** was met with mixed reviews. The film's refined colours were praised, as was its strong atmospheric quality (shot by Herman Wuyts) and its precise, sumptuous reconstruction of the period, but its stagey script and cool, stark approach proved less popular. This costume drama, with dialogue in French and Dutch, cost BF 10 000 000 to make, and was shot in the Horta Museum in Brussels, the châteaux of Gaasbeek and Perk and in the Chinese Pavilion in the Royal Park at Laeken. There is also a version with dialogue entirely in French.

● Au début des années 70, le cinéma belge connut une période de haute conjoncture avec une série de drames de fin de siècle, basés sur des œuvres littéraires belges. **Chronique d'une passion** est l'adaptation du roman épistolaire de Herman Teirlinck (1879-1967). Verhavert en tira un film de plus de deux heures, durée exceptionnelle dans la production flamande. Cette chronique familiale romantique esquisse deux types de société: la vie traditionnelle de la noblesse terrienne flamande, et la vie parisienne décadente et artificielle. Cette opposition, Verhavert la transpose aussi dans son style: calme et rigoureux pour la partie brabançonne; baroque et flamboyant pour les scènes parisiennes. Le mélodrame naturaliste raconte la lutte intérieure de Renier Joskin de Lamarache (Jan Decleir), un veuf attaché aux traditions familiales qui est propriétaire d'un domaine brabançon à Horlebecq. Sa passion effrénée pour la Parisienne Rolande (Elisabeth Teissier) le conduira à la ruine.

Le troisième film de Verhavert, après **Les mouettes meurent au port** et **Les adieux**, reçut un accueil mitigé. La critique loua le raffinement des couleurs, l'évocation magistrale des ambiances (la photographie est de Herman Wuyts) et la reconstitution historique à la fois exacte et somptueuse, mais les dialogues théâtraux et l'approche froide et distante plurent moins. Ce film historique, parlé en français et en néerlandais, qui coûta 10.000.000 de FB, fut tourné au Musée Horta, aux châteaux de Gaasbeek et de Perk, et au pavillon chinois de Laeken. Il existe aussi une version intégralement en français.

▶ In het begin van de jaren 70 kende de Belgische film een periode van hoogconjunctuur met een aantal fin de siècle drama's die meestal gebaseerd waren op literaire werken van eigen bodem. **Rolande met de bles** is de verfilming van de gelijknamige briefroman van Herman Teirlinck (1879-1967). Verhavert trok er meer dan twee uur voor uit, een uitzondering in de Vlaamse filmproductie. Deze romantische familiekroniek situeert zich op de scheidingslijn tussen twee maatschappijvormen: het traditionele en evenwichtige leven van de Vlaamse landadel en het gekunstelde, decadente Parijs. Een tegenstelling die Verhavert naar zijn filmstijl overbracht: rustig en rigoureus voor het Brabantse gedeelte, barok en flamboyant voor de Parijse scènes. Dit naturalistisch melodrama volgt de innerlijke strijd van Renier Joskin de Lamarache (Jan Decleir), een in de familietraditie verankerde weduwnaar met een landgoed in het Brabantse Horlebecq. Zijn tomeloze passie voor de Parisienne Rolande (Elisabeth Teissier) zal tot zijn ondergang leiden.

Verhaverts derde film, na het geprezen **Meeuwen sterven in de haven** en **Het afscheid**, werd met gemengde gevoelens onthaald. Men prees het verfijnde kleurenpalet, de sterke sfeertekening (fotografie van Herman Wuyts) en de historisch exacte, sompteuze reconstructie, maar de theatrale dialogen en de onderkoelde stijl vielen minder in de smaak. De Frans-Nederlands gesproken kostuumfilm - kostprijs 10.000.000 BF - werd opgenomen in het Horta-museum, de kastelen van Gaasbeek en Perk en het Chinees paviljoen te Laken. Er bestaat ook een volledig Franse versie. *(LJ)*

Hôtel Monterey

Chantal Akerman

Hôtel Monterey

DIRECTOR: Chantal Akerman
YEAR: 1972
COUNTRY: BE
SCREENPLAY: Chantal Akerman
CAMERA: Babette Mangolte
EDITING: Geneviève Luciani
PRODUCER: Chantal Akerman
PROD. CO.: Chant (Bruxelles)
LANGUAGE: -
GAUGE: 16 mm
SILENT/SOUND: sound
B&W/COLOUR: colour
MINUTES: 65'

◆ **Hôtel Monterey** is an exercise in style insofar as Chantal Akerman uses it to establish her film-making language: the composition of shots, the relationship to space, stasis and circularity. The dramatic principle of the film is simple: the recording of one place. And there is also time. The film abides by this. Yet the spanner in the works is the film's handling of action: there deliberately is no action. We see cinema laid bare, thrown back on its own language. Time becomes duration, place the bearer of an approximate fiction.

The film is the fragmentary description of a hotel, from the lobby to the urban panorama of the top storey, an elevatory investigation given metaphor in the elevator. Chantal Akerman's static camera seizes upon the head-on format to frame the entrance, certain corridors, the interior of the lift - to frame, fix in a frame, shots composed of lines, volumes and voids, objects of architectural fascination/documentation. Within this stasis, movement is borne by three figures: firstly, the comings and goings of the guests, who are never individualized but perceived as agents of a trajectory. The next figure is the very slow advance or retreat of the dolly shots, dramatizing and intensifying the rectangle of a door or window. Finally there is the long tracking shot which sweeps across a landscape - not at ground level but where the tops of the buildings meet the sky. After verticality, horizontality; after stasis, motion; after right-angles and enclosure, space; after warm reds, a cold brightness.

● On peut dire qu'**Hôtel Monterey** est un exercice de style dans le sens où Chantal Akerman y détermine son langage cinématographique: composition des plans, rapport à l'espace, fixité et circularité. La dramaturgie est simple: la captation d'un lieu. Il y a aussi le temps; le film y souscrit. Mais ce qui est délibérément absent, c'est l'action. Voilà le cinéma mis à nu, livré à son langage propre. Le temps et le lieu deviennent porteurs de fiction en creux.

Le film, qui se clôturera sur un panorama urbain, est la description fragmentaire d'un hôtel, depuis le hall jusqu'au dernier étage, exploration ascensionnelle métaphorisée par l'ascenseur. La caméra de Chantal Akerman en plan fixe, revendiquant la frontalité, va "cadrer" l'entrée, certains couloirs, l'intérieur de l'ascenseur. Cadrer ou plutôt encadrer. Des plans faits de lignes, de volumes, de vides avec lesquels elle a un rapport de captation/fascination architecturale. Dans cette fixité, le mouvement va être porté par trois figures. Les allées et venues des clients, qui ne sont jamais individualisés, seront des traceurs de trajectoire. De très lents travellings avant et arrière dramatisent et intensifient le rectangle d'une porte ou d'une fenêtre. Enfin, le dernier plan sera un grand panoramique latéral qui balaie un paysage qui n'est pas à hauteur d'homme, mais se situe à un niveau où le haut des immeubles rejoint le ciel. Après la verticalité, l'horizontalité; après la fixité, la mobilité; après l'étroitesse et l'enfermement, l'ouverture; après les couleurs chaudes, rougeâtres, une froide clarté. (JA)

▶ Men zou **Hôtel Monterey** kunnen zien als een stijloefening in de zin dat Chantal Akerman er haar filmtaal in vastlegt: de beeldcompositie, de verhouding tot de ruimte, de onbeweeglijkheid en de circulariteit. De dramaturgie is simpel: het vastleggen van een plaats. En er is ook de tijd. Maar wat duidelijk ontbreekt, is de actie: deze wordt doelbewust weggelaten. Dit is naakte film, overgelaten aan zijn eigen taal. Tijd en plaats worden dragers van een uitgeholde fictie.

De film is een fragmentarische beschrijving van een hotel: van onder tot boven metaforisch weergegeven in het motief van de lift, van de hal tot en met het uitzicht vanaf de hoogste etage op het stedelijke landschap. Uit een frontale, vaste opstelling kadreert de camera van Chantal Akerman de entree, bepaalde gangen en het interieur van de lift. Ze worden ingelijst in opnamen die bestaan uit lijnen, volumes en leegtes, waarvan voor de cineaste een architecturale fascinatie uitgaat. In deze onveranderlijkheid wordt beweging gebracht door drie figuren: het komen en gaan van de gasten die we nooit als individu zien, maar ervaren als verkeer. Vervolgens zijn er de zeer langzame, voor- en achterwaartse travellings die het rechthoekige motief van een deur of raam versterken en dramatiseren. Tenslotte een groot zijdelings panorama dat een landschap aftast dat zich niet op ooghoogte bevindt, maar op het niveau waarop de huizen de hemel raken. Na de verticale beweging de horizontale; na het roerloze de beweeglijkheid; na de geslotenheid de openheid; na de warme, roodachtige kleuren een koele helderheid.

Louisa, een woord van liefde

Paul Collet, Pierre Drouot

Louisa, een woord van liefde
Een woord van liefde
Louisa, un mot d'amour
Un mot d'amour
Louisa, a Word of Love
A Word of Love

DIRECTOR: Paul Collet, Pierre Drouot
YEAR: 1972
COUNTRY: BE
SCREENPLAY: Paul Collet, Pierre Drouot, Jean Ferry
DIALOGUE: Jean Ferry
ASST. DIR.: Paul Arias, Jan Keymeulen
DIR. PHOT.: Eddy Van der Enden
CAMERA: Eddy Van der Enden, Walther Vanden Ende, Rufus J. Bohez
EDITING: Gust Verschueren
SOUND: Jacques Eippers, Henri Morelle
MUSIC: Roger Mores
ART DIRECTOR: Rik Roesems, Philippe Graff
COSTUMES: Marie-Josée Lingier, Jean De Vuyst, Chris Arias
PRODUCER: Paul Collet, Pierre Drouot, Alain Guilleaume, Henri Weis, André Weis
PROD. CO.: Showking Films (Brussel), Ciné Vog Films (Bruxelles)
PROD. SUPERV.: Antoon Carette
CAST: Willeke Van Ammelrooy (Louisa), Roger Van Hool (Paul), André Van den Heuvel (Pierre), Allison Marco (Isabelle), Lo Hensbergen (Deschamps), Hugo Metsers (Charles), Denise Zimmerman (Paulette), Annelies Vaes (Lucie), Cara Van Wersch (Gaste), Jet Naessens (Mevrouw Cluytens), Joris Collet (Ivan), Paul 's Jongers (Boer), Martha De Wachter (Boerin), Cara Fontaine, Lode Van Beek, Bert André, Georges Van Gelder, Leendert Janzee
LANGUAGE: Dutch
GAUGE: 35 mm
SILENT/SOUND: sound
B&W/COLOUR: colour
MINUTES: 107'

◆ Pierre Drouot and Paul Collet's film **The Embrace** - a kind of intimate **Story of O** - assured them a somewhat scandalous reputation. Their poetic-impressionistic **Louisa, a Word of Love** proved less controversial. Although the film's subject was just as provocative and tabooed as ever, this time its message was couched in a 19th-century romanticism more palatable to the masses. Using Manet's painting *Le déjeuner sur l'herbe* as a point of departure, Drouot and Collet devised a script (rewritten by Jean Ferry) based on a harmonious love-triangle between two itinerant artists (played by Roger Van Hool and André Van den Heuvel) and a female aristocrat (Willeke Van Ammelrooy). Unlike François Truffaut's **Jules et Jim** (1961), love in **Louisa, a Word of Love** is not destroyed by the powerlessness of the individual, but by bourgeois morality, the hypocrisy of the nobility and the violence of war, presented as the sources of all evils.

This sentimental tale advocating free love and communal life, filmed in attractive soft-focus by director of photography Eddy Van der Enden (see also **Mira**), naturally appealed strongly to the ideals of the non-conformist, pacifist anti-Vietnam generation. The directors readily admitted that they had the response of this target audience firmly in mind when they started making the film. Both the Belgian press and the public reacted enthusiastically. Budgeted at BF 12 million, it played in cinemas in Brussels and Antwerp for 13 weeks and was also released in France.

● Depuis **L'étreinte**, une sorte d'**Histoire d'O** intime, un parfum de scandale flottait autour de Paul Collet et Pierre Drouot. L'Œuvre poético-impressionniste **Louisa, un mot d'amour** fit couler moins d'encre. Le sujet du film n'était pourtant pas moins provocant et tabou, mais le message était enrobé dans une intrigue romantique qui effraya moins le grand public. Partant du tableau de Manet *Le déjeuner sur l'herbe*, Drouot et Collet ont imaginé un scénario, quelque peu remanié par Jean Ferry, sur l'harmonie des relations amoureuses triangulaires entre deux Bohémiens (Roger Van Hool et André Van den Heuvel) et une aristocrate (Willeke Van Ammelrooy). Contrairement à ce qui se passe dans le **Jules et Jim** de Truffaut (1961), l'amour à trois n'est pas miné ici par l'impuissance de l'individu, mais par la rigidité de la morale bourgeoise, l'hypocrisie de la noblesse et la force des armes, qui sont à l'origine de tous les maux.

En chantant l'amour libre et la vie communautaire, ce conte sentimental, rehaussé par la photographie en demi-teinte d'Eddy Van der Enden (voir **Mira**), reflétait tout à fait les idéaux de la génération anticonformiste, pacifiste et anti-Viêt Nam. Les réalisateurs admettaient d'ailleurs volontiers qu'ils avaient entièrement conçu leur film en fonction de l'identification et de la réaction du spectateur. La presse belge réagit avec beaucoup d'enthousiasme, tout comme le public. Ce film, d'un budget de 12.000.000 de FB, resta à l'affiche pendant plus de 13 semaines à Bruxelles et Anvers, et sortit également en France.

▶ Paul Collet en Pierre Drouot hadden met **L'étreinte** - een soort van intimistisch **Histoire d'O** - een schandaalreputatie verworven; het poëtisch-impressionistische **Louisa, een woord van liefde** deed echter minder stof opwaaien. Het onderwerp was daarom niet minder provocerend of taboedoorbrekend, maar de film speelde zich af in een romantisch "decor d'époque", waardoor het grote publiek minder werd afgeschrikt. Met Manets schilderij *Le déjeuner sur l'herbe* als uitgangspunt verzonnen Drouot en Collet een scenario - dat door Jean Ferry wat werd bijgeschaafd - rond een harmonieuze driehoeksverhouding tussen twee bohémiens (Roger Van Hool en André Van den Heuvel) en een aristocrate (Willeke Van Ammelrooy). In tegenstelling tot Truffauts **Jules et Jim** (1961) wordt de liefde tussen de drie hier niet gefnuikt door de onmacht van het individu, maar wel door de strenge burgelijke moraal, de hypocrisie van de adel en het oorlogsgeweld, die de bron van alle kwaad zijn.

Cameraman Eddy Van der Enden (van o.m. **Mira**) maakte gebruik van soft-focus bij het in beeld brengen van dit sentimentele sprookje, dat door het propageren van de vrije liefde en het communeleven natuurlijk sterk inspeelde op de idealen van de non-conformistische en pacifistische anti-Vietnam generatie. De makers gaven trouwens grif toe gespeculeerd te hebben op de respons van deze doelgroep. De Belgische pers reageerde, net als het publiek, erg enthousiast op deze op 12 miljoen BF geraamde film, die gedurende meer dan 13 weken op de Brusselse en Antwerpse bioscoopaffiche prijkte en ook in Frankrijk uitkwam. (LJ)

Avortement clandestin

Pierre Chevalier

Co-production

Avortement clandestin
Des orgies pour messieurs distingués
Abortus in het geheim
Clandestine Abortion

DIRECTOR: Pierre Chevalier
YEAR: 1972
COUNTRY: FR-BE
SCREENPLAY: A.L. Mariaux [Marius Lescœur], Bob Sirens, Pierre Chevalier
DIALOGUE: A.L. Mariaux [Marius Lescœur], Bob Sirens, Pierre Chevalier
DIR. PHOT.: Johan J. Vincent
CAMERA: Johan J. Vincent, Pierre Chevalier
EDITING: Pierre Querut, Fernande Pinot
MUSIC: Jean-Michel Guise, Jean-Jacques Robert
PRODUCER: Marius Lescœur, Pierre Querut
PROD. CO.: Eurociné (Paris), Brux International Pictures BIP (Bruxelles)
LANGUAGE: French
GAUGE: 35 mm
SILENT/SOUND: sound
B&W/COLOUR: colour
MINUTES: 72'

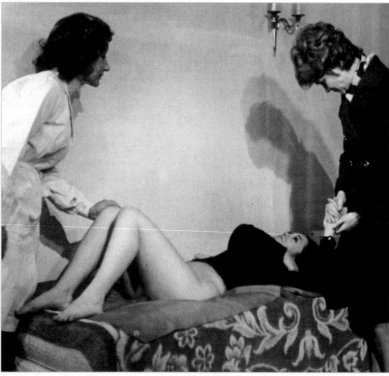

CAST: Mireille Dargent (Sophie), Monique Gérard (Mère de Sophie), Daniel Bellus (Jacques), Olivier Mathot (Directeur), Alice Arno (Amie du directeur), Pierre Taylou (Docteur Smith), Antoine Fontaine (Docteur Anderson), France Nicolas (Infirmière), Lily Baron, Marchal Charvey (Le premier docteur)

La pente douce

Claude D'Anna

Co-production

La pente douce
De zachte ondergang
The Gentle Slope

DIRECTOR: Claude D'Anna
YEAR: 1972
COUNTRY: FR-BE-IT
SCREENPLAY: Volker Eismann, Monique Lange, Claude D'Anna
DIALOGUE: Volker Eismann, Monique Lange, Claude D'Anna
ASST. DIR.: Claude Guilbert, Volker Eismann
DIR. PHOT.: Eddy Van der Enden
CAMERA: Peter Anger, François Krumenacker
EDITING: Gust Verschueren, Daniel De Valck
SOUND: Jacques Eippers
MUSIC: Laurent Petit Girard
ART DIRECTOR: Henri Roesems
PRODUCER: Henry Lange
PROD. CO.: Maya Films (Paris), Icar (Roma)
PROD. SUPERV.: Alain Guilleaume
CO-PRODUCER: Alain Guilleaume
CO-PROD. CO.: Showking Films (Bruxelles)
LANGUAGE: French
GAUGE: 35 mm
SILENT/SOUND: sound
B&W/COLOUR: colour
MINUTES: 92'

CAST: Pascale Audret (La femme), Michel De Ré (L'agent immobilier), Julie Dassin (La prostituée), Adrian Hoven (Le mari), Jean Mermet (Le visiteur), Sébastien Floche (Le collègue), Pierre Bolo (Le patron de café), Bert André (L'ouvrier agricole), Roger Dechambre (Le permissionnaire), Suzy Falk (La femme de chambre), Robert Marcel (Le patron de l'hôtel)

Les tueurs fous

Boris Szulzinger

Les tueurs fous
En pleine gueule
Le sexe de la violence
De dolle doders
Lonely Killers

DIRECTOR: Boris Szulzinger
YEAR: 1972
COUNTRY: BE-FR
SCREENPLAY: Pierre Bartier, Boris Szulzinger, Michel Gast
DIALOGUE: Pierre Bartier, Boris Szulzinger, Michel Gast
ASST. DIR.: Gérard Vercruysse, Bernard De Visscher, Jean-François Menard
DIR. PHOT.: Gérard Collet, Michaël Sander
CAMERA: Walther Vanden Ende, Rufus J. Bohez
EDITING: Claude Cohen, Susana Rossberg, Elisabeth Sarradin
SOUND: Henri Morelle
MUSIC: Salix Alba
ART DIRECTOR: Françoise Hardy
PRODUCER: Boris Szulzinger, Jacqueline Pierreux
PROD. CO.: Valisa Films (Bruxelles), Pierre Films (Bruxelles), Société Nouvelle de Doublage SND (Paris)
PROD. SUPERV.: Jacqueline Pierreux
CAST: Roland Maden (Roland), Dominique Rollin (Dominique), Georges Aminel (Journaliste), Christian Barbier (L'ouvrier), Nathalie Nerval, Marc Audier, Georges Aubert, Patricia Cornelis, Marc Delsaert, Jean Droze, Daniel Dury, Franz Gouvy, Marc De Georgi, Daniel Horowitz, Hubert Jeuken, Claude Joseph, Béatrice Leymourre, Serge Lhorca, Christian Maillet, Nicole Marlière, Jean Pascal
LANGUAGE: French
GAUGE: 35 mm
SILENT/SOUND: sound
B&W/COLOUR: colour
MINUTES: 79'

◆ Often better known under its English title **Lonely Killers**, Boris Szulzinger's first official full-length work was inspired by a terrible series of events from the summer of 1971: over the course of ten days in the French Yvelines two rogues took a rifle and shot down passers-by in cold blood, pathologically and just for the fun of it. Also of note is the unexpected publicity generated for the film when, on the eve of its release, the son of a victim stabbed and killed one of the murderers during a reconstruction of their crime. The film proved a success both in Belgium and in France, and was even nominated for an Oscar as best foreign film.

This reception is doubtless linked to the style chosen by the director. Transposing the story to Brussels (with the final chase sequence in the Forêt de Soignes), Szulzinger did not wish the film to become an indictment of the "delinquent young generation" or of its failure to adapt to society. His intention was simply to create a cool, unbiased portrait of two amoral characters (declared sane by French psychiatrists) who delight in gratuitous violence. The result was a dry cruelty and an occasionally unbearable brutality criticized by a number of reviewers. The spectacle of two psychopaths on a remorseless killing spree with neither rhyme nor reason was truly nauseating to those who saw in it only a dangerous complacency. It is the same accusation that had been levelled at **A Clockwork Orange** the year before, and which over twenty years later would again surface with the films of Quentin Tarantino and the wave of serial-killer movies.

● Souvent mieux connu sous son titre anglais (**Lonely Killers**), le premier long métrage revendiqué par Boris Szulzinger s'inspirait d'un effroyable fait divers de l'été 1971: pendant dix jours, dans les Yvelines, deux gouapes sordides abattent froidement, pathologiquement, des passants inconnus à coups de carabine, juste pour le plaisir. Ajoutons que quelques jours avant la sortie du film, le fils d'une victime poignarda à mort l'un des tueurs lors d'une reconstitution: une publicité inattendue pour une production à succès, en Belgique comme en France, et qui fut même sélectionnée pour l'Oscar du meilleur film étranger.

Le style choisi par le réalisateur explique sans doute cet accueil. Transposant l'histoire à Bruxelles (avec poursuite finale dans la Forêt de Soignes), Szulzinger n'entendait pas dresser un réquisitoire contre "la jeunesse délinquante" ou son inadaptation à la société. Il souhaitait simplement décrire à froid, sans les glorifier ni les blâmer, deux personnages amoraux (et reconnus sains d'esprit par les psychiatres français), se délectant dans la violence gratuite. D'où une cruauté sèche, une brutalité parfois insoutenable, qu'une partie de la critique allait reprocher au film. Le spectacle de ces deux psychopathes, lancés sans remords ni raison dans leur sanglante équipée, avait de quoi écœurer, si l'on voulait n'y voir que complaisance dangereuse. C'était le procès déjà fait, l'année précédente, à **Orange mécanique**, et qui sera réitéré, vingt ans plus tard, aux films de Quentin Tarantino et à la mode des "Serial killer movies". *(RM)*

▶ Deze eerste (officiële) langspeelfilm van Boris Szulzinger, beter bekend onder de Engelse titel **Lonely Killers**, is gebaseerd op een gruwelijk fait divers uit de zomer van 1971: in de Franse Yvelines hielden twee ploerten zich tien dagen lang onledig met het koelbloedig neerschieten van toevallige voorbijgangers, gewoon voor hun eigen ziekelijke plezier. Enkele dagen voor het uitbrengen van de film werd een van de daders door de zoon van een slachtoffer tijdens een reconstructie doodgestoken, hetgeen onverwachte publiciteit opleverde voor de film, die in België en Frankrijk goed onthaald werd en zelfs een Oscarnominatie kreeg in de categorie "beste buitenlandse film".

De stijl van de regisseur was hier zeker niet vreemd aan. Het verhaal werd naar Brussel verplaatst, met als finale een achtervolging in het Zoniënwoud. Daarbij lag het echter nooit in Szulzingers bedoeling een aanklacht tegen de vermeende delinquentie of maatschappelijke onaangepastheid van de jeugd te formuleren. Op een ijzig nuchtere manier beperkt hij zich tot een portret van twee amorele mensen (volgens Franse psychiaters nochtans volkomen toerekeningsvatbaar) die met volle teugen genieten van zinloos geweld. Sommige critici verweten de film zijn wreedheid en soms ondraaglijke brutaliteit: het schouwspel van deze twee psychopaten die zonder reden of wroeging hun bloederige spoor trekken, had inderdaad iets misselijkmakends indien men er enkel een gevaarlijke vorm van verlustiging in zag. Een verwijt dat een jaar voordien nog werd gemaakt voor **A Clockwork Orange** of, 20 jaar later, voor de films van Quentin Tarantino en de trend van de "serial killer movies".

Au service du diable

Jean Brismée

Au service du diable
Le château du vice
La nuit des pétrifiés
La plus longue nuit du diable
In dienst van de duivel
The Devil's Nightmare
The Devil's Walk at Midnight
Vampire Playgirls
La terrificante notte del demonio

DIRECTOR: **Jean Brismée**
YEAR: 1972
COUNTRY: BE-IT
SCREENPLAY: Charles Lecocq, Patrice Rhomm
DIALOGUE: Patrice Rhomm, Charles Lecocq, André Hunebelle, Jean Brismée
ASST. DIR.: Patrice Rhomm, Charles Lecocq, Claudio Rainis
DIR. PHOT.: André Goeffers, Michel Baudour
CAMERA: Peter Anger, Leopold Deguchtenere
EDITING: Panos Papakyriakopoulos, Pierre Joassin
SOUND: Jacques Eippers, Henri Morel
MUSIC: Alessandro Alessandroni
ART DIRECTOR: Gio Berck
PRODUCER: Charles Lecocq, Angelo Cittadini
PROD. CO.: Compagnie Européenne de Télévision et de Cinéma (Bruxelles), Delfino Film (Roma)
PROD. SUPERV.: Maurice Urbain
CAST: Erika Blanc (Hilse), Jean Servais (Baron von Runberg), Daniel Emilfork, Lucien Raimbourg, Jacques Monseu, Colette Emmanuelle, Ivana Novak, Shirley Corrigan, Frédérique Hender, Lorenzo Terzon, Christian Maillet, Maurice De Groote, Yvonne Garden
LANGUAGE: French
GAUGE: 35 mm
SILENT/SOUND: sound
B&W/COLOUR: colour
MINUTES: 88'

◆ Originally a mathematician, Jean Brismée takes his first steps into cinema with educational shorts (**Le théorème de Pythagore**); his documentary **Monsieur Plateau** wins him an award at the 1966 Cannes festival. A film-buff and teacher at the INSAS film school, he produces a number of popular scientific films on medicine and modern mathematics, all the while hoping one day to accede to the narrative feature film. The early '70s brings the success of Harry Kümel's **Red Lips**, and a producer-scriptwriter offers Brismée the chance to direct a film based on a fantasy story (*La plus longue nuit du diable* ("The Devil's Longest Night")) whose heroine is a poisonous she-vampire. Playing by the rules of co-production, this role was to go to the beautiful Italian star Erika Blanc. The action unfolds in a Black Forest castle, where seven travellers are forced to take refuge. Six of them fall victim to the voluptuous succubus, who deploys all her evil powers to lead the seventh, a young seminarist, to a meeting with the Devil. There he is made to strike a pact - in reality a trap that will throw him straight into the arms of this exquisite sinner. Brismée was quick to grasp that a script of this kind begs a parodic treatment if it is to escape ridicule, but the writer-producer put the brake on any such moves. The result was a horror film not to be taken at face value, filled with often ludicrous clichés, where acting styles vary from the straight-faced (such as Jean Servais' crooked country squire) to the caricatural (the draculesque Daniel Emilfork) and where Erika Blanc's victims are treated to enviable views of her alluring negligées.

● Mathématicien de formation, Jean Brismée aborde le cinéma avec des courts métrages didactiques (**Le théorème de Pythagore**) et est primé à Cannes, en 1966, pour son documentaire **Monsieur Plateau**. Fou de cinéma, professeur à l'INSAS, il signe d'autres œuvres de vulgarisation sur la médecine ou sur les mathématiques modernes, en espérant accéder un jour au cinéma de fiction. Le début des années 70 connaissant le succès des **Lèvres rouges** de Harry Kümel, un producteur-scénariste propose à Brismée de mettre en scène une histoire fantastique qui s'intitule alors *La plus longue nuit du diable*, et dont l'héroïne est également une vénéneuse femme-vampire. Coproduction oblige, le rôle sera joué par une attrayante vedette italienne, Erika Blanc. L'histoire se déroule dans un château de la Forêt-Noire, où sept voyageurs doivent chercher refuge. Six d'entre eux seront les victimes de la belle succube, qui utilisera ses maléfices pour amener le septième personnage, un jeune séminariste, à rencontrer le Diable et conclure avec lui un pacte: c'est en fait un piège qui jettera notre homme dans les bras de l'exquise pécheresse. Brismée comprit vite qu'un tel scénario appelait la parodie pour échapper au ridicule, mais l'auteur-producteur le freina sur ce terrain. D'où un film d'horreur à aborder au second degré, où les poncifs appellent souvent l'humour; où des acteurs jouent franc jeu (dont Jean Servais, en hobereau criminel) quand d'autres caricaturent (ainsi le draculesque Daniel Emilfork); et où les déshabillés affriolants d'Erika Blanc donneraient volontiers l'envie de faire partie de ses victimes. *(RM)*

▶ Jean Brismée, wiskundige van opleiding, zette zijn eerste stappen in de filmwereld met didactische kortfilms als **Le théorème de Pythagore**. In '66 werd hij in Cannes bekroond voor zijn documentaire **Monsieur Plateau**. Als cinefiel en docent aan het INSAS bleef hij populair-wetenschappelijke films afleveren rond geneeskunde of moderne wiskunde, in de hoop ooit een speelfilm te realiseren. Die kans kreeg hij toen hij begin jaren 70 (de tijd van Harry Kümels succesfilm **Les lèvres rouges**), werd aangezocht door een scenarist-producent om een fantastisch verhaal te verfilmen rond een vrouwelijke vampier: *La plus longue nuit du diable*. De hoofdrol ging - zoals dat hoort in een coproductie - naar de aantrekkelijke Italiaanse star Erika Blanc. Het verhaal speelt zich af in een kasteel in het Zwarte Woud, waar zeven reizigers beschutting zoeken. Zes onder hen eindigen als voer voor de knappe succubus, die al haar duivelskunsten aanwendt opdat de zevende, een jonge seminarist, een pact zou sluiten met de duivel. Het is echter een valstrik, die de jongen recht in de armen van de verrukkelijke zondares drijft. Brismée had snel door dat zo'n scenario zonder parodiërende ondertoon belachelijk zou overkomen, maar de auteur-producent remde hem op dat stuk wat af. Vandaar deze horrorfilm die met een korreltje zout te nemen is, waarin de clichés vaak op de lachspieren werken, de cast nu eens ernstig (Jean Servais als misdadige landjonker) en dan weer karikaturaal (Daniel Emilfork als een soort Draculafiguur) staat te acteren, en waarin de pikante negligés van Erika Blanc doen dromen van een welwillende slachtofferrol.

Tintin et le Lac aux Requins

Raymond Leblanc, Belvision

Tintin et le Lac aux Requins
Kuifje en het Haaienmeer
Tintin and the Lake of Sharks

DIRECTOR: Raymond Leblanc, Belvision
YEAR: 1972
COUNTRY: BE-FR
SCREENPLAY: Michel Greg
BASED ON: Tintin et le Lac aux Requins, written by Hergé
CAMERA: François Léonard, Jean Midre, Jean-Marie Urbain
ANIMATION: Nic Broca, Marcel Colbrant, Vivian Miessen, Louis-Michel Carpentier
EDITING: Jean-Pierre Cereghetti, Laszlo Molnar
SOUND: Jean Neny, Jacques Maumont, Claude Ermelin
MUSIC: François Rauber
ART DIRECTOR: Paulette Smets-Melloul
PRODUCER: Raymond Leblanc, Georges Dargaud
PROD. CO.: Belvision (Bruxelles), Dargaud Films (Paris)
PROD. SUPERV.: José Dutillieu
VOICES: Jacques Careuil (Tintin), Claude Bertrand (Haddock), Georges Atlas, Jacques Balutin, Nadine Basile, Jean Berger, Edmond Bernard, Jacqueline Brasseur, Jacques Ciron, Pierre Collet, Micheline Dax, Jacques Ferrière, Georges Hubert, Serge Nanaud, Maurice Nasil, Nathalie Nerval, Alain Nobis, Guy Pierrauld, Paul Rieger, Michel Thomas, Jacques Vinitzki, Nicolas Youmatoff, Marie Vinitzki, Henri Virlogeux
LANGUAGE: French/Dutch/English
GAUGE: 35 mm
SILENT/SOUND: sound
B&W/COLOUR: colour
MINUTES: 76'
NOTES: Storyboard: Jos Marissen, Eddie Lateste, Rainer Gocksch, Jean-Michel Charlier. Set designers: Claude Lambert, Philippe Wallet

◆ Despite healthy box-office returns, **Lucky Luke** proved less of an attractive proposition to the young cinema-going public than Belvision's previous feature films. The publisher of the weekly magazine *Tintin*, Raymond Leblanc, decided to use his pet hero once again, taking into account the criticisms often levelled at **Prisoners of the Sun**. Tintin fanatics had reacted unfavourably to the transposition to the screen of original panels which they knew frame-by-frame: the particular rhythm inherent in film - less elliptical and faster-moving - left them dissatisfied. With this in mind, Leblanc commissioned a new story from Michel Greg, editor-in-chief of the *Tintin* weekly, basing his film on the characters instead of an existing adventure. Inspired by the successful James Bond films, of which he reworked the basic plot dynamics and technological gadgets, Greg created **Tintin and the Lake of Sharks**.

Professor Calculus has invented a machine which allows 3-D copies to be made of any object. The repugnant Rastapopoulos intends to kidnap the scientist and use his machine to reproduce the precious treasures of all the world's museums, then replacing the originals with copies. Like Dr No, the rascal has his lair in a sunken town at the bottom of the Lake of Sharks. But Tintin and Snowy, flanked by Captain Haddock and the Thom(p)son twins, are hot on the evildoer's heels.

A team of 150 laboured for some 15 months to illustrate their adventures, animating heroes and gadgets (including a pocket submarine, an amphibious tank, Bond-like devices and an underwater laboratory). The final result was dubbed into English and proceeded to conquer the American market.

● Malgré des recettes confortables, **Lucky Luke** avait moins séduit la clientèle enfantine que les précédents longs métrages Belvision. L'éditeur du journal *Tintin*, Raymond Leblanc, décida de revenir à son héros fétiche, tout en tenant compte d'une critique souvent faite au **Temple du Soleil**. En effet, les fanatiques de Tintin se disaient gênés par la transposition sur écran des planches originales qu'ils connaissaient image par image: le rythme propre au cinéma, moins elliptique et plus mouvementé, les laissait insatisfaits. Leblanc commanda donc un nouveau scénario au rédacteur en chef de l'hebdomadaire *Tintin*, Michel Greg, partant des personnages et non d'une aventure antérieure. S'appuyant sur le succès des James Bond, Greg en imita à sa façon le fil conducteur et les gadgets techniques pour **Tintin et le Lac aux Requins**.

Le Professeur Tournesol a inventé une machine permettant de reproduire les objets en trois dimensions. L'infâme Rastapopoulos veut enlever le savant pour copier, grâce à son appareil, les tableaux et les précieux trésors de tous les musées du monde, afin de remplacer les originaux par des reproductions. Le gredin a établi son repaire dans une ville engloutie dans le Lac aux Requins, à la façon du Docteur No. Mais Tintin et Milou, flanqués du Capitaine Haddock et des Dupon(d)t, vont découvrir la piste du malfaiteur.

Une équipe de 150 personnes travailla pendant quinze mois à illustrer leurs aventures, animant héros et gadgets (dont un sous-marin de poche, un char amphibie, des machines bondiennes ou un laboratoire sous les eaux). Et l'ouvrage, doublé ensuite en anglais, partit même à la conquête des Etats-Unis. (RM)

▶ Ondanks de aanzienlijke opbrengsten bleek **Lucky Luke** minder aftrek te vinden bij het jonge volkje dan de vorige tekenfilms van Belvision. De uitgever van het weekblad *Kuifje*, Raymond Leblanc, besloot daarom andermaal een beroep te doen op zijn favoriete held. Hierbij hield hij rekening met de kritiek die de Kuifje-fanaten hadden geopperd op de **De Zonnetempel**: ze stoorden zich aan het in beeld brengen van de oorspronkelijke plaatjes die ze stuk voor stuk kenden en vonden het minder elliptische en meer bewogen ritme eigen aan de film onbevredigend. Leblanc zocht Michel Greg aan, de hoofdredacteur van het weekblad *Kuifje*, om een nieuw scenario te schrijven dat uitging van de personages en niet van een bestaand avontuur: **Kuifje en het Haaienmeer**. Hij baseerde zich op de succesvolle James Bond-films, waaraan hij het verhaalgegeven en de technische gadgets ontleende.

Professor Zonnebloem heeft een toestel uitgevonden om objecten driedimensionaal te reproduceren. De schurk Rastapopoulos wil de geleerde ontvoeren om met het apparaat de kunstschatten van alle musea ter wereld te kopiëren en de originelen te vervangen door reproducties. De schurk houdt zich, in navolging van Dr. No, schuil in een verzwolgen stad in het Haaienmeer. Maar Kuifje en Bobbie, bijgestaan door kapitein Haddock en Jansen en Janssen, komen hem op het spoor.

Een ploeg van 150 tekenaars werkte 15 maanden aan de illustratie van dit avontuur en de animatie van de helden en hun toebehoren (een zakduikboot, een amfibievoertuig, een onderwaterlab en andere Bond-achtige apparatuur). De film werd vervolgens in het Engels gedubd en veroverde zelfs de Amerikaanse markt.

Les uns, les autres

Mohamed Ben Salah

Les uns, les autres
De enen, de anderen
From Us to Them
The Many and the Few

DIRECTOR: Mohamed Ben Salah
YEAR: 1972
COUNTRY: BE
SCREENPLAY: Mohamed Ben Salah
DIALOGUE: Mohamed Ben Salah
ASST. DIR.: Christian Garreau, Philippe Van Daele
DIR. PHOT.: Alessandro Usai, André Boutry
CAMERA: Alessandro Usai, Jacques Lambert, André Boutry
EDITING: Evelyne Bertiau
SOUND: Jean Rampelbergh, Pierre Jadot, Stéphane Lizin
MUSIC: A. Hmaoui, R. Costy, A. Tamtamani
COMMENTS: Mohamed Ben Salah
PROD. CO.: Wellpinckx-Films (Bruxelles), Institut des Arts de Diffusion IAD (Louvain-la-Neuve)
CAST: André Desramaux (Le professeur médecin), Abdelrahman Rarbo (L'immigré), Jacques Racquet (Le réalisateur), Monique Desramaux (La monteuse du film), Jean-Claude Martiat, Henri Billen, Mweze D. Ngangura, Felix Malutama, Christian Maillet, Malek Kellou, Evelyne Delvoye, Chantal Smets, Victor Matondo, Roger Clermont, Joris Christian, José Collet, Pierre Mainguet, Marysia Melles, Roxane Atlas, Danielle Dedecker, Patricia Martin, Douchka, Pierrot Belmans, R. Yves Gérard, Noëlle Hubin, José Jolet, C. Joorisse, M. Kilani
LANGUAGE: French
GAUGE: 16 mm
SILENT/SOUND: sound
B&W/COLOUR: B&W + colour
MINUTES: 70'

◆ Full of dreams, a young Algerian leaves behind the country of his birth for a Europe lauded at home as the promised land. However, the Belgium where he takes up residence soon turns out to be the land of disillusionment. His integration into the country appears impossible, hampered by too many differences - be they cultural, religious or linguistic - and by the overly abrupt transition from his rural homeland to an urban society...

To offset the immigrant's point of view, **From Us to Them** exposes various Western attitudes from racism and the capitalist exploitation of the uprooted worker to student protests demanding improved conditions for the reception of foreigners. An exercise in cost-cutting, shot in black-and-white 16mm stock with a limited budget supplemented by private funds, the film displays all the sincere and intense commitment which motivated the "parallel" cinema of the early '70s. Mohamed Ben Salah rejects the classical linear narrative in favour of a mosaic of heterogeneous sequences, analytical and political reflections shedding new light on the immigrant's progress. The Algerian worker's odyssey thus finds itself punctuated by folkloristic images with exile as the main theme, the official speech of an African head of state, a hunger strike on the university campus and a debate introduced by a television crew as part of an investigation into foreigners' working conditions.

Before **From Us to Them**, Mohamed Ben Salah (a graduate of the Institut des Arts de Diffusion) had made **Lazem, Lazem**, a short film about a young Algerian called upon to take up arms and risk his life in 1958.

● Le cœur plein d'espoir, un homme quitte son Algérie natale pour une Europe vantée chez lui comme le continent de toutes les promesses. La Belgique, où il élit domicile, est pourtant la terre des désillusions. Son intégration y apparaît impossible en raison de différences culturelles, religieuses, linguistiques, et d'un passage trop abrupt de son milieu rural à la société urbaine...

En contrechamp au regard de l'immigré, **Les uns, les autres** expose différentes attitudes occidentales: le racisme, l'exploitation capitaliste du travailleur déraciné, les engagements estudiantins pour l'amélioration des conditions d'accueil des étrangers. Filmé à tout prix, en 16mm noir et blanc, avec un budget de court métrage rehaussé de quelques fonds privés, le film obéit à l'engagement sincère et entier qui animait le cinéma "parallèle" de l'époque (le début des années 70). Mohamed Ben Salah réfute la fiction linéaire classique au profit d'une mosaïque de séquences hétéroclites, qui éclairent le parcours de l'immigrant d'une réflexion analytique et politique. L'odyssée du travailleur algérien se trouve ainsi ponctuée d'images d'un spectacle folklorique sur le thème de l'exil, du discours officiel d'un chef d'Etat africain, d'une grève de la faim sur un campus universitaire ou d'un débat introduit par une équipe de télévision qui enquête sur le travail des étrangers.

Avant **Les uns, les autres**, Mohamed Ben Salah, diplômé de l'Institut des Arts de Diffusion, avait réalisé le court métrage **Lazem, Lazem**, l'histoire d'un jeune Algérien appelé à prendre les armes et à risquer sa vie en 1958. *(AJ)*

▶ Vol verwachting ruilt een man zijn geboorteland Algerije in voor een Europa dat hem werd aangeprezen als het rijk van belofte. Hij vestigt zich in België, dat echter al snel het land van de teleurstelling zal blijken. Integratie lijkt er uitgesloten vanwege de onoverbrugbare verschillen in cultuur, godsdienst en taal, en een te bruuske overgang van een landelijke naar een verstedelijkte samenleving...

Tegenover het wedervaren van de immigrant plaatst **Les uns, les autres** verschillende Westerse houdingen: van racisme en uitbuiting van de door het kapitalisme ontwortelde gastarbeider tot studentenacties voor betere onthaalvoorzieningen voor vreemdelingen. De film, gedraaid in zwart-wit en op 16mm met het budget van een kortfilm en wat particuliere fondsen, is een bewijs van het eerlijke, totale engagement dat begin jaren 70 het "alternatieve" circuit bezielde. Mohamed Ben Salah verwerpt de klassieke lineaire fictie ten voordele van een mozaïek van veelgelaagde sequenties die de levensloop van de inwijkeling belichten vanuit een analytische en politieke reflectie. De odyssee van de Algerijnse gastarbeider gaat zo gepaard met folkloristische beelden rond het thema van de ballingschap, van de officiële toespraak van een Afrikaans staatshoofd, een hongerstaking op een universiteitscampus of een debat op gang gebracht door een televisieploeg die een reportage over gastarbeid draait.

Mohamed Ben Salah - afgestudeerd aan het Institut des Arts de Diffusion - had vóór **Les uns, les autres** al de kortfilm **Lazem, Lazem** geregisseerd, over een jonge Algerijn die in 1958 opgeroepen wordt om de wapens op te nemen en zijn leven te wagen.

La chambre rouge

Jean-Pierre Berckmans

La chambre rouge
De rode kamer
The Red Room

DIRECTOR: Jean-Pierre Berckmans
YEAR: 1972
COUNTRY: BE-FR
SCREENPLAY: Jean-Pierre Berckmans, Jean Blondel
BASED ON: La chambre rouge, written by Françoise Mallet-Joris
DIALOGUE: Jean-Pierre Berckmans, Jean Blondel
ASST. DIR.: Jacques Laurent, Evelyne Paul
DIR. PHOT.: Jean Bourgoin
CAMERA: Michel Baudour, François Segura
EDITING: Nicole Berckmans, Pierre Joassin
SOUND: Luc Perini, Nara Kellery
MUSIC: Yani Spanos
ART DIRECTOR: Thierry Bosquet
COSTUMES: Daniel Sandrard
PRODUCER: Jan van Raemdonck
PROD. CO.: Kunst en Kino/Art et Cinéma (Brussel), Cinéphonic (Paris)
PROD. SUPERV.: Gérard Vercruysse
CAST: Sharon Gurney (Hélène), Maurice Ronet (Jean Gerfaud), Françoise Brion (Tamara Noris), Christian Barbier (René Noris), Marysia (Sandra Marelli), Amedée (Max), Olivier Monneret (Fusilier Pierre-Paul), Etienne Samson (Lievens), Jean Rovis (Orgon), Janine Patrick (Madame de Thiffry), Mamine Pirotte (Interviewer TV), Jean Pascal (Régisseur Henri), Raymond Peira (Howard), Maurice Sévenant (Monsieur X)
LANGUAGE: French
GAUGE: 35 mm
SILENT/SOUND: sound
B&W/COLOUR: colour
MINUTES: 93'

◆ After graduating from the INSAS as a director, Jean-Pierre Berckmans earned his credentials in television with reportage programmes on the cinema and detective films before turning his hand to the full-length commercial feature. The first of these works was based on a youthful novel by Françoise Mallet-Joris, *La chambre rouge* ("The Red Room"), published in 1955. The young Antwerp writer at the time dominated the genre of adolescent love stories (then considered rather sulphurous), together with another precocious novelist, Françoise Sagan. Following on from *Le rempart des béguines* ("The Illusionist"), the story of the passionate affair between a nymphet and a beautiful lesbian, *La chambre rouge* catches up with the same characters a few years later. Tamara has married the father of the young girl, who discovers that her initiator in sensuality has become the mistress of a seductive stage director. The desire for revenge, and also to finally know physical love with a man, drives her to seduce her step-mother's lover. As for the "red chamber", it is the initiatory location within a Namur brothel where Hélène loses her virginity to Maurice Ronet, who soon abandons her to her provincial solitude. All due credit to Jean-Pierre Berckmans, there is a definite tact displayed in the handling of situations which verge on the smutty (a quality sorely lacking in French director Guy Casaril's adaptation of *Le rempart des béguines*, released in the same year) and the attractiveness of English actress Sharon Gurney is also of note, despite the unfortunate fact that all of her lines are dubbed.

● Issu de la section "réalisation" de l'INSAS, Jean-Pierre Berckmans s'est fait la main à la télévision, où il tourna reportages sur le cinéma et fictions policières, avant d'aborder à deux reprises le long métrage commercial. Le premier de ces films était une adaptation d'un livre de jeunesse de Françoise Mallet-Joris, *La chambre rouge*, paru en 1955. La jeune Anversoise rivalisait à l'époque avec une autre romancière précoce, Françoise Sagan, dans le domaine, alors sulfureux, des amours adolescentes. *La chambre rouge* fait suite au *Rempart des béguines*, qui racontait l'aventure passionnée d'une nymphette et d'une belle lesbienne. On retrouvait les mêmes personnages dans *La chambre rouge*, quelques années plus tard. Tamara a épousé le père de la jeune fille. Cette dernière découvre que son initiatrice à la sensualité est devenue la maîtresse d'un séduisant metteur en scène de théâtre. Par vengeance, et aussi pour connaître enfin l'amour physique avec un homme, Hélène entreprend de séduire l'amant de sa belle-mère. Quant à la "chambre rouge", c'est le lieu initiatique d'un bordel de Namur où Hélène perdra sa virginité dans les bras de Maurice Ronet, qui l'abandonnera par la suite à sa solitude provinciale. Au crédit de Jean-Pierre Berckmans, on peut souligner un tact certain dans des situations qui frôlaient le graveleux (une qualité qui manquait à l'adaptation, sortie la même année, du *Rempart des béguines*, par le réalisateur français Guy Casaril), et la joliesse de l'Anglaise Sharon Gurney, hélas postsynchronisée! (RM)

▶ Jean-Pierre Berckmans studeerde regie aan het INSAS alvorens bij de televisie zijn sporen te verdienen met filmreportages en krimi's. Later zou hij zich tweemaal aan een commerciële langspeelfilm wagen. De eerste betrof de verfilming van *La chambre rouge*, een op jonge leeftijd geschreven roman van Françoise Mallet-Joris, verschenen in 1955. De Antwerpse schreef over een toen nog controversieel onderwerp - de prille jeugdliefde -, zoals die andere vroegrijpe schrijfster, Françoise Sagan. Het boek hernam de personages uit haar vorige werk, *Le rempart des béguines*, dat handelde over de passionele verhouding van een mooie lesbienne en een jonge lolita. *La chambre rouge* speelt zich enkele jaren later af, wanneer het jonge meisje verneemt dat haar leermeesteres in de liefde - Tamara, die inmiddels getrouwd is met de vader van het meisje - nu de maîtresse is van een charmante theaterregisseur. Uit wraaklust, en om eindelijk de liefde met een man te bedrijven, besluit Hélène de minnaar van haar stiefmoeder te verleiden. De "rode kamer" uit de titel slaat op een Naams bordeel, waar de heldin haar maagdelijkheid verliest in de armen van Maurice Ronet, die haar vervolgens overlaat aan haar provinciale eenzaamheid. Wat pleit voor Berckmans en zijn film, is zijn schroomvolle aanpak in een aantal scènes die op het randje af zijn (wat bijvoorbeeld niet gezegd kan worden van de bewerking van *Rempart des béguines* uit datzelfde jaar, door de Franse regisseur Guy Casaril) en de schoonheid van de Engelse Sharon Gurney, hier jammer genoeg gedubd.

Féminin - Féminin

Henri Calef, João Correa

Féminin - Féminin
Vrouw - Vrouwelijk
Feminine - Feminine

DIRECTOR: Henri Calef, João Correa
YEAR: 1972
COUNTRY: BE-FR
SCREENPLAY: João Correa, Paul Vandendries
DIALOGUE: Henri Calef
ASST. DIR.: Gérald Frydman, Jacques Boutelier
CAMERA: Bernard Daillencourt
EDITING: Madeleine Bajau
SOUND: Studio Marcadet
MUSIC: Jean Wiener
ART DIRECTOR: Gio Berck
PRODUCER: Paul Vandendries
PROD. CO.: Mercator Films (Bruxelles)
PROD. SUPERV.: Baudouin Mussche
CO-PROD. CO.: Compagnie Européenne Cinématographique (Paris), Art du Siècle (Paris), Ophélie Films (Paris)
CAST: Marie-France Pisier (Françoise), Olga Georges-Picot (Marie-Hélène), Pierre Brice (Jacques), Carlos (Roland), François Leccia, Arlette Schreiber, Werner Degan, Anne Funck, Etienne Samson, Micha Van Fleet
LANGUAGE: French
GAUGE: 35 mm
SILENT/SOUND: sound
B&W/COLOUR: colour
MINUTES: 90'

◆ João Correa, of Portuguese birth but resident in Belgium following his graduation from one of our film schools, had several promising short films behind him when he wrote the script of **Feminine - Feminine**, intended to be his first full-length work. The lack of state subsidies forced him to embark on the difficult and unrewarding path of French co-production, a path which was to lead him far away from his original project. Most notable among the conditions imposed by Paris was the installation of a co-director, Henri Calef, whose hour of glory had come after the Liberation. In the 20 or so years since **Jéricho** and **The Chouans** Calef had made only a handful of films and he saw an unexpected chance to make his name in what was to be his last film. He reworked the script, re-wrote the dialogue and imposed his own flabby direction upon the actors. For the novice Correa this became merely a chance to co-direct a film that wasn't his. The film turns around two attractive French actresses, Olga Georges-Picot as a frustrated young wife - despite her fortune and château home in Brabant - and Marie-France Pisier as the emancipated friend who seduces then abandons her for another woman. A passionate love affair plunging a young bourgeoise into the world of lesbianism and freeing her from her status as woman-as-object - this was at the time a relatively unexplored theme and could have provided the basis for a superior psychological duel. But the pompous dialogue and the obviousness of the direction reek of parody and pretentious banality. A classic case of the perils of co-production.

● João Correa, jeune Portugais établi en Belgique et diplômé d'une de nos écoles de cinéma, avait réalisé quelques courts métrages prometteurs, lorsqu'il écrivit le scénario de **Féminin - Féminin**, dont il comptait faire son premier film de fiction. Faute de subsides suffisants, il allait se trouver embarqué dans la galère peu réjouissante d'une coproduction française, qui, selon lui, torpilla complètement son projet initial. Parmi les conditions imposées par Paris, il y eut notamment l'arrivée d'un co-metteur en scène qui avait eu son heure de gloire après la Libération: Henri Calef. L'auteur de **Jéricho** et des **Chouans** n'avait signé que quelques films depuis une vingtaine d'années, et il vit sans doute là une occasion inespérée de briller dans ce qui allait être son tout dernier tournage. Calef remania le scénario, récrivit les dialogues, imposa sa poussive direction d'acteurs: il ne resta, au néophyte, qu'à cosigner une œuvre qui n'était plus la sienne. Deux jolies actrices françaises mènent le jeu: Olga Georges-Picot, en épouse insatisfaite malgré fortune et château dans le Brabant wallon, et Marie-France Pisier, dans le rôle de l'amie émancipée qui va séduire la jeune femme, puis l'abandonner pour une autre. Le thème, alors peu exploité, de l'amour fou révélant le monde lesbien à une bourgeoise jusque-là femme-objet aurait pu donner naissance à un duel psychologique de qualité. Malheureusement, les dialogues ampoulés et les ficelles de la mise en scène font tomber le film dans la prétentieuse banalité. Un beau cas de figure des périls de la coproduction. (RM)

▶ João Correa, een jonge, in België gevestigde Portugees met een diploma uit een van onze filmscholen, had reeds enkele veelbelovende kortfilms geregisseerd toen hij het scenario voor **Féminin - Féminin** schreef, zijn eerste langspeelfilmproject. Bij gebrek aan voldoende subsidies ging hij in zee met een Franse coproducent, wat zijns inziens de doodsteek betekende voor zijn oorspronkelijke opzet. Parijs drong hem enkele voorwaarden op zoals coregisseur Henri Calef, een man die na de Bevrijding enige bekendheid had verworven. Deze auteur van o.a. **Jéricho** en **Les chouans** had slechts een handjevol films gedraaid in de voorbije twintig jaar en zag nu zijn kans schoon om nog eenmaal te schitteren in wat zijn laatste project zou worden. Calef herwerkte het scenario, herschreef de dialogen en drong zijn vlakke acteursregie op; er restte onze neofiet enkel deze coproductie mede te ondertekenen, een film die niet de zijne was. Twee mooie Franse actrices staan centraal: Olga Georges-Picot, als een ontevreden echtgenote ondanks haar fortuin en een kasteel in Waals-Brabant, en Marie-France Pisier als haar geëmancipeerde vriendin, die haar zal verleiden en vervolgens verlaten voor een ander. Een bourgeoise, tot dan niet meer dan een lustobject, ontdekt de lesbische wereld door een vurige liefdesverhouding. Dit thema, toen nog nauwelijks ontgonnen, had een hoogstaand psychologisch duel kunnen opleveren. Maar de hoogdravende dialogen en de doorzichtige regie lijken nog het meest op een parodie of op pretentieuze banaliteit. Een mooi typevoorbeeld van de gevaren van coproducties.

Ras-le-bol

Michel Huisman

Ras-le-bol
Korte Haren
Ik heb er genoeg van
Meer dan genoeg
Over
Over and Out

DIRECTOR: Michel Huisman
YEAR: 1972
COUNTRY: BE-FR
SCREENPLAY: Michel Huisman, Jean-Marie Vervisch, Jean-Patrick Manchette
DIALOGUE: Michel Huisman, Jean-Marie Vervisch, Jean-Patrick Manchette
ASST. DIR.: Jean-Marie Vervisch, Patrick Hella
DIR. PHOT.: Charlie Van Damme
CAMERA: Peter Anger, Walther Vanden Ende
EDITING: Eliane du Bois
SOUND: Henri Morelle
MUSIC: André Burton
ART DIRECTOR: Marie-Luce Bonfanti, Gilles Brenta, Christine Wendelen
PRODUCER: Jacqueline Pierreux
PROD. CO.: Pierre Films (Bruxelles), Valisa Films (Bruxelles), CAPAC (Paris), Les Réalisateurs Associés (Paris)
PROD. SUPERV.: Gérard Vercruysse
CAST: Xavier Gélin (Bert), Eve Bonfanti (Jonquille), John Dobrynine (Cheraz), Jean-Pierre Castaldi (Ondé), Gilles Segal (Luxembourg), André Falcon (Stella)
LANGUAGE: French
GAUGE: 35 mm
SILENT/SOUND: sound
B&W/COLOUR: colour
MINUTES: 89'

◆ A first-generation graduate of the INSAS film school, assistant and editor to Chris Marker, Jean Delire and José Giovanni, at the age of 26 the Brussels-born Michel Huisman directed his first (and to date only) feature, inspired by his recent period of national service. Everything there horrified him: the military training, the inept regulations, the self-satisfied imbecility of the officers, the unbending discipline. In the immediate aftermath of May '68, his script is intentionally provocative (given an extra boost of vitriol by the notorious "Série noire" novelist Jean-Patrick Manchette). The Belgian Ministry of Defence naturally refused to co-operate and Huisman was forced to hire old German tanks from Hamburg. Without a single big name in the cast, the film had only limited success in Belgium; in Paris, on the other hand, seven theatres showed **Over**, renamed **Ras-le-bol**, to warm reviews in the left-wing press. The censor raised no objection to this powerful, anarchic broadside on the grounds that it was aimed only at the Belgian army. The hero (played by Xavier Gélin) is a young publicist and committed anti-militarist who is gradually manipulated, brainwashed and ground down by the system to become the model officer, a robot in the service of the powers-that-be.

Unfortunately, the scriptwriters' approach is not without its weaknesses: ponderous flashbacks centred on Gélin's fiancée; clichéd room-mates (the left-winger and the virgin, the macho, the comedian) and superiors (from the raging instructor to the paternalistic officer). Such frequent examples of careless shorthand detract from the director's message and provide his foes with added ammunition.

● Diplômé de la première génération de l'INSAS, assistant et monteur de Chris Marker, Jean Delire ou José Giovanni, le Bruxellois Michel Huisman va réaliser à 26 ans son premier (et jusqu'ici unique) long métrage, inspiré par son récent passage à l'armée. Tout l'y a écœuré: le dressage militaire, les règlements ineptes, l'imbécillité satisfaite des gradés, l'esclavage de la discipline. Au lendemain de mai 68, son scénario se veut contestataire (un grand romancier de la Série noire, Jean-Patrick Manchette, y injectera quelques gouttes de vitriol). Bien entendu, la Défense Nationale lui refusa son appui, et Huisman dut louer de vieux chars allemands à Hambourg. Sans vedette connue, le film eut un succès limité sur nos écrans. Par contre, à Paris, sept salles programmèrent **Over**, rebaptisé commercialement **Ras-le-bol**, et la presse de gauche le salua. La censure accepta ce brûlot anarchisant, puisqu'il mettait seulement en cause l'armée belge. Le héros du film (joué par Xavier Gélin) est un jeune publiciste, un révolté antimilitariste au départ, mais que le système va peu à peu manipuler, décerveler, broyer, jusqu'à en faire un officier parfait, un robot docile au service du Pouvoir.

Malheureusement, le propos des scénaristes n'est pas exempt de faiblesses: retours en arrière lourdingues centrés sur la fiancée de Gélin, compagnons de chambrée à poncifs simplistes (le gauchiste, le puceau, le dur, le rigolo), supérieurs traités dans le même style (de l'instructeur fort en gueule au commandant paternaliste). Autant de facilités qui, par leur réalisme caricaturé, déforcent le propos du metteur en scène et offrent des armes à ses adversaires. (RM)

▶ Michel Huisman, een Brusselaar uit de eerste generatie afgestudeerden aan het INSAS, assistent en monteur voor Chris Marker, Jean Delire en José Giovanni, regisseerde op 26-jarige leeftijd zijn eerste (en tot nog toe enige) langspeelfilm, gebaseerd op zijn recente ervaringen bij het leger. Alles deed hem daar walgen: de militaire dressuur, de zinloze reglementen, de zelfgenoegzame idiotie van de oversten, de slaafse discipline. Ontstaan net na mei '68, is het scenario gewild opstandig (Jean-Patrick Manchette, de grote "Série noire"-auteur, maakte het geheel nog bijtender). Landsverdediging weigerde uiteraard elke medewerking en Huisman moest in Hamburg oude Duitse tanks gaan huren. Deze film zonder bekende gezichten oogstte bij ons weinig succes; anders verliep het in Parijs, waar zeven zalen **Over** programmeerden, herdoopt tot het commerciëlere **Ras-le-bol**, en waar de linkse pers enthousiast reageerde. Ook de censuur zag geen graten in deze anarchistische brok, daar alleen het Belgische leger aan de kaak werd gesteld. De held van het verhaal (Xavier Gélin) is een jonge publicist en overtuigd antimilitarist, die geleidelijk aan door het systeem wordt gemanipuleerd, gehersenspoeld en omgevormd tot een modelofficier, een robot in dienst van de Macht.

Helaas vertoont het scenario nogal wat zwakke plekken: loodzware flashbacks rond de verloofde van Gélin, de clichématige kamergenoten (de gauchist, de maagd, de stoere, de lolbroek) en oversten (van de tierende instructeur tot de paternalistische commandant). Dit al te gemakkelijke, karikaturale realisme ontkracht echter de argumenten van de regisseur en geeft zijn tegenstanders eigenlijk de wapens in handen.

Les deux saisons de la vie

Samy Pavel

Les deux saisons de la vie
Twee seizoenen van het leven
Two Seasons of Life

DIRECTOR: Samy Pavel
YEAR: 1972
COUNTRY: BE
SCREENPLAY: Samy Pavel, Catherine Alcover
DIALOGUE: Samy Pavel, Catherine Alcover
ASST. DIR.: Jacques Laurent
DIR. PHOT.: Giuseppe Pinori
CAMERA: Sebastiano Celeste, Jean-Claude Neckelbrouck
EDITING: Robert Perpignani
SOUND: Jacques Morelle
MUSIC: Ennio Morricone
ART DIRECTOR: Claude Matossian
COSTUMES: Claude Matossian
PRODUCER: Samy Pavel
PROD. CO.: Les Productions de l'Aube (Bruxelles)
PROD. SUPERV.: Rosana Volpi
CAST: Samy Pavel (Le compositeur), Stéphane Guss (L'enfant), Catherine Alcover (La seconde mère), Jean Ludow (Le père), Michèle Sand, Nathalie Dallian (La mère morte), Renaud Jeanmart, François-Xavier Jeanmart, Christian Hut, Joseph Decateuw, Pierre Milhet, Serge Spira, Daniel Mertens, Michel Verhulst
LANGUAGE: French
GAUGE: 35 mm
SILENT/SOUND: sound
B&W/COLOUR: colour
MINUTES: 90'

◆ A fascinating, fervent character, outrageously narcissistic, Samy Pavel occupies a place apart in Belgian cinema. From the outset he assumes the role of a guerrilla, marginalized by the controllers of subsidies yet working doggedly away at his films come hell or high water. Born in Cairo in 1943 to an Egyptian father and a Belgian mother, he becomes one of the first pupils of the INSAS film school, acts on the stage in Brussels and in spaghetti Westerns in Italy (also featuring in two films by Paolo & Vittorio Taviani). As early as 1971 he returns to Belgium to direct and star in his first full-length feature, **Two Seasons of Life**.

The film is openly autobiographical, beginning as the tale of a hypersensitive young boy. Devastated by his parents' separation, isolated by his step-mother and three step-brothers, he becomes a tormented rebel. Ten years later he leaves his village and family to become a composer, and once again his apprenticeship proves a struggle, a fight against immobility - yet it also offers him exorcism, in music and the act of creation. Samy Pavel (playing his character as an adult) externalizes all the demons of his past, his need for the absolute and the solitude of his damaged childhood in highly beautiful images (occasionally over-aestheticized or in drawn-out slow-motion) of landscapes he has crossed and faces he has encountered, including that of an idealized mother. It is a moving film, with a somewhat intrusive score by Ennio Morricone, but overall a highly promising début.

● Personnage fascinant, passionné, narcissique en diable, Samy Pavel occupe une place à part dans le cinéma belge, où il va assumer, dès ses débuts, le rôle du franc-tireur, marginalisé par les distributeurs de subsides, élaborant ses films à travers vents et marées. Né au Caire en 1943, d'un père égyptien et d'une mère belge, il sera l'un des premiers élèves de l'INSAS, jouera à Bruxelles au théâtre et en Italie dans des westerns spaghetti (mais aussi, à deux reprises, pour Paolo & Vittorio Taviani). En 1971, il rentre en Belgique pour mettre en scène et interpréter son premier long métrage: **Les deux saisons de la vie**.

Le film se veut ouvertement autobiographique: c'est d'abord l'histoire d'un gamin hypersensible, déchiré par la séparation de ses parents, isolé par sa belle-mère et ses trois demi-frères, écorché vif et révolté. On le retrouvera dix ans plus tard, quittant son village et sa famille pour devenir compositeur. A nouveau, c'est l'apprentissage difficile, le combat contre l'immobilisme; mais aussi l'exorcisme par la musique et la création. Samy Pavel (qui joue son personnage devenu adulte) projette ses angoisses d'antan, son besoin absolu et toute la solitude de son enfance blessée, à travers les images fort belles (mais parfois trop esthétisantes ou s'étirant dans des ralentis faciles) des paysages qu'il a traversés, des visages qu'il a côtoyés (dont celui d'une mère idéalisée). Avec une musique envahissante d'Ennio Morricone, **Les deux saisons de la vie** est un film émouvant pour des débuts largement prometteurs. *(RM)*

► Samy Pavel was een intrigerend, gepassioneerd, uiterst narcistisch personage, een buitenbeentje in de Belgische film, waarin hij vanaf het begin zijn plaats als vrijheidsstrijder opeiste. Totaal genegeerd door de subsidiënten bleef hij toch hardnekkig filmen. Geboren te Caïro in 1943, met een Egyptische vader en een Belgische moeder, zou hij een van de eerste studenten aan het INSAS worden. Als acteur was hij actief op de Brusselse podia en later in enkele Italiaanse spaghettiwesterns, alsook in twee films van de gebroeders Taviani. In 1971 keerde hij naar België terug om daar zijn eerste langspeelfilm te regisseren en te vertolken: **Les deux saisons de la vie**.

De film is duidelijk autobiografisch: het verhaal van een overgevoelig kind, verscheurd door de scheiding van zijn ouders, verstoten door zijn stiefmoeder en drie halfbroers, gekweld en opstandig. Tien jaar later verlaat hij dorp en familie om componist te worden: opnieuw een harde leerschool, het zoveelste gevecht tegen het immobilisme. Maar tegelijk betekenen muziek en creativiteit voor hem een ware bevrijding. Pavel (in de rol van de volwassen geworden jongen) giet de angst en eenzaamheid uit zijn eigen gehavende jeugdjaren, zijn nood aan iets hogers, in prachtige beelden (soms iets te geësthetiseerd of in een uitgerekte slowmotion) van landschappen die hij doorkruiste en gezichten die hem bijbleven (o.a. dat van een geïdealiseerde moeder). Een ontroerende film en ongetwijfeld een beloftevol debuut, met een soms opdringerige soundtrack van Ennio Morricone.

Kim oi!

Pham-Lai

Kim oi!
Kim chéri!
Kim Darling!

DIRECTOR: Pham-Lai
YEAR: 1972
COUNTRY: BE
SCREENPLAY: Pham-Lai
DIALOGUE: Pham-Lai
ASST. DIR.: Yves Glotz
DIR. PHOT.: Lucien Szuchky
CAMERA: Daniel Jordan, Nguyen Hai
EDITING: Monique Rysselinck
SOUND: Guy Maroilles
MUSIC: Georges Hoyois
PRODUCER: Pham-Lai
PROD. CO.: Dainam International Films (Ghlin)
CAST: Pham-Lai (Kim), Ngoc-Suong (Li), Quôc-Tuân (Ti), Nguyen Thi Luu (Mme Kim), Brigitte Dessars, M. Delattre, J.P. Rousseau
LANGUAGE: French, Vietnamese
GAUGE: 35 mm
SILENT/SOUND: sound
B&W/COLOUR: colour
MINUTES: 75'

◆ If there is one true oddity amongst the films produced in Belgium during the seventies, then **Kim oi!** is it. The film was entirely written and directed in our country by a former Vietnamese officer from Saigon, who also played the lead in the film and was to be plunged back into obscurity by the commercial failure of his enterprise. Pham-Lai was 40 at the time: a graduate of the universities of Louvain and Tel-Aviv, he had headed a refugee centre in South Vietnam and worked for Unesco in Zaïre before making three short films and **Kim oi!** (literally, "Kim Darling!"), in part a work of autobiography.

Kim and his wife are in European exile after fleeing the Vietnam war with their two children (including a teenage girl, the story's narrator). The former teacher, driven by an irrepressible sense of survival, experiences unemployment, becomes a gardener at a castle and finally sells flowers in the street. Over the years, the little clan finds its niche in a Belgium far removed from the principles and customs of Vietnam - which is the spur behind their decision to return there. The daughter protests: she has grown up far from Asia and is engaged to a European. Considering that her future lies here, she lets her parents leave without her.

The young girl's interior monologue, the flashbacks of the war which haunt Kim, the everyday episodes of cultural rootlessness - all are clumsily translated into mediocre colours and uncertain technique. This remained Pham-Lai's only attempt at a feature film, after which he apparently switched to the restaurant business.

● S'il est un film fort insolite dans la production belge de ces années 70, c'est bien **Kim oi!**, entièrement écrit et mis en scène dans notre pays par un ancien officier vietnamien de Saigon, également interprète principal de ce long métrage. Le peu de succès que le film allait rencontrer fit toutefois rapidement replonger son auteur dans l'anonymat. Diplômé de Louvain et Tel-Aviv, Pham-Lai avait dirigé un centre pour réfugiés au Viêt Nam du Sud et travaillé pour l'Unesco au Zaïre, avant de réaliser trois courts métrages et, à l'âge de quarante ans, ce **Kim oi!** (littéralement: "Kim chéri!") partiellement autobiographique.

Kim et sa femme se sont exilés en Europe pour fuir la guerre, emmenant leurs deux enfants (dont une adolescente, la narratrice de l'histoire). L'ex-enseignant, animé d'une farouche volonté de survie, va connaître le chômage, puis devenir jardinier dans un château, avant de vendre des fleurs dans la rue. Au fil des années, le petit clan trouve sa place dans une Belgique fort éloignée des principes et des mœurs du Viêt Nam; d'où la décision de retourner au pays. Mais l'adolescente conteste: elle a grandi loin de l'Asie et s'est fiancée à un Européen. Considérant que son avenir est ici, elle laissera repartir ses parents sans elle.

Le monologue intérieur de la jeune fille, les flashes de la guerre qui hantent la mémoire de Kim, les épisodes quotidiens du déracinement, tout cela est traduit assez maladroitement, en couleurs ternes, avec une technique approximative. Ce fut l'unique essai de Pham-Lai, qui ouvrit, paraît-il, un restaurant vietnamien. (RM)

▶ Als de Belgische filmproductie uit de jaren 70 één ongewoon geval heeft voortgebracht, dan is het wel **Kim oi!**, integraal geschreven en geregisseerd in ons land door een Vietnamese ex-officier uit Saigon (tevens de hoofdrolspeler van deze langspeelfilm), doch door een gebrek aan succes in de vergetelheid geraakt. Pham-Lai, toen 40 jaar oud, had een diploma behaald te Leuven en Tel Aviv, een Zuid-Vietnamees vluchtelingenkamp geleid en voor de Unesco in Zaïre gewerkt, alvorens drie kortfilms te maken en het - deels autobiografische - **Kim oi!** ("Kim lieveling!").

Kim en zijn vrouw zijn de oorlog in Vietnam ontvlucht en bevinden zich in Europa, samen met hun twee kinderen (onder wie een jong meisje, die het verhaal vertelt). De man, een oud-leraar met een geweldige overlevingsdrang, is een poosje werkloos, waarna hij tuinman wordt op een kasteel en tenslotte bloemenverkoper op straat. In de loop der jaren vindt de kleine gemeenschap zijn plaats in een België dat ver verwijderd is van de Vietnamese zeden en gewoonten, maar uiteindelijk besluiten ze terug te keren. Dit zint het jonge meisje echter niet: zij is buiten Azië opgegroeid en verloofd met een Europeaan. In de overtuiging dat haar toekomst hier ligt, laat ze haar ouders zonder haar vertrekken.

De inwendige monoloog van het jonge meisje, de flashbacks van oorlogsbeelden die door Kims hoofd spoken, het immer aanwezige gevoel van ontworteling, het wordt allemaal redelijk onhandig weergegeven, in vale kleuren en met een gebrekkige techniek. Pham-Lai liet het dan ook bij deze ene poging en opende naar het schijnt een Vietnamees restaurant.

Les aventures galantes de Zorro

William Russel [Gilbert Roussel]

Les aventures galantes de Zorro
Les nuits du gouverneur
De galante avonturen van Zorro
Red Hot Zorro
Zorro - spiel mir das Lied der Wollust

DIRECTOR: William Russel [Gilbert Roussel]
YEAR: 1972
COUNTRY: BE-FR
SCREENPLAY: Henri Bral de Boitselier
BASED ON: The Curse of Capistrano, written by Johnston McCulley
DIALOGUE: Pierre Querut
DIR. PHOT.: Johan J. Vincent
CAMERA: Johan J. Vincent
EDITING: Denise de Spigeler, Béatrice De la Porthe du Theil
SOUND: Edouard Servapi
MUSIC: Gilbert Gardet
PRODUCER: Pierre Querut
PROD. CO.: Brux International Pictures BIP (Bruxelles)
PROD. SUPERV.: Jean Querut
CO-PRODUCER: Marius Lesœur
CO-PROD. CO.: Eurociné (Paris)
CAST: Jean-Michel Dhermay (Zorro), Alice Arno [Marie-France Broquet], Roger Darton (Le capitaine Pedro), Evelyne Scott [Evelyne Deher] (Angelica), Evelyne Galou, Christine Chantrel, Rose Kiekens, Ghislaine Kay, Martine Van Linden, Hélène Machefel, Madeleine Revardy, Valérie Jalain, Sylvie Picot, Christine Casalonga, Arlette Bontemps, Louise Petit, Antoine Fontaine, Luk Yeladi, Johnny Weissler, Mikaela Wood, Fatou, Marie-Thérèse Lecomble, José De Negri, Mark Vanleene
LANGUAGE: French
GAUGE: 35 mm
SILENT/SOUND: sound
B&W/COLOUR: colour
MINUTES: 82'

◆ One of the most curious turns taken by the erotic or semi-pornographic film in the seventies was the proliferation of lascivious, scantily-clad Westerns, all based upon one of the clichés of the genre and built around parody and nudity. Audiences were treated to **The Girls of the Golden Saloon**, **The Brute**, **The Colt and Karate** and the (untranslatable) punning titles of the ineffable Jean-Marie Pallardy, for example **Règlements de femmes à O.Q. Corral** and **L'arrière-train sifflera trois fois**, which set the lusty Dalton daughters against the heiress of Lucky Luke. Belgium too found herself dragged into this fantasy Wild West rough-and-tumble when William Russel shot his Zorro skinflick here, with five days in Spain for the location work.

Audiences were thus treated to the new exploits of the masked avenger with a whip, battling a wicked governor in a rather approximate version of California, basically a matter of the odd duel and lots of sex. Here, as the title would suggest, Zorro is like a bunny rabbit on heat whom not one woman can resist throughout the whole film. Russel made a montage of excerpts of different Zorro films (distributed by Pierre Querut) and interlarded it with newly shot spicy scenes. The main aim of the plot is evidently to provide Zorro with as many amorous encounters as possible, interspersed with breathlessly shot stunts one British critic judged to be "as pitiful as those in the original Sam Katzman serial". He was afforded the opportunity by the English-language version also made, christened **Red Hot Zorro**.

● L'un des avatars les plus curieux du film érotique ou semi-porno, dans les années 70, fut la prolifération de westerns lascifs et déshabillés. Ces films jouaient sur la parodie et la nudité à partir des clichés habituels du genre. Ainsi, on put voir **Les filles du Golden Saloon**, **La brute**, **Le colt et le karaté** ou encore les titres-calembours de l'ineffable Jean-Marie Pallardy: **Règlements de femmes à O.Q. Corral** ou **L'arrière-train sifflera trois fois** (qui opposait les filles lubriques des Dalton à l'héritière de Lucky Luke). La Belgique elle-même se trouva mêlée à ces galipettes dans un Far West de haute fantaisie, quand William Russel y entreprit (avec cinq jours de tournage en Espagne pour les extérieurs) ses **Aventures galantes de Zorro**.

On eut donc droit aux nouveaux exploits du caracolant justicier au masque noir et au fouet vengeur, combattant un gouverneur tyrannique dans une Californie approximative: quelques duels et beaucoup de sexe. Zorro, comme le titre le suggère, est ici un chaud lapin auquel pas une femme ne résiste tout au long du film. Russel utilisait des extraits de films de Zorro, distribués par Pierre Querut, et les reliait par de nouvelles scènes croustillantes. Le but premier du scénario est évidemment de ménager à Zorro un nombre maximum de rencontres amoureuses, tout cela entre des cavalcades tournées poussivement, "aussi pitoyables que dans les séries de Sam Katzman" écrira un critique britannique. Car cette chose fut tournée aussi en version anglaise, baptisée **Red Hot Zorro**. (RM)

▶ De merkwaardigste incarnaties van de erotische of semi-pornofilm uit de jaren 70 waren een reeks wellustige westerns, steunend op parodie, naaktheid en alle clichés van het genre. Het publiek had recht op **Les filles du Golden Saloon**, **La brute**, **Le colt et le karaté**, alsook op de films van de onvergelijkbare Jean-Marie Pallardy, met hun dubbelzinnige, onvertaalbare titels (**Règlements de femmes à O.Q. Corral** of **L'arrière-train sifflera trois fois**, waarin de erfgename van Lucky Luke het opneemt tegen de bloedgeile dochters van de Daltons). Ook België werd in deze capriolen betrokken en wel via een fantasierijke western ontsproten aan William Russel (de buitenopnamen gebeurden in vijf dagen in Spanje).

Les aventures galantes de Zorro toont de langverwachte nieuwe exploten van de onversaagde wreker met het zwarte masker en de zegevierende zweep, die onvermoeibaar ten strijde trekt tegen de despotische gouverneur van een pseudo-Californië, met veel seks en weinig duels. Zorro is hier een withete bok aan wie geen vrouw zal kunnen weerstaan. Russel breide uittreksels van bestaande Zorrofilms (verdeeld door Pierre Querut) aan elkaar en laste er nieuwgedraaide, pikante scènes tussen. Het scenario wil niets meer dan de held zoveel mogelijk gelegenheid bieden om op amoureus vlak van jetje te geven, te midden van haastig ineengeflanste "spectaculaire" stunts, die volgens een Brits criticus "even zielig waren als in de oorspronkelijke serie van Sam Katzman". Desondanks werd ook Engelstaligen de kans gegund om van **Red Hot Zorro** te genieten.

Jonny & Jessy
Wies Andersen

Jonny & Jessy

DIRECTOR: Wies Andersen
YEAR: 1972
COUNTRY: BE
SCREENPLAY: Wies Andersen
DIALOGUE: Nico Van den Boezem, Wies Andersen
ASST. DIR.: Peter Simons
DIR. PHOT.: Claude Michiels
CAMERA: Walter Smets, Rufus J. Bohez, Rita Smets
EDITING: Peter Simons
SOUND: Jules Goris
MUSIC: Rocco Granata, Frans Ieven
ART DIRECTOR: Ronny Poot, Francis Brichet, Francis Hezelmans, Ludo Bex
COSTUMES: Dora Van der Groen, Anne Huybrechts
PRODUCER: Wies Andersen
PROD. CO.: Andersen Films (Brasschaat)
PROD. SUPERV.: Pol Stabel
CAST: Wies Andersen (Jonny), Marieke Van Leeuwen (Jessy), Kees Brusse (Adjudant Ecklund), Walter Moeremans (Walt), Rocco Granata (Gino), Hans Rooyaards (Peter), Senne Rouffaer (Verdediger Jonny), Rudi Van Vlaenderen (Voorzitter rechtbank), Hélène Van Herck (Jonny's moeder), Jan Teulings (Jessy's oom), Adolphe Denis (Schipper), Ward Bogaert, Jan Moonen, John Mertens, Herman Coertjens, Louis Keersmaekers, Mark Bober, Jan Vos, Brick Andersen, Jan Cornelissen, Jules Goris, Robert Peet, Fons Huybrechts, Charles Ceulemans, Jos Maesen, Paul Marinus, Jacky Wyters, Carl Vanslambrouck, Rudy Kuypers, Rudy De Jonghe, Ria Geerts-Sak, Fernand Van der Bauwede, Louis Van der Poorte, Fien Vandijck-Dries, Alfons Roeck, Louis Van Hoeck, Guido Eyckmans
LANGUAGE: Dutch
GAUGE: 35 mm
SILENT/SOUND: sound
B&W/COLOUR: colour
MINUTES: 104'

◆ Aloïs de Bois, alias Wies Andersen, first made a name for himself in the early seventies as an actor for stage, cinema and television. Educated amongst others at the prestigious Actor's Studio in New York, on his return to Belgium he was eager to put his training into practice. The result was **Jonny & Jessy**, an openly commercial action film combining elements from crime movies and melodrama. The 5 million francs Andersen received in official subsidies seemed a very daring investment, particularly given that for his directorial début Andersen also cast himself in the leading role, wrote the script and handled production.

Jonny and Jessy were in love, but Jonny was car-mad and it drove Jessy completely up the wall. She left him and has now ended up in mean streets. Jonny tracks her down to a louche café, and in an ensuing brawl a man is killed. Before he knows it, Jonny is accused of murder and his downfall is assured. The (sober) ending sees Jessy die and Jonny, although cleared of all suspicion, is unable to lead a normal life again. Individuals destroyed by society - the message could not be clearer.

Andersen was aiming for a thoroughbred American-style thriller (with the inevitable sex, drugs and violence) and despite the odd meandering in the plot the result certainly has its pleasures. The critical response varied between lukewarm and enthusiastic. Flashbacks and other filmic devices are worked in, but overall the film leaves a rather forced, excessively melodramatic impression. Andersen himself also admitted that his work was not without its flaws, mitigated by his lack of experience, and confirmed once again his original intention to produce a pure piece of entertainment.

● Aloïs de Bois, alias Wies Andersen, s'était fait connaître au début des années 70 comme comédien de théâtre, de cinéma et de télévision. Il se rendit notamment au prestigieux Actor's Studio de New York, désireux dès son retour au pays de mettre en pratique sa formation. Le résultat: **Jonny & Jessy**, un film d'action délibérément commercial se voulant à la fois drame judiciaire et pur mélo. Le cinéaste put tabler sur une aide de 5 millions, une somme importante pour un film de débutant, d'autant plus qu'Andersen assurait tout à la fois le rôle principal, le scénario et la production.

Jonny et Jessy sont amants, mais Jonny est dingue d'automobiles et cela rend Jessy complètement folle. Elle décide de partir mais Jonny la retrouve dans un café louche; s'ensuit une rixe qui fait une victime. Avant même d'avoir le temps de se retourner, Jonny est accusé du meurtre. Il tombe alors dans la déchéance. La fin, sombre, voit Jessy mourir et Jonny lavé de tout soupçon, mais l'homme ne parvient plus à mener une vie normale. L'individu est brisé par la société; le message est des plus clairs.

Andersen visait le film à suspense dans le plus pur style américain (avec les incontournables sexe, drogues et violence) et même si l'histoire se fourvoie un peu, le résultat n'est pas sans mérite. La presse oscilla entre la réserve et l'enthousiasme. La structure comporte flash-back et autres astuces filmiques, mais l'ensemble apparaît quelque peu forcé et exagérément mélodramatique. D'ailleurs Andersen admit lui-même ne pas avoir produit un travail parfait; il prétexta son manque d'expérience et réaffirma sa volonté initiale de réaliser un film de pur divertissement.

▶ Aloïs de Bois, alias Wies Andersen, had begin jaren 70 zijn naam reeds gevestigd als theater-, tv- en filmacteur. Hij was onder meer naar de befaamde New Yorkse Actor's Studio getrokken en wou die bagage dan ook gebruiken in eigen land. Vandaar deze **Jonny & Jessy**, een onbeschaamd commerciële actiefilm die zich tevens aandient als een gerechtelijk drama en een zuiver melo. Hoewel hij kon rekenen op een subsidie van 5 miljoen, zal het zelfs de leek niet ontgaan dat dit voor een debuutfilm wat hoog gegrepen was, vooral aangezien Andersen ook nog de hoofdrol, het scenario en de productie voor zijn rekening nam.

Jonny & Jessy waren verliefd, maar Jonny was gek op auto's en Jenny werd dat grondig beu. Ze ging weg en raakte aan lager wal. Jonny vindt haar terug in een louche café; daar ontstaat een vechtpartij waarbij een dode valt. Voor Jonny het goed en wel beseft, staat hij onder beschuldiging van moord en begint zijn ondergang. Aan het (pessimistische) einde sterft Jessy en wordt Jonny gezuiverd van alle blaam, maar hij zal nooit meer een normaal leven kunnen leiden. Het individu gekraakt door de maatschappij: de boodschap is overduidelijk.

Andersen beoogde een spannende film in Amerikaanse stijl (dus met de nodige seks, drugs en geweld) en hoewel het verhaal nogal verward overkomt, is het resultaat niet onverdienstelijk. De pers reageerde gematigd tot enthousiast. De structuur bevat flashbacks en andere filmische kunstgrepen, maar het resultaat is nogal geforceerd en overdreven melodramatisch. Andersen gaf trouwens zelf toe dat hij geen perfect werk had afgeleverd, maar beriep zich op zijn gebrek aan ervaring en bevestigde nogmaals het feit dat hij in eerste instantie een ontspannende film voor ogen had. (TT)

Malpertuis

Harry Kümel

Malpertuis
Malpertuis: histoire d'une maison
maudite
Histoire d'une maison maudite
The Legend of Doom House

DIRECTOR: **Harry Kümel**
YEAR: **1972-1973**
COUNTRY: **BE-FR-GW**
SCREENPLAY: **Jean Ferry**
BASED ON: **Malpertuis, written by Jean Ray**
DIALOGUE: **Jean Ferry**
ASST. DIR.: **Françoise Levie, Michel Rubin**
DIR. PHOT.: **Gerry Fisher**
CAMERA: **Bernhard Ford, Peter Anger, Yetty Faes**
EDITING: **Harry Kümel, Richard Marden**
SOUND: **Jacques Eippers, Henri Morelle**
MUSIC: **Georges Delerue**
ART DIRECTOR: **Pierre Cadiou**
COSTUMES: **Claire-Lise Leisegang**
PRODUCER: **Pierre Levie, Paul Laffargue**
PROD. CO.: **Sofidoc (Bruxelles), Société d'Expansion du Spectacle SES (Paris), Les Productions Artistes Associés (Paris), Artemis Film (Berlin)**
PROD. SUPERV.: **Jean-Philippe Merand**
CAST: **Orson Welles (Cassavius), Susan Hampshire (Nancy/Euryale/Alice), Michel Bouquet (Dideloo), Mathieu Carrière (Yann), Jean-Pierre Cassel (Lampernisse), Sylvie Vartan (Bets), Daniel Pilon (Mathias Krook), Charles Janssens (Philarète), Dora Van der Groen (Sylvie Dideloo), Walter Rilla (Eisengott), Bob Storm (Griboin), Fanny Winkeler (Moeder Griboin), Ward De Ravet (Doucedame), Jet Naessens (Eleonora), Cara Van Wersch (Rosalie), Jenny Van Santvoort (Elodie), Hugo Dellas (Hans), Gella Allaert (Gerda), Johnny Hallyday (Matroos), Cyriel Van Gent (Dikke man), Rosemarie Bergmans (Voorbijgangster), Johan Troch (Bedelaar)**
LANGUAGE: **Dutch/French/English**
GAUGE: **35 mm**
SILENT/SOUND: **sound**
B&W/COLOUR: **colour**
MINUTES: **124'/104'**
NOTES: **The Flemish version of 124' was edited by Harry Kümel, the English and French version of 104' by Richard Marden.**

◆ **The Legend of Doom House** began life as a novel by Jean Ray, the story of a maleficent dwelling (Malpertuis) where old Cassavius keeps locked within human form the fallen Gods of the ancient Greeks. His dream is to marry off his heirs to these mythological creatures and create a race of demi-gods, the cue for a sulphurous plot which sees Cassavius's nephew fall in love with a Gorgon whose eyes turn people to stone, all set within a lethal maze of corridors, endless chambers and vertiginous staircases.

Aware of the limitations of Belgian cinema Harry Kümel and his producers brought together international talent: Joseph Losey's cinematographer Gerry Fisher, Ken O'Gorman, creator of the masks for **The Planet of the Apes**, and in a stroke of genius Orson Welles, who spent three days in Belgium playing the part of the legendary Cassavius, a sinister figure at death's door, but essential to the momentum of the story. Another international star, Susan Hampshire - playing three goddesses - lent her very particular beauty to the diabolic faun who haunts Malpertuis.

Kümel had undertaken to provide two versions, one in English (identical to the French dubbed version) as Belgium's entry for the Cannes Film Festival, the other dubbed in Flemish. After the film's failure at Cannes Kümel took exception to the editing of the English version, and hence only the radically different Flemish version was shown in Belgium - the same images, but in a much more extravagantly baroque montage, an almost expressionistic delirium (and with a finale not present in Jean Ray, which in a clear reference to **Caligari** attributes the story to the ravings of an electronics specialist!).

● Au départ il y avait le roman fantastique, signé Jean Ray: l'histoire d'une demeure maléfique, où le vieux Cassavius séquestre, sous des enveloppes humaines, les anciens dieux grecs déchus. Son rêve est de marier ses héritiers avec ces créatures mythologiques pour créer une race de demi-dieux: d'où une sulfureuse intrigue qui verra le neveu de Cassavius tomber amoureux d'une des Gorgones aux yeux pétrifiants, dans un dédale vénéneux de couloirs, de chambres gigognes et d'escaliers vertigineux.

Conscients des limites du cinéma belge, Harry Kümel et ses producteurs réunirent des professionnels de talent international: l'opérateur de Joseph Losey, Gerry Fisher; le créateur des masques de **La planète des singes**, Ken O'Gorman; et, coup de génie, Orson Welles, débarquant trois jours en Belgique pour incarner le fabuleux Cassavius, personnage moribond ténébreux, mais essentiel pour propulser l'histoire. Une autre vedette internationale, l'Anglaise Susan Hampshire, dans un triple rôle de déesse, mêla sa beauté singulière à la faune diabolique qui hantait Malpertuis.

Kümel s'était engagé à fournir deux versions du film: l'une en anglais (pour représenter notre pays au festival de Cannes) identique à la version française (doublée) et l'autre en flamand (également doublée). Après l'échec cannois, il récusa le montage de la copie anglaise. On projeta donc en Belgique la seule version flamande, rigoureusement différente: mêmes images, mais montées de manière plus follement baroques, en un délire proche de l'expressionnisme (et avec une finale, absente chez Jean Ray, attribuant l'histoire à un électronicien fou, en rappel de **Caligari**!). *(RM)*

▶ Vóór de film was er de fantastische roman van Jean Ray, over een behekste woning (Malpertuis) waar de oude Cassavius de gevallen Griekse goden in hun menselijke omhulsels gevangen houdt. Zijn droom is deze mythologische wezens uit te huwelijken aan zijn bloedverwanten om zo een ras van halfgoden te creëren. Stof voor een bewogen intrige: de neef van Cassavius wordt verliefd op een Gorgo met verstenende ogen, in een dreigend labyrint van gangen, dubbele kamers en duizelingwekkende trappen.

De beperkingen van de Belgische cinema indachtig, zocht Harry Kümel samen met zijn producenten internationaal talent aan: Gerry Fisher (de cameraman van Joseph Losey) en Ken O'Gorman (de ontwerper van de maskers voor **The Planet of the Apes**). Hij wist zelfs Orson Welles te strikken die voor drie dagen overkwam om in de huid van Cassavius te kruipen, een duister wegkwijnend personage, maar essentieel als stuwkracht van het verhaal. Ook een andere internationale vedette - de Engelse Susan Hampshire, hier in een driedubbele rol als godin - belandde met haar fascinerende schoonheid te midden van de duivelse fauna die in Malpertuis rondwaart.

Kümel maakte twee versies, een Engelse (om België te vertegenwoordigen in Cannes) die identiek is aan de Franse (nagesynchroniseerde) versie en een Vlaamse (ook volledig nagesynchroniseerd). Na het debacle te Cannes deed Kümel afstand van de montage van de Engelse kopie, en dus werd in België alleen de totaal verschillende Vlaamse versie vertoond: dezelfde beelden, maar in een veel waanzinniger barokke montage verwerkt tot een expressionistisch delirium (met een finale, die bij Jean Ray ontbreekt, waarin - analoog met **Caligari** - het hele verhaal wordt toegeschreven aan een geflipte elektronicus).

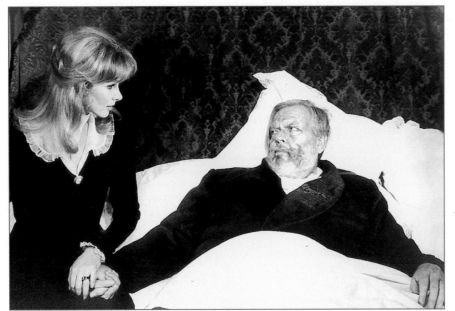

Camera sutra of de bleekgezichten

Robbe de Hert

**Camera sutra of de bleekgezichten
Camera sutra ou les peaux pâles
Suckers to Suffer About in a Camera
Sutra**

DIRECTOR: Robbe de Hert
YEAR: 1972-1973
COUNTRY: BE-NE
SCREENPLAY: Robbe de Hert, Frans Huybrechts
DIALOGUE: Robbe de Hert, Ronny Vos
ASST. DIR.: Frans Huybrechts, Louis Celis
DIR. PHOT.: Guido Van Rooy
CAMERA: Guido Van Rooy, Rufus J. Bohez, John Van Gestel
EDITING: Magda Reypens, Guido Henderickx
SOUND: Jules Goris, André Boeren
ART DIRECTOR: Tone Pauwels
COMMENTS: Robbe de Hert, Ronny Vos, Marcel Van Maele
PRODUCER: Paul De Vree
PROD. CO.: Fugitive Cinema (Antwerpen)
PROD. SUPERV.: Jan Van Broeckhoven
CO-PRODUCER: Willum Thijssen
CO-PROD. CO.: Fugitive Cinema Holland (Amsterdam)
ASSOC. PROD.: Gerrit Visscher
EXEC. PROD.: Patrick Le Bon
CAST: Robbe de Hert (Robbe), Dora Van der Groen (Moeder), Paul 's Jongers (Bisschop), Guido Claus (Secretaris van de Bisschop), Ivo Pauwels (Legerofficier), Jos de Hert (Uncle Sam), Rufus J. Bohez (Huurling), Jaak Boon (Wielrenner), Frieda Pittoors, Fred Van Kuyk, Ida Dequeecker, Reinhilde Decleir, Leo Madder, Dirk Everaert, Frans Smolders, Michel Mazgani, Freddy Beyns, John Van Gestel, Piet Raes, José Torrez, Maria Torrez, Herwig Lerouge, Jeanine De Roef, Guido Van Zieleghem, Paul Verbraeken, Rita Heirman, Rudi Torck, Danielle Petit-Jean, Jan Noe, Jacques Vandenbergh, Willy Cambronne, Brian Fiddleman, Jacky Adriaansen, Hugo Ceulemans, Otto Claus
LANGUAGE: Dutch
GAUGE: 16 mm
SILENT/SOUND: sound
B&W/COLOUR: B&W + colour
MINUTES: 95'/130'

◆ Robbe de Hert had just celebrated his 30th birthday when he made **Suckers to Suffer About in a Camera Sutra**, a vehicle for his revolutionary ideas. The concept for the film had been a long time in the making. De Hert had spent years toying with isolated ideas and loose material he had collected, working from the suggestions of friends and colleagues, until the official Selection Committee gave the green light for subsidies and he could devote himself to the writing of a structured script. The result was a film divided into two distinct sections. The first confronts the viewer with a montage of news footage, archive pictures and semi-fictional reconstructions of events, establishing the context of a country bound rigidly by its conventions and rituals. Bicycle races and beer festivals, the Yser pilgrimage and the first day of school - images of the peaceful Belgium of 1970. In the second part of the film, a sort of adolescent revolt, de Hert lets loose a flood of poisonous bile at this land of apparent tranquillity, where injustice and the abuse of power simmer just beneath the surface. Here the news footage is replaced by fictional episodes where Robbe de Hert himself plays the central character, an armed activist who travels the country venting his anger at school and army, at the conformity of the system. Behind the political sloganeering there appears a self-portrait of the director.

Suckers to Suffer About in a Camera Sutra was premièred at the 1972 Mannheim Film Festival in its original length of 130'. De Hert found this too long and edited the film down to 95', the version which was to garner numerous awards on the European festival circuit.

● Robbe de Hert avait à peine 30 ans quand, avec **Camera sutra ou les peaux pâles**, il donna corps à ses idées révolutionnaires. Il lui avait fallu longtemps pour en mettre au point le concept. Des années durant, il avait manipulé des pensées isolées et des trouvailles éparses, envisagé des suggestions d'amis et de collègues, jusqu'à ce que la Commission de Sélection débloque ses subsides et lui permette de se jeter corps et âme dans l'écriture d'un scénario structuré. Ce travail déboucha sur un film en deux parties. La première est un montage d'actualités, d'images d'archives et de reconstitutions semi-fictives qui évoquent le contexte d'un pays figé dans ses conventions, dans ses événements et ses festivités traditionnelles: la paisible Belgique de 1970 et ses courses cyclistes, fêtes de la bière, pèlerinage de l'Yser et rentrée des classes... Dans le second volet, sorte d'acte de révolte pubertaire, de Hert crache haineusement son venin sur ce pays apparemment sans histoires, dans l'ombre duquel les abus de pouvoir et les injustices s'en donnent pourtant à cœur joie. Ici, les images de reportage font place à la fiction et de Hert assure lui-même le rôle principal, celui d'un activiste armé qui parcourt le pays en malmenant l'école et l'armée, l'esprit grégaire et le système. Derrière l'apparence du pamphlet se cache un autoportrait du jeune rebelle de Hert.

Le film fut montré une première fois au Festival de Mannheim en 1972 dans sa durée originale de 130'. Trop long à son goût, de Hert le remonta afin de le ramener à 95'. C'est dans cette nouvelle version que l'œuvre fut gratifiée de nombreuses récompenses dans divers festivals européens.

▶ Robbe de Hert was net dertig toen hij met **Camera sutra of de bleekgezichten** vorm gaf aan zijn revolutionaire ideeën. Maar hij had heel wat tijd nodig om een werkbaar concept uit te broeden. Jarenlang liet hij losse ideeën en vondsten door zijn vingers gaan, kneedde hij voorstellen van vrienden en collega's, tot de Selectiecommissie over de brug kwam met subsidies en de Hert zich met hart en ziel stortte op een gestructureerd scenario. Het werd een film in twee delen. De toeschouwer krijgt eerst een montage te zien van archiefbeelden, nieuwsberichten en semi-fictionele reconstructies die een beeld geven van een conventioneel land met conventionele festiviteiten en gebeurtenissen, van wielerkoersen tot bierfeesten, van de IJzerbedevaart tot de eerste schooldag. Het vredige België anno 1970. In het tweede deel van de film echter spuwt de Hert, vanuit een soort puberale revolte, zijn haat uit op dat ogenschijnlijk land van peis en vree, waar onderhuids niets dan machtsvertoon en onrechtvaardigheid broeit. De reportagebeelden hebben hier plaats gemaakt voor een stuk fictie, met "Robbe-de-Herten" in de hoofdrol die gewapenderhand door het land trekken en hun revolte uiten tegen school en leger, tegen de kuddegeest en het systeem. Een als pamflet vermomd zelfportret van de "angry young man" de Hert.

Camera sutra of de bleekgezichten werd een eerste maal vertoond op het festival van Mannheim in 1972, in zijn oorspronkelijke lengte van 130 minuten. Te lang, vond de Hert, en de film werd opnieuw gemonteerd en ingekort tot 95 minuten. In deze kortere versie reisde hij diverse Europese festivals af en werd er gelauwerd met allerhande onderscheidingen. *(MT)*

Angela - Love Comes Quietly...

Nikolaï Van der Heyde

Co-production

Angela - Love Comes Quietly...
Love Comes Quietly
Angela

DIRECTOR: Nikolaï Van der Heyde
YEAR: 1973
COUNTRY: NE-BE
SCREENPLAY: Nikolaï Van der Heyde
DIALOGUE: Nikolaï Van der Heyde
ASST. DIR.: Fred Hilberdink
DIR. PHOT.: Jörgen Persson
CAMERA: Jörgen Persson, Walther Vanden Ende, Jimmy Leavens
EDITING: Gust Verschueren, Daniel De Valck
SOUND: Jacques Eippers, Alain Pierre
MUSIC: Georges Delerue
ART DIRECTOR: Ludo Bex
CUSTOMES: Ilenk Koster
PRODUCER: Henk Bos, André Thomas
PROD. CO.: Maggan Films (Amsterdam), Spiralfilm (Bruxelles)
PROD. SUPERV.: Kees Groenewegen
LANGUAGE: Dutch
GAUGE: 35 mm
SILENT/SOUND: sound
B&W/COLOUR: colour
MINUTES: 113′

CAST: Sandy Van der Linden (Harm-Wouter), Barbara Seagull-Hershey (Angela), Ralph Meeker (Ben Hoeksema), Ward De Ravet (Menno Dijkstra), Kitty Janssen (Louise Dijkstra), Onno Molenkamp (Dominee de Vries), Frans Mulder (Wiebe de Vries), Fanny Winkeler (Geesje), Hanneke Reynders (Renske), Romain Deconinck (Ward Meindersma), Geert Tijssens (Jensen), Henk Obreen (Notabele), Hero Muller (Krolse knecht), Roel Nijboer (Norse boer)

Femme cherche jeune homme seul

Jean Marchal [Juan Xiol Marchal]

Co-production

Femme cherche jeune homme seul
Femme mariée cherche jeune homme seul
La femme peintre
Señora casada necesita joven bien dotado
Woman Seeks Single Young Male

DIRECTOR: Jean Marchal [Juan Xiol Marchal]
YEAR: 1973
COUNTRY: FR-SP-BE
SCREENPLAY: Jean Marchal [Juan Xiol Marchal], Daniel Lescœur
CAMERA: Michel Rocca, Johan J. Vincent
EDITING: Patrick Gasset
PRODUCER: Pierre Querut, Marius Lescœur
PROD. CO.: Eurociné (Paris), Canigo (SP), Brux International Pictures BIP (Bruxelles)
CAST: Lynn Anderson, Olivier Mathot, Alice Arno [Marie-France Broquet]
LANGUAGE: French
GAUGE: 35 mm
SILENT/SOUND: sound
B&W/COLOUR: colour
MINUTES: 85′
NOTES: It is unclear whether the Spanish title refers to the same film. According to *Cine para leer, 1980*, p. 331 the director is Juan Xiol Marchal, the production company Films Dara, the music by Paul Piot, Joe Gracy, the production year 1979 and the actors as follows: Lynn Enderson, Ray Pons, Olivier Mathot, Monique Foskolos, Carbonoll Maite.

Je suis une call girl

Guy Gibert [Guy Jack, Yves Coste]

Je suis une call girl
Tous les chemins mènent à l'homme
Bedverhalen van een pornogirl
I Am a Call Girl
Die Nutte von 18 Karat

DIRECTOR: Guy Gibert [Guy Jack, Yves Coste]
YEAR: 1973
COUNTRY: BE-IT
SCREENPLAY: Jacques Stany, Yves Coste
DIR. PHOT.: Aldo Greci, Johan J. Vincent
CAMERA: Aldo Greci, Johan J. Vincent
EDITING: Josiane Gibert
SOUND: P. De Cocq
MUSIC: Roberto Mussolini, Francesco Santucci
PRODUCER: Nicole Torok De Pauw
PROD. CO.: Titanus Films (Bruxelles)
PROD. SUPERV.: Pierre Querut
CAST: Dominique Boschero (Monique), Gayle Lorraine (Antoine), Jacques Stany, Jacques Herlin, Isabelle Coppejans, Josiane Gibert, Yves Collignon
LANGUAGE: French
GAUGE: 35 mm
SILENT/SOUND: sound
B&W/COLOUR: colour
MINUTES: 79'/92'

◆ The first half of the seventies (or, to be more precise, the period between 1968 and 1975) represented the golden age - so to speak - of the blue movie in Belgium. Usually partially funded by foreign backers, film-makers adopted English-sounding pseudonyms and reeled off third-rate productions which never graced the screens of respectable cinemas: essentially it was a question of supplying a half-dozen theatres in Brussels (and later in the provinces) with a constant stream of erotic material for the consumption of aesthetically disinterested voyeurs. Neither promoted nor reviewed by the critics and often billed under various sensational, salacious titles, these films are today difficult to track down once their short run in the ghetto cinemas has ended. Often, given the lack of surviving prints, it can prove a genuine headache to divine the origin of a particular production or film-maker.

One such director is Guy Gibert, aka Guy Jack, alias Yves Coste, who made three films in Belgium. According to his producer at the time, Guy Gibert was a Frenchman, a former sound mixer who moved on to directing after working as an assistant on several films by the prolific Jess Franco. **I Am a Call Girl** was an Italian co-production, which would explain the presence of Dominique Boschero heading the cast. In a Rome hotel room, the curvaceous young lady relates her erotic memoirs to a photographer with an equally spicy past, the cue for a series of flashbacks illustrating these stimulating experiences. To the delight, once again, of sex maniacs everywhere.

● C'est dans la première moitié des années 70 (ou, pour être plus rigoureux, entre 1968 et 1975) que l'on peut situer l'âge d'or - si l'on ose dire - des "blue movies" en Belgique. Le plus souvent en coproduction, des cinéastes à pseudonymes anglo-saxons accumulèrent ces films vite tournés, qui n'eurent jamais l'honneur des salles honorables: il s'agissait essentiellement de fournir au fil des semaines une demi-douzaine de cinémas bruxellois (puis de province) en pellicules érogènes, à l'usage de voyeurs peu exigeants sur la qualité esthétique de tels ouvrages. Sans publicité, sans critique, rebaptisés souvent de titres alléchants ou salaces, ces films sont aujourd'hui difficiles à répertorier, après leur bref passage dans ces salles de ghetto. Et parfois, faute de copies rescapées, c'est un vrai casse-tête pour déceler l'origine d'une production ou d'un cinéaste.

Ainsi, par exemple, ce Guy Gibert, alias Guy Jack, alias Yves Coste, qui signa trois films en Belgique. Selon les renseignements recueillis auprès de son producteur de l'époque, il s'agirait d'un Français, mixeur, devenu réalisateur après quelques assistanats pour le prolifique Jess Franco. **Je suis une call girl** était une coproduction avec l'Italie, d'où la présence en tête d'affiche de Dominique Boschero. Dans une chambre d'hôtel romain, la pulpeuse demoiselle évoque ses souvenirs érotiques avec un photographe, au passé tout aussi gratiné; d'où une série de flash-back illustrant ces passionnantes expériences. De quoi satisfaire, une fois encore, les boulimiques du sexe. (RM)

▶ De eerste helft van de jaren 70 (meer precies de periode 1968-1975) kan als de gouden jaren - als we het zo durven noemen - van de Belgische "blue movies" bestempeld worden. Cineasten blikten, vaak onder een Angelsaksisch pseudoniem, de ene haastig opgenomen film na de andere in, meestal coproducties die nooit in een eerbare filmzaal zouden belanden. Het hoofddoel was een handvol Brusselse zaaltjes (en later heel het land) elke week van erogene pellicule te voorzien, dit tot groot genoegen van de voyeurs, die trouwens niet maalden om de povere esthetische kwaliteit. Deze films, vaak uitgebracht onder verschillende hitsige en aanlokkelijke titels en zonder enige vorm van publiciteit of perskritiek, zijn na hun korte verblijf in de zalen moeilijk op te sporen. Als er van een bepaalde productie ook nog geen enkele kopie overblijft, wordt het een helse taak om herkomst of regisseur te bepalen.

Zo ook met deze Guy Gibert, alias Guy Jack, alias Yves Coste, die in België drie films op zijn naam zette. Volgens informatie afkomstig van zijn toenmalige producent, ging het om een Fransman die regisseur werd na een tijdje als mixer en assistent van Jess Franco te hebben gewerkt. **Je suis une call girl** was een coproductie met Italië, vandaar de hoofdrol voor Dominique Boschero. In een hotelkamer te Rome rakelt de vlezige jongedame herinneringen op aan haar erotische avonturen met een al even wellustige fotograaf. Dit geeft aanleiding tot ettelijke flashbacks ter illustratie van hun boeiende ervaringen. Eens te meer stevige kost voor lijders aan seksuele vraatzucht.

Histoire de l'œil

Patrick Longchamps

Histoire de l'œil
Simona
The Story of the Eye

DIRECTOR: Patrick Longchamps
YEAR: 1973
COUNTRY: BE-IT
SCREENPLAY: Patrick Longchamps
BASED ON: Histoire de l'œil, written by Georges
Bataille
DIALOGUE: Patrick Longchamps
ASST. DIR.: Alain Elledge, Daniel Jouanisson
DIR. PHOT.: Aiace Parolin
CAMERA: Angelo Lanutti, Rino Bernardini, Michel
Houssiau
EDITING: Panos Papakyriakopoulos
SOUND: Alain Daniel
ART DIRECTOR: Pascale Grossi, Charles Gallico, Marianne
Maréchal, André Fonteyne
COSTUMES: Pascale Grossi
PRODUCER: Roland Perault, Bruno Dreossi
PROD. CO.: Les Films de l'Œil (Bruxelles), Rolfilm
Produzione (Roma)
CAST: Laura Antonelli (Simone), Margot Margaret
(Marcelle), Maurizio Degli Espositi
(Georges), Raf Vallone (L'oncle), Patrick
Magee (Le père), John Trigger (L'étranger),
Jo Maxane (La mère), Quentin Milo (Gille),
Marc Audier, Ramon Berry, Michel Lechat,
Yvette Merlin, Germaine Pascal
LANGUAGE: French, Italian
GAUGE: 35 mm
SILENT/SOUND: sound
B&W/COLOUR: colour

◆ No director had ever dared bring to the screen the sulphurous work of Georges Bataille, with its poisonous mixture of eroticism and morbidity, abjection and pleasure. At the age of 28, a first-time director was to take up the gauntlet: Patrick Longchamps shot, in the summer of 1972 and without a penny of official subsidy, a loose adaptation of Bataille's first book, a clandestine publication from 1929. Simone, the heroine of *Histoire de l'œil*, was a liberated character of violent passions, mounting her own insolent rebellion against the taboos in a series of episodes of unbridled and subversive eroticism. Her character inspired Longchamps to create new variations, including perverse games, a bacchanal in a manor, the torment of an adolescent girl and sex-death fantasies around a bullfight. Mixing with the Belgian members of the cast are three international stars: Laura Antonelli, Raf Vallone and Patrick Magee.

Above and beyond the shock effect of the whole enterprise, it was a delight to discover a work of such ambition, shot in Knokke, in Spain and amongst the ruins of the château in Seneffe and according to the filmmaker's declarations of intent full of "Dionysiac ecstasy, a visual conception in the style of Magritte and Delvaux and an eroticism in the tradition of the surrealists". Shown in Italy two years later under the title **Simona**, the film was seized and banned throughout the peninsula a matter of days after its theatrical release in Rome and Milan. A final release date in Belgium, originally set for late 1974, still remains to be fixed.

● Jamais un metteur en scène n'avait osé aborder au cinéma l'œuvre sulfureuse de Georges Bataille, avec son mélange vénéneux d'érotisme et de morbide, d'abjection et de plaisir. A 28 ans, un réalisateur débutant allait relever le défi: le Bruxellois Patrick Longchamps. Après plusieurs années d'artisanat dans les studios de France et d'Italie, le jeune homme tourna, l'été 1972, sans le moindre subside officiel, une adaptation libre du premier livre de Bataille, paru clandestinement en 1929. Simone, l'héroïne d'*Histoire de l'œil*, était un personnage libéré et paroxystique, en rébellion insolente contre les tabous, à travers une série d'épisodes d'un érotisme subversif et effréné. A partir d'elle, Longchamps réinvente d'autres variations, dont jeux pervers, bacchanale dans un manoir, tourments d'une adolescente ou fantasmes sexe-mort dans une corrida. Entourant les acteurs belges, trois vedettes internationales sont de la partie: Laura Antonelli, Raf Vallone et Patrick Magee.

Au-delà du scabreux de l'entreprise, on se réjouissait de découvrir un film d'une telle ambition, tourné à Knokke, en Espagne et dans le château en ruine de Seneffe, et dont les déclarations d'intention du réalisateur annonçaient "l'ivresse dionysiaque, une visualisation à la Magritte et à la Delvaux, un érotisme dans la tradition des surréalistes". Présenté en Italie deux ans plus tard, sous le titre **Simona**, le film était saisi et interdit dans toute la Péninsule, quelques jours après sa sortie à Rome et Milan. Sa sortie en Belgique, prévue fin 1974, reste toujours attendue. (RM)

► Nooit eerder had een regisseur het aangedurfd het bijtende œuvre van Georges Bataille, met zijn giftige mengeling van erotiek en morbiditeit, vernedering en genot, te verfilmen. De 28-jarige debuterende regisseur Patrick Longchamps (een Brusselaar met ervaring in Franse en Italiaanse studio's), nam de uitdaging aan. In de zomer van '72 besloot hij, zonder enige officiële steun, een vrije bewerking te maken van het eerste boek van Bataille, clandestien gepubliceerd in 1929. Simone, de heldin van *Histoire de l'œil*, was een vrijgevochten en uiterst explosief personage, brutaal rebellerend tegen alle taboes doorheen een reeks ongebreidelde en subversief-erotische episodes. Vanuit dit personage werkt Longchamps verdere variaties uit: perverse spelletjes, orgieën in een landhuis, de kwelling van een jong meisje en seksueel-morbide wensdromen tijdens een corrida. De Belgische acteurs worden bijgestaan door drie internationale vedetten: Laura Antonelli, Raf Vallone en Patrick Magee.

Ondanks zijn scabreuze aspect, werd er toch hoopvol naar deze ambitieuze film uitgekeken. De regisseur had immers gedraaid in Knokke, Spanje en de kasteelruïne van Seneffe, én hij bestempelde zijn werkstuk als "een Dionysische dronkenschap, een visualisatie naar Magritte en Delvaux, erotisme volgens de traditie der surrealisten". De film werd, twee jaar na datum, uitgebracht in Italië onder de titel **Simona**. Luttele dagen na de première in Rome en Milaan werd hij echter in beslag genomen en over het hele schiereiland verboden. We wachten nog steeds op de Belgische première, oorspronkelijk voorzien voor eind 1974.

Ne pas stagner

Boris Lehman

Ne pas stagner
Artaud
Antonin Artaud
Niet stilstaan
And Not Stagnate
Keep Moving

DIRECTOR: Boris Lehman
YEAR: 1973
COUNTRY: BE
DIR. PHOT.: Michaël Sander, Michel Baudour
CAMERA: Michaël Sander, Michel Baudour
EDITING: Claude Zaccaï
SOUND: Jacques Eippers
MUSIC: Philippe Boesmans, Bernard Foccroulle
PRODUCER: Boris Lehman
LANGUAGE: French
GAUGE: 16 mm
SILENT/SOUND: sound
B&W/COLOUR: colour
MINUTES: 86'

◆ For many years, Boris Lehman was closely involved with the Centre Antonin Artaud, an organization offering an alternative form of psychiatric care. He led a cinema workshop there, and many of his films from the 1970s - including **Magnum Begynasium Bruxellense** - reflect his experiences and contacts at the centre. **And Not Stagnate** too, a film which could be classed as a reportage, a genre seldom associated with this director. From writing to performance, Boris Lehman followed the creation of a play conceived and acted by the centre's residents, adopting a classical chronological structure for his film. First the players introduce themselves one by one and are shown going about their professions. The rehearsals and improvisations then make up the main body of the film, a delight in their slow pace, naïveté and also pertinence. The theme of the play is metaphorical: after numerous mishaps, a team of mountain climbers finally reach the summit. Some of them wish to stay up above the clouds and live in peace, whereas the others decide to return to the valley, where war has broken out and their duty awaits them. The disturbing aspect of this theatrical adventure is that it sets the actors, their lives and their characters in the play on an equal footing, refusing to differentiate between the behaviour of the mentally ill and the "healthy". The performance is merely the continuation of the extended catharsis that is the preparation. This stationary journey lies in its total heartfelt sincerity beyond all "artistic" judgement; the film records an interior voyage which is much more profound.

● Pendant des années, Boris Lehman a été proche du Centre Antonin Artaud qui proposait une alternative de psychiatrie ouverte. Il y animait un atelier de cinéma. Plusieurs films de la décennie septante, dont **Magnum Begynasium Bruxellense**, témoignent de cette expérience et des rencontres qu'il y a faites. **Ne pas stagner** peut être rangé dans la catégorie, rare chez ce cinéaste, des reportages. Il a suivi, de l'écriture à la représentation, la création d'une pièce de théâtre imaginée et jouée par les pensionnaires du centre. La structure du film est classique et chronologique. D'abord chacun des acteurs se présente, se raconte et est montré dans l'exercice de sa profession. Les répétitions, les improvisations occupent l'espace principal, et leur lenteur, leur naïveté et leur pertinence aussi, sont savoureuses. Le thème de la pièce est métaphorique. Une cordée d'alpinistes, après de multiples avatars, arrive au sommet d'une montagne. Certains de ces conquérants des cimes désirent rester là-haut pour vivre en paix, tandis que d'autres décident de redescendre dans la vallée où la guerre s'est déclarée et où le devoir les appelle.

Le trouble de cette aventure théâtrale est qu'elle met sur le même pied les acteurs, leur vie et les personnages qu'ils incarnent sans différencier le comportement des malades mentaux de celui des gens qui ne le seraient pas. La représentation n'est que la continuation du vaste happening cathartique de la préparation. Aussi, ce voyage immobile, dans sa totale sincérité vécue au premier degré, se situe en dehors de tout jugement "artistique". Le film capte un voyage intérieur bien plus touchant. (JA)

▶ Jarenlang was Boris Lehman nauw verbonden met het Centre Antonin Artaud, dat een alternatieve, meer open vorm van psychiatrie aanhing. Hij leidde er een filmatelier. Meerdere van zijn films uit de jaren 70, o.a. **Magnum Begynasium Bruxellense**, getuigen van deze ervaring en van de vele ontmoetingen die eruit voortvloeiden. **Ne pas stagner** kan - zeer ongewoon bij Lehman - als een reportage worden beschouwd. De cineast volgt het ontstaansproces, van het schrijven tot de opvoering, van een theaterstuk gemaakt en vertolkt door de patiënten van het centrum. De film kent een klassieke, chronologische opbouw. Eerst stelt elke acteur zich uitgebreid voor, waarna we hem zien tijdens het uitoefenen van zijn beroep. De repetities en improvisaties, die het middenstuk van de film vormen, bekoren door hun traagheid, hun naïviteit en hun toepasselijkheid. Het thema van het stuk is metaforisch: een groep bergbeklimmers bereikt, na ettelijke wederwaardigheden, de top van een berg. Enkele van de overwinnaars willen daarboven blijven en in vrede verder leven, terwijl anderen terug naar de vallei willen afdalen, waar de oorlog is uitgebroken en ze hun plicht moeten vervullen.

Het verontrustende aan dit theateravontuur is dat het acteurs, hun leven en hun personages op gelijke voet stelt en al evenmin onderscheid maakt tussen het gedrag van geesteszieken en "gezonde" mensen. De voorstelling is slechts een voortzetten van de grootschalige catharsis van de voorbereiding. Deze immobiele reis speelt zich, in zijn algehele en directe oprechtheid, buiten elke "artistieke" beoordeling af. De film registreert een veel diepgaandere innerlijke reis.

Les filles du Golden Saloon

Pierre Taylou [Gilbert Roussel]

Les filles du Golden Saloon
Les orgies du Golden Saloon
The Golden Saloon of Sex
The Girls of the Golden Saloon

DIRECTOR: Pierre Taylou [Gilbert Roussel]
YEAR: 1973
COUNTRY: BE-FR
SCREENPLAY: Hubert Rostaine, Henri Bral De Boitselier
DIALOGUE: Gilbert Roussel
ASST. DIR.: Guy Pezetta
DIR. PHOT.: Raymond Heil, Johan J. Vincent
CAMERA: Mac Le Chevallier
EDITING: Pierre Querut
SOUND: Yan Cutsem [Pierre Goumy]
MUSIC: Daniel J. White
ART DIRECTOR: Jean-Marie Ravailler
PRODUCER: Pierre Querul, Marius Lesœur, Pierre Jehoulet
PROD. CO.: Brux International Pictures BIP (Bruxelles), Eurociné (Paris)
PROD. SUPERV.: Jean Lefait
CAST: Sandra Jullien (Molly), Roger Darton (Sabata), Evelyne Scott [Evelyne Deher] (Daisy), Alice Arno (Heplabelle), Gilda York (Sabine), France Nicolas (Foufoune), Claudie Bregeon (Pailledavoine), Gilliane Pasqualle (Sambremeuse), Alan Spencer (Richard Le Noir), Yul Sanders [Claude Boisson] (Lassiter), Michel Charrel (Ringo), Pierre Taylou [Gilbert Roussel] (Un convoyeur), Johnny Wessler (Un homme de Sabata)
LANGUAGE: French
GAUGE: 35 mm
SILENT/SOUND: sound
B&W/COLOUR: colour
MINUTES: 81'

◆ The course of Gilbert Roussel's career is very strange indeed: he started out working with Jean Rouch, moved into directing short ethnological films and then at the beginning of the seventies decided to devote himself to the art of erotic trash. He turns up under the pseudonym of William Russel for the shooting of the sex Western **Red Hot Zorro** in Brussels, and then as the scriptwriter and director (under yet another psuedonym) of **The Golden Saloon of Sex**, which the Liège actor Roger Darton - who plays the owner of a saloon-cum-brothel in the film - described as "a comic Western made in two weeks in an Indian village near Paris for which I also sang the theme tune".

The story is set in the aftermath of the American War of Independence. In a backwoods corner of California, gambling, drink and sex are the main pastimes. Darton is quite competent in the role of a gang leader (Mister Sabata) who kidnaps young maidens to install them as prostitutes in his "Golden Saloon". A handsome youthful lawman dons the disguise of a woman to incite revolt among the beautiful residents, who express their gratitude to him in kind. The star role amongst these Wild West feminists goes once again to Sandra Jullien, who at the time featured also in the soft-core films of Max Pécas and Jean Rollin (and even in Chabrol's **Nada**. The film was dubbed appallingly badly into English for international release. And as for William Russel, he pursued his rich career, rumour has it turning out twenty hard-core porn films per year in France, which for the sake of decency will have to remain anonymous here.

● Curieux itinéraire que celui de gilbert Roussel: d'abord collaborateur de Jean Rouch, puis réalisateur de courts métrages ethnologiques, il choisit, au début des années 70, de se reconvertir dans le navet érotique. On le trouve à Bruxelles pour un western du sexe, sous le pseudonyme de William Russel (**Les aventures galantes de Zorro**); puis comme scénariste (et réalisateur sous un autre pseudonyme) de ces **Filles du Golden Saloon**, dont le comédien liégeois Roger Darton, qui interprète dans le film le patron du bordel-saloon, parle comme d'un "western comique réalisé en deux semaines dans un village indien de la région parisienne, et dont je chantais aussi le générique".

L'histoire commence au lendemain de la guerre de Sécession, dans une bourgade perdue de Californie où l'on passe l'essentiel du temps à jouer, boire et forniquer. L'ami Darton campe donc le visqueux Mister Sabata, un chef de bande qui fait enlever de pures jouvencelles pour les prostituer dans son "Golden Saloon". Un justicier beau gosse fomentera une révolte parmi les belles pensionnaires en se déguisant en femme et recevra des filles reconnaissantes sa récompense en nature. Parmi ces féministes de l'Ouest, la vedette revient à la ravissante Sandra Jullien, qui apparut à l'époque dans les pornos soft de Max Pécas ou Jean Rollin (et même dans **Nada**, de Chabrol). Le film fut atrocement doublé en anglais pour être diffusé internationalement. Quant à William Russel, il poursuivit sa riche carrière: vingt pornos hard par an en France, selon la rumeur, et dont la décence interdit de reproduire les titres. *(RM)*

▶ Gilbert Roussel kende een intrigerende loopbaan: hij begon als medewerker van Jean Rouch en was daarna actief als regisseur van korte etnologische documentaires, om zich begin jaren 70 onledig te houden met prullerige erotiek. Hij kwam naar Brussel, eerst om een erotische western te draaien (**Les aventures galantes de Zorro**) onder het pseudoniem van William Russel, later als scenarist (en regisseur, onder weer een ander pseudoniem) van **Les filles du Golden Saloon**, met de Luikse acteur Roger Darton als de uitbater van een saloon-bordeel. Deze had het over "een komische western, ingeblikt in twee weken tijd in een indianendorp net buiten Parijs, waarvan ik ook het titelnummer gezongen heb".

Het verhaal speelt zich af net na de Secessieoorlog, in een verloren Californisch gehucht waar men zijn dagen spelend, drinkend of neukend doorbrengt. Darton kruipt in de huid van de snode Mister Sabata, een bendeleider die jonge maagden ontvoert om ze in zijn "Golden Saloon" te prostitueren. Een gladgeschoren arm der wet vermomt zich in vrouw en ontketent een revolutie onder de knappe, dankbare jongedames; na afloop kan hij zijn beloning - in natura welteverstaan - natuurlijk niet ontlopen. De ster van deze bende feministen uit het Wilde Westen is de verrukkelijke Sandra Jullien, ook te zien in soft-pornowerk van Max Pécas en Jean Rollin en zelfs in **Nada** van Chabrol. De film werd genadeloos in het Engels nagesynchroniseerd om hem in het buitenland kwijt te kunnen. Russel zette zijn rijke carrière voort in Frankrijk, naar men zegt aan een hels tempo van wel 20 hard-pornoproducties per jaar. Als pleitbezorgers van de goede zeden onthouden we ons van het citeren van titels.

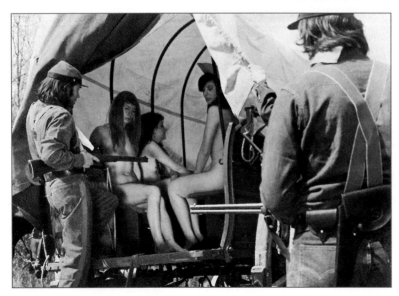

Je t'aime, tu danses

François Weyergans

Je t'aime, tu danses
Ik hou van jou, je danst
I Love You, You Dance

DIRECTOR: François Weyergans
YEAR: 1973
COUNTRY: BE-FR
SCREENPLAY: François Weyergans
DIALOGUE: Maurice Béjart, François Weyergans
CAMERA: Michel Baudour, Ricardo Aronovich
EDITING: Emmanuelle Castro
SOUND: Gilles Ortion
PRODUCER: François Weyergans
PROD. CO.: ODEC (Bruxelles), Institut National de l'Audiovisuel INA (Paris)
PROD. SUPERV.: Robert Vercruyssen
CAST: Maurice Béjart, Rita Poelvoorde, Delphine Seyrig
LANGUAGE: French
GAUGE: 16 mm
SILENT/SOUND: sound
B&W/COLOUR: colour
MINUTES: 93'

◆ Ever since the arrival of Maurice Béjart in Brussels, François Weyergans had been fascinated by the choreography of a highly creative artist, first devoting a short film to him in 1961. **Béjart** was an early attempt at contiguity with and meditation upon the dancer's body and the aesthetic of modern ballet. The young film-maker (then aged 21) followed the birth of gestures and attitudes, the genesis of a solo and a pas de deux in the bare setting of a dance studio, deploying very long shots of a highly effective severity. A dozen or so years later a full-length film allows a more in-depth philosophical and technical analysis of the now internationally renowned creator of the Ballet du XXème Siècle.

Shot over eight days in a rehearsal studio, **I Love You, You Dance** is neither documentary nor fiction: "It is the story of two bodies, of two gazes, of two voices," claims Weyergans. The choreographer is working on a pas de deux with the young Antwerp ballerina Rita Poelvoorde and faces the challenge of infusing the future interpreter of his work with the essence of his inspiration and desire for perfection. Béjart meditates aloud on this patient convergence upon a body as instrument, and all the while, little by little, a veritable love affair takes root between the dancer and her Pygmalion. As a whole the film constitutes a completely new way of looking at these relationships. They are further enriched by the brief intrusion of Delphine Seyrig, who supplies the work with a voice-dance counterpoint based on one of Andersen's tales.

● Passionné, dès l'arrivée de Maurice Béjart à Bruxelles, par le langage chorégraphique d'un créateur hors normes, François Weyergans lui avait consacré, en 1961, un premier court métrage. **Béjart** se voulait déjà une approche et une méditation, face au corps du danseur et à l'esthétique du ballet moderne. Le jeune réalisateur (il avait alors 21 ans) suivait la naissance des gestes et des attitudes, la genèse d'un solo ou d'un pas de deux, tout cela dans le décor nu d'une salle de danse, en plans très longs d'une rigueur efficace. Une douzaine d'années plus tard, un long métrage, à nouveau axé sur les propos et les techniques de Béjart, permet une analyse plus fouillée de celui qui connaît alors une gloire internationale, avec son Ballet du XXe Siècle.

Tourné en huit jours dans un local de répétition, **Je t'aime, tu danses** récuse la notion de documentaire ou de fiction: "c'est l'histoire de deux corps, de deux regards, de deux voix", selon Weyergans. Le chorégraphe travaille un pas de deux avec la jeune ballerine anversoise Rita Poelvoorde: il s'agit pour lui d'insuffler à sa future interprète l'essentiel de son inspiration, de son souci de perfection. Béjart médite tout haut sur cette approche patiente d'un corps devenant instrument, tandis que s'instaure peu à peu entre la danseuse et son Pygmalion une véritable histoire d'amour. Une manière neuve de considérer de tels rapports, encore enrichis par une brève intrusion de Delphine Seyrig, ajoutant au travail un contrepoint voix-danse, sur un conte d'Andersen. *(RM)*

▶ Toen Maurice Béjart naar Brussel kwam, was François Weyergans onmiddellijk gepassioneerd door de choreografische expressie van deze creatieve vernieuwer, aan wie hij in 1961 al een kortfilm had gewijd. **Béjart** was een meditatieve benadering van het lichaam van de danser en de esthetiek van het moderne ballet. De jonge regisseur, toen 21 jaar, gaf in zeer lange, beheerste shots het ontstaan weer van gebaren en houdingen, van een solodans of een pas de deux, dit alles in het kale decor van een danszaal. Twaalf jaar later volgde een langspeelfilm die ruimte bood aan een meer diepgaande analyse van de opvattingen en technieken van Béjart, die toen reeds internationaal furore maakte met zijn Ballet van de XXste Eeuw.

Je t'aime, tu danses, in acht dagen gedraaid in een repetitielokaal, verwerpt de grenzen tussen fictie en documentaire: "Het is het verhaal van twee lichamen, twee blikken, twee stemmen", aldus Weyergans. De choreograaf studeert een pas de deux in met een jonge ballerina uit Antwerpen, Rita Poelvoorde. Voor hem is het belangrijk dat zijn toekomstige vertolkster de essentie van zijn inspiratie, van zijn gedrevenheid tot perfectie kan vatten. Béjart mijmert luidop over deze geduldige aanpak die het lichaam langzaam omvormt tot instrument, en beetje bij beetje ontstaat er een ware liefdesgeschiedenis tussen de danseres en haar Pygmalion. Algemeen gezien een frisse benadering van dit soort relatie, met verder nog een korte verschijning van Delphine Seyrig, wier stem een sprookje van Andersen als neventhema van de dans opvoert.

De loteling

Roland Verhavert

De loteling
Le conscrit
The Conscript

DIRECTOR: Roland Verhavert
YEAR: 1973
COUNTRY: BE
SCREENPLAY: Nic Bal, Roland Verhavert
BASED ON: De loteling, written by Hendrik Conscience
DIALOGUE: Nic Bal
ASST. DIR.: Peter Simons, Rita Goossens
DIR. PHOT.: Ralf Boumans
CAMERA: Herman Wuyts, Rufus J. Bohez
EDITING: Peter Simons, Monique Lebrun
SOUND: Luc Perini, Jules Goris
ART DIRECTOR: Ludo Bex, André Laffut, Jan Eyskens, André Fonteyne
COSTUMES: Elly Claus
PRODUCER: Jan van Raemdonck
PROD. CO.: Kunst en Kino/Art et Cinéma (Brussel)
PROD. SUPERV.: Gérard Vercruysse, Luth Schotsmans, Mireille Kies
CO-PRODUCER: J.E. Lauwers
CO-PROD. CO.: Elan Film (Bruxelles)
CAST: Jan Decleir (Jan Braems), Ansje Beentjes (Katrien), Gaston Vandermeulen (Grootvader), Gella Allaert (Katriens moeder), Bernard Verheyden (Karel), Idwig Stéphane (Korporaal), Johan Vanderbracht (Commandant), Denise Zimmerman (Zijn vrouw), Eddy Asselberghs (Boef), Leo Madder (Boef), Rudi Van Vlaanderen (Dokter), Marieke Van Leeuwen (Hoertje), Ray Verhaeghe (Notaris), Chris Boni (Bootvrouw), Laurent Lurkor (Officier voor militair wetboek), Herman Fabri (Koster), Werner Kopers (Maris), Guido Claus (Boer)
LANGUAGE: Dutch
GAUGE: 35 mm
SILENT/SOUND: sound
B&W/COLOUR: colour
MINUTES: 93′

◆ After the box-office success of **Mira**, based on Stijn Streuvels's novel *De teleurgang van de Waterhoek* ("The Decline of the Waterhoek"), producer Jan van Raemdonck continued in a similar vein with an adaptation of a work by Hendrik Conscience, *De loteling* ("The Conscript"). Flemish television head Nic Bal wrote the script and dialogue, whilst Roland Verhavert agreed to direct this more than 100-year-old melodrama after finishing work on his own **Chronicle of a Passion**.

A young peasant, Jan Braems, manages to evade conscription into the army by drawing lots. However, in return for a large sum of money he takes the place of a conscript from a well-to-do family. During his service, his money is stolen, he loses his sight and back home his fiancée Katrien can no longer afford to pay the lease on the farm. She comes to take him back to their village and on the way they are attacked. He stands by, helpless, as his sweetheart is raped on the open heath by a gang of prowlers. In the face of everything they nonetheless find the courage to continue their life together.

Jan Decleir gives a convincing performance as the young peasant, but it is the brilliant Dutch newcomer Ansje Beentjes who really excels in this melodrama. The film is unfortunately marred by prim, wooden Dutch dialogue, but the judicious use of a carefully selected soundtrack (Händel's pieces for organ) thankfully enhances the more emotional, tragic moments of the film. **The Conscript** was given only a mild public reception, despite winning a minor prize at the 1974 Berlinale.

● Après l'important succès public de **Mira**, une adaptation du roman de Stijn Streuvels *De teleurgang van de Waterhoek* ("Le déclin du Waterhoek"), le producteur Jan van Raemdonck poursuivit dans la même lignée en portant à l'écran l'œuvre de Henri Conscience, *De loteling* ("Le conscrit"). Nic Bal, directeur de la BRT, rédigea le scénario et les dialogues, et Roland Verhavert, après la réalisation et la production de **Chronique d'une passion**, se chargea du tournage de ce mélodrame plus que centenaire.

Un jeune paysan, Jan Braems, échappe à la conscription par tirage au sort mais se laisse convaincre de remplacer un conscrit de bonne famille, moyennant une importante somme d'argent. Durant son service, on lui vole ses économies et il perd la vue; chez lui, sa fiancée Katrien ne peut plus payer le fermage. Lorsqu'elle le ramène à la maison, ils se font attaquer; en pleine bruyère, Jan assiste impuissant au viol de sa bien-aimée par des rôdeurs. Malgré tous ces malheurs, le couple trouvera la force et le courage de reprendre ensemble le chemin de la vie.

Jan Decleir est très convaincant dans le rôle du jeune paysan, mais c'est surtout l'interprétation brillante de la débutante néerlandaise Ansje Beentjes qui ressort de ce récit mélodramatique. La musique, choisie avec soin (l'orgue de Händel), souligne magnifiquement les moments tragiques et émouvants. Le film souffre néanmoins de dialogues rigides, issus d'un néerlandais standard. **Le conscrit** n'obtint qu'un succès populaire restreint, malgré un prix - mineur - au Festival de Berlin de 1974.

▶ Na het aanzienlijke succes van **Mira**, naar Stijn Streuvels' roman *De teleurgang van de Waterhoek*, nam producent Jan van Raemdonck de draad weer op met een werk van Hendrik Conscience, *De loteling*. BRT-directeur Nic Bal schreef het scenario en de dialogen. Roland Verhavert stond in voor de verfilming van dit meer dan honderd jaar oude melodrama, kort nadat hij de regie en productie van **Rolande met de bles** had afgewerkt.

De jonge boer Jan Braems loot zich vrij en kan zo aan de dienstplicht ontsnappen, maar hij laat zich voor een grote som geld verleiden om toch naar het leger te gaan, in de plaats van een loteling van goede komaf. Maar tijdens de dienstplicht wordt zijn geld gestolen en verliest hij het zicht, terwijl zijn verloofde Katrien thuis de pacht niet meer kan betalen. Wanneer zij hem terug naar huis begeleidt, worden ze overvallen. Midden op de heide is Jan getuige van de verkrachting van zijn geliefde door een aantal zwervers. Na al deze rampspoed vinden ze toch de moed om opnieuw samen verder te gaan.

Jan Decleir speelt op overtuigende wijze de rol van de jonge boer, maar vooral de Nederlandse nieuwkomer Ansje Beentjes blinkt uit in dit melodramatische verhaal. De film lijdt echter onder de houterige, keurig-Nederlandse dialogen, maar de met zorg gekozen muziekscore (orgelmuziek van Händel) onderstreept dan weer prachtig de vele gevoelsgeladen en tragische momenten. **De loteling** genoot slechts beperkte publieke bijval, ondanks een prijsje weggekaapt op het Filmfestival van Berlijn in 1974. (RS)

Home Sweet Home

Benoît Lamy

Home Sweet Home
La fête à Jules

DIRECTOR: Benoît Lamy
YEAR: 1973
COUNTRY: BE-FR
SCREENPLAY: Rudolph Pauli, Benoît Lamy
DIALOGUE: Rudolph Pauli, Benoît Lamy
ASST. DIR.: Jacques Raket, Philippe d'Argila
DIR. PHOT.: Michel Baudour
CAMERA: Michel Baudour, Alessandro Usai, Walther Vanden Ende
EDITING: Guido Henderickx
SOUND: Henri Morelle
MUSIC: Walter Heynen
PRODUCER: Jacqueline Pierreux, Benoît Lamy
PROD. CO.: Pierre Films (Bruxelles), Lamy Films (Bruxelles), Reggane Films (Paris)
PROD. SUPERV.: Tom Coene
CAST: Marcel Josz (Jules), Elise Mertens (Anna), Ann Petersen (Directrice), Jacques Lippe (Chef de police), Claude Jade (Infirmière), Jacques Perrin (Jacques), Jane Meurisse (Flore), Marie Louise Amijes, Dymma Appelmans, Andrée Garnier, Josée Gelman, Clara Gelman, Henriette Lambeau, Francis Monnoyer, Edgar Willy, Marcel Ameye, Phili Dany, Eva Djakky, Fifi De Scheemaeker, Ernest Delamine, Daniel Dury, Frank Genoe, Elie Lison, Jules-Henri Marchant, Mieke Peeters, Germaine Pascal, Madeleine Stradel, Violette, Sylvie, Anna Wagram
LANGUAGE: French
GAUGE: 35 mm
SILENT/SOUND: sound
B&W/COLOUR: colour
MINUTES: 91'

◆ Throughout his career, Benoît Lamy has approached the genre of comedy from various angles, according to his inspiration or the setting. **Home Sweet Home** is, from a geographical point of view, a film in the Belgian vein, with all the social, behavioural and linguistic peculiarities this implies.

The subject matter is transgressive and relatively unexplored. What do elderly people feel when they have been placed in retirement and rest homes? What kind of fate awaits them in the hands of medical or administrative institutions?

The setting is thus a home, in Brussels, which resembles an army barracks in its daily running and a school in the way its residents are constantly scolded like children. Jules, a septuagenarian insolently brimming with life, refuses to toe the line. He is joined in his dissent by twenty old ladies with forthright tongues and a playful taste for resistance. One evening an outburst leads to revolt, then flight and finally insurrection. Fire brigade and police force are powerless against the barricades erected by the elderly contingent and the evil head of the home is replaced by the good social worker.

Against a backdrop of serious social problems - old age, of course, but also power, money and desire - Benoît Lamy demonstrates a keen eye for observation, detail and the winning element of truth. Throughout there is a great verve and zest, largely the result of a very strong cast. The body language and verbal performance of all the actors convince, make us willing to be convinced, and the story itself solicits indignation and tenderness. A truly popular film, which proved instantly successful.

● Benoît Lamy a abordé différents types de comédie durant sa carrière, selon l'inspiration et les lieux du moment. **Home Sweet Home** se situe dans la veine "belge", adjectif pris dans le sens territorial, avec ce que cela implique comme habitudes sociales, comportements et utilisation de la langue.

Le sujet est transgressif et peu traité: que ressentent les personnes âgées que l'on place dans des maisons de retraite ou de repos? Quel sort les institutions médicales ou administratives leur réservent-elles?

Un home donc, à Bruxelles, qui ressemble avec son règlement à une caserne et, de par la manière dont on traite les pensionnaires, à une école, puisqu'ils s'y font gronder comme des enfants. Jules, septuagénaire insolemment vivant, ne veut pas rentrer dans le rang. Il entraîne avec lui une vingtaine de vieilles dames qui ont leur franc-parler et un goût ludique pour la résistance. Une foucade d'un soir va amener la révolte, puis la fugue, et enfin l'insurrection. Les pompiers et les gendarmes ne pourront rien contre ces barricades du troisième âge et la mauvaise directrice sera remplacée par le bon assistant social.

Sur fond de problèmes sociaux graves, celui de la vieillesse d'abord, mais aussi du pouvoir, de l'argent, et du désir, Benoît Lamy fait preuve d'un sens de l'observation, du détail juste et de la vérité qui emporte l'adhésion. Il y a constamment une truculence et un "jus" portés par une distribution très forte. Le corps et le parler de tous les acteurs font que l'on y croit, que l'on veut y croire, car l'histoire amène indignation et tendresse. Un vrai film populaire, dont le succès fut immédiat. (JA)

▶ Benoît Lamy benaderde de komedie in de loop van zijn carrière vanuit diverse invalshoeken, al naar gelang zijn inspiratie of de locatie. **Home Sweet Home** speelt zich af in België en toont de sociale tradities, de gedragingen en het taalgebruik eigen aan dat grondgebied.

Het onderwerp is omstreden en weinig besproken: wat voelen ouderen wanneer ze in een rustoord of bejaardentehuis worden geplaatst? Welk lot wacht hen bij de medische en administratieve instellingen?

Een tehuis dus, in Brussel, waarvan de huisregels herinneren aan een kazerne en de behandeling van de kostgangers aan een school, want ze krijgen er op hun kop als kinderen. De 70-jarige Jules, vrijpostig en vol energie, laat zich niet in het gelid brengen en sleept in zijn opstand zo'n 20 brutaal gebekte oudere dames mee die op een speelse manier meedoen aan het verzet. Tijdens deze gril, die een avond lang zal duren, breekt een opstand uit die ontaardt in totale rebellie, en ontvluchten de oudjes het tehuis. Brandweer en rijkswacht kunnen niets uitrichten tegen de barricades van de bejaarden en de snode directrice zal vervangen worden door de goede maatschappelijk werker.

Tegen de achtergrond van ernstige sociale problemen - natuurlijk die van de oude dag, maar ook van macht, geld en verlangen - geeft Benoît Lamy blijk van een sterk gevoel voor observatie, voor pakkende details en waarachtigheid. Steeds is er een zekere verve, een "sappigheid" die uitgaat van de ijzersterke cast. Met lichaam en woorden dragen alle acteurs ertoe bij dat men gelooft in het verhaal, erin wil geloven, omdat het verontwaardiging en vertedering oproept. Een echte populaire film, die terstond aansloeg.

Belle

André Delvaux

Belle

DIRECTOR: André Delvaux
YEAR: 1973
COUNTRY: BE-FR
SCREENPLAY: André Delvaux
DIALOGUE: André Delvaux
ASST. DIR.: Paul Arias, Patrick Hella, Christian Raynaud
DIR. PHOT.: Ghislain Cloquet
CAMERA: Charlie Van Damme, Peter Anger
EDITING: Emmanuelle Dupuis, Pierre Joassin, Monique Rysselinck, Christine Campus
SOUND: Antoine Bonfanti, Auguste Galli
MUSIC: Frédéric Devreese
ART DIRECTOR: Claude Pignot, Françoise Hardy
COSTUMES: Anne Huybrechts
PRODUCER: Jean-Claude Batz, Stéphane Bertin, Jacqueline Louis, Abela Crousel
PROD. CO.: Nouvelle Imagerie/Nieuw Imago (Bruxelles), Albina Productions (Paris)
CAST: Jean-Luc Bideau (Mathieu), Danièle Delorme (Jeanne), Adriana Bogdan (Belle), Stéphane Excoffier (Marie), John Dobrynine (John), Valeriu Popesco (L'étranger), François Beukelaers (Le faux étranger), Roger Coggio (Victor), René Hainaux (Le substitut), Suzanne Gohy (La mère), Yvette Merlin (La patronne des "Joités"), Marc Audier (Le patron de café), André Blavier (Vincent), Arlette Emmery (La récitante)
LANGUAGE: French
GAUGE: 35 mm
SILENT/SOUND: sound
B&W/COLOUR: colour
MINUTES: 96'

◆ **Belle**, André Delvaux's fourth film (and the first based on his own script), is a prime example of the magic realism so dear to its director. The film closes an exploratory cycle which investigated the slippage in perception between reality and the imaginary and the refusal to locate reality simply in objectivity. The factual and the tangible can just as easily be interior as exterior. Mathieu, a provincial writer, watches as the habitual cosiness of his everyday life evaporates following an encounter with a strange young woman who lives in a ruinous shack in the middle of the Fagnes. Everything about her is indecipherable to him - the language she speaks, the mysterious man who is sometimes close by her, her appearance, her disappearance - right down to the murder she incites. Mathieu hovers between two locations: Spa, where he lives, with his middle-class certainties, his emotional and professional security; and the Hautes Fagnes, a country of mists, water and solitude in which he loses his bearings, his self. The entire film hinges on the weaving of signs and correspondences linking the two worlds, on reflections and tricks of the light which constantly blur the divide, leaving the "truth" on both this and the other side of the looking glass. Both are granted in the eyes of the character an equal weight of "proof".

André Delvaux here displays a great visual sense of landscape but Jean-Luc Bideau and the rest of the cast lack the magical interiority of their predecessors Senne Rouffaer, Yves Montand and Mathieu Carrière, a fact which can only detract from the power of the film's subtle, fragile premise.

● Ce quatrième long métrage d'André Delvaux (et le premier dont il signe le scénario original) s'inscrit pleinement dans l'univers du réalisme magique cher au cinéaste: **Belle** termine un cycle d'exploration, celui du glissement de la perception du réel et de l'imaginaire, celui du refus de penser que la réalité se situe dans l'objectivité. Le factuel, le tangible peuvent être tout autant intérieurs qu'extérieurs. Un écrivain de province, Mathieu, voit son confort quotidien basculer après la rencontre d'une étrange jeune femme, qui vit dans une cabane en ruine au milieu des Fagnes. Tout ce qui l'entoure demeurera indéchiffrable: la langue qu'elle parle, l'homme au statut incertain qui est parfois près d'elle, son apparition, sa disparition, jusqu'au meurtre qu'elle va susciter. Mathieu va circuler entre deux lieux, Spa où il vit, avec ses certitudes bourgeoises, sentimentales et professionnelles, et les Hautes Fagnes, territoire de brume, d'eau et de solitude où il se perd dans les deux sens du terme. Tout l'enjeu du film va être de tisser des signes et des correspondances entre ces deux univers, d'établir un jeu de miroir qui brouille les pistes dans un constant basculement, où la "vérité" est aussi bien du côté du reflet que de la réalité. Les deux sont perçus avec le même poids de "preuve" par le personnage.

André Delvaux développe ici un regard de grand paysagiste, mais Jean-Luc Bideau et les autres interprètes n'ont pas l'intériorité magique de leurs prédécesseurs (Senne Rouffaer, Yves Montand ou Mathieu Carrière), ce qui déforce le propos subtil et fragile du film. (JA)

▶ **Belle**, de vierde film van André Delvaux (en de eerste naar een eigen scenario), hoort thuis in de hem dierbare wereld van het magisch realisme. De film sluit een cyclus af waarin de cineast de verglijdende percepties van realiteit en fantasie verkende vanuit de idee dat de realiteit niet zonder meer is verankerd in het objectieve. Het feitelijke, het tastbare, kan evengoed een innerlijke beleving zijn als van buitenaf komen. Een kleinsteedse schrijver, Mathieu, ziet zijn dagelijkse leventje in het gedrang komen na een ontmoeting met een vreemde jonge vrouw, die in een vervallen hut midden in de Hoge Venen woont. Alles om haar heen heeft iets raadselachtigs: de taal die ze spreekt, de nondescripte man die soms in haar gezelschap is, haar verdwijning en haar verschijning, de moord die door haar toedoen wordt gepleegd. Mathieu pendelt tussen twee werelden: zijn woonplaats in Spa, burgerlijk, emotioneel en beroepsmatig een haven van zekerheid, en de Hoge Venen, land van nevelen, water en eenzaamheid, waar hij letterlijk en figuurlijk de weg kwijtraakt. De film brengt tussen deze twee werelden allerlei tekenen van overeenkomst aan en verknoopt ze met elkaar in een verwarrende trompe-l'œil, waarin de "waarheid" voortdurend verspringt van schijn naar werkelijkheid. Beide hebben voor het personage eenzelfde "bewijskracht".

Delvaux filmt met de visie van een groot landschapschilder, maar Jean-Luc Bideau en de rest van de cast hebben niet de magie en de innerlijke bezieling van hun voorgangers (Senne Rouffaer, Yves Montand of Mathieu Carrière), waardoor de subtiele en broze intentie van de film aan kracht verliest.

Verloren maandag

Luc Monheim

Verloren maandag
La gueule de bois
Way Out

DIRECTOR: Luc Monheim
YEAR: 1973
COUNTRY: BE-NE
SCREENPLAY: Luc Monheim
DIALOGUE: Luc Monheim, Lodewijk De Boer
ASST. DIR.: Dirk Everaert, Frans Huybrechts
CAMERA: Fred Tammes, Hans Den Bezemer, Peter Anger
EDITING: Rob Van Steensel, Nel Kroonbergs
SOUND: Henri Morelle
MUSIC: Walter Heynen
ART DIRECTOR: Mark Van Steenbergen, Willy Dellaert
COSTUMES: Frieda Verhees
PRODUCER: Jaak Boon, Jaap Van Rij
PROD. CO.: Sixpence Filmproductions (Antwerpen), Jaap Van Rij Filmproductions (Amsterdam)
PROD. SUPERV.: Jaap Van Rij
CAST: Roger Van Hool (Tomasz), Joris Collet (Scicio), Jan Decleir (Katangees), Monique Van de Ven (Linda), Jaak Van Hombeek (Kruidenier), Marysia De Pourbaix (Lenka), Nicole Van Goethem (Nicole), Serge-Henri Valcke (Matroos), Fred Van Kuyk (Hotelbaas), Paul Meyer, Rik Bravenboer, Leo Haelterman, Jan Terbruggen, Albert Van Doorn, Lida Lobo, Paula Claes
LANGUAGE: Dutch
GAUGE: 35 mm
SILENT/SOUND: sound
B&W/COLOUR: colour
MINUTES: 84'

◆ This is the first film by the avant-garde sculptor, theatre and film production designer (e.g. **Will-o-the Wisp**) Luc Monheim. Monheim wanted to use this film to put an end to the predominance of romantic historical dramas and literary adaptations in Flemish cinema, tearing it from its artistic plinth by making a film with a contemporary social theme. He aimed at a Flemish Fellini-type *Divina Commedia*, a compilation of Antwerp café life, its losers and popular characters. The end result is an uneven film d'atmosphère about Antwerp's fringe society, with a screenplay written by Monheim himself and playwright and stage director Lodewijk De Boer. Their nihilist portrait of a milieu provides a turbulent account of the wanderings and mental decline of a young Polish refugee (Roger Van Hool) in search of a woman who once saved his mother's life. Meanwhile, his addiction to alcohol sucks him further and further into the seamy side of society.

In spite of the film's authentic, semi-documentary and highly atmospheric treatment, the actual dramatic structure of the plot was hampered by an uneven, overly schematic and reductive approach. Press reaction was mixed. Some believed it to herald a new popular movement in Flemish film and praised Monheim's brutal honesty, while others decried its forced and unconvincing realism. Everyone, however, agreed that the nude scenes between Monique Van de Ven and Roger Van Hool were gratuitous audience-pullers. **Way Out** was a financially modest Belgian-Dutch co-production costing BF 7 million, which shared the fate of so many other Belgian films: no audience.

● Avec ce premier film, Luc Monheim, sculpteur d'avant-garde et concepteur réputé de décors de théâtre et cinéma (notamment celui du **Feu follet**), avait décidé que son film mettrait fin aux adaptations littéraires et aux drames historico-romantiques du film flamand, en le renversant de son socle artistique pour aborder des thèmes d'actualité sociale. Monheim voulait à l'origine réaliser une *Divina Commedia* flamande, fellinienne: une fresque de la vie nocturne anversoise, de ses paumés et figures populaires. Résultat: un film d'ambiance sur les marginaux déséquilibrés d'Anvers, d'après un scénario rédigé par Monheim et l'auteur et metteur en scène de théâtre Lodewijk De Boer. Peinture nihiliste de la ville, l'œuvre raconte l'errance turbulente et la déchéance d'un jeune réfugié polonais (Roger Van Hool), à la recherche de la femme qui sauva la vie de sa mère. Mais l'alcool le pousse inexorablement en marge de la vie.

Malgré la recherche d'authenticité semi-documentaire et l'intensité de l'ambiance, la structure dramatique souffre d'une approche plate, déséquilibrée et schématique. Les réactions de la presse furent partagées. Certains acclamèrent l'arrivée d'une voix populaire nouvelle dans le cinéma flamand et louèrent l'honnêteté brutale de Monheim. D'autres dénoncèrent le réalisme forcé. L'unanimité régnait toutefois sur l'inutilité des scènes de nu entre Monique Van de Ven et Roger Van Hool. **La gueule de bois**, une modeste coproduction belgo-néerlandaise d'environ 7 millions de FB, partagea le sort d'innombrables autres films flamands: les spectateurs ne vinrent pas.

► Dit is de eerste film van Luc Monheim, de veelbesproken avant-garde beeldhouwer, theater- en filmdecorateur (o.m. **Het dwaallicht**). Met deze productie wilde Monheim een eind maken aan de literaire verfilmingen en historisch-romantische drama's in de Vlaamse film, m.a.w. de filmproductie van haar artistieke piëdestal duwen en actuele, maatschappelijke thema's aansnijden. Hij wou oorspronkelijk een Vlaamse, Fellini-achtige *Divina Commedia* maken: een fresco van het Antwerpse caféleven, met zijn sukkelaars en volksfiguren. Het uiteindelijke resultaat is een onevenwichtige sfeerfilm over de zelfkant van Antwerpen, naar een scenario van Monheim en theaterauteur en -regisseur Lodewijk De Boer. Deze nihilistische stadstekening beschrijft de woelige speurtocht en aftakeling van een jonge Poolse vluchteling (Roger Van Hool) op zoek naar de vrouw die destijds zijn moeder redde. Door de alcohol raakt hij steeds meer aan lager wal.

Ondanks de authenticiteit van deze sfeervolle, semi-documentaire evocatie, lijdt de dramatische opbouw toch onder een al te schematische en reliëfloze aanpak. De pers reageerde verdeeld. Sommigen staken de loftrompet over een "nieuw volks geluid" in de Vlaamse film en prezen Monheim om zijn brutale eerlijkheid, terwijl anderen het nogal geforceerde en weinig overtuigende realisme laakten. Iedereen deelde de mening dat de naaktscenes tussen Monique Van de Ven en Roger Van Hool nogal gratuit waren. **Verloren maandag**, een bescheiden Belgisch-Nederlandse coproductie van 7 miljoen BF, deelde het lot van zovele andere Belgische films: de toeschouwers bleven weg. *(LJ)*

L'assassino... è al telefono

Alberto De Martino

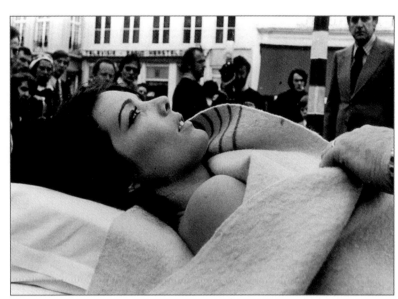

CAST: Anne Heywood (Eleanor), Telly Savalas (Ranko), Rossella Falk (Margaret), Roger Van Hool, Willeke Van Ammelrooy, Giorgio Piazza, Osvaldo Ruggiero, Marc Audier, Suzy Falk, Antonio Guidi, A. Berger, Georges Bossair

Co-production

L'assassino... è al telefono
L'assassin est au bout du fil
De doder is aan de telefono
Moordenaar aan de telefoon
The Murderer Is on the Phone
The Killer Is on the Phone
Scenes from a Murder

DIRECTOR: Alberto De Martino
YEAR: 1973
COUNTRY: IT-BE
SCREENPLAY: Adriano Bolzoni, Renato Izzo, Vincenzo Mannino, Alberto De Martino
DIALOGUE: Renato Izzo
ASST. DIR.: Leo Lenoir, Françoise Levie
DIR. PHOT.: Aristide Massaccesi
CAMERA: Aristide Massaccesi
EDITING: Otello Colangeli
SOUND: Giovanni Fratarcangeli, André Notte, Jean-Marc Turine
MUSIC: Stelvio Cipriani
ART DIRECTOR: Antonio Visone
COSTUMES: Enrico Sabbatini
PRODUCER: Vittorio Barattolo, Aldo Scavarda, Pierre Levie, Luc Hemelaer
PROD. CO.: Difnei Cinematografica (Roma), SODEP (Bruxelles), Belga Films (Bruxelles)
PROD. SUPERV.: Mario Cotone, Costia De Renesse
LANGUAGE: English
GAUGE: 35 mm
SILENT/SOUND: sound
B&W/COLOUR: colour
MINUTES: 105'

Les démoniaques

Jean Rollin

CAST: Joëlle Cœur (Tina), Willy Braque (Le bosco), John Rico (Le capitaine), Paul Bisciglia (Le marin), Lieva Lone (Première diablesse), Patricia Hermenier (Deuxième diablesse), Micha Zivomir Miletic, Louise Dhour (Louise), Yves Collignon (L'autre marin), Mireille Dargent (Le diablotin), Isabelle Coppejans (Monique), Ben Zimet (Chadron), Monika, Jean-Pierre Bouyxou, R.-J. Marongiu

Co-production

Les démoniaques
Deux vierges pour Satan
Les diablesses
The Demoniacs
Curse of the Living Dead
The Horrible Women
The Possessed
Two Virgins for Satan

DIRECTOR: Jean Rollin
YEAR: 1973
COUNTRY: FR-BE
SCREENPLAY: Jean Rollin
DIALOGUE: Jean Rollin
ASST. DIR.: Micha Zivomir Miletic
DIR. PHOT.: Jean-Jacques Renon
CAMERA: Johan J. Vincent
EDITING: Michel Patient
SOUND: Luiggi Demeyere
MUSIC: Pierre Raph
ART DIRECTOR: Jio Berk
PRODUCER: Jean Rollin, Lionel Wallman, Pierre Querut
PROD. CO.: Nordia Films (Paris), Films ABC (Paris), Général Films (Bruxelles)
PROD. SUPERV.: Lionel Wallman
LANGUAGE: French
GAUGE: 35 mm
SILENT/SOUND: sound
B&W/COLOUR: colour
MINUTES: 100'

Le tango de la perversion

Charles Lecocq [Pierre-Claude Garnier]

Le tango de la perversion
La maison de la perversion
La maison de la perversité
L'ouvreuse
De perverse tango
Sex Crazy

DIRECTOR: Charles Lecocq [Pierre-Claude Garnier]
YEAR: 1973
COUNTRY: BE-FR
SCREENPLAY: Patrice Rhomm
ASST. DIR.: Jean-Yves Jeudy
CAMERA: Jacques Du Meveau
SOUND: Jean-Pierre Cereghetti
MUSIC: Daniel J. White
PRODUCER: Charles Lecocq [Pierre-Claude Garnier]
PROD. CO.: Les Films de Marc (Paris), Cetelci
(Rumillies), EGC (Bruxelles)
CAST: Valérie Boisgel (Loretta), Jacques Dancret,
Jacques Juillet, Jacques Gambier, Tania
Busselier, Joëlle Cœur, Vanina Siegfried,
Stéphane Macha, Michel Herbert, Régine
N'Domba, Mélanie Dalban
LANGUAGE: French
SILENT/SOUND: sound
B&W/COLOUR: B&W
MINUTES: 91'

◆ Among the French scriptwriters who made a brief appearance on the porn scene at its height before vanishing from our screens for good, Patrick Rhomm was one of the shrewdest, plagiarizing tried and tested screenplays. **Sex Crazy**, for example, is constructed around the premise of Billy Wilder's **Double Indemnity**: a poisonous vamp seduces a broker and persuades him to take out life insurance on the husband she intends to have murdered. Here, however, we are presented with an erotic variant - aware of her husband's heart trouble, she hires a trio of call-girls to kill him by exhaustion. Before the end of the film, the dishonest broker, her gamekeeper (who takes the medical test for the insurance policy in the husband's place) and even one of the prostitutes will have passed through the man-eater's bed. One of the porn stars of the time, the beautiful Valérie Boisgel (who had previously worked with Godard and De Sica!), is the key player in this Belgian co-production.

Patrick Rhomm himself was to direct his following effort, **Draguse** (1975), in which a writer with an interest in the supernatural decides to move into a haunted house in the hope of penetrating its secrets. Film-buffs will recognize the plot of Robert Wise's **The Haunting** - the ghosts in this case being scantily-clad young ladies, amongst them Monica Swinn, Claudine Beccarie, Erika Cool and Sylvia Bourdon. After this second Belgo-French collaboration, Patrick Rhomm returned to Paris for his new film **Touchez pas au zizi**, clearly another example of his ingenious "borrowings".

● Parmi les scénaristes français qui firent trois petits tours durant les "années pornos" avant de disparaître à jamais des écrans, Patrice Rhomm fut l'un des plus astucieux, démarquant à sa façon des scénarios déjà éprouvés. Ainsi ce **Tango de la perversion**, qui reprend le point de départ d'**Assurance sur la mort** de Billy Wilder: une vamp vénéneuse séduit un courtier pour qu'il assure sur la vie un mari qu'elle a décidé de faire disparaître. Une variation érotique, pourtant: sachant son époux cardiaque, elle fera appel à un trio de call-girls qui aura pour mission de le tuer d'épuisement. Chemin faisant, son garde-chasse (qui a passé, à la place du mari, la visite médicale pour l'assurance), le courtier malhonnête et même l'une des prostituées se retrouveront dans le lit de la redoutable mante religieuse. L'une des vedettes X de l'époque, la belle Valérie Boisgel (ex-actrice de Godard et De Sica!), mène le jeu dans cette coproduction avec la Belgique.

C'est Patrick Rhomm lui-même qui mit en scène son démarquage suivant, **Draguse** (ou **Le manoir infernal**, 1975): un écrivain intéressé par le surnaturel décide d'habiter une maison hantée pour en percer les secrets. Les cinéphiles auront reconnu le thème de **La maison du diable** de Robert Wise; les fantômes étant ici, bien entendu, ceux de demoiselles dénudées, dont Monica Swinn, Claudine Beccarie, Erika Cool et Sylvia Bourdon. Après cette seconde collaboration belgo-française, Patrick Rhomm repartit vers Paris pour un nouveau film (dont on ignore de quel autre il était l'adaptation particulière): **Touchez pas au zizi**. *(RM)*

▶ Van de Franse scenaristen die in de gouden jaren van de pornofilm een paar keer hun ding deden alvorens voorgoed van het scherm te verdwijnen, was Patrice Rhomm een van de vindingrijkste. Op zijn eigen manier plagieerde hij beproefde scenario's, zoals met deze **Tango de la perversion**, die qua uitgangspunt identiek is aan Billy Wilders **Double Indemnity**: een venijnige vamp verleidt een makelaar om haar man, die ze besloten heeft uit de weg te ruimen, een levensverzekering aan te smeren. Dan komt de erotische variant: het zwak hart van haar echtgenoot indachtig, roept ze drie callgirls in om hem te doen sterven van uitputting. Ondertussen belanden zowel haar jachtopziener (die de plaats van haar man innam tijdens het medisch onderzoek voor de verzekering) als de oneerlijke makelaar, en zelfs een van de hoertjes, in het bed van deze zwarte weduwe. De hoofdrol in deze Belgische coproductie wordt vertolkt door een ster van de toenmalige seksfilm, de aantrekkelijke Valérie Boisgel, die voordien nog met Godard en De Sica werkte!

Zijn volgende plagiaat, **Draguse** of **Le manoir infernal** (1975), zou Rhomm zelf regisseren. In dit verhaal neemt een door het bovennatuurlijke geïntrigeerde schrijver zijn intrek in een behekst huis om er de geheimen van te doorgronden. Cinefielen herkennen vast het thema van **The Haunting** van Robert Wise, met als verschil dat de spoken hier bestaan uit schaarsgeklede jonkvrouwen, waaronder Monica Swinn, Claudine Beccarie, Erika Cool en Sylvia Bourdon. Na deze tweede Belgisch-Franse coproductie vertrok Patrice Rhomm weer naar Parijs om daar een nieuwe (naar welke nu weer verwijzende) film te draaien, **Touchez pas au zizi**.

La cage aux ours
Marian Handwerker

La cage aux ours
De berenkooi
De berenkuil
The Bear Cage
The Bear Garden
The Cage Bear

DIRECTOR: Marian Handwerker
YEAR: 1973
COUNTRY: BE
SCREENPLAY: Paul Paquay, Marian Handwerker, Thierry Coene, Jean-Marie Vervisch
DIALOGUE: Paul Paquay
ASST. DIR.: Jacques Raket, Alain Cops
DIR. PHOT.: Michel Baudour
CAMERA: Gérard Collet, Jean-Jacques Mathy, Alessandro Usai
EDITING: Denise Vindevogel, Michèle Maquet
SOUND: Henri Morelle
MUSIC: Walter Heynen
ART DIRECTOR: Bernard Simonis
PRODUCER: Jacqueline Pierreux
PROD. CO.: Pierre Films (Bruxelles)
PROD. SUPERV.: Tom Coene
CAST: Jean Pascal (Léopold Thiry), Yvette Merlin (La mère), Michel François (Bernard), Puce (Julie), Claudia Sylva (Liliane), Tine Briac (Femme du frère), Jacques Courtois (Professeur de français), Pascal Bruno (Le grand-père), Daniel Dury (Lucien, le fiancé de Liliane), Léopold Chaudière (Client du café), Vic Moeremans (B.S.R.), François Béranger, Paul Bovre (L'employé), Michel De Warzee, Michel Glibert, Jules Goffaux (Le colonel), Marcel Melebeck (Frère du père), Etienne Noirhomme (Professeur progressiste), Henri Rase
LANGUAGE: French
GAUGE: 35 mm
SILENT/SOUND: sound
B&W/COLOUR: colour
MINUTES: 90'

◆ A few weeks in the life of a family of small-time greengrocers: the father, his business threatened by the supermarkets; the son, rebelling against school and the mediocrity of his fate; the resigned mother; the daughter, who finds herself an anodyne little middle-class husband; in short, life as it is - that is to say dysfunctional, whenever the social climate deteriorates and the future looks bleak. A strike, a demonstration, a teenage love story, a funeral and a wedding punctuate this typically "banal" story, the feature début by Marian Handwerker. **The Bear Cage** has a great affinity with the documentary style and deploys the characteristic elements of neo-realism, depicting everyday life and the real problems of ordinary people and linking the fictional story to a social context. Its real achievement lies in its feeling of authenticity, both in the performances of the actors and in the dialogue. The script does not force reality. It allows each character just enough space and humanity to avoid lapsing into reductive schematization, even if on occasion it remains guilty of ideological naïveté.

In a probing reportage style, the director re-created the mass student demonstrations against the decrees on setting up a professional military and filmed police repression with all the conviction of a true left-winger. Yet it is in the more intimist scenes on an adolescent as inept in love as in rebellion that Handwerker really displays his talent for observation and a sensitivity which steers well clear of excess.

● Quelques semaines de la vie d'une famille de petits épiciers: le père dont le commerce est menacé par les grandes surfaces, le fils révolté contre l'école et la médiocrité de ce qui l'attend, la mère résignée, la fille qui se marie avec un petit cravaté sans envergure,... Bref, la vie comme elle va ou plutôt comme elle ne va pas quand le climat social se dégrade et que les lendemains ne chantent pas. Une grève, une manifestation, une histoire d'amour adolescente, un enterrement et un mariage ponctuent cette "banalité" familiale. Ce premier long métrage de Marian Handwerker, **La cage aux ours**, est lié à l'esprit du documentaire et reprend des composantes du néoréalisme: montrer la vie de tous les jours, les problèmes vrais des petites gens, lier la fiction aux faits de société. Son grand mérite est de sonner juste, à la fois dans le jeu des acteurs et dans les dialogues. Le scénario ne force pas la réalité. Il laisse à chacun des personnages suffisamment d'espace et d'humanité pour ne pas tomber dans un schématisme réducteur, même s'il n'évite pas quelques naïvetés idéologiques.

Le réalisateur a reconstitué, dans le style du reportage engagé, les grandes manifestations estudiantines contre les décrets de l'époque qui voulaient instaurer l'armée de métier, et a filmé la répression policière avec toute sa conviction de gauche. Cependant, c'est dans les scènes intimistes qu'il montre tout son sens de l'observation, et une sensibilité qui fuit toute surcharge, dans ce parcours d'un adolescent aussi maladroit en amour qu'en révolte. (JA)

▶ Enkele weken uit het leven van een kruideniersfamilie. Vader heeft een winkel die bedreigd wordt door de supermarkt; zoon is in opstand tegen de school en tegen zijn magere vooruitzichten; moeder berust in haar lot; dochter trouwt een onopvallend burgermannetje. Kortom, het leven zoals het loopt, of liever zoals het niet wil lopen wanneer het sociale klimaat achteruitgaat en de toekomst er niet rooskleurig uitziet. Een staking, een manifestatie, adolescente liefdesperikelen, een begrafenis en een huwelijk zijn de "banale" elementen waaruit deze eerste langspeelfilm van Marian Handwerker bestaat. **La cage aux ours** heeft een sterk documentaire stijl en bevat elementen uit het neorealisme: het leven van alledag met de echte problemen van de gewone man, fictie binnen een sociale context. De kracht van de film ligt in de echtheid, zowel van de acteurs als van de dialogen. Het scenario doet de werkelijkheid geen geweld aan. Het laat alle personages voldoende ruimte en menselijkheid om niet te vervallen in clichématige simplificatie, zelfs al getuigt het soms van enige ideologische naïviteit.

De regisseur reconstrueerde de studentenmanifestaties tegen de decreten voor de invoering van een beroepsleger in de stijl van een sociaal geëngageerde reportage, en filmde het politiegeweld vanuit een duidelijk linkse overtuiging. Maar vooral in de meer intimistische scènes rond de levenswandel van een jongeman die in de liefde al even onhandig is als in de revolte, toont Handwerker zijn scherpe zin voor observatie en legt hij een ingetogen gevoeligheid aan de dag.

Miss O'Gynie et les hommes fleurs

Samy Pavel

Miss O'Gynie et les hommes fleurs
Miss O'Gynie en de bloemenjongens
Miss O'Gynie and the Flower Men
Let's Face It

DIRECTOR: Samy Pavel
YEAR: 1973
COUNTRY: BE
SCREENPLAY: Samy Pavel
BASED ON: Miss O'Gynie et les hommes fleurs, written by Mireille Aranias
DIALOGUE: Mireille Aranias
ASST. DIR.: Jacques Laurent
DIR. PHOT.: Jean-Claude Neckelbrouck
CAMERA: Denis Henon
EDITING: Panos Papakyriakopoulos, Danal Maroulacou
SOUND: André Brugmans, Jean-Claude Boulanger
MUSIC: Gabriel Yared
ART DIRECTOR: Catherine Alcover
COSTUMES: Catherine Alcover
PRODUCER: Jacques Arnould
PROD. CO.: Groupe Bleu Films (Bruxelles)
CAST: Martine Kelly (Anne, Miss O'Gynie), Richard Leduc (Pierre), Niels Arestrup (Yves), Gino Da Ronch (Laurent), Timy Pecquet (La folle du cimetière), Maurice Potelle (Alain)
LANGUAGE: French
GAUGE: 35 mm
SILENT/SOUND: sound
B&W/COLOUR: colour
MINUTES: 102'

◆ After the confession and exorcism of **Two Seasons of Life**, Samy Pavel felt free to tackle fictional cinema, working from a story written by Mireille Aranias. At a time when the subject was still considered blasphemous the director chose to address the issue of male homosexuality without writing off his theme as a "sexual deviation" with its roots in perversion. The two lovers in the film live together quite naturally, like an everyday couple, until their life is disrupted by the woman intruder they finally evict as a foreign body. The film describes this surreptitious combat, acted out in the isolation of a Brittany seaside villa in a secret game of motives and attractions quite close to the theatre of Harold Pinter.

Martine Kelly is particularly strong in the role of the young lady, who arrives seeking an ex-lover she still feels for and intends to win back. In his homosexuality she perceives a sort of provisional acceptance and is determined to break through it using a strategy of desire, deploying her beauty and all the weapons of female seduction. However, the combined forces of the "flower men" block her out pitilessly and in the end thus destroy her. The film is intimist and for the period very unsettling, and it juxtaposes scenes of a great intensity (notably those between Miss O'Gynie and her rival) with sequences weighed down by idle chatter or excessive prettiness (as in the shots of the Breton countryside, the heroine dressed up as Marlene and Marilyn and the various references to Proust).

● Après sa confession-exorcisme des **Deux saisons de la vie**, Samy Pavel pouvait s'attaquer au cinéma de fiction. A une époque où le thème était encore considéré comme sulfureux, le cinéaste va aborder, à partir d'une histoire écrite par Mireille Aranias, la question de l'homosexualité masculine, mais sans la présenter comme une "déviation sexuelle" relevant de la perversion. Les deux amants du film vivent ensemble tout naturellement, comme un couple ordinaire que va perturber l'arrivée d'une intruse, finalement rejetée comme un corps étranger. Le film raconte l'histoire de ce combat feutré, dans le huis clos d'une villa balnéaire de Bretagne, à travers un jeu secret fait de mobiles et d'attirances, assez proche des pièces de Harold Pinter.

Martine Kelly incarne fort bien cette demoiselle, venue retrouver un ex-amant qu'elle aime toujours et qu'elle souhaiterait reconquérir. Elle croit sentir dans son homosexualité une sorte d'acceptation provisoire, qu'elle se fait fort de briser par sa beauté, par toutes les armes de la séduction féminine, par une stratégie du désir. Pourtant, la coalition des "hommes fleurs" l'exclura impitoyablement, jusqu'à sa destruction. Un sujet intimiste, pas commode à imposer à l'époque, et où des scènes d'une grande intensité (notamment les rapports entre Miss O'Gynie et son rival) voisinent avec des séquences trop bavardes ou trop joliment décoratives (les paysages bretons, les références proustiennes, l'héroïne déguisée en Marlene ou en Marilyn). (RM)

▶ Zodra de exorciserende biecht van **Les deux saisons de la vie** achter de rug was, kon Samy Pavel zich eindelijk toeleggen op het draaien van fictie. Hij vertrok van een verhaal van Mireille Aranias over een toen nog heel controversieel onderwerp, de mannelijke homoseksualiteit. Pavel behandelt dit thema echter niet als een "seksuele afwijking" of perversie: het koppel uit de film leeft gewoon samen, net als elk ander koppel, tot een indringster hun leven komt verstoren en uiteindelijk als een vreemd lichaam verstoten zal worden. De film verhaalt deze fluwelen strijd binnen de muren van een villa aan de Bretoense kust, een strijd die al gauw uitdraait op een schaduwspel van drijfveren en wederzijdse aantrekkingskracht à la Harold Pinter.

Martine Kelly was de ideale keuze voor de rol van de jongedame die haar ex-vriendje komt opzoeken. Ze is nog steeds verliefd op hem en tracht hem te heroveren. Zijn homofilie ziet ze als een soort voorlopig alternatief en ze stippelt een strategie uit om deze façade te doorbreken, gewapend met haar vrouwelijke schoonheid en verleidingskunst. Het koppel "bloempjes" (de "hommes fleurs" uit de titel) blijft haar echter onverbiddelijk uitsluiten, tot ze eraan kapot gaat. Een intimistisch en een voor die tijd moeilijk onderwerp. Scènes van een grote geladenheid (vooral de relatie tussen Miss O'Gynie en haar rivaal) worden afgewisseld met té praatzieke of té stijlvol opgebouwde passages (de Bretoense landschappen, de heldin verkleed als Marlene of Marilyn, de verwijzingen naar Proust).

Le démon sous la peau

John Cannon [Maarten Pliester], William Jackson [Theo Baert]

Le démon sous la peau
C'est une dépravée
La veuve noire
De duivel in 't lijf
Black Widow

DIRECTOR: John Cannon [Maarten Pliester], William Jackson [Theo Baert]
YEAR: 1974
COUNTRY: BE
SCREENPLAY: William Jackson
BASED ON: Thème pour un piano seul, written by André Malraux
DIALOGUE: Roger Arnold
DIR. PHOT.: Freddy Rents, Philippe Colette
CAMERA: Freddy Rents, Philippe Colette
MUSIC: Jef Lefy
PRODUCER: William Jackson, Paul Janssens
PROD. CO.: Continental Films (Bruxelles), Oméga Films (Bruxelles)
PROD. SUPERV.: Gilbert Brisdoux
CAST: Guy De Leener, Jean-Claude Crommelynck, Pierre Veyrat [Pierre Taryer], Alexandra Mihael, Marieke Van Leeuwen
LANGUAGE: French/English
GAUGE: 35 mm
SILENT/SOUND: sound
B&W/COLOUR: colour
MINUTES: 90'

Piège pour une fille seule
Une liaison interdite
Le passager
Valstrik voor een eenzaam meisje
To Trap a Lone Girl

DIRECTOR: John Cannon [Maarten Pliester], William Jackson [Theo Baert]
YEAR: 1972-1974
COUNTRY: BE
SCREENPLAY: William Jackson
DIALOGUE: William Jackson
ASST. DIR.: Jean-Pierre Chanial
DIR. PHOT.: Hubert Bastian
CAMERA: Hubert Bastian
EDITING: Ann Hanssene, Jean-Pierre Chanial
SOUND: William Jackson
MUSIC: Jef Lefy
PRODUCER: William Jackson, Paul Janssens
PROD. CO.: IEF-Baert Productions (Brussel)
CAST: Jean-Claude Crommelynck, Michèle Marlow, Alexandra Mihael, Béatrice Beauchau, Hubert Crahay, Jay La Rocca, Boris Stoïkoff, Georges Vandéric
LANGUAGE: French
GAUGE: 35 mm
SILENT/SOUND: sound
B&W/COLOUR: colour
MINUTES: 85'

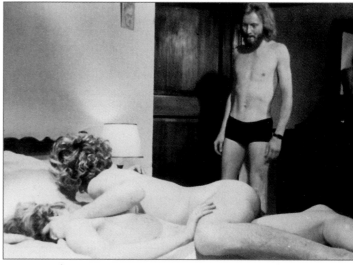

Le démon sous la peau

◆ In the summer of 1972, two first-time (Flemish) directors decided to join the waves of film-makers turning out porn under English-sounding pseudonyms. Their first screenplay, **The Passenger**, dealt with the amorous adventures of a young middle-class girl and a hitch-hiking hippie. The result was so inept that no distributor would take on the film, especially given the scarcity of the racier scenes. Our two young rascals were not about to make the same mistake twice, and for their next outing - **Black Widow**, again featuring Jean-Claude Crommelynck and the ravishing Alexandra Mihael (who was to die tragically shortly afterwards) - they increased the quota of erotic interludes. If we are to believe the credits, the inspiration for this film came from an André Malraux novel. The initial idea is one often used in cinema, notably by Aki Kaurismäki - broke young depressive cannot bring himself to commit suicide and hires a killer to do the job instead, but then has second thoughts and tries to halt the machinery. Here, a depraved sybarite is weary of life and contacts an organization that will send somebody to gently relieve him of his pain. But the killer turns out to be an alluring woman and he promptly falls in love with her.

To win over the French distributor Lucien Hustaix, one of the prime movers in the genre, cameraman Philippe Colette shot a number of even spicier scenes for insertion into the film at the appropriate points. At the same time, he concocted a few hot moments to be spliced into the older film, now redubbed **To Trap a Lone Girl**. Hustaix bought up both films, but this was to prove the final glory in the Cannon-Jackson career, brought to an end by insurmountable financial problems.

● Durant l'été 1972, deux réalisateurs débutants flamands décidèrent de se lancer dans le cinéma de sexe sous des pseudonymes anglo-saxons. Leur premier scénario, **Le passager**, racontait les galipettes d'une jeune fille de bonne famille et d'un auto-stoppeur hippisant. Le résultat fut si navrant qu'aucun distributeur n'accepta leur film, d'autant que les scènes osées étaient trop peu nombreuses. Instruits par l'expérience, nos deux lascars entreprirent alors **Le démon sous la peau**, avec les deux mêmes comédiens: Jean-Claude Crommelynck et la ravissante Alexandra Mihael (qui allait mourir tragiquement peu après), mais cette fois en multipliant les séquences érotiques. Si l'on en croit le générique, ce film serait inspiré d'une nouvelle d'André Malraux. Le thème de départ fut souvent traité au cinéma, notamment par Aki Kaurismäki: un paumé, trop lâche pour se suicider, engage un tueur puis tente de stopper le mécanisme. Ici, le viveur lubrique et dépravé que rien n'amuse plus contacte une organisation, mais la personne impitoyable qui doit le supprimer en douceur est une femme superbe dont il tombe amoureux.

Pour emporter l'adhésion du distributeur français Lucien Hustaix, un orfèvre du genre, plusieurs séquences supplémentaires, encore plus sexy, furent filmées par l'opérateur Philippe Colette et remontées aux bons endroits. Par la même occasion, Colette tourna en plus quelques moments "hot" qui furent intégrés au **Passager**, rebaptisé **Piège pour une fille seule**. Hustaix accepta les deux films, mais là s'arrêta l'essor des compères Cannon-Jackson: d'inextricables problèmes d'argent mirent fin à leurs navrantes incursions dans le septième art. *(RM)*

▶ Tijdens de zomer van 1972 besloten twee beginnende Vlaamse regisseurs een seksfilm te draaien, onder Engelse pseudoniemen. Hun eerste scenario, **Le passager**, deed de bokkesprongen uit de doeken van een meisje van goeden huize en een hippie-lifter. Gewaagde scènes waren echter ver te zoeken, en het resultaat was zo beschamend dat geen enkele verdeler er zijn vingers aan wou verbranden. Gehard door deze ervaring begon het duo dan aan **Le démon sous la peau**, met dezelfde twee acteurs: Jean-Claude Crommelynck en de verrukkelijke Alexandra Mihael (die kort daarna een tragische dood stierf). Ditmaal werden de erotische scènes steviger gedoseerd. Als we de generiek mogen geloven, is deze film gebaseerd op een novelle van André Malraux. Het uitgangspunt is een klassiek thema in de film, ook nog hernomen door Aki Kaurismäki: een jonge stakker, wie de moed ontbreekt om zelfmoord te plegen, huurt een beroepsdoder en krijgt daar later spijt van. De held is een wellustige pervert die het leven hartgrondig beu is; hij neemt contact op met een organisatie die iemand zal sturen om hem zachtjes om zeep te helpen. Maar de doder blijkt een prachtige vrouw te zijn, en de man wordt verliefd.

Om de Franse verdeler, koning van het genre, Lucien Hustaix te bekoren, werden enkele bijkomende, nog pikantere scènes gedraaid door cameraman Philippe Colette, en gemonteerd in de film. En tegelijkertijd werden wat extra prikante beelden gefilmd om die toe te voegen aan **Le passager**, omgedoopt tot **Piège pour une fille seule**. Hustaix aanvaardde beide films, maar voor het duo Cannon-Jackson eindigde daar hun avontuur: uitzichtloze financiële problemen zetten een domper op hun filmcarrière.

La comtesse noire

James P. Johnson [Jess Franco]

La comtesse noire
Les avaleuses
La comtesse aux seins nus
Femmes vampires
The Bare-Breasted Countess
Female Vampire
The Last Thrill
Naked Vampire
Sicarius - The Midnight Party
La comtessa negra
Jacula
Yacula

DIRECTOR: James P. Johnson [Jess Franco]
YEAR: 1973-1974
COUNTRY: BE-FR
SCREENPLAY: Jess Franco, Hubert Rostaine
BASED ON: Carmilla, written by Sheridan Le Fanu
DIALOGUE: Jess Franco
ASST. DIR.: Richard Bigotini [Rick de Conninck]
CAMERA: Johan J. Vincent [Jess Franco], Raymond
Heil [Ramón Ardid]
EDITING: Pierre Querut [Jess Franco, Ramón Ardid]
SOUND: Guy Gibert
MUSIC: Daniel J. White
PRODUCER: Pierre Querut, Jess Franco, Marius Lesœur
PROD. CO.: Général Films (Bruxelles),Eurociné (Paris),
Les Films de Marc (Paris)
PROD. SUPERV.: Jean Lefait
CAST: Lina Romay (Irina de Karnstein), Jack Taylor
(Baron Von Rathony), Jess Franco (Dr.
Roberts), Luis Barboo (Serviteur muet),
Alice Arno (Maria), Gilda Arancio (Victime
enchaînée), Ramón Ardid (Aspirant domes-
tique), Jean-Pierre Bouyxou (Dr. Orloff),
Monica Swinn (La princesse de Rochefort),
Roger Germanes (Première victime), Anne
Watican (Victime de la comtesse), James
Harris
LANGUAGE: French
GAUGE: 35 mm
SILENT/SOUND: sound
B&W/COLOUR: colour
MINUTES: 75'/59'/90'/95'/101'
NOTES: There are many versions of this film: La
comtessa negra, a horror version; Les
avaleuses, 59', the hard erotic version; and
La comtesse noire, a soft erotic version
that was released in Belgium and France.
This version was cut to 75'.
Other versions: Erotikill (US video; IT
video), The Loves of Irina (US video), Un
caldo corpo di femmina (IT), Entfesselte
Begierde (GW), Verentarhrima Morsian (FI),
Mujeres vampiras (SP)
The Belgian version was signed Joseph
Gehoulet (Pierre Taylou's real name)

◆ The Spaniard Jesús Franco Manera, formerly one of Orson Welles' collaborators on **Falstaff** and **Don Quixote**, is better known as the author of a deluge of B-movies centred essentially on sex and the fantastic made at a rate of over 10 films a year under 22 recorded pseudonyms and in 5 or 6 different countries, including Belgium. Of all these B-movies knocked out in a matter of days, few are worthy of mention, one of the most infamous (considered by Franco as his best) being **The Bare-Breasted Countess**.

The bare-breasted countess in question is a mute vampire who bathes in blood and orally robs mortals of their semen in order to conserve her immortality. With Doctor Roberts (Jess Franco himself!) hot on her trail, after a series of sophisticated murders (featuring torture and lesbianism) she finally flees to her mountain lair. This horrifying story has come down to us in several different cuts, each varying in tone according to its country of destination: among them **La comtessa negra**, a version centred on the fantastic element; another, harder cut **Les avaleuses** ("The Swallowers"), featuring four inserts filmed by Lina Romay in person, and **La comtesse noire**, a soft 75'-version that was released in Belgium and France. Enough to drive researchers insane, even more so since these various interpretations of the same material often make the original plot rather obscure. Belgium had the honour of co-producing this offering, very loosely inspired by a classic of the genre, Sheridan Le Fanu's *Carmilla*.

Finally, it is worth mentioning that in 1992 Franco presented a controversial new cut of Orson Welles' rushes from **Don Quixote**.

● Jesús Franco Manera, Espagnol et ex-collaborateur d'Orson Welles pour **Falstaff** et **Don Quixote**, est surtout l'auteur d'une avalanche de films B, essentiellement axés sur le sexe et le fantastique, avec parfois plus de dix titres sur une année, sous 22 pseudonymes recensés, et dans cinq ou six pays différents, dont la Belgique. De tous ces films B tournés en quelques jours, bien peu méritent qu'on s'y attarde, l'un des plus fameux (et parmi ceux que Franco considère comme ses meilleurs) étant cette **Comtesse noire**.

La comtesse aux seins nus (pour reprendre le titre anglais) est une femme-vampire muette qui prend des bains de sang et vide buccalement les malheureux mortels de leur semence pour conserver son immortalité. Traquée par le Docteur Roberts (Jess Franco lui-même!), elle finira par s'enfuir vers son repaire montagnard, après une série de meurtres raffinés (par torture ou lesbianisme, notamment). On connaît de cette horrifiante histoire plusieurs montages, selon les pays de destination: on cite **La comtessa negra**, une version axée sur le fantastique; une autre, plus "hard", avec quatre inserts tournés par Lina Romay en personne (**Les avaleuses**); et une troisième, **La comtesse noire**, version érotique soft de 75' distribuée en Belgique et en France. De quoi désespérer les chercheurs, d'autant que ces montages divers rendent souvent l'action fort nébuleuse. La Belgique eut l'honneur de coproduire cet ouvrage, très vaguement inspiré d'un classique du genre: *Carmilla* de Sheridan Le Fanu.

Ajoutons que Franco a présenté en 1992 un remontage contesté des rushes du **Don Quixote** d'Orson Welles. (RM)

► De Spanjaard Jesús Franco Manera, ex-medewerker van Orson Welles voor **Falstaff** en **Don Quixote**, staat vooral bekend als auteur van een massa seksuele en fantastisch getinte B-films. Hij draaide soms meer dan tien films per jaar, onder wel 22 (gekende) pseudoniemen en in vijf of zes verschillende landen, waaronder België. Van al deze B-films, ingeblikt op een paar dagen tijd, verdienen slechts enkele enige aandacht. Een der meest befaamde (en volgens Franco zelf een van de beste) is **La comtesse noire**.

De gravin met de blote borsten (letterlijk de Engelse titel) is een vampier zonder spraakvermogen, die bloedbaden neemt en ongelukkige stervelingen oraal van hun zaad berooft om haar onsterfelijkheid te bewaren. Opgejaagd door Dr. Roberts (Jess Franco zelf!) vlucht zij naar haar schuiloord in de bergen, na een reeks spitsvondige moorden (met o.a. folteringen en lesbische scènes). Van dit huiveringwekkende verhaal bestaan diverse montages, al naargelang het land van bestemming: zo bijvoorbeeld **La comtessa negra**, een versie met de nadruk op het fantastische; een "harde" versie met vier tussengevoegde scènes gedraaid door Lina Romay in hoogsteigen persoon (**Les avaleuses**), en een derde, **La comtesse noire** - 75 minuten van softe erotiek -, die in omloop kwam in België en Frankrijk. Dit tot wanhoop van de onderzoekers, te meer daar al deze montages het verloop van de actie vaak onoverzichtelijk maken. België viel de eer te beurt dit œuvre - vaag geïnspireerd op *Carmilla*, een klassieker uit het genre van Sheridan Le Fanu - te coproduceren.

Tenslotte dient nog vermeld dat Franco in 1992 een betwiste nieuwe montage verzorgde van de rushes van Orson Welles' **Don Quixote**.

Le revolver aux cheveux rouges

Frédéric Geilfus, Denise Geilfus

Le revolver aux cheveux rouges
Trois dames et un fou
De revolver met het rode haar
Manalive
Man Alive
The Red Haired Revolver

DIRECTOR: Frédéric Geilfus, Denise Geilfus
YEAR: 1973-1974
COUNTRY: BE-FR
SCREENPLAY: Raphaël Cluzel, Denise Geilfus
BASED ON: Manalive, written by Gilbert Keith Chesterton
DIALOGUE: Raphaël Cluzel, Denise Geilfus
ASST. DIR.: Gérard Vercruysse, Mireille Kies
DIR. PHOT.: Eddy Van der Enden
CAMERA: Gérard Collet, Walther Vanden Ende
ANIMATION: Gérald Frydman, Claude Lambert
EDITING: Gust Verschueren, Daniel De Valck
SOUND: Jacques Eippers, Henri Morelle
MUSIC: Armand Seggian
ART DIRECTOR: Suzanne Frognier, Catherine Frognier
COSTUMES: Suzanne Frognier, Catherine Frognier
PRODUCER: Henri Weis, André Weis
PROD. CO.: Ciné Vog Films (Bruxelles)
PROD. SUPERV.: Michèle Guilleaume
CO-PRODUCER: René Thévenet
CO-PROD. CO.: Productions René Thévenet (Paris)
CAST: Anna Gaël (Marie), Pierre Vernier (Innocence Smit), Gisèle Oudart (Dyane), André Debaar (Docteur Warner), Jo Rensonnet (Michel), Suzanne Colin (Catherine), Idwig Stéphane (Arthur), Fernand Abel (Docteur Pym), René Thierry (Le journaliste), Gérard Verkies (Le facteur)
LANGUAGE: French
GAUGE: 35 mm
SILENT/SOUND: sound
B&W/COLOUR: B&W + colour
MINUTES: 86'/90'
NOTES: A first version of the film (entitled **Manalive**) was screened at the Knokke Festival in 1973. The film was subsequently re-edited; this final version was screened at the Brussels Festival in January 1974.

◆ Director of photography on innumerable documentaries (he himself directed seven between 1958 and 1966) and features (for Degelin, Deroisy and Laroche), the Brussels-based Frédéric Geilfus, at the age of 56, scripted and directed together with his wife an adaptation of G.K. Chesterton's novel *Manalive*. First published in 1912, the book is one of those detective fables stuffed full of paradoxes and enchantment that were Chesterton's great speciality. A ruinous château transformed into a lunatic asylum witnesses the sudden arrival of a mysterious figure who casually makes himself at home and proceeds to involve his (for the most part crisis-ridden) hosts in strange and ludicrous games. Every one of them feels better for their contact with this bewitching charmer - but the clinic's doctor refuses to fall under his spell and believes to have unmasked him as a murderer: who will prevail, the neurologist or this sprite, realism or fantasy?

No run-of-the-mill subject, clearly, and a script which shifts forward in time Chesterton's original Victorian setting to the present. The climate indeed verges on the surreal (the title is a nod towards André Breton), with coded images (the psychiatrist's bowler hat à la Magritte) and an introductory animation sequence by Gérald Frydman. This is a film which aims to be lightweight and entertaining, to defy categorization or even understanding, a film which demands the participation of each viewer according to his or her own fantasies and logic. Audiences seemed reluctant to join in the directors' games, and the couple's film met with indifference, despite two successive cuts.

● Directeur de la photo d'innombrables documentaires (il en réalisa lui-même sept, de 1958 à 1966) ou de longs métrages de fiction (pour Emile Degelin, Lucien Deroisy, Pierre Laroche), le Bruxellois Frédéric Geilfus se lança dans la mise en scène à 56 ans, cosignant avec son épouse l'adaptation et la réalisation d'un roman de G.K. Chesterton, *Manalive* ("Supervivant"). Paru en 1912, le livre est l'une de ces fables policières, truffée de paradoxes et de féerie, dont l'écrivain britannique avait le secret. Dans un château délabré, qui va être transformé en clinique pour aliénés, survient un mystérieux personnage qui s'installe avec désinvolture, entraînant ses hôtes (pour la plupart en crise existentielle) dans des jeux étranges, des initiatives saugrenues. Chacun se sent mieux, face à cet enchanteur, mais le médecin de la clinique refuse de céder à son charme et croit découvrir en lui un meurtrier. Qui l'emportera? Le neurologue ou le farfadet? Le réalisme ou la fantaisie?

Un sujet peu banal, on en conviendra, et un script qui décale le thème de Chesterton: le contexte victorien du livre est ici traité de manière moderne, dans un climat parfois proche du surréalisme (le titre est un clin d'œil à André Breton), avec des images codées (le chapeau melon à la Magritte du psychiatre) et une introduction sous forme d'animation, créée par Gérald Frydman. Une œuvre qui se veut légère, divertissante, impossible à cataloguer ou même à comprendre, où chacun doit s'impliquer selon ses fantasmes et sa logique propres. Le public sembla ne pas vouloir entrer dans le jeu des Geilfus, et leur film laissa indifférent, malgré deux montages successifs. *(RM)*

▶ De Brusselaar Frédéric Geilfus werkte als chef-cameraman aan talrijke documentaires (zelf regisseerde hij er zeven, tussen 1958 en 1966) en langspeelfilms (van o.a. Degelin, Deroisy en Laroche). Op 56-jarige leeftijd zou hij zich met zijn vrouw wagen aan de verfilming van *Manalive*, een roman van G.K. Chesterton. Dit werk uit 1912 was een van die typische detectivefabels - paradoxaal en feeëriek - die alleen Chesterton kon bedenken. In een vervallen kasteel, omgebouwd tot een kliniek voor onaangepasten, neemt een geheimzinnige bezoeker ongegeneerd zijn intrek. Zijn aanwezigheid beïnvloedt de overige gasten (bijna allen in een existentiële crisis) en hij sleurt hen mee in vreemde en absurde spelletjes. Iedereen voelt zich beter door de tussenkomst van deze magiër, behalve de bevoegde arts, die ongevoelig blijkt voor de charme van de man en in hem zelfs een moordenaar ziet. Wie zal het halen, de neuroloog of het elfenkind, het realisme of de fantasie?

Duidelijk geen banaal verhaal en het thema van Chesterton wordt ook ietwat verlegd. De Victoriaanse context van het boek wordt hier modern aangekleed, in een sfeer die herinneringen oproept aan de surrealisten (de titel is een knipoog naar André Breton), met onderhuidse verwijzingen (de Magritte-achtige bolhoed van de psychiater) en met als inleiding een animatiesequentie van de hand van Gérald Frydman. Kortom, een bewust lichtzinnig en ontspannend werk, onmogelijk te classificeren of te begrijpen, dat de toeschouwer volgens zijn eigen logica en wensdromen moet interpreteren. Het publiek bleek echter niet zo tuk op dit spelletje en het duo Geilfus viel niets dan onverschilligheid te beurt, zelfs na een tweede montage.

Je, tu, il, elle

Chantal Akerman

Je, tu, il, elle
Ik, jij, hij, zij
I, You, He, She

DIRECTOR: Chantal Akerman
YEAR: 1974
COUNTRY: BE
SCREENPLAY: Chantal Akerman
ASST. DIR.: Charlotte Szlovak
CAMERA: Bénédicte Delesalle, Renelde Dupont
EDITING: Luc Freché
SOUND: Gérard Rousseau, Alain Pierre, Samy Szlingerbaum, Marc Lobet
PRODUCER: Chantal Akerman
PROD. CO.: Paradise Films (Bruxelles)
CAST: Chantal Akerman (Julie), Claire Wauthion (L'amie de Julie), Niels Arestrup (Camionneur)
LANGUAGE: French
GAUGE: 35 mm
SILENT/SOUND: sound
B&W/COLOUR: B&W
MINUTES: 86′

◆ This film is seldom shown, and the director is happy to keep it that way. At the time of shooting she was 24 and the film is a wonderfully blatant work of autobiography, of brazen, brash "adolescent" effusiveness. Despite all the tools of distanciation - the false truth and true falsity, the transformation of reality by the mise en scène, real people who become screen characters - effectively we are still left with Chantal playing Chantal. The progress of this film's narrative is clearly heralded by its title. The "I" is a young woman, a willing prisoner in a bedroom and subject of a double process of stripping: the room loses its furniture; she sheds her clothes. The presence of time - marked first in days, then more abstractly in the diminishing packs of sugar - dramatizes this enclosure in relation to solitude and solitude's impossibility. The "you" is the writing, of letters and texts - written, torn up, rewritten - whose recipient remains obscure, unknown. Then there is the "he", a lorry-driver who talks of his relationship to women, to himself, of desire and the loss of desire. Finally, "she", a girlfriend who at first refuses to take back the recluse, then agrees to reply to her "Hunger and Thirst" ("J'ai faim, j'ai froid") and at the last invites her into bed. With the coming of dawn Chantal, the character, makes for the door.

The film's dramatic intensity stems from the disjunction between the characters and the world, as revealed in the implacable exploration of the parameters of cinema: time, space, the anticipation of movement or action, the relationship between interior and exterior, text, the frame, the presence of the actor and his body.

● Un film très peu vu et la réalisatrice ne fait rien pour qu'il en soit autrement. Lorsqu'elle le tourne, elle a 24 ans et l'autobiographie y transparaît, avec une glorieuse audace, à travers le tout-dit culotté des "adolescents". Malgré toutes les distanciations cinématographiques, le faux/vrai et le vrai/faux, la mise en scène qui transforme le réel et les personnes qui deviennent personnages, il n'en demeure pas moins que Chantal joue Chantal.

La progression narrative est ici portée clairement par le titre. "Je" est une jeune femme, recluse volontaire dans une pièce filmée dans un double mouvement de dépouillement: la chambre perdra ses meubles et elle, ses vêtements. La présence du temps compté en jours, puis saisie en des durées plus vagues, en épuisements de paquets de sucre dévorés, en rapport avec la solitude et l'impossibilité de la solitude, dramatise cet enfermement. Le "tu" est l'écriture, des lettres ou des textes, écrits, déchirés, récrits, dont le récipiendaire demeurera obscur et inconnu. Vient le "il", un camionneur/monologueur qui parle de son rapport aux femmes, à lui-même, au désir ou à la perte du désir. Arrive "elle", une amie qui refuse d'abord le retour de la recluse, puis accepte de répondre à son "J'ai faim, j'ai froid", et enfin lui ouvrira son lit. Au petit matin, Chantal, personnage, s'en ira.

L'intensité dramatique vient du rapport décalé du personnage et du monde porté par les paramètres cinématographiques les plus exigeants qui sont ici implacablement explorés: le temps, l'espace, l'attente d'un mouvement ou d'une action, le rapport intérieur/extérieur, le texte, le cadre, la présence de l'acteur et de son corps. (JA)

▶ Een film die weinigen gezien hebben, en de maakster doet niets om daar verandering in te brengen. Door de film heen, gemaakt op haar vierentwintigste, schijnt haar autobiografie: de brutale openhartigheid van de "adolescent". Ondanks alle cinematografische distantiëring, het spel tussen waar en vals, de mise-en-scène die de werkelijkheid transformeert en de personen verwisselt voor personages, speelt Chantal toch de rol van Chantal.

De verhaalstructuur is duidelijk vervat in de titel. "Je" is een jonge vrouw, opgesloten in een kamer, gefilmd vanuit een tweevoudig proces van uitpuring: de kamer wordt ontdaan van haar meubels, zij van haar kleding. Het tijdsverloop wordt geteld in dagen, vervolgens in een vagere tijdsduur: de tijd die het kost om in eenzaamheid een pak suiker te verslinden. "Tu" is het schrijven, de brieven en teksten die worden geschreven, verscheurd en opnieuw geschreven, terwijl het duister blijft voor wie ze bestemd zijn. Dan komt "il", een vrachtwagenchauffeur die een monoloog voert over zijn omgang met vrouwen, en met zichzelf, over het verlangen en hoe je het kwijtraakt. Tenslotte is er "elle", een vriendin die de kluizenaarster eerst liever niet ziet terugkeren, dan ingaat op haar nooddruft ("J'ai faim, j'ai froid") en uiteindelijk haar bed openslaat. De volgende morgen stapt Chantal, het personage, de deur uit.

De dramatische intensiteit ontstaat hier uit de discrepantie tussen het personage en de wereld, wat tot uiting komt in een strenge uitpuring van de parameters van film: de tijd, de ruimte, het wachten op een beweging of actie, de verhouding binnen/buiten, de tekst, de kadrering, de aanwezigheid van de acteur en zijn lichaam.

La fugue de Suzanne

Jean-Marie Buchet

La fugue de Suzanne
Suzanne's vlucht
Suzanne's Fugue

DIRECTOR: Jean-Marie Buchet
YEAR: 1974
COUNTRY: BE
SCREENPLAY: Jean-Marie Buchet
DIALOGUE: Jean-Marie Buchet
ASST. DIR.: Boris Lehman
CAMERA: Willy Cornette, Ben Mangelschots
EDITING: Jean-Marie Buchet
SOUND: Guy Strale
PRODUCER: Jean-Marie Buchet
PROD. CO.: Hendrik Conscience-Filmprodukties (Brussegem)
CAST: Denise Vindevogel (Suzanne), Léona Muylle (Pélagie), Lacaille (Albert), Roger De Moerloose (Emile), André Focant (Victor), Amadeo Bordiga
LANGUAGE: French
GAUGE: 16 mm
SILENT/SOUND: sound
B&W/COLOUR: B&W
MINUTES: 125'

◆ Suzanne lives with Albert; she leaves him. Victor lives with Pélagie; she walks out on him. And then there is Emile. These five characters know each other, visit each other. The men lose track of where the absent women could be. However, order is restored - in reality, nothing has happened. This is a territory between the minimalism of Samuel Beckett and the tropisms of Nathalie Sarraute. Five characters, in search of themselves, in a film by Jean-Marie Buchet, who turns out one of the most representative works of a certain '70s school of cinema. The setting is, for the most part, limited to a handful of rooms, stripped to their basics - chairs, tables, carpets, sofas. The characters verge on the autistic, dysfunctional: through their utterances, wilfully and utterly banal, they bracket themselves out of any potential conversation. Their meetings form the object of lengthy, static shots, a vacuum whose metaphysical presence creates a comedy of the non sequitur, the deliberately irrelevant. Meeting, visiting, trying to locate the others: they run around in circles in a clinical game of desire seemingly robbed of affection. These characters are the spokespeople for an aspect of the human which in its pared-down simplicity of expression is more violent than the furious action which overwhelms our screens. Their conception of time is an interior time, the time when people are levelled, without an adequate response. The introspection, the expressions of inner distress, all are faked. All the characters are waiting for Godot, once again, and it is wonderful.

● Suzanne vit avec Albert et le quitte. Victor vit avec Pélagie qui s'en va. Et il y a Emile. Ces cinq personnages se connaissent et se rendent visite. Les hommes ne savent pas très bien où sont les femmes. Elles ne sont plus là. Tout rentrera dans l'ordre et dans le rien, puisqu'il ne s'est rien passé. On est entre le minimalisme de Samuel Beckett et les tropismes de Nathalie Sarraute. Cinq personnages donc, à la recherche ou à l'ennui d'eux-mêmes. Jean-Marie Buchet donne là un des films les plus représentatifs d'un certain cinéma des années 70. Le décor: quelques pièces, réduites à leurs éléments indispensables, chaises, tables, tapis, canapés. Les personnages, eux, sont proches de l'autisme ou plutôt d'une communication décalée: ce qu'ils disent, d'une banalité voulue et absolue, les laisse absents de ces bribes de conversation. Leurs rencontres, en longs plans fixes, ne fixent qu'un vide dont la présence métaphysique amène un humour fait de non-sens et de refus du sens. Leurs chassés-croisés, aller l'un chez l'autre, essayer de savoir où est l'autre, débouchent sur un marivaudage à l'encéphalogramme plat, sur l'arrêt apparent du cœur. Ces personnages, qui se déplacent sur les cases d'un "jeu de dames", sont les porte-parole d'un humain qui, puisqu'il est réduit à sa plus simple expression, semble plus violent et plus proche que tous les agités de l'action que l'on voit sur les écrans. Leur temps est un temps intérieur, le temps où chacun est nul et sans réponse. L'introspection, le personnage qui parle (même pour dire son désarroi), c'est du chiqué. Tous attendent Godot, une fois encore, et c'est magnifique. *(JA)*

▶ Suzanne leeft samen met Albert; ze verlaat hem. Victor woont samen met Pélagie, die weggaat. Dan is er nog Emile. Deze vijf personages kennen en bezoeken elkaar. De mannen begrijpen niet waar de vrouwen zomaar heen zijn gegaan. Alles komt echter weer bij het oude, er is immers niets gebeurd. We bevinden ons tussen het minimalisme van Samuel Beckett en de reflexhandelingen ("tropismen") van Nathalie Sarraute. Vijf personages dus, op zoek naar zichzelf, in een van de meest representatieve werken voor een bepaalde cinema van de jaren 70. Enkele kamers uitgerust met het meest elementaire meubilair - stoelen, tafels, tapijten, canapés - doen dienst als decor. De personages zwemen naar autisme; de communicatie is ontwricht. Wat ze zeggen, houden ze bewust volstrekt banaal: ze blijven zelf afwezig uit de flarden van het gesprek. Hun ontmoetingen worden geregistreerd in lange statische shots, die een metafysische leegte voelbaar maken. Zo ontstaat een nonsensicale humor, gebaseerd op het ontbreken of weigeren van zingeving. De ontmoetingen over en weer, het gaan en zoeken naar de ander: het leidt tot een spel van verlangen, maar klinisch en schijnbaar harteloos. De personages zijn net pionnen op een dambord, woordvoerders van "het menselijke" dat, tot zijn eenvoudigste vorm gereduceerd, veel gewelddadiger en herkenbaarder lijkt dan alle wervelende actie die we zo vaak te zien krijgen. Zij leven in de innerlijke tijd, waar niemand iets betekent en niemand antwoorden heeft. De introspectie, het personage dat lucht geeft aan zijn ontreddering, het is allemaal nep. Iedereen wacht, eens te meer, op Godot - een magnifieke ervaring.

Wondershop
Frans Buyens, Guido Staes, Dirk Van den Eynden

Wondershop

DIRECTOR: Frans Buyens, Guido Staes, Dirk Van den Eynden
YEAR: 1974
COUNTRY: BE
SCREENPLAY: Frans Buyens, Guido Staes
DIALOGUE: Frans Buyens, Guido Staes
CAMERA: Walter Smets, Fernand Tack, Roger Beeckmans
EDITING: Dirk Van den Eynden, Nicole Berckmans, Arsène Souffriau
SOUND: Joos Seutens
MUSIC: Arsène Souffriau
ART DIRECTOR: Luc Monheim, Stella Gillis, Ray Gilles
PRODUCER: Frans Buyens
PROD. CO.: Centrum voor Ethische en Esthetische Vorming CREA (Antwerpen)
CAST: Romain Deconinck (Uitdrager), Eva Kant (Verkoopster), Yvonne Delcour (Oude dame), Peter Dufour (Jongen), Aagje Dolhain (Meisje), Julien Schoenaerts (Baron), Jef Cassiers (Knecht baron), Cara Van Wersch (Grootmoeder Baron), Wies Andersen (Jager), Eva Maria (Zangeres)
LANGUAGE: Dutch
GAUGE: 35 mm
SILENT/SOUND: sound
B&W/COLOUR: colour
MINUTES: 66'

◆ **Wondershop** is a children's film produced by the Centre for Ethical and Aesthetic Instruction and the Ministry of Dutch Culture and directed by Guido Staes, Frans Buyens and his assistant Dirk Van den Eynden.

In 1971 Staes, author of books for teenagers and a director for Flemish television, had been awarded a BF 4 000 000 grant to make a children's film entitled **The Vagabonds**. This was to be one of the very first subsidized Flemish youth films. When shooting was completed, however, Staes was not pleased with the end result and came to Buyens for advice. Together they re-worked the screenplay, renaming it **Wondershop**. They hit upon the idea of incorporating all the footage shot for **The Vagabonds** into a series of newly filmed sequences as flashbacks. The plot was expanded to include scenes centring on a grumpy shopkeeper (Romain Deconinck) with a firm dislike for children. His aloof and condescending attitude is gradually broken down by two innocent babes who are encouraged by the friendly shop assistant (Eva Kant) to regularly pass by and tell their incredible stories. Buyens' collaboration was originally limited to a simple re-working of the plot, but due to a disagreement between Staes and Van den Eynden, who were to direct the additional scenes together, Buyens was invited onto the set. In only a few days' time he had succeeded in capturing the shop scenes on film. Unfortunately, the laborious production process was evident in the end result, but nevertheless the film proved very popular in Czechoslovakia.

● **Wondershop** est un film pour enfants, produit par le Centre de Formation Ethique et Esthétique avec l'aide du Ministère de la Culture Néerlandaise. Il fut mis en scène par le trio Guido Staes, Frans Buyens et son assistant Dirk Van den Eynden.

En 1971, Staes, écrivain pour la jeunesse et réalisateur à la télévision flamande, reçoit 4.000.000 de FB afin de tourner un script pour jeunes: **Les vagabonds**. Il s'agit alors d'un des premiers films flamands destinés à ce public spécifique à être subsidié. Toutefois, après le tournage, Staes est mécontent du résultat: il décide de frapper à la porte de Buyens. Ensemble, ils transforment le scénario et rebaptisent le film **Wondershop**. Toutes les images tournées pour **Les vagabonds** seront insérées en flash-back entre de nouvelles scènes à réaliser. L'intrigue est enrichie par l'introduction d'un petit commerçant bourru (Romain Deconinck) qui ne supporte pas les enfants. Son attitude, insolente et condescendante, est progressivement mise à mal par deux cœurs innocents qui viennent raconter leurs aventures fantastiques dans son magasin, encouragés par une gentille vendeuse (Eva Kant). Initialement, la contribution de Buyens doit se limiter au scénario, mais une dispute entre les deux autres compères (qui dirigent ensemble les scènes supplémentaires) éclate et le contraint à venir sur le plateau. Quelques jours lui suffisent pour mettre en boîte les scènes du magasin. Le résultat final porte les marques de ce processus de production mouvementé, toutefois le film connut un grand succès en Tchécoslovaquie.

▶ **Wondershop** is een kinderfilm geproduceerd door het Centrum voor Ethische en Esthetische Vorming en het ministerie van Nederlandse Cultuur, geregisseerd door het trio Guido Staes, Frans Buyens en diens assistent Dirk Van den Eynden.

Jeugdschrijver en BRT-regisseur Staes had in 1971 4.000.000 BF subsidie gekregen voor het draaien van een jeugdfilm die de titel **De zwervers** meekreeg. Het betrof hier een van de allereerste gesubsidieerde Vlaamse jeugdfilms. Staes was na het beëindigen van de opnamen echter niet tevreden over het resultaat en klopte bij Buyens aan voor wat goede raad. Samen herwerkten ze het scenario, dat tot **Wondershop** werd omgedoopt; de reeds gedraaide beelden van **De zwervers** zouden als flashbacks kunnen worden ingelast in de nieuwe, nog te filmen scènes. De plot werd uitgebreid met sequenties rond een norse winkelgerant (Romain Deconinck) die niets van kinderen moet hebben. Zijn aanmatigende, neerbuigende houding zal echter niet lang standhouden tegenover twee onschuldige kinderhartjes die - aangespoord door de vriendelijke verkoopster (Eva Kant) - steevast hun fantastische avonturen in de winkel komen vertellen. Aanvankelijk zou Buyens' taak beperkt blijven tot het scenario, maar naar aanleiding van een dispuut tussen Staes en Van den Eynden, die samen het bijkomende beeldmateriaal zouden regisseren, verscheen Buyens toch op de set. In nauwelijks enkele dagen tijd blikte hij de bewuste opnamen in, maar het uiteindelijke resultaat had veel te lijden onder het bewogen productieproces. Wel kende de film een groot succes in Tsjechoslowakije. *(LJ)*

Couche-moi dans le sable et fais jaillir ton pétrole

Norbert Terry [Norbert Torraso]

Co-production

**Couche-moi dans le sable et fais jaillir
ton pétrole**
**Le chantage ou couche-moi dans le sable
et fais jaillir ton pétrole**
Fais jaillir ton pétrole
**Neem me in het zand en laat je
petroleum stromen**
**Get Crude in the Desert and Let
the Oil Gush Forth**

DIRECTOR: Norbert Terry [Norbert Torraso]
YEAR: 1974
COUNTRY: FR-BE
SCREENPLAY: Norbert Terry
DIALOGUE: Norbert Terry
ASST. DIR.: Eric Robillot
DIR. PHOT.: Jean-Paul Pradier
CAMERA: Jean-Paul Pradier
EDITING: Roger Ikhlef
MUSIC: Frank Barcellini
PRODUCER: G. Rebillon, C. Winter, André Weis
PROD. CO.: Sphinx Films (Paris), Sofracima (Paris),
Caméra (Bruxelles)
LANGUAGE: French
GAUGE: 35 mm
SILENT/SOUND: sound
B&W/COLOUR: colour
MINUTES: 85'

CAST: Evelyne Scott [Evelyne Deher] (Géraldine), Laure Moutoussamy (Salima), François Gabriel (Philippe),
Michel Albert (Le percepteur Constantin), Philippe Castelli (Le croque-mort), Jean-Jacques Ofter, Jean-Pierre
Lombard

Exorcisme et messes noires

James P. Johnson [Jess Franco]

Co-production

Exorcisme et messes noires
Exorcisme
**Expériences sexuelles au Château des
jouisseuses**
Sexorcismes
Exorcisme en zwarte missen
Geestenbezwering en zwarte missen
Exorcism
Chains and Black
Le Viziose

DIRECTOR: James P. Johnson [Jess Franco]
YEAR: 1974
COUNTRY: FR-BE
SCREENPLAY: David Khunne [Jess Franco], Jean-Claude
Garnier, Henri Bral de Boitselier
ASST. DIR.: F. Somet, Pierre Cateson [Richard de
Conninck]
DIR. PHOT.: Etienne Rosenfeld, Jess Franco
CAMERA: Jess Franco
EDITING: Pierre Querut [Ramón Ardid, Jess Franco]
MUSIC: André Bénichou
COSTUMES: P. Van Leenardt
PRODUCER: Marius Lesœur, Charles Lecocq [Pierre-
Claude Garnier]
PROD. CO.: Eurociné (Paris), Cetelci (Rumillies)
LANGUAGE: French
GAUGE: 35 mm
SILENT/SOUND: sound
B&W/COLOUR: colour
MINUTES: 85'/90'
NOTES: **Sexorcismes** is the title of the hardcore re-
release version. Two-thirds of **Exorcism**
was used to make the key film of Jess
Franco's œuvre: **Le sadique de Notre Dame.**

CAST: Jess Frank [Jess Franco] (Paul Vogel, alias Radeck, alias Mathis), Lina
Romay (Anne), Olivier Mathot (Inspecteur Tanner), Cathérine Laferrière
(Martine), Lynn Monteil [Nadine Pascal] (Rose), Pierre Taylou (Raymond
Franval), Roger Germanes (Malou, l'assistant de Tanner), Monica Swinn
(La comtesse), France Nicolas [France Roche](Mme Carter), Sam Maree (David
Carter), François Guillaume (L'amant de Martine), Carole Rivière [Caroline
Rivière] (Gina, la fille du night-club), Philippe Lebrun. Uncredited: Richard
Bigotini [Richard de Conninck] (Le majordome du comte), Claude Sendron
(Le comte), Ramón Ardid (Le réceptionniste de l'hôtel), Yul Sanders [Claude
Boisson] ("Bidouille"), Daniel J. White (Le docteur).
Hardcore additional cast: Christine Chireix, David Atta

Le saigneur est avec vous

Roland Lethem

Le saigneur est avec vous
Le saigneur est avec nous
L'imagination au pouvoir
In Memoriam Alfons Vranckx

DIRECTOR: Roland Lethem
YEAR: 1974
COUNTRY: BE
SCREENPLAY: Roland Lethem
DIALOGUE: Roland Lethem
CAMERA: Jean-Claude Neckelbrouck
EDITING: Roland Lethem
SOUND: Jean-Marie Buchet
COMMENTS: Roland Lethem
PRODUCER: Roland Lethem
CAST: Jean-Marie Buchet, Claude Raskin, Gerda
Diddens, Magda, Baïla, Leyland Doyen,
Antonin d'Asseev, Patrick Hella, Gio Berck,
Jean-Jacques Mathy, Jean-Pierre Delamour,
Katina, Serge, Christian, Claude
LANGUAGE: French
GAUGE: 16 mm
SILENT/SOUND: sound
B&W/COLOUR: B&W
MINUTES: 90'

◆ A cinematic vanilla slice, this Lethem opus, which in its original cut reached the two-hour mark, did not agree with the Minister of Justice, who could not swallow such a rich treat. Here's the recipe. The final product consists of a series of layers, one on top of the other. First there is the biscuit, a dedication so crunchy to the bite - "in memoriam Alfons Vranckx"; sure enough, we then add a lavish helping of anti-fascist cream; to counter any bitterness, there follow appetizing curves and a dash of bucolic tenderness, soured respectively by unhealthy leather and political speeches; recalling the harshness of the biscuit, the news war footage is a welcome touch. Coat the whole in the quavering airs of a religious mass and assorted versions of the *Brabançonne* and *Internationale*, perch atop this stratigraphical picture a handful of used tampons, and lo and behold, you have **In Memoriam Alfons Vranckx**.

This outpouring of ideas, in dribbles, then in floods, this collage of images, sounds, texts, drawings, this piece of montage, received the Prix Lucien Deroisy at the tenth National Belgian Film Festival. An ironic invocation of the zeitgeist of 1974, today viewers of this film are afflicted by the painful indigestion so obstinately triggered by Roland Lethem's previous work **Bunch of Assholes!**. Scornful and/or nostalgic, titillated and/or outraged, thoughtful and/or amused, the spectator is led through a polymorphous discourse. Into an anthology of anti-amens. Amen...

● Mille-feuille cinématographique, cet opus lethemien, dont la première version atteint les deux heures, dut affronter le Ministère de la Justice. De quoi s'agit-il exactement? Le secret de la préparation consiste en une suite de couches superposées: le biscuit d'abord, un sous-titre qui croque sous la dent, "in memoriam Alfons Vranckx"; logiquement, on ajoute par-dessus une épaisse couche de crème anti-fascisme; pour briser l'amertume, d'appétissantes rondeurs et quelques tendres moments bucoliques, pervertis respectivement par du cuir malsain et des discours politiques; rappelant l'aigreur du biscuit, les images d'actualités guerrières seront les bienvenues. Enrobez le tout de versions variées de *Brabançonne* et d'*Internationale* et d'effluves de messe chevrotante, posez délicatement sur le sommet de cette stratigraphie filmique quelques tampons usagés: vous obtenez **Le saigneur est avec vous**.

Ce film-carrefour, encombré et propice aux carambolages, véritable film-collage d'images, de sons, d'écritures et de dessins, cette pièce montée donc, reçut le Prix Lucien Deroisy au dixième Festival National du Film Belge. Ironiquement dans l'air du temps (le film fut tourné en 1974), le film se voit dans l'indigestion que le précédent long métrage de Lethem, **Bande de cons!**, mettait obstinément en place. Goguenard et/ou nostalgique, émoustillé et/ou dégoûté, pensif et/ou rigolard, le spectateur est promené dans un discours polymorphe. Dans une anthologie de l'anti-amen. Amen... *(AFL)*

▶ Dit opus van Lethem, oorspronkelijk zo'n twee uur lang, bleek een zware cinematografische brok voor het ministerie van Justitie. Waarover gaat het? Deze stevige hap bestaat uit verschillende lagen, met bovenaan een knapperig koekje: de ondertitel "in memoriam Alfons Vranckx". Logischerwijs wordt dit met een ruime soeplepel antifascistische saus overgoten. Om de bittere smaak te temperen voege men enige appetijtelijke rondingen en bucolische momenten van tederheid toe, op hun beurt weer aangetast door respectievelijk in leer gehulde perversiteiten en politieke redevoeringen. En om de nasmaak van het bittere koekje te vergeten, zijn er enkele oorlogsbeelden. Omring dit met diverse uitvoeringen van de *Brabançonne* of de *Internationale* en met echo's van mekkerende misdienaars, versier het eindproduct voorzichtig met enkele gebruikte tampons, en het resultaat is **Le saigneur est avec vous**.

Dit veelzijdige en oververzadigde werk vol tegenstrijdigheden, deze filmische montage van beelden, geluiden, teksten en tekeningen - een monumentale taart - kreeg de Lucien Deroisy-prijs op het 10de Nationale Festival van de Belgische Film. De film vat op ironische wijze de tijdsgeest (hij werd gedraaid in 1974) en bekijkt men met de pijnlijke indigestie die onvermijdelijk optrad bij het zien van **Bande de cons!**, Lethems vorige film. De kijker wordt ondergedompeld in een veelzijdig discours dat zowel sarcastisch als nostalgisch, uitgelaten als afkerig, contemplatief als grappig kan zijn. Een ware antiklerikale anthologie, Amen!

Portrait d'un auto-portrait

Thierry Michel

Portrait d'un auto-portrait
Portret van een zelfportret
Portrait of a Self-Portrait

DIRECTOR: Thierry Michel
YEAR: 1974
COUNTRY: BE
CAMERA: Jacques Duesberg
EDITING: Christiane Stefansky
SOUND: Willy Paques
COMMENTS: Thierry Michel
PRODUCER: Thierry Michel
PROD. CO.: Institut des Arts de Diffusion IAD (Louvain-la-Neuve), RTB (Bruxelles)
VOICES: Robert Louis
LANGUAGE: French
GAUGE: 16 mm
SILENT/SOUND: sound
B&W/COLOUR: B&W
MINUTES: 80'

◆ A director and reporter from the RTB, Paul Meyer and Jacqueline Saroléa, mounted a project allowing the residents of the rural community of Oreye to make a portrait of their own village to be broadcast over the network. Thierry Michel in turn decided to film this adventure, shooting a kind of direct cinema on this attempt to make grass-roots film. Yet the self-portrait will become less of a film-making experiment than a social happening and a dissection of class conflict. What should be said, be shown? It is not long before the real problems surface, revolving around the sugar refinery and its owner, who holds the economic survival of the community in his hands. Will the residents speak out against the all-powerful boss, bring up the issues of pollution, pay and the absence of trade union support within the factory? Who will dare, who will keep silent? From meeting to meeting, the unease and tension increase, the atmosphere becomes more acute and the parties' interests and power are revealed.

Thierry Michel divided his film into three parts, based on the development of the other film (the one we shall never see) - from the script stage (ideologically loaded) and the shooting (fast and anecdotal) to the debate, for the final showing of the film triggers a heated discussion among the residents. Throughout, meetings and conversations disclose vested interests, fears and protestations, allow notables to have their say, force the factory-owner to admit his power, confirm that others - the workers and farmers - are absent or silent. A revealing psychodrama is played out, recorded in cinéma-vérité style: the unerring yet lighthearted dissection of capitalism in the countryside.

● Un réalisateur et une journaliste de la RTB, Paul Meyer et Jacqueline Saroléa, mettent sur pied une idée/film: permettre aux habitants de la commune rurale d'Oreye de faire l'autoportrait de leur village pour une émission de télévision. Thierry Michel va filmer cette aventure, faisant du cinéma direct sur cette tentative de cinéma brut. Mais l'entreprise de l'autoportrait va devenir moins une expérience cinématographique qu'un happening social et une psychanalyse de la lutte des classes. Que dire, que montrer? Rapidement, les vrais problèmes émergent avec celui, central, de la sucrerie et de son propriétaire, qui détiennent toute la survie économique du village. Peut-on parler contre le tout-puissant patron, soulever les problèmes de pollution, de salaire, d'absence de syndicat dans l'usine? Qui va oser une libre parole? Qui va se taire? De réunion en réunion, la gêne et les tensions montent, les pressions s'exercent, le ton se durcit, les intérêts et les pouvoirs se dévoilent.

Thierry Michel a construit son film en trois parties qui se basent sur le développement de l'autre film, que l'on ne verra jamais, captant les étapes du scénario (fortement idéologique), du tournage (anecdotique et rapide) et du débat, puisque la projection du film va amener une grande discussion publique. Ce sont les réunions et les conversations qui vont progressivement livrer les enjeux, les peurs, les résistances, laisser la parole aux notables, forcer le patron à dire son pouvoir, confirmer le silence ou l'absence des autres, les ouvriers et les paysans. Un psychodrame révélateur se joue, filmé en cinéma-vérité: l'autopsie implacable et bon enfant du capitalisme à la campagne. (JA)

▶ Een regisseur en een journaliste van de RTB, Paul Meyer en Jacqueline Saroléa, beginnen aan een concept-film: de inwoners van de plattelandsgemeente Oreye mogen voor de televisie het portret van hun dorp maken. Thierry Michel besluit op zijn beurt het gebeuren te filmen, een soort "cinéma direct" over een poging tot het maken van oercinema. Maar het zelfportret-project verglijdt van een filmervaring naar een sociaal evenement en een psychoanalyse van de klassenstrijd. Wat te zeggen, wat te tonen? Al gauw komen de ware problemen aan het licht, met als koploper de suikerfabriek en haar eigenaar, de enige garantie voor het economisch overleven van het dorp. Kan men zo'n almachtige baas tegenspreken of zelfs maar problemen als milieu, opslag of de afwezigheid van een vakbond aankaarten? Wie zal vrij durven praten? Wie zal zwijgen? Bij elke nieuwe bijeenkomst groeien spanning en schaamte. Er heerst een almaar bitsiger toon, belangen en machtsstructuren worden blootgelegd, de druk vergroot.

Michels film bestaat uit drie delen - gebaseerd op de ontwikkeling van die andere film die we nooit zullen zien: het (sterk ideologische) scenario, de opnamen (anekdotisch en snel) en het debat, want de vertoning van de film ontketent een grote openlijke discussie. Stilaan onthullen de vergaderingsgesprekken inzet, angsten en weerstand; het woord wordt aan de notabelen gelaten, de baas bevestigt noodgedwongen zijn almacht, het stilzwijgen of de afwezigheid van de anderen - arbeiders en boeren - wordt duidelijk. Een onthullend psychodrama, gefilmd in cinéma vérité-stijl, en een onverbiddelijke doch goedhartige autopsie van het plattelandskapitalisme.

Thierry Michel

Waar de vogeltjes hoesten

Frans Buyens

Waar de vogeltjes hoesten
Là où toussent les petits oiseaux
Where Little Birds Cough

DIRECTOR: Frans Buyens
YEAR: 1974
COUNTRY: BE
SCREENPLAY: Frans Buyens, Klaus Jürgen Kramer
DIALOGUE: Frans Buyens
ASST. DIR.: Lydia Chagoll
CAMERA: Fernand Tack, Fernand De Nijs, Pierre Nisin
EDITING: Arsène Souffriau
SOUND: Henri Morelle
MUSIC: Arsène Souffriau
ART DIRECTOR: Ludo Bex, Milo Van Aert
COSTUMES: Ann Salens
PRODUCER: Frans Buyens
PROD. CO.: Iris Films Dacapo (Brussel)
PROD. SUPERV.: Dirk Van den Eynden
CAST: Eva Kant (Bloemenverkoopster), Klaus Jürgen Kramer (Vogelverschrikker), Rudi Van Vlaenderen (Wonderdokter), Boris Van Caeneghem (Assistente van psychiater), Bob Van der Veken (Getraumatiseerde stadsbewoner), Alex Willequet (Speculant), Walter Cornelis (Speculant), Joris Collet (Speculant), Max Schnur (Ecologist), Serge-Henri Valcke (Ecologist)
LANGUAGE: Dutch/French
GAUGE: 35 mm
SILENT/SOUND: sound
B&W/COLOUR: colour
MINUTES: 90'

◆ This satire, a modern manifesto presented as a fable about environmental problems, is directed at a range of cancerous by-products of urban consumer society, such as pollution, land speculation, thirst for power, materialism, spiritual decay, dehumanization and lack of solidarity.

The commissioning body, the ASLK bank (which became a regular investor in Flemish film), had originally planned a documentary. Yet Frans Buyens, one of the most personal and socially aware of Flemish film-makers, preferred to direct a fictional tale centred on a love story between a flower seller and a bird scarer who flee the countryside and settle in the city, only to fall victim to their own greed and speculation.

Buyens' film is a playful mixture of musical comedy (with conventional choreography by Lydia Chagoll) and fantastical elements. However, the director's noble intentions and positive message are hampered by an opaque structure comprising a succession of pseudo-poetic, allegorical social gags among lavish sets. The first Flemish ecological film, a real document of its time, was shot in a mere eight weeks, mainly in and around Antwerp (at the headquarters of the First National City Bank and at the Royal Academy of Fine Arts). This manifesto with a price tag of BF 9 500 000 was subjected to a very poor post-synchronization and flopped disastrously. Reviewers were appalled at the grotesque character of Buyens' semi-didactic indictment, some even speaking in terms of "cinematic pollution". **Where Little Birds Cough** was premièred in Brussels and was the first Flemish film to be issued simultaneously in a French-language version.

● Pamphlet moderne en forme de fable sur l'écologie, cette satire dénonce une série d'excroissances cancéreuses de la société de consommation des mégapoles comme la pollution, la spéculation immobilière, l'appétit du pouvoir, le matérialisme, l'abêtissement, la déshumanisation et l'absence de solidarité humaine.

A l'origine, le commanditaire (la banque CGER, devenue depuis un partenaire financier du film flamand) souhaitait un simple documentaire. Buyens, un des cinéastes flamands les plus engagés socialement, préférait aborder ce thème au travers d'une histoire d'amour entre une fleuriste et un épouvantail qui fuient vers la ville, mais seront victimes de leur propre avidité et de leur esprit de lucre.

Buyens opta pour un mélange ludique de comédie musicale (sur une chorégraphie conventionnelle de Lydia Chagoll) et d'éléments fantastiques. Les nobles intentions et le message positif se perdirent toutefois dans une structure opaque, constituée d'une suite de gags sociaux pseudo-poétiques et allégoriques, au milieu de décors richement élaborés. Premier film écologiste flamand, il fut tourné principalement à Anvers (dans les bureaux de la First National City Bank et à l'Académie Royale des Beaux-Arts) et terminé en 8 semaines. Ce pamphlet pauvrement postsynchronisé, et qui avait coûté 9.500.000 FB, fut un échec catastrophique. Certains journalistes déplorèrent le caractère grotesque de ce film pseudo-didactique, d'autres parlèrent de "pollution cinématographique". **Là où toussent les petits oiseaux** fut présenté en première à Bruxelles: il fut le premier film flamand à sortir simultanément en version française.

▶ Deze satire, een modern pamflet over de milieuproblematiek, verpakt als een fabel, hekelt een aantal kankerplekken en typische fenomenen van de grootstad en de consumptiemaatschappij, zoals pollutie, grondspeculatie, machtszucht, materialisme, vervlakking, ontmenselijking en gebrek aan solidariteit.

Oorspronkelijk had opdrachtgever ASLK - inmiddels uitgegroeid tot een vaste geldschieter van de Vlaamse film - een gewone documentaire voor ogen. Frans Buyens, een der meest persoonlijke en sociaal bewogen Vlaamse cineasten, verkoos echter het onderwerp te behandelen in de vorm van een liefdesgeschiedenis tussen een bloemenverkoopster en een vogelverschrikker die samen naar de stad vluchten, maar daar het slachtoffer worden van hun eigen hebzucht en speculatie.

De cineast combineert op ludieke wijze een musical (met een conventionele choreografie van Lydia Chagoll) met fantastische elementen. De nobele bedoelingen en de positieve boodschap lopen echter vast in de ondoorzichtige structuur, een opeenvolging van pseudo-poëtische tafereeltjes met sterk allegorisch karakter, opgevoerd in rijkelijke decors. De eerste Vlaamse ecologische film, een heus tijdsdocument, werd op acht weken tijd ingeblikt in en rond Antwerpen (het kantoorgebouw van de First National City Bank en de Koninklijke Academie voor Schone Kunsten). Na een gebrekkige nasynchronisatie werd de film, gebudgetteerd op 9.500.000 BF, een catastrofale flop. Sommige critici betreurden het groteske karakter van deze pseudo-didactische aanklacht of maakten gewag van "filmvervuiling". **Waar de vogeltjes hoesten** ging in première in Brussel en werd de eerste Vlaamse film waarvan gelijktijdig een Franse versie uitkwam. *(LJ)*

Les Gaspards

Pierre Tchernia

Co-production

Les Gaspards
De rare snuiters
The Holes

DIRECTOR: Pierre Tchernia
YEAR: 1974
COUNTRY: FR-BE
SCREENPLAY: Pierre Tchernia, René Goscinny
ASST. DIR.: Paul Feyder, Bernard Mongourdin
DIR. PHOT.: Jean Tournier
CAMERA: Emmanuel Machuel
EDITING: Françoise Javet
SOUND: Jean-Louis Ducarme
MUSIC: Gérard Calvi
ART DIRECTOR: Willy Holt
COSTUMES: Monique Dury
PRODUCER: Saul Cooper
PROD. CO.: Les Films de la Seine (Paris), Albina Productions (Paris), ORTF (Paris), Raymond Leblanc (Bruxelles)
PROD. SUPERV.: Claude Miller
ASSOC. PROD.: Raymond Leblanc
EXEC. PROD.: Marcel Berbert
LANGUAGE: French
SILENT/SOUND: sound
B&W/COLOUR: colour
MINUTES: 94'

CAST: Michel Serrault (Jean-Paul Rondin), Philippe Noiret (Gaspard), Chantal Goya (Marie-Hélène, sa fille), Michel Galabru (Le commissaire Lalatte), Annie Cordy (Ginette Lalatte), Charles Denner (Le ministre des Travaux publics), Marie-Pierre De Garando (Jérôme Aubier, directeur du cabinet), Gérard Depardieu (Le facteur), Daniel Ivernel (Le clochard), Pierre Destailles (L'homme au chapeau blanc), Prudence Harington (Miss Pamela Pendleton-Pumkin), Hubert Deschamps (L'abbé Lestinguois), Raymond Meunier (Mathieu)

La course en tête

Joël Santoni

Co-production

La course en tête
Steeds op kop
Eddy Merckx

DIRECTOR: Joël Santoni
YEAR: 1974
COUNTRY: FR-BE
SCREENPLAY: Joël Santoni
CAMERA: Walter Bal, Jacques Loiseleux
EDITING: Thierry Derocles
SOUND: Michel Laurent, Claude Bertrand, Jean-Claude Laureux
MUSIC: David Munrow
PRODUCER: Vincent Malle
PROD. CO.: VM Productions (Paris), International Commercial Promotion ICP (Bruxelles)
LANGUAGE: French
GAUGE: 35 mm
SILENT/SOUND: sound
B&W/COLOUR: colour
MINUTES: 110'

Les baiseuses

Guy Gibert [Guy Jack, Yves Coste]

Les baiseuses
La candeur du diable
Les violeuses
That Girl Is a Tramp

DIRECTOR: Guy Gibert [Guy Jack, Yves Coste]
YEAR: 1974
COUNTRY: BE
SCREENPLAY: Guy Gibert
DIALOGUE: Guy Gibert
ASST. DIR.: Françoise Levie
DIR. PHOT.: Johan J. Vincent
CAMERA: Johan J. Vincent
EDITING: Nadine Foucard
SOUND: Studio Levie
MUSIC: Alain Pierre
ART DIRECTOR: Gio Berck
PRODUCER: Pierre Querut
PROD. CO.: Redinter (Bruxelles)
PROD. SUPERV.: Pierre Querut
CAST: Bente Nielsen (Sabine Villeneuve), Laura Viala (Julie), Isabelle Coppejans (Isabelle), Monica Swinn (Fabienne Meunier), Yves Collignon (Sam), Boris Stoïkoff (Jean l'avocat), Guy Gibert (Herman), Sam Maree (Le photographe), Daniel Dury, Gio Berck, Jean-Pierre Bouyxou, Anne Watican, Pierre Querut, Charles Coene, Henri Duwe
LANGUAGE: French/English
GAUGE: 35 mm
SILENT/SOUND: sound
B&W/COLOUR: colour
MINUTES: 85'

◆ In our dealings with **I Am a Call Girl** we have already conscientiously evoked the short Belgian period of Yves Coste, aka Guy Jack or Guy Gibert, one of the numerous directors involved in the mass production of erotic films during the seventies. His time here would also see the birth of **Unfasten Your Seat Belts** (1976), which featured the unknown Gina Jansen in the story of the feminist uprising of a group of pin-up models against their macho agency boss. However, in view of its tasteful title Guy Jack's most memorable work remains **That Girl Is a Tramp**, shot from a script which was all his own work.

In the good city of Brussels, two young runaways begin by hiring out their impeccable frames to ageing libidinous photographers and then proceed to rob them. They find themselves in a reform school whose lesbian director enslaves them to her caprices. A red-blooded crook organizes their escape together with another cell-mate and between two jobs distributes his sexual favours amongst the three ladies. During a stick-up one of them becomes enamoured of their victim, a handsome barrister who undertakes to lead her back to the path of righteousness - in vain, for a final hold-up delivers the nymphets into the hands of Justice, "as conventional morals demand", in the words of the script.

The film dates from a period when greater permissiveness enticed film-makers into the realm of hard-core, as shown by the series of thoroughly pornographic inserts (presumably intended purely for foreign audiences). A final title attempts to tone down the effect by informing that in these scenes Laura Viala's part was taken by a body double.

● Nous avons consciencieusement évoqué (à propos de **Je suis une call girl**) le court passage en Belgique d'Yves Coste, dit Guy Jack ou Guy Gibert, l'un des nombreux tâcherons du film érotique durant les années 70. Il va encore réaliser chez nous **Détachez vos ceintures** (1976), rebaptisé parfois **Exaspération sexuelle**. Ce film, mené par une comédienne inconnue, Gina Jansen, racontait la révolte féministe des pin-up d'une agence contre leur patron macho. Mais l'œuvre la plus mémorable de Guy Jack, vu le bon goût parfait de son titre, demeure **Les baiseuses**, dont il signait aussi le scénario.

Dans la bonne ville de Bruxelles, deux jeunes fugueuses commencent par louer leur plastique impeccable à de vieux photographes libidineux, avant de les voler. Elles se retrouvent dans une maison de redressement belge, dont la directrice lesbienne les asservit à ses caprices. Un truand-étalon organise leur évasion, ainsi que celle d'une troisième luronne, et, entre deux cambriolages, se partage sexuellement entre les trois dames. Lors d'un braquage chez un avocat, l'une d'elles s'éprend du beau défenseur, qui décide, hélas! en vain, de l'aider à reprendre le bon chemin. Un ultime hold-up ramènera les "baiseuses" aux mains de la Justice, "selon les normes de la morale", comme dit le scénario.

Le film date d'une période où la permissivité amenait les cinéastes à virer vers le "hard", d'où l'intrusion (probablement pour la seule exploitation hors Belgique) d'une série d'inserts totalement pornographiques. Un carton final prévient d'ailleurs, sans doute après jugement, que Laura Viala a été doublée pour ces scènes. (RM)

▶ We vermeldden reeds nauwgezet het korte verblijf in België - n.a.v. **Je suis une call girl** - van Yves Coste, ook bekend als Guy Jack of Guy Gibert, een van de velen die in de jaren 70 erotische films ineenknutselden. Hij zou bij ons eveneens **Détachez vos ceintures** regisseren (1976), over de feministische revolte van een bende pin-ups tegen de machobaas van hun agentschap, met de onbekende Gina Jansen in de hoofdrol. Maar Guy Jacks meest memorabele werk, onder meer door de hoogstaande titel, blijft **Les baiseuses**, waarvoor hij tevens het scenario schreef.

In het schone Brussel houden twee weggelopen meisjes zich onledig met het verpatsen van hun plastische kwaliteiten aan oude en geile fotografen, die ze vervolgens bestelen. Zo belanden ze in een verbeteringsgesticht, waar de lesbische directrice hen ten dienste stelt van haar fantasma's. Een welwillende schurk annex dekhengst helpt hen - samen met een derde vrolijke meid - te ontsnappen; tussen twee inbraken door verdeelt hij zijn stootkracht over het drietal. Tijdens een overval op een advocaat wordt een van hen verliefd op de knappe man, die haar terug op het rechte pad wil brengen: tevergeefs, want bij een laatste hold-up vallen de "baiseuses" in handen van de justitie, "volgens de normen van de moraal", zoals het scenario beaamt.

De film stamt uit een periode van "morele laksheid", wat veel cineasten naar "harde" seks dreef. Vandaar de reeks zuiver pornografische scènes, toegevoegd met het oog op exploitatie buiten België; een boodschap op het einde (mogelijk ingevoegd na een proces) waarschuwt ons dat Laura Viala voor deze exploten vervangen werd door een stand-in.

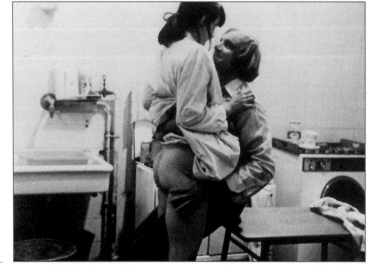

Salut en de kost!

Patrick Le Bon

Salut en de kost!
De zwarte zon
Salut et au revoir
Vas te faire voir!
Greetings and a Living
Get Lost!

DIRECTOR: Patrick Le Bon
YEAR: 1974
COUNTRY: BE-NE
SCREENPLAY: Patrick Le Bon, Marc De Boever
DIALOGUE: Piet Teigeler, Frits Danckaert, Patrick Le Bon
ASST. DIR.: Emiel Van Wijnsbergen
DIR. PHOT.: Albert Vanderwildt
CAMERA: Albert Vanderwildt, Fernand De Nijs, Yetty Faes, Jim Howe
EDITING: Magda Reypens, Marc Withofs
SOUND: Jacques Eippers, Henri Morelle
MUSIC: Roger Mores, Zjef Van Uytsel
ART DIRECTOR: Wally Van Looy
PRODUCER: Paul Collet, Pierre Drouot, Alain Guilleaume
PROD. CO.: Showking Films (Brussel), Cinecentrum (Hilversum)
CAST: Hans Rooyaards (Billy), Hanny Vree (Mieke), Romain Deconinck (Vader), Doris Van Caneghem (Frieda), Marc Dex (Marc Dex), Mimoun Mohammed (Mike), Cara Van Wersch (Huisbazin), Joris Collet (Garagehouder/Taximan), Marion Hänsel (Lerares Frans), René Verreth (Stef), Gerda Marchand (Bazin), Miche Van Sandvliet (Miche), Leslie De Gruyter (Pike)
LANGUAGE: Dutch
GAUGE: 35 mm
SILENT/SOUND: sound
B&W/COLOUR: colour
MINUTES: 107'

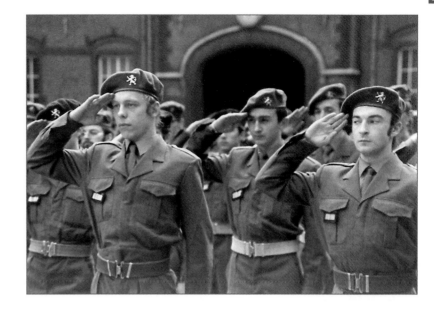

◆ "A film entitled **Greetings and a Living** could hardly be set anywhere other than in Antwerp," stated one newspaper following the release of Patrick Le Bon's first film. Antwerp-born Le Bon, who had graduated from the Film Academy in Amsterdam, was part of the politically minded Fugitive School led by Robbe de Hert (for whom he worked on **S.O.S. Fonske**). It was therefore not surprising that he should make a topical, anti-estab-lishment film along the lines of de Hert's **Suckers to Suffer About in a Camera Sutra**. The main shortcom-ing of **Greetings and a Living**, which charts the daily life of a recalcitrant young man (Hans Rooyaards) in revolt against the establishment, is its anecdotal, unsubtle narrative style. Le Bon wanted to say too much too soon. Every cliché is given an airing, from abortion to familial and generational conflict, racism, corruption in the construction industry, etc. On the other hand, Le Bon succeeded in including great intimacy and sharp observation in every scene, as a result of which this social realist drama in Antwerp dialect developed into a fascinating character dissection and existential study. Le Bon was welcomed as a promising new talent - a tal-ent he would amply realize two films later with the excellent **Zaman**. **Greetings and a Living** was filmed in Brussels and in and around Antwerp. It was given a gala première in the Casino at Knokke to herald the 10th National Festival of Belgian Film. A co-production between Drouot and Collet's Showking Films and the Hilversum-based Cinecentrum, the film was originally entitled **De zwarte zon** ("The Black Sun").

● "Un film intitulé **Salut et au revoir** peut difficilement se dérouler ailleurs qu'à Anvers", titra un journal pour saluer la sortie du premier long métrage de Patrick Le Bon. Cet Anversois, diplômé de l'Académie du cinéma d'Amsterdam, était issu de la nébuleuse socialement engagée autour du Fugitive Cinema de Robbe de Hert, et avait collaboré à **S.O.S. Fonske**. Pas étonnant, donc, qu'il réalisât un film actuel contestataire dans la droite ligne du **Camera sutra ou les peaux pâles** du maître de Hert. Le principal défaut de **Salut et au revoir**, chro-nique de la vie quotidienne d'un jeune récalcitrant éclatant de révolte contre le système et la société, se situe au niveau de son style narratif anecdotique et exempt de nuances. Un bon nombre de thèmes sont passés en revue: avortement, conflits familiaux et de générations, racisme, corruption dans le bâtiment, etc. Malgré tout, Le Bon réussit, à force d'observation et d'honnêteté, à descendre dans chaque scène au niveau de l'intimité. Ce drame social et réaliste, en dialecte anversois, évolue alors vers l'analyse caractérielle passionnante et l'étude existentielle. Le Bon fut accueilli comme un jeune espoir, ce qui devait effectivement se confirmer deux longs métrages plus tard, avec le film **Zaman**. **Salut et au revoir**, tourné à Bruxelles et dans l'agglomération anver-soise, eut droit à une représentation de gala au casino de Knokke, en avant-première du 10e Festival National du Film belge. Le titre originel du film était **De zwarte zon** ("Soleil noir"). Il fut coproduit par Showking Films de Drouot & Collet et Cinecentrum à Hilversum, pour un montant de 8.844.669 FB.

▶ "Een film met als titel **Salut en de kost!** kan zich moeilijk elders afspelen dan te Antwerpen" meldde een krant bij de release van Patrick Le Bons debuutfilm. Antwerpenaar Le Bon, die afstudeerde aan de Filmacademie van Amsterdam, stamde uit de sociaal bewogen Fugitive-school van Robbe de Hert (waar hij meewerkte aan **S.O.S. Fonske**). Het was dan ook niet zo verwonderlijk dat hij een actuele, maatschappijkri-tische film zou maken in de lijn en geest van de Herts **Camera sutra of de bleekgezichten**. Het voornaam-ste euvel van **Salut en de kost!**, een kroniek van het dagelijkse leven van een tegen maatschappij en systeem revolterende, weerbarstige jongeman (Hans Rooyaards), is de anekdotische, ongenuanceerde vertelstijl. Le Bon wilde veel te veel kwijt en een massa thema's passeren de revue: abortus, familie- en generatieconflicten, racis-me, corruptie in de bouw, enz. Toch wist Le Bon in elke scène een grote intimiteit en eerlijke observatie aan de dag te leggen, waardoor dit sociaal realistische en in Antwerps dialect gesproken drama toch een boeiende karakterontleding en existentiële studie werd. Le Bon werd onthaald als een belofte vol jong talent, iets wat hij twee speelfilms later voluit zou bewijzen met het uitstekende **Zaman**. **Salut en de kost!**, opgenomen in Brussel en de Antwerpse agglomeratie, kreeg een galavoorstelling in het Casino te Knokke, als avant-premiè-re van het 10de Nationaal Festival van de Belgische Film. Deze coproductie van 8.844.669 BF, tussen Drouot & Collets Showking Films en het Hilversumse Cinecentrum, had oorspronkelijk de titel **De zwarte zon**. *(LJ)*

Vase de noces

Thierry Zéno

Vase de noces
Wedding Trough
Bridal Chamberpot

DIRECTOR: Thierry Zéno
YEAR: 1974
COUNTRY: BE
SCREENPLAY: Thierry Zéno, Dominique Garny
ASST. DIR.: Laurette Blanariu, Maddy Delsipée, Anne West, Jean-Pol Ferbus
CAMERA: Thierry Zéno
EDITING: Thierry Zéno
SOUND: Roger Cambier
MUSIC: Alain Pierre
PRODUCER: Thierry Zéno
CAST: Dominique Garny
LANGUAGE: -
GAUGE: 35 mm
SILENT/SOUND: sound
B&W/COLOUR: B&W
MINUTES: 82'

◆ A man is in love with a sow. She gives birth to piglets. He hangs them. Out of despair the mother commits suicide. There follows an analysis of decomposition, the devouring of shit and the man's death, his body flying through the sky.

Upon its release in 1974 this film caused a scandal - the transgressive accumulation of zoophilia, "infanticide", death and coprophagia triggered battles as impassioned as those provoked by **L'âge d'or**, which would have delighted Luis Buñuel, who believed that cinema in its usual form exploited only a fragment of the deflagratory resources at its disposal to protest and to dream. **Wedding Trough** can be classed among those most powerful of artworks which imprint unforgettable images and wounds on the memory of the spectator. Pure challenging images, mystical, alchemical and psychoanalytical propositions addressed at an obliterated level of consciousness.

The film is a poem without words which both details a passage through the four elements and above all lays bare the primary impulses which bind man to the world and the animals, the latter shown in the equality of otherness. It is not a matter of anthropomorphism, rather of scrutinizing the conditions of desire, "bestiality", suffering and aggression. As for the human side - represented by Dominique Garny, a mediating figure and an inspired actor who extricates himself from all explanatory psychology or sociology - it plunges us into a regressive and hallucinatory universe cleansed of all contact with reality in the name of a single inner goal, the exploration of the primal abysses.

● Un homme aime une truie. Des porcelets naissent. Il les pend. Désespérée, la mère se suicide. Viendront ensuite la traversée de la pourriture, la dévoration de la merde, puis la disparition de l'homme, corps volant dans le ciel.

A sa sortie, en 1974, ce film a fait scandale: cette accumulation transgressive faite de zoophilie, d'"'infanticide", de mort, de coprophagie a amené des combats aussi passionnés que ceux suscités par **L'âge d'or**, ce qui aurait réjoui Luis Buñuel, qui pensait que le cinéma tel qu'il était pratiqué n'utilisait qu'une petite partie de ses possibilités déflagratrices de contestation et de rêve. **Vase de noces** est à classer parmi les œuvres les plus fortes, celles qui laissent des images et des blessures inoubliables dans la mémoire des spectateurs. Des images d'exigence et de pureté, des propositions mystiques, alchimistes ou psychanalytiques, qui s'adressent à un niveau de conscience oblitéré.

Il s'agit d'un poème sans paroles qui propose la traversée des éléments - l'eau, le feu, la terre, l'air - et, surtout, désigne les pulsions primaires qui relient l'homme au monde, aux animaux présentés dans l'égalité de l'altérité. Il n'est pas question ici d'anthropomorphisme mais d'une mise à plat des conditions de désir, de "bestialité," de souffrance, d'agressivité. Quant à l'humain, porté par Dominique Garny, acteur médium, comédien inspiré, se dégageant de tout lien avec la psychologie ou la sociologie explicatives, il nous fait entrer dans un univers régressif et halluciné, où tout contact avec la réalité est effacé au profit d'un seul trajet intérieur d'exploration des abîmes premiers. (JA)

▶ Een man is verliefd op een zeug. Er worden biggen geboren. Hij hangt hen op. De moeder is wanhopig en pleegt zelfmoord. Dan komt de verrotting, het vreten van stront en vervolgens de verdwijning van de man. Zijn lichaam stijgt ten hemel.

Deze film zorgde bij zijn verschijning in 1974 voor een schandaal: de opeenstapeling van afwijkingen als zoöfilie, "infanticide", zelfmoord en coprofagie, leidde tot een even gepassioneerde polemiek als die rond **L'âge d'or**, wat verheugend zou zijn geweest voor Luis Buñuel, die vond dat films maar een klein deel van de potentiële mogelijkheden benutten voor het maken van dromen en protesten. **Vase de noces** is een aangrijpende film die onvergetelijke beelden op het netvlies van de kijker achterlaat: naakte, veeleisende beelden en mystieke, alchemistische of psychoanalytische stellingen die zich richten tot het afgesloten deel van het bewustzijn.

Het is een gedicht zonder woorden dat de confrontatie met de vier elementen in beeld brengt en dat vooral de primaire driften blootlegt die de mens met de aarde en met de dieren (tenslotte zijn gelijken in het anderszijn) verbinden. Er is hier geen sprake van antropomorfisme maar wel van een analyse van de omstandigheden rond het verlangen, de "bestialiteit", het lijden en de agressiviteit. De mens (in de gedaante van acteur en medium Dominique Garny), vrijgemaakt van iedere band met de psychologie of de beschrijvende sociologie, laat ons binnen in een verborgen en hallucinatoir universum waarin ieder contact met de werkelijkheid verbroken is ten voordele van een innerlijke ontdekkingstocht naar het eerste verderf.

Isabelle devant le désir

Jean-Pierre Berckmans

Isabelle devant le désir
Isabelle en de begeerte
Isabelle and Lust
Isabelle, a Prey to Desire

DIRECTOR: Jean-Pierre Berckmans
YEAR: 1974
COUNTRY: BE-FR
SCREENPLAY: Jean-Pierre Berckmans, Jacques De Decker
BASED ON: La délice, written by Maud Frère
DIALOGUE: Jean-Pierre Berckmans, Jacques De Decker
ASST. DIR.: Edmond Caprasse, Andrea Heirman
DIR. PHOT.: Henri Decae
CAMERA: Henri Decae, François Segura
EDITING: Marie-Josephe Yoyotte, Pierre Joassin, Monique Lebrun
SOUND: Michel Bailly, Johan Charrière, Claude Ermelin, Alex Pront
MUSIC: Claude Luter, Yannick Singery
ART DIRECTOR: Philippe Graff, André Fonteyne, Bruno Van der Vennet
COSTUMES: Anne Huybrechts
PRODUCER: Jan van Raemdonck
PROD. CO.: Kunst en Kino/Art et Cinéma (Brussel), Elan Film (Bruxelles), Lira Films (Paris)
PROD. SUPERV.: Baudouin Mussche, André Deroual, Gérard Vercruysse
CAST: Jean Rochefort (Monsieur Vaudois), Anicée Alvina (Isabelle), Mathieu Carrière (Luc), Francine Blistin (Madame Vaudois), Annie Cordy (La mère d'Isabelle), Marie-Clémence Meerschaut (Yvette), Etienne Samson (Joseph), Philippe Van Kessel (Olivier), Sophie Barjac (Séverine), Patrick Roegiers (Christian), Catalina de Bergeyck (Elisabeth), Jean-Marie Degesves (Robert), Evelyne Berckmans (Jeune femme sur la plage), Martine Willequet (Geneviève), Anne-Marie Ferrières (Dame âgée), Yannick Pauwels (Isabelle enfant), Marc Audier (Voisin d'Isabelle), André Mairesse (Sommelier), Robert Roanne (Homme de 40 ans), Joseph Popelier (Pêcheur), Janine Valette (Femme aigrie), Sigrid Berhaut (Yvette enfant)
LANGUAGE: French
GAUGE: 35 mm
SILENT/SOUND: sound
B&W/COLOUR: colour
MINUTES: 93'

◆ After **The Red Room**, Jean-Pierre Berckmans selected for adaptation a work written in 1961 by another Belgian novelist, Maud Frère. The action of *La délice* was set in a seaside resort at the beginning of the fifties. A teenage girl, doubly traumatized by her rape at the hands of a Nazi officer and the suicide of her father, dreams of tenderness and happiness. Let down in turn by a young German, who seduces her before marrying into a moneyed family, and by the married boss of the shop where she works, Isabelle becomes for Maud Frère the archetypal woman-as-object, trying in vain to find freedom in a man's world typified by spinelessness and rejection, a tortured soul clinging to the idea of romance.

The screenplay slightly waters down this rich character, heightening the necessary eroticism present in the book but to a point where it becomes laboured - even more so as the fragile and unsettling sensuality of Anicée Alvina, the tender beauty who rose to fame in the films of Alain Robbe-Grillet, accentuates this aspect of the role. Otherwise the French, as part of the co-production package, take the lion's share of the credits: besides the trio of stars, it is the prestigious Nouvelle Vague cinematographer Henri Decae who really glorifies this re-creation of Blankenberge in the immediate post-war years, played out to the strains of Claude Luter. Despite the commercial success of the enterprise, this was to be Berckmans' last feature film for the big screen: he returned to television, then became the Belgian virtuoso of music videos before finally putting his know-how at the service of advertising agencies.

● Après **La chambre rouge**, Jean-Pierre Berckmans choisit de porter à l'écran un livre écrit en 1961 par une autre romancière belge, Maud Frère. Le thème de *La délice* (un joli titre, auquel le producteur substitua une étiquette racoleuse) se situait dans une ville balnéaire, au début des années 50. Une adolescente, doublement traumatisée par son viol par un officier hitlérien et par le suicide de son père, rêve de tendresse et de bonheur. Tour à tour déçue par un jeune Allemand, qui la séduit avant un riche mariage, et par le patron marié de la boutique où elle travaille, qui s'offre avec elle une sordide aventure, Isabelle devient, pour Maud Frère, l'archétype de la femme-objet, cherchant vainement sa liberté dans un univers masculin de veulerie et de rejet, une écorchée vive en quête de romanesque.

L'adaptation édulcore un peu ce riche personnage, au profit d'un érotisme nécessaire, mais plus appuyé que dans le livre et qu'accentue encore la sensualité fragile et troublante d'Anicée Alvina, femme-fleur alors révélée par les films d'Alain Robbe-Grillet. La coproduction française se taille, par ailleurs, la part du lion: outre le trio de vedettes, c'est le prestigieux chef-opérateur de la Nouvelle Vague, Henri Decae, qui magnifie cette reconstitution du Blankenberge de l'immédiat après-guerre, sur des airs de Claude Luter. Malgré le succès commercial, ce fut le dernier long métrage de Berckmans pour le cinéma: il retourna vers la télévision, puis devint le virtuose belge du clip musical, avant de mettre son savoir-faire au service de la publicité filmée. (RM)

► Na **La chambre rouge** verfilmde Jean-Pierre Berckmans opnieuw een literair werk, geschreven in 1961 door de Belgische romancière Maud Frère. Het verhaal van *La délice* speelt zich af in een kuststad, begin jaren 50. Een jonge vrouw droomt van tederheid en geluk, maar gaat gebukt onder zware trauma's: haar verkrachting door een Duitse nazi-officier en de zelfmoord van haar vader. Ze wordt verleid door een jonge Duitser, die haar laat vallen om een voordelig huwelijk te sluiten, en heeft vervolgens een ontgoochelend avontuurtje met de (gehuwde) baas van de winkel waar ze werkt. Voor Maud Frère vormde Isabelle het archetype van de vrouw als lustobject, op zoek naar vrijheid in een mannelijk universum waar wilszwakte en verstoting de boventoon voeren, een gebroken persoon trachtend naar romantiek.

Deze bewerking zwakt de rijkdom van het personage enigszins af ten voordele van de erotiek, weliswaar een essentieel gegeven maar hier sterker aanwezig dan in het boek. De frêle sensualiteit van Anicée Alvina (de tere schoonheid uit de films van Alain Robbe-Grillet) benadrukt dit nog meer. De film werd gecoproduceerd met Frans geld en dat heeft zo zijn weerslag: buiten de drie hoofdrolspelers is er ook nog cameraman Henri Decae, een nouvelle vague-boegbeeld, die hier een geïdealiseerd beeld ophangt van het Blankenberge van net na de oorlog, op muziek van Claude Luter. Ondanks het commerciële succes liet Berckmans de langspeelfilm voor wat hij was en keerde terug naar de televisie om zich daarna als videoclip-artiest te ontpoppen. Later zou hij zijn knowhow ten dienste van de reclamewereld stellen.

Trompe l'œil

Claude D'Anna

Co-production

Trompe l'œil
Le miroir éclate

DIRECTOR: Claude D'Anna
YEAR: 1974
COUNTRY: FR-BE
SCREENPLAY: Claude D'Anna, Marie-France Bonin
DIALOGUE: Claude D'Anna, Marie-France Bonin
ASST. DIR.: Claude Guibert
CAMERA: Eddy Van der Enden
EDITING: Gust Verschueren
SOUND: Henri Morelle
MUSIC: Alain Pierre
ART DIRECTOR: Philippe Graff
PRODUCER: Gust Verren
PROD. CO.: Kaldéa (Paris), ORTF (Paris)
CO-PROD. CO.: Kobra (Bruxelles), Stag (Bruxelles)
ASSOC. PROD.: Elliot S. Blair
LANGUAGE: French
GAUGE: 35 mm
SILENT/SOUND: sound
B&W/COLOUR: colour
MINUTES: 105'

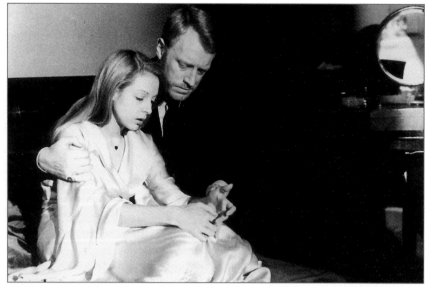

CAST: Max von Sydow (Matthew Lawrence), Laure Dechasnel (Anne Lawrence), Micheline Presle (La mère), François Arnal (L'homme au gant), Monique Fluzin (La femme de la galerie), Claire Wauthion (L'essayeuse), Féodor Atkine (L'homme-oiseau), Marie Verschueren (Anne enfant)

Symptoms

Joseph Larraz [José Ramón Larraz]

Co-production

Symptoms
The Blood Virgin
When the Bough Breaks
Symptômes

DIRECTOR: Joseph Larraz [José Ramón Larraz]
YEAR: 1974
COUNTRY: UK-BE
SCREENPLAY: Joseph Larraz, Stanley Miller
ASST. DIR.: Ted Morley
CAMERA: Trevor Wrenn
EDITING: Brian Smedley-Aston
SOUND: Trevor Carless, Ken Barker
MUSIC: John Scott
ART DIRECTOR: Kenneth Bridgeman
PRODUCER: Jean Dupuis
PROD. CO.: Finiton (UK/BE)
PROD. SUPERV.: Jack Rix
LANGUAGE: English
GAUGE: 35 mm
SILENT/SOUND: sound
B&W/COLOUR: colour
MINUTES: 91'/80'

CAST: Angela Pleasence (Helen), Peter Vaughan (Brady), Lorna Heilbron (Anne), Nancy Nevinson (Hannah), Ronald O'Neil (John), Marie-Paule Mailleux (Cora), Michael Grady (Nick), Raymond Huntley (Burke)

L'amour en liberté

Jacques Kupissonoff

L'amour en liberté
Au cœur de la vie
Prélude à la vie sexuelle
Liefde in vrijheid
Love in Freedom

DIRECTOR: Jacques Kupissonoff
YEAR: 1974
COUNTRY: BE
SCREENPLAY: Jacques Kupissonoff
DIALOGUE: Pierre Bourgeade
ASST. DIR.: Francis De Laveleye, Christine Campus
DIR. PHOT.: Roland Delcour
CAMERA: Roland Delcour
ANIMATION: Raoul Servais, Pen Film, Véronique Steeno
EDITING: Francis De Laveleye, Christine Campus, Jacques Kupissonoff
SOUND: Fred De Waele
MUSIC: Ralph Darbo
COMMENTS: Pierre Bourgeade (F), Clem Schouwenaers (N)
PRODUCER: Jacques Kupissonoff
PROD. CO.: Prœuropa (Bruxelles)
PROD. SUPERV.: João B. Michiels
VOICES: George Perros (F), Pros Verbruggen (N)
LANGUAGE: French/Dutch
GAUGE: 35 mm
SILENT/SOUND: sound
B&W/COLOUR: colour
MINUTES: 76′

◆ Fleeing from the Soviet Union with his parents, Jacques Kupissonoff studied Law in Brussels, in the meantime assisting Charles Dekeukeleire on many of his documentaries. In the aftermath of the Occupation, which Kupissonoff spent in the underground, he reconstructed the activities of a group of Resistance fighters against the railway network controlled by the Germans, for his short film début **Sabotage**. He was to produce a large number of short works, from **Lautréamont** to **Prince de Ligne**, moving from films on automatons (**Appearances**) to a series of educational films about sex. His most ambitious work in this redoubtable field was **Love in Freedom**, a full-length colour production made under the aegis of the Council of Europe.

After the long years of deafening silence and prudishness in the film world surrounding this subject, any film ran the risk of falling into biology-lesson didacticism, over-simplified psychology or what one critic called "scientific porn for voyeurs". Despite the animated sequences by Raoul Servais, Jacques Kupissonoff managed to fall into all three traps, featuring awkward sketches, a sickening scene with an abortion, a commentary verging on parody and notions of adolescent sensuality, homosexuality and contraception so rudimentary as to be comical. The moralizing tone with which this was all dished out was all the more misplaced as the film was given an 18 certificate anyway.

● Ayant fui l'URSS avec ses parents, Jacques Kupissonoff étudia le Droit à Bruxelles, tout en assistant Charles Dekeukeleire dans plusieurs de ses documentaires. Pour ses débuts dans le court métrage, au lendemain de l'Occupation durant laquelle il vécut dans le maquis, il reconstitua les activités subversives d'un groupe de résistants contre les réseaux ferroviaires contrôlés par les Allemands (**Sabotage**). Il allait dès lors réaliser une longue série de documentaires, passant de **Lautréamont** au **Prince de Ligne** ou des automates (**Apparences**) aux films d'initiation sexuelle. Son film le plus ambitieux dans ce domaine redoutable fut un long métrage en couleurs, sous l'égide du Conseil de l'Europe: **L'amour en liberté**.

Après de longues années de silence cinématographique feutré et de pudibonderie sur un sujet aussi essentiel, le danger était grand de tomber, soit dans un didactisme scolaire, soit dans une approche psychologique trop simpliste, soit encore dans ce qu'un critique d'alors appelait "le porno scientifique pour voyeurs". Malgré les séquences d'animation, dues à Raoul Servais, Kupissonoff n'a pu éviter ce triple piège avec des sketches maladroits, une écœurante séquence d'avortement, un commentaire à la limite de la parodie, et d'inénarrables notions rudimentaires sur la sensualité des adolescents, l'homosexualité ou la contraception, le tout nappé dans une sauce moralisatrice d'autant plus aberrante que le film était interdit aux moins de 18 ans. *(RM)*

▶ Jacques Kupissonoff ontvluchtte samen met zijn ouders de USSR; hij studeerde rechten te Brussel en werkte als assistent van Charles Dekeukeleire aan meerdere documentaires. Tijdens de Bezetting dook hij onder en na de oorlog draaide hij zijn eerste kortfilm, **Sabotage**, over de subversieve aanslagen van een groep Verzetslieden op het door de Duitsers gecontroleerde spoorwegnet. Hij zou hier nog een lange lijst producties aan toevoegen, van **Lautréamont** tot **Prince de Ligne**, van **Apparences**, een film over robots, tot films rond seksuele opvoeding. Zijn meest ambitieuze project op dit vlak was wel **L'amour en liberté**, een langspeelfilm in kleur, gedraaid onder auspiciën van de Raad van Europa.

Geruime tijd werd dit - toch essentiële - onderwerp in de film systematisch doodgezwegen of overdreven preuts benaderd, en het gevaar was dan ook groot te vervallen in schoolse didactiek, in een te simplistische psychologische aanpak of in wat een criticus toen omschreef als "wetenschappelijke porno voor voyeurs". Ondanks het inlassen van animatiescènes van de hand van Raoul Servais, trapte Kupissonoff in alle drie deze valstrikken: onhandige sketches, een weerzinwekkende abortusscène, een gesproken commentaar grenzend aan de parodie en lachwekkend rudimentaire beschouwingen over het gevoelsleven van jongeren, homoseksualiteit en contraceptie. Dit alles werd met een moraliserend sausje overgoten, wat des te absurder was omdat de film verboden was voor jongeren onder de 18 jaar.

Q

Jean-François Davy

Q
Histoires de q
Y a plus qu'à...
De dolle vrouwtjes
French Tickler
Prickly Problems
The Story of "Q"

DIRECTOR: Jean-François Davy
YEAR: 1974
COUNTRY: BE-FR-IT
SCREENPLAY: Jean-François Davy, Daniel Geldreich
BASED ON: Y'a plus qu'à, written by Peter Knack
ASST. DIR.: Cyrille Chardon
CAMERA: Roger Fellous
EDITING: Claude Cohen
SOUND: Gérard Barra
MUSIC: Raymon Ruer
PRODUCER: Rudy Jean Le Roy
PROD. CO.: Valisa Films (Bruxelles), Société Nouvelle de Doublage SND (Paris), Contrechamp (Paris), Monti Film (Roma)
PROD. SUPERV.: Nathalie Perrey
EXEC. PROD.: Jenny Gérard, Michel Gast
CAST: Philippe Gasté (Jerry Pilard), Anne Libert (Juliette), Jean Parédes (M. Bolduc), Yvonne Clech (Mme Bolduc), Malissa Longo (Sabine), Corinne O'Brien (Florence), Jean Roche (Xavier), Pierre Danny (Max), Nanette Corey (Irma), Françoise Dasque (Catherine), Claude Melki, Rita Cadillac, Antonella Lotito, Jean Droze
LANGUAGE: French
GAUGE: 35 mm
SILENT/SOUND: sound
B&W/COLOUR: colour
MINUTES: 90'/85'

◆ The wave of erotic films which swept across French screens during the seventies led several active directors to change course and adopt the conventions of the genre, usually under cover of a pseudonym, following the commercial failure of their attempts at a more ambitious type of film-making. Directors to make this move included Claude-Bernard Aubert, Francis Leroi and Serge Korber. The best-known was Jean-François Davy, who changed tack after his films d'auteur proved a fiasco and proceeded to alternate between smutty fiction (**Mechanical Bananas**) and cinéma-vérité porn legitimized by a documentary tag (**Prostitution**, **Exhibition 1 & 2**, **The Pornocrates**). Needless to say, his **Story of "Q"** belongs to the former category, its cast featuring such soft-core regulars as the beautiful Anne Libert, an actress in excellent shape rubbing shoulders with Claude Melki and Jean Parédes...

Playing on period fiction, the action takes place in the France of the future, where the emancipated female population masters karate, frequents male brothels and enjoys pornographic films for ladies. The great enemy of this moral evolution is a rigid and puritanical Prime Minister (played, of course, by an histrionic Parédes), who has a hard life under the thumb of his wife and two mature daughters until his retreat into a monastery. Behind these puppets there seemingly lie coded allusions to well-known political figures of 1974, caricatures in the acerbic style of Jean Yanne. This certainly contributed to the success of this shameless piece of scurviness at the time, including amongst feminists.

● La vague érotique qui déferla sur les écrans français durant les années 70 amena plusieurs metteurs en scène déjà en activité à se recycler dans le genre, souvent sous un pseudonyme, après leurs échecs commerciaux dans un cinéma plus ambitieux. Ce fut, par exemple, le cas de Claude-Bernard Aubert, Francis Leroi ou Serge Korber. Le plus connu d'entre eux s'appelait Jean-François Davy. Ce réalisateur vira de bord après le fiasco de ses films d'auteur, alternant fictions graveleuses (**Bananes mécaniques**) et cinéma-vérité porno à alibi documentaire (**Prostitution**, **Exhibition 1 & 2**, **Les pornocrates**). On aura compris que son **Histoires de q** relève du premier groupe, avec, au générique, des habituées du "soft", comme la belle Anne Libert, une comédienne au mieux de ses formes côtoyant Claude Melki ou Jean Parédes.

Jouant sur l'histoire-fiction, le scénario se situe dans une France future, où la population féminine, totalement libérée, pratique le karaté, fréquente les bordels à prostitués mâles et apprécie les films pornographiques pour dames. Le grand ennemi de cette évolution des mœurs est un Premier ministre rigide et puritain (joué, bien sûr, par un Parédes grimacier), à qui ses deux filles évoluées et son épouse vont mener la vie dure, jusqu'à sa retraite dans un vieux monastère. On retrouve, paraît-il, derrière ces fantoches des allusions à clés sur des personnages politiques très connus de 1974, caricaturés à la façon corrosive d'un Jean Yanne. D'où le succès, à l'époque, de cette gaudriole effrontée, y compris chez les féministes. *(RM)*

▶ In de jaren 70 werden de Franse schermen overspoeld door een vloedgolf van erotiek, wat vele reeds actieve regisseurs, niet bij machte succes te oogsten met meer hoogstaande producties, ertoe bracht zich in dit genre te recycleren, vaak onder een pseudoniem. Mensen als Claude-Bernard Aubert, Francis Leroi of Serge Korber zijn goede voorbeelden hiervan, maar de bekendste onder hen was Jean-François Davy, een regisseur die na enkele rampzalige pogingen om een auteursfilm te maken, overschakelde op schunnige fictie (**Bananes mécaniques**) of cinéma vérité-porno verpakt als documentaire (**Prostitution**, **Exhibition 1 & 2**, **Les pornocrates**). Zijn **Histoires de q** behoort natuurlijk tot de eerste categorie, en de generiek vermeldt dan ook enkele vaste klanten uit het "softe" genre, zoals de mooie Anne Libert, een actrice in topvorm, aan de zijde van Claude Melki, of Jean Parédes...

De film speelt zich af in een fictief historisch kader - het Frankrijk van de toekomst - waar een vrijgevochten vrouwelijke bevolking zich pornofilms voor vrouwen laat welgevallen, karate kent en mannenbordelen bezoekt. De gezworen vijand van deze evolutie der zeden is een stroeve, puriteinse Eerste Minister (de bekkentrekkende Parédes). Zijn vrouw en twee volwassen dochters maken hem het leven zuur, tot hij zich terugtrekt in een oud klooster. Blijkbaar moeten we achter deze ledenpoppen bekende politici uit 1974 zoeken, bijtend gekarikaturiseerd à la Jean Yanne. Dit verklaart tevens het succes dat dit schuinse stuk brutaliteit destijds oogstte, niet in het minst bij de feministen.

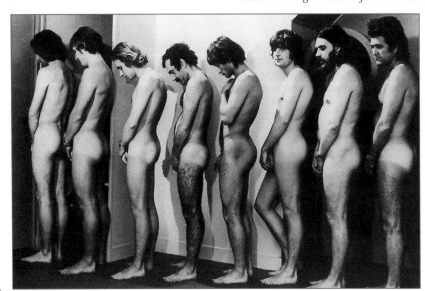

Golden Ophelia
Marcel Martin

Golden Ophelia

DIRECTOR: Marcel Martin
YEAR: 1974
COUNTRY: BE
SCREENPLAY: Marcel Martin
BASED ON: Golden Ophelia, written by Ward Ruyslinck
DIALOGUE: Lieven Paemen, Mark Vlaeminck, Marcel Martin
ASST. DIR.: Jan Van Hamme
DIR. PHOT.: Ralf Boumans
CAMERA: Ralf Boumans, Koen Pée, Miel Feyaerts
EDITING: Jo Snel, Renaat Rombouts
SOUND: André Patrouillie
MUSIC: Etienne Verschueren
ART DIRECTOR: Antoine Ghyskens
COSTUMES: Anne Verhoeven
PRODUCER: Renaat Rombouts, Marcel Martin
PROD. CO.: Promofilm (Brussel)
PROD. SUPERV.: Maarten August
CAST: Henk Van Ulsen (Stefan Pielek), Bettina Dubbeld (Ophelia), Ward De Ravet (Commissaris), Bob Van der Veken (Felix Bollen), Joanna Geldof (Schatteman), Leo Dewals (Buckings), Leo Haelterman (Kelner), Ann Petersen (Liga van de pels), Henriette Lambeau (Oma), Marcel Hendrickx (Chauffeur), Cara Van Wersch (Elzbieta), Raf Reymen (Czubek)
LANGUAGE: Dutch
GAUGE: 35 mm
SILENT/SOUND: sound
B&W/COLOUR: colour
MINUTES: 80'

◆ In 1964, the Meerbeke director Marcel Martin, a graduate of the NARAFI film school and then a sound engineer for Flemish television, had already made an acclaimed (short) adaptation of a work by Ward Ruyslinck (**Close to the Water**), and was thus familiar with the writer's themes when he began work on adapting Ruyslinck's novel *Golden Ophelia* (Martin's only full-length feature to date). When the project was finally launched after many years, the producer went bankrupt, but a year later Martin persuaded Promofilm to foot the bill. Subsidies from the Ministry of Culture gave it the final green light.

The film's protagonist, Stefan Pielek, a naturalized Pole, is a despondent man who no longer understands the world and its inhabitants (who appear in the film as utterly inhuman) and applies for official permission to commit suicide. However, this takes time, and in the meantime Pielek wanders around Brussels and the deceptively attractive Flemish countryside (a chimney rises up behind the expansive polders and there is a suspiciously large amount of foam in the babbling brook). He then comes across Ophelia, a pretty girl with whom he falls madly in love, and the sun begins to shine for him again. However, she has a brief fling with another man, and this finally shatters his belief in humanity.

This gradual estrangement is effectively presented, albeit in slightly too polished a way. The dialogue is extremely wooden, to say nothing of the lead actress. The film was mercilessly panned by the critics, but after it gained an award abroad (at Trieste), many admitted they had perhaps been somewhat harsh.

● Marcel Martin, de Meerebeke, diplômé du NARAFI, devenu technicien du son à la télévision flamande, avait obtenu un prix en 1964 pour un court métrage adaptant une œuvre de Ward Ruyslinck: **Près de l'eau**. Cette familiarisation avec les thèmes de l'écrivain l'avait préparé au tournage du roman *Golden Ophelia*, son unique long métrage jusqu'ici. Lorsque, après de longues années, le projet put enfin démarrer, la maison de production tomba en faillite. Il fallut encore attendre un an avant que Promofilm ne reprenne le flambeau. L'obtention de subsides du Ministère de la Culture mit le projet définitivement sur les rails.

Stefan Pielek, Polonais naturalisé, est accablé par la vie au point de ne plus comprendre le monde ni les gens - tous représentés comme des brutes. Il introduit une demande officielle d'autorisation de suicide. Pendant qu'il attend les documents, il se promène dans Bruxelles et à travers une campagne flamande trompeusement aguichante (derrière les verts pâturages se profile une cheminée et une quantité suspecte d'écume orne les ruisseaux). Il rencontre toutefois Ophelia dont il tombe éperdument amoureux, et le soleil retrouve son éclat. Mais la belle connaît une passade avec un autre, ce qui donne le coup de grâce à la foi chancelante en l'humanité de notre héros.

Si la lente aliénation est rendue de façon assez efficace bien qu'un peu trop lisse, les dialogues manient la langue de bois et l'"étoile" féminine ne mérite même pas qu'on en parle. La critique démolit sans pitié cette œuvre et le film dut obtenir un prix au festival de Trieste pour que bon nombre de critiques d'ici battent leur coulpe.

▶ De Meerbekenaar Marcel Martin, gevormd aan het NARAFI en daarna klanktechnicus bij de BRTN, had in 1964 reeds een (korte) verfilming van een werk van Ward Ruyslinck verzorgd, het bekroonde **Dicht bij het water**. Hij was dus vertrouwd met de thematiek van de schrijver toen hij de roman *Golden Ophelia* aanpakte, totnogtoe zijn enige langspeelfilm. Na enkele jaren kon het project van start gaan, de betrokken producent was ondertussen wel failliet gegaan, maar de maatschappij Promofilm was bereid de draad weer op te nemen. Toen het ministerie van Cultuur dan ook nog met subsidies over de brug kwam, was het hek helemaal van de dam.

Stefan Pielek, een genaturaliseerde Pool, is een moedeloze man die de wereld en haar bewoners - stuk voor stuk onmensen - niet meer begrijpt en een officiële aanvraag tot zelfmoord indient. De ambtelijke molens malen echter traag en ondertussen zwerft Pielek door Brussel en het bedrieglijk mooie Vlaamse platteland (achter de weidse grasvlakte doemt een schoorsteen op en in het kabbelende riviertje drijft verdacht veel schuim). Maar dan stuit hij op Ophelia, een knap kind op wie hij dolverliefd wordt, en de zon begint weer te schijnen. Na haar vluchtig avontuurtje met een ander wordt zijn geloof in de mensheid echter terminaal gekelderd.

De stille vervreemding wordt doeltreffend doch iets te gepolijst weergegeven, maar de dialogen zijn van eikenhout, om over de "steractrice" nog te zwijgen. De film werd door de critici genadeloos neergesabeld, maar na een bekroning in het buitenland (Triëst) gaven velen toe wat hardvochtig te zijn geweest. (TT)

Le Nosferat ou les eaux glacées du calcul égoïste

Maurice Rabinowicz

Le Nosferat ou les eaux glacées du calcul égoïste
Les eaux glacées du calcul égoïste
Le fou de la famille
Le Nosferat
Nosferatus of de ijzige stilte van het egoïsme
The Icy Waters of Selfishness
Nosferatus or the Freezing Waters of Calculated Egoism

DIRECTOR: Maurice Rabinowicz
YEAR: 1974
COUNTRY: BE
SCREENPLAY: Maurice Rabinowicz, Yvette Michelems
DIALOGUE: Maurice Rabinowicz, Yvette Michelems
ASST. DIR.: Michel Dezoteux
DIR. PHOT.: Jean-Jacques Mathy
CAMERA: Jean-Jacques Mathy
EDITING: Peter Panos
SOUND: Michel Bailly, Guy Coeck, Henry Humbert
MUSIC: René César, Marc Herouet
ART DIRECTOR: Raymond Renard
COSTUMES: Raymond Renard
PRODUCER: Maurice Rabinowicz, Quentin Milo
PROD. CO.: Groupe de Chambre (Bruxelles)
PROD. SUPERV.: Quentin Milo
CAST: Guy Pion (Le fils/Jack l'Eventreur), Maïté Nahyr (La mère/La vierge/La reine), Véronique Peynet (La jeune fille/La putain), Quentin Milo (Le père), Martine Bertrand (La servante)
LANGUAGE: French
GAUGE: 35 mm
SILENT/SOUND: sound
B&W/COLOUR: colour
MINUTES: 95'

◆ After studying at the INSAS film school, Maurice Rabinowicz (born in 1947) embarks on directing for the theatre (with Allen Ginsberg's *Kaddish*), cultural programmes for radio and short films. He attends the 1972 Avignon Festival with *F.B. Kafka*; then, the following year, he premières the play *Le Nosferat*. Both texts were written together with Yvette Michelems, the latter inspired by the crimes of Jack the Ripper. At the instigation of the two authors, the small troupe of players "Groupe de Chambre" decided to transpose the work to the screen on a minuscule budget and with no official subsidies whatsoever. Shooting stretched over three weeks in May 1974, primarily in a converted old house in Ixelles (Brussels). The result is a corrosive, political film which denounces benign society in a perfectly appropriate style never before seen in Belgium, midway between a Brechtian parable in couplets and warped expressionism.

The dark hero of **The Icy Waters of Selfishness** is an upstanding, inhibited young bourgeois who sadistically murders prostitutes. His family, puritan and conservative, stands by this avenger of good values, evoking Order. The morbidity of fascism is present in all its manifestations, with its hypocritical discourse and unhealthy sexuality. It is shot with a skewed, distanced, theatrical realism, with long movements in slow motion, opaque symbols and elements of the grotesque, songs and quotes from Jack the Ripper's letters, Queen Victoria bumping into the eructing Nosferatu, visual metaphors translating the family's frustrations and rotten rites, a juggling with space and time. A disturbing film whose virulence is undiminished to this day.

● Après des études à l'INSAS, le Bruxellois Maurice Rabinowicz (né en 1947) se lance dans la mise en scène de théâtre (le *Kaddish* d'Allen Ginsberg), les émissions culturelles à la radio et le court métrage de cinéma. En 1972, au Festival d'Avignon, il présente *F.B.Kafka*, puis, l'année suivante, *Le Nosferat*, deux textes écrits avec Yvette Michelems. Cette pièce prend comme point de départ les crimes de Jack l'Eventreur. La petite troupe du Groupe de Chambre, sous l'impulsion des deux auteurs, décide de transposer le spectacle au cinéma, avec un minuscule budget et aucun subside officiel: trois semaines de tournage en mai 1974, dans une vieille maison d'Ixelles transformée en studio. D'où un film corrosif, vénéneux, politique, dénonçant la société bien-pensante dans un style jamais vu en Belgique, entre parabole brechtienne à couplets et expressionnisme pervers, en adéquation totale avec le thème.

Le héros crépusculaire du **Nosferat** est un jeune bourgeois, rangé et refoulé, qui assassine sadiquement des prostituées. Sa famille, puritaine et conservatrice, protège moralement ce vengeur des bonnes mœurs au service de l'Ordre. Toute la morbidité du fascisme est en place, avec ses discours hypocrites et son approche malsaine de la sexualité. Tout cela est filmé avec un réalisme détourné, distancié, théâtralisé: longs mouvements ralentis, hiératisme et grotesque, "songs" et citations des lettres de "Jack the Ripper", reine Victoria croisant le Nosferat éructant, métaphores visuelles traduisant les frustrations et les rites rancis de la famille, jeux sur l'espace et le temps. Un film trouble et dérangeant, dont la virulence est restée intacte. *(RM)*

▶ Na zijn studies aan het INSAS wijdde de Brusselaar Maurice Rabinowicz, geboren in 1947, zich aan theaterregie (o.a. *Kaddish* van Allen Ginsberg), culturele radioprogramma's en kortfilms. In 1972 bracht hij op het Festival van Avignon *F.B. Kafka* en, een jaar later, *Le Nosferat*, twee stukken die hij samen met Yvette Michelems schreef. Het laatste is gebaseerd op de wandaden van Jack the Ripper en werd door het kleine gezelschap van de Groupe de Chambre, aangespoord door de twee auteurs, overgeheveld naar het witte doek. De opnamen (met een minimaal budget en zonder officiële steun) gebeurden in mei 1974 in een oud huis te Elsene dat ingericht werd als studio. Het resultaat is een bijtende, gifspuiende, politieke film, een aanslag op de weldenkende maatschappij in een voor België ongewone stijl tussen een Brechtiaanse parabel-in-strofen en een pervers expressionisme.

De duistere held uit **Le Nosferat** is een jonge, gefrustreerde en gesloten bourgeois die op sadistische wijze hoertjes vermoordt. Zijn puriteinse en conservatieve familie verleent morele steun aan deze wreker der goede zeden en bewaarder van de Orde. Fascistische morbiditeit, hypocriete toespraken en een ziekelijke kijk op seksualiteit vormen de achtergrond. Dit alles wordt gefilmd in een afstandelijk, theatraal, verstoord realisme: hiëratisch en grotesk, met lange vertraagde bewegingen en "songs" en citaten uit brieven van Jack the Ripper. Nosferat laat een boer wanneer hij koningin Victoria kruist, visuele metaforen evoceren de frustraties en ranzige riten van de familie, er wordt gegoocheld met tijd en ruimte. Een obscure en onrustbarende film, die niets aan slagkracht heeft ingeboet.

Et si tu n'en veux pas

Jacques Treyens [Jacques Besnard]

Co-production

Et si tu n'en veux pas
French Undressing

DIRECTOR: Jacques Treyens [Jacques Besnard]
YEAR: 1974
COUNTRY: FR-BE
SCREENPLAY: Jacques Treyens, Jean Benezech
DIALOGUE: Jacques Treyens, Jean Benezech
ASST. DIR.: Michel Langman
CAMERA: Jean Benezech
EDITING: Claude Elie
SOUND: Gérard Barra
MUSIC: Aldo Frank
ART DIRECTOR: Steiner
PRODUCER: Jenny Gérard, Michel Gast
PROD. CO.: Société Nouvelle de Doublage SND (Paris),
Valisa Films (Bruxelles)
EXEC. PROD.: Rudy Jean Le Roy
LANGUAGE: French/English
GAUGE: 35 mm
SILENT/SOUND: sound
B&W/COLOUR: colour
MINUTES: 91'

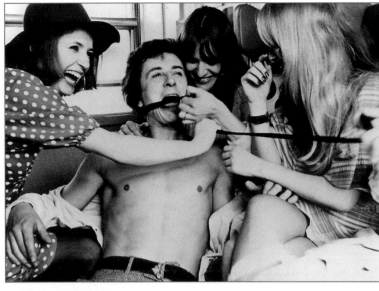

CAST: Françoise Pascal (Margo), Jean Roche (Julien/Emmanuel), Joëlle Cœur (Joëlle/Yvette), Nanette Corey (Lucette), Danny Danyel (Christine), Claude Marcault (Sophie), Gilda Arencio (Alice), Marie Christine Carliez (Mado), Alice Arno [Marie-France Broquet], Henri Djanick, Marie Francey, Janine Freson, Claudine Beccarie, Michel Brethes, François Brincourt, Jean-François Davy, Anna Douking, France François

Draguse

Patrice Rhomm, Patrice Rondard

Co-production

Draguse
Draguse ou le manoir infernal
Le manoir infernal
Vice et luxure

DIRECTOR: Patrice Rhomm, Patrice Rondard
YEAR: 1975
COUNTRY: FR-BE
SCREENPLAY: Patrice Rhomm
DIR. PHOT.: Johan J. Vincent
CAMERA: Johan J. Vincent, Joël Stevens
PRODUCER: Patrice Rhomm, Pierre Querut
PROD. CO.: Les Films de Marc (Paris), Général Films
(Bruxelles)
PROD. SUPERV.: André Segers
CAST: Monica Swinn, Olivier Mathot, Gilbert
Servien, Britt Larsen, Karine, Erika Cool,
Claudine Beccarie, Sylvia Bourdon, Martine
Flety
LANGUAGE: French
GAUGE: 35 mm
SILENT/SOUND: sound
B&W/COLOUR: colour
MINUTES: 80'

Le premier été

João Correa

Le premier été
Son premier été
Zijn eerste zomer
Hot Summer
Love Crazy Women
La prima volta

DIRECTOR: João Correa
YEAR: 1975
COUNTRY: BE-FR
SCREENPLAY: Charles-Laurent Gondanoff, João Correa
DIALOGUE: Charles-Laurent Gondanoff
ASST. DIR.: Jean-Christophe Lamy
DIR. PHOT.: Jean Rozenbaum
CAMERA: Janusj Kargul
EDITING: Bob Van Hammée, Monique Kirsanoff
SOUND: Ricardo Castro
MUSIC: Henri Seroka
ART DIRECTOR: Eric Kranich
PRODUCER: Baudouin Mussche, Paul Vandendries
PROD. CO.: Cibelco-Befima (Bruxelles)
PROD. SUPERV.: Serge Gracieux
CO-PRODUCER: Maurice Juven
CO-PROD. CO.: Orpham Productions (Paris)
CAST: Claude Huart (Axel), Trille Jorgensen
(Pascale), André Daufel (L'oncle), Nadia Vasil,
Olivier Mathot, Marcel Portier, Marc Sand
LANGUAGE: French
GAUGE: 35 mm
SILENT/SOUND: sound
B&W/COLOUR: colour
MINUTES: 90'/72'

◆ João Correa's first foray into feature films with, **Feminine - Feminine** bore the marks of its painful birth as a co-production. The young director was then forced to wait another three years before he could begin work on a second feature - this time alone in the director's chair - examining the arms trade. "As a child I was fascinated by the existence, near the village of my birth in Portugal, of a branch of the Belgian arms factory Fabrique Nationale, since the availability of weapons necessarily leads to violence. Today I have a wealth of information on the subject, and this forms the basis of my script." **Hot Summer** thus sets out to condemn the illegal dealings of arms smugglers and the accessories to their crimes, who "scorn the rules and dignity of civilized societies".

Correa follows in the footsteps of André Cayatte and Costa-Gavras, denouncing a little-known aberration of our allegedly democratic countries and transporting the message by means of an audience-friendly plot. Unfortunately, Correa's storyline is hardly original - an arms dealer falls in love with the young niece of his mistress, who plans a terrible vengeance on the faithless gangster. She arranges to have him killed by an ambassador he had previously cheated, but the attack instead claims the life of the innocent girl. Distraught, the bandit executes his lover and the ambassador and sets out to meet his fate. The many clichés could only detract from the nobility of the original aim and the film was passed on by critics and audiences alike. By his third film, Correa had clearly learned his lesson and **The Children of Oblivion** is made up entirely of documentary footage and interviews.

● La première incursion de João Correa dans le long métrage, avec **Féminin - Féminin**, avait été douloureusement brimée par les exigences de la coproduction, et le jeune réalisateur dut attendre trois ans pour mettre seul en scène un deuxième film de fiction, dont il eut l'idée au départ d'une longue enquête sur le trafic des armes. "Dès mon enfance, j'ai été fasciné par l'existence d'une filiale de la FN belge (Fabrique Nationale) près de mon village natal, au Portugal, car les armes débouchent forcément sur la violence. Je dispose aujourd'hui d'une masse de documentation sur ce thème, que reprend mon scénario." L'intrigue du **Premier été** entend donc dénoncer les malversations des trafiquants, mais aussi les complicités dont ils profitent, dit Correa, "au mépris des règles et de la dignité des sociétés civilisées".

On est ici dans la lignée d'un André Cayatte ou d'un Costa-Gavras: stigmatiser une tare mal connue de nos pays dits démocratiques, tout en insérant le pamphlet dans une fiction captivante. Toutefois, l'histoire que nous propose Correa n'est guère originale: un marchand d'armes tombe amoureux de la jeune nièce de sa maîtresse, qui rumine une sombre vengeance contre le truand infidèle. Elle tente de le faire tuer par un ambassadeur dupé par le trafiquant, mais c'est la pure jeune fille qui périt dans l'attentat. L'aventurier, brisé, exécutera maîtresse et ambassadeur, avant de partir vers son destin. Une telle série de lieux communs ne pouvait que desservir la thèse initiale et le film passa inaperçu. Correa retint la leçon pour son troisième ouvrage, un film totalement documentaire composé de témoignages vécus: **Les enfants de l'oubli**. (RM)

► De eerste langspeelfilm van João Correa, **Féminin - Féminin**, werd zwaar verminkt door de veeleisende coproducenten, en de jonge regisseur wachtte dan ook drie jaar alvorens op eigen houtje aan een tweede fictiefilm te beginnen. Het idee voor dit project ontstond toen hij uitvoerig onderzoek deed naar de wapenhandel: "Reeds als kind was ik gefascineerd door de aanwezigheid van een filiaal van de Belgische Fabrique Nationale nabij mijn geboortedorp in Portugal, omdat wapens onvermijdelijk leiden tot geweld. Ik beschik nu over een massa informatie omtrent dit onderwerp, waar ik mijn scenario op baseerde". **Le premier été** moest dus een aanklacht worden tegen de malversaties van de wapenhandelaars en hun ettelijke medeplichtigen, die "de regels en de waardigheid van de beschaafde samenleving besmeuren", dixit Correa.

Door het aanklagen van een relatief onbekende tekortkoming van onze zogenaamd democratische landen via een fictieve plot, treedt Correa in het spoor van een André Cayatte of Costa-Gavras. Helaas is de intrige van dit pamflet weinig origineel: een wapenhandelaar wordt verliefd op het nichtje van zijn maîtresse, die daarom een diepe wrok koestert jegens de ontrouwe gangster. Ze vraagt een ambassadeur, die ooit opgelicht werd door de man, hem te doden, maar de aanslag kost alleen het onschuldige meisje het leven. Uitzinnig van verdriet vermoordt de vrijbuiter zowel zijn maîtresse als de ambassadeur en vervolgt dan zijn weg. De iets te overvloedige clichés deden afbreuk aan de kernboodschap van deze - overigens geflopte - film. Correa trok zijn conclusies en zijn derde werk, **Les enfants de l'oubli**, werd dan ook een zuivere documentaire met echte getuigenissen.

Pour un monde plus humain

Jean-Marie Piquint

Pour un monde plus humain
Voor een meer menselijke wereld
For a More Humane World

DIRECTOR: Jean-Marie Piquint
YEAR: 1975
COUNTRY: BE
SCREENPLAY: Jean-Marie Piquint
DIR. PHOT.: Michel Baudour
CAMERA: Manu Bonmariage, Stéphane Adam, André Goeffers, Fernand Tack, Jean-Marie Piquint
EDITING: Jean-Marie Piquint
SOUND: Jean Muller, Michel Van Damme, Jacques Urbain, Jacques Eippers
PRODUCER: Jean-Marie Piquint
LANGUAGE: French
GAUGE: 35 mm
SILENT/SOUND: sound
B&W/COLOUR: colour
MINUTES: 70'

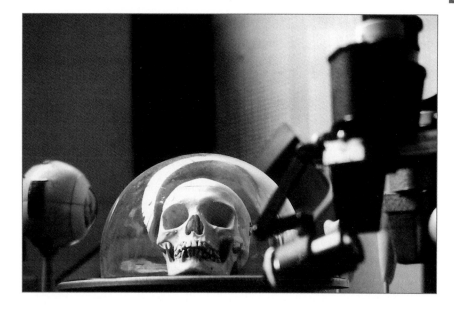

◆ In 1956, Jean-Marie Piquint began turning out some of the multitude of short films (documentaries and brief narratives) which used to play before the main feature. These opening slots provided a useful training ground for new directors, who could try their hand under often precarious material conditions and perhaps one day move on to full-length narratives. This was not the case for Piquint, who apart from one brief foray into mini-fiction (**The Problem Page**) confined himself to documentaries (**Cybernetics**) before starting work on **For a More Humane World**, completed in 1975, a full-length piece of didacticism five years in the making.

Piquint's script took as its starting point a five-year plan drawn up by the Belgian Ministry of Culture. Using interviews and striking examples, Piquint sets out to investigate the question of what support the state is duty-bound to give the administrators and organizers who work towards bringing together artists and the general public. The film looks at traditional celebrations, public museums, youth organizations, festivals, the new House of Culture in Tournai, travelling libraries and a collective experiment conducted by Armand Gatti in a Brabant village. The whole is underlined by an analytical commentary and rounded off with an exposé by the pontiff officially responsible for the Cultural Centres. Piquint was to shoot one more film, the 1981 **A hauteur d'homme**, a television film between documentary and fiction which reconstructed the life and surgical operations of a Belgian doctor in the 19th century.

● Dès 1956, Jean-Marie Piquint participe au foisonnement des courts métrages (documentaires ou brèves histoires à acteurs) qui accompagnent alors le grand film au programme. Ces ouvrages de première partie constituaient une bonne école pour les cinéastes débutants, se faisant la main dans des conditions matérielles souvent précaires. Ainsi aguerris, quelques réalisateurs allaient émerger du lot. Ce ne fut pas le cas de Piquint, qui se consacra uniquement au documentaire (**La cybernétique**) - à part une rapide incursion dans la mini-fiction (**Courrier du cœur**) - avant de signer un long métrage hautement didactique: **Pour un monde plus humain**.

Terminé en 1975, le tournage s'étala sur cinq ans. Le scénario de Piquint partait du plan quinquennal élaboré par le Ministère de la Culture belge. Il se demandait, à partir d'entretiens et d'exemples frappants, quelle aide l'Etat se devait d'apporter aux gestionnaires et aux animateurs dont l'ambition est de rapprocher les artistes et le grand public. Le film envisage les manifestations folkloriques, les musées communaux, les organisations pour jeunes, les festivals, la nouvelle Maison de la Culture de Tournai, les bibliobus ou encore une expérience collective menée par Armand Gatti dans un village du Brabant. Tout cela est souligné par un commentaire analytique et s'achève par un exposé du pontife officiel des Centres Culturels. Piquint tourna ensuite un autre long métrage: **A hauteur d'homme** (1981), une œuvre télévisuelle entre fiction et documentaire, reconstituant la vie d'un médecin belge au XIXᵉ siècle et ses opérations chirurgicales. *(RM)*

▶ Jean-Marie Piquint zocht in 1956 aansluiting bij de toen heersende tendens om films in de bioscoop te laten voorafgaan door korte documentaires of speelfilmpjes. Deze in groten getale geproduceerde voorfilms waren een goede - maar vaak hachelijke - leerschool voor debuterende cineasten. Deze groep "voorfilmers" bracht bijgevolg een aantal kundige makers van fictie voort. Piquint legde zich echter uitsluitend toe op de documentaire (**La cybernétique**) en waagde zich slechts éénmaal op vreemd terrein met zijn minispeelfilm **Courrier du cœur**. Dit alles in afwachting van zijn lange film **Pour un monde plus humain**, een uitgesproken didactisch werk dat na vijf jaar werk in 1975 beëindigd werd.

Uitgangspunt van Piquints scenario was het vijfjarenplan van het Belgische ministerie van Cultuur. Aan de hand van interviews en treffende voorbeelden gaat de film na welke hulp de staat hoort te bieden aan culturele actoren die kunstenaar en publiek met elkaar in contact willen brengen. Zo zoomt Piquint in op folkloristische happenings, gemeentelijke musea, jongerenorganisaties, festivals, het nieuw cultureel centrum van Doornik, bibliobussen of een collectief theaterproject o.l.v. Armand Gatti in een Brabants dorp. Het hele vertoog wordt nog eens extra benadrukt door commentaar en eindigt op een uiteenzetting van de officiële pief van de Culturele Centra. Piquint draaide nog een andere lange film: **A hauteur d'homme** (1981), een tv-productie die het midden houdt tussen fictie en docu, over een Belgische arts uit de vorige eeuw en diens chirurgische ingrepen.

Encore une...

Manu Simon

Encore une...
Weer één...
Another One...

DIRECTOR: Manu Simon
YEAR: 1975
COUNTRY: BE
SCREENPLAY: Travailleurs de Glaverbel-Gilly
DIR. PHOT.: Bernard Bengler, Manu Bonmariage
CAMERA: Bernard Bengler, Manu Bonmariage
EDITING: Manu Simon, Pilar Morales
SOUND: Michel Vanesse, Frans Wentzel, Jacques Clisse
MUSIC: Jean-Claude Delcroix
COMMENTS: Luc Delval, Manu Simon
PRODUCER: Manu Simon
PROD. CO.: La Fleur Maigre (Liège)
LANGUAGE: French
GAUGE: 16 mm
SILENT/SOUND: sound
B&W/COLOUR: colour
MINUTES: 100'

◆ **Another One...** or **Encore une...** comes from "encore une usine qu'ils veulent fermer" ("yet another factory they want to close down"), the first line of the song written by the glassworkers of Glaverbel-Gilly during their strike in January and February of 1975. Their action was prompted by the decision of a multinational to shut down their unprofitable glass-making division (600 jobs were being threatened). The response of the Gilly workforce was immediate and often original in form, for example when they sold publicly their stock of glass.

For the film-makers of the collective La Fleur Maigre - among them Manu Simon, the strike was an opportunity to put into practice their idea of a socially active form of cinema. At the time, the young, left-wing group was attempting to set itself up as a Walloon counterpart to Fugitive Cinema in Flanders. They adopted as a reference Paul Meyer's film **The Frail Flowers Are Disappearing**, a turning-point in the history of political cinema in Wallonia. Two working methods characterized their approach: firstly, the reassessment and re-showing of archive films on past struggles and, secondly, their own interventionist films. **Another One...** is an example of the latter. Shot on location in Glaverbel-Gilly itself (the workers contributed to the shooting and editing of the film), it follows on a day-to-day basis the progress of the strike. The documentary willingly becomes the mouthpiece of the workers themselves, with the reactions of the unions and bosses strictly confined to the margins.

● **Encore une...** est l'abréviation de "encore une usine qu'ils veulent fermer...". Ce sont les premiers mots de la chanson que les verriers de Glaverbel-Gilly composèrent durant la grève de janvier-février 1975. Celle-ci fut provoquée par la décision prise par une multinationale de se débarrasser de son secteur verrier déficitaire: six cents emplois étaient menacés. La riposte des travailleurs de Gilly fut immédiate et revêtit des formes originales, notamment en mettant en vente leur stock de verre.

Cette grève fut l'occasion pour les cinéastes du collectif La Fleur Maigre, dont faisait partie Manu Simon, de mettre en pratique leur conception d'un cinéma d'engagement social. Le collectif essayait, à l'époque, de constituer un front de jeunes cinéastes de gauche pour réaliser en Wallonie un travail comparable à celui que Fugitive Cinema menait déjà en Flandre. Ils adoptèrent comme référence le film de Paul Meyer: **Déjà s'envole la fleur maigre**, qui marque un tournant dans l'histoire du cinéma social en Wallonie. Deux axes de travail principaux fondaient leur démarche: la mise en valeur de films d'archives sur les luttes passées et la réalisation de films actuels d'intervention. C'est à cette dernière catégorie que se rattache **Encore une...**. Le film, réalisé sur les lieux mêmes de la grève de Glaverbel-Gilly (les ouvriers ont collaboré au tournage et au montage), retrace, au jour le jour, l'histoire de ce combat. Il se fait volontairement le porte-parole des seuls travailleurs et écarte de son propos les réactions syndicales et patronales. *(SM)*

▶ De titel **Encore une...** staat voor "encore une usine qu'ils veulent fermer..." ("nog een fabriek die ze willen sluiten..."). Dit waren de eerste woorden van het liedje dat de glasblazers van Glaverbel-Gilly componeerden voor de staking van januari-februari 1975, die er kwam na het besluit van een multinational om zijn verlieslatende afdeling glaswerk op te doeken. Zeshonderd banen kwamen in het gedrang. De arbeiders van Gilly sloegen onmiddellijk terug met enkele originele vormen van protest, onder meer een openbare verkoop van de glasvoorraad.

Deze staking was een gelegenheid voor de leden van het collectief La Fleur Maigre, waaronder Manu Simon, om hun theorieën over sociaal geëngageerde cinema in de praktijk te brengen. In die jaren had het collectief een frontvorming van jonge, linkse cineasten voor ogen, een Waals equivalent van wat Fugitive Cinema deed in Vlaanderen. Als referentiekader kozen ze de film **Déjà s'envole la fleur maigre** van Paul Meyer, die een absoluut keerpunt betekende in de geschiedenis van de sociaal geëngageerde film in Wallonië. Om hun opzet te realiseren waren ze vooral actief op twée terreinen: de herwaardering van het archiefmateriaal rond vroegere protestacties en het filmen ter plaatse. Uit laatstgenoemde activiteit ontstond deze **Encore une...**. Gedraaid op locatie te Glaverbel-Gilly (de arbeiders droegen hun steentje bij tot de opnamen en de montage), verhaalt de film het dagelijkse verloop van de staking. Elke syndicale of patronale reactie werd uit de film geweerd, die zo uitgroeit tot een spreekbuis van de arbeiders.

Jeanne Dielman, 23 Quai du Commerce, 1080 Bruxelles

Chantal Akerman

Jeanne Dielman, 23 Quai du Commerce, 1080 Bruxelles
Jeanne Dielman

DIRECTOR: Chantal Akerman
YEAR: 1975
COUNTRY: BE-FR
SCREENPLAY: Chantal Akerman
DIALOGUE: Chantal Akerman
ASST. DIR.: Marilyn Watelet, Serge Brodsky, Marianne De Muylder
DIR. PHOT.: Babette Mangolte
CAMERA: Bénédicte Delesalle, Nicole Geoffrey
EDITING: Patricia Canino, Catherine Huhardeaux, Martine Chicot
SOUND: Bennie Deswarte, Françoise Van Thienen
ART DIRECTOR: Philippe Graff, Jean-Pol Ferbus
COSTUMES: Philippe Graff
PRODUCER: Evelyne Paul, Alain Dahan
PROD. CO.: Paradise Films (Bruxelles), Unité Trois (Paris)
CAST: Delphine Seyrig (Jeanne Dielman), Jan Decorte (Sylvain), Henri Storck (Premier client), Jacques Doniol-Valcroze (Deuxième client), Yves Bical (Troisième client)
LANGUAGE: French
GAUGE: 35 mm
SILENT/SOUND: sound
B&W/COLOUR: colour
MINUTES: 201'

◆ **Jeanne Dielman**, before becoming a cult film, was an event. But the script itself could equally have resulted in a "conventionally correct" film. Jeanne, a petit bourgeois widow, scrapes through to the end of each month and provides for the education of her spotty, conscientious teenage son by literally selling her body between the cleaning and the cooking. Her life runs like clockwork, never once straying from its set routine and with no space for individual thought. One morning her alarm wakes her an hour earlier. Her fragile order is broken, her eyes are opened to pleasure and she kills her paying client.

Given this film's release during the years of militant feminism it was labelled as a symptomatic reflection of women's alienation. This film is clearly important within the history of cinema. It represents another conception of the drama and of character, the management of action and space, the relationship between fiction and reality. Another conception of time, too, for this parameter proved the real bone of contention. How dare the director show in real time the preparation of breaded escalope, the peeling of potatoes and the bathroom rituals of a woman obsessed with the stain of the other? Yet this unbearable length of time inherent in the gesture raises the issue of realism, ironically a quality wholly banished from the film. Beyond the suggestion of three "normal", infinitely occurring days shown via the repetition of the rituals that make up this life - beyond the suggestion of space (the corridors walked along, the doors opened, the lights turned off), this time allows fiction to burst through the void, the lack.

● **Jeanne Dielman**, avant de devenir un film culte, fut un film événement. Si l'on s'en tient au synopsis, il aurait pu faire un film "conventionnellement correct". Jeanne, veuve petite-bourgeoise, arrondit ses fins de mois et fait face à l'éducation de son fils, adolescent besogneux et boutonneux, en se prostituant entre le chiffon à poussière et la soupe de poireaux. Elle vit comme un métronome, s'interdisant tout écart dans son horaire et toute individualité de pensée. Un matin, le réveil sonne une heure plus tôt. Elle perd ses fragiles repères, connaît le plaisir et tue son amant tarifé.

Le film étant sorti pendant les années du féminisme militant, il fut revendiqué comme le parangon et l'illustration de l'aliénation féminine. Or, il est clair que si ce film est aussi important par rapport à l'histoire du cinéma, c'est parce qu'il met en place une autre perception du drame et du personnage, de la gestion de l'action et de l'espace, du rapport de la fiction et du réel. Du temps aussi, puisque c'est ce dernier paramètre qui a "agacé les dents". Comment oser montrer en temps réel la préparation d'escalopes panées, l'épluchage d'un kilo de pommes de terre ou la toilette d'une femme obsédée par la souillure de l'autre? Or ce temps "insupportable" dans son adéquation au geste pose le problème du réalisme qui est, a contrario, complètement évacué. Il laisse, en dehors de la gestion du temps (trois journées "normales": la répétition d'un rituel de vie) et de la gestion de l'espace (les couloirs parcourus, les portes ouvertes, les lumières éteintes), surgir la fiction par le vide ou le manque. *(JA)*

▶ Voordat **Jeanne Dielman** een cultfilm werd, was hij een evenement. Maar louter inhoudelijk gezien, zou het ook een "conventioneel correcte" film kunnen zijn. Jeanne, weduwe uit de kleine burgerij, verdient wat bij om te kunnen zorgen voor haar zoon, een puistige adolescent, door zich letterlijk "tussen de soep en de patatten" te prostitueren. Ze leeft als een metronoom, zonder een moment van haar tijdschema af te wijken, zonder zich enige vrijheid van denken te veroorloven. Op een ochtend gaat haar wekker een uur eerder. Ze verliest haar broze houvast, kent het plezier en doodt haar betalende minnaar.

Doordat **Jeanne Dielman** uitkwam in jaren van militant feminisme, werd de film gezien als een symptomatisch voorbeeld van vrouwelijke vervreemding. Maar hij is bovenal een belangrijk moment in de filmgeschiedenis. Hij geeft een andere perceptie weer van drama en personage, van actie en ruimte, van de verhouding tussen fictie en werkelijkheid. Van de tijd ook, want vooral daarin lag de provocatie: hoe durft men, zonder tijdsellips, het schillen van een kilo aardappelen of het uitgebreide toilet van een vrouw geobsedeerd door andermans onreinheid te tonen? Dit tijdsverloop, ondraaglijk omdat het absoluut samenvalt met de handeling, poneert echter het probleem van het realisme, waarvan de film juist volledig is verstoken. Voorbij de enscenering van drie "gewone" dagen uit een leven van steeds weerkerende rituelen en afgezien van de ruimte-uitbeelding eigen aan deze film (de gangen, de open deuren, de gedoofde lichten), vormt deze tijdsbeleving het beginsel dat de fictie doet ontspringen uit de leegte en het gemis.

Souvenir of Gibraltar

Henri Xhonneux

Souvenir of Gibraltar
La veste de Gibraltar
C'était un pauvre gars qui s'appelait
Armand

DIRECTOR: Henri Xhonneux
YEAR: 1975
COUNTRY: BE-FR
SCREENPLAY: Henri Xhonneux, François-Xavier Morel, Claude Klotz
DIALOGUE: Henri Xhonneux, François-Xavier Morel, Claude Klotz
ASST. DIR.: Patrick Hella
DIR. PHOT.: Michel Houssiau
CAMERA: Michel Houssiau, Eric Van Beuren, Jean-Yves Delbreuve
EDITING: Anne Christophe, Annette Wauthoz
SOUND: Georges Prat
MUSIC: Tucker Zimmerman
ART DIRECTOR: Philippe Graff, Oscar Morel
COSTUMES: Catherine Frognier
PRODUCER: Eric Van Beuren
PROD. CO.: YC Alligator Film (Bruxelles), Tanagra Productions (Paris)
PROD. SUPERV.: Joseph Claes
CAST: Annie Cordy (Tina, la mère), Eddie Constantine (Jo, le père), Armand Xhonneux (Armand), François-Xavier Morel (Henri Xhonneux), Luc Muller (Eric Van Beuren), Margrit Xhonneux (Margrit), Manda Hartmann (Li-Tchi), Suzy Falk (Fermière), Micky (La Suédoise "cadeau"), Marie Clémence (Fille du train), Olivia Bruynoghe, Sophie Bruynoghe, Danielle D'Haese, Anne Christine Geys, Babette Hubert, Brigitte Huysmans, Nicole Mossoux (Les candidates)
LANGUAGE: French
GAUGE: 35 mm
SILENT/SOUND: sound
B&W/COLOUR: colour
MINUTES: 105'

◆ Beside the literary adaptations so frequent in the Belgian cinema of the period, **Souvenir of Gibraltar** stood out for its originality and fresh-faced populism. Henri Xhonneux (maker of two porn films in 1970 under the pseudonym of Joseph W. Rental) transposed to the screen a chronicle of his Welkenraedt family. It tells the story of the father, an ex-GI turned butcher following his marriage to a young lady he met during the Liberation, and their two sons. Henri is now a film-maker and dreams of shooting his first opus centred on his brother Armand, an amateur boxing champion and also a butcher. Xhonneux' film combines fake cinéma-vérité and autobiographical realism, using two experienced stars (Eddie Constantine and Annie Cordy) in real locations alongside non-professional actors such as Armand, the boxer, and the joint scriptwriter and friend François-Xavier Morel. Colourful accents mingle with the harsh tones of the former Lemmy Caution in a role far removed from his crime thrillers of yore.

Souvenir of Gibraltar proved entertaining if not convincing: the clumsy combination of reality and fiction, the rag-bag of a script laced with puerile optimism, the old "film within a film" trick, the wooden acting of the locals - this was all very appealing, full of bonhomie without excessive local colour, but was more the work of a family or bunch of friends than a work of classic cinema. Above and beyond its status as a saga of touching anti-heroes with neither message nor complexity the film had no ambitions as such. And after a silence of 14 years Henri Xhonneux was to reappear with a final film, the sulphurous **Marquis**.

● En marge des adaptations littéraires, excessivement fréquentes dans le cinéma belge de l'époque, **Souvenir of Gibraltar** trancha par son originalité et son populisme bon enfant. Henri Xhonneux (après deux pornos en 1970, réalisés sous le pseudonyme de Joseph W. Rental) transposait ici la chronique de sa famille à Welkenraedt. Un ancien G.I. devient boucher en épousant une demoiselle qu'il avait connue à la Libération; le couple a deux fils, dont Henri qui, devenu cinéaste, rêve de tourner un premier film centré sur son frère Armand, champion de boxe amateur et boucher comme ses parents. Le scénario, entre faux cinéma-vérité et tranche de vie autobiographique, est filmé sur place et met en présence des vedettes chevronnées (Eddie Constantine et Annie Cordy) ainsi que des comédiens amateurs (Armand le boxeur, ou l'ami scénariste François-Xavier Morel). Le tout prend vie sur fond d'accents savoureux, mêlés au parler rocailleux de l'ex-Lemmy Caution, fort loin de ses séries noires d'antan.

A l'arrivée, **Souvenir of Gibraltar** amusa sans convaincre. Le mélange maladroit de réel et de fiction, le fourre-tout d'un scénario à l'optimisme souvent puéril, les ficelles du "film dans le film", la gaucherie des acteurs locaux, tout cela était sympathique, plein de bonhomie, sans trop de folklore, mais relevait plus de l'affaire de famille ou de copains que du grand cinéma. Saga d'antihéros attendrissants, sans messages ni complications, l'œuvre n'ambitionnait d'ailleurs rien de tel. Après un silence cinématographique de quatorze ans, Henri Xhonneux signera un dernier film: le sulfureux **Marquis**. (RM)

▶ In een tijd waar literaire bewerkingen de Belgische film domineerden, sprong **Souvenir of Gibraltar** eruit door zijn originaliteit en goedmoedig populisme. Henri Xhonneux (die als Joseph W. Rental al twee porno-films had gemaakt) schetst hier de kroniek van zijn familie. Vader is een ex-GI die bij de Bevrijding een jongedame had ontmoet, met haar trouwde en slager werd. Ze hebben twee zoons: Henri en Armand. Henri, een cineast, droomt ervan een eerste film te draaien over zijn broer Armand, kampioen amateurboksen en slager. Het scenario houdt het midden tussen fictieve cinéma vérité en authentieke autobiografie. Er werd op locatie gedraaid met doorwinterde acteurs als Eddie Constantine en Annie Cordy en amateurs zoals Armand (de bokser) of François-Xavier Morel (de vriend-coscenarist). Het sappige dialect van de film wordt af en toe onderbroken door de rauwe stem van ex-Lemmy Caution, hier ver verwijderd van de politiefilms van weleer.

Souvenir of Gibraltar was wel amusant maar weinig overtuigend. Het onhandige kluwen van fictie en realiteit, het rommelige scenario dat soms vervalt in een kinderachtig optimisme, de truc van een "film in de film", de onkunde van de plaatselijke acteurs, het heeft allemaal wel iets sympathieks en gemoedelijks, maar het lijkt meer op een vrienden- of familieaangelegenheid dan op grote filmkunst. De film werd een saga van aandoenlijke antihelden, zonder boodschap of dubbele bodem, en pretendeerde trouwens niet meer te zijn dan dat. Henri Xhonneux verdween vervolgens gedurende 14 jaar van het toneel, om terug te keren met een laatste film: het gewaagde **Marquis**.

Souvenir of Gibraltar

Midnight Party

James Gardner [Jess Franco]

Co-production

Midnight Party
La coccolona
Heisse Berührungen
Lady Porno
La partouze de minuit
Porno Pop
Sexy Blues
Le strip-tease de minuit
Sylvia la baiseuse

DIRECTOR: James Gardner [Jess Franco]
YEAR: 1975
COUNTRY: FR-BE-IT-SZ
SCREENPLAY: Charles Lecocq [Pierre-Claude Garnier], Hubert Rostaine
BASED ON: a story, written by David Khunne [Jess Franco]
CAMERA: Gérard Brissaud
EDITING: Josiane Belair [Jess Franco]
MUSIC: Daniel J. White
PRODUCER: Marius Lescœur
PROD. CO.: Eurociné (Paris), Brux International Pictures BIP (Bruxelles), Prestige Film (IT), Elite Film (SZ)
PROD. MGR.: Daniel Lescœur
CAST: Lina Romay (Sylvia), Monica Swinn (Linda), Olivier Mathot [Alphonse Gautier] (Al Pereira), Evelyne Scotte [Evelyne Deher] (Marylin), Yul Sanders [Claude Boisson] (Joe Loggia), Charlie Christian [Alain Petit] (Red Nicholas), Pierre Taylou (Pierre), Simon Berger, Isabel Gargano (Martha), Ilona Kunesowa (Petite fille au bar), Ramón Ardid (L'assistant d'agent 008), Jess Frank [Jess Franco] (Radeck, agent 008 alias Durand), Nadine Focarde
LANGUAGE: French
GAUGE: 35 mm
SILENT/SOUND: sound
B&W/COLOUR: colour
MINUTES: 75'
NOTES: **Lady Porno** is the title of the re-edited Spanish version, signed Julio Pérez Tabernero [Tawer Nero]. According to certain sources this version (85') was produced in 1981 by Titanic Films (SP) and Belfilms (Brussels).

Jeunes filles perverses

John Thomas [Serge Korber]

Co-production

Jeunes filles perverses
IJsk(l)ontjes voor een hete bliksem
Hard Love

DIRECTOR: John Thomas [Serge Korber]
YEAR: 1975
COUNTRY: FR-BE
SCREENPLAY: Justin Lenoir, John Thomas
DIALOGUE: Justin Lenoir
ASST. DIR.: Alain Navroy, Alain-Michel Blanc
DIR. PHOT.: Jérôme Baltard
CAMERA: Jérôme Baltard
EDITING: Arielle Rebroc
SOUND: Jean-Pierre Triou, Jean-Paul Loublier
MUSIC: Paul Vernon
PRODUCER: Jean Luret, Serge Korber
PROD. CO.: Films du Berry (Paris), Korthou Productions
(Paris), Columbus Productions (BE)
LANGUAGE: French
GAUGE: 35 mm
SILENT/SOUND: sound
B&W/COLOUR: colour
MINUTES: 93'

Claudine Beccarie
CAST: Anne Libert (Rose), Richard Darbois (Walter), Marcel Dalio (Le maître d'hôtel), Bernard Musson (Gaston), Monique Vita, Pierre Danny, Véra Valmont, Laure Cottereau, Jean-Pierre Lombard, Anne Vareze, Pamela Stanford, Martine Grimaud, Daniele Nègre, Michel Derain, Claudine Beccarie, Manu Pluton, Anna Douking, Jacqueline Doyen

Shining Sex

Dan L. Simon [Jess Franco]

Co-production

Shining Sex
La fille au sexe brillant
La fille du sexe brillant
Le sexe brillant
Het meisje met de glanzende sex
Die Blonde mit dem süssen Busen
Alpha
Porno dama
Piaceri erotici di una signora bene

DIRECTOR: Dan L. Simon [Jess Franco]
YEAR: 1975
COUNTRY: FR-BE-SZ-IT
SCREENPLAY: Charles Lecocq [Pierre-Claude Garnier],
A.L. Mariaux [Marius Lesœur]
ASST. DIR.: Pierre Cassteran
DIR. PHOT.: Gérard Brissaud [Jess Franco]
CAMERA: Jess Franco
EDITING: Josiane Belair [Jess Franco]
MUSIC: Daniel J. White
PRODUCER: Marius Lesœur, Pierre Querut
PROD. CO.: Eurociné (Paris), Brux International Pictures BIP
(Bruxelles), Elite Film (SZ), Prestige Film (IT)
PROD. MGR.: Daniel Lesœur
CAST: Lina Romay (Cynthia), Monica Swinn (Mme
Pécame), Alice Arno [Marie-France Broquet],
Evelyne Scott [Evelyne Deher] (Alpha),
Raymond Hardy [Ramón Ardid] (Andros),
Olivier Mathot (Elmos Kallman), Jess Franco
(Dr. Seward), Pierre Taylou, Yul Sanders
[Claude Boisson], Simon Berger (Boris),
Alain Petit
LANGUAGE: French
GAUGE: 35 mm
SILENT/SOUND: sound
B&W/COLOUR: colour
MINUTES: 69'/85'/95'

La fleur et le fusil

Gérard Valet

La fleur et le fusil
De bloem en het geweer
The Flower and the Gun

DIRECTOR: Gérard Valet
YEAR: 1975
COUNTRY: BE
SCREENPLAY: Gérard Valet
ASST. DIR.: Monique Benout
DIR. PHOT.: André Goeffers
CAMERA: Gérard Valet
EDITING: Bob Van Hammée
PRODUCER: Gérard Valet
LANGUAGE: French
GAUGE: 16 mm
SILENT/SOUND: sound
B&W/COLOUR: colour
MINUTES: 79'

◆ Following his 1971 documentary on China, Gérard Valet sets off with the same cameraman, André Goeffers, to make a film on North Vietnam. Between late 1974 and early 1975 the two men discover a country emerging from a long period of conflict and now trying to rebuild a peace with very little means. Rising above the systematic propaganda of the pro-American media - which over ten years of napalm bombing and blockade had constantly painted a negative picture of the region without the slightest concession to objectivity - Gérard Valet adopts the standpoint familiar from **China**. He observes the people, places and ruins without political judgement, without taking sides, despite his clear sympathies with the courage and serenity of a people battered by war, with their gentle pride and resilient confidence in the aftermath of suffering.

The Flower and the Gun is documentary in its purest form: on the one hand, we see the results of a decade under siege and the first signs of the clear-up operation; on the other, "the flower", the wish throughout those long years to keep the schools open, to guarantee everyone food and culture, to prepare the younger generation for the continuation of an ancient civilization. Valet and Goeffers visit co-operatives and building sites, Along Bay and its grandiose countryside, a circus and a museum; we learn of the shortage of books and cars, the people's affection for President Hô Chi Minh; we notice in passing the ransacked houses and revealing smiles of the children of Hanoi. All in all, an apolitical, pacifist reportage (made with the backing of Unicef-Belgium) which casually takes the bluster out of numerous official lies.

● Après son reportage sur la Chine de 1971, Gérard Valet repart vers l'Asie, avec le même opérateur, André Goeffers, pour y filmer le Viêt Nam du Nord. De fin 1974 jusqu'au début de 1975, les deux hommes découvrent un pays qui sort d'une longue période de conflit et qui doit désormais construire la paix avec des moyens précaires. Au-delà de la propagande systématique des médias pro-américains, qui avaient présenté cette région négativement et sans l'ombre d'une approche objective durant dix années de blocus et de bombardements de napalm, Valet réaffirma la méthodologie de **Chine**: il regarde les gens, les lieux et les ruines sans approche politique, sans engagement formel, même si l'on sent sa sympathie pour le courage et la sérénité d'un peuple saigné par la guerre, pour sa calme fierté et sa confiance indestructible au lendemain des souffrances.

La fleur et le fusil est un document à l'état brut: d'une part, les séquelles d'une décennie sous les bombes et les premiers efforts de redressement; de l'autre, "la fleur", la volonté, durant ces années, de ne jamais fermer les écoles, d'assurer à chacun la nourriture et la culture, de préparer la jeune génération à perpétuer une civilisation millénaire. Valet et Goeffers visitent coopératives et chantiers, la baie d'Along et son paysage grandiose, un cirque et un musée. On découvre la pénurie de livres et de voitures, l'affection populaire pour le président Hô Chi Minh; on note au passage les maisons saccagées ou le sourire communicatif des gosses de Hanoi. Un reportage pacifiste, apolitique, cautionné par l'Unicef-Belgique, et démystifiant, mine de rien, beaucoup de mensonges officiels. (RM)

▶ Na zijn reportage over China uit 1971 ging Valet opnieuw op pad met cameraman André Goeffers, naar Noord-Vietnam ditmaal. Tussen eind 1974 en begin 1975 ontdekten ze een land dat net een langdurig conflict achter de rug had en dat nu, weliswaar met beperkte middelen, aan vrede werkte. Valet had geen oor naar de propaganda, systematisch gespuid door de pro-Amerikaanse media, die in 10 jaar van napalmbombardementen en blokkades een uiterst negatief beeld van de regio geschetst hadden, zonder ook maar een greintje objectiviteit. Hij nam hetzelfde standpunt in als voor **Chine**: mensen, plaatsen en ruïnes bekijken zonder een politiek of enig ander engagement, al is zijn sympathie voor de moed en de sereniteit van dit volk, met zijn kalme waardigheid en onverwoestbare vertrouwen in een rooskleurige toekomst, duidelijk voelbaar.

La fleur et le fusil is een ongepolijst document: we zien de littekens van een decennium van oorlog en een moeizaam begin van herstel, maar er is ook "de bloem", de onverzettelijke wil om tijdens deze periode scholen open te houden, iedereen van voedsel en cultuur te blijven voorzien en de jonge generatie klaar te stomen voor het voortzetten van een duizendjarige beschaving. Valet en Goeffers bezoeken coöperatieven en bouwplaatsen, het majestueuze landschap rond de baai van Along, een circus of een museum. We ontdekken de schaarste aan boeken of auto's en het warme hart dat de bevolking president Ho Tsji Minh toedraagt; terloops bespeuren we vernielde huizen of de veelzeggende glimlach van de Hanoise kinderen. Een pacifistische, apolitieke reportage, gesteund door Unicef-België, die terloops ettelijke "officiële" leugens ontkracht.

Dood van een non

Paul Collet, Pierre Drouot

Dood van een non
Mort d'une nonne
Death of a Nun

DIRECTOR: Paul Collet, Pierre Drouot
YEAR: 1975
COUNTRY: BE-NE
SCREENPLAY: Paul Collet, Pierre Drouot
BASED ON: Dood van een non, written by Maria Rosseels
DIALOGUE: Paul Collet, Pierre Drouot, Maria Rosseels
ASST. DIR.: Susana Rossberg, Willy Dellaert
DIR. PHOT.: Eddy Van der Enden
CAMERA: Walther Vanden Ende, Rufus J. Bohez
EDITING: Susana Rossberg, Françoise Dumoulin
SOUND: Henri Morelle, Ad Roest
MUSIC: Pieter Verlinden
ART DIRECTOR: Ludo Bex, Gillis Houben, Jan Eyskens
COSTUMES: Yan Tax, Denise Collet
PRODUCER: Henri Weis, André Weis, Gerrit Visscher
PROD. CO.: Ciné Vog Films (Bruxelles), Cinecentrum (Hilversum)
PROD. SUPERV.: Alain Guilleaume
CAST: Nellie Rosiers (Sabine Arnauld), Jules Hamel (Joris), Josine Van Dalsum (Gertrude), Jo De Meyere (Nikki), Hans Rooyaards (Simon), Elly Koot (Marie-Anne), Janine Bischops (Andrea), Jozef Pellens (Daniel), Roger Coorens (Vader), Henny Alma (Moeder), Elliot Tiber (Finch), Antoon Carette (Pastoor), Elisabeth Andersen (Moeder Ancilla), Paula Sleyp (Novicenmeesteres), Roos Van Wijk (Kloosterzuster), Rea Dolhain (Jonge Sabine)
LANGUAGE: Dutch
GAUGE: 35 mm
SILENT/SOUND: sound
B&W/COLOUR: colour
MINUTES: 107'

◆ 1975 not only saw the release of Chantal Akerman's subversive **Jeanne Dielman**, but also witnessed the Flemish film and media world on tenterhooks at the prospect of the adaptation of one of the most important post-war Flemish novels: the best-seller *Dood van een non* ("Death of a Nun") by the Catholic film critic Maria Rosseels. To everyone's surprise, Paul Collet and Pierre Drouot, the bad boys of Flemish film, sought to follow their string of lucrative films with a more serious, almost metaphysical subject.

Death of a Nun is a well-constructed character analysis of a young religious woman who is paralysed (excellently portrayed by Nellie Rosiers) and promises God that she will become a nun if she is cured and discovers love. She keeps her promise, but gradually begins to lose her faith.

Although Collet and Drouot stuck fairly closely to the novel, they added an entirely new ending shot in India and which because of its atheistic tenor caused a certain amount of controversy, particularly in Catholic circles. In the Netherlands, the film even appeared in a shortened and re-adapted version, co-producer Gerrit Visscher of Cinecentrum considering the ending too implausible. Collet and Drouot spent three years working on **Death of a Nun**; the result was a technically superb film with wonderful photography and rich symbolic imagery. At the time of its release, **Death of a Nun** was the most prestigious Flemish film ever made. Out of a total budget of BF 25 000 000, it was awarded a record subsidy of BF 10 000 000. Unprecedented too was the promotional campaign leading up to its release in seven Belgian towns.

● 1975 ne fut pas seulement l'année de **Jeanne Dielman**, l'œuvre dérangeante de Chantal Akerman. Cette année-là, le monde du cinéma et des médias flamands était également sens dessus dessous car un des romans flamands les plus importants de l'après-guerre, le best-seller *Dood van een non* ("Mort d'une nonne") de la critique catholique de cinéma Maria Rosseels, allait être porté à l'écran. A la surprise générale, ce sont Paul Collet et Pierre Drouot, les mauvais garçons du cinéma flamand, qui réalisèrent le film, cherchant à se refaire une virginité avec un sujet plus métaphysique, après une série d'œuvres lucratives.

Mort d'une nonne est l'analyse caractérielle d'une jeune femme paralysée et pieuse (magnifiquement interprétée par Nellie Rosiers), qui promet à Dieu de se faire nonne si elle guérit et découvre l'amour. Elle tient sa promesse, mais perd progressivement la foi.

Bien que Collet et Drouot restèrent assez fidèles au roman, ils lui donnèrent une fin athée, tournée en Inde, totalement différente. Ce qui provoqua pas mal de remous, surtout en milieu catholique. Une version raccourcie et adaptée apparut d'ailleurs sur le marché néerlandais, car le coproducteur Gerrit Visscher estima que cette fin-là manquait totalement de crédibilité. Collet et Drouot travaillèrent trois ans à ce film; le résultat est une œuvre d'excellent niveau technique, avec une belle photographie et un langage symbolique. Le plus prestigieux des films flamands jamais réalisés, avec des subsides record de 10 millions de francs sur un budget total de 25 millions, eut droit à une campagne promotionnelle sans précédent en Belgique, pour sa sortie simultanée dans sept villes du pays.

▶ 1975 was niet alleen het jaar van Chantal Akermans subversieve **Jeanne Dielman**, ook de Vlaamse film- en mediawereld stond in rep en roer. Paul Collet en Pierre Drouot hadden immers de verfilming aangekondigd van een van de belangrijkste naoorlogse Vlaamse romans: de bestseller *Dood van een non* van de katholieke film-recensente Maria Rosseels. Tot ieders verbazing waren Collet & Drouot, het stoutmoedige duo van de Vlaamse film, na enkele lucratieve producties op zoek gegaan naar een ernstiger, haast metafysisch onderwerp.

Dood van een non brengt de goed uitgewerkte karakteranalyse van een verlamde, religieuze jonge vrouw (uitstekend vertolkt door Nellie Rosiers) die God belooft om non te worden indien ze geneest en de liefde mag ontdekken. Haar belofte komt ze na, maar haar geloof zal ze stilaan verliezen.

Hoewel Collet en Drouot de roman vrij trouw bleven, koppelden ze er een totaal nieuw einde aan, dat in India gefilmd werd en door zijn atheïstische teneur vooral in katholieke kringen nogal wat opschudding teweegbracht. Op de Nederlandse markt verscheen zelfs een ingekorte en aange-paste versie, omdat coproducent Gerrit Visscher van Cinecentrum juist die eind-sequentie al te ongeloofwaardig vond. Collet en Drouot werkten drie jaar aan hun film en leverden een technisch voortreffelijk en mooi gefotografeerd werk af, waarin de symbolische beeldtaal een grote rol speelt. Het werd de tot dan toe meest prestigieuze Vlaamse productie, die een recordsubsidie van 10.000.000 BF toegewezen kreeg (op een totaalbudget van 25.000.000 BF). De première van de film, die in zeven Belgische steden tegelijk plaatsvond, ging gepaard met een zelden geziene promotiecampagne. (LJ)

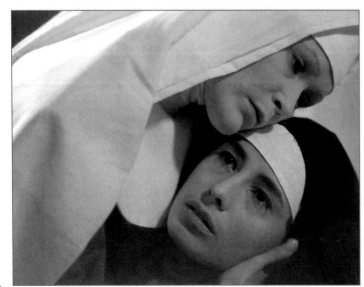

Tarzoon, Shame of the Jungle

Picha [Jean-Paul Walravens], Boris Szulzinger

Tarzoon, Shame of the Jungle
Jungle Burger
Shame of the Jungle
Tarzoon, la honte de la jungle

DIRECTOR: Picha [Jean-Paul Walravens], Boris Szulzinger
YEAR: 1975
COUNTRY: BE-FR
SCREENPLAY: Picha, Pierre Bartier, Boris Szulzinger, Michel Gast, Jenny Gérard, Michael O'Donoghue
DIALOGUE: Pierre Bartier, Christian Dura
ASST. DIR.: Bernard De Visscher
CAMERA: Raymond Burlet, Jacqueline Blondeel, Jacques Campens, Roland De Salency, Peter Turner
ANIMATION: Vivian Miessen, Claude Monfort, Kjeld Simonsen, Allan Ball
EDITING: Claude Cohen, Heloïse Cohen
SOUND: Jean Rouat, Henri Morelle, Pierre Lenoir, Christian Forget, Pierre Daventure
MUSIC: Heloïse Cohen, Claude Cohen, Marc Moulin
ART DIRECTOR: Jean Lemense, Luc Hendrickx, Laure Delesalle, Nicole Van Goethem
PRODUCER: Boris Szulzinger, Jenny Gérard, Michel Gast
PROD. CO.: Valisa Films (Bruxelles), Société Nouvelle de Doublage SND (Paris)
VOICES: Johnny Weismuller Jr (Tarzoon), Bob Perry (Narrator), Christopher Guest (Chief m'bu-tu), Andrew Duncan (Charles of the pits (right)), Brian Doyle-Murray (Charles of the pits (left)), Pat Bright (Queen Bazonga), Emily Prager (June), Bill Murray (Newscaster), Guy Sorel (Professor Cedric Addlepate), Judy Graubart (Stephanie Starlet), Adolph Caesar (Brutish), Christopher Guest (Short)
LANGUAGE: English/French
GAUGE: 35 mm
SILENT/SOUND: sound
B&W/COLOUR: colour
MINUTES: 78'

◆ In the wake of May 1968, the wave of permissiveness brought to our screens (besides the sex films) an astonishing adult cartoon, Ralph Bakshi's 1972 **Fritz the Cat**. Boris Szulzinger found this avenue potentially profitable and asked the most irreverent of national caricaturists, Jean-Paul Walravens, or Picha, to come up with an uncompromising screenplay. A master of scathing anarchy, contributor to the magazines *Pan* and *Hara-Kiri*, Picha seized on the Tarzan legend for a devastating parody with elements of the burlesque and a stream of phallic gags. His puny, emasculated Tarzoon is basically a jungle stay-at-home, swinging from creeper to creeper to the tune of Viennese waltzes, in pursuit of the fearful Zombits. They are a tribe of swastika-wearing mini-phalli who have kidnapped Tarzoon's companion at the bidding of Bazonga, the bald-headed fourteen-breasted queen. During his quest, he encounters cannibal pygmies, nymphomaniac flowers and a masturbating monkey in a jungle polluted by motorways and Japanese tourists. Picha's vicious pen misses not one cliché of the genre, with his ghastly, cowardly hero losing his G-string at the drop of a hat and always triumphing purely by chance.

A 100% Belgian team worked on the project for two years, with post-production in London and New York (where Johnny Weismuller Jr provided the voice of Tarzoon!). It was to prove an enormous commercial success, despite the law suit taken out by the heirs of Tarzan creator Edgar Rice Burroughs alleging obscenity and breach of moral law. Their case was dismissed by a French tribunal in 1978 but came through in the US, where Picha and Szulzinger's devastating satire was rechristened **Shame of the Jungle**.

● Après mai 68, la vague de permissivité avait amené sur nos écrans (outre les films de sexe) un étonnant cartoon pour adultes: **Fritz the Cat**, de Ralph Bakshi (1972). Boris Szulzinger trouva ce filon exploitable en Belgique et demanda un scénario sans tabou au plus irrévérencieux de nos caricaturistes: Jean-Paul Walravens, dit Picha. Virtuose de l'anarchisme méchant, collaborateur de *Pan* et de *Hara-Kiri*, Picha, déchaîné, parodia le mythe de Tarzan en jouant sur le burlesque, le rabelaisien et le gag phallique. Son Tarzoon malingre et dévirilisé est un pantouflard de la jungle, qui poursuit de liane en liane, sur fond de valses viennoises, les redoutables Zombits, une escouade de mini-phallus casqués de croix gammées, qui ont enlevé sa compagne sur l'ordre de Bazonga, la reine chauve aux quatorze seins. Il croisera sur sa route des pygmées cannibales, des fleurs nymphomanes ou un singe masturbateur, dans une jungle polluée par les autoroutes et les touristes japonais. Le pinceau fou de Picha ne rate aucun poncif du genre tandis que son antihéros moche et couard perd son slip au moindre effort et ne triomphe jamais que par chance.

Une équipe uniquement belge travailla durant deux années pour mener à bien ce projet, peaufiné à Londres et à New York (où Johnny Weismuller Jr. prêta sa voix à Tarzoon!). Le film allait connaître un énorme succès, malgré le procès fait par les héritiers du créateur de Tarzan, Edgar Rice Burroughs, pour obscénité et atteinte au droit moral. Déboutés par les tribunaux français en 1978, ils obtinrent gain de cause aux Etats-Unis, où on rebaptisa **Shame of the Jungle** la parodie dévastatrice de Picha et Szulzinger. (RM)

▶ De golf van permissiviteit na mei '68 bracht ons behalve seksfilms ook een merkwaardige tekenfilm voor volwassenen: **Fritz the Cat** van Ralph Bakshi (1972). Boris Szulzinger meende dat zoiets ook in België rendabel kon zijn, en hij bestelde een scenario zonder taboes bij onze meest oneerbiedige karikaturist: Jean-Paul Walravens, alias Picha. Als meester in bijtend anarchisme en medewerker van *Pan* en *Hara-Kiri* vormde Picha de Tarzanmythe om tot een burleske parodie boordevol fallische en groteske gags. De zwakke, verwijfde Tarzoon is een pantoffelheld uit de jungle; op de tonen van een Weense wals slingert hij van liaan tot liaan, op zoek naar de geduchte Zombits, een clubje met swastika's getooide minifallussen die zijn levensgezellin ontvoerd hebben in opdracht van Bazonga, de kale koningin met de 14 borsten. Zijn zoektocht voert hem door een jungle vervuild door snelwegen en Japanse toeristen, waar kannibalistische pygmeeën, nymfomane bloemen of een masturberende aap zijn pad kruisen. De op hol geslagen pen van Picha laat geen enkel cliché onaangeroerd, terwijl zijn lelijke en lafhartige antiheld om de haverklap zijn lendendoek verliest en slechts puur toevallig zegeviert.

Een volledig Belgische ploeg werkte twee jaar aan dit project dat verfijnd werd in Londen en New York (waar Johnny Weismuller Jr. de stem van Tarzoon verzorgde!). De film werd een groot succes, ondanks het proces ingespannen door de erfgenamen van Edgar Rice Burroughs - de geestelijke vader van Tarzan - wegens obsceniteit en schending van de morele rechten; die eis werd onontvankelijk verklaard door een Franse rechtbank in 1978, maar in de VS kregen ze gelijk en werd deze ongenadige parodie **Shame of the Jungle** gedoopt.

Verbrande Brug

Guido Henderickx

Verbrande Brug
Pont Brûlé
Burned Bridge

DIRECTOR: Guido Henderickx
YEAR: 1975
COUNTRY: BE-FR
SCREENPLAY: Guido Henderickx, Marcel Van Maele
DIALOGUE: Guido Henderickx, Marcel Van Maele
ASST. DIR.: Jean Cadran, Gilbert Verhaert
DIR. PHOT.: Walther Vanden Ende
CAMERA: Rufus J. Bohez, Willy Stassen
EDITING: Eliane du Bois, Michèle Maquet
SOUND: Henri Morelle
MUSIC: Alain Pierre
ART DIRECTOR: Philippe Graff, Jean-Pol Ferbus
PRODUCER: Jacqueline Pierreux
PROD. CO.: Pierre Films (Bruxelles), Visie Filmproduktie (Brussel), Sofia Productions (Paris)
PROD. SUPERV.: Tom Coene
ASSOC. PROD.: Roland Verhavert
CAST: Jan Decleir (Charel), Doris Arden (Monique), Malka Ribovska (Lola), Yves Beneyton (Louis), Rita Corita (Louisa), Charles Janssens (Grootvader), Co Flower (Grootmoeder), Jaak Van Hombeek (Sam), Johnny Kraaikamp (Stan), Paul Meyer (Jef), Jo De Caluwé (Para-commando)
LANGUAGE: Dutch
GAUGE: 35 mm
SILENT/SOUND: sound
B&W/COLOUR: colour
MINUTES: 87'

◆ Producer Jacqueline Pierreux once again took the gamble of backing a first-time director. **Burned Bridge** is the impressive début feature of original Fugitive Cinema cohort and documentary film-maker Guido Henderickx. Henderickx and the author Marcel Van Maele set out in search of a location and ended up staying for two whole months in the small industrial settlement of Verbrande Brug (literally "Burned Bridge") near Grimbergen (on the outskirts of Brussels), entirely tailoring their screenplay to the setting.

Verbrande Brug, a village on the Willebroek canal, forms the backdrop to the confrontation between four people, shot in extended sequences. After years of absence, fortune-teller Lola again pitches her tents in Verbrande Brug together with her companion Louis. On the corner of the square where the fair is held lies a café, run by Charel. Charel's wife, Monique, once had a relationship with Louis, which resulted in the birth of a child. The fuse is lit when she makes moves to regain Louis and Lola tries to resolve the uncertain situation. Things come to a head during a depressing drinking session, when the daily stresses and frustrations of their hopeless working-class existence explode. After the storm, life just goes on as before.

Jan Decleir, Doris Arden, Yves Beneyton and Malka Ribovska (in a supporting role) all give excellent performances. Guido Henderickx, who for his first attempt at drama was inspired by films such as **Five Easy Pieces**, was accorded enthusiastic reviews in the press but unfortunately missed out on any prizes.

● Jacqueline Pierreux prit une fois de plus le risque de produire un cinéaste débutant. **Pont Brûlé** est le premier et impressionnant long métrage de Guido Henderickx, compagnon de la première heure de Fugitive Cinema et réalisateur de documentaires. Henderickx et l'auteur Marcel Van Maele recherchaient un site où s'établir afin d'écrire leur scénario en fonction du décor. Ils s'installèrent pendant deux mois à Verbrande Brug (littéralement "Pont Brûlé"), un hameau industriel de Grimbergen.

A Verbrande Brug, situé sur le canal de Willebroek, quatre personnes se confrontent au cours de longues séquences filmées. Après plusieurs années d'absence, la voyante Lola revient au pays et y réinstalle ses quartiers avec son compagnon Louis. Sur le coin de la place où se trouve la kermesse, il y a un café, exploité par Charel. Sa femme a eu une liaison avec Louis, dont est issu un enfant. Les problèmes commencent lorsqu'elle cherche à se rapprocher de Louis et que Lola tente d'éclaircir la situation confuse. Le point d'ébullition est atteint au cours d'une soûlerie déprimante, où éclatent les tensions et frustrations quotidiennes des conditions ouvrières sans perspectives. Après l'orage, la vie reprend son cours habituel.

Les interprétations de Jan Decleir, Doris Arden, Yves Beneyton et, dans un rôle plus limité, de Malka Ribovska sont excellentes. Guido Henderickx, qui, pour ses débuts, avait trouvé l'inspiration dans des films comme **Cinq pièces faciles**, reçut un accueil enthousiaste de la presse mais ne remporta malheureusement aucun prix.

▶ Producente Jacqueline Pierreux nam eens te meer het risico een debuterende cineast te steunen. **Verbrande Brug** is het indrukwekkende langspeelfilmdebuut van documentarist en Fugitive Cinema-kompaan van het eerste uur Guido Henderickx. Henderickx en de auteur Marcel Van Maele zochten een locatie uit en logeerden twee maanden in het Grimbergse industriële gehucht Verbrande Brug om een scenario op maat van het decor te schrijven.

In Verbrande Brug, aan de Willebroekse Vaart, worden vier mensen (in lang aangehouden shots) met elkaar geconfronteerd. Na een jarenlange afwezigheid slaat waarzegster Lola haar tenten weer op in Verbrande Brug, samen met haar gezel Louis. Op de hoek van het plein waar de kermis staat, bevindt zich een café uitgebaat door Charel. Diens vrouw Monique heeft ooit een verhouding gehad met Louis, waar een kind uit voortkwam. De poppen gaan aan het dansen wanneer zij opnieuw toenadering zoekt tot Louis, en Lola de onzekere situatie tracht op te klaren. De wrijvingen bereiken hun hoogtepunt op een deprimerend dronkemansfeest. De dagelijkse spanningen en frustraties en de uitzichtloosheid van hun (arbeiders)bestaan komen tot uitbarsting. Maar na de storm gaat het leven gewoon door als altijd.

Er wordt zeer sterk geacteerd door Jan Decleir, Doris Arden, Yves Beneyton en ook Malka Ribovska, hier in een bijrol. Guido Henderickx, die zich voor dit debuut vaagweg liet inspireren op films als **Five Easy Pieces**, kon rekenen op een zeer gunstig gezinde pers maar viel helaas nergens in de prijzen. *(RS)*

Le fils d'Amr est mort!

Jean-Jacques Andrien

Le fils d'Amr est mort!
Le mensonge
De zoon van Amr is dood!
The Son of Amr is Dead!
Amr's Son Is Dead

DIRECTOR: Jean-Jacques Andrien
YEAR: 1975
COUNTRY: BE-FR-TI
SCREENPLAY: Jean-Jacques Andrien
DIALOGUE: Franck Venaille
ASST. DIR.: Denis Epstein, Ahmed Attia, Pico Berkovitch, Rida Baccar
CAMERA: Yorgos Arvanitis, Georges Barsky, Vassili Christomoglov, Alain Thiolet
EDITING: Philippe Gosselet
SOUND: Henri Morelle, Gérard Barra, Frank Struys
ART DIRECTOR: Philippe Graff, Luc Muller
PROD. CO.: Les Films de la Drève (Bruxelles), Unité Trois (Paris), SATPEC (Tunis)
PROD. SUPERV.: Daniel Messere, Baudouin Mussche, Hassen Daldoul
CAST: Pierre Clémenti (Pierre), Claire Wauthion (Barbara), Malcolm Djuric (Malcolm)
LANGUAGE: Arabic
GAUGE: 35 mm
SILENT/SOUND: sound
B&W/COLOUR: colour
MINUTES: 79'

◆ This is the first full-length feature by one of the most important film-makers of his generation. This work contains the seeds of the form and substance of Jean-Jacques Andrien's later films. Themes are exile and otherness, desire and the difficult nature of contact or communication between beings, a precise sense of place and a documentary approach to fiction. The cinematic language of the film creates a modernist style, where characters are given primacy over action, the unsaid over what is said. Slow panning shots and the deconstruction of classical fiction all throw the spectator back upon his or her own imagination.

A man (the nebulous Pierre Clémenti) lives with a woman and a child in Brussels. He is a pickpocket and has an accomplice, a Maghrebian whom he finds dead in a rusty bus abandoned in the depths of the woods. He has no idea who the man really was or why he disappeared. Salvaging the man's identity papers, Clémenti leaves for southern Tunisia. He says nothing, learns nothing. Two worlds glimpsed only through their codes and signs, here and far away, follow on one from the other.

This ambiguous and interesting film is a document on the edge of fiction, with a storyline which is merely sketched out, the one remaining shred of an abstruse narrative. It reveals a film-maker firmly rooted in the image. Confirming the impossibility of narration he makes use of suggestion, leaving the truth to be deduced. The characters escape from their story in order to dream it. Fiction driven by action dissolves into a fiction driven by meditation.

● Le premier long métrage d'un des cinéastes les plus importants de sa génération: Jean-Jacques Andrien. Si l'on se réfère à ce que développera par la suite le réalisateur, c'est un film qui porte en germe le fond et la forme de ses films ultérieurs. Thématiquement, l'exil et l'altérité, la rencontre et la compréhension difficiles entre les êtres, l'inscription dans un territoire très précis, le regard documentaire amorçant la fiction. Quant au langage cinématographique, Andrien développe un style qui appartient à la modernité, où le personnage est plus important que l'action, et où le non-dit prime sur ce qui est dit. Les panoramiques lents et la mise en creux de la fiction classique lâchent le spectateur pour le confronter à son propre imaginaire.

Un homme dont on ne sait rien (le ténébreux Pierre Clémenti) vit avec une femme et un enfant à Bruxelles. Il est voleur à la tire et il a un complice, un Maghrébin qu'il retrouve mort dans un autobus rouillé, épave au fond d'un bois, sans savoir qui il était vraiment ni le pourquoi de sa disparition. Muni des papiers d'identité du mort, Clémenti part dans le Sud tunisien. Il ne dira rien et n'apprendra rien. Deux mondes, celui d'ici et l'ailleurs, vont se succéder, appréhendés par des gestes et des signes.

Un film incertain et intéressant, toujours à la frontière de la fiction qui n'est qu'esquissée, lambeau d'un récit non élucidé. Il révèle un cinéaste qui a une force dans son rapport à l'image. Face à l'impossibilité de raconter, l'évidence du suggéré, du montré "à côté". Les personnages s'évadent de leur histoire pour la rêver. La fiction/action s'efface au profit d'une fiction/méditation. (JA)

▶ Deze eerste langspeelfilm van Jean-Jacques Andrien, een der belangrijkste cineasten van zijn generatie, kondigt reeds de vorm en strekking van zijn latere werk aan. Centraal staan de verbanning en het anderszijn, het verlangen naar contact en het gebrek aan begrip, de gebondenheid aan een bepaalde plaats, een documentaire benadering van fictie. Op het vlak van de cinematografische expressie ontwikkelt Andrien een modernistische stijl waarin het personage voorrang heeft op de actie, het gesuggereerde op het expliciete. De langzame panorama's en het uithollen van de klassieke vertelling brengen de kijker oog in oog met zijn verbeelding.

Een man van wie we verder niets afweten (de obscure Pierre Clémenti), woont met vrouw en kind in Brussel. Hij is zakkenroller en heeft een medeplichtige, een Maghrebijn, die hij dood aantreft in een autobus in het bos, zonder te weten wie hij werkelijk was of waarom hij stierf. Met de identiteitspapieren van de overledene op zak trekt de man naar het zuiden van Tunesië. Hij behoudt zijn stilzwijgen en komt ook niets te weten. Achtereenvolgens zijn we getuige van twee werelden, hier en ginds, getypeerd door codes en gebaren.

Een onzekere doch interessante film op de grens van de fictie: een fictie die slechts in vage lijnen wordt geschetst, als flarden van een onopgehelderd verhaal. De film onthult een cineast die sterk gericht is op het beeld. Tegenover de onmogelijkheid om te vertellen stelt hij de suggestie en de achterliggende waarheid. De personages ontsnappen aan hun verhaal om het te dromen; handeling maakt plaats voor meditatie.

La Question Royale

Christian Mesnil

La Question Royale
De Koningskwestie
The Royal Question

DIRECTOR: Christian Mesnil
YEAR: 1975
COUNTRY: BE
SCREENPLAY: Christian Mesnil
ASST. DIR.: Frederika Brunehilde
DIR. PHOT.: Christian Depovere
CAMERA: Louis Pauwels, Jean-Claude Neckelbrouck,
Rob Lehmann, Nick Van den Berg
EDITING: Eva Houdova
SOUND: Patrick Wilcox, André Brugmans, Jacques
Clisse
MUSIC: Marc Ameye
COMMENTS: Marcel Croës
PRODUCER: Christian Mesnil
PROD. CO.: New International Pictures NIP (Bruxelles)
VOICES: Marcel Croës, Christian Mesnil
LANGUAGE: French
GAUGE: 35 mm
SILENT/SOUND: sound
B&W/COLOUR: B&W
MINUTES: 97′

◆ In 1972, Christian Mesnil made his feature début with **The Lover**, a portrait of a frustrated young girl who is plagued by her fantasies. It gave little indication of the disturbing subject he was to address with his next work: in **The Royal Question**, the director rose to the challenge posed by a much-contested historical Pandora's box. In Mesnil's own words, he set out to "describe, using contemporary footage and eye-witness accounts, a particularly sensitive episode in Belgian History: how, in 1950, King Léopold III was forced to abdicate after an unprecedented political crisis which inflamed passions".

Essentially a compilation of archive footage, **The Royal Question** also allows historians, commentators and witnesses to have their say. The script, based around the commentary written and spoken by Marcel Croës, adopts a strictly objective stance. In 1950 King Léopold III handed his powers down to his son, who took the constitutional oath and one year later became King Baudouin I. The question posed in the film is one of a double logic. That of a king, Léopold III, who stood by a defeated army and a people taken in the grip of history whilst his government (the contribution of Minister Spaak is particularly moving and instructive in this light) distanced itself and organized resistance to the German occupier from London. From this point on, history would pass its own verdict on a king marked by an obsolete tradition of chivalrous warfare and on a nation beginning to show signs of the rift between Flanders and Wallonia, between Catholicism and socialism.

● En 1972, on avait vu de Christian Mesnil un premier long métrage, **L'amoureuse**, un portrait de jeune fille frustrée en proie à ses fantasmes. On était loin d'imaginer ce cinéaste consacrer son ouvrage suivant à un sujet aussi dérangeant: avec **La Question Royale**, il a eu le courage, 25 ans après, d'ouvrir la boîte de Pandore d'un drame toujours controversé. "Raconter, sur base d'archives et de témoignages, un épisode particulièrement sensible de l'Histoire de la Belgique: comment, en 1950, le roi Léopold III a été amené à abdiquer après une crise politique sans précédent qui souleva les passions", pour reprendre les mots du réalisateur.

Film principalement de montage, l'ouvrage laisse aussi la parole à des historiens, des commentateurs, des témoins. Le scénario, mené par le commentaire écrit et dit par Marcel Croës, se veut rigoureux et objectif. En 1950, le roi Léopold III déléguait ses pouvoirs à son fils qui prêtait le serment constitutionnel et devenait, un an après, le roi Baudouin Ier. La question posée est celle d'une double logique. D'une part, un roi, Léopold III, s'était voulu solidaire d'une armée vaincue et se rangeait auprès d'un peuple pris dans les tourments de l'Histoire; d'autre part, son gouvernement (le témoignage du ministre Spaak est, à ce niveau, émouvant et éclairant) prenait des distances et entrait dans la Résistance depuis Londres. A partir de là, implacablement, va se mettre en place la sanction de l'Histoire. Celle d'un roi, chevalier d'un combat obsolète, et celle d'une nation, qui commençait à vivre ses clivages entre la Flandre et la Wallonie, le catholicisme et le socialisme. (JA)

► In 1972 maakt Christian Mesnil zijn eerste langspeelfilm, **L'amoureuse**, een portret van een gefrustreerd meisje dat gevangen zit in het web van haar eigen droomwereld. Niemand had verwacht dat deze regisseur zich daarna zou wagen aan een film rond een al even controversieel onderwerp: met **La Question Royale** durfde hij immers - 25 jaar na de feiten - de doos van Pandora opengooien. "Op basis van archiefbeelden en getuigenissen wordt een uiterst gevoelige periode uit de Belgische Geschiedenis aangehaald: hoe koning Leopold III in 1950, na een nog nooit geziene en hevige politieke crisis, verplicht werd af te treden", aldus de auteur.

Deze montagefilm laat historici, commentatoren en getuigen aan het woord. Het scenario, begeleid door teksten geschreven en ingesproken door Marcel Croës, wil nauwkeurig en objectief zijn. In 1950 deed koning Leopold III troonsafstand ten voordele van zijn zoon, die de grondwettelijke eed aflegde en zich een jaar later koning Boudewijn I mocht noemen. Alles komt in feite neer op een kwestie van dubbele logica. Enerzijds die van koning Leopold III, die zich solidair opstelde met zijn verslagen leger en zich achter zijn zwaargetroffen volk schaarde. Anderzijds die van de regering, die afstand nam van de koning en vanuit Londen het verzet leidde (de getuigenis van minister Spaak is in deze context zowel ontroerend als verhelderend). De Geschiedenis zal onverbiddelijk haar oordeel vellen, over deze koning die een ridderlijke strijd leverde en over een natie waar de kloof tussen Vlaanderen en Wallonië, katholicisme en socialisme zich steeds scherper begon te vormen.

Pallieter

Roland Verhavert

Pallieter

DIRECTOR: Roland Verhavert
YEAR: 1975
COUNTRY: BE-NE
SCREENPLAY: Hugo Claus
BASED ON: Pallieter, written by Felix Timmermans
DIALOGUE: Hugo Claus
ASST. DIR.: Gilbert Verhaert, Marta Molnar, Chris Goris
DIR. PHOT.: Pim Heytman
CAMERA: Pim Heytman
EDITING: Ine Schenkkan, Peter Simons
SOUND: Johan Charrière, Theo Andriessen, Guy Chichignoud
ART DIRECTOR: Ludo Bex, Philippe Graff
COSTUMES: Elly Claus
PRODUCER: Jan van Raemdonck, J.E. Lauwers, Gerrit Visscher
PROD. CO.: Kunst en Kino/Art et Cinéma (Brussel), Elan Film (Bruxelles), Cinecentrum (Hilversum), City Produktie Maatschappij (Amsterdam)
PROD. SUPERV.: Baudouin Mussche, Jef Van de Water
CAST: Eddy Brugman (Pallieter), Jacqueline Rommerts (Marieke), Sylvia De Leur (Charlotte), Idwig Stéphane (Fransoo), Joris Diels (Pastoor), Jan Decleir (Bohumil), Moy Vynckier (Maria), Rudi Van Vlaanderen (Oude graaf), Herbert Flack (Jonge graaf), Robbe de Hert (Jules), Gaston Berghmans (Veldwachter), Manu Verreth (Oom), Jan Reusens (Oom), Alice Toen (Tante), Maurits Goossens (Blinde)
LANGUAGE: Dutch
GAUGE: 35 mm
SILENT/SOUND: sound
B&W/COLOUR: colour
MINUTES: 90'

◆ With **Pallieter**, Roland Verhavert once again gleefully adapted another popular classic of Flemish literature at the request of producer Jan van Raemdonck. The obvious question arose - why dust off for yet another outing this Felix Timmermans novel? Pallieter has passed into legend as a true bon viveur, and the experiences of this idyllic pleasure-seeker would offer little scope for a contemporary film. Possibly aware of this shortcoming, the authors, led by scriptwriter Hugo Claus, gave **Pallieter** a modern twist. Thus the film develops from a real turn-of-the-century rural tale, complete with the stock period accessories (feasting, drinking), to a sort of well-meaning ecological fable with contemporary themes.

Pallieter lives together with his girlfriend in a stifling occult atmosphere which drives her to suicide. From this moment on, Pallieter becomes an acolyte of nature, renouncing everything connected with his past and embracing life with a childlike enthusiasm. He reacts strongly to technological progress and the environmental decay which accompanies it. One fine day an aeroplane lands near his house and, in a sort of vision of the future, he sees the fields and woods transform into an industrial landscape.

With this ending - including aerial footage of Antwerp industry - the film gives a simplified view of advancing industrialization. By way of contrast it sets up a mythological concept of nature, represented as tradition demands by mooing cows amidst lush pastures.

● Avec **Pallieter**, Roland Verhavert se lance à nouveau dans l'adaptation d'une œuvre littéraire flamande, à la demande du producteur Jan van Raemdonck. Mais pourquoi faut-il dépoussiérer, une fois de plus, ce livre de Felix Timmermans? Pallieter est entré dans la légende comme un véritable épicurien. Les aventures d'un Guignol idyllique n'offriraient que peu de prise à une adaptation cinématographique contemporaine. C'est pour cette raison que les auteurs (le scénariste Hugo Claus à leur tête) ont vêtu Pallieter d'un habit moderne. Le film évolue en conséquence d'un véritable conte de paysans des années 1900, tous accessoires folkloriques compris (fêtes, ripailles, etc.), vers une sorte de fable écologique contemporaine.

Pallieter et son amie vivent dans une atmosphère occulte qui la pousse au suicide. A partir de ce moment, Pallieter passe totalement sous l'influence de la nature, au point d'abjurer son ancienne existence et de s'agripper à la vie avec une joie enfantine. Il réagit vivement aux développements technologiques et aux dégradations écologiques. Un beau jour, un avion atterrit à proximité de sa maison et, dans une sorte de vision, il voit les champs et les bois se transformer en paysage industriel. Avec cette scène finale - des vues aériennes du port anversois -, le film donne une vision simplifiée de l'industrialisation en marche pour lui opposer une conception mythologique de la nature, présentée selon les règles de la tradition: des vaches meuglantes au milieu de verts pâturages.

► Met **Pallieter** nam Roland Verhavert, op vraag van producent Jan van Raemdonck, andermaal een klassieker uit de Vlaamse volksliteratuur ter hand. Eén vraag rees daarbij onmiddellijk: had het zin dit boek van Felix Timmermans nog eens af te stoffen? Pallieter leefde voort in de legende als een echte levensgenieter. De belevenissen van deze idyllische Jan Plezier zouden weinig stof bieden voor een hedendaagse film. Wellicht daarom gaven de auteurs - met scenarist Hugo Claus op kop - **Pallieter** een moderne draai. Zo evolueert de film van een echt boerenverhaal anno 1900 met alle bijbehorende folkloristische trekjes (feesten, schranspartijen, enz.) tot een soort ecologische fabel met hedendaagse thema's.

Pallieter leeft met zijn vriendin in een occulte sfeer die haar naar zelfmoord drijft. Vanaf dan raakt hij dusdanig onder invloed van de natuur dat hij zijn vorige bestaan afweert en met een kinderlijke blijheid het leven met beide handen aangrijpt. Hij reageert fel tegen de technologische ontwikkeling en de milieuverloedering die daaruit voortvloeit. Op een dag landt een vliegtuig dicht bij zijn huis en ziet hij, in een soort toekomstvisioen, hoe de weiden en bossen in een industrieel landschap ontaarden.

De film geeft met deze slotwending - met luchtopnamen van de Antwerpse haven - een sterk vereenvoudigd beeld van de opkomende industrialisatie. Daartegenover staat een gelijkaardige mythologisering van de natuur, op de traditionele manier in beeld gebracht: loeiende koeien in groene weilanden. (RS)

La flûte à six schtroumpfs

Belvision, Raymond Leblanc

La flûte à six schtroumpfs
De fluit met zes smurfen
The Smurfs and the Magic Flute
The Six-smurf Flute
The 6-smurf Flute

DIRECTOR: Belvision, Raymond Leblanc
YEAR: 1975
COUNTRY: BE-FR
SCREENPLAY: Peyo, Yvan Delporte
BASED ON: La flûte à six schtroumpfs, written by Peyo
DIALOGUE: Yvan Delporte
CAMERA: François Léonard, Jacques Delfosse, Marcel Van Steenhuyse
ANIMATION: Nic Broca, Marcel Colbrant, Louis-Michel Carpentier, Borge Ring
EDITING: Nebiha Ben Milad, Michèle Neny
SOUND: Jean Neny, Claude Ermelin, Jacques Duval
MUSIC: Michel Legrand, Yvan Delporte, Peyo
ART DIRECTOR: Michel Leloup, Michel Matagne, Maddy Grogniet, Paulette Smets-Melloul
PROD. CO.: Dupuis (Bruxelles), Belvision (Paris)
PROD. SUPERV.: José Dutillieu
VOICES: William Coryn (Johan), Michel Modo (Pirlouit), Georges Pradez (Le roi), Ginette Garcin (Dame Barbe), Albert Medina (Torchesac), Henri Cremieux (Le magicien Homnibus), Michel Elias (Le grand Schtroumpf), Jacques Marin (Le Schtroumpf à lunettes)
LANGUAGE: French
GAUGE: 35 mm
SILENT/SOUND: sound
B&W/COLOUR: colour
MINUTES: 74'
NOTES: Storyboard: Joseph Marissen, Eddy Lateste

◆ For over ten years, the Belvision studios had regularly carried off an improbable feat - producing a full-length animated feature for export to countries hitherto monopolized by Walt Disney. From Pinocchio to Asterix, from Tintin to Lucky Luke, the hits scored by Raymond Leblanc and his team raised Belgium to the European bridgehead of animation. The studio's main problem was the avoidance of repetition, and so in 1975 a new series of successful comic-books was chosen for adaptation, *The Smurfs*. The Smurfs (who made their first appearance in 1958 in the *Spirou* weekly) are amusing blue dwarfs with white hats and trousers. They live in mushroom houses under the wise guidance of the Great Smurf. Each of them possesses a clearly defined character, from the intellectual to the clown, the grumpy Smurf to the timid. However, artist Pierre Culliford's (aka Peyo) most inspired idea was their language, where most of the words are replaced by various derivatives of the term "smurf" (cue high-flown after-the-fact exegeses by comic-loving academics discussing the possibilities of verbal communication).

The Smurfs and the Magic Flute is a faithful adaptation of the eponymous album. The magic instrument of the title, under whose power the listener is made to dance until the point of exhaustion, has been stolen by the evil Gargamel. Two young page boys recapture it with the help of the Smurfs and all to the tune of Michel Legrand's score. This gentle parody of human life kept children happy, even if comic-strip aficionados were extremely disappointed with the vocal realization. Adults also missed the ironic asides of the Asterix and Lucky Luke films.

● Depuis plus de dix ans, les studios belges de Belvision gagnaient régulièrement cet incroyable pari: produire un long métrage d'animation exportable dans les pays jusqu'alors monopolisés par Walt Disney. De Pinocchio à Astérix, de Tintin à Lucky Luke, les réussites de Raymond Leblanc et de son équipe faisaient de notre petit pays la tête de pont européenne du dessin animé. Le problème étant de se renouveler, on fit appel en 1975 à une nouvelle série d'albums à succès: ceux des Schtroumpfs. Pour rappel, les Schtroumpfs (apparus dans l'hebdomadaire *Spirou* dès 1958) sont un amusant petit peuple de nains bleus, à bonnet et culotte blancs, vivant dans des maisons-champignons sous la sage direction du Grand Schtroumpf. Chacun possède son caractère bien défini, de l'intellectuel au farceur, du grognon au timide. Mais la grande trouvaille du dessinateur Pierre Culliford, dit Peyo, c'est le langage de ce pays, où de nombreux mots sont remplacés par le terme "schtroumpf" et ses dérivés (d'où de savantes exégèses ultérieures des universitaires bédéistes sur la communicabilité verbale).

La flûte à six schtroumpfs reprend fidèlement l'album du même titre. Cet instrument magique, qui oblige les auditeurs à danser jusqu'à l'épuisement, a été volé par le méchant Torchesac. Deux jeunes pages vont le reconquérir, avec l'aide du peuple des Schtroumpfs, et sur une musique de Michel Legrand. Cette gentille parodie des humains amusa les enfants, même si la personnalisation vocale sembla fort décevante aux aficionados de la BD; de plus, les adultes n'y retrouvèrent pas la parodie ou les clins d'œil qui ponctuaient les exploits d'Astérix ou de Lucky Luke. (RM)

▶ Meer dan tien jaar lang presteerden de Belgische studio's Belvision het om op gezette tijden een tekenfilm van lange duur te realiseren en te exporteren naar landen die tot dan door Walt Disney werden gemonopoliseerd. Het succes van Raymond Leblanc en zijn ploeg maakte van ons landje het Europese bruggenhoofd van de tekenfilm, van Pinocchio tot Asterix en van Kuifje tot Lucky Luke. Op zoek naar vernieuwing greep men in 1975 naar een nieuwe reeks succesvolle stripverhalen: De Smurfen. De Smurfen (vanaf 1958 in het weekblad *Robbedoes*) zijn een leuk volkje van blauwe dwergen, met witte mutsjes en broekjes, woonachtig in paddestoelen onder de wijze leiding van de grote Smurf. Elkeen bezit zijn eigen karakter - van de intellectueel tot de grappenmaker, van de brompot tot de angsthaas. Maar de grote vondst van tekenaar Pierre Culliford - beter bekend onder de naam Peyo - is wel de voertaal: de meeste woorden zijn vervangen door "smurf" en zijn afleidingen (wat stof bleek voor allerlei exegesen van universitaire stripologen over de problematiek van de woordelijke mededeelbaarheid).

La flûte à six schtroumpfs herneemt getrouw het album met dezelfde titel. Het magische instrument, dat zijn toehoorders doet dansen tot ze erbij neervallen, is gestolen door de gemene Gargamel, maar twee edelknapen winnen het met de hulp van het Smurfenvolkje terug. Deze leuke parodie op de mensenwereld, met muziek van Michel Legrand, genoot bijval bij het jonge publiek, maar de echte stripliefhebbers knapten af op de "voice artists". En de volwassenen moesten het stellen zonder de ironische knipoogjes van de Asterix- en Lucky Luke-films.

Le choix

Jacques Faber

Le choix
Jean-Pierre, Anne et Juliette
De keuze
The Choice

DIRECTOR: Jacques Faber
YEAR: 1975
COUNTRY: BE-FR
SCREENPLAY: Jacques Faber, Nanina Zunino
DIALOGUE: Jacques Faber, Nanina Zunino
DIR. PHOT.: Jean Rosenbaum
CAMERA: Robert Lezian, Dominique Arrieu
EDITING: Patricia Canino
SOUND: Jacques De Pauw
MUSIC: Guy Boulanger
PRODUCER: Jean Goumain, Jacques Faber, Peter Riethof
PROD. CO.: Peri Productions (Paris), Les Films du Bélier (Bruxelles)
PROD. SUPERV.: André Deroual
CAST: Claude Jade (Anne et Juliette), Gilles Kohler (Jean-Pierre), Jacques Faber, Georges Lambert, Pierre Laroche, Suzy Falk, Eve Bonfanti, Guy Pion, Maurice Sévenant, Lucienne Trocka, Michèle Marcey
LANGUAGE: French
GAUGE: 35 mm
SILENT/SOUND: sound
B&W/COLOUR: colour
MINUTES: 90'

◆ Jacques Faber makes his stage début under the direction of Claude Volter. In 1961 he moves to France, regularly working with the Roger Planchon company and progressing to the Parisian Théâtre de l'Est and the Centre du Sud-Est in Southern France. He also familiarizes himself with film-making, joining television and shorter productions in both France and England as an assistant. He works alongside Georges Franju on **Red Nights** and at the instigation of the director himself steps behind the camera. Founding his own production company together with Jean Goumain, Les Films du Bélier, he proceeds to make **The Choice**. A mixture of emotional drama and psychological study, the film was partially shot in the Cros-de-Cagnes in France in spring 1975 with in the leading roles Claude Jade - as both Anne and Juliette - and Gilles Kohler as Jean-Pierre.

Jean-Pierre, aged 23, is engaged to Anne. His fiancée aspires to a straightforward existence with a home and family. Jean-Pierre, on the other hand, harbours more absolute ambitions. A regular player with a Brussels theatre company, he wishes to progress further and refuses to renew his yearly contract. He joins a touring company led by one of his friends on its travels throughout the South of France, where he meets a dancer who bears a striking resemblance to Anne. Juliette, however, also possesses the mysterious aura and passionate nature which Anne lacks. The young actor is unable to choose between these two faces of womanhood, and, having attempted to realize his fantasies, finds that in reality he has lost everything.

● Jacques Faber débute au théâtre sous la direction de Claude Volter. En 1961, il gagne la France où il fréquente, entre autres, la troupe de Roger Planchon, puis le Théâtre de l'Est parisien et le Centre du Sud-Est dans le Midi. Parallèlement, il s'initie à la réalisation en travaillant comme assistant sur des courts métrages et des productions télévisuelles en France et en Angleterre. Alors qu'il seconde Georges Franju sur **Nuits rouges**, ce dernier l'incite à passer derrière la caméra. Après avoir fondé Les Films du Bélier avec Jean Goumain, Jacques Faber tourne **Le choix** pour le compte de cette société de production. Le film, qui mêle drame sentimental et étude psychologique, fut en partie tourné au Cros-de-Cagnes au printemps 1975 avec Claude Jade dans le double rôle d'Anne et Juliette et Gilles Kohler dans celui de Jean-Pierre.

Jean-Pierre (23 ans) est le fiancé d'Anne. Celle-ci aspire à une existence familiale sans histoire. Pour sa part, Jean-Pierre rêve d'absolu. Comédien régulier d'un théâtre bruxellois, il veut encore progresser et refuse un nouveau contrat à l'année. Il se joint à la troupe dirigée par l'un de ses amis, troupe itinérante qui sillonne le sud de la France. Là, il rencontre une danseuse dont la ressemblance physique avec Anne est frappante. Mais Juliette possède en plus cette aura mystérieuse et ce goût des passions qu'Anne ne connaît pas. Le jeune comédien ne pourra choisir entre ces deux visages de la féminité. N'ayant pu renoncer à la réalisation de ses fantasmes, il aura tout perdu dans la réalité. (AJ)

► Jacques Faber debuteert op de planken o.l.v. Claude Volter. In 1961 trekt hij naar Frankrijk, waar hij contact legt met de troep van Roger Planchon, het Parijse Théâtre de l'Est en het Centre du Sud-Est in het zuiden. Intussen doet hij, als medewerker aan verschillende kortfilms en televisieproducties in zowel Frankrijk als Engeland, wat ervaring op in de regie. Wanneer hij Georges Franju assisteert bij **Nuits rouges**, spoort deze hem aan zelf achter de camera plaats te nemen. Samen met Jean Goumain richt hij de productie-eenheid Les Films du Bélier op en start de regie van **Le choix**. De film, een mengeling van sentimenteel drama en psychologische analyse, werd gedeeltelijk opgenomen in de Cros-de-Cagnes (Frankrijk) in de lente van 1975, met Claude Jade in de dubbelrol Anne/Juliette en Gilles Kohler als Jean-Pierre.

Jean-Pierre, 23 jaar, is verloofd met Anne, die droomt van een eenvoudig gezinsleventje. Jean-Pierre, daarentegen, streeft naar het absolute. Hij neemt geen vrede met zijn aanstelling als vast acteur in een Brussels theater en weigert zijn jaarlijks contract te vernieuwen. Hij voegt zich bij een, door een vriend geleid, rondtrekkend toneelgezelschap, waarmee hij door het Franse zuiden trekt. Daar ontmoet hij een danseres die sprekend op Anne lijkt, en bovendien kwaliteiten bezit die zij niet heeft: een passionele uitstraling en een mysterieuze aura. De jonge acteur kan niet kiezen tussen deze twee avatars van de vrouwelijkheid. Hij slaagt er niet in zijn wensdromen te verwezenlijken en in de realiteit verliest hij alles.

La donneuse

Jean-Marie Pallardy

La donneuse
Tremblements de chair
De leenmoeder
Moeder te huur
Naked and Lustful

DIRECTOR: Jean-Marie Pallardy
YEAR: 1975
COUNTRY: BE-FR
SCREENPLAY: Jean-Marie Pallardy
DIALOGUE: Jean-Marie Pallardy
ASST. DIR.: Philippe De Vyvere, Ninneke Van Ammelrooy
DIR. PHOT.: Jacques Ledoux
CAMERA: Maurice Kaminsky, Christian Depovere
EDITING: Raymond Lopez, Louis Pauwels
SOUND: Patrick Wilcox
MUSIC: Olivier Toussaint, Paul de Sainville, Jaap Dekker
ART DIRECTOR: Jean-Christian Clément
PRODUCER: Bernard Van Royen, Jean-Marie Pallardy
PROD. CO.: Eurafi (Bruxelles), Films JMP (Paris)
PROD. SUPERV.: Tita Daffix
CAST: Willeke Van Ammelrooy (Sylvia Van Loy), Beba Loncar (Françoise), Jean-Marie Pallardy (Jean-Paul), Louise Allard, Pierre Valéry, André Koob, Bernard Musson, Georges Dobange, Jean Gillard, Guy De Len, Jacques Intersimi, Nick Taggart, Jean Luisi, Gilbert Servien, [Rutger Hauer]
LANGUAGE: French
GAUGE: 35 mm
SILENT/SOUND: sound
B&W/COLOUR: colour
MINUTES: 90'/74'
NOTES: The original film - entitled **La donneuse**, or **Naked and Lustful** - was 74' long. In 1979 half of the film's scenes were re-used, linked by a series of pornographic episodes. This new version of 90' was entitled **Tremblements de chair**.

◆ Making her début in 1971 in the title role of **Mira**, Willeke Van Ammelrooy, with her pulp-fiction beauty and sensual face like a Dutch Kim Novak, was to become one of the biggest erotic stars of the seventies. Unfortunately she would stray into minor films, and her tragedy was never to have found her von Sternberg. Instead she had to make do with the genre's worst navvy, for whom she made five films in all, including **Le journal érotique d'un bûcheron** (Erotic Diary) and (the untranslatable) **L'arrière-train sifflera trois fois**.

Jean-Marie Pallardy, a one-time magazine cover star who had moved into blue movies, wrote, directed and starred in films which he himself in all seriousness described as "Rabelaisian and Paillardian". On one occasion, however, he chose to aim higher and tackle a serious issue, namely artificial insemination. This desire resulted in **Naked and Lustful**, in which he plays the husband of an incredibly wealthy yet infertile woman. The couple thus enlist the help of an anonymous donor (Willeke) who is inseminated by Pallardy in the anonymity of a hospital. Curious to meet the true mother, he tracks her down to an Amsterdam bar, becomes her lover without revealing his secret and finally leaves his wife for her, but it is too late. Willeke has just had an abortion, deciding in favour of a new life over the child she was expecting from him, and Pallardy discovers her on her death bed. In short, the film is a complete melodrama, featuring the expected nudity and torrid bathing scenes on Martinique which the succulent star (who incidentally was also a good actress, unlike her opposite number) valiantly defended.

● Révélée en 1971 dans le rôle-titre de **Mira**, la Néerlandaise Willeke Van Ammelrooy allait devenir, grâce à sa beauté pulpeuse et un visage sensuel à la Kim Novak, l'une des stars érotiques majeures des années 70. Elle allait malheureusement s'égarer dans des films souvent médiocres, où son érotisme fulgurant fut galvaudé par des scénarios simplistes. Son drame fut de ne jamais rencontrer un Sternberg: elle dut se contenter du pire tâcheron du genre, pour qui elle tourna cinq films (dont **Le journal érotique d'un bûcheron** et **L'arrière-train sifflera trois fois**).

Jean-Marie Pallardy, ancien cover-boy reconverti dans le cinéma rose, était à la fois scénariste, acteur et réalisateur de ces œuvres "rabelaisiennes et paillardes", comme il les définissait lui-même sans rire. Une fois pourtant, il voulut viser plus haut et aborder un thème grave: celui de l'insémination artificielle. Ce fut **La donneuse**, où il interprète le mari d'une richissime épouse qui n'a pu réussir à lui donner un enfant. D'où le recours à une mère porteuse (Willeke), inséminée par Pallardy dans l'anonymat d'une clinique. Curieux de connaître cette future mère, il vole son adresse, la découvre dans un bar d'Amsterdam, et devient son amant sans révéler son secret. Puis, il quitte sa femme pour Willeke juste au moment où elle vient d'avorter de lui pour commencer ensemble une nouvelle vie, et la retrouve mourante. Bref, un mélo total, avec nudités attendues et baignades torrides à la Martinique, que la succulente vedette (par ailleurs bonne comédienne, contrairement à son partenaire) défendit avec vaillance. *(RM)*

MOEDER TE HUUR
WILLEKE van AMMELROOY
BEBA LONCAR

Zij leende haar buik maar gaf haar liefde, zij was de leen-moeder • Een film die iedere vrouw moet zien.

realisatie
JEAN-MARIE PALLARDY
muziek
OLIVIER TOUSSAINT
PAUL de SAINVILLE
JAAP DEKKER
La Donneuse

EASTMANCOLOR-CINECO HILVERSUM

▶ De Hollandse Willeke Van Ammelrooy, voor het eerst te zien in de titelrol van **Mira** in 1971, werd dankzij haar rondborstige schoonheid en sensuele Kim Novak-look een der grootste erotische sterren van de jaren 70. Jammer genoeg kwam ze steeds in onbeduidende films terecht, waar haar vurige sex-appeal ten onder ging aan debiele scenario's. Haar grote ongeluk was dat ze nooit haar Sternberg tegenkwam en het moest stellen met de ergste ploeteraar in het genre, waarmee ze vijf films maakte (o.a. **Le journal érotique d'un bûcheron** en **L'arrière-train sifflera trois fois**).

Dit was Jean-Marie Pallardy, een ex-coverboy, nu zowel scenarist en acteur als regisseur van een erotisch œuvre (rabelaisiaans en wellustig, zoals hij het bloedernstig stelde). Met **La donneuse** had hij echter ambitieuze plannen en wilde hij een gewichtiger thema aankaarten: de kunstmatige inseminatie. Hijzelf speelt de echtgenoot van een steenrijke doch onvruchtbare vrouw; hij wendt zich tot een draagmoeder (Willeke), die in een hospitaal anoniem bevrucht wordt met zijn zaad. Uit nieuwsgierigheid naar deze moeder-in-spe steelt hij haar adres en gaat hij haar opzoeken in een bar in Amsterdam; hij wordt haar minnaar maar onthult zijn ware identiteit niet. Hij verlaat zijn vrouw voor Willeke, maar die heeft juist zijn kind laten aborteren om met hem een nieuw leven te beginnen; als hij haar terugvindt, is ze stervende. Kortom, een rasecht melodrama, met de te verwachten dosis naaktscènes en hitsige zwempartijen aan stranden op Martinique, waar de sappige heldin (die in tegenstelling tot haar tegenspeler wél kan acteren) volledig achter stond.

News from Home

Chantal Akerman

News from Home

DIRECTOR: Chantal Akerman
YEAR: 1976
COUNTRY: BE-FR-GW
SCREENPLAY: Chantal Akerman
ASST. DIR.: Paul Zadjerman, Epp Kotkes
DIR. PHOT.: Babette Mangolte
CAMERA: Babette Mangolte, Jim Asbell
EDITING: Francine Sandberg
SOUND: Dominique Dalmasso, Larry Haas
COMMENTS: Chantal Akerman
PRODUCER: Alain Dahan
PROD. CO.: Paradise Films (Bruxelles), Unité Trois
(Paris), Institut National de l'Audiovisuel
INA (Paris), ZDF (Mainz)
VOICES: Chantal Akerman
LANGUAGE: French
GAUGE: 16 mm
SILENT/SOUND: sound
B&W/COLOUR: colour
MINUTES: 89'

◆ A city, a voice. The city is New York, the voice that of Chantal Akerman reading her mother's letters sent during the daughter's stay in America. There is no body as part of a fiction. The fiction is elsewhere, fragmented by this very absence. One fiction belongs to the film-maker, who sketches her life against an urban backdrop, foregrounding one emotional tie, a spoken umbilical cord. One fiction is contained in the letters, the novel of a Brussels family life in all its everyday tones - the weddings and worries, the aunts and cousins and resilient wisdom, the common sense which pulls you through. Finally there is New York, filmed in static shots like photographs with internal movement - the flow of traffic, the come and go of pedestrians. The static shots allow time to take in the organization of space, the outlines of the blocks and glimpses of the horizon. This photography installs a geometry of the city. It is accompanied by travelling shots, sliding the buildings past the camera like a set or a backdrop, where "space-time" and "space-movement" are unified. Whether space outdoors - the street - or space indoors - the subway - both sets of shot impose an aesthetic which seizes on the very recognizable of America but moves beyond the cliché to create a minimalist perception of the stereotypes. The film ends with an impressive long sequence shot moving from inside to outside, the reality of the city (its avenues and façades) being superseded by its vision in perspective. The recognizable detail is succeeded by the overall view, water and sky replace the city. The ocean leads back to the mother; the voice can fall silent.

● Une ville et une voix. La ville est New York; la voix, celle de Chantal Akerman qui lit les lettres que sa mère lui envoyait pendant son absence américaine. Il n'y a pas de corps qui appartiennent à la fiction. Elle est ailleurs, démultipliée par le vide même. Celle de la cinéaste, qui filme sa vie en creux avec la ville en toile de fond et le cordon ombilical épistolaire en guise de bande-son affective. Celle portée par les lettres, le roman familial bruxellois, avec la vie comme elle va, les tantes et les cousines et la sagesse devant tout cela, le bon sens qui permet de tenir. Enfin celle de New York filmé en plan fixe comme une photographie avec un mouvement intériorisé - avancées de voitures ou circulation des piétons. Plans fixes qui laissent le temps de voir l'organisation de l'espace, le découpage en blocs, l'ouverture sur l'horizon. Cette frontalité propose une géométrie de la ville. A côté d'eux, d'autres plans, mobiles, fonctionnent comme un dérouleur où se rejoignent "l'espace temps" et "l'espace mouvement". Ils montrent aussi des rues-décors. Que ce soit l'espace du dehors, la rue, ou l'espace du dedans, le métro, tous les deux imposent une esthétique qui joue sur le reconnaissable immédiat de l'Amérique, mais qui dépasse le cliché pour arriver à une perception minimaliste des stéréotypes. Le film se termine sur un long et admirable plan-séquence où l'on passe du dedans au dehors, où la réalité de la ville (les avenues, les façades) fait place à sa mise en perspective. Le détail repérable laisse la place à la vue générale, l'eau et le ciel effacent la ville. La mer va permettre de retrouver la mère. La voix peut se taire. (JA)

▶ Een stad en een stem. De stad is New York; de stem is Chantal Akerman die brieven voorleest die ze van haar moeder ontving tijdens haar verblijf in Amerika. Geen lichaam dat bij een verhaal hoort; de fictie is elders, door die leegte zelf gefragmenteerd. Het is het verhaal van de cineaste die, tegen de achtergrond van de stad, haar leven verfilmt vanuit een emotionele moederband. Het verhaal van een Brusselse familie met het leven van alledag, de tantes en de nichtjes, en het gezond verstand dat nodig is om stand te houden. En dan is er het verhaal van New York, gefilmd met vaste camera: foto's die vanbinnen tot beweging komen door de rijdende auto's en de lopende voetgangers. De vaste camera geeft je de tijd om te kijken naar de ruimte-indeling, de afzonderlijke huizenblokken en de opening naar de horizon. In dit frontale schuilt de geometrie van de stad. Tegelijk ontrollen zich andere opnamen - rijers nu -, waarin "tijd-ruimte" en "beweging-ruimte" in elkaar overlopen. De straten zijn, ook hier, een décor. Of het nu de ruimte buiten is (de straat), of de ruimte binnen (de metro), allebei leggen ze een esthetiek op die het herkenbare Amerika in de verf zet, maar de clichés overstijgt om te komen tot een minimalistische perceptie van de stereotypen. De film eindigt met een lange, fraaie sequentie-opname waarin men van binnen naar buiten gaat, en de tastbaarheid van de stad - de brede straten en de gevels - plaats maakt voor een benadering die de stad in perspectief brengt. Van het kleine detail gaat het naar het algemene overzicht. Water en lucht doen de stad vervagen. De zee biedt een weg terug naar de moeder. De stem kan zwijgen.

Razzia sur le plaisir

Adolf M. Frank [Marius Lescœur], Jess Franco

Co-production

Razzia sur le plaisir
Une cage dorée
La fille dans une cage dorée
Des filles dans une cage dorée
Racket on Pleasure
Vizio in bocca

DIRECTOR: Adolf M. Frank [Marius Lescœur], Jess Franco
YEAR: 1976
COUNTRY: FR-BE
SCREENPLAY: Joseph Goblet, A.L. Mariaux [Marius Lescœur]
BASED ON: Greetings from Hong Kong, written by A.L. Malraux
DIALOGUE: Henri Bral de Boitselier
ASST. DIR.: Joseph Goblet
DIR. PHOT.: Raymond Heil
CAMERA: Joël Stevens, Alain Hardy
EDITING: Claude Gros
MUSIC: Daniel J. White
PRODUCER: Marius Lescœur, Pierre Querut
PROD. CO.: Eurociné (Paris), Brux International Pictures BIP (Bruxelles)
LANGUAGE: French
GAUGE: 35 mm
SILENT/SOUND: sound
B&W/COLOUR: colour
MINUTES: 86'

CAST: Florentina [Florentina Fuga] (Claudie), Evelyne Scott [Evelyne Deher] (Marie Lebœuf alias Marina Mayo), Alice Arno [Marie-France Broquet], Jacques Marbeuf [Jacques Gauthier] (Victor), René Caillard (L'homme au théâtre), Gilbert Servien, Roger Darton (M. Winter), Monica Swinn (Barmaid), Pierre Taylou (L'inspecteur), Antoinette Lambart, Chang Lee (Co Lee), Danielle Chennevière, Bob Gary, Ronald Weiss (Client du night-club), Linda Norman, Bruce Tsing, Joelle Lyons, Daniel J. White (Inspecteur), Jess Franco (M. Caramélis)

Le grand fanfaron

Philippe Clair

Co-production

Le grand fanfaron
Les bidasses en cavale
De grote opschepper
The Braggart

DIRECTOR: Philippe Clair
YEAR: 1976
COUNTRY: FR-BE
SCREENPLAY: Philippe Clair, Freha Benzaken, Pierre Pelegri
ASST. DIR.: Philippe Treboit
DIR. PHOT.: Alain Levent
CAMERA: Christian Garnier
EDITING: Gilbert Kikoïne, Françoise Thouroude, Françoise Cavafian, Danny Mazure
SOUND: Claude Villand
MUSIC: Jacques Revaux, Hervé Roy
ART DIRECTOR: Claude Bercovitch
PROD. CO.: Belstar Productions (Paris), Babel Productions (Paris), Fox Europe (Paris), Union Cinématographique Européenne (Paris), World Productions (Bruxelles)
PROD. SUPERV.: Alain Queffelean
LANGUAGE: French
GAUGE: 35 mm
SILENT/SOUND: sound
B&W/COLOUR: colour
MINUTES: 88'

CAST: Michel Galabru (Gilles), Micheline Dax (La colonelle), Claude Melki (Charlie), Claude Chauvet (Isabelle)

Gulliver's Travels

Peter Hunt

Gulliver's Travels
Les voyages de Gulliver
Gulliver

DIRECTOR: Peter Hunt
YEAR: 1976
COUNTRY: BE-UK
SCREENPLAY: Don Black
BASED ON: Gulliver's Travels, written by Jonathan Swift
ASST. DIR.: David Tringham
CAMERA: Alan Hume
ANIMATION: Nic Broca, Marcel Colbrant, Vivian Miessen, Louis-Michel Carpentier
EDITING: Ron Pope, Robert Richardson
MUSIC: Michel Legrand
ART DIRECTOR: Norman Dorme
COSTUMES: Anthony Mendelson
PRODUCER: Raymond Leblanc, Derek Horne
PROD. CO.: Belvision (Bruxelles), Valeness (UK)
EXEC. PROD.: Joseph Shaftel
CAST: Richard Harris (Lemuel Gulliver), Catherine Schell (Mary Gulliver), Norman Shelley (Father), Meredith Edwards (Uncle)
LANGUAGE: English
GAUGE: 35 mm
SILENT/SOUND: sound
B&W/COLOUR: colour
MINUTES: 81'

◆ The glorious tale of Belvision studios, which rose from modest beginnings in 1955 to become famous the world over with seven full-length animated features, reaches its close with the ambitious failure of **Gulliver's Travels**. Never before had Raymond Leblanc devoted such a colossal budget (one hundred million Belgian francs, in 1974) to one of his films. An English co-production adapted from a classic which had already served as the basis notably for the Russians in 1935 and the Fleischer Brothers in Hollywood in 1939, Belvision's film was partially made up of live-action footage shot in Britain (with "real" characters including Richard Harris as Gulliver) and later combined with the hand-drawn Lilliputians. Only Walt Disney had otherwise deployed this mixture of animation and live action (several times, in fact), created thanks to sophisticated techniques which fused actors, sets and cartoon stars in an operation of delicate synchronization. Courageously, Belvision took up the gauntlet, simultaneously pressing on with **The Six-smurf Flute**, released in time for Christmas 1975.

Gulliver's Travels, on the other hand, was never seen on Belgian screens, despite showings in London and Amsterdam in the summer of 1977 to unenthusiastic reviews. The press complained of "animation worse than that of the poorest efforts on television", "crude and wholly unengaging drawing", "dialogue which sounds as if it had been improvised over lunch" and "a banal score by Michel Legrand". There was also talk of financial problems, which may explain why the film was never distributed in Belgium.

● La glorieuse épopée des studios Belvision, commencée en 1955 avec modestie, puis devenue mondialement célèbre à partir de sept longs métrages d'animation, va s'achever avec l'ambitieux ratage des **Voyages de Gulliver**. Jamais un tel budget (cent millions de francs belges, en 1974) n'avait été consacré par Raymond Leblanc à l'un de ses films d'animation. Coproduit avec l'Angleterre, tiré d'un classique déjà porté à l'écran, notamment par les Russes en 1935 et par les frères Fleischer à Hollywood en 1939, l'ouvrage était composé, d'une part, de vues réelles tournées en Grande-Bretagne (avec des personnages "vivants", dont Richard Harris en Gulliver) et, d'autre part, de dessins animés pour représenter les Lilliputiens. Seul Walt Disney avait utilisé à plusieurs reprises ce mélange animation-réalité, grâce à un matériel sophistiqué combinant acteurs, héros de cartoon et décors, en un synchronisme délicat. Courageusement, Belvision releva le défi, tout en préparant parallèlement **La flûte à six schtroumpfs** qui sortit sur nos écrans pour la Noël 1975.

Par contre, on ne vit jamais en Belgique **Les voyages de Gulliver**, pourtant projetés à Londres et Amsterdam durant l'été 1977, déclenchant des critiques peu enthousiastes. La presse parla d'une "animation pire que les plus mauvais produits pour la TV", de "dessins vulgaires et sans intérêt", de "dialogues qui ont l'air improvisés pendant les pauses-repas", et d'une "musique banale de Michel Legrand". On évoquait aussi des problèmes financiers, ce qui explique peut-être la non-exploitation du film dans notre pays. (RM)

▶ Het succesverhaal van de Belvision-studio's, die bescheiden werden opgestart in 1955 en wereldwijd op de voorgrond traden met zeven lange tekenfilms, eindigde met de ambitieuze mislukking van **Gulliver's Travels**. Nooit voorheen had Raymond Leblanc zo'n budget uitgegeven aan een van zijn tekenfilms (100 miljoen BF, in 1974). De film zelf, in coproductie met Engeland, herneemt een klassieker die al eerder werd verfilmd door de Russen in 1935 en door de gebroeders Fleischer in Hollywood in 1939. Echte beelden, gedraaid in Groot-Brittannië, werden gecombineerd met levende personages (onder wie Richard Harris als Gulliver) en met tekeningen van de Lilliputters. Tot dan had alleen Walt Disney herhaaldelijk animatie en werkelijkheid vermengd dankzij een uitgekiend systeem om acteurs, striphelden en decors samen te brengen in een delicaat synchronisme. Belvision ging echter de uitdaging aan en nam tegelijk de voorbereiding ter hand van **De fluit met zes smurfen**, die tegen Kerstmis 1975 op onze schermen verscheen.

Gulliver's Travels zou men daarentegen nooit te zien krijgen in België. De film werd wel vertoond in Londen en Amsterdam, tijdens de zomer van 1977, maar lokte er weinig enthousiaste kritieken uit. De pers had het over "een animatiefilm die erger is dan de slechtste televisieproducties", "alledaagse en waardeloze tekeningen", "dialogen die tijdens de lunchpauzes geïmproviseerd lijken te zijn" en "banale muziek van Michel Legrand". Er werd ook gewag gemaakt van financiële moeilijkheden, die misschien verklaren waarom de film niet in ons land werd uitgebracht.

De komst van Joachim Stiller

Harry Kümel

De komst van Joachim Stiller
L'avènement de Joachim Stiller
The Coming of Joachim Stiller
The Advent of Joachim Stiller

DIRECTOR: Harry Kümel
YEAR: 1976
COUNTRY: BE-NE
SCREENPLAY: Jean Ferry, Harry Kümel, Jan Blokker
BASED ON: De komst van Joachim Stiller, written by Hubert Lampo
DIALOGUE: Jean Ferry, Harry Kümel, Jan Blokker
ASST. DIR.: Gerben Cath
DIR. PHOT.: Eddy Van der Enden
CAMERA: Rufus J. Bohez, Walther Vanden Ende
EDITING: Harry Kümel
SOUND: Wim Luyten, Michel Van Damme
MUSIC: Pieter Verlinden
ART DIRECTOR: Paul Degueldre
COSTUMES: Denise Walle, Suzanne Rosbach, Mariette De Wit
PRODUCER: Jos Van Gorp
PROD. CO.: BRT (Brussel)
PROD. SUPERV.: Tia Merecy
CO-PROD. CO.: AVRO (Hilversum)
CAST: Hugo Metsers (Freek Groenevelt), Cox Habbema (Simone Marijnissen), Willeke Van Ammelrooy (Lily), Dora Van der Groen (Madame Frans), Joan Remmelts (Andreas Colijn), Gaston Vandermeulen (Schepen Keldermans), Ward De Ravet (Wiebrand Zijlstra), Nellie Rosiers (Zijlstra's secretaresse), Charles Janssens (Siegfried), Anton Peters (Clemens Waalwijk), Alex Willequet (Onbekende), Nini De Boël (Stella Von Kipperfisch), Ton Lensink (Psychiater), Bob Storm (Cafébaas), Jo De Meyere (Secretaris), Marleen Maes (Suzanne), Hugo Van den Berghe (Bert), Daan Van den Durpel (Berts vriend), Willy Vandermeulen (Wil Walckeniers), Cara Van Wersch (Verpleegster), Co Flower (Madame Bloeminck)
LANGUAGE: Dutch
GAUGE: 35 mm
SILENT/SOUND: sound
B&W/COLOUR: colour
MINUTES: 110'
NOTES: There are three versions of this film:
1. a BRT version with three episodes of 50' each (production: Jos Van Gorp; editing: Firmin Van Hoeck)
2. an AVRO version of 100' (production: AVRO; editing: Firmin Van Hoeck)
3. a cinema version of 110' (production: BRT and AVRO; editing: Harry Kümel).

◆ **The Coming of Joachim Stiller** was billed originally as quality national television drama (a series of three 50' episodes). The Dutch television network AVRO eventually showed the whole series in a single episode after having cut 45', while director Harry Kümel himself edited a cinema version of 110'. The Kafkaesque, magic-realist novel by Hubert Lampo was adapted for the screen by French scriptwriter Jean Ferry. Ferry, who died just after the completion of the filming, added new elements (among others the epilogue and flashbacks) and characters (such as Dora Van der Groen's role) and elaborated the part of Willeke Van Ammelrooy.

The film recounts the story of Freek Groenevelt and Simone Marijnissen, whose lives are mysteriously taken over by Joachim Stiller, a bizarre personage who, always metamorphosed, influences their lives in different ways. In the end it becomes clear that his bad intentions are nothing less than the well-considered actions of a Messiah-figure.

Kümel cleverly packaged the tale as a thriller interspersed with humour and irony, and the magic-realism of the book was successfully transposed to the screen. Yet he found himself trapped in a kind of pseudo-intellectual aestheticism when logistical problems prevented him from achieving the complete realism he sought. This prestigious series had a fraught production history which dragged on for over three years: the budget crept up from BF 4 to 12 million, a work print became unusable after the BRT had stored it for too long under unsuitable conditions, reels sent to a London laboratory for processing were lost, and in the end the film was never released in the cinemas.

● Reconnu comme une série de qualité, **L'avènement de Joachim Stiller**, un feuilleton en trois épisodes de 50', est entré dans les annales de la télévision nationale. Cependant, la chaîne néerlandaise AVRO le diffusa en une fois, amputé de 45', et Harry Kümel lui-même en monta une version cinéma de 110'. Cette histoire kafkaïenne et magico-réaliste de Hubert Lampo avait été adaptée à l'écran par le Français Jean Ferry, qui décéda au lendemain du tournage. Ferry avait rajouté quelques éléments à l'original (l'épilogue et les flash-back), intégré de nouveaux personnages (Dora Van der Groen) et renforcé celui de Willeke Van Ammelrooy.

Le film raconte l'histoire de Freek Groenevelt et Simone Marijnissen, dont les vies tombent sous la coupe mystérieuse de Joachim Stiller, un personnage étrange qui, sous la forme de différentes personnes et par différentes voies, influence leur vie. Les mauvaises intentions de Stiller se révèlent petit à petit les actions bienfaisantes d'un Messie.

Kümel joua sur la composante "thriller" de l'argument, et la parsema d'humour et d'ironie. Il réussit à mettre en images l'élément magico-réaliste du roman mais regretta, toutefois, l'esthétique pseudo-intellectuelle et les problèmes logistiques qui l'ont empêché d'atteindre le réalisme absolu auquel il aspirait. La production de cette série prestigieuse fut mouvementée et s'étala sur près de trois années: le budget grimpa de 4 à 12 millions, une copie de travail séjourna trop longtemps dans les casiers de la BRT et s'avéra inutilisable par la suite, des bobines expédiées à un laboratoire londonien disparurent et la sortie du film en salles n'eut finalement pas lieu.

▶ **De komst van Joachim Stiller** ging de nationale tv-annalen in als kwaliteitsserie (een feuilleton van drie keer 50'). De AVRO zond de reeks in één keer uit, na er 45' uit te hebben geknipt, terwijl Harry Kümel zelf een bioscoopversie van 110' monteerde. Het kafkaiaanse, magisch-realistische verhaal van Hubert Lampo werd bewerkt door de Franse scenarist Jean Ferry, die net na de opnamen overleed. Ferry voegde nieuwe elementen (o.m. de epiloog en flashbacks) en personages toe (bv. dat van Dora Van der Groen), terwijl de rol van Willeke Van Ammelrooy uitgebreid werd.

De film verhaalt hoe Freek Groenevelt en Simone Marijnissen in de mysterieuze greep komen van Joachim Stiller, een vreemde man die steeds in een andere gedaante en op verschillende manieren hun leven beïnvloedt. Stilaan wordt echter duidelijk dat de ogenschijnlijk slechte bedoelingen van Stiller niets minder dan de gerichte daden van een Messiasfiguur zijn.

Kümel speelde de troef van het thrillergegeven uitstekend uit, wisselde af met wat humor en ironie, en wist het magisch-realistisch gegeven van de roman filmisch naar zijn hand te zetten. Toch betreurde hij te zijn vervallen in een soort pseudo-intellectuele esthetiek, omdat hij wegens logistieke problemen nooit het volstrekte realisme kon bekomen dat hij nastreefde. De prestigieuze serie kende een bewogen productiegeschiedenis die ruim drie jaar aansleepte: het budget liep op van 4 tot 12 miljoen, een werkkopie bleef te lang in de BRT-rekken liggen en bleek daarna onbruikbaar, filmbobijnen die naar een laboratorium in Londen waren verzonden, verdwenen spoorloos, en de film geraakte uiteindelijk zelfs nooit in de bioscoop. (LJ)

Lysistrata
Ludo Mich

Lysistrata

DIRECTOR: Ludo Mich
YEAR: 1976
COUNTRY: BE
SCREENPLAY: Mark Verreckt, Erik Kloek
BASED ON: Lysistrata, written by Aristophanes
DIR. PHOT.: Erik Convents, Axel de Meester
CAMERA: Erik Convents, Axel de Meester
EDITING: Lode Cafmeyer
SOUND: Arno Barthelemy, Gerd Dehu
MUSIC: Frans Weyler
ART DIRECTOR: Michel Van de Ghinste, Ludo Mich
PRODUCER: Lode Cafmeyer, Ludo Mich
PROD. CO.: Varia Films (Berchem), Ludo Mich Productions (Antwerpen)
PROD. SUPERV.: Ludo Mich
CAST: Denis Denys (Lysistrata), Daniel Weinberger (Salamis), Jacques Ambach (Herald), Frans Weyler (Herald), Annie Cré (Myrrine), Jozef Hermans (Messenger), Emmy Denys (Boeotian woman), Herman De Laet (Kinesias), Jan Terbruggen (Ambassador), Alain Mathijssens (Kleo), Erik Kloek, Ria Pacquée, Frieda Diels, Vera Goyvaerts, Armand De Hesselle
LANGUAGE: English, Dutch
GAUGE: 16 mm
SILENT/SOUND: sound
B&W/COLOUR: colour
MINUTES: 65'

◆ Ludo Mich, an avant-gardist and a graduate of the Antwerp Academy of Fine Arts, made his début in the world of film with a number of experimental shorts, such as **Deus ex machina** (1971), **Arthur Is Fantastic** (1972) and **My Tailor Is Rich** (1974). His first and only feature film was a typical example of independent, theatrical, conceptual lower-than-low-budget cinema made without a penny of subsidies. Mich adapted Aristophanes' bitingly satirical poetic comedy into a strictly personal ludic burlesque, in which all the actors perform naked. This was due not simply to the budget being too small to accommodate the appropriate costumes and regalia; Mich also intended to use this particularity to heighten the impact of Aristophanes' anarchistic ideas.

Lysistrata is set in 411 BC, during the siege of Athens by the Spartan troops, and is a kind of anti-war fable with a touch of feminism: the women of Athens have barricaded themselves into the Acropolis, determined to refuse all sexual contact with their men until they promise to renounce warfare. Mich himself and Lode Cafmeyer (also the assistant director to Roland Verhavert on **Chronicle of a Passion**) took charge of the production of this 16mm film. The original version was shot in a mixture of Dutch and (mainly) English. This highly personal, eccentric interpretation was shown at film festivals and in museums, but never stood a chance of being officially released; nor did the Flemish press know quite what to make of this exercise in avant-garde.

● Ludo Mich, artiste avant-gardiste, diplômé de l'Académie des Beaux-Arts anversoise, débuta au cinéma avec des courts métrages expérimentaux comme **Deus ex machina**, **Arthur Is Fantastic** (1972) et **My Tailor Is Rich** (1974). Son premier et unique long métrage était un exemple typique de création cinématographique indépendante, théâtrale, conceptuelle et au budget immensément petit. L'œuvre était réalisée sans un franc de subside. Mich transposa donc la comédie en vers d'Aristophane, acerbe et satirique, en une burlesque et ludique interprétation d'ordre très personnel. Détail croustillant: les acteurs sont nus. La cause n'en est pas uniquement la pauvreté du budget: Mich pensait de la sorte augmenter la puissance anarchique des idées d'Aristophane.

Lysistrata, situé en 411 avant J.-C. dans une Athènes assiégée par des troupes spartiates, est une fable anti-guerrière teintée de féminisme. Les femmes grecques se sont enfermées dans l'Acropole et refusent toute relation sexuelle avec les hommes jusqu'à ce qu'ils leur promettent de cesser de faire la guerre. Mich et Lode Cafmeyer, l'assistant-réalisateur de Roland Verhavert pour **Rolande ou la chronique d'une passion**, se partagèrent la production de ce film tourné en 16mm. La version originale était parlée néerlandais et anglais. Cette adaptation très personnelle et excentrique ne trouva jamais le chemin des grands écrans, si ce n'est celui des festivals et des musées. Quant à la presse flamande, elle ne réussit pas à savoir par quel bout prendre cet exercice d'avant-garde.

▶ Ludo Mich, avant-gardekunstenaar afgestudeerd aan de Antwerpse Academie voor Schone Kunsten, debuteerde in de filmwereld met experimentele kortfilms als **Deus ex machina** (1971), **Arthur Is Fantastic** (1972) en **My Tailor Is Rich** (1974). Zijn eerste en enige langspeelfilm, **Lysistrata**, is een typisch voorbeeld van onafhankelijke, theatrale, conceptuele low-lowbudget filmkunst, gedraaid zonder één frank subsidie. Mich geeft van het scherp satirische blijspel van Aristophanes een hoogst persoonlijke interpretatie, wat een ludieke burleske oplevert. Alle acteurs spelen naakt, niet alleen vanwege het feit dat het geld voor een aangepaste kostumering ontbrak, maar ook omdat Mich dit aspect wou benutten om de anarchistische ideeën van Aristophanes kracht bij te zetten.

Lysistrata speelt zich af in 411 voor Christus, in het door Spartaanse troepen belegerde Athene. Het is een feministisch getinte anti-oorlogsfabel: de Griekse vrouwen hebben zich in de Akropolis opgesloten en wijzen elk seksueel contact met de mannen af tot deze laatsten hen beloven het oorlogvoeren op te geven. De productie van deze 16mm-film was in handen van Mich en Lode Cafmeyer, de regie-assistent van Roland Verhavert voor **Rolande met de bles**. De originele versie werd deels in het Nederlands, deels - en vooral - in het Engels opgenomen. Deze erg persoonlijke, excentrieke bewerking kreeg - op enkele vertoningen op festivals en in musea na - nooit echt een kans op verdeling, terwijl de Vlaamse pers niet goed wist wat te denken van deze avant-gardistische oefening. *(LJ)*

Les arpents dorés

Armand Rocour

Les arpents dorés
De gouden akkers
The Golden Acres

DIRECTOR: Armand Rocour
YEAR: 1976
COUNTRY: BE
SCREENPLAY: Armand Rocour
DIALOGUE: Armand Rocour
ASST. DIR.: Jean Chalon
CAMERA: Armand Rocour
EDITING: Jean-Fr. Rousseaux
SOUND: Jean Husson
MUSIC: Robert Cogoi
PRODUCER: Armand Rocour
PROD. CO.: Productions Cinématographiques Armand Rocour PCAR (Amay)
CAST: Jean Chalon (Blaise), Micheline Simon (Françoise), Robert Cogoi, Claude Robert, Clairette Corbier, Didier Rocour, Marie-Christine Chanet, Colette Martello, Janine Dechamp, André Gérard
LANGUAGE: French
GAUGE: 16 mm
SILENT/SOUND: sound
B&W/COLOUR: colour
MINUTES: 95'

◆ Farmer Blaise lives happily with his wife and two children. Carrying on the tradition of his ancestors he keeps his entire savings at home, until one day his children convince him that a bank would be more appropriate. Opening his account, he is given tickets for the lottery, one of which is pulled as the winner in the draw. Despite his new-found riches, the farmer lives his life exactly as before, working the land. Yet news of his fortune reaches Jean, a debt-ridden womanizer and a colleague of Blaise's from his army days. Jean drags Blaise along on a series of night-time revels which swallow up ever-escalating sums of money. Eventually, the rows provoked by this impulsive spending lead Blaise to run out on his family and begin a new affair. Remorse and nostalgia finally bring him back to the fold.

The Walloon Armand Rocour (1932-1988) was born in Amay. A radio and television technician, his true passion was aeronautics, and it was during a tour of Africa at the controls of a single-engined plane that he made his first amateur documentary. This was followed by three medium-length films shot in Thailand and a fourth in Egypt. He tackled fiction in 1974 with an adaptation of a short play (**We Women**) by José Brouwers, from Liège. The film relates the peripetia of a small village whose male inhabitants are divided into two political clans. Then he devoted two years to **The Golden Acres**. His first full-length feature is brimming with good intentions but suffers from slow pacing and clumsy acting; nevertheless it enjoyed a warm reception, albeit on the local level.

● Le fermier Blaise vit heureux avec sa femme et ses deux enfants. Imprégné des traditions ancestrales, il garde ses économies chez lui, jusqu'au jour où ses enfants le convainquent des avantages du placement bancaire. Au guichet, il se voit offrir quelques billets de loterie, dont l'un porte le numéro gagnant. Devenu riche, le fermier ne change pas pour autant son mode de vie: il continue à travailler la terre. Cependant, la nouvelle de sa fortune est parvenue aux oreilles de Jean, un dragueur toujours endetté, que le paysan a connu au régiment. Jean entraîne Blaise dans des sorties nocturnes où les dépenses inconsidérées se multiplient. Excédé par les scènes de ménage que ses incessantes virées occasionnent, le paysan quitte son foyer et entame une nouvelle relation sentimentale. Toutefois, le remords et la nostalgie le ramèneront au bercail.

Le Wallon Armand Rocour (1932-1988) est né à Amay. Technicien en radio-télé, il se passionne pour l'aéronautique. Au cours d'un périple africain aux commandes d'un monomoteur, il réalise un documentaire en amateur, que suivront trois moyens métrages en Thaïlande et un quatrième en Egypte. Il affronte la fiction en 1974, en adaptant une courte pièce du Liégeois José Brouwers (**Nous les femmes**) sur les péripéties d'un petit village dont les hommes sont divisés politiquement en deux clans. Puis il consacre deux années aux **Arpents dorés**. Malheureusement fort lent et aux acteurs malhabiles, ce premier long métrage, plein de bonne volonté, connut un accueil bienveillant, mais local. (AJ)

▶ Boer Blaise leeft gelukkig en wel met vrouw en kinderen. De voorvaderlijke traditie is hem met de paplepel ingegeven en zijn spaargeld bewaart hij thuis, tot zijn kinderen hem overtuigen van de voordelen van een bankrekening. Aan het loket krijgt hij enkele loterijbiljetjes toegestopt, waaronder het winnende nummer. Nu is hij rijk, maar zijn levensstijl verandert niet; hij blijft de aarde bewerken. Het nieuws van zijn pas verworven fortuin komt Jean ter ore, een verleiderstype met een eeuwig schuldenprobleem, die vroeger in hetzelfde regiment als de boer diende. Jean leert Blaise het uitgaansleven kennen en het geld vliegt onbezonnen de deur uit. Tot wanhoop gedreven door de conflicten die zijn uitspattingen teweegbrengen, besluit de landbouwer huis en haard vaarwel te zeggen en een nieuwe relatie aan te knopen. Wroeging en weemoed zullen hem uiteindelijk doen terugkeren.

De Waal Armand Rocour (1932-1988) werd geboren te Amay. Als radio- en tv-technicus met een passie voor aëronautiek, maakte hij, reizend met een eenmotorig vliegtuig, boven Afrika een amateurdocumentaire. Later volgden drie middellange films over Thailand en een vierde over Egypte. In 1974 waagde hij zich dan aan fictie, met de bewerking van een kort stuk van de Luikenaar José Brouwers (**Nous les femmes**) over een dorp waarvan de mannelijke bevolking opgedeeld is in twee politieke clans. De volgende twee jaar wijdde Rocour aan **Les arpents dorés**. Deze eerste langspeelfilm liep over van goede wil en kon, ondanks het trage verloop en het onhandige acteerwerk, bogen op een warm plaatselijk onthaal.

Du bout des lèvres

Jean-Marie Degesves

Du bout des lèvres
Un bain froid en été
Aarzelende lippen
Met getuite lippen
At the Tip of the Tongue
Just a Taste of Love
On the Tip of the Tongue
Tip of the Tongue

DIRECTOR: Jean-Marie Degesves
YEAR: 1976
COUNTRY: BE
SCREENPLAY: Jean-Marie Degesves, Pierre Joassin
DIALOGUE: Jean-Marie Degesves, Pierre Joassin
ASST. DIR.: Jacques Raket
DIR. PHOT.: Walther Vanden Ende
CAMERA: Rufus J. Dohez, Constant Tresfon
EDITING: Michèle Maquet, Annette Wauthoz
SOUND: Jean-Claude Boulanger, André Brugmans, Chantal Bournonville
MUSIC: Frédéric Devreese
ART DIRECTOR: Jean-Pol Ferbus, Bruno Van der Vennet
PRODUCER: Jacqueline Pierreux
PROD. CO.: Pierre Films (Bruxelles)
PROD. SUPERV.: Tom Coene
CAST: Marie Dubois (Madame Boirin), Olivier De Saedeleer (Fernand), Francine Blistin (Madame Dejasse), Georges Aubrey (Monsieur Dejasse), Martine Regnier (Christine), Valmy Féaux (Notaire), Louise Rocco (Femme du notaire), René Hainaux (Amant), Léopold Chaudière (Curé), Pierre Crelot (René), Thierry Luthers (Jean), Marcel Buelens (Georges), Frédéric Bien (Frédéric), Patrick Courtois (Modeste), Nathalie Clausse (Solange), Véronique Bailly (Georgette), Emilienne Crelot (Mère de Gaston), Louis Bruyr (Un gendarme), Christian Courtois (Un gendarme), Gilbert Charles (Professeur technique), Maurice Sévenant (Professeur de géographie)
LANGUAGE: French
GAUGE: 35 mm
SILENT/SOUND: sound
B&W/COLOUR: colour
MINUTES: 85'

◆ As has often been noted by specialists in Belgian cinema, the golden age of "new cinema" in the country fell between 1960 and the end of the '70s. Film schools, state subsidies and the example set by neighbouring countries fuelled the élan of a liberating modernity and a whole generation of film-makers who embarked on their careers in this period. Following in the footsteps of Meyer or Delvaux came Akerman, Zéno, Lehman, Andrien, Rabinowicz and Pavel with their oft-maligned, hotly contested new works, disturbing, ground-breaking and always exciting for lovers of cinema. However, it was not long before the promise of commercial success, the contamination inflicted by television's fictional output and formulaic duplication of tried and tested plot lines sallied this initial purity, notably amongst the second wave of young directors, characterized more by the desire to please than to run risks. It would be unjust to generalize, and brilliant individual talents did emerge on the scene, but the tendency is there, in well-made, soulless films.

Two such films are the features of Jean-Marie Degesves, **At the Tip of the Tongue** and **A Pinch of Salt on the Skin** - familiar scripts, a French starlet heading the cast and particularly tentative risqué scenes. The first reworks the theme of **The Ripening Seed**, adapted from a Colette novel 20 years earlier by Claude Autant-Lara - the deflowering of a sensitive adolescent by a beautiful woman of thirty who arrives from the city. Not that the film lacks qualities: the actors are well directed, the dialogue rings true, the village setting is finely sketched without caricature and above all the moments of sexual initiation are handled with unaffected modesty.

● Comme l'ont souvent noté les spécialistes du film belge, c'est entre 1960 et la fin des années 70 que se situe l'âge d'or du "nouveau cinéma" dans notre pays. Exemples des pays voisins, écoles spécialisées et aides de l'Etat avaient déclenché l'élan d'une modernité libératrice. Toute une génération de cinéastes allaient se lancer dans l'aventure: sur les traces de Meyer ou de Delvaux, ce furent les premiers ouvrages dérangeants ou novateurs d'Akerman, Zéno, Lehman, Andrien, Rabinowicz ou Pavel, souvent rejetés ou âprement discutés, toujours passionnants pour le cinéphile. Mais bien vite le souci de rentabilité, la contamination des produits télévisés de fiction, la copie fidèle des recettes éprouvées allaient polluer cette pureté initiale, notamment parmi la deuxième vague des jeunes réalisateurs, chez qui domina l'envie de plaire plutôt que de risquer. Il serait injuste, bien sûr, de généraliser. De brillantes individualités ont surgi dans le paysage; mais la tendance est là, avec ses ouvrages bien faits et sans âme.

Les deux longs métrages de Jean-Marie Degesves, **Du bout des lèvres** et **Du sel sur la peau**, relèvent de ce courant: scenarii sans surprises, vedette française en tête d'affiche, audaces très prudentes. Le premier de ces films reprend le thème du **Blé en herbe** que Claude Autant-Lara avait adapté vingt ans plus tôt d'un roman de Colette: le dépucelage d'un adolescent sensible par une belle femme de trente ans, venue de la ville. L'ouvrage ne manque pas de qualités: bonne direction d'acteurs, dialogues sonnant juste, milieu villageois aux notations sans caricature, et surtout une pudeur sans complaisance dans les moments d'initiation sensuelle. (RM)

▶ Over het algemeen beschouwen specialisten van de Belgische film de periode tussen 1960 en eind jaren 70 als de gouden jaren van de "nieuwe film" in ons land. Gespecialiseerde scholen, overheidssteun en de invloed van onze buurlanden schiepen samen een klimaat van bevrijdend modernisme, wat een hele generatie cineasten inspireerde: in het zog van Meyer of Delvaux volgden de eerste bevreemdende of vernieuwende films van Akerman, Zéno, Lehman, Andrien, Rabinowicz of Pavel; werk dat meestal aangevallen of genegeerd werd en altijd boeiend is voor cinefielen. Maar al gauw zouden commerciële imperatieven, de massale productie van televisiefictie en de dwang om beproefde formules te hernemen deze oorspronkelijke zuiverheid bedoezelen, met een tweede generatie jonge auteurs tot gevolg die meer uit waren op het behagen van het publiek dan op het nemen van risico's. Veralgemenen is natuurlijk onrechtvaardig - nog steeds doken briljante individuen in het filmlandschap op - maar de trend van degelijk doch onbezield werk was gezet.

De twee langspeelfilms van Jean-Marie Degesves, **Du bout des lèvres** en **Du sel sur de peau**, zijn goede voorbeelden: conventionele scenario's met een Franse steracteur in de hoofdrol en op een uiterst brave manier "gewaagd". De eerste herneemt het thema van **Le blé en herbe** (20 jaar eerder door Claude Autant-Lara gemaakt, naar een roman van Colette): de ontmaagding van een gevoelige jongeling door een knappe dertigjarige vrouw uit de stad. Toch heeft deze film zo zijn kwaliteiten: een goede acteursregie, geloofwaardige dialogen, een niet-karikaturale evocatie van de dorpssfeer en vooral de terecht schroomvolle aanpak van de sensuele initiatiescènes.

Pierre

Jan Decorte

Pierre

DIRECTOR: Jan Decorte
YEAR: 1976
COUNTRY: BE
SCREENPLAY: Jan Decorte
DIALOGUE: Jan Decorte
ASST. DIR.: Gerda Diddens
DIR. PHOT.: Walther Vanden Ende
CAMERA: Rufus J. Bohez, Willy Stassen
EDITING: Erik Convents, Roland Lethem
SOUND: Frans Wentzel, Jean-Marie Buchet
ART DIRECTOR: Jan Decorte, Philippe Graff
PRODUCER: Jan Decorte
CAST: Bert Van Tichelen (Pierre), Cara Van Wersch (Zijn moeder), Marcel Hendrickx (Zijn vader), Rezy Schumacher (Jeanne), Hendrika De Meester (Zuster van Jeanne), Rein Walraven (Willy), Jos Van Gorp (Henri), Pitou Destickere (Simone), Nadia Bodart, Annie Declerck, Charlie Depauw, Robert Eburie
LANGUAGE: Dutch
GAUGE: 16 mm
SILENT/SOUND: sound
B&W/COLOUR: B&W
MINUTES: 90'

◆ This example of minimalist cinema evokes Fassbinder's **Why Does Herr R. Amok Run?**. Like Fassbinder, director Jan Decorte had also begun his career in experimental theatre, a fact apparent throughout the whole of this film. **Pierre** follows a day and night in the lonely life of a low-ranking municipal official, who murders a young woman in his cramped room and then unconcernedly returns to the drag of daily life the next morning.

Decorte cleverly and subtly observes the miserable, oppressive world of the lower middle class during the 1950s, making especially effective use of the setting (an anonymous bourgeois house somewhere in Brussels). The press praised the film's experimental character and its daring personal vision within the context of an unadventurous Flemish film scene, but were paradoxically much less keen on its emphatic style, pretentious tone and theatrical acting. Nevertheless, **Pierre** was awarded the critics' prize at the 11th Festival of Belgian Film in Namur.

Pierre was shot on 16mm in true hit-and-run style, in scarcely seven days and with no government subsidy. The photography was handled by Walther Vanden Ende and Rufus J. Bohez, who had recently made their mark with **Burned Bridge** by Guido Henderickx, acknowledged as one of the better Flemish productions. Decorte, who had graduated from the stage and drama department of the RITCS academy, made his film début with **Pierre**. The patent obstructionist Decorte also played the part of the son in Akerman's **Jeanne Dielman**.

● Cet exemple de cinéma minimaliste appela des comparaisons avec le film de Fassbinder, **Pourquoi Monsieur R. est-il atteint de folie meurtrière?** Tout comme lui, Jan Decorte venait du théâtre expérimental, un passé dont les traces apparaissent clairement dans cette œuvre cinématographique. **Pierre** raconte une journée et une nuit de la vie d'un petit fonctionnaire communal qui, dans sa chambre minable, assassine une jeune femme. Le lendemain, il retourne à sa routine quotidienne sans remords particuliers.

Decorte décortique avec raffinement le monde triste, étouffant et petit-bourgeois des années cinquante, en utilisant son décor (une maison de quartier bruxelloise anonyme) à la perfection. La presse loua le film en raison de son caractère expérimental et de sa position subversive au sein du paysage cinématographique flamand, souvent conventionnel. Paradoxalement, elle eut beaucoup de mal à admettre le style appuyé, le ton prétentieux et l'interprétation théâtrale. **Pierre** obtint néanmoins le prix de la presse au 11ᵉ Festival du Cinéma Belge à Namur.

Cette production fut tournée en 16mm, sans aide officielle et en un temps record (sept jours!). Walther Vanden Ende et Rufus J. Bohez, connus depuis **Pont Brûlé** de Guido Henderickx, une production flamande de qualité, en signèrent la photographie. **Pierre** marqua les débuts cinématographiques de Jan Decorte, diplômé du RITCS, section théâtre et dramaturgie. Mais son visage n'était pas inconnu: il avait auparavant tenu le rôle du fils dans **Jeanne Dielman** de Chantal Akerman.

▶ Dit voorbeeld van minimalistische cinema roept vergelijkingen op met Fassbinders **Warum läuft Herr R. Amok?**. Net als Fassbinder begon ook Jan Decorte zijn carrière in het experimentele theater, een achtergrond waarvan deze film duidelijk het stempel draagt. **Pierre** behelst een dag en nacht uit het eenzame leven van een lage gemeenteambtenaar, die op zijn kamertje een jonge vrouw vermoordt en 's morgens zonder al te veel scrupules opnieuw in de sleur van het leven stapt. Decorte observeerde knap en geraffineerd de triestige, benauwende kleinburgerlijke wereld van de jaren 50 en wist vooral het decor (een anoniem burgerhuis in het Brusselse) knap te benutten. De pers loofde het experimentele karakter van de film en zijn gedurfde persoonlijke opstelling binnen het statische Vlaamse filmlandschap, maar had - paradoxaal genoeg - tegelijk veel moeite met de nadrukkelijke stijl, de pretentieuze toon en het theatrale acteren. Toch ontving **Pierre** de persprijs op het 11de Festival van de Belgische Film te Namen.

Deze op 16mm gedraaide film moest het zonder overheidssteun stellen en werd ingeblikt in een recordtempo van nauwelijks zeven dagen. Voor de fotografie tekenden Walther Vanden Ende en Rufus J. Bohez, het duo dat net naam had gemaakt met **Verbrande Brug** van Guido Henderickx, een van de betere Vlaamse producties. **Pierre** was de debuutfilm van de aan het RITCS (sectie toneel en dramaturgie) afgestudeerde Decorte. Dwarsligger Decorte had een jaar eerder al de rol van de zoon vertolkt in **Jeanne Dielman** van Akerman. *(LJ)*

Rue Haute

André Ernotte

Rue Haute
Hoogstraat

DIRECTOR: André Ernotte
YEAR: 1976
COUNTRY: BE-FR
SCREENPLAY: André Ernotte, Elliot Tiber
BASED ON: Rue Haute, written by André Ernotte, Elliot Tiber
ASST. DIR.: Susana Rossberg
DIR. PHOT.: Walther Vanden Ende
CAMERA: Rufus J. Bohez, Constant Tresfon
EDITING: Susana Rossberg, Françoise Dumoulin
SOUND: Jean-Marie Buchet, Henri Morelle, Gérard Barra
MUSIC: Mort Shuman
ART DIRECTOR: Elliot Tiber, Philippe Graff
COSTUMES: Yan Tax
PRODUCER: Alain Guilleaume, Pierre Drouot
PROD. CO.: Ciné Vog Films (Bruxelles), Filmel (Paris)
PROD. SUPERV.: Michèle Tronçon
CAST: Annie Cordy (Mimi), Mort Shuman (David), Bert Struys (L'homme), Anne Marisse (Sandra), Guy Verda (Gérard), Elliot Tiber (Mike), Nadia Gary (Valérie), Louise Rocco (Lily), Raymond Peira (Le docteur), Suzy Falk (La crémière), Michel De Warzee (Le fleuriste), Pierre Fox (Le guide), Martine Willequet (L'infirmière), Henny Alma (Belle), Esther Christinat (La jeune Mimi)
LANGUAGE: French
GAUGE: 35 mm
SILENT/SOUND: sound
B&W/COLOUR: colour
MINUTES: 94'

◆ The career of André Ernotte over the course of the '70s makes spectacular reading: a graduate of the INSAS film school, an actor and director in Brussels, he obtains a two-year scholarship for the USA where he meets the American Elliot Tiber, and the two team up to write sketches for television and film scripts (he also takes a small part in **The French Connection**). Then follows more work as a director in Holland, at the Théâtre National and the Théâtre Royal de la Monnaie (where he causes a scandal with his *Valkyrie*) and his first foray into film-making with **Rue Haute** before he settles for good in New York. For his only full-length film he writes both a screenplay and a novel, once again in collaboration with Elliot Tiber.

The whole film rests on the unexpected casting of Annie Cordy, not as a comic singer but as a working-class woman who periodically disturbs the Sablon quarter with her shouting and bouts of madness. An American painter living in Brussels becomes attached to this fishmonger and tries to uncover the origin of her mental instability, the arrest of her Jewish husband during the Occupation. Another singer, Mort Shuman, plays this giant, friendly protector with fervent conviction. Despite the high quality of the two stars, this story of a selfless and often pathetic love is only too glad to showcase a richly colourful working-class area, from the Marolles to the Marché de la Chapelle. The excessive use of the picturesque, the paroxysms of many scenes (e.g. the scream of despair in a church) and the caricatured minor characters, dissipate the expected emotional impact.

● Trajectoire fulgurante que celle du Liégeois André Ernotte durant les années 70: diplômé de l'INSAS, acteur et metteur en scène à Bruxelles, il obtient une bourse de deux ans pour les Etats-Unis et rencontre l'Américain Elliot Tiber, avec qui il écrit des sketches pour la télévision et des scénarios de films (on le verra aussi dans un bref rôle de **The French Connection**). Puis, ce seront d'autres mises en scène aux Pays-Bas, au Théâtre National ou au TRM (où sa *Walkyrie* fait scandale), et ses débuts au cinéma, avec **Rue Haute**, avant de s'installer définitivement à New York. Pour cet unique long métrage à ce jour, il rédige à la fois un scénario et un roman, toujours avec Elliot Tiber.

Tout le film repose sur la composition inattendue d'Annie Cordy: bien loin de ses chansons comiques, elle incarne une femme du peuple dont les accès de cris et de folie troublent périodiquement le quartier du Sablon. Un peintre américain à Bruxelles va s'attacher à cette malheureuse marchande de poissons et tenter de découvrir l'origine de sa fragilité mentale: l'arrestation de son mari juif pendant l'Occupation. Une autre vedette de music-hall, Mort Shuman, joue ce rôle de bon géant protecteur avec une conviction chaleureuse. Outre la qualité des deux interprètes, cette histoire d'un amour désintéressé et souvent pathétique s'insère avec bonheur dans un milieu populaire haut en couleur, des Marolles au Marché de la Chapelle. Cela dit, l'abus du pittoresque, des scènes à paroxysme (dont un désespoir hurlé dans une église), des comparses parfois caricaturaux handicape maintes fois l'émotion attendue. *(RM)*

► De carrière van de Luikenaar André Ernotte schoot in de jaren 70 pijlsnel omhoog: met zijn diploma van het INSAS was hij acteur en regisseur in het Brusselse theater. Hij trok met een beurs voor twee jaar naar de VS, waar hij de Amerikaan Elliot Tiber ontmoette. Samen met hem schreef hij sketches voor de televisie en filmscenario's (hij had ook een bijrol in **The French Connection**). Dan volgen er regie-opdrachten in Nederland, het Théâtre National of de Munt (waar zijn *Walkyrie* voor schandaal zorgde), en maakte hij zijn filmdebuut met **Rue Haute**, waarna hij zich voorgoed in New York vestigde. Voor deze eerste en enige langspeelfilm schreef hij, nog steeds samen met Elliot Tiber, een scenario en een boek.

De hele film steunt op de prestatie van Annie Cordy, niet als zangeres maar als volksvrouw die regelmatig de Zavelwijk verstoort met haar waanzinnig geschreeuw. Een in Brussel gevestigde Amerikaanse schilder voelt zich aangetrokken tot deze ongelukkige visverkoopster en tracht de oorsprong van haar mentale stoornis te achterhalen: de arrestatie van haar Joodse man tijdens de Bezetting. Een andere vedette uit de muziekwereld,

Mort Shuman, vertolkt met warme overtuiging de goedaardige reus die zich opwerpt als beschermer. Naast deze twee hoogstaande vertolkingen is dit verhaal over een onbaatzuchtige en vaak pathetische liefde geworteld in kleurrijke volkse buurten van de Marollen tot de Kapellemarkt. De overdaad aan folklore, de climactische opbouw van sommige scènes (bv. de wanhoopskreet in een kerk) en de soms karikaturale bijrollen zorgen echter dikwijls voor een verwatering van de emotionele kracht.

Moi, Tintin

Henri Roanne, Gérard Valet

Moi, Tintin
Ik, Kuifje
I, Tintin

DIRECTOR: Henri Roanne, Gérard Valet
YEAR: 1976
COUNTRY: BE-FR
SCREENPLAY: Henri Roanne, Gérard Valet
ASST. DIR.: Patrick Slosse
DIR. PHOT.: André Goeffers, Walther Vanden Ende
CAMERA: Jos Marissen, Belvision, Michel Gaffier, Michel Ognier, Constant Tresfon
ANIMATION: Michel Leloup
EDITING: Michèle Maquet, Annette Wauthoz
SOUND: Alain Pierre
MUSIC: Alain Pierre
ART DIRECTOR: Jacques Van Brabant
COMMENTS: Gérard Valet
PRODUCER: Jacqueline Pierreux
PROD. CO.: Pierre Films (Bruxelles), Rova (Bruxelles), Belvision (Paris)
PROD. SUPERV.: Tom Coene, Guy De Lombaert
VOICES: Jean-Paul Andret, José Fostier, Anne Rieter, Gérard Valet
LANGUAGE: French
GAUGE: 35 mm
SILENT/SOUND: sound
B&W/COLOUR: colour
MINUTES: 86'

◆ Critically acclaimed for their collaborations on Belgian radio, Gérard Valet and Henri Roanne had already made a full-length documentary on China (Valet also having worked alone on a reportage on the North Vietnamese after the war) when they teamed up once again to explore the fertile territory of Hergé's comic-strip albums, the sales figures (and several film adaptations of Tintin's exploits) ample evidence of their popularity. The film-makers' avowed intent was to examine the commercial and mythical phenomenon surrounding Hergé's œuvre by placing his tales in the historical context of their inception. In fact, many of the albums have as a background major political events (the Sino-Japanese conflict, the rise of dictatorships, problems in Palestine and South America, the cold war etc.), on occasion also mirroring the latent racism and good catholic morality of the bourgeoisie Hergé was born into, its prejudices and ideology.

The result is a collage of news footage and excerpts from the comic strip, discussion of the genesis of a legend and interviews with its creator, criticism and admiration. Then there are the various stages in the making of a Tintin - the meticulous fine-tuning of the stories, the distribution and the impact of the albums (over twenty of them, to date translated into 42 languages). Himself astonished at this popularity, lauded by de Gaulle and Lumumba, Malraux and Michel Serres, Georges Remi has his say, leaps to his own defence - keeps his distance, in effect. The film (taken off the shelf and completed for television following his death in 1983) has, despite its limitations, become a vital record of this figure.

● Collaborateurs estimés de la radio belge, Gérard Valet et Henri Roanne avaient déjà signé un long métrage sur la Chine (et Valet, seul, un reportage sur les Vietnamiens du Nord après la guerre). Ils refirent équipe pour explorer le riche territoire des albums d'Hergé, dont les records de vente (et plusieurs films adaptant les exploits de Tintin) prouvaient assez la popularité. Leur intention avouée était d'aborder le phénomène commercial et mythique déclenché par l'œuvre d'Hergé, en mettant en rapport les histoires racontées et le contexte historique dans lequel elles étaient nées. Car beaucoup de ces albums ont comme toile de fond des événements politiques majeurs (conflit sino-japonais, montée des dictatures, problèmes de la Palestine ou des contrées sud-américaines, guerre froide, etc.), tout en reflétant parfois le racisme latent ou la bonne conscience de la bourgeoisie catholique, d'où Hergé est issu, avec ses préjugés et son idéologie.

Le montage mélange documents d'actualité et planches dessinées, genèse de la légende et entretiens avec son créateur, critique et admiration. Sont aussi filmées les étapes de la fabrication d'un Tintin: mise au point méticuleuse des histoires, diffusion et impact des albums (plus d'une vingtaine, traduits actuellement en 42 langues). Etonné lui-même de cette popularité, applaudi par de Gaulle et Lumumba, André Malraux et Michel Serres, Georges Remi s'exprime, se défend mais, au bout du compte, se livre assez peu. Malgré ses limites, le film (repris et complété pour la télévision, après sa mort en 1983) est devenu un document essentiel sur le personnage. (RM)

▶ Gérard Valet en Henri Roanne, gerespecteerde medewerkers van de Belgische radio, hadden samen al een lange documentaire over China gedraaid (en Valet, in een soloproject, een verslag over Noord-Vietnam na de oorlog), toen ze besloten andere regionen te verkennen, namelijk de rijke wereld van de albums van Hergé, waarvan de verkoopcijfers (en de vele filmbewerkingen) genoegzaam de populariteit aantoonden. Hun opzet was het commerciële aspect en de haast mythische proporties van Hergés werk in hun historische context te plaatsen. Vele albums spelen zich immers af tegen een bewogen politieke achtergrond (het Chinees-Japanse conflict, de opkomst van dictaturen, de Palestijnse problematiek, Zuid-Amerika, de koudé oorlog, enz.); vaak weerspiegelen ze ook het latente racisme en de ideologie en vooroordelen van de katholieke bourgeoisie waar Hergé deel van uitmaakte.

Vandaar dus deze montage die nieuwsbeelden en tekeningen vermengt, het ontstaan van een legende uit de doeken doet en interviews met de tekenaar brengt, kortom, kritiek en bewondering. Ook het ontstaansproces van een Kuifjealbum wordt behandeld: van het nauwgezet uitwerken van de plot tot de verspreiding en de impact van de strips (in totaal meer dan 20 albums, tot dusver vertaald in 42 talen). Georges Remi - gelauwerd door de Gaulle en Lumumba, Malraux en Michel Serres, en verbaasd over die populariteit - verschaft tekst en uitleg maar geeft zich zelden bloot. Na Hergés dood in 1983 werd de film afgestoft en verder aangevuld voor vertoning op de televisie. Ondanks zijn beperkingen blijft dit werk een onmisbaar document over het personage.

Krystyna et sa nuit

Charles Conrad

Krystyna et sa nuit
Christine et sa nuit
Krystyna en haar nacht
Krystyna and Her Night
Christine in Darkness

DIRECTOR: Charles Conrad
YEAR: 1976
COUNTRY: BE
SCREENPLAY: Charles Conrad, Gaston Desmedt
DIALOGUE: Hervé Thys
ASST. DIR.: Gaston Desmedt
DIR. PHOT.: Charles Conrad
CAMERA: Charles Conrad, Renier Doutrelepont, André Kasprzak, Alain Marcoen
EDITING: Charles Conrad
SOUND: Henri Morelle
PRODUCER: André Thomas
PROD. CO.: Spiralfilm (Bruxelles)
PROD. SUPERV.: Germaine Levy
CAST: Marysia (Christine), Roger Van Hool (Pierre), Bernard Marbaix (Fernand), Béatrice Leymourre (Anne-Marie), Yves Collignon (André), Pierre Dumaine (Homme du bar), Guy Lesire (Philippe), Gisèle Oudart, Raymond Peira, Hubert Crahay, Georgia Valmont, Blanche Aubrée, Christelle Cornil, Kathleen Le Grelle, Régine Lippens
LANGUAGE: French
GAUGE: 35 mm
SILENT/SOUND: sound
B&W/COLOUR: colour
MINUTES: 78'

◆ The first feature film by a director well into his sixties, **Krystyna and Her Night** was also to be Charles Conrad's only foray into fiction. He already had a multifaceted career behind him: originally from Antwerp, he had devoted himself to sculpture, painting and ceramics, exhibiting throughout the world and publishing numerous articles on artistic questions. In 1930 (following on from minor advertisements) he directed one of the first European sound cartoons, **Macabre Fantasy**, then a long list of very short scientific animation films extending up to the war. He then turned to documentaries on Michelangelo, Aimé Césaire and Antonin Artaud.

It is not clear what brought Conrad to feature films - with actors of flesh and blood - so late in the day. He was scriptwriter, lighting cameraman, director and editor of **Krystyna and Her Night**, intended as a study of solitude in the contemporary world as revealed in the story of a young blind girl searching vainly for love. A string of brief liaisons brings her nothing but disillusionment, until her meeting with a pianist who attempts tenderly to rescue her from her moral distress. However, all his efforts prove fruitless. A beautiful actress of Polish origin, Marysia, did her best to save the story of her fragile character, but the turgid dialogue, rather boring script and pointless wanderings through Brussels and along the shore gave the film more the air of a TV serial than of an Antonioni-style essay in psychology. Following its dismissal by both the critics and audiences, Charles Conrad steered clear of film-making until his death in 1994.

● Premier long métrage d'un cinéaste largement sexagénaire, **Krystyna et sa nuit** fut également sa seule incursion dans le film de fiction. À l'époque de sa réalisation, Charles Conrad pouvait se targuer d'une carrière riche, aux nombreuses expériences: originaire de la région d'Anvers, il s'était passionné pour la sculpture, la peinture ou la céramique, exposant dans le monde entier et publiant de multiples articles sur les questions artistiques. En 1930, il avait réalisé (après de petits clips publicitaires) l'un des premiers dessins animés sonores en Europe: **Fantaisie macabre**; puis de multiples mini-films d'animation scientifiques jusqu'à la guerre. Ensuite, ce furent des documentaires autour de Michel-Ange, Aimé Césaire ou Antonin Artaud.

On ignore ce qui amena si tardivement Conrad vers le film d'acteurs; il fut scénariste, photographe, réalisateur et monteur de **Krystyna et sa nuit**, qui se voulait une approche de la solitude dans le monde contemporain, à travers le personnage d'une jeune aveugle cherchant vainement l'amour. Des liaisons passagères la laissent déçue, jusqu'à sa rencontre avec un pianiste qui s'éprend d'elle, l'apprivoise peu à peu et tente, en vain, de l'arracher à sa détresse morale à force de tendresse. Une belle actrice d'origine polonaise, Marysia, sauvait partiellement cette réalisation, qu'un dialogue fort ampoulé, des déambulations vaines dans Bruxelles ou en bord de mer, et un script passablement ennuyeux rendaient plus proche du feuilleton que des tropismes psychologiques chers à Antonioni. Après le rejet du film, tant par la critique que par le public, Conrad ne tourna plus. Il mourut en 1994. (RM)

► Charles Conrad was al ver in de 60 toen hij zijn eerste en enige fictiefilm afleverde, **Krystyna et sa nuit**. Bij aanvang van het project kon hij reeds terugblikken op een rijke carrière. Hij was afkomstig uit de streek van Antwerpen en had een passie voor beeldhouwen, schilderkunst en ceramiek; hij exposeerde overal ter wereld en er verscheen regelmatig een artikel van zijn hand. In 1930 regisseerde hij, na enkele reclamespots, een van de eerste Europese tekenfilms met klank, **Fantaisie macabre**. Dan volgde een resem wetenschappelijke tekenfilmpjes en, na de oorlog, documentaires over o.m. Michelangelo, Aimé Césaire en Antonin Artaud.

Het is niet bekend waarom Conrad zich na zovele jaren aan een film met echte acteurs waagde. Voor **Krystyna et sa nuit** verzorgde hij zelf zowel regie en scenario als fotografie en montage. De film handelt over de eenzaamheid in onze hedendaagse samenleving, beleefd door een blinde jonge vrouw die tevergeefs op zoek is naar de liefde. Enkele vluchtige relaties brengen slechts ontgoocheling, tot ze een pianist ontmoet die op haar verliefd wordt, haar geduldig benadert en met tederheid uit deze morele impasse tracht te bevrijden, zonder daar echter in te slagen. De knappe Poolse actrice Marysia wist dit gevoelige personage nog enigszins behoorlijk neer te zetten, ondanks de bombastische dialogen, de inhoudsloze zwerftochten door Brussel of langs de kust en het tamelijk vervelende script, die haar dichter bij een figuur uit een feuilleton brengen dan bij psychologische tropismen à la Antonioni. Afgewezen door zowel de critici als het publiek, waagde Conrad zich niet meer aan een nieuwe film; hij stierf in 1994.

Berthe
Patrick Ledoux

Berthe

DIRECTOR: Patrick Ledoux
YEAR: 1976
COUNTRY: BE-GW
SCREENPLAY: Patrick Ledoux
BASED ON: Berthe, written by Guy de Maupassant
DIALOGUE: Patrick Ledoux
ASST. DIR.: Patrick Jean-Charles
DIR. PHOT.: Claude Michiels
CAMERA: Claude Michiels
EDITING: Monique Rysselinck
SOUND: André Patrouillie
MUSIC: Patrick Ledoux
ART DIRECTOR: Muriel Anuset
PROD. CO.: Gamma Films (Bruxelles), ZDF (Mainz)
PROD. SUPERV.: Jacques De Pauw
CAST: Claire Wauthion (Berthe), Alfonso Lipp (Le médecin), Suzy Falk (La mère), Jean-Jacques Moreau (Le mari), Marion Hänsel (La servante), Antoon Carette (Le père)
LANGUAGE: German
GAUGE: 35 mm
SILENT/SOUND: sound
B&W/COLOUR: B&W
MINUTES: 64'

◆ **Berthe** is certainly this director's most successfully realized work of fiction. The script is based on a Guy de Maupassant novella, a cruel, strange love story. Berthe, a beautiful young girl, has since her childhood descended further and further into madness. Her parents are desperate and hope to cure her of the illness by finding her a husband, believing in the magic potion of marriage. The poor soul becomes deeply attached to her husband, who quickly tires of his bride and wastes no time in abandoning her, leaving an unhappy recluse who pines like an animal parted from its master. The story is told by the doctor who had tried to come to terms with Berthe's behaviour and teach her elementary concepts such as time and affectivity. This learning process recalls that described by François Truffaut in **The Wild Child** and brutally lays bare the taboos that exist within the family and the profound ferocity of bourgeois conventions.

Steering clear of the story's melodramatic side and in response to the recurring difficulty of representing madness in a credible way, Patrick Ledoux opted for an austere mise en scène with clinical Jansenist dialogue and black-and-white photography. The sobriety of medical study, the professional gaze of the narrator establish a welcome distance, imbuing the tale with emotion free of pathos and a sense of profound meaning. Much credit for the film's success must also go to Claire Wauthion in the role of Berthe: she internalizes her character's madness with great sensitivity, never falling into overwrought hysterics.

● Ceci est certainement le film de fiction le plus abouti de ce réalisateur, dont le scénario se base sur une nouvelle de Guy de Maupassant, une cruelle et étrange histoire d'amour. Berthe, une belle jeune fille, a sombré depuis sa petite enfance dans la folie. Sa maladie fait le désespoir de ses parents qui, pour la guérir, lui donnent un mari, prêtant au mariage des vertus de potion magique. Cette pauvre égarée va s'attacher à son époux qui, lassé, ne tardera pas à l'abandonner, la laissant recluse et malheureuse comme une bête privée de son maître. Le récit est conduit par le médecin qui avait essayé de comprendre le comportement insensé de Berthe et de lui apprendre quelques notions, comme celle du temps, de l'affectivité... Cet apprentissage n'est pas sans rappeler celui raconté par François Truffaut dans **L'enfant sauvage** et éclaire durement les non-dits des familles et la férocité profonde des convenances bourgeoises.

Pour éviter le côté mélodramatique de l'histoire et pour surmonter la difficulté de mettre en scène d'une manière crédible la folie, Patrick Ledoux a opté pour une réalisation austère, janséniste, tournée en noir et blanc, où les dialogues ont une rigueur clinique. La froideur de l'expérimentation médicale, le regard de clinicien du narrateur opèrent une distanciation salutaire qui dégage une émotion sans pathos et le sens profond de l'histoire. Claire Wauthion, qui joue le rôle de Berthe, est pour beaucoup dans la réussite du film. Elle intériorise, avec beaucoup de pudeur, l'égarement de son personnage, sans jamais tomber dans un jeu trop appuyé. (JA)

▶ Dit is ongetwijfeld de meest geslaagde fictiefilm van deze regisseur. Het scenario is gebaseerd op een novelle van Guy de Maupassant, een wrede en vreemde liefdesgeschiedenis. Berthe, een knap meisje, zinkt al sinds haar prille jeugd steeds verder weg in de waanzin. De ziekte drijft haar ouders tot wanhoop; om haar te genezen, zoeken ze haar een echtgenoot, overtuigd als ze zijn van de magische krachten eigen aan het huwelijk. De arme, verdwaalde ziel wordt erg afhankelijk van haar man, die daar al snel genoeg van krijgt en haar laat vallen. Ze blijft eenzaam achter als een ongelukkig huisdier. Het hele verhaal wordt verteld door de dokter die probeerde het irrationele gedrag van Berthe te doorgronden en haar enkele elementaire noties als tijd en affectie bij te brengen... Dit leerproces herinnert aan François Truffauts **L'enfant sauvage** en legt accuut de taboes binnen het familieleven en de wreedheid van de burgerlijke conventies bloot.

Om het melodrama zoveel mogelijk te mijden en de waanzin op geloofwaardige manier weer te geven, opteerde Ledoux voor een sobere, haast jansenistische regie, in zwart-wit en met dialogen van een klinische hardheid. De kilte van het medische experiment en de afstandelijke invalshoek van de regisseur bewerkstelligen een heilzame distantiëring, waarvan een emotie zonder pathos uitgaat die ons naar de diepere zin van het verhaal voert. Claire Wauthion (Berthe) draagt veel bij tot het slagen van deze opzet. Met veel schroom verinnerlijkt zij de verwarring van haar personage, zonder in gekunsteldheid te vervallen.

L'une chante, l'autre pas
Agnès Varda

Co-production

L'une chante, l'autre pas
De ene zingt, de andere niet
One Sings, the Other Doesn't

DIRECTOR: Agnès Varda
YEAR: 1976
COUNTRY: FR-CA-BE
SCREENPLAY: Agnès Varda
DIALOGUE: Agnès Varda
ASST. DIR.: Jean-Claude Mallet, France Debuisson
DIR. PHOT.: Charlie Van Damme
CAMERA: Nurith Aviv, Elisabeth Prouvost
EDITING: Joëlle Van Effenterre, François Thévenot, Elisabeth Pistorio
SOUND: Henri Morelle, Jesus Navarro, Jacques Bissières, François Gibert
MUSIC: François Wertheimer
ART DIRECTOR: Frankie Diago
COSTUMES: Frankie Diago
PROD. CO.: Ciné-Tamaris (Paris), Société Française de Production SFP (Paris), Institut National de l'Audiovisuel INA (Paris), Paradise Films (Bruxelles), Contrechamp (Paris), Population Films (Curaçao)
PROD. SUPERV.: Linda Belmont
LANGUAGE: French
GAUGE: 35 mm
SILENT/SOUND: sound
B&W/COLOUR: colour
MINUTES: 120'

CAST: Valérie Mairesse (Pauline alias Pomme), Thérèse Liotard (Suzanne), Robert Dadiès (Jérôme), Gisèle Halimi (Gisèle Halimi), Ali Raffi (Darius), Dominique Ducros (Marie, 13 ans), Jean-Pierre Pelegrin (Docteur Pierre Aubanel), Laurent Plagne (Mathieu, 13 à 15 ans), Mona Mairesse (La mère de Pomme), Francis Lemaire (Le père de Pomme)

Détachez vos ceintures
Guy Gibert [Guy Jack, Yves Coste]

Co-production

Détachez vos ceintures
Exaspération sexuelle
Gloeiend vuur onder de gordel
Unfasten Your Seat Belts

DIRECTOR: Guy Gibert [Guy Jack, Yves Coste]
YEAR: 1976
COUNTRY: FR-BE
SCREENPLAY: Yves Coste
DIR. PHOT.: Roland Delcour
CAMERA: Roland Delcour
SOUND: Pierre Richard
PROD. CO.: Alcinter (Paris), Fidelio (Bruxelles)
CAST: Gina Jansen, Gabriel Pontello, Marie Royer, Marlène Myller, Erik Falk
LANGUAGE: French
GAUGE: 35 mm
SILENT/SOUND: sound
B&W/COLOUR: colour
MINUTES: 70'/90'

Deus lo volt

Luc Monheim

Deus lo volt
Dieu le veut
God wil het
God Wills It So

DIRECTOR: Luc Monheim
YEAR: 1976-1978
COUNTRY: BE
SCREENPLAY: Luc Monheim, Dominique Rozan
DIALOGUE: Luc Monheim, Dominique Rozan
ASST. DIR.: Dirk Van den Eynden
DIR. PHOT.: Claude Michiels, Charlie Van Damme
CAMERA: Claude Michiels, Charlie Van Damme, Bruno Lison
EDITING: Patricia Canino, Ludmila Tchorbadjiiska
SOUND: Roger Defays, Alain Marchal
MUSIC: Alain Marchal
ART DIRECTOR: Wally Van Looy, Luc Peeters
COSTUMES: Frieda Verhees, Jacotte Piroton
PRODUCER: Claude Michiels, Guy Jacobs
PROD. CO.: Prodifilm Europe (Bruxelles), 2000 Productions (Bruxelles)
CAST: Dominique Rozan (L'homme), Liliane Becker (Gard), Claudine Laroche (Inge), Frédérique Hender (Ann), Yvette Merlin (Hilde), Jean Decraux (Le magister), Gérard Vivane (Le bossu), Robert Delieu (Lode), Lucien Charbonnier (Le moine), Albert-André Lheureux (Frère Ambroise), André Desramaux (Gilles)
LANGUAGE: French
GAUGE: 35 mm
SILENT/SOUND: sound
B&W/COLOUR: colour
MINUTES: 95'

◆ **Dieu le veut** or **God Wills It So** is the second film by painter-sculptor-set designer Luc Monheim. Following his exploration of the fringes of Antwerp society in **Way Out**, he now turned his camera toward the Middle Ages in an examination of power and the role of women in those wars waged in the name of religion. Monheim based the film on a newspaper article about 400 women who followed the soldiers throughout the entire Vietnam war; he then transferred this story to the time of the Crusades, creating a wild, bombastic historical fresco shot in the Belgian town of Bouillon. The story focuses on four women following a group of looters. Monheim succeeds admirably in recapturing the primitive, raw atmosphere of the Middle Ages.

God Wills It So was subsidized by the Belgian Ministry of French Culture and produced by Claude Michiels of Prodifilm Europe. The film was first shown at the Festival of Belgian Film in Namur in November 1976. However, a dissatisfied Monheim continued to tinker with this version, managing to obtain an extra BF 500 000 from the same Ministry of French Culture to shoot a number of additional scenes. He thus gave the film - now called **Deus lo volt** and produced by Guy Jacobs for 2000 Productions - an entirely new framework, in which the story is told by a dying Crusader wandering through the desert (the dunes near the coastal resort of De Panne) and recalling his life. These changes were unable to rescue the film. The so-called "world première" of **Deus lo volt** had to wait until 1980 and took place in Antwerp.

● **Dieu le veut** est le second film du peintre-sculpteur-décorateur Luc Monheim. Après la descente dans le ventre mou d'Anvers (**La gueule de bois**), il pointa sa caméra sur le Moyen Age pour une réflexion sur le pouvoir et le rôle de la femme pendant les guerres menées au nom de la religion. Monheim s'inspira d'un article qui racontait comment 400 femmes suivirent des soldats dans tous leurs déplacements pendant la guerre du Viêt Nam, et transposa cette histoire à l'époque des croisades. Sa fresque historique, sauvage et baroque (tournée à Bouillon), dépeint quatre femmes qui suivent, elles, un petit groupe de pilleurs. Le cinéaste a bien su mettre en images l'atmosphère médiévale crue et primitive.

Monheim reçut des subventions du Ministère de la Culture Française pour **Dieu le veut**, produit par Claude Michiels de la maison de production Prodifilm Europe. Le film fut d'abord présenté au Festival du Film Belge de Namur en novembre 1976; mais, mécontent, Monheim bricola encore quelque peu cette version. Il réussit à obtenir une rallonge de 500.000 FB du Ministère de la Culture Française et prolongea l'œuvre de quelques scènes. Intitulé désormais **Deus lo volt**, et produit cette fois par Guy Jacobs pour 2000 Productions, le même film avait un cadre entièrement différent, l'histoire étant racontée maintenant du point de vue d'un chevalier croisé mourant, évoquant ses souvenirs pendant une traversée du désert (les dunes de La Panne). Monheim ne réussit toutefois pas à sauver son rejeton et ce n'est qu'en 1980 qu'eut lieu la "première mondiale", à Anvers.

▶ **Dieu le veut** is de tweede film van schilder-beeldhouwer-decorontwerper Luc Monheim. Na de afdaling in de onderbuik van Antwerpen in **Verloren maandag**, richtte hij zijn camera op de Middeleeuwen voor deze reflectie over macht en de rol van de vrouw in de godsdiensttoorlogen. Monheim zocht inspiratie in een krantenartikel over 400 vrouwen die tijdens de oorlog in Vietnam de soldaten overal volgden, en hij transponeerde dit gegeven naar de tijd van de kruistochten. In dit wilde, gezwollen historische fresco, gedraaid te Bouillon, volgen we vier vrouwen die op hun beurt een groepje plunderaars achternatrekken. Monheim wist treffend de primitieve en rauwe sfeer van de Middeleeuwen weer te geven.

Voor **Dieu le veut** had Monheim subsidies ontvangen van het ministerie van Franse Cultuur; Claude Michiels van Prodifilm Europe was aangezocht voor de productie. De première vond plaats op het Festival van de Belgische Film te Namen in november 1976. Maar Monheim was ontevreden en sleutelde daarna nog een poosje aan zijn film. Hij wist een extra 500.000 BF los te krijgen van hetzelfde ministerie van Franse Cultuur om enkele bijkomende scènes te draaien. Zo ontstond **Deus lo volt**, nu in handen van producent Guy Jacobs voor 2000 Productions: dezelfde film in een totaal nieuw kleedje gestoken. Alles werd nu verteld vanuit het standpunt van een kruisvaarder op tocht door de woestijn (de duinen van De Panne) die, stervende, herinneringen ophaalt. Dit kon Monheims geesteskind echter niet meer redden. Pas in 1980 ging de film in "wereldpremière" te Antwerpen. *(LJ)*

Frits Van den Berghe, de grote onbekende

Frans Buyens

Frits Van den Berghe, de grote onbekende
Frits Van den Berghe, le grand inconnu
Frits Van den Berghe, the Unknown Artist

DIRECTOR: Frans Buyens
YEAR: 1977
COUNTRY: BE
SCREENPLAY: Frans Buyens
ASST. DIR.: Lydia Chagoll
DIR. PHOT.: Fernand Tack
CAMERA: Fernand Tack
EDITING: Monique Rysselinck
MUSIC: Arsène Souffriau
PRODUCER: Frans Buyens
PROD. CO.: Iris Films Dacapo (Brussel)
LANGUAGE: -
GAUGE: 35 mm
SILENT/SOUND: sound
B&W/COLOUR: colour
MINUTES: 72'

◆ This film compilation of four separate sections looks at the life and work of the Flemish expressionist painter Frits Van den Berghe (1883-1939). Together with Constant Permeke and Gustaaf de Smet, Van den Berghe (who was the most socially minded of the three artists) formed the "Second school" of Sint-Martens-Latem. From 1928 on, however, Van den Berghe went his own way and gradually developed a very personal universe of fantasies and dreams.

The unusual aspect of this inspired art film is that director Frans Buyens uses no accompanying voice-over or commentary; this is a deliberate device allowing the viewer to discover and interpret the world of the artist for him- or herself. Another of the film's striking characteristics is the refined soundtrack, with music by Arsène Souffriau. In the first part of the film ("Nothing Human Passed Him By"), cameraman Fernand Tack explores in detail several of the Ghent-born painter's most famous works, while the second part ("Drawings") goes on to examine his lesser-known drawings. The two following episodes, however, are the most noteworthy. The third section ("Hitler and Associates") is an analytical montage of his socially critical satirical cartoons (in the spirit of John Heartfield or Frans Masereel), which appeared between 1933 and 1939 in the newspaper *Vooruit*. The final part ("The Dream Is Also Reality") centres on the grotesque, phantasmagorical canvases which Van den Berghe painted towards the end of his life. **Frits Van den Berghe**, subtitled "The Unknown Artist", was given its world première in the auditorium of the Passage 44 theatre in Brussels but never progressed into cinemas.

● Ce film de compilation retrace en quatre volets la vie et l'œuvre du peintre expressionniste flamand Frits Van den Berghe (1883-1939). Il fit partie, ainsi que Constant Permeke et Gustaaf de Smet, du "Second groupe de Laethem", et en devint un des représentants les plus engagés. A partir de 1928, il s'engagea complètement sur une voie plus personnelle et évolua dans ses tableaux vers un monde fantastique et onirique.

Particularité de ce film d'art très inspiré: à aucun moment, Buyens ne fait appel à une voix off ou à un texte de commentaire. Une approche utilisée volontairement pour que le spectateur puisse découvrir et interpréter par lui-même l'univers du peintre. Autre caractéristique: la bande son très épurée, avec une musique d'Arsène Souffriau. Dans la première partie ("Rien d'humain ne lui est étranger"), la caméra de Fernand Tack explore en détail les œuvres les plus réputées du peintre gantois; dans la seconde ("Dessins"), elle s'arrête sur ses dessins moins connus. Les deux parties suivantes sont les plus remarquables: le troisième volet ("Hitler et consorts") est un montage analytique de ses caricatures satiriques de critique sociale - on y retrouve l'esprit d'un John Heartfield ou d'un Frans Masereel - parues entre 1933 et 1939 dans le quotidien *Vooruit*. Enfin, le dernier volet ("Le rêve est aussi réalité") a pour thème les toiles grotesques et fantasmagoriques que Frits Van den Berghe peignit à la fin de sa vie. **Frits Van den Berghe**, sous-titré "Le grand inconnu", fut présenté en première mondiale à l'auditorium du Passage 44 bruxellois, mais ne réussit pas à pénétrer le circuit des cinémas.

▶ Deze compilatiefilm, opgedeeld in vier aparte luiken, behandelt het leven en werk van de Vlaamse expressionistische schilder Frits Van den Berghe (1883-1939). Samen met Constant Permeke en Gustaaf de Smet maakte Van den Berghe - de meest geëngageerde van deze kunstenaars - deel uit van de Tweede Latemse groep. Van 1928 af ging hij echter geheel zijn eigen weg en ontwikkelde hij een persoonlijk universum van fantasma's en dromen.

Het bijzondere aan deze geïnspireerde kunstfilm is dat regisseur Buyens geen off-screen-stem of commentaartekst gebruikt, een bewuste ingreep die de toeschouwer de mogelijkheid moet bieden zelf de wereld van de schilder te ontdekken en te interpreteren. Een ander opvallend kenmerk is de uitgepuurde klankband, met muziek van Arsène Souffriau. Tast Fernand Tacks camera in het eerste deel ("Niets menselijks was hem vreemd") in detail de meest bekende werken van de Gentse schilder af, dan wordt in deel twee ("Tekeningen") stilgestaan bij zijn minder notoire tekeningen. De twee volgende delen zijn het opmerkelijkst. Het derde ("Hitler en consorten") is een analytische montage van zijn sociaal-kritische satirische cartoons - in de geest van John Heartfield of Frans Masereel - die tussen 1933 en 1939 verschenen in het dagblad *Vooruit*. Het laatste hoofdstuk ("Ook de droom is werkelijkheid") tenslotte, heeft als thema de groteske, fantasmagorische doeken die Van den Berghe schilderde aan het einde van zijn leven. **Frits Van den Berghe**, met als ondertitel "De grote onbekende", ging in wereldpremière in het auditorium van de Brusselse Passage 44 doch haalde nooit de bioscoop. *(LJ)*

Raoni
Jean-Pierre Dutilleux

Raoni
Le quatrième monde
Raoni: the Fight for the Amazon

DIRECTOR: Jean-Pierre Dutilleux
YEAR: 1977
COUNTRY: BE-FR
SCREENPLAY: Jean-Pierre Dutilleux
ASST. DIR.: Pierre Saguez
DIR. PHOT.: Carlos Saldanha
CAMERA: Carlos Saldanha, Bill Leimbach
EDITING: Véra Freire, Valéria Mauro
SOUND: Barry Williams
MUSIC: Egberto Gismonti
PRODUCER: Jean-Pierre Dutilleux, Boris Szulzinger, Michel Gast, Barry Williams
PROD. CO.: Valisa Films (Bruxelles), Société Nouvelle de Doublage SND (Paris)
CAST: Clive Kelly
VOICES: Jacques Perrin (F), Marlon Brando (E)
LANGUAGE: French/English
GAUGE: 35 mm
SILENT/SOUND: sound
B&W/COLOUR: colour
MINUTES: 84'

◆ According to the ethnologist Claude Lévi-Strauss, Brazil was home to more than four million Indians when the first white men arrived. A census of 1950 counted only around 200 000, and that figure has since decreased even further with imported diseases, the clearing or massacre of indigenous populations and the bulldozers which wipe out forests at the rate of 25 hectares every minute. A rich primitive culture is being constantly whittled away, coupled with an ever-increasing ecological danger - Amazonia contains over half of the world's forests. For the last 30 years several militants have fought tirelessly for the survival and right to self-determination of the tribal minorities. Amongst them are Marlon Brando (who provides the commentary to the English version) and Jean-Pierre Dutilleux, from Verviers, maker of several documentaries on the Indians including **Raoni**.

His lower lip distended by a plate, Raoni is the head of the Megronotis, one of the endangered tribes. Through his travels in the company of this charismatic leader and the resulting film itself, Dutilleux was to transform him into the emblematic figurehead of the resistance against the whites. Shot in colour Cinemascope, **Raoni** documents at first hand a civilization in peril. An opening section describes the customs and traditional lifestyle of the Megronotis; then civilization invades, with its profit and bulldozers; in the final section Raoni travels for the first time to São Paulo, discovering a frenetic world far removed from his own. The action is set off by superb images of Amazonia, a paradise on the brink of destruction.

● Selon l'ethnologue Claude Lévi-Strauss, plus de quatre millions d'Indiens vivaient au Brésil lors de l'arrivée des Blancs. Un recensement établi en 1950 n'en comptait plus qu'environ 200.000, et ce chiffre ne cesse de diminuer: maladies amenées d'Europe, déplacements ou massacres de populations, bulldozers ravageant forêts et cultures à raison de 25 hectares à la minute. L'amenuisement constant d'une riche culture primitive, mais aussi un grave danger écologique (l'Amazonie représentant plus de la moitié de la surface boisée de la planète) en sont les inévitables conséquences. Depuis une trentaine d'années, quelques militants combattent inlassablement pour la survie et le droit à l'autodétermination des minorités tribales. Parmi eux, Marlon Brando (qui commente la version anglaise du film) et le Verviétois Jean-Pierre Dutilleux, qui tourna plusieurs documentaires chez les Indiens, dont **Raoni**.

La lèvre distendue par une sorte de plateau, Raoni est le chef des Mégronotis, l'une des tribus menacées. A travers ses images et ses déplacements médiatisés avec ce leader charismatique, Dutilleux fait de lui le représentant emblématique de la résistance aux Blancs. Tourné en scope couleur et son direct, **Raoni** constitue un témoignage pris sur le vif d'une civilisation en péril: une première partie décrit les mœurs et la vie traditionnelle des Mégronotis; puis c'est l'invasion de la civilisation du lucre et des bulldozers; enfin, le film rapporte le premier voyage de Raoni à São Paulo et sa découverte d'un monde effréné qui n'est pas le sien. Le tout est porté par des images sublimes de l'Amazonie, paradis en voie de perdition. (RM)

▶ Volgens etnoloog Claude Lévi-Strauss leefden er meer dan 4 miljoen indianen in Brazilië vóór de komst van de blanke kolonisten. In 1950 waren er volgens een schatting nog maar 200.000, en dit cijfer blijft dalen, door ziekten overgekomen uit Europa, door het verhuizen of uitmoorden van grote bevolkingsgroepen, door bulldozers die zowel bomen als culturen platwalsen. Dit werkt zowel het verdwijnen van rijke primitieve culturen als een dreigende ecologische ramp in de hand, want het regenwoud vertegenwoordigt meer dan de helft van de bossen op onze planeet. Sinds een 30-tal jaar ijveren militanten voor het overleven en het zelfbeschikkingsrecht van de etnische minderheden, o.a. Marlon Brando (de commentaarstem in de Engelse versie) en Jean-Pierre Dutilleux. Deze laatste, afkomstig uit Verviers, draaide verschillende documentaires over de indianen, waaronder **Raoni**.

Raoni, met zijn uitgerokken lip op een soort bord, is de hoofdman van de Megronotis, een bedreigde stam. Door de vele reizen die Dutilleux met deze charismatische leider maakte en door de film zelf, groeide deze laatste uit tot het onbetwiste symbool van het verzet tegen de blanke. **Raoni**, in kleur en in scope gedraaid met direct geluid, is de live-getuigenis van een bedreigde samenleving. Het eerste deel belicht de traditionele zeden en gebruiken der Megronotis, waarna we de invasie van bulldozers en winstbejag zien. Tenslotte volgt de laatste reis van Raoni naar São Paulo, waar de man een dolgedraaide wereld ontdekt die niet de zijne is. Dit alles omkaderd door de adembenemende pracht van het Amazonewoud, een paradijs op weg naar de ondergang.

Frissons africains

Zygmunt Sulistrowsky, Louis Soulanes

Co-production

Frissons africains
Jungle Erotic

DIRECTOR: Zygmunt Sulistrowsky, Louis Soulanes
YEAR: 1977
COUNTRY: FR-BE
SCREENPLAY: Zygmunt Sulistrowsky
CAMERA: Pierre Querut
MUSIC: Moacir Santos, Zygmunt Sulistrowsky, Enrico Simonetti
PRODUCER: Joel Lifschutz, Nicole Torok De Pauw
PROD. CO.: Paris Inter Productions (Paris), Titanus Films (Bruxelles)
LANGUAGE: French
GAUGE: 35 mm
SILENT/SOUND: sound
B&W/COLOUR: colour
MINUTES: 90'
NOTES: This film could possibly be based on another film by Zygmunt Sulistrowski called **Africa Erotica**, an American production from 1970 with a similar story and actors Darr Poran, Carrie Rochelle, Alice Marie. According to some researchers Zygmunt Sulistrowski and Louis Soulanes are one and the same man.

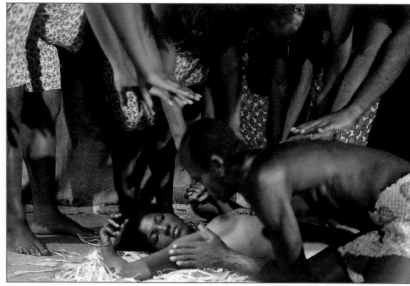

CAST: Darr Poran, Carrie Rochelle, Pierre Chapel, Brigitte Deslages, Alice Marie, Aude Lecocq

Roulette

Nala V. Ardy [Alan Vydra]

Co-production

Roulette
Sex Roulette

DIRECTOR: Nala V. Ardy [Alan Vydra]
YEAR: 1977
COUNTRY: GW-BE
SCREENPLAY: Alan Vydra
DIALOGUE: Alan Vydra
PRODUCER: Alan Vydra, Louis De Vits
PROD. CO.: Alan Vydra Studios Filmproduktion (Hamburg)
LANGUAGE: French/German
GAUGE: 35 mm
SILENT/SOUND: sound
B&W/COLOUR: colour
MINUTES: 83'/72'
NOTES: The film credits also list the names of the so-called "personnel": J.C. Cheval, P. Semo, H. Riedel, Jean De Vits, B. Say, Mouche, G. Malskat, R. Simon, A. Alexander.

CAST: Agnes D'Agro, Louis Varga, Erika Cool, Jean-Pierre Cheval, Désir Bastareaud, Vanessa Melville, Robert Leray

Jambon d'Ardenne

Benoît Lamy

Jambon d'Ardenne
Ardense ham
Ham and Chips

DIRECTOR: Benoît Lamy
YEAR: 1977
COUNTRY: BE-FR
SCREENPLAY: Rudolph Pauli, Benoît Lamy
DIALOGUE: Rudolph Pauli, Benoît Lamy
ASST. DIR.: Susana Rossberg
DIR. PHOT.: Michel Baudour
CAMERA: Michel Baudour, Zdzislaw Kasprzak, Raymond Fromont, Pierre Denayer
EDITING: Susana Rossberg, Françoise Dumoulin, Joseph Dassy
SOUND: Henri Morelle
MUSIC: Pieter Verlinden
ART DIRECTOR: Philippe Itterbeek, Max Douy
COSTUMES: Michèle Houblinne
PRODUCER: Pierre Drouot
PROD. CO.: Lamy Films (Bruxelles), Reggane Films (Paris)
PROD. SUPERV.: Gérard Crosnier, Michèle Tronçon
CAST: Annie Girardot (Patronne), Ann Petersen (La Radoux), Michel Lechat (Hubert), Christian Barbier (Entrepreneur), Nathalie Van de Walle (Colette), Dominique Drouot (Bruno), Bonbon (Brigitte), Marie-Luce Debounie (Andrée), Alain Soreil (Michel), Denise Bonmariage (Wies), Donat Bonmariage (Marcel)
LANGUAGE: French
GAUGE: 35 mm
SILENT/SOUND: sound
B&W/COLOUR: colour
MINUTES: 85'

◆ With **Jambon d'Ardenne**, Benoît Lamy cheerfully crossed the divide between comedy and farce. If **Home Sweet Home** readily, indeed mercilessly served up the laughs, the gravity of the subject matter, the humanity of its characters and the social utopia for which the film was a plea all prevented it from lapsing into a certain vulgarity. In the present case, the popular film becomes a populist film and behavioural observation turns into a parade of oddities.

Bruno - aged seventeen, just like Shakespeare's Romeo - has a high-powered hotelier for a mother, whereas Colette's (or Juliet's) works in the most prosaic of chip shops. Between these mayonnaise avatars of the Montagues and Capulets a war is being waged, with as the object of the struggle the potential customers shipped in by the tour operators in serried ranks to take their fill of nature.

The young couple's love affair is the talking point of the village and inspires the director to scenes of a pastoral idyll strongly reminiscent of the life of Adam and Eve in Paradise. Yet the central character of the film is that of Annie Girardot, the hyperactive Stakhanovist head of the Hôtel de l'Esplanade. She exploits her staff and turns the flood of holidaymakers to her sole advantage. In the reliable hands of Annie Girardot the audience can be sure of histrionics, dry wit and a crashing pace. The main part of the action takes place between dining room and kitchen, amongst volleys of plates, flying rib steaks and freewheeling waste bins. After one last béarnaise slugfest, both the village and the young hearts rediscover happiness.

● Avec **Jambon d'Ardenne**, Benoît Lamy a gaillardement sauté le pas de ce qui sépare la comédie de la farce. Si **Home Sweet Home** n'était pas dépourvu de joyeuseté, voire de verdeur, la gravité du sujet, l'humanité des personnages et l'utopie sociale que ce film véhiculait le protégeaient d'un certain esprit de vulgarité. Ici, le film populaire se transforme en film populiste et l'observation des comportements tourne au défilé folklorique.

Bruno - 17 ans, l'âge du rôle shakespearien de Roméo - a une mère, hôtelière de choc; celle de Colette (ou plutôt Juliette) est dans la friture, occupation plus prolétaire. Entre ces Montaigus et ces Capulets de la mayonnaise, c'est la guerre et le but de la bataille est de conquérir le plus de clients possible, ceux que les tour-opérateurs amènent, en rangs serrés, admirer la belle nature.

Leur histoire d'amour passionne le village et inspire au réalisateur des scènes de joie champêtre qui ressemblent fort à la vie d'Adam et Eve au paradis. Toutefois, le personnage central reste celui interprété par Annie Girardot, patronne speedée et stakhanoviste de l'Hôtel de l'Esplanade. Elle exploite son personnel et détourne à son seul profit l'afflux des vacanciers. On peut faire confiance à Annie Girardot pour hystériser son jeu, parler sec et imposer un rythme survolté. L'essentiel de l'action se passe entre la salle et la cuisine où volent les assiettes, voltigent les entrecôtes et valsent les poubelles. Après un dernier saccage à la béarnaise, et passé ce psychodrame sentimentalo-culinaire, le village et les cœurs retrouveront le bonheur. (JA)

► Met **Jambon d'Ardenne** steekt Benoît Lamy vrolijk de grens over tussen komedie en klucht. Hoewel **Home Sweet Home** niet verstoken was van enige vrolijke, tamelijk platvloerse humor, werd een sfeer van vulgariteit vermeden door de ernst van het onderwerp, de menselijke personages en de sociale utopie die de film uitdraagt. Maar hier verandert de populaire film in een populistische en draait de observatie van menselijk gedrag uit op een folkloristisch defilé.

Bruno is 17 jaar, even oud als de Romeo van Shakespeare, en heeft een dynamische moeder. Deze is hotelhoudster, terwijl de moeder van Colette (alias Julia) - ietsje meer prozaïsch - een frituur uitbaat. Tussen deze Montagues en Capulets van de mayonaise is het oorlog, met als inzet het aantrekken van zoveel mogelijk klanten, die door de tour operators in strak gelid worden aangevoerd om ze de mooie natuur te laten bewonderen. Het liefdesverhaal van de twee houdt het hele dorp in de ban en inspireert de regisseur tot scènes vol landelijk geluk, als het leven van Adam en Eva in het paradijs. Maar het centrale personage wordt vertolkt door Annie Girardot: de hyperkinetische, stakhanovistische bazin van het Hôtel de l'Esplanade, die haar personeel uitbuit en al het geld van de vakantiegangers in eigen zak steekt. Girardot heeft duidelijk een flair voor de hysterie, het gekijf en het helse ritme. De meeste scènes spelen zich af tussen eetzaal en keuken, waar de borden, de entrecotes en de vuilnisbakken in het rond vliegen. Na een laatste béarnaise-gevecht eindigt het sentimenteel-culinaire psychodrama en hervindt het dorp het geluk en de liefde.

Gejaagd door de winst 1: De bom... of het wanhoopscomité

Robbe de Hert

**Gejaagd door de winst 1: De bom... of
het wanhoopscomité**
Het ABC van de moderne samenleving 1
De bom... of het wanhoopscomité
**Autant en emporte l'argent 1: La bombe...
ou le comité du désespoir**
La bombe... ou le comité du désespoir
**Experts of Evil 1: The Bomb or the
Committee of Despair**
The Bomb or the Committee of Despair

DIRECTOR: Robbe de Hert
YEAR: 1969
COUNTRY: BE
SCREENPLAY: Robbe de Hert, Grapjos de Hert
DIALOGUE: Robbe de Hert, Grapjos de Hert
DIR. PHOT.: Louis Celis
CAMERA: Frans Celis
EDITING: Louis Celis, Robbe de Hert
SOUND: André Boeren
MUSIC: Walter Heynen, Wannes Van de Velde
PRODUCER: Paul De Vree
PROD. CO.: Fugitive Cinema (Antwerpen)
CAST: Louis-Paul Boon (Louis), Betsy Blair
(Germaine), Marleen Wauters (Jeannine),
Maurice De Wilde (Reporter), Fons
Rademakers (Postbode)
LANGUAGE: Dutch
GAUGE: 35 mm
SILENT/SOUND: sound
B&W/COLOUR: B&W
MINUTES: 30'

◆ **Experts of Evil** is composed of three different shorts which were made over a period of eight years by two different directors. As a staff director for Flemish television, Guido Henderickx had already made a substantial number of short documentaries, whereas Robbe de Hert could muster a good five, among them **A Funny Thing Happened on My Way to Golgotha** (1967) and **Insane** (1968). De Hert was already a fixture at the Antwerp collective Fugitive Cinema at the time of its founding in 1966 and a year later Henderickx also joined the organization, which had set itself the aim of producing alternative, socio-critical films.

Experts of Evil was their first full-length feature, albeit under the form of a portmanteau of three shorts. The objective behind this trilogy was precisely to reawaken interest in the short form, with the feature used as a vehicle to guarantee the film a greater chance on the film-club circuit, where it was distributed through Fugitive's own network. This effort was only partially successful. The three films were re-edited and linked together by texts. **The Bomb** is intended as an attack on the stockpiling of atomic weapons, **The Last Judgement** is the story of a bacteriological catastrophe and **Experts of Evil** looks at the relations between the chemical industry and the arms race. Each episode is developed with the appropriate imaginative licence from anecdotes revolving around a common theme - the threat posed to the individual by high-technology equipment when it sits in the hands of scientists who have lost their grip on reality.

● **Autant en emporte l'argent** regroupe trois courts métrages réalisés sur une période de huit années et mis en chantier par deux réalisateurs différents. Le premier, Guido Henderickx, avait déjà, en tant que réalisateur maison de la BRT, tourné quelques courts métrages. Le second, Robbe de Hert, en comptait cinq à son actif parmi lesquels **A Funny Thing Happened on My Way to Golgotha** (1967) et **Insane** (1968). De Hert était déjà, en 1966, au berceau du collectif de cinéma anversois Fugitive Cinema. Henderickx, lui, ne rejoindra le groupe qu'une année plus tard, dans le but de produire des films alternatifs et de contestation sociale.

Autant en emporte l'argent était donc leur premier long métrage, sous cette forme quelque peu inhabituelle d'un montage de trois courts métrages. L'objectif de cette trilogie était justement de se servir de la formule du long métrage pour relancer l'intérêt pour le court. Cette astuce devait assurer aux films une plus grande chance de pénétrer le circuit des ciné-clubs, via le propre réseau de distribution de Fugitive. L'opération ne réussit qu'en partie. Les trois films étaient remontés et reliés par des textes. **La bombe** se voulait une mise en accusation de l'arme atomique, **Le dernier jugement** l'histoire d'une catastrophe bactériologique, et **Autant en emporte l'argent** traitait des relations entre l'industrie chimique et celle de l'armement. Chaque scénario s'inspirait, avec toute la fantaisie requise, d'une anecdote relative à un thème commun: la menace que subit l'individu lorsque la haute technologie se trouve aux mains d'une poignée de scientifiques abrutis.

▶ **Gejaagd door de winst**, of **Het ABC van de moderne samenleving**, bestaat uit drie korte films, over een periode van acht jaar gerealiseerd door twee verschillende regisseurs. Guido Henderickx had, als realisator verbonden aan de BRT, voordien enkele korte documentaires gedraaid, terwijl Robbe de Hert een vijftal kortfilms op zijn actief had staan, waaronder **A Funny Thing Happened on My Way to Golgotha** (1967) en **Insane** (1968). De Hert stond aan de wieg van het in 1966 opgerichte Antwerpse filmcollectief Fugitive Cinema, waartoe ook Henderickx een jaar later toetrad en dat zich tot doel stelde alternatieve en maatschappijkritische films te produceren.

Gejaagd door de winst was hun eerste langspeelfilm, zij het dan in de vorm van een montage van drie kortfilms. De bedoeling van de trilogie was precies de kortfilm opnieuw onder de aandacht te brengen via de formule van een langspeelfilm. Zo immers maakte men kans op succes in het filmclubcircuit, waar de film door het eigen Fugitive-distributienet kon worden verdeeld. Deze operatie is slechts ten dele gelukt. De drie films werden dan ook opnieuw gemonteerd en van bindteksten voorzien. Waar **De bom** is opgezet als een aanklacht tegen de atoombewapening, vertelt **Het laatste oordeel** een verhaal over een bacteriologische ramp en handelt **Gejaagd door de winst** over de chemische industrie en oorlogvoering. De scenario's werden met de nodige fantasie geschreven, uitgaande van anekdotes die telkens hetzelfde thema aan de orde stellen: de bedreiging van het individu, dat het slachtoffer dreigt te worden van hoogtechnologische apparatuur in handen van verdwaasde wetenschappers. (RS)

De bom... of het wanhoopscomité

Gejaagd door de winst 2: Het laatste oordeel
Guido Henderickx

Gejaagd door de winst 2: Het laatste oordeel
Het ABC van de moderne samenleving 2
Het laatste oordeel
Autant en emporte l'argent 2: Le dernier jugement
Le dernier jugement
Experts of Evil 2: The Last Judgement
The Last Judgement

DIRECTOR: Guido Henderickx
YEAR: 1971
COUNTRY: BE
SCREENPLAY: Guido Henderickx, Robbe de Hert
DIALOGUE: Guido Henderickx, Robbe de Hert
DIR. PHOT.: Fernand Tack
CAMERA: Fernand Tack
EDITING: Guido Henderickx, Robbe de Hert
SOUND: Jacques Eippers
MUSIC: Walter Heynen
PRODUCER: Paul De Vree
PROD. CO.: Fugitive Cinema (Antwerpen)
CAST: Romain Deconinck (Geleerde), Bob Storm (Politieker), Frank Aendenboom (Militair), Max Schnur (Militair), Robbe de Hert (Man in isoleerpak), Raf Reymen (Off-screen stem)
LANGUAGE: Dutch
GAUGE: 35 mm
SILENT/SOUND: sound
B&W/COLOUR: colour
MINUTES: 28'

Het laatste oordeel

Gejaagd door de winst 3: Gejaagd door de winst
Guido Henderickx

Gejaagd door de winst 3: Gejaagd door de winst
Het ABC van de moderne samenleving 3
Gejaagd door de winst
Autant en emporte l'argent 3: Autant en emporte l'argent
Autant en emporte l'argent
Experts of Evil 3: Experts of Evil
Experts of Evil

DIRECTOR: Guido Henderickx
YEAR: 1977
COUNTRY: BE
SCREENPLAY: Guido Henderickx, Piet Pirijns
DIALOGUE: Guido Henderickx, Piet Pirijns
DIR. PHOT.: Michel Houssiau, Albert Vanderwildt
CAMERA: Michel Houssiau, Albert Vanderwildt
EDITING: Magda Reypens
SOUND: W. Van Rijen
MUSIC: Alain Pierre, Herman Van Veen, Herman De Coninck
PRODUCER: Paul De Vree
PROD. CO.: Fugitive Cinema (Antwerpen)
CAST: Jaap Van Donselaar (Paul), Robbe de Hert (Robbe), Fred Van Kuyk (Harry), Jan Jaap Janssen (Louis), Cor Hageman (Cor), Guido Claus (Arbeider), Yvonne Petit (Ingrid), Oliver Windross (Ollie), Charles Janssens (Stan), Paul De Vree (Directeur)
LANGUAGE: Dutch
GAUGE: 35 mm
SILENT/SOUND: sound
B&W/COLOUR: B&W + colour
MINUTES: 33'

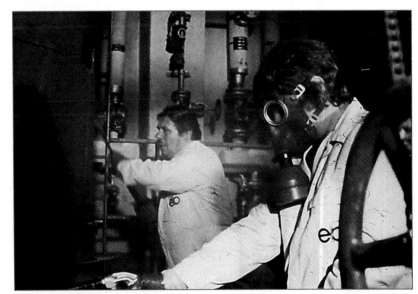

Gejaagd door de winst

L'arriviste

Samy Pavel

L'arriviste
De arrivist
The Thruster
The Social Climber

DIRECTOR: Samy Pavel
YEAR: 1977
COUNTRY: BE-FR
SCREENPLAY: Samy Pavel
DIALOGUE: Samy Pavel
ASST. DIR.: Yacek Kozlowski, Claude Dijan
DIR. PHOT.: Ramon Suarez
CAMERA: Ramon Suarez, Alain Thiolet, Christian Archambaud
EDITING: Raymond Lewin, Annie Foncelle
SOUND: Maurice Gilbert, Henri Morelle, Jacques Gauron, Frans Wentzel
MUSIC: Ennio Morricone, Klaus Schulze, Blackdance, Timewind
COSTUMES: Yvette Lauwaert, François Leguet
PROD. CO.: Groupe Bleu Films (Bruxelles), Z-Productions (Paris)
PROD. SUPERV.: Jacques Barsac
CAST: Anicée Alvina (Alicia), Alice Sapritch (La mère de Marc), Julian Negulesco (Marc), Jacques Monod (Goldberg), Michel Israël (Antoine), Béatrice Romand (La sœur d'Alicia), Lucien Charbonnier (Le père de Marc), Adinda Horst (La putain), Gino Da Ronch (Fluvio), Anny Duperey (La femme de Fluvio), Bruno Pradal (Le frère d'Alicia)
LANGUAGE: French
GAUGE: 35 mm
SILENT/SOUND: sound
B&W/COLOUR: colour
MINUTES: 93'

◆ Despite the favourable response of the French critics, **Miss O'Gynie and the Flower Men** made hardly any returns in Belgium and Samy Pavel was forced to wait another four years before starting work on his third film, still without a penny in official subsidies. As ever he was thus rather hard up, and the chaotic shooting of **The Thruster** rapidly became an obstacle course. Firstly Pavel persuades all of his actors - including many big names of the day - to work for a share of returns only (among them Alice Sapritch in one of her rare dramatic roles and the graceful Anicée Alvina, who had just finished two Alain Robbe-Grillet films). Then comes the actual production stage, with progress amongst the makeshift sets hampered by the lack of stock, re-writes of various scenes to fit the budget and the limiting of shots to one take only. Pavel rushes around like a true cinema maniac, galvanizing his crew and extracting a score from Ennio Morricone in memory of the spaghetti Westerns they worked on together.

The result, as one might expect, carries the marks of this bravura production history. It is the story of a working-class boy who tries to escape the factory by associating with a gang of criminals. His dream is to become identified with a young arriviste, similarly from a lower-class background but now rich, elegant and condescending. Instead he becomes merely his seedy caricature, snubbed by society and forced into a degrading marriage. It is an uneven film, oscillating between melodramatic sexual excess and unrestrained grandiloquence; it was a complete commercial failure, but this was not the last the public would hear of Pavel.

● Malgré l'accueil favorable de la critique française, **Miss O'Gynie et les hommes fleurs** ne fit guère d'entrées en Belgique et Samy Pavel dut patienter quatre ans avant d'entreprendre son troisième film, toujours sans le moindre subside officiel. Ainsi, il va donc, selon son habitude, tirer le diable par la queue et le tournage chaotique de **L'arriviste** relèvera littéralement de la course d'obstacles. Pavel obtient d'abord que tous ses acteurs, dont plusieurs sont alors des vedettes, acceptent de jouer "en participation" (dont Alice Sapritch, dans un de ses rares personnages dramatiques au cinéma, et la gracieuse Anicée Alvina, au lendemain de deux films d'Alain Robbe-Grillet). Puis c'est la réalisation, avec des décors de fortune, des arrêts faute de pellicule, des scènes transformées pour s'adapter aux aléas du budget, des prises impossibles à refaire. Pavel se démène, en vrai fou de cinéma, galvanisant son équipe, et soutirant une partition à Ennio Morricone en souvenir de leurs westerns spaghetti en commun.

Le résultat, comme on pouvait le craindre, porte les stigmates de ce tournage à l'arraché. C'est l'histoire d'un fils d'ouvrier qui tente d'échapper à l'usine en s'associant à une bande de malfaiteurs. Son rêve est de s'identifier à un autre jeune arriviste, lui aussi ex-prolétaire, devenu riche, élégant, condescendant. Cependant, il n'en deviendra que la lamentable caricature, rejeté par tous, forcé à un mariage minable. Un film inégal, oscillant entre outrances mélo-sexuelles et grandiloquence effrénée: l'insuccès fut total, mais Pavel n'avait pas dit son dernier mot. (RM)

▶ Ondanks een enthousiaste reactie van de Franse critici, kwam **Miss O'Gynie et les hommes fleurs** in België nauwelijks van de grond. Samy Pavel moest dan ook vier jaar wachten om aan zijn derde film te beginnen, eens te meer zonder officiële steun. Zoals gewoonlijk kon hij nauwelijks de eindjes aan elkaar knopen en de opnamen van **L'arriviste** waren dan ook veelbewogen. Pavel kreeg het van al zijn (bekende) acteurs gedaan dat ze een participatiecontract tekenden (o.a. Alice Sapritch in een van haar zeldzame dramatische filmrollen, en de elegante Anicée Alvina, die pas twee films met Alain Robbe-Grillet had afgewerkt). Dan startten de opnamen, met op goed geluk ineengestoken decors, onderbrekingen wegens tekort aan pellicule, wijzigingen afhankelijk van het budget en shots die niet konden worden overgedaan. Pavel regisseerde met de gedrevenheid van een echte filmgek en hield zo de moraal van de ploeg op peil; voor de muziek kreeg hij Ennio Morricone, de man met wie hij een spaghettiwesternverleden deelde.

Het was te verwachten dat het eindresultaat de sporen zou dragen van de chaotische opnamen. De film gaat over een arbeiderszoon die de fabriek wil ontlopen en zich bij een bende onverlaten aansluit. Zijn grote idool is een andere ex-proletariër, een arrivist die nu rijk, stijlvol en hooghartig is. Hij eindigt echter als niets meer dan een meelijwekkende karikatuur, verstoten en gedwongen tot een waardeloos huwelijk. Een ongelijkmatige film, schommelend tussen sentimentele seksuele overdrijvingen en koortsachtige grootspraak: een commerciële flop dus, maar Pavel had nog meer in petto.

Le dernier baiser

Dolorès Grassian

Co-production

Le dernier baiser
De laatste kus
The Last Kiss

DIRECTOR: Dolorès Grassian
YEAR: 1977
COUNTRY: FR-BE
SCREENPLAY: Jean Curtelin, Dolorès Grassian
DIALOGUE: Jean Curtelin, Dolorès Grassian
ASST. DIR.: Gérard Vercruysse
DIR. PHOT.: Alain Derobe
CAMERA: Alain Derobe, Alain Casanova, Raymond Fromont
EDITING: Jacques Vitta
SOUND: Henri Morelle, Frank Struys
MUSIC: Alice Dona, Yves Guillaume
ART DIRECTOR: Philippe Itterbeek
COSTUMES: Michèle Houblinne
PRODUCER: Jacques Dorfmann
PROD. CO.: Belstar Productions (Paris), AMS Productions (Paris), Cinémagma (Bruxelles)
PROD. SUPERV.: Henri Baum
ASSOC. PROD.: Laurent Meyniel
EXEC. PROD.: Pierre Drouot, Alain Guilleaume
LANGUAGE: French
GAUGE: 35 mm
SILENT/SOUND: sound
B&W/COLOUR: colour
MINUTES: 105'

CAST: Annie Girardot (Annie), Maria Pacôme (L'inconnue), Bernard Fresson (Mari), Dagmar Meyniel (La jeune fille), Jacques Rosny (L'agent de Paris)

Préparez vos mouchoirs

Bertrand Blier

Co-production

Préparez vos mouchoirs
Snuit uw neus
Get Out Your Handkerchiefs
Get Your Handkerchiefs Ready

DIRECTOR: Bertrand Blier
YEAR: 1977
COUNTRY: FR-BE
SCREENPLAY: Bertrand Blier
ASST. DIR.: Jacques Fraenkel, Jean Jacques Aublanc, Françoise Levie
DIR. PHOT.: Jean Penzer
CAMERA: Yves Agostini, François Lartigue, Michel Coteret, Yetty Faes
EDITING: Claudine Merlin, Elisabeth Moulinier
SOUND: Jean-Pierre Ruh
MUSIC: Georges Delerue
ART DIRECTOR: Eric Moulard, Georges Glon, Françoise Hardy
COSTUMES: Michèle Cerf
PRODUCER: Georges Dancigers, Alexandre Mnouchkine
PROD. CO.: Films Ariane (Paris)
PROD. SUPERV.: Georges Valon
CO-PRODUCER: Paul Claudon, Pierre Levie, Luc Hemelaer
CO-PROD. CO.: CAPAC (Paris), Belga Films (Bruxelles), SODEP (Bruxelles)
LANGUAGE: French
GAUGE: 35 mm
SILENT/SOUND: sound
B&W/COLOUR: colour
MINUTES: 109'

CAST: Gérard Depardieu (Raoul), Patrick Dewaere (Stéphane), Carole Laure (Solange), Michel Serrault (Le voisin), Riton (Christian Belœil), Litinsky (Un gardien), Eleonore Hirt (Madame Belœil), Jean Rougerie (Monsieur Belœil), Sylvie Joly (La passante), Liliane Rovere (Bernadette), Michel Beaune (Docteur Rue Raoul), André Lacombe (Le délégué), Alain David Gabison (Le quidam), Bertrand de Hautefort (Un officier), Roger Riffard (Médecin du Port), André Thorent (Le professeur), Gilberte Geniat (Ouvreuse du théâtre), Jean Perin (Troisième ouvrier)

Une page d'amour

Maurice Rabinowicz

Une page d'amour
Een bladzijde van liefde
A Page of Love
Eine Seite Liebe

DIRECTOR: Maurice Rabinowicz
YEAR: 1977
COUNTRY: BE-FR
SCREENPLAY: Yvette Michelems, Maurice Rabinowicz
DIALOGUE: Yvette Michelems, Maurice Rabinowicz
ASST. DIR.: Francis De Laveleye, Martine Verreyken
CAMERA: Jean-Jacques Mathy, Joël Marcipont, Yves Vandermeeren
EDITING: Jean-Claude Bonfanti, Catherine Peltier, Anne Boissel
SOUND: Francis Bonfanti, Michel Lecloux
MUSIC: Marc Herouet
ART DIRECTOR: Stéphane Collas, Alain Verreyken
COSTUMES: Julien Mortier
PRODUCER: Maurice Rabinowicz
PROD. CO.: Metafilm (Bruxelles), Cinopsis (Paris)
PROD. SUPERV.: Patrick D'Hooghe, Michel Huisman
CAST: Geraldine Chaplin (Lise), Sami Frey (François Karwitch), Quentin Milo (Serge), Guy Pion (Carlos), Monette Loza (Fanny), Eve Bonfanti (Anna), Marcel Dalio (Père de Fanny), Denise Volny (Mère), Bella Szafran (Tante), Severyn Lipszyc (Oncle), Boris Stoïkoff (Frère), Esther Loszica (Belle-sœur), Zelman Koletshnikov (Père de François), Niusia Gold (Mère), Véronique Peynet (Sœur), Alexandra Clabots (Grandmère), Jan Decleir (Ouvrier), Adrian Brine (Policier), Pierre Dumaine (Infirmier)
LANGUAGE: French
GAUGE: 35 mm
SILENT/SOUND: sound
B&W/COLOUR: colour
MINUTES: 97'

◆ In an act of rebellion, the blue-collar worker Carlos kills the head of an arms factory. From his window, François Karwitch witnesses his brutal internment in a psychiatric hospital. Until now, his life has run an ordinary course: a stifling Jewish background, a routine job and an imposed fiancée. A series of strange encounters (with militant actors and a fascinating unknown woman) lead François to call everything into question, organize Carlos' escape and pay for it with his life.

The script by Rabinowicz and Yvette Michelems had been awarded the 1976 Scriptwriting Prize of the French Community; two profile actors, Geraldine Chaplin and Sami Frey, agreed to participate in the adventure. The realization of the film is remarkable: Brussels is transformed into a Kafkaesque city, astonishing theatrical moments are integrated into the action, the conformity of the family is painted in corrosive colours and the style throughout is one of dysfunctional realism tinged with allegory (e.g. François' death scene, a dreamlike spectacle).

And still, the critics (especially the right-wingers) savaged **A Page of Love** in such a narrow-minded, simplistic fashion that help came from the best of quarters: a communiqué emphasizing the film's "importance, great sophistication and artistic quality" was signed by Jacques Ledoux, André Delvaux, Paul Davay and Hadelin Trinon. Recalling that the same critics had demolished **The Man Who Had His Hair Cut Short**, Jacques De Decker spoke of "an extremely thrilling, intelligent and honest" work "which has suffered a scandalous destruction". Quickly withdrawn from cinemas, "one of the most important films of Belgian cinema" (Sélim Sasson) still remains to be discovered.

● Un ouvrier en révolte, Carlos, a tué le patron d'une usine d'armes. De sa fenêtre, François Karwitch assiste à son internement brutal dans un hôpital psychiatrique. Jusqu'alors, sa vie a été quelconque: une famille juive étouffante, un métier routinier, une fiancée imposée. A la suite d'étranges rencontres (des comédiens militants, une inconnue fascinante), François remet tout en question, organise l'évasion de Carlos et paie ces actes de sa mort.

Le script de Maurice Rabinowicz et Yvette Michelems avait obtenu le Prix du Scénario 1976, décerné par la Culture Française. Deux acteurs hors série acceptèrent de participer à l'aventure: Geraldine Chaplin et Sami Frey. Plastiquement, le film est admirable: un Bruxelles métamorphosé en ville kafkaïenne, d'étonnants moments de théâtre intégrés à l'action, une peinture féroce du conformisme familial, et sans cesse un réalisme décalé, teinté d'allégorie (ainsi la séquence de la mort de François, spectacle onirique).

Et pourtant, la critique (surtout de droite) se déchaîna contre **Une page d'amour** de façon tellement primaire et sans nuances que de grands noms réagirent: un communiqué soulignant "l'importance, les hautes exigences et la qualité artistique" du film fut cosigné notamment par Jacques Ledoux, André Delvaux, Paul Davay et Hadelin Trinon. Rappelant que la même critique avait démoli **L'homme au crâne rasé** lors de sa sortie belge, Jacques De Decker parla d'un ouvrage "extrêmement passionnant, intelligent et honnête, qui a été assassiné de façon scandaleuse". Vite retiré de l'affiche, "un des films les plus importants du cinéma belge" (Sélim Sasson) reste à redécouvrir. (RM)

► Carlos, een opstandige arbeider, vermoordt de baas van een wapenfabriek. Vanuit zijn raam is François Karwitch getuige van de brutale internering van de man in een psychiatrische instelling. Tot dan bestond zijn banale leven uit een verstikkende joodse familie, een routineus baantje en een hem opgedrongen verloofde. Na enkele vreemde ontmoetingen (met militante acteurs en een geheimzinnige onbekende) zal François alles in twijfel trekken, de ontsnapping van Carlos beramen en dit met zijn leven bekopen.

Het script van Rabinowicz en Yvette Michelems kreeg in 1976 de Prix du Scénario van het Franstalige ministerie van Cultuur. Twee opmerkelijke acteurs tekenden voor dit avontuur: Geraldine Chaplin en Sami Frey. Plastisch gezien is de film prachtig: Brussel is omgetoverd tot kafkaiaanse stad, sterke theaterfragmenten worden in de actie verwerkt, het familiale conformisme wordt genadeloos geportretteerd en het geheel baadt in een vervormd, allegorisch realisme (bijvoorbeeld de droomsfeer bij de dood van François).

Nochtans haalden critici (vooral uit rechtse hoek) scherp uit naar de film, met zo'n primaire en ongenuanceerde vernietigingsdrang dat enkelen reageerden. Onder meer Jacques Ledoux, André Delvaux, Paul Davay en Hadelin Trinon ondertekenden een verklaring die "het belang, de hoge standaard en de artistieke kwaliteiten" van de film onderstreepte. Met de reactie van de critici op **De man die zijn haar kort liet knippen** nog vers in het geheugen, maakte Jacques De Decker gewag van een "enorm boeiend, intelligent en eerlijk werk dat op schandelijke wijze werd vernietigd". "Een der belangrijkste Belgische films" (Sélim Sasson) verdween aldus snel uit de zalen. Een werk om te herontdekken!

In alle stilte

Ralf Boumans

In alle stilte
En toute intimité
En silence
In All Intimacy
In Silence
Hidden Passions

DIRECTOR: Ralf Boumans
YEAR: 1977
COUNTRY: BE
SCREENPLAY: Ralf Boumans, Ria Aerts
DIALOGUE: Ralf Boumans
ASST. DIR.: Alma Popeyus
DIR. PHOT.: Ralf Boumans, Willem Baeckelmans, Jean Devits
CAMERA: Willem Baeckelmans, Willy Stassen, Roland Vromant
EDITING: Henri Erismann, Miel Feyaerts
SOUND: Koen Pée
MUSIC: Pieter Verlinden
ART DIRECTOR: Philippe Graff, André Fonteyne
COSTUMES: Yan Tax, Madie Claessens
PRODUCER: Renaat Rombouts
PROD. CO.: Promofilm (Brussel)
PROD. SUPERV.: Jef Van de Water
CAST: Mark Bober (Fred), Johan Leysen (Peter), Peggy De Landtsheer (Isabel), Yvonne Mertens (Moeder), Paula Sleyp (Liza), Nolle Versyp (Pastoor), Beatrice Janssens-Leymourre (Suzy), Netty Vangheel (Gerda), Sien Eggers (Ellie), Mieke Verheyden (Mme Lea), Line Geysen (Mme Persu), Blanka Heirman (Buurvrouw), Lia Lee (Wasvrouw), Peter Strynckx (Alex), Gaby Seyen (Vrouw op het kerkhof), Max Schnur (Dronkaard 1), Herman Fabri (Dronkaard 2), Sjarel Branckaerts (Dronkaard 3), Magda De Winter (Meid van de notaris), Ludo Van Fraaienhoven (Fred 8 jaar), Ronny Van de Loop (Peter 8 jaar), Ise Arnould (Isabel 8 jaar)
LANGUAGE: Dutch
GAUGE: 35 mm
SILENT/SOUND: sound
B&W/COLOUR: colour
MINUTES: 94'

◆ Cameraman Ralf Boumans, a graduate of the RITCS film school, earned himself a solid reputation with the films **Chronicle of a Passion** and **The Conscript** by Roland Verhavert. When he began work on Ria Aerts' screenplay *Ver van de stad* ("Far from the City"), which had been awarded a prize by the Ministry of Culture in 1974, everybody was more than anxious to know the result of his directorial début. After he and Aerts had rewritten the screenplay (now renamed **In All Intimacy**) a total of five times, Boumans was awarded a BF 10 million grant.

In All Intimacy can best be compared to a bucolic Belgian version of **Jules et Jim**. Set in a small village in the Ardennes, it centres on a love-triangle between a shy bachelor gravedigger (played by Mark Bober of the KVS-theatre), his childhood friend (Johan Leysen) and the daughter of a notary (Peggy De Landtsheer in her first film role). Despite the carefully constructed flashbacks, the impressive atmospheric shots and the film's pictorial flair (including beautiful shots of the area around Chiny and Florenville in the province of Luxembourg), this psychological drama lacked dramatic tension. It was produced by Renaat Rombouts through his company Promofilm and did reasonably well at the box-office. Yet it would remain Boumans' only feature as a director. He later provided the camerawork for several films, including **Maria Danneels** and **The Beast**, but after failing to have various projects nominated for an official subsidy, he gave up the hope of realizing new ventures. Before he died at the age of 44, Boumans directed a number of less notable documentaries.

● Ralf Boumans, issu de la section image du RITCS, s'était vu bâtir une solide réputation pour sa direction photo de **Chronique d'une passion** et **Le conscrit** du réalisateur Roland Verhavert. Lorsqu'il s'empara de *Ver van de stad* ("Loin de la ville"), un scénario de Ria Aerts couronné en 1974 par le Ministère de la Culture, pour son premier long métrage, ce ne fut pas sans susciter une vive curiosité. Récrit plus de cinq fois avec Aerts, le script, rebaptisé entre-temps **En toute intimité**, permit à Boumans l'obtention de 10 millions de FB de subside.

En toute intimité pourrait être vu comme une version bucolique et flamande de **Jules et Jim**. Un petit village des Ardennes est le théâtre d'un triangle amoureux entre un timide et solitaire fossoyeur (Mark Bober), son ami d'enfance (Johan Leysen) et la fille du notaire (la débutante Peggy De Landtsheer). En dépit de l'emploi judicieux des flash-back, de la peinture d'ambiance soignée et du charme pictural du paysage luxembourgeois des environs de Chiny et Florenville, ce drame psychologique souffre d'une certaine mollesse dramatique. Produit par Renaat Rombouts (connu pour sa série télévisuelle flamande *Ten huize van*) via sa société Promofilm, **En toute intimité** fut une réussite honnête au box-office. Cependant, il reste l'unique long métrage de Boumans, celui-ci ayant abandonné tout espoir de réalisation suite à ses deux échecs ultérieurs auprès de la commission de sélection. Il dirigera, par après, la photographie de **Maria Danneels** et de **La bête**, et réalisera quelques documentaires, qui sont sans grand intérêt, jusqu'à son décès, à l'âge de 44 ans.

▶ De aan het RITCS afgestudeerde cameraman Ralf Boumans had met de films **Rolande met de bles** en **De loteling** van Roland Verhavert een stevige reputatie opgebouwd. Toen hij zich op het scenario *Ver van de stad* van Ria Aerts stortte (in 1974 bekroond door het ministerie van Cultuur), was men dan ook meer dan nieuwsgierig naar het resultaat van zijn filmdebuut. Na samen met Aerts het scenario tot vijf keer toe te hebben herwerkt, kreeg Boumans een subsidie van 10 miljoen BF.

In alle stilte (de nieuwe titel) kan het best worden vergeleken met een Belgische bucolische versie van **Jules et Jim**. In een dorpje in de Ardennen ontspint zich een driehoeksverhouding tussen een alleenstaande verlegen grafdelver (KVS-acteur Mark Bober), zijn jeugdvriend (Johan Leysen) en een notarisdochter (debutante Peggy De Landtsheer). Ondanks het doordachte gebruik van flashbacks, de treffende sfeertekening en de picturale charme (mooie beelden van de streek van Chiny en Florenville, in de provincie Luxemburg) kon dit psychologisch drama niet overtuigen omdat het er niet in slaagde voldoende dramatische intensiteit op te wekken. **In alle stilte** werd geproduceerd door Renaat Rombouts (bekend van de tv-reeks *Ten huize van*) en diens maatschappij Promofilm en deed het niet slecht aan de kassa. Het zou nochtans Boumans' enige film blijven. Hij verzorgde verder nog wel het camerawerk van onder meer **Maria Danneels** en **Het beest**, maar na twee keer bot te hebben gevangen bij de Selectiecommissie gaf hij de hoop op het realiseren van nieuwe projecten op. Tot zijn overlijden op 44-jarige leeftijd leverde Boumans enkel nog een paar minder belangwekkende documentaires af. (LJ)

Soldaat van Oranje

Paul Verhoeven

Co-production

Soldaat van Oranje
En mission secrète pour Sa Majesté
Soldier of Orange
Erik's Heroes
Survival Run

DIRECTOR: Paul Verhoeven
YEAR: 1977
COUNTRY: NE-BE
SCREENPLAY: Gerard Soeteman, Kees Holierhoek, Paul Verhoeven
BASED ON: Soldaat van Oranje, written by Erik Hazelhoff Roelfzema
DIALOGUE: Gerard Soeteman, Kees Holierhoek, Paul Verhoeven
ASST. DIR.: Jindra Markus, Hans Kemna
DIR. PHOT.: Jost Vacano
CAMERA: Peter Arnold, Gérald Ghesquière, Peter De Bont, Henri Roesems
EDITING: Jane Sperr
SOUND: Ad Roest, René van den Berg, Wim Wolfs, Ger Bloemsma, Martin Van Dale
MUSIC: Rogier van Otterloo
ART DIRECTOR: Roland De Groot, Ruud Van Dijk
COSTUMES: Elly Claus
PRODUCER: Rob Houwer
PROD. CO.: Rob Houwer Film Holland (Den Haag)
PROD. SUPERV.: Gijsbert Versluys, Mia Van 't Hof
CO-PRODUCER: Georges Heylen
CO-PROD. CO.: Excelsior Films (Brussel)
LANGUAGE: Dutch
GAUGE: 35 mm
SILENT/SOUND: sound
B&W/COLOUR: colour
MINUTES: 155'

CAST: Rutger Hauer (Erik), Jeroen Crabbé (Guus), Lex Van Delden (Nico), Derek de Lint (Alex), Huib Rooymans (Jan), Dolf de Vries (Jacques), Eddie Habbema (Robbie), Belinda Meuldijk (Esther), Peter Faber (Peter), Rijk De Gooyer (Breitner), René Kolldehoff (S.D.-chef), Andrea Domburg (Koningin Wilhelmina), Guus Hermus (Van den Zanden), Edward Fox (Kolonel Rafelli), Susan Penhaligon (Suzy), Ward De Ravet (Kapitein), Bert Struys (S.S.-officier), Bert André (Gek), Del Henney (Engelse sergeant)

Vous n'aurez pas l'Alsace et la Lorraine

Michel Coluche

Co-production

Vous n'aurez pas l'Alsace et la Lorraine
You Won't Have Alsace-Lorraine

DIRECTOR: Michel Coluche
YEAR: 1977
COUNTRY: FR-BE
SCREENPLAY: Michel Coluche
DIALOGUE: Michel Coluche
ASST. DIR.: Thierry Chabert
DIR. PHOT.: Claude Agostini
CAMERA: Jean Chiabaut
EDITING: Renout Peltier, Armand Psenny
SOUND: Henri Morelle
MUSIC: Jess Jordan
ART DIRECTOR: Max Douy
COSTUMES: Jacqueline Moreau
PRODUCER: Alain Queffelean, Georges Troisfontaines
PROD. CO.: Les Films du Triangle (Paris), AMLF (Paris), World Productions (Bruxelles)
PROD. SUPERV.: Claude Hauser
LANGUAGE: French
GAUGE: 35 mm
SILENT/SOUND: sound
B&W/COLOUR: colour
MINUTES: 92'

CAST: Michel Coluche (Le Roi Gros Pif), Gérard Lanvin (Le Chevalier Blanc), Martin Lamotte (Le bouffon), Anémone, Dominique Lavanant (La Reine), Gérard Jugnot, Michel Blanc, Philippe Bruneau, Roland Giraud, Christian Spillemaecker, Philippe Manesse, Michel Puterflam, Marie-Anne Chazel, Thierry Lhermitte, Jean-Louis Tristan, Roger Riffard, Luis Rego, Jean Jacques, Roberto

In kluis

Jan Gruyaert

In kluis
L'enclos
The Enclosure
In Retreat

DIRECTOR: Jan Gruyaert
YEAR: 1977
COUNTRY: BE
SCREENPLAY: Jan Gruyaert
ASST. DIR.: Mary Hehuat
DIR. PHOT.: Ben Tenniglo
CAMERA: Ben Tenniglo, Willy Stassen
EDITING: Gust Malfliet
SOUND: Joos Suetens
MUSIC: Koen De Bruyne
ART DIRECTOR: Bob Van Reeth
PRODUCER: Roland Verhavert
PROD. CO.: Visie Filmproduktie (Brussel)
PROD. SUPERV.: Christian De Boe
CAST: Bert André (Wachter), Herman Jacobs
(Schilder), Myriam Nuyten (Jonge vrouw),
Mary Hehuat (Fotograaf), Mieke Verheyden
(Moeder), Marcel Gruyaert (Kind), Basje
Gruyaert (Kind), Hans Coopmans, Kees
Kemper, Plona Kemper

LANGUAGE: -
GAUGE: 35 mm
SILENT/SOUND: sound
B&W/COLOUR: colour
MINUTES: 100'

◆ A film parable revolving around a strange love-triangle, breakdowns in communication and relationships, alienation, isolation and voyeurism. This film d'auteur by film-maker, photographer and teacher Jan Gruyaert (a graduate of the film studies department at the Breda Academy) is told entirely from the point of view of a deaf-mute forester (Bert André in his first major film role) who has completely withdrawn from the world. From his lookout tower, he uses his telescope to spy on an artist (Herman Jacobs, whose paintings were actually used in the film) who has decided to live in isolation with a girl (Myriam Nuyten). Not a single word is uttered throughout and the scenes, many of which were shot using a telephoto lens, are played to expressive music; Gruyaert regarded his film as literature in reverse, in that "the audience makes up their own text; the film's intelligibility is created by the medium itself (the montage). Everybody provides their own story."

The subjective style persistently followed gave the film its experimental character. Yet despite its original approach, **The Enclosure** - whose plot was ultimately fairly classic - did not elicit much response. It was praised for its cinematic flair, its subtle atmosphere and its tasteful locations in the Ardennes (without omitting the mansion designed by architect Bob Van Reeth). But the critics were less happy with its repetitive nature and its preciosity. **The Enclosure**, produced by Roland Verhavert, hardly became a commercial success, although it was purchased for distribution in Germany.

● **L'enclos** est une parabole cinématographique qui met en scène une étrange liaison triangulaire, des perturbations de la communication, des crises relationnelles, l'aliénation, la solitude et le voyeurisme. Ce film d'auteur du cinéaste-photographe-professeur Jan Gruyaert, diplômé de la section cinéma de l'Académie de Breda, est entièrement raconté du point de vue d'un garde forestier sourd-muet, totalement enfermé dans son isolement (premier grand rôle de Bert André). Du haut de son observatoire, il épie un artiste-peintre au télescope (Herman Jacobs, dont le film utilise aussi les peintures) qui s'est retiré du monde en compagnie de sa petite amie (Myriam Nuyten). Gruyaert a conçu son film sans recourir au littéraire. On n'y prononce pas une parole, et seules les images, souvent filmées au téléobjectif, soutenues par de la musique, sont livrées au public. "Le spectateur regarde et imagine ses propres textes, la compréhension vient du médium (le montage). Chacun compose l'histoire qu'il veut."

Son style très subjectif confère à cette œuvre un caractère expérimental. Malgré l'originalité de la forme, **L'enclos** reste assez classique quant au contenu et ne suscite guère l'enthousiasme. On en apprécia le flair cinématographique, l'atmosphère subtile et la beauté des sites ardennais (sans omettre l'habitation conçue par l'architecte Bob Van Reeth), mais le caractère répétitif et artificiel de l'œuvre la rendit quelque peu indigeste. **L'enclos**, produit par Roland Verhavert, ne fut pas une réussite commerciale, même si les Allemands rachetèrent ce drame psychologique afin de le distribuer.

► **In kluis** is een filmparabel over een vreemde driehoeksverhouding, communicatie- en relatiestoornissen, vervreemding, vereenzaming en voyeurisme. Deze auteursfilm van cineast-fotograaf-leraar Jan Gruyaert (afgestudeerd aan de afdeling film van de Academie van Breda) wordt integraal verteld vanuit het standpunt van een in isolement levende doofstomme boswachter (Bert André in zijn eerste grote rol). Vanuit zijn uitkijktoren begluurt deze laatste met een telekijker een kunstschilder (Herman Jacobs, wiens schilderijen in de film ook daadwerkelijk worden gebruikt), die zich samen met een meisje (Myriam Nuyten) eveneens uit de wereld heeft teruggetrokken. Er wordt geen woord gesproken en de vaak met telelens gefilmde beelden steunen op de nadrukkelijke muziek; Gruyaert zelf zag zijn film als literatuur, maar dan in omgekeerde zin: "De toeschouwer kijkt en verzint zelf de teksten, de verstaanbaarheid wordt door het medium zelf (de montage) gemaakt. Iedereen maakt er zijn eigen verhaal van".

Deze aangehouden subjectieve stijl gaf de film een experimenteel karakter. Ondanks die originele vorm gooide het qua inhoud uiteindelijk vrij klassieke **In kluis** geen hoge ogen. Men prees de filmische flair, de subtiele atmosfeer en de smaakvolle locaties in de Ardennen (zonder evenwel de door architect Bob Van Reeth ontworpen woning te vergeten). Men had het echter moeilijker met het repetitieve karakter en de gekunsteldheid van de film. **In kluis**, geproduceerd door Roland Verhavert, werd geen commercieel succes, hoewel dit psychologisch drama wel voor distributie in Duitsland werd aangekocht. (LJ)

In naam van de Führer

Lydia Chagoll

In naam van de Führer
Au nom du Führer
In the Name of the Führer
In Namen des Führers

DIRECTOR: Lydia Chagoll
YEAR: 1977
COUNTRY: BE
SCREENPLAY: Frans Buyens, Lydia Chagoll
CAMERA: Fernand Tack, André Goeffers
EDITING: Monique Rysselinck, Lydia Chagoll
SOUND: Gérard Rousseau
MUSIC: Arsène Souffriau
PRODUCER: Frans Buyens
PROD. CO.: Films Lyda (Brussel)
PROD. SUPERV.: Frans Buyens
VOICES: Liesbeth Walckiers, Alex Willequet
LANGUAGE: Dutch
GAUGE: 35 mm
SILENT/SOUND: sound
B&W/COLOUR: B&W
MINUTES: 87'/50'

◆ One of the most shocking and disconcerting Flemish films of all time is this documentary by Lydia Chagoll, a former ballet teacher and wife to film-maker Frans Buyens, about the genocide under Hitler. Some critics put this film on an equal footing with **Night and Fog** by Alain Resnais. Chagoll, who herself had spent some time in the Japanese internment camps during her youth, wrote the screenplay together with Buyens and spent three years working on this penetrating cinema montage about the monstrosity of Nazi ideology. It was prefaced by a preparatory short entitled **Silent Witnesses**, a tribute to the 11 million victims of the Nazi concentration camps. **In the Name of the Führer** is a chronicle of the Third Reich as manifested in the Nazi attitude to children. Using original sound recordings (quotations from Nazi legislation and decrees, speeches by Hitler and Himmler, etc), Chagoll allowed the disturbing images of the Nazi propaganda machine and racist indoctrination to speak for themselves. She drew on a wealth of photographic material gathered from the various war archives.

The film was highly acclaimed by the press, who awarded it the André Cavens Prize for the best Belgian film of 1977. Yet as is often the fate of documentaries, **In the Name of the Führer** was rarely seen in cinemas, with the sole exception of a little-publicized release in Brussels and Paris. Because the film was co-financed by the Ministry of National Education, Chagoll also produced a 50-minute version (the length of a school lesson). A book based on the film later appeared, with an introduction by Simon Wiesenthal.

● Ce documentaire sur le génocide hitlérien, de Lydia Chagoll, ex-professeur de ballet et épouse de Frans Buyens, est un des films flamands les plus choquants et les plus bouleversants; certains le comparèrent à **Nuit et brouillard** d'Alain Resnais. Chagoll, qui avait elle-même passé une partie de sa jeunesse dans les camps pénitentiaires japonais, travailla trois ans à ce film de montage percutant, sur la monstruosité et l'idéologie du nazisme, assistée par Buyens qui participa à l'écriture du scénario. Pour se préparer, elle avait commencé par tourner le court métrage **Les témoins silencieux**, un hommage aux onze millions de victimes des camps de concentration. **Au nom du Führer** est une chronique du Troisième Reich consacrée entièrement à l'attitude nazie vis-à-vis des enfants. En utilisant une bande son originale, composée de citations de lois et de décrets nazis, de discours de Hitler et de Himmler, etc., elle laisse la parole à des images consternantes sur la machine de propagande nazie et son endoctrinement raciste. Elle fit surtout appel à du matériel photographique retrouvé dans diverses archives militaires.

La presse déborda de louanges sur le film et lui accorda le Prix André Cavens du meilleur film belge en 1977. Comme de nombreux documentaires, celui-ci fut à peine projeté en salle. Les sorties bruxelloise et parisienne passèrent toutes deux quasi inaperçues. Le Ministère de l'Education Nationale ayant participé au financement, Lydia Chagoll monta une version de 50 minutes, soit la durée d'un cours scolaire. Le film donna lieu, par ailleurs, à la publication d'un livre, préfacé par Simon Wiesenthal.

▶ Deze documentaire over de genocide onder Hitler is een van de schokkendste en meest onthutsende Vlaamse films, die door sommigen op dezelfde hoogte wordt geplaatst als **Nuit et brouillard** van Alain Resnais. De film werd gedraaid door Lydia Chagoll, een gewezen balletlerares die een deel van haar jeugd in de Japanse strafkampen had doorgebracht. Samen met haar man, regisseur Frans Buyens, schreef ze het scenario en sleutelde ze drie jaar aan deze indringende montagefilm over de gevolgen van de monsterachtige nazi-ideologie. Als voorbereiding had ze eerst een korte film gedraaid, getiteld **Stille getuigen**, een hommage aan de 11 miljoen slachtoffers van de concentratiekampen. **In naam van de Führer** is een kroniek van het Derde Rijk, benaderd vanuit de houding van de nazi's tegenover het kind. Via een originele geluidsband (citaten uit nazi-wetboeken en -decreten, redevoeringen van de Führer en Himmler, enz.) liet Chagoll de schokkende beelden over de nazi-propagandamachine en de racistische indoctrinatie voor zich spreken. Daarbij maakte ze vooral gebruik van fotomateriaal, bij elkaar gesprokkeld in diverse oorlogsarchieven.

De pers was vol lof en kende de film de André Cavens-prijs toe voor de beste Belgische film van 1977. Zoals veel documentaires kwam ook dit aangrijpende document nauwelijks in de bioscoop aan bod, op een onopgemerkte release in Brussel en Parijs na. Omdat het ministerie van Nationale Opvoeding een van de geldschieters was, monteerde Chagoll ook een versie van 50 minuten (de lengte van een lesuur). Naar aanleiding van de film verscheen er eveneens een boek waarvan Simon Wiesenthal de inleiding schreef. *(LJ)*

A chacun son Borinage. Images d'Henri Storck
Wieslaw Hudon

A chacun son Borinage. Images d'Henri Storck
Borinage 1933-1978
To Each His Borinage

DIRECTOR: Wieslaw Hudon
YEAR: 1978
COUNTRY: BE
SCREENPLAY: Wieslaw Hudon
ASST. DIR.: Thierry Odeyn
DIR. PHOT.: Manu Bonmariage, Luc Drion
CAMERA: Manu Bonmariage, Michel Baudour, Henri Storck, Lucien Ronday, Aldo Di Tullio, Pierre Gordower
EDITING: Wieslaw Hudon, Francis Caquant
SOUND: Patrick Van Loo
MUSIC: Alain Pierre
COSTUMES: Chr. Mobers
PROD. CO.: Nouvelle Imagerie/Nieuw Imago (Bruxelles)
PROD. SUPERV: Jacqueline Louis
CAST: Henri Storck, Joris Ivens, Dominique Garny, Anne West, Alexandre Von Sivers
LANGUAGE: French
GAUGE: 16 mm
SILENT/SOUND: sound
B&W/COLOUR: B&W + colour
MINUTES: 83'

◆ **Misery in the Borinage** was made in 1933 by Henri Storck and his Dutch friend Joris Ivens: "It is a frank and impassioned document, made because we were so deeply shocked by the conditions and the unimaginable misery these people lived in." Produced by the Club de l'Ecran de Bruxelles in the wake of the mass strikes that hit Wallonia in 1932, this 28' scathing indictment remains to this day a milestone in social reportage. More than 40 years later, Wieslaw Hudon, a Polish student at the INSAS film school, decided to follow in the footsteps of Storck and Ivens and to confront the filmed past and the memories of those who lived it, wandering with the Belgian film-maker through the present-day Borinage. In his "recherche du temps perdu" Hudon seized upon the motif of Henri Storck himself, his career, his conception of cinema, his person as manifested through his works, avoiding the rigidity of conventional biopics.

These intentions certainly seemed promising, but putting together this jigsaw puzzle of interviews, fragments of the original film and aestheticized diversions on the subject of memory proved a problem. Despite the occasional highlights (Storck at home or his meeting with Ivens), furtive moments full of images and confidences, the critics deemed the overall structure too presumptuous and disjointed. Otherwise indulgent towards young directors, "Henri Storck does not recognize himself in this film, which has left him with a genuine sense of unease: it has to be said that there were constant disagreements between him and the director". This was written by André Thirifays, one of the early promoters of **Misery in the Borinage**.

● **Misère au Borinage** avait été réalisé en 1933 par Henri Storck et son ami néerlandais Joris Ivens: "C'est un constat très sincère et passionné, parce que nous avions été bouleversés par les conditions de vie, par la misère inimaginable de ces gens." Produit par le Club de l'Ecran de Bruxelles dans la foulée des grandes grèves de 1932 en Wallonie, ce réquisitoire cinglant de 28 minutes reste aujourd'hui encore l'un des sommets du reportage social. Plus de 40 ans après, un étudiant polonais de l'INSAS, Wieslaw Hudon, décida de repartir sur les traces de Storck et Ivens, de confronter le passé filmé et les souvenirs de ceux qui l'avaient vécu, de déambuler avec le cinéaste belge dans le Borinage du présent. A partir de cette recherche du temps perdu, le fil conducteur de Hudon serait Henri Storck et sa carrière, sa conception du cinéma, son "portrait en creux" - évitant la raideur des biographies filmées.

Tout cela était fort séduisant au niveau des intentions, mais le problème était d'orchestrer ce puzzle d'interviews, de fragments du film ancien et de dérives esthétisantes sur le thème de la mémoire. Malgré de précieux moments (Storck chez lui, ou retrouvant Ivens), des moments furtifs d'images ou de confidences, l'ensemble aboutit, selon la presse, à un itinéraire trop décousu, trop présomptueux. En dépit de son indulgence coutumière envers les jeunes réalisateurs, "Henri Storck ne se reconnaît pas dans ce film et en éprouve un vrai malaise: il faut dire qu'il y eut entre le cinéaste et lui de constantes dissonances"; c'est ce qu'écrit André Thirifays, qui fut l'un des promoteurs de **Misère au Borinage**. *(RM)*

▶ **Misère au Borinage** werd gemaakt in 1933 door Henri Storck en zijn Hollandse vriend Joris Ivens: "Het is een oprechte en vurige aanklacht, want we waren werkelijk geschokt door de levensomstandigheden, door de onvoorstelbare ellende van deze mensen". Geproduceerd door de Club de l'Ecran de Bruxelles in de nasleep van de massale stakingen in het Wallonië van 1932, blijft dit bijtende requisitoir van 28 minuten tot op heden een hoogtepunt van de sociale reportage. Meer dan 40 jaar later besloot Wieslaw Hudon, een Poolse student aan het INSAS, in het voetspoor te treden van Storck en Ivens door het gefilmde verleden te confronteren met de herinneringen van degenen die het hadden beleefd en rond te dwalen met de Belgische cineast door de Borinage van nu. Uitgaand van deze "recherche du temps perdu" kiest Hudon als rode draad Henri Storck, zijn carrière en zijn visie op de film: een "randprofiel", dat evenwel de stijfheid eigen aan verfilmde biografieën vermijdt.

Goede bedoelingen dus, maar het was niet gemakkelijk om een dergelijke puzzel van interviews, filmfragmenten en esthetiserende uitwijdingen rond het thema van de herinnering in elkaar te passen. Ondanks enkele waardevolle momenten (bij Storck thuis, of zijn weerzien met Ivens), vluchtige beelden en ontboezemingen, was het resultaat volgens de pers een te onsamenhangend en pretentieus geheel. Henri Storck was gewoonlijk zeer clement tegenover jonge regisseurs, maar "hij kan zich niet in de film herkennen en voelt er zich werkelijk ongemakkelijk bij: het dient gezegd dat de cineast en hij het continu oneens waren". Dat schreef André Thirifays, destijds een van de promotors van **Misère au Borinage**.

Des anges et des démons

Maurice Rabinowicz

Des anges et des démons
Engelen en duivels
Angels and Demons
Angels and Devils

DIRECTOR: Maurice Rabinowicz
YEAR: 1978
COUNTRY: BE
SCREENPLAY: Yvette Michelems, Maurice Rabinowicz
DIR. PHOT.: Urbain Gazow
CAMERA: Francis Dimbourg, René Gossiau, Roland Cornelis, Jean Staiesse
EDITING: Fernando Cabrita
SOUND: José Renson
MUSIC: Marc Herouet
ART DIRECTOR: Martine Verreyken, Stéphane Collas
PROD. CO.: Groupe de Chambre (Bruxelles), RTBF (Liège)
CAST: Guy Pion (Serge), Edgar Willy (Le bandit), Chantal Lempereur (Lou), Quentin Milo (Mathieu), Maurice Sévenant (Le Commissaire de la Culture), Robert Delieu (Dubane), Véronique Peynet (Véro), Monette Loza (Evelyne), Amedée (Le facteur), Micheline Hardy (La secrétaire), Patrick Peeters (Un acteur), Marc Herouet (Le pianiste), Bernard Foccroulle (L'accordéoniste), Serge Ghazarian (Le violoniste)
LANGUAGE: French
GAUGE: 16 mm
SILENT/SOUND: sound
B&W/COLOUR: colour
MINUTES: 80'

◆ A bitter attack on rancid bourgeois values, the cradle of fascism, **The Icy Waters of Selfishness** was by no means a crowd-pleaser, stylistically as well as thematically. Maurice Rabinowicz's first feature thus had a limited release, despite garnering awards at festivals, and it was only thanks to television that he was able to embark on a second film. This was intended to take an experimental form: the creation of a fiction on video, with a ten-day, three-camera shoot in August 1976 using stylized sets, lighting effects and transparencies. The cassettes were then sent to London for transfer to film, then edited as usual. The result was an image "with an unreal feel, saturated, high-contrast, with bombarded dots forming 625 lines" (Rabinowicz). This was the first attempt of its kind, four years before Michelangelo Antonioni's similar experiment in **The Oberwald Mystery**.

Post-production of the film was long - editing began in 1978 (after the release of the director's third feature, **A Page of Love**), and the film finally premièred one year later, carrying off the Silver Award at the New York International Film Festival. The protagonist is a stage director fantasizing about his next play, the story of a working-class man who becomes an outcast. The film's construction is complex and slow in pace, interweaving (sometimes with a split-screen technique) a series of elements - the fears of a creative artist without financial means, the confessions of the elderly crook, the psychodramas straight to camera of the four actors and an orchestral trio interrupting and restarting the action. The film's tone is disillusioned, its universe one of total interiority, the theatrical re-enactment of life.

● Brûlot grinçant contre les valeurs bourgeoises rancies comme litière au fascisme, **Le Nosferat** n'avait rien pour plaire au grand public, ni par son thème, ni par son style. Le premier long métrage de Maurice Rabinowicz connut donc une diffusion limitée, malgré une série de prix dans les festivals; et c'est grâce à la télévision qu'il put élaborer un deuxième film. La gageure se voulait expérimentale: créer électroniquement une fiction en vidéo, soit dix jours de tournage à trois caméras en août 1976, avec décors stylisés, trucages et transparences. Le matériel magnétoscopé allait ensuite être transféré sur pellicule à Londres et monté comme un film ordinaire, mais avec une image "à l'aspect irréel, saturé, contrasté, avec des points bombardés qui forment 625 lignes" (Rabinowicz). C'était le premier essai du genre, quatre ans avant l'expérience similaire de Michelangelo Antonioni pour **Le mystère d'Oberwald**.

La finition technique fut lente: le montage se déroula en 1978 (après la sortie en salles du troisième film du réalisateur: **Une page d'amour**), et l'œuvre fut enfin présentée un an après, remportant la "Silver Award" au Festival International de New York. Le protagoniste est ici un metteur en scène de théâtre, fantasmant sur sa prochaine pièce: l'histoire d'un ouvrier devenu un réprouvé. La construction est lente et complexe, entrelaçant (parfois en "split écran") une série d'éléments: angoisses du créateur sans moyens matériels, confession du vieux forban, psychodrames face caméra des quatre acteurs de la troupe, trio orchestral ponctuant et relançant l'action. Un univers totalement intérieur, qui théâtralise le vécu, sur un mode désabusé. (RM)

▶ **Le Nosferat**, die bijtende aanval op de bourgeoismoraal als wieg van het fascisme, kon het grote publiek qua thema noch qua stijl bekoren. De eerste langspeelfilm van Maurice Rabinowicz kende dus, ondanks de prijzen op festivals, maar een beperkte distributie. Dankzij de televisie kon hij toch aan een tweede film beginnen, experimenteel van opzet: een fictiefilm gedraaid op video, in tien dagen tijd (in augustus 1976), met drie camera's, gestileerde decors en veel elektronica, trucage en kunstgrepen. Het videomateriaal zou in Londen overgezet worden op pellicule en gemonteerd als een normale film; de beelden zouden evenwel overkomen als "irreëel, oververzadigd, contrasterend, ontelbare kleine puntjes samengeperst in 625 lijnen" (Rabinowicz). Dit eerste experiment in het genre werd vier jaar later herhaald door Michelangelo Antonioni met **Il mistero di Oberwald**.

De technische afwerking sleepte aan: de montage gebeurde in 1978 (na het uitkomen van de derde film van de regisseur, **Une page d'amour**) en de film kende zijn première pas een jaar later op het Festival van New York, waar hij de "Silver Award" wegkaapte. Het hoofdpersonage is een theaterregisseur die fantaseert over zijn volgende stuk, over een arbeider die in de marginaliteit verzinkt. De structuur is traag en complex en vermengt een reeks elementen (soms in split screen): de kwellingen van een artiest zonder middelen, de bekentenis van een oude boef, psychodrama's met de vier hoofdacteurs (het gezicht pal voor de camera) en een muzikaal trio dat de actie opluistert en aanspoort. Een innerlijk universum van gedramatiseerde ervaringen, met de ontgoocheling als rode draad.

Magnum Begynasium Bruxellense

Boris Lehman

Magnum Begynasium Bruxellense

DIRECTOR: Boris Lehman
YEAR: 1978
COUNTRY: BE
SCREENPLAY: Boris Lehman
DIALOGUE: Boris Lehman
ASST. DIR.: Victor Cordier, Pierrot de Heusch, Edith De Witt, Hilda Helfgott
CAMERA: Michel Baudour, Jean-Noël Gobron, Martin Gressman, Mirko Popovitch, Emile Razpopov, Michaël Sander, Samy Szlingerbaum
EDITING: Roland Grillon, Litsa Dimitriadis
SOUND: Edith De Witt
MUSIC: Philippe Boesmans
PRODUCER: Boris Lehman
LANGUAGE: French
GAUGE: 16 mm
SILENT/SOUND: sound
B&W/COLOUR: B&W + colour
MINUTES: 145′

◆ **Magnum Begynasium Bruxellense** clocks in as Boris Lehman's eighth work and occupies an important place in his life. It is dedicated to his parents, who had recently passed away, and brings to an end 18 years of work with the Centre Antonin Artaud, an anti-psychiatric centre. These were also the years of unchecked "Brusselization" during which property developers ransacked the populous, vibrant urban infrastructure. Thus the film's defining motifs became "never again" and death: the end of an experience, the end of a neighbourhood and the end of the elderly people who are its main characters. The construction of the film is governed by this formative idea. Yet strangely enough the film surprises, proving consistently amusing and lively. The first section is devoted to the six working days and the second part focused on the seventh day, the day of rest and pleasure. This diptych is unified by the consistent deployment of mise en scène. There are neither interviews nor commentary and colour is brought in only sporadically. Within this framework the film unfolds as a succession of portraits and situations with only the geographic connection of the neighbourhood in common. Beyond this, coherence stems from the living. Each character lives his or her life, be it a song, a poem, a gesture, an obsession, a fantasy, a displacement or an administrative error. And here Lehman capitalizes upon the two strengths inherent in the cinema of the real: on-the-spot footage, which brings institutions face to face with the absurdity of their own functioning, and the power of dreams and memory, which record things as they are and as they fall apart.

● **Magnum Begynasium Bruxellense** est le huitième film de Boris Lehman, un ouvrage qui tient une place importante dans sa vie. Il est dédié à ses parents, récemment disparus, et clôt de longues années de travail au Centre Antonin Artaud, une entreprise d'anti-psychiatrie à laquelle il avait collaboré pendant 18 ans. Ces années-là étaient aussi celles de la "bruxellisation" sauvage: la mise à sac, par les promoteurs, d'un tissu urbain populaire et vivant. Aussi est-ce sous le signe du "jamais plus" et de la mort que le film se situe: fin d'une expérience, d'un quartier, des vieilles gens qui en sont les acteurs principaux. La construction du scénario suit cette idée directrice.

Très étrangement, ce film est aussi drôle et vivant. Il y a la première partie, faite des six jours où l'on travaille, et la deuxième, centrée sur le septième jour, celui du repos et de la joie. Ce diptyque est unifié par un parti pris de mise en scène, sans interview ni commentaire, avec quelques ponctuations en couleurs. Ceci posé, portraits et situations, qui n'ont entre eux que le lien géographique du quartier, se succèdent. La cohérence est alors celle du vivant et du temps qu'il prend. Chaque personnage vit sa vie, celle d'une chanson, d'un poème, d'un geste, d'une obsession, d'un fantasme, d'un déracinement ou d'une aberration administrative. Et là, Lehman joue sur les deux impacts du cinéma du réel: celui de la captation en direct, qui renvoie les institutions à l'absurdité de leur fonctionnement, et celui des rêves et de la mémoire, qui capte les choses comme elles sont et comme elles se défont. (JA)

▶ **Magnum Begynasium Bruxellense** is Boris Lehmans achtste film en neemt een belangrijke plaats in zijn leven in. De film is opgedragen aan zijn pas overleden ouders en vormt tevens het eindpunt van vele jaren werk in het Centre Antonin Artaud, een antipsychiatrische onderneming waar Lehman gedurende 18 jaar deel van uitmaakte. In die periode begon ook de wilde "verbrusseling", de verwoesting die de projectontwikkelaars aanrichtten in een levendige, volkse stad. Het leitmotiv is dan ook de dood, het "nooit meer"; het is het einde van een ervaring, van een wijk, van de oude mensen die er de hoofdrol spelen. De opbouw van het scenario volgt dit basisidee. Maar verrassend genoeg is deze film ook levendig en grappig. Het eerste deel beslaat de zes werkdagen van de week en het tweede de zevende, de vreugdevolle rustdag. Dit tweeluik blijft een geheel door de strakke mise-en-scène, zonder interviews of commentaar, met slechts hier en daar kleur. De film ontwikkelt zich als een aaneenschakeling van portretten en gebeurtenissen, die alleen geografisch (de wijk) verbonden zijn. Vanaf dan ligt de samenhang in het thema van het leven. Elk personage leeft zijn eigen leven, dat van een lied of gedicht, een gebaar, een obsessie of droombeeld, een ontheemding of een administratieve blunder.

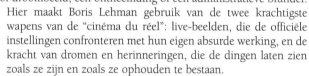

Hier maakt Boris Lehman gebruik van de twee krachtigste wapens van de "cinéma du réel": live-beelden, die de officiële instellingen confronteren met hun eigen absurde werking, en de kracht van dromen en herinneringen, die de dingen laten zien zoals ze zijn en zoals ze ophouden te bestaan.

Le dernier chant d'amour de Marilyn

Roland Lethem

Le dernier chant d'amour de Marilyn
Marilyn's Last Love Song

DIRECTOR: Roland Lethem
YEAR: 1978
COUNTRY: BE
SOUND: Cri Bouwens
PRODUCER: Roland Lethem
LANGUAGE: -
GAUGE: 16 mm
SILENT/SOUND: sound
B&W/COLOUR: B&W
MINUTES: 90'
NOTES: This film is a loop 20m in length to be projected for 90 minutes.

◆ A film of unlimited length, revolving in a loop. A spiritualist film where the unique, scintillating image of Marilyn presents itself, eyes closed, to the gaze. A screen as hypnosis, as timepiece, as vortex. Apogee of the star system and homage to Jean Cocteau, Joseph Plateau and Maurice Roquet. A film of unlimited length, revolving in a loop. A spiritualist film where the unique, scintillating image of Marilyn presents itself, eyes closed, to the gaze. A screen as hypnosis, as timepiece, as vortex. Apogee of the star system and homage to Jean Cocteau, Joseph Plateau and Maurice Roquet. A film of unlimited length, revolving in a loop. A spiritualist film where the unique, scintillating image of Marilyn presents itself, eyes closed, to the gaze. A screen as hypnosis, as timepiece, as vortex. Apogee of the star system and homage to Jean Cocteau, Joseph Plateau and Maurice Roquet. A film of unlimited length, revolving in a loop. A spiritualist film where the unique, scintillating image of Marilyn presents itself, eyes closed, to the gaze. A screen as hypnosis, as timepiece, as vortex. Apogee of the star system and homage to Jean Cocteau, Joseph Plateau and Maurice Roquet. A film of unlimited length, revolving in a loop. A spiritualist film where the unique, scintillating image of Marilyn presents itself, eyes closed, to the gaze. A screen as hypnosis, as timepiece, as vortex. Apogee of the star system and homage to Jean Cocteau, Joseph Plateau and Maurice Roquet. A film of unlimited length, revolving in a loop. A spiritualist film where the unique, scintillating image of Marilyn presents itself, eyes closed, to the gaze. A screen as hypnosis, as timepiece, as vortex. Apogee of the star system and homage to Jean Cocteau, Joseph Plateau and Maurice Roquet.

● Film à durée illimitée, monté en boucle. Film spirite où l'image unique et scintillante de Marilyn se voit les yeux fermés. Ecran hypnotique, écran-pendule, écran-vortex. Apogée du star-system et hommage à Jean Cocteau, Joseph Plateau et Maurice Roquet. Film à durée illimitée, monté en boucle. Film spirite où l'image unique et scintillante de Marilyn se voit les yeux fermés. Ecran hypnotique, écran-pendule, écran-vortex. Apogée du star-system et hommage à Jean Cocteau, Joseph Plateau et Maurice Roquet. Film à durée illimitée, monté en boucle. Film spirite où l'image unique et scintillante de Marilyn se voit les yeux fermés. Ecran hypnotique, écran-pendule, écran-vortex. Apogée du star-system et hommage à Jean Cocteau, Joseph Plateau et Maurice Roquet. Film à durée illimitée, monté en boucle. Film spirite où l'image unique et scintillante de Marilyn se voit les yeux fermés. Ecran hypnotique, écran-pendule, écran-vortex. Apogée du star-system et hommage à Jean Cocteau, Joseph Plateau et Maurice Roquet. Film à durée illimitée, monté en boucle. Film spirite où l'image unique et scintillante de Marilyn se voit les yeux fermés. Ecran hypnotique, écran-pendule, écran-vortex. Apogée du star-system et hommage à Jean Cocteau, Joseph Plateau et Maurice Roquet. Film à durée illimitée, monté en boucle. Film spirite où l'image unique et scintillante de Marilyn se voit les yeux fermés. Ecran hypnotique, écran-pendule, écran-vortex. Apogée du star-system et hommage à Jean Cocteau, Joseph Plateau et Maurice Roquet. (AFL)

▶ Film van onbepaalde duur, gemonteerd als een loop. Spiritistische film waarin het enkele, fonkelende beeld van Marilyn in het netvlies gegrift blijft staan. Een hypnotiserend beeld, als een slinger, als een draaikolk. Summum van het "star system" en hommage aan Jean Cocteau, Joseph Plateau en Maurice Roquet. Film van onbepaalde duur, gemonteerd als een loop. Spiritistische film waarin het enkele, fonkelende beeld van Marilyn in het netvlies gegrift blijft staan. Een hypnotiserend beeld, als een slinger, als een draaikolk. Summum van het "star system" en hommage aan Jean Cocteau, Joseph Plateau en Maurice Roquet. Film van onbepaalde duur, gemonteerd als een loop. Spiritistische film waarin het enkele, fonkelende beeld van Marilyn in het netvlies gegrift blijft staan. Een hypnotiserend beeld, als een slinger, als een draaikolk. Summum van het "star system" en hommage aan Jean Cocteau, Joseph Plateau en Maurice Roquet. Film van onbepaalde duur, gemonteerd als een loop. Spiritistische film waarin het enkele, fonkelende beeld van Marilyn in het netvlies gegrift blijft staan. Een hypnotiserend beeld, als een slinger, als een draaikolk. Summum van het "star system" en hommage aan Jean Cocteau, Joseph Plateau en Maurice Roquet. Film van onbepaalde duur, gemonteerd als een loop. Spiritistische film waarin het enkele, fonkelende beeld van Marilyn in het netvlies gegrift blijft staan. Een hypnotiserend beeld, als een slinger, als een draaikolk. Summum van het "star system" en hommage aan Jean Cocteau, Joseph Plateau en Maurice Roquet. Film van onbepaalde duur, gemonteerd als een loop. Spiritistische film waarin het enkele, fonkelende beeld van Marilyn in het netvlies gegrift blijft staan. Een hypnotiserend beeld, als een slinger, als een draaikolk. Summum van het "star system" en hommage aan Jean Cocteau, Joseph Plateau en Maurice Roquet.

Palestina, de prijs van de vrede

The Present as History (Belgisch-Palestijns collectief)

Palestina, de prijs van de vrede
Palestina, tamman el Salaam
Palestine, le prix de la paix
Palestine, the Price of Peace

DIRECTOR: The Present as History (Belgisch-Palestijns collectief)
YEAR: 1978
COUNTRY: BE
SCREENPLAY: Lucas Vereertbrugghen, Paul Roosen
DIR. PHOT.: The Present as History
CAMERA: The Present as History
EDITING: The Present as History
SOUND: The Present as History
MUSIC: Mustafa Alkurd
COMMENTS: The Present as History
PRODUCER: Lucas Vereertbrugghen, Paul Roosen
PROD. CO.: The Present as History, PLO-bureau (Opwijk)
VOICES: Paul Jambers
LANGUAGE: Dutch
GAUGE: 16 mm
SILENT/SOUND: sound
B&W/COLOUR: colour
MINUTES: 75'

◆ The Belgian/Palestinian collective The Present as History (including among others Paul Roosen and the head of the film library Lucas Vereertbrugghen), which had set itself the objective of increasing awareness of the Palestinian problem, made a 40-minute documentary **But When I Am Hungry** in 1970 on the Palestinian refugee camps. The film collects first-hand accounts of the Palestinians' living conditions, edited together with images of training camps in Syria. Over the following years, it was shown to very diverse audiences, each time with the intention of provoking debate on the Palestinian issue. However, viewers did not always find its content particularly accessible, complaining that the film set out to show too much and that its aesthetic sometimes proved a barrier. In addition, the situation in the region had evolved so much that the collective decided to make a second film.

To avoid any problems with the state of Israel (in the seventies it was forbidden to maintain relations with Palestinians) the directors remained anonymous. Between 1974 and 1977 they shot in Nazareth, Akka and Galilee, where the Palestinians lived in distressing conditions, as well as in the occupied territories of Jerusalem and Ramallah. With the help of two Palestinian friends, they even succeeded in visiting the ransacked villages of Golan and Gaza. Everything was shot on Super 8, for financial reasons as much as for secrecy. The 16mm blow-up then proved a more costly affair. **Palestine, the Price of Peace** was regularly featured on the alternative circuit and in March 1978 was awarded the bronze medal at the Baghdad Film Festival.

● Le collectif belgo-palestinien The Present as History (dont font partie Paul Roosen et le responsable de la filmothèque de la télévision flamande Lucas Vereertbrugghen), s'étant fixé l'objectif d'attirer l'attention sur le problème palestinien, réalisa, en 1970, un documentaire de 40' sur les camps de réfugiés palestiniens, intitulé **But When I Am Hungry**. Ce film, qui montre, à côté d'images de camps d'entraînement en Syrie, des témoignages de Palestiniens sur leurs conditions de vie, fut présenté, durant plusieurs années, à un public très diversifié, dans l'intention, à chaque fois, de provoquer un débat sur la question palestinienne. Mais le film, trop esthétisé et voulant trop montrer, se révéla peu accessible au public. A cet inconvénient, il fallut ajouter l'évolution de la situation israélo-palestinienne, si bien que le collectif décida de tourner un nouveau film.

Pour éviter tout problème avec l'Etat israélien (il était interdit dans les années 70 d'entretenir des relations avec les Palestiniens), l'anonymat des réalisateurs fut gardé. De 1974 à 1977, ils tournèrent à Nazareth, Akka et en Galilée, où les Palestiniens vivaient dans des conditions affligeantes, ainsi que dans les territoires occupés de Jérusalem et Ramallah et, grâce à l'aide d'un couple ami de Palestiniens, jusque dans les villes détruites du Golan et de Gaza. Le documentaire fut filmé en super-8, aussi bien pour des raisons financières que de clandestinité, et son gonflage en 16mm s'avéra une opération coûteuse. **Palestine, le prix de la paix** fut projeté dans un circuit alternatif et reçut en mars 1978 une médaille de bronze au Festival de Bagdad.

▶ Het Belgisch-Palestijnse collectief The Present as History (met o.a. Paul Roosen en de archivaris van het BRT-beeldarchief Lucas Vereertbrugghen) stelde zich ten doel het Palestijnse probleem meer ruchtbaarheid te geven en maakte in 1970 een 40' lange documentaire over de Palestijnse vluchtelingenkampen, getiteld **But When I Am Hungry**. Deze film toont behalve getuigenissen van een aantal Palestijnen over de levensomstandigheden in de kampen in Jordanië, ook beelden van de oefenkampen in Syrië. Jarenlang werd de film voor een zeer verscheiden publiek vertoond, telkens met de bedoeling debatten los te weken rond de Palestijnse kwestie. Maar de film wilde te veel tonen en de esthetiek ervan maakte de inhoud niet altijd even toegankelijk. Bovendien was ondertussen de Palestijns-Israëlische toestand geëvolueerd zodat het collectief uiteindelijk besloot een nieuwe film te draaien.

Om problemen met de Israëlische staat te vermijden (in de jaren 70 is het verboden om contacten te onderhouden met de Palestijnen) bleven de makers anoniem. Van 1974 tot 1977 filmden ze in Nazareth, Akka en Galilea waar Palestijnen in droevige omstandigheden leefden, in de veroverde gebieden Jeruzalem en Ramallah, tot zelfs - maar dan met de hulp van een bevriend Palestijns koppel - in vernielde dorpen in Golan en Gaza. Alles werd gefilmd op Super 8, zowel om financiële redenen, als om de clandestiniteit te vrijwaren. Het opblazen naar 16mm werd een dure onderneming. **Palestina, de prijs van de vrede** kwam in een alternatief circuit terecht en behaalde in maart 1978 een bronzen medaille op het Festival van Bagdad. (PG)

Plages sans suite

Jean-Marc Turine

Plages sans suite
Disparate Beaches

DIRECTOR: Jean-Marc Turine
YEAR: 1978
COUNTRY: BE
SCREENPLAY: Jean-Marc Turine, Violaine de Villers
DIALOGUE: Jean-Marc Turine
DIR. PHOT.: Raymond Fromont
CAMERA: Gilbert Lecluyse
EDITING: Françoise Levie, Violaine de Villers
SOUND: Richard Verthé
MUSIC: Jose Miguel Mennig
PRODUCER: Jean-Marc Turine
PROD. CO.: Echo (Bruxelles)
CAST: Pierre Clémenti (Camionneur), Fabienne Bruyndonckx (Jeune fille), Dominique Hoet (Jeune fille), Yves Desmedt (Restaurateur), Dominique Goroux (Femme du restaurateur), Thierry de Villers (Homme âgé), Anne De Broca (Femme de la plage), Dominique Goroux (Femme de la plage), Olivier Corneille (Homme de la plage)
LANGUAGE: French
GAUGE: 16 mm
SILENT/SOUND: sound
B&W/COLOUR: colour
MINUTES: 99′

◆ With a degree in philosophy and experience as an assistant to Harry Kümel (**Red Lips**) and Marguerite Duras (**Jaune le soleil**), Jean-Marc Turine, from Brussels, turned his hand to directing a feature film in 1978. For his début he selected that most perilous of options - the poetic film, centred on a single introverted character, combining a journey in the present with memories as triggered by the flow of an interior monologue. Pierre Clémenti plays the driver of a wine delivery van, traversing the landscapes of the Belgian coast, playing an incessant stream of classical music, exchanging rare sentences with hitch-hikers and friends of Saint Idesbald, wandering alone through towns and along beaches, isolated within his universe, with his longing to protect himself, to maintain a distance.

The critics treated the film harshly because of its slowed-down pace and real-time action, Monteverdi playing over uninterrupted shots 5 or 6 minutes in length. Turine leapt to his defence, identifying "in the length of the shots a desire to break free of the power of the image and rediscover a sort of fascination", the music being "present so that the spectator may hear it without distraction, for itself". Objections were also raised to the central character, "tortured, intellectualist and falsely poetic, who commits to film an irritating, pseudo-Godardian monologue" (*Le Soir*). On this count, too, Turine explains his intentions, speaking of "a tragic character searching for words, shaping them". At any rate, the controversy makes it easier to grasp the box-office failure of **Disparate Beaches**.

● Licencié en philosophie, assistant de Harry Kümel (**Les lèvres rouges**) et de Marguerite Duras (**Jaune le soleil**), le Bruxellois Jean-Marc Turine aborda la réalisation d'un long métrage de fiction en 1978. Pour ce faire, il choisit d'emblée l'option la plus périlleuse: le film poétique, centré sur un seul personnage introverti, mêlant, au gré d'un monologue intérieur, voyage présent et souvenirs. Pierre Clémenti incarne ce chauffeur-livreur de vin, parcourant les somptueux paysages de la côte belge, écoutant sans cesse de la musique classique, échangeant de rares propos avec des auto-stoppeuses ou des amis de Saint-Idesbald, errant en solitaire dans les villes et sur les plages, muré dans son univers et traversant le quotidien avec la volonté de se protéger, de maintenir des distances.

La critique ne fut pas tendre avec le film, lui reprochant son tempo lent, où chaque action garde sa durée réelle, avec des plans de 5 ou 6 minutes sur fond de Monteverdi. Turine s'en défendit, voyant "dans la longueur des plans une volonté de cesser le pouvoir de l'image et de retrouver une sorte de fascination", la musique étant alors "donnée pour que le spectateur l'entende sans distraction, pour elle-même". Autre reproche: ce personnage "torturé, intellectualiste et faussement poète, qui enregistre un monologue pseudo-Godard crispant" (*Le Soir*). Là encore, Turine s'explique, évoquant l'idée d'un "personnage tragique, qui cherche les mots, les travaille". La controverse, quoi qu'il en soit, fait mieux comprendre l'insuccès public de **Plages sans suite**. *(RM)*

▶ De Brusselaar Jean-Marc Turine - licentiaat filosofie en assistent van Harry Kümel (**Les lèvres rouges**) en Marguerite Duras (**Jaune le soleil**) - begon in 1978 aan de regie van een langspeelfilm. Resoluut koos hij een riskant onderwerp: een poëtische film rond één enkel introvert personage, in een innerlijke monoloog verwikkeld die ons door een kluwen van heden en herinnering voert. Pierre Clémenti vertolkt deze chauffeur/besteller van wijn die de prachtige Belgische kustlandschappen doorkruist op de tonen van klassieke muziek; af en toe wisselt hij enkele woorden met een liftster of met vrienden, maar meestal zwerft hij eenzaam door de stad of langs het strand. Ingemetseld in zijn eigen universum gaat hij door het leven als een afstandelijk man, met zelfbehoud als grootste zorg.

De critici waren niet mals voor de film en stoorden zich vooral aan het trage tempo (elke handeling behoudt zijn reële duur met vijf à zes minuten lange shots op muziek van Monteverdi). Turine verdedigde zich en zag "in de lengte van de shots een streven om de macht van het beeld te breken en een soort verwondering te herontdekken", met muziek "die de kijker zonder afgeleid te worden kan beluisteren, omwille van haarzelf". Op een ander verwijt, uit *Le Soir*: "dit gekwelde, intellectualistische personage is een nepdichter die een houterige monoloog in pseudo-Godardstijl opneemt", gaf Turine opnieuw tekst en uitleg, verwijzend naar de notie van "een tragisch personage, dat woorden zoekt en bewerkt". De controverse verklaart in ieder geval de weinig succesvolle carrière van **Plages sans suite**.

Mirliton
Rob Van Eyck

Mirliton

DIRECTOR: Rob Van Eyck
YEAR: 1978
COUNTRY: BE
SCREENPLAY: Leo Pleysier
BASED ON: Mirliton & Bladschaduwen, written by Leo Pleysier
DIALOGUE: Leo Pleysier
ASST. DIR.: Mark Henkens
DIR. PHOT.: Luc Stoefs
CAMERA: Piet Reynders
EDITING: Rob Van Eyck
SOUND: Marcel Meulemeester
MUSIC: Luc Kessels
ART DIRECTOR: Mark Henkens
COMMENTS: Leo Pleysier
PRODUCER: Rob Van Eyck
PROD. CO.: Flemish Film Productions (Zichem)
CAST: Jacques Verbist (Schizofreen), Curd Vermeulen (Schizofreen als kleine jongen), Daniëlle Mukangyrie (Hanne), Guido De Belder (Psychiater), Mek Vanelven, Danny Schoutens, Mark De Maree, Michel Vanattenhoven (Inner voice)
LANGUAGE: Dutch
GAUGE: 16 mm
SILENT/SOUND: sound
B&W/COLOUR: colour
MINUTES: 71'

◆ In spite of the barrage of criticism which marred his feature-film début (**Breakfast for Two**) and the absolute silence which swallowed up a couple of shorts (including **Anno 2033**, a futurist ecological film), Rob Van Eyck continued to pursue his ambitions as a film-maker and mounted this well-received psychodrama. Wholly without dialogue, based on the novels *Mirliton* and *Bladschaduwen* ("Shadows") by Leo Pleysier, **Mirliton** is constructed as a loose sequence of fragments and impressions. A declamatory voice-over underlines the prose origins of the work.

The plot focuses on a man who, tormented by the pain of his wife's death, succumbs to schizophrenia and the clutches of a mysterious psychiatrist. It tries to visualize its subject's complex thought processes (permeated with memories of his youth) in the form of flashbacks, and expresses his sickly obsession with death by means of metaphors. The lengthy final scene is striking. Two hidden cameras follow the protagonist, played by Jacques Verbist, down the Avenue Louise in Brussels, where his character has a heart attack. Worthy of the best reality-TV, this finale gives the film a singular twist.

Mirliton, which was subtitled "the last free film in Belgium", was shot in Sichem on a completely independent basis over a period of nine weekends during the summer of 1977. It had a budget of BF 600 000. After they had seen the film, the selection committee refused to award it a post-production grant. The Fugitive collective included the 16mm print in its distribution catalogue.

● Malgré des débuts dans le long métrage très critiqués (**Déjeuner pour deux**) et quelques courts métrages qui passèrent totalement inaperçus (dont **Anno 2033**, un film écolo-futuriste), Rob Van Eyck continue à affirmer sa vocation de réalisateur et met sur pied un psychodrame qui sera bien accueilli, **Mirliton**. Ce film sans dialogues, qui s'inspire des romans *Mirliton* et *Bladschaduwen* ("L'ombre des feuilles") de Leo Pleysier, est conçu comme une suite disparate de fragments et d'impressions. Une voix off, déclamatoire, souligne l'origine littéraire du film.

L'histoire est celle d'un homme qui, accablé par le chagrin de la perte de sa femme, devient schizophrène et tombe entre les mains d'un mystérieux psychiatre. Le film tente de visualiser les idées complexes de cet homme, imprégnées de souvenirs de jeunesse, sous la forme de flash-back, et d'exprimer par des métaphores l'obsession de la mort d'un homme tourmenté. La longue séquence finale, filmée avec deux caméras cachées, suit l'acteur Jacques Verbist dans l'avenue Louise, à Bruxelles, où il est terrassé par une attaque cardiaque. Cette scène, digne d'un reality-show, donne au film un cachet particulier.

Mirliton, "dernier film libre en Belgique" selon le sous-titre, fut entièrement financé par son auteur. Le tournage eut lieu à Zichem au cours de l'été 1977 et dura quelque neuf week-ends. Le budget s'élevait à 600.000 FB. Après avoir visionné le film, la Commission de Sélection refusa de lui octroyer une prime de postproduction. Le collectif Fugitive reprit ce film en 16mm dans son catalogue de distribution.

▶ Ondanks zijn door de pers gehekelde langspeelfilmdebuut **Ontbijt voor twee** en enkele onopgemerkte kortfilms (waaronder het ecologisch-futuristische **Anno 2033**) zette Rob Van Eyck zijn vermeende roeping van filmregisseur verder met het toch gunstig onthaalde psychodrama **Mirliton**. Deze film zonder dialogen, naar de romans *Mirliton* en *Bladschaduwen* van Leo Pleysier, is opgebouwd als een losse aaneenschakeling van fragmenten en impressies. Een declamerende voice-off verraadt de literaire achtergrond van de film.

Het verhaal gaat over een man die volledig ten onder gaat aan de dood van zijn vrouw en als schizofreen in de handen van een mysterieuze psychiater terechtkomt. De film tracht zijn complexe gedachten, doordrongen van jeugdherinneringen, in de vorm van flashbacks uit te drukken. De doodsobsessie van de getormenteerde man wordt onder meer via metaforen gevisualiseerd. Opmerkelijk is de lange slotsequentie, een scène die met twee verborgen camera's werd opgenomen en die protagonist Jacques Verbist volgt op de Brusselse Louizalaan, waar hij door een hartaanval geveld wordt. Een mooi stukje reality-beeldwerk dat de film een extra cachet gaf.

Mirliton, dat als ondertitel kreeg "De laatste vrije film in België", werd volledig in eigen beheer opgenomen te Zichem, tijdens een negental weekends in de zomer van 1977. Het budget bedroeg 600.000 BF. De Selectiecommissie weigerde na visie een postproductiepremie toe te kennen. Het collectief Fugitive nam deze 16mm-film op in zijn distributiecatalogus. *(LJ)*

Couleur chair

François Weyergans

Couleur chair
Flesh Color

DIRECTOR: François Weyergans
YEAR: 1978
COUNTRY: BE-FR-US
SCREENPLAY: François Weyergans
DIALOGUE: François Weyergans
ASST. DIR.: Patrick Hella, Danielle Bordès
DIR. PHOT.: Ricardo Aronovich
CAMERA: Philippe Brun, Jacques Labesse, Andrès Sivart
EDITING: François Weyergans, Sophie Tatischeff, Emmanuelle Castro, Dominique Martin
SOUND: Bernard Ortion, Jacques Maumont, Jean Neny
MUSIC: Friswa
ART DIRECTOR: Anne Zenoni, Roland Lefèvre
PROD. CO.: Les Films de Maintenant (Bruxelles), Buffalo Films (Paris), Institut National de l'Audiovisuel INA (Paris), François de Menil (New York)
PROD. SUPERV.: Pierre Cottrell
CAST: Veruschka Von Lehndorff (Anna la strip-teaseuse), Laurent Terzieff (Michel le professeur), Jorge Donn (Ramon), Dennis Hopper (Mel le photographe), Bianca Jagger (Mme Schrijvers), Anne Wiazemsky (La libraire), Lou Castel (Le psychiatre)
LANGUAGE: French
GAUGE: 35 mm
SILENT/SOUND: sound
B&W/COLOUR: colour
MINUTES: 116'

◆ It is summer 1976 when François Weyergans begins shooting a film in Brussels which is to say the least ambitious. Ambitious firstly in its casting: Jorge Donn, Béjart's star dancer, here rubs shoulders with the international model Veruschka (magnified by Antonioni in **Blow Up**), Anne Wiazemsky and Laurent Terzieff, with Dennis Hopper, flown in from Hollywood, and - in her screen début - Bianca Jagger, the brains behind the Rolling Stones. Ambitious secondly in its intentions: Weyergans hopes to improvise the film from a basic sketch, placing no particular emphasis on any one character and allowing his actors complete freedom to construct their roles during the course of shooting. The production stage complete, there follow almost two years of complete silence, broken only by rumours of editing complications, financial problems and poor material. Then it is off to the 1978 Cannes Festival, where the film is shown hastily before disappearing from our screens for good.

Years after the event, the impression left by this film on the memory is very negative: an incoherent hotch-potch edited in a dry, syncopated fashion designed to paper over the holes in the plot and divert from the dull content of many scenes. What proved most memorable were the beautiful face and body of Veruschka, who plays an errant stripper, and her encounters with an unemployed clown (Jorge Donn) and disillusioned academic (Laurent Terzieff) in a universe of shady bars, pessimism and sordid lowlife. Nevertheless François Weyergans was to devote himself to the writing of novels, an activity which seems to have kept him busy ever since.

● C'est durant l'été 1976 que François Weyergans commence à Bruxelles le tournage d'un film pour le moins ambitieux. Ambitieux par sa distribution, d'abord, puisque s'y côtoient Jorge Donn, le danseur étoile de Béjart; le mannequin international Veruschka (magnifiée par Antonioni dans **Blow Up**); Anne Wiazemsky et Laurent Terzieff; Dennis Hopper, venu tout droit de Hollywood; et, pour ses débuts, l'égérie des Rolling Stones, Bianca Jagger. Ambitieux par ses intentions, ensuite: Weyergans veut improviser son film à partir d'un canevas de départ, ne privilégier aucun des personnages, et laisser toute liberté à ses comédiens de construire leur rôle au fil du tournage. Cependant, une fois le tournage terminé, c'est le silence complet durant près de deux ans. On parle d'un montage compliqué, de problèmes financiers, d'un matériau ingrat. Puis c'est le festival de Cannes 1978, où **Couleur chair** est montré à la sauvette, avant de disparaître à jamais des écrans.

A plusieurs années de distance, on a conservé du film un souvenir fort négatif: un hochepot peu cohérent, monté de manière sèche et syncopée pour cacher maladroitement les lacunes de l'intrigue ou la platitude des séquences. On se souvient surtout du beau visage - et du corps - de Veruschka, en strip-teaseuse paumée, et de ses rencontres avec un clown au chômage (Jorge Donn) et un professeur désabusé (Laurent Terzieff), dans un univers de bars équivoques, sur fond de pessimisme et de vies sordides. Désormais, François Weyergans allait se consacrer au roman, qui semble monopoliser, depuis, toute son activité. (RM)

▶ Het zomert volop in 1976 wanneer François Weyergans in Brussel met een op zijn zachtst gezegd ambitieuze film start. Allereerst is er de rolverdeling: Jorge Donn, sterdanser van Béjart; de internationaal bekende mannequin Veruschka, door Antonioni vereeuwigd in **Blow Up**; Anne Wiazemsky en Laurent Terzieff; Dennis Hopper, overgekomen uit Hollywood, en een debuterende Bianca Jagger, de muze van de Rolling Stones. Ook qua opzet was de film zeer ambitieus. Vertrekkend van een basisschets wou Weyergans volledig improviseren, zonder een bepaald personage naar voren te brengen: de acteurs moesten hun rol naar eigen goeddunken uitdiepen naarmate de opnamen vorderden. Vervolgens bleef het bijna twee jaar stil rond de film; er werd gesproken over een moeizame montage, financiële problemen en ondankbaar materiaal. Dan kwam het Festival van Cannes van 1978, waar **Couleur chair** vluchtig vertoond werd alvorens voorgoed van het doek te verdwijnen.

Na al die jaren houden we aan de film vooral negatieve herinneringen over: een onsamenhangende hutsepot, in een droge en gesyncopeerde montage gegoten om de lacunes in de intrige en de banaliteit van de scènes te verdoezelen. In positieve zin blijven vooral het mooie lichaam van Veruschka bij, hier in de rol van een

aan lager wal geraakte stripteaseuse, en haar ontmoeting met een werkloze clown (Jorge Donn) en een gedesillusioneerde leraar (Laurent Terzieff). Dit alles speelt zich af in een universum van schunnige bars, badend in een sfeer van pessimisme en ellende. Na deze ervaring wijdde François Weyergans zich aan het romanschrijven, sindsdien blijkbaar zijn enige activiteit.

Doctor Vlimmen

Guido Pieters

Co-production

Doctor Vlimmen
Dokter Vlimmen
Docteur Vlimmen
Dr. Vlimmen

DIRECTOR: Guido Pieters
YEAR: 1978
COUNTRY: NE-BE
SCREENPLAY: Guido Pieters, Ben Verbong
BASED ON: Doctor Vlimmen, written by Anthonius Roothaert
DIALOGUE: Guido Pieters, Ben Verbong
ASST. DIR.: Eefje Cornelis
DIR. PHOT.: Theo Van de Sande
CAMERA: Theo Van de Sande, Jaak Stein, Pim Tjujerman, Peter De Bont, Joop V.D. Vegt
EDITING: Ton Ruys
SOUND: Jan Van Sandwijk, Wim Vonk, Ron Haanschoten
MUSIC: Pim Koopman
ART DIRECTOR: Dick Schillemans, Roland De Groot
COSTUMES: Jany Fischer-Temine, Barbara Jane Boulter
PRODUCER: Gerrit Visscher, Jef Vliegen
PROD. CO.: Cinecentrum (Hilversum), Cine-Ma (Hilversum), Kunst en Kino/Art et Cinéma (Brussel)
PROD. SUPERV.: Kees Groenewegen
ASSOC. PROD.: Jan van Raemdonck
EXEC. PROD.: Ryclef Rienstra
LANGUAGE: Dutch
GAUGE: 35 mm
SILENT/SOUND: sound
B&W/COLOUR: colour
MINUTES: 109'

CAST: Peter Faber (Doctor Vlimmen), Roger Van Hool (Dacka), Chris Lomme (Truus), Cox Habbema (Paula), Yolande Bertsch (Tilly), Ward De Ravet (Pastoor), Monique Van de Ven (Leonieke), Manfred De Graaf (Doctor Treeborg), Brigitte De Man (Mientje), Serge-Henri Valcke (Pietje Mulder), Reinhilde Decleir (Keeke Mulder), Helmert Woudenberg (Van Bemmel), Frans Vorstman (Mr. Stein)

Les femmes vicieuses

Jean Luret [Guido Zurli]

Co-production

Les femmes vicieuses
La fille d'Emmanuelle
The Daughter of Emanuelle
The Daughter of Emmanuelle
La ragazzina parigina

DIRECTOR: Jean Luret [Guido Zurli]
YEAR: 1978
COUNTRY: FR-BE-IT
SCREENPLAY: Marius Mattei, Guido Zurli
BASED ON: The Daughter of Emanuelle, written by Dick Randall
CAMERA: Stamatios Tripos
MUSIC: Gino Peguri
PRODUCER: Jean Luret, Nicole Torok De Pauw
PROD. CO.: Films du Berry (Paris), ICP (Roma), Titanus Films (Bruxelles)
PROD. SUPERV.: Monique Blanc
EXEC. PROD.: Dick Randall
CAST: Lawrence Casey, Sara Crystal, Greta Vayant, Masha Magall
LANGUAGE: French
GAUGE: 35 mm
SILENT/SOUND: sound
B&W/COLOUR: colour
MINUTES: 90'
NOTES: Certain sources mention Sarah Crespo instead of Sara Crystal.

Hedda Gabler

Jan Decorte

Hedda Gabler

DIRECTOR: Jan Decorte
YEAR: 1978
COUNTRY: BE
SCREENPLAY: Jan Decorte
BASED ON: Hedda Gabler, written by Henrik Johan Ibsen
DIALOGUE: Jan Decorte
DIR. PHOT.: Willy Cornette
CAMERA: Rufus J. Bohez, Jean-Noël Gobron
EDITING: Jan Decorte
SOUND: Richard Verthé
ART DIRECTOR: Jan Decorte
COSTUMES: Sigrid Vinks
PRODUCER: Jan Decorte
CAST: Jan Pauwels (Jörgen Tesman), Rita Wouters (Hedda), Cara Van Wersch (Julia Tesman), Rezy Schumacher (Thea Elvsted), Jos Van Gorp (Brack), Bert André (Eljert Løvborg), Sigrid Vinks (Berthe)
LANGUAGE: Dutch
GAUGE: 16 mm
SILENT/SOUND: sound
B&W/COLOUR: B&W
MINUTES: 113'

◆ While most Flemish film-makers were trying hard to satisfy mass audiences, the stage director Jan Decorte deliberately set out to make films that would prove testing to his public. In his own idiosyncratic version of Henrik Johan Ibsen's classic play **Hedda Gabler**, Decorte continued his exploration of reality begun with **Pierre** in a style reminiscent of the films of Chantal Akerman, using extremely long shots and sparse dialogue. Decorte transferred the action of Ibsen's realist play of 1890 to 1950 and an interior that could have been Picasso's. He was highly selective in his adaptation of the play, preferring to focus on the feminist angle. The result is an abstract and detached record of the disenchantment, depression and emptiness of a frustrated, power-hungry, excessive woman who destroys first her lover, then herself. Both the characters and the camera remain entirely static throughout; everything is infused with the lethargy of the central character.

During the film's first screening, whilst some members of the audience fled the theatre within the first few minutes, others experienced the boredom as an unwanted fascination. According to critic Dirk Lauwaert, this fascination stemmed from the fact that, "apart from providing a very spatial interaction, Decorte also revealed the literalism of dramatic mechanisms". This static experiment by Decorte, who later went on to start a career in politics, eventually found a Belgian distributor but was mainly screened at film festivals such as Rotterdam and Los Angeles, where the film was given a warm reception.

● Alors que la majorité des cinéastes flamands tentaient de répondre aux attentes et aux goûts des spectateurs, l'homme de théâtre Jan Decorte défiait au contraire ouvertement le public ordinaire. Avec cette adaptation hautaine de la pièce classique de Henrik Johan Ibsen, il poursuit son exploration de la réalité, commencée deux ans auparavant avec **Pierre**, dans un style fait de plans extrêmement longs et de dialogues parcimonieux, rappelant Chantal Akerman. Decorte transpose en 1950, dans un intérieur à la Picasso, ce drame réaliste, écrit par Ibsen en 1890 et situé en Norvège. Il élague froidement le texte original pour se concentrer sur son approche féministe. Le résultat final devient l'enregistrement abstrait et distant des désillusions, de la dépression et du vide d'une femme frustrée, excessive et assoiffée de pouvoir, menant son amant, puis elle-même à leurs pertes respectives. Personnages et caméra restent perpétuellement statiques, et l'action se déroule sur un mode léthargique, comme un reflet de l'héroïsme.

Lors de la première représentation, certains spectateurs quittèrent la salle quasi instantanément, d'autres restèrent, comme fascinés par l'ennui. "Car, outre une préoccupation très spatiale", expliqua le critique Dirk Lauwaert, "Decorte met en évidence la littéralité des mécanismes dramatiques". Cette réalisation expérimentale de Decorte, qui allait par la suite se consacrer à une carrière politique, trouva un distributeur belge, mais fut surtout présentée dans des festivals, comme ceux de Rotterdam et de Los Angeles, où le film fut accueilli avec davantage d'enthousiasme.

▶ Terwijl het merendeel van de Vlaamse cineasten probeerde tegemoet te komen aan de wensen en de smaak van het massapubliek, stelde theaterman Jan Decorte de toeschouwer juist bewust op de proef. Zijn exploratie van de realiteit - die hij begon met **Pierre** in een stijl verwant aan die van Chantal Akerman, met uiterst lange shots en spaarzame dialogen - zette hij in deze eigenzinnige versie van het klassieke toneelstuk van Henrik Johan Ibsen verder. Dit sterk realistisch drama, door Ibsen geschreven in 1890, was oorspronkelijk gesitueerd in Noorwegen. Decorte bracht het over naar 1950, met als decor een modern Picasso-achtig interieur. Hij ging heel selectief te werk en concentreerde zich op de feministische dimensie van deze klassieker. Het resultaat is een abstracte, afstandelijke registratie van de ontgoocheling, depressie en leegte van een gefrustreerde, naar macht hunkerende en excessieve vrouw die eerst haar minnaar en daarna zichzelf in het verderf stort. Zowel de personages als de camera zijn volledig statisch; de film in zijn geheel evoceert de lethargische stemming van het hoofdpersonage.

Terwijl sommige toeschouwers tijdens de eerste vertoning onmiddellijk de zaal uit liepen, ging de verveling voor anderen gepaard met een zekere fascinatie. "Want behalve een heel ruimtelijke participatie", aldus criticus Dirk Lauwaert, "is wat Decorte je laat zien het letterlijke van dramatische mechanismen". Dit statische experiment van Decorte, die later een nieuwe carrière begon als politicus, vond wel een Belgische verdeler maar werd vooral vertoond op festivals, zoals dat van Rotterdam en Los Angeles, waar de film goed werd ontvangen. *(LJ)*

Het verloren paradijs

Harry Kümel

Het verloren paradijs
Le paradis perdu
The Lost Paradise
The Paradise Lost

DIRECTOR: Harry Kümel
YEAR: 1978
COUNTRY: BE
SCREENPLAY: Harry Kümel, Kees Sengers
DIALOGUE: Harry Kümel, Kees Sengers
ASST. DIR.: Dominique Janne, Maurice Noben
DIR. PHOT.: Kenneth Hodges
CAMERA: Brian Elvin, Willy Stassen, Rufus J. Bohez, Ludo Troch
EDITING: Susana Rossberg, Françoise Dumoulin, Gisèle Lemaire, Annette Wauthoz
SOUND: Henri Morelle, Frank Struys
MUSIC: Roger Mores
ART DIRECTOR: Philippe Graff, André Fonteyne, Koen Bauwens
PRODUCER: Jacqueline Pierreux
PROD. CO.: Pierre Films (Bruxelles)
PROD. SUPERV.: Tom Coene, Guy De Lombaert
CAST: Willeke Van Ammelrooy (Pascale), Hugo Van den Berghe (Benjamin Rolus), Bert André (Jan Boel), Gella Allaert (Adeline), Stephen Windross (Peterke), Blanka Heirman (Marie-Louise), Serge-Henri Valcke (De Cat), Carlos Van Lanckere (Boer Sus), Raf Reymen (Minister), Fred Van Kuyk (Landmeter), Nolle Versyp (Landmeter), Harry Kümel (Fotograaf), Nora Barten, Willy De Swaef, Bob Stijnen, Anton Cogen, Hans De Waegeneer, Jos Kennis, Frank Marneffe, Martha Woumans
LANGUAGE: Dutch
GAUGE: 35 mm
SILENT/SOUND: sound
B&W/COLOUR: colour
MINUTES: 100'

◆ **The Lost Paradise** is strikingly different from director Harry Kümel's usual films. At first glance, it is a realist work, a slice of local life, with few studio sets and without the emphatic, aesthetic style usually associated with Kümel. The story is set in a fictitious Flemish village where a motorway is due to be built. On one side there is the mayor, a loner who leads a solitary existence in his château and wants to stop the motorway from cutting across his property. He suggests a route around the village which would mean the eviction of a number of elderly residents. On the other side there is a shopkeeper from the village, who defies the burgomaster; using a woman who came between the two men in their youth, he tries to bring the landowner around to his just cause. Willeke Van Ammelrooy is cast as the riotous redhead vamp Pascale.

Regular flashbacks evoke memories which still seem to influence the behaviour of the protagonists. Beyond the surface, there are traces of Kümel's mannerism, which means that at least visually the film has much to offer. The major obstacle to the identification of the audience with the film is the clear contempt felt by the director for the characters he depicts. Throughout the film the burgomaster and the upper-class life of the château are contrasted with the mercilessly portrayed intrigues and machinations of the village people. Hence the film was unjustly misunderstood and ignored by the majority of both the press and the public.

● **Le paradis perdu** occupe une place à part dans l'œuvre du cinéaste Harry Kümel. A première vue, il s'agit d'un film réaliste, avec peu de décors, proche de notre réalité quotidienne, et sans le style explicite et esthétisant de l'auteur. L'intrigue se situe dans un petit village flamand où l'on prévoit une autoroute. Deux camps s'affrontent. D'un côté, le bourgmestre, qui vit dans la réclusion solitaire de son château, veut éviter que l'autoroute traverse son domaine. Il suggère un tracé le long du village qui nécessiterait l'expropriation de quelques villageois âgés. De l'autre, ces quelques villageois, représentés par un commerçant qui s'attaque au bourgmestre. Pour ramener l'édile à de meilleures intentions, il utilise une femme qui creusa un fossé entre les deux hommes dans leur jeunesse. C'est Willeke Van Ammelrooy qui interprète le rôle de la vulgaire vamp rousse Pascale. Des flash-back réguliers rappellent des souvenirs qui continuent à influencer les faits et gestes des personnages.

Sous des extérieurs superficiels, on retrouve le maniérisme de Kümel, qui, d'un point de vue purement visuel, apporte beaucoup au film. Mais le mépris absolu du réalisateur pour ses personnages rend l'identification du spectateur avec les protagonistes presque impossible. De plus, tout au long du film, Kümel oppose la vie de château, supérieure, à une vie triviale (les intrigues et cupidités des villageois). Le film fut injustement mal compris, et mal reçu, par une grande partie de la presse et du public.

▶ **Het verloren paradijs** is een buitenbeentje in het werk van Harry Kümel. Op het eerste gezicht is het een realistische film, met weinig decors, dicht bij de alledaagse werkelijkheid en zonder de nadrukkelijk esthetiserende stijl van de cineast. Het verhaal speelt zich af in een fictief Vlaams dorpje waar de aanleg van een autosnelweg is gepland. De burgemeester is een eenzaat die teruggetrokken leeft op zijn kasteel en wil vermijden dat de autosnelweg door zijn domein loopt. Hij suggereert een tracé langs de dorpskom, wat een aantal bejaarde inwoners zou dwingen te verhuizen. De oppositie tegen de burgervader wordt vertegenwoordigd door een handelaar uit het dorp. Hij gebruikt een vrouw die in hun jeugdjaren een kloof tussen de twee mannen veroorzaakte, om de kasteelheer tot andere inzichten te brengen. Het is Willeke Van Ammelrooy die in de huid kruipt van deze vulgaire rosse vamp Pascale.

De actie wordt regelmatig onderbroken door flashbacks, herinneringen van de personages die nog steeds hun gedrag beïnvloeden. Onder de oppervlakkige intrige schuilt echter het maniërisme van Kümel, dat de film op visueel gbied verheft. Maar de vaak ongenadige portrettering van de personages staat een echte identificatie tussen film en toeschouwer in de weg. Voortdurend wordt het stijlvolle (de burgemeester, het leven op het kasteel) geplaatst tegenover het triviale (de intriges en kuiperijen van de dorpelingen). Zowel pers als publiek stonden - onterecht - weigerachtig tegenover dit werk. *(RS)*

Les rendez-vous d'Anna

Chantal Akerman

Les rendez-vous d'Anna
De afspraken van Anna
The Meetings of Anna

DIRECTOR: Chantal Akerman
YEAR: 1978
COUNTRY: BE-FR-GW
SCREENPLAY: Chantal Akerman
DIALOGUE: Chantal Akerman
ASST. DIR.: Romain Goupil, Marilyn Watelet
DIR. PHOT.: Jean Penzer
CAMERA: Michel Houssiau
EDITING: Francine Sandberg, Suzanne Sandberg
SOUND: Henri Morelle
ART DIRECTOR: Philippe Graff
COSTUMES: Michel Farge
PRODUCER: Alain Dahan
PROD. CO.: Paradise Films (Bruxelles), Hélène Films (Paris)
PROD. SUPERV.: Evelyne Paul, Catherine Huhardeaux
CO-PROD. CO.: Unité Trois (Paris), ZDF (Mainz)
CAST: Aurore Clément (Anna), Helmut Griem (Heinrich), Magali Noël (Ida), Hans Zieschler (L'homme du train), Lea Massari (La mère), Jean-Pierre Cassel (Daniel), Alain Berenboom, Laurent Taffein, Françoise Bonnet, Victor Verek, Thaddausz Kahl
LANGUAGE: French
GAUGE: 35 mm
SILENT/SOUND: sound
B&W/COLOUR: colour
MINUTES: 127′

◆ Anna is the alter-ego, the "novelistic" double of Chantal Akerman and like her a film-maker, commuting between Paris, Brussels and Germany to show her work. Yet the translation into fiction brings with it a fragmentation, a distanciation. Anna is simply the vehicle for a series of questions which plagued Akerman at the time of production: "What is the nature of Germany after Nazism, where is the world headed, what does it mean to love and be loved?" Fundamentally, though, Anna belongs to no one but herself. Like the angel of **Theorem**, she gravely listens and moves on. Each character she meets is on the brink of something, hence under her influence these things are spoken. She meets a German schoolteacher with the weight of History on his shoulders, a friend, a stranger on a train, her mother and her Parisian lover. Each soliloquizes to break the solitude - albeit briefly. Yet the world closes in once again on a note of failed encounter, like the voices calling from the answering machine in the impersonal room of this Bohemian.

The film contains all the recognizable elements of Akerman's style, with slow tracking shots and a distancing towards the characters - a distance which does not eliminate emotion but channels it, leaving Anna and the others with their liberty intact. They are not used up by the fiction: the narrative needs them but they retain a dimension over and above it, a reserve which is the source of the film's solemn grace. Also worth stressing are the beauty and simplicity of the text and the fluidity, free of pathos, which is to play an increasingly decisive part in the director's later works of fiction.

● Anna est le double "romanesque" de la réalisatrice. Comme Chantal Akerman, elle est cinéaste. Elle circule entre Paris, Bruxelles et l'Allemagne pour montrer ses films. Mais la mise en personnage amène une fragmentation, une distanciation. Anna se pose simplement une série de questions qui étaient celles de la réalisatrice au moment du tournage: "Qu'est-ce que l'Allemagne d'après le nazisme, où va le monde, qu'est-ce qu'aimer et être aimée?" Cependant, fondamentalement, Anna n'appartient qu'à elle-même. Comme l'ange de **Théorème**, elle circule, grave et à l'écoute. Puisque tous les gens qu'elle rencontre sont au bord de quelque chose, elle fait que les choses se disent. Elle rencontrera un instituteur allemand qui porte le poids de l'Histoire, une amie, un inconnu dans le train, sa mère, son amant parisien. Chacun, le temps d'un monologue, fût-il bref, rompra la solitude pour s'expliquer. Mais le monde va se refermer sur les rencontres manquées, sur les voix du répondeur téléphonique dans la chambre impersonnelle de la nomade.

On retrouve ici le style akermanien, caractéristique de cette période de son travail faite de frontalité, de lents travellings latéraux, d'une distance gardée vis-à-vis des personnages, distance qui n'efface pas l'émotion, mais la canalise, laisse à Anna et les autres leur liberté. Ils ne sont pas épuisés par la fiction. Le récit a besoin d'eux, mais ils gardent toujours un hors-champ narratif, un quant-à-soi qui font la grâce grave du film. Il faut encore souligner la place du texte beau et simple, d'une fluidité sans pathos qui, dans les fictions ultérieures de la cinéaste, va devenir déterminant. *(JA)*

▶ Anna is het "romaneske" alter ego van Chantal Akerman en is net als zij cineaste. Ze beweegt zich tussen Parijs, Brussel en Duitsland om haar films te tonen. Maar de omzetting van persoon in personage brengt een fragmentatie met zich, schept een afstand. Anna draagt een reeks vragen uit die de regisseuse zich toen stelde: "Wat is het Duitsland van na het nazisme, waar gaat het met de wereld heen, wat is beminnen en bemind worden?" Maar in wezen behoort Anna alleen aan zichzelf toe. Zoals de engel in **Teorema** trekt ze ernstig en luisterend rond. Omdat alle mensen die ze ontmoet aan de rand van iets staan, zorgt ze dat dat iets wordt uitgesproken. Ze ontmoet een Duitse leraar die gebukt gaat onder het gewicht van de Geschiedenis, een vriendin, een onbekende in de trein, haar moeder en haar Parijse minnaar. Ieder monologiseert om de eenzaamheid te doorbreken, al is het maar voor enkele ogenblikken. Maar de wereld sluit zich rond de gemiste ontmoetingen, de stemmen op het antwoordapparaat in de onpersoonlijke kamer van de zwerfster.

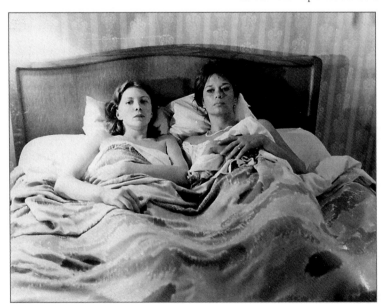

Dit is de eigen Akerman-stijl van toen, de frontaliteit, de langzame travellings, de afstand die bewaard wordt tegenover de personages, een afstand die de emotie niet doet vervagen maar kanaliseert, die Anna en de anderen hun vrijheid laat. Ze worden niet opgebruikt; het verhaal kan niet zonder hen, maar zij behouden iets dat altijd buiten beeld blijft. In deze afstandelijkheid ligt de ernstige gratie van de film. En dan mogen we niet voorbijgaan aan de mooie, simpele tekst, vloeiend en zonder pathos, die voor de ficties van Akerman steeds bepalender zal worden.

Les enfants de l'oubli

João Correa

Les enfants de l'oubli
Jules Brunin accuse
Kinderen van de duisternis
The Children of Oblivion

DIRECTOR: João Correa
YEAR: 1978
COUNTRY: BE
DIR. PHOT.: Jacques Duesberg
CAMERA: Jean-Paul Kesnier
EDITING: Bob Van Hammée, Luc Bourgois, Maria-João Tiago, Joseph Dassy
SOUND: Ricardo Castro, Miguel Réjas, Michel Rorive
MUSIC: G. Soccio
COMMENTS: Charles-Laurent Gondanoff
PROD. CO.: Cibelco (Bruxelles)
PROD. SUPERV.: Yvette Stroëff
LANGUAGE: French
GAUGE: 16 mm
SILENT/SOUND: sound
B&W/COLOUR: B&W
MINUTES: 102'

◆ The children of oblivion of the title are those who, abandoned or withdrawn from an unhealthy family environment, were relocated to several institutions in accordance with a Belgian law (dating from 1965) related to youth care. Jules Brunin, himself all too familiar with what he designated as "the children's inferno", became the self-appointed advocate of the 35 000 or so wards of justice, using articles and testimonies to uncover a world infested with injustice and cruelty. João Correa was duly impressed and decided to complement Brunin's book with a filmed document. Shot under impossible conditions sometimes verging on secrecy, completed thanks only to scraps of film rounded up here and there and the goodwill of collaborators at all production levels who were prepared to work for free, **The Children of Oblivion** is a film which bares itself as an open wound. Its formal and technical indecency is combined with the brutality of its intent and images, brushing aside all talk of a "safe environment".

A montage of interviews with children - masked in accordance with a law intended to protect minors which forbids the revelation of their identity - overlaid by the clamant commentary of Jules Brunin, the tormented extremist and fierce defender of these kids "on the road to stabilization", this film wastes no energy on statistics or counter arguments to add nuance to its message. This approach was to ensure that the film, after having caused a sensation at the 1978 International Festival of Human Rights, was pulled out of circulation by the censors in response to numerous libel charges formulated by the personnel and the management of five of the indicted homes.

● Les enfants de l'oubli, ce sont les enfants abandonnés ou soustraits à un milieu familial indigne et placés en institutions, en application d'une loi belge de 1965 sur la protection de la jeunesse. Ils étaient environ 35.000 "enfants du juge" (comme on les désignait) à être défendus par Jules Brunin, lui-même sorti de ce qu'il nommait les "enfers de gosses", à travers articles et témoignages, dévoilant un univers d'injustices et de cruautés qui bouleversa le cinéaste João Correa. D'où ce document d'une rare violence, illustrant par le son et l'image le livre récent de Jules Brunin.

Tourné dans des conditions impossibles, parfois à la limite de la clandestinité, grâce à des bouts de pellicule récoltés de-ci de-là et la volonté de bénévoles présents à tous les niveaux de la réalisation, **Les enfants de l'oubli** est un film qui se regarde comme une plaie ouverte. Son indécence formelle et technique se conjugue avec une brutalité de propos et d'images qui laisse de côté toute idée de "juste milieu".

Assemblage d'interviews d'enfants masqués (une loi relative à la protection de la jeunesse interdisant de dévoiler leur identité), survolé par le commentaire-cri de Jules Brunin, écorché vif outrancier, défenseur acharné de ces gosses "en voie de stabilisation", ce film ne s'embarrasse pas de statistiques ou de contre-discours qui nuanceraient son propos. C'est d'ailleurs pour cette raison que le film, après avoir bouleversé le Festival International des Droits de l'Homme en 1978, s'est vu directement retiré du circuit des projections par la censure, suite à diverses plaintes déposées pour diffamations par le personnel et la direction de cinq des homes dénoncés. *(AFL)*

▶ De kinderen van de duisternis zijn kinderen die, verlaten of weggehaald uit onhoudbare familiale situaties, in een instelling belandden, dit in navolging van een wet uit 1965 op de jeugdbescherming. Jules Brunin, die zelf maar al te vertrouwd was met wat hij als de "kinderhel" bestempelde, nam - via artikels en getuigenissen - de verdediging op van de ongeveer 35.000 zogenaamde "gerechtskinderen" van toen. Cineast João Correa was zo sterk onder de indruk van deze wereld van onrechtvaardigheid en wreedheid, dat hij besloot om het toen net verschenen boek van Brunin te vervolledigen met een filmdocument. In onmogelijke, haast clandestiene omstandigheden gedraaid - met behulp van links en rechts bij mekaar geraapte beetjes pellicule en de inzet van vele vrijwilligers in het hele productieproces - is dit een film als een open wonde. De formele, koud-technische onbeschaamdheid zet zich door in de algemene brutale teneur van woorden en beelden, die de notie van "de middenweg" geen kans laten.

De film is een compilatie van interviews met gemaskerde jongeren (een wet ter bescherming van de jeugd verbiedt het bekendmaken van hun identiteit), schreeuwerig becommentarieerd door een verontwaardigde Brunin die het opneemt voor deze kinderen die "gestabiliseerd" worden. Correa bekommerde zich niet om statistieken, noch liet hij de tegenpartij aan het woord om zijn discours enigszins te nuanceren. Na op het Internationaal Festival voor de Mensenrechten van 1978 een ware schokgolf te hebben teweeggebracht en na een regen van aanklachten wegens laster vanwege personeel en directie van vijf van de aangeklaagde tehuizen, werd de film door de censuur onmiddellijk uit roulatie genomen.

Simone de Beauvoir

Josée Dayan, Malka Ribovska

Co-production

Simone de Beauvoir

DIRECTOR: Josée Dayan, Malka Ribovska
YEAR: 1978
COUNTRY: FR-BE
SCREENPLAY: Josée Dayan, Malka Ribovska
ASST. DIR.: Danièle Baudrier, Nathalie Mithois, Dominique Janne
DIR. PHOT.: Guy Macou
CAMERA: Guy Macou
EDITING: Christine Buffat, Dominique Arnould
SOUND: Claude Delannoi
MUSIC: Georges Delerue
PRODUCER: Michel Vidal, Martine Becot, Michel Chanderli
PROD. CO.: GMF Productions (Paris), Société Française de Production et de Création Audiovisuelles SFP (Paris), MK 2 Productions (Paris), Pierre Films (Bruxelles)
PROD. SUPERV.: Tom Coene
EXEC. PROD.: Jacqueline Pierreux
LANGUAGE: French
GAUGE: 16 mm
SILENT/SOUND: sound
B&W/COLOUR: B&W + colour
MINUTES: 114'

Melancholy Baby

Clarisse Gabus

Co-production

Melancholy Baby

DIRECTOR: Clarisse Gabus
YEAR: 1979
COUNTRY: FR-SZ-BE
SCREENPLAY: Clarisse Gabus, Daniel Jouanisson, André Puig
DIALOGUE: Clarisse Gabus, Daniel Jouanisson, André Puig
ASST. DIR.: Daniel Jouanisson, Roch Stephanik
DIR. PHOT.: Charlie Van Damme
CAMERA: Peter Anger, Gilbert Lecluyse, Alain Demartines
EDITING: Luciano Berini, Geneviève Letellier, Catherine Brasier-Snopko
SOUND: Auguste Galli, Renaud Gabus
MUSIC: Serge Gainsbourg
ART DIRECTOR: Denis Martin-Sisteron
COSTUMES: Jackie Budin
PRODUCER: Michèle Dimitri, Jean-Pierre Letellier, Henri Weis, André Weis
PROD. CO.: Dimage (Paris), Luna Films (Paris), Ciné Vog Films (Bruxelles), SSR (Bern), RTSI (Lugano)
PROD. SUPERV.: Colette Martin
LANGUAGE: French
GAUGE: 35 mm
SILENT/SOUND: sound
B&W/COLOUR: colour
MINUTES: 90'

CAST: Jane Birkin (Olga), Jean-Louis Trintignant (Pierre), Jean-Luc Bideau (Claude), François Beukelaers, Florence Giorgetti, Tom Gres

Mireille dans la vie des autres

Jean-Marie Buchet

Mireille dans la vie des autres
Mireille in het leven van de anderen
Mireille in the Lives of the Others
Mireille and the Others

DIRECTOR: Jean-Marie Buchet
YEAR: 1979
COUNTRY: BE-FR
SCREENPLAY: Jean-Marie Buchet
DIALOGUE: Jean-Marie Buchet
ASST. DIR.: Maurice Beerblock
DIR. PHOT.: Patrice Payen
CAMERA: Yves Vandermeeren, Georges Leurquin
EDITING: Dominique Van Goolen, Luc Bourgois
SOUND: Alix Comte
MUSIC: Ivry Guitlis
ART DIRECTOR: Ariel Potasznik
PRODUCER: Godefroid Courtmans
PROD. CO.: F3 (Bruxelles), Unité Trois (Paris), Selta Film (Paris), Hélène Films (Paris)
PROD. SUPERV: Alain Dahan
ASSOC. PROD.: Gabriel Boustany, Alain Dahan
EXEC. PROD.: Jean-Serge Breton
CAST: Véronique Speeckaert (Mireille), Chantal Descampange (Edwige), Alain Lamarque (Alphonse), Eric Schoonejans (Sylvain), Sylvain Bailly (Jacques), Michel Lechat (Oscar), Tatiana Mouchkine (Germaine), Yvonne Clech (Mère de Jacques), Jean-Pierre Dougnac (Père de Jacques)
LANGUAGE: French
GAUGE: 35 mm
SILENT/SOUND: sound
B&W/COLOUR: colour
MINUTES: 90'

◆ A small gang of four "aged" adolescents, two girls and two boys, arrive at a moment in their lives when they are faced with entry into the adult world. The complicity of close friends, bonds of unconfessed love, Saturday nights spent dancing, café conversations, the protective cocoon of irresponsibility and dreams - sadly all this must come to an end. It is Mireille, the pretty girl of the group, who by her decisions breaks apart the clique and shatters their illusions.

The plot is minimalist, the characters resigned (they display a faint trace of rebellion, but this is far outweighed by straightforward middle-class common sense). The whole story revolves around Mireille's practical decision to enter into a loveless marriage with a dismal accountant who offers her the security of a Formica kitchen, holiday rooms in Middelkerke and a car on credit. One big sentimental jumble, in which each friend is in love with precisely the one who has no interest in them, fuels the storyline, in fact a succession of minor events "where nothing happens, yet something does".

The charm of the film lies in its dialogue - deliberately "poor", laughable even, yet profoundly poetic. It builds up a universe of melancholic lucidity, where melodrama and ardent emotion are scrubbed out to leave a chaste, all-encompassing vacuum. The mise en scène (with wholly studio-bound sets) and the equally stilted and discreet acting should have harmonized with the tone of the text itself, yet the parts do not get to a whole and although the film is still of interest, it also feels somehow incomplete.

● Une petite bande de quatre "vieux" adolescents, deux filles et deux garçons, arrive à un moment où il faut entrer dans la vie adulte. La complicité des copains, les amours inavouées, les bals du samedi soir, les conversations de café, le chaud cocon de l'irresponsabilité et des rêves, touchent, hélas!, à leur fin. C'est Mireille, la jolie fille du groupe, qui, par ses choix, va faire éclater le clan et les illusions.

Le récit est minimaliste, les personnages sont résignés (il y a bien une certaine révolte, mais si peu, la sagesse "petite-bourgeoise" étant la plus forte) et toute l'histoire se construit autour du choix raisonnable de Mireille, qui épousera sans amour un lugubre petit comptable qui lui donnera la sécurité d'une cuisine en Formica, de vacances en meublé à Middelkerke et d'une automobile payée à crédit. Un chassé-croisé sentimental, où tous sont amoureux de celui ou de celle qui ne les choisira pas, nourrit la trame de micro-événements "où il ne se passe rien, mais où il se passe quand même quelque chose".

Le charme du film tient à ses dialogues volontairement "pauvres", voire dérisoires, mais profondément poétiques. Ils construisent un univers de lucidité triste, où le mélo et les grands élans sont gommés au profit d'un presque rien pudique et fort. La mise en scène (en studio) et le jeu des acteurs, eux aussi figés et en retrait, auraient dû s'accorder au ton des répliques. Malheureusement, l'alchimie additionnelle ne se met pas en place et, si le film reste intéressant, il laisse aussi un sentiment d'incomplétude. (JA)

▶ Een groepje van vier adolescenten, twee meisjes en twee jongens, komen op een punt in het leven waarop de volwassenheid moet intreden. De saamhorigheid tussen de vrienden, de onuitgesproken liefdes, het dansen op zaterdagavond, de gesprekken in het café, de aangename vlucht in onverantwoordelijkheid en dromen: aan dat alles komt helaas een eind. De mooie Mireille maakt een keuze waardoor het kliekje en de dromen uit elkaar spatten.

Het verhaal is minimalistisch en de personages zijn lijdzaam (er is wel sprake van een zekere opstand, maar nauwelijks: het kleinburgerlijke gezond verstand overheerst). Het hele verhaal is opgebouwd rond de verstandige keuze van Mireille, die een liefdeloos huwelijk sluit met een miezerige boekhouder die haar de zekerheid biedt van een formica keuken, vakantie in een appartement in Middelkerke, en een auto op afbetaling.

Een labyrint van onbeantwoorde liefde voedt dit wereldje van futiele voorvallen, "waar niets gebeurt, maar waar toch wel iets gaande is".

De film ontleent zijn charme aan de bewust "arme" dialogen, die soms totaal onbeduidend zijn maar uitermate poëtisch. Ze geven vorm aan een universum van trieste luciditeit waaruit het melodrama en de grote bezieling zijn weggelaten ten voordele van een bijna-vacuüm dat tegelijk ingetogen en krachtig is. De mise-en-scène (met studiodecors) en het spel van de al even verstarde acteurs hadden moeten harmoniëren met de toon van de dialogen, maar deze symbiose blijft uit, en ook al is de film nu nog steeds van belang, hij laat ook een gevoel achter van onvolkomenheid.

Le sexe enragé de la fée sanguinaire

Roland Lethem

Le sexe enragé de la fée sanguinaire
The Crazed Sex of the Bloodthirsty Fairy
The Red Cunt

DIRECTOR: Roland Lethem
YEAR: 1979
COUNTRY: BE
SCREENPLAY: Roland Lethem
DIALOGUE: Roland Lethem
ASST. DIR.: Jean-Pierre Bouyxou
DIR. PHOT.: Jean-Claude Neckelbrouck
CAMERA: Jean-Claude Neckelbrouck
EDITING: Jean-Marie Buchet, Roland Lethem, Luc Bourgois
SOUND: Jean-Marie Buchet
MUSIC: Jean-Louis Lefèvre, Paul Lambert
COMMENTS: Roland Lethem
PRODUCER: Natacha Schinski
CAST: Jean-Pierre Delamour, To Katinaki, Pierre Lampe, Morelle, Arlette, Louisette, Renée, Myriam, Didi, Jean-Pierre Bouyxou, Noël Godin, André Leborgne, Raphaël Marongiu, Georges Legloupier
LANGUAGE: French
GAUGE: 16 mm
SILENT/SOUND: sound
B&W/COLOUR: B&W + colour
MINUTES: 80'

◆ In 1968, Roland Lethem brought us **The Bloodthirsty Fairy**, a short splatter film in which a merry exhibitionist fairy brings great verve and agility to the emasculation of a number of shady politicians. She exhibits her trophies in formalin and stubbornly proceeds with a fun little series of slayings, crushing the various obstacles in her way - a fascist kiddie, a nun, a policeman.

Next, one year later, Lethem turned out another short in colour and black and white, **The Crazed Sex**, a flesh-eating fornication of a film in which a prostitute partakes with gluttonous relish of white mice, symbolizing none other than the filthy-rich bourgeois, clients of the beautiful temptress and victims of her demoniacal magic. The film begins with a fine example of audiovisual counterpoint: an extreme close-up of a woman's "vertical smile", in the background the *Brabançonne*. Ten years later the film-maker gives us **The Crazed Sex of the Bloodthirsty Fairy**, a montage-cum-anthology-cum-farewell to his experimental psychedelic love affairs blending bits of his previous films, and hence all those Lethemian ingredients which cheerfully laid waste to the stockpile of idées reçues and all-pervading visual niceness: in-your-face aggressiveness, scatological and genital provocation, leftist gore, blasphemous broadsides, the blacklisting of good taste and patience, delicately self-reflexive preciosity, a rejection of all authority which would do a hooligan proud, ...

The Crazed Sex of the Bloodthirsty Fairy, or "a small introduction - refreshing, groundbreaking and sorely lacking - to S&M in cinema".

● De Roland Lethem, il y eut d'abord **La fée sanguinaire** (1968), un court métrage éclaboussant où une joyeuse fée exhibitionniste émascule lestement et avec verve un certain nombre de politiciens encanaillés. Elle exhibe ses trophées dans du formol et poursuit avec entêtement d'autres zigounettes tout en écrabouillant les divers obstacles à sa mission: un bambin facho, une religieuse, un gendarme.

Ensuite, un an après, Lethem commet un autre court métrage, **Le sexe enragé**, film cannibale et forniquant, en couleurs et noir et blanc, où une prostituée déguste gloutonnement des souris blanches qui ne sont rien d'autres que des bourgeois friqués, clients de la belle et victimes de sa magie démoniaque. Le film débute par un bel exemple de contrepoint sonore: un très gros plan du "sourire vertical" féminin sur fond de *Brabançonne*. Dix ans après, le cinéaste nous offre **Le sexe enragé de la fée sanguinaire**, montage-anthologie-adieu à ses amours expérimento-psychédéliques, dans lequel on retrouve un petit bout de chacun de ses films et, donc, tous les ingrédients lethemiens qui ont gaillardement ravagé le sirop des idées reçues et le moelleux visuel ambiant: agressivité aboyante, provocations génitales et scatologiques, "gore" gauchiste, gerbes blasphématoires, mise à l'index du bon goût et de la patience, préciosité délicatement auto-proclamatoire, contestation hooliganiste des pouvoirs de toutes sortes, ...

Le sexe enragé de la fée sanguinaire ou "petite introduction vitalisante, débroussaillante et bienvenue finalement, au SM cinématographique". *(AFL)*

▶ Van Roland Lethem verscheen in 1968 de schokkende kortfilm **La fée sanguinaire**, waarin een vrolijke, exhibitionistische fee behendig en geestdriftig enkele politici van dubieus alloi ontmant. Ze bewaart haar trofeeën in formaline en gaat onverstoorbaar over op nieuwe, kleine ingrepen, eenieder die haar missie in de weg staat onder de voet lopend: een fascistoïde jochie, een non, een rijkswachter.

Een jaar later shockeerde Lethem opnieuw met **Le sexe enragé**; een kannibalistische en hoererende kortfilm, in kleur en zwart-wit, waarin een prostituee gulzig witte muizen verorbert, een symbool van de gegoede burgerij: de klanten van onze schoonheid en de slachtoffers van haar demonische magie. De film begint met een mooi staaltje muzikale contrapuntiek: een enorme close-up van de "verticale glimlach" van een vrouw, op de tonen van de *Brabançonne*.

Tien jaar later schenkt de cineast ons **Le sexe enragé de la fée sanguinaire**, een anthologische montage waarmee hij afscheid neemt van zijn experimenteel-psychedelische voorliefde en waarin we een stukje van al zijn films terugvinden. Alle ingrediënten die Lethem benut om lustig de vloer aan te vegen met de gevestigde moraal en de heersende visuele meligheid zijn op het appèl: bijtende agressiviteit, genitale en scatologische provocaties, linkse "gore", godslastering, verwerping van goede smaak en geduld, zelfverklaarde preciositeit, rebelse betwisting van iedere vorm van gezag, ...

Le sexe enragé de la fée sanguinaire werd betiteld als "kleine, vitaliserende, baanbrekende en tenslotte welkome introductie tot cinematografische SM".

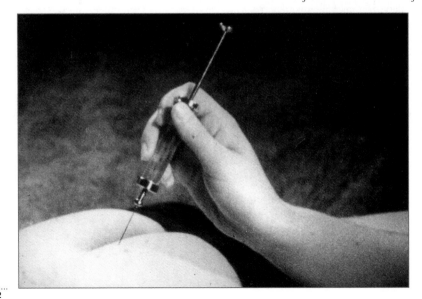

Le chemin perdu
Patricia Moraz

Co-production

Le chemin perdu
The Lost Way
Der verlorene Weg
Die verlorene Zeit

DIRECTOR: Patricia Moraz
YEAR: 1979
COUNTRY: SZ-FR-BE
SCREENPLAY: Patricia Moraz
DIALOGUE: Patricia Moraz
ASST. DIR.: Gérard Ruey
DIR. PHOT.: Sacha Vierny
CAMERA: Anne Trigaux, Yves Vandermeeren
EDITING: Thierry Derocles, Christophe Loizillon
SOUND: Ricardo Castro
MUSIC: Patrick Moraz
ART DIRECTOR: Alain Nicolet, Pierre Gattoni
COSTUMES: Lathenne Mayer
PRODUCER: Robert Boner, Caroline Arrighi
PROD. CO.: Saga-Productions (Lausanne), Cactus Film (Zürich), Abilène Productions (Paris), MK 2 Productions (Paris), F3 (Bruxelles)
PROD. SUPERV.: Edi Hubschmid
ASSOC. PROD.: Godefroid Courtmans, Marin Karmitz
EXEC. PROD.: Robert Boner, Caroline Arrighi
LANGUAGE: French
GAUGE: 35 mm
SILENT/SOUND: sound
B&W/COLOUR: colour
MINUTES: 107'

CAST: Charles Vanel (Léon Schwarz), Delphine Seyrig (Mathilde Schwarz), Magali Noël (Maria), Clarisse Barrère (Cécile), Charles Dudoignon (Pierre), Vania Vilers (Félix Schwarz), Juliette Faber (Madame Traber), Remo Girone (Angelo), Michel Lechat (Monsieur John), Liliane Becker (Madame Marthe), Christine Pascal (Liza), André Frei (Freddy), Toni Cecchinato (L'ami d'Angelo), René Moraz (Membre du parti)

Démons de midi
Christian Paureilhe

Co-production

Démons de midi
Démon de midi
La couleur du temps
Demons of the South

DIRECTOR: Christian Paureilhe
YEAR: 1979
COUNTRY: FR-SP-BE
SCREENPLAY: Sylvie Coste, Christian Paureilhe
DIALOGUE: Sylvie Coste, Christian Paureilhe
CAMERA: Georges Barsky, Lionel Legros
EDITING: Delphine Desfons
SOUND: Alain Marchal, Juan Quillis
MUSIC: Michel Bernolhe
PRODUCER: Louis Duchesne
PROD. CO.: CP Production (Paris), Imago International (Madrid), 2000 Productions (Bruxelles)
PROD. SUPERV.: Jacques De Pauw
LANGUAGE: French
SILENT/SOUND: sound
B&W/COLOUR: colour
MINUTES: 103'

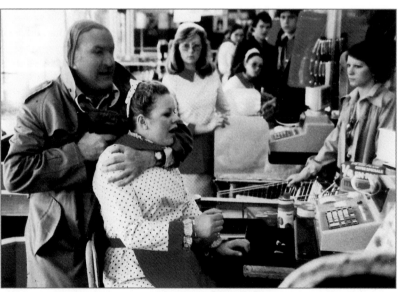

CAST: Pierre Mondy (François), Micheline Presle (Rose), Sylvie Coste (Hélène), Robert Hossein (Metteur en scène de théâtre), Francis Lemaire (Duchesne), Hubert Deschamps, Anne-Marie Coffinet, Poussine Mercaton, Veronica Miriel, Candice Patou, Fernand Legros, Francine Blistin, Noël Simsolo, Jacques Robiolles

Gens de nulle part, gens de toutes parts

Valéria Sarmiento

Gens de nulle part, gens de toutes parts
Gens de partout, gens de nulle part
Gens de toutes parts, gens de nulle part
People from Nowhere, People from Everywhere

DIRECTOR: Valéria Sarmiento
YEAR: 1979
COUNTRY: BE
SCREENPLAY: Valéria Sarmiento
DIR. PHOT.: Leo de la Barra
CAMERA: Leo de la Barra, Jorge Lubbert
EDITING: Valéria Sarmiento
SOUND: Claudio Martinez
MUSIC: Lucien Goethals
PROD. CO.: Politfilm (Bruxelles), CBA (Bruxelles)
PROD. SUPERV.: Patrick Desmeyter, Louis Navarro
LANGUAGE: -
GAUGE: 16 mm
SILENT/SOUND: sound
B&W/COLOUR: colour
MINUTES: 60'

◆ Born in Valparaíso in 1948, Valéria Sarmiento studied a combination of philosophy and cinema at university before marrying the young film-maker Raul Ruíz (whose first full-length feature, **Three Sad Tigers**, dates from 1968, a few months before their marriage). The couple fled Pinochet's Chile in November 1973 and Valéria henceforth worked as editor on Ruíz's numerous films. After shooting a first documentary in Santiago (**Un sueño como de colores**), Valéria Sarmiento herself embarked on a directorial career, obtaining finances in Paris, from the United Nations and television stations for a series of projects including a Belgian one, **People from Nowhere, People from Everywhere**, a 60-minute film produced by the Centre Bruxellois de l'Audiovisuel in 1979.

Focusing on the disorientation of exiles and déracinés, the film attempts to break with the platitudes of the social reportage by adopting an aesthetic approach described by the director as follows: "The camera moves in the wake of one or several bodies, but without clear-cut identification. During the course of my research, I settled on two elements - the marginal world of work and the mechanized city life, laid out in space, as a network of communication." The film was shot in the bizarre surroundings of a vast modern housing estate, "Grande Borne" in Grigny, near Paris. "The film communicates, with tenderness and pathos, what these people have left of truly personal in their dreams and origins." After 1984, Valéria Sarmiento would also turn her hand to fiction (with Raul Ruíz collaborating on the scripts to **Our Marriage**, **Amelia Lopez O'Neill** and **She**).

● Née à Valparaíso en 1948, Valéria Sarmiento mène en parallèle des études de philosophie et de cinéma à l'université, puis épouse un jeune cinéaste, Raul Ruíz (dont le premier long métrage, **Trois tristes tigres**, date de 1968, quelques mois avant leur mariage). Le couple fuira le Chili de Pinochet en novembre 1973 et Valéria travaillera dès lors comme monteuse sur les innombrables films réalisés par Ruíz. Depuis un premier documentaire tourné à Santiago (**Un sueño como de colores**), Valéria Sarmiento ambitionne elle aussi de devenir réalisatrice et parvient à trouver des financements à Paris, aux Nations Unies ou à la télévision pour une série de projets, dont un belge en 1979: **Gens de nulle part, gens de toutes parts**, film de 60 minutes produit par le Centre Bruxellois de l'Audiovisuel.

Axé sur le désarroi des exilés et des déracinés, le film veut échapper aux poncifs du documentaire social par une démarche esthétique ouvertement assumée par la réalisatrice: "La caméra se déplace à la suite d'un ou de plusieurs corps, mais ceci sans identification nette. Dans ma recherche, j'ai choisi deux choses: le monde marginal du travail et le circuit machinal de la ville, pris dans un espace, un réseau de communication." L'ouvrage fut tourné dans le décor insolite d'une cité nouvelle, la "Grande Borne" à Grigny, près de Paris. "Le film lie avec tendresse et pathétisme ce qui reste de strictement personnel dans la vocation quotidienne des rêves et des origines des personnes." Dès 1984, Valéria Sarmiento abordera la fiction (Raul Ruíz cosignant ses scénarios pour **Notre mariage**, **Amelia Lopez O'Neill** ou **Elle**). (RM)

▶ Valéria Sarmiento, geboren te Valparaíso in 1948, combineerde filosofie en filmstudies aan de universiteit alvorens een jonge cineast te huwen: Raul Ruíz, wiens eerste langspeelfilm **Tres tristes tigres** dateert van 1968, luttele maanden voor hun huwelijk. In november 1973 hield het koppel het in het Chili van Pinochet voor bekeken, en vanaf dan zou Valéria Sarmiento de montage verzorgen van Ruíz' ontelbare films. Na een eerste documentaire te hebben gedraaid in Santiago (**Un sueño como de colores**) wilde ze zich echter meer en meer profileren als regisseuse. Ze ging te Parijs, bij de Verenigde Naties en de televisie aankloppen om de financiering van een reeks projecten rond te krijgen, waaronder één Belgisch, **Gens de nulle part, gens de toutes parts**, een film van 60' geproduceerd door het Centre Bruxellois de l'Audiovisuel in 1979.

Met als hoofdthema de ontreddering van bannelingen en ontwortelden, tracht deze film het clichématige van de sociale documentaire uit de weg te gaan door een rigoureuze esthetische ingreep vanwege de cineaste: "De camera volgt één of meer lichamen, maar zonder duidelijke identificatie. Twee elementen vormden de basis van mijn onderzoek: de marginale wereld van de arbeid en het machinale leven van een stad, besloten in een ruimte, een netwerk van communicatie". De nieuwbouwstad "Grande Borne" te Grigny, nabij Parijs, vormt het buitengewone decor van deze film. "Met tederheid en pathetiek spint de film een draad tussen wat er nog echt persoonlijk is in de dagelijkse dromen en afkomst van deze mensen". Vanaf 1984 wijdde Valéria zich aan de fictiefilm (Raul Ruíz schreef mee de scenario's van **Notre mariage**, **Amelia Lopez O'Neill** en **Elle**).

Bobo, Jacco
Walter Bal

Co-production

Bobo, Jacco
L'année de Jacco
Déconne pas, je t'aime

DIRECTOR: Walter Bal
YEAR: 1979
COUNTRY: FR-BE
SCREENPLAY: Walter Bal, Annie Girardot, Laurent Malet, Michel Montanary
DIALOGUE: Walter Bal, Annie Girardot, Laurent Malet, Michel Montanary
ASST. DIR.: Pascal Judelewicz, Marceline Charpentier, Benoît Nicoulin
DIR. PHOT.: Pascal Gennesseaux
CAMERA: Michel Van Pelt
EDITING: Michel Lewin, Martine Boullier
SOUND: Alain Curvelier, Boris Portnoy
MUSIC: Jacques Revaux
ART DIRECTOR: Françoise Hardy
PRODUCER: Jacques Dorfmann, Laurent Meyniel, Norbert Saada
PROD. CO.: Belstar Productions (Paris), AMS Productions (Paris), Cathala Productions (Paris), Les Films de la Tour (Paris), Pacific Business Group (Tahiti), SODEP (Bruxelles), Belga Films (Bruxelles)
PROD. SUPERV.: Henri Baum
ASSOC. PROD.: Pierre Bonnet, Max Bertgui
EXEC. PROD.: Pierre Levie, Luc Hemelaer
LANGUAGE: French
GAUGE: 35 mm
SILENT/SOUND: sound
B&W/COLOUR: colour
MINUTES: 95'

CAST: Laurent Malet (Jacco), Annie Girardot (Magda), Michel Montanary (Freddie), Evelyne Bouix (Lise), Jean-Claude Brialy (Guillaume), Françoise Arnoul (Mère de Lise), Jean Franval (Grand-père de Lise), Francisca Barsin (Mère de Freddie), Michel Berto (Chef de service), Arlette Biernaux (Grand-mère de Lise), Robert Corhay (Bedeau), Angela De Bona (Véra), André De Flandre (Préposé tramway), Jean-André Dumont (Père de Jacco), Daniel Dury (Gardien de bureaux), Simone Ettekoven (Joséphine), Carine François (Femme cinéphile), Arnold Gelderman (1er joueur de poker), Philippe Geluck (Cinéphile), Luc Van Grunderbeeck (Dragueur), Alain Lahaye (Alexandre), Jacques Lippe (Vieux flic), Gaëtan Marynissen (Frère de Freddie), Jules Nijs (Paysan), Jean Pascal (Vieux monsieur), Denyse Periez (Mère de Jacco), Dominique Ronse (Jeune flic), Roger Simons (Ami de la mère de Lise), Anne Thielen (Fille vélo), Nicole Torgemen (Malabar), Tony Weidner (Garçon cave)

La triple mort du troisième personnage
Helvio Soto

Co-production

La triple mort du troisième personnage
La triple muerte del tercer personaje
The Third Character's Triple Death
The Triple Death of the Third Character

DIRECTOR: Helvio Soto
YEAR: 1979
COUNTRY: FR-BE-SP
SCREENPLAY: Helvio Soto
DIALOGUE: Maurice Leblanc
ASST. DIR.: Emilio Pacull, Marco Zerla
DIR. PHOT.: José Luis Alcaine
CAMERA: Juan Minguell, Pierre Denayer
EDITING: Rodolfo Wedeles
SOUND: Antoine Bonfanti
MUSIC: Juan Luis José Mosalini
ART DIRECTOR: Ramon Pou
PRODUCER: Jose Antonio Perez Giner, Ken Legaergeant, Guy Jacobs
PROD. CO.: Babylone Films (Paris), Producciones Zeta (Barcelona), 2000 Productions (Bruxelles)
PROD. SUPERV.: Jacques De Pauw, Angel Gauna, Bernard Lagaergeant
LANGUAGE: French
GAUGE: 35 mm
SILENT/SOUND: sound
B&W/COLOUR: colour
MINUTES: 100'

CAST: José Sacristan (Le Latino-Américain), Brigitte Fossey (La Française), André Dussolier (Marcel), Patricia Guzman (Carolina), Aranda (Le copiste), Marcel Dossogne (André), Michel Lechat (L'infirme), Roland Mahauden (L'agent inconnu), Jean-Pierre Dauzun (Le policier en voiture), Marc Audier (Le chauffeur de taxi), François Barteels (Le policier), Olivier Massange (Vasco), Vincent Grass (Le speaker TV), Ouergli Gilani (Joël), Victor Loupan (Le joueur de basket), Bernard Crakzyck (Le 3e musicien), Daniel Hicter (Le 4e musicien)

Des morts

Jean-Pol Ferbus, Dominique Garny, Thierry Zéno

Des morts
Les rites de la mort
Dood en doden
Over de doden
Of the Dead
Of Death and Deads

DIRECTOR: Jean-Pol Ferbus, Dominique Garny, Thierry Zéno
YEAR: 1979
COUNTRY: BE-FR
SCREENPLAY: Thierry Zéno, Dominique Garny, Jean-Pol Ferbus
ASST. DIR.: Guillermo Diaz Palafox, Terry Stegner, Jacques Tronel, Kim Youn Hwan
DIR. PHOT.: Thierry Zéno
CAMERA: Thierry Zéno, Terry Stegner
EDITING: Thierry Zéno, Roland Grillon, Sophie Fabbri, Chantal Hymans
SOUND: Jean-Pol Ferbus, Dominique Garny
MUSIC: Alain Pierre
PRODUCER: Thierry Zéno
PROD. CO.: Zéno Films (Bruxelles)
PROD. SUPERV.: Margaret Menegoz
CO-PRODUCER: Marie-Noëlle Zurstrassen
CO-PROD. CO.: Les Films du Losange (Paris)
LANGUAGE: French/English/Spanish/Thai/Korean
GAUGE: 35 mm
SILENT/SOUND: sound
B&W/COLOUR: colour
MINUTES: 105'

◆ What becomes of the bodies of the dead, how are human beings considered throughout the world when they are consigned to the realm of memories, of material left to rot? Over a two-year period, Jean-Pol Ferbus, Dominique Garny and Thierry Zéno filmed funeral rites in North Korea, Thailand, Mexico and the USA.

One thing common to all these rites accompanying death is that they show the irreversible character of the event itself, but also a refusal of death and a final hope in some kind of survival (be it resurrection or metamorphosis). Each people marks the event differently, according to its own beliefs and myths. In Asia and Latin America, the rites are linked to the destiny of the family, clan or religious group. The cries of wailing women, the sacrifice of domestic animals, the lengthy display of the dead body on a platform - with their symbolic functions, all form part of a religious conception and collective imaginary. In stark opposition to these images, the American funeral homes are a product of social convention, with no one allowing the slightest emotion to show through. These are purely worldly offices, through to their embalming techniques, freezers and incinerators. Highly perfected, they nevertheless testify to the absence of humanity within a society seeking to avoid the reality of death.

Although some images in this documentary are almost unwatchably direct, its directors manage to avoid all sensationalism by their humility before the gravity and frequent beauty of the reality they are showing, by the sensitivity of their gaze.

● Comment, à travers le monde, sont considérés les morts à partir du moment où ils ne sont plus que souvenirs, matière livrée à la pourriture? Pendant deux ans, Jean-Pol Ferbus, Dominique Garny et Thierry Zéno ont filmé des rites funéraires en Corée du Sud, en Thaïlande, au Mexique et aux Etats-Unis.

Ces rites mortuaires possèdent en commun de montrer le caractère irréfragable de l'événement, mais aussi de le refuser et d'ouvrir à l'espérance dans quelque forme de survie (résurrection, métamorphose). Chaque peuple les célèbre différemment, en fonction de ses croyances et de ses mythes propres. En Asie et en Amérique latine, ils sont liés au destin de la famille, du clan, de la secte. Le cri des pleureuses, le sacrifice d'animaux domestiques, la longue exposition du mort sur une estrade s'intègrent à une conception religieuse, à un imaginaire collectif par des fonctions symboliques. Par contre, et en rupture avec les images précédentes, les "funeral homes" des Etats-Unis relèvent de la convention sociale sans que personne, du moins en apparence, ne laisse percer d'émotion. Ce sont des offices mondains. Il en va de même des pratiques d'embaumement, de congélation ou d'incinération. Extrêmement perfectionnées, elles témoignent cependant de l'absence d'humanité d'une société cherchant à escamoter la réalité de la mort.

Malgré le caractère insoutenable de certaines images de ce documentaire, les auteurs ont su échapper à tout sensationnalisme, par leur effacement devant la gravité et la beauté, souvent, de la réalité montrée ainsi que par la qualité sensible de leur regard. (SM)

▶ Hoe beschouwt men - over de hele wereld - de doden waar niets meer van rest dan herinneringen of rottend vlees? Twee jaar lang filmden Jean-Pol Ferbus, Dominique Garny en Thierry Zéno begrafenisriten in Zuid-Korea, Thailand, Mexico en de Verenigde Staten.

Alle rituelen die gepaard gaan met de dood hebben alvast gemeen dat ze de onherroepelijke aard van deze gebeurtenis bevestigen en hem ook in zekere zin verwerpen, door de hoop op een vorm van overleven (reïncarnatie of metamorfose). Elk volk kent andere gebruiken, afhankelijk van zijn eigen geloof of mythen. In Azië en Latijns-Amerika hangen deze samen met de familie, de clan of de sekte. De klaagzang der vrouwen, het offeren van huisdieren, het lijk dat gedurende lange tijd wordt uitgesteld op een katafalk, al deze tradities passen in een religieus raamwerk, een collectieve verbeeldingswereld met een symbolische functie. In schril contrast met de voorafgaande beelden staan de Noord-Amerikaanse "funeral homes": het zijn materialiseringen van sociale conventies en niemand toont er - althans openlijk - zijn emoties. Het zijn wereldse plaatsen. Datzelfde geldt trouwens voor gebruiken als het balsemen, het invriezen of de crematie. Hoewel zeer geperfectioneerd, getuigen deze praktijken van weinig menselijkheid en van een maatschappij waar de harde werkelijkheid van de dood wordt weggemoffeld.

Ondanks de soms onverdraaglijke beelden wisten de auteurs elke sensatiezucht uit deze documentaire te weren, door hun scherpzinnige, gevoelige blik vooral te richten op de plechtige schoonheid van de getoonde realiteit.

Slachtvee

Patrick Conrad

Slachtvee
La carne
Bétail de boucherie
The Slaughterer
As Sheep to the Slaughter

DIRECTOR: Patrick Conrad
YEAR: 1979
COUNTRY: BE
SCREENPLAY: Jean-Claude Carrière, Patrick Conrad, Kees Sengers, Marcel Van Maele
DIALOGUE: Jean-Claude Carrière, Patrick Conrad, Kees Sengers, Marcel Van Maele
ASST. DIR.: Rufus J. Bohez
DIR. PHOT.: Gilberto Azevedo
CAMERA: Gilberto Azevedo, Patrick Decoster, Paul Gruszow, Rufus J. Bohez, Patrice Payen, Alessandro Usai
EDITING: Susana Rossberg, Dominique Loreau, Françoise Dumoulin
SOUND: Henri Morelle, Frank Struys
MUSIC: Thijs Van Leer
ART DIRECTOR: Guy Derie, Mark Henkens, André Herbet
COSTUMES: Anne Verhoeven
PRODUCER: Jacqueline Pierreux
PROD. CO.: Pierre Films (Bruxelles)
PROD. SUPERV.: Tom Coene
CAST: Herman Gilis (Thomas), Stéphane Excoffier (Marie-Rose), Marie-Luce Bonfanti (Marie), Dirk De Batist (Rocco), Bert André (Lomme), Ward De Ravet (Gaston Duprez), Michel Morano (Weismüller), Monique Vermeer (Rose), Max Schnur (Assistent van de inspecteur), François Beukelaers (Man in grijs), Joris Collet (Bokstrainer), Serge-Henri Valcke (Serge), Roland Lethem (Landloper)
LANGUAGE: Dutch
GAUGE: 35 mm
SILENT/SOUND: sound
B&W/COLOUR: colour
MINUTES: 95'

◆ The Antwerp dandy, "pink poet" and all-round artist Patrick Conrad made two experimental short films (**Reseda Wagons** in 1967 and **Mud** in 1972) before tackling **The Slaughterer** in 1979. Thomas (played by Herman Gilis) is a man of around forty who occupies an important post in a slaughterhouse. What is more, he is engaged to Marie-Rose (Stéphane Excoffier), the daughter of the manager whom he one day hopes to succeed. After a routine medical check in the hospital, however, it turns out that Thomas has cancer. His days are numbered. After the initial shock, he decides to rid the world of a few bad guys before kicking the bucket.

Some forty months separated the writing of the original draft script from the completion of the shooting. The first version of the script was rewritten by Klaus Kinski, who originally was to play the lead role. He proved somewhat too expensive, though, so Conrad turned to newcomer Herman Gilis to replace him; to complete the final version of the script, the director appealed to the Frenchman Jean-Claude Carrière and, in so doing, followed in the footsteps of Marco Ferreri, Louis Malle, Milos Forman and Luis Buñuel!

Apart from a few strong atmospheric moments - such as in the now-defunct slaughterhouse in the centre of Ghent - and the enchanting photography of Gilberto Azevedo, the film also amasses references to other cinematographic works (Orson Welles' **A Touch of Evil**, for example). After a lukewarm reception at the 1980 Ghent Film Festival (where the film was premièred) and a butchering in the press, **The Slaughterer** failed to pull the crowds.

● Dandy anversois, "pink poet" et artiste polyvalent, Patrick Conrad réalisa deux courts métrages expérimentaux (**Les wagons verts-réséda** en 1967 et **Boue** en 1972) avant de planter ses crocs dans **La carne** en 1979. Thomas (interprété par Herman Gilis) est un quadragénaire qui occupe un poste important dans un abattoir. Il est, par ailleurs, fiancé à Marie-Rose (Stéphane Excoffier), la fille du directeur auquel il espère succéder un jour. Un examen de routine à l'hôpital révèle que Thomas a un cancer et que ses jours sont comptés. Après son désarroi initial, il décide, avant sa mort, de libérer le monde de quelques salauds.

Presque quarante mois allaient séparer le premier état du scénario des ultimes prises de vues. La version primitive du script fut récrite par Klaus Kinski, contacté initialement pour jouer le rôle principal. Mais ses prétentions financières se révélèrent insurmontables et Conrad le remplaça par un nouveau venu: Herman Gilis. Pour peaufiner la dernière version de l'histoire, on fit appel à Jean-Claude Carrière (l'inventif scénariste, entre autres, de Ferreri, Malle, Forman et Luis Buñuel).

Le film offre quelques belles séquences d'atmosphère (tournées dans l'abattoir du centre de Gand, détruit depuis), une photographie resplendissante de Gilberto Azevedo, ainsi qu'un grand nombre de références cinématographiques (dont une à **La soif du mal** d'Orson Welles). Reçu tièdement lors de sa première au Festival de Gand de 1980, puis descendu en flammes par la critique, le film n'obtint qu'un maigre succès dans les salles.

► De Antwerpse dandy, "pink poet" en allround kunstenaar Patrick Conrad regisseerde twee experimentele kortfilms (**Les wagons verts-réséda** in 1967 en **Slijk** in 1972) alvorens in 1979 zijn tanden te zetten in **Slachtvee**. Thomas (vertolkt door Herman Gilis) is een veertiger die een belangrijke post bekleedt in een slachthuis. Bovendien is hij verloofd met Marie-Rose (Stéphane Excoffier), de dochter van de directeur, die hij later hoopt op te volgen. Bij een routineonderzoek in het ziekenhuis stelt men echter vast dat hij kanker heeft en zijn dagen geteld zijn. Aanvankelijk is hij ontreddered, tot hij besluit om de wereld nog van enkele slechteriken te verlossen alvorens te sterven.

Er verstreken zo'n 40 maanden tussen het eerste scenario-ontwerp en de laatste opnamen. Conrads eerste versie van het scenario werd herschreven door Klaus Kinski, die eerst de hoofdrol zou spelen maar uiteindelijk te duur bleek. Om hem te vervangen werd nieuwkomer Herman Gilis aangezocht en om het scenario te vervolmaken ging Conrad te rade bij de Fransman Jean-Claude Carrière (en trad zo in de voetsporen van Marco Ferreri, Louis Malle, Milos Forman en Luis Buñuel!).

Buiten enkele sterke sfeertekeningen - bijvoorbeeld van het nu verdwenen slachthuis in het centrum van Gent - en de prachtige fotografie van Gilberto Azevedo, verwerkte de regisseur ook heel wat cinefiele knipoogjes in de film (o.a. naar Orson Welles' **A Touch of Evil**). Na een matige ontvangst op het Gentse Filmgebeuren - waar de film in 1980 in première ging - en enkele vernietigende perskritieken, kende **Slachtvee** in de bioscopen maar een beperkt succes. (RS)

40 años sin sexo

Juan Bosch

Co-production

40 años sin sexo
40 années sans sexe
40 jaar zonder sex
40 Years without Sex

DIRECTOR: Juan Bosch
YEAR: 1979
COUNTRY: SP-BE
SCREENPLAY: Juanjo Puigcorbe, Francisco Bellmunt,
Enrique Josa, Juan Bosch
ASST. DIR.: Juan Llagostera
DIR. PHOT.: Joan Pladevall
CAMERA: Juan Minguell
EDITING: Emilio Rodriguez
SOUND: Celestino Marba
MUSIC: Maestro Soto
ART DIRECTOR: Ramon Pou
PRODUCER: Jose Antonio Perez Giner
PROD. CO.: Producciones Zeta (Barcelona)
PROD. SUPERV.: Luis Marin
CO-PRODUCER: Guy Jacobs
CO-PROD. CO.: 2000 Productions (Bruxelles)
LANGUAGE: Spanish
GAUGE: 35 mm
SILENT/SOUND: sound
B&W/COLOUR: colour
MINUTES: 87'

CAST: Marta Angelat, Miguel Aviles, Luis Cantero, Antonio Ceinos, Dolores Duocastella, Carlos Lucena, Alfredo Luchetti, Alicia Orozco, Maria Rubio, Taida Urruzola, Maria Rey

---

La mémoire courte

Eduardo de Gregorio

Co-production

La mémoire courte
Short Memory

DIRECTOR: Eduardo de Gregorio
YEAR: 1979
COUNTRY: FR-BE
SCREENPLAY: Edgardo Cozarinsky, Eduardo de Gregorio
DIR. PHOT.: William Lubtchansky
CAMERA: William Lubtchansky, Dominique Chapuis
EDITING: Nicole Lubtchansky
SOUND: Henri Morelle, Pierre Lorrain
MUSIC: Michel Portal
ART DIRECTOR: Eric Simon
COSTUMES: Hilton McConnico
PRODUCER: Alain Dahan
PROD. CO.: Unité Trois (Paris), Paradise Films
(Bruxelles)
PROD. SUPERV.: Marilyn Watelet
LANGUAGE: French
GAUGE: 35 mm
SILENT/SOUND: sound
B&W/COLOUR: colour
MINUTES: 90'

CAST: Nathalie Baye (Judith Mesnil), Philippe Léotard (Frank Barila), Bulle Ogier (Geneviève Derhode), Xavier Saint-Macary (Le mari de Judith), Adrian Brine (Monsieur Mann), Claire Wauthion (Madame Mann), Benoît Jacquot (Secrétaire de Monsieur Mann), Rachel Salik (Interprète à l'UNESCO), Jacques Rivette (Marcel Jaucourt), Hermine Karagheuz (Madame Jaucourt), Eduardo Manet (Général San Juan), Martine Simonet (Assistante aux Ballets Roses), Elisabeth Kaza (Madame Toth), Claude Ollier (Père de Frank), Marie Jaoul (Mère de Frank), Frédéric Mitterrand (Membre de l'OAS)

Een vrouw tussen hond en wolf

André Delvaux

Een vrouw tussen hond en wolf
Femme entre chien et loup
Woman in a Twilight Garden

DIRECTOR: André Delvaux
YEAR: 1979
COUNTRY: BE-FR
SCREENPLAY: Ivo Michiels, André Delvaux
DIALOGUE: Ivo Michiels, André Delvaux
ASST. DIR.: Hans Kemna, Rufus J. Bohez
DIR. PHOT.: Charlie Van Damme
CAMERA: Walther Vanden Ende, Pierre Denayer
EDITING: Pierre Gillette, Sophie Baren, Rosanne Van Haesebrouck
SOUND: Henri Morelle
MUSIC: Etienne Verschueren
ART DIRECTOR: Claude Pignot, Françoise Hardy
COSTUMES: Yan Tax, Mouchy Houblinne
PRODUCER: Jean-Claude Batz, Yves Robert, Danièle Delorme
PROD. CO.: Nouvelle Imagerie/Nieuw Imago (Bruxelles), La Guéville (Paris), Gaumont International (Paris)
PROD. SUPERV.: André Mennecier
EXEC. PROD.: Pierre Drouot
CAST: Marie-Christine Barrault (Lieve), Roger Van Hool (François), Rutger Hauer (Adriaan), Senne Rouffaer (Pastoor), Raf Reymen (Oom Georges), Hector Camerlynck (Oom Odiel), Tine Balder (Tante Melanie), Jenny Tanghe (Tante Anna), Janine Bischops (Tante Leontien), Johnny Voners (Oom Nand), Bert André (Slager), Mark Bober (Postbode), Brigitte De Man (Meisje in dancing), Philippe Geluck (Aangehouden man), Serge-Henri Valcke (Fietser/Gestapo-man), Patrick Conrad (Fregoli), Mathieu Carrière (Soldaat uit Duitsland), Yves Robert (Werkman), Greta Van Langendonck (Nicht Suzanne), Lydie Cernini (Aline), Didier Ferney (Jongen in verzet), Yvonne Mertens (Buurvrouw), Simon Pleysier (Patrick), Sam Pleysier (Georges), Karel Vingerhoets (Soldaat), Mieke Verheyden (Buurvrouw)
LANGUAGE: Dutch
GAUGE: 35 mm
SILENT/SOUND: sound
B&W/COLOUR: colour
MINUTES: 111'

◆ This work represents an interesting entry in André Delvaux's filmography, making a convincing departure from his magic realism to opt for a setting firmly anchored in political reality. There are no more gradual slippages towards the imaginary, rather a concrete limitation to a dramatic historical period, the pre- and post-war years. The action takes place in Antwerp where, in certain quarters, Germanophilia is rife. Adriaan is a young idealist, member of a Flemish nationalist party and active in the "black brigades", the spearhead of anti-bolshevism. He is sure of his cause and of the blessing of the church; his young wife Lieve is innocent and in love and knows nothing of the world. Hers is a rude awakening, caught between the husband she admires and the lover who steals into her life, a Resistance fighter.

The film follows the gradual progress of an innocent soul from certainty to disquiet, complicity to passion and finally courageous self-recognition. Love, the loss of love, is the agent of change and choice. The ideological is wrapped up in the affective.

The film is wonderfully observed with the eye of a critical sociologist. If Delvaux's point of view remains unambiguous, his characters return history to the level of the individual and his or her right to make mistakes, of suffering, courage and indignity. In treating Sirius through the eyes of Lieve, he is able on the one hand to subject the "petty Flemish clergy" to heavy criticism and on the other to distance himself from the rejoicing of the purification scenes. His narrowed cross-section channels history at large through the chaos of the human, with powerful results.

● Avec ce film, André Delvaux se démarque du réalisme magique pour se situer dans la réalité politique. Il ne s'agit plus d'évoluer par glissements progressifs vers l'imaginaire, mais, au contraire, de s'ancrer dans une période historique dramatique: l'avant et l'après seconde Guerre mondiale. L'action se déroule à Anvers où, dans certains milieux, la germanophilie est à l'honneur. Adriaan, un jeune idéaliste qui adhère à un parti nationaliste flamingant, va s'engager dans les "brigades noires" de l'anti-bolchevisme, sûr d'avoir avec lui la bénédiction de l'Eglise et le bien-fondé de son patriotisme. Lieve, sa jeune femme, naïve et amoureuse, ne sait rien du monde. Elle va le découvrir "en creux", prise entre ce mari qu'elle admire et un amant résistant.

Le film est l'histoire du lent cheminement d'une conscience innocente, qui va passer de la certitude au trouble, de l'adhésion à la passion, pour ensuite, avec courage, se trouver elle-même. C'est l'amour ou la perte de l'amour qui va être le médiateur de l'éveil, du choix. L'idéologie passe ici par l'affectif.

Delvaux pose un regard de sociologue critique. S'il a un point de vue non ambigu, il propose des personnages qui remettent l'histoire à une échelle individuelle: celle du droit à l'erreur, de la souffrance, du courage ou de l'indignité. Son point de vue, celui de Lieve, l'autorise à la fois d'être très critique avec "le petit clergé flamand", et, d'autre part, de s'éloigner de la réjouissance des scènes d'épuration. En empruntant le petit bout de la lorgnette, il dit des choses très fortes, celles qui font passer la grande histoire par le désarroi de l'humain. (JA)

▶ André Delvaux ruilt hier het magisch realisme, dat gewoonlijk de boventoon voert in zijn œuvre, voor de politieke werkelijkheid. Het verhaal verschuift niet naar het imaginaire, maar wortelt sterk in een dramatisch tijdsgewricht: de periode voor en na de Tweede Wereldoorlog. De film speelt in Antwerpen, waar in bepaalde milieus de Duitsgezindheid hoog in het vaandel staat. Adriaan is een idealistische jongeman, lid van een Vlaams-nationalistische partij. Hij wordt ingelijfd bij de Zwarte Brigades van het antibolsjewisme, overtuigd als hij is van de zegen van de Kerk en de gegrondheid van zijn patriottisme. Lieve, zijn jonge vrouw, is naïef, verliefd en wereldvreemd, maar zal de wereld leren kennen wanneer ze komt te staan tussen haar echtgenoot en een minnaar die lid is van het verzet.

De film volgt de trage ontwikkeling van een onschuldig bewustzijn: van zekerheid naar vertwijfeling, van betrokkenheid naar passie, en tenslotte naar zelfkennis. Het is de liefde, of het verlies ervan, die aanzet tot bewustwording, tot het maken van keuzes - ideologie vervat in affectiviteit.

Delvaux formuleert een kritische sociologische visie. Terwijl hij ondubbelzinnig stelling neemt, zet hij personages neer die de geschiedenis uitzetten op een individuele schaal: die van het recht op het maken van fouten, het lijden, de moed of de onwaardigheid. Door dit gezichtspunt (dat van Lieve) te omhelzen, kan hij zich bijzonder kritisch opstellen tegenover de "lagere Vlaamse geestelijkheid", maar ook afstand nemen van de vreugde die uitgaat van de zuiveringsscènes. Door situaties van één kant te belichten, weet hij zeer sterke dingen te zeggen, vertelt hij de grote geschiedenis via de ontreddering van het individu.

Claude François - le film de sa vie

Samy Pavel

Claude François - le film de sa vie
Claude François - the Film of His Life

DIRECTOR: Samy Pavel
YEAR: 1979
COUNTRY: BE-FR
SCREENPLAY: Samy Pavel
ASST. DIR.: Alain Cohen
DIR. PHOT.: Ramon Suarez
CAMERA: Ramon Suarez
EDITING: Pierre Didier, Heloïse Cohen
SOUND: Pierre Daventure
PRODUCER: Gaston Derkinderen
PROD. CO.: Elan Film (Bruxelles), Société Nouvelle de Doublage SND (Paris)
PROD. SUPERV.: Alain Guilleaume
LANGUAGE: French
GAUGE: 35 mm
SILENT/SOUND: sound
B&W/COLOUR: B&W + colour
MINUTES: 90'

◆ After the failure of **The Thruster** Samy Pavel continues, as he himself puts it, to "walk the tightrope". Lack of money means that he is forced to abandon several projects before the accidental disappearance of Claude François in March 1978 sends him off in pursuit of a highly unexpected venture, a full-length film about the singer, born like himself in Egypt. He is granted permission by the whole family of the deceased, including his mother and sister, as well as by François' two successive girlfriends. Their various accounts punctuate the film alongside archive footage, shorter interviews with fifteen or so music-hall stars and collaborators close to the vanished idol and images of Egypt, which Pavel visited for the first time after sixteen years of exile.

"I am not a journalist and it was never my intention to make a documentary. I am first and foremost a man of fiction," said the director on the occasion of the film's release. In fact his natural lyricism was to confer upon the project - by its very nature commercial - a dramatic and human intensity which skirts around the negative sides of the character (his boundless unscrupulous ambition, the often tyrannical demands he placed upon others and his frenzied ego) to focus upon the charisma, stage madness and defiance generated by this rootless exile in his quest to thrust his image upon the public, even at the cost of his private life. Samy Pavel's version of the tale energetically picks out this trajectory with a masterly editing style, closing with the singer's ridiculous death.

● Après l'échec de **L'arriviste**, Samy Pavel continue, comme il le dit lui-même, de "marcher sur la corde raide". Faute d'argent, il ne peut mener à bien plusieurs projets lorsque la disparition accidentelle de Claude François, en mars 1978, l'oriente vers une entreprise fort inattendue: tourner un long métrage autour du chanteur, né comme lui en Egypte. Il parvient à obtenir l'accord de toute la famille du défunt, dont sa mère et sa sœur, ainsi que celui des deux compagnes successives de Claude François. Tous ces témoignages ponctueront le film, complété par des documents d'archives, des entretiens plus brefs avec une quinzaine de vedettes de music-hall et de collaborateurs proches de l'idole disparue, ainsi que des images d'Egypte, que Pavel retrouvait après seize ans d'exil.

"Je ne suis pas un journaliste et je n'ai jamais voulu faire de documentaire. Je suis avant tout un homme de fiction", expliquera le metteur en scène à la sortie de **Claude François - le film de sa vie**. De fait, son lyrisme naturel va conférer à cette entreprise, a priori commerciale, une intensité dramatique et humaine, qui choisit d'éluder partiellement les côtés négatifs du personnage (son arrivisme acharné, ses exigences souvent tyranniques, son ego forcené) pour en magnifier le charisme, la folie de la scène, et les défis lancés par ce déraciné pour imposer son image au public, fût-ce au détriment de sa vie privée. Une trajectoire que le film de Samy Pavel retrace avec vigueur, à travers un montage maîtrisé qui s'achève sur la mort dérisoire du chanteur. (RM)

▶ Na de flop van **L'arriviste** bleef Samy Pavel, naar eigen zeggen, als regisseur op het scherp van de snede leven. Bij gebrek aan geld moest hij verscheidene projecten laten varen, tot in maart 1978 de dood van Claude François totaal nieuwe perspectieven opende: hij zou een langspeelfilm maken rond de persoon van de zanger, die net als hijzelf in Egypte geboren was. Hij kreeg het fiat van alle familieleden van de overledene, waaronder de moeder en de zus, alsook van zijn twee vriendinnen. Getuigenissen van deze naasten lopen als een rode draad door de film, aangevuld met archiefbeelden, korte interviews met medewerkers en met een dozijn variétévedetten, en beelden van Egypte, een land dat Pavel na 16 jaar ballingschap herontdekte. "Ik ben geen journalist en het lag nooit in mijn bedoeling een documentaire te maken. Voor alles ben ik een maker van fictie", zei de regisseur n.a.v. het uitbrengen van **Claude François - le film de sa vie**. En inderdaad, Pavels ongedwongen lyrisme zou het oorspronkelijk commerciële aspect van deze onderneming een intens dramatische en diepmenselijke geladenheid verlenen die de kwalijke kantjes van het idool - zijn verwoede arrivisme, tirannieke veeleisendheid en losgeslagen ego - gedeeltelijk zou omzeilen. Dit om zijn charisma extra in de verf te zetten, alsook zijn waanzin op het podium en de verbetenheid waarmee deze ontheemde artiest, vaak ten koste van zijn privé-leven, zijn imago aan het publiek trachtte op te dringen. Pavel schetst deze carrière in een energieke doch beheerste montage, met als eindpunt het absurde heengaan van de zanger.

Kasper in de onderwereld

Jef Van der Heyden

Kasper in de onderwereld
Kasper
De goden moeten hun getal hebben
Kasper ou la descente aux enfers
Les dieux doivent avoir leur nombre
Kasper in the Underworld
The Gods Must Have Their Number

DIRECTOR: Jef Van der Heyden
YEAR: 1979
COUNTRY: BE
SCREENPLAY: Jef Van der Heyden, Hubert Lampo
BASED ON: De goden moeten hun getal hebben &
Kasper in de onderwereld, written by Hubert
Lampo
DIALOGUE: Jef Van der Heyden, Hubert Lampo
ASST. DIR.: Maartje Van der Heyden
CAMERA: Fernand Tack, Theo Van de Sande, Mary
Hehuat
EDITING: Jef Van der Heyden, Jan Dop, Roger Defays
SOUND: Frans Van der Laan, Hanne Reichardt, Wim
De Clercq, Arno Barthelemy, Francis De Well
MUSIC: François Glorieux
ART DIRECTOR: Hugh Van Rousselt
COSTUMES: Erna Vonck
PRODUCER: Lucien Van de Velde
PROD. CO.: Films Van de Velde (Antwerpen)
PROD. SUPERV.: Jan Wybe Van Dijk, Luud van Hees, Imme
Reichardt
CAST: Jos Houben (Kasper), Annelies Vaes
(Euridice), Susanne Saerens (Alix), Anita
Koninck (Hélène), Lieve Berens
(Prostituee), Leo Haelterman (Dokter
Molenaar), Gaston Vandermeulen
(Benedictus), Charles Janssens (Simon),
Piet Bergers (Voorzitter), Ann Petersen
(Echtgenote van de voorzitter), Marieke Van
Leeuwen (Verloofde van de secretaris),
Rosemarie Bergmans (Vrouw in Geel), Rik
Bravenboer (Man met seinvlag), Joris Collet
(Stakingsleider), Max Schnur (Staker),
Bernard Verheyden (Staker), Loet Hanekroot
(Priester-arbeider), Manu Verreth
(Jonathan)
LANGUAGE: Dutch
GAUGE: 35 mm
SILENT/SOUND: sound
B&W/COLOUR: colour
MINUTES: 93'

◆ Jef Van der Heyden's magic-realist **Kasper in the Underworld**, based on a novel by Hubert Lampo, had a difficult production history. In fact, the screenplay and the first rushes of this version of the tale of Orpheus in the Underworld were already complete by 1973. Initially, the project's instigator, Jos Jacobs, had been going to make the film, but a disagreement with cameraman Albert Vanderwildt led to the film being handed over to Frans Buyens. When Buyens also walked out, producer Lucien Van de Velde bought the - by now - kilometres of exposed film and brought in Dutch director Jef Van der Heyden, who edited the rushes and completed the film with the help of Lampo. Finally, six years after filming first began, **Kasper in the Underworld** was given its world première at the 6th International Film Festival in Brussels.

The Kasper of the film's title is a mentally disturbed concert pianist who is searching for a woman Euridice who he believes is in the underworld. His quest finally brings him to Antwerp, where he meets his downfall.

This overly symbolist film constantly alternates between dream and reality, and the unreal, fantastical images, with reminiscences of Bosch, Breughel and Ensor, are the film's strongest element. Narrative coherence, the dialogue and the performances of a cast more familiar with the stage clearly all suffered greatly in the wake of the lengthy production process and internal squabbles. However, this did not prevent the American distributor CIC from picking up the film for a cinema release.

● **Kasper ou la descente aux enfers**, film d'inspiration magico-réaliste comme le roman de Hubert Lampo qui lui servit de modèle, connut une production assez mouvementée. En fait, le scénario et les rushes de cette variante du mythe d'Orphée étaient déjà prêts en 1973. A l'origine, l'initiateur du projet, Jos Jacobs, devait conduire la réalisation. Pour cause de désaccords avec le cameraman Albert Vanderwildt, l'ouvrage passa dans les mains de Frans Buyens... Qui jeta rapidement l'éponge à son tour. Le producteur Lucien Van de Velde racheta alors les kilomètres de pellicule exposée, s'assura les services du Néerlandais Jef Van der Heyden pour monter les rushes et finit le film avec l'aide de Lampo. L'œuvre fut présentée, six ans après le premier tour de manivelle, en première mondiale au 6e Festival International du Film de Bruxelles.

Le Kasper auquel le film doit son titre est un pianiste, concertiste, dérangé mental, à la recherche d'une femme (Euridice) qu'il croit résider en enfer. Sa quête le mène vers la ville, vers Anvers, vers sa perte.

Ce film, à forte charge symbolique, oscille en permanence entre rêve et réalité. Ses images irréelles et fantastiques constituent des réminiscences de Bosch, Bruegel et Ensor et font la force de l'œuvre. Mais les dialogues, la trame narrative et les performances des acteurs (la plupart venant du théâtre) souffraient des disputes internes et continues qui compromettaient le processus de production. Cela ne découragea toutefois pas la maison de distribution américaine CIC de diffuser le film.

▶ Het magisch-realistische **Kasper in de onderwereld**, naar een roman van Hubert Lampo, kende een erg bewogen productiegeschiedenis. In feite waren het scenario en de eerste rushes van deze variant op de Orpheusmythe al klaar in 1973. Oorspronkelijk zou initiatiefnemer Jos Jacobs de regie verzorgen. Onenigheid met cameraman Albert Vanderwildt zorgde ervoor dat Frans Buyens de regie overnam. Maar ook hij gaf er de brui aan. Producent Lucien Van de Velde kocht dan de kilometers belichte pellicule op. Hij haalde er de Nederlander Jef Van der Heyden bij die de rushes monteerde en de film - met de steun van Lampo - verder afwerkte zodat deze, zes jaar na het eerste shot, in wereldpremière werd voorgesteld op het 6de Internationaal Filmfestival van Brussel.

De Kasper uit de filmtitel is een geestelijk gestoorde concertpianist die verpleegd wordt in Geel en op zoek is naar een vrouw, Euridice, die volgens hem in de onderwereld verblijft. Zijn queeste brengt hem naar de stad (Antwerpen) en voert hem rechtstreeks naar de ondergang.

Deze symbolisch geladen film speelt zich voortdurend af tussen droom en werkelijkheid en de irreële, fantastische beelden - verwijzingen naar schilderijen van Bosch, Bruegel en Ensor - vormen het sterkste deel. De dialogen, de narratieve lijn en de prestaties van sommige acteurs (afkomstig uit het theater) hadden duidelijk te lijden onder het aanslepende en door interne ruzies verzrikte productieproces. Dit weerhield het Amerikaanse distributiehuis CIC er echter niet van de film in verdeling te brengen. (LJ)

Ma chérie
Charlotte Dubreuil

Co-production

Ma chérie
Mijn geliefde
My Darling

DIRECTOR: Charlotte Dubreuil
YEAR: 1979
COUNTRY: FR-BE
SCREENPLAY: Charlotte Dubreuil, Judith Goldblat, Edouard Luntz
DIALOGUE: Charlotte Dubreuil
ASST. DIR.: Dominique Janne, Michel Bursztein
DIR. PHOT.: Gilbert Duhalde
CAMERA: Yves Angelo
EDITING: Michèle Maquet, France Duez
SOUND: Alix Comte, Henri Morelle, Claude Bertrand
MUSIC: Jean-Pierre Masse
ART DIRECTOR: Noëlle Fremont
COSTUMES: Laura Zannella
PRODUCER: Tony Molière
PROD. CO.: Les Films Molière (Paris), Challenge Production (Paris), Pierre Films (Bruxelles)
ASSOC. PROD.: Jacqueline Pierreux
EXEC. PROD.: Jacques Ristori de la Riventosa
LANGUAGE: French
GAUGE: 35 mm
SILENT/SOUND: sound
B&W/COLOUR: colour
MINUTES: 90'

CAST: Marie-Christine Barrault (Jeanne), Béatrice Bruno (Sarah), Herman Gilis (Antoine), Noëlle Fremont (Noëlle), Françoise Lebrun (Médecin), Pauline Delfau (Anne), Nathalie Van de Walle (Véronique), Yvonne Legrand (Madame Portet), Michel Totu (Dragueur), Serge Bento (Contrôleur), Brigitte Defrance (Infirmière), Mimi Totu (Infirmière), Stéphane Andrieu (Jeune homme du train), Yannick Auer (Jeune père), Claude Fleurent (Garçon du café)

Mijn vriend of het verborgen leven van Jules Depraeter
Fons Rademakers

Co-production

Mijn vriend of het verborgen leven van Jules Depraeter
Mijn vriend
Het verborgen leven van Jules Depraeter
L'ami du juge ou la double vie de Jules Depraeter
L'ami du juge
La double vie de Jules Depraeter
The Judge's Friend
My Friend

DIRECTOR: Fons Rademakers
YEAR: 1979
COUNTRY: NE-BE
SCREENPLAY: Gerard Soeteman
DIALOGUE: Gerard Soeteman
ASST. DIR.: Lili Rademakers
DIR. PHOT.: Theo Van de Sande
CAMERA: Theo Van de Sande
EDITING: Kees Linthorst
SOUND: Henri Morelle, Frank Struys
MUSIC: Georges Delerue
ART DIRECTOR: Philippe Graff
COSTUMES: Yan Tax
PRODUCER: Fons Rademakers
PROD. CO.: Fons Rademakers Productie (Amsterdam), Tuschinski (Amsterdam)
PROD. SUPERV.: Jos Van der Linden
CO-PRODUCER: Pierre Drouot, Alain Guilleaume
CO-PROD. CO.: Cinémagma (Bruxelles)
LANGUAGE: Dutch
GAUGE: 35 mm
SILENT/SOUND: sound
B&W/COLOUR: colour
MINUTES: 127'

CAST: Peter Faber (Jules Depraeter), André van den Heuvel (John Jensens), Magda Cnudde (Ondine Van Aelst), Pleuni Touw (Helene Te Winckel), Florence Jamin (Mevrouw Jensens), Dirk De Batist (Henri Vannoote), Kees ter Bruggen (Cecile), Paul Cammermans (Hektor Morgenhand), Idwig Stéphane (Dr. Te Winckel), Frank Aendenboom (André)

Exit 7

Emile Degelin

Exit 7
Exit Seven
Exotisch
Exotique
Exotic

DIRECTOR: Emile Degelin
YEAR: 1979
COUNTRY: BE-NE
SCREENPLAY: Emile Degelin, Ivo Michiels
DIALOGUE: Emile Degelin, Ivo Michiels
ASST. DIR.: William Vandendaele
DIR. PHOT.: Eddy Van der Enden
CAMERA: Constant Tresfon, Willy Stassen
EDITING: Monique Rysselinck
SOUND: Antoine Bonfanti, Henri Morelle
MUSIC: Thijs Van Leer
ART DIRECTOR: Danny Mazure
COSTUMES: Anne Verhoeven
PRODUCER: Emile Degelin, André Thomas, Rob Wijsmuller
PROD. CO.: Deltacité (Keerbergen), Spiralfilm (Bruxelles), Concorde Film (Den Haag)
PROD. SUPERV.: Gérard Vercruysse, Angela Degelin
CAST: Peter Faber (Marc Dumont), Janine Bischops (Mevrouw Dumont), Robert Willekens (Zoon van Marc), Jadwiga Jankowska (Pools meisje), Laura Gemser (Air-hostess), Paul Codde (Antiekhandelaar), Fred Van Kuyk (Mosselman), Guido De Belder (Kaper), Johnny Voners (Kaper), Johanna Van Kooten (Vriendin)
LANGUAGE: Dutch
GAUGE: 35 mm
SILENT/SOUND: sound
B&W/COLOUR: colour
MINUTES: 95'

◆ This film constituted director Emile Degelin's first foray into fiction since his **¿Y mañana?** (1966) and **Palaver** (1969). Between **Palaver** and the making of **Exit 7**, Degelin, a native of Diest, directed documentaries about Dutch language and art. With the commercial feature **Exit 7** he aimed for an audience he had not yet reached with his earlier fictional films. Degelin had in fact been wrestling with the script for **Exit 7** since 1974, finally asking the writer Ivo Michiels for assistance. The resulting intimist drama was promoted as the first Dutch-language film to explore the taboo subject of adultery.

Peter Faber plays the role of Marc Dumont, a 40-year-old architect who begins to doubt his role as a father in a world sliding into decadence. When one day he meets a young Polish girl (played by Jadwiga Jankowska), he runs off with her to Rhodes. Dumont's psycho-moralistic angst is presented in a series of flashbacks when the hijack of his aeroplane forces him to take stock of his life.

This modern theme was given a mature treatment and although the film throws up many issues in an interesting way, it remains rather forced and literary. **Exit 7**, originally titled **Exotic**, was one of the few Flemish productions to be given substantial publicity in the Netherlands, where it was distributed in 25 prints. In Belgium itself, the film was premièred in Antwerp, Hasselt and Louvain. The Indonesia-Ghent soft-porn actress of international renown Laura Gemser (see **Black Emmanuelle**) was given a small supporting role in the film, which was scored by Thijs Van Leer.

● Depuis **¿Y mañana?** (1966) et **Palabre** (1969), Emile Degelin ne s'était plus aventuré sur le terrain du cinéma de fiction. Entre **Palabre** et **Exit 7**, il tourna sur commande des documentaires sur l'art et la langue néerlandaise. Commercialement, avec ce cinquième long métrage, le réalisateur visait un public qu'il n'avait pas réussi à atteindre avec ses deux œuvres précédentes. Aux prises avec le scénario depuis 1974, Degelin appela en fin de compte l'écrivain Ivo Michiels à sa rescousse. Le résultat est un drame intimiste, que l'on présenta à l'époque comme le premier vrai film traitant du sujet tabou des relations adultères.

Peter Faber joue le rôle de Marc Dumont, un riche architecte dans la quarantaine commençant à s'interroger sur son rôle de père et d'époux dans un monde en décadence. Lorsqu'il rencontre une jeune Polonaise (Jadwiga Jankowska), il s'enfuit avec elle pour Rhodes. Ses élucubrations psychico-moralistes nous sont servies en flash-back, lorsque, durant son retour solitaire, le détournement de son avion l'amène à faire le bilan de sa vie.

Ce thème moderne, abordé de façon grave, donne un film à débats, intéressant quant au contenu, mais trop littéraire. **Exit 7**, intitulé à l'origine **Exotique**, fut un des rares films flamands à sortir aux Pays-Bas, en bénéficiant de la publicité nécessaire et d'une distribution en 25 copies. En Belgique, il sortit en première à Anvers, Hasselt et Louvain. La vamp indonésio-gantoise de réputation internationale Laura Gemser (**Black Emmanuelle**) joua un petit rôle dénudé dans ce film agrémenté par la musique de Thijs Van Leer.

▶ Het was van **¿Y mañana?** (1966) en **Palaver** (1969) geleden dat Emile Degelin zich nog op het terrein van de fictiefilm had gewaagd. Tussen **Palaver** en **Exit 7** draaide de Diestenaar documentaire opdrachtfilms over de Nederlandse taal en over kunst. Met een commerciële speelfilm als **Exit 7** mikte hij op een publiek dat hij met zijn twee vorige films nooit bereikte. Degelin beet al sinds 1974 zijn tanden stuk op het scenario en liet zich uiteindelijk bijstaan door de schrijver Ivo Michiels. Zo ontstond een intimistisch drama, gepromoot als de eerste Nederlandstalige film over het taboe-onderwerp overspel.

Peter Faber speelt de rol van Marc Dumont, een 40-jarige architect die vraagtekens begint te plaatsen bij zijn rol als vader in een wereld die alsmaar meer aftakelt. Wanneer hij een jonge Poolse ontmoet (Jadwiga Jankowska), vlucht hij met haar naar Rhodos. Zijn psychologische en morele malaise krijgt gestalte in een reeks flashbacks wanneer hij, onder druk van de omstandigheden (een vliegtuigkaping), de balans van zijn leven opmaakt.

Deze moderne, op volwassen wijze behandelde thematiek leverde een inhoudelijk interessante maar nogal geforceerd literaire discussiefilm op. **Exit 7** (of, zoals de oorspronkelijke titel luidde, **Exotisch**) was een van de weinige Vlaamse producties die met de nodige publiciteit in Nederland werd uitgebracht, in maar liefst 25 kopieën. In eigen land ging de film in première in Antwerpen, Hasselt en Leuven. De internationaal bekende Indonesisch-Gentse vamp Laura Gemser (**Black Emmanuelle**) vertolkte een kleine bijrol; de muziek was van Thijs Van Leer. (LJ)

Rue du Pied-de-grue

Jacques Grand-Jouan

Co-production
Rue du Pied-de-grue

DIRECTOR: Jacques Grand-Jouan
YEAR: 1979
COUNTRY: FR-BE
SCREENPLAY: Jacques Grand-Jouan, Philippe Dumarcay, Giorgio Bontempi
DIALOGUE: Jacques Grand-Jouan
ASST. DIR.: Jacques Arhex
DIR. PHOT.: Jean-François Robin
CAMERA: Eduardo Serra, Bruno Marion
EDITING: Francine Sandberg, Jacques Arhex, Jacques Grand-Jouan
SOUND: Alix Comte, Claude Bertrand
MUSIC: André Georget
ART DIRECTOR: Jean-Pierre Braun, Guy Derie
COSTUMES: Yvette Bonnay
PRODUCER: François Grand-Jouan
PROD. CO.: Productions Werlaine & Co (Nantes)
CO-PROD. CO.: Little Bear (Paris), F3 (Bruxelles)
ASSOC. PROD.: Godefroid Courtmans, Bertrand Tavernier
EXEC. PROD.: Jean-Serge Breton
LANGUAGE: French
GAUGE: 35 mm
SILENT/SOUND: sound
B&W/COLOUR: colour
MINUTES: 100'

CAST: Philippe Noiret (Le père), Pascale Audret (Lulu), Jacques Dufilho (Le commissaire), Jean Dasté (Tonton), Jacques Chailleux (Albert dit Mozart), Nerina Montagnani (Mémé), Laslo Szabo (L'inspecteur Paluche), Henri Serre (Jérôme), Giuliana De Sio (Luisa), Mario Monicelli (Professeur Touchatout), Hubert Deschamps (Professeur Racafort), Jean-Hugues Lancequine (Le sacristain), Jean Amos (Monsieur l'Abbé), Jean Mourat (L'allumeur de radio), Clair Nadège (Madeleine), Yvonne Dancourt (La vieille), Lucien Grand-Jouan (Le violoniste)

5% de risque

Jean Pourtalé

Co-production
5% de risque
Cinq pour cent de risque
5% Risk

DIRECTOR: Jean Pourtalé
YEAR: 1979
COUNTRY: FR-BE
SCREENPLAY: Jean Pourtalé, Jean Bany
BASED ON: 5% de risque, written by David Pearl
DIALOGUE: Jean Pourtalé, Jean Bany, Jean-Pierre Beaurenaud, Gilles Thibaut
DIR. PHOT.: Jean Penzer
CAMERA: Michel Houssiau
EDITING: Claudine Merlin, Hélène Muller
SOUND: Henri Morelle
MUSIC: Eric de Marsan
ART DIRECTOR: Yves Bernard, Danka Semenowiecz
PRODUCER: Alain Dahan, Jean-Luc Brunet, Raymond Tambay, Marilyn Watelet
PROD. CO.: Unité Trois (Paris), Framo Diffusion (Paris), Orion (Paris), Hélène Films (Paris), Paradise Films (Bruxelles)
PROD. SUPERV.: Catherine Lapoujade, Marilyn Watelet
LANGUAGE: French
GAUGE: 35 mm
SILENT/SOUND: sound
B&W/COLOUR: colour
MINUTES: 99'

CAST: Bruno Ganz (David), Jean-Pierre Cassel (Henri), Pierre Michaël (J.N.), Aurore Clément (Laura), Fernand Guiot (Topard), Alex Metayer (Morineau), Jean-Pierre Moulin

De proefkonijnen

Guido Henderickx

De proefkonijnen
Les cobayes
The Guinea Pigs

DIRECTOR: Guido Henderickx
YEAR: 1979
COUNTRY: BE
SCREENPLAY: Piet Pirijns, Guido Henderickx
DIALOGUE: Piet Pirijns, Guido Henderickx
ASST. DIR.: Andrea Heirman
DIR. PHOT.: Walther Vanden Ende
CAMERA: Albert Vanderwildt, Yetty Faes, Dominique Deruddere
EDITING: Magda Reypens, Ludo Troch
SOUND: Jules Goris, Dan Van Bever
MUSIC: Alain Pierre
ART DIRECTOR: Philippe Graff, Jean-Claude Block, Wally Van Looy, Luke Allaert, Benny Mees
COSTUMES: Frieda Verhees, Frieda Dauphin
PRODUCER: André Thomas
PROD. CO.: Spiralfilm (Bruxelles)
PROD. SUPERV.: Gérard Vercruysse
CAST: Jan Decleir (Jef), Peter Faber (Herman), Chris Lomme (Ann), Dries Wieme (Georges), Filip Van Luchene (Bob), Wim Van den Brink (Vader), Yvonne Delcour (Moeder), Vic Mooremans (Trainer), Ann Nelissen (Rita), Juliette Van de Sompel (WC-madam), Bert Abspoel, Doris Arden, Lia Lee
LANGUAGE: Dutch
GAUGE: 35 mm
SILENT/SOUND: sound
B&W/COLOUR: colour
MINUTES: 88′

◆ In 1979 Guido Henderickx directed **The Guinea Pigs**, an ecological film set in a chemical plant. He had written the script together with journalist Piet Pirijns. The two had already collaborated on the third part of **Experts of Evil** in 1977, a sort of trilogy revolving around a similar theme.

In **The Guinea Pigs**, Jef, Herman, Bob and Georges are all employees at the plant Chemics International. One day a boiler explodes, releasing a cloud of dioxin gas. There are deaths among the workforce; other workers will suffer for life. The press and authorities play down the incident, and those who fall ill are offered a sum of money by the management to keep quiet about the affair.

Attempts to attract a real international line-up (Gérard Depardieu, Vanessa Redgrave, Jane Fonda) came to nothing and the leading role was given to Jan Decleir, opposite the somewhat wooden Dutch actor Peter Faber as the plant's managing director. Robbe de Hert directed the action scenes, played with gusto by the workers of the RBP oil refinery, at the time under their occupation. **The Guinea Pigs** was entered for the 1980 Berlin Film Festival, but nevertheless did little business in Belgium. The climate was evidently unfavourable to films addressing social issues, as Patrick Le Bon had already discovered with his **Hellhole**. Still, **The Guinea Pigs** is an accomplished social manifesto dealing with powerless individuals in the face of shameless multinationals and apathetic trade unions.

● En 1979, Guido Henderickx réalisa **Les cobayes**, un film écologiste situé dans une usine chimique. Le scénario fut écrit en collaboration avec le journaliste Piet Pirijns. Le duo avait déjà bouclé, en 1977, le scénario d'une partie de la trilogie du même argument: **Autant en emporte l'argent**.

Dans **Les cobayes**, Jef, Herman, Bob et Georges sont ouvriers à l'usine Chemics International. Un triste jour, l'explosion d'une chaudière à vapeur provoque la libération d'un nuage de gaz dioxine qui sera inhalé par une partie des travailleurs. Certains d'entre eux tomberont malades et la direction leur proposera d'acheter leur silence.

Les tentatives d'obtenir une distribution internationale (Gérard Depardieu, Vanessa Redgrave, Jane Fonda) échouèrent. On retrouve Jan Decleir dans le rôle principal, opposé en tant qu'ouvrier à l'acteur néerlandais Peter Faber, un peu trop raide dans son rôle de directeur d'usine. Robbe de Hert signe les scènes d'action, interprétées avec brio par les ouvriers de l'usine pétrolière RBP qu'ils occupaient à l'époque. **Les cobayes** fut présenté au Festival de Berlin en 1980. Malgré ce fait, le film ne remporta pas beaucoup de succès en Belgique, où l'intérêt pour le film social semblait inexistant, comme l'avait déjà appris, à ses dépens, Patrick Le Bon avec **Hellegat**. Ceci n'empêche toutefois pas **Les cobayes** d'être un pamphlet social réussi sur l'impuissance de l'individu face aux multinationales éhontées et aux syndicats apathiques.

► In 1979 regisseerde Guido Henderickx **De proefkonijnen**, een ecologische film gesitueerd in een chemisch bedrijf. Het scenario schreef hij zelf, samen met journalist Piet Pirijns. In 1977 had dit duo al gewerkt aan het scenario van het derde deel van **Gejaagd door de winst**, een soort trilogie die rond hetzelfde gegeven draait.

In **De proefkonijnen** zijn Jef, Herman, Bob en Georges fabrieksarbeiders bij Chemics International. Op een dag ontploft een stoomketel in de fabriek, waarbij een wolk dioxinegas vrijkomt. Enkele arbeiders komen om, anderen zijn voor het leven aangetast. Pers en overheid doen het voorval af als een fait divers, en de directie biedt enkele besmette arbeiders zwijggeld aan.

De poging om voor de film een echt internationale cast (Gérard Depardieu, Vanessa Redgrave, Jane Fonda) aan te trekken, mislukte. In de hoofdrol zien we Jan Decleir als arbeider, tegenover de ietwat houterige Nederlandse acteur Peter Faber. Robbe de Hert stond in voor de actiescènes, die door de arbeiders van de toen bezette RBP-petroleumfabriek met brio worden vertolkt. **De proefkonijnen** was te zien op het Filmfestival van Berlijn in 1980. Toch werd het in België geen succes; er bestond blijkbaar geen interesse voor de sociale film, zoals ook Patrick Le Bon met **Hellegat** mocht ondervinden. Niettemin is **De proefkonijnen** een geslaagd sociaal pamflet over machteloze individuen die te maken krijgen met schaamteloze multinationals en lakse vakbonden. (RS)

Hellegat

Patrick Le Bon

Hellegat
Le trou de l'enfer
Hellhole

DIRECTOR: Patrick Le Bon
YEAR: 1979
COUNTRY: BE
SCREENPLAY: Paul Koeck, Patrick Le Bon
DIALOGUE: Paul Koeck, Patrick Le Bon
ASST. DIR.: William Vandendaele
DIR. PHOT.: Walther Vanden Ende
CAMERA: Albert Vanderwildt, Yetty Faes, Dominique
Deruddere
EDITING: Ludo Troch, Paul Wellens
SOUND: André Patrouillie, Eric Strömberg
MUSIC: Walter Heynen
ART DIRECTOR: Koen Bauwens
COSTUMES: Chris Willems
PRODUCER: Roland Verhavert
PROD. CO.: Visie Filmproduktie (Brussel)
PROD. SUPERV.: Christian De Boe
CAST: Jos Verbist (Sam), Ann Nelissen (Joske),
Paul 's Jongers (Louis), Alice Toen (Lisette),
Marc Janssen (Van Dijck), Frank
Aendenboom (Lagasse), Julienne De Bruyn
(Moeder), Jaak Van Hombeek (Charel), Fred
Van Kuyk (Sus), Max Schnur (Fons), Janine
Bischops (Dora), Bernard Verheyden
(Trainer), Oliver Windross (Bobke)
LANGUAGE: Dutch
GAUGE: 35 mm
SILENT/SOUND: sound
B&W/COLOUR: colour
MINUTES: 99'

◆ Patrick Le Bon, founder member of the Antwerp film collective Fugitive Cinema, wrote the screenplay for this film together with the socially committed author Paul Koeck, a native of Boom, near Antwerp. **Hellhole** became a veritable social drama, a genre rare in the Flemish film world (except for such manifestations as Guido Henderickx's **The Guinea Pigs**). After the decline of the brickworks, the industrial towns lining the banks of the Rupel are faced with environmental problems and economic collapse. The owners of the local rubbish tips have sold their souls to Antwerp chemical plants whose managers are only too happy to dump their waste in disused quarries.

A worker's final week before retirement coincides with the first on the job for young Sam (Jos Verbist). Sam is the talented goalkeeper of the local football club F.C. Niel and owes his new start to the club's chairman, who is also the owner of the brickworks. Gradually it emerges that the elderly worker (played by Edith Kiel's regular Paul 's Jongers) and the newcomer have a great deal in common and both mount their own individual rebellion against their circumstances.

This is a pleasant film with a social conscience, full of good intentions. The actors manage to portray convincing, touching individuals. **Hellhole** enjoyed only limited distribution but due to its theme proved highly popular with film clubs and in trade union circles. Unsurprisingly, in 1980 it went on to win the annual prize of the Socialist Federation of Film Clubs.

● Patrick Le Bon, compagnon des premières années du collectif anversois Fugitive Cinema, écrivit le scénario de ce film avec Paul Koeck, auteur engagé né à Boom. **Le trou de l'enfer** devint un véritable film social, phénomène assurément rare dans le paysage cinématographique flamand (à l'exception des **Cobayes** de Guido Henderickx).

Après le déclin des briqueteries, la région du Rupel doit faire face aux problèmes écologiques et au désarroi économique. Avides de se débarrasser de leurs déchets dans les anciens puits d'argile, les barons locaux des décharges ont vendu leur âme aux usines chimiques anversoises. La dernière semaine avant la retraite d'un ouvrier (joué par Paul 's Jongers, acteur régulier d'Edith Kiel) se déroule parallèlement à la première semaine d'un jeune travailleur, Sam (Jos Verbist). Sam est le talentueux gardien de but du club de football local, le FC Niel, et a obtenu son travail grâce à l'intervention du président du club, par ailleurs propriétaire de la briqueterie. Chemin faisant, l'ancien et le nouveau se découvrent de nombreux points communs et finissent par se révolter tous deux, chacun à sa façon. Le tout donne un film sympathique, engagé, plein de bonnes intentions. Les acteurs créent des personnages très typés et humains. **Le trou de l'enfer** ne connut qu'une distribution limitée en salle, mais son thème en fit une œuvre fort prisée par les ciné-clubs et les milieux syndicaux. Le film reçut d'ailleurs le Prix de la Fédération Socialiste des Ciné-clubs.

▶ Patrick Le Bon, reeds vanaf de beginjaren lid van het Antwerpse filmcollectief Fugitive Cinema, schreef samen met de in Boom geboren, sociaal geëngageerde auteur Paul Koeck het scenario voor deze film. **Hellegat** werd, net als **De proefkonijnen** van Guido Henderickx, een echte sociale film, een zeldzaam verschijnsel in het Vlaamse filmlandschap.

Na de teloorgang van haar steenbakkerijen kampt de Rupelstreek met talrijke milieuproblemen en economische ontreddering. Plaatselijke afvalbaronnen hebben hun ziel verkocht aan Antwerpse chemische bedrijven die maar al te graag hun afval storten in de kleiputten van weleer. De laatste werkweek van een pensioengerechtigd arbeider (vertolkt door Edith Kiel-acteur Paul 's Jongers) loopt parallel met de eerste week van een jonge arbeider, Sam (Jos Verbist). Sam is ook de getalenteerde doelman van de plaatselijke voetbalclub FC Niel en kan aan de slag dankzij de voorspraak van de clubvoorzitter die ook eigenaar is van de steenbakkerij. Gaandeweg blijkt dat de oude arbeider en de nieuweling heel wat gemeen hebben en beiden komen ze, ieder op hun manier, in opstand.

Het geheel is een sympathieke, sociaal geëngageerde film vol goede bedoelingen. De acteurs zetten zeer herkenbare, menselijke typen neer. **Hellegat** kende een beperkte verdeling in de bioscopen, maar werd vanwege zijn thematiek vooral gekoesterd in het filmclub- en vakbondsmilieu, en ontving - niet geheel onverwacht - in 1980 de Prijs van de Socialistische Federatie van Filmclubs. *(RS)*

Lettre de prison

Patrick Ledoux

Lettre de prison
Brief uit de gevangenis
Gefängnis
Letter from Prison

DIRECTOR: Patrick Ledoux
YEAR: 1979
COUNTRY: BE-GW
ASST. DIR.: Pierrot de Heusch
CAMERA: Claude Michiels, Marc Van Put
EDITING: Monique Rysselinck
SOUND: Dominique Warnier
PRODUCER: Patrick Ledoux
PROD. CO.: Gamma Films (Bruxelles), CBA (Bruxelles),
RTBF (Bruxelles), ZDF (Mainz)
CAST: Alexandre Von Sivers
LANGUAGE: -
GAUGE: 16 mm
SILENT/SOUND: sound
B&W/COLOUR: colour
MINUTES: 60'

◆ "I wanted to carry out a cinematic experiment (besides the message that the film embodies): I wanted to make an hour-long film in just one location, with no reliance upon any sort of aesthetic, with just one actor - I wanted Alexandre Von Sivers' style to be as sober as possible - and with absolutely no dialogue."

Following a love affair disapproved of by the Kingdom's Justice, Patrick Ledoux was forced briefly but painfully to surrender his liberty. From this involuntary spell on the inside, he voluntarily sends back a "letter" describing what prison represents in a manner far removed from sociology or polemic. His point of view is wholly interior, bound to the body, to gestures and sensations. The mise en scène is Bressonian, the camera following movements with precision and austerity. Noises are usually generated outside of shot - footsteps echoing through the corridors, keys turning in locks, orders being shouted... We are entered into the cell in the proper chronological order: the discovery of the space and human non-relationships, the meals pushed through a hatch, keeping tally of cigarettes, the toilet without privacy, the cell inspections and constant surveillance via the spyhole. Yet this purely factual description is accompanied by a mental landscape which Ledoux manages to evoke very successfully despite the fact that not one word is uttered throughout: desperation, revulsion, the joy of receiving letters, anguish and the fear of losing one's grip on reason. A restrained and truthful fiction documentary, which gets to the core of the forced deprivation of one's liberty.

● "J'ai désiré faire une expérience cinématographique (outre le message que constitue le film): celle de faire un film d'une heure dans un seul lieu, sans m'appuyer sur une esthétique quelconque, avec un seul acteur - j'ai voulu le jeu d'Alexandre Von Sivers le plus sobre possible -, sans un mot de dialogue."

Une histoire amoureuse que la justice du Royaume réprouvait a conduit Patrick Ledoux à perdre, pour un temps bref mais douloureux, sa liberté. De ce séjour involontaire en terres carcérales, il envoie une "lettre" volontaire qui décrit, d'une manière qui n'est ni sociologique, ni satirique, ce qu'est une prison. Son point de vue est purement intérieur, lié au corps, aux gestes, aux sensations. La mise en scène est bressonienne: le cadre suit les déplacements avec précision et austérité. Les sons, le plus souvent hors champ, ne sont que perceptions de bruits: pas qui résonnent dans les couloirs, clés qui tournent dans les serrures, ordres criés... La chronologie est respectée, celle de l'entrée dans une cellule: la découverte de l'espace, des non-rapports humains, des plats glissés dans un guichet, de la comptabilité des cigarettes, du coin toilette sans intimité, de l'inspection de la cellule, et de la surveillance constante à travers l'œilleton. Mais ce descriptif purement factuel est accompagné d'un paysage mental que Patrick Ledoux arrive à transmettre, bien que pas un mot ne soit prononcé: le désespoir, la révolte, le bonheur des lettres, l'angoisse, la peur de perdre la raison. Un documentaire-fiction sobre et juste, qui est au cœur de la violence de la perte de liberté. (JA)

▶ "Ik wilde een cinematografisch experiment brengen (naast de boodschap van de film): een film maken van een uur op een en dezelfde plaats, zonder enige mooimakerij en met één enkele acteur. Het spel van Alexandre Von Sivers moest zo sober mogelijk zijn, zonder een woord dialoog".

Door een liefdesaffaire die de rechterlijke macht van het Koninkrijk veroordeelde, verloor Ledoux voor een korte maar pijnlijke tijd zijn vrijheid. Tijdens zijn onvrijwillige verblijf achter de tralies verstuurt hij geheel vrijwillig een "brief", waarin hij zonder sociologie noch polemiek beschrijft wat een gevangenis is. Zijn gezichtspunt is zuiver innerlijk, verbonden aan zijn lichaam, gevoelens en gebaren. De regie herinnert aan Bresson: de camera volgt de bewegingen met precisie en soberheid. De meeste geluiden komen van buiten het kader: voetstappen die weerklinken in de gangen, sleutels die worden omgedraaid in sloten, luide bevelen. De chronologische volgorde wordt gerespecteerd: het binnenkomen in de cel, de verkenning van de ruimte, de onmogelijke menselijke contacten, het eten dat door het luikje geschoven wordt, het bijhouden van het aantal sigaretten, de wc zonder intimiteit, de inspectie van de cel en de voortdurende controle door het kijkgat. Maar deze beschrijving van de feiten gaat gepaard met een innerlijke beleving die Ledoux treffend weergeeft, zonder dat er een woord gezegd wordt: de wanhoop, de opstand, de brieven die een moment van geluk brengen, de beklemming, de angst gek te worden. Een sobere en waarachtige fictie-documentaire, die de ruwe schok van de vrijheidsberoving van binnenuit weergeeft.

Io sono Anna Magnani

Chris Vermorcken

Io sono Anna Magnani
Je suis Anna Magnani
Ik ben Anna Magnani
I Am Anna Magnani

DIRECTOR: Chris Vermorcken
YEAR: 1979
COUNTRY: BE
SCREENPLAY: Chris Vermorcken
DIALOGUE: Chris Vermorcken
ASST. DIR.: Agnès Rombaut
DIR. PHOT.: Gian-Franco Transunto, Romano Scavolini, Rufus J. Bohez
CAMERA: Giancarlo Granatelli
EDITING: Eva Houdova, Yves Van Herstraeten
SOUND: Franco Borni, Bernard Dussart, Alain Pierre
MUSIC: Willy De Maesschalk
COMMENTS: Leonor Fini, Liliane Becker, Jean-Paul Andret
PRODUCER: Jacqueline Pierreux
PROD. CO.: Pierre Films (Bruxelles)
PROD. SUPERV.: Jacqueline Pierreux, Tom Coene
VOICES: Leonor Fini, Liliane Becker, Jean-Paul Andret
LANGUAGE: French, Italian
GAUGE: 35 mm
SILENT/SOUND: sound
B&W/COLOUR: B&W + colour
MINUTES: 105'

◆ Women have consistently been the great inspiration for the films of Chris Vermorcken, as in this portrait of Anna Magnani. Her film manages both to be moving and to command a great power of truth without falling into the traps of hagiography and mythologization or descending into a bland succession of anecdotes from the figure's private life. It is built first and foremost around archive footage and offers a wonderful opportunity to review the actress's performances for the great directors: first Roberto Rossellini; then Alberto Lattuada, Luchino Visconti and Pier Paolo Pasolini; then follows her international career with George Cukor, Sidney Lumet and Jean Renoir. We see footage too of festival appearances, where she is always given a rapturous reception, and her winning the Oscar in Hollywood. It was Pasolini who gave her her defining role, that of Mamma Roma. Anna Magnani, herself a native of a working-class district in the city, became the very symbol of the Latin temperament with its vitality, courage, emotionality and resilience. Close friends speak to camera of Anna as they remember her, of her role as then figurehead of neo-realism, but above all of her immense popularity and closeness to the public. "La" Magnani was emblematic of an Italy broken by the war, restoring the country's dignity. As an actress she was magnificent, always able to select those roles which were closest to her and with whom audiences could most powerfully identify. Her death in 1973 was a shock to the nation and she was mourned by all as a friend.

● Les femmes sont les grandes inspiratrices des films de Chris Vermorcken. Ainsi ce portrait d'Anna Magnani. Le film dégage une grande force de vérité émouvante tout en évitant les pièges de l'hagiographie, de la mythification ou des anecdotes inutiles sur la vie privée. C'est d'abord une anthologie qui permet de revoir la comédienne dans les scènes puissantes qu'elle a tournées avec les plus grands réalisateurs: Roberto Rossellini d'abord, puis Alberto Lattuada, Luchino Visconti, Pier Paolo Pasolini, avant d'entamer une carrière internationale avec George Cukor, Sidney Lumet ou Jean Renoir. C'est aussi l'occasion de la revoir lorsqu'on la fêtait dans les festivals ou lors de la remise de son Oscar à Hollywood. C'est sans doute Pasolini qui lui donna le rôle qui la définit le mieux: celui de Mamma Roma. Car Anna Magnani, née dans un quartier populaire de cette ville, était devenue le symbole du tempérament latin, avec sa verdeur, son courage, sa force d'émotion et de résistance. Quelques amis proches viennent, face à la caméra, témoigner d'elle, raconter leurs souvenirs et tout ce qu'elle représentait pour le néoréalisme, dont elle était l'égérie, mais surtout redire son immense popularité, sa proximité avec le public. "La" Magnani était la figure emblématique d'une Italie cassée par la guerre, à laquelle elle rendait sa dignité. La comédienne, magnifique et bouleversante, sut incarner des personnages qui lui ressemblaient et dans lesquels les spectateurs s'identifiaient avec force. Sa mort, en 1973, a créé un choc national et elle a été pleurée par tous, comme l'aurait été un proche. (JA)

► De grootste muze van de films van Chris Vermorcken was altijd de vrouw, zo ook in dit portret van Anna Magnani. Deze film is een krachtig, eerlijk en ontroerend document dat noch in een hagiografie, noch in mythevorming ontaardt en dat irrelevante anekdotes uit het privé-leven vermijdt. Het is eerst en vooral een anthologie en een ideale gelegenheid om de actrice in enkele grootse scènes terug te zien, gedraaid door de allergrootsten: eerst Roberto Rossellini, dan Alberto Lattuada, Luchino Visconti en Pier Paolo Pasolini, alvorens de internationale toer op te gaan met George Cukor, Sidney Lumet of Jean Renoir. We zien haar terug op festivals waar ze destijds geëerd werd, of bij de Oscaruitreiking in Hollywood. Het was Pasolini die haar haar sleutelrol zou bezorgen: die van Mamma Roma. Anna Magnani, zelf afkomstig uit een volksbuurt van de stad, groeide uit tot het symbool van het Latijnse temperament, met haar onschuld, moed, vurige emotie en verzet. Goede vrienden komen recht voor de camera herinneringen vertellen over haar, over het neorealisme waarvan zij de ziel was, maar vooral over haar weergaloze populariteit en haar hechte relatie met het publiek. "La" Magnani werd een emblematische figuur voor het door oorlogsgeweld verscheurde Italië, dat ze zijn waardigheid terugschonk. Als actrice was ze subliem en overweldigend; ze slaagde er steeds weer in een personage te vertolken dat ze ook echt was en waarmee de kijker zich des te meer kon identificeren. Haar dood in 1973 bracht een nationale schokgolf teweeg waarbij het hele land rouwde als betrof het een naaste.

Alice

Jacek Bromski, Jerzy Gruza

Co-production
Alice
Alicja

DIRECTOR: Jacek Bromski, Jerzy Gruza
YEAR: 1980
COUNTRY: PL-UK-US-BE
SCREENPLAY: Joseph R. Juliano, Jacek Bromski, Judy Raines
BASED ON: Alice in Wonderland, written by Lewis Carroll
DIALOGUE: Judy Raines, Susannah York, Jacek Bromski, Jerzy Gruza
ASST. DIR.: Andrzej Swat, Krzysztof Gruber, Peter jr. Bennett
DIR. PHOT.: Witold Sobocinski, Alec Mills
CAMERA: Tomasz Wert, Przemyslaw Skwirezynski, Jerzy Blacek, Michael Mendecki, Slawomir Jastrzebski
EDITING: Keith Palmer, Brian Smedley-Aston, Bill Blunden, Charles Nemes
SOUND: Danny Daniel, Keith Batten, Janusz Retzer, Grzegorz Nawara
MUSIC: Henri Seroka
ART DIRECTOR: Marek Lewandowski, Hervé Pouzet des Isles, Bernard Esteve, Jack Shampan, Andrzej Kowalczyk
COSTUMES: Zofia Sokolowska, Teresa Wisniewska, Bridget Sellers
PRODUCER: Baudouin Mussche, Paul Vandendries
PROD. CO.: Poltel (Warszawa), Cibelco (Bruxelles)
PROD. SUPERV.: Gérard Vercruysse
CO-PROD. CO.: General Film Company (London), South Street Films (London), Hendale Leisure Corporation (New York)
EXEC. PROD.: Joseph R. Juliano
LANGUAGE: English
GAUGE: 35 mm
SILENT/SOUND: sound
B&W/COLOUR: colour
MINUTES: 80'
NOTES: Choreography: David Toguri

CAST: Sophie Barjac (Alice), Jean-Pierre Cassel (White Rabbit), Susannah York (Queen of Hearts), Paul Nicholas (Cheshire Cat), Jack Wild (Mock Turtle), Dominic Guard (Gryphon), Tracy Hyde (Mona), Peter Straker (Mad Hatter), Marc Seaberg (March Hare), Joanna Bartel (Landlady), Wieslaw Golas (Killer 1), Andrzej Wasilewicz (Killer 2), Julia Hubner (Little girl), David Toguri (Hairdresser), Henri Seroka (Florist), Joachim Hubner (Maître d'hôtel), Kris Juliano (2nd landlady), Gregory Knop (Jogger), Ewa Blaszczyk, Ewa Wisniewska, Wojciek Duryasz, Wojciech Brzozowicz, Bogdan Lazuka

To Woody Allen, from Europe with Love

To Woody Allen, from Europe with Love

André Delvaux

To Woody Allen, from Europe with Love

DIRECTOR: André Delvaux
YEAR: 1980
COUNTRY: BE
SCREENPLAY: André Delvaux
DIR. PHOT.: Michel Baudour, Walther Vanden Ende
CAMERA: Michel Baudour, Walther Vanden Ende
EDITING: Jean Reznikow, Annette Wauthoz
SOUND: Henri Morelle
MUSIC: Egisto Macchi
COMMENTS: André Delvaux
PRODUCER: Pierre Drouot, Daniel Van Avermaet
PROD. CO.: Iblis Films (Brussel), BRT (Brussel)
PROD. SUPERV: William Sarokin
ASSOC. PROD.: Joz. Van Liempt
CAST: Woody Allen, André Delvaux, Marie-Christine Barrault, Michael Peyser, Charles Joffe, Jack Rollins, Gordon Willis
LANGUAGE: English
GAUGE: 16 mm
SILENT/SOUND: sound
B&W/COLOUR: colour
MINUTES: 90'

◆ The initiator of this project was the producer Pierre Drouot, who intended to set up encounters between two directors. André Delvaux wants to meet Woody Allen. Contacts are made and for the first time ever Woody Allen agrees to let a film-maker film him during one of his own productions. It is 1980 and he is shooting **Stardust Memories**, a very difficult work for him. The two men meet up at Allen's home and in the editing room. Woody presents André with photographs, talks about his work, answers his questions, which always steer clear of the anecdotal or the private. And André Delvaux turns out a marvellous portrait, accurate precisely because it is far removed from the classical reportage or filmed interview. This is the work of a director face-to-face with another director, with the filmed subject and the film-maker asking themselves the selfsame questions of structure, montage, and also grappling with fear. They are united by the proximity of creation, and André Delvaux reminds us that he is a master of the documentary form, as when he entered into the internal life of Dieric Bouts. His approach and style respond fluently to the needs of the other. Whether paintings or films, New York or Louvain, subject or character, André Delvaux skilfully records what he places in front of his camera. From film excerpts to conversations, reportage sequences to scenes of intimacy/fiction where Woody Allen plays Woody Allen (on his beginnings, women, Jewish humour, on audiences, love and death), from close-ups to landscapes, Delvaux captures a universe, a sensibility, reworking them into a film which is wholly his own yet does justice to his subject.

● Au départ, l'idée de faire dialoguer deux réalisateurs est celle d'un producteur, Pierre Drouot. André Delvaux désire rencontrer Woody Allen, et celui-ci accepte qu'un cinéaste le filme en train de filmer, ce qu'il n'avait jamais accordé auparavant. 1980 est l'année de **Stardust Memories**, un film difficile pour Allen. Les deux hommes se rencontreront chez lui, dans la salle de montage. Woody confiera à André des photographies, lui parlera de son travail, et répondra à ses questions (qui excluront toujours l'anecdote ou la vie privée). Delvaux va faire un film/portrait merveilleusement juste, qui n'a rien à voir avec le reportage classique ou l'interview filmée. Il s'agit ici de l'acte d'un réalisateur face à un autre réalisateur, d'un film à part entière, où le filmé et le filmeur se posent les mêmes questions de structure, de montage, et d'angoisse aussi. La proximité de la création les réunit, et là, André Delvaux rappelle qu'il est un grand documentariste, celui qui était entré dans l'intériorité de Dieric Bouts. La mise en scène de l'un répond aux interrogations de l'autre, dans une fluidité intelligente. Qu'il s'agisse de tableaux ou de films, de New York ou de Louvain, de sujet ou de personnage, André Delvaux est un bon capteur de l'Autre choisi. Ainsi, de citations de films en conversations, de séquences de reportage en scènes d'intimité/fiction où Woody Allen joue Woody Allen (ses débuts, les femmes, l'humour juif, le public, l'amour, la mort), de gros plans en paysages, il capte un univers, une sensibilité, et, de cela, il fait un film qui est profondément le sien, tout en laissant à l'Autre la place entière. *(JA)*

▶ Aan de basis van deze film lag het idee van producent Pierre Drouot om twee regisseurs met elkaar in dialoog te laten treden. André Delvaux wou Woody Allen ontmoeten, en deze aanvaardde (voor de allereerste keer) dat een cineast hem filmde tijdens zijn werk. 1980 was het jaar van **Stardust Memories**, voor Woody Allen een moeilijke film. De twee mannen ontmoeten elkaar bij Allen thuis, in de montagekamer. Woody geeft André wat foto's, vertelt hem over zijn werk en antwoordt op zijn vragen (los van elke anekdotiek of inmenging in het privé-leven). Delvaux puurt hieruit een buitengewoon raak filmportret, dat niets uit te staan heeft met een klassieke reportage of een gefilmd interview. Het gaat hier om het werk van een cineast geplaatst tegenover een andere cineast: een volwaardige film waarin de filmer en de gefilmde zich dezelfde vragen stellen omtrent structuur, montage en faalangst. In het creatieve proces vinden ze elkaar, waaruit nogmaals Delvaux' talent als documentarist blijkt, waarmee hij eerder al de ziel van Dieric Bouts blootlegde. De regie van de ene speelt in op de vragen van de andere, in een vloeiend en intelligent geheel. Of het nu gaat om schilderijen of films, New York of Leuven, een onderwerp of een personage, Delvaux toont zich een meester in de behandeling van zijn thematiek. Van filmcitaten tot conversaties, van fragmenten uit reportages tot intimistisch-fictieve scènes waar Woody Allen zichzelf speelt (zijn debuut, vrouwen, joodse humor, publiek, liefde, dood), van close-up tot groottotaal, geeft Delvaux op indringende wijze een universum en een gevoeligheid weer, en maakt daarmee een film die in elk opzicht de zijne is, ook al staat de Ander centraal.

Le diabolique docteur Flak

Jean-Jacques Rousseau

Le diabolique docteur Flak
De duivelse Dr. Flack
The Diabolical Dr Flak

DIRECTOR: Jean-Jacques Rousseau
YEAR: 1980
COUNTRY: BE
SCREENPLAY: Victor Sergeant
DIR. PHOT.: Jean-Jacques Rousseau
CAMERA: Jean-Jacques Rousseau
EDITING: Jean-Jacques Rousseau
SOUND: Victor Sergeant
COSTUMES: Albert Staes, José Pulinckx, Rose Bourlet
PRODUCER: Jean-Jacques Rousseau
PROD. CO.: Vision 16mm Ciné Films Association (Souvret)
CAST: Victor Sergeant, Alfred Carbillet, José Pulinckx, Jean Janssens, Christian Margot, Josette Splingard, Pierre Rousseau, Jean Deprez, Michel Wéry, Sergio Pelizani, Fabienne Dekeulener, Véronique Delforge, François Teninza
LANGUAGE: French
GAUGE: 16 mm
SILENT/SOUND: sound
B&W/COLOUR: colour
MINUTES: 95'

◆ "As far as kitsch is concerned, let us consider the utterly crackpot achievements of Jean-Jacques Rousseau (which is not a pseudonym). Not in living memory has any soul created anything so absolutely cretinous as his defining masterpiece **The Diabolical Dr Flak**" (Jean-Pierre Bouyxou). A native of Souvret, near Charleroi, Rousseau's film career did not begin until 1972, when he nearly died from alcoholism. He resolved never to drink again and to concentrate on film-making. On 1 January 1973 he met Victor Sergeant, a devotee of the supernatural, who became his regular scriptwriter. Together they made a series of short films including **The Altar of Repose** (1975) and **The Star of Evil** (1976). In 1977 they established Ciné Calibre 16, a non-profit making film production company, which also published a magazine on film-making. **The Diabolical Dr Flak** (completed in 1980) was their first feature-length film. The main protagonist, Dr Flak, wants to create a new race of humans. His laboratory is in the cellars of the house owned by a strange Walloon family. A murderer who thinks he is Adolf Hitler comes to live with them. Dr Flak introduces him as his creation, but the milkman recognizes him as the murderer in underwear and he is pursued by the police. This eventually leads to the arrest of Dr Flak.

For his cast, Rousseau recruited actors from his own native region. Like Ed Wood, he had a permanent company, all of whom met two important requirements: they all needed a face which would work well before the camera (which attracted a number of rather odd characters) and they had to trust Rousseau's vocation. This was confirmed by the fact that Rousseau immediately began work on a second feature film.

● "En matière de kitsch, saluons les œuvres gravement siphonnées de Jean-Jacques Rousseau (ce n'est pas un pseudonyme). On n'a, dans le monde, jamais rien fait d'aussi abyssalement givré que son œuvre maîtresse **Le diabolique docteur Flak**" (Jean-Pierre Bouyxou). Citoyen de Souvret, dans la région de Charleroi, sa carrière débute en 1972: après une cuite qui lui fait frôler la mort, Rousseau promet d'arrêter de boire pour se consacrer exclusivement au septième art. Le jour de l'an 1973, il rencontre Victor Sergeant, amateur de surnaturel, qui devient son scénariste attitré. A deux, ils réalisent une série de courts métrages, comme **Le reposoir** (1975) et **L'étoile du mal** (1976). En 1977, ils créent Ciné Calibre 16, une asbl produisant des films et publiant une revue à leur sujet. **Le diabolique docteur Flak**, achevé en 1980, est leur premier long métrage. Le docteur Flak veut créer une nouvelle race d'êtres humains. Son laboratoire se trouve dans les caves d'une famille wallonne de gens tarés. Un assassin se prenant pour Adolf Hitler élit domicile chez eux. Tel Frankenstein, le docteur Flak le présente comme sa création. Mais un laitier reconnaît l'horrible criminel en slip, ce qui mènera à l'arrestation du docteur Flak.

Rousseau choisissait ses acteurs amateurs parmi des gens de sa région. Comme Ed Wood, il disposait d'une équipe de collaborateurs fixes, répondant à deux critères essentiels: avoir une "tronche cinématographique" (ce qui attirait vers lui toutes sortes de personnages étranges) et croire en la vocation du réalisateur. Ce qu'ils firent avec ferveur, apparemment, car Rousseau se lança peu après dans le tournage d'un second long métrage.

▶ "Laat ons in de wereld van de kitsch even stilstaan bij het compleet geschifte werk van Jean-Jacques Rousseau (dit is geen pseudoniem). Geen levende ziel heeft ooit zoiets mesjogge gecreëerd als zijn opus magnum **Le diabolique docteur Flak**" (Jean-Pierre Bouyxou). Rousseau is afkomstig uit Souvret nabij Charleroi en begint een filmcarrière in 1972: hij is net ontsnapt aan de dood, besluit niet meer te drinken en zich volledig aan de zevende kunst te wijden. Op 1 januari 1973 ontmoet hij Victor Sergeant, een liefhebber van bovennatuurlijke verschijnselen, die zijn vaste scenarist wordt. Samen maken ze verscheidene korte films waaronder **Le reposoir** (1975) en **L'étoile du mal** (1976). In 1977 richten ze Ciné Calibre 16 op, een vzw die films produceert en hierover een tijdschrift uitgeeft. **Le diabolique docteur Flak** (voltooid in 1980) is hun eerste langspeelfilm. Dokter Flak probeert een nieuw mensenras te creëren in zijn laboratorium, gevestigd in de kelders van een bizarre Waalse familie. Een moordenaar die denkt dat hij Adolf Hitler is, nestelt zich ook in hun woonst. Net als Frankenstein stelt Dokter Flak hem voor als zijn schepping. Maar de melkboer herkent hem als de moordenaar-in-slip en de politie zet de achtervolging in. Dit leidt tot de aanhouding van Dokter Flak.

Voor de vertolking doet Rousseau een beroep op mensen uit eigen streek. Net zoals Ed Wood beschikt hij over een vaste ploeg van medewerkers die aan twee eisen moeten voldoen: een "filmische kop" hebben (wat allerlei bizarre figuren aantrekt) en geloven in de roeping van de regisseur. Dit doen ze duidelijk want Rousseau begint al vlug met de opnamen van een tweede langspeelfilm. *(PG)*

De Witte van Sichem
Robbe de Hert

De Witte van Sichem
Filasse de Sichem
Whitey from Sichem
Towhead of Sichem

DIRECTOR: Robbe de Hert
YEAR: 1980
COUNTRY: BE
SCREENPLAY: Fernand Auwera, Robbe de Hert, Gaston Durnez, Louis-Paul Boon, Hugo Claus
BASED ON: De Witte & Jeugd & Ik en de Witte, written by Ernest Claes
DIALOGUE: Fernand Auwera, Robbe de Hert, Gaston Durnez, Louis-Paul Boon, Hugo Claus
ASST. DIR.: Elly Claus, Willum Thijssen, Fons Feyaerts
DIR. PHOT.: Walther Vanden Ende
CAMERA: Theo Van de Sande, Jaak Stein, Jules Van den Steenhoven, Marc Koninckx
EDITING: Ton De Graaff, Chris Verbiest, Ludo Troch
SOUND: André Patrouillie, Eric Strömberg
MUSIC: Jürgen Knieper, Walter Heynen, Wannes Van de Velde
ART DIRECTOR: Philippe Graff, André Fonteyne
COSTUMES: Anne Verhoeven, Cathy Szafarz
PRODUCER: Roland Verhavert
PROD. CO.: Visie Filmproduktie (Brussel), New Star Film (Brussel)
PROD. SUPERV.: Christian De Boe
ASSOC. PROD.: Henk Van Soom
CAST: Eric Clerckx (De Witte), Willy Vandermeulen (Vader), Blanka Heirman (Moeder), Jos Verbist (Heinke), Rafaël Troch (Nis), Paul 's Jongers (Boer Coene), Magda De Winter (Liza), Paul-Emile Van Royen (De onderwijzer), Luc Philips (Pastoor Munte), Martha De Wachter (Rozalie), Bert Struys (Wannes Raps), Bob Storm (Pater), Chris Lomme (Rosette), Gaston Berghmans (Nand), Leo Martin (Entertainer), Fred Van Kuyk (Grosse-caisse drager), Wannes Van de Velde (Zanger), Raymond Van het Groenewoud (Kaartjesknipper)
LANGUAGE: Dutch
GAUGE: 35 mm
SILENT/SOUND: sound
B&W/COLOUR: colour
MINUTES: 106'

◆ According to legend, in 1979, over a beer, the film producer Henk Van Soom asked Robbe de Hert who could remake Flanders' most successful film **Whitey**. Without hesitation or false modesty the latter replied: "Me!" And, truly enough, his **Whitey from Sichem** followed the example set by the first version from 1934, made by Jan Vanderheyden, and proved a long-running box-office smash. The film was the hit of 1980, considered the miracle year of Flemish film when no less than four young directors saw their films being released. Besides **Whitey from Sichem**, audiences were treated to Patrick Le Bon's **Hellhole**, **The Guinea Pigs** by Guido Henderickx and **The Slaughterer** by Patrick Conrad.

Ernest Claes' best-known novel had always been incredibly popular with Flemish schoolchildren, and the 1934 film version met with considerable success each time it reappeared in the cinemas. The writers of the remake, Louis-Paul Boon, Fernand Auwera, Gaston Durnez and Robbe de Hert, did not limit themselves to the tale as told in the novel. They extracted anecdotes from other stories and placed the narrative in its social context at the end of the 19th century with the rise of socialism. The Flemish countryside is given a much less idyllic representation than that found in run-of-the-mill rural films such as **Pallieter** or **The Flaxfield**. **Whitey from Sichem** is a rascal from a poor, overworked farming family who receives more beatings than he has hot dinners. As such, his is principally a story about a little rebel, with Eric Clerckx serving as Robbe de Hert's alter ego.

● La légende veut qu'en 1979, autour d'un verre, le producteur de cinéma Henk Van Soom demanda à Robbe de Hert qui pourrait faire un remake du film flamand le plus populaire de tous les temps, **Filasse**. Ce dernier lui rétorqua sur-le-champ et sans excès de modestie: "Moi!" Il faut bien le dire, à l'instar de la première version de 1934, réalisée par Jan Vanderheyden, **Filasse de Sichem** recueillit un immense succès et devint pour longtemps le roi des rentrées en Flandre. Il fut du même coup sacré champion de l'année 1980, dite année miraculeuse du film flamand car elle vit pas moins de quatre films de jeunes réalisateurs sortir dans les salles. Il s'agissait, outre **Filasse de Sichem**, de **Hellegat** de Patrick Le Bon, des **Cobayes** de Guido Henderickx et de **La carne** de Patrick Conrad.

Ce roman, le plus connu d'Ernest Claes, figurait depuis toujours en tête du hit-parade des lectures des écoliers flamands, et sa version filmée de 1934 rencontrait un succès renouvelé à chaque sortie. Les auteurs de ce remake ne se limitèrent toutefois pas à l'intrigue de **Filasse de Sichem**. Ils cueillirent des anecdotes dans d'autres histoires et restituèrent le tout dans le contexte social du XIXe siècle et du socialisme montant. La campagne flamande est peinte de façon moins idyllique que dans les films paysans tels que **Pallieter** et **Le champ de lin**. Filasse, garnement d'une famille paysanne pauvre qui se tue au travail, reçoit plus de coups que de pain; mais **Filasse de Sichem** est, avant tout et après tout, l'histoire d'un jeune rebelle, incarné par Eric Clerckx, que l'on verra sans peine comme l'alter ego de Robbe de Hert.

▶ Volgens de legende vroeg in 1979 filmproducent Henk Van Soom, in een of ander café, aan Robbe de Hert wie een remake van Vlaanderens meest succesvolle film **De Witte** zou kunnen draaien. Niet zonder eigendunk antwoordde laatstgenoemde: "Ik!" En toegegeven, **De Witte van Sichem** werd, net als de eerste versie uit 1934 van Jan Vanderheyden, een groot succes dat lang aan de top stond van de Vlaamse box-office. De film was meteen ook de kampioen van het zogenaamde "wonderlijke jaar van de Vlaamse film" (1980), waarin maar liefst vier films van jonge regisseurs in de zalen kwamen. Naast **De Witte** waren dat **Hellegat** van Patrick Le Bon, **De proefkonijnen** van Guido Henderickx en **Slachtvee** van Patrick Conrad.

Ernest Claes' bekende roman was altijd al een onovertroffen favoriet van de Vlaamse schooljeugd en ook de oorspronkelijke versie uit 1934 werd meermaals met succes heruitgebracht. De auteurs van deze remake (Louis-Paul Boon, Fernand Auwera, Gaston Durnez en Robbe de Hert) beperkten zich echter niet tot een eenvoudige bewerking van het verhaal van *De Witte*. Ze plukten anekdotes uit andere verhalen en plaatsten de gebeurtenissen in een precieze sociale context: einde 19de eeuw, de opkomst van het socialisme. Het Vlaamse platteland wordt heel wat minder idyllisch afgeschilderd dan in boerenfilms als **Pallieter** of **De vlaschaard**. "De Witte" is een belhamel uit een kapot gewerkt, arm boerengezin, waar hij meer slaag krijgt dan eten. Maar bovenal blijft **De Witte van Sichem** een verhaal over een kleine rebel, gepersonifieerd door Eric Clerckx als het alter ego van Robbe de Hert. *(RS)*

The Missing Link
Picha [Jean-Paul Walravens]

The Missing Link
Le chaînon manquant
De ontbrekende schakel

DIRECTOR: Picha [Jean-Paul Walravens]
YEAR: 1980
COUNTRY: BE-FR
SCREENPLAY: Tony Hendra, Picha, Jean Collette, Christian Dura, Michel Gast
DIALOGUE: Tony Hendra, Picha, Jean Collette, Christian Dura
ANIMATION: Borge Ring, Vivian Miessen, José Abel, Patrick Cohen, Claude Monfort, Jan Sanctorum, Arthur Buton, Bob Maxfield, Marcel Colbrant
EDITING: Claude Cohen
SOUND: Roy Baker
MUSIC: Leo Sayer, Roy Budd
ART DIRECTOR: Jean Lemense, Claude Lambert, Jean-Jacques Maquaire
PRODUCER: Picha, Jenny Gérard, Michel Gast
PROD. CO.: Pils Films (Bruxelles), Société Nouvelle de Doublage SND (Paris)
VOICES: English: Ron Venable (Oh), John Graham (Igua), Bob Kaliban (Croak/No-Lobe), Christopher Guest (No-Lobe), Clark Warren (No-Lobe), Mark Smith (Narration) French: Richard Darbois (Oh), Georges Aminel (Igua/Gros Con), Roger Carel (Croak/Gros Con), Jacques Ferrière (Gros Con), William Sabatier (Gros Con), Philippe Nicaud (Dragon), Jacques Dacqmine (Commentaire)
LANGUAGE: English/French
GAUGE: 35 mm
SILENT/SOUND: sound
B&W/COLOUR: colour
MINUTES: 95'

◆ Distributed worldwide by 20th Century Fox, **Tarzoon** had attracted such huge audiences that Picha again set about deploying the burlesque and ridiculous in an odious parody of another myth. With a team of crazy scriptwriters, this time he took Darwin to task and concocted an iconoclast version of the theory of evolution. The missing link between homo sapiens and the beasts is a prehistoric baby, raised by a brontosaurus, who discovers a formative universe populated by stupid creatures and species overlooked by Darwin: the No-Lobes, shaped like pink pears; the Felines, who eat the males and reproduce inside cabbages; the blond, long-haired Yetis with a Swedish accent. The young "Oh" tries his best to shuffle around among these creatures, chased, abused, terrorized, but constantly discovering edifying new wonders - the wheel, fire, the bludgeon. Unfortunately, the earth's inhabitants use them only to destroy, burn and kill each other; evolution leads to war and universal chaos. The history of the world has begun.

It took almost four years to complete this ambitious cartoon: after pre-production in Brussels, Picha and the entire crew moved to New York, then to France and finally London (for the songs and music). The finished film did not enjoy the same success as **Tarzoon** but critics praised the improved artwork, the inventiveness of the gags, the take-offs of **2001** and **Star Wars** and the interesting blend of bad taste and nonsense. On the other hand, the rhythm of the whole was criticized as being rather clumsy, resulting more in a series of sketches than a real narrative.

● Distribué mondialement par la 20th Century Fox, **Tarzoon** avait connu une telle audience que Picha se remit au travail pour plastiquer odieusement un autre mythe par le burlesque et la dérision. Avec une équipe de scénaristes dingues, il s'attaqua cette fois à Darwin, pour illustrer une version iconoclaste de la théorie de l'évolution. Le "chaînon manquant" entre la bête et l'Homo sapiens est un bébé préhistorique, élevé par un brontosaure, et qui va découvrir un univers naissant peuplé d'êtres débiles ou d'espèces négligées par Darwin: les Gros Cons, en forme de poire rose; les Félines, qui mangent les mâles et se reproduisent dans des choux; les blonds Yetis chevelus, à l'accent suédois. Le jeune "Oh" patauge tant bien que mal parmi ces créatures. Poursuivi, injurié, terrorisé, il découvre pourtant des merveilles exaltantes: la roue, le feu, la massue. Hélas! les habitants de la Terre ne s'en servent que pour dévaster, incendier, s'entre-tuer: l'évolution aboutit à la guerre et à la pagaille universelle. L'histoire du monde vient de commencer.

Près de quatre ans de travail furent nécessaires à Picha et à ses collaborateurs pour élaborer cet ambitieux cartoon. Après la préparation à Bruxelles, toute l'équipe se déplaça à New York, en France, puis à Londres (pour les chansons et la musique). Le film ne connut pas le succès international de **Tarzoon**: la critique en vanta le graphisme amélioré, la couleur et les gags, les parodies de **2001** ou **La guerre des étoiles**, la connivence du mauvais goût et du non-sens; mais regretta un rythme mal construit, aboutissant finalement à une suite de sketches plus qu'à un vrai récit. *(RM)*

▶ **Tarzoon** werd door 20th Century Fox over de hele wereld verspreid en oogstte zoveel succes dat Picha direct aan de slag ging om, op waanzinnig burleske wijze, een andere mythe onbeschaamd te pasticheren. Samen met een ploeg geschifte scenaristen stortte hij zich deze keer op Darwin, wat een iconoclastische versie van de evolutieleer opleverde. De "ontbrekende schakel" tussen dier en homo sapiens is een prehistorische baby, grootgebracht door een brontosaurus. De baby aanschouwt een zich ontwikkelende wereld, bevolkt door debiele wezens en andere door Darwin verwaarloosde soorten: de Grote Lellen, roze en peervormig, Felienen die hun mannetjes oppeuzelen en zich voortplanten in kolen, de blonde en behaarde Yetis met Zweedse tongval. De jonge "Oh" ploetert voort te midden van deze creaturen, opgejaagd, uitgescholden en geterroriseerd. Ondanks dit alles ontdekt hij vele wonderen: het wiel, het vuur, de knots. Helaas worden deze door de aardbewoners slechts gebruikt om te verwoesten, brand te stichten en te moorden. De evolutie leidt tot universele heibel, de geschiedenis is begonnen.

Picha en zijn collega's werkten bijna vier jaar aan deze ambitieuze cartoon: na de voorbereiding te Brussel trok de hele ploeg naar New York, Frankrijk en Londen (voor de muziek en de liedjes). De film evenaarde het succes van **Tarzoon** niet, hoewel de critici vol lof waren over de verbeterde technieken, inkleuring en gags, de parodiëring van **Star Wars** of **2001** en het geslaagde huwelijk tussen slechte smaak en nonsens. De opbouw liet echter te wensen over en het geheel leek eerder een reeks sketches dan een echt verhaal.

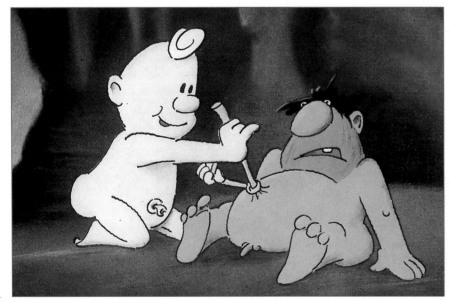

Comme si c'était hier

Myriam Abramowicz, Esther Hoffenberg

Comme si c'était hier
Alsof het gisteren gebeurd was
As If It Were Yesterday

DIRECTOR: Myriam Abramowicz, Esther Hoffenberg
YEAR: 1980
COUNTRY: BE
SCREENPLAY: Myriam Abramowicz, Esther Hoffenberg
DIR. PHOT.: Jean-Noël Gobron, Pascal Rabaud
CAMERA: Jean-Noël Gobron, Pascal Rabaud, Marc-André Batigne
EDITING: Dominique Loreau, Christine Roget, Rogier Van Eck, Nathalie Pigeolot
SOUND: Richard Verthé
MUSIC: Neige
COMMENTS: Esther Hoffenberg
PRODUCER: Myriam Abramowicz, Esther Hoffenberg
PROD. CO.: Ping Pong Productions (Bruxelles)
LANGUAGE: French
GAUGE: 16 mm
SILENT/SOUND: sound
B&W/COLOUR: B&W
MINUTES: 86'

◆ Several thousand Jewish children were able to escape deportation and the terror of the Nazi camps. Taking this fact as its basic, Esther Hoffenberg and Myriam Abramowicz's documentary marks a significant contribution to the history of the Jewish community in Belgium and, in a wider context, to that of the resistance movements, which in Belgium most notably devoted themselves to saving children. The film-makers embarked on a long series of interviews, collecting the testimonies of the principal figures behind the network whose objective it was to spare Jewish children their tragic fate.

The film was shot in black and white, one of its main characteristics being its ascetic approach, which is apparent throughout. Certain images recur like a leitmotif, above all those of the separation of the children from their parents. Yet the primary aim of the documentary is to allow memories to flood back, "as if it were yesterday", with great evocative, emotional power.

Next to these stories, recalling precise events with simple statements, the rescued children's words and gestures of thanks ring equally true. That is the power of this documentary, to have confronted the experience of these children, now adults, with their rescuers after years of silence. The German occupation, the deportation and genocide are subjected to a rigorous analysis, mercilessly illustrated in the fate reserved by Hitler for the children of the Jews. Then there is the other side, the moral value of the film born of the anonymous heroism of men and women who refused to allow this threat to hang over their fellow human beings.

● Le sujet: comment plusieurs milliers d'enfants juifs ont pu échapper à la déportation et à l'extermination des camps nazis. Le documentaire d'Esther Hoffenberg et de Myriam Abramowicz a contribué à l'histoire de la communauté juive de Belgique et, d'une façon élargie, des mouvements de résistance à l'occupant allemand qui s'illustrèrent chez nous, notamment par le sauvetage de ces enfants. Les cinéastes se sont livrées à une longue enquête qui leur a permis de recueillir les témoignages des principales figures du réseau qui s'était fixé comme objectif de soustraire les enfants juifs à leur tragique destin.

Le film, tourné en noir et blanc, se caractérise par une extrême sobriété. Certaines images reviennent tel un leitmotiv: celles, surtout, de la séparation des enfants avec leurs parents. Mais le documentaire est avant tout conçu pour permettre aux souvenirs et aux témoignages de resurgir "comme si c'était hier", avec une grande puissance d'évocation et d'émotion.

En regard de ces récits, évoquant des événements précis par des paroles simples, les mots et les gestes de reconnaissance des enfants cachés sonnent également juste. Et c'est la force de ce documentaire d'avoir confronté après un long silence - une décantation - l'expérience de ces enfants, devenus adultes, et celle de leurs sauveurs. L'occupation allemande, la déportation et le génocide sont l'objet d'une analyse rigoureuse, éclairée de manière impitoyable par le sort réservé par Hitler aux enfants juifs. La valeur morale du document naît aussi de l'héroïsme anonyme d'hommes et de femmes qui n'ont pas permis que des êtres humains soient menacés de génocide. (SM)

▶ Hoe konden duizenden joodse kinderen ontkomen aan deportatie naar de uitroeiingskampen van de nazi's? Met hun documentaire vulden Esther Hoffenberg en Myriam Abramowicz deze lacune aan in de geschiedenis van de joodse gemeenschap van België en, meer algemeen, van alle verzetsbewegingen die actief waren tegen de Duitse bezetter door het redden van deze kinderen. De cineasten deden uitgebreid onderzoek en verzamelden getuigenissen van de sleutelfiguren achter het netwerk dat de joodse kinderen hun tragische lot wilde helpen ontlopen.

Kenmerkend voor de film is de extreme soberheid en de zwart-witfotografie. Uit bepaalde beelden spreekt een leidmotief, met name die waarin de kinderen van hun ouders gescheiden worden. Toch is het er in de documentaire vooral om te doen herinneringen en getuigenissen op te diepen met een grote zeggingskracht en emotionele geladenheid - "als was het de dag van gisteren".

Door deze verhalen, verteld in eenvoudige bewoordingen die precieze gebeurtenissen oproepen, is de erkenning waarvan de ondergedoken kinderen blijk geven des te waarachtiger. De grote verdienste van dit werk ligt in de confrontatie, na een lange stilte, van de nu volwassen kinderen met hun redders van toen. De bezetting, de deportatie en de genocide worden haarfijn geanalyseerd en onverbiddelijk onthuld in al hun gruwel door aan te geven welk lot deze joodse kinderen onder Hitler beschoren was. Tevens schuilt de morele waarde van de film in de beschrijving van de anonieme heldendaden van die mannen en vrouwen die niet werkeloos toekeken hoe medemensen het slachtoffer werden van een volkenmoord.

Prune des bois
Marc Lobet

Prune des bois
Boskaatje
De wolfjes van het maandorp
Woodplum
Plum of the Forest
The Wolf-cubs of Niquoluna

DIRECTOR: Marc Lobet
YEAR: 1980
COUNTRY: BE
SCREENPLAY: Kathleen de Béthune, Marielle Paternostre
DIALOGUE: Kathleen de Béthune, Marielle Paternostre, Marc Lobet
ASST. DIR.: Chris Van den Broecke, Muriel Anuset
DIR. PHOT.: Michel Baudour, Gilbert Lecluyse
CAMERA: Michel Baudour
EDITING: Anne Christophe, Sophie Fabbri, Joseph Dassy
SOUND: Henri Morelle, Thierry D'Haene, Gérard Rousseau
MUSIC: Pierre Perret
ART DIRECTOR: Viviane Fleming
PRODUCER: Jacques Vercruyssen, Violette Vercruyssen
PROD. CO.: ODEC (Bruxelles), RTBF (Bruxelles)
CAST: Lionelle Lamy (Prune), Arlette Biernaux (La grand-mère), Bonbon (L'institutrice), Michel Castel (Le commissaire), François Duysinx (Le sous-préfet), Alexandre Von Sivers (L'industriel), Alexandre Chikowsky (Emilien), Julie Dubart (Florette), Maud Noerdinger (Julie), Quentin Staes (Charlie), Emmanuelle Taymans (Félicité), Isabelle Bourgeois (Charlotte), Christian Marin (Gaspard)
LANGUAGE: French/English
GAUGE: 35 mm
SILENT/SOUND: sound
B&W/COLOUR: colour
MINUTES: 85'

◆ Marc Lobet, from Brussels, already had behind him a twenty-year career in cinema (alongside André Cavens and Maurice Béjart), television and advertising when in 1980 he presented to the public his début feature, **Woodplum**. Despite the genre's dangerous reputation, this is indeed a children's film, that daunting corner of the market which is all too frequently dominated by mawkish sentimentality and paternalistic puerility. Hence this lovely rural tale, full of tender humour and charm, proved even more of a delight. A children's gang, the "Loupiots", discover a little girl in the woods and decide to take care of her in secret in the hope of sparing her the orphanage. A whole week long, the children organize a rota, steal toys and nappies, food and medicine - seven days which transform the spontaneous, carefree kids into responsible little parents. They are aided by a bizarre, poetic ecologist, Christian Marin in the most successful role of his career as a bird- and plant-loving chief ogre.

Much to the film's advantage, **Woodplum** did not condescend to its young audience: like Truffaut's **Small Change** or Christian-Jaque's **Boys' School**, it explores the malicious, selfless world of childhood with small, candid observations which consistently ring true. Pierre Perret's tender song (the composer was also responsible for the film's theme music) contributes to this overall atmosphere of a village fairy-tale. The achievement is further compounded by the well-directed child actors, whose naturalness further highlights the unfortunate, cartoonish performances of certain adults among the cast.

● Le Bruxellois Marc Lobet comptait déjà près de 20 années de carrière dans le cinéma (avec André Cavens et Maurice Béjart), à la télévision et dans la publicité filmée, lorsqu'il présenta en 1980 son premier long métrage: **Prune des bois**. S'il est un genre dangereux pour les cinéastes de fiction, c'est bien le film pour enfants, redoutable créneau où règnent trop souvent la mièvrerie ou la puérilité paternaliste. C'est dire le plaisir ressenti à la vision de cette jolie histoire campagnarde, bourrée d'humour tendre et de charme. Les Loupiots, une bande de gosses, découvrent une petite fille dans la forêt et décident de s'en occuper secrètement, pour lui éviter l'orphelinat. Durant une semaine, les enfants s'organisent, volant jouets et couches-culottes, nourritures et médicaments: huit jours qui feront, de ces gosses spontanés et insouciants, des petits bonshommes responsables, aidés par un écologiste lunaire et poétique (Christian Marin trouve ici son meilleur rôle, en grand ogre familier des oiseaux et des plantes).

Prune des bois est un film qui ne méprise pas son jeune public: dans la lignée de Truffaut et **L'argent de poche**, ou de Christian-Jaque et **Les disparus de Saint-Agil**, il explore le monde malicieux et généreux de l'enfance, en notations intimistes et candides qui font mouche. Une chanson tendre de Pierre Perret, par ailleurs responsable des thèmes musicaux du film, contribue à cette ambiance de conte de fées villageois. Au total, une réussite du genre, avec des comédiens juvéniles bien dirigés, et dont le naturel fait d'autant plus regretter le jeu, souvent caricatural, de certains interprètes adultes du film. *(RM)*

► Toen de uit Brussel afkomstige Marc Lobet in 1980 **Boskaatje**, zijn eerste langspeelfilm, afleverde, had hij al een carrière van bijna 20 jaar in de televisie-, reclame- en filmwereld (met André Cavens en Maurice Béjart) achter de rug. Indien er al een gewaagd domein voor makers van fictie bestaat, dan moet het wel de kinderfilm zijn, waar het gevaar om in stroperigheid of paternalistische pueriliteit te vervallen steeds aanwezig is. Des te aangenamer is de verrassing bij het zien van dit mooie plattelandssprookje boordevol charme en tedere humor. Een kinderclubje, "de Loupiots", vindt een jong meisje in het woud; ze besluiten zich in het geheim over haar te ontfermen en haar zo het weeshuis te besparen. Een week lang organiseren de kinderen zich en jatten ze speelgoed, luiers, eten en medicijnen. In deze acht dagen ontpoppen de zorgeloze en spontane hummeltjes zich tot verantwoordelijke kleuters, dit met de hulp van een poëtische en dromerige ecologist (Christian Marin als grote bos-trol bevriend met planten en vogels, de beste rol uit zijn carrière trouwens).

Boskaatje minacht zijn jeugdige doelgroep niet en staat wat dat betreft op één lijn met **L'argent de poche** van Truffaut of **Les disparus de Saint-Agil** van Christian-Jaque. De film schiet recht in de roos als intimistische, naïeve ontdekkingsreis door de guitige, gulle kinderjaren. Een gevoelig liedje van Pierre Perret, die trouwens ook de soundtrack verzorgde, draagt bij tot de sfeer van een dorpssprookje. Alles bijeen een succes in zijn genre, met goed geregisseerde jonge acteurs, wier spontaniteit het geforceerde spel van sommige volwassenen echter jammerlijk benadrukt.

Un jour les témoins disparaîtront

Frans Buyens

Un jour les témoins disparaîtront
Eens zullen er geen getuigen meer zijn
One Day There Will Be No More Witnesses

DIRECTOR: Frans Buyens
YEAR: 1980
COUNTRY: BE
SCREENPLAY: Frans Buyens, Lydia Chagoll
ASST. DIR.: Lydia Chagoll
CAMERA: Claude Michiels, Fernand Tack, Jacques Poskin
EDITING: Rosanne Van Haesebrouck
SOUND: Henri Morelle, Gérard Rousseau
COMMENTS: Lydia Chagoll
PRODUCER: Frans Buyens
PROD. CO.: Films Lyda (Brussel)
VOICES: Janine Godinas, John Dobrynine
LANGUAGE: French
GAUGE: 16 mm
SILENT/SOUND: sound
B&W/COLOUR: B&W
MINUTES: 82'

◆ Like **Open Dialogue** (1970-71), **One Day There Will Be No More Witnesses** is the record of a visit to a former concentration camp, this time by a group of ex-inmates and youngsters. This documentary constitutes an attempt to promote dialogue between those who experienced the death camps and a younger generation ignorant of the horror. Instead of the Belgian camp at Breendonk, the group now travelled to the concentration and extermination camp of Auschwitz. The visit was organized by the Belgian friends of the political prisoners of Auschwitz-Upper Silesia; they launched a press campaign for their pilgrimage calling for young candidates with virtually no knowledge of the atrocities perpetrated during the Second World War. Out of the 600 names submitted, 100 were chosen at random. In April 1978, the group set off, accompanied by 20 or so young delegates from the various Belgian political parties, some 10 ex-inmates and the film crew led by Frans Buyens and Lydia Chagoll.

This sober, harrowing documentary presents an objective account of the atmosphere in the camp during the visit, of the stories told by the ex-inmates and of their discussions with the youngsters. Buyens did not work in documents, photographic material or archive footage - only a handful of quotations from the Auschwitz archives are cut into the images by way of a commentary.

One Day There Will Be No More Witnesses, in French, was released in Belgium in November 1980; the film was shown chiefly to schools and associations. This arresting record of mass genocide was given a special citation at the Nyon Film Festival.

● A l'instar de **Dialogue ouvert** (1970-71), **Un jour les témoins disparaîtront** est le récit de la visite d'un camp de concentration par d'anciens prisonniers et un groupe de jeunes. Ce documentaire, destiné à promouvoir le dialogue entre ceux qui ont vécu l'horreur et la jeune génération ignorante de ces faits, délaissait le lieu de Breendonk pour s'intéresser cette fois au camp de concentration et d'extermination d'Auschwitz. La visite était organisée par l'Amicale des ex-prisonniers politiques d'Auschwitz et de haute Silésie. Pour ce pèlerinage, afin de rassembler des jeunes qui ignoraient les horreurs de la Seconde Guerre mondiale, l'Amicale lança une campagne de presse. Parmi les 600 candidats potentiels, 100 furent tirés au sort. Le groupe partit en avril 1978, accompagné d'une vingtaine de jeunes représentants des divers partis politiques belges, d'une dizaine d'anciens prisonniers et de l'équipe de tournage de Frans Buyens et de Lydia Chagoll.

Ce documentaire, en français, extrêmement sobre et déchirant, est le compte rendu objectif de l'atmosphère du camp pendant la visite. Il rassemble les témoignages émouvants des anciens prisonniers et leurs discussions avec les jeunes. Buyens ne fit appel à aucun document, aucune photo, aucune image. Il utilisa toutefois, en guise de commentaires, des citations provenant des archives d'Auschwitz, qu'il glissa entre les images.

Un jour les témoins disparaîtront sortit en Belgique en novembre 1980, mais fut surtout projeté dans les écoles et dans le monde associatif. Le festival de Nyon décerna une mention spéciale à ce document poignant sur le génocide.

► Net als **Open dialoog** (1970-71) brengt **Un jour les témoins disparaîtront** verslag uit van een bezoek aan een concentratiekamp, ditmaal door ex-gevangenen en jongeren. De documentaire wil de dialoog bevorderen tussen hen die de gruwelen hebben meegemaakt en de jongere generatie die zich van deze feiten nauwelijks bewust is. In plaats van naar Breendonk trok men ditmaal naar het concentratie- en uitroeiingskamp van Auschwitz. Het bezoek werd georganiseerd door de Belgische vriendenkring van politieke gevangenen Auschwitz-Opper-Silesië. Zij lanceerden een perscampagne voor hun tocht en gingen zo op zoek naar jongeren die bijna niets afwisten van de wreedheden van de Tweede Wereldoorlog. Uit de ongeveer 600 kandidaten werden er zo'n 100 door loting geselecteerd. In april 1978 vertrok de groep, vergezeld van een twintigtal jonge afgevaardigden van de verschillende Belgische politieke partijen, een tiental ex-gevangenen en de filmploeg van Frans Buyens en Lydia Chagoll.

Deze uiterst sobere en schrijnende documentaire vormt een objectief verslag van de atmosfeer in het kamp tijdens het bezoek, van de aangrijpende getuigenissen van ex-gevangenen en de discussies met de jongeren. Buyens maakte geen gebruik van documenten of foto- en beeldmateriaal. Alleen citaten afkomstig uit de archieven van Auschwitz werden in de beelden ingelast als commentaar.

Het Frans gesproken **Un jour les témoins disparaîtront** kwam in november 1980 uit in ons land en werd vooral vertoond in kringen van scholen en verenigingen. Dit pakkende document over de genocide kreeg een speciale vermelding op het filmfestival van Nyon. (LJ)

Mama Dracula
Boris Szulzinger

Mama Dracula

DIRECTOR: Boris Szulzinger
YEAR: 1980
COUNTRY: BE-FR
SCREENPLAY: Boris Szulzinger, Pierre Sterckx, Marc-Henri Wajnberg
DIALOGUE: Boris Szulzinger, Pierre Sterckx, Marc-Henri Wajnberg, Christian Dura, Tony Hendra
ASST. DIR.: Francis De Laveleye, Pierrot de Heusch
DIR. PHOT.: Willy Kurant
CAMERA: Willy Kurant, Rufus J. Bohez, Gilbert Lecluyse
EDITING: Claude Cohen, Heloïse Cohen, Monique Rysselinck, Christine Roy, Bénédicte Mallet
SOUND: Georg Krautheim
MUSIC: Roy Budd
ART DIRECTOR: Philippe Graff, Luke Allaert, André Laffut
COSTUMES: Mouchy Houblinne
PRODUCER: Boris Szulzinger
PROD. CO.: Valisa Films (Bruxelles)
PROD. SUPERV.: Michèle Tronçon
CO-PROD. CO.: Société Nouvelle de Doublage SND (Paris), RTBF (Bruxelles)
CAST: Louise Fletcher (Mama Dracula), Maria Schneider (Nancy Hawai), Marc-Henri Wajnberg (Vladimir), Alexandre Wajnberg (Ladislas), Jimmy Shuman (Professor Peter Van Bloed), Jess Hahn (The superintendent), Michel Israël (Rosa), Suzy Falk (Gram Stoker), Vincent Grass (The fiancé), Marie-Françoise Manuel (Virginia), José Géal (The innkeeper), William Del Visco (The psychiatrist), Martine Willequet (The coryphee), Hal Brav (The narrator), Roland Lethem (A priest)
LANGUAGE: English
GAUGE: 35 mm
SILENT/SOUND: sound
B&W/COLOUR: colour
MINUTES: 91'

◆ Boris Szulzinger returned to directing eight years after his memorable **Lonely Killers**, in the meantime having produced a full-length animated film (**Tarzoon**) and a documentary in the Amazon rainforest (**Raoni**). The myth of a female Dracula had already inspired a good number of film-makers, from Riccardo Freda to Borowczyk - not forgetting Harry Kümel's **Red Lips**. Yet while there was no trace of the parodic in any of these works it was Szulzinger's intention to make a comic film in the line of Polanski's **The Fearless Vampire Killers** - playing on the clichés of the genre to create a pastiche of the great horror classics. To guarantee the film's international distribution **Mama Dracula** was shot in English with the Hollywood star Louise Fletcher, famous for her Oscar-winning role as the sadistic nurse in Milos Forman's **One Flew over the Cuckoo's Nest**.

To preserve her eternal beauty the Countess Dracula regularly drinks the blood of young virgins. In the present day she is the owner of a fashion boutique, a job which facilitates the discreet kidnapping of her future victims with the help of her two bungling twin sons. A crackpot scientist à la Jerry Lewis is further enlisted to invent an artificial blood for her in these deprived times. An attractive police officer (Maria Schneider, former star of **Last Tango in Paris**) is the spanner in the works of this laborious parody, shot in the superb surroundings of Art Nouveau hotels. The occasional witty cartoon-style gag does not, unfortunately, make up for the wearisome clumsiness of the whole.

● Boris Szulzinger revint à la réalisation huit ans après son mémorable **Les tueurs fous**. Il avait produit entretemps un long métrage d'animation (**Tarzoon**) et un documentaire dans la jungle d'Amazonie (**Raoni**). Le mythe d'un Dracula féminin avait inspiré déjà bon nombre de cinéastes, de Riccardo Freda à Borowczyk, sans oublier **Les lèvres rouges** de Harry Kümel. Cependant, toutes ces œuvres n'avaient rien de parodique, alors que l'ambition de Szulzinger était de réaliser un film drôle, dans la lignée du **Bal des Vampires** de Polanski, jouant sur les poncifs du genre et le pastiche des grands classiques du fantastique. Pour en assurer la diffusion hors Belgique, **Mama Dracula** fut tourné en anglais, avec, en vedette, la star hollywoodienne Louise Fletcher, célèbre et oscarisée pour son rôle d'infirmière sadique dans **Vol au-dessus d'un nid de coucou**, de Milos Forman.

Pour conserver sa beauté éternelle, la comtesse Dracula vampirise régulièrement de jeunes vierges. Elle tient, de nos jours, une boutique de mode, ce qui lui permet d'enlever discrètement ses futures victimes, avec l'aide de ses deux bouffonnesques fils jumeaux. Un savant fêlé à la Jerry Lewis, en ces temps de pénurie, est également chargé de lui inventer un sang artificiel. Une jolie policière (Maria Schneider, ex-star du **Dernier tango à Paris**) sera la trouble-fête de cette parodie laborieuse, tournée dans de superbes décors d'hôtels Art Nouveau. Quelques savoureux gags style BD ne parviennent malheureusement pas à faire oublier la lourdeur appliquée de l'ensemble. (RM)

► Pas acht jaar na het memorabele **Les tueurs fous** - een periode waarin hij een lange animatiefilm (**Tarzoon**) en een documentaire in het Amazonewoud (**Raoni**) produceerde - begon Boris Szulzinger aan een nieuwe film. De mythe van een vrouwelijke Dracula had reeds vele regisseurs geïnspireerd: van Riccardo Freda tot Borowczyk, of Harry Kümel met **Les lèvres rouges**. Maar parodiërend waren deze versies niet, terwijl Szulzinger juist een grappige film zoals Polanski's **The Fearless Vampire Killers** beoogde, met veel clichés en verwijzingen naar grote klassiekers uit de fantastische film. Met het oog op een internationale distributie werd de film in het Engels gedraaid, met als vedette de Hollywood-actrice Louise Fletcher, beroemd en met een Oscar bekroond voor haar rol als sadistische verpleegster in Milos Formans **One Flew Over the Cuckoo's Nest**.

Om haar eeuwige schoonheid te behouden, doet gravin Dracula zich regelmatig te goed aan het bloed van jonge maagden. Het verhaal speelt zich af anno nu; de gravin runt een modeboetiek, waar ze onopvallend haar toekomstige slachtoffers kan kidnappen, met de hulp van haar stuntelige tweelingzoons. Een geschifte geleerde, van het type Jerry Lewis, is in deze tijden van schaarste tevens belast met het aanmaken van kunstmatig bloed. Een aantrekkelijke politieagente (Maria Schneider, de ster uit **Last Tango in Paris**) komt echter roet in het eten gooien. Ondanks de schitterende settings in art nouveau-hotels en enkele kostelijke stripverhaalachtige gags, komt deze onhandige persiflage maar moeizaam van de grond.

Vrijdag
Hugo Claus

Vrijdag
Vendredi
Friday

DIRECTOR: Hugo Claus
YEAR: 1980
COUNTRY: BE-NE
SCREENPLAY: Hugo Claus
BASED ON: Vrijdag, written by Hugo Claus
DIALOGUE: Hugo Claus
ASST. DIR.: Lili Rademakers
DIR. PHOT.: Ricardo Aronovich
CAMERA: Ricardo Aronovich, Daniel Leterrier, Patrick Decoster
EDITING: Susana Rossberg, Gerda Diddens
SOUND: Tom Tholen, Peter Flamman, Wim Hardeman
MUSIC: Rogier van Otterloo
ART DIRECTOR: Philippe Graff
COSTUMES: Yan Tax, Mieke Lauwers
PRODUCER: Jan van Raemdonck, J.E. Lauwers
PROD. CO.: Kunst en Kino/Art et Cinéma (Brussel), Concept-Cinecentrum (Hilversum), Elan Films (Bruxelles)
PROD. SUPERV.: Gérard Vercruysse, Ryclef Rienstra
ASSOC. PROD.: Gerrit Visscher
CAST: Frank Aendenboom (Georges), Kitty Courbois (Jeanne), Herbert Flack (Erik), Hilde Van Mieghem (Christiane), Hugo Van den Berghe (Jules), Fons Rademakers (Chef van Jules), Ann Petersen (Moeder van Erik), Theo Daese (Alex), Blanka Heirman (Buurvrouw), Guido Lauwaert (Agent), Dirk Celis (Advocaat van Georges), Roger Raveel (Bijtebier), Fred Van Kuyk (Dokter), André Van Daele, Jaap Hoogstra, Karin Jacobs, Mimi Kok, Jakob Beks, Lydia Billiet, Bart Dauwe, Fons Derre, Rosa Geinger, Veerle Heyvaert, Wim Serlie, Raymond Van Herbergen, Ralph Wingens, Pol Breyne, Chris Cauwenberghs, Guido Claus, Jo De Caluwé, Jempi De Cooman, Lucienne De Hertogh, Harry De Peuter, Liliane De Waegeneer, Luc De Wit, Juliette De Witte, Stan Filips, Leo Hogeboom, Gil Lefever, Abdelkader Mimoun, Walter Quartier, Cecile Rigolle
LANGUAGE: Dutch
GAUGE: 35 mm
SILENT/SOUND: sound
B&W/COLOUR: colour
MINUTES: 96'

◆ After making his film début with **The Enemies** in 1967, Hugo Claus remained active as a screenwriter, his work ranging from the commercial hit **Mira** to the television series *Rubens, schilder en diplomaat* ("Rubens, Painter and Diplomat"). In spite of this, he systematically failed to obtain official backing for directing projects of his own. In 1980, at the request of producer Jan van Raemdonck, Claus finally took on the adaptation of his own play *Vrijdag* ("Friday"). In 1969, the play had caused quite some commotion because it dealt with the theme of incest. A decade later such issues were being discussed more openly, but the scenes focusing on incest are nevertheless restricted in the film to a number of elusive flashbacks. Whereas the play lasted three and a half hours and adopted the viewpoints of three characters, the film only deals with that of Georges, a labourer aged around forty. He is unexpectedly released from prison after serving two years of a sentence for incest with his daughter. Back home, the reunion with his wife proves rather difficult, not in the least because she has started a relationship with his best friend and given birth to the latter's child. Georges is willing to forgive her this affair in compensation for his incestuous act and on condition that she come back to him. Together, Georges and his wife try to come to terms with their dreadful situation.

Ricardo Aronovich's photography demonstrates his seductive aesthetic sense, with the flashbacks permanently glazed in an artistic soft-focus. The main virtue of the film, however, is the genuinely excellent performances of the two leads, Frank Aendenboom and Kitty Courbois.

● Après son premier long métrage, **Les ennemis** (1967), Hugo Claus poursuivit ses activités de scénariste, du film populaire à succès **Mira** à la série télévisée *Rubens, schilder en diplomaat* ("Rubens, peintre et diplomate"). Cependant, ses demandes d'aides officielles pour des projets de réalisation lui furent systématiquement refusées. Finalement, à la demande du producteur Jan van Raedemonck, Claus accepta de filmer une de ses pièces, *Vrijdag* ("Vendredi"). Si l'œuvre avait provoqué quelques remous à sa sortie en 1969, à cause du thème de l'inceste, dix ans plus tard, les mentalités avaient évolué. L'évocation du drame de l'inceste dans le film est toutefois limitée à de rapides flash-back. La pièce, qui durait plus de trois heures, racontait l'événement du point de vue de trois personnages; le film se limite au seul point de vue de Georges. Ouvrier d'une quarantaine d'années, libéré de prison prématurément après avoir purgé une peine de deux ans pour inceste avec sa fille, Georges rentre chez lui. Les retrouvailles de Georges avec sa femme sont pénibles; la liaison qu'elle entretient avec son meilleur ami et l'enfant qui en est issu ne facilitent pas les choses. Mais Georges est prêt à pardonner cette liaison à sa femme, comme en compensation de son acte incestueux et à condition qu'elle lui revienne: tous deux essaient de résoudre au mieux cet imbroglio dramatique.

La photographie séduisante de Ricardo Aronovich emprunte un style résolument esthétisant et les flashback sont signalés par des flous artistiques. Mais ce sont les superbes interprétations de Frank Aendenboom et de Kitty Courbois qui constituent le plus grand mérite de cette œuvre.

► Na zijn speelfilmdebuut **De vijanden** uit 1967 bleef Hugo Claus als filmscenarist actief, van het succesrijke **Mira** tot de televisieserie *Rubens, schilder en diplomaat*. Eigen regievoorstellen richting Filmcommissie werden echter systematisch afgewezen. In 1980 startte Claus dan toch, op vraag van producent Jan van Raemdonck, met de verfilming van zijn toneelstuk *Vrijdag*. In 1969 had het stuk enige deining veroorzaakt omdat het over incest handelde, maar een decennium later stond men meer open voor een dergelijk onderwerp. Toch wordt het incest-drama in de verfilming zeer subtiel behandeld door middel van flashbacks. Het toneelstuk duurde oorspronkelijk zo'n drie en een half uur en gaf de visie van drie personages weer, daar waar de film slechts van het standpunt van Georges uitgaat, een veertigjarige arbeider. Onverwacht wordt deze uit de gevangenis ontslagen, na een straf van twee jaar wegens incest met zijn dochter te hebben uitgezeten. Wanneer hij thuiskomt, verloopt het weerzien met zijn vrouw moeizaam, temeer daar zij een verhouding met zijn beste vriend is begonnen en van deze laatste ook nog een kind heeft gekregen. Georges wil zijn vrouw wel vergeven, als compensatie voor zijn incestueuze daad en op voorwaarde dat zij weer bij hem intrekt. Samen trachten Georges en zijn vrouw met deze hachelijke situatie in het reine te komen.

Ricardo Aronovich zorgt hier voor een esthetiserende fotografie die zeer verleidelijk overkomt; een "flou artistique" geeft de flashbacks aan. Het absolute pluspunt van de film zijn echter de uitstekende vertolkingen van hoofdpersonages Frank Aendenboom en Kitty Courbois. *(RS)*

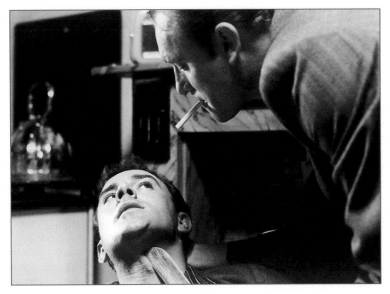

Du beurre dans les tartines

Manu Bonmariage

Du beurre dans les tartines
Chronique de la vie d'une entreprise
Boter op het brood
Butter on Our Bread
Bread and Butter

DIRECTOR: Manu Bonmariage
YEAR: 1980
COUNTRY: BE
SCREENPLAY: Manu Bonmariage, André De Béthune
ASST. DIR.: Jacques Duesberg
CAMERA: Manu Bonmariage
EDITING: Monique Lebrun
SOUND: Jacques Duesberg, Paul Henri Despontin
MUSIC: Jean Chabot Beton
ART DIRECTOR: Jean-François Lacroix
PROD. CO.: CBA (Bruxelles), RTBF (Charleroi)
LANGUAGE: French
GAUGE: 16 mm
SILENT/SOUND: sound
B&W/COLOUR: colour
MINUTES: 79'

◆ This film is doubly important. To begin with it is one of the first films made under the aegis of the Centre Bruxellois de l'Audiovisuel CBA, a workshop responsible together with Wallonie Image Production WIP for the revival of the Belgian documentary in the tradition of Henri Storck at the end of the '70s. It is also the first personal film by a major TV cameraman.

Crisis and economic restructuring were already causes for concern in 1980, and it was the small business-es which were to bear the brunt of the slump. In Wallonia, the family-run Colinet workshops are in grave difficulty. Over several months, Manu Bonmariage follows the struggle for survival of boss and workforce alike: there is the boss, a well-meaning man cut adrift; his two sons, completely lost; the white-collar workers, talk of disaster on their lips; the ordinary workforce threatened with unemployment; the union representatives with their calls for a strike. Each has his or her part to play and responsibilities to keep, going about the business with a colourful, simple, everyday language that does not hide their emotion. For this is a factory, ensconced in the traditions of socialism, the Binche Mardi Gras and family life, where the class struggle doesn't stop a little bonhomie. Manu Bonmariage sets out what are to become the defining elements of his style as a documentary film-maker: his great affinity with the characters, never reduced to a function or a slogan, his ability to pick up on a significant detail, the shots and reactions which illustrate far better than a long explanation.

● Ce film est important pour deux raisons. D'abord, c'est une des premières productions propres du Centre Bruxellois de l'Audiovisuel CBA, atelier qui, à la fin des années 70, avec Wallonie Image Production WIP, a assuré la relève de l'école documentaire belge dans la lignée d'Henri Storck. Ensuite, il s'agit du premier film personnel d'un grand cameraman de la télévision qui gagne là ses galons de réalisateur.

La crise, la restructuration économique, on en parlait déjà en 1980. Le marasme allait frapper de plein fouet les petites entreprises. Dans la Wallonie profonde, les Ateliers Colinet, structure familiale, connaissent de graves difficultés. Pendant quelques mois, Manu Bonmariage va suivre la lutte pour la survie du patron et des ouvriers, "tous dans le même bateau": le patron, brave homme largué par la tourmente; ses deux fils dépassés par les événements; les employés qui constatent le désastre; les ouvriers menacés par le chômage; les syndica-listes et leurs mots d'ordre de grève. Chacun dans son rôle et ses responsabilités, chacun avec son savoureux et simple langage de tous les jours, loin de la langue de bois. Tout cela sur fond de tradition "rouge", de carnaval de Binche et de vie familiale où la lutte des classes n'empêche pas la bonhomie. Manu Bonmariage va mettre là en place ce qui va définir son style de documentariste: sa grande proximité avec les personnages, qui ne sont jamais réduits à une fonction ou à un slogan, son sens du détail révélateur, les plans ou les répliques qui montrent mieux qu'une longue explication. (JA)

▶ Deze film is om twee redenen belangrijk. Het is, om te beginnen, een van de eerste eigen producties van het Centre Bruxellois de l'Audiovisuel CBA, de studio die eind jaren zeventig, samen met Wallonie Image Production WIP, de opvolging verzekerde van de Belgische documentaire school in de lijn van Henri Storck. Tegelijk is het de eerste film van een belangrijk tv-cameraman, die hiermee zijn sporen verdiende als regisseur.

De crisis, die in '80 al reden tot bezorgdheid was, kwam bijzonder hard aan voor de kleine ondernemin-gen. In het Waalse achterland verkeert het familiebedrijf Les Ateliers Colinet in moeilijkheden. Een paar maan-den lang volgt Manu Bonmariage de strijd om het voortbestaan van patroon en arbeiders: de baas, een beste vent die het noorden enigszins is kwijtgeraakt; zijn twee zonen, overrompeld door de gebeurtenissen; de bedienden die zien aankomen dat het fout gaat; de arbeiders die werkloos dreigen te worden; de syndicalis-ten die oproepen tot staking. Ieder met zijn eigen verantwoordelijkheden en in zijn eigen eenvoudige taal van alledag, ver weg van het politieke discours. De achtergrond is die van het traditionele socialisme, van het car-naval van Binche, van het familieleven - de klassenstrijd staat de gemoedelijkheid hier niet in de weg. Manu Bonmariage zet in deze film neer wat bepalend zal worden voor zijn stijl als documentarist: zijn hechte band met de personages, die hij nergens reduceert tot loutere pionnen, zijn oog voor onthullende details, de beel-den en dialogen die meer zeggen dan een lang betoog.

Adh-dhakira al khisba

Michel Khleifi

Adh-dhakira al khisba
Al zakira al khasba
La mémoire fertile
Das fruchtbare Gedächtnis
Het vruchtbare geheugen
The Fertile Memory

DIRECTOR: Michel Khleifi
YEAR: 1980
COUNTRY: BE-NE-GW
SCREENPLAY: Michel Khleifi
DIALOGUE: Michel Khleifi
ASST. DIR.: Georges Khleifi
CAMERA: Yves Vandermeeren, Marc-André Batigne
EDITING: Moufida Tlatli, Sabah Castelli
SOUND: Ricardo Castro
MUSIC: Jacqueline Rosenfeld, János Gillis
PRODUCER: Michel Khleifi
PROD. CO.: Marisa Films (Bruxelles), ZDF (Mainz), Novib ('s Gravenhage), Ikon Televisie (Hilversum), NCO (Amsterdam)
CAST: Farah Hatoum, Sahar Khalifeh
LANGUAGE: Arabic
GAUGE: 16 mm
SILENT/SOUND: sound
B&W/COLOUR: colour
MINUTES: 99'

◆ After making a series of reportages for television on his native Palestine, in **The Fertile Memory** Michel Khleifi turns to a more personal type of cinema: the creative documentary.

His film is the portrait of two women. Farah, an ageing widow, was forced to become a factory worker when she was deprived of her lands. With unyielding obstinacy, she refuses the offers of compensation from the Israelis. Sahar, on the other hand, is an intellectual. A divorcée, the price she pays for her independence and freedom to write is solitude. By selecting two characters from different social backgrounds and generations, Khleifi is able to tackle the broader issue of the condition of women. They encounter opposition from all sides: from beyond, in the shape of the brutality of the State of Israel; from within society, with its patriarchal dictates; finally from within themselves, as they make the difficult choices regarding their future and, an act of courage, the nature of their protest. For the intellectual the director employs a system of interview and reflection, of conversation and meditation, whilst for Farah he concentrates more on the family saga, the affective memory.

If this film attacks the fundamental problems of a society, a nationality, then it is not by the most straightforward route; rather, the film is made up of powerful impressionist touches in the everyday gestures and reflections on the course of life. Peeling vegetables, taking a bus, changing a nappy, doing the housework, watching television with the family, thinking of the dead and the absent or singing (there is a lot of singing in this film) thus become true cultural acts.

● Après avoir fait une série de reportages télévisés sur son pays d'origine, la Palestine, Michel Khleifi, avec **La mémoire fertile**, aborde un cinéma plus personnel: celui du documentaire de création.

Il y brosse le portrait de deux femmes. Farah est une vieille dame, veuve, devenue ouvrière d'usine après qu'on l'a spoliée de ses terres. Avec une obstination butée, elle n'accepte pas les propositions de compensation que lui font les Israéliens. Sahar, elle, est une intellectuelle. Divorcée, elle paie son indépendance, son droit à l'écriture, par la solitude. Michel Khleifi, en filmant ces deux personnages qui représentent des milieux sociaux et des générations différents, aborde plus largement la condition des femmes. Elles ont à lutter sur tous les fronts: à l'extérieur, pour faire face aux agressions de l'Etat d'Israël; dans leur propre vie, pour se défendre contre les diktats d'une société patriarcale; avec elles-mêmes, enfin, pour choisir leur chemin et, avec courage, leurs lieux de refus. Le ton de l'intellectuelle est celui d'une entrevue/réflexion ou d'une conversation/méditation. Il diffère de celui de la vieille dame, plus proche de la saga familiale, de la mémoire affective.

Si ce film aborde les problèmes fondamentaux d'une société et d'une nationalité, il ne le fait pas d'une manière raide, mais par touches impressionnistes tenant à la fois des gestes de la vie quotidienne et des réflexions sur la vie. Eplucher des légumes, prendre un autobus, langer un enfant, faire son ménage, regarder la télévision en famille, penser aux morts et aux absents, chanter (on chante beaucoup dans ce film) deviennent alors des actes absolument culturels. (JA)

▶ Na een reeks tv-reportages te hebben gemaakt over zijn geboorteland Palestina, begaf Michel Khleifi zich met **Adh-dhakira al khisba** op meer persoonlijk gebied: dat van de auteursdocumentaire.

Hier schildert hij het portret van twee vrouwen. Farah is een oude weduwe die als fabrieksarbeidster ging werken nadat haar land haar ontnomen werd. Met koppige volharding weigert ze de compensaties van de Israëliërs te aanvaarden. Sahar, daarentegen, behoort tot de intellectuelen. Ze is gescheiden en betaalt voor haar onafhankelijkheid - het recht om te schrijven - de prijs van de eenzaamheid. Aan de hand van deze twee personages, die verschillende generaties en sociale milieus vertegenwoordigen, schetst Khleifi in ruimere zin de situatie van de vrouw. Ze moet op alle fronten strijd leveren: in de buitenwereld, om weerstand te bieden aan de agressie van de staat Israël; in haar eigen leven, om zich te verdedigen tegen de dictaten van een patriarchale samenleving; en tenslotte met zichzelf, om haar eigen weg te kiezen en, met veel moed, de aard van haar verzet. De intellectuele wordt belicht via een interview/overpeinzing of conversatie/meditatie, de andere via een familiesaga, via het affectieve geheugen.

Deze film behandelt de fundamentele problemen van een samenleving en een nationaliteit, niet op een strakke manier, maar met impressionistische trekjes die zowel dagelijkse handelingen evoceren als een bespiegeling rond het leven zelf. Groenten schoonmaken, de bus nemen, een kind verluieren, het huishouden doen, samen naar de televisie kijken, denken aan de doden en afwezigen, of zingen (er wordt veel gezongen in de film) worden aldus zuivere culturele handelingen.

In der Dämmerstunde - Berlin

Annik Leroy

In der Dämmerstunde - Berlin
Berlin de l'aube à la nuit
Berlijn tussen licht en donker
Berlin at Dusk

DIRECTOR: Annik Leroy
YEAR: 1980
COUNTRY: BE-GW
SCREENPLAY: Annik Leroy
DIALOGUE: Annik Leroy
CAMERA: Annik Leroy
EDITING: Eva Houdova, Daniel De Valck
SOUND: Alain Marchal, Edith De Witt
PROD. CO.: Gamma Films (Bruxelles), CBA (Bruxelles), Eurafi (Bruxelles), ZDF (Mainz)
PROD. SUPERV.: Jacques De Pauw
VOICES: Annik Leroy
LANGUAGE: French, German
GAUGE: 16 mm
SILENT/SOUND: sound
B&W/COLOUR: B&W
MINUTES: 67'

◆ Grey and cold Berlin is the setting for this meditative stroll, the encounter between a city and a film-maker. This austere and beautiful film is meant to be watched as one reads a poem, as an entry into a world of images, sensations and reflections. Annik Leroy - a photographer - allies herself here with the experimental school defined by Dominique Noguez as encompassing "all films governed wholly by their formal concerns". Shot over two consecutive winters, the film sketches the portrait of a city metaphorically frozen within the cold, the snow, emptiness and demolition. A city perceived in terms and by means of movement - the wanderings of the film-maker herself, the passing of trains, the endless stream of fractured, mutilated landscapes - the camera stopping to hold on façades, factories and walled-up houses as though they were characters, brick witnesses to the disaster. Of people we see very little, besides the anonymous silhouette of the film-maker. They are few, and even when present appear to have stumbled onto the scene unintentionally, intruders plucked from their own painful lives.

The soundtrack features fragmentary voice-overs by Leroy introducing her film, excerpts of scores by Mahler or Wagner, the hubbub familiar from train stations, the background noise of the city, and at times the off-screen voices of figures we never get to see discussing the catastrophe of the Hitler years or the suffering of the German people, whom history made into both executioner and victim. Yet there is also hope, expressed in the clamour of children overheard in the playground.

● Dans un Berlin hivernal et gris, une promenade-méditation, une rencontre entre une ville et une cinéaste. Ce film austère et beau se regarde comme on lit un texte poétique: une entrée dans un monde d'images, de sensations, de réflexions. Annik Leroy, qui a une formation de photographe, se rattache ici au courant expérimental tel que le définit Dominique Noguez: celui qui rassemble "tout film où les préoccupations formelles sont au poste de commande". Tourné pendant deux hivers consécutifs, il est le portrait d'une ville prise dans la métaphore du froid, de la neige, du vide et de la démolition. Berlin s'appréhende aussi dans et par le mouvement: déambulations de la cinéaste, circulations des trains et des métros, défilé incessant de paysages fracturés et mutilés. Arrêts sur des façades, des usines, des maisons murées. Filmées comme des personnages, les briques témoignent du désastre. Les gens, à l'exception de la silhouette anonyme de la cinéaste, sont rares et apparaissent comme par effraction et par hasard, présences volées d'une vie douloureuse.

Au son, par moments très brefs, il y a la voix off d'Annik Leroy qui introduit et suit le film, des fragments de partitions de Mahler et de Wagner, des brouhahas comme on en entend dans les gares ou dans les bruits de fond des villes. Parfois des voix de personnages que nous ne verrons jamais parlent du séisme de l'hitlérisme ou de la souffrance du peuple allemand pris dans une histoire où il a été bourreau et victime. Mais l'espoir est là aussi: des bruits d'enfants, venus de cours de récréation, se font entendre. (JA)

▶ Een winters en grijs Berlijn vormt de achtergrond voor deze wandeling en meditatie, de ontmoeting tussen een stad en een cineaste. Kijken naar deze harde, mooie film is als het lezen van een gedicht, als de overgang naar een wereld van beelden, gevoelens en overdenkingen. Annik Leroy, fotografe van opleiding, sluit zich hier aan bij de experimentele stroming, door Dominique Noguez gedefinieerd als het geheel van "films waarvoor de formele aspecten allesbepalend zijn". Gefilmd gedurende twee opeenvolgende winters, schetst deze film het portret van een stad die - haast metaforisch - in de greep wordt gehouden van de kou, de sneeuw, de leegte en de sloop, maar ook van de beweging: de omzwervingen van de cineaste, de voorbijgaande treinen en metro's en de onophoudelijke opeenvolging van beelden van een verminkte omgeving; de focus op gevels, fabrieken of dichtgemetselde huizen gefilmd als personages, als stenen getuigen van de ondergang. Mensen zijn er nauwelijks, buiten het anonieme silhouet van de cineaste of de enkeling die toevallig in beeld komt, even ontrukt aan een leven vol droefenis.

Op de klankband staan, naast korte momenten waarin Leroy offscreen commentaar levert, ook fragmenten uit stukken van Mahler en Wagner, rumoer zoals we dat horen in stations, achtergrondgeluiden van de stad en soms de stemmen van personages die we nooit zullen zien doch die ons vertellen over de rampzalige Hitlertijd en het lijden van het Duitse volk ten prooi aan een geschiedenis die het zowel tot beul als slachtoffer maakte. Maar er is ook hoop: de geluiden van kinderen komend van een speelplaats.

Concerto pour un homme seul

Serge Nicolas

Concerto pour un homme seul
Mort à Wolvendael
Concert voor een eenzaam man
Concerto for a Man Alone

DIRECTOR: Serge Nicolas
YEAR: 1980
COUNTRY: BE
SCREENPLAY: Serge Nicolas
DIALOGUE: Walter Bellotto
CAMERA: Serge Nicolas, Jean-Noël Gobron
EDITING: Bruno Pradez, Dominique Van Goelen
SOUND: Ricardo Castro, Dan Van Bever, Michel Huon
MUSIC: Raymond Vincent
COSTUMES: Martin Guy
PRODUCER: Serge Nicolas
PROD. CO.: Les Productions du Corbeau (Bruxelles)
CAST: Jean-François Delacour (Rinaldi/Le valet/Le curé), Robert Romeo Lopez (Renato), Anne-Marie Demeur (Gretta), Barbara Veh (Carole), Jean-Noël Gobron, Jean Berlier, Roland Mahauden, Myriam Hoste, Jean-Pierre Pierrard, Mireille Brun
LANGUAGE: French
GAUGE: 35 mm
SILENT/SOUND: sound
B&W/COLOUR: B&W
MINUTES: 90'

◆ An elderly, ruined industrialist falls in love with an ambitious young man who under his protection becomes an opera singer. Perversity drives the young man to introduce his lover to his protector, and although he feels not the slightest love the latter marries her and thus sets up a ménage à trois. Later, the old man commits suicide and the young woman is killed in an accident; her death plunges the lover into a profound depression.

Concerto for a Man Alone is the only feature directed by Serge Nicolas, who invested huge amounts of his private capital into the affair. In the '80s, Nicolas headed a small experimental theatre in Brussels, the Cool Gate. His experience as a director and stage designer leaves its clear mark on the film, whose look is characterized by surrealist sets, extravagant costumes and numerous borrowings from the world of comic strips, in particular Tardi's artwork. Two actors, Robert Romeo Lopez and Jean-François Delacour, further impress with their conviction, presence and sense of complicity. Indeed, whether in the shooting techniques or the musical research carried out for the film, the same sophistication and desire to take the spectator unawares run throughout the work. Serge Nicolas was inspired by specific aspects of the French school of the '20s and '30s (Marcel L'Herbier, Louis Delluc and Germaine Dulac) when he chose to shoot in black and white, aiming to return to the sources of a certain kind of experimental cinema. Despite the admiration won by **Concerto for a Man Alone** for the originality of its tone and the direction of the actors, Nicolas did not follow it with another work for cinema.

● Un industriel vieilli et ruiné s'éprend d'un jeune homme ambitieux qui, grâce à sa protection, devient chanteur d'opéra. Par perversité, ce dernier présente sa maîtresse à son protecteur qui, bien que sans amour, l'épouse et accepte ainsi l'installation d'un ménage à trois. Plus tard, le vieil homme se suicide tandis que la jeune femme trouve la mort dans un accident. Cette mort plonge son amant dans une profonde douleur. **Concerto pour un homme seul** constitue l'unique long métrage réalisé par Serge Nicolas, au prix d'investissements personnels importants. L'auteur dirigeait, dans les années 80, un petit théâtre expérimental bruxellois, le Cool Gate. Son expérience de metteur en scène et de décorateur imprègne le film qui se caractérise visuellement par des décors surréalistes, des costumes extravagants, de nombreux emprunts à l'univers de la bande dessinée, et particulièrement aux dessins de Tardi. Deux comédiens, Robert Romeo Lopez et Jean-François Delacour, traversent le film avec conviction, présence et connivence. Que ce soit au niveau des techniques de tournage ou des recherches musicales effectuées pour le film, on retrouve une même sophistication, un souci de surprendre le spectateur. Serge Nicolas s'inspira de certains témoignages de l'école française des années 1920-1930 (Marcel L'Herbier, Louis Delluc et Germaine Dulac) lorsqu'il choisit de réaliser le film en noir et blanc pour revenir aux sources d'un certain cinéma d'expérimentation. Malgré le fait que **Concerto pour un homme seul** ait été apprécié à l'époque pour son originalité de ton et pour la direction des acteurs, ce film n'a pas été suivi d'autres tentatives cinématographiques. (SM)

▶ Een afgeleefde, geruïneerde industrieel wordt verliefd op een jonge, ambitieuze man, die zich dankzij zijn bescherming ontpopt als operazanger. Uit pure perversiteit stelt deze laatste zijn maîtresse voor aan zijn beschermheer die, hoewel hij allerminst verliefd is, met haar huwt en zo tekent voor een ménage à trois. Later pleegt de oude man zelfmoord, terwijl zijn jonge bruid omkomt in een ongeval. Haar dood betekent de hel voor haar minnaar.

Concerto pour un homme seul, de enige langspeelfilm van Serge Nicolas, kon tot stand komen dankzij zware persoonlijke investeringen. In de jaren 80 baatte de regisseur een klein experimenteel theater uit in Brussel, de Cool Gate. Zijn ervaring als theaterregisseur en decorontwerper is in de film manifest aanwezig en blijkt uit de visuele vormgeving van de surrealistische decors, uit de extravagante kostuums en de vele verwijzingen naar de stripwereld, meer bepaald naar het werk van tekenaar Tardi. Twee acteurs, Robert Romeo Lopez en Jean-François Delacour, dragen de film met overtuiging, présence en samenspel. Eenzelfde verfijnde aanpak - een verlangen om de toeschouwer te verrassen - blijkt uit de technische aspecten en de goed voorbereide muziekbenadering. Serge Nicolas inspireerde zich op bepaalde opvattingen van de Franse school uit 1920-1930 (met Marcel L'Herbier, Louis Delluc en Germaine Dulac) toen hij besloot de film in zwart-wit te draaien, om zo terug te grijpen op de wortels van een zekere experimentele filmstijl. Ondanks het feit dat dit werk destijds werd gelauwerd voor de originele teneur en de goede acteursregie, bleef deze cinematografische eerstgeborene verstoken van opvolgers.

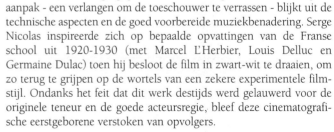

Het einde van de reis

Peter Simons

Het einde van de reis
La fin du voyage
The End of the Journey

DIRECTOR: Peter Simons
YEAR: 1980
COUNTRY: BE
SCREENPLAY: Willy Van Sompel
DIALOGUE: Peter Simons, Willy Van Sompel
ASST. DIR.: Melinda Van Berlo
DIR. PHOT.: Walter Smets
CAMERA: Albert Vanderwildt, Patrick Decoster
EDITING: Ludo Troch, Benjamin Gradwell
SOUND: André Patrouillie
MUSIC: Alain Pierre
ART DIRECTOR: Patrick Van Raemdonck
COSTUMES: Chris Willems
PRODUCER: Roland Verhavert
PROD. CO.: Visie Filmproduktie (Brussel)
PROD. SUPERV.: Christian De Boe
CAST: Chris Lomme (Maria), Caroline Vlerick (Valerie), Els Olaerts (Tania), Maurits Goossens (Opa), Juliette Van de Sompel (Eveline), Liliane De Waegeneer (Lily), Hugo Van den Berghe (Michel), Lucas Vandervorst (Cafébaas), Jos Van Gorp (Antiquair), Monique De Beun (Nadine), Bert Champagne (Delsupehe), Daniël Muyllaert (Jean), Rafaël Troch (Kwajongen), Warre Borgmans (Kwajongen), Noëlla Keymolen (Verkoopster), Clemy Van Outryve (Kassierster), André Daumont (Entertainer), Emmy Van Es (Entertainer), The Kids (Popgroep)
LANGUAGE: Dutch
GAUGE: 35 mm
SILENT/SOUND: sound
B&W/COLOUR: colour
MINUTES: 92'

◆ By the time he filmed Willy Van Sompel's screenplay for producer Roland Verhavert, Peter Simons already had an extensive career behind him as an assistant director on various feature films and as director of numerous works for television. **The End of the Journey** is a tale of interiority evoking the fear of life felt by Maria, a 40-year-old divorcée whose elder daughter has left home and who is now trying to regain her own vitality in her relationship with her youngest daughter of 13. Gradually, however, the young girl grows ever more independent. When one day Maria receives a letter announcing the homecoming of her elder daughter, the whole family prepares for the event. But she never shows up, and Maria is left totally alone.

At the time, Simons himself saw his film in light of the identity crisis of the "post-68 generation", who suddenly finds itself a prisoner of a frightening social reality. This by no means constitutes straightforward material for a feature film, and **The End of the Journey**, which depends largely on atmosphere for effect, lacks a dramatic framework enabling the audience to gain access to the characters. The actors are thus left with the task of carrying the whole burden of the story themselves, and it is largely due to their performances that the film succeeds in retaining its authenticity, despite the lack of structure and the often excessively emphatic stylistic effects. Chris Lomme won considerable acclaim for her expressive and sensitive portrayal of Maria, while the young Caroline Vlerick gained an award at the Brussels Film Festival for her acting début.

● Peter Simons avait déjà à son actif une carrière bien remplie d'assistant réalisateur d'une série de longs métrages et de metteur en scène d'un bon nombre d'œuvres télévisées, lorsqu'il porta ce scénario de Willy Van Sompel à l'écran pour le producteur Roland Verhavert. Il s'agit d'une histoire très intériorisée tentant de capter l'angoisse existentielle de Maria, la quarantaine, divorcée, dont l'aînée a quitté la maison et qui essaie de retrouver sa vitalité à travers sa relation avec sa fille cadette âgée de treize ans. Celle-ci manifeste toutefois des velléités d'indépendance croissantes. Lorsqu'un jour Maria reçoit une lettre de l'aînée annonçant son retour, toute la famille prépare l'événement. Mais elle ne revient pas et Maria se retrouve finalement seule.

A l'époque, Simons lui-même avait placé le film dans le cadre de la crise d'identité de cette génération post-soixante-huitarde qui s'était soudainement retrouvée prisonnière d'une réalité sociale angoissante; ce qui ne constitue pas une matière évidente pour un long métrage. Œuvre d'ambiance avant tout, il manque à ce film la structure dramatique qui aurait permis au public de s'identifier aux personnages. Dès lors, ce poids incombe entièrement aux acteurs, qui ont toutefois le mérite de faire souffler un vent d'authenticité, malgré la faiblesse structurelle et les effets de style souvent trop appuyés. L'interprétation de Maria par Chris Lomme lui valut un chapelet de louanges et les débuts de la jeune Caroline Vlerick furent couronnés au Festival du Film de Bruxelles.

► Peter Simons had al een hele carrière achter de rug als assistent-regisseur voor een aantal bioscoopfilms en regisseur van talrijke televisiefilms, toen hij voor producent Roland Verhavert een scenario van Willy Van Sompel verfilmde. Het betreft een erg verinnerlijkt verhaal, een evocatie van de levensangst van Maria, een veertigjarige gescheiden vrouw wier oudste dochter de deur uit is. Ze tracht haar vitaliteit te hervinden in haar relatie met haar jongste, dertienjarige dochter, maar deze begint zich steeds zelfstandiger te gedragen. Wanneer Maria op een dag een brief ontvangt waarin haar oudste dochter haar terugkeer aankondigt, bereidt de hele familie zich hierop voor. Uiteindelijk komt ze echter niet opdagen en blijft Maria helemaal alleen achter.

Simons zelf zag de film destijds in het kader van de identiteitscrisis van de "post '68-generatie", die plots de gevangene wordt van een beangstigende sociale realiteit. Voor de hand liggend materiaal voor een langspeelfilm is dit allerminst, en het ontbreekt dit werk - dat vooral op sfeer mikt - aan een dramatische onderbouw waardoor het publiek voeling met de personages kan krijgen. Het gewicht komt immers volledig op de schouders te liggen van de acteurs, en het is dan ook hun verdienste dat de film ondanks de zwakke structuur en vaak te nadrukkelijke stijleffecten toch authenticiteit uitstraalt. Chris Lomme werd alom bejubeld voor de expressieve en gevoelige manier waarop zij het personage van Maria gestalte geeft, en de jonge Caroline Vlerick zag haar filmdebuut bekroond op het Brusselse filmfestival. (MA)

Bruxelles-transit
Samy Szlingerbaum

Bruxelles-transit

DIRECTOR: Samy Szlingerbaum
YEAR: 1980
COUNTRY: BE
SCREENPLAY: Samy Szlingerbaum
DIALOGUE: Samy Szlingerbaum
ASST. DIR.: Pierrot de Heusch
DIR. PHOT.: Michel Houssiau, Raymond Fromont
CAMERA: Michel Houssiau
EDITING: Eva Houdova, Yves Van Herstraeten
SOUND: Richard Verthé, Henri Morelle, Pierrot de Heusch
ART DIRECTOR: Ariel Potasznik
COSTUMES: Hilda Helfgott
COMMENTS: Samy Szlingerbaum
PRODUCER: Marilyn Watelet
PROD. CO.: Paradise Films (Bruxelles)
CAST: Hélène Lapiower, Boris Lehman, Jeremy Wald, Micha Wald
LANGUAGE: Yiddish
GAUGE: 35 mm
SILENT/SOUND: sound
B&W/COLOUR: B&W
MINUTES: 80'

◆ Samy Szlingerbaum - who died in 1986 at the age of 36 - was an autodidact in matters film. He cooked in sleeping trains, worked in a cinema ticket office; he spent four years in Israel and one in New York, where he took a course in photography. He collaborates with Chantal Akerman, shoots two shorts of his own (including **Second-Hand** in 1975, the description of an apartment discovered by a young couple), then his only full-length film, in Yiddish, **Brussels-transit**. It tells the story of his parents' arrival in Belgium in 1947, Polish Jews who had spent ten days travelling across Europe by train. Samy was born two years later. The film is his mother's story of their journey to Belgium, their attempts to build a home, the struggle to find illegal work and their efforts to integrate into the country of their exile, without papers or any knowledge of the language. This is the threnody of rootlessness and marginality, set in the neighbourhood of the Brussels Midi Station, "their area, their burrow, their kingdom - today I still have the impression that they are camping there" (S. Szlingerbaum).

The 80 minutes of the film avidly probe this past of his mother's memories via the voice-over, songs, whispered confidences and a handful of fictional scenes also in Yiddish, "a language which is dying out as its last speakers are lost in the city", in the words of the director. Anonymous images of trains, stations and streets - long, incantatory static shots - and long, Akerman-like tracking shots lift the everyday from the realm of the banal and with a visual sensibility close to Vigo transcend the minuteness of the budget.

● Mort en 1986 (il allait avoir 37 ans), Samy Szlingerbaum était un autodidacte de la caméra. Cuisinier dans les wagons-lits, caissier dans un cinéma, il séjourna quatre ans en Israël et un an à New York où il suivit des cours de photo. Il collabora avec Chantal Akerman, tourna seul deux courts métrages (dont **La brocante** en 1975, la description d'un appartement découvert par un jeune couple), puis son unique long métrage, en yiddish: **Bruxelles-transit**. Le film raconte l'arrivée de ses parents, juifs d'origine polonaise, dans le Bruxelles de 1947, après dix jours en train à travers l'Europe. Samy allait naître deux ans plus tard. C'est le récit de sa mère qui commente le voyage vers la Belgique, l'installation et les errances à la recherche d'un travail clandestin, les efforts pour s'intégrer dans ce pays d'exil, sans papiers, sans connaître la langue. C'est la mélopée triste du déracinement et de la marginalité, dans ce quartier de la gare du Midi qui est devenu "leur périmètre, leur terrier, leur royaume: j'ai toujours l'impression aujourd'hui qu'ils y campent" (S. Szlingerbaum).

Les 80 minutes du film fouillent avidement ce passé de la mémoire maternelle, en voix off, en airs chantonnés, en confidences chuchotées; avec aussi quelques scènes de fiction, toujours en yiddish, "une langue qui s'éteint à mesure que ses derniers interprètes se perdent dans la ville" selon le réalisateur. Des images anonymes de trains, de gares et de rues, en plans fixes incantatoires, ou de longs travellings akermaniens arrachent le quotidien au banal et transcendent la pauvreté du budget par un regard à la Vigo. (RM)

▶ Samy Szlingerbaum, overleden in 1986 toen hij 36 was, benaderde de camera als autodidact. Hij werkte als kok op de slaaptrein of als kassier in de bioscoop; hij verbleef vier jaar in Israël en een jaar in New York, waar hij lessen fotografie volgde. Hij werkte samen met Chantal Akerman, draaide zelf twee kortfilms (o.a. **La brocante** in 1975, een filmische beschrijving van de verkenning van een appartement door een jong koppel) en vervolgens een enkele langspeelfilm in het Yiddish. **Bruxelles-transit** gaat over de aankomst van zijn ouders - Poolse joden - in het Brussel van 1947, na een treinreis van tien dagen door Europa. Twee jaar later zag Samy het licht. In de film vertelt zijn moeder over de trek naar België, het zoeken naar een woonst en naar een clandestien baantje, over de moeilijke integratie in dit verbanningsoord, zonder papieren noch taalkennis. Een klaagzang op de ontheemding en de marginaliteit, in een wijk vlakbij het Zuidstation die "hun gebied, hun schuilhol, hun koninkrijk [werd]: ik heb nog steeds de indruk dat ze er kamperen" (S. Szlingerbaum).

Tachtig minuten lang graven we in het geheugen van de moeder, via een commentaarstem, geneuriede deuntjes, toegefluisterde bekentenissen en ook enkele fictieve scènes, dit alles in het Yiddish, volgens de regisseur "een taal die uitdooft naarmate de laatsten die ze nog spreken opgaan in de grootstad". Anonieme beelden van treinen, stations en straten, als onbeweeglijk vastgelegde gezangen. Lange travelling shots à la Akerman ontdoen het dagelijkse leven van zijn banaliteit en een kijk à la Vigo transcendeert alle budgettaire beperkingen.

La fuite en avant

Christian Zerbib

La fuite en avant
Le compromis
Het kompromis
No Turning Back

DIRECTOR: Christian Zerbib
YEAR: 1980
COUNTRY: BE-FR
SCREENPLAY: Christian Zerbib
DIALOGUE: René Richon, Yves Oppenheim, Jean-Marie Vervisch
ASST. DIR.: Pico Berkovitch
DIR. PHOT.: Jean-Claude Neckelbrouck
CAMERA: Joël Marcipont
EDITING: Eva Houdova
SOUND: André Brugmans
MUSIC: Manos Hadjidakis
ART DIRECTOR: Jacques Van Nerom
COSTUMES: Nuno Corte Real
PRODUCER: Panos Kyriakos, Jean-Serge Breton, Marc Baschet
PROD. CO.: Les Images du Carré (Bruxelles), Z-Productions (Paris)
PROD. SUPERV.: Gérard Vercruysse
CAST: Bernard Blier (René), Michel Bouquet (Vanderkeulen), Nicoletta Machiavelli (Fiama), Yves Beneyton (Michel), Laura Betti (Léonide), Jacques Denis (André), Roger Van Hool (Deroux), Claire Wauthion (Louise), Roger Jenoly (Storm), Frédérique Hender (Lucette), Jean Pascal (Albert), Yvette Merlin (Mme Delvaux), Roland Mahauden (Clint), René Hainaux (Snaide), Joseph Cornet (Emile), Pierre Manuel (Debru), Amédée (Paul Spire), Michel Lechat (Le concierge), Lucien Froidebise (Le chef intergarde), Louise Rocco (Mme Vanderkeulen), Jacques Ansion (Le marion-nettiste), Carinne François (Une jeune fille), Raoul De Manez (M. Venzel), Bernard Graczyk (Le jeune homme du dancing), Nourdine Chaoud (Roberto), Alain Nayaert (Présentateur TV)
LANGUAGE: French
GAUGE: 35 mm
SILENT/SOUND: sound
B&W/COLOUR: colour
MINUTES: 90'

◆ A graduate of the INSAS film school with several short works to his name, the Frenchman Christian Zerbib had in 1975 won a prize for the best screenplay, awarded by the Ministry of Culture to *Le compromis* ("The Compromise"). In the hope of achieving widespread success, Zerbib managed to assemble an international cast, featuring Bernard Blier, Michel Bouquet and Laura Betti supported by a list of high-quality Belgian, Italian and Swiss actors. The final result of this co-production, shot in the Liège region and which Manos Hadjidakis had agreed to score, was thus eagerly awaited. But it was not to be - the film was never granted a Belgian theatrical release and it was not until 1983, years after production, that the film made a fleeting appearance in France and on television screens.

Near a rundown factory on the banks of the Vesdre, headed by a sly paternalistic director (Bouquet), there turns up the body of a journalist who had been conducting investigations into a neo-fascist plot. From then on several strands intertwine: the story of a strike and its repercussions on the life of a worker (Blier), his wife seriously injured by a machine and who gradually succumbs to an all-consuming thirst for revenge; the dismay of the chairman, overwhelmed by the conflict and its excesses; an unconsummated love-affair between Blier's son and the beautiful mistress of the assassinated militant; and the brief, bizarre encounter between the anguished proletarian and a bewildered Italian woman (Laura Betti). The failure of this ambitious project, set against a backdrop of a region in crisis and political conspiracy, was to break off the young director's cinema career.

● Ancien étudiant de l'INSAS, auteur déjà de quelques courts métrages, le Français Christian Zerbib avait reçu un Prix du Scénario en 1975, attribué par le Ministère de la Culture pour *Le compromis*. Dans l'espoir d'un succès populaire, Zerbib parvint à réunir une distribution internationale, dont Bernard Blier, Michel Bouquet et Laura Betti, encadrés par des comédiens belges, italiens et suisses, tous de haut niveau. On attendit donc avec intérêt cette coproduction tournée dans la région de Liège, et dont Manos Hadjidakis en personne avait accepté d'écrire la musique. Hélas! le film ne sortit jamais dans les salles belges, et ce n'est qu'en 1983, soit quelques années après sa réalisation, que l'ouvrage apparut fugitivement en France et à la télévision, rebaptisé **La fuite en avant**.

Près d'une usine vétuste des bords de la Vesdre, dirigée par un directeur chafouin et paternaliste (Michel Bouquet), le cadavre d'un journaliste enquêtant sur un complot néofasciste est retrouvé. Plusieurs sujets vont dès lors s'entrecroiser: une grève mal vécue par un ouvrier (Blier) dont la femme a été gravement blessée par une machine et qui glisse dans le délire de la vengeance; le désarroi du patron, dépassé par le conflit et ses excès; une amitié amoureuse entre le fils de Blier et la belle maîtresse du militant assassiné; et, enfin, une brève rencontre insolite entre le prolétaire en détresse et une Italienne paumée (Laura Betti). L'échec de cette entreprise ambitieuse, sur fond de région en crise et de complot politique, allait interrompre la carrière cinématographique du jeune metteur en scène. *(RM)*

▶ De Fransman Christian Zerbib was afgestudeerd aan het INSAS en had reeds enkele kortfilms ingeblikt, toen hij in 1975 de Scenarioprijs van het ministerie van Cultuur ontving voor *Le compromis*. In de hoop een succesvolle productie af te leveren, verzamelde Zerbib een internationale cast, waaronder Bernard Blier, Michel Bouquet en Laura Betti, geflankeerd door Belgische, Italiaanse en Zwitserse kwaliteitsacteurs. Iedereen keek dan ook uit naar deze coproductie, opgenomen te Luik en voorzien van een soundtrack door Manos Hadjidakis. Maar helaas, de film kwam nooit in een Belgische filmzaal terecht en was pas in 1983, dus jaren na datum, kortstondig te zien in Frankrijk en op de televisie, onder de titel **La fuite en avant**.

Bij een vervallen fabriek aan de oevers van de Vesder, geleid door een geslepen en paternalistische directeur (Bouquet), wordt het lijk teruggevonden van een journalist die een neofascistisch complot aan het onderzoeken was. Op dit punt vertakt het verhaal zich in een kluwen van intriges: een arbeider (Blier) die de laatste staking, waarin zijn vrouw zwaar gewond raakte door een machine, niet kan verwerken en obsessief op wraak zint, en de verbouwereerde directeur die gebukt gaat onder het conflict. Hierbij komt nog een amoureuze vriendschap tussen de zoon van Blier en de knappe maîtresse van de vermoorde militant, plus een korte ontmoeting tussen de verontruste proletariër en een Italiaanse zwerfster (Laura Betti). Deze ambitieuze onderneming, met als eigenlijke onderwerp een streek in crisistijd en een politiek complot, werd een flop en kelderde meteen de carrière van de jonge regisseur.

Backstage

Fabio Messina, Robert Winand

Backstage

DIRECTOR: **Fabio Messina, Robert Winand**
YEAR: **1981**
COUNTRY: **BE**
SCREENPLAY: **Robert Winand**
CAMERA: **Fabio Messina**
EDITING: **Francis De Laveleye**
COMMENTS: **Marcel Dossogne**
PRODUCER: **Fabio Messina, Robert Winand**
PROD. CO.: **Gulliver (Bruxelles)**
LANGUAGE: **French**
GAUGE: **16 mm**
SILENT/SOUND: **sound**
MINUTES: **70'**

◆ The frontstage world of the music business is dominated by artistic creation, stars bursting with charisma, audience adulation... Backstage, there is money, the fabrication of ephemeral idols destined to fall with the newest trend, the stars' neuroses, their itinerant lifestyle during tours, between one hotel room and the next; the trades built around the artists themselves, managers, promoters, producers... According to its directors, **Backstage** is intended less as a tirade against show business as an investigation of its more obscure corners, areas where myth and dream are confronted with the realities of the music industry. Made up of interviews and concert excerpts, Messina and Winand's reportage hops between the eras - from the mild-mannered rock'n'roll of Burt Blanca to the punk of the Stranglers - and mixes styles from the French chansons of Renaud and Lavilliers to jazz (with Toots Thielemans) via pop (Machiavel, Slade) and reggae (Steel Pulse, UB40). The directors talk with musicians fully incorporated into the system as well as outsiders such as François Béranger and Donovan. They also meet with the hosts of television music shows such as Claude Delacroix (RTBF), Georges Lang (RTL) and Gilles Verlant...

The eight months of shooting resulted in Super 8 footage then blown up to 16 mm. "It was not financial motives which made us decide on Super 8," the film-makers explained: "the great flexibility of the medium is better suited to the technical demands of the shooting conditions. The artists prove to be more confident and more open when faced with a Super 8 camera than with a 16 mm."

● Côté face: la création artistique, des vedettes au charisme resplendissant, la passion du public... Côté pile: l'argent, la fabrication d'idoles éphémères qui se succèdent au gré des modes, les névroses de stars, leur vie d'errance d'une chambre d'hôtel à l'autre durant les tournées, ou encore les métiers gravitant autour des artistes: managers, organisateurs de concerts et de festivals, éditeurs... Selon ses auteurs, **Backstage** se veut moins un pamphlet contre le show-business qu'un regard sur ses zones d'ombre, zones où les mythes et le rêve se heurtent aux réalités de l'industrie discographique. Composé d'interviews et d'extraits de concerts, le reportage de Messina et Winand brasse les époques (du bon vieux rock'n'roll de Burt Blanca au punk des Stranglers) et les styles (des chansons françaises de Renaud et Lavilliers au jazz avec Toots Thielemans en passant par la pop music de Machiavel, Slade, et le reggae de Steel Pulse, ou de UB40, ...). Les auteurs s'entretiennent avec des artistes assumant leur appartenance au système aussi bien qu'avec des réfractaires tels François Béranger ou Donovan, ou encore avec des animateurs d'émissions musicales: Claude Delacroix (RTBF), Georges Lang (RTL), Gilles Verlant...

Etalé sur huit mois, le tournage fut effectué en Super 8 avant de bénéficier d'un gonflage en 16mm. "Ce ne sont pas des motifs financiers qui nous ont fait préférer le Super 8" expliquent les cinéastes, "la grande maniabilité de ce matériel se prête mieux aux exigences techniques du tournage. Les artistes se montrent plus confiants et se livrent plus facilement face à une caméra Super 8 que devant une 16mm". (AJ)

▶ Enerzijds zijn er de artistieke creativiteit, de sterren en hun verzengende charisma, de passie van het publiek... Maar er is ook een keerzijde aan de medaille: het geld, de tot idool gebombardeerde eendagsvliegen die komen en gaan met de modetrends, de neurotische beroemdheden en hun zwerversbestaan op tournee - van het ene hotel naar het andere -, de beroepsmensen die in het circus meedraaien: managers, concert- en festivalorganisatoren, uitgevers... Volgens de auteurs is **Backstage** niet zozeer een anti-showbusinesspamflet, als wel een kijk op de schemerzone waar mythe en droom botsen met de realiteit van de muziekindustrie. De reportage van Messina en Winand bestaat uit interviews en fragmenten van concerten. Het is een mengeling van diverse periodes - van de goeie ouwe rock van Burt Blanca tot de punk van de Stranglers - en stijlen - van het Franse chanson (Renaud en Lavilliers) tot de jazz van Toots Thielemans, zonder de popmuziek (Machiavel, Slade) of de reggae (Steel Pulse, UB40) te vergeten. De auteurs interviewen zowel artiesten die zich zonder meer schikken naar het systeem, als non-conformisten (François Béranger, Donovan) en presentatoren van muziekprogramma's: Claude Delacroix (RTBF), Georges Lang (RTL), Gilles Verlant...

De opnamen gebeurden op Super 8 en namen acht maanden in beslag, waarna de film een blow-up naar 16mm onderging. "We kozen niet voor Super 8 om financiële redenen", aldus de regisseurs, "maar dat materiaal is gewoon gemakkelijk te hanteren en beantwoordt beter aan de technische vereisten van de opnamen. Artiesten vertrouwen je ook meer en stellen zich sneller open voor een Super 8-camera dan wanneer je ze voor een 16mm-apparaat zou zetten".

Chronique des saisons d'acier

Thierry Michel, Christine Pireaux

Chronique des saisons d'acier
Chronicle of the Seasons of Steel

DIRECTOR: Thierry Michel, Christine Pireaux
YEAR: 1981
COUNTRY: BE
SCREENPLAY: Thierry Michel, Christine Pireaux
DIR. PHOT.: Alain Marcoen
CAMERA: Thierry Michel
EDITING: Danièle Delvaux
SOUND: Albert Rupf, Pierre Jadot
MUSIC: Marc Herouet
PROD. CO.: La Fleur Maigre (Liège), RTBF (Liège)
CAST: Remo Di Matteo, Jean-Claude Bomhals, Henri Cornelis, François Lempereur, Guillaume Deckers
LANGUAGE: French
GAUGE: 16 mm
SILENT/SOUND: sound
B&W/COLOUR: colour
MINUTES: 93'

◆ Against a backdrop of crisis in the steel-making basin of Liège, five blue-collar workers from four different generations tell the stories of their lives. Talking in voice-over, they try to understand and explain, or the camera catches them in the factory, around their kitchen table or in a bar on Saturday night. What characterizes the working class of the '80s, a time marked by recession, company restructuring and factory closures? Certainly not the proletarian pugnacity of the days of struggle. In their own words, in their familiar environment, they express their disarray and uncertainty. As for dreams, they just don't have any left; the outlook is definitely gloomy. There is unemployment or work in three shifts, which breaks them and destroys their family life, or alternatively "demotion" - to keep your job, you must accept non-skilled work. Faced with this demobilizing slump, the level of anxiety increases and they seek refuge in depression and illness or dream of the retirement they describe as an escape, while the young get their kicks from music. Their accounts mingle. Their harsh words, their silences and stories evoke neither militancy nor miserabilism. The film engages both the eye and the mind. It imposes nothing. It follows the rhythm of those portrayed and the camera's role is mimetic. At the end of the journey, one has met people and contemplated strong images which, in the tradition of the great photographers, sum up an entire life in a single shot. A non-life, rather.

● Sur fond de crise dans le bassin sidérurgique liégeois, cinq travailleurs appartenant à quatre générations différentes racontent leur vie. Saisis en direct dans leur usine, ou autour de leur table de cuisine, ou encore dans les bars du samedi soir, ils parlent aussi en "off" pour essayer de comprendre et d'expliquer. Dans les années 80, ces années où s'installent la récession, les restructurations d'entreprises et les fermetures d'usines, que reste-t-il de la classe ouvrière? On est loin de la pugnacité prolétarienne du temps des luttes. Ils disent tous avec leurs mots, dans leurs lieux, leur désarroi et leur incertitude. Les rêves, ils n'en ont plus: l'horizon est définitivement sombre. Il y a le chômage ou le travail en "trois poses" qui les casse et brise leur vie familiale, ou encore le "déclassement": pour garder sa place, il faut accepter de redevenir manœuvre. Devant ce marasme démobilisateur, l'angoisse monte et ils se réfugient dans la dépression ou la maladie. Certains rêvent d'une retraite qu'ils décrivent comme une fuite, d'autres, les plus jeunes, s'éclatent à la sono. Leurs témoignages s'entremêlent. Leurs mots râpeux, leurs silences, leurs récits n'appartiennent ni au militantisme ni au misérabilisme. Le film donne à voir et à comprendre. Il n'impose rien. Il suit le rythme des gens et la caméra se fait mimétique. Au bout du parcours, on a rencontré des hommes et vu des images fortes qui, comme celles des grands photographes, résument en un plan ce qu'est une vie. Ici une non-vie. (JA)

► Tegen de achtergrond van de crisis in het Luikse staalbekken vertellen vijf arbeiders uit vier verschillende generaties hun levensverhaal. Door off-screen hun verhaal te doen proberen zij te begrijpen, te verklaren; soms worden ze ook "live" gefilmd in hun fabriek, rond de keukentafel of op zaterdagavond in hun café. Hoe vergaat het de arbeidersklasse in de jaren 80, een tijd van recessie, reorganisaties in de bedrijven en fabriekssluitingen? De proletarische strijdvaardigheid en revolte liggen ver achter hen. In hun eigen omgeving geven zij met hun eigen woorden uiting aan hun ontreddering en onzekerheid. Dromen hebben zij niet meer, hun horizon is definitief somber. Ze zijn werkloos of werken in de drieploegendienst, die henzelf of hun familieleven kapotmaakt, ofwel worden ze "gedeclasseerd", m.a.w. gedwongen ongeschoold werk te aanvaarden om hun baan te behouden. Tegenover een dergelijke demoraliserende malaise groeit hun angst, vluchten ze weg in depressie en ziekte of dromen van een oude dag die zij beschrijven als een vlucht; de jongsten gaan uit de bol met hun muziek. Hun getuigenissen lopen door elkaar. Hun ongekuiste taal, hun zwijgen en hun relaas zijn noch militant, noch miserabilistisch. De film toont en laat ons begrijpen, niets wordt opgedrongen. Hij volgt het ritme der mensen met een mimetische camera. Aan het einde hebben we mensen ontmoet en beelden gezien die, net als bij de grote fotografen, in één shot een heel leven samenvatten, ook al kan je dat hier nauwelijks als dusdanig bestempelen.

De terugtocht

Rob Van Eyck

De terugtocht
Le retour
Way Back Home

DIRECTOR: Rob Van Eyck
YEAR: 1981
COUNTRY: BE
SCREENPLAY: Chris Bossers
DIALOGUE: Chris Bossers, Roland Frederickx
DIR. PHOT.: Daniël Rodeyns
CAMERA: Rob Crawford
EDITING: Rob Van Eyck
SOUND: Johan Primusz
MUSIC: John Pira, Pol Kessels
ART DIRECTOR: Mark Henkens
COSTUMES: Jacqueline Van Camp
PRODUCER: Rob Van Eyck, Walter Van Boven, Werner Kenis
PROD. CO.: Flemish Film Productions (Zichem)
PROD. SUPERV.: Rob Van Eyck
CAST: Roland Frederickx (Vincent), Jacques Verbist (Jacques), Betty Janssens (Alice/Lily), Guido De Belder (Roelands), Marie-José Jacobs (Patricia), Carole Spillebeen-Deloigne (Rosa), Mark Carlier (Morez), Michel Wouters (Rogac), Jeannot Lelièvre (Simon), Antoon Stikkers (Friedman), Roza Frederix (Mathilde)
LANGUAGE: Dutch
GAUGE: 16 mm
SILENT/SOUND: sound
B&W/COLOUR: colour
MINUTES: 80'

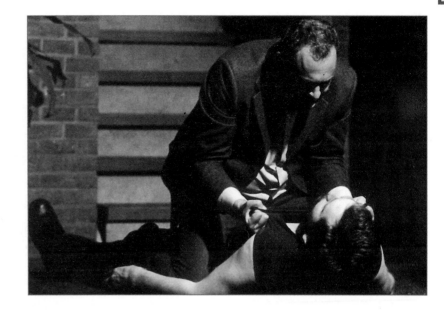

◆ After his rather dubious **Mirliton**, Rob Van Eyck managed once again to convince the Flemish Ministry of Culture to finance another of his films. He received a grant of BF 500 000 for his third feature, which was supposed to be a thriller from the Chris Bossers script already awarded a prize by the same Ministry. The plot is set in the Hageland region and centres on a man who, after seven years behind bars, returns to his village. Wrongly accused of the rape and murder of a young girl, tormented by the hatred of the villagers, he decides to go in search of the real culprits. His quest will lead him only to another killing, which this time will finally prove fatal for him.

Way Back Home hit the headlines more than once long before it had even been released. More than the film itself, however, it was the cock-fighting scene which attracted attention in the shape of attacks from animal rights groups. These images were finally retained in the film, vital not only because they faithfully recorded one of the traditions of the region, as Van Eyck argued, but also because of their essential incorporation into the fabric of the film, the cruel battle of life and death perfectly symbolizing the morals of a hostile village community. The critics made mincemeat of the film, although a number of them could not hide their admiration for the brutality of the reality (i.e. the rape and bestiality) Van Eyck had no qualms in showing in all its nudity, advocating what they saw as a fascinating piece of cinéma-vérité.

● Après le mitigé **Mirliton**, Rob Van Eyck sut à nouveau convaincre le Ministère de la Culture Néerlandaise du financement de son troisième long métrage. Il reçut une aide de 500.000 FB pour ce qui devait être un thriller adapté d'un scénario de Chris Bossers, déjà primé par ce même Ministère. L'histoire se déroule dans le Hageland. Un homme, après sept années d'enfermement, revient dans son village. Faussement accusé du viol et de l'assassinat d'une jeune fille, poursuivi par la haine des villageois, il décide de rechercher les véritables coupables. Pour tout résultat, il trébuchera sur un nouveau meurtre qui, en définitive, lui sera fatal.

Dès la mise en chantier du **Retour**, celui-ci fera plus d'une fois la une des journaux. Mais plus que le film en soi, c'est surtout la scène des combats de coqs qui attirera l'attention, ainsi que les foudres des sociétés protectrices des animaux. Ces images seront finalement maintenues, leur nécessité, comme l'argumenta Van Eyck, s'imposant non seulement parce qu'elles se voudraient un compte rendu fidèle des traditions folkloriques de la région mais aussi parce qu'elles sont intrinsèques au film, en ce sens que ces cruels combats à la vie et à la mort symboliseraient parfaitement les mœurs d'une hostile communauté villageoise.

Les critiques tirèrent à boulets rouges sur le film, mais certains d'entre eux ne purent cacher leur admiration devant la crudité de la réalité - le viol et la bestialité - que Van Eyck sut redéployer dans toute sa nudité, faisant mention d'un morceau fascinant de cinéma-vérité.

▶ Rob Van Eyck wist na het min of meer geslaagde **Mirliton** het ministerie van Nederlandse Cultuur te overtuigen hem weerom te steunen voor zijn derde langspeelfilm. Hij kreeg 500.000 BF subsidie voor wat een thriller zou worden, gebaseerd op het door datzelfde ministerie bekroonde scenario van Chris Bossers. Het verhaal speelt zich af in het Hageland en gaat over een man die na zeven jaar interning terugkeert naar zijn dorp. Valselijk beschuldigd van het misbruik van en de moord op een jong meisje, en geïntimideerd door de haatdragende dorpsbewoners, is hij vastbesloten op zoek te gaan naar de echte daders. Maar zijn zoektocht leidt hem alleen maar naar een andere moord, die tenslotte fataal voor hem zal aflopen.

De terugtocht haalde meer dan eens de krantenkoppen, nog tijdens de productie van de film. Meer dan met de film zelf, had dat te maken met een door de dierenbescherming gewraakte scène met hanengevechten. De beelden mochten uiteindelijk toch in de film want ze vormden, aldus Van Eyck, niet alleen een getrouwe weergave van de folkloristische tradities van de streek, ze waren ook functioneel voor de film, in die zin dat dit wrede gevecht op leven en dood perfect de handelingen van een vijandige dorpsgemeenschap symboliseerde.

De pers maakte brandhout van **De terugtocht**, maar tegelijk konden sommigen hun bewondering niet verbergen voor de ruwe werkelijkheid (een verkrachting, bestialiteit) die Van Eyck in al haar naaktheid weer wist te geven. In die zin maakte men zelfs gewag van een fascinerend stukje cinéma-vérité. (MT)

Beyrouto el lika

Borhane Alaouie

Co-production

Beyrouto el lika
Allika
Beyrouth la rencontre
La rencontre
The Beirut Encounter
Beyrouth the Meeting

DIRECTOR: Borhane Alaouie
YEAR: 1981
COUNTRY: LE-TI-BE
SCREENPLAY: Ahmed Beydoun
DIALOGUE: Ahmed Beydoun
ASST. DIR.: Farouk El Jordi, Bahij Houjeij, Rony Bassil, Thierry Abel
CAMERA: Charlie Van Damme, Alexis Grivas
EDITING: Eliane du Bois
SOUND: Henri Morelle
ART DIRECTOR: Jean-Louis Mainguy, Abdallah Kahil
PROD. CO.: Etablissement Arabe de Production Cinématographique (Beyrouth), SATPEC (Tunis), Cinélibre (Bruxelles)
PROD. SUPERV.: Hassen Daldoul
LANGUAGE: Arabic
GAUGE: 35 mm
SILENT/SOUND: sound
B&W/COLOUR: colour
MINUTES: 125'

CAST: Haithem El Amine (Haydar), Nadine Acoury (Zeina), Najoua Haydar (Zamzam), Houcem Sabbah (Mustafa), Renée Dick (Mère de Zeina), Raafet Haydar (Frère de Zeina)

Neige

Juliet Berto, Jean-Henri Roger

Co-production

Neige
Sneeuw
Snow

DIRECTOR: Juliet Berto, Jean-Henri Roger
YEAR: 1981
COUNTRY: FR-BE
SCREENPLAY: Marc Villard, Juliet Berto, Jean-Henri Roger
DIALOGUE: Marc Villard
ASST. DIR.: Alain Nahum
DIR. PHOT.: William Lubtchansky
CAMERA: Caroline Champetier
EDITING: Yann Dedet
SOUND: Ricardo Castro
MUSIC: Bernard Lavilliers, François Bréant
ART DIRECTOR: Max Berto
COSTUMES: Chloé Charbonnier
PRODUCER: Ken Legargeant, Romaine Legargeant
PROD. CO.: Babylone Films (Paris), Odessa Films (Paris), Marion's Films (Paris), F3 (Bruxelles), ODEC (Bruxelles)
PROD. SUPERV.: Alain Dahan
ASSOC. PROD.: Yannick Bernard, Godefroid Courtmans, Henry Lange, Jacques Vercruyssen, Jean-Marc Henchoz
EXEC. PROD.: Alain Dahan
LANGUAGE: French
GAUGE: 35 mm
SILENT/SOUND: sound
B&W/COLOUR: colour
MINUTES: 90'

CAST: Juliet Berto (Anita), Jean-François Stévenin (Willy), Robert Liensol (Jocko), Paul Le Person (Bruno Vallès), Patrick Chesnais (Premier flic), Jean-François Balmer (Deuxième flic), Ras Paul I Nephtali (Bobby), Nini Crépon (Betty), Dominique Maurin (Le blond), Frédérique Jamet (Annie Vallès), Emilie M.C. Benoit (Boccador), Michel Lechat (Lechat), Michel Berto (L'aveugle), Roger Delaporte (Borelli), Nedjar (Menendez), Anna Prucnal (Wanda Vallès), Raymond Bussières (Pierrot), Eddie Constantine (Eddie), Bernard Lavilliers (Franco)

Barbara

Armand De Hesselle, Luc Gubbels, Wilfried Hoet

Barbara

DIRECTOR: Armand De Hesselle, Luc Gubbels, Wilfried Hoet
YEAR: 1981
COUNTRY: BE
DIR. PHOT.: Luc Gubbels
CAMERA: Luc Gubbels
EDITING: Armand De Hesselle, Luc Gubbels, Wilfried Hoet
SOUND: Ward Weis
PRODUCER: Armand De Hesselle, Luc Gubbels, Wilfried Hoet
PROD. CO.: Randfilms (Antwerpen)
PROD. SUPERV.: Wilfried Hoet
LANGUAGE: French
GAUGE: 16 mm
SILENT/SOUND: sound
B&W/COLOUR: B&W
MINUTES: 80′

◆ **Barbara** is one of the few documentary films produced in Flanders during the 1980s. It is a 16mm portrait in cinéma-vérité style of Barbara Henke, a Swedish model living in Brussels. The film's three directors focused their camera on Barbara, closely following her day-to-day activities for several weeks with no prearranged script. Apart from a brief look at the fashion world, the main aim of the film is to give a philosophical exploration of Barbara as a person. She speaks freely about her life and work, her expectations and fears, her views on various subjects and so on. The film then develops into a sequence of interviews filmed in extended shots, interspersed with atmospheric nocturnal images.

For the Antwerp-based Randfilms, a company established in 1973 which already had nine short films to its credit, this constituted the first feature-length production. While Armand De Hesselle conducted the interviews (he had directed a considerable number of advertising films in the past and met Barbara on one of these occasions), Luc Gubbels (a graduate of the NARAFI film school) took charge of the photography and editing and Wilfried Hoet managed the production team. The film was recorded in French and featured music by Mahler and Piazzolla. It was rarely shown, however, and its makers saw this reportage-style portrait in the first instance as a means of gaining experience. In 1986, Randfilms was to issue its first fiction film, **Congo Express**.

● **Barbara** est un des rares documentaires produits dans les Flandres au cours des années 80. Il s'agit du portrait, filmé en 16mm dans le style du cinéma-vérité, du mannequin suédois Barbara Henke, résidant alors à Bruxelles. Le trio de cinéastes suivit le mannequin pendant quelques semaines, la caméra à l'épaule, sans faire appel à un véritable scénario. Mis à part un bref aperçu du milieu de la mode, **Barbara** est surtout la rencontre existentielle avec un être humain nommé Barbara. La jeune femme évoque librement sa vie et son travail, ses contacts avec les gens, ses attentes et ses angoisses, ses opinions sur divers sujets. Ensuite le document évolue vers un enchaînement de conversations filmées, en longues séquences entrecoupées par des images d'ambiance nocturne.

Pour la société de production anversoise Randfilms, créée en 1973 par le même trio, il s'agissait d'une première expérience de long métrage, après une série de neuf courtes réalisations. Pendant qu'Armand De Hesselle se chargeait des interviews (il avait déjà réalisé un grand nombre de films publicitaires et avait, par ce biais, rencontré le mannequin Barbara), Luc Gubbels, un ancien du NARAFI, prenait la photographie à son compte et Wilfried Hoet dirigeait la production. Ce film, parlant français et accompagné de musiques de Mahler et Piazzolla, fut rarement projeté. Pour les trois réalisateurs, ce portrait-reportage constituait plutôt un exercice, en vue d'acquérir un savoir-faire et d'aborder un premier film de fiction en 1986: **Congo Express**.

▶ **Barbara** is een van de weinige documentaire films die in de jaren 80 in Vlaanderen werden geproduceerd. Het betreft een op 16mm en in cinéma vérité-stijl gedraaid portret van de in Brussel verblijvende Zweedse mannequin Barbara Henke. De camera van het trio filmmakers volgde de mannequin gedurende enkele weken op de voet, zonder dat daar een duidelijk uitgewerkt scenario aan te pas kwam. Behalve een vluchtige blik op de modewereld biedt deze documentaire vooral een filosofische kennismaking met de mens Barbara. Ze praat vrijuit over haar leven en werk, haar verwachtingen en angsten, geeft haar mening over diverse onderwerpen. Dan ontwikkelt het document zich tot een aaneenschakeling van gesprekken, gefilmd in lang aangehouden shots en enkel onderbroken door nachtelijke sfeerbeelden.

Voor de in 1973 opgerichte Antwerpse productiemaatschappij Randfilms, die al negen korte films had afgeleverd, werd dit de eerste lange film. Terwijl Armand De Hesselle de interviews deed (hij had al heel wat publiciteitsfilms op zijn actief en had de mannequin Barbara in deze context leren kennen), verzorgde de aan het NARAFI afgestudeerde Luc Gubbels de fotografie en de montage en nam Wilfried Hoet de productieleiding op zich. De in het Frans opgenomen film, met muziek van Mahler en Piazzolla, werd nauwelijks vertoond. De drie makers zagen hun reportageachtige portret vooral als een gelegenheid om meer ervaring op te doen. In 1986 zou Randfilms dan zijn eerste fictiefilm realiseren: **Congo Express**. *(LJ)*

Le filet américain

Robbe de Hert, Chris Verbiest

Le filet américain
België door de vleesmolen
Belgium Through the Mincer

DIRECTOR: Robbe de Hert, Chris Verbiest
YEAR: 1972-1981
COUNTRY: BE
SCREENPLAY: Robbe de Hert
ASST. DIR.: Chris Verbiest
DIR. PHOT.: Ben Mangelschots, Gérard Collet, René Fruchter, Luc Reusens, Willy Cornette, Wim Robberechts, Denis Van Huffel
CAMERA: Ben Mangelschots, Gérard Collet, René Fruchter, Luc Reusens, Willy Cornette
EDITING: Chris Verbiest, Robbe de Hert, Denise Vindevogel, Guido Henderickx
SOUND: Jean-Marie Buchet, Walter Slosse
MUSIC: Frédéric Devreese
COMMENTS: Robbe de Hert
PRODUCER: Paul De Vree
PROD. CO.: Fugitive Cinema (Antwerpen)
PROD. SUPERV.: Robbe de Hert
LANGUAGE: French
GAUGE: 16 mm
SILENT/SOUND: sound
B&W/COLOUR: B&W + colour
MINUTES: 80'/91'/112'/175'
NOTES: The first version (80') was screened in 1976 at the Namur Film Festival. The film was then re-edited and a second version (175') was screened in 1978 at the Antwerp Film Festival. By the end of 1978 a third version of 112' was made. The final version of 1981 is 91' long.

◆ **Belgium Through the Mincer** was originally meant to be a documentary on pupils' demonstrations against the reform plans proposed in 1972 by Paul Van den Boeynants, then Minister of Defence. Eventually it was premièred some six years later as a full-length film.

Belgium Through the Mincer is a programmatic documentary sketching a moment in the social and economic history of Belgium in the seventies. As such, the film is also a document of historical interest. Using excerpts from a long interview with the Trotskyist economist Ernest Mandel, an analysis is made of the economic crisis and of the repression which befalls opponents. Mandel's views (on capitalism and trade unions, for example) are taken over unquestioningly by the film-makers. The only opponent of note is Paul Van den Boeynants, whose controversial plans for the reform of military service and the militarization of the state police caused quite a stir at the time of filming. His policy and statements are mercilessly ridiculed through the sheer visual wit of regular Fugitive editor Chris Verbiest.

In the wake of the financial difficulties incurred by **Suckers to Suffer About in a Camera Sutra**, **Belgium Through the Mincer** brought the Fugitive collective to the brink of bankruptcy. The film's chaotic production history entailed the traditional financial problems, which were only solved when **Whitey from Sichem** proved a box-office hit in 1980. There also existed three or four (longer) versions of **Belgium Through the Mincer** before the final one, lasting about 90 minutes, came into being.

● **Le filet américain**, conçu d'abord comme un reportage sur les manifestations d'écoliers contre les plans de réforme de 1972 lancés par le ministre de la Défense Paul Van den Boeynants, se transforma, finalement, en un long métrage dont la première n'eut lieu que six ans plus tard.

Le filet américain est un documentaire pamphlétaire esquissant une analyse de l'histoire sociale et économique de la Belgique des années 70, et constitue donc un témoignage d'époque intéressant. Des extraits d'une longue interview avec l'économiste trotskyste Ernest Mandel servent de cadre à une analyse de la crise économique et de la répression contre les opposants. Les auteurs reprennent telle quelle la vision de Mandel sur, par exemple, le capitalisme et les syndicats. Seul protagoniste d'une certaine envergure, Van den Boeynants, représenté assez malicieusement, caracole au centre de l'actualité à cause de son plan controversé de réforme du service militaire et de militarisation de la gendarmerie. Ses gestes et ses paroles constituent une cible idéale pour la verve visuelle et les trouvailles de Chris Verbiest, monteur attitré de Fugitive.

Après les difficultés financières liées à l'achèvement de **Camera sutra ou les peaux pâles**, **Le filet américain** propulsa le collectif Fugitive Cinema au bord du gouffre (les processus de production chaotiques et les problèmes financiers ne seront résolus que grâce au succès de **Filasse de Sichem**, en 1980). Trois ou quatre versions plus longues du film furent présentées avant que la version définitive, de 90 minutes environ, ne voie le jour.

▶ **Le filet américain** ontstond in eerste instantie als een reportage over de scholierenmanifestaties in 1972 tegen de hervormingsplannen van toenmalig minister van Defensie Paul Van den Boeynants. Uiteindelijk werd het een lange film die pas zes jaar later officieel in première ging.

Le filet américain vormt een pamfletachtige documentaire die een stuk sociale en economische geschiedenis van het België van de jaren 70 schetst. De film is dan ook belangwekkend als tijdsdocument. Aan de hand van fragmenten uit een lang interview met de trotskistische econoom Ernest Mandel wordt een analyse gemaakt van de economische crisis en repressie tegen opposanten. Hierbij wordt Mandels visie op onder meer het kapitalisme en de vakbonden door de regisseurs zonder meer overgenomen. De enige tegenspeler van formaat is Van den Boeynants, die in die jaren de actualiteit haalde met een omstreden hervormingsplan voor de dienstplicht en de militarisering van de rijkswacht. Zijn beleid en zijn uitspraken worden door talrijke grappige en visuele vondsten van de vaste Fugitive-monteur Chris Verbiest op de korrel genomen.

Na de financiële problemen bij de afwerking van **Camera sutra** bracht **Le filet américain** het Fugitive Cinema-collectief op de rand van de afgrond. Het chaotische productieproces werd gekenmerkt door de klassieke financiële problemen, die slechts opgelost raakten na het succes van **De Witte van Sichem** in 1980. Ook waren er zo'n drie à vier (langere) versies van de film te zien alvorens de eindversie van ongeveer 90 minuten tot stand kwam. (RS)

21:12 piano bar

Mary Jimenez

21:12 piano bar
Piano bar

DIRECTOR: Mary Jimenez
YEAR: 1981
COUNTRY: BE
SCREENPLAY: Mary Jimenez
ASST. DIR.: Catherine Claeys Bouaert
CAMERA: Michel Houssiau, Raymond Fromont
EDITING: Patricia Canino
SOUND: Henri Morelle, Alain Marchal
MUSIC: Ramón De Herrera
ART DIRECTOR: Françoise Hardy
PRODUCER: Carole Courtoy
PROD. CO.: Les Productions de la Phalène (Bruxelles)
PROD. SUPERV.: Jacqueline Louis
CAST: Lucinda Childs (Nathalie), Carole Courtoy (Florence), Anne Guerrin (Yolande), Jean-Marc Turine (Mathieu), Philippe Marannes (Olivier), Claude Zaccaï (L'homme du bar), Alain Marchal (Le musicien)
LANGUAGE: French
GAUGE: 35 mm
SILENT/SOUND: sound
B&W/COLOUR: colour
MINUTES: 103'

◆ Born in Peru in 1948, Mary Jimenez completes her studies of architecture in her native land before becoming enthralled by cinema: hence her exile in Belgium, where she graduates from the INSAS film school. A handful of medium-length films precedes **21:12 piano bar**, which is given only a clandestine theatrical release two years later after doing the rounds on the festival circuit. As with **Jeanne Dielman**, the critics are utterly polarized - for some, the film constitutes an exasperatingly pretentious and artificial strand of cinema, the morbid, dull efforts of a sub-Marguerite Duras; for others, it is a fascinating approach to the unconscious, "a staged representation of the impossibility of living one's own body, where the aestheticism carries meaning" (Jacqueline Aubenas). These two readings of the film are perhaps complementary.

The theme is female masochism: a jazz pianist attempts to reconstruct the fantasies of a suicide victim who died as a result of self-inflicted wounds and the search for pleasure through pain. Speaking to the woman's relatives, little by little she identifies with the secret impulses of this unknown figure, consumed by a voluptuous, posthumous fascination. The film was shot and developed on treated stock - the constant semi-darkness, dull lighting and diffuse brightness are intended to correspond to the unutterable fantasies. The dialogue, punctuated by significant silences, for some only served to emphasize the "pseudo-poetic sensibility wallowing in too much gin, jazz and spleen, smelling of its 1920s aesthetic" (Théodore Louis). By any measure, this is the work of an unusual director.

● Née au Pérou en 1948, Mary Jimenez y termine des études d'architecte, avant de se passionner pour le cinéma; d'où son exil en Belgique, où elle sera diplômée à l'INSAS pour la réalisation. Quelques moyens métrages préludent au tournage de **21:12 piano bar** qui ne sortira fugitivement en salle que deux ans plus tard, après avoir circulé dans les festivals. Comme naguère pour **Jeanne Dielman**, le manichéisme critique se déclencha d'emblée: pour les uns, un exaspérant cinéma prétentieux et artificiel, le morbide et ennuyeux exercice d'une sous-Marguerite Duras; pour les autres, une fascinante approche de l'inconscient, "une mise en représentation de l'impossibilité de vivre son corps, où l'esthétisme fait sens" (Jacqueline Aubenas). Ces deux approches du film sont peut-être complémentaires.

Le scénario de Mary Jimenez est bâti sur le thème du masochisme au féminin. Une pianiste de jazz tente de reconstituer les fantasmes d'une suicidée, morte après automutilations et recherche du plaisir par la souffrance. A travers les témoignages de ses proches, elle va s'identifier peu à peu aux pulsions secrètes de cette inconnue, en une fascination posthume et voluptueuse. Le film est tourné et développé sur une pellicule retravaillée: semi-obscurité constante, éclairages glauques, clarté diffuse se veulent en accord avec les fantasmes inavouables. Les dialogues, ponctués de silences signifiants, ne contribueraient en fait, selon certains, qu'à souligner "une pseudo-poésie à base de gin, de jazz et de spleen qui sent son esthétique 1920" (Théodore Louis). Une réalisatrice, en tout cas, hors normes. *(RM)*

▶ Mary Jimenez werd geboren in 1948 in Peru, waar ze afstudeerde als architecte alvorens een passie te ontwikkelen voor film en naar België te emigreren, waar ze het diploma regie behaalde aan het INSAS. Na het draaien van enkele middellange films volgde **21:12 piano bar**, een film die pas twee jaar na dato, na roulatie in het festivalcircuit, kortstondig in de bioscopen kwam. De critici gaven, net als destijds voor **Jeanne Dielman**, blijk van polarisatie: voor de enen was dit een ergerlijk staaltje pretentieuze, gekunstelde cinema, een morbide en saaie stijloefening van een Marguerite Duras-epigoon; voor de anderen een fascinerende reis door het onderbewustzijn, "een uitbeelding van de onmogelijkheid de lichamelijkheid ten volle te beleven, waarbij de esthetische vormgeving betekenisvol is" (Jacqueline Aubenas). Beide visies zijn wellicht complementair.

Het thema is vrouwelijk masochisme: een jazzpianiste tracht de geest van een zelfmoordenares, gestorven door zelfverminking en masochistische praktijken, te doorgronden. Ze verzamelt getuigenissen van naasten en identificeert zich meer en meer met de duistere verlangens van deze onbekende; een soort postume, wellustige fascinatie. De film werd gedraaid en ontwikkeld op bewerkte pellicule: het constante halfduister, de weëige belichting en de mistige sfeer moeten de onuitsprekelijke wensdromen evoceren. De dialogen, vol betekenisvolle stiltes, droegen volgens sommigen slechts bij tot een "pseudo-poëzie op basis van gin, jazz en spleen die zweemt naar een jaren 20-esthetiek" (Théodore Louis). Een heel aparte cineaste, zoveel is zeker.

Brugge die stille
Roland Verhavert

Brugge die stille
Bruges-la-morte

DIRECTOR: Roland Verhavert
YEAR: 1981
COUNTRY: BE
SCREENPLAY: Théodore Louis, Roland Verhavert
BASED ON: Bruges-la-morte, written by Georges Rodenbach
DIALOGUE: Théodore Louis, Roland Verhavert
ASST. DIR.: Stijn Coninx
DIR. PHOT.: Walther Vanden Ende
CAMERA: Walther Vanden Ende, Willy Stassen, Patrick Decoster
EDITING: Ludo Troch, Paul Kellens
SOUND: Maurice Gilbert, Joos Suetens
ART DIRECTOR: Luc Muller
COSTUMES: Mimi Peetermans, Chris Lens, Miep Vermeire
PRODUCER: Roland Verhavert
PROD. CO.: Visie Filmproduktie (Brussel)
PROD. SUPERV.: Christian De Boe
CAST: Idwig Stéphane (Hugues Viane), Moy Vynckier (Blanche Viane/Jeanne Marchal), Chris Boni (Rosalie), Herbert Flack (Biechtvader), Caroline Vlerick (Bloemenmeisje), Filip Vervoort (Danser), Cécile Fondu (Danseres), Robbe de Hert (Toeschouwer)
LANGUAGE: Dutch
GAUGE: 35 mm
SILENT/SOUND: sound
B&W/COLOUR: colour
MINUTES: 93'

◆ The novel *Bruges-la-morte* by the French-speaking Flemish writer Georges Rodenbach, usually regarded as a symbolist work, inspired Roland Verhavert to create his sixth feature film, thereby reinforcing his reputation as a specialist in the adaptation of major literary works.

A 40-year-old upper-class widower lives in a stately mansion, and the only thing that sustains him is the memory of his dead wife. When his melancholy overwhelms him, he goes walking along the canals of Bruges, where everything reminds him of the past love of his life. On one of his lonely walks through the city he meets a young ballerina who is the exact double of his wife. This plunges him into total confusion, and his ensuing devotion to an image of the past can only lead to disaster.

Bruges-la-morte is a sensitive evocation of an unhealthy, absolute obsession, and Verhavert uses all the resources at his disposal to present a striking evocation of this state, thereby creating what is probably his most personal film. At the same time, the portentous fin-de-siècle mentality of the book is overwhelmingly present in the film. The unlikely relationship between the two main characters serves as a device which allows the protagonist and the film to undertake many a visual excursion down the city's many picturesque deserted alleyways. This desolation gives Bruges the feel of a bare, stylized set, the backdrop against which Roland Verhavert depicts the psychological conflict of the two main characters.

● *Bruges-la-morte*, œuvre généralement considérée comme symboliste, roman de l'écrivain flamand francophone Georges Rodenbach, a inspiré Roland Verhavert. En effet, le cinéaste, qui s'était progressivement spécialisé dans l'adaptation de grandes œuvres littéraires, décida de réaliser son sixième long métrage à partir du célèbre livre.

Un veuf d'une quarantaine d'années, membre de la grande bourgeoisie et habitant une maison de maître imposante, ne vit plus que pour le souvenir de son épouse décédée. Lorsque la mélancolie le submerge, il va se promener le long des canaux brugeois, où tout lui rappelle sa femme défunte. Au cours d'une de ces promenades solitaires dans la ville, il rencontre une jeune danseuse qui ressemble à sa femme comme deux gouttes d'eau. Il est complètement bouleversé. C'est le début d'une idylle, qui se développera pour aboutir, inéluctablement, à une débâcle.

Bruges-la-morte est une évocation sensible d'une obsession maladive, un sujet que Roland Verhavert réussit à mettre en images avec efficacité. Il réalise avec ce film, probablement, une de ses œuvres les plus personnelles. Le film de Verhavert est imprégné de la lourde mentalité de la fin du siècle décrite dans le roman. La liaison invraisemblable entre les deux personnages principaux nous impose une série de promenades touristiques à travers une Bruges vide et déserte. Cette solitude transforme la ville en décor dépouillé et stylisé dans lequel se déroule le conflit psychologique des deux personnages principaux.

▶ De als symbolistisch beschouwde roman *Bruges-la-morte* van de Franssprekende en -schrijvende Vlaming Georges Rodenbach inspireerde Roland Verhavert tot het draaien van een volgende film. Zijn zesde film was dus weer een cinema-adaptatie van een groot literair werk, stilaan Verhaverts specialisatie.

Een veertigjarige weduwnaar, afkomstig uit de hoge burgerij en gehuisvest in een imposante herenwoning, leeft nog uitsluitend voor de herinnering aan zijn overleden echtgenote. Wanneer de zwaarmoedigheid hem ondraaglijk wordt, gaat hij wandelen langs de Brugse reien, waar alles hem aan zijn vroegere geliefde herinnert. Op een van zijn eenzame tochten door Brugge ontmoet hij een jonge balletdanseres die sprekend op zijn vrouw lijkt. Dit brengt de man volledig in verwarring. De opbloeiende idylle kan niet anders dan op een debacle uitdraaien.

Brugge die stille is de gevoelige evocatie van een ziekelijke, allesverterende obsessie. Roland Verhavert schakelt alle middelen in om dit gegeven doeltreffend op het scherm te brengen en hij maakt zo misschien wel de meest persoonlijke film uit zijn carrière. **Brugge die stille** is tegelijk doordrenkt van de loodzware fin de siècle mentaliteit van het boek. De onwaarschijnlijke relatie tussen de twee hoofdpersonages is een gedroomd alibi voor menige toeristische wandeling door een leeg, verlaten Brugge. Die verlatenheid maakt van Brugge een gestileerd decor waartegen het psychologische conflict tussen de twee hoofdpersonages afgeschilderd wordt. *(RS)*

Les dédales d'Icare

Armand Rocour

Les dédales d'Icare
The Wings of Icarus

DIRECTOR: Armand Rocour
YEAR: 1981
COUNTRY: BE
SCREENPLAY: Armand Rocour
DIALOGUE: Armand Rocour
ASST. DIR.: Jean Chalon, Alain Dupont
DIR. PHOT.: Armand Rocour
CAMERA: Armand Rocour
EDITING: Armand Rocour
SOUND: Alain Dupont
PRODUCER: Armand Rocour
PROD. CO.: Productions Cinématographiques Armand Rocour PCAR (Amay)
CAST: Frédéric François, Jean Chalon, Jean-Paul Fanuel, Fabienne Sevrin, Régine Verhelst, Claude Robert, Didier Rocour
LANGUAGE: French
GAUGE: 35 mm
SILENT/SOUND: sound
B&W/COLOUR: colour
MINUTES: 80'

◆ Any history of film in Wallonia would be able to cite only very few titles, not one of them a major success: from **Devil's Rock** (Emile-Georges De Meyst) to **The Mysterious Woman of Mont-Picard** (André Evrard), from **Thanasse et Casimir** (René Picolo) to **And Be Quick About It** (Marc Maillaraky), the turkey reigns, and more ambitious films such as **The Romain Circle** (Raymond Haine) or **One Day** (André Sandrie) proved more pretentious than they were memorable. We have already mentioned the likeable self-taught film-maker Armand Rocour, who along with committed like-minded actors (many of them from the Théâtre Arlequin in Liège) devoted two years of hard work to finishing **The Golden Acres**. Five years later, Rocour was to unveil in even more private circumstances a second film which he had written, shot and directed. An aviation enthusiast, Rocour centred **The Wings of Icarus** on a young man from Wallonia who is intent on becoming a pilot. His boss's two daughters both fall in love with him, and after his marriage to the elder girl he is confronted with his attractive sister-in-law, who is still set on seducing him.

Armand Rocour's two films have a good deal in common: a more than minimal budget; a Belgian crooner in a starring role, also responsible for the score (Robert Cogoi in **The Golden Acres**, here Frédéric François); the appearance of the members of the Liège Théâtre Arlequin (notably Jean Chalon, who here heads the cast); and, unfortunately, the lacklustre rhythm and amateurish direction of the actors, which would once again restrict the film's distribution.

● Si l'on devait écrire une histoire du cinéma wallon, bien peu de titres pourraient être cités, et aucune réussite majeure. De **La roche du diable** (Emile-Georges De Meyst), **L'étrangère du Mont-Picard** (André Evrard), **Thanasse et Casimir** (René Picolo), **Et que ça saute** (Marc Maillaraky) à des films plus ambitieux comme **Le cercle Romain** (Raymond Haine) ou **Un jour** (André Sandrie): rien de vraiment mémorable. Reste la volonté et la sympathie. Ainsi ce cinéaste autodidacte, Armand Rocour, qui avait consacré deux années de travail, avec des comédiens amicaux et dévoués (dont plusieurs issus du Théâtre Arlequin de Liège), pour mener à bien **Les arpents dorés**. Cinq ans après, Rocour présentait, plus confidentiellement encore, un second film, dont il signait le scénario, l'image et la mise en scène. Passionné d'aviation, l'auteur des **Dédales d'Icare** choisit comme personnage central un jeune Wallon qui consacre toute son énergie à devenir pilote. Les deux filles de son patron tombent amoureuses de lui, et, après son mariage avec l'aînée, il devra affronter sa jolie belle-sœur qui n'a pas renoncé à le séduire.

Beaucoup d'éléments sont communs aux deux œuvres d'Armand Rocour: des moyens plus que modestes, un chanteur belge de charme en vedette, qui signera aussi la musique (Robert Cogoi dans **Les arpents dorés**, et, ici, Frédéric François); l'emploi d'artistes liégeois du Théâtre Arlequin (notamment Jean Chalon en tête de distribution); et aussi, hélas, un manque de dynamisme dans le rythme ou l'amateurisme de la direction d'acteurs, ce qui limita à nouveau la diffusion du film. (RM)

► Als we een geschiedenis van de Waalse film zouden willen schrijven, dan zou het meteen duidelijk worden dat er weinig titels te citeren vallen, laat staan grote successen: van **La roche du diable** (Emile-Georges De Meyst) tot **L'étrangère du Mont-Picard** (André Evrard) en van **Thanasse et Casimir** (René Picolo) tot **Et que ça saute** (Marc Maillaraky), of zelfs meer ambitieuze films als **Le cercle Romain** (Raymond Haine) of **Un jour** (André Sandrie): weinig gedenkwaardigs. Wat rest is goede wil en sympathie. Zo is er Armand Rocour, de sympathieke autodidact die, samen met enkele bevriende en toegewijde acteurs, twee jaar werkte aan zijn film **Les arpents dorés**. Vijf jaar later kwam de cineast dan naar buiten - in nog kleinere kring - met een tweede film, waarvoor hij zelf het scenario, het camerawerk en de regie verzorgde. Zelf een gepassioneerd vliegenier, koos hij als hoofdpersonage voor **Les dédales d'Icare** een jonge Waal die tot elke prijs piloot wil worden. De twee dochters van zijn baas worden beiden verliefd op hem, en ook na een huwelijk met de oudste blijft zijn knappe schoonzuster vastbesloten hem te verleiden.

De twee films van Rocour hebben veel gemeen: uiterst beperkte middelen, een Belgische charmezanger als vedette en voor de soundtrack (hier Frédéric François, in **Les arpents dorés** Robert Cogoi), acteurs uit het Luikse Théâtre Arlequin (o.a. Jean Chalon, in de hoofdrol) en ook, helaas, een slabakkend ritme en een amateuristische acteursregie, wat opnieuw resulteerde in een heel beperkte distributie.

Le grand paysage d'Alexis Droeven

Jean-Jacques Andrien

Le grand paysage d'Alexis Droeven
Het grootse landschap van Alexis Droeven
The Spacious Land of Alexis Droeven
The Wide Horizons of Alexis Droeven

DIRECTOR: Jean-Jacques Andrien
YEAR: 1981
COUNTRY: BE-FR
SCREENPLAY: Jean-Jacques Andrien
DIALOGUE: Franck Venaille
ASST. DIR.: Jean-Pol Ferbus, Philippe Antoine
CAMERA: Georges Barsky
EDITING: Jean-François Naudon
SOUND: Henri Morelle
COSTUMES: Anne Verhoeven
PROD. CO.: Les Films de la Drève (Bruxelles), RTBF (Bruxelles), Radio-Cinés (Paris)
CAST: Jerzy Radziwilowicz (Jean-Pierre), Nicole Garcia (Elizabeth), Maurice Garrel (Alexis), Jan Decleir (Jacob)
LANGUAGE: French
GAUGE: 35 mm
SILENT/SOUND: sound
B&W/COLOUR: colour
MINUTES: 88'

◆ The Fourons region is beset by violent linguistic confrontations and the agricultural world is entering a period of great change, faced with the choice between European norms or marginalization. The film's emotional context is just as dramatic: the death of a father. These tragic events bear down simultaneously upon the life of a young farmer. Will he decide to take on the farm, or follow the advice of his aunt - a barrister in Liège - and leave behind the great landscape of Alexis, his deceased father, for a self-imposed exile in the town, building a new life for himself?

The narrative spans eight days of tension and uncertainty, days spent pondering a decision. The storyline forms a metaphor of a region fighting for its identity. Situated in a precise and tragic historical moment, the film regularly makes use of authentic footage of the events. Jean-Jacques Andrien chose a pivotal economic and political moment, a period of rupture and change serving as a powerful backdrop, echoing the problems confronting his characters in their parallel search for identity.

The film oscillates between present, past and the future and is driven by the voice-over of Droeven's son. As the sequences of the film unfold they alternate between the ritualized gestures surrounding a death, recollections of the father's militant life, those farmers who have adopted the business ethic and those whose methods remain prehistoric, the festive life of a village (with brass band and traditional games) and the "worldly" attractions of the town. The institutional conflicts may have abated in the meantime, but the film still rings true.

● Les Fourons, pris dans la violence des affrontements linguistiques, et le monde agricole en période de mutation (s'industrialiser ou disparaître; s'adapter aux normes européennes ou se marginaliser): voilà pour le paysage historique du film. Le paysage affectif est tout aussi dramatique: la mort du père. Ces événements tragiques et simultanés vont bouleverser la vie d'un jeune agriculteur. Va-t-il reprendre la ferme ou décider de s'exiler en ville, s'inventer une nouvelle vie et quitter le grand paysage de feu Alexis, comme le lui suggère sa tante, avocate à Liège?

Le temps du récit est le temps de sa décision, huit jours de tension et d'incertitude. La fiction est bâtie comme la métaphore d'une région qui lutte pour son identité. Inscrit dans un moment historique précis et tragique, le film est construit sur des repérages documentaires. Jean-Jacques Andrien a choisi un moment de basculement économico-politique, une période de faille, de changement, de mutation qui fait écho, en toile de fond, aux problèmes que se posent les personnages, eux aussi à la recherche de leur identité.

Construite entre le présent, le passé et le futur, la narration est conduite par la voix off du fils Droeven. Le déroulement des séquences fait alterner les gestes posés autour du décès et les souvenirs de la vie militante du père. Les séquences opposent aussi les paysans entrepreneurs et ceux qui s'enfoncent dans la préhistoire de l'agriculture; ou encore la vie festive d'un village, avec sa fanfare et ses jeux traditionnels, et les attraits "mondains" de la ville. Depuis, le cadre institutionnel est devenu plus serein. Le film, lui, demeure. (JA)

▶ De Voerstreek in de greep van de taalstrijd en de agrarische wereld in volle reconversie (aanpassing aan de Europese normen of marginalisatie): dat zijn de elementen die het historische landschap bepalen. Het affectieve landschap is al even dramatisch en behandelt de dood van een vader. Deze tragische gebeurtenissen treffen gelijktijdig het leven van een jonge boer. Zal hij het bedrijf overnemen of zijn heil in de stad zoeken? Zal hij een nieuw leven beginnen en "het weidse land" van zijn overleden vader Alexis verlaten, zoals zijn tante, een Luikse advocate, voorstelt?

Het verhaal speelt zich af over acht dagen van spanning en onzekerheid, de tijd om te beslissen, en kan gelden als metafoor van een streek die vecht voor haar identiteit. Duidelijk verbonden aan een tragisch moment in de geschiedenis, is de film opgebouwd rond herkenbare documentaire beelden. Jean-Jacques Andrien koos een periode van economische en politieke omwenteling, van verschuiving en verandering, om een aangrijpend kader te schetsen dat op zijn beurt weerklank vindt in de problemen van de personages, zelf ook op zoek naar hun identiteit.

De film wisselt verleden, heden en toekomst af en wordt gedragen door de commentaarstem van zoon Droeven. De opeenvolgende scènes plaatsen het ritueel rond het overlijden tegenover de herinneringen aan het militante leven van de vader, de boeren/zakenlui tegenover de boeren die vasthouden aan de primitieve landbouw, de dorpsfeesten met fanfare en volksspel tegenover de verlokking van de "wereldse" stad. Is de storm in onze instellingen sindsdien wat geluwd, de film houdt stand.

La saga de Madiana
Roland Lethem

La saga de Madiana
Au centre de la terre
Naar het middelpunt van de aarde
Madiana's Saga

DIRECTOR: Roland Lethem
YEAR: 1981
COUNTRY: BE
CAMERA: Påll Steingrimsson, Ernst Kettler, Jean-Claude Neckelbrouck, Louis-Philippe Capelle
EDITING: Dominique Van Goolen
SOUND: Erland Robertsson, Påll Steingrimsson, Dan Van Bever, Jean-Marie Buchet, Alain Sironval
MUSIC: Kristin Olefsdòttir
PRODUCER: Roland Lethem
PROD. CO.: Ciné-Golem Productions (Bruxelles)
LANGUAGE: French
GAUGE: 16 mm
SILENT/SOUND: sound
B&W/COLOUR: colour
MINUTES: 82'

◆ This was the first film for which Roland Lethem received any state funding. Shot in Iceland, it is dedicated to Bordår Snaefellsås, "god, sage and king of Snaefelleness, guide and protector of our work", as the film's titles put it. Far from the aggression that governed Lethem's first films, **Madiana's Saga** is constructed around the flow of mental voyages undertaken by the clairvoyant Madiana Lamouret, inspired by the fabulous Icelandic landscapes, invocations and evocations of Jules Verne and by mythological sagas. With sober camerawork, dwelling repeatedly on rocks, plains, mountains, geysers, caves, on sky and water, the film is a paean to Icelandic nature, the backdrop to Madiana's discourse. A world away from fairground clichés, she recites - eyes closed - lengthy passages, serene, poetic, inspired, imbibing the images with an aura of a fascinating, pantheistic dimension. Never does music distract from the issue at hand, other than the ever-present breath of the wind and the sonic ablutions of Icelandic water in all its forms. Lethem and the medium appear at regular intervals to comment a posteriori on the evolution of their work, the status of Madiana's advance "to the earth's core" and on her encounters with the divine and monstrous figures which people her visions.

Far from inviting ridicule or putting on a hollow show, this - daring - "mental" film attains a quite unexpected dimension, a real magic which hypnotizes the viewer and a fluid immateriality of image and sound.

● Ce long métrage de Roland Lethem fut le premier pour lequel le cinéaste disposa d'une aide financière de l'Etat. Tourné en Islande, le film est dédié à Bordår Snaefellsås, "dieu, sage et roi du Snaefelleness, guide et protecteur de notre travail" selon le générique. Loin du principe d'agression de ses premiers films, **La saga de Madiana** se construit au gré des voyages mentaux de la voyante Madiana Lamouret, inspirés par les fabuleux paysages islandais, les sagas mythologiques et l'invocation de Jules Verne. Sobrement tourné, s'attardant longuement sur les rocs, les plaines, les montagnes, les geysers, les grottes, le ciel, l'eau, le film psalmodie la nature islandaise sur les discours de Madiana. Cette dernière, bien loin des clichés forains, dispense avec générosité, et les yeux fermés, des paroles sereines, poétiques, inspirées, qui auréolent les images d'une dimension panthéiste assez fascinante. Aucune musique ne vient distraire le propos, que le souffle omniprésent du vent et les ablutions sonores de l'eau islandaise. Lethem et la médium apparaissent régulièrement, pour faire des commentaires a posteriori sur l'évolution du travail, sur l'état des avancées de Madiana "vers le centre de la terre", sur ses rencontres avec les personnages divins et monstrueux qui peuplent ses voyances.

Loin du ridicule ou de l'esbroufe creuse, le projet, risqué, de ce film "mental" atteint une dimension inattendue: un envoûtement qui hypnotise le spectateur et une dématérialisation flottante des images et du son. *(AFL)*

▶ Deze lange film was Roland Lethems allereerste die financiële steun van de staat kon genieten. Hij werd gedraaid in IJsland en is opgedragen aan Bordår Snaefellsås, "God, wijze en koning van Snaefelleness. Gids en beschermer van ons werk", volgens de generiek. **La saga de Madiana** wijkt sterk af van de agressie die Lethems vroege werk kenmerkte; de film volgt de zieneres Madiana Lamouret op haar astrale reizen die hun inspiratie putten uit het adembenemende IJslandse landschap, de invocatie van Jules Verne en mythologische saga's. Sobere beelden, traag voortschrijdend over rotsen, vlakten, bergen, geisers, grotten, hemel en water, psalmodiëren de IJslandse natuur op het ritme van Madiana's stem. Deze laatste heeft niets van een kermisattractie en spreekt, in alle openheid en met de ogen gesloten, serene, poëtische en geïnspireerde woorden die de beelden een fascinerende pantheïstische dimensie verlenen. Geen muzieknoot verstoort de rust, er is alleen de alomtegenwoordige stem van de wind en het zuiverende geruis van het IJslandse water. Lethem en het medium komen regelmatig in beeld om commentaar te leveren op hun werk, de vordering van Madiana op haar tocht "naar het middelpunt der aarde" en haar ontmoetingen met de goddelijke of monsterachtige bewoners van de astrale wereld.

Allerminst belachelijk of inhoudsloos neemt dit riskante project, deze "mentale" film, een onverwachte dimensie aan: een betovering die de gehypnotiseerde toeschouwer onderdompelt in een fluïdum van beeld en geluid.

Tijd om gelukkig te zijn

Frans Buyens

Tijd om gelukkig te zijn
Du temps pour être heureux
Du temps pour vivre heureux
Time To Be Happy

DIRECTOR: Frans Buyens
YEAR: 1981
COUNTRY: BE
SCREENPLAY: Frans Buyens
DIALOGUE: Frans Buyens
ASST. DIR.: Lydia Chagoll
CAMERA: Alain Derobe, Pierre Gordower
EDITING: Eva Houdova, Yves Herstraeten, Anne
Feldheim
SOUND: Frank Struys, Sophie Fabbri
MUSIC: Lydia Chagoll
ART DIRECTOR: Philippe Itterbeek, Beppie Vos-Verhoeven
COSTUMES: Chris Willems
PRODUCER: Frans Buyens
PROD. CO.: Iris Films Dacapo (Brussel)
PROD. SUPERV.: Rosanne Van Haesebrouck
CAST: Jan Decleir (Hij), Eva Kant (Zij), Noëlle
Fontaine (Het meisje), Bert André (De
vertegenwoordiger), Marcel Dossogne (Een
werkloze), Alex Willequet (RVA-bediende),
Jan Moonen (Politieagent)
LANGUAGE: Dutch
GAUGE: 35 mm
SILENT/SOUND: sound
B&W/COLOUR: colour
MINUTES: 100'

◆ Like most productions by Iris Films Dacapo, **Time To Be Happy** was mainly the work of the team Frans Buyens and Lydia Chagoll. Buyens wrote and directed, while Chagoll acted as his assistant. Buyens wanted to make the film at all costs, a fact that becomes apparent when one considers the extremely low budget (BF 10.5 million for 25 days of shooting). The film's subject is closely related to the issue of unemployment, although Buyens himself denied any "ideological" grounds for his choice: "When about two years ago I decided to make another feature film, whatever the cost, I had already chosen my subject, which had been maturing within me for many years. So I started to write. The result is **Time To Be Happy**."

The story centres on a man of around 40 who loses his job. The uncertainty brought about by this new situation throws his life out of joint and his relationship with his girlfriend begins to suffer. When he meets and befriends a young girl, her critical perception of his response to the events brings about a sea change in his awareness. The film is in fact an ironic drama about a man who, through unemployment, has (too much) time to think about himself and how he relates to society. The ideas that Buyens wanted to put forward are encapsulated in the conversations between the man and his lover, his new young friend and a social worker. The director hoped with this approach to psychological and social realities to provoke most effectively laughter, smiles and reflection. In the end, though, opinions about the film were divided, with some praising Buyens' integrity and others regretting that he was no director of proper feature films.

● Comme la plupart des productions d'Iris Films Dacapo, **Du temps pour être heureux** est avant tout l'œuvre du duo Frans Buyens-Lydia Chagoll: lui, comme auteur et metteur en scène, elle, comme assistante réalisatrice. Le budget limité (10,5 millions de FB pour 25 jours de tournage) prouve que Buyens tenait à réaliser ce film à tout prix. Le sujet prend sa source dans la réalité sociale du chômage, mais il ne s'agit pas là d'un choix "idéologique", affirme Buyens: "Lorsqu'il y a environ deux ans je décidai de réaliser coûte que coûte un nouveau long métrage, je pensais à un sujet qui avait mûri en moi pendant des années. J'ai commencé à écrire. Le résultat s'intitule **Du temps pour être heureux**."

L'histoire est celle d'un homme dans la quarantaine qui se retrouve au chômage. Cette situation, pleine d'incertitudes, désarticule sa vie; ses rapports avec son amie commencent même à en souffrir. Lorsqu'il se lie d'amitié avec une jeune fille, le regard critique de celle-ci sur ses réactions à sa situation génère en lui une prise de conscience. Il s'agit en fait du drame paradoxal d'un homme: le chômage lui donne le temps de réfléchir, à lui-même et à son rapport à la société. Les idées que le cinéaste voulait mettre en avant apparaissent au fil des dialogues entre le chômeur et sa maîtresse, sa jeune amie et l'assistant social. Le réalisateur avait souhaité que cette approche de la réalité psychologique et sociale pousse autant à rire, à sourire qu'à réfléchir. Les avis sur le résultat furent partagés: si les uns louèrent l'intégrité de Buyens, les autres regrettèrent qu'il ne soit pas un véritable réalisateur de films de fiction.

▶ Zoals de meeste producties van Iris Films Dacapo is **Tijd om gelukkig te zijn** hoofdzakelijk het werk van het duo Frans Buyens-Lydia Chagoll: hij schreef en regisseerde, zij assisteerde. Dat Buyens de film tegen elke prijs wou maken, blijkt uit het zeer lage budget (10,5 miljoen BF voor 25 draaidagen). Het onderwerp wortelt in de sociale realiteit van de werkloosheid, al ontkende Buyens dat dat een "ideologische" keuze was: "Toen ik zowat twee jaar geleden besloot ten koste van wat ook een nieuwe speelfilm te draaien, had ik een bepaald onderwerp voor ogen dat jarenlang in mij gerijpt had. Ik ben beginnen schrijven. Het resultaat is **Tijd om gelukkig te zijn**."

Het verhaal draait om een man van rond de 40 die werkloos wordt. De onzekerheid die deze nieuwe situatie met zich brengt, werkt ontwrichtend op zijn leven, en ook de relatie met zijn vriendin lijdt eronder. Hij sluit echter vriendschap met een jong meisje dat kritisch staat tegenover zijn manier van reageren op de omstandigheden en zo zijn bewustwording in de hand werkt. Dit is het ironische drama van een man die juist door zijn werkloosheid (te veel) tijd krijgt om over zichzelf en zijn verhouding tot de samenleving na te denken. De cineast schuift zijn ideeën naar voren in de dialogen tussen de werkloze man en zijn minnares, zijn jonge vriendin of een maatschappelijk werker. De maker formuleerde de wens dat deze benadering van de psychologische en sociale realiteit zowel tot lachen, glimlachen als nadenken zou aanzetten. De meningen over het resultaat waren nogal verdeeld: waar de enen de integriteit van Buyens prezen, betreurden anderen dat hij geen echte speelfilmmaker was. (MA)

Chytilová versus Forman
Vera Chytilová

Chytilová versus Forman

DIRECTOR: Vera Chytilová
YEAR: 1981
COUNTRY: BE
SCREENPLAY: Vera Chytilová
DIR. PHOT.: Michel Baudour, Colin Mounier
CAMERA: Michel Baudour, Colin Mounier
EDITING: Jiri Brozek
SOUND: Henri Morelle, Roger Dufays
COMMENTS: Vera Chytilová
PRODUCER: Pierre Drouot, Daniel Van Avermaet,
Joz. Van Liempt
PROD. CO.: Iblis Films (Brussel), BRT (Brussel)
CAST: Vera Chytilová, Milos Forman, Gordon Arnell,
Stanley Bart, E.L. Doctorow, Michael
Hausman, Norman Mailer, Elisabeth
McGovern, Amy Ness, Miroslav Ondricek,
Howard Rollins, Michael Weller
LANGUAGE: English, Czech
GAUGE: 16 mm
SILENT/SOUND: sound
B&W/COLOUR: colour
MINUTES: 75′

◆ In the early sixties, Vera Chytilová and Milos Forman were fellow students at the Prague film school. Both were part of the brief Czech New Wave, producing such memorable works as **Daisies** on the one hand, **Peter and Pavla** and **A Blonde in Love** on the other. Then Forman went to live and work in Hollywood, his colleague remaining in Europe. (One of her Czech films, **The Fruit of Paradise** (1969), was partially financed by a Belgian producer.) The two film-makers had not seen each other for ten years when they met again for this portrait and stand-off. The confrontational aspect is stressed by the title - after all, their two careers could not be more different. Forman became one of the Hollywood Greats with a worldwide reputation, whereas his compatriot aimed for something more subtle, more analytical, closer to a cinema of discovery and experimentation. It is this clash between two often diametrically opposed filmic conceptions which here takes centre stage.

Vera Chytilová follows Milos everywhere with her camera and tape recorder, from the shooting and editing of **Ragtime** to his house in Connecticut and the Chelsea Hotel. She bombards him with direct questions about his conception of life and cinematic creation, attempts to trap him or reveal contradictions in his outlook, addresses politics and the political film. But her adversary procrastinates, explains, dodges the issue, displaying intelligence, cunning and humour. Film extracts punctuate the stages of this enthralling and finally undecided contest.

● Au début des années 60, Vera Chytilová et Milos Forman étudièrent ensemble le cinéma à Prague: tous deux firent partie de la brève "nouvelle vague" tchèque, tournant des œuvres aussi mémorables que **Les petites marguerites**, pour l'une, ou **L'as de pique** et **Les amours d'une blonde**, pour l'autre. Puis Forman alla vivre et travailler à Hollywood, tandis que la jeune réalisatrice restait en Europe. L'un de ses films tchèques, **Le fruit du paradis** (1969), fut d'ailleurs financé en partie avec les capitaux d'une productrice belge. Les deux cinéastes, qui ne s'étaient plus vus depuis dix ans, se retrouvent donc pour un portrait-affrontement, comme le titre veut le souligner. Car tout oppose finalement ces deux carrières: Forman est devenu l'un des grands de Hollywood et sa renommée est mondiale, tandis que sa compatriote se veut subtile, analytique, plus proche d'un cinéma de tâtonnements ou d'expérimentation. C'est cette confrontation entre deux conceptions souvent antagonistes qui devient l'intérêt majeur de l'entreprise.

Vera Chytilová suit Milos partout, avec sa caméra et son enregistreur, en tournage ou en montage de **Ragtime**, dans sa maison du Connecticut ou au Chelsea Hotel. Elle harcèle Forman de questions directes sur sa conception de la vie et de la création filmique, tente de le piéger ou de le mettre en contradiction, aborde la politique et l'art engagé. Mais son adversaire tergiverse, s'explique, se dérobe, avec intelligence, ruse et humour. Des extraits de films ponctuent les étapes de ce passionnant combat sans vainqueur. *(RM)*

▶ In het begin van de jaren 60 studeerden Vera Chytilová en Milos Forman samen filmregie te Praag. Beiden maakten ze deel uit van de kortstondige Tsjechische nouvelle vague, die memorabele films opleverde als **De madeliefjes** (Chytilová) of **Zwarte Piet** en **De liefdes van een blondje** (Forman). Nadien trok Forman naar Hollywood, terwijl de jonge cineaste in Europa bleef; een van haar Tsjechische films, **De vruchten van het paradijs** (1969), werd trouwens gedeeltelijk gefinancierd door een Belgische producente. Tien jaar lang hadden ze elkaar niet gezien toen ze herenigd werden voor dit portret - of beter deze confrontatie, zoals de titel benadrukt. Hun carrières zijn tegenpolen: Forman geniet wereldfaam als een der Groten van Hollywood, terwijl zijn landgenote subtieler, analytischer werk levert, dichter bij de "alternatieve" of experimentele cinema. Juist die confrontatie tussen twee vaak tegenstrijdige opvattingen is wat de film interessant maakt.

Vera Chytilová, camera en bandopnemer bij de hand, volgt Milos op de voet, op de set of bij de montage van **Ragtime**, in zijn huis te Connecticut of in het Chelsea Hotel. Ongeremd bestookt ze hem met indringende vragen rond zijn levensopvattingen en de filmkunst, ze tracht hem in een hoek te dwingen of op tegenstrijdigheden te betrappen, begint over politiek en geëngageerde kunst. Maar haar tegenstander talmt, rechtvaardigt zichzelf en ontwijkt de vragen met intelligentie, sluwheid en humor. Enkele filmuittreksels begeleiden de verschillende hoofdstukken van deze passionele strijd zonder overwinnaar.

Du Zaïre au Congo

Christian Mesnil, Hubert Galle, Yannis Thanassekos

Du Zaïre au Congo
From Zaïre to the Congo

DIRECTOR: Christian Mesnil, Hubert Galle, Yannis Thanassekos
YEAR: 1981
COUNTRY: BE-FR
ASST. DIR.: Monique Gallez
CAMERA: Michel Baudour, Raymond Fromont, Bruno Muel, Jacques Gurfinkel, Gilbert Lecluyse
EDITING: Jean-Louis Dewert
SOUND: Rolly Belhassen, Dan Van Bever
MUSIC: André Stordeur
COMMENTS: Hubert Galle, Christian Mesnil, Marianne Mesnil, Yannis Thanassekos
PRODUCER: Christian Mesnil
PROD. CO.: New International Pictures NIP (Bruxelles), CBA (Bruxelles), Les Films 2001 (Paris)
PROD. SUPERV.: François Chardeaux
VOICES: Christine Pascal
LANGUAGE: French
GAUGE: 35 mm
SILENT/SOUND: sound
B&W/COLOUR: B&W + colour
MINUTES: 82'

◆ Whereas French film-makers met with long decades of resistance from the taboos which shrouded controversial and repressed national issues, from collaboration to the Algerian war, it is to Christian Mesnil's credit that he bravely tackled the great crises of Belgian identity, from the Royal Question to the independence of the Congo.

For the latter, he conducted extensive archive research and above all worked in close co-operation with a group of historians from the Université Libre de Bruxelles, committed left-wingers all since the film chooses where its sympathies lie and comes down resolutely on the side of the African democrats. If colonial ideology comes under scrutiny, with its three pillars "money, the Army and the Church", the greater part of the film is set in the pivotal years 1955-1965, focusing on the personality of Patrice Lumumba, the secession of Tsombé and the seizure of power by the then Colonel Mobutu. Particular scenes are especially powerful as we are witness to the implacable pre-programming of the catastrophe which was to lead to economic collapse and the rush for personal power.

The commentary analyses the progression from the tremendous promise of independence to the brutal loss of democracy. It is a wonderful text, carefully written, never over-emphatic and always extremely precise in its choice of standpoint. The events are opened and closed by Pierre Akendengue reciting a song-poem by Lumuna Sando, a song of the hope and despair of the Zaïrean people. Its poetic violence gives the film its meaning and very life-blood.

● Alors que les cinéastes français se sont heurtés pendant de longues décennies aux tabous qui interdisaient de traiter des problèmes chauds et oblitérés de la vie nationale, que ce soit la Collaboration ou la guerre d'Algérie, Christian Mesnil a le mérite d'avoir abordé avec courage les grandes crises de la Belgique: la Question Royale et l'indépendance du Congo.

Pour ce dernier sujet, il a d'abord entrepris de longues recherches d'archives et surtout travaillé avec un groupe d'historiens de l'ULB, historiens de gauche et engagés car le film choisit son camp et se tient résolument aux côtés des démocrates africains. Si l'idéologie coloniale est abordée avec ses trois piliers, "l'argent, le sabre et le goupillon", l'essentiel du film se joue dans la période charnière 1955-1965, autour de la personnalité de Patrice Lumumba, de la sécession du Katanga par Tshombé et de la prise du pouvoir par celui qui n'était alors que le colonel Mobutu. Certaines séquences sont bouleversantes, car on voit s'y programmer implacablement la catastrophe qui allait conduire à la faillite économique et à la prise de pouvoir personnelle.

Le commentaire analyse le trajet qui va du formidable espoir de l'indépendance à la confiscation de la démocratie; un commentaire très écrit, un beau texte jamais emphatique et toujours extrêmement précis dans ses prises de position. Les événements sont ouverts et fermés par un chant-poème de Lumuna Sando, dit par Pierre Akendengue, chant sur l'espoir et le désespoir du peuple zaïrois. Sa violence poétique donne au film son sens et son souffle. (JA)

▶ Decennialang hadden Franse cineasten het moeilijk om films te maken over hete hangijzers van nationaal belang, of het nu de collaboratie betrof of de oorlog in Algerije. Christian Mesnil daarentegen nam dapper de uitdaging aan en durfde de grote crisissen van België aan te kaarten, van de Koningskwestie tot de onafhankelijkheid van Kongo.

Wat het laatstgenoemde onderwerp betreft, begon hij met een gedetailleerd archiefonderzoek en werkte hij samen met een groep historici van de ULB - geëngageerde historici van links, want deze film schaart zich resoluut achter het standpunt van de Afrikaanse democraten. De drie pijlers van de koloniale ideologie - Geld, Leger en Kerk - worden behandeld, maar de film concentreert zich hoofdzakelijk op de sleutelperiode 1955-1965, op de persoon van Patrice Lumumba, de afscheiding van Katanga door Tsjombe en de machtsgreep van de man die toen nog simpelweg kolonel Mobutu heette. Sommige scènes zijn bijzonder aangrijpend. Men kan immers duidelijk de ontwikkelingen onderscheiden die de catastrofe op gang brachten en die het land naar het economisch failliet en het eenpersoonsbewind zouden leiden.

De commentaar analyseert de afgelegde weg, van het euforische optimisme van de onafhankelijkheid tot het verlies van de democratie. Dit alles wordt ingeleid en beëindigd door een lied/gedicht van Lumuna Sando, vertolkt door Pierre Akendengue, een lied over de hoop en wanhoop van het Zaïrese volk. Betekenis en ziel van de film vloeien voort uit het poëtische geweld dat hierin besloten ligt.

Cécilia

Claude Plaut

Co-production

Cécilia
The Red Hot Cecilia

DIRECTOR: Claude Plaut
YEAR: 1982
COUNTRY: FR-BE
SCREENPLAY: Pierre Torok, A.L. Mariaux
DIALOGUE: A.L. Mariaux
DIR. PHOT.: Raymond Heil
CAMERA: Raymond Heil
EDITING: Claude Gros
SOUND: Claude Panier
MUSIC: Daniel J. White
PRODUCER: [Jess Franco], Marius Lescœur, Pierre Querut
PROD. CO.: Eurociné (Paris), Belfilms (Bruxelles)
LANGUAGE: French
GAUGE: 35 mm
SILENT/SOUND: sound
B&W/COLOUR: colour
MINUTES: 97'

CAST: Muriel Montosse [Mary Monty] (Cécilia), Pierre Taylou, France Jordan, Christiane Dragaux, Richard Darbois, Robert Merckx, Olivier Mathot

Les petites sauvages

Roger Darton

Co-production

Les petites sauvages
Wild Things

DIRECTOR: Roger Darton
YEAR: 1982
COUNTRY: FR-BE-SP
DIR. PHOT.: Raymond Heil
CAMERA: Raymond Heil
SOUND: Claude Panier
MUSIC: Daniel J. White
PRODUCER: Daniel Lescœur, Pierre Querut
PROD. CO.: Eurociné (Paris), Belfilms (Bruxelles), Titanic Productions (SP)
CAST: Pierre Taylou, Monica Swinn, Antoinette Lambert, France Arnal, Nadine Pascal, Richard Bigotini [Richard de Conninck]
LANGUAGE: French
GAUGE: 35 mm
SILENT/SOUND: sound
B&W/COLOUR: colour
MINUTES: 95'

L'étiquette

Manu Simon, Marie-Jo Jamar

L'étiquette

DIRECTOR: Manu Simon, Marie-Jo Jamar
YEAR: 1982
COUNTRY: BE
CAMERA: Robert Van Herweghem
EDITING: Martine Ladeuze
SOUND: Albert Rupf
COMMENTS: Paul Louka
PROD. CO.: CBA (Bruxelles)
CO-PROD. CO.: RTBF (Bruxelles)
LANGUAGE: French
GAUGE: 16 mm
SILENT/SOUND: sound
B&W/COLOUR: colour
MINUTES: 66'

◆ Manu Simon was part of the collective La Fleur Maigre which in the seventies was committed to a socially aware cinema. In 1975, as part of the group, he directed a partisan documentary with the striking glassworkers of Glaverbel-Gilly (**Another One...**), stylistically and politically a clear demarcation of these film-makers' approach, inspired by Paul Meyer and the creators of **Misery in the Borinage**, Joris Ivens and Henri Storck. **Etiquette** - co-directed with Marie-Jo Jamar - continues in this noble tradition.

The film goes in search of those cast out of industrialized society, taking as its examples two wealthy Fourth World nations, Belgium and Canada. Halfway between reportage and documentary, first-hand encounters and narration, it attempts to investigate the mechanisms of social exclusion and allows the victims of this phenomenon their say. With the film's commentary, spoken by the singer Paul Louka, the film-makers try to establish a distance - albeit sympathetic - from the individual cases they highlight, thus giving them a more universal resonance. "For me reality - the reality I perceive - becomes the mental representation of a fact. The nature of this mental representation is influenced by my experience and my sensibility. Thus reality becomes a concept. I have my difficulties with the expression 'a real-life film' because it places the director's point of view on a level with reality, when it is merely an interpretation (...) In my films, my reality has often been altered by the reality I encountered" (Marie-Jo Jamar).

● Manu Simon fit partie du collectif La Fleur Maigre qui, dans les années 70, pratiqua un cinéma d'engagement social. C'est dans ce contexte qu'il réalisa en 1975 un documentaire d'intervention avec les verriers en grève de Glaverbel-Gilly (**Encore une...**). Ce film illustrait de façon significative la démarche de ce groupe de cinéastes inspirés par Paul Meyer et par les auteurs de **Misère au Borinage**, Joris Ivens et Henri Storck. C'est dans cette lignée généreuse que se situe **L'étiquette**, une collaboration entre Manu Simon et Marie-Jo Jamar.

Le film va à la rencontre des exclus de la société industrielle, du quart-monde de deux pays pourtant prospères: la Belgique et le Canada. A mi-chemin entre le reportage et le documentaire, le témoignage et le récit, il tente d'analyser les mécanismes de l'exclusion sociale et donne la parole aux victimes de celle-ci. Le commentaire du film, confié au chanteur Paul Louka, témoigne du désir des auteurs d'une prise de distance, néanmoins chaleureuse, à l'égard de ces témoignages afin de les rendre davantage universels. "Pour moi la réalité - celle que je crois voir - devient une représentation mentale d'un fait. Cette représentation mentale est fonction de mon vécu, de ma sensibilité. La réalité devient donc un concept. L'appellation de 'film du réel' me met mal à l'aise parce qu'elle impose le point de vue du réalisateur comme étant la réalité, alors qu'il s'agit d'une interprétation (...). Ainsi, dans mes films, ma réalité a souvent été modifiée par la réalité que j'ai rencontrée" (Marie-Jo Jamar). (SM)

▶ Manu Simon maakte deel uit van het collectief La Fleur Maigre, dat in de jaren 70 sociaal geëngageerde cinema maakte. In deze context realiseerden ze in 1975 een documentaire over de stakende glasblazers van Glaverbel-Gilly. **Encore une...** illustreert op treffende wijze de opzet van deze groep cineasten, geïnspireerd door Paul Meyer en door de auteurs van **Misère au Borinage**, Joris Ivens en Henri Storck. Tot eenzelfde warmhartige traditie behoort ook **L'étiquette**, gedraaid samen met Marie-Jo Jamar.

De film gaat op zoek naar mensen die in de industriële maatschappij uit de boot gevallen zijn, naar de Vierde Wereld van België en Canada, twee zogenaamd "rijke" landen. Het werk zweeft tussen reportage en documentaire, tussen getuigenis en verhaal, en het tracht te achterhalen welke mechanismen aan de basis liggen van de sociale uitsluiting. Het woord is aan de slachtoffers. Zanger Paul Louka becommentarieert de film, wat duidt op het verlangen van de makers om een zekere afstand te bewaren ten opzichte van deze emotionele getuigenissen, om hen zo een universeler karakter te geven. "Voor mij wordt de werkelijkheid - datgene wat ik meen te zien - de mentale voorstelling van een feit, en die is afhankelijk van mijn ervaring, van mijn gevoeligheid. De realiteit wordt aldus een concept. De benaming 'film du réel' maakt me ongemakkelijk omdat ze het standpunt van de regisseur tot realiteit verheft, terwijl het eerder om een interpretatie gaat (...). In mijn films is mijn realiteit dikwijls gewijzigd door de realiteit die ik ervaarde" (Marie-Jo Jamar).

L'histoire du cinéma 16

Jean-Jacques Rousseau

L'histoire du cinéma 16
The History of 16mm Cinema

DIRECTOR: Jean-Jacques Rousseau
YEAR: 1982
COUNTRY: BE
SCREENPLAY: Victor Sergeant
DIR. PHOT.: Jean-Jacques Rousseau
CAMERA: Jean-Jacques Rousseau
EDITING: Jean-Jacques Rousseau
SOUND: Victor Sergeant
PRODUCER: Jean-Jacques Rousseau
PROD. CO.: Ciné Calibre 16 (Souvret)
CAST: René Cuba, Frans Badot, Jean-Pol Delestrain, Janika Marzec, Fabienne Dekeulener, Tony Rizzo, Maurice Waguet, Michel Wéry, Josette Splingard, Mario Bettini, Patri Gatenzo
LANGUAGE: French
GAUGE: 16 mm
SILENT/SOUND: sound
B&W/COLOUR: colour
MINUTES: 60'

◆ In 1982 Jean-Jacques Rousseau - part-time film-maker and advocate of pure craziness - made his second feature film, **The History of 16mm Cinema**, about one Jean-Jacques Rousseau, a road mender who makes films in his spare time. In this film, as disarming as the previous one, two journalists visit him and Rousseau shows them various snippets of film in his road menders' hut. They are all completely dislocated fragments, a string of karate fights, fantastic scenes, and oafish self-mockery. At the end, the journalists laugh in confusion. The film was an exact image of the showings Rousseau organized of his own films in his own native region of Charleroi. Audiences did not understand that the local accent, the non-existent performances, the odd characters, the bizarre humour, the taste for the fantastic and the primitive poetry were all characteristics of a personalized style which Rousseau had developed. His films cannot be classified; Rousseau calls himself the "film-maker of the absurd".

In 1985-1986 he began shooting a third feature film, **Wallonie 2084**, a fictional political drama about two fanatics who want to instil a love of film in the Walloon population through a policy of coercion reminiscent of totalitarian regimes. The film was never completed. Many of those who worked on it and on the director's other projects, including Victor Sergeant, lost interest in film-making, leaving Jean-Jacques Rousseau alone and misunderstood.

● Cinéaste du dimanche et allumé belge de la mise en scène démente, Jean-Jacques Rousseau termina son second long métrage en 1982: **L'histoire du cinéma 16**. Ce film, tout aussi désarmant que le premier, raconte l'histoire de Jean-Jacques Rousseau, un travailleur des routes qui fait du cinéma pendant son temps libre. Deux journalistes viennent le trouver et Rousseau leur projette, dans une tente de chantier, des fragments de ses films. Les séquences n'ont ni queue ni tête: combats de karaté, scènes fantastiques et autodérision grossière. A la fin, les journalistes prennent le parti d'en rire. Ce film était l'image conforme des représentations organisées par Rousseau dans sa région de Charleroi. Le public se moquait des images, car il ne comprenait pas que l'accent local, l'absence d'interprétation, les personnages étranges, l'humour bizarre, le sens du grotesque et la poésie proche de l'art brut constituaient les caractéristiques du style propre développé par Rousseau. Ses films sont inclassables; ce réalisateur autodidacte se proclame "cinéaste de l'absurde".

En 1985-1986, il commença le tournage d'un nouveau long métrage, **Wallonie 2084**, un film de politique-fiction sur deux aliénés qui veulent insuffler l'amour du cinéma au peuple wallon, en appliquant une politique de la poigne de fer rappelant les régimes totalitaires. Il n'arrivera pas, toutefois, à le terminer: bon nombre de ses collaborateurs, dont Victor Sergeant, avaient perdu la foi dans le septième art. Rousseau resta seul et incompris.

► In 1982 voltooit Jean-Jacques Rousseau, zondagsfilmer en vurig aanhanger van geschifte filmregie, zijn tweede lange speelfilm: **L'histoire du cinéma 16**. Deze film, al even ontwapenend als de eerste, vertelt het verhaal van Jean-Jacques Rousseau, een wegarbeider die in zijn vrije tijd films maakt. Twee journalisten zoeken hem op en Rousseau laat hen in een lastent van wegenbouwers allerlei filmfragmenten zien. Het zijn filmpjes zonder kop noch staart: karategevechten, fantastische scènes, onbehouwen zelfspot... De journalisten kunnen er alleen maar om lachen. De film geeft een prachtig beeld van de voorstellingen die Rousseau zelf organiseerde in de streek van Charleroi. De toeschouwers lachten met de films want ze begrepen niet dat het lokale accent, de afwezigheid van enige vertolking, de vreemde personages, de bizarre humor, de zin voor het fantastische en de primitieve poëzie van de eigen stijl van Rousseau kenmerkten. Zijn films zijn niet te klasseren en Rousseau noemt zich dan ook "de cineast van het absurde".

In 1985-1986 begint hij met de opnamen van een derde langspeelfilm, **Wallonie 2084**: een politieke fictie over twee krankzinnigen die het Waalse volk de filmliefde willen inblazen door middel van een hard beleid dat aan de totalitaire regimes herinnert. Maar de film geraakt niet meer voltooid. Talrijke medewerkers, waaronder Victor Sergeant, geloven niet meer in de zevende kunst en Rousseau blijft alleen en onbegrepen achter. (PG)

L'affaire immigrés

Ghani Hammouni, Stéphan Plouvier

L'affaire immigrés
The Immigrant Affair

DIRECTOR: Ghani Hammouni, Stéphan Plouvier
YEAR: 1982
COUNTRY: BE
CAMERA: Ghani Hammouni, Stéphan Plouvier
EDITING: Ghani Hammouni, Stéphan Plouvier
SOUND: Ghani Hammouni, Stéphan Plouvier
PRODUCER: Ghani Hammouni, Stéphan Plouvier
PROD. CO.: CBA (Bruxelles)
LANGUAGE: French
GAUGE: 16 mm
SILENT/SOUND: sound
B&W/COLOUR: colour
MINUTES: 68'/80'

◆ **The Immigrant Affair** adopts the reportage form to tackle the situation of foreigners resident in Belgium. Stéphan Plouvier and Ghani Hammouni give an overview of the socio-economic reasons which led to migration from Italy and the Maghreb to Belgian soils, then focus on the problems encountered by immigrants today in the face of administrative realities and rampant prejudice on the one side, feelings of solitude and cultural isolation on the other. After this didactical but essential introduction, showing the problems of the early eighties, the directors collect together the testimonies of foreigners and Belgians, of demonstrators and politicians, quote songs and theatre performances on the subject. They piece together the principal events which led to the adoption of the legal ruling of 15th December 1980 (often amended since) which laid down a new law for immigrants, and to the passing of a second law cracking down on racism at the instigation of the then Justice Minister Philippe Moureau. The film highlights the positive action of the group "Objectif 82", which demanded foreigners' suffrage and the right to stand for office in the run-up to the 1982 local elections. Interviews with two young girls, children of a mixed Belgian-Italian couple, further extend the discussion to include the difficulties of the second generation, who may be more integrated but are nonetheless still searching for a cultural identity. Originally shot on ciné film, **The Immigrant Affair** was awarded the prize for the best reportage at the 1982 Brussels Super 8 Festival before being blown up to 16mm.

● Sur le mode du reportage, **L'affaire immigrés** traite de la condition des étrangers résidant en Belgique. Stéphan Plouvier et Ghani Hammouni rappellent les origines et les raisons socio-économiques des mouvements de populations italiennes et maghrébines vers le territoire belge. Après cette introduction, didactique et nécessaire, qui situe le problème au début des années 80, les auteurs illustrent les difficultés que les immigrés connaissent au présent face aux réalités administratives, aux mentalités nourries de préjugés ou en proie aux sentiments de solitude et de déracinement. Recueillant les propos d'étrangers, de Belges, de personnalités politiques et de manifestants, à travers des chansons et des extraits de spectacles de théâtre sur le sujet, les réalisateurs relatent les principaux événements qui menèrent à l'adoption de la disposition légale (souvent amendée depuis) du 15 décembre 1980 définissant un nouveau statut pour les immigrés et au vote d'une autre loi, incitée par Philippe Moureau, alors ministre de la Justice, réprimant le racisme. Le film valorise l'action de l'association "Objectif 82", qui revendiquait le droit de vote et d'éligibilité pour les étrangers aux élections communales de 1982. Le témoignage de deux jeunes filles, nées d'un couple italo-belge, traduit encore le malaise d'une seconde génération mieux intégrée, mais toujours en quête d'identité culturelle. Tourné en format réduit, **L'affaire immigrés** obtint le prix du meilleur reportage au Festival Super 8 de Bruxelles en 1982 avant de bénéficier d'un gonflage en 16mm. *(AJ)*

▶ Deze film behandelt in reportagestijl de situatie van in België verblijvende vreemdelingen. Plouvier en Hammouni frissen ons geheugen op wat betreft de socio-economische en andere omstandigheden die Italiaanse en Maghrebijnse bevolkingsgroepen massaal naar ons land dreven. Na deze - noodzakelijke - didactische inleiding die het probleem rond het begin van de jaren 80 situeert, belichten de auteurs de moeilijkheden die deze migranten ondervinden met de administratie, met een mentaliteit vol vooroordelen of met gevoelens van eenzaamheid en ontheemding. Aan de hand van verklaringen van vreemdelingen, Belgen, politici en betogers of van liedjes en theaterstukken rond dit onderwerp, zoeken de regisseurs een verband tussen enerzijds de vele gebeurtenissen die uitmondden in de nieuwe wet van 15 december 1980 (sindsdien talloze malen gewijzigd), waarin een nieuw statuut voor immigranten werd vastgelegd, en anderzijds de goedkeuring van een andere wet, ontworpen door de toenmalige minister van Justitie Philippe Moureau, die racisme strafbaar maakte. De film is tevens een opwaardering van de vereniging "Objectif 82", die opkwam voor stemrecht en verkiesbaarheid voor migranten bij de gemeenteraadsverkiezingen van 1982. Twee meisjes, dochters van een Belgisch-Italiaans koppel, getuigen van de malaise van de tweede generatie migranten, weliswaar beter geïntegreerd maar nog steeds op zoek naar culturele identiteit. **L'affaire immigrés**, met bescheiden middelen gedraaid, werd bekroond met de prijs voor de beste reportage op het Festival Super 8 van Brussel in 1982, wat een blow-up naar 16mm mogelijk maakte.

Menuet
Lili Rademakers

Menuet

DIRECTOR: Lili Rademakers
YEAR: 1982
COUNTRY: BE-NE
SCREENPLAY: Hugo Claus, Lili Rademakers
BASED ON: Menuet, written by Louis-Paul Boon
DIALOGUE: Hugo Claus
ASST. DIR.: John Van Gestel
DIR. PHOT.: Paul Van den Bos
CAMERA: Paul Van den Bos
EDITING: Edgard Brucksen
SOUND: Henri Morelle
MUSIC: Egisto Macchi
ART DIRECTOR: Philippe Graff
COSTUMES: Suzanne Van Well
PRODUCER: Pierre Drouot, Daniel Van Avermaet
PROD. CO.: Iblis Films (Brussel)
CO-PRODUCER: Fons Rademakers
CO-PROD. CO.: Fons Rademakers Productie (Amsterdam)
CAST: Hubert Fermin (De man), Carla Hardy (De vrouw), Akkemay Marynissen (Het meisje), Theu Boermans (De zwager), Ingrid Pollet (De vrouw van de zwager), Jenny Tanghe (Huisvrouw), Jaak Vissenaken, Lucas Vandervorst, André Van Daele, Bert Van Tichelen, Dirk Celis, Dany Geys, Juliette Van de Sompel, Mieke Uytterlinden
LANGUAGE: Dutch
GAUGE: 35 mm
SILENT/SOUND: sound
B&W/COLOUR: colour
MINUTES: 86'

◆ **Menuet** is the surprising (and rather belated) début of Dutch assistant director Lili Rademakers. As Lili Veenman she had worked alongside Federico Fellini on the set of **La dolce vita**, going on to spend the greater part of her career as the assistant to film-maker Fons Rademakers, also her husband. This Belgo-Dutch film was jointly produced by Pierre Drouot, Daniel Van Avermaet and Fons Rademakers, adapted by Hugo Claus and Lili Rademakers from the eponymous novel by Louis-Paul Boon.

The setting for the story is a small industrial town in Flanders. A factory worker is employed in the desolate cold-storage cellars of a brewery. His free time he devotes to collecting romantic images of wild flowers and sticking newspaper cuttings in an album, demonstrating a preference for more gruesome stories. Murders, rapes and acts of violence are the events which accompany his everyday existence and invest it with a tinge of colour. His wife is unhappy with her lot and succumbs to her brother-in-law; an adventure in the garden shed leads to a pregnancy. The man seeks solace in the arms of the thirteen-year-old maid, who views life and the new family situation with a light-hearted cynicism.

The film succeeds in creating a particular atmosphere by adopting the young girl's coolly analytic point of view for the majority of events. The result is a mordant portrait of little people feverishly seeking to brighten up the interminable greyness of their existence.

● **Menuet** est le début surprenant (et tardif) de Lili Rademakers. Cette Néerlandaise participa aux côtés de Federico Fellini, sous le nom de Lili Veenman, au tournage de **La dolce vita**. Par après, elle fut principalement l'assistante du réalisateur Fons Rademakers, son époux. Pierre Drouot, Daniel Van Avermaet et Fons Rademakers ont coproduit ce film belgo-néerlandais. Le scénario, issu des plumes de Hugo Claus et de Lili Rademakers, d'après le livre homonyme de Louis-Paul Boon, se situe dans une petite ville industrielle flamande. Un ouvrier d'usine travaille dans les caves réfrigérantes désolantes d'une brasserie. Pendant son temps libre, il collectionne, dans un album, des images lyriques de fleurs sauvages et des coupures de journaux, de préférence des faits divers horribles. Meurtres, viols et agressions accompagnent au quotidien son existence isolée et lui confèrent un semblant de couleur. Sa femme, elle, attend plus de la vie et se laisse séduire par son beau-frère. L'infidélité consommée dans l'abri du jardin entraîne une maternité. Le mari se console dans les bras de la servante de treize ans, qui jette un regard cyniquement ingénu sur la vie et la nouvelle situation familiale.

L'atmosphère spéciale du film provient surtout du fait que la plupart des événements sont montrés du point de vue froidement analytique de la gamine. D'où un portrait assez amer de petites gens cherchant fébrilement à mettre un peu d'animation dans l'irrévocable grisaille de leur existence.

▶ **Menuet** is het verrassende (en laattijdige) debuut van de Nederlandse regieassistente Lili Rademakers. Als Lili Veenman was ze actief aan de zijde van Federico Fellini, bij het draaien van **La dolce vita**. Later assisteerde ze vooral cineast en echtgenoot Fons Rademakers die, samen met Pierre Drouot en Daniel Van Avermaet, deze Belgisch-Nederlandse coproductie verzorgde. In samenwerking met de cineaste schreef Hugo Claus een scenario naar het gelijknamige boek van Louis-Paul Boon.

Het verhaal is gesitueerd in een Vlaams industriestadje. Een fabrieksarbeider werkt in de desolate vrieskelders van een brouwerij. In zijn vrije tijd verzamelt hij naast lyrische prenten van wilde bloemen, allerlei krantenknipsels, met een absolute voorkeur voor gruwelijke faits divers. Moorden, verkrachtingen en aanrandingen zijn de gebeurtenissen die zijn geïsoleerde dagelijkse bestaan begeleiden en wat kleur moeten geven. Zijn vrouw komt echter niet meer aan haar trekken en laat zich verleiden door haar zwager. Uit hun slippertje in het tuinhuis volgt een zwangerschap. De man zoekt dan maar troost bij het dertienjarige dienstmeisje, dat de wereld en de nieuwe gezinssituatie met een vrolijk cynisme bekijkt.

De speciale sfeer van de film ontstaat doordat een groot deel van het gebeuren vanuit de koele, analyserende geest van het dienstmeisje wordt bekeken. Dit resulteert in een vrij bitter portret van kleine mensen die koortsachtig trachten de onherroepelijke grauwheid van hun bestaan wat op te fleuren. (RS)

Het beest
Paul Collet

Het beest
La bête
Le meilleur
The Beast

DIRECTOR: Paul Collet
YEAR: 1982
COUNTRY: BE-NE
SCREENPLAY: Paul Collet
DIALOGUE: Paul Collet
ASST. DIR.: Stijn Coninx
DIR. PHOT.: Ralf Boumans
CAMERA: Ralf Boumans, Willy Stassen, Frans Leys, Willy Van Sompel
EDITING: Susana Rossberg
SOUND: Henri Morelle
MUSIC: Egisto Macchi
ART DIRECTOR: Philippe Graff, Luke Allaert
COSTUMES: Danny Collet, Suzanne Van Well, Miep Vermeire
PRODUCER: Paul Collet
PROD. CO.: Paul Collet Filmproducties (Antwerpen)
PROD. SUPERV.: Pierre Drouot
CO-PROD. CO.: John De Mol Produkties (Hilversum)
CAST: Willem Ruis (Harry Melchior), Hedie Meyling (Lenie), Cara Van Wersch (Bomma), Anouk Collet (Bibi), Ward De Ravet (Karlsen), Josée Ruiter (Martine), Bert André (Onderzoeksrechter), Freya Ligtenberg (Eveline), Alex Van Haecke (Verzorger), Wim Langeraert (Commando), Paul Goossens (Inspecteur), Harry Kümel (Man op autoweg), Ivo Pauwels (Charles), Filip Van Vlem (Harry 6 jaar)
LANGUAGE: Dutch
GAUGE: 35 mm
SILENT/SOUND: sound
B&W/COLOUR: B&W
MINUTES: 86'

◆ Seven years after the release of **Death of a Nun**, Paul Collet wanted to make a popular film about a serious subject with the well-known Dutch TV-quizmaster Willem Ruis. For the first time, Collet was to direct the production on his own, with his colleague Pierre Drouot remaining involved as executive producer.

The story of **The Beast** centres on a merciless executive working for a property developer. He completely blows his top when his mother is evicted from her house through the actions of his own company. Henceforth he tries everything within his power to start a new life. His career is threatened when the shrewd mistress of the managing director accuses yesterday's born winner of turning into a terminal loser. When his mother dies in an old people's home, he is plagued by guilt and ends up an individual terrorist as the beast within him breaks loose.

With **The Beast**, Collet picks up on the theme of his short film **The Breakthrough** (1966), the struggle of the individual against society. Originally, he had wanted to develop this basic idea into a psychological drama revolving around alienation and nihilism. However, when lead actor Willem Ruis made it clear that his perception of the role was essentially dynamic (with action scenes that would bolster his sharp image), Collet was forced to reconsider his plans. Eventually they came to an agreement, but this only resulted in Collet being dissatisfied and Ruis feeling frustrated. Ruis released a different cut of the film in Holland containing newly filmed sequences, but this version proved no more successful than the one released in Belgium.

● Sept ans après **Mort d'une nonne**, Paul Collet va réaliser une œuvre populaire sur un sujet sérieux avec, en vedette, le grand maître du quiz de la télévision néerlandaise, Willem Ruis. Ce sera la première réalisation en solo de Collet, son compère Pierre Drouot restant toutefois impliqué en tant que producteur exécutif.

La bête raconte l'histoire d'un promoteur immobilier impitoyable qui perd complètement son équilibre intérieur lorsque sa mère est expulsée de sa maison par sa propre entreprise, ce qui l'incite à se lancer à corps perdu dans une autre voie. Sa nouvelle orientation est toutefois menacée lorsque la maîtresse rusée du patron reproche à ce vainqueur-né d'être devenu un perdant patenté. La mort de sa mère dans un home de retraite déclenche finalement sa névrose et le pousse au terrorisme individuel: en lui, la bête se déchaîne.

Avec **La bête**, Collet reprend le thème de son premier court métrage, **La rupture**, tourné en 1966: le combat de l'individu contre une société implacable. Dans son scénario initial, le réalisateur avait poussé davantage cette idée vers la négation et le nihilisme. Mais le comédien principal, Willem Ruis, lui fit vite comprendre qu'il envisageait un rôle plus conforme à son image dynamique de battant, et Collet fut bien obligé de multiplier les scènes d'action. Ce compromis ne put les satisfaire ni l'un ni l'autre, et le film s'en ressent. Willem Ruis parvint toutefois à obtenir un montage de **La bête** plus conforme à ses exigences pour la sortie aux Pays-Bas, en incluant de nouvelles séquences. Néanmoins, l'insuccès fut tout aussi évident qu'en Belgique.

► Zeven jaar na **Dood van een non** wou Paul Collet een populaire film draaien over een ernstig onderwerp met de bekende Nederlandse tv-quizmaster Willem Ruis. Voor het eerst zou Collet alleen de regie verzorgen, maar zijn kompaan Pierre Drouot werd wel als uitvoerend producent bij het project betrokken.

Het beest handelt over de genadeloze directeur van een investeringsmaatschappij. Als blijkt dat zijn moeder uit haar huis gezet wordt door toedoen van zijn eigen bedrijf, gaat hij door het lint en zet hij alles op het spel om zijn leven te veranderen. Zijn carrière komt op de tocht te staan wanneer de geslepen maîtresse van de grote baas hem verwijt dat de geboren winnaar van vroeger tot een hopeloze verliezer is verworden. Als zijn moeder dan nog in het bejaardentehuis overlijdt, voelt hij zich erg schuldig en ontpopt hij zich als een individuele terrorist: het beest in hem breekt los.

Collet herneemt met **Het beest** het thema van zijn eerste kortfilm **De doorbraak** uit 1966, namelijk de strijd van het individu tegen de genadeloze maatschappij. Eerst wou hij dit gegeven uitwerken tot een psychologisch drama over vervreemding en nihilisme, maar toen duidelijk werd dat hoofdacteur Ruis zijn rol op een uiterst dynamische manier wenste te benaderen - met actiescènes die zijn vlotte imago recht zouden doen - moest hij dit idee laten varen. Er werd een compromis gesloten, met als resultaat een ontevreden Collet en een al even gefrustreerde Willem Ruis. Deze laatste bracht in Nederland een andere montage van de film uit, met enkele nieuwe scènes, maar die versie flopte al evenzeer als de in België vertoonde kopie. (RS)

De potloodmoorden

Guy Lee Thys

De potloodmoorden
Meurtres au crayon
The Pencil Murders

DIRECTOR: Guy Lee Thys
YEAR: 1982
COUNTRY: BE
SCREENPLAY: Guy Lee Thys
DIALOGUE: Guy Lee Thys
DIR. PHOT.: Jacques Duesberg
CAMERA: Marc Koninckx
EDITING: Ludo Troch, Guido Henderickx
SOUND: Gérard Rousseau
MUSIC: David Miller
ART DIRECTOR: Dominique Stassart, Myriam Thys, Fabienne Weber
PRODUCER: Guy Lee Thys
PROD. CO.: Skyline Films (Brussel)
CAST: Leslie De Gruyter (Rick Van Houtte), Rosemarie Bergmans (Marilène Van Houtte), Christian Baggen (Leslie Werkers), Bert André (Vertommen), Jaak Van Hombeek (Politie-inspecteur), Souleye Dramé (Souleye), Francis Appariccio (Capriccio), Ronnie Commissaris (Pierre), Warre Borgmans (Carl)
LANGUAGE: Dutch
GAUGE: 35 mm
SILENT/SOUND: sound
B&W/COLOUR: colour
MINUTES: 80'

◆ In 1982, **The Pencil Murders** occupied centre stage in the debate about Belgium's film subsidy policies. After having several of his projects rejected by the grant selection committee - in spite of the reputation he had rapidly built up as a screenwriter - Guy Lee Thys decided to produce his first full-length feature film at his own cost. Not only was the result well received by the critics but its commercial success caused something of a stir when a major distributor/exhibitor ran the film for a good number of weeks in the main Flemish towns. This success followed the painful flops of a series of government-sponsored films (such as **The Slaughterer**, **Hellhole** and **The End of the Journey**) and thus had an all-the-greater impact on the widespread discussions about state film policy.

The film begins with a murderer who kills women by shoving a pencil up their nose and into their brains. The whodunit leads to a surprising denouement which is prepared for in all the traditional ways used by this genre. Over the course of their investigations, the estranged hero and heroine (the police inspector and his wife) are also brought together again romantically. By sleight of hand, Thys is able to conceal his limited financial resources, and the acting ensemble perform very ably. The original idea was to share any profits between all those who had worked on the film, but in spite of a heated discussion between Thys and the distributor there was little to share. This incident caused Thys to be branded for some time as a "cinéaste maudit".

● A sa sortie en 1982, **Meurtres au crayon** se retrouva au centre d'un débat sur la politique cinématographique belge. Malgré une réputation de scénariste rapidement acquise, Guy Lee Thys s'était vu refuser plusieurs projets par la Commission de Sélection. Il décida donc de produire son premier long métrage sur fonds propres. Le résultat connut un accueil sympathique de la part de la critique et un gros succès commercial lorsqu'un important distributeur/exploitant maintint le film à l'affiche des principales villes flamandes pendant de longues semaines. L'événement eut un impact significatif sur les nombreuses discussions se déroulant à l'époque à propos de la politique cinématographique du pays, surtout après les lourds échecs de **La carne**, **Le trou de l'enfer** et **La fin du voyage**, trois films qui avaient bénéficié de subventions.

Point de départ de ce film: un assassin liquide des femmes en leur enfonçant un crayon dans le cerveau par le nez. Le thriller connaît ensuite un dénouement déroutant auquel on aboutit via les voies classiques du genre. On y voit un rapprochement entre le héros et l'héroïne (l'inspecteur de police et sa femme) dont les chemins s'étaient séparés. Thys réussit à camoufler le manque de moyens grâce à quelques astuces scénaristiques et sut trouver une série de bons acteurs prêts à s'embarquer dans l'aventure. Sa volonté étant de partager les recettes du film entre tous les collaborateurs, il s'engagea dans une âpre discussion avec le distributeur: en vain, puisqu'il ne restait pas grand-chose à partager. Par la suite, Thys promena une réputation de cinéaste maudit.

▶ In 1982 stond **De potloodmoorden** centraal in het debat over het Belgische filmbeleid. Nadat verschillende van zijn projecten door de Selectiecommissie afgewezen waren, ondanks de reputatie die hij als scenarist op korte tijd had opgebouwd, besloot Guy Lee Thys met eigen middelen zijn langspeelfilmdebuut te produceren. Het resultaat werd niet alleen vriendelijk ontvangen door de kritiek, het deed commercieel ook enig stof opwaaien toen een belangrijk filmverdeler/exploitant de film in de grootste Vlaamse steden wekenlang op de affiche hield, wat na het pijnlijke floppen van o.a. **Slachtvee**, **Hellegat** en **Het einde van de reis** zo zijn weerslag had op de vele discussies rond het filmbeleid in ons land dat deze films wél had gesteund.

Het vertrekpunt van deze thriller zijn de moorden op een aantal vrouwen bij wie een potlood via de neus in de hersenen gestoten werd. Tijdens de zoektocht naar de dader groeien de van elkaar vervreemde hoofdpersonages (de politie-inspecteur en zijn vrouw) terug naar elkaar toe, waarna deze "whodunit" een verrassende ontknoping krijgt, die langs de klassieke paden van het genre aangebracht wordt. Thys weet het gebrek aan middelen door scenaristische trucs meestal goed te camoufleren en vond een aantal behoorlijke acteurs bereid mee in dit avontuur te stappen. Bedoeling was de medewerkers te laten delen in de opbrengsten, maar ondanks een fikse discussie tussen de maker en de distributeur van de film bleek er bitter weinig te zijn om uit te delen. Het bezorgde Thys een tijdlang de reputatie van "cinéaste maudit". (MA)

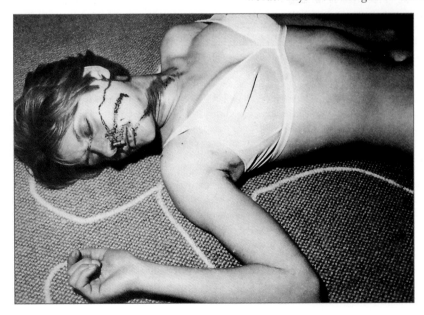

Meurtres à domicile

Marc Lobet

Meurtres à domicile
Kettingmoord aan huis
Moord aan huis
Home Murders

DIRECTOR: Marc Lobet
YEAR: 1982
COUNTRY: BE-FR
SCREENPLAY: Jean Van Hamme, Marc Lobet
BASED ON: Hôtel meublé, written by Thomas Owen
DIALOGUE: Jean Van Hamme, Marc Lobet
ASST. DIR.: Chris Van den Broecke
DIR. PHOT.: Ken Legargeant
CAMERA: Ken Legargeant, Willy Stassen, Paul Gruszow
EDITING: Marc Lobet, France Duez, Bernadette Dupont
SOUND: Ricardo Castro, Miguel Réjas, Roger Defays, Joun Poetzl
MUSIC: Ricardo Castro, Serge Schots
ART DIRECTOR: Luc Monheim, Jean-François Chandelle, Mark Henkens
COSTUMES: Anne Verhoeven
PRODUCER: Violette Vercruyssen, Jacques Vercruyssen, Romaine Legargeant
PROD. CO.: ODEC (Bruxelles), Babylone Films (Paris)
CAST: Anny Duperey (Inspecteur Aurelia Maudru), Bernard Giraudeau (Max Queyrat), André Bernier (Oswald Stricker), Daniel Emilfork (Julius Zepernick), Eva Ionesco (Pauline), Marie-Ange Dutheil (Madame Vianna), Alain Flick (Ange Auber), Idwig Stéphane (Raoul Queyrat), Charles Berling (Inspecteur Focard), Jean Paul Connart (Inspecteur Willemsen), Roger Dutoit (Commissaire Prinz), Alexandre Von Sivers (Le bijoutier)
LANGUAGE: French
GAUGE: 35 mm
SILENT/SOUND: sound
B&W/COLOUR: colour
MINUTES: 90'

◆ Marc Lobet's career spanned an impressive range of advertisements and reportages for television and a feature début with the children's film **Woodplum**. His second feature, **Home Murders**, marked another change of genre. Based on a Thomas Owen novel, this detective thriller with touches of the fantastic is a respectable piece of entertainment. An imposing grand hotel is let in separate apartments by an unsettling antique dealer. All the residents are equally bizarre: they include a washer of corpses, a clairvoyante with a dab hand in witchcraft, a pornographic sculptor, a colonial ornithologist, a ham actor and a mysterious old gentleman. And then one, two, three dead bodies... Fortunately, among the inhabitants is also a police inspector, played by Anny Duperey in full form. She takes charge of the case only to discover, as in every classic detective story, that all the characters are equipped with both an alibi and a motive. The murderer is revealed as the one we least expected and the ending of Thomas Owen's story lies somewhere between the weird and the whimsical.

If there is an artificiality inherent in all murder-mystery tales, in this case it is safe in the hands of a top-notch cast, who bring out the picturesque in their characters, and set designer Luc Monheim, an interesting film-maker and extremely talented sculptor in his own right, who creates here a strange and stifling atmosphere. The dialogue is sharp and witty without falling into the trap of auteurism. One of the commercial successes of the eighties.

● Marc Lobet a signé une impressionnante série de clips publicitaires ou de reportages télévisés, avant d'aborder le long métrage avec un film pour la jeunesse: **Prune des bois**. **Meurtres à domicile**, une intrigue policière assez rocambolesque adaptée d'un roman de Thomas Owen, constitue un honorable travail de divertissement. Un grand hôtel de maître très imposant est loué en appartements par un propriétaire antiquaire aux allures inquiétantes. Tous ses habitants sont bizarres: laveur de morts, voyante adepte de sorcellerie, sculpteur pornographe, colonial ornithologue, acteur cabotin, vieux monsieur aux mystérieuses activités. L'intrigue peut commencer: un mort, deux morts, trois morts. Heureusement, parmi les occupants, il y a une femme inspecteur de police, jouée par Anny Duperey, en grande forme, qui va mener dynamiquement une enquête aux nombreux rebondissements. Comme dans tout récit policier classique, tous les suspects ont à la fois un alibi et un mobile. Le meurtrier sera - bien entendu - celui que l'on soupçonnait le moins et la fin du récit de Thomas Owen se situe entre fantastique et fantasque.

Le côté artificiel de tout roman policier à énigme est ici bien pris en charge par une série de comédiens belges et français, qui rendent pittoresques leurs personnages, et par une atmosphère étouffante et étrange bien installée par Luc Monheim, lui-même sculpteur et cinéaste, qui a assumé la décoration de cette maison mystérieuse. Les dialogues sont vifs et drôles, tout en évitant l'écueil du mot d'auteur. Ce fut un succès commercial des années 80. (JA)

▶ Marc Lobet was regisseur van een indrukwekkende reeks reclamespots en televisiereportages voor hij zijn eerste langspeelfilm maakte, de jeugdfilm **Boskaatje**. Een volgend werk, **Meurtres à domicile**, is een anderhalf uur eerlijke ontspanning, een lichtjes fantastisch politieverhaal naar een roman van Thomas Owen. Een louche antiquair is eigenaar van een groot en imposant herenhuis, waarvan hij de ruimten als afzonderlijke appartementen verhuurt. Alle bewoners zijn rare vogels: een lijkenwasser, een zieneres met gevoel voor tovenarij, een pornografisch beeldhouwer, een koloniaal met een passie voor ornithologie, een mislukt acteur en een oude heer die er mysterieuze activiteiten op nahoudt. De intrige kan beginnen: één dode, twee doden, drie doden... Gelukkig bevindt zich onder de huurders ook een vrouwelijke politie-inspecteur, vertolkt door een in topvorm verkerende Anny Duperey. Zij leidt het onderzoek op dynamische wijze. Zoals in elke klassieke politiethriller heeft iedere verdachte zowel een alibi als een motief. En natuurlijk onthult de fantastische en ongrijpbare finale van Thomas Owens verhaal de minst waarschijnlijke kandidaat als de dader.

Detectiveromans hebben altijd wel iets artificieels, maar hier wordt de intrige stevig bij de horens gevat door rasacteurs die hun personages heel pittoresk neerzetten; ook de bevreemdende en beklemmende sfeer van het mysterieuze huis, ontworpen door decorateur Luc Monheim (overigens zelf cineast en beeldhouwer), draagt zijn steentje bij. De dialogen zijn vinnig en rijk aan humor. Een kassucces uit de jaren 80.

Avant la bataille

Janusz Kijowski

Co-production

Avant la bataille
Before the Battle

DIRECTOR: Janusz Kijowski
YEAR: 1982
COUNTRY: PL-BE
SCREENPLAY: Janusz Kijowski, Marian Handwerker
DIR. PHOT.: Patrice Payen
CAMERA: Patrice Payen
EDITING: Dominique Van Goolen
SOUND: Alain Sironval
MUSIC: Fabien Audooren
PRODUCER: Jerzy Sebesta, Patrick Desmeyter
PROD. CO.: Film Polski (PL), Zespoly Filmowe (PL), Politfilm (Bruxelles)
CAST: Szymon Zaleski, Seweryn Blumsztajn, Marek Edelman, Adam Ferency, Andrzey Gwiazda, Krystyna Janda, Kazimierz Kaczor, Tadeusz Konwicki, Jacek Kuron, Jozef Kusmierek, Joanna Lissner, Jan Litynski, Tadeusz Mazowiecki, Adam Michnik, Karol Modzelewski, Szymon Pawlicki, Wojtek Pszoniak, Jan Szurmiej, Lech Walesa
LANGUAGE: Polish
SILENT/SOUND: sound
B&W/COLOUR: colour
MINUTES: 90'

Janusz Kijowski

Cap Canaille

Juliet Berto, Jean-Henri Roger

Co-production

Cap Canaille

DIRECTOR: Juliet Berto, Jean-Henri Roger
YEAR: 1982
COUNTRY: FR-BE
SCREENPLAY: Jean-Henri Roger, Claude Vesperini, Juliet Berto
DIALOGUE: Boris Bergman, Jean-Henri Roger
ASST. DIR.: Alain Nahum, Luc Delasnerie, Faouzi Kasri, Jean-Pierre Senelier
CAMERA: William Lubtchansky
EDITING: Nicole Lubtchansky, Louise De Champfleury, Jean-Pierre Sanchez
SOUND: Ricardo Castro, Miguel Réjas
MUSIC: Elisabeth Wiener
ART DIRECTOR: Max Berto, Eric Klein
COSTUMES: Christian Gasc, Rosalie Varda
PRODUCER: Ken Legargeant, Romaine Legargeant
PROD. CO.: Babylone Films (Paris), UGC Images (Paris), TOP 1 (Paris), ODEC (Bruxelles), F3 (Bruxelles)
ASSOC. PROD.: Jacques Vercruyssen, Godefroid Courtmans
EXEC. PROD.: Jean-Claude Patrice
LANGUAGE: French
GAUGE: 35 mm
SILENT/SOUND: sound
B&W/COLOUR: colour
MINUTES: 103'

CAST: Juliet Berto (Paula Barretto), Richard Bohringer (Vergès), Jean-Claude Brialy (Maître Kebadjan), Bernadette Lafont (Mireille Kebadjan), Patrick Chesnais (Wim), Gerard Darmon (Nino Bareto), Richard Anconina (Mayolles), Nini Crépon (Dugrand), Raul Gimenez (Ernest la gâchette), Andrex (Pascal Andreucci), Jean Maurel (Ange Andreucci), Toni Cecchinato (Hugo Zipo), Richard Martin (Jo l'architecte), Isabelle Ho (Miss Li), Alain Chevalier (Jean-Philippe), Pierre Maguelon (Varenne), Faduma Yanni (Gueule de nuit), Daniela Bisconti (La barmaid), Samy Szlingerbaum (L'employé des wagons-lits), Yann Dedet, Nicola Donato, Alexandre Fabre (Les hommes de main)

Traversées

Mahmoud Ben Mahmoud

Traversées
Crossing Over
Ubour

DIRECTOR: Mahmoud Ben Mahmoud
YEAR: 1982
COUNTRY: BE-TI
SCREENPLAY: Mahmoud Ben Mahmoud, Philippe Lejuste, Fadhel Jaziri
DIALOGUE: Mahmoud Ben Mahmoud, Fadhel Jaziri, John Boyle
ASST. DIR.: Francis De Laveleye
DIR. PHOT.: Gilberto Azevedo
CAMERA: Yves Vandermeeren, Chedli Chaouachi, Luc Drion, Ridha Sraieb
EDITING: Moufida Tlatli, Sabah Ben Amar
SOUND: Fawzi Thabet, Hachemi Joulek
MUSIC: Francesco Accolla
ART DIRECTOR: Maryse Houyoux
COSTUMES: Mouchy Houblinne
PROD. CO.: Marisa Films (Bruxelles), SATPEC (Tunis)
PROD. SUPERV.: Jacques De Pauw, Selma Baccar
CAST: Fadhel Jaziri (L'Arabe), Julian Negulesco (Le Polonais), Vincent Grass, Christian Maillet, Colette Emanuelle, Gustave Benout, Namadi Ben Saad, Bernard Crakzyck, Jean-Pierre Dauzun, Guido De Belder, William Del Visco, Harry De Peuter, Slim El Fliti, Colette Forton, Guy Ostie, Gérald Marti, Alain Ricar, Derek Riley, Max Schnur, Nar Sene, Claire Servais, François Sikivie, Bert Van Tichelen, Eddy Verecken
LANGUAGE: English, French, Dutch
GAUGE: 35 mm
SILENT/SOUND: sound
B&W/COLOUR: colour
MINUTES: 98'

◆ A Belgo-Tunisian co-production allowed Mahmoud Ben Mahmoud to mount his first film, which in 1982 justly proved a great critical success. Its powerful subject matter is handled with a restraint that bitterly underlines the absurd treatment of refugees, a theme still relatively unexplored at the beginning of the eighties.

On a 31st of December, between England and the continent, two passengers are turned away by first the English and then the Belgian authorities, only to find themselves prisoners on board the car ferry that commutes between the two borders. Condemned to wander the Channel in an absurd shuttle, each makes his own attempt at escape. The first is a man of Slavonic origin in search of "freedom", the second a wandering Arab traveller. From one shore to the other they are subjected to police interrogations, incomprehensible administrative humiliations and the usual straightforward brutality. By way of a sweetener, they are invited to participate in a hilarious New Year's Eve party. In Ostend, they delight in an opportunity to abscond... No feeling of solidarity and no relationship grows between the two men, not even on a tacit level. Pushed over the edge, lost, the Slav is driven to commit an irreparable act whilst the Arab writes a letter to his ambassador, a final and perhaps hopeless bid to overcome his metaphysical distress.

The sober mise en scène and well-written dialogue underline the cruelty and inhumanity of the men's plight. In its very avoidance of pathos or melodrama this assertion rings all the more true, developing real violence beneath the surface.

● C'est une coproduction entre la Tunisie et la Belgique qui a permis à Mahmoud Ben Mahmoud de monter ce premier film qui, en 1982, allait à juste titre remporter un grand succès d'estime. Le sujet est fort, inattendu, et traité avec une retenue qui souligne amèrement l'aberrante condition des réfugiés, thème encore novateur au début des années 80.

Un 31 décembre, entre l'Angleterre et le continent, deux passagers sont refoulés par les autorités britanniques, puis par leurs homologues belges, pour se retrouver prisonniers à bord du car-ferry reliant les deux frontières. Condamnés à parcourir la Manche dans une navette maritime, incessante et absurde, ils tenteront de s'échapper, chacun à sa manière. Le premier est un homme d'origine slave en quête de "liberté"; l'autre, un voyageur arabe. D'une rive à l'autre, ils subiront des interrogatoires policiers, des vexations administratives incompréhensibles, des brutalités ordinaires. En compensation, ils seront invités à participer à un dérisoire réveillon, et s'offriront une courte fugue à Ostende... Entre les deux hommes, point de solidarité, point d'alliance, même tacite. Poussé à bout, perdu, le Slave commettra par désespoir un acte irréparable, tandis que l'Arabe finira par écrire à son ambassadeur, ultime et sans doute inutile recours à sa dérive métaphysique.

Une mise en scène sobre et de solides dialogues soulignent la cruauté et l'inhumanité de cette situation sans issue. Ce constat sans pathos ni mélodrame, et par là même juste, développe efficacement une violence tout intérieure. (JA)

▶ Deze Belgisch-Tunesische coproductie gaf Mahmoud Ben Mahmoud de kans zijn eerste film te maken, die in 1982 terecht veel waardering kreeg. Het zware onderwerp wordt behandeld met een ingetogenheid die op bittere wijze de absurde positie onderstreept van de vluchteling, een thema dat begin jaren 80 nog vernieuwend was.

Het is 31 december. Tussen Engeland en het continent worden twee passagiers geweigerd, eerst door de Britse en vervolgens door de Belgische autoriteiten. Ze zitten gevangen aan boord van de ferry die de twee grenzen verbindt. Ieder probeert op zijn manier te ontsnappen aan dit absurde heen en weer varen over het Kanaal, waartoe ze gedoemd zijn. De ene is van Slavische afkomst en op zoek naar "vrijheid", de andere is een rondreizende Arabier. Op beide kusten worden ze onderworpen aan politieverhoren, onbegrijpelijke administratieve pesterijen en de gebruikelijke grofheden. Bij wijze van compensatie worden ze uitgenodigd op een bespottelijke oudejaarsavond en knijpen ze er even tussenuit te Oostende... Tussen hen ontstaat geen greintje solidariteit of verbondenheid. Tot het uiterste gedreven en totaal verloren, pleegt de Slaaf uit wanhoop een onherroepelijke daad, terwijl de Arabier naar zijn ambassadeur schrijft in een laatste vergeefse poging om weer vaste grond onder de voeten te krijgen.

De sobere mise-en-scène en de sterke dialogen benadrukken de wreedheid en de onmenselijkheid van zo'n uitzichtloze situatie. Dit verslag is verstoken van vals pathos of sentimentaliteit en getuigt zo van een grote geloofwaardigheid en een sfeer van verinnerlijkt geweld.

Toute une nuit

Chantal Akerman

Toute une nuit
All Night Long
One Whole Night

DIRECTOR: Chantal Akerman
YEAR: 1982
COUNTRY: BE-FR
SCREENPLAY: Chantal Akerman
ASST. DIR.: Liria Bégéja, Ignacio Carranza, Jean-Philippe Laroche
CAMERA: Caroline Champetier
EDITING: Luc Barnier
SOUND: Ricardo Castro, Miguel Réjas, Henri Morelle, Daniel Deshays
ART DIRECTOR: Michèle Blondeel
COSTUMES: Michèle Blondeel
PRODUCER: Marilyn Watelet
PROD. CO.: Paradise Films (Bruxelles), Avidia Films (Paris)
PROD. SUPERV.: Nicole Flipo
ASSOC. PROD.: Gerrick Films (Paris), Lyric Films (Paris), Partner's Production (Paris), CBA (Bruxelles), Film International (Rotterdam), Ciné 360 (Québec)
CAST: Angelo Abazoglou, Frank Aendenboom, Natalia Akerman, Véronique Alain, Paul Allio, Jacques Bauduin, François Beukelaers, Michèle Blondeel, Philippe Bombled, Ignacio Carranza, Aurore Clément, Christiane Cohendy, Nicole Colchat, Edith De Barcy, Dirk De Batist, Laurent De Buyl, Jan Decleir, Jan Decorte, Ingrid De Vos, Alix Dugauquier, Marie-Ange Dutheil, Luc De Koning, Philippe Ekkers, Bénédicte Erken, David Errera, Pierre Forget, Herman Gilis, Catherine Graindorge, Brigid Grauman, Lucy Grauman, Michel Karchevsky, Tcheky Karyo, Nadine Keseman, Pierre Lampe, Francine Landrain, Grégoire Lapiower, Jean-Philippe Laroche, Susanna Lastreto, Christine Leboutte, Carmela Locantore, Chris Lomme, Michel Lussan, Sylvie Milhaud, Claire Nelissen, Gisèle Oudart, Janine Patrick
LANGUAGE: French
GAUGE: 35 mm
SILENT/SOUND: sound
B&W/COLOUR: colour
MINUTES: 90'

◆ A stormy summer night in Brussels. Men and women sweat through the tense, sultry heat until dawn, living, dreaming of or stumbling across love. Solitude too, occasionally also passion. It is as if time is suspended, magnified by desire and anticipation. Something will happen this evening: it is inevitable. And thus a ballet takes shape, a puzzle, a chassé-croisé. Chantal Akerman offers us "fragments of lovers' discourse", pieces from a novel. A dozen couples or so begin, end or continue a romance, the course of which is traced by simple bold motifs such as the songs of Piaf. The stories take us in taxis and train stations, telephone calls, hotel rooms, hastily packed suitcases and crumpled bedsheets. The partners stay for three dances and then leave the floor. Couples are suddenly split apart by a coup de foudre, truths shatter the silence like gunfire.

This is the meeting point of photo-narrative and the filmic avant-garde. Once again Akerman's characteristic stylistic devices are present: the static camera, extremely geometric framings, long sequences and the precise yet slightly off-key acting - the cast seem more involved in their own truths than in reality. Three dances mark the rhythm of the film, the only pieces of music in a soundtrack made up of sounds and infrequent dialogue. The cinema of Akerman on the one hand is positioned by its grammar in the modernist tradition (with its use of the cut, elongation of time, freedom of the characters and deconstruction of the narrative); on the other it draws upon and is based in a sensibility exploring the universal nature of the novelesque.

● Une nuit donc à Bruxelles. Une nuit d'été et d'orage. Jusqu'à l'aube, des hommes et des femmes, dans la moiteur, l'énervement de la chaleur, vivent, rêvent ou rencontrent l'amour. La solitude aussi, la passion parfois. Le temps est comme suspendu, magnifié par le désir et l'attente. Il faut qu'il se passe quelque chose ce soir-là. Alors s'organise comme un ballet, un puzzle, un chassé-croisé. Chantal Akerman nous propose des "fragments de discours amoureux", des morceaux de roman. Une dizaine de couples amorcent, terminent ou continuent une histoire de cœur qui se lit au travers de signes simples et forts, comme dans les chansons de Piaf. Il y a les taxis et les gares, les coups de téléphone, les chambres d'hôtel, les valises faites à la hâte, les draps froissés. Les partenaires font trois petits tours et puis s'en vont. Des coups de foudre fracassent les couples, des vérités claquent comme des coups de revolver.

Là, le roman-photo rencontre le cinéma d'avant-garde. On retrouve les constantes du style d'Akerman: plans fixes, cadrages très géométriques, séquences longues, acteurs qui jouent juste mais un peu décalé; ils semblent avoir un rapport plus intense avec leur vérité qu'avec la réalité. Trois danses rythment le film, seuls passages musicaux dans une bande "son" faite de bruits et de rares dialogues. Le cinéma de Chantal Akerman appartient par son langage à la modernité (avec le cut, l'étirement du temps, la liberté des personnages, la déconstruction du récit), tout en s'appuyant sur une sensibilité qui explore l'universel du romanesque. (JA)

► Een zomerse onweersnacht in Brussel. Tot aan het ochtendgloren, in de vochtige warmte, beleven mannen en vrouwen de liefde, dromen ervan of vinden haar op hun pad. De tijd lijkt stilgezet door het verlangen. Er staat iets te gebeuren, onontkoombaar. Zo vormt Akerman een soort ballet, een legpuzzel van dansers die elkaar steeds weer kruisen, met fragmenten van gesprekken tussen geliefden als stukjes uit een roman. Een tiental paren begint, beëindigt of vervolgt een liefdesverhaal dat we lezen uit eenvoudige maar krachtige signalen, zoals in de chansons van Piaf. De film neemt ons mee in taxi's, stations en hotelkamers: de telefoontjes, de haastig gepakte koffers, de gekreukte lakens, de partners die wat rond elkaar draaien en dan weer vertrekken... Er hangt een "coup de foudre" in de lucht, maar de donder drijft de koppels weer uiteen; de waarheid slaat in als een revolverschot.

De film, een snijpunt tussen fotoroman en avant-garde, vertoont de typische stijlkenmerken van Akerman: vaste cameraopstelling, geometrische kadrering, lange scènes. De acteurs spelen hun rol correct maar toch net uit de toon: zij schijnen meer begaan met hun eigen waarheden dan met de werkelijkheid. Drie dansen geven het ritme van de film aan: de enige muzikale passages in een klankband die enkel uit geluiden en zeldzame dialogen bestaat. Akermans films behoren door hun syntaxis tot het modernisme (de scherpe overgangen, het uitrekken van de tijd, de vrijheid van de personages, de deconstructie van het verhaal), maar zijn tegelijkertijd gericht op de universele waarden van het romaneske.

Hiver 60

Thierry Michel

Hiver 60
La maison du peuple
Winter 60

DIRECTOR: Thierry Michel
YEAR: 1982
COUNTRY: BE
SCREENPLAY: Jean-Louis Comolli, Jean Louvet, Christine Pireaux, Thierry Michel
DIALOGUE: Jean Louvet
ASST. DIR.: Jacques Raket, Christine Pireaux
DIR. PHOT.: Walther Vanden Ende, Alessandro Usai
CAMERA: Patrick Decoster, Pierre Gordower
EDITING: Fernando Cabrita, Adriana Moreira
SOUND: Ricardo Castro, Miguel Réjas
MUSIC: Marc Herouet
ART DIRECTOR: Françoise Hardy, Yves Deneuter, Philippe Antoine, Noëlle Frankinet
COSTUMES: Cécile Pécher
PROD. CO.: Les Films d'Hiver (Bruxelles), RTBF (Bruxelles)
PROD. SUPERV.: Tom Coene, Guy De Lombaert
CAST: Philippe Léotard (André), Christian Barbier (Son père), Jenny Cleve (Sa mère), Marie-Ghislaine Bernard (Sa femme), Paul Louka (Fred), Ronny Coutteure (Albert), Jean Louvet (Camille), Alain Soreil (Julien), Françoise Bette (Monique), Yvette Merlin (Sa mère), Stéphane Goffet (Enfant), Marcel Dossogne (Enseignant), Edgard Cartillier (Pensionné), Bob Deschamps (Maïeur), Bert André (Marinier), Jean-Pierre Dauzun (Syndicaliste), Jules Goffoux (Syndicaliste), Jean-Paul Dermont (Chrétien), André Leenaerts (Inspecteur), René Thierry (Journaliste), Liliane Becker, Frans Buyens, Cécile Brahy, Nicole Colchat, Christian Courtois, André Dervelle, Mireille Fafra, Any Frenay, Bernard Graczyk, Robbe de Hert, Marcelle Imhauser, Willy Josse, Michel Lagasse, Anne-Marie Loop, Quentin Milo, Michel Nikov
LANGUAGE: French
GAUGE: 35 mm
SILENT/SOUND: sound
B&W/COLOUR: colour
MINUTES: 99'

◆ Twenty years after the event, Thierry Michel re-created in a feature film what was dubbed "the great strike", an insurrectionist movement which brought Belgium to a standstill in 1960 and sparked violent confrontations which have remained imprinted on the memory of the working class. Factory sabotages, red and black flags: the anger ran very deep, almost in anticipation of things to come - the crisis in the steel industry, factories closing and Wallonia's economic disaster. With the help of playwright Jean Louvet (who also plays Camille, the arriviste trade unionist), the director wanted to render a collective drama through the fate of individuals. Each character is the spokesperson for a particular attitude or conflict. André embodies them all: he is against the overly strategic and ambiguous unions; against his militant, honest and prudent father; against his wife who desires to be successful and not saddle herself with a child; against his workmates, who hesitate between defeatism, rebellion and success, and against himself, unable to live the loss of his hope. In juxtaposition to him a woman finds, in a short-lived adventure, a reason for living in freedom.

This ambitious project, resonating with the breath of history and the harsh working-class struggles, was constrained by a lack of financial resources. In the script as in the direction sparsity prevails, creating an impression of bleakness. We are left with the emotion of truth, the authenticity of the characters and the record of a "never again" which proved unable to muster the strength necessary to match the injustice, which truly would have transformed this film into a powerful saga.

● Vingt ans après, Thierry Michel fait revivre dans un film de fiction ce que l'on a appelé "la grande grève", le mouvement insurrectionnel qui a paralysé la Belgique en 1960, et amené des violences qui ont marqué la mémoire de la classe ouvrière. Sabotages d'usine, drapeaux rouges et drapeaux noirs, la colère a été très loin, comme si elle pressentait l'inéluctable qui était déjà en marche: la crise de la sidérurgie, les fermetures d'usine et l'entrée de la Wallonie dans une économie sinistrée.

Aidé par le dramaturge Jean Louvet (qui joue aussi le rôle de Camille, le syndicaliste arriviste), le réalisateur a voulu évoquer un drame collectif à travers des destins individuels. Chaque personnage est le porte-parole d'une attitude ou d'un conflit. André les cumule tous: il est contre le syndicat trop stratège et ambigu, contre son père militant honnête et prudent, contre sa femme qui veut réussir et ne pas s'encombrer d'enfant, contre ses copains qui hésitent entre le défaitisme, la révolte et l'envie de gagner, enfin, contre lui-même qui ne peut vivre la perte de l'espoir. Face à lui, une femme va, dans une aventure sans lendemain, trouver une raison de vivre libre.

Pour réaliser ce projet ambitieux où passent la brise de l'histoire et la dureté des luttes ouvrières, Thierry Michel a été ligoté par un manque évident de moyens financiers. Dans le scénario comme dans la réalisation, il y a la pauvreté partout, d'où une impression de tristesse. Restent l'émotion du vrai, la justesse des personnages et la captation d'un "jamais plus". Cependant, l'injustice et la révolte ne sont jamais montrés avec le souffle nécessaire qui aurait transformé le film en une saga forte. (JA)

▶ Twintig jaar na dato bracht Thierry Michel wat men de "grote staking" noemde - de opstand van 1960 die België stillegde, gewelddadigheden uitlokte en sindsdien gebrand staat in het collectieve geheugen van de arbeidersklasse - opnieuw tot leven in een fictiefilm. Sabotage in de fabrieken, rode en zwarte vlaggen: de woede zat heel diep, als was er een voorgevoel van de onafwendbare crisis in de metaalindustrie, van de fabriekssluitingen en de economische achteruitgang van Wallonië. Samen met dramaturg Jean Louvet (die tevens de arrivistische syndicalist Camille speelt) trachtte de regisseur een collectief drama te evoceren aan de hand van individuele lotsbestemmingen. Ieder personage symboliseert een bepaalde houding of conflict. André belichaamt het hele gamma: de strijd tegen de vakbond, die te strategisch en dubbelzinnig te werk gaat; tegen zijn vader, een eerlijk doch voorzichtig militant; tegen zijn vrouw, die wil slagen zonder met een kind opgescheept te zitten; tegen zijn vrienden, die aarzelen tussen defaitisme, opstand en overwinning, en tegen zichzelf, omdat hij niet kan leven zonder hoop. Tegenover hem staat een vrouw die in een avontuurtje een reden ontdekt om een vrij leven te leiden.

Om zo'n ambitieus project, bezield door de geschiedenis en de strijd van de arbeiders, te realiseren, beschikte Michel over een te krap budget. Zowel het scenario als de regie dragen daar de sporen van, wat een doordringende sfeer van triestheid schept. Wat overblijft is echte emotie, tastbare personages en een gevoel van "dit nooit meer", maar het onrecht en de opstandigheid worden niet sterk genoeg weergegeven om de film tot een echt aangrijpende saga te maken.

Le lit
Marion Hänsel

Le lit
Het bed
The Bed

DIRECTOR: Marion Hänsel
YEAR: 1982
COUNTRY: BE-SZ
SCREENPLAY: Marion Hänsel
BASED ON: Le lit, written by Dominique Rollin
DIALOGUE: Marion Hänsel
ASST. DIR.: Dominique Guerrier, Pierrot de Heusch
DIR. PHOT.: Walther Vanden Ende
CAMERA: Walther Vanden Ende
EDITING: Susana Rossberg
SOUND: Henri Morelle
MUSIC: Serge Kochyne
ART DIRECTOR: Marie-Françoise Manuel
COSTUMES: Marie-Françoise Manuel
PRODUCER: Marion Hänsel
PROD. CO.: Man's Films (Bruxelles), Eôs Films (Chêne-Bourg)
PROD. SUPERV.: Jacques De Pauw
ASSOC. PROD.: Jean-Marc Anchoz
CAST: Heinz Bennent (Martin), Natasha Parry (Eva), Francine Blistin (Caroline), Johan Leysen (Bruno), Patrick Massieu (Tardif)
LANGUAGE: French
GAUGE: 35 mm
SILENT/SOUND: sound
B&W/COLOUR: colour
MINUTES: 80'

◆ Marion Hänsel was trained as an actress. She made her directorial début with a short film (**Equilibrium**) before tackling **The Bed**, her first feature-length production. Using a script adapted from a remarkable novel by Dominique Rollin, she hardly started off with an easy subject complete with happy ending. Her film is the story of an agony, of two women endlessly awaiting the death of the man they love, or loved. The barge where this sculptor - a force of nature who refuses suffering and death - lives and works becomes the isolated setting for a tragic drama. The two women know, the man refuses to admit, and so centre stage is taken by the unsaid, white lies and deceptions. Omnipresent are the rattle and the whisper of death, invading the soundtrack and building a tension between the desire for deliverance and the fear of the irreparable. Yet this film is devoid of morbidity; on the contrary, it speaks only of love and life. Outside, it is winter in a Flanders of white and blue hues trapped beneath the snow; within, the terrible progress of time is punctuated by flashbacks, memories of sensuality, seduction, happiness.

The director's hand is modest and self-effacing, precisely as befits the theme, highlighting all the more strongly the intensity of the subject matter, which is given a tactful yet powerful treatment by Hänsel. As such, **The Bed** represents a very convincing entry into the world of film and a direct demonstration of the sensitivity of its director and her skill at handling "heavy" subjects with great delicacy.

● Marion Hänsel a une formation de comédienne. Elle passe derrière la caméra avec un court métrage, **Equilibre**, et pour **Le lit**, son premier long métrage, elle s'appuie sur un scénario tiré d'un très beau roman de Dominique Rollin. Hänsel, pour ses débuts, n'a pas choisi un sujet facile à happy end. Son film est l'histoire d'une agonie. Deux femmes attendent interminablement la mort de l'homme qu'elles aiment ou qu'elles ont aimé. Dans la péniche où habite et travaille ce sculpteur, une force de la nature qui refuse la souffrance et la disparition (Heinz Bennent), va se jouer, entre ces trois personnages, un huis clos tragique. Elles savent, tandis que lui refuse d'admettre. C'est alors le jeu du non-dit, des mensonges pieux, des leurres. Omniprésents, le bruit d'un râle, le souffle de la mort envahissent la bande son et créent une tension, à la fois désir de délivrance et peur de l'irrémédiable. Et pourtant, toute morbidité est absente de ce film qui, a contrario, ne parle que d'amour et de vie. Dehors, c'est l'hiver, une Flandre blanche et bleutée prise par la neige. Dedans, le terrible écoulement du temps est ponctué par des flash-back, souvenirs de sensualité, de séduction, de bonheur.

La réalisation modeste, et par cela même juste, s'efface pour mieux mettre en valeur l'intensité du sujet, que Marion Hänsel aborde à la fois avec pudeur et force. Une belle entrée dans le cinéma, qui a directement dégagé les qualités de sensibilité de son auteur, adepte de sujets "durs" traités avec retenue. (JA)

▶ Marion Hänsel genoot een opleiding als actrice. Ze begon als regisseuse met een kortfilm, **Equilibre**. Haar eerste langspeelfilm, **Le lit**, was gebaseerd op een opmerkelijke roman van Dominique Rollin: allerminst een gemakkelijk onderwerp met een happy end. Haar film is het verhaal van een doodsstrijd. Twee vrouwen wachten eindeloos op de dood van de man van wie ze houden of gehouden hebben. Op de boot waar deze beeldhouwer - een natuurkracht die zich verzet tegen het lijden en het heengaan (Heinz Bennent) - woont en werkt, zal zich tussen de drie personages een tragisch proces afspelen, achter gesloten deuren. Zij weten het, hij weigert het toe te geven. Zo spelen ze een spel van verzwijgen, leugens om bestwil en misleiding. Steeds horen we de reutelende ademhaling, de zucht des doods die de hele geluidsband lijkt te beheersen en een spanning opwekt tussen het verlangen naar verlossing en de angst voor het onherroepelijke. Maar de film bevat geen zweem van morbiditeit: integendeel, het is een film over de liefde en het leven. Buiten is het winter, een blauw-wit Vlaanderen onder de sneeuw; binnen wordt het tergende verloop van de tijd afgewisseld met flashbacks, herinneringen aan sensualiteit, verleiding, geluk.

De bescheiden regie cijfert zichzelf weg en doet zo des te meer recht aan de intensiteit van het onderwerp, dat Hänsel tegelijk ingetogen en krachtig benadert. Een mooie intrede in de wereld van de film, die meteen de gevoeligheid van de cineaste naar voren bracht en haar flair voor een terughoudende benadering van "harde" onderwerpen.

Une femme en fuite

Maurice Rabinowicz

Une femme en fuite
Les jours de notre vie
Een vrouw op de vlucht
Woman on the Run

DIRECTOR: Maurice Rabinowicz
YEAR: 1982
COUNTRY: BE-FR
SCREENPLAY: Yvette Michelems
DIALOGUE: Yvette Michelems
ASST. DIR.: Nicole Tonneau
DIR. PHOT.: Ken Legargeant
CAMERA: Yves Vandermeeren
EDITING: Daniel De Valck
SOUND: Ricardo Castro, Miguel Réjas
MUSIC: Marc Herouet
ART DIRECTOR: Luc Monheim
COSTUMES: Colette Huchard
PRODUCER: Godefroid Courtmans
PROD. CO.: F3 (Bruxelles), RTBF (Liège), Babylone Films
(Paris)
ASSOC. PROD.: Robert Stéphane, Romaine Legargeant, Ken
Legargeant
CAST: Marie Dubois (Mona), Bruno Sermonne
(Franz), Roger Van Hool (Gi), Claire
Wauthion (Anne), Maureen Dor (Marilyn),
Colette Emmanuelle, Stéphane Excoffier,
Irène Vernal, Roger Dutoit, Gil Lagay,
Georges Pirlet
LANGUAGE: French
GAUGE: 35 mm
SILENT/SOUND: sound
B&W/COLOUR: colour
MINUTES: 95'

◆ Fallen foul of the controversies which accompanied its stormy release, **A Page of Love** had only a limited release. Yet Maurice Rabinowicz had already begun editing **Angels and Devils**, shot before the affair, and a new screenplay which he completed in 1979. The wearying hunt for subsidies began again and it was not until two years later, despite a meagre budget, that he decided to start shooting **Woman on the Run**. It is the story of the gradual disintegration of a couple whose son is killed in a motorcycle accident. For Franz and Mona, this is the beginning of a descent into hell, with suffering, accusations and bitter mutual criticism. Mona finally flees with her young daughter, who helplessly looks on. Franz tries to win her back and threatens suicide on a motorcycle, like his son.

For those who emphasized the stark contrast between his first films, with their socially motivated distanciation, and this psychological melodrama à la Douglas Sirk, Rabinowicz explained: "In the seventies, with my background in theatre, I was interested in Brecht and Artaud; but the paradox is that in 1982, we are returning to a fascination with films which tell believable tales in an authentic fashion. We film-makers have changed, but society has changed too." Hence characters the audience identifies with, a household in peril with a sensitive girl as bystander and a backdrop of industrial crisis in the Liège region. The lack of financial resources - hardly more than for a telefilm - fettered the enterprise from the outset, despite a handful of beautiful screen moments. Rabinowicz opted for an exile in the US, then in Paris, where he teaches screen writing.

● Victime des controverses qui avaient accompagné sa tumultueuse sortie, **Une page d'amour** n'eut qu'une carrière limitée en Belgique. Mais déjà Maurice Rabinowicz menait de front le montage des **Anges et des démons**, tourné antérieurement, et l'écriture d'un nouveau scénario qu'il termina en 1979. La fastidieuse chasse aux subsides allait recommencer. Ce n'est que deux ans plus tard, et malgré un budget franchement chétif, qu'il décida de tourner **Une femme en fuite**. Le film raconte la lente désintégration d'un couple, dont le fils s'est tué à moto. Pour Franz et Mona, c'est la descente aux enfers, sur fond de détresse, de reproches et d'entredéchirements. Mona finit par s'enfuir avec sa petite fille qui assiste, impuissante, au naufrage. Franz va tenter de la reconquérir ou de se suicider, à moto comme son fils.

A ceux qui opposaient ses premiers films, avec leur distanciation engagée, à ce mélodrame psychologique à la Douglas Sirk, Rabinowicz expliquait: "Dans les années 70, venu du théâtre, je pratiquais Brecht ou Artaud; mais le paradoxe, c'est qu'on en revient, en 1982, à une fascination pour les films qui racontent et qui sonnent vrai. Nous, cinéastes, avons changé, mais la société a changé elle aussi." D'où ces personnages à identification: un ménage en péril, sous le regard d'une gamine sensible, sur fond de crise sidérurgique en région de Liège. Malgré le manque de moyens (guère plus que pour une fiction télévisuelle) qui handicapait dès le départ l'entreprise, de fort beaux moments de cinéma nous sont donnés. Rabinowicz s'exila ensuite aux Etats-Unis, puis à Paris où il enseigne l'écriture de scénario. *(RM)*

► Toen **Une page d'amour** na veel verwikkelingen dan toch in de zalen kwam, ging de film snel ten onder aan de vele controversen. Rabinowicz was toen al druk in de weer met de montage van zijn vorige project, **Des anges et des démons**, en met het schrijven van een nieuw scenario dat hij afwerkte in 1979. Dan begon opnieuw de jacht op subsidies: pas twee jaar later besloot hij om, ondanks een krap budget, toch maar te starten met de opnamen van **Une femme en fuite**, het verhaal van een koppel wiens zoon sterft in een motorongeluk. Voor Franz en Mona betekent dit een reis door de hel, in een sfeer van onrust, pijn en bittere verwijten. Mona vlucht uiteindelijk weg met haar dochtertje, die machteloos moet toezien. Franz wil haar terugwinnen of, net als zijn zoon, zelfmoord plegen op een motorfiets.

Over het verschil tussen de geëngageerde afstandelijkheid uit zijn eerste films en dit psychologische melodrama à la Douglas Sirk, had Rabinowicz het volgende te zeggen: "In de jaren 70 kwam ik pas uit het theater en hield ik me bezig met Brecht of Artaud; de paradox is juist dat men nu, in 1982, weer gefascineerd wordt door films die op de werkelijkheid lijken. Niet alleen wij cineasten zijn veranderd, maar de gehele samenleving met ons". Vandaar een situatie waarmee men zich kan identificeren: een huwelijk dat op de klippen loopt voor de ogen van een gevoelig kind, met op de achtergrond de crisis in de Luikse staalindustrie. Het beperkte budget (ongeveer dat van een tv-film) kelderde deze onderneming al bij voorbaat, al zijn er momenten van grote filmkunst. Rabinowicz ging in ballingschap in New York en later Parijs, waar hij les geeft in scenarioschrijven.

Nous étions tous des noms d'arbres

Armand Gatti

Co-production

Nous étions tous des noms d'arbres
The Writing on the Wall

DIRECTOR: Armand Gatti
YEAR: 1982
COUNTRY: FR-BE
SCREENPLAY: Armand Gatti
ASST. DIR.: Luc Dardenne, Hélène Chatelain, Joseph B. Long
CAMERA: Armand Marco, Ned Burgess, Jean-Pierre Dardenne, Stéphane Gatti
EDITING: Olivier Van Malderghem, Véronique Lange, Danièle Delvaux
SOUND: Bernard Ortion, Jean-Pierre Duret
MUSIC: Philippe Hermon-Tamie
ART DIRECTOR: Pierre-Henri Magnin, Raphaël Gattegno, Clarisse Gatti, Catherine Renson, Rouben Ter-Minassian
PRODUCER: Jean-Jacques Hocquard, François Leclerc, Colm Cavanagh, Jacques Gouverneur, Gérard Martin, Marc Minon, Luc Dardenne, Jean-Pierre Dardenne
PROD. CO.: Tricontinental Production (Paris), Dérives Productions (Liège), RTBF (Liège)
LANGUAGE: English
GAUGE: 16 mm
SILENT/SOUND: sound
B&W/COLOUR: colour
MINUTES: 115'

CAST: John Deehan (John Paul), Brendan Archie Deeney (Sean the boxer), Paddy Doherty (Seamus Doherty), Nigel Haggan (Matt), John Keegan (Eamon), Neil McCaul (Neil), Noel McCloskey (Deaf Noel), Mary McMenamin (Sandra), Raymond McMonagle (Wesley, "Cha"), Mickey Mooney (Joe), Mary Murphy (Sheela McGuinness), Arthè Nelson (Maeve), Noel O'Brien (Noodles), Mary Ryan (Aoife), John Shiels (Kenneth), Thomas Strawbridge (Knicknitt), Noel Tierney (Hugh)

Flash Back

Olivier Nolin

Co-production

Flash Back

DIRECTOR: Olivier Nolin
YEAR: 1983
COUNTRY: FR-BE
SCREENPLAY: Olivier Nolin, Jean-Jacques Santiveri
DIALOGUE: Jean-Jacques Santiveri
ASST. DIR.: Angelo Pastore, Philippe Dufour
DIR. PHOT.: Raoul Coutard
CAMERA: Pierre Gordower, Peter Van Reeth
EDITING: Daniel De Valck, Yves Van Herstraeten
SOUND: Dan Van Bever
MUSIC: Jean Constantin
ART DIRECTOR: Yves Brover
COSTUMES: Muriel Guyot
PRODUCER: Evelyne July
PROD. CO.: Swan Productions (Paris), F3 (Bruxelles), Ministère de la Culture (Paris), POP (Béziers)
PROD. SUPERV.: Bernard Garcia
ASSOC. PROD.: Godefroid Courtmans, Josette Combes
LANGUAGE: French
GAUGE: 35 mm
SILENT/SOUND: sound
B&W/COLOUR: colour
MINUTES: 85'

CAST: Daniel Olbrychski (Vincent), Nicole Calfan (Florence), Marthe Villalonga (Marthe), Caroline Embling (Carole), Catherine Hubeau (La femme étrange), Alain Bastien (Daniel), Jacques Nolot (L'épicier), Roland Monod (Le professeur), Daniel Isoppo, Daniel Chevalier (Les gendarmes), Aurélia Nolin (La petite fille), Pascal, Grégory (Les jumeaux), Elodie Caroit (La mère), Catherine Lascault (La marchande de journaux), Olivia Nolin (La standardiste)

Couple, regards, positions

Boris Lehman, Nadine Wandel

Couple, regards, positions
Le mariage de l'eau avec le feu
Couple, Glance, Positions

DIRECTOR: Boris Lehman, Nadine Wandel
YEAR: 1983
COUNTRY: BE
SCREENPLAY: Boris Lehman, Nadine Wandel
CAMERA: Michaël Sander
EDITING: Eva Houdova
SOUND: Henri Morelle
PRODUCER: Boris Lehman
PROD. CO.: CBA (Bruxelles)
CAST: Boris Lehman, Nadine Wandel
LANGUAGE: French
GAUGE: 16 mm
SILENT/SOUND: sound
B&W/COLOUR: B&W
MINUTES: 60'

◆ Boris Lehman has written: "This film is a love story looking at the couple, but not from a psychological point of view. It is a film shot completely without sets (against a black background) and without sound. It is composed of a succession of tableaux, of scenes evoking the difficulty, impossibility even for a man and a woman to communicate and be united... As the film is silent (except for one central sequence) and as many of the scenes are shot in wide angle completely without reference to the real world the tiniest detail acquires great significance."

Whilst philosophically there is a continuity between this film and the filmography-autobiography of its author, it nevertheless differs sharply in tone. Although his relationship to "cinéma pur", experiments in form and even surrealism are again in evidence here, the film is of meteoric strangeness: other appropriate reference points include Artaud and his "Théâtre de la cruauté", alchemic discussions of the elements fire and water - at once complementary and contradictory - and the Jewish cabalistic tradition. Lived, written and acted by Boris Lehman and Nadine Wandel, the film is constructed as a succession of shots/images. The gaze, the body, the pain stemming from difference and from the impossibility of fusion and the play all inspired the film-maker to create an anthology of sequences: Nadine/Eve peeling an apple with her fingernails, the couple devouring each other, the giving of hair and the symbolic drowning of the beloved...

● Boris Lehman écrivait au sujet de cette œuvre: "C'est un film d'amour qui parle du couple, mais pas sur un mode psychologique. C'est un film tourné entièrement sans décor (sur fond noir) et sans son. Il est composé d'une succession de tableaux, de scènes évoquant la difficulté, voire l'impossibilité pour un homme et une femme de communiquer, de s'unir... Comme le film est silencieux (sauf une séquence centrale) et que beaucoup de scènes sont tournées en gros plan sans aucune référence au réel, le moindre détail devient signifiant."

Si le film rejoint parfaitement la filmographie-autobiographie de l'auteur, il s'en éloigne par son ton. Si sa filiations avec le "cinéma pur", les recherches expérimentales et le surréalisme même sont évidentes, elles ne suffisent pas à recouper entièrement l'étrangeté météorique de ce film. On pourrait, en effet, encore citer l'influence d'Artaud et de son "Théâtre de la cruauté", les références alchimiques sur les éléments - l'eau et le feu, à la fois complémentaires et contraires - ainsi que la tradition cabalistique juive. Vécu, écrit et joué par Boris Lehman et Nadine Wandel, ce film est construit comme une succession de plans/images. Le regard, le corps, la douleur de la différence et de l'impossible fusion, mais le ludique aussi, ont inspiré au cinéaste des séquences d'anthologie: Nadine/Eve épluchant une pomme à coups d'ongle, l'entre-dévoration du couple, le don de la chevelure, la noyade symbolique de l'aimée... (JA)

▶ Boris Lehman schreef: "Deze liefdesfilm gaat over het koppel, maar niet op een psychologische manier. Hij is zonder decor gedraaid (met zwarte achtergrond) en zonder klank. Hij bestaat uit een opeenvolging van taferelen, scènes die de moeilijkheid, ja zelfs de onmogelijkheid weergeven voor man en vrouw om te communiceren of één te worden... Daar de film stil is (behalve een enkele sequens in het midden) en ettelijke scènes gevuld zijn met totaalshots zonder enige verwijzing naar de realiteit, wordt het kleinste detail betekenisvol".

Deze film mag dan wel deel uitmaken van de filmografie-autobiografie van de auteur, toch staat hij door zijn teneur duidelijk apart. Zijn verwantschap met de "cinéma pur", de experimentele oefening, zelfs het surrealisme, zijn herkenbaar, maar dit doet niets af aan het bevreemdende effect van de film, want er valt ook nog een vleugje Artaud en zijn "Théâtre de la cruauté" te bespeuren, evenals alchemistische verwijzingen naar de leer der elementen - vuur en water, zowel complementair als tegenstrijdig - en de joodse kabbalistische traditie. Geleefd, geschreven en vertolkt door Boris Lehman en Nadine Wandel, bestaat de film uit een opeenvolging van shots/beelden. De blik, het lichaam, de pijn van het anders-zijn, de onmogelijke versmelting en het spel inspireerden de regisseur tot deze anthologie van beelden: Nadine/Eva schilt een appel met haar nagels, het koppel verorbert elkaar, de gift van het hoofdhaar, de symbolische verdrinking van de geliefde...

Les années 80

Chantal Akerman

Les années 80
The Eighties

DIRECTOR: Chantal Akerman
YEAR: 1983
COUNTRY: BE-FR
SCREENPLAY: Jean Gruault, Chantal Akerman
ASST. DIR.: Jean-Philippe Laroche
DIR. PHOT.: Michel Houssiau
CAMERA: Michel Boermans, Raymond Fromont, Luc Ben Hamou, Piotr Stadniski
EDITING: Nadine Keseman, Francine Sandberg, Chantal Hymans, Florence Madec
SOUND: Daniel Deshays, Marc Mallinus, Henri Morelle
MUSIC: Marc Herouet
ART DIRECTION: Michel Boermans, Raymond Fromont
COSTUMES: Michèle Blondeel, Cécile Pécher
PRODUCER: Marilyn Watelet
PROD. CO.: Paradise Films (Bruxelles), Abilène Productions (Paris)
CAST: Aischa Bentebouche, François Beukelaers, Anne-Marie Cappelier, Eric Châle, Nicole Debarre, Annick Detollenaere, Ionna Gkizas, Martine Kivitz, Suzanna Lastreto, Xavier Lukomsky, Rachel Michael, Francesca Best, Daniela Bisconti, Kath Best, Cathy Carrera, Aurore Clément, Patrick Dechêne, Patricia Frans, Catherine Jauniaux, Francine Landrain, Marie-Line Lefèvre, Florence Madec, Agnès Muckenstum, Warre Borgmans, Amid Chakir, Harry Cleven, Goele Derrick, Herman Gilis, Michel Karchevsky, Hélène Lapiower, Lio, Estelle Marion, Ann Nelissen, Claire Nelissen, Isabelle Pousseur, Pascale Salkin, Nora Tilley, Florence Vercheval, Nathalie Williame, Magali Noël, Marie-Rose Roland, François Sikivie, Nicole Valberg, Yvon Vromman, Bernard Yerlès, Yvette Poirier, Nellie Rosiers, Samy Szlingerbaum
LANGUAGE: French
GAUGE: 35 mm
SILENT/SOUND: sound
B&W/COLOUR: colour
MINUTES: 79'
NOTES: Film of the making of **Golden Eighties** in two parts: video images (56') of the auditions and the rehearsals, and a short film (23') with songs for **Golden Eighties**.

◆ This is an exploratory film in preparation for a second work, in this case Chantal Akerman's musical **Golden Eighties** (1986). The director develops the idea of a theatrical rehearsal. In general, this kind of documentary - a film about another film - observes the shooting in progress and is entrusted to a different director, a third party. Here, Akerman herself gives autonomy to her first, approximative efforts. It is understandable that she should have worked for so long on this project. Firstly, the musical is classed more as a Hollywood than a European genre; secondly, its characteristics seem far removed from those of Akerman's work to date. The director had previously shown more interest in central characters than in a multiplicity of plot lines (with the exception of **One Whole Night**); in frontality rather than wide-ranging points of view; in lengthy shots, not rapid rhythms; stasis rather than movement; silence over music...

The film is divided into two parts, the auditions and the development of the project itself. The first is devoted to the actor - voice, body and movements closer to choreography than to reality. Different actors play the same scenes, try to sing, dance. The director's indications guide them. There is no narrative continuity whatsoever giving us a fixed reference as to the plot of the final film, merely fragments laced with happiness or grave in tone, key scenes played out through different sensibilities. In the second section, specific scenes take concrete shape via rhythm and composition. The whole becomes an enthralling record and a film in its own right - the documentary of a fiction.

● Un film de recherche pour un travail qui va suivre: la comédie musicale **Golden Eighties** (1986). Chantal Akerman reprend là l'idée de répétition propre au théâtre. Généralement ce genre de document - un film sur un film - capte l'histoire d'un tournage et est réalisé par un cinéaste témoin et extérieur. Ici, c'est la réalisatrice elle-même qui donne une autonomie à ses essais, à ses tâtonnements. On comprend que Chantal Akerman ait longuement travaillé sur ce projet. D'une part la comédie musicale passe pour être un genre plus hollywoodien qu'européen, et d'autre part, les caractéristiques de ce cinéma ne semblaient pas proches de son œuvre jusque-là développé: multiplicité d'intrigues et non personnage central (**Toute une nuit** mis à part), divergences de points de vue et non frontalité, rythme rapide et non longueur des plans, mouvement plutôt que statisme, musique et non silence...

Le film est divisé en deux parties: les auditions et la mise en place du projet lui-même. Dans la première, c'est la captation de l'acteur: sa voix, son corps, ses déplacements et ses mouvements plus proches de la chorégraphie que du réalisme. Différents comédiens vont jouer les mêmes scènes, essayer de chanter, de bouger. Les indications de la cinéaste les guident. Il n'y a aucune continuité narrative, simplement des fragments repris avec bonheur ou lourdeur, quelques scènes-clés répétées et vécues par des sensibilités différentes. Dans la seconde partie, certaines scènes se dessinent, avec leur rythme et leur composition. Un document passionnant, qui a un statut de film à part entière: le documentaire d'une fiction. (JA)

▶ Een film als vooronderzoek voor een op handen zijnd werk, in dit geval de musical **Golden Eighties** (1986). Chantal Akerman neemt het principe van de repetitie over uit het theater. Meestal wordt dit soort document, de film over een film, geregisseerd door een buitenstaander, een getuige die het draaiproces filmt. Hier is het de regisseuse zelf die van haar pogingen en probeersels een autonoom geheel maakt. Het valt best te begrijpen dat Chantal Akerman haar handen vol had aan deze productie. Enerzijds blijft de muzikale komedie toch meer het terrein van Hollywood dan van Europa, en anderzijds heeft dit genre qua kenmerken weinig gemeen met de rest van Akermans œuvre: één hoofdpersonage in plaats van een kluwen intriges (**Toute une nuit** vormt hierop een uitzondering), veelheid aan invalshoeken eerder dan een frontale optiek, een snel ritme zonder al te lange shots, beweging i.p.v. onbeweeglijkheid, muziek i.p.v. stilte...

De film bevat twee delen: de audities en de eigenlijke uitwerking van het project. Het eerste deel zoomt in op de acteurs - hun stem, lichaam en bewegingen - en staat dichter bij de choreografie dan bij het realisme. Verschillende vertolkers spelen dezelfde scènes, proberen te zingen en te bewegen volgens de aanwijzingen van de cineaste. Het verhaal bezit geen enkele narratieve continuïteit en bestaat slechts uit een reeks uitgekozen sleutelfragmenten, keer op keer beleefd vanuit verschillende invalshoeken. In het tweede deel worden de scènes meer uitgewerkt, met een eigen ritme en vorm. Een boeiend document dat - als documentaire over een fictie - het statuut van een volwaardige film verdient.

Les muses sataniques

Thierry Zéno

Les muses sataniques
Félicien Rops
The Satanic Muses

DIRECTOR: Thierry Zéno
YEAR: 1983
COUNTRY: BE
SCREENPLAY: Thierry Zéno
ASST. DIR.: Dominique Garny
CAMERA: Thierry Zéno
EDITING: Thierry Zéno
SOUND: Fr. Coppin
PROD. CO.: Zéno Films (Bruxelles)
CAST: Nadia Azifi, Carine De Brabanter, Chantal Hymans, Christian Coppin
VOICES: Dominique Garny
LANGUAGE: French
GAUGE: 16 mm
SILENT/SOUND: sound
B&W/COLOUR: colour
MINUTES: 60'

◆ With **The Satanic Muses**, Thierry Zéno finally succeeded in staging the inevitable encounter between himself and Félicien Rops. A magnificent artist, the latter's transgressive body of work created a bond between the two men despite the decades that separate them. Thierry Zéno could only have been tempted by the chance to document a wayward œuvre obsessed with death and sex, the rigidity of accepted morals, the atheist spirit.

The film is devoid of all commentary. It is structured around the voice of Dominique Garny, reading letters sent by Rops to his friends between 1863 and his death, literary texts in their own right (also edited and published by Thierry Zéno). These letters do not piece together a biography in any conventional sense. Although they are presented in a chronological order, they testify only to Rops' state of mind, to his thoughts and feelings, pleasures and pain and above all to his struggle against the Pharisees. Their violence and suffering bear witness to the inflexibility of a stifling provincial milieu, the efforts and doubts of a tormented creator. They show a life punctuated by travels (the Belgian coast, Paris, Northern Africa, Constantinople) and speak of the women, the innumerable women he was involved with as a man and as a painter. Disregarding a handful of inserts showing landscapes and several photographs, all the images are of his strongest etchings and engravings explored by the travelling camera. Sound and image are given over to the artist, the film-maker organizing them in such a way as to give a major body of work its rightful place after too many years of neglect.

● Avec **Les muses sataniques**, Thierry Zéno réussit enfin à réaliser la rencontre nécessaire et annoncée entre lui-même et Félicien Rops, artiste magnifique, à l'œuvre transgressive qui surmonte les décennies de distance qui les sépare. Zéno ne pouvait qu'être tenté de témoigner d'une œuvre révoltée qui dit la mort, l'esprit athée, le sexe et l'étroitesse de la morale admise et conventionnelle.

Le film ne comporte aucun commentaire. Il se structure au travers d'une lecture en voix off, celle de Dominique Garny, des lettres que Rops envoyait à ses amis, de 1863 à sa mort; textes qui ont un statut littéraire à part entière et qui, par ailleurs, ont été rassemblés par Zéno et publiés. Ces lettres, donc, ne retracent pas une biographie au sens strict du terme. Si leur lecture obéit à la chronologie, elles témoignent uniquement de l'état d'esprit de Rops, de ce qu'il pensait, de ce qu'il ressentait, de ses plaisirs, de ses déplaisirs et surtout de sa lutte contre les pharisiens. Elles disent avec violence et souffrance l'étroitesse d'un milieu provincial étouffant, les recherches et les doutes d'un créateur tourmenté. Elles racontent sa vie ponctuée par des voyages (le littoral belge, Paris, l'Afrique du Nord, Constantinople) et parlent des innombrables femmes qui ont traversé sa vie d'homme et de peintre. Mis à part quelques inserts sur des paysages et quelques photographies, toutes les images sont celles de ses tableaux, eaux-fortes et gravures, explorés au banc-titre et choisis parmi les plus intenses. Si le cinéaste laisse au peintre le son et l'image, il les organise pour rendre sa place à une œuvre majeure, trop longtemps négligée. (JA)

▶ Met **Les muses sataniques** slaagt Thierry Zéno er eindelijk in de onvermijdelijke ontmoeting te realiseren tussen hemzelf en Félicien Rops, een groot kunstenaar wiens provocerende œuvre hen over de decennia heen broederlijk samenbrengt. Zéno kon niet anders dan verleid worden door zo'n opstandig œuvre rond dood, seks, atheïsme en de bekrompen conventionele moraal.

De film bevat geen commentaar; de structuur wordt bepaald door de offscreen stem van Dominique Garny, die voorleest uit brieven van Rops aan zijn vrienden. Deze teksten (geschreven tussen 1863 en zijn dood) zijn ware stukjes literatuur en werden trouwens door Zéno gebundeld en gepubliceerd. Het gaat hier dus niet om een biografie in de strikte zin van dat woord. Hoewel de brieven chronologisch gerangschikt zijn, getuigen ze slechts van de geestestoestand van Rops op een bepaald moment, van wat hij toen dacht en voelde, waar hij van hield en wat hij haatte, en vooral van zijn strijd tegen de farizeeërs. Met een vurige en gepijnigde pen vertellen ze over de verstikkende bekrompenheid van een provinciemilieu, over de studie en de twijfel van een gekweld kunstenaar. Ze doen het relaas van zijn leven, zijn vele reizen (naar de Belgische kust, Parijs, Noord-Afrika of Constantinopel) en de ontelbare vrouwen die het pad van de man of de schilder kruisten. Behalve wat landschappen en foto's bevat de film enkel beelden van Rops' schilderijen, etsen en gravures, zijn sterkste werken die voorbij het oog van de camera glijden. Woord en beeld zijn aan de schilder, maar het is de regisseur die ze samenbrengt om dit grootse œuvre, dat al te lang als bijkomstig werd beschouwd, zijn rechtmatige plaats te geven.

J'ose

Manu Bonmariage

J'ose
Daring

DIRECTOR: Manu Bonmariage
YEAR: 1983
COUNTRY: BE
SCREENPLAY: Manu Bonmariage
CAMERA: Manu Bonmariage
EDITING: Monique Lebrun
SOUND: Jacques Duesberg
MUSIC: Steve Houben, José Bragard
PROD. CO.: CBA (Bruxelles), RTBF (Charleroi)
CAST: José Bragard (José)
LANGUAGE: French
GAUGE: 16 mm
SILENT/SOUND: sound
B&W/COLOUR: colour
MINUTES: 95'

◆ Manu Bonmariage followed the six months of fragile liberty marked by José Bragard's struggle with himself and with others, behind him two years in prison, before him another spell on the inside. This son of working-class parents, singer, burglar and rebel fascinated Bonmariage. José - present from the first to the last image - dominates the screen with his rage, his appearance and his theories, which explode the clear consciences of the police and psychologists alike and upset those who have taken life as it comes. José - classified as a "psychopath" - has his own opinion: "I am trapped by morality because it's always other people's morality. For the last 27 years I've been running around in circles inside other people's morality."

In two very powerful sequences (José's meetings with his mother and father), Manu Bonmariage succeeds in conveying the essence without the need for explanation. Everything is inexorably determined, irrefutably lost: the social waste, the inevitability of delinquency and the losing battle fought by those who cannot even see the real target. This is the realm of great social cinema, namely the raw and violent truth. In other parts of the film, reality verges on fiction, and here the approach begins to smell of artifice, to ring less true, as image becomes imagery. **Daring** came at a time when the film-maker was eager to leave the documentary to explore the realms of fiction; it is a transitional film, whose power stems from the character at its centre and whose uncertainty emanates from a director trapped between reality and his own fictional construct.

● Manu Bonmariage a suivi les six mois de liberté fragile durant lesquels José Bragard s'est débattu avec lui-même, et avec les autres, entre deux ans de prison et une nouvelle plongée en cellule. Ce fils d'ouvrier, chanteur, casseur, révolté, a fasciné Bonmariage. José, présent de la première à la dernière image, crève l'écran avec sa rage, sa belle gueule, ses propos qui dynamitent la bonne conscience des commissaires, des psychologues et qui dérangent ceux qui ont accepté la vie comme elle va. José, classé comme "psychopathe", a des propos définitifs: "Je suis coincé par la morale, parce que c'est toujours la morale des autres: ça fait 27 ans que je tourne en rond dans la morale des autres."

Manu Bonmariage a su, dans deux séquences très fortes (sa rencontre avec sa mère et son père), dire l'essentiel sans rien expliquer. Tout est inexorablement déterminé et fichu d'avance: le gaspillage social, la fatalité de la délinquance, le combat perdu de celui qui frappe sans connaître les cibles justes. On est là dans le très grand cinéma social, la vérité brute et violente. Bonmariage a aussi exploré dans d'autres parties du film les rapports difficiles entre la réalité et la fiction. Et là, la mise en scène sent l'artifice et sonne moins juste. L'image devient imagerie. **J'ose** arrive dans la filmographie du cinéaste à un moment où il ressent l'envie de quitter le documentaire pour la fiction. C'est donc un film de transition où la force vient du personnage et l'incertitude du réalisateur, pris entre la réalité et sa construction fictionnelle. (JA)

▶ Manu Bonmariage volgde de zes maanden durende periode van broze vrijheid, tussen twee gevangenisstraffen in, waarin José Bragard worstelde met zichzelf en met de anderen. Deze arbeiderszoon, zanger, inbreker en opstandeling fascineerde Bonmariage. José is van begin tot eind in beeld en steelt de show met zijn razernij, zijn mooie kop en zijn ontregelende opmerkingen aan het adres van de commissarissen en psychologen met hun goede geweten. De man, gecategoriseerd als "psychopaat", houdt er volgende mening op na: "Ik kan geen kant uit met de moraal, want het is altijd andermans moraal: ik dwaal al 27 jaar doelloos rond in de moraal van anderen."

Bonmariage weet, in twee zeer krachtige scènes (de confrontaties met de vader en de moeder), het essentiële te zeggen zonder de dingen expliciet te duiden. Alles ligt vast, alles is vergeefs: de sociale verloedering, de uitzichtloze criminaliteit en het bij voorbaat verloren gevecht van degene die schopt zonder te weten waartegen. Dit is grote sociale cinema: de rauwe, brute waarheid. In andere delen van de film begaf Bonmariage zich echter op de gevaarlijke grens tussen realiteit en fictie, en daar lijkt de regie gekunsteld, klinkt ze minder geloofwaardig. Het beeld wordt verbeelding. **J'ose** ontstond op een moment waarop de cineast de stap wilde zetten van documentaire naar fictie; het is een overgangsfilm die zijn kracht put uit het centrale personage, maar die toch niet helemaal overtuigt vanwege een regie die klem is geraakt tussen werkelijkheid en fictionele constructie.

La maison de la mémoire

Samy Pavel

La maison de la mémoire
Het huis der herinnering
The House of Memory

DIRECTOR: **Samy Pavel**
YEAR: **1983**
COUNTRY: **BE-FR-UA**
SCREENPLAY: **Samy Pavel, Rays Cantlin**
BASED ON: **L'avenir est un crime du passé**, written by Rahal Amin Touati & The House of Certain Death, written by Albert Cosseri
ASST. DIR.: **Noga Isackson**
DIR. PHOT.: **Nino Celeste**
CAMERA: **Marco Onorato, Sandro Gromi**
EDITING: **Pierluigi Leonardi**
SOUND: **Jean-Paul Megel, Itamar Ben Yacon**
MUSIC: **Stéphan Micus**
COSTUMES: **Clella, Samy Pavel**
PRODUCER: **Samy Pavel, Joseph J. Perez, Henry Serra**
PROD. CO.: **Samy Pavel Productions (UA/Bruxelles), Vanessa Films (Paris), EI Productions (Paris)**
PROD. SUPERV.: **Kathalyn Jones**
CAST: **Karim (Rahal Amin Touati), Mohammed Bakri (Abdel Al), Faouzia El Alaoui (Aïcha, la mère), Nadia Guelil (Farida, la sœur)**
LANGUAGE: **Arabic**
GAUGE: **35 mm**
SILENT/SOUND: **sound**
B&W/COLOUR: **colour**
MINUTES: **75'**

◆ During the years which followed his portrait of Claude François, the indefatigable Samy Pavel continued to pester - unsuccessfully, as ever - the decision-makers behind Belgian cultural subsidies. His grand project **Chamber Music** was never to see the light of day, despite the backing of Vanessa Redgrave and Ornella Muti; and whilst trying to drum up funding in America he happened to reread the autobiographical novel of Arab cameraman Rahal Amin Touati. Through the voice of a child, it evoked the life of a Berber community where Jews and Muslims lived side by side. They share houses that are cracking open and will soon collapse - a situation which serves as a pretext to condemn Arab poverty, the harsh lot of the wives whose husbands are seeking work abroad and the rapacity of landlords.

Stimulated by a theme close to his own roots, Pavel decided to attempt a small-budget adaptation of the book: he began shooting in Morocco only to be expelled by the authorities, who were horrified by the subject matter. In the end, photography was completed by relocating to the Sinai desert, Pavel taking along the young beggar child he had chosen to head his cast.

The House of Memory is amongst his best work: its authenticity, bitter clarity and depiction of a rigid civilization where the woman always loses out cannot fail to convince. The faces, shot in close-up, the arid landscapes and the ritual gestures of everyday life are filmed with great nobility. Realism slides into parable as Jew and Muslim are united within a ruinous edifice by a common basic need, brought to an understanding by their hardship.

● Pendant les années qui suivirent la sortie de son évocation de Claude François, l'infatigable Samy Pavel harcela, en vain comme d'habitude, les responsables belges de la Culture. Il ne tourna jamais son grand projet: **Musique de chambre**, malgré l'accord de Vanessa Redgrave et d'Ornella Muti. Tandis qu'il se trouvait aux Etats-Unis à la recherche de subsides, il relut le livre autobiographique d'un opérateur arabe, Rahal Amin Touati. Le récit évoque, à travers la voix d'un enfant, la vie d'une communauté berbère, où se côtoient juifs et musulmans. Ces gens pauvres habitent une maison qui se lézarde et menace de s'effondrer. Cette habitation est le prétexte qui permet de dénoncer la misère arabe, la dure condition des épouses dont le mari est parti chercher du travail à l'étranger, les propriétaires rapaces.

Stimulé par un thème proche de ses racines, Pavel décida d'en faire un film à petit budget. Il entama son tournage au Maroc, dont il fut expulsé par des autorités horrifiées par son sujet, et alla terminer ses prises de vues dans le désert du Sinaï, emmenant avec lui le jeune enfant mendiant dont il avait fait son principal interprète.

La maison de la mémoire est l'un de ses meilleurs ouvrages: son authenticité, sa lucidité amère et sa peinture d'une civilisation figée où la femme est toujours perdante emportent l'adhésion. Pavel filme avec noblesse les visages en gros plans, les paysages arides, les gestes rituels du quotidien. Et le réalisme déborde sur la parabole, avec ces juifs et ces musulmans unis par une même nécessité vitale dans une bâtisse en ruine, en une entente basée sur les épreuves. *(RM)*

► Na zijn portret van Claude François bleef de onvermoeibare Samy Pavel aandringen bij de Belgische cultuurbonzen, weerom tevergeefs. Nooit zou hij aan het draaien van zijn project, **Musique de chambre**, toekomen, ondanks de toezegging van Vanessa Redgrave en Ornella Muti. Hij zocht dan maar subsidies in de VS. Daar herlas hij het autobiografische boek van de Arabische cameraman Rahal Amin Touati. In dit verhaal schetst de stem van een kind het beeld van een Bergergemeenschap waar joden en moslims samenleven. Deze arme mensen wonen in gebarsten, op-instorten-staande huizen: aanleiding tot een aanklacht tegen de armoede in de Arabische wereld, de moeilijke levensomstandigheden van echtgenoten wier man naar het buitenland trok op zoek naar werk, en de roofzuchtige eigenaars.

Sterk aangesproken door dit thema, besloot Samy Pavel het te verwerken in een lowbudget productie. Toen hij echter in Marokko met de opnamen begon, zetten de autoriteiten - geschokt door een dergelijk onderwerp - hem prompt het land uit. De buitenopnamen ging hij dan maar in de Sinaïwoestijn draaien, en hij nam zijn hoofdrolspeler, een piepjonge bedelaar, mee.

La maison de la mémoire is een van Pavels beste werken: de authenticiteit, de bittere luciditeit en het beeld van een samenleving waar de vrouw steeds het onderspit delft, overtuigen. Pavel filmt majestueuze beelden, van de close-ups van gelaatstrekken over de kurkdroge landschappen tot de dagelijkse rituele handelingen. Al dit realisme mondt uit in een parabel: joden en moslims, verenigd in dezelfde krotwoningen door eenzelfde noodzaak, bereiken een verstandhouding ontstaan uit beproevingen.

Méditations

Guy Lefèvre

Méditations

DIRECTOR: Guy Lefèvre
YEAR: 1984
COUNTRY: BE
SCREENPLAY: Guy Lefèvre
CAMERA: Michaël Sander, Jean-Jacques Mathy, Guy Lefèvre
EDITING: Yves Van Herstraeten, Suzanne Reneau, Robert Couez
SOUND: Jean-Claude Boulanger
MUSIC: Etienne Gilbert
PROD. CO.: CBA (Bruxelles), Eurafi (Bruxelles), RTBF (Bruxelles)
CAST: Dominique Garny, Daniela Bisconti, Sarah Lefèvre
LANGUAGE: French
GAUGE: 16 mm
SILENT/SOUND: sound
B&W/COLOUR: colour
MINUTES: 80'

◆ It is rare that a full-length film takes as its subject a metaphysical or philosophical idea and then simply keeps to it without wishing to branch out into either documentation or fiction. With **Méditations** Guy Lefèvre mounted a foray into this little-explored cinematics territory. A man about whom we know nothing concedes that he and the universe are not in tune and that this disturbs him. He has a charming wife, a pleasant home in an airy part of town, a nice young daughter and a lush green garden. Yet he is full of questions concerning his union with the world. He reads extensively and advisedly. He takes the tram or his car and observes his contemporaries with a compassionate and questioning gaze. This vision plunges him into confusion and he seeks refuge and conviction in places designed to promote self-liberation. Potted psychology and alternative lifestyles do little to help; it all is somewhat ridiculous. He seems unhappy or at least helpless as nothing comes to his aid. But a final conversation reassures him in relation not to his improbable union with the world but rather the possibility of communication with his companion. She listens, drowning in her pre-Raphaelite head of hair.

It is the film's ecological soundtrack, still-life shots and its truly meditative rhythm which stick in the mind. This is a film beyond narrative (or of too great a subtlety) and beyond the documentary (it does not document anything) which has a certain indefinable, rambling, indeed "meditative" charm.

● Il est inhabituel qu'un film de long métrage prenne pour sujet une idée métaphysique ou philosophique et s'en tienne là, simplement, sans vouloir aller plus loin dans l'information ou la fiction. Guy Lefèvre a pourtant tenté de proposer cet "ovni" cinématographique. Un homme dont on ne sait rien (mais il a la présence de Dominique Garny) constate, un soir d'orage et de vent, que l'univers et lui ne sont pas en phase et que c'est regrettable. Il a une femme charmante, une maison plaisante, une enfant aimable, un quartier aéré, et un jardin vraiment vert. Cependant, il s'interroge sur sa fusion avec le monde. Il lit beaucoup et de bons textes. Il prend le tram ou sa voiture et regarde avec compassion et interrogation ses contemporains. Cette vision le plonge dans la perplexité et il essaie de trouver refuge et conviction dans des endroits où l'on se libère, des groupes psy post-soixante-huitard. Ils sont assez dérisoires. L'homme semble malheureux, ou du moins désemparé, car rien ne vient à son secours. Mais une conversation finale le rassurera, non sur son improbable fusion avec le monde, mais sur sa possibilité de parler à sa compagne qui l'écoute noyée dans sa chevelure pré-raphaélique.

Il faut retenir de ce film une bande sonore très écologique, ponctuée de chants d'oiseaux, des plans de nature morte et un rythme véritablement méditatif. Un film hors récit (ou si ténu), hors documentaire (il ne documente sur rien) et qui a un charme certain d'inclassable, de divagation, bref de "méditation". (JA)

▶ Een film over een filosofisch of metafysisch idee, zonder daar evenwel dieper op in te gaan of er een verhaal rond te bouwen, is geen alledaagse verschijning. Guy Lefèvre probeerde zo'n buitenaardse film te lanceren. Een man, van wie we niets weten (tenzij dat Dominique Garny hem vertolkt), komt op een stormachtige avond tot het besluit dat hij en het universum helaas niet op elkaar afgestemd zijn. Hij heeft een leuke vrouw, een lieve dochter, een fraai huis in een rustige buurt, en een welige, groene tuin. Toch stelt hij zich vragen rond zijn eenheid met de wereld. Hij leest veel en ernstige teksten. Hij neemt de auto of de tram en zit zijn tijdgenoten met vragende ogen medelijdend aan te staren. Deze visie brengt hem in verwarring en hij zoekt zijn toevlucht en overtuiging in alternatieve bewegingen. Het blijkt echter allemaal lachwekkend te zijn en de moed zakt hem in de schoenen bij het besef dat niemand hem kan helpen. Uiteindelijk zal hij door een gesprek toch enige zekerheid krijgen, niet over zijn onwaarschijnlijke versmelting met het universum, maar wel over de mogelijkheid tot communicatie met zijn vriendin, die, weggedoken onder haar prerafaëlitische haardos, naar hem luistert.

Wat vooral bijblijft van deze film, is de ecologische soundtrack met het vogelgezang, de stillevens en het puur meditatieve ritme. Het is een film zonder (of met een flinterdun) verhaal die ook geen documentaire is (er wordt niets gedocumenteerd), maar dit ondefinieerbare, dit onsamenhangende, dit "meditatieve" vormt juist de charme ervan.

Leila w al ziap

Heiny Srour

Co-production

Leila w al ziap
Leila and the Wolves
Leila et les loups
Leila en de wolven

DIRECTOR: Heiny Srour
YEAR: 1984
COUNTRY: UK-LE-NE-BE
SCREENPLAY: Heiny Srour, Khadije Abu Ali, Raja Nehme, Samir Nemr
DIALOGUE: Salama Badr
ASST. DIR.: Samir Gharibe, Georges Badrye
DIR. PHOT.: Charlet Recors, Curtis Clark
CAMERA: Charlet Recors, Curtis Clark
EDITING: Eva Houdova
SOUND: Eddy Tise, John Anderton, Sabah Jabdour, Emile Saade, Henri Morelle
MUSIC: Munir Bechir, Zaki Nassif
ART DIRECTOR: Ahmad Maala, Nooman El Joud
COSTUMES: Marie Vermeiren, Siham Fardoss, Rose Khour
PRODUCER: Hussein El Sayed, Ian Elsey, Naim Housary, Michèle Dimitri
PROD. CO.: British Film Institute BFI (London), Hussein El Sayed (Bayrut)
PROD. SUPERV.: Mohamed Malas, Christopher Sutton
CO-PROD. CO.: X-Y (NE), Agence de Co-opération Culturelle et Technique (Paris), NCO (Amsterdam), Ministère de l'Education Nationale et de la Culture Française (Bruxelles), Swedish International Development Authority (SW), Ministère Libanais de l'Information (LE), Ministère Libanais du Tourisme (LE), Conseil National du Tourisme Libanais (LE), Novib ('s Gravenhage), Leila Films (Paris)
LANGUAGE: Arabic
GAUGE: 16 mm
SILENT/SOUND: sound
B&W/COLOUR: colour
MINUTES: 90'

CAST: Nabila Zeitoni, Rafiq Ali Ahmed, Raja Nehme, Emilia Fowad, Ferial Abillamah, Zafila Cattan, Wissal El Sayyed, Yolande Asmar, Toufic Mrad, Antoinette Negib, Mona Karim, Falen Chahine, Taysir Idriss, Samy Samar
VOICES: Tamara Akrawi, Joumana Al Awar, Ismail Feyrouz, Aida Hijaza, Abdullatif Jaber

Rouge-gorge

Pierre Zucca

Co-production

Rouge-gorge
Roodborstje
Redbreast

DIRECTOR: Pierre Zucca
YEAR: 1984
COUNTRY: FR-BE
SCREENPLAY: Pierre Zucca, Suzanne Schiffman
DIALOGUE: Pierre Zucca
ASST. DIR.: Serge Meynard, Arnaud Esterez, Lorraine Groleau
DIR. PHOT.: Paul Bonis
CAMERA: Pierre Gordower
EDITING: Nicole Lubtchansky, Véronique Mahillon
SOUND: Ricardo Castro
ART DIRECTOR: Max Berto
COSTUMES: Dominique Oliva
PRODUCER: Evelyne July
PROD. CO.: Swan Productions (Paris), Ministère de la Culture (Paris), F3 (Bruxelles), POP (Béziers)
PROD. SUPERV.: Evelyne July
ASSOC. PROD.: Godefroid Courtmans
LANGUAGE: French
GAUGE: 35 mm
SILENT/SOUND: sound
B&W/COLOUR: colour
MINUTES: 105'

CAST: Philippe Léotard (Louis Ducasse), Laetitia Léotard (Reine), Jérôme Zucca (Charles), Victoria Abril (Marguerite), Fabrice Luchini (Frédéric), Benoît Régent (Philippe), Mathieu Schiffman (Gilles), Toni Cecchinato (Le concierge), Nicole Duret (La caissière cinéma), Irène Fabry (La dame des toilettes), Bernard Scheyen (Le garçon du club)

De aardwolf

Rob Van Eyck

De aardwolf
Le protèle
The Aardwolf

DIRECTOR: Rob Van Eyck
YEAR: 1984
COUNTRY: BE
SCREENPLAY: Chris Bossers
DIALOGUE: Chris Bossers
ASST. DIR.: Luc Smeets
DIR. PHOT.: Willy Stassen
CAMERA: Marc Koninckx
EDITING: Luc Smeets, Rob Van Eyck
SOUND: Dan Van Bever
MUSIC: Pol Kessels, The Scabs
ART DIRECTOR: Mark Henkens
COSTUMES: Jacqueline Van Camp
PRODUCER: Rob Van Eyck
PROD. CO.: Flemish Film Productions (Zichem)
PROD. SUPERV.: Alain Keytsman, Noël Degeling
CAST: Kurt Van Eeghem (Tony), Nellie Rosiers (Nora), Dora Van der Groen (Nora's moeder), Vic Moeremans (Willem), Sylvia Sabbe (Sylvia), Jacques Verbist (Jacques), Marc De Chaffoy (Bankdirecteur), Kathlene Van Bets, Dimitri Vaes
LANGUAGE: Dutch
GAUGE: 35 mm
SILENT/SOUND: sound
B&W/COLOUR: colour
MINUTES: 74'

◆ 1984 bode well for director Rob Van Eyck who miraculously was awarded funds by the film selection committee for a new project. For the first time ever, Van Eyck had managed to gather together the necessary technical resources and professional crew on a film set. Director of photography Willy Stassen had just completed **Brussels by Night**, while actress Nellie Rosiers (from **Death of a Nun**) played the lead role alongside the popular Kurt Van Eeghem and Dora Van der Groen. Van Eyck had a budget of BF 14.5 million, BF 9.3 million of which had come from the Ministry of Dutch Culture.

The psychological drama **The Aardwolf** was based on a prize-winning script by Chris Bossers from 1977 about a building contractor and his wife who are driven apart by financial worries. Following a series of articles in the Flemish satirical magazine *Humo* about LSPs (Leading Success People), Van Eyck decided to widen his chosen theme to examine the modern concept of the new generation of businessmen who, brainwashed by management courses, bring about their own downfall. The film eventually focused more on the results of the training courses themselves than on the concept of the LSPs despite the obvious SS symbolism in the film (LSP was replaced by SSP). **The Aardwolf** was rather loosely structured and had all the look of a TV film. It was not released in Antwerp until June 1985, well after being shown briefly in Ghent and Hasselt and in the Sichem area.

● L'année 1984 sourit à Rob Van Eyck qui obtint, de manière quasi miraculeuse, les fonds nécessaires de la Commission de Sélection pour réaliser un nouveau projet. Pour la première fois, Van Eyck apparut sur un plateau confortablement entouré, avec des moyens techniques et des professionnels nécessaires. En effet, Willy Stassen, **Brussels by Night** à peine terminé, se chargea de la photographie, tandis que Nellie Rosiers (**Mort d'une nonne**) endossa le rôle principal, épaulée dans la distribution par Dora Van der Groen et le populaire Kurt Van Eeghem. Van Eyck disposait d'un budget de 14,5 millions de FB dont 9,3 provenant du Ministère de la Culture Néerlandaise.

A l'origine de ce psychodrame, un scénario de Chris Bossers, couronné en 1977, sur un entrepreneur en bâtiment et sa femme que les difficultés financières mènent à la rupture. A partir d'une série d'articles parus dans l'hebdomadaire *Humo* sur le LSP (Leading Success People), Van Eyck élargit le sujet au thème actuel de cette nouvelle génération d'hommes d'affaires qui court à sa perte, le cerveau lavé par cette formation en management. Van Eyck se concentra davantage sur les conséquences de la formation que sur le thème du LSP proprement dit, même si une symbolique SS est évidente dans le film (LSP est remplacé par SSP). De structure dramatique pauvre et d'allure télévisuelle, l'œuvre dut attendre juin 1985 pour être distribuée à Anvers, alors qu'elle avait déjà connu une brève carrière à Gand, Hasselt et dans la région de Sichem.

► 1984 zou een mooi jaar worden voor Rob Van Eyck die, als bij wonder, van de Selectiecommissie geld ter beschikking kreeg voor een nieuw project. Voor het eerst verscheen Van Eyck op een comfortabele set omringd met de nodige technische middelen en professionele mensen. Zo verzorgde Willy Stassen, die net **Brussels by Night** achter de rug had, de fotografie terwijl naast de populaire Kurt Van Eeghem en Dora Van der Groen, Nellie Rosiers (**Dood van een non**) de hoofdrol voor haar rekening nam. Van Eyck had een budget van 14,5 miljoen BF, waarvan 9,3 miljoen BF van het ministerie van Nederlandse Cultuur.

Het uitgangspunt van zijn psychodrama was een in 1977 bekroond scenario van Chris Bossers over een bouwondernemer en zijn vrouw bij wie het door financiële beslommeringen tot een breuk komt. Na een artikelenreeks in *Humo* over de LSP (Leading Success People) breidde Van Eyck het gegeven uit tot de toen actuele thematiek van de nieuwe generatie zakenmannen die, gehersenspoeld door managerscursussen, hun eigen ondergang bewerkstelligen. Van Eyck concentreerde zich uiteindelijk meer op de gevolgen van de training dan op het gegeven van de LSP zelf, ondanks de duidelijke SS-symboliek die hij in de film bracht (LSP was vervangen door SSP). De film, met een losse dramatische structuur en de kwaliteiten van een televisiefilm, kwam pas in juni 1985 in Antwerpen in roulatie (na kort in Gent en Hasselt en in de streek van Zichem te hebben gelopen). *(LJ)*

De Leeuw van Vlaanderen

Hugo Claus

De Leeuw van Vlaanderen
Le Lion des Flandres
The Lion of Flanders

DIRECTOR: Hugo Claus
YEAR: 1984
COUNTRY: BE-NE
SCREENPLAY: Hugo Claus
BASED ON: De Leeuw van Vlaanderen, written by Hendrik Conscience
DIALOGUE: Hugo Claus
ASST. DIR.: Stijn Coninx, Walter Vervloet, Frank Van Mechelen
DIR. PHOT.: Walther Vanden Ende
CAMERA: Wim Robberechts
EDITING: Ludo Troch, Guido Henderickx
SOUND: André Patrouillie, Joos Suetens
MUSIC: Ruud Bos
ART DIRECTOR: Jean De Vuyst, Trees Colruyt
COSTUMES: Anne Verhoeven, Carine Denoyette, Suzanne Van Well
COMMENTS: Hugo Van den Berghe
PRODUCER: Jan van Raemdonck
PROD. CO.: Kunst en Kino/Art et Cinéma (Bruxelles), BRT (Brussel), KRO (Hilversum), Ministerie van de Vlaamse Gemeenschap (Brussel)
PROD. SUPERV.: Gérard Vercruysse
CAST: Frank Aendenboom (Robrecht de Bethune), Jan Decleir (Jan Breydel), Theu Boermans (Jacques de Chatillon), Julien Schoenaerts (Pieter de Coninck), Josine Van Dalsum (Koningin Johanna van Navarre), Robert Marcel (Gwijde van Dampierre), Patricia Linden (Machteld), Hans De Munter (Adolf Van Nieuwland), Peter te Nuyl (Koning Filips de Schone), Herbert Flack (Van Gullik), Jo De Meyere (Bauden de Vos), Jules Croiset (d'Artois), Hans Boskamp (de St. Pol), Ralph Wingens (Pierre Flotte), Jules Hamel (de Nesle), Maxim Hamel (Graaf de Valois), Chris Boni (Moeder Breydel), Ronny Waterschoot (Gwijde van Namen), Werther Van der Sarren (Saeftinge), Hans Rooyaards (Filips van Lichtervelde), Roelof Pieters (D'Aumal), Vic De Wachter (Jan van Namen), Ilma De Witte (Zwarte Hertogin), Tania Van der Sande (Katrien), Ronnie Commissaris (Jan van Renesse), Ischa Meijer (Nogaret), Bert André (Eremiet), Bert Van Tichelen (Eremiet), Hugo Van den Berghe (Burgemeester/Verteller), Jan Van Reeth (Geert), Filip Peeters (Roelandt), Philippe Volter (Deschamps), Adriaan Van Dis (De Mortenay), Paul Geens (Page), Johan Verminnen (Troubadour), Linda Lepomme (Nele), Marc Van Eeghem (Willem), John Massis (Leroux), Doris Van Caneghem (Moeder Overste)
LANGUAGE: Dutch
GAUGE: 35 mm
SILENT/SOUND: sound
B&W/COLOUR: colour
MINUTES: 108'

◆ Jan van Raemdonck had long nurtured the idea of adapting Hendrik Conscience's novel *De Leeuw van Vlaanderen* ("The Lion of Flanders") as a film and parallel TV series. After the modest success of the adaptation of his own play **Friday** and writing the screenplay for Lili Rademakers' **Menuet**, Hugo Claus agreed to tackle the Lion, one and a half centuries after the publication of the book. *De Leeuw van Vlaanderen* is a thoroughly romantic boys' tale centred on the Battle of the Golden Spurs in 1302, where the Flemish rank and file won a major victory over the glorious French knights.

No less than BF 75 million were pumped into the film, but this did not deter the press from slating it. The artificial, pompous dialogue and overwhelming score were pointed out as the main flaws. Moreover, historians were eager to point out the many incongruities in tones ranging from sarcasm to disdain. Neither the film, edited by Guido Henderickx, nor the 4-part television series (50 minutes per episode) could win much approval, making this a disheartening enterprise for Claus.

Hugo Claus did not limit himself simply to turning Conscience's tale into a medieval action film, aiming for a historical reconstruction that was to present the events much more accurately. 150 actors, 3 000 extras and 80 technicians seconded him on this task. The stars included thoroughbred actor Julien Schoenaerts (as demagogue Pieter de Coninck) and - inevitably - Jan Decleir (as Jan Breydel); among the supporting cast number such familiar characters as the television host Adriaan Van Dis and the Ghent-born muscleman John Massis.

● Jan van Raemdonck mûrissait depuis un certain temps l'idée de porter à l'écran le fameux roman d'Henri Conscience *De leeuw van Vlaanderen* ("Le Lion des Flandres"), et d'en tirer par la même occasion une série télévisée. Après le succès modeste de sa pièce filmée **Vendredi** et la rédaction du scénario de **Menuet** de Lili Rademakers, Hugo Claus se sentit disposé à se mesurer au Lion. *De leeuw van Vlaanderen*, paru en 1838, est un véritable livre romantique pour la jeunesse, centré sur la Bataille des Eperons d'or de 1302 où la piétaille flamande vainquit la glorieuse chevalerie française.

Hugo Claus ne se limita pas à illustrer le livre d'Henri Conscience en film d'action médiéval: il voulut y ajouter une reconstitution historique plus méticuleuse des événements. Il rassembla 150 comédiens, 3.000 figurants et 80 techniciens pour le seconder dans cette écrasante entreprise. La distribution mêlait aux acteurs de premier plan, issus des scènes flamandes comme le talentueux Julien Schoenaerts (en démagogue Pieter de Coninck) et l'incontournable Jan Decleir (dans le rôle de Jan Breydel), des seconds rôles confiés à des célébrités locales de la télévision ou du sport (le présentateur Adriaan Van Dis ou l'hercule gantois John Massis).

Malgré les 75 millions investis dans le film, la presse ne fut guère enthousiaste, dénonçant notamment les dialogues ampoulés et l'envahissante partition musicale. De plus, les spécialistes historiques relevèrent, sur le ton du dédain ou du sarcasme, maintes erreurs de détails. L'accueil fait au film, comme à la série télévisée en quatre épisodes de 50 minutes (remontés par Guido Henderickx), fut tiède et peu flatteur pour Claus.

▶ Jan van Raemdonck liep al een tijdje met het idee rond de beroemde roman *De Leeuw van Vlaanderen* van Hendrik Conscience te verfilmen en er meteen een tv-serie aan te koppelen. Na het bescheiden succes van de verfilming van zijn eigen toneelstuk **Vrijdag** en het schrijven van het scenario voor **Menuet** van Lili Rademakers, werd Hugo Claus bereid gevonden zijn tanden in "De Leeuw" te zetten. *De Leeuw van Vlaanderen* is een romantisch jongensboek dat verscheen in 1838, met als centraal gegeven de Guldensporenslag van 1302, waar het Vlaamse voetvolk een overwinning behaalde op de roemrijke Franse ridders.

Hugo Claus ging veel verder dan het draaien van een ridderfilm naar de roman van Hendrik Conscience, en bracht een historische reconstructie die de feiten veel authentieker zou voorstellen. Hiervoor werd hij bijgestaan door 150 acteurs, 3.000 figuranten en 80 technici. Onder de vertolkers vermelden we natuurlijk rasacteur Julien Schoenaerts (in de rol van volksmenner Pieter de Coninck) en de onvermijdelijke Jan Decleir (als Jan Breydel); personages als de Nederlandse televisiepresentator Adriaan Van Dis en de Gentse krachtpatser John Massis zijn ook op het appèl, als figuranten.

75 miljoen BF werd in de film gepompt, maar de pers maakte er brandhout van. De dialogen waren artificieel en bombastisch, de muziek te nadrukkelijk aanwezig. De kenners lieten niet na om, spottend of zelfs met afschuw, de vele historische fouten aan te wijzen. Noch de film, gemonteerd door Guido Henderickx, noch de vierdelige tv-serie (50 minuten per aflevering), oogstten veel bijval, wat weinig bemoedigend was voor Claus. (MT)

Tonnerre de Brest, silence!

Armand Zaninetta, Didier Bastin

Tonnerre de Brest, silence!
L'âge d'or de la BD belge 1929-1950
Duizend bommen en granaten, stilte!
Thundering Tridents, Silence!

DIRECTOR: Armand Zaninetta, Didier Bastin
YEAR: 1984
COUNTRY: BE
SCREENPLAY: Armand Zaninetta
ASST. DIR.: Daniel Levecq
DIR. PHOT.: Daniel Levecq
CAMERA: Daniel Levecq
ANIMATION: Norbert Barnich, Daniel Levecq, Manuel Gomez
EDITING: Didier Bastin, Harry Swertz
SOUND: Michel Rorive
MUSIC: Pierre Allardin
COMMENTS: Armand Zaninetta
PRODUCER: Didier Bastin
PROD. CO.: Centre de Productions Audio-visuelles (Bruxelles), Studio AZ 35 (Bruxelles)
PROD. SUPERV.: Didier Bastin
CAST: Tanguy Foglia (Le garçon rétro), Paul-Henri Burion (L'Américain), Luc Habets (L'Allemand), G. Ducarme
LANGUAGE: French
GAUGE: 16 mm
SILENT/SOUND: sound
B&W/COLOUR: colour
MINUTES: 98'

◆ The genesis of this film is hardly banal: Armand Zaninetta, a language teacher obsessed with films and comics, infects a number of his pupils with his dual passion. Without subsidies and using Super 8, the little crew decides to interview a selection of great names from the Belgian comics scene, from Rob-Vel (the creator of *Spirou*) to Edgar-Pierre Jacobs (*The Yellow M*); from Morris (Lucky Luke) to Bob De Moor (Hergé's faithful companion); from Tibet (the artist behind Ric Hochet) to Willy Vandersteen (Bob and Bobette). Shooting takes place whenever meetings are arranged, without a pre-arranged script, and after amassing 5 hours of rushes it is clear to the film-makers that it is an impossible task to stick to their original synopsis, a chronology of the comic strip from the birth of Tintin in 1929 to the publication of Comès' book *Silence* in 1980 (hence the film's bizarre title). Zaninetta and his young accomplices thus modify their original scheme to extend over two films, the first stretching from 1929 to 1950 only and coupling the interviews with documents, newspaper headlines and extracts from the comics aimed at reinserting the strips within the historical context. As for the second instalment, it never seems to have progressed beyond the planning stage.

For around two million francs, Zaninetta had the Super 8 blown up to 16mm so that his film could be shown in cinemas. It made for enjoyable viewing, despite the obvious limitations - rather uninspired editing, synchronization problems, omissions in the choice of artists (although the work was in the first instance intended as the nostalgic evocation of a youth spent devouring comics!).

● La genèse de ce film n'est guère banale: Armand Zaninetta, un professeur de langues fou de cinéma et de bandes dessinées, entraîne quelques-uns de ses élèves vers sa double passion. Sans le moindre subside et en Super 8, la petite équipe décide d'aller interviewer quelques grands noms de la B.D. belge: de Rob-Vel (le créateur de *Spirou*) à Edgar-Pierre Jacobs (*La marque jaune*), de Morris (le père de Lucky Luke) à Bob De Moor (le compagnon fidèle d'Hergé), de Tibet (le dessinateur de Ric Hochet) à Willy Vandersteen (Bob et Bobette). Les tournages se déroulent au fil des rencontres, sans scénario préétabli. Mais au terme de cinq heures de rushes, il paraît impossible de s'en tenir au synopsis prévu: la chronologie de la B.D. depuis la naissance de Tintin, en 1929, jusqu'à la sortie de l'album *Silence* de Comès en 1980 (d'où le titre bizarre du film). Zaninetta et ses jeunes complices doivent donc prévoir deux parties. La première (de 1929 à 1950 seulement) se compose d'entretiens illustrés par des documents, de manchettes de journaux et de planches extraites des albums, afin de replacer la bande dessinée dans son contexte historique. Quant à la seconde partie, elle semble être restée à l'état de projet.

Avec un budget filiforme (environ deux millions), Zaninetta fait gonfler le Super 8 initial en pellicule 16mm pour rendre son film projetable en salle. L'expérience est sympathique, malgré d'évidents défauts: un montage peu inventif, une sonorisation intempestive, et des lacunes dans le choix des dessinateurs (mais l'œuvre se voulait d'abord l'évocation nostalgique d'une adolescence de bédéphile). *(RM)*

▶ Het ontstaan van deze film is allesbehalve banaal. Armand Zaninetta, leraar talen en bezeten door film en strips, kan enkele van zijn leerlingen warm maken voor zijn dubbele passie. Zonder enige subsidie besluit de kleine ploeg enkele grote namen uit de Belgische stripwereld te interviewen, van Rob-Vel (de maker van *Robbedoes*) tot Edgar-Pierre Jacobs (*Het gele teken*), van Morris (de vader van Lucky Luke) tot Bob De Moor (de trouwe medewerker van Hergé), van Tibet (de tekenaar van Rik Ringers) tot Willy Vandersteen (Suske en Wiske). Het draaien gebeurt tijdens de ontmoetingen en zonder scenario. Na de vijf uur lange rushes blijkt het echter onmogelijk het geplande synopsis te handhaven, namelijk de chronologie van het stripverhaal sinds de geboorte van Kuifje in 1929 tot het uitbrengen van *Silence* in 1980 (een album van Comès dat de aanleiding vormt tot de bizarre titel van de film). Zaninetta moet dus twee delen voorzien. Het eerste deel gaat slechts van 1929 tot 1950. Het bevat interviews, geïllustreerd met documenten, krantenkoppen en schetsen uit de albums, dit alles om het stripverhaal in het historische kader te plaatsen van de kinderen van toen. Het tweede deel lijkt echter nooit uit de startblokken te zijn gekomen.

Met een flinterdun budget (ongeveer twee miljoen) zet Zaninetta de aanvankelijke Super 8 om in 16mm om zo zijn film in de zalen te kunnen vertonen. Het was een sympathiek experiment ondanks enkele voor de hand liggende gebreken: een niet erg vindingrijke montage, een ontijdige sonorisatie en hiaten in de keuze van de striptekenaars, maar in het nostalgisch oproepen van de jeugd van een stripliefhebber is deze film wel geslaagd.

Zware jongens

Robbe de Hert

Zware jongens
Les costauds
Les grandes gueules
Rough Diamonds
The Tough Guys

DIRECTOR: Robbe de Hert
YEAR: 1984
COUNTRY: BE
SCREENPLAY: Pierre Platteau, Robbe de Hert, Johan Boonen
DIALOGUE: Pierre Platteau, Robbe de Hert, Johan Boonen
ASST. DIR.: Stijn Coninx, Fons Feyaerts
DIR. PHOT.: Ralf Boumans
CAMERA: Ralf Boumans
EDITING: Chris Verbiest
SOUND: Ricardo Castro
MUSIC: Toots Thielemans
ART DIRECTOR: Mark Van Steenbergen
COSTUMES: Chris Willems
PRODUCER: René Vlaeyen, Ralf Boumans
PROD. CO.: Emotion Pictures (Dendermonde), René Vlaeyen Film Productions (Zelem)
PROD. SUPERV.: Nadine Borreman
EXEC. PROD.: Roland Verhavert
CAST: Gaston Berghmans (Gaston), Leo Martin (Leo), Lieve Cools (Linda), Carl Huybrechts (Minnaar van Linda), Eric Clerckx (Eric), Jef Burm (Lagaffe), Paul-Emile Van Royen (Gevangenisdirecteur), Jan Decleir (Gevangene), Rocco Granata (Gevangene), Bernard Faure (Waal), Jan Van Dijck (Man met strandstoel), Freddy Sunder (Orkestleider), Linda Lepomme (Zangeres), Machteld Ramoudt (Verpleegster), Chris Cauwenberghs (Gangster), Yvonne Verbeeck (Moeder van gangster), Patrick Le Bon (Directeur van reisbureau)
LANGUAGE: Dutch
GAUGE: 35 mm
SILENT/SOUND: sound
B&W/COLOUR: colour
MINUTES: 104'

◆ Famous for their television shows and tours throughout Flanders, the comedians Gaston Berghmans and Leo Martin had strangely enough never been asked to star as a duo in a feature film, although they had made a cameo appearance in Robbe de Hert's **Whitey from Sichem**. When de Hert once again contacted them to interpret a minor role in the new project he was preparing (**Trouble in Paradise**) they refused, instead putting forward the idea of appearing in a film as the central characters.

Robbe de Hert turned to Pierre Platteau to write the script, but this partnership proved ill-chosen and de Hert finally rewrote the story himself. A safe-breaker (Gaston) and a con man (Leo) coincidentally end up in prison together. Their escape attempt results in a hilarious scene - Gaston disguises himself as a supermarket sales girl in the centre of Antwerp selling margarine in a bid to put the pursuers off the scent. The rest of the film is a compilation of comic sketches of roughly the same level as the good-natured twosome's theatre shows, the climax consisting in a seemingly endless chase scene.

Nevertheless, **Rough Diamonds** did very well at the box-office, which inevitably led to the production of sequels such as **Scare-Mongers** (Patrick Le Bon) and **Gaston and Leo in Hong Kong** (Paul Cammermans), basically new supplies of the same old tepid jokes. With **Rough Diamonds**, Robbe de Hert, after having delivered a series of abrasive socio-political dramas, carried on Flemish cinema's long-standing tradition of successful farces using Antwerp comedians.

● Malgré une popularité acquise à la télévision et lors des tournées de leurs spectacles en Flandre, personne, assez curieusement, n'avait sollicité le duo de comiques Gaston Berghmans et Leo Martin pour un long métrage. Ils firent une brève apparition dans **Filasse de Sichem** de Robbe de Hert, mais lorsque celui-ci les contacta pour figurer dans son prochain film (**Trouble in Paradise**), ils rejetèrent tout net sa proposition: pourquoi ne pas faire un film où leur duo s'arrogerait le rôle central?

Robbe de Hert fit appel au scénariste Pierre Platteau, mais leur collaboration se grippant, c'est finalement de Hert qui récrivit toute l'histoire. Un casseur de coffres (Gaston) et un escroc (Leo) échouent tous deux en prison. Une tentative d'évasion sera la conséquence de cette rencontre, prétexte à une flopée de scènes cocasses comme celle où Gaston, déguisé en vendeuse, vend de la margarine dans un supermarché anversois pour duper ses poursuivants. Pour le reste, le film est un pêle-mêle de saynètes humoristiques, du niveau des spectacles de ce duo comique, avec, pour finale, une scène de course-poursuite qui n'en finit pas de s'éterniser.

Les costauds se révéla cependant un succès au box-office si bien qu'une suite à leurs aventures, avec le même cortège de farces bidon, s'imposa d'emblée: **Flics en panique**, de Patrick Le Bon, suivi de **Gaston et Leo à Hong Kong**, réalisé par Paul Cammermans. En signant **Les costauds**, Robbe de Hert, après une série de films engagés et pamphlétaires, renouait avec la vieille tradition burlesque du cinéma flamand à succès se basant sur des bouffons anversois.

▶ Bekend van de televisie en hun tournees door het Vlaamse land, waren de komieken Gaston Berghmans en Leo Martin als duo vreemd genoeg nooit voor een langspeelfilm gevraagd. In **De Witte van Sichem** van Robbe de Hert speelden ze slechts een gastrolletje. Toen de Hert ze tijdens de voorbereidingen voor **De onheilsbode** (later omgedoopt tot **Trouble in Paradise**) opnieuw aanzocht voor een kleine rol, weigerden ze: waarom geen film met hen als centraal acteursduo?

Robbe de Hert deed voor het scenario een beroep op Pierre Platteau, maar de samenwerking was onbevredigend en uiteindelijk herschreef hij zelf het hele verhaal. Een brandkastkraker (Gaston) en een oplichter (Leo) verzeilen per toeval samen in de gevangenis. Er volgt een uitbraakpoging, die aanleiding geeft tot een aantal hilarische scènes (waaronder deze met Gaston die als winkeljuffrouw in een Antwerpse supermarkt margarine verkoopt om de achtervolgers op het verkeerde been te zetten). Voor het overige is de film een samenraapsel van humoristische sketches op het niveau van de bekende zaalshows van het lolbroekenduo, met als finale een achtervolgingsscène die wel eindeloos lijkt te duren.

Zware jongens deed het niettemin erg goed aan de kassa, zodat een vervolg, met nog een schare flauwe grappen, onvermijdelijk werd: **Paniekzaaiers** (Patrick Le Bon) en vervolgens **Gaston en Leo in Hong Kong** (Paul Cammermans). Met **Zware jongens** vond Robbe de Hert, na een reeks geëngageerde en pamflettistische films, aansluiting bij een in de Vlaamse film reeds lang gevestigde traditie van succesrijke kluchten met Antwerpse komieken. *(RS)*

Le voyage d'hiver

Marian Handwerker

Le voyage d'hiver
De reis in de winter
Winter Journey

DIRECTOR: Marian Handwerker
YEAR: 1983-1984
COUNTRY: BE
SCREENPLAY: Luc Jabon, Marian Handwerker
ASST. DIR.: Gerda Diddens
DIR. PHOT.: Walther Vanden Ende
CAMERA: Yves Vandermeeren, Pierre Gordower, Patrick Decoster
EDITING: Dominique Van Goolen, Sophie Fabbri, Sophie Populaire
SOUND: Ricardo Castro, Alain Sironval
MUSIC: Marc Herouet
ART DIRECTOR: Christelle Cornil
COSTUMES: Mouchy Houblinne
PRODUCER: Thierry Coene
PROD. CO.: Les Films d'Hiver (Bruxelles)
PROD. SUPERV.: Tom Coene, Guy De Lombaert
CAST: Patrick Bauchau (Adam), Jean Franval (Borge), Mieczyslaw Voit (Salomon), Sylvie Milhaud (Hélène), Solange (Judith), François Beukelaers (Moreau), Christian Barbier (Corbin), Simone Barry (Rachel), Dimitri Rafalsky (Boris), Szymon Zaleski (Bierinsky), Alexandre Von Sivers (Delange), Liliane Becker (Directrice du musée), Tobias Kempf (Amant), Lucienne Traka (Surveillante du home), Léon Levieux (Léon), Simone Fluzin (Martha)
LANGUAGE: French
GAUGE: 35 mm
SILENT/SOUND: sound
B&W/COLOUR: colour
MINUTES: 101'

◆ A shady film with a shifty narrative, mixing a spy story out of John Le Carré with Dostoevsky's unbearable sense of guilt. The result is a confusing story in which the Aschenberg family and agent Borge juggle politics and women, the call for secrecy and the dictates of the personal life, East and West, and more metaphysical questions on the meaning of life and lassitude in the face of combat. Everything revolves around a little black book, a real "McGuffin" as defined by Hitchcock, a pretext for flight, chase, danger and death whose contents nevertheless remain a mystery. The film is a jumble, deliberately opaque and reliant upon the viewer's imagination; it keeps veering off to examine the mental states of its protagonists, leaving it to the (violent) action to tie up the loose ends and return the victims to their original enigmas.

In the direction, Marian Handwerker plays on the vagueness generated by a perpetual twilight. Above and beyond the clear reference points (spy-movie conventions, film noir), he demonstrates a thorough grasp of his subject - the end of the cold war, the aftermath of World War II and the identity crisis of the déracinés. This intriguing film forms part of the school of modern cinema which abandons narrative in favour of character, characters who come and go like independent beings, brought together by a unifying mise en scène composed primarily of atmosphere. The press unjustly neglected the film when it was released. In the lead role we find the Belgian actor Patrick Bauchau, who had gained international renown after his part in a James Bond film and his work for Wim Wenders.

● Un film et un récit glauques qui amalgament John Le Carré pour l'histoire d'espionnage et Dostoïevski pour le poids insupportable de la culpabilité. D'où une histoire confuse où la famille Aschenberg et l'agent Borge mêlent la politique et les femmes, les nécessités de la clandestinité et la vie sentimentale, l'Est et l'Ouest et des questions plus métaphysiques sur le sens de la vie et la lassitude des combats. Au centre du récit, un carnet noir, véritable "McGuffin" tel que le définissait Hitchcock, prétexte de la fuite, de la poursuite, du danger et de la mort; carnet dont, évidemment, nous ne connaîtrons jamais le contenu. Bref un méli-mélo volontairement opaque et livré à l'imaginaire des spectateurs, et un récit qui dérape toujours vers les états d'âme des protagonistes, laissant l'action, plutôt violente, régler des choses définitivement, renvoyant les victimes à leurs mystères premiers.

Au plan de la réalisation, Marian Handwerker joue sur le trouble de l'image toujours crépusculaire. Au-delà de l'évidence des références (convention des films d'espionnage et des films noirs), il y a l'adhésion certaine du réalisateur à son sujet, la fin de la guerre froide, les séquelles du second conflit mondial, les troubles identitaires des déracinés. Ce film intéressant se situe dans le courant du cinéma moderne, qui casse la narration au profit de personnages qui circulent comme des entités indépendantes, reliés par une mise en scène qui joue sur un registre d'atmosphère. Une œuvre qui mérite un regard plus attentif que celui de la critique à sa sortie, et qui est menée par Patrick Bauchau, un acteur belge de stature internationale (de James Bond à Wim Wenders). (JA)

▶ Een duistere film met een duister verhaal, een amalgama van een spionageverhaal à la John Le Carré en een Dostojevskiaanse thematiek van de ondraaglijke schuld. Zo onstaat een verwarrende geschiedenis, waarin de familie Aschenberg en agent Borge de politiek vermengen met vrouwen, de beperkingen van de clandestiniteit met het gevoelsleven, het Westen met het Oosten en de meer metafysische vragen over de zin van het bestaan met de afmatting van de strijd. Centraal staat een zwart boekje, een echte "McGuffin" à la Hitchcock. We blijven in het ongewisse omtrent de inhoud ervan, maar het vormt de aanleiding voor vlucht, achtervolging, gevaar en dood. Kortom, een bewust ondoorgrondelijke film, overgeleverd aan de fantasie van de kijker. Het verhaal glijdt steeds weer af naar de gemoedstoestand van de protagonisten en de nogal gewelddadige actie valt de taak te beurt alles definitief op te lossen, terwijl het geheim van de slachtoffers bewaard blijft.

De regie speelt in op de vaagheid van de steeds in schemerlicht opgenomen beelden. Naast de evidente stijlkenmerken van de spionagefilm en de film noir, heeft de regisseur een duidelijke binding met het onderwerp: het einde van de koude oorlog, de naweeën van de Tweede Wereldoorlog, de identiteitscrisis der ontwortelden. Dit boeiende werk hoort thuis in de stroming van de moderne filmkunst, waarin het verhaal ondergeschikt is aan de personages, die als onafhankelijke eenheden enkel verbonden zijn door een enscenering die draait rond sfeerbeelden. Een film die meer aandacht verdient dan hij van de pers kreeg, gedragen door Patrick Bauchau, een Belgisch acteur met internationale faam (te zien in een James Bond-film en bij Wim Wenders).

Le bébé Schtroumpf

Joseph Barbera, William Hanna, Gerald Baldwin

Le bébé Schtroumpf
De baby Smurf
The Baby Smurf

DIRECTOR: Joseph Barbera, William Hanna, Gerald Baldwin
YEAR: 1984
COUNTRY: US-BE
SCREENPLAY: Peyo, Yvan Delporte
DIR. PHOT.: Dan Morgan
ANIMATION: Jay Sarbry, Gerald Baldwin, Patsy Cameron, Tedd Anasti
EDITING: Gus Gedaan
MUSIC: Hoyt S. Curtin, Joseph Barbera, William Hanna
PRODUCER: Joseph Barbera, William Hanna, Gerald Baldwin
PROD. CO.: Hanna-Barbera (US), SFPP (Bruxelles)
PROD. SUPERV.: Ray Patterson
LANGUAGE: French/Dutch/English
SILENT/SOUND: sound
B&W/COLOUR: colour
MINUTES: 77'

VOICES: Albert Augier, Philippe Dumat, Jacques Ferrière, Gérard Hernandez, Francis Lax, Serge Lhorca, Céline Monsarrat

V'là les Schtroumpfs

Joseph Barbera, William Hanna, Gerald Baldwin

V'là les Schtroumpfs
Here Are the Smurfs

DIRECTOR: Joseph Barbera, William Hanna, Gerald Baldwin
YEAR: 1984
COUNTRY: US-BE
SCREENPLAY: Peyo, Yvan Delporte
DIR. PHOT.: Dan Morgan
ANIMATION: Jay Sarbry, Len Janson, Chuck Menville, Gerald Baldwin
EDITING: Gus Gedaan
SOUND: Ad Roest
MUSIC: Hoyt S. Curtin, William Hanna, Dorothée
PRODUCER: Joseph Barbera, William Hanna, Gerald Baldwin
PROD. CO.: Hanna-Barbera (US)
PROD. SUPERV.: Margareth Loesch, Jane Barbera
CO-PROD. CO.: SEPP (Bruxelles)
LANGUAGE: French
GAUGE: 35 mm
SILENT/SOUND: sound
B&W/COLOUR: colour
MINUTES: 80'

VOICES: Albert Augier, Philippe Dumat, Jacques Ferrière, Gérard Hernandez, Francis Lax, Serge Lhorca, Céline Monsarrat, Arnold Gelderman

De droomproducenten

Robbe de Hert, Willum Thijssen, Chris Verbiest

De droomproducenten
De aanbidding van het gouden kalf
Les fabricants de rêves
Les charmes discrets de Fugitive Cinema
The Dream Producers

DIRECTOR: Robbe de Hert, Willum Thijssen, Chris Verbiest
YEAR: 1984
COUNTRY: BE-NE
SCREENPLAY: Robbe de Hert
DIR. PHOT.: Luc Reusens, Jules Van den Steenhoven, Ludo Troch
CAMERA: Luc Reusens, Jules Van den Steenhoven, Ludo Troch, Dominique De Pijpere, Denis Van Huffel
EDITING: Chris Verbiest
SOUND: Johan Primusz, Bert Koops, Miguel Réjas
COMMENTS: Robbe de Hert
PRODUCER: Robbe de Hert, Willum Thijssen
PROD. CO.: Fugitive Cinema (Antwerpen), CinéTé (Amsterdam)
VOICES: Mike Verdrengh, Jules Roy
LANGUAGE: Dutch, French
GAUGE: 16 mm
SILENT/SOUND: sound
B&W/COLOUR: B&W + colour
MINUTES: 100'

◆ Previously known for his (agit-prop) socio-political work, Robbe de Hert's career took a sharp turn at the beginning of the eighties with the commercial successes of **Whitey from Sichem** and **Rough Diamonds**, which sit rather uneasily with de Hert's otherwise marginal status. **The Dream Producers** can in all likelihood be considered as his way of rapidly closing these brief parentheses. Joining forces with the Dutchman Willum Thijssen and Fugitive cohort Chris Verbiest, under the pretext of giving "an overview of post-war film production in Belgium and the Netherlands" he set out to take to task the Belgian subsidy system, saving his most virulent attack for the dishonest competition with television. Aided by extracts from films and television shows and interviews with (inter)national figures such as Akerman, Oshima and de Kuyper, de Hert mounts a tirade against the Belgian logic whereby artistic success does not equal a box-office success.

Bizarrely enough, the content of **The Dream Producers** was affected by the very production process the film ought to have bypassed. In 1976, under the title **Het beste van Fugitive** (**The Best of Fugitive**), Robbe de Hert had submitted to the official Selection Commission a project compiling the best from ten years of Fugitive. Various complications led to modifications to the original exposé, which was now supposed to devote more attention to the relations between cinema and television, thus necessitating financial and logistical assistance from Flemish television. The collaboration with the state-owned broadcasters was destined to come to nothing, and hence de Hert was forced to wait another eight years before completing his - highly subjective - view of the Belgian media landscape.

● Jusqu'alors connu pour ses films sociopolitiques, voire pamphlétaires, Robbe de Hert bifurque au début des années 80 avec les succès que furent **Filasse de Sichem** et **Les costauds**, difficilement attribuables au cinéaste marginal. On peut vraisemblablement considérer **Les fabricants de rêves** comme une réponse à ces courtes parenthèses. S'associant au Néerlandais Willum Thijssen et à son compagnon de Fugitive, Chris Verbiest, et sous le prétexte d'un "aperçu de la production dans la Belgique et les Pays-Bas de l'Après-guerre", c'est véritablement le système belge des subsides de films que de Hert a voulu fustiger, s'attaquant violemment à la concurrence déloyale de la télévision. S'aidant d'extraits de films, de shows télévisés et d'entretiens avec des personnalités (inter)nationales (telles que Chantal Akerman, Nagisa Oshima et Eric de Kuyper), de Hert fulmine contre la règle en Belgique qui voudrait que la singularité artistique ne garantisse pas le succès d'un film.

Assez singulièrement, **Les fabricants de rêves** fut influencé par le processus de production que le film lui-même avait dû traverser. En 1976, sous le titre **Het beste van Fugitive** (**Le meilleur de Fugitive**), de Hert avait introduit auprès de la Commission de Sélection un projet de compilation des dix années de Fugitive. Diverses complications menèrent à des modifications du sujet, qui devait davantage traiter des rapports entre le cinéma et la télévision, si bien qu'un appui financier et logistique devait être demandé auprès de la télévision flamande. La collaboration avec la BRT se révélant rude, il fallu encore attendre huit années avant que ce portrait - très coloré - du paysage médiatique belge puisse enfin être achevé.

▶ Tot dan gekenmerkt door sociaal-politieke, soms pamflettistische films, kreeg de carrière van Robbe de Hert een knik begin jaren 80. **De Witte van Sichem** en **Zware jongens** waren publiekstrekkers die niet ontsproten leken aan het brein van een marginaal filmer als de Hert. Het lijkt er sterk op dat **De droomproducenten** een soort verantwoording moest worden van deze korte parenthese. Samen met de Nederlander Willum Thijssen en Fugitive-kompaan Chris Verbiest stelde de Hert onder het mom van een "overzicht van de naoorlogse Belgische en Nederlandse filmproductie" het Belgische filmsubsidie- en productiesysteem aan de kaak, waarbij als scherpste kritiek de oneerlijke concurrentie met de televisie gold. Aan de hand van filmfragmenten, uittreksels uit tv-shows en interviews met (inter)nationale prominente figuren als Chantal Akerman, Nagisa Oshima en Eric de Kuyper haalde de Hert uit naar de Belgische situatie, waar artistiek succes niet borg staat voor kassucces.

De inhoud van **De droomproducenten** werd, vreemd genoeg, mee bepaald door het productieproces dat de film zelf had doorgemaakt. Onder de titel **Het beste van Fugitive** diende de Hert in 1976 een project in bij de Selectiecommissie om een compilatiefilm over 10 jaar Fugitive te laten financieren. Allerlei moeilijkheden leidden tot een lichte wijziging in het onderwerp, dat nu meer over de verhouding tussen film en televisie zou gaan, zodat financiële en logistieke steun moest worden gezocht bij de BRT. De samenwerking met de openbare omroep verliep echter stroef, en het zou nog acht jaar duren alvorens de Hert zijn - sterk gekleurde - portret van het Belgische medialandschap kon voltooien. (MT)

L'orchestre noir

Stéphan Lejeune

L'orchestre noir
Het zwarte orkest
The Black Orchestra

DIRECTOR: Stéphan Lejeune
YEAR: 1984
COUNTRY: BE
CAMERA: Philippe Defosse
EDITING: Stéphan Lejeune
SOUND: Charles Bernard, Thierry Ferret, Dominique Warnier
MUSIC: Jean-François Maljean
PROD. CO.: Essel Films (Jalhay), Contrechamp (Jalhay)
LANGUAGE: French
GAUGE: 16 mm
SILENT/SOUND: sound
B&W/COLOUR: colour
MINUTES: 95'

◆ During the seventies, Stéphan Lejeune directed several documentary and fiction shorts; then in 1982 he turned his attention to a work funded by the League of Human Rights dealing with the problem of police infringements of individual liberties: **The Process of Shades**. The experience of this medium-length film - promoted by Juristes Démocrates and Amnesty International - inspired Lejeune to start work on a document whose urgency appeared self-evident and which was to denounce the rise, both insidious and public, of the Belgian and European extreme right, which had established a powerful and structured network. This became **The Black Orchestra**, the product of three years' research by its director; the unsuspecting or badly informed audiences were left stunned at the time of its release in late 1984.

After zooming in on neo-fascism in Belgium (with parades by the Flemish VMO, racist incitement by the Front de la Jeunesse, paramilitary training camps, attacks on the left-wing press, clandestine support from the state and authoritarian ideologists), Lejeune's investigation traces the network of the Black Order - the neo-nazis of the German NPD, Fuerza Nueva in Spain, Le Pen's henchmen in France, the armed militia of the Nuremberg Hoffman group and the English and Austrian militant fascists. One thing is made clear by the wealth of evidence: a spider's web stretches across the whole of Europe, with Belgium often acting as its centre. The danger is there and, as we are well aware, it has only grown since 1984. Stéphan Lejeune's warning cry was unfortunately just the prelude to the violent, organized and menacing upsurge of the extreme right.

● Dans les années 70, Stéphan Lejeune avait signé plusieurs courts métrages documentaires ou de fiction. En 1982, il termine **Le processus des ombres**, un travail soutenu par la Ligue des Droits de l'Homme et consacré au problème des malversations et bavures policières contre les libertés individuelles. Promotionné par les Juristes Démocrates et Amnesty International, ce moyen métrage conduisit Lejeune à entreprendre un film-document dont l'urgence lui paraissait évidente, et qui dénoncerait la montée insidieuse ou publique de l'extrême droite, aussi bien belge qu'européenne, organisée en réseaux structurés et puissants. Ce fut **L'orchestre noir**. Préparé durant trois ans, le film laissa pantois les spectateurs non ou mal informés lors de sa sortie fin 1984.

Après une première approche du néofascisme en Belgique (défilés du VMO, activisme raciste du Front de la Jeunesse, entraînements armés dans des camps, attentats contre la presse de gauche, aide tacite des services de l'Etat, idéologues d'un Pouvoir fort), l'enquête de Lejeune remonte les filières de l'Ordre Noir: les néonazis du NPD allemand, Fuerza Nueva en Espagne, les séides de Le Pen en France, les milices armées du groupe Hoffmann à Nuremberg, les militants fascistes d'Angleterre ou d'Autriche. Une certitude se dégage de tous ces témoignages: l'existence d'une toile d'araignée couvrant l'Europe entière, avec souvent la Belgique comme plaque tournante. Le danger est là et, comme on le sait, n'a fait que croître depuis 1984. Le cri d'alarme de Stéphan Lejeune n'était hélas que le prélude de cette escalade violente, organisée et menaçante de l'extrême droite. (RM)

▶ Stéphan Lejeune draaide in de jaren 70 ettelijke, zowel documentaire als fictieve kortfilms. In 1982 realiseerde hij, met steun van de Liga van de Mensenrechten, een werkstuk rond de schending van de individuele vrijheid door de politie: **Le processus des ombres**, een middellange film gepromoot door organisaties als Advocaten Zonder Grenzen en Amnesty International. Daarna begon Lejeune aan een filmdocument dat zijns inziens geen uitstel mocht lijden, aangezien het de verholen en zelfs publieke opkomst van extreem rechts - georganiseerd in een machtig en gestructureerd netwerk in zowel België als heel Europa - aan de kaak zou stellen. Toen **L'orchestre noir** (na drie jaar voorbereiding) eind 1984 werd uitgebracht, was het niet of nauwelijks geïnformeerde publiek met stomheid geslagen.

Het onderzoek belicht eerst het neofascisme in België (optochten van de VMO, racistisch activisme van het Front de la Jeunesse, paramilitaire trainingskampen, aanslagen tegen de linkse pers, clandestiene medewerking van de Staatsveiligheid, ideologen van een autoritair regime) en brengt vervolgens de vertakkingen van de Zwarte Orde in kaart: de Duitse neonazi's van het NPD, de Spaanse Fuerza Nueva, de volgelingen van Le Pen in Frankrijk, de gewapende milities van de groep Hoffmann in Neurenberg, de fascistische militanten in Engeland en Oostenrijk. Legio getuigenissen die eenduidig wijzen op het bestaan van een spinnenweb dat zich over heel Europa uitstrekte, met België als een belangrijke draaischijf. Het gevaar bestaat, en werd sinds 1984 alleen maar groter. Lejeune's alarmkreet bleek - helaas! - slechts de prelude tot een agressieve, goed georganiseerde en dreigende opkomst van extreem rechts.

Du verbe aimer

Mary Jimenez

Du verbe aimer
Spelling Love
The Word Love

DIRECTOR: Mary Jimenez
YEAR: 1984
COUNTRY: BE-PE
DIR. PHOT.: Raymond Fromont
CAMERA: Raymond Fromont
EDITING: France Duez, Suzanne Reneau
SOUND: Guillermo Palacios, Henri Morelle
PRODUCER: Carole Courtoy, Alberto Durant, Andres Malatesta
PROD. CO.: Les Productions de la Phalène (Bruxelles), CBA (Bruxelles), Perfo Studio (Lima)
PROD. SUPERV.: Jacqueline Louis
VOICES: Mary Jimenez
LANGUAGE: French
GAUGE: 16 mm
SILENT/SOUND: sound
B&W/COLOUR: B&W + colour
MINUTES: 85'

◆ A peak of autobiographical cinema. After ten years of exile in Belgium, Mary Jimenez returns to her native Peru to make this film, the desperate search for a mother who died during her absence and who never responded to her need for absolute affection. An incurable wound for which this film attempts to provide catharsis.

The voice of the director supplies the driving force of the film in a long incantatory monologue made up of simple phrases and words, often repeated, expressing her painful initiation into non-love. Its policy of total honesty goes beyond immodesty and the violence of this murmured suffering, played out again like a melodic line, is so powerful and so sincere that the audience can only share the emotion, sense that it has entered the realm of the unspeakable. The voice tells of childhood and the Andes, of the beauty of and taste for words, of this eternally fruitless quest which will drive her - "just to please" - into undergoing psychoanalysis and electroshock, into studying the piano and architecture.

Spelling Love defies conventional classification as fiction or documentary. It is a cinematic essay which deploys this medium in a quest/inquest where different levels of images are intertwined: poetic landscape shots, interviews, "reportage" on the insane, family photos, the fictional reconstitution of the mother's corpse. The images follow the discourse without ever slipping into literal illustration, preferring instead suggestion, the tangential and thereby bringing into play the incurable absence. The order of the film is subject only to an interior necessity expressed by the voice.

● Un sommet du cinéma autobiographique. Après dix ans d'exil en Belgique, Mary Jimenez rentre dans son pays, le Pérou, pour tourner ce film, recherche désespérée d'une mère morte pendant son absence, d'une mère qui n'a jamais répondu à la demande d'amour absolu qu'elle lui adressait. Inguérissable blessure dont ce film tente d'être la catharsis.

C'est la voix de la cinéaste qui conduit le film dans un long monologue incantatoire, fait de phrases et de mots simples, souvent répétés, qui disent avec une intense émotion son douloureux apprentissage du non-amour. Le tout-dit dépasse l'impudeur, et la violence de cette souffrance murmurée, reprise comme une ligne mélodique, est si forte et si sincère qu'elle ne peut amener qu'un partage d'émotion, une impression d'être entré dans l'indicible. Elle dit l'enfance et les Andes, la beauté et le goût des mots, et la quête jamais aboutie qui lui fera tout accepter "pour plaire": psychanalyse, électrochoc, études de piano ou d'architecture.

Du verbe aimer dépasse les classifications convenues de la fiction ou du documentaire. C'est un essai qui utilise le cinéma pour mener une quête/enquête où différents niveaux d'images se mêlent: paysages, interviews des amis et des proches, visite-souvenir dans les lieux témoins, "reportage" sur les fous, photos de famille, reconstitution fictionnelle du corps mort de la mère. Elles suivent le discours sans jamais l'illustrer au premier degré, elles sont dans la suggestion, dans l'à-côté, dans ce qui laisse la place à l'irrémédiable absence. L'ordre n'obéit qu'à une nécessité intérieure énoncée par la voix, et les images suivent. (JA)

▶ Een hoogtepunt van autobiografische cinema. Na tien jaar verbanning in België, keert Mary Jimenez terug naar Peru om deze film te draaien, een zoektocht naar haar moeder, die stierf tijdens haar afwezigheid en nooit de absolute liefde kon geven die zij van haar verlangde. Deze film is opgevat als catharsis van die diepe wonde.

De stem van de cineaste leidt ons door de film met een lange, bezwerende monoloog, opgebouwd uit vaak herhaalde, eenvoudige zinnen en woorden vol emotie die ons vertellen over de pijnlijke leerschool van de onbestaande liefde. Haar eerlijkheid overstijgt de onbeschaamdheid. De felheid waarmee ze op haast melodische wijze prevelt over haar lijden, is zo sterk en zo oprecht dat we de emotie wel moeten meevoelen en de indruk hebben door te dringen in het onzegbare. Ze vertelt over haar kindertijd en over de Andes, over de schoonheid en de smaak van woorden en over de nooit eindigende queeste die haar - "om te plezieren" - deed instemmen met psychoanalyse, elektroshocks, piano- en architectuurlessen.

Du verbe aimer overstijgt de conventionele classificaties van fictie en documentaire. Het is een essay dat de film gebruikt voor een zoektocht, een onderzoek waarin beelden van diverse aard worden vermengd: landschappen, interviews met familie en vrienden, een "reportage" over krankzinnigen, familiefoto's en een denkbeeldige reconstructie van het lijk van haar moeder. De beelden volgen haar verhaal maar zijn geen rechtstreekse illustratie, ze zijn suggestief, afzijdig en brengen zo een gevoel van onherroepelijke afwezigheid teweeg. De hele structuur volgt slechts de innerlijke drang vertolkt door de stem.

Satori Stress

Jean-Noël Gobron

Satori Stress

DIRECTOR: Jean-Noël Gobron
YEAR: 1984
COUNTRY: BE
SCREENPLAY: Benoît Boelens
CAMERA: Jean-Noël Gobron
EDITING: Monique Rysselinck
SOUND: Akiko Inamura
COMMENTS: Benoît Boelens
PRODUCER: Jean-Noël Gobron
PROD. CO.: Amok Film (Bruxelles)
VOICES: Nicola Donato, Jean-Noël Gobron, Akiko Inamura
LANGUAGE: French, Japanese
GAUGE: 16 mm
SILENT/SOUND: sound
B&W/COLOUR: colour
MINUTES: 75'/52'

◆ The starting point for this feature, shot entirely in Tokyo, was the encounter between its director, Jean-Noël Gobron, and a young Japanese woman Akiko Inamura, working for Japanese television in Brussels. This experience then directly inspired Gobron to sketch out a film which would tell the day-by-day story of an affair between an itinerant film-maker and a television presenter in Tokyo. His approach to this filmic journal was to be fluid and hands-on, working like a painter, in small strokes: hence his refusal to write a fixed screenplay, allowing himself to construct the film "over the course of time". Jean-Noël Gobron decided that shooting would proceed entirely along the lines of improvisation with a stripped-down crew, and then in post-production the footage was reworked and edited in collaboration with the writer Benoît Boelens. The film mixes two levels of writing - documentary and fiction - in a very personal manner. To the first register belongs the discovery of the different faces of a strange foreign country: brushes with traditional Japan in the shape of its theatre, temples, beliefs and philosophies; street-scenes of contemporary Japan, with hand-held camera... In the second register there unfolds the ephemeral story of a love affair, quietly, like a confidence whispered.

Before directing his film **Satori Stress**, director Jean-Noël Gobron had already worked on a number of features as cameraman, technician and director of photography.

● Au point de départ de ce long métrage, entièrement tourné à Tokyo, il y a la rencontre, à Bruxelles, entre le réalisateur Jean-Noël Gobron et une jeune Japonaise, Akiko Inamura. Celle-ci travaille pour la télévision nippone. Jean-Noël Gobron conçoit alors le projet d'un film qui raconterait, au jour le jour, l'histoire d'un amour entre un cinéaste itinérant et une présentatrice de télévision à Tokyo. Ce journal filmé, il veut le réaliser de façon artisanale, comme un peintre, par petites touches. C'est pourquoi il choisit de ne pas écrire de scénario préalable pour mieux construire son film "au cours du temps". Après un tournage conforme à la règle d'improvisation que s'était fixée Jean-Noël Gobron, et réalisé avec une équipe technique réduite, la matière filmée a été retravaillée et montée en collaboration avec l'écrivain Benoît Boelens. Le long métrage mélange de façon personnelle deux registres d'écriture: le documentaire et la fiction. Au premier registre appartient la découverte des multiples visages d'un pays étranger: approches du Japon traditionnel à travers son théâtre, ses temples, ses croyances et ses philosophies; scènes de rue du Japon contemporain saisies caméra à l'épaule... Au second registre se déroule, comme une confidence livrée à voix basse, l'histoire éphémère d'une liaison amoureuse.

Avant de réaliser ce premier long métrage, Jean-Noël Gobron avait déjà travaillé sur d'autres films de fiction comme cadreur, machiniste et directeur photo. (SM)

▶ Deze integraal in Tokyo opgenomen langspeelfilm ontstond uit een ontmoeting te Brussel tussen de regisseur, Jean-Noël Gobron, en een Japans meisje, Akiko Inamura, die in haar thuisland voor de televisie werkte. Dit inspireerde Jean-Noël Gobron tot het maken van een film die, dag na dag, de liefdesgeschiedenis volgt tussen een rondreizende cineast en een tv-presentatrice uit Tokyo. Hij wou dit gefilmde dagboek op artisanale wijze vervaardigen, stukje bij beetje, als een schilder; daarom verkoos hij vooraf geen scenario te schrijven, zodat de film gaandeweg uit zichzelf zou groeien. De film werd, conform de door Gobron vooraf vastgelegde criteria, met een kleine technische ploeg gedraaid; het gefilmde materiaal werd vervolgens herwerkt en gemonteerd in samenwerking met de schrijver Benoît Boelens. De film vermengt op persoonlijke wijze twee aparte genres: documentaire en fictie. Tot het eerstgenoemde genre behoort het ontdekken van de verschillende gezichten van een vreemd land. Enerzijds vinden we het traditionele Japan, met zijn theatertraditie, zijn tempels, zijn geloof en filosofie. Anderzijds is er het straatleven van hedendaags Japan, gefilmd met de camera op de schouder... Ondertussen zien we hoe de broze liefdesgeschiedenis - het fictieve element - zich verder ontwikkelt, ons verteld op vertrouwelijke, gedempte toon.

Alvorens deze langspeelfilm te regisseren, had Jean-Noël Gobron al aan enkele andere fictiefilms meegewerkt als cameraman, machinist of chef-cameraman.

De Stille Oceaan

Digna Sinke

Co-production

De Stille Oceaan
Le Pacifique Silencieux
The Silent Pacific

DIRECTOR: Digna Sinke
YEAR: 1984
COUNTRY: NE-BE
SCREENPLAY: Annemarie Vandeputte
DIALOGUE: Annemarie Vandeputte
DIR. PHOT.: Albert Vanderwildt
CAMERA: Albert Vanderwildt
EDITING: Jan Wouter Van Reijen
SOUND: Lukas Boeke
MUSIC: Peter Vermeersch
ART DIRECTOR: Hemmo Sportel, Gert Brinkers
COSTUMES: Natasa Hanusova, Paco Baez, Patricia Lim
PRODUCER: Hans Klap
PROD. CO.: De Eerste Amsterdamse Filmassociatie van 1980 (Amsterdam)
PROD. SUPERV.: Conny Brak, Michèle Tronçon
CO-PRODUCER: Marion Hänsel
CO-PROD. CO.: Man's Films (Bruxelles)
LANGUAGE: Dutch
GAUGE: 35 mm
SILENT/SOUND: sound
B&W/COLOUR: colour
MINUTES: 100'

CAST: Josée Ruiter (Marian Winters), Andrea Domburg (Emilia Winters), Josse De Pauw (Emil Winters), Monique Kramer (Rita Winters), Rafi Nahual (Enrique), Luis Granados (Miguel), Julien Schoenaerts (Frits Rosmeyer), Cor Witsche (Portier), Jan Moonen (Receptionist hotel), Johan Leysen (Jan Verstraete), Pim Lambeau (Hospita), Peter Tuinman (Agent), Jaap Van Donselaar (TV-redacteur)

Les poings fermés

Jean-Louis Benoît

Co-production

Les poings fermés
Le soldat qui dort
The Sleeping Soldier

DIRECTOR: Jean-Louis Benoît
YEAR: 1984
COUNTRY: FR-SZ-BE
SCREENPLAY: Jean-Louis Benoît
ASST. DIR.: Dominique Guerrier, Jean-Pierre Sauné
DIR. PHOT.: Emmanuel Machuel
CAMERA: Stéphane Kleeb
EDITING: Jean-François Naudon
SOUND: Laurent Barbey
COSTUMES: Nadine Lefortier
PRODUCER: Jean-Marc Henchoz
PROD. CO.: Marion's Films (Paris), Xanadu Film (Aathal-Zürich)
PROD. SUPERV.: Marion Henchoz
CO-PROD. CO.: FR3 (Paris), ODEC (Bruxelles), SSR (Bern)
LANGUAGE: French
GAUGE: 35 mm
SILENT/SOUND: sound
B&W/COLOUR: colour
MINUTES: 105'

CAST: André Wilms (Henri), Marie-Hélène Daste (Mère Cazal), Karen Rencurel (Suzanne), Laurent Pahud (L'enfant), Yvette Theraulaz (La mère de l'enfant), Guy Touraille (Le prêcheur), Jean-Louis Benoît (Le père de l'enfant)

Madame P.
Eve Bonfanti

Madame P.

DIRECTOR: Eve Bonfanti
YEAR: 1984
COUNTRY: BE
SCREENPLAY: Eve Bonfanti
DIR. PHOT.: Patrice Payen
CAMERA: Joseph Backes
EDITING: Monique Rysselinck
SOUND: Frank Struys
MUSIC: Patrick Waleffe
ART DIRECTOR: Philippe Graff
PRODUCER: Danny Degraeve
PROD. CO.: Les Grandes Productions (Bruxelles)
CAST: Hélène Van Herck (Elise), Jos Simons (André Lanaux), Anne Carpiau (L'épicière), Jean Pascal (Georges), Catherine Bady (Mado), Roger Broe (L'épicier)
LANGUAGE: French
GAUGE: 16 mm
SILENT/SOUND: sound
B&W/COLOUR: colour
MINUTES: 85'

◆ A remarkable stage actress of mixed Belgian/Corsican parentage, Eve Bonfanti has also appeared in a number of Belgian films (such as **Over** and **A Page of Love**). Tempted by the idea of directing, she shot her first film on video, hoping to receive the official subsidies necessary to print it to 35mm. She was granted the means for a 16mm copy, thus confining the film to the festival circuit and television. The inspiration for Eve Bonfanti's script was an old lavatory attendant in a Brussels café, a woman leading an isolated, marginalized life, relegated to the basement - a theme little dealt with in cinema since Murnau's **The Last Laugh** sixty years before.

For the role of this anti-heroine, the director called upon the Antwerp actress Hélène Van Herck, who at the time of shooting was seventy-five, the same age as Madame P. Exiled to the spruce toilets of Spa's Casino, she devotes all her remaining strength to the defence of her last bastion, fighting to postpone for as long as possible the moment of ultimate rejection. The 16mm grain reproduces this solitude as through a mist, desaturated, translating the pathetic colourlessness of this existence "condemned to life's basement" (dixit Eve Bonfanti). Rare excursions into the outside world further accentuate this final act of isolated resistance, from the outset limited yet which must be carried through to the bitter end. The result is a rare achievement which makes the ensuing directorial silence of its author all the more regrettable.

● Remarquable comédienne de théâtre d'origine belgo-corse, Eve Bonfanti est aussi apparue dans quelques films nationaux (**Ras-le-bol** ou **Une page d'amour**). Tentée par la mise en scène, elle tourne son premier film en vidéo, en espérant que des subsides officiels lui permettront de gonfler sa copie en 35mm: on lui accordera finalement de quoi le faire en 16mm, confinant ainsi **Madame P.** à des présentations ponctuelles dans des festivals ou à la télévision. Le personnage qui a inspiré son scénario était une vieille préposée aux toilettes, dans un café de Bruxelles: une vie cloîtrée, marginalisée, reléguée dans un sous-sol, et dont le cinéma s'était fort peu préoccupé depuis **Le dernier homme** de Murnau, 60 ans auparavant.

Pour incarner cette anti-héroïne, la réalisatrice a fait appel à la comédienne anversoise Hélène Van Herck, qui avait l'âge de Madame P., 75 ans, au moment du tournage. Exilée dans les W.-C. pimpants du Casino de Spa, elle semble jouer ses dernières forces, défendre son dernier espace concédé, pour retarder le plus longtemps possible le moment du rejet définitif. Le grain particulier du 16mm filme cette solitude comme à travers un regard embué et désaturé, qui traduit la grisaille dérisoire de cette existence "condamnée au sous-sol de la vie" (E. Bonfanti). Quelques rares échappées vers le monde extérieur accentuent encore cette ultime résistance en lieu clos, limitée par avance, mais qu'il s'agit de prolonger jusqu'au bout. Une réussite peu banale, et qui fait d'autant regretter le silence cinématographique, depuis lors, de son auteur. *(RM)*

▶ Eve Bonfanti, de opmerkelijke theateractrice van Belgisch-Corsicaanse afkomst, was af en toe ook te bewonderen in de nationale filmproductie (**Ras-le-bol** of **Une page d'amour**). Zelf aangesproken door regie, draaide ze haar eerste film op video, in de hoop hem later, met overheidssteun, op te blazen naar 35mm. Uiteindelijk moest ze zich tevreden stellen met een 16mm-kopie, en **Madame P.** was dan ook enkel te zien op festivals en op televisie. Bonfanti vond de inspiratie voor haar scenario bij een bejaarde toiletjuffrouw in een Brussels café: een afgezonderd bestaan in de marginaliteit, in souterrains, dat de cinema sinds **Der letzte Mann** van Murnau, 60 jaar voordien, slechts zelden in beeld bracht.

Voor de vertolking van deze antiheldin zocht de regisseuse de Antwerpse actrice Hélène Van Herck aan, die op dat moment 75 jaar oud was, net als Madame P. Weggestoken in de keurige wc's van het Casino van Spa houdt zij zich met haar laatste greintje levenskracht vast aan dit laatste stukje territorium - om de definitieve afdanking uit te stellen. De 16mm-film, met zijn karakteristieke korrel, registreert deze eenzaamheid als door een wazige bril en geeft daardoor treffend de absurde grauwheid weer van een dergelijk bestaan "in de de kelders van het leven" (Bonfanti). Enkele schaarse uitstapjes naar de buitenwereld benadrukken nog dit ultieme verzet dat, hoe futiel ook, tot het bittere einde moet worden volgehouden. Een geslaagde en allerminst banale film, die ons des te meer doet betreuren dat het sindsdien zo stil bleef rond deze auteur.

Jan Zonder Vrees

Jef Cassiers

Jan Zonder Vrees
Jean Sans Peur
John the Fearless

DIRECTOR: Jef Cassiers
YEAR: 1984
COUNTRY: BE
SCREENPLAY: Jef Cassiers
BASED ON: De wonderlijke lotgevallen van Jan Zonder
Vrees, written by Constant De Kinder
DIALOGUE: Jef Cassiers
CAMERA: Kris Jansen, Roger Cornelis
ANIMATION: Dirk Depaepe
EDITING: Renaat Rombouts
MUSIC: Alain Pierre
ART DIRECTOR: Dirk Depaepe, Suzanne Maes, André Thibau,
Frank Neirinck
PRODUCER: Hilda Verboven
PROD. CO.: BRT (Brussel)
PROD. SUPERV.: Gustaaf Verspeelt
VOICES: Jan Decleir (Jan Zonder Vrees), Jef Burm
(Dokus), Linda Schagen (Alwina), Jan
Pauwels (Baron van Moerzeke), Nolle Versyp
(Hertog van Vlaanderen), Dries Wieme
(Baron Van Grembergen), Ann Petersen
(Moeder van Alwina), Denise Zimmerman
(Hertogin), Joris Collet (Boer Stansen),
Ward De Ravet (Ridder Kortenak), Dirk De
Batist (Tijs), Dora Van der Groen, Linda
Conrad, Raymond Bossaerts, Aimé Anthony,
Liliane Raeymaekers, Lutgard Pairon
LANGUAGE: Dutch
GAUGE: 35 mm
SILENT/SOUND: sound
B&W/COLOUR: colour
MINUTES: 79'

◆ 1910 saw the publication of Constant De Kinder's book *De wonderlijke lotgevallen van Jan Zonder Vrees* ("The Wonderful Adventures of John the Fearless"), illustrated with pen drawings by Emiel Walravens. It was soon to become one of the most popular children's titles in Flanders, largely thanks to the resounding chord struck by its hero, a local cross between Superman and Robin Hood. In 1980 Nic Bal, at the time Managing Director of Flemish television, commissioned director Jef Cassiers to make a feature-length cartoon version of the book. Although better known as a film and TV comic, Cassiers had also begun a career as an animator working for the Antwerp cartoon studio Animated Cartoons Cy, which had rapidly gone bankrupt.

For form and palette, Jef Cassiers drew on the Flemish artistic tradition. The rural characters are reminiscent of Breughel and Bosch, the backgrounds are inspired by the work of Ghent etcher Jules De Bruycker, full of false perspectives and market scenes inhabited by folkloric types. Dirk Depaepe, formerly of the (now long defunct) Ghent studio Pen Film, handled the technical side, and music was provided by Alain Pierre. Jan Decleir lent his voice to the robust peasant, alongside the contributions of Dora Van der Groen, Ann Petersen and Jef Burm. Backgrounds and animation are very cleverly done and compare favourably to any foreign efforts. The film was shown on television in eight 10-minute episodes, but subsequently the BRT did little to promote the theatrical release and unfortunately box-office receipts were limited, with only very few showings abroad.

● En 1910 parut le livre *De wonderlijke lotgevallen van Jan Zonder Vrees* ("Les aventures merveilleuses de Jean Sans Peur"), de Constant De Kinder, illustré de dessins à la plume d'Emiel Walravens. Ce livre devint un des plus grands succès de la littérature pour jeunes dans les Flandres, grâce à son héros, un croisement local de Superman et de Robin des Bois. En 1980, le directeur général de la télévision flamande, Nic Bal, demanda au réalisateur Jef Cassiers de transposer le livre en dessin animé. Cassiers était surtout connu comme comique de cinéma et de télévision, mais il avait travaillé en tant que dessinateur d'animation dans un studio anversois, le Animated Cartoons Cy, qui avait vite fait faillite.

Pour les formes et les coloris, Cassiers s'inspira de la tradition artistique flamande. Les figures populaires rappellent Bruegel et Bosch, tandis que les décors s'inspirent des travaux du graveur gantois Jules De Bruycker (fausses perspectives et scènes de marché remplies de types populaires). La réalisation technique fut assumée par Dirk Depaepe, des studios gantois Pen Film, aujourd'hui défunts depuis longtemps. Alain Pierre composa la musique. Jan Decleir prêta sa voix au rustre costaud. Les voix de Dora Van der Groen, d'Ann Petersen et de Jef Burm participèrent aussi à l'aventure. Décors et animation sont parfaitement réalisés et supportent aisément la comparaison internationale. **Jean Sans Peur** fut présenté à la télévision en huit épisodes de 10 minutes. Malheureusement, la BRT investit peu pour la promotion du film: la version cinéma n'obtint aucun succès en salle et les présentations à l'étranger furent limitées.

▶ In 1910 verscheen het boek *De wonderlijke lotgevallen van Jan Zonder Vrees*, geschreven door Constant De Kinder en met pentekeningen van Emiel Walravens. De hoofdfiguur, die als een Vlaamse versie van Superman of Robin Hood ongelooflijke stunts uithaalt, sloeg dermate aan dat het boek al vlug uitgroeide tot een klassieker in het jeugdgenre. In 1980 vroeg Nic Bal, de toenmalige directeur-generaal van de BRT, aan regisseur Jef Cassiers om het kinderboek te bewerken als tekenfilm. Cassiers was in de eerste plaats een bekende film- en televisiekomiek, maar had in 1946 ook als animator gewerkt bij de Antwerpse tekenfilm-studio Animated Cartoons Cy, die echter al snel failliet was gegaan.

Cassiers baseerde zich voor de vormgeving en het kleurenpalet op de Vlaamse artistieke traditie. De volksfiguren doen denken aan Breugel en Bosch en de decors zijn geïnspireerd op de werken van de Gentse etser Jules de Bruycker, vol valse perspectieven en markttaferelen met volkse types. De technische realisatie is van

de hand van Dirk Depaepe, die werkzaam was bij de inmiddels reeds lang ter ziele gegane Gentse Pen Film Studio's. Alain Pierre schreef de muziek en Jan Decleir leende zijn stem aan de stoere boer. Daarnaast werden ook de stemmen van onder meer Dora Van der Groen, Ann Petersen en Jef Burm gebruikt. Decors en animatie zijn knap vervaardigd en kunnen gemakkelijk een internationale vergelijking doorstaan. **Jan Zonder Vrees** werd op de buis in acht afleveringen van 10 minuten vertoond. Helaas heeft de BRT niet echt veel moeite gedaan wat de promotie van de filmversie betreft. De film werd dan ook geen succes in de bioscoop en ook buitenlandse vertoningen waren schaars. (RS)

Jean-Gina B.

Jean-Pol Ferbus

Jean-Gina B.

DIRECTOR: Jean-Pol Ferbus
YEAR: 1984
COUNTRY: BE-FR-NE
SCREENPLAY: Jean-Pol Ferbus
BASED ON: Du rêve au défi, written by Jean Bella
DIALOGUE: Jean-Pol Ferbus, Jean Bella
CAMERA: Nurith Aviv
EDITING: Susana Rossberg
SOUND: Henri Morelle
MUSIC: Steven Brown
ART DIRECTOR: Philippe Graff
COSTUMES: Frieda Dauphin
PRODUCER: Jean-Pol Ferbus, Gérard Despouy, Willum Thijssen, Linda Van Tulden
PROD. CO.: Rosebud (Bruxelles), L'Œil en Boîte (Paris), CinéTé (Amsterdam)
EXEC. PROD.: Willum Thijssen
CAST: Jean Bella (Jean-Gina B.), Béatrice Camurat (Béatrice), Philippe Laudenbach (Le docteur), Cara Van Wersch (La veuve), Michel Israël (Réceptionniste), Jean-Pol Ferbus (Jean-Pol)
LANGUAGE: French
GAUGE: 35 mm
SILENT/SOUND: sound
B&W/COLOUR: colour
MINUTES: 90'

◆ Jean Bella, a radio officer who had navigated the globe, left the navy. At the age of fifty, he became Gina and retreated well away from the city to the solitude of the Ardennes, to his native village, yet without disowning his past.

Such is the surprising, affecting character behind Jean-Pol Ferbus' portrait. How did he meet this now 74-year-old transsexual? What personal motivation led the director - who was closely involved in Thierry Zéno's **Of the Dead** - to the issue of sexual identity? These questions emerge tentatively through the fabric of what begins as a strictly documentary film yet is very quickly taken over by Jean-Pol Ferbus' fascination with a very unusual fate. Jean-Gina's memories and her expression of desire to realize his/her "hermaphrodite" nature form the text of the film, and between the lines the viewer can decipher the existential conflicts implicit in such a choice, even when lived out fully. At the same time, the banality and superficiality that often characterize specialists' approach to the subject become clear, as if sexuality and desire were foreign to professionals. Linear in form, Jean-Pol Ferbus' film perhaps failed to carry its theme through to the logical conclusion: even if Jean Bella's difference serves to remind each person of his or her own solitude, friendship nevertheless represents the only chance for open dialogue with the other and for our differences to become the very basis of community.

● Jean Bella, officier radionavigant qui a fait le tour du monde, a quitté la marine. A cinquante ans, il est devenu Gina et s'est retiré loin des villes, dans son village natal, dans la solitude des Ardennes, sans pour autant renoncer à son passé.

Telle est la personnalité surprenante et attachante dont Jean-Pol Ferbus trace le portrait. Comment a-t-il rencontré ce transsexuel âgé maintenant de 74 ans? Par quel cheminement personnel le réalisateur (qui fut étroitement associé au film **Des morts** de Thierry Zéno) fut-il amené à s'intéresser à l'identité sexuelle? Ces questions apparaissent en filigrane à travers un film qui a pour origine un intérêt strictement documentaire et qui débouche, très vite, dans la fascination qu'exerce un destin hors du commun sur Jean-Pol Ferbus. C'est donc à travers les souvenirs de Jean-Gina et l'expression de son désir de réaliser sa nature "hermaphrodite" qu'il est donné au spectateur d'entrevoir ce qu'un tel choix - même pleinement assumé - implique comme déchirure existentielle. On s'aperçoit, du même coup, de la platitude et de la superficialité avec lesquelles, souvent, les spécialistes abordent le sujet comme si la sexualité et le désir leur étaient étrangers. D'une écriture linéaire, le film n'a peut-être pas été au bout de son propos: si la différence de Jean Bella renvoie chacun à sa propre solitude, l'amitié constitue malgré tout l'unique chance d'ouverture à l'autre et de faire de nos différences l'objet même du partage. (SM)

► Jean Bella, officier-marconist die de hele wereld is rondgevaren, verlaat de zeemacht. Op vijftigjarige leeftijd wordt hij Gina en trekt zich terug in zijn geboortedorp in de eenzame Ardennen, ver van de drukke steden. Zonder echter zijn verleden volledig te vergeten.

Dit is het verrassende en aandoenlijke personage dat Jean-Pol Ferbus hier schetst. Maar hoe heeft hij deze nu 74-jarige transseksueel ontmoet? Welke persoonlijke redenen had de regisseur - die duidelijk zijn stempel drukte op **Des morts** van Thierry Zéno - om zich te interesseren voor de seksuele identiteit? Deze vragen vormen een soort rode draad door de film, die begint als een gewone documentaire. Al snel wordt echter duidelijk hoezeer Jean-Pol Ferbus gefascineerd raakte door deze ongewone lotsbestemming. Via de herinneringen van Jean-Gina en het openlijke verlangen om zijn natuurlijke neiging tot het "hermafroditisme" te volgen, wordt het voor de toeschouwer duidelijk hoe een dergelijke keuze je bestaan overhoop gooit, al ben je met jezelf volledig in het reine. Ook de plompe, oppervlakkige wijze waarop veel specialisten dit onderwerp aansnijden - alsof seksualiteit en verlangen niet van deze wereld zijn - wordt aangekaart. Deze lineaire film werkt zijn eigen stelling echter niet volledig uit: ook al confronteert het anders-zijn van Jean Bella iedereen met zijn eigen eenzaamheid, toch biedt vriendschap de mogelijkheid om je open te stellen voor een ander en om juist dat anders-zijn met elkaar te delen.

Du sel sur la peau

Jean-Marie Degesves

Du sel sur la peau
Een zuurzoete huid
Zilte huid
Salt on the Skin
A Pinch of Salt on the Skin

DIRECTOR: Jean-Marie Degesves
YEAR: 1984
COUNTRY: BE-FR-CN
SCREENPLAY: Jean-Marie Degesves
DIALOGUE: Jean-Marie Degesves
ASST. DIR.: Gerda Diddens, Emérance De Groote
DIR. PHOT.: Raoul Coutard
CAMERA: Raoul Coutard, André Clément, Peter Van Reeth
EDITING: Monique Rysselinck, Véronique Mahillon
SOUND: Ricardo Castro
MUSIC: Christian Lété
ART DIRECTOR: Raymond Renard, Marie-Ghislaine Bernard
COSTUMES: Anne Verhoeven
PRODUCER: Godefroid Courtmans
PROD. CO.: F3 (Bruxelles), RTBF (Liège), Odessa Films (Paris), Swan Productions (Paris), Ciné Groupe (Montréal)
EXEC. PROD.: Evelyne July, Yannick Bernard, Jacques Pettigrew
CAST: Richard Bohringer (Julien), Anne Clignet (Juliette), Catherine Frot (Charlotte), Michel Galabru (Bideau), Michel Bawedin (Concierge de l'hôtel), Liliane Becker (Mamy), Gilbert Charles (Président du Club Photo), Paul Clairy (Papy), Harry Cleven (Jean-Claude), Nicole Colchat (Sœur de Charlotte), Laurence Everard (Nathalie), Jacqueline Ghaye (Secrétaire), Isabelle Glorie (Mireille), Bernard Goossens (Photographe), Vinciane Le-Men (Vendeuse de nounours), Christian Maillet (Informaticien), Bernard Marbaix (Photographe), Yvette Merlin (Mère de Julien), Marie-Jeanne Nyl (Dame de l'autobus), Jean-Marie Petiniot (Informaticien), Guy Pion (Photographe), Paul Saussus (Gaspard), Bernard Scheyen (Maître d'hôtel), Alain Serres (François), François Sikivie (Bertrand)
LANGUAGE: French
GAUGE: 35 mm
SILENT/SOUND: sound
B&W/COLOUR: colour
MINUTES: 81'

◆ A man (Richard Bohringer) - an unhappy bachelor equipped with a very motherly mother - meets a woman with a similar history of conjugal and sentimental disappointment. Her foil and companion is an extremely sharp little girl. Everything begins with a bout of car trouble, then a series of anecdotal incidents do their utmost to separate the parties. But they are safe in the hands of the little girl, with her refusal to be parted from her teddy bears and prescience of the adult need for love. The film's ending, already obvious after a few minutes' watching, sees the preordained lovers secure in each other's arms with the blessing of the two female adjuncts, the mother and the daughter.

This film was one of the first demonstrations of the obvious fact that it is pointless for Francophone Belgian cinema to aim for the commercial market if it is going to set itself no higher goals than telling a pleasant, unobjectionable story in the most anonymous, televisual, illustrative style (with the presence of "guest star" Michel Galabru). The most striking aspect of the film is that which is often found in B-movies, namely the blatantly transgressive subtext which goes unnoticed amidst the overwhelming sentimentality. In this instance, we are faced with a Lolita who makes all the moves for her father-to-be whilst he in turn takes great joy in photographing the little darling, using his mother as an alibi. Once again, however, this is immediately subsumed beneath the all-pervading conventionality.

● Un célibataire malheureux (Richard Bohringer), pourvu d'une mère très possessive, rencontre une femme qui lui ressemble dans ses déconvenues conjugales ou sentimentales. Elle (Anne Clignet) a comme parangon et compagnon une petite fille extrêmement éveillée. L'incident déclencheur est une panne de voiture. Suit une série d'événements anecdotiques qui vont tout faire pour séparer les deux personnages. Cependant, avec son désir de ne pas être éloignée de ses nounours et la prescience qu'elle a des besoins amoureux des adultes, l'enfant veille sur le couple. La fin du film, annoncée dès la première rencontre, réunira ceux qui doivent s'aimer avec la bénédiction des deux adjuvants féminins, la mère et la fille.

Ce film prouve, une des premières fois, l'inutilité pour le cinéma belge francophone de se situer dans le secteur commercial quand il n'a que cette seule revendication, c'est-à-dire de raconter une histoire qui fait plaisir à tout le monde et ne dérange personne. Le cinéaste, sans vrai regard personnel, se contente d'illustrer un récit de style télévisuel (avec Michel Galabru, dans son numéro habituel de "guest-star"). Néanmoins, les films de série B recèlent parfois des éléments intéressants. Il reste dans ce film des zones de transgression dont la crudité passe inaperçue dans la guimauve générale: une Lolita très active, un futur papa qui aime bien photographier la mignonne, une maman servant d'alibi. Pas d'emportement: la subversion est immédiatement oblitérée et gommée par la convention ambiante. (JA)

▶ Een ongelukkige vrijgezel (Richard Bohringer) met een bezitterige moeder bouwt na een toevallige ontmoeting een relatie op met een vrouw van wie de echtelijke en amoureuze tegenslagen hem herkenbaar voorkomen. Hun verhouding wordt al snel op de proef gesteld door allerlei gebeurtenissen. Maar het kwieke dochtertje van de vrouw waakt. Zij wil het gevoel van nestwarmte niet opgeven en voelt al goed aan hoezeer volwassenen nood hebben aan liefde. Het einde van de film, voorspelbaar van bij de eerste ontmoeting, brengt hen die bij elkaar horen weer samen onder het goedkeurend oog van de moeder en de dochter.

Als een van de eerste leverde deze film het bewijs dat het voor de Belgische Franstalige cinema weinig zin heeft om zich op commercieel vlak te begeven wanneer men slechts één doel voor ogen heeft, namelijk een verhaaltje vertellen dat iedereen bevalt en niemand stoort. Het wordt daarbij in beeld gebracht door een cineast die zich ertoe beperkt het tv-filmachtige gegeven (met de Franse "guest star" Michel Galabru) zonder persoonlijke visie te illustreren. Maar het belangrijkste is wel dat, zoals vaak in een B-film, het bittere van het verhaal onopgemerkt blijft te midden van de algehele stroperigheid. Eigenlijk staan we oog in oog met een energieke Lolita die geconfronteerd wordt met een toekomstige vader die niets liever doet dan kiekjes van haar nemen, terwijl haar moeder het alibi verschaft. Maar dit aspect gaat meteen teloor door de conventionele teneur van deze film.

Du sel sur la peau

Ni avec toi, ni sans toi

Alain Maline

Co-production

Ni avec toi, ni sans toi
Not with You, Not without You

DIRECTOR: Alain Maline
YEAR: 1984
COUNTRY: FR-BE
SCREENPLAY: Joëlle Pilven, Yves Josso, Alain Maline
BASED ON: L'écureuil dans la roue, written by Hortense Dufour
DIALOGUE: Joëlle Pilven, Yves Josso, Alain Maline
ASST. DIR.: Sabine Marang, Véronique Legrand
DIR. PHOT.: David Joël
CAMERA: Jean-Claude Marisa
EDITING: Hugues Darmois
SOUND: Harald Maury, Paul Sertault, Dominique Duchatelle
MUSIC: Kolinka
ART DIRECTOR: Bruno Held
COSTUMES: Christian Gasc, Adrienne Ghenassia
PROD. CO.: Mikado Films (Paris), FR3 (Paris), Lyric International (Paris), Daska Films (Gent)
PROD. SUPERV.: Nicole Flipo
LANGUAGE: French
GAUGE: 35 mm
SILENT/SOUND: sound
B&W/COLOUR: colour
MINUTES: 82'

CAST: Philippe Léotard (Pierre), Evelyne Bouix (Mathilde), Tanya Lopert (Antoinette), Charles Gérard (Le Parisien), Maïte Nahir (Sainte Ricard), Marylin Even (La fille Trouillon), Karim Ouldorama (Mathieu), Stéphane Ausse (L'huissier), Dominique Becker (L'institutrice), Adrienne Bonnet (Femme de Gérard), Vincent Martin (Gérard), Raymond Meunier (Jabot le cantonnier), Luc Nion (Landrot, éboueur), Marc Nion (Landrot, éboueur), Ivan Ringot (L'huissier), Jean De Tregomain (Le charbonnier), Roger Sabatier (L'écrivain)

The Hollywood Messenger

Chris Vermorcken

The Hollywood Messenger
La messagère d'Hollywood
Maritza Norman

DIRECTOR: Chris Vermorcken
YEAR: 1985
COUNTRY: BE
SCREENPLAY: Chris Vermorcken
CAMERA: Jean-Claude Neckelbrouck, Jean-François Boucher
EDITING: Rosanne Van Haesebrouck
SOUND: André Brugmans, Jean-Claude Boulanger
MUSIC: Armando Carrere
PRODUCER: Dany Janssens Casteels
PROD. CO.: Films Dulac (Bruxelles), RTBF (Bruxelles), CBA (Bruxelles)
PROD. SUPERV.: Marilyn Watelet
ASSOC. PROD.: Jacqueline Pierreux
EXEC. PROD.: Chris Vermorcken
CAST: Maritza Norman (Maritza), Muriel D'Odémont (Muriel), Tim Tenders (Wim Tenders), Geneviève Stacy, Herb Bujold (Le compositeur), Armanda MacDaniel (La star), Walter Kohner (L'agent artistique), Bernice Altschul (La patronne du restaurant), Helen Jay (La graphologue), Nicole Seguin (La scénariste), Sam Garrisson (Le producteur), Billy Powell (Le gardien de parking), Eileen Bradley (La casting director), Margeaux Mirkin (La directrice du budget), Nola Leone (Nola), Tony Fegan (Le livreur)
LANGUAGE: French
GAUGE: 16 mm
SILENT/SOUND: sound
B&W/COLOUR: colour
MINUTES: 85'

◆ **The Hollywood Messenger** began life as a documentary on a Frenchwoman in Hollywood, Maritza Norman, a "messenger" to the film world, in other words a courier for express mail between stars, studios and producers... A modest, generous self-made woman who, after 20 years of easy life in California, found herself alone, empty-handed and abandoned by the man she had come for. By sheer hard work she managed to build up a business. She knows the harshness of the studio system and never loses her head amidst the stars and the excitement of passing glories, keeping her door open and her illusions firmly locked away. On the screen she has all the authority of reality and of a life truly lived.

With the film in the can, the portrait suddenly shifted. Next to Maritza appeared Hollywood, complete with all the sun-drenched clichés: too many palm trees, blue skies, Cadillacs and pools. The highly codified decor is treated precisely as a façade - after all, this is Hollywood. But the presence of Maritza lays bare the artifice of this picture postcard for all to "see".

Chris Vermorcken decided to add a parallel fictional storyline, a story of delusions and the dream factory, of a mythomaniac playboy (Tim) and a girl (Muriel) who turns up believing that a pretty face is enough to take you to the top. Thus **The Hollywood Messenger** became "a women's picture on the fates of two women, Maritza and Muriel. A nice little film about lost illusions, about women who help each other to avoid getting completely lost" (*La Libre Belgique*).

● A l'origine, un documentaire sur une Française d'Hollywood, Maritza Norman, qui est "messagère", c'est-à-dire porteuse de courrier rapide, dans le monde du cinéma, entre vedettes, studios, producteurs... Cette "self-made-woman", modeste et généreuse, s'est retrouvée, après 20 ans de bonheur serein en Californie, seule, le cœur plein, l'homme parti, les mains vides. A la force du poignet, elle a construit son travail; elle connaît la dureté du monde des studios, garde la tête froide devant les stars et l'effervescence des gloires passagères, laisse sa porte ouverte et ses illusions fermées. A l'écran, elle apparaît comme une femme qui a le poids du réel.

Le film fait, le portrait a soudainement bougé. A côté d'elle s'est installé Hollywood et tous ses clichés ensoleillés: trop de palmiers, trop de ciel bleu, trop de Cadillacs, trop de piscines. Le décor, très codé, est justement traité en façade: Hollywood ressemble à cela. Mais la présence de Maritza fait mieux ressortir l'aspect factice de cette carte postale.

Chris Vermorcken a voulu ajouter au document une fiction, celle du miroir aux alouettes et de l'usine à rêves, celle d'une jeune femme (Muriel) qui débarque, croyant qu'être une jolie fille est un atout suffisant dans ces lieux-là, et celle d'un play-boy mythomane (Tim). **La messagère d'Hollywood** est devenu "un film de femme sur les destins de deux femmes, Maritza et Muriel. Un joli petit film sur les illusions qui se perdent, sur des femmes qui s'entraident pour ne pas s'y perdre" (*La Libre Belgique*). (JA)

▶ Oorspronkelijk zou deze film een documentaire worden over een Française, Maritza Norman, die "bode" is in Hollywood en snelpost rondbrengt tussen sterren, studio's, producers... Een eenvoudige en edelmoedige selfmade woman die na 20 jaar rustig leven in Californië alleen kwam te staan, zonder man, zonder werk en met heel veel verdriet. Op eigen kracht heeft ze opgebouwd wat ze nu heeft. Ze kent de harde wereld van de filmstudio's, ze houdt het hoofd koel tussen de sterren en de opwinding van vergankelijke roem. Ze laat haar deur open en haar illusies weggesloten. Maritza Norman komt op het scherm als een levensechte persoon.

Maar wanneer de film klaar is, is het portret gewijzigd. Naast Maritza is Hollywood verrezen met alle zonovergoten clichés: een overdaad aan palmbomen, blauwe lucht, Cadillacs en zwembaden, een overvol decor dat terecht alleen maar als façade gebruikt wordt. Maritza kan ons een kijk bieden op de keerzijde van die ansichtkaart.

Chris Vermorcken heeft een fictief element in de film willen brengen: het verhaal van de schone schijn en van de droomfabriek. Dat verhaal wordt gedragen door een jonge vrouw (Muriel), naar Hollywood gekomen met het idee dat haar schoonheid een voldoende troef zou zijn, en een playboy met leugenachtige praatjes (Tim). **The Hollywood Messenger** werd "een vrouwenfilm over het dubbele lot van twee vrouwen, Maritza en Muriel. Een aangenaam klein filmpje over het verliezen van illusies, over vrouwen die elkaar steunen om zichzelf niet te verliezen" (*La Libre Belgique*).

Istanbul
Marc Didden

Istanbul

DIRECTOR: Marc Didden
YEAR: 1985
COUNTRY: BE
SCREENPLAY: Marc Didden
DIALOGUE: Marc Didden
ASST. DIR.: Antonino Lombardo
DIR. PHOT.: Willy Stassen
CAMERA: Yves Vandermeeren, Frans Leys, Wim Robberechts, Renaat Lambeets
EDITING: Ludo Troch, Eric De Vos, Sophie Schijns, Manuel Deudon
SOUND: Frank Struys
MUSIC: Eric Andersen
ART DIRECTOR: Johan Van Essche
COSTUMES: Lorette Meus
PRODUCER: Alain Keytsman, Erwin Provoost
PROD. CO.: Multimedia (Brussel), BRT (Brussel), ASLK (Brussel), RTL (Bruxelles)
PROD. SUPERV.: Nadine Borreman
EXEC. PROD.: Erwin Provoost
CAST: Brad Dourif (Martin Klamski), Dominique Deruddere (Willy), Charlotte Berden (Corinne), François Beukelaers (Joseph), Ingrid De Vos (Beatrice Lemmens), Fons Goris (Julien Nagelmaekers), Daniel Van Avermaet (Immigratiebediende), Chris Boni (Barmeid in Gent), Senne Rouffaer (Albert), Amid Chakir (Groentenverkoper), Alexandre Von Sivers (Politie-inspecteur), Jozef Pellens (Assistent politie-inspecteur), Ludo Troch (Emilio), Danielle Laurent (Isabelle)
LANGUAGE: Dutch
GAUGE: 35 mm
SILENT/SOUND: sound
B&W/COLOUR: colour
MINUTES: 91'

◆ Only 18 months after making **Brussels by Night**, Didden and Provoost teamed up again to make **Istanbul**, another film based on the wanderings of a group of outsiders, set against a background of murder.

Willy, a student, gives up his holiday job to travel to Istanbul with the troubled but fascinating Klamski. On the journey from Ostend to Arlon, their chance encounters with various people (minor roles played by actors from **Brussels by Night**) resemble the pieces in a moral and psychological jigsaw. Klamski turns out to be a tormented, violent paedophile in search of quasi-religious penance in a Turkish jail. With unprincipled innocence, Willy switches the balance of power and achieves his dream of an exotic Istanbul at Klamski's expense, but in doing so inherits the latter's tormented past.

This tragic-absurdist road movie explores open space and the oppressed psyche, guilt and penance, power and naïveté, criminality and "normality". It is filled with ironic and meaningful discoveries: they keep encountering the same man walking for charity, Klamski hides from the sun behind his Ray Bans and the film is divided into three "Belgian" sections (Flanders, Brussels and Wallonia).

The critics were divided in their response, both praising and condemning the direction, the use of landscape, the supporting roles and the crucial kidnapping scene at the end. This contradictory reception reflects the fact that **Istanbul** was hardly a comfortable, easy film: it is an icy and laboured piece of work which, however, compels respect for the professionalism and the genuine and very personal cinematic talent of its director.

● A peine dix-huit mois après **Brussels by Night**, le tandem Didden-Provoost donne naissance à **Istanbul**, un nouveau récit d'errance d'outsiders sur fond de crime.

Willy, étudiant, abandonne un petit boulot de vacances pour se joindre au fascinant et troublant Klamski, en route pour Istanbul. Les rencontres du hasard (seconds rôles interprétés par des acteurs de **Brussels by Night**), au fil de leur périple d'Ostende à Arlon, constituent les pièces d'un puzzle moral et psychologique. Klamski est un pédophile violent et torturé à la recherche d'une pénitence quasi religieuse dans une cellule turque. Willy renverse les rapports avec une innocence dénuée de scrupule, réalise son propre rêve de l'Istanbul exotique aux dépens de Klamski mais, ce faisant, hérite de lui son passé torturé.

Ce road movie tragico-absurde explore les grands espaces et la psyché oppressée: faute et châtiment, puissance et naïveté, crime et "normalité". Il est lardé de trouvailles ironiques et significatives: un "promeneur-pour-la-bonne-cause" croise régulièrement leur chemin; Klamski fuit la lumière à l'abri de ses Ray Ban; la structure se divise en trois actes "belges" (les Flandres, Bruxelles, la Wallonie).

Mitigée, la critique chanta les louanges du film tout en vilipendant aussi bien la direction des acteurs que l'utilisation des paysages, les seconds rôles et le kidnapping crucial à la fin. Ces contradictions montrent bien qu'il ne s'agit pas là d'une œuvre facile. Ce film, distant et désossé, même s'il ne crée l'émotion qu'à grand-peine, force le respect pour le professionnalisme et le talent cinématographique authentique et personnel du réalisateur.

▶ Amper 18 maanden na **Brussels by Night** leverde de tandem Marc Didden-Erwin Provoost met **Istanbul** opnieuw een verhaal af over de omzwervingen van outsiders, tegen de achtergrond van een misdaad.

Willy, een student, kapt met zijn vakantiejob om samen met de duistere doch fascinerende Klamski naar Istanbul te trekken. Op de weg van Oostende naar Aarlen vormen toevallige ontmoetingen (met acteurs uit **Brussels by Night** in bijrolletjes) de stukjes van een morele en psychologische puzzel. Klamski blijkt een gekwelde, gewelddadige pedofiel te zijn, op zoek naar quasi religieuze boetedoening in een Turkse cel. Willy keert echter met een gewetenloze onschuld de machtsverhoudingen om en verwezenlijkt zo zijn eigen droom van het exotische Istanbul ten koste van Klamski, maar hij erft daarbij wel diens gekwelde verleden.

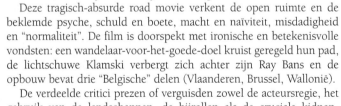

Deze tragisch-absurde road movie verkent de open ruimte en de beklemde psyche, schuld en boete, macht en naïviteit, misdadigheid en "normaliteit". De film is doorspekt met ironische en betekenisvolle vondsten: een wandelaar-voor-het-goede-doel kruist geregeld hun pad, de lichtschuwe Klamski verbergt zich achter zijn Ray Bans en de opbouw bevat drie "Belgische" delen (Vlaanderen, Brussel, Wallonië).

De verdeelde critici prezen of verguisden zowel de acteursregie, het gebruik van de landschappen, de bijrollen als de cruciale kidnappingsscène op het einde. Deze tegenstrijdige reacties verraden dat het hier geen gemakkelijk werk betrof: **Istanbul** is een onderkoelde en uitgebeende film, die moeilijk emoties losweekt maar wel respect afdwingt voor het vakmanschap én het authentieke, persoonlijke filmtalent van de regisseur. *(DD)*

Brussel

Mark Sebille

Brussel
Bruxelles
Brussels

DIRECTOR: Mark Sebille
YEAR: 1985
COUNTRY: BE
SCREENPLAY: Paul Pourveur, Mark Sebille
CAMERA: Paul Amand, Ivo De Cat, Patrick Decoster, Mark Sebille
EDITING: Henri Erismann
COMMENTS: Paul De Ridder, Johan Struye, Geert Van Istendael
PRODUCER: Mark Sebille
PROD. CO.: Niloc Productions (Bruxelles)
VOICES: Jessie De Caluwe, Michel Follet, Geert Van Istendael, Frank Dingenen
LANGUAGE: Dutch/French/English
GAUGE: 16 mm
SILENT/SOUND: sound
B&W/COLOUR: colour
MINUTES: 85'/55'

◆ Mark Sebille is essentially known as a director of films on exploration and mountaineering such as: **Dhaulagiri, the Great Challenge** (1982) and **Kilimanjaro, White Summit of the Dark Continent** (1984). However, he was struck by the non-existence of historical documentaries on Brussels, his home town. **Brussels** attempts to fill that gap by evoking the history of the capital: its origins, growth and historical importance, as well as its inhabitants and its contemporary appearance. Throughout the film, ongoing comparisons are made between the elements which once defined the city's past and what is left of them today. The river Senne, which played a key role in the city's history, acts as leitmotiv throughout the film.

However, Sebille's project did not go altogether smoothly and he encountered considerable difficulty in persuading politicians and sponsors of its importance. Yet the result was worth the wait: **Brussels** is one of the very best documentaries made about the city, due in part to the host of excellent collaborators seconding Sebille on this effort: scriptwriter Paul Pourveur, cameramen Paul Amand, Ivo De Cat and Patrick Decoster, and writer-journalist Geert Van Istendael, who provided the commentary. Because of its 16mm format, **Brussels** was only suitable for non-commercial screening in schools and cultural centres. However, it won Sebille considerable praise, allowing him to move on to the production of commissioned projects.

● Mark Sebille est surtout connu pour ses films d'exploration et d'alpinisme: **Dhaulagiri, le grand défi** (1982) et **Kilimanjaro, toit blanc du continent noir** (1984). Bruxellois, il avait constaté l'absence de documentaire historique sur la capitale. Son **Bruxelles** sera donc l'évocation de l'histoire de la ville: ses origines, son développement et sa signification historique, mais aussi ses habitants et son aspect contemporain. Le film compare en permanence les éléments qui ont été déterminants par le passé à ce qu'il en reste aujourd'hui. La Senne constitue le fil conducteur du film, dans la mesure où le fleuve joua un rôle important dans l'histoire de la ville.

Le projet ne se déroula néanmoins pas sans accrocs, et Sebille connut toutes les peines du monde à convaincre les politiciens et les sponsors du bien-fondé de son plan. Le résultat est toutefois remarquable: **Bruxelles** est un des meilleurs documentaires jamais réalisés sur la capitale. Sebille s'était entouré d'une brochette de collaborateurs triés sur le volet: le scénariste Paul Pourveur, les cameramen Paul Amand, Ivo De Cat et Patrick Decoster, et le journaliste-écrivain Geert Van Istendael, qui signa les textes définitifs. En raison de son format 16mm, **Bruxelles** fut réservé aux présentations non commerciales dans les écoles et les centres culturels. Néanmoins, ce film rapporta au cinéaste sa part de lauriers. Il poursuivra ensuite sa carrière en produisant des films de commande.

▶ Mark Sebille staat vooral bekend als regisseur van films over expedities en alpinisme: **Dhaulagiri, de grote uitdaging** (1982) en **Kilimanjaro, het witte dak van het zwarte continent** (1984). Als Brusselaar stelde hij echter vast dat er geen historische documentaire over deze hoofdstad bestond. Zijn **Brussel** werd dan ook een evocatie van de geschiedenis van de stad: haar ontstaan, haar groei en haar historische betekenis, maar ook haar bevolking en het hedendaagse stadsbeeld. In de film worden voortdurend parallellen getrokken tussen de elementen die in het verleden bepalend waren en wat daar nu nog van rest. De Zenne, de stroom die zo'n historische rol speelde in de ontwikkeling van de stad, vormt de rode draad door de film.

Toch liep het project niet van een leien dakje en had Sebille de grootste moeite om politici en sponsors van de waarde ervan te overtuigen. Het resultaat mag er evenwel zijn: **Brussel** is een van de allerbeste documentaires die over onze hoofdstad bestaan. Sebille omringde zich dan ook met uitstekende medewerkers: scenarist Paul Pourveur, cameramannen Paul Amand, Ivo De Cat en Patrick Decoster en journalist-schrijver Geert Van Istendael, die de commentaar voor zijn rekening nam. Wegens het 16mm-formaat was **Brussel** enkel geschikt voor niet-commerciële vertoningen in scholen en culturele centra, maar toch leverde de film Sebille de nodige adelbrieven op. Nadien vervolgde hij zijn weg met het produceren van opdrachtfilms. (PG)

The Afterman

Rob Van Eyck

The Afterman

DIRECTOR:	Rob Van Eyck
YEAR:	1985
COUNTRY:	BE
SCREENPLAY:	Chris Bossers
ASST. DIR.:	Ludo Van Genechten, Chris Bossers
DIR. PHOT.:	Mark Henkens
CAMERA:	Rob Van Eyck
EDITING:	Rob Van Eyck
SOUND:	Rob Van Eyck
MUSIC:	Yano Vitalez
ART DIRECTOR:	Mark Henkens
COSTUMES:	Jacqueline Van Camp
PRODUCER:	Rob Van Eyck
PROD. CO.:	Flemish Film Productions (Zichem)
PROD. SUPERV.:	Rob Van Eyck
CAST:	Jacques Verbist (Man), Franka Ravet (Meisje), Dora Raskin (Kasteelvrouw), Luk Allaerts (Bendeleider), Nick Van Suyt (Kale man), Guido De Belder (Monnik)
LANGUAGE:	-
GAUGE:	35 mm
SILENT/SOUND:	sound
B&W/COLOUR:	colour
MINUTES:	90'

◆ **The Afterman**, which was financed entirely by director Rob Van Eyck's own production company with additional support from a fresh-cream manufacturer, was intended to capitalize on the commercial success in Belgium of the drama-documentary **The Day After**, which focused on the appalling consequences of a nuclear conflict. The hero of **The Afterman** has survived a similar conflict, but when he finally leaves the bunker which has sheltered him since childhood, he discovers a primitive, barbaric and violent world. By way of a harsh introduction to his new home, he is soon pursued by a mob and raped. But he also meets a girl who introduces him to love and bears him a child.

Unlike Van Eyck's previous film **The Aardwolf**, **The Afterman** was refused a grant by the Flemish Community, but this didn't stop him from pursuing the project and making the film with an absolute minimum of financial and technical resources. For example, he worked with only six actors and a technical team consisting of a mere handful of staff. The results are in every way as primitive as the world the film tries to describe and above all the whole lacks the humour and irony which can make a film of this kind enjoyable. Even so, Van Eyck believed that the public would flock to this film about a post-nuclear world and that this would solve the financial problems which the film had created for him. Unfortunately, the film was not a great success and, following a heart attack, Van Eyck stopped making films for several years. He still hopes to make a sequel to this post-nuclear Flemish apocalypse.

● Tourné pour le compte de sa société de production et avec le soutien financier d'un fabricant de crème fraîche, ce long métrage de Rob Van Eyck est conçu comme un film commercial. Il s'inspire du succès obtenu dans les salles belges par le drame documentaire **Le jour après**, évoquant les conséquences terrifiantes d'un conflit nucléaire. Le héros de **The Afterman** survit à un conflit de ce type. Lorsque, après des années de réclusion, il quitte le bunker qui l'a abrité depuis son enfance, il découvre un monde primitif, barbare et violent, où son accueil consiste à se faire poursuivre et violer par une bande. Il rencontrera, toutefois, la jeune fille qui l'initiera à l'amour et lui donnera un enfant.

Contrairement à la production précédente de Rob Van Eyck (**Le protèle**), celle-ci n'obtint aucun subside de la Communauté Flamande, mais le cinéaste s'accrocha bec et ongles à son projet et le réalisa avec un minimum absolu de moyens techniques et financiers. Qu'on en juge : il ne disposa que de six acteurs et d'une poignée de techniciens. Ce qui explique peut-être que le résultat est aussi primitif que le monde qu'il tente de décrire. L'œuvre manque, avant tout, de ce zeste d'humour et d'ironie qui rend ce type de cinéma digeste. Le réalisateur espérait pourtant que le public le suivrait dans sa peinture du monde d'après la bombe et le tirerait des problèmes financiers où son acharnement créatif l'avait mis. En vain. Le public ne répondit pas à l'appel et une crise cardiaque éloigna du cinéma Rob Van Eyck pendant quelques années. Il souhaite toujours réaliser une suite à cette apocalypse postnucléaire flamande.

▶ Gedraaid voor rekening van de productiemaatschappij van Rob Van Eyck en met financiële steun van een slagroomfabrikant, was **The Afterman** opgezet als een exploitationfilm, ingegeven door het succes in ons land van het docudrama **The Day After**, rond de vreselijke gevolgen van een nucleair conflict. De held van **The Afterman** heeft een soortgelijk conflict overleefd, maar wanneer hij na jaren de bunker verlaat die hem sedert zijn kindertijd bescherming biedt, ontdekt hij een primitieve, barbaarse en gewelddadige wereld waarin hij al snel door een bende wordt achternagezeten en verkracht. Maar hij zal ook een meisje ontmoeten dat hem inwijdt in de liefde en hem een kind schenkt.

In tegenstelling tot de vorige film van Rob Van Eyck (**De aardwolf**), weigerde de Vlaamse Gemeenschap aan dit werk steun te verlenen, wat de maker niet belette om zich in het project vast te bijten en de film met een absoluut minimum aan financiële en technische middelen te draaien. Zo beschikte hij over slechts zes acteurs en een technische ploeg bestaande uit een handvol mensen. Het resultaat is alleszins even primitief als de wereld die men hier tracht te beschrijven en mist bovenal de humor en ironie die dit soort cinema plezierig kunnen maken. Toch geloofde de maker dat het publiek zou afkomen op deze film over het leven na de bom en aldus een oplossing zou bieden voor de financiële problemen waarin deze film hem gebracht had. Maar het publiek bleef weg en een hartaanval schakelde Rob Van Eyck een aantal jaren uit. Hij blijft echter dromen van een vervolg op deze postnucleaire Vlaamse Apocalyps. (MA)

Dust

Marion Hänsel

Dust

DIRECTOR: Marion Hänsel
YEAR: 1985
COUNTRY: BE-FR
SCREENPLAY: Marion Hänsel
BASED ON: In the Heart of the Country, written by John M. Coetzee
DIALOGUE: Marion Hänsel
ASST. DIR.: Michel Mees
DIR. PHOT.: Walther Vanden Ende
CAMERA: Walther Vanden Ende
EDITING: Susana Rossberg
SOUND: Henri Morelle, Ricardo Castro
MUSIC: Martin Saint-Pierre
ART DIRECTOR: Pierre Thévenet, Luciano Arroyo
COSTUMES: Yan Tax
PRODUCER: Marion Hänsel, Jean Daskalidès
PROD. CO.: Man's Films (Bruxelles), Daska Films (Gent), Flach Film (Paris), FR3 (Paris)
CO-PRODUCER: Jacques Dubrulle, Jean-François Lepetit
EXEC. PROD.: Michèle Tronçon
CAST: Jane Birkin (Magda), Trevor Howard (Father), John Matshikiza (Hendrik), Nadine Uwampa (Klein Anna), Lourdes Christina Sayo (Oud Anna), René Diaz (Jacob)
LANGUAGE: English
GAUGE: 35 mm
SILENT/SOUND: sound
B&W/COLOUR: colour
MINUTES: 87'

◆ Marion Hänsel's second feature film is again an adaptation of a novel, this time *In the Heart of the Country* by the South African writer Coetzee. The setting is an isolated farm in the Veld, the time between 1920 and 1950. Only a few characters are involved in the story: a father - an authoritarian widowed farmer - and his daughter, a spinster haunted by fantasies, her body as ungainly as her mind is frustrated. They share the farm with a couple of black servants. Played out between them is a game of desire and repression, fear and power. The themes of the film are strongly Freudian - the murder of the father, symbolic incest, the absence of love, the longing for rape, madness.

Marion Hänsel remained very faithful to the narrative framework of the book, re-creating through images the power of its claustrophobic setting, a confluence of unspoken emotions and violence. She successfully evokes the isolation, heat, neuroses and domination. Her approach is deliberately uncompromising, chaste, ambiguous. Are we witness to reality or fantasy? What is true, what imaginary? What really happened in this suffocating solitude, this relationship between master and slave?

Shot in the south of Spain, the film attempts a minimalist re-creation of South African reality, isolating characters, objects and landscapes in austere, Bressonian framings. This reality is interior, as transmitted through simple elements: the red earth, dust, incandescent light, shadow, skin, sweat and glances.

● Le deuxième long métrage de Marion Hänsel est à nouveau l'adaptation d'un roman, *In the Heart of the Country* ("Au cœur de ce pays") de l'écrivain sud-africain Coetzee. Le lieu: une ferme isolée dans le Veld. L'époque: entre 1920 et 1950. Peu de personnages: un père, veuf, fermier et autoritaire, et sa fille, montée en graine et en fantasmes, au corps ingrat et au cœur frustré. Face à eux un couple de serviteurs noirs. Va se jouer alors le grand jeu du désir et du refoulement, de la peur et du pouvoir. Les thèmes sont fortement freudiens avec le meurtre du père, l'inceste symbolique, le manque d'amour, le désir de viol, la folie.

Marion Hänsel, très fidèle à la trame narrative du livre, a su restituer par ses images la force de ce huis clos, fait à la fois de non-dit et de violence, et faire passer l'isolement, la chaleur, les névroses, les rapports de force. Elle a choisi le parti de la rigueur, de la pudeur et de l'ambiguïté. Est-on dans la réalité ou dans les fantasmes? Qu'est-ce qui est vrai, qu'est-ce qui est imaginaire? Que s'est-il vraiment passé dans cette étouffante solitude, dans cette relation entre maître et esclave?

Tourné dans le sud de l'Espagne, ce film s'attache à reconstituer "a minima" la réalité sud-africaine, c'est-à-dire qu'il isole les êtres, les objets, les paysages dans des plans austères et bressoniens. Le réel est tout intérieur et il est transmis par des éléments fondamentaux et simples: la terre rouge, la poussière, l'incandescence de la lumière, l'ombre, la peau, la sueur, les regards. (JA)

▶ De tweede langspeelfilm van Marion Hänsel was wederom gebaseerd op een boek, ditmaal *In the Heart of the Country* van de Zuid-Afrikaanse auteur Coetzee; de plaats van handeling is een geïsoleerde boerderij in het Veld, tussen 1920 en 1950. Onder de schaarse personages vinden we een vader - een weduwnaar en autoritaire boer - en zijn dochter, een oude vrijster en fantaste met een onbevallig lichaam en een gefrustreerde geest. Bij hen verblijft nog een koppel zwarte bedienden. We zijn getuige van een groots spel van verlangen en verdringing, angst en macht. De thema's zijn sterk Freudiaans, onder andere vadermoord, symbolische incest, het gebrek aan liefde, het verlangen naar verkrachting en de waanzin.

Marion Hänsel blijft de verhaalstructuur van het boek trouw en slaagt erin de kracht van dit proces achter gesloten deuren, dat bestaat uit het onuitgesprokene en het geweld, in beelden te gieten. Ze toont het isolement, de hitte, de neurosen en de machtsverhoudingen, en koos voor een onbuigzame, terughoudende en dubbelzinnige benadering. Is dit droom of werkelijkheid? Wat is er werkelijk gebeurd in deze verstikkende eenzaamheid, deze relatie tussen meester en slaaf?

De film, opgenomen in Zuid-Spanje, geeft de Zuid-Afrikaanse realiteit slechts minimaal weer: personages, voorwerpen en landschappen worden geïsoleerd in sobere shots à la Bresson. De werkelijkheid is een innerlijke beleving en schuilt in fundamentele, simpele elementen: de rode aarde, het stof, het felle licht, de schaduw, de huid, het zweet, de blik.

La moitié de l'amour

Mary Jimenez

La moitié de l'amour
Half of Love

DIRECTOR: Mary Jimenez
YEAR: 1985
COUNTRY: BE
SCREENPLAY: Mary Jimenez
ASST. DIR.: Pierre Pauquet, Olivier Coussemacq
DIR. PHOT.: Michel Houssiau
CAMERA: Raymond Fromont
EDITING: Jacqueline Lecompte
SOUND: Henri Morelle
MUSIC: Ramón De Herrera
ART DIRECTOR: Micheline Noterman, Véronique Mélery
COSTUMES: Suzanne Van Well
PRODUCER: Carole Courtoy
PROD. CO.: Les Productions de la Phalène (Bruxelles)
PROD. SUPERV.: Jacqueline Louis
CAST: Margit Carstensen (Yvy), Christophe Donnay (Adrian), Alexandre Von Sivers (Maurice), Christian Maillet (Dreyer), Patrick Bauchau (Alain), Carole Courtoy (Henriette), Marie-Luce Bonfanti (Sandra), Nadine Castagné (Emma), Bruno Bulté (David), Jonathan Fox (Charlie), Guido De Belder (Moon), Patrick Dielmann (Petit Guss), Jean André (Mangano), Georges Debouverie (Le commentateur), Maxime Carette (L'infirmière), Didier Van Sichelen (L'infirmière), André Bauman (Le portier), Luis Godinho (Le portier du bordel), Carmela Locantore (Prostituée cuir), Stéphane Auberghien (Prostituée cuir), Marguerite Procureur (Prostituée bordel), Philippe Marannes (L'homme nu), Dominique Fournal (Barman du Dôme)
LANGUAGE: French
GAUGE: 35 mm
SILENT/SOUND: sound
B&W/COLOUR: colour
MINUTES: 90'

◆ After the autobiographical (and cathartic) excursion of **Spelling Love**, Mary Jimenez returned to fiction and the theme of the libido familiar from her first full-length feature, **21:12 piano bar**, with a very similar subject: a man enquiring into the past of a woman and who becomes more and more fascinated by her as he uncovers her secret, morbid tale. The masochistic ghost of the first film is here replaced by Yvy, a doctor who following head injuries is suffering from amnesia. For ambiguous reasons disclosed only at the very end of the film the young man, obsessed and terrified by her in equal measure, abducts her from psychiatric care and moves her into his home. He sifts through her past and gradually letters and tapes, inside knowledge and bizarre criminals help him come to the bottom of the gunshot which wiped its causes and all memories from her mind; yet equally he little by little reveals the neurotic motives behind his search.

To transfer this script (similar to **Vertigo**) to the screen, Jimenez - herself once a sufferer of long-term amnesia and a psychoanalysis patient - once again used the alienating techniques of **21:12 piano bar**: the sense of a living nightmare, shady eroticism, abrupt slippages and aberrations in time, allusive dialogue, and also a fantastical sequence in a dubious cabaret à la Fassbinder. What is more, the impenetrable Yvy is played by one of the German director's favourite actresses, Margit Carstensen. Even Jimenez's fans, however, were forced to admit that the film's hybrid look, nauseous atmosphere and swerves into the detective genre detracted from its impact, although they praised the more powerful moments of this coming-of-age tragedy.

● Après la parenthèse autobiographique (et exorcisante) de **Du verbe aimer**, Mary Jimenez renoua avec la fiction et le cinéma de libido de son premier long métrage, **21:12 piano bar**. Le thème est proche: une investigation sur le passé d'une femme par un enquêteur, fasciné par elle à mesure qu'il reconstitue son itinéraire secret et morbide. La suicidée masochiste du premier film est remplacée ici par Yvy, une femme médecin blessée à la tête et rendue amnésique. Pour des raisons ambiguës, qui ne seront révélées qu'à la fin de l'histoire, un jeune homme, à la fois obsédé et effrayé par elle, va l'arracher à l'asile psychiatrique et la loger chez lui, tout en fouillant dans sa vie. Lettres et cassettes, témoins privilégiés et truands insolites vont l'amener à résoudre peu à peu le mystère de ce coup de feu, dont elle a perdu les causes et le souvenir, mais aussi les motivations névrotiques de sa quête.

Pour filmer cette intrigue (dont beaucoup d'éléments sont dans la lignée de **Sueurs froides**), Mary Jimenez - qui aurait connu elle-même une longue amnésie et les angoisses d'une psychanalyse - va jouer à nouveau sur les procédés dérangeants de **21:12 piano bar**: cauchemar vécu, érotisme glauque, coupures et mutilations, dialogues allusifs, ainsi qu'une séquence fantasmatique dans un cabaret équivoque à la Fassbinder. C'est d'ailleurs une des interprètes favorites du réalisateur allemand, Margit Carstensen, qui interprète le personnage impénétrable d'Yvy. Même les fervents de Mary Jimenez durent concéder que l'aspect hybride, le climat nauséeux et les concessions policières du film en dévaluaient la portée, tout en louant les moments forts de ce trajet initiatique. (RM)

► Na het autobiografische (en verlossende) **Du verbe aimer** sloeg Mary Jimenez opnieuw de weg in van haar debuut **21:12 piano bar** met een libidineuze fictiefilm. Het thema is bijna identiek: een man is zodanig gefascineerd door een vrouw dat hij haar geheime, morbide verleden reconstrueert. De masochistische zelfmoordenares uit de eerste film wordt vervangen door Yvy, een dokter die geheugenverlies lijdt sinds ze een hoofdwonde opliep. Om dubbelzinnige redenen, die pas op het einde duidelijk worden, komt een jongeman haar uit het asiel weghalen en bij hem thuis onderbrengen. Hij voelt zich tegelijk geobsedeerd en afgeschrikt, en begint in haar verleden te rommelen: brieven en cassetten, bevoorrechte getuigen en oplichters leiden hem geleidelijk aan zowel naar de sleutel van het mysterie - het pistoolschot dat door haar geheugen werd uitgewist - als naar de ontdekking van zijn eigen neurotische beweegredenen.

Om deze intrige (verwant aan **Vertigo**) te verfilmen, deed Jimenez - die zelf ook lange tijd geheugenverlies leed en maar al te vertrouwd was met de verschrikkingen van een psychoanalse - weer een beroep op de bevreemdende ingrediënten uit haar eerste werk: de waar gebeurde nachtmerrie, ongezond erotisme, incisie en verminking, allusieve dialogen en een irreële scène in een schunnig cabaret à la Fassbinder. Margit Carstensen, die de rol van de ondoorgrondelijke Yvy vertolkt, was trouwens een van de favoriete actrices van de Duitse cineast. Zelfs verstokte Jimenez-fans moesten toegeven dat de heteroclitische aard, de ziekelijke sfeer en het zwenken naar een detectiveverhaal minpunten zijn, die evenwel geen afbreuk doen aan de sterke momenten in deze initiatiereis.

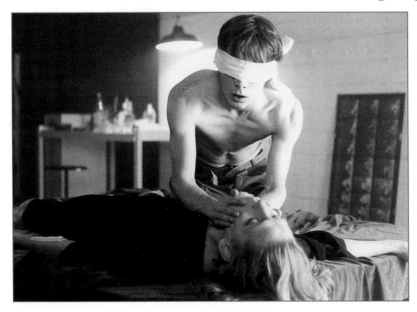

Babel opéra ou la répétition de Don Juan

André Delvaux

Babel opéra ou la répétition de Don Juan
Babel Opera, or the Rehearsal of Don Juan

DIRECTOR: André Delvaux
YEAR: 1985
COUNTRY: BE
SCREENPLAY: Denise Debbaut, Jacques Sojcher, André Delvaux
BASED ON: Essai de n'être pas mort, written by Jacques Sojcher
DIALOGUE: André Delvaux
ASST. DIR.: Susana Rossberg
DIR. PHOT.: Charlie Van Damme, Walther Vanden Ende
CAMERA: Michel Baudour, Luc Drion, Ella Van den Hove, Peter Van Reeth
EDITING: Albert Jurgenson, Sophie Fabbri, Nathalie Hureau
SOUND: Henri Morelle, André Defossez, Jean G. Mekhitarian
MUSIC: Sylvain Cambreling
PRODUCER: Jean-Claude Batz
PROD. CO.: Nouvelle Imagerie/Nieuw Imago (Bruxelles)
PROD. SUPERV.: Jacqueline Louis
CAST: François Beukelaers (François), Stéphane Excoffier (Stéphane), Alexandra Vandernoot (Sandra), Ben Van Ostade (Ben), Jacques Sojcher (Narrateur), José Van Dam (Don Giovanni), Pierre Thau (Il Commandatore), Stuart Burrows (Don Ottavio), Ashley Putnam (Donna Anna), Christiane Eda-Pierre (Donna Elvira), Malcolm King (Leporello)
LANGUAGE: French, Dutch, Italian
GAUGE: 35 mm
SILENT/SOUND: sound
B&W/COLOUR: colour
MINUTES: 75'

◆ André Delvaux's film is a kaleidoscopic, subtle, stimulating attempt at an essay film, midway between documentary and fiction. The starting point is founded in reality: over several weeks, the film-maker followed the preparations and rehearsals for a production of Mozart's *Don Giovanni* at the Théâtre Royal de la Monnaie, directed by Karl Ernst Herrmann and conducted by Sylvain Cambreling. In parallel, four fictional characters mirror the seductions, coquetries and infidelities of Da Ponte's libretto. Still more resonances are revealed within the course of the narrative. François, one of the fictional characters, also dreams of staging *Don Giovanni*, and alongside this project mounts photographic examinations of another, geographic, character - Belgium, from Flanders and the coastal lowlands to the countryside of Liège and the Fagnes. These are shot in the pure poetic, "magic realist" style so intrinsic to André Delvaux's entire body of work. Then there is Jacques Sojcher as a narrator/commentator who introduces a reflection on the filmic narrative itself: what is a story? How much freedom do these characters actually have? The film closes on the evening of the première, spur for the finality of a documentary and a night which will also see the resolution of the various fictional and amorous intrigues. This polyphony of narratives, where love, loss, punishment and death so densely intertwine, is constructed like a musical composition, in movements and with thematic reprises.

● Ce film kaléidoscopique, évoluant entre fiction et documentaire, est une subtile et stimulante tentative d'essai cinématographique. L'axe central appartient à la réalité: André Delvaux a suivi les quelques semaines de préparation et de répétition au Théâtre Royal de la Monnaie du *Don Giovanni* de Mozart, mis en scène par Karl Ernst Herrmann et dirigé par Sylvain Cambreling. En écho, quatre personnages de fiction vont vivre les situations de séduction, de coquetterie et d'infidélité qui sont celles du livret de Da Ponte. Mais bien d'autres résonances vont se mettre en place dans la profondeur du récit. François, un des personnages de la fiction, rêve lui aussi d'une adaptation de *Don Giovanni*. Autour de ce projet, il fait des repérages photographiques, ce qui met en place un autre personnage, géographique celui-là: la Belgique des Flandres et des "terres noyées", du pays de Liège et des Fagnes, filmée avec une grande sensibilité poétique qui relève du réalisme magique. Enfin, le philosophe Jacques Sojcher joue le rôle d'un narrateur/commentateur. Il introduit une réflexion sur le récit cinématographique: qu'est-ce qu'une histoire? quel degré de liberté les personnages ont-ils? Le film s'achève le soir de la première, qui verra aussi se régler tous les chassés-croisés amoureux et fictionnels. Cette polyphonie de récits où s'enchevêtrent profondément les thèmes de l'amour, de la perte, du châtiment et de la mort, se révèle alors construite comme une composition musicale. *(JA)*

► Een caleidoscopische film, tussen fictie en documentaire, waarin de maker op subtiele en inspirerende wijze tot een cinematografisch essay probeert te komen. Een realistisch gegeven vormt de rode draad: André Delvaux volgde gedurende enkele weken de voorbereidingen voor de opvoering van *Don Giovanni* in de Muntschouwburg, in een regie van Karl Ernst Herrmann en onder de muzikale leiding van Sylvain Cambreling. Ondertussen beleven vier fictieve personages een verhaal van verleiding, koketterie en ontrouw - een weerspiegeling van het libretto van Da Ponte. Naarmate het verhaal vordert, vinden nog meer elementen weerklank. François, een van de fictieve personages, droomt eveneens van een *Don Giovanni*-bewerking, ter voorbereiding waarvan hij beelden schiet van locaties. Zo brengt hij nog een ander - geografisch - personage in het verhaal: Vlaanderen, de polders, de streek rond Luik en de Hoge Venen. Dit landschap wordt met veel poëtisch gevoel in beeld gebracht, een manier van kijken eigen aan het magisch realisme. Tenslotte is er ook de filosoof Jacques Sojcher, die de rol speelt van commentator/verteller en een bezinning op de cinematografische vertelling formuleert: wat is een verhaal en welke vrijheid genieten de personages hierin? De film eindigt met de avond van de première, waarop alle amoureuze en fictieve intriges ineengrijpen. Deze polyfonie van verhalen, een verstrengeling van thema's als liefde, verlies, straf en dood, neemt zodoende zelf de vorm van een muziekstuk aan.

Wildschut
Bobby Eerhart

Wildschut
Le repaire de la violence
Stronghold

DIRECTOR: Bobby Eerhart
YEAR: 1985
COUNTRY: BE-NE
SCREENPLAY: Felix Thijssen
BASED ON: Wildschut, written by Felix Thijssen
DIALOGUE: Felix Thijssen
ASST. DIR.: Stijn Coninx
DIR. PHOT.: Paul Van den Bos
CAMERA: Kommer Kleijn, Francis Schrauwen
EDITING: Victorine Habets, Eddy Van Lil, Gabriella Bos, Ben Antwerpen
SOUND: Victor Dekker, Chris Laureys, Dan Van Bever, Dirk Bombey
MUSIC: Alain Pierre
ART DIRECTOR: Philippe Graff, Loek Habets
COSTUMES: Yan Tax, Mieke Lauwers, Gabriella Bos
PRODUCER: Jan van Raemdonck, Henk Bos, Gerrit Visscher
PROD. CO.: Kunst en Kino/Art et Cinéma (Brussel), Maggan Films (Amsterdam), Ciné-Vista (Hilversum)
PROD. SUPERV.: Gérard Vercruysse
CAST: Hidde Maas (Jim), Jack Monkau (Charlie), Josse De Pauw (Deleye), Chris Lomme (Sybil), Annick Christiaens (Lisa), Marc Van Eeghem (Hugo), Werther Van der Sarren (Dalsum), Hans De Munter (Militair), Bert Onraedt (Baby Ruben), Dries Wieme (Klipsteen), Annick Segal (Mevr. Dalsum), Mark Peeters (Autodief), Ronny Waterschoot (Ritmeester), Roger Meeusen (Korporaal), Ben Van Ostade (Soldaat), Willem Carpentier (Soldaat), Lucas Van den Eynde (Soldaat), Geert Vermeulen (Soldaat), Peter Van Asbroeck (Soldaat), Rik Custers (Chauffeur jeep), Dirk Celis (Winkelier), Fransina Ferré (Onderwijzeres), Jan Moonen (Opperwachtmeester), Philippe Graff (Arts), Kobayashi Akio (Japanner)
LANGUAGE: Dutch
GAUGE: 35 mm
SILENT/SOUND: sound
B&W/COLOUR: colour
MINUTES: 94'

◆ The critics homed in on the graphic violence and voyeuristic nudity in **Stronghold**, an unashamed exercise in genre - the transposition of American cartoonesque pulp violence to Belgium and the Netherlands. Except that Dutch director Bobby Eerhart, making his début with this film, manages to inject professionalism, intelligence and irony into the storytelling tricks of exploitation and B-movies.

The film begins with the irruption of violence and crime into a peaceful community, but the clever script soon manages to wrong-foot the viewer. Two professional gangsters, on the run after robbing a casino, seek refuge in an isolated farm. Charlie has been wounded and has to take to bed, while Jim terrorizes the family, taking the baby hostage. In the course of their stay, the two uncover a hornet's nest of dark family relations in which they gradually become entangled. The head of the family, a violent and boorish poacher called Deleye, apparently fathered the baby by his stepdaughter Lisa, who since then has withdrawn into her own fantasy world. Meanwhile, the son Hugo leers acquisitively at the robbers' booty. Jim decides to practise his sadistic machoism on the blonde pin-up Lisa, who in turn sees a chance of escape in Jim's coloured partner, the courteous and exotic Charlie. Amusing running gags are provided by a fat village policeman who casts himself in the role of a true sheriff and the botched army manœuvres carried out nearby.

Although the characters are subordinate to the fast-paced action, stylish photography and hectic editing, the brutal scoundrels are characterized with quite some panache. Also of note is the appearance of actor Josse De Pauw.

● La critique fut obnubilée par le voyeurisme et la violence graphique du **Repaire de la violence**, qui se présente comme un exercice de style: une transposition du pulp de BD américaine aux bas pays. Ceci n'empêcha pas le débutant hollandais Bobby Eerhart de jouer avec une maestria professionnelle, intelligente et ironique de la gamme des trucs narratifs inhérente aux films d'exploitation et de série B. Le point de départ est l'irruption de la violence et du crime dans un milieu paisible, avec un scénario habile prenant régulièrement le spectateur à contre-pied. Deux gangsters, en fuite après l'attaque d'un casino, se réfugient dans une ferme. Charlie, grièvement blessé, doit s'aliter, alors que Jim terrorise la famille en prenant le bébé en otage. Ils se font toutefois piéger par le nœud de vipères des relations familiales troubles se révélant petit à petit: le braconnier brutal Deleye, le père, a engrossé sa belle-fille Lisa qui depuis se réfugie dans un monde imaginaire. Le fils, Hugo, n'a d'yeux que pour le butin du hold-up. Jim tente d'assouvir le culte de son ego macho-sadique sur la blonde Lisa aux allures de pin-up, mais elle s'imagine que le comportement presque poli de l'exotique homme de couleur Charlie lui offre une chance d'évasion. Enfin, un gros garde champêtre se prenant pour un shérif et les manœuvres militaires dans les environs sont l'occasion de gags assez drôles.

Bien que les personnages soient subordonnés à l'action qui progresse sans un pli, à la photographie stylée et au montage nerveux, les deux brutes sont interprétées avec beaucoup de verve. A remarquer aussi l'apparition de l'acteur Josse De Pauw.

▶ De critici staarden zich blind op het grafische geweld en het voyeuristische naakt in **Wildschut**, dat zich aandient als een onverhulde genre-oefening: Amerikaanse stripachtige pulp overgeheveld naar de lage landen. Maar de Nederlandse debutant Bobby Eerhart bespeelt behoorlijk vakkundig, intelligent en met ironie de verteltrucs eigen aan exploitation- en B-films. De irruptie van geweld en misdaad in een vreedzaam milieu vormt het uitgangspunt, maar het gewiekste scenario zet de toeschouwer geregeld op het verkeerde been. Twee beroepsgangsters, op de vlucht na een overval op een casino, zoeken hun toevlucht in een afgelegen boerderij. Charlie is zwaargewond en moet het bed houden, terwijl Jim het gezin terroriseert door de baby te gijzelen. Het duo raakt echter verstrikt in een wespennest van troebele gezinsrelaties die hen stukje bij beetje duidelijk worden. Vader Deleye, een brutale stroper, blijkt het kind te hebben verwekt bij zijn stiefdochter Lisa, die zich sindsdien afzondert in een fantasiewereld. Zoon Hugo, daarentegen, bekijkt de buit van de overval met argusogen. Jim wil intussen zijn sadistische machocultus botvieren op de blonde pin-up Lisa, maar die zoekt bescherming bij de (bijna) hoffelijke en exotische kleurling Charlie. Een dikke dorpsagent die zich sheriff-allures aanmeet en de nogal klungelige legermanœuvres in de omgeving vormen aardige "running gags".

De personages zijn ondergeschikt aan de actie die loopt als een trein, de stijlvolle fotografie en de nerveuze montage, maar de brutale bonken worden wel met verve vertolkt. Let ook op de aanwezigheid van acteur Josse De Pauw. (DD)

Permeke

Henri Storck, Patrick Conrad

Permeke

DIRECTOR: Henri Storck, Patrick Conrad
YEAR: 1985
COUNTRY: BE-FR-NE
SCREENPLAY: Henri Storck, Patrick Conrad, Pierre Drouot
DIALOGUE: Henri Storck, Patrick Conrad, Pierre Drouot
ASST. DIR.: Andrea Heirman
DIR. PHOT.: Marc Koninckx
CAMERA: Jacques Besse
EDITING: Ton De Graaff, Ann Van Aken
SOUND: Dominique Warnier
MUSIC: David Darling, John Surman
ART DIRECTOR: Alain Nègre
COSTUMES: Suzanne Van Well
PRODUCER: Pierre Drouot, Henri Storck
PROD. CO.: Iblis Films (Brussel), Films Henri Storck (Bruxelles), Société Française de Production SFP (Paris)
PROD. SUPERV.: Dany Geys
CO-PRODUCER: René Solleveld
CO-PROD. CO.: Office de Création Audiovisuelle du Ministère de la Culture (Paris), TF1 (Paris), Praxino Pictures (Amsterdam), BRT (Brussel), RTBF (Bruxelles)
ASSOC. PROD.: Daniel Van Avermaet
CAST: Ilse Uytterlinden (Anna), Paul Steenbergen (Oude man), Linda Schagen (Dame met de rode handschoen), Bert Van Tichelen (Museumbewaker Oostende), Chris Cauwenberghs, Hugo Claus, Paul Permeke, John Permeke, Tinus Van Bakel, Willy Van den Bussche, Emile Veranneman, Henri Storck, Guido Claus, Linda Conrad
LANGUAGE: Dutch
GAUGE: 35 mm
SILENT/SOUND: sound
B&W/COLOUR: colour
MINUTES: 95'

◆ This film is constructed around three different levels of image - film, paintings and photographs. It also combines several narrative strategies - documentary and fiction, a search for the truth (inquiry) and the discovery of another reality (that of apparitions) - and two time levels, the past and the present. Beginning as a classic documentary project, Henri Storck's original conception soon became absorbed into a largely fictional film. The director Patrick Conrad proposed a story relating the life and works of the painter within the framework of a detective story and tale of seduction. A young photographer discovers the works of a painter about whom she knows absolutely nothing. She is especially struck by the power and mystery of five particular paintings: who was the man capable of producing such enigmatic canvases as *The Stranger*, *The Little Horse* and the portraits with their faces scrubbed out? The boundaries become confused between Permeke's life and paintings, the personality of the young woman and the discoveries she makes, discoveries which will offer her insight into the tragedy of a man in love with life but surrounded by death. If fictional aspects are foregrounded, Permeke is still very much present, shown and described in photographs, films, original narratives and obviously in his own works. The film inhabits a zone between the art film and the fictionalized biopic and represents an innovative and inventive attempt at dramatization within a difficult genre, the combination of documentary and fiction.

● Ce film, construit à partir de différents plans, utilise trois types d'image: images du cinéma, reproductions de tableaux et photographies. Il fonctionne aussi sur plusieurs structures de récit - le documentaire et la fiction, la recherche de la vérité (l'enquête) et la découverte d'une autre réalité (les fantasmes) - et en deux temps, le passé et le présent. Au départ d'un projet documentaire d'Henri Storck, le film évolua beaucoup pour finalement faire la part belle à la fiction. Le réalisateur Patrick Conrad proposa l'histoire: elle permettait de faire connaître la vie et l'œuvre du peintre par l'intermédiaire d'une trame policière et d'une aventure de séduction. Une jeune photographe découvre l'œuvre d'un peintre dont elle ne sait rien. Cinq tableaux l'ont particulièrement frappée par leur force et leur mystère. Qui était l'homme capable de peindre des toiles aussi énigmatiques que *L'étranger*, *Le petit cheval* ou des portraits au visage effacé? Une terrasse, un vieux monsieur aussi charmant que secret, et une paire de gants rouges vont lui servir de guide et lui donner des repères pour résoudre tous ces mystères. S'entremêlent la vie de Permeke, sa peinture, et la personnalité de la jeune femme. Les découvertes qu'elle fait lui feront comprendre la tragédie d'un homme cerné par la mort alors qu'il n'aimait que la vie. La fiction passe au premier plan, mais Permeke est bien là, montré et raconté par des photographies, des films, des récits inédits et, bien entendu, son œuvre. Entre le film sur l'art et la vie romancée, une tentative qui a le mérite d'innover dans le genre difficile de la fiction documentée. (JA)

▶ Deze film werd opgebouwd uit drie verschillende beeldniveaus: filmbeelden, reproducties van schilderijen en foto's. Tegelijk werd er met verschillende narratieve structuren gewerkt: de documentaire en de fictie, de zoektocht naar de waarheid (de enquête) en de ontdekking van een andere realiteit (het droombeeld), en binnen twee tijdniveaus: het heden en het verleden. Aan de basis van deze film lag een project van Henri Storck voor een documentaire, die uiteindelijk grotendeels voor fictie werd ingeruild. Het verhaal komt van regisseur Patrick Conrad die het leven en het werk van de schilder illustreert door middel van een detectiveverhaal en een romance. Een jonge vrouw ontdekt het werk van een schilder over wie zij niets weet. De kracht en het mysterie van vijf schilderijen trekken bijzonder haar aandacht. Wie was de man achter raadselachtige doeken als *De vreemdeling* en *Het kleine paard* of portretten met een uitgevaagd gezicht? Een terras, een charmante doch geheimzinnige oude man en een paar rode handschoenen zullen de vrouw helpen met het zoeken naar de oplossing van deze mysteries. Het leven van Permeke, zijn schilderkunst en de persoonlijkheid van de vrouw raken in elkaar verstrikt en stilaan zal zij de tragedie begrijpen van een man omringd door de dood, maar die niets liever deed dan leven. De film is in de eerste plaats een fictief verhaal, maar Permeke is steeds aanwezig, komt in beeld met foto's, filmfragmenten, onuitgebrachte teksten en uiteraard zijn œuvre. **Permeke** situeert zich tussen kunstfilm en fictieve biografie en is een verdienstelijke poging om vernieuwing te brengen in het moeilijke genre dat fictie en documentaire vermengt.

Brel, un cri

Christian Mesnil

Brel, un cri
Brel, a Cry

DIRECTOR: Christian Mesnil
YEAR: 1985
COUNTRY: BE
SCREENPLAY: Christian Mesnil, H. De Maximy
CAMERA: Jean-Claude Neckelbrouck
EDITING: Martin Frognier
SOUND: Jacques Urbain
PROD. CO.: New International Pictures NIP (Bruxelles), RTBF (Bruxelles)
LANGUAGE: French
GAUGE: 16 mm
SILENT/SOUND: sound
B&W/COLOUR: B&W + colour
MINUTES: 72'

◆ With a début in a purely fictional vein (**The Lover**) and a compilation of interviews and historical footage (**The Royal Question**) to his name, Christian Mesnil continues in the spirit of his second film with this biographical portrait of Jacques Brel, seven years after the singer's death. The film sets out to examine both the chanteur and the man himself, shrouded in legend - yet ultimately, it fails to fulfil its promises. Admittedly, Mesnil selects superb archive footage of both concerts and interviews. Interspersed are contributions from Brel's childhood friends, the recollections of Juliette Gréco, photographs from the family album and images of Brussels, where the singer began his career in the attic of La Rose Noire before trying his luck in Paris, the start of a ten-year slog which eventually brought him recognition. The recital sequences are particularly moving since they expose Brel's overriding commitment to his material, playing, living through his songs. Singing his own words and music, his wonderful lyrics are a vehicle for his fiery sensibility and painful honesty. One of the highlights of the film is his farewell concert at the Olympia after his decision to retire from the stage, for "if I continue I will be merely treading water". Thus, "exploring his full range of possibilities for travel, love and amusement, the individual broke free of the star" (Olivier Todd). The film's great flaw, however, is that despite its chronological structure it never touches on his career in films, gives only a passing mention to his *Don Quichotte* and omits all discussion of the last years of his life between boats, planes and distant isles.

● Passé de la fiction pure (**L'amoureuse**) au film de montage basé sur des entretiens et des documents (**La Question Royale**), Christian Mesnil persiste sur cette seconde voie avec ce portrait, cette biographie de Jacques Brel. Sept ans après sa mort, le film entend parler du chanteur et de l'homme, désormais figé dans sa légende; mais à l'arrivée, le résultat laisse quelque peu insatisfait. Certes, Mesnil a sélectionné de précieux documents d'archives, tant de concerts que d'interviews. Il les a fait alterner avec des témoignages d'amis d'enfance de Jacques Brel, des souvenirs de Juliette Gréco, des photographies d'album de famille, et des images de Bruxelles. Le chanteur y commença sa carrière, au grenier de La Rose Noire, avant de tenter sa chance à Paris où il "galéra" pendant dix ans avant de réussir. Les séquences de récital sont très émouvantes car elles montrent l'énorme investissement de Brel, qui joue et vit ses chansons. Auteur, compositeur, il chante des textes forts, intenses, avec une sensibilité violente et une sincérité d'écorché. Un des points forts du film est son concert d'adieu à l'Olympia en octobre 1966, quand il décide, à 37 ans, de quitter la scène car "si je continue, je vais être obligé de tricher, de me répéter". Ainsi, "déployant ses panoplies de voyage, d'amour et d'évasions, l'individu réchappa de la vedette" (Olivier Todd). Hélas! le déroulement du film, qui est pourtant chronologique, élude sa carrière cinématographique, ne fait que signaler son *Don Quichotte* et ne parle pas des dernières années de sa vie entre les bateaux, les avions et les îles lointaines. *(JA)*

▶ Christian Mesnil heeft met **L'amoureuse** niet alleen de paden van de fictiefilm bewandeld. Hij waagde zich met **La Question Royale** ook aan de montagefilm (gebaseerd op interviews en documenten) en blijft dezelfde weg volgen met dit biografisch portret van Jacques Brel, zeven jaar na diens dood. De film wil niet alleen de zanger maar ook de mens achter de legende belichten. Het resultaat is echter wat mager. Christian Mesnil maakt wel een voortreffelijke keuze uit de archiefdocumenten van optredens en interviews, die hij afwisselt met getuigenissen van jeugdvrienden van Brel, herinneringen van Juliette Gréco, foto's uit familiealbums en beelden van Brussel. In deze stad - op de zolder van La Rose Noire - begon Brel zijn carrière. Daarna waagde hij zijn kans in Parijs, maar hij zag er tien jaar zwarte sneeuw alvorens succes te boeken. De recitalbeelden ontroeren, want ze tonen aan hoezeer Brel opging in en meeleefde met de liedjes die hij speelde. Als auteur-componist zong hij sterke, intense teksten met een vurige gevoeligheid en een oprechte, gekwelde wrangheid. Een van de hoogtepunten van de film is het afscheidsconcert in de Olympia, waar hij het podium op 37-jarige leeftijd vaarwel zegt, want: "Als ik doorga, ben ik verplicht vals te spelen, mezelf te herhalen". "Zo ontvouwt het individu een arsenaal aan reizen, verliefdheden en escapades om de vedette te kunnen ontvluchten" (Olivier Todd). Helaas gaat de film, die toch chronologisch is, geheel voorbij aan Brels filmcarrière, wordt enkel zijn *Don Quichotte*-bewerking vermeld, en zwijgt men over zijn laatste levensjaren die hij doorbracht op boten, vliegtuigen en verre eilanden.

Panther Squad

Peter Knight [Pierre Chevalier]

Panther Squad
Kommando Panther

DIRECTOR: Peter Knight [Pierre Chevalier]
YEAR: 1985
COUNTRY: BE-FR-LH-US
SCREENPLAY: George Freedland, Claude Plaut [Olivier Mathot]
BASED ON: Panther Squad, written by Ilona Koch [Ilona Van Eesbeke]
ASST. DIR.: John Goby, Peter Markess
CAMERA: Max Monteillet
EDITING: Barry Lensky, Peter Marks
SOUND: John Comon
MUSIC: Douglas Cooper Getschal, Jeffrey G. Gusman
COSTUMES: Ann Laynn [Annick Laine]
PRODUCER: Daniel Lescœur, Sybil Danning, Kenn Johnston, Bob Van Eesbeke
PROD. CO.: Brux International Pictures BIP (Bruxelles), Greenwich International (FR), Eurociné (Paris), European Film
PROD. SUPERV.: Marius Lescœur
CAST: Sybil Danning (Ilona), Jack Taylor (Frank), Karin Schubert (Barbara Wims), Roger Darton (President of N.O.O.N.), Donald O'Brien (General Boele), Jean René Gossart (Barbara's accomplice / rowdy with wig), Françoise Bocci, Robert Foster [Antonio Mayans] (Carlos), Shirley Knight, Karin Brussels, Virginia Svenson, Jean-Claude Laine, Youri Radionow (Barman)
LANGUAGE: English
GAUGE: 35 mm
SILENT/SOUND: sound
B&W/COLOUR: colour
MINUTES: 77'

◆ We have already mentioned the decline of the X-rated movie at the end of the '70s after a decade of heavy production. A similar pattern can be identified in France, where new taxes hit distributors and specialist directors particularly hard (it is a little-known fact that in 1974 the sex film accounted for 15% of total cinema admissions in France!). Henceforth, porn movies would be limited to the realm of hardcore for the internal market (export necessitating cuts) or would attempt to hide behind the alibi of less predictable genres, for instance SF, like the present **Panther Squad**, directed by Peter Knight, aka Pierre Chevalier, Fernand Raynaud's favourite director, who in 1968 had moved on to saucier affairs (including **Clandestine Abortion**, a Belgian co-production).

For the record, **Panther Squad**'s script was written by Ilona Van Eesbeke, the wife of a Brussels businessman, who together with financier Charlie Depauw was the main instigator of the project, hoping to produce a large-scale film for regular cinemas. The plot revolved around a group of leather-clad, karate-kicking panther-women under the leadership of a sensuous Panther-Lady (the delectable Sybil Danning, a porno diva of 15 years' standing, alongside the similarly qualified Karin Schubert). Their mission is to stop a band of fearful spies from getting their hands on a space programme funded by the follow-up organization of the UN. From America to Ostend, the squadron decimate their adversaries, unmasking as they go criminal members of the government and military. Neither a good action film nor particularly risqué, **Panther Squad** failed to win over the distributors and was soon consigned to oblivion.

● On a déjà signalé, dès la fin des années 70, le déclin du film X en Belgique, après une décennie fertile en produits du genre. Le même phénomène s'observe d'ailleurs en France, où une série de taxes a fait chuter la production, frappant distributeurs et cinéastes spécialisés (en 1974, le film "sexy" occupait 15% de la fréquentation globale des cinémas français!). Désormais, le porno se cantonne dans le domaine du "hard" non exporté (sinon avec coupures) ou trouve un alibi dans des scenarii moins attendus, par exemple la science-fiction: témoin ce **Panther Squad**, tourné par Peter Knight. Sous ce pseudonyme, on retrouve Pierre Chevalier, réalisateur favori de Fernand Raynaud, passé, dès 1968, aux polissonneries (dont **Avortement clandestin**, en coproduction belge).

Pour la petite histoire, le scénario de **Panther Squad** est dû à Ilona Van Eesbeke, épouse d'un homme d'affaires bruxellois, qui, avec le concours du financier Charlie Depauw, mit sur pied le projet. L'idée était de réaliser une œuvre grand format pour les salles ordinaires. L'intrigue suit un groupe de "femmes-panthères", habillées de cuir et expertes en karaté, sous la direction d'une sensuelle Panther-Lady (la pulpeuse Sybil Danning, une diva du porno depuis quinze ans; de même que la co-vedette Karin Schubert). Leur but est d'empêcher des espions redoutables de s'emparer d'un programme spatial du successeur des Nations Unies. Des Etats-Unis à Ostende, l'escadron féminin va décimer ses adversaires, démasquant au passage ministres et militaires félons. Ni réussi comme film d'action, ni assez osé, **Panther Squad** n'eut pas la diffusion espérée et sombra vite dans l'oubli. *(RM)*

▶ We vermeldden elders reeds dat de erotische film eind jaren 70, na een vruchtbaar decennium, op zijn retour was. Hetzelfde fenomeen liet zich voelen in Frankrijk, waar een reeks bijkomende belastingen de productie zware schade toebracht en gespecialiseerde distributeurs en cineasten trof (de seksfilm was in 1974 goed voor zo'n 15% van het bioscoopbezoek!). Vanaf nu werd vooral "harde" porno gemaakt - niet voor export bestemd, tenzij zwaar verknipt - of werd een alibi gezocht in onverwachte genres zoals SF. Getuige hiervan deze **Panther Squad** van Peter Knight, pseudoniem van Pierre Chevalier (de favoriete regisseur van acteur Fernand Raynaud), wiens carrière sinds 1968 een frivolere wending nam (met o.a. **Avortement clandestin**, een coproductie met België).

Het scenario voor **Panther Squad** is van Ilona Van Eesbeke, de vrouw van een Brussels zakenman die, met steun van financier Charlie Depauw, dit project opstartte met de bedoeling een bioscoopfilm voor het reguliere circuit te maken. Het verhaal draait rond een groep in leer gehulde "pantervrouwen" met een diploma karate op zak, geleid door de sensuele Panther-Lady (vertolkt door de wulpse Sybil Danning, reeds 15 jaar een diva van de pornowereld, net als co-vedette Karin Schubert). Ze moeten voorkomen dat gevaarlijke spionnen het ruimteprogramma van de opvolger van de VN bemachtigen. Van de VS tot Oostende zaait het commando dood en vernieling onder zijn vijanden, waarbij ze en passant enkele trouweloze ministers en generaals ontmaskeren. Noch geslaagd als actiefilm, noch genoeg gewaagd, kreeg **Panther Squad** niet de verhoopte distributie en verzonk snel in de vergetelheid.

A Strange Love Affair

Eric de Kuyper, Paul Verstraten

A Strange Love Affair

DIRECTOR: Eric de Kuyper, Paul Verstraten
YEAR: 1985
COUNTRY: BE-NE
SCREENPLAY: Eric de Kuyper, Paul Verstraten
DIALOGUE: Eric de Kuyper, Paul Verstraten, Anne Arts
ASST. DIR.: Luc Bolland, David Claessen, Herman Bogaert, Chris Renson
DIR. PHOT.: Henri Alekan
CAMERA: David Claessen, Herman Bogaert, Chris Renson
EDITING: Ton De Graaff
SOUND: Miguel Réjas, René Wiegmans, Dirk Bombey
ART DIRECTOR: Ben Van Os, Jan Roelofs, Linda Lylkema
COSTUMES: Dien Van Stralen
PRODUCER: Willum Thijssen, Linda Van Tulden, Kees Kasander
PROD. CO.: CinéTé (Antwerpen), Allarts (Den Haag)
PROD. SUPERV.: Muyke Leeuwenberg, Michel Houdemont
CAST: Howard Hensel (Michael), Sep Van Kampen (Chris), Karl Scheydt (Jim), Pascale Petit (Ann), Lieke Leo (Linda), Ann Petersen (Café owner), Ben Van Os (Ben), Jacqueline Veuve (Maria)
LANGUAGE: English
GAUGE: 35 mm
SILENT/SOUND: sound
B&W/COLOUR: B&W
MINUTES: 92'

◆ **A Strange Love Affair** relates the fragile relationship between a somewhat older professor and one of his students, a theme that prefigures Eric de Kuyper's autobiographical novel *Te vroeg, te laat* ("Too Early, Too Late"). Opera singer Howard Hensel plays the film theory professor who falls in love with one of his students (played by Sep Van Kampen) and is thus confronted with the young man's father (Karl Scheydt), with whom he had an affair over 15 years ago. This unexpected meeting abruptly overturns the lives of all the characters. The tutor reconsiders his relationship with his student and eventually decides to undertake the planned trip to London not with the son but with the father. Once again, however, the latter is forced to choose between his wife and his friend...

De Kuyper is very sensitive to the stylistic expression of major and minor emotions in pre-1950 films, and his generation quite often discovered its own emotional world through the "cinematic passions" of these old(er) films. As a director who no longer belongs to that era, nor has the means to make films whose pathos far exceeds its characters, de Kuyper plays with references to the stylistic devices of a former cinematic age: the almost theatrical dialogue and the obsessive soundtrack of Nicholas Ray's **Johnny Guitar** with which the tutor confronts his young lover; the atmospheric photography, for which the old master of the French studios Henri Alekan was brought in; the reserved direction of the actors. These are all elements of the overall cinematographic design, which forces the viewer to put his or her own imagination to work.

● **A Strange Love Affair** est le récit d'une liaison fragile entre un enseignant d'un certain âge et un de ses étudiants, un sujet que l'on retrouvera plus tard dans le roman autobiographique d'Eric de Kuyper *Te vroeg, te laat* ("Trop tôt, trop tard"). Le chanteur d'opéra Howard Hensel joue le rôle de ce professeur qui tombe amoureux d'un élève (Sep Van Kampen). L'aventure provoque une confrontation entre le maître et le père du jeune homme (Karl Scheydt), avec lequel il a eu une liaison quinze ans plus tôt. Cette rencontre inattendue va brouiller les cartes. Le professeur reconsidère ses rapports avec l'étudiant et, en fin de compte, fait le voyage prévu à Londres avec le père, et non le fils. Quant au père, il se voit obligé, lui aussi, de choisir entre son ami et son épouse.

De Kuyper a toujours été sensible au style dans lequel les films d'avant 1950 exprimaient toute la palette des émotions. Sa génération reconnaissait d'ailleurs souvent son propre univers sentimental à travers les passions mises en évidence dans le cinéma de l'époque. Devenu réalisateur à une époque différente, ne disposant pas des moyens pour réaliser des films dont le pathos transcende les personnages, de Kuyper joue avec les références aux moyens stylistiques d'antan: les dialogues quasi théâtraux; la musique obsessionnelle du **Johnny Guitar** de Nicholas Ray, à laquelle le personnage principal confronte son jeune amant; la photographie d'ambiance (pour laquelle il engagea le vieux maître de studio français Henri Alekan); et la direction d'acteurs, empreinte de retenue. A partir de cette situation peu commune, l'imagination du spectateur peut collaborer avec le réalisateur.

▶ **A Strange Love Affair** handelt over de fragiele relatie tussen een wat oudere docent en een van zijn studenten, een thema dat zo'n tien jaar later terug te vinden valt in de Kuypers autobiografische roman *Te vroeg, te laat*. Operazanger Howard Hensel speelt de docent filmtheorie die verliefd wordt op zijn student (Sep Van Kampen) en zo geconfronteerd wordt met diens vader (Karl Scheydt), waar hij meer dan 15 jaar geleden een relatie mee had. Door deze onverwachte ontmoeting wordt het leven van alle personages plots uit evenwicht gebracht. De docent herziet zijn relatie met zijn student en uiteindelijk zal de vader - en niet de zoon - met hem de geplande reis naar Londen ondernemen. Deze laatste zal echter ook moeten kiezen tussen zijn vrouw en zijn vriend...

De Kuyper is uiterst gevoelig voor de stilistische expressie van grote en kleine emoties in films van vóór 1950; niet zelden ontdekte zijn generatie de eigen emotionele wereld via de "filmische hartstochten" uit die oude(re) films. Maar de Kuyper is ook een regisseur die niet meer in die tijd leeft, noch de middelen heeft om films te maken waarvan de pathos ver boven de personages uitgroeit. Bijgevolg speelt hij met referenties naar stijlmiddelen van vroeger: de haast theatrale dialogen en obsessieve muziek uit Nicholas Rays **Johnny Guitar** waar het hoofdpersonage zijn jonge minnaar mee confronteert; de sfeervolle fotografie, waarvoor de oude Franse studiomeester Henri Alekan werd aangetrokken, de ingehouden acteursregie, het zijn allemaal elementen die deel uitmaken van de cinematografische vormgeving. Vanuit dit vertrekpunt moet de toeschouwer zelf zijn verbeelding aan het werk zetten. (MA)

Merci Monsieur Robertson

Pierre Levie

Merci Monsieur Robertson
Thank You Mr Robertson

DIRECTOR: Pierre Levie
YEAR: 1986
COUNTRY: BE
SCREENPLAY: Pierre Levie
CAMERA: Paul Vercheval, Michel Baudour, Raymond Fromont, Désiré Berckmans
EDITING: Rosanne Van Haesebrouck
SOUND: Dominique Warnier, Yvo Geeraert
MUSIC: Alain Pierre
ART DIRECTOR: Claire-Lise Leisegang
COSTUMES: Claire-Lise Leisegang
PRODUCER: Pierre Levie
PROD. CO.: SODEP (Bruxelles)
CAST: Alexandre Von Sivers (Robertson), Catherine Ferrière (La jeune femme), Jean-Marie Petiniot, Pierre Laroche, Robert Roanne, Suzy Falk, Jean-Marc Turine, Félix Simtaine, Nicholas Talalaeff
VOICES: Michael Lonsdale
LANGUAGE: French/English
GAUGE: 16 mm
SILENT/SOUND: sound
B&W/COLOUR: colour
MINUTES: 85'

◆ After a number of documentaries, from **The Anabasis of Xenophon** to **The Great Barrier Reef**, at the end of the '70s Pierre Levie was to specialize in a rigorous investigation of the prehistory of cinema. Aided in his research by Françoise Levie (and together with regular collaborators such as the graphic animator Gérald Frydman), he produced a series of thirteen shorts (12 minutes each) under the overall title of **Magica**. From Robertson to Thomas A. Edison, via Joseph Plateau, Emile Reynaud, Etienne-Jules Marey and Eadweard Muybridge, all the great forefathers of film were accorded richly illustrated monographs, many of which brought together unique objects or documents. This provided the spur for a full-length film which would rework the information in an even more popularized form, combining material from **Magica** with a linear fiction and reconstructed experiments of these pioneers.

In 1798, Etienne-Gaspard Robert (or Robertson), from Liège, presented his very first "Fantasmagoria" in Paris, a skilful projection of drawings made onto glass which were transformed by various effects, plumes of smoke, macabre music and the night-time atmosphere into a procession of phantoms, much to the terror of the audience. Levie's film opens with these programmes in the Couvent des Capucines, then Robertson (played by the actor Alexandre Von Sivers) expounds to a young female admirer the principles of animation before taking her through the landmark historical discoveries - the magic lantern, phenakistiscope, daguerreotype and chronophotography. It makes for great didactic cinema, flawless in its rigour and precision.

● Après une série de documentaires, de **L'anabase de Xénophon** à **La Grande Barrière de Corail**, Pierre Levie allait se spécialiser, à la fin des années 70, dans une investigation rigoureuse sur la préhistoire du cinéma. Aidé dans ses recherches historiques par Françoise Levie (et avec des collaborateurs réguliers comme l'animateur graphique Gérald Frydman), il produisit un ensemble de treize courts métrages (de 12 minutes chacun), sous le titre général de **Magica**. De Robertson à Thomas A. Edison, en passant par Joseph Plateau, Emile Reynaud, Etienne-Jules Marey ou Eadweard Muybridge, tous les grands précurseurs eurent droit à une monographie richement illustrée, qui rassemblait souvent des objets ou des documents uniques. D'où l'idée d'un long métrage qui vulgariserait davantage toutes ces données, en mêlant le matériel réuni pour **Magica** à une fiction linéaire et une reconstitution des expériences de ces pionniers.

Dès 1798, le Liégeois Etienne-Gaspard Robert (dit Robertson) présentait à Paris sa première "Fantasmagorie", une habile projection de dessins sur verre que trucages, volutes de fumée, musiques macabres et ambiance nocturne transformaient en cavalcade de fantômes, au grand effroi des spectateurs. Le film de Levie s'ouvre sur ces séances du Couvent des Capucines; puis Robertson (incarné par le comédien Alexandre Von Sivers) va commenter à une jeune admiratrice les principes de l'animation, avant de l'entraîner dans les grandes étapes historiques: lanterne magique, phénakistiscope, daguerréotype et chronophotographie. Du tout grand cinéma didactique, d'une rigueur et d'une précision sans faille. (RM)

▶ Na een reeks documentaires, van **L'anabase de Xénophon** tot **Het Groot Barrièrerif**, zou Pierre Levie begin jaren 70 een diepgaand onderzoek instellen naar de voorgeschiedenis van de film. Voor zijn historische navorsing kreeg hij hulp van Françoise Levie (en van andere vaste medewerkers als de animatiefilmer Gérald Frydman), en zo leverde hij 13 kortfilms af van 12 minuten elk, onder de algemene titel **Magica**. Van Robertson tot Thomas A. Edison - via Joseph Plateau, Emile Reynaud, Etienne-Jules Marey of Eadweard Muybridge - kreeg elke grote pionier zijn eigen, rijkelijk geïllustreerde monografie, waarin vaak unieke voorwerpen of documenten samengebracht werden. Hieruit ontstond dan het idee om al deze gegevens te bundelen in een meer toegankelijke langspeelfilm, een combinatie van het materiaal uit **Magica** met een lineaire fictieve intrige en een reconstructie van de ervaringen van de pioniers in kwestie.

Al in 1798 stelde de Luikenaar Etienne-Gaspard Robert (of Robertson) te Parijs zijn eerste "fantasmagorie" voor, een ingenieuze projectie van tekeningen op glas; door middel van rookpluimen, macabere deuntjes en een duistere atmosfeer werden deze plaatjes voor de ogen van de angstige toeschouwers omgetoverd tot een optocht van geesten. De film van Levie opent met deze voorstellingen in het Couvent des Capucines; vervolgens verklaart Robertson (Alexandre Von Sivers) een jonge bewonderaarster de principes van de animatie, alvorens haar mee te tronen naar de grote historische ontwikkelingen: toverlantaarn, fenakistiscoop, daguerrotype of chronofotografie. Heel grote didactische cinema, met een onfeilbare nauwgezetheid en volledigheid.

Paniekzaaiers

Patrick Le Bon

Paniekzaaiers
Flics en panique
Scare-Mongers
Flics Panic

DIRECTOR: Patrick Le Bon
YEAR: 1986
COUNTRY: BE
SCREENPLAY: Paul Koeck, Patrick Le Bon
DIALOGUE: Paul Koeck, Patrick Le Bon
ASST. DIR.: Frank Van Mechelen
DIR. PHOT.: Wim Robberechts
CAMERA: Wim Robberechts
EDITING: Henri Erismann
SOUND: Jules Goris
MUSIC: Robert Vlaeyen, Tars Lootens
ART DIRECTOR: Mark Van Steenbergen, Johan Van Essche
COSTUMES: Suzanne Van Well
PRODUCER: René Vlaeyen
PROD. CO.: René Vlaeyen Film Productions (Zelem)
PROD. SUPERV: Nadine Borreman
CAST: Gaston Berghmans (Gaston), Leo Martin (Leo), Marilou Mermans (Marilou), Janine Bischops (Jeanine), Chris Cauwenberghs (Max), Jan Van Deyck (Rufus), Nancy Dee (Zangeres), Yvonne Verbeeck (Burgemeester), Mitta Van der Maat (Prostituée), Paul-Emile Van Royen (Janssens), Jan Moonen (Commissaris), Bernard Verheyden (Politieman op bureel), Frank Aendenboom (Politieofficier), Werther Van der Sarren (Autobestuurder), Paul Koeck (Vuilnisman), Robbe de Hert (Vuilnisman), Patrick Le Bon (Politieagent)
LANGUAGE: Dutch
GAUGE: 35 mm
SILENT/SOUND: sound
B&W/COLOUR: colour
MINUTES: 106'

◆ The well over 300 000 people who came to see **Rough Diamonds** were more than enough reason for producer René Vlaeyen immediately to start planning a new film starring Gaston Berghmans and Leo Martin, the comic duo whose perennial popularity had been assured by television and stage appearances. Both actors had made it clear that they thought their previous film would have been better if they had been given a greater say, and too often they had felt themselves subordinated to the overall concept devised by screenwriter Pierre Platteau and director Robbe de Hert. When **Scare-Mongers** was made, the duo were given a much freer rein in the shape of a number of loose sketches very tenuously linked together by a fragile storyline. This new approach was the result of bringing in a new team for the film consisting of director Patrick Le Bon and his collaborator on the screenplay, Paul Koeck. Gaston Berghmans later spoke in appreciation of the fact that Le Bon had in his opinion taken greater account of the comic strength which Berghmans and Martin radiated as a team, and had also included more visual gags. However, the downside of the film is that it lacks continuity and is little more than a string of gags and slapstick built around the theme of two incompetent policemen in search of promotion. They end up as detectives on the lookout for a serial killer, and defend each other's blunders through thick and thin. **Scare-Mongers** therefore generally fails to seize the opportunity of giving cinematic shape to stereotypical situations and jokes, something which did not seem to bother the audience, who turned up in even greater numbers than for **Rough Diamonds**.

● Avec plus de 300.000 spectateurs pour **Les costauds**, le producteur René Vlaeyen avait une raison en or massif pour se lancer immédiatement dans une nouvelle production avec Gaston et Leo, le duo comique dont la popularité était assurée par leurs apparitions en public et au petit écran. Les deux acteurs avaient fait savoir que leur film précédent eût été meilleur si on les avait plus écoutés. Ils s'y étaient sentis réduits à l'état d'un rouage parmi d'autres dans le concept global élaboré par le scénariste Pierre Platteau et le réalisateur Robbe de Hert. Dans **Flics en panique**, par contre, l'histoire se réduit à un fil conducteur assez ténu servant de prétexte à une série de sketches en roue libre. Cette nouvelle approche se fit grâce à une équipe différente: Patrick Le Bon à la réalisation et Paul Koeck au scénario. Plus tard, Berghmans dira à quel point il apprécia que Le Bon ait accordé beaucoup plus d'importance à l'impact comique du duo Berghmans-Martin et ait inséré un nombre plus élevé de gags visuels. Revers de la médaille: l'absence de continuité du film qui se réduit à une suite de gags et de farces ayant pour héros deux policiers un peu bébêtes voulant de l'avancement. Ambition oblige, ils se retrouvent détectives à la recherche d'un tueur en série. Aucune gaffe, aussi monumentale soit-elle, ne semble en mesure de tuer la solidarité des deux compères. Généralement, **Flics en panique** n'utilise pas les possibilités d'expression cinématographique des situations et farces stéréotypées, ce qui ne dérangea nullement le public qui apparut encore plus nombreux que pour **Les costauds**.

▶ De meer dan 300.000 bezoekers voor **Zware jongens** zetten producent René Vlaeyen er onmiddellijk toe aan een nieuwe film op stapel te zetten met Gaston en Leo, het komische duo waarvan de aanhoudende populariteit verzekerd werd door hun televisie- en zaaloptredens. Beide acteurs hadden al laten verstaan dat hun vorige film beter zou zijn geweest indien zij meer inspraak hadden gekregen. Zij voelden zich te veel een onderdeel van het globale concept, uitgewerkt door scenarist Pierre Platteau en regisseur Robbe de Hert. In **Paniekzaaiers** werd veel meer ruimte gelaten voor een aantal vrij losse sketches waarbij het verhaal niet meer dan een - dunne - rode draad vormt. Deze nieuwe aanpak is waarschijnlijk te danken aan een nieuw team, met als regisseur Patrick Le Bon, die samen met Paul Koeck het scenario uitwerkte. Gaston Berghmans zou trouwens achteraf zijn waardering uitspreken over het feit dat Le Bon, naar zijn gevoel, meer rekening had gehouden met de komische kracht van het duo Berghmans en Martin, en ook meer met visuele gags had gewerkt. De keerzijde van deze medaille is echter dat de film alle continuïteit mist en niet veel meer is dan een aaneenrijging van gags en grollen rond de twee wat domme helden, die als politieagent hogerop willen klimmen. Daardoor geraken zij als speurders betrokken in een zaak met een seriemoordenaar, waarbij zij elkaar al blunderend door dik en dun verdedigen. **Paniekzaaiers** laat de mogelijkheden om de stereotiepe situaties en grappen filmisch gestalte te geven meestal links liggen, iets waar het publiek - dat nog talrijker opdaagde dan voor **Zware jongens** - echter helemaal geen graten in zag. (MA)

Never Made in Belgium

Danny Degraeve

Never Made in Belgium

DIRECTOR: Danny Degraeve
YEAR: 1986
COUNTRY: BE
ASST. DIR.: Bruno Degraeve
DIR. PHOT.: Jean-Pol Vandenhouten
EDITING: Monique Rysselinck
SOUND: Frank Struys
MUSIC: Bernard Cornelis
PRODUCER: Michel Huisman
PROD. CO.: Les Grandes Productions (Bruxelles)
LANGUAGE: French
GAUGE: 16 mm
SILENT/SOUND: sound
B&W/COLOUR: colour
MINUTES: 98′

◆ For her (to this day) only full-length film, Danny Degraeve uses cinema in a sense otherwise found in certain documentaries by Henri Storck or the work of Ken Loach. **Never Made in Belgium** seizes on the cinéma-vérité style as a tool for raising consciousness and taking direct action in the case of a socio-economic debate of national importance.

The result of four years of research, the film exposes a paradoxical situation: endowed with a considerable area of forest, Wallonia in theory should be exploiting wood as one of its primary natural resources and as a profitable item for export. In reality, however, amidst the economic crisis of the eighties, the sector amassed a huge budgetary deficit, even taking the silver medal in the governmental ranking of national commercial debts. The young director emphasized the absurdity of this situation and was determined to get to the bottom of it. In particular, she singles out a state of mind typical of many politicians and civil servants, which ossifies and neuroticizes their management of Belgian potentialities and resources. As a counterpoint to the coldly ironic agenda, we are shown luxurious images of the photogenic forests of the Ardennes. The film's title, **Never Made in Belgium**, is a reminder that this thorny situation had hitherto utterly escaped the public's attention.

Known primarily as a producer-director of short industrial and scientific films, Danny Degraeve is a past winner of the World Medical Film Prize. Her production company also numbers amongst its back catalogue Eve Bonfanti's **Madame P.**

● Pour son unique long métrage à ce jour, Danny Degraeve utilise le film dans une optique particulière que l'on retrouve, par exemple, dans certains documentaires d'Henri Storck ou dans l'œuvre de Ken Loach. **Never Made in Belgium** prend en effet le cinéma-vérité comme outil de conscientisation et d'action directe dans un débat socio-économique national.

Fruit d'une enquête de quatre ans, le film dénonce une réalité paradoxale: dotée d'un parc forestier considérable, la Wallonie devrait revendiquer le bois comme l'une de ses richesses essentielles et comme un produit d'exportation rentable. Or, en pleine crise des années 80, le secteur accusait un déficit budgétaire considérable. Il détenait même la médaille d'argent au classement des balances commerciales négatives du budget national. La jeune réalisatrice souligne l'absurdité d'une telle situation et en cherche les tenants et aboutissants. Sa contestation vise en particulier un état d'esprit, typique selon elle, qui pousse certains responsables à gérer les potentialités et les ressources belges avec trop de complexes et d'a priori. En contrepoint à la froide ironie du pamphlet, les images restituent la photogénie luxuriante des forêts ardennaises. Le titre, **Never Made in Belgium**, rappelle que cette épineuse situation n'avait jamais été portée à l'attention du public avec une telle acuité.

Connue surtout comme productrice-réalisatrice de spots publicitaires et de courts métrages industriels et scientifiques, Danny Degraeve a, pour l'un d'eux, remporté le Prix Mondial du Film Médical. Sa société compte également à son actif le long métrage d'Eve Bonfanti **Madame P.** *(AJ)*

▶ In haar tot dusver enige langspeelfilm gebruikt Danny Degraeve de film in een bijzondere optiek, vergelijkbaar met bepaalde documentaires van Henri Storck of het werk van Ken Loach. **Never Made in Belgium** hanteert namelijk een cinéma vérité-techniek, gericht op sensibilisatie en rechtstreekse inmenging in een nationaal sociaal-economisch debat.

De film, de vrucht van een vier jaar durend onderzoek, klaagt een paradoxale werkelijkheid aan. Met zijn uitgestrekte bossen zou Wallonië de houtexploitatie moeten verzilveren als een van zijn voornaamste rijkdommen en een winstgevend exportproduct. In volle crisis (de jaren 80) bleek de sector echter te kampen met een aanzienlijk begrotingstekort en kwam hij zelfs op de tweede plaats in de lijst van de negatieve handelsbalansen van de nationale begroting. De jonge cineaste onderstreept de waanzin van deze gang van zaken en onderzoekt alle bijzonderheden in detail. Haar aanklacht treft vooral een volgens haar kenmerkende ingesteldheid die bepaalde beleidsmensen ertoe aanzet de Belgische natuurlijke rijkdommen te beheren met te veel scepsis en complexen. Tegenover de ijzige ironie van dit pamflet geeft de film de overdadige beeldenpracht van de Ardense wouden te zien. De titel, **Never Made in Belgium**, herinnert er echter aan dat deze heikele kwestie nooit op een zo scherpe wijze onder de aandacht van het publiek werd gebracht.

Degraeve is vooral bekend als producente en regisseuse van reclamespots en wetenschappelijke of industriële kortfilms, waarvan er een werd bekroond met de Prix Mondial du Film Médical. Haar maatschappij produceerde eveneens de langspeelfilm van Eve Bonfanti **Madame P.**

The Secrets of Love

Harry Kümel

The Secrets of Love
De geheimen van de liefde
De geheimen der liefde
Les secrets de l'amour

DIRECTOR: Harry Kümel
YEAR: 1986
COUNTRY: BE-NE
SCREENPLAY: Antoine Gallien, Patrick Pesnot
DIALOGUE: Antoine Gallien, Patrick Pesnot
ASST. DIR.: Patrick Peereman, Fons Feyaerts
DIR. PHOT.: Maurice Fellous
CAMERA: Maurice Fellous
EDITING: Ludo Troch, Monique Rysselinck
SOUND: Dan Van Bever
MUSIC: André Colson
ART DIRECTOR: Yvan Bruyère, Pierre Bernhard, Ivan Lippens
COSTUMES: Anne Verhoeven, Yan Tax
PRODUCER: Jan van Raemdonck
PROD. CO.: Kunst en Kino/Art et Cinéma (Brussel)
PROD. SUPERV.: Jef Van de Water, Gérard Vercruysse
CO-PRODUCER: Gerrit Visscher
CO-PROD. CO.: La Rose (Hilversum)
CAST: Michael Redfern (Weaver), Tina Shaw (Weaver's wife), Lucienne Bruinooge (Marietta), Marc Legein (Luke), Mieke Uytterlinden (Cook), Michael Lees (Uncle), Erik Burke (Nephew), Isabella Strawa (Milkmaid), Agnes Cassandre (First maid), Sandrine Lemaire (Last maid), Danielle Denie (Jeanne), Paul Anrieu (Gustave), Olivia Brunaux (Célestine), Philippe Auriault (Baker's son), Paul Clairy (Baker)
LANGUAGE: English
GAUGE: 35 mm
SILENT/SOUND: sound
B&W/COLOUR: colour
MINUTES: 85′
NOTES: Contains three parts: 1. **The Spanking**, after *La fessée* by Marguerite De Navarre; 2. **The Pupil**, after *L'élève* by Nicolas Restif de la Bretonne; 3. **The Greenhouse**, after *La serre* by Guy de Maupassant.

◆ Not since 1978 had Harry Kümel had a film in the cinemas. Producer Jan van Raemdonck commissioned him to shoot a work based on three stories he had selected, with Kümel writing the screenplay. However, what attracted Kümel most about the project was the challenge of filming people and their lives through a sexual viewfinder. Erotic films have long been the favoured domain of suggestive cinema, and **The Secrets of Love** sets out to show eroticism as "the greatest art of all". This was in the mid-1980s, when sex on film was increasingly confined to pornography videos. Yet Kümel was no stranger to the subject, having explored the "secrets of love" in previous films in a refined interplay between semblance and suggestion, behind which the real "I" of the characters is concealed.

The three sketches here are characterized primarily by their light tone. Eroticism is presented as a game of both attraction and deception, with borrowings from the short stories of Marguerite De Navarre, Nicolas Restif de la Bretonne and Guy de Maupassant. Despite the modest budget, the production is nevertheless striking for the visual richness of its imagery, which captures the atmosphere of the various tales. For example, outbuildings and a weaver's workshop form the setting in the tale of sexual lust, a refined castle interior in a tale of sexual conspiracy and, finally, an extinct and a burgeoning passion are contrasted through the use of a middle-class interior and a greenhouse. The playful editing also contributes to this celebration in the art of film of the pleasures of love in all their ingeniousness.

● La sortie du dernier film de Harry Kümel remontait à 1978. Son nouveau projet fut une commande. Les histoires furent choisies par le producteur Jan van Raemdonck; mais Kümel adapta lui-même le scénario, attiré par le défi de mettre en images une conception sexuelle de l'être humain et de la vie. Le cinéma érotique est longtemps resté le terrain de prédilection du cinéma suggestif; le point de départ des **Secrets de l'amour** est l'ambition de montrer l'érotisme comme "le plus grand des arts". Ambition peu commune, en ce milieu des années 80 où le sexe à l'écran se résume le plus souvent à la pornographie visuelle, mais ambition normale de la part de Harry Kümel, dont les précédentes créations avaient déjà su donner corps aux secrets de l'amour, alternant apparences et suggestions dans un jeu subtil derrière lequel se cache le moi véritable des personnages.

Les trois sketches de ce film se caractérisent par une légèreté de ton. Les rapports érotiques y sont présentés comme un jeu d'attirances et de mystifications, à partir des nouvelles de Marguerite De Navarre, Nicolas Restif de la Bretonne et Guy de Maupassant. Malgré un budget modeste, la production fut placée sous le signe de la richesse visuelle créant l'ambiance de chaque récit. Le premier évoque le désir sexuel dans un décor d'atelier de tissage; le second raconte un complot sexuel dans un château aux intérieurs raffinés; enfin, le dernier récit, à travers le contraste entre un intérieur bourgeois et une serre, met en scène une passion éteinte face à une passion naissante. Le montage ludique contribue à cette célébration de l'art du jeu sexuel via l'art cinématographique.

▶ Al sinds 1978 had Harry Kümel niets meer van zich laten horen, tot hij tekende voor deze opdrachtfilm, bestaande uit enkele verhalen uitgekozen door producent Jan van Raemdonck. Maar Kümel zou Kümel niet zijn als hij zijn eigen stempel niet op het scenario had gedrukt. De erotische film hield het lange tijd bij een suggestieve aanpak, maar rond het midden van de jaren 80 kwam daar verandering in met het opduiken van de pornovideo. Kümel beschouwde het echter als een uitdaging om in **The Secrets of Love** een seksuele kijk op de mens en het leven te vertalen in beelden die de erotiek als "grootste aller kunsten" moesten voorstellen. Een dergelijk project was misschien niet alledaags, maar Kümel had in zijn vorige films de geheimen der liefde reeds weten te evoceren als een geraffineerd spel van schijn en suggestie, een masker waarachter het ware ik van de personages zich verscholen houdt.

De film bestaat uit drie sketches, gebaseerd op erotische kortverhalen van Marguerite De Navarre, Nicolas Restif de la Bretonne en Guy de Maupassant. De erotiek wordt hier voorgesteld als een luchtig spel van aantrekking en misleiding, gegoten in beelden van een grote visuele rijkdom die de sfeer van de vertellingen glansrijk oproepen: het neerhof en het weefatelier in het eerste deel dat over seksuele lust handelt; het luisterrijke kasteel in het tweede verhaal, over een seksueel complot; een burgerlijk interieur en een serre in het derde en laatste stuk, symbolen in een verhaal over uitstervende en opborrelende passie. De speelse montage draagt eveneens haar steentje bij in deze filmische ode aan het liefdesspel, deze hulde van de ene kunst aan de andere. (MA)

Monsieur tout blanc

Stéphan Lejeune

Monsieur tout blanc
The Man Dressed All in White

DIRECTOR: Stéphan Lejeune
YEAR: 1986
COUNTRY: BE
ASST. DIR.: Paolo Zagaglia
CAMERA: Michel Baudour, Philippe Defosse, Jean-Noël Gobron
EDITING: Eva Houdova
SOUND: Dominique Warnier, Dominique Lonneux
MUSIC: Maljean-Willems
PROD. CO.: Essel Films (Jalhay)
LANGUAGE: French
GAUGE: 35 mm
SILENT/SOUND: sound
B&W/COLOUR: colour
MINUTES: 93'/52'

◆ Two years on from his courageous diatribe against the rise of the extreme right in Belgium and across Europe (**The Black Orchestra**), Stéphan Lejeune moved on to a very different issue, albeit without discarding his air of deprecatory polemic. Pope John Paul II first visited Belgium in May 1985, and for six days the Holy Father's activities were featured in a stream of servile media broadcasts. These never veered from a tone of respect and indulgence, as if to uphold the official conception of a Catholic country of unquestionable piety. This aroused the anger of most dissidents, who dismissed the papal visit as an immense triumphalist display choreographed by the Vatican and scorned by all latitudinarians. Plainly enough, it was this critical standpoint that Stéphan Lejeune adopted in his version of the events.

Nonetheless, **The Man Dressed All in White** (or **Monsieur tout blanc**, the title of a Léo Ferré song which offers a caustic commentary on the peregrinations of John Paul II) does not neglect the picturesque aspect of the gawking faithful and souvenir stands, of this great popular feast. But Lejeune primarily focuses on the sides of the phenomenon which the media so utterly avoided: he shows little of the Pope himself, preferring to concentrate on the arguments of those who object to the Church of Spectacle with its immense outlays, the occult influence of Opus Dei, the growing intolerance of Vatican morals and the lack of real democracy in the ukases of "the man dressed all in white". It goes without saying that the impertinent wretch Lejeune was anathematized by the God-fearing press.

● Deux ans après sa courageuse diatribe contre la montée de l'extrême droite en Belgique et en Europe (**L'orchestre noir**), Stéphan Lejeune passa à un tout autre thème, mais qu'il allait également aborder sur le mode du pamphlet protestataire. Le pape Jean-Paul II avait effectué son premier voyage en Belgique en mai 1985. Durant six jours, la visite du saint père avait été relayée par les médias, toujours sur le mode du respect et de la complaisance, comme pour conforter la thèse officielle d'un accueil unanimement chaleureux dans un pays catholique à la piété sans faille. De quoi faire bondir les contestataires, dénonçant dans le voyage papal un immense show triomphaliste, issu d'une stratégie vaticane honnie par les laïques. C'est sous cet angle critique, on l'a compris, que Stéphan Lejeune a filmé à sa façon l'événement.

Cela dit, **Monsieur tout blanc** (c'est le titre d'une chanson de Léo Ferré qui commente caustiquement les pérégrinations de Jean-Paul II) ne néglige jamais l'aspect pittoresque de ces badauds fervents, de ces marchands de souvenirs, de cette grande fête populaire. Mais ce qui intéresse Lejeune au premier chef, c'est évidemment les côtés du phénomène trop escamotés par les médias: il montre peu le pape lui-même, et donne plutôt la parole à ceux qui contestent l'Eglise du spectacle, les dépenses somptueuses, l'influence occulte de l'Opus Dei, l'intolérance croissante de la morale vaticane, le manque de démocratie réelle dans les ukases de "Monsieur tout blanc". Faut-il ajouter que ce parti pris d'impertinence lui valut les foudres de la presse bien-pensante? (RM)

▶ Twee jaar na zijn stoutmoedige uitval tegen de opkomst van extreem rechts in België en Europa (**L'orchestre noir**), gooide Stéphan Lejeune het over een heel andere boeg, zonder evenwel van zijn beproefde stijl af te wijken: die van het pamflet, van het protest. Paus Johannes-Paulus II bezocht België voor het eerst in mei 1985. Zes dagen lang volgden de media het bezoek van de Heilige Vader zonder ook maar de geringste kritiek: braafjes, altijd respectvol, facsimiles van de officiële stelling als zou de paus een unisono hartelijk onthaal te beurt zijn gevallen in een katholiek land van een onberispelijke vroomheid. Redenen genoeg dus om andersdenkenden op stang te jagen, die in het pausbezoek een grootscheepse triomfalistische show van het Vaticaan ontwaarden die door alle vrijzinnigen werd gelaakt. Natuurlijk zou Stéphan Lejeune, op de hem eigen wijze, verslag uitbrengen vanuit juist die kritische invalshoek.

Monsieur tout blanc (de titel verwijst naar een bijtend spotlied van Léo Ferré over de pauselijke reiskoorts) gaat niet voorbij aan het pittoreske van alle fanatieke nieuwsgierigaards en souvenirhandelaars, van dit grote volksfeest. Lejeune wilde in zijn film vooral behandelen wat in de media werd doodgezwegen: de paus zelf komt weinig aan bod, het woord is aan hen die zich verzetten tegen deze Spektakelkerk, haar buitensporige uitgaven, de occulte macht van Opus Dei, de groeiende intolerantie van de Vaticaanse moraal of het gebrek aan democratie in de oekazen van "Monsieur tout blanc". Hoeft het nog gezegd dat over Lejeune, om zijn onbeschaamde zienswijze, in de behoudende pers een banvloek werd uitgesproken?

Golden Eighties

Chantal Akerman

Golden Eighties
La Galerie
Window Shopping

DIRECTOR: Chantal Akerman
YEAR: 1986
COUNTRY: BE-FR-SZ
SCREENPLAY: Pascal Bonitzer, Henry Bean, Chantal Akerman, Jean Gruault, Leora Barish
ASST. DIR.: Serge Meynard, Lorraine Groleau, Isabelle Willems
CAMERA: Gilberto Azevedo, Luc Ben Hamou
EDITING: Francine Sandberg
SOUND: Henri Morelle, Miguel Réjas
MUSIC: Marc Herouet
ART DIRECTOR: Serge Marzolff
COSTUMES: Pierre Albert
PRODUCER: Martine Marignac
PROD. CO.: Paradise Films (Bruxelles), La Cécilia (Paris)
PROD. SUPERV.: Martine Marignac, Jacqueline Louis
CO-PROD. CO.: Limbo Film (Zürich)
CAST: Myriam Boyer (Sylvie), John Berry (Eli), Delphine Seyrig (Jeanne), Nicolas Tronc (Robert), Lio (Mado), Pascale Salkin (Pascale), Fanny Cottençon (Lili), Charles Denner (Monsieur Schwartz), Jean-François Balmer (Monsieur Jean)
LANGUAGE: French
GAUGE: 35 mm
SILENT/SOUND: sound
B&W/COLOUR: colour
MINUTES: 96'

◆ The musical comedy is usually regarded as a typically American genre. Nevertheless, with **Golden Eighties** Chantal Akerman - who is traditionally, and incorrectly, perceived as a resolutely experimental film-maker - proves that the musical travels well and that the French language is no barrier to its charms.

A shopping gallery with its fashion boutiques, hairdresser's and café becomes the metaphorical site of seduction, amorous entanglements and the desire to be loved. Two affairs of the heart - of the passions, even - cross each other's path. One is the story of Robert, in love with Lili; she was hired by Jean, who is smitten with her and in turn the object of the unrequited love of Mado, the pretty hairdresser. The other is the story of Jeanne, the tender wife of a good but now uninspiring husband, who runs into the lover she left many years ago. The progress of this sentimental chassé-croisé, full of hope and pain, surprise and peripeteia, is marked by the chorus of little shampoo-girls, whilst Robert has an entourage of seductive guys on permanent standby as his confidants.

Golden Eighties is a delicious, profound film. Chantal Akerman first creates sets and costumes whose fresh, dayglo colour schemes create a microcosm of desire and never-ending seduction. She also moulds a style of acting and movement more choreographed than natural. The songs are charming. Carried along by the chirpy music, they punctuate the twists of the plot without interrupting the action - on the contrary, they amplify it. Akerman builds a rhythm and tension which convey both lightness and nostalgia.

● La comédie musicale passe pour un genre typiquement américain. Pourtant, avec **Golden Eighties**, Chantal Akerman - qui passe, à tort, pour une cinéaste exclusivement vouée à l'expérimental - a apporté la preuve que la comédie musicale s'exportait bien et que la langue française ne détruisait pas son charme.

Une galerie marchande, avec ses boutiques de mode, son salon de coiffure et sa cafétéria, devient le lieu métaphorique de la séduction, des circulations amoureuses et du désir d'être aimé. Deux histoires sentimentales, passionnelles même, vont se croiser. Celle de Robert qui aime la belle Lili, installée là par Jean qui est aimé par Mado, la jolie coiffeuse pour laquelle il n'éprouve aucun penchant; celle de Jeanne, mariée à un homme bon qui ne la fait plus rêver et qui retrouve l'amant qu'elle a quitté autrefois. Ce chassé-croisé amoureux plein d'espoir ou de chagrin, de surprises et de rebondissements, est commenté par le chœur des petites shampouineuses, tandis que Robert est entouré de boys séducteurs qui eux aussi font office de confidents.

Golden Eighties est un film délicieux et profond. Chantal Akerman a d'abord travaillé le décor et les costumes dans des tonalités acidulées et fraîches, qui créent un microcosme de désir et de constante séduction. Elle a aussi mis en place un jeu d'acteur spécifique et des déplacements plus proches de la chorégraphie que de la réalité. Les chansons sont charmantes et ponctuent les péripéties sans opérer de rupture avec l'action; au contraire, elles la magnifient et l'amplifient. La cinéaste a créé un rythme, une tension qui installe sans cesse la légèreté ou la nostalgie. (JA)

▶ Chantal Akerman heeft met **Golden Eighties** bewezen dat de musical, hoewel beschouwd als een typisch Amerikaans genre, bijval kon genieten tot in het buitenland toe en dat de Franse taal de charme ervan niet in de weg staat. Toch is het een ongebruikelijk genre voor haar: de naam Akerman wordt, onterecht, uitsluitend met experimentele film geassocieerd.

Een winkelgalerij met modeboetiekjes, kapsalon en cafetaria wordt de metaforische plaats van verleiding, amoureus verkeer en verlangen. Twee verhalen over gevoel en passie lopen door elkaar: enerzijds dat van Robert, verliefd op de mooie Lili, die daar is aangesteld door Jean, terwijl Mado, de mooie kapster voor wie hij niets voelt, op hem verliefd is; anderzijds dat van Jeanne, getrouwd met een brave man die haar niet meer inspireert en die de minnaar gaat opzoeken die ze ooit verliet. Deze complexe amoureuze verwikkelingen - vol hoop en verdriet, vol onvoorziene wendingen ook - worden van commentaar voorzien door een koor van haarwassende meisjes. Bij dit alles wordt Robert ook omringd door knappe boys, die eveneens als vertrouwelingen optreden.

Golden Eighties is een heerlijke film. Akerman heeft eerst gewerkt aan decor en kostuums in frisse, intense kleuren, die een microkosmos creëren vol verlangen en constante verleiding. Dan heeft ze het spel van de acteurs uitgewerkt, waarvan de bewegingen meer doen denken aan een choreografie dan aan een natuurlijke werkelijkheid. De liedjes zijn charmant en zetten de verwikkelingen in het verhaal kracht bij zonder de actie te onderbreken. Akerman heeft een ritme en spanning weten op te wekken die zorgen voor luchtigheid en nostalgie.

Springen

Jean-Pierre De Decker

Springen
Sauter
Jumping

DIRECTOR: Jean-Pierre De Decker
YEAR: 1986
COUNTRY: BE
SCREENPLAY: Jean-Pierre De Decker, Stijn Coninx, Fernand Auwera
BASED ON: Uit het raam springen moet als nutteloos worden beschouwd, written by Fernand Auwera
DIALOGUE: Jean-Pierre De Decker
ASST. DIR.: Stijn Coninx, Fons Feyaerts
DIR. PHOT.: Michel Van Laer
CAMERA: Patrick Decoster, Ella Van den Hove, Kommer Kleijn
EDITING: Ludo Troch, Philip Ravoet
SOUND: Henri Morelle
MUSIC: Dirk Brossé
ART DIRECTOR: Marc Cnops
COSTUMES: Chris Willems, Els Verelst
PRODUCER: Roland Verhavert
PROD. CO.: Visie Filmproduktie (Brussel)
PROD. SUPERV.: Tina Weemaes
CAST: Mark Verstraete (Pipo Himmelsorge), Herbert Flack (Axel Woestewey), Maja Van den Broecke (Bellina Woestewey), Emly Starr (Erika), Ingrid De Vos (Matti), Ilma De Witte (Patricia Haegeman), Alida Neslo (Mena), Carmen Jonckheere (Belle), Bert Van Tichelen (Ton), Dirk Lesaffer (Journalist), Jos Van Gorp (Dokter), Robbe de Hert (Portier), Walter Vandersmissen (Orkestleider), Bert Champagne (Burgemeester), Jan Moonen (Commissaris), Hans De Munter (Agent), Alice Toen (Dame), Greta Lens (Grete Muller), Tine Balder (Mevrouw Driebergen), Vic Moeremans (Adelbrecht Schimmelpenninck), Cyriel Van Gent (Mijnheer Verkruis), Dries Wieme (Meester Govert Krop), Jef Cassiers (Mijnheer Clement), Maurits Goossens (Mijnheer Koekelkoorn), Bob Van der Veken (Timothy Tiendepenning), Raf Reymen (Mijnheer Drieberge)
LANGUAGE: Dutch
GAUGE: 35 mm
SILENT/SOUND: sound
B&W/COLOUR: colour
MINUTES: 105'

◆ **Jumping** is a highly eccentric and carnivalesque chapter in the annals of Flemish cinema. The story centres on a luxurious home for the elderly, a castle on an estate where all the residents' fantasies are fulfilled, be they an elephant hunt, a successful opera recital (given by a dreadful female singer) or a nuclear war (for a retired general). Yet the younger staff, the "organizers of happiness", are themselves plagued by frustration. The highly respected director of the establishment cheats on his top-heavy wife Bellina with all the grace of a grotesque playboy, and this awakens the envy of the runty Himmelsorge (the true architect of the fantasies come true), who adores Bellina. Paradoxically enough, it is Bellina who is most at ease with herself.

This film début by Jean-Pierre De Decker, a reputed theatre and television director, shocked some with its merciless view of the elderly, whom we see abandoning their dignity in frenetic and embarrassing attempts to deny the advancement of decay.

In-between the many overacted cameos, the comedian and director Jef Cassiers turns in a performance of tragic grandeur as a man who prefers a dignified suicide to living a pathetic illusion. The technical brilliance apparent in individual scenes, often spectacular and highly varied, was almost universally praised. Nevertheless, **Jumping** fell somewhat short on stylistic consistency and lacked well-developed characters and relationships. The intended Fellini-like balance between comedy and tragedy, satire and emotion, visual Baroque and sentimental simplicity is surely extremely difficult to achieve.

● Phénomène extravagant et carnavalesque dans le cinéma flamand, **Sauter** a pour point de départ une résidence de retraite très luxueuse dans un château, où tous les vœux se réalisent: chasse à l'éléphant, récital d'opéra triomphal (par une chanteuse minable), ou guerre atomique (pour un général). Parallèlement, les jeunes "organisateurs du bonheur" sont en proie à leurs propres frustrations. Le très respecté directeur trompe Bellina, sa femme corpulente, en arborant des allures de play-boy grotesque. Il est envié par Himmelsorge, personnage miteux mais véritable réalisateur des fantasmes, en adoration devant Bellina qui est, paradoxalement, la personne le plus en paix avec elle-même.

Ces débuts cinématographiques de Jean-Pierre De Decker, metteur en scène de théâtre et de télévision réputé, choquèrent certains, notamment par le regard impitoyable porté sur les petits vieux abandonnant toute dignité dans leurs tentatives convulsives et dérangeantes de nier leur dégénérescence. Au beau milieu de ces apparitions farfelues au jeu appuyé, l'acteur comique et réalisateur Jef Cassiers réussit, pourtant, à conférer une grandeur tragico-pathétique à l'homme qui préfère un suicide digne aux illusions misérables.

Les louanges furent quasi unanimes quant au brio technique des séquences, souvent spectaculaires et de genres très contrastés. Le manque de cohérence stylistique, d'approfondissement des personnages et de leurs rapports se fait toutefois trop sentir: l'équilibre fellinien, difficile, entre farce et tragédie, satire et sentiment, baroque visuel et simplicité sentimentale n'est pas atteint.

▶ **Springen** is een hoogst buitenissig en karnavalesk curiosum binnen de Vlaamse filmwereld. Het centraal gegeven van de film is een luxueus bejaardentehuis, een heus kasteel met landgoed waar alle wensen worden waargemaakt: een olifantenjacht, een succesvol operarecital (door een belabberde zangeres) of een atoomoorlog (voor een generaal). Maar de jongere "organisatoren van het geluk" vallen echter zelf ten prooi aan frustraties. De aanbeden directeur bedreigt als een potsierlijke playboy zijn topzware vrouw Bellina; zo wekt hij de afgunst op van de miezerige Himmelsorge (verantwoordelijk voor de mise-en-scène van de verwerkelijkte fantasieën), die Bellina verafgoodt. Deze laatste is, paradoxaal genoeg, nog het meest in het reine met zichzelf.

Dit filmdebuut van Jean-Pierre De Decker, een gereputeerd theater- en televisieregisseur, schokte sommigen door zijn ongenadige kijk op oudjes, die hier alle waardigheid opgeven in hun krampachtige en gênante pogingen om de aftakeling te blijven ontkennen. Tussen de vele schmierende cameo's door verleent de sappige komiek en regisseur Jef Cassiers een pathetisch-tragische grandeur aan de man die een waardige zelfmoord verkiest boven zielige illusies.

Hoewel men vrijwel unaniem vol lof was over het technische brio dat blijkt uit enkele afzonderlijke scènes - vaak spectaculair en uiteenlopend van aard - ontbreekt het **Springen** toch aan stijlcoherentie en uitgediepte personages en relaties. Het beoogde Felliniaanse evenwicht tussen kolder en tragiek, satire en gevoel, visuele barok en sentimentele eenvoud is dan ook aartsmoeilijk te bereiken. *(DD)*

Congo Express

Armand De Hesselle, Luc Gubbels

Congo Express

DIRECTOR: Armand De Hesselle, Luc Gubbels
YEAR: 1986
COUNTRY: BE
SCREENPLAY: Bob Goossens
DIALOGUE: Bob Goossens
ASST. DIR.: Stijn Coninx
DIR. PHOT.: Willy Stassen
CAMERA: Danny Hiele
EDITING: Ludo Troch
SOUND: Jules Goris
ART DIRECTOR: Hubert Pouille
COSTUMES: Frieda Dauphin
PRODUCER: Willum Thijssen, Linda Van Tulden
PROD. CO.: CinéTé (Antwerpen)
PROD. SUPERV.: Dirk Impens
CAST: François Beukelaers (Jean de Congolees), Caroline Rottier (Nadia), Mark Verstraete (Nep Jean), Mark Peeters (Roger), Christine Bosmans (Lucienne), Chris Cauwenberghs (Gilbert), Marc Van Eeghem (Louis), Véronique Waumans (Louisette), Filip Van Luchene (Theo), Dries Wieme (Jomme), Elie Aerts (Guy), Walter Grootaers (Straatzanger), Werther Van der Sarren (Arbeider), Rudi Delhem (Taxi-chauffeur), Ben Van Ostade (Taxi-chauffeur)
LANGUAGE: Dutch
GAUGE: 35 mm
SILENT/SOUND: sound
B&W/COLOUR: colour
MINUTES: 82'

◆ In the 1960s, Luc Gubbels had already stepped behind the camera for a number of films by Armand De Hesselle. Later, between 1979 and 1982, the two had co-directed several films (among them **Barbara**). In 1986, they set out to make their first feature-length fiction film, **Congo Express**, based on a screenplay and dialogue by Bob Goossens. The directors themselves explained that they had each concentrated on their respective strengths, with De Hesselle directing the actors and Gubbels concentrating on the camerawork. Much of the film was shot on location in Antwerp, and in that respect it is reminiscent of Luc Monheim's **Way Out**, made over 10 years earlier.

The story centres on the café Congo Express, which is run by the ex-colonial Jean and his girlfriend Nadia. This café functions as a meeting place for three different generations. The film then proceeds in a series of parallel sequences focusing on different men, women and couples. Before the camera, each recounts his or her life, activities or desires. The portraits painted of these relationships are bleak, and **Congo Express** becomes pure urban blues with slightly embittered post-68, post-punk and "no future" undertones, none of which did much for the film's commercial career. However, the crew behind this CinéTé production included a good number of fresh young faces, including assistant director Stijn Coninx, production supervisor Dirk Impens and director of photography Willy Stassen. Each would go on to make a name for themselves in the Flemish cinema of the late 1980s.

● Dans les années soixante, Luc Gubbels avait déjà assumé la photographie d'une série de courts métrages d'Armand De Hesselle et, durant la période 1979-1982, ils avaient signé quelques titres ensemble, dont **Barbara**. En 1986, ils mirent en scène leur premier long métrage de fiction, **Congo Express**, sur un scénario et des dialogues de Bob Goossens. Ils affirmèrent avoir pratiqué une certaine division du travail, De Hesselle s'occupant de la direction d'acteurs et Gubbels étant plus concerné par les prises de vue. Le film fut quasi entièrement tourné en extérieurs, à Anvers, comme l'avait fait Luc Monheim pour **La gueule de bois**, réalisé plus de dix ans auparavant.

Le café Congo Express, exploité par l'ex-colonial Jean et son amie Nadia, est au centre de l'œuvre. Sous l'œil des patrons s'y croisent régulièrement trois générations différentes. Le film suit en plusieurs séquences parallèles les hommes, les femmes, les couples. Chacun expose devant la caméra sa vie, ses occupations, ses rêves. Résultat: un portrait assez sombre des relations esquissées, qui fait de **Congo Express** un blues à la métropole, dont les tonalités post-soixante-huitardes désabusées, post-punk et no future, ne contribuèrent pas vraiment à la carrière commerciale. Cette production montre toutefois à l'œuvre une équipe de jeunes qui va s'imposer dans le cinéma flamand de la fin des années quatre-vingt: Stijn Coninx au poste d'assistant-réalisateur, Dirk Impens comme directeur de production et Willy Stassen à la photographie.

▶ Luc Gubbels verzorgde reeds in de jaren 60 regelmatig het camerawerk van Armand De Hesselle, alvorens met deze laatste zelf ook een aantal - eveneens korte - films te regisseren in de periode 1979-1982 (waaronder **Barbara**). Naar een scenario en dialogen van Bob Goossens draaiden zij in 1986 samen hun eerste langspeelfilm, **Congo Express**. Naar eigen zeggen werden de taken wel in zekere mate verdeeld: De Hesselle stond grotendeels in voor de acteursregie, terwijl Gubbels de beeldvoering verzorgde. De film werd zo goed als volledig op locatie gedraaid te Antwerpen, en op dat vlak herinnert hij aan het ruim 10 jaar eerder gemaakte **Verloren maandag** van Luc Monheim.

Centraal staat het café Congo Express, uitgebaat door de ex-koloniaal Jean en zijn vriendin Nadia. Onder hun toeziend oog komen op deze plek regelmatig drie generaties met elkaar in aanraking. In een reeks parallelle scènes volgt de film de mannen, de vrouwen, de koppels. Elk van hen legt voor de camera zijn of haar leven, bezigheden of verlangens bloot. Het portret dat zo van een aantal relaties geschetst wordt, is somber, en dit maakt **Congo Express** tot pure grootstad-blues met een wat verbitterde post-68, post-punk en "no future"-ondertoon, wat alleszins niet bevorderlijk bleek voor de commerciële carrière van de film. Wel stelde deze productie van CinéTé een ploeg veelbelovende jongeren te werk: Stijn Coninx was regie-assistent, Dirk Impens stond in voor de productieleiding en Willy Stassen fotografeerde. Elk van hen zou zich vervolgens een weg banen door de Vlaamse filmwereld van de late jaren tachtig. (MA)

Het gezin Van Paemel

Paul Cammermans

Het gezin Van Paemel
La famille Van Paemel
The Van Paemel Family

DIRECTOR: Paul Cammermans
YEAR: 1986
COUNTRY: BE
SCREENPLAY: Hugo Claus, Paul Cammermans, Jan Blokker
BASED ON: Het gezin Van Paemel, written by Cyriel Buysse
DIALOGUE: Hugo Claus, Paul Cammermans, Jan Blokker
ASST. DIR.: Frank Van Mechelen, Fons Feyaerts
DIR. PHOT.: Lex Wertwijn
CAMERA: Michel Van Laer
EDITING: Henri Erismann
SOUND: Dan Van Bever
ART DIRECTOR: Philippe Graff
COSTUMES: Yan Tax
PRODUCER: Jan van Raemdonck
PROD. CO.: Kunst en Kino/Art et Cinéma (Brussel), BRT (Brussel)
PROD. SUPERV.: Jef Van de Water
CAST: Senne Rouffaer (Vader Van Paemel), Chris Boni (Moeder Van Paemel), Marijke Pinoy (Romanie), Ille Geldhof (Cordule), Jos Verbist (Desiré), Marc Van Eeghem (Kamiel), Ronny Waterschoot (Eduard), Jan Decleir (Masco), Walter Claessens (Baron de wilde), Andrea Domburg (Barones de wilde), Thom Hoffman (Maurice), Camilia Blereau (Danielle), Frank Aendenboom (Rentmeester), Dries Wieme (Pastoor), Werther Van der Sarren (Veldwachter), Raf Reymen (De St. Siffrideis), Frans Vande Velde (Pastoor Liekens), Luc Philips (Deurwaarder), Raymond Bossaerts (Kappuyns), Viviane De Muynck (Zenobie), Luc De Wit (Willems), Marc Peeters (Gewonde man), Cecile Rigolle (Irma), Ronnie Commissaris (Kapitein), Carmen Jonckheere (Secretaresse), Arnold Willems (Gendarme 1), Harry De Peuter (Gendarme 2)
LANGUAGE: Dutch
GAUGE: 35 mm
SILENT/SOUND: sound
B&W/COLOUR: colour
MINUTES: 90'

◆ In 1965 Paul Cammermans, better known as an actor in the films of Edith Kiel and Jef Bruyninckx, made his directorial début with the made-to-order comedy **Needle Eleven**. Cammermans had begun his career as a painter and embarked on film directing after a period at various American film schools and studios. Following **Needle Eleven**, he increased his experience with work for television. Cammermans had long cherished the ambition to adapt a play by Cyriel Buysse as his second full-length feature. The play he selected dates from 1903 and is considered the pinnacle of the Flemish naturalist school, mobilizing a powerful sense of social conscience to campaign against blatant injustice.

When his son joins the socialist movement, the weather-beaten, work-worn farmer Van Paemel is driven off his land by the local landowner and is forced to move into an impoverished hovel. Another son is wounded in a hunting accident and his daughter is made pregnant by one of the landowner's offspring. It is the invalid son who finally takes matters in hand and teaches the noble family a lesson.

After the release of **The Flaxfield** (1983) only a short time before, audiences did not warm to yet another costume drama of rural peasant life and **The Van Paemel Family** was no success. But the turn-of-the-century tale of social inequality, class differences and the punishing life of the farmer did strike a chord with the press, carrying off the 1986 Prix André Cavens for the best Belgian film. Abroad too it was awarded numerous prizes for the best direction and performances.

● C'est en 1965, après un apprentissage dans différentes écoles et nombreux studios américains, que Paul Cammermans, qui connut auparavant une carrière d'artiste peintre et de comédien (notamment dans les films d'Edith Kiel et de Jef Bruyninckx), devient réalisateur avec **Seringue onze**, une comédie tournée pour la société hollandaise Kappa Film. Poursuivant sa carrière en réalisant des films pour la télévision, il tente d'adapter, pour son deuxième long métrage, une pièce de théâtre de Cyriel Buysse. Datant de 1903, l'œuvre, qui fustige les injustices sociales, constitue le point d'orgue de la dramaturgie naturaliste flamande.

Parce que son fils s'est joint au mouvement socialiste, le paysan Van Paemel est chassé de sa terre par le châtelain et doit s'installer dans un cabanon misérable. Un autre de ses fils est blessé dans un accident de chasse et sa fille est engrossée par un rejeton de la famille du châtelain. Finalement, le fils invalide s'érige en justicier et donne une leçon sévère à "ceux du château".

Un autre film inspiré d'un drame paysan, **Le champ de lin**, avait été tourné trois ans auparavant, ce qui limita l'impact de **La famille Van Paemel** auprès du public. Un nouveau film sur les inégalités sociales, les différences de classe et le dur labeur des paysans au tournant du siècle faisait peu de recette auprès du public. La presse, elle, était enthousiaste et décerna au film le Prix André Cavens 1986 pour le meilleur film belge. A l'étranger également, le film remporta de nombreux prix pour la réalisation et pour l'interprétation.

▶ Paul Cammermans, als acteur bekend uit de films van Edith Kiel en Jef Bruyninckx, debuteerde als regisseur met **Spuit elf** (1965), een komedie gedraaid voor het Nederlandse Kappa Film. Cammermans, in oorsprong een kunstschilder, bekwaamde zich in de filmregie aan verschillende Amerikaanse scholen en studio's. Na zijn debuut schaafde hij zijn vakkennis bij als tv-regisseur. Al geruime tijd koesterde Cammermans de wens, voor wat zijn tweede langspeelfilm moest worden, een toneelstuk van Cyriel Buysse te adapteren. Dit stuk uit 1903 is een hoogtepunt van Vlaamse naturalistische dramatiek, die wraakroepende sociale toestanden aanklaagt vanuit een grote maatschappelijke bewogenheid.

Omdat zijn zoon zich aansluit bij de socialistische beweging, wordt de kromgewerkte boer Van Paemel door de lokale kasteelheer van zijn erf verdreven en moet hij zijn intrek nemen in een armoedige stulp. Een andere zoon raakt gewond bij een jachtongeval, terwijl zijn dochter door een telg van de kasteelfamilie zwanger wordt gemaakt. Uiteindelijk zal de invalide zoon het recht in eigen handen nemen en "die van het kasteel" een lesje leren.

Het was nog maar van **De vlaschaard** (1983) geleden dat er nog een "Bokrijk"-film was gedraaid. Een nieuwe film over boerenlabeur, over de sociale situatie omstreeks de eeuwwisseling, over wantoestanden en klassenverschillen in onze contreien: het hield de mensen uit de zaal. De pers was echter wel enthousiast: **Het gezin Van Paemel** ontving de André Cavens-prijs voor de beste Belgische film van 1986. Ook in het buitenland regende het prijzen voor de film en voor de cast. *(RS)*

Les territoires de la défonce

João Correa

Les territoires de la défonce
La nuit occidentale
Dope Territory

DIRECTOR: João Correa
YEAR: 1986
COUNTRY: BE
SCREENPLAY: Charles-Laurent Gondanoff
ASST. DIR.: Nicole Tonneau
CAMERA: Michaël Sander, Alessandro Usai
EDITING: Yves Van Herstraeten
SOUND: Alain Sironval
MUSIC: Michel Gyory
PRODUCER: Godefroid Courtmans
PROD. CO.: F3 (Bruxelles), CBA (Bruxelles), RTBF (Charleroi)
VOICES: Christian Maillet
LANGUAGE: French
GAUGE: 16 mm/35 mm
SILENT/SOUND: sound
B&W/COLOUR: colour
MINUTES: 86'/52'

◆ **Dope Territory** is a documentary/reportage aiming to encompass "everything" on the drugs issue. The director's wealth of documentary resources and human warmth is as vast as his subject. João Correa spent 5 years preparing his film, and he has a clear standpoint: drug addiction is not an illness but a symptom of a social malaise, that of "the children of the Western night", disorientated victims of a world gripped by consumption and profit. The final blame lies with the capitalist system. This is a film with a message, carried by the voice-over explaining and delivering the moral. The film alternates between expository sections (illustrated by stock shots) and twenty or so talking heads, "addicts" who describe their own experience straight to camera without recourse to the interview format. The list of historical and geographical aspects is exhaustive and complete, ranging from the Roman empire to the golden triangle. The human aspect is tackled via a series of modest and truthful portraits, tales of collapse and suffering told without sensationalism. This approach reveals the terrible banality of these stories, prised free of the glutinous compassion of "reality shows": uncomprehending families, prostitution, prison, fatal overdoses, psychiatrists, burglary as a means to the next fix and to survival. Men and women, intellectuals and the disenfranchised find themselves at the very bottom of the heap, their faces wrecked. The nakedness of their words, their honesty and courage are touching. The shackles of didacticism inform. The fight is on between stifled worthy emotion and socio-economic explanation: the film-maker has not chosen his standpoint.

● Ce documentaire-reportage avoue ambitieusement sa volonté de "tout" dire sur le problème de la drogue. La documentation et la générosité du réalisateur sont aussi vastes que le sujet. João Correa l'a préparé pendant cinq ans et il a développé, sur la question, un point de vue précis: la toxicomanie n'est pas une maladie; elle est l'indice d'un malaise social, celui des "enfants de la nuit occidentale", victimes déboussolées d'un monde livré à la consommation et au profit. Le grand coupable se révèle être, en fin de compte, le capitalisme. Film à message donc, porté par un texte off qui explique et délivre la morale. Le documentaire fait alterner aux parties plus explicatives, évoquées par des documents, une vingtaine de témoignages de "drogués", nous parlant face à l'écran, sans recours à l'interview. Côté historique et géographique, l'information est fouillée et complète, de l'Empire romain au triangle d'or. Côté humain, une série de portraits pudiques et vrais racontent, sans sensationnalisme, la débâcle et la souffrance. On y retrouve la terrible "banalité" des faits divers, dégagés, heureusement, du ton gluant et compatissant des "reality shows", avec l'incompréhension des familles, la prostitution, la prison, la mort par overdose, les psychiatres, les casses pour la dose et la survie. Hommes et femmes, intellectuels et laissés-pour-compte, se retrouvent perdus, paumés, le visage livré. Leur parole nue, leur sincérité, leur courage de dire simplement ce qu'ils ont traversé touchent, tandis que le carcan didactique informe. C'est la lutte entre l'explication socio-économique et l'émotion retenue et digne. (JA)

▶ Deze documentaire-reportage wil een "volledig" beeld geven van het drugprobleem. De documentatie en de edelmoedigheid van de regisseur zijn even grenzeloos als het onderwerp. Na vijf jaar voorbereiding hield João Correa er een duidelijk standpunt op na: verslaving is geen ziekte, maar een teken van de sociale malaise van de "kinderen der westerse duisternis", verdwaalde slachtoffers van een wereld ten prooi aan consumptie en winstbejag. De ware schuldige is uiteindelijk het kapitalisme. Een film met een boodschap dus, verkondigd door de off-screen stem. Afwisselend krijgen we achtergrondinformatie, geïllustreerd met documenten en een twintigtal getuigenissen van "junkies", die niet geïnterviewd worden maar hun verhaal voor de camera doen. Het scala aan geografische en historische informatie is diepgaand en volledig, van het Romeinse rijk tot de Gouden Driehoek. De menselijke implicaties worden belicht door een reeks van bescheiden maar authentieke portretten die de aftakeling en het lijden zonder sensatiezucht uit de doeken doen. Ontdaan van de stroperige tragiek van "reality shows" worden de feiten in hun volle banaliteit onthuld: onbegrip van de familie, prostitutie, gevangenis, overdosis, psychiaters, stelen om de dosis en overlevingsstrijd. Mannen en vrouwen, intellectuelen en marginalen verworden tot wrakken, de blik op oneindig. Hun onverbloemde woorden, hun eerlijkheid en de moed waarmee zij hun lijdensweg toelichten, zijn aangrijpend; het informatieve raamwerk geeft duiding. Er volgt een strijd tussen ingetogen, waardige emotie en sociaal-economische analyse: de cineast heeft zijn standpunt niet gekozen.

Genesis
Mrinal Sen

Co-production
Genesis

DIRECTOR: Mrinal Sen
YEAR: 1986
COUNTRY: FR-II-SZ-BE
SCREENPLAY: Mrinal Sen, Mohit Chattopadhya
BASED ON: Genesis, written by Samaresh Basu
DIALOGUE: Surendra P. Singh, Umashankar Pathik
ASST. DIR.: Amal Sirkar, Supantha Bhattacharya, Umashankar Pathik
CAMERA: Carlo Varini, Manish Sarkar, Sashi Anand, Tapas Pal, Soba Sadagopan
EDITING: Elisabeth Waelchli, Nadine Muse
SOUND: Henri Morelle, Frank Struys, Rajan Pandey
MUSIC: Ravi Shankar, Kumar Bose
ART DIRECTOR: Nitish Roy, Ajit Patnaik, Manas Biswas
COSTUMES: Nitish Roy, Ajit Patnaik, Manas Biswas
PROD. CO.: Scarabée Films (Paris), Mrinal Sen PLRT Productions (Calcutta), Les Films de la Drève (Bruxelles), Cactus Film (Zürich)
ASSOC. PROD.: Palaniappan Ramasamy, Eliane Stutterheim, Jean-Jacques Andrien
EXEC. PROD.: Pascale Osterrieth
LANGUAGE: Hindi
GAUGE: 35 mm
SILENT/SOUND: sound
B&W/COLOUR: colour
MINUTES: 105'

CAST: Shabana Azmi (Femme), Naseeruddin Shah (Fermier), Om Puri (Tisserand), M.K. Raina (Marchand)

La puritaine
Jacques Doillon

Co-production
La puritaine
The Prude

DIRECTOR: Jacques Doillon
YEAR: 1986
COUNTRY: FR-BE
SCREENPLAY: Jean-François Goyet, Jacques Doillon
DIALOGUE: Jean-François Goyet, Jacques Doillon
ASST. DIR.: Guy Chalaud, Etienne Albrecht, Aline Pelissier
DIR. PHOT.: William Lubtchansky
CAMERA: William Lubtchansky
EDITING: Marie Robert
SOUND: Jean-Claude Laureux
MUSIC: Philippe Sarde
ART DIRECTOR: Jean-Claude De Bemels, Véronique Mélery, Marc Van Haelen
COSTUMES: Isabelle Willems
PRODUCER: Philippe Dussart
PROD. CO.: Philippe Dussart (Paris), La Sept (Paris), Man's Films (Bruxelles)
PROD. SUPERV.: Michèle Tronçon
LANGUAGE: French
GAUGE: 35 mm
SILENT/SOUND: sound
B&W/COLOUR: colour
MINUTES: 86'

CAST: Michel Piccoli (Pierre), Sabine Azéma (Ariane), Sandrine Bonnaire (Manon), Laurent Malet (François), Brigitte Coscas (La taille de Manon), Anne Coesens (La voix de Manon), Corinne Dacla (L'oreille de Manon), Jessica Forde (La main de Manon), Vinciane Le-Men (La fille au charbon), Kitty Kortes-Lynch (Les petits orteils de Manon), Nicole Persy (Les yeux de Manon), Pascale Salkin (L'absence de Manon), Pascale Tison (La sœur de la fugueuse)

Het geheim dat bloed zag

Georges Heerman

Het geheim dat bloed zag
Le secret sanglant
The Bloody Secret

DIRECTOR: Georges Heerman
YEAR: 1987
COUNTRY: BE
SCREENPLAY: Georges Heerman
DIR. PHOT.: Marcel Claude
CAMERA: Marcel Claude
EDITING: Georges Heerman
SOUND: Pierre Moulin
MUSIC: Dirk Brossé
PRODUCER: Georges Heerman
PROD. CO.: Fildest (Destelbergen)
CAST: Georges de Wannemaeker, Jo Maes, Daniel
Van Durme
LANGUAGE: Dutch
GAUGE: 35 mm
SILENT/SOUND: sound
B&W/COLOUR: colour
MINUTES: 90'

◆ In 1986 Georges Heerman was an alderman in Destelbergen and an amateur film-maker. He hit on the idea of making an 8mm film in Destelbergen itself with some of his friends, and was subsequently persuaded to make a "serious" 16mm feature film which could eventually be blown up to 35mm. In an interview he said, "I'm not doing this to win votes. All I want to do is to prove that Destelbergen has enough home-grown talent to bring off a project of this kind." Heerman wrote his own screenplay about a baron who inherits a map from his father leading to a hidden treasure. He loses the map, which falls into the hands of a rogue. He blackmails the baron, but fortunately, after a mysterious murder, a group of children help the baron find his treasure. He and the mayor throw a party for the children.

Heerman won financing for his project (BF 4 million) by appealing to companies and traders in his own town to sponsor the production. The film was premiered in the Decascoop cinema in Ghent in June 1987. The overall response was extremely negative, with the film described as an untidy attempt at editing image and sound, with stilted dialogue and wooden actors. The film itself was unfortunately neither fish nor fowl in that it was too grand to be an amateur film yet at the same time too clumsy to be a professional production. It was taken off after three weeks - more than enough time for the whole of Destelbergen to go and see itself on the silver screen. As a result, the fledgling film-makers did not make a second foray into feature films.

● Georges Heerman était échevin de Destelbergen et cinéaste amateur lorsque, en 1986, lui vint l'idée de réaliser dans sa commune un long métrage en 8mm. Il se laissa persuader par quelques amis de faire une véritable œuvre cinématographique qui, tournée en 16mm, pourrait être gonflée par la suite en 35mm. Il déclara dans une entrevue: "Ceci n'a rien à voir avec du racolage électoral. Je veux seulement montrer que nous disposons de suffisamment de talents, à Destelbergen, pour mener un tel projet à bon port." Heerman écrivit luimême l'histoire d'un baron héritant de son père le plan d'un trésor. Malheureusement, il perd cette carte qui tombe en de mauvaises mains. Après un meurtre mystérieux, un groupe d'enfants réussit à récupérer le plan et le restitue au baron. Celui-ci découvre alors le trésor et décide, avec le bourgmestre, d'organiser une fête pour remercier les enfants.

Pour le financement (4 millions de francs), Georges Heerman fit appel aux entreprises et commerces du village qui sponsorisèrent sa production. Le film sortit en juin 1987 au Decascoop à Gand. Les réactions furent extrêmement négatives: montage mal soigné des images et du son, dialogues cafouillants, acteurs au jeu trop théâtral. Le film tomba entre deux chaises: trop grandiose pour une production amateur et trop gauche pour une œuvre professionnelle. Il disparut de la salle au bout de trois semaines, juste le temps pour Destelbergen d'aller s'admirer sur grand écran. La réception ne fut donc pas de celles qui incitent à recommencer.

► We schrijven 1986. Georges Heerman is schepen in Destelbergen en amateurfilmer. Met enkele vrienden wil hij in zijn gemeente een speelfilm draaien op 8mm totdat hij zich laat overhalen een echte bioscoopfilm te maken op 16mm die dan kan opgeblazen worden naar 35mm. In een interview verklaart Georges Heerman zijn opzet: "Ik doe dit niet om stemmen te ronselen. Ik wil alleen duidelijk maken dat Destelbergen genoeg talent in huis heeft om een dergelijk project tot een goed einde te brengen". Heerman schrijft zelf het verhaal over de baron die van zijn vader een plan erft waarop aanduidingen naar een schat wijzen. Het plan komt echter terecht in de handen van een stroper die de baron chanteert. Na een duistere moord slaagt een stel kinderen erin het plan terug aan de kasteelheer te bezorgen. Deze biedt samen met de burgemeester de kinderen een feest aan.

Voor de financiering (4 miljoen BF) doet Georges Heerman een beroep op bedrijven en handelaars uit zijn dorp die de productie willen sponsoren. In juni 1987 gaat de film in première in de Gentse Decascoop. De reacties zijn uiterst negatief: slordige montage van beeld en geluid, stuntelige dialogen, een stelletje theatrale acteurs. De film valt tussen twee stoelen: te groots voor een amateurfilm en te stuntelig voor een professionele productie. Na drie weken, genoeg tijd om gans Destelbergen de kans te geven naar zichzelf te gaan kijken, verdwijnt de film van het scherm. De inkomsten zijn te laag om Heerman in staat te stellen zich in een tweede filmavontuur te storten. (PG)

Diary of a Mad Old Man

Lili Rademakers

Diary of a Mad Old Man
Journal d'un vieux fou
Dagboek van een oude dwaas

DIRECTOR: Lili Rademakers
YEAR: 1987
COUNTRY: BE-NE-FR
SCREENPLAY: Hugo Claus
BASED ON: Diary of an Old Man, written by Junichiro Tanizaki
DIALOGUE: Claudine Bouvier
ASST. DIR.: Gerda Diddens
DIR. PHOT.: Paul Van den Bos
CAMERA: François Migeat
EDITING: Ton De Graaff
SOUND: Victor Dekker
MUSIC: Egisto Macchi
ART DIRECTOR: Philippe Graff
COSTUMES: Suzanne Van Well
PRODUCER: Pierre Drouot
PROD. CO.: Iblis Films (Brussel)
PROD. SUPERV.: Jean-Marie Bertrand, Dany Geys
CO-PRODUCER: Fons Rademakers, Henry Lange
CO-PROD. CO.: Fons Rademakers Productie (Amsterdam), Dédalus (Paris)
CAST: Ralph Michael (Mijnheer Hamelinck), Suzanne Flon (Mevrouw Hamelinck), Beatie Edney (Simone), Derek de Lint (Philippe), Dora Van der Groen (Zuster Alma), Ina Van der Molen (Karin)
LANGUAGE: English
GAUGE: 35 mm
SILENT/SOUND: sound
B&W/COLOUR: colour
MINUTES: 90'

◆ **Diary of a Mad Old Man**, director Lili Rademakers' second feature film after **Menuet** (1982), was an English language Dutch-Belgian-French co-production, as reflected in its international cast list, which featured Beatie Edney, Ralph Michael, Suzanne Flon, Derek de Lint, Dora Van der Groen and Ina Van der Molen. The film was based on the novel by Japanese writer Junichiro Tanizaki and adapted for the screen by Hugo Claus.

It centres on the erotic obsession of a dying elderly man, Hamelinck, with his daughter-in-law Simone. He is a retired bank manager whose sexual passion for the young woman increases as his physical state deteriorates. The film begins by showing a swimming pool which Hamelinck is having built in his garden for the girl so that he can see her in a bathing costume. Hamelinck then recounts, in flashback, how his heavily fetishistic and voyeuristic passion for the girl began and how it has since taken on increasingly grotesque forms. When Simone, the object of these attentions, realizes what is going on, she tries to get as much out of the old man as possible.

The film has a clear tragi-comic side, reflected in the contrast between the obsessed dying old man and the manipulative young woman. Within this register, Rademakers explores a theme that is rarely seen in cinema. **Diary of a Mad Old Man** attracted mixed reviews, with many praising the detached reservation with which the camera records the unfolding events, while others felt that the theme of a last-ditch attempt at love in the face of impending death deserved a stronger approach.

● **Journal d'un vieux fou**, le second long métrage de Lili Rademakers, après **Menuet** en 1982, est une coproduction belgo-hollando-française parlant anglais, ce qui se traduit par une distribution internationale comprenant Beatie Edney, Ralph Michael, Suzanne Flon, Derek de Lint, Dora Van der Groen et Ina Van der Molen. Un roman de l'auteur japonais Junichiro Tanizaki, adapté pour la circonstance par Hugo Claus, constitue la source d'inspiration de l'œuvre.

Celle-ci s'articule autour de l'obsession érotique qu'éprouve Hamelinck, moribond, pour sa belle-fille Simone. Hamelinck est un ancien directeur de banque, dont l'obsession sexuelle pour la jeune femme croît proportionnellement à sa déchéance physique. Le film commence au moment où Hamelinck fait aménager une piscine dans son jardin pour pouvoir observer Simone en maillot de bain. A partir de là, l'histoire évoque, par l'utilisation de flash-back, l'évolution de sa passion pour la femme désirée vers des formes de plus en plus grotesques à forte charge fétichiste et voyeuriste. Et lorsque Simone comprend ce que manigance le vieil homme, elle tente d'en tirer un profit maximum.

La confrontation entre le moribond aveuglé et la jeune femme qui le manipule, un thème assez rare à l'écran, confère à l'œuvre un caractère tragi-comique évident. Les avis divergent fortement sur le résultat: beaucoup louent la distanciation observée par la caméra avec les événements, alors que d'autres estiment que le thème de l'amour ultime, au seuil de la mort, aurait mérité une approche plus percutante.

► **Diary of a Mad Old Man**, de tweede langspeelfilm van Lili Rademakers (na **Menuet** uit 1982), is een Engelstalige Belgisch-Nederlands-Franse coproductie, hetgeen zich vertaalt in een internationale cast met onder meer Beatie Edney, Ralph Michael, Suzanne Flon, Derek de Lint, Dora Van der Groen en Ina Van der Molen. Inspiratiebron was een roman van de Japanse schrijver Junichiro Tanizaki, die voor de film bewerkt werd door Hugo Claus.

Het verhaal draait rond de erotische obsessie van de stervende mijnheer Hamelinck voor zijn schoondochter Simone. Hij is een gewezen bankdirecteur die naarmate zijn fysieke aftakeling vordert steeds meer seksueel geobsedeerd raakt door de jonge vrouw. De film begint op het ogenblik dat Hamelinck, om de vrouw in badpak te kunnen zien, in zijn tuin voor haar een zwembad laat aanleggen. Via flashbacks wordt vervolgens het ontstaan en de groei van de sterk fetisjistische en voyeuristische passie voor de vrouw toegelicht. Zijn liefde voor haar neemt steeds groteskere vormen aan. Zodra Simone het spelletje doorheeft, tracht ze zoveel mogelijk voordeel te halen uit de oude man.

De film heeft een evident tragikomisch karakter door de confrontatie van de verblinde stervende man met de hem manipulerende jonge vrouw, een vrij zeldzaam thema in de filmgeschiedenis. Over het resultaat bestonden tegenstrijdige meningen: velen loofden de afstandelijke gereserveerdheid waarmee de camera het gebeuren gadesloeg, terwijl anderen vonden dat het thema van de ultieme liefde in de aanblik van de dood toch een wat hardere aanpak verdiende. (MA)

Après le vent des sables

Claude Zaccaï

Après le vent des sables
La trame
Na de zandstorm
The Web

DIRECTOR: Claude Zaccaï
YEAR: 1974-1987
COUNTRY: BE-FR-IS
SCREENPLAY: Claude Zaccaï
DIALOGUE: Claude Zaccaï
ASST. DIR.: Jacques Thiry
DIR. PHOT.: Walter Lassaly
CAMERA: Robert Alliel, Yochai Moshe
EDITING: Patricia Canino, Daniel De Valck
SOUND: Cyril Collick, Alain Marchal
MUSIC: Noam Sheriff
ART DIRECTOR: Michael Bastow
COSTUMES: Tami Mor
PRODUCER: Roland Perault, Pierre Aïm, Samy Shemtov
PROD. CO.: Timber Films (Bruxelles), Golan (Paris), Ninoptic (Tel Aviv)
PROD. SUPERV.: Avi Levy, Ami Amir
CAST: Ronald Guttman (L'homme), Lena Grinda (Rose), Pierre Laroche (Georges), Assaf Dayan (Le jeune marié), Rachel Heffler (La jeune mariée), Roland Mahauden (Maxy), Moshe Kassit (Freddy), Alexandre Von Sivers (Le trompettiste), Franz Joubert (Le vieux), Cvia Doronne (La vieille), William Del Visco (Le père), Liliane Simonet (La mère), Lyle Holmes (Le garçon), Gilian Golan (La fille), David Biderman (L'enfant)
LANGUAGE: French/English
GAUGE: 35 mm
SILENT/SOUND: sound
B&W/COLOUR: colour
MINUTES: 90'

◆ After graduating from the INSAS film school, Claude Zaccaï directed four shorts before winning a scriptwriting competition with *La trame* ("The Web") and the chance of shooting it in co-production with Paris and Israel. Zaccaï saw in the Sinai desert the ideal setting for his film, the tale of an amnesiac lost in the desert and mysteriously surrounded by a ring of six cars. The man and the inhabitants of the vehicles live from one day to the next, in the ever-diminishing hope of being rescued and from an ever-decreasing stock of supplies. A sandstorm soon buries everything beneath the wastes. Yet perhaps the waiting, the petty concerns of the prisoners stranded in an infinite expanse of desert - perhaps all these are just the nightmarish ravings of a child, the sole survivor of the disaster?

A fable of solitude and incommunicability, **The Web** called on the services of a cosmopolitan cast and crew (19 different nationalities in the middle of the Sinai), including Walter Lassaly, director of photography on **Tom Jones** and **Zorba the Greek**. Lacking finances, Zaccaï was unable to complete a final cut of the film and it was shelved for 13 years. In the intervening period the director devoted his energies to advertisements, before finally finishing his work in 1987. The images of the desert, the perception of the characters - at once intimate and satirical - and the sudden slides into fantasy have all stood the test of time. However, the remarkable counterpoint set up between the sphere of dreams and the ridiculous human beings, disaster movie and comedy, between realism and symbolism proved unsettling to audiences and ensured only a brief career for this all too singular production.

● Après ses études à l'INSAS, Claude Zaccaï réalise quatre courts métrages, puis obtient un prix du scénario pour *La trame* et la possibilité d'une coproduction avec Paris et Israël. Le désert du Sinaï constitue, selon lui, le décor rêvé pour son film, qui raconte l'histoire d'un amnésique perdu dans le désert et mystérieusement encerclé par six voitures. La vie de l'inconnu et des occupants des véhicules s'organise jour après jour, dans l'espoir toujours plus improbable de secours, tandis que les vivres s'épuisent. Une tempête de sable submergera tout. Mais peut-être que l'attente, le microcosme humain en huis clos, les préoccupations mesquines des prisonniers du désert sans limites, peut-être que tout cela n'est que le cauchemar d'un enfant, seul survivant du désastre?

Fable sur la solitude et l'incommunicabilité, **La trame** mobilisa un plateau cosmopolite de techniciens et d'acteurs (19 nationalités différentes, en plein Sinaï), dont Walter Lassaly, le chef opérateur de **Tom Jones** et **Zorba le Grec**. Faute de moyens, Zaccaï ne put parachever son montage, et le film resta pendant 13 ans dans l'oubli. Durant cette période, il se lança dans le cinéma publicitaire, avant de terminer enfin son œuvre en 1987, sous un titre différent: **Après le vent des sables**. Les images du désert, la vision à la fois intimiste et satirique des personnages, les dérapages vers le fantastique ont bien surmonté l'épreuve du temps. Toutefois ce contrepoint singulier entre rêve et humains dérisoires, film-catastrophe et notations ricanantes, réalisme et symbolisme, dérouta le public et abrégea la carrière d'une production trop originale. *(RM)*

▶ Na zijn studies aan het INSAS draaide Claude Zaccaï vier kortfilms, won hij een scenarioprijs voor *La trame* en mocht hij met een Frans-Israëlische coproductie starten. De Sinaïwoestijn was het gedroomde decor voor zijn film: het verhaal van een man met geheugenverlies, verdwaald in de woestijn waar hij omringd wordt - mysterie - door zes auto's. Deze onbekende leeft, samen met de inzittenden van de voertuigen, van dag tot dag, terwijl de hoop op redding steeds verder weg lijkt en de voorraden uitgeput raken. Dan overdekt een zandstorm alles. Maar misschien was dit afwachten, deze ingesloten menselijke microkosmos, de kleinzielige bezorgdheden van deze gevangenen, slechts de nachtmerrie van een kind, de enige overlevende van de ramp?

La trame, een sprookje over eenzaamheid en het onvermogen tot communicatie, bracht een kosmopolitische groep technici en acteurs op de been (19 verschillende nationaliteiten), waaronder Walter Lassaly, cameraman van o.a. **Tom Jones** en **Zorba the Greek**. Bij gebrek aan middelen kon Zaccaï de montage echter niet afwerken en de film werd 13 jaar lang vergeten. In deze periode was de regisseur actief in de publiciteitswereld, wat hem in staat stelde om in 1987 eindelijk zijn werk te voltooien onder een andere titel: **Après le vent des sables**. De beelden van de woestijn, de intimistische en sarcastische benadering van de personages en het geflirt met het fantastische hebben de tand des tijds goed doorstaan. Maar het bevreemdende contrast tussen de droom en de bespottelijke mens, tussen rampenfilm en komedie, tussen realisme en symboliek, bracht het publiek in verwarring en maakte een vroegtijdig einde aan de carrière van deze zonderlinge productie.

Der Fall Boran

Daniel Zuta

Co-production

Der Fall Boran
Boran, Zeit zum Zielen
Le cas Boran
De zaak Boran
Boran, Time to Aim

DIRECTOR: Daniel Zuta
YEAR: 1987
COUNTRY: GW-BE
SCREENPLAY: Daniel Zuta, Bernard Rud
ASST. DIR.: Frank Van Mechelen
CAMERA: Walther Vanden Ende
EDITING: Uta Ajoub
SOUND: Frank Struys
MUSIC: Okko Berger, Jan Krüger, Lonzo Westphal
PRODUCER: Daniel Zuta, Alain Keytsman
PROD. CO.: Zuta Filmproduktion (Hamburg), Alain
Keytsman Production (Bruxelles)
PROD. SUPERV.: Elvira Bolz
LANGUAGE: German
SILENT/SOUND: sound
B&W/COLOUR: colour
MINUTES: 100'

CAST: Bernard Rud (Philip Boran), Renée Soutendijk (Linda Mars), Julien Schoenaerts (Maconnet), Jean-Pierre Léaud (Abgeortneter)

Il y a maldonne

John Berry

Co-production

Il y a maldonne
There's a Mistake Somewhere

DIRECTOR: John Berry
YEAR: 1987
COUNTRY: FR-BE
SCREENPLAY: John Berry
DIALOGUE: John Berry, Jean Curtelin
ASST. DIR.: Jean-Pierre Francon, Bernard Maggi
DIR. PHOT.: Jean-Claude Vicquery
CAMERA: Philippe Vene, Michel Gottdiener
EDITING: Eva Houdova
SOUND: Henry Roux
ART DIRECTOR: Michel Farge
COSTUMES: Danielle Bersiaud
PRODUCER: Myriam Boyer
PROD. CO.: Jomy Productions (Issy-les-Moulineaux)
PROD. SUPERV.: Sophie Darragi
CO-PROD. CO.: Paradise Films (Bruxelles)
LANGUAGE: French
GAUGE: 35 mm
SILENT/SOUND: sound
B&W/COLOUR: colour
MINUTES: 82'

CAST: Clovis Cornillac (Marco), Luc Thuillier (Luc), Jacques Martial (Rainier), Nathalie Gabay (Martine), Marcel Maréchal (William), Bernard Rosselli (Besson), Raphael Amor (Jojo), Bob Anette (Le corbeau), Max Morel (Thévenot), Claude Brosset (Le père), Myriam Boyer (La mère), Julie Turin (Lorena), Albert Delpy (Taxi), Marie Pillet (Passante), Jacob Weizbluth (Angelo)

Henri Storck, ooggetuige

Robbe de Hert

Henri Storck, ooggetuige
Henri Storck, témoin du réel
Henri Storck, témoin oculaire
Henri Storck, Eyewitness

DIRECTOR: Robbe de Hert
YEAR: 1987
COUNTRY: BE
SCREENPLAY: Henri Storck, Rik Stallaerts, Robbe de Hert
ASST. DIR.: Rik Stallaerts, Maurice Noben
DIR. PHOT.: Jules Van den Steenhoven, Luc Reusens, Désiré Berckmans
CAMERA: Jules Van den Steenhoven, Luc Reusens, Désiré Berckmans
EDITING: Chris Verbiest
SOUND: Dirk Bombey, Johan Primusz, Chris Laureys
COMMENTS: Rik Stallaerts, Robbe de Hert, Henri Storck
PRODUCER: Luc Pien
PROD. CO.: Fugitive Cinema (Antwerpen), BRT (Brussel), RTBF (Bruxelles), CBA (Bruxelles)
VOICES: Ugo Prinsen, Ward De Ravet, Patrick Vanslambrouck
LANGUAGE: Dutch, French
GAUGE: 35 mm
SILENT/SOUND: sound
B&W/COLOUR: B&W + colour
MINUTES: 102'

◆ The Belgian film pioneer Henri Storck is, both at home and abroad, best known for his classic documentary **Misery in the Borinage**, made in 1933 together with Joris Ivens. His other work, consisting of around 70 films dealing with social, experimental or ethnological subjects, reached only a limited audience. At that time, few people in Belgium showed more than a superficial interest in this kind of cinema, a failing of almost tragic proportions which serves as the starting point for this biography. Storck is, of course, a privileged eyewitness to the history of film in Belgium - the dozens of anecdotes he recounts are for Robbe de Hert and co. the true inspiration for this portrait in film. **Henri Storck, Eyewitness** is a journey through time with the filmmaker himself as narrator - from his early discovery of film in the cinemas of his birthplace Ostend to his last production **Permeke**, which he directed along with Patrick Conrad in 1985. Exhausted by the arduous production schedule of **Permeke**, Henri Storck was hesitant about embarking on another film project. In 1987, after three years of sporadic interviews and shooting, the 102-minute film finally appeared on the Flemish television station BRT, Fugitive Cinema's principal co-production partner. This obligate portrait of a first-rate documentary film-maker and one of the greatest names in Belgian cinema was shot in 35mm to accommodate the numerous excerpts, with the added bonus that it could be shown to appreciative audiences at festivals abroad (Berlin, Barcelona, Figueira da Foz).

● Le pionnier belge du cinéma Henri Storck est surtout connu, en Belgique comme à l'étranger, pour son documentaire classique **Misère au Borinage**, tourné en 1933 en collaboration avec Joris Ivens. Le reste de son œuvre, qui se compose d'environ 70 films du genre expérimental, ethnologique ou social, n'atteignit jamais le grand public. En effet, l'intérêt pour ce cinéma était très limité en Belgique; constatation quasi tragique qui sert de point de départ à cette biographie par Robbe de Hert. Par ailleurs, Storck est un témoin privilégié du cinéma belge: les dizaines d'anecdotes qu'il évoque constituent pour de Hert également l'une des raisons principales de ce portrait filmé. **Henri Storck, témoin du réel** se déroule comme un véritable voyage à travers le temps, avec le cinéaste dans le rôle du conteur. Un voyage qui nous mène de la première salle de projection, dans sa ville natale d'Ostende, à son dernier film **Permeke**, qu'il dirigea avec Patrick Conrad en 1985. Fatigué par la période de production ardue de **Permeke**, Henri Storck s'avouait réticent à l'idée de s'embarquer dans une nouvelle aventure cinématographique. Après trois années d'interviews et de tournages sporadiques, le film de 102 minutes fut finalement présenté en 1987 à la télévision flamande, coproducteur de Fugitive Cinema. Ce film indispensable, portrait d'un cinéaste documentariste de premier plan et l'une des plus grandes figures du cinéma belge, fut tourné en 35mm à cause du grand nombre d'extraits de film, ce qui permit de le présenter avec succès aux festivals étrangers (Berlin, Barcelone, Figueira da Foz).

► De Belgische filmpionier Henri Storck is in binnen- en buitenland vooral bekend om zijn documentaire klassieker **Misère au Borinage**, die hij in 1933 samen met Joris Ivens draaide. Zijn overige werk, ruim 70 titels van gevarieerde strekking (van sociale tot experimentele over etnologische films), bleef onbekend voor het bredere publiek. In België bestond er immers weinig belangstelling voor deze genres: een bijna tragische vaststelling die in deze biografie als een soort uitgangspunt geldt. Daarnaast is Storck natuurlijk een bevoorrecht ooggetuige van de Belgische filmgeschiedenis: de tientallen anekdotes die hij weet op te diepen, zijn voor Robbe de Hert c.s. mede de aanleiding geweest voor het maken van dit portret. **Henri Storck, ooggetuige** is dan ook een reis door de tijd, met de cineast zelf als verteller, die ons leidt van het prille begin (in de bioscoop van zijn geboortestad Oostende) tot zijn laatste film **Permeke**, geregisseerd in 1985 samen met Patrick Conrad. Henri Storck was, ten gevolge van de zware productieperiode van **Permeke**, erg vermoeid en liet zich maar moeilijk overhalen om zich in een nieuw filmavontuur te storten. Na drie jaren van sporadische interviews en opnamen verscheen in 1987 dan toch deze 102 minuten durende film op de BRT, de voornaamste coproducent van Fugitive Cinema. Dit onontbeerlijke portret van Storck, een documentarist van eerste rang en zonder meer een van de grootste figuren in de Belgische film, werd vanwege de vele fragmenten op 35mm gedraaid. Zo kon de film ook met succes op buitenlandse festivals vertoond worden (Berlijn, Barcelona, Figueira da Foz). (RS)

Falsch

Jean-Pierre Dardenne, Luc Dardenne

Falsch

DIRECTOR: Jean-Pierre Dardenne, Luc Dardenne
YEAR: 1987
COUNTRY: BE-FR
SCREENPLAY: Jean-Pierre Dardenne, Luc Dardenne
BASED ON: Falsch, written by René Kalisky
ASST. DIR.: Anne Lévy-Morelle
DIR. PHOT.: Walther Vanden Ende
CAMERA: Yves Vandermeeren
EDITING: Denise Vindevogel
SOUND: Dominique Warnier
MUSIC: Jean-Marie Billy, Jan Franssen
ART DIRECTOR: Wim Vermeylen
COSTUMES: Colette Huchard
PROD. CO.: Dérives Productions (Liège), RTBF (Liège), Théâtre de la Place (Liège), Arcanal (Paris)
PROD. SUPERV.: Geneviève Robillard
CAST: Bruno Cremer (Joe), Jacqueline Bollen (Lilli), Nicole Colchat (Mina), Christian Crahay (Gustav), Millie Dardenne (Bela), Bérangère Dautun (Rachel), John Dobrynine (Georg), André Lenaerts (Ruben), Christian Maillet (Jacob), Jean Mallamaci (Benjamin), Gisèle Oudart (Natalia), Marie-Rose Roland (Daniella), François Sikivie (Oscar)
LANGUAGE: French
GAUGE: 35 mm
SILENT/SOUND: sound
B&W/COLOUR: colour
MINUTES: 82'

◆ The screenplay by the Dardenne brothers is based on a play by René Kalisky, one of the greatest Belgian dramatists. The film-makers benefited from the lyrical power of a text whose dense literary writing and lengthy monologues resisted adaptation. They rightly decided not to reduce the theatricality of their source but, on the contrary, to capitalize on it using the cinematic resources at their disposal.

The setting, a deserted airport in the middle of the night, serves as a dramatic huis clos for Joseph Falsch, a Jewish doctor who fled to New York in 1938 and now, 30 years after the war, is about to return to Europe. There, all the ghosts of the past lie in waiting: the members of his family who fell victim either to the Nazi terror or their own incapacity to live. Thirteen characters - one alive, the others dead - finally get to speak to each other. But then the tone becomes more serious, the façade of politeness cracks, conventions split apart and the irrevocable is mentioned. Secrets are laid cruelly bare, with adultery, hatred, cowardice and suicide. These personal conflicts are soon joined by the even more ferocious contradictions of Jewishness itself: the father, who was reluctant to leave Berlin and thus condemned the family to the holocaust; those who migrated to Israel and returned rich; Lili, the German girl whom Joseph loved and who was killed during a bombing raid. The remarkable direction complements the homogeneous and convincing acting, where emotional and internal tensions avoid falling into pathos.

● Le scénario des frères Dardenne est basé sur une pièce de René Kalisky, un des plus grands dramaturges belges. Les cinéastes ont bénéficié de la force lyrique d'un texte que, pourtant, les qualités même d'écriture et la longueur des monologues rendaient difficilement adaptable. La réussite des auteurs tient sans doute au fait que, loin d'avoir tenté de déthéâtraliser le récit, ils ont su jouer sur cette théâtralité avec les armes propres au cinéma.

Le lieu, un aéroport désert en pleine nuit, se présente comme un huis clos dramatique. Joseph Falsch, médecin juif réfugié en 1938 à New York, revient en Europe trente ans après la guerre. Tous ses fantômes l'attendent: les membres de sa famille disparus dans la tourmente du nazisme ou victimes de leur propre impossibilité de vivre. Treize personnages, un vivant et douze morts, vont enfin pouvoir se parler. Rapidement, le ton se fait grave. Les conventions se fissurent, la politesse cède sous le poids des consciences et l'irrémédiable se dit. Une cruelle mise à nu du secret des êtres (adultères, haines, lâchetés, suicides) peut alors être entamée. Aux conflits internes et intimes viennent s'ajouter, plus féroces encore, les contradictions juives: le père qui, n'ayant pas voulu quitter Berlin, conduit sa famille à l'Holocauste; les Autres qui sont partis en Israël et en sont revenus riches; ou encore Lili, la petite Allemande que Joseph aimait et qui est morte sous les bombes. Le remarquable travail des deux cinéastes souligne le jeu des comédiens, juste et homogène. L'émotion, les tensions intérieures n'amènent aucun pathos. (JA)

▶ Het scenario van de gebroeders Dardenne is gebaseerd op een stuk van René Kalisky, een van de grootste Belgische dramaturgen. De cineasten maakten zich de lyrische kracht ten nutte van een tekst waarvan de specifieke schriftuur en de lange monologen zich nochtans moeilijk lieten bewerken. Hun succes bestaat erin dat ze niet geprobeerd hebben het verhaal te dedramatiseren, maar juist op dit theatrale hebben ingespeeld met middelen eigen aan de film.

De plaats van handeling is een verlaten vliegveld in het holst van de nacht. Joseph Falsch, een joodse arts die in '38 naar New York is gevlucht, keert 30 jaar na de oorlog terug naar Europa. Daar wachten hem de spoken uit het verleden: al zijn familieleden die het slachtoffer werden van het nazisme of van hun eigen onvermogen om te leven. Dertien personages, één levende en twaalf overledenen, komen eindelijk met elkaar in gesprek. Maar de toon wordt zwaarder, er komt een einde aan de beleefdheid, de conventies worden opzij gezet en het onherroepelijke wordt uitgesproken. Wreed worden de geheimen blootgelegd: overspel, haat, lafheid, zelfmoord. Naast deze persoonlijke conflicten zijn er, wreder nog, de contradicties van het jodenvolk: de vader die Berlijn niet wilde verlaten en daardoor zijn familie meesleurde in de holocaust; zij die vertrokken naar Israël om er rijk uit terug te keren; en Lili, het Duitse meisje dat Joseph liefhad maar stierf onder de bommen. De opmerkelijke regie komt ten goede aan het spel van de acteurs, waarachtig en samenhangend, met emoties en innerlijke spanningen die vrij zijn van elk pathos.

Skin

Guido Henderickx

Skin

DIRECTOR: Guido Henderickx
YEAR: 1987
COUNTRY: BE
SCREENPLAY: Guido Henderickx, Bob Goossens
DIALOGUE: Guido Henderickx, Bob Goossens
ASST. DIR.: Stijn Coninx, Tina Weemaes
DIR. PHOT.: Theo Bierkens
CAMERA: Theo Bierkens
EDITING: Guido Henderickx
SOUND: Henri Morelle
MUSIC: Arno Hintjens
COSTUMES: Lorette Meus
PRODUCER: Luc Pien, Erik Lambeets
PROD. CO.: LamP Produkties (Antwerpen)
PROD. SUPERV.: Nadine Borreman
CAST: Arno Hintjens (Chico), Hilde Van Mieghem (Greta), Maggie Wing Yu (Eva), Josse De Pauw (Max), Gene Bervoets (S.T.A.N.), Marc Lauwrys (Rick), Frank Aendenboom (Willy), Willy Vandermeulen (Bert), Peter Van Asbroeck (Frank), Chris Lomme (Maria), Dirk De Batist (Kramer), Bert André (Sergeant), Hugo Van den Berghe (Rens), Hilt De Vos (Martha), Luk Perceval (Leon)
LANGUAGE: Dutch
GAUGE: 35 mm
SILENT/SOUND: sound
B&W/COLOUR: colour
MINUTES: 90'

◆ **Skin** represented director Guido Henderickx's comeback after his last film **The Guinea Pigs**. It is built entirely around the character of Arno Hintjens, the famous ex-member of the Ostend rock group TC Matic. In the film he plays the rebellious Chico, who is conscripted into the army. He escapes from the military hospital with a friend but his other cohorts are captured by the police. Then all hell breaks loose. Chico appeals to a gang of motorcyclists to help release his friends from prison. This results in violent confrontation with the police which lasts through the night until morning.

Skin is the first Flemish film made in cinemascope. Its strength undoubtedly lies in a few unique scenes which are quite beautifully filmed: at one point, for example, the Hell's Angels cut a path through the Antwerp Craeybeckx tunnel in the form of a death squad. The film represents a caricatural world, dividing the characters into good and bad, young and old. In spite of his reasonable performance, leading actor Arno was perhaps not the best choice. At that stage in his career he had not yet attained the necessary star status to carry the whole picture. In spite of a substantial advertising campaign sponsored by a well-known brand of cigarettes, the expected box-office success eluded the film. **Skin** was to be the first and final release of the Antwerp production company LamP Produkties, which was set up by former projectionist Erik Lambeets and Fugitive Cinema producer Luc Pien.

● **Skin** constituait le come-back du réalisateur Guido Henderickx après son film **Les cobayes**. Cette production est entièrement articulée autour du personnage d'Arno (Hintjens), l'ex-membre de la réputée formation ostendaise de rock, TC Matic. Dans le film, il interprète le rebelle Chico, appelé à faire son service militaire. Au lazaret, il s'enfuit avec un ami, mais ses autres copains se font arrêter par la police. C'est alors que l'enfer se déchaîne: Chico bat le rappel chez une bande de motocyclistes pour aller libérer ses copains de prison. La confrontation violente ne prendra fin qu'au matin.

Skin est le premier film flamand en format cinémascope. Il puise indubitablement sa force de quelques scènes magnifiquement filmées. On pense aux Hell's Angels à moto se frayant un passage à travers le tunnel Craeybeckx près d'Anvers, comme un escadron de la mort. Dans le film, le monde se divise de façon caricaturale en bons et méchants, en jeunes et vieux. Malgré sa présentation convenable, le choix d'Arno n'était peutêtre pas des plus judicieux, étant donné qu'il n'avait pas encore atteint le statut de star qui lui aurait permis de prendre le film sur ses épaules. Une intense campagne publicitaire, soutenue par une marque de cigarettes, ne réussit pas à déclencher le succès commercial escompté. **Skin** sera l'unique production, avant naufrage par le film, de la société de production LamP Produkties, menée par le duo Erik Lambeets, ancien projectionniste, et Luc Pien, producteur de Fugitive Cinema.

▶ **Skin** betekende een comeback voor Guido Henderickx die, sinds zijn film **De proefkonijnen**, niets meer van zich had laten horen. Deze film is helemaal opgebouwd rond de figuur van Arno (Hintjens), bekend ex-lid van de Oostendse rockformatie TC Matic. Hij vertolkt het opstandige personage Chico, die wordt opgeroepen voor zijn legerdienst. In het militair hospitaal gaat hij er met een maat vandoor, maar zijn andere vrienden worden door de politie opgepakt. Dan breekt de hel los. Chico trommelt een bende motorrijders bijeen om zijn vrienden uit de gevangenis te bevrijden. Het komt tot een gewelddadig treffen dat pas 's ochtends eindigt.

Skin is de eerste Vlaamse film in cinemascopeformaat. De sterkte van de film schuilt ongetwijfeld in de enkele scènes die bijzonder mooi in beeld gebracht worden, zoals die met de Hell's Angels, die als een doodseskader de weg voor zich opeisen in de Antwerpse Craeybeckxtunnel. De wereld wordt in de film karikaturaal onderverdeeld in goeden en slechten, jong en oud. Misschien was Arno, hoewel hij redelijk acteert, niet de beste keuze, omdat hij op het moment van de opnamen nog niet de sterstatus verworven had die nuttig was geweest om een hele film te kunnen dragen. Ondanks een grote publiciteitscampagne, gesponsord door een sigarettenmerk, werd de film niet het verhoopte succes aan de kassa. **Skin** is dan ook de enige productie gebleven van de firma LamP Produkties - bestaande uit de voormalige filmprojectionist Erik Lambeets en Fugitive Cinema-producent Luc Pien - die aan de film ten onder ging. *(RS)*

Hector

Stijn Coninx, Urbanus

Hector

DIRECTOR: Stijn Coninx, Urbanus
YEAR: 1987
COUNTRY: BE-NE
SCREENPLAY: Urbanus, Stijn Coninx, Walter Van den Broeck
DIALOGUE: Albert Ter Heerdt
ASST. DIR.: Frank Van Mechelen
DIR. PHOT.: Willy Stassen
CAMERA: Wouter Suyderhoud, Pim Tjujerman, Yves Cape
EDITING: Kees Linthorst, Ann Van Aken, Sandrine Deegen
SOUND: Peter Flamman, Menno De Bont
MUSIC: Jan De Wilde
ART DIRECTOR: Jean-Claude Block, Wally Van Looy, Frank Daniels
COSTUMES: Loret Meus
PRODUCER: Erwin Provoost
PROD. CO.: Multimedia (Brussel)
PROD. SUPERV.: Gérard Vercruysse
CO-PRODUCER: Jos Van der Linden
CO-PROD. CO.: Linden Film (Amsterdam)
CAST: Urbanus (Hector), Sylvia Millecam (Ella Matheussen), Frank Aendenboom (Achiel Matheussen), Herbert Flack (Grégoire Ghijssels), Marc Van Eeghem (Jos Matheussen), Heyn Van der Heyden (Swa Ghijssels), Ann Petersen (Zuster abdis), Kees Hulst (Toneelregisseur), Josse De Pauw (Commentator), Fred Van Kuyk (Wedstrijdleider), Chris Cauwenberghs (Fietsenmaker), Yvonne Verbeeck (Zuster Carbon), Maja Van den Broecke (Ikebana), Duck Jetten (Ikebana), Cas Baas (Dokter), Peter Lutz (Bedrogen graaf), Patrick Conrad (Filmregisseur), Hilde Heijnen (Dienstmaagd), Paul Schrijvers (Toneelmeester), Guido Claus (Cafébaas), Jean Blaute (Chauffeur Fiatje), Jan Desmet (Caféganger)
LANGUAGE: Dutch
GAUGE: 35 mm
SILENT/SOUND: sound
B&W/COLOUR: colour
MINUTES: 99'

◆ **Hector** was made at the instigation of producers who - following the success of the first two Gaston and Leo films - firmly believed in the box-office potential of the popular Flemish comic Urbanus (Urbain Servranckx). Decisive too was Urbanus' own determination to make a movie. The film grew out of the collaboration between the distributor Independent Films Distribution and producer Erwin Provoost, who had already worked together on their first film **Crazy Love**, which Urbanus had admired. There was a great deal of mutual trust between the parties involved, and the decision was made to bring in Stijn Coninx as director, who until then had only served as assistant director on numerous Flemish productions. The challenge of translating to film the caricature-based fantasy world which Urbanus had created on stage and in TV-specials was considerable. Whereas Urbanus' humour had tended to verge on outright provocation of his (theatre) audience, the film opts for a more satirical register. **Hector** also managed to achieve a balance between the underlying emotional thread of the plot and the gags and pace of the film. The sets and photography successfully conjured up the required fantasy atmosphere. Many critics, however, had little patience for the umpteenth outing of the buffoon with a heart of gold, not to mention a Flanders full of nunneries and kermesses, but the public flocked to the film. **Hector** was a runaway success: upon its release, in Flanders and the Netherlands it overshadowed the leading American films of the day.

● **Hector** est le résultat du croisement entre la foi des producteurs dans le potentiel commercial du comique flamand Urbanus (Urbain Servranckx) - foi renforcée par les succès des deux premières comédies de Gaston Berghmans et Leo Martin - et l'ambition cinématographique d'Urbanus. La production de **Hector** fut assurée par le distributeur Independent Films Distribution et le producteur Erwin Provoost, qui avaient déjà collaboré précédemment pour **Crazy Love**, une œuvre fort appréciée par Urbanus. Bref, les parties en question jouissaient d'une confiance mutuelle et décidèrent de proposer à Stijn Coninx, assistant-réalisateur de nombreux films flamands, d'assurer la mise en scène. Le défi était de taille: il s'agissait de porter au grand écran le monde fantastique et humoristique d'Urbanus, monde qu'il avait réussi à imposer sur scène et dans des shows à la télévision. De plus, si jusque-là l'humour d'Urbanus se maintenait en équilibre précaire au bord de la provocation du public, il se situe, avec ce film, plutôt dans le registre de la satire. Par ailleurs, les auteurs réussissent à mêler habilement trame émotionnelle, gags et rythme. La décoration et la photographie contribuent également à la fantaisie requise par le genre. Toutefois, cette énième mise à l'écran de l'idiot au grand cœur dérangea de nombreux critiques, tout comme cette vision de la Flandre parcourue par les nonnes et les courses de kermesse. A l'inverse, le public, lui, fit à Hector un accueil délirant au point qu'aux Pays-Bas et dans les Flandres, il écrasa les succès américains du moment.

▶ **Hector** is er gekomen dankzij producenten die - na het succes van de eerste twee films met Gaston Berghmans en Leo Martin - rotsvast geloofden in het "box office-potentieel" van de populaire Vlaamse komiek Urbanus (Urbain Servranckx), maar ook dankzij de ambitie van deze laatste zelf om iets met film te gaan doen. De film is een coproductie van verdeler Independent Films Distribution en producent Erwin Provoost. Deze twee hadden reeds samengewerkt aan **Crazy Love**, een film die Urbanus zelf erg had gewaardeerd. Kortom, het vertrouwen tussen beide partijen was groot en er werd besloten om Stijn Coninx, die tot dan actief was geweest als regieassistent voor ettelijke Vlaamse films, aan te trekken als regisseur. De uitdaging bestond erin om de karikaturale fantasiewereld die Urbanus al had neergezet op de scène en in tv-shows, aan te passen aan het formaat van een langspeelfilm. Daar waar de humor van Urbanus traditioneel gericht is op provocatie van het (theater)publiek, is deze film veeleer satirisch van aard. Er werd ook een evenwicht bereikt tussen de onderliggende emotionele draad van het verhaal, de gags en het ritme van de film. Het decor en de fotografie getuigen eveneens van de nodige fantasie. Vele critici struikelden wel over de zoveelste opvoering van het typetje van de idioot met het goede hart en over de voorstelling van Vlaanderen als land van nonnenkloosters en kermiskoersen, maar het publiek ging uit de bol en maakte van **Hector** een verpletterend kassucces, een film die toen hij uitkwam zowel in Vlaanderen als Nederland hoger scoorde dan de Amerikaanse succesfilms van dat moment. (MA)

La vie est belle

Benoît Lamy, Mweze D. Ngangura

La vie est belle
Wat een mooi leven
Life Is Rosy

DIRECTOR: Benoît Lamy, Mweze D. Ngangura
YEAR: 1987
COUNTRY: BE-FR-CG
SCREENPLAY: Mweze D. Ngangura, Maryse Léon, Benoît Lamy
ASST. DIR.: Blaise Jadoul, François Belorgey, Isabelle Waersegers
DIR. PHOT.: Michel Baudour
CAMERA: Michel Baudour, Pierre Denayer, Mieko Maduku-di-Nganga
EDITING: Martine Giordano
SOUND: Dominique Warnier
MUSIC: Papa Wemba, Lou De Prijck
ART DIRECTOR: Barly Baruti, Mutoke Wa Mputu
COSTUMES: Anne-Marie Branca
PRODUCER: Benoît Lamy
PROD. CO.: Lamy Films (Bruxelles)
PROD. SUPERV.: Michèle Tronçon
CO-PRODUCER: Véra Belmont, Mweze D. Ngangura
CO-PROD. CO.: Stéphan Films (Paris), Sol'œil Films (Kinshasa)
EXEC. PROD.: Kabasele K. Munga
CAST: Papa Wemba (Kourou), Krubwa Bibi (Kabibi), Landu Nzunzimbu (Mamou), Kanku Kasongo (Nvouandou), Lokinda Mengi Feza (Nzazi), Kalimazi Lombume (Mongali), Mazaza Mukoko (Mama Dingari), Mujinga Mbuji Inabanza (Chérie Bondowe), Bwanando Ngimbi (Maître Ngange), Tumba Ayila (Le nain Emoro), Pepe Kalle, Alambo Engongo (Chauffeur Nvouandou)
LANGUAGE: Lingala
GAUGE: 35 mm
SILENT/SOUND: sound
B&W/COLOUR: colour
MINUTES: 80'

◆ For many years Benoît Lamy had been trying to mount a co-production between Belgium and Zaire about the explorer Stanley. With official subsidies unlikely, the director decided to go ahead regardless and shoot a comedy in the former Belgian colony, "the first full-length feature with an all-black cast ever to be made in Zaire, a genuine collaboration between Africans and Europeans; with, heading the cast, the Kinshasa star Papa Wemba," as the press release put it. With the help of Mweze D. Ngangura, one of his former pupils at the IAD, Lamy plunged himself into the project. Their screenplay tells the story of a poor peasant looking for a job in the big city who falls in love with a local beauty and finally becomes a popular singer. On the way he mixes with the ordinary people of Kinshasa - the street pedlars, the magicians and turbaned matrons, the indefatigable musicians and wranglers who always land on their feet. Our hero manages to escape the pitfalls and finishes by conquering his voluptuous lady-love, seeing his frantic melodies heading for the top.

Life Is Rosy is appropriately titled: this is a feel-good film, a merry fable stamped by the affectionate style of the author of **Home Sweet Home**. He displays great sensitivity in his observation, free of paternalism or demagogy. His actors are highly amusing in spite of their occasional awkwardness, human in spite of their amateurism. The film was accused of papering over the problems of a Zaire corroded by years of dictatorship - Lamy does not ignore them, but his message would appear to be that the vitality and energy of this people will be its biggest strengths when the winds of History finally turn.

● Depuis de longues années, Benoît Lamy tentait de mettre sur pied une coproduction belgo-zaïroise, consacrée à l'explorateur Stanley. Les subsides officiels se faisant toujours attendre, le cinéaste résolut de tourner quand même une comédie dans notre ex-colonie. "Le premier long métrage, au casting exclusivement noir, jamais réalisé au Zaïre, en totale collaboration entre Africains et Européens; avec, en vedette, Papa Wemba, la star de Kinshasa" annonçait le communiqué de presse. Aidé par un de ses anciens élèves de l'IAD, Mweze D. Ngangura, Lamy se lança dans l'aventure: leur scénario racontait l'histoire d'un pauvre paysan, cherchant un emploi dans la grande ville, tombant amoureux d'une beauté locale, puis devenant chanteur populaire. Chemin faisant, il croise le petit peuple de Kinshasa, avec ses vendeurs ambulants, ses sorciers et ses matrones enturbannées, ses musiciens infatigables et ses virtuoses de la débrouille. Notre héros, tel un Scapin zaïrois, se tire de tous les guêpiers et finit par conquérir sa voluptueuse dulcinée, tandis que triomphent ses rengaines effrénées.

La vie est belle répond bien à son titre: c'est un film tonique, une fable joyeuse où l'on retrouve le regard chaleureux du cinéaste de **Home Sweet Home**. C'est d'une justesse d'observation sans paternalisme ni démagogie. Ces acteurs sont marrants, en dépit de leurs maladresses; humains, en dépit de leur amateurisme. On a pu reprocher à cette comédie intemporelle d'occulter les problèmes d'un Zaïre corrodé par les années de dictature: Lamy ne les ignore pas, mais la vitalité et l'énergie d'un tel peuple, semble-t-il nous dire, seront ses plus sûrs atouts quand tournera le vent de l'Histoire. (RM)

▶ Al geruime tijd trachtte Benoît Lamy een Belgisch-Zaïrese coproductie op te starten, gewijd aan de ontdekkingsreiziger Stanley. Officiële subsidies bleven uit, maar toch besloot hij een komedie te draaien in onze ex-kolonie: "de eerste Zaïrese langspeelfilm met enkel en alleen zwarte acteurs; een vruchtbare samenwerking tussen Afrikanen en Europeanen, met in de hoofdrol Papa Wemba, ster van Kinshasa", volgens het perscommuniqué. Bijgestaan door Mweze D. Ngangura, een van zijn oud-leerlingen van het IAD, stortte Lamy zich in het avontuur, met een scenario over een arme boer die werk zoekt in de grote stad, verliefd wordt op een plaatselijke schone en zich ontpopt als volkszanger. Zijn pad kruist dat van het gewone volk van Kinshasa, met zijn venters, zijn tovenaars en gedrapeerde matrones, zijn onvermoeibare muzikanten en ongeëvenaarde plantrekkers. Onze held weet zich te redden uit zelfs het ergste wespennest en verovert uiteindelijk het hart van zijn wulpse teerbeminde, terwijl zijn dolle deuntjes de ether veroveren.

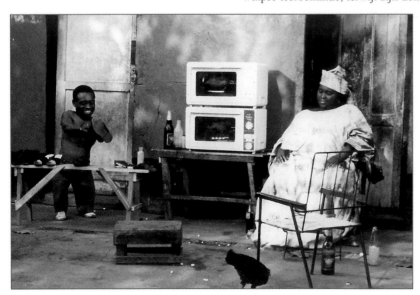

La vie est belle doet zijn titel alle eer aan: het is een oppeppende film, een vrolijk fabeltje waarin we de warme kijk van de maker van **Home Sweet Home** herkennen. Zijn scherpzinnige observatie blijft gespeend van paternalisme of demagogie. De acteurs zijn aandoenlijk ondanks hun onhandigheid, menselijk ondanks hun amateurisme. Men had deze tijdloze komedie kunnen verwijten dat ze de gevolgen van vele jaren dictatoriaal bewind verdoezelde. Lamy besefte dit, maar hij lijkt te suggereren dat de vitaliteit en de energie van dit volk hun grootste troeven vormen om heelhuids door de storm van de geschiedenis te komen.

Mascara

Patrick Conrad

Mascara
How to Make Up a Murder
Make-up for a Murder
Mister Butterfly
Make-up voor een moord

DIRECTOR: Patrick Conrad
YEAR: 1987
COUNTRY: BE-NE-FR-US
SCREENPLAY: Hugo Claus, Patrick Conrad, Pierre Drouot, Frank Daniel, Malia Scotch Marmo
DIALOGUE: Hugo Claus, Patrick Conrad, Pierre Drouot
ASST. DIR.: Jean-Pol Ferbus, Ivan Goldschmidt
DIR. PHOT.: Gilberto Azevedo
CAMERA: Mark Koninckx, Fernando Fernandez, Chris Renson, Kommer Kleijn
EDITING: Susana Rossberg, Ann Van Aken, Colette Achouche
SOUND: Henri Morelle
MUSIC: Egisto Macchi
ART DIRECTOR: Misjel Vermeiren, Dirk Deboe
COSTUMES: Yan Tax
PRODUCER: Pierre Drouot
PROD. CO.: Iblis Films (Brussel)
PROD. SUPERV.: Jean-Marie Bertrand
CO-PRODUCER: René Solleveld, Henry Lange
CO-PROD. CO.: Praxino Pictures (Amsterdam), Dédalus (Paris), Atlantic Consolidated Enterprises ACE (New York)
ASSOC. PROD.: Peter Weijdeveld
CAST: Michael Sarrazin (Bert Sanders), Charlotte Rampling (Gaby Hart), Derek de Lint (Chris Brine), Romy Haag (Lana), Eva Robins (Pepper), Herbert Flack (David Hyde), Serge-Henri Valcke (Harry Wellman), Jappe Claes (Kolonel March), John van Dreelen (Minister Weinberger), Harry Cleven (P.C.), Norma Christine Deumner (Salome), Jean-Louis Pascale (Divine), Alexandra Vandernoot (Euridice), Mark Verstraete (Politieofficier), Hugo Van den Berghe (Politieagent), Charlotte Berden (Gaby's dochter), Marie-Luce Bonfanti (Norma), Carmela Locantore (Orfeo), Lois Chacon (Shangai Lili), Michel Laborde (Tcha Tcha Thai), Alain Zerar (Tina Turner), Lida Lobo (Golden Woman)
LANGUAGE: English, French, Dutch
GAUGE: 35 mm
SILENT/SOUND: sound
B&W/COLOUR: colour
MINUTES: 110'

◆ **Mascara** is in many respects an unusual Flemish film. Firstly, there is its genesis as a co-production between Belgium, the Netherlands, France and the United States, shot in English with Charlotte Rampling in the lead role and distributed abroad by the American Cannon group. Then there is its equally uncommon theme - masks, mascara and disguises, in Patrick Conrad's view elements shared by both the opera and the transvestite scene, two spheres which have much more in common than first meets the eye.

A police commissioner (the Canadian-American actor Michael Sarrazin) has a reputation as a fervent opera-lover, but by night he also enjoys plunging into the transvestite scene. In addition, he harbours a longing for his very own sister. When he learns that his wife has been murdered, he tries to implicate the opera set-designer who has designs on his sister (Charlotte Rampling) as well, thus hoping to kill two birds with one stone.

This psychological thriller, written by Hugo Claus, Patrick Conrad and producer Pierre Drouot, is a stylish affair which often slides into irony. The cellar of the Thermae Palace Hotel in Ostend, transformed for the occasion into a sleazy nightclub, provides a fascinating setting. The transvestite stars Eva Robins (from Bologna) and Romy Haag (from Berlin) contrast sharply with the respectable clientele of men in dinner jackets. The colourful cast and sophisticated camerawork make **Mascara** into a very wilful film, needless to say, not to everybody's taste.

● **Mascara** peut être considéré comme un film flamand exceptionnel, et cela à plusieurs titres. Il s'agit d'une coproduction entre la Belgique, les Pays-Bas, la France et les Etats-Unis. Il fut tourné en anglais avec Charlotte Rampling dans le rôle principal, et distribué à l'étranger par le distributeur américain Cannon. L'œuvre est également insolite de par son thème. Les masques, le mascara et les déguisements sont les accessoires communs, selon Patrick Conrad, à l'opéra et au monde des travestis, deux univers qui se ressemblent plus qu'il n'y paraît.

Un commissaire de police (l'acteur canado-américain Michael Sarrazin) est amateur d'opéra le jour et aime se plonger la nuit dans le monde des travestis. De plus, il nourrit un désir ardent pour sa propre sœur. Lorsque sa femme est assassinée, Sarrazin tente d'imputer le meurtre à un décorateur d'opéra qui lorgne aussi sa sœur (La Rampling). Il espère ainsi d'une seule pierre se débarrasser de deux problèmes embarrassants.

Ce thriller psychologique, écrit par Hugo Claus, Patrick Conrad et le producteur Pierre Drouot, est réalisé avec style et manie souvent un ton ironique. On y découvre un décor étonnant, la cave du Thermae Palace Hotel d'Ostende, transformée pour l'occasion en boîte de nuit torride. Les étoiles des travestis Eva Robins (de Bologne) et Romy Haag (de Berlin) y côtoient un public de messieurs dignes en tenue de soirée. Cette troupe bigarrée et la sophistication des prises de vues en font une œuvre singulière qui, faut-il le préciser, ne peut pas être du goût de tous.

▶ **Mascara** is in vele opzichten een uitzonderlijke Vlaamse film. Enerzijds is het een coproductie tussen België, Nederland, Frankrijk en de VS - opgenomen in het Engels en met Charlotte Rampling in de hoofdrol - die in het buitenland werd verdeeld door de Amerikaanse distributeur Cannon. Anderzijds is ook het thema ongewoon: dat van maskers, mascara en vermommingen, volgens Patrick Conrad eigen aan zowel de opera- als de travestiewereld, twee milieus die veel meer gemeen hebben dan je op het eerste gezicht zou denken.

Een politiecommissaris (een rol van de Canadees-Amerikaanse acteur Michael Sarrazin) staat bekend als operaliefhebber, maar 's nachts duikt hij graag onder in de travestiewereld. Hij heeft ook een boontje voor zijn eigen zus. Wanneer blijkt dat zijn vrouw is vermoord, probeert hij een operadecorateur, die eveneens iets voelt voor zijn zus (la Rampling) - hiervoor te laten opdraaien. Op die manier hoopt hij twee lastige problemen uit de wereld te helpen.

Deze psychologische thriller, geschreven door Hugo Claus, Patrick Conrad en producent Pierre Drouot, is stijlvol gemaakt en vaak ironisch van toon. Een verrassende locatie is de kelder van het Thermae Palace Hotel in Oostende, die tot een zwoele nachtclub werd omgetoverd. De travestiesterren Eva Robins (uit Bologna) en Romy Haag (uit Berlijn) contrasteren er met een publiek van deftige heren in smoking. Het bonte gezelschap en het ingewikkelde camerawerk maakten van de film een hoogst eigenzinnig product, dat evenwel niet iedereen kon bekoren. (RS)

Leonor Fini

Chris Vermorcken

Leonor Fini

DIRECTOR: Chris Vermorcken
YEAR: 1987
COUNTRY: BE
ASST. DIR.: Jacques Campens
CAMERA: Louis-Philippe Capelle, Denys Clerval
EDITING: Eva Houdova, Catherine Colin
SOUND: Alain Sironval
MUSIC: Willy De Maesschalk
PRODUCER: Dany Janssens Casteels
PROD. CO.: Films Dulac (Bruxelles)
PROD. SUPERV.: Marilyn Watelet
EXEC. PROD.: Chris Vermorcken
LANGUAGE: French
GAUGE: 35 mm
SILENT/SOUND: sound
B&W/COLOUR: colour
MINUTES: 90'

◆ A portrait of Leonor Fini, a fascinating woman who in her work and lifestyle has created a very singular personal universe. She is very clearly a painter, first and foremost, but her work is only the translation of her internal world, her fantasies. Fini herself - with her masses of angora cats, houses, her faithful friend Stanislas Lepri, the staging of her own body, eternally draped in theatrical gowns and adorned with magical inventiveness - permeates the film in a feast of narcissistic self-representation. "I am terrified by the momentary," she says. "The be-all and end-all is the pose, the constant reinvention of the self." For the interviews before the camera, which seemed overly harsh on her age, she demanded that a blue filter be used. Her grave, husky tones provide the narrative thread to the film. She tells of her childhood between Argentina, Trieste and Paris, her brief period with Max Ernst and André Breton - she was far too rebellious to commit herself to surrealism and its dictates.

These outbursts of life and confidence alternate with shots of her paintings, drawings and watercolours with the titles spoken in voice-over. One has the feeling that here two directors are at work, one being the subject, fighting against the film-maker and forcing through her own will. Visible too is the difficulty Chris Vermorcken had in re-establishing a structure neither too lengthy nor too repetitive. The result is a documentary portrait which even in its flaws testifies to Leonor Fini's personality.

● Un portrait de Leonor Fini, une femme fascinante qui a créé, dans son travail comme dans sa vie, un univers très singulier. Peintre, elle l'est évidemment avant tout, mais son œuvre n'est que la traduction de son monde intérieur, de ses fantasmes. Elle-même, entourée de sa multitude de chats angoras, avec ses maisons, avec son ami fidèle Stanislas Lepri, avec la mise en scène de son corps toujours drapé dans des robes théâtrales et paré avec une inventivité magique, est en représentation narcissique dans tout le film. "J'ai horreur des instantanés", affirme-t-elle: "tout est dans la pose, dans l'invention toujours recommencée de soi-même". Elle a d'ailleurs exigé que les plans d'interview où la caméra semblait cruelle à l'égard de son âge soient filtrés en bleu. Sa voix rauque et grave conduit le film. Elle raconte son enfance entre l'Argentine, Trieste et Paris, son rapport, bref, avec Max Ernst et André Breton, car elle était bien trop rebelle pour se laisser engager dans le surréalisme et ses diktats.

Ces moments de vie et de confidence alternent avec la présentation de ses tableaux, dessins ou aquarelles, dont on donne les titres en voix off. On sent une double mise en scène: celle du personnage qui lutte contre la réalisatrice, impose le trop ou le jamais assez, et celle de Chris Vermorcken, avec sa difficulté à resserrer une structure qui ne soit ni trop longue ni trop répétitive. Un document portrait, qui, par ses défauts mêmes, témoigne de la personnalité de Leonor Fini. (JA)

► Een portret van Leonor Fini, een fascinerende vrouw die zowel in haar werk als in haar leven een zonderling universum schiep. Ze is natuurlijk op de eerste plaats kunstschilder, maar haar hele œuvre veruitwendigt haar innerlijke beleving en fantasma's. In haar diverse huizen, omringd door een schare angorakatten en haar trouwe vriend Stanislas Lepri, het lichaam in theatrale jurken gehuld en getooid met sieraden van een haast magische inventiviteit, vormt zij doorheen de film een narcistische voorstelling van zichzelf. "Ik gruwel van het vluchtige", zegt ze, "alles zit in de pose, in het steeds opnieuw ensceneren van zichzelf". Ze eiste dat alle beelden waarop ze te oud leek, door een blauwe filter zouden opgenomen worden. Haar zware, schorre stem begeleidt de film. Ze vertelt over haar jeugd, doorgebracht in Argentinië, Triëst en Parijs, en over haar kortstondige verhoudingen met Max Ernst en André Breton. Kort, omdat ze te rebels was om zich in het keurslijf van het surrealisme en zijn stellingen te laten wringen.

Deze levensmomenten en ontboezemingen wisselen af met beelden van doeken, tekeningen en aquarellen, waarvan de off-screen stem de titels opsomt. Een soort dubbele regie is voelbaar, een machtsstrijd tussen de regisseur en het personage, dat steeds meer wil - of het juist nooit genoeg acht - en het Chris Vermorcken erg moeilijk maakt om de structuur noch te lang, noch te repetitief te houden. Een portret annex document, dat door zijn eigen gebreken getuigt van de persoonlijkheid van Leonor Fini.

Allô, police

Manu Bonmariage

Allô, police

DIRECTOR: Manu Bonmariage
YEAR: 1987
COUNTRY: BE
SCREENPLAY: Manu Bonmariage
ASST. DIR.: Marguerite Bavaud
DIR. PHOT.: Manu Bonmariage
CAMERA: Manu Bonmariage
EDITING: Monique Lebrun
SOUND: Patrick Van Loo
PRODUCER: Ives Swennen, Kathleen de Béthune
PROD. CO.: CBA (Bruxelles), RTBF (Charleroi)
LANGUAGE: French
GAUGE: 16 mm
SILENT/SOUND: sound
B&W/COLOUR: colour
MINUTES: 76'/56'

◆ Charleroi, as the titles tell us, is a town with "220 000 inhabitants, 1 072 km of streets, 1 075 cafés, 506 factories and workshops, 23 police stations, 52 churches, 27 temples and 17 mosques and synagogues". Manu Bonmariage followed several police officers over a period of several months. The result is a catalogue of every-day troubles: complaints about late-night parties, pub brawls, domestic squabbles and fights over dogs and party walls. The lawmen are forced to play psychotherapist or social worker, dispensing helpings of common sense and stepping in when men and women can no longer cope, lost in solitude and disarray, without social identity. Between unemployment, social security, alcohol and other handicaps, the director paints a portrait, through its crimes, of a town which is morally adrift.

The construction is binary and simple: on the one hand the police station as the place where people file a complaint, on the other the preventive domestic calls to homes where "something" is reportedly going on. With such a subject, point of view is all - there is the constant danger of slipping into mere social voyeurism, a one-dimensional portrait of a community, painted in black. Bonmariage here finds himself confronted with the director's fundamental question of ethics. He responds by putting everybody in the same boat - all are equally lost, whether they wear a uniform or not. Their language is the same and the way in which they are represented places them all on the same level. This footage was not shot in a "hit-and-run" style; its impact is not fully measured by the people observed: there lies the true purport of this work.

● "Charleroi, une ville" annonce le générique, "de 220.000 habitants, 1.072 km de rues, 1.075 cafés, 506 usines ou ateliers, 23 commissariats, 52 églises, 27 temples, 17 mosquées et synagogues". Manu Bonmariage a suivi pendant plusieurs mois le travail de quelques policiers. Le tout-venant de la détresse ordinaire: on les appelle pour tapages nocturnes, querelles de bistrots, bagarres familiales, conflits pour un chien ou un mur mitoyen. Des policiers proches de l'assistance sociale, du bon sens, de la psychothérapie, qui règlent comme ils peuvent ce que les hommes et les femmes perdus dans la solitude et le désarroi personnel, sans identité sociale, n'arrivent plus à maîtriser. Entre le chômage, le salaire minimum, l'alcool, et bien d'autres handicaps, le réalisateur fait le portrait "délictuel" d'une ville à la dérive.

La construction est binaire et relativement simple: d'une part le commissariat, où échouent les plaignants, et d'autre part les visites à domicile préventives parce qu'on a dit qu'il se passait là "quelque chose". Tout, dans un sujet pareil, est une question de regard puisqu'il faut éviter l'écueil du voyeurisme social, du portrait univoque d'une communauté poussé au noir. Manu Bonmariage se trouve là confronté à la question fondamentale de l'éthique du cinéaste. Il y répond en mettant dans le même "bain" les paumés, avec ou sans uniforme. Tous sont démunis. Leur langage est le même et la manière dont il les montre les met sur le même plan. Il n'y a pas dans ce film d'images volées. Il y a des images dont l'impact n'est pas perçu par ceux qui les donnent: là sont l'objet et le sujet mêmes du film. (JA)

▶ Charleroi, zo lezen we in de begintitels, is "een stad met 220.000 inwoners, 1.072 km wegen, 1.075 cafés, 506 fabrieken en werkplaatsen, 23 politiebureaus, 52 kerken, 27 tempels, 17 moskeeën en synagogen". Manu Bonmariage volgde een aantal maanden het werk van enkele agenten. De gewone dagelijkse ellende: ze worden opgeroepen voor burenlawaai, bonje in de kroeg, echtelijke ruzies, gekibbel over een hond of een scheidings-muur. Deze agenten vervullen een rol van maatschappelijk werker en proberen met gezond verstand de problemen op te lossen van mannen en vrouwen die zijn vastgelopen in hun eenzaamheid, hun verlies van sociale identiteit en hun persoonlijke onreddering. Te midden van werkloosheid, minimumlonen en alcoholisme schetst de regisseur het criminele profiel van een stad in moreel verval.

De constructie is simpel: enerzijds is er het bureau waar mensen met klachten belanden, anderzijds zijn er de preventieve huisbezoeken na een telefoontje dat er ergens wat gaande is. Bij zo'n onderwerp is alles maar net een kwestie van hoe je ernaar kijkt en is het steeds oppassen om niet te vervallen in sociaal voyeurisme met een eenduidig zwartgallig portret. Hier wordt Bonmariage geconfronteerd met een fundamentele vraag in de ethiek van de filmmaker. Zijn antwoord bestaat erin iedereen, met of zonder uniform, op gelijke voet te behandelen. De mensen spreken hier dezelfde taal en zijn op zo'n manier in beeld gebracht dat iedereen zich op hetzelfde niveau ziet geplaatst. Deze film bestaat niet uit gestolen beelden, maar uit beelden waarvan de impact niet door-dringt tot de mensen van wie ze uitgaan: dat is zijn ware strekking.

Bird Now

Marc Huraux

Bird Now

DIRECTOR: Marc Huraux
YEAR: 1987
COUNTRY: BE-FR
SCREENPLAY: Marc Huraux, David Aronson
CAMERA: Richard Copans
EDITING: Marc Huraux, Nadine Keseman, Hélène Ducret
SOUND: Julien Cloquet
PRODUCER: Hengameh Panahi
PROD. CO.: Celluloïd Dealers (Bruxelles), La Sept (Paris)
PROD. SUPERV.: Edgard Tenembaum
VOICES: Lester Bowie
LANGUAGE: English
GAUGE: 16 mm
SILENT/SOUND: sound
B&W/COLOUR: B&W + colour
MINUTES: 92'

◆ Along with Dizzy Gillespie, Thelonious Monk and a string of others, Charlie "Bird" Parker was one of the prime exponents of the "bebop" style, a progressive movement from the forties which continues to leave its mark on contemporary jazz. "Bebop" was an integral part of the sax player's whole life, brought to a dramatic, premature end by his drug habit and drinking. For once, however, the documentary does not dwell on the musician's self-destructive tendencies, nor does it focus solely on his moments of musical grace (Parker's concerts are only very rarely captured on film, which makes the inclusion here of footage of him performing together with Billie Holiday all the more precious). Marc Huraux chooses to build his film around anecdotes, interviews (including moving contributions from Chan Parker, Bird's wife, Gillespie and the drummer Roy Haynes) and impressions of contemporary New York. In particular, the camera lingers on in Harlem, long past its heyday in the Parker years and now at the mercy of property developers.

The idea of **Bird Now** was suggested to Huraux by none other than Max Roach. Shortly afterwards, however, the drummer became involved in another (British) film project on the same theme, leading to his absence from the screen and credits.

The final word goes to the director himself: "Charlie Parker is one of the greatest, most wonderful figures which Black America has given to the world. The corollary of this is that any film-maker trying to realize his own little plans feels immediately dwarfed by the immensity of his shadow. All I can say is that I believe this film is not a hotchpotch of awe, sentimentality or retrogression."

● Avec Gillespie, Thelonious Monk et quelques autres, Charlie "Bird" Parker imposa le style "be-bop", mouvement progressiste des années 40 qui continue d'influencer le jazz de cette fin de siècle. Le "be-bop" accompagna le saxophoniste durant sa vie, rendue courte et tumultueuse par l'abus de narcotiques et d'alcool. Pour une fois, le document n'insiste pas sur les tendances autodestructrices du jazzman, ni d'ailleurs sur ses moments de grâce musicale (les traces filmées des concerts de Parker sont, il est vrai, rarissimes; notons toutefois l'inclusion ici d'un document précieux qui le montre accompagnant Billie Holiday). Marc Huraux oriente plutôt son évocation vers l'anecdote, les témoignages (dont ceux, émouvants, de Chan Parker, épouse de Bird, de Dizzy Gillespie et du batteur Roy Haynes) ou encore vers des impressions new-yorkaises contemporaines. La caméra s'attarde en particulier sur Harlem dont Parker connut la splendeur et qui paraît aujourd'hui livré aux spéculateurs immobiliers.

C'est Max Roach en personne qui glissa l'idée de **Bird Now** à Marc Huraux. Mais, peu après, le batteur fut impliqué dans un autre documentaire (britannique celui-là) sur le même sujet. D'où son absence à l'écran et au générique.

Laissons le dernier mot au réalisateur: "Charlie Parker est une des plus grandes, une des plus belles figures que les Noirs américains ont données au monde. Le corollaire de ça, c'est que le personnage est tellement immense qu'on se sent forcément les épaules bien frêles à essayer d'atteindre un but de cinéaste sous sa grande ombre. Tout ce dont je crois pouvoir être sûr, c'est que ce n'est pas un film d'images d'Epinal - ni sentimental - ni rétro." (AJ)

▶ Charlie "Bird" Parker stond, samen met Dizzy Gillespie, Thelonious Monk en enkele anderen, aan de wieg van de "bebop", een vooruitstrevende beweging uit de jaren 40 die nog steeds de hedendaagse jazz beïnvloedt. Doorheen Parkers stormachtige leven, tot aan zijn vroegtijdige dood wegens overmatig drug- en alcoholgebruik, bleef de "bebop" zijn vaste gezel. Deze documentaire legt voor een keer niet de nadruk op de zelfvernietigingsdrang van de saxofonist, noch op zijn muzikale hoogvliegers (fragmenten van Parkers concerten zijn trouwens uiterst zeldzaam, al dienen we hier wel een waardevolle opname te vermelden waar hij Billie Holiday begeleidt). Marc Huraux concentreerde zich veeleer op anekdotes, getuigenissen - waaronder ontroerende bijdragen van echtgenote Chan Parker, Gillespie en drummer Roy Haynes - en sfeerbeelden van het hedendaagse New York. De camera zoomt in op Harlem, dat Parker nog in volle glorie had gekend voordat de wijk ten prooi viel aan de grondspeculanten.

Het was Max Roach die Huraux op het idee bracht **Bird Now** te draaien. Luttele tijd later werd de drummer echter gevraagd voor een Britse documentaire over hetzelfde onderwerp, vandaar zijn afwezigheid op het scherm en in de generiek.

Het laatste woord laten we aan de regisseur: "Charlie Parker is een der grootste, een der mooiste personages die de zwarte Amerikanen de wereld geschonken hebben. Het probleem is dat zijn enorme persoonlijkheid een regisseur bij het nastreven van zijn doel al snel dreigt te overschaduwen. Het enige wat ik met zekerheid denk te mogen stellen, is dat het noch een sentimentele, noch een op een collectie plaatjes uit Epinal gelijkende retrofilm is geworden."

Issue de secours

Thierry Michel

Issue de secours
Le chant du vent
Emergency Exit

DIRECTOR: Thierry Michel
YEAR: 1987
COUNTRY: BE-MR
SCREENPLAY: Thierry Michel
ASST. DIR.: Frédéric Dumont
DIR. PHOT.: Jean-Claude Neckelbrouck
CAMERA: Thierry Michel
EDITING: Emmanuelle Dupuis
SOUND: Jean-Claude Boulanger
MUSIC: Marc Herouet
PRODUCER: Christine Pireaux
PROD. CO.: Les Films de la Passerelle (Angleur), RTBF (Bruxelles), Interfilm-Unifilm (Casablanca)
PROD. SUPERV.: Carine Leclercq
ASSOC. PROD.: Jacqueline Pierreux
CAST: Philippe Volter (Alain)
LANGUAGE: French
GAUGE: 16 mm/35 mm
SILENT/SOUND: sound
B&W/COLOUR: colour
MINUTES: 91'

◆ According to Thierry Michel this film is an "essay". Others speak of a poem. These two approaches are not, however, mutually exclusive; rather they complement each other to give a fitting definition of its author's most personal film to date. Alain, the film's only fictional character, leaves for Morocco in search of the image of a dead woman he had loved. But this external pretext gradually leads him back to himself and the quest becomes purely personal. It becomes a voyage of initiation: the search for the identity of the Other leads him to question his own identity - a man of the North, travelling to the South, a man learning to live a double sexuality; a man who, via the elements water, earth, sky and sun, gives birth to himself in a final psychoanalytic regression. All around him Morocco - from Casablanca to the extreme South - is more than a backdrop. It is the site of all the revelations, from sensuality to solitude, from violence to freedom. Set off against the fictional character, Morocco becomes a documentary character just as strong as he. Yet this is by no means a tourist brochure: downtown hotels, dusty suburbs, shabby buses, native eating houses, heat-stricken villages ravaged by poverty: the stages of his journey show us landscapes and faces which are arid, feverish.

The whole film is driven by Philippe Volter's voice-over of short, intimate meditative texts, illustrated by Marc Herouet's incantational music. Morocco serves as an echo, punctuating and guiding the renunciation and asceticism.

● Ce film est un "essai", dit Thierry Michel. D'autres parlent de poème. Ces deux approches ne s'excluent pas. Bien au contraire, elles se complètent pour définir l'ouvrage le plus intimement personnel de son auteur. Alain, seul personnage fictionnel du film, part au Maroc à la recherche de l'image d'une femme aimée et morte. Cependant, très progressivement, ce prétexte extérieur le ramène à lui-même et sa quête se fait personnelle. Le voyage se fait donc initiatique. Chercher qui est l'Autre le conduit inévitablement à se demander qui il est: homme du Nord, voyageur du Sud, homme apprenant à vivre une double sexualité, homme qui, au travers des éléments - l'eau, la terre, le ciel, le soleil -, va, dans une régression psychanalytique, se donner naissance à lui-même. Autour de lui, le Maroc, de Casablanca à l'extrême Sud. Le pays est plus qu'un décor: c'est le lieu de toutes les révélations, de la sensualité à la solitude, de la violence à la liberté. Face au personnage fictionnel, le Maroc tout entier devient un personnage documentaire aussi fort que lui. Bien entendu, nous sommes loin du dépliant touristique. Hôtels de troisième zone, banlieues poussiéreuses, autobus fatigués, bistrots indigènes, villages écrasés de chaleur et de pauvreté, les étapes nous montrent des paysages et des visages arides et fiévreux.

Tout le film est porté par la voix off de Philippe Volter, des textes méditatifs intimes et brefs, et illustré par la musique incantatoire de Marc Herouet. Le Maroc sert d'écho, ponctue et guide les étapes de ce dépouillement, de cette ascèse. (JA)

▶ Deze film is een "essay", zegt Thierry Michel. Anderen gewagen van een gedicht. Het een sluit het ander niet uit: beide begrippen vullen elkaar aan en vormen zo een goede omschrijving van het meest persoonlijke werk van deze regisseur. Alain, het enige fictieve personage, vertrekt naar Marokko om daar het beeld na te jagen van een overleden vrouw waar hij destijds van hield. Langzaam maar zeker brengt deze queeste hem echter terug tot zichzelf en gaat hij op zoek naar zijn eigen identiteit. Een zoektocht dus; door het zoeken naar de Ander gaat hij zich afvragen wie hij zelf is: man van het Noorden, reiziger in het Zuiden, iemand die leert omgaan met een dubbele seksualiteit en die - in een psychoanalytische regressie - zichzelf zal herscheppen te midden van de elementen aarde, water, lucht en zon. Marokko, van Casablanca tot het uiterste zuiden, is hier meer dan een decor: het is de plaats van alle openbaringen, van de sensualiteit tot de eenzaamheid, van het geweld tot de vrijheid. Marokko als geheel vormt een documentaire tegenspeler die niet onderdoet voor het fictieve personage. Dit is géén toeristische brochure: derderangshotels, stoffige krottenwijken, afgeleefde bussen, inheemse eethuisjes, dorpen in de ban van de armoede en de verzengende hitte. Onderweg zien we verschroeide en koortsige landschappen en gezichten.

De film wordt gedragen door de off-screenstem van Philippe Volter, die korte en intieme meditatieve teksten brengt, en begeleid door de bezwerende muziek van Marc Herouet. Marokko dient als een echo die alle stadia van deze ontluistering, deze ascese benadrukt en leidt.

Todas las sangres
Michel Gomez

Co-production

Todas las sangres
Tous sangs mêlés

DIRECTOR: Michel Gomez
YEAR: 1987
COUNTRY: PE-FR-BE
SCREENPLAY: Michel Gomez, Julio Vizcarra
BASED ON: Todas las sangres, written by José Maria Arguedas
CAMERA: Juan Duran
EDITING: Jean-Pierre Decugis, Richard Spinosa
SOUND: Baudouin Bemelmans, Edgar Lostanau
MUSIC: Victor Miranda
ART DIRECTOR: Esteban Mejia
PRODUCER: Michel Gomez, Julio Vizcarra
PROD. CO.: Eçovision (Lima), JPC & C° (Paris), Alvos Films (Bruxelles), RTBF (Bruxelles)
PROD. SUPERV.: Andres Alencastre
CO-PRODUCER: Jean-Yves Laurent, Mendel Winter
LANGUAGE: French
GAUGE: 16 mm
SILENT/SOUND: sound
B&W/COLOUR: colour
MINUTES: 112'

CAST: Rafael Delucchi (Bruno Aragón), Andres Alencastre (Fermín Aragón), Juan Manuel Ochoa (Cabrejos), Oswaldo Sivirichi (Rendón Wilka), Pilar Brescia (Matilde), Esmeralda Checa (Matrona), Edgar Del Pozo (Kurku), Gabriel Figueroa (Viejo Aragón), Ricardo Tosso (Zar), Denise Hart (Asunta), Eugenia Ende (Adelaida), Julio Vega (Subprefecto), Carlos Velásquez (Cisneros), Pablo Tezén (Gregorio), Polo Reyes (Anto), Carlos Balbuena (K'oto), Lalo Paredes (Cura), José Luis Aguirre (Hidalgo), Ernesto C. Gómez (Alcalde)

La maison dans la dune
Michel Mees

Co-production

La maison dans la dune
The House on the Dune

DIRECTOR: Michel Mees
YEAR: 1988
COUNTRY: FR-BE
SCREENPLAY: Isabelle Willems
BASED ON: La maison dans la dune, written by Maxence Van der Meersch
ASST. DIR.: Patrice Martineau
DIR. PHOT.: Patrice Payen
EDITING: Evelyne Dorchies
SOUND: Pierre Treffel, Jean Quenelle, Henri Morelle
MUSIC: Frank Wuyts, Vaya con dios
ART DIRECTOR: Muriel Wahnoun
COSTUMES: M. Malterre
PRODUCER: Michel Vermoesen
PROD. CO.: Cercle Bleu (Villeneuve-d'Ascq), FR3 (Paris), La Sept (Paris), Zenab (Bruxelles)
ASSOC. PROD.: Nicole La Bouverie
LANGUAGE: French
GAUGE: 35 mm
SILENT/SOUND: sound
B&W/COLOUR: colour
MINUTES: 84'

CAST: Tcheky Karyo (Sylvain), Nathalie Dauchez (Pascaline), Sylvie Fennec (Germaine), Raoul Billerey (César), Jean-Pierre Castaldi (Lourges)

Bino Fabule

Robert Lombaerts, Réjeanne Taillon, André Roussil, Jean-Pierre Liccioni

Bino Fabule

DIRECTOR: Robert Lombaerts, Réjeanne Taillon, André Roussil, Jean-Pierre Liccioni
YEAR: 1988
COUNTRY: BE-FR-CN
SCREENPLAY: Marianne Nihon
ASST. DIR.: Daniel Brouyère, Isabelle Lejeune
DIR. PHOT.: Yves Vandermeeren
CAMERA: Peter Van Reeth, Valentine Perrin
ANIMATION: Manuel Otero, Didier Janssens, Alain Petter, Yves Lapointe
EDITING: Avdé Chiraeff, Danièle Gagne
SOUND: Jean-Claude Douley
MUSIC: Osvaldo Montes
ART DIRECTOR: Jean De Vuyst, Christian Ferauge
COSTUMES: Chris Coppin
PRODUCER: Godefroid Courtmans, André Bélanger, Pauline Hubert, Jacques Mousseau, Pierre Monette, Martin Metivier
PROD. CO.: F3 (Bruxelles), RTBF (Bruxelles), Cinémation (Paris), TF1 (Paris), Ciné Groupe (Montréal), Société Radio Canada (Montréal)
PROD. SUPERV.: Godefroid Courtmans
ASSOC. PROD.: Manuel Otero
EXEC. PROD.: Jacques Pettigrew
CAST: Pietro Pizzuti (Bino Fabule)
LANGUAGE: French
GAUGE: 35 mm
SILENT/SOUND: sound
B&W/COLOUR: B&W + colour
MINUTES: 84'

◆ Bino Fabule, a citizen of the planet Karmagor, has created numerous outlandish formulae and machines but try as he might, his dream of flying from planet to planet remains unfulfilled. The tortoise Torticoli, his assistant, befriends a little luminous body by the name of Claire de Lune who crosses the galaxies. Trying to harness her vital energy, Bino puts her life at risk. Naturally enough, Claire de Lune is none too pleased, takes flight and collides with a flying saucer, crashlanding on Marmiton, a world whose population is not to be commended. Spurred on by his friendship to Torticoli, Bino at last conjures up the means for them to travel to Marmiton and save the little crescent-shaped moon.

The fruit of a co-production between Belgium, France and Quebec, **Bino Fabule** is a mixture of childish fairy-tale and science fiction. The technical achievement of the film was its assimilation of live-action footage of the actor Pietro Pizzuti into a world of animated modelling-clay creatures. These live-action sequences were directed by Robert Lombaerts (responsible for numerous RTBF productions). However, much of the credit for the film's visual impact lies with the Canadian ceramist and modeller Réjeanne Taillon, creator of the animation. The cornerstone of her design concept is the contrast between Marmiton, a world of everyday rounded objects - with castles in the form of teapots, inhabitants shaped like bowls and cups - and Karmagor, where angles and broken lines predominate.

● En vain, Bino Fabule, le citoyen de Karmagor, essaie d'inventer des engins et des formules de plus en plus bizarres et étranges pour réaliser son rêve: voler de planète en planète. Son assistante, la tortue Torticoli, s'est liée d'amitié avec un petit être lumineux nommé Claire de Lune qui parcourt les galaxies. En voulant capter son énergie vitale, Bino la met en danger. Dans sa fuite, Claire de Lune entre en collision avec un chaudron volant et tombe sur Marmiton, un monde peuplé de créatures fort peu recommandables. Par amitié pour Torticoli, Bino parviendra à trouver, grâce à son imagination, le moyen de voyager vers Marmiton et de sauver le pauvre petit croissant lunaire.

Fruit d'une coproduction entre la Belgique, la France et le Québec, **Bino Fabule** mêle féerie et science-fiction enfantines. Le défi du film était tout d'abord technique: il consistait à assortir, à harmoniser le travail de l'acteur Pietro Pizzuti à un monde d'objets animés (réalisés en pâte à modeler). Les séquences "live" furent dirigées par Robert Lombaerts (réalisateur de nombreuses productions pour la RTBF); mais le mérite visuel du film revient aussi à la céramiste canadienne Réjeanne Taillon, responsable de l'animation. Sa conception graphique repose sur une opposition fondamentale entre Marmiton, monde composé d'objets usuels creux et ronds (châteaux en forme de théières, habitants ressemblant à des bols ou des tasses,...), et Karmagor, univers entièrement fait d'angles et de lignes brisées. (AJ)

▶ Bino Fabule, bewoner van de planeet Karmagor, mag dan wel de gekste tuigen en formules uitdokteren, maar zijn droom om vrij van planeet naar planeet te vliegen kan hij niet verwezenlijken. Torticoli de schildpad, zijn assistente, raakt bevriend met een klein lichtgevend wezen, Claire de Lune genaamd, dat wel ongehinderd de melkweg doorkruist. Bino wil haar energie aftappen maar brengt zodoende het wezentje in gevaar: Claire de Lune botst tegen een vliegende ketel en stort neer op de planeet Marmiton, bevolkt door hoogst onaangenaam gezelschap. Uit vriendschap voor Torticoli verlegt Bino de grenzen van zijn verbeelding en ontwerpt een vervoermiddel dat hen naar Marmiton kan brengen om het halve maantje te redden.

Deze film is het resultaat van een coproductie tussen België, Frankrijk en Québec en vermengt kinderlijke feeërie met sciencefiction. De technische uitdaging bestond in het combineren van het acteerwerk van Pietro Pizzuti met de animatiewereld die hem omringt (gemaakt uit boetseerklei). De live scènes werden geregisseerd door Robert Lombaerts (auteur van diverse RTBF-producties). Maar de visuele verdienste van de film is eveneens te danken aan de Canadese keramiste Réjeanne Taillon, die verantwoordelijk was voor de animatie. De grafische conceptie van de film steunt op de tegenstelling tussen Marmiton, een wereld van ronde en holle voorwerpen - kastelen in theepotvorm, bewoners die lijken op kommen en kopjes - en Karmagor, een universum van hoeken en gebroken lijnen.

De magische steen

Dirk Geens

De magische steen
La pierre magique
The Magic Stone

DIRECTOR: Dirk Geens
YEAR: 1988
COUNTRY: BE
SCREENPLAY: Dirk Geens, Guido Verhaert, Diane Devoldere
DIR. PHOT.: Eddie Peeters
CAMERA: Eddie Peeters
EDITING: Dirk Geens
SOUND: Guido Verhaert
MUSIC: Jo Tavernier
PRODUCER: Dirk Geens
PROD. CO.: JITS (Heist-op-den-Berg)
CAST: Ben Verdonck (Ben), Griet Sinnaeve (Griet), Gunther Van Passel (Gunter), Marc Uytterhoeven (Zwemleraar), Jaak Van Assche (Vader van Ben)
LANGUAGE: Dutch
GAUGE: 16 mm
SILENT/SOUND: sound
B&W/COLOUR: colour
MINUTES: 61'

◆ Despite more than 20 years of subsidizing production, the Flemish cultural policy on children's films had failed to improve the situation. Apart from a few isolated exceptions such as Frans Buyens' **Wondershop** (1974), Robbe de Hert's **Whitey from Sichem** (1980) and Jef Cassiers' animated film **John the Fearless** (1984), there was very little activity in this area. Following an attempt to revive its youth film policy, the Flemish government awarded a BF 500 000 grant for the completion of **The Magic Stone**, an amateur project by Dirk Geens, Guido Verhaert and Diane Devoldere. These three teachers from Heist-op-den-Berg succeeded in putting together a simple and largely conventional 61 minute adventure film on a very tight budget (BF 1 000 000).

This straightforward, superficial tale revolves around a mysterious magic stone, which is assiduously being sought by a gang of athletic rogues in the Ardennes. As well as casting a group of unknown actors making their screen débuts, **The Magic Stone** also features the popular TV figure Marc Uytterhoeven as a swimming coach. This crude but affectionate example of Flemish cinema illustrates perfectly the painstakingly laborious course of development taken by the Flemish film industry. Unlike immediate post war films such as **Youth Storm** and **Our Standard-Bearers** (both made in 1947), contemporary youth films now remained firmly rooted in amateurism, preferring to take advantage of the commercially attractive new media such as video rather than of an infrastructure intended to promote quality. **The Magic Stone** was distributed by Jekino-Films, a company specialized in productions for children.

● Malgré vingt années de subsides, la politique culturelle pour la production de films pour enfants dans les Flandres était un échec. A quelques rares exceptions près, comme **Wondershop** (1974) de Frans Buyens, **Filasse de Sichem** (1980) de Robbe de Hert et le dessin animé de Jef Cassiers **Jean Sans Peur** (1984), il ne s'était rien passé dans le domaine. Suite à une nouvelle tentative d'impulsion à la politique de la jeunesse, la Commission flamande de sélection vota une aide à la finition de 500.000 FB au projet amateur **La pierre magique** de Dirk Geens, Guido Verhaert et Diane Devoldere. Ces trois enseignants de Heist-op-den-Berg avaient réalisé, avec un modeste budget de un million de francs, un film d'aventures de 61', assez simple et ne dépassant pas les conventions.

L'histoire, lisse et superficielle, s'articule autour d'une pierre mystérieuse dotée de pouvoirs magiques que quelques garnements sportifs recherchent activement dans les Ardennes. Au milieu des jeunes débutants, inconnus, on retrouve, en prof de natation, une figure populaire de la télé: Marc Uytterhoeven. Cet exemple d'art cinématographique flamand, élémentaire mais de bon cœur, témoigne de la progression pénible et douloureuse de l'industrie du cinéma en Flandre. Comparé aux réalisations d'après-guerre comme **Les orages de la jeunesse** et **Garçons qui peuvent porter un drapeau** (toutes deux de 1947), le cinéma pour jeunes s'était maintenant embourbé dans l'amateurisme, plus encouragé par les nouveaux médias économiquement abordables, comme la vidéo, que par une infrastructure stimulante. **La pierre magique** fut distribué par Jekino-Films, un distributeur spécialisé en films pour enfants.

► Het culturele beleid in Vlaanderen wat betreft de productie van kinderfilms stond, ondanks meer dan 20 jaar subsidiepolitiek, helemaal nergens. Op enkele schaarse uitzonderingen na - zoals **Wondershop** (1974) van Frans Buyens, **De Witte van Sichem** (1980) van Robbe de Hert of Jef Cassiers' animatiefilm **Jan Zonder Vrees** (1984) - gebeurde er niets op dit gebied. In een poging om alsnog een nieuwe impuls te geven aan het jeugdbeleid, kende de Filmcommissie een premie van 500.000 BF toe voor de afwerking van het amateurproject **De magische steen** van Dirk Geens, Guido Verhaert en Diane Devoldere. Deze drie leraars uit Heist-op-den-Berg hadden met erg bescheiden middelen (1.000.000 BF) een simpele doch betrekkelijk conventionele avonturenfilm gemaakt van 61 minuten.

Het gladgestreken, oppervlakkige verhaal draait rond een mysterieuze steen met toverkracht waar enkele sportieve belhamels naarstig naar op zoek zijn in de Ardennen. Tussen de onbekende debuterende acteurtjes ontwaren we ook een populaire tv-figuur: Marc Uytterhoeven, in de rol van een zwemleraar. Dit voorbeeld van elementaire maar liefdevol gemaakte Vlaamse filmkunst illustreert perfect hoe schrijnend moeizaam de Vlaamse filmindustrie vooruitgang boekte. In vergelijking met naoorlogse films als **Jeugdstorm** en **Jongens die een vlag kunnen dragen** (beide uit 1947), bleef de jeugdfilm nu steken in amateurisme; doorgaans maakte men eerder gebruik van de nieuwe, financieel meer haalbare media als de video dan van de stimulerende infrastructuur. **De magische steen** werd in omloop gebracht door Jekino-Films, een verdeler gespecialiseerd in kinderfilms. (LJ)

Hong Kong

Paul Cammermans

Hong Kong
Gaston en Leo in Hong Kong
Met Gaston en Leo in Hong Kong
Gaston et Leo à Hong Kong
Gaston and Leo in Hong Kong

DIRECTOR: Paul Cammermans
YEAR: 1988
COUNTRY: BE
SCREENPLAY: Jos Vandeloo
DIALOGUE: Paul Cammermans
ASST. DIR.: Frank Van Mechelen
DIR. PHOT.: Michel Van Laer
CAMERA: Michel Van Laer
EDITING: Henri Erismann
SOUND: Jules Goris
MUSIC: Robert Vlaeyen
ART DIRECTOR: Bob Goossens, Johan Van Essche, Ludo Volders
COSTUMES: Paulus Vanroose, Ella Yu
PRODUCER: René Vlaeyen, Guido Van Liefferinghe
PROD. CO.: René Vlaeyen Film Productions (Zelem)
PROD. SUPERV.: Nadine Borreman, Philippe Lee
CAST: Gaston Berghmans (Gaston), Leo Martin (Leo), Pat McDonald (Zuster Olivia), Richard Ng (008), Rudi Falkenhagen (Duitse kolonel), Max Schnur (Robert), Mark Andries (Helper Robert), Margriet Hermans (Jeanneke), Mieke Bouve (Louisa), Mark Verstraete (Doeanier), Ingrid De Vos (Weduwe Generaal)
LANGUAGE: Dutch
GAUGE: 35 mm
SILENT/SOUND: sound
B&W/COLOUR: colour
MINUTES: 100'

◆ The success of comedies like **Rough Diamonds**, **Scare-Mongers** and Urbanus' **Hector** persuaded producer René Vlaeyen to increase the budget for his third film featuring the comic duo Gaston and Leo to BF 42 million. This allowed him to shoot in Nice and Hong Kong and to feature Pat McDonald (from the then popular TV serial *Sons and Daughters*) in a supporting role. The script was developed by Jos Vandeloo and Paul Cammermans was brought in to direct. In **Hong Kong**, Gaston and Leo run a funeral parlour ("Organization for the Luxury Transport of the Better Class of Dearly Departed"). When they are asked to transport the body of a dead Chinese from Belgium to Hong Kong, the Triad seize the opportunity to smuggle diamonds into the colony.

The film develops at a rapid pace and includes some spectacular action sequences. Unfortunately, the press lambasted the film and the public stayed away. **Hong Kong** made only BF 32 million, less than **Rough Diamonds** and less than half the takings of **Scare-Mongers**. Those involved in the production all had a ready explanation for this disappointment - Gaston and Leo maintained that the film suffered from being released only shortly after the similar comedy **Hector**, and Jos Vandeloo felt his screenplay had been weakened by too many action scenes. **Hong Kong** was in any case the last adventure film to feature the comic duo, who afterwards concentrated exclusively on television work until the death of Leo Martin in 1993.

● Encouragé par le succès des comédies comme **Les costauds** et **Flics en panique**, sans oublier le triomphal **Hector** d'Urbanus, le producteur René Vlaeyen haussa à 42 millions le budget du troisième film des populaires Gaston et Leo, avec des extérieurs à Nice et Hong Kong. Pour un second rôle, Pat McDonald, du feuilleton télé populaire de l'époque *Sons and Daughters*, s'ajouta à la distribution, sur un script de Jos Vandeloo. Pour la réalisation, on fit appel à Paul Cammermans. Cette fois, Gaston et Leo gèrent une entreprise de pompes funèbres ("Entreprise de Transports de Luxe pour Défunts de Haut Niveau"). Comme ils doivent transporter un Chinois trépassé à Hong Kong, la mafia chinoise en profite pour dissimuler un lot de diamants dans le cercueil.

Le film évolue à un rythme rapide et comprend quelques scènes d'action spectaculaires, mais la presse ne fut guère tendre, et le public délaissa le film à son tour. Sa recette de 32 millions resta loin de celle des **Costauds**, et n'atteignit même pas la moitié de celle de **Flics en panique**. Chaque collaborateur du film donna sa propre explication: Gaston et Leo attribuèrent la défection du public au récent succès d'**Hector**, et Jos Vandeloo estima qu'on avait affaibli son scénario par trop de scènes d'action. Quoi qu'il en soit, **Hong Kong** sonna le glas des exploits du duo comique sur les grands écrans. Ils se limitèrent ensuite, jusqu'à la mort de Leo Martin en 1993, aux apparitions télévisées.

▶ Na het succes van komedies als **Zware jongens**, **Paniekzaaiers** en ook Urbanus' **Hector**, trok producent René Vlaeyen voor zijn derde bioscoopfilm met Gaston en Leo het budget op tot 42 miljoen; men ging op locatie filmen in Nice en Hong Kong, en Pat McDonald, uit het toen populaire tv-feuilleton *Sons and Daughters*, werd in een nevenrol gecast. Jos Vandeloo verzorgde het scenario en Paul Cammermans werd gevraagd voor de regie. Gaston en Leo runnen ditmaal de begrafenisonderneming OLTOHN: "Onderneming voor Luxe-Transport voor Overledenen op Hoog Niveau". Wanneer ze een dode Chinees van België naar Hong Kong moeten overbrengen, neemt de Chinese maffia de gelegenheid te baat om een lading diamanten naar hun thuisland te smokkelen.

De film houdt een snel ritme aan en waagt zich ook aan enkele spectaculaire actiescènes, maar mede omdat de pers haast geen goed woord uit haar pen kreeg, liet het publiek verstek gaan en bleven de ontvangsten - 32 miljoen - ver onder het resultaat van **Zware jongens**, en zelfs onder de helft van de cijfers behaald met **Paniekzaaiers**. Iedere medewerker aan de film had daarvoor zijn eigen verklaring: Gaston en Leo zelf weten het wegblijven van het publiek aan het feit dat **Hector** net was uitgekomen, en Jos Vandeloo meende dat zijn scenario was opgeofferd aan een teveel op actie gerichte regie. **Hong Kong** werd hoe dan ook het laatste filmavontuur van het komische duo, dat in de toekomst (en tot aan de dood van Leo Martin in 1993) uitsluitend nog televisiewerk zou doen. (MA)

Le maître de musique

Gérard Corbiau

Le maître de musique
De muziekleraar
The Music Teacher

DIRECTOR: Gérard Corbiau
YEAR: 1988
COUNTRY: BE
SCREENPLAY: Gérard Corbiau, Andrée Corbiau, Patrick Iratni, Jacqueline Pierreux, Christian Watton
DIALOGUE: Christian Watton
ASST. DIR.: Michel Mees, Isabelle Willems
DIR. PHOT.: Walther Vanden Ende
CAMERA: Yves Vandermeeren
EDITING: Denise Vindevogel
SOUND: André Defossez
ART DIRECTOR: Zouc Lanc
COSTUMES: Catherine Frognier
PRODUCER: Jacqueline Pierreux, Dominique Janne
PROD. CO.: RTBF (Bruxelles), K2 (Bruxelles)
PROD. SUPERV.: Michèle Tronçon, Nadine Borreman, Jean-Marc Warnants
CAST: José Van Dam (Joachim Dellayrac), Ann Roussel (Sophie), Philippe Volter (Jean), Sylvie Fennec (Estelle), Patrick Bauchau (Le prince Scotti), Johan Leysen (François), Marc Schreiber (Arcas), Alain Carré (L'intendant), David Ashman (Un critique anglais), Jeannette Bakker (La diva), Bob Bender (Un critique anglais), Philippe Drecq (Le dandy), Jonathan Fox (Un critique anglais), Jean Gérardy (Le vieil homme), Yvette Merlin (Louise), Carlos Moens (Le cocher), Jean Musin (Lhomond), Jean-Louis Sbille (Un critique), Jean-Pierre Valère (Le jardinier), Daniel Vos (Le commandant), Ulysse Waterlot (Le chef d'orchestre)
LANGUAGE: French
GAUGE: 35 mm
SILENT/SOUND: sound
B&W/COLOUR: colour
MINUTES: 97'

◆ A director with a television background, Gérard Corbiau was already a specialist in music documentaries and naturally enough stayed with this line of inspiration when he came to write his first full-length feature film, based on an idea by Luc Jabon. The plot is linear and constructed so as to take in the maximum number of concert platforms and vocal sequences.

A singer of worldwide repute - played by José Van Dam - decides at the height of his career to retire to the country and dedicate himself to two pupils, an extremely gifted young woman and a young man he recently met. The apprenticeship is very demanding and, like vocal athletes, the pupils spend long hours honing their skills under the unbending direction of their master. They become entangled in a web of amorous tensions, until one day a rich aristocratic music lover proposes to the master an on-stage contest between the two pupils and a number of singers tutored by the nobleman himself. The focal point of the plot's tension, this concert is shot like a musical suspense. The outcome is predictable, but the master himself will not survive the event.

Given the setting of the action in 1900, there is great refinement displayed in the interiors and costumes and a definite Proustian element to the salon and theatre scenes. Yet the star of the show is undoubtedly the music, with superb vocal performances. This highly cultured film was nominated for an Oscar and proved a box-office hit, creating around the cinema of that particular period a climate of increasing confidence and enthusiasm.

● Réalisateur venu de la télévision, Gérard Corbiau, spécialiste des reportages dans le domaine de la musique, a suivi cette veine d'inspiration pour écrire son premier long métrage de fiction, dont l'idée originale est de Luc Jabon. L'histoire, linéaire, est construite de manière à multiplier les occasions de concert et les séquences de bel canto.

Un chanteur très célèbre (interprété par José Van Dam) décide, en pleine gloire, de se retirer à la campagne et de s'y consacrer à la formation de deux élèves: une jeune cantatrice douée et un étudiant rencontré par hasard. L'apprentissage est exigeant et, comme des athlètes vocaux, les élèves passent de longues heures à s'entraîner sous l'inflexible direction de leur maître. Des tropismes sentimentaux vont se jouer entre les personnages, jusqu'au jour où un aristocrate, riche et mélomane, propose au maître de faire s'affronter dans un concert-duel ses élèves et ceux qu'il a lui-même formés. Ce tournoi vocal est superbement filmé comme un suspense musical. Les triomphateurs sont du côté attendu, mais le maître n'y survivra pas.

Comme l'action est située en 1900, Corbiau impose un grand raffinement dans les décors, les costumes, et un côté proustien dans les scènes de salon et de théâtre. C'est incontestablement la musique qui est le personnage principal, avec de superbes interprétations chantées. Ce film, hautement culturel, fut nominé aux Oscars et reçut un grand succès public, ce qui permit la relance du cinéma de ces années-là dans une courbe de confiance et d'intérêt. (JA)

▶ Voormalig tv-regisseur Gérard Corbiau, maker van muziekreportages, zocht zijn inspiratie voor zijn eerste speelfilm, naar een oorspronkelijk idee van Luc Jabon, eveneens in de muziek. Zijn lineaire verhaal is opgevat als een aaneenschakeling van concerto's en zangscènes.

Een befaamd zanger (rol van José Van Dam) besluit op het toppunt van zijn roem zich terug te trekken op het platteland om er zich toe te leggen op de muzikale vorming van twee studenten: een hoogbegaafde jonge vrouw en een jongeman die hij toevallig heeft ontmoet. De opleiding vergt het uiterste van zijn leerlingen, die als een soort vocale atleten lange dagen moeten oefenen. Tussen de personages ontstaan sentimentele spanningen, tot op een gegeven dag een aristocratische melomaan de maestro uitdaagt voor een zangduel tussen de twee leerlingen en de leerlingen die hij zelf heeft opgeleid. Dit vocale toernooi wordt met brio gefilmd als een muzikale thriller. De twee leerlingen komen, zoals te voorzien is, als winnaars uit de strijd, maar de leermeester overleeft het duel niet.

Corbiau legt veel raffinement aan de dag in de aankleding van zijn verhaal, dat speelt in 1900. De decors en de kostumering zijn treffend weergegeven; de scènes in de salon en in het theater ademen een Proustiaanse sfeer uit. De muziek speelt ontegenzeggelijk de hoofdrol, met schitterende aria's. Deze cultureel hoogstaande film kreeg een Oscarnominatie en werd zeer goed ontvangen, hetgeen mede bijdroeg tot een klimaat van groeiend vertrouwen en enthousiasme voor de film van die jaren.

L'œuvre au noir

André Delvaux

L'œuvre au noir
De terugkeer naar Brugge
The Abyss

DIRECTOR: André Delvaux
YEAR: 1988
COUNTRY: BE-FR
SCREENPLAY: André Delvaux
BASED ON: L'œuvre au noir, written by Marguerite Yourcenar
DIALOGUE: André Delvaux
ASST. DIR.: Dominique Standaert, Jan Devos
DIR. PHOT.: Charlie Van Damme
CAMERA: Walther Vanden Ende, Luc Drion, Ella Van den Hove
EDITING: Albert Jurgenson, Jean-Pierre Resnard
SOUND: Henri Morelle, Miguel Réjas
MUSIC: Frédéric Devreese
ART DIRECTOR: Claude Pignot, Françoise Hardy
COSTUMES: Jacqueline Moreau
PRODUCER: Jean-Claude Batz, Philippe Dussart
PROD. CO.: Nouvelle Imagerie/Nieuw Imago (Bruxelles), Philippe Dussart (Paris), La Sept (Paris), Films A2 (Paris)
PROD. SUPERV.: Jacqueline Louis
CAST: Gian-Maria Volonte (Zénon/Sébastien Theus), Marie-Christine Barrault (Hilzonde), Jean Bouise (Campanus), Mathieu Carrière (Pierre de Hamaere), Pierre Dherte (Cyprien), Sami Frey (Prieur des Cordeliers), Anna Karina (Catherine), Philippe Léotard (Henri-Maximilien), Johan Leysen (Gilles Rombaut), Jacques Lippe (Myers), Christian Maillet (Philibert), Jules-Henri Marchant (L'évêque), Marie-France Pisier (Martha), Senne Rouffaer (Procureur Le Cocq), Dora Van der Groen (Greete), Christian Baggen (Le valet)
LANGUAGE: French
GAUGE: 35 mm
SILENT/SOUND: sound
B&W/COLOUR: colour
MINUTES: 108'

◆ André Delvaux once again demonstrated his preference for the adaptation, this time with a novel by French author Marguerite Yourcenar, not a text which concentrates on one particular situation but a historical work brimming with characters and humanist reflection. The action is set on the cusp of the Middle Ages and the Renaissance, the turning point where the rise of Protestantism and scientific inquiry turned thinking against political and religious obscurantism, as represented in Flanders by the Spanish presence and the Inquisition.

The character of Zénon (Gian-Maria Volonte) and his final, fatal return to Bruges is the focus of Delvaux's script. All the remaining episodes of the novel are relegated to the brief, over-exposed flashbacks. Zénon is a theologian and doctor who attempts to reinject the human dimension into a society still rocked by the out-lawing of any thought beyond the confines of the church. It will cost him his life, yet he gains his freedom through his voluntary death. The grandeur of the character and the film's scope cannot fail to convince. There are great moments of bravura acting (the trial, for example, with Senne Rouffaer from **The Man Who Had His Hair Cut Short**). There are wonderful instances where the landscape becomes the principal emotional character. There are also scenes where prudishness leeds to furtive illustration; whenever bodies are at issue, the bodies withdraw, like that of Catherine (Anna Karina), whose desire constantly remains without reciprocator. With Gian-Maria Volonte's bloody, ageing and unyielding body the film is recentred on interiority.

● Fidèle à son amour de l'adaptation, André Delvaux s'est à nouveau confronté à un livre, celui de Marguerite Yourcenar, qui n'est pas un texte proposant une situation unique, mais un récit historique foisonnant de personnages et de réflexions humanistes. L'action se situe à la fraction du Moyen Age et de la Renaissance, à ce moment passionnant où la pensée, avec les protestants et l'avancée de la réflexion scientifique, s'oppose à l'obscurantisme religieux et politique, porté dans les Flandres par la présence des Espagnols et de l'Inquisition.

C'est autour du personnage de Zénon (Gian-Maria Volonte), de son dernier et mortel retour à Bruges, que s'organise le scénario d'André Delvaux. Tous les autres épisodes du roman seront évacués dans de brefs et très surexposés retours en arrière. Zénon est un théologien-médecin qui va tenter d'introduire la dimension humaine dans une société qui vit les derniers séismes de l'interdiction de penser en dehors de l'Eglise. Il y laissera sa vie, mais il gagnera sa liberté par la mort volontaire. On ne peut qu'être convaincu par la grandeur du propos et du personnage. Il y a les moments forts portés par les acteurs - le procès par exemple, où l'on retrouve Senne Rouffaer (**L'homme au crâne rasé**). Il est de beaux moments où le paysage devient le personnage principal et émotionnel. Il est aussi des scènes où la pudeur conduit à l'illustration furtive; on sait pourtant, comme Catherine (Anna Karina), le désir charnel insatiable. Le corps saignant, vieillissant et refusant de Gian-Maria Volonte remet le film dans la droite ligne de l'intériorité. (JA)

► Trouw aan zijn voorliefde voor adaptaties, grijpt André Delvaux hier opnieuw terug naar een boek, van de hand van Marguerite Yourcenar, dat geen beschrijving is van één bepaalde situatie, maar een historisch relaas vol humanistische personages en overpeinzingen. Het gebeuren speelt zich af tussen Middeleeuwen en Renaissance, op het moment dat de rede, met het protestantisme en de opkomst van het wetenschappelijk denken, tegenover het religieuze en politieke obscurantisme komt te staan, in Vlaanderen vertegenwoordigd door de Spanjaarden en de Inquisitie.

Het scenario ontvouwt zich rond het personage Zénon en zijn laatste en finale terugkeer naar Brugge. Alle andere episoden van de roman werden verschoven naar korte, overbelichte flashbacks. Zénon is een theoloog-geneesheer die een menselijke dimensie tracht te introduceren in een maatschappij die gebukt gaat onder de laatste schokken van het verbod om een denkwereld te ontwikkelen buiten de Kerk. Hij laat er het leven bij, maar met zijn vrijwillige dood wint hij zijn vrijheid. De grootsheid van het personage en van het vertoog zijn meer dan overtuigend. Er zijn grote momenten, gedragen door de acteurs (o.a. het proces, met Senne Rouffaer uit **De man die zijn haar kort liet knippen**), naast mooie momenten waarin het landschap de emotieve hoofdrol speelt. Er zijn ook scènes waarin de schroom leidt tot tersluikse illustraties: zodra het om lichamen gaat, verwijderen ze zich, zoals dat van Catherine, wier begeerte zonder deelgenoot blijft. Maar met het lichaam van Gian-Maria Volonte, dat bloedend en weigerachtig ouder wordt, vindt de film opnieuw aansluiting met de eerdere innerlijkheid.

De kollega's maken de brug

Vincent Rouffaer

De kollega's maken de brug
De collega's maken de brug
Les collègues font le pont
Les compagnons font le pont
A Three-Day Weekend

DIRECTOR: Vincent Rouffaer
YEAR: 1988
COUNTRY: BE
SCREENPLAY: Jan Jr. Matterne
ASST. DIR.: Jan Jr. Matterne
DIR. PHOT.: Michel Van Laer
CAMERA: Michel Van Laer
EDITING: Henri Erismann
SOUND: Jules Goris
MUSIC: Brian Clifton, Dirk Joris
ART DIRECTOR: Paul Degueldre
COSTUMES: Els Verelst, Milou Van de Putte, Lisette Verreth
PRODUCER: Manu Verreth, Ralf Boumans
PROD. CO.: Rama (Antwerpen), BRT (Brussel)
PROD. SUPERV.: Nadine Borreman
CAST: Tessy Moerenhout (Betty Bossé), Mandus De Vos (Bonaventuur Verastenhoven), Tuur De Weert (Gilbert Van Hie), Jacky Morel (Hilaire Baconfoy), Jaak Van Assche (Jean De Pesser), Manu Verreth (Jomme Dockx), Nora Tilley (Karolijn Van Kersbeke), Bob Van der Veken (Paul Tienpondt), René Verreth (Philemon Persez), Frank Op 't Roodt (Adelbert), Geert Defour (Agent), Ivo Pauwels (Agent), Abela Dorpierre (Alice), Martin Gyselinck (Brand-nachtwacht), Ann Verreth (Els), Hilde Van Haesendonck (Esmeralda), Nathalie Dagrovic (Dienster), Luc Springuel (Garibaldi), Gerda Tilman (Germaine), Heddie Suls (Josée), Rens Rouffaer (Koenraad), Bert Neven (Marcus), Bruno Bulté (Ober), Jos Geens (Omer), Danielle Detremmerie (Showgirl), Gerda Wilms (Showgirl), Carla Cannaerts (Truus), Walter Cornelis (Vader Bossé)
LANGUAGE: Dutch
GAUGE: 35 mm
SILENT/SOUND: sound
B&W/COLOUR: colour
MINUTES: 100'

◆ The actors from the Mechels Miniatuur Theater who for several seasons had played Jan Jr. Matterne's characters in the popular Flemish television sitcom *De kollega's* ("The Colleagues") were in 1988 again brought together for the cinema version of the programme. For years millions of Flemish viewers had watched the exploits of a group of civil servants, and with such a track record the big screen version could only be successful. The plot is simplicity itself but does require a certain suspension of disbelief on the part of the audience. The manager of an entire Ministry department deliberately conceals from the employees the fact that they ought to be taking a day off between two public holidays. Not only does everybody fall for this improbable joke, but its consequences become rather more serious when a collapsed staircase and a defective elevator trap the entire group for a whole day and night in the office. What follows is a bewildering character dissection entirely unexpected in this type of popular comedy in which the viewer is forced to watch the scriptwriter cruelly dispatching figures he had built up over many years. The cold photography and the absence of any stylization emphasize the unattractiveness of the group, most of whom are senseless or blind drunk by the end of the film. Although the makers were no doubt exploiting the recent audience popularity of wide-screen transfers of TV series, interest in **A Three-Day Weekend** was only moderate and the characters were afterwards never seen again.

● Les personnages de Jan Jr. Matterne, interprétés durant quelques saisons par les acteurs du Mechels Miniatuur Theater dans le feuilleton flamand populaire *De kollega's* ("Les collègues"), furent à nouveau rassemblés en 1988 pour la version cinéma de ce feuilleton. Les exploits de ces fonctionnaires avaient passionné des millions de téléspectateurs flamands pendant des années: l'adaptation cinématographique promettait le succès. Si l'intrigue est la simplicité même, elle requiert du spectateur une certaine crédulité. Le directeur d'une équipe maintient intentionnellement ses employés dans l'ignorance de leur droit à un pont entre deux jours fériés. Tous gobent cette farce insipide, mais la situation vire au drame lorsque la compagnie entière se retrouve bloquée un jour et une nuit au bureau à cause de l'effondrement d'un escalier et d'une panne d'ascenseur. Il s'ensuit un jeu de la vérité assez stupéfiant, plutôt incongru dans ce genre de comédie populaire, au cours duquel le spectateur voit le scénariste détruire cruellement les personnages construits avec tant de soin pendant toutes ces années. La froideur de la photographie et l'absence de tout effet de style renforcent l'absence de charme des personnages, qu'on retrouve, à la fin du film, en proie à divers degrés d'abattement et d'imbibition. Bien qu'on ait probablement visé les succès récemment obtenus par d'autres productions portant des personnages télévisés au grand écran, **Les collègues font le pont** ne réussit qu'à attirer modestement l'attention des spectateurs. Ce film marqua l'enterrement définitif des "collègues".

▶ De acteurs van het Mechels Miniatuur Theater, die enkele seizoenen lang gestalte hadden gegeven aan Jan Jr. Matterne's personages in het populaire BRT-televisiefeuilleton *De kollega's*, werden in 1988 opnieuw samengebracht voor de bioscoopversie van het feuilleton. De exploten van een stel ambtenaren kluisterden jarenlang miljoenen Vlaamse kijkers aan hun televisietoestel; de filmversie kon dus alleen maar een succes worden. De plot is de eenvoud zelve, maar vergt wel enig inlevingsvermogen. De directeur van een ploeg bedienden verzwijgt opzettelijk dat ze de brug moeten maken tussen twee vrije dagen. Niet alleen trapt iedereen in deze flauwe grap, de gevolgen worden ook meer dan ernstig wanneer een ingestorte trap en een geblokkeerde lift het hele gezelschap een dag en een nacht lang opgesloten houden in het kantoorgebouw. Wat volgt is een verbijsterend ontmaskeringsspel dat men in dit soort volkse komedie niet echt verwacht. De toeschouwer ziet hoe de scenarist met zijn personages, die hij na jaren werk tot volwaardig wist te maken, plots nogal wreedaardig afrekent. Bovendien versterken de koude fotografie en de afwezigheid van elke filmstilering de onaantrekkelijkheid van de personages, die er naar het einde van de film toe murw en al dan niet stomdronken bij lopen. Hoewel allicht gemikt werd op het succes dat bioscoopfilms met televisiepersonages in recente tijden gekend hadden, was de publieke belangstelling voor deze film eerder matig en werden "de kollega's" met deze vertoning dan ook definitief begraven. (MA)

Jan Cox, a Painter's Odyssey

Bert Beyens, Pierre De Clercq

Jan Cox, a Painter's Odyssey
Jan Cox, l'odyssée d'un peintre

DIRECTOR: Bert Beyens, Pierre De Clercq
YEAR: 1988
COUNTRY: BE-NE
SCREENPLAY: Bert Beyens, Pierre De Clercq
DIALOGUE: Bert Beyens, Pierre De Clercq
DIR. PHOT.: Raymond Fromont
EDITING: Ann Van Aken
SOUND: Miguel Réjas
MUSIC: Walter Heynen
ART DIRECTOR: Ludo Volders, Johan Van Essche
COMMENTS: Bert Beyens, Pierre De Clercq
PRODUCER: Willum Thijssen, Hans Otten
PROD. CO.: CinéTé (Antwerpen), CinéTé (Amsterdam), BRT (Brussel), NOS (Hilversum)
VOICES: Jeroen Krabbé
LANGUAGE: Dutch/English
GAUGE: 16 mm
SILENT/SOUND: sound
B&W/COLOUR: B&W + colour
MINUTES: 75'/55'

◆ In 1978, Bert Beyens and Pierre De Clercq graduated from the Brussels film school RITCS with a film about sculptor Vic Gentils (**Triptych**). In 1988 they collaborated again on this biographical film about the life and work of the Belgian painter Jan Cox. Cox had a tempestuous youth, during which he co-founded the Jeune Peinture Belge group and worked on the fringes of the Cobra movement. In 1956 he left for America, where he lived for the next 18 years. There he was recognized as an inspired painter and teacher, but he returned disillusioned following a failed marriage, financial problems and an emergent alcoholism. He finally committed suicide in 1980.

The directors incorporate archive material, canvasses, photos, reminiscences and writings into their film, built up as an odyssey in 24 cantos, each with its own style. They paint an intriguing picture both of Cox's artistic drive and the tragic dualism between dream and reality that tore at his personality and would eventually lead to self-destruction. In this context, Cox's paintings are used to reflect the events presented or alluded to by the film. The 24 cantos are subdivided in accordance with the three phases in Cox's life: 1914-1949 (Telemacheia), 1949-1969 (Odysseia) and 1969-1980 (Nostos). On its release, the film garnered much praise, not merely for its intricate construction which took it beyond the bounds of a conventional documentary, but also because it so successfully evoked the spirit of Cox.

● En 1978, le film de Bert Beyens et Pierre De Clercq sur le sculpteur Vic Gentils (**Triptyque**) leur permet de décrocher un diplôme à l'école de cinéma bruxellois RITCS. Dix ans plus tard, ils reprennent leur collaboration: ce documentaire biographique de l'œuvre du peintre belge Jan Cox en est le fruit. Après une jeunesse tumultueuse qui le verra fonder la Jeune Peinture Belge et travailler en marge du mouvement Cobra, l'artiste émigre en 1956 aux Etats-Unis où, durant les 18 années suivantes, il s'y révélera un peintre inspiré et un maître enthousiaste. Mais il en reviendra déçu, après un échec matrimonial, des déboires financiers et un début d'alcoolisme: autant d'événements qui l'acculeront au suicide en 1980.

Intégrant images d'archives, toiles, photos, souvenirs et écrits, les réalisateurs ont délié leur film en une odyssée de 24 chants, chacun dans un style différent et réparti selon les trois époques de sa vie: 1914-1949 (Telemacheia), 1949-1969 (Odysseia) et 1969-1980 (Nostos), esquissant ainsi un curieux portrait de l'artiste où sont mises en lumière tant sa motivation artistique que la contradiction tragique entre ses rêves et la réalité, dualité qui, en fin de compte, le mènera à l'autodestruction. Les toiles en ce sens fonctionnent picturalement comme la réflexion en miroir des événements présentés ou évoqués. Succès d'estime à sa sortie, ce film est bien plus qu'un documentaire, même très bien charpenté, par son dépassement des limites du genre en une tentative réussie de sensibiliser le spectateur à une "sensibilité Cox".

▶ Bert Beyens en Pierre De Clercq studeerden in 1978 af aan het Brusselse RITCS met een film over beeldhouwer Vic Gentils (**Triptiek**) en werkten in 1988 opnieuw samen aan deze biografische film over het leven en werk van de Belgische schilder Jan Cox. In zijn onstuimige jeugd was deze laatste medeoprichter van de Jonge Belgische Schilderkunst en werkte hij in de marge van de Cobra-beweging. Daarna, in 1956, trok hij voor 18 jaar naar Amerika. Daar ontpopte hij zich als een begeesterd schilder en leraar, maar hij zou ontgoocheld terugkeren na een mislukt huwelijk, financiële moeilijkheden en een beginnend drankprobleem. Uiteindelijk pleegde hij in 1980 zelfmoord.

De makers hebben hun film, die gebruik maakt van archiefbeelden, doeken, foto's, herinneringen en geschriften, opgebouwd als een odyssee in 24 zangen, elk met een eigen stijl, en schetsen op die manier een intrigerend portret van zowel de artistieke gedrevenheid als de tragische dualiteit tussen droom en leven die Cox uiteindelijk tot zelfdestructie zou drijven. De schilderijen functioneren daarbij als een weerspiegeling van de getoonde of geëvoceerde gebeurtenissen. De 24 zangen werden opgedeeld volgens de drie periodes in het leven van Cox: 1914-1949 (Telemacheia), 1949-1969 (Odysseia) en 1969-1980 (Nostos). Toen hij uitkwam, genoot de film veel waardering, als een uitstekend opgebouwde documentaire die tegelijk ook wel meer was, namelijk een geslaagde poging om "het gevoel Cox" bij de toeschouwer over te brengen. (MA)

Il maestro

Marion Hänsel

Il maestro
Le maestro
The Conductor
Double Game

DIRECTOR: Marion Hänsel
YEAR: 1989
COUNTRY: BE-FR
SCREENPLAY: Marion Hänsel
BASED ON: Il maestro, written by Mario Soldati
DIALOGUE: Marion Hänsel
ASST. DIR.: Dominique Guerrier, Christiane Broustet
DIR. PHOT.: Acacio De Almeida
CAMERA: Pierre Gordower
EDITING: Susana Rossberg
SOUND: Henri Morelle
MUSIC: Frédéric Devreese
ART DIRECTOR: Emita Frigato, Antonella Geleng
COSTUMES: Yan Tax, Anne Verhoeven
PRODUCER: André Fosny, Danilo Catti
PROD. CO.: Man's Films (Bruxelles), RTBF (Bruxelles),
BRT (Brussel), Flach Film (Paris)
PROD. SUPERV.: Michèle Tronçon
ASSOC. PROD.: Jacqueline Pierreux, Jean-François Lepetit
CAST: Malcolm McDowell (Walter Goldberg),
Charles Aznavour (Romualdi), Andréa Ferreol
(Dolores), Francis Lemaire (The administra-
tor), Carmela Locantore (Paola), Pietro
Pizutti (Father superior), Serge-Henri Valcke
(Major Wyatt), Qilian Chen (Margerita),
Henri Morelle (The janitor)
LANGUAGE: English
GAUGE: 35 mm
SILENT/SOUND: sound
B&W/COLOUR: colour
MINUTES: 90'

◆ An Italian title, a testimony to the nationality of Mario Soldati, whose novella served as a basis for the script; English dialogue, which affords the surprising sight of Andréa Ferreol and Charles Aznavour speaking in a tongue that is not their own; and a Belgian director who persuaded the francophone cultural authorities that this tower of Babel was founded on the European necessity of reaching the international market. With such a linguistic potpourri in place anything is possible, as can be seen in the astonishing and sometimes magnificent turns taken by film-makers.

And now for the film. The starting point is simple enough: Goldberg, a renowned conductor, pulls out of an evening rehearsal of *Madame Butterfly*. The director of the opera house senses something is amiss and forces the musician to explain himself, whence a series of flashbacks illustrating the maestro's confessions. It turns out that, during the war, he sought refuge anonymously in a convent, where he met another musician. This unsuccessful and pathetic artist passed himself off as a great conductor amongst the monks, but was shamelessly humiliated by Goldberg. The rehearsals find both men standing face to face. The dénouement leaves the rivals with their dignity intact and the opera goes ahead, the appreciative audience suspecting little of the poignant settling of scores which is at stake.

Despite the assured direction and the sound performances (notably Charles Aznavour), the internationalist strategy does not seem to have been successful in winning over an audience otherwise discouraged by the academicism of the directorial approach.

● Un titre italien, lié à la nationalité de Mario Soldati, l'auteur de la nouvelle que le scénario a adaptée. Une version originale en anglais, ce qui nous vaut la surprise d'entendre parler Andréa Ferreol et Charles Aznavour une langue qui n'est pas la leur. Une réalisatrice belge, qui a persuadé la Communauté française de Belgique que cette tour de Babel était basée sur la nécessité européenne de gagner les marchés internationaux. Ce chassé-croisé linguistique posé, tout reste possible dans les étonnantes et parfois magnifiques circulations liées aux cinéastes.

Reste le film. La situation de départ est simple: Goldberg, un chef d'orchestre célèbre, déclare forfait un soir de répétition de *Madame Butterfly*. Le directeur de l'opéra découvre une possible supercherie et le force à s'expliquer, d'où les flash-back qui soutiennent la confession du maestro. Dans un couvent où il s'était réfugié anonymement durant la guerre, il a connu un autre musicien, raté et pitoyable, qui se faisait passer pour un grand chef d'orchestre auprès des moines et que Goldberg humiliera sottement. Or, il vient de le retrouver à la répétition et veut éviter un face-à-face. Le dénouement laissera à ces deux hommes leur dignité, et l'opéra sera joué sans que les mélomanes se doutent du pathétique règlement de comptes dont son exécution a été l'enjeu.

Malgré une mise en scène maîtrisée et des acteurs bien dirigés (notamment Charles Aznavour), il ne semble pas que la stratégie de l'internationalisme ait donné à ce film une audience que l'académisme de sa réalisation ne lui permettait pas d'acquérir. (JA)

▶ De Italiaanse titel verwijst naar de nationaliteit van Mario Soldati, de schrijver van de novelle waarop het scenario is gebaseerd. De originele versie is in het Engels, wat de verrassing oplevert Andréa Ferreol en Charles Aznavour een voor hen vreemde taal te horen spreken. De Belgische cineaste wist de Franse Gemeenschap ervan te overtuigen dat deze Babylonische omstandigheden noodzakelijk waren om een Europese productie op de internationale markt te krijgen. Maar ook met zulk een linguïstische legpuzzel blijft alles mogelijk, gezien de verrassende en soms prachtige vondsten van filmregisseurs.

En dan de film. Het uitgangspunt is simpel: Goldberg, een beroemd orkestleider, laat verstek gaan op een repetitieavond van *Madame Butterfly*. De directeur van de opera ruikt onraad en dwingt hem uitleg te geven, waarop enkele flashbacks volgen die de bekentenissen van de maestro bevestigen. Toen de man zich tijdens de oorlog anoniem had teruggetrokken in een klooster, ontmoette hij een andere - mislukte en meelijwekkende - musicus, die zich bij de paters voordeed als grote orkestleider maar door Goldberg oneerbiedig vernederd werd. Op de repetitie staan ze echter weer oog in oog met elkaar. Na de ontknoping blijft hun beider waardigheid intact, en tijdens de opvoering van de opera zullen de muziekliefhebbers niets vermoeden van de aangrijpende afrekening die er de inzet van was.

Ondanks de beheerste mise-en-scène en goed geregisseerde acteurs (vooral Charles Aznavour), werd de publieke belangstelling voor een dergelijke academische onderneming er helaas niet groter op door haar internationale ambities.

Het sacrament

Hugo Claus

Het sacrament
Le sacrement
The Sacrament

DIRECTOR: Hugo Claus
YEAR: 1989
COUNTRY: BE
SCREENPLAY: Hugo Claus
BASED ON: Omtrent Deedee, written by Hugo Claus
DIALOGUE: Hugo Claus
ASST. DIR.: Dominique Standaert, Dorine Esser
DIR. PHOT.: Gilberto Azevedo
CAMERA: Gilberto Azevedo
EDITING: Menno Boerema
SOUND: Dominique Warnier
MUSIC: Frédéric Devreese
ART DIRECTOR: Hubert Pouille
COSTUMES: Suzanne Van Well
PRODUCER: Patrick Conrad, Paul Breuls
PROD. CO.: Silent Sunset Productions (Antwerpen)
PROD. SUPERV.: Guy De Lombaert
CAST: Frank Aendenboom (Deedee), Ann Petersen (Nathalie), Carl Ridders (Claude), Chris Lomme (Lotte), Jan Decleir (Albert), An De Donder (Jeanne), Hugo Van den Berghe (Antoine), Brit Alen (Tilly), Marc Didden (Gigi), Linda Schagen (Lutje), Blanka Heirman (Taatje)
LANGUAGE: Dutch
GAUGE: 35 mm
SILENT/SOUND: sound
B&W/COLOUR: colour
MINUTES: 105'

◆ After the debacle which became his historical film **The Lion of Flanders** (1984), Hugo Claus swore never again to return to film. Producer Patrick Conrad managed to change his mind. Claus had originally written the script to **The Sacrament** for the Dutch director Fons Rademakers. However, when Rademakers dropped out of the project, Claus reworked his script into a novel, *Omtrent Deedee*. In 1971 another reworking appeared as the play *Interieur* before he finally adapted his tale for the screen in 1989.

The presbytery of Kobbegem is the setting each year for a feast commemorating Mother Heylen. The priest, his maid and their guests are the archetypal figures of what begins as a run-of-the-mill Flemish rural drama. With the unveiling of the suffocating atmosphere, the obvious spinelessness of brotherly love, the glorification of the priest and the priest's own flirtation with the homosexual Claude, gradually all masks are mercilessly removed and the story can take on the dynamic of a true tragedy towards catharsis. For his structure, Claus very explicitly makes use of ancient Greek forms as well as responding to his content, delivering a biting, comic critique of the Catholic and social hypocrisy rife in the petty-minded Flanders of the fifties.

The Sacrament (made on a budget of 40 million francs) was financed entirely by the private sector - a good twenty businessmen had formed the co-operative firm Flanders Film Promotion. The film was given its world premiere in October 1989 at the Ghent Film Festival and was subsequently selected for the Un Certain Regard section at Cannes. Warner Bros. released no fewer than 15 prints of the film throughout Flanders.

● Suite à la débâcle de son film historique **Le Lion des Flandres** (1984), Hugo Claus se jura de ne plus revenir au cinéma. Le producteur Patrick Conrad lui fit changer d'avis. Claus avait écrit à l'origine le scénario du **Sacrement** pour le réalisateur néerlandais Fons Rademakers. Lorsque celui-ci renonça à son projet, Claus le récrivit sous la forme d'un roman, *Omtrent Deedee*. En 1971, il en fit encore une pièce de théâtre, *Interieur*, et, enfin, en 1989, il adapta son récit en film.

Le presbytère de Kobbegem est le lieu d'une fête annuelle en souvenir de la Mère Heylen. Le curé, sa bonne et leurs convives sont les archétypes du film flamand du peuple, ou de ce qui semble débuter comme tel car, par l'atmosphère étouffante, la veulerie de l'amour du prochain, la célébration du curé et son amourette pour l'homosexuel Claude, les masques sont arrachés sans pitié, permettant l'évolution de l'histoire vers l'authentique traitement d'une tragédie cathartique. Du point de vue de la structure, Claus s'est très explicitement inspiré de la dramaturgie grecque tandis que par le contenu, il délivre une critique amère et en même temps drôle de l'hypocrisie catholique et sociale de la Flandre mesquine des années 50.

Le sacrement (un budget de quelque 40 millions de FB) fut entièrement financé par le secteur privé, à savoir une vingtaine d'hommes d'affaires regroupés en une société coopérative: Flanders Film Promotion. Le film fut présenté en première mondiale au Festival de Gand en octobre 1989 et sélectionné par la suite dans la section Un Certain Regard du Festival de Cannes. Warner Bros. le fit circuler en Flandre en pas moins de 15 copies.

▶ Na het debacle van het historische spektakel **De Leeuw van Vlaanderen** (1984), zwoer Hugo Claus de film af. Producent Patrick Conrad deed hem zijn mening echter herzien. Claus schreef het oorspronkelijke scenario van **Het sacrament** in het begin van de jaren 60 voor de Nederlandse filmregisseur Fons Rademakers. Toen Rademakers van een verfilming afzag, herwerkte Claus het scenario tot de roman *Omtrent Deedee*. In 1971 maakte hij er dan weer een toneelstuk van dat de titel *Interieur* kreeg, tot het verhaal eindelijk vorm kreeg als film in 1989.

In de pastorie van Kobbegem heeft jaarlijks een feest plaats ter nagedachtenis van moeder Heylen. De pastoor, de meid en de disgasten zijn de archetypische personages van wat begint als een Vlaamse volksfilm. Door de verstikkende sfeer, de onmacht tot naastenliefde, de verheerlijking van de pastoor en zijn flirt met de homoseksueel Claude, worden de maskers genadeloos afgerukt en evolueert het verhaal naar een authentieke tragedie met catharsis. Voor de structuur greep Claus duidelijk terug naar het Griekse drama, terwijl hij via de inhoud een bittere maar tegelijk onderhoudende hekeling afvuurde van de katholieke en sociale hypocrisie van het bekrompen Vlaanderen anno 1950.

Het sacrament (met een budget van zo'n 40 miljoen BF) werd volledig gefinancierd door de privé-sector, met name een twintigtal zakenlui die zich hadden verenigd in de coöperatieve vennootschap Flanders Film Promotion. De film ging in wereldpremière op het Festival van Gent in oktober 1989 en werd nadien geselecteerd voor de sectie Un Certain Regard op het Festival van Cannes, terwijl Warner Bros. de film in Vlaanderen uitbracht op 15 kopieën. *(LJ)*

L'Orchestre Rouge

Jacques Rouffio

Co-production

L'Orchestre Rouge
Het Rode Orkest
The Red Orchestra

DIRECTOR: Jacques Rouffio
YEAR: 1989
COUNTRY: FR-IT-BE
SCREENPLAY: Gilles Perrault
BASED ON: L'Orchestre Rouge, written by Gilles Perrault
DIALOGUE: Gilles Perrault
ASST. DIR.: Olivier Peray, Antoine Santana, Marc Alfieri
DIR. PHOT.: Pierre-William Glenn
CAMERA: Carlo Maria Montuori
EDITING: Ana Ruiz
SOUND: Michel Desrois, Claude Villand, Bernard Leroux
MUSIC: Carlo Savina
ART DIRECTOR: Laurent Peduzzi, Lanc Zouc
COSTUMES: Olga Pelletier, Catherine Frognier
COMMENTS: Jean-Pierre Malo, Jersy Piwowarczyk
PRODUCER: Jacques Kirsner, David Lachterman
PROD. CO.: Mod Films (Paris), Antenne 2 (Paris), Clesi Cinematografica (IT), RTBF (Bruxelles)
PROD. SUPERV.: Hubert Mérial, Jean-Marc Warnants
LANGUAGE: French
GAUGE: 35 mm
SILENT/SOUND: sound
B&W/COLOUR: colour
MINUTES: 127'

CAST: Claude Brasseur (Trepper), Daniel Olbrychski (Giering), Dominique Labourier (Lydia), Etienne Chicot (Grossvogel), Serge Avedikian (Katz), Martin Lamotte (Kent), Roger Hanin (Berzine), Barbara De Rossi (Georgie), David Warrilow (Piepe), Alberto Maria Merli (Berg), Catherine Allégret (Rita Arnould), Matthias Habich (Schulze-Boysen), Veruschka Von Lehndorff (Anna Maximovitch)

Cher frangin

Gérard Mordillat

Co-production

Cher frangin
Algérie 59
59
Dear Brother

DIRECTOR: Gérard Mordillat
YEAR: 1989
COUNTRY: FR-CN-BE
SCREENPLAY: Jean-Marie Estève, Richard Morgis, Philippe Triboit, David Milhaud, Yvan Leduc, Gérard Mordillat
DIALOGUE: Gérard Mordillat
ASST. DIR.: François Enginger, Alain Sens Cazenave, Gilles Bannier
DIR. PHOT.: Michel Baudour
CAMERA: Michel Baudour, Stéphan Holmes
EDITING: Nicole Saunier
SOUND: Dominique Warnier, Pierre Martens
MUSIC: Jean-Louis Negro
ART DIRECTOR: François Koltes
COSTUMES: Edith Vesperini, Jacques Cottin
PRODUCER: Véra Belmont, Suzanne Girard, Benoît Lamy
PROD. CO.: Stéphan Films (Paris), Productions Bleu Blanc Rouge (Montréal), Lamy Films (Bruxelles)
PROD. SUPERV.: Linda Gutemberg
LANGUAGE: French
GAUGE: 35 mm
SILENT/SOUND: sound
B&W/COLOUR: colour
MINUTES: 90'

CAST: Luc Thuillier (Alain), Marius Colucci (Marius), Julie Jezequel (Lou), Yan Epstein (Maurer), Philippe Caroit (Marillier), Eric Denize (Vacher), Najim Laouriga (Ahmed), Charles Mayer (Coudrier), Piotr Shivak (Polack), Pascal Librizzi (Mas), Riton Liebman (Jarlot), Jean-Claude Drouot (Colonel Leroy), Be A Ben Amara (Sadia), Danièle Ajoret (Mère d'Alain), Claude Evrard (Père d'Alain)

Angels
Jacob Berger

Co-production

Angels
Les anges
Los angeles
Die Engel

DIRECTOR: Jacob Berger
YEAR: 1989
COUNTRY: SZ-SP-FR-BE
SCREENPLAY: Jacob Berger
DIALOGUE: Jacob Berger
ASST. DIR.: Claire Lusseyran
DIR. PHOT.: Emmanuel Machuel
CAMERA: Emmanuel Machuel
EDITING: Joëlle Hache
SOUND: Laurent Barbey
MUSIC: Michel Portal
ART DIRECTOR: Felipe de Paco
COSTUMES: María Gil, Antonio Belart
PRODUCER: Jean-Louis Porchet
PROD. CO.: CAB Productions (Lausanne)
PROD. SUPERV.: Gérard Ruey, Teresa Enrich Mas
CO-PROD. CO.: Cadrage (Paris), Marea Films (Madrid), K2 (Bruxelles), SSR (Genève)
LANGUAGE: English/Spanish
GAUGE: 35 mm
SILENT/SOUND: sound
B&W/COLOUR: colour
MINUTES: 95'

CAST: Steven Weber (Rickie), Belinda Becker (Sara), José Esteban Jr. (Tonio), Justin Williams (Thomas), Féodor Atkine (Hugo), Christina Hoyos (Molina), Angela Molina (Natacha), Dolores Duocastella (Leila Michelson), Lloll Bertran (Girl with scar), Yolanda Herrero (Girl with golden tooth), Angels Aymar (Girl with bubble gum), Mercé Puy (Stupid girl), Illiana Lolitch (Natalia), Ana Gonzalez, Zoraida Delgado, Cristina Hernandez, Laura Banus, Teresa Alfonso Basilio, Onna Mestre, Josune Ochoa, Estrella Massons

Tinpis Run
Pengau Nengo

Co-production

Tinpis Run
Taxi-brousse

DIRECTOR: Pengau Nengo
YEAR: 1990
COUNTRY: NG-FR-BE
SCREENPLAY: Severn Blanchet, Martin Maden, Pengau Nengo, John Barre
ASST. DIR.: Maureen Mopio
CAMERA: Martin Maden
EDITING: Andrée Davanture, Murial Wolfers
SOUND: Eric Vaucher, Lahui Geita
MUSIC: Severn Blanchet
ART DIRECTOR: Thomas Gawi
COSTUMES: Maureen Mopio
PRODUCER: Jacques Bidou
PROD. CO.: AJBA Productions (Paris), Tinpis (NG), La Sept (Paris), Femmis, Skul Bilong Wokim Piksa (NG), Channel 4 (London), RTBF (Bruxelles)
PROD. SUPERV.: Jean-Pierre Mabille, Paul Frame, Philip Cridge
EXEC. PROD.: Jean-Pierre Mabille, Paul Frame, Philip Cridge
LANGUAGE: Pidgin
GAUGE: 35 mm
SILENT/SOUND: sound
B&W/COLOUR: colour
MINUTES: 94'

CAST: Rhoda Selan (Joanna), Leo Konga (Papa), Oscar Wanu (Naaki), Gerard Gabud (Peter Subek), Stan Walker, Suzi Buri

A la recherche du lieu de ma naissance

Boris Lehman

A la recherche du lieu de ma naissance
In Search of My Birth Place

DIRECTOR: Boris Lehman
YEAR: 1990
COUNTRY: BE-SZ-FR
SCREENPLAY: Boris Lehman
ASST. DIR.: Nora Delgado
CAMERA: Patrice Cologne, Antoine-Marie Meert, Aldo Mugnier
EDITING: Daniel De Valck, Olivier Möckli
SOUND: Laurent Barbey, Martin Stricker, Henri Morelle, Luc Remy
PRODUCER: Boris Lehman, Pierre-André Thiébaud
PROD. CO.: Dovfilm (Bruxelles), CBA (Bruxelles), Amidon Paterson Film (Genève), La Sept (Paris)
PROD. SUPERV.: Pierre-André Thiébaud
LANGUAGE: French
GAUGE: 16 mm
SILENT/SOUND: sound
B&W/COLOUR: colour
MINUTES: 79'

◆ "In making films, I am seeking to exist, to make myself loved. I need a camera to be able to see, meet people, to talk to them, enter their space, enter in a relationship. The camera gives me this power" (Boris Lehman). This film is a landmark in the filmography of a director concerned with the autobiographical: "Everything I see has no origin, yet it is the origin that I am in search of," announces his voice-over.

The maelstrom of history in the Forties leads a wandering Polish family to Switzerland. His parents never having been able to talk about "it", some forty years after the event Boris Lehman returns to probe the stillness of Switzerland and of a lake - Léman - whose name is missing just the "h" of his own.

The film becomes fiction: Lehman fills in the gaps of his story, investigates the nature of life before his birth and sets into this world a child, a representation of himself. As Freddy Buache has written, the film "explodes into tragic fiction, an act of salutary transfiguration." The tone recalls the stories of Patrick Modiano made up of identity cards, possible mix-ups and the memory of the exiled, a memory which can itself never be uprooted.

The evidence is documentary: photos, procedures, interviews, archive footage, papers, letters and stamps for those who regularly feel the need to say who they are, a certain intangibility of place. Reality is there. The traces are visible. Faced with these two opacities - the fictitious and the documentary - both of which only seem to tell us something, Boris Lehman is free to give us his fundamental principle: "I film, therefore I am."

● "En faisant des films, je cherche à exister, à me faire aimer. J'ai besoin d'une caméra pour voir, pour rencontrer des gens, pour leur parler, entrer chez eux, avoir une relation. La caméra me donne ce pouvoir", avoue Boris Lehman. Dans la filmographie du cinéaste de l'autobiographie, ce film apparaît comme un repère: "Tout ce que je vois est sans origine et c'est pourtant l'origine que je recherche", dit la voix off du cinéaste.

Le maelström de l'histoire des années 40 conduit une famille d'errants polonais en Suisse. Puisque ses parents n'ont jamais pu parler de "ça", Boris Lehman, quelque quarante ans après, interroge la quiétude de la Suisse et du lac Léman, homonyme qui a le tort d'avoir un "h" en moins.

Il y a, d'une part, la fiction: le cinéaste se donne des relais imaginaires, fait des repérages sur la vie avant lui, met en place un enfant qui le représente. Le film "explose dans une tragique fiction, un acte de transfiguration salutaire", comme l'écrit Freddy Buache. On retrouve le ton des histoires de Patrick Modiano, faites de cartes d'identité, de possibles brouillés, de l'indéracinable mémoire des déracinés.

D'autre part, il y a le documentaire: photos, démarches, témoins, lieux, films d'archives, papiers, lettres, tampons rassurants pour ceux qui ont besoin de dire très souvent qui ils sont, d'avoir une certaine intangibilité des lieux. La réalité est là. Il y a des traces. Face à ces deux opacités, celle de la fiction et celle du documentaire, qui font seulement semblant de dire quelque chose, Boris Lehman est libre de nous livrer son postulat premier: "Je filme donc je suis." *(JA)*

▶ "Door het maken van films tracht ik te bestaan, geliefd te zijn. Ik heb een camera nodig om te zien, om mensen te ontmoeten, met ze te praten, bij hen binnen te stappen, een relatie op te bouwen. De camera geeft me die kracht." (B. Lehman). Voor deze autobiografische cineast vormt dit werk een mijlpaal. "Al wat ik zie, heeft geen oorsprong, en toch is het juist die oorsprong waar ik naar zoek", zegt de off-screen stem van de regisseur.

De maalstroom van de geschiedenis in de jaren 40 bracht een dolende Poolse familie naar Zwitserland. Omdat de ouders van Lehman nooit over "dat alles" konden spreken, gaat hij, 40 jaar later, zelf op zoek naar antwoorden in het vredige Zwitserland en aan het Lac Léman, dat - op een ongelukkige "h" na - zijn naam draagt.

Het fictieve element in de film is een cineast die in de gedaante van een kind speurt naar al dan niet denkbeeldige aanknopingspunten met het verleden en wat hem voorafging, waarna de film "zich ontpopt als een tragisch drama, een daad van heilzame transfiguratie", zoals Freddy Buache het uitdrukte. Het lijkt op een verhaal van Patrick Modiano: het kluwen van identiteitspapieren en mistige waarschijnlijkheden, het onuitwisbare geheugen van de ontheemde.

Het documentaire gegeven bestaat uit foto's, procedures, getuigenissen, plaatsen, archiefbeelden, documenten, brieven en stempels van mensen die hun bestaan dikwijls moeten bevestigen. Daar ligt de realiteit. Daar is er een spoor. Geconfronteerd met twee ongrijpbare zaken, met zowel fictie als documentaire die slechts doen alsof ze iets vertellen, verkondigt Boris Lehman ons zijn eerste gebod: "Ik film, dus ik besta".

Romeo.Juliet

Armando Acosta

Romeo.Juliet
Romeo and Juliet

DIRECTOR: Armando Acosta
YEAR: 1990
COUNTRY: BE
SCREENPLAY: Armando Acosta, Koen Van Brabant
BASED ON: Romeo and Juliet, written by William Shakespeare
DIALOGUE: Armando Acosta, Victor Spinetti
DIR. PHOT.: Armando Acosta
CAMERA: Michel Claeys, Paul Corthouts
EDITING: Jan Reniers, Armando Acosta
SOUND: Stéphane Clément
MUSIC: Armando Acosta, Emanuel Vardi
ART DIRECTOR: Magda Gooris
PRODUCER: Paul Hespel
PROD. CO.: PH Consulting (Bruxelles)
CAST: John Hurt (La Dame aux chats)
VOICES: Ben Kingsley (Juliet's father), Vanessa Redgrave (Juliet's mother), John Hurt (Mercutio), Robert Powell (Romeo), Francesca Annis (Juliet), Maggie Smith, Victor Spinetti
LANGUAGE: English
GAUGE: 35 mm/70 mm
SILENT/SOUND: sound
B&W/COLOUR: colour
MINUTES: 120'/140'

◆ One of the strangest Shakespeare adaptations ever made was this film by the Ghent-based Californian director Armando Acosta, in which all the characters are played by cats. Acosta shot a handful of test scenes in 1964 but preferred to wait until technology (in the form of an electronic system combined with existing film shots) had caught up. Jean-Jacques Annaud made use of the same technique in his film **The Bear**. The cats wander in and out of shot (often in slow motion) to the Romeo and Juliet ballet music by Prokofiev, played by the London Symphony Orchestra. The cats are "humanized" by the voices of actors such as Ben Kingsley, Vanessa Redgrave, Robert Powell and Maggie Smith. The tale itself centres on an eccentric bag lady, the "Dame aux chats" (played by a silent John Hurt) who rescues the stray cats of Venice and puts them on a boat (rebaptized Fellini) to set sail for the New World.

Out of the total 350 hours of footage, which took over 5 000 hours to edit, there eventually emerged something akin to a skewed series of picture postcards, with exotic shots of historic Ghent, New York (Coney Island) and Cologne (Circus Roncalli). **Romeo.Juliet** was dedicated to Stan Laurel and premiered at the Venice Film Festival, where a costly promotion campaign secured a great deal of publicity but failed to win over the critics, who demolished the film. After a screening at the Ghent Film Festival, the picture remained on the shelf for two years before being shown in a shortened version at the Brussels Palais des Beaux-Arts. This screening was intended to launch a prestigious world concert tour which never materialized.

● C'est à Armando Acosta, réalisateur californien résidant à Gand, que l'on doit une des plus singulières transpositions de Shakespeare à l'écran: une adaptation jouée par des chats. L'expérience, dès 1964, de quelques scènes sur pellicule le persuade d'attendre le réglage décisif de sa technique - un procédé électronique combiné à des images filmées préexistantes que Jean-Jacques Annaud utilisera pour **L'ours**. Sur la partition du ballet homonyme de Prokofiev, et exécutée par l'Orchestre Symphonique de Londres, sont réglés les trottinements, en général pris au ralenti, des félins à l'écran. Au-delà de la touche anthropomorphique que leur instillent les voix entre autres de Ben Kingsley, Vanessa Redgrave, Robert Powell ou Maggie Smith, le récit s'articule autour d'une loqueteuse, la Dame aux chats (une composition muette de John Hurt), sauvant les matous de leurs gouttières de Venise pour les embarquer sur le vaisseau "Fellini" voguant vers le Nouveau Monde.

Des 350 heures de tournage, et après plus de 5.000 heures de montage, il subsiste un extravagant enchaînement de cartes postales déroulant les décors somptueux du Gand historique, du New York de Coney Island et de Cologne et de son cirque Roncalli. Dédié à Stan Laurel, **Romeo.Juliet** fut sélectionné au Festival de Venise où, malgré un coûteux effort publicitaire, la critique ne manqua pas de le démolir. Ainsi, après une projection au Festival de Gand, le film sombra dans les oubliettes durant les deux années qui suivirent avant d'être exhumé, dans sa version abrégée, au Palais des Beaux-Arts de Bruxelles en guise d'introduction à une prestigieuse tournée mondiale de concerts qui n'ira pas plus loin.

▶ De Californische, in Gent wonende regisseur Armando Acosta is auteur van een van de vreemdste Shakespeare-adaptaties ooit. De film wordt namelijk volledig door katten vertolkt. Acosta had in 1964 al enkele scènes op film uitgeprobeerd maar wachtte uiteindelijk tot de technologie (een elektronisch systeem gecombineerd met bestaande filmbeelden) op punt stond. Ook Jean-Jacques Annaud maakte van deze techniek gebruik voor **L'ours**. Op de Romeo en Julia-balletmuziek van Prokofiev, uitgevoerd door het Symfonisch Orkest van Londen, trippelen de poezen, veelal in vertraging, op het scherm voorbij. Terwijl de katten een antropomorf tintje krijgen door de stemmen van onder anderen Ben Kingsley, Vanessa Redgrave, Robert Powell en Maggie Smith, spitst het verhaal zich toe op een excentrieke lompenvrouw, de "Dame aux chats" (John Hurt in een zwijgende rol), die de zwerfkatten van Venetië redt en ze op een tot "Fellini" omgedoopte boot richting Nieuwe Wereld zet.

Van de 350 uren filmopnamen, en na meer dan 5.000 uur monteren, bleef een excentrieke aaneenschakeling van postkaartbeelden over, gedraaid in de somptueuze decors van historisch Gent, New York (Coney Island) en Keulen (Circus Roncalli). **Romeo.Juliet**, opgedragen aan Stan Laurel, haalde het Festival van Venetië, waar een dure promotiecampagne voor heel wat publiciteit zorgde. De critici braken de film echter af, en na een voorstelling op het Gentse Filmgebeuren bleef het werk twee jaar op de planken liggen. Het werd uiteindelijk in een ingekorte versie en met live muziekbegeleiding in het Paleis voor Schone Kunsten te Brussel vertoond, als opmaat tot een prestigieuze wereldtournee van concerten die er overigens nooit kwam. *(LJ)*

Koko Flanel

Stijn Coninx

Koko Flanel

DIRECTOR: Stijn Coninx
YEAR: 1990
COUNTRY: BE-FR
SCREENPLAY: Stijn Coninx, Urbanus, Alain Berliner, Luc W.L. Janssen, Guy Mortier
DIALOGUE: Stijn Coninx, Urbanus, Guy Mortier
ASST. DIR.: Frank Van Passel, Arno Dierickx
DIR. PHOT.: Willy Stassen
CAMERA: Yves Vandermeeren
EDITING: Susana Rossberg, Ann Van Aken, Greta Thijs, Ewin Ryckaert, Gervaise Demeure
SOUND: Frank Struys
MUSIC: Dirk Brossé
ART DIRECTOR: Hubert Pouille
COSTUMES: Yan Tax, Marie Lauwers
PRODUCER: Erwin Provoost
PROD. CO.: Trampoline Films (Asse)
PROD. SUPERV.: Gérard Vercruysse, Alain Darbon
CO-PRODUCER: Christian Charret, Jean F. De Smedt
CO-PROD. CO.: CFC (Paris), Superclub (Aartselaar)
EXEC. PROD.: Maurits De Prins
CAST: Urbanus (Placide Smellekens), Bea Van der Maat (Sarah), Willeke Van Ammelrooy (Madame Germaine), Jan Decleir (Azère), Ann Petersen (Dora), Koen Crucke (Jean-Claude), Herbert Flack (Arlondo), Henri Garcin (Didier de Meringue), Leontine Nelissen (Hildeke), Marc-Henri Wajnberg (Frédérique)
LANGUAGE: Dutch
GAUGE: 35 mm
SILENT/SOUND: sound
B&W/COLOUR: colour
MINUTES: 100'

◆ During the 1980s, the problem of reviving the Flemish film industry (and, in the longer term, of keeping it alive) was largely circumvented by building feature films around a popular TV comic. Producers whose original ambition was to give young directors and screenwriters a chance to make contemporary films were suddenly confronted with the enormous financial potential of this formula, especially when **Koko Flanel** managed to do what no-one had dreamed possible: surpass the success of the previous smash-hit, **Hector**.

Koko Flanel ironizes the world of fashion and journalism by casting the comedian Urbanus in the role of one Placide Smellekens, a birdcage seller and a clumsy oaf with a big heart who rises to the top despite his total ineptitude by unwittingly appearing in a fashion magazine photograph.

Deliberately made in the same vein as the runaway success **Hector**, **Koko Flanel** tried to include more visual gags and cinematic stunts. These don't always come off, and the love story between Placide and Sarah, who eventually succumbs to a lovelorn Placide, is not altogether convincing. In addition to Urbanus, the film recruited another popular television personality of the day in the form of Bea Van der Maat (as Sarah), together with a group of actors who carry their highly caricatured roles with varying degrees of success: Jan Decleir, Ann Petersen and Herbert Flack. The film, which was issued in Flanders and the Netherlands in a record number of copies, achieved an unprecedented success and drew an audience of almost a million people.

● Le problème de la mise sur pied et de la survie de l'industrie cinématographique flamande trouva une solution dans les années 80 en basant les longs métrages sur la popularité de comiques de télévision. Des producteurs, dont l'ambition première consistait à permettre à de jeunes cinéastes et scénaristes de faire du cinéma d'auteur, furent brusquement confrontés à l'énorme potentiel financier de cette formule, illustré par la réussite de **Koko Flanel** qui accomplit ce dont personne n'avait osé rêver: faire encore mieux que **Hector**.

Dans ce film ironisant sur le monde de la mode et du journalisme, Urbanus joue le rôle de Placide Smellekens, un marchand de cages à oiseaux qui se retrouve bien malgré lui sur une photo pour magazine de mode. Bêta maladroit au cœur d'or, il fera son chemin malgré un comportement totalement inadéquat.

Délibérément conçu dans la même optique que **Hector**, ce film tente d'intégrer plus de gags visuels et d'élever le niveau cinématographique, sans y réussir constamment. Ainsi l'idylle un peu forcée entre Placide et Sarah, qui finit par succomber aux avances persévérantes de Placide, n'est pas toujours très crédible. Outre Urbanus, le film fait appel à une autre star du petit écran de l'époque, Bea Van der Maat, dans le rôle de Sarah, ainsi qu'à une série d'acteurs tentant avec plus ou moins de succès de se mesurer à des rôles caricaturaux à l'extrême: Jan Decleir, Ann Petersen, Herbert Flack. Le film, dont un nombre record de copies sortirent dans les Flandres et aux Pays-Bas, connut un succès sans précédent et attira près de un million de spectateurs.

▶ In de jaren 80 werd het probleem "hoe een Vlaamse filmindustrie op poten te zetten (en te houden)" in ruime mate omzeild door langspeelfilms te brouwen rond populaire tv-komieken. Producenten wier oorspronkelijke ambitie het was jonge cineasten en scenaristen de kans te geven eigentijdse cinema te maken, werden plots geconfronteerd met het enorme financiële potentieel van voornoemde formule, zeker toen met **Koko Flanel** gebeurde wat niemand echt had durven dromen: het succes van **Hector** werd overtroffen.

Koko Flanel schetst op ironische wijze de wereld van mode en journalistiek. Urbanus speelt de rol van ene Placide Smellekens, een onhandige domoor met een gouden hart die het, ondanks zijn volkomen onaangepaste gedrag, ver schopt wanneer hij als vogelkastjesverkoper volledig ongewild op een foto voor een modemagazine belandt.

De film werd duidelijk gemaakt in het kielzog van **Hector**, hoewel er ditmaal getracht werd meer visuele grappen in te bouwen en ook wat meer cinematografisch stuntwerk te brengen. Dat wil echter niet altijd lukken, en de wat geforceerde liefdesrelatie tussen Urbanus en Sarah overtuigt ook niet helemaal. Naast Urbanus werd een beroep gedaan op een andere televisiebekendheid van dat ogenblik, Bea Van der Maat (als Sarah), en voorts op een aantal acteurs die met wisselend succes kampen met hun extreem karikaturale personages: Jan Decleir, Ann Petersen, Herbert Flack. De film, waarvan in Vlaanderen en Nederland een recordaantal kopieën werd uitgebracht, kende een ongehoord succes en trok om en bij het miljoen mensen naar de bioscoop. (MA)

Babylone
Manu Bonmariage

Babylone

DIRECTOR: Manu Bonmariage
YEAR: 1990
COUNTRY: BE-CN
SCREENPLAY: Luc Jabon, Manu Bonmariage
DIALOGUE: Luc Jabon
ASST. DIR.: Frédéric Roullier-Gall
DIR. PHOT.: Eric Cayla
CAMERA: Manu Bonmariage
EDITING: Denise Vindevogel
SOUND: Patrick Van Loo
MUSIC: Yves Laferrière, Philippe De Cock
ART DIRECTOR: Christelle Cornil
COSTUMES: Jolly Joukowsky
PRODUCER: Marguerite Bavaud
PROD. CO.: Azimut Production (Bruxelles)
PROD. SUPERV.: Jacqueline Louis
CO-PROD. CO.: RTBF (Bruxelles), Les Productions du Regard (Montréal)
ASSOC. PROD.: Jacqueline Pierreux, Jean-Roch Marcotte
CAST: Frédéric Deban (Bruno), Rafaël Sanchez (Marco), Charlotte Laurier (Nadine), Marie Tifo (Anna), Christian Crahay (d'Alembert), Pierre Curzi (Luigi), Dirk Buyse (M. Michiels), Netty Vangheel (Mme Michiels), Georges Siatidis (Jacques), François Sikivie (Eddy), Jacques De Bock (Robert), Hadi El Gammal (Vincent)
LANGUAGE: French
GAUGE: 35 mm
SILENT/SOUND: sound
B&W/COLOUR: colour
MINUTES: 91'

◆ Manu Bonmariage, initially a cameraman, has since made a number of remarkable documentaries which demonstrate a highly personal style. Here, for the first time, he turns his attention to fiction. The story is charming yet sordid and comes close to melodrama. It is the tale of a broken family which the eldest son dreams of bringing back together. The plot unfolds in the tough Fourth World and heaps misery upon misery: the mother is a prostitute, the father an alcoholic, the lover a shady trafficker and the younger brother heavily diabetic. Murder, incest, jail, kidnapping, pursuit and the boot camp - all are twists taken by the downward spiral of misfortune. Faced with this catalogue of disasters, the characters become in many ways engaging. They try to believe in happiness but fate, the death of all illusions, is the stronger power. Love is not for them. They love regardless, but badly, destroying the people they love.

This sombre story is told with all the tense, shocking set pieces and bravura appropriate to the genre. Yet where Manu Bonmariage falls down is in his handling of a motley multinational cast (the two principal actresses are Canadian, the young hero is played by a Frenchman and the rest of the actors are Belgian). Each performance is different in register and many are over the top, with the result that numerous scenes are simply not believable. And yet Manu Bonmariage's main obstacle is himself, his own taste for a highly laboured mise en scène and cumbersome effects.

● Manu Bonmariage, d'abord cameraman, est l'auteur de remarquables documentaires où il développe un style très personnel. Ici, il aborde pour la première fois la fiction. L'histoire est à la fois belle et sordide et s'apparente au mélodrame. C'est le récit d'une famille éclatée que le fils aîné rêve de réunifier. L'intrigue, qui se déroule dans le quart-monde, accumule les misères: la mère est prostituée, le père alcoolique, l'amant trafiquant véreux, le jeune frère diabétique profond. Meurtre, inceste, prison, enlèvement, cavale, maison de rééducation: les péripéties s'accumulent dans l'engrenage constant du malheur. Face à cette cascade de désastres, les personnages développent un côté attachant. Ils essaient de croire au bonheur, mais le destin, la machine à broyer les illusions, sera plus fort qu'eux. Décidément l'amour n'est pas pour eux. Ils aiment pourtant, mais mal, en détruisant l'être aimé.

Cette histoire très sombre est racontée avec tous les effets de suspense, de surprise et les morceaux de bravoure que ce genre de récit demande. Mais Manu Bonmariage s'est heurté aux difficultés d'une distribution internationale et mal dirigée (les deux actrices principales sont canadiennes, le jeune héros français, le reste de la troupe belge). Chacun joue sur un registre différent, et beaucoup surjouent. Ce décalage constant décrédibilise de nombreuses scènes. Mais surtout Manu Bonmariage s'est heurté à lui-même, à son goût d'une mise en scène appuyée, avec par moments de lourds effets. (JA)

▶ Manu Bonmariage, in eerste instantie een cameraman, filmde een aantal opmerkelijke documentaires, waarin hij een hoogst persoonlijke stijl wist te ontwikkelen. **Babylone** is zijn eerste speelfilm. Het verhaal, tegelijk mooi en goor, heeft veel weg van een melodrama. Het brengt het relaas van een uiteengevallen familie, die de oudste zoon weer samen wil brengen. In de intrige, die zich afspeelt in de vierde wereld, stapelt de ellende zich op: de moeder is prostituee, de vader alcoholist, de minnaar doet in louche zaakjes, het jongere broertje is diabeticus. Moord, incest, gevangenis, ontsnapping, heropvoedingsgesticht: het vormt een neerwaartse spiraal. Te midden van deze stortvloed van tegenspoed krijgen de personages iets innemends over zich. Ze proberen te geloven in het geluk, maar zijn niet opgewassen tegen het noodlot dat al hun illusies verplettert. Liefde is voor hen duidelijk niet weggelegd. Ze hebben wel lief, maar verkeerd, en maken het voorwerp van hun liefde kapot.

Dit bijzonder sombere relaas wordt verteld met alle spanningselementen en bravourestukjes die het genre vereist. Bonmariage had het echter moeilijk met zijn internationale cast (de twee hoofdrolspeelsters zijn Canadees, de jonge held een Fransman en de overige acteurs Belgen): ieder speelt in een andere toonaard en heel wat vertolkingen zijn te zeer aangezet, waardoor veel scènes er hun geloofwaardigheid bij verliezen. Maar Manu Bonmariage is ook met zichzelf in botsing gekomen, door zijn al te nadrukkelijke mise-en-scène en loodzware effecten.

Monsieur

Jean-Philippe Toussaint

Monsieur

DIRECTOR: Jean-Philippe Toussaint
YEAR: 1990
COUNTRY: BE-FR
BASED ON: Monsieur, written by Jean-Philippe Toussaint
DIALOGUE: Jean-Philippe Toussaint
ASST. DIR.: Véronique Labrid
CAMERA: Jean-François Robin, Ariane Damain, Michel Taburiaux
EDITING: Sylvie Pontoizeau, Sylvie Adnin, Sophie Marienneau
SOUND: Dominique Warnier, Christian Monheim
MUSIC: Olivier Lartigue
ART DIRECTOR: Wim Vermeylen
COSTUMES: Fabienne Katany
PRODUCER: Anne-Dominique Toussaint
PROD. CO.: Les Films des Tournelles (Paris), Les Films de l'Etang (Bruxelles), La Sept (Paris)
PROD. SUPERV.: Jean-Jacques Albert
CAST: Dominique Gould (Monsieur), Wojtek Pszoniak (Kaltz), Eva Ionesco (Mme Pons-Romanov), Alexandre Von Sivers (M. Legrien), Aziliz Juhel (Anna Bruckhardt), Tom Novembre (L'ami de Monsieur), Alexandra Stewart (Mme Dubois-Lacourt), Jacques Lippe (M. Parrain), Jany De Stoppani (Mme Parrain), Jean-Claude Adelin (L'agent immobilier)
LANGUAGE: French
GAUGE: 35 mm
SILENT/SOUND: sound
B&W/COLOUR: B&W
MINUTES: 89'

◆ Between 1985 and 1989, the Bruxellois Jean-Philippe Toussaint creates a sensation with his three novels published by the Editions de Minuit, bizarre novels with unpredictable, unhinged characters at the margins of the serious world without rebelling against it. All three books are later adapted for the screen, La salle de bain ("The Bathroom") by John Lvoff (with Tom Novembre), the remaining two - Monsieur and L'appareil-photo ("The Camera", under the title of **La Sévillane**) - by the author himself. An informed film-goer and constant fixture at film museums, Toussaint had failed the entrance exam for the INSAS film school. His first film is astonishing - the world of his novels finds its perfect on-screen equivalent, is made concrete in images and performers. There is much humour in the Tati-Keaton vein, with refined gags, implicit criticism of a mechanized era. The obsessive orderliness of the everyday tips into the peculiar and the central hero moves through a depersonalized universe like a gentle zombie, like Hulot or Buster, a smile or an incongruity never far away.

The director opted for black and white and a relatively unknown lead, Dominique Gould - handsome, dressed all in black, with an absent, then startlingly intense gaze, never thrown by whatever crisis crosses his path. This inscrutable inertia, taste for the absurd and reluctance to communicate (except for when he falls in love) are all perfectly in tune with the spirit of the novel. "Monsieur has a passive and impermeable aura. He plunges into unbelievable situations without losing his cool: he feels foreign to the things he experiences. His entire life is based on the present moment", (Jean-Philippe Toussaint).

● Entre 1985 et 1989, le Bruxellois Jean-Philippe Toussaint fait sensation en publiant trois romans aux Editions de Minuit: de drôles de livres aux personnages imprévisibles, lunaires et farfelus, comme en marge du monde sérieux, dont ils se démarquent sans le contester. Les trois livres seront portés à l'écran: La salle de bain par John Lvoff (avec Tom Novembre), les deux suivants par l'auteur lui-même: Monsieur et L'appareil-photo (rebaptisé **La Sévillane**). Cinéphile averti, rat de cinémathèque, refusé à l'épreuve d'entrée de l'INSAS, Toussaint aborde la mise en scène en autodidacte et le résultat est étonnant: son monde écrit va trouver à l'écran sa transposition parfaite, se concrétiser en images et en interprètes. L'humour à la Tati, à la Keaton est au rendez-vous, avec des gags épurés, la critique implicite d'une époque mécanisée, le pivotement vers l'insolite d'un quotidien trop ordonné, le héros central évoluant comme un gentil zombie dans un univers dépersonnalisé, tel Hulot ou Buster, sur le mode du sourire et de l'incongru.

Le cinéaste a choisi le noir et blanc et un comédien peu connu, Dominique Gould, beau, tout habillé de noir, le regard absent soudain intense, jamais désarmé par le pire. Cette inertie imperturbable, ce goût jubilatoire de l'absurde, cette non-envie de communiquer (sauf lorsqu'il tombe amoureux) sont parfaitement fidèles à l'esprit du roman: "Monsieur a une opposition passive et imperméable. Il se plonge dans des situations incroyables, sans être mal à l'aise: il se sent étranger à ce qui lui arrive. Toute sa vie est basée sur l'instant présent" (Jean-Philippe Toussaint). (RM)

▶ Tussen 1985 en 1989 publiceerde de Brusselaar Jean-Philippe Toussaint drie romans bij de Editions de Minuit: bevreemdende boeken bevolkt door onvoorspelbare, dromerige zonderlingen die zich bewegen in de marge van de ernstige wereld, zonder zich ertegen te verzetten. Deze werken werden verfilmd: La salle de bain door John Lvoff (met Tom Novembre), de twee andere - Monsieur en L'appareil-photo (onder de titel **La Sévillane**) - door de auteur zelf. Als cinefiel en vaste klant van filmmusea begon Toussaint, ooit nog gezakt voor de toelatingsproef van het INSAS, aan de regie als autodidact, met verbluffend resultaat: de wereld uit zijn boeken kwam op het doek volledig tot zijn recht en kreeg vaste vorm in de beelden en de acteurs. Humor à la Tati of Keaton is steevast op het appèl: frisse gags, rake kritiek op onze gemechaniseerde eeuw, het ongewone dat plots de geordende realiteit verstoort, een hoofdpersonage dat ongemanierd doch goedgeluimd als een brave zombie (net zoals Hulot of Buster) zijn gang gaat in een onpersoonlijk universum.

De cineast koos voor zwart-wit en een onbekende acteur, Dominique Gould: knap, in het zwart gehuld en nooit van zijn stuk te brengen, met een nu eens afwezige, dan weer intens starende blik. Deze onverstoorbare traagheid, deze vreugdevolle liefde voor het absurde en deze onwil tot communicatie (behalve wanneer hij verliefd wordt) blijven de geest van de roman trouw: "Meneer belijdt een passief en ondoorgrondelijk verzet. Hij stort zich op zijn dooie gemak in de meest ongelooflijke situaties: hij voelt zich niet betrokken bij wat hem overkomt. Zijn hele leven draait rond het moment van nu." (Jean-Philippe Toussaint)

Le cantique des pierres

Michel Khleifi

Le cantique des pierres
Nashid al-hagar
Canticle of Stones
Lied der Steine

DIRECTOR: Michel Khleifi
YEAR: 1990
COUNTRY: BE-GW-UK
SCREENPLAY: Michel Khleifi
ASST. DIR.: Georges Khleifi, Ziad Fahoum, Hayyan Joubeh, Hassan Jibril
CAMERA: Raymond Fromont, Hisham Abed
EDITING: Moufida Tlatli, Dima Al Joundi
SOUND: Ricardo Castro, Dirk Bombey
MUSIC: Jean-Marie Sénia
PRODUCER: Michel Khleifi
PROD. CO.: Sourat Films (Bruxelles), RTBF (Bruxelles), CBA (Bruxelles), ZDF (Mainz), Channel 4 (London)
PROD. SUPERV.: Jacqueline Louis, Georges Khleifi, Perinne Humblet
CAST: Bushra Karaman (Elle), Makram Khouri (Lui)
LANGUAGE: French
GAUGE: 16 mm
SILENT/SOUND: sound
B&W/COLOUR: colour
MINUTES: 105'

◆ This is the most profoundly original and innovatory film by Michel Khleifi, a Palestinian from Brussels, a Belgian from Nazareth. At its heart lies the need to show the Intifada, the extreme violence of everyday life and death in the occupied territories: the revolt of a father whose sons were killed before his eyes by the Israeli army; the cries of a woman whose house has been arbitrarily demolished; the broken life of an old lady who has lost everything and now lives in the infinite sadness of ransacked orchards and olive groves; the catalogue of intimidation and aggression towards the population; the hospitals filled with the injured...

This intolerable reality is not captured in furtive reportage-style images. Instead we are allowed enough time for our comprehension and compassion to be aroused. The people exist with their tears and words, and in the midst of this inhumanity it is the human which really stands out. This is the land of stones. And yet it is offset by the "canticle", a love story reuniting in a series of incantational meetings a Galilean woman and a man from the West Bank, separated by imprisonment and exile. These lovers, spiritual kin of the **Hiroshima mon amour** couple, hold the key to the memory and meaning of this crucified present and the word that speaks their love reconnects with history in a constant interweaving of past and present. Their exchange has the poetic intensity of the Canticle of Canticles and gives the film all its meaning, opposing hate with love.

● Il s'agit sans doute ici du film le plus original et le plus novateur de Michel Khleifi, Palestinien de Bruxelles et Belge de Nazareth. Guidé par la volonté de témoigner sur l'intifada, le cinéaste relate l'extrême violence de la vie et de la mort, devenue quotidienne, dans les territoires occupés. Succèdent à la révolte d'un père, qui a vu ses fils tués devant ses yeux par l'armée israélienne, les cris d'une femme dont on a démoli arbitrairement la maison, la vie cassée d'une vieille dame qui a tout perdu et qui vit dans l'infinie tristesse des vergers saccagés et des oliveraies disparues, les intimidations et les agressions constantes contre la population, les hôpitaux surpeuplés de blessés...

Cette réalité, intolérable, n'est pas filmée à la sauvette avec quelques images de reportage télévisuel. Elle laisse le temps de la compréhension et de la compassion. Les gens existent avec leurs larmes et leurs mots. Dans cette inhumanité, dans ce territoire des pierres, c'est encore l'humain qui prime. La preuve: "le cantique", celui d'une histoire d'amour qui relie, dans des retrouvailles incantatoires, une Galiléenne et un Cisjordanien que la prison et l'exil avaient séparés. Ce couple d'amants, frère de celui d'**Hiroshima mon amour**, porte la mémoire, le sens du présent crucifié et la parole amoureuse qui se rattache à l'histoire dans un constant tissage entre le présent et le passé. Leur échange a l'intensité poétique du Cantique des cantiques et donne tout son sens au film: opposer l'amour à la haine. (JA)

▶ Dit is de meest originele en vernieuwende film van Michel Khleifi, Palestijn in Brussel en Belg in Nazareth, waarmee hij wilde getuigen over de Intifada, het extreme geweld van het leven en de dood van alledag in de bezette gebieden: de opstand van een vader die zijn zoons voor zijn ogen heeft zien vermoorden door het Israëlische leger, de kreten van een vrouw wier huis willekeurig werd vernield, het gebroken leven van een oude vrouw die alles heeft verloren en leeft in onmetelijk verdriet over haar geplunderde gronden en verwoeste olijfgaarden, de voortdurende intimidatie van en agressie tegen de bevolking, de ziekenhuizen vol gewonden...

Deze onduldbare werkelijkheid werd niet vastgelegd in de vluchtige beelden van een tv-reportage. De film laat ons de tijd om te begrijpen, mee te voelen. In deze onmenselijke werkelijkheid komen de mensen juist op de voorgrond, echte mensen, met hun tranen en woorden. Dit is het land der stenen. Maar daartegenover staat het "hooglied", het liefdesverhaal dat in een betoverend weerzien een Galilese en een Transjordaan samenbrengt, die waren gescheiden door de gevangenis en de verbanning. Het liefdespaar, verwant in geest met het **Hiroshima mon amour**-koppel, draagt de herinnering en de betekenis uit van dit opgeofferde heden. Hun amoureuze gesprekken zijn verbonden met de geschiedenis in een onafgebroken verweving van heden en verleden. Hun dialoog heeft de poëtische intensiteit van het Hooglied, het Lied der Liederen, en geeft de film zijn betekenis: liefde tegenover haat stellen.

The Golden Boat

Raul Ruíz

The Golden Boat
Le bateau d'or
La chaloupe d'or
La barca de ora

DIRECTOR: Raul Ruíz
YEAR: 1990
COUNTRY: BE-US
SCREENPLAY: Raul Ruíz
ASST. DIR.: Christine Vachon
DIR. PHOT.: Maryse Alberti
EDITING: Sylvia Waliga
SOUND: Piero Mura
MUSIC: John Zorn
ART DIRECTOR: Flavia Galuppo
COSTUMES: Elizabeth Jenyon
PRODUCER: James Schamus, Jordi Torrent
PROD. CO.: Golden Boat Productions (New York), Duende Pictures (New York), Symbolic Exchange (New York), The Kitchen, Nomad Films (Bruxelles-Luxembourg), AALB Partners
ASSOC. PROD.: Scott Macauley, Dimitri de Clercq, Jacques de Clercq
PROD. MGR.: Robin O'Hara
CAST: Michael Kirby (Austin), Federico Muchnik (Israel Williams), Michael Stumm (Tony Luna), Mary Hestand (Alina), Kate Valk (Amelia Lopes), Brett Alexander (Doc), Stephan Balint (Hit Man 1), Barbet Schroeder (Mean passerby), Jim Jarmusch (Stranger), Kathy Acker (Professor), Annie Sprinkle (Waitress), Karl Soderstrom (Hit Man 2), Steven Max Grenyo (Hit Man 3)
LANGUAGE: English
GAUGE: 16 mm
SILENT/SOUND: sound
B&W/COLOUR: B&W + colour
MINUTES: 83'

◆ The breathless itinerary of Raul Ruíz is notorious: leaving his native Chile, he shoots a staggering fifty feature-length films in the space of three decades. Travelling between Paris, Lisbon and Rotterdam, throwing together at breakneck speed delirious films full of bizarre quirks, cultivating a sardonic esotericism grounded in the fantastic, Ruíz remains impossible to classify, a marginal film-maker ignored by the audience at large, each of his works a light-hearted blend of wheat and chaff. On two occasions he works under Belgian auspices, at the end of the eighties. First in Brussels, where he rounds off an acting class by shooting within the space of a few days a phantasmagorical version of Arthur Adamov's **Professeur Taranne** (with Hadelin Trinon in the title role) - 55 minutes, for the laughable budget of three million francs. Then three years later, in New York, the De Clercq producers co-finance his first lightning shoot in the USA.

Between a theatrical experiment in Italy and two projects in France, Ruíz manages to scrape together the eleven days necessary to film one of his scripts, **The Golden Boat**. This time, he sets out to capture the style of the American B-movie, parodying the conventions of film noir (and, to add an extra twist, working in the artificial world of television soap operas). A fake down-and-out with a mysterious past knifes a series of peaceful citizens for no apparent reason and then hooks up with a rock-crazy academic, the two philosophizing about God, TV and violence (and meeting Jim Jarmusch and Barbet Schroeder) - a typical Ruíz cocktail, as ever reserved for the happy few of the cinémathèque crowd.

● On connaît l'essoufflant itinéraire de Raul Ruíz, s'exilant de son Chili natal pour réaliser plus de 50 longs métrages en trois décennies. Naviguant entre Paris, Lisbonne ou Rotterdam, bricolant dans l'urgence des films délirants aux canevas riches en bizarreries, cultivant un ésotérisme narquois sur fond de fantastique, Ruíz demeure un cinéaste inclassable et marginal, ignoré du grand public, et dont chaque œuvre mélange allègrement les pépites et les scories. Par deux fois, il travaillera sous pavillon belge, à la fin des années 80. A Bruxelles d'abord, où il terminera un stage pour comédiens en tournant avec eux, en quelques jours, une version fantasmagorique du **Professeur Taranne** d'Arthur Adamov. Avec Hadelin Trinon dans le rôle-titre, le film (de 55') avait un budget dérisoire de trois millions de francs. Puis, trois ans plus tard, à New York, les producteurs De Clercq cofinanceront son premier tournage-éclair aux Etats-Unis.

Entre une expérience théâtrale en Italie et deux projets en France, Ruíz trouva les onze jours nécessaires pour réaliser un de ses scripts: **The Golden Boat**. Sa gageure était, cette fois, de retrouver le style de la série B américaine en parodiant les conventions propres au film noir (et, pour compliquer les choses, en y intégrant le monde artificiel des soap operas). Un faux clochard au passé nébuleux va poignarder, sans raison évidente, une série de paisibles citoyens; puis se lier avec un universitaire, fou de rock, avec qui il philosophera sur Dieu, la télé et la violence (tout en croisant Jim Jarmusch ou Barbet Schroeder). Un cocktail à la Ruíz, réservé, comme toujours, aux happy few des cinémathèques. *(RM)*

▶ De hectische levensloop van Raul Ruíz is genoegzaam bekend: hij ging in ballingschap uit zijn geboorteland Chili en draaide 50 langspeelfilms in amper drie decennia. In Parijs, Lissabon of Rotterdam knutselde hij tegen de klok waanzinnige films in elkaar, vol rijke doch bevreemdende taferelen, en ontwikkelde hij een ironisch, fantastisch getint esoterisme. Ruíz blijft tot op heden een marginale cineast, onbekend bij het grote publiek, die nergens thuishoort en wiens films altijd een mengeling zijn van complete uitersten. Eind jaren 80 voer hij twee keer onder Belgische vlag: te Brussel, waar hij een acteursstage afrondde door met de deelnemers een fantasmagorische versie van **Professeur Taranne** van Arthur Adamov te maken (met Hadelin Trinon in de hoofdrol) - 55 minuten met een ridicuul budget van drie miljoen frank -, en drie jaar later te New York, waar de producers De Clercq zijn eerste blitzonderneming in de VS cofinancierden.

Tussen een theaterervaring in Italië en twee andere projecten in Frankrijk, vond Ruíz de tijd om, in 11 dagen, een van zijn scenario's te verfilmen: **The Golden Boat**. Hij wou de stijl van de Amerikaanse B-films evoceren door het film noir-genre te parodiëren (en er daarbovenop nog eens de nepwereld van de televisiesoaps in te verwerken). Een valse landloper met een duister verleden steekt - zonder duidelijk motief - een reeks vreedzame burgers neer, knoopt vriendschap aan met een universiteitsstudent verzot op rockmuziek en filosofeert met hem over God, televisie en geweld (onderweg Jim Jarmusch en Barbet Schroeder kruisend): een Ruíziaanse cocktail, zoals altijd voorbestemd voor de incrowd van de filmarchieven.

A fleur de terre

Thierry Michel

A fleur de terre
From the Grass Roots

DIRECTOR: Thierry Michel
YEAR: 1990
COUNTRY: BE-FR
SCREENPLAY: Thierry Michel
ASST. DIR.: Bréno Silveira De Oliveira, Marie-Anne Thunissen
DIR. PHOT.: Jacques Duesberg
CAMERA: Thierry Michel
EDITING: Denise Vindevogel, Fernando Cabrita
SOUND: André Brugmans, Christiano Maciel
MUSIC: Stéphane Martini
PRODUCER: Christine Pireaux
PROD. CO.: Les Films de la Passerelle (Angleur), WIP (Liège), RTBF (Bruxelles), La Sept (Paris)
ASSOC. PROD.: Jacqueline Pierreux
LANGUAGE: Portuguese, French
GAUGE: 16 mm
SILENT/SOUND: sound
B&W/COLOUR: colour
MINUTES: 62'

◆ **From the Grass Roots** is part of Thierry Michel's Brazilian diptych. As with the other shorter film **Street Kids of Rio**, its theme is the overwhelming misery of the urban under-class. But in a hierarchy of distress the favelas fare better than the homeless children quite simply because, as miserable as it may be, there is still a roof over the inhabitants' heads plus a solidarity which binds them in a coherent social group.

To paint a portrait of the favela "Mangueira" Thierry Michel selected three charismatic, positive figures. Mario the priest has the gift of drawing upon the fervour and religiosity inherent in all multi-racial mixtures to create concrete results. Israël the halfcaste, elected president of the favela, has his own raison d'être in the local samba school and the comic, magnificent spectacle of the carnival. Eunice, the superb maternal madam, looks after girls driven to prostitution and gives them a sense of dignity and normality.

The film however does not skirt around any of the dramas which beset the "village": drugs, AIDS, the precarious if not abominable living conditions and top of the list the brutality of a police force which comes to the area to play at Rambo. Yet it was the film-maker's (successful) intent to capture the improvisational nature of a "sui generis" culture which somehow manages to live through and transcend all the difficulties and affirm its vitality and values. In this film lives a strong human presence, a humanism that is so overwhelmingly there that it needs no words for explanation.

● **A fleur de terre** fait partie du diptyque brésilien de Thierry Michel. Le sujet est le même que celui du moyen métrage **Gosses de Rio**: l'immense misère du sous-prolétariat urbain. Mais dans la gradation de la détresse, les favelas sont mieux loties que les enfants sans domicile. Tout simplement parce qu'il y a un toit, tout aussi misérable soit-il, et aussi la solidarité d'un groupe social organisé.

Pour faire le portrait de la favela "Mangueira", le cinéaste a choisi trois personnages positifs et charismatiques. Mario, le prêtre, sait concrétiser une ferveur et une religiosité héritées de tous les bagages multiraciaux. Israël, le métis élu président de la favela, lui donne, pour sa part, une raison d'exister, avec son école de samba et la perspective ludique et magnifique du carnaval. Eunice, superbe et maternelle maquerelle, tient en main les filles qui doivent se prostituer et leur redonne le sentiment de la dignité ou simplement de leur normalité.

Le film, pour autant, n'élude aucun des drames qui assaillent le "village": la drogue, le sida, les conditions de vie précaires, voire abominables, et surtout la violence des policiers qui viennent jouer au "Rambo". Le cinéaste a voulu, et a su, capter le bricolage d'une culture "sui generis" qui arrive à traverser et à transcender toutes les difficultés pour affirmer sa vitalité et ses valeurs. Il y a dans ce film une présence forte de l'humain, de l'humanisme, celui qui est là, comme monsieur Jourdain faisait de la prose, sans mettre de mots sur les actes. *(JA)*

▶ **A fleur de terre** maakt deel uit van het Braziliaanse tweeluik van Thierry Michel. Net als in de middellange film **Gosses de Rio** is het onderwerp hier de ellende van de allerarmsten in de steden. Maar wat de ontreddering betreft komen de kinderen in de krottenwijken, of favela's, er beter van af dan de zwerfkinderen. Omdat ze een dak boven hun hoofd hebben, hoe miserabel ook, en omdat ze de solidariteit kennen van een sociale leefgemeenschap.

Om een beeld te schetsen van de favela "Mangueira" koos de cineast drie personages met een zeer positieve uitstraling. Mario, de priester, weet uit alle multiraciale bagage godsdienstigheid en vurige toewijding te distilleren. Israël, de tot leider van de favela gekozen métis, vindt op zijn beurt een bestaansreden in zijn Samba-school en het vooruitzicht van het schitterende en vrolijke carnaval. De prachtige, moederlijke hoerenmadam Eunice geeft de meisjes die zich moeten prostitueren een gevoel van waardigheid, van normaal te zijn.

De film gaat echter geen van de drama's die het "dorp" teisteren uit de weg: drugs, aids, de moeilijke, vaak zelfs onhoudbare levensomstandigheden en vooral het geweld van de politie, die regelmatig "Rambo" komt spelen. De cineast slaagt in het vatten van deze bijeengesprokkelde cultuur met een eigen aard, die in staat is alle moeilijkheden te doorstaan en te overstijgen en daarmee haar eigen waarden en levenskracht bevestigt. Het humane, het humanisme, is hier alom en haast vanzelfsprekend aanwezig, zonder dat dit verder enige uitleg behoeft.

La veillée

Samy Pavel

La veillée
La passion Van Gogh
Souvenirs du jardin d'Etten
Memories of the Garden of Etten
The Van Gogh Wake

DIRECTOR: Samy Pavel
YEAR: 1990
COUNTRY: BE-FR
SCREENPLAY: Samy Pavel, Armand Eloi, Jeanine Hebinck, Juliette Thierrée
DIALOGUE: Samy Pavel, Armand Eloi, Jeanine Hebinck, Juliette Thierrée
ASST. DIR.: François Enginger, Didier Borgnis
DIR. PHOT.: Nino Celeste
CAMERA: Jean Clavet, Sébastien Veyrin-Forrer
EDITING: Isabelle Dedieu
SOUND: Ricardo Castro, Patrice Mendez
ART DIRECTOR: Emmanuelle Sage, Patrice Biarant
PRODUCER: Alain Keytsman, Martine Kelly
PROD. CO.: Alain Keytsman Production (Bruxelles), Triplan Productions (Paris), Heliopolis Films (Paris)
PROD. SUPERV.: Georges Hoffman
CAST: Macha Meriko (La mère), Jean-Pierre Laurit (Théo Van Gogh), Philippe Volter (Albert Aurier), Armand Eloi (Pasteur), Juliette Thierrée (Wilhelmine), Nicole Riston (Anna), Irène Jacob (Johanna), Idit Cébula (Elisabeth)
LANGUAGE: French
GAUGE: 35 mm
SILENT/SOUND: sound
B&W/COLOUR: colour
MINUTES: 87'

◆ An accursed film-maker, systematically ignored by the cultural bureaucrats, Samy Pavel vigorously pursued his flamboyant career despite an impressive list of projects abandoned and productions frozen by the lack of resources. Among them was his script about Van Gogh (*Letter to Théo*), which he hoped to shoot during the course of the eighties but never got off the ground. Nevertheless, resolved to discuss a man whose fate obsessed him as a similarly misunderstood artist, he managed to scrape together a minimal budget, enough to shoot within less than two weeks (a feat accomplished by imposing sixteen-hour days) a more intimate approach to this tormented figure. The film also represented the first meeting, one year before **The Double Life of Véronique**, of two relatively unknown actors: the Belgian Philippe Volter and the luminous Irène Jacob, here playing the wife of Théo Van Gogh.

Rejecting the filmed biography, Pavel speaks of the painter by refraction, by means of a situation, the gathering of those close to the artist for an evening of prayer following his suicide. In the confines of the family presbytery, the mother, Théo and his wife, the three sisters and a French critic - the only one to believe in his genius - vent their resentment, remorse and incomprehension. Frustration and old conflicts boil to the surface in a moment of brutal honesty, often shot in a ceremonial and insistent style: a ritual as in Bergman's films with short scenes divided by black. This was doubtless the reason for the film's belated release two years later, shortly after Pialat and Altman had marked Van Gogh's centenary with big-budget spectaculars for cinema and television.

● Cinéaste maudit s'il en fut, ignoré systématiquement par les bureaucrates de la Culture, Samy Pavel n'en poursuit pas moins sa carrière flamboyante, malgré une impressionnante série de projets avortés ou de productions bloquées, faute de moyens. Ainsi, son scénario sur Van Gogh (*Lettre à Théo*), qu'il espérait tourner tout au long des années 80, n'a jamais abouti. Toutefois, pour parler d'un artiste dont le destin l'obsédait, il parvint à rassembler un budget minimal pour réaliser, en moins de deux semaines, à raison de seize heures par jour, une approche plus intimiste de cet écorché vif, dans lequel il voyait peu ou prou un incompris proche de lui-même. Des acteurs alors mal connus s'y rencontrent pour la première fois, un an avant **La double vie de Véronique**: notre compatriote Philippe Volter et la lumineuse Irène Jacob, en épouse de Théo Van Gogh.

Refusant la biographie filmée, Pavel nous parle du peintre par réfraction, à partir d'une veillée de prières, où ses proches se sont rassemblés après son suicide. Dans le presbytère familial, la mère, Théo et sa femme, ses trois sœurs et un critique français, le seul à croire au génie du disparu, vont vivre un huis clos fait de rancœurs, de remords et d'incompréhension. Les frustrations et les conflits resurgissent, en un règlement de comptes souvent filmé de manière cérémoniale et austère: un rituel à la Bergman, en brèves séquences entrecoupées de noirs. D'où sans doute la sortie tardive de **La veillée**, plus de deux ans après son tournage, quand Pialat et Altman venaient de célébrer spectaculairement et à grands frais le centenaire de Van Gogh pour le cinéma et la télévision. (RM)

▶ Samy Pavel leek wel een verdoemd cineast, zoals hij systematisch genegeerd werd door de cultuurbureaucratie. Niettemin zette hij zijn flamboyante carrière voort, ondanks ettelijke bij gebrek aan middelen afgeblazen projecten en vastgeroeste producties. Ook zijn scenario rond Van Gogh, *Lettre à Théo*, dat hij in de jaren 80 hoopte te verfilmen, kwam nooit van de grond. Om toch over deze kunstenaar te kunnen spreken, wiens noodlot voor hem een obsessie was, schraapte hij een minimaal budget bij elkaar waarmee hij, op minder dan twee weken tijd en aan een tempo van 16 uur per dag, een intimistische kijk bracht op deze verschoppeling, zijn al even onbegrepen geestesgenoot. Twee toen nog relatief onbekende acteurs ontmoetten elkaar hier voor het eerst, een jaar voor **La double vie de Véronique**: onze landgenoot Philippe Volter en een stralende Irène Jacob als echtgenote van Théo Van Gogh.

Pavel wilde geen verfilmde biografie en verkoos het leven van de schilder indirect te benaderen, uitgaande van de dodenwake na zijn zelfmoord. In de huiskapel verzamelen zich de moeder, Théo en zijn vrouw, zijn drie zusters en een Frans criticus, de enige die in het genie van Van Gogh geloofde. In deze huis clos wordt elkeen geplaagd door wrok, wroeging en onbegrip; oude frustraties en conflicten komen weer aan de oppervlakte. Deze "vereffening" wordt op een indringende, ceremoniële wijze in beeld gebracht: een ritueel met korte sequenties gescheiden door zwart, net als bij Bergman. Waarschijnlijk werd de film daarom pas twee jaar later uitgebracht, toen Pialat en Altman reeds op spectaculaire (en peperdure) wijze het eeuwfeest van Van Gogh in de bioscoop en op de televisie gevierd hadden.

Babel - lettre à mes amis restés en Belgique

Boris Lehman

Babel - lettre à mes amis restés en Belgique
Babel - a Letter to My Friends Left Behind in Belgium

DIRECTOR: Boris Lehman
YEAR: 1991
COUNTRY: BE
SCREENPLAY: Boris Lehman
ASST. DIR.: Geneviève Robillard, Nadine Wandel
CAMERA: Michaël Sander, Antoine-Marie Meert
EDITING: Daniel De Valck
SOUND: Henri Morelle
MUSIC: Edouard Higuet, Fernand Schirren
COMMENTS: Boris Lehman
PRODUCER: Boris Lehman, Marilyn Watelet
PROD. CO.: Dovfilm (Bruxelles), Paradise Films (Bruxelles)
CAST: Boris Lehman, Balou Yalon, Nathalie Yalon, Kathleen de Béthune, Evelyne Paul, Marie-Paule Gaillard, Christine Defrise, Nadine Wandel, Maggy Collard, Jean-Paul Tréfois, Thierry Zéno, Samy Szlingerbaum, Marie-Jeanne Voz, Leyland Doyen, Maryse Mathy
LANGUAGE: French
GAUGE: 16 mm
SILENT/SOUND: sound
B&W/COLOUR: colour
MINUTES: 380'

◆ **Babel** forms the first part of a quadrigeminal 24-hour series which will later also encompass **Etranges étrangers**, **Le juif errant** and **A la recherche de mon temps perdu**. This first instalment is further subdivided into two parts of 160 and 220 minutes; in other words, this film is a prime example of Boris Lehman's approach to cinema, of his determination to film himself and his world. Each film in the series is organized as the fragments of a personal diary, a camera-eye separating off sections of time.

"This episode," writes Lehman, "is centred on the everyday Brussels life of a film-maker preparing a work on Babel and who dreams of following in the footsteps of Antonin Artaud with the Tarahumara Indians in Mexico. With no fixed abode, he wanders through a city apparently his own, then ends up leaving. On his return, the people and circumstances have changed. Problems mount up. He loses his job, has to move house, argues with his friends and finishes up alone - he, who had known so many - singing the song *Parlez-moi d'amour* ("Talk to Me About Love")."

The microscopic enormity of life (the two terms are not mutually exclusive) here takes on an epic dimension, that of a Ulysses who undertakes what in reality may be only a brief journey but whose internal adventures are just as extensive as those of the seafarer. Operating somewhere between a traditional storybook and a picaresque, the film crosses fiction and documentary, comedy and drama, autobiography and historicity. Yet above all it takes stock, representing less the portrait of its author than the chronicle of an archivist who finds a place for happiness whilst recording irreparable loss.

● **Babel** est le premier volet d'une œuvre quadripartite de 24 heures qui comportera encore **Etranges étrangers**, **Le juif errant**, et **A la recherche de mon temps perdu**. La première partie, de manière arborescente, se divise déjà en deux, l'une de 160 minutes et l'autre de 220 minutes. On se trouve là au centre même de la démarche cinématographique de Boris Lehman, de sa volonté proliférante de filmer le monde et lui-même. Cette captation continue se divise en fragments organisés d'un journal intime ou d'un œil-caméra qui découpe le temps en feuilletons.

"Cet épisode", écrit Boris Lehman, "est centré sur la vie quotidienne, à Bruxelles, d'un cinéaste qui prépare un film sur Babel et rêve d'aller au Mexique sur les traces d'Antonin Artaud chez les indiens Tarahumaras. Sans domicile fixe, il erre dans une ville qui semble lui appartenir, puis il finit par partir. Quand il revient, les choses et les gens ont changé. Les ennuis s'accumulent. Il perd son travail, doit déménager, se dispute avec ses amis et finit par se retrouver seul, lui qui avait côtoyé tant de monde, à chanter *Parlez-moi d'amour*". Le gigantisme microscopique de la vie (les deux termes ne s'annulent pas) prend ici une dimension d'épopée, celle d'un Ulysse au bref voyage mais dont les aventures immobiles valent bien les pérégrinations du navigateur. Entre romanesque et picaresque, le film traverse la fiction et le documentaire, la comédie et le drame, l'auto-ethnologie et la tentation historique, mais avant tout, il dresse un état des lieux qui, en définitive, est moins le portrait de son auteur que la chronique d'un archiviste qui capte le bonheur, tout en disant l'irrémédiable perte. (JA)

▶ **Babel** is het eerste deel van een 24 uur durend vierluik, dat later nog **Etranges étrangers**, **Le juif errant** en **A la recherche de mon temps perdu** zal omvatten. **Babel** zelf is opgesplitst in twee delen van 160 en 220 minuten. Hiermee bevinden we ons in het epicentrum van Boris Lehmans cinematografische methode, van zijn streven om zichzelf en de wereld te filmen. Elk deel vormt een episode uit een journal intime, waarbij de tijd, als in een feuilleton, gefragmenteerd is.

"Deze episode", schreef Lehman, "behandelt het dagelijkse leven van een cineast te Brussel die een film over Babel voorbereidt en ervan droomt naar Mexico te reizen om, in het spoor van Antonin Artaud, op zoek te gaan naar de Tarahumara-indianen. Zonder vast adres zwerft hij door een stad die van hem lijkt te zijn, waar hij tenslotte uit vertrekt. Bij zijn terugkeer zijn mensen en dingen veranderd en stapelen de moeilijkheden zich op. Hij verliest zijn job, moet verhuizen, krijgt ruzie met zijn vrienden en blijft uiteindelijk alleen achter, het liedje *Parlez-moi d'amour* neuriënd".

De microscopische reusachtigheid van het leven (deze twee termen heffen elkaar niet op) krijgt hier een epische dimensie, die van een Odysseus die slechts een korte reis maakt maar wiens innerlijke avonturen opwegen tegen de zwerftochten van een zeevaarder. Tussen klassieke vertelling en schelmenroman doorkruist de film fictie en documentaire, komedie en drama, auto-etnologie en geschiedenis. Maar bovenal wordt een inventaris opgemaakt, die niet zozeer het portret van de auteur is, maar eerder de kroniek van een archivaris die, hoewel hij de vreugde verkondigt, het onverbiddelijke verlies evoceert.

Blanval

Michel Mees

Blanval

DIRECTOR: Michel Mees
YEAR: 1991
COUNTRY: BE-FR
SCREENPLAY: Pierre De Clercq, Isabelle Willems, Daniel Goldenberg
DIALOGUE: Daniel Goldenberg
ASST. DIR.: Jean-François Chaintron, Bernard Juncker
DIR. PHOT.: Patrice Payen
CAMERA: Pierre Gordower, Ella Van den Hove
EDITING: Denise de Casabianca, Mary Savic
SOUND: Jean-Claude Boulanger, André Defossez
MUSIC: Jorge Arriagada
ART DIRECTOR: Véronique Mélery
COSTUMES: Catherine Frognier
PRODUCER: Jacqueline Pierreux
PROD. CO.: RTBF (Bruxelles), Zenab (Bruxelles), AO Productions (Paris), SGGC (Paris)
PROD. SUPERV.: Michèle Tronçon
ASSOC. PROD.: Jean-Bernard Fetoux, Nicole La Bouverie, Pascale Osterrieth
CAST: Zabou (Emma), Michel Feller (Laurent), Wladimir Yordanoff (Justin), Catherine Aymerie (Suzanne), Serge Demoulin (Jean-Charles), Nicole Valberg (Elisabeth), François Marthouret (Le châtelain), Erik Burke (Arnold), Rik Hancke (Von Grisenberg), Nicole Colchat (Françoise), Françoise De Paeuw (Marie-Louise), Katalin Vital (Léone), Tatiana Bureaux (Charlotte), Ludo Busschots (Reinach), Filip Peeters (Kranz)
LANGUAGE: French
GAUGE: 35 mm
SILENT/SOUND: sound
B&W/COLOUR: colour
MINUTES: 90'

◆ A successful pupil at the INSAS film school, director for television and assistant to Marion Hänsel and Gérard Corbiau, Michel Mees made his first feature for television in 1988 with a remake of **The House on the Dune**, a dramatic love story centred on smugglers which had already been adapted twice from Maxence Van der Meersch's extremely old-fashioned novel by Pierre Billon in 1934 and by Georges Lampin in 1951. Taking one step further back into the past, **Blanval** is set in 1917 and marks Mees' début proper.

Curiously, the script has certain parallels with the first Belgian classic, Alfred Machin's **War Is Hell**. It also features a heroine who falls in love with a foreign aviator against the backdrop of war. Both films are bathed in a bittersweet romanticism between passion and fate, dread and tears. However, for the young washerwoman of the château de Blanval, the drama is played out between three pretenders: an injured Canadian soldier she is hiding, a German officer whose ambiguous affection protects her and the steward of the estate, an odious blackmailer.

Michel Mees sets out to recreate meticulously the period setting, but in the end the costumes win out over sensitivity, the clichés hamper the emotion and the imagination is never stimulated. The result is a well-meaning failure which was ignored by audiences.

● Bon élève de l'INSAS, réalisateur à la télévision, assistant de Marion Hänsel et de Gérard Corbiau, le Bruxellois Michel Mees avait tourné un premier long métrage pour la télévision en 1988: le remake de **La maison dans la dune**. Ce drame d'amour chez les contrebandiers avait déjà été porté à l'écran par Pierre Billon en 1934, et par Georges Lampin en 1951, et était adapté du roman fort dépassé de Maxence Van der Meersch. Reculant plus loin dans le passé, c'est en 1917 que se déroule l'histoire de **Blanval**, film qui marque les vrais débuts de Mees au cinéma.

Curieusement, le scénario renoue avec notre grand premier classique du cinéma belge: **Maudite soit la guerre**, d'Alfred Machin. On y retrouve une héroïne éprise d'un aviateur étranger et un amour sur fond de guerre, ici en Belgique occupée. Un même romantisme amer, entre passion et destin mauvais, entre la peur et les larmes, baigne les deux films. Cela dit, pour la jeune lavandière du château de Blanval, tout se joue entre trois prétendants: un soldat canadien blessé, qu'elle cache; un officier allemand, dont l'affection ambiguë la protège; et le régisseur du domaine, qui exerce sur elle un chantage odieux.

Selon la critique, Michel Mees a soigné dans le moindre détail cette reconstitution rétro d'une époque, mais le décoratif l'emporte sur le sensible, les clichés freinent l'émotion, et l'imaginaire ne décolle jamais. Au bout du compte, un ratage de bonne volonté, que le public négligera. (RM)

▶ Michel Mees - veelbelovend student aan het INSAS, later televisieregisseur en assistent van Marion Hänsel en Gérard Corbiau - leverde in 1988 een eerste televisiefilm af: een remake van **La maison dans la dune**, naar een sterk verouderde roman van Maxence Van der Meersch. Dit liefdesdrama, gesitueerd in het smokkelaars-milieu, werd reeds in 1934 verfilmd door Pierre Billon en in 1951 door Georges Lampin. Maar zijn eigenlijke langspeelfilmdebuut maakte Mees met **Blanval**.

Het verhaal speelt zich af in 1917 en sluit vreemd genoeg nauw aan bij onze eerste klassieker: **Maudite soit la guerre** van Alfred Machin. Ook hier wordt de heldin verliefd op een buitenlandse piloot terwijl op de achtergrond de oorlog woedt, ditmaal in bezet België. Beide films zijn doordrenkt met eenzelfde bittere romantiek die passie en noodlot met elkaar verenigt. De jonge wasvrouw van het kasteel van Blanval zit tussen drie vuren, of beter gezegd, drie aanbidders: een gewonde Canadese soldaat die ze helpt onderduiken, een Duitse officier die haar beschermt met zijn dubbelzinnige affectie, en een rentmeester die haar schaamteloos chanteert.

Filmcritici waren het eens over Mees' uiterst verzorgde evocatie van een vervlogen tijd, maar tegelijkertijd waren ze van mening dat het gevoelige aspect al te vaak moest wijken voor het decoratieve, dat de clichés de emotie beteugelden en dat de fictie maar niet van de grond raakte. Een goedbedoelde misser, genegeerd door het publiek.

Boys
Jan Verheyen

Boys

DIRECTOR: Jan Verheyen
YEAR: 1991
COUNTRY: BE
SCREENPLAY: Jan Verheyen
DIALOGUE: Jan Verheyen
ASST. DIR.: Arno Dierickx, Katrien Van Nieuwenhove
DIR. PHOT.: Jan Vancaillie
CAMERA: Jan Vancaillie, Marijke Van Kets
EDITING: Philip Ravoet, Karin Vaerenberg, Karin Van den Broecke, Petra Van Rompaey
SOUND: Bert Flantua, Bert Marskamp
MUSIC: Marc Punt, Talent Factory
ART DIRECTOR: Johan Van Essche, Guy Cantraine
COSTUMES: Kristien Van Passel, Tine Verbeugt
PRODUCER: Marc Punt
PROD. CO.: Independent Productions (Brussel)
PROD. SUPERV.: Willum Thijssen, Josée Plas
CAST: Tom Van Bauwel (Tom), Michaël Pas (Peter), Hilde Heijnen (Tanya), Francesca Van Thielen (Dana), Bert André (Mr. Nellens), Chris Cauwenberghs (Jef), Camilia Blereau (Mevr. De Schepper), Mark Verstraete (Maître d'hôtel), Herbert Bruynseels (Robert), Luc Wyns (Tim), Bieke Ilegems (Linda), Karina Geenen (Mevr. Jannie), Danni Heylen (Dienster Sunset), Christel Van Schoonwinkel (Greet), Maja Van den Broecke (Mevr. Vromans), Fred Van Kuyk (Mr. Meulemans), Brigitte Dercks (Joyce), Inge Van Sweevelt (Brenda), Ludo Bisschops (Taxichauffeur), Herbert Flack (Vertegenwoordiger)
LANGUAGE: Dutch
GAUGE: 35 mm
SILENT/SOUND: sound
B&W/COLOUR: colour
MINUTES: 90'

◆ Marc Punt and Jan Verheyen's Independent Productions was established alongside their distribution company as their personal answer to the problems besetting Flemish film. It was intended to promote a pragmatic approach in areas where directors and even producers did not have a genuine feel for developments within the cinema market and the wishes of the public. After both men had gained experience on the production side, Jan Verheyen himself wrote the screenplay for a youth comedy which was directly based on the many American teenpix which were turned out during the eighties. **Boys** was little more than a string of sketches held together by the flimsy plot telling of the hero Peter's search for his great love and his relationship with his friend Tom. The film can also be read as a collection of often naive, sometimes ironic references to a large number of popular films from the eighties. Registers borrowed from films like **9 1/2 Weeks**, **Flodder**, **Scare-Mongers** and **St Elmo's Fire** are mixed with a careless irreverence that sometimes left the critics perplexed, but a spectacular promotion campaign and a popular soundtrack gave **Boys**, which was produced without any form of subsidy, a huge following among the target group for which it was intended. The love-making scenes in which the use of a condom is demonstrated attracted a great deal of attention. As well as the established actor Michaël Pas, leading roles were also given to Tom Van Bauwel and Hilde Heijnen, who were supported by a whole company of well-known figures from the Flemish film and television world.

● Avec Independent Productions (érigé à côté de leur entreprise de distribution), Marc Punt et Jan Verheyen voulaient contribuer à l'amélioration de la situation du cinéma flamand. Ils le firent à partir d'une approche pragmatique, différente des autres producteurs et metteurs en scène qui n'étaient pas toujours en phase avec les évolutions du marché et les souhaits du public. Ils firent leurs premières armes dans la production en tant qu'assistants; puis, Jan Verheyen conçut lui-même le scénario d'une comédie pour adolescents, s'inspirant des "teenpix" américains qui faisaient rage dans le courant des années 80. **Boys**, toutefois, se résume à une somme de sketches ayant pour fil rouge la chasse au grand amour de Peter et son amitié avec son copain Tom. On pourrait considérer ce long métrage comme une anthologie de références naïves et parfois ironiques à un grand nombre de films populaires des années 80. Les registres d'œuvres comme **9 semaines 1/2**, **Les gravos**, **Flics en panique**, ou **Les feux de la St-Elme** sont allègrement mélangés, avec un aplomb qui stupéfia plus d'un critique. Grâce à une campagne promotionnelle spectaculaire, une musique populaire et malgré l'absence de tout subside officiel, **Boys** réussit à attirer massivement le public cible. L'utilisation ostentatoire de préservatifs dans les scènes d'amour constitua le petit plus irrésistiblement accrocheur. A côté de Michaël Pas, dont la réputation n'était plus à faire, on retrouvait Tom Van Bauwel et Hilde Heijnen dans les rôles principaux, entourés de nombreux visages connus du monde de la télévision et du cinéma flamands.

► Marc Punt en Jan Verheyen wilden met Independent Productions, dat ze hadden opgericht naast hun distributiebedrijf, een eigen antwoord formuleren op de probleemsituatie van de Vlaamse film. Daar waar regisseurs en zelfs producenten vaak niet echt voeling hadden met de evolutie van de markt en de wensen van het bioscooppubliek, ging het duo pragmatischer te werk. Nadat beiden enige ervaring hadden opgedaan, schreef Jan Verheyen zelf het scenario van een jongerenkomedie, duidelijk geïnspireerd op de vele Amerikaanse "teenpix" die in de jaren 80 opdoken. Meer dan een aaneenrijging van sketches, met als rode draad de jacht van Peter op zijn grote liefde en zijn relatie met zijn vriend Tom, is **Boys** niet geworden, en de film kan dan ook bekeken worden als een bloemlezing van vaak naïeve, soms ironische referenties naar een groot aantal populaire films van de jaren 80. De registers van onder meer **9 1/2 Weeks**, **Flodder**, **Paniekzaaiers** en **St Elmo's Fire** worden hier vermengd met een vanzelfsprekendheid die de critici vaak verbaasde. Dit alles werd ondersteund door een spectaculaire promotiecampagne en een populaire soundtrack, en zo wist **Boys**, volledig zonder subsidies gedraaid, zijn doelgroep massaal naar de bioscoop te lokken. Het demonstratieve condoomgebruik bij de vrijscènes bezorgde de film nog heel wat extra belangstelling. Naast Michaël Pas, die zijn naam reeds gevestigd had, kregen Tom Van Bauwel en Hilde Heijnen de hoofdrollen toebedeeld, daarbij omringd door een gezelschap van bekende gezichten uit de Vlaamse film- en televisiewereld. (MA)

Eline Vere

Harry Kümel

Eline Vere

DIRECTOR: Harry Kümel
YEAR: 1991
COUNTRY: BE-NE-FR
SCREENPLAY: Jan Blokker, Patrick Pesnot
BASED ON: Eline Vere, written by Louis Couperus
DIALOGUE: Jan Blokker, Patrick Pesnot
ASST. DIR.: Pieter Walther Boer
DIR. PHOT.: Eddy Van der Enden
CAMERA: Yves Vandermeeren
EDITING: Ludo Troch, August Verschueren
SOUND: Bruno Tarrière
MUSIC: Laurens Van Rooyen
ART DIRECTOR: Ben Van Os, Jan Roelfs
COSTUMES: Yan Tax
PRODUCER: Paul Breuls, Matthijs van Heijningen
PROD. CO.: Silent Sunset Productions (Antwerpen),
Sigma Film Productions (Maarssen)
PROD. SUPERV.: Guurtje Buddenberg
CO-PRODUCER: Yannick Bernard
CO-PROD. CO.: Odessa Films (Paris)
CAST: Marianne Basler (Eline Vere), Monique Van
de Ven (Betsy Van Raat), Thom Hoffman
(Vincent Vere), Johan Leysen (Henk Van
Raat), Aurore Clément (Madame Elise Vere),
Michael York (Lawrence St. Clair), Bernard
Kruysen (Theo Fabrice), Paul Anrieu
(Mr. Daniel Vere), Herman Gilis (Otto Van
Erlevoort), Miryanne Boom (Jeanne
Ferelijn), Alexandra Van Marken (Emilie De
Woude Van Bergh), Michaël Pas (Georges De
Woude Van Bergh), Ragnhild Rikkelman
(Lilie Verstraeten), Koen De Bouw (Paul Van
Raat), Karen van Parijs (Frederique Van
Erlevoort), Nelly Frijda (Miss Verstraeten),
Tom Jansen (Mr. Verstraeten), Joop
Admiraal (Hovel), Max Croiset (Mr. Reyer),
Alexandre Von Sivers (Mr. Mirakel), Dora Van
der Groen (Hospita)
LANGUAGE: Dutch
GAUGE: 35 mm
SILENT/SOUND: sound
B&W/COLOUR: colour
MINUTES: 130'/161'

◆ The popular novels of the Dutch writer Louis Couperus had never before been adapted for the cinema. Harry Kümel, after a long absence from the film world, made a remarkable comeback with **Eline Vere**. The script was written by the Dutch journalist Jan Blokker together with the Frenchman Patrick Pesnot, but visually it was Harry Kümel who stamped his own individuality on the film.

In Couperus' intriguing novel, Eline Vere is a neurotic young woman with a turbulent family history who is completely overwhelmed by her irrational dreams. The Eline Vere of the film is the victim of the stifling narrowmindedness which permeated The Hague at the beginning of this century, a dramatic tale perfectly complemented by Kümel's aesthetic sense. He opposes magnificent images of the stiff, snow-covered city of The Hague with the much more colourful and vivacious Brussels.

Kümel is a great admirer of Luchino Visconti and the latter's skill in using style as a visual reflection of the underlying tragedy of a story and its characters. The subtle fin de siècle atmosphere works towards this aim. The Dutch design team of Ben Van Os and Jan Roelfs - regular collaborators of the British film-maker Peter Greenaway - create an extravagantly beautiful set.

Apart from the lengthy cinema version there is also a director's cut of the film in cinemascope. This 161-minute version is rarely shown and testifies to the ups and downs Kümel had with his producers Paul Breuls (Belgium) and Matthijs van Heijningen (Netherlands). The standard two-hour version also failed to strike a chord with a wider public.

● Les livres populaires de l'auteur néerlandais Louis Couperus n'avaient jamais été adaptés à l'écran avant ce film. Avec **Eline Vere**, Harry Kümel effectue un come-back remarquable au cinéma, après de longues années d'absence. Le scénario est issu des plumes conjointes du journaliste hollandais Jan Blokker et du Français Patrick Pesnot. Harry Kümel lui confère son cachet visuel personnel.

Dans le roman passionnant de Louis Couperus, Eline Vere est une jeune femme à l'hérédité chargée, névrotique, vivant dans l'irréalité de ses rêves. Le film la présente surtout comme une victime de la mesquinerie étouffante de l'atmosphère de La Haye au tournant de ce siècle; un drame que l'esthétique de Kümel illustre parfaitement. Ainsi Kümel oppose les images de La Haye enneigée à la vivacité et aux coloris de Bruxelles.

Le cinéaste est un grand admirateur de Luchino Visconti, qui utilisait le style pour créer une réflexion visuelle et souligner la tragédie de l'histoire et des personnages. L'évocation visuelle de l'ambiance fin de siècle tente de parvenir à cela. Ben Van Os et Jan Roelfs, décorateurs attitrés du cinéaste britannique Peter Greenaway, signent un décor d'une beauté époustouflante.

Outre la version longue, il existe une version "director's cut" en cinémascope. Ce montage de 161 minutes, projeté assez rarement, illustre les difficultés de production rencontrées par Kümel avec ses producteurs Paul Breuls (Belgique) et Matthijs van Heijningen (Pays-Bas). Quant au grand public, il n'apporta pas le succès escompté à la version normale de deux heures environ.

▶ De populaire romans van de Nederlandse auteur Louis Couperus werden nooit eerder verfilmd. Harry Kümel maakte, na een jarenlange afwezigheid in filmland, met **Eline Vere** een opmerkelijke comeback. De Nederlandse journalist Jan Blokker schreef samen met de Fransman Patrick Pesnot het scenario, maar Harry Kümel zette het verhaal vooral visueel naar zijn hand.

In Couperus' meeslepende roman is Eline Vere een erfelijk belaste, neurotische jonge vrouw die geheel opgaat in haar irreële dromen. In de filmversie is ze vooral het slachtoffer van de verstikkende Haagse bekrompenheid van rond de eeuwwisseling, een drama dat door Kümel buitengewoon esthetisch uit de doeken wordt gedaan. Zo laat hij het stijve ondergesneeuwde Den Haag contrasteren met het veel kleurrijker en levenslustiger Brussel.

Harry Kümel koestert een grote bewondering voor Luchino Visconti en diens vermogen stijl te hanteren als een visuele reflectie van de onderliggende tragiek van een verhaal en zijn personages. Deze genuanceerde fin de siècle evocatie beoogt juist dat. Ben Van Os en Jan Roelfs, het vaste Nederlandse decorateursduo van de Britse cineast Peter Greenaway, zorgen daarbij voor een overdadig mooi decor.

Naast de bioscoopversie bestaat er nog een zogenaamde "director's cut" van **Eline Vere** in cinemascope. Deze 161 minuten durende versie werd zelden vertoond, en illustreert de perikelen die Kümel had met zijn producenten Paul Breuls (België) en Matthijs van Heijningen (Nederland). De normale filmversie van zo'n twee uur lang kende echter niet het verhoopte succes. *(RS)*

La domenica specialmente

Giuseppe Tornatore, Marco Tullio Giordana, Giuseppe Bertolucci, Francesco Barilli

Co-production

La domenica specialmente
Le dimanche de préférence
Especially on Sunday

DIRECTOR: Giuseppe Tornatore, Marco Tullio Giordana, Giuseppe Bertolucci, Francesco Barilli
YEAR: 1991
COUNTRY: IT-FR-BE
SCREENPLAY: Tonino Guerra
CAMERA: Tonino Delli Colli, Franco Lecca, Fabio Cianchetti, Gianni Marras
EDITING: Mario Morra, Sergio Nuti, Fiorella Giovanelli, Cecilia Zanuso
SOUND: Christian Vallais, Frank Struys, Stéphane Kah, Alessandro Zanon, Giovanni Sardo
MUSIC: Ennio Morricone
ART DIRECTOR: Francesco Bronzi, Gianni Silvestri, Nello Giorgetti, Anna Fadda
COSTUMES: Beatrice Bordone, Metka Kosak, Mariolina Bono, Anna Fadda
PRODUCER: Giovanna Romagnoli, Mario Orfini, Amedeo Pagani, Giorgio Silvagni, Erwin Provoost
PROD. CO.: Basic Cinematografica (Roma), Titanus Distribuzione (Roma), Paradis Film (Paris), Intermédias (Paris), Dusk Motion Pictures (Asse-Zellik)
PROD. SUPERV: Mario Cotone, Tullio Lullo, Attilio Viti
LANGUAGE: Italian
GAUGE: 35 mm
SILENT/SOUND: sound
B&W/COLOUR: colour
MINUTES: 105'
NOTES: Film in 4 parts: 1. **Il cane blu** (**Le chien bleu/The Blue Dog/Autunno**); 2. **La neve sul fuoco** (**La neige sur le feu/Snow on Fire/Inverno**); 3) **La domenica specialmente** (**Le dimanche de préférence/Especially on Sunday/Primavera**); 4) **Le chiese di legno** (**Les églises de bois/The Wooden Churches/Estate**)

CAST: Philippe Noiret (Amleto, il barbiere), Nicola Di Pinto (Il pastore), Maria Maddalena Fellini (Caterina), Chiara Caselli (La sposa), Ivano Marescotti (Don Vincenzo), Ornella Muti (Anna), Bruno Ganz (Vittorio), Andrea Prodan (Marco), Nicoletta Braschi (La ragazza della cabina), Sergio Bini-Bustric (René), Betty Romani (La ragazza del sogno), Jean-Hugues Anglade

Petits travaux tranquilles

Stéphanie de Mareuil

Co-production

Petits travaux tranquilles
A Real Bargain

DIRECTOR: Stéphanie de Mareuil
YEAR: 1991
COUNTRY: FR-BE
SCREENPLAY: Stéphanie de Mareuil, Serge Grunberg
DIALOGUE: Stéphanie de Mareuil, Serge Grunberg
DIR. PHOT.: Michel Baudour
CAMERA: Michel Baudour, Bernard Delville
SOUND: Alain Vileval
MUSIC: Ramuntcho Matta, Elli Medeiros
PRODUCER: Raoul Roeloffs
PROD. CO.: Speedster Productions (Paris), Films 18 (Bruxelles)
LANGUAGE: French
GAUGE: 35 mm
SILENT/SOUND: sound
B&W/COLOUR: colour
MINUTES: 88'

CAST: Philippine Leroy-Beaulieu (Béatrice), François Grosjean (Jean), Elli Medeiros (Paule), Laurence César (Laurence), Serge Grunberg (Vincent), Sabrina Leurquin (Claude)

Elias of het gevecht met de nachtegalen

Klaas Rusticus

Elias of het gevecht met de nachtegalen
Elias ou le combat contre les rossignols
Elias or the Battle with the Nightingales
Elias

DIRECTOR: Klaas Rusticus
YEAR: 1991
COUNTRY: BE-NE
SCREENPLAY: Klaas Rusticus, Fernand Auwera
BASED ON: Elias of het gevecht met de nachtegalen, written by Maurice Gilliams
DIALOGUE: Klaas Rusticus, Fernand Auwera
ASST. DIR.: Paula Van der Oest
DIR. PHOT.: Jan Vancaillie
CAMERA: Jan Vancaillie, Lucas Jodoigne
EDITING: Peter Rump
SOUND: Bert Koops
MUSIC: Jan Brandts Buys
ART DIRECTOR: Johan Van Essche
COSTUMES: Yvonne de Boer
PRODUCER: Willum Thijssen, Hans Otten
PROD. CO.: CinéTé (Antwerpen/Amsterdam)
PROD. SUPERV.: Myriam De Boeck
CO-PROD. CO.: BRTN (Brussel), NOS (Hilversum)
CAST: Brikke Smets (Elias), Jimmy de Koning (Aloysius), Lotte Pinoy (Hermine), Bien De Moor (Tante Henriette), Viviane De Muynck (Tante Zénobie), Roland Ramaekers (Oom Augustin), Cara Van Wersch (Grootmoeder), Mia Van Roy (Moeder), Toon Brouwers (Vader), Marie-Louise Conings (Huishoudster)
LANGUAGE: Dutch
GAUGE: 35 mm
SILENT/SOUND: sound
B&W/COLOUR: colour
MINUTES: 80'

◆ Elias, the central figure of this family portrait, has hardly left his childhood behind him than he is sent to boarding school at the end of the summer with his older cousin. The film traces the last holidays he spends on the isolated estate belonging to his family, a little group fully out of touch with the world including a drunken uncle, a little cousin who is in love with him and an aunt as beautiful as she is enigmatic. From the point of view of the adult Elias, now a writer, we are taken back to these untroubled childhood years with their fluid boundary between dream and reality and his initiation into the adult world, hit by the feeling that nothing will ever be the same.

The director of **Elias**, the Friesian Klaas Rusticus, succeeded in adapting for the screen the supposedly unfilmable novel by Maurice Gilliams, creating a minimalist work which makes use more of its exceptional photography and slow pacing than dialogue to render the intangible impressions of a young boy of 12. The writer Gilliams has admitted that this poetic text was less a pure outpouring of his imagination than a melancholic attempt to capture retrospectively something of his own childhood.

Elias or the Battle with the Nightingales was initially made for television and thus shot in the 1:1.33 format. Curiously enough, on the big screen this has a strange, occasionally oppressing effect which lends a new dimension to the film. No distributor was prepared to take on this intimate film and cinema screenings were limited to a handful of festivals, including Figueira da Foz in Portugal, where its director was awarded the prize for the best literary adaptation.

● Elias, le personnage principal de ce portrait de famille, à peine sorti de l'enfance, doit se rendre au pensionnat à la fin de l'été avec un cousin plus âgé. Le film brosse les dernières vacances qu'il passe sur le domaine familial, un domaine à l'écart de tout. Sa famille: un groupe de personnes déphasées parmi lesquelles un oncle ivrogne, une cousine un peu amoureuse, une tante aussi belle qu'énigmatique. C'est du point de vue d'Elias adulte, devenu écrivain, que le spectateur est renvoyé à ces années insouciantes de l'enfance baignant dans cette imbrication irréelle des rêves et de la réalité. Initiation au monde des adultes. Sentiment que rien ne sera plus jamais pareil.

Le réalisateur de **Elias**, le Frison Klaas Rusticus, a réussi à adapter le prétendu infilmable roman de Maurice Gilliams en un film minimaliste qui doit plus à une photographie exceptionnelle et un rythme lent qu'aux dialogues de rendre les impressions indicibles d'un garçonnet de 12 ans. Gilliams admit que ce texte poétique ne fut pas écrit comme quelque chose surgissant de son imagination d'écrivain, mais plutôt comme un regard rétrospectif mélancolique porté sur les années de sa propre enfance.

Elias ou le combat contre les rossignols, initialement prévu comme téléfilm, fut tourné en format 1:1,33. Assez curieusement, sur grand écran, il s'en dégage un effet étrange, voire oppressant, conférant au film une dimension supplémentaire. Aucun distributeur ne souhaita prendre en charge ce film intimiste et les représentations se limitèrent à quelques festivals, dont celui de Figueira da Foz au Portugal qui décerna à son auteur le prix de la meilleure adaptation littéraire.

▶ Elias, het hoofdpersonage van dit familieportret, is de kinderschoenen ontwassen en moet na de zomer samen met zijn oudere neef naar de kostschool. De film schetst de laatste vakantie die Elias doorbrengt op het geïsoleerde landgoed van zijn familie, een groepje wereldvreemde mensen onder wie een dronken oom, een nichtje dat op hem verliefd is, een tante die even mooi is als bizar. Het is vanuit het standpunt van de volwassen Elias - nu schrijver - dat de kijker teruggevoerd wordt naar diens onbezorgde kinderjaren met hun onwezenlijke mengeling van droom en werkelijkheid, de exploratie van de wereld der volwassenen, het besef dat het nooit meer hetzelfde zal zijn.

De maker van **Elias**, de Fries Klaas Rusticus, is erin geslaagd de onverfilmbaar verklaarde roman van Maurice Gilliams om te zetten in een minimalistische film die meer door de uitzonderlijke fotografie en het trage ritme dan door dialogen, de onuitsprekelijke gevoelens van een 12-jarige jongen vertaalt. Woordkunstenaar Gilliams gaf toe dat de poëtische tekst die hij schreef niet zozeer aan zijn schrijversverbeelding ontsproten was, dan wel een melancholische terugblik was op zijn eigen kinder- en jeugdjaren.

Elias of het gevecht met de nachtegalen was aanvankelijk bedoeld als televisiefilm en werd dus op een kader van 1:1,33 gedraaid. Vreemd genoeg geeft dit op groot scherm een bijzonder, soms bijna beklemmend effect waardoor de film een extra dimensie krijgt. Een verdeler werd er echter niet gevonden voor deze intimistische film, en de vertoningen bleven beperkt tot enkele festivals, waaronder dat van het Portugese Figueira da Foz dat de maker de prijs gaf voor de beste literaire verfilming. (MT)

Les amants d'Assises
Manu Bonmariage

Les amants d'Assises
Lovers on Trial

DIRECTOR: Manu Bonmariage
YEAR: 1991
COUNTRY: BE-SZ
SCREENPLAY: Manu Bonmariage
DIR. PHOT.: Manu Bonmariage
CAMERA: Manu Bonmariage, Benoît Dervaux
EDITING: Anne Claessens
SOUND: Yvan Geeraert
PRODUCER: Christine Pireaux, Marc Deschamps, Daniel Parmentier
PROD. CO.: RTBF (Charleroi), WIP (Liège), Télévision Suisse Romande (Genève), Azimut Production (Bruxelles)
PROD. SUPERV.: Christine Pireaux
LANGUAGE: French
GAUGE: 35 mm
SILENT/SOUND: sound
B&W/COLOUR: colour
MINUTES: 86'/52'

◆ This feature-length documentary follows a crime of passion, from the entry into custody of the "tragic lovers" to the final verdict. It develops themes picked up by the film-maker earlier in his career - his social commitment and affinity for the underdog.

The handsome Christian is an unloved child who for six months nurtures a wild passion for Marie-Louise, the reluctant femme fatale who dreams only of affection whilst being forced by her husband into torrid acts. She and Christian fantasize about escape and idyllic love. The husband turns up dead, murdered with the help of two stooges. Marie-Louise, the instigator, had never imagined that it would go so far, nor what that would entail; Christian, for his part, casts himself in the role of the knight liberating the damsel in distress, both of them tragically irresponsible.

This is Bonmariage's most powerful film, a documentary constantly transforming itself into fiction. An immovable structure governs the shape of the narrative, and the spectator is given a point of view one step ahead of the characters, trapped within their own story. We can watch how Christian, Marie-Louise, the lawyers, judges and witnesses become entangled in the burlesque web of the law, and how two individuals out to save their skins defend themselves, or simply try to remain true to their mad dreams of salvation.

The film's emotional power is a result of the extremely sensitive, intelligent manner in which Manu Bonmariage treats his subjects, be they the accused, witnesses, judges or barristers, the way he can adopt their often skewed logic. The result is an extraordinarily moving film on the issue of murder and society's response to it.

● Ce long métrage documentaire retrace l'itinéraire d'un crime passionnel, depuis la détention préventive des "amants tragiques" jusqu'au verdict en cour d'assises. Il reprend les thèmes développés précédemment par le réalisateur: son sens du social, sa proximité avec les paumés.

Lui, le beau Christian, est un enfant mal aimé qui, a contrario, va aimer à la folie pendant six mois Marie-Louise, femme fatale involontaire puisqu'elle est harcelée par les besoins de prestations torrides de son mari, alors qu'elle ne rêve que de tendresse. Elle et Christian fantasment des échappées de liberté et des amours paisibles. Le mari sera assassiné, avec l'aide de deux comparses. Marie-Louise, l'instigatrice, n'avait jamais appréhendé le passage à l'acte et ses conséquences, et Christian insiste dans son récit sur son rôle de chevalier sauveur de sa Dame. Ils apparaissent tous deux tragiquement irresponsables.

Manu Bonmariage réalise là son film le plus fort. Le documentaire se transforme constamment en fiction. Il y a une construction implacable du récit, où le spectateur en sait et en comprend plus que les personnages perdus dans leur propre histoire. On voit s'enliser Christian et Marie-Louise, les avocats, les juges et les témoins dans une comédie judiciaire; on assiste au spectacle de la défense des individus qui veulent sauver leur peau ou simplement être fidèles à leur folie amoureuse.

L'émotion vient de la manière intuitive et intelligente dont la caméra de Manu Bonmariage suit tous les protagonistes, qu'ils soient accusés, témoins, juges ou avocats, avec leurs logiques divergentes. Un film bouleversant, qui pose le problème du meurtre et de sa réponse sociale. (JA)

▶ Deze lange documentaire volgt het verloop van een passionele moord, vanaf de voorlopige hechtenis van de "tragische geliefden" tot de uitspraak van het Hof van Assisen. De film speelt in op de vertrouwde thema's van de regisseur: zijn sociaal gevoel en zijn hechte relatie met de zwakken.

De knappe Christian kende een liefdeloze jeugd maar wordt zelf passioneel verliefd op Marie-Louise: een femme fatale, zij het ongewild, die hunkert naar tederheid terwijl haar echtgenoot slechts denkt aan zijn prestaties in bed. Zij en Christian fantaseren over vrijheid en idyllische liefde. Op een dag wordt de echtgenoot vermoord met de hulp van twee handlangers. Hoewel zij er de aanzet toe gaf, stond Marie-Louise nooit stil bij de eigenlijke misdaad en de gevolgen ervan. En Christian blijkt zichzelf dan weer in de rol te zien van een ridder die zijn deerne uit de nood kwam helpen. Kortom, beiden zijn hopeloos onverantwoordelijk.

In **Les amants d'Assises**, Manu Bonmariage's sterkste film, vloeit het documentaire gegeven voortdurend over in fictie. De ijzersterke structuur zorgt ervoor dat de toeschouwer meer weet dan de personages zelf, die verdwalen in hun eigen verhaal. We zien hoe Christian, Marie-Louise, de advocaten, de rechters en de getuigen verstrikt raken in de gerechtelijke mallemolen; we volgen de verdediging van de beklaagden, die hun hachje willen redden of gewoonweg trouw blijven aan hun "amour fou", hun enig soelaas.

De emotie gaat uit van de uiterst intuïtieve en tegelijk intelligente kijk van Bonmariage's camera op alle betrokkenen, ieder met zijn eigen zienswijze. Een aangrijpende film over moord en hoe een samenleving hierop reageert.

Minder dood dan de anderen

Frans Buyens

Minder dood dan de anderen
Moins morte que les autres
Less Dead Than the Others

DIRECTOR: Frans Buyens
YEAR: 1991
COUNTRY: BE
SCREENPLAY: Frans Buyens
BASED ON: Minder dood dan de anderen, written by Frans Buyens
DIALOGUE: Frans Buyens
ASST. DIR.: Lydia Chagoll
CAMERA: Guido Van Rooy
EDITING: Lydia Chagoll, Greta Thijs
SOUND: Henri Morelle
MUSIC: Brian Clifton
ART DIRECTOR: Frans Buyens
COSTUMES: Didi Alder
COMMENTS: Frans Buyens
PRODUCER: Frans Buyens
PROD. CO.: Films Lyda (Brussel)
PROD. SUPERV.: Paulus Maartense
CAST: Dora Van der Groen (De moeder), Senne Rouffaer (De vader), Koen De Bouw (De broer), Mia Van Roy (De non), Miet Defraene (Verpleegster)
LANGUAGE: Dutch
GAUGE: 35 mm
SILENT/SOUND: sound
B&W/COLOUR: colour
MINUTES: 100'

◆ **Less Dead Than the Others** is based on Frans Buyens' autobiographical novel of the same name, written in 1985. It took six years before the writer-director could start adapting his work for the screen, forced to finance the entire enterprise himself. Buyens had approached the Ministry of Culture but, although Minister Patrick De Wael pledged his support and the competent government committee was of the opinion that euthanasia - the main issue tackled in the novel - was a suitable subject for a film, they ruled that Buyens himself was not competent enough a director to merit being subsidized.

Less Dead Than the Others became a highly personal and moving testimony. Frans "François" Buyens relates the story of his brother, who dies from burns sustained during a carnival party. His parents are irreparably stricken with grief. The father (played by Senne Rouffaer) falls seriously ill and gradually languishes in hospital. He asks the doctors to put an end to his suffering, but they bluntly refuse. When the mother (played by Dora Van der Groen) realizes that she has cancer herself, she insists that euthanasia be carried out in the hope of a peaceful and serene death.

Although the film was made on an extremely limited budget, this in no way detracts from the quality and impact of the images. Outdoor scenes are sparse, as most of the film was shot in the Antwerp-based Atelier Vijf using spartan sets.

Less Dead Than the Others was awarded the Critics' Prize at the 1994 Rencontres Cinématographiques de Dunkerque, where Dora Van der Groen was also judged best actress.

● **Moins morte que les autres** est basé sur le roman autobiographique de Frans Buyens, écrit en 1985 et paru sous le même titre. Il fallut six ans à l'auteur-cinéaste pour porter son histoire à l'écran, ce qu'il réalisa finalement avec ses propres fonds. En effet, Buyens avait sollicité en vain le Ministère de la Culture. Le ministre, Patrick De Wael, était disposé à l'aider et la Commission de Sélection estima que le thème de l'euthanasie, abordé dans le roman de Buyens, méritait d'être porté à l'écran; toutefois elle considéra que le cinéaste ne répondait pas aux conditions requises en matière de subsides.

Moins morte que les autres est devenu un témoignage cinématographique très personnel et touchant. Frans "François" Buyens raconte l'histoire de son frère, mort par suite de brûlures lors d'une fête de carnaval. Ses parents n'arrivent pas à surmonter leur chagrin. Le père (Senne Rouffaer) tombe gravement malade et dépérit dans un hôpital. Il souhaite qu'on abrège ses souffrances, mais les médecins refusent. A son tour, la mère (Dora Van der Groen), cancéreuse, demandera qu'on lui applique l'euthanasie pour lui permettre de mourir sereinement.

Film tourné avec des moyens limités, il n'en garde pas moins la qualité et l'impact des images. Il y a peu de séquences d'extérieurs: la majeure partie de l'histoire fut tournée à l'"Atelier Vijf" anversois, dans des décors dépouillés.

Le film fut couronné par le Prix de la Presse à l'édition 1994 des Rencontres Cinématographiques de Dunkerque, tandis que Dora Van der Groen y obtint le Prix de la meilleure interprétation féminine.

► **Minder dood dan de anderen** is gebaseerd op de gelijknamige autobiografische roman die Frans Buyens in 1985 schreef. Het duurde zes jaar voor de auteur-cineast begon met de verfilming, die uiteindelijk in eigen beheer plaatsvond. Buyens had tevergeefs aangeklopt bij het ministerie van Cultuur; minister Patrick De Wael wilde wel steun verlenen, maar de toenmalige Selectiecommissie vond dat - hoewel het in de roman behandelde onderwerp (euthanasie) zeker het verfilmen waard was - Buyens niet de vereiste kwaliteiten bezat.

Minder dood dan de anderen is een erg persoonlijke en aangrijpende getuigenis geworden. Frans "François" Buyens vertelt over zijn broer, die sterft aan de gevolgen van brandwonden opgelopen tijdens een carnavalsfeest. Zijn ouders komen hun verdriet moeilijk te boven. De vader (een rol van Senne Rouffaer) wordt zwaar ziek en kwijnt weg in een hospitaal. Hij verlangt dat er een einde aan zijn lijden wordt gemaakt, maar de dokters weigeren. Wanneer de moeder (Dora Van der Groen) beseft dat ze kanker heeft, wil ze dat er actieve euthanasie wordt toegepast om in alle sereniteit te kunnen sterven.

Dat deze film met beperkte middelen werd gemaakt, doet niets af aan de kwaliteit en de impact van de beelden. Buitenopnamen zijn zeldzaam, want de meeste takes gebeurden in het Antwerpse Atelier Vijf, met behulp van sobere decors.

De film werd op de editie 1994 van de Rencontres Cinématographiques de Dunkerque bekroond met de Persprijs, terwijl Dora Van der Groen er de Prijs van de beste vrouwelijke vertolking aan overhield. (RS)

Sans un cri
Jeanne Labrune

Co-production

Sans un cri
Geluidloos
Comme des chiens
Silently

DIRECTOR: Jeanne Labrune
YEAR: 1991
COUNTRY: FR-IT-BE
SCREENPLAY: Jeanne Labrune
DIALOGUE: Jeanne Labrune, Odile Barski
ASST. DIR.: Richard Debuisne
DIR. PHOT.: André Néau
CAMERA: Roger Dorieux
EDITING: Guy Lecorne
SOUND: Eric Devulder
MUSIC: Anne-Marie Fijal
ART DIRECTOR: Emile Ghigo
COSTUMES: Anne Shotte
PRODUCER: Emmanuel Schlumberger
PROD. CO.: French Production (Paris), Art-Light Productions (Paris), Revfilms (Paris), Zenab (Bruxelles), RTL-TVi (Bruxelles), Jean Vigo International (Roma)
ASSOC. PROD.: Jean-Luc Denechau, Elda Ferri, Nicole La Bouverie
EXEC. PROD.: Pierre Sayag
LANGUAGE: French
GAUGE: 35 mm
SILENT/SOUND: sound
B&W/COLOUR: colour
MINUTES: 86'

CAST: Lio (Anne), Rémi Martin (Pierre), Nicolas Prive (Nicolas), Vittoria Scognamiglio (Lola), Jean-François La Bouverie (Le médecin), Bruno Todeschini (Nicolas 35 ans), Jean-Jacques Benhamou (L'homme au motel), Wilhem Ribet (Nicolas bébé), Théo Clercq-Roques (Nicolas 8 mois), Stéphane Kmiec (Le petit voisin)

Szwadron
Juliusz Machulski

Co-production

Szwadron
Swadron
L'escadron
Squadron

DIRECTOR: Juliusz Machulski
YEAR: 1992
COUNTRY: PL-FR-UI-BE
SCREENPLAY: Juliusz Machulski
BASED ON: Stanislaw Rembek
DIR. PHOT.: Witold Adamek
EDITING: Jadwiga Zajicek
SOUND: Nikodem Wolk-Laniewski
MUSIC: Krzesimir Debski
ART DIRECTOR: Dorota Ignaczak, Valentin Gidulianov
COSTUMES: Magdalena Biernawska
PRODUCER: Juliusz Machulski, Eric Dionysius, Alain Keytsman
PROD. CO.: Zebra Films Production (Warszawa), High Speed Films (Paris), Legend (Paris), Studio Arcadia (Odessa), Alain Keytsman Production (Bruxelles)
PROD. SUPERV.: Jacek Moczydlowski
LANGUAGE: Polish
GAUGE: 35 mm
SILENT/SOUND: sound
B&W/COLOUR: colour
MINUTES: 101'

CAST: Bernard-Pierre Donnadieu, Sergei Szakurov, Janusz Gajos, Jan Machulski, Katarzyna Lochowska, Thomas Stockinger, Jerzy Nowak

State of Mind

Reginald Adamson [Reginald Van Severen]

State of Mind
Etat d'esprit

DIRECTOR: Reginald Adamson [Reginald Van Severen]
YEAR: 1992
COUNTRY: BE-NE-FR
SCREENPLAY: Phil van Tongeren
DIALOGUE: Phil van Tongeren
ASST. DIR.: Marc Van der Bijl
DIR. PHOT.: Maurice Van Bavel
CAMERA: Maurice Van Bavel
EDITING: James Desert [Johan Vandewoestijne]
SOUND: Jean-Bruno Castelain
MUSIC: Pierre-Damien Castelain
ART DIRECTOR: Etienne Mylemans
COSTUMES: Dominique Vereecke
PRODUCER: James Desert [Johan Vandewoestijne]
PROD. CO.: Desert Productions (Kortrijk)
CO-PRODUCER: Johan Doesne, Phil van Tongeren
CO-PROD. CO.: Film Events (Amsterdam), JBC Productions (FR)
CAST: Lisa Gaye (Ruth/Janis), Manouk van der Meulen (Barbara), Paul Nashy (Warden), Jill Schoelen (Wishman), Fred Williamson (Loomis), Dominiek Berten (Courier), Pablo Catry (Courier), Dominique Vande Kerckhove (Mrs. Segal), Leo Franquet (Mr. Adamson), Don Hannah
LANGUAGE: English
GAUGE: 35 mm
SILENT/SOUND: sound
B&W/COLOUR: colour
MINUTES: 93'

◆ Following the relative success of **Rabid Grannies**, producer Johan Vandewoestijne and his company Desert Productions went in search of European partners in the hope of securing a share of the European film fund. But after negotiations with Dutch financial backer Rick Van den Heuvel of Hills Entertainment he found he no longer needed any European subsidy. As well as Dutch money (through the film's Dutch co-producer Film Events Amsterdam), a substantial amount of French capital had been sunk into this B-horror movie. Film Events consisted of Johan Doesne and Phil van Tongeren (video collaborator of the film periodical *Skoop* and the film's scriptwriter), the organizers of the "Weekend of Terror" in Amsterdam, where **State of Mind** premiered before being released on video.

The cast of **State of Mind** (a gory tale liberally sprinkled with SM and lesbian sex about a couple that falls into the hands of a female psychopath) consisted of a colourful mish-mash of well-known international B-movie horror stars. Besides Dutch actress Manouk van der Meulen, the cast also featured Jill Schoelen (**The Stepfather**), Don Hannah, blaxploitation legend Fred Williamson (**Black Caesar**), the former Olympic weight-lifter Paul Nashy (the Spanish Boris Karloff) and finally Lisa Gaye (**The Toxic Avenger II**). First-time director Reginald Van Severen shot the film at an astounding rate of 32 takes a day. **State of Mind** (originally entitled **Dance of the Psychopaths**) was filmed in Courtrai and in an 18th century manor farm at Somal in the Ardennes doubling as Billings, Montana. The film was eventually sold to over 20 countries.

● Le relatif succès de **Rabid Grannies** incita Johan Vandewoestijne à lancer Desert Productions, sa maison de production, sur la piste de partenaires européens et à picorer dans la manne du fonds du cinéma européen. Mais des négociations avec le Néerlandais Rick Van den Heuvel (Hills Entertainment) aboutirent à l'arrêt des recherches, et cela malgré le financement de cette série B d'horreur qui, outre la participation de Film Events (Amsterdam), bénéficiait d'un apport important de capitaux français. Film Events, c'était Johan Doesne et Phil van Tongeren (chroniqueur vidéo pour la revue *Skoop* et scénariste du film), tous deux organisateurs du "Weekend of Terror", à Amsterdam, où la première d'**Etat d'esprit** se devait d'avoir lieu avant son lancement sur le marché de la vidéo.

Sadomasochisme et sexe lesbien sont les additifs juteux à ce récit sanguinolent d'un couple piégé par une psychopathe, qu'exécute un ramassis haut en couleur d'illustres stars internationales du cinéma gore: aux côtés de la Néerlandaise Manouk van der Meulen, citons entre autres Jill Schoelen (**Fatale rencontre**), Don Hannah, la légende "blaxploitation" Fred Williamson (**Black Caesar**), le retraité haltérophile olympique Paul Nashy (le Boris Karloff espagnol) et Lisa Gaye (**The Toxic Avenger II**). Le réalisateur, alors débutant, Reginald Van Severen assura un rythme inouï de 32 prises par jour. Appelé à l'origine **La danse des psychopathes**, le tournage du film se fit à Courtrai et dans une ferme-château ardennaise du XVIIIe siècle, à Somal, site que l'on fit passer pour Billings, dans le Montana. Le résultat: **Etat d'esprit** fut vendu à plus de 20 pays.

▶ Na het relatieve succes van **Rabid Grannies** keek Johan Vandewoestijne met zijn productiemaatschappij Desert Productions uit naar Europese partners om een graantje te kunnen meepikken van het Europees filmfonds. Maar na onderhandelingen met de Nederlander Rick Van den Heuvel van Hills Entertainment bleek de Europese subsidiëring niet meer nodig. Toch zat er behalve Nederlands - via coproducent Film Events Amsterdam - ook heel wat Frans kapitaal in deze B-horrorfilm. Film Events bestond uit Johan Doesne en Phil van Tongeren (medewerker aan de sectie video van het tijdschrift *Skoop* en scenarist van de film), de organisatoren van het "Weekend of Terror" in Amsterdam, waar **State of Mind** in première zou gaan alvorens bij de videoboer te belanden.

De cast van deze met SM en lesbische seks overgoten "splatterfilm" rond een echtpaar dat in handen van een psychopate valt, bestond uit een kleurrijk samenraapsel van illustere internationale B-filmsterren uit het horrorgenre. Naast de Nederlandse actrice Manouk van der Meulen stonden onder meer Jill Schoelen (**The Stepfather**), Don Hannah, blaxploitation-legende Fred Williamson (**Black Caesar**), gewezen Olympisch gewichtheffer Paul Nashy (de Spaanse Boris Karloff) en tenslotte Lisa Gaye (**The Toxic Avenger II**) op de affiche. Debuterend regisseur Reginald Van Severen blikte alles in aan het ongelooflijke tempo van 32 takes per dag. De opnamen van **State of Mind** - oorspronkelijke titel **Dance of the Psychopaths** - gebeurden te Kortijk en in een 18de-eeuwse herenboerderij te Somal in de Ardennen, hier een stand-in voor Billings, Montana. **State of Mind** werd uiteindelijk aan meer dan 20 landen verkocht. *(LJ)*

Krapatchouk
Enrique Gabriel-Lipschutz

Krapatchouk

DIRECTOR: Enrique Gabriel-Lipschutz
YEAR: 1992
COUNTRY: BE-FR-SP
ASST. DIR.: Alain Monne
DIR. PHOT.: Raoul Perez Cubero
CAMERA: Raoul Perez Cubero
EDITING: Isabelle Dedieu
SOUND: Miguel Réjas
MUSIC: Viktor Kissine
ART DIRECTOR: Victor Alarçon, Pierre-François Limbosch
COSTUMES: Aida Trujillo
PRODUCER: Alain Keytsman, Jaime De Oriol
PROD. CO.: Alain Keytsman Production (Bruxelles), Aries TV 92 (Madrid), Legend (Paris)
PROD. SUPERV.: Paulino Gonzalez, Eric Dionysius
ASSOC. PROD.: Jean-Bernard Fetoux
CAST: Guy Pion (Polni), Piotr Zaitchenko (Tchelovek), Angela Molina (Lisa), Didier Flamand (Lagachis), Jean-Pierre Sentier (Marceau), Oscar Ladoire (Arthur), Mary Santpère (Cornelia), Hadi El Gammal (Ahmed), Serge-Henri Valcke (Fuselier), Serge Marquand (Philémon), Jean-Christophe Bouvet (Ministre), Raul Fraire (Alvarez), Muriel Lejeune (Présentatrice télé), Michel Israël (Pampaloni), Catherine Claeys (Préposée gare), Hélène Gailly (Josiane), Jaoued Deggouj (L'Arabe), Raymond Avenière (Patron entrepôt)
LANGUAGE: French
GAUGE: 35 mm
SILENT/SOUND: sound
B&W/COLOUR: colour
MINUTES: 96'

◆ Two men from the Eastern Block arrive in France to job for a few months. At the end of their contracts they wish to return to home, only to discover that their country no longer appears on any official map. This revelation marks the beginning of a journey through the labyrinthine administration of the political exile laws. Unawares, the two men are swept up in the wave of change which alters the face of Eastern Europe.

This poetic comedy, which occasionally slips into the guise of a political fable, marked the feature début of the young Argentinean director Enrique Gabriel-Lipschutz. It gathered together a strong international cast including the Belgian Guy Pion, Russian actor Piotr Zaitchenko (the taxi driver from **Taxi Blues**) and the Spanish actress Angela Molina, a veteran of Luis Buñuel's **That Obscure Object of Desire**. Despite these strong points, the film managed to gain more supporters than it did true admirers, with its rhythm too lacklustre and its magical interludes and anarchic humour too unoriginal and lacking in focus. Nevertheless, its subject matter did touch a nerve within Western societies, the troubling issue of immigration and the road to hell paved with good intentions which is the fate of these "exiles from nowhere".

Producer Alain Keytsman set up an International co-production on the film, with financing from Belgium, France and Spain. In 1992 it was awarded the Crystal Globe, the highest award at the 28th Karlovy Vary Festival in Bohemia. **Krapatchouk** was distributed in Belgium by Alain Keytsman's own newly-founded distribution company, which granted the film only a very short run in national cinemas in 1996.

● Deux ouvriers des pays de l'Est sont venus en France pour y accomplir un travail saisonnier. A la fin de leur contrat, lorsqu'ils décident de rentrer dans leur pays, ils se trouvent confrontés au fait que celui-ci ne figure dans aucun atlas officiel! Ils apprendront, dès lors, les lois de l'exil à travers le labyrinthe des administrations. Ils subiront, sans le savoir, les conséquences du grand remue-ménage qui brouilla les cartes des régions d'Europe orientale.

Cette comédie poétique, qui parfois prend des allures de fable politique, constitue le premier long métrage d'un jeune réalisateur argentin, Enrique Gabriel-Lipschutz. Elle réunit une distribution cosmopolite et de qualité: le Belge Guy Pion, le Russe Piotr Zaitchenko (le taximan de **Taxi Blues**) et l'actrice espagnole Angela Molina qui interpréta notamment **Cet obscur objet du désir** de Luis Buñuel.

Malgré ces atouts, le film n'obtiendra guère qu'un succès de sympathie car son rythme n'est pas assez vif, ses tours de magie et son humour anarchisant manquent d'invention et d'efficacité. Son sujet pourtant touchait à un point sensible de nos sociétés occidentales: l'immigration et l'enfer pavé de bonnes intentions que nous réservons aux gens venus "de nulle part".

Il s'agit d'une coproduction entre la Belgique, la France et l'Espagne dont l'initiative revient au producteur belge, Alain Keytsman. Le film a obtenu, en 1992, le Globe de Cristal, principal trophée du 28e Festival de Karlovy Vary (Bohême). **Krapatchouk** ne fut distribué en Belgique que pendant une très courte période en 1996, par la nouvelle maison de distribution d'Alain Keytsman. (SM)

▶ Twee mannen uit het Oostblok komen als seizoenarbeiders naar Frankrijk. Wanneer hun contract afloopt en ze naar huis willen terugkeren, ontdekken ze tot hun grote verbazing dat hun land in geen enkele atlas terug te vinden is. Vervolgens maken ze kennis met de wetmatigheden van de verbanning, vooral via het labyrint van de administratieve diensten. Zonder het goed en wel te beseffen, dragen ze de gevolgen van de wervelstorm die de kaarten in Oost-Europa grondig herschikte.

Deze poëtische komedie met allures van een politiek fabeltje was de eerste langspeelfilm van Enrique Gabriel-Lipschutz, een jonge Argentijnse regisseur. Voor de vertolking verzamelde hij een aantal kosmopolitische en kwaliteitsvolle acteurs, waaronder de Belg Guy Pion, de Rus Piotr Zaitchenko (de taxichauffeur uit **Taxi Blues**) en de Spaanse actrice Angela Molina, vooral bekend van haar rol in **Cet obscur objet du désir** van Luis Buñuel. Ondanks al deze troeven kon de film op niet meer rekenen dan enige sympathie, wat vooral te wijten is aan het trage ritme, de kunstgrepen en de humor, die ongeïnspireerd zijn en hun uitwerking missen. Nochtans snijdt dit werk een onderwerp aan dat in onze westerse wereld heel gevoelig ligt: de immigratie en de uit goede bedoelingen opgetrokken hel die deze mensen "gekomen uit het niets" bij ons wacht.

Producent Alain Keytsman was het brein achter deze Belgisch-Frans-Spaanse coproductie, die op het festival van Karlovy Vary (in de Bohemen) in 1992 met een Kristallen Bol werd bekroond. **Krapatchouk** werd in ons land slechts even verdeeld in 1996 door Alain Keytsmans eigen distributiemaatschappij.

Mannen maken plannen

Marc Didden

Mannen maken plannen
Risquons tout
A Man Needs a Plan

DIRECTOR: Marc Didden
YEAR: 1992
COUNTRY: BE-NE
SCREENPLAY: Marc Didden
DIR. PHOT.: Willy Stassen
CAMERA: Willy Stassen
EDITING: Karin Vaerenberg
SOUND: Laurent Doucet
MUSIC: Roland Van Campenhout
ART DIRECTOR: Johan Van Essche
PRODUCER: Antonino Lombardo, Denis Wigman, Kees Kasander
PROD. CO.: Prime Time (Brussel), MMP (Brussel), Allarts (Den Haag)
PROD. SUPERV.: Antonino Lombardo
CAST: François Beukelaers (Marcel), Gene Bervoets (Jim), Amid Chakir (Larbi), Caroline Rottier (Alena), Els Helewaut (Debra), Eva Maes (Ariane)
LANGUAGE: Dutch
GAUGE: 35 mm
SILENT/SOUND: sound
B&W/COLOUR: colour
MINUTES: 75′

◆ This film centres on a chance meeting between Marcel and Jim. Marcel has just started dating Alena, a young journalist who had come to interview the 50-year-old writer, who made such an impression on her that she agreed to spend the night with him. At a gallery opening they meet Jim, an old friend of Marcel's. Both men appear to be plagued by a midlife crisis which is ruining both their artistic and emotional lives. Together, they decide to go on a retreat to rediscover themselves. They duly organize a trip (taking along their two girlfriends) to visit a mutual acquaintance, Larbi, who has emigrated to Portugal. When they arrive, they find that Larbi has become a wealthy businessman, and when both women switch their affections to other men, Marcel is threatened with abandonment. Until the moment his daughter calls.

There is a great temptation to see in the (albeit ironically depicted) doubts of the protagonists something of director Marc Didden's own inner soul. But even during the filming, Didden was at pains to deny this: "The film is not autobiographical. I'm not suffering from a midlife crisis: I'm far too pragmatic for that (...) I simply don't have time to sit around and agonize about things. I'm far too interested in working. The structure of the screenplay of **A Man Needs a Plan** is comparable to the American film **The Big Chill**, although it is in no sense to become a Flemish version of that film." **A Man Needs a Plan** became a rather intimate comedy which nevertheless probably reflected a shade too much of the director's inner self to attract a wide audience.

● Le scénario de ce film s'articule autour des retrouvailles de Marcel et Jim. Marcel vient de commencer une liaison avec la jeune journaliste Alena, venue interviewer l'écrivain quinquagénaire et impressionnée par l'homme au point de passer la nuit avec lui. Lors d'un vernissage, ils rencontrent Jim, un ancien copain de Marcel. Il s'avère que les deux compères traversent une même crise existentielle qui leur pèse lourd, tant au niveau émotionnel qu'artistique. Ils décident d'organiser une espèce de retraite pour tenter de se recentrer, loin des problèmes du monde. Ils vont donc rendre visite, en compagnie de leurs amies, à leur copain Larbi, émigré au Portugal. Celui-ci est cependant devenu un homme d'affaires riche comme Crésus, et lorsque les deux femmes déplacent leur attention vers un autre homme, Marcel risque de se retrouver abandonné. Jusqu'au coup de téléphone de sa fille.

Il serait très tentant d'aller chercher derrière la détresse des protagonistes, même mise en scène avec ironie, l'âme de Marc Didden en personne. Identification qu'il s'empressa de nier dès le tournage: "L'histoire n'est pas autobiographique, je ne traverse pas de midlife crisis, je suis bien trop pragmatique pour cela. (...) Je ne passe pas mon temps à fourrager dans mon âme. J'aime trop travailler. On pourrait comparer la structure de **Risquons tout** à celle du film américain **Les copains d'abord**, mais le résultat ne doit surtout pas en être une version flamande." **Risquons tout** est donc une comédie intimiste qui colle toutefois trop à la peau de l'auteur pour atteindre le grand public.

► Deze film draait rond het toevallige weerzien van Marcel en Jim. Marcel is zojuist een relatie begonnen met de jonge journaliste Alena, die de vijftigjarige schrijver was komen interviewen en daarbij voldoende onder de indruk raakte om met hem de nacht door te brengen. Op een vernissage ontmoeten ze Jim, een vroegere kameraad van Marcel. Beide mannen blijken geplaagd door een midlifecrisis, die hun zowel op artistiek als op emotioneel vlak zwaar valt. Ze besluiten samen een soort retraite te organiseren om weer tot zichzelf te komen, ver van de problemen van de wereld. Samen met de vrouwen trekken ze naar Portugal, waar ze hun uitgeweken vriend Larbi gaan opzoeken, die zich ondertussen blijkbaar opgewerkt heeft tot steenrijk zakenman. Wanneer beide vrouwen hun aandacht naar een andere man verplaatsen, dreigt Marcel verweesd achter te blijven. Tot zijn dochter belt.

De verleiding is groot om achter de weliswaar ironisch geportretteerde vertwijfeling van de protagonisten de ziel van Marc Didden zelf te gaan zoeken, maar nog tijdens de opnamen ontkende hij dit: "Het gegeven is niet autobiografisch. Ik zit niet in een midlifecrisis. Daarvoor ben ik te pragmatisch (...) Ik heb dus geen tijd om in mijn eigen ziel te gaan woelen. Ik werk te graag. De structuur van het scenario van **Mannen maken plannen** is vergelijkbaar met het Amerikaanse **The Big Chill**, maar het resultaat mag zeker geen Vlaamse versie van die film worden". **Mannen maken plannen** werd een intimistische komedie, die evenwel toch iets te dicht bij de auteur leek te staan om een breed publiek te bereiken. (MA)

Vinaya

Josse De Pauw, Peter Van Kraaij

Vinaya

DIRECTOR:	Josse De Pauw, Peter Van Kraaij
YEAR:	1992
COUNTRY:	BE-NE
SCREENPLAY:	Peter Van Kraaij, Josse De Pauw
DIALOGUE:	Peter Van Kraaij, Josse De Pauw
DIR. PHOT.:	Guillermo Navarro
CAMERA:	Guillermo Navarro
EDITING:	Eric De Vos, Guido Henderickx
SOUND:	Dirk Bombey
MUSIC:	Peter Vermeersch, Jan Weuts
ART DIRECTOR:	Floris Vos, Monica Chirinos
COSTUMES:	Ann Weckx
PRODUCER:	Hugo De Greef, Kees Kasander, Denis Wigman
PROD. CO.:	Kaaitheater (Brussel), Allarts (Den Haag)
PROD. SUPERV:	Debby De Jong, Bertha Coutinho
CO-PRODUCER:	Burny Bos
CO-PROD. CO.:	Bos Bros. Film-TV Productions (Naarden)
EXEC. PROD.:	Matthias Ehrenberg
CAST:	Din Meysmans (Vinaya), Josse De Pauw (Zwerver), Viviane De Muynck (Mémé), Dirk Pauwels (Sensei), Cesai Molina (Klein meisje), Fumiyo Ikeda (Prostituée), Matthias Ehrenberg (Pooier)
LANGUAGE:	Dutch
GAUGE:	35 mm
SILENT/SOUND:	sound
B&W/COLOUR:	colour
MINUTES:	91'

◆ The first feature film by Josse De Pauw (who had established his name with performances in **Stronghold** and **Crazy Love** and Peter Van Kraaij is reminiscent of their work at the Kaaitheater, with its measured rhythm, sober poetic language and fondness for dreams, adventure, innocence and melancholy. Nine-year-old Vinaya has no-one but his horse Victor and his grandma, who fills his head with dreams about Sensei, who crossed the mountains to the land of fabled animals. When Victor disappears and grandma dies, Vinaya proclaims a dull-witted tramp his blood brother and persuades him to come along and look for Sensei. A peculiar comradeship develops between them - a mixture of attraction and repulsion. The mountain never gets any nearer, and during the journey Vinaya learns some revealing truths in a series of meetings and events: horses are slaughtered, Sensei is now reputed to be a smelly old man and sex can sometimes be bought. Will they ever reach the land beyond the mountains, does it even exist or are they already there? One day, Vinaya decides to go his own way.

The delicate, fairy-tale tone of this classic tale of initiation is enhanced by the colourful lyricism of its unreal yet tangible (Mexican) landscapes. They are coupled with countless alienating, poetic touches, such as Vinaya walking backwards or the tramp pulling him along in a crazy circular dance. The richness of the ideas is, however, hampered somewhat by a script of poor dramatic content. A unique film, utterly marginalized by the distributors.

● Le premier long métrage de Josse De Pauw (acteur déjà remarqué dans **Le repaire de la Violence** et **Crazy Love**) et Peter Van Kraaij reflète le style de leur travail au Kaaitheater: rythme réfléchi, langage sobre et poétique, sensibilité aux rêves, aventure, innocence et mélancolie. Vinaya, un enfant de neuf ans, n'a au monde que son cheval Victor et sa mémé. Cette dernière lui souffle à l'oreille des rêves sur un certain Sensei, un sage qui passa la montagne pour aller au pays des animaux fabuleux. Après la disparition de Victor et la mort de mémé, Vinaya choisit pour frère de sang un rustre vagabond qui l'emmènera, réticent, à la recherche de Sensei. Fleurit une étrange camaraderie, oscillant entre attraction et répulsion. La montagne reste éloignée, tandis que rencontres et incidents enseignent à l'enfant de cruelles vérités: on abat les chevaux, Sensei serait devenu un vieillard puant et, parfois, le sexe est payant. Atteindront-ils un jour le pays au-delà de la montagne? Est-il bien réel? Y sont-ils déjà? Le jour vient où Vinaya choisit son propre chemin.

Le ton délicat, féerique de ce classique récit d'initiation provient du lyrisme haut en couleur qu'expriment les paysages mexicains, irréels et pourtant tangibles. S'y ajoutent de surprenantes et poétiques trouvailles, par exemple quand Vinaya avance à reculons ou quand le vagabond l'entraîne dans une ronde sauvage. Cette richesse d'idées se trouve toutefois tempérée par la pauvreté dramatique du scénario. Quoi qu'il en soit, il s'agit d'une pièce unique, qui ne fut distribuée que difficilement.

▶ De eerste langspeelfilm van Josse De Pauw (die al opgemerkt werd in **Stronghold** en **Crazy Love**) en Peter Van Kraaij ademt de sfeer van hun werk bij het Kaaitheater: het bestudeerde ritme, de sobere poëtische taal en de gevoeligheid voor dromen, avontuur, onschuld en melancholie.

De negenjarige Vinaya heeft enkel zijn paard Victor en zijn mémé, die hem dromen influistert over Sensei, die over de berg trok naar het land van de fabelachtige dieren. Wanneer Victor verdwijnt en mémé sterft, roept hij een botte zwerver uit tot zijn bloedbroeder, die hem onwillig meetroont op zoek naar Sensei. Een zonderlinge kameraadschap ontstaat, een spel van aantrekken en afstoten. De berg blijft echter veraf, terwijl ontmoetingen en gebeurtenissen Vinaya ontluisterende waarheden leren: paarden worden geslacht, Sensei zou nu een stinkende oude man zijn, en voor seks wordt soms betaald. Bereiken ze ooit het land over de berg, bestaat het wel, of zijn ze er al? Op een dag besluit Vinaya zijn eigen weg te gaan.

De delicate, sprookjesachtige toon van dit klassieke initiatieverhaal schuilt in de kleurige lyriek van de irreële en toch tastbare (Mexicaanse) landschappen. Voeg daarbij tal van bevreemdende, poëtische vondsten, zoals wanneer Vinaya achterwaarts stapt of de zwerver hem meesleept in een woeste rondedans. Een film schatrijk aan ideeën, die echter niet altijd tot hun recht komen in het qua dramatische inhoud eerder schrale scenario. Niettemin een unicum, dat slechts in extremis werd verdeeld. *(DD)*

Sur la terre comme au ciel

Marion Hänsel

Sur la terre comme au ciel
Le saut périlleux
Between Heaven and Earth
In Heaven as on Earth
On Earth as in Heaven
On Earth like in Heaven
Entre el cielo y la tierra

DIRECTOR: Marion Hänsel
YEAR: 1992
COUNTRY: BE-SP-FR
SCREENPLAY: Marion Hänsel, Paul Lé, Jaco Van Dormael, Laurette Van Keerberghen
DIALOGUE: Marion Hänsel
ASST. DIR.: Dominique Guerrier, Vinciane Mathieu
DIR. PHOT.: Josep Maria Civit
CAMERA: Josep Maria Civit, Juan Leiva, Didier Frateur
EDITING: Susana Rossberg, Michèle Hubinon
SOUND: Henri Morelle
MUSIC: Takashi Kako
ART DIRECTOR: Thierry Leproust
COSTUMES: Yan Tax, Marie Lauwers
COMMENTS: Marion Hänsel
PRODUCER: Marion Hänsel
PROD. CO.: Man's Films (Bruxelles), Avanti Films (Madrid), Sabre TV (Madrid), Tchin Tchin Productions (Paris)
PROD. SUPERV.: Michèle Tronçon
EXEC. PROD.: Eric Van Beuren
CAST: Carmen Maura (Maria), André Delvaux (Le professeur), Didier Bezace (Tom), Johan Leysen (Hans), Jean-Pierre Cassel (Le rédacteur en chef), Samuel Mussen (Jeremy), Serge-Henri Valcke (Peter), Pascale Tison (Jane), Pierre Laroche (Le gynécologue), Alexandre Von Sivers (Le météorologue), Pietro Pizzuti (Le psychologue), André Debaar (L'obstétricien)
LANGUAGE: French
GAUGE: 35 mm
SILENT/SOUND: sound
B&W/COLOUR: colour
MINUTES: 80'

◆ After four films drawn from works of literature, Marion Hänsel wanted to write a script of her own. With a simple idea (conceived by the Frenchman Paul Lé) as a point of departure, she asked Jaco Van Dormael to help her sketch out the basic shape of the story, then built up a detailed shot list and dialogue. The subject is the stuff of science fiction: a television reporter finds herself pregnant, but in the no-man's-land leading up to the birth, the foetus begins communicating with other unborn babies and en masse they refuse to come and live in such an appalling, desperate and polluted world as this. The number of difficult births and stillborn children increases dramatically, whilst the reporter attempts to communicate with her future child and avoid the extinction of the human race.

An allegory and a warning, the anguished question ultimately raised by the film is whether life will be worth living on this planet when we pass it on to our most immediate descendants. Is it not too late? As Maria (surely no innocent reference to the bible), Carmen Maura dominates the film with a performance far removed from her work with Almodóvar - she highlights the solitude of an uncertain mother no-one wants to take seriously except for one professor, played by André Delvaux in person. He reads a text based on the writings of the philosopher Michel Serres. **Between Heaven and Earth** (clearly another religious allusion) is intended as a serious film, a parable for our crisis-ridden era. Despite its moments of weightiness and didacticism, it did not deserve the utter failure it received at the hands of the cinema-going public, often more responsive to futility than to serious questioning.

● Après quatre films tirés d'œuvres littéraires, Marion Hänsel a voulu écrire elle-même un scénario. S'inspirant d'une simple idée de départ (due au Français Paul Lé), elle a demandé à Jaco Van Dormael d'ébaucher avec elle les grandes lignes de l'histoire, puis a rédigé découpage et dialogues dans le détail. Le sujet relève de la science-fiction: une journaliste de télévision se découvre enceinte; mais, dans le no man's land qui précède la naissance, le fœtus entre en communication avec les autres bébés à naître, et ils refusent tous ensemble de venir vivre dans un monde aussi affreux, désespérant et pollué que le nôtre. Accouchements bloqués et mort-nés se multiplient, tandis que la journaliste tente de dialoguer avec son futur enfant, pour ne pas que s'éteigne la race humaine.

Allégorie et cri d'alarme, le sujet débouche ainsi sur une interrogation angoissée: la planète que nous léguerons à nos plus proches descendants vaut-elle la peine qu'on y vive? N'est-il pas déjà trop tard?

Dans le rôle de Maria (la référence biblique ne semble pas innocente), Carmen Maura mène le jeu. Loin de ses prestations chez Almodóvar, elle traduit avec émotion la solitude de cette mère aléatoire que personne ne veut prendre au sérieux, sauf un professeur - interprété par André Delvaux en personne - auquel elle fait dire un texte tiré des écrits du philosophe Michel Serres. **Sur la terre comme au ciel** (une autre allusion religieuse) est un film grave, une parabole sur notre époque en crise. Malgré des moments lourds et didactiques, il ne méritait pas son échec total auprès d'un "grand public" qui préfère souvent la futilité à une réflexion responsable. *(RM)*

▶ Na vier romans te hebben verfilmd, kreeg Marion Hänsel zin om zelf een scenario te schrijven. Uitgaand van een eenvoudig idee (aangereikt door de Fransman Paul Lé) vroeg ze Jaco Van Dormael om met haar de grote lijnen van het verhaal uit te werken; zelf vulde ze draaiboek en dialogen in. Het onderwerp lijkt wel sciencefiction: een televisiejournaliste ontdekt dat ze zwanger is, maar in het niemandsland vóór de geboorte, treedt de foetus in contact met andere nog ongeboren baby's; allemaal weigeren ze resoluut hun intrede te doen in een verachtelijke, hopeloze en vervuilde wereld als de onze. Miskramen en doodgeboren baby's worden schering en inslag, terwijl de journaliste een dialoog voert met haar toekomstig kind in de hoop het mensenras alsnog voor uitsterven te behoeden.

Deze allegorische alarmkreet boort een beangstigende kwestie aan: is het wel waardevol te leven in de wereld die wij onze nakomelingen aanbieden? En is het al niet te laat om het tij te keren?

Carmen Maura, in de hoofdrol als Maria (een weinig toevallige bijbelse connotatie), gooit het hier over een volledig andere boeg dan bij Almodóvar; met veel emotie evoceert zij de eenzaamheid van een onzekere moeder. Niemand neemt haar ernstig, buiten een professor - vertolkt door André Delvaux - die ze een tekst van de filosoof Michel Serres laat voorlezen. **Sur la terre comme au ciel** (alweer een religieuze verwijzing) is een gewild zwaarmoedige film, een parabel over de crisis van onze eeuw. Ondanks de vele zware of didactische scènes, verdiende dit werk beter dan totaal genegeerd te worden door het "grote publiek", dat meestal lichte kost verkiest boven enige zelfbewuste contemplatie.

Les sept péchés capitaux

Béatriz Flores, Frédéric Fonteyne, Yvan Le Moine, Geneviève Mersch, Pierre-Paul Renders, Pascal Zabus, Olivier Smolders

Les sept péchés capitaux
The Seven Deadly Sins

DIRECTOR: Béatriz Flores, Frédéric Fonteyne, Yvan Le Moine, Geneviève Mersch, Pierre-Paul Renders, Pascal Zabus, Olivier Smolders
YEAR: 1992
COUNTRY: BE-LU
SCREENPLAY: Philippe Blasband, Béatriz Flores, Frédéric Fonteyne, Yvan Le Moine, Geneviève Mersch, Pierre-Paul Renders, Olivier Smolders, Pascal Zabus
ASST. DIR.: Manu Coeman
DIR. PHOT.: Yves Cape, Benoît Debie, Denis Dufays, Francisco Gozon, Virginie Saintmartin, Stijn Van der Veken
CAMERA: Yves Cape, Denis Dufays, Virginie Saintmartin, Stijn Van der Veken, Francisco Gezon, Christian Dauphin, Bernard Verstraete
EDITING: Philippe Blasband, Philippe Bourgueil, Anne Christophe, Marie-Hélène Dozo, France Duez, Chantal Hymans
SOUND: Marc Depasse, Thierry De Smedt, Marc Engels, Olivier Hespel, Pierre Mertens, Laurent Jassogne, Carlo Thoss, Daniel Tursch
MUSIC: Ice Cream Music-Dame Blanche
ART DIRECTOR: Alain Chennaux, Francis Decrue, Anne Fournier, Philippe Graff, Véronique Mélery, Perrine Rulens, Pascal Jaqmain
PRODUCER: Béatriz Flores, Frédéric Fonteyne, Yvan Le Moine, Geneviève Mersch, Pierre-Paul Renders, Pascal Zabus, Olivier Rausin, Bruno Krellstein, Jani Thiltges, Jacqueline Pierreux, Alexandre Pletser
PROD. CO.: AA les Films Belges (Bruxelles), Samsa Film Production (Luxembourg), Tiva Film (Bruxelles), RTBF (Bruxelles)
PROD. SUPERV.: Bonbon, Patrick Quinet, Olivier Rausin, Philippe Rangoni, Laurence Bregentzer
CAST: Robert Mitchum (Dieu), Urbanus (Le bouffon), Maurice Van Hamel (Maurice), Nathalie Fritz (Gabrielle), Olivier Dirksen (Jésus), Séverine Bouffoulx (Ange), Séverine Danze (Ange), Calypso Molho (L'angelot), Charles Haroux (Tintin), Ania Michel Peyrelon (Le riche) Guedroitz (La riche), Philippe Martin (Le pauvre), Marie-Christine Bayens (La pauvre), Renaud Leclercq (Jonathan), Kim Van Acoleyen (Martine), Lotfi Yahya (L'homme-poisson)
LANGUAGE: French
GAUGE: 35 mm
SILENT/SOUND: sound
B&W/COLOUR: colour
MINUTES: 112'

◆ In 1990, six young graduates from the directing class of the IAD saw their diploma film rewarded at the Tel-Aviv Festival. Spurred on by this collective success, they hit upon the idea to direct and produce a first full-length feature together, **The Seven Deadly Sins**. Hence this portmanteau collaboration between Béatriz Flores, Frédéric Fonteyne, Yvan Le Moine, Geneviève Mersch, Pierre-Paul Renders and Pascal Zabus. Together the young team deliberately set out to show the flip side of the coin of each of the seven deadly sins, which over the years have seen their subversive power gradually slip away. According to the directors, today it takes much more audacity to reappropriate those virtues which correspondingly are now loaded with shame, "poverty, tenderness, honesty, modesty, courage, purity and most of all hope!" To tackle this final "deadly sin", the team called on the services of a seventh accomplice, Olivier Smolders, a director with a long-standing reputation for quality shorts. Philippe Blasband was also involved in scripting several of the episodes and editing the final result. Although each director was given a free hand in the idea for his or her section, the screenplays were subjected to collective criticism until they met with unanimous approval. Despite the extreme diversity in subject, approach and style that characterizes the individual sketches, almost without exception the whole nevertheless proves totally coherent thanks to its original tone and singular humour. A separate narrative thread links the episodes in a sadly less convincing manner, in spite of the appearance of the American actor Robert Mitchum as God the Father.

● Six jeunes cinéastes, sortis de la section réalisation de l'IAD en 1990, ont vu leur promotion récompensée au Festival de Tel-Aviv. De ce succès collectif est née l'idée de réaliser et de produire ensemble un premier long métrage: **Les sept péchés capitaux**. C'est ainsi que se retrouvent associés Béatriz Flores, Frédéric Fonteyne, Yvan Le Moine, Geneviève Mersch, Pierre-Paul Renders et Pascal Zabus. Il s'agira de prendre à contre-pied les sept péchés capitaux qui, au cours du temps, ont vu s'émousser leur pouvoir de subversion. Car il faut bien plus d'audace aujourd'hui, estiment les réalisateurs, pour se revendiquer des vertus devenues honteuses que sont "la pauvreté, la tendresse, l'honnêteté, la modestie, le courage, la pureté et davantage encore l'espérance!". Pour traiter de ce dernier "péché capital", l'équipe s'adjoint un septième complice, Olivier Smolders, dont la réputation n'est plus à faire en matière de courts métrages de qualité. Enfin, Philippe Blasband se trouve associé à l'écriture de plusieurs scenarii et au montage du long métrage. Si chacun des réalisateurs conçoit son film en toute liberté, chaque scénario, par contre, est soumis à une critique collective jusqu'à ce qu'il satisfasse aux exigences de tous. Bien que les sketches qui composent le long métrage se caractérisent par une extrême diversité, quant à leur sujet, à leur traitement et à leur style, l'ensemble manifeste cependant une cohérence presque sans faille, grâce à un ton original, un humour particulier. Un fil conducteur relie chacune des séquences de façon, malheureusement, moins convaincante, malgré l'apparition de l'acteur américain Robert Mitchum dans le rôle de Dieu le Père. (SM)

▶ Zes jonge cineasten, afgestudeerd aan het IAD (afdeling regie) in 1990, zagen hun eindwerk bekroond op het Festival van Tel-Aviv. Uit dit collectieve succes ontstond het idee om samen een eerste langspeelfilm te regisseren en te produceren: **Les sept péchés capitaux**. Béatriz Flores, Frédéric Fonteyne, Yvan Le Moine, Geneviève Mersch, Pierre-Paul Renders en Pascal Zabus werden dus partners. Hun opzet was de zeven hoofdzonden, waarvan de subversieve kracht in de loop der tijd steeds meer verwaterde, te veranderen in hun tegenpolen. In de hedendaagse context, zo meenden ze, getuigt het van veel meer moed om deugden die een haast beschamende bijklank hebben gekregen, zoals "armoede, tederheid, oprechtheid, gematigdheid, dapperheid, zuiverheid en, bovenal, hoop!", hoog in het vaandel te voeren. Om laatstgenoemde "hoofdzonde" te belichten, werd een beroep gedaan op Olivier Smolders, die zijn sporen reeds had verdiend met het maken van een reeks kortfilms van kwaliteit. Ook Philippe Blasband werd aangezocht, om te helpen met het schrijven van enkele van de scenario's en voor de montage van de uiteindelijke langspeelfilm. Elke regisseur kreeg carte blanche wat de regie betrof, maar elk scenario werd onderworpen aan een gezamenlijke kritische beoordeling tot het aan ieders eisen voldeed. Qua stijl, onderwerp en invalshoek is elke sketch uit de film uiterst verschillend, maar toch getuigt het geheel van een bijna naadloze samenhang, te danken aan de originele toon en de bijzondere humor. De rode draad die de diverse scènes aan elkaar moest koppelen, is helaas minder overtuigend, ondanks de aanwezigheid van de Amerikaanse acteur Robert Mitchum in de rol van God de vader.

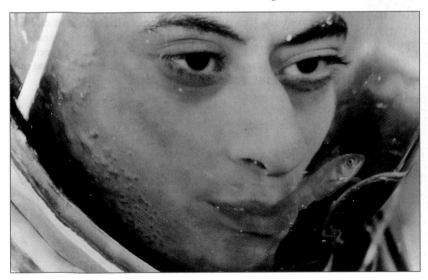

Marie

Marian Handwerker

Marie

DIRECTOR: Marian Handwerker
YEAR: 1993
COUNTRY: BE-FR-PO
SCREENPLAY: Luc Jabon, Catherine Verougstraete, Pascal Lonhay, Marian Handwerker
ASST. DIR.: Paul Fonteyn, Manu Kamanda, João Fonseca
DIR. PHOT.: Patrice Payen
CAMERA: Pierre Gordower
EDITING: Denise Vindevogel
SOUND: Ricardo Castro
MUSIC: Dirk Brossé
ART DIRECTOR: Pierre-François Limbosch
COSTUMES: Marie Lauwers
PRODUCER: Hubert Toint
PROD. CO.: Saga Film et Vidéo (Bruxelles), RTL-TVi (Bruxelles), MBSA Productions (Paris), Vermedia (Lisboa)
PROD. SUPERV.: Françoise Vercheval, Maurice Brover
ASSOC. PROD.: Maurice Brover, Paulo De Sousa
CAST: Marie Gillain (Marie), Allessandro Sigona (Tonio), Aurore Clément (La mère de Marie), Sabrina Leurquin (Carine), Stéphane Ferrera (Paulo), Jorge Sousa Costa (Le curé), Margarida Marinho (Lucia), Olivier Assouline (Le motard poète), Bernard Breuse (L'autre motard), Yves Degen (Le brigadier), Pedro Efe (Le douanier portugais), Bernard Eylenbosch (Ben)
LANGUAGE: French
GAUGE: 35 mm
SILENT/SOUND: sound
B&W/COLOUR: colour
MINUTES: 91'

◆ In the press stories of this ilk are dubbed true-life stories, in television a sitcom or docu-drama. Eager to appeal to a mass audience, the script of **Marie** accommodates the full range of classic plot ingredients: a teenage girl rebelling against her mother, her boyfriend who walks out on her when she falls pregnant and an abandoned child. She meets a crook who then dies by the roadside, leaving her with his son, a strangely grown-up little boy. A sense of affection takes root between them and Marie takes charge of the little Tonio and his dreams of finding his mother in Portugal. So off they go, hitchhiking down the highways towards all the encounters, fears and dangers that await two such fragile creatures. When they finally reach their destination Tonio discovers that he is now an orphan. Yet there is still Marie, older and wiser following their adventure.

Melodrama is an interesting genre which this film tries to mine not by means of the powerful clichés which define it as a style and appeal to the emotions, but by the artificial and hackneyed mixing of its stereotypical ingredients. All the tricks of the narrative trade are present, arousing first hope then disappointment, crisis then laughter, yet the direction is unable to breathe life into them. At its best, this results in a telefilm-style illustration of the plot elements; at its worst it imprisons them within flashy camerawork. Fortunately the beautiful Marie Gillain is nice to look at and even touching at times, but she buckles under the weight of an excessive psychological typology.

● Dans les journaux, on appelle cela une tranche de vie ou un fait de société; à la télévision, une "sitcom" ou un docudrame. Dans le souci de toucher le grand public, le scénario de **Marie** met en place toutes les données du genre: une adolescente en crise et en révolte contre sa mère, le petit copain qui la lâche quand elle se retrouve enceinte et un gosse abandonné. Le truand d'un soir qu'elle rencontre meurt sur le bord d'une route et voilà Marie face au fils de ce dernier, un petit garçon étrangement adulte. Entre elle et l'enfant va se tisser tout un territoire d'affection et de connivence qui n'exclut pas les conflits. Elle prend en charge le petit Tonio et son rêve: retrouver sa mère au Portugal. Les deux complices partent alors en auto-stop et connaissent les peurs et les dangers que deux êtres fragiles peuvent rencontrer. Arrivés au terme de leur voyage, Tonio va apprendre qu'il est orphelin, mais Marie est là, mûrie par son aventure.

Le mélodrame est un genre intéressant, mais ici il est tissé non des clichés forts qui le définissent et doivent entraîner l'émotion, mais de la mise en place artificielle et convenue de ses poncifs. Toutes les ficelles narratives sont là, faisant alterner espoir et désespoir, crises et rires mais la réalisation ne les prend pas suffisamment en charge pour les faire vivre. Elle se contente au mieux de les illustrer "télévisuellement", au pire de les enfermer dans des plans racoleurs. Reste la très jolie Liégeoise Marie Gillain, agréable à regarder et parfois émouvante dans un personnage surcodé psychologiquement. (JA)

► Kranten noemen dit een "tranche de vie" of "fait divers", de televisie een sitcom of docudrama. Om het massapubliek te boeien, doet het scenario van **Marie** een beroep op alle bekende middelen: een pubermeisje is in opstand tegen haar moeder, tegen haar vriend die haar verlaat wanneer ze zwanger raakt, tegen een achtergelaten kind. Ze loopt van huis weg en kruist het pad van een schurk, die de geest geeft langs de kant van de weg. Het kind van de man, een bijzonder vroegrijp jongetje, blijft achter met Marie. Tussen hen groeit een hechte band van genegenheid en verbondenheid, waarin conflicten echter ook hun plaats hebben. Marie ontfermt zich over de kleine Tonio, die ervan droomt zijn moeder te gaan zoeken in Portugal. Samen gaan ze al liftend op weg, met alle ontmoetingen, angsten en gevaren die twee broze wezens daarbij wachten. Op het einde van de reis komt Tonio tot het besef dat hij wees is. Maar hij heeft nog steeds Marie, die door het avontuur volwassener is geworden.

Het melodrama is een boeiend genre, maar in plaats van de traditionele, krachtige clichés die de emoties moeten meeslepen in het verhaal te verweven, werden hier alle klassieke ingrediënten doelbewust en kunstmatig ingelast. Alle trucs van de verhaalkunst zijn op het appèl - het afwisselen van hoop en wanhoop, van een lach en een traan -, maar de mise-en-scène brengt ze niet tot leven. Het resultaat is hooguit een "televisiebeeld", of in het slechtste geval al te opdringerige shots. Blijft over: de mooie Luikse actrice Marie Gillain, die soms weet te ontroeren in haar psychologisch al te zwaar geladen rol.

De zevende hemel

Jean-Paul Lilienfeld

De zevende hemel
Le septième ciel
Un ange passe
Seventh Heaven

DIRECTOR: Jean-Paul Lilienfeld
YEAR: 1993
COUNTRY: BE-NE-FR
SCREENPLAY: Jean-Paul Lilienfeld, Urbanus
DIALOGUE: Jean-Paul Lilienfeld, Urbanus
ASST. DIR.: Stéphane Gluck, Manu Kamanda
DIR. PHOT.: Willy Stassen
CAMERA: Chris Renson
EDITING: Philip Ravoet
SOUND: Erik Langhout
MUSIC: Jacques Davidovici
ART DIRECTOR: Ruud Van Dijk
COSTUMES: Tine Claeys
PRODUCER: Erwin Provoost, Paul Voorthuysen, Cyril de Rouvre
PROD. CO.: Trampoline Films (Asse), Added Films International (Bussum), CFC (Paris)
PROD. SUPERV.: Johan Van den Driessche
ASSOC. PROD.: Eric Altmayer, Christian Charret
EXEC. PROD.: Jean F. De Smedt, Frans Vreeke
CAST: Urbanus (Samuel), Renée Soutendijk (Charlyne), Hilde Van Mieghem (Micheline), Peter Van den Begin (Claude), Ann Petersen (Conciërge), Kitty Courbois (Hotelhoudster), Jan Steen (Werkman), Marijke Pinoy (Receptioniste), Loes Van den Heuvel (Prostituee), Jean-Paul Lilienfeld (Colombani), Ludo Busschots (Handelsreiziger), Annick Christiaens (Meisje met hond), Senne Rouffaer (Troyon), Ann Pira (Meisje in bed), Koen Van Overschelde (Jonge Samuel), Philippe Merschiers (Pinocchio)
LANGUAGE: Dutch
GAUGE: 35 mm
SILENT/SOUND: sound
B&W/COLOUR: colour
MINUTES: 94'

◆ **Seventh Heaven** originated when French producer Christian Charret proposed to Erwin Provoost that he film the screenplay *Un ange passe* ("An Angel Goes By"). The latter then contacted the popular comic actor Urbanus, who immediately took up the idea. **Seventh Heaven** was directed by Frenchman Jean-Paul Lilienfeld, whilst the female lead went to Dutch actress Renée Soutendijk in accordance with the terms of a co-production.

Seventh Heaven tells the story of Samuel, whose girlfriend throws him out because he is a bungler in bed, amongst other reasons. Down and out, he nevertheless saves a girl from a suicide attempt, claiming to be her (sexless) guardian angel. But Samuel gradually falls in love with her, and his assumed role gets him into many scrapes. Eventually he discovers that the girl is actually his guardian angel, sent down to help him surmount his pangs of love.

Unlike Urbanus' previous films, **Seventh Heaven** is centred entirely on the confrontation between the two main characters, Urbanus portraying a tragi-comic fumbler who is constantly being provoked by Renée Soutendijk. Even before the film was released, the press was already reflecting the makers' doubts about its commercial potential; indeed, the film suffered from the public loss of interest in Urbanus' TV shows, in which audiences failed to recognize the comic who had originally appealed to them. The many cinema-goers who had flocked to his previous films did not warm to **Seventh Heaven**, which barely managed to attract 100 000 viewers and consequently resulted in heavy losses for both the makers and producers.

● A l'origine de la réalisation du **Septième ciel**, il y a la proposition du producteur français Christian Charret à Erwin Provoost de tourner le scénario *Un ange passe*. Provoost mit Urbanus dans le coup qui saisit, sans hésiter, l'occasion. On confia la mise en scène au Français Jean-Paul Lilienfeld, tandis que le rôle principal fut attribué à Renée Soutendijk, lois de coproduction (avec les Pays-Bas) obligent.

Le septième ciel raconte l'histoire de Samuel, congédié par son amie parce qu'elle le trouve, notamment, empoté au lit. Il s'enfonce alors dans la misère mais sauve in extremis une jeune fille du suicide et lui raconte qu'il est son ange gardien - asexué, bien entendu. Position qu'il a de plus en plus de mal à assumer, puisqu'il tombe réellement amoureux d'elle. Il découvrira finalement que la jeune fille était en fait un ange gardien envoyé pour l'aider à surmonter sa dépression post-amoureuse...

Contrairement aux précédents "Urbanus", celui-ci se concentre sur la confrontation des deux personnages principaux. Urbanus brosse le portrait d'un gaffeur tragi-comique soumis sans relâche aux provocations de Renée Soutendijk. Les doutes entretenus par les réalisateurs sur le potentiel commercial de leur œuvre filtrèrent dans la presse avant même sa sortie, la baisse d'intérêt du public pour les shows télévisés d'Urbanus - où l'on ne reconnaissait plus "son" Urbanus - entrava la réussite du film. Le public qui avait assuré la popularité des productions précédentes ne répondit pas à l'appel: en attirant à peine 100.000 spectateurs, le film tourna à la catastrophe pour les réalisateurs et producteurs.

▶ **De zevende hemel** ontstond uit het voorstel van de Franse producent Christian Charret aan Erwin Provoost om het scenario *Un ange passe* te verfilmen. Via laatstgenoemde kwam men bij Urbanus terecht, die er onmiddellijk wat in zag. De regie werd toevertrouwd aan de Fransman Jean-Paul Lilienfeld, en vanwege de coproductie met Nederland werd Renée Soutendijk gecast in de vrouwelijke hoofdrol.

De zevende hemel is het verhaal van Samuel, die onder meer wegens zijn geklungel in bed, door zijn vriendin de laan wordt uitgestuurd. Zelf aan lager wal geraakt, redt hij een meisje op het nippertje van de zelfmoord en maakt haar wijs dat hij haar - geslachtloze - engelbewaarder is. Samuel wordt verliefd op haar en de rol die hij zichzelf heeft opgelegd, brengt hem in een moeilijk parket, tot hij uiteindelijk ontdekt dat het meisje in feite zelf een engelbewaarster is, die werd uitgestuurd om hém te helpen uit zijn postamoureuze depressie...

In tegenstelling tot de vorige Urbanus-films staat hier de confrontatie tussen de twee hoofdpersonages centraal, waarbij Urbanus het portret borstelt van een tragikomische stuntelaar die door Renée Soutendijk voortdurend geprovoceerd wordt. Nog voor de release sijpelden in de pers reeds de twijfels van de makers door omtrent het commerciële potentieel van deze film, wat allicht te maken had met de tanende belangstelling voor de Urbanus tv-shows, waarin het publiek "zijn" Urbanus niet meer terugvond. De talrijke bioscoopgangers die het succes van de vorige film hadden verzekerd, haakten inderdaad af, en met amper 100.000 toeschouwers werd deze onderneming voor makers en producenten een zware opdoffer. (MA)

Faut-il aimer Mathilde?

Edwin Baily

Co-production

Faut-il aimer Mathilde?
Should Mathilde Be Loved?

DIRECTOR: Edwin Baily
YEAR: 1993
COUNTRY: FR-BE
SCREENPLAY: Luigi De Angelis, Edwin Baily
DIALOGUE: Luigi De Angelis, Edwin Baily
CAMERA: Pierre Laurent Chenieux
EDITING: Dominique Gallieni
SOUND: Philippe Fabbri
ART DIRECTOR: Thomas Peckré
COSTUMES: Claire Catteau
PRODUCER: Jean Bréhat
PROD. CO.: 3B Productions (Paris)
CO-PRODUCER: Marilyn Watelet
CO-PROD. CO.: Paradise Films (Bruxelles), CRRAV (Lille), Square Productions (Paris), Cam Light Grip (FR), Hamster Productions (Paris)
LANGUAGE: French
GAUGE: 35 mm
SILENT/SOUND: sound
B&W/COLOUR: colour
MINUTES: 95'

CAST: Dominique Blanc (Mathilde), Paul Crauchet (Papy), André Marcon (Charly), Anne-Marie Cappelier (Jeanine), Florence Masure (Stéphanie), Marc Duret (Mano), Jacques Bonnaffé (Jean-Pierre), Maxime Leroux (Jacques), Eric Leblanc (Pierre), Thierry Ragueneau (Rémy), Victor Garrivier (Lucien), Sylvie Granotier (Nadia), Véronique Gonze (Madeleine), Arlette Renard (Nounou), Jacques Mussier (Coulonneux), Jenny Cleve (Poissonnière), Cindy Verbrugghe (Jeanne), Ophélie Haratyk (Françoise), Fabio Corciulo (Dédé), Marlène Beck (Irène), Jennifer Dantin (Alice), Aymeric Tavernier (Michel)

Punch!

Alan Birkinshaw, Johannes Flütsch

Co-production

Punch!

DIRECTOR: Alan Birkinshaw, Johannes Flütsch
YEAR: 1993
COUNTRY: SZ-G-BE
SCREENPLAY: Johannes Flütsch
CAMERA: Michael Mandero
EDITING: Jason Krasuki
SOUND: Paulo de Jesus
MUSIC: Lili Creco
ART DIRECTOR: Christine Steinhilber
PRODUCER: Walter Saxer, Raoul Roeloffs
PROD. CO.: For Roses (Zürich), Sera Filmproduktion (München), Speedster Productions (Paris), Journal Film (Berlin), Films 18 (Bruxelles)
LANGUAGE: French, German
GAUGE: 35 mm
SILENT/SOUND: sound
B&W/COLOUR: colour
MINUTES: 100'

CAST: Ernst Sigrist (Köbi Roth), Vanessa Lhoste (Marie), Gunilla Karlzen (Claire), Ueli Jäggi (Anna), Donald Sutherland (Craman)

Le journal de Lady M
Alain Tanner

Le journal de Lady M
The Diary of Lady M

DIRECTOR: Alain Tanner
YEAR: 1993
COUNTRY: BE-SZ-SP-FR
SCREENPLAY: Myriam Mézières
DIALOGUE: Myriam Mézières
ASST. DIR.: Anne Deluz
DIR. PHOT.: Denis Jutzeler
CAMERA: Denis Jutzeler
EDITING: Monica Goux
SOUND: Henri Maïkoff
MUSIC: Arié Dzierlatka
COSTUMES: Anne Rucki, Mariah Walker-Nelson, Laurent Mercier
PRODUCER: Alain Tanner, Jacques de Clercq, Dimitri de Clercq, Gerardo Herrero, Marta Esteban, Christophe Rossignon
PROD. CO.: Nomad Films (Bruxelles), Filmograph (Genève), Messidor Films (Barcelona), Les Productions Lazennec (Paris)
PROD. SUPERV.: Gérard Ruey
EXEC. PROD.: Gérard Ruey
CAST: Myriam Mézières (Lady M), Juanjo Puigcorbe (Diego), Félicité Wouassi (Nuria), Antoine Basler (L'homme du Kismet), Carlotta Soldevila (La femme du 35), Makeda (Billie), Nanou, Marie Peyrucq-Yamou, Gladys Gambie (Les Lady M)
LANGUAGE: French
GAUGE: 35 mm
SILENT/SOUND: sound
B&W/COLOUR: colour
MINUTES: 113′

◆ The Genevan Alain Tanner emerged during the golden age of Swiss cinema in the 70s before moving on to shoot in Ireland, Paris and in Portugal. On two occasions, **Jonas** and **No Man's Land**, his cast included the flamboyant Myriam Mézières, a singer and actress from a French-Egyptian background whose strident non-conformity had taken the theatre by storm in productions by Jérôme Savary and Jorge Lavelli. In 1987, Tanner made her the star of a wild film scripted by the beautiful rebel herself. **A Flame in My Heart** featured a memorable scene in which the heroine performed a striptease with a giant stuffed monkey in a fairground stall. The immodesty of this set piece seemed impossible to top; that is until her second script landed on Tanner's desk, with the title **The Diary of Lady M** suggestively playing on Myriam Mézières' own initials for a partly autobiographical treatment of her private life. The film follows the all-consuming passion of a night-club singer for a Catalonian painter, joining him in Spain for high-voltage sensual adventures. When she learns that he is married, Lady M returns to Paris, realizes that her passion is not dead and invites her lover and his Black wife to come and live with her, the cue for another batch of erotic scenes with the artist, then with his languid spouse (with the couple finally fleeing the man-eater). The incendiary course of this story, played out amidst much nudity and sex, is offset by the heroine's commentary in voice-over, a candid piece of poetry. The film displays such a manic exhibitionism that it cannot leave anyone cold, creating an atmosphere of trepidation and unease which paradoxically makes the film quite appealing.

● Le Genevois Alain Tanner fut l'un des artisans de l'âge d'or du cinéma suisse dans les années 70, avant de tourner en Irlande, à Paris et au Portugal. A deux reprises, dans **Jonas** et **No Man's Land**, il avait eu comme interprète la flamboyante Myriam Mézières, une chanteuse et actrice d'origine franco-égyptienne, dont l'anticonformisme avait fait merveille au théâtre chez Jérôme Savary ou Jorge Lavelli. En 1987, il en avait fait la vedette d'un film délirant, sur un scénario de la belle révoltée: **Une flamme dans mon cœur**. L'impudeur de la mémorable scène du strip-tease de l'héroïne avec un singe en peluche géant dans une baraque foraine semblait indépassable. C'était sans compter son deuxième scénario pour Tanner, ce **Journal de Lady M** (reprenant allusivement les deux initiales de Myriam Mézières), une transposition partiellement autobiographique de sa vie privée. Le film retrace la passion dévorante d'une chanteuse de night-club pour un peintre catalan, qu'elle va rejoindre en Espagne pour un périple à haut voltage sensuel. Apprenant qu'il est marié, Lady M retourne à Paris, comprend que sa passion n'est pas morte, et invite son amant et son épouse noire à venir habiter chez elle: reprise des scènes érotiques avec le peintre, puis avec sa languide épouse. Finalement, le couple fuira devant la mante religieuse. Le déroulement incendiaire de cette histoire sur fond de nudités et de sexe est distancié par un commentaire off de l'héroïne, d'une poésie candide. Il y a là une telle franchise exhibitionniste que la démarche ne peut laisser indifférent, créant un effarement et un malaise qui deviennent paradoxalement les atouts du film. (RM)

► Alain Tanner, afkomstig van Genève, was actief tijdens de gouden jaren van de Zwitserse film (de jaren 70) en later in Ierland, Parijs en Portugal. Twee keer (in **Jonas** en **No Man's Land**) werkte hij met de flamboyante Myriam Mézières, een non-conformistische zangeres en actrice van Frans-Egyptische origine die furore had gemaakt in het theater, bij Jérôme Savary of Jorge Lavelli. In 1987 maakte hij haar de ster van een waanzinnige film naar een scenario van deze opstandige schoonheid: **Une flamme dans mon cœur**, met onder andere een onvergetelijke en schaamteloze stripteasescène, waar de heldin uit de kleren gaat in een kermiskraam met een reuzenspeelgoedaap. Maar Mézières had nog meer in petto, getuige haar scenario voor **Le journal de Lady M**, een verwijzing naar haar initialen en een semi-autobiografische verfilming van haar privé-leven. Het sleutelgegeven is de allesverslindende passie van een cabaretzangeres voor een Catalaanse schilder, die ze in Spanje gaat opzoeken voor een hevig sensueel avontuurtje. Als ze echter ontdekt dat de man getrouwd is, trekt Lady M weer naar Parijs. Maar haar passie is alsnog ongeblust, en ze nodigt hem uit om, samen met zijn zwarte echtgenote, bij haar te komen wonen. Dan volgen ettelijke zwoele scènes, zowel met de schilder als met zijn smachtende vrouw (die uiteindelijk beiden vluchten voor deze verslindster). Het vurige verloop van dit schunnige verhaal wordt enigszins beteugeld door de afstandelijke commentaarstem van de heldin, die een soort argeloze poëzie brengt. Zoveel exhibitionisme laat niemand onberoerd en schept een gevoel van ontsteltenis en onbehagen dat, vreemd genoeg, de voornaamste troef van de film werd.

Le fil des jours

Marie André

Le fil des jours
Images de Russie
As the Days Go By
Images of Russia

DIRECTOR: Marie André
YEAR: 1994
COUNTRY: BE
SCREENPLAY: Marie André
DIR. PHOT.: Michaïl Demonrov
CAMERA: Nicolas Zouiev
EDITING: André Delvaux
SOUND: Michaïl Bouianov
PRODUCER: Marilyn Watelet
PROD. CO.: Paradise Films (Bruxelles), CBA (Bruxelles), RTBF (Bruxelles)
PROD. SUPERV: Szymon Zaleski
LANGUAGE: Russian
GAUGE: 16 mm
SILENT/SOUND: sound
B&W/COLOUR: colour
MINUTES: 69'

◆ Where once there existed the Soviet Union, now there exists the Russian Federation. This is the tale according to history, a tale of the fracas of collapsing empires told in sensational media-friendly images of putsches, economic disorder and the new Mafia. And then, to quote Godard, "there is life, simply life". Life which unfolds unchanged, everyday life. This film by Brussels-born video-maker Marie André takes place within this continuity, avoiding the sensational and the folkloric. In the East, just as in the West, abroad just as at home, in town and country alike, people live things as they are, live what life throws at them between each dawn and dusk. The narrative link is simply the film-maker's gaze as she constructs her film like a musical score with movements, refrains and a great fluidity of thematic extrapolations and breaks. This symphonic structure is accentuated by the use of a soundtrack free of interviews and commentary, where the words exchanged obtain their value primarily through the actual sound of the language. This aesthetic of "minor key" scenes draws upon a consistent scale of shots where the viewer is kept at a certain distance. And, strangely enough, these 111 shots - each refusing to give away any more than it obviously shows, each an incisive look into the little things in life - are at the end of the day terribly Russian, focusing upon behaviour, the displacement of gestures and objects, to capture the certainty of a place removed in time and in space from our own.

● Avant, c'était l'URSS, maintenant la CEI. C'est ce que l'histoire nous apprend avec, à l'arrière-plan, le fracas des empires en implosion. Au-delà de la médiatisation d'images fortes - putschs, chaos économique, nouvelle mafia -, il y a, comme le disait Godard, "La vie, simplement, la vie", celle de tous les jours, immuable dans son écoulement. Cette vie est le cadre du film de la vidéaste bruxelloise Marie André, où le sensationnel et le folklore ne trouvent pas leur place. A l'Est, comme à l'Ouest, ici et là, à la ville comme à la campagne, des gens vivent les choses du quotidien comme elles vont et viennent, avec, pour simple fil narratif, le regard de la cinéaste, composant son film comme une partition musicale avec des mouvements thématiques, des reprises, des prolongements sonores et des suspensions d'une grande fluidité. Les accents toniques de cette structure symphonique sont encore soutenus par une bande son délivrée de toute interview, de tout commentaire, où la parole dite n'a de valeur que par le son de la langue. Cette volonté de scènes "en mineur" s'appuie sur une constante scalaire de plans plaçant systématiquement le spectateur à une certaine distance. Et ces 111 plans qui étrangement se refusent à dire plus qu'ils ne montrent, autant d'inflexions de ces petites choses de la vie, sont en définitive terriblement russes parce qu'ils captent, à travers les comportements, un décalage des objets et gestes, nous entraînant ailleurs, vers un espace-temps radicalement autre. (JA)

▶ Eerst was er de USSR, nu is er het GOS. Dat is wat de geschiedenis ons leert, met op de achtergrond het geweld van ineenstortende rijken. De media verspreiden aangrijpende beelden van de putschen, de economische chaos, de nieuwe maffia. Daarnaast "is er het leven, simpelweg het leven", zoals Godard het ooit stelde. Het leven van alledag dat onveranderd zijn loop kent. Dat leven vormt het kader van deze film van de uit Brussel afkomstige videaste Marie André, waarin geen plaats is voor sensatie en folklore. Zowel in het Oosten als in het Westen, daar en hier, in de steden en op het platteland, beleven de mensen de dagdagelijkse dingen zoals ze komen en gaan. De rode draad bestaat enkel in de blik van de filmmaakster, die haar film opbouwt als een muzikale partituur met vloeiende thematische bewegingen, reprises, aanhoudende klanken en pauzes. Deze symfonische structuur wordt nog benadrukt door een klankband zonder interviews, zonder commentaar; de waarde van het gesproken woord ligt vooral in de klanken van de taal. Deze keuze voor scènes "in mineur" berust op de altijd constante schaal van de opnamen, waarbij de toeschouwer steevast op een zekere afstand wordt gehouden. Vreemd genoeg zijn de 111 shots, die niets meer willen vertellen dan ze tonen en het accent leggen op de kleine dingen des levens, uiteindelijk heel authentiek Russisch, omdat de gedragingen en uit hun context gelichte voorwerpen en handelingen ons meevoeren naar elders, naar een absoluut "andere" tijd en plaats.

Tutti gli anni una volta l'anno

Gianfrancesco Lazotti

Co-production

Tutti gli anni una volta l'anno
Même heure l'année prochaine
Once a Year, Every Year

DIRECTOR: Gianfrancesco Lazotti
YEAR: 1994
COUNTRY: IT-FR-BE
SCREENPLAY: Gianfrancesco Lazotti, Cecilia Calvi
BASED ON: Paola Scola
CAMERA: Sebastiano Celeste
EDITING: Carlo Fontana
SOUND: Luciano Muratori
MUSIC: Giovanni Venosta
ART DIRECTOR: Fabio Vitale
COSTUMES: Gianna Gissi
PRODUCER: Donatella Senatore, Andrea Marzari, Alain Keytsman
PROD. CO.: DDS Cinematografica (Roma), Les Films Auramax (Paris), Alain Keytsman Production (Bruxelles)
LANGUAGE: Italian
GAUGE: 35 mm
SILENT/SOUND: sound
B&W/COLOUR: colour
MINUTES: 88'

CAST: Giorgio Albertazzi (Lorenzo), Paolo Bonacelli (Romano), Lando Buzzanca (Mario), Carla Cassola (Annamaria), Paolo Ferrari (Francesco), Paola Pitagora (Ginerva), Giovanna Ralli (Laura), Jean Rochefort (Raffaele), Alexandra La Capria (Giulia), Gianmarco Tognazzi (Davide), Vittorio Gassman (Giuseppe)

Ilheu de Contenda

Leão Lopes

Co-production

Ilheu de Contenda
L'île de contentement
Isle of Contentment

DIRECTOR: Leão Lopes
YEAR: 1994
COUNTRY: PO-CV-BE-FR
SCREENPLAY: Leão Lopes, José Fanha
BASED ON: Ilheu de Contenda, written by Henrique Teixeira de Sousa
DIR. PHOT.: João Abel Aboim
CAMERA: João Abel Aboim
EDITING: Denise Vindevogel, Daniel Staff
SOUND: Francisco Veloso
MUSIC: Manuel Paulo Felgueiras
ART DIRECTOR: Miguel Mendes
COSTUMES: Teresa Campos
PRODUCER: Paulo De Sousa
PROD. CO.: Vermedia (Lisboa), Saga Film et Vidéo (Bruxelles), MBSA Productions (Paris), Radio Televisão Portuguesa RTP (Lisboa), Instituto Caboverdiano de Cinema (CV)
PROD. SUPERV.: Ana Costa
CO-PRODUCER: Hubert Toint, Thierry De Coster, Maurice Brover
LANGUAGE: Portuguese
GAUGE: 35 mm
SILENT/SOUND: sound
B&W/COLOUR: colour
MINUTES: 110'

CAST: João Lourenço, Camacho Costa, Pedro Wilson, Filipe Ferrer, Mano Preto, Betina Lopes, Fernanda Alves, Luisa Cruz, Cecilia Guimarães, Isabel De Castro

La vie sexuelle des Belges

Jan Bucquoy

La vie sexuelle des Belges
The Sexual Life of the Belgians

DIRECTOR: Jan Bucquoy
YEAR: 1994
COUNTRY: BE
SCREENPLAY: Jan Bucquoy
DIALOGUE: Jan Bucquoy
ASST. DIR.: Philippe Vandamme
DIR. PHOT.: Michel Baudour
CAMERA: Michel Baudour
EDITING: Matyas Veress
SOUND: Jean-Grégoire Mekhitarian
MUSIC: Francis De Smet
ART DIRECTOR: Nathalie André, Nicole Lenoir
COSTUMES: Sabina Kumeling, Marianne Roose, Mariska Clerebaut
COMMENTS: Jan Bucquoy
PRODUCER: Jan Bucquoy
PROD. CO.: Transatlantic Films (Bruxelles)
PROD. SUPERV.: Françoise Hoste
CAST: Jean-Henri Compère (Jan Bucquoy 18-28 ans), Noé Francq (Jan Bucquoy 9-15 ans), Boris Timmermans (Jan Bucquoy 2 ans), Sacha Jacques (Jan Bucquoy bébé), Isabelle Legros (Noëlla), Jacques Druaux (Jérôme), Pascale Binnert (Ariane), Michèle Shor (Martha), Sophie Schneider (Thérèse), Tiphaine Henrion (Fille Thérèse), Morgan Marinne (Fils de Thérèse), Monique Cremers (Mère de Thérèse), Serge Cremers (Père de Thérèse), Roberto Buscemi (Pirana), Moreno Boriani (Moretti), Stefan Lernous (Eddy), Georgette Stulens (Mère d'Eddy), Raymond Vandersmissen (Père d'Eddy), Sabrina Leurquin (Adjani), Katleen Joye (Sale culotte 11 ans), Valérie Van Nitsen (Sale culotte 18 ans), Sébastien Demone (Rouquin 11 ans), Alain Eloy (Rouquin 18 ans), Graziella Calabrese (Madame Lejeune), Dorothée Cappeluto (Mia), Laura Dupont (Mère de Mia), Eric Da Costa (Père de Mia), Séverine Henrion (Fille de Mia), Jacques Lefèvre (Herman), Kristien Pottie (Greta), Claudine Maton (Cathy), Maria Louisa Genova ("Sans Nom"), Atlantis Van Ardoewaan (Barman), Herman Brusselmans (Raymond), Anne-Marie Polster (Esther), Marie-Jo Delhaye (Cécile), Renaldo Deman (Tony), Agathe Cornez (Daisy), Véronique Antonnuti (Sarah), Marlène Duelz (Marlène), Noël Godin (Pierre Mertens), Laure Pionteau (Ange), Jennifer (Jennifer), Maryline Darimont (Ulrike), Jan Bucquoy (Andréas/Cybulski), Tegan Pick (Autoscooters), Julie Bougard (Danseuse), Michel Angelly (Marchand)
LANGUAGE: French
GAUGE: 35 mm
SILENT/SOUND: sound
B&W/COLOUR: colour
MINUTES: 85'

◆ This is the first instalment of an autobiographical series from an autodidact film-maker. Jan Bucquoy's scandalous career was already laced with subversion and anarchy, from his public acts of provocation to comic strips. Now he turned to cinema, working without official subsidy and under a title clearly designed to arouse audience curiosity. In the Flanders of the 50s, a boy tries to come to grips with the world, stifled by petit bourgeois conventions summed up in a dozen of horrifying anecdotes. After these rites of passage, our hero makes for Brussels, where his attentions are divided between Karl Marx and sex, literature and the bistro scene. As a result of his family traits, seductive urges and taste for pure, hard-line ideology this highly personal Molotov cocktail often blows up in his face. Throughout, his adventures are draped in blanket irony and constant self-mockery.

The need to express himself evolved into cinema, and that costs a pretty penny, as his mother would say. Thus Jan Bucquoy improvises, invents, opts for the voice-over as the driving force behind the tale, a voice-over both descriptive and literary, ironic and disenchanted. The images follow, illustrating the disasters, and form a ruthlessly exacting record of mediocrity, rebellion and idealism. The majority of sequences are shot head-on, moments transformed into tableaux without superfluous camera movement. Cheap and magnificent, clumsy and inventive, this film calls into question the drawn-out and costly methods of classical production, proving - as the Nouvelle Vague film-makers claimed - that the prime requirement for making a film is an author with something personal and powerful to say.

● Ce film est le premier volet de l'autobiographie d'un autodidacte du cinéma: Jan Bucquoy. Le personnage a déjà traversé dans le scandale les territoires de la subversion et de l'anarchie, à travers actions publiques et bandes dessinées. Il aborde maintenant l'écran, sans le moindre financement public, sous un titre bien accrocheur. Dans la Flandre des années 50, c'est d'abord l'enfance d'un gosse qui essaie de comprendre le monde, et dont l'étouffement par le mode de vie "petit-bourgeois" est conté en quelques anecdotes terribles. Après ces étapes d'initiation, le héros débarque à Bruxelles: là, il vogue de Karl Marx au sexe, de la littérature au bistrot. L'atavisme familial, les pulsions de séduction et son goût de l'idéologie pure et dure feront que ce très personnel cocktail Molotov se retournera assez souvent contre lui. Tout cela est dit sur le ton d'une ironie et d'une autodérision constantes.

L'envie de s'exprimer se transforme en cinéma, et cela coûte cher, comme aurait dit sa mère. Donc Jan Bucquoy invente, bricole, et choisit la voix off pour conduire le récit: une voix off à la fois descriptive et littéraire, sarcastique et désabusée. Les images suivent, plans iconiques du désastre. Elles captent la médiocrité, la révolte et le rêve. La plupart des séquences sont tournées frontalement, moments transformés en tableaux, sans mouvement de caméra superflu. Ce film pauvre et magnifique, maladroit et inventif, interroge d'abord les lents et coûteux moyens des productions classiques, et prouve, comme le disaient déjà les cinéastes de la Nouvelle Vague, que, pour faire un film, il faut d'abord un auteur avec quelque chose de personnel et de fort à transmettre. (JA)

► Het eerste deel van de autobiografie van een autodidact. Met zijn schandaal makende strips en openbare acties had Jan Bucquoy al zijn sporen verdiend op het stuk van subversiteit en anarchie, toen hij zich, zonder officiële steun, aan een film waagde met een in het oog springende titel. Het eerste deel, gesitueerd in het Vlaanderen van de jaren 50, schetst in enkele ontzettende anekdotes de jeugd van een jongen die de wereld tracht te begrijpen, maar gefnuikt wordt door zijn kleinburgerlijke omgeving. Na deze initiatieperiode trekt de held naar Brussel, waar hij zich onledig houdt met Marx, seks, literatuur en het kroegleven. Door zijn atavistische trekjes, zijn verleidingsdrang en zijn voorliefde voor pure ideologie zal hij meer dan eens het slachtoffer worden van zijn zelfgebrouwen molotovcocktail. De toon bij dit alles is er eentje van constante ironie en zelfspot.

Uit Bucquoy's hang naar zelfexpressie ontstond een film - maar dat is duur, zoals zijn moeder zou zeggen. Dus behielp hij zich en koos hij ervoor zijn verhaal te vertellen door middel van een voice-over: een commentaarstem zowel beschrijvend als literair, sarcastisch als gedesillusioneerd. De beelden maken het rampspoedige verhaal aanschouwelijk en geven onverbloemd een leven van middelmatigheid, revolte en dromen weer. De meeste scènes werden frontaal gefilmd - momenten omgevormd tot taferelen -, zonder capriolen van de camera. Deze arme maar magnifieke film, onhandig maar inventief, stelt in eerste instantie de klassieke productiemiddelen ter discussie (te traag en te duur) en staaft zo het adagium van de nouvelle vague: de eerste vereiste om een film te maken, is een auteur die iets persoonlijks en sterks te vertellen heeft.

Dernier stade

Christian Zerbib

Co-production

Dernier stade
The Last Event
Doping

DIRECTOR: Christian Zerbib
YEAR: 1994
COUNTRY: FR-SZ-BE-G
SCREENPLAY: Christian Zerbib, Marc Perrier, Pico Berkovitch, Anne Richard
DIALOGUE: Christian Zerbib, Marc Perrier, Pico Berkovitch, Anne Richard
ASST. DIR.: Valérie Vernhes Cottet
DIR. PHOT.: Erwin Huppert
CAMERA: Erwin Huppert
EDITING: Pico Berkovitch, Laurence Gambin, Christian Zerbib
SOUND: Jean-Luc Audy, Jean-Jacques Tillaux
MUSIC: David Murray
ART DIRECTOR: Sylvie Mitault
COSTUMES: Najat Kas
PRODUCER: Christian Zerbib
PROD. CO.: VEO2MAX Films Productions (Paris), Bernard Lang (Zürich), Prima Vista (Bruxelles), Intertel/Südwestfunk (G)
EXEC. PROD.: Alain Mayor
LANGUAGE: French
GAUGE: 35 mm
SILENT/SOUND: sound
B&W/COLOUR: colour
MINUTES: 101'

CAST: Anne Richard (Catherine Delaunay), Philippe Volter (Olivier Chardon), Siemen Rühaak (Stéphane Cartel), Daniel Langlet (Dr. Picault), Charles Berling, Nathalie Dorval, Christian Bouillette, Martine Sarcey

Dieu sait quoi

Jean-Daniel Pollet

Co-production

Dieu sait quoi
God Knows

DIRECTOR: Jean-Daniel Pollet
YEAR: 1994
COUNTRY: FR-BE
SCREENPLAY: Jean-Daniel Pollet, Francis Ponge
DIALOGUE: Jean-Daniel Pollet, Francis Ponge
DIR. PHOT.: Pascal Poucet
EDITING: Françoise Geissler
SOUND: Antoine Ouvrier
MUSIC: Antoine Duhamel
ART DIRECTOR: Françoise Geissler
PRODUCER: Raoul Roeloffs
PROD. CO.: Speedster Productions (Paris)
PROD. SUPERV.: Luc Bourgois
CO-PROD. CO.: Films 18 (Bruxelles)
LANGUAGE: French
GAUGE: 35 mm
SILENT/SOUND: sound
B&W/COLOUR: colour
MINUTES: 90'

VOICES: Michael Lonsdale

Close

Paul Collet

Close
Persona non grata

DIRECTOR: Paul Collet
YEAR: 1994
COUNTRY: BE
SCREENPLAY: Paul Collet
DIALOGUE: Paul Collet
ASST. DIR.: Peter Van den Borre, Inge Moerenhout
DIR. PHOT.: Stijn Van der Veken
CAMERA: Denis Dufays
EDITING: Yves D'Orme
SOUND: Henri Michiels
MUSIC: Danny Wuyts
ART DIRECTOR: Philippe Graff, David De Clercq, Frédéric Delrue
COSTUMES: Dany Piron
PRODUCER: Paul Collet
PROD. CO.: Collet Filmmaatschappij (Antwerpen)
PROD. SUPERV.: Freddy Michiels
CAST: Katia Alens (Angelica), Kristoff Clerckx (Michael), Katrien De Becker (Vera), Erwin Listhaeghe (Frank), Erik De Bouw (Dirk), Walter Cartier (Policeman), Greta Van Langendonck (Innkeeper), Cherita (Werner), Robert De La Haye (Tom), Ann Pauwels (Eveline), Herwig Ilegems (Killer), Hans Van Cauwenbergh (Embassy man), Jan De Bruyn (Doctor), Rudy De Cock (General Rodriguez), Wouter Van Lierde (Receptionist)
LANGUAGE: English, Dutch
GAUGE: 35 mm
SILENT/SOUND: sound
B&W/COLOUR: colour
MINUTES: 105'

◆ The films made in the sixties and seventies by Paul Collet together with his partner Pierre Drouot (**Cash? Cash!**, **The Embrace**, **Louisa, a Word of Love**, etc) were, by virtue of their subject matter alone, sure to draw fairly large audiences. Following an absence of some 10 years, Paul Collet directed **Close** (for the first time without any assistance from Pierre Drouot), mounting a vast media campaign forewarning the public that a shocking new Flemish film was about to hit the screen - a film which, according to Paul Collet, could only be completed thanks to his "titanic struggle against the negativism within the Flemish film establishment."

Prefaced by the quotation "Isn't everything illusion, isn't illusion everything?", the film recounts how a law student falls head over heels in love with a beautiful yet mysterious woman out to claim revenge against the members of a South American junta who mistreated her and her family. Moreover, the woman (who goes by the name of Angelica) turns out to be a surreptitious man-hater. Before he realizes it, the student finds himself trapped in a dangerous game where the goddess of vengeance dictates the rules...

The critics lambasted the film, especially disgruntled at the laboured philosophical tone of the voice-over and the disjointed screenplay. Despite attempts to sell Katia Alens (Miss Belgium 1990) and newcomer Kristoff Clerckx as major discoveries, the film made an alarmingly rapid disappearance from cinema screens.

● Le choix du sujet des films tournés dans les années 60 et 70 par Paul Collet et Pierre Drouot (**Cash? Cash!**, **L'étreinte**, **Louisa, un mot d'amour**, etc.) suffisait, à lui seul, à attirer un public nombreux dans les salles. Après une absence d'une dizaine d'années, et pour la première fois sans la moindre collaboration de Pierre Drouot, Paul Collet entreprit de réaliser **Close**. Une vaste campagne médiatique annonçait au public l'arrivée du film choc flamand attendu par tous. Film qui, selon le réalisateur, ne put être achevé que "grâce à un combat de titans contre le négativisme en cours dans le monde du cinéma flamand".

Précédée de la citation "Tout n'est-il pas illusion, l'illusion n'est-elle pas tout?", l'œuvre raconte la façon dont un étudiant en droit tombe follement amoureux d'une femme mystérieuse qui couve une sombre vengeance envers la junte militaire sud-américaine responsable d'exactions sur sa personne et sa famille. La belle Angelica (puisque tel est son nom) semble, de plus, souffrir d'une misandrie latente. Très vite, le jeune homme est entraîné dans les intrigues périlleuses de cette déesse de la vengeance...

La critique ne fut pas tendre avec ce film, s'irritant surtout des prétentions philosophiques du commentaire off qui accompagnait un scénario jugé incohérent. Les efforts de présenter Katia Alens (Miss Belgique 1990) et le nouveau venu Kristoff Clerckx comme les révélations de l'année n'empêchèrent pas la production de disparaître des affiches à une vitesse dramatique.

▶ De films die Paul Collet in de jaren zestig en zeventig samen met Pierre Drouot draaide (**Cash? Cash!**, **L'étreinte**, **Louisa, een woord van liefde**, enz.) wisten, alleen al door hun thematiek, steevast een vrij talrijk publiek naar de bioscoop te lokken. Na zo'n tien jaar afwezigheid zette Paul Collet **Close** op touw (voor het eerst zonder de minste medewerking van Pierre Drouot); hij zorgde ervoor dat het publiek via de media ruim op voorhand werd verwittigd dat een nieuwe ophefmakende Vlaamse film in voorbereiding was, een film die volgens de maker zelf slechts voltooid raakte dankzij "zijn titanenstrijd tegen het negativisme binnen de Vlaamse filmwereld".

De film wordt ingeleid door het citaat "Is niet alles illusie en is illusie niet alles?"; vervolgens zien we hoe een student in de rechten stapelverliefd wordt op een mooie, mysterieuze vrouw, die op wraak zint jegens leden van een Zuid-Amerikaanse militaire junta die haar en haar familie hardhandig hebben aangepakt. De vrouw, Angelica genaamd, blijkt tevens een verdoken mannenhaatster. Voor hij het goed en wel beseft, wordt de jonge student meegesleept in het gevaarlijke spel van deze wraakgodin...

De kritiek was niet mals voor de film en nam vooral de filosofische teneur van de commentaar en het als onsamenhangend beschreven scenario op de korrel. Ondanks alle inspanningen om Miss België 1990 (Katia Alens) en nieuwkomer Kristoff Clerckx als acteursrevelaties van het jaar aan te kondigen, verdween de film verbazingwekkend snel uit de bioscopen. (MA)

Comme un air de retour

Loredana Bianconi

Comme un air de retour
Café de l'Europe
Glücklich sind wir Morgen
Tomorrow Will Be Better

DIRECTOR: Loredana Bianconi
YEAR: 1994
COUNTRY: BE-G-FR
SCREENPLAY: Loredana Bianconi
DIALOGUE: Loredana Bianconi
ASST. DIR.: Bernard de Dessus les Moustier, Bernard Garant
DIR. PHOT.: Michel Baudour
CAMERA: Pierre Gordower
EDITING: Emmanuelle Dupuis
SOUND: Alain Sironval
ART DIRECTOR: Johan Muyle
PRODUCER: Marilyn Watelet
PROD. CO.: Paradise Films (Bruxelles), ZDF (Mainz), Arte (Strasbourg), RTBF (Bruxelles)
PROD. SUPERV.: Pierre-Alain Schatzmann
CAST: Sarah Baltazar (Francesca), Marie-Ange Dutheil (La grand-mère), Evelyne Didi (Laura), Pascal Greggory (Le père)
LANGUAGE: French
GAUGE: 16 mm
SILENT/SOUND: sound
B&W/COLOUR: colour
MINUTES: 107'

◆ For her first film **The Mine**, Loredana Bianconi had drawn on the story of Belgium's Italian community, successive waves of poor emigrants having settled in the Borinage in the hope of finding jobs in the coal mines. This film follows in that tradition. Laura and Antonio have been living in Belgium for ten years, he as a miner and she as a waitress in a bar, when "grandmother" and their daughter Francesca turn up with one aim in mind: bringing the couple back to their country. Their arrival stirs up conflict within the family as each member has different and contradictory desires, projects, focuses of nostalgia and ambitions. The atmosphere worsens and the tension rises until the final break-up of the family unit, leaving the individuals faced with their own frustrations and dreams.

The director brings to bear a great sense of detail and observation in painting, through her characters, the collective portrait of these exiles, exiles lost in dreams of their return and of an idealized Italy or who, at the other extreme, turn their back on their origins and strive for integration and success. Yet for all of their number, these strategies represent the irreparable loss of a part of themselves.

The narrative is strong and the dialogue is remarkably well-written; hence it appears all the more strange that the film should deliberately create a sense of inappropriateness, with distanced, stilted direction and actors cast against the grain. The impact of the real and the weight of truth are both reduced but without the emergence of any personal style.

● Déjà dans son premier film, **La mine**, mi-fiction mi-documentaire, Loredana Bianconi avait puisé son sujet dans l'histoire de la communauté italienne de Belgique, avec ses vagues successives d'émigrés pauvres qui se sont installés dans le Borinage, attirés par l'embauche possible dans les charbonnages. Laura et Antonio vivent en Belgique depuis dix ans. Il est mineur, elle est serveuse dans un bar, quand arrivent "grand-mère" et leur fille Francesca. Elles débarquent avec une idée fixe en tête: les ramener au pays. Leur venue provoque dans la famille des conflits, car tous ont des désirs, des projets, des nostalgies, des ambitions différentes et contradictoires. L'atmosphère s'alourdit, les tensions montent jusqu'à l'éclatement de la cellule familiale, chacun s'obstinant dans ses frustrations et ses rêves.

C'est avec un grand sens de l'observation et du détail juste que la réalisatrice trace à travers ses personnages le portrait collectif de ces exilés qui rêvent du retour, d'une Italie qu'ils idéalisent ou d'autres qui, au contraire, amnésiques volontaires de leur origine, se lancent dans l'intégration et la réussite. Mais, pour les uns et les autres, c'est l'irrémédiable perte d'une partie d'eux-mêmes.

Le récit est fort et les dialogues sont remarquablement écrits. Aussi peut-on s'étonner du parti pris de décalage qu'opèrent une mise en scène distanciée, figée et un jeu de comédiens, tous choisis à contre-emploi. L'impact du réel et le poids du vrai s'éloignent sans que se dégage un style personnel. (JA)

▶ Voor haar eerste film **La mina** - deels een documentaire, deels een speelfilm - zocht Loredana Bianconi reeds inspiratie in de Italiaanse gemeenschap van België: onbemiddelde emigranten die zich groep na groep kwamen vestigen in de Borinage, in de hoop daar werk te vinden in de steenkoolmijnen. Laura en Antonio wonen al tien jaar in België, waar ze werken als mijnwerker en serveerster, wanneer plotseling "grootmoeder" en hun dochter Francesca komen opdagen. Deze laatsten hebben maar één doel voor ogen: hen terug meenemen naar Italië. Hun komst geeft aanleiding tot conflicten, want de verschillende familieleden koesteren verschillende wensen, die vaak niet met elkaar verenigbaar zijn. De sfeer wordt almaar geladener, tot op een dag de familie barst en ieder met zijn eigen dromen en frustraties achterblijft.

Met groot gevoel voor detail schetst de regisseuse een kroniek van deze bannelingen die dromen van hun terugkeer naar een geïdealiseerd Italië, of die juist hun afkomst maar al te graag vergeten om zich zo snel mogelijk te integreren en zich op te werken. Maar iedereen zal hoe dan een stukje van zichzelf moeten opgeven.

De film is opgebouwd rond een sterk verhaal met opmerkelijk goed geschreven dialogen. Het is dan ook verwonderlijk dat de auteur bewust gekozen heeft voor een afstandelijke en verstijfde regie, met acteurs die allemaal in atypische rollen werden gecast. Het hypothekeert het werkelijkheidsgehalte en de waarachtigheid van de film, zonder dat hier evenwel een persoonlijke stijl uit ontstaat.

Tango Tango

Frans Buyens

Tango Tango

DIRECTOR: Frans Buyens
YEAR: 1994
COUNTRY: BE
SCREENPLAY: Frans Buyens, Lydia Chagoll
BASED ON: Tango, written by Theater Stap
DIR. PHOT.: André Goeffers
CAMERA: André Goeffers
EDITING: Greta Thijs, Lydia Chagoll
MUSIC: Flor Verschueren
ART DIRECTOR: Frans François
COSTUMES: Ann Huybens
COMMENTS: Frans Buyens
PROD. CO.: Voor een glimlach van een kind (Brussel),
Films Lyda (Brussel)
CAST: Theater Stap
LANGUAGE: Dutch
GAUGE: 35 mm
SILENT/SOUND: sound
B&W/COLOUR: colour
MINUTES: 81'

◆ After having completed **Less Dead Than the Others**, film-maker Frans Buyens delivered the idiosyncratic **Tango Tango**, a real one-off in Flemish cinema. **Tango Tango** is in fact an adaptation of the play *Tango*, performed by the Stap theatre group. Based in Turnhout (province of Antwerp), this company organizes theatrical performances featuring actors and actresses with a mental disability. **Tango Tango** is a film without dialogue, but it starts off with the director reading an introductory text describing the link between the play and the film. Director Frans Buyens emphasizes the fact that, although the film is based on the play *Tango*, it reflects his own personal vision. His goal was to conjure up images that would allow the audience to dream their own dreams. As a result, **Tango Tango** is unique in that it exposes our own fantasies, longings and fears.

It begins with a funeral, attended by a collection of grim expressive faces, which eventually turns into a surrealist party. We are shown circus acts and a series of disjointed scenes (depicting for example somebody becoming a soldier, getting married and having children), all of which would mean very little if they were not performed by mentally handicapped people. Throughout the film colour is used to a striking, almost theatrical effect and a flawless musical score punctuates the imagery.

Clearly, the images in the film speak a universal language: **Tango Tango** received a (modest) ovation at the Berlin Film Festival in 1994.

● Après **Moins morte que les autres**, le cinéaste Frans Buyens poursuivit son travail très personnel avec **Tango Tango**, un phénomène absolument original dans le paysage cinématographique flamand. Il s'agit, en fait, de l'enregistrement filmé de la pièce de théâtre *Tango* du théâtre Stap. Cette troupe occasionnelle de Turnhout organisait des représentations où jouaient des handicapés mentaux. **Tango Tango** est une œuvre sans dialogues, qui débute néanmoins par la lecture d'un texte introductif par le réalisateur, décrivant le rapport entre la pièce et le film. Frans Buyens y indique que, si *Tango* était bien le point de départ du film, celui-ci reflète sa vision personnelle et espère que ses images permettront aux spectateurs de projeter leurs propres rêves. On ne peut donc comparer **Tango Tango** à aucun autre film, car il s'agit d'une œuvre qui fascine et ce qu'elle s'emploie à mettre à nu nos fantasmes, nos désirs et nos angoisses.

Le film commence par un enterrement, avec des comparses aux visages tirés et expressifs, et se termine en célébration surréaliste. Il y a des numéros de cirque, diverses saynètes sans lien commun (on regarde un inconnu devenir soldat, se marier et avoir des enfants), dont l'intérêt réside justement dans le fait d'être joués par des handicapés mentaux. L'utilisation des couleurs est remarquable, presque théâtrale, et le soutien musical parfait.

Ces images parlent un langage universel; d'ailleurs, le film recueillit une (modeste) ovation au Festival de Berlin de 1994.

▶ Cineast Frans Buyens leverde na **Minder dood dan de anderen** het eigenzinnige **Tango Tango** af, een absoluut buitenbeentje in de Vlaamse filmerij. De film is eigenlijk een fascinerende, filmische registratie van het toneelstuk *Tango* door het Theater Stap, een gelegenheidsgezelschap uit Turnhout dat toneelvoorstellingen organiseert die worden vertolkt door mentaal gehandicapten. **Tango Tango** is een film zonder dialogen, met uitsluitend een inleidende tekst voorgelezen door de regisseur om de relatie tussen het theaterstuk en de film te omschrijven. Frans Buyens benadrukt daarin dat *Tango* het uitgangspunt was, maar dat de film uitdrukkelijk zijn visie weergeeft. De opzet van de cineast bestond erin om, via de opgeroepen beelden, de toeschouwer in staat te stellen zijn eigen dromen te dromen. **Tango Tango** lijkt dan ook op geen andere film, want hij legt op merkwaardige wijze onze fantasma's, verlangens en angsten bloot.

Tango Tango begint met een begrafenis - bijgewoond door mensen met grimmige, expressieve gezichten - die uitloopt in een surrealistisch feest. Er zijn circusnummers en allerlei losse taferelen (we zien bijvoorbeeld iemand soldaat worden, trouwen en kinderen krijgen), die nog een extra dimensie krijgen omdat ze door mentaal gehandicapten gespeeld worden. Kleuren worden in deze film opvallend, haast theatraal gebruikt en de muzikale onderlijning is perfect.

De beelden spreken een universele taal en de film werd op een (zij het bescheiden) applaus onthaald op het Filmfestival van Berlijn in 1994. *(RS)*

Le fusil de bois

Pierre Delerive

Co-production

Le fusil de bois
The Wooden Gun

DIRECTOR: Pierre Delerive
YEAR: 1994
COUNTRY: FR-BE-SP-RM
SCREENPLAY: Pierre Delerive
DIALOGUE: Pierre Delerive
ASST. DIR.: Mircea Plangau
DIR. PHOT.: Ion Marinescu
CAMERA: Ion Marinescu
EDITING: Marine Deleu
SOUND: Francis Baldos, Mihai Orasanu, Thomas Gauder
MUSIC: Farid Russlan
ART DIRECTOR: Adriana Paun, Alexandru Chiriac, Luciano Arroyo
COSTUMES: Gabriela Ricsan, Fabienne T'Kint, Charles Wayenberg
PRODUCER: Denis Karvil, Pierre Roitfeld
PROD. CO.: Les Films Princesse (Paris), Alizés Films (Paris), Les Productions Roitfeld (Paris), Atlantis Film (Bucuresti), Channel Films (Madrid), Cinévision (Bruxelles)
PROD. SUPERV.: Pierre Roitfeld, Lucian Dante Gologan, Diego Gomez Sempere
ASSOC. PROD.: Alain Coffier, Jose-Antonio Romero, Ion Marinescu, Boris Szulzinger
LANGUAGE: French
GAUGE: 35 mm
SILENT/SOUND: sound
B&W/COLOUR: colour
MINUTES: 85'

CAST: Samuel Le Bihan (Dallers), Jordi Molla (Lagrange), Jean-François Garreaud (Morin), Philippe Frecon (Lemaire), Yves Collignon (Rapp), Frédéric Saurel

Le joueur de violon

Charlie Van Damme

Co-production

Le joueur de violon
The Violin Player

DIRECTOR: Charlie Van Damme
YEAR: 1994
COUNTRY: FR-G-BE
SCREENPLAY: Jean-François Goyet, Charlie Van Damme
BASED ON: Musikant, written by André Hodeir
DIALOGUE: François Dupeyron
ASST. DIR.: Laure Prévost
DIR. PHOT.: Walther Vanden Ende
CAMERA: Yves Cape, Florence Moniquet
EDITING: Emmanuelle Castro
SOUND: Jean-Pierre Duret
MUSIC: Gidon Kremer
ART DIRECTOR: Carlos Conti, Jacques Molon
COSTUMES: Brigitte Faur-Perdigou
PRODUCER: René Cleitman
PROD. CO.: Hachette Première (Paris)
PROD. SUPERV.: Arlette Danis
CO-PRODUCER: Dany Geys, Tharsi Vanhuysse, Pierre Drouot, Jacqueline Pierreux
CO-PROD. CO.: La Sept (Paris), Centre Européen Cinématographique Rhône-Alpes CEC (Villeurbanne), PDG & Partners (Brussel), RTBF (Bruxelles), Fidibus Film (Köln)
EXEC. PROD.: Bernard Bouix
LANGUAGE: French
GAUGE: 35 mm
SILENT/SOUND: sound
B&W/COLOUR: colour
MINUTES: 94'

CAST: Richard Berry (Armand), François Berleand (Charles), Inès De Medeiros (Lydia), Geno Lechner (Ariane), John Dobrynine (Daraud), Bernard Ballet (Koehler), Hanns Zischler (Michael), Günter Meisner (Spilliart), Alison Ray (La danseuse noire), John Fernie (François), Yves Chalamon (Concertiste), Marie-Josèphe Desgranges-Suire (Concertiste), Claude Giot (Concertiste), Pascal Jean (Concertiste)

Achterland

Anne Teresa De Keersmaeker, Herman Van Eyken

Achterland

DIRECTOR: Anne Teresa De Keersmaeker, Herman Van Eyken
YEAR: 1994
COUNTRY: BE-NE
SCREENPLAY: Herman Van Eyken
ASST. DIR.: Annemarie Vandeputte
DIR. PHOT.: Louis-Philippe Capelle
CAMERA: Chris Renson, Piotr Stadnicki
EDITING: Ludo Troch
SOUND: Dirk Bombey, Ricardo Castro
ART DIRECTOR: Herman Sorgeloos
COSTUMES: Ann Weckx
PRODUCER: Katty Welkenhuyzen, Kees Eijrond, Erik Kint
PROD. CO.: Alice in Wonderland (Brussel), Avila (Amsterdam)
PROD. SUPERV: Katty Welkenhuyzen
CO-PROD. CO.: Rosas (Brussel), BRTN (Brussel), NOS (Amsterdam)
CAST: Nadine Benchorf, Bruce Campbell, Vincent Dunoyer, Marion Levy, Cynthia Loemy, Fumiyo Ikeda, Nathalie Million, Johanne Saunier
LANGUAGE: –
GAUGE: 35 mm
SILENT/SOUND: sound
B&W/COLOUR: B&W
MINUTES: 93'/52'

◆ Choreographer Anne Teresa De Keersmaeker regarded film as the perfect medium for overcoming the problem of the transitory nature of her performances. She had already worked with Wolfgang Kolb, Walter Verdin and Peter Greenaway (**Rosa**) on the fixing of her work on film before tackling the adaptation of this dance play originally staged in November 1990, for which she chose Herman Van Eyken as technical director. **Achterland**, based on Eugène Ysaye's *Trois sonates pour violon seul* and György Ligeti's *Huit études pour piano*, constitutes a high point in De Keersmaeker's structural and theatrical expression of the tension between music and dance, man and woman. The original cast was almost entirely reassembled for the film, yet **Achterland** is not merely the record of a performance. The camera explores the tension between both the music (performed live by violinist Irvine Arditti and pianist Rolf Hind) and the eight dancers and between the dancers themselves, creating an entirely different dimension through the use of close-ups. Moreover, the many leaps and falls in this work proved a great technical challenge to capture on film.

This memorable, richly structured art film was shot in 18 days in Espace Temps, the Rosas/Monnaie studios in the Brussels suburb of Forest. Van Eyken's original script included 500 shots, but due to a lack of time only 360 could actually be filmed. **Achterland** had a budget of BF 23 million and was distributed by Progrès Films in a single print. In addition to the grand prize at the Dance Screen Festival of Lyon, it won the prize for the best adaptation at the Festival of Art Film in Montreal. There also exists a 52' version for television.

● Pour la chorégraphe Anne Teresa De Keersmaeker, le cinéma représentait par excellence le média qui remédierait au caractère éphémère de ses représentations. Elle avait déjà adapté son œuvre au septième art, en collaborant avec Wolfgang Kolb, Walter Verdin et Peter Greenaway (**Rosa**). Pour porter à l'écran ce travail de 1990, elle s'assura les services de Herman Van Eyken à la réalisation technique. **Achterland**, basé sur les *Trois sonates pour violon seul* d'Eugène Ysaye et les *Huit études pour piano* de György Ligeti, constitue le sommet de l'expression structurale et théâtrale de la chorégraphe, jouant sur la tension entre danse et musique, homme et femme. Si presque toute la distribution originale pu être rassemblée pour le film, il ne se résume pas à un simple enregistrement cinématographique du spectacle. La caméra est à la recherche de cette tension entre la musique (interprétée "live" par le violoniste Irvine Arditti et le pianiste Rolf Hind) et les huit danseurs, puis entre les danseurs eux-mêmes; elle crée une interprétation tout à fait originale par l'utilisation de gros plans. Les nombreuses chutes constituèrent un défi cinématographique.

Ce film mémorable et richement structuré fut tourné en 18 jours à l'Espace Temps, dans le studio Rosas/Monnaie situé à Forest. Bien que le scénario de Van Eyken comptât 500 plans, on ne put, faute de temps, en tourner que 360. **Achterland** avait un budget de 23 millions de FB et fut distribué par Progrès Films en copie unique. Il fut couronné du grand prix au Dance Screen Festival de Lyon, ainsi que du prix pour la meilleure adaptation au Festival du Film d'Art de Montréal. Il existe également une version télévisée de 52'.

▶ Choreografe Anne Teresa De Keersmaeker zag film als het medium bij uitstek om het probleem van de vergankelijkheid van haar voorstellingen op te lossen. Voordien had ze reeds met Wolfgang Kolb, Walter Verdin en Peter Greenaway (**Rosa**) samengewerkt aan de registratie van haar werk op film. Voor de verfilming van dit dansstuk uit november 1990 zocht ze Herman Van Eyken aan als technisch regisseur. In het œuvre van De Keersmaeker vormt **Achterland**, gebaseerd op Eugène Ysaye's *Trois sonates pour violon seul* en György Ligeti's *Huit études pour piano*, een hoogtepunt in de structurele en theatrale uitwerking van de spanning tussen muziek en dans, man en vrouw. Nagenoeg de hele originele bezetting werd voor deze verfilming herenigd; toch is het niet louter een geregistreerde voorstelling. De camera zoekt de spanning op tussen de muziek (live uitgevoerd door violist Irvine Arditti en pianist Rolf Hind) en de acht dansers - of tussen de dansers onderling - en geeft er, mede door het gebruik van close-ups, een totaal andere dimensie aan. Vooral het vele spring- en valwerk vormde een uitdaging op filmisch vlak.

Deze memorabele, riant uitgewerkte kunstfilm werd in 18 dagen opgenomen in Espace Temps, de Rosas/Munt-studio in Vorst. Het draaiboek van Van Eyken telde 500 shots, maar door tijdgebrek konden er maar 360 worden gedraaid. Van het op 23 miljoen BF gebudgetteerde **Achterland** werd één enkele kopie in omloop gebracht door verdeler Progrès Films. Behalve de hoofdprijs op het Dance Screen Festival te Lyon won de film ook de prijs voor de beste bewerking op het Festival van de Kunstfilm te Montreal. Er bestaat eveneens een tv-versie van 52 minuten. (LJ)

Le roi, la vache et le bananier

Mweze D. Ngangura

Le roi, la vache et le bananier
Chronique d'un retour au Royaume de Ngweshe
The King, the Cow and the Banana Tree

DIRECTOR: Mweze D. Ngangura
YEAR: 1994
COUNTRY: BE-CG
SCREENPLAY: Mweze D. Ngangura
DIR. PHOT.: Jean-Louis Penez
CAMERA: Jean-Louis Penez
EDITING: Marie-Hélène Mora
SOUND: Richard Verthé
MUSIC: Robert Falk
PROD. CO.: Filmsud (Bruxelles), CBA (Bruxelles), Sol'œil Films (Kinshasa)
LANGUAGE: French
GAUGE: 16 mm
SILENT/SOUND: sound
B&W/COLOUR: colour
MINUTES: 60'

◆ The action takes place in the region where the director was born, the Ngweshe, one of the six kingdoms of the Bushi in the eastern-Zairean province of Kivu. In this country of great lakes, a man's fortune is measured by the number of cows he owns and by the extent of his banana plantation. There are three narrators: the director, the king - that is, the Mwami - and a storyteller.

As the film-maker explains, this is not an ethnographic film but the expression of his desire to return to the place of his birth, a place of which he has little recollection. All the more reason to attempt a description, and thereby an appropriation. The first-hand accounts make clear a rift in society between tradition and colonization and the fragile co-existence of preservation and progress ever since. History has overtaken the film and recent events in Rwanda/Burundi make it impossible for the audience not to pick up sadly on the warning signs. The film describes the functioning of one of the last African kingdoms, with its agricultural and pastoral economy, habits and customs, and of the peace which reigned in the land of the thousand hills when the traditions governing the ethnic differences and social tensions were still respected.

The film-maker, who together with Benoît Lamy directed **Life Is Rosy**, gives one of the final visions of his country in peacetime. It is of great importance that kingdoms which collapse amidst the shattering turmoil of war should be recorded in the final stages of their ancestral equilibrium. As such, this is a major document.

● L'action se passe dans la région natale du réalisateur, le Ngweshe, un des six royaumes du Bushi, dans la province du Kivu, à l'est du Zaire. Dans cette région des Grands Lacs, la fortune s'évalue au nombre de vaches et à l'étendue de la bananeraie. Il y a trois narrateurs: le réalisateur, le roi (c'est-à-dire le Mwami) et un conteur.

Ce n'est pas, comme le précise le cinéaste, un film ethnographique, mais l'expression de son désir de revenir sur les lieux de sa naissance, lieux qu'il a d'ailleurs très peu connus. Raison évidente supplémentaire pour les décrire: tenter de se les approprier. Les témoignages font état d'une rupture de société entre la tradition et la colonisation, et le fragile équilibre de survivance qui s'en est suivi. Le documentaire décrit le fonctionnement d'un des derniers royaumes africains (avec son économie agricole et pastorale, ses us et coutumes) et la paix qui régnait dans le pays des Mille Collines quand il y avait un respect des traditions qui géraient les différences ethniques et les tensions sociales. Mais l'histoire a été plus vite que le film, et ce qui s'est déroulé en 1994 au Rwanda/Burundi lui donne un goût tristement prémonitoire.

Le cinéaste, qui avait déjà cosigné avec Benoît Lamy **La vie est belle**, donne là un des derniers témoignages paisibles sur son pays. Il est important que les royaumes qui meurent foudroyés par les séismes des guerres soient compris et archivés au moment des dernières survivances de leur équilibre ancestral. Il s'agit donc, ici, d'un document important. (JA)

▶ Dit verhaal speelt zich af in de geboortestreek van de regisseur, Ngweshe, een van de zes koninkrijken van de Bushi in de provincie Kivu, in het oosten van Zaïre. Het is het land van de Grote Meren, waar het aantal koeien en de grootte van de bananenplantage bepalend zijn voor iemands rijkdom. Drie vertellers loodsen ons door het verhaal: de regisseur, de koning (de Mwami) en een verhaler.

De cineast benadrukt dat dit geen etnografische film is, maar een uiting van zijn eigen verlangen om naar zijn streek van herkomst, die hij nauwelijks kent, terug te keren. Haar beschrijven is voor hem een manier om haar zich alsnog toe te eigenen. De getuigenissen tonen de breuk tussen traditie en kolonisatie in de Afrikaanse samenleving en het broze evenwicht dat daaruit gegroeid is. De geschiedenis heeft de film echter ingehaald, en in het licht van de gebeurtenissen in Rwanda/Burundi in 1994 krijgt deze iets van een onheilspellend voorteken. De structuur van een der laatste Afrikaanse koninkrijken wordt beschreven, met zijn agrarische economie, zijn gewoonten en gebruiken, zijn respect voor traditie (waardoor etnische verschillen en sociale spanningen nog gecontroleerd konden worden).

De regisseur - die eerder al samen met Benoît Lamy **La vie est belle** draaide - schetst hier een van de laatste vredige portretten van zijn land. Het is belangrijk dat koninkrijken die verwoest worden door gruwelijke oorlogen, vastgelegd en bewaard kunnen worden als het laatste stukje erfgoed van hun voorvaderlijke evenwicht. Dit document is dan ook van uitzonderlijk belang.

Les noms n'habitent nulle part

Dominique Loreau

Les noms n'habitent nulle part
Names Live Nowhere

DIRECTOR: Dominique Loreau
YEAR: 1994
COUNTRY: BE
SCREENPLAY: Dominique Loreau
DIALOGUE: Dominique Loreau
DIR. PHOT.: Etienne De Grammont, Marc-André Batigne
CAMERA: Etienne De Grammont, Marc-André Batigne
EDITING: Rudi Maerten
SOUND: Pierre Mertens, Dirk Bombey, Jacques Nisin
MUSIC: Philippe Woitchik, Anne-Françoise De Raedemaeker
PRODUCER: Dominique Loreau
PROD. CO.: Underworld (Bruxelles), CBA (Bruxelles), RTBF (Bruxelles)
PROD. SUPERV.: Michèle Tronçon
CAST: Nar Sene (Nar, le comédien), Sékou Balde (Sékou, l'infirmier), Sotigui Kouyate (Le griot), Sofia Leboutte (Martine)
LANGUAGE: French
GAUGE: 16 mm
SILENT/SOUND: sound
B&W/COLOUR: colour
MINUTES: 76'

◆ A drama/documentary film written and directed by Dominique Loreau, a former editor. At the centre of this film is a Senegalese "griot" - poet and sorcerer. He travels between Dakar and Europe, guardian of traditions - or rather, like the Parcae, agent of destiny for all the exiles, holding the threads which bind them to the country of their birth. He knows that breaking the symbolic umbilical cord never goes unpunished and that when an exile "has to" return, the feeling cannot be ignored on pain of loss or of death. His attentions turn to the fate of, amongst others, a womanizing hedonist actor and a trainee nurse saddened and perturbed by his European exile.

The great originality of the film lies in its representation of exile from the African point of view. The feeling of rootlessness is not a result of the difficulty of adapting to the European way of life, but of the possible loss of the circle in which each human being is inscribed at the moment of birth. Nar and Sékou both play themselves and yet enter into the fictional structure, which provides the narrative framework and allows the film to jump from Dakar to Brussels, from one man to the other. Here the hybrid of genres is innovatory rather than disruptive since an "ethnographical" prologue - the celebration of a baptism in Senegal - places reality at the fore and in opposition to the fiction, which is organized by the commentary of the griot in the grand role of popular image-maker. The director also skilfully adds a dose of irony and humour, the final elements in this attempt at a fictional-ethnological essay.

● Un documentaire/fiction écrit et réalisé par Dominique Loreau, monteuse devenue cinéaste. Au centre du film, un griot sénégalais sert à la fois de fil conducteur et de narrateur. Il voyage entre Dakar et l'Europe; il est le gardien des traditions ou plutôt, comme les Parques, il veille à la destinée de tous les exilés, il tient les liens qui les rattachent au pays. Il sait que l'on ne rompt pas impunément le cordon ombilical symbolique et que lorsqu'il "faut" rentrer, on doit le faire sous peine de déperdition et de mort. Il veille, entre autres, sur le destin d'un comédien séducteur, collectionneur de femmes et ivre de bonheur de vivre, et d'un élève infirmier, triste et perturbé par son exil européen.

L'originalité du film consiste à présenter la version africaine de l'exil. Le déracinement ne vient pas d'une adaptation difficile à la vie européenne, mais de la perte possible du cercle dans lequel tout homme est inscrit à sa naissance. Nar et Sékou jouent leur propre rôle, mais acceptent aussi d'entrer dans la fiction. C'est d'ailleurs cette fiction qui sert de charpente au récit et permet de passer de Dakar à Bruxelles, d'un homme à l'autre. Ici, le mélange des genres n'est pas perturbateur mais novateur, car un prologue "ethnographique" - une séquence de fête de baptême au Sénégal - donne la réalité comme première tandis que la fiction est organisée par le griot commentateur. La réalisatrice a su également faire intervenir l'ironie et l'humour, dernières composantes de ce film qui tente un essai d'ethnologie fictionnelle. (JA)

▶ Deze documentaire speelfilm werd geschreven en geregisseerd door Dominique Loreau, oorspronkelijk een monteuse. Een Senegalese tovenaar fungeert als verteller en rode draad van de film. Hij reist heen en weer tussen Dakar en Europa en is de bewaker van de traditie: net als de Parcen waakt hij over de lotsbestemming van alle bannelingen en vormt hij de band die hen verbindt met het vaderland. Hij weet dat men deze symbolische navelstreng niet ongestraft kan doorsnijden en dat wanneer men terug "moet" komen, dit een kwestie is van leven of dood. Hij waakt onder meer over het lot van een acteur - een verleider en enorme levensgenieter omringd door vrouwen - en over een aspirant-verpleger, triest en verward door zijn verblijf in Europa.

De originaliteit van deze film schuilt in het weergeven van de ballingschap vanuit het Afrikaanse gezichtspunt. Ontworteling komt niet voort uit de moeilijke aanpassing aan het leven in Europa, maar uit het mogelijke breken met de kring waar ieder mens van bij zijn geboorte toe behoort. Nar en Sékou spelen tegelijk zichzelf en fictieve situaties. De fictie dient als kader voor het verhaal en maakt het mogelijk om over te gaan van Dakar naar Brussel, van de ene man naar de andere. Deze vermenging van genres is niet storend maar veeleer vernieuwend, want de "etnografische" proloog - een doopfeest in Senegal - geeft vooral de realiteit weer, terwijl de fictie steunt op de tovenaar annex verteller. De cineaste heeft ook voor humor en ironie gezorgd, de laatste ingrediënten van deze film opgezet als een fictioneel etnologisch essay.

La partie d'échecs

Yves Hanchar

La partie d'échecs
The Chess Game

DIRECTOR: Yves Hanchar
YEAR: 1994
COUNTRY: BE-FR-SZ
SCREENPLAY: Patrick Bonté, Yves Hanchar
DIALOGUE: Patrick Bonté, Yves Hanchar
ASST. DIR.: Luc Boland
DIR. PHOT.: Denis Lenoir
CAMERA: Raymond Fromont, Philippe Piron
EDITING: Laurent Uhler
SOUND: Olivier Hespel
MUSIC: Frédéric Devreese
ART DIRECTOR: Pierre-François Limbosch
COSTUMES: Suzanne Van Well
PRODUCER: Anne-Dominique Toussaint, Pascal Judelewicz
PROD. CO.: Les Films de l'Etang (Bruxelles), Eloïse Production (Bruxelles), RTBF (Bruxelles), Les Films des Tournelles (Paris), France 3 Cinéma (Paris), CAB Productions (Lausanne)
PROD. SUPERV.: Raymond Spartacus, Serge Gauthier
ASSOC. PROD.: Jacqueline Pierreux, Jean-Louis Porchet, Gérard Ruey
CAST: Pierre Richard (Ambroise), Denis Lavant (Max), Catherine Deneuve (La Marquise de Theux), James Wilby (Lord Staunton), Delphine Bibet (Suzanne), Hilde Heijnen (Anne-Lise), Pascal Crochet (Armand), Antoine Goldschmidt (Rictus), Alexandre Von Sivers (Dimmer), Olivier Maes (Max enfant)
LANGUAGE: French
GAUGE: 35 mm
SILENT/SOUND: sound
B&W/COLOUR: colour
MINUTES: 110'

◆ After graduating from the INSAS film school at the beginning of the eighties, Yves Hanchar begins his career with a series of short films, then manages to put together a budget of 150 million BF for a co-production with France and Switzerland, which will allow him to make an ambitious first feature film. Heading the cast is the former comic Pierre Richard, a mountain pastor who takes in a suicidal "child of the woods" and discovers him to be a chess genius (Denis Lavant, Leos Carax's key lead, plays the prodigy with an almost expressionistic fury). He tours the wonder-boy from château to château, staging contests where the top-class opponents are rapidly defeated. Such is his fame that a rich marchioness (Catherine Deneuve), fanatical about the game, organizes a play-off against the world champion with her own daughter's hand in marriage as the stakes.

The story is set in the last century under the shadow of the Romantic painter Caspar David Friedrich, a number of whose bizarre canvases are quoted by the film. The chess games become the mirror of the power games being played out - between Lavant, simplistic and pallid, and the English dandy, also his rival in love; between the marchioness and her daughter, who is scheming both against her mother and this brute being forced upon her; between the Kaspar Hauser and his mentor, faced with the intrigues of the wealthy. The parks, the gossip, the château - so many refined backdrops to these strategic dissemblances - recall the Greenaway of **The Draughtsman's Contract**.

● Sorti de l'INSAS au début des années 80, Yves Hanchar se fait la main avec une série de courts métrages, puis réunit un budget de 150 millions de FB grâce à une coproduction avec la France et la Suisse, ce qui lui permet de viser haut pour son premier film de fiction. En tête de distribution, l'ex-comique Pierre Richard, dans le rôle d'un pasteur de montagne, recueille un "enfant sauvage" suicidaire, découvre en lui un génie du jeu d'échecs (Denis Lavant, l'acteur-clé de Leos Carax, incarne ce surdoué avec une fougue quasi expressionniste) et le produit de château en château, dans des tournois où il conquiert vite la suprématie. A tel point qu'une riche marquise (interprétée par Catherine Deneuve), fanatique des échecs, organise une confrontation au sommet avec le champion du monde, dont l'enjeu sera la main de sa propre fille.

L'histoire se déroule au siècle dernier, sous le signe du peintre romantique Caspar David Friedrich, dont plusieurs des tableaux singuliers sont calqués par le film. Les jeux d'échecs deviennent alors le miroir des jeux de pouvoir: Lavant, primaire et blafard, face au dandy britannique, son rival aussi en amour; la marquise en conflit avec une fille qui ruse à la fois contre elle et ce rustre qu'on veut lui imposer; le Kaspar Hauser et son mentor, confrontés aux intrigues des gens riches. Les parcs, les mondanités, le château, comme décors raffinés de ces stratégies à faux-semblants, évoquent le Greenaway du **Meurtre dans un jardin anglais**. (RM)

▶ Yves Hanchar studeerde af aan de Brusselse filmschool INSAS aan het begin van de jaren 80 en draaide eerst een kortfilm, alvorens een budget van 150 miljoen BF te verzamelen (dankzij een coproductie met Frankrijk en Zwitserland) voor een ambitieuze lange debuutfilm. In de hoofdrol vinden we ex-komiek Pierre Richard als dominee, die een verwilderd kind met zelfmoordneigingen opvist. Hij ontdekt in deze jongen (Denis Lavant, de fetisj-acteur van Leos Carax, vertolkt deze rol met een haast expressionistisch vuur) een hoogbegaafd schaakgenie en trekt met hem van kasteel tot kasteel, waar hij elk toernooi zo glansrijk wint dat een rijke markiezin (Catherine Deneuve) met een passie voor het schaakspel een confrontatie opzet met de wereldkampioen. De inzet is de hand van haar eigen dochter.

Het verhaal speelt zich af in de vorige eeuw, zoals de romantische schilder Caspar David Friedrich die portretteerde: vele van zijn opmerkelijke doeken worden haast letterlijk gekopieerd. Het schaakspel wordt een metafoor voor machtsspelletjes: Lavant, ruig en doodsbleek, zit tegenover een Britse dandy die ook in de liefde zijn rivaal is; de markiezin ligt in de clinch met haar dochter, die samenzweert zowel tegen haar als tegen de vlegel die men haar wil opsolferen; de Kaspar Hauser-figuur en zijn mentor worden geconfronteerd met de intriges van de rijken. De parken, het kasteel en de luxe vormen een geraffineerd decor voor dit bedrieglijke kluwen dat aan Greenaway's **The Draughtsman's Contract** herinnert.

Taxandria

Raoul Servais

Taxandria

DIRECTOR: Raoul Servais
YEAR: 1994
COUNTRY: BE-G-FR-NE-HU
SCREENPLAY: Frank Daniel, Raoul Servais, Alain Robbe-Grillet
DIR. PHOT.: Walther Vanden Ende, Gilberto Azevedo
CAMERA: Walther Vanden Ende, Gilberto Azevedo
ANIMATION: François Schuiten, Suzanne Maes
EDITING: Chantal Heymans
SOUND: Philip Vandendriessche
MUSIC: Kim Bullard
ART DIRECTOR: Yvan Bruyère, Hubert Pouille
PRODUCER: Dany Geys, Tharsi Vanhuysse, Heinz Bibo, Bertrand Dussart
PROD. CO.: Iblis Films (Brussel), Bibo TV & Film Productions (Berlin), Les Productions Dussart (Paris), Praxino Pictures (Amsterdam), Magyar Filmgyártó Vállalat Mafilm (Budapest)
ASSOC. PROD.: Denes Szekeres, René Solleveld
EXEC. PROD.: Dominique Standaert
CAST: Armin Mueller-Stahl (Virgilus/Karol), Andrew Sachs (Superintendent), Richard Kattan (Jan), Elliott Spiers (Aimé), Katja Studt (Ailee), Daniel Emilfork (First Minister), Julien Schoenaerts (Bonze/Leader), Chris Campion (Klooster), Robert Lemaire (Lamp), Joris Van Ransbeek (Versalus)
LANGUAGE: English
GAUGE: 35 mm
SILENT/SOUND: sound
B&W/COLOUR: colour
MINUTES: 85'
NOTES: Animated film with live action

◆ Director Raoul Servais' short animation films - poetic political fables such as **Goldframe**, **Chromophobia** and **Harpya** - made him one of Belgium's most renowned and internationally recognized film-makers. For over 10 years, Belgian film buffs impatiently awaited the arrival of his ambitious feature film which, like **Harpya**, would combine live action with animation according to Servais' own home-made method, "Servaisgraphy". But commercial pressures urged Servais towards the quickly developing techniques of computer animation, and he exchanged a pictorial tautness (inspired by the surrealist painter Paul Delvaux) for a more dynamic style, together with a more realistic framing narrative (which was also easier to film). This pared-down approach gives a somewhat meagre, unbalanced impression (not helped by a banal score), although the imaginary animated world is truly enchanting.

In Taxandria, time has been halted and progress forbidden. Princes Filippus VII-VIII, assisted by a Kafkaesque bureaucracy and a Keystone Cops police force, guarantee "peace and order" by outlawing any form of representation. Aimé, a student who has unknowingly been designated by Virgilus, the head of the civil service, as his successor, is persuaded by the rebel girl Ailee to unmask the secret of Taxandria with the help of a camera obscura, thus restoring freedom.

The actors look surprisingly convincing in the obviously artificial sets designed by Servais' kindred spirit François Schuiten, architect and artist of the ambitious graphic novel series *De duistere steden* ("Cities of the Fantastic"). The film also shows evidence of the influence of Delvaux, Magritte, Spilliaert and Winsor McCay.

● Ses courts métrages animés - des fables politico-poétiques intitulées **Goldframe**, **Chromophobia** ou **Harpya** - ont fait de Raoul Servais un des principaux cinéastes belges, à la reconnaissance internationale. La Belgique attendit plus de dix longues années son long métrage ambitieux où, à l'instar de **Harpya**, devaient se fondre vie et animation, grâce à un procédé de son cru, la "Servaisgraphie". Succombant à la pression commerciale, Servais fit appel à l'animation par ordinateur qui se développait à grands pas, échangea la rigidité picturale (calquée du surréaliste Paul Delvaux) pour un style plus dynamique, et inventa une histoire-cadre plus réaliste (et réalisable plus rapidement). Le résultat de cette vision amputée a un effet un peu fruste, déséquilibré (et avec une bande sonore banale, ce qui n'aide rien), mais l'univers animé imaginaire reste envoûtant.

A Taxandria, le temps est suspendu et le progrès interdit. Les princes Filippus VII-VIII, assistés par un corps de fonctionnaires kafkaïens et une police à la Keystone Cops, se portent garants de "l'ordre et de la tranquillité", en appliquant la censure totale de la représentation. L'étudiant Aimé, destiné malgré lui par le fonctionnaire en chef Virgilus à lui succéder, est harcelé par la jeune rebelle Ailee pour démasquer le secret de Taxandria, à l'aide d'une camera obscura, et de rétablir la liberté.

Les acteurs s'accordent magnifiquement aux décors ouvertement maniérés, conçus par l'âme sœur François Schuiten, architecte et dessinateur de l'ambitieuse série de bandes dessinées *De duistere steden* ("Les cités obscures"). Et l'influence de Delvaux, Magritte, Spilliaert et Winsor McCay est évidente.

► Raoul Servais werd met zijn korte animatiefilms - poëtische politieke fabels zoals **Goldframe**, **Chromophobia** en **Harpya** - een van België's belangrijkste filmmakers, die zelfs internationale erkenning genoot. Meer dan tien jaar lang wachtte cinefiel België ademloos op zijn ambitieuze langspeelfilm die, zoals **Harpya**, live action zou combineren met animatie. Hiertoe gebruikte Servais een procédé van eigen makelij: de "Servaisgrafie". Onder commerciële druk schakelde Servais echter de zich snel ontwikkelende computeranimatie in, ruilde hij de picturale strakheid (naar de surrealist Paul Delvaux) in voor een meer dynamische stijl, en verzon hij een (vlotter te verfilmen) realistische raamvertelling. Het resultaat van deze geamputeerde visie maakt een wat schrale, onevenwichtige indruk (allerminst bevorderd door de banale score), maar het imaginaire animatie-universum is beslist betoverend.

In Taxandria is de tijd stopgezet en vooruitgang verboden. Prinsen Filippus VII-VIII, bijgestaan door een kafkaiaanse ambtenarij en een Keystone Cops-politiemacht, garanderen "rust en orde" door middel van een totale censuur op afbeeldingen. Student Aimé, buiten zijn weten door hoofdambtenaar Virgilus voorbestemd als diens opvolger, wordt opgejut door het rebelse meisje Ailee om met behulp van een camera obscura het geheim van Taxandria te ontmaskeren en de vrijheid te herstellen.

De acteurs gaan verbluffend sterk op in de openlijk gekunstelde decors, ontworpen door verwante ziel François Schuiten, architect en tekenaar van de ambitieuze beeldverhalenreeks *De duistere steden*. Maar ook invloeden van Delvaux, Magritte, Spilliaert en Winsor McCay zijn hier duidelijk voelbaar. (DD)

Max

Freddy Coppens

Max

DIRECTOR: Freddy Coppens
YEAR: 1994
COUNTRY: BE
SCREENPLAY: Dido Joos, Carl Joos, René Swartenbroekx
DIALOGUE: Carl Joos
ASST. DIR.: Arno Dierickx, Geert Vermeersch
DIR. PHOT.: Michel Van Laer
CAMERA: Michel Van Laer
EDITING: Henri Erismann
SOUND: Frank Struys
MUSIC: Henny Vrienten
ART DIRECTOR: Gentiel Eeckhout
COSTUMES: Suzanne Van Well
PRODUCER: Erwin Provoost, Frans Lefever, Frans Pullemans, Paul Van Leemputten
PROD. CO.: Multimedia (Asse), BRTN (Brussel)
PROD. SUPERV.: Jef Van de Water
CAST: Jacques Vermeire (Max), Greet Rouffaer (Annie), Luc Philips (Gaspard), Ianka Fleerackers (Sofie), Danni Heylen (Clarisse), Johnny Voners (Carlos), Ludo Busschots (Gilbert), Bert Van den Dool (Harry), Josée Ruiter (Emma), Camilia Blereau (Josette), Rikkert Van Dijck (Patrick), Mathias Sercu (Kurt), André Van Daele (Pastoor), Door Van Boeckel (Fotograaf), Warre Borgmans (Mijnheer Voet), Doris Van Caneghem (Kassierster), Luc Verschueren (Presentator), Nolle Versyp (Referee)
LANGUAGE: Dutch
GAUGE: 35 mm
SILENT/SOUND: sound
B&W/COLOUR: colour
MINUTES: 96'

◆ During the early 1990s, Jacques Vermeire became one of Flanders' most popular actors following a clutch of TV shows and, crucially, his role as the character DDT in *FC De Kampioenen* ("The Champions"), the most successful comedy series ever produced by public television since the rise of the commercial stations in Flanders. Vermeire exploited his physical talents to the full, distorting his versatile features to mimic a wide range of caricatures and popular types. The death of Leo Martin and the commercial failure of satirist Urbanus' latest film **Seventh Heaven** all contributed to make Vermeire the obvious choice as the rising star of Flemish film comedy. Erwin Provoost again produced this effort after three films starring Urbanus, enroling Freddy Coppens as director and Carl Joos as scriptwriter.

Jacques Vermeire plays the eternal bungler Max, son of a manufacturer of sporting trophies, whose wife has long since left him. Max's passion for dancing causes him to neglect his work in his father's shop. But one day, the life of this archetypical loser is turned completely upside-down when he falls madly in love.

Max was co-produced by the Flemish television, and consequently shows the tell-tale signs so characteristic of popular television sitcoms - camerawork which simply registers the action and a supporting cast made up of familiar television faces such as Luc Philips and Danni Heylen. Like so many other traditional comedies, **Max** revolves around a hero walking head-on into a series of predictable situations. And just as predictable was the fact that, within the space of a mere few weeks, it became one of the most popular Flemish films ever.

● Au début des années 90, Jacques Vermeire était devenu un des acteurs les plus populaires de Flandre, grâce à une série de shows télévisés et surtout grâce à son interprétation de DDT dans *FC De Kampioenen* ("Les champions"), une série comique de la télévision flamande BRTN, qui fut son succès le plus retentissant depuis la création de la télévision commerciale. Vermeire se sert sans vergogne de son physique pour incarner, à grand renfort de grimaces, toutes sortes de personnages caricaturés et de types populaires. La disparition de Leo Martin et l'échec du **Septième ciel** d'Urbanus firent de lui le personnage indiqué pour perpétuer le comique flamand sur les grands écrans. Erwin Provoost produisit cette nouvelle comédie, après trois films avec Urbanus, en faisant appel à Carl Joos pour le scénario et à Freddy Coppens pour la réalisation.

Jacques Vermeire joue le rôle de Max, fils célibataire d'un fabricant de trophées de sport abandonné depuis longtemps par sa femme. Sa passion pour la danse le pousse à négliger son travail dans le commerce paternel. Bref, l'éternel perdant sera réveillé de son apathie le jour où il tombera follement amoureux.

Produit par la BRTN, **Max** est entièrement coulé dans le moule des lois tacites des séries comiques télévisées: une mise en scène strictement utilitaire, un casting de célébrités de la télévision dans les seconds rôles (comme Luc Philips et Danni Heylen), et des situations prévisibles et stéréotypées où vient se fourrer le personnage principal. Comme certains l'avaient parfaitement prédit, il ne fallut donc que quelques semaines à ce film pour faire partie des plus fortes recettes de l'histoire du cinéma flamand.

► Een aantal tv-shows, en vooral zijn vertolking van het personage DDT in *FC De Kampioenen*, de meest succesvolle comedyserie van de BRTN sedert de komst van de commerciële televisie in Vlaanderen, maakten Jacques Vermeire begin de jaren 90 tot een van Vlaanderens populairste acteurs. Vermeire speelt daarbij ten volle zijn fysiek uit om alle mogelijke karikaturen en volkse typetjes al bekkentrekkend neer te zetten. Zeker na de dood van Leo Martin en het floppen van Urbanus' **De zevende hemel** was Vermeire de aangewezen figuur om zich op te werpen als dé nieuwe Vlaamse filmkomiek. De productie van deze komedie kwam opnieuw tot stand dankzij Erwin Provoost. De producent van de Urbanus-films zocht daarbij Carl Joos aan voor het scenario en Freddy Coppens voor de regie.

Jacques Vermeire speelt de rol van Max, zoon van een bekerfabrikant, en sinds jaar en dag door zijn vrouw in de steek gelaten. Zoonlief verwaarloost het werk in de winkel van zijn vader door zijn passie voor het dansen. Hij is de typische loser, wiens leven echter in de plooi zal vallen wanneer hij op een dag smoorverliefd wordt.

Gecoproduceerd door de BRTN, is **Max** helemaal gestroomlijnd volgens de ongeschreven wetten van de populaire komische televisieseries, wat zich, behalve in een louter registrerende opnameregie, ook vertaalt in de casting van televisiebekendheden als Luc Philips en Danni Heylen in nevenrollen. Centraal staan, zoals altijd, de voorspelbare situaties waaraan het hoofdpersonage het hoofd moet bieden. De film veroverde - wat niet minder voorspelbaar was - in enkele weken tijd een plaats tussen de best bezochte Vlaamse films uit de geschiedenis. (MA)

Between the Devil and the Deep Blue Sea

Marion Hänsel

Between the Devil and the Deep Blue Sea
Li, Between the Devil and the Deep Blue Sea
Li

DIRECTOR: Marion Hänsel
YEAR: 1995
COUNTRY: BE-FR-UK
SCREENPLAY: Marion Hänsel, Louis Grospierre
BASED ON: Li, written by Nikos Kavvadias
ASST. DIR.: Patrick Delabrière, Sarah Baur
DIR. PHOT.: Bernard Lutic
CAMERA: Raymond Fromont
EDITING: Susana Rossberg
SOUND: Henri Morelle
MUSIC: Wim Mertens
ART DIRECTOR: Thierry Leproust
COSTUMES: Yan Tax
PRODUCER: Marion Hänsel, Eric Van Beuren, Mark Forsater
PROD. CO.: Man's Films (Bruxelles), Tchin Tchin Productions (Paris), Mark Forsater Productions (London)
PROD. SUPERV.: Michèle Tronçon
CAST: Stephen Rea (Nikos), Ling Chu (Li), Adrian Brine (Captain), Maka Kotto (African sailor), Mischa Aznavour (Young sailor), Lo Koon-Lan (Li's mother), Chan Chun Man (Baby Zheng)
VOICES: Jane Birkin
LANGUAGE: English
GAUGE: 35 mm
SILENT/SOUND: sound
B&W/COLOUR: colour
MINUTES: 92'

◆ Despite a large budget and shooting in Hong Kong, Marion Hänsel returned to the atmosphere of her first two features, i.e. a setting shut off from the outside world, a human situation of great intensity. The story is limited to a situation and one encounter. Aboard a rusty old boat, abandoned by its bankrupt owner in Hong Kong bay, a crew awaits the paypacket that will allow them to leave the vessel. A sailor turns to opium to drown his sorrow, while the interminable waiting becomes as testing as a shipwreck. A little girl of ten, but whom misery and misfortune have aged a hundred years, with gentle insistence offers her housekeeping services to the floundering sailors. She is Chinese, leads a precarious existence on a sampan and takes care of her little brother with the attentiveness of an adult. At first she is turned down, but eventually her dignity and tenacity, a world away from servility, overcome the resistance of the drugged sailor. Between the man (Jane Birkin's voice-over reveals a love story through the words of letters he never answered) and the child without a childhood there forms a tender relationship, built on few gestures and scarce words but devoid of ambiguity or Lolita-undertones. Their intimacy is one of purity and fragility. Hänsel skilfully captures this profound, extreme tenuity. Hong Kong and the sea form a sumptuous background without descending into anecdote or cheap chinoiserie. The music is sometimes a little insistent but it cannot hide the undeniable achievement of this film, its assured and experienced director reviving the rigorousness of her beginnings.

● Malgré un lourd budget et un tournage à Hong Kong, Marion Hänsel est revenue à ce qui faisait l'émotion de ses deux premiers films, un huis clos organisé autour d'une situation humainement forte. L'histoire se résume à une situation et une rencontre. Sur un rafiot abandonné par son armateur, un équipage attend dans la baie de Hong Kong la solde qui lui permettra de quitter le navire. L'un des marins essaie d'oublier son spleen dans l'opium en une interminable attente qui ressemble à un naufrage. Une petite fille - elle a dix ans, mais l'habitude de la misère et du malheur lui a donné cent ans d'âge - vient avec une insistance douce proposer aux marins à la dérive ses services ménagers. Elle est chinoise, vit d'une manière précaire sur un sampan et s'occupe comme une adulte de son petit frère. Sa dignité, sa ténacité - qui n'a rien de servile - vont vaincre la résistance du marin opiomane. Entre l'homme seul (une voix off, celle de Jane Birkin, qui lit des lettres auxquelles il ne répond pas, va évoquer une histoire d'amour) et l'enfant sans enfance va se former une rencontre de tendresse faite de peu de gestes et de peu de mots et qui ne joue pas du tout sur l'ambiguïté à la Lolita. Elle est faite de pureté et de fragilité et Marion Hänsel a su capter avec délicatesse ce "presque rien" très profond. Hong Kong et la mer sont une somptueuse toile de fond qui ne tombe jamais dans la chinoiserie de pacotille. Une musique un peu insistante ne peut gâcher l'indéniable réussite de ce film, où la réalisatrice, avec une maîtrise acquise, renoue avec l'exigence de ses débuts. (JA)

► Ondanks het hoge budget en de opnamen te Hongkong, keerde Marion Hänsel terug naar de sfeer van haar eerste twee films met dit diepmenselijke verhaal dat zich afspeelt in een gesloten ruimte. De film omvat slechts één situatie en één ontmoeting. Op een wrakkige boot in de baai van Hongkong, die door de failliete reder werd opgegeven, wacht de bemanning op haar soldij om het schip te verlaten. Een matroos zoekt troost in opium tijdens het eindeloze wachten, dat even zwaar weegt als een schipbreuk. Een klein meisje - pas tien, maar zo getekend door ellende en ongeluk dat ze wel honderd lijkt - komt met zachte aandrang haar diensten als huishoudster aanbieden bij de aan lager wal geraakte zeelieden. Ze is Chinese en leeft in precaire omstandigheden op een sampan, waar ze als een volwassene zorgt voor haar kleine broertje. Ze weet de weerstand van de aan opium verslaafde zeeman te breken met haar waardigheid en een volharding die beslist niets slaafs heeft. De eenzame man (de off-screenstem van Jane Birkin onthult ons een liefdesgeschiedenis door het voorlezen van brieven die hij nooit heeft beantwoord) en het kind dat nooit een jeugd kende, vinden elkaar in enkele ondubbelzinnige gebaren en woorden. Het is geen relatie à la Lolita, doch een van zuiverheid en broosheid, een diepzinnig "bijna-niets" dat Hänsel fijnzinnig weet weer te geven. Hongkong en de zee vormen een prachtig decor en verworden nooit tot prullige chinoiseries. De wat opdringerige muziek doet echter geen afbreuk aan deze wonderwel geslaagde film, waarvoor de cineaste - nu rijk aan vakbekwaamheid en ervaring - teruggreep naar haar veeleisende beginjaren.

Le nez au vent

Dominique Guerrier

Le nez au vent
La nuit des cerfs-volants
Scent of Deceit

DIRECTOR: Dominique Guerrier
YEAR: 1995
COUNTRY: BE-FR
SCREENPLAY: Dominique Guerrier, Jean-Louis Benoît
ASST. DIR.: Frédéric Roullier-Gall
DIR. PHOT.: Jan Vancaillie
CAMERA: Pierre Gordower
EDITING: Ludo Troch
SOUND: Henri Morelle, Frank Struys
MUSIC: Serge Franklin
ART DIRECTOR: Véronique Mélery
COSTUMES: Suzanne Van Well
PRODUCER: Marion Hänsel, Bertrand Dussart, Eric Van Beuren
PROD. CO.: Man's Films (Bruxelles), Les Productions Dussart (Paris), Tchin Tchin Productions (Paris), RTL-TVi (Bruxelles)
PROD. SUPERV.: Jacqueline Louis
CAST: Yves Robert (Raphaël), Philippine Leroy-Beaulieu (Clémentine), Olivier Ythier (Pierre), Jean-Marc Roulot (Raphaël jeune), Olivier Massart (Marcel), Sabrina Leurquin (Rosine), Jean Vercheval (Le voisin), Didier Deneek (Le médecin), Philippe Van Kessel (Le concierge des morts), Yves Degen (Le directeur de la fabrique de parfums), Pascale Salkin, Bernard Graczyk, Florence Crick, Georges Siatidis, Laurence Vielle, Serge Kribus, François Toumarkine, Alexandre Von Sivers, Patrick Duquesne, Carole Libouton, Philippe Cochin, Isabelle Wery, Myriam David, Kathy Boquet, Cécile Hanquenne, Tristan Clarys, Nicolas Holzer, Baptiste Hupin, Karl Galler, Ingrid Herman
LANGUAGE: French
GAUGE: 35 mm
SILENT/SOUND: sound
B&W/COLOUR: colour
MINUTES: 90'

◆ If ever there was a difficult film genre, it would have to be the philosophical fairytale. The motif of the deceased soul who returns to the mortal world to reconsider his or her life is not a new one and it takes a sure hand convincingly to dust it off. For his first script (and directorial début), the Frenchman Dominique Guerrier decided to run this risk. After a fifteen-year career as assistant director on twenty or so features (including Belgian productions such as **Taxandria** by Raoul Servais and four films by Marion Hänsel, who also produced **Scent of Deceit**), he had persuaded Jean Carmet to take the leading role in his solo effort. The death of the actor, however, spurred his friend Yves Robert to tackle the part of an aged man who commits suicide. He is unwanted in the kingdom of the dead and returns to the living after a strange journey. Drifting between past and present, Raphaël rediscovers the son he has not seen for thirty years, his one-time mistresses and a beautiful wife he left for other women. The ages merge, the seventy-year-old is confronted with still youthful faces from his past and spurned and neglected loves are reawakened.

Guerrier has to be admired for his audacity and the impeccability of his influences, "Lewis Carroll, Buñuel, Fellini, Ensor." Nevertheless, and in spite of very effective, sensitive moments, the promise of "poetic realism" goes unfulfilled, with flights of poetic, dream-like fantasy replaced by conventionality. That said, the dynamism and sheer presence of Yves Robert refuse to be dampened.

● S'il est un genre périlleux au cinéma, c'est bien celui de la fable philosophique. Le thème du défunt revenu sur terre pour y reconsidérer sa vie n'est pas nouveau et il faut une sacrée dose d'imagination pour décaper un sujet aussi rebattu. Pour son premier scénario (et ses débuts dans la réalisation), le Français Dominique Guerrier a risqué l'aventure. Assistant, durant quinze ans, sur une vingtaine de longs métrages (dont, en Belgique, le **Taxandria** de Raoul Servais et quatre films de Marion Hänsel, productrice du **Nez au vent**), il avait obtenu l'accord de Jean Carmet pour interpréter son histoire. Le décès du comédien amena son ami Yves Robert a reprendre le rôle de ce vieux suicidé dont le royaume des morts ne veut pas, et qui revient à la vie par un étrange voyage. Evoluant entre présent et passé, Raphaël retrouve un fils oublié depuis trente ans, une belle épouse quittée pour d'autres femmes, et ses maîtresses d'autrefois. Les âges se côtoient, le septuagénaire est confronté aux visages inchangés de jadis, les affections négligées ou bafouées sont remises en cause.

On apprécie l'audace de Guerrier et ses références avouées: "Lewis Carroll, Buñuel, Fellini, Ensor". Cependant, malgré des moments efficaces ou sensibles, le "réalisme fantastique" promis reste trop sage. Les envolées poétiques ou oniriques espérées ne se sont pas présentées au rendez-vous. Il reste à remarquer le dynamisme d'Yves Robert, toujours écrasant de présence à l'écran. (RM)

► Als er één hachelijk filmgenre bestaat, dan is het wel de filosofische fabel. Het thema van de overledene die op aarde terugkeert om de balans van zijn leven op te maken, is niet nieuw, en er komt al heel wat verbeelding bij te pas om zo'n onderwerp nieuw leven in te blazen. Na 15 jaar te hebben gewerkt als assistent aan een 20-tal langspeelfilms (in België onder meer **Taxandria** van Raoul Servais en vier films van Marion Hänsel, de producente van **Le nez au vent**), waagde de Fransman Dominique Guerrier deze gok met zijn allereerste scenario (annex regiedebuut). Jean Carmet werd bereid gevonden de hoofdrol te vertolken, maar na diens overlijden nam zijn vriend Yves Robert de rol over van de zelfmoordenaar die in het dodenrijk ongewenst is en na een vreemde reis weer tot leven komt. Terwijl Raphaël schippert tussen heden en verleden, komt het tot een weerzien met de zoon waar hij al 30 jaar niet meer naar omkeek, met de mooie echtgenote die hij verliet, met zijn maîtresses van weleer: aldus wordt de 70-jarige man geconfronteerd met de oude bekenden van destijds en worden verwaarloosde of bedrogen gevoelens ter discussie gesteld.

Guerrier heeft alvast lef, en zijn inspiratoren mogen er zijn: "Lewis Carroll, Buñuel, Fellini, Ensor". De verwachtingen worden echter niet helemaal ingelost, ondanks enkele sterke of gevoelige scènes. Het beloofde "fantastisch realisme" is weinig gewaagd, zonder de verwachte poëtisch-oneirische uitwijdingen. Het dynamisme en het acteertalent van Yves Robert vallen echter niet te ontkennen.

Elixir d'Anvers

Boris Paval Conen, Nathalie Deklerck, Tom Van Overberghe, Wim Symoens, Wolke Kluppell, Filip Van Neyghem, Robbe de Hert

Elixir d'Anvers

DIRECTOR: Boris Paval Conen, Nathalie Deklerck, Tom Van Overberghe, Wim Symoens, Wolke Kluppell, Filip Van Neyghem, Robbe de Hert
YEAR: 1996
COUNTRY: BE-NE
SCREENPLAY: Boris Paval Conen, Wim Symoens, Bart Van den Bempt, Jan Lampo, Tom Van Overberghe, John Hoelen, Robbe de Hert
ASST. DIR.: Guy Goossens
CAMERA: Danny Elsen, Filip Van Volsem, Glynn Speeckaert, Jaap Veldhoen
EDITING: Jef Hertogs, Erik Lamens, Petra Van Rompaey, Ewin Ryckaert, Piet Oomes, Bram Van Riet
SOUND: Jelle De Boos, Kurt Bruyninckx, Iris Pattyn, Kees De Groot, Maarten Mees
MUSIC: Fred Bekky, Maurits Overdulve, Stefan Truyman, Tom Van Overberghe, Hiëronymus Andriessen, Guido Belcanto, Bart Vandewege
ART DIRECTOR: Bie Boeykens, Eljo Embregts, Gert Stas, Bart Van Overberghe
COSTUMES: Clo Leliaert, Janneke de Ruiter, Lies Van Assche, Bie Boeykens, Danielle Van Eck
PRODUCER: Jim Van Leemput, Robbe de Hert, Willum Thijssen
PROD. CO.: Fugitive Cinema (Antwerpen), CinéTé Filmproduktie (Amsterdam)
PROD. SUPERV.: Joke Clerx
CAST: Gene Bervoets (Tanchelijn), Paul-Emile Van Royen, Luc D'Heu, Wouter Steenbergen, Freark Smink, Herbert Flack (Balthasar), Bert Van den Dool (Hendrik), Walter Claessens, Carry Goossens, Lies Pauwels, Pien Savonije, Wannes Van de Velde, Walter Heynen, Dirk Roofthooft (Conscience), Sara De Roo (Zijn vrouw), Rik Van Uffelen, Benno Barnard, Christian Courtois, Jules Anthonissen, Luc D'Heu (Kapitein), Jenny Tanghe, Ann Pierlé, Dirk Van Dijck, Ann Saelens (Nele), Chris Lomme (Madame Jamar), Michaël Pas (Klant), Guido Belcanto (Cabaretmuzikant), Jan Steen, Yvonne Weyers, Peter Van den Eede (Gilbert Van Schoonbeke), Filip Peters (Wijkmeester), Jaak Van Assche (Burgemeester), Marc Van Eeghem, Marc Schillemans, Wim Opbrouck, André Felice Steemans (Gids), Manou Kerstings, Simone Bogers, Birgit Kersbergen, Joke Tempelaers, Tom Lenaerts, Robbe de Hert
LANGUAGE: Dutch, French
GAUGE: 35 mm
SILENT/SOUND: sound
B&W/COLOUR: B&W + colour
MINUTES: 105'
NOTES: Film in 6 parts: **Tanchelijn/Balthasar de Groote/Hendrik Conscience/Mannequin d'Anvers/Opstand aan de Riedijk/Van Schoonbeke**

◆ Antwerp's Fugitive Cinema and Amsterdam's CinéTé joined forces with the aim of giving six young directors the chance each to shoot a short on a common theme, with these shorts then combined to a full-length feature. The idea was to tell an alternative history of Antwerp drawing on "tall stories, rumours and events" going back as far as the 12th century. Shooting on Super 16, each director was allowed five 8-hour days and a group of professional actors to film his or her section. In addition, they were offered the assistance of an experienced cohort, Robbe de Hert as overall artistic supervisor. De Hert also took care of the episodes which would interlink their tales, recounting a guided tour of present-day Antwerp by a group of Dutch tourists. André Felice Steemans plays the guide and commentator on the various stories.

The themes tackled by the young talents were faith, superstition and heresy in the 12th century (**Tanchelijn**); corruption in the 17th century Antwerp business world (**Balthasar the Great**); the conflict between the Belgian state and Henri Conscience (**Henri Conscience**); crimes of passion and inflatable dolls in the 19th century (**Mannequin d'Anvers**); the uprising mounted by a group of prostitutes against their Madame in a luxury brothel in 1880 (**Revolt by the Riedijk**); and, finally, a 16th century tale of beer, (city) politics and bribery (**Van Schoonbeke**).

Although all share a satirical, vulgar edge, the individual shorts vary widely in stylistic approach. Commercially, the idea of a portmanteau film proved a trickier marketing proposition than was expected, and the mass audience the producers hoped to reach resolutely stayed away.

● Tourner un court métrage qui serait un élément de véritable long métrage, voilà le défi proposé (et la chance offerte) à six jeunes cinéastes par Fugitive Cinema d'Anvers et CinéTé d'Amsterdam. Il s'agissait de raconter une histoire différente d'Anvers à partir de "récits, rumeurs et événements" qui pouvaient remonter au XIIe siècle. Pour pouvoir filmer leur récit en Super16, chacun des jeunes réalisateurs eut droit à cinq jours de tournage de huit heures ainsi qu'à l'assistance d'un groupe d'acteurs professionnels. Ils pouvaient compter, par ailleurs, sur les conseils d'un metteur en scène chevronné. Robbe de Hert se chargea de la supervision artistique et s'occupa des intermèdes, un tour guidé historique de la ville d'Anvers actuelle par un groupe de touristes néerlandais. André Felice Steemans est le guide qui commente les diverses histoires.

Les sujets retenus furent les suivants: croyance, superstition et hérésie au XIIe siècle (**Tanchelijn**); corruption dans le milieu des affaires anversois au XVIIe (**Balthasar le Grand**); conflit entre l'état belge et Henri Conscience (**Henri Conscience**); meurtre passionnel et poupées gonflables au XIXe siècle (**Mannequin d'Anvers**); révolte de quelques prostituées contre leur "madame" dans un bordel de luxe anversois en 1880 (**Révolte au Riedijk**); et, finalement, affaires de bière, de politique (urbaine) et de pots-de-vin au XVIe (**Van Schoonbeke**).

Si les six épisodes ont en commun un ton railleur et vulgaire, ils diffèrent au niveau du style. Commercialement, la formule de la compilation s'avéra désastreuse: le grand public visé par les jeunes cinéastes se désintéressa complètement de leur travail.

▶ Zes jonge filmers een kans geven door hen een kortfilm te laten draaien die deel zou uitmaken van een echte bioscoopfilm, dat was de uitdaging van de mannen van Fugitive Cinema Antwerpen en CinéTé Amsterdam. Bedoeling was een alternatieve geschiedenis van Antwerpen te vertellen op basis van "verhalen, roddels en gebeurtenissen" die teruggaan tot de 12de eeuw. De jonge makers kregen elk vijf draaidagen van acht uur om een verhaal vast te leggen op Super 16, en kregen daarbij de medewerking van een groep professionele acteurs. Een ervaren regisseur werd ook aangetrokken als coach voor elke episode, en voor de artistieke supervisie zorgde Robbe de Hert. Deze regisseerde ook de "tussenstukken" die een historische rondleiding met Nederlandse toeristen in het huidige Antwerpen volgen. De gids is André Felice Steemans, die commentaar geeft op de verschillende verhalen.

Deze episoden vertellen over geloof, bijgeloof en ketterij in de 12de eeuw (**Tanchelijn**), corruptie in de Antwerpse zakenwereld van de 17de eeuw (**Balthasar de Groote**), het conflict tussen de Belgische staat en Hendrik Conscience (**Hendrik Conscience**), passionele moord en opblaaspoppen in de 19de eeuw (**Mannequin d'Anvers**), de opstand van enkele prostituees tegen hun "madame" in een Antwerps luxebordeel anno 1880 (**Opstand aan de Riedijk**) en tenslotte een verhaal uit de 16de eeuw over bier, (stads)politiek en smeergeld (**Van Schoonbeke**).

De zes episoden hebben een nogal spottende en vulgaire toon gemeen, maar stilistisch lopen ze sterk uit elkaar. Commercieel bleek de formule van de compilatie erg moeilijk te liggen, want het grote publiek dat de jonge filmers hoopten te bereiken, negeerde de film volledig. (MA)

Lisa

Jan Keymeulen

Lisa

DIRECTOR: Jan Keymeulen
YEAR: 1996
COUNTRY: BE-SZ
SCREENPLAY: Jan Keymeulen, Antonio Saura
DIALOGUE: Gerrie Van Rompaey
DIR. PHOT.: Philippe Cordey
CAMERA: Philippe Piron
EDITING: Ludo Troch
SOUND: Frank Struys
MUSIC: Wim Mertens
ART DIRECTOR: Ludo Volders
COSTUMES: Tine Claeys
PRODUCER: Tharsi Vanhuysse
PROD. CO.: Era Films (Brussel)
PROD. SUPERV.: Paul De Ruijter
CO-PROD. CO.: VTM (Vilvoorde), Fama Films (SZ)
CAST: Veerle Dobbelaere (Lisa), Antonie Kamerling (Sam), Mark Galo (Saïd), Gene Bervoets (Robert), Geert de Jong (Anne), Joanna Geldof (Mevrouw Latour)
LANGUAGE: Dutch
GAUGE: 35 mm
SILENT/SOUND: sound
B&W/COLOUR: colour
MINUTES: 105'

◆ **Lisa** is the first big-screen feature by Jan Keymeulen. During the eighties, the director had made a series of films for television centring on children, productions for which he went on to receive several prizes abroad. The point of departure for his first feature was his own original screenplay: after plans for a series of children's films had come to nothing, he began writing a script focusing on AIDS based on his conversations with sufferers of the virus.

Lisa, a young woman with a passion for mountain-climbing, dreams of one day scaling the Matterhorn. Returning from a failed attempt on the peak, she surprises her boyfriend Robert in bed with another woman. She breaks up with him and shortly after meets Sam, the love of her life. Yet their romance is troubled with the return of Robert, who announces that he has tested positive. Confronted with the terror of a premature death, Lisa decides to attempt once again the Matterhorn and die there. Yet Sam follows her and tries to persuade her that she can live on.

For the film's release, its producer Tharsi Vanhuysse dubbed it "a great romance of the nineties". Despite his obviously high hopes, the critics and audiences saw the matter somewhat differently. When Belgium's principal exhibitor went so far as to withdraw it from screens due to the poor box-office performance, Vanhuysse vehemently accused the company of not doing enough to defend the commercial interests of Flemish cinema. As such, the film provided another text-book example of the questions surrounding the status of the Flemish film industry in the current international context.

● **Lisa** est le premier long métrage de Jan Keymeulen. Durant les années 80, il tourna pour la télévision quelques films sur les enfants, ce qui lui valut plusieurs prix à l'étranger. Le point de départ de cette œuvre-ci est un scénario original du réalisateur en personne. Ne réussissant pas à mener à bon port une série de projets de films pour jeunes, il entreprit, à partir de conversations avec des victimes du fléau, l'écriture d'une histoire sur le thème du sida.

Lisa, une jeune femme passionnée par l'alpinisme, rêve de faire l'ascension du Cervin. Au retour d'une tentative malheureuse, elle trouve son petit ami Robert au lit en galante compagnie. Lisa rompt avec Robert et fait, peu après, la connaissance de Sam. Grand amour. Mais la réapparition impromptue de Robert perturbe l'idylle: il avoue être séropositif. Confrontée à l'angoisse d'une mort prématurée, elle décide de tenter à nouveau l'ascension du Cervin, quitte à y laisser la vie. Sam va la suivre et tenter de la persuader qu'elle est capable de continuer à vivre.

Lors du lancement du film, son producteur Tharsi Vanhuysse le qualifia de "grande romance des années 90". S'il dévoila de la sorte les grands espoirs qu'il couvait à l'égard de sa production, le public et les critiques ne virent pas la chose du même œil. Le principal exploitant de salles du pays retira même le film de l'affiche, au grand dam de Vanhuysse qui lui reprocha vivement de ne pas défendre avec suffisamment d'acharnement les intérêts commerciaux du cinéma flamand. L'incident posa une fois de plus avec acuité la question de l'existence d'une industrie cinématographique flamande au sein du contexte international actuel.

▶ **Lisa** is de eerste bioscoopfilm van Jan Keymeulen, die in de jaren 80 enkele televisiefilms over kinderen had gedraaid en daarmee meerdere prijzen in het buitenland had gewonnen. Voor deze film werd vertrokken van een origineel scenario van de regisseur zelf. Nadat enkele projecten voor jeugdfilms waren vastgelopen, besloot hij een verhaal te schrijven rond het aids-thema, op basis van gesprekken die hij had gehad met enkele aids-patiënten.

Lisa is een jonge vrouw met een passie voor alpinisme die ervan droomt ooit de Matterhorn te beklimmen. Na een mislukte poging keert ze huiswaarts en vindt haar vriend Robert met een andere vrouw in bed. Lisa verbreekt hun relatie en maakt kort daarop kennis met Sam. Het is grote liefde tot Robert plots opdaagt en haar bekent dat hij seropositief is. Zelf geconfronteerd met de angst voor een vroege dood, besluit ze opnieuw de beklimming van de Matterhorn te wagen en daar te sterven. Maar op haar tocht wordt ze gevolgd door Sam, die haar ervan wil overtuigen dat ze wél verder kan leven.

Producent Tharsi Vanhuysse lanceerde de film als "de love story van de jaren negentig" en verraadde zo zijn hoge verwachtingen. Toen de belangrijkste bioscoopexploitant van het land echter besliste de film van de affiche te halen wegens de lage bezoekcijfers en de slechte kritieken, kwam het tot een discussie met Vanhuysse, die de exploitant verweet te weinig te doen voor de verdediging van de commerciële belangen van de Vlaamse film. Incident waarmee andermaal de problematiek van een Vlaamse filmindustrie binnen de huidige internationale context vlijmscherp gesteld werd. (MA)

Camping Cosmos

Jan Bucquoy

Camping Cosmos

DIRECTOR: Jan Bucquoy
YEAR: 1996
COUNTRY: BE
SCREENPLAY: Jan Bucquoy
ASST. DIR.: Jacques Decrop, Valérie Jacquemin, Peter Van Oostende
DIR. PHOT.: Michel Baudour
CAMERA: Michel Baudour
EDITING: Matyas Veress
SOUND: Jean-Grégoire Mekhitarian
ART DIRECTOR: Nathalie André, Nicole Lenoir
COSTUMES: Sabina Kumeling, Claudine Tychon
PRODUCER: Jan Bucquoy
PROD. CO.: Transatlantic Films (Bruxelles)
CO-PRODUCER: Francis De Smet
ASSOC. PROD.: Johan J. Vincent
EXEC. PROD.: Françoise Hoste
CAST: Jean-Henri Compère (Jan Bucquoy), Fanny Hanciaux (Eve Bucquoy), Claude Semal (Claude Semal), Eve "Lolo" Ferrari (Madame Vandeputte), Jean-Paul Dermont (Monsieur Vandeputte), Noé Francq (Noé Vandeputte), Angelo Bison (Louis Crapaud), Catherine Claeys (Gisèle Crapaud), Gaëtan Wolf (Willie Crapaud), Noël Godin (Pierre Mertens), Marlène Duelz (Marlène Mertens), Jacques Calonne (Jacques Calonne), Patricia Doles (Madame Janssens), Herman Brusselmans (Le peintre), Arno Hintjens (Arno), Isabelle Legros (Isabelle Legros), Laurence Bibot (Bernadette Legros), Sabrina Leurquin (La terroriste), Jacques Druaux (Le facteur), Jan Decleir (L'ami d'Arno), Georgette Stulens (La vieille), André Vermeulen (Le vieux), Roberto Buscemi (Pirana), Freddy de Kerpel, Jean-Pierre Coopman (Les boxeurs), Marcel Vanthilt (L'arbitre), Ingeborg De Blende (La chanteuse), Adriano Cominotto (Le pianiste), Patrick Brull, Janik Daniels (Les acteurs du Karl Valentin), Jan Bucquoy (Zbigniew Sibulsky), Marilyne Darimont (La femme au fouet), Renaldo Deman (Le jockey), Charlotte Becker (Petite fille), Sandrine Laroche (Marianne), Antje De Boeck (La copine fugueuse), Serge Crémer (Le curé), André Frydman (Le vieil Italien), Eleferios Zakaropoulos (Le jeune Italien)
LANGUAGE: French
GAUGE: 35 mm
SILENT/SOUND: sound
B&W/COLOUR: colour
MINUTES: 90'

◆ With the first instalment of an autobiographical series - albeit less provocative than his usual exploits -, Jan Bucquoy had instantly garnered himself the reputation of a film-maker to watch. **The Sexual Life of the Belgians** was a commercial success (including in Paris), was awarded the André Cavens Prize for the year's best Belgian film and ensured that for **Camping Cosmos** - based largely on his misadventures as a cultural activity leader on the North Sea coast in 1986 - Bucquoy would enjoy a greatly increased budget. The Flemish film board even awarded him an official grant of 6.5 million francs, then tried to withdraw from the project after witnessing a vitriolic bonfire of the vanities, extravagantly grotesque and vulgar after the manner of Reiser's caricatures - enough to offend any defender of national virtue!

The director did not go easy on Belgian holidaymakers: his ferocity knows no bounds when it comes to this cartoon-like mass gorged on beer, chips, football and sexual titillation. A gallery of numskulls flood the camp-site: a political agitator with a hypertrophic bosom; a pontificating writer à la Mack Sennett; an aged paedophile from the Ministry of Culture; a chip-loving Madame Bovary; and a bunch of idiotic beach crooners. This rabble joyously sabotage poor Bucquoy's efforts to introduce Brecht and Mertens!

As one might expect, a number of critics condemned this scatological vulgarity, which distracted from the more serious moments of the autobiography in the problematic relationship between Bucquoy (played by Jean-Henri Compère) and his teenage daughter, the victim of a rape.

● Avec **La vie sexuelle des Belges**, premier volet d'une autobiographie moins sulfureuse que ses habituelles provocations, Jan Bucquoy s'était imposé d'emblée comme un réalisateur à suivre: succès public (y compris à Paris), Prix Cavens du meilleur film belge de l'année, et surtout budget accru pour le deuxième volet annoncé, **Camping Cosmos**, largement basé sur ses mésaventures d'animateur culturel pour vacanciers à la mer du Nord, en 1986. La Commission flamande du cinéma lui accorda même, de façon officielle, un subside de six millions et demi, puis tenta de revenir sur sa parole lorsqu'elle visionna avec effroi un pétaradant brûlot au vitriol, délibérément axé sur le grotesque, la vulgarité assumée et la caricature "hénaurme" à la Reiser: de quoi faire bondir les tenants de la bienséance et du "bon goût"!

Bucquoy n'y va pas de main morte avec le Belgicon en vacances: sa férocité jubilatoire n'épargne aucune de ces marionnettes de BD gorgées de bière, de frites et de football, titillées sans trêve par leurs fantasmes sexuels. Une galerie de zozos hébétés s'ébattent dans ce camping clownesque: pétroleuse aux seins hypertrophiés, pontifiant romancier à la Mack Sennett, vieux pédophile de la Culture, Madame Bovary de fritkot ou chanteurs débiles pour crochets de plage. Toute cette faune sabotant à l'envi les efforts du pauvre Bucquoy (Jean-Henri Compère) pour imposer Brecht ou Mertens!

Comme on pouvait s'y attendre, certains critiques reprochèrent au film ses outrances vulgo-scatologiques qui désamorçaient les moments sérieux de l'autobiographie: les rapports conflictuels entre Bucquoy et sa fille adolescente, traumatisée par un viol. (RM)

▶ Met het eerste deel in een autobiografische reeks, minder scherp dan de gebruikelijke provocaties, vestigde Jan Bucquoy meteen zijn reputatie van beloftevol regisseur. **La vie sexuelle des Belges** werd een succes (ook te Parijs), kreeg de André Cavens-prijs voor de beste Belgische film van het jaar en zorgde voor een groter budget voor **Camping Cosmos**, gebaseerd op zijn eigen perikelen als vakantie-animator aan de Noordzee in 1986. De Filmcommissie kende officieel een subsidie van 6,5 miljoen toe, maar probeerde al snel op deze beslissing terug te komen na het bekijken van dit spetterende, bijtende schotschrift boordevol groteske vulgariteit en exorbitante karikaturen à la Reiser: genoeg om elke moraalridder te doen steigeren!

Bucquoy pakt de domme Belg op vakantie niet met fluwelen handschoenen aan: in zijn razernij spaart hij niet één van deze uit bier, friet en voetbal opgetrokken typetjes, geplaagd door seksuele fantasma's. Een bont allegaartje teistert deze camping met circusallures: een petroleuse met een hypertrofisch stel borsten, een belerende romancier à la Mack Sennett, een oude pedofiele ambtenaar van Cultuur, een frietkot-Bovary of zwakzinnige crooners voor de strandanimatie. Dit zootje ongeregeld saboteert met brio elke poging van de arme Bucquoy (Jean-Henri Compère) om hen Brecht of Mertens op te dringen! Zoals verwacht deden kuise critici hun beklag over de vulgair-scatologische uitspattingen of benadrukten hoezeer deze afbreuk doen aan de serieuze autobiografische elementen: de problematische relatie tussen Bucquoy en diens tienerdochter, getraumatiseerd door een verkrachting.

Un été à la Goulette

Ferid Boughedir

Co-production

Un été à la Goulette
Halk-el-wad
TGM
A Summer in La Goulette

DIRECTOR: Ferid Boughedir
YEAR: 1996
COUNTRY: TI-FR-BE
SCREENPLAY: Ferid Boughedir, Nouri Bouzid
ASST. DIR.: Mounir Baaziz
CAMERA: Robert Alazraki
EDITING: Andrée Davanture, Catherine Poitevin, Chantal Hymans
SOUND: Fawzi Thabet
MUSIC: Jean-Marie Sénia
ART DIRECTOR: Claude Benny
COSTUMES: Monsen Rais
PRODUCER: Marie-Françoise Mascaro
PROD. CO.: Marsa Films (Paris), Cinarès Productions (Tunis), Lamy Films (Bruxelles), RTBF (Bruxelles), La Sept (Paris)
ASSOC. PROD.: Jacqueline Pierreux, Benoît Lamy
EXEC. PROD.: Hassine Soufi
LANGUAGE: Arabic
GAUGE: 35 mm
SILENT/SOUND: sound
B&W/COLOUR: colour
MINUTES: 100'

CAST: Gamil Ratib (Hadj Beji), Mustapha Adouani (Youssef, le père musulman), Guy Nataf (Jojo, le père juif), Ivo Salerno (Giuseppe, le père sicilien), Amel Hedhili (Wassili, la mère musulmane), Hélène Catzaras (Lucia, la mère sicilienne), Lisa Seror (Fritna, la mère juive), Mohamed Driss (Miro, le peintre), Fatma Ben Saïdane (Taïta la marieuse), Sonia Mankaï (Meriem), Ava Cohen-Jonathan (Tina), Sarah Pariente (Gigi), Mouna Nourredine (La dame coquette), Haydee Tamzali (La conteuse), Michel Boujenah, Claudia Cardinale

Salut cousin!

Merzak Allouache

Co-production

Salut cousin!
Hey Cousin!

DIRECTOR: Merzak Allouache
YEAR: 1996
COUNTRY: FR-BE-LU-AE
SCREENPLAY: Merzak Allouache, Caroline Thivel
ASST. DIR.: Pierre Abéla
DIR. PHOT.: Pierre Aïm
CAMERA: Georges Diane
EDITING: Denise de Casabianca, Michelle Boëhm
SOUND: Philippe Sénéchal, Gérard Rousseau
MUSIC: Safy Boutella
ART DIRECTOR: Olivier Raoux
COSTUMES: Anne Schotte
PRODUCER: Jacques Bidou
PROD. CO.: JBA Production (Paris), La Sept (Paris), Artémis Productions (Bruxelles), RTBF (Bruxelles), Flash Back Audiovisuel (Algiers), Samsa Film Production (Luxembourg), Cléa Productions (Paris)
PROD. SUPERV.: Mat Troy Day
ASSOC. PROD.: Jacqueline Pierreux, Patrick Quinet, Jani Thiltges
LANGUAGE: French
GAUGE: 35 mm
SILENT/SOUND: sound
B&W/COLOUR: colour
MINUTES: 98'

CAST: Gad Elmaleh (Alilo), Mess Hatou (Mok), Magaly Berdy (Fatoumata), Anne-Gisel Glass (Laurence), Jean Benguigui (Maurice), Xavier Maly (Claude), Cheik Doukouré (Voisin ivoirien), Dalila Renault (Malika), Fatiha Cheriguene (La tante), Malek Kateb (Oncle), Mohamed Ourdache (Rachid), Mostefa Djadjam (Saïd), Arno Chevrier (Gondrand), Mostefa Stiti (Père de la mariée), Isaac Sharry (Isaac l'acteur)

La promesse

Luc Dardenne, Jean-Pierre Dardenne

La promesse
De belofte
The Promise
Das Versprechen

DIRECTOR: Luc Dardenne, Jean-Pierre Dardenne
YEAR: 1996
COUNTRY: BE-FR-LU-TI
SCREENPLAY: Luc Dardenne, Jean-Pierre Dardenne, Léon Michaux, Alphonse Badolo
DIALOGUE: Luc Dardenne, Jean-Pierre Dardenne
ASST. DIR.: Bernard Garant, Philippe de Pierpont, Jean-François Tefnin, Dimitri Linder
DIR. PHOT.: Alain Marcoen
CAMERA: Benoît Dervaux
EDITING: Marie-Hélène Dozo
SOUND: Jean-Pierre Duret, Michel Vionnet, Pascal Metge
MUSIC: Jean-Marie Billy, Denis M'Punga
ART DIRECTOR: Igor Gabriel
COSTUMES: Monique Parelle
PRODUCER: Luc Dardenne, Hassen Daldoul
PROD. CO.: Les Films du Fleuve (Liège), Touza Productions (FR), Samsa Film Production (Luxembourg), Touza Films (Tunis), Dérives Productions (Liège), RTBF (Bruxelles), ERTT (Tunis)
PROD. SUPERV.: Véronique Marit
ASSOC. PROD.: Jacqueline Pierreux, Claude Waringo
CAST: Jérémie Renier (Igor), Olivier Gourmet (Roger), Assita Ouédraogo (Assita), Frédéric Bodson (Le patron du garage), Rasmané Ouédraogo (Hamidou), Hachemi Haddad (Nabil), Florian Delain (Riri), Lyazzide Bakouche (Mustapha), José Dumst (Seydou), Christiane Mutshimuana (Rosalie), Rifi Kythouka (Le devin), Sofia Leboutte (Maria)
LANGUAGE: French
GAUGE: 35 mm
SILENT/SOUND: sound
B&W/COLOUR: colour
MINUTES: 93'

◆ Entered into the Directors' Fortnight, Jean-Pierre and Luc Dardenne's third feature proved one of the highlights of the 1996 Cannes Festival. It was praised unanimously by the critics then went on to enjoy a deserved box-office success in both Belgium and Paris, despite its unknown cast and setting in the working-class areas of Seraing and Liège. A major success, which steers clear of the dangers of naturalism (patronizing good intentions, over-simplification or didacticism) to reach the heights of Ken Loach at his best.

A former unskilled worker who has moved into the shady world of moonlighting, Roger is now the model slave trader, exploiting the lot of illegal immigrants and packing them into extortionate, insalubrious lodgings. Igor, his 15-year-old son, shares his fate without qualms, that is until the accidental death of an African worker (which Roger covers up) and the arrival of his Black wife and child make the adolescent resist his father's authority. These are two ambiguous figures: the arrant bastard is also a loving, attentive father; the adolescent may be a recurrent thief, but he will turn against his paternal authority, not out of hatred but to honour his promise.

Boasting two outstanding actors, the Dardenne brothers make convincing use of a crisis-ridden Wallonia and its ravaged industry as a backdrop for their tale. The shady locations haunt the mind, with the nervous, exact camera scurrying after the banal signs of abjection and turns of conscience in this jungle where the predator can show dignity and responsibility.

● Le troisième long métrage de Jean-Pierre et Luc Dardenne constitua l'un des points forts du Festival de Cannes 1996, lors de la Quinzaine des Réalisateurs. Unanimité critique, puis succès largement mérité, en Belgique comme à Paris, pour ce film joué par des inconnus et tourné dans les quartiers ouvriers de Seraing et de Liège. Une réussite majeure, déjouant les pièges du naturalisme, des bons sentiments, du manichéisme ou de la démonstration engagée, pour atteindre les hauteurs d'un Ken Loach dans ses meilleurs jours.

Ex-ouvrier reconverti dans les magouilles du travail au noir, Roger est devenu un parfait négrier, un exploiteur d'immigrés clandestins plus misérables que lui, qu'il parque à prix fort dans des chambres insalubres. Igor, son fils âgé de 15 ans, partage sans état d'âme toutes ces combines, jusqu'au jour où la mort accidentelle (et dissimulée par Roger) d'un travailleur burkinabé, puis la venue de son épouse noire et de son enfant, vont conduire l'adolescent à s'opposer à la loi paternelle. Deux personnages ambigus, au demeurant: le fieffé salaud est aussi un père attentif et aimant; l'adolescent, un petit voleur buté, mais qui se dressera sans haine contre son autorité pour tenir une promesse donnée.

Aidés par deux acteurs prodigieux, les frères Dardenne ancrent solidement leur histoire dans une Wallonie en crise, aux industries ravagées: on n'oubliera pas ces décors glauques, investis par une caméra nerveuse et précise, captant sur le vif la banalité de l'abjection et l'éveil d'une conscience, dans cette jungle où le prédateur peut devenir digne et responsable. (RM)

▶ De derde langspeelfilm van Jean-Pierre en Luc Dardenne werd een van de hoogvliegers op de Quinzaine des Réalisateurs te Cannes in 1996. Succes bij zowel de critici als het grote publiek was het welverdiende resultaat voor deze film vertolkt door onbekenden en gefilmd in de arbeidersbuurten van Seraing en Luik. Kortom: een schot in de roos dat nooit in naturalisme, goedkoop sentiment, dualisme of demonstratief engagement vervalt en het niveau van Ken Loach op zijn best evenaart.

Roger, een ex-arbeider overgeschakeld op zwartwerk en oplichterij, is de volmaakte koppelbaas: hij buit illegalen uit die nog hopelozer zijn dan hij en logeert ze tegen stevige prijzen in ongure kamertjes. Zijn 15-jarige zoon Igor speelt zonder veel scrupules dit spelletje mee, totdat een arbeider uit Burkina Faso bij een ongeval het leven laat en Roger de bewijzen wegmoffelt. Als echtgenote en kind van de man overkomen, komt de jongen in opstand tegen het vaderlijke gezag. Eigenlijk gaat het om twee ambiguë personages: de gepatenteerde smeerlap is tevens een bezorgd en liefdevol vader, de zoon een koppige kleine dief die zonder haatgevoelens diens autoriteit gaat betwisten om een belofte na te komen.

Bijgestaan door twee voortreffelijke acteurs, plaatsen de gebroeders Dardenne hun relaas in een door crisis en industrieel verval geteisterd Wallonië: de lugubere decors zullen altijd bijblijven, en de nerveuze doch doelgerichte camera die zich er een weg door baant, registreert rechtstreeks de banaliteit van de miserie en een ontluikende bewustwording, in een jungle waar de jager waardigheid en verantwoordelijkheid ontdekt.

Alles moet weg

Jan Verheyen

Alles moet weg
Tout doit partir
Everything Must Go

DIRECTOR: Jan Verheyen
YEAR: 1996
COUNTRY: BE
SCREENPLAY: Christophe Dirickx, Jan Verheyen
BASED ON: Alles moet weg, written by Tom Lanoye
DIALOGUE: Tom Lanoye, Stany Crets, Peter Van den Begin
ASST. DIR.: Martine Temmerman
CAMERA: Glynn Speeckaert
EDITING: Ewin Ryckaert
SOUND: Dan Van Bever
ART DIRECTOR: Hubert Pouille
COSTUMES: Ilse Vandenbussche
PRODUCER: Daniel Van Avermaet, Rudy Verzyck, Dirk Impens
PROD. CO.: Favourite Films (Brussel), Phantom Films (Brussel)
PROD. SUPERV.: Anja Daelemans
CAST: Stany Crets (Tony Hanssen), Peter Van den Begin (Andreeke), Bart De Pauw (Soo De Paepe), Jaak Van Assche (Antoine Verbiest), Camilia Blereau (Madame Verbiest), Eric Van Herreweghe (Cafébaas), Alice Toen (Elza De Moor), Frank Vercruyssen (Ricardo), Alex Daeseleire (Rijkswachter), Dirk Lavryssen (Garagist), Toon Brouwers (Professor), Fred Van Kuyk (Bankloper 1), Steven Segers (Bankloper 2), Luc D'Heu (Verhuizer), Jorgen Cassiers (Bruidegom), Natasja Morren (Bruid), Alain Van Goethem (Student), Marie-Rose Dingenen (Volksvrouw)
LANGUAGE: Dutch
GAUGE: 35 mm
SILENT/SOUND: sound
B&W/COLOUR: colour
MINUTES: 105'

◆ Tom Lanoye's cynical picaresque novel *Alles moet weg* ("Everything Must Go"), published in 1988, tells the story of two of society's outsiders. Tony, the homosexual offspring of a cosy bourgeois family, abandons his studies of law; Andreeke leaves prison and wanders aimlessly throughout Flanders from one robbery to the next. The book closes with the abortive bank raid which leaves Andreeke dead and Tony alone and helpless.

On the novel's publication, producer Daniel Van Avermaet immediately acquired the film rights and commissioned Jan Verheyen to direct. Yet the project remained at the planning stage. Tom Lanoye was unconvinced and his mistrust was borne out when it emerged that the screenplay completely side-stepped the homosexual elements of the novel. A second attempt with Rudolf Mestdagh as director also failed to get off the ground. Not until 1996 did Dirk Impens succeed in convincing both Lanoye and Verheyen to tackle an adaptation by Christophe Dirckx. Doubts persisted as to the choice of Verheyen to bring to the screen one of the most anti-establishment Flemish novels of the eighties - after all, his biggest triumph to date had been the mainstream film **Boys**. Yet Lanoye and Verheyen found they did share a common agenda. Both belonged to a generation convinced that in a culture saturated by the media, the only way to survive was to prioritize the promotion and selling of the individual's own texts and images.

With Stany Crets and Peter Van den Begin in the leading roles, shooting began and lasted a matter of weeks. Marketed as a film for the Flemish Generation X, on its release it aroused only a fraction of the interest stirred up by the book and performed disappointingly at the box-office.

● Le cynique roman picaresque de Tom Lanoye, *Alles moet weg* ("Tout doit partir"), paru en 1988, raconte l'histoire de deux marginaux: Tony, rejeton homosexuel d'un nid bourgeois, abandonne ses études de droit; Andreeke sort de prison et vagabonde à travers les Flandres en maraudant. Le récit se clôt sur le hold-up avorté d'une banque au cours duquel Andreeke perd la vie, laissant Tony désemparé.

Dès la sortie du livre, le producteur Daniel Van Avermaet en acheta les droits cinématographiques et chargea Jan Verheyen de la réalisation. Le projet ne décolla toutefois pas. Tom Lanoye ne croyait pas en l'entreprise et son manque de confiance se confirma lorsqu'il s'avéra que le scénario avait complètement éludé le contenu homosexuel du roman. Une seconde tentative avec Rudolf Mestdagh comme réalisateur n'aboutit pas davantage. Ce n'est qu'en 1996 que Dirk Impens réussit à réunir Lanoye et Verheyen autour d'un scénario de Christophe Dirickx. Les doutes subsistèrent toutefois sur le choix de Verheyen pour porter à l'écran un des romans les plus rebelles des années 80: en effet, son principal fait d'armes était le très consensuel **Boys**. Mais Verheyen et Lanoye se découvrirent des points communs. Tous deux appartenaient à une génération persuadée que dans un environnement culturel médiatisé, la survie n'est possible qu'en accordant la priorité à la promotion et à la vente de ses propres œuvres et de sa propre image.

Avec Stany Crets et Peter Van den Begin dans les rôles principaux, le film fut tourné en quelques semaines. Etiqueté à sa sortie "film flamand de la génération X", il provoqua toutefois bien moins de remous que le roman et n'attira qu'un public épars.

▶ De in 1988 verschenen cynische schelmenroman van Tom Lanoye, *Alles moet weg*, vertelt het verhaal van twee marginalen: Tony, de homoseksuele zoon uit een burgerlijk nest die zijn studies rechten opgeeft, en Andreeke, een ex-gevangene die doelloos en al stelend door Vlaanderen trekt. Alles loopt uit op een mislukte bankoverval, waarbij Andreeke sterft en Tony ontredderd achterblijft.

Al onmiddellijk na het verschijnen van het boek had producent Daniel Van Avermaet de filmrechten gekocht en werd Jan Verheyen aangetrokken als regisseur. Maar het project kwam niet van de grond, Tom Lanoye had niet echt vertrouwen in de zaak, zeker wanneer bleek dat in het scenario niets terug te vinden was van de homoseksuele teneur van zijn roman. Ook een volgend opzet met Rudolf Mestdagh als regisseur werd afgeblazen. Tot in 1996 Dirk Impens Lanoye en Verheyen toch samen kon brengen rond een scenario van

Christophe Dirickx. Wel werden vragen gesteld bij de keuze van Verheyen als regisseur, de auteur van een mainstream-film als **Boys**, die nu een van de meest weerbarstige Vlaamse romans uit de jaren 80 zou verfilmen. Maar Verheyen en Lanoye hadden meer gemeen. Zij waren beiden exponenten van de nieuwe generatie die geloofde dat je in een gemediatiseerde cultuur maar overeind kunt blijven door een prioriteit te maken van het promoten en verkopen van eigen werk en imago.

Met in de hoofdrollen Stany Crets en Peter Van den Begin werd de film op slechts enkele weken tijd probleemloos opgenomen. Gelabeld als Vlaamse "generatie X"-cinema veroorzaakte hij echter heel wat minder opschudding dan de roman en kon slechts op matige belangstelling van het publiek rekenen. *(MA)*

Ecole 27

Marilyn Watelet, Szymon Zaleski

Ecole 27
School 27

DIRECTOR: Marilyn Watelet, Szymon Zaleski
YEAR: 1996
COUNTRY: BE-G
SCREENPLAY: Szymon Zaleski
CAMERA: Antoine Roch
EDITING: André Delvaux
SOUND: Pierre Mertens
PROD. CO.: Paradise Films (Bruxelles), Carré-Noir RTBF (Liège), ZDF (Mainz)
LANGUAGE: French
GAUGE: 16 mm
SILENT/SOUND: sound
B&W/COLOUR: B&W + colour
MINUTES: 64′

◆ In 1975 Marilyn Watelet, a script girl with Belgian television, founded Paradise Films together with her friend Chantal Akerman. The company's first co-production was **Jeanne Dielman, 23 Quai du Commerce, 1080 Bruxelles**, on which Marilyn Watelet was assistant director. Three years later she left the RTB to head the production company full-time, which first and foremost handled Akerman's films.

In 1995 Marilyn Watelet flew to Cuba with the film-maker Szymon Zaleski, where the two shot the enthralling 54-minute documentary **Fin de siglo** about the eponymous department store, the biggest in Havana. The two directors set out to film the day-to-day running of the store since the implosion of the Soviet Union and the continuing American blockade. A year later, they joined forces again for **School 27**, still under the aegis of Paradise Films. The theme of the new work was autobiographical: in 1947, shortly after the war, in the wake of the Shoah and the destruction of Warsaw, a Jewish school is founded in Lodz, Poland. The young survivors of the extermination programme and their teachers form a community beleaguered by the memory of the Holocaust. The school is finally closed down in 1968 with the rise of anti-Semitism in the country.

A quarter of a century after leaving Poland, Szymon Zaleski goes in search of his classmates of old, the graduates of School No. 27. Using the extraordinary, rare archive footage which survives from the period, the film-makers combine the personal past and history at large, aided by a detached humour which only heightens the impact made by this study of Judaism growing anew among the ruins.

● En 1975, Marilyn Watelet, scripte à la télévision belge, fonde une société avec son amie Chantal Akerman: Paradise Films, dont la première coproduction sera **Jeanne Dielman, 23 Quai du Commerce, 1080 Bruxelles** (Marilyn Watelet figure au générique du film comme assistante à la réalisation). Elle abandonne la RTB trois ans plus tard pour diriger à temps plein la maison de production, qui s'occupera en priorité des films d'Akerman.

En 1995, Marilyn Watelet part pour Cuba avec le cinéaste Szymon Zaleski, cosignant un passionnant documentaire de 54 minutes: **Fin de siglo**, du nom du plus grand magasin de La Havane. Les deux réalisateurs veulent filmer son fonctionnement au quotidien depuis l'implosion soviétique et le maintien du blocus des Etats-Unis. Les mêmes auteurs vont récidiver l'année suivante avec **Ecole 27**, toujours sous l'égide de Paradise Films. Le thème de l'ouvrage est autobiographique: au lendemain de la guerre, en 1947, après la Shoah et la destruction de Varsovie, une école juive est créée à Lodz, en Pologne. Elle rassemble les jeunes survivants de l'extermination et leurs professeurs en une communauté perturbée par le souvenir traumatisant de l'Holocauste. L'école sera définitivement fermée en 1968, avec la remontée de l'antisémitisme dans le pays. Un quart de siècle après avoir quitté la Pologne, Szymon Zaleski part à la recherche de ses condisciples d'autrefois, les anciens de l'Ecole 27. Utilisant les rares et bouleversantes archives filmées qui subsistent, il mêle histoire personnelle et Histoire tout court, sur un ton d'humour détaché qui rend plus efficace encore cette quête d'une judéité ressourcée. (RM)

▶ In 1975 sticht Marilyn Watelet, toen nog scriptgirl bij de televisie, een productiemaatschappij samen met haar vriendin Chantal Akerman: Paradise Films, dat met **Jeanne Dielman, 23 Quai du Commerce, 1080 Bruxelles** een eerste coproductie afleverde (Marilyn Watelet wordt op de generiek vermeld als regieassistente). Drie jaar later verlaat ze voorgoed de RTB om voltijds Paradise Films te gaan leiden, dat zich in de eerste plaats zou bezighouden met de films van Akerman.

In 1995 reist Marilyn Watelet met cineast Szymon Zaleski naar Cuba, waar ze samen een boeiende documentaire van 54 minuten draaien: **Fin de siglo**, de naam van het grootste warenhuis van Havana. De opzet was de dagelijkse werking van dit pand - na de ineenstorting van de Sovjet-Unie en het besluit om de Amerikaanse blokkade te handhaven - te belichten. Een jaar later tekenden beide cineasten (opnieuw voor Paradise Films) voor een volgende samenwerkingsproject: **Ecole 27**. Deze autobiografische film handelt over een joodse school opgericht in 1947 te Lodz (Polen), na de vernietiging van Warschau en de Shoah. Jonge overlevenden van de genocide en hun leraars vormden er een gemeenschap getraumatiseerd door de herinnering aan de Holocaust, tot in 1968, toen de school definitief moest sluiten wanneer het antisemitisme weer de kop opstak in het land.

Een kwarteeuw na Polen te hebben verlaten, gaat Zaleski op zoek naar andere oud-leerlingen van de Ecole 27. Aan de hand van de zeldzame - en schokkende - archiefbeelden die nog van deze feiten getuigen, vermengt hij persoonlijke geschiedenis en grote Geschiedenis, met een afstandelijke humor die bijdraagt tot de impact van deze queeste naar een herbronning van het jodendom.

Le rêve de Gabriel

Anne Lévy-Morelle

Le rêve de Gabriel
Gabriel's Dream

DIRECTOR: Anne Lévy-Morelle
YEAR: 1996
COUNTRY: BE-FR-FI
SCREENPLAY: Anne Lévy-Morelle
DIR. PHOT.: Raymond Fromont
CAMERA: Raymond Fromont
EDITING: Emmanuelle Dupuis, Gervaise Demeure
SOUND: Jean-Jacques Quinet
MUSIC: Ivan Georgiev
PRODUCER: Thierry De Coster
PROD. CO.: Saga Film et Vidéo (Bruxelles), Gaïa Films (Paris), RTBF (Bruxelles), Canal+ (Paris), Kladaradatsch! (Brussel), CBA (Bruxelles), Cinemaker OY (FI), YLE 1 (FI)
PROD. SUPERV.: Bernard de Dessus les Moustier
LANGUAGE: French
GAUGE: 35 mm
SILENT/SOUND: sound
B&W/COLOUR: B&W + colour
MINUTES: 83'/52'

◆ In 1948 Gabriel de Halleux, a Belgian engineer, aristocrat and father of nine children, chose to completely change his life at the age of 50. He learned that the Chilean government were offering a concession of 25 000 acres to settlers who agreed to move to Patagonia, the southernmost tip of the country. Although by no means hard-up, Gabriel nevertheless decided to try his luck: he sold his possessions and set off for Chile with his wife and nine children. A number of friends and relatives also agreed to follow the aged Don Quixote on his journey to the arid land where, rumour had it, the wind lifts stones through the air. During the 40 years he still had to live, the patriarch and his clan (swelled further by twin girls) played Fitzcarraldo amidst the worst misfortunes: boggy land, unsuitable materials, the bankruptcy of the sawmill, the departure of most of their companions and the wild climate of these vast territories at the end of the world.

Fascinated by this mythical figure, Anne-Lévy Morelle flew to Patagonia for her first feature-length documentary. Over six weeks, she collected over 50 hours of interviews with the survivors of the expedition (including Gabriel's 87-year-old wife), dug up amateur Super 8 footage and attempted to piece together the motives behind a dream lived out at the cost of superhuman efforts. The narrative eschews a classical structure and the non-linear chronology all the better expresses the film-maker's interpretation of this crazy, chaotic saga. Morelle instead uses the voice-over to reconstruct the geographic and internal journey of a man towards his dream. The ruddy Patagonian landscapes form a sumptuous counterpoint to this nostalgia-tinged odyssey.

● En 1948, Gabriel de Halleux, un ingénieur belge, aristocrate et père de neuf enfants, choisit, à 50 ans, de recommencer sa vie. Il apprend que le gouvernement du Chili accorde une concession de dix mille hectares à ceux qui accepteraient de s'installer à la pointe sud du pays, en Patagonie. N'étant pas dans le besoin, Gabriel décide pourtant de tenter l'aventure: il vend ses biens, tourne la page et s'embarque pour le Chili avec son épouse et ses neuf enfants. Quelques amis et parents acceptent aussi de suivre le don Quichotte quinquagénaire vers ces terres arides où, dit-on, le vent fait voler les pierres. Pendant les quarante années qui lui restent à vivre, le patriarche avec son clan (deux filles jumelles l'ont encore élargi) joue les Fitzcarraldo au milieu des pires mésaventures: terrains marécageux, matériel inadapté, échec de sa scierie, abandon de la plupart de ses compagnons, climat sauvage de ces immensités du bout du monde.

Pour son premier long métrage, Anne-Lévy Morelle, fascinée par ce personnage fabuleux, est partie en Patagonie. Elle réunit, en six semaines, plus de cinquante heures d'entretiens avec les survivants de l'épopée (dont l'épouse de 87 ans), rassemble des films d'amateur en Super 8 et cherche à comprendre les motivations de ce rêve vécu au prix d'efforts surhumains. Refusant la narration classique, la cinéaste brise la chronologie pour mieux calquer sa démarche sur cette saga folle et désordonnée; elle recourt à la voix off pour partager cet itinéraire, tout à la fois géographique et intérieur, d'un homme vers sa vérité. Enfin, les paysages colorés de la Patagonie créent un contrepoint somptueux à cette épopée devenue nostalgie. *(RM)*

▶ In 1948 besloot Gabriel de Halleux - een 50-jarige Belgische ingenieur, aristocraat en vader van negen kinderen - een nieuw leven te beginnen. Hij had het niet slecht, maar toen hij hoorde dat de Chileense regering een concessie van 10.000 hectare schonk aan al wie zich in het uiterste zuiden van het land wou vestigen - in Patagonië -, besloot hij zijn kans te wagen: hij verkocht have en goed en vertrok richting Chili met zijn vrouw en negen kinderen, alsook enkele vrienden en verwanten die de Don Quichot volgden naar een onherbergzame uithoek waar, naar men beweert, de wind de stenen door de lucht doet vliegen. Zijn laatste 40 levensjaren speelde de patriarch met zijn kleine clan (inmiddels uitgebreid met een tweeling) de rol van een Fitzcarraldo, in de meest barre omstandigheden: moerassige gebieden, onaangepast materieel, het failliet van zijn zagerij, het forfait van ettelijke metgezellen en het ruwe klimaat in dit uitgestrekte einde der wereld.

Anne-Lévy Morelle raakte in de ban van deze mythische figuur, vanwaar haar eerste langspeelfilm: ze reisde naar Patagonië en filmde er op zes weken tijd talrijke interviews (meer dan 50 uur) met overlevenden van de onderneming (onder wie de 87-jarige echtgenote), verzamelde Super 8-amateurfilmpjes en trachtte deze droom - die ten koste van bovenmenselijke inspanningen ging - te doorgronden. Het verhaal kent geen klassieke structuur en de non-lineaire chronologie weerspiegelt des te meer de waanzin en de chaos van deze saga; via de commentaarstem kunnen we het geografische en tegelijk innerlijke traject volgen van een man op zoek naar zijn waarheid. De kleurrijke Patagonische landschappen vormen een rijk tegenwicht voor de tot nostalgie verworden odyssee.

Tabu, dernier voyage

Yves de Peretti

Co-production

Tabu, dernier voyage
Tabu, Final Voyage

DIRECTOR: Yves de Peretti
YEAR: 1996
COUNTRY: FR-BE-G
CAMERA: Ned Burgess
EDITING: Marie Robert
SOUND: Olivier Schwob
MUSIC: Yves Roche
PRODUCER: Françoise Gazio
PROD. CO.: Soléra Films (Paris)
CO-PROD. CO.: RFO, NDR, Arte (Strasbourg), RTBF (Liège), Broadcast AV (Baden-Baden), Les Films de l'Observatoire (Strasbourg), Les Films de la Passerelle (Angleur)
LANGUAGE: French
GAUGE: 35 mm
SILENT/SOUND: sound
B&W/COLOUR: B&W + colour
MINUTES: 80'/52'

VOICES: Rüdiger Vogler, Charles Berling

Le jour et la nuit

Bernard-Henri Lévy

Co-production

Le jour et la nuit
Day and Night

DIRECTOR: Bernard-Henri Lévy
YEAR: 1996
COUNTRY: FR-CN-BE-SP
SCREENPLAY: Jean-Paul Enthoven, Bernard-Henri Lévy
ASST. DIR.: Olivier Horlait, René Villarreal
DIR. PHOT.: Willy Kurant
CAMERA: Willy Kurant
EDITING: France Duez
SOUND: Serge Beauchemin, François Musy
MUSIC: Maurice Jarre
ART DIRECTOR: Solange Zeitoun
COSTUMES: Marielle Robaut, Solange Zeitoun
PRODUCER: Eric Dussart, Denise Robert, Jacques de Clercq, Alfonso Gomez-Arnau
PROD. CO.: Les Films du Lendemain (Paris), Cinémaginaire (Montréal), Nomad Films (Bruxelles), Cartel (Madrid)
PROD. SUPERV.: Gerardo Barrera, Antoine Gannage, Daniel Louis
CO-PROD. CO.: France 2 Cinéma (Paris), M6 Films (Paris), RTL-TVi (Bruxelles)
EXEC. PROD.: Jean-Michel Lacor
LANGUAGE: French
GAUGE: 35 mm
SILENT/SOUND: sound
B&W/COLOUR: colour
MINUTES: 112'

CAST: Alain Delon (Alexandre), Lauren Bacall (Sonia), Arielle Dombasle (Laure), Xavier Beauvois (Carlo), Marianne Denicourt (Ariane), Francisco Rabal (Cristobal), Jean-Pierre Kalfon (Lucien), Karl Zero (Filipi), Julie Du Page (Norma), Véronique Levy (Consuelo), Rafael Gonzales-Cidoncha (Le prêtre), Carlos Quintero (Leandro), Vanessa Bauche (La muchacha), Dionisos Espinoza (Le mesero), Gerardo Martinez (Le cuisinier), Gerardo Moreno (Le garde du corps), Juan Manuel Vichis (1er Chavo), Raoul Lopez (2ème Chavo), Noel Leon (3ème Chavo), Matias Sagaldo (4ème Chavo), Ivan R. Gonzales (1er gamin), Ruben Rojo Aura (2ème gamin)

Passage
Juraj Herz

Co-production

Passage

DIRECTOR: Juraj Herz
YEAR: 1996
COUNTRY: CZ-FR-BE
SCREENPLAY: Juraj Herz, Christian Rullier
BASED ON: Passage, written by Karel Pecka
ASST. DIR.: Alice Renuvska
DIR. PHOT.: Jiri Machane
CAMERA: Vladimir Krepelka
EDITING: Jan Svoboda
SOUND: Harrik Maury, Jiri Kriz, Miroslav Hurka
MUSIC: Merta Zdenek
ART DIRECTOR: Ondrej Nekvasil
COSTUMES: Simona Rybakova
PRODUCER: Jan Rilek, Eve Vercel, Robert Nador, Patrick Quinet
PROD. CO.: Etamp Films (Praha), Films de la Cassine (Paris), Dune (Paris), Artémis Productions (Bruxelles)
LANGUAGE: Czech
GAUGE: 35 mm
SILENT/SOUND: sound
B&W/COLOUR: colour
MINUTES: 98'

CAST: Jacek Borkowski (Forman), Malgorzata Kozuchowska (Betty), Zora Jandova (Klara), Zdenek Maryska (Lukasek), Thomas Topfer (Uxa), M. Hajducik (Stodola), Josef Vinklar (Krystof), Nadine Spinosa (La serveuse), Martin Stepanek (Le chef portier)

Libertarias
Vicente Aranda

Co-production

Libertarias
Les libertaires
Libertarians

DIRECTOR: Vicente Aranda
YEAR: 1996
COUNTRY: SP-IT-BE
SCREENPLAY: Antonio Rabinad, Vicente Aranda
ASST. DIR.: Eusebio Graciani
DIR. PHOT.: José Luis Alcaine
CAMERA: Mario Montero
EDITING: Teresa Font
SOUND: Carlos Faruolo
MUSIC: José Nieto
ART DIRECTOR: Josep Rosell
COSTUMES: Javier Artiñano
PRODUCER: Andrés Vicente Gómez, Manfredi Traxler, Tharsi Vanhuysse
PROD. CO.: Sogetel (Madrid), Lolafilms (Barcelona), Academy Pictures (IT), Era Films (Brussel)
PROD. SUPERV.: Luis Gutiérez
ASSOC. PROD.: Fernando de Garcillán
LANGUAGE: Spanish
GAUGE: 35 mm
SILENT/SOUND: sound
B&W/COLOUR: colour
MINUTES: 131'

CAST: Ana Belén (Pilar), Victoria Abril (Floren), Ariadna Gil (María), Jorge Sanz (Trafach hijo), Loles León (Charo), José Sancho (Trafach padre), Blanca Apilánes (Aura), Laura Mañá (Concha), Miguel Bosé (Jesús), Joan Crosas (Faneca), Rosa Novell (Federica)

Le huitième jour

Jaco Van Dormael

Le huitième jour
The Eighth Day

DIRECTOR: Jaco Van Dormael
YEAR: 1996
COUNTRY: BE-FR-UK
SCREENPLAY: Jaco Van Dormael
ASST. DIR.: Renaud Alcalde, Manu Kamanda, Marcus Himbert
DIR. PHOT.: Walther Vanden Ende
CAMERA: Luc Drion
EDITING: Susana Rossberg
SOUND: Dominique Warnier
MUSIC: Pierre Van Dormael
ART DIRECTOR: Hubert Pouille
COSTUMES: Yan Tax
PRODUCER: Philippe Godeau
PROD. CO.: Home Made Films (Bruxelles), Pan Européenne (Paris)
PROD. SUPERV.: Baudouin Capet, Michèle Tronçon
CO-PROD. CO.: TF1 (Paris), RTL-TVi (Bruxelles), Working Title (London), DA Films
EXEC. PROD.: Eric Rommeluere, Dominique Josset
CAST: Daniel Auteuil (Harry), Pascal Duquenne (Georges), Miou-Miou (Julie), Alice Van Dormael (Alice), Juliette Van Dormael (Juliette), Isabelle Sadoyan (Mère de Georges), Laszlo Harmati (Luis Mariano), Michelle Maes (Nathalie), Sabrina Leurquin (Serveuse du snack), Alexandre Von Sivers ("Doc" Harry), Laurette Van Keerberghen (Nettoyeuse), Josse De Pauw (Policier), Harry Cleven (Educateur), Jo De Backer (Mannequin)
LANGUAGE: French
GAUGE: 35 mm
SILENT/SOUND: sound
B&W/COLOUR: colour
MINUTES: 118'

◆ Four years after **Toto the Hero** and winning the Golden Camera at Cannes, Jaco Van Dormael was to triumph a second time on the Croisette. The award for best actor was shared by the two leads in his new film, Daniel Auteuil and Pascal Duquenne, a Down's syndrome actor who had already appeared in "Toto". Here he plays a patient who escapes from his home to track down his mother, who is long since dead. He encounters a management executive alienated by his work. The innocent handicapped man and the estranged yuppie undertake a voyage of discovery which will bond them in mutual affection as Georges gradually becomes a fixed point in Harry's pragmatic universe. An inventive mix of surrealism and humour, true emotion and refreshing naïvety, the film eschews simplistic pity for the Down's syndrome patients and concentrates on their inner wealth, their imaginative profundity and the inanity of the idea of "difference".

Whereas the whole of Belgium flooded in to see the film (with 700 000 admissions in 6 months) and French and foreign receipts were also good, the reaction in Cannes was all but sympathetic: "tears elicited by holding the emotions to ransom," *Libération*; "unrelentingly saccharine crowd-pleaser," *Variety*. The polemic abated with the international success of **The Eighth Day**; admittedly the film does become rather facile in its last third (with the handicapped patients' day out to the seaside, Harry's reunion with his crisis-stricken family and Georges' dream-like suicide), but it seems a little hysterical to call it "calculated soliciting". Gradually the film emerges as a lesson in love and freedom and it owes much of its success to the convincing performance by Pascal Duquenne.

● Quatre ans après **Toto le héros** et sa Caméra d'or cannoise, Jaco Van Dormael triomphe une deuxième fois sur la Croisette: prix d'interprétation pour les deux comédiens de son nouveau film, Daniel Auteuil et Pascal Duquenne - un jeune acteur trisomique, déjà aperçu dans "Toto". Il incarne ici un mongolien fuyant son home pour retrouver sa mère, depuis longtemps décédée, et qui rencontre fortuitement un cadre supérieur aliéné par son travail. Le voyage initiatique du handicapé innocent et du yuppie harassé les conduit vers une affection réciproque, à mesure que Georges s'incruste dans l'univers pragmatique de Harry. Dans un balancement inventif entre onirisme et humour, émotion pure et naïveté tonique, le film refuse tout apitoiement lénifiant envers les mongoliens et traduit au contraire leur richesse intérieure, leur imagination profonde, l'inanité de la notion de "différence".

Alors qu'un véritable raz-de-marée secouait les salles en Belgique (700.000 entrées en six mois), puis en France et dans le monde, la critique cannoise fut assassine: "des larmes extorquées par prise d'otage des sentiments" (*Libération*), ou "de la saccharine pour grand public manipulé" (*Variety*). Le succès international du **Huitième jour** balaya la polémique: s'il est vrai que le film devient plus facile dans son dernier tiers (la virée des mongoliens vers la mer, les retrouvailles de Georges et de sa famille en crise, le suicide onirisé du trisomique), il semble pour le moins excessif de parler de "racolage roublard", tant l'œuvre s'avère, au fil des séquences, une jubilatoire leçon de liberté et d'amour, grâce notamment à la vérité communicative de Pascal Duquenne. *(RM)*

▶ Vier jaar nadat **Toto le héros** de Caméra d'or wegkaapte te Cannes, behaalde Jaco Van Dormael een tweede triomf op de Croisette: de prijs voor de beste vertolking, te verdelen tussen de twee hoofdacteurs in zijn nieuwste film, Daniel Auteuil en Pascal Duquenne (de jonge trisomiepatiënt uit "Toto"). Laatstgenoemde vertolkt hier een mongool die de instelling ontvlucht om zijn (overleden) moeder te gaan zoeken en onderweg toevallig een verweesd kaderlid ontmoet: de onschuldige gehandicapte en de uitgebluste yuppie ondernemen samen een initiatiereis die, naarmate Georges zich inwerkt in de pragmatische leefwereld van Harry, zal uitmonden in wederzijdse affectie. Tussen droomsfeer en humor, pure emotie en verfrissende naïviteit, schuwt deze film elk goedkoop medelijden met de Downpatiënten, om het accent te leggen op hun innerlijke rijkdom en grote verbeeldingskracht en aan te tonen hoe loos het begrip "anders-zijn" wel is.

Ondanks de stormloop op de Belgische (700.000 toeschouwers op zes maanden tijd) en later ook de Franse en buitenlandse bioscopen, waren de critici in Cannes allesbehalve mild: "een gijzeling van de gevoelens om je tot tranen te dwingen" (*Libération*), of nog "suikerstroop voor de massa" (*Variety*). Maar het internationale succes deed de polemiek verstommen: ook al wordt de film naar het einde toe nogal "gemakkelijk" (het uitstapje naar zee van de mongolen, het weerzien van Harry met diens gebroken familie, de droomachtige zelfmoordscène van Georges), is het op zijn minst overdreven dit "berekende ronselarij" te noemen, want de film ontpopt zich gaandeweg als een les in liefde en vrijheid dankzij (ondermeer) het aanstekelijke en overtuigende spel van Duquenne.

J'ai eu dur!

Gérald Frydman

J'ai eu dur!
Une aventure de Barbe Rouge
Bluebeard's Escapade

DIRECTOR: Gérald Frydman
YEAR: 1996
COUNTRY: BE
SCREENPLAY: Gérald Frydman, Luc Vanden Eede
ASST. DIR.: Luc Vanden Eede, Marc Dalmans, Françoise Demey
DIR. PHOT.: Paul Vercheval
CAMERA: Antoine-Marie Meert
EDITING: Gérald Frydman
MUSIC: Luc Baiwir
ART DIRECTOR: Claude Van Itterbeek
COSTUMES: Catherine Frognier
PRODUCER: Gérald Frydman
PROD. CO.: Ciné Alfred (Bruxelles), RTBF (Bruxelles)
PROD. SUPERV.: Stéphan Lejeune
ASSOC. PROD.: Claude Lebrun
CAST: Stéphane Steeman (Roger Corremans), Alice Toen (Mamy Corremans), Catherine Claeys ("Netteke" Corremans), Michel De Warzee (Alfred Bouffioulx), Bruce Ellison (Coupe-Coupe), Philippe Jeusette (Attila), Erico Salamone (Cicco), Régine Verelle (Régine de Charmeuil), Michel Carcan (Robert Fournier), Boris Stoïkoff (Comte Pavloff), Monique Fluzin (Tata Maréchal), Jo Ressonnet (Benoît), Jean Hayet (Paul Lou)
LANGUAGE: French
GAUGE: 35 mm
SILENT/SOUND: sound
B&W/COLOUR: colour
MINUTES: 92'

◆ The Brussels-born Gérald Frydman made his debut at the age of 30 with a remarkable animated film, **Scarabus** (1972), which featured characters inspired by the world of Magritte and Paul Delvaux. This was the first of fifteen or so shorts which followed over the next years (including **Le cheval de fer**, which won the Cannes Golden Palm for the best animated film in 1984). Founder of the Atelier Alfred, a training workshop open to all budding animators, in late 1995 Frydman embarked on the fresh challenge of a live-action film. With half his crew drawn from avid students in his workshop and a minuscule budget, he proudly heralded "the first Belgian-language film", which would combine Walloon, Flemish and Brussels dialects. The cast is headed by the entertainer Stéphane Steeman, who plays the head of a family-run boarding house. He is so smitten with role-playing games that every evening he ropes in his guests to enact variations on the adventures of the pirate Bluebeard, embodied naturally enough by the masterful proprietor.

The spirit of Gaston Schoukens must have chortled merrily at this resurgence of the local comedy. As of the titles (which dedicate the film to "Bernard Truffaut and François Tavernier" (sic)), a film from a bygone age unfolded before the eyes of its handful of viewers. The cast and Atelier faithful doubtless had many a laughter-filled hour in making this unpretentious work, and this could well have been the entire point of the undertaking. "We must rediscover our taste for film-making for pleasure and stop feeling ashamed of being Belgian," as Frydman enthusiastically put it.

● A 30 ans, le Bruxellois Gérald Frydman avait débuté avec éclat dans le domaine du cinéma d'animation: **Scarabus** (1972), avec ses personnages directement issus des univers de Magritte ou de Paul Delvaux, ouvrit la voie à une quinzaine d'intéressants courts métrages (dont **Le cheval de fer**, Palme d'Or du genre au Festival de Cannes 1984). Créateur de l'Atelier Alfred, un lieu d'apprentissage ouvert à tous les amateurs de techniques cinématographiques, Frydman se lança fin 1995 dans la grande aventure du film d'acteurs. Avec une équipe formée pour moitié des fervents de son atelier et un budget filiforme, il annonça fièrement "le premier film parlé en belge" qui mélangerait accents wallon, flamand et bruxellois. En vedette, le fantaisiste Stéphane Steeman, en propriétaire d'une pension de famille féru de jeux de rôles, au point d'organiser chaque soir avec ses locataires des variations sur les exploits du pirate Barbe Rouge, qu'il incarne de manière impavide.

Les mânes du bon Gaston Schoukens ont dû frémir de bonheur devant cette résurgence du comique local. Dès le générique, "dédié à Bertrand Truffaut et François Tavernier" (sic), un film d'un autre âge se déploie sous les yeux ébahis des spectateurs (ils ne furent guère qu'une poignée). Acteurs et fidèles de l'atelier s'amusèrent à tourner cet ouvrage sans prétention. C'était peut-être là finalement le but premier de l'entreprise. "Nous devons retrouver le goût de filmer pour le plaisir et cesser d'avoir honte d'être belge", déclarait avec enthousiasme le réalisateur. (RM)

► Op zijn dertigste debuteerde de Brusselaar Gérald Frydman met een opmerkelijke animatiefilm: **Scarabus** (1972), met personages à la Magritte of Paul Delvaux, bereidde de weg voor een 15-tal interessante kortfilms (onder andere **Le cheval de fer**, in 1984 goed voor een Gouden Palm voor de beste animatiefilm in Cannes). Als oprichter van het Atelier Alfred, een leerschool voor filmliefhebbers, tekende Frydman in 1995 voor de grote uitdaging: een film met echte acteurs. Met een ploeg die voor de helft bestond uit acolieten van zijn atelier en met een flinterdun budget, kondigde hij fier "de eerste Belgisch gesproken film" aan (met andere woorden een mengeling van Waals, Vlaams en Brussels). In de hoofdrol zien we humorist Stéphane Steeman, eigenaar van een familiepension en zo verzot op rollenspelen dat hij elke avond met zijn huurders variaties op de exploten van piraat Roodbaard - die hij met verve vertolkt - op poten zet.

De geest van de goede Gaston Schoukens sidderde vast van genot bij deze heropleving van de plaatselijke komedie. Vanaf de generiek, "opgedragen aan Bertrand Truffaut en François Tavernier" (sic), ontvouwt zich voor de verstomde toeschouwers (die op één hand te tellen waren) een film uit een andere tijd. De acteurs en aanhangers van het Atelier hebben ongetwijfeld veel plezier beleefd aan het draaien van dit pretentieloze werk, en dat was wellicht de opzet van de hele onderneming. Om het met de woorden van Frydman te zeggen: "We moeten terug zin krijgen in het draaien van films, louter en alleen voor het plezier, en ophouden ons te schamen Belg te zijn".

BOOKS / LIVRES / BOEKEN

Anon., *Belgian film 69/71*, s.l., Belgian Ministry of Culture, s.d.

Anon., *Belgian Film Production*, Bruxelles, Unibelfilm, s.d.

Anon., *Belgische films. Animatie-, documentaire-, archief-, reportage-, speelfilms*, Brussel, Ministerie van Buitenlandse Zaken, Buitenlandse Handel en Ontwikkelingssamenwerking, s.d.

Anon., *Bulletin de l'Association Belge de Photographie*, troisième série, volume II, 22ᵉ année, Bruxelles, 1895

Anon., *Congociné photo. Guide du cinéphile congolais professionnel et amateur*, Bruxelles, G. Tacoen, 1959

Anon., *Dienst didactische films en audiovisuele media. Cataloog audiovisuele films*, Brussel, Ministerie van Nationale Opvoeding en Nederlandse Cultuur, 1979

Anon., *Dix ans de films documentaires*, Bruxelles, Centre de l'Audiovisuel à Bruxelles, 1988

Anon., *Filmathèque Pathé-baby*, Paris, Société française du Pathé-Baby 1930, 2 vol., s.d.

Anon., *Filmographie de la production Lux (1907-1913)*, s.l., s.d.

Anon., *Films belges (Textes et documents. Collection "Chroniques belges")*, Tomes I, II, III, Bruxelles, Ministère des Affaires Etrangères, du Commerce Extérieur et de la Coopération au Développement, s.d.

Anon., *Musée de la Vie Wallonne. Foires et forains en Wallonie*, Liège, Pierre Mardaga, 1989

Anon., *Wallonie Image Production WIP. Dix ans de cinéma documentaire*, Liège, Wallonie Image Production, s.d.

Jacqueline Aubenas, *Hommage à Chantal Akerman*, Bruxelles, CGRI, 1995

Jacqueline Aubenas, *Hommage à Henri Storck. Films 1928/1985. Catalogue analytique*, Bruxelles, CGRI, 1995

Michelle Aubert, Jean-Claude Seguin, *La production cinématographique des frères Lumière*, Paris, BiFi - Editions Mémoires de Cinéma, 1996

Lucas Balbo, Peter Blumenstock, Christian Kessler, *Obsession. The Films of Jess Franco*, Berlin, Graf Haufen & Frank Trebbin, 1993

Youen Bernard, *L'Eclipse. L'histoire d'une maison de production et de distribution cinématographique en France, de 1906 à 1923. Maîtrise*, Paris, Université Paris VIII, 1993

Youen Bernard, *Les petites maisons de production cinématographique françaises de 1906 à 1914. Maîtrise*, Paris, Université Paris VIII, 1993-94

Maurice Bessy e.a., *Histoire du cinéma français. Encyclopédie des films 1929-1934*, Paris, Pygmalion / Gérard Watelet, 1988

Maurice Bessy e.a., *Histoire du cinéma français. Encyclopédie des films 1935-1939*, Paris, Pygmalion / Gérard Watelet, 1987

Maurice Bessy & Raymond Chirat, *Histoire du cinéma français. Encyclopédie des films 1940-1950*, Paris, Pygmalion / Gérard Watelet, 1986

Maurice Bessy e.a., *Histoire du cinéma français. Encyclopédie des films 1951-1955*, Paris, Pygmalion / Gérard Watelet, 1989

Maurice Bessy e.a., *Histoire du cinéma français. Encyclopédie des films 1956-1960*, Paris, Pygmalion / Gérard Watelet, 1990

Maurice Bessy e.a., *Histoire du cinéma français. Encyclopédie des films 1961-1965*, Paris, Pygmalion / Gérard Watelet, 1991

Maurice Bessy e.a., *Histoire du cinéma français. Encyclopédie des films 1966-1970*, Paris, Pygmalion / Gérard Watelet, 1992

Francis Bolen, *Histoire authentique, anecdotique, folklorique et critique du cinéma belge depuis ses plus lointaines origines*, Bruxelles, Mémo & Codec, 1978

Francis Bolen, *Quand les Belges contaient l'Afrique centrale*, Paris, Agence de Coopération Culturelle et Technique, 1980

Mariama Bounafaa & Bernard Garant, *Baisers perdus. A la recherche d'un clown dans la rue*, Liège, Université de Liège, 1989-90 (mémoire inédit)

Henri Bousquet, *Catalogue Pathé des années 1896 à 1914: 1907-1908-1909*, s.l., Henri Bousquet, 1993

Henri Bousquet, *Catalogue Pathé des années 1896 à 1914: 1910-1911*, Bures-sur-Yvette, Henri Bousquet, 1994

Henri Bousquet, *Catalogue Pathé des années 1896 à 1914: 1912-1913-1914*, Bures-sur-Yvette, Henri Bousquet, 1995

Bernard Chardère, *Le roman des Lumière. Le cinéma sur le vif*, Paris, Gallimard, 1995

Raymond Chirat & Eric Le Roy, *Catalogue des films français de fiction de 1908 à 1918*, Paris, Cinémathèque Française, 1995

Raymond Chirat & Roger Icart, *Catalogue des films français de long métrage. Films de fiction 1919-1929*, Toulouse, Cinémathèque de Toulouse, 1984

Raymond Chirat e.a., *Catalogue des films français de long métrage. Films sonores de fiction 1929-1939*, Bruxelles, Cinémathèque Royale de Belgique, 1975

Raymond Chirat, *Catalogue des films français de long métrage. Films de fiction 1940-1950*, Luxembourg, Cinémathèque Municipale de Luxembourg, 1981

Guido Convents, *A la recherche des images oubliées. Préhistoire du cinéma en Afrique 1897-1918*, Bruxelles, Editions OCIC, 1986

Tony Crawley & François Jouffa, *Entre deux censures. Le cinema érotique de 1973 à 1976*, Paris, Ramsay, 1989

Jacques Dastières, *Cambriolage au château de Froidcœur*, Bruxelles, Ciné-Production A7A, 1943

Paul Davay, *Cinéma de Belgique*, Gembloux, Duculot, 1973

Jacques de Baroncelli, *Ecrits sur le cinéma. Suivis de Mémoires. Textes réunis et présentés par Bernard Bastide*, Perpignan, Institut Jean Vigo, 1996

Eric de Kuyper, Marianne Thys, Sabine Lenk, *Alfred Machin, cinéaste/film-maker*, Bruxelles, Cinémathèque Royale de Belgique, 1995

Clemens De Landtsheer, *Flandria film. Filmkataloog*, Diksmuide, s.d.

Guy Delcol, *Essai de bibliographie belge du cinéma 1896-1966. Suivi de la législation belge relative au cinéma (Mémoire présenté aux Cours provinciaux des Sciences de la bibliothèque et de la documentation de la Province de Brabant)*, Bruxelles, Commission Belge de Bibliographie, Cinémathèque Royale de Belgique, 1968

Geoffrey Donaldson, *Of Joy and Sorrow - a Filmography of Dutch Silent Fiction*, Amsterdam, Nederlands Filmmuseum, 1997

Henri d'Ursel, *La perle/le prix de l'image*, Bruxelles, Cinémathèque Royale de Belgique, 1975

Bob Goossens, *Kroniek van de Belgische filmstudio's. Eindverhandeling*, Brussel, RITCS, 1985

Ronald M. Hahn, *Das Heyne Lexikon des erotischen Films. Uber 1600 Filme von 1933 bis heute*, München, Wilhelm Heyne Verlag, 1993

Jos Hoeyberghs, *Toen was de Vlaamse film plezant. De Vlaamse volksfilms van Edith Kiel*, Leuven, De Vrienden van het Vlaams Filmmuseum en -archief v.z.w., 1990

Marcel Huret, *Ciné-actualités. Histoire de la presse filmée 1895-1980*, Paris, Henri Veyrier, 1984

René Jeanne & Charles Ford, *Histoire encyclopédique du cinéma. Tome II. Le cinéma muet (suite). Europe (sauf France), Amérique (sauf USA), Afrique, Asie 1895-1929*, Paris, S.E.D.E., 1952

Guy Jungblut, Patrick Leboutte, Dominique Païni, *Une encyclopédie des cinémas de Belgique*, Musée d'Art Moderne de la Ville de Paris/Editions Yellow Now, Paris - Crisnée, 1990

Jacques Kermabon e.a., *Pathé. Premier empire du cinéma*, Paris, Centre Georges Pompidou, 1994

Richard P. Krafsur e.a., *The American Film Institute Catalog. Feature Films 1961-1970*, New York - London, R.R. Bowker Company, 1976

Francis Lacassin, *Alfred Machin 1877-1929*, Paris, L'avant-scène du cinéma, 1968

Georges Landoy, *Carnet UCB n°1. Titres et sous-titres des films composant les programmes de la première année de l'Université Cinégraphique Belge*, Bruxelles, UCB, 1928

Georges Landoy, *Carnet UCB n°2. Titres et sous-titres des films composant les programmes de la première année de l'Université Cinégraphique Belge*, Bruxelles, UCB, 1929

Léo Lejeune e.a., *Congo, cœur de l'Afrique. Réalisation de Ernest Genval*, s.l., [1930]

Ernst Moerman, *Œuvre poétique. Présentation de Carlos de Radzitzky et de Robert Goffin*, Bruxelles, André de Rache Editeur, 1970

Leo Phelix & Rolf Thissen, *Pioniere und Prominente des Modernen Sexfilms*, München, Goldmann Verlag, 1983

Walter Provo & Marleen Aelterman, *25 jaar Vlaamse film. Realisaties en co-produkties. Catalogus*, Gent, Filmmemories, 1991

Jean Queval, *Henri Storck ou la traversée du cinéma*, Bruxelles, Festival National du Film Belge,1976

Francis Ramirez & Christian Rolot, *Histoire du cinéma colonial au Zaire, au Rwanda et au Burundi*, Annales, Série in-8°, Sciences historiques, n°7, 1985, Tervuren, Musée Royal de l'Afrique Centrale, 1985

Fernand Rigot, *Nomenclature des films réalisés en Belgique ou faits par des Belges à l'étranger de 1907 à 1955*, Bruxelles, 1958

J.A. Robberechts e.a., *De film in België*, Antwerpen, Vlaams Economisch Verbond, 1955

A. Sluys, *La cinématographie scolaire et postscolaire*, Bruxelles, Ligue de l'Enseignement, 1922

Roger Smither, *Imperial War Museum Film Catalogue. Vol. 1. The First World War Archive*, Wiltshire, Flicks Books, 1994

Rik Stallaerts, *Rode glamour. Bioscoop, film en socialistische beweging*, Gent, Provinciebestuur Oost-Vlaanderen, 1989

Rik Stallaerts, *Zwart brood en nitraatfilms. Socialistische films uit de jaren 30. Een keuze uit de AMSAB-filmotheek*, Gent, Archief en Museum van de Socialistische Arbeidersbeweging, 1983

Edmond Thieffry, *En avion de Bruxelles au Congo Belge*, Bruxelles, 1926

Johan J. Vincent & Paul Geens (red.), *Naslagwerk over de Vlaamse film ("Het Leentje")*, Brussel, CIAM, 1985

Luc Vints, *Kongo Made in Belgium. Beeld van een kolonie in film en propaganda*, Leuven, Kritak, 1984

MAGAZINES / PÉRIODIQUES / TIJDSCHRIFTEN

1895. Bulletin de l'Association française de recherche sur l'histoire du cinéma (Paris)

ADTCB. Bulletin d'information au service de l'exploitation (Association des Directeurs de Théâtres de Belgique, Bruxelles)

Amis du film et de la télévision (Ligue Catholique du Film, Bruxelles)

Bruxelles-Exposition. Organe officiel de l'Exposition internationale 1897 (Bruxelles)

Le bulletin de l'Université cinégraphique belge. Kortberichten der Belgische film-universiteit (Georges Landoy, Bruxelles)

Cahiers du cinéma (Editions de l'Etoile, Paris)

Cinéa-ciné pour tous (François Tedesco, Paris)

Cinebulletin. Zeitschrift der Schweizerischen Filmbranche. Revue des milieux suisses du cinéma (Schweizerischen Filmzentrum. Centre Suisse du Cinéma, Zürich)

Ciné-dossiers (L'Action Cinématographique, Bruxelles)

Le ciné éducatif. De Leerfilm (Georges Landoy, Bruxelles)

Les ciné-fiches de Grand Angle. Mensuel (Grand Angle, Mariembourg)

La cinégraphie belge. Organe indépendant de l'industrie cinématographique belge. Revue hebdomadaire (Bruxelles)

Cinéma... (Editions Temps Libres, Paris)

Cinéma belge. Journal d'information du cinéma et de l'audiovisuel belge et des professionnels de l'image cinéma-télévision-vidéo (Pour le Cinéma Belge, Bruxelles)

Cinemaction. Revue de cinéma et de télévision dirigée par Guy Hennebelle (Les Editions Corlet & Télérama, Condé-sur-Noireau)

Cinéma français. Unifrance film. Revue d'information (Unifrance Film, Paris)

Le cinéma international. Revue hebdomadaire, indépendante, illustrée et internationale du cinéma (Henry-Alexandre Parys, Bruxelles)

Cinéma. Revue cinématographique belge. Organe hebdomadaire (Bruxelles)

La cinématographie française. Revue hebdomadaire (Paul Auguste Harlé, Paris)

Cinema. Vakblad van het filmgilde. Bulletin de la gilde du film (Association des Directeurs de Cinéma de Belgique et de la Chambre Syndicale Belge des Distributeurs de Films, Bruxelles)

De cinema. Verschijnt op vrijdag (J. Meuwissen, Brussel)

Cinéo. Revue indépendante belge d'informations (Julien Flament, Bruxelles)

Ciné reporter. Revue satirique d'actualité et de cinéma (Herman Dumont, Bruxelles)

Ciné revue. Nederlandsche tekst (J. Meuwissen, Brussel)

Ciné-revue. Organe officiel belge de l'art cinématographique, hebdomadaire, paraissant le vendredi. Arts, littérature, sciences, actualités (J. Meuwissen, Bruxelles)

Ciné-télé-revue (Joë Van Cottom, Bruxelles)

Ciné-ziné-zone (Pierre Charles, Saint-Maur-des-Fossés)

Club du cinéma d'Ostende. Programme (Ostende)

Coup d'œil sur la presse. Bureau d'études RTB (Radiodiffusion Télévision Belge, Bruxelles)

L'écho cinématographique. Journal hebdomadaire indépendant et illustré de la cinématographie belge. Paraissant le vendredi (Henry-Alexandre Parys, Bruxelles)

L'écran. Magazine belge du cinéma substandard (Georges Tacoen, Bruxelles)

European Trash Cinema (Craig Ledbetter, Spring Texas)

Export film. Organe international de diffusion cinématographique (J. Pietrini, Bruxelles)

Film und Fernsehen (Friedrich Verlag, Berlin)

Fernsehspiegel und Jugendbuchratgeber (Österreichisches Bundesverlag Gesellschaft, Wien)

Fiches DOCIP (Centre Culturel et d'Animation Cinématographique CCAC, Bruxelles)

Filmbulletin. Kino in Augenhöhe (Katholischer Filmkreis Zürich)

Le film complet (Société Parisienne d'Edition, Paris)

Film. Driemaandelijks tijdschrift van de Socialistische federatie van filmclubs SFFC (Antwerpen)

Film en televisie + video (Katholieke Filmliga, Brussel)

Le film français. Le premier hebdomadaire des professionnels de l'audiovisuel (Emap Alpha s.a., Paris)

Filmfront-filmstudien. Tijdschrift voor filmcultuur in het kader van de Belgisch-Nederlandse samenwerking (Projecta, Antwerpen)

Le film. Hebdomadaire (Patria s.a., Anvers)

Film History. An International Journal (Richard Koszarski, New Jersey)

Filmkunst. Zeitschrift für Filmkultur und Filmwissenschaft (Österreichischer Bundesverlag für Unterricht, Wissenschaft und Kunst, Wien)

Film-revue. Edition hebdomadaire (Anvers)

Film revue. Wekelijksche uitgave (Antwerpen)

Filmstudien. Maandblad voor filmcultuur (Katholieke Film-actie KFA, Antwerpen)

Het filmvakblad voor Vlaanderen. Maandelijks professioneel informatiemagazine (Centrum voor Informatie over Audiovisuele Middelen CIAM, Brussel)

De film. Weekblad (Patria n.v., Antwerpen)
Filmwereld. Internationaal filmperiodiek (Filmpers, Antwerpen)
Francis Bolen's Newsletter. Lettre d'information éditée mensuellement par Francis N. Bolen (Bruxelles)
Les grands films (Editions de "Mon ciné", Paris)
Griffithiana. La rivista della Cineteca del Friuli (Pordenone)
Hebdo ciné. Tous les programmes de radio et Radio-Luxembourg (Editions Pim Services, Bruxelles)
Image et son. Bulletin cinématographique (Zeiss Ikon, Stuttgart-Kiel)
Die Jugend. Beitrage zur Ausserschulischen Jugendarbeit in Österreich mit Filmspiegel (Österreichischen Jugend-Informationsdienst, Wien)
Kinematograph Weekly (London)
Mediafilm. Bimestriel (Service Cinématographique de l'Enseignement Catholique de Belgique, Bruxelles)
Moniteur du film et de l'audio-visuel en Belgique. Filmwijzer in België (Centre d'Information sur l'Audio-visuel, Bruxelles)
Monthly Film Bulletin (British Film Institute, London)
The Movie (v.z.w. Movie Partners, Antwerpen)
Pathé Frères Cinema Limited Weekly Bulletin (London)
Pathé-programme. Théâtre Pathé (Anvers)
Pathé-programme. Théâtre Pathé (Bruxelles)
Positif. Revue mensuelle de cinéma (Editions Jean Michel Place, Paris)
Reflets. Numéro spécial: Le cinéma en Belgique (Bruxelles)
Revue belge du cinéma (Association des Professeurs pour la Promotion de l'Education Cinématographique APEC, Bruxelles)
Revue belge du cinéma. Journal hebdomadaire de la cinématographie et de toutes les industries qui s'y rattachent (Bruxelles)
Revue d'histoire moderne et contemporaine (Présses Universitaires de France, Paris)
Rushes. Revue trimestrielle éditée par le Comité National des Travailleurs du Film et de la Télévision (Bruxelles)
Segnocinema. Rivista cinematografica bimestrale (Cineforum di Vicenza)
Sight and Sound (British Film Institute, London)
Stars & cinéma. Mensuel (Kangoroo Edition, Bruxelles)
Stars. Trimestriel d'information sur les stars du cinéma (Jacques Noël, Mariembourg)
Le Studio. Revue cinégraphique hebdomadaire (Francis Bolen, Bruxelles)
Unifrance Film. La production cinématographique française. Courts métrages (Unifrance Film, Paris)
Unifrance Film. Unifrance actualités. Unifrance dossiers (Unifrance Film, Paris)
Variety. The International Entertainment Weekly (Cahners Publishing Co., New York)
The Village Voice. America's Largest Weekly Newspaper (The Village Voice Inc., New York)
Weekblad cinema. Officieel orgaan in het Nederlandsch van de Belgische syndikale kamer voor cinematographie en van de Vereeniging van kinemabestuurders van België (Antwerpen)

ANNUALS / ANNUAIRES / JAARBOEKEN

Annuaire belge du cinéma, Bruxelles, Editorial Office, 1927–1934
Annuaire de la cinématographie belge, Bruxelles, Publicité Lightning, 1920-21
Annuaire du cinéma, télévision et vidéo, Bellfaye, Paris, 1948–1996
Annuaire du film belge / Jaarboek van de Belgische film, Bruxelles/Brussel, Cinémathèque Royale de Belgique/Koninklijk Belgisch Filmarchief, 1958–1981; 1989–1996
Annuaire du spectacle, de la musique et du cinéma, Bruxelles, Editorial Office, 1924–1934
Annuario del cinema italiano, Roma, Centro di Cultura, Economia e Divulgazione del Cinema, 1974-75
Cine español, Madrid, Ministerio de Educación y Cultura, 1996
Cine para leer. Historica critica de un año de cine, Bilbao, Equipo "Reseña", Ed. Mensajero, 1980
Fischer Film Almanach, Frankfurt am Main, Fischer Taschenbuch Verlag, 1988
Répertoire belge du 16mm, Bruxelles, Ciné-Seize, 1969-70
Swiss Films / Films suisses / Schweizer Filme, Zürich, Swiss Film Center Foundation, 1989; 1990; 1994
Tous les films - Fiches du cinéma, Paris, Editions Chrétiens-Médias, 1983–1985

FESTIVAL CATALOGUES / CATALOGUES DE FESTIVALS / FESTIVALCATALOGEN

Arcachon. Festival du cinéma des mondes latins, 1987
Barcelona. Semana internacional de cine en color, 1983
Berlin. Filmfestspiele. Dokumentation, 1996
Bruxelles. Festival international du film fantastique et de l'imagination, 1983
Bruxelles, Rencontres internationales du jeune cinema, 1982
Gent. Internationaal filmfestival van Vlaanderen, 1981; 1984; 1987
Lübeck. Nordische Filmtage, 1984
Montréal. Festival des films du monde, 1984; 1986
Nyon. Visions du réel. Festival international du cinéma documentaire, 1995
Orléans. Journées cinématographiques, 1979
Trieste. Festival internazionale del film di fantascienza, 1982
Utrecht. Nederlands film festival, 1995

NEWSPAPERS / JOURNAUX / KRANTEN

La Dernière Heure
Le Drapeau Rouge
L'Etoile Belge
La Gazette
L'Indépendance Belge
Het Laatste Nieuws
La Libre Belgique
Le Matin
La Meuse
La Nation Belge
Le Peuple
Le Soir
De Standaard
Le Vingtième Siècle
De Volksgazet
Vooruit

INDEX OF FILMS
INDEX DES FILMS
INDEX VAN DE FILMS

The original film titles are printed in bold, with alternative and translated titles in light type. The titles cited in italic relate to films that are featured in the text but not given an individual entry.
Numbers printed in bold refer to the page on which the relevant film is described, while those in light type refer to a film cited in the discussion of another film.

Les titres originaux des films apparaissent en gras; les autres intitulés ou les traductions, en caractères normaux. Les titres cités dans le texte mais non repris dans le corpus de la présente filmographie sont quant à eux composés en italique.
Les numéros imprimés en gras renvoient à la page reprenant la description du film; les autres aux pages où le film est mentionné dans une notice consacrée à un autre film.

De originele filmtitels zijn vetjes afgedrukt; de alternatieve en vertaaltitels mager. De titels die in de tekst geciteerd worden maar geen deel uitmaken van het corpus van deze filmografie, staan cursief.
In vetjes afgedrukte cijfers verwijzen naar de bladzijde waar de betreffende film beschreven wordt; de magere referenties naar een film, aangehaald in de bespreking van een andere film.

Masele, André 369
Masini, Henri 868
Mason, Bert 412
Mason, James 475
Massaccesi, Aristide 527
Massagne, Olivier 615
Massari, Lea 608
Massart, Olivier 881
Masse, Daniel 830
Masse, Jean-Pierre 622
Masset, Lucienne 143, 230, 238
Massieu, Patrick 673, 747
Massin, Pierre 471
Massink, Jan 284, 289, 356, 370
Massis, John 695
Massis, Louis 417
Masson, Arthur 298
Massons, Estrella 787
Massot, Viviane 437
Masure, Florence 844
Matagne, Michel 425, 566
Matalon, J. 425
Mateu, Sergi 796
Mathée, Maryse 352
Matheron, Christobal 892
Matheson, Richard 475
Mathez, Mathieu 842
Mathieson, John 882
Mathieu, Maurice 79
Mathieu, Vinciane 822
Mathijssens, Alain 573
Mathis, Milly 263
Mathonet, Arthur 491
Mathot, Olivier 499, 513, 537, 551, 552, 557, 558,
    661
    [alias Plaut, Claude] 720
Mathy, Jean-Jacques 529, 538, 550, 592, 692
Mathy, Maryse 803
Maton, Claudine 856
Matondo, Victor 503
Matossian, Claude 507
Matras, Christian 438
Matshikiza, John 717
Matta, Ramuntcho 813
Mattei, Marius 605
Mattens, Rudi 366, 383, 385
Matterne, Jan 412, 436
Matterne, Jan Jr. 768
Matthias, Pierre 876
Matthies, Mathias 321
Mauban, Maria 297
Maucorps, Jean-Christophe 435
Mauduech, Julie 848
Maufras, Robert 255, 260, 269, 300
Mauli, Hans 779
Maumont, Jacques 445, 502, 604
Maura, Carmen 822
Maurane 748
Maurel, Jean 669
Maurel, Yolande 84
Maurier, Claire 351
Maurin, Dominique 650
Mauro, Valéria 585
Maury, Harald 709
Maury, Harrik 905
Maury, Jacques 236
Maury, Willy 73, 75, 100, 101, 109, 110, 339
Mauville 257
Mavel, Jacques 376, 386, 438
Mawart, Jacques 422
Max, Jeanne 153, 257, 298
Max, Simone 257, 281, 352, 493, 523
Maxane 434
Maxane, Georgette 332, 351
Maxane, Jo 515
Maxfield, Bob 634, 744
May, Cécile 72, 74, 76, 81
May, Karl M. 261
May, Nokey 242
Maya Films (Paris) 447, 451, 473, 477, 483, 499
Mayans, Antonio [alias Foster, Robert] 720
Mayar, Jacques 372, 390, 770
Maye, Christel 834
Mayer, Catherine 613
Mayer, Charles 786
Mayer, Lise 868
Mayniel, Juliette 386
Mayo, Alfredo 851

Mayor, Alain 857
Mazauric, Bernard 868
Mazgani, Michel 512
Mazowiecki, Tadeusz 669
Mazucchini, Christian 882
Mazure, Danny 570, 623
Mazzinghi, Bernard 809
Mazzotti, Pascal 475
MBC Productions (Paris) 722
MBSA Productions (Paris) 838, 855
Mbunza, Michel 395
McCaul, Neil 675
McCloskey, Noel 675
McConnico, Hilton 618
McCulley, Johnston 509
McDonald, Pat 764
McDowell, Malcolm 784
Mc Govern, Elisabeth 659
McLaren, Norman 172
McMenamin, Mary 675
McMonagle, Raymond 675
McNeil, David 435, 481, 477
    [alias Milcans, John] 467
McNeil, Jean 481
McNeil, Leslie 470
McNeil, Virginia [Leirens, Virginia] 467
Meale, Fabrice 748
Médecins Sans Frontières 889
Medeiros, Elli 813
Medina, Albert 566
Meeker, Ralph 513
Meele-Lomes 147
Meerschaut, Marie-Clémence 545
Meert, Antoine-Marie 788, 803, 874, 907
Meert, Philippe 143
Mees, Benny 625
Mees, Maarten 894
Mees, Michel 714, 746, **759**, 765, 780, **810**
Meeusen, Roger 717
Meeuwissen, Wim 826
Megel, Jean-Paul 691
Meier, Hans 871
Meijer, Con 771
Meijer, Ischa 695
Meinzel, Marie-Pierre 842, 870
Meirnem, M. 269
Meisner, Günter 861
Mejia, Esteban 759
Mekhitarian, Jean-Grégoire 716, 856, 896
Melaab, Ainna 882
Melaab, Farida 882
Melba Film (Wien-Antwerpen) 422
Melchior, Georges 139
Melchior, René 406
Melebeck, Marcel 529
Mélery, Véronique 715, 736, 747, 810, 823, 828, 881
Méliès, Georges 39, 137
Melki, Claude 548, 570
Meller, Raquel 135
Melles, Marysia 503
Melsen, Christian 435
Melsen, Winifred 467
Melville, Jean-Pierre 461
Melville, Vanessa 586
Memphis, Ricky 888
Menard, Jean-François 500
Menard, Roland 460
Menard, Serge 722
Mendecki, Michael 630
Mendelson, Anthony 571
Mendelson, Mia 310, 319
Mendes, Miguel 855
Mendez, Patrice 802
Menegoz, Margaret 616
Mengelberg, Misja 436
Mengi Feza, Lokinda 751
Mennecier, André 619
Mennig, Jose Miguel 602
Menot 266
Mentens, Michel 686, 852
Menville, Chuck 699, 760
Merand, Jean-Philippe 511
Mercaton, Poussine 613
Mercator Films (Bruxelles) 505
Merchie, Pierre 373, 417
Merchiers, Adjudant 367
Mercier, Laurent 845
Merckens, Marijke 771

Merckx, Marleen 686
Merckx, Robert 661
Mercutio, Claude 386
Mercy, Tia 572
Mergenthaler, André 892
Mérial, Hubert 420, 786
Meriko, Macha 802
Mérimée, Prosper 411
Mérin, Paul 267
Mer Khamis, Juliano 749
Merkoff, Armand 234
Merlan-Jonlet 215
Merlet, Agnès 851
Merli, Alberto Maria 786
Merlin, Claudine 591, 624
Merlin, Yvette 339, 449, 515, 520, 525, 529, 583,
    646, 672, 708, 765, 794
Merlot, René 292
Mermans, Marilou 683, 727, 826, 843, 884, 893
Mermet, Jean 499
Mernier, Michel 494, 878
Mersch, Geneviève 823
Merschiers, Philippe 839
Mersen, Anne-Marie 350
Merten-Eicher, Riccarda 870
Mertens 340
Mertens, Carlo 893
Mertens, Daniel 507
Mertens, Elise 524
Mertens, Fernand [alias Gravey, Fernand] 72, 73, 80,
    82, 84, 120, 489
Mertens, Georges 80, 84
Mertens, I. 344
Mertens, J.M. 336
Mertens, John 510
Mertens, Jos 419, 431
Mertens, Moni 321, 324, 333
Mertens, Pierre 823, 840, 841, 864, 883, 889, 900
Mertens, Wim 827, 880, 895
Mertens, Yvonne 593, 619
Mery, Christian 392
Méry, Georgette 249, 253, 263, 267, 273, 281
Mescolini, Domenico 398
Mesnier, Christian 453
Mesnil, Christian 438, **494**, **564**, **660**, **719**
    [alias Truffart, Francis] 451
Mesnil, Marianne 451, 494, 660
Mespah Film (Sydney) 119
Messens, Gustave 523
Messere, Daniel 563
Messiaen, Olivier 754
Messiane 147
Messica, Vicky 779
Messidor Films (Barcelona) 845
Messina, Fabio 647
Mesta 281
Mestdagh, Elfi 373
Mestdagh, Rudolf 899
Mestre, Onna 787
Métaboles et Compagnie (FR) 831
Metafilm (Bruxelles) 592
Metayer, Alex 624
Metge, Pascal 898
Methé, Jacques 902
Metivier, Martin 762
Metman, H.W. 116
Metman-Slinger, Annie 116
Metraghe, Martine 744
Metron 837
Metropolis Filmproduktion (Berlin) 808
Metropool Films (Antwerpen) 344
Metsers, Hugo 498, 572
Metzemaekers, René 366, 383, 385, 407, 415
Meuldijk, Belinda 594
Meulemeester, Marcel 603
Meulenbergs, Roger 424
Meunier, Andrée 142, 143, 230
Meunier, Raymond 541, 709
Meurisse, Jane 524
Meurisse, Jean-Paul 771
Meuris, Stijn 777, 884
Meus, Lorette 711, 743, 745, 750, 772, 868
Meuter, Auguste 62
Meuwissen, Wim 780
Meyan 105
Meyer, Erik 521
Meyer, Paul (ACTOR) 526, 562
Meyer, Paul (DIRECTOR) 398, 400, 401, 539, 662

Wannyn, Jean 39
Wanty, Anne 470
Wanu, Oscar 787
Ward, Fred 871
Ware, Cilla 850
Waringo, Claude 827, 892, 898
Warland, Gladys 241, 243
Warnants, Jean-Marc 765, 786
Warner Bros. 785
Warnier, Dominique 627, 701, 718, 726, 730, 742, 751, 785, 786, 792, 808, 829, 831, 906
Warren, Clark 634
Warren, R. 472, 479
Warrilow, David 786
Wasilewicz, Andrzej 630
Wasserman, Ida 246
Wasseur 298
Watelet, Bernard 424
Watelet, Marilyn 555, 608, 618, 624, 645, 671, 677, 681, 710, 753, 773, 796, 803, 809, 841, 844, 854, 859, 900
Waterlot, Ulysse 765
Waterschoot, Ronny 686, 695, 717, 734, 774
Watican, Anne 532, 542
Watkins, Christine 850
Watton, Christian 765
Watts, Peter [Wauters, Pierre] 313, 489
Waumans, Véronique 733
Wautelet, Joseph 39
Wautelet-Delforge, Joseph 39
Wauters, Armand 469
Wauters, Henry 293
Wauters, Marc 780
Wauters, Marleen 588
Wauters, Pierre [alias Watts, Peter] 313, 489
Wauters, Ramona 843
Wauthion, Claire 476, 534, 546, 563, 581, 618, 646, 674, 684
Wauthoz, Annette 492, 556, 575, 578, 607, 631
Way, Ann 850
Wayenberg, Charles 861
Wayenbergh, Genevieve 344
WDR (Köln) 804, 806
Weber, André 386
Weber, Antoine 420
Weber, Clarisse 771
Weber, Fabienne 667
Weber, Klaus-Peter 834
Weber, Steven 787
Weckx, Ann 821, 862
Weckx, Edouard 258, 260
Weckx, J. 276
Wedeles, Rodolfo 615
Weemaes, Tina 632, 743, 771
Wegerif, A.H. 252
Weidner, Tony 615
Weijdeveld, Peter 752, 847
Weil, Dan 806, 875
Weinberger, Daniel 573
Weinstadt, Liliane 463
Weis, André 462, 483, 491, 498, 533, 537, 560, 610
Weis, Henri 453, 462, 468, 483, 491, 498, 533, 560, 610
Weis, Ward 651
Weiser, Franz 306, 342
Weismuller Jr., Johnny 561
Weiss, E. 252
Weiss, Marcel 462
Weiss, Ronald 570
Weissler, Johnny 509
Weisz, Frans 882
Weizbluth, Jacob 740
Welbourne-Cooper, Arthur 224
Welkenhuyzen, Katty 862
Wellens, Paul 626
Weller, Michael 659
Welles, Orson 296, 350, 477, 511, 521
Welling, Hielke 872
Welling, Lysbeth 872
Wellpinckx-Films (Bruxelles) 503
Wells, Freddy [Winkeleer, Freddy] 146
Wels, Ewald 798
Welty, John 257
Wemba, Papa 751
Wendelen, Christine 506
Wenders, Wim 698
Wendler 247
Wensley, Wendy 451

Wentzel, Frans 454, 576, 590
Wentzel-Blondeel, Andrée 496
Wereld in het Klein, De 42
Werner, Gisela 361, 368, 379, 388, 393, 396
Werrie, Paul 158, 248
Wert, Tomasz 630
Wertheimer, François 582
Wertwijn, Lex 734
Wery, Isabelle 881
Wéry, Michel 632, 663
Wessler, Johnny 517
West, Anne 544, 597
West, Samuel 834
Westbrook, Herbert 781
Westphal, Lonzo 740
Westra, Rense 872
Wetenschappelijke Internationale Stichting WIS (Brussel) 374, 442
Weuts, Jan 821
Weyergans, François 432, **518**, **604**
Weyergans, Mylène 432
Weyers, Yvonne 894
Weyler, Frans 573
Weymeersch, Eric **337**, **389**, **399**
What's On (Bruxelles) 834
Wheeler, René 476
White, Daniel J. 473, 517, 527, 532, 537, 557, 558, 570, 661
Wiazemsky, Anne 604
Wicheler, Fernand 109, **110**, **130**, 240, 264, 316
Wider, Carl 333, 336
Widy, Maurice 115
     [alias Rival, Marcel] 127
Wieder-Atherton, Sonia 773, 883
Wiegmans, René 721
Wieme, Dries 359, 412, 625, 682, 683, 706, 717, 732, 733, 734
Wiener, Elisabeth 669
Wiener, Jean 505
Wiesenthal, Simon 596
Wiggers, Michou 433, 445, 460
Wigman, Denis 772, 820, 821, 872
Wijffels, Veerle 496
Wijngaarde, Eddy 885
Wijseur, Jacques 287
Wijsmuller, Rob 623
Wilby, James 865
Wilcox, Patrick 564, 568
Wilcox, Toyah 850
Wild, Jack 630
Wilden, L. 175
Wilder, Billy 359, 528
Wilfried Bouchery et Cie (Bruxelles) 305
Wilgenhof, Anet 872, 902
Wilhelm, Wimie 886
Willaert, John 884
Willame, Nathalie 902
Willekens, Robert 623
Willekins 71
Willemin, Pierre 453
Willems, Arnold 428, 431, 448, 734
Willems, Chris 626, 644, 658, 683, 697, 732
Willems, Frits 356, 428
Willems, Isabelle 731, 736, 746, 759, 765, 808
Willems, Joris 748, 755
Willems, Louis 451
Willems, Minneke 520
Willems, Paul 452
Willequet, Alex 333, 336, 359, 540, 572, 596, 658
Willequet, Martine 494, 545, 577, 638
William, Frank 473
Williame, Nathalie 677, 902
Williams, Barry 585
Williams, Gus 486
Williams, Justin 787
Williamson, Fred 818
Willis, Gordon 631
Wills, Muguette 125
Willy 296
Willy, Edgar 270, 290, 296, 298, 310, 319, 376, 406, 524, 598
Willy, Yvonne 115, 140
Wilmart, André 411
Wilms, André 704
Wilms, Dominique 392
Wilms, Gerda 768
Wils, Hilde 772
Wilson, Daniel 782

Wilson, Lambert 831
Wilson, Pedro 855
Wim Telders Films (Borgerhout) 381, 630
Winand, Robert 647
Wincelberg, Shimon 475
Windisch, Ingrid 883
Windross, Oliver 589, 626, 777, 884
Windross, Stephen 607
Wingens, Ralph 639, 695
Wing Yu, Maggie 743
Winkeleer, Freddy [alias Wells, Freddy] 146
Winkeler, Fanny 458, 511, 513
Wins, Louis 248
Winter, C. 537
Winter, Mendel 759
Winterberg, Jeanne 281
Winters, Mady 377
Winters, Sophie 893
Wipf, Louis 771
WIP (Wallonie Image Production) (Liège) 640, 795, 801, 804, 815, 840, 874
Wirth, Wolf 438
Wiser, Paco 849
Wisniewska, Ewa 630
Wisniewska, Teresa 630
Withofs, Marc 543
Witsche, Cor 704
Wnenk, René 354
WNET (New York) 806
Wobma, Mary 775
Wobma, Otto 775
Woditsch, Peter 870
Woitchik, Philippe 863
Wolf, Gaëtan 896
Wolf, Serge 834, 892
Wolf, Tom 843
Wolfers, Murial 787
Wolfs, Wim 594
Wolk-Laniewski, Nikodem 817
Wood, Mikaela 509
Woodbridge, Patricia 883
Woodpeckers, De 346, 359, 370, 375, 383, 385, 388, 393, 415
Woods, Pat 490
Working Title (London) 906
World Productions (Bruxelles) 570, 594
Wouassi, Félicité 844, 848
Woudenberg, Helmert 521, 605
Woudsma, Wieger 882
Woumans, Martha 607
Wouters, Denise 419
Wouters, Jules 495
Wouters, Michel 649
Wouters, Rita 606
Wouterson, Loes 882
Wouwers, George 303
Wrenn, Trevor 546
Wronecki, Daniel 475
Wuillame, René 523
Wuillermoz, Françoise 408
Wullus-Rudiger, Armand 236
Wurtzer, Henriette 301
Wuyts, Danny 858
Wuyts, Frank 759
Wuyts, Herman 428, 430, 436, 450, 458, 486, 496, 519
Wuyts, Paul 884
Wyers, Patrice 457
Wyk, Françoise 131, 140
Wyn, Henri 257
Wyns, Luc 811
Wyseur, Jacques 293, 295, 298
Wyszkop, Katia 892
Wyters, Jacky 510

X

Xanadu Film (Aathal-Zürich) 704
Xanthopoulos, Yannis 837
Xavier, Mme 138
Xhignesse, Bianca 265
Xhonneux, Armand 556
Xhonneux, Henri 451, 556, 779
     [alias Rental, Joseph W.] 472, 479
Xhonneux, Margrit 556
X-Y (NE) 693

Design Media Publishing Limited
20/F Manulife Tower
169 Electric Rd, North Point
Hong Kong
Tel: 00852-28672587
Fax: 00852-25050411
E-mail: suisusie@gmail.com
www.designmediahk.com

Editing: YANG Weiju
Editorial Assistant: Janice Yang
Translator: Catherine Chang
Proofreading: Katy Lee
Design/Layout: YANG Chunling

ISBN 978-988-15662-9-4

Printed in China

GREEN
ARCHITECTURE

Edited by YANG Weiju   Translated by Catherine Chang

DESIGN MEDIA PUBLISHING LIMITED

FOREWORD

To Create Green Architecture with Chinese Characteristics

Nowadays, in front of the challenge of global climate changes, green architecture is the most important solution. In the process of reducing the ratio between GDO and carbon emission to 40%-45% compared to 2005, green architecture holds great responsibilities. In the process of developing low-carbon eco city, green architecture will make major contributions. In this sense, the efforts we've made for the promotion of green architecture are both beneficial for this generation and our future generations. [1]

With the promotion of sustainable development all over the world, green architecture gains more attention from various countries. Recently, some forward-looking Chinese architects are carrying out relative researches and explorations in practice. They've expanded the research of green architecture into a broader field.

There are many excellent foreign cases in these practices, including Tjibaou Culture Centre by Renzo Piano and UNMO by Kenneth Yeang. The Indian architect Charles Correa insists that "forms follow climate" and creates architectural design on the basis of climatology, creating unique architectural forms. His master work Kanchanjunga Apartments is developed from India's hot and humid climate with careful considerations of prevailing wind direction and landscape orientation, in combination of Indian heritages and local architectural elements. (Right image) According to the local climate, the best orientation is west, which could help enjoy the cool breeze from Arab. Therefore, each apartment occupies two storeys or partially two storeys, with a two-storey corner terrace garden. The small windows could avoid the attack of sunlight and monsoon rain, while the two-storey terrace provides the inhabitants with sea wind and view of the nearby Bombay harbour. In addition, the upper level of each apartment has a small balcony open to the terrace garden. In this project, the architect perfectly solved the principal contradictions of monsoon, western sunlight exposure and landscape. The openings and colours on the façade imitated the methods of Le Corbusier and attached to each unit its identity. As Correa's only high-rise residential building, Kanchanjunga Apartments highlights his comprehensive ability in spatial treatments, excavation of traditional architectural essences and climate- and landscape-oriented design. At that time, the architectural form is "both chic and India inspired". [2]

Today, we come to realise the importance of sustainable development and green architecture generally enters into our view. Modern architecture no longer highlights the priority of function issues only; it requires more in architectural forms, living comforts and environmental sustainability. Architectural types, materials and methods are enduring fierce revolution. The goal of green architecture is to facilitate the architecture to make full use of the climate and adapt to it. The architecture should act according to local circumstances and optimises the environmental resources. We should improve and create comfortable living environment through plan, design and environmental configuration, achieving architectural "conservation of energy, land, water and material", to create healthy and comfortable exterior and interior environment and reduce the negative effects for the environment.

The performance of green architecture depends on the design process of the architect. The energy consumption is not only related to the thermal insulation of the building's envelope, but also the architectural form, floor plan, spatial organisation, elevation form, architectural construction, materials and master plan of the architecture complex. Therefore, once the enlarged preliminary design is finished, the energy consumption is determined. If the architect could design according to the relationship between the architecture and the local climate and follow the principles of green architecture, he will be able to design an energy-saving architecture. [3]

Now, Chinese architectural professionals have published numerous articles about green architecture, which play an active role for the promotion of sustainable development and development of green architecture. However, most of the articles are reports on theory research, design principles, ecological references of green architecture design and introduction of advanced experiences of green architecture aboard. They lack of practical engineering practice model, computer simulation and analysis of environmental effects. On one hand, we indeed should improve our theories about green architecture research, on the other hand, we need more practice to conclude, create, explore and develop green architecture with Chinese characteristics.

Green Architecture is a book worth reading, which includes more than 20 successful projects. These projects are all recent projects in China, most of which are completed between 2010 to 2011, including energy technical research centre, commercial complex, technopark management centre, financial tower, international cruise terminal, ZED pavilion, office building, laboratory building, school, residence and industrial park.

Among them, the creative Vanke Centre, Shenzhen is the first building to be certificated as LEED platinum by USGBC; committed to be the best green commercial building in China, Park View Green, Beijing won Mipin Asia 2010 (Best Green Building in Asia) with its unique form and ecology feature; enjoying the the ocean view and night view of the harbour, the design of Shanghai International Cruise Terminal combines modern architectural technology and materials, awarded as pioneer work of Shanghai sustainable development; China National Offshore Oil Corporation has won 2007 AIA Hong Kong – Architecture Merit Award and Sustainability in Design Award; Awarded 2011 Jiangsu Excellent Architecture Design – First Prize, R&D building of Wuxi Suntech Power Company is a perfect combination of solar energy and architecture. Many other green projects in this book have got relative certifications or are proceeding green certifications.

From these excellent projects, we could know about the development tendency, design concepts, and the perfect combination of materials, technologies and art of Chinese green architecture in recent years. They've provided practical experiences and technology supports for our future architectural creations. Concluding these successful projects and analysing their advantages is helpful for us to seek the references for green architecture.

1. Brand New Design Concepts
For a good and successful architecture, the design idea and philosophy are very significant, which are the soul of the architecture. Simultaneously, design emphasises creative thinking, especially for green architecture; it could be understood as the expansion and improvement of traditional architectural design. Their differences lie in the integral creative system design based on the overall green and human design concept. Specifically, based on the fulfillment of function and performance, the whole process of construction tries to utilise the limited resources to realise the maximum use ratio. The process tries to use less resources and makes lower environmental contamination to create a harmonious, healthy and effective space for us, achieving the harmonious co-existence between human and nature.

Relying on science and designing with creative concepts and thinking, design principles and ecological theories of green architecture will guide the architectural design. We must consider the natural elements in the design and merge the building into the surroundings, effectively blending eco and human environment. Taking local culture as the main line and making full use of materials and architectural resources, on condition of respecting nature, designers will construct architecture with local characteristics. [4]

"Giant Veranda" – Suzhou Industrial Park aims to create a sustainable eco intelligent science park. The basic design intention of administration centre is to create an open eco office space. Two parallel office buildings form a natural landscape plaza in between. Therefore, the central park is introduced into the administration centre. The central park continues to the administration centre's façade and atrium through circular elements, making the whole centre look like a breathing "green lung". Meanwhile, the landscape garden is covered with inexpensive yet effective shading grids with low technology, which solves the shading problem of the plaza and the buildings. The local traditional architecture and garden design has been inherited and renovated in this project.

Vanke Centre's design concept has a unique style. The whole office building seems to float on the fall of tide. The project applies some new sustainable methods in architectural and landscape designs. The green roof is installed with solar photovoltaic panels while the doors, floors and furniture of Vanke Centre all uses local materials such as bamboos. The glazing façade is shaded from the sunlight through porous louvres. The building is tsunami-proof and creates a penetrable micro climate in an open public landscape.

2. Creation of Spaces and Forms

In the progress of contemporary architecture to become "green and sustainable", technology plays a pioneer role. In the future architecture's development, traditional architecture which features the creation of spaces and forms is facing a great challenge. We couldn't deny the important role of green technology in architectural design. However, we should also be aware that if we only rely on the technology to solve the problems, we will face high cost and negative effect. Therefore, we need further research about whether pure technology could play a continuous effective part.

Today, because of the requirement of architectural function and use efficiency, the volume of modern architecture is increasingly large and there appears more and more giant architectural complexes. However, with the increasing high requirement for ventilation, the control of form factor is no more a problem. The oversize depth becomes a barrier for improving the architectural environment. Specific to this issue, the projects in this book demonstrate how to lead the flow of interior air better and to strengthen the permeation of natural light, which advocates a design thinking – taking natural conditions as priority to satisfy the requirements of interior comfort. Parkview Green Beijing and Shanghai International Cruise Terminal and some other projects all have distinctive characters in form design.

Completed in 2010, Parkview Green is one of the most green and efficient commercial complexes in China. It envelopes 230,000m² of commercial, office and hotel spaces in a shield constructed of steel, glass and ETFE cushions. In the process of construction, the project overcame numerous technical and legal challenges and finally became Beijing's landmark due to its distinctive form and green technologies. Aiming to protect the preferable daylight and natural ventilation of the surrounding residents, in the unshielded sunlight exposure and under the strict restriction of building height, the architect designed a pyramid building. To create a good thermal environment, the whole building is 9 metres lower than the ground, so that the sunken garden will introduce fresh air and the heat effect will extract the interior hot air out, providing each level with natural ventilation. Compared with traditional architecture, Parkview Green could reduce energy consumption by 16% in summer, and 83% in winter. Besides, the 235-metre-long footbridge supported and hang by steel inside the building links the cross corners of the ground floor, which becomes a public road for people to cross the downtown. Passengers on the bridge will experience a unique urban space full of modern art works and convenient for street activities. Through the application of a series of design methods and technologies, Parkview Green creates a distinctive urban experience in Beijing CBD.

Known as a "crystal palace" by the Huangpu River, Shanghai International Cruise Terminal is a new destination for Shanghai in the 21st century. In consideration of future development, the project requires 50% of the building to be underground. The designer focuses on how to treat the relationship between "under world" and the architecture rising out of it. The layered undulating landscape design introduced curtain wall to become a second skin for the building, avoiding hard light for the south-facing commercial office space. In the meantime, they set exterior balconies overlooking Huangpu River between the two curtain walls. What is smarter is an intriguing gap in the middle – a glazed table top supports pods on cables, hovering over a public performance space below. The pods contain cafés, bars and restaurants, combining spatial design and entertainment requirements together.

3. Technology Integration Strategy
Green architectural technology isn't independent of traditional architectural technology, but takes a new look on it. It is the intersection and combination of traditional architectural technology and its related subjects.

Nowadays, the façade and form of energy-saving and environment-protecting green architecture is no longer the traditional envelope, but new-type wall with various energy-saving technologies. An architect should possess multi-disciplinary design and technology thinking. Pure architectural form design and closed knowledge system cannot solve future conflicts between environment and urbanization. In addition, green architecture should not only emphasise regional characteristics, but also consider local climate and utilise passive energy-saving technology including natural ventilation, natural lighting, solar shading, using various low-energy consumption technology with integral thinking.

This book includes several representative cases. Centre for Sustainable Energy Technologies provides staff and researchers with professional laboratories, offices and seminar rooms. It demonstrates state-of-the-art techniques such as sustainable architecture and energy-efficient internal environmental control, and how to reduce energy consumption through eco-technology. It uses local materials and renewable energy sources to reduce the environmental impacts. The centre works through five environmental design strategies: High Performance Envelope, Exposed Thermal Mass, Solar Control, Natural Ventilation to Tower and Piped Ventilation to Laboratory & Workshop. In term of energy acquisition, part of the power comes from renewable energy, such as ground-source heat pump, solar absorption cooling system and photovoltaic panels. The project abandons traditional heating and cooling system and the energy demands could be met by renewable resources to reduce the carbon emission. The project tries best to demonstrate the contribution that sustainable energy technologies can make to the low carbon economy of the future.

Sino-Italian Ecological and Energy Efficient Building of Qinghua University controls the external environment through the design of its shape and of its envelope to optimise the internal environmental comfort conditions. To minimise the invasion of winter wind, the north façade uses solid materials with good thermal insulation. The east and west façades use double glazed wall to control light and direct sunlight. Therefore, the whole office space could achieve the best lighting effect. The south façade's curtain wall is installed with photovoltaic panels, which are vertically arranged in trapezium on the southeast façade, shading the sunlight. Two wings facing the patio use double curtain wall system. Reflecting and semi-reflecting louvres will allow for sunshine to penetrate in the rooms and avoid direct sunlight. Besides, the south terrace and cantilever structure, which is the supports of photovoltaic panels, will provide shade for the terraces on the lower levels. The building has a well-proportioned internal garden, completed with trees, stream and various plants. The pool (300mm in depth) and green area constitute an Italian style garden.

R&D Building of Wuxi Suntech Power Company combines its architectural form with energy-saving technologies and excavates potentials of renewable energy. It promotes the large-scale application of photovoltaic panels to achieve architectural energy creation. The giant and simple exterior makes a strong contrast with the rich and lighting interior space, which becomes the most impressive feature. The solar photovoltaic panel walls rise from the earth in a concise and strong way. The main plant area uses stainless frame and green envelope to wrap the architecture. The bamboo green construction also makes the architecture demonstrate an inspiring charm of south region. The architecture uses Suntech Power's own product – Solar photovoltaic panel to replace conventional glass wall and to function as envelope to the main façade. The application of Ground Source Heat Pump, on the base of application of solar energy, further advances the renewable application in the architecture, finally achieving the goal of "Zero-energy" building.

In this book, most practical projects own some distinctive and representative design features. They apply some green technology to achieve an energy-efficient and green building. For example, various sunshade types, natural ventilation, ground source heat pump, energy-efficient envelope and low-emission glass. They are also distinctive in design styles, architectural forms and modern characteristics, paying attention to orientation and flexible layout. Through sky gardens and coordination between landscape, gardening and streetscape, some buildings look more novel, chic and charming.

The attracting Shanghai Expo ZED Pavilion unfolds a future scene of a Chinese block, with a concise and modern form. The roof demonstrates the integration of solar energy and architecture. The smart design to incorporate the green roof and balconies into the architecture is new in design, materials and technologies. All of the low-cost innovative building components were sourced in China, and ZED factories have established a supply chain to inform the longer term roll out of zero carbon urbanism. The zero carbon building utilises natural ventilation and solar dehumidification to relieve the large energy consumption of air conditioning. In the duplex apartment, both the rooms and balconies are facing south in order to get maximum solar collections. All the power used by the building is provided by the photovoltaic panels on the roof. All the unites are connected by bridges, helpful to the interactions between neighbours. The designers use internal temperature control in walls, floors and roofs. Double-height space is suitable for commercial and office uses. In the meantime, the north-facing windows avoid high temperature. The zero carbon system not only saves considerable resources, but also creates a better living environment for most inhabitants.

4. Conclusion
With the rapid development of society, new technologies, new materials and new products continue to emerge. Green architecture has become an inevitable option of sustainable development. According to the requirements of sustainable development, the complexity and professionalism of architectural design are reinforced. To design architecture in a macro view has become new requirements to change the architects' theories.

At the same time, the control of green architecture will introduce systematised thinking on the basis of green architecture evaluation, which includes the self-positions of the architects and the coordination between different disciplines in the design. Recently, with the enhancement of publicity and people's cognition, Chinese green architecture develops very well. The national and local governments are positively promoting the development of green architecture and the effect is remarkable. We have achieved rapid development in the field of green architecture and the technology systems are increasingly completed. Projects with green architecture label grow remarkably. The whole green architecture industry is obviously in a rapid development starting phase. From 2008 to 2010, we have 113 projects with green architecture labels. From 2011 to 2015, China will face a grand tide of green architecture development and green architecture will develop and be promoted with great efforts, which is significant to solve China's energy and environmental issues. [5]

Here is China's guidance of green architecture: in term of energy saving, we highlight energy-saving design and the application of renewable resources, as well as the optimisation of positive energy-saving technology on the basis of passive energy-saving technology; in term of water saving, we highlight the recycle of water; in term of land saving, we highlight the efficient use of land; in term of material saving, we highlight the use of energy-saving materials and the full-decoration concept; in term of operation, we highlight the intelligent management and efficient operation. [6]

Today, green architecture has become a new trend in the development of architecture all over the world, especially in this age suffering from resource shortage. During these years, China has developed a systemised design strategy of green architecture from concept to practice. All kinds of new technologies and new materials have also pushed the development of green architecture. However, we must realise that we should not copy foreign technologies and strategies in China directly, but make a choice according to China's actual conditions and specific environmental and climate characteristics. In the meantime, we should use homemade materials to reduce the cost and give architectural design a new concept in a sustainable view. In order to achieve greening in architectural design, we must introduce integral design concept and pay attention to technology integration and optimisation, so that the technology effects could be maximised in architectural design. We should give full play to creation and initiation and depend on the coordination between multiple professions and disciplines. The study of system-theory should combine with engineering practices. After continuous explorations, tests and summaries, we will create green architecture with Chinese characteristics.

YANG Weiju
Prfessor at Southeast University

References:

[1] Qiu Baoxing. China's Green Architecture Prospect and Strategy Advices[J]. Architecture Science and Technolgy, 2011/06.

[2] Li Yuan, Qin Qin. From Kanchanjunga Apartments to View Charles Correa's Empty Spaces[J]. Shanxi Architecture, 2008/11.

[3] Liu Jiaping, Tan Liangbin. A Discussion of the Development of Green Architecture[J]. Urban Architecture, 2008/04.

[4] Wang Yuzhe. The Application of Green Architecture Concept in Architectural Design.

[5] Cheng Zhijun. A Review of China's Projects with Green Architecture Labels (2008-2010)[J]. Eco City and Green Architecture, 2011/01.

[6] Zhang Zhen. China's Green Architecture Status and Strategy[J]. China Science and Technology Information, 2008/06.

CONTENTS

CSET, CENTRE FOR SUSTAINABLE ENERGY TECHNOLOGIES
Ningbo, Zhejiang Province
Mario Cucinella Architects

Gross Floor Area: 1,200m²
Completion Time: 2008
Architect: Mario Cucinella Architects
Photographer: Daniele Domenicali
Award: The Chicago Athenaeum International Architectural Award 2009;
MIPIM Green Building Award 2009; SPACE Award 2009

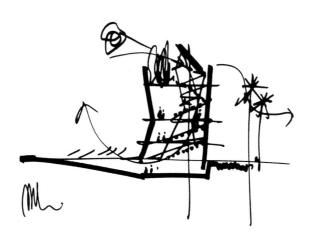

The Centre for Sustainable Energy Technologies Building
The new building will provide laboratory, office and seminar accommodation spaces and has been designed to serve as an exemplar building, demonstrating state-of-the-art techniques for environmentally responsible, sustainable construction and energy-efficient internal environmental control. At the same time, it has been designed to minimise its environmental impact by promoting energy efficiency, generating its own energy from renewable sources, and using locally available materials with low embodied energy wherever possible.

Low Carbon Design – Environmental Design Strategy
The CSET building has been designed to respond to diurnal and seasonal variations in ambient conditions by means of a five-point environmental design strategy:
1. High Performance Envelope
2. Exposed Thermal Mass
3. Daylight & Solar Control
4. Natural Ventilation to Tower
5. Piped Ventilation to Laboratory & Workshop

In this way, the building is designed to minimise the need for additional energy for heating, cooling and ventilation. In fact, the residual heating, cooling and ventilation load is estimated to be so low that this residual load, plus demand for electrical power for computing, lighting, etc. will be met from renewable energy sources, including: Ground Source Heat Pump, Solar Absorption Cooling and Photovoltaic Panels.

The spaces within the building have been configured to support a number of different heating, cooling and ventilation strategies, as a demonstration of alternatives to convention heating and cooling systems. Simultaneouslly, renewable and sustainable energy technologies provide the residual heating and cooling requirements, while energy for power and artificial lighting requirements will primarily be met from the large photovoltaic array located to the south of the building. Other renewable energy technologies include solar thermal collectors (linked to a vapour absorption cooling system), a ground-source heat pump (linked to heating/cooling coils within the floor slabs), and wind turbine (for experimental/demonstration purposes).

The building is an outstanding example of contemporary architecture, embodying the aspirations of the researchers and staff who will occupy it, in demonstrating the contribution that sustainable energy technologies can make to the low carbon economy of the future.

Environmental & Energy Performance

The design intention of the building is that it will not require conventional heating and cooling systems and that the residual energy requirement will be met by renewable energy sources, thus minimising its carbon footprint. It has also been designed to respond to the diurnal and seasonal variation in the climate of Ningbo, to minimise heating requirement in winter and cooling in summer, and to promote natural ventilation in spring and autumn when environmental conditions allow. The building is therefore well insulated, incorporates high thermal capacitance internal floors and walls, and a ventilated glazed south façade. In the cold period, the only additional heat required will be to pre-heat ventilation air, and (when it is very cold outside) to raise internal surface temperatures. To this end the south façade helps to passively pre-heat ventilation air supplied by natural convection to teaching rooms, offices and meeting rooms. Air supplied (by fans) to the workshop and laboratory is pre-heated via tubes in the ground. A reversible ground source heat pump will also be utilised to provide "top-up" heating through coils embedded in the soffit of the concrete floors.

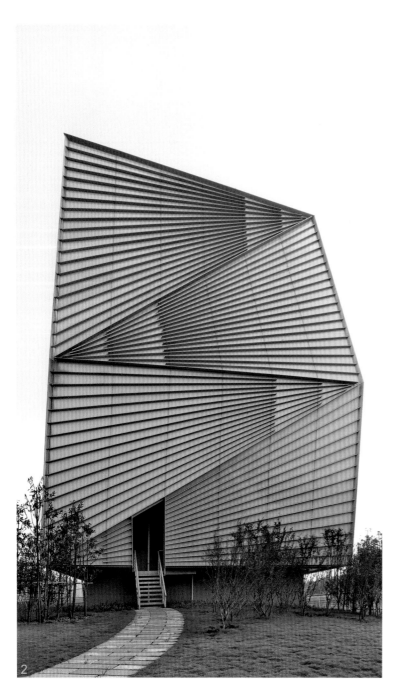

1. façade detail
2. Front view
3. General view

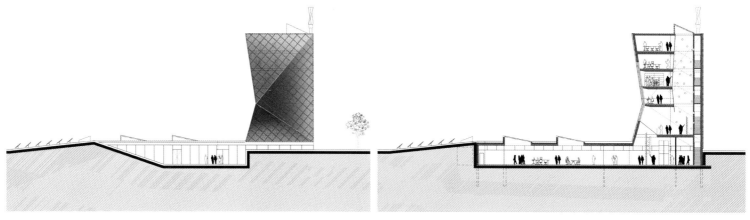

Cooling

In summer, the high performance envelope and the thermal capacitance of the exposed concrete surfaces internally, will generally keep the interior cool. The only additional cooling required will be to pre-cool the ventilation air and (when very hot outside) to reduce the surface temperatures. To this end, air supplied to the workshop and laboratory is passively pre-cooled via the ground tubes and then dehumidified and cooled by an air handling unit located in the basement. Air supplied to the tower is dehumidified and mechanically cooled by an air handling unit located at the roof top, then introduced to the top of the lightwell, falling down to each level, from which it is exhausted by the naturally ventilated façade. The solar collectors would provide the absorption package chiller with the required energy to deliver cooling to the two air handling units. In addition the reversible ground source heat pump will provide cooling to the ceiling of the concrete floors.

Ventilation

During the mid-seasons (spring and autumn), natural ventilation is promoted in most spaces, controlled automatically by means of vent opening gear within the perimeter glazing. During the summer, when it is both hot and humid, it is necessary to de-humidify and cool the supply air, and the electrical power for this is provided by the photovoltaic system.

Lighting

The building has been designed to exploit day lighting as far as possible, while avoiding glare and solar heat gain. This reduces the amount of time for which artificial lighting is required.

The Photovoltaic

(PV) Solar system will be used to provide artificial lighting and small power for office equipment such as computers and fax machines. During the peak period of sunshine enough power shall be produced from the PV system to run other equipment such as the lift, the mechanical ventilation and chilled water systems. In the event of extra power not being utilised, it shall be stored in batteries or transferred to the nearby sport centre.

Building Management System

The building is equipped with a management system dedicated to the electrical and mechanical plants for optimising electrical loads and reducing energy consumption. The system will allow centralisation of controls and signals of the building's technological equipments. The installed software will allow commands to be sent automatically to all field actuators and equipments.

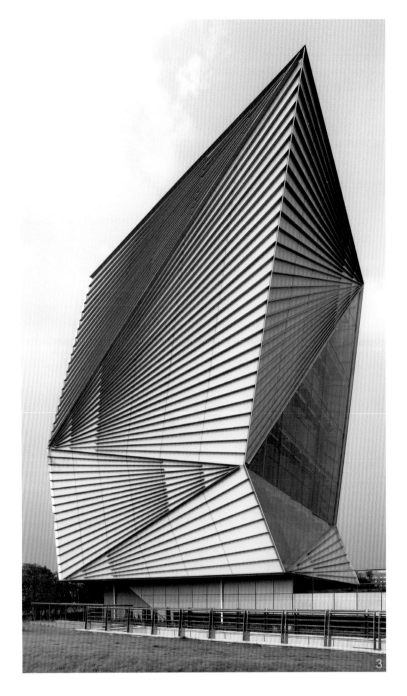

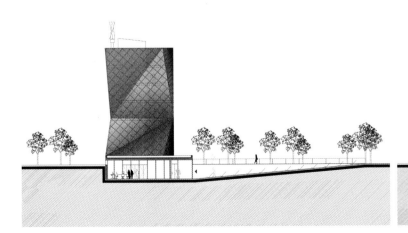

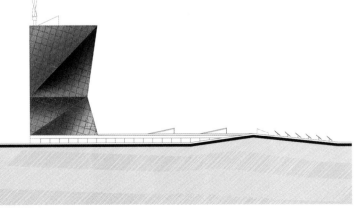

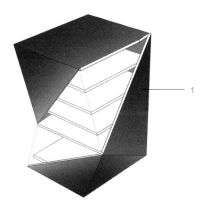

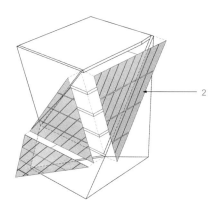

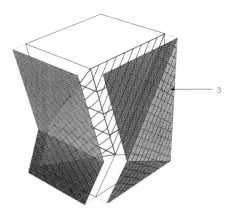

1. Insulated concrete wall
   Internal concrete structure wall
   with external insulation panels
   -thermal mass
   -high thermal insulation

2. Structural double skin façade (U-value 1.4-1.3w/mgk)
   Structural façade with thermally
    broken painted aluminium profiles
    with double glazing units (8/20/6mm)
   -Natural light
   -High thermal insulation

3. External skin
   External façade with laminated glass and silk
   screened pattern on inner pane (5+5+0.76mm)
   External façade elevation detail
   -Solar protection
   -Natural light
   -Natural ventilation

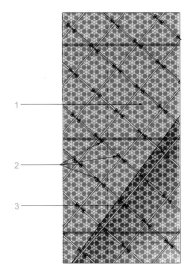

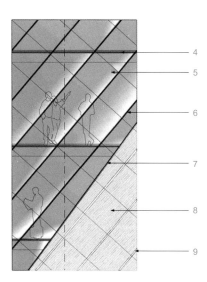

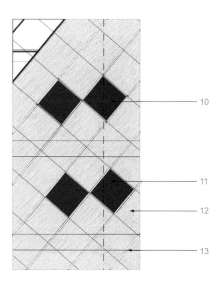

External Façade Elevation Detail (Above)
1. External façade
   With laminated glass and silk screened
   pattern in inner pane (5+5+0.78mm)
2. Points for mechanical fixing of the
   external façade to the internal façade
3. Points for mechanical fixing
   of the external façade to
   the concrete structure

Internal Façade Elevation Detail (Above)
4. Horizontal transom corresponding to the slab
5. Internal structural façade
   with thermally broken painted
   aluminium profiles divided
   in tilted fixed double glazing units
   (8/20/4+4.2mm)
6. Tilted mullion
7. Tilted joint line between concrete
   wall and internal glass façade
8. Insulation panel
   With aluminium finishing 50mm thk
   Panels are mechanically fixed
   to the concrete structure
9. Aluminium joint between
   the insulation panels

Internal Façade Elevation Detai – Concrete Façade (Above)
10. Internal openable insulated panel for natural ventilation
    -Openings are inserted into the façade grid pattern
    -Number of openings to be decided
    according to environmental strategies
11. Internal openable panel for natural ventilation
12. Insulation panel
    with aluminium finishing 50mm thk
    Panels are mechanically fixed to the concrete structure
13. Aluminium joint between the insulation panels

**Energy Strategies Section-Summer/Winter
(21 June_12am / 21 Dec_12am)**

1. Solar
   A chiller, power by hot water
   from solar tubes, pre-cool external air
   for ventilation of the tower
2. Exhaust air
3. Closed
4. Light well
5. High thermal inertia of the
   exposed concrete surfaces
6. Double skin façade solar
   and glare control
7. Thermal mass activation
8. Radiant cooling
9. Green roof
   High thermal inertia avoids
   overheating of the interior
10. External air
11. Green spaces reduce
    the heat island effect
12. Earth-to-air heat exchanger
13. Underground pipes pre-cool
    air for the semi-basement
14. Bypass closed
15. Cooling dehumidifying coil
16. A bms manage active and
    passive strategies to minimise
    energy consumption
17. No.16 vertical geothermal loops
18. Electricity from PV
19. Hot water from solar
    collectors_114m² evacuated cubes
20. Reversible-cycle heat pump
21. In the sunny days
    the double skin façade
    pre-heats ventilation air
22. Underground pipes pre-heat air
    for the semi-basement
23. Bypass open
24. Well insulated and air tight envelope
    Opaque wall u=0.25 W/mqk
    Transparent façade u=1.2 W/mqk
    U=0.25 W/mqk
    U=1.2 W/mqk

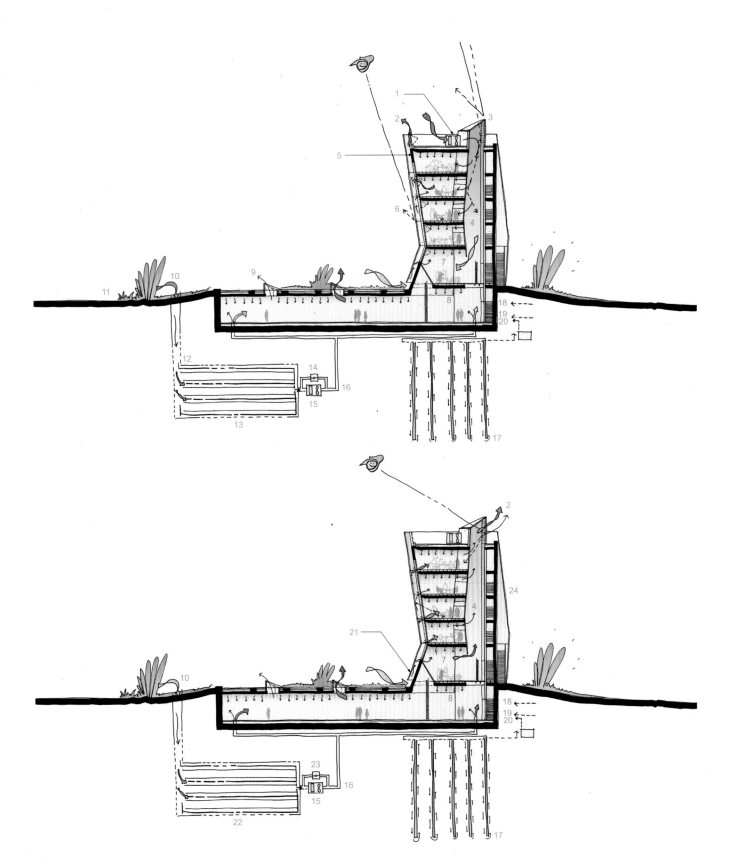

019

6. Interior view from first floor to basement
7, 8. Interior view

8

Floor Plans:

1. Main entrance	8. Expo space/reception
2. Service entrance	9. Expo store
3. Laboratory	10. Office
4. Workshop	11. Teaching room
5. WC	12. Meeting room
6. Plant room	13. Kitchenette
7. Storage	14. Roof garden
	15. Expo space

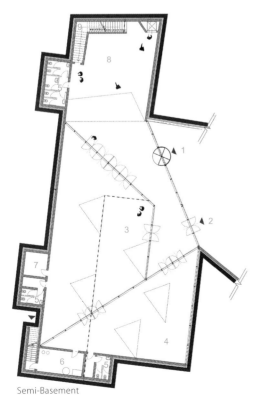

Semi-Basement

First Floor

Second Floor

Third Floor

Fouth Floor

Fifth Floor

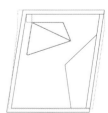

First Floor

SINO-ITALIAN ECOLOGICAL AND ENERGY EFFICIENT BUILDING (SIEEB), TSINGHUA UNIVERSITY
Beijing
Mario Cucinella Architects

Gross Floor Area: 20,000m²
Completion Time: 2006
Architect: Mario Cucinella Architects
Photographer: Daniele Domenicali,
Alessandro Digaetano, MCA Archives
Award: 2007 Chicago Anthenaeum Museum of Architecture and Design –
International Architecture Award

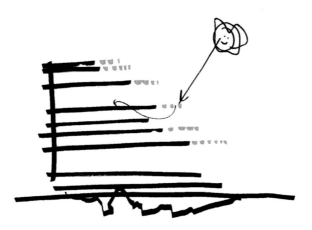

This design philosophy combines sustainable design principles and state-of-the-art technologies to create a building that responds to its climatic and architectural context. The design uses both active and passive strategies through the design of its shape and of its envelope to control the external environment in order to optimise the internal environmental comfort conditions.

Sino-Italian Ecological and Energy Efficient Building was presented on December 7th 2004 in Beijing during the visit of Italian President Ciampi. The SIEEB project is the ideal result of cooperation between the Ministry for Environment and Territory of the Republic of Italy and the Ministry of Science and Technology of the People's Republic of China and is also regarded as a platform to develop the bilateral long-term cooperation in the environment and energy fields and a model case for showing the CO₂ emission reduction potential in the building sector in China.

This building is realised in the Tsinghua University Campus in Beijing and has been designed by architects Mario Cucinella and Politecnico of Milan. It is a 20,000-square-metre building, forty metres high and it will host a Sino-Italy education, training and research centre for environment protection and energy conservation. This SIEEB project is the result of a collaborative experience among consultants, researchers and architects. This integrated design process is a most distinctive part of the project and a key issue for green buildings. The building is therefore generated through a series of testing and computer simulations of its performance in relation to its possible shape, orientation, envelope, technological systems and so on. The building is designed to find a balance among energy efficiency targets, minimum CO₂ emissions, a functional layout and the image of a contemporary building.

The envelope components, as well as the control systems and the other technologies are the expression of the most updated Italian production,

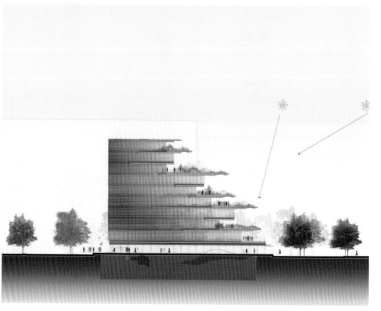

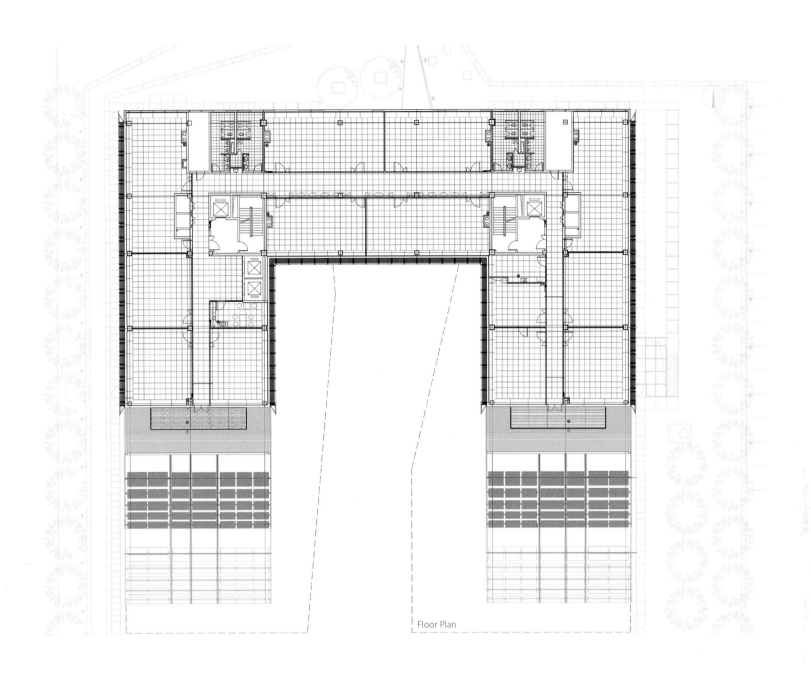

Floor Plan

within the framework of a design philosophy in which proven components are integrated in innovative systems.

The SIEEB building shape derives from the analysis of the site and of the specific climatic conditions of Beijing.

Located in a dense urban context, surrounded by some high-rise buildings, the building optimises the need for solar energy in winter and for solar protection in summer.

Reflecting and semi-reflecting lamellas and louvres will also allow for sunshine to penetrate in the rooms in winter and to be rejected in summer, reducing the energy consumption of the building.

Artificial lighting will be based on high efficiency lamps and fittings, controlled by a dimming system capable to adjust the lamps power to the actual local lighting needs, combinating with the natural light contribution. A presence control system will switch off lights in empty rooms.

Thermal comfort conditions are provided by a primary air (distributed by means of a displacement ventilation system) + radiant ceiling system. This combination minimises electricity consumption in pumps and fans.

Lightweight radiant ceilings allow for lower air temperature in winter and higher in summer, thus reducing energy consumption; moreover, the presence sensors, coupled with CO_2 sensors, can modulate either the air flow or the ceiling temperature when few or no people are in the room, thus avoiding useless energy consumption. In summer night cooling takes place.

Gas engines are the core of the energy system of the building. They are coupled to electric generators to produce most of the electricity required. The engines waste heat is used for heating in winter, for cooling – by means of absorption chillers – in summer and for hot water production all year round.

A sophisticated, "intelligent" control system manages the plant. Because of the cleaner electricity produced the amount of CO_2 emissions per square metre of the SIEEB will be far lower than in present Chinese commercial building stock.

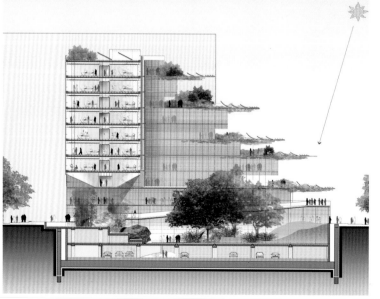

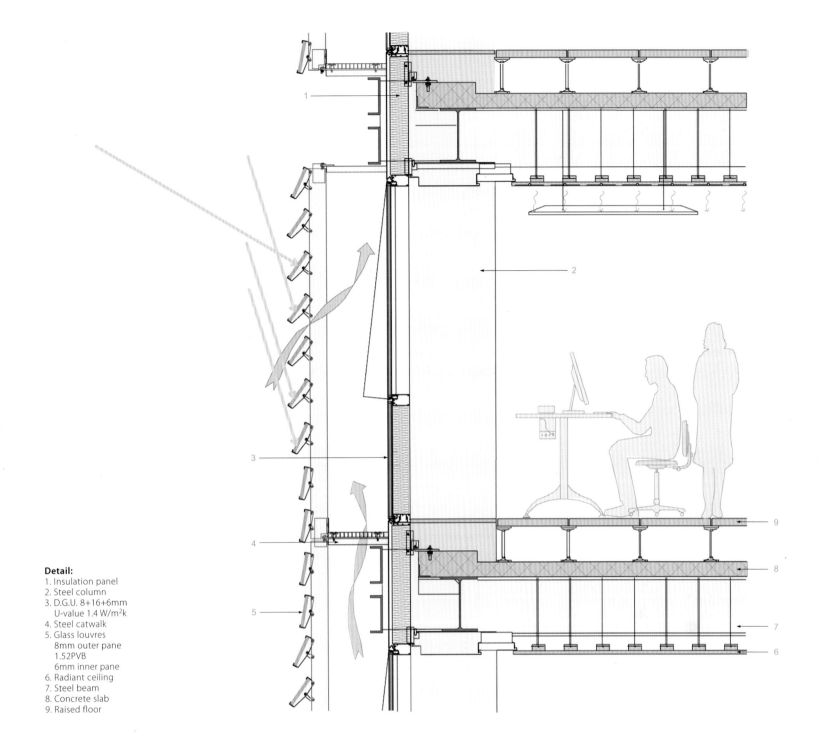

Detail:
1. Insulation panel
2. Steel column
3. D.G.U. 8+16+6mm
   U-value 1.4 W/m²k
4. Steel catwalk
5. Glass louvres
   8mm outer pane
   1.52PVB
   6mm inner pane
6. Radiant ceiling
7. Steel beam
8. Concrete slab
9. Raised floor

4. Environment
5. View from ground

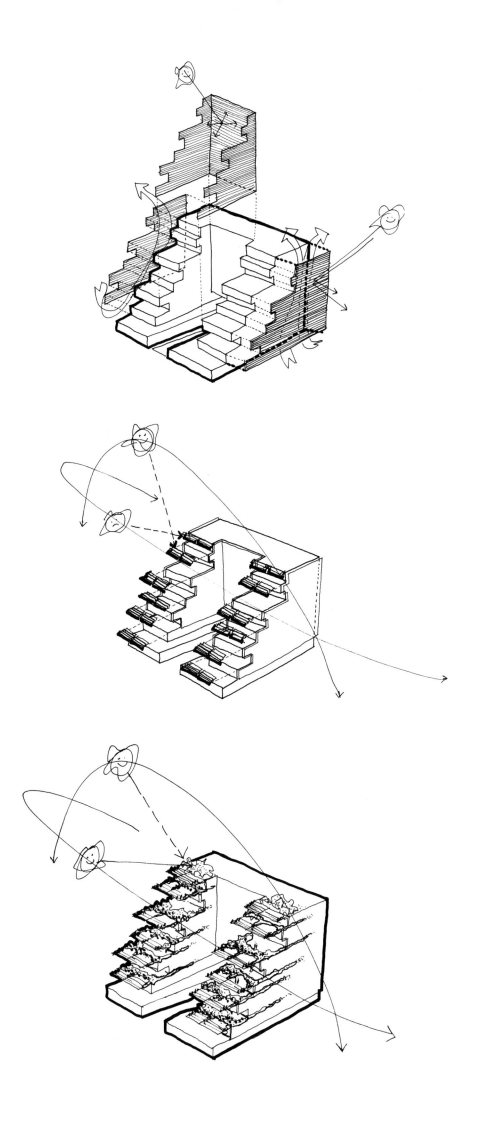

6

6. Terraces

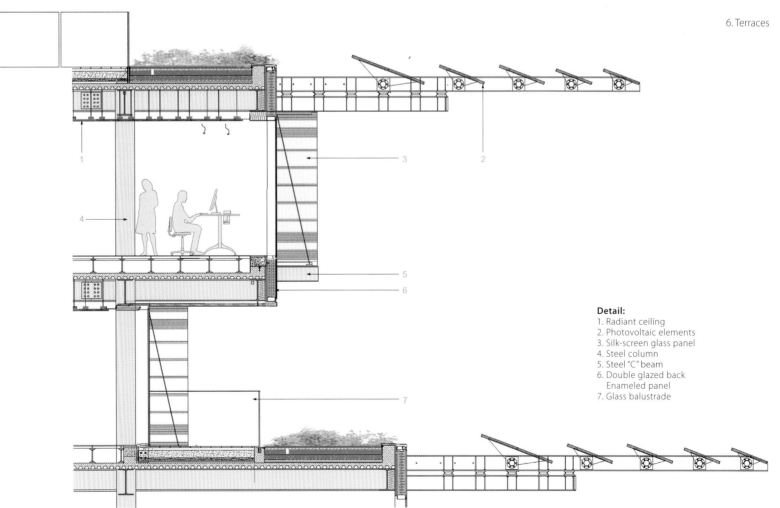

Detail:
1. Radiant ceiling
2. Photovoltaic elements
3. Silk-screen glass panel
4. Steel column
5. Steel "C" beam
6. Double glazed back
   Enameled panel
7. Glass balustrade

Details (Right Two):
1. Insulation panel
2. D.G.U. 8+16+6mm
   U-value 1.4 W/m²k
3. Radiant ceiling
4. Steel beam
5. Concrete slab
6. Insulation panel
7. Raised floor
8. Clear float panes
   with horizontal silkscreens
   10mm outer panes
   1.52 PVB
   6mm inner panes
9. Internal aluminium light-shelf

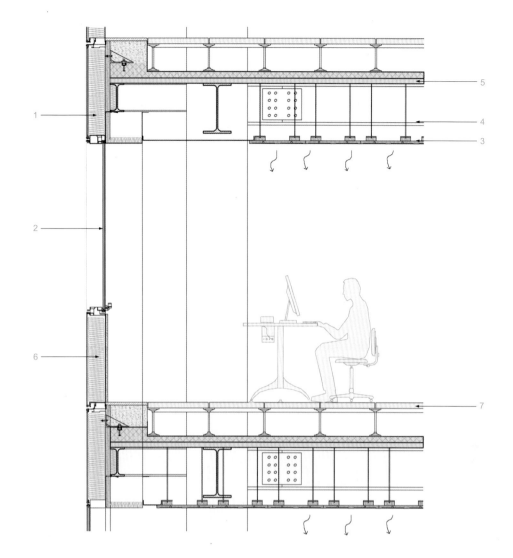

7. Northwest view
8. Northwest corner

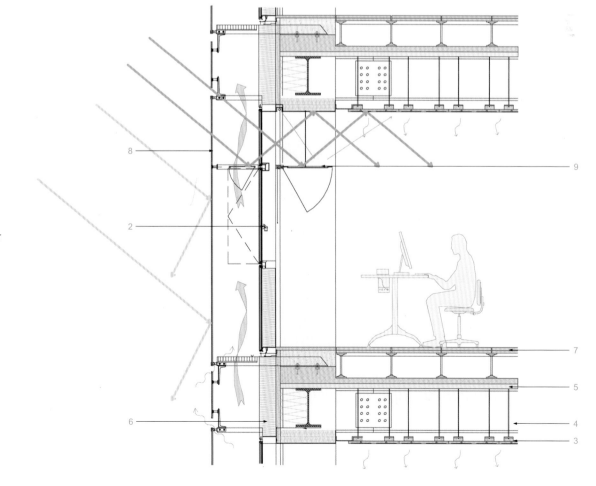

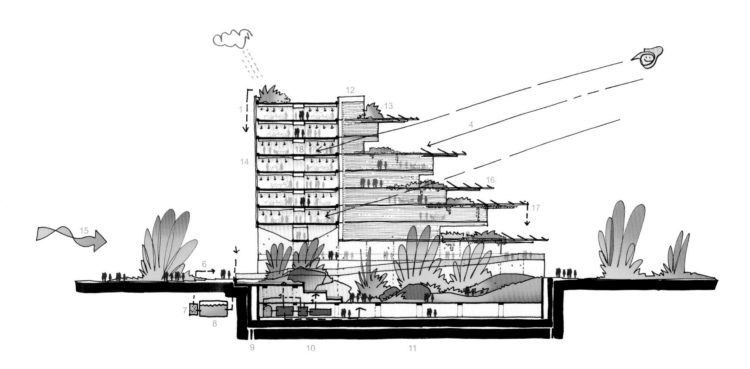

Details (Above Two):

1. Rainwater collection
2. Passive solar design provides shading in summer
3. Radiant cooling
4. Photovoltaic panels placed above the south façade provide an overhanging surface which shades the glazed wall from sun radiation
5. Green spaces and a water pond reduce the heat island effect and contribute to passive cooling

6. Irrigation
7. Water recovery unit
8. Rainwater tank
9. Cogenerator
10. Absorption heat pump
11. A bms manages active and passive strategies to minimise energy consumption
12. Double skin façade U=1.4W/m^{2}k

13. Passive solar design provides solar gains in winter
14. North façade U=1.4W/m^{2}k FS=43%
15. Planting protects the building from cold winter winds
16. Deciduous planting allows solar gains and day lighting in winter
17. Power electricity
18. Radiant heating

PARKVIEW GREEN
Beijing
Integrated Design Associates Ltd.

Gross Floor Area: 200,000m²
Completion Time: 2007
Architect: Integrated Design Associates Ltd.
Photographer: Integrated Design Associates Ltd.
Award: Best Green Building in Asia, Mipin Asia 2010

The design concept is centred around a clear intention to provide the users of the development, comprising of a retail mall, commercial office space, and a six-star boutique hotel, with an internal environment that is tempered by nature to create microclimates that would give comfort to users even in the extreme climates of Beijing, and at the same time reduce the overall energy consumption of the building.

The development is made up of four buildings sited in a sunken garden to the surrounding street level. All buildings are designed with atria spaces, sky-gardens, terraces, and link bridges, and together are shielded from the external environment by an outer building envelope that is constructed of steel, glass and ETFE cushions. The skin is essentially the weather protection layer that controls the microclimate of the entire development by the way of a thermal insulation layer which is formed in the airspace that is between the skin of the internal buildings and the outer skin.

The retail mall comprises of around 55,000 square metres in area and occupies the lower levels of the development. The mall wraps around a natural light-filled atria, the lowest level of which is landscaped to provide pockets of tranquil spaces for resting and socialising. The design of the mall is intended to give a unique experience to visitors and this is partly found in the presence of a dramatic large-span suspended footbridge that connects together the two furthest corners of the retail mall, connecting them with the four levels of the retail mall. There are also small number of retail "pods" which are constructed of glass and steel. The "pods" are cantilevered into the atria to provide key locations for "boutique-style" merchandisers to create suspense as part of the overall retail experience.

Climatic Characteristics of Its Location

The summer climate is usually hot and wet with temperatures reaching up to 40 degrees Celsius. Most of the annual precipitation occurs in the summer months. Winter climate is cold and dry with temperatures as low as -20 degrees Celsius. Both spring and autumn temperatures are moderate with temperatures between 15 and 23 degrees Celsius.

Main Eco Features: Hybrid Ventilation and Night Cooling in Office
1. Chilled ceiling and underfloor air-conditioning in offices
2. Double façade creating thermal break effect
3. Sky-gardens on every floor
4. Operable ETFE roof for ventilation and stack effect
5. Residual air-conditioning in sky gardens when required
6. Binnacles providing displacement ventilation at atrium
7. Retail air-conditioned air-reuse for common area
8. Evaporative type water cooled air-conditioning
9. Earth cooling for fresh air pre-cool/pre-heat
10. Demand control ventilation
11. Reuse of basement ventilation air for cooling tower
12. Heat pipe for dehumidification
13. Variable speed pump and ventilation fans
14. Daylight harvesting
15. Rainwater recycling and Greywater recycling
16. Energy efficient luminaries lower overall power outputs (Watts/sqm)
17. Environmental materials and finishes used for interior fitting-out
18. Landscape design using only native plants and trees species

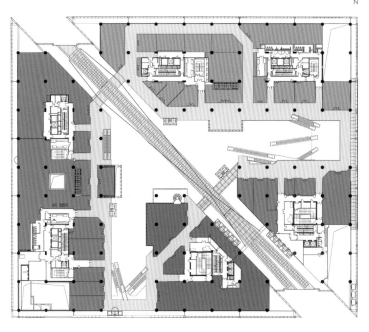

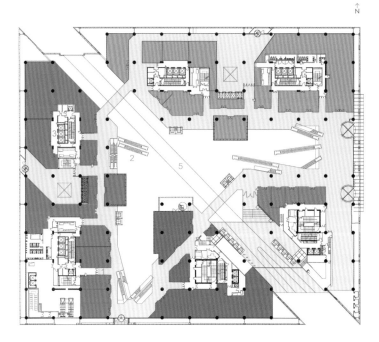

L3 Retail Floor Plan:
1. Entrance
2. Lift
3. Shopping mall
4. Staircase
5. Footbridge

1. Façade
2. Night view of façade

3. Roof to collect water

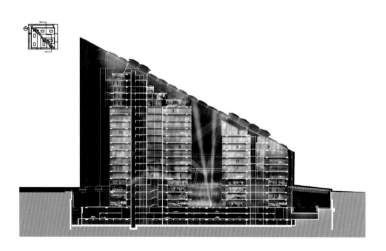

1. Exhaust air discharge
2. Double skin façade
3. Greywater recycling
4. Eco-well for hybrid ventilation
5. Day lighting
6. ETFE roof
7. Landscape sunken garden
8. Greenery
9. Fresh air intake
10. Earth cooling tunnel for
    fresh air pre-cool/pre-heat
11. Retail AC air reuse for common area
12. Binnacle for displacement
    ventilation at atrium
13. Demand control ventilation
14. Basement ventilation air
    reuse for cooling tower
15. Water-cooled air conditioning system
16. Chilled ceiling & underfloor AC
17. Operable window for office
    natural ventilation
18. Underfloor AC

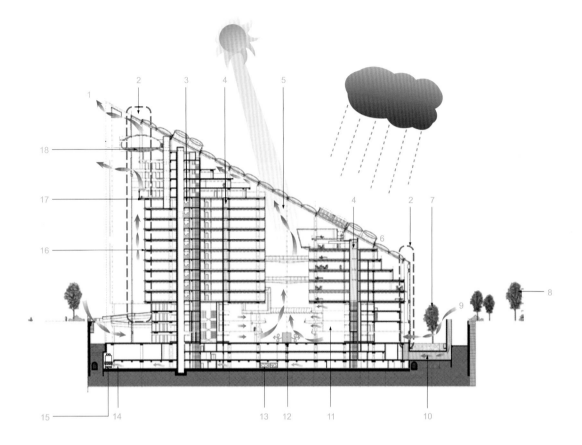

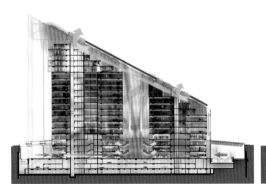

Spring & Autumn Seasons

Summer Season

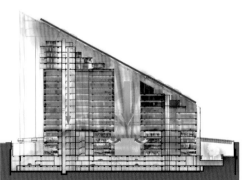

Winter Season

4. Office towers
5. View of internal suspension bridge
   from open public space of the mall
6. 236-metre-long internal suspension bridge

Section

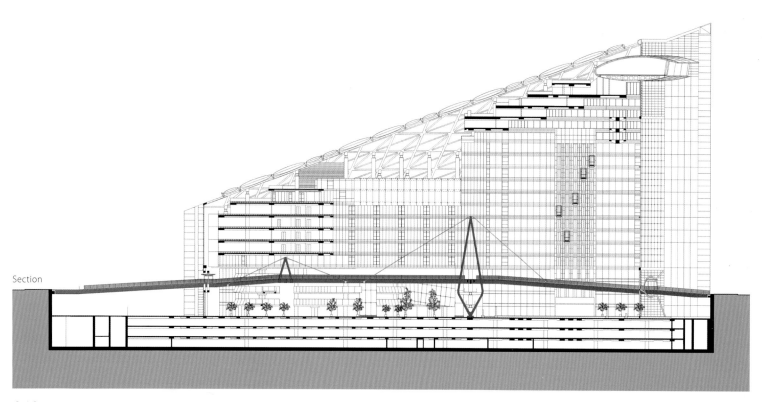

5

6

7

8

7. Corridor of HOTEL ÉCLAT BEIJING
8. HOTEL ÉCLAT BEIJING
9. Office space

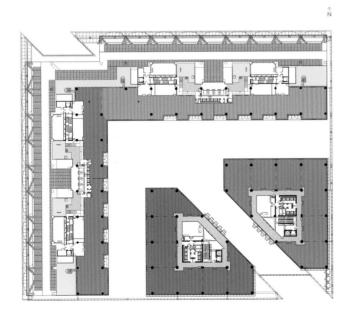

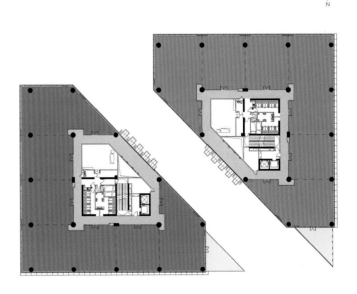

WUXI SUNTECH POWER COMPANY PHASE I
Wuxi, Jiangsu Province
Suzhou Institute of Architectural Design Co., Ltd.

Gross Floor Area: 54,000m²
Completion Time: 2009
Architect: Suzhou Institute of Architectural Design Co., Ltd.
Design Team: JIN Jianhua, WANG Zhiyong, HUANG Peng, JIANG Hua
Photographer: ZHA Zhengfeng
Award: 2011 First Prize of Jiangsu Excellenct Architecture Design

Overview

The central issue of this project is combining architecture form and energy conservation technology, excavating the protential of renewable energy in creation, enhancing renewable energy's application in architecture and achieving architectural enenry generation. The minimalist appearance of the research and development building and its rich and inspiring interior space make a strong contrast, which is the most noticeable spot.

The site is divided into manufacture area and office area. The circulation system is created according to transportation requirement and fire protection arrangement. The whole architecture functionally consists of three parts: manufacture building, office/R&D building and recreation centre. The designers try their best to create a modern cooperate identity of novel appearance and beautiful environment.

Architecture Form

Based on the complicated function and location, the office/R&D building and recreation centre become the main parts of the architecture. The R&D building is divided into seven levels according to their functions. Each level is further divided into different areas, forming a whole system through the public path adjacent to manufecture building. At the same level, the different areas intertwine with each other, creating a rich sense of space. The recreation centre makes the whole architecture into a unity. The court, gym and restaurant are independently located in the centre of the space. The different function areas communicate and blend together through the same space.

The four-storey manufacture building is 54,000 square metres. The main structure is made of reinforced concrete. The design of the manufacture building takes economy and functionality as its principle. The simple and pure identity will present the product's high technology.

Site Plan (Below):
1. Existing plant
2. New R&D building
3. Office building
4. Recreation centre
5. Storage for dangerous
   goods and special
   material gas
6. Substation
7. Parking

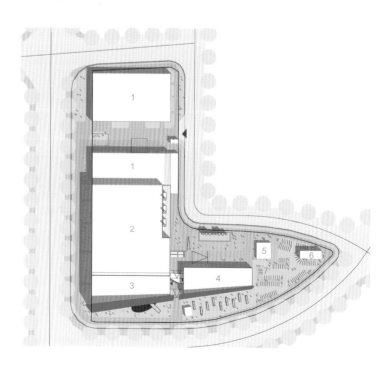

Architecture Envelope

The main façade of R&D building and the south façade of creation centre make the architecture spread along Xinhua Road. The solar photovoltaic panel wall rises from the earth in a concise and strong way. Photovoltaic panels of different colours compose the company's logo on the wall, creating a huge business card for the company, quite visually striking. Along the west, the red logo has a wonderful architectural effect, echoing with the red bridge at the entrance, achieving a perfect unity in exterior design. The main plant area uses stainless frame and green envelope to wrap the architecture. The bamboo green construction also makes the large-scale architecture present an inspiring charm of South China.

The Application of Renewable Energy and Energy Conservation Technology

The architecture uses Suntech Power's own product – Solar photovataic panel to replace conventional glass wall and to function as envelope the the main façade. The photovoltaic panels will function as a power station for office/R&D building and recreation centre. The energy for illumination and hot water will come from the inexhaustible solar power. The exterior walls of the plant are all made of stainless frame. The green envelope which consists of plants wraps the building. It not only embellishes the building, but also creates a micro eco-enviroment, reducing the energy assumption and making the interior comfortable in summer and winter. The design reflects the application of renewable energy source, showing a long-term development tendency of efficient green architecture. The application of Ground Source Heat Pump, on the base of application of solar energy, further advances the renewable application in the architecture, finally achieving the goal of "Zero-energy" building.

1. Full View
2. Façade

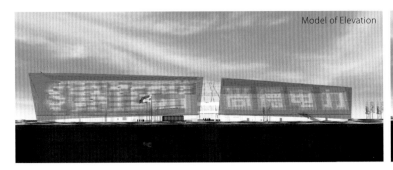

Model of Elevation

Model of Structure

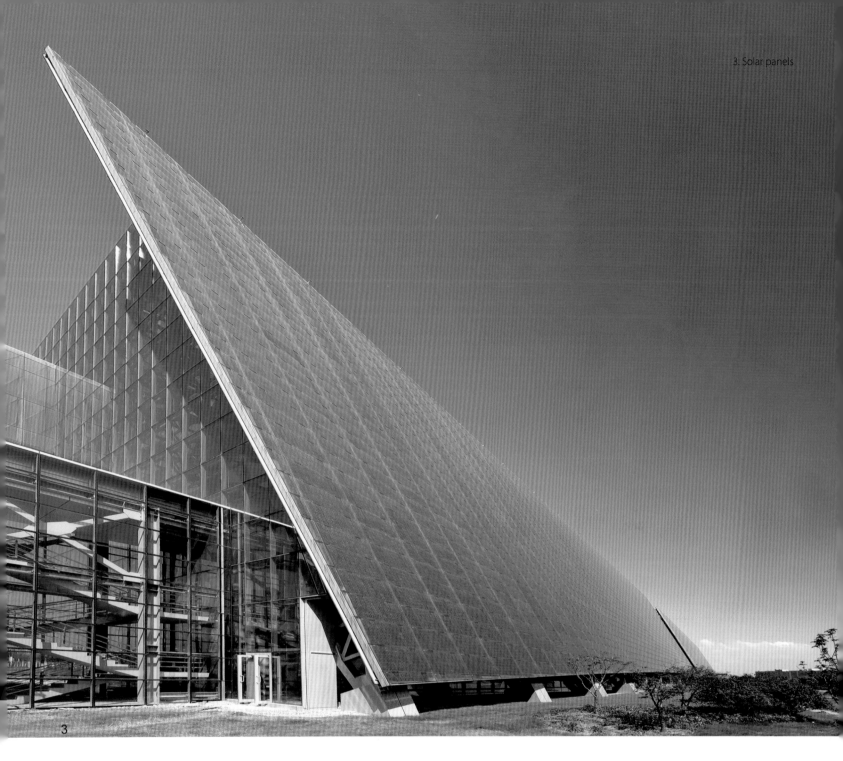

3. Solar panels

Cross Sections (Below):
▨ Office
▨ Recreation
▨ Transportation
▨ Equipment
☐ Air conditioner pipe
▨ Production area
▨ Parking
▨ Research room

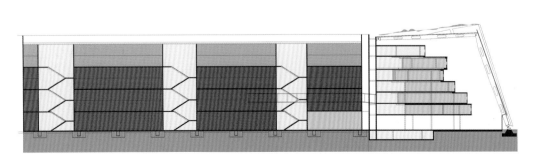

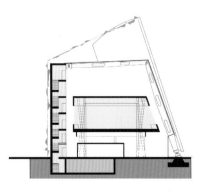

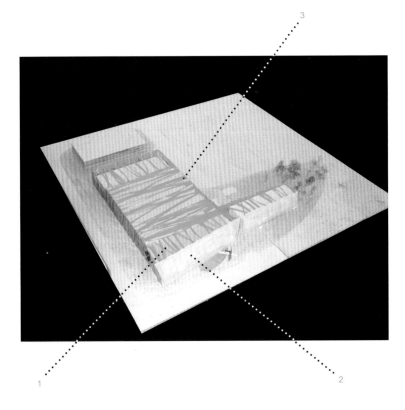

Skin (Left):

The head with its floating rooms cannot exist without any additional energy regulating measures. Therefore it will be surrounded by an "oxygen mask". This additional cover made of glass surrounds both the office building and the recreation centre and uses to full capacity the maximum volume of the building site.

1. *A greenhouse in the interspace*: An interspace like a greenhouse rises between the combined office/recreation and relaxation and can also be used for climatic balance.
2. *Power Station*: A solar power plant will be installed at the south side of the glass cover. Apart from producing energy, this huge panel which is composed of photo-voltaic cells acts as business card of the company.
3. *Second (Green) Skin*: The entire production hall as well as all the other parts of the vitreous cover will be wrapped with wire netting and ropes and will be planted with wisterias and wild vine.

The company's vision of "energising a green global future" is realised by this green energy building, because:
– a green skin will have arisen around the building within few months
– high technology for a global green future will be produced inside the building
– the office building produces its own electricity due to solar power plant

Green Energy (Below):

The warmth and coolth production for component activation and climate ventilating systems and the hot-water preparation in the OFFICE BUILDING is carried out via Green Energy.

The energy is produced 100% from geothermal energy collectors under the foundation plate of the PRODUCTION HALL, the OFFICE BUILDING and the RECRATION BUILDING as well as from the heat recovery of all climate ventilating systems and the waste gas heat recovery.

The energy for the HEATING PUMP is produced 100% from the Photovoltaic-Panel energy system.

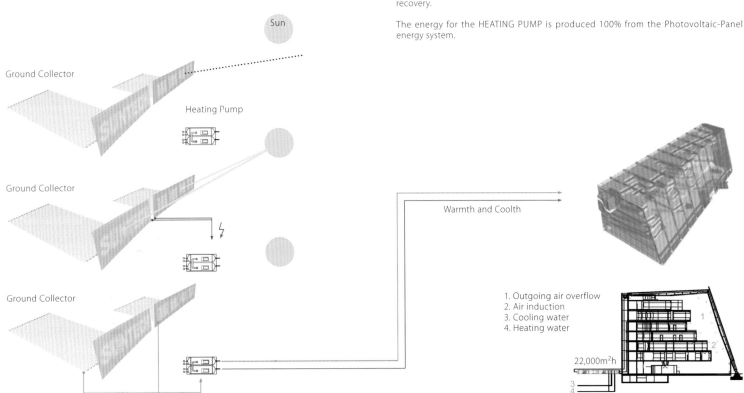

1. Outgoing air overflow
2. Air induction
3. Cooling water
4. Heating water

22,000m²h

6

7

Solar Power Station (Below):
1. Second green skin
2. Production hall
3. Office building
4. Vertical garden
5. Recreation
6. Conceptual model:
   office building with stratums

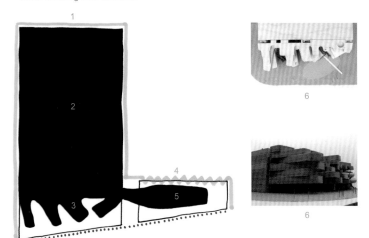

6

6

Diagram of the Concept (Left):

The Concept
Body+Head+Skin=Building
Referring to the concept, the production hall forms the main body of the building. Both the office building and the recreation centre, kind of grow out of the main part like a head.

1. *Body:* The new production hall will be attached to the existing one in the south of the building. With its four floors the new hall forms a compact structure.
2. *Head:* The office building and recreation centre will be built out of single-storey organic stratums, which grow out of the new production hall in the south. The plan of each stratum, each floor, depends on different requirements concerning structure and surface of the offices, different needs of light as well as on the recreation programme.

Due to different floor plans on each storey, a vibrant dynamic arrangement, an organic landscape, with partly even floating rooms emerges by piling the stratums one upon the other. Terraces which can be reached from the above storeys complete this very special experience.

Identity and emotive quality:
The new building composes a landscape which shows not only its emotional but also its architectural uniqueness.

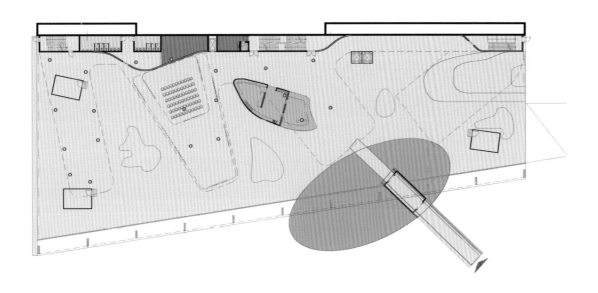

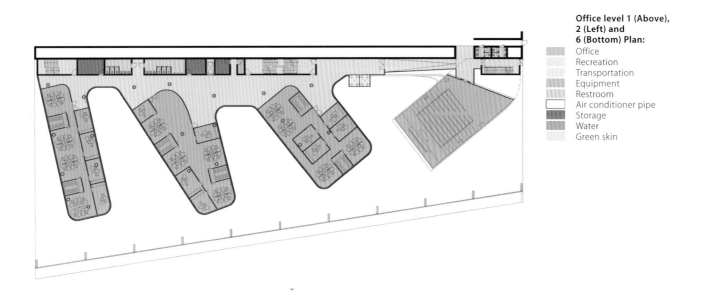

**Office level 1 (Above),
2 (Left) and
6 (Bottom) Plan:**
Office
Recreation
Transportation
Equipment
Restroom
Air conditioner pipe
Storage
Water
Green skin

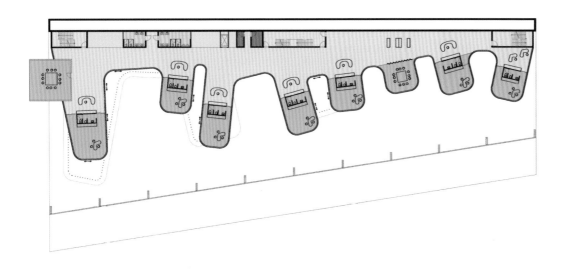

KUNSHAN NUCLEIC ACID SCIENCE AND TECHNOLOGY PARK
Kunshan, Jiangsu Province
logon

Site Area: 1.14ha
Gross Floor Area: 13,447m²
Completion Time: 2011
Architect: logon
Photographer: logon
Client: Tsinghua Science Park Kunshan
Cost: 3,200yuan/m² (including façades and equipment)
Energy Consumption: 150-170kWh/m²/year
Plot Ratio: 1.00
Greening Rate: 39.5%

Kunshan Nucleic Acid Science and Technology Park – A Low-cost Sustainable Architectural Example

The new Kunshan Nucleic Acid Science and Technology Park is located at the intersection between Yuanfeng Road and Gucheng Road in New Hi-tech Development Zone, Kunshan, which is the first intersection on the boundary between Suzhou and Kunshan. The administrative building facing the main road is a landmark architecture. As the first to-be-built architecture, this administrative centre will become a flag to welcome guests.

The administrative centre is a platform for visitors and staff to communicate. The six-storey building is mainly the public service area, with over-ground construction area reaching 11,400 square metres, with reception, meeting rooms, leisure reading rooms, exhibition area and administrative office area spreading in the lower three floors. The flexible office area is located on the top floor and also opens to companies in the park and suppliers outside the park. The under-ground construction area is 2,050 square metres, mainly as parking and storage spaces.

Design Approach

First of all, the designers from logon identify three major design goals, and then confirm the design approaches. First, to build a landmark architecture at the gateway of Kunshan; Second, to provide a landmark public facility in Kunshan Nucleic Acid Science and Technology Park; Third, to establish a design criterion for the future development of the site.

Sustainability and energy saving are not the specific design requirements. The budget is 3,200 yuan/m² – a medium investment. Therefore, the budget for special design or green architectural design is limited. The problem is how to make the building a energy-saving architecture with an energy assumption of 150 kWh/m²/year.

In the earlier period of the design, logon adopts a unique design method: based on the existing conditions, it adopts sustainable design strategy and learns from both domestic and oversea experience to use internal tools and energy-saving standards. Besides, the design team holds the belief that only sustainable design is a successful design.

What is sustainability? The concept contains three "E"s – Economy, Equity and Ecology.
Economy means being practical and feasible, with high return benefits;
Equity means the project could fulfill all the user's requirements;
Ecology means it can save energy and reduce the carbon footprint.

According to sustainable concept, logon made design strategies as follows:
First of all, the landmark architecture of Kunshan's gateway doesn't demonstrate itself through height or complicated exterior design, but through a clean design: a mysterious solid masonry structure facing the intersection, which is connected in the middle with a large glass atrium. This

Bird's-eye View Rendering

design is both visually impressive and energy-saving. By using less than 60% exterior glass and setting only a few entrances at east and west sides, the cost is lowered and the isolation is ensured.

Secondly, the administrative centre demonstrates its landmark status with some details: as a science and technology park, convenience in use, flexibility in space and a long-term accurate position are important indicators for high-quality design. As scientists, the architects focus on all details and materials both inside and outside the building. The interior climate and working environment is also important: users could enjoy natural landscape through different windows and fresh air would provide the staff with a great experience, both good for the work efficiency.

Last, the administrative centre sets a quality standard for Kunshan Nucleic Acid Science and Technology Park: the clean and elegant exterior form combines efficiency, function, high interior air quality and low energy assumption. The materials, volumes, entrances, energy-saving standards and landscape design will provide effective guide for the future architecture designs on this site.

LEC

The reason why logon cooperates with LEC is that compared with other certifications, LEC has two obvious advantages. First, LEC has sustainable design software co-developed by Chinese and German experts. It learns from the two countries' experience and is specifically designed for China's climate and environment. Second, the software can help to build energy-saving effects on the first phase of the design. With this smart design software, logon successfully reduced 50% of the energy assumption.

Up to now, Kunshan Nucleic Acid Science and Technology Park is the first project that obtains LEC. It obtains 2-star of winter and 4-star of summer. Without any increase in budget, the actual assumption is only 150-170kWh/m²/year.

Site Plan

1. Building façade, panel and glass effect
2. Perspective Southwest view

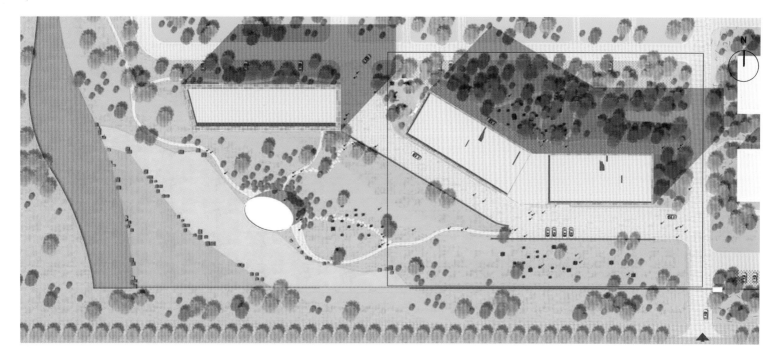

Landscape Design of North of Architecture (a and b)
– Make the eco botanic community at the north of architecture;
– Create the micro-topography based on earth balance, to enrich vertical space;
– Make a leisure space in the open area surrounded by the forest, and add some sculpture inside there;
– Use winding footways to connect all the function spaces;
– Use the grass brick at the car parking area, bicycle parking area and service channel to extend the green area;
– The sight of the car parking area, bicycle parking area and garage is blocked by the eco botanic community.

Landscape Design of South of Architecture (c)
– Use grass and a few trees which have high branches;
– The ground is covered with mixed grass to ensure the grass is evergreen in four seasons;
  The grass is resistant to trampling, and this will increase the scope of activities;
– The metasequoia trees are a background to contrast the restaurant building;
– Pool near the restaurant is covered with pebbles,
  and the shallow water can be used as activity space at the same time.
– Some sculpture-like seats on the grass can be used and appreciated.

3

3. Street view, south

Office Space: Clear Height
Open office
Meeting room
Individual office

Technical Installations:
Air condition
Electricity
Telecommunication

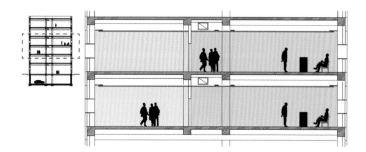

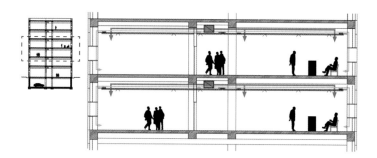

South Elevation Analysis

N

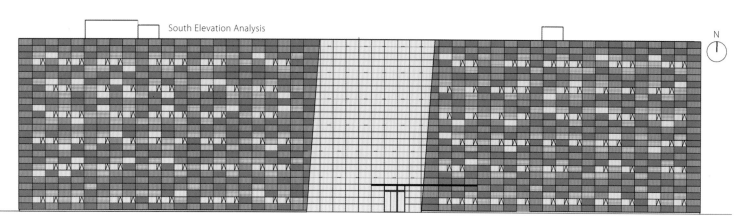

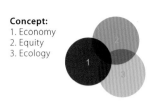

Master Plan: Parking
■ Car parking -35c
■ Parking vip - 5c
■ Temporary parking - 10c
■ Underground - 35c
▥ Bicycle parking -260b

Master Plan: Traffic Analysis
▸ Car parking
▪▪▪▪ Service circulation
→ Underground access
● Drop-off
○ Service entrance

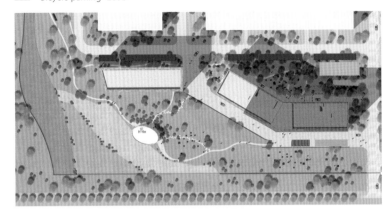
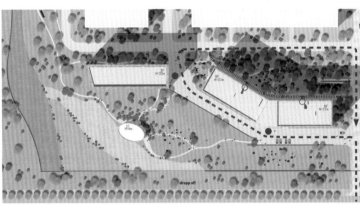

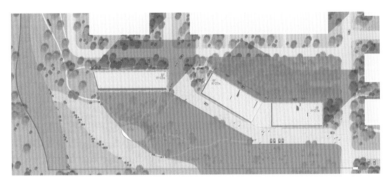
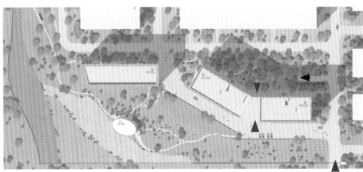

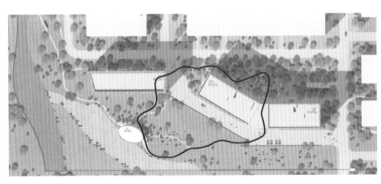
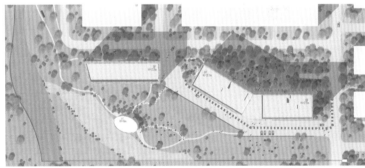

Materials and Details

All the materials come from China. The architects made a strict selection in price, energy-saving effect and quality. The unique artificial stone finishing panel deserves to be mentioned. This 2.1×1.025m large-scale finishing panel is the only way to show the clean and unique façade. All the other top-level materials are used appropriately in the places they belong. Through LEC design software, logon optimises the design effect. Since the exterior sun-shading boards and expensive energy-saving glass can contribute little to the overall energy-saving effect, the architects chose standard double glass as a substitute and put the spare money into the isolation equipments on the wings. In this way, the quality of the interior space where people would spend most of their time is highly improved. The atrium connecting two wings has enhanced the overall ventilation condition. Simple sun-shading equipments are installed on the windows. The architects also pay special consideration to details to produce an effective and simple construction. At last, with the professional guide from BBS International, the air-conditioning and ventilation have achieved an optimised effect.

4. Glass façade, building foyer

MATERIALS FAÇADE (Above)
Variation of Four Materials: The façade has
two different stone panels and two different
glass units. The combination of the different
elements creates a balance between light
and dark, sun and shadow.
Sunshaded Glass:
a. Stone - grey
b. Dark grey
c. Stone - double glazing
d. Silk-screened glass
e. Laminated glass with high reflection
f. Thermo isolated glass

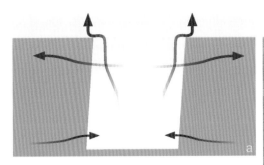

SUSTAINABILITY: CLIMATE PRINCIPLES (a, b, c and d)

Natural Ventilation: Use the geometry of the building to create a natural movement and exchange air. The central atrium creates a chimney effect transporting the air through the whole building and out through the atrium.

Sunshading: Control of the solar impact on the room temperature by alternating the use of regular glass and sun protection glass, silk – screened glass or high reflective glass.

Insulation: High quality, thick and efficient wall insulation to keep cooling and heating costs low. Additionally the façade of the atrium is a double glazed façade, which prevents it to become overheated.

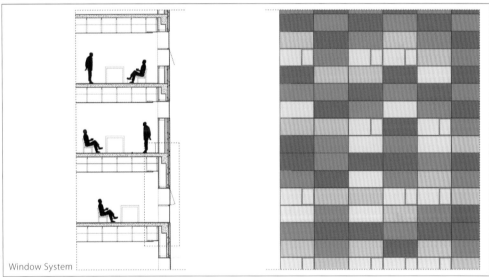

Window System

MATERIALS: INTERIOR (Below)

Comfort and Durability: Outstanding materials providing a comfortable, dynamic and modern environment.

a. Metal mesh
b. Dark grey steel frames
c. Wood panels
d. Black stained concrete

Rendering

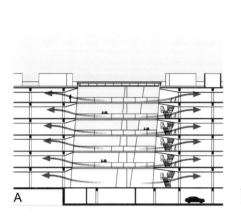
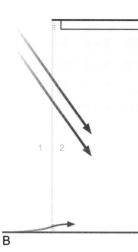

CLIMATE: WINTER (Above)
Natural sun heating: The façade of the atrium heats up by the sun from south in cold but sunny winter days. The warm air will naturally flow into the open floors and help to warm up the inside climate.
1. Cold Exterior
2. Warm Interior
A. From the atrium warm air heated by the sun flows into the office spaces
B. Sun warms up the glass façade

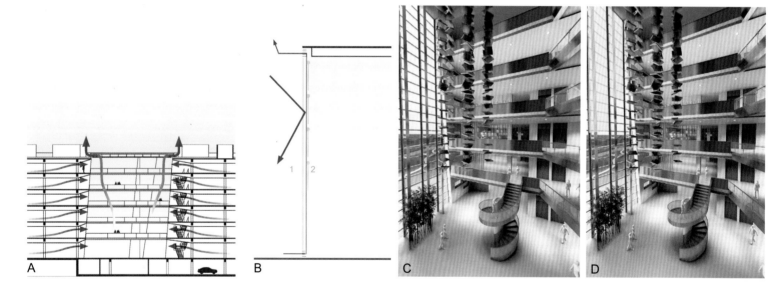

CLIMATE: SUMMER (Above)
Natural ventilation: The central atrium cuts through all six floors, which gives a chimney effect, meaning that warm used air will be transported through the whole building and out through the atrium. Additionally the façade of the atrium is a double glazed façade, which prevents it from become overheated.
1. Warm Interior
2. Cold Exterior
A. From the office spaces on each floor warm used air flows out and up through the atrium
B. Zoom: Glazed façade with internal sun shading
C. Atrium without sun shading
D. Atrium with sun shading

Basement Floor Plan:
1. Entrance
2. Track
3. Parking
4. Fire basin
5. Pumping
6. Elec
7. Tlecom
8. Refrigerator
9. Ventilation
10. Diffuser
11. Safe entrance
12. Detoxification
13. Duty room
14. Ventilation (war)
15. Toilet (war)
16. Drink (war)
17. Wall (closed for war)

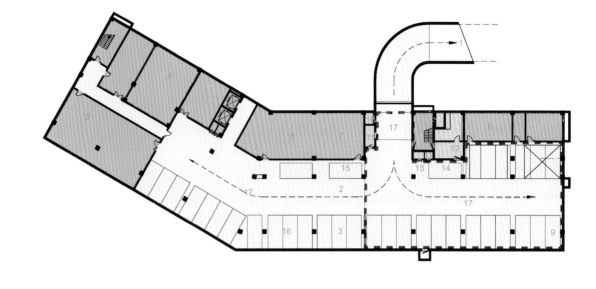

Ground Floor Plan:
1. Lobby
2. Reception, shop
3. Café library
4. Dining area
5. Café/shop
6. Other supportive area and circulation
7. Exhibition area
8. VIP/lounge area
9. Conference

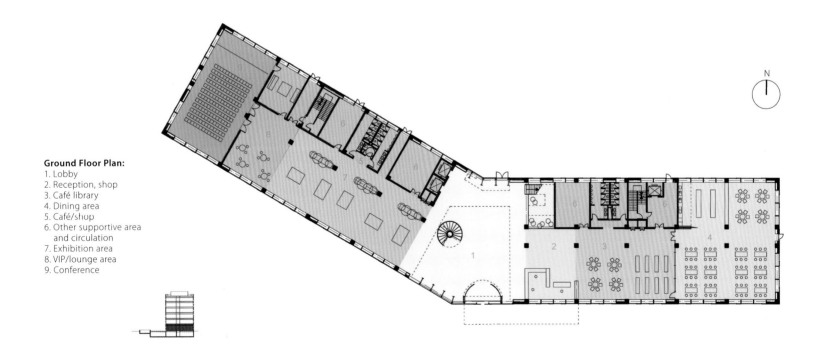

5. Vertical view in the foyer
6. Internal glass façade in the foyer

6

Rendering

STRUCTURE (Below Two)

Column-beam structure: In order to provide a clear open space with a high variation of possible division, a column-beam structure is used with larges spans. The columns are placed asymmetrically in the middle and in the façade, to give as deep as possible span in the south and less deep rooms towards north. In the middle the absence of beams gives place for installations.

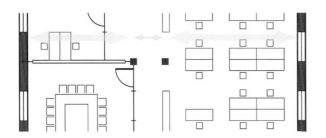

Rendering

QINGPU ENVIRONMENTAL MONITORING STATION
Shanghai
Atelier Liu Yuyang Architects

Site Area: 5,000m²
Design/Completion Time: 2009-2010/2011
Architect: Atelier Liu Yuyang Architects
Local Design Institute: Shanghai City Architectural Design Co., Ltd.
Façade Consultant: Kighton Façade Consultants Co., Ltd.
Lighting Consultant: Unolai Design
Photographer: Jeremy San

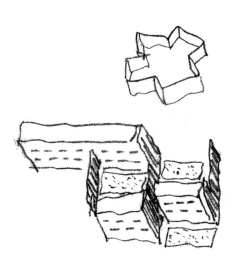

This design combines the Western "scientific view of nature" and the ancient Chinese "humanistic view of nature" and through an individual's own observation of nature and intuitive experience of surrounding environment, forms a "phenomenal view of nature". The design not only satisfies criteria of scientific functional layout and humanistic nature of space and form, but utilises the visual moment when one is in architecture to constitute the inherent relationship between man and natural environment, and it adopted the "three walls, three courtyards and three floors" approach to blend the space in between wall and courtyard, and formed the entity of the architecture. This proposal focuses not on the style of architecture, but on the relationship between architecture and landscape (gardens and nature), and the visual moment of transitional space between buildings.

Energy and Ecological System

The project adopts a geothermal heat pump system for normal heating and cooling, and through energy exchange via a series of 80-metre-deep underground pipes, the energy consumption of the building is reduced. The steel cable sunscreen system allows local vines and creepers to grow along the building façade and reduces the indoor temperature in summer; in addition, the cables are suitable for birds to rest, the birds' droppings naturally form organic fertilisers for the vegetations below. The entrance canopy incorporates reverse beams to allow for planter spaces on top, effectively reducing heat gain below and providing unique landscape views above. The outdoor gardens with natural grass and permeable paving design, with intermittent paving and soil allow for maximum rain water retaintion underground.

1

1. The north elevation of laboratory building at night
2. The south elevation of office building

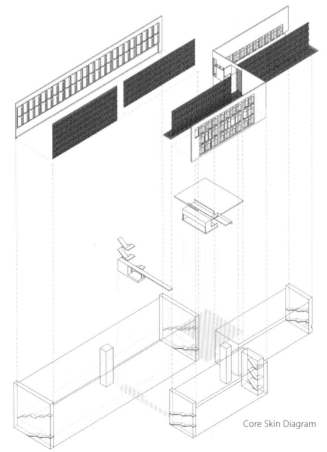

Core Skin Diagram

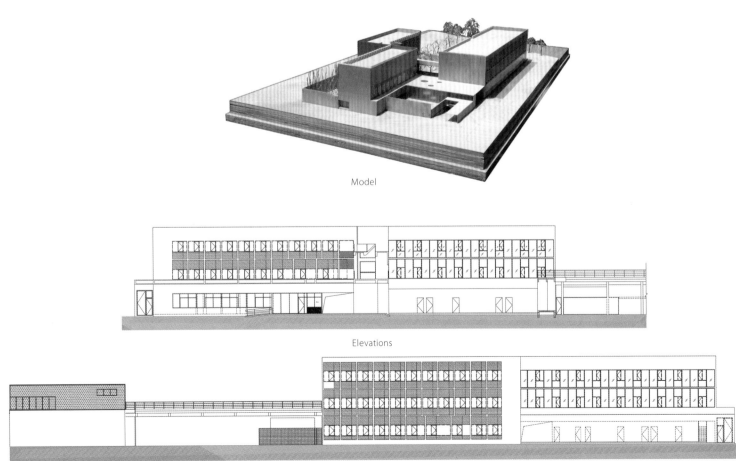

Model

Elevations

3. The north elevation of laboratory building
4. Entrance of laboratory building

Elevation

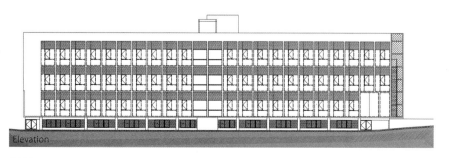

Elevation

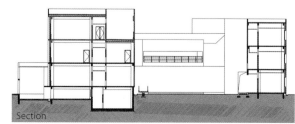

Section

Level -1 (Right):
1. Garage
2. Pump house
3. Substation
4. Storage
5. Refrigeration storage
6. Preparation room
7. GSHP room

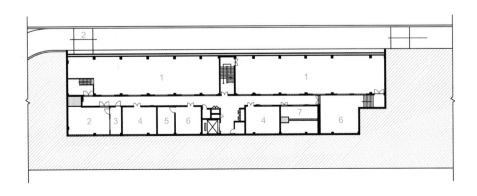

5

6

Level 1:
1. Air supply room
2. Gas fire suppression
3. Large equipment room
4. Atomic absorption room
5. GC-MS
6. Standard gas room
7. Changing room
8. Preparation room
9. LC room
10. IC room
11. Reagent room
12. Mercury vapourmeter
13. Sample pretreatment
14. Large equipment preparation
15. Men's room
16. Women's room
17. Computer room
18. Washing and disinfection room
19. Instrument room
20. Office

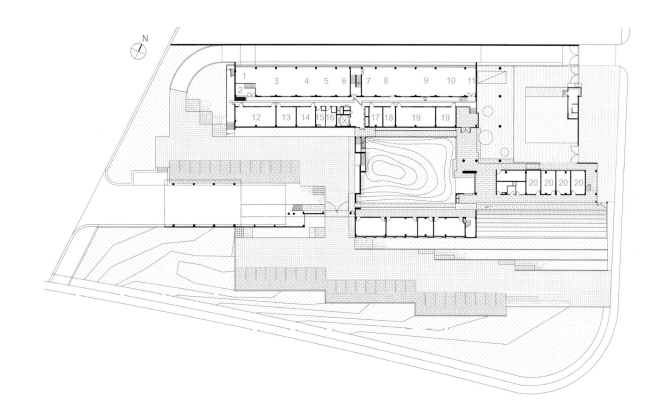

Level 2:
1. COD
2. LAS
3. Chemistry laboratory
4. Atmosphere analysis room
5. Oil laboratory
6. BOD
7. Reagent room
8. Landscape earthing terrace
9. Heat source room
10. Preparation room
11. Scale room
12. Colorimetric room
13. Chemistry decomposition room
14. Digestion room
15. Laboratory water making room
16. Plenum room
17. Osphresiometer
18. Restaurant
19. Office
20. Accounting office
21. Archives
22. Bioanalysis
23. Chemical analysis
24. Instrumental analysis

Level 3:
1. Biology laboratory
2. Automatic station
3. Preserved space
4. Large equipment room
5. Microorganism preparation room
6. Terrace
7. Men's room
8. Women's room
9. Storage
10. Reception room
11. Office
12. Meeting room

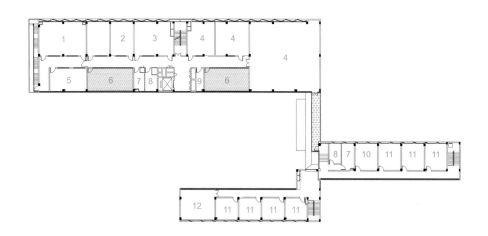

8

7. View of side courtyard (bamboo court)
8. Vertical green cable system

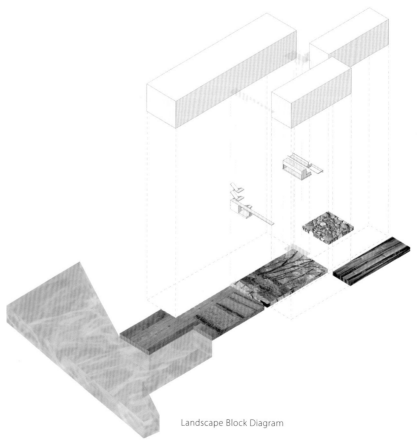

Landscape Block Diagram

Green Architecture Composite System Diagram:
1. Birds and mesh
2. Green façade and apron
3. Outdoor sun desks
4. Geothermal mechanical room
5. Geothermal heat pump tube well
6. Rainwater permeable pavement
7. HVAC (heating ventilation air condition) pipes
8. Pebble garden
9. Canopy planting

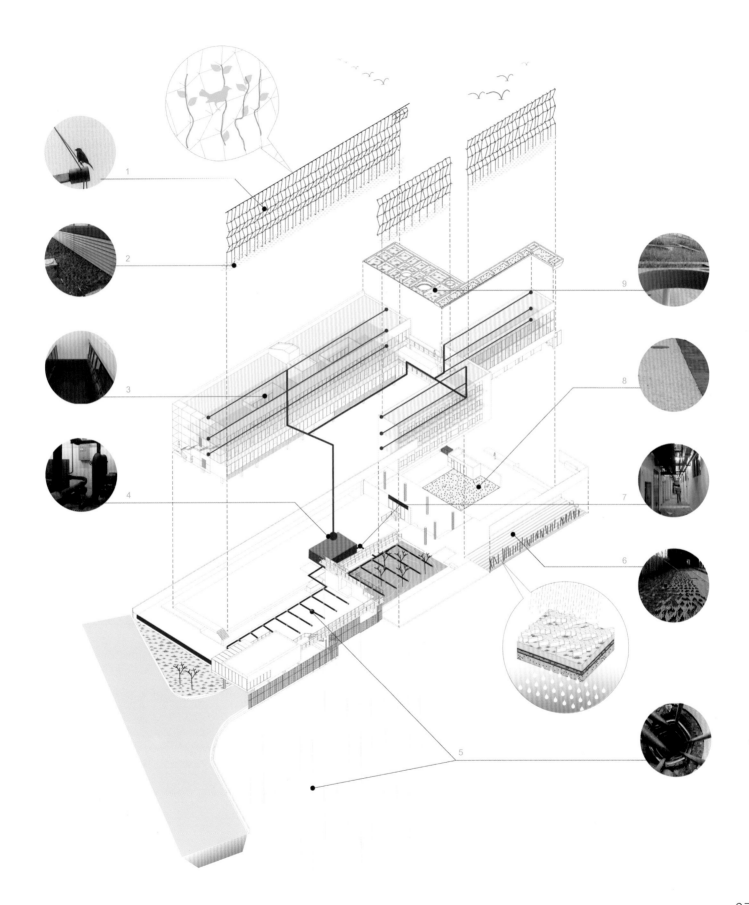

XI'AN JIAOTONG-LIVERPOOL UNIVERSITY
Suzhou, Jiangsu Province
Robert Goodwin, Michael Bardin / Perkins+Will

Gross Floor Area: 45,000m²
Completion Time: 2011
Architect: Robert Goodwin, Michael Bardin / Perkins+Will
Photographer: Eduard Hueber

Inspired by the famous water gardens in nearby Suzhou, this 45,000 sqm Integrated Science Campus for Xi'an Jiaotong Liverpool University proposes a new academic paradigm in which building and landscape interact to form an innovative environment for scientific learning and discovery. Instead of the traditional "quadrangle", the design adopts a strategy of horizontal and vertical layering to create a series of interwoven spaces that optimise movement, interaction and environmental response.

The primary design strategy locates high-traffic lecture halls at grade, where the ground plane rises to enclose them in a sculptural landscape of water pools, green walls, garden roofs, and continuous walking paths. Formed around and over this landscape array are a series of sinuous metal armatures that define courtyards and organise larger spaces on the site. Finally, classroom, laboratory and office spaces, clad in glass and ceramic tile, are inserted into the armatures to complete a distinctive expression of the integration of technology and nature.

Within this approach, a number of important strategies are emphasised. Classrooms and offices are modular to permit future adaptability; laboratories are designed as flexibly partitioned "lab lofts" that can accommodate changes in teaching or research as institutional needs evolve. Faculty offices provide direct access to teaching and research spaces; multiple entries, exterior stairs, lounges and circulation links create an interactive framework for a variety of campus experiences. Ultimately the design supports a pedagogical strategy of "active learning" that encourages interactive, collaborative activities both inside and outside the classroom.

The design responds directly to its environment: the classroom wings are oriented to optimise solar orientation, with limited exposure on the eastern and western sides and substantial sun-shading to protect south faces. Natural daylighting is emphasised through narrow floor plates and large amounts of glass to reduce the energy consumption required for artificial lighting. In addition, all classrooms and lounge spaces have operable windows to allow for passive ventilation and to further reduce energy needed for heating and cooling. Rainwater is collected for both irrigation and reuse for non-contact uses in the building and for water features within the courtyards. Green roofs are used extensively in the lower levels on both horizontal and inclined surfaces to absorb stormwater and reduce heat gain.

Site Plan

N

2

1. Façade detail
2. Distant view of façade
3. Close view of façade

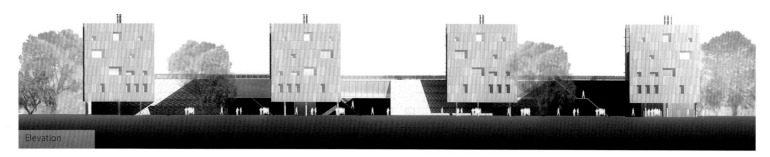

Elevation

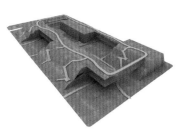

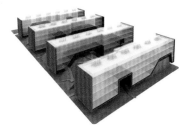

A continuous interior circulation loop at the first floor links the upper levels to one another and the ground plane.

The supporting armature of the classroom and laboratory wings of the building are formed and supported by the lecture hall and landscape system below.

Building programme spaces and building systems fit within the envelope created by the lab and classroom wing armature.

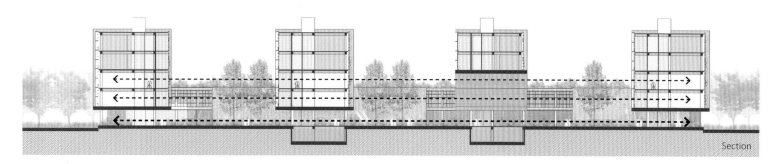

Section

4. Roof garden
5. Night view

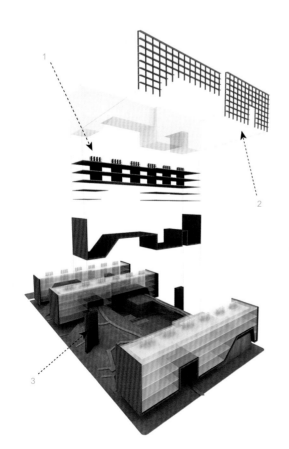

Building Systems and Solar Shading (Left):
1. Educational space fits within the building armature of each wing. The top two flexible laboratory floors are served by a vertical mechanical system which vents at the roof level.
2. Daylighting and solar gain are optimised by a system of fins and sunshade at each exterior envelope of the classroom wings, administration areas, and other occupied spaces.
3. Stair and lift cores rise from the ground floor to provide barrier-free access to all levels and spaces in the building.

5

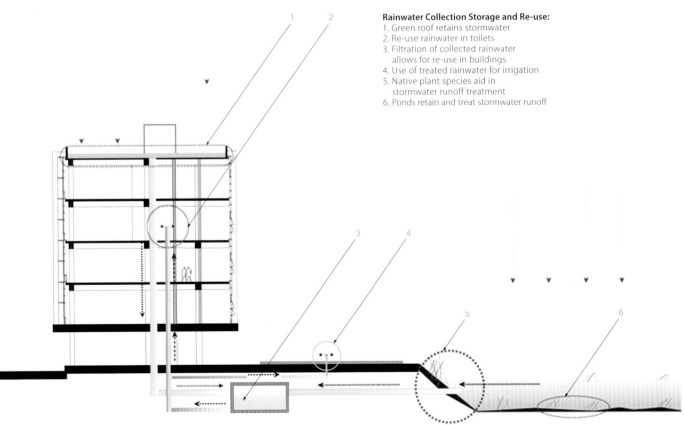

Rainwater Collection Storage and Re-use:
1. Green roof retains stormwater
2. Re-use rainwater in toilets
3. Filtration of collected rainwater
   allows for re-use in buildings
4. Use of treated rainwater for irrigation
5. Native plant species aid in
   stormwater runoff treatment
6. Ponds retain and treat stormwater runoff

6. Study area
7. Lecture hall

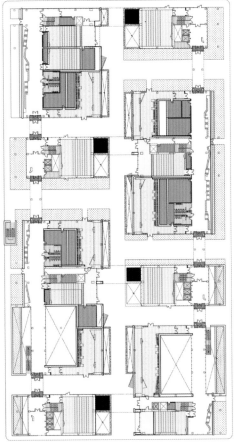

Ground Floor Plan

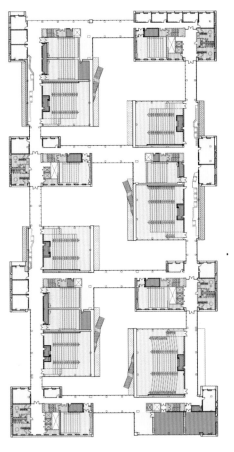

Second Floor Plan

N

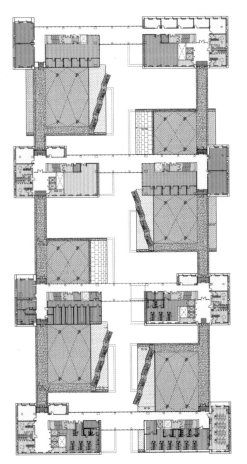

Third Floor Plan

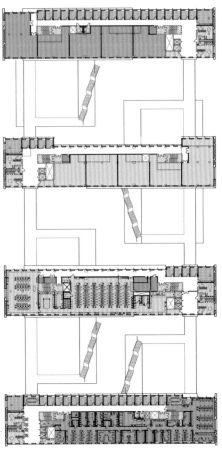

Fourth Floor Plan

083

RENOVATION OF NO.9 XINGHAI STREET, SUZHOU INDUSTRIAL PARK
Suzhou, Jiangsu Province
Suzhou Institute of Architectural Design Co., Ltd.

Site Area: 18,000m²
Gross Floor Area: 12,673m²
Completion Time: 2010
Architect: Suzhou Institute of Architectural Design Co., Ltd.
Design Team: ZHA Jinrong, CAI Shuang, WU Shuxin
Photographer: ZHA Zhengfeng
Award: 2011 Award of Excellence of Jiangsu Urban-Rural Construction System

The total site area is approximately 18,000 square metres. Before renovation, the plant is a single-level concrete frame structure, appearing as a square of 80X80 metres. Therefore, the central day-lighting and ventilation are undesirable. After renovation, the whole architecture can be divided into three layers of space: inner courtyard, office and veranda rest space.

Combining the natural condition and existing environment of Suzhou, the architecture reserves 95% structure of the original plant, changing the existing 6,800-square-metre, 8.4-metre-high single-level industrial plant into a 12,673-square-metre green eco creative space. The designers also provide a gym and badminton court for the staff to relax and exercise in the 14-metre-high plant space.

The large-scale openable floor-to-ceiling glass around the building improves the natural ventilation. The designers used computer simulation analysis software to study the natural ventilation model and set up a reasonable design strategy. After utilising reasonable ventilation strategy, the interior temperature can be reduced by 2 to 3℃ compared with non-natural ventilation. On average, it reduces interior extreme temperature time by 570 hours, increases interior comfortable time by 720 hours and reduces air-conditioning time by 160 hours.

The existing exterior solid wall has been transformed too. The glass windows provide plenty day lighting. The 11 skylights are transformed into operable power sunroofs, both improve interior ventilation and ensure the lighting requirement. Based on the large area and the lower height, the office building uses daylight illumination system. The system uses high-efficient light pipe and UV-filter diffuser to introduce daylight around the building into the interior. The first-floor corridor, hallway, open office area and conference room all depend on daylight in the day. Nearly no additional artificial lighting is needed, thus reducing the electricity assumption to minimum.

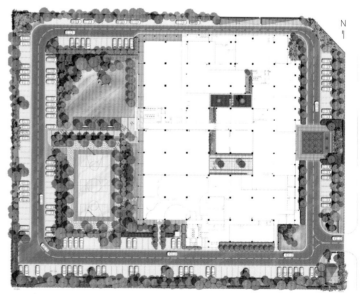

Site Plan

2

The upper part of the veranda is made of aluminium alloy shading grids. The east and west façades are added with vertical wood sun shadings. Climbing plants such as Campsis grandiflora and Chinese wisteria can climb through the columns and sun shadings into the horizontal metal grids, creating an eco shading. In winter, when the leaves fell off, the interior will have enough sun light. The exterior landscape around the balcony has several movable strip planters.

The exterior wall uses heat preservation materials. The main colour tone is white. White paintings have 90% high reflectivity, which will reflect most part of the heat radiation. The exterior windows use heat-insulation aluminium and hollow insulation glass to reduce the air-conditioning load. The green climbing plants on the west wall will also improve the insulation effect.

1. Ecological shading
2. The east elevation
3. Close view of the northeast corner

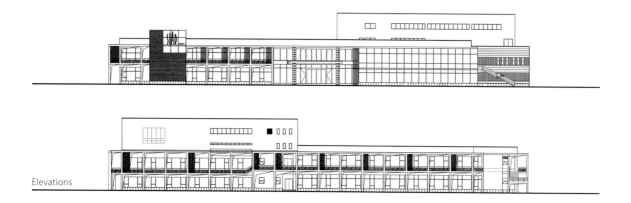

Elevations

Courtyard Section A:
1. Electromechanical design department
2. R&D reserved
3. Corridor
4. Internal courtyard
5. Conference room
6. Conference room
7. Training room
8. Exhibition room

Courtyard Section B:
1. Storage
2. Fitness centre
3. Interior design department
4. R&D reserved
5. Corridor
6. Corridor
7. CAD centre
8. Restaurant
9. Civil engineering department
10. Internal courtyard
11. Office
12. Corridor
13. Graphic centre
14. Office
15. Corridor
16. Dean's office
17. Balcony

Courtyard Section C:
1. Architectural design department
2. R&D reserved
3. Internal courtyard
4. Training room
5. Corridor
6. Conference room
7. Internal courtyard
8. Restaurant
9. Drawing and document room
10. Conference room
11. Corridor
12. Civil engineering department
13. Corridor
14. HR department

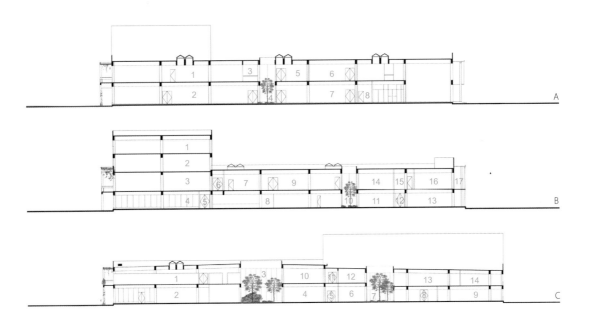

5

4. The west elevation
5. Snowscape
6. The south elevation

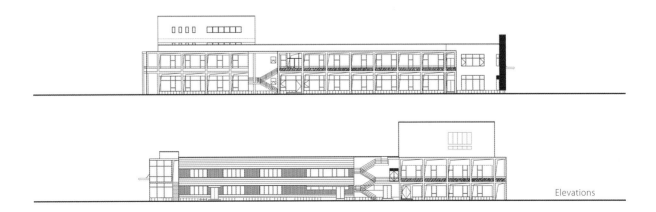

Elevations

7. Verandah detail
8. Balcony green shading

Multi-Layer Shading (Right):
1. Dark grey metal coping
2. 30mm extrusion molding insulation panel
3. Fixed with steel nail and sealed by factice
4. Additional waterproof layer on the corner
5. Steel structural grids
6. Planting soil
7. Dry-hang granite finishing

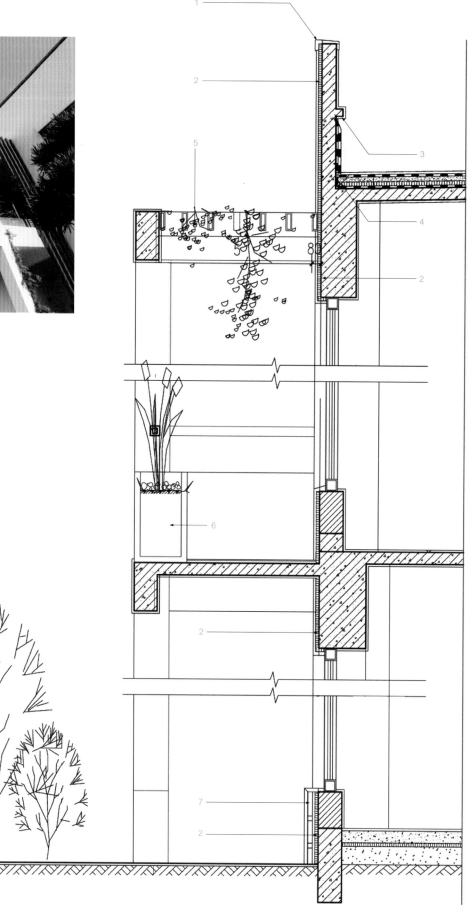

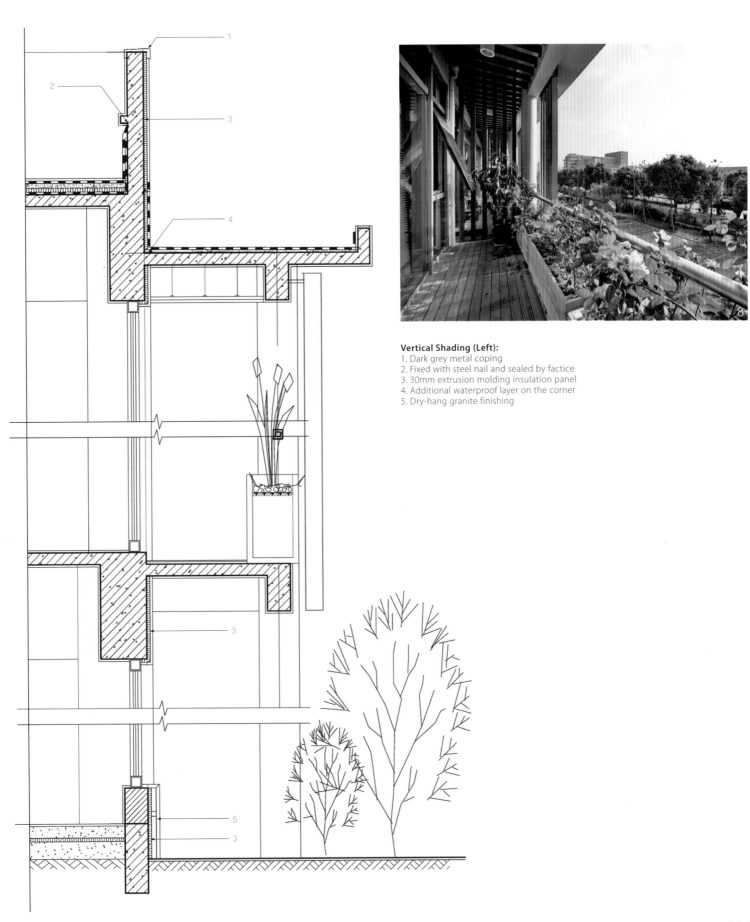

Vertical Shading (Left):
1. Dark grey metal coping
2. Fixed with steel nail and sealed by factice
3. 30mm extrusion molding insulation panel
4. Additional waterproof layer on the corner
5. Dry-hang granite finishing

9

Double Glazed Wall (Below):
1. Dark grey metal coping
2. 30mm extrusion molding
   insulation panel
3. Dry-hang granite finishing

9. Ecological shading
10. Fixed shading
11. Ecological shading

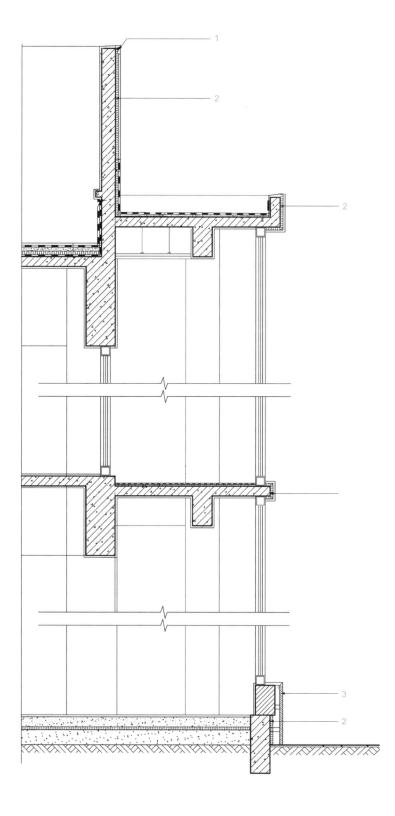

12. Garden
13. Inner courtyard
14. The rain-recovery landscape pool

A Variety of Green Eco Technology (Left):
1. Solar water heating system
2. Green roof
3. Cooking fume purification system
4. Internal courtyard
5. Double glazed system
6. Electronic openable skylight
7. Veranda eco shading system
8. Daylight illumination system

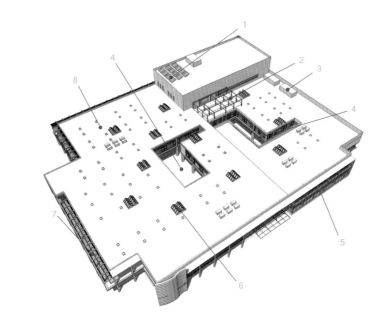

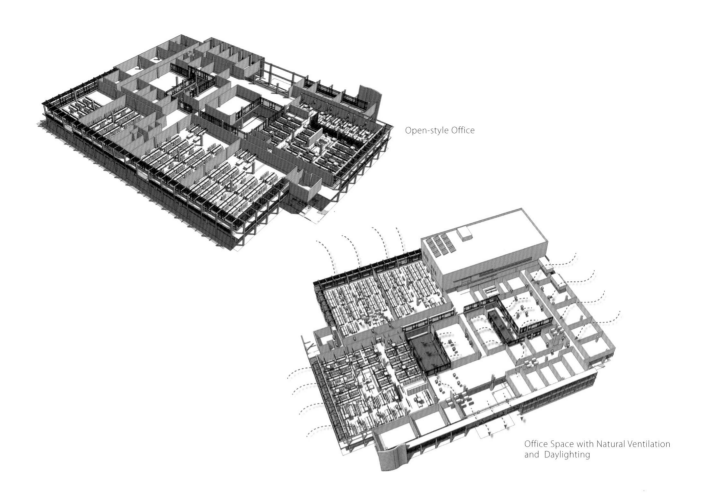

Open-style Office

Office Space with Natural Ventilation and Daylighting

15

15. The landscape pool
    making use of rain recovery
16. Hall space
17. The conference room making
    use of daylighting by skylight

18, 19. Roof ecological green

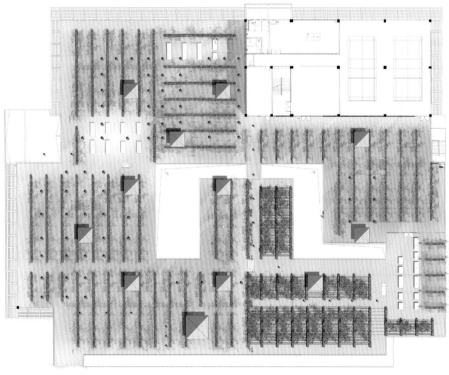

Roof Greening

Ground Floor Plan:
1. R&D reserved
2. Power distribution area
3. Restaurant
4. Drawing and document room
5. Internal courtyard
6. Landscape pool
7. Property management mode
8. Office
9. Conference room
10. Training room
11. Slide showroom
12. Graphic Centre
13. Marketing Department
14. Lobby
15. Exhibition room
16. Green building
17. Reconstruction company

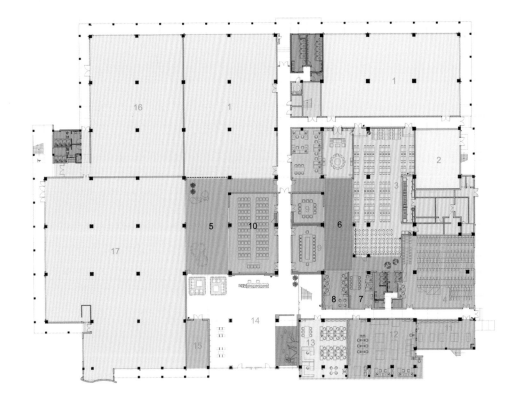

First Floor Plan:
1. Interior design office
2. Civil engineering department
3. Landscape design office
4. HR centre
5. Reference room
6. Financial department
7. General designer office
8. Office
9. Institute office
10. CAD centre
11. Printing room
12. Conference room
13. Electromechanical room
14. Structure department
15. Internal courtyard
16. Architecture department
17. Creation office

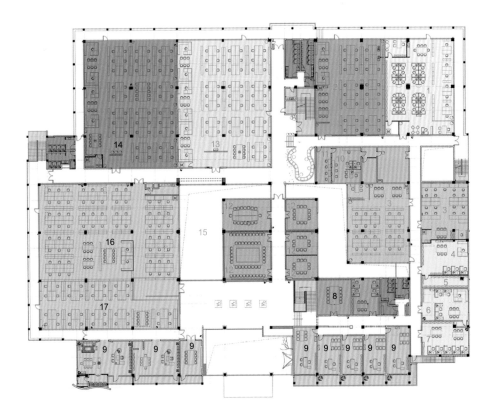

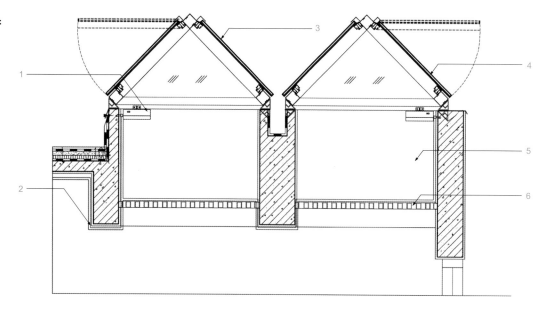

Openable Skylight (Right):
1. Openable skylight
2. Hidden electrical machines and wires
3. Coated tempered double glass window
4. Coated tempered double glass openable skylight
5. White painting
6. 30x30 wood-coloured aluminium alloy louvres

20

20. Sunlight lighting system
21. Office space making use of solar lighting system

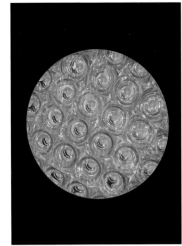

Nature - Sunlight   Life - Vitality

21

THE GRAND PERGOLA – ADMINISTRATION CENTRE OF BIOLOGICAL OFFICE PARK SUZHOU
Suzhou, Jiangsu Province
WSP

Gross Floor Area: 45,205m²
Design/Completion Time: 2006/2009
Architect: WSP
Principal: WU Gang, CHEN Ling, ZHANG Ying
Design Team: LIU Tao, HU Dawei, OUYANG Wei
Photographer: YAO Li

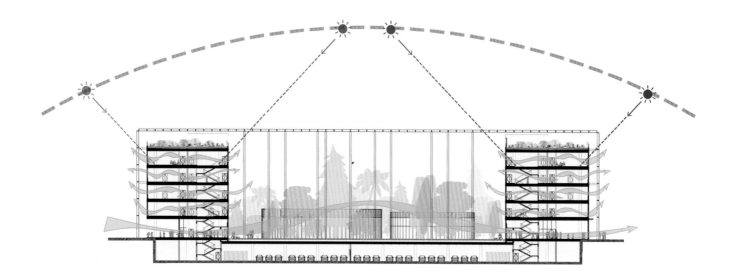

The Biological Office Park is located in Suzhou Industrial Park, which is a park for sustainable and ecological science and technology. The administration centre of the Biological Office Park is located in the western edge of the central park. The building consists of two parallel office slabs. The basic design intention of the administration centre is to create an open, ecological, sustainable and energy-saving office.

The space between two parallel office slabs creates an inner courtyard which is linked to the central park of the Biological Office Park. The administration centre is the visual focus point of the whole Biological Office Park. Circular design elements are applied in landscape design, the building façade and interior design. They resemble the idea of cells creating an impression of a breathing lung.

2

A metal structure with perforated metal panels as a grand pergola covers office slabs and the courtyard. The roof is a low-tech, inexpensive and effective method to effectively filter sunlight and fierce wind, thereby keeping the interior space comfortable. The grand inner courtyard under the pergola has enough height and airflow to allow plants to grow freely. Furthermore, vertical gardens are designed as integral part of office buildings, thereby achieving an ecological working environment. The ground floor is lifted up, connecting the outer park with the inner park.

The same perforated panels of the pergola are used on the exterior of the façade. Additionally the façade, windows and exterior doors are well insulated to minimise energy consumption. The whole structure is based on a grid of 1,050mm.

1. Grand pergola
2. Over view of façade

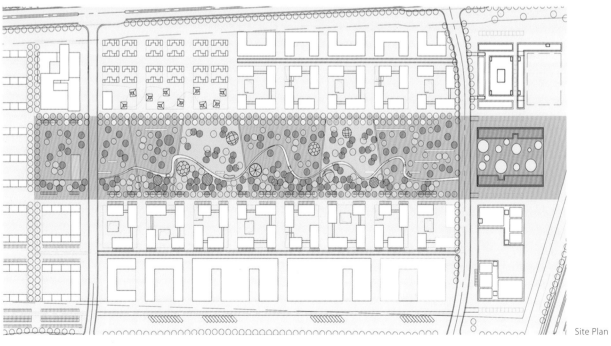

Site Plan

3

3. Façade detail
4. Courtyard

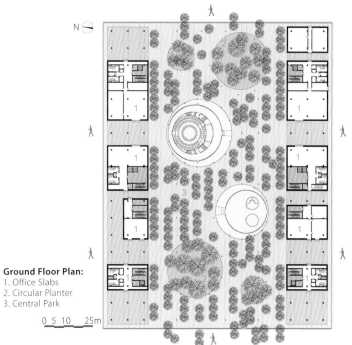

Ground Floor Plan:
1. Office Slabs
2. Circular Planter
3. Central Park

0 5 10   25m

5. Grand pergola
6. Green detail
7. Entrance of exhibition space

KPMG-CCTF COMMUNITY CENTRE
Cifeng Town, Pengchuan, Sichuan Province
The Oval Partnership Limited

Gross Floor Area: 450m²
Completion Time: 2010
Architect: The Oval Partnership Limited
Photographer: KMPG China
Client: CCTF, KPMG China

Building Rural Sustainability Through Green Innovation and International Collaboration

KPMG China, in partnership with China Children and Teenagers' Fund (CCTF) and Chengdu Women's Federation, have built an exemplar green community centre in Cifeng Village, Sichuan Province, China as part of efforts to renovate the earthquake-devastated poor region and promote the development of the local rural communities.

The architect has made full use of locally sourced materials in building a people-oriented, energy-saving, and environmentally sustainable village. The project's main construction materials have come from renewable resources, such as a full reconstituted bamboo post & beam structure prefabricated from local factory and sourced from local sustainable forest, pollution free agricultural straw fibre panel for wall and roof system, bamboo cladding and floor finish.

This low-budget philanthropy project has received pro bono manpower, resources and financial support from 30 international and domestic green enterprises, research institutions and government agencies through partnership.

The 450-square-metre Community Centre was opened on 17 May 2010, and is used for local children's extracurricular activities and villagers' vocational training. The project has advanced sustainable rural community development by means of corporate sponsorship, public participation and public-private partnership, and will serve as a paragon for improving sustainable construction, educational, cultural and recreational facilities in rural communities.

Elevations

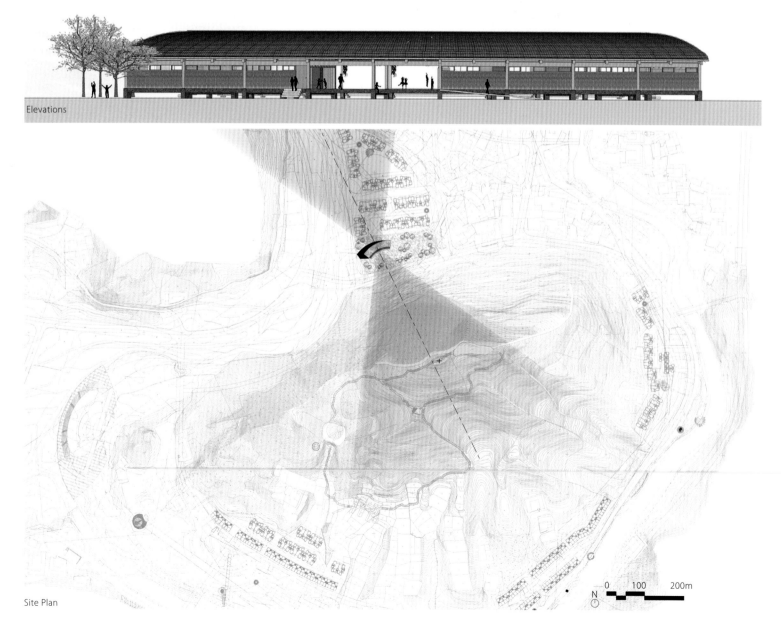

Site Plan

Building Highlights a Series of Rural Green and Intelligent Strategies

– programmes assisting companies, individuals, and charitable foundations reach out to imaginative social, environmental and community schemes in less developed areas in China with funds, services and volunteer effort
– passive bio-climate design to improve IEQ and achieve a low carbon scheme
– new moon-shape tall and gracefully curving single-storey structure that captures the varying hourly and seasonal angles of the sun and air flow effectively that additional heating, cooling and lighting are nearly unnecessary. Specifically, passive design measures include:
– best southeast solar orientation
– in summer sunlight shaded out of the building by south high eaves; in winter sunlight penetrating into heart of building through high windows
– roof solatube inducing natural lighting and balancing indoor lighting level
– landscape pergola shading on south
– reducing glazing area of north opening for less heat loss in winter
– curving roof assisting prevailing north wind
– cross and high window stack effect natural ventilation
– raised floor promoting natural ventilation and reducing site impact
– highly insulated cavity walls
– double glazing window with thermal-insulated laminated timber frame
– concrete floor providing thermal mass

Innovative Green Labelled Materials to Reduce Carbon Emission, Waste and Indoor Pollution

– reconstituted bamboo structure prefabricated from local factory and sourced from local sustainable forest
– research has shown that YBkouki and Dasso bamboo products used in the project are CO_2 neutral due to the fact that bamboo is an important and very fast CO_2 "fixator"
– formaldehyde free agricultural straw fibre panel for wall and roof system
– reconstituted bamboo cladding and indoor and outdoor floor finish
– recycled reconstituted timber for window

Other Green and Intelligent Features

– advanced communication connectivity and intelligent facilities for rural education
– integrate a 2000-year-old "the God of Earth Temple" within the design
– bamboo mortise-tenon joint structure for robust seismic performance
– energy-efficient measures such as LED lighting
– local rural training such as eco farm and green lifestyle
– native species planting and sustainable drainage for rural irrigation

5. North elevation

Double-Arch Form on Plan and Section Embracing Nature and People:
1. Solar tube inducing natural lighting and balancing indoor lighting level
2. LED energy-efficient lighting
3. North high windows allowing natural ventilation and day lighting
4. Reducing the glazing area of north window to achieve less heat loss in winter
5. Raised floor to promote natural ventilation and reduce site impact
6. Concrete floor providing thermal mass
7. Curving roof assisting air flow
8. Cross ventilation and stack effect
9. South high windows inducing natural daylight and
   solar heat in winter, providing views as well
10. Landscape shading on south
11. Double glazing window with thermal-insulated laminated timber frame
12. Food production and sustainable drainage on community central plaza

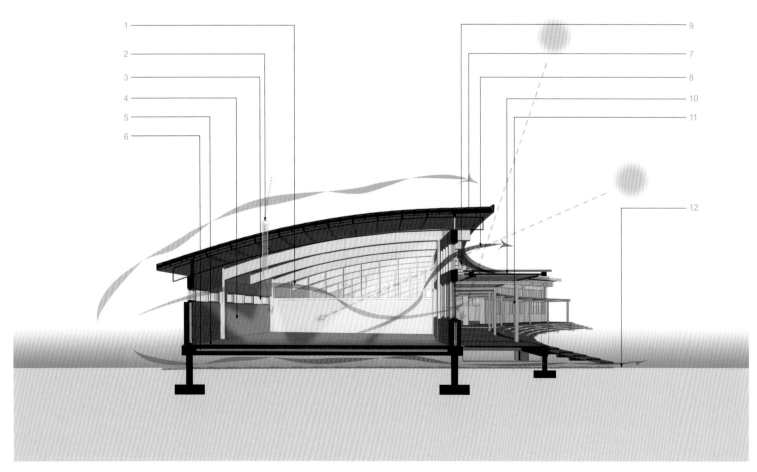

6. Entertainment room
7. Tea house

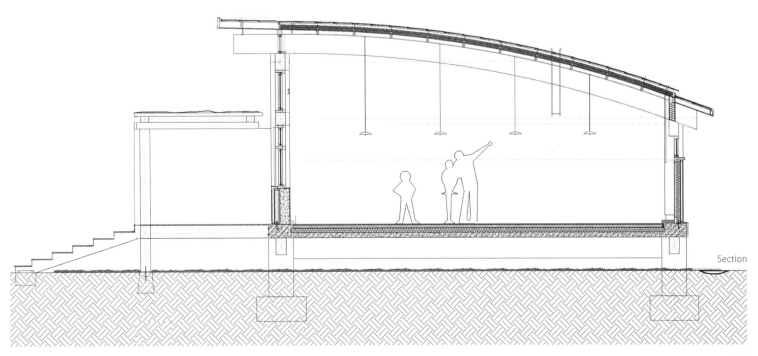

Section

8. Teenagers' training classroom
9. The roof solar catheter into natural lighting
10. Double energy-saving wooden window

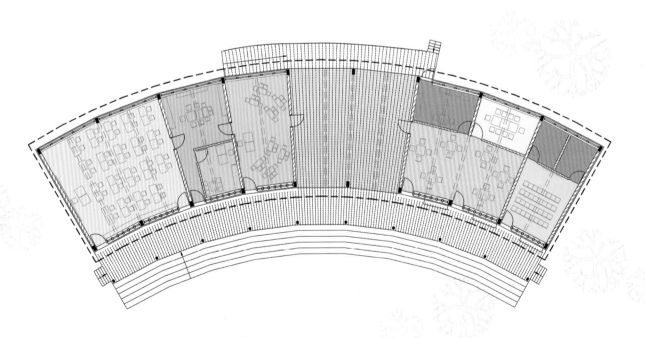

Community Centre Floor Plan:

Pubilc space
Teenagers' training classroom
Children's room
Library
Teacher's office
Entertainment room & tea house
Training room
Meeting room
E&M and logistics

N

0 1 2   5   10m

ZHANGJIAWO ELEMENTARY SCHOOL
Xiqing District, Tianjin
Vector Architects + CCDI

Gross Floor Area: 18,000m²
Design/Completion Time: 2008-2009/2010
Architect: Vector Architects + CCDI
Design Architect: DONG Gong
Partners of Vector Architects: DONG Gong, Chien-ho HSU
Collaborating Architects of CCDI: LV Qiang
Project Architect & Site Architect of Vector Architects: WANG Nan
Structural Mechanical Electric Plumbing Engineer: CCDI
Photographer: SHU He
Material: Exterior Stucco, Wood Panel,
Wood Louver, Perforated Metal Panel
Structure: Concrete Frame, Steel Truss

The goal is to establish a unique place within the school that encourages interaction between the students and teachers through their daily learning and teaching life. The basic programme consists of 48 classrooms, a number of special programme classrooms, cafeteria, training gymnasium, administration areas and an outdoor exercise field.

The design process starts with an analytical research of the spatial pattern of interactive activities, both in plan and in section. A series of physical study models were built along the process, in order to seek the most reasonable spatial and programmatic layout. Eventually the best location of the primary interactive space is discovered to be on the first floor, sandwiched by regular classroom floors, and connected to the skylight through the central atrium, where natural ventilation was maximised. The space is defined by the surrounding special programme classrooms, and extends itself to a green roof deck at the south side, which is also the pivot point of the site arrangement. The deck connects to the main school entrance, the outdoor fields, and different parts of the building at different heights by stairs, ramps and bridges.

Such a "platform", consisting of indoor space and outdoor deck, not only generates and amplifies energy of interactions, but also adds visual characters to the exterior building appearance because of the application of distinctive materials and space modules.

A series of green technologies are proposed in this project, such as geothermal system, storm water management, green roof, permeable landscape, passive ventilation, maximised natural daylight and recycled material.

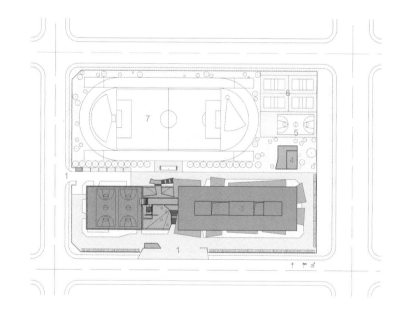

Site Plan:
1. Site entrance
2. Rooftop basketball court
3. School building
4. Toilet
5. Outdoor basketball court
6. Outdoor volleyball court
7. 300m standard running track

120

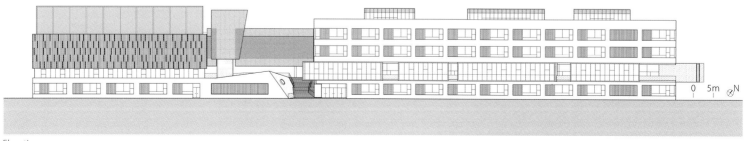

Elevation

1. View of entrance
2. Northwest view

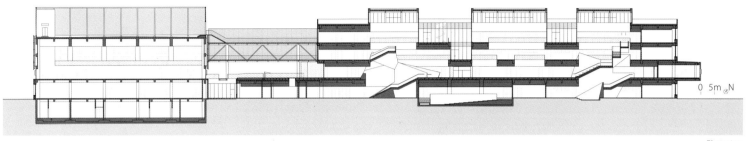

0 5m N

Elevation

3. Night view of special classrooms
4. Night view of entrance

Detail (Right):
1. Metal protective screening
2. H steel column
3. Lesco shading curtain wall keel
4. Lesco shading panel
5. Painted exterior wall
6. Frosted glass
7. Hidden framing glass curtain wall
8. Metal windowsill dagger board
9. White glass
10. Metal grids

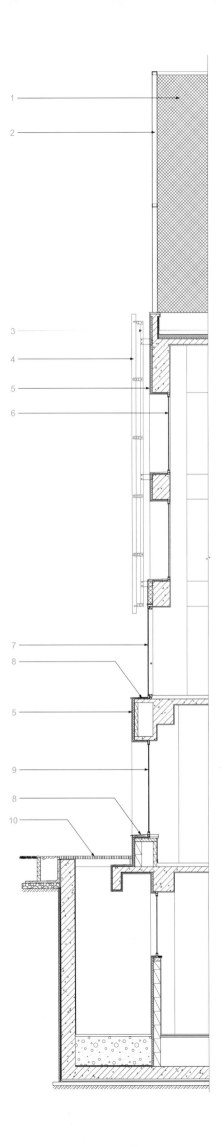

5. View of the gym and the ground floor roof deck
6. View of the ground floor roof deck

Detail:
1. Roof planting
2. Metal sideboard
3. Painted exterior wall
4. White glass
5. Lesco floor

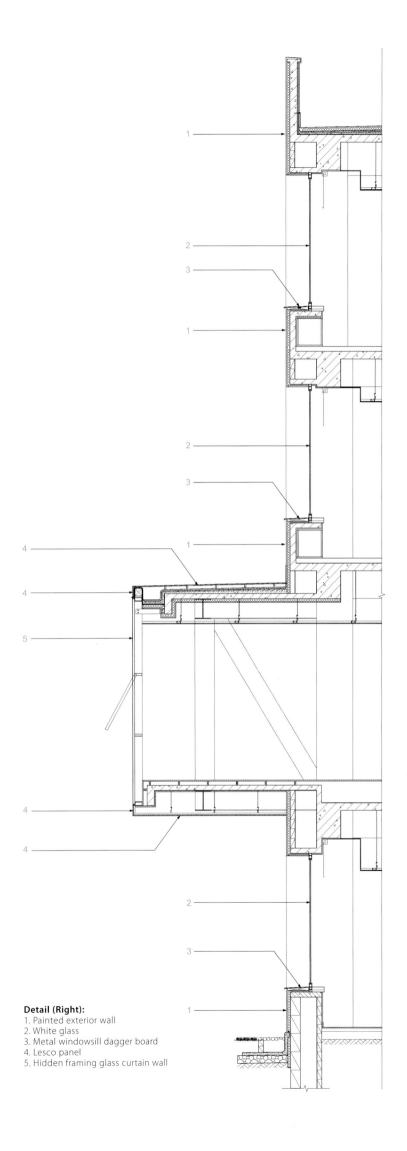

Detail (Right):
1. Painted exterior wall
2. White glass
3. Metal windowsill dagger board
4. Lesco panel
5. Hidden framing glass curtain wall

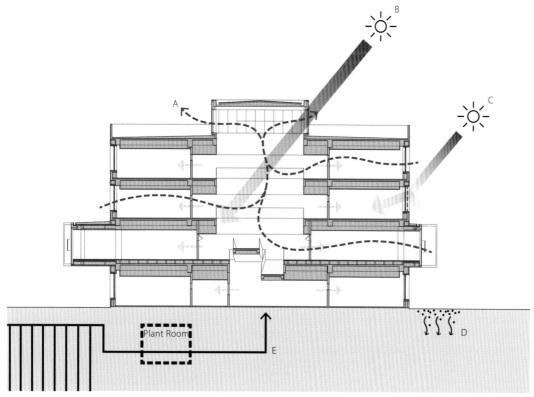

Application of New Energy Technology
E. Ground Source Heat Pump System
The GSHP system uses geothermal energy (coolness or heat)from shallow soil. Through heat pump technology (using Carnot cycle and reverse Carnot cycle to transfer coolness and heat), it transfers heat from the soil to the building in winter and coolness from the soil to the building in summer, forming a annual cycle of coolness and heat. The advantages are efficient, stable, environment-friendly, low maintenance cost, long service life and space-saving.

Application of Low-Tech Energy-Saving Technology
A. Natural Ventilation and Atrium Draft
In summer, the four-storey atrium and the surrounding openings on the outer wall and internal wall will form a vertical draft effect, which would accelerate interior air flow and lower interior temperature. In winter, the atrium high windows and windows on the surrounding outer walls will be closed, while the extensive glazed walls will introduce sunlight effectively, forming a glasshouse, which will reduce the energy consumption largely.
B. Natural Lighting
All the rooms (except the plant rooms) have large exterior windows, which ensure enough natural lighting even in cloudy days.
C. Outdoor Shading
With extensive openings (in interior gym and part of classroom external windows), in order to avoid side effect of sun radiation to interior environment, the designers use some simple yet effective outdoor shading (outdoor grids).
D. Permeable Paving
The permeable paving will dredge surface runoff effectively, simple and practical.
F. Green Roof
Green roof will beautify the environment, as well as reduce the roof thermal radiation.

9-11. View of interior atrium

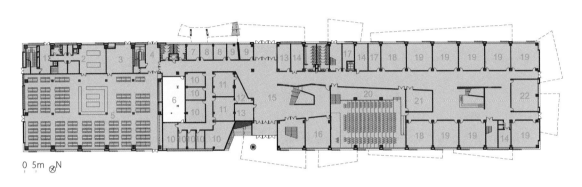

0 5m ⊗N

Ground Floor Plan:
1. Passage way
2. Serving area
3. Fire safety
4. Passage way
5. Café
6. Terrace
7. Psychologist
8. First aid
9. Broadcasting office
10. Executive office
11. Meeting room
12. Storage
13. Security room
14. Plant room
15. Entrance hall
16. Science lab
17. Office
18. Multi-use classroom
19. Standard classroom
20. Multi-function hall
21. Equipment storage
22. Exhibition area

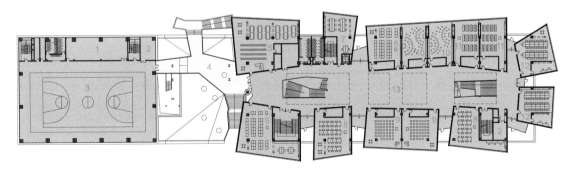

First Floor Plan:
1. Sport equipment room
2. Plant room
3. Indoor gym
4. Passage over 1/floor roof
5. Library/reading room
6. Calligraphy room
7. Office
8. Craft classroom
9. Music classroom
10. Art classroom
11. Science classroom
12. Computer lab
13. Mingling room

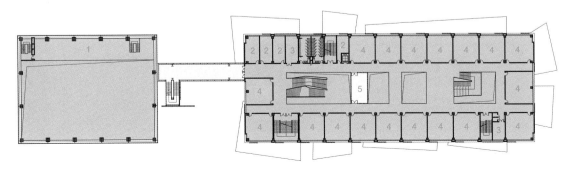

Second Floor Plan:
1. Temporary stands
2. Office
3. Plant room
4. Standard room
5. Terrace

SWIMMING HALL AT TAIWAN BUSINESSMEN'S DONGGUAN SCHOOL (TBDS)
Huangyong, Dongguan, Guangdong
Wang Weijen Architecture

Site Area: 1,751m²
Gross Floor Area: 3,000m²
Completion Time: 2009
Architect: Wang Weijen Architecture
Associate Designer: South China Institute of Architectural Design
Photographer: Wang Weijen Architecture
Client: Taiwan Businessmen's Dongguan School

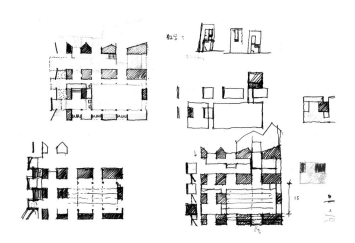

The Swimming Hall at TBDS creates sequential water courtyards with spatial hierarchy and rhythm of solid and void. The project challenges the conventional long-span design for sport facilities which is usually found in large volumes. It re-programmes the swimming activities into several different sizes of pool: L, M, S, and XS. By adopting various scales of pool for different age groups and different ways of "swimming", it cultivates student's senses for appreciating the culture of water.

The integrated settings enclose the campus plaza and open up to it with a series of slopes, decks and colonnades of different scales. The building intends to be a facility that is able to "breath": be able to open itself up completely during the summer, allowing a sufficient ventilation, and close off during the winter to become a small-scale interior swimming hall, with sunshine to reduce loss of heat. The array of colonnades and the contrast of solid and void make the building form a strong hold. On one hand, the slanted roof can be used as a base of solar panels; on the other hand, it represents the folds and changes of traditional architecture.

Beyond the PE Classes
The design originates from TBDS decision to build an interior swimming hall at the end of the campus, on the last piece of remained field between the school buildings and greens. With the school's open mind and supports, the architecture design challenges the conventional long-span design for sport facilities.

Moving Sizes: L, M, S, XS
The first step of design is to re-programme the architecture: how to make students from 6 years old to 18 years old find suitable space scales. Just like L, M, S, and XS sizes of clothes, according to different age groups and phases of swimming learning, the designers arrange swimming pools of L, M, S, XS, children paddling pool, SPA and lotus pond. The design hopes that the space definition of different sizes is in a flowing relationship, not only in visual sense, but also a continuation in lines and functions.

Space of Water Courtyards
The second step is to construct basic spatial relationships: it uses 19 stone walls of different scales to arrange a colonnade space. The heavy solid walls and the void spaces define assembly water yards of different sizes. Not only the heavy walls and light water contrast each other in visual and texture, the logic of colonnade also reduces the structural span, therefore reducing the cost indirectly. The high windows formed by slanted concrete plates introduce direct and indirect light to the water, incorporating swimming into the rhythm of architecture. The water courtyards are reminiscent of Rome bathing pool: same as bathing pools, swimming pools also have their function and culture.

Continuous Landscape
The third step is to make interaction between architecture and human landscape. The architecture not only frames the trees and students running on the playground in water's reflection, its high windows open

North Elevation

South Elevation

the roof to blue sky. Firstly, the grass slope facing the basketball court on the south is an extension of stone walls; secondly, it is a natural staircase to the activity plaza. The water courtyards on the south of the swimming hall become a broad semi-outdoor veranda. They combine the children paddling pool and the activity plaza and imply the restaurant and dormitory on the east.

A Breathing Building

The paradox of ordinary interior swimming pool is the heating assumption in winter and cooling assumption in summer, so the fourth step of design is to consider how to reduce the warm pools' size in winter and expand the swimming pools in summer. In that way, the energy assumption will be reduced largely. The architects believe that architecture should form a continuous space in the campus.

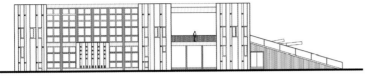

West Elevation

1. Small pool
2. Panorama from southeast corner

Diagram:
1. Slanted roof is installed with solar photovoltaic panels
2. Skylight can protect natural lighting in daytime and avoid direct solar radiation in summer
3. Extensive openings and skylights provide sufficient convection current in summer
4. Pools with different scales use different water exchange systems to reduce energy consumption
5. Warm water pool is located in the centre of the building. In winter the closed doors and windows will reduce energy loss

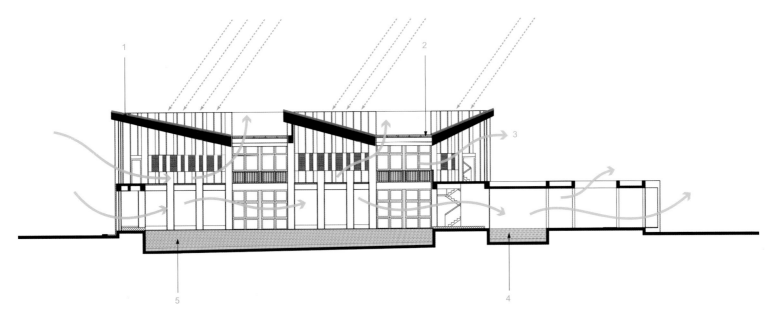

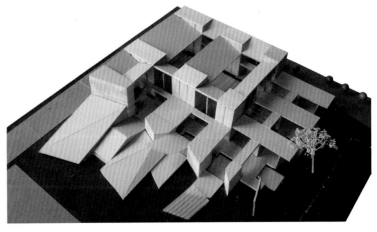

3. Grass slope
4. Sun shade
5. Details
6. Enframed scenery of small pool
7. Taking photographs from an elevated position
8. Vestibule

9. West elevation

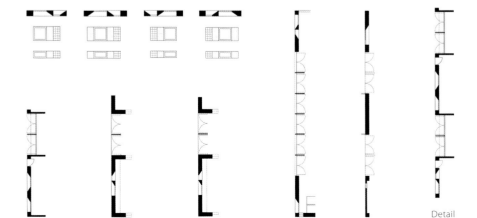

Detail

Detail:
1. On-site concrete roof panel, reserved to install solar photovoltaic panels
2. Windows with iron frames
3. Coloured mosaic veneering
4. Pierced block wall, with waterproof finishing
5. Cladding stone

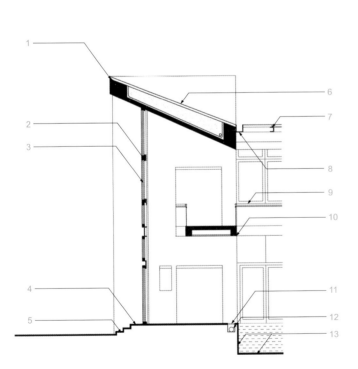

Detail:
1. Concrete beam, with transparent protection painting
2. Iron window frame
3. Openable glass window
4. Anti-skidding tile
5. Plain concrete external stairs
6. Concrete coverplate, with solar photovoltaic panels on the surface
7. Roof window C-type steel beam
8. C-type steel drainage channel
9. Iron bars
10. Mosaic veneering
11. Metal grids
12. Swimming pool edge drainage channel
13. Mosaic veneering of the pool

10

10. Gallery and infant pool
11. Intersection of large pool and small pool

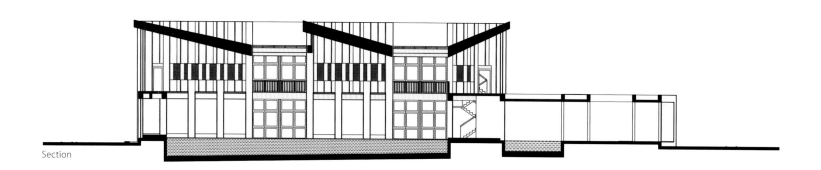

Section

11

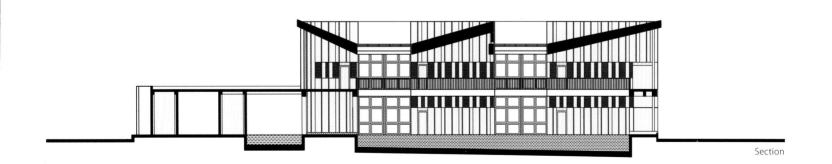

Section

12. Large pool
13. Upper lever of large pool

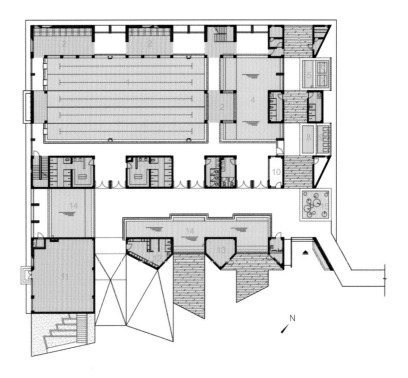

**Ground Floor Plan (Right above)
and First Floor Plan (Right):**
1. Swimming pool
2. Relaxing hall
3. Teacher's area
4. Central pool
5. SPA
6. Hot pool
7. Cold pool
8. Footbath
9. Shower
10. Management room
11. Locker room
12. Changing room
13. Shop
14. Small pool
15. Lotus pond
16. Gym
17. Above the swimming pool
18. Event space
19. Relaxing pavilion

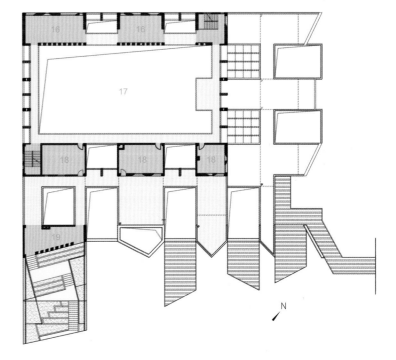

ZED PAVILION
Shanghai
Bill Dunster

Site Area: 900m²
Gross Floor Area: 2,500m²
Completion Time: 2010
Architect: Bill Dunster
Photographer: Emilioo Doiztua

The ZED pavilion enjoys an excellent position next to the west entrance of the former UBPA 2010 Shanghai World Expo site. This four-storey pavilion provides a 2,500-square-metre exhibition space, demonstrating that a step change reduction in our carbon footprint is possible, at the same time as achieving an increase in the overall quality of life for everyone. Explaining the health, lifestyle and commercial benefits that accompany this approach is one of the pavilion priorities.

The Shanghai Expo ZED pavilion was not only designed to be a zero-carbon building, it also provides the basis for a zero-carbon lifestyle. From food to clothing, transport to consumer goods, leisure activities and work practices, we need to consider the environmental impact of all human endeavours. The series of events, exhibitions and activities held in the pavilion informed and inspired visitors; showing that a zero-carbon lifestyle is possible, enjoyable, fun and rewarding.

ZED pavilion demonstrates a streetscape and two low-cost zero-carbon buildings as a vision of an ordinary mixed-use Chinese street of the future. All of the low-cost innovative building components were sourced in China, and ZED factory has established a supply chain to inform the longer term rollout of zero-carbon urbanism. With China building an area the size of London every year, the ZED factory model of collaboration with local industrial production ensures a successful delivery of workable zero-carbon projects, challenging the current international focus on large, infrastructure-heavy eco city projects, which require excessive up-front investment.

The Urban ZED process pioneered a step change reduction in resource consumption at the same time as offering a higher quality of life for most

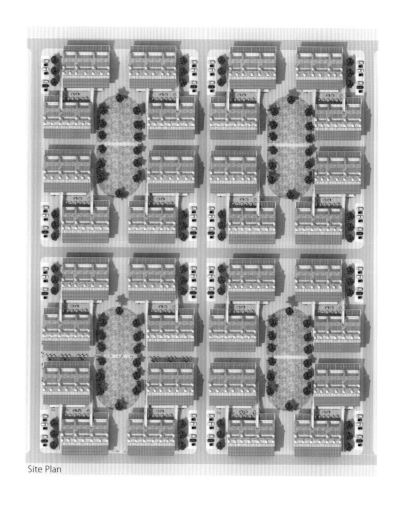

Site Plan

1. Ventilating cowl and PC solar photovoltaic panels
2. Aerial view
3. Walkway

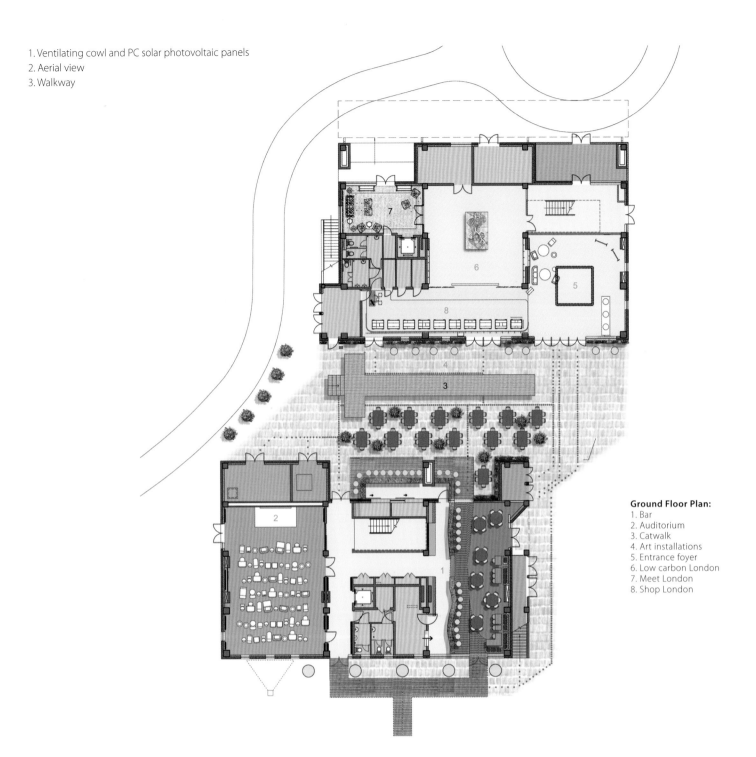

Ground Floor Plan:
1. Bar
2. Auditorium
3. Catwalk
4. Art installations
5. Entrance foyer
6. Low carbon London
7. Meet London
8. Shop London

residents. A conventional environmental approach can offer similar savings in resource consumption, but often asks the public to sacrifice something for the greater good. By taking organic farming principles further, we can re-think agriculture using ZEF methods to create viable and practical solutions. The results will increase the quality of life for ordinary people and ensure we live in a stable and peaceful society.

Bird's-Eye View Rendering

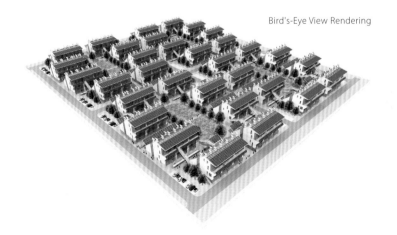

149

Wind cowls connected to a low-energy dehumidification system provide fresh, cool air without the need for power-hungry air conditioning systems. Residential duplex – south-facing rooms for solar gain and external balcony. PV panels provide electricity; Covered social space between buildings encourages neighbour interactions; A perfect place for a market, café or a place for children to play; All walls, floors and roofs have thermal mass set internally to regulate temperatures and a thick layer of insulation; Exhibition space is double-height – suitable for commercial use – shops and offices, and has cool north light to prevent overheating.

4, 5. ZED pavilion

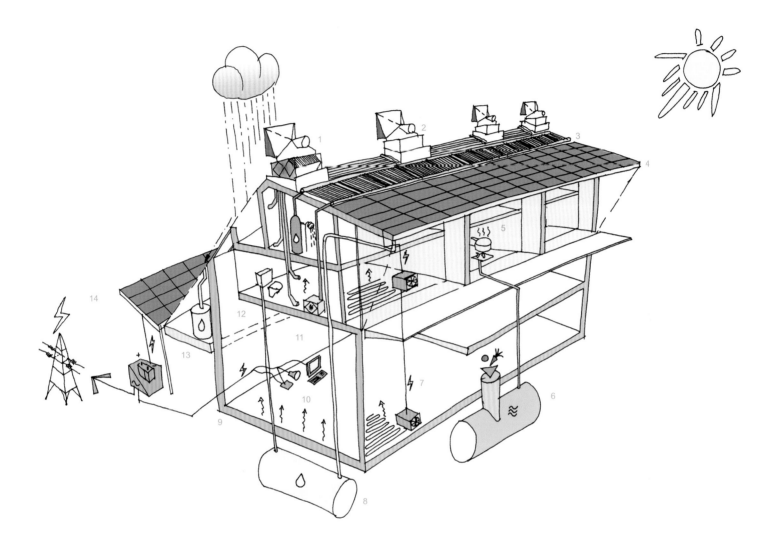

Energy Strategy Diagram (Above):
1. Wind cowl provides wind assisted ventilation with cool recovery
2. Solar hot water used for heating domestic hot water
3. Solar hot water and PV panels
4. Summer sun shaded/warming winter sun used for passive heating
5. Heating provided by occupancy and cooking in winter
6. Food and organic waster placed in biodigester used as gas for cooking
7. Underfloor heating and cooling circuit powered by PV generation
8. Rainwater used in low flush WCs
9. Air tightness line to ensure passive cooling/heating functions when windows are closed
10. PV power is inverted to mains voltage to power lights and appliances
11. Solar thermal unit used to dry dessicant material for passive cooling
12. Concrete in walls and ceilings for passive cooling
13. Rainwater collection for irrigation
14. PV used to charge batteries which can charge from the site wide grid or export to it depending on energy generation
15. Envelope surrounded by super insulation to keep warm in winter and cool in summer

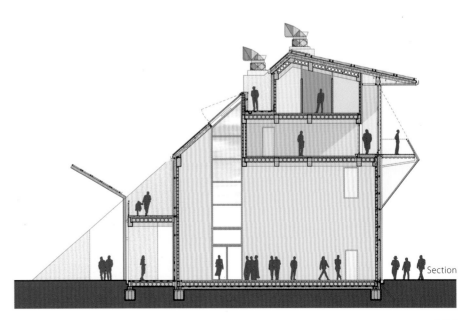

Section

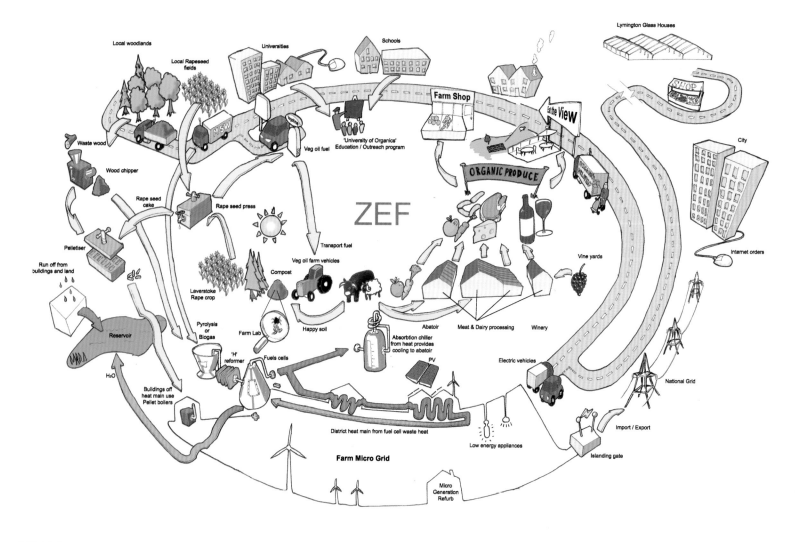

6. Night view
7. Solar photovoltaic panels
8. Block

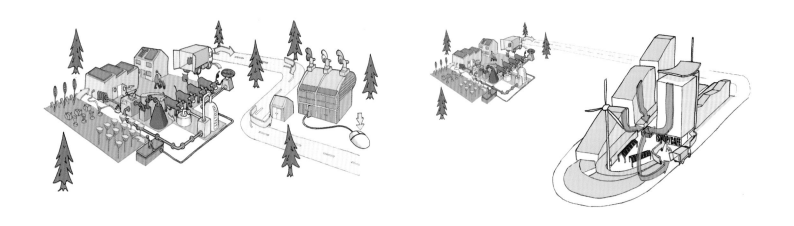

With an internal floor area of 111sqm, and an external seating area of over 200sqm, the bar is ideal for lunch, dinner and cocktail parties. The external bar also ties in perfectly with fashion shows held on the catwalk. Internal seating capacity is 62 and the external plaza can accommodate up to 92 guests. The undulating, organically formed suspended ceiling, created from recycled glass bottles, covers the entirety of the bar's ceiling. Lit from above this sculptural piece creates a diffused, mottled light effect in the bar area.

If this room represents the world's people and every chair represents an individual, every individual can have a unique identity, which is created within a fair share of our collective natural resources. These chairs are made from low-carbon or discarded materials. The artist's inventiveness bestows their unique identity, creating an alternative aesthetic to consumer culture and allowing everyone to be different without costing the earth.

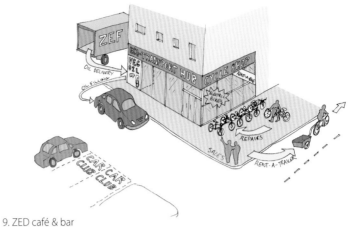

9. ZED café & bar
10. ZED exhibition hall
11. Environmental furniture in ZED designed by students from the Central Academy of Fine Arts

155

NANJING ZIDONG INTERNATIONAL INVESTMENT SERVICE CENTRE OFFICE BUILDING

Nanjing Zidong International Creative Park, Zijin Mountain, Nanjing, Jiangsu Province
FU Xiao / IA studio, Institute of Architecture and Urban Planning of Nanjing University

Gross Floor Area: 2,512m²
Design/Completion Time: 2010/2010
Architect: FU Xiao / IA studio, Institute of Architecture and Urban Planning of Nanjing University
Photographer: YAO Li

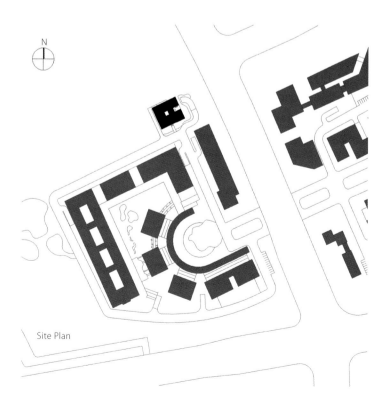

Site Plan

Programme

Hall, lounge hall, multi-media presentation room, twelve offices, open office space, two medium conference rooms, a restaurant and a kitchen

Concern

Taking effective measures to save energy

Strategies

1. Adopt PV power generation system to provide indoor landscape lighting and outdoor lighting.
2. Adopt the solar water heater to provide hot water for the washroom, kitchen and bathroom.
3. Put the courtyard in the middle to provide natural ventilation.
4. The ground floor is built on stilts to prevent from damp.
5. GRC integrated external wall insulation systems, prefabricated - modelling, easy to set, less maintenance, reducing the waste of material.
6. Use of ground source heat pump systems to reduce the costs of air conditioning running.
7. Adopt Low-E double course glass, electrical sun-shading louvre and folding curtain.

External Material

GRC integrated external wall insulation systems, Low-E double course glass, sun-shading louvre and folding curtain

Storey

Two floors, the first floor can be changed to the mezzanine by the client.

1. The main entrance detail
2. The main entrance

Southeast Elevation

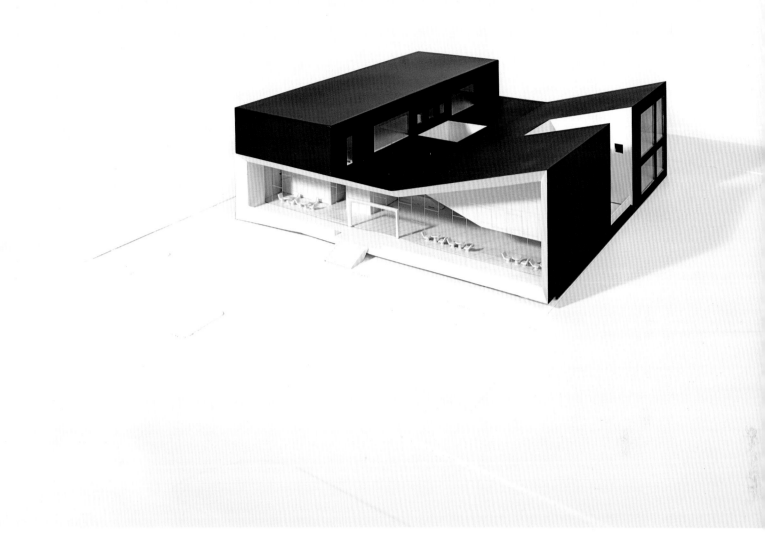

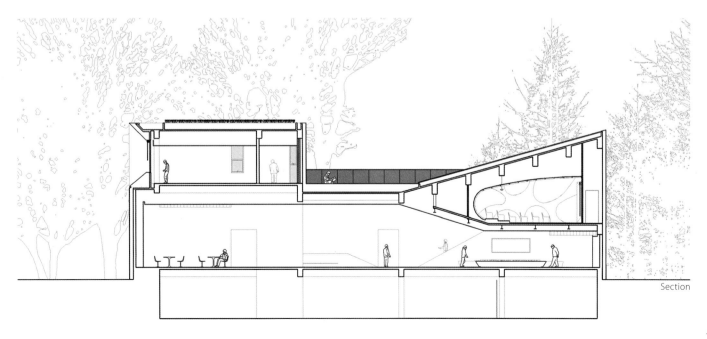

Section

Space Subdivision

Lift
The solar energy PV power panel and solar energy water heater can be placed on the abat-vent

Courtyard Implanted
Put the courtyard in the middle to provide natural ventilation and lighting

Overhead
The ground floor overhead in order to insure natural ventilation and keep dry

Concave
The concave shape provides shading for the building

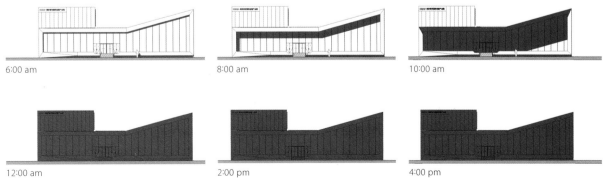

6:00 am

8:00 am

10:00 am

Southeast Elevation
Analysis of Sun-Shade

12:00 am

2:00 pm

4:00 pm

5

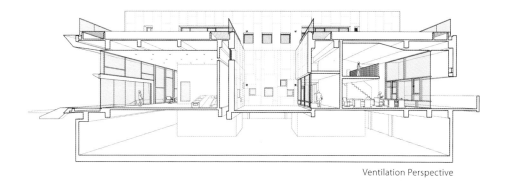

Ventilation Perspective

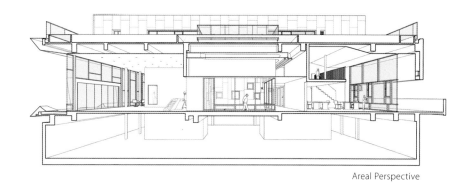

Areal Perspective

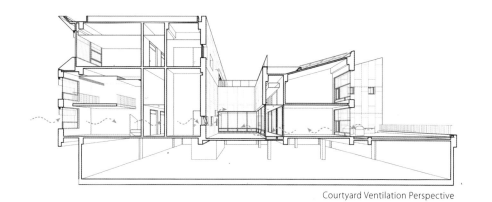

Courtyard Ventilation Perspective

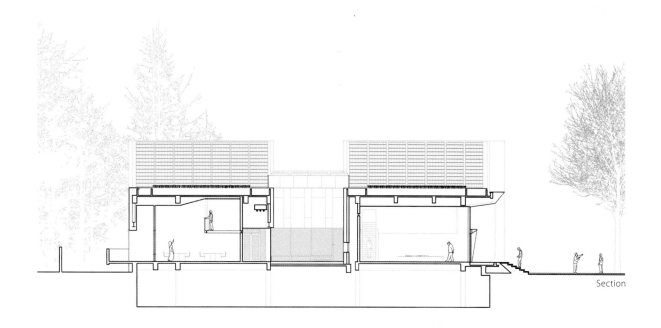

Section

163

**Ground Floor Plan
(Below Left) and
First Floor Plan
(Below Right):**
1. Entrance platform
2. Hall
3. Reception
4. Model showtable
5. Lounge hall
6. Courtyard
7. Office
8. Meeting room
9. Courtyard
10. Cook room
11. Dining room
12. Restroom
13. Bathing box
14. Shower
15. Ventilated caity
16. Air condition well
17. Negotiating room
18. Power device
19. Fire control room
20. Store
21. Lounge
22. Void
23. Planted roof

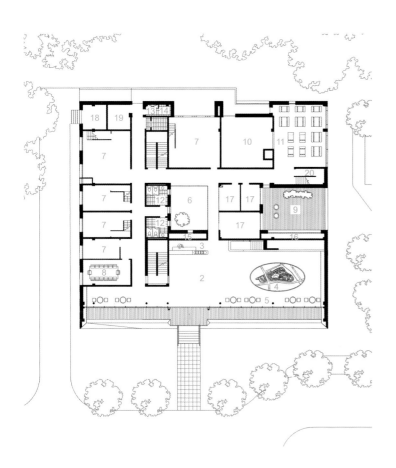

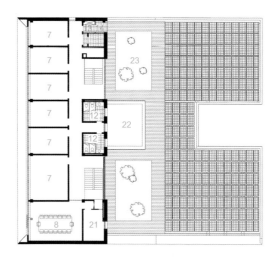

6. Hall
7. View of the roof garden from the stairs

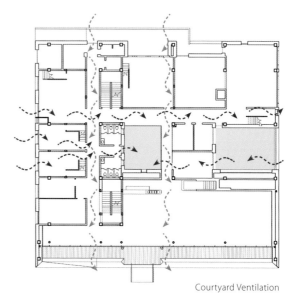

Courtyard Ventilation

165

HUAWEI RESEARCH AND DEVELOPMENT PARK
Nanjing, Jiangsu Province
RMJM

Site Area: 279,000m²
Gross Floor Area: 332,000m²
Completion Time: 2010
Architect: RMJM
Photographer: Jason Findley
Client: Huawei Technologies Company Limited

The Huawei Research and Development Park incorporates offices, laboratories, a data centre and civic plaza and is located to the south of Nanjing, one of the four great ancient capitals of China. The design incorporates a simple, orthogonally arranged architectural composition, with the focus on the sustainable performance and technical aspects of the scheme.

The masterplanning of the site has a synergy with the relationship between the history of Nanjing, the nearby Purple Mountain and the tranquility of the Yangtze River. Integral to the scheme is the integration of the natural typography of the surrounding hills and valleys, with the landscaping being brought through the scheme, blurring the edges between the built and soft environment.

This scheme is a new campus development for China's leading telecoms manufacturer, Huawei Technologies. The project incorporates research office and laboratory accommodation for 10,000 technical staff together with supporting canteen and data centre facilities.

The design proposes a low-rise, orthogonally arranged architectural composition of L-shaped structures to create a series of interlocking courtyards and prioritises harmony with its physical and climatic surroundings.

The building envelopes incorporate extensive solar shading to reduce heat gains and minimise the energy required for cooling purposes. Over 7,000 windows operate through an automated building control system that switches between air conditioning and full natural ventilation modes as external conditions alter. The extensive roof areas provide rainwater harvesting with the water naturally filtered on site through reed beds and providing 100% capacity for all landscape and irrigation requirements year round.

1. Façade detail
2. Night view

3

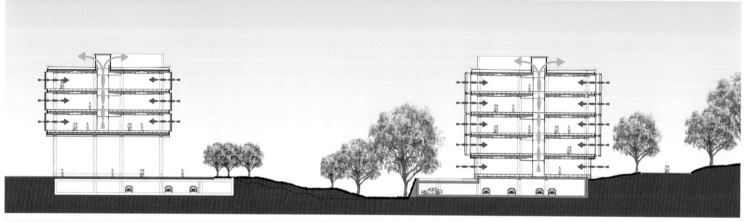

Site Plan:
1. Central landscape feature
2. Reception pavilion
3. Civic plaza
4. Canteen facilities
5. Office & laboratory
   accommodation
6. Training facility
7. Primary entrance gatehouse
8. Secondary entrance gatehouse
9. Demountable office
10. Library
11. Treasury
12. Confidential rooms
13. Data centre

4. Façade
5. Structure
6. Windows
7. Dining room
8. Bridge
9. Corridor

172

6

9

ALIBABA HEADQUARTERS
Hangzhou, Zhejiang Province
HASSELL

Gross Floor Area: 150,000m²
Completion Time: 2009
Floors: Four to seven storeys
Architect: HASSELL
Photographer: Peter Bennetts
Awards: 2011 HKDA Global Design Awards - Bronze Award - Office;
2011 Asia Pacific Property Awards - Highly Commended - Office Architecture China

The dynamic campus accommodates approximately 9,000 Alibaba employees and has been designed to reflect the interconnection, diversity and vitality of the company.

The master plan principles for the Headquarters are based on the concepts of connectivity, clarity and community – concepts that are also vital to Alibaba's e-commerce business. These principles guided all design decisions from the single workstation to the greater workplace community.

Site Plan:
1. Arrival plaza
2. Ali commons
3. Courtyard
4. Information field
5. Service road
6. Multi-purpose sport court
7. tennis court
8. Running track
9. Structural water body
10. Green belt
11. Roof terrace

The campus is arranged around a central open space or "common" surrounded by a cluster of buildings or "neighbourhoods" that vary in height from four to seven storeys.

The built form and the designed "spaces between places" are integrated so that each defines the other. The grand central space is complemented by a series of more intimate gardens that nurture the individual within the larger corporate community. The humanised scale of the built form and the long, narrow floor plates help to create a strong sense of place at a legible scale, and establish physical connection throughout the campus. Visual permeability – or the ability to see into and across the major courtyards into other parts of the complex – is also key to achieving the sense of community and connectivity.

The Hangzhou context has been embraced with garden networks and sunshading screens that represent Chinese ice-pattern window screens which are prominent throughout the city's renowned historical gardens. The sustainable design incorporates features to minimise the campus' environmental impacts while maximising its contribution to the health, wellbeing and productivity of its population.

The flexible, open plan workplace has been designed to be a positive and healthy environment that encourages informal and creative meetings throughout the complex. Hubs, internal and external streets, bridges, roof terraces and strategically placed destination points contribute to the collaborative nature of the workplace. Buildings and floorplates have been arranged and the façade has been designed to maximise access to natural light and air flow to all workstations. Horizontal sunshades on the south façade cut out mid-afternoon sun, reducing the need for cooling. Vertical sunshades cut out western sun and openable windows on opposite façades promote cross ventilation.

Main Eco Features

1. Climatic Characteristics of Its Location:

Located in Hangzhou, Zhejiang, China, which is characterised by a humid subtropical climate with four distinctive seasons, including very hot, humid summers, and chilly, cloudy and dry winters.

2. Atrium Design Strategy:

The built form and the design "spaces between places" are integrated so that each defines the other.

3. Green Materials and Equipments Involved:

The planning and building design promotes passive ESD features, including the use of daylight and shading in the occupied spaces, for energy savings. Low-E glass was also installed for the project.

4. Indoor Physical Environmental Strategy:

Horizontal sunshades on the south façade cut out mid-afternoon sun, reducing the need for cooling. Vertical sunshades cut out western sun and openable windows on opposite façades promote cross ventilation.

5. Other Eco Features:

The heat transmittance factor, solar shading coefficient and the daylight accessibility all comply with the requirements of China's latest energy-saving design standards and bearing in mind the weather conditions in Hangzhou.

1. Detail of façade
2. Full view of the façade

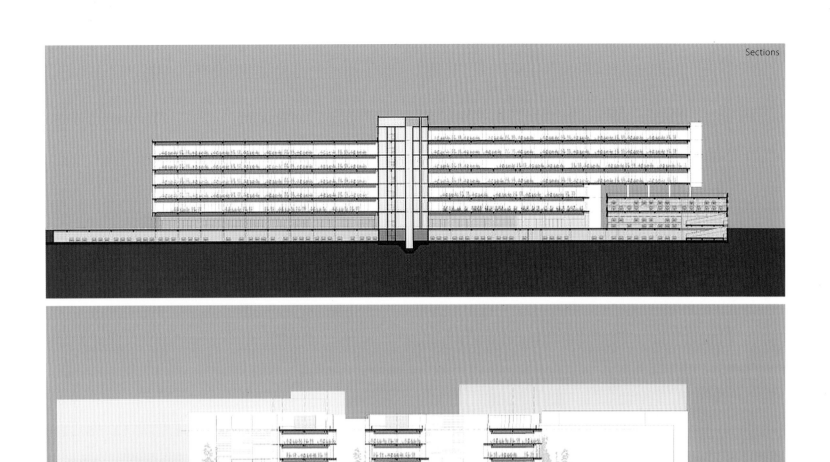

Sections

3. Activity hub
4. Building elevation

5

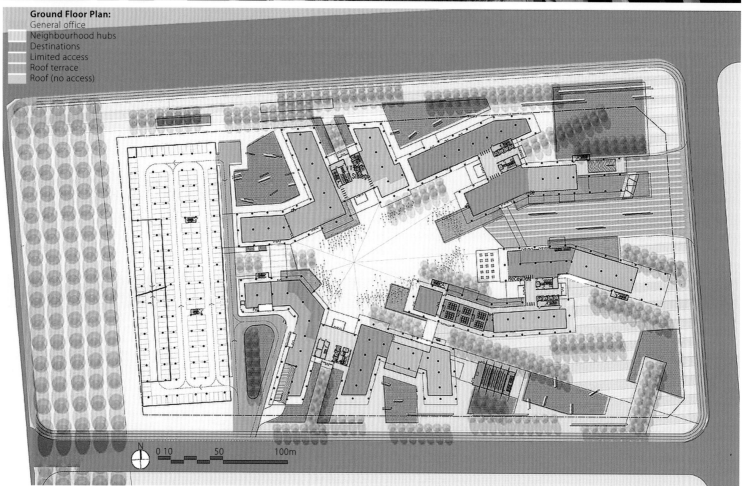

Ground Floor Plan:
General office
Neighbourhood hubs
Destinations
Limited access
Roof terrace
Roof (no access)

N   0 10   50   100m

182

5, 6. Landscape

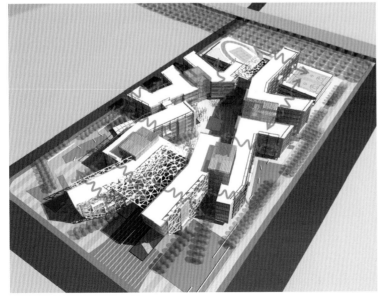

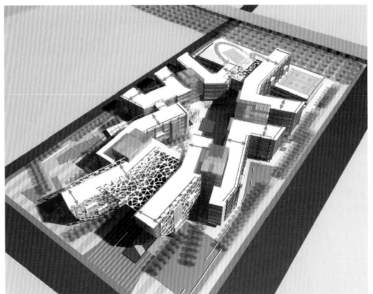

183

SHANGHAI INTERNATIONAL CRUISE TERMINAL
Shanghai
SPARCH

Gross Floor Area: 263,448m²
Completion Time: 2010
Architect: SPARCH
Photographer: Christian Richters, Johnson Xu

The design of the architecture for the cruise terminal site considered the Herculean scale of the cruise ships that will dock alongside. The brief required that 50% of the total construction area be placed underground, including the cruise terminal passenger facilities (planned by Frank Repas Architects), thus freeing up most of the site as a green park terracing down to the water's edge. This development also represents a first in Shanghai for sustainability, incorporating "River Water Cooling Technology"– utilising water from the Huang Pu River as a refrigerant to cool and thereby greatly reduce the buildings' energy consumption during the summer months.

SPARCH's challenge was how to deal with the "under world" as well the architecture rising out of it. Their solution was to create ambiguity as to where the ground plane is, by opening up a honeycomb of sunken courtyards. The buildings appear to disappear into these sculpted holes, providing abundant opportunities to explore connections between the ground and "lower ground" levels. The concept also explored the idea of ripples in the landscape being amplified into standing crystal waves that wrap over the buildings (see concept model). This augmented over time into a second skin that protects the commercial office spaces from their due south orientation, and is populated with semi-outdoor balcony spaces overlooking the Huangpu River. The river front faces the city, and illuminates at night into a herring bone array of delicate curved masts

that tie the pavilion buildings together. An intriguing gap appears in the middle – a glazed table top supports amorphous pods on cables. One-, two- and four-storey pods contain cafés, bars and restaurants, hovering over a public performance space below. There is a symbiosis between Shanghai's fun – loving desire for diversity, and SPARCH's approach to design, which has made this architecture a reality.

The quest was to create one "Chorus Line" structure, of an appropriate scale that would sit comfortably beside three 80,000-tonne cruise ships that will dock alongside. This question of scale is also critical in terms of how the scheme is perceived from Shanghai's famous Bund to the south. The scheme needed to have a strong visual presence to be considered a 21st century continuation of the Bund. The response was to wrap the buildings in a fluid steel and glass solar skin, visually tying the accommodation together, and creating a continuous Winter Garden gallery space, which will contain green hanging gardens. The glass façades peel out along the base to shelter a pedestrian route along the newly formed public park.

The lights have just been switched on, exposing a delightful layer of "Amethyst" crystal balconies inside a 400-metre-long herringbone steel and glass skin, clearly visible from the historical Bund to the south.

2

1. Entrance
2. Panorama

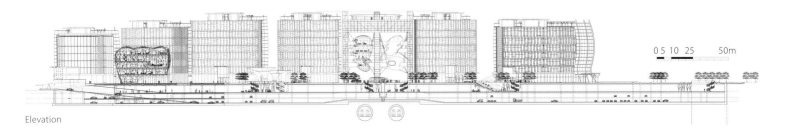

Elevation

0 5 10 25   50m

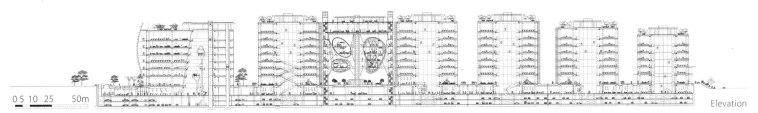

0 5 10 25   50m

Elevation

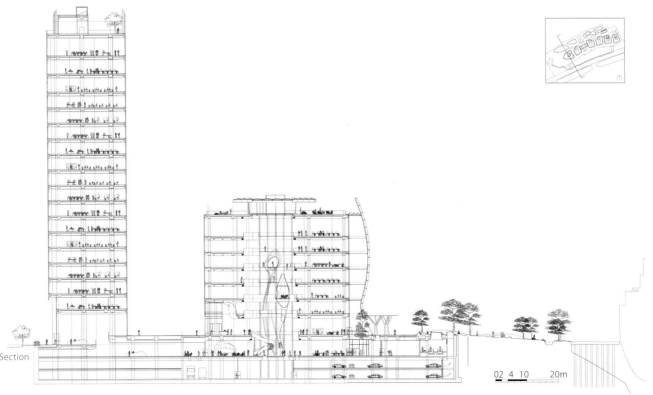

Section

02 4 10   20m

3. Gallery building
4, 5. Atrium view

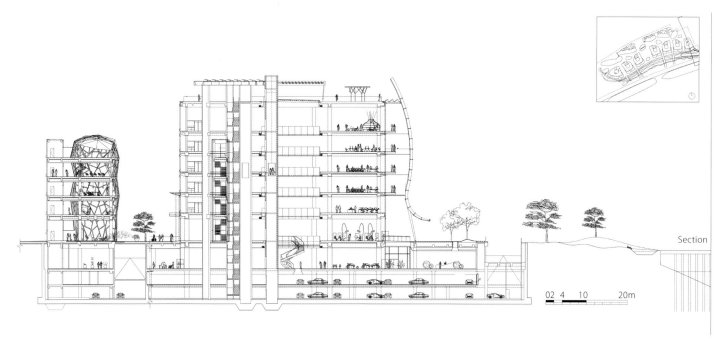

Section

02 4 10   20m

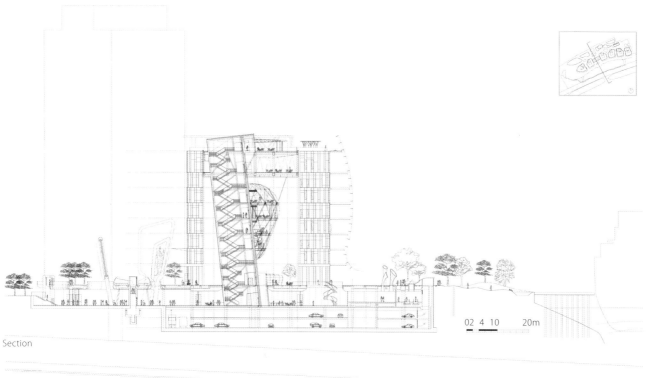

Section

02 4 10   20m

Section of Chandelier

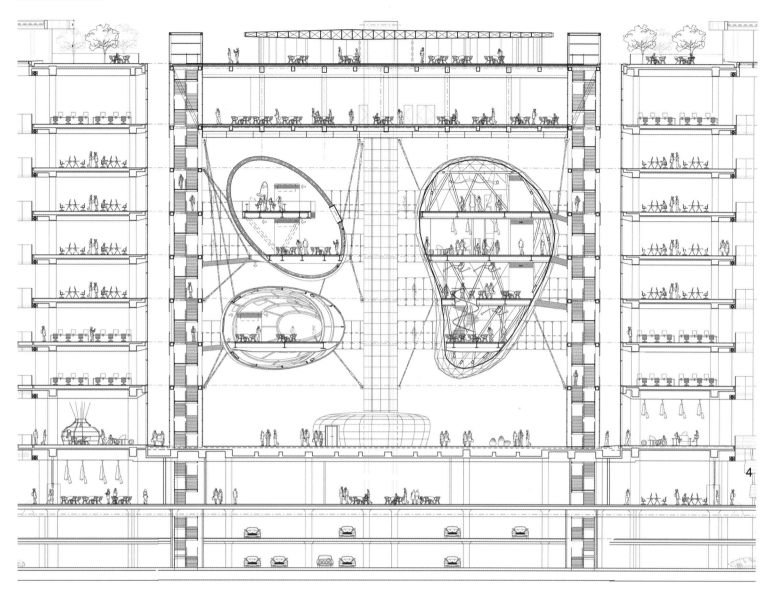

6-8. Chandeliers

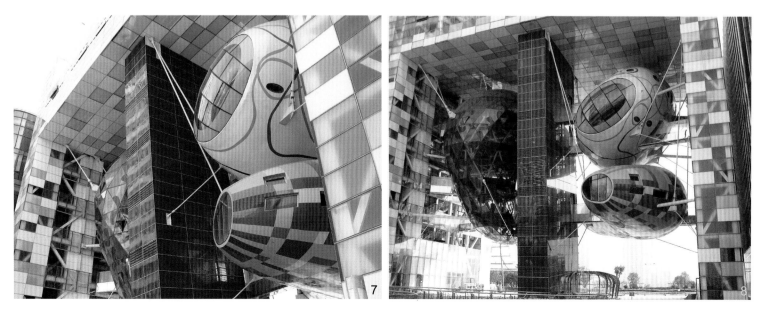

9. Courtyard
10. Façade

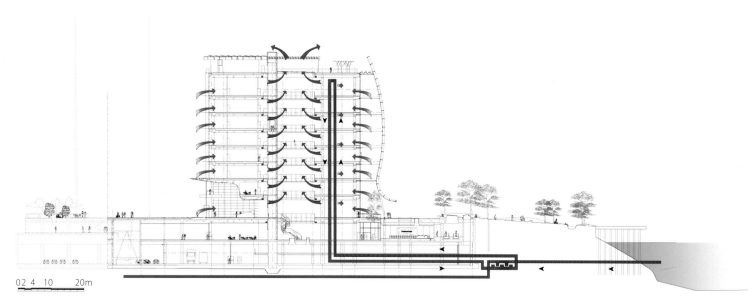

0 2 4 10   20m

VANKE CENTRE
Shenzhen
Steven Holl Architects

Gross Floor Area: 120,445m²
Public Green Space: 47,288m²
Completion Time: 2009
Architect: Steven Holl Architects
Associate Architects: CCDI
Photographer: SHU He, Steven Holl Architects
Awards : AIA NY Architecture Honour Award, USA, 2010

The building appears as if it were once floating on a higher sea that has now subsided; leaving the structure propped up high on eight legs. The decision to float one large structure right under the 35-metre height limit, instead of several smaller structures each catering to a specific programme, generates the largest possible green space open to the public on the ground level.

As a tropical strategy, the building and the landscape integrate several new sustainable aspects. A micro-climate is created by cooling ponds fed by a greywater system. The building has a green roof with solar panels and uses local materials such as bamboo. The glass façade of the building will be protected against the sun and wind by porous louvres. The building is a Tsunami-proof hovering architecture that creates a porous micro-climate of public open landscape. Simultaneously, the Vanke Centre will be the first, highest rated USGBC, LEED Platinum Certified Project in China.

Renewable Materials

Bamboo – This highly renewable material, which is easily available in China, is used for doors, floors, and furniture throughout the Vanke Headquarters instead of using raw materials or exotic woods.

Green Carpet – InterfaceFLOR Carpet tiles are used throughout the open office area. This carpet is a cradle-to-cradle product, meaning that it is not only produced from recycled materials, but that the manufacturer agrees to collect any damaged carpet and to recycle it into other carpet or products. This carpet contains a GlasBac®RE backing that has an average of 55% total recycled content with a minimum of 18% post-consumer recycled content. It uses recycled vinyl backing from reclaimed carpet tiles and manufacturing waste.

Non-toxic Paint – All paint finishes, as well as the millwork and adhesives are to be low or free of V.O.C (Volatile Organic Compounds) – like phenols and formaldehyde – which can cause various health and environmental problems.

Greenscreen Shading – The Vanke Headquarters uses Greenscreen solar shading fabrics from Nysan – a PVC-free product that contains no V.O.C. (Volatile Organic Compounds). Not only does the product not "off-gas" during its life time, but it is also easier and quicker to recycle and divert to landfills.

VANKE EASTERN BEACH
万科东海岸

Site Plan

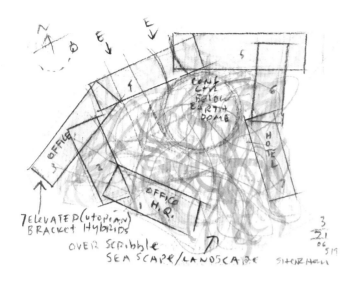

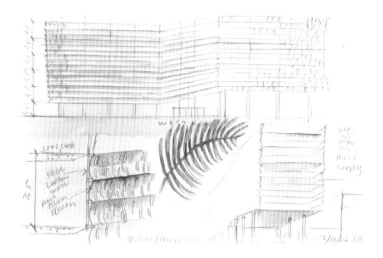

Sustainable Site

The building is sited on reclaimed/stabilised land that forms part of the municipal storm water management system. The lagoon functions as bio-swale/retention pond connected to several adjacent creeks. Part of the landscape architecture water edge proposal designed by Steven Holl Architects is the redesign the municipal landscape bulkhead into a soft-edge planted estuary. As a restorative ecology, the Vanke Centre landscape works to maintain native ecosystems to minimise run-off, erosion and environmental damage associated with conventional modes of development.

The project is both a building and a landscape, a delicate intertwining of sophisticated engineering and the natural environment. By raising the building off of the ground plane, an open, publicly accessible park creates new social space in an otherwise closed and privatised community.

The site area is approximately 60,000 square metres: of which 45,000 square metres is planted. With the addition of the planted roof area of the main building (approximately 15,000 square metres) – the total planted area of the project is roughly equal to the site before development.

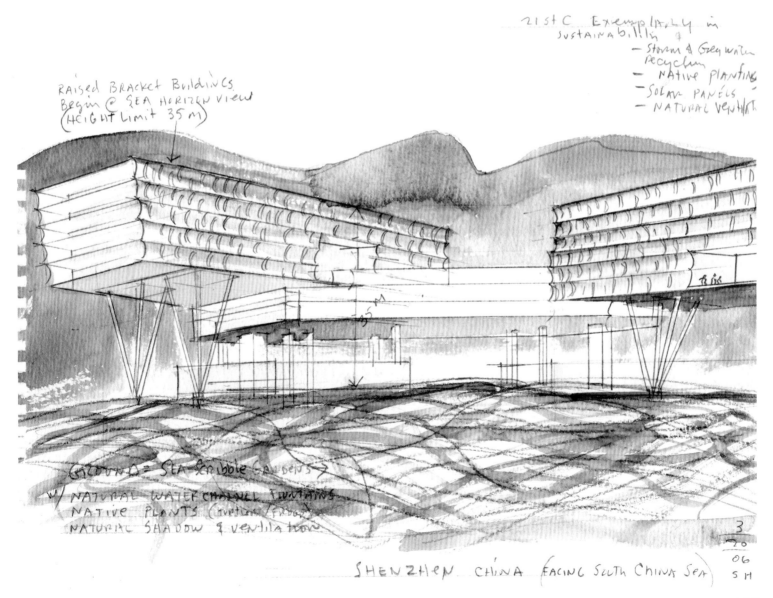

197

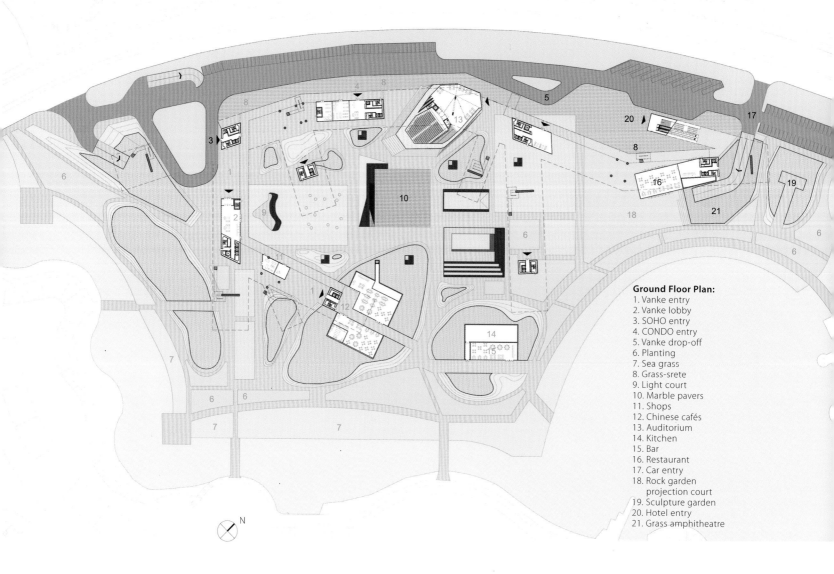

Ground Floor Plan:
1. Vanke entry
2. Vanke lobby
3. SOHO entry
4. CONDO entry
5. Vanke drop-off
6. Planting
7. Sea grass
8. Grass-srete
9. Light court
10. Marble pavers
11. Shops
12. Chinese cafés
13. Auditorium
14. Kitchen
15. Bar
16. Restaurant
17. Car entry
18. Rock garden
    projection court
19. Sculpture garden
20. Hotel entry
21. Grass amphitheatre

N

1. Elevation detail
2. Overview under
   construction

2

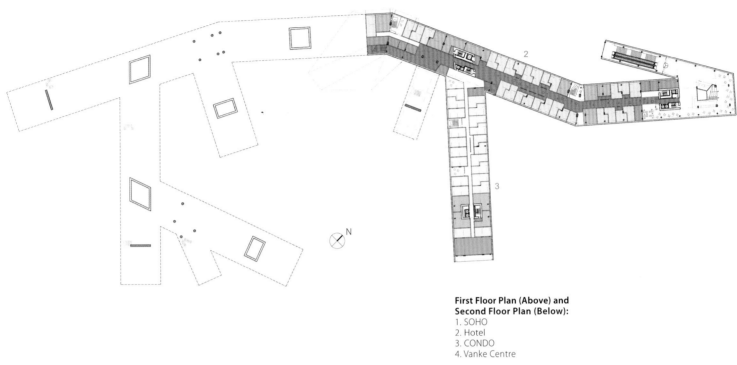

**First Floor Plan (Above) and
Second Floor Plan (Below):**
1. SOHO
2. Hotel
3. CONDO
4. Vanke Centre

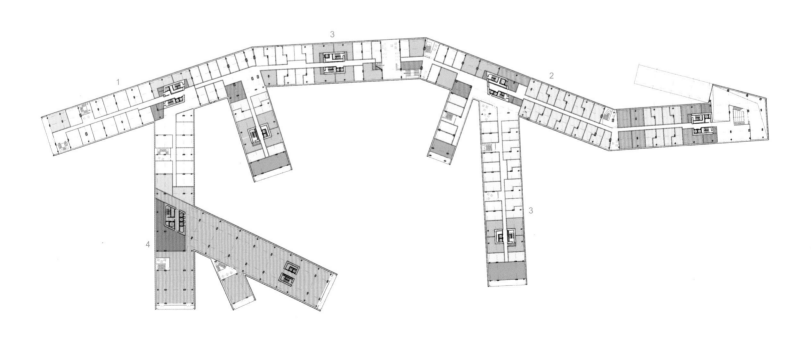

3. Elevation
4. Landscape of outdoor
   CONDO lobby

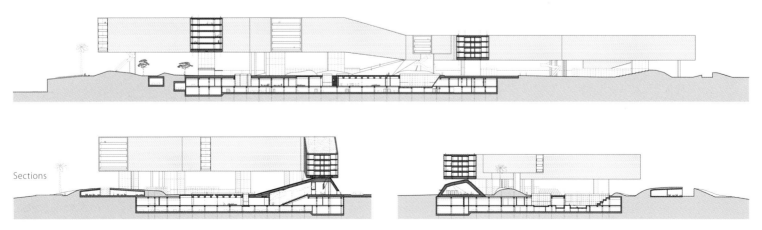

Sections

200

4

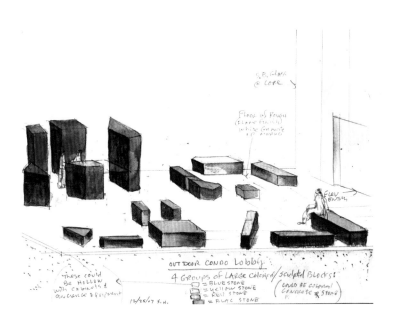

OUTDOOR CONDO LOBBY
4 GROUPS OF LARGE COLORED/SCULPTED BLOCKS:

☐ = BLUESTONE
☐ = YELLOW STONE
☐ = RED STONE
☐ = BLAC STONE

(COULD BE COLORED CONCRETE & STONE)

THESE COULD BE HOLLOW WITH CABINETS & CONCEALED EQUIPMENT

FLOOR OF ROUGH (BLOCK FINISH) WHITE CONCRETE + PAVING

ELEV ENTRY

12/25/07 S.H.

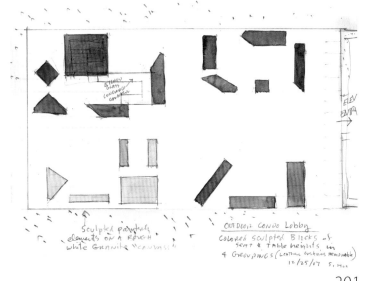

SCULPTED PAINTERLY ELEMENTS ON A ROUGH WHITE GRANITE "CANVAS"

OUTDOOR CONDO LOBBY
COLORED SCULPTED BLOCKS @ SEAT & TABLE HEIGHTS IN 4 GROUPINGS (LEATHER CUSHIONS REMOVABLE)

12/25/07 S.H.

Sections:
1. Grass roof
2. Exposed concrete ceiling
3. Operable window
4. Exterior shading
5. Aluminium panels
6. Raised floor
7. Exposed concrete radiant ceiling

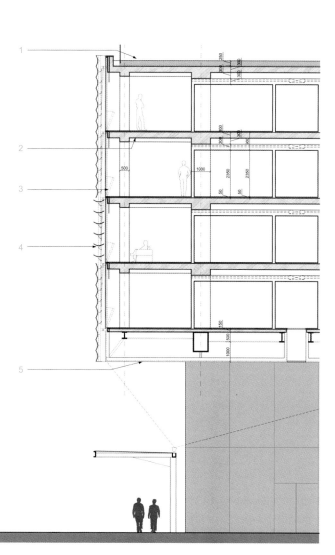

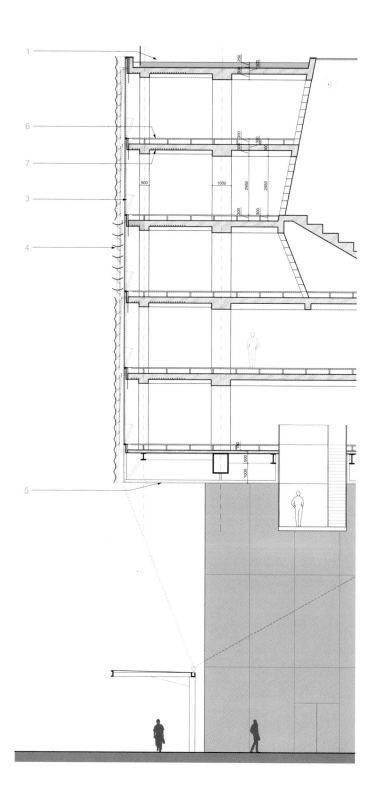

5. Elevation

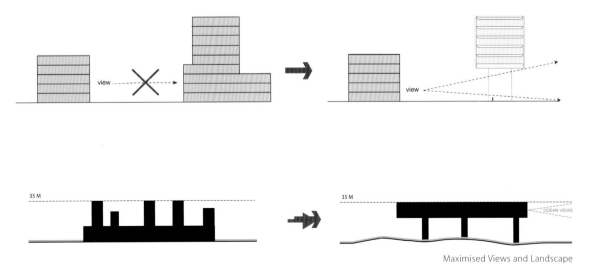

Maximised Views and Landscape

**Wall Section at Parapet
(This Page and Facing Right):**
1. Operable perforated anodised
   aluminium louvres 275mm×2000mm
2. Anodised aluminium louvre bracket
3. Painted steel louvre frame
4. Painted steel bracket
5. Sensor-controlled hydraulic piston
6. Operable window
7. Insulating glazing unit
   with solar control coating
8. Curtain wall frame
9. Aluminium cover with
   fire insulation infill
10. Painted steel catwalk
11. Insulating glazing unit with
    acid-etched fire resistant glass
12. Room darkening shade
13. Floor diffuser
14. Modular raised flooring system
15. Façade automation control
    box monitors interior/exterior
    environment sensor
16. Aluminium coping
17. Waterproofing membrane
18. Drain
19. Modular planting system
20. Insulating glazing unit
21. Metal panel shadow box
22. Painted aluminium soffit panels

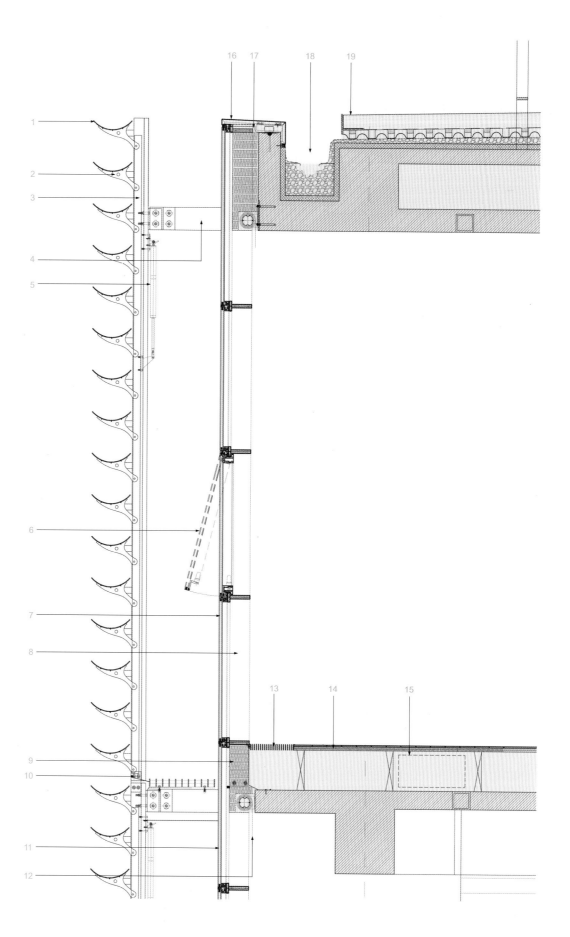

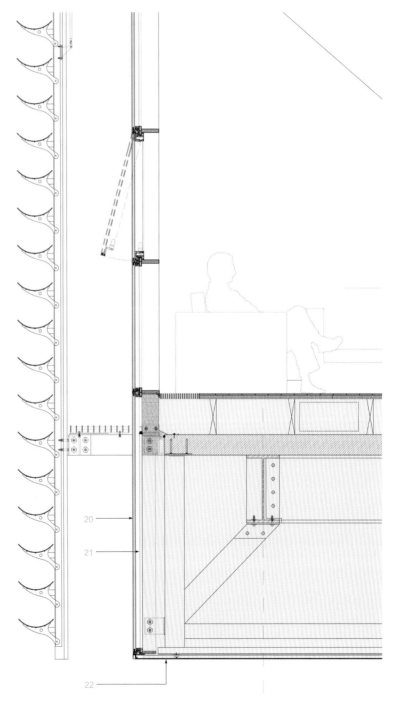

20

21

22

6, 7. Glass shadow

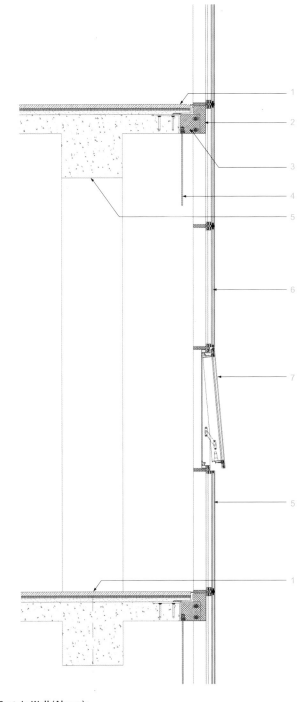

Curtain Wall (Above):
1. Floor finish
2. Aluminium panel shadow box
3. Fire insulation infill
4. Fire separation laminated glass
5. Exposed concrete
6. Exterior glass with steel back-up behind
7. Operable window

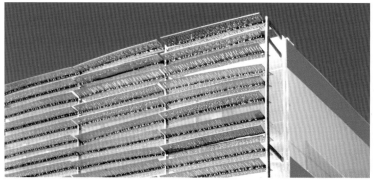

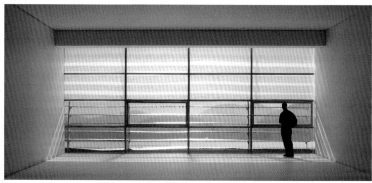

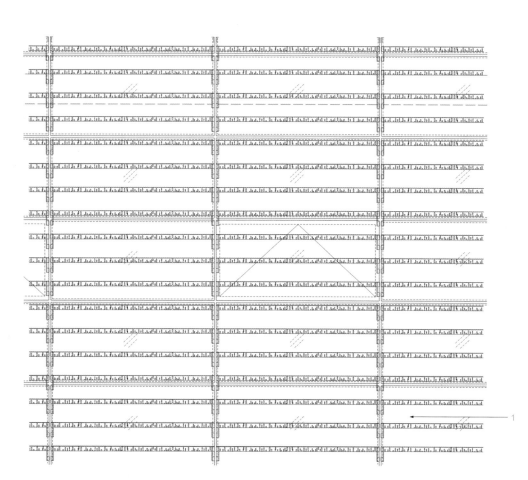

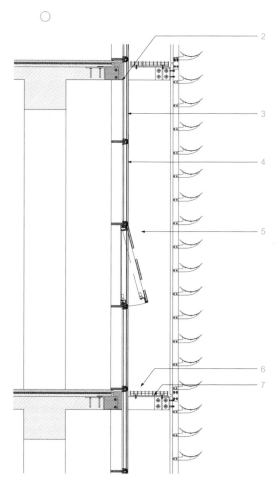

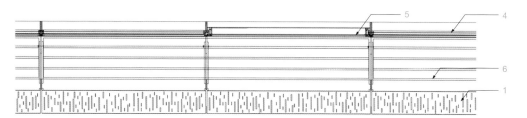

Fixed Louvres
(These 3 and facing Below 3):
1. Exterior shade panel
2. Aluminium panel shadow box
3. Fire separation laminated glass
4. Exterior structural glazing
   with steel back-up behind
5. Operable window
6. Steel grating catwalk
7. Steel bracket

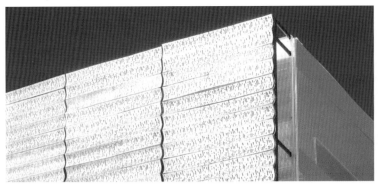

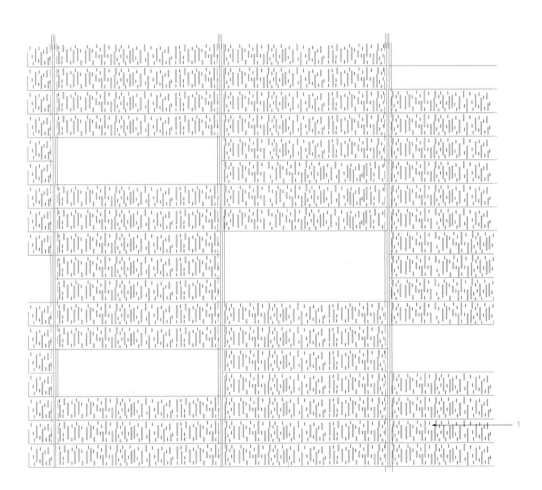
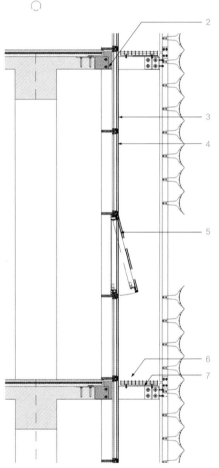
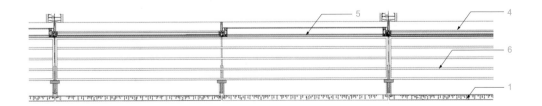

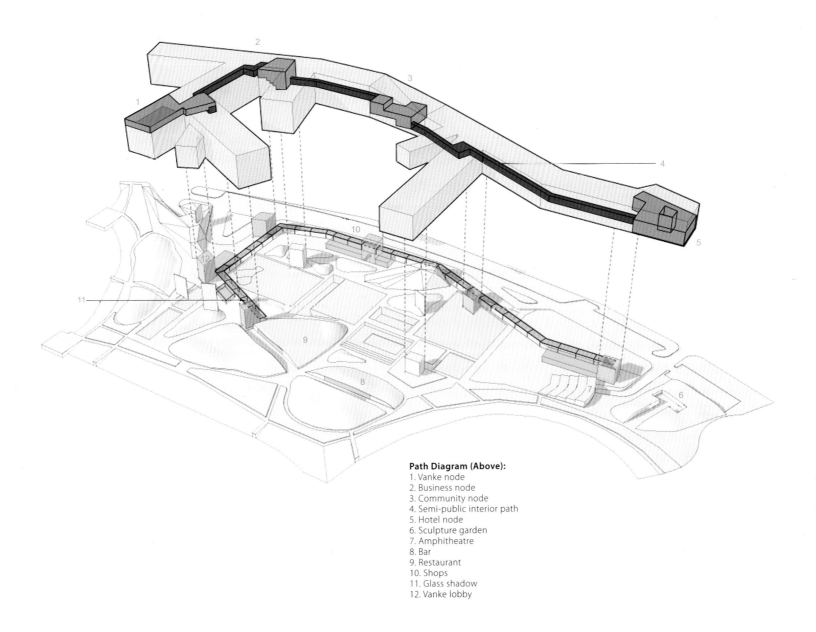

Path Diagram (Above):
1. Vanke node
2. Business node
3. Community node
4. Semi-public interior path
5. Hotel node
6. Sculpture garden
7. Amphitheatre
8. Bar
9. Restaurant
10. Shops
11. Glass shadow
12. Vanke lobby

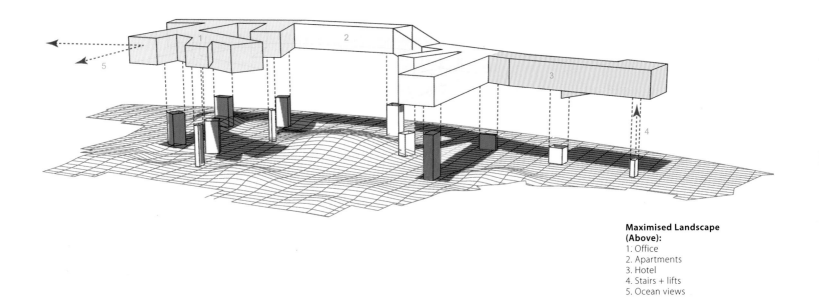

Maximised Landscape (Above):
1. Office
2. Apartments
3. Hotel
4. Stairs + lifts
5. Ocean views

8. Day view
9. Night view

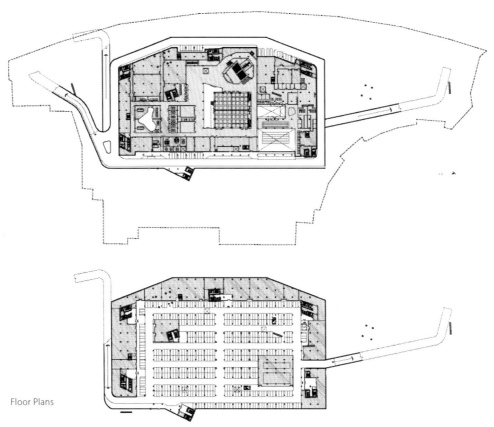

Floor Plans

11

12

10. Interior
11. Stairs
12. Lifts

LINKED HYBRID
Beijing
Steven Holl Architects

Site Area: 220,000m²
Completion Time: 2008
Architect: Steven Holl Architects
Photographer: Andy Ryan, Iwan Baan, Shu He
Award: 2009 "Best Tall Building" in Asia & Australia Category

The 220,000-square-metre Linked Hybrid complex includes eight towers linked by a ring of eight skybridges housing a variety of public functions. The complex is located adjacent to the former city perimeter of Beijing. To counter current urban development trends in China, the complex forms a new 21st century porous urban space, inviting and open to the public from every side. In addition to more than 750 apartments, the complex includes public, commercial, and recreational facilities as well as a hotel and school. With sitelines around, over, and through multifaceted spatial layers, this "city within a city" has – as one of its central aims – the concept of public space within an urban environment, and can support all the activities and programmes for the daily lives of over 2,500 inhabitants.

The ground level offers a number of open passages for all people (residents and visitors) to walk through. These passages include "micro-urbanisms" of small scale shops which also activate the urban space surrounding the large central reflecting pond. On the intermediate level of the lower buildings, public roof gardens offer tranquil green spaces, and at the top of the eight residential towers private roof gardens are connected to the penthouses. All public functions on the ground level, including a restaurant, hotel, Montessori school, kindergarten, and cinema, have connections with the green spaces surrounding and penetrating the project. Lifts displace like a "jump cut" to another series of passages on higher levels. From the 18th floor a multi-functional series of skybridges with a swimming pool, a fitness room, a café, a gallery, etc. connects

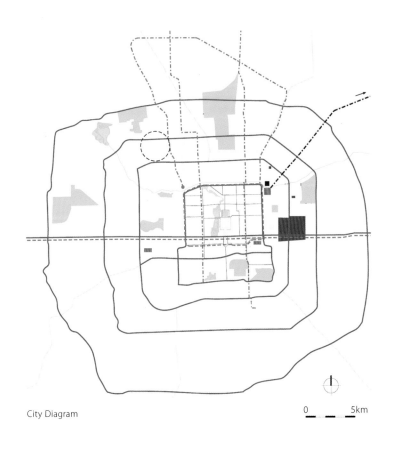

City Diagram

0 ___ 5km

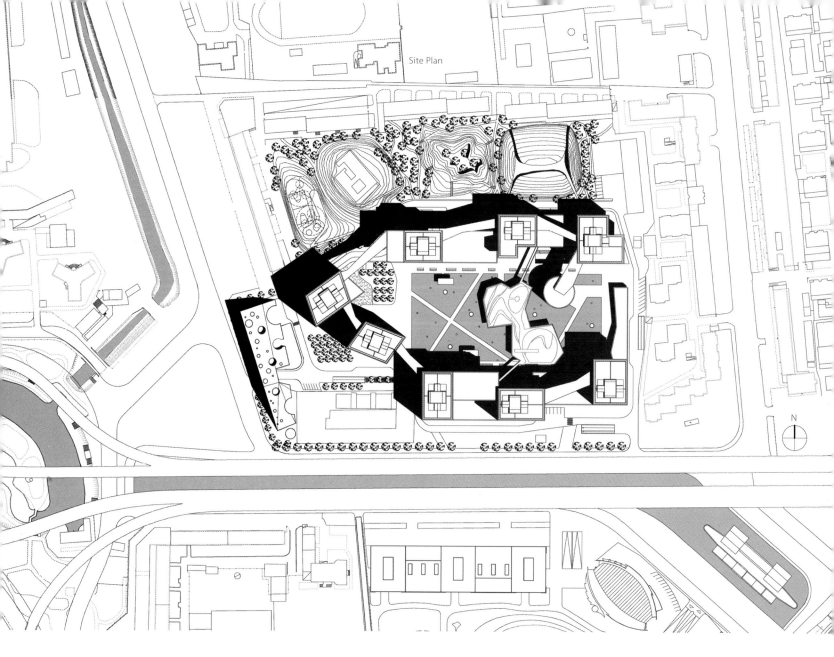

Site Plan

the eight residential towers and the hotel tower, and offers views over the unfolding city. Programmatically this loop aspires to be semi-lattice-like rather than simplistically linear. The designers hope the public sky-loop and the base-loop will constantly generate random relationships; functioning as social condensers in a special experience of city life to both residents and visitors.

Focused on the experience of passage of the body through space, the towers are organised to take movement, timing and sequence into consideration. The point of view changes with a slight ramp up, a slow right turn. The encircled towers express a collective aspiration; rather than towers as isolated objects or private islands in an increasingly privatised city, the designers' hope is for new "Z" dimension urban sectors that aspire to individuation in urban living while shaping public space.

Geo-thermal wells (660 at 100 metres deep) provide Linked Hybrid with cooling in summer and heating in winter, and make Linked Hybrid one of the largest green residential projects. The large urban space in the centre of the project is activated by a greywater recycling pond with water lilies and grasses in which the cinematheque and the hotel appear to float. In the winter the pool freezes to become an ice-skating rink. The cinematheque is not only a gathering venue but also a visual focus to the area. The cinematheque architecture floats on its reflection in the shallow pond, and projections on its façades indicate films playing within. The ground floor of the building, with views over the landscape, is left open to the community. The polychrome of Chinese Buddhist architecture inspires a chromatic dimension. The undersides of the bridges and cantilevered

portions are coloured membranes that glow with projected nightlight and the window jambs have been coloured by chance operations based on the "Book of Changes" with colours found in ancient temples.

The water in the whole project is recycled. This greywater is piped into tanks with ultraviolet filters, and then put back into the large reflecting pond and used to water the landscapes. Re-using the earth excavated from the new construction, five landscaped mounds to the north contain recreational functions. The "Mound of Childhood", integrated with the kindergarten, has an entrance portal through it. The "Mound of Adolescence" holds a basketball court, a roller blade and skate board area. In the "Mound of Middle Age" we find a coffee and tea house (open to all), a Tai Chi platform, and two tennis courts. The "Mound of Old Age" is occupied with a wine tasting bar and the "Mound of Infinity" is carved into a meditation space with circular openings referring to infinite galaxies.

1. Façade
2. Full view of façade

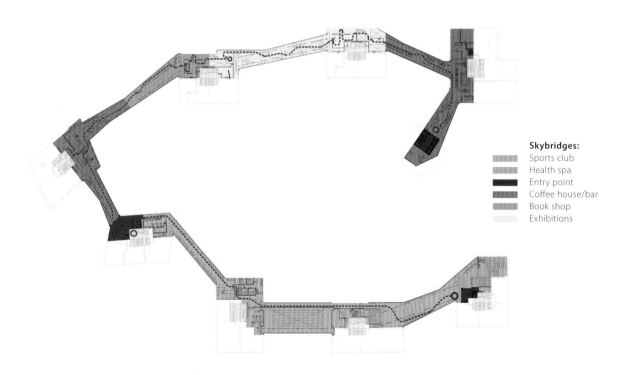

Skybridges:
Sports club
Health spa
Entry point
Coffee house/bar
Book shop
Exhibitions

3. Tower and cinematheque/tea house
4. Entrance of tea house

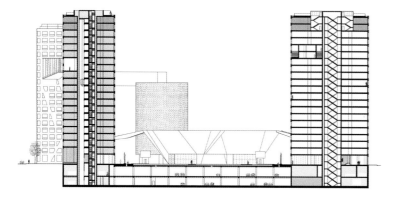

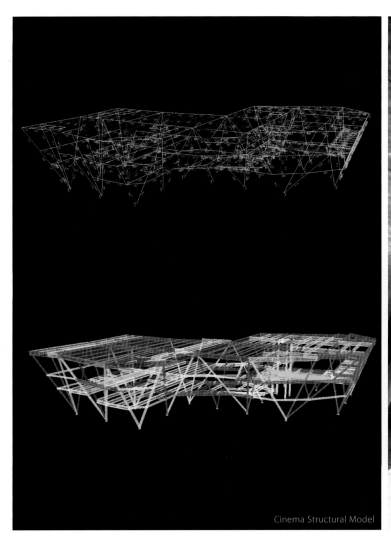

Cinema Structural Model

4

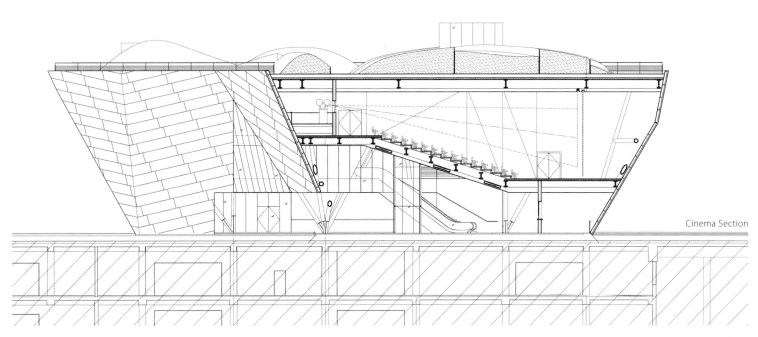

Cinema Section

5. Group exercise space

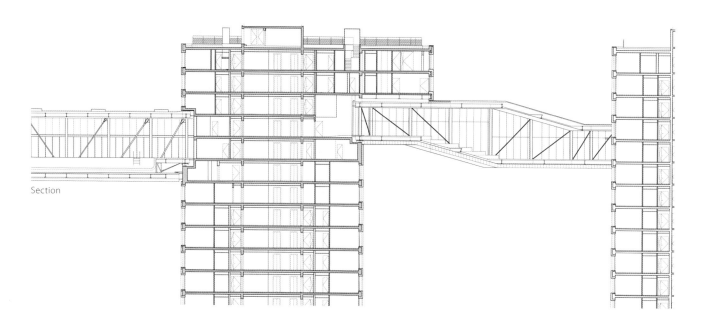

Section

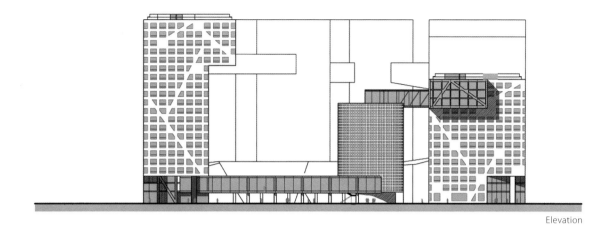

Elevation

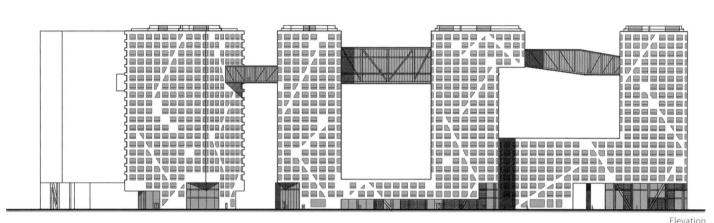

Elevation

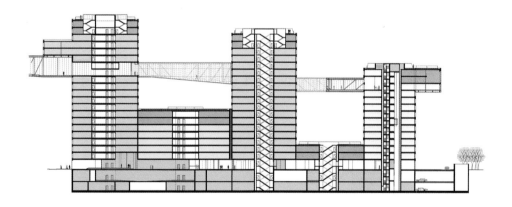

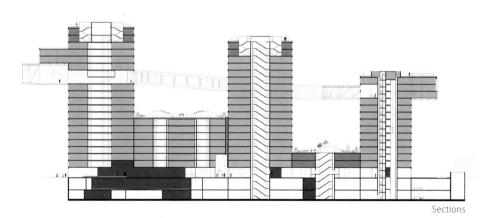

Sections

221

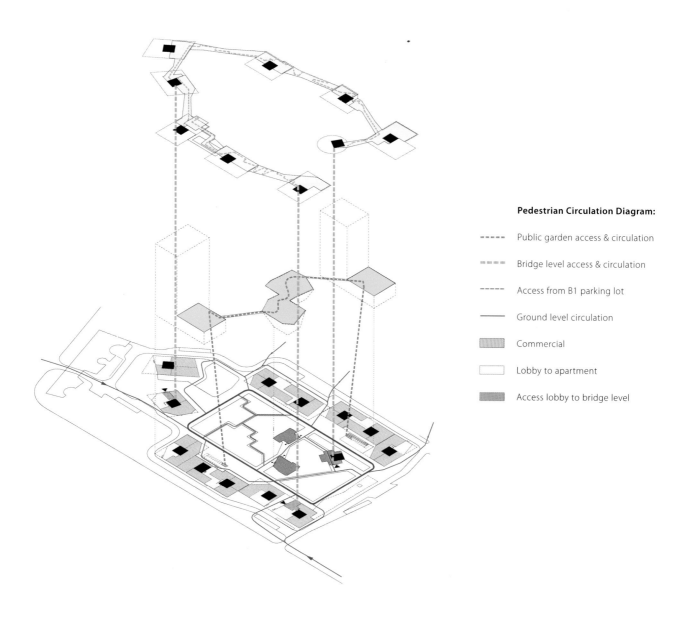

Pedestrian Circulation Diagram:

- - - - Public garden access & circulation

━ ━ ━ Bridge level access & circulation

- - - - - Access from B1 parking lot

───── Ground level circulation

Commercial

Lobby to apartment

Access lobby to bridge level

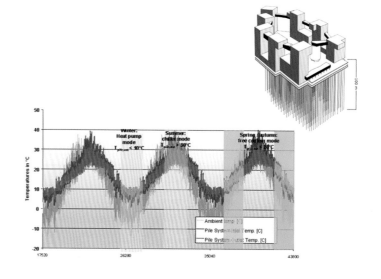

Sections:
1. Bar/lounge
2. Exhibition
3. Store
4. Coffee house
5. Entry point
6. Health spa
7. Sports club

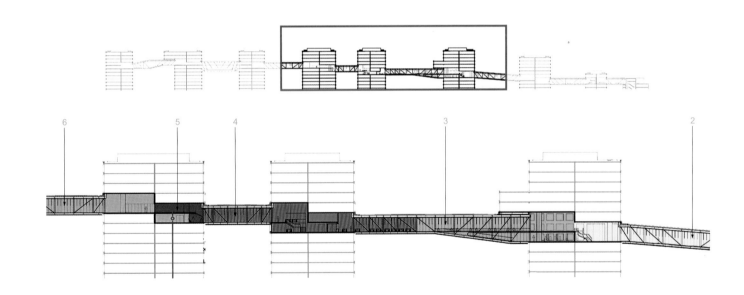

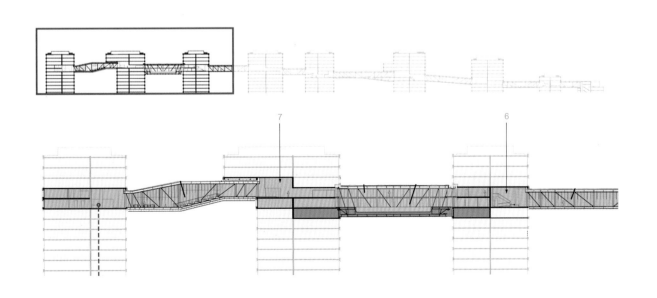

6. Corridor
7. Interior
8. Gallery

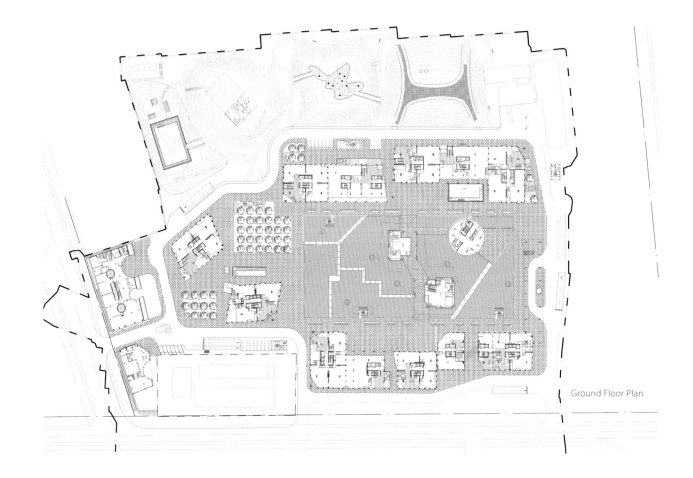

Ground Floor Plan

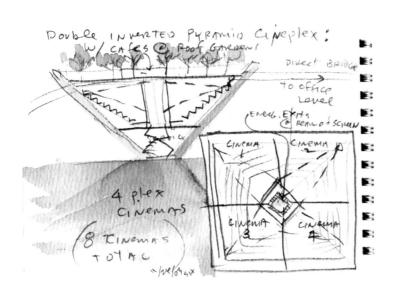

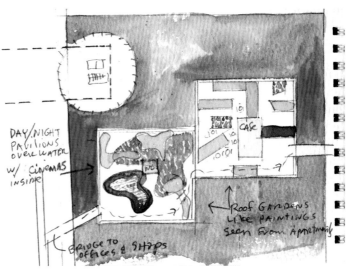

CHINA NATIONAL OFFSHORE OIL CORPORATION
Beijing
Kohn Pedersen Fox Associates PC

Gross Floor Area: 90,000m²
Completion Time: 2006
Architect: Kohn Pedersen Fox Associates PC
Photographer: Kohn Pedersen Fox Associates, ZHANG Guangyuan, H.G. Esch
Client: CNOOC
Awards: 2007 AIA Hong Kong - Architecture Merit Award and Sustainability in Design Award,
2003 Design Excellence Award, Beijing Urban Planning Commission

Located at a major crossroads along the Second Ring Road in Beijing's Dongcheng District, the CNOOC headquarters building acts as an urban counter-point to the massive Ministry of Foreign Affairs Building situated on the opposing corner. The building's form evokes the images of offshore oil production. The prow-like shape recalls an oil tanker's bow, and the tower mass elevated above the ground on piloti suggests an offshore oil derrick. This effect is further heightened by the design of the the ground plane which has been developed to suggest the ocean's surface. The rotated triangular tower maximises the use of the site and creates an entry courtyard along the quieter side which is entered through a symbolic gateway recalling traditional Chinese courtyards.

Internally, office and function spaces are organised around a central, full-height, sunlit atrium. Large sky-gardens carve away portions of the tower floorplates to allow daylight to penetrate into the atrium from all three sides. These sky-gardens take on different configurations on each of the sides in response to the sun angles encountered. Additionally, a skylight and clerestory windows at the top of the atrium allow filtered light to wash the atrium interior surfaces.

In summary, the proposed design will provide for CNOOC a unique iconic structure that symbolises their corporate mission and will give to the city of Beijing a strong and memorable landmark for its citizens.

Site Plan

1. Upward view
2. West elevation
3. Garden

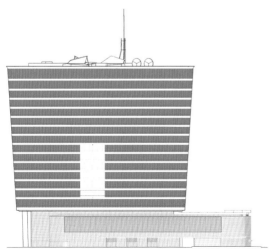

East Elevation

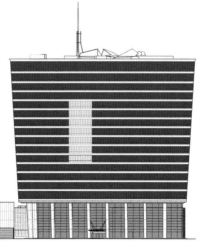

South Elevation

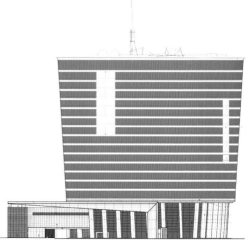

West Elevation

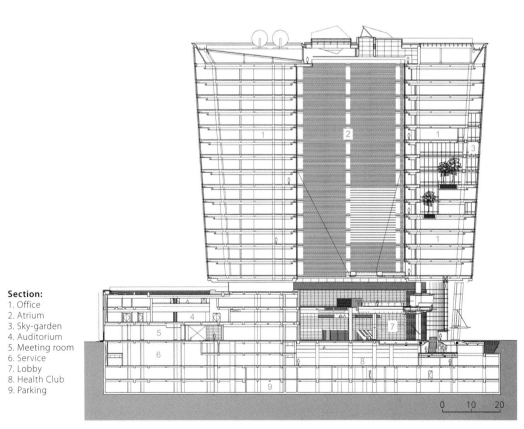

Section:
1. Office
2. Atrium
3. Sky-garden
4. Auditorium
5. Meeting room
6. Service
7. Lobby
8. Health Club
9. Parking

0   10   20

229

4. East elevation
5-7. Façade details
8, 9. Lobby

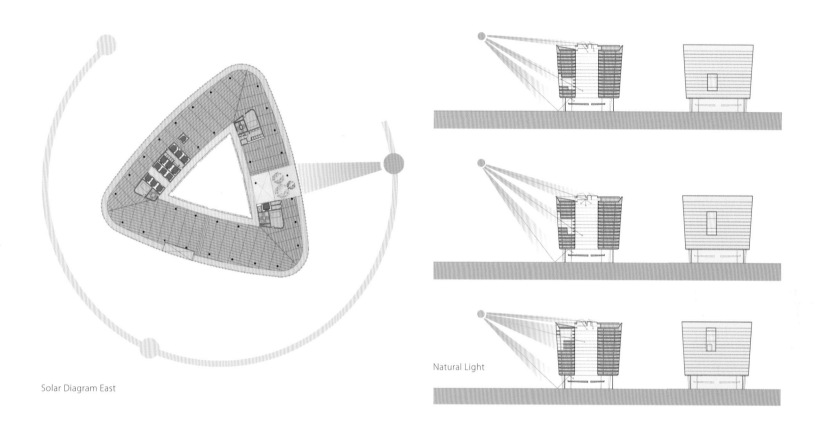

Solar Diagram East

Natural Light

8

9

10

11

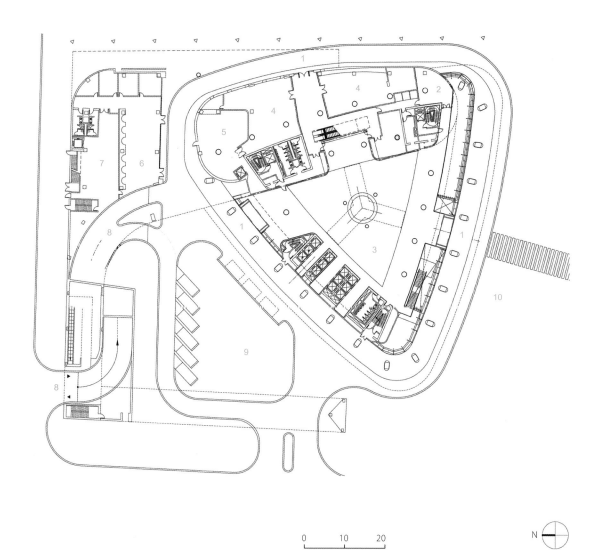

0   10   20

N

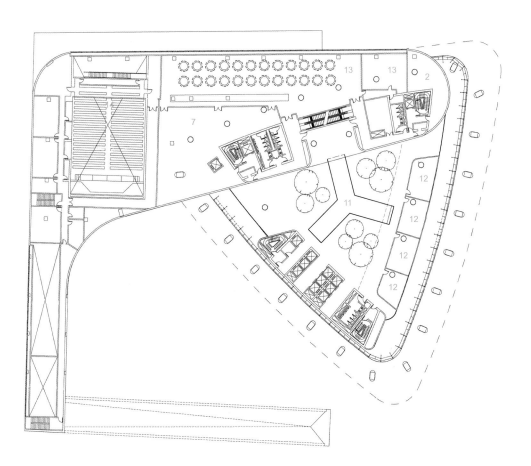

**Ground Floor Plan (Above)
and Third Floor Plan (Left):**
1. Entry
2. Mechanical
3. Lobby
4. Exhibition
5. Shop
6. Café
7. Kitchen
8. Garage entry
9. Drive court
10. Garden
11. Atrium
12. Meeting rooms
13. Corporate
14. Auditorium

BEA FINANCIAL TOWER
Shanghai
TFP Farrells

Gross Floor Area: 70,000m²
Design/Completion Time: 2004/2009
Architect: TFP Farrells
Photographer: Paul Dingman Photo, ZHOU Ruogu

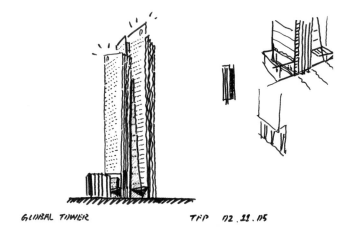

GLOBAL TOWER   TFP 02.11.05

TFP's designs for the BEA Financial Tower combine elegant, contemporary aesthetics with a modern, technologically advanced building form. The striking development offers high efficiency levels and responds to China's increasing concern for environmental protection.

Although there are view corridors of the river and the Bund, the site is set back from the waterfront and has to compete with prominent high rises, notably the Jin Mao Building, currently the tallest skyscraper in China. TFP proposed a structure that was layered into three principal forms. A central circulation and service core is flanked by two floor plates with the west wing of the building rising above the other two components. The creation of this stepped effect brings a level of clarity and directness to the building's massing.

Each element functions independently but is bound into a singular composition by complementary materials and modularity. This adds significantly to BEA Financial Tower's instant-recognition factor and enhances both the view potential and the building's silhouette on the skyline.

1. Façade detail
2. Façade

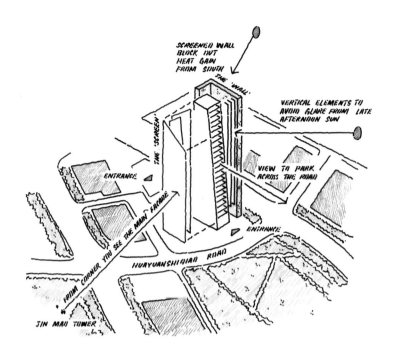

The façades react differently to the environment through orientation, materials and technology within the building envelope. Fluctuations in heat gain and loss are limited, the building's sustainability is maximised, and operational efficiency is improved.

Following detailed analysis into solar insulation, four types of cladding were established, each of which is designed to deal with a specific environmental aspect. To minimise excessive solar gain and building heat load on the southwest and southeast elevations, the percentage of glazed areas is reduced, horizontal shading devices are provided and low-emissive glass is used. Glare protection from the low-setting sun is required on the northwest side but because the principal views of the local park lie in this direction maintaining an open, glazed vista is important. To keep the views while simultaneously limiting glare, large areas of the northwest façade are glazed and vertical fins introduced to shade the interior and allow for lighting effects at night. As well as producing an elongating effect, the fins add visual interest and depth to the façade rendering at all times.

The northeast façade has neutral solar gain and is mainly glazed with low-e glass to maximise views. TFP captured the sense of the greenery being swept vertically into the building by positioning sky gardens on the various refuge floors and creating a visual link to the park from ground level upwards.

The use of other energy-efficient systems was also a main intent of the design and the building has a responsive Building Management System (BMS). This controls the interior environment to achieve optimum use of energy resources and maintains the internal air temperature and air quality. Solar collectors are set on an angled surface on the roof of the southwest block of the tower to achieve optimum performance, contribute to the lighting of the common areas and potentially pre-heat the air and water systems. Grey-water collection from the roof is also utilised for irrigation and flushing-water purposes.

During the building's lifetime, the net aggregate of all these systems will contribute to the limitation of energy use and enhance the profile of the development as an environmentally aware and responsible contribution to the skyline of Pudong.

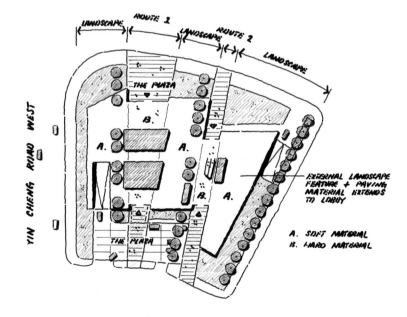

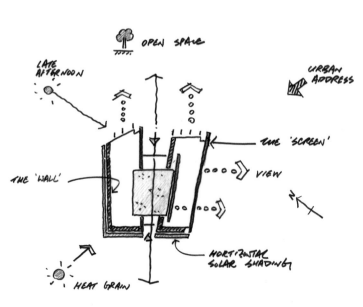

3. Night view of façade
4. Southeast elevation
5. Entrance

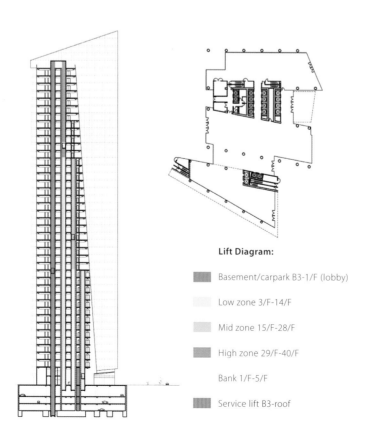

Lift Diagram:

Basement/carpark B3-1/F (lobby)

Low zone 3/F-14/F

Mid zone 15/F-28/F

High zone 29/F-40/F

Bank 1/F-5/F

Service lift B3-roof

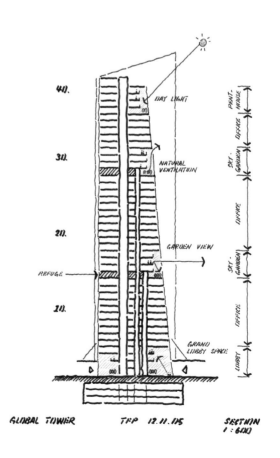

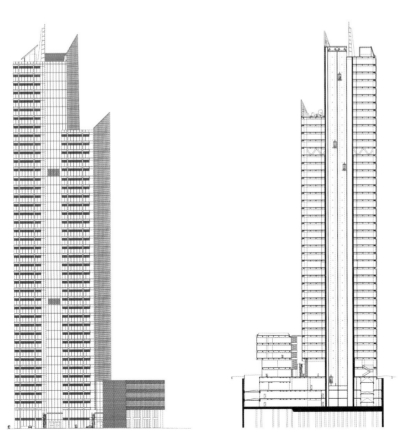

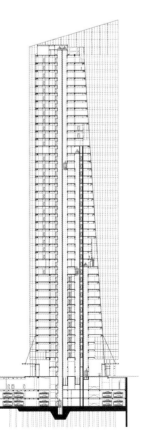

Sections

239

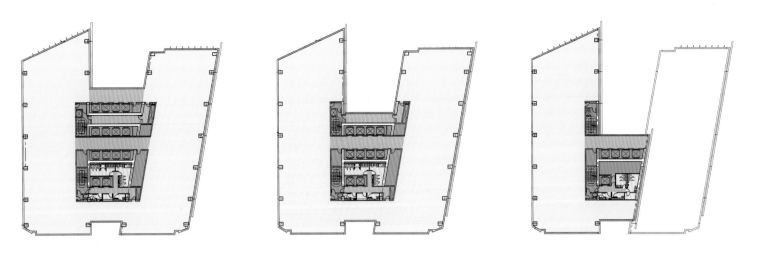

Office

Lobby

Bathrooms

Lift core & back-of-house service

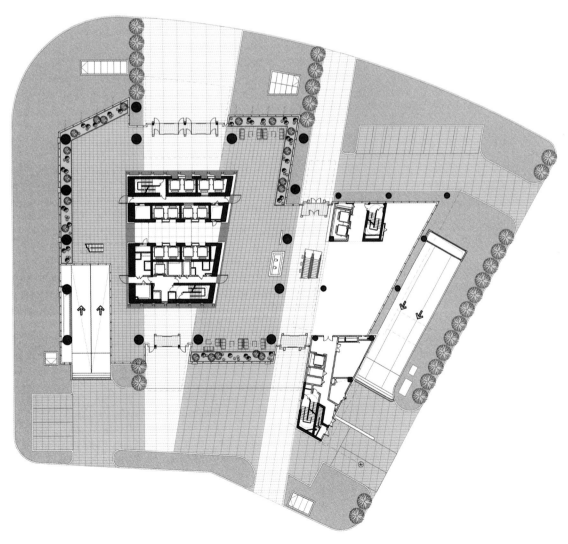

6, 7. Lobby

RIVIERA TWINSTAR SQUARE
Shanghai
Arquitectonica

Site Area: 200,000m²
Design/Completion Time: 2011
Architect: Arquitectonica
Photographer: Rogan Coles

Green Materials and Equipments Involved:

As a financial office building of the new era, Riviera TwinStar Square attaches great importance to environmental protection, energy conservation and sustainable development.

The façade comprises unitised glass curtain wall with natural stone and aluminium cladding. The façade materials were procured locally in China and are entirely recyclable. Attention was also paid to procured materials with low embodied energy, such as natural stone. The purchase of glass and the manufacturer of the stone material for the façade sourced close to the site, reduces pollution and energy consumption during the transportation process and maintains a thread towards sustainable design. Other materials were also locally sourced and procured.

The goal of lowering energy use during the service life of the building is achieved by using a high performance Low-E glass with solar control coating for the curtain wall.

The façade uses triple-pane Low-E glass: the outer pane is laminated glass, the middle is the air layer, and the inner layer is single-pane glass. The triple-pane insulated glass not only improves winter insulation performance, reduces summer heat gain, enhances acoustic performance of the wall but also mitigates the safety concerns of using tempered glass on a high-rise building. This way, it can aim to reach higher and improved safety and energy savings. The special low reflective coating on the glass, stone and metal elements projecting from the design further minimise light pollution to the adjacent environment. The use of stone cladding offers another layer of thermal insulation. This not only helps solve architectural design issues but helps augment the thermal performance of the façade and achieve sgreater sustainability targets.

Other Eco Features:

The air-conditioning uses full air system with double-route individual control on every floor, the exterior wall air-conditioning can be adjusted according to the season, and the interior frame-core tube air-conditioning can be fully utilised, for heat and for cold, saving energy significantly.

This building uses a centralised tube design. For example, unilateral lighting with shorter depth on the exterior wall, and lighting design has combined with the architectural space. Furthermore, the exterior lighting can be adjusted according to the sunlight intensity, to make reasonable lighting energy saving.

Elements of the energy system design – for the overall office complex, as well as the residential and hospitality building components – have been fully integrated, using techniques such as stagger the rush time, greatly reducing energy consumption.

The whole project is low-carbon energy driven. The choice of materials, use of recycled materials, or reuse of materials, can fully embody the concept of sustainable development.

The Story Behind the Building:

Riviera TwinStar Square is the first part of the Phase II Development of Lujiazui Financial District. As the first phase of development of Lujiazui Financial District in Pudong, Shanghai, it explores innovation based on the former design of existing office building complexes in the development zone. The project focused specifically to design a raised basement level of 3m that catered to the height of the Huangpu River's flood protection systems, enabling the building along the river to take full advantage of the landscape on the river, while the raised part being the platform for

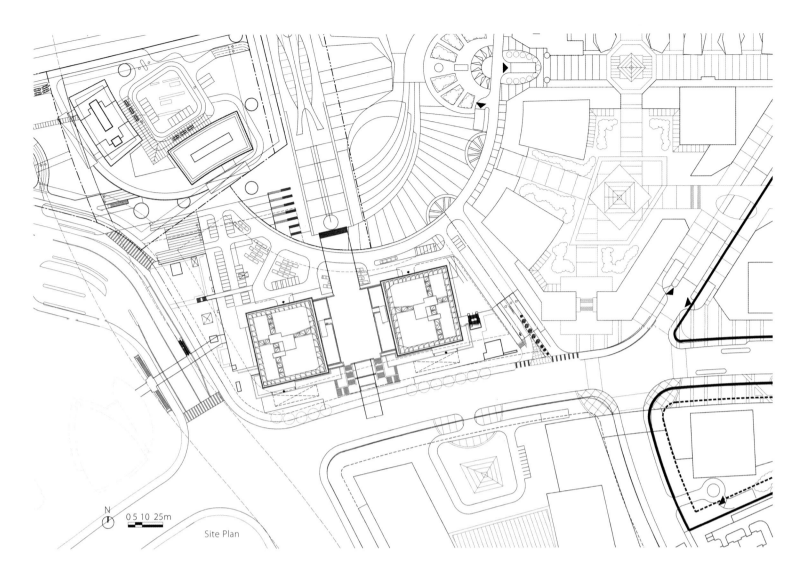

N 0 5 10 25m

Site Plan

people to walk and rest. The whole development zone is connected with the surrounding buildings by the platform, on which there is an outdoor pedestrian corridor, and an indoor one below the platform. A four-lane city road is built one level below the basement and is designed to connect the numerous sites within close proximity, thus greatly decreasing traffic congestion on the neighbouring surface roads.

The architectural design makes an overall integration aiming at the needs of financial office building. The location of the building becomes clearer by catering to the various requirements of the client. The typical office areas are smartly integrated with VIP office areas, taking into account a wide variety of different clients' needs. The structural design is well considered and accommodates the need of larger loads in areas such as mechanical and IT rooms. A removable slab area is reserved for unique tenant needs, allowing connectivity to upper and lower floors that adapt to the requirements of large and small financial institutions. Individual MEP areas are reserved to help ensure the high electricity supply requirements for financial institutions. The design includes considerations for individual or integrated electronic patrol, monitor, control, entrance guard and automatic reaction systems, which can be chosen freely by the clients according to their individual needs.

The conventional RC frame-core wall system is adopted for the tower to meet Client's programme and cost targets. However, some special structural features have been used for this project. Inclined columns are used at the facing curved elevations to integrate the structure into the architectural form. Steel Reinforced Columns (SRC) are introduced for the lower part of twin towers to minimise column sections for higher floor efficiency.

1. Overall view of façade
2. Building entry
3. Landscape

5, 6. Skin detail

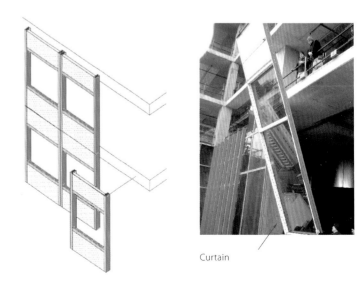

Curtain

Fire Prevention for Glazed Wall:
1. Hollow or doubling hollow low-E glass
2. Horizontal material
3. Stone decoration strip
4. 1.5mm galvanised steel sheet
   (smoke prevention)
5. Fireproofing glue
6. >800mm fireproofing insulation
   in order to prevent flame rising
7. 3mm aluminium rear panel
8. Single pane glass
9. 100mm fireproofing/insulation cotton
10. 1.5mm galvanised steel sheet
11. Aluminium alloy louvres

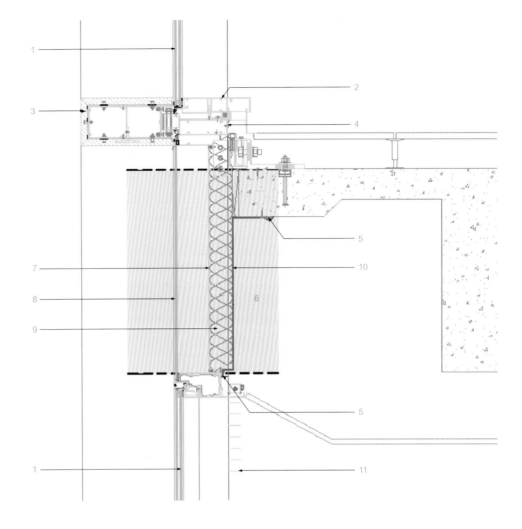

Glazed Wall's Energy-efficient Strategy:
1. Hollow or doubling hollow low-E glass
2. Appropriately increasing
   the air thickness to 12mm
3. Sectional materials with insulation materials
   inside and outside (Nylon 66)

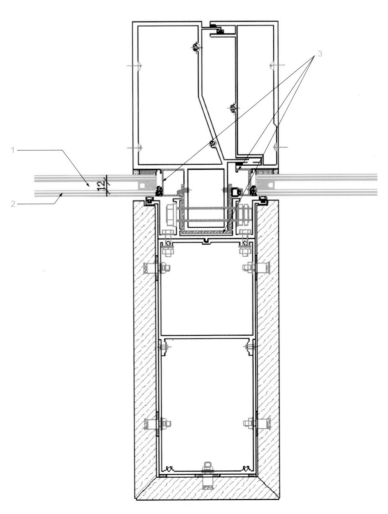

251

7

8

7. Lobby
8. Level 1 lift lobby

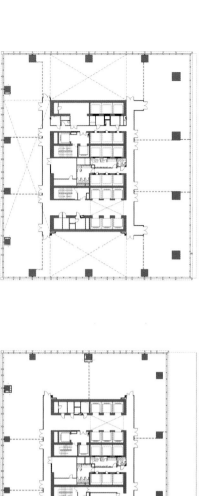

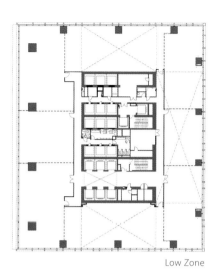

Low Zone

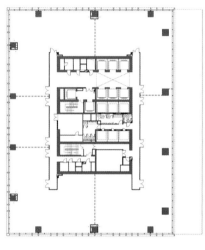

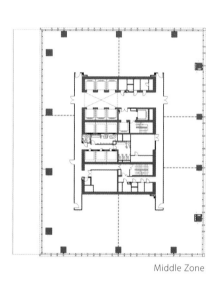

Middle Zone

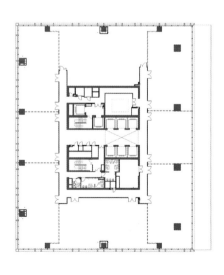

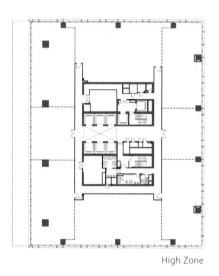

High Zone

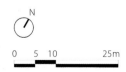

N

0   5   10   25m

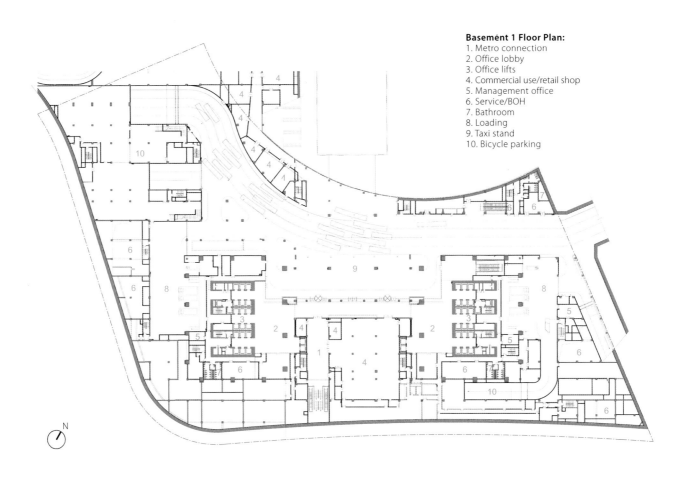

Basement 1 Floor Plan:
1. Metro connection
2. Office lobby
3. Office lifts
4. Commercial use/retail shop
5. Management office
6. Service/BOH
7. Bathroom
8. Loading
9. Taxi stand
10. Bicycle parking

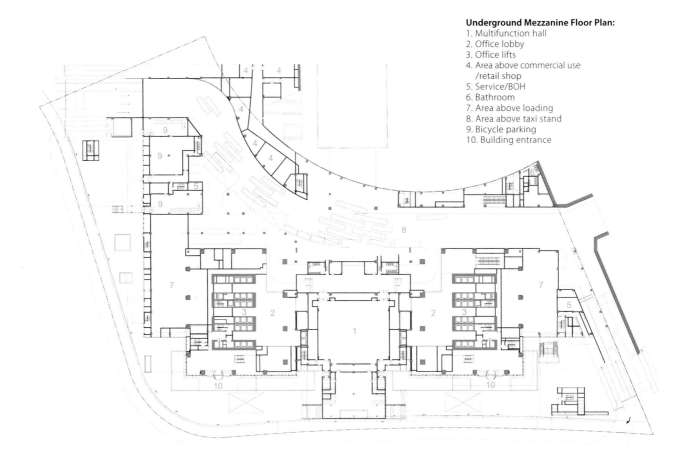

Underground Mezzanine Floor Plan:
1. Multifunction hall
2. Office lobby
3. Office lifts
4. Area above commercial use /retail shop
5. Service/BOH
6. Bathroom
7. Area above loading
8. Area above taxi stand
9. Bicycle parking
10. Building entrance

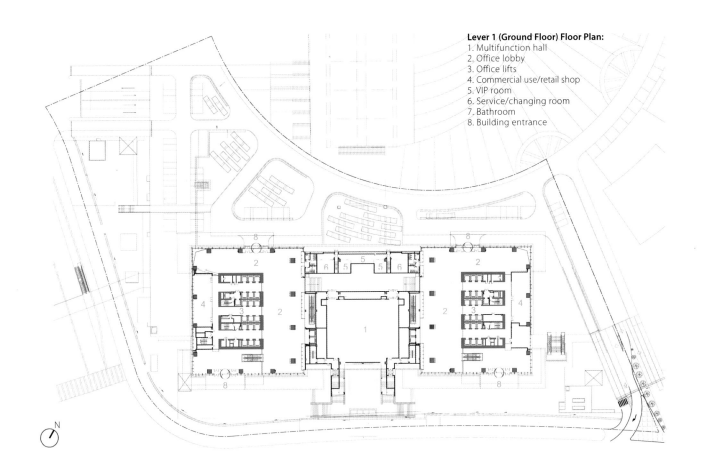

Lever 1 (Ground Floor) Floor Plan:
1. Multifunction hall
2. Office lobby
3. Office lifts
4. Commercial use/retail shop
5. VIP room
6. Service/changing room
7. Bathroom
8. Building entrance

Level 2 Floor Plan:
1. Skylight/roof
2. Office lobby
3. Commercial use
   /retail shop
4. Office lifts
5. Bathroom

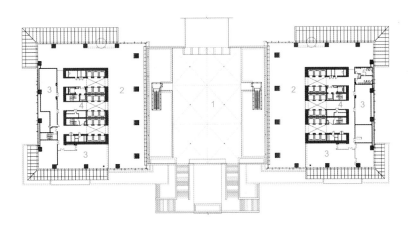

INDEX